Vahlens Handbücher
der Wirtschafts- und Sozialwissenschaften

Medienmanagement

von

Prof. Dr. Martin Gläser

Professor für Medienwirtschaft und Medienmanagement
Hochschule der Medien Stuttgart

3., vollständig überarbeitete Auflage

Verlag Franz Vahlen München

Prof. Dr. Martin Gläser ist Professor für Medienwirtschaft und Medienmanagement an der Hochschule der Medien Stuttgart.

ISBN 978 3 8006 4765 1

© 2014 Verlag Franz Vahlen GmbH, Wilhelmstr. 9, 80801 München
Satz: DTP-Vorlagen des Autors
Druck und Bindung: Beltz Bad Langensalza GmbH
Neustädter Str. 1–4, 99947 Bad Langensalza
Gedruckt auf säurefreiem, alterungsbeständigem Papier
(hergestellt aus chlorfrei gebleichtem Zellstoff)

Vorwort

Das vorliegende Handbuch versteht sich als thematisches Nachschlagewerk und grundlegendes Lehrbuch zum Thema Medienmanagement. Insbesondere soll es als einführendes Werk in die betriebswirtschaftliche Seite der Medien dienen.

Ziel ist es, Medienmanagement in einer ganzheitlichen und umfassenden Sichtweise darzustellen. Ausgangspunkt und Kristallisationskern ist ein betriebswirtschaftlich fokussiertes Managementverständnis, ohne dabei andere Perspektiven, insbesondere die kommunikationswissenschaftliche Perspektive, gering schätzen zu wollen. Wie die diesbezüglichen Grenzlinien und die Gemeinsamkeiten aussehen könnten, wird im Kontext der Darstellung der methodischen Grundlagen in Teil A (Kapitel 1 bis 3) diskutiert. Eine Leitfunktion zuerkannt wird dem systemtheoretisch zentrierten Ansatz des St. Galler Management-Modells, was die Vorstellung unterstreichen soll, dass im Management – auch im Management von Medienunternehmen – ausgehend vom betriebswirtschaftlichen Fokus jederzeit den interdisziplinären Bezügen ein breiter Raum zuerkannt werden sollte.

Teil B beleuchtet ausführlich die Erscheinungsformen, Bezüge und die Rolle von Medienunternehmen. Diese werden als der eigentliche Gegenstand von Medienmanagement verstanden, womit eine Abgrenzung gegenüber dem mehr projektorientierten Medienmanagement-Verständnis erfolgt. Es geht also um das „Management von Medienunternehmen" und nicht um das „Management mit Medien". Zentrale Themen sind daher die Typisierung von Medienunternehmen (Kapitel 4), die Beschreibung und Einordnung ihrer Produktwelten (Kapitel 5) sowie die Darstellung und Charakterisierung der Märkte, in denen sie agieren (Kapitel 6). Letztere nehmen einen breiten Raum ein: alle Medienmärkte – vom Zeitungsmarkt bis zum Spiele- und Musikmarkt – werden aus aktueller Sicht nach publizistischen, ökonomischen und strategischen Kriterien detailliert beschrieben und charakterisiert. Kapitel 7 bis 11 runden den Blick auf die Medienunternehmen ab und zeigen die spezifischen Rahmenbedingungen – den „globalen Rahmen" – auf, in denen sich die Medienunternehmen bewegen.

Das „Innenleben" von Medienunternehmen wird von den Leistungs- und Finanzprozessen geprägt. Sie werden in allen ihren Facetten dargestellt: Nach dem Überblick über die Wertschöpfungsprozesse (Kapitel 12) wird Forschung und Entwicklung (Kapitel 13) beleuchtet, ferner das Management der Inhalte (Kapitel 13: Redaktions- und Content-Management), die Funktionen Beschaffung, Produktion und Absatz (Kapitel 15 bis 17) sowie die Finanzierung (Kapitel 18). Wie sich die Leistungs- und Finanzprozesse in Zahlenwerken abbilden, zeigt der Abschnitt Rechnungswesen mit der Bilanzierung (als externes Rechnungswesen; Kapitel 19) und der Kosten- und Leistungsrechnung (als internes Rechnungswesen; Kapitel 20).

Teil C stellt die Unternehmensführung und Steuerung von Medienunternehmen dar. Differenziert wird dabei in Unternehmensziele (Kapitel 21 bis 23), in das normative Management (Kapitel 24 bis 27), das strategische Management (Kapitel 28 bis 31), das operative Management (Kapitel 32 bis 37) sowie – dem Ansatz des Lehrbuchs folgend – in Fragen der ganzheitlichen Steuerung (Kapitel 38 bis 40).

Besonderer Wert wird auf ein Verständnis von Medienmanagement gelegt, das in gesellschaftlicher Verantwortung steht. Gerade für Medienunternehmen mit ihrer gesellschaftlich-politischen Bedeutung ist diese Dimension von zentraler Bedeutung. Verantwortung für die Gesellschaft ist jederzeit als ein wichtiger Gradmesser für den Erfolg von Medienmanagement zu reklamieren.

Das Lehr- und Handbuch ist – von der Art der Darstellung her gesehen – mit seinen 40 Kapiteln relativ breit aufgestellt, eine Form, mit der neue Wege beschritten werden: Jedes einzelne Kapitel unternimmt den Versuch, die in Rede stehende Thematik bündig und in sich geschlossen darzustellen. Es kann damit als kompaktes Modul zum Studium der angesprochenen Fragestellung verwendet werden. Jedes Kapitel wird durch Leitfragen und die Darstellung des Gegenstandes eingeleitet. Am Ende jedes Kapitels finden sich Kernthesen und ein umfassendes fachspezifisches, differenziertes Literaturverzeichnis, das sich in Grundlagenliteratur zum Gegenstand und in weiterführende medienspezifische Literatur unterteilt. Soweit vorhanden werden auch Hinweise auf Fallbeispiele und Studien gegeben. Am Ende des Lehrbuchs findet sich eine Übersicht über die aktuell verfügbare Standardliteratur im nationalen und internationalen Kontext sowie auf „Fundgruben" für Materialien, Studien und Hintergrundinformationen.

Dank gilt an dieser Stelle allen, die dieses Projekt freundlich-fördernd begleitet haben. Besonderer Dank gilt Herrn Diplom-Volkswirt Hermann Schenk, dem Lektor des Vahlen-Verlags, der die Ausreifungszeit des Werkes und die Zeit der Überarbeitung und Aktualisierung des Werkes zur nun vorliegenden 3. Auflage stets positiv, konstruktiv und ermutigend begleitet hat.

Stuttgart, im Mai 2014
Martin Gläser

Inhaltsübersicht

Vorwort V

Teil A
Medienmanagement als Disziplin

I. **Methodische Grundlagen**
   1. Medienmanagement-Paradigmen 3
   2. Medienmanagement-Modelle 33
   3. Medienmanagement-Systeme 51

Teil B
Medienunternehmen als Gegenstand

II. **Medienunternehmen und ihr Umfeld**
   4. Medienunternehmen 67
   5. Medienprodukte 99
   6. Medienmärkte 161
   7. Wirtschaftliche Rahmenbedingungen 249
   8. Technologische Rahmenbedingungen 271
   9. Gesellschaftlich-kulturelle Rahmenbedingungen 291
   10. Politische Rahmenbedingungen 305
   11. Rechtliche Rahmenbedingungen 329

III. **Leistungs- und Finanzprozesse**
   12. Wertschöpfungsprozesse im Überblick 345
   13. Forschung und Entwicklung 373
   14. Redaktions- und Content-Management 389
   15. Beschaffung 409
   16. Produktion 425
   17. Absatz und Marketing 447
   18. Finanzierung 491

IV. **Rechnungswesen**
   19. Bilanzierung 509
   20. Kosten- und Leistungsrechnung 523

Teil C
Unternehmensführung und Steuerung

V. Unternehmensziele
21. Ziele als Leitmaßstäbe der Steuerung 565
22. Ziele kommerzieller Medienunternehmen 575
23. Ziele gemeinnütziger Medienunternehmen 591

VI. Normatives Management
24. Normatives Basiskonzept 603
25. Unternehmensverfassung 617
26. Unternehmenspolitik 637
27. Unternehmenskultur 651

VII. Strategisches Management
28. Strategisches Basiskonzept 675
29. Unternehmensgesamtstrategie 701
30. Geschäftsbereichsstrategien 725
31. Funktionale Strategien 735

VIII. Operatives Management
32. Operatives Basiskonzept 759
33. Informationsmanagement 771
34. Planung und Kontrolle 785
35. Organisation 809
36. Personalmanagement 845
37. Projektmanagement 883

IX. Ganzheitliche Steuerung
38. Integrierte Unternehmensführung 917
39. Controlling 939
40. Medienmanagement in gesellschaftlicher Verantwortung 973

Lehrbücher, Lexika, Fachzeitschriften, Hintergrundinformationen 993
Stichwortverzeichnis 997

Teil A
Medienmanagement als Disziplin

Medienmanagement

**Teil C
Unternehmensführung und Steuerung**

Ziele
Normatives – Strategisches – Operatives Management
Ganzheitliche Steuerung

**Teil B
Medienunternehmen als Gegenstand**

Umfeld
Leistungs- und Finanzprozess
Rechnungswesen

**Teil A
Medienmanagement als Disziplin**

Methodische Grundlagen: Paradigmen – Modelle – Systeme

I. Methodische Grundlagen

Kapitel 1
Medienmanagement-Paradigmen

1.1	Primat der Betriebswirtschaftslehre?	5
1.2	Primat der Kommunikationswissenschaft?	8
1.3	Begriff und Verständnis der Medien	11
1.4	Alternative Medienmanagement-Ansätze	15
1.5	Medienmanagement in wirtschaftstheoretischer Perspektive	17
1.6	Medienmanagement in verhaltenstheoretischer Perspektive	22
1.7	Medienmanagement in politiktheoretischer Perspektive	24
1.8	Medienmanagement in systemtheoretischer Perspektive	27
1.9	Paradigmatische Grundausrichtung	30

Leitfragen

- Was ist eine gute Medienmanagerin, ein guter Medienmanager?
- Welches Selbstverständnis sollte ein Medienmanager haben?
- Was versteht man unter einem „Paradigma"?
- Wodurch unterscheidet sich das „ökonomistische" Verständnis der Betriebswirtschaftslehre von einer BWL als Managementlehre mit interdisziplinärem Bezug?
- Welches Verständnis erfährt die Medienökonomie und das Medienmanagement bei einer Ausrichtung auf die Publizistik- und Kommunikationswissenschaften?
- Was versteht man unter dem „Scheinwerfer-Modell" der Betriebswirtschaftslehre?
- Nach welchen Kriterien lassen sich Management-Perspektiven differenzieren?
- Mit welchen Ansätzen kann wirtschaftstheoretisch fundiertes Medienmanagement begründet werden?
- Was versteht man unter der „Klassischen Schule des Managements"?
- Welche Attribute kennzeichnen das verhaltenstheoretisch fundierte Medienmanagement?
- Was kann Medienmanagement in politiktheoretischer Perspektive bedeuten?
- Welche Attribute machen ein systemtheoretisch fundiertes Medienmanagement aus?
- Welche Gründe sprechen für eine an der Systemtheorie ausgerichtete Paradigmatik?

Gegenstand

Das Wort Paradigma (Pl.: Paradigmen bzw. Paradigmata) stammt aus dem Griechischen – παράδειγμα parádeigma – und bedeutet Beispiel, Vorbild, Muster, Abgrenzung. Im Wissenschaftsbetrieb spielen Paradigmen eine sehr große Rolle. Nach Thomas S. Kuhn – ein US-amerikanischer Wirtschaftshistoriker, der sich grundsätzlich mit dem Thema befasst hat und 1962 sein klassisches Werk „The Structure of Scientific Revolutions" veröffentlichte – bedeutet ein Paradigma eine grundlegende, übergeordnete Sichtweise hinsichtlich eines Wissenschaftsgebiets (vgl. Wolf 2013: 25): „Es präsentiert sich als eine endliche Zahl grundlegender Annahmen, die (1) ein bestimmtes Universum wissenschaftlicher Fragestellungen beschreiben und dabei sowohl (2) die Art der Begriffe und Konzepte festlegen, die als legitim angesehen werden, als auch (3) die Methoden, die verwendet werden, um Informationen zu sammeln und zu interpretieren. Ein Paradigma ist somit mehr als eine einzige Theorie oder sogar als eine singuläre Hypothese; sie präsentiert sich als eine Metatheorie von großer Reichweite, ja sogar als eine bestimmte Weltsicht" (ebd.: 25 f.).

Im Hinblick auf den vorliegenden Gegenstand von Medienmanagement spielen Paradigmen eine wegweisende Rolle, geht es dabei doch um ein interdisziplinäres Phänomen, das aus den verschiedensten Richtungen beleuchtet werden muss. Welche Blickrichtungen dabei untersucht und als Handlungskonzepte zugrunde gelegt werden sollen, bestimmen die Paradigmen. „Paradigmen bewirken somit, dass die in ihrer Zeit tätigen Wissenschaftler manche Aspekte der Realität als wichtige bzw. untersuchungswürdige Probleme betrachten, nur bestimmte Theorien als erklärungsmächtig ansehen und nur bestimmte Methodiken (Spielregeln, Standards) als zulässige Werkzeuge ihrer Erkenntnisgewinnung begreifen" (ebd.: 26).

In der Betriebswirtschaftslehre dominierte beispielsweise lange Zeit das durch Erich Gutenberg in den fünfziger Jahren des letzten Jahrhunderts begründete Verständnis von Unternehmen als produktive Systeme. Nach Gutenbergs „Theorie der Unternehmung", dargelegt in seinen „Grundlagen der Betriebswirtschaftslehre", geht es um „Betriebe", die in einem Kombinationsprozess produktiver Faktoren Güter und Dienstleistungen für fremden Bedarf produzieren und absetzen. Die Menschen, die an diesem Prozess beteiligt sind, sind der „menschliche Faktor", im Fokus stehen die Prinzipien der Wirtschaftlichkeit und des finanziellen Gleichgewichts. Es wird der Anspruch erhoben, dass es eine reine, normative Aussagen vermeidende – werturteilsfreie – und vom jeweiligen Wirtschaftssystem unabhängige – also systemindifferente – Axiomatik gibt. Für die Betriebswirtschaftslehre als Wissenschaftsdisziplin lautet das Paradigma, alle Vorgänge aus dem Blickwinkel der Abbildung der betrieblichen Faktorkombinationsprozesse und der finanziellen Bestands- und Flussgrößen zu betrachten.

Als ein Gegenpol – quasi ein „Gegen-Paradigma" – kann der systemtheoretisch fundierte Ansatz der managementorientierten Betriebswirtschaftslehre gelten. Prominentes Beispiel ist das Management-Modell St. Gallen, das ein Unternehmen als ein soziotechnisches System begreift (vgl. Dubs et al. 2004, Bd. 1: 60). Aus dieser Perspektive gilt es, eine „Systemorientierte Managementlehre" (Malik 2003: Kap. 2) zu entwickeln, die viel eher die langfristige Überlebensfähigkeit und die Fähigkeit zur Komplexitätsbewältigung als die erstrangige Herausforderung an die Unternehmensführung ansieht, den Fokus des Interesses daher nicht allein und in erster Linie auf die operative Effizienzmaximierung richtet. Dadurch rücken neben den rein wirtschaftlichen Fragen der Unternehmensführung auch andere Dimensionen in den Blickpunkt, die als gleichgewichtig zu behandeln sind. Angesprochen sind insbesondere die sozialen, technologischen, kulturellen, politischen, ökologischen, ethischen und ästhetischen Dimensionen, die es zu einem kohärenten Gesamtbild des Unternehmens zu integrieren gilt.

Zusammenfassend und quasi in einer Gesamtschau „lassen sich Paradigmen ‚als große, getönte Brillen' begreifen, durch die Wissenschaftler ihre Erkenntnisobjekte betrachten" (ebd.: 21).

Im Kontext eines Lehrbuches für Medienmanagement ist es unverzichtbar, sich mit den Paradigmen als den grundlegenden Sichtweisen zu befassen und zu versuchen, eine dem Gegenstand angemessene eigene Position zu entwickeln. Dieses Kapitel, das im engen Zusammenhang mit den Kapiteln 2 und 3 steht, breitet die wichtigsten Ansätze aus und stellt sie zur Diskussion. Eine ausführliche Liste ausgewählter Grundsatzwerke sorgt für eine bessere Navigation in diesem Themenfeld.

1.1 Primat der Betriebswirtschaftslehre?

Schon ein kurzer Blick in die Managementliteratur legt nahe, das Fach „Medienmanagement" unter den Primat der Wirtschaft zu stellen, es damit als eine **Teildisziplin der Betriebswirtschaftslehre** (BWL) aufzufassen und wissenschaftlich aus dieser Perspektive zu begründen. Die BWL fungierte dann als die Leit-Wissenschaft für eine auszuformulierende Management-Wissenschaft.

Eine solche Sichtweise steht in bester Tradition der etablierten Managementlehre und der Wirtschaftswissenschaften und ist weithin anerkannt und akzeptiert. Freilich stellt sich sofort die Frage, welchem BWL-Verständnis man folgen möchte, mit dem man ein wissenschaftliches Konzept des BWL-Faches „Medienmanagement" begründen könnte. Die Diskussion über den wissenschaftlichen Standort der Betriebswirtschaftslehre wird seit langem geführt (vgl. z. B. Wunderer 1988; Thommen/Sachs 2000: Kapitel 5). Zwei **Extrempositionen** können ausgemacht werden:

- Position A: Die ökonomistische Position;
- Position B: die relativistische Position.

Position A: Das Verständnis der BWL ist das einer **Lehre vom (rein) wirtschaftlichen Handeln**, das rationale ökonomische Entscheidungen in den Brennpunkt rückt und einen rein wirtschaftlichen Fokus anlegt. Dieser Ansatz – dem Wissenschaftsprogramm von Erich Gutenberg einer „reinen Theorie" folgend – verkörpert eine traditionelle BWL-Sicht, die sich „beeilt, das sogenannte Gewinnprinzip als wert- und interessenneutrales betriebswirtschaftliches ‚Formalziel' im Hinblick auf das übergeordnete Gemeinwohl zu qualifizieren, was immer das heißen mag" (Ulrich 1999: 229). Es erfolgt ein Reduktionismus auf die ökonomische Rationalität unter Ausblendung aller anderen Aspekte.

> „Ökonomismus meint die normative Verabsolutierung der ökonomischen Rationalität zum Inbegriff der Vernunft schlechthin und die damit verbundene normative Überhöhung des „freien Marktes" zur Gewährsinstanz einer wohlgeordneten Gesellschaft freier Bürger im Ganzen" (Ulrich 1999: 230).

Position B: Die BWL wird als eine **Managementlehre mit interdisziplinärem Bezug** verstanden, die sich nicht anmaßt, wirtschaftliche Aspekte seien die alleinigen Maßstäbe des Managementhandelns. Sie hat den Anspruch einer interdisziplinär ausgerichteten Betriebswirtschaftslehre und respektiert die Vielfalt relevanter Forschungsansätze und -traditionen: „Der Erkenntnispluralismus wird so zum Programm" (Kirsch 1988: 156). Sie versteht sich als eine ganzheitliche, vieldimensionale Unternehmungslehre und Unternehmungsführungslehre (Malik 2000: 84). Betont wird ausdrücklich, so v. a. bereits von Schmalenbach, dass Wirtschaftlichkeit als „Gemeinwirtschaftlichkeit" verstanden werden müsse, der Betrieb als „Organ der Gemeinschaft" das „wirtschaftliche Optimum im Sinne der Gemeinschaft" zu erstreben habe (vgl. Thommen/Sachs 2000: 174). Ein Management-Konzept, das im Geiste von Position B steht, ist prinzipiell und jederzeit gegen den Vorwurf gefeit, einer einseitigen ökonomistischen Denkhaltung beim Management eines Unternehmens huldigen zu wollen. Es verwirft dezidiert den Ansatz einer Unternehmenssteuerung aus rein ökonomischen Erwägungen und sucht nach ganzheitlichen Bezügen.

Es ist unverkennbar, dass der Vorwurf, die BWL sei auf die ökonomistische Position fixiert, oft erhoben oder zumindest als „selbstverständliche Gegebenheit" stillschweigend unterstellt wird. Eine Begründung für diese Unterstellung erfolgt zumeist nicht, so dass der Verdacht nahe liegt, dass es sich dabei um ein durchsichtiges Unterfangen handelt, ein anders positioniertes Wissenschaftsverständnis zu sanktionieren. Insbesondere geht es interessierten Kreisen um den vermeintlichen Nachweis, dass einer Betriebs-„Wirtschaftslehre" ein **Management-Denken in gesellschaftlicher Verantwortung** grundsätzlich nicht möglich sei oder zumindest in der Praxis nicht stattfinde. In zutreffender Überspitzung ist dieser Vorwurf als der „Mythos von der amoralischen Wirtschaft" bezeichnet worden.

> „Als ‚myth of moral business' hat Richard De George, namhafter Vertreter der amerikanischen Business Ethics, die in Wissenschaft und Praxis noch immer weitverbreitete Vorstellung bezeichnet, dass es in der Unternehmensführung um ‚rein sachliche' Fragen der betriebswirtschaftlichen Logik gehe, die nichts mit ethischen Gesichtspunkten zu tun hätten, also ethisch neutral seien. Eine solche Zwei-Welten-Konzeption einer ‚ethikfreien' ökonomischen Sachlogik einerseits und einer offenbar der wirtschaftlichen ‚Sache' ganz fremd gegenüberstehenden Ethik beruht jedoch auf einem grundlegenden Missverständnis: Worum sollte es bei der ‚Sache' des Wirtschaftens gehen, wenn nicht um das *Schaffen von Werten (‚Wertschöpfung') für Menschen*? Schließlich soll das Wirtschaften ja wohl nicht Selbstzweck sein, sondern letztlich der Befriedigung menschlicher Bedürfnisse dienen" (Ulrich 1999: 227).

Zugespitzt lautet der Vorwurf, die Wirtschaft sei nicht in der Lage, die Leitidee eines ethisch bewussten und gesellschaftlich verantworteten Managements zu erkennen und umzusetzen, sie sei vielmehr dem „Ungeist der reinen Ökonomie" (Bendixen 2003: 187) verhaftet – wie in einer Falle, aus der es kein Entrinnen gibt. Die Betriebswirtschaftslehre verfolge ein neoklassisch-reduktionistisches Forschungsprogramm mit naturwissenschaftlicher Ausrichtung und schotte sich gegen die Wirklichkeit ab. Das Denken in den Kategorien der reinen Ökonomie forme nachhaltig die Wahrnehmungsmuster und führe dazu, die Realität in einseitiger Weise zu beurteilen. Die Betriebswirtschaftslehre sei daher auf einem Fundament irriger Denkmodelle gebaut.

Die moderne BWL in ihrem Verständnis als Managementlehre und angewandte Wissenschaft hat Position A längst überwunden, wie z. B. die **Management-Konzeption St. Gallen** (vgl. Kapitel 2) eindrucksvoll belegt. Eine Unternehmung wird in diesem Kontext keinesfalls als ein Gebilde verstanden, das einem wirtschaftlichen Selbstzweck unterworfen ist, sondern vielmehr als eine Organisation, deren Aufgabe es ist, Leistungen zu erbringen, die über die engere Unternehmensperspektive hinaus einer gesellschaftlichen Nutzenperspektive standhalten müssen. Vor diesem Hintergrund erscheint es nicht gerechtfertigt, Unternehmen generell – und so auch die Kategorie der Medienunternehmen – als „kapitalistische Geldproduktionsmaschinen" abzuqualifizieren, deren ausschließlicher Leitmaßstab der „Kommerz" sei. Kernanliegen einer in diesem Sinne ganzheitlich definierten BWL ist es, gesellschaftlich vertretbares Handeln vom Management einzufordern.

Damit richtet sich der Blick auf die **Regelwerke**, die das Management-Handeln zu begrenzen in der Lage sind. **Drei Ansätze** sind zu unterscheiden (nachfolgend geordnet nach zunehmendem Freiheitsgrad der Unternehmung):

- Steuerung durch sanktionsbewehrte **rechtliche Regelungen**: Verfassung, Gesetze, Staatsverträge, z. B. Rundfunkstaatsvertrag, Presserecht (vgl. hierzu insbesondere Kapitel 10). Bei der Kennzeichnung des Mediensystems in Deutschland wird im Allgemeinen die starke Regulierung und Rolle des Staates in Anlehnung an das Sozialverantwortungsmodell beklagt (vgl. z. B. Meckel 1999: 21). Im Vergleich dazu pflegen die USA ein kommerziell ausgerichtetes, in liberalistischer Tradition weiterentwickeltes Mediensystem.
- Branchenbezogene **Selbstverpflichtung**: Zu denken ist an „Self Commitments" in Form von Codices (z. B. Pressekodex), Corporate Governance (vgl. Kapitel 25) oder Erklärungen von Diskussionskreisen (z. B. Davoser Manifest).
- **Unternehmensethik:** Ethische Selbstbeschränkung des unternehmerischen Handelns soll „dazu anleiten, durch einen sozialverträglichen Gebrauch der unternehmerischen Handlungsfreiheit in der Marktwirtschaft einen eigenständigen Beitrag zur gesellschaftlichen Friedensstiftung zu leisten" (Oechsler 1999: 341). Die Einhaltung moralischer Regeln liegt im Eigeninteresse von Medienunternehmen, da sie bei Verletzung dieser Regeln Gefahr laufen, Glaubwürdigkeit zu verlieren und Qualität einzubüßen. Ein wichtiger Ort, wo sich Unternehmensethik manifestiert, ist die Unternehmensverfassung (vgl. Kapitel 25).

Alle drei Ebenen sind Ausdruck und sorgen dafür, dass das Management gezwungen ist, in seinen strategischen und operativen Handlungen permanent „über den Tellerrand" der reinen Ökonomie hinaus zu blicken. Sie werden dies in Ausrichtung an Konsensmodellen tun, bei denen eine argumentative Verständigung zwischen den betroffenen Anspruchsgruppen bzw. **Stakeholdern** angestrebt wird. Das Ziel ist es, eine gemeinsam getragene Basis herzustellen, aus der eine möglichst große Legitimationswirkung entsteht (vgl. Ulrich/Fluri 1995: 77 ff.).

> Das Davoser Manifest als Konvention über die gesellschaftliche Verantwortung: „Ein 1973 auf dem European Management Forum in Davos entwickeltes Manifest, das Grundlage für die Erstellung von Führungsgrundsätzen im Sinne der Führungsethik sein kann. In dem Manifest werden Ziele wie z. B. der Dienst am Kunden, am Mitarbeiter, das Ziel der sozialen Verantwortung für die Gesellschaft, der Interessenausgleich zwischen Arbeitgebern und -nehmern sowie Qualitätsansprüche an Produkte und Produktionsprozesse aufgestellt" (www.unternehmerinfo.de/Lexikon).

Es ist deutlich geworden, dass es dem heute geltenden Verständnis nicht gerecht wird, die BWL auf eine rein ökonomische Dimension von Unternehmensführung zu reduzieren. Freilich stellt sich die Frage, welches **Maß der Integration von Ökonomie und gesellschaftlicher Verantwortung** anzustreben ist. Damit ist die Frage einer Leitvorstellung für eine ganzheitliche Managementlehre angesprochen.

> „Ich möchte am Ende nicht unbedingt so weit gehen, die vollständige Integration des unternehmensethischen Anliegens in die allgemeine (,integrierte') Managementlehre zu postulieren. Doch die Frage sei gestellt: Soll sich ihre Aufgabe – in den leicht variierten Worten von Peter Sloterdijk – darin erschöpfen, einfach die vorgefundenen ,marktwirtschaftlichen Bedingungen' hinzunehmen, sich mit den entsprechenden unternehmerischen ,Zwängen des Überlebens und Selbstbehauptungswünsche(n) ... einzurichten und am Ende gar deren Geschäfte zu besorgen'? Oder will sich die Managementlehre in Zukunft vermehrt auch als eine Instanz der Aufklärung und der Bewusstseinsbildung für ein ethisch orientiertes Managementverständnis begreifen und darin ihre eigene republikanisch-ethische Mitverantwortung für Wirtschaft und Gesellschaft erkennen?" (Ulrich 1999: 251).

1.2 Primat der Kommunikationswissenschaft?

Vor dem vorstehend dargelegten Hintergrund ist die Disziplin Medienmanagement als eine spezielle Betriebswirtschaftslehre, d. h. als eine Betriebswirtschaftslehre der Medien und der Medienunternehmungen, sehr wohl zu legitimieren. Medienmanagement unter dem Primat der Ökonomie versteht sich insofern nicht als eine ökonomistische Konzeption, sondern steht sehr wohl in gesellschaftlicher Verantwortung.

> „Das Medien- und Internetmanagement wird ... als betriebswirtschaftliche Disziplin konzipiert, die betriebliche Erscheinungen und Probleme bei der Führung von Medienunternehmen identifiziert und beschreibt. Gleichzeitig ist sie eine angewandte Wissenschaft, die der betrieblichen Praxis Hilfen zur Führung von Medienunternehmen geben soll. Diese Einordnung ... führt dann zu dem Ergebnis, dass das Medien- und Internetmanagement als eigenständige Medienbetriebslehre dargestellt werden kann, die als vollwertige Wirtschaftszweiglehre ... in den Bereich der Betriebswirtschaftslehre eingeordnet wird" (Wirtz 2013: 7). Bemerkenswert ist freilich jedoch das Petitum bzw. die Feststellung, dass eine Medienbetriebslehre einen theoretischen Kern benötige, die die Spezifika der Medienunternehmen aufgreift: „Zweifelsohne muss dieser Kern im Leistungsprozess zu finden sein, d. h. in Produktion und Vermarktung des „Medienprodukts", ggf. noch in speziellen Führungsfragen der Medienbranche. Ein geschlossenes Verständnis über diesen theoretischen Kern liegt noch nicht vor, allenfalls existieren Fragmente" (Hess in: Albers/Hess/Scholz 2006: 66).

Es ist nahe liegend, dass ein Primat der Betriebswirtschaftslehre bei der Legitimation von Medienmanagement nicht auf eine ungeteilte Zustimmung stößt. So könnte – im schroffen Gegensatz zu dieser Position – ein Primat der Kommunikationswissenschaft gefordert werden, wie das auch geschieht. Die Argumente sind:

(1) Der wirtschaftlichen Seite der Medien (also Medienwirtschaft, Medienökonomie, wirtschaftliche Steuerung der Medien etc.) komme eine **rein instrumentale Rolle** bei der Steuerung der „höherwertigen" Ziele von gesellschaftlicher Kommunikation zu. Die mit dem Medienmanagement in Zusammenhang stehende **Medienökonomie** sei als Teildisziplin der Publizistik- und Kommunikationswissenschaften („PKW") zu verstehen (vgl. Kiefer/Steininger 2014: 41 ff.).

> Medienökonomie: „Teildisziplin der PKW, die wirtschaftliche und publizistische Phänomene des Mediensystems kapitalistischer Marktwirtschaften mit Hilfe ökonomischer Theorien untersucht. Bei der Aufgabenbeschreibung ist wieder zwischen einer positiven und normativen Version von Medienökonomie zu unterscheiden. Positive Medienökonomik analysiert und erklärt die wirtschaftlichen und publizistischen Phänomene des Mediensystems, normative Medienökonomie entwickelt Gestaltungsoptionen mit Blick auf gesellschaftlich konsentierte Ziele des Mediensystems" (Kiefer/Steininger 2014: 51).

Medienökonomie als Konzept zur Erklärung publizistischer Phänomene, Medienmanagement als interdisziplinär ausgerichteter Ansatz müsse unter dem Primat der kommunikativen Dimension stehen, zumindest müsse sie sich in Richtung Kommunikationswissenschaft bewegen.

> „... erfordert das erfolgreiche Management von Medienunternehmen zusätzlich zu betriebswirtschaftlichen weiter medienspezifische, kulturelle, soziale, ästhetische u. a. Qualifikationen" (Karmasin/Winter 2000: 17). „Medienmanagement sollte sich deshalb nicht auf die Funktion der Erklärung von Gewinnmaximierungszusammenhängen beschränken, sondern auch die kommunikative Dimension in den Blick nehmen" (Karmasin/Winter 2000: 36 f.). „Es geht nicht nur um eine Theorie des Managements von Medien und Medienunternehmen, sondern um die genuine Integration kommunikativer, ethischer und ökonomischer Rationalität" (ebd.: 37).

Medienökonomie und Medienmanagement, verstanden als Teil der Kommunikationswissenschaft, machen auch die folgenden Zitate deutlich:

> „Das Management von Medienmarken als konsequente Umsetzung einer medienökonomischen Profilierungsstrategie muss dabei keineswegs in eine ‚Abschaffung' des Journalismus im Sinne von ‚Media Worlds in the Postjournalism Era' (Altheide/Snow 1991) oder in das pure Ausnützen der Gebrauchswertansprüche des Publikums zur Kapitalzirkulation und herrschaftlichen Funktionalisierung (vgl. Holzer 1994) münden. Vielmehr kann gerade das ungeheure Integrationspotenzial von Medienmarken zu einer ökonomisch wie journalistisch erfolgreichen Zusammenarbeit in Medienorganisationen, zu einem gesellschaftlich funktionalen Angebot und einer verlässlichen Orientierung für RezipientInnen führen" (Siegert 2000: 14).

> „Aus den Besonderheiten und der Rolle der Medienorganisationen als institutionalisierte KommunikatorInnen resultieren darüber hinaus Spezifika für das Markenmanagement, die herausgearbeitet werden, um deutlich zu machen, dass es sich eben nicht um klassische ökonomische Phänomene handelt, sondern um solche, die kommunikationswissenschaftliche Einzigartigkeiten aufweisen" (Siegert 2000: 13).

> „Als Teildisziplin der Kommunikationswissenschaft sollte Medienökonomie zweifellos publizistikwissenschaftlichem Erkenntnisinteresse dienen" (Kiefer/Steininger 2014: 50).

(2) Die BWL sei in ihrer positiv-theoretischen Ausprägung dem **neoklassischen Erklärungsmodell** verhaftet, das grundsätzlich nicht geeignet sei, die Wirklichkeit zu erklären. Fernab jeder Realität seien die grundlegenden Theorieannahmen des neoklassischen Marktmodells, als da sind: vollkommene Information aller Beteiligten, Rationalität der Akteure, Nutzenmaximierung der Haushalte, Gewinnmaximierung der Unternehmen, atomistische Marktstrukturen, homogene Güter, vollkommene Mobilität der Produktionsfaktoren, kein Zeitbedarf der Transaktionen. Die Hauptaussage der Theorie, der Markt bringe ohne externe Eingriffe und Planungen einen effizienten Zustand mit einem stabilen Gleichgewicht hervor (Theorem der unsichtbaren Hand), sei wenig nützlich und letztlich reiner „Modell-Platonismus". Auch die theoretischen Weiterentwicklungen, vor allem in Richtung der Institutionenökonomik, würden die Defekte nicht beseitigen. Zu hinterfragen sei in diesem Zusammenhang insbesondere die Annahme eines **methodologischen Individualismus**, nach dem alle sozialen Phänomene grundsätzlich auf individuelles Verhalten zurückzuführen sind.

> „Es wird teilweise bestritten, dass der methodologische Individualismus der Wirtschaftswissenschaften, der die industrieökonomischen und institutionenökonomischen Theorien beherrscht, für die Erklärung der wirtschaftlichen Dimensionen des Mediensystems ausreichend ist. Dies gilt insbesondere für die Vertreter systemtheoretischer, politökonomischer und kritischer Ansätze" (Seufert 2002: 60).

(3) Die **normativen Elemente** der herrschenden ökonomischen Theorien seien allein an ökonomischen Zielgrößen wie allokative Effizienz oder Verteilungsgerechtigkeit ausgerichtet. Damit greife man zu kurz, kommunikationswissenschaftlich fundierte Zielsetzungen wie Meinungsvielfalt, kulturelle Vielfalt, soziale Integration oder journalistische Ethik würden nicht ausreichend berücksichtigt. Die Rolle der Medien, ihre Auswirkungen und Folgen für die Gesellschaft seien zu groß, als dass man sie den Ökonomen überlassen dürfte.

> „Medienökonomie ist mehr als Ökonomie der Medien. Das heißt: Unter dem Gesichtspunkt einer gegenstandsadäquaten und praxisorientierten Theorieentwicklung, Lehre und Forschung kann sich Medienökonomie in der Kommunikationswissenschaft nicht auf rein wirtschaftswissenschaftliche, schon gar

nicht auf betriebswirtschaftliche Fragen aus Sicht der Medienunternehmen, z.B. auf das Medienmanagement, beschränken." (Knoche 2002: 101).

Aus der hier – plakativ skizzierten – Position wird abgeleitet, Medienökonomie und Medienmanagement als ein **transdisziplinäres Lehr- und Forschungsprogramm** zu konzipieren (Altmeppen/Karmasin 2003). Dabei soll eine Loslösung von der institutionellen Ebene erfolgen und eine analytische Dimension angestrebt werden, auf der Leitbegriffe wie Vielfalt, Verantwortung und Qualität dominieren.

Eine Leitwissenschaft, z. B. die Wirtschaftswissenschaft oder die Kommunikationswissenschaft, gäbe es dann nicht mehr.

„Deshalb muss die Medienökonomie transdisziplinär verfasst sein. Eine solche transdisziplinäre Auffassung stellt die erfolgversprechendste wissenschaftliche Reaktion auf die Komplexität aktueller medialer Strukturen dar" (Altmeppen/Karmasin 2003: 30).

Einem solchen Postulat kann im Prinzip zugestimmt werden, sofern man die betriebswirtschaftlichen Ansätze in ihrer heute vorherrschenden interdisziplinären Wissenschaftlichkeit akzeptiert. Insofern ist nicht wirklich hilfreich, den Erklärungsansatz der neoklassischen Wirtschaftstheorie zu brandmarken, da die BWL selbst diesen nicht verabsolutiert, sondern lediglich als Denkansatz versteht, um das Phänomen der „reinen" Wirtschaftlichkeit zu markieren. Alle verfügbaren „erklärungsmächtigen" Ansätze sind aufzurufen, so z. B. die Neue Institutionenökonomik mit der Theorie der Transaktionskosten, der Property-Rights- und Principal-Agent-Theorie (s. u. I.5).

Völlig überzogen erscheint es, im Spannungsfeld von Kommunikationswissenschaft und Betriebswirtschaftslehre undifferenziert eine „offenkundige Interessenkollision zwischen Profit und gesellschaftlich vermittelter Instanz" (Altmeppen/Karmasin 2003: 23) zu konstatieren.

Abb. 1-1 kennzeichnet die Begründungsansätze für Medienmanagement.

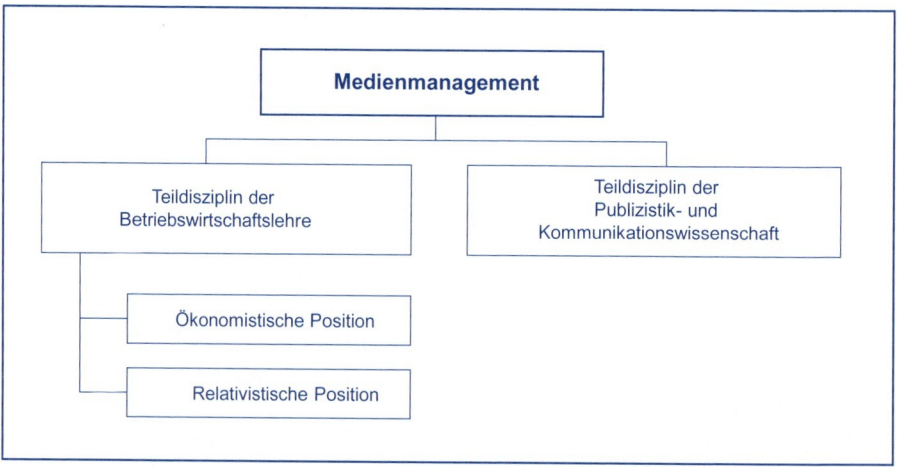

Abb. 1-1: Medienmanagement-Paradigmen im Vergleich

1.3 Begriff und Verständnis der Medien

Das zugrunde gelegte Paradigma bestimmt nachhaltig darüber, welches Verständnis man von den Medien hat und damit auch darüber, wie Medienmanagement als Disziplin zu positionieren ist. Nachfolgend sollen Ansatzpunkte zur **Definition des Phänomens Medien** gegeben werden.

Der Medienbegriff wird im **Alltagsgebrauch** als Sammelbegriff für die technischen Instrumente verwendet, die der Verbreitung von Aussagen dienen. Dies zeigen die folgenden beiden Lexikon-Definitionen:

> Meyers Enzyklopädisches Lexikon 1975: „Medium (Plural: Media) [lat.: das in der Mitte Befindliche], allgemein: Mittel, vermittelndes Element; insbes. [in der Mehrzahl]: Mittel zur Weitergabe oder Verbreitung von Information durch Sprache, Gestik, Mimik, Schrift und Bild (...)". Bertelsmann Universal Lexikon 1993: „Massenmedien, Massenkommunikationsmittel, alle Einrichtungen, die bei der Massenkommunikation zur Vermittlung oder Übertragung von Aussagen dienen; sie sind technische Instrumente oder Apparaturen, mit denen Aussagen öffentlich, direkt, und einseitig (d. h. ohne Dialog zwischen Publikum und Medium) an ein disperses Publikum verbreitet werden. Zu den Massenmedien werden Presse, Rundfunk, Film und Fernsehen gerechnet, neuerdings auch Schallplatte, Buch und Video."

Auch in der wissenschaftlichen Bearbeitung steht die **Vermittlungsfunktion der Medien** bei ihren Analysen im Vordergrund, wie man aus verschiedenen Definitionen ersehen kann:

> Die Medien sind die „technische und organisatorische Infrastruktur für die Kommunikation" (Hunziker 1988: 15). Ein Medium umfasst „alle jene technischen Instrumente und Apparaturen, mit deren Hilfe publizistische Aussagen an die Öffentlichkeit weitergeleitet werden" (Pürer 1990: 42). „Medien sind Vermittlungsinstanzen. Zur Vermittlung benötigen sie nicht nur eine Öffentlichkeit, eine Präsentationsstätte für das Mitzuteilende und eine Transportkapazität, sondern auch einen Inhalt. Was Medien transportieren, sind Bedeutungen, die auf einen Gegenstand oder einen Sachverhalt verweisen" (Wiegerling 1988: 17). „Unter Medien werden in unserem Zusammenhang materiell-mechanische oder energetische (elektrische, elektromagnetische, elektronische, optoelektronische) Träger und Übermittler von Daten bzw. Informationseinheiten und mechanische sowie elektronische Mittel der Datenverarbeitung verstanden, dies im Sinne der drei medienlogischen Grundphänomene der Speicherung, Übertragung und Bearbeitung" (Hiebel/Hiebler/Kogler/Walitsch 1998: 12).

Die Vorstellung, Medien seien ein reines Transportmittel, wird als relativ simpel bezeichnet und mit dem Begriff der „Container-Metapher" kritisch belegt (vgl. Burkart 2002: 35 f.). Damit erweitert sich der Blick über die enge Vorstellung, Medien seien lediglich so etwas wie Transport-Unternehmen für Botschaften zwischen den Menschen, hinaus. Medien sind in einem größeren Zusammenhang zu sehen, insbesondere als wichtige **Einrichtungen der Gesellschaft** zu verstehen:

> Medien sind nicht nur Kommunikationskanäle, die geeignet sind, Zeichensysteme zu transportieren. Sie sind auch Organisationen, also „zweckerfüllende Sozialsysteme", und zwar komplexe Systeme. Diese Systeme haben eine große Wirkung „in alle erdenklichen Schichten des gesellschaftlichen Seins" hinein. Und es sind institutionalisierte Einrichtungen, die innerhalb des „gesellschaftlichen Regelungssystems" eine Rolle spielen (vgl. Saxer 1997: 21). „Damit ein Kommunikationsvorgang zustande kommt, bedarf es eines Mediums, d. h. einer Veranschaulichung der zu übertragenden sprachlichen Zeichen. Die Gestalt der Medien hängt von der Art der verwendeten Zeichensysteme sowie von der Art des sozialen Kontakts zwischen den Kommunikationspartnern ab" (Hunziker 1988: 15). Medien sind u. a. „technologische Artefakte" (z. B. Kabel, Satelliten), von der Gesellschaft abhängige publizistische Arbeitsorganisationen (Redaktionen, Nachrichtenagenturen, Rundfunkorganisationen, Pressedienste,

Vertriebssysteme) und auch gleichzusetzen mit „Berichterstattung", das sind die verbreiteten Ergebnisse der Auswahlentscheidungen der Redaktionen (vgl. Rühl 1993: 79).

Jede theoretische Erklärung, sei es in Form eines einfachen oder komplexeren Modells, sei es in Form eines ganzen Theoriegebäudes, hängt wesentlich davon ab, von welchem Standpunkt aus die Erklärung vorgenommen wird. Damit bestimmt der subjektive Standpunkt des Betrachters die Erkenntnis. In der Medien- und Kommunikationstheorie wird dieser Sachverhalt mit dem Begriff der **Metapher** bezeichnet.

> Eine Metapher ist die ganz spezielle Optik, aus der heraus wir einen interessierenden Gegenstand (hier die Medien) betrachten. Wer kommuniziert, muss sich bewusst sein, dass er sich – ob er will oder nicht – einer ganz speziellen Metapher bedient, die von der Vorstellung eines anderen abweichen kann.

Es ist wichtig, sich stets bewusst zu machen, dass wir die Dinge *immer* aus einer bestimmten Perspektive heraus betrachten, und dass es notwendig ist, die jeweilige Perspektive, aus der ein Thema beleuchtet wird, zu verdeutlichen. Nachfolgend soll eine Liste von **Metaphern** für das Verständnis von **Kommunikation** und **Medien** dargestellt werden (vgl. Schellmann/Baumann/Gläser/Kegel 2013: 49 f.):

- Metapher von der Schaffung von (kognitiven) Gemeinsamkeiten („cognitive sharing"): Kommunikation ist ein Phänomen, das bei den Kommunikationspartnern zu Gemeinsamkeit führt. Sie drückt sich in Form einer *Mitteilung* aus. „Mit-Teilung" bedeutet „Teilung" von etwas Gemeinsamem. Die Metapher der Gemeinsamkeit unterstellt, dass es im Kommunikationsvorgang nur *eine einzige* Bedeutung gibt, die von jedem der beteiligten Kommunikationspartner erkannt und begriffen wird.
- Metapher vom physischen Transport („Container-Metapher"): Kommunikation wird als eine – physikalisch messbare – Übertragung von Botschaften verstanden. Ein Medium ist gleichsam als ein Container zu interpretieren, der Botschaften von einem Ort zum anderen transportiert. Umgangssprachliche Redewendungen, die auf dieses Verständnis der Medien hindeuten, sind z. B.: „Was steht *in* dem Brief?"; „Der Artikel *enthält* nichts Neues"; „das ist ein bedeutungs*voller* Satz!"
- Metapher vom Kanal: Kommunikation wird als ein physikalischer Fließvorgang von Signalen verstanden, der in einem rohrartigen Kanal stattfindet. Die Botschaften werden als Flüssigkeit von einem Ort zum anderen geleitet. Menschliche Kommunikation ist in diesem Bild eine Erscheinung, die sogar mehrere Rohre benötigt, entsprechend der Vielfalt der Kommunikationsformen (verbal/nonverbal; Kanäle des Sehens, Hörens, Berührens, Riechens, Schmeckens). Sprachlich kommt diese Metapher z. B. im Bild vom „Informationsfluss" zum Ausdruck.
- Metapher der mathematisch-technischen Relation: Zahlreiche Modelle (so auch z. B. Shannon-Weaver) folgen einer Metaphorik, bei der die Kommunikation als ein mathematisch nachvollziehbarer Vorgang zwischen Sender und Empfänger verstanden wird.
- Metapher vom Argument als Krieg: Kommunikation wird als ein Instrument der verbalen Kriegsführung begriffen.
- Kontroll-Metapher: Kommunikation ist Ursache und ist ein Instrument zur Lösung menschlicher Probleme bzw. zur Erreichung von Zielen. Im Extrem wird Kom-

munikation zur Technik der Manipulation. Umgangssprachlich finden sich viele Beispiele: „Das Fernsehen wirkt sich auf die Schulleistungen aus"; „Der Brief machte mich glücklich".

Anhand dieser Aufzählung möglicher Metaphern wird deutlich, dass es immer höchst unterschiedliche Vorstellungen über das Phänomen der Kommunikation und der Medien geben wird. Es wird nicht möglich sein, sich auf eine einzige Sichtweise zu verständigen. Je nach Gesellschaft, Situation oder Fragestellung wird man die eine oder die andere Sicht bevorzugen. Viele der hier vorgestellten Metaphern werden wie ausgetretene Pfade benutzt, was insbesondere für die Container-Metapher und die Metapher vom Fluss von Informationsmengen gilt. Es ist offenkundig, dass eine solche, sich auf die physikalisch-mathematische Sicht der Dinge verengende Perspektive problematisch ist, und dass es ein einziges, allgemein gültiges Kommunikations- und Medienmodell nicht geben kann.

In der Medien- und Kommunikationstheorie haben sich zwei theoretische Grundkonzeptionen herausgebildet, die sich als **Leitlinien für den Aufbau von Theoriegebäuden** eignen. Es handelt sich um die beiden folgenden Konzepte:

- Reiz-Reaktions-Schema;
- Konstruktivismus.

Das **Reiz-Reaktions-Schema** geht davon aus, dass eine Wirkung immer auch eine Ursache haben muss. Die Wirkung (= „Response", „Reaktion") ist also immer die Folge eines Reizes (= „Stimulus"). Der Ansatz steht im Zeichen des Behaviorismus und wird daher auch Stimulus-Response-Ansatz genannt. Er stellt die Frage: Was machen die Medien mit den Menschen?

Hinter dem Reiz-Reaktions-Schema stehen im Prinzip **drei Annahmen**, deren man sich immer bewusst sein muss (Merten 1999: 294 ff.):

- Annahme der Transitivität: Stimuli sind Kräfte, denen man eine Masse und eine kinetische Energie zuschreibt. Der Wirkungsprozess wird als Vorgang der Übertragung („Transmission") von Kräften verstanden.
- Annahme der Proportionalität: Die Wirkung wird immer an einem bestimmten Stimulus festgemacht, wobei der Grundsatz gilt: Gleicher Stimulus erzeugt gleiche Wirkung. Und: Je intensiver, anhaltender, direkter der Stimulus, desto größer die Wirkung. Dies bedeutet ein Denken in mechanistischen Kategorien, das als „Weltmodell der trivialen Maschine" (von Foerster) bezeichnet wurde.
- Annahme der Kausalität: Zwischen Wirkung und Ursache besteht ein ursächlicher Zusammenhang. Diese Vorstellung ist eng mit dem Denken in naturwissenschaftlich-physikalischen Kategorien verbunden, wonach ein enger Zusammenhang zwischen Ursache und Wirkung besteht, z. B. eine physikalische Kraft (Schlag mit einem Hammer) als Ursache und die Bewegung des Gegenstands (Nagel in die Wand) als Wirkung. Das Denken ist linear, einseitig, ein „Wenn-Dann-Denken".

Im Gegensatz dazu steht der Ansatz des **Konstruktivismus**. Dieser geht nicht davon aus, dass der Mensch ein passives Wesen sei, das lediglich darauf warte, von den Medien beeinflusst zu werden, sondern er nimmt an, dass jedes Individuum aktiver Konstrukteur seiner eigenen Wirklichkeit ist. Die zentrale Frage ist nicht: Was machen die Medien mit den Menschen? Sondern: Was machen die Menschen mit den Medien? Damit sind Medien „bedeutende Einrichtungen der gesellschaftlichen Wirklichkeitskonstruktion" (Altmeppen/Karmasin 2003: 22).

Abbildung 1-2 zeigt das **Kommunikationsmodell von Maletzke** („Feldschema"), das auf einer konstruktivistischen Sicht des Kommunikationsprozesses aufbaut.

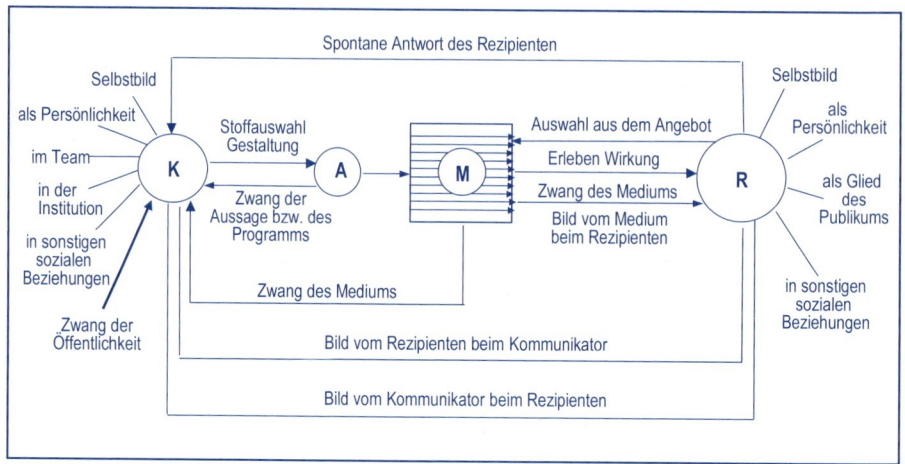

Abb. 1-2: Feldschema von Maletzke

Das Modell lehnt sich an die **Lasswell-Formel** an, die in systematischer Weise fünf Kernelemente eines Kommunikationsprozesses beschreibt.

> Die Lasswell-Formel: 1. „Wer?" – Kommunikator; 2. „sagt was?" – Botschaft; 3. „über welchen Kanal?" – Medium; 4. „zu wem?" – Rezipienten; 5. „mit welcher Wirkung?" – Effekt.

Das Maletzke-Modell bringt zum Ausdruck, dass weder der Kommunikator (K) noch der Rezipient (R) als Einzelwesen zu verstehen sind, sondern über die Vermittlungsleistung der Medien (M) in einer wechselseitigen Beziehung zueinander stehen. Beide machen sich ein Bild voneinander (sie konstruieren eigenständige Wirklichkeiten), und jeder der beiden geht mit bestimmten Vorprägungen (Bild von sich selbst, Persönlichkeitsmerkmale) in den Kommunikationsvorgang hinein. Das Zusammenspiel von Kommunikator und Rezipient wird von Zwängen beeinflusst:

- Zwang für den Kommunikator: Er kann unter Öffentlichkeitsdruck stehen.
- Zwang der Aussage: Der Kommunikator äußert sich öffentlich und kann im Hinblick auf seine Aussagen beim Wort genommen werden.
- Zwang des Mediums: Es unterliegt ganz bestimmten dramaturgischen und technisch-organisatorischen Voraussetzungen, die das, was produziert und dargestellt werden soll, maßgeblich beeinflusst.
- Zwang für den Rezipienten: Die Art des Mediums bestimmt darüber, in welcher Form das Dargebotene aufgenommen werden muss.

1.4 Alternative Medienmanagement-Ansätze

Am Begriff „Metapher" ansetzend ist zu postulieren, dass bei der Formulierung einer Medienmanagement-Konzeption das „intuitive Vorverständnis", das beim Blick auf die Organisation und deren Führung zugrunde gelegt wird, offen zu legen und zu thematisieren ist. Dabei wird von „Bildern der Organisation" gesprochen (Morgan 2000), von „Ansätzen" (Macharzina 1999: 39 ff.), von „Schulen, Lehrmeinungen, Strömungen" (Steinmann/Schreyögg/Koch 2013: 38 ff.) oder von „Theorien" (Wolf 2013: Kap. 1 u. 2). Gemeinsamkeit besteht darin, dass von einer „Theorievielfalt für die Organisations-, Management- und Unternehmensführungstheorie" (Wolf 2013: 53) auszugehen ist.

Um die unterschiedlichen Perspektiven zu ordnen, ist das sog. **Scheinwerfer-Modell** (Kirsch 1988: 155) hilfreich, das die unterschiedlichen, teilweise konkurrierenden Erklärungsperspektiven ordnet (vgl. Abb. 1-3; Quelle: in Anlehnung an Kirsch 1988).

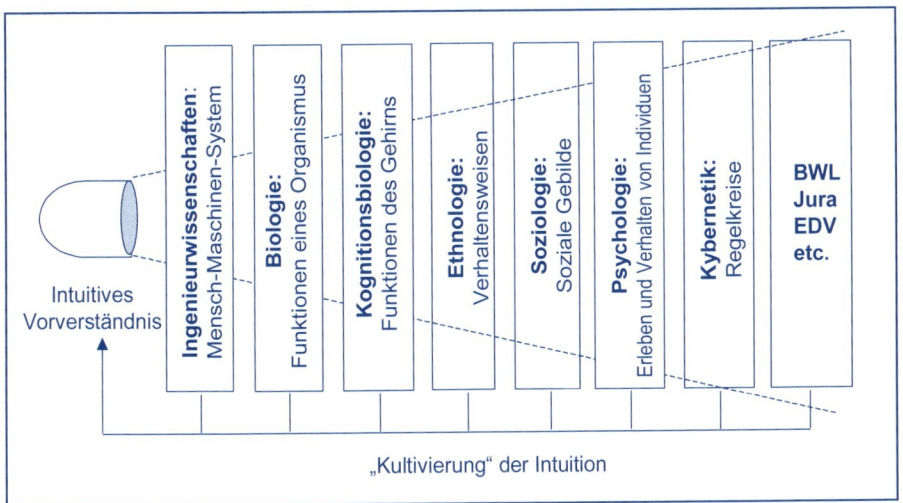

Abb. 1-3: Scheinwerfer-Modell der BWL als Managementlehre

Diese Betonung des Blickwinkels wird auch in einem Ansatz herausgestellt, der verschiedene **Bilder der Organisation** unterscheidet (vgl. Morgan 2000):

- Mechanisierung: Die Organisation als Maschine;
- Natur: Die Organisation als Organismus;
- Selbstorganisation: Die Organisation als Gehirn;
- Soziale Realitäten: Die Organisation als Kultur;
- Interessen, Konflikt, Macht: Die Organisation als politisches System;
- Platos Höhlengleichnis und die Realität: Organisation als psychisches Gefängnis;
- Logik der Veränderung: Die Organisation als Fluss und Wandel;
- Das hässliche Antlitz: Die Organisation als Machtinstrument.

Die Kunst des Managements besteht nach Morgan darin, die Organisation über Metaphern zu deuten und durch Metaphern zu managen und zu gestalten. Entscheidend ist für ihn die Erkenntnis, dass jedes Managementhandeln auf der Denkweise, auf der „Art, wie wir denken", beruht und der Erfolg maßgeblich davon abhängt, welche Denkungsart dem Handeln zugrunde gelegt wird.

> „Die oberste Prämisse dieses Buches lautet, daß unsere Theorien und Erklärungen von Organisationsvorgängen auf Metaphern beruhen, die es uns ermöglichen, Organisationen differenziert und doch nur ausschnittweise zu betrachten und zu begreifen. Metaphern gelten häufig nur als Mittel zur Ausschmückung von Gedankengängen, aber ihre Bedeutung reicht viel weiter. Denn der Gebrauch von Metaphern umfaßt eine *Denkungsart* und eine *Sichtweise*, die auf unser allgemeines Verständnis der Welt schließen läßt. Forschungen auf ganz unterschiedlichen Gebieten haben zum Beispiel gezeigt, daß Metaphern einen prägenden Einfluß auf die Wissenschaft, auf unsere Sprache und unser Denken und auch darauf haben, wie wir uns im Alltag ausdrücken" (Morgan 2000: 15).

Eine prominente Rolle in der Interpretation von Organisationen und Managementkonzepten spielt die Maschinen-Methapher. Unternehmen werden als Gebilde interpretiert, die wie Maschinen funktionieren. Es ist zu befürchten, dass diese Geisteshaltung – oft trotz besseren Wissens – nach wie vor eine weite Verbreitung findet.

> „Denn Organisationen sind komplexe und paradoxe Phänomene, die sich aus ganz verschiedenen Perspektiven betrachten lassen. Zahlreiche von uns für selbstverständlich gehaltene Vorstellungen von Organisationen sind Metaphern, auch wenn wir sie nicht als solche erkennen. Zum Beispiel sprechen wir häufig von Organisationen wie von Maschinen, die dazu dienen, vorher festgelegte Ziele und Aufgaben reibungslos und effizient zu erfüllen. Diese Grundeinstellung verführt dazu, eine Organisation mechanistisch aufzubauen und zu leiten, und ihren menschlichen Komponenten eine untergeordnete Rolle zuzuweisen" (Morgan 2000: 16). Morgan führt als Grund für diese Schieflage an, „daß das Wort Organisation vom griechischen Wort *organon* stammt, was Werkzeug oder Instrument bedeutet. Deshalb ist es nicht verwunderlich, daß der Begriff Organisation häufig mit mechanischen oder instrumentellen Vorstellungen in Zusammenhang gebracht wird. Durch die Prägung des Begriffs *Imaginierung* möchte ich den Organisationsbegriff von dieser mechanischen Bedeutung befreien, indem ich die enge Verbindung zwischen Vorstellungen und Handlungen symbolisch veranschauliche. Organisation wird immer durch zugrundeliegende Vorstellungen und Ideen geprägt – wir organisieren unsere Vorstellungen entsprechend, und die Vorstellung entsteht immer auf viele unterschiedliche Arten" (ebd. 505 f.).

Zur besseren Übersicht und inhaltlichen Einordnung sollen im Folgenden **vier basale Gruppen** von Perspektiven hervorgehoben und in der gebotenen Kürze beschrieben werden, nach denen sich die genannten Einzelansätze im Prinzip zuordnen lassen:

- Medienmanagement in wirtschaftstheoretischer Perspektive;
- Medienmanagement in verhaltenstheoretischer Perspektive;
- Medienmanagement in politiktheoretischer Perspektive;
- Medienmanagement in systemtheoretischer Perspektive.

Die Wahl dieser Kategorien stellt eine gewisse Einschränkung dar, verzichtet sie doch von vornherein auf eine ganzheitliche Sicht. Gleichwohl repräsentieren diese Perspektiven zentrale Blickwinkel, denen sich die Positionierung von Management-Konzepten – also auch die Positionierung von Medienmanagement-Konzepten – stellen muss. Inwiefern im Sinne inter- und transdisziplinärer Themenbearbeitung weitere Aspekte aufzurufen sind, muss dann der jeweiligen Fragestellung überlassen bleiben. An dieser Stelle soll es darum gehen, eine erste Navigationshilfe zu bieten.

1.5 Medienmanagement in wirtschaftstheoretischer Perspektive

Die ökonomische Theorie wirft die Frage auf, wie sich Menschen verhalten sollten, um vernünftige Entscheidungen zu treffen. Grundlage ist damit das **Leitbild vom vernünftigen Handeln**. Zielvorstellung ist die Analyse von Ursache-Wirkungs-Zusammenhängen im Hinblick auf die Einkommenserzielung als Reinvermögenszuwachs einer Periode (vgl. Freiling/Reckenfelderbäumer 2004: 32).

Um Medienmanagement aus wirtschaftstheoretischer Sicht zu positionieren, lassen sich **zwei Ansätze** pointiert herausstellen:

- Klassische Schule des Managements (Prozessansatz);
- Neue Institutionenökonomische Theorie (bzw. Neue Institutionenökonomik).

(1) Die **klassische Schule des Managements** mit den Hauptvertretern Taylor (Scientific Management), Max Weber (Bürokratiemodell) und Fayol (Administrationstheorie) legte zu Beginn des 20. Jahrhunderts das Fundament für die Managementlehre und kann heute noch als Ausgangspunkte der theoretischen Befassung mit dem Gegenstand gesehen werden. Im Fokus steht der Managementprozess – daher auch Prozessansatz genannt – mit den Schritten Planung, Ausführung und Kontrolle, den es funktionsorientiert und als logische Abfolge von Einzelaufgaben zu analysieren und zu optimieren gilt.

Die Annahmen der klassischen Schule lassen sich mit den folgenden **Attributen** umschreiben:

- Reduktionismus: Verständnis der Organisation als Maschine, mechanistisch-technokratisches Weltbild, reduktionistisches Managementdenken im Sinne der Maschinen-Metapher der Organisation;
- Rationalismus: Dominanz der Rationalität, Anlehnung an naturwissenschaftliches Ursache-Wirkungs-Denken, sachtechnische Bestimmung der Effizienz einer Organisation, Betonung von ökonomischem Rationalismus und technokratisch-ökonomischer Funktionalität; Übergewicht analytisch-zerlegenden Denkens;
- Anmaßung von Wissen: Erkenntnisse über Führung sind reproduzierbar, die Ergebnisse sind prognostizierbar;
- Machbarkeitsideologie: Primat der Planung, Primat des Wollens, Denken in Machbarkeit, Illusion der vollständigen Beherrschbarkeit und Steuerbarkeit soziotechnischer Systeme;
- Zentralisierung: (objektives) Wissen wird zum dominanten Machtfaktor;
- Verantwortung: Handeln muss nicht selbst verantwortet werden;
- Determinismus: Die Produktionsfaktoren sind beherrschbar, Dominanz von Regelhaftigkeit und Präzision.
- Spezialisierung: fachliche Überspezialisierung und organisatorische Zersplitterung.

Vor diesem Hintergrund ist es verständlich, dass der Ansatz auch als Theorie der administrativen Verwaltungs- und Unternehmensführung bezeichnet wird.

Fragt man nach dem zugrunde liegenden **Menschenbild**, so lässt es sich mit den folgenden Annahmen charakterisieren:

- Es besteht die Notwendigkeit, den Einzelnen zu disziplinieren, da ihm der Überblick zur eigenverantwortlichen Gestaltung der Arbeitsbeziehungen fehlt.
- Der Mensch hält sich nicht verlässlich an die Vorschriften.
- Quelle aller Weisungsbefugnisse muss die Unternehmensspitze sein.
- Der Mensch ist Teil eines Mensch-Maschine-Systems, das Produktivität durch Spezialisierung auf eng begrenzte Aufgabenbezüge erzeugt.

Aufgrund der zentralen Bedeutung seien die **drei zentralen Theorien der klassischen Schule** nachfolgend kurz skizziert (vgl. im Einzelnen Wolf 2013: Kap. 3.1):

Das Konzept des **Scientific Management nach Taylor** verfolgt das Ziel, mit wissenschaftlichen Methoden den Produktionsprozess von Industrieunternehmen steuerbar, transparent und kontrollierbar zu gestalten. Als Bausteine dienen die Durchführung von Zeit- und Bewegungsstudien, systematische vertikale Arbeitsteilung (Trennung von Hand- und Kopfarbeit) sowie (extreme) horizontale Arbeitsteilung durch Spezialisierung, Einrichtung von Leistungseinheiten (Arbeitsbüros, Funktionsmeistersystem), Einsatz leistungsorientierter Anreizsysteme, Normierung von Hilfsmitteln, sorgfältige Auswahl und Qualifizierung der Arbeiter, harmonieorientierter Ausgleich der Interessen von Arbeitern und Unternehmensleitung.

Zentrale Begriffe des **Bürokratiemodells nach Max Weber** sind Bürokratie und Herrschaft. Unter Bürokratie ist die zweckrationale Form der Organisierung menschlicher Arbeit und der Beherrschung von Menschen zu verstehen. Nach Weber ist Herrschaft als eine positive Erscheinung und eine Chance zu begreifen, durch gezielte Einwirkung bei den im Arbeitsverhältnis stehenden Personen eine Verhaltensweise auszulösen, die sonst nicht erreichbar wäre. Sie ist damit ein Mechanismus, der dafür sorgt, Regelmäßigkeit und Zielgerichtetheit des Handels von Organisationsmitgliedern zu ermöglichen. Herrschaft kann in drei Formen ausgeübt werden:

- Charismatische Herrschaft;
- Traditionale Herrschaft;
- Legale Herrschaft.

Aus der Sicht des Weberschen Ansatzes ist ein Management, das sich der „Tools" Bürokratie und Herrschaft bedient – entgegen der umgangssprachlich negativen Besetzung der beiden Begriffe – ein Konzept zur Rationalisierung und Steuerung von Institutionen und daher von Vorteil.

Die **Administrationstheorie von Fayol** beschreibt erstmalig in systematischer Weise die Management- bzw. Verwaltungsfunktion, die als Amalgam aus fünf Teilfunktionen – Vorausschau und Planung, Organisation, Leitung und Anweisung, Koordination, Kontrolle – erklärt wird. Hieraus werden 14 universelle Management-Prinzipien abgeleitet, die den Führungskräften als Handlungsanleitungen dienen sollen.

Die „principes généraux d'administration" lauten: Arbeitsteilung, Einheit der Auftragserteilung, Autorität und Verantwortung, Disziplin, Einheit der Leitung, Unterordnung des Einzelinteresses unter das Gesamtinteresse, Entlohnung des Personals, Zentralisation und Dezentralisation, Hierarchie bzw. Dienstweg, Ordnung, „Billigkeit" (Vertrauen, Wohlwollen, Freundlichkeit, Willigkeit, Gerechtigkeit), Stabilität des Personals, Initiative, Gemeinschaftsgeist. Es ist offenkundig, dass sich das Menschenbild bei Fayol im Vergleich zum Ansatz von Taylor deutlich in Richtung von Leistungsinteresse, Fähigkeit und Vertrauenswürdigkeit bewegt.

Vor dem Hintergrund der klassischen Schule wäre Medienmanagement als Konzeption zu verstehen, die auf die **wirtschaftlich rationale Steuerung des Unternehmens** setzt – ein Ansatz, der im Kontext von Medien mit der besonderen gesellschaftlichen Bedeutung zu einer Verkürzung des Handlungsrahmens führen müsste. Immerhin sind die Konzepte auch heute noch zur Analyse und Steuerung von Teilgebieten geeignet (z. B. industrialisierte Produktionsprozesse von Daily Soaps, TV-Nachrichtensendungen, Sendeabwicklung oder Produktionsplanungssysteme im Druckbereich).

> „Hinsichtlich der klassischen Organisations-, Management- und Unternehmensführungstheorien ist festzuhalten, dass sie trotz ihres (relativ) frühen Entstehungszeitpunktes auch heute noch keinesfalls überholt sind. Das Attribut „klassisch" trifft bei ihnen insofern voll und ganz zu, als in ihrem Rahmen zeitlos gültige bzw. relevante Wirkungszusammenhänge der Organisations-, Management- und Unternehmensführungsdisziplin diskutiert werden. Rosabeth Moss Kanter (1985) dürfte mit ihrer Vermutung recht haben, dass die klassischen Theorien so manches aktuelle, im Organisations- und Managementbereich auflodernde Untersuchungsgetöse genauso überdauern werden wie der stille Ozean tief unter der Oberfläche seiner Wellen" (Wolf 2013: 59).

(2) Zur theoretischen Fundierung von Medienmanagement im Lichte der Wirtschaftstheorie steht als zweiter Ansatz die **Neue Institutionenökonomische Theorie** (New Institutional Economics / NIE) im Brennpunkt des wissenschaftlichen Interesses. Der Ansatz wird auch als „informationsökonomischer Ansatz" bezeichnet, dies deshalb, weil er den Fokus auf die Kosten der Informationsbeschaffung und Informationsnutzung im unternehmerischen Entscheidungsprozess legt (vgl. Wolf 2013: 333).

Im Mittelpunkt stehen **Institutionen** (Unternehmen, Organisationen), die drei Funktionen ausüben (Freiling/Reckenfelderbäumer 2004: 27 ff.):

- Funktion der Verringerung von Unsicherheit: Institutionen sind eine Antwort auf die Unsicherheit im wirtschaftlichen Handeln, sie sorgen dafür, dass menschliches Handeln vorhersagbar wird.
- Funktion der Abstimmung individuellen Verhaltens: Institutionen regeln das Zusammenwirken einer Mehrzahl von Menschen, die von unterschiedlichen Interessen geleitet werden und veranlassen die Menschen, auf die Verfolgung bestimmter Einzelinteressen zu verzichten.
- Funktion der Regelung von Anreizstrukturen: Institutionen definieren Regeln, Sanktionen und Garantien, nach denen sich die Individuen richten müssen.

Als geeignete **Analyseinstrumente** stehen **vier Varianten** der Theorie der Neuen Institutionenökonomik zur Verfügung (vgl. Wolf 2013: 333 ff.; Kiefer/Steininger 2014: 62 ff.):

- Theorie der Verfügungsrechte (Property-Rights-Theorie);
- Transaktionskostentheorie;
- Agenturkostentheorie (Principal-Agent-Theorie, Agency-Theorie);
- Verfassungsökonomik und Public Choice-Ansatz.

Die **Theorie der Verfügungsrechte** bzw. der **Property-Rights-Ansatz** hat die Ausgestaltung, Zuordnung und Beschränkung von Eigentumsrechten zum Gegenstand. Eigentumsrechte zu besitzen ist interessant, weil damit eine Nutzenmehrung (Gratifikation) einhergeht. Nur Güter, die Eigentumsrechte begründen, sind relevant, d. h. nur Güter, die ein Bündel an Verfügungsrechten mit sich führen, sind wertvoll und werden bei einer Transaktion übertragen. Rechte am Eigentum können in vier unterschiedlichen Formen bestehen (vgl. Wolf 2013: 339):

1. Das Recht, eine Ressource zu nutzen (ius usus).
2. Das Recht, die aus der Ressourcennutzung entspringenden Erträge einzubehalten (ius usus fructus).
3. Das Recht, die Form und Substanz der Ressource zu ändern (ius abusus).
4. Das Recht, das Eigentumsrecht auf andere zu übertragen (ius sucessionis).

Kernaussage der Property-Rights-Theorie ist die These, dass die Verfügungsrechte über Vermögensgegenstände und die (ungleiche) Verteilung dieser Rechte die Handlungsmöglichkeiten und Verhaltensbeziehungen bestimmen.

Das Bild eines Unternehmens gleicht damit einer Institution als „heterogenes Gebilde unterschiedlichster Interessen" und als „dynamisches Geflecht von Vertragsbeziehungen", ganz im Gegensatz zur Vorstellung eines undifferenzierten monolithischen Blocks, in dessen Zentrum die Produktionsfunktion steht. Die unterschiedliche Verteilung der Verfügungsrechte löst ungleiche Verhaltensweisen von Akteuren aus.

Für das Medienmanagement ist die Tatsache wichtig, dass Medienprodukte immateriellen Content darstellen, bei denen sich die Frage der Property Rights in Form von Urheberrechten stellt, die es zu sichern gilt. Da sich hier große Schwierigkeiten zeigen, ist diese Thematik von hoher Brisanz.

Die **Transaktionskostentheorie** nimmt Bezug auf die Austauschprozesse in einer arbeitsteiligen Wirtschaft, bei denen die Übertragung von Verfügungsrechten an Gütern zwischen Anbietern und Nachfragern geschieht. Transaktionskosten sind diejenigen Kosten, die entstehen, um eine Markttransaktion möglich zu machen. Es wird geschätzt, dass die Transaktionskosten mehr als die Hälfte des Bruttoinlandsprodukts einer modernen Volkswirtschaft ausmachen und in der Vergangenheit laufend angestiegen sind. Insofern ist die Annahme gerechtfertigt, dass neben der Frage der Produktionskosten zunehmend das ökonomische Problem der Transaktionskosten in den Fokus der Betrachtungen rückt.

Hauptbestandteil der Transaktionskosten sind Kosten, die den Wirtschaftssubjekten entstehen, weil sie nur über unvollständige Informationen verfügen, also Informationsbeschaffungskosten. Aufgrund der hohen Bedeutung der Transaktionskosten besteht ein hohes Interesse an Erkenntnissen über Kostenrelationen und -verläufen.

In ganzheitlicher Sicht geht es um die Frage, wie die ökonomischen Koordinationsprobleme zwischen den Wirtschaftssubjekten am effizientesten, insbesondere die Transaktionskosten senkend, gelöst werden können. Unternehmen als Institutionen leisten einen wesentlichen Beitrag zur Stabilisierung einer transaktionskostenminimalen Koordinationslösung. Die Unternehmung stellt dabei ein Netz von Verträgen und Verabredungen zwischen den Organisationsteilnehmern dar.

Die **Agenturkostentheorie** bzw. **Principal-Agent-Theorie** fokussiert den Blick auf Vertragsbeziehungen zwischen einem Auftraggeber (Prinzipal) und einem Auftragnehmer (Agent). Der Agent ist Vertreter des Prinzipals und trifft in dessen Namen eigenständige Entscheidungen. Beispiele für Beauftragungsverhältnisse sind die Trennung zwischen Kapitaleigentum und Leitung eines Unternehmens, das Verhältnis von Vorstand und nachgelagerten Managern, die Beziehung von Unternehmensleitung und Arbeitnehmern oder die Kooperation von Unternehmenszentrale und Auslandsgesellschaften.

Agenturkosten entstehen zum einen beim Prinzipal in Form von Überwachungs- und Kontrollkosten („monitoring costs"), da nicht davon auszugehen ist, dass der Agent uneigennützig handelt. So kann es sein, dass er Handlungen vornimmt, die der Prinzipal nicht vollständig überwachen kann („hidden action"), die auch den Zielen den Prinzipals zuwiderlaufen („moral hazard") oder dass er Handlungen aus „Drückebergerei" unterlässt („shirking"). Zum anderen fallen beim Agenten Kosten in Form von Gewährleistungskosten („bonding costs") an, die aus einem Garantieversprechen resultieren. Vorherrschendes Kennzeichen des Agency-Ansatzes ist damit – wie bei den anderen Ansätzen der Neuen Institutionenökonomik auch – ein Informationsgefälle zwischen Prinzipal und Agent, das ein opportunistisches Verhalten des Agenten nicht ausschließt.

Da letztlich alle Formen kooperativen Handelns als Agenturverhältnisse zu interpretieren sind, liegt eine umfassende Theorie zur optimalen Steuerung dezentraler Aktivitäten vor, welche die Innenbeziehungen von Unternehmen thematisiert. Sie kann auch als eine Theorie der Delegation interpretiert werden.

> „Auch dieser Ansatz scheint geeignet für die Analyse medienökonomischer Fragestellungen. So lässt sich das Verhältnis zwischen Medium und Publikum nach der Agency-Theorie modellieren und eine abzuklärende Frage wäre z. B., ob bei den heute weitgehend uneingeschränkten Ermessensspielräumen der Medienfreiheit für die Agenten (Medienunternehmer) die Interessen des Prinzipals (Publikum) ausreichend vor opportunistischem Verhalten geschützt sind" (Kiefer/Steininger 2014: 65).

Es ist darauf hingewiesen worden, dass auch die **Verfassungsökonomik** (konstitutionelle Ökonomik), hervorgegangen aus der **Public-Choice-Theorie**, im vorliegenden Zusammenhang beachtet werden muss (vgl. Kiefer/Steininger 2014: 63).

Untersucht wird bei der Verfassungsökonomik das menschliche Verhalten und das Entscheiden unter der Bedingung vorgegebener Regeln („Choice within Rules"). Die Public-Choice-Theorie untersucht im Gegensatz dazu die Festlegung der Regeln selbst („Choice of Rules"). Es geht also um die Frage, ob die Regeln den Präferenzen der Mitglieder entsprechen.

1.6 Medienmanagement in verhaltenstheoretischer Perspektive

Der Ansatz markiert die radikale Abwendung vom technisch-mechanistischen Management-Denken der klassischen Ansätze und rückt die **sozialen Aspekte** der Organisation in das Zentrum der Betrachtung. Dies bedeutet einen grundlegenden Paradigma-Wandel im Menschenbild „vom mechanistischen Aufgabenträger, der vorwiegend eindimensional gesehen wurde, hin zum „complex man", der sich nur über eine vieldimensionale Betrachtung erschließen lässt" (Bleicher 1990: 153). Besonders interessant sind die Beziehungen zwischen den Arbeitnehmern, die zu einem wichtigen Produktionsfaktor werden, ein Gedanke, der in der sog. **Human-Relations-Bewegung** (Hawthorne-Experimente) zuerst aufgegriffen wurde.

> Die Hawthorne-Experimente sind der „Urknall" der verhaltenswissenschaftlichen Organisationsforschung und entstanden als Gegenbewegung zum Taylorismus. Sie sollten den Nachweis erbringen, dass soziale Beziehungen (insbesondere das Betriebsklima) Einfluss auf das Arbeitsergebnis haben. Die Experimente fanden zwischen 1924 und 1932 in den Hawthorne-Werken der Western Electric Company (Tochtergesellschaft AT&T), statt.

In den Blick rückt also die mitarbeiterorientierten Unternehmensführung. Drei zentrale **Varianten** dieses Ansatzes sind zu unterscheiden (vgl. Wolf 2013: 244 ff.):

- Motivationstheoretische Variante;
- Entscheidungsorientierte Variante;
- Soziologisch ausgerichtete Variante.

(1) In der Theoriegruppe der **motivationstheoretischen Variante** sind alle Ansätze versammelt, die das Verhalten aus den Bedürfnisstrukturen der Individuen erklären wollen. Zu unterscheiden sind Inhalts- und Prozesstheorien. Die **Inhaltstheorien der Motivation** setzen an den materiell-inhaltlichen Größen an, die beim Menschen einen Antrieb bewirken oder verhindern. Die bekanntesten Modelle sind: Bedürfnispyramide (Maslow), ERG-Modell (Alderfer), Zweifaktorentheorie (Herzberg), Theorie X und Theorie Y (McGregor), Theorie der gelernten Bedürfnisse (McClelland). Im Gegensatz dazu stehen die **Prozesstheorien der Motivation**, die auf die intraindividuellen Abläufe als Erklärungsansatz abzielen. Prominente Vertreter sind hier die Erwartungsvalenztheorie (Vroom) sowie die Anreiz-Beitrags-Theorie (Barnard, March und Simon).

Die motivationstheoretischen Ansätze haben herausgearbeitet, dass materielle Anreize, die Beziehungen innerhalb von Arbeitsgruppen sowie das Verhalten von Vorgesetzten die Hauptfaktoren der Motivation darstellen.

(2) Die **entscheidungsorientierte Variante** der Verhaltenstheorie ist in eine deskriptiv-empirische und eine präskriptive Richtung zu differenzieren.

Die **deskriptiv-empirische Entscheidungstheorie** versucht Regelmäßigkeiten realer Entscheidungsprozesse zu identifizieren und zu erklären. Herausragende Vertreter sind die Theorie der kognitiven Dissonanz (Festinger) und das „Garbage Can Decision Model" (Cohen, March und Olsen).

Letzteres Modell ist auch als „Mülleimer-Modell" bekannt geworden. Es versucht, die in der Realität vorkommenden Entscheidungsprozesse zwischen Personen abzubilden und definiert vier Ströme, die im Unternehmen – wie Müll in einem Mülleimer liegt – völlig ungeordnet fließen und die kanalisiert werden müssen: „Erstens ein Strom von Teilnehmern, die einen sich ständig wandelnden Kreis von unternehmensexternen und -internen Personen vereint, die an den in Unternehmen getroffenen Entscheidungen bzw. Entscheidungsergebnissen interessiert sind. Zweitens ein Strom von Problemen, der die Gesamtmenge der zu lösenden geschäftsbezogenen und privaten Gestaltungsfragen der Unternehmensangehörigen in sich vereint. Drittens ein Strom von Lösungen, der aus einem teilweise problementkoppelten Vorrat an Problemlösungen besteht. Und viertens ein Strom von Entscheidungsarenen, die Gelegenheit zum Treffen von Entscheidungen darstellen" (Wolf 2013: 256).

Die **präskriptive Entscheidungstheorie** steht im Zeichen des klassischen Management-Verständnisses und versteht sich als Ansatz, der für größtmögliche Rationalität bei Entscheidungen zwischen Handlungsalternativen sorgt. Rationale Entscheidungen hängen von den Zielvorstellungen des Entscheidungsträgers ab, abzubilden in einer Zielfunktion, sodann von der Entscheidungssituation (Sicherheit, Risiko, Unsicherheit) und von den erwarteten Konsequenzen, die eine Handlungsalternative erwarten lässt. Als Ausprägungen der präskriptiven Entscheidungstheorie ist die Teamtheorie zu erwähnen, bei der zielhomogene Akteure unterstellt werden, ebenso auch die Spieltheorie, die auf mathematisch fundierter Weise das Entscheidungsverhalten zielheterogener Akteure untersucht.

(3) Bei der **soziologisch ausgerichteten Variante** schließlich wird als die zentrale Größe für das unternehmerische Handeln der „Set" an Werthaltungen der beteiligten Unternehmensangehörigen hervorgehoben. Werte werden dabei als wünschenswerte Zustände, gemessen an einem allgemeinen gesellschaftlichen Soll-Maßstab, angesehen. Für das Management ist die Frage der Werte deswegen besonders bedeutsam und interessant, da ihnen eine hohe Beharrungskraft zugemessen wird. Die Analysen befassen sich insbesondere mit Fragen des Werteverlusts, des Wertewandels („kollektiver Werte-Shift"), der Individualisierung und der Wertestabilität.

Zu erwähnen ist an dieser Stelle die auch im politiktheoretischen Kontext relevante **Anreiz-Beitrags-Theorie** bzw. **Koalitionstheorie**, wie sie von Cyert/March entwickelt wurde. Danach verstehen sich Unternehmen als Koalitionen freiwilliger Zusammenschlüsse von Personen und Gruppen, deren Organisationsziele das Ergebnis fortwährender Aushandlungs- und Lernprozesse sind. Im Sinne der Anreiz-Beitrags-Theorie wird der Beitritt einer Person zu und der Verbleib in der Koalition davon abhängig gemacht, ob sie auf Dauer für ihre Leistungen (Beiträge) im ausreichenden Umfang Gegenleistungen (Anreize) erhält, die seinem Anspruchsniveau standhalten. Die Existenzfähigkeit der Unternehmung ist nur dann gegeben, wenn es dem Management gelingt, eine solch große Wertschöpfung zu erwirtschaften, die für alle Stakeholder auf Dauer ein Anreiz-Beitrags-Gleichgewicht garantiert. Dies hängt nicht zuletzt von einer anreizverträglichen Entlohnung ab.

„Bei der auf March und Simon (1958) zurückgehenden Anreiz-Beitrags-Theorie geht es im Kern um die Formulierung der Bedingungen für die Existenzerhaltung einer Unternehmung (allgemeiner einer Organisation). Die Existenz ist gesichert, wenn es gelingt, für die Organisationsteilnehmer eine ausgeglichene Beziehung zwischen *Anreizen* (Inducements) und *Beiträgen* (Contributions) herzustellen" (Gabler Wirtschaftslexikon).

1.7 Medienmanagement in politiktheoretischer Perspektive

Begreift man die Organisation als politisches System, stellen sich Fragen nach **Macht** und **Interessen**. Es geht um das Austarieren dieser Interessen und um die **relativen Machtposition der Stakeholder**. Medienmanagement versteht sich vor diesem Hintergrund als Lehre von den Machtinstrumenten und deren konstruktivem Gebrauch. Das Beziehungsgeflecht der Stakeholder eines Unternehmens kann in einem „4-Himmelsrichtungen-Modell" wie in Abb. 1-4 dargestellt werden, das insbesondere auf die Frage der bestmöglichen Kommunikation abhebt.

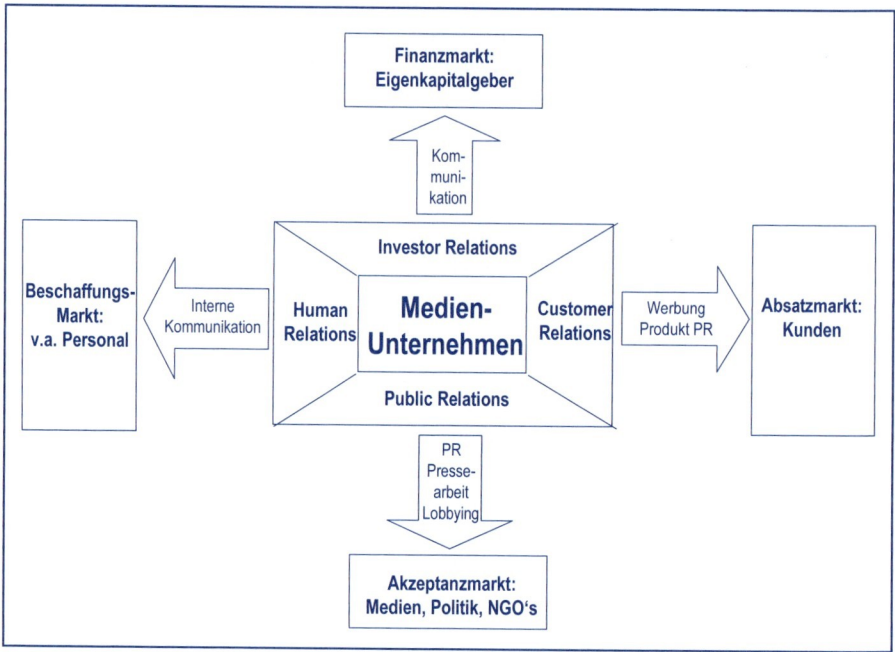

Abb. 1-4: „4-Himmelsrichtungen-Modell" der Stakeholder-Beziehungen

Der Stakeholder-Ansatz führt zu **fünf möglichen Positionierungen** einer Medienmanagement-Konzeption:

- Absatzmarktorientierte Unternehmensführung: Im Vordergrund steht die Gestaltung der Kundenbeziehungen („Customer Relationship Management" / CRM).
- Mitarbeiterorientierte Unternehmensführung: Vorrangig sind die Beziehungen zu den eigenen Mitarbeitern („Human Relationship Management" / HRM).
- Anteilseignerorientierte Unternehmensführung: Im Fokus steht die Stakeholder-Gruppierung der Eigentümer („Investor Relationship Management" / IRM).
- Gesellschaftlich orientierte Unternehmensführung: Die Beziehung zur Öffentlichkeit wird betont, was in Erweiterung des gängigen Begriffs der Public Relations (PR) als „Public Relationship Management" (PRM) bezeichnet werden kann.
- Ganzheitliche Unternehmensführung: Alle Gruppen werden gleichermaßen berücksichtigt („Stakeholder Value Management").

(1) Die **absatzmarktorientierte Unternehmensführung** geht davon aus, dass der Kern der Überlebensfähigkeit eines Unternehmens in der Orientierung am Kunden besteht. Ziel müsse es sein, den Zielgruppen attraktive Produkte anzubieten, sie zum Kauf derselben zu veranlassen und sich damit im Wettbewerb durch „komparative Konkurrenzvorteile" (Wagner 1997: 90) abzuheben. Um diese sicherzustellen, müssten alle Unternehmensaktivitäten und -funktionen konsequent auf den Absatzmarkt ausgerichtet werden. Die Unternehmensführung stünde bei diesem Ansatz unter dem Primat des Marketing.

> „Damit reicht das Marketing in seinem Anspruch und seinem Aufgabeninhalt weit über das Spektrum hinaus, das der Absatzfunktion in einer klassischen Funktionalorganisation zugeordnet wird. Marketing wird als ‚marktorientiertes Führungskonzept' verstanden, das als ‚Leitkonzept des Management im Sinne eines gelebten Unternehmenswertes' fungiert" (Wagner 1997: 90).

(2) Das Konzept der **mitarbeiterorientierten Unternehmensführung** stellt die „Human Relations" in den Vordergrund, der Begründung folgend, damit könne Arbeitszufriedenheit und Gruppenkohäsion gesteigert werden, positive Beziehungsgestaltung führe zu Arbeitszufriedenheit, Motivation und höherer Leistung. Die Machtposition und die Schlüsselbedeutung der Arbeitnehmerschaft sei zu akzeptieren. Kooperativer Führungsstil, Partizipation, Mitgestaltung, Informations-, Begründungs- und Konsultationspflichten der Vorgesetzten und Teilhabe an der Wertschöpfung seien unverzichtbare Elemente der Ausrichtung der Unternehmensführung auf die eigenen Mitarbeiter. Der Ansatz wird auch als „internes Marketing" bezeichnet.

(3) Hintergrund der **anteilseignerorientierten Unternehmensführung** ist der Gedanke, das Management habe sich als Interessenvertreter der Anteilseigner zu positionieren. Im Sinne der Principal-Agent-Theorie (s. o.) sei die Unternehmensführung als Agent der Eigentümer zu verstehen, welche die Geschäfte im Sinne des Prinzipals zu führen habe. Eine Loslösung der Führung von den Anteilseignern führe dazu, „dass das Management aus der Rolle des Treuhänders der Anteilseigner in die einer auf Eigennutz bedachten, nicht mehr kontrollierbaren Clique überwechselt" (Wagner 1997: 96). Der Ansatz wird als „Shareholder-Value-Konzept" der Unternehmensführung bezeichnet, bei dem die Befriedigung der Interessen der Eigentümer als Leitlinie des Handelns dienen.

Der Begriff „Shareholder Value" ist nicht mit einer am Shareholder Value orientierten „wertorientierten Unternehmensführung" gleichzusetzen, bei der alle Stakeholder durch die Wertsteigerung des Unternehmens profitieren sollen.

> „Der Siegeszug der Wertorientierung vollzog sich nicht ohne Widerstände. Gerade in Deutschland stieß das angloamerikanische Konzept des Shareholder Value jahrelang auf heftigen Widerspruch. Shareholder Value wurde rasch zum Reizthema par excellence und dominierte die Schlagzeilen der Wirtschaftspresse. In der Diskussion um das Für und Wider ging es vor allem um die Frage, ob die Fokussierung auf die Mehrung des Aktionärsvermögens tatsächlich dem langfristigen Interesse aller Beteiligten dienlich ist. Im Ergebnis führte die öffentliche Debatte zu einer begrüßenswerten, begrifflich schärferen Differenzierung zwischen Wertschaffung und Wertverteilung. Dass es ökonomisch notwendig ist, Unternehmenswert zu mehren, darüber besteht heute weitgehender Konsens in Wissenschaft, Politik und Unternehmenspraxis" (Coenenberg/Salfeld 2003: 3).

(4) Das Konzept einer **gesellschaftlich orientierten Unternehmensführung** findet sich in reiner Form in gemeinnützigen bzw. gemeinwirtschaftlichen Non-Profit-Organisationen. Inwieweit der Aspekt in der Privatwirtschaft zum Tragen kommt oder gar vorherrscht, ist eine Frage der Unternehmenspolitik. So steht im Kontext von normativem Management (vgl. Kapitel VI.) das Unternehmen vor der Wahl zwischen einer fallweise ausgerichteten Opportunitätspolitik und einer gesellschaftlich verankerten Verpflichtungspolitik (vgl. Bleicher 2001: 174 ff.).

> Die der Gesellschaft verpflichtete Politik versteht sich wie folgt: „Die vielseitig an Interessengruppen orientierte leistungswirtschaftliche Unternehmenspolitik hoher gesellschaftlicher und sozialer Verantwortung mit langfristig verpflichteter Entwicklungshaltung, die unter Orientierung an Verletzbarkeitsrisiken eine unternehmerische Suche nach neuen Chancen abverlangt" (ebd.: 175).

(5) Der Ansatz einer **ganzheitlichen Unternehmensführung** schließlich folgt der Überlegung, dass es nur schwer begründbar sei, einer einzelnen Gruppe des Stakeholder-Ensembles den Primat für die Unternehmensführung zuzuschreiben. Um ihre Existenzfähigkeit zu erhalten, benötige jedes Unternehmen die Mitwirkung sämtlicher beteiligter Stakeholder-Gruppierungen, also sowohl der Kapitalgeber, der Manager, der Kunden, der eigenen Mitarbeiter als auch der Öffentlichkeit und der Gesellschaft. Daher läge es nahe, einen ganzheitlichen, an den Interessen aller Stakeholder orientierten Ansatz zu fordern.

> „In *normativer* Hinsicht betont er die Notwendigkeit der Einbeziehung aller (legitimen) Ansprüche (Stakes) in unternehmerische Entscheidungen. Nicht mehr nur die Interessen der Kapitaleigentümer und vertraglich festgelegte Anteile an Unternehmen, sondern auch alle anderen Rechte (legaler oder ethischer Natur) und Interessen und Ansprüche sollen in Unternehmensentscheidungen einbezogen werden. Dies sowohl aus einer metaökonomischen ... ethischen Zielsetzung, wie aus einer ... Vorwegnahme gesellschaftlicher und kultureller Veränderungen, also einer proaktiven Strategie" (Karmasin 2003: 415).

In theoretischer Hinsicht sind diverse Ansätze zu beachten, so vor allem **machttheoretische Ansätze**, wobei darauf hingewiesen wird, dass machttheoretische Betrachtungen in der betrieblichen Organisations-, Management- und Unternehmensführungslehre immer ein Schattendasein geführt hätten, eine Folge der althergebrachten Dominanz der Idee der Entwicklung werturteilsfreier Aussagensysteme (vgl. Wolf 2013: 265). Macht wird – im Einklang mit Max Weber – als „jede Chance, innerhalb einer sozialen Beziehung den eigenen Willen auch gegen Widerstreben durchzusetzen, gleichviel, worauf diese Chance beruht", angesehen (ebd. 267). Macht steht in enger Verbindung mit den institutionellen Gegebenheiten. So bestimmen die organisatorischen Strukturen und Regeln die Ausübung von Macht und die Machtbeziehungen ganz wesentlich. Hingewiesen wird auf die Machtgrundlagen, die in der Literatur mit dem Begriff der **Machtbasen** belegt werden. Wesentliche Grundlagen zur Ausübung von Macht sind danach (vgl. Wolf 2013: 276 ff.): Belohnungs- und Bestrafungsmöglichkeiten (Verfügung über Ressourcen, Entzug von Ressourcen), Legitimation (explizit durch Regelungen, implizit durch verinnerlichte Werte und Normen), Attraktivität bzw. Identifikation (Vorbild bzw. Identifikationsfigur), Sachkenntnis (Expertentum), Information (Wissen).

1.8 Medienmanagement in systemtheoretischer Perspektive

(1) Aus systemtheoretischer Sicht ist ein Medienunternehmen ein komplexes und dynamisches Gebilde mit einer sinnvollen Anordnung von **Elementen** (personell, sachlich), die in **Austauschbeziehungen** zueinander stehen. Die Systemtheorie erhebt den Anspruch, eine allgemeine Theorie für alle sozialen Systeme bereitzustellen, so auch für Unternehmen, die als sozio-technische Systeme verstanden werden – eine Sichtweise, die besonders stark von den funktionalistisch-mechanistischen Vorstellungen der klassischen Managementlehren abweicht.

Die Beschreibung des Wesens eines Systems kann über **Kernmerkmale** erfolgen. Zu nennen sind (vgl. Wolf 2013: 158 ff.):

- Systeme bestehen aus Elementen, bei einem Unternehmen z. B. die einzelnen Mitarbeiter, Abteilungen, Werke oder Maschinen.
- Zwischen den Elementen findet eine große Zahl an vielfältigen Beziehungen statt, seien sie materiell oder in Form von Informationen.
- Innerhalb der Vielzahl der Systemelemente besteht eine hierarchische Gliederung (z. B. in Element, Subsystem, System, Supersystem).
- Die Elemente, Subsysteme und die Beziehungen zwischen ihnen bestimmen die Zustände und Verhaltensweisen des Systems (These vom permanenten Wandel).
- Das Beziehungsgefüge zwischen den Elementen und Subsystemen präsentiert sich als Systemstruktur, weist also eine Stabilität auf.

(2) Systeme sind danach zu unterscheiden, ob sie **Komplexität** oder lediglich **Kompliziertheit** aufweisen. Komplexe Systeme sind durch Veränderlichkeit und Dynamik, komplizierte Systeme durch Vielzahl und Verschiedenheit der Elemente und Beziehungen gekennzeichnet (vgl. Abb. 1-5; Quelle: Ulrich/Probst 1995: 61).

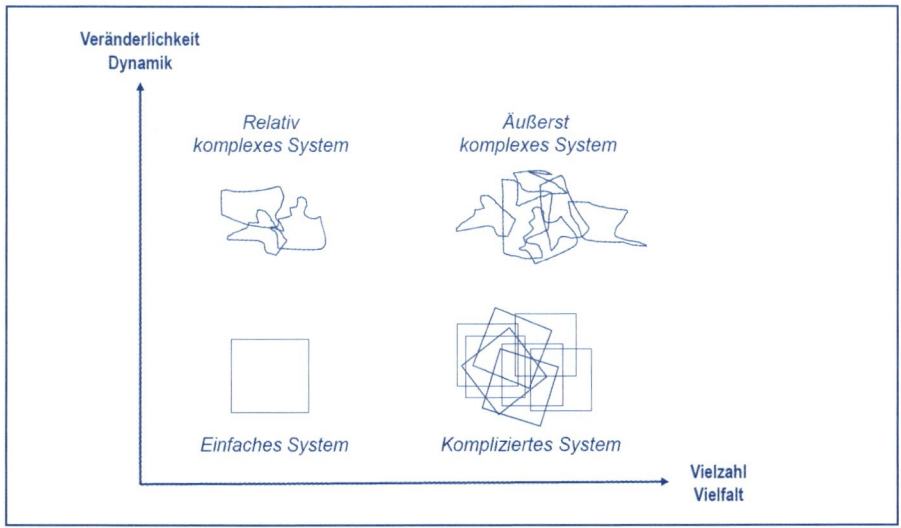

Abb. 1-5: Einfache, komplizierte und komplexe Systeme

Nach dieser Unterscheidung lassen sich Systeme im Hinblick auf die Dynamik in zwei Kategorien unterscheiden (vgl. Ulrich/Probst 1995: 59 ff.):

- Einfache und komplizierte Systeme sind **triviale Systeme**, die sich in ihrem Verhalten vorhersagen lassen. Diese „Determiniertheit" ist immer gegeben, auch wenn die Kompliziertheit groß ist. Beispiel: Maschinen.
- Komplexe Systeme sind **nicht-triviale Systeme**. Sie weisen im Zeitablauf eine Eigendynamik auf, so dass ihr Verhalten nicht vorhersehbar ist. Alle Systeme, bei denen Lebewesen beteiligt sind, also soziale und ökologische Systeme, sind stets nicht-triviale, komplexe Systeme.

Wendet man die Systemtheorie auf den Kontext von Unternehmen und deren Management an, können die folgenden **zehn Grundaussagen der Systemtheorie** herausgestellt werden (vgl. Wolf 2013: 165 ff.):

- Unternehmen sind als offene Systeme zu verstehen, die einen intensiven Austausch materieller und immaterieller Ressourcen vollziehen. Dies führt zur Frage der Systemgrenze, die nicht immer einfach zu klären ist.
- Eine dominante Eigenschaft eines Unternehmens als System ist deren Komplexität, bestimmt durch Vielschichtigkeit, Vernetzung und Folgelastigkeit (Anzahl der in Gang gesetzten Kausalketten).
- Nur durch ganzheitliches Denken und Handeln im Gesamtzusammenhang sind überzeugende Managementlösungen denkbar.
- Es ist nicht möglich, über den Einzelfall hinausgehende Wirkungsmuster zu erkennen. Wirkungsbeziehungen lassen sich immer nur im Hinblick auf das jeweilige System und die jeweilige Situation formulieren (Kontingenz-These).
- Die Bildung von Subsystemen ist einem System immanent und eine Methode, um Komplexität und Ungewissheit zu beherrschen. Es gilt das „Ashby-Gesetz": Nur jene Systeme sind überlebensfähig, deren Ausmaß an Eigenkomplexität (interner Varietät) der Komplexität der sie umgebenden Umwelt entspricht.
- In menschenzentrierten sozialen Systemen erfolgt die Beherrschung von Komplexität und Ungewissheit zusätzlich über die Herausbildung symbolischer Strukturen und Sinn-Stiftung für die Mitarbeiter. Ideen, Werte, Ideale, Modelle im Kontext von Unternehmenskultur sind wesentliche Attribute der Systemsteuerung.
- Die Austauschbeziehungen zwischen dem System und der Umwelt sind im Zeitablauf einem Wandel unterworfen, was eine permanente Modifikation der systemimmanenten Prozesse erforderlich macht.
- Offene Systeme sind in der Lage, einen Zustand des Gleichgewichts (Fließgleichgewicht, Homöostase) zu erreichen. Bei Störungen kann das Unternehmen wieder in den Gleichgewichtszustand zurückkehren und Stabilität erreichen.
- Gefordert werden eine große Praxisnähe und eine gestaltungsorientierte Ausrichtung, wie sie z. B. im Management-Modell St. Gallen (vgl. Kap. 2) gepflegt wird.
- Gefordert wird auch eine intensive interdisziplinäre Zusammenarbeit. Die Systemtheorie kann nicht in den alleinigen Dienst einer Wissenschaft gestellt werden, sondern legt stets die disziplinübergreifende Perspektive nahe.

Aus den hier in kompakter Form vorgestellten Grundaussagen sind diverse **Spielarten bzw. Ergänzungen der Systemtheorie** abgeleitet worden. Besondere Bedeutung haben die Situationstheorie und die Evolutionstheorie erlangt.

(2) Die **Situationstheorie** hat sich zu einem fundamentalen Paradigma der Betriebswirtschaftslehre entwickelt und dient ihr als eine Art „Metakonzept" (vgl. Wolf 2013: 202). Der situative Ansatz stellt eine „Revolution" dar, weil die Existenz allgemein wirksamer Lösungen geleugnet wird und vom Management jeweils vom Kontext abhängige Lösungen verlangt werden. Damit ist die Situationstheorie ein „konditionales Konzept", nach dem die Zweckmäßigkeit von Management stets nur unter Berücksichtigung des jeweiligen Kontexts zu beurteilen ist (vgl. ebd. 201). Es gibt also keine – so die These – unternehmerischen Verhaltensweisen, die in allen Situationen einen gleich hohen Erfolg stiften können.

Im Rahmen der Situationstheorie stellt sich die wichtige Frage nach der Relevanz und damit zusammenhängend der Gestaltbarkeit des Kontexts, mithin um die Frage, inwieweit das Unternehmen fähig zur **Eigenbestimmung** ist, oder aber von **Fremdgeprägtheit** bestimmt wird. Zwei Antworten können gegeben werden (vgl. Wolf 2013: 205; Freiling/Reckenfelderbäumer 2004: 25):

- Bei der **kontextdeterministischen Variante** wird ein Unternehmen als nicht beeinflussbares Konstrukt begriffen. Die Manager als Entscheidungsträger sind zu reinen Transformatoren „degradiert". Die Verhältnisse der Umwelt sind vorgegeben und von der einzelnen Unternehmung nicht beeinflussbar. Diese deterministische Grundausrichtung wird auch mit dem Begriff der **Kontingenz** belegt, was den Zustand der „Bedingtheit" zum Ausdruck bringen soll, bei dem ein Entscheidungsträger machtlos in eine Situation hineingeworfen wird. Aus strategischer Sicht verfolgt das Unternehmen bei dieser Variante am ehesten die Konzepte des Market-based View und des Environment-based View (vgl. hierzu Kap. VII.).
- Die Variante der **Kontextoffenheit** bestreitet die „Ohnmacht" des Unternehmens und postuliert, dass sie sehr wohl auf die Situation, in der sie agieren, Einfluss nehmen können, dass sie ihre Handlungen frei wählen können und eine proaktive Beeinflussung der Umwelt möglich sei. Diese Position wird auch als **voluntaristische Grundposition** bezeichnet, bei der eine generelle Gestaltbarkeit der Umwelt nach den eigenen Vorstellungen angenommen wird. Das adäquate Strategiekonzept ist der Resource-based View.

(3) Das Denkmodell der **Evolutionstheorie** bezeichnet gewissermaßen den Gegenpol zur Situationstheorie (vgl. Wolf 2013: 376 ff.). Es postuliert, dass Entscheidungsträger die von ihnen geleiteten Organisationen nur bedingt gestalten und beherrschen können, zu groß sei die damit einhergehende Komplexität. So ist gezeigt worden, dass Manager kaum fähig sind, die Kultur eines Unternehmens grundlegend zu verändern.

Medienmanagement in systemtheoretischer Perspektive versteht sich also als Konzept, das „System Unternehmen" ganzheitlich zu verstehen, es stets im Blick auf den Gesamtzusammenhang zu steuern und es im Gleichgewicht zu halten.

1.9 Paradigmatische Grundausrichtung

Nach der Darstellung unterschiedlicher paradigmatischer Ansatzpunkte stellt sich die Frage, mit welchen Akzentuierungen Medienmanagement als wissenschaftliche Disziplin positioniert werden sollte. Es ist klar geworden, dass eine Trennung von Erfahrungsobjekt und Erkenntnisperspektive und eine „Objektivierbarkeit" nicht möglich ist. Vielmehr ist Stellung zu beziehen vor dem Hintergrund von Konstruktivismus, Metaphern und „bewusstseinslenkenden Bildern".

> „Wir machen uns ein Bild vom Betrieb, denn anders könnten wir nicht über ihn reden. Insofern ist jeder Text über BWL ein Bilderbuch, weil es nötig ist, mit Metaphern zu arbeiten und es gibt viele Bilder (s. Boulding, Beer, Weick). Aufgabe wissenschaftlicher Reflexion ist Aufklärung: sich dieser bewusstseinslenkenden Bilder klar zu werden. Wissenschaft ist deshalb Allegorie: Bilder, Texte, Daten, Fakten *anders lesen*, denn sie sprechen nicht für sich! Wissenschaft darf sich nicht zufrieden geben mit der Oberfläche der Erscheinungen; es ist ihr paranoider Zug, dass sie grundsätzlich zweifeln und misstrauen muss und in ihren detektivischen Bemühungen nicht vom nahe liegenden Passenden, sondern gerade vom Unstimmigen ausgeht – und es in ein Denk-Modell einfügt" (Neuberger 1988: 54).

Vor diesem Hintergrund gilt es zu betonen, dass es den „allein selig machenden" Ansatz nicht geben kann, dass vielmehr nur über interdisziplinäre und transdisziplinäre Vorgehensweisen angemessene Antworten auf die zu stellenden Managementfragen gegeben werden können. Management-Wissen zu generieren und Konzepte zu entwickeln, kann auf drei Wegen erfolgen:

- Zum einen kann man sich den Fragen eklektizistisch nähern. Eklektizismus bedeutet ein Zusammentragen von „The best of ..." unterschiedlichster Denkrichtungen anstelle der Neuschöpfung eines Konzepts oder der Festlegung auf eine ganz bestimmte Richtung, insofern eine „auswählende" Arbeitsweise, die auf bereits vorhandene Ergebnisse rekurriert und die besten Ansätze „herauspickt" und diese zusammenfasst, ohne selbst Stellung zu beziehen.
- Ferner kann man sich einer bestehenden Management-Schule anschließen.
- Schließlich kann man versuchen, eine eigene Schule zu gründen.

Das vorliegende Werk folgt dem auf der Systemtheorie basierenden, bewährten **Management-Modell St. Gallen** (vgl. Kap. 2), das eine maximale Offenheit für wirkungsvolle Erklärungsansätze garantiert. Trotz dieser paradigmatischen Grundlinie soll nicht der Eindruck einer „Verschulung" erweckt werden. Jederzeit ist Bereitschaft vorhanden, erklärungsmächtigen Ansätzen Wertschätzung entgegen zu bringen.

Kernaussagen

- Medienmanagement kann als eine spezielle Betriebswirtschaftslehre begründet werden, die Lösungen im Sinne gesellschaftlicher Verantwortung anstrebt.
- Zur Definition von Medienmanagement ist eine paradigmatische Ausrichtung erforderlich, die aus unterschiedlichen Ansätzen auszuwählen ist.
- Es ist erforderlich, stets den interdisziplinären Bezug zu betonen.
- Für die Bearbeitung von Medienmanagement-Fragen wird eine Anlehnung an das – auf der Systemtheorie basierende – Management-Modell St. Gallen als zweckmäßig erachtet.

Literatur

Weiterführende Literatur: Grundlagen Management

Bendixen, P. (2003): Das verengte Weltbild der Ökonomie, Darmstadt.
Brodbeck, K.-H. (2000): Die fragwürdigen Grundlagen der Ökonomie, Darmstadt.
Coenenberg, A. G./Salfeld, R. (2007): Wertorientierte Unternehmensführung, 2., überarb. Aufl., Stuttgart.
Corsten, H./Reiß, M. (Hrsg.)(1995): Handbuch Unternehmensführung, Wiesbaden.
Dillerup, R./Stoi, R. (2013): Unternehmensführung, 4., kompl. überarb. u. erw. Aufl., München.
Dubs, R./Euler, D./Rüegg-Stürm, J./Wyss, C. E. (Hrsg.)(2004): Einführung in die Managementlehre, 5 Bände, Bern, Stuttgart, Wien.
Freiling, J./Reckenfelderbäumer, M. (2004): Markt und Unternehmung, Wiesbaden.
Gomez, P./Müller-Stewens, G./Rüegg-Stürm, J. (1999): Entwicklungsperspektiven einer integrierten Managementlehre, Bern, Stuttgart, Wien.
Hill, W. (1988): Betriebswirtschaftslehre als Managementlehre, in: Wunderer, R. (Hrsg.)(1988): Betriebswirtschaftslehre als Management- und Führungslehre, 2., erg. Aufl., Stuttgart, S. 133-151.
Horsch, A./Meinhövel, H./Paul, S. (Hrsg.)(2005): Institutionenökonomie und Betriebswirtschaftslehre, München.
Hungenberg, H./Schwetzler, B. (2000): Unternehmung, Gesellschaft und Ethik, Wiesbaden.
Kirsch, W. (1988): Zur Konzeption der Betriebswirtschaftslehre als Führungslehre, in: Wunderer, R. (Hrsg.)(1988): Betriebswirtschaftslehre als Management- und Führungslehre, 2., erg. Aufl., Stuttgart, S. 153-172.
Meffert, H. (1994): Marktorientierte Unternehmensführung im Umbruch – Entwicklungsperspektiven des Marketing in Wissenschaft und Praxis, in: Bruhn, M./Meffert, H./Wehrle, F. (Hrsg.)(1994): Marktorientierte Unternehmensführung im Umbruch, Stuttgart, S. 3-39.
Macharzina, K./Wolf, J. (2012): Unternehmensführung, 8., vollst. überarb. u. erw. Aufl., Wiesbaden.
Malik, F. (2003): Systemisches Management, Evolution, Selbstorganisation, 3. Aufl., Bern, Stuttgart, Wien.
Malik, F. (2005): Management-Perspektiven, 4. Aufl., Bern, Stuttgart, Wien.
Morgan, G. (2000): Bilder der Organisation, 2. Aufl., Stuttgart.
Neuberger, O. (1988): Betriebswirtschaftslehre: Management-Wissenschaft? Management der Wissenschaften vom Management? (Wirtschafts-)Wissenschaft fürs Management! In: Wunderer, R. (Hrsg.)(1988): Betriebswirtschaftslehre als Management- und Führungslehre, 2., erg. Aufl., Stuttgart, S. 153-172.
Oechsler, W. A. (1999): Unternehmensethik, in: Kieser, A./Oechsler, W. A. (Hrsg.)(1999): Unternehmungspolitik, Stuttgart, S. 339-348.
Picot, A./Dietl, H./Franck, E. (2008): Organisation. Eine ökonomische Perspektive. 5., akt. u. überarb. Aufl., Stuttgart
Staehle, W. H. (1988): Managementwissen in der Betriebswirtschaftslehre – Geschichte eines Diffusionsprozesses. In: Wunderer, R. (Hrsg.)(1988): Betriebswirtschaftslehre als Management- und Führungslehre, 2., erg. Aufl., Stuttgart, S. 3-21.
Staehle, W. H. (1999): Management, 8. Aufl., überarbeitet von P. Conrad und J. Sydow, München.
Staehle, W. H./Sydow, J. (Hrsg.)(1991): Managementforschung 1, Berlin, New York.
Steinmann, H./Schreyögg, G./Koch, J. (2013): Management, 7., vollst. überarb. Aufl., Wiesbaden.
Thommen, J.-P./Sachs, S. (2000): Wirtschaft, Unternehmung, Management. Ein Einstieg in die Betriebswirtschaftslehre. Zürich 2000.
Ulrich, H. (1970): Die Unternehmung als produktives soziales System, 2., überarb. Aufl., Bern, Stuttgart.
Ulrich, P. (1999): Was ist „gute" Unternehmensführung? Reflexionen zu den normativen Grundlagen ethisch bewussten Managements. In: Gomez, P./Müller-Stewens, G./Rüegg-Stürm, J. (1999): Entwicklungsperspektiven einer integrierten Managementlehre, Bern, Stuttgart, Wien, S. 225-253.
Ulrich, P./Fluri, E. (1995): Management, 7., verb. Aufl., Bern, Stuttgart, Wien.
Ulrich, H./Probst, G. (1995): Anleitung zum ganzheitlichen Denken und Handeln, 4., unverä. Aufl., Bern.
Wagner, H. (1997): Marktorientierte Unternehmensführung versus Orientierung an Mitarbeiterinteressen, Shareholder-Value und Gemeinwohlverpflichtung, in: Marktorientierte Unternehmensführung, hrsg. v. M. Bruhn und H. Steffenhagen, Wiesbaden, S. 87-117.

Wolf, J. (2013): Organisation, Management, Unternehmensführung, 5., überarb. u. akt.. Aufl., Wiesbaden.
Wunderer, R. (Hrsg.)(1988): Betriebswirtschaftslehre als Management- und Führungslehre, 2., erg. Aufl., Stuttgart.

Weiterführende Literatur: Grundlagen Medienmanagement

Albers, S./Hess, T./Scholz, C. (2006): Medienbetriebslehre als betriebswirtschaftliches Fach: ein Anachronismus? In: MedienWirtschaft, 3. Jg., H. 2, S. 64-68.
Altmeppen, K.-D./Karmasin, M. (2003): Medienökonomie als transdisziplinäres Lehr- und Forschungsprogramm, in: Altmeppen, K.-D./Karmasin, M. (Hrsg.)(2003): Medien und Ökonomie, Band 1/1: Grundlagen der Medienökonomie: Kommunikations- und Medienwissenschaft, Wirtschaftswissenschaft, Wiesbaden, S. 19-51.
Beck, H./Wentzel, D. (2009): Medienökonomik – Neuere Entwicklungen und Ordnungfragen, in: Wentzel, D. (Hrsg.)(2009): Medienökonomik – Theoretische Grundlagen und ordnungspolitische Gestaltungsalternativen, Stuttgart, S. 3-32.
Becker, W./Geisler, R. (1999): Von der Medienökonomie zur Betriebswirtschaftslehre von Medienunternehmen, in: DBW, 59. Jg., S. 846-849.
Breyer-Mayländer, T./Werner, A. (2003): Handbuch der Medienbetriebslehre, München, Wien.
Breyer-Mayländer, T. (2004): Einführung in das Medienmanagement, München, Wien.
Brösel, G./Keuper, F. (Hrsg.)(2003): Medienmanagement. Aufgaben und Lösungen. München, Wien.
Brown, J. A./Quaal, W. L. (1998): Radio-Television-Cable Management, Third Ed., Boston, Mass. et al.
Dreiskämper, T. (2013): Medienökonomie I, Berlin.
Just, N./Latzer, M. (2003): Ökonomische Theorien der Medien, in: Weber, S. (Hrsg.) (2003): Theorien der Medien, Konstanz, S. 81-107.
Karmasin, M. (1998): Medienökonomie als Theorie (massen-)medialer Kommunikation, Graz, Wien.
Karmasin, M./Winter, C. (2000): Kontexte und Aufgabenfelder von Medienmanagement, in: Karmasin, M./Winter, C. (Hrsg.)(2000): Grundlagen des Medienmanagements, München, S. 15-39.
Karmasin, M. (2003): Medienmanagement als Stakeholder Management, in: Brösel, G./Keuper, F. (Hrsg.)(2003): Medienmanagement. Aufgaben und Lösungen. München, Wien, S. 415-431.
Kiefer, M. L. (2002): Medienökonomie als publizistikwissenschaftliche Teildisziplin in Anlehnung an Konzepte der Neuen Politischen Ökonomie, in: Siegert, G. (Hrsg.)(2002): Medienökonomie in der Kommunikationswissenschaft, Münster, S. 92-100.
Kiefer, M. L./Steininger, C. (2014): Medienökonomik, 3. Aufl., München.
Knoche, M. (2002): Kommunikationswissenschaftliche Medienökonomie als Kritik der Politischen Ökonomie der Medien, in: Siegert, G. (Hrsg.)(2002): Medienökonomie in der Kommunikationswissenschaft, Münster, S. 101-109.
Maletzke, G. (1978): Psychologie der Massenkommunikation, Neudruck der Ausgabe von 1963, Hamburg.
Merten, K. (1999): Einführung in die Kommunikationswissenschaft, Bd. 1/1: Grundlagen der Kommunikationswissenschaft, Münster, Hamburg, London.
McQuail, D. (1986): Kommerz und Kommunikationstheorie, in: Media Perspektiven, o. Jg., S. 633-643.
Schellmann, B./Baumann, A./Gläser, M./Kegel, T. (2013): Handbuch Medien. Medien verstehen, gestalten, produzieren, 6., erw. u. verb.Aufl., Haan-Gruiten.
Scholz, C. (Hrsg.)(2006): Handbuch Medienmanagement, Berlin, Heidelberg, New York.
Scholz, C./Eisenbeis, U. (2003): Medienmanagement, in: DBW, 63. Jg., S. 532-547.
Schusser, O. (1998): Medienökonomie: Wissenschaft oder Mode? In: DBW, 58. Jg., S. 591-602.
Siegert, G. (2001): Medien Marken Management, München.
Siegert, G. (Hrsg.)(2002): Medienökonomie in der Kommunikationswissenschaft, Münster.
Seufert, W. (2002): Medienökonomie als wirtschaftstheoretische Fundierung kommunikationspolitischer Regulierungskonzepte, in: Siegert, G. (Hrsg.)(2002): Medienökonomie in der Kommunikationswissenschaft, Münster, S. 57-62.
Sjurts, I. (2001): Medienmanagement. Eine kritische Bestandsaufnahme. Flensburg.
Wirtz, B. W. (Hrsg.)(2003): Handbuch Medien- und Multimediamanagement, Wiesbaden.
Wirtz, B. W. (2013): Medien- und Internetmanagement, 8., akt. u. überarb. Aufl., Wiesbaden.
Wirtz, B. W./Sammerl, N. (2005): Medienmanagement als spezielle betriebswirtschaftliche Disziplin, in: Wirtschaftswissenschaftliches Studium (WiSt), 34. Jg., S. 87-92.

Kapitel 2
Medienmanagement-Modelle

2.1 Theoretische Fundierung von Medienmanagement 35
2.2 St. Galler Management-Modell im Fokus 38
2.3 Denkfehler traditioneller Management-Ansätze 43
2.4 Medienmanagement-Referenzmodell 46

Leitfragen

- Was versteht man unter einem „Modell"?
- Welche Typen von Modellen sind zu unterscheiden?
- Wie ist Theoriefeindlichkeit zu erklären (Gegensatz von Theorie und Praxis)?
- Was versteht man unter einer „Theorie"?
- Wie verhalten sich die Begriffe „Theorie" und „Modell" zueinander?
- Was versteht man unter einem „Management-Modell"?
- Welche Aufgaben kann ein Management-Modell ausüben?
- Wodurch unterscheiden sich „Partialmodelle" von „Totalmodellen"?
- Was versteht man unter einem „Managementsystem"?
- In welchem Zusammenhang stehen Management-Modell und Managementsystem?
- Nach welcher Logik erfolgt die theoretische Fundierung eines Konzeptes, z. B. eines Medienmanagement-Konzeptes?
- Was versteht man unter dem „systemtheoretisch-kybernetischen Ansatz"?
- Welches sind die Hauptmerkmale der (inzwischen drei) St. Galler Management-Modelle?
- Was heißt „Primat der Planung"?
- Inwiefern ist eine Konzeption auf Basis des „Primates der Planung" problematisch?
- Welche Handlungsempfehlungen lassen sich aus der Systemtheorie ableiten?
- Was versteht man unter der „voluntaristischen Steuerungslogik"?
- Wodurch unterscheidet sich der radikale vom gemäßigten Voluntarismus?
- Was bedeutet die rein deterministische Grundposition der Steuerung eines Systems?
- Welche Charakteristika zeichnet das ursprüngliche sog. „St. Galler Management-Modell" nach seinem Begründer Hans Ulrich aus?
- Welches sind die Merkmale des zweiten – von Kurt Bleicher entwickelten – Modells, das unter dem Namen „St. Galler Management-Konzept" geführt wurde?
- Welche Bedeutung wird dem Stakeholder-Ansatz beigemessen?
- Was heißt „normatives Management"?
- Welche wesentlichen Neuerungen führt das sog. „Neue St. Galler Management-Modell" ein?
- Welche Denkfehler haften vielen traditionellen Management-Ansätzen an?
- Welche Konsequenzen ergeben sich aus einem traditionellen mechanistischen Verständnis für die Personalführung?
- Welchen Rahmenbedingungen ist jedes Medienunternehmen unterworfen?
- Welche Akteure beggnen einem Medienunternehmen auf dem Markt?
- Was versteht man unter den „Porterschen Marktkräften" („Five Forces")?
- In welche drei Teilsysteme lässt sich die Struktur eines Medienunternehmens differenzieren?

Gegenstand

Ein Medienmanagement-Konzept kann nur dann den Anspruch erheben, ein fundierter Ansatz für Problemlösungen darzustellen, wenn die Handlungsempfehlungen auf einer angemessenen theoretischen Grundlage erfolgen. Zahlreichen Praxis-„Tools", „Tipps", „Erfolgsrezepten" oder „Management-Geheimnissen" mangelt es an dieser theoretischen Fundierung und sie können dementsprechend einer wissenschaftlichen Prüfung nicht standhalten.

Erforderlich ist die theoretische Untermauerung, wie sie in den fünf Stufen der Theoriebildung zum Ausdruck kommt (vgl. Wolf 2013: 8 ff.):

- Begriffsbildung
- Beschreibung
- Erklärung
- Prognose
- Unterbreitung von Gestaltungsvorschlägen.

Theorien sind übergeordnete, grundsätzliche Aussagensysteme, sie vermitteln die Fähigkeit des Erkennens wesentlicher Bestandteile der Realität und blenden gezielt und bewusst Nebensächlichkeiten aus. „Modelle zeichnen sich dadurch aus, dass auf der Basis der zugrunde gelegten Prämissen formallogisch unbestreitbare Schlüsse abgeleitet werden" (ebd.: 5).

Damit sind Theorien stets ein vergröberndes Abbild der Realität und haben zum Teil utopischen Charakter. Andererseits können sie in nomologische Aussagen münden, die den Charakter von Gesetzmäßigkeiten und eine universelle Gültigkeit beanspruchen.

Zahlreiche traditionelle Vorstellungen von Management zeichnen sich neben dem Mangel an theoretischer Fundierung nicht selten durch die Zentrierung auf ein als bedeutsam erscheinendes spezielles Ziel- und Aufgabenfeld aus. Dann fehlt die ganzheitliche Sicht und das Verständnis für die Notwendigkeit einer umfassenden, konzeptionell angelegten Unternehmensführung, die aber notwendig ist, um mit den komplexen Handlungssituationen umgehen zu können. Diesen Mangel zu überwinden, bedarf es der Formulierung eines Management-Modells, das auf Ganzheitlichkeit gründet.

Das St. Galler Management-Modell kann als prominentes Beispiel für ein integratives, ganzheitliches („holistisches") Management-Modell angeführt werden, das den theoretischen „Unterbau" nicht vermissen lässt. Daher soll es als eine Art „Best-Practice-Vorlage" dienen.

Wie zu zeigen ist, ist das heutige „Neue St. Galler Management-Modell" bereits die dritte „Version", hat also zwei Stufen durchlaufen und wird permanent weiter entwickelt. Medienmanagement in den Kontext des St. Galler Management-Modells zu stellen, bedeutet insbesondere den systemtheoretisch-kybernetischen Grundansatz zu akzeptieren und sich um eine transdisziplinäre Perspektive zu bemühen.

In Anlehnung an die St. Galler Modellkonzeption wird ein Referenzmodell zugrunde gelegt, das den Kontext eines Medienunternehmens in drei Ebenen abbildet:

- Auf der ersten Ebene ist der globale Rahmen angesprochen, der die politisch-rechtlichen, die technologischen, die gesellschaftlichen, die ökonomischen sowie die ökologischen Rahmenbedingungen und Trends verkörpert, soweit sie für Medienunternehmen relevant sind.
- Mit der zweiten Ebene ist der Markt bzw. das unmittelbare aufgabenspezifische Umfeld angesprochen.
- Die dritte Ebene schließlich weist auf das Geschehen innerhalb des Medienunternehmens, das in die drei Teilsysteme Leistungssystem, Managementsystem und Zielsystem differenziert werden kann.

Diese analytische Grundlage spiegelt sich in der Aufbereitung des vorliegenden Werkes wider.

Die Thematik der Gestaltung eines Managementsystems wird in Kapitel 3 einer gesonderten Betrachtung unterzogen.

2.1 Theoretische Fundierung von Medienmanagement

(1) Professionelles Management basiert auf einer soliden **theoretischen Fundierung**. Management-Konzepte ohne eine solche theoretische Fundierung sind nicht viel mehr als „Aus-dem-Bauch-Konzepte" und erweisen sich meist als wenig hilfreich, nicht selten – da falsch – als schädlich, oft sind sie wertlos und überflüssig. Zahlreiche Beispiele für unreflektierte Praktiker-Ratschläge sind auf dem Markt. Sich gegen die Theorie zu stellen (hier die „Praktiker", dort die „Theoretiker") ist unprofessionell.

> „Theoriefeindlichkeit führt hier leicht auf den ‚Holzweg'; über kurz oder lang ist die Lebensfähigkeit der betreffenden Organisation bedroht" (Dubs et al. 2004: 58).

Gefordert ist also die Anwendung der **Methodik wissenschaftlicher Erkenntnis**, was bedeutet, Handlungsempfehlungen stets auf der Grundlage wissenschaftlicher Methodik zu entwickeln, die sich mit einer 5-Stufen-Abfolge ausdrücken lässt (vgl. Wolf 2013: 8 ff.):

- Begriffsbildung und -bestimmung: Unabdingbare Voraussetzung jedweder Form wissenschaftlicher Arbeit ist eine solide Begriffsbestimmung. Sie sorgt für die klare Benennung des Gegenstandes und vermeidet die Gefahr, aneinander vorbei zu reden.
- Beschreibung (Deskription): Hier geht es darum, anhand klar gefasster Begriffe die in Rede stehenden Realphänomene zu erfassen, zu beschreiben und zu charakterisieren.
- Erklärung (Explanation): Sie liefert Vorstellungen über die Beziehungen zwischen den Variablen, über Wirkungszusammenhänge und Ursachen, ausgedrückt in Hypothesen, Theorien, Modellen, Thesen.
- Prognose: Gegenstand ist die Fortschreibung von erkannten Wirkungszusammenhängen in die Zukunft und Vorhersagen über die Entwicklung von Variablen.
- Gestaltungsvorschläge: Ziel ist die Einflussnahme auf das Geschehen und die Entwicklung von Hilfestellungen zur Lösung von Problemen, denen sich die praktisch Handelnden gegenübersehen.

Alle fünf Aspekte sind in einem Gesamtkontext der Theoriebildung zu sehen und bedingen sich gegenseitig.

> Dies lässt sich am Beispiel der Tätigkeit eines Arztes zeigen: Ein professionell agierender Arzt wird zunächst auf der Grundlage klarer Begriffe (z. B. den Begriff „Grippe" nicht mit „Erkältung" gleichzusetzen) eine möglichst „objektive", vorurteilsfreie Beschreibung des Krankheitsbildes (Anamnese) versuchen und dabei Befragungen des Patienten, Messungen, Untersuchungen und sonstige Erfassungen von Fakten und Daten durchführen. Erst danach wird er versuchen, plausible Erklärungen für die Krankheitsursachen zu formulieren und die Diagnose stellen. Sie steht im engen Zusammenhang mit der Prognose, was passieren wird, wenn kein ärztlicher Eingriff stattfindet. Die Behandlung (Therapie) steht am Ende der Kette.

Übertragen auf das Management muss dem konkreten Handeln – der „policy" – stets ein vierstufiger Prozess vorausgehen, bestehend aus der Definition des Gegenstands, der Beschreibung der Ausgangslage, der theoretischen Beleuchtung der Wirkungszusammenhänge und der Erarbeitung von Prognosen.

(2) Ein besonders kritischer Punkt der Fundierung von Medienmanagement betrifft die Stufe der Erklärung und Explanation. Gefordert ist ein in sich schlüssiges, auf theoretischen Grundlagen basierendes Management-Modell.

Ein **Modell** stellt ein vereinfachtes Abbild der Wirklichkeit dar und hat die Funktion, diese Wirklichkeit zu beschreiben, zu erklären, besser verstehen zu helfen sowie mitzuhelfen, bessere Entscheidungen bei der Lösung von Problemen und Gestaltungsaufgaben zu treffen.

„Modelle sollen Akteuren in Organisationen (und Organisationen als Akteuren) helfen, mit der sie umgebenden und oft bedrohenden Komplexität wirksamer umzugehen" (Dubs et al. 2004, Bd. 1: 54).

„Modelle sind Abstraktionsleistungen des menschlichen Denkens" (Maletzke 1998: 56).

Modelle bilden also Strukturen und Prozesse der Wirklichkeit ab, heben dabei ganz bestimmte Zusammenhänge heraus, während sie andere nicht berücksichtigen. Mit dieser Fokussierung stellen sie eine vereinfachte symbolische Repräsentation der Wirklichkeit dar. Modelle können nicht wahr oder falsch sein, sondern sind entweder brauchbar oder unbrauchbar.

Zwei grundlegende Typen von Modellen lassen sich unterscheiden (vgl. Maletzke 1998: 54 f.):

- Modelle zum Zweck der Abbildung und Erklärung von Realität: (1) Beschreibungsmodelle geben eine Darstellung des realen Gegenstands, sorgen für Ordnung und Strukturierung. (2) Erklärungsmodelle versuchen zu erklären, warum sich ein Realsystem in einer bestimmten Weise verhält. Sie liefern ein besseres Verständnis für die Wirkungszusammenhänge.
- Modelle mit dem Ziel der Beeinflussung: (1) Gestaltungsmodelle (Konzepte) sind Hilfsinstrumente für den Entwurf von Gestaltungsoptionen und deren vergleichende Beurteilung. (2) Entscheidungsmodelle sollen den Prozess der Entscheidung über Handlungsvarianten unterstützen. (3) Simulationsmodelle unterstützen den Lernprozess und vermeiden kostspielige Versuch-und-Irrtum-Prozesse.

(3) Vor diesem Hintergrund hat ein **Management-Modell** die Aufgabe, das relevante Realsystem mittels Abstraktion, Reduktion und Verallgemeinerung so zu vereinfachen und theoretisch abzubilden, dass die wesentlichen Merkmale des Systems klar zu Tage treten. Ein Management-Modell ist insofern „als Suchraster und nützliche ‚Landkarte' zur eigenen Orientierung aufzufassen und soll dazu beitragen, wichtige Begriffe und Konzepte im Gesamtzusammenhang des Managements zu verstehen" (Dubs et al. 2004, Bd. 1: 65).

Ein Management-Modell – so z. B. das unter 2.2 nachfolgend dargestellte „St. Galler Management-Modell" – soll eine Vorstellung davon liefern, wie sich eine komplexe Unternehmung in einer komplexen Umwelt verhält, mit welchen Grundkategorien das Geschehen mit Blick nach innen und nach außen beschrieben werden kann und welche Ansatzpunkte sich für das Management im Sinne von Gestaltung, Steuerung und Lenkung anbieten.

Sind Management-Modelle in ihren Aussagensystemen vergleichsweise unspezifisch, spricht man von „heuristischen Modellen" (in der Ausprägung als „Rahmenkonzepte" oder als „mentale Modelle"). Weisen sie einen hohen Spezifizierungsgrad auf, liegen sog. „formale Modelle" vor, die in einer stringenten, logischen, meist auch mathematischen Struktur aufbereitet sind (vgl. ebd. 56 f.).

Management-Modelle lassen sich des Weiteren danach unterscheiden, inwieweit sie eine partielle oder eine ganzheitliche Ausrichtung aufweisen. Partialmodelle können nur ergänzende Hinweise geben, anspruchsvoller und im Managementkontext geradezu als erforderlich zu bezeichnen sind ganzheitliche Ansätze (Totalmodelle).

> Mit Ganzheitlichkeit ist der Versuch umschrieben, selektive Perspektiven und Positionen zu überwinden und „dem integrierten Gesamtgefüge und den vernetzten Teilen von Unternehmungen gerecht zu werden" (Steinle 2005: 5).

> Ein ganzheitlicher Ansatz wendet sich gezielt gegen einseitige Ansätze, die von der Management-Praxis oft als Patentrezept empfohlen werden. „Mit dem Anspruch bester Erfolgswirksamkeit sind in Teilen der praxisgeprägten Managementliteratur oftmals höchst schlichte Regeln entwickelt und zur („komplikationslosen") Anwendung empfohlen worden. Erst das Scheitern dieser Rezeptologien in der konkreten betrieblichen Anwendungssituation hat zu praktischer und theoretischer Nachdenklichkeit und zu Versuchen geführt, „bessere" – i. S. von unternehmensspezifische, umfeldorientierte, entwicklungsoffene und sinnvermittelnde, letztlich integrative und „ganzheitliche" – Konzepte zu entwickeln" (ebd. 4, im Original teilweise hervorgehoben).

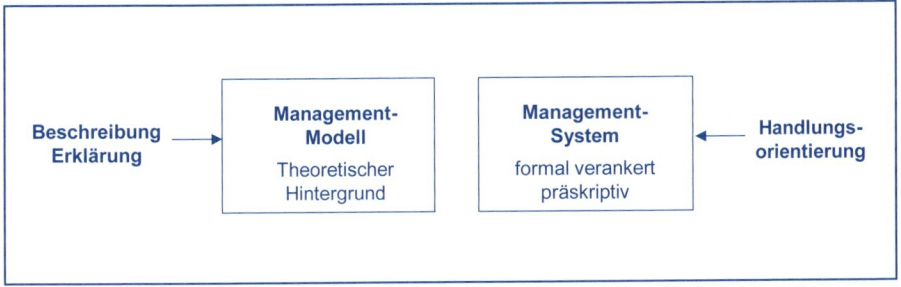

Abb. 2-1: Management-Modell vs. Management-System

Vom Begriff des Management-Modells ist das „Managementsystem" zu unterscheiden (vgl. Abb. 2-1). Unter einem **Managementsystem** versteht man ein System, das die Steuerung produktiver sozialer Systeme zum Gegenstand hat. Unter dem Begriff Managementsystem sind also „die formal verankerten Systeme für die Gestaltung, Lenkung und Entwicklung von Unternehmungen und anderen Organisationen verschiedenster Art zu subsumieren" (Schwaninger 1994: 15). Typische „Bausteine" eines Managementsystems sind das Informationsversorgungssystem, das Planungs- und Kontrollsystem oder das Controllingsystem.

Bei einem Managementsystem handelt es sich um eine handlungsorientierte Konzeption, während sich im Gegensatz dazu das Management-Modell auf die theoretische Begründung dieses Handlungskonzepts bezieht (vgl. Kapitel 3).

2.2 St. Galler Management-Modell im Fokus

Das St. Galler Management-Modell vollzieht in konsequenter Weise den Paradigma-Wechsel von einer ökonomistisch ausgerichteten Betriebswirtschaftslehre zu einem umfassenden **Rahmenkonzept mit transdisziplinärem Bezug**. Seine Aussagensysteme fußen auf einem **systemtheoretisch-kybernetischen Ansatz**, der die am besten geeignete wissenschaftliche Grundlage für eine konsequent transdisziplinäre Forschung und Lehre auf dem Gebiet des Managements bzw. der Unternehmensführung darstellen dürfte (vgl. Dubs et al. 2004, Bd. 1: 60).

> „Das neue St. Galler Management-Modell ist ein mehrdimensionales gedankliches Ordnungsschema – ein „Leerstellengerüst für Sinnvolles" (Ulrich 2001), fachsprachlich ausgedrückt: ein heuristisches Schema, das einem hilft, Sachverhalte oder Probleme zu strukturieren, Bezüge zu erkennen oder herzustellen. Gleichzeitig soll es helfen, keine wichtigen Aspekte zu vergessen, die für eine anstehende Untersuchung oder einen zu fällenden Entscheid relevant sein könnten" (Dubs et al. 2004, Bd. 1: 60).

Nach dem St. Galler Modellkonzept steht somit „die Betriebswirtschaftslehre im Spannungsfeld eindimensionaler ökonomischer und mehrdimensionaler Erkenntnisinteressen am Management" (Bleicher 2001: 23). Kernaufgabe des Managements ist vor diesem Hintergrund die Handhabung von **Komplexität**, das „dem einfachen Ursache-Wirkungsdenken, das dem Vorgehen vieler Manager bei ihrem zweckgerichteten Denken und Handeln zugrunde liegt, entgegen" steht (ebd. 31). Ziel muss es immer sein, die Erhaltung und Stabilisierung eines Systemgleichgewichts sicher zu stellen.

Wichtigstes Attribut einer systemtheoretisch basierten Management-Konzeption ist ihr Abrücken vom Modell der „plandeterminierten Unternehmensführung" (Steinmann/Schreyögg/Koch 2013: 129 ff.). Dieser verbreitete klassische Managementansatz versteht Management als die logische Abfolge einzelner Phasen und Funktionen, in dessen Zentrum die **Planung** steht, die alles dominiert, und der alle anderen Aktivitäten nachgelagert sind (Primat der Planung).

> „Da alle anderen Managementfunktionen auf die Erreichung der Planziele hin ausgelegt werden sollen, geht die Planung diesen Funktionen notwendigerweise voraus (Primat der Planung). Ihr folgt die Organisation als Systementwurf für den arbeitsteiligen Aufgabenvollzug. An sie schließt sich die Ausstattung (staffing) der Organisation mit geeignetem Personal und die Führung zur Veranlassung und Überwachung des Aufgabenvollzugs an. Der Prozess mündet in die Kontrolle ein, die feststellt, ob Vollzug und Planung übereinstimmen. Die Kontrolle koppelt schließlich Informationen über den Zielerreichungsgrad bzw. Abweichungen und die mutmaßlich dafür verantwortlichen Gründe an die Planung zurück, um bei einem allfälligen neuen Planungsprozess Berücksichtigung finden zu können. Insgesamt stellt sich also der klassische Managementprozess im Zeitablauf als eine Abfolge linearer Steuerungszyklen dar" (Steinmann/Schreyögg/Koch 2013: 127).

> „Planung muss in einem systembezogenen Steuerungskonzept grundsätzlich als eine „zweifelhafte" Vorsteuerung gedacht werden, weil ihre strenge Selektionsleistung sich im Grunde jederzeit als revisionsbedürftig erweisen kann" (ebd.: 144).

Das bedeutet auch das Abrücken von der Grundposition der **voluntaristischen Steuerungslogik** des Managementprozesses. Diese geht von der generellen Gestaltbarkeit der Umwelt nach eigenen Vorstellungen aus, ganz im Sinne z. B. von Schumpeter, der das Bild eines dynamischen Unternehmers entwickelte, der im Wege der „innovativen Zerstörung" Innovationen am Markt durchsetzt, welche die bestehenden Verhältnisse umstürzen können (vgl. Freiling/Reckenfelderbäumer 2004: 25).

St. Gallen betont demgegenüber eine evolutionäre Sichtweise, die einem „gemäßigten Voluntarismus" (ebd.) und daher deterministisch geprägt ist. Die reine deterministische Grundposition geht davon aus, dass die Verhältnisse der Umwelt vorgegeben sind und von der einzelnen Unternehmung nicht beeinflusst werden können, was zu einer Machtlosigkeit gegenüber den Markt- und Umfeldbedingungen führt.

> „Brauchen wir ‚mehr' Management, um das Unternehmensziel ‚besser' über Planung, Organisation und Kontrolle zu erreichen? ... Oder sind Unternehmungen nicht vielmehr evolutive Gebilde, die ihren Weg selbst finden, so dass Management nur günstige Bedingungen für eine Selbstentwicklung bereit stellen kann? (Steinle 2005: 3).

Die Management-Konzeption der St. Galler Schule hat sich seit ihrer Gründung Anfang der siebziger Jahre in drei Stufen fortentwickelt (vgl. Abb. 2-2):

- Ursprüngliches St. Galler Management-Modell (Ulrich, 1972/1974)
- St. Galler Management-Konzept (Bleicher, 1991/1999)
- Neues St. Galler Management-Modell (federführend: Rüegg-Stürm, seit 2002)

Abb. 2-2: Entwicklungsstufen des St. Galler Management-Modells

(1) **Ursprüngliches St. Galler Management-Modell** (Ulrich): Die Idee, Management auf das Fundament der Systemtheorie zu stellen, wurde zuerst von Hans Ulrich aufgegriffen, der sie 1968 mit dem Werk „Die Unternehmung als produktives soziales System" – Ulrichs Hauptwerk – darlegte und reichlich Aufsehen in der Fachwelt erregte. Auf dieser Basis entstand die Urfassung des „St. Galler Management-Modells" und 1972 im gleichnamigen, gemeinsam mit Walter Krieg verfassten Werk veröffentlicht. Dieser Ansatz prägte Generationen von Studierenden, Wissenschaftlern und Führungskräften. Diese als das „ursprüngliche St. Galler Management-Modell" bezeichnete Konzeption kann als ein Durchbruch in der Managementlehre bezeichnet werden und führte zu regen Diskussionen und Adaptionen.

Hauptanliegen des Modells ist die Bereitstellung eines integrativen Bezugsrahmens, der angesichts der disziplinären Auffächerung der Betriebswirtschaftslehre als vordringlich angesehen wurde. Das so definierte integrierte Unternehmenskonzept sorgte für ein ganzheitliches Unternehmens-Umwelt-Konzept mit den drei Elementen Umweltkonzept, Unternehmenskonzept und Führungskonzept. Die Unternehmung wird als produktives, soziotechnisches System gesehen, das in einer komplexen Umwelt agiert. Alle Zusammenhänge werden in Regelkreissystemen im Sinne der Kybernetik interpretiert. Management bedeutet Gestalten, Lenken und Entwickeln von Systemen, Führungskräfte haben Lösungen für komplexe Problemsituationen zu entwickeln.

(2) St. Galler Management-Konzept (Bleicher): Hauptanliegen dieser zweiten Stufe der St. Galler Modelle ist die Differenzierung der Management-Ansätze in eine normative, eine strategische und eine operative Dimension. Damit differenziert der Ansatz von Bleicher das ursprüngliche Modell um wesentliche Komponenten und verbindet sie mit den Kernfragen des Managements, die in der Steuerung der Aktivitäten (Prozesse), der Strukturen und des menschlichen Verhaltens (Kultur) gesehen werden. Abb. 2-3 gibt das zentrale Referenzraster wieder.

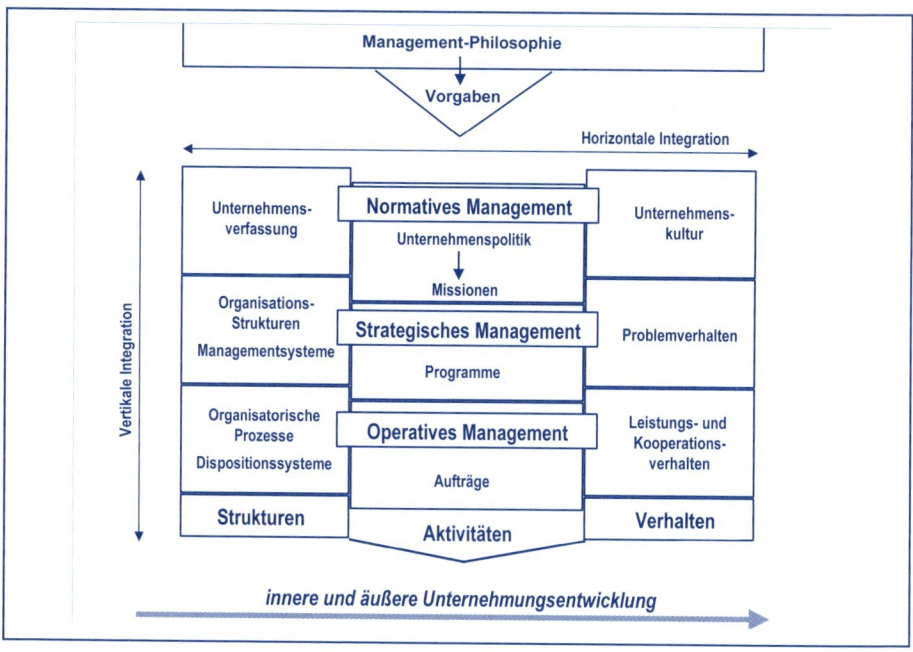

Abb. 2-3: Management-Ebenen im St. Galler Management-Konzept

Es zeigt, dass zur Steuerung der Unternehmensentwicklung die horizontale Integration über die Strukturen, Aktivitäten und Verhalten notwendig ist, ebenso wie die vertikale Integration zwischen normativem, strategischem und operativem Management.

Normatives Management soll zum Aufbau von Verständigungspotenzialen zwischen den Stakeholdern beitragen. Die Normierung kann durch das Setzen von Standards, Regeln, Grundsätzen oder Leitbildern erfolgen. Die Normierung der Strukturen geschieht durch die Unternehmensverfassung, die Normierung der Aktivitäten durch die Unternehmenspolitik, die sich in der Mission ausdrückt, die Normierung des Verhaltens der handelnden Personen schließlich durch die Unternehmenskultur.

„Die Ebene des normativen Managements beschäftigt sich mit den generellen Zielen der Unternehmung, mit Prinzipien, Normen und Spielregeln, die darauf ausgerichtet sind, die *Lebens- und Entwicklungsfähigkeit* der Unternehmung zu ermöglichen" (Bleicher 2001: 74).

Strategisches Management realisiert „Erfolgspotenziale", d. h. „das gesamte Gefüge aller jeweils produkt- und marktspezifischen erfolgsrelevanten Voraussetzungen, die spätestens dann bestehen müssen, wenn es um die Realisierung geht" (ebd. 75 f.). Kernpunkt des strategischen Managements sind strategische Programme, die strategisch ausgelegten Strukturen und Systeme sowie das auf Strategien sensibilisierte Problemverhalten der Mitarbeiter. Während das normative Management die Zweckmäßigkeit von Aktivitäten, Strukturen und Verhalten begründet, ist es die Aufgabe des strategischen Managements, dem operativen Management Richtung zu geben.

„Normatives und strategisches Management finden ihre *Umsetzung im operativen Vollzug*, der im *Ökonomischen* auf leistungs-, finanz- und informationswirtschaftliche Prozesse gerichtet ist. Zum Aspekt der wirtschaftlichen *Effizienz* tritt in der operativen Dimension die *Effektivität* des Mitarbeiterverhaltens im sozialen Zusammenhang" (Bleicher 2001: 76). Auf der operativen Managementebene einer Organisation erfolgen die Führung der Mitarbeiter und/oder der Nachunternehmen, die Bereitstellung der Mittel (Ressourcen) sowie die Planung, Steuerung und Überwachung der Geschäftsprozesse.

(3) Das **neue St. Galler Management-Modell** steht auch weiterhin ganz im Zeichen des von Hans Ulrich begründeten Systemansatzes, greift aber weitere Denkströmungen auf (Rüegg-Stürm 2002: 16), insbesondere:

- Soziologische Systemtheorie von Niklas Luhmann (1984);
- Strukturationstheorie von Anthony Giddens (1984/1997);
- Sozialkonstruktivistische Perspektiven (Dachler 1990/1992, Burr 1995, Hosking/Dachler/Gergen 1995, 1999);
- Integrative Wirtschafts- und Unternehmensethik (Peter Ulrich 2001).

Vor diesem Hintergrund lässt sich das neue St. Galler Management-Modell als „systemisch-konstruktivistischer Managementansatz" beschreiben (vgl. ebd.).

Mit diesem Ansatz wird also die Denkrichtung des Konstruktivismus betont, der von der prinzipiellen Unteilbarkeit bzw. Verschränkung von Subjekten und Objekten ausgeht. Dabei ist der Rolle des Subjektes, z. B. des Managers, höchste Bedeutung zuzumessen – in dem Sinne, dass die jeweilige individuelle Wirklichkeitskonstruktion den relevanten Bezugspunkt für die Beurteilung einer Situation bildet. Damit wird der interpretativ-sinnhaften Dimension von Management mehr Raum zuteil.

Zentrale Elemente des neuen St. Galler Management-Modells sind die folgenden sechs Begriffskategorien:

1. Umweltsphären (Gesellschaft, Natur, Technologie, Wirtschaft);
2. Anspruchsgruppen (Kapitalgeber, Kunden, Mitarbeitende, Öffentlichkeit, Non Government Organisations, Staat, Lieferanten, Konkurrenz);
3. Interaktionsthemen (Ressourcen, Normen und Werte, Anliegen und Interessen);
4. Ordnungsmomente (Strategie, Strukturen, Kultur);
5. Prozesse (Managementprozesse, Geschäftsprozesse, Unterstützungsprozesse);
6. Entwicklungsmodi (Optimierung, Erneuerung).

Abb. 2-4 zeigt das neue St. Galler Management-Modell mit diesen sechs Facetten im Überblick. Es wird deutlich, dass auch dieses Modell in der Tradition der Vorgängermodelle steht.

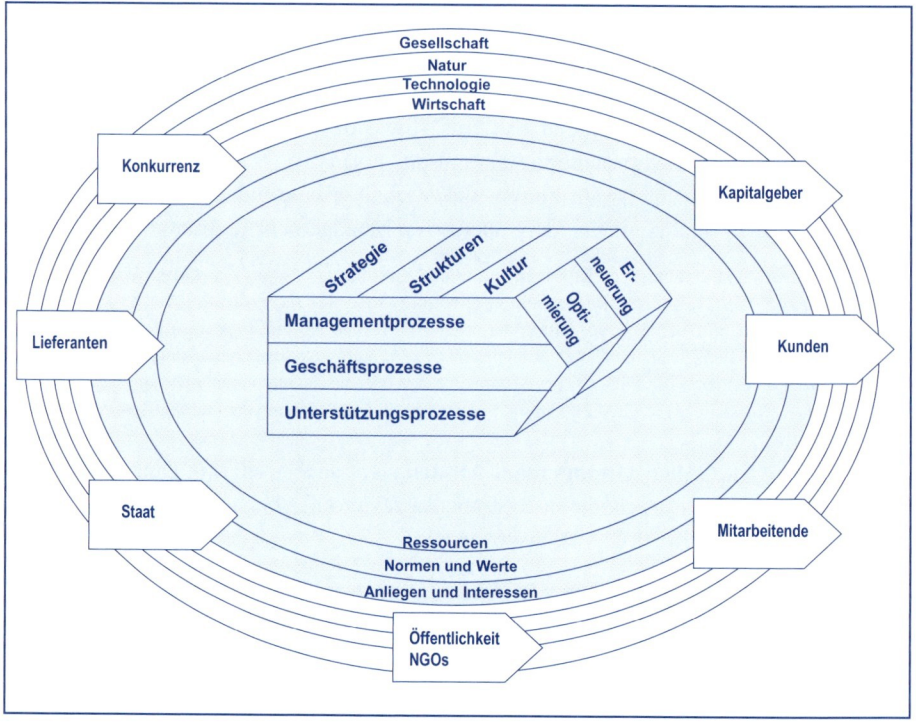

Abb. 2-4: Das neue St. Galler Management-Modell

Das neue Modell betont nochmals den Gedanken einer integrierten Managementlehre und erweitert das Ausgangsmodell nach Ulrich in dreierlei Hinsicht: Erstens kommt der ethisch-normativen Dimension von „Management" ein deutlich höherer Stellenwert zu. Zweitens reflektiert es die stark gewachsene Bedeutung der prozessorientierten Herangehensweise an das Phänomen Unternehmung. Insbesondere gilt dies vor dem Hintergrund von IT-Technik, verschärftem Zeitwettbewerb und der zunehmenden Bedeutung des Managements sozialer Prozesse. Drittens wird der konstruktivistischen Perspektive bei der Interpretation von Management mehr Raum zuteil.

Auch im neuen St. Galler Management-Modell spielen die drei herausragenden Integrationsebenen Strategie, Struktur und Kultur, die schon tragende Säulen des zweiten St. Galler Management-Konzepts der Ära Bleicher waren, erneut eine prominente Rolle. Allerdings rückt im Vergleich der beiden Modelle die Prozessdimension deutlich in den Vordergrund. Schließlich wird der Interaktion (Ressourcen, Normen und Werte, Anliegen und Interessen) mehr Aufmerksamkeit zuteil, da Management insbesondere die Sachlagen zu interpretieren und mit Sinn auszukleiden hat sowie auf die Abstimmung von Erwartungen und Leistungen abzielt.

2.3 Denkfehler traditioneller Management-Ansätze

Die konsequente Verfolgung des St. Galler Ansatzes macht zahlreiche Denkfehler vieler traditioneller Management-Ansätze sichtbar. Wiedergegeben sei nachfolgend ein Katalog solcher Denkfehler, wie er von Probst/Gomez 1987 vorgelegt wurde:

Sieben Denkfehler traditioneller Management-Ansätze

1. Denkfehler

Probleme sind objektiv gegeben und müssen nur noch klar formuliert werden. Das Gegenteil ist richtig: Probleme der Unternehmensführung sind nicht etwas objektiv Vorgegebenes, das eindeutig, richtig und einstimmig definiert werden kann. Jede Situation ist vielmehr unter dem Aspekt der Komplexität aus verschiedenen Interessenslagen und Perspektiven zu beleuchten. Es gilt daher:
- Den jeweiligen Standpunkt eines Beobachters zu berücksichtigen
- Verschiedene Standpunkte einzunehmen und Abgrenzungen vorzunehmen
- Eine Situation immer wieder zu überdenken und möglichst vielfältig zu erfassen

2. Denkfehler

Jedes Problem ist die direkte Konsequenz einer einzigen Ursache. Die heutigen Beziehungen in Unternehmungen sind keineswegs mithilfe unilinearen Denkens von Wirkung zu Ursache lösbar. Probleme sind nicht Konsequenz einer einzigen Ursache. Wir haben es vielmehr mit Netzwerken zu tun, in denen unzählige Beziehungen und Wechselbeziehungen zu vielfältigen Beeinflussungen, Nebenwirkungen, Schwellenübergängen, Aufschaukelungen usw. führen. In vernetzten Systemen ist eine eindeutige Zuordnung und Reduktion auf Ursache und Wirkung nicht mehr erlaubt oder adäquat. Es gilt daher:
- Netzwerke aufzuzeichnen und zu durchschauen
- Beziehungen, Interaktionen und Kreisläufe zu erfassen und zu analysieren
- Netzwerke in ihren Eigenschaften und als Ganzheit zu verstehen

3. Denkfehler

Um eine Situation zu verstehen, genügt eine Photographie des Ist-Zustandes. Erst aus der Dynamik heraus wird eine Problemsituation wirklich komplex. Durch die Art der Wechselwirkung verhält sich ein System für uns unverständlich, ungeplant und gegenintuitiv. Über die Wechselwirkungen schaukelt sich ein Prozess auf und solche selbstverstärkenden Beziehungen wirken destabilisierend. Wechselwirkungen können dabei positiv (Kapital und Zinsen) wie auch negativ (z. B. Preis und Produktion) sowie von unterschiedlicher Stärke, Bedeutung und qualitativen und quantitativen Eigenschaften sein. Es gilt daher:
- Stabilisierende und destabilisierende Beziehungen, Interaktionen und Kreisläufe zu erfassen
- Stärke, Bedeutung und qualitative Eigenschaften der Beziehungen, Interaktionen und Kreisläufe zu analysieren
- Die Zeitaspekte einer Situation in die Überlegungen mit einzubeziehen

4. Denkfehler

Verhalten ist prognostizierbar; notwendig ist nur eine ausreichende Informationsbasis. Wie bei einfachen Maschinen herrscht oft die Meinung vor, dass die Ergebnisse und Verhaltensweisen komplexer sozialer Phänomene voraussagbar sind. Da Informationen Unsicherheit beseitigen, ist es nur eine Frage des Informationsumfangs, damit ein Verhalten auch vorhersagbar wird. Jedoch wird hier vergessen, dass wir uns in vernetzten Systemen befinden, in denen sich jede Veränderung in vielen Teilen auswirkt und auch auf sich selbst zurückwirkt. In vernetzten Situationen sind jedoch alle Informationen gar nicht erhältlich und folglich auch nicht zu verarbeiten. Informationen entstehen vielmehr erst durch die Wechselwirkungen im Netzwerk und eine ganzheitliche Betrachtungsweise wird unumgänglich. Somit bringt die Analyse einzelner Teile im Detail nichts, wenn wir nicht ihre Beziehungen zwischen den Teilen erkennen können. Genaue Prognosen sind in komplexen sozialen Systemen nicht möglich. Es ist daher sinnvoller, ein umfassendes, ganzheitliches Bild zukünftiger Verhaltensmöglichkeiten zu erhalten als falsche Prognosen eines genau und detailliert analysierten Ausschnitts.

Die Kenntnis der Wirkungszusammenhänge einer Unternehmung erlaubt es, Szenarien oder Verhaltensmöglichkeiten durchzuspielen und entsprechend aktiv zu werden. Es gilt daher:
- Sensitiv zu werden für Verhaltensmöglichkeiten des Systems
- Mögliche zukünftige Muster oder Szenarien zu entwickeln
- Die Chancen und Gefahren sowie die Stärken und Schwächen in den verschiedenen Kontexten zu überdenken und zu evaluieren

5. Denkfehler

Problemsituationen lassen sich beherrschen, es ist lediglich eine Frage des Aufwandes. Die Idee der Beherrschbarkeit von Problemsituationen oder der Welt ist eng mit einem technokratischen Weltbild verknüpft. So wie wir den Bau von Maschinen und deren Steuerung vornehmen, meinen wir auch natürliche und soziale Ganzheiten gestalten und kontrollieren zu können. Die Komplexität, die aus der Vernetzung heraus entsteht, führt jedoch nicht nur dazu, dass wir nie alles wissen und prognostizieren können, sondern auch dazu, dass wir diese Systeme nicht beherrschen können. Wir können jedoch Regeln festhalten, die zu einer Ordnung führen und einzelne kritische Größen für Stabilität erfassen. Es ist immer die im System vorhandene Eigendynamik, die Selbstorganisation, in die Gestaltungs- und Lenkungsaktivitäten mit einzubeziehen. Ordnung, Stabilität und Wandel entstehen aus dem interaktiven Handeln vieler Menschen und Mensch-Maschinen-Einheiten. Ordnung kann aber nicht auf einzelne Gestalter und Lenker zurückgeführt werden. Es gilt daher:
- Die aus der Stellung des Beobachters möglichen lenkbaren und nichtlenkbaren Aspekte sorgfältig zu eruieren
- Die Zusammenhänge mit anderen Größen aufzuzeichnen
- Strategien zu entwerfen, die im Kontext Sinn machen und Sinn geben

6. Denkfehler

Ein Macher kann jede Problemlösung in der Praxis umsetzen. Meist gehen wir davon aus, dass zu Organisations- oder Planungsproblemen Lösungen projektmäßig erarbeitet, entworfen und eingeführt werden können. Mit der Idee, dass Lösungen durch konsequente Eingriffe realisiert werden können, ist die lineare, unikausale Sicht eng verbunden. Die Führungskraft wird als Individuum, als Macher, betont, und es wird nur wenig auf die Gegebenheiten des Ganzen geachtet. Dies scheitert aber an den Eigenaktivitäten, den Reaktionen oder den Vorausmaßnahmen des Systems selbst. Ein Vorgehen gegen das System ist fast immer falsch. Erfolgreicher und langfristig entwicklungsträchtiger sind Maßnahmen, die katalytisch die Strömungen, Kräfte, Prozesse usw. im System nutzen und verstärken. Probleme sind aufzulösen, indem aus dem System heraus Veränderung entsteht, damit ein Problem gar nicht mehr „produziert" wird. Es gilt daher:
- Die Gesetzmäßigkeiten des Systems, in das eingegriffen wird, zu beachten (Berücksichtigung der Geschichte des Systems)
- Die Kräfte und spezifischen Eigenschaften des Systems zu nutzen
- Im richtigen Zeitpunkt an der richtigen Stelle etwas geschehen zu lassen

7. Denkfehler

Mit der Einführung einer Lösung kann das Problem endgültig ad acta gelegt werden. Alle Handlungen und Eingriffe in das System führen zu Veränderungen, wodurch es keine definitiven Lösungen gibt, da immer wieder neue Fragen, Problemdefinitionen oder Situationen entstehen. Auch das Unternehmensgeschehen ändert sich ständig und daher stellt sich die Frage, ob Problemlösungen oder Maßnahmen noch stimmig sind. Problemlösungen müssen folglich immer laufend neu beurteilt und angepasst werden, damit Umwelt- und Systemveränderungen sich harmonisch entwickeln. Dazu gehört auch, dass eine gewisse Flexibilität, Sensibilität und Offenheit für neue Probleme erhalten wird. Es gilt daher:
- Die Situation in ihrer Entwicklung zu überwachen
- Problemlösungen möglichst flexibel und lernfähig zu gestalten
- Sensitiv und kreativ zu sein für schwache Signale neuer Problemsituationen.

Dieser „Denkfallen-Katalog" wirft ein grelles Licht auf die Notwendigkeit, bei der Entwicklung von Management-Konzepten ein **ganzheitliches Verständnis** von Unternehmung und Unternehmungsführung zugrunde zu legen. In die Irre muss eine Denkweise führen, die sich an den Naturwissenschaften ausrichtet und die als „exakt, mathematisch, quantifizierend, isolierend, kausalanalytisch, mechanistisch und materialistisch" zu charakterisieren ist (vgl. Ulrich/Probst 1995: 295). Eine solche Denkweise führt zu einem traditionellen Unternehmensbild, das die Regeln der Wirtschaft undifferenziert zum Leitmaßstab erhebt und andere Gesellschaftsbereiche ausblendet.

Das Gegenteil ist anzustreben: Nur über das Verständnis der Unternehmung als gesellschaftliche Institution lässt sich eine realistische Abbildung der Vorgänge in der Unternehmung erreichen. Die Eigendynamik und die Komplexität der Unternehmung müssen anerkannt werden. Die Unternehmung ist als Ganzheit zu verstehen, um die Gefahr einer reduktionistischen Sichtweise zu bannen. Gerade Medienunternehmen mit ihren besonders bedeutsamen gesellschaftlichen Funktionsbezügen können nur ganzheitlich gewürdigt werden.

Im Kontext des St. Galler Management-Modells wird in diesem Zusammenhang insbesondere auch darauf hingewiesen, dass üblicherweise mit dem traditionellen Unternehmungsverständnis ein ebenso traditionelles **Führungsverständnis** einher geht, das als antiquiert anzusehen ist.

> „Im *traditionellen Führungsbild* spielt die Fähigkeit des Führers, das Verhalten einer Vielzahl anderer Menschen zu bestimmen und unter Kontrolle zu halten, eine überragende Rolle. Nicht das Gestalten und Lenken einer ganzen Institution, sondern das Bewirken eines bestimmten Verhaltens von Menschen steht im Zentrum dieser Vorstellung, also nicht eigentlich die Unternehmungs-, sondern die Mitarbeiterführung. Nach traditionellen Bildern erfolgt diese personale Führung im Rahmen einer klaren und einfachen hierarchischen Ordnung, welche die Durchsetzung des Willens einer obersten Führerpersönlichkeit bei den vielen ausführenden Mitarbeitern sichern soll" (Ulrich/Probst 1995: 297).

Antiquierte Vorstellungen sind auch zu vermuten, wenn vom „idealen Manager" die Rede ist. Malik – ebenfalls ein Vertreter der St. Galler Schule – hat dabei zwei „Irrlehren" geradezu geächtet, die zu fehlgeleiteten und schädlichen Managementauffassungen beitragen (vgl. Malik 2000: 27):

- Pursuit-of-Happiness-Approach: Der Hauptzweck einer Organisation besteht nach diesem Ansatz darin, Menschen zufrieden und glücklich zu machen.
- Vorstellung von der „Großen Führerpersönlichkeit" („Große-Mann-Theorie"): Dieser Ansatz vertritt die These, Organisationen brauchten kein Management, sondern sog. „Leadership". Gefragt sei der „Leader", der „große Mann".

> Zum Pursuit-of-Happiness-Approach äußert sich Malik u. a. wie folgt (ebd. 27): „In seiner extremsten Ausprägung unterstellt dieser Ansatz, dass der *Hauptzweck* der Organisation, besonders der von Wirtschaftsunternehmen, darin besteht, die für sie arbeitenden Menschen *zufrieden*, wenn möglich sogar glücklich zu machen, jedenfalls ihnen den Weg zum Glück zu ermöglichen". Die Grundthese des Ansatzes laute: „Mache die Menschen zufrieden, dann werden sie leisten".

> Zur „großen Führerpersönlichkeit" (ebd.: 31): „Die zweite Irrlehre ist die Auffassung, dass Organisationen in Wahrheit nicht Management, sondern Leadership benötigen und nicht Manager, sondern Leader. ... Das Ergebnis ... hat eher den Charakter eines antiken Heldenepos als einer auch nur im geringsten ernstzunehmenden Vorstellung in bezug auf die Wirklichkeit unserer Organisationen".

2.4 Medienmanagement-Referenzmodell

Aufbauend auf dem St. Galler Management-Modell wird für alle weiteren Analysen das nachfolgende **Referenzmodell** zugrunde gelegt (vgl. Abb. 2-5).

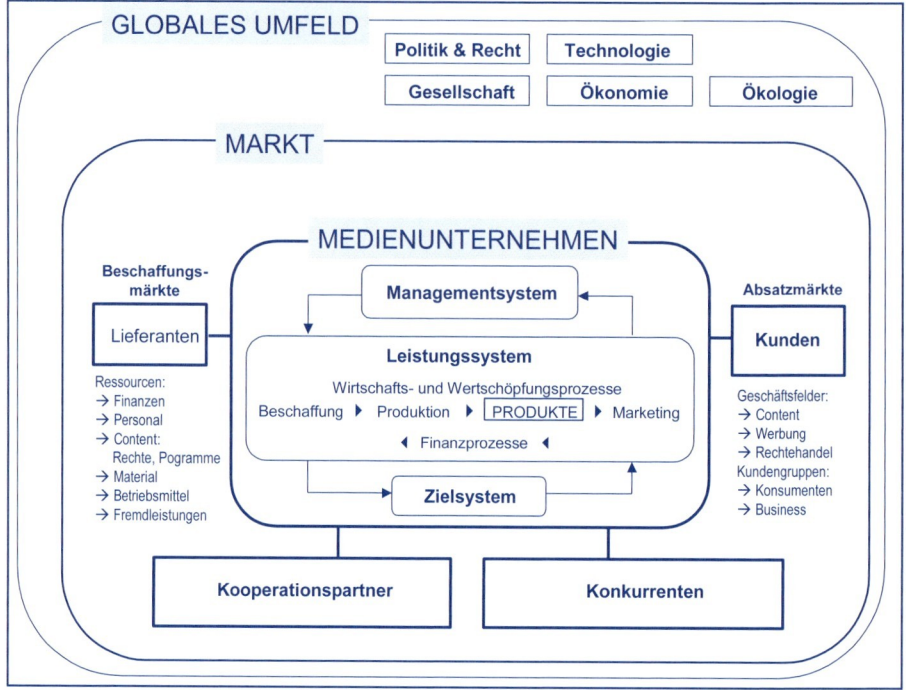

Abb. 2-5: Referenz-Modell für das Medienmanagement

Danach ist der zu betrachtende Gesamt-Kontext in **drei Ebenen** zu differenzieren:

- Globales Umfeld;
- Markt;
- Medienunternehmen.

(1) Das **globale Umfeld** beschreibt die Rahmenbedingungen und Trends, von denen sowohl das Geschehen auf den Medienmärkten als auch die Aktivitäten von Medienunternehmen nachhaltig beeinflusst werden. Es ist zu differenzieren in die folgenden fünf Bereiche:

- Politisch-rechtlichen Rahmenbedingungen;
- Technologischen Rahmenbedingungen;
- Gesellschaftlichen Rahmenbedingungen;
- Ökonomischen Rahmenbedingungen;
- Ökologischen Rahmenbedingungen.

Alle diese Faktoren sind für die Entwicklung der Medien und für das Management der Medienunternehmen mehr oder weniger relevant und müssen einer differenzierten Betrachtung unterzogen werden (vgl. Kapitel 7 bis 11).

(2) Die zweite Bezugsebene, der **Markt**, wird auch als „aufgabenspezifisches Umfeld" bzw. als „unmittelbares Umfeld" bezeichnet. Er lässt sich mit Hilfe der relevanten Akteure beschreiben. Dies sind in institutioneller Hinsicht im Wesentlichen die folgenden Akteure:

- Kunden;
- Lieferanten;
- Konkurrenten;
- Kooperationspartner.

In sachlicher Hinsicht empfiehlt sich die Beschreibung und Analyse im Wege des Konzepts der „Porterschen Marktkräfte" („Five Forces") (vgl. Abb. 2-6; Quelle: Porter 2008).

- Rivalität zwischen den Marktteilnehmern;
- Bedrohung durch neue Anbieter;
- Rolle und Bedeutung von Ersatzprodukten;
- Lieferantenmacht;
- Kunden- bzw. Rezipientenverhalten.

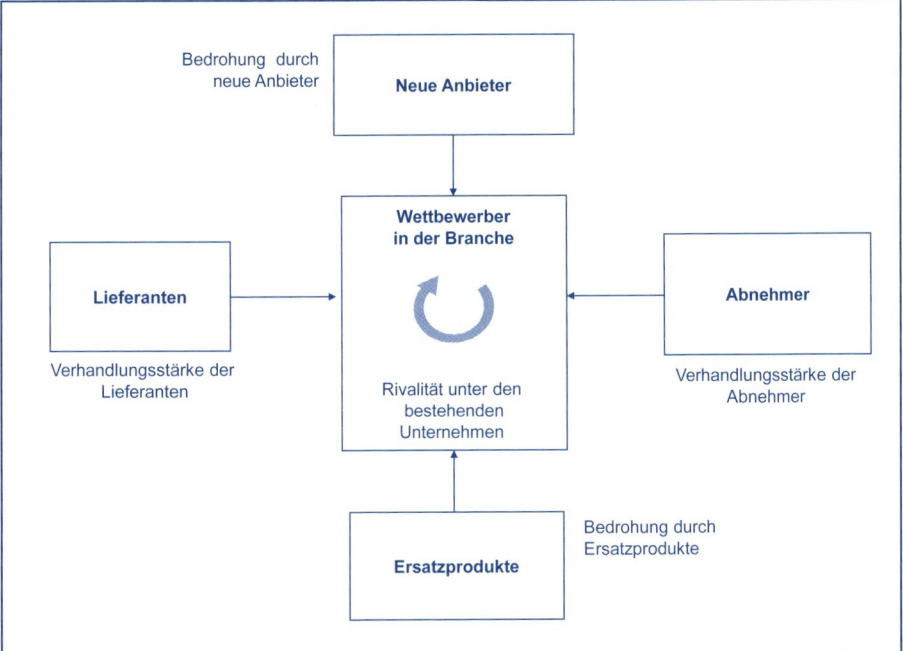

Abb. 2-6: Die Porterschen Marktkräfte („Five Forces") im Kontext des Referenz-Modells für das Medienmanagement

(3) Das **Medienunternehmen** selbst schließlich lässt sich mit drei Teilsystemen beschreiben:

- Im Zentrum steht das **Leistungssystem** mit dem Wirtschafts- bzw. Wertschöpfungsprozess, der die Transformation von Input-Faktoren in den Output beschreibt. Es geht darum, marktfähige Produkte zu generieren und am Markt zu verkaufen, die dafür notwendigen Ressourcen bzw. Produktionsfaktoren zu beschaffen und in einem Produktions- bzw. Kombinationsprozess herzustellen. In gegenläufiger Richtung stellen sich die Finanzprozesse dar.
- Um den Wirtschafts- und Leistungsprozess erfolgreich zu gestalten, bedarf es eines **Managementsystems** (bzw. Führungssystems), das auf die Geschehnisse des Leistungssystems Einfluss nimmt. Bestandteile des Managementsystems sind Planung und Kontrolle, Informationsmanagement, Personalmanagement (Human Resources) und Organisation (vgl. Kapitel 3).
- Alle Aktivitäten sind darauf ausgerichtet, erklärte Ziele zu erreichen. Das **Zielsystem** als drittes Teilsystem kann nach Sachzielen und Formalzielen unterschieden werden: Das Sachziel beschreibt die Aufgabe bzw. den Betriebszweck, z. B. bei einem Fernsehsender die Aufgabe, Fernsehprogramme zu machen. Formalziele bezeichnen die Form, in der das Sachziel erreicht werden soll. Die wichtigste Form ist der wirtschaftliche Erfolg, der mit dem klassischen Dreigestirn Liquidität, Rentabilität und Wirtschaftlichkeit beschrieben wird. Jedes dieser Formalziele beschreibt die Frage des wirtschaftlichen Erfolgs aus einer anderen Perspektive: Liquidität blickt auf die Finanzen und die Finanzierung (Kasse, kurzfristiges Umlaufvermögen), Rentabilität blickt auf das eingesetzte Eigenkapital (Reinvermögen, Erfolg), Wirtschaftlichkeit schließlich blickt auf Kosten und Leistung im betrieblichen Bereich, also auf denjenigen Bereich im Unternehmen, der nur den Betriebszweck betrifft.

Alle Teilsysteme des Managementsystems stehen in enger wechselseitiger Abhängigkeit zueinander.

Im Kontext des hier vorgestellten Referenzmodells kann auch der häufig als Modebegriff verwendete Ausdruck „Geschäftsmodell" präzisiert werden.

Unter einem **Geschäftsmodell** (Business Model) soll ein modellartiger Spiegel des Leistungssystems verstanden werden, der den Anspruch erhebt, das Geschehen dieses Teilsystems erklärend abzubilden. Es soll v. a. die Material-, Arbeits-, Informations- und Finanzmittelflüsse sowohl zwischen Unternehmen und Umwelt als auch innerhalb des Unternehmens abbilden (vgl. Wirtz 2013: 94).

> „Ein Business Model stellt eine stark vereinfachte und aggregierte Abbildung der relevanten Aktivitäten einer Unternehmung dar. Es erklärt, wie durch die Wertschöpfungskomponente einer Unternehmung vermarktungsfähige Informationen, Produkte und/oder Dienstleistungen entstehen. Neben der Architektur der Wertschöpfung werden die strategische sowie die Kunden- und Marktkomponente berücksichtigt, um das übergeordnete Ziel der Generierung beziehungsweise Sicherung des Wettbewerbsvorteils zu erreichen" (ebd.).

Der Begriff Geschäftsmodell reicht über das Konzept der Wertkette hinaus, indem es das Ziel verfolgt, in modellhafter Form einen vereinfachten, komprimierten Überblick über die Geschäftsaktivitäten zu bieten.

In stark fokussierter Form kann ein Geschäftsmodell durch drei Basiselemente charakterisiert werden (vgl. Hass 2002: Kapitel 4):

- Produktarchitektur;
- Erlösmodell;
- Wertschöpfungsstruktur.

Abb. 2-7 markiert diese Basiselemente im Kontext des o. g. Referenz-Modells für Medienunternehmen.

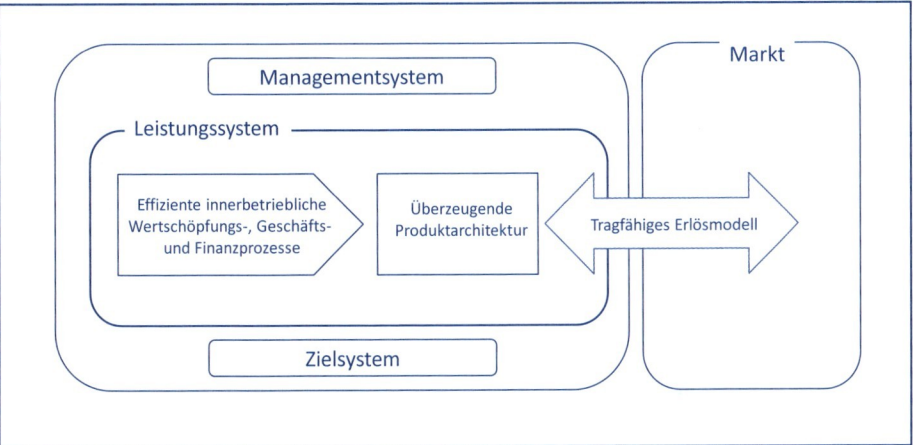

Abb. 2-7: Basiselemente eines Geschäftsmodells

Kernaussagen

- Ein Managementmodell stellt ein vereinfachtes Abbild der Wirklichkeit der Unternehmensführung dar und hat die Funktion, diese Wirklichkeit zu beschreiben, zu erklären, besser verstehen zu helfen und bessere Entscheidungen zu bewirken.
- Ziel muss es sein, ganzheitlich ausgerichtete Modelle zu entwickeln und dem Managementhandeln zugrunde zu legen.
- Die Entwicklung und Begründung von Medienmanagement-Modellen muss einer vertretbaren Methodik wissenschaftlicher Erkenntnis folgen.
- Als Management-Modell mit ganzheitlicher Ausprägung bietet sich das St. Galler Management-Modell an. Es wurde auf systemtheoretisch-kybernetischer Grundlage entwickelt, es postuliert einen gesellschaftlichen Bezug und stellt ein umfassendes Rahmenkonzept mit transdisziplinärem Bezug dar. Das heute angewandte Modell verkörpert die dritte Generation der St. Galler Modelle.
- Der ganzheitliche und transdisziplinäre Bezug hilft Denkfehler zu vermeiden, die manchen traditionellen Konzepten und vielen Praktiker-Vorschlägen anhaften.
- Als Bezugspunkt für die Beschreibung und Analyse von Medienmanagement wird ein Referenzmodell verwendet, das die Ebenen globaler Rahmen, Markt und Medienunternehmen unterscheidet.

Literatur

Weiterführende Literatur: Management-Modelle allgemein

Freiling, J./Reckenfelderbäumer, M. (2004): Markt und Unternehmung, Wiesbaden.
Steinle, C. (2005): Ganzheitliches Management, Wiesbaden.
Steinmann, H./Schreyögg, G./Koch, J. (2013): Management, 7., vollst. überarb. Aufl., Wiesbaden.
Wolf, J. (2013): Organisation, Management, Unternehmensführung, 5., überarb. u. akt.. Aufl., Wiesbaden.

Weiterführende Literatur: St. Galler Management-Modell

Bleicher, K. (2001): Das Konzept Integriertes Management, 6. Aufl., Frankfurt/Main, New York.
Dubs, R./Euler, D./Rüegg-Stürm, J./Wyss, C. E. (Hrsg.)(2004): Einführung in die Managementlehre, 5 Bände, Bern, Stuttgart, Wien.
Gomez, P./Müller-Stewens, G./Rüegg-Stürm, J. (1999): Entwicklungsperspektiven einer integrierten Managementlehre, Bern, Stuttgart, Wien.
Malik, F. (2000): Führen, leisten, leben. Stuttgart, München.
Malik, F. (2003): Systemisches Management, Evolution, Selbstorganisation, 3. Aufl., Bern, Stuttgart, Wien.
Malik, F. (2005): Management-Perspektiven, 4. Aufl., Bern, Stuttgart, Wien.
Müller-Stewens, G./Lechner, C. (2011): Strategisches Management, 4., überarb. Aufl., Stuttgart.
Porter, M. E. (2008): Wettbewerbsstrategien, 11., durchgesehene Auflage, Frankfurt/Main.
Probst, G. J. B./Gomez, P. (1987): Vernetztes Denken im Management, Schweizerische Volksbank, Bern, S. 7-16.
Rüegg-Stürm, J. (2002): Das neue St. Galler Management-Modell, 2. Aufl., Bern, Stuttgart, Wien.
Schwaninger, M. (1994): Managementsysteme, Frankfurt/Main, New York.
Ulrich, H. (1970): Die Unternehmung als produktives soziales System, 2., überarb. Aufl., Bern, Stuttgart.
Ulrich, H./Probst, G. J. B. (1995): Anleitung zum ganzheitlichen Denken und Handeln, 4. Aufl., Bern, Stuttgart, Wien.
Ulrich, P. (1999): Was ist „gute" Unternehmensführung? Reflexionen zu den normativen Grundlagen ethisch bewussten Managements. In: Gomez, P./Müller-Stewens, G./Rüegg-Stürm, J. (1999): Entwicklungsperspektiven einer integrierten Managementlehre, Bern, Stuttgart, Wien, S. 225-253.
Ulrich, P./Fluri, E. (1995): Management, 7. , verb. Aufl., Bern, Stuttgart, Wien.
http://www.ifb.unisg.ch/org/IfB/ifbweb.nsf/wwwPubInhalteGer/St.Galler+Management-Modell?opendocument (30.09.2005)

Weiterführende Literatur: Medienmanagement-Modelle

Bieger, T./Bickhoff, N./Caspers, R./Knyphausen-Aufseß, D. zu (Hrsg.)(2002): Zukünftige Geschäftsmodelle, Berlin, Heidelberg, New York.
Gläser, M. (2004): Öffentlich-rechtlicher Rundfunk im strategischen Wandel, in: Friedrichsen, M./Seufert, W. (Hrsg.): Effiziente Medienregulierung. Marktdefizite oder Regulierungsdefizite? Baden-Baden 2004, S. 39-52.
Hass, B. (2002): Geschäftsmodelle von Medienunternehmen, Wiesbaden.
Hickethier, K. (2003): Einführung in die Medienwissenschaft, Stuttgart.
Maletzke, G. (1998): Kommunikationswissenschaft im Überblick, Oplanden, Wiesbaden.
Scholz, C./Eisenbeis, U. (2003): Medienmanagement, in: Die Betriebswirtschaft, 63. Jg., S. 532-547.
Wirtz, B. W. (2013): Medien- und Internetmanagement, 8., akt. u. überarb. Aufl., Wiesbaden.

Kapitel 3
Medienmanagement-Systeme

3.1 Begriff Managementsystem 53
3.2 Teilsysteme 54
3.3 Handlungsebenen 58
3.4 Integration von Managementsystemen 62

Leitfragen

- Welche Subsysteme konstituieren ein Unternehmen aus Managementsicht?
- Was versteht man unter einem „Managementsystem"?
- Wie ist ein Managementsystem aus der Perspektive der Gesamt-Unternehmensführung zu interpretieren?
- Was bedeutet die Interpretation des Managementsystems als Personalführungssystem?
- Wie kann man die Leistungsfähigkeit („Performance") eines Managementsystems messen?
- Wie kann der Zusammenhang zwischen Managementsystem, Leistungssystem und Zielsystem beschrieben werden?
- Inwiefern kann das Managementsystem als ein „Super-System" verstanden werden?
- Welche fünf Teilsysteme eines Managementsystems lassen sich zweckmäßigerweise unterscheiden?
- Was versteht man unter einem „HR"?
- Was versteht man unter „IuK"?
- Welche Aufgaben hat das Informationssystem bzw. Informationsversorgungssystem zu erfüllen?
- Was versteht man unter einem Management-Informations-System (MIS)?
- Welchen Zweck verfolgt ein „PK-System" (Planungs- und Kontrollsystem)?
- Welches sind die Bestandteile eines Planungs- und Kontrollsystems?
- Welchen Zweck verfolgt das Organisationssystem?
- Welche fünf Hauptdimensionen muss ein Organisationssystem widerspiegeln?
- Welchen Zweck verfolgt das Personalsystem bzw. Personalführungssystem?
- Welche Bestandteile weist ein Personalsystem auf?
- Wie ist „Controlling" definiert?
- Welchen Zweck verfolgt das Controllingsystem?
- Was ist der Unterschied von Controlling und Kontrolle?
- Welche unterschiedlichen Architekturen für ein Managementsystem kann man sich vorstellen?
- In welcher Weise lassen sich die unterschiedlichen Handlungsebenen eines Managementsystems beschreiben?
- Was kennzeichnet die Mikro-Ebene des Medienmanagements?
- Wie sieht das Managementsystem für ein Medienprojekt aus?
- Welche Bestandteile unterscheidet das St. Galler Management-Modell auf der horizontalen und auf der vertikalen Ebene?
- Welche Stoßrichtung verfolgen jeweils das normative Management, das strategische Management und das operative Management?
- Welche unterschiedlichen Koordinationsmechanismen sind für die Integration der Teilsysteme des Managementsystems möglich?

Gegenstand

Der Begriff „Managementsystem" ist weit verbreitet und wird in den verschiedensten Kontexten verwendet. Man spricht z. B. von:

- Knowledge Management System,
- Qualitätsmanagementsystem,
- Umwelt-Managementsystem,
- Finanz-Managementsystem.

Unter einem Qualitätsmanagementsystem wird beispielsweise derjenige Teil eines übergreifenden Managementsystems verstanden, der die Organisationsstruktur, Planungstätigkeiten, Verantwortlichkeiten, Methoden, Verfahren, Prozesse und Ressourcen zur Entwicklung, Implementierung, Erfüllung, Bewertung und Aufrechterhaltung der Unternehmensleistung umfasst.

Der Begriff „Managementsystem" ist dabei oftmals negativ belegt, da er – wie vor allem bei den Qualitätssicherungsmaßnahmen eines Unternehmens im Zuge der Zertifizierung – mit dem Vorurteil überbordender Bürokratie verknüpft ist. Häufig wird der Begriff zur Kennzeichnung spezieller Aufgabenstellungen verwendet, teilweise sehr verengt zur Kennzeichnung eines bestimmten Typs von Software (z. B. Content Management System).

Im vorliegenden Zusammenhang geht es um Managementsysteme im Sinne der Führung und Steuerung ganzer Unternehmen. Der Begriff wird also in einem umfassenden und ganzheitlichen Sinne verwendet und ist als Synonym für das „Führungssystem" eines Unternehmens zu verstehen. In diesem (weiten) Sinne benötigt jedes Unternehmen ein Management- bzw. Führungssystem, da es andernfalls in ein unüberschaubares Chaos versinken würde.

Gut geführte Unternehmen machen das Managementsystem, das sie einsetzen, transparent und nachvollziehbar und legen die Leitlinien dieses Systems z. B. in Führungshandbüchern, Organisationshandbüchern oder ähnlichen Dokumenten nieder. Damit ist es nach innen und nach außen nachvollziehbar und es hält den Ansprüchen stand, die vor dem Hintergrund von Corporate Governance immer stärker artikuliert werden. Unter Corporate Governance werden die Regeln und Grundsätze verstanden, nach denen ein Unternehmen geführt und kontrolliert wird. Wie gut diese Regeln und Grundsätze sind, drückt sich nicht zuletzt in der „Architektur" des Managementsystems aus und wie in der konkreten Unternehmenspraxis die Abläufe nachvollziehbar sind. Bei einer Auditierung und Zertifizierung eines Unternehmens wird man daher immer auch die Qualität des Managementsystems einer genaueren Betrachtung unterziehen.

Damit das Managementsystem seine volle Wirkung entfalten kann, bedarf eines klaren und überschaubaren „Bauplanes", der gewissen Mindestanforderungen entsprechen muss. Die folgenden fünf Teilsysteme stellen den Minimal-Bauplan für ein Managementsystem dar:

- Planungs- und Kontrollsystem,
- Informationsversorgungssystem,
- Organisationssystem,
- Personalführungssystem,
- Controllingsystem.

In diesen Teilsystemen bilden sich die zur Steuerung eines Unternehmens notwendigen Managementfunktionen umfänglich ab und können in unterschiedlichen Kontexten umgesetzt werden. Eine besondere Beachtung muss der Frage der Koordination und Integration von Managementsystemen gewidmet werden. Gerade die intelligente Verzahnung und gegenseitige Abstimmung der Teilsysteme macht die Schlagkraft eines Managementsystems aus. Notwendig ist dabei eine auf das Gesamtziel des Unternehmens ausgerichtete Koordination, die durch organisatorische Lösungen gestützt wird. Wenig erfolgversprechend erscheinen dabei zentralistische Konzepte der Koordination zu sein, namentlich im Medienbereich. Eher geeignet erscheinen Zielsysteme, Budgetierungssysteme oder Lenkungspreissysteme.

3.1 Begriff Managementsystem

Mit Bezug auf das in Kapitel 2 vorgestellte – systemtheoretisch basierte – Referenzmodell lässt sich die interne Struktur eines Medienunternehmens als ein Zusammenspiel von **drei Teilsystemen** interpretieren:

- Zielsystem;
- Leistungssystem;
- Managementsystem.

Das **Zielsystem** fungiert als Leitmaßstab für das operative und strategische Handeln und liefert die Erfolgskriterien für das Managementhandeln. Ziel der Steuerung ist die „Performance" des **Leistungssystems**, in dem die Wertschöpfung des Unternehmens konkret generiert wird.

Das **Managementsystem** übernimmt in diesem Geschehen somit die Rolle der Steuerung und Koordination der Wirtschafts- und Wertschöpfungsprozesse im Leistungssystem und hat das Ziel und den Anspruch, alle Aktivitäten auf die Erfüllung der Vorgaben des Zielsystems auszurichten. Es versteht sich somit als das zentrale Instrument der Unternehmensführung, das in ganzheitlicher Weise alle Managementfunktionen in sich vereint und bündelt, um die Prozesse und Strukturen in der Kurzfristperspektive zu steuern und langfristig das Überleben des Unternehmens zu sichern. Die Begriffe Managementsystem und **Führungssystem** werden üblicherweise synonym verwendet.

Von diesem ganzheitlichen Verständnis des Begriffs Führungs- bzw. Managementsystem ist das Führungssystem im Sinne von **Personalführung** abzugrenzen, das als ein Teilsystem des gesamten Managementsystems verstanden wird.

> „Unter einem Managementsystem kann man mit Wild (1982) die Gesamtheit des Instrumentariums, der Regeln, Institutionen und Prozesse verstehen, mit denen Managementfunktionen erfüllt werden" (Schierenbeck/Wöhle 2012: 132).

Es ist zweckmäßig, das Managementsystem eines Unternehmens als eine bewusst geschaffene und ins Leben gerufene Organisation bzw. Institution innerhalb des Unternehmens zu verstehen, der die Aufgabe der **Unternehmensführung** übertragen ist. Sie versteht sich damit quasi als „Super-Organisation", die dazu geschaffen ist, die „Basis-Organisation" des laufenden Geschäftsbetriebs zu überlagern und zu steuern.

> Dieses Verständnis wird mit der folgenden Interpretation des Begriffs Managementsystem deutlich: „Wir verwenden diesen Begriff weitgehend synonym mit Führungssystemen, Business Systems oder Geschäftssystemen. In einer ersten Begriffsbestimmung handelt es sich hierbei um bewußt institutionalisierte Systeme, die in formalisierter Weise der Unterstützung der Führung auf verschiedenen Ebenen und in verschiedenen Führungsbereichen des Unternehmens dienen" (Kirsch/Maaßen 1990: 2).

Diese Definition führt dazu, dass alle eher stückwerkartigen, unstrukturierten und unsystematischen Führungs-„Konzepte" nicht als Managementsysteme anerkannt werden. Diese sind vielmehr lediglich als wenig professionelle Verkörperungen der Managementfunktion eines Unternehmens zu verstehen, denen nicht das Prädikat „System" zukommt.

3.2 Teilsysteme

Zur Architektur eines Managementsystems (bzw. Führungssystems) sind eine Reihe von Teilsystemen notwendig, die auf die Geschehnisse des Leistungssystems steuernd Einfluss nehmen. **Fünf Teilsysteme** sind erforderlich, um effizientes Management sicher zu stellen (vgl. Abb. 3-1):

- Informationssystem („IV-System", IV = Informationsversorgung);
- Planung- und Kontrollsystem („PK-System");
- Organisationssystem;
- Personalmanagementsystem („HR-System", HR = Human Resources);
- Controllingsystem.

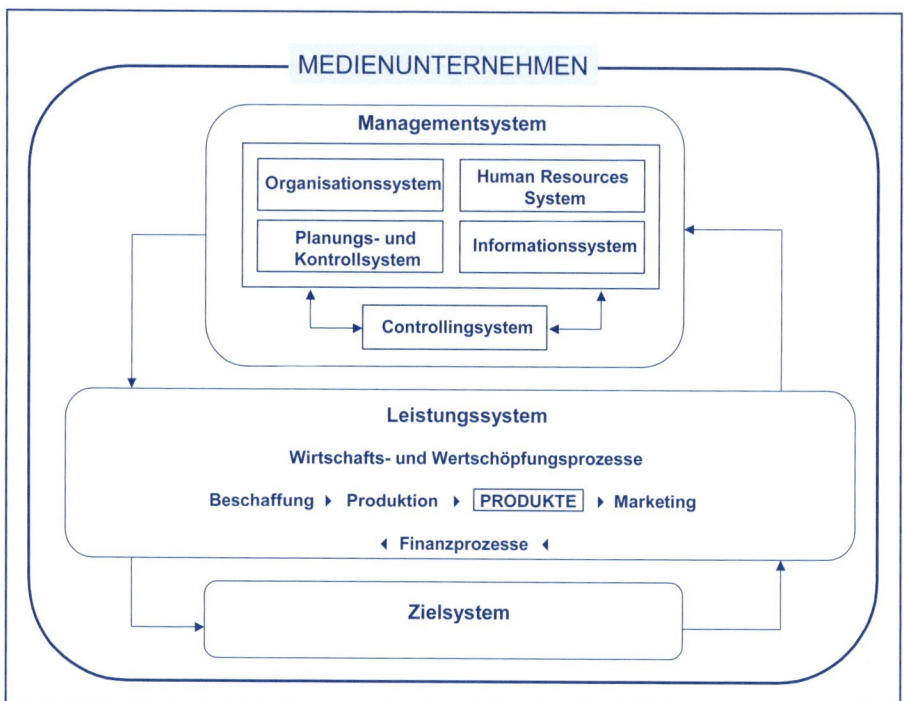

Abb. 3-1: Managementsystem, Leistungssystem und Zielsystem

(1) Aufgabe des **Informationssystems** ist es, „zweckorientiertes Wissen" zu schaffen und den im Unternehmen vorhandenen Informationsbedarf zu decken bzw. die Entscheidungsträger mit relevanten Informationen zu versorgen. Daher wird dieses Teilsystem auch „Informationsversorgungssystem" genannt. Es gilt, die Informationsnachfrage mit dem Informationsangebot in Übereinstimmung zu bringen. Kern des Informationssystems ist die Generierung umfassender zielbezogener Informationen (z. B. Nachweis des Sachziels, Informationen über Gewinn, Wertschöpfung, Liquidität, Kundenzufriedenheit, Betriebsklima usw.). Einen besonderen Stellenwert nimmt das Rechnungswesen (sowohl vergangenheitsorientiert als auch zukunftsbezogen) ein.

Jedes Informationssystem muss die folgenden Schritte des Informationsprozesses beherrschbar machen (vgl. Schierenbeck/Wöhle 2012: 167 ff.): 1. Informationsbeschaffung, 2. Informationsspeicherung, 3. Informationsübermittlung (Kommunikation), 4. Informationsverarbeitung. Wegen der engen Verbindung von Information und Kommunikation kann das Informationssystem auch als „IuK-System" bezeichnet werden.

Die Generierung von Informationen ist in prominenter Weise mit der Verarbeitung von Daten verknüpft, wodurch verschiedene Themen angesprochen sind wie Hardware, Software, Datenbanken, Automatisierungsgrad, computergestützte Management-Informations-Systeme (MIS) oder Knowledge Warehouse. In Kapitel 33 wird dieses Thema für Medienunternehmen vertieft beleuchtet.

(2) Das **Planungs- und Kontrollsystem** („PK-System") soll dafür sorgen, dass das Unternehmen in wirkungsvoller Weise seine Ziele festlegt und Wege aufzeigt, wie diese Ziele in einem definierten Zeitraum erreicht werden sollen. Dabei kommt der strategischen Planung die Aufgabe zu, die generelle Route zu definieren, während die operative Planung die konkreten Maßnahmen, die zu ergreifen sind, beschreibt.

> „Unter einem Planungssystem wird eine geordnete und integrierte Gesamtheit verschiedener Teilplanungen (Pläne) und anderer Elemente sowie ihrer Beziehungen verstanden, die zwecks Erfüllung bestimmter Funktionen nach einheitlichen Prinzipien aufgebaut und miteinander verknüpft sind. Ein Planungssystem konstituiert sich aus mindestens folgenden Bestandteilen: 1. Planungsträger (Planer), 2. Planungs- und Kontrollfunktionen, 3. Prozesse, 4. Pläne, 5. Informationsbasis, 6. Struktur, 7. Regelungen, 8. Verfahren und Instrumente" (Wild 1982: 153).

Der Begriff der Planung ist von alternativen Begriffen abzugrenzen, denen nicht der Rang von Planung zuzusprechen ist: Prognose, Extrapolation und Improvisation (als nicht systematische Entscheidungsvorbereitung). Kapitel 34 behandelt das PK-System für Medienunternehmen im Einzelnen.

(3) Das **Organisationssystem** umfasst alle Entscheidungen bezüglich der Organisation im Sinne von Tätigkeiten („Organisieren") und des Ergebnisses dieser Tätigkeiten („Regelsystem"). Die Gesamtheit der organisatorischen Regeln eines Unternehmens wird als Organisationsstruktur bezeichnet (vgl. Picot/Dietl/Franck 1999: 29).

> „Unter der formalen Organisationsstruktur versteht man geplante und offiziell verabschiedete Regelungen. Sie sind häufig kodifiziert, z.B. auf der Unternehmensebene in sogenannten Organisationshandbüchern oder auf der Ebene des Staates bzw. der Gesellschaft in Gesetzen und Verordnungen. Die faktische Organisationsstruktur zeigt sich aus dem beobachtbaren Handeln der beteiligten ökonomischen Akteure. In dem Maße, wie das Verhalten dieser Akteure von den offiziellen Regeln abweicht, bzw. Lücken füllt, weichen formale und faktische Struktur voneinander ab. Als subjektive Organisationsstruktur wird die Interpretation bzw. Wahrnehmung der formalen Organisationsstruktur durch den einzelnen Akteur bezeichnet" (ebd., im Original teilweise hervorgehoben).

Das Organisationssystem eines Unternehmens ist dazu da, Festlegungen im Hinblick auf die folgenden fünf Hauptdimensionen zu treffen (vgl. Schierenbeck/Wöhle 2012: 133): 1. Spezialisierung (Arbeitsteilung), 2. Koordination, 3. Leitungssystem (Hierarchie), 4. Entscheidungsdelegation, 5. Formalisierung. In Kapitel 35 wird zur Frage der Ausgestaltung von Organisationssystemen von Medienunternehmen vertieft Stellung genommen.

(4) Mit dem **Personalmanagementsystem** („HR-System" bzw. Personalführungssystem) sind die Managementaktivitäten gekennzeichnet, die auf die Beeinflussung des „Produktionsfaktors Arbeit" gerichtet sind. Diesem Teilsystem kommt eine besondere Relevanz zu, da alle Managemententscheidungen letztlich von Menschen ausgeführt und umgesetzt werden müssen und damit ein Verhalten der beteiligten Personen notwendig ist, das auf die Erreichung der Unternehmensziele ausgerichtet ist.

Jedes HR-System muss mindestens die folgenden Bestandteile aufweisen (vgl. Schierenbeck/Wöhle 2012: 170; vgl. auch Kapitel 36): 1. Konstitutive Führungsprinzipien (Wertrahmen und Grundorientierung der Führung), 2. Motivationskonzept und Anreizsystem, 3. Personalentwicklungssystem (Management Development).

> „Konstitutive Führungsprinzipien (Wertrahmen und Grundorientierung der Führung) stellen Leitmaximen dar, nach denen sich Führung zu vollziehen hat bzw. vollzieht. Sie beruhen auf bestimmten Leitbildern vom Menschen und drücken zugleich bestimmte **grundlegende Zielsetzungen und Werthaltungen der Führung** aus" (ebd. 170). „Anreize aktivieren Motive und richten das Verhalten auf eine Erfüllung dieser Bedürfnisse. Damit rufen sie zugleich ein bestimmtes Ausmaß an Leistung und Zufriedenheit hervor. Insofern ist das betriebliche Anreizsystem mit dem Motivationskonzept der Führung eng verbunden" (ebd. 171). Personalentwicklungssysteme verfolgen vornehmlich die folgenden Zielsetzungen: Besetzung aller Leitungsstellen mit Führungskräften, die sowohl das entsprechende Fachkönnen und spezifische Führungs-Know-how besitzen als auch so motiviert sind, dass sie ihr Potential voll einzusetzen gewillt sind; Sicherung der Kontinuität des Managements; Berücksichtigung der Mitarbeiterbedürfnisse nach Aufstieg; Erhöhung der Beförderungsgerechtigkeit (vgl. ebd. 176).

(5) Von den bisher genannten Management-Teilsystemen abzuheben ist das **Controllingsystem**. Es versteht sich grundsätzlich als ein dem eigentlichen Managementsystem nachgelagertes bzw. zugeordnetes System, das für die Koordination und ein bestmögliches Zusammenspiel aller Managementaktivitäten sorgen soll. Man kann sagen, dass die Teilsysteme Informationsversorgungssystem, Planungs- und Kontrollsystem, Organisationssystem und das Personalmanagementsystem zusammen genommen die Basis des Managementsystems darstellen, während das Controllingsystem als „Super-System" fungiert, mit dem die Funktionsfähigkeit dieser Basis gesichert werden soll. Das Controllingsystem sorgt für die zielorientierte Steuerung und Koordination des Managementhandelns, eine Aufgabe, die mit zunehmender Komplexität und Dynamik des Unternehmensgeschehens immer bedeutsamer wird. Controlling soll in systematischer Form und strukturiert die Managemententscheidungen unterstützen.

> „Controlling-Systeme sind also durch diese spezifische Unterstützungsfunktion für das Management zu kennzeichnen, wobei ihnen zugleich die Aufgabe zukommt, den komplexen und dynamischen Managementprozeß zu integrieren, zu objektivieren (d. h. vor allem zu quantifizieren) und zu systematisieren. In diesem Sinne sollen Controlling-Systeme Transparenz durch klare Zahlen und Fakten schaffen und so ein Gegengewicht zum Irrationalen in den Manager-Entscheidungen bilden. Inwieweit dies jedoch gelingt, ist nicht zuletzt eine Frage der Akzeptanz des Controllings bzw. der Controller-Tätigkeiten durch die verantwortlichen Entscheidungsträger" (Schierenbeck/Wöhle 2012: 178 – im Orig. teilweise hervorgehoben).

Kernaufgaben von Controlling sind vor allem die Sicherstellung eines funktionsfähigen Rechnungswesens und die Institutionalisierung eines integrierten Systems vernetzter Regelkreise von Planung und Kontrolle.

Insgesamt gesehen ist Controlling auf die Schaffung eines integrativen Konzepts zur ergebnisorientierten Unternehmenssteuerung ausgerichtet.

Mit der Controllingfunktion ist auch die Frage der Interdependenzen und Überschneidungen der Teilsysteme angesprochen, woraus sich ein Bedarf an Integration und Koordination ergibt. Zu koordinieren sind die Systeme untereinander (interne Koordination) und das Zusammenwirken des Managementsystems mit dem Leistungssystem (externe Koordination). In Kapitel 38 des vorliegenden Werkes wird die Frage geeigneter Controllingsysteme von Medienunternehmen vertieft behandelt.

Die hier vorgeschlagene Konfiguration des Managementsystems in fünf unterschiedliche Teilsysteme wird in der Literatur nicht durchgängig geteilt. Verschiedene Autoren schlagen **abweichende Architekturen** für das „Design" von Managementsystemen vor und nehmen abweichende Gewichtungen vor. Dabei wird sowohl eine weniger differenzierte Strukturierung auf der einen Seite als auch eine noch weiter aufgefächerte Anzahl an Teilsystemen auf der anderen Seite vorgeschlagen:

- Das Konzept von Hopfenbeck zur Gestaltung eines operativen Führungssystems stellt die Verbindung zwischen dem Planungs- und Kontrollsystem und dem Personalführungssystem heraus (vgl. Hopfenbeck 2002: Fünfter Teil). Das PK-System wird als ein umfassendes „Integriertes Planungs-, Steuerungs- und Kontrollsystem" („IPKS") aufgefasst, das in Verbindung mit der mitarbeiterbezogenen Komponente des Führungssystems auf das Zielsystem auszurichten ist. Eine besondere Rolle wird dabei dem Jahresbudget bzw. der Budgetierung zugewiesen.
- Ähnlich knapp gehalten ist das Konzept nach Horváth, bei dem eine Fokussierung auf das Planungs- und Kontrollsystem und auf das Informationsversorgungssystem erfolgt, die beide über das Controllingsystem koordiniert werden (vgl. Horváth 2011: Kap. 2).
- Nach Schierenbeck kann das PK-System in seinen beiden Elementen des Planungssystems und des Kontrollsystems auch getrennt gesehen werden, so dass insgesamt sechs Teilsysteme unterschieden werden können (vgl. Schierenbeck 2000: Viertes Kapitel, Teil B.).
- Derselben Strukturierung in die sechs Teilsysteme Planungssystem, Kontrollsystem, Informationssystem, Organisationssystem, Personalführungssystem und Controllingsystem folgen Küpper et al. (vgl. Küpper/Friedl/Hofmann/Hofmann/Pedell 2013: 19).
- Besonders differenzierend hatte bereits Wild 1974 das Managementsystem beschrieben (vgl. Link 2007: 26): Allgemeine Führungsprinzipien, Zielsystem bzw. Zielbildungssystem, Planungssystem, Organisationssystem, Kontrollsystem, Informationssystem, Motivationskonzept und Anreizsystem, Personalentwicklungssystem (Management Development).
- Zusätzlich zu den genannten Teilsystemen wird gelegentlich noch das Wertesystem als eigenständiges Teilsystem aufgerufen werden (vgl. z. B. Link 2007: 61 ff.). Eine explizite Berücksichtigung des Wertesystems weist auf die steigende Bedeutung des normativen Managements hin, das auch im vorliegenden Werk in den Kapiteln 24 bis 27 umfassend beschrieben wird.

3.3 Handlungsebenen

Das Managementsystem eines Medienunternehmens übt die Funktion der Steuerung und Beeinflussung der Abläufe und Strukturen aus. Es ist daher keine neutrale Institution, sondern ist dazu da, einen bestimmten Kontext zu gestalten und auf bestimmten Handlungsebenen Impulse auszuüben. Es ist zweckmäßig, die **Handlungsebenen** eines Managementsystems nach der Dimensionierung der Aufgabenstellung in die drei voneinander abgrenzbaren Handlungsebenen der Mikro-, Meso- und Makro-Ebene zu unterscheiden (vgl. Abb. 3-2).

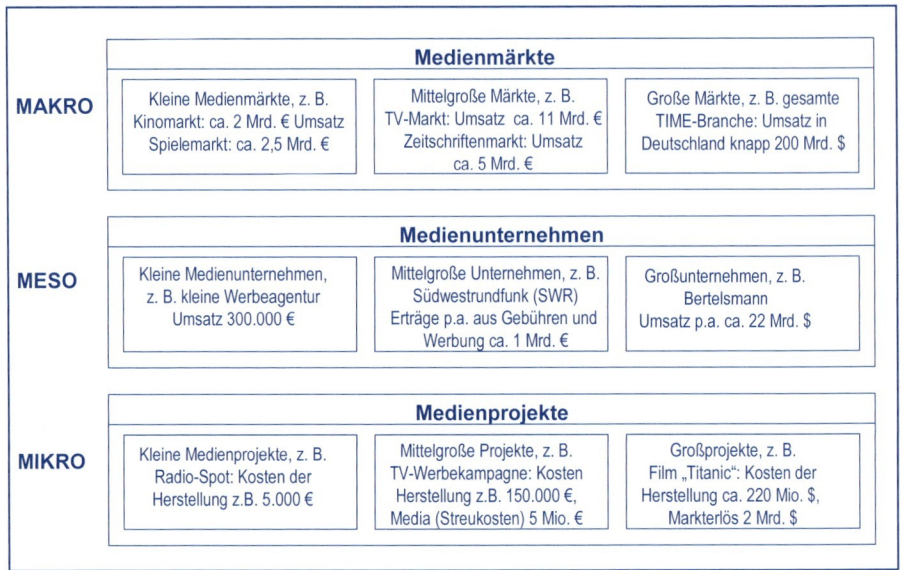

Abb. 3-2: Handlungsebenen von Medienmanagement

(1) Die **Mikro-Ebene** markiert den Kontext der Medienprodukte (vgl. Kapitel 5). Da diese typischerweise Unikat-Charakter aufweisen, ist – zumindest bei einem erheblichen Teil – auch das Projektmanagement angesprochen, dem die Aufgabe zukommt, effizientes Management von Medienprojekten sicher zu stellen und ein Instrumentarium zur Verfügung zu stellen, mit dem die kritischen Erfolgsfaktoren beeinflusst werden können.

Das Spektrum der Medienprojekte reicht von sehr kleinen Projekten (z. B. Radio-Werbung, Werbeprospekt, Buch in Kleinauflage) bis zu sehr großen Projekten (z. B. Kino-Blockbuster). Managementsysteme für das Projektmanagement zu formulieren, bedarf analog zur Unternehmensebene eines umfassenden Konzepts.

Die nachfolgende Abb. 3-3 zeigt das Design eines Managementsystems für die Steuerung von Projekten im Medienbereich. Kapitel 37 des vorliegenden Handbuchs widmet sich dem Medien-Projektmanagement und beschreibt mögliche Konzepte und zeigt den Weg zur professionellen Abwicklung eines Projekts.

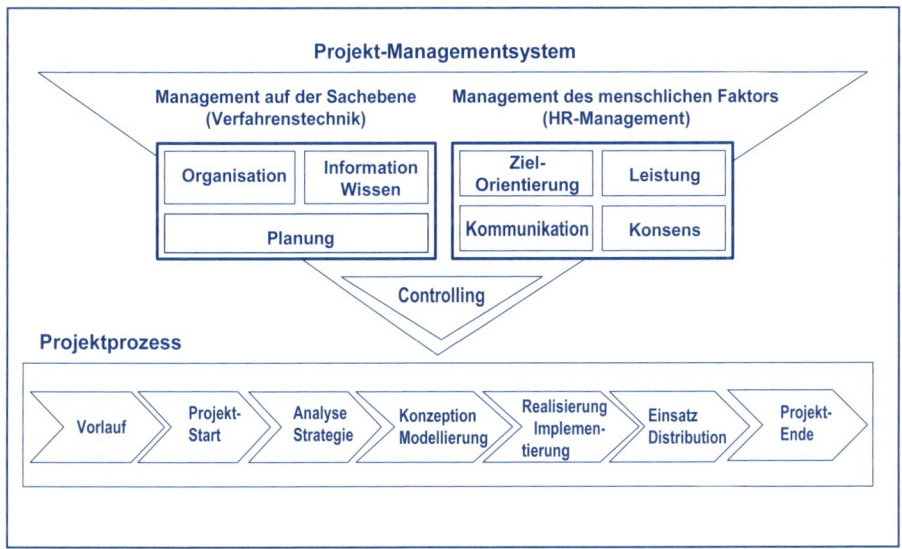

Abb. 3-3: Managementsystem für das Medien-Projektmanagement

(2) Auf der **Meso-Ebene** ist das Management von Medienunternehmen Gegenstand der Betrachtungen. Das Spektrum reicht von sehr kleinen Medienunternehmen (z. B. Klein-Agentur) bis zu sehr großen, international operierenden Konzernen wie Bertelsmann. In Kapitel 4 wird das breite Spektrum der Medienunternehmen typisierend beleuchtet.

Auf dieser Handlungsebene ist es zweckmäßig, an die vom **St. Galler Management-Modell** vorgenommene Differenzierung anzuknüpfen (vgl. Kapitel 2, Abb. 2-3) und auf der einen Seite nach normativem, strategischem und operativem Management (horizontale Management-Ebenen) zu unterscheiden, und nach Strukturen, Prozessen und Verhalten (vertikale Management-Ebenen) auf der anderen Seite (vgl. auch Abb. 2-3 auf S. 40).

„Das Konzept verteilt die Unternehmensführung auf drei Ebenen. Das normative Management begründet die Unternehmenstätigkeit, legt den Unternehmenszweck fest und sichert allgemein das Unternehmen. Das strategische Management ist für die Leistungs- und Wettbewerbsfähigkeit des Unternehmens verantwortlich, indem es bestehende Erfolgspotenziale pflegt und weiterentwickelt sowie neue schafft. Vom operativen Management wird die Leistungserstellung gelenkt und die Effizienz gefördert (Bleicher 1996, 16 ff.).

Die zweite Dimension des Konzepts wird von drei Säulen gebildet. Die zentrale Säule, die aus den konkreten *Aktivitäten* besteht, ist das Rückgrat der Leistungserstellung. Unterstützung erfährt sie durch flankierende Säulen, der *Struktur* des Unternehmens und das *Verhalten* der Mitarbeiter (Bleicher 1996, 80 ff.). Neben den horizontalen Management-Ebenen und den vertikalen Management-Säulen berücksichtigt das St. Galler Management-Konzept eine dritte Dimension in Form der zeitlichen Entwicklung eines Unternehmens. Dabei ergeben sich abhängig vom Entwicklungsstadium unterschiedliche Anforderungen für das normative, strategische und operative Management." (Ahrens/Hofmann-Kamensky 2001: 76)

Die **horizontalen Management-Ebenen** mit normativem, strategischem und operativem Management finden sich in Teil B dieses Werkes als durchgängiges Gliederungsprinzip.

Normatives Management als Handlungsebene für die Generierung von Konsens zwischen den Stakeholder-Gruppen wird in Teil VI, Kapitel 24 bis 27, behandelt.

Strategisches Management als Handlungsebene zum Aufbau von Erfolgspotenzialen steht in Teil VII, Kapitel 28 bis 31, im Mittelpunkt.

Operatives Management als Handlungsebene der laufenden, konkreten Aktivitäten ist Gegenstand von Teil VIII, Kapitel 32 bis 37. Abb. 3-4 verdeutlicht nochmals die Zusammenhänge (Quelle: Ulrich/Fluri 1995: 19).

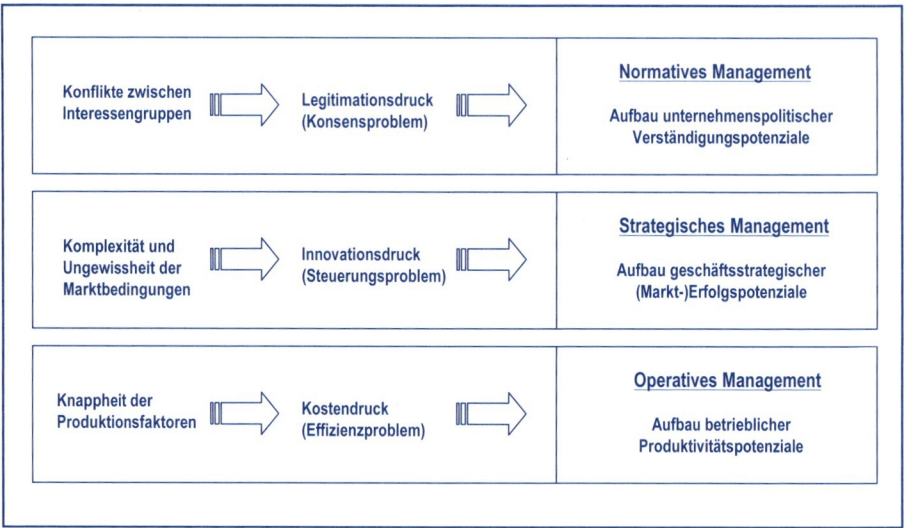

Abb. 3-4: Horizontale Management-Handlungsebenen

Die im St. Galler Konzept gewählte Dreiteilung in normativ, strategisch und operativ findet eine Entsprechung bei Steinmann/Schreyögg/Koch (2013: 86 ff.), die zwei Muster der „Handlungskoordination" unterscheiden, zum einen den verständigungsorientierten Koordinationsmodus, der dem normativen Management zuzurechnen ist, zum anderen den erfolgsorientierten Koordinationsmodus (strategisch, operativ).

Die **vertikalen Management-Ebenen** sind im St. Galler Modell mit den drei Säulen Prozesse, Strukturen und Verhalten umschrieben. In der prozessualen Sichtweise ist das Unternehmen bestrebt, die werttreibenden Prozesse mit Blick auf den Markt zu fördern. Die Strukturperspektive rückt die institutionelle Sicht in den Mittelpunkt, während die Verhaltensperspektive die (zwischen-)menschlichen Fragen thematisiert. Abb. 3-5 beleuchtet die vertikalen Handlungsebenen der Prozesse, Strukturen und des Verhaltens der handelnden Personen am Beispiel des normativen Managements.

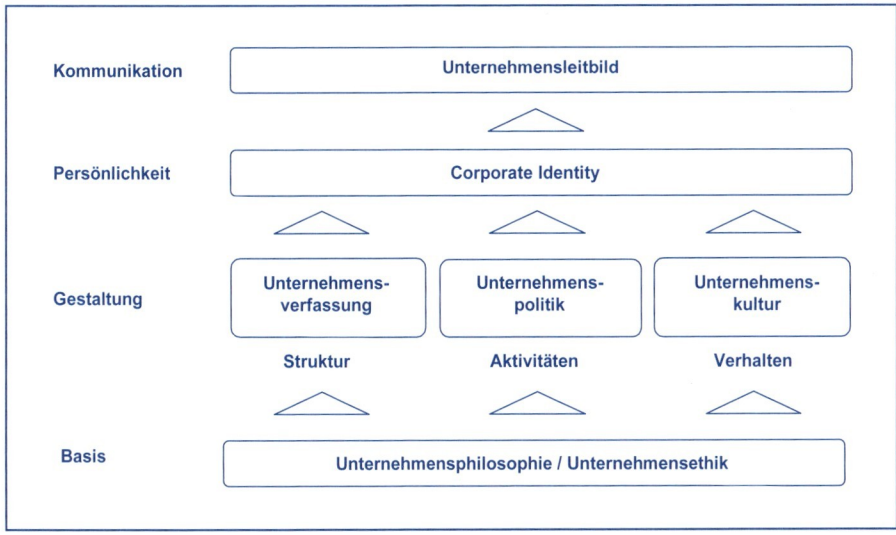

Abb. 3-5: Vertikale Managementebenen, Beispiel normatives Managements

(3) Auf der **Makro-Ebene** schließlich stehen Management-Fragen im Blickpunkt, die sich auf den ganzen Medienmarkt beziehen. Das Managementsystem dieser Ebene hat die gesamthafte Gestaltung zum Gegenstand und ist Teil der Medien- und Kommunikationspolitik. Abb. 3-6 zeigt einige der Herausforderungen, vor denen Medienunternehmen stehen und auf die Antworten gefunden werden müssen. Kapitel 6 bis 11 des vorliegenden Werkes beleuchten den Kontext der Makro-Ebene im Einzelnen.

Abb. 3-6: Handlungsebene Medienmärkte

3.4 Integration von Managementsystemen

Die Teilsysteme des Managementsystems stehen in enger Verbindung zueinander und weisen **gegenseitige Abhängigkeiten** auf. So bedingen sich z. B. insbesondere das Planungs- und Kontrollsystem auf der einen Seite und das Informationssystem auf der anderen Seite: Planung und Kontrolle ist nur so gut wie das Informationssystem leistungsfähig und in der Lage ist, relevante und valide Zukunftsinformationen zu generieren. Ebenso bestehen z. B. Interdependenzen zwischen Planungs- und Personalführungssystem: die Formulierung etwa einer aggressiven Wachstumsstrategie muss zwangsläufig mit entsprechenden Konzepten im HR-System begleitet werden, will man den Erfolg der gewählten Strategie sicherstellen. Fakt ist, dass alle Teilsysteme in einer mehr oder weniger intensiven Verbindung zueinander stehen.

> „Als eine wesentliche Determinante des Planungs- und Kontrollsystems ist das Organisationssystem eines Unternehmens anzusehen (das aber natürlich auch wiederum selbst Objekt der Planung und Kontrolle sein kann). Denn die Organisation regelt die Verteilung der Planungs- und Kontrollfunktionen ebenso, wie sie Einfluss auf den Ablauf von Planungs- und Kontrollprozessen nimmt. So ist es unter organisatorischen Gesichtspunkten beispielsweise von Bedeutung, ob die Planung von Linien- oder Stabsstellen durchgeführt wird und wie stark Planungsaufgaben delegiert sind" (Schierenbeck/Wöhle 2012: 147).

> „Informationssysteme sind auch Teil des Organisationssystems, und zwar einmal dadurch, dass Stellen geschaffen werden, denen die Gewinnung, Verarbeitung, Speicherung und Übertragung von Informationen obliegt, und zum anderen dadurch, dass Informationsbeziehungen (Kommunikationsbeziehungen) zwischen den Stellen zu den zentralen (aufbau-)organisatorischen Phänomenen zählen" (Schierenbeck/Wöhle 2012: 165).

Vor diesem Hintergrund ist es notwendig, Vorkehrungen zu treffen, die für die **Koordination der Teilsysteme** des Managementsystems Sorge tragen. Grundsätzlich stehen zwei unterschiedliche Wege der Koordination zur Verfügung, zum einen die Koordination durch Priorisierung eines Teilsystems, zum anderen die Koordination auf gleichrangiger Basis.

(1) Wird einem Teilsystem die Führungsrolle zugewiesen, an dem sich dann alle anderen Teilsysteme auszurichten haben, liegt ein **hierarchisches Koordinationsmodell** vor. Ein solches Modell stellt das Konzept der „plandeterminierten Unternehmensführung" dar, das von der Annahme ausgeht, dass die betriebliche Steuerung von der Planung vorausbedacht werden kann und soll (vgl. Steinmann/Schreyögg/Koch 2013: 129 ff.). Eine solche relativ hochrangige Positionierung der Planungsfunktion bzw. eine gewisse Priorisierung des PK-Systems wird z. B. von Kirsch/Maaßen empfohlen.

> „In der Gesamtarchitektur sind neben den Planungs- und Kontrollsystemen auch die Informations- und Dokumentationssysteme, die Anreiz- und Sanktionssysteme und die Management-Developmentsysteme angedeutet, die aus der Perspektive der Planung und Kontrolle als flankierende bzw. unterstützende Systeme interpretiert werden" (Kirsch/Maaßen 1990: 15).

(2) Zum anderen können alle Teilsysteme als **gleichrangig** bewertet werden, so dass es zu keiner Dominanz einzelner Teilsysteme kommt. Dieses Konzept macht einen Koordinationsmechanismus erforderlich, der auf Ausbalancierung der unterschiedli-

chen Anforderungen ausgelegt ist. Das herrschende Verständnis von Controlling folgt am ehesten dieser Vorstellung und weist dem Controllingsystem die Aufgabe zu, die einzelnen Teilsysteme mit ihrer jeweils eigenständigen Aufgabenstellung ganzheitlich und zielorientiert zu koordinieren. Controlling ist damit ein System zur „Meta-Führung" (Weber), das die Sekundärkoordination aller Führungssysteme leisten soll, keinesfalls dabei aber als „Ober-Führer" auftreten darf.

Es soll der zweiten Variante gefolgt werden. Damit wird im Controllingsystem der Schlüssel gesehen, der die Gesamtkoordination des Managementsystems sicherstellt.

Das Controlling-System als Ansatz ganzheitlicher Steuerung wird in Kapitel 38 detailliert dargestellt.

> Ein bemerkenswertes Zitat zum Schluss (Quelle: Ahrens/Hofmann-Kamensky 2001: 23):
>
> „Den grundlegenden Charakter von Managementsystemen kann man z. B. anhand eines kybernetischen Vergleichs verdeutlichen, denn nicht nur der Mensch verfügt über Managementsysteme. Im kybernetischen Sinne findet man sie in der gesamten belebten Natur. Eine organisatorische Betrachtung von Sozialsystemen im Tierreich macht deutlich, dass auch die nicht zielgerichtete Evolutionsauswahl vergleichbare Organisationsprinzipien zur Koordination lebender Systeme zur Entwicklung bringt. Als Beispiel kann man die kollektive Jagd eines Löwenrudels heranziehen, bei der es eine Art Jagd-Managementsystem zu geben scheint:
>
> - Der Sinn und das Ziel für die Individuen und die Gruppe ist jedem Löwen bekannt. Dies kann man mit einer gemeinsamen Vision vergleichen, die dem Managementsystem zu Grunde liegt.
> - Über die Umgebung werden Informationen gesammelt und verarbeitet. Dies entspricht der Erhebung und Analyse von Marktdaten.
> - Es gibt eine fähigkeitsorientierte Organisation und Jagdregeln, wobei jeder Löwe ein Funktionsglied bildet. Dies entspricht der Aufbau- und Ablauforganisation.
> - Jeder Löwe beobachtet den eigenen Zustand und den der Gruppe. Insofern gibt es auch so etwas wie eine Selbstregelung von Teilsystemen.
> - Die Individuen kommunizieren miteinander und stimmen sich ab. Offensichtlich existiert also auch ein Informationssystem.
> - Es gibt ein Belohnungs- und Motivationssystem, das jedem Löwen bekannt ist.
> - Der Erfolg wird gemessen und Erfahrungen führen zu Lerneffekten. Dies kann man auf eine Art Controllingsystem zurückführen."

Kernaussagen

- Ein Managementsystem ist eine in sich geschlossene Einheit, das zusammen mit dem Leistungssystem und dem Zielsystem die innere Struktur eines Unternehmens abbildet.
- Es dient dazu, das Leistungssystem steuernd und lenkend zu beeinflussen.
- Es hat die Aufgabe, das Leistungssystem auf die Erfordernisse des Zielsystems auszurichten.
- Bestandteile des Managementsystems sind das Planungs- und Kontrollsystem, das Informationsversorgungssystem, das Organisationssystem, das Personalführungssystem und das Controllingsystem.
- Das Controllingsystem sorgt für die Koordination und Integration aller Teilsysteme.

Literatur

Weiterführende Literatur: Managementsysteme

Ahrens, V./Hofmann-Kamensky, M. (2001): Integration von Managementsystemen, München.
Hahn, D. (1996): PuK, Controllingkonzepte: Planung und Kontrolle, Planungs- und Kontrollsysteme, Planungs- und Kontrollrechnung, 5., überarb. u. erw. Aufl., Wiesbaden.
Hopfenbeck, W. (2002): Allgemeine Betriebswirtschafts- und Managementlehre, 14. Aufl., Landberg/Lech.
Horváth, P. (2011): Controlling, 12., vollst. überarb. Aufl., München.
Kirsch, W./Maaßen, H. (1990): Managementsysteme, 2. Aufl., Herrsching.
Küpper, H.-U./Friedl, G./Hofmann, C./Hofmann, Y./Pedell, B. (2013): Controlling: Konzeption, Aufgaben und Instrumente, 6., überarb. Aufl., Stuttgart.
Link, J. (2007): Führungssysteme, 3., überarb. u. erw. Aufl., München.
Malik, F. (1996): Strategie des Managements komplexer Systeme, Bern.
Picot, A./Dietl, H./Franck, E. (1999): Organisation. Eine ökonomische Perspektive, 2., überarb. u. erw. Aufl., Stuttgart.
Schierenbeck, H. (2000): Grundzüge der Betriebswirtschaftslehre, 15., überarb. u. erw. Aufl., München.
Schierenbeck, H./Wöhle, C. B. (2012): Grundzüge der Betriebswirtschaftslehre, 18., überarb. Aufl., München.
Schreyögg, G. (1991): Der Managementprozeß – neu gesehen, in: Staehle, W. H./Sydow, J. (Hrsg.)(1991): Managementforschung 1, Berlin, New York, S. 255-289.
Schwaninger, M. (1994): Managementsysteme, Frankfurt/Main, New York.
Schwarz, P./Purtschert, R./Giroud, C. (1996): Das Freiburger Management-Modell für Non-Profit-Organisationen (NPO), 2., überarb. Aufl., Bern, Stuttgart, Wien.
Staehle, W. H. (1999): Management, 8. Aufl., überarbeitet von P. Conrad und J. Sydow, München.
Steinmann, H./Schreyögg, G./Koch, J. (2013): Management, 7., vollst. überarb. Aufl., Wiesbaden.
Ulrich, P./Fluri, E. (1995): Management, 7., verb. Aufl., Bern, Stuttgart, Wien.
Weber, J./Schäffer, U. (2008): Einführung in das Controlling, 12., überarb. u. akt. Aufl., Stuttgart.
Wild, J. (1982): Grundlagen der Unternehmensplanung, 4. Aufl., Reinbek bei Hamburg.

Weiterführende Literatur: Managementsysteme im Medienbereich

Gläser, M. (1996): Operatives Controlling im öffentlich-rechtlichen Fernsehen, in: Ebert, Günter (Hrsg.): Controlling. Managementfunktion und Führungskonzeption, Landsberg/Lech 1990, Loseblatt-Ausgabe, 21. Nachlieferung 3/1996, S. 1-56.
Gläser, M. (2003): Controlling im Rundfunk – Ganzheitliche Steuerung privater und öffentlich-rechtlicher Rundfunk-Unternehmen, in: Brösel, G./Keuper, F. (Hrsg.)(2003): Medienmanagement. Aufgaben und Lösungen. München, Wien, S. 147-170.
Susallek, W. (2000): Führungsinformationssysteme für öffentlich-rechtliche Rundfunkanstalten, Lohmar, Köln.

Teil B
Medienunternehmen als Gegenstand

Medienmanagement

Teil C
Unternehmensführung und Steuerung
Ziele
Normatives – Strategisches – Operatives Management
Ganzheitliche Steuerung

Teil B
Medienunternehmen als Gegenstand
Umfeld
Leistungs- und Finanzprozess
Rechnungswesen

Teil A
Medienmanagement als Disziplin
Methodische Grundlagen: Paradigmen – Modelle – Systeme

II.
Medienunternehmen und ihr Umfeld

Kapitel 4
Medienunternehmen

4.1	Medienunternehmen im Überblick	69
4.2	Medienunternehmen als Teil der TIME-Branche	71
4.3	Typisierung nach der Stellung in der Wertschöpfungskette	72
4.4	Typisierung nach Medien-Teilbranchen	75
4.5	Typisierung nach der Größe	76
4.6	Typisierung nach dem Standort	82
4.7	Typisierung nach der Rechtsform	84
4.8	Typisierung nach der Zielorientierung	88
4.9	Typisierung nach dem Grad der Autonomie	91

Leitfragen

- Was versteht man unter einem „Medienunternehmen"?
- Inwiefern haben die Inhalte bzw. Contents den Charakter einer Schlüsselressource?
- In welche (sieben) Stufen kann man die mediale Wertschöpfungskette unterscheiden?
- Welche Medienunternehmen nehmen mit Blick auf die Wertschöpfungskette eher eine Generalisten-Position ein, welche eher eine Spezialisten-Position?
- Aus welchen Gründen erscheint es unpassend davon auszugehen, dass ein großes Medienunternehmen quasi automatisch einen höheren Erfolg erreichen kann?
- Welche Medien-Teilbranchen weisen einen besonders hohen KMU-Anteil auf?
- Welches sind die fünf größten Medienunternehmen der Welt und Deutschlands?
- Welche Standortfaktoren bestimmen die Standortwahl von Medienunternehmen?
- Was unterscheidet ein kommerzielles Medienunternehmen von einem Non-Profit-Medienunternehmen?
- Was versteht man unter einem „Medienverbundunternehmen"?

Gegenstand

Medienunternehmen sind ein nicht einfach zu fassender Gegenstand, da sich hinter dem Begriff „Medienunternehmen" ein breites Spektrum unterschiedlichster Akteure und Unternehmensformen verbirgt. Sie können in einem weiten und in einem engen Sinne verstanden werden. Definiert man Medienunternehmen im engeren Sinne, so betrachtet man nur diejenigen Unternehmen, die unmittelbar bei der Entwicklung und Erstellung von Content beteiligt sind. Medienunternehmen im weiteren Sinne erfassen alle Unternehmen, die – auf welcher Wertschöpfungsstufe auch immer – an der Entstehung, Produktion und Vertrieb von Inhalten beteiligt sind. Wegen der sich immer mehr verwischenden Grenzen der medialen Aktionsfelder – man denke nur an die TV-Aktivitäten der Telekom und von Kabelgesellschaften – soll dem weiten Verständnis von Medienunternehmen gefolgt werden.

In diesem Kapitel werden die Medienunternehmen nach verschiedenen Kriterien „sortiert" und zugeordnet und damit eine mehrschichtige Unternehmenstypologie gebildet. Eine solche umfassende Differenzierung wird der Vielfalt der Themen und Probleme, die im Rahmen des Medienmanagements auftreten, gerecht. Die folgenden Aspekte sollen beleuchtet werden:

Typisierung nach der Stellung in der Wertschöpfungskette
- Medienunternehmen mit spezifischer Ausrichtung
- Medienunternehmen mit generalistischer Ausrichtung

Typisierung nach der Zielgruppe
- Medienunternehmen mit Ausrichtung auf den Endkonsumenten
- Medienunternehmen mit Ausrichtung auf Business-Unternehmen
- Mischformen

Typisierung nach dem Produktangebot
- Print-basierte Medienunternehmen
- Medienunternehmen im Bereich der elektronischen Medien
- Agenturen der Marktkommunikation und Beratung
- Integrierte Medien-, Internet- und TIME-Unternehmen

Typisierung nach der Betriebsgröße
- Medienabteilungen von Unternehmen
- Kleine und mittlere Medienunternehmen („KMU")
- Große Medienunternehmen
- Internationale Großkonzerne

Typisierung nach dem Standort
- Anbieter mit lokalem Absatzradius
- Regionale Anbieter
- Nationale Anbieter
- International tätige Medienunternehmen

Typisierung nach der Rechtsform
- Privat-kommerzielle Medienunternehmen
- Private gemeinnützige Medienunternehmen
- Öffentlich-rechtliche Medienunternehmen
- Staatliche Medienunternehmen

Typisierung nach dem Grad der Autonomie
- Nicht verbundene Medienunternehmen
- Kooperativ verbundene Medienunternehmen, Netzwerke
- Konzentration, Fusionen

4.1 Medienunternehmen im Überblick

Als Medienunternehmen werden all jene **Unternehmen** im Sinne einer **rechtlichen Einheit** bezeichnet, die in der Wertschöpfungskette von **Medienprodukten** bzw. **Inhalten** oder **Contents** eine nennenswerte Rolle spielen und insofern auf deren Konzeption, Produktion, Redaktion, Bündelung und/oder Distribution ausgerichtet sind. Damit sind sie grundsätzlich und in welcher Form auch immer geeignet, als „Player auf den Medienmärkten" (Weber/Rager 2006) aufzutreten.

Als Medienprodukte werden alle Produkte bezeichnet, die zur Befriedigung von Informationsbedürfnissen hergestellt werden und über Medien – sei es in Form von Massenmedien, sei es in Form von Individual- oder Zielgruppenmedien – verbreitet werden. Der Begriff „Information" wird dabei weit verstanden und umfasst neben der „eigentlichen" Information (z. B. Nachrichtensendungen) auch Bildung, Kultur und Unterhaltung. Ausdrücklich umfasst Information auch die Botschaften der Werbung und Marktkommunikation. Als Medienunternehmen werden insofern alle Akteure bezeichnet, die sich als Aufgabe den Umgang mit **Content** gestellt haben.

> Die hier verwendete Definition von Medienunternehmen versteht sich als „Medienunternehmen im weiteren Sinne". Sie bezieht jedwede Form von Werte schaffenden Einrichtungen entlang der Wertschöpfungskette von Medien mit ein, also sogar auch die Hersteller von Unterhaltungselektronik. Demgegenüber ist auch ein enger Begriff von Medienunternehmen gebräuchlich, der sich ausschließlich auf diejenigen Unternehmen bezieht, die das sog. Content-Packaging zum Gegenstand haben.
>
> Einer solchen engen Definition – je nach Untersuchungsgegenstand ebenfalls zweckmäßig – folgt z. B. Sjurts: „Charakteristisch ist dabei für sie die Art des Produktionsprozesses. Sie kombinieren als *Packager* die Vorprodukte Information, Unterhaltung und Werbung zu einem *marktreifen Endprodukt* (Urkopie). Dabei können die Vorprodukte jeweils separat oder zu zweit oder insgesamt zu einem marktreifen Produkt gebündelt und angeboten werden. Verlage kreieren aus den Vorprodukten Zeitungen und Zeitschriften, Rundfunkunternehmen gestalten Hörfunk- und Fernsehprogramme, Online-Anbieter kombinieren die Inhalte zu ihrem individuellen Internet-Auftritt. Das Content-Packaging ist das entscheidende, definitionsbestimmende Merkmal von Medienunternehmen. *Keine Medienunternehmen* im Lichte dieser Definition sind dann Produzenten, die ausschließlich Vorprodukte herstellen, wie reine Nachrichtenagenturen oder freie Autoren als Informationsproduzenten, Filmstudios und Musikverlage oder Werbe- und Mediaagenturen. Auch Distributoren von Medienprodukten wie Pressegrossisten oder Kabelnetzbetreiber fallen nicht unter dieses Verständnis von Medienunternehmen. Da diese Unternehmen in der Wertschöpfungskette der Branche „Medienwirtschaft" tätig sind, können sie als Unternehmen der Medienwirtschaft tituliert werden" (Sjurts 2011: 400).

Als Medienunternehmen werden also Unternehmen gesehen, die Content entwickeln, produzieren und zusammenstellen, Content transportieren und mit Content handeln. Insofern kann ein Medienunternehmen ein Unternehmen sein, das alle diese Eigenschaften auf sich vereint, weil es als „integriertes Medienverbundunternehmen" (Wirtz 2013: Kap. 11) große Teile der vertikalen Wertschöpfungskette abdeckt, umgekehrt kann es auch ein Unternehmen sein, das seine Geschäftseinheiten sehr eng definiert – z. B. ein privater TV-Sender mit geringem Grad an Eigenproduktion, den man eher als „projektives Handelsunternehmen" (Becker/Geisler 1998: 15) bezeichnen kann denn als ein Produktionsunternehmen. Dieses Unternehmen wird z. B. das Vorratsmanagement teurer Filmressourcen und die redaktionelle Leistung als Hauptaktivitäten definieren und sich dadurch von anderen Medienunternehmen unterscheiden. Nachfolgend ist das Spektrum von Medienunternehmen im Überblick dargestellt.

Medienunternehmen im Überblick

Verlage:
- Zeitungsverlage
- Zeitschriftenverlage
- Buchverlage
- Musikverlage

Rundfunk:
- Öffentlich-rechtliche TV-Anbieter
- Öffentlich-rechtliche Radio-Anbieter
- Private TV-Anbieter
- Private Radio-Anbieter

Produzenten audiovisueller Inhalte (AV-Produzenten):
- Tonstudios, Tonproduzenten
- Spielfilm-Produzenten
- TV-Produzenten
- Werbefilm-Produzenten
- Video-Produzenten: Corporate Video, Auftrags- und Wirtschaftsfilm
- Foto, Dia-AV
- Produzenten von multimedialen und Online-Inhalten

Zulieferer von Inhalten:
- Nachrichtenagenturen, Nachrichtenbüros, Journalisten
- Bildagenturen
- Pressedienste
- Online-Dienste

Produktionstechnische Dienstleister:
- Vervielfältigung von Tonträgern
- Vervielfältigung von Bildträgern
- Postproduction
- Synchronisation
- Computergrafik, Computeranimation
- Vermietung von Ateliers, Studios, AV-technischem Equipment
- Vermittlung von Personal für AV-Produktionen

Druckbetriebe:
- Zeitungsdruck, Buchdruck, Sonstiger Druck
- Grafik- und Design-Ateliers
- Papierverarbeitung

Inhalte-Distributoren:
- Filmverleih und -vertrieb
- Videotheken, DVD-Verleih
- Filmtheater
- Groß- und Einzelhandel von Verlagserzeugnissen
- Versandhandel
- Kabelgesellschaften, Kabelnetzbetreiber

Kommunikation und Bildung:
- Werbeberatung, Werbeagenturen, Werbemittelhersteller
- PR-Agenturen
- Medien- und Kommunikationsberatung
- Messe- und Kongressveranstalter
- Medien- und Kommunikationsforschung: Markt- und Meinungsforschung
- Bildungseinrichtungen für Medienberufe

4.2 Medienunternehmen als Teil der TIME-Branche

Medienunternehmen sind Teil der sog. TIME-Branche. Das Kunstwort „TIME" kennzeichnet den Tatbestand, dass im Zuge der fortschreitenden **Konvergenz** der technologischen und wirtschaftlichen Entwicklungen bisher isoliert betrachtete Teilmärkte nur noch im Verbund gesehen und beurteilt werden können. Der „TIME-Sektor" umfasst die folgenden Teilmärkte (vgl. Abb. 4-1):

- T .... Telekommunikation
- I .... Informationstechnik (IT), Computerbranche
- M .... Medien
- E .... Unterhaltungselektronik („Consumer Electronics")

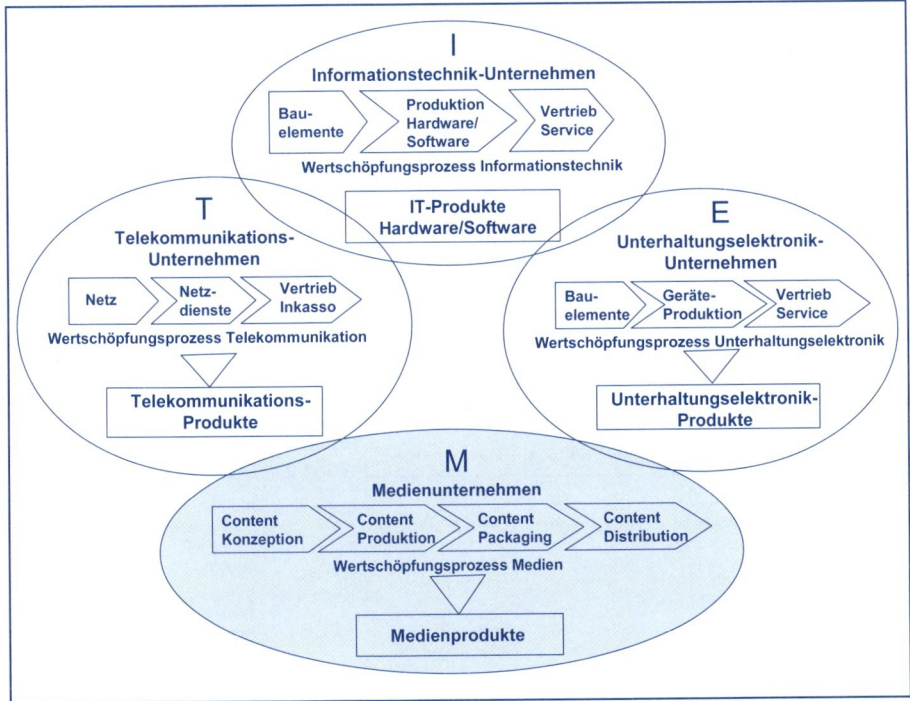

Abb. 4-1: Die TIME-Branche im Überblick

Als **Hauptursachen** für das Zusammenwachsen gelten die technologischen Entwicklungen (insbesondere Digitalisierung), die Deregulierung der Märkte sowie die Veränderung der Nutzerpräferenzen (vgl. Wirtz/Pelz 2006: 275). Mit der Digitalisierung eröffnen sich neue Möglichkeiten der Darstellung, Speicherung und Distribution für Medienprodukte, die Deregulierung führt zu einer Liberalisierung der Märkte und zur Entstehung offener Wettbewerbsstrukturen, die veränderten Nutzerpräferenzen schließlich manifestieren sich in einer z. T. starken Fragmentierung des Medienkonsums (z. B. Nutzung multifunktionaler Mobiltelefone, persönliche Informations- und Kommunikationsinstrumente).

4.3 Typisierung nach der Stellung in der Wertschöpfungskette

(1) Medienunternehmen lassen sich danach unterscheiden, welche Position sie entlang der medialen Wertschöpfungskette einnehmen (vgl. hierzu ausführlich Kapitel 12). Zweckmäßig erscheint dabei eine Typisierung nach einem **7-Stufen-Modell**, das die folgenden Stufen umfasst (vgl. auch Abb. 4-2):

- Stufe 1: Initiierung: Auftraggeber; alle Institutionen, die eine Medienproduktion auslösen; Verlage, Rundfunk-Unternehmen; Abteilungen für Medienproduktion großer Wirtschaftsunternehmen (Inhouse-Produzenten von Corporate TV); öffentliche und private Medieneinrichtungen (z. B. Bildungssektor).
- Stufe 2: Beschaffung von vorgefertigtem Content: Einkaufsabteilungen in Verlagen und Rundfunkanstalten, Programmhändler.
- Stufe 3: Herstellung von neuem Content: Konzeption, Kreation, Produktion (Pre-Production, Production, Post-Production).
- Stufe 4: Packaging: alle Einrichtungen, die Inhalte zu „Paketen" zusammenfügen und zu einem marktfähigen Produkt bündeln.
- Stufe 5: Vervielfältigung: Druckereien, Kopierwerke, Hersteller von Bild- und Tonträgern, Experten für den Betrieb von Sendeanlagen.
- Stufe 6: Distribution, Verteilung, Verbreitung, Ausstrahlung: Handel (im Printbereich), Distributoren von elektronischen Signalen, Marketing.
- Stufe 7: Nutzung von Medienprodukten: Privatpersonen als Konsumenten, Wirtschaftsunternehmen, Unterhaltungselektronik.

Stufe 1: Initiierung	Stufe 2: Beschaffung	Stufe 3: Herstellung	Stufe 4: Packaging	Stufe 5: Vervielfältigung	Stufe 6: Distribution	Stufe 7: Verwendung
Verlage Rundfunk-Unternehmen privat, öffentlich-rechtlich Wirtschaftsunternehmen Öffentliche Institutionen	Beschaffungsabteilungen von Verlagen und Rundfunkunternehmen Archive Programmhändler Akquisition von Werbung	Konzeption: Autoren (fest, frei), Grafiker, Kreativ-Agenturen Produktionsbetriebe von Verlagen und Rundfunkunternehmen Produktionsunternehmen: Tonstudios, Film, Postproduction, Synchronisation, Foto, Werbefilm, Computer Animation, Agenturen: Nachrichten, Bild, Ton, Pressedienste	Redaktionsbetriebe von Verlagen und Rundfunkunternehmen Programmplanungsabteilungen Marketing-Abteilungen, Markt- und Meinungsforschung Consulting	Druckereien, Papierhersteller Vervielfältigung von Bild- und Tonträgern Kopierwerke Technische Abteilungen oder Dienstleister zum Betrieb von Sendern	Buchhandel, Zeitungs- und Zeitschriftenhandel Betreiber von Terrestrik, Kabelnetzen, Satelliten, Internet-Provider Mobilfunk-Anbieter Filmverleiher, Videotheken Media-, PR-Agenturen, Messe-Veranstalter	Konsumenten: Leser, Hörer, Zuschauer, User Wirtschaftsunternehmen Nutzung für interne Zwecke: Mitarbeiter-Kommunikation Nutzung für externe Zwecke: Marketing Anbieter von technischer Ausstattung, End-User-Geräte, Hardware, Software

Abb. 4-2: Positionierung von Medienunternehmen nach der Wertschöpfungskette

(2) Medienunternehmen stehen vor der Frage, wie sie sich innerhalb der überbetrieblichen medialen Wertschöpfungskette definieren sollen. Zwei generelle Optionen stehen zur Auswahl:

- Zum einen können sie als **Generalisten** agieren, die versuchen, mit ihren Aktivitäten die gesamte Wertschöpfungskette abzudecken bzw. zumindest als relevante Player auf allen wesentlichen Stufen der Wertschöpfungskette beteiligt zu sein.
- Zum anderen können sie sich als **Spezialisten** definieren und sich auf eine einzige oder auf einige wenige Stufen der Wertschöpfungskette konzentrieren.

Zahlreiche große Medienkonzerne weisen einen relativ hohen **Grad an Generalisierung** auf. Einige von ihnen kann man sogar als vertikal integrierte Medienunternehmen bezeichnen, da sie von der Erstellung über die Bündelung bis zum Vertrieb der Medienleistungen alle Aktivitäten auf sich vereinen. Mit diesem Konzept versucht das betreffende Medienunternehmen, eine weit reichende Kontrolle über die gesamte Wertschöpfungskette zu gewinnen (vgl. Wirtz 2013: 852).

> Ein Musterbeispiel für einen integrierten Medienkonzern ist Time Warner: „Betrachtet man die Geschäftsfelder des Medienkonzerns, so ist Time Warner heute durch zahlreiche Fusionen und Beteiligungen breit aufgestellt und mittlerweile in der *Medien-Wertschöpfungskette* nahezu komplett vertikal integriert" (Sjurts 2005: 458). Es ist in diesem Zusammenhang darauf hingewiesen worden, dass die Integrationsstrategien typischerweise das ganze Unternehmen durchsetzen und daher sowohl auf der Wertschöpfungsebene als auch auf der Geschäftsmodellebene Anwendung finden: „Das Fallbeispiel von Time Warner verdeutlicht, wie das Unternehmen mit der Durchführung von Integrations- und Desintegrationsstrategien alle Stufen der multimedialen Wertschöpfungskette besetzt und ein hybrides und multifunktionales Geschäftsmodell aufgebaut hat" (Wirtz 2013: 852).

Über die Integration innerhalb der Wertschöpfungskette der Medienbranche hinausblickend versuchen die klassischen Medienunternehmen zunehmend, auch in anderen TIME-Bereichen Fuß zu fassen, insbesondere durch das Eingehen von Kooperationen und Allianzen mit Telekommunikationsunternehmen. Ziel ist es dabei, die erforderlichen Kompetenzen für die Erschließung von internetbasierten Geschäftsfeldern zu entwickeln (vgl. Hess in Ottler/Radke 2004: 180).

Einen vergleichsweise hohen Generalisierungsgrad weisen die öffentlich-rechtlichen Rundfunkanstalten auf, da sie in vielfältiger Form in der medialen Wertschöpfungskette vertreten sind. So generieren sie in hohem Maße eigenen Content und weisen eine hohe Eigenproduktionsquote auf, mit der Folge, dass sie umfangreiche Produktionsbetriebe unterhalten. Ferner sind sie eigenständig in der Distribution vertreten, sei es teilweise mit eigenen Sendeanlagen oder durch den Betrieb von Vermarktungsgesellschaften. Allerdings ist eine starke Zunahme des Outsourcing festzustellen, was diese starke Position zunehmend verwässert.

> So lässt das Beispiel des Südwestrundfunks im Radio eine sehr hohe Eigenproduktionsquote mit eigenen Produktionsstätten, Redaktionsbetrieben und eigener Programm-Vermarktung erkennen.

Wenn Medienunternehmen sich als **Spezialisten** definieren, ist die Frage, auf welcher Stufe sie sich positionieren wollen. Infrage kommen die folgenden Positionierungen, die ein Medienunternehmen einnehmen kann:

- Inhalte-Generierer und Inhalte-Paketierer: Das Medienunternehmen spezialisiert sich auf die originäre Generierung und Bündelung von Inhalten zu vermarktungsfähigen Endprodukten. Zu denken ist an mehr oder weniger spezialisierte Verlage, Radio- und Fernsehsender, TV-Produktionsunternehmen, Werbefilm-Produzenten oder Tonstudios.
- Intermediäre: Das Medienunternehmen übernimmt die Funktion, Angebot und Nachfrage auf den Medienmärkten zusammen zu bringen. Dies sind z. B. Rechtehändler, Betreiber von Vertriebskanälen (Kabel- und Satellitennetzbetreiber, Mobilfunk), Händler von Printmedien (Buch-, Zeitungs- und Zeitschriftenhandel, Pressegrosso), Filmtheater, Media-Agenturen.
- Unterstützer: Das Medienunternehmen definiert sich als inhaltlicher, technischer oder wirtschaftlicher Zulieferbetrieb, der eine ergänzende Dienstleistungsfunktion erfüllt. Angesprochen sind Druckereien, Hardware-Lieferanten (für Studioeinrichtungen, Übertragungswagen etc.), Bild- und Ton-Archive, Nachrichtenagenturen, Pressedienste, Werbe- und PR-Agenturen.

Die Spezialisierung kann so weit gehen, dass die betreffenden Anbieter sich vollständig auf eine Nischenanbieter-Position zurückziehen. Welches Vorgehenskonzept verfolgt wird, hängt vom gewählten Geschäftsmodell ab (vgl. hierzu Kapitel 32). Zu beobachten ist der Trend, dass Medienunternehmen, die sich bislang eng definierten, versuchen werden, sich breiter „aufzustellen". Dies geschieht insbesondere unter dem Zwang, Erlöse aus mehreren Quellen generieren zu müssen, da die Festlegung auf nur eine einzige Quelle (z. B. Werbung) existenzielle Gefahren mit sich bringen kann.

(3) Beim Blick auf die Art und Weise, wie mediale Wertschöpfung entsteht, springt die Tatsache ins Auge, dass die Schaffung von Wert nicht nur entlang einer lineargestuften Abfolge von Aktivitäten gedacht werden sollte, sondern auch der Kontext von **Wertschöpfungssystemen** eine Rolle spielt. Besondere Beachtung verdienen dabei sog. **digitale Ökosysteme** („Ecosystems"). Ein digitales Ökosystem ist eine spezielle Form der zwischenbetrieblichen Zusammenarbeit zur Herstellung voneinander abhängigen Produkten, wobei die beteiligten Akteure in hohem Maße gegenseitig voneinander abhängig sind und eine hoch-konstruktive Zusammenarbeit für das Fortbestehen des Systems zwingend erforderlich ist (vgl. Hilkert/Hess 2011: 38). Beispiele für digitale Ökosysteme sind die iTunes-Plattform oder die Video-Plattform Hulu.

> „Verschiedene aktuelle Beispiele zeigen, dass Ecosystems in der Medienbranche besonders im Kontext von Online-Angeboten von hoher Relevanz sind. Das wohl bekannteste Beispiel eines solchen Ecosystems in der Medienbranche ist das Ecosystem um den iTunes-Marktplatz für Musik. Hier arbeitet Apple, als Anbieter der iTunes-Plattform und zugleich Anbieter der komplementären Abspielgeräte iPod und iPhone mit den verschiedenen Rechteinhabern für Musik wie Sony, BMG, EMI oder der Warner Music Group zusammen, um ein umfassendes Angebot aus Musik-Inhalten und entsprechender Hardware zur Konsumption dieser Inhalte bereitstellen zu können" (Hilkert/Hess 2011: 38 f.).

Medienunternehmen, die innerhalb eines digitalen Ökosystems agieren und dabei Anbieter des Kernprodukts sind, stehen vor der besonderen Herausforderung, dass sie Kompetenzen aufbauen müssen, um die Kooperation mit den Partnern erfolgreich zu steuern, wobei insbesondere die Preisgestaltung spannungsgeladen sein wird.

4.4 Typisierung nach Medien-Teilbranchen

(1) Medienunternehmen können nach den von ihnen erstellten Produkten typisiert werden und damit jeweils bestimmten **Medien-Teilmärkten** zugeordnet werden (zur Darstellung der Medienmärkte vgl. ausführlich Kapitel 6). In diesem Sinne fungieren Medienunternehmen als „Kommunikatoren", die spezifische Medienprodukte – also Inhalte bzw. Content – den Rezipienten über geeignete Transportwege zur Verfügung stellen. Die folgenden Teilmärkte lassen sich unterscheiden:

Klassische Printmedienmärkte:
- Zeitungsmarkt
- Zeitschriftenmarkt
- Buchmarkt

Klassische elektronische Medien:
- Filmmarkt
- Fernsehmarkt
- Radiomarkt
- Musikmarkt

„Neue" elektronische Medien:
- Internetmarkt
- Markt für Video- und Computerspiele

Es ist nicht immer möglich, ein Medienunternehmen eindeutig und präzise einem ganz bestimmten Teilmarkt zuzuordnen. So ist die Rundfunkanstalt der ARD sowohl im Fernseh- als auch im Radiomarkt gleichermaßen aktiv.

(2) Zahlreiche Medienunternehmen, insbesondere größere, sind nicht nur in einem einzigen Medien-Teilmarkt aktiv, sondern betätigen sich in mehreren Teilmärkten oder versuchen gar, in allen wesentlichen Teilmärkten präsent zu sein. Analog zur Thematik der Präsenz in der medialen Wertschöpfungskette stellt sich also auch hier die Frage, ob ein Medienunternehmen im Hinblick auf die Marktpräsenz entweder als **Generalist** oder als **Spezialist** auftreten will. Einen generalistischen Ansatz – mithin also einen Diversifikationsansatz – verfolgen am ehesten Unternehmen mit ausgeprägten Wachstums- und Internationalisierungsstrategien. Spezialisierungsstrategien werden dagegen eher von Unternehmen gesucht, die sich gemäß dem Inside-Out-Ansatz auf ihre Kernkompetenzen konzentrieren wollen (vgl. hierzu Kapitel 29). Der generalistische Ansatz erleichtert im Übrigen auch die Entwicklung und Realisierung crossmedialer Produktkonzepte, insbesondere im Kontext des „Dreigestirns" von Print, TV und Internet.

> Bertelsmann als internationaler Großkonzern ist mit Blick auf die Medienprodukte für den Endkonsumenten vor allem auf den klassischen Medienmärkten im Print- und elektronischen Sektor aktiv, so dass das Portfolio der Geschäftsfelder Lücken in Richtung Internet und Spiele, auch in Richtung Filmproduktion, aufweist (freilich ist Bertelsmann mit Arvato im Onlinebereich bestens vertreten, indem es „maßgeschneiderte Lösungen für unterschiedlichste Geschäftsprozesse entlang integrierter Dienstleistungsketten" zu erarbeiten in der Lage ist). Ein Beispiel für ein extremes Spezialistentum ist ein Buchverlag mit Ausrichtung des Sortiments z. B. auf Kinderbücher.

4.5 Typisierung nach der Größe

(1) Die Größe eines Medienunternehmens wird man als wichtigen **Einflussfaktor auf den unternehmerischen Erfolg** ansehen dürfen. Herkömmlicherweise geht man von einem positiven Zusammenhang zwischen der Größe eines Unternehmens und dessen Ertragspotenzial aus.

Für den Medienmarkt hat die These „Big is beautiful" lange Zeit als Prototyp für wirtschaftlichen Erfolg gegolten. Das Streben nach Größe war geradezu ein typisches Merkmal der Medienbranche. Ziel war es, durch die systematische Nutzung von Verbundvorteilen (Economies of Scope) und Größeneffekten (Economies of Scale) zu Wettbewerbsvorteilen zu kommen. Es galt, Synergiepotenziale auszuschöpfen und die Möglichkeiten zum Content Leveraging im Konzernverbund zu nutzen.

> Unter Content Leveraging wird die Mehrfachverwertung von Inhalten verstanden (vgl. Vizjak/Ringlstetter 2001: 10). Dabei durchläuft ein Medienunternehmen in der Regel drei Stufen der Mehrfachverwertung, bis es zu einem profitablen Schwerpunkt der Unternehmensstrategie werden kann:
>
> (a) Stufe der Verwertung vorhandener Inhalte in leicht abgewandelter Form (z. B. Pressemeldungen, die von Zeitungsredaktionen weiterverarbeitet werden).
> (b) Stufe der Schaffung weiterer Absatzmöglichkeiten durch Produktdifferenzierung („Versioning").
> (c) Stufe der crossmedialen Vermarktung einer hoch differenzierten Angebotspalette über die Grenzen der Marktsegmente hinweg.

Allerdings erheben sich zunehmend Stimmen, die eine gegenläufige Sichtweise betonen (vgl. Sjurts 2005: 439; Hachmeister/Rager 2005: 8 f.). Danach wird Größenwachstum von Konzernen nicht mehr in jedem Falle als die ökonomisch sinnvollste Variante angesehen, vielmehr wird die Gefahr von Dysfunktionalitäten herausgestellt. Gründe für diese neue Sichtweise sind die ausbleibenden Erfolge der Mega-Mergers in der Vergangenheit, die mit Gewinneinbrüchen, Wertberichtigungsbedarfen und Schuldenbergen einhergingen. So verwundert es nicht, dass zunehmend schlankere Strukturen mit hoher Flexibilität zum Leitbild erhoben werden. Die Frage stellt sich, ob das „Zeitalter der Medienmoloche" vorbei ist und ob die Zukunft der Medienbranche wirklich in der Hand weniger Großkonzerne, den „Medienmultis", liegt.

> Ein Musterbeispiel ist auch hier Time Warner, größenmäßig in der Spitzengruppe, dessen finanzielle Situation aber wegen des Ausbleibens der erhofften Diversifikationseffekte in den vergangenen Jahren angespannt war. So wird das Resümee gezogen, dass die systematische Content-Vermarktung im Konzernverbund von Time Warner nie richtig in Fahrt gekommen sei (vgl. Sjurts 2005: 459).

Hintergrund dieses Bremseffekts zu einem „Immer Größer" sind aus ökonomischer Sicht die mit der zunehmenden Größe eines Unternehmens oder Unternehmensverbundes wachsenden Komplexitätskosten. Je höher der Diversifikationsgrad der Produktarchitektur und je differenzierter die Wertschöpfungsprozesse, desto höhere Komplexitätskosten sind zu erwarten.

> Komplexitätskosten sind Kosten, die in Abhängigkeit der Vielfalt der vorhandener Produktprogramme und Wertschöpfungsprozesse im Unternehmen zunehmen. Je höher der Diversifikationsgrad, desto höhere Komplexitätskosten sind zu erwarten. Zu unterscheiden sind direkte Komplexitätskosten (z. B. die Entwicklung einer neuen Produktvariante) und indirekte Komplexitätskosten (z. B. Kosten, die bei einer Ausweitung des Produktportfolios durch einen erhöhten Abstimmungsbedarf innerhalb und außerhalb des Unternehmens entstehen). Je mehr Elemente im Wertschöpfungsprozess beteiligt sind, desto komplexer ist ein System und desto höher sind die entstehenden Kosten.

(2) Unternehmen unterscheidet man nach ihrer Größe grob in „Großunternehmen" und in „Kleine und mittlere Unternehmen (KMU)". Die diesbezüglichen Unterscheidungskriterien sind seit Anfang 2005 EU-einheitlich festgelegt: Nach der Definition der Europäischen Kommission für kleine und mittlere Unternehmen (KMU) unterscheidet man unter Verwendung der Kriterien der Beschäftigtenzahl sowie des Umsatzes bzw. der Bilanzsumme nach **Kleinstunternehmen** mit einer Beschäftigtenzahl unter 10 und einem Umsatz bzw. einer Bilanzsumme von weniger als 2 Mio. Euro, nach **kleinen Unternehmen** mit bis zu 50 Beschäftigten und Umsatz/Bilanzsumme kleiner als 10 Mio. Euro sowie nach **mittleren Unternehmen** mit bis zu 250 Beschäftigten und einem Umsatz von bis zu 50 Mio. Euro bzw. einer Bilanzsumme von bis zu 43 Mio. Euro. Abb. 4-3 zeigt die Kriterien im Überblick (vgl. Tritschler 2005: 48).

Unternehmenskategorie	KMU-Kriterien				
	Schwellenwert Anzahl Beschäftigte		Finanzielle Schwellenwerte		
			Umsatz		Bilanzsumme
Mittleres Unternehmen	< 250	und	< 50 Mio. Euro	oder	< 43 Mio. Euro
Kleines Unternehmen	< 50	und	< 10 Mio. Euro	oder	< 10 Mio. Euro
Kleinstunternehmen	< 10		< 2 Mio. Euro		< 2 Mio. Euro

Abb. 4-3: Schwellenwerte für die Definition von KMU

Die Unterscheidung in Groß- und Kleinunternehmen ist sowohl unter rechtlichen Aspekten (vor allem Publizitätspflichten) als auch in betriebswirtschaftlicher Hinsicht von Bedeutung. So sind kleine und mittlere Unternehmen ganz wesentlich durch die Persönlichkeit des Unternehmers geprägt, der typischerweise zugleich sowohl Eigenkapitalgeber als auch Führungskraft ist und dessen persönliches Netzwerk über den betrieblichen Erfolg maßgeblich mitentscheidet. Kleinere Unternehmen sind ferner besonders befähigt, maßgeschneiderte Angebote zu liefern. Ihre Organisation ist in der Regel durch ein sog. Einliniensystem (vgl. Kapitel 35) gekennzeichnet, das wenige Führungskräfte umfasst und sich durch einen geringen Formalisierungsgrad auszeichnet. Die Sozialstruktur ist durch intensive persönliche Beziehungen zwischen dem Unternehmer und seinen Mitarbeitern geprägt. Schließlich rückt die Unternehmensführung eher ein kurzfristiges und operatives Managementdenken in den Vordergrund, während die strategischen Managementfragen mehr intuitiv und fallweise bearbeitet werden.

Medienunternehmen nach ihrer Größe und hier unter Verwendung des Maßstabes der Beschäftigtenzahl zu typisieren, kann unter Umständen schwer fallen. Hauptgrund ist das Phänomen der sog. **freien Mitarbeit**. So beschäftigt das Gros der Verlage, Rundfunkanstalten oder Agenturen neben einem Stamm an Festangestellten regelmäßig auch zahlreiche freie Mitarbeiter. Teilweise sind diese so stark in die Wertschöpfungsprozesse eingebunden, dass sie über das Tarifvertragsgesetz (§ 12a) als sog.

"Feste freie Mitarbeiter" anerkannt sind. Die „Festen Freien", so der interne Fachjargon, genießen einen besonderen Schutz, der demjenigen der Festangestellten gleich kommt; zu denken ist an Kündigungsschutz oder Urlaubsanspruch.

Mit Blick auf den Mediensektor ist festzustellen, dass den kleinen und mittleren Unternehmen eine erhebliche Bedeutung zukommt, allerdings nach den einzelnen Medien-Teilbranchen in unterschiedlichem Umfang. So ist in den klassischen Kernbereichen von Print (Zeitungen, Zeitschriften) und in den elektronischen Medien (Fernsehen, Radio) eine starke Dominanz und Konzentration auf Großunternehmen gegeben, ohne dass allerdings KMU-Strukturen ganz ausgelöscht wären. Bestes Beispiel ist der Radiobereich, wo die ARD als größter Anbieter dominiert, daneben aber ca. 400 private KMU-Rundfunksender existieren – ganz zu schweigen von der unübersehbaren Anzahl von Internetradios.

Als **Teilbranchen** mit einer besonders ausgeprägten kleinunternehmerischen und mittelständischen Struktur sind zu nennen:

- Buchverlage: Neben wenigen großen Verlagen existiert ein sehr breites Spektrum mittlerer und kleiner Verlage. Gerade Kleinverlage stellen ein bedeutendes Segment der Branche von Kleinverlagen dar.
- Druck: Die deutsche Druckindustrie ist ein sehr stark von Klein- und Mittelbetrieben geprägter Industriezweig. So ist ein Drittel der Betriebe dem Handwerk zuzurechnen.
- Filmwirtschaft: Im internationalen Maßstab dominieren die großen US-amerikanischen Medienimperien (Majors wie Time Warner, Disney), daneben existieren aber zahlreiche kleinere und mittlere Anbieter (Independents). In Deutschland gibt es über 4.000 Filmproduktionsfirmen, davon viele Einzelunternehmen, davon wiederum ca. 75 % als Klein- und Kleinstunternehmen. Unternehmen für audiovisuelle Produktionen sind in ganz Europa kleinteilig organisiert, zumeist mit nur ein bis zwei Mitarbeitern. Vorherrschend sind virtuelle Strukturen.
- Musikwirtschaft: Voneinander zu unterscheiden sind Musikverlage (mit Rechten an Kompositionen und Texten) und Tonträgerhersteller. Bei den Musikverlagen sind die Industrieverlage (Majors) von den kleineren Verlagen (Independents) zu unterscheiden. In Deutschland gibt es eine ausgeprägte KMU-Struktur, da mehr als 1.000 Independent-Musikverlage existieren, die nicht als Tochterunternehmen an einen der großen Musikkonzerne gebunden sind. Die meisten davon sind als „Autoren-Verlage" und Verlage, die von Studioinhabern und Produktionsgesellschaften geführt werden, den Kleinstunternehmen zuzurechnen.
- Agenturen: Trotz einer immer noch fortschreitenden Konzentration auf die großen internationalen Agenturnetzwerke ist im Agentursektor immer noch ein hoher Anteil an KMU-Agenturen festzustellen. Bei Kreativagenturen liegt z. B. der Anteil von Großunternehmen nur bei ca. zehn Prozent.

Der Agenturbereich mit seiner Vielschichtigkeit (Werbeagenturen, Agenturen für Verkaufsförderung, Mediaagenturen, PR-Agenturen, Kreativagenturen usw.) ist ein Musterbeispiel dafür, dass kleinen und mittleren Unternehmen im Medienbereich nach wie vor eine hohe Bedeutung zukommt.

Das Beispiel der Kommunikationsagenturen macht dies besonders deutlich: „Die vorstehenden Abgrenzungsmerkmale sind für Kommunikationsagenturen von besonderer Bedeutung, da diese ganz überwiegend Betriebsgrößen in der typischen KMU-Dimension aufweisen. Der Veröffentlichung des Gesamtverbands Kommunikationsagenturen (GWA) für das Jahr 2002 als Ergebnis jährlich durchgeführter Erhebungen bei 130 Mitgliedsunternehmen und anderen Agenturen sind folgende Größenverhältnisse zu entnehmen (vgl. nachfolgende Abb. 4-4). In nachstehender Übersicht wurde das vom GWA veröffentlichte Werbevolumen („Equivalent Billings") als KMU-Kriterium mit herangezogen. Damit ergeht der Vorschlag, als „Kleinstunternehmen" Agenturen mit weniger als 10 Mio. Euro Volumen, als „Kleinunternehmen" jene mit weniger als 50 Mio. Euro Volumen und als „Mittlere Unternehmen" Agenturen mit weniger als 250 Mio. Euro Volumen anzusehen. Als Grenze zwischen „Großen Unternehmen" und „Großunternehmen" wird eine Grenze von 400 Mio. Euro gesehen, da die über dieser Grenze liegenden Unternehmen eine internationale Ausrichtung haben und sie Konzernstrukturen aufweisen, die dem typischen Mittelstand fremd sind. Sie sind auch hinsichtlich der Kriterien Beschäftigtenzahl und Umsatz deutlich oberhalb der eigentlichen KMU; es bleiben oberhalb von 400 Mio. Euro Werbevolumen die „Top Ten" unter den Agenturen" (Tritschler 2005: 49).

KMU-Kriterium		Beschäftigte		Umsatz		Werbevolumen	
		Anzahl	= %	Euro	= %	Euro	= %
KMU	"Kleinstunternehmen"	001 - 009		< 2 Mio.		< 10 Mio.	
	Anzahl Kommunikationsagenturen	8	3,5	66	28,8	38	16,6
	"Kleinunternehmen"	010 - 049		< 10 Mio.		10 - 49 Mio.	
	Anzahl Kommunikationsagenturen	144	62,9	123	53,7	133	58,1
	"Mittlere Unternehmen"	050 - 249		< 50 Mio.		50 - 249 Mio.	
	Anzahl Kommunikationsagenturen	59	25,8	27	11,8	41	17,9
Nicht-KMU	"Große Unternehmen"	250 - 499		< 100 Mio.		250 - 400 Mio.	
	Anzahl Kommunikationsagenturen	9	3,9	8	3,5	7	3,0
	"Großunternehmen"	>500		< 100 Mio.		> 400 Mio.	
	Anzahl Kommunikationsagenturen	9	3,9	4	2,2	10	4,4
	Summe	229 von GWA-gelisteten Kommunikationsagenturen					

Abb. 4-4: Größenverteilung der Kommunikationsagenturen

Ein weiteres Beispiel für die hohe Bedeutung der Kleinunternehmen zeigt sich im Bereich der TV-Produktion: Als Folge der starken Position der großen Medienkonzerne sind Produzenten oft in Kleinstbetrieben organisiert und produzieren auf selbständiger Basis nur noch für einzelne Projekte. In den „Pausen" zwischen den Aufträgen verdingen sich die Produzenten als freie Drehbuchautoren, Regisseure, Kameraleute oder ähnliches. Als Folge ergibt sich eine Struktur mit vielen kleinen Anbietern, die selten mehr als 5 Mio. Euro Umsatz pro Jahr generieren. Oft stützt sich der Umsatz der Produzenten nur auf wenige Produktionen (Sendung oder Sendereihe) bzw. liefert bei mehreren Produktionen eine einzige Sendung den Löwenanteil am Deckungsbeitrag. Der Verlust eines solchen Auftrags bedeutet dann das sofortige Aus für das betroffene Unternehmen.

(3) Im **internationalen Vergleich** spielen deutsche Medienunternehmen im Hinblick auf das Kriterium der Betriebsgröße eine eher nachrangige Rolle, ausgenommen **Bertelsmann** (vgl. die Übersichten über die größten Medienkonzerne Deutschlands und der Welt – Abb. 4-5 und 4-6). Allerdings verfügt Deutschland mit dem **öffentlich-rechtlichen Rundfunksystem** über einen „Player" mit einem enormen wirtschaftlichen Potenzial: Der Verbund von ARD und ZDF (einschließlich Deutschlandradio) bewirtschaftete 2013 Gesamterträge von 8.594,1 Mrd. Euro (Quelle: KEF) und würde im Ranking der größten Medienkonzerne der Welt immerhin Platz 15 einnehmen. Markführer im internationalen Kontext ist mit großem Abstand **Comcast / NBC Universal, LLC** mit 48,7 Mrd. Euro Umsatz im Jahr 2013 (Quelle: IfM). Dies ist fast so viel wie der Umsatz des gesamten deutschen Medienmarktes.

> Mit dieser Größe bewegt sich selbst die Nr. 1 der Medienunternehmen im Vergleich zu den Telekomgesellschaften immer noch nicht auf Augenhöhe. So erwirtschaftete z. B. allein die Deutsche Telekom im Jahr 2013 einen (weltweiten) Konzernumsatz von 60,1 Mrd. Euro bei 229.997 Mitarbeitern weltweit und 68.276 Mitarbeiter in Deutschland. Das macht verständlich, warum es Telefonkonzernen, aber auch den Kabelnetzbetreibern, in ernst zu nehmendem Umfang möglich ist, sich z. B. im Fernsehbereich zu engagieren. Festzustellen ist, dass Telefon- und Kabelgesellschaften im Zuge von vertikalen Geschäftsstrategien zunehmend dazu übergehen, Fernsehangebote in ihr Produktportfolio zu integrieren. Dabei verfügen sie zwar nicht annähernd über das Know-how wie die etablierten Medienunternehmen, dafür können sie aber wesentlich höhere Finanzmittel einsetzen (vgl. Röper 2006a: 114).
>
> Die Marktführerschaft von Comcast/NBC Universal, LLC ist ein gutes Beispiel für die starken Kräfte, die innerhalb der TIME-Branche in Richtung Konvergenz wirken. Comcast als der größte US-amerikanische Kabelnetzbetreiber hatte die Fähigkeit, zwischen 2009 und 2013 das hochrelevante Medienunternehmen NBC Universal zu übernehmen, das seinerseits 2004 aus dem Zusammenschluss der NBC und der Unterhaltungssparte von Vivendi ohne die Universal Music Group entstanden war.

Die größten deutschen Medienunternehmen 2013

	Unternehmen	Hauptsitz	Umsatz (Mrd. Euro)
1.	Bertelmann SE & Co. KGaA	Gütersloh	16,065
2	ARD	Berlin, München	6,270
3.	Axel Springer SE	Berlin, Hamburg	3,310
4.	ProSiebenSat1 Media AG	Unterföhring	2,969
5.	Hubert Burda Media	Offenburg	2,450
6.	Bauer Media Group	Hamburg	2,175
7.	ZDF	Mainz	2,028
8.	Verlagsgruppe Georg von Holtzbrinck	Stuttgart	1,880
9.	Verlagsgruppe Weltbild	Augsburg	1,590
10.	Funke Mediengruppe	Essen	1,200

Quelle: Institut für Medien- und Kommunikationspolitik (IfM): Rankings

Anmerkungen:
* Für folgende Konzerne lagen die Umsatzzahlen von 2012 bei der Publikation des Rankings im April 2013 noch nicht vor: Verlagsgruppe Georg von Holtzbrinck, Funke Mediengruppe. In diesen Fällen wurden die zuletzt veröffentlichten Umsatzzahlen des als Grundlage genommen. Im Herbst 2013 wurde die Umsatzzahl von Holtzbrinck für das Geschäftsjahr 2012 aktualisiert. Der Konzern veränderte sich von Position sechs auf acht.

Abb. 4-5: Die größten deutschen Medienunternehmen

Die größten Medienkonzerne der Welt 2013

	Unternehmen	Hauptsitz	Umsatz (Mrd. Euro)
1.	Comcast / NBC Universal, LLC	Philadelphia/USA	48,700
2.	Google Inc.	Mountain View/USA	39,053
3.	The Walt Disney Company	Burbank/USA	32,906
4.	News Corp. Ltd. / 21st Century Fox	New York /USA	26,234
5.	Time Warner Inc.	New York/USA	22,361
6.	Viacom Inc. / CBS Corp.	New York/USA	21,775
7.	Sony Entertainment	Tokio/Japan	18,358
8.	Bertelmann SE & Co. KGaA	Gütersloh/Deutschland	16,065
9.	Vivendi S.A.	Paris/Frankreich	13,325
10.	Cox Enterprises Inc.	Atlanta/USA	11,900
11.	Dish Network Corp.	Englewood/USA	11,107
12.	Thomson Reuters Corp.	New York/USA	10,040
13.	Rogers Comm.	Toronto/Kanada	9,723
14.	Liberty Media Corp. / Liberty Interactive	Englewood/USA	9,353
15.	Reed Elsevier PLC	London/Großbritannien	7,543
16.	Pearson plc	London/Großbritannien	7,538
17.	Lagardère Media	Paris/Frankreich	7,370
18.	Nippon Hoso Kyokai (NHK)	Tokio/Japan	6,331
19.	ARD	Berlin, München/Deutschland	6,270
20.	Fuji Media Holdings, Inc.	Tokio/Japan	6,167
21.	Bloomberg L.P.	New York/USA	6,164
22.	BBC	London/Großbritannien	6,159
23.	Charter Comm. Inc.	St. Louis/USA	5,841
24.	Advance Publications Inc.	Staten Island/USA	5,277
25.	Cablevision Systems Corp.	Bethpage/USA	5,219
26.	Globo Communicacao S.A.	Rio de Janeiro/Brasilien	5,023
27.	Clear Channel Comm.	San Antonio/USA	4,862
28.	The Naspers Group	Kapstadt/Südafrika	4,762
29.	The Nielsen Company	Haarlem/Niederlande	4,368
30.	Gannett Co. Inc.	McLean/USA	4,166
31.	Grupo Televisa .	Mexico City/Mexiko	4,099
32.	Shaw Communications	Calgary/Kanada	3,892
33.	Yahoo! Inc.	Sunnyvale/USA	3,882
34.	Mediaset SpA	Mailand/Italien	3,721
35.	Jupiter Telecommunications	Tokio/Japan	3,694
36.	Wolters Kluwer nv	Amsterdam/Niederlande	3,603
37.	Discovery Communications	Silver Spring/USA	3,492
38.	McGraw-Hill Financial	New York/USA	3,464
39.	Tokyo Broadcasting System Holdings Inc	Tokio/Japan	3,438
40.	Quebecor Inc.	Montreal/Kanada	3,389

Quelle: Institut für Medien- und Kommunikationspolitik (IfM): Rankings

Anmerkungen:
Die Medienkonzerne des Rankings sind als Unternehmen definiert, deren strategischer Fokus auf der Inhalte-Produktion in den Bereichen Print, TV, Film und Internet liegt. Die Größe eines Konzerns bemisst sich am Medienumsatz des jeweils letzten Geschäftsjahres. Basis für die Umsatzzahlen ist der Betrag in Originalwährung. Zur Umrechnung in Euro wird der amtliche Mittelkurs des jeweiligen Jahres herangezogen.

Abb. 4-6: Die größten Medienkonzerne der Welt

4.6 Typisierung nach dem Standort

(1) Der Standort ist der geographische Ort eines Unternehmens, an dem es seine Produktionsfaktoren zum Einsatz bringt (vgl. Thommen/Achleitner 2012: 101). Dabei muss es über das Ausmaß der Ausbreitung (räumliche Zentralisierung vs. Dezentralisierung) und über den konkreten Standort entscheiden. Im Hinblick auf den **Grad der geografischen Ausbreitung** der Unternehmungsaktivitäten kann das Unternehmen den folgenden Kategorien folgen (vgl. ebd. 102):

- Lokaler Standort: Das Unternehmen beschränkt seine Aktivitäten in erster Linie auf eine Stadt oder einen Ballungsraum. Musterbeispiele sind kleine Druckereien, Foto-Studios oder Lokal-Radios.
- Regionaler Standort: Das Unternehmen ist in einer bestimmten Region des Landes tätig (z. B. Bundesland Baden-Württemberg, Metropolregion Rhein-Neckar). Beispiele: Privatradios, öffentlich-rechtliche Landesrundfunkanstalten der ARD.
- Nationaler Standort: Das Unternehmen operiert im nationalen Raum und unterhält entsprechende Betriebsstätten. Beispiele: Private und öffentlich-rechtliche TV-Sender (ARD, ZDF, RTL, Sat.1 etc.).
- Internationaler Standort: Das Unternehmen produziert hauptsächlich im Inland, exportiert aber seine Produkte auch in andere Länder. Beispiel: US-amerikanische Filmindustrie, Computerspiele-Hersteller.
- Multinationaler Standort: Das Unternehmen ist im Hinblick auf Leistungserstellung und Leistungsverwertung auf keine Grenzen festgelegt. Es unterhält in anderen Ländern Standorte durch die Gründung von Tochtergesellschaften. Beispiele: Zeitungs- und Zeitschriftenverlage (Springer in Polen, Gruner+Jahr mit Geo in Russland); Rundfunkunternehmen (RTL in Ungarn oder Kroatien).

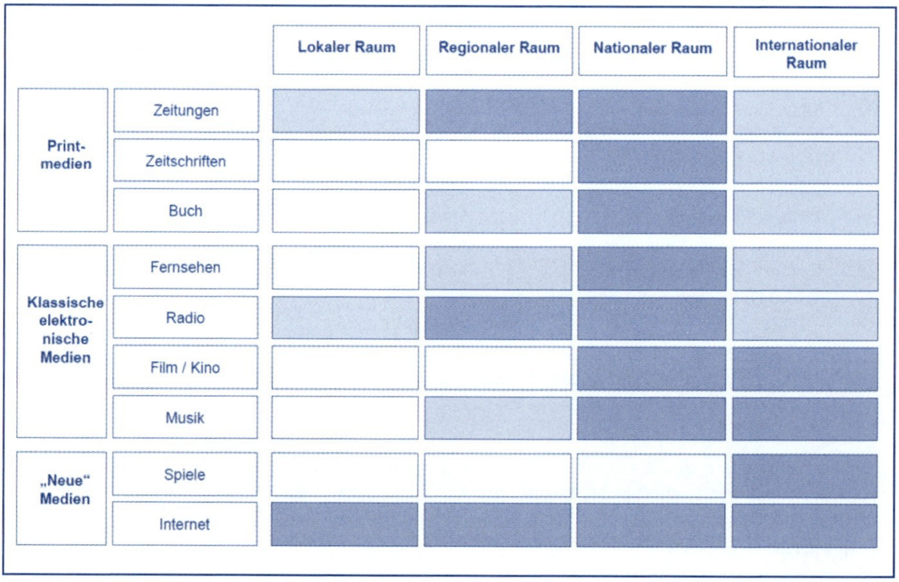

Abb. 4-7: Medienmärkte in der räumlichen Perspektive

Abb. 4-7 gibt Hinweise auf die räumliche Perspektive der Medienmärkte und zeigt, in welchen Kontexten sich die Medienunternehmen räumlich bevorzugt bewegen.

Der Grad der Inter- bzw. Multinationalität dürfte bei Medienunternehmen stark mit deren Größe korrelieren, anders als im Industriesektor, z. B. im Maschinenbau, wo auch kleine und mittlere Unternehmen häufig auf dem Weltmarkt tätig sind und nicht selten sogar die Weltmarktführerschaft innehaben (als „hidden champions"). Hauptmotiv dürfte die Erschließung neuer Märkte sein, erst in zweiter Linie das Motiv der kostengünstigeren Produktion z. B. durch die Ausnutzung von Standortvorteilen.

(2) Die Wahl des Standortes stellt eine zentrale konstitutive Entscheidung für das Unternehmen dar. Vor dieser Entscheidung wird ein Unternehmen daher eine sorgfältige Analyse durchführen und die relevanten **Standortfaktoren** abzuwägen versuchen. Infrage kommen die folgenden Faktoren (vgl. Thommen/Achleitner 2012: 104 ff.):

- Arbeitsbezogene Standortfaktoren: zahlenmäßige Verfügbarkeit, Kosten und Qualifikationen von Arbeitskräften.
- Materialbezogene Standortfaktoren: Fundorte von Rohstoffen, Transportkosten, Zuliefersicherheit, Art des Produkts (z. B. leichte Verderblichkeit).
- Absatzbezogene Standortfaktoren: Kundennähe, Konkurrenz, Transportfähigkeit der Produkte, potenzielle Nachfrage.
- Verkehrsbezogene Standortfaktoren: Ausbaugrad der Infrastruktur.
- Immobilienbezogene Standortfaktoren: Kaufpreise von Immobilien, Mieten.
- Umweltschutzbezogene Standortfaktoren: gesetzliche Vorschriften.
- Abgabenbezogene Standortfaktoren: Steuern, Gebühren.
- Clusterbildung: Zusammenspiel von Know-how-Trägern im räumlichen Kontext.
- Rechtliche und politische Standortfaktoren: politische Stabilität des Landes.

Für Medienunternehmen dürften wegen der hohen Personalintensität der Wertschöpfungsprozesse die arbeitsbezogenen Standortfaktoren eine besondere Rolle spielen.

So war der Umzug von Viva und MTV von Köln nach Berlin im Jahr 2005 auch vom Kreativpotenzial in Berlin getragen sowie von niedrigen Gewerbemieten. Die Konzentration des Musikfernsehgeschäftes in Berlin war vom Mutterkonzern Viacom mit der besseren Ausnutzung von Synergieeffekten begründet worden. In einer Studie zur Filmwirtschaft in Schleswig-Holstein werden vier Determinanten für Standortentscheidungen von Produktionsunternehmen dargelegt (vgl. Sjurts 2003): (1) „Im Hinblick auf unsere Frage der Attraktivität eines Standortes lässt sich also als erster Befund festhalten, dass aus Sicht eines filmproduzierenden Unternehmens ein Standort umso attraktiver sein dürfte, je mehr TV-Sender – also potenzielle Abnehmer – dort aktiv sind." (2) „Als zweiter Befund zur Frage der Standortdeterminanten lässt sich also festhalten: Ein Standort ist aus Sicht eines filmwirtschaftlichen Unternehmens umso attraktiver, je umfangreicher und transparenter das dortige Angebot an Fördermaßnahmen und je größer die Zahl der potenziellen Marktpartner ist beziehungsweise je mehr institutionalisierte Möglichkeiten der brancheninternen Kommunikation bestehen." (3) „Für die Standortentscheidung bedeutet dies, dass – ceteris paribus – ein Standort aus Sicht eines filmwirtschaftlichen Unternehmens umso attraktiver wird, und damit wären wir bei einem dritten Befund, je umfangreicher und qualifizierter das dort zur Verfügung stehende Arbeitskräfteangebot ist." (4) „Ein Standort ist aus Sicht eines filmwirtschaftlichen Unternehmens umso attraktiver – und dies gilt mit Blick auf die technologischen Fortschritte im Medienbereich noch in einem höheren Maße –, je mehr potenziell attraktive Kooperationspartner mit möglichst komplementären Ressourcen und Fähigkeitsprofilen dort angesiedelt sind."

4.7 Typisierung nach der Rechtsform

Nach den Rechtsformen lassen sich Unternehmen in privatwirtschaftliche und öffentliche Unternehmungen unterscheiden, erstere des Weiteren in Einzelunternehmen, Personengesellschaften, Kapitalgesellschaften, Sonderformen und private gemeinwirtschaftliche Unternehmungen. Abb. 4-8 gibt einen Überblick über das **Spektrum** möglicher Rechtsformen.

Abb. 4-8: Übersicht über die Rechtsformen

Die Wahl der Rechtsform bestimmt die Regeln zum einen für das Außenverhältnis des Unternehmens zu Kunden, Lieferanten und Gläubigern, zum anderen für das Innenverhältnis zwischen Gesellschaftern, Anteilseignern und Mitarbeitern. Sie hat eine hohe Bedeutung für den Erfolg des Unternehmens am Markt. Bei den **privatrechtlichen Formen** sind die folgenden Aspekte besonders hervorzuheben (im Einzelnen vgl. Schierenbeck/Wöhle 2012: 38 f.):

- Haftung: unbeschränkt persönlich beim Einzelunternehmen; unbeschränkt, persönlich und solidarisch bei der OHG; KG - Komplementäre: unbeschränkt persönlich, Kommanditisten: beschränkt auf Kapitaleinlage; bei Kapitalgesellschaften beschränkte Haftung in Höhe der Stamm- bzw. Kapitaleinlage.
- Finanzierungspotenzial durch Zuführung von Haftungskapital: (a) Einzelunternehmung und OHG: auf Privatvermögen beschränkt (bei Einzelunternehme u.U. stiller Gesellschafter); (b) KG und GmbH: begünstigt; (c) AG: relativ günstigste Voraussetzungen durch Emissionsfähigkeit und hohe Fungibilität der Anteile.
- Finanzierungspotenzial durch Kreditaufnahme: (a) relativ groß bei Einzelunternehmung und OHG; (b) relativ gering bei KG und GmbH; (c) bei AG größer wegen hohem Stellenwert des Gläubigerschutzes.
- Leitungsbefugnis: (a) Einzelfirma: liegt allein beim Inhaber; (b) OHG: je nach Gesellschaftsvertrag bei allen oder bei einzelnen Gesellschaftern; (c) KG: Komplementär; (d) AG: gesetzlich vorgeschriebene Organe Geschäftsführer/Vorstand, Aufsichtsrat, Gesellschafterversammlung bzw. Hauptversammlung.

Für den Medienbereich ist festzustellen, dass neben den klassischen Formen der Einzelunternehmung, GmbH und AG auch die KGaA sowie **Sonder- bzw. Mischformen** (vor allem GmbH & Co. KG und Stiftung) eine große Rolle spielen. Abb. 4-9 gibt einige Beispiele zu Rechtsformen im Medienbereich.

Bei der Kommanditgesellschaft auf Aktien (KGaA) handelt es sich um eine Gesellschaft mit eigener Rechtspersönlichkeit, bei der mindestens ein Gesellschafter den Gläubigern gegenüber unbeschränkt haftet (persönlich haftender Gesellschafter). Die übrigen Gesellschafter sind mit Einlagen auf das in Aktien zerlegte Grundkapital beteiligt, ohne aber persönlich für die Verbindlichkeiten der Gesellschaft zu haften.

> Aufgrund der Machtposition der Komplementäre gilt die Rechtsform der KGaA als weitgehend übernahmeresistent und wird daher vor allem von Familienunternehmen genutzt. Sie hat diesen bleibenden Vorteil und lässt dennoch alle Möglichkeiten offen, die Kapitalaufnahme an der Börse anzustreben.

Die GmbH & Co. KG ist eine Kommanditgesellschaft, bei der eine GmbH als Vollhafter fungiert.

> Beispiele: Georg von Holtzbrinck GmbH & Co. KG, Premiere vor dem Börsengang, Hubert Burda Media Holding GmbH & Co. KG, Spiegel Verlag Rudolf Augstein GmbH & Co. KG, Klassik Radio GmbH & Co. KG.

Die Stiftung ist eine rechtsfähige juristische Person. Ihre Besonderheit besteht darin, dass sie keinem Eigentümer gehört und daher die Kontinuität der Fortführung sichert, ganz im Zeichen des Stiftungszwecks. Zu unterscheiden sind Stiftungen des privaten Rechts (z. B. Robert-Bosch-Stiftung) und Stiftungen des öffentlichen Rechts (z. B. Stiftung Preußischer Kulturbesitz).

> Im Medienbereich besonders bekannt ist die Bertelsmann-Stiftung. Ihre Zwecksetzung ist wie folgt definiert: „Die Bertelsmann-Stiftung will gesellschaftliche Probleme aufgreifen, exemplarische Lösungsmodelle mit Experten aus der Wissenschaft und Praxis entwickeln und diese Modelle in ausgewählten Bereichen des gesellschaftlichen Lebens verwirklichen". 1977 von Reinhard Mohn ins Leben gerufen, sind ihr 71,1 Prozent der Kapitalanteile der Bertelsmann AG übertragen.

Eine Genossenschaft ist eine Gesellschaft mit nicht geschlossener Mitgliederzahl (mindestens sieben), welche die Förderung des Erwerbs oder der Wirtschaft ihrer Mitglieder durch gemeinwirtschaftlichen Geschäftsbetrieb bezweckt. Für die Verbindlichkeiten haftet das Vermögen der Genossenschaft.

> Ein Beispiel für eine Genossenschaft im Medienbereich ist die in der Tendenz links gerichtete „Die Tageszeitung" (taz). Sie stellt sich wie folgt vor: „taz Genossenschaft. Die taz ist seit 1992 eine Genossenschaft. Mehr als 9.300 LeserInnen, Mitarbeitende und FreundInnen sichern seitdem die wirtschaftliche und publizistische Unabhängigkeit „ihrer" Zeitung. Gemeinsam halten sie ein Genossenschaftskapital von über 8,8 Mio. Euro. Tendenz: steigend." (www.taz.de / 05.03.2010)

Im Kontext der Personengesellschaften spielt auch die Gesellschaft des bürgerlichen Rechts (GbR), auch BGB-Gesellschaft genannt, eine wichtige Rolle. Sie ist eine vertragliche Vereinigung von (natürlichen oder juristischen) Personen, die sich verpflichten, die Erreichung eines gemeinsamen Ziels in der durch den Vertrag bestimmten Weise zu fördern. Die GbR ist nicht eintragungsfähig in das Handelsregister.

> Die GbR ist eine bevorzugte Form für Existenzgründungen und damit typisch z. B. für viele Start-Up-Unternehmen im Online-, Multimedia- und IT-Bereich.

Rechts-form	Unternehmen	Branche	Internet
KGaA	Bertelsmann SE & Co. KGaA (bis 2012: AG)*	Integriertes Medien-verbundunternehmen	www.bertelsmann.com
	Wiley-VCH Verlag GmbH & Co. KGaA	Fachverlag	www.wiley-vch.de
	KirchMedia GmbH & Co. KGaA	Medien	liquidiert
AG	ProSiebenSat.1 Media AG	TV, Spiele	www.prosiebensat1.com
	Sky Deutschland AG	Pay-TV	www.sky.de
	Strato Medien AG	Internet-Providing	www.strato.de
	Splendid Medien AG	Film-Vermarktung	www.splendid-medien.de
GmbH	Springer Transport Media GmbH	Fachverlag	www.autohaus.de
	DeTeMedien GmbH	Telefonbuchverlag	www.detemedien.de
	Bilderrausch Filmproduktion GmbH	Werbefilmproduktion	www.bilderrausch-film.de
	W. B. Druckerei GmbH	Druck	www.wb-druckerei.de
GmbH & Co. KG	gogol medien GmbH & Co. KG	Software	www.gogol-medien.de
	Deutscher Taschenbuch Verlag GmbH & Co. KG	Verlag	www.dtv.de
	Kabel Deutschland Vertrieb und Service GmbH & Co. KG	TV-Kabelnetz	www.kabeldeutschland.de
	Hubert Burda Media Holding GmbH & Co. KG	Verlag	www.burda.de
	Zeitverlag Gerd Bucerius GmbH & Co. KG	Zeitungsverlag	www.zeit.de
GbR	Zwölf Medien Martin Gutsch, Robert Hennig & Stefan Guzy GbR	Mediengestaltung	www.zwoelf.net
	VORSATZ-Verlag GbR	Verlag	www.vorsatz-verlag.de
		Internet/Multimedia Dienstleistungen	www.bottledfish.de
	bottled fish - Hildebrandt, Kuphal, Kurz, Nolte GbR		
	Druckerei Rauterberg GbR	Druck	www.druckerei-rautenberg.de
	MEPHISTO FILM GbR	Filmproduktion	www.mephistofilm.de
OHG	Verlag C. H. Beck OHG	Verlag	www.beck.de
	Time Warner Entertainment Germany GmbH & Co. Medienvertrieb OHG	Medienvertrieb	
	Flechtwerk Neue Medien OHG	Internet-Dienstleistungen	www.flechtwerk.de
	Schröder AV-Medien OHG	Medientechnik	www.schroeder-av.de
	Audiobuch Verlag OHG	Verlag	www.audiobuch.com
	Radio Charivari OHG	Hörfunk	www.charivari.de

Abb. 4-9: Aktuelle und historische Beispiele für Rechtsformen im Medienbereich

Die Medienkonzerne Bertelsmann und Springer haben ihre Rechtsform von der AG in eine sog. „SE" umgewandelt. Mit SE wird die **„Europäische Aktiengesellschaft"** bezeichnet, die 2004 eingeführt wurde. Man nennt sie auch die „Europa-AG". Der Begriff „SE" steht für „Societas Europaea", abgeleitet von der lateinischen Wortgebung. Unternehmen können diese Rechtsform erhalten, wenn sie in unterschiedlichen EU-Mitgliedstaaten tätig sind. Durch diese Rechtsform soll es den Unternehmen erleichtert werden, Kooperationen auch über die nationalen Grenzen hinaus einzugehen und den grenzüberschreitenden Sitz innerhalb der Europäischen Union unter Beibehaltung derselben Gesellschaftsform vollziehen zu können.

> Die Gründung einer Europa-AG ist an bestimmte Voraussetzungen gebunden (vgl. Thommen/Achleitner 2012: 83 f.): Eine Gründung ist nur dann möglich, wenn mindestens zwei Mitgliedstaaten der Europäischen Union betroffen sind (sog. Mehrstaatlichkeitspostulat). Als eine supranationale Kapitalgesellschaft und benötigt ein in Aktien zerlegtes gezeichnetes Kapital von mindestens 120.000 Euro (in Gegensatz zur deutschen AG, bei der „nur" 50.000 Euro erforderlich sind). Sitz und Hauptverwaltung müssen sich ein einem Mitgliedsland der EU befinden.
>
> Die Leitungs- und Kontrollfunktion der SE kann im Gegensatz zur deutschen AG nicht nur in Form des Trennungsmodells von Vorstand und Aufsichtsrat wahrgenommen werden, sondern auch durch das Vereinigungsmodell eines Boardprinzips bzw. Verwaltungsrats (vgl. hierzu die Ausführungen zur Organverfassung in Kapitel 25 / Unternehmensverfassung dieses Handbuchs).

Bei der Wahl der Rechtsform steht ein Unternehmen vor einer Abwägungsfrage unterschiedlicher Kriterien. Die folgenden neun **Entscheidungskriterien** spielen vorrangig eine Rolle (vgl. Schneck 1997: 178):

- Haftung (Grad der Beschränkung)
- Finanzierungsmöglichkeiten (Möglichkeiten der Eigen- und Fremdfinanzierung)
- Leitungsbefugnis (Klarheit der Weisungsbefugnis nach innen und Vertretung nach außen, Selbständigkeit, Mitbestimmungsgrad)
- Gewinn- und Verlustverteilung (Gerechtigkeit, Gleichmäßigkeit)
- Rechungslegung und Publizität (Grad der Offenheit)
- Steuerbelastung (Minimierung der Ausschüttung)
- Rechtsformabhängige Kosten (Minimierung der Gründungskosten und Folgekosten durch Publizität oder Organbestellung)
- Unternehmungskontinuität (Möglichkeit des Gesellschafterwechsels, Nachfolgeregelung)
- Firma (Möglichkeit der Namensgebung)

> „Eine Rechtsform ist wie ein festes Gerüst für Ihr Unternehmen. Sie können zwischen verschiedenen Rechtsformen die passende wählen. Zur Auswahl stehen Rechtsformen für Ein-Personen-Gründungen sowie Personengesellschaften oder Kapitalgesellschaften, wenn es sich um mehrere Gründer handelt. Es gibt allerdings weder die optimale Rechtsform, die alle Wünsche erfüllt, noch die Rechtsform auf Dauer. Denn mit der Entwicklung des Unternehmens ändern sich auch die Ansprüche an dessen Rechtsform." (Quelle: Bundesministerium für Wirtschaft und Technologie, http://www.existenzgruender.de/01/02/01/03/index.php - 07.08.2006).

Die Rechtsform der öffentlichen Unternehmung spielt durch die Existenz von öffentlich-rechtlichen Rundfunkanstalten im Medienbereich eine große Rolle, ganz im Gegensatz zur Realität der deutschen Unternehmenslandschaft.

4.8 Typisierung nach der Zielorientierung

Im Hinblick auf die Zielsetzung ist es zweckmäßig, die Medienunternehmen nach kommerziellen und Non-Profit-Medienunternehmen zu unterscheiden. Abb. 4-10 zeigt am Beispiel des Rundfunks die möglichen Optionen auf.

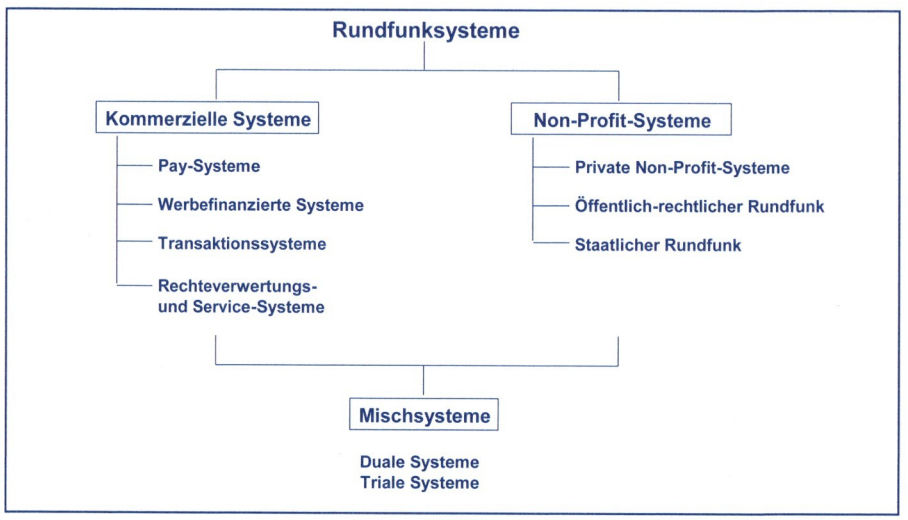

Abb. 4-10: *Typen von Rundfunkunternehmen*

(1) **Kommerzielle Rundfunksysteme** zeichnen sich dadurch aus, dass Radio- und Fernsehunternehmen in den Hörfunk- und TV-Markt eintreten, um mit ihrem Programmangebot Gewinn zu erwirtschaften. Ihr vorrangiges Interesse liegt in der bestmöglichen Gestaltung von Programmen im Hinblick auf deren kommerzielle Vermarktbarkeit. Als Märkte, auf denen sie Erlöse zur Refinanzierung der Programmaufwendungen erzielen können, kommen die folgenden Grundformen infrage:

- Pay-Systeme: Die Programme zielen direkt auf die Nutzer im Rezipientenmarkt und werden von diesen unmittelbar im Sinne von Leistung und Gegenleistung finanziert. Bezogen auf das Fernsehen spricht man von „Pay-TV", das in Form von „Pay-per-Channel" (einer oder mehrere Kanäle werden abonniert) oder von „Pay-per-View" (eine einzelne Sendung, z. B. ein Formel-1-Rennen oder ein Spielfilm wird aufgerufen, geliefert und gesondert bezahlt) auftritt.
- Werbefinanzierte Systeme: Die Finanzierung erfolgt über die Werbewirtschaft, die durch ihre Werbe-Einschaltungen die Programmkosten abdeckt. Dieser Weg der Finanzierung ist der indirekte, weshalb man auch von „Umweg-Finanzierung" spricht. Da diese Programme für den Konsumenten scheinbar „kostenlos" sind (scheinbar deswegen, weil die Werbekosten vom Verbraucher von Produkten getragen werden), wird diese Finanzierungsform auch als „Free-TV" bezeichnet. Neben der reinen Werbung in Form von Fernseh- oder Radiospots (so genannten harte Werbung) sind auch andere Formen der kommerziellen Finanzierung wie Sponsoring oder Product Placement relevant.

- Transaktionssysteme: Fernsehen (Radio ist in diesem Segment nicht relevant) wird dazu eingesetzt, um Konsumgüter zu verkaufen, wobei der Kanal-Betreiber über prozentuale Anteile an den Telefonumsätzen (meist 50 Prozent) an dem generierten Finanzaufkommen partizipiert („Transaktionsfernsehen").
- Rechteverwertungs- und Service-Systeme: Infrage kommt die Verwertung von unmittelbarem Programm sowie die ergänzende Verwertung von Rechten, insbesondere in Form von Merchandising und Licensing. Bei den Service-Systemen geht es um die Erbringung von Dienstleistungen im redaktionellen und Produktionsbereich (Nutzung von Studios, Verkauf von Meldungen, Beiträgen).

Kommerzielle Medienunternehmen sind in allen Medienbereichen vertreten, was auf einen **hohen Kommerzialisierungsgrad** des Mediensektors schließen lässt. Der Print-Sektor (Zeitungen, Zeitschriften, Buch) wird praktisch vollständig von privaten kommerziellen Unternehmen bestritten. Im sog. „dualen System" des Rundfunks (Fernsehen, Radio) teilen sich die privat-kommerziellen Medienunternehmen den Markt mit den öffentlich-rechtlichen Rundfunkanstalten.

> In Baden-Württemberg existieren zahlreiche Hörfunksender mit unterschiedlicher Zielausrichtung. Der größte Sender ist der öffentlich-rechtliche Südwestrundfunk (SWR) in Form einer Anstalt des öffentlichen Rechts. Der Großteil der Sender sind jedoch private kommerzielle Sender (z. B. Antenne 1, Radio Regenbogen), die zumeist unter der Rechtsform GmbH & Co. KG firmieren. Als dritte Form gibt es private nicht-kommerzielle Sender, wie z. B. das Stuttgarter Hochschulradio HoRads, das als Verein organisiert ist, oder die gemeinnützige GmbH Radio FreeFM, deren Gesellschafter wiederum ein Redaktions- und ein Förderverein sind.

(2) Im Bereich der Non-Profit-Systeme sind systematisch gesehen mehrere Untertypen zu unterscheiden.

Der **private Non-Profit-Rundfunk** ist ein Bestandteil des Rundfunksystems, der gerne übersehen wird. Er ist „Rundfunk der dritten Art", privat getragen, nicht kommerziell. Zu nennen sind insbesondere die vereinsrechtlich organisierten „Offenen Kanäle" in Radio und TV, die „Freien Radios", sendeberechtigte Medienwerkstätten, Schul- und Universitätsrundfunk oder private TV-Spartenkanäle wie z. B. Bibel-TV.

> Ein Beispiel für diesen Typus sind TV-Bürgerkanäle (Offene Kanäle), die ohne wirtschaftliche Interessen zur Kommunikation zwischen Bevölkerungsteilen betrieben werden. Desgleichen können Hochschulradios und Campus-TV-Angebote diesem Typus zugerechnet werden.

Die **öffentlich-rechtlichen Rundfunkanstalten** – als der zweite Non-Profit-Typ – wurden in Deutschland nach dem Zweiten Weltkrieg von den Alliierten als eine öffentliche und gemeinnützige Einrichtung gegründet. Ziel war es, sicher zu stellen, dass der Rundfunk in Deutschland nicht noch einmal in staatliche Hände gelangt und wie im sog. „Dritten Reich" für Propagandazwecke missbraucht werden kann. Der öffentlich-rechtliche Rundfunk ist staatsunabhängig und gemeinnützig konstruiert und stellt also keine staatliche, sondern eine öffentliche Einrichtung dar. Die Gemeinnützigkeit hat zur Folge, dass seine Finanzierung über Beitragszahlungen der Bürger erfolgt. Eigentümerin des öffentlich-rechtlichen Rundfunks ist die Gesellschaft, die sich in den Aufsichts- und Kontrollorganen (Rundfunkrat, Verwaltungsrat, Fernsehrat) in Form der sog. „gesellschaftlich relevanten Gruppen" wiederfindet.

Um die gewollte Staatsunabhängigkeit zu unterstreichen, sind besondere Vorkehrungen getroffen worden: (a) Der Einfluss des Staates über die Parteienbeteiligung ist begrenzt. Parteien und staatliche Organe dürfen zwar in den Aufsichtsgremien prinzipiell vertreten sein, aber nur in einem deutlich untergeordneten Maße. (b) Die Finanzierung erfolgt nicht durch Steuern, sondern durch einen Beitrag, der von allen Haushalten zu entrichten ist (finanztechnisch früher fälschlicherweise als „Gebühr" bezeichnet). Es ist also bewusst ausgeschlossen und untersagt, dass staatliche Zahlungen (in Form von Subventionen) an die öffentlich-rechtlichen Rundfunkanstalten fließen.

Die gemeinnützige Konstruktion hat neben der dargestellten Staatsunabhängigkeit im Übrigen auch das Ziel, den öffentlich-rechtlichen Rundfunk von möglichen Einflussnahmen der Wirtschaft und der Verbände zu schützen. Dies geschieht durch die Begrenzung der Finanzierung aus Werbung auf einen eng begrenzten Zeitkorridor (im Fernsehen z. B. auf das Vorabendprogramm an Werktagen), so dass Werbung nur einen kleinen Teil der Gesamteinnahmen ausmacht (ca. fünf Prozent).

Die Vorkehrungen zur Sicherung von Unabhängigkeit und Freiheit des Rundfunks werden durch die föderative Struktur betont, wonach Rundfunk Angelegenheit der Länder ist. Alle Fragen, die ARD und ZDF betreffen, sind in den Länderparlamenten zu lösen. Die Rechtsgrundlagen des öffentlichen Rundfunks sind in zahlreichen Urteilen des Bundesverfassungsgerichts gefestigt worden – mit dem Fazit: Der öffentlich-rechtliche Rundfunk ist eine von Staat, Wirtschaft und Interessensverbänden unabhängige, freie Einrichtung (im eigentlichen Sinn „Free-TV") und erfüllt einen von der Gesellschaft auferlegten Auftrag, der sich mit den Begriffen Programm- bzw. Funktionsauftrag und Grundversorgung markieren lässt (vgl. auch Kapitel 23).

Streng vom öffentlich-rechtlichen Rundfunk als staatsfreies und interessenunabhängiges Modell ist Rundfunk in Form von **staatlichem Rundfunk** zu unterscheiden. Als dessen negativer Prototyp ist der Staatsrundfunk in totalitären Regierungssystemen wie dem Nationalsozialismus in Deutschland, der DDR oder auch in heutigen nicht demokratischen Systemen zu sehen.

> So war im „Dritten Reich" ein gleichgeschalteter, totalitärer, propagandistischer Staatsrundfunk installiert, der unter der Regie der Nationalsozialisten stand. Joseph Goebbels erkannte frühzeitig den Nutzen und das Potenzial des Mediums Radio und begann mit dessen Ausbau zum Massenmedium und der Zentralisierung im neu gegründeten „Reichsministeriums für Volksaufklärung und Propaganda", dem er als Reichsminister vorstand. Gleichzeitig wurde ein einfaches und preiswertes Empfangsgerät angeboten („Volksempfänger"), um eine breite Akzeptanz in der Bevölkerung herzustellen.
>
> Im Zuge der Zentralisierung der DDR 1952 wurde auch der Rundfunk nach sowjetischem Vorbild zentralisiert und einem staatlichen Rundfunkkomitee unterstellt. Danach wurden die Vorsitzenden der Komitees auf Grund von Ministerratsbeschlüssen berufen, im Funkhaus Berlin wurden sämtliche Aufnahmen und Beiträge vor ihrer Ausstrahlung zentral geprüft (Zensur), 1968 wurde ein eigenes Komitee für das Fernsehen geschaffen. Beide Komitees existierten bis zum 21.12.1989. Die Programmplanung und Programmgestaltung der Sender oblag ausschließlich den zentralstaatlichen Komitees, ebenso die Zielsetzungen, die auf den SED-Parteitagen beschlossen wurden. Faktisch stand der Rundfunk damit als staatliches Medium im Dienst der Partei und der Propaganda. Ein Komitee-Zitat: „Es wird der Stimme der DDR mit dem Jahresplan 1989 die Aufgabe gestellt, überzeugend den Nachweis dafür anzutreten, dass mit der nun 40 Jahre bestehenden DDR ein aufblühender sozialistischer Staat entstanden ist, der eine reale Alternative zur kapitalistischen Ausbeuterordnung darstellt."

4.9 Typisierung nach dem Grad der Autonomie

Ordnet man das Phänomen „Medienunternehmen" nach abnehmendem Freiheitsgrad, sind drei Ebenen zu unterscheiden:

- Selbständige Unternehmen: Es erfolgt keinerlei Einschränkung der Souveränitätsrechte.
- Kooperation: Zusammenarbeit findet statt unter Rücksichtnahme auf die Interessen der Partner, dies aber bei faktischer und rechtlicher Wahrung der Selbständigkeit der beteiligten Unternehmen.
- Zusammenschluss oder Übernahme: Für mindestens einen der beteiligten Partner geht die Selbständigkeit verloren.

(1) Die Frage der **Selbständigkeit von Medienunternehmen** muss besonders kritisch beobachtet werden, da angenommen wird, dass von der Existenz einer Vielzahl von selbständigen Unternehmen (z. B. Verlagen) das Ausmaß der Meinungs- und Themenvielfalt abhängt. Meinungsvielfalt wiederum wird als ein bedeutender Faktor der Demokratiesicherung angesehen und genießt daher Verfassungsrang.

Umgekehrt ist anzunehmen, dass bei offenem oder verdecktem Verlust der Selbständigkeit von Medienunternehmen ein Stück Meinungsvielfalt verloren geht, eine These, die als „Vielfaltsvermutung" bezeichnet wird. Sie kann zwar nicht als ein „Naturgesetz" unterstellt werden, dürfte sehr wohl aber der Tendenz nach gültig sein.

> Die Brisanz der Frage nach der Selbständigkeit zeigt sich deutlich im Bereich der Tagespresse, wo im Jahr 2004 von insgesamt 359 Verlagen als Herausgeber 1.530 unterschiedliche Tageszeitungen (Ausgaben) auf den Markt gebracht wurden, allerdings nur 138 sog. „Publizistische Einheiten" festzustellen waren, d. h. ein Konglomerat von Ausgaben, die alle weitgehend den gleichen Zeitungsmantel aufweisen (vgl. Schütz 2005: 205 f.). Eine publizistische Einheit ist ein pressestatistischer Zählbegriff, der das Maß der Kooperation im Redaktionsbereich deutlich macht (vgl. ebd. 209 f.). Damit ist für den Pressebereich eine sehr deutliche Differenz zwischen der Anzahl der Verlage als wirtschaftliche Einheiten und den publizistischen Einheiten festzustellen.

(2) Die klassischen Ziele von **Kooperationen** von Unternehmen sind Wachstum, Erzielung von Synergieeffekten und Risikostreuung durch Diversifikation.

Fünf Typen von Kooperationen sind zu unterscheiden:

- Arbeitsgemeinschaft (ARGE): Zusammenschluss von Unternehmen zum Zweck der Durchführung eines Projekts (zeitlich befristet, mit eigener Rechtsform der GbR; Joint Venture, Strategische Allianz).
- Konsortium: Arbeitsgemeinschaft, bei der Wertpapiere zur Ausgabe kommen (Gelegenheitsgemeinschaft).
- Interessengemeinschaft: Dauerhafter Zusammenschluss von rechtlich und wirtschaftlich selbständig bleibenden Unternehmen zur Wahrung und Förderung gemeinsamer Interessen.
- Kartell: Unternehmenszusammenschluss, dessen Zweck die Beeinflussung des Marktes durch die bewusste Beschränkungen des Wettbewerbs ist. Per Vertrag wird der solidarische Einsatz von Aktionsparametern festgelegt.

Nach dem Gesetz gegen Wettbewerbsbeschränkungen (GWB) sind Kartelle grundsätzlich verboten: Verbot Nr. 1: Generelles Verbot von Kartellen, Verbot Nr. 2: Auch „aufeinander abgestimmte Verhaltensweisen" sind verboten. Als Ausnahmen sind sechs Typen von Kartellen aufgeführt: (1) Normen-, Typen- und Konditionenkartelle, (2) Spezialisierungskartelle, (3) Mittelstandskartelle, (4) Rationalisierungskartelle, (5) Strukturkrisenkartelle, (6) Sonstige Kartelle. Bei (1) bis (3) gilt eine Meldepflicht, bei (4) bis (6) kommt eine befristete Genehmigung auf Antrag in Frage.

- Wirtschaftsverbände, Kammern: Mehrere Unternehmen schließen sich zur Wahrung gemeinsamer Interessen und Erfüllung gemeinsamer Aufgaben zusammen.

Angesichts von Konvergenzprozessen, hohem Risikograd und Finanzierungsproblemen der Produkterstellung und zunehmendem Wettbewerbsdruck ist im Mediensektor insbesondere die Kooperation in Form von Arbeitsgemeinschaften von Interesse, speziell die **strategische Allianz**.

„Unter einer strategischen Allianz versteht man eine Partnerschaft, bei der die Handlungsfreiheit der beteiligten Unternehmen im Kooperationsbereich maßgeblich eingeschränkt ist. Sie bezieht sich insbesondere auf die folgenden strategischen Kernfragen: Wahl attraktiver Märkte, Verteidigung und Ausbau von Wettbewerbspositionen, Erhaltung und Stärkung von Know-how (Kernkompetenzen)" (Thommen/Sachs 2000: 69).

Strategische Allianzen verbinden also die Kernkompetenzen zweier oder mehrerer Unternehmen mit dem Ziel, ausreichend Ressourcen zu mobilisieren, um gemeinsame Strategien verfolgen zu können. Im Hinblick auf die Medienunternehmen sind Ansatzpunkte für strategische Allianzen auf allen Stufen des Wertschöpfungsprozesses gegeben (vgl. Picot/Neuburger 2006: 423 ff.):

- Erstellung von Inhalten: Praktiziert werden z. B. strategische Allianzen zwischen Autoren, Künstlern, Komponisten und Studios mit dem Ziel der Bündelung fachlicher Ressourcen.
- Bündelung bzw. Redaktion von Inhalten: Denkbar sind z. B. Kooperationen zwischen Fachbuch-Verlagen, CD-Herstellern und Autoren im Bereich E-Learning.
- Distribution von Inhalten: Zur Erzielung von Wettbewerbsvorteilen können z. B. ein Internet Service Provider und ein Payment-Dienst eine enge Kooperation mit strategischem Hintergrund eingehen.

Nachfolgend wird ein anschauliches Beispiel für das Funktionieren einer strategischen Allianz vorgestellt: „Vogel Verlag und Burda bilden strategische Allianz: Chip soll zur internationalen Marke in Print und Online entwickelt werden. Die Vogel Medien Gruppe und Hubert Burda Media gehen eine strategische Allianz für den weiteren Ausbau der Medienangebote im Themenfeld Computer & Communications ein. Vogel wird in die Partnerschaft seine national und international eingeführten Computermedien, Burda sein Know-how in Publikumsmedien sowie die für den weiteren Ausbau erforderlichen finanziellen Ressourcen im Rahmen einer Kapitalerhöhung einbringen. Unter dem Dach einer gemeinsamen Chip-Holding GmbH, an der beide Seiten mit jeweils 50 Prozent beteiligt sind, wird es ein Unternehmen für Printmedien, die Vogel Burda Communication GmbH, geben, dessen verlegerische Führung bei Vogel liegt und durch den bisherigen Geschäftsführer der Vogel Computer Presse München, Hans-Günther Beer, wahrgenommen wird." (Quelle: http://www.golem.de/0009/9646.html 01.02.2006).

Neben der strategischen Allianz rückt im Medienbereich in jüngster Zeit immer stärker die Kooperation in Form von **Netzwerkunternehmen** bzw. **Wertschöpfungsnetzwerken** in den Vordergrund.

In Netzwerken findet ein Zusammenschluss von mindestens drei, oftmals aber sogar zehn oder mehr Unternehmen, statt, um durch die Bündelung ihrer Kompetenzen Aufträge abwickeln zu können, die sie jeweils alleine nicht zu bewältigen in der Lage wären. Charakteristisch für Netzwerke ist daher ihre hohe Flexibilität. Eine besonders starke Verbreitung finden Unternehmensnetzwerke in der IT- und Beratungsbranche, in der sich bereits zahlreiche erfolgreiche Netzwerke etabliert haben (vgl. Köhler/Hess/Wittenberg 2003). Ähnlich wie in der strategischen Allianz erfolgt also eine Kooperation zwischen wirtschaftlich selbständigen Unternehmen mit unterschiedlichen Kompetenzen, jedoch ist die Kooperation stark auf die Abwicklung ganz konkreter gemeinsamer Projekte bezogen und weniger auf langfristige Strategien.

Hinsichtlich der Machtverhältnisse sind **fokale** und **polyzentrische Netzwerke** zu unterscheiden (vgl. Köhler/Hess/Wittenberg 2003). In fokalen Netzwerken werden die grundlegenden Entscheidungen von einem einzigen, bestenfalls von einer kleinen Gruppe von Partnerunternehmen getroffen. Im Gegensatz dazu ist die Entscheidungsmacht in polyzentrischen Netzwerken auf mehrere Unternehmen verteilt.

> Von besonderem Interesse sind fokale projektorientierte Unternehmensnetzwerke. Diese finden sich vor allem bei großen Fernsehsendern, die einen großen Teil der Filme, Serien oder Shows nicht mehr in eigener Regie produzieren, sondern als Projekte an selbständige Produktionsfirmen auslagern. Diese üben die Projektkoordination durch und stellen aus einem Pool von Partnern das Team aus Drehbuchautoren, Regisseuren, Schauspielern, Kameraleuten, Stuntmen, Tontechnikern usw. zusammen, wobei alle in der Regel ihre rechtliche und wirtschaftliche Selbständigkeit behalten (vgl. ebd.). Vergleichbare fokale Projektnetzwerke findet man auch in der Musikbranche, wo ebenfalls projektbezogen mit selbstständigen Partnern zusammengearbeitet wird. Ein gutes Beispiel für polyzentrische Netzwerke ist ein interdisziplinärer Forschungsverbund.

Das Konzept der Unternehmensnetzwerke hat sich bisher nur in einzelnen Sektoren und Anwendungsbereichen der Medienbranche etabliert. Vor dem Hintergrund neuer Herausforderungen dürften sie in ihrer Bedeutung allerdings zunehmen. Insbesondere die zunehmende Bedeutung der Erstellung multimedialer und crossmedialer Medienprodukte dürfte einen Sog in diese Richtung ausüben. Die **Vorteile** von Unternehmensnetz-werken liegen auf der Hand (vgl. ebd.):

- Es besteht jederzeit die Möglichkeit, für einzelne Projekte auf die Kompetenzen von spezialisierten Partnerunternehmen zurückzugreifen, ohne ein eventuell nur einmalig benötigtes Wissen langwierig und teuer selbst aufbauen zu müssen. Jeder beteiligte Partner kann sich auf seine Kernkompetenzen konzentrieren.
- Ein Netzwerk bietet eine hohe Flexibilität für alle Beteiligten, da maßgeschneidert für jedes Projekt eine neue, individuell zusammengesetzte Teamstruktur gebildet und angeboten werden kann.

Das Management von Unternehmensnetzwerken stellt **hohe Anforderungen** an die beteiligten Unternehmen. So ist eine Grundvoraussetzung die Fähigkeit, ein professionelles Netzwerkmanagement durchzuführen. Ferner stellt sich die Frage nach dem Vertrauen in die Partner. Nur wenn vertrauenswürdige Kooperations- und Netzwerkpartnerschaften gegeben sind, kann dieses Modell der Zusammenarbeit, die stark von Virtualisierung getragen ist, überhaupt erst funktionieren.

> In der Formation von Wertschöpfungsnetzwerken zu agieren, bedeutet für die Agenturen das Tätigwerden in einem virtuellen System, das als „Business Web" bezeichnet wird (Zerdick et al. 2001: 180 f.). Hier arbeiten Unternehmen, deren Kernkompetenzen sich in der Wertschöpfungskette ergänzen, in Netzwerken zusammen.

(3) Ein prägendes Kennzeichen des Medienmarktes sind die Wachstumsanstrengungen vieler – vor allem größerer – Unternehmen, durch **Zusammenschluss** oder **Übernahmen** eine wachsende Bedeutung zu erlangen. Hintergrund ist häufig die Strategie, zum „Global Player" aufzusteigen oder eine bereits erlangte Position zu festigen oder auszubauen. Die Vorzüge der Konzentration als eine Zusammenballung wirtschaftlicher Macht liegen vor allem in der Optimierung der Kapazitätsausnutzung und in Reputationsvorteilen. **Zwei Formen** sind zu unterscheiden:

- Fusion bzw. Übernahme (Verschmelzung, „Merger"): Hierbei endet die rechtliche Selbständigkeit aller oder mindestens eines der beteiligten Unternehmen.
- Unternehmensverbund (v. a. Konzernbildung, „Acquisition"): Es erfolgt die Bildung eines Verbundes, bei der die rechtliche Selbständigkeit der beteiligten Unternehmen zwar gewahrt bleibt, wirtschaftlich aber Abhängigkeiten bestehen, sei es durch Kapitalverflechtung oder durch Vertrag.

> Bei der Verwendung des englischen Begriffs „Mergers & Acquisitions", kurz „M&A", hebt man auf den strategischen Kontext ab. Als M&A-Management bezeichnet man „den Prozess und das Ergebnis des strategisch motivierten Kaufs bzw. Zusammenschlusses von Unternehmen oder Unternehmensteilen und deren anschließender Integration oder Weiterveräußerung. Damit verbunden ist eine Übertragung der Leitungs-, Kontroll- und Verfügungsbefugnisse" (Achleitner/Wirtz/Becker 2004: 478).

Die **Fusion** als Vereinigung von zwei oder mehreren Unternehmen unter Aufgabe der rechtlichen Selbständigkeit kann durch Liquidation der neu aufgenommenen Unternehmung erfolgen oder durch Bildung eines neuen Unternehmens. Die Bildung von Fusionen unterliegt der Zusammenschlusskontrolle, im Medienbereich gibt es zusätzliche Kontrollmechanismen (vgl. auch Kap. 11).

> Ein Musterbeispiel einer Großfusion ist der schon angesprochene Zusammenschluss von AOL und Time Warner zur AOL Time Warner Corp. im Jahr 2000. Eine ähnlich große Fusion im Rahmen der TIME-Branche war die (feindliche) Übernahme von Mannesmann durch Vodafone im Jahr 1999.
>
> Großes Aufsehen erregte die geplante Übernahme der ProSiebenSat.1 AG durch die Axel Springer AG im Jahr 2005. Erklärte Ziele waren Stärkung des Unternehmenswachstums, die Verbesserung der strategischen Position durch eine ausgewogenere Spartenstruktur und die Verbreiterung der Geschäftsbasis mit dem Aufbau eines TV-Standbeines in Deutschland. Diese Fusion hätte einen Konzern mit einem Umsatz geschaffen, der ihn fast in Sichtweite zur ARD gebracht hätte und im Weltmaßstab immerhin noch an die Nr. 24 katapultiert hätte (2004 hätte der Umsatz 4.237 Mio. Euro betragen). Die Übernahme wurde von der Kommission zur Ermittlung der Konzentration im Medienbereich (KEK) mit einem negativen Votum beschieden und in der Folge auch vom Bundeskartellamt untersagt.

Bei der zweiten Form der des Zusammenschlusses, dem **Unternehmensverbund**, sind nach Aktiengesetz (§ 15) **fünf Arten** von „verbundenen Unternehmen" zu unterscheiden:

- In Mehrheitsbesitz stehende Unternehmen und mit Mehrheit beteiligte Unternehmen: Die Mehrheit ist mit einer kapitalmäßigen Beteiligungsquote von mehr als 50 Prozent oder bei der Mehrheit der Stimmrechte gegeben.
- Abhängige und herrschende Unternehmen: Abhängigkeit wird bereits unterstellt, wenn die Möglichkeit einer beherrschenden Einflussnahme gegeben ist. Von einem im Mehrheitsbesitz stehenden Unternehmen wird vermutet, dass es von dem an ihm mit Mehrheit beteiligten Unternehmen abhängig ist.

- Konzernunternehmen: Ein Konzern ist ein Verbund von rechtlich selbständigen Unternehmen, die unter einer einheitlichen Leitung stehen. Zwei Typen sind zu unterscheiden: (a) Unterordnungskonzern (Muttergesellschaft ist herrschendes Unternehmen); (b) Gleichordnungskonzern (keines der Unternehmen ist vom anderen abhängig).
- Wechselseitig beteiligte Unternehmen: Jede Gesellschaft besitzt mehr als ein Viertel der Anteile des anderen („Cross Ownership").
- Unternehmen als Vertragsteil eines Unternehmensvertrages: Die Leitung des Unternehmens wird einem anderen Unternehmen unterstellt (Beherrschungsvertrag) oder es besteht die Verpflichtung, den ganzen Gewinn abzuführen (Gewinnabführungsvertrag).

Konzentrationen sind – wie auch die Kooperationen – in bestimmten Fällen verboten oder lösen zumindest Anzeigepflichten aus. Für den Mediensektor sind sie wegen der publizistischen Bezüge von besonderer Brisanz und werden daher einer spezifischen Kontrolle unterworfen. Im Brennpunkt des Interesses stehen die großen Medienkonzerne und Senderfamilien. Sie sorgen für eine Verminderung des Wettbewerbs zwischen den beteiligten Unternehmen, stärken die Wettbewerbsposition der beteiligten Unternehmen gegenüber der Konkurrenz, helfen den Absatz zu sichern, ermöglichen bessere Beschaffungskonditionen (Procurement) und bewirken eine Risikominderung.

> Die deutschen „Medienmultis" wurden vor einiger Zeit kontinuierlich von Röper (2006a,b) ausführlich dokumentiert. Dabei ist deutlich geworden, wie verschachtelt und verflochten die Strukturen sind, was man z. B. am Medienkonzern Bertelsmann beobachten kann. So ist die Arvato AG, die in früheren Zeiten auf Druck spezialisierte Tochtergesellschaft und „heutiger international vernetzter Outsourcing-Dienstleister", die intelligente Geschäftsprozesse gestalten kann, allein an 250 Tochtergesellschaften beteiligt, die untereinander meist keine Berührungspunkte aufweisen.

> Ähnliches gilt für die Senderfamilien, also für die Zusammenschlüsse mehrerer Fernsehsender unter dem Dach eines Unternehmens. Sie können durch Fusion mehrerer unabhängiger Fernsehunternehmen entstehen, durch Neugründung oder durch Übernahme. Die großen Senderfamilien in Deutschland sind RTL (Bertelsmann), ProSiebenSat.1 und der öffentlich-rechtliche Rundfunk. Die RTL Group ist mit 34 TV- und ebenso vielen Hörfunksendern in elf Ländern Europas aktiv.

(4) Vor dem Hintergrund der **Konvergenz** in der TIME-Branche sind die dort agierenden Unternehmen gezwungen, sich mit allen denkbaren „TIME-Playern" auseinander zu setzen. Für die Medienunternehmen bieten sich vielfältige **Kooperations- und Fusionsstrategien** an, mit denen sie neue Verwertungsmöglichkeiten für ihre Medienprodukte und neue Spielräume für crossmediale Konzepte realisieren können. Diese Entwicklung kann so weit gehen, dass sich Medienunternehmen auf den Weg machen, sich in Richtung hoch diversifizierter, integrierter Unternehmen zu bewegen und zu versuchen, in allen Teilbereichen der TIME-Branche relevant zu sein. Umgekehrt engagieren sich Telekommunikations- oder IT-Unternehmen im Medienbereich und betreiben Geschäfte, die bislang Medienunternehmen vorbehalten waren.

> Ein (historisches) Beispiel für die Kooperation zwischen dem Medien-, Internet- und Telekommunikationsbereich ist Bild-T-Online (vgl. Keuper/Hans 2003: 256 f.): Im Jahr 2001 vom Axel-Springer-Verlag und der Deutschen Telekom gegründet, stieß das Gemeinschaftsunternehmen „bild.t-online.de" zunächst auf erhebliche Bedenken des Bundeskartellamts und wurde zunächst untersagt. 2002 erfolgte dann jedoch die Genehmigung durch das Bundeskartellamt mit der Auflage, dass das Internet-Angebot

für jeden Nutzer frei zugänglich sein muss und nicht nur T-Online-Kunden zur Verfügung stehen darf. Der Zugang zum multimedialen Inhalte-Angebot von Bild durfte also nicht mit dem Zwang einhergehen, T-Online-Kunde werden zu müssen. Dadurch wurde vermieden, dass ein proprietäres Angebot – ein sog. „walled garden" – entstand. 2007 übernahm die Axel Springer AG die von der Deutschen Telekom AG gehaltenen 37 Prozent und führt seitdem das Angebot als bild.de weiter.

Eine Partnerschaft mit T-Online war zuvor bereits vom ZDF eingegangen worden, die eine bis dahin praktizierte Kooperation mit Microsoft und NBC („MSNBC") auflösten. Das ZDF und T-Online vereinbarten dabei eine Zusammenarbeit bei der Präsentation der „heute"-Nachrichten mit dem Ziel, die Marke „heute.t-online.de" als „das führende Nachrichtenportal in Deutschland" zu positionieren. Das ZDF wollte T-Online zu dringend benötigten Inhalten verhelfen, umgekehrt erhielt das ZDF eine Lizenzzahlung. Aus rundfunkrechtlichen und medienpolitischen Gründen wurde die Kooperation zwischen ZDF und T-Online 2004 jedoch beendet.

Prominente Konvergenz-Beispiele der Vergangenheit sind die Fusion von AOL und Time Warner (Vereinigung von Internet- und Medienunternehmen) und von Sony-BMG (Zusammenschluss eines Unternehmens der Unterhaltungselektronik mit einem Medienunternehmen).

Im Jahr 2000 fusionierten der Internet-Anbieter AOL, Inc. und der Medienkonzern Time Warner Corp. in einem Aktientauschgeschäft zur AOL Time Warner Corp. Die Höhe der Transaktion betrug ca. 126 Milliarden Dollar und war damit die bis dahin größte Firmenfusion der Wirtschaftsgeschichte. Hintergrund des Zusammenschlusses war der Wunsch, die verschiedenen Angebote zu bündeln und so Synergien zu schaffen. So sollten beispielsweise die verschiedenen Medienangebote von Time Warner (Filme, Zeitschriften, etc.) über das Internet-Angebot von AOL vertrieben und beworben werden. Im Gegenzug sollte das Kabelgeschäft von Time Warner weitere Zugangsmöglichkeiten für AOL bereitstellen. Die erhofften Synergiepotenziale konnten aber aus verschiedenen Gründen, vor allem wegen der unterschiedlichen Unternehmenskulturen, nicht realisiert werden. In der Folge wurde die Fusion übereinstimmend als Misserfolg gewertet. Als Resultat wurde das Unternehmen umstrukturiert und AOL ist mittlerweile ein Geschäftsbereich des Unternehmens, das mittlerweile wieder als Time Warner Corp. firmiert (vgl. auch das ausführliche Fallbeispiel bei Wirtz 2013: 867 ff.).

In umgekehrter Richtung dringen Unternehmen aus den Bereichen Telekommunikation, IT und Unterhaltungselektronik in den Medienbereich ein und versuchen dort dauerhaft Fuß zu fassen. Ihr Hauptmotiv ist die Erkenntnis, dass Contents als **Schlüsselressource** anzusehen sind und die Schaffung von und der Zugang zu Content für alle TIME-Unternehmen langfristig überlebensnotwendig ist.

So kam es 2000 zu einer spektakulären Übernahme eines erfolgreichen TV-Produktionsunternehmens durch ein Telekommunikations-Unternehmen: Die spanische Telefónica übernahm das in Amsterdam ansässige Medienunternehmen Endemol für 5,5 Mrd. Euro, bekannt vor allem für seine Reality-TV-Formate wie „Big Brother" oder „Fear Factor". Im Jahr 2007 wurde Endemol an ein Konsortium verkauft, bestehend aus Mediacinco Cartera SL (Mediaset/Berlusconi), Gestevision Telecino, Cyrte Fund II B.V. (Beteiligung von Unternehmensgründer John de Mol) und GS Capital Partners VI Fund, LP (Goldman Sachs).

Ein weiteres, besonders erwähnenswertes Beispiel für das Eindringen von Branchenfremden aus der TIME-Branche in den Medienmarkt sind die Aktivitäten von Apple (ursprünglich IT), zunächst in den Musikmarkt, nach und nach in alle Medienbereiche. Apple entwickelte sich zu einem der innovativsten und erfolgreichsten TIME-Akteure.

Aufgrund der wachsenden Interdependenzen innerhalb der TIME-Branche besteht für Medienunternehmen der Zwang, laufend ihre Kooperations- und Integrationsstrategien zu überprüfen. Dies führt unter Umständen zu einer Dekonstruktion und völligen Neu-Konfiguration der **Wertschöpfungsketten** (vgl. Kapitel 12).

Kernaussagen

- Medienunternehmen sind Unternehmen, die Content entwickeln, produzieren und zusammenstellen, ihn transportieren oder Handel mit ihm treiben.
- Die Erscheinungsformen der Medienunternehmen sind äußerst vielfältig und bedürfen einer jeweils eigenständigen Betrachtung. Die Spannbreite reicht vom großen, international tätigen „integrierten Medien- und Internetverbundunternehmen" und Medienkonzern bis zur kleinen Ein-Mann-Agentur.
- Medienunternehmen sind nach unterschiedlichen Kriterien zu beleuchten, hauptsächlich im Hinblick auf ihre Stellung innerhalb der TIME-Branche, ihrer Stellung innerhalb der medialen Wertschöpfungskette, nach ihrer Zugehörigkeit zu einer oder mehreren Medien-Teilbranchen, nach ihrer Größe (KMU-Thematik), nach dem räumlichen Bezug (Standortfrage), nach der Rechtsform, nach ihrer Zielorientierung sowie nach dem Grad ihrer Autonomie.

Literatur

Weiterführende Literatur: Grundlagen

Achleitner, A.-K./Wirtz, B. W./Wecker, R. M. (2004): M&A-Management, in: WISU – Das Wirtschaftsstudium, 33. Jg., H. 4, S. 476-486.

Schierenbeck, H./Wöhle, C. B. (2012): Grundzüge der Betriebswirtschaftslehre, 18., überarb. Aufl., München.

Schneck, O. (1997): Betriebswirtschaftslehre, Frankfurt am Main.

Thommen, J.-P./Achleitner, A.-K. (2012): Allgemeine Betriebswirtschaftslehre, 7., vollst. überarb. Aufl., Wiesbaden.

Thommen, J.-P./Sachs, S. (2000): Wirtschaft – Unternehmung – Management. Ein Einstieg in die Betriebswirtschaftslehre, Zürich.

Windeler, A. (2001): Unternehmungsnetzwerke, Wiesbaden.

Wöhe, G./Döring, U. (2013): Einführung in die Allgemeine Betriebswirtschaftslehre, 25., überarb. u. akt. Aufl., München.

Weiterführende Literatur: Medien

Becker, W./Geisler, R. (1998): Medienökonomische Grundlagen der Fernsehwirtschaft, Bamberger Betriebswirtschaftliche Beiträge, Nr. 119, Bamberg.

DIW (1999): Perspektiven der Medienwirtschaft in Niedersachsen, Studie des Deutschen Instituts für Wirtschaftsforschung Berlin im Auftrag der Niedersächsischen Staatskanzlei und des Niedersächsischen Ministeriums für Wirtschaft, Technologie und Verkehr, Berlin.

Englert, M./Senft, C. (2012): Digitale Ökosysteme: Neue Werttreiber in der Medienwirtschaft, in: Kolo, C./Döbler, T./Rademacher, L. (Hrsg.)(2012): Wertschöpfung durch Medien im Wandel, Baden-Baden, S. 103-118.

Fleisch, E. (2001): Das Netzwerkunternehmen, Berlin, Heidelberg, New York.

Hass, B. (2002): Geschäftsmodelle von Medienunternehmen, Wiesbaden.

Hess, T. (2004): Medienunternehmen im Spannungsfeld von Mehrfachverwertung und Individualisierung – eine Analyse für statische Inhalte. In: Zerdick, A./Picot, A./Schrape, K./Burgelmann, J.-C./Silverstone, R. (2004): E-Merging Media. Kommunikation und Medienwirtschaft der Zukunft. Berlin, Heidelberg, New York, S. 59-78.

Hilkert, D./Hess, T. (2011): Ecosystems, in: MedienWirtschaft, 8. Jg., H. 2/2011, S. 38-41.

Hungenberg, H. (2006): Beteiligungen – Realisierung von Synergieeffekten, in: Scholz, C. (Hrsg.)(2006): Handbuch Medienmanagement, Berlin, Heidelberg, S. 433-444.

Keuper, F./Hans, R. (2003): Multimedia-Management, Wiesbaden.

Köhler, L./Hess, T./Wittenberg, S. (2003): Unternehmensnetzwerke, in: MW Zeitschrift für Medienwirtschaft und Medienmanagement, Nummer 2, April 2003, S. 4-6.

Meyer, J. (2002): Ökonomische Aspekte digitaler Konvergenz, in: WISU – Das Wirtschaftsstudium, 31. Jg., S. 328-332.

Müller, K.-D. (1994): Perspektiven und Unternehmensstrategien mittelständischer Fernsehproduzenten vor dem Hintergrund eines sich wandelnden Rundfunkmarktes, in: Rundfunk und Fernsehen, 42. Jg., H.2, S. 223-236.

Ottler, S./Radke, P. (Hrsg.)(2004): Aktuelle Strategien von Medienunternehmen, München.

Picot, A./Neuburger, R. (2006): Strategische Allianzen – Eine Chance für Medienunternehmen, in: Scholz, C. (Hrsg.)(2006): Handbuch Medienmanagement, Berlin, Heidelberg, S. 417-431.

Ramme, G. (2005): Strategien von TV-Unternehmen in konvergierenden Märkten, Baden-Baden.

Ringlstetter, M./Kaiser, S./Brack, A. (2003): Strategische Allianzen in der Medienbranche, in: Wirtz, B. W. (Hrsg.)(2003): Handbuch Medien- und Multimediamanagement, Wiesbaden, S. 725-748.

Schmidt, S. L./Vogt, P. (2005): Beurteilung von Synergiepotenzialen am Beispiel der Megafusion von AOL und Time Warner, in: Medien & Kommunikationswissenschaft, 53. Jg., S. 120-137.

Schütz, W. J. (2005): Deutsche Tagespresse 2004, in: Media Perspektiven, o. Jg., H. 5, S. 205-232.

Schumann, M./Hess, T. (2009): Grundfragen der Medienwirtschaft, 4., überarb. Aufl., Berlin, Heidelberg.

Sjurts, I. (2003): Filmwirtschaft in Schleswig-Holstein. Standortrelevanz, Standortdeterminanten und Standortpolitik. Dokumentation der Veranstaltung am 6. Mai 2003 Filmwirtschaft in Schleswig-Holstein.

Sjurts, I. (2005): Strategien in der Medienbranche, 3., überarb. u. erw. Aufl., Wiesbaden.

Sjurts, I. (Hrsg.)(2011): Gabler Lexikon Medienwirtschaft, Wiesbaden, 2., akt. u. erw. Aufl., Stichworte „Medienunternehmen", „Branchenkonvergenz".

Staudt, E./Kriegesmann, B./Thielemann, F./Schaffner, M. (1997): Neuformierung von Wertschöpfungsketten. Das Beispiel Druckindustrie. In: zfo Zeitschrift Führung und Organisation, 66. Jg., S. 75-81.

Sydow, J./Windeler, A. (Hrsg.)(2004): Organisation der Content-Produktion, Wiesbaden.

Tritschler, E. (2005): Bewertung von Kommunikations-Agenturen, in: Zerfaß, A./Gläser, M. (Hrsg.)(2005): Bewertung und Rating von Kommunikationsagenturen, Stuttgart, Stuttgarter Beiträge zur Medienwirtschaft Nr. 15, S. 47-69.

Vizjak, A./Ringlstetter, M. (Hrsg.)(2001): Medienmanagement: Content gewinnbringend nutzen, Wiesbaden.

Weber, B./Rager, G. (2006): Medienunternehmen – Die Player auf den Medienmärkten, in: Scholz, C. (Hrsg.)(2006): Handbuch Medienmanagement, Berlin, Heidelberg, New York, S. 117-143.

Wirtz, B. W. (2007): Medienbetriebe, in: Köhler, R./Küpper, H.-U./Pfingsten, A. (Hrsg.)(2007): Handwörterbuch der Betriebswirtschaft, Stuttgart, S. 1182-1195.

Wirtz, B. W. (2013): Medien- und Internetmanagement, 8., akt, u. überarb. Aufl., Wiesbaden.

Wirtz, B. W./Pelz, R. (2006): Medienwirtschaft – Zielsysteme, Wertschöpfungsketten und -strukturen, in: Scholz, C. (Hrsg.)(2006): Handbuch Medienmanagement, Berlin, Heidelberg, New York, S. 261-278.

Zerdick, A./Picot, A./Schrape, K./Artopé, A./Goldhammer, K./Lange, U. T./Vierkant, E./López-Escobar, E./Silverstone, R. (2001): Die Internet-Ökonomie. Strategien für die digitale Wirtschaft. European Communication Council Report. 3. Aufl., Berlin, Heidelberg.

Fallbeispiele

Hachmeister, L./Rager, G. (Hrsg.)(2005): Wer beherrscht die Medien? Die 50 größten Medienkonzerne der Welt. Jahrbuch 2005, München.

Röper, H. (2006a): Formationen deutscher Medienmultis 2005, Teil 1: ProSiebenSat.1 Media AG und Axel Springer AG, in: Media Perspektiven, o. Jg., H. 3, S. 114-124.

Röper, H. (2006b): Formationen deutscher Medienmultis 2005, Teil 2: Bertelsmann AG, RTL Group, Gruner + Jahr, Burda, WAZ, Holtzbrinck und Bauer, in: Media Perspektiven, o. Jg., H. 3, S. 182-200.

Schmidt, S. L./Vogt, P. (2005): Beurteilung von Synergiepotenzialen am Beispiel der Megafusion von AOL und Time Warner, in: Medien & Kommunikationswissenschaften, 53. Jg., H. 1, S. 120-137.

Wirtz, B. W. (2013): Medien- und Internetmanagement, 8., akt. u. überarb. Aufl., Wiesbaden (zahlreiche Fallbeispiele aus allen Bereichen der Medien).

Statistik

Institut für Medien- und Kommunikationspolitik (IfM): Mediendatenbank (www.mediadb.eu).

Kommission zur Ermittlung des Finanzbedarfs der Rundfunkanstalten (KEF): KEF-Berichte, aktuell: 18. KEF-Bericht, Dezember 2011 (www.kef-online.de).

Kapitel 5
Medienprodukte

5.1 Spektrum der Medienprodukte im Überblick 101
5.2 Medienprodukte als publizistische Endprodukte 104
5.3 Medienprodukte als Vorleistungen von Unternehmen 130
5.4 Charakteristika von Medienprodukten 133
5.5 Konzepte der Produktbündelung 152

Leitfragen

- Inwiefern spielt bei der Definition des Tatbestandes eines Produkts der Problemlösungsansatz eine zentrale Rolle?
- Wie lässt sich das Spektrum der Medienprodukte darstellen?
- Wodurch unterscheiden sich publizistische Medienprodukte von Medienprodukten im Business-Einsatz?
- Wie lassen sich die Produktwelten der publizistischen Teilmärkte charakterisieren?
- Welche Werbeformen unterscheidet man in den einzelnen Medien-Teilmärkten?
- Welche Rolle spielen Zeitungsformate?
- Welche Zeitschriften-Formen unterscheidet man?
- Was versteht man unter „TV-Gattung", „Fernseh-Format" und „Genre"?
- Nach welchen Kriterien kann man Fernsehprogramme klassifizieren?
- Welche Möglichkeiten der Integration von Fernsehwerbung in das Programm gibt es?
- Was ist der Unterschied zwischen Merchandising und Licensing?
- Welche Musikformate unterscheidet man?
- Welche Spiele-Genres unterscheidet man?
- Welche Arten von Gütern kennt und unterscheidet die ökonomische Theorie?
- Welches sind ökonomisch relevante Dimensionen von Mediengütern?
- Welche ökonomischen Besonderheiten weisen Mediengüter hinsichtlich Materialität sowie der Verbundenheit in der Produktion und Rezeption auf?
- Was ist der Unterschied zwischen Economies of Scale und Economies of Scope?
- Weshalb gehen die Grenzkosten bei elektronischen Medienprodukten gegen Null?
- Welche Besonderheiten weisen Medien hinsichtlich der Marktfähigkeit auf?
- Inwiefern kann man Mediengüter als Erfahrungs- und Vertrauensgüter interpretieren?
- Was spricht dafür, Medienprodukte als Dienstleistungen zu qualifizieren?
- Welche informationsökonomischen Eigenschaften weisen Mediengüter auf?
- Was versteht man im Kontext der Neuen Institutionenökonomik unter „Screening"?
- Was versteht man unter „Signaling"?
- Was versteht man unter „Adverse Selection"?
- Was ist „Moral Hazard"?
- Welche Möglichkeiten der Bündelung von Medienprodukten gibt es?
- Wodurch unterscheiden sich die First Module Copy von der First Product Copy?
- Was versteht man unter „Crossmedia"?
- Welche Beispiele gibt es zur Charakterisierung einer crossmedialen Produktfamilie?

Gegenstand

In diesem Kapitel wird ausführlich, aber auch in kompakter Verdichtung die Welt der Medienprodukte beschrieben, die theoretischen Hintergründe beleuchtet sowie das Phänomen der Integration von Medienprodukten in größere Produktwelten dargestellt. Ausgangspunkt ist ein Produkt-Verständnis, wie es die Marketing-Wissenschaft entwickelt hat und das von einem Problemlösungsansatz ausgeht. Von besonderer Relevanz ist dabei die Frage der Bündelung von Teil-Produkten zu größeren Paketen und Produktfamilien, mit denen die Präferenzen der Konsumenten besser getroffen werden können. Nicht zu Unrecht werden Medienprodukte daher auch als „komplexe Leistungsbündel" bezeichnet.

Das äußerst vielfältige Spektrum der Medienprodukte wird in zwei Kategorien beleuchtet:

- zum einen in der Kategorie publizistischer Produkte,
- zum anderen in der Kategorie von Medienprodukten, die als Vorleistungen in den Wertschöpfungsprozessen von Wirtschaftsunternehmen dienen.

Diese weite Sicht erscheint erforderlich, um das Geschehen auf den Medienmärkten adäquat erfassen zu können. Publikation wird also insofern weit verstanden, als zwar im Zentrum die journalistisch fundierte Massenkommunikation steht, ergänzt wird sie aber um das Corporate Publishing der Unternehmenskommunikation. Man denke nur an die zunehmende Bedeutung von Web-TV (als Telemedien), mit denen Unternehmen ihre Produkte und ihr Erscheinungsbild im Netz audiovisuell darstellen. Das kommunikationspolitische Instrumentarium der Unternehmen hat sich dadurch erheblich erweitert, das Interesse des Publikums ist groß, für die Werbewirtschaft ergeben sich ganz neue Betätigungsfelder – alles Faktoren, die als neue Konkurrenz um das mediale Zeitbudget auftreten.

Trotz der sich ausdehnenden Telemedienangebote verbleiben Medienprodukte als publizistische Endprodukte im Kern des Mediengeschehens. Sie lassen sich in die folgenden „Produktwelten" differenzieren:

- Produktwelt Zeitung
- Produktwelt Zeitschriften
- Produktwelt Buch
- Produktwelt Film
- Produktwelt Fernsehen
- Produktwelt Radio
- Produktwelt elektronische Trägermedien
- Produktwelt Internet
- Produktwelt Video- und Computerspiele

Von besonderer Relevanz ist dabei immer auch die Frage der Werbemöglichkeiten in den einzelnen Mediensegmenten. Diese reichen von klassischer Werbung in Print und elektronischen Medien „above the line" bis hin zu neuen Werbeformen „below the line" wie Product Placement oder In-Game-Advertising.

Zum Verständnis der Produktwelten ist es erforderlich, die besonderen Charakteristika von Medienprodukten darzustellen, die sie aus ökonomischer Sicht zu Produkten mit Sondereigenschaften machen. Zu nennen sind insbesondere der Verbund von Rezipienten- und Werbemarkt als „two sided markets", bei elektronischen Medienprodukten die leichte Reproduzierbarkeit aufgrund hoher immaterieller Anteile, die grundsätzlich stets relativ hohe Kostenbelastung bei der Erstellung der ersten Kopie (hohe First Copy Costs) im Vergleich zu den Kosten der Vervielfältigung, starke Größenvorteile (Kostendegressionen durch Economies of Scale und Economies of Scope; subadditive Kostenverläufe), positive und negative externe Effekte, Netzwerkeffekte sowie der Charakter vieler Medienprodukte als öffentliche und meritorische Güter. Alle diese Aspekte werden aus ökonomischer Sicht kompakt dargelegt.

Der Schluss des Kapitels beleuchtet die Konzepte der Produktbündelung, die im Medienbereich zunehmende Bedeutung erlangen.

5.1 Spektrum der Medienprodukte im Überblick

(1) Ein **Produkt** kann sowohl aus Hersteller- als auch aus Nutzersicht definiert werden. Bei ersterem handelt es sich um ein Bündel von Eigenschaften, in dessen Zentrum die Funktion steht (z. B. Funktionalität, Qualität, Haltbarkeit), ergänzt um ästhetische Eigenschaften (z. B. Design, Farbe, Form), symbolische Eigenschaften (z. B. Markenname, Assoziationen) und Value-Added-Services (z. B. Kundendienst, Finanzierung). Aus Nutzersicht geht es um die Frage, inwieweit das Produkt zur Befriedigung von Bedürfnissen beiträgt: „Ein Produkt ist ein Bündel von Eigenschaften, das auf die Schaffung von Kundennutzen (jedweder Art) abzielt" (Homburg 2012: 545).

Dieser sog. **Problemlösungsansatz** des Marketing definiert ein Produkt als Gesamtnutzen materieller und immaterieller Art, den der Käufer mit dem Erwerb des Produktes erhält und der sich aus einem Produktkern und akzessorischer Eigenschaften zusammensetzt (vgl. z. B. Poth/Poth 2003: 400). Der Produktkern wird von dem Teil der Bedürfnisbefriedigung repräsentiert, der sich aus den funktionellen Eigenschaften des Produkts ergibt (z. B. bei einem Automobil der bequeme und sichere Transport von A nach B). Die akzessorischen Eigenschaften entstehen aus dem Zusatz- und Ergänzungsnutzen, den das Produkt mit sich bringt. Dieser kann aus einem Erbauungsnutzen als Folge ästhetischer Eigenschaften resultieren (z. B. Styling, Design, Schönheit) oder aus einem Geltungsnutzen, der mit sozialen Eigenschaften des Produkts einhergeht (z. B. soziale Anerkennung beim Kauf einer prestigeträchtigen Luxusmarke).

Gemäß dieser Terminologie sind **Medienprodukte** als Contents zu verstehen, die von Medienunternehmen erzeugt, gebündelt und distribuiert werden und die bei einem bestimmten Kreis von Rezipienten (großer Kreis bei Massenmedien, kleiner Kreis bei Individualmedien) einen Grundnutzen und einen Zusatznutzen generieren sollen.

> Der Grundnutzen, den eine Informationssendung im Fernsehen (z. B. Tagesschau) stiftet, besteht darin, einen besseren Überblick über das Tagesgeschehen zu liefern. Zusatznutzen könnte sein, am Arbeitsplatz und im Freundeskreis über politisch aktuelle Themen mitreden zu können, also „in" zu sein und nicht als Außenseiter dazustehen. Die Sender bemühen sich nachhaltig, den Zusatznutzen für den Zuschauer systematisch zu steigern, indem sie z. B. via Internet programmbegleitende Informationen bereitstellen und ihn in die Lage zu versetzen, weitere Hintergrundinformationen zu erschließen. Sie erkennen zudem auch die hohe Bedeutung von ästhetischen Eigenschaften wie Anmutung, Charakter, Design (z. B. sachlich, traditionell, wertvoll, modern) und unternehmen große Anstrengungen zu einem hochprofessionellen On-Air-Design.

Produkte werden in der Regel nicht als einzelnes Stück angeboten, sondern sind Teil eines ganzen **Bündels von Produkten**, welches das Gesamtangebot eines Unternehmens repräsentiert. Bei einem Handelsunternehmen spricht man dabei vom Sortiment, bei Industrieunternehmen vom Produktprogramm. Hintergrund ist das Bestreben der Anbieter, die Problemlösung nicht nur zu vereinfachen und damit zur Bequemlichkeit beizutragen, sondern dem Interessenten eine möglichst vollständige Problemlösung anbieten zu können. Beim ersten Aspekt spricht man von Entkomplizierung, beim zweiten von Komplettierung (vgl. Becker 2013: 491). Je komplexer sich die Problemlösung gestaltet, desto eher muss ein Anbieter fähig sein, komplette Lösungen anbieten zu können. Medienprodukte werden vor diesem Hintergrund auch als „komplexe Leistungsbündel" qualifiziert (vgl. Hennig-Thurau/Wruck 2000: 242).

102 Teil B - II. Medienunternehmen und ihr Umfeld

Im Medienbereich wird den Ansätzen der **Komplettlösung** – man könnte auch von „Problemlösungssystemen" sprechen – ein zunehmendes Gewicht beigemessen. Musterbeispiele sind die im Markt der Informationstechnologie breit zur Anwendung kommenden Systemlösungen, bei denen ein hoch komplexes Software-Produkt aus einer Hand entwickelt wird. Bei solchen integrierten Gesamtlösungen sind oft zahlreiche unterschiedliche Lieferanten beteiligt, die von einer Stelle aus koordiniert werden.

Zu nennen sind ferner alle Formen **crossmedialer Produktwelten** bzw. Produktplattformen (s. u.), bei denen über die herkömmlichen medialen Grenzen hinweg integrierte Produktpakete geschnürt werden mit dem erklärten Ziel, den potenziellen Kunden entsprechend seines Nutzungsverhaltens mit der angebotenen Leistung dort „abzuholen", wo er sich gerade befindet und nicht darauf zu warten, dass dieser von sich aus aktiv auf die Produktsuche geht.

> Ein historisches Beispiel: So bestand das Produkt „Financial Times Deutschland" (FTD) nicht isoliert aus der Wirtschaftszeitung FTD, sondern stellte ein umfassendes Produktportfolio dar, das unter dem Leitmotto „One brand – all media" neben dem Print-Portfolio ein Audio-Portfolio, ein Online-Portfolio und ein Mobile-Portfolio umfasste (vgl. Hartmann 2004). Damit präsentierte sich die FTD als eine crossmediale Produktwelt mit einheitlichem kommunikativem Auftritt.

(2) Das **Spektrum der Medienprodukte** ist als äußerst vielseitig zu bezeichnen. Eine Systematisierung kann anhand der einzelnen Medienelemente (Assets) vorgenommen werden, die sich wie folgt darstellen (vgl. Abb. 5-1): Text, Foto (stehendes reales Bild), Grafik (stehendes künstliches Bild), Ton, Film/Video (bewegtes reales Bild) und Animation (bewegtes künstliches Bild), ergänzt u. U. um Integration von Datenbeständen, z. B. als Datenbank bei einer E-Commerce-Lösung im Internet. Im Hinblick auf die einzelnen Mediensektoren zeigen sich nach dieser Systematik eine Vielfalt unterschiedlicher medialer Produktfelder.

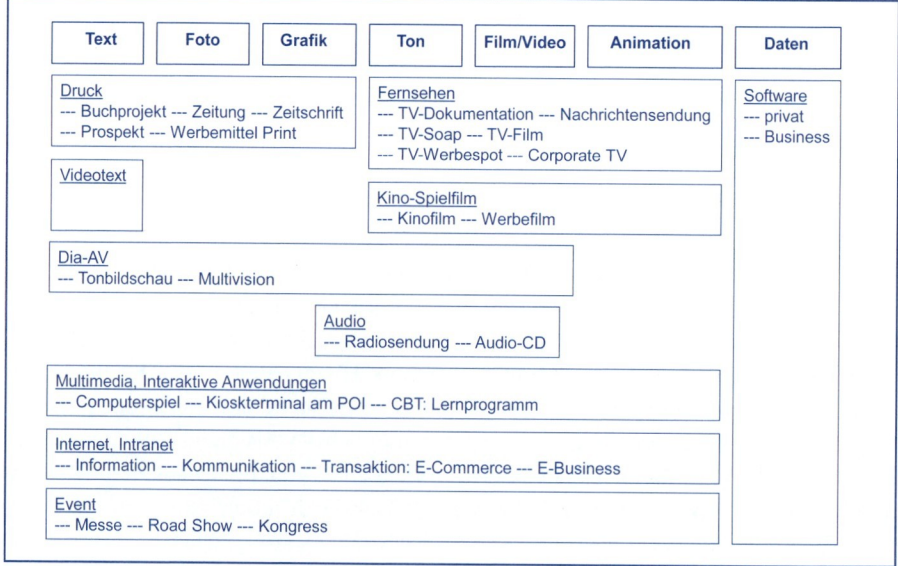

Abb. 5-1: Das Spektrum von Medienprodukten im Überblick

Diese Vielfalt der Medienprodukte kann auch nach dem Kriterium der einbezogenen Medien untergliedert werden, woraus sich die folgende Einteilung ergibt:

- monomediale Produkte (nur ein Medium betroffen);
- bimediale Produkte (zwei Medien betroffen);
- multimediale Produkte (mindestens drei Medien betroffen).

(3) Medienprodukte können nach ihrer **Zweckbestimmung** in **zwei Klassen** eingeteilt werden, zum einen in Produkte, die für den Endkonsum durch Zuschauer, Zuhörer, Leser oder User bestimmt sind und von eigens dafür gegründeten Medienunternehmen hergestellt werden (publizistische Produkte), zum anderen in Produkte, die als Vorprodukte in den Wertschöpfungsprozessen von Institutionen (Unternehmen, Organisationen) Eingang finden (Business-Produkte). Aufgrund der engen Verflechtungen und der Tendenzen zur Konvergenz ist es zweckmäßig, die Medienprodukte im erweiterten Kontext der TIME-Branche zu würdigen. Abb. 5-2 gibt eine Übersicht über die beiden Einsatzwelten von Medien- und TIME-Produkten.

Die Abkürzung „M-to-C" meint die Beziehung von Medienunternehmen (M) zum Konsumenten („Consumer", C). Dementsprechend sind die anderen Abkürzungen zu interpretieren: „TIME-to-C" bedeutet die Beziehung nicht nur des Mediensektors zum Konsumenten, sondern des ganzen TIME-Sektors, also z. B. IT-Produkte oder Produkte der Unterhaltungselektronik für die Privatnutzung.

Große Bedeutung haben inzwischen – wie schon im Business-Bereich mit dem „B-to-B" nun auch die medialen Verflechtungen innerhalb des Consumerbereichs (C-to-C), die sich z. B. in Tauschbörsen, Versteigerungsportalen, Blogs und Chat-Foren oder in privaten Netzwerken (z. B. Facebook) ausdrücken. Geht es um die Vermittlung von Inhalten und nicht um Handel (E-Commerce) oder reine Kommunikation, spricht man von „User Generated Content". B-to-B-Verflechtungen sind z. B. computergestützte Abrechnungsformen im Beschaffungswesen („E-Procurement").

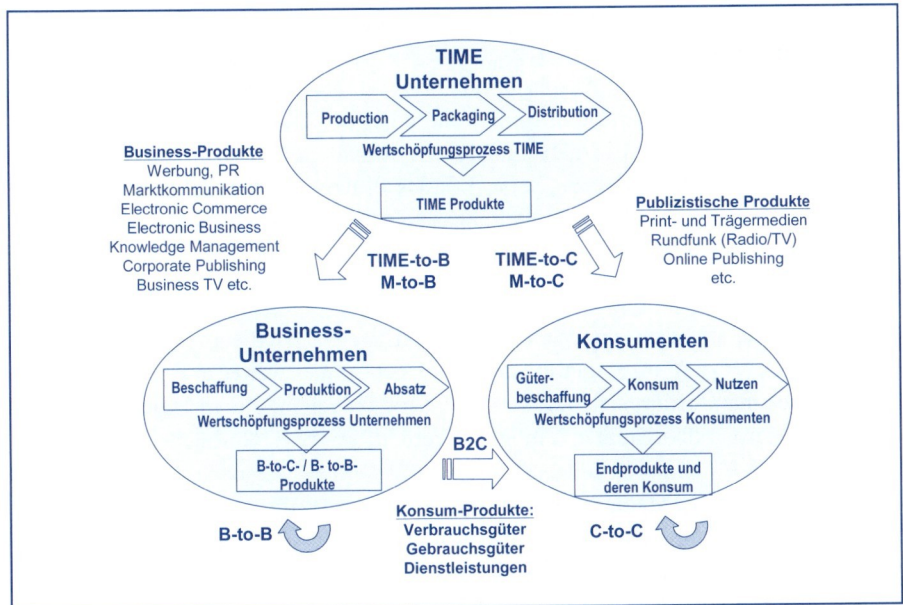

Abb. 5-2: Medien- und TIME-Produkte nach Einsatzbereichen

5.2 Medienprodukte als publizistische Endprodukte

(1) Hierbei handelt es sich um marktfähige Güter von Verlagen, Rundfunkanstalten oder Internet-Anbietern, die als **Endprodukte** an die Konsumenten (Leser, Zuschauer, Zuhörer, User) abgegeben werden, sei es gegen direkte Bezahlung (Preise für die einzelne Copy, Abonnement-Preise, Pay-TV) oder über Umwegfinanzierungen (Werbung, Quersubventionierung).

Die publizistischen Medienprodukte sind danach zu unterscheiden, ob sie einen materiellen Träger benötigen oder nicht. Bei **Trägermedien** ist danach zu unterscheiden, ob sie in gedruckter oder in elektronischer Form verbreitet werden. Gedruckte Trägermedien sind Zeitungen, Zeitschriften und Bücher, elektronische Trägermedien Ton- und Bildträger, TV- und PC-Spiele oder Software-Produkte. Ein zentraler Punkt bei der Vermarktung der Trägermedien ist die Tatsache, dass die Möglichkeit zur Deckung der Selbstkosten entscheidend von der Anzahl der verkauften Produkte, also von der Auflage, abhängt. Anders als bei den elektronischen Trägermedien verursachen Trägermedien in gedruckter Form relativ gesehen höhere Kosten der Vervielfältigung, während die Herstellungskosten des Originals (der „First Copy") bei jenen eine deutlich größere Rolle spielen.

Nicht auf einem materiellen Träger verbreitet werden die **elektronischen Medienprodukte**, also Fernseh- und Radiosendungen sowie Internet-Angebote. Diese besitzen andere Eigenschaften: So erfolgt der Konsum des Produkts durch einen mehr oder weniger großen Nutzerkreis gemeinschaftlich und gleichzeitig. Ob ein Konsument mehr oder weniger das Produkt nutzt, hat auf die Herstellungskosten keinen Einfluss. Ferner sind die Konsumenten im Hinblick auf die Nutzung des Produkts keine Rivalen, und Interessenten vom Konsum auszuschließen geht nur, wenn technische Vorkehrungen getroffen werden wie z. B. bei Pay-TV mit Hilfe einer Set-Top-Box oder über einen Kabelanschluss. Ansonsten können die Interessenten das Medienprodukt als „Schwarzfahrer" entgeltfrei nutzen. Während es bei Trägermedien die natürlichste Sache ist, das Produkt in Einzelexemplaren zu verkaufen und nach dem Äquivalenzprinzip gegen Entgelt abzugeben, versagt dieses Prinzip bei den elektronisch verbreiteten Inhalten. Ferner sind die Verbreitungskosten im Vergleich zu den Herstellungskosten von eher nachrangiger Bedeutung, da die Herstellung eines Trägermediums nicht notwendig ist.

Es ist festzustellen, dass die Welt der publizistischen Medienprodukte als ausgesprochen differenziert anzusehen ist und diese sich immer weiter in Richtung Vielfalt bewegt. Dies manifestiert sich v. a. in neuen Produktwelten, die vor dem Hintergrund der Digitalisierung überhaupt erst möglich wurden, wie z. B. Hörbücher („E-Books"), personalisierbare Online-Zeitungen („E-Paper"), Online-Magazine („E-Zines"), On-Demand-Angebote in Mediatheken oder Computerspiele, die online von einer großen Masse von Spielern gleichzeitig genutzt werden. Daneben erfolgt die weitere Ausdifferenzierung der medialen Produktwelt über veränderte Produktkonzepte, besonders im Hinblick auf die Schaffung von Produktfamilien, was mit Begriffen wie Produktdifferenzierung, Versioning, Line Extensions etc. einhergeht (vgl. auch Kapitel 17).

(2) Die **Produktwelt Zeitung** ist durch eine breite Vielfalt unterschiedlicher Typen gekennzeichnet. Die Zeitung ist ein klassischer Informationsträger, der ein hohes Maß an Mobilität (räumlich, sachlich, zeitlich), eine hohe Zeitintensität, eine einfache Regionalisierbarkeit und eine hohe Variierbarkeit aufweist (vgl. Heinrich 2006: 83).

> Zeitungen werden definiert als „alle periodischen Veröffentlichungen, die in ihrem redaktionellen Teil der kontinuierlichen, aktuellen und thematisch nicht auf bestimmte Stoff- oder Lebensgebiete begrenzten Nachrichtenübermittlung dienen, also in der Regel mindestens die Sparten Politik, Wirtschaft, Zeitgeschehen, Kultur, Unterhaltung sowie Sport umfassen und mindestens zweimal wöchentlich erscheinen" (Heinrich 2001: 217).

Sowohl die auf den nationalen Raum ausgerichteten Zeitungen (FAZ, Die Welt, Süddeutsche Zeitung, taz) als auch die regionalen und lokalen Tageszeitungen sind als **Basismedium** anzusehen. Zeitungen zeichnen sich dadurch aus, dass sich ihre Leser während der Nutzung aktiv dem Medium widmen und nur sehr begrenzt Nebenbeschäftigungen eingehen. Dadurch unterscheiden sie sich z. B. vom Medium Radio, das als ausgesprochenes „Nebenbeimedium" (bzw. „Begleitmedium") gilt. Bei einem Nebenbeimedium erfolgt die Nutzung zeitgleich mit anderen Medien oder anderen Betätigungen. Die Nutzung von Zeitungen findet ferner ortsunabhängig und mobil statt, also zu Hause, in öffentlichen Verkehrsmitteln oder am Arbeitsplatz. Hauptgrund ist die leichte Transportmöglichkeit.

Die Vielfalt der Zeitungsprodukte lässt sich nach unterschiedlichen **Kriterien** differenzieren:

- Erscheinungsweise (Periodizität): Morgen-, Mittag-, Abendblätter, Tageszeitungen (z. B. „Die Welt"), Sonntagszeitungen (z. B. „Die Welt am Sonntag") und Wochenzeitungen (z. B. „Die Zeit"). Es dominieren die Tageszeitungen mit 351 Titeln in Deutschland (2009) gegenüber den Wochenzeitungen mit 27 Titeln und sechs Sonntagszeitungen.
- Vertriebsart: Abonnementzeitungen (z. B. „Frankfurter Allgemeine Zeitung", „Die Welt"), Kaufzeitungen (v. a. Boulevardzeitungen, z. B. „Bild").
- Vertriebsgebiet: lokal (z. B. „Esslinger Zeitung"), regional (z. B. „Schwarzwälder Bote"), überregional (z. B. „Süddeutsche Zeitung"). Das Teilsegment der überregionalen Tageszeitungen erreicht ca. zehn Prozent der Auflage des Teilsegments der regionalen und lokalen Tageszeitungen.
- Standort: Großstadtzeitungen, Vorort-Zeitungen, Ländliches Blatt.
- Einnahmenseite: Abonnement- und Kaufzeitungen, Gratiszeitungen (in Nachbarstaaten teilweise bereits verbreitet), Anzeigenblätter.
- Transportweg: Printausgaben vs. E-Paper als elektronische Faksimile-Version der gedruckten Ausgabe.

Die Zeitung ist **inhaltlich** grundsätzlich dem **Prinzip der Universalität** verpflichtet, nach dem sie alle Lebensbereiche abdecken will und auch in den jeweiligen Teilgebieten, z. B. im aktuellen politischen Teil, auf eine inhaltlich unbegrenzte (universale) Vermittlung von Informationen abstellt. Zeitungen mit redaktionellen Schwerpunktsetzungen sind daher als Ausnahmeerscheinung anzusehen. Beispiele sind Kirchen-, Partei-, Sport- oder Wirtschaftszeitungen („Bayernkurier", „Kicker", „Handelsblatt").

Dies bedeutet, dass bei Tageszeitungen Klassifikationen nach inhaltlichen Kriterien weniger stark Beachtung finden. Dies unterscheidet sie z. B. nachhaltig vom Fernsehen und Radio, wo die inhaltliche Definition der Programmgattungen und Formate eine zentrale Rolle spielt. Zeitungen kann man also per se mit TV- und Radio-Vollprogrammen auf eine Stufe stellen.

Unter produktpolitischen Gesichtspunkten werden Zusatzangebote („Value Added", „Add-Ons", „Mehrwert", „Zusatznutzen"), die das eigentliche Kernprodukt ergänzen und als Marketinginstrument stärken sollen, immer wichtiger. Sie begründen zum Teil sogar lukrative Nebengeschäfte. Ihre Bedeutung dürfte in Zukunft erheblich zunehmen, da der Lesernutzen und die Leser-Blatt-Bindung dadurch gesteigert werden kann. Beispiele sind (vgl. Hillebrecht 2009: 95 f.):

- Sonderbeilagen (Supplements): Fernsehzeitungen, Beilagen zu Gesundheitsfragen, zur Urlaubs- und Freizeitgestaltung, Life & Style;
- Kostenlose Magazine, Extrablätter;
- Artikeldienst, Sonderdrucke, Archivdienste;
- Bücherdienst, Buchbesprechungen;
- Bibliotheken aller Art: Krimi, Jugendbuch, Kochbuch, Film, Hörbuch-Ausgaben;
- Leserreisen;
- Online-Angebote, regionale und lokale Radio-/Fernsehangebote, Cross-Media-Publishing-Angebote;
- Beratung, Hilfestellungen: Informationsdienste, Fachfragen im Kontext des redaktionellen Angebots, Expertentelefon, Hilfestellung bei Problemen;
- Veranstaltungen aller Art: Musik, Kongresse, Tagungen;
- Mediengastronomie;
- Angebote mit Gewinnmöglichkeiten: Preisrätsel, Preisausschreiben;
- Leser-Clubs; Kundenkarten;
- Gimmicks: Beigaben als Werbegeschenke, aber mit Wirtschaftswert;
- Verbundleistungen (z. B. günstige Telefontarife); Bundle-Angebote.

Nach **formalen Gesichtspunkten** wird das Zeitungsprodukt maßgeblich von haptischen und optischen Faktoren bestimmt, wobei zu nennen sind (vgl. ebd. 94 f.):

- Format der Zeitung: z. B. Rheinisches Format, Berliner Format. Von besonderer Bedeutung ist die Entwicklung zum Tabloid-Format.

    Das Tabloid-Format ist ein handliches Kleinformat, das verschiedentlich eingeführt wird. Eine vielbeachtete Neugründung war 2004 „Welt kompakt". Inzwischen erscheinen z. B. das „Handelsblatt" und die „Frankfurter Rundschau" im Tabloid-Format.

- Umfang und Anzahl der Seiten.
- Verwendung von Farbe, z. B. schwarz-weiß, Schmuckfarben, vierfarbig, durchgängiger oder nur teilweiser Farbdruck.
- Gliederung und Anordnung der Rubriken bzw. Beiträge.
- Bindung des Produkts (lose, Klebebindung, Drahtbindung etc.) und Anzahl der „Bücher".

Ein „Zeitungsbuch" ist die Zusammenfassung von Zeitungsseiten zu einer Teileinheit, dem sog. „Buch". Es ergibt sich aus den einzelnen gefalzten Druckbögen. Eine Zeitung besteht aus mehreren Zeitungsbüchern. Eigene Bücher werden oft für das Feuilleton und für Sonderbeilagen vorgesehen.

- Papierqualität: Zeitungspapier (aufgebessert, B-Stoff, Mischstoff, Hochglanzpapier etc.); Mischformen (divergierende Papierqualitäten Einband/Innenteil).
- Layout: Wahl der Schriftgröße und Schrifttype, Anzahl der Spalten, Integration von Fotos und grafischen Elementen, optische Unterstützung (durch Nomenklatur der Überschriften), farbige Unterlegungen und Heraushebungen, Rahmungen, Bilderauswahl, Infografiken etc.

Die **Zeitung** ist ein wichtiger **Werbeträger** und bietet ein breites Spektrum an Werbemöglichkeiten. Folgende Zeitungswerbeformen sind zu unterscheiden:

- Werbung, die deutlich und klar getrennt vom Inhalt stattfindet: Anzeigenteil, Rubriken, ganze Werbesonderseiten oder „Bücher".
- Werbung und Inhalt sind zwar klar voneinander abgehoben und getrennt, sie werden aber integrativ gestaltet, z. B. bei Anzeigen, die in ein gefälliges redaktionelles Umfeld eingebaut werden.
- Werbung ist in den Inhalt voll integriert: Hier handelt es sich um die gezielte Vermischung von redaktionellen Inhalten mit Werbebotschaften. Bei Regionalzeitungen kommt es z. B. nicht selten vor, dass die Eröffnung eines neuen Geschäftsgebäudes in enger Kooperation mit dem ortsansässigen Handwerk präsentiert wird oder dass ein Bericht über ein Firmenjubiläum als journalistischer Beitrag erscheint – in diesem Fall ein klarer Fall von Product Placement.

Neben der reinen Anzeigenwerbung bieten die Zeitungen inzwischen auch eine breite Palette differenzierter Werbemöglichkeiten an, z. B. Banderolen, „Minenfeldanzeigen", die gezielt und hoch auffällig als „Störer" in den redaktionellen Text eingebaut werden, ein eigenes kommerzielles Buch (d. h. Zeitungsbestandteil) mit 4, 6, 8, 12 oder 16 Seiten oder eine „Flappe", ein halb- oder ganzseitiger Umschlag über die Zeitung, beidseitig bedruckbar.

(3) Die **Produktwelt der Zeitschriften** ist gekennzeichnet durch eine große Vielfalt unterschiedlichster Formen.

> „Zeitschriften sind periodisch erscheinende Druckerzeugnisse, die wöchentlich, monatlich oder auch in größeren Zeitabständen veröffentlicht werden. Sie sind geklammert oder geleimt und drucktechnisch aufwendiger verarbeitet als Zeitungen" (Bremenfeld et al. 1998: 18). Definitorisch zu ergänzen sind Online-Zeitschriften, die z. B. bei Fachzeitschriften eine nicht mehr zu ignorierende Rolle spielen.
>
> Zeitschriften können als eine Zwischenform zwischen Zeitungen und Büchern angesehen werden, da sie wie die Zeitungen periodisch erscheinen, aber in der Regel nicht so häufig. Sie sind aktueller als Bücher, nicht jedoch so aktuell wie Zeitungen. Ihre Aufmachung im Hinblick auf Format und Druckqualität ist den Büchern ähnlicher als den Zeitungen, und sie werden länger als Zeitungen aufbewahrt, allerdings nicht so lange wie Bücher. Freilich gibt es auch genügend Billigzeitschriften, die ähnlich wie Zeitungen zum Teil nur flüchtig „konsumiert" werden.

Bei den **Publikumszeitschriften** sind General-Interest-Zeitschriften („Illustrierte") von den Programmzeitschriften zu unterscheiden. Beide zusammen bilden die sog. Massenzeitschriften, die sich von allen anderen Zeitschriften, die spezialisierte Zeitschriften darstellen, abheben. Massenzeitschriften bieten eine breite, allgemein interessierende Themenpalette an und erreichen regelmäßig hohe Reichweiten, die noch durch Lesezirkel und das Weiterreichen der Zeitschriften zusätzlich ausgedehnt werden. Aktuelle Illustrierte werden nicht so regelmäßig gelesen wie Programmzeitschriften.

Das Werbevolumen der Massenzeitschriften ist in den letzten Jahren gesunken, und zwar durch die starke Zunahme der Fernsehwerbung, das mit der Zulassung privater TV-Anbieter Werbegelder auf sich gezogen hat. Auch sind die Auflagen der Massenzeitschriften gesunken.

Bei den Publikumszeitschriften wird eine spezielle Typisierung vorgenommen, die die ganze Vielfalt dieser Publikationsform verdeutlicht.

- Aktuelle Zeitschriften und Magazine: z. B. Stern, Spiegel, Focus, Bunte
- Programmpresse („Programmies"): z. B. TV Today, Hörzu, TV Spielfilm, TV digital
- Wöchentliche Frauenzeitschriften: z. B. Bild der Frau, Das Goldene Blatt
- Vierzehntägige Frauenzeitschriften: z. B. Brigitte, Für Sie
- Monatliche Frauenzeitschriften: z. B. Vogue, Elle
- Familienzeitschriften: z. B. Eltern
- Jugendzeitschriften: z. B. Bravo
- Zeitschriften für Wohnen und Leben: z. B. Schöner Wohnen, Landlust
- Ess-Zeitschriften: z. B. Essen + Trinken
- Gesundheitszeitschriften: z. B. Natur + Heilen
- Erotik-Zeitschriften: z. B. Blitz-Illu, Praline
- Lifestyle: z. B. Max, Fit for Fun, Men's Health, Playboy
- Motorpresse: z. B. Auto Bild, ADAC Motorwelt
- Sportzeitschriften: z. B. Sport Bild
- Kino, Video, Audio: z. B. Stereo
- Natur: z. B. Ein Herz für Tiere
- Wissensmagazine: z. B. P.M., Geo, Psychologie Heute
- EDV, Online: z. B. c't, Com!
- Wirtschaft: z. B. Capital, Wirtschaftswoche, Manager Magazin
- Reise: z. B. Geo Saison, Globo
- Luft- und Raumfahrt: z. B. Flugzeug Classic
- Regional verbreitete Publikumszeitschriften: z. B. Prinz
- Sonstige

Zudem werden Massenzeitschriften neben dem Fernsehen immer mehr von den **Zielgruppen-Zeitschriften** und den **Special-Interest-Zeitschriften** bedrängt. Bei letzteren haben die Computer-Zeitschriften eine große Bedeutung erlangt. Sie haben alle anderen Bereiche mit einer breiten Themenvielfalt (z. B. Garten, Familie, Segeln, Reiten, Jagd) inzwischen überflügelt. Für die Werbung sind die Zielgruppen- und Special-Interest-Zeitschriften ein wichtiger Werbeträger, da hier genau definierte Zielgruppen zielgenau erreicht werden können, d. h. der sog. „Streuverlust" gering ist.

Im Hinblick auf die Frage der Definition geeigneter Zielgruppen wird auch eine andere Typisierung der Zeitschriften vorgenommen:

- General-Interest-(Massen)Zeitschriften (universelle Themen, allgemeines Publikum): z. B. Spiegel, TV-Today;
- Zielgruppenzeitschriften (universelle Themen, spezielle Zielgruppe): z. B. Brigitte;

- Special-Interest-Zeitschriften (spezielle Themen, allgemeines Publikum): z. B. Auto Motor Sport, Fit for Fun;
- Very-Special-Interest-Zeitschriften (spezielle Themen, spezielle Zielgruppe): z. B. Boote.

Fachzeitschriften sind auf die Bedürfnisse von Experten eines Berufszweiges oder einer Branche ausgerichtet. Sie werden häufig in gebundener Form aufbewahrt. Es ist zu erwarten, dass den Fachzeitschriften mit den Online-Diensten eine beachtliche Konkurrenz erwächst.

Kundenzeitschriften werden von Handels- und Dienstleistungsunternehmen herausgebracht und kostenlos an Kunden abgegeben. Sie sollen den Verkauf unterstützen und bieten Neuigkeiten aus der betreffenden Branche. Besonders stark sind Apotheken vertreten.

An **konfessionellen Zeitschriften** gibt es 59 IVW-geprüfte Titel in Deutschland. Sie existieren als Frauen-, Familien- und Jugendzeitschriften mit konfessioneller Ausrichtung sowie als Kirchengebiets- und Bistumszeitschriften bzw. -zeitungen.

(4) In der **Produktwelt Buch** ist im Hinblick auf die Originalität zwischen Erstauflagen und Neuauflagen zu unterscheiden, in inhaltlicher Hinsicht zwischen Fachbüchern und allgemeiner Literatur.

> Die Definition des Medienproduktes „Buch" ist nicht so einfach, wie es scheinen möchte (nachfolgend vgl. Kerlen 2003: 1 f.). Im traditionellen Verständnis ist ein Buch „ein bedruckter Stapel von Papier, dreiseitig offen und zu blättern, mit einem Einband." Traditioneller Träger ist Papier, auf das die zuvor gesetzten Lettern gedruckt werden, die Druckbogen in einen Buchblock gefalzt, mit einem Einband aus Pappe versehen und als Objekt per Post verschickt werden. Man spricht vom „3-P-Szenario": Papier, Pappe, Post. Im digitalen Szenario ist Buch ein „Langtext, der nicht in direkter Kommunikation, also vorgetragen oder vorgelesen vermittelt wird, sondern mittels eines Trägers." Je nach Träger ist dieser Langtext bei der Vervielfältigung jeweils einer anderen Ökonomie unterworfen.

Bücher werden in Buchgattungen bzw. Kategorien, Warengruppen oder Sachgruppen eingeteilt (vgl. Kerlen 2003: 34 f.). Diese Kategorisierung steht im engen Bezug zur „Einheitlichen Warengruppen-Systematik der Deutschen Bibliothek". Im Einzelnen sind zu unterscheiden:

- Belletristik: Romane, Erzählungen, Anthologien; Kriminalromane; Science Fiction; Märchen, Sagen; Lyrik, Dramatik, Essays; Briefe, Tagebücher, Biografien; Fremdsprachen-Texte; Humor, Cartoons, Comics; Geschenkbücher.
- Kinder- und Jugendbücher: Bilderbücher; Sachbilderbücher; Erstlesealter, Vorschulalter; Kinder- und Jugendromane; Geschichten, Reime, Lieder; Märchen und Sagen; Tiergeschichten; Sachbücher; Kinderbeschäftigung.
- Reise: Reiseführer, Kunstreiseführer; Wander-, Radwander-, Kletter-, Boot-, Ski-, Tauchführer; Hotel-, Restaurant-, Campingführer; Karten, Stadtpläne; Bildbände; Reiseberichte, Reiseerzählungen; Atlanten; Globen; Sonstiges, Kartenzubehör.
- Sachbuch, Ratgeber: Nachschlagewerk; Hobby, Freizeit, Natur; Fahrzeuge, Flugzeuge, Schiffe; Sport; Essen und Trinken; Gesundheit, Körperpflege; Esoterik, Grenzwissenschaften; Ratgeber Lebenshilfe; Sonstige.

- Geisteswissenschaften, Kunst, Musik: Geisteswissenschaften allgemein; Philosophie; Psychologie; Religion, Theologie; Geschichte; Sprachwissenschaft; Literaturwissenschaft; Kunst; Musik.
- Mathematik, Naturwissenschaften, Technik, Medizin: Naturwissenschaften allgemein; Mathematik; Informatik, EDV; Physik, Astronomie; Chemie; Geowissenschaften; Biologie; Technik; Medizin, Pharmazie.
- Sozialwissenschaften, Recht, Wirtschaft: Sozialwissenschaften allgemein; Erziehung, Bildung, Unterricht; Medienwissenschaften; Politikwissenschaft, Soziologie; Völkerkunde, Volkskunde; Umwelt, Ökologie; Recht; Wirtschaft.
- Schulbuch: Schulbücher; Unterrichtsmaterialien; Berufsschulbücher; Lernhilfen, Abiturwissen, Lektüren, Interpretationen; Lernsoftware; Volkshochschule (VHS), Erwachsenenbildung; Deutsch für Ausländer, Sonstiges.

In Deutschland werden pro Jahr fast einhundert Tausend Titel herausgebracht, Erstauflagen und Neuauflagen zusammengenommen. Von den Erstauflagen entfällt auf die Bereiche Belletristik und Deutsche Literatur etwa ein Viertel. Beide Bereiche liegen deutlich vor allen anderen Bereichen, bei denen Kinder- und Jugendbücher schon einen großen Abstand aufweisen. Bemerkenswert ist, dass die Verlage bei ihrem Titelausstoß auf die Bremse treten, aber den Anteil der beiden führenden Bereiche Belletristik und Deutsche Literatur hochhalten. Überraschend mag auch sein, dass eine in der öffentlichen Wahrnehmung starke Sachgruppe wie etwa Reiseliteratur weit hinter den Bereichen Informatik und religiösen Büchern liegt.

Es gibt vielfältige Bemühungen, aussagekräftige Buchtypologien zu entwickeln. So lässt sich die Welt der Bücher nach „vier Grundmärkten" wie folgt unterscheiden (vgl. Heinold 2001: 253): (Aus-)Bildungsliteratur; Fachliteratur; Special-Interest-Literatur; Allgemeine Literatur.

Im Hinblick auf die Verkäuflichkeit unterscheidet man z. B. die folgenden Buchtypen (vgl. Hinze 2001: 132 f.):

- Longseller: z. B. Bibel, Klassiker, Nachschlagewerke vom Typ Duden, eingeführte Lehr- und Fachbücher, bewährte Reiseführer und Atlanten;
- Steadyseller: Lexika, regelmäßige und unregelmäßige Fortsetzungen;
- Bestseller: Bücher mit oft nur kurzer Lebensdauer;
- Problematische Verlagserzeugnisse: Novitäten unbekannter Autoren, nicht mehr aktuelle Titel, Sachgebiete mit abnehmendem Interesse.

Im Zeichen der Digitalisierung hat das E-Book Einzug gehalten und ein neues „Buch-Ökosystem" geschaffen (vgl. Splichal 2014: 41 ff.). Hauptcharakteristikum ist die intermediale Erweiterung des Buches, die eine dynamische Contentgestaltung und das cross- und transmediale Storytelling ermöglicht.

> „Zusätzlich zu Büchern und Zeitungen bieten Verlage heute thematisch ausgerichtete Online-Plattformen, digitale Produkte wie enhanced E-Books, Apps und Datenbanken, entwickeln innovative Formate wie Shortbooks und Abstracts, sie nutzen neue Vertriebs- und Kommunikationskanäle wie iTunes oder Facebook und haben es geschafft, einige der prinzipiellen Nutzen von Büchern, quasi das Prinzip Buch, zu erkennen und ins Netz zu übersetzen" (ebd. 43).

(5) Die **Produktwelt Film** umfasst einen „komplexen Sachverhalt" (Kandorfer 2003: 11), der verschiedene Perspektiven zulässt:

- Als Faktor der Kommunikation ist der Film ein Mechanismus und Instrument, mit dem zwischenmenschliche Beziehungen zustande kommen und steht in einer Reihe mit Presse und Rundfunk.
- Das Massenkommunikationsmittel Film hat auch den Status eines Wirtschaftsgutes, das einer „rationalökonomischen Disposition" zugeführt werden muss.
- Der Film hat das Potenzial zu einem Kunstwerk (Ästhetik) und wird daher als eine eigenständige Kunstgattung reklamiert.

„Film ist nicht nur Filmkunst, Filmtechnik, Filmindustrie, sondern auch Lehrmittel, Informationsmedium, Werbeträger, Unterhaltungsobjekt, Propagandainstrument und historisches Dokument, Film ist inzwischen selbst ein Stück Sozialgeschichte, Kulturobjektivation, Spiegel der Wünsche und Träume des Publikums" (Elisabeth Noelle-Neumann, zit. nach Kandorfer 2003: 13).

Als Film wird herkömmlicherweise ein Medienprodukt gekennzeichnet, das für die Vorführung im Kino vorgesehen ist sowie auf Trägermedien vertrieben wird. Inzwischen hat sich jedoch auch der Begriff des „TV-Films" eingebürgert für Filme, die speziell für das Fernsehen gedreht werden.

Nach inhaltlich-gestalterischen Kriterien lässt sich der Film nach den folgenden Filmarten bzw. Filmgattungen typisieren (vgl. Kandorfer 2003: 19 ff.):

- Spielfilm: zu unterscheiden ist (a) nach Genres: Abenteuer-Film, Familien-Film, Agenten-Film, Gangster-Film, gesellschaftskritischer Film, Heimatfilm, historischer Film/Kostümfilm, Kriegsfilm, Kriminalfilm, Liebesfilm, Musical-Film, phantastischer Film, Science-Fiction-Film, Sexfilm, politischer Film, Western; (b) nach Sujets: Theatralische Story, Literatur-Verfilmung/Roman, Gefundene Story, Episodenfilm.

  Ein Spielfilm ist üblicherweise ein Film mit einer Laufzeit von einer Stunde oder mehr und einer fiktionalen Handlung. Der Spielfilm ist die filmische Umsetzung des Dramas. Umsetzungsmittel ist die Spielfilm-Dramaturgie.

- Tatsachenfilm: Zu unterscheiden sind drei Kategorien: (a) Wochenschau (Nachrichtenfilm); (b) Dokumentarfilm mit Untergattungen nach Schwerpunktthemen wie Natur, Technik, Geschichte oder nach Adressaten: Lehrfilm, unterhaltende Dokumentation, biographischer Film, Wissenschaftsfilm; (c) Kunstfilm (Filme über Kunst).
- Wirtschaftsfilm (früher: Industriefilm): Im Vordergrund steht der Einsatz als PR-Instrument mit dem Ziel der Bildung von Vertrauen in der Öffentlichkeit. Nach Sujets werden die folgenden Gruppen unterschieden: Allgemeine Information, Produktion und Technik, Forschung und Entwicklung, Mensch und Betrieb.
- Werbefilm: Im Gegensatz zum Wirtschaftsfilm handelt es sich um Produktwerbung.

Neben der inhaltlichen Typisierung von Filmen kommen eine Reihe von weiteren Kriterien in Betracht, nach denen sich das Produkt Film unterscheiden lässt:

- Nach dem Aufnahmeverfahren ist nach Real-Film, Trick-Film und Film-Trick zu unterscheiden.

  Der „Comic" ist eine besondere Form des Films. Aufgrund seiner Herstellungstechnik gehört er eigentlich zum Kunstfilm, wird aber inhaltlich eher im Bereich des Spielfilms angesiedelt. Das Angebot ist vielfältig, Gruppierungen ergeben sich aufgrund der Identifikation mit dem Produzenten (Disney-Filme) oder bestimmter Produktions- und Rezeptionskonstellationen (z. B. Manga).

- Originalität: Zu unterscheiden sind Original- und Synchronversion.
- Länge: Zu unterscheiden sind Langfilme (90 Min., Normalfilm), Filme mit Überlänge (120 Min.) und Kurzfilme (5 bis 13 Min.).
- Filmmaterial: Schwarzweißfilm, Farbfilm.
- Film- bzw. Bildformat: (a) 35-mm-Film (Normalformat), (b) 65 mm/70 mm-Film (Breitwandfilm, Cinemascope), (c) 3-D-Film, (d) 8 mm, Super 8, 9,5 mm, 16 mm (Schmalfilm).
- Form der Ausdrucksmittel: Stummfilm, Tonfilm, Stereotonfilm.
- Tonart: Magnettonfilm, Lichttonfilm.
- Realitätsbezug: Fiction, Non-Fiction.
- Umfang (insbesondere bei DVD im Bereich Home-Entertainment): Kino-Version des Spielfilms; Ergänzendes Filmmaterial (Making-Of-Dokumentation, Interviews, Programmhinweise), Alternatives Filmmaterial (diverse Filmversionen, z. B. Director's Cut, Alternative Szenen, Sprachen-Vielfalt).

Es wird verschiedentlich darauf hingewiesen, dass die Typisierung des Produktes Film in besonderer Weise Schwierigkeiten bereite und stets mit Willkür behaftet sei (vgl. z. B. Schweitzer 1996: 32). In der allgemeinsten Form könnten freilich stets sechs Grundelemente unterschieden und beschrieben werden, aus denen sich jeder Film zusammensetzt. Es seien dies die Komponenten des Visuellen, des Auditiven, des Narrativen, der Darstellung, des kulturellen Kontexts sowie der symbolischen Elemente (vgl. ebd. 33).

Mit der Digitalisierung ergeben sich vor allem Veränderungen im Ausspielweg Kino. Im digitalen Kino ist es möglich, digitale Filmprodukte schnell und kostengünstig an den Endkonsumenten „auszuliefern". Eine massive Kostensenkung ergibt sich, weil die Kostenmultiplikation beim Vertrieb von Zelluloid-Streifen durch den Online-Versand von Filmdateien ersetzt wird – ein Effekt, der schwer wiegt, da zu einer effektiven Marktdurchdringung eines Filmes eine hohe Kopienzahl erforderlich ist. Nicht zu unterschätzen ist die Tatsache, dass auch die Trailerproduktion günstiger wird. Vor diesem Hintergrund wird klar, dass die Entwicklung zur Digitalisierung tendenziell die Vielfalt der Filmproduktewelt fördert. Hauptsächlich kommt die Digitalisierung dem Segment der unabhängigen Produzenten mit niedrigem Budget zugute, die leichter Anschluss halten können, aber auch den Kinobetreibern, die ein breiteres Repertoire im Vergleich zur klassischen Filmwelt realisieren können. Dass dieser kostensenkende Effekt in der Praxis jedoch Theorie bleibt, zeigt die Realität. Hier ist der Trend zum Heimkino mit dort immer größeren und leistungsfähigeren Bildschirmen eine große Konkurrenz, so dass das sehr spezielle, digital projizierte Programm im Kino eher hypothetisch bleibt.

(6) In der **Produktwelt des Fernsehens** beschreibt man die Formen und Inhalte, nach denen das Fernsehen strukturiert ist, zweckmäßigerweise nach den folgenden Ebenen:

- Ebene der einzelnen Sendung als kleinstes Modul eines Programms;
- Ebene des Kanals bzw. des Gesamt-Programms;
- Ebene des Fernseh-Unternehmens, bei dem ein ganzes Programm-Portfolio aus mehreren Programmen vorhanden sein kann. Dieser Gesichtspunkt wird nachfolgend nicht weiter aufgegriffen, sondern im Kontext des Strategiemanagements behandelt (vgl. Kap. 29).

(a) Auf der **Ebene der einzelnen Sendung** geht es darum, Fernsehsendungen einer bestimmten Kategorie zuzuordnen und nach schlüssigen Kriterien zu typisieren. Das Ergebnis dieser Klassifikationsbemühungen wird mit unterschiedlichen Begriffen belegt, zu nennen sind v. a. die Begriffe Programmformen, Programmsparten, Programmgenres, Fernsehformate oder Gattungen (vgl. Hickethier 2003: 277; Gehrau 2001). Im einzelnen sind die Begriffe wie folgt abzugrenzen:

- Gattungen: Fernsehgattungen bezeichnen und systematisieren die Fernsehangebote im Sinne einer Grobklassifikation. Sie sorgen für eine Grobeinstufung des Gesendeten und dienen vor allem der Vorstrukturierung in Fiktion und Nichtfiktion.
- Genres und Themen: Der Begriff Genre wird in der Ebene unterhalb der Gattung verwendet und gibt die Feindifferenzierung für den Bereich der Fiktion vor (z. B. Spannung, Komödie, Zeitkritik, Unterhaltung). Nach Themen werden alle nichtfiktionalen Fernsehgattungen differenziert (z. B. Politik/Wirtschaft, Natur/Wissenschaft, Kultur, Gesellschaft).
- Formate: Ein Format – hier im Sinne eines Sendungsformats – ist die Gesamtheit aller charakteristischen Merkmale einer Fernsehsendung oder eines Fernsehfilms, die in jeder Folge wiederkehren.

In Anlehnung an die Grundsätze des internationalen Formatbusiness sind dabei zu unterscheiden (vgl. Hinkelein 2004: 16): (a) Paper Format: Dokument, in dem das Konzept für eine Fernsehsendung schriftlich niedergelegt ist, insbesondere die Sendungsidee bzw. das Sendungskonzept mit Ausführungen über die Grundidee, über Inhalt, Layout, Style etc. (b) TV Format Package: Umfassendes Know-how-Paket, das die weitere selbständige Produktion der Fernsehsendung ermöglicht, insbesondere das in der produzierten Fernsehsendung verkörperte Sendungskonzept und eine Vielzahl weiterer Elemente, die die Reproduktion der Fernsehsendung ermöglichen, insbesondere: Beratung, Produktionsbibel, Visuelle Grafik, Promotions-, Werbungs-, Democassette, Musik, Entwürfe für das Bühnenbild (Set Designs), Einschaltquoten (Ratings) – „alles, was das Format zum Laufen bringt".

Vor diesem Hintergrund kann man in pragmatischer Weise die folgenden **TV-Sendungsformen** unterscheiden (vgl. Hickethier 2003: 278 ff.):

- Nachrichtensendungen: Kombination aus verlesenen Meldungen, Live-Berichten von Korrespondenten vor Ort, Filmberichten, Stellungnahmen, Kommentaren.
- Live-Übertragungen von Sportereignissen, Wahlen, wichtigen Geschehnissen wie z. B. Katastrophen. Viele Unterhaltungsshows sind nicht live, sondern es finden typischerweise Simulationen des „Live-Gefühls" statt.
- Magazinsendungen: Mischung verschiedener, z. T. sehr unterschiedlicher Einzelbeiträge, bei denen der Moderator als integrierende Klammer fungiert.

- Dokumentation, Feature, Dokumentarfilm: Als Dokumentation wird die Kombination von Material zu einem aktuellen Thema verstanden. Ein Feature ist eine Aufbereitung allgemeiner Art mit künstlerisch-gestalterischen Elementen. Der Dokumentarfilm pflegt die beobachtende Reflexion und basiert auf der filmischen Tradition.
- Wissenschafts- und Bildungssendungen zeichnen sich durch eine Bildungsintention mit einem besonderen didaktischen Ansatz aus.
- Unterhaltungsshows: Die Spannbreite reicht von Sendungen mit großen Nummernprogrammen einzelner Musikdarbietungen (Opernabend, Volksmusik, Disco) über Ratespiele, Quizsendungen (Gameshows) bis zu Comedy.
- Talkshows sind Diskussionssendungen, bei denen unterschiedliche Personen (meist Prominente) im Studio zu einem Thema diskutieren, geführt durch einen Moderator („Gastgeber").
- Sportsendungen kommen v. a. bei großen Ereignissen eine besondere Aufmerksamkeit zu und sind als eine der wenigen Formen noch fähig, sehr hohe Quoten zu generieren.
- Fernsehspiel und Fernsehfilm gelten als fiktionale Grundformen des Fernsehens. Das Fernsehspiel entstand als TV-Variante des Theaterspiels und hatte höchste Bedeutung in den 50er Jahren. Heute dominiert der Fernsehfilm, im Privatfernsehen „TV-Movies" genannt.
- Fernsehserien: Serien gehören heute zu den wichtigsten Formen der Fernsehunterhaltung. Zu unterscheiden sind insbesondere Daily Soaps, Telenovelas und Reality Soaps.
- Kinospielfilme im Fernsehen: Obgleich die Rezeptionsbedingungen von Kinoproduktionen beim TV-Zuschauer deutlich schlechter sind, sind sie hoch erfolgreich: Die meisten Kinofilme erzielen erst in der TV-Verwertung befriedigende Erträge.
- Zielgruppensendungen, z. B. Kindersendungen – ein Musterbeispiel für eine auf ein spezielles Zielpublikum ausgerichtete Form.

Als besondere Sendungsform ist die **Fernsehwerbung** zu sehen. Der Verkauf von Werbung an die Werbewirtschaft hat prinzipiell den Charakter einer Vorleistung (s. u.), besitzt jedoch auch in publizistischer Hinsicht einen erheblichen Stellenwert, insbesondere im Hinblick auf die Fragen der gezielten Verknüpfung von Werbung und Programm. Diesem Kriterium folgend lassen sich **vier Typen** von TV-Werbung unterscheiden (vgl. Abb. 5-3).

Hieraus ist ersichtlich, dass die bislang dominante Form der klassischen Blockwerbung („Harte Werbung") durch eine breite Vielfalt an Werbeformen ergänzt worden ist. Dies kann als Signal gedeutet werden, dass vor allem die privaten Fernsehanbieter zunehmende Schwierigkeiten haben, sich aus klassischer Werbung zu finanzieren und gezwungen sind, alternative Finanzierungsformen zu suchen.

> Die klassische Spotwerbung („harte Werbung") kann differenziert werden nach: Slice-of-Life, Produkt-Demonstration („Product-is-hero"), Problemlösung, Testimonial, Reminder, Präsentation (Presenter), Jingle, Musik-Spot, Video-Clip, Nachricht, Interview, Tandem-Spot.

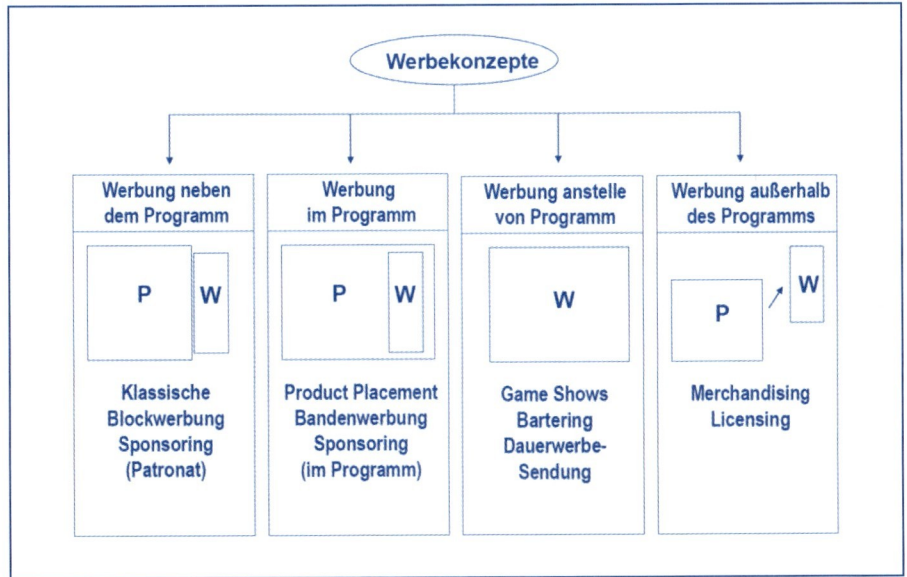

Abb. 5-3: Übersicht über die Werbeformen im Fernsehen

Beim Bartering handelt es sich um ein Gegengeschäft, um einen Tauschhandel, bei dem ein Werbung treibendes Unternehmen (z. B. TUI) einem Sender (z. B. Vox) Programme zur Verfügung stellt (z. B. eine 30-Minuten-Dokumentation über die Algarve) und dafür mit Werbezeiten bezahlt wird.

Alle Werbeformen, bei denen es zu engen Berührungen oder gar Vermischungen mit dem Programm kommt, gelten als besonders brisant und sind intensiven rechtlichen Vorgaben unterworfen (vgl. auch Kapitel 11).

(b) Auf der **Ebene des Gesamtprogramms** hat ein Fernsehsender die Aufgabe, eine Vielzahl von Fernsehsendungen zu einem Gesamtangebot zusammenzufügen. Dies geschieht in der Programmplanung, welche u. a. die Festlegung des mittelfristig gültigen Programmschemas, die jährliche Leistungsplanung und die kurzfristige Langablauf-Planung umfasst (vgl. hierzu Kapitel 34). Als Ergebnis entsteht ein Programmkonzept bzw. Programmformat, das in eine bestimmte Richtung ausgelegt ist. **Programmformate** können z. B. Vollprogramme, Spartenprogramme, Spielfilmsender oder Vollprogramme mit Hauptprogrammsäulen sein.

Zwischen den Fernsehsendern gibt es keine Einigkeit, in welcher Form die Sendeleistung eines Programms klassifiziert werden soll. Insofern stellt sich je nach dem gewählten Raster das Programmprofil eines Senders unterschiedlich dar. So ist es nicht verwunderlich, dass praktisch jeder TV-Sender eigene Klassifikationssysteme in die Welt gesetzt hat und eine individuelle Kodierung der Sendungen vornimmt. Hauptgrund sind zu große Unterschiede in den Vorgehenskonzepten sowie fehlende Anreize für die Schaffung einer einheitlichen „Währung". Diese von Sender-Interessen geleiteten Ordnungssysteme sind von wissenschaftlichen Klassifizierungssystemen zu unterscheiden.

Klassifikation von Fernsehprogrammen

Nachfolgend wird ein Beispiel für eine Programmklassifikation gezeigt, die nicht im Dienste von (interessengeleiteten) TV-Sendern steht, sich auch nicht an ökonomischen, rechtlichen oder politischen Vorgaben orientiert, sondern die wissenschaftliche Perspektive betont (System nach Hohlfeld/Gehrke 1995, zit. nach Gehrau 2001: 54). Dabei wird hervorgehoben, dass als die eigentlichen Analyseeinheiten die einzelnen Beiträge zu einer Sendung gelten sollten.

A: Ebene der Sendungen (Programm)

A-1: Unterhaltung:

- Fiktionale Unterhaltung: Kurzfilm, Dokumentarspiel, Literaturverfilmung, Fernsehfilm, Fernsehspiel, Fiktionales, Spielfilm, Erotikfilm, Serie/Reihe, Trickfilm, Bühnenstück
- Nicht fiktionale Unterhaltung: Sport, Nonfiktionales, Talkshow/Person, Talkshow, Unterhaltungsshow, Kuppelshow, Quizshow, Sexmagazin, Musik ...
- Mischform: Mischformen, Reality TV

A-2: Information:

- Aktuelle Information: Aktuelles, Nachrichtensendung, Dialogsendung, Aktuelle Sendung, Aktuelle Reportage, Wirtschaftsmagazin, Politisches Magazin
- Nicht aktuelle Information: Portrait/Feature, Tier- und Natursendung, Dokumentation, Kulturmagazin, Wissenschaftsmagazin, Monothematische Diskussion, Historische Informationssendung
- Service: Service, Ratgeber, Lebenshilfe
- Infotainment: Infotainment, Konfrontationsshow, Political personality, Sportmagazin, Zielgruppenmagazin, Regionalmagazin, Frühstücksfernsehen
- Education by viewing
- Programminfo: Wochenvorschau, Moderierte Wochenvorschau, Tagesvorschau, Trailer, Ansage, Off-Programminformation, Eigen-PR
- Werbung: Spot, Block, Teleshopping, Kinderwerbung

Eine weitere Differenzierung der Ebene der Sendungen erfolgt nach Sendervariablen, Zeitvariablen und Anzahl der Einheiten.

B: Ebene der Beiträge (Analyseeinheiten)

- Begrenzer, Moderation: Begrenzer, Vorspann, Abspann, Moderation, Anmoderation, Abmoderation, Zwischenmoderation
- Beitrag: Beitrag, Bericht, Feature, Reportage, Kommentar, Glosse, Archivbilder
- Nachricht: Nachricht, Schlagzeile
- Gespräch: Gespräch, Interview, Diskussion, Talk, Konfrontation, Umfrage
- Spielhandlung: Kurzfilm, Dokumentarspiel, Literaturverfilmung, Fernsehfilm, Fernsehspiel, Fiktionales, Spielfilm, Erotikfilm, Serie/Reihe, Trickfilm, Bühnenstück
- Musik: Einlage, Stile
- Spiel: Sport, Spiel, Spiel mit Kandidaten
- Werbespot: Werbung, Kinderwerbung
- Programmvorschau: Wochenvorschau, Moderierte Wochenvorschau, Tagesvorschau, Trailer, Ansage, Off-Programminformation, Eigen-PR
- Trailer: einzeln, mehrere

Eine weitere Differenzierung erfolgt nach Themenvariablen, Produktionsdaten, Orts- und Zeitbezug, Zielgruppen und Besonderheiten.

(7) Die **Produktwelt des Radios** zu beschreiben, erfolgt zweckmäßigerweise – analog zum Fernsehen – auf den folgenden drei Ebenen:

- Ebene der einzelnen Sendung als kleinstes Modul eines Programms;
- Ebene des Kanals, der ein ganzes Programm ausstrahlt;
- Ebene des Radio-Unternehmens mit dem Angebot eines Programm-Portfolios aus mehreren Programmen (vgl. hierzu Kapital 29).

(a) Auf der Ebene der einzelnen **Sendung** existieren auch beim Radio unterschiedliche Klassifikationssysteme, bei deren Gestaltung oft die Sender-Interessen eine Rolle spielen.

> Die ARD unterscheidet in ihrer Nomenklatur nach den folgenden Programmgattungen (vgl. ARD-Jahrbuch 2009: 361 ff.): Information und Service, Kultur/Bildung, Unterhaltung, Rock-/Popmusik, Unterhaltungsmusik, Klassik, Werbefunk.

Analog zum Fernsehen lassen sich die **Werbeformen im Radio** dahingehend unterscheiden, inwieweit sie neben dem Programm, innerhalb des Programms, als eigenes Programm oder nach dem Programm stattfinden. Im Fokus stehen die folgenden Werbeformen:

- Klassische Spotwerbung („harte Werbung"), differenzierbar nach Textmustern wie Slice-of-Life, Produkt-Demonstration (Product-is-hero), Problemlösung, Testimonial, Reminder, Präsentation (Presenter), Jingle, Musik-Spot, Nachricht, Interview, Tandem (zur näheren Beschreibung der Radiospot-Normalformen s. u.);
- (Dauer-)Werbesendungen;
- Sonderwerbeformen: Sponsoring, Product Placement, Gewinnspiele, Game Shows.

> „Klassischer Spot: Die Normalform des Werbemittels im Hörfunk ist der klassische Spot. Er hat eine Dauer von ca. 20 bis 30 Sekunden und steht im Gegensatz zum Tandem im Werbeblock für sich allein.
> Tandem-Spot: Der so genannte Tandem-Spot besteht aus zwei zusammengehörenden Elementen innerhalb eines Blocks, die durch mindestens einen anderen Spot (für ein anderes Produkt) voneinander getrennt sind (z. B. die aktuelle Werbung für die Reifengarantie von Volkswagen oder die Angebote von McDonalds). Die Anordnung des Tandems besteht entweder aus einem kurzen Teaser mit anschließendem Haupt-Spot oder aus einem Haupt-Spot mit folgendem Reminder. Der Tandem-Spot wird auch in der Fernsehwerbung eingesetzt (z. B. in der aktuellen Postbank- oder Toyota-Werbung).
> Teaser-Spot: Dem längeren Hauptelement eines Tandems im Werbeblock vorgeschalter kurzer Spot. Das eigentliche Thema wird nur kurz angerissen. Der Teaser soll auf den Haupt-Spot hinführen bzw. auf ihn neugierig machen.
> Haupt-Spot: Zentraler Spot eines Tandems mit zugeordnetem Teaser oder Reminder. Der Haupt-Spot enthält die vollständige Werbeaussage, entfaltet das Thema und liefert die ‚Auflösung' zum Teaser.
> Reminder: Zweiter (kürzerer) Teil eines Tandem-Spots, der ein zweites Branding beinhaltet und die Aussage des Hauptspots wiederholt und in der Wahrnehmung des Rezipienten verfestigt. Er wird auch als Nachhaker, Nachfass-Spot, Tandem oder Tandemteil bezeichnet.
> Doppel-Spot: Wie beim Tandem werden auch beim Doppel-Spot zwei Spots innerhalb eines Werbeblocks platziert, allerdings sind sie in diesem Fall beide identisch. Diese Form wird selten eingesetzt, denn die einfache Wiederholung wirkt eher aufdringlich und langweilig.
> Kurz- oder Mini-Spot: Funkspot mit einer relativ kurzen Dauer von ca. fünf bis zehn Sekunden.
> Single-Spot: Wird nicht als Teil eines Werbeblocks gesendet, er steht für sich allein im laufenden Programm – dadurch genießt er hohe Aufmerksamkeit und wird stark mit dem Programm/Sender identifiziert („Image-Transfer").
> Live-Spot oder Live-Reader: Der Werbetext wird live von einem Mitglied der Redaktion verlesen.

Allonge-Spot: Diese Form der Werbespots besteht aus zwei Teilen: dem gleichbleibenden Basisspot und der sich unmittelbar anschließenden Allonge (Anhang mit wechselnden aktuellen Informationen) – im Gegensatz zum Tandem bilden beide Teile jedoch eine Einheit.
Programm-Spot oder anmoderierter Spot: Dreiteilige Form des Funkspots, innerhalb der ein bereits vorproduziertes Spotelement (Mittelteil) live an- und abmoderiert wird.
Cover-Spot: Der Cover-Spot besteht wie beim Tandem aus zwei Spots im Verlauf eines Werbeblocks, die beiden Teile liegen jedoch jeweils direkt am Anfang und am Ende des Blocks, an den Nahtstellen zum redaktionellen Programm. Diese Positionierung bringt eine stärkere Aufmerksamkeit des Hörers und erlaubt eine starke Anbindung der Werbung an das Programm bzw. den Sender (z. B. Auto-BILD-Werbung).
Content-Spot: Zweiteiliger Spot innerhalb eines Werbeblocks; zwischen den beiden Teilen (Intro-Werbung und Outro-Werbung) steht nicht ein Spot für ein anderes Produkt, sondern ein – in Absprache mit dem Werbekunden festgelegter – redaktioneller Teil. Der Informationswert des (scheinbar ausschließlich) redaktionellen Mittelteils erhöht die Aufmerksamkeit des Hörers für die Werbebotschaft und wird auf das beworbene Produkt übertragen."

Quelle: http://www.frank-schaetzlein.de/texte/radiowerbung.htm (15.09.2006)

(b) Bei der Charakterisierung der Produktwelt auf der Ebene des **Kanals** bzw. eines ganzen Programms sind das Verhältnis von Wort- und Musikanteilen, die Musikfarben (nach Arten) sowie die Themen der Wortbeiträge von besonderer Relevanz. Danach sind grundsätzlich die folgenden Programmtypen zu unterscheiden (vgl. Hickethier 2003: 297):

- Typ 1: Integrierte Mischprogramme (Vollprogramme): Vertreten ist das ganze Spektrum von Information, Bildung und Unterhaltung, das sich im Sinne eines undifferenzierten Konzepts an alle Hörer richtet. Hauptmerkmal ist die deutliche Abgrenzung der einzelnen Sendungen voneinander, die jeweils von einer Redaktion gefüllt werden („Kästchenprinzip").
- Typ 2: Musikdominierte Tagesbegleitprogramme: Ausgegangen wird von einer Verbindung des Radiohörens mit anderen Tätigkeiten, bei der feste Programmformen eher störend sind. Es dominieren daher meist zwei- bis dreistündige Magazinsendungen, die von einem Moderator präsentiert werden. Prägendes Merkmal ist die Musikfarbe.
- Typ 3: Kulturprogramme: Der Schwerpunkt liegt auf ernster Musik (Konzerte, Opern), auf kulturellem Wort (Kulturberichte, Kulturkritik, Radioessay, Feature, Diskussion), gelegentlich auch noch das Hörspiel pflegend. In der Regel handelt es sich um Musik-Wort-Sendungen mit einer deutlichen Betonung der Musik.
- Typ 4: Spartenprogramme: Hier erfolgt eine Ausrichtung auf ein bestimmtes Programminteresse des Publikums, z. B. Information, Sport, spezielle Musikrichtungen. Merkmal ist ein gleich bleibendes und kleinteiliges Strukturgitter (z. B. bei einem Informationsprogramm wie Bayern 5 alle 15 Minuten Nachrichten).
- Typ 5: Zielgruppenprogramme: Es dominieren Jugendprogramme, die mit einer differenzierten Programmstruktur auf die speziellen Interessen der Jugendlichen abzielen. Beispiel: Radio Fritz (vom RBB).

Öffentlich-rechtliche Rundfunkanstalten bieten alle fünf Typen an, wobei allerdings der Typ 1, also die echten integrierten Misch-Vollprogramme, eher der Vergangenheit angehören.

Die kommerzielle Privatradio-Szene ist stark auf Typ 2 fokussiert, operiert aber auch mit Typ 4 und dort speziell mit musikorientierten Spartenprogrammen.

Hervorstechendes Merkmal bei Typ 2 und damit der breiten Front der Privatradios ist die **Formatierung**. Diese gestaltet sich im Radio einfacher als im Fernsehen, da mit der Musik ein zentrales und leicht steuerbares Element eingesetzt werden kann.

> Mit Formatradio bezeichnet man ein aufeinander abgestimmtes, in allen Sendungen wieder erkennbares Erscheinungsbild eines Radioprogramms. Prägende Formatmerkmale sind insbesondere Musikstile sowie Moderationen. Formatierung „meint die strikte profitorientierte Ausrichtung des Programms auf eine Musikfarbe" (Hickethier 2003: 298).

Differenziert man die Programme nach dem Kriterium der Musik, so lassen sich die folgenden **Programm-Konzepte** unterscheiden:

- Konzept 1: Internationale Popmusik, englischsprachig, melodiös, wenig rhythmusbetont. Service und aktuelle Information in knapper Form integriert. Zielpublikum: 25 bis 49 Jahre (z. B. SWR 1).
- Konzept 2: Deutsch-orientiert, melodiös („DOM"); aktuelle Schlager, Schlager-Klassiker, volkstümliche Musik, gemächlicher Programmfluss ohne Hektik, liebenswerte, verständnisvolle Ansprache. Zielpublikum: vor allem ältere Zielgruppen (z. B. SWR 4).
- Konzept 3: Aktuelle Hits aller Gattungen („Contemporary Hit Radio") von Pop, Rock, Techno, Rap bis House; wenige Titel aus dem letzten Jahrzehnt, sehr schnelle, moderne Anmutung, jugendliche Ansprache, Hörer werden meist geduzt, äußerst knapp gehaltene Nachrichten und Informationen. Zielpublikum: Jugendliche Zielgruppen (z. B. SWR 3).
- Konzept 4: Klassische Musik von Evergreens bis zu weniger eingängigen Werken, auch Weltmusik und Folklore, seriöse Ansprache, Kulturinformationen, Hörspiele. Zielpublikum: Klassik-/Kulturinteressierte aller Altersschichten (z. B. SWR 2).
- Konzept 5: Überwiegender Wortanteil, weitgehendes Fehlen von Musik, Schwerpunkt liegt auf ausführlicher Information aus allen Bereichen, Hintergrundinformationen, Features, Gesprächssendungen. Zielpublikum: Alle an umfassender Information Interessierten, die das Radio nicht wegen der Musik einschalten (z. B. B5 - Bayern 5).

Im Hinblick auf Musik haben sich – international vereinheitlicht – die folgenden **Musikformate** herausgebildet:

- AC – Adult Contemporary: melodieprägende Popstandards der vergangenen Jahrzehnte ohne besondere Ausreißer. Kernzielgruppe (vorwiegend nach Alter definiert): 25-49 Jahre. Beispiele: Radio NRW, Radio Regenbogen.
- CHR – Contemporary Hit Radio: aktuelle Top-Hits mit hoher Rotation (5 bis 8 mal pro Tag), nur 60 bis 80 aktuelle Stücke, wenige Hits des vergangenen halben Jahres. Zielgruppe: 14-24 Jahre. Beispiel: Hitradio FFH.
- AOR – Album Oriented Rock, Classic Rock. Auch unbekannte Künstler abseits der Hitparaden werden gespielt. Rotation von 300 bis 600 Titel. Zielgruppe: männlich, 18-34 Jahre. Beispiel: Rockland radio.

- EL – Easy Listening: sanfte Instrumentalmusik, ruhige und alt bekannte Evergreens. Zielgruppe: 35 – 60 Jahre. Beispiel: Radio Alpenwelle.
- Melodie: Deutsche Schlager seit 1955, internationale Oldies, Evergreens, Instrumentaltitel. Moderation locker, witzig, unterhaltend. Zielgruppe: 30-60 Jahre. Beispiele: RPR2, Alster Radio.
- MOR – Middle of the Road: nationale und internationale Titel mit harmonischem und melodiösem Charakter. Zielgruppe: 40-60 Jahre. Beispiel: Radio EINS.
- UC – Urban Contemporary: Rhythmusbetonte Musiktitel. Zielgruppe: 18-34 Jahre. Beispiel: JAM FM.
- Jazz: aus allen Bereichen. Keine Altersfestlegung, besser gebildete Personenkreise. Beispiel: Jazz Radio 101,9.
- Oldies: Hits der 60er, 70er und 80er Jahre. Zielgruppe: 30-60 Jahre. Beispiel: RTL Radio.
- Klassik: klassische Musik (populär), anspruchsvolle Moderation. Zielgruppe: höher gebildet. Beispiel: Klassik Radio.
- Info / All News: Nachrichten in Rotation (z. B. viertelstündlich), kaum Musik. Zielgruppe: 25-50 Jahre. Beispiele: Info Radio, B5 – Bayern 5.
- News / Talk: ausschließlich Nachrichten und Information, Talk, Wirtschaft. (Historisches) Beispiel: FAZ Business Radio (von 2000 bis 2002).

Nahezu die Hälfte der kommerziellen Privatradios positionieren sich als AC (vgl. Hickethier 2003: 298). Zur Durchsetzung eines Musikformats werden verschiedene programmiertechnische Vorkehrungen getroffen, insbesondere wird nachhaltig der bevorzugte Einsatz beliebter Musiktiteln in Form der sog. Rotation betrieben.

> Unter Rotation versteht man den Mechanismus, dass Musiktitel nach einem besonderen Ablaufschema gespielt werden, z. B. dass aktuelle Hits aus den Charts häufiger zu hören sind als andere, ältere Stücke. Die „Vorprogrammierung" geschieht über die sog. Playlist. Bei privaten Radios kann es vorkommen, dass ein Musiktitel bis zu 20 Mal am Tag gespielt wird. Die Rotation bestimmt über die inhaltliche Breite des Musikprogramms: Je höher die Rotation, desto schmaler die programmliche Vielfalt.

Nach dem **Verbreitungsgebiet** sind Radio-Programme wie folgt zu unterscheiden:

- Nationales Radio mit deutschlandweitem Verbreitungsgebiet. Beispiele: Deutschlandradio, Klassik Radio.
- Regional-Radio: ARD-Angebote, z. B. SWR 1, Eins Live, NDR 2. Privatangebote, z. B. Radio Regenbogen, Radio FFH.
- Lokal-Radio: örtlich zentrierte Angebote, z. B. Radio 7. Oft wird dabei ein Musik-Mantelprogramm zugeliefert, so dass das Lokal-Radio eigenständig nur lokale Fensterprogramme anbietet (Syndication).

> Unter Syndication versteht man die Zusammenstellung (Kompilation) von Musikprogrammen, die zur Abgabe an Rundfunksender zu Sendezwecken bestimmt sind. Private Rundfunksender beschäftigen in der Regel keine eigenen Musikredakteure, so dass sie Bedarf für solche professionell gestalteten Musikprogramme haben. Der Spezialbegriff „Content Syndication" bezeichnet den Austausch und Handel von Inhalten für das Publizieren im Web. Man spricht dabei von Content Sharing, wenn Inhalte getauscht werden, und von Content Syndication, wenn ein sog. Content Provider als Händler von Content auftritt.

(8) Die **Produktwelt der elektronischen Trägermedien** spielt auch im Zeichen von Online nach wie vor eine gewichtige Rolle für den Sektor des „Home Entertainment" und lässt sich in die folgenden Segmente differenzieren:

- Tonträger: Audio-CD, Cassetten, Schallplatte, Hörbücher;
- Bildträger: DVD, Blu-ray, Video-Cassetten;
- Video- und Computerspiele.

Die elektronischen Trägermedien werden zunehmend ergänzt und teilweise substituiert von nicht an Trägern gebundenen Angeboten aus dem Internet (Download, Streaming, Music Cloud-Dienste).

(a) Im Bereich der **Tonträger** steht nach wie vor die Musik-CD als Album im Vordergrund, die zusammen mit den legalen Download-Diensten und der Mobilmusik den Musikmarkt bildet. 2008 wurden 149,6 Mio. Stück verkauft, ein Volumen, das gegenüber 267,6 Mio. Stück im Jahr 2000 beträchtlich zurückgegangen ist.

Nach inhaltlichen Kriterien lässt sich Musik nach Stilen, Stilrichtungen, Gattungen bzw. Formen differenzieren. Diese dienen den Tonträgerherstellern als Leitlinie zur Packetierung ihrer Repertoiresegmente. Eine einfache Klassifizierung ist diejenige nach Pop, Rock, Schlager, Dance und Klassik. Detailliertere Klassifikationen können auf unterschiedlichen Differenzierungskriterien basieren:

- Stilrichtungen: z. B. nach Ethnie, Sprache: z. B. Afrikanische Musik, Lateinamerikanische Musik; nach Religionen: z. B. Christliche Musik;
- Art der Nutzung: stationäre vs. mobile Nutzung.

Wichtig ist ferner die Einteilung nach E-, U- und F-Musik, d. h. nach Ernster Musik (E), Unterhaltungsmusik (U) und Funktionaler Musik (F).

E-Musik:
- Musik des 16. bis 19. Jahrhunderts: z. B. Mittelalterliche Musik, Barock, Romantik
- Musik des 20. und 21. Jahrhunderts: z. B. Atonalität, Futurismus

U-Musik (auch L-Musik genannt):
- Popmusik: Beat, Electro Pop, J-Pop, New Wave, Neue Deutsche Welle, Skiffle etc.;
- Musik mit afroamerikanischen Wurzeln: z. B. Blues, Funk, Hip Hop, Soul;
- Musik mit lateinamerikanischen Wurzeln: z. B. Calypso, Mento (Reggae, Ska);
- Elektronische Musik: Ambient, Breakbeat, Dance, Downbeat, House, Industrial, Techno;
- Rock und Metal: Rock, Punk, Metal;
- Jazz: z. B. Acid Jazz, Bebop, Dixieland, Fusion, Ragtime, Swing;
- Spirituelle und Geistliche Musik: z. B. Christliche Popmusik, Soul, Negro Spritual;
- Volksmusik, Folk: Ballade, Schlager, Chanson, Country and Western, Folk Rock;
- Zwischenformen: Easy Listening, Underground-Musik, Kindermusik.

F-Musik:
- Tänze: z. B. Flamenco
- Hymnen: z. B. Nationalhymne
- Gebrauchsmusik: Filmmusik
- Kaufhausmusik: auch Fahrstuhlmusik, Muzak, Instore Radio
- Musik in der Werbung: Jingle
- Therapeutische Musik

Als „Sonstige Kategorien" sind besonders die Bereiche Blasmusik, Harmoniemusik, Improvisationen und Weltmusik bemerkenswert. Das führende Musikgenre ist mit einem Marktanteil an den verkauften Alben von ca. 40 Prozent die Popmusik. Der zweitgrößte Bereich ist die Rockmusik, der auf fast 20 Prozent kommt. Damit dominieren diese beiden Bereiche den Musikmarkt zu fast zwei Dritteln.

Im Hinblick auf die Art ihrer Zusammenstellung können Musikprodukte auf einen einzelnen Interpreten bzw. eine Gruppe zugeschnitten sein oder aber als Compilations „verpackt" werden.

> Compilation ist ein international gebräuchlicher Ausdruck für Kopplungen von Titeln mehrerer Künstler. Unterschieden werden nach dem musikalischen Inhalt Hit-Compilations (z. B. Top-30), Kids-Compilations, Club-Compilations oder Compilations, die an TV-Serien anknüpfen. Compilations haben einen Marktanteil von 10 bis 15 Prozent und sind damit zu einem wichtigen Produktfeld geworden.

(b) Der Bereich der **Bildträger** wird klar von Filmproduktionen dominiert (seit Jahren stabiler Absatz von ca. 100 Mio. Stück auch im Jahr 2008), ergänzt um Musikvideos (Verkauf von ca. 12 Mio. Stück). In beiden Bereichen hat sich das DVD-Format durchgesetzt. Der Markt ist gesättigt, wachsende Konkurrenz entsteht durch HD-Formate: 2008 waren es lediglich zwei Mio. Blue-ray-Discs, in mittelfristiger Hinsicht dürfte der Anteil jedoch stark zunehmen. Das VHS-Format ist vom Markt verschwunden. Ähnlich wie im Musikmarkt wird die Filmpiraterie Einzug halten. Nach wie vor eine wichtige Rolle spielt der Video-Verleih, ein Markt, in dem immer noch ca. 100 Mio. Titel pro Jahr abgewickelt werden. Beim Produkt Film-DVD ist inzwischen die Differenzierung des Angebots in drei Leistungsbereiche zur Norm geworden:

- Kinoversion des Spielfilms;
- Ergänzendes Filmmaterial: Making-Of-Dokumentation, Interviews;
- Alternatives Filmmaterial: z.B. Filmversionen (Director's Cut), unterschiedliche Sprachfassungen.

(9) Die **Produktwelt des Internet** ist als äußerst komplex zu bezeichnen, eine Folge von dessen überragenden Leistungsfähigkeit wie z. B. Interaktivität, Vernetztheit, Aktualität, Multimedialität, Informationsvielfalt (vgl. hierzu auch Kapitel 6.11). Das einzelne Internet-Produkt wird zweckmäßigerweise anhand von Websites beschrieben. Eine Website stellt einen „Auftritt" im Netz dar und besitzt eine eigene Adresse. Sie setzt sich zusammen aus einzelnen Seiten (u. U. eine sehr große Menge), wobei die Hauptseite als Homepage bezeichnet wird. Eine Website kann sich auf unterschiedlichste Objekte beziehen, auf Unternehmen und Organisationen, auf Privatpersonen, auf ein einzelnes Produkt, auf die Kommunikation zwischen Personen oder auf eine bestimmte, zeitlich befristete Aktion.

Als Haupt-Akteure im Internet kommen Einzelpersonen (Konsumenten), Unternehmen (Business) und öffentliche Institutionen (Administration) in Betracht. Sie bilden ein Spannungsfeld, das unterschiedlichste Beziehungsfelder definiert (vgl. Abb. 5-4; Quelle: Hermanns/Sauter 1999: 23).

		Nachfrager der Leistung		
		Consumer	Business	Administration
Anbieter der Leistung	Consumer	Consumer-to-Consumer z. B. Internet-Kleinanzeigenmarkt	Consumer-to-Business z. B. Jobbörsen mit Anzeigen von Arbeitssuchenden	Consumer-to-Administration z. B. Steuerabwicklung von Privatpersonen
	Business	Business-to-Consumer z. B. Bestellung eines Kunden in einer Internet-Shopping-Mall	Business-to-Business z. B. Bestellung eines Unternehmens bei einem Zulieferer per Internet	Business-to-Administration z. B. Steuerabwicklung von Unternehmen (Umsatzsteuer, Körperschaftsteuer etc.)
	Administration	Administration-to-Consumer z. B. Abwicklung von Unterstützungsleistungen	Administration-to-Business z. B. Beschaffungsmaßnahmen, öffentlicher Institutionen im Internet	Administration-to-Administration z. B. Transaktionen zwischen öffentlichen Institutionen im In- und Ausland

Abb. 5-4: Gruppen von Akteuren im Internet

Diese „Akteur-Landschaft", die insbesondere für den Bereich des E-Commerce eine große Rolle spielt, könnte noch ergänzt werden um den Akteur Mitarbeiter in einem Unternehmen (Employee), so dass weitere Felder entstehen würden. Das Feld „Business-to-Employee" würde dann die interne Kommunikation eines Unternehmens mit der Mitarbeiterschaft zum Ausdruck bringen, bei der das Internet als geschlossenes und nach außen geschütztes System, dem Intranet, eingesetzt wird.

Zur Klassifikation des Leistungsangebots im Internet ist ein **„4-C-Modell"** alternativer Geschäftsmodelle vorgeschlagen worden, dem hier gefolgt werden soll (vgl. Abb. 5-5; Quelle: Wirtz 2013: 720 ff., auf den sich auch die nachfolgenden Ausführungen im Wesentlichen beziehen).

Abb. 5-5: 4-C-Modell für Geschäftsmodelle im Internet

(a) Der Bereich **Content** kennzeichnet alle Internet-Angebote, die das erklärte Ziel haben, Inhalte zu generieren und bereit zu stellen. Dieser Bereich steht dem Grundgedanken von Medien am nächsten, nämlich Kommunikation zwischen Kommunikator und Rezipienten zu ermöglichen. So ist es nicht überraschend, dass alle Zeitungs-, Zeitschriften- und Buchverlage sowie alle Rundfunk-Unternehmen im Internet mit publizistischen Angeboten vertreten sind, die in der Regel eine ergänzende und erweiternde Funktion zum klassischen Kernprodukt ausüben.

> Es gehört zum Standard, dass Medienunternehmen das Internet nutzen, um crossmediale Konzepte zu realisieren, die darauf abzielen, den bestehenden Kunden des Kernprodukts einen Mehrwert zu schaffen (vgl. Kröger 2002: 523 ff.). So verweisen Zeitungen (z. B. „Die Welt") in ihrer Print-Ausgabe auf eine vertiefende Berichterstattung innerhalb des Online-Angebots „Die Welt Online". Analog verweisen TV- und Radio-Unternehmen auf ihre Websites hin, in denen der Zuschauer oder Zuhörer weiterführende Informationen erhält, z. B. ein Sendemanuskript. Aus grundsätzlicher Sicht kann der Mehrwert in der Aktualität der Inhalte bestehen, in Möglichkeiten zur Recherche in Archiven und Anzeigendatenbanken, in der Interaktivität durch Angabe von E-Mail-Adressen oder in der Personalisierung von Inhalte-Angeboten.

Neben den Medienunternehmen als „genuine Akteure" tritt auch die Masse der Nicht-Medien-Unternehmen im Internet auf, um eigene Inhalte zum Abruf anzubieten, in der Regel mit dem Ziel, Public Relations zu betreiben und für Vertrauen in der Öffentlichkeit zu werben. Das Unternehmen mutiert dann sozusagen zu einem Pseudo-Medienunternehmen und betreibt eigenständig – wie ein Verlag oder Sender – die systematische Veröffentlichung von Inhalten.

> Die Selbstdarstellung eines Unternehmens im Internet ist Teil des „Corporate Publishing". Das Internet bietet durch dessen Eigenschaften neue Möglichkeiten, vor allem durch die Hypermedialität (Vernetzungsmöglichkeit der Informationen), durch die Herstellung von Interaktivität und seine räumliche und zeitliche Verfügbarkeit (Aktualität).

Die zunehmend wichtiger werdenden publizistischen Aktivitäten von privaten Einzelpersonen werden mit dem Begriff „User Generated Content" umschrieben.

> Mit diesem Phänomen wurde vor einiger Zeit – unter der Bezeichnung „Web 2.0" – eine neue Ära des Internet-Zeitalters eingeläutet. Zusammenfassend spricht man von „Social Media" und konstatiert einen echten Strukturbruch in der gesamten Medienwelt, der die klassischen Funktionsprinzipien der Medien auf den Kopf stellt. So waren in der traditionellen Welt der Massenkommunikation die Rollen klar verteilt: auf der einen Seite gab es die professionellen Kommunikatoren, die Botschaften über Medienkanäle an Rezipienten verbreiten – das klassische Sender-Empfänger-Modell gemäß der wohlbekannten Lasswell-Formel. Mit Web 2.0 änderten sich diese Rahmenbedingungen nachhaltig, da es nun mit einfachsten Mitteln möglich ist, jedermann zum Kommunikator werden zu lassen. Die Macht der Medien als „Gatekeeper" in der Themenlandschaft ist gebrochen.
>
> User Generated Content entsteht in den verschiedensten Web-Welten: (1) Blogs: persönliche Veröffentlichung von Neuigkeiten, Meinungen, Kommentare. Die Einträge werden chronologisch gelistet wie in einem Tagebuch. Manche Blogger erreichen ein Millionenpublikum. (2) Chats: Im Chat werden Textnachrichten in Echtzeit ausgetauscht. (3) Wikis: Viele Autoren entwickeln ein gemeinsames Dokument. Jeder Teilnehmer kann Inhalte hinzufügen oder löschen. Bei Meinungsverschiedenheiten erfolgt eine offene Diskussion. Musterbeispiel ist das Online-Lexikon Wikipedia. (4) Videoportale (Beispiele: YouTube, MyVideo, Sevenload): Das Internet wird zur Videothek, in der jedermann Filmbeiträge einstellen und abrufen kann. (5) Podcasts („iPod"/„Broadcast"): Sie ermöglichen die Veröffentlichung selbst produzierter Radio- und Fernsehbeiträge (mit Webcam und Mikrofon). (6) Soziale Netzwerke (Beispiele: Facebook, ehemals: StudiVZ, MySpace): Sie transportieren persönliche Informationen (und sind daher für die Internet-Funktion „Connection" zentral, s. u.).

Zusammenfassend kann man feststellen, dass Content generierende Akteure im Internet in drei Gruppen differenziert werden können: Medien-Unternehmen, die qua Zielsetzung oder Auftrag publizistisch tätig sind und professionell Content generieren, ferner Wirtschaftsunternehmen und Organisationen sowie Privatpersonen.

Analog zu Hörfunk und Fernsehen lassen sich die publizistischen Internet-Produkte nach inhaltlichen Kriterien in informierende, bildende und unterhaltende Angebote differenzieren, weshalb man den Bereich Content im Internet in die drei Teil-Geschäftsmodelle E-Information (Politik, Gesellschaft, Wirtschaft), E-Education (Virtual University, Public Education) und E-Entertainment (Spiele, Filme, Bücher, Musik) unterscheiden kann, ergänzt um Mischformen wie E-Infotainment oder E-Edutainment (vgl. Wirtz 2013: 726).

Eine Content-Form besonderer Natur stellt die **Online-Werbung** dar. Gemeint sind die inzwischen begrifflich präzisierten und vereinheitlichten Möglichkeiten, das Internet systematisch als Werbeträger zu nutzen. Das bekannteste Internet-Werbeformat sind nach wie vor Buttons, die man anklickt und dadurch eine Werbebotschaft abruft. Daneben sind zahlreiche Sonderwerbeformen im Internet verbreitet.

Nachfolgend sei eine Übersicht über wichtige (oftmals bereits „klassische") Werbeformate im Internet gegeben:

- Button, Werbebutton: Kleine interaktive Werbefläche, positioniert auf einer anderen Internetseite, über die man durch Anklicken auf die Internetseite des eigenen Unternehmens gelangt.
- Werbebanner: Dabei handelt es sich um die am weitesten verbreitete Werbeform im Internet. Der Banner ist i. d. R. eine größere, schmale und rechteckige Werbefläche, in der das zu bewerbende Objekt (Produkt, Marke, Unternehmen) kommunikativ hervorgehoben wird. Einzelne Formen: (1) Fullsize-Banner als „Klassiker" unter den Online-Werbeformen (Format z. B. 468 x 60 oder 728 x 90 Pixel im Querformat am oberen oder unteren Rand der Seite). Durch dessen überdurchschnittliche Größe und die Nutzung der gesamten Seitenbreite wird eine hohe Aufmerksamkeit der User erzeugt. (2) Skyscraper: Hochformatiger Banner (z. B. 120 x 600 Pixel), der auf der Seite eine unübersehbare Größe einnimmt. Er wird z. B. rechts neben den redaktionellen Inhalten platziert und bleibt präsent, wenn der Nutzer die aufgerufene Seite herunterscrollt.
- Pop Up, Pop Up Ad: Beim Aufrufen der Seite öffnet sich automatisch ein Fenster, in dem statische Bilder, kurze Spots oder Videosequenzen gezeigt werden. Pop Ups gelten als aufmerksamkeitsstarke Werbeform. Pop Under: Das Pop Under öffnet sich als Werbefenster hinter einer aktuell aufgerufenen Seite und ist somit erst bei Schließen des Browsers sichtbar.
- Microsites, Nanosites: Kleine, voll funktionsfähige Websites, die Bestandteil der eigenen Seiten sind oder direkt auf einem Werbeträger platziert werden.
- Backpages: Am oberen Seitenrand erscheint z. B. ein imaginäres Eselsohr, das auf eine dahinter liegende Website aufmerksam macht.
- Eyeblaster: Darstellungen auf der Internetseite, wie z. B. eine virtuelle dreidimensionale Hand oder Käfer, die über die Seite laufen und dann wieder im Hintergrund verschwinden.
- Interstitials, Ad Breaks: Werbeunterbrechungen, die in regelmäßigen Intervallen eine ganze Webseite im Internet einblenden und den redaktionellen Inhalt unterbrechen. Mit dieser Werbeform ist höchste Aufmerksamkeit garantiert, sie ruft jedoch wie jede Unterbrecherwerbung möglicherweise ein Abwehrverhalten des Users hervor.

Online-Werbung ist für Unternehmen v. a. im crossmedialen Verbund relevant und soll zur Effizienzsteigerung von Werbekampagnen beitragen. Neuere Trends der Online-Werbung sind Rich Media-Kampagnen, interaktive Werbeformate, Real Time Advertising oder Permission Marketing.

Rich Media bezeichnet die Anreicherung von Text- und Standbild-Inhalten im Internet durch Video, Audio und Animation.

Unter Permission Marketing versteht man den E-Mail-Versand von Werbebotschaften mit der ausdrücklichen Erlaubnis des Interessenten bzw. Kunden. Hauptform ist der Newsletter. Potenziellen Kunden können dadurch sehr wirkungsvolle personalisierte Angebote gemacht werden.

(b) Internet-Produkte im Bereich des **Commerce** haben die Abwicklung von Geschäften zwischen Wirtschaftsunternehmen und Konsumenten zum Gegenstand. Diese können in die Bereiche Anbahnung (E-Attraction), Aushandlung (E-Bargaining, E-Negotiation) und Abwicklung von Transaktionen (E-Transaction) unterteilt werden.

Unter E-Commerce versteht man alle Formen der elektronischen Geschäftsabwicklung über Computer-Netzwerke.

Im Bereich der Anbahnung von Transaktionen (E-Attraction) agieren Unternehmen, die als Agenturen die Werbung im Internet vermitteln, sowie Betreiber von Marktplätzen bzw. Shopping-Malls, welche den Anbietern von Waren und Dienstleistungen eine virtuelle Plattform zur Präsentation bieten.

Das Internet ist als natürlicher Marktplatz für das Rubrikengeschäft anzusehen (vgl. BDZV: Zeitungen 2004: 217): Es bietet eine überlegene Datenbankfunktionalität, Multimediafähigkeit zu niedrigen Kosten, eine bessere Zielgruppenansprache, niedrige Vertriebskosten und eine hohe Massenreichweite.

In der Phase der Aushandlung (E-Bargaining) spielen die Geschäftsbedingungen eine entscheidende Rolle. Grundsätzlich können Internet-Produkte dabei in dreifacher Hinsicht unterstützende Dienste leisten: Erstens als Nachfrage-Aggregation (Demand Aggregation), bei der Kaufinteressenten gebündelt werden mit dem Anreiz, einen Mengenrabatt teilweise an die Käufer in Form eines reduzierten Kaufpreises weitergeben zu können. Zweitens sind Auktionen zu nennen, die für eine hohe Markttransparenz sorgen und Angebot und Nachfrage auf einem Markt eng zusammen bringen. Drittens schließlich geht es um Price Seeking-Konzepte, bei denen von Seiten der Kunden das gewünschte Produkt vorgegeben wird und nach dem günstigsten Preis geforscht wird.

Als Beispiel für Nachfrage-Aggregation ist „letsbuyit.com" zu nennen. Kunden können sich auf der Website von letsbuyit.com registrieren und das Recht erwerben, Produkte umso billiger zu kaufen, je mehr Leute das gleiche Produkt bestellen. Durch diese Sammelbestellungen kann letsbuyit.com niedrigere Preise bei den Herstellern realisieren. Das Angebot kann von den Kunden direkt beeinflusst werden, in dem diese Produktwünsche bei letsbuyit.com anmelden. Das Modell baut darauf, dass die Kunden an die Ehrlichkeit von letsbuyit.com glauben, d.h. dass die Anzahl der Interessenten korrekt angegeben wird. Als mögliche Güter kommen nur solche in Frage, die nicht leicht verderblich sind und leicht gelagert werden können.

Als Beispiel für Auktionen kann „ebay.com" als weltweit agierender Anbieter und bekanntestes und meistgenutztes Internetauktionshaus im deutschsprachigen Raum dienen. Die Firma eBay ist ein Consumer-to-Consumer-Marktplatz, der auf der einen Seite wegen der hohen Zahl privater Beteiligter einem Flohmarkt ähnelt, auf der anderen Seite zu einer Business-to-Business-Plattform geworden ist, da sie auch von einer großen Anzahl gewerblicher Anbieter genutzt wird.

Ein Beispiel für das Price Seeking-Modell ist „preisauskunft.de", entstanden 1997 in Pforzheim und mit heutigem Sitz in Karlsruhe. Das Unternehmen bietet Produkt-, Preis- und Dienstleistungsinformationen zu Millionen Produkten im Internet und befasst sich mit der Entwicklung neuer Suchtechnologien und Vertriebsmöglichkeiten im Web. Partner sind unter anderem IBM und Otto.

Die Anbieter von Leistungen zur Unterstützung der Transaktionsabwicklung schließlich lassen sich im Hinblick auf die Zahlungsabwicklung (Payment) und die Auslieferung (Delivery) unterscheiden.

> Payment-Leistungen werden z. B. von PayPal angeboten. PayPal bietet Privatpersonen und gewerblichen Händlern einen Service zum Senden und Empfangen von Online-Zahlungen bei eBay. PayPal ermöglicht die unkomplizierte Zahlungsabwicklung auch auf internationaler Ebene per Kreditkarte, Überweisung und aus Guthaben auf dem PayPal-Konto.

Alle vorgenannten Formen haben die Vermittlung von Geschäften zum Gegenstand. Die Anbieter dieser Leistungen sind sog. Intermediäre. Davon zu unterscheiden ist das eigentliche Retailing (E-Retailing), bei dem Produkte über sog. Web-Shops vertrieben werden. Produktgruppen, die besonders intensiv über das Internet vertrieben werden, sind Bücher, DVDs, CDs, Computerspiele, elektronische Geräte, Spielwaren. Prinzipiell ist jedoch jede Form von Gütern zum Internet-Handel geeignet. Eine besondere Rolle spielen Produkte, die nicht durch einen körperlichen Transport zum Empfänger gelangen, sondern über das Internet ausgeliefert werden können, wie dies bei Informationsprodukten grundsätzlich möglich ist (v. a. Musik-Files, Filme, Texte, Spiele, Software).

> „www.otto.de" und „www.tchibo.de" sind die deutschlandweit meistbesuchten Online-Shops, Otto ist sogar der zweitgrößte weltweit.

(c) Produkte von Anbietern von **Context** haben zum Ziel, in der komplexen Informationslandschaft eine Navigationshilfe zu sein und zur Orientierung beizutragen. Zu unterscheiden sind Suchmaschinen und Web-Kataloge. Suchmaschinen durchsuchen automatisch Millionen von Websites und werfen die Ergebnisse undifferenziert aus. Demgegenüber basieren Web-Kataloge auf einer redaktionellen Leistung.

> Die bekannteste Suchmaschine ist Google, der bekannteste Web-Katalog Yahoo.

(d) Anbieter von Produkten, die der **Connection** dienen, zielen darauf ab, den Nutzern einen Informationsaustausch in Netzwerken zu ermöglichen. Zu unterscheiden ist dabei zwischen den Begriffen Inter-Connection und Intra-Connection. Produkte der ersten Kategorie ermöglichen den Usern den technologischen Zugang zu den physischen Netzwerken. Anbieter sind die Internet Service Provider wie T-Online oder AOL, im mobilen Bereich ist iMode oder UMTS relevant. Demgegenüber sind Intra-Connection-Produkte Kommunikations-Dienstleistungen, die innerhalb des Internets die Verbindung zwischen den Usern herstellen. Zu unterscheiden sind Mail-Services und Communities.

> Communities hatten eine geradezu fulminante Wert-Entwicklung erlebt und haben sich neben den reinen Corporate Websites als feste Größe etabliert. Ein anschauliches Beispiel aus der Vergangenheit ist die Community „my-space.com", die im Jahr 2006 von Rupert Murdoch für ca. 560 Mio. Dollar erworben wurde. Dies war seinerzeit Aufsehen erregend und ein Indikator dafür, dass C-to-C-Websites und Plattformen, die von privaten Nutzern betrieben werden, zunehmend an Bedeutung gewannen. Man konnte im Hinblick auf dieses Phänomen geradezu von einer „Emanzipation" des Konsumenten sprechen. Weitere diesbezügliche Community-Beispiele sind die Kontaktmanagement-Plattformen „LinkedIn" oder „Xing", bei der die Mitglieder persönliche Kontakte aufbauen, die sie für eigene Karrierezwecke nutzen. Sie bieten u. a. eine sog. „Tagging-Funktion", mit der die Community-Mitglieder die Kontakte gruppieren und auf praktische Art Personen gezielt wieder finden können.

(10) Die **Produktwelt Spiele** ist nach inhaltlichen Kriterien in die folgenden Genres zu unterscheiden (Walter 2002: 27):

- Adventure Games;
- Rollenspiele;
- Actionspiele;
- Strategiespiele;
- Simulationsspiele;
- Sonstige Bildschirmspiele.

Dieses Tableau an Spiel-Genres kann einer Matrix mit den Dimensionen Erzählung auf der einen Seite und Denken/Action auf der anderen Seite zugeordnet werden (vgl. Abb. 5-6, vgl. ebd. 28):

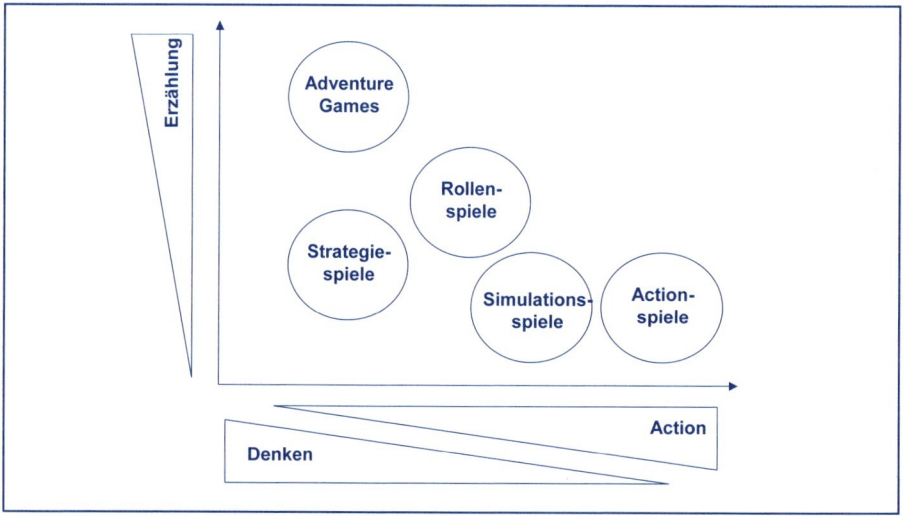

Abb. 5-6: Spiel-Genres im Überblick

Im Hinblick auf die technische Konfiguration lassen sich Spiele wie folgt differenzieren (vgl. Wirtz 2013: 633):

- Konsolenspiele: Heim-Konsole, Handheld-Konsole;
- Computer-Spiele;
- Online-Spiele;
- Mobile-Spiele: Mobiltelefon, PDA;
- Interaktive TV-Spiele: Fernsehgerät, Set-top-Box.

Jede dieser Plattformen ist für die jeweiligen Spiele-Genres unterschiedlich geeignet. So können komplexe Rollen- und Strategiespiele praktisch ausschließlich nur auf dem Computer gespielt werden. Konsolen eignen sich hingegen am besten für Action-, Sport- und Jump- und Run-Spiele. Zu unterscheiden sind Spiele ferner nach ihrer Kompatibilität mit anderem technischen Equipment. Konsolen sind mit anderen Geräten nicht kompatible, mithin „proprietäre" Plattformen, die eigenständig genutzt werden, während Computer-Spiele ein hohes Maß an Kompatibilität mit anderen Funktionen aufweisen.

Eine weitere Differenzierung von Spielen kann nach der Anzahl der beteiligten Spieler, nach Offline und Online sowie nach stationär und mobil vorgenommen werden. Danach sind zu unterscheiden (vgl. Wirtz 2013: 644 ff., speziell S. 653):

- Single-Player-Spiele: (1) Offline stationär: Klassisches Einzelspiel auf PC, Konsole oder Settop-Box. (2) Offline mobil: Spielen auf mobilen Plattformen, z. B. klassisches Game-boy-Spiel, Handy-Games. (3) Online stationär: Spielen über Application-Hosting auf PC, Konsole oder Settop-Box. (4) Online mobil: Spielen von Online-Handy-Games.
- Multi-Player-Spiele: (1) Offline stationär: Spielen auf PC, Konsole oder Settop-Box mit mehreren Game-Pads oder im LAN. (2) Offline mobil: Spielen via miteinander verbundenen mobilen Plattformen, z. B. Handy-Games via Bluetooth, Gameboys via Link-Kabel. (3) Online stationär: Spielen von Online-Multiplayer-Games auf PC, Konsole oder Settop-Box. (4) Online mobil: Spielen von Multiplayer-Games auf dem Handy.

> Eine besondere Beachtung verdienen Massive-Multiplayer-Spiele: Mehrere Tausend Spieler treten im Internet miteinander und gegeneinander an. Insbesondere Rollenspiele und Fantasy sind Gegenstand. Voraussetzung für diese Spieleform ist eine hohe Bandbreite. Möglich sind das Spiel mit Software auf der Plattform des Spielers und das Spiel auf der Grundlage von reinem Application Hosting.

Wenig beachtet ist die Rolle der Werbung im Kontext von Video- und Computerspielen – die Fachbegriffe lauten „In-Game-Advertising" (IGA) bzw. „integrierte Werbebotschaften". So ist inzwischen die Welt der Spiele zum systematisch buchbaren Werbemedium aufgestiegen, über das durchaus nennenswerte Werbegelder generiert werden. Es wird davon ausgegangen, dass der im Gegensatz zum Fernsehkonsum der Widerstand gegenüber Werbung („Reaktanz") in der Situation eines Computerspiels erheblich herabgesenkt ist bzw. sich ganz auflöst. Dieser positive Akzeptanzeffekt wird aus Sicht der Werbungtreibenden durch hohe Einschaltkosten und unzulängliche Möglichkeiten der Einschätzung der Wirkungspotenziale von IGA konterkariert.

> Die Einschätzung der Effizienz der Computerspiele als Werbeträger fällt den werbenden Akteuren offensichtlich noch recht schwer: „Viele Erscheinungsformen von Werbung in Computerspielen sind kein Novum, sondern finden in abgewandelter Form bereits in der klassischen Marktkommunikation Anwendung. Dennoch ist die verbreitete Skepsis, die viele werbungtreibende Unternehmen diesem Kommunikationsinstrument entgegenbringen, nicht unberechtigt. Die charakteristischen Eigenschaften von Computerspielen sind v. a. für das Wirkungspotenzial von IGA ein zweischneidiges Schwert. Einerseits implizieren hohes Involvement und Interaktivität eine einzigartige Kontaktqualität. Andererseits sind diese Eigenschaften unmittelbar mit der Unsicherheit verbunden, ob gewünschte Werbeeffekte auch tatsächlich generiert werden. Neben diesen Unsicherheiten existieren aktuell nur wenige relevante Daten für die Mediaplanung und Effizienzkontrolle" (Ziegele 2012: 292).

Unter medienpolitischen Kriterien erscheint dabei die gezielte Vermischung von Spielhandlungen und Werbung als besonders problematisch. Allerdings wird diese Entwicklung stark durch die stetig steigenden Entwicklungskosten von Computerspielen getrieben. Computerspiele gehören zu den teuersten Medienproduktionen.

5.3 Medienprodukte als Vorleistungen von Unternehmen

Medienprodukte dieser Kategorie haben den Zweck, die Geschäftsprozesse von Wirtschaftsunternehmen und Organisationen zu unterstützen. Dies bedeutet im Gegensatz zu den publizistischen (End-)Produkten der Massenkommunikation eine völlig andere Ausrichtung. Medien stellen in diesem Fall einen Faktor im „Business" bzw. – beim Einsatz von elektronischen Medien – im „E-Business" dar. Sie unterstützen den **Wertschöpfungsprozess** von Unternehmen und sind vorrangig auf den Business-to-Business-Bereich (B-to-B) ausgerichtet, der als Vorstufe zum Endkonsum (Business-to-Consumer) gesehen werden kann.

Der Wertschöpfungsprozess von Wirtschaftsunternehmen ist die Abfolge der Bearbeitungsstufen eines Produktes von der ersten Idee bis zur Nutzung durch die Zielgruppe und kann in die folgenden Stufen unterschieden werden:

- Management und Verwaltung;
- Beschaffung von Ressourcen;
- Produktion oder Kauf von fertigen Produkten („Make-or-Buy-Entscheidung");
- Bündelung der Produkte („Packaging");
- Absatz: Verkauf, Vertriebswege, Kommunikation, Verwertung;
- Nutzung durch die Zielgruppe.

(1) Medienprodukte mit der Ausrichtung auf das **Management** betreffen vorrangig die Optimierung der innerbetrieblichen Kommunikation bzw. des „internen Marketing", während ihr Einsatz in der **Verwaltung** die Verbesserung der Produktivität und eine Senkung von Verwaltungskosten zum Gegenstand hat. Hierbei wird an verschiedenen Stellen – insbesondere im Verwaltungsbereich – deutlich, dass die Grenzen zu den anderen TIME-Bereichen fließend sind und die Konvergenz, v. a. zwischen Medien und IT bzw. Software, weit fortgeschritten ist.

> Beispiele für Medienprodukte im Management:
> - Mitarbeiterkommunikation: Die Führung eines Unternehmens hat ein Interesse daran, die Mitarbeiter gut zu informieren. Als klassisches Instrument fungierte in der Vergangenheit die Mitarbeiter-Zeitschrift, während diese Funktion heute das Intranet und Newsletter übernommen haben.
> - Schulungsmaterial: Nach wie vor relevant sind z. B. Management-Lehrgänge auf DVD oder der Einsatz von Lern-Software auf CD-ROM.
> - Corporate TV: Videobotschaften werden zur Vermittlung von Wissen an die Mitarbeiter genutzt, sei es im Hinblick auf Produkteinführungen, Produktschulungen oder Verhaltenstraining. Mit dem Einsatz von unternehmensinternem TV gelingt es dem Management, die Schulung der Mitarbeiter und die interne Kommunikation zu verbessern. Das Internet als Intranet fungiert als unternehmensinternes Kommunikationssystem, das Interaktion und Multimedialität ermöglicht.
>
> Beispiele für Medienprodukte in der Verwaltung:
> - Electronic Data Interchange (EDI): Hierbei handelt es sich um den elektronischen Datenaustausch zwischen Geschäftspartnern. Es geht um die effiziente verwaltungstechnische Abwicklung von Geschäften. Das Medium ist bereits seit langem im Einsatz. Es wird zunehmend mit dem Internet verknüpft, um die Vorteile der digitalen Welt zu nutzen.
> - Einsatz von Business-Software: In allen Unternehmen findet umfassender Software-Einsatz in Form vorgefertigter Standard-Software und maßgeschneiderten Lösungen statt.

- Dokumentenmanagement-Systeme: Der Einsatz elektronischer Medien hilft mit, die papiergebundene Dokumentationen zu ersetzen, was zu einer Vereinfachung und Effizienzsteigerung führt.

(2) Medienprodukte in der **Beschaffung** und **Produktion** sind auf die Optimierung der innerbetrieblichen Wertschöpfungsprozesse ausgerichtet und damit Teil des „Business Process Managements". Dieses kann als Methode zur ganzheitlichen Ablaufoptimierung der Prozesse verstanden werden und führt bei konsequenter Umsetzung zu einem Wechsel vom abteilungsorientierten zum prozessorientierten Unternehmen und zu einem ganzheitlichen Prozess-Denken. Im Zentrum stehen Internet und IT.

Beispiele für Medienprodukte in der Beschaffung und Produktion:
- Internet als Einkaufsinstrument: Im Bereich des Einkaufs spielt das Internet eine zentrale Rolle (E-Procurement). Der Grund liegt in der Fähigkeit des Internets, gewinnbringende Informationen schnell und umfangreich zu erzeugen. Mit dem Internet kann das Unternehmen sonst schwer zugängliche Informationen schnell auffinden, es kann elektronische Preisvergleiche anstellen oder elektronische Ausschreibungen veranstalten. Unter Einsatz von intelligenten Internet-Agenten lässt sich das Netz gezielt nach Informationen durchsuchen, weit über die Funktion von konventionellen Suchmaschinen hinausgehend.
- Software-Einsatz: Jedes Unternehmen ist daran interessiert, seine Geschäftsprozesse durch den Einsatz von Software zu unterstützen.

„Der Rundfunk Berlin-Brandenburg (rbb) reorganisiert die Prozesse der Sendeplanung mit der Zielsetzung, durch Optimierung in der Sendeplanung höhere Aktualität, bessere regionale Verankerung und zielgruppengerechtere Inhalte zu erreichen. Ferner sollen die eigenen Ressourcen und das bestehende Programmvermögen besser genutzt werden. In naher Zukunft wird dies durch eine neue IT-Lösung unterstützt. IDS Scheer als internationaler Lösungsanbieter für Prozesse und IT unterstützt den rbb, die Optimierungspotenziale in den Prozessen der Sendeplanung produktneutral zu durchleuchten. Mit der Analyse der Ist- und der Definition von Soll-Prozessen in der Sendeplanung wird gerade der erste Schritt in Richtung einer integrierten Sendeplanung getan. Wie die meisten anderen ARD-Anstalten steht auch der rbb vor der Herausforderung, seinem öffentlich-rechtlichen Auftrag trotz knapper werdender Mittel gerecht zu werden."
(Quelle: http://www.ids-scheer.de/international/german/profile/51076, 27.08.2005)

(3) Mit den Medienprodukten im **Produkt- und Absatzbereich** soll das Marketing wirkungsvoll unterstützt werden und dafür sorgen, dass auf allen Stufen der Wertschöpfungskette eine Ausrichtung auf den maximalen Markterfolg geschieht. Hierzu leisten Medien in vielfältiger Weise einen positiven Beitrag, insbesondere indem die angebotenen Produkte mit medialen Zusatzfunktionen aufgewertet werden. Ein Musterbeispiel ist die Einrichtung einer Hotline für ein kompliziertes elektronisches Gerät oder eine multimediale elektronische Gebrauchsanleitung auf CD-ROM. Medien in dieser Form eingesetzt, stellen Dienstleistungen dar, die das Kernprodukt um zusätzliche Leistungsbündel ergänzen und damit einen Zusatznutzen für den Nutzer erzeugen („Value Added Services").

Beispiele für Medienprodukte als Instrument der Produktgestaltung:
- Mit digitalen Medien können Unternehmen ihr Produktangebot besser auf den einzelnen Kunden ausrichten. Sie eröffnen einen Weg, wie sie ihr Leistungsangebot auch im Falle von Massenproduktion maßgeschneidert gestalten können. Diese Form der Personalisierung des Leistungsangebots wird als „Mass Customization" bezeichnet.
- Bei Produkten, die sich aufgrund ihres Systemcharakters aus mehreren Modulen zusammensetzen, kann die Zusammenstellung des Produkts durch den Kunden via Internet erfolgen. Preispolitik: Digitale Medien ermöglichen stärkere Differenzierungen in der Preisgestaltung und die Verbesserung der Zahlungsbedingungen für den Kunden.

Beispiele für Medienprodukte in der Marktforschung:

- Das Internet spielt als Instrument für Data Mining und bei der elektronischen Marktforschung eine gewichtige Rolle. Die Marktforschung ist eine wichtige Grundlage für das Marketing, bei der möglichst viele Informationen über die Märkte, die potenziellen Kunden oder über Konkurrenten in Erfahrung gebracht werden. Hier ermöglicht das Internet neue Formen der Informationserhebung wie z. B. virtuelle Testmärkte, Online-Befragungen, Diskussionsforen. Diese Formen sind durchweg preiswerter als die herkömmlichen Marktforschungsinstrumente und können eine wertvolle Ergänzungsfunktion darstellen.
- Über Online-Protokollsysteme („elektronische Spuren") kann die sofortige und einfache Analyse von Daten erfolgen.

Beispiele für Medienprodukte im Verkauf (Verkaufsunterstützung und Vermarktungshilfe):

- Interaktive Kiosk-Terminals: Hierbei handelt es sich um Geräte, die den interaktiven Abruf von Informationen am P.o.S., P.o.I. oder P.o.F. möglich machen, also z. B. auf Messen, Ausstellungen, in Diskotheken oder auf Bahnhöfen. Unter dem P.o.S. wird der „Point of Sale" verstanden, also der Ort des Verkaufs wie z. B. ein Einzelhandelsgeschäft oder Shopping-Zentrum. P.o.I. steht für „Point of Information", der Ort, an dem Informationen vermittelt werden wie z. B. Bahnhof oder Messe. P.o.F. ist die Abkürzung für „Point of Fun" und bezeichnet Orte, wo Spiel und Spaß dominieren wie z. B. Diskotheken oder Freizeitparks.
- Internet als Informationsinstrument: Das Internet dient der Online-Präsentation der Produktpalette.
- Internet als Kommunikationsinstrument: Hier geht es um die Erhöhung der Kundenbindung und die Verbesserung des Kundenkontakts. Gute Möglichkeiten sind das laufende Zuspielen von Neuigkeiten aus dem Unternehmen über E-Mail-Newsletters oder die Einrichtung von Online-Kundenclubs („Communities").
- Internet als interaktiver Vertriebskanal: Das Internet dient zur Anbahnung und Abwicklung von geschäftlichen Transaktionen („E-Commerce"). Ziel ist es, das Internet als Absatzkanal zu nutzen und die Marktdurchdringung zu steigern.
- Lernprogramme im innerbetrieblichen Einsatz: Eine große Rolle spielen – v. a. in der Verkaufsförderung – das Training der Verkäufer und aller am Verkauf beteiligten Mitarbeiter. Medien helfen, Lerninhalte zu transportieren. (E-Learning, CBT / Computer Based Training).

Beispiele für Medienprodukte als Mittel der Unternehmenskommunikation:

- Werbung: Medienprodukte spielen eine wesentliche Rolle in der Werbung. Dort wird das Medienprodukt als „Werbemittel" bezeichnet, z. B. eine gestaltete Anzeige oder ein TV-Spot, das in geeigneten Werbeträgern zu schalten ist. Zu denken ist an die Herstellung eines Fernsehwerbespots, der von Agentur- und Produktionsseite entwickelt wird und den Umsatz eines Automobilherstellers ankurbeln soll.
- Internet-Werbung („Webvertising"): Durch das Internet gelingt es zunehmend, die Werbung auf die konkreten Bedürfnisse und Einstellungen der Zielgruppen hin maßzuschneidern. Das geht so weit, dass sogar völlig individualisierte Formen der Kommunikation zwischen Anbietern und Nachfragern möglich werden. In der Fachsprache wird dieser Sachverhalt als „One-to-one-Marketing" bezeichnet, also Marketing von einer Stelle (dem Unternehmen) zur anderen Stelle (dem einzelnen Kunden).
- Öffentlichkeitsarbeit: In diesem Feld ist die Palette der Möglichkeiten besonders groß. Zu denken ist an Präsentations-CDs, Image-Broschüren oder DVDs. Auch Dia-AV ist nach wie vor ein interessantes Medium: Mit der Verbindung von Bild und Ton in Form sog. Multivisionen bestehen bei Messen oder Betriebsbesichtigungen nach wie vor gewisse Einsatzmöglichkeiten.

Das Marketing mit Hilfe von Medienprodukten erweist sich damit als ein ausgesprochen vielschichtiges Gebiet. Es gibt kaum einen innerbetrieblichen Bereich und wohl kaum eine Verbindung zwischen Unternehmen, in dem nicht Medien und insbesondere das Internet eine Rolle spielen. Damit ist es wichtig, nicht allein den unmittelbaren publizistischen Bereich der Medien im Auge zu behalten, sondern gerade auch den Business-Bereich.

5.4 Charakteristika von Medienprodukten

Medienprodukte weisen eine Reihe von Eigenschaften auf, die sie z. T. fundamental von anderen Gütern, insbesondere von Industriegütern, unterscheiden, was beachtliche Konsequenzen zur Folge hat. Die primär aus ökonomischer Sicht interessierenden spezifischen Eigenschaften von Medienprodukten lassen sich in die drei Kategorien der Entstehung, der Produktmerkmale und der Nutzung einordnen (vgl. Abb. 5-7).

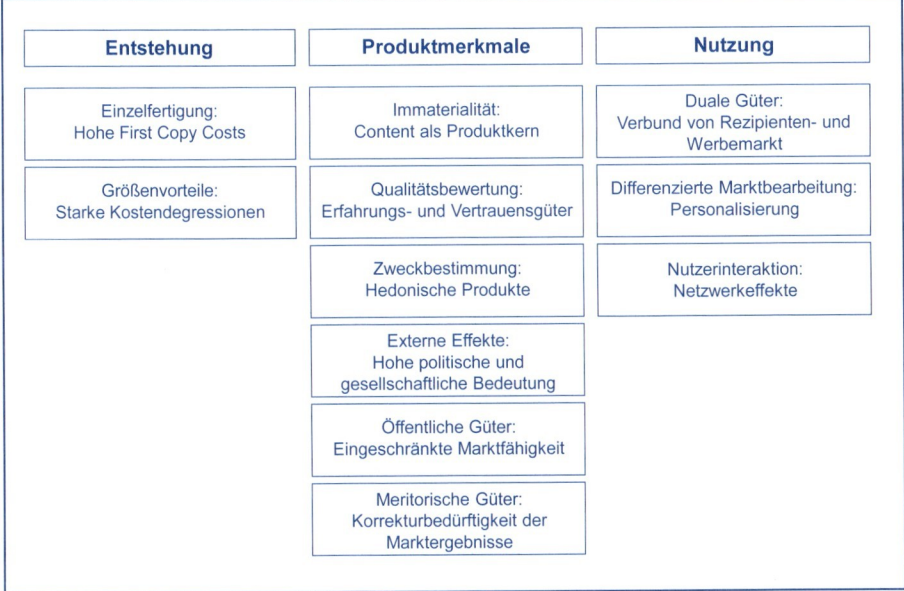

Abb. 5-7: Wirtschaftliche Eigenschaften von Medienprodukten

(1) Auf der **Entstehungsseite** fällt der Blick auf die Herstellungsbedingungen und dort insbesondere auf die Kostenrelationen. Hauptmerkmale sind hohe First Copy Costs und starke Kostendegressionen.

Medienprodukte weisen in hohem Maße den Charakter von **Einzelanfertigungen** („Unikaten") auf. So wird jeder Zeitungsartikel, jede Fernsehsendung oder jeder Internet-Auftritt gewissermaßen wie ein Maßanzug individuell und jeweils neu produziert. Diese Aussage gilt insbesondere dann, wenn man auf das Gesamtprodukt blickt, in das die einzelnen Teilprodukte (Artikel, Sendungen) eingebunden werden, also auf die ganze Zeitung, das Gesamtprogramm in Radio und Fernsehen oder den gesamten Web-Auftritt. Stets variiert der Inhalt der einzelnen Komponenten. Das Produkt unterscheidet sich damit von einem anderen Produkt selbst des gleichen Formates bzw. Genres, und zwar sowohl nach den Inhalten als auch nach der Produktionsform und dem finanziellen Hintergrund.

Eher selten ist das Phänomen der industriemäßigen massenhaften Herstellung von Content, findet sich jedoch in der Serienproduktion von Daily Soaps oder Telenovelas, aber auch im Bereich der aktuellen Berichterstattung (News Gathering).

Unmittelbare Folge des Unikat-Charakters von Medienprodukten sind hohe – zum Teil extrem hohe – Herstellungskosten für das jeweilige Produkt. Diese Herstellungskosten der „ersten Kopie", von der später Kopien zur Vervielfältigung gezogen werden sollen, nennt man **First Copy Costs**.

> First Copy Costs (FCC): Herstellungskosten der „ersten Kopie" (Prototyp, Masterpiece), von der später Kopien zur Vervielfältigung gezogen werden („Blaupausenverfahren").

Typische Herstellungskosten von Medienprodukten

	Euro
Radio-Werbespot	5.000 – 20.000
Radio: Aktuelles Magazin 1 Std. / ARD	3.000
Film/TV: Deutscher TV- oder Kinofilm 90 Min. / z. B. „Tatort"	1 – 3 Mio.
TV-Movie / „Tatort" / 14.500 Euro pro Minute	1,3 Mio.
Event-Movie / „Die Flucht" / 50.000 Euro pro Minute	9 Mio.
Event-Movie / „Sturmflut" / 44.500 Euro pro Minute	8 Mio.
Spielfilm Kauf, international: 90 Min.	200.000
Soap / GZSZ / 2.000 Euro pro Minute	15 Mio. / Jahr
Soap / Marienhof / 3.300 Euro pro Min. / 250 Folgen je 24 Min. p.a.	20 Mio. / Jahr
Soap / GZSZ / 2.000 Euro pro Minute	15 Mio. / Jahr
Telenovela / Rote Rosen / 100 Folgen je 48 Minuten	9 Mio.
Fernseh-Werbespot 30 Sek., für nationale Ausstrahlung	150.000 – 200.000
Corporate Video – Einfache Dokumentation 20 Min.	20.000
Corporate Video – Aufwändige Firmenpräsentation 20 Min.	250.000
Computer Animation: einfach (Stück, kurze Szene)	500
Computer Animation: komplex, pro Sekunde	ab 3.000
Computerspiel komplex, internationale Vermarktung	ab 3 Mio.
CD-ROM: mittlerer Aufwand, z.B. CBT	50.000
Internet-Auftritt: Base Case, einfach, durch Agentur	20.000
Internet-Auftritt: Base Case, groß	300.000

Kinofilm:

Durchschnittliche Produktionsbudgets („Medium Budget Filme"):
- Durchschnittliche Produktionskosten bei deutschen Produktionen lt. SPIO: (2005) 2 Mio.; (2006) 3,2 Mio. Euro
- Deutsch-ausländische Koproduktionen (2006): 7,2 Mio. Euro
- Durchschnittliche Herstellungskosten eines „Tatort" ca. 1-1,5 Mio. Euro

Großer Spielfilm („High Budget"):
- „Titanic" (Januar 1998): 200 Mio. $; Einspielergebnis („Box Office") fast 2 Mrd. $, davon ca. zwei Drittel außerhalb USA und Kanada. Schon im März 1998 war 1 Mrd. $ eingespielt.
- „Duell – Enemy at the gates" (2001): 90 Mio. Euro
- „Das Parfüm" (2006): 50 Mio. Euro
- „Texas Rangers": 38 Mio. $; Einspielergebnis: 0,6 Mio. $
- „Das Boot" in den 80er Jahren: fast 20 Mio. Euro
- „Avatar" 2009/10 – 500 Mio. Dollar Budget

„Low Budget" (bzw. „No Budget"):
- „Blair Witch Project" (2000): 35.000 $; Einspielergebnis Nordamerika: 130 Mio. $ (!)

Quellen: Eigene Schätzungen nach zahlreichen Recherchen; Benedict 2008: 22; www.insidekino.com; www.film-lexikon.de

Das Phänomen vergleichsweiser hoher First Copy Costs hat weitreichende ökonomische Konsequenzen:

- Die hohen Kosten für das erste Exemplar sind ein unvermeidbarer Tatbestand, der durch keine noch so ausgefeilte Produktionstechnik beseitigt werden kann.
- Hohe First Copy Costs konfrontieren die Produzenten mit einem Finanzierungsproblem: nur wer in der Lage ist, die hohe finanzielle Anfangshürde zu überspringen, kann am Markt bestehen. Dies wirkt wie eine Markteintrittsbarriere, da hohe First Copy Costs am ehesten von mächtigen Playern „gestemmt" werden können, etwa von großen privaten Sendern, den öffentlich-rechtlichen Rundfunkanstalten oder international agierende Konsortien. Damit werden die Starken noch stärker: Der Trend zur Monopolisierung und zur wirtschaftlichen Machtkonzentration im Mediensektor wird „angeheizt".
- First Copy Costs sind irreversibel und können bei einem Misserfolg nicht rückgängig gemacht werden. Wenn der Film abgedreht ist und der Markterfolg ausbleibt, ist die Investition „in den Sand gesetzt", die First Copy Costs werden zu „versunkenen Kosten" („sunk costs"). Dies ist ein hohes finanzielles Risiko.
- Die First Copy Costs fallen bei der Herstellung des Medienprodukts unabhängig von der Anzahl der Mediennutzer an.
- Die Herstellung von Kopien ist einfach, insbesondere in der digitalen Welt. Dadurch ergeben sich niedrige und konstante Kosten für weitere Exemplare, d. h. die zusätzlichen Kosten („Grenzkosten") der Vervielfältigung sind niedrig bzw. gehen bei größeren Mengen sogar gegen Null.
- Bei der Herstellung weiterer Exemplare gibt es keine Kapazitätsprobleme.

Zum Thema Risiko beim Kinofilm: In Fachkreisen ist das „Opening Weekend Syndrom" bekannt. Es bezeichnet das Phänomen und den hohen wirtschaftlichen Druck, dass ein Film seine Kosten bereits am Startwochenende wieder einspielen muss. Vor diesem Hintergrund nimmt es nicht wunder, dass nur eine zurückhaltende Bereitschaft besteht, große Budgets in innovative und damit vom Erfolg her nur schwer einschätzbare Filme zu stecken.

(2) Eng mit dem Phänomen hoher First Copy Costs verknüpft sind **Größenvorteile**, die einen **Anreiz zu großen Auflagen** auslösen, d. h. für Medienprodukte ist typischerweise das Streben nach Größe in besonderer Weise ökonomisch attraktiv. Dieser Effekt betrifft zum einen die Angebotsseite der Medienproduktion, wo die Kostenstrukturen als treibende Kräfte wirken, zum anderen die Seite der Nachfrage, wo der Zusammenschluss von Nutzern, z. B. in Communities oder Social Networks wertsteigernde Effekte auslöst (s. u.).

Für Medienprodukte, insbesondere für elektronische Medienprodukte, gilt die Regel: „Information is costly to produce but cheap to reproduce!" Ist die Hürde der FCC erst einmal übersprungen, gibt es bei der Herstellung weiterer Exemplare prinzipiell keine Kapazitäts- und Kostenprobleme. Die Kostenseite gibt insofern keine Signale, die Produktion zu bremsen oder gar einzustellen. Die entscheidende Grenze ist einzig die Sättigung des Marktes. Dies unterscheidet Medienprodukte ganz nachhaltig von der Situation im Bereich materieller Güterproduktion. Dort ist typisch, dass ab einem bestimmten Umschlagspunkt (dem sog. „Betriebsoptimum") die Stückkosten wieder ansteigen. Eine Produktion über das Betriebsoptimum hinaus wird von der Kostenseite her sofort „bestraft" und gibt Signale, die Produktionsaktivität zu überdenken. Im angesprochenen Zusammenhang permanent sinkender Grenzkosten fehlt diese „automatische Kostenbremse".

Ökonomische Größenvorteile auf der **Angebotsseite** entstehen zum einen durch Economies of Scale, zum anderen durch Economies of Scope. Unter **Economies of Scale** versteht man Kostenersparnisse, die aufgrund der Steigerung der produzierten Menge (Produktionsmenge, Ausbringungsmenge) eines Gutes entstehen. Die Kostensenkung kann entweder über die durchschnittlichen Kosten (Stückkosten) oder über die zusätzlich entstehenden Kosten (Grenzkosten) gemessen werden (vgl. Abb. 5-8).

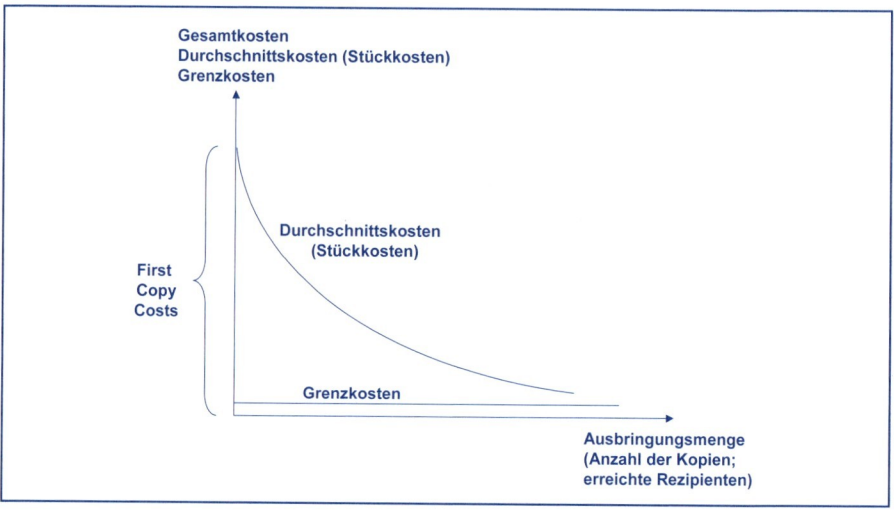

Abb. 5-8: *Economies of Scale bei Medienprodukten*

Die Ausbringungsmenge von Medienprodukten kann man zum einen auf die Anzahl der produzierten Einheiten beziehen (Auflage oder hergestellte Kopien), zum anderen auf die erreichten Rezipienten (Zuschauer, Zuhörer, User). In beiden Fällen sinken die Durchschnitts- bzw. Stückkosten bei sehr niedrigen Grenzkosten.

Fallbeispiel „Der Name der Rose"

Die Effekte der Kostendegression (Econmies of Scale) lassen sich am Beispiel des Kinofilms „Der Name der Rose" verdeutlichen (vgl. auch Abb. 5-9). Angenommen werden die folgenden realistischen Fakten: Produktionskosten des Films (First Copy Costs): 25 Mio. Euro; Herstellungskosten einer Kopie: 1.250 Euro; Anfertigung von 150 Kopien für den bundesweiten Kino-Einsatz; Kinobesucher je Kopie: 40.000.

Berechnung der absoluten Kosten: Bei 150 Kopien fallen 187.500 Euro an, was ca. 0,2 Mio. Euro entspricht. Man sieht die vergleichsweise geringe Größenordnung der Vervielfältigungskosten gegenüber den Herstellungskosten. Die Summe aus Produktions- und Kopierkosten beläuft sich auf 25,2 Mio. Euro.

Berechnung der Stückkostendegression, gemessen nach der Anzahl der hergestellten Kopien: Stückkosten sind die Gesamtkosten, dividiert durch die Anzahl der Kopien. Bei einer Kopie sind Stückkosten von 25 Mio. Euro zu verzeichnen, bei zwei Kopien 12,5 Mio. Euro, bei zehn Kopien 2,5 Mio. Euro, bei 150 Kopien 167.000 Euro je Stück.

Berechnung der Stückkostendegression nach erreichten Kinobesuchern: Je Kopie werden 40.000 Kinobesucher erreicht, das sind bei 150 Kopien 6 Mio. Besucher. Die Stückkosten der ersten Kopie belaufen sich auf 625 Euro (25 Mio. Euro, dividiert durch 40.000 Besucher), die Stückkosten bei 150 Kopien auf 4,17 Euro (25,2 Mio. Euro, dividiert durch 6 Mio. Kinobesucher).

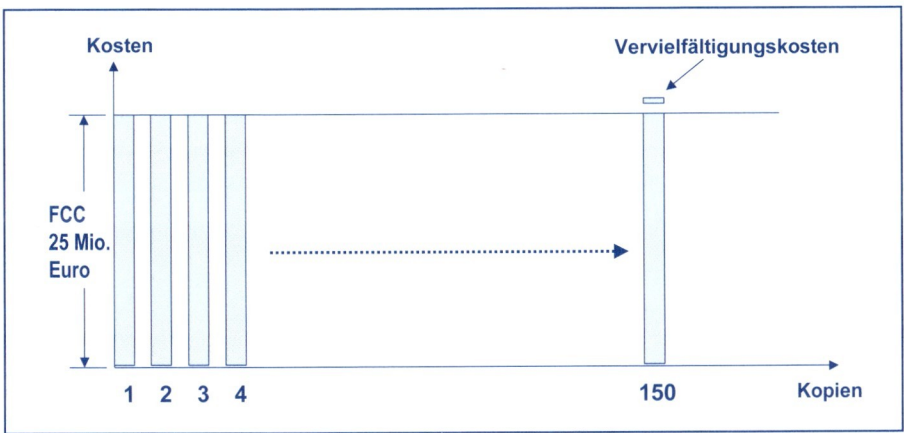

Abb. 5-9: First Copy Costs und Vervielfältigungskosten im Kinofilm

Neben Kostendegressionen aufgrund der Vervielfältigung des gleichen Produktes spielen **Economies of Scope** eine Rolle. Unter dem Begriff Economies of Scope versteht man Kostenvorteile, die bei einer steigenden Produktvielfalt durch einen Verbundvorteil entstehen.

> So können bei der Herstellung mehrerer verschiedener Medienprodukte durch dasselbe Unternehmen Kostenvorteile entstehen, wenn z. B. RTL nicht nur Unterhaltungskanäle betreibt, sondern mit n-tv auch einen Nachrichtenkanal sowie im Hörfunk aktiv ist.

Des Weiteren lassen sich Economies of Scope durch einen Zusammenschluss (Kooperation, Joint Venture, Fusion) verschiedener Unternehmen erzeugen. Voraussetzung ist jeweils, dass bei der Erzeugung der einzelnen Produkte auf einen gemeinsamen Ressourcenpool (z. B. Produktionsanlagen, Technologien, Vertriebskanäle) zurückgegriffen werden kann. Wenn die Gesamtkosten der Produktion mehrerer Produkte niedriger sind als die Summe der Produktionskosten der einzelnen Produkte bei getrennter Fertigung, stellen sich die genannten Economies of Scope ein.

Die ökonomisch gesehen ungewöhnlichen Phänomene, die bei Medienprodukten auftreten, sind mit **Folgen** verbunden, die z. T. unerwünscht sind. So kann sich die Preisbildung für die betreffenden Medienprodukte nicht an den Produktionskosten orientieren. Das Rezept, die Preise auf die Grenzkosten auszurichten, versagt, da diese gegen Null tendieren und daher ein Preis von Null gesetzt werden müsste. Die Preisbildung richtet sich daher vielmehr an den bestehenden Machtverhältnissen aus. Ferner besteht in weiten Teilen der Medien eine starke Tendenz zur Monopolisierung, da die Rentabilität mit zunehmender Größe von Produktion und Absatz permanent steigt. Um das Potenzial der Kostendegressionen voll auszunutzen, sind Medienunternehmen schließlich stark daran interessiert, einmal produzierte Medieninhalte mehrfach zu nutzen und zu verwerten.

In den nachfolgenden Abschnitten (3) bis (8) werden die spezifischen Eigenschaften von Medienprodukten – die **Produktmerkmale** – im Einzelnen näher beleuchtet.

(3) Der Kern von Medienprodukten ist Information, der als zentraler „Rohstoff" fungiert. Informationen zeichnen sich durch **Immaterialität** aus. Im Vergleich zu materiellen Gütern haben sie Eigenschaften, die ihre Handhabbarkeit grundsätzlich erleichtern. So können sie leicht reproduziert werden, verbrauchen wenig Ressourcen, können sehr flexibel eingesetzt werden, bringen es aber auch mit sich, dass die Eigentumsrechte an ihnen („property rights") oft nur schwer durchgesetzt werden können.

Medienprodukten kann in gewissem Sinne auch der Charakter von **Dienstleistungen** zugesprochen werden (vgl. z. B. Kiefer/Steininger 2014: 148 ff.).

> Dienstleistungen sind selbständige, d. h. marktfähige Leistungen, die unter Einsatz der Potentialfaktoren des Leistungsanbieters entstehen (externer Faktor). Eine Dienstleistung wird von der Sachleistung unterschieden. Sie ist immateriell, also nicht lagerbar und übertragbar. Die Erzeugung und der Verbrauch der Dienstleistung fallen zeitlich zusammen (Uno-actu Prinzip, Synchronizität von Produktion und Konsum). Dienstleistungen sind nicht materiell, können aber materielle Bestandteile enthalten, zum Beispiel ein Trägermedium, auf dem das Ergebnis der Dienstleistung übergeben wird.

Typische Dienstleistungen sind Leistungen von Banken, Versicherungen, Bildungs- und Kultureinrichtungen oder von Ärzten. Medienprodukte haben insofern den Charakter von Dienstleistungen, als sie die Kriterien, die Dienstleistungen auszeichnen, mehr oder weniger erfüllen:

- Immaterialität: Auch wenn die mediale Information an Trägermedien gebunden ist, ist das eigentliche Produkt, mithin die Vermittlung von Inhalten, von nicht gegenständlicher Natur.
- Synchronizität von Produktion und Konsum: Diese ist z. B. bei einer Fernsehsendung insofern gegeben, als der Zuschauer eine Informations- oder Unterhaltungsleistung zum Zeitpunkt der Ausstrahlung und am Ort des Zuschauers erhält, also nicht vorher und nicht nachher. Es ist eine Identität von Raum und Zeit gegeben. Die Leistung besteht darin, dass ein unmittelbarer Nutzen gestiftet wird, z. B. durch die Ermöglichung eines besseren Informationsstandes, von Entspannung oder von Zuwachs an Bildung.
- Integration des externen Faktors: Beim Absatz des Medienprodukts ist die Erbringung einer Eigenleistung des Konsumenten erforderlich, die in dessen Aufmerksamkeit besteht. Der Fernsehzuschauer ist also ein externer Faktor, an dem die Dienstleistung erbracht wird und er beeinflusst als ein mehr oder weniger passiver Produktionsfaktor den Verlauf und das Ergebnis des Dienstleistungserstellungsprozesses. Dies bedeutet aber auch, dass der Zuschauer aufgrund der eigenen, mehr oder weniger aktiven Teilnahme am Erstellungsprozess für das Leistungsergebnis selbst verantwortlich ist.

Die Interpretation von Medienprodukten als Dienstleistungen hat weit reichende Konsequenzen. Folgt man dieser Vorstellung in letzter Konsequenz, wird man Medienprodukte als Leistungen ansehen, die sich prinzipiell nicht von anderen Leistungen in unserer Wirtschaft unterscheiden. Sie sind dann als reine Wirtschaftsgüter anzusehen, denen kein besonderer Schutz zuteilwerden muss, z. B. durch spezielle rechtliche Regelungen. Eine Haltung, die sich dieser Position stark annähert, nimmt etwa die EU-Kommission ein.

„Die Europäische Kommission hat nicht erst in ihrem Grünbuch (1977) die Auffassung vertreten, dass Medien ein Wirtschaftsgut wie jedes andere auch seien. Eine Sonderstellung des Rundfunks sei nicht mehr zu rechtfertigen. Folglich hätten sich auch die Medien dem Regime des Wirtschaftsrechts zu unterwerfen. Aus dieser Sicht ist es nur konsequent, dass z. B. die Gebührenfinanzierung des öffentlich-rechtlichen Rundfunks als ‚unerlaubte Beihilfe' nach europäischem Recht gilt. Auf der europäischen Ebene sind die Befürworter einer am kulturellen Leitbild orientierten Medienpolitik in der schwächeren Position" (Mai 2005: 73 f.).

(4) Medienprodukte haben in hohem Maße den **Charakter von Erfahrungs- und Vertrauensgütern**. Dies resultiert aus der Tatsache, dass die Qualität der Produkte für den Nutzer nicht im Voraus durch die Überprüfung objektiver Eigenschaften feststellbar ist, sondern erst nachdem das Produkt konsumiert ist, und eventuell sogar nicht einmal dann. Dadurch fehlt die Transparenz im Hinblick auf die Qualität im Stadium der Wahlentscheidung der Konsumenten. Die Qualitätsprüfung kann erst dann stattfinden, wenn das Produkt bereits konsumiert wird. Medienprodukte sind aus Sicht des Konsumenten daher keine „Suchgüter", sondern sog. „Erfahrungsgüter" bzw. „Vertrauensgüter". Die Qualität einer Zeitung lässt sich nur durch deren Lektüre beurteilen. Das führt zur paradoxen Konsequenz, dass man zur Qualitätsbeurteilung die Zeitung lesen muss, und wenn man die Qualität nach dem Lesen dann beurteilen kann, braucht man die Zeitung aber nicht mehr zu kaufen. Daher spricht man hier auch vom **Informationsparadoxon** von Medienprodukten.

Hinzu kommt, dass Qualitätseigenschaften von Medienprodukten hochgradig subjektiven Einschätzungen unterliegen. Die entscheidende Konsequenz hieraus ist, dass die Beurteilung der Qualität aus Sicht des Konsumenten maßgeblich durch die zum Zeitpunkt der Nutzung aktuellen Konkurrenzprodukte bestimmt wird. Qualität ist dann aber als eine entscheidende Produkteigenschaft dem Einflussbereich der Unternehmensleitung und des Medienmanagements weitgehend entzogen. Qualität ist somit nur begrenzt planbar und als Aktionsparameter für den Kommunikator verwendbar.

Eine Folge des Erfahrungs- bzw. Vertrauensgutcharakters von Medienprodukten ist das Auftreten einer **Informationsasymmetrie** zwischen den Anbietern von Medienprodukten und deren Nachfragern: Die Nachfrager (z. B. Fernsehzuschauer) sind schlechter über die Qualität des Programms informiert als die Anbieter (z. B. Fernsehsender). Viele Nachfrager werden daher misstrauisch sein und das Angebot prinzipiell kritisch sehen und Argwohn hegen. Ein positives Image eines Anbieters oder eine hohe Glaubwürdigkeit der Informationsquelle haben daher eine große Bedeutung. Als Erklärungsansatz für diese Effekte bietet sich die Neue Institutionenökonomik (und hier insbesondere die Principal-Agent-Theorie) an (vgl. z. B. Picot/Dietl/Franck 2002). Um Asymmetrien zu beheben und unangenehme Begleiterscheinungen für beide Seiten, für die schlecht informierte wie für die gut informierte, zu vermeiden, kommen die beiden Lösungsansätze des „Screening" und des „Signaling" als Möglichkeiten zur Reduktion der Informationsasymmetrie zur Anwendung.

Unter dem Begriff **Screening** versteht man die Informationsnachfrage seitens der schlechter informierten Seite (z. B. des Rezipienten von Medieninhalten) im Wege der Selbstinformation. Dies kann durch Einschaltung spezialisierter Dritter geschehen

(Navigatoren, Informanten), durch Ratings (Beurteilung der Qualität durch Kritiker und „Peers"). Beim „Screening" versucht also die schlechter informierte Marktseite durch eigene Aktivitäten zusätzliche Information zu sammeln. So befragen z. B. Versicherungen (als die schlechter informierte Seite) ihre potenziellen Kunden über Vorerkrankungen und über die Ausübung gefährlicher Sportarten. Sie verpflichten sie teilweise dazu, sich ärztlich untersuchen zu lassen. Die Selbstinformation als Variante des „Screening" gerät dadurch an Grenzen, dass manche Informationen nur durch Mithilfe der besser informierten Marktseite gewonnen werden können und dass die Informationen kostspielig sind. Hohe Fixkosten bei der Sammlung von Information können auch durch einen spezialisierten Dritten, der sein Wissen anderen zur Verfügung stellt, überwunden werden.

Beim **Signaling** geht der Versuch, das Informationsdefizit zu überwinden, von der besser informierten Marktseite aus, indem sie an die schlechter informierte Marktseite positive Signale aussendet. Solche positiven Signale können z. B. bei einem Fernsehsender in dessen Reputation und Glaubwürdigkeit bestehen (Referenzen), sie können durch prominente Akteure (seriöse „Anchor Men" bei den Nachrichten) übermittelt werden, durch Markenbildung (Branding) oder durch das Angebot von Previews (Programmvorschau, Trailer, Teaser). Signaling-Varianten sind z. B. auch die Abgabe von Garantieversprechen, das Angebot oder das Akzeptieren von Verträgen mit Selbstbehalt oder die Gewährung von Schadensfreiheitsrabatten bei Versicherungen.

(5) Eng mit dem Aspekt der Erfahrungs- und Vertrauensgüter verknüpft ist die Beobachtung, dass Medienprodukte ganz überwiegend den Charakter von **hedonischen Gütern** aufweisen. Der Konsum hedonischer Güter „ist typischerweise experimenteller Natur und erzeugt Spaß, Vergnügen und Emotionen" (Clement/Proppe/Sambeth 2006: 798). In einem solchen Kontext steigt für den Medienkonsumenten das Risiko, einer falschen Einschätzung zu unterliegen, er ist grundsätzlich in der Entscheidungssituation unsicher, er läuft Gefahr, durch die Emotionalisierung sich selbst zu täuschen und dadurch die falsche Konsumwahl zu treffen. Zur Abmilderung dieser Art von Dilemma-Situation wird die Neigung zunehmen, sich zu informieren oder beraten zu lassen – seine Screening-Aktivitäten werden zunehmen. Die Anbieter von hedonischen Produkten verstehen umgekehrt die „Notlage" des Konsumenten und werden Signaling-Aktivitäten entfalten.

> „Während sich die objektiven Eigenschaften eines Produkts vergleichsweise einfach analysieren lassen, fällt es einem Interessenten schwer, ein Gut vor dem Konsum zu bewerten, das durch einen hohen Grad an hedonischen Eigenschaften geprägt ist. Da hedonische Produkte häufig eine Symbolfunktion innehaben (z. B. werden manche Bücher gelesen, um den Leser gebildet wirken zu lassen), ist das Konsumrisiko hoch, das falsche Produkt zu wählen. ... Um dem Risiko-Dilemma zu begegnen, lassen viele Anbieter von hedonischen Produkten eine Erprobung vor dem Kauf zu. Dies gilt allerdings nicht für Filme oder Konzerte, da der Grenznutzen nach dem ersten Konsum (in diesem Falle die Erprobung) zu stark abnimmt. Somit versuchen Filmverleiher die Unsicherheit über die Qualität eines Filmes im Vorfeld durch Trailer oder Werbung zu reduzieren ... Eine Erprobung kann aber auch hohe Kosten beim Nutzer hervorrufen. So lässt sich ein Buch wegen der Lesedauer in einem Buchgeschäft nur zu hohen Opportunitätskosten probelesen. ... Die Reduktion dieser Unsicherheit kann durch eine Vielzahl von Einflüssen geschehen. So wird Meinungsführern gemeinhin ein sehr großer Einfluss auf den Erfolg eines hedonischen Gutes zugemessen, da ihnen – im Gegensatz zu Werbung – eine höhere Glaubwürdigkeit unterstellt wird ..." (Clement/Proppe/Sambeth 2006: 798).

(6) Medienprodukte sind aufgrund ihrer Fähigkeit, zur Meinungsvielfalt, zur Demokratiesicherung, zum gesellschaftlichen Zusammenhalt und zur Sozialisation beizutragen, nicht nur als Wirtschaftsgüter zu interpretieren, sondern auch als Kulturgüter, die eine große Wirkung auf Politik und Gesellschaft ausüben. Diese Fähigkeit wird mit dem Begriff der sog. **externen Effekte** beschrieben.

> Externe Effekte sind Effekte, die nicht als Kosten oder Erlöse bzw. als Nachteile oder Vorteile in den Wirtschaftsrechnungen der einzelnen privaten Haushalte und Unternehmen erscheinen, sehr wohl aber in einer gesamtwirtschaftlichen oder gesamtgesellschaftlichen Betrachtung sichtbar werden. Externe Effekte können positiver Natur sein, wenn andere oder die Gesellschaft positiv beeinflusst werden, oder aber auch negativ, wenn Schäden für andere oder für die Gesellschaft entstehen.

Medienprodukten werden hohe und nachhaltige positive externe Effekte zugeschrieben. Angesprochen sind hier alle Funktionen, die Medien zum Wohle der Gesellschaft, des Einzelnen und der Politik ausüben sollen. Ein externer Effekt ist beispielsweise der von Medien beförderte Prozess der öffentlichen Meinungsbildung, in den die Medieninformation als Input in die Meinungsbildung miteinfließt (vgl. Kiefer/Steininger 2004: 138). Positive externe Effekte der Medien sind z. B. Beiträge zur Bildung, Information, Kultur: höheres Bildungsniveau (Einkommensniveau steigt), höheres Informationsniveau (geringere Dysfunktionalität politischer Entscheidungen); höheres kulturelles Niveau (weniger soziale Konflikte). Als negative externe Effekte von Medienprodukten sind die sog. Dysfunktionen der Medien angesprochen, die zum Schaden des Einzelnen, der Gesellschaft und der Politik zu beklagen sind.

Externe Effekte sind aus ökonomischer Sicht ein Störfaktor für die Wirksamkeit des Marktmechanismus, da nicht alle relevanten positiven und negativen Wirkungen im Preismechanismus und im Austausch von Angebot und Nachfrage zum Ausdruck kommen. Das **Verursacherprinzip**, nach dem derjenige, der anderen Kosten verursacht, dafür auch bezahlen soll, oder nach dem derjenige, der von einer Leistung profitiert, auch einen Finanzierungsbeitrag erhalten soll, wird unterlaufen. So besteht ein Anreiz, die Produktion und den Konsum von Produkten mit externen Kosten eher auszudehnen (die Last tragen ja andere) und von Produkten mit externen Erträgen bzw. Nutzen eher gering zu halten (man profitiert ja nicht davon). Externe Effekte führen also zu einem Verhalten der Wirtschaftssubjekte, das die optimale Güterversorgung behindert. Solange sich negative oder positive externe Effekte nicht in den Faktorpreisen oder Güterpreisen widerspiegeln, kommt es also zur Überproduktion oder zur Unterproduktion. Notwendig wird eine **Korrektur**: Bei unerwünscht hohen externen Kosten müssen diese Kosten den Verursachern nach dem Verursachungsprinzip angelastet werden, bei gewichtigen externen Erträgen sollten Subventionen gewährt werden. Ziel ist die „Internalisierung" der Handlungsfolgen der Akteure.

> Das Konzept der externen Effekte ist kritisiert worden: „Es entspräche dem Marktmodell, diese externen Effekte, so wie es bei Umweltschäden versucht wird, zu erfassen, zu bewerten und dem Verursacher zuzurechnen, also die Handlungsfolgen zu internalisieren. Da aber die externen Effekte der Massenmedien nicht einmal qualitativ, geschweige denn quantitativ erfasst werden können, ist die Zurechnung nach dem Verursacherprinzip unmöglich. Es ist darüber hinaus sehr fraglich, ob eine Zurechnung sinnvoll wäre, weil dies die Produktivität des Meinungsbildungsprozesses erheblich mindern würde. ... Insofern ist das Konzept der externen Effekte nicht geeignet, taugliche Einsichten in oder gar sinnvolle Handlungsanweisungen für die Produktion von Massenmedien zu liefern. Es ist allenfalls

geeignet, eine methodisch einwandfreie Begründung für das Verbot pornographischer oder gewaltverherrlichender Darstellungen zu liefern, denn es geht in liberal-ökonomischer Sicht nicht darum, den einzelnen Konsumenten vor negativen psychischen Auswirkungen seines Konsums zu schützen, sondern der Gesellschaft die Folgekosten solcher Darstellungen zu ersparen" (Heinrich 1994, Bd. 1: 100).

(7) Ein Charakteristikum von besonderer Tragweite ist die Tatsache, dass Medienprodukte Merkmale aufweisen können, die denen **öffentlicher Güter** ähnlich sind. Der Begriff „öffentliche Güter" markiert das Gegenstück zu privaten, marktfähigen Gütern. Hauptmerkmale privater Güter sind zum einen die Gültigkeit des Ausschlussprinzips, nach dem ein potenzieller Nutzer vom Konsum eines Gutes ausgeschlossen werden kann, wenn dieser nicht bereit ist, den geforderten Preis zu bezahlen. Zum anderen herrscht bei privaten Gütern Rivalität im Konsum, d. h. derjenige, der ein Gut benutzt, schließt automatisch einen anderen potenziellen Nutzer vom Konsum desselben Gutes aus. Bei öffentlichen Gütern sind beide Bedingungen nicht gegeben. Öffentliche Güter sind also durch die beiden Merkmale der Nicht-Anwendbarkeit des Ausschlussprinzips und der Nicht-Rivalität im Konsum gekennzeichnet.

Nicht-Ausschließbarkeit bedeutet, dass potenzielle Konsumenten nicht von der Nutzung des Gutes ausgeschlossen werden können, zumindest nicht ohne besondere und u. U. sehr aufwändige und teure technische Vorkehrungen zu treffen. Nicht-Rivalität im Konsum bedeutet, dass der Konsum eines Gutes den Konsum desselben Gutes durch einen anderen nicht stört.

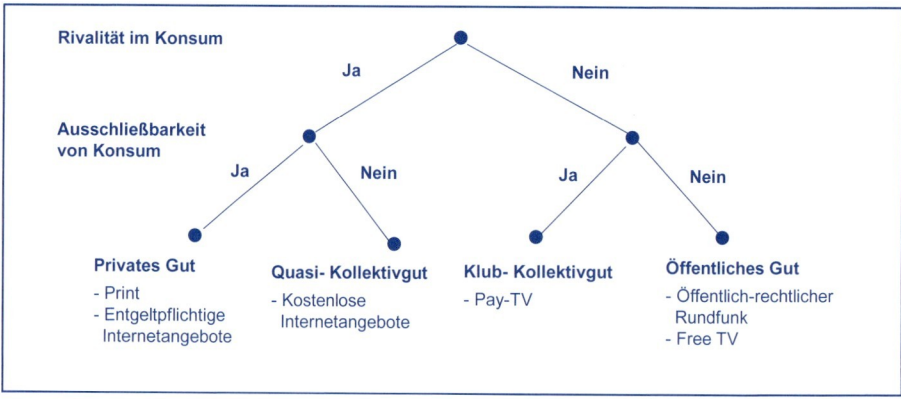

Abb. 5-10: Spektrum von Gütern

Musterbeispiel für öffentliche Güter im Medienbereich sind Radio- und Fernsehprogramme, die hochgradig den Charakter von öffentlichen Gütern besitzen. Produkte wie im Printbereich, die an ein Trägermedium direkt gebunden sind (z. B. Zeitungen, Zeitschriften, Bücher, DVDs) kommt eher der Charakter von privaten Gütern zu. Medienprodukte können daher sowohl private als auch öffentliche Güter sein. Denkbar sind auch die folgenden Mischformen (vgl. Abb. 5-10):

- Klub-Kollektivgüter: Hier ist das Ausschlussprinzip anwendbar, die Rivalität im Konsum ist jedoch nicht gegeben. Wie bei einem Verein kann – quasi mit dem Blick nach innen – die Leistung von jedem genutzt werden, mit Blick nach außen jedoch ist ein klarer Ausschluss gegeben. Im Medienbereich ist Pay-TV ein Beispiel für Klub-Kollektivgüter.

- Quasi-Kollektivgüter: Das Ausschlussprinzip ist nicht möglich, Rivalität im Konsum ist gegeben. Hierbei ist bis zu einem bestimmten Grad der Charakter von öffentlichen Gütern („Kollektivgütern") gegeben, ab einem Umschlagspunkt jedoch rivalisiert der Konsum, z. B. wenn die bislang saubere Luft „übernutzt" wird. Im Medienbereich sind kostenlose Internet-Angebote zu nennen, bei denen es zu bestimmten Zeitpunkten zu einer Übernutzung und Wartezeiten kommen kann.

In der Situation öffentlicher Güter sind aus ökonomischer Sicht die folgenden **Konsequenzen** zu erwarten:

- Konsumenten sind nicht bereit, freiwillig für die Nutzung eines öffentlichen Gutes zu bezahlen. Das Fernsehprogramm z. B. kann ja empfangen werden, ohne den Konsum des anderen zu stören, die Verbreitung von Musik im MP3-Format im Internet stört den Konsum eines anderen nicht.
- Nichtrivalität im Konsum bewirkt eine Fixkostendegression, da die Kosten pro Stück mit steigender Produktion, gemessen an den erreichten Rezipienten, stark sinken. „Wenn ein Programm einmal produziert ist, kostet es keinen Pfennig zusätzlich, wenn ein Rezipient zusätzlich einschaltet oder länger konsumiert als bisher; anders formuliert, die Grenzkosten der Rundfunkproduktion sind gleich Null. Der Grund ist die Nichtrivalität im Konsum des Rundfunks" (Heinrich 1999: 121).
- Die Nichtrivalität im Konsum führt dazu, dass die Unternehmen einen großen Anreiz verspüren, ihre Programme einer Mehrfachverwertung zuzuführen. Insofern sind Medien – auch in Verbund mit dem Fixkostendegressionseffekt – dazu prädestiniert, Massenmedien zu sein.
- Zu erwarten ist das ökonomische Problem der Unterversorgung mit Minderheitenprogrammen, v. a. im Rundfunk: Die Kosten der einmaligen Programmproduktion sind mindestens gleich, wenn nicht sogar höher als im Falle eines Massenprogramms. Gleichzeitig muss aber die Werbeeffektivität gewährleistet sein. Unter Marktbedingungen ist daher mit hoher Wahrscheinlichkeit eine geringe Neigung zur Verbreitung von Minderheitenprogrammen zu erwarten.

Die wichtige Folge dieser und anderer Konsequenzen ist, dass eine marktmäßige Verwertung eines Medienproduktes, das mehr oder weniger massiv mit Eigenschaften eines öffentlichen Gutes behaftet ist, ohne weiteres nicht möglich oder attraktiv ist. Für einen Rechteinhaber an einem Medienprodukt mit Öffentlichen-Gut-Eigenschaften ist es eine Herausforderung, seine Verfügungsrechte am Markt durchzusetzen. Erst durch z. T. komplizierte Vorkehrungen können öffentliche Güter marktfähig gemacht und einer ökonomischen Auswertung zugeführt werden.

In der Dilemma-Situation öffentlicher Güter bieten sich eine Reihe von **Lösungen** an, die allesamt auch in der Praxis Anwendung finden. Es sind dies:

- Sanktionsbewehrtes, scharfes Urheberrecht;
- Einsatz technologischer Mittel;
- Finanzierungsausgleich (Umwegfinanzierung, Querfinanzierung);
- Kollektive Zwangsfinanzierung.

Die rechtliche Durchsetzung des Ausschlusses durch ein sanktionsbewehrtes Urheberrecht führt zur Androhung hoher Strafen bei Verletzung den der Persönlichkeitsrechte (Schutz gegen Verfälschung), der Nutzungsrechte (Beschränkung der Nutzungsarten für Dritte: zeitlich, inhaltlich), der Verwertungsrechte (Übertragung der Nutzungsrechte auf Dritte gegen Geld). Problematisch bleibt die weiterhin gegebene Möglichkeit der illegalen Umgehung des Urheberrechts, z. B. durch Tausch von Software, Musikfiles („Peer-to-Peer"). Auch kann die Abschreckungswirkung u. U. nicht ausreichend sein, um Missbrauch auf breiter Ebene zu verhindern.

> „Im Prozess gegen die Musikpiratin Jammie Thomas-Rasset hat die Jury die Angeklagte nun zu insgesamt 1,92 Millionen US-Dollar Entschädigungszahlungen verurteilt. Das Gericht sah es als erwiesen an, dass Thomas-Rasset insgesamt 24 Musikstücke über den Filesharing-Dienst *Kazaa* illegal zum Download angeboten hatte. Dabei kam die Angeklagte noch glimpflich davon: Bis zu 150.000 Dollar pro Song hätte das Gericht festsetzen können. ... In einem ersten Verfahren war Thomas-Rasset 2007 in der Sache nur zu 222.000 Dollar Strafe verurteilt worden. Der Prozess war wegen eines Verfahrensfehlers jedoch neu aufgerollt worden" (Quelle: Quelle: http://computer.t-online.de / erschienen am 19. Juni 2009).

Die zweite Möglichkeit besteht im Einsatz technologischer Mittel zur Durchsetzung von Verfügungsrechten und damit zum Ausschluss von Nutzern, die nicht zur Zahlung bereit sind. Möglich ist die Verschlüsselung (Kodierung) von an sich frei empfangbaren Informationen (z. B. Einsatz von Decodern beim Pay-TV, Verschlüsselungssoftware). Die Nutzer übernehmen dabei nicht nur die Kosten für die Produktion und Verteilung des Gutes, sondern auch die Kosten für die Definition und Durchsetzung von Verfügungsrechten. Die Kodierung und die Möglichkeit der Dekodierung für zahlende Konsumenten dienen ausschließlich der Durchsetzung von Verfügungsrechten. Ein Problem ist weiterhin die illegale Entschlüsselung der Kodierung.

Beim Finanzierungsausgleich kommt es zu einer Verbindung zwischen primären und sekundären Gütermärkten: Da Medien für einen dualen Gütermarkt aus Rezipienten- und Werbemarkt produzieren, kann die Finanzierung des Rezipientenmarktes durch Werbeeinnahmen erfolgen. Im Privatrundfunk ist der primäre Markt der Werbemarkt, dessen Aufkommen zur Quer-Subventionierung des sekundären Marktes für Informations- und Unterhaltungsprodukte genutzt wird. Ein Problem besteht darin, dass werbefinanzierte Medienprodukte das Signal der „Kostenlosigkeit" vermitteln, was gesamtwirtschaftlich zu einer nicht optimalen Allokation führen wird: Bei Grenzkosten von Null auf dem Markt für Rezipienten wird das Gut in einer zu hohen Menge konsumiert (z. B. zu hoher Fernsehkonsum von Kindern).

Die letzte Möglichkeit, mit dem Phänomen der öffentlichen Güter umzugehen, besteht in der kollektive Zwangsfinanzierung. Dabei wird die Produktion und Verteilung der öffentlichen Güter durch ein kollektives Angebot und kollektive Finanzierung sichergestellt. Das Beispiel des öffentlich-rechtlichen Rundfunks (ARD, ZDF) mit Gebührenfinanzierung macht dies deutlich. Als problematisch wird empfunden, dass die individuellen Finanzierungsbeiträge i. d. R. nicht der individuellen Nutzung entsprechen und daraus eine Widerstandshaltung („Reaktanz") der Beitragszahler erwachsen kann. So besteht permanent die Notwendigkeit, die Legitimation zu verdeutlichen und Überzeugungsarbeit für das duale Rundfunksystem zu leisten.

(8) Es ist anzunehmen, dass Medienprodukte – anders als andere Produkte des täglichen Lebens – für das Individuum, die Gesellschaft und das politische System von besonderer Wichtigkeit sind, so dass sich die Frage stellt, ob man das Geschehen der Entwicklung und Vermarktung von Medienprodukten sich selbst überlassen kann oder ob man in die Präferenzen der Konsumenten eingreifen sollte. Der Eingriff in die Konsumentenpräferenzen mit dem Ziel der Korrektur dieser Präferenzen in Richtung eines „besseren" Verhaltens ist Gegenstand der Theorie der **meritorischen Güter**. Ist man der Auffassung, dass die Nachfrage nach manchen Medienprodukten (z. B. Gewalt- und Horrorfilme, Werbefilme für Tabakprodukte, Pornohefte) eingeschränkt werden sollte, liegt eine „Demeritorisierung" der Präferenzen der Nachfrager vor, ist man der Auffassung, dass die Nachfrage angeregt werden sollte (z. B. nach Kultur-Dokumentationen, Opernsendungen im Fernsehen oder Berichte über gesellschaftliche Minderheiten), so geht es um deren „Meritorisierung".

> „Meritorik meint, dass Produktion und Konsum bestimmter Güter gesellschaftlich erwünscht sind. Im Fall der Demeritorik ist beides gesellschaftlich nicht erwünscht. Unterschieden werden meritorische Güter (z. B. Bildung), demeritorische Güter (z. B. Drogen) und Güter ohne Meritorik (weder als meritorisch noch als demeritorisch eingestuft)" (Sjurts 2011: 407). Es ist wichtig festzuhalten, dass die Frage der Meritorisierung bzw. Demeritorisierung völlig unabhängig davon zu sehen ist, ob die betreffenden Produkte den Charakter von privaten oder von öffentlichen Gütern aufweisen.

Meritorisierung und Demeritorisierung stellen einen Eingriff in die Konsumentenpräferenzen dar und verletzen Werte wie Autonomie und Freiheit des Individuums. Zur Begründung für meritorische und demeritorische Eingriffe in die Konsumentenpräferenzen können drei Argumentationslinien unterschieden werden:

- Die in Frage stehenden Produkte können von den Nutzern im Hinblick auf deren Eigenschaften nicht oder nur mangelhaft beurteilt werden, z. B. durch mangelnde Aufgeklärtheit (vor allem Kinder) oder durch nicht im Vorhinein abzuschätzende Qualitätseigenschaften (Vertrauensgüter). Es geht also faktisch darum, die Konsumenten in gewissem Maße vor sich selbst zu schützen.
- Die Informationsverarbeitungskapazität der Nutzer ist in einer Welt wachsender Spezialisierung begrenzt, so dass sie Hilfestellungen benötigen, um „richtige" Entscheidungen treffen zu können.
- Die Individuen besitzen unterschiedliche Präferenzordnungen, die Verzerrungen aufweisen können. Dies kann dazu führen, dass z. B. der individuelle Konsum höher bewertet wird als der Umweltschutz oder der jetzige Konsum höher als der zukünftige Konsum (intertemporale Präferenzverzerrungen). Die Verzerrung der Präferenzen rührt von den – bereits oben angesprochenen – (positiven oder negativen) externen Effekten her, die dazu führen, dass das Verursacherprinzip nicht mehr voll greifen kann: Die Verursacher einer Entscheidung werden nicht oder nur unzureichend mit den Kosten dieser Entscheidung konfrontiert oder können nicht oder nur unzulänglich den generierten Nutzen für sich verbuchen. Die (De-)Meritorisierung führt zu einer Berichtigung der Präferenzen.

> Externe Effekte sind Effekte, die nicht als Kosten oder Erlöse bzw. als Nachteile oder Vorteile in den Wirtschaftsrechnungen der privaten Haushalte und Unternehmen erscheinen. Wenn dem so ist, gibt es einen Anreiz, Produktion und Konsum mit hohen externen Kosten auszudehnen (die Last tragen ande-

re) und solche mit externen Erträgen gering zu halten. Externe Effekte führen zu einem Verhalten der Wirtschaftssubjekte, die eine optimale Güterversorgung verhindert. Eine Korrektur ist notwendig: Bei unerwünscht hohen externen Kosten müssen diese Kosten den Verursachern angelastet werden (Verursachungsprinzip), bei gewichtigen externen Erträgen sollten Subventionen gewährt werden.

Der Eingriff kann prinzipiell in den folgenden Formen erfolgen:

- Ausübung von Zwang durch den Staat: z. B. Schulpflicht, Kranken-, Pflege- und Pensionsversicherungspflicht, Kfz-Haftpflichtversicherung, Verbot von Zigarettenkonsum in öffentlichen Gebäuden. Der Begriff „Zwang" darf man nicht mit „Willkür" verwechseln, da die Ausübung von staatlichem Zwang im demokratischen Rechtsstaat selbstverständlich auf rechtlicher Grundlage erfolgt.
- Androhung von Zwang durch den Staat mit dem Ziel, die Selbstregulation durch die Beteiligten zu fördern, z. B. durch eine Selbstverpflichtungserklärung.
- Setzen von finanziellen Anreizen, d. h. Gewährung von Subventionen oder Erhebung von Straf- oder Sondersteuern (Ökosteuer, Sonderabgabe auf Alcopops).
- Moralische Appelle an die Vernunft („Moral Suasion"): Argumentation, Überzeugungsversuche, z. B. Appelle an die Verantwortung von Eltern, den Fernsehkonsum ihrer Kinder zu rationieren.

Im Medienbereich werden zahlreiche Aspekte als förderungswürdig angesehen und einer Meritorisierung zugeführt. So kann die Einrichtung eines öffentlich-rechtlichen Rundfunksystems als meritorisches Gut interpretiert werden, bei dem der Staat dem privaten System eine öffentliche Einrichtung zwangsweise „vor die Nase setzt". Diese soll einen Nutzen stiften, der über den individuellen, vom Konsumenten erkannten Nutzen hinausgeht. Zu denken ist an Demokratiesicherung, Bildung oder die Bewahrung von Kultur. Auch wenn der Konsument das System nicht explizit fordert und im Extremfall sogar nicht einmal nutzt (wenn der Fernsehzuschauer also erklärt, er schaue ausschließlich Privatprogramme), stiftet es ihm dennoch einen Nutzen, einfach dadurch, dass es existiert und dadurch z. B. demokratie- und kultursichernde Funktionen ausübt. Man spricht in diesem Falle von „Optionsnutzen", von dem auch der nicht unmittelbar mit der Leistung in Berührung kommende Konsument profitiert.

> Aufgrund der Erfahrungen im „Dritten Reich" mit der massiven Instrumentalisierung der Medien (Radio, Zeitungen) zur Zementierung der Diktatur wird einem staatsunabhängigen Rundfunksystem hohe Priorität eingeräumt. Verfassungsmäßig begründet (Art. 5 Abs. 2) soll im heutigen Deutschland eine Grundversorgung mit Rundfunkleistungen gewährleistet sein, die umfassend, ausgewogen und unabhängig von Interessen (Staat, Wirtschaft, Verbände) gestaltet sein muss. Diese Grundversorgung stellt ein öffentlich-rechtliches Rundfunksystem (ARD und ZDF) zur Verfügung. Öffentlich-rechtlich bedeutet Gemeinnützigkeit („Public Service"), Freiheit von staatlicher Einflussnahme und Freiheit von wirtschaftlichen Interessen („Non-Profit"). Nach der Rechtsprechung des Bundesverfassungsgerichts (BVerfG) dürfen private Programme erst dann zugelassen werden, wenn die Grundversorgung ausreichend und sicher ist. Der öffentlich-rechtliche Rundfunk besitzt eine Bestands- und Entwicklungsgarantie, er darf daher vor allem im technischen Entwicklungsprozess nicht „ausgesteuert" werden, sondern muss alle Möglichkeiten haben, auch in der digitalen Welt seine Grundversorgungsaufgabe zu erfüllen. Dieser „Rundfunk für alle" ist auch von allen zu finanzieren, indem jeder, der ein Empfangsgerät bereit hält, einen Beitrag zur Deckung der Kosten leistet. Der letzte Zweck des öffentlich-rechtlichen Rundfunks liegt in der Ausübung wichtiger politischer und gesellschaftlicher Funktionen, insbesondere die Sicherung der Meinungsvielfalt in der Demokratie und die Integrationsfunktion in einer sich ständig weiter entwickelnden Zersplitterung („Fragmentierung") der Gesellschaft.

Weithin unbestritten als meritorische Güter gelten ferner journalistische, informative und meinungsbildende Medienprodukte wie Bücher, Zeitungen und Zeitschriften. Durch eine Halbierung des Steuersatzes für diese Medienprodukte soll deren Konsum gefördert und zeitgleich betont werden, dass es sich hierbei um Kulturgüter handelt, was den meritorischen Charakter des Eingriffs unterstreicht.

> Die Meritorisierung auf die Spitze treiben hieße analog zum Fernsehen und Hörfunk ein öffentlich-rechtliches Pressewesen einzuführen (zu dieser Thematik vgl. Beck/Beyer 2009).

Zu nennen ist ferner der deutsche Film, der eine starke finanzielle Unterstützung durch die Filmförderung der Länder und des Bundes erfährt. Zahlreiche Filme würden ohne diese Förderung nicht entstehen. Und eine interessante Frage der Meritorisierung stellt sich schließlich auch im Bereich des Radios, wo immer wieder die Frage einer „Deutschquote" aufgeworfen wird, die in den Musikprogrammen der deutschen Radiosender eingehalten werden sollte.

Beispiele für demeritorische Güter finden sich insbesondere im Fernsehen und hier bei TV-Sendungen, denen bedenkliche Inhalte zugeschrieben werden, sowie in der Werbung. So existiert eine breite Vielfalt von Regelungen, die dazu dienen sollen, unerwünschte Folgen des Fernsehkonsums abzumildern. Zu nennen sind z. B.:

- Zwang: Begrenzung der Werbung auf 20 Prozent der Sendezeit (12 Minuten pro Stunde) bzw. auf 15 Prozent des Gesamtprogramms; Verbot pornografischer Sendungen, Regelungen und Vorschriften des Jugendschutzes; Verbot von Tabakwerbung im Fernsehen.
- Androhung von Zwang: Freiwillige Selbstkontrolle der Filmwirtschaft (FSK), Freiwillige Selbstkontrolle Fernsehen (FSF), freiwillige Einrichtung eines Überwachungsgremiums über das Verhalten der Marktteilnehmer (z. B. Deutscher Werberat).
- Finanzieller Hebel: Filmförderung, steuerliche Vergünstigungen.
- Moral Suasion: Appelle von staatlichen Stellen (z. B. Ministerien, Behörden) und Verbänden (z. B. Kinderschutzbund zur Sendung „Super Nanny" von RTL).

> Die FSK führt freiwillige Prüfungen für Filme, Videokassetten und sonstige Bildträger (z. B. DVDs) durch, die in Deutschland für die öffentliche Vorführung bzw. Zugänglichmachung vorgesehen sind. Für die Jugendfreigabe ist eine gesetzlich vorgeschriebene Kennzeichnung erforderlich, die von der FSK im Auftrag der Obersten Landesjugendbehörden vorgenommen wird. Die FSK befindet sich in der Rechts- und Verwaltungsträgerschaft der Spitzenorganisation der Filmwirtschaft e. V.

(9) Publizistische Medienprodukte haben ganz überwiegend den Charakter von **dualen Gütern** bzw. **Verbundprodukten**. Verbundprodukte entstehen, wenn im gleichen Herstellungsvorgang – untrennbar – zwei unterschiedliche Produkte entstehen. Bei der Herstellung von Medienprodukten zeigt sich diese **Dualität** darin, dass Medienunternehmen ein einziges Produkt erstellen – ein sog. „Kuppelprodukt" – und mit diesem dann auf zwei unterschiedlichen Märkten agieren:

- Rezipientenmarkt: Angebot von Informations-, Kultur- und Unterhaltungsprodukten für Leser (Zeitungen, Zeitschriften) für Zuschauer und Zuhörer (TV- und Radiosendungen, Kinofilme), für User (Web-Inhalte) oder für Spieler (Games).

Erfolgskriterien dieser Marktaktivitäten sind vor allem Verkaufserlöse und eine hohe Akzeptanz.
- Werbemarkt: Medienunternehmen verkaufen an die Unternehmen, die Marktkommunikation (Werbung, Public Relations, Verkaufsförderung) betreiben, den Zugang zu Zielgruppen („access to audiences"). Erfolgskriterium ist die mit Hilfe der publizistischen Produkte realisierte Erreichbarkeit potenzieller Zielgruppen.

Als Konsequenz entsteht ein Dreiecksverhältnis der doppelten Marktverbundenheit zwischen den Medienunternehmen als Inhalteanbieter, den Rezipienten und den Werbung treibenden Unternehmen (vgl. Abb. 5-11).

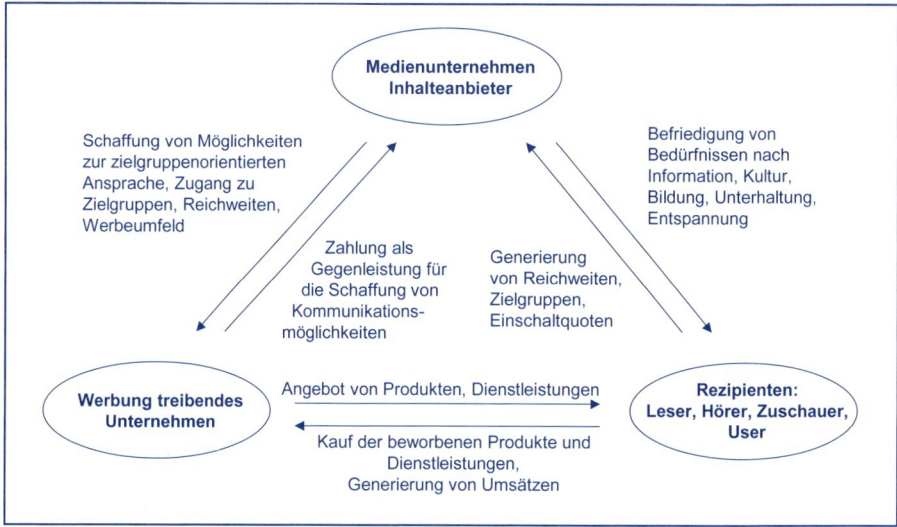

Abb. 5-11: Doppelte Marktverbundenheit bei Medienunternehmen

Auf der **Angebotsseite** entstehen für das Medienunternehmen Vorteile, die als Vorteile der **Verbundproduktion** bezeichnet werden können:

- Es können Produktionsfaktoren wie Maschinen, Fuhrpark oder Teile des Personals von Organisation und Management direkt oder indirekt für die Güterproduktion auf beiden Märkten eingesetzt werden. Dies senkt die anteiligen Kosten für die jeweiligen Produkte.
- Auf den nachgelagerten Wertschöpfungsstufen lassen sich Vorteile erzielen, da das Verbundprodukt mit seinem publizistisch-redaktionellem Teil und seinem Werbeteil an dieselben Abnehmer (als Leser der Zeitung und Adressaten der Werbung) gerichtet ist. Dies spart Vertriebskosten, was insbesondere bei Printmedien einen nicht unerheblichen Kostenfaktor darstellt.
- Die Verbindung auf der Produktions- und Vertriebsseite schafft die Möglichkeit der Erschließung mehrerer Finanzierungsquellen gleichzeitig: In werbefinanzierten Medien übt der publizistisch-redaktionelle Teil immer auch die Funktion aus, Aufmerksamkeit und Rezeptionsbereitschaft für die Werbebotschaft zu erzeugen, was zu positiven Kosten- und Finanzierungseffekten führt.

Verbundeffekte können bei dualen Gütern auch auf der **Nachfrageseite** entstehen, die sich aus dem **Verbundkonsum** ergeben. So wird im Endprodukt in vielen Fällen die Integration des publizistisch-redaktionellen Teils und des Werbeteils angestrebt mit dem Ziel, die beiden Produktkomponenten den Rezipienten möglichst wirkungsvoll zu vermitteln. Hierbei kann es freilich zu Zielkonflikten kommen, wenn die publizistischen und ökonomischen Orientierungen aufeinander prallen und die Konsumenten z. B. eine Widerstandshaltung gegen die Werbung (Reaktanz) einnehmen oder das Angebot trotz befriedigender Reichweite auf dem Rezipientenmarkt für die Werbewirtschaft wirtschaftlich unattraktiv bleibt. Die Existenz zweier Nachfragegruppen lässt damit zwei Erfolgsmaßstäbe entstehen, zum einen ökonomisch gesehen den Gewinn und Marktanteil, zum anderen aus publizistischer Perspektive Relevanz, Ansehen, Aktualität oder Ausgewogenheit.

Verbundeffekte im Konsum kann es ferner dadurch geben, dass (u. U. komplizierte) **Geräte** notwendig sind, um eine Medienleistung überhaupt erst nutzen zu können. Solche Geräte sind als **komplementäre Güter** auf der Nachfrageseite aufzufassen, die im Verbund zu nutzen sind. Beispiele sind der Verbund aus Rechnerarchitektur, Betriebssystem und Anwendungssoftware oder der Verbund aus DVD und DVD-Player.

Im Kontext des Phänomens der Verbundeffekte sind in theoretischer Hinsicht zwei Ansätze interessant, zum einen die Theorie der Aufmerksamkeitsökonomie, zum anderen die Theorie der zweiseitigen Märkte.

Die **Theorie der Aufmerksamkeitsökonomie** („Economics of attention") betrachtet die Aufmerksamkeit von Menschen als knappes Gut. Sie geht von den folgenden Erkenntnissen und Annahmen aus:

- Der Konsum von Medienprodukten erfordert in jedem Fall Aufmerksamkeit und beansprucht das Zeitbudget des Konsumenten.
- Der Mensch ist nicht in der Lage, alle Informationen, die von den Medien – insbesondere von den modernen Massenmedien – angeboten werden, zu finden, aufzunehmen und zu verarbeiten.
- Aufmerksamkeit ist daher als eine knappe Ressource anzusehen und „mutiert" daher zu einem wirtschaftlichen Gut.
- Die Anbieter von Medienprodukten konkurrieren um die Aufmerksamkeit potenzieller Kunden.
- Massenmedien können die Aufmerksamkeit ihrer Rezipienten an Unternehmen verkaufen.

Vor diesem Hintergrund ist Aufmerksamkeit als die entscheidende „Währung" zu bezeichnen, auf deren Basis die beiden Märkte, zum einen der Rezipientenmarkt, zum anderen der Werbemarkt, miteinander verbunden sind. Für das Marktgeschehen ist nicht mehr die Begrenzung des Zugangs entscheidend, sondern die Aufmerksamkeit, die zur Verfügung gestellt wird. Kritisch ist anzumerken, dass das Konzept der Aufmerksamkeitsökonomie zwar die Knappheit eines Gutes ausdrücken kann, dass sie aber kein homogenes Gut wie z. B. Geld darstellt.

Die **Theorie der zweiseitigen Märkte** („Two-sided markets") analysiert ebenfalls das Phänomen, dass Medienunternehmen mit ihren Produkten häufig auf zwei Märkten gleichzeitig agieren. Dabei werden Medienunternehmen in diesem Fall nicht mehr nur als Anbieter von Informationen oder Inhalten gesehen, sondern als **Plattform** bzw. **intermediäre Organisation**, der sich Chancen für neue Geschäftsmodelle eröffnen. Entscheidendes Merkmal ist dabei das Entstehen und Ausnutzen von Netzwerkeffekten, die sich aufgrund der Interdependenzen zwischen den beiden Märkten ergeben. Interdependenz besteht insofern zwischen zwei Teilnehmergruppen, z. B. die Zuschauer auf dem Fernsehmarkt und die werberelevante Zielgruppe auf dem Werbemarkt. Positive Netzwerkeffekte sind vorhanden, wenn das Geschehen des einen Marktes das Geschehen des anderen Marktes befördert (und nicht behindert). Der Nutzen der Plattform besteht nur dann, wenn beide Seiten miteinander interagieren. Je mehr Teilnehmer die Plattform auf den beiden Marktseiten aktivieren kann, desto leistungsfähiger ist sie, d. h. desto attraktiver ist sie für die Nutzer der anderen Marktseite und umgekehrt.

Ein Musterbeispiel für einen solchen positiven Netzwerkeffekt wird mit der **Anzeigen-Auflagen-Spirale** im Zeitungsbereich beschrieben.

> Die Anzeigen-Auflagen-Spirale beschreibt einen auflagenabhängigen Kostendegressionseffekt. Dieser Mechanismus kann z. B. anhand einer regionalen Tageszeitung beschrieben werden, die als auflagenstärkste Zeitung eine starke Marktstellung besitzt. Erreicht sie – im Rezipientenmarkt – ein höhere Auflage, verfügt sie am Werbemarkt selbst bei gleich bleibenden Anzeigenpreisen über einen Wettbewerbsvorteil gegenüber der Konkurrenz und ist fähig, geringere Tausend-Kontaktpreise (also der Preis, den ein Anzeigenkunde bezahlen muss, um tausend Leser zu erreichen) zu setzen. Damit wird für den Inserenten die Verbreitung seiner Werbebotschaften auf den einzelnen Leser bezogen kostengünstiger. Dies wiederum stimuliert – eine ausreichend hohe Preiselastizität vorausgesetzt – die Nachfrage nach Anzeigen und führt zu einem Erlös- und Gewinnanstieg.

Aus der Theorie der zweiseitigen Märkte lassen sich wichtige medienökonomische Implikationen ableiten (vgl. Dewenter 2006: 61): So können aus der jeweiligen Preishöhe, die auf den beiden Märkten herrscht, keine Rückschlüsse auf die Wettbewerbsintensität gezogen werden. Die Preise können selbst bei marktmächtigen Unternehmen unterhalb der Grenzkosten liegen und dennoch gleichzeitig Ausdruck von gewinnmaximierendem Verhalten sein. Dies bedeutet, dass die Kostenstruktur nicht mehr die Höhe der Preise bestimmen kann und hohe Preise nicht unbedingt die relative Marktmacht widerspiegeln.

(10) Mit der Digitalisierung erfährt die Nutzung von Medienprodukten einen nachhaltigen Zuwachs an neuen Qualitäten, von denen insbesondere die Möglichkeit zur Interaktion hervorzuheben ist. Möglich wird damit vor allem auch die **Personalisierung** von Inhalten. Dies eröffnet dem Anbieter von Medienprodukten neue Wege zur differenzierten Marktbearbeitung, sei es bei der Produktpolitik (Produkt- und Preisdifferenzierung), der Distributionspolitik (Nutzung neuer Absatzwege) und bei der Kommunikationspolitik (differenzierte Kundenansprache). Für den Nutzer ist personalisierte Kommunikation interessant, da er nun seinen Medienkonsum nach individuellen Wünschen steuern kann. Im Einzelnen wird die Thematik der Personalisierung in Kapitel 8 vor dem technischen Hintergrund angesprochen.

(11) Neben den ökonomischen Größenvorteilen auf der Angebotsseite sind auch **Größenvorteile auf der Nachfrageseite** zu beachten. Auf der Seite der Nachfrager (Nutzer, Konsumenten) spielen Größeneffekte vor allem dann eine Rolle, wenn die Nutzung eines Medienprodukts an ein technisches System gebunden ist. Ein technisches System kann als ein „Netz" oder als ein „Netzwerk" bezeichnet werden, das solche Effekte auslösen kann. **Netzwerkeffekte** können in direkte und indirekte Netzwerkeffekte unterschieden werden.

Netzwerkeffekte sind Wirkungen, die durch eine steigende Anzahl von Nutzern entstehen. Dabei können positive oder negative Wirkungen im Hinblick auf den individuellen Konsum oder die Produktion ausgelöst werden. Direkte Netzwerkeffekte entstehen in unmittelbarer Form, wenn der Wert eines Netzwerks mit der Zahl seiner Nutzer steigt. So steigt der Wert des Netzwerkes „E-Mail" in dem Maße an, wie die Beteiligung an diesem Netzwerk zunimmt. Indirekte Netzwerkeffekte entstehen, wenn die Nutzung von Medienprodukten an ein technisches System gebunden ist, wenn es sich also um ein sog. „Systemprodukt" handelt. So ist die Anwendung von Software im Konsumentenbereich entweder auf PC- oder auf Mac-Basis möglich. Entscheidet man sich für den PC, müssen die Nutzungs- und die Basiskomponenten entsprechend aufeinander abgestimmt sein. Ein Ausstieg oder Umstieg auf das andere System ist nur mit größeren Umständen möglich. Man ist im System gefangen bzw. „eingesperrt", weshalb man auch vom **„Lock-In-Effekt"** spricht.

> Lock-In-Effekte können auf unterschiedlichste Weise entstehen: „Um den Wechsel zu alternativen Anbietern zu verhindern, bauen Unternehmen häufig Barrieren in Form von Wechselkosten (Switching Costs) auf. Wechselkosten entstehen für den Kunden z.B. durch zeitlichen Aufwand beim Aufbau eines neuen Kontaktes oder durch Kündigungsfristen bei Verträgen." (Sjurts 2004b: 341). Lock-In-Effekte durch hohe Wechselkosten können entstehen durch (1) Suchkosten nach einem neuen Produkt, (2) Investitionskosten bei der notwendigen Ersetzung der Technik, um das neue Produkt nutzen zu können, (3) Lernkosten, wenn das Erlernen von Funktion und Charakter des neuen Produkts Aufwand bedeutet, (4) Künstliche Wechselkosten, insbesondere durch Vertragsbindung, sowie (5) Psychologische Wechselkosten, wenn Gewohnheiten und Bindungen an das alte Produkt eine Rolle spielen.

Netzwerkeffekte bei Medienprodukten erlangen im Zuge der Digitalisierung eine hohe Bedeutung. Sie können als eine besondere Form von **externen Effekten** angesehen werden, weshalb man auch von „Netzwerk-Externalitäten" oder kurz von „Netz-Externalitäten" spricht (vgl. hierzu besonders Zerdick et al. 1999: 155 ff.).

> Netz-Externalitäten bezeichnen die Wechselwirkungen zwischen den Besitzern eines Gutes. Sie haben zur Folge, dass der Nutzen aus einem Gut von der Anzahl der Nutzer des gleichen Gutes, d. h. von der Netzgröße abhängig ist. Der Nutzen eines Telefons entsteht erst, wenn es möglich ist, andere Teilnehmer zu erreichen.
>
> Bei positiven Netz-Externalitäten gilt: Je mehr Wirtschaftssubjekte sich einem Netzwerk anschließen, umso attraktiver wird dieser Anschluss für jeden einzelnen. Positive Netz-Externalitäten treten allgemein dann auf, wenn der Nutzen, den ein Konsument aus einem Gut erhält, nicht nur von der von ihm konsumierten Menge dieses Gutes abhängt, sondern auch von der Anzahl weiterer Konsumenten, die dieses Gut nutzen. Geläufige Beispiele für Netzwerkgüter sind der Telefonanschluss oder das Internet. Der Nutzen eines Anschlusses für einen Teilnehmer steigt mit der Anzahl der Teilnehmer am Netz. Dies gilt jedoch nur bis zu einer technisch bedingten Kapazitätsgrenze eines Netzes. Im Falle einer technischen Überlastung des Netzes können also auch negative Externalitäten in Form von Überfüllungseffekten entstehen.

5.5 Konzepte der Produktbündelung

Die Gesamtheit aller Leistungen eines Unternehmens wird als Programm bezeichnet, die bewusste Gestaltung als Programmpolitik (vgl. Bruhn/Hadwich 2006: 268; Becker 2013: 507; vgl. hierzu im Einzelnen auch Kapitel 17).

Ein wichtiges Instrument der Programmpolitik ist die **Bündelung** mehrerer **Produkte** zu einem ganzen **Nutzen- und Problemlösungsfeld**, mit dem es besser gelingen kann, das akquisitorische Potenzial eines Unternehmens zu steigern (vgl. Becker 2013: 507). Gestützt wird dieser Ansatz durch die These: „Kunden wollen weniger einzelne Problemlösungsteile, sondern möglichst umfassende Lösungen für ein Gesamtproblem aus einer Hand" (ebd.).

Die Bündelung von Produkten bringt **Vorteile** mit sich, die in vier Kategorien unterschieden werden können (vgl. Herrmann 1998: 550 ff.): Das erste Argument für ein Zusammenschnüren von Produkten liegt in der Möglichkeit der Senkung von Produktionskosten. Zweitens erhöht sich mit einem Produktbündel die Chance, die heterogenen Güterpräferenzen der Nachfrager besser abschöpfen zu können, als dies bei einem Verkauf zu Einzelpreisen möglich wäre. Drittens lässt sich die Menge der potenziellen Nachfrager ausdehnen, indem die Nachfragesegmente differenziert bearbeitet werden. Schließlich ist zu erwarten, dass es durch Bündelung leichter möglich ist, die Funktionalität des Kernprodukts zu erweitern, insbesondere durch die Integration begleitender Servicekomponenten. Alle Argumente tragen dazu bei, sich deutlicher von den Wettbewerbern differenzieren zu können.

Vor dem Hintergrund dieser Argumente ist es nicht überraschend, dass auch Medienprodukte nicht als isolierte Leistungen, sondern im Kontext eines größeren Produktzusammenhanges vermarktet werden. Diese **Integration** kann grundsätzlich die folgenden **Formen** annehmen (vgl. Köhler 2005: 67 ff.):

- Integration auf der Basis von Einzelprodukten;
- Bildung von Produktpaketen;
- Schaffung ganzer Produktfamilien.

(1) Auf der ersten Stufe kann die Bündelung von Produkten auf der Basis von **Einzelprodukten** erfolgen, die im Sinne von Erweiterungen („Extensions") zu einem eng ineinander verflochtenen Produkt-Ensemble zusammengestellt werden.

In der einfachsten Form geschieht dies durch **Produktdifferenzierung** (vgl. Herrmann 1998: 537 ff.). Hierdurch entsteht eine Gruppe von Produkten, deren Beschaffenheit im Kern identisch ist, die sich aber in der finalen Ausgestaltung unterscheiden und Varianten der Basis-Version darstellen. Musterbeispiel im Bereich der Gebrauchsgüter ist das Ensemble von Typen einer bestimmten Automobil-Klasse wie z. B. die E-Klasse von Mercedes, die von einer einfachen Ausführung bis zum 8-Zylinder-Dieselmotor in Luxusausstattung reicht (vgl. ebd. 539). Produktdifferenzierung zielt auf die Modifikation eines Gutes in dem Sinne ab, dass neben das bestehende Kernprodukt ein abgewandeltes Produkt tritt.

Hauptziel der Produktvariation ist die Schaffung von Möglichkeiten zur gezielten und gewinnsteigernden **Mehrfachverwertung** des Produktes in unterschiedlichen Marktsegmenten. Im Medienbereich hat sich für das Phänomen der Produktdifferenzierung der Begriff **Versioning** eingebürgert.

> „Versioning bezeichnet die Mehrfachverwertung, bei der eine Differenzierung vorhandener Medieninhalte (auch Software) in unterschiedliche Versionen vorgenommen wird" (Sjurts 2011: 636). Ein Musterbeispiel ist ein Buch, dessen Inhalt in identischer Form in den Versionen Hardcover, Taschenbuch, Großdruck, Hörbuch und E-Book erscheint. Zu nennen ist auch eine Hörfunksendung, die als Manuskript im Internet nachzulesen ist, oder ein E-Paper, das 1:1 den Inhalt der Printausgabe wiedergibt. Eine Versionierung findet auch bei unterschiedlichen Fremdsprachenfassungen eines Spielfilms statt oder wenn eine Fernsehsendung (z. B. die Übertragung eines Fußballspiels) in einem Kanal (z. B. Pay-TV-Kanal) live gesendet wird, in einem anderen (z. B. Free-TV) zeitversetzt zwei Tage später.
>
> Als Beispiele werden in diesem Zusammenhang auch Line Extensions von Zeitungs- und Zeitschriftentiteln genannt, etwa die Erweiterung der Marke Bild um Zeitschriften wie AutoBild, SportBild oder ComputerBild oder die Übertragung der Marke Spiegel in das Fernsehen als Spiegel-TV und in das Internet als Spiegel Online (vgl. Köhler 2005: 67). Diese Interpretation erscheint dann als problematisch, wenn man unterstellt, dass die genannten Produkte zwar aus dem Kernprodukt entwickelt wurden und sehr wohl eine Markenfamilie bilden, dennoch aber eigenständige Produkte darstellen, die sich erheblich vom Basisprodukt unterscheiden. Der Begriff Versioning wäre dann quasi aus den Angeln gehoben und viel zu weitgehend interpretiert. Man sieht freilich, dass die Abgrenzung und Zuordnung der in der Praxis auftretenden Phänomene nicht immer klar und eindeutig vollzogen werden kann.

Das Angebot eines Medienproduktes in unterschiedlichen Versionen ist aufgrund der besonderen Eigenschaften von Medienprodukten im Gegensatz zu vielen anderen Gütern und Dienstleistungen meist relativ einfach herzustellen, insbesondere wenn die Herstellung auf digitaler Basis erfolgt. Die Versionenbildung macht es möglich, dem Konsumenten ein breites Portfolio zur Auswahl anzubieten, aus dem er den für ihn größten Mehrwert ziehen kann. Allerdings darf das aus dem Industriebereich bekannte Phänomen, dass sich bei steigender Variantenvielfalt die Komplexitätskosten u. U. dramatisch erhöhen (vgl. Herrmann 1998: 563 ff.), nicht außer Acht gelassen werden.

Neben der inhaltlichen Differenzierung kommen als Ansatzpunkte für das Versioning weitere Kategorien in Betracht (vgl. auch Schumann/Hess 2009: 72 ff.). So kann eine Produktdifferenzierung nach der Kategorie Zeit erfolgen, indem z. B. top-aktuelle Informationen gegenüber Standardinformationen und Archivinformationen differenziert werden und als unterschiedliche Produkte angeboten werden. Möglich sind auch Differenzierungen nach dem Leistungsumfang (Vollversion/Teilversion, Minimal- oder Maximalausstattung) und nach der Qualität (Lesbarkeit: geringe oder hohe Auflösung; Präsentationsform: durchschnittliches oder eher anspruchsvolles Layout).

Die Methode der Produktvariation durch die zeitliche Differenzierung steht im engen Zusammenhang mit dem sog. **Windowing**, das v. a. beim Film als Methode der Verlängerung der Wertschöpfungskette wichtig ist (vgl. hierzu Kapitel 12).

> Der Begriff Versioning kann am Beispiel eines PC-Betriebssystems, z. B. das historische Windows XP, exemplarisch erläutert werden. Windows XP ging zuerst in der so genannten „Professional Edition" in den Markt. Diese war mit bestimmten Zusatzoptionen ausgestattet, lag aber preislich deutlich über der später erschienenen „Home Edition" (Preisdifferenzierung). So waren die User, welche beabsichtigten das neue, grafisch ansprechend gestaltete Betriebssystem sehr bald nach Markteinführung zu erstehen, gezwungen, einen höheren Preis zu zahlen (Dimension Zeit, Merkmal Aktualität). Des Weite-

ren bestand innerhalb dieser Editionen jeweils noch eine Differenzierung, diese Software auch mit mehreren und nicht nur mit einem PC zu nutzen, was preislich ebenfalls bemerkbar war. Mit der „Professional Edition" war es beispielsweise leichter möglich, externe Geräte und Netzwerke zu konfigurieren als mit der „Home Edition" (Dimension Quantität, Merkmal Leistungsumfang). Aus Fachkreisen war des Weiteren zu hören, dass die günstigere „Home Edition" weniger stabil und verlässlich als die „Professional Edition" ablaufen würde (Dimension Qualität).

Eng mit der Produktdifferenzierung einhergehend eröffnen sich Möglichkeiten zur Preisdifferenzierung und damit zur flexiblen Reaktion auf eine unterschiedliche Zahlungsbereitschaft der Nutzer.

Es ist darauf hingewiesen worden, dass sich die Mehrfachverwertung von Inhalten in der Regel in einem **zweistufigen Prozess** vollzieht (vgl. Schumann/Hess 2009: 72; Köhler 2005: 33 sowie Abb. 5-12):

- In der ersten Stufe geht es darum, die Module zu erzeugen, aus denen heraus das Medienprodukt „zusammengebaut" werden soll. Es geht z. B. um die Erstellung von Textbausteinen, Bildern, Videosequenzen, Musikstücken oder Filmteilen, die in sich eine Einheit darstellen. Das Ergebnis ist jeweils eine „First Module Copy".
- Danach geht es um die Bündelung bzw. Zusammenführung der Module zu einem Medienprodukt, das als „First Product Copy" bezeichnet werden kann.

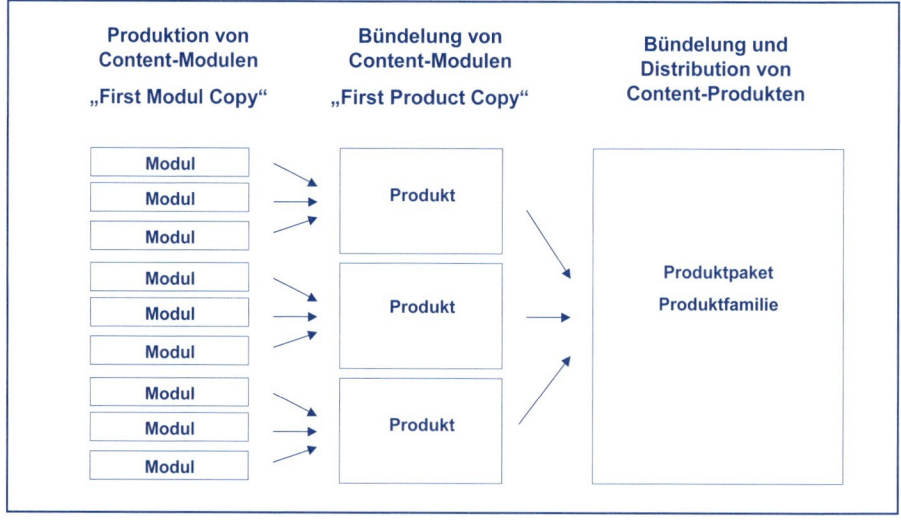

Abb. 5-12: *Zwei Stufen der Entstehung einer First Copy*

(2) Neben der Bündelung von Produkten auf der Grundlage der Versionierung von Einzelprodukten kann eine Bündelung zu **Produktpaketen** erfolgen. Ziel dieser zweiten Stufe der Bündelung ist es, ein Bündel inhaltlich zusammengehöriger Produkte zu schaffen und deren Gebrauchsnutzen eng aufeinander abzustimmen, im Gegensatz zum Versioning aber auf unterschiedliche Anwendungen bzw. Märkte abzustellen.

> Als Beispiele werden Lehrwerke im schulischen Bereich genannt: „Klett entwickelt im Rahmen der Produktinnovation mit den so genannten Lehrwerken ebenfalls Produktpakete, die im Normalfall aus Lehrerbuch, Schülerbuch, Lernsoftware und Zusatzprodukten besteht" (Köhler 2005: 67).

Weitere Produktpakete sind integrative Angebote in der Musikbranche, die aus Musik-CD und Musik-Video bestehen, oder im Bereich des Fernsehens, wenn eine Sendung Begleitmaterial auf CD oder DVD anbietet. Als Musterbeispiel eines Produktpaketes können die vor Jahren angebotenen Telekollegs im Hörfunk der ARD angesehen werden. Es war faktisch eine Art Fernstudium und bestand aus der Sendung, aus umfangreichen Begleitmaterialien sowie aus Prüfungsaufgaben. Besonders weit verbreitet sind Produktpakete im Bereich von Software-Angeboten. So stellt z. B. das „Office-Paket" von Microsoft eine Bündelung verschiedenartiger Software-Anwendungen dar.

(3) Produktbündel der dritten Stufe weisen eine hohe Komplexität auf und repräsentieren eine ganze **Produktfamilie**. Sie besteht aus einer umfangreichen und u. U. sehr heterogenen Gruppe von Produkten, die in unterschiedlichen Märkten auftreten, aber konzeptionell aufeinander abgestimmt sind. Als Klammer des Zusammenhalts fungiert in der Regel eine Dach- oder Familienmarke. Produktfamilien im Medienbereich sind in aller Regel crossmedial ausgerichtet und vereinen eine höchst unterschiedliche Palette an Produktwelten.

Der Begriff Crossmedia steht im vorliegenden Zusammenhang für Medienfamilien, die unterschiedliche Mediengattungen umfassen und nach dem Motto funktionieren: „One brand – all media". Crossmedia ist allerdings ein Trendwort mit uneinheitlichem Begriffsinhalt. Oft werden die Begriffe Crossmedia, Medienvernetzung, Konvergenz, vernetzte Kommunikation, integrierte Kommunikation synonym verwendet.

In der Werbung bezeichnet Crossmedia die intelligente Verknüpfung von markenrelevanten Inhalten über verschiedene Medien hinweg (z. B. Anzeigenwerbung in der Zeitung, Internet-Werbung, Mobil und TV). Ziel ist es, die Werbe-Botschaft überraschend zu dramatisieren und so den Eindruck bei der Zielgruppe entscheidend zu erhöhen. Eine Crossmedia-Kampagne ist damit dann gegeben, wenn mehrere Mediengattungen zielgruppen-affin eingesetzt werden und in allen Werbemitteln auf das Internet oder ein anderes Medium hingewiesen wird. Ziel der Hinweise ist, für eine multikanalige Ansprache der Zielgruppe eine zusätzliche Informationsebene und einen potenziellen Rückkanal zu schaffen, um dadurch direkt in Interaktion mit dem Konsumenten zu treten.

Die Schaffung crossmedial vernetzter Produktwelten kann aus unterschiedlichen Produktwelten heraus entwickelt werden. Im Prinzip eignen sich alle Medienbereiche, wichtig ist freilich, dass eine starke Marke vorliegt. Nachfolgend einige prägnante Anwendungsbeispiele:

- Ausgangspunkt Zeitung: Süddeutsche Zeitung, Handelsblatt;
- Ausgangspunkt Zeitschrift: Stern, GEO;
- Ausgangspunkt Buch: Harry Potter;
- Ausgangspunkt Fernsehen: „Deutschland sucht den Superstar";
- Ausgangspunkt Film: Batman;
- Ausgangspunkt Computerspiel: Tomb Raider / Lara Croft;

Die Süddeutsche Zeitung verfolgt seit einigen Jahren konsequent den Aufbau einer Produktfamilie durch den vielseitigen Betrieb von Nebengeschäften: (a) Bücher: Im Jahr 2004 wurde eine 50-bändige „SZ-Bibliothek" mit ausgewählten Romane zum Preis von 4,90 Euro (im Abonnement 4 Euro) gestartet. Jeder Titel wurde ca. 200.000 Mal verkauft, die Gesamtauflage belief sich auf insgesamt 10 Mio. Exemplare. Weitere Angebote: SZ-Bibliothek der Erzähler; (b) SZ-Cinemathek mit „100 Meilensteinen der Filmgeschichte"; (c) SZ-Diskothek: „eine 50-bändige Buchreihe mit 50 Musik-CDs und 1000 Songs präsentiert die Highlights aus fünfzig Jahren Popmusik"; (d)

SZ-Klassik Edition: „14 große Pianisten auf 20 CDs"; (e) Sonstige: SZ-Kriminalbibliothek, SZ-Junge Bibliothek, SZ WM-Bibliothek, Wein. Insgesamt gesehen orientiert sich die Süddeutsche Zeitung damit stark am Printbereich und ergänzt das Portfolio gezielt um elektronische Medienangebote.

Die Financial Times Deutschland (als historisches Beispiel) betrieb unter dem Motto „One Brand – all Media" (a) ein Print-Portfolio mit der Tageszeitung FTD als Basis, ergänzt um FTD Kompakt und einer gemeinsamen Buchreihe mit dem Gabler-Verlag; (b) ein Online-Portfolio mit dem Internetauftritt, auf dem Downloads, der Zugang zum Print-Archiv und Einzelartikelabrufe angeboten werden; (c) ein Audio-Portfolio mit der Belieferung von privaten Radiosendern mit Beiträgen sowie einem SMS-AudioService; (d) ein Mobile-Portfolio zum Abruf aktueller Informationen über mobile Geräte (vgl. Hartmann 2004).

Das Beispiel der crossmedialen Produktfamilie „Deutschland sucht den Superstar" (vgl. Köhler/Hess 2004) macht einen sehr breiten Ansatz deutlich, der von der TV-Show getrieben ist. Der ausstrahlende Sender RTL verfolgte die systematische Erweiterung des TV-Kernproduktes um Print, Speichermedien, Online und Merchandising (vgl. Abb. 5-13; Quelle: Köhler/Hess 2004: 32). Die Entwicklung und Umsetzung einer komplexen Produktfamilie kann nur im Rahmen von Projektnetzwerken mit verschiedenen Projektpartnern vollzogen werden (vgl. ebd. 32 f.). Im vorliegenden Fall bestand das Netzwerk aus zahlreichen Tochtergesellschaften des Bertelsmann-Konzerns und externen eigenständigen Kooperationspartnern. Die Koordination erfolgte zentral von RTL Television.

TV	Print	Speichermedien	Online	Sonstige
DSDS Show DSDS Magazin Reportagen Interviews Gastauftritte Kurzbeiträge	DSDS Magazin	CD „We have a Dream" CD „United" CD „Take me tonight" DVD/VHS	Internetseiten Mobile Applikationen	T-Shirts Kaffeetassen Bettwäsche etc.

Abb. 5-13: Crossmediale Produktfamilie „Deutschland sucht den Superstar"

Die vielschichtige und breite Verwertung der Idee „Batman" wird in Abb. 5-14 deutlich (Quelle: in Anlehnung an Blümelhuber 1998: 1773). Im Kernbereich stehen die Filme, ergänzt um TV-Serie, Hörspiel, Bücher, Comics, Merchandising-Artikel und Aktivitäten in Freizeit- und Themenparks. Im Kontext der Filmproduktionen erfolgen weitere Verwertungen von Video und Soundtracks.

> Die crossmediale Mehrfachverwertung von Inhalten findet zunehmend in die Geschäftsmodelle der Medienunternehmen Eingang. So kommen selbst Soap Operas in Frage, die sich durch die Unbekanntheit ihrer Darsteller auszeichnen, aber hohe Aufmerksamkeit erfahren. Die gezielte „Bewirtschaftung" dieser Aufmerksamkeit macht es den privaten TV-Sendern möglich, ihre Abhängigkeit von Werbeeinnahmen zu reduzieren. Vgl. hierzu besonders Opitz/Hofmann 2008.

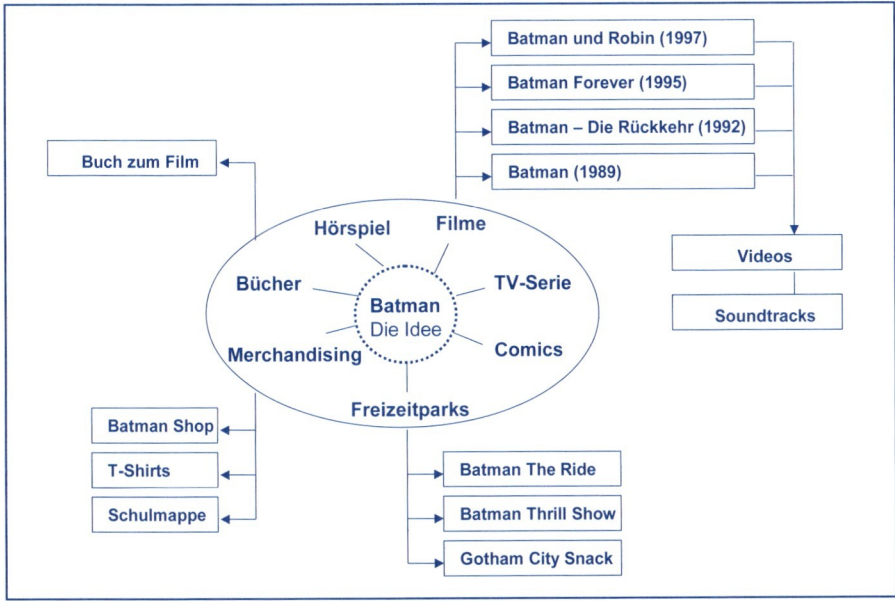

Abb. 5-14: Mehrfachverwertung der Marke „Batman"

Computerspiele als Ausgangsprodukt der crossmedialen Verwertung erlangen eine zunehmende Bedeutung. Ein Film zum Computerspiel wurde erstmals Anfang der 1990er Jahre produziert. Diese Filme waren allerdings meist nicht sehr erfolgreich, da sie lediglich für Fans des Spiels interessant waren.

Weitere Beispiele:
- Turtles (1990, 1991, 1993)
- Wing Commander (seit 1990 sechs Spiele, 1999 Film zum Spiel)
- Final Fantasy: 13 Teile seit 1989, Film zu Spiel 2001, komplett computeranimiert

Eine sehr komplexe und erfolgreiche Verwertung, aus dem Produkt Computerspiel heraus generiert, stellt „Tomb Raider" dar.

Hierzu einige Fakten:
- Seit 1996 bis 2010 sind sechs Teile des Spiels erschienen, Heldin: Lara Croft.
- Kino-Verwertung: Kinofilme 2001 und 2003. Hauptrolle Angelina Jolie. Hierbei handelt es sich um den bisher erfolgreichsten Film zu einem Computerspiel.
- Video, DVD: Soundtrack mit Songs von U2, Nine Inch Nails, Chemical Brothers und anderen
- Buch zum Film von Dave Stern
- Comics
- Lösungsbücher zum Spiel
- „Lara's Book" von Douglas Coupland
- Zeitschrift "Lara Croft Magazine"
- Internet: offizielle und zahlreiche inoffizielle Websites
- Seit 1997: www.croft-times.de
- Merchandising und Licensing: Vielfalt von Artikeln
- Ab 2004: Spiel für das Handy (Nokia N-Gage)

Inhalte von Filmen und Computerspielen sollen in möglichst vielen Medien mehrfachverwertet werden. Komplementäre Inhalte erhöhen den Absatz und machen Werbung für andere Produkte. Mittlerweile dienen auch Computerspiele als Vorlage für filmische Adaptionen und als Impulsgeber für gezieltes Merchandising.

Kernaussagen

- Medienprodukte sind im Sinne des Problemlösungsansatzes des Marketing als Contents zu verstehen, die von Medienunternehmen erzeugt, gebündelt und distribuiert werden mit dem Ziel, einem bestimmten Kreis von Rezipienten einen Grundnutzen und einen Zusatznutzen zu stiften.
- Die Welt der Medienprodukte ist als ausgesprochen komplex und vielschichtig zu bezeichnen. Dabei erscheint eine Beschränkung auf die massenmedial geprägten publizistischen Produktwelten als zu eng. Auch Medienprodukte im Einsatz des Corporate Publishing sind zu beachten.
- Die ökonomischen Eigenschaften von Medienprodukten lassen diese zu „Produkten sui generis" werden, die einer spezifischen Betrachtung zu unterziehen sind.
- Von besonderer Relevanz sind integrierte Produktkonzepte (Produktpakete, ganze Produktfamilien).

Literatur

Weiterführende Literatur: Grundlagen

Becker, J. (2013): Marketing-Konzeption, 10., überarb. u. erw. Aufl., München.
Bruhn, M./Hadwich, K. (2006): Produkt- und Servicemangement, München.
Corsten, H./Gössinger, R. (Hrsg.)(2005): Dienstleistungsökonomie, Berlin.
Herrmann, A./Seilheimer, C. (2002): Variantenmanagement, in: Albers, S./Herrmann, A. (Hrsg.)(2002): Handbuch Produktmanagement, 2. Aufl., Wiesbaden, S. 647-677.
Herrmann, A. (1998): Produktmanagement, München.
Homburg, C. (2012): Marketingmanagement, 4., überarb. u. erw. Aufl., Wiesbaden.
Picot, A./Dietl, H./Franck, E. (2008): Organisation. Eine ökonomische Perspektive. 5., akt. u. überarb. Aufl., Stuttgart
Poth, L. G./Poth, G. S. (2003): Gabler Kompakt-Lexikon Marketing, 2., vollst. überarb. Aufl., Wiesbaden.
Spies, S./Fisseler, D. (Hrsg.)(1994): Produkte mit Profil, Frankfurt am Main, Wiesbaden.
Töpfer, A. (2005): Betriebswirtschaftslehre, Berlin, Heidelberg, New York.

Weiterführende Literatur: Medien

Angermann, F. (2005): Special Ads – je mehr desto besser? Marburg.
Arnold, B.-P. (1994): ABC des Hörfunks. München.
Benedict, B. (2008): Industrialisierung der Fernsehproduktion in Deutschland, in: MedienWirtschaft, 5. Jg., H. 1, S. 18-25.
Beck, H./Beyer, A. (2009): Brauchen wir eine öffentlich-rechtliche Zeitung? In: Wentzel, D. (Hrsg.)(2009): Medienökonomik – Theoretische Grundlagen und ordnungspolitische Alternativen, Stuttgart, S. 75-99.
Bilandzic, H. (2004): Synchrone Programmauswahl, München.
Brandl, A. (2002): Webangebote und ihre Klassifikation, München.
Bremenfeld, E./Kapalla, R./Knapp, H./Tohermes, K./Veeh, W. (1998): Fachwissen Zeitungs- und Zeitschriftenverlage, 2. Aufl., Düsseldorf.
Breyer-Mayländer, T./Seeger, C. (2004): Verlage vor neuen Herausforderungen: Krisenmanagement in der Pressebranche, Berlin.
Brüggemann, M. (2002): The Missing Link. Crossmediale Vernetzung von Print und Online. München.
Clement, M./Proppe, D./Sambeth, F. (2006): Der Einfluss von Meinungsführern auf den Erfolg von hedonischen Produkten, in: Zeitschrift für Betriebswirtschaft, 76. Jg., H. 7/8, S. 797-824.
Detering, D. (2001): Ökonomie der Medieninhalte, Münster.
Dewenter, R. (2006): Two-sided markets, in: MedienWirtschaft, 3. Jg., H. 2, S. 57-62.
Eggert, D. (2006): Cross-Channel-Konzeptionen für TV-Formate. Möglichkeiten und Grenzen einer integrierten Vermarktung, Köln.
Freiling, J. (2011): Virtuelle Güter: Grundlagen, Eigenschaften und Monetarisierung, in: MedienWirtschaft, 2/2011, 8. Jg., S. 14-21.
Friedrichsen, M./Vowe, G. (Hrsg.)(1995): Gewaltdarstellungen in den Medien, Opladen.

Friedrichsen, M./Jenzowsky, S. (Hrsg.)(1999): Fernsehwerbung, Opladen, Wiesbaden.
Gehrau, V. (2001): Fernsehgenres und Fernsehgattungen, München.
Gehrau, V. (2003): (Film-)Genres und die Reduktion von Unsicherheit, in: Medien & Kommunikationswissenschaft, 51. Jg., H. 2, S. 213-231.
Gläser, M. (2002): Online-Dienste: Ökonomie, in: Medienwissenschaft. Ein Handbuch zur Entwicklung der Medien und Kommunikationsformen. Hrsg. v. J.-F. Leonhard, H.-W. Ludwig, D. Schwarze, E. Straßner, 3. Teilband, Berlin, New York, S. 2580-2596.
Goldhammer, K. (1995): Formatradio in Deutschland, Berlin.
Gröbel, J. (2014): Das neue Fernsehen, Wiesbaden.
Gröppel-Klein, A./Germelmann, C. C. (Hrsg.)(2009): Medien im Marketing, Wiesbaden.
Hack, G. (2003): Synchronisierte Verbundformate. Taktgeber Internet: Verteilte Medienprodukte am Beispiel „Big Brother", München.
Heinkelein, M. (2004): Der Schutz der Urheber von Fernsehshows und Fernsehshowformaten, Baden-Baden.
Heinold, E. W. (2001): Bücher und Buchhändler, 4., völlig neubearb. Aufl., Heidelberg.
Heinrich, J. (1999): Medienökonomie, Band 2: Hörfunk und Fernsehen, Opladen/Wiesbaden.
Heinrich, J. (2001): Medienökonomie, Band 1: Mediensystem, Zeitung, Zeitschrift, Anzeigenblatt. 2., überarb. u. akt. Aufl., Wiesbaden.
Heinrich, J. (2006): Medienprodukte – Medienangebote und Mediennutzung, in: Scholz, C. (Hrsg.)(2006): Handbuch Medienmanagement, Berlin, Heidelberg, New York, S. 73-96.
Hennig-Thurau, T./Wruck, O. (2000): Warum wir ins Kino gehen: Erfolgsfaktoren von Kinofilmen, in: Marketing ZFP, 22. Jg., H. 3, S. 241-258.
Hermanns, A./Sauter, M. (1999): Electronic Commerce – Grundlagen, Potentiale, Marktteilnehmer und Transaktionen, in: Hermanns, A./Sauter, M. (Hrsg.)(1999): Management-Handbuch Electronic Commerce, München, S. 13-29.
Hess, T. (2004): Medienunternehmen im Spannungsfeld von Mehrfachverwertung und Individualisierung – eine Analyse für statische Inhalte. In: Zerdick, A./Picot, A./Schrape, K./Burgelman, J.-C./Silverstone, R. (Hrsg.)(2004): E-Merging Media. Kommunikation und Medienwirtschaft der Zukunft. European Communication Council Report. Berlin, Heidelberg, New York, S. 59-78.
Hickethier, K. (2010): Einführung in die Medienwissenschaft, 2., akt. u. überarb. Aufl., Stuttgart, Weimar.
Hillebrecht, S. (2009): Marketing für Presseverlage, 2. Aufl., Münster.
Hinze, F. (2001): Gründung und Führung einer Buchhandlung, 8., unverä. Aufl., Frankfurt am Main.
Kandorfer, P. (2003): Lehrbuch der Filmgestaltung, 6., überarb. Aufl., Gau-Heppenheim.
Karstens, E./Schütte, J. (2013): Praxishandbuch Fernsehen, 3., akt. Aufl., Wiesbaden.
Kerlen, D. (2003): Lehrbuch der Buchverlagswirtschaft, Stuttgart.
Kiefer, M.-L./Steininger, C. (2014): Medienökonomik, 3. Aufl., München, Wien.
Köhler, L. (2005): Produktinnovation in der Medienindustrie, Wiesbaden.
Kreuzer, H./Prümm, K. (Hrsg.)(1979): Fernsehsendungen und ihre Formen, Stuttgart.
Kröger, C. (2002): Kommerzielle Nutzung des Internet in Medienunternehmen, in: Keuper, F. (Hrsg.)(2002): Electronic Business und Mobile Business, Wiesbaden, S. 501-545.
Lang, G. (2006): Grundzüge der Medienökonomie, in: WISU – Das Wirtschaftsstudium, 35. Jg., H. 4, S. 553-560.
Lantzsch, K./Altmeppen, K.-D./Will, A. (Hrsg.)(2010): Handbuch Unterhaltungsproduktion, Wiesbaden.
LaRoche, W. von (1998): Radio-Journalismus, München.
Linke, N. (1997): Radio-Lexikon, München.
Litten, R. (1997): Der Schutz von Fernsehshow- und Fernsehserienformaten, München.
Loosen, M. (2001): Mediale Synergien – Crossmedia-Markenstrategien und Konsequenzen für den Journalismus, in: Beck, K./Schweiger, W. (Hrsg.)(2001): Attention please! Online-Kommunikation und Aufmerksamkeit, München, S. 237-248.
López-Escobar, E./Silverstone, R. (1999): Die Internet-Ökonomie. Strategien für die digitale Wirtschaft. European Communication Council Report. Berlin, Heidelberg.
Ludwig, J. (1998) : Zur Ökonomie der Medien : Zwischen Marktversagen und Querfinanzierung, Opladen, Wiesbaden.
Ludwig, J. (2003). Mikroökonomie der Medien. In: Altmeppen, K.-D./Karmasin, M. (Hrsg.)(2003): Medien und Ökonomie. Band 1/1: Grundlagen der Medienökonomie: Kommunikations- und Medienwissenschaft, Wirtschaftswissenschaft. Opladen, Wiesbaden, S. 187-214.

Mast, C. (Hrsg.)(2004): ABC des Journalismus. Ein Handbuch. 10., völlig neue Aufl., Konstanz.
Meckel, M. (1997): Redaktionsmanagement, Opladen, Wiesbaden.
Menhard, E./Treede, T. (2004): Die Zeitschrift, Konstanz.
Möllmann, B. (1997): Redaktionelles Marketing bei Tageszeitungen, München.
Müller-Lietzkow, J. (2012): Ökonomie, Qualität und Management von Unterhaltungsmedien, Baden-Baden.
Opitz, C./Hofmann, K. H. (2008): Integrierte Geschäftsmodelle zur Bewirtschaftung personengebundener Aufmerksamkeit. Das Beispiel Daily Soap. In: MedienWirtschaft, 5. Jg., H. 4/2008, S. 16-25.
Park, J.-Y. (2004): Programm-Promotion im Fernsehen, Konstanz.
Rössler, P./Scherer, H./Schlütz, D. (Hrsg.)(2004): Nutzung von Medienspielen – Spiele der Mediennutzer, München.
Schierl, T. (2003): Werbung im Fernsehen, Köln.
Schumann, M./Hess, T. (2009): Grundfragen der Medienwirtschaft, 4., überarb. Aufl., Berlin, Heidelberg, New York.
Schweitzer, D. (1996): Film als Marktleistung, Wiesbaden.
Siegert, G./Brecheis, D. (2005): Werbung in der Medien- und Informationsgesellschaft, Wiesbaden.
Sjurts, I. (2005): Strategien in der Medienbranche, 3., überarb. u. erw. Aufl., Wiesbaden.
Sjurts, I. (Hrsg.)(2004): Strategische Optionen in der Medienkrise, München.
Sjurts, I. (Hrsg.)(2011): Gabler Lexikon Medienwirtschaft, 2., akt. u. erw. Aufl., Wiesbaden.
Spaniol, S. (2007): Boom der deutschen Telenovelas, Saarbrücken.
Splichal, K. (2014): Moderne Content-Produzenten, in: Bluhm D. (Hrsg.)(2014): Bücherdämmerung. Über die Zukunft der Buchkultur, Darmstadt, S. 41-57.
Wacker, K. (2007): Wettbewerb und Regulierung auf dem deutschen Fernsehmarkt, Stuttgart.
Walter, K. (2002): Grenzen spielerischen Erzählens, Siegen.
Wirtz, B. W. (2013): Medien- und Internetmanagement, 8., akt. u. überarb. Aufl., Wiesbaden.
Zeitter, E./Kapp, F./Jaiser, F./Scheltwort, P. (1996): Die „Sprache der Gewalt" und ihre Wirkungen, Villingen-Schwenningen.
Zerdick, A./Picot, A./Schrape, K./Burgelman, J.-C./Silverstone, R. (2004): E-Merging Media. Kommunikation und Medienwirtschaft der Zukunft. European Communication Council Report. Berlin, Heidelberg, New York.
Ziegele, M. (2012): Computerspiele als Werbeträger, in: Müller-Lietzkow, J. (Hrsg.)(2012): Ökonomie, Qualität und Management von Unterhaltungsmedien, Baden-Baden, S. 277-296.

Fallbeispiele

Blümelhuber, C. (1998): Marketing in der Unterhaltungsindustrie, in: Meyer, A. (Hrsg.)(1998): Handbuch Dienstleistungsmarketing, Bd. 2, Stuttgart, S. 1753-1776.
Blum, S. (2010): Crossmediale Vermarktung von Medienangeboten. Zur Rolle von Konzernen und Unternehmensnetzwerken bei der Vermarktung der Fernsehserie „Sex and the City", in: Lantzsch, K./Altmeppen, K.-D./Will, A. (Hrsg.)(2010): Handbuch Unterhaltungsproduktion, Wiesbaden, S. 303-315.
Dewenter, R./Haucap, J. (2009): Wettbewerb als Aufgabe und Problem auf Medienmärkten: Fallstudien aus Sicht der „Theorie zweiseitiger Märkte", in: Wentzel, D. (Hrsg.)(2009): Medienökonomik – Theoretische Grundlagen und ordnungspolitische Alternativen, Stuttgart, S. 35-73.
Franck, E./Opitz, C. (2003): Julia Roberts, Tom Hanks & Co. – Wie Stars zur effizienten Zuordnung von Filmen auf Filmkonsumenten beitragen. In: Wirtschaftswissenschaftliches Studium (WiSt), 32. Jg., S. 203-208.
Glotz, P./Meyer-Lucht, R. (Hrsg.)(2004): Online gegen Print. Zeitung und Zeitschrift im Wandel, Konstanz.
Hartmann, U. (2004): Print – Erfolgreiche Konzepte in der Krisenbranche am Beispiel der Financial Times Deutschland, in: Ottler, S./Radke, P. (Hrsg.)(2004): Aktuelle Strategien von Medienunternehmen, München, S. 99-109.
Keuper, F./Hans, R. (2003): Multimedia-Management, Wiesbaden.
Köhler, L./Hess, T. (2004): „Deutschland sucht den Superstar" – Entwicklung und Umsetzung eines crossmedialen Produktkonzepts, in: MedienWirtschaft, 1. Jg., H. 1, S. 30-37.
Reichwald, R./Piller, F. (2006) Interaktive Wertschöpfung, Wiesbaden.

Kapitel 6
Medienmärkte

6.1	Übersicht	163
6.2	Zeitungsmarkt	173
6.3	Zeitschriftenmarkt	179
6.4	Buchmarkt	185
6.5	Markt für Druck und Papier	191
6.6	Radiomarkt	196
6.7	Fernsehmarkt	203
6.8	Film- und Kinomarkt	211
6.9	Musikmarkt	216
6.10	Spielemarkt	223
6.11	Internetmarkt	228
6.12	TIME-Branche	237

Leitfragen

- Wie groß ist das Umsatzvolumen des Medienmarktes?
- Wie verteilt sich das Umsatzvolumen auf die Printmedien, die elektronischen Medien (im engeren Sinn ohne Internet) und das Internet andererseits?
- Wie sehen die prozentualen Anteile der Mediennutzung im Hinblick auf Print-, die elektronischen Medien (i. e. S.) und das Internet aus?
- Wie hoch ist das Umsatzvolumen des Werbemarktes in Deutschland?
- Welchen Beitrag leistet die Werbung zur Finanzierung des Medienmarktes?
- Welche Teilmärkte weisen die medialen Beschaffungs- und Absatzmärkte auf?
- Welches sind die fünf Marktkräfte „Five-Forces-Konzept nach Porter"?
- Wie unterscheiden sich intramediale, intermediale und extramediale Konkurrenz?
- Welche neuen Geschäftsmodelle kann man sich in den Medienteilmärkten vorstellen?
- Welche Herausforderungen stellen sich in den einzelnen Medienmärkten für das Management?
- Mit welchen Konzepten kann man den wirtschaftlichen Problemen im herkömmlichen Zeitungsgeschäft begegnen?
- Welche Veränderungen sind im Kaufverhalten von Büchern festzustellen?
- Mit welchen Problemen hat die Druckbranche zu kämpfen?
- Welche Geschäftsmodelle erscheinen im Radiomarkt erfolgversprechend?
- Wie ist die Entwicklung des Fernsehmarktes einzuschätzen?
- Ist Fernsehen ein „Auslaufmodell"?
- Wohin entwickelt sich das Filmtheater im Zeichen der Digitalisierung?
- Welche Perspektiven ergeben sich für den Musikmarkt?
- Wie lässt sich die Tonträger- und Internet-Piraterie im Musikmarkt eindämmen?
- Welches sind die treibenden Kräfte des Video- und Computerspiele-Marktes?
- Welches sind die Industrien, die unter dem Dachbegriff der TIME-Branche zusammengefasst werden?
- Welche Szenarien kann man sich in der konvergenten Medienwelt der Zukunft vorstellen?

Gegenstand

In diesem Kapitel wird der Medienmarkt sowohl in seiner Gesamtheit als auch differenziert nach den einzelnen Teilmärkten dargestellt. Dies geschieht vorrangig unter wirtschaftlichen Gesichtspunkten, ohne jedoch die publizistischen Aspekte vollständig ausklammern zu wollen. Die Darstellungsform ist eher holzschnittartig gehalten, um einen möglichst umfassenden und schnellen Überblick zu ermöglichen. Jeder einzelne Medien-Teilmarkt wird mit einer Art „Visitenkarte" versehen, aus der man wesentliche Informationen wie Volumina, Strukturen und Entwicklungen erkennen kann. Für jeden Teilmarkt werden drei „Visitenkarten" erstellt, beispielsweise für den Zeitungsmarkt:

- Der Zeitungsmarkt in publizistischer Hinsicht
- Der Zeitungsmarkt in ökonomischer Hinsicht
- Der Zeitungsmarkt in strategischer Hinsicht

Der Einzeldarstellung der Medienmärkte vorangestellt wird ein genereller Überblick über den Medienmarkt in Deutschland. Hierbei wird deutlich, dass der Printsektor nach wie vor einen hoch beachtlichen Anteil der Erlöse des Medienmarktes auf sich vereinigt, ohne verkennen zu dürfen, dass der Sektor der elektronischen Medien einschließlich des Internet das Umsatz-Niveau des Printsektors überflügelt hat. Rechnet man allerdings die Erlöse aus dem Internetzugang heraus, liegen der Print- und der elektronische Mediensektor immer noch gleichauf. Von einem „Untergang des Printsektors" kann also keine Rede sein.

Im Hinblick auf die Mediennutzung haben die elektronischen Medien eine klare Vorrangstellung inne. Fast 92 Prozent der Mediennutzung fällt auf die elektronischen Medien und das Internet. Die Nutzung von Zeitungen, Zeitschriften und Büchern erreichen zusammen genommen gerade mal ein Viertel der Zeit, die der Bürger für das Fernsehen aufwendet. Allerdings darf bei dieser plakativen Gegenüberstellung nicht verkannt werden, dass zahlreiche Nutzungsweisen elektronischer Medien eine vergleichsweise geringe Kontaktqualität aufweisen, da sie vorwiegend als Nebenbei- bzw. Begleitmedium konsumiert werden. Dies ist sehr weitgehend beim Radio der Fall, zunehmend aber auch beim Fernsehen.

Ein wichtiger Aspekt ist die Frage der Finanzierung der Märkte. Hier wird deutlich, dass auf dem Medienmarkt die Erlöse aus Rezipientenzahlungen dominieren. Die Erlöse aus Werbung und Rundfunkbeiträgen erreichen zusammen genommen nur etwa drei Viertel der Rezipienten-Erlöse. Gleichwohl ist klar, dass die Werbung im Kontext der Medien als ein herausragendes Finanzierungsinstrument zu bewerten ist. Werbung trägt zu über 30 Prozent zur Finanzierung des gesamten Medienmarktes bei. Deutlich wird ferner, dass die Rundfunkbeiträge in Deutschland eine bedeutende Finanzierungsfunktion innehaben.

Die Medien-Teilmärkte werden mit der ersten „Visitenkarte" in publizistischer Hinsicht beschrieben, die altbekannte „Lasswell-Formel" verwendend, indem die spezifischen Gegebenheiten für die Kommunikatoren, Inhalte, Transportwege und Rezipienten in kurzer, prägnanter Form zusammengefasst werden. Die zweite „Visitenkarte" liefert eine Charakterisierung in ökonomischer Hinsicht, bei der das Marktvolumen, die Angebotsseite, die Nachfrageseite sowie der Austauschmechanismus auf dem betreffenden Teilmarkt beschrieben werden. Hierdurch erhält man einen schnellen und klaren Überblick über die Marktbedingungen. „Visitenkarte" Nr. 3 schließlich gibt Hinweise auf die strategische Perspektive und beschreibt die einzelnen Teilbranchen jeweils nach einem Raster, das als die „Fünf Marktkräfte nach Porter" bekannt geworden ist. Es handelt sich um die folgenden „Five Forces":

- Verhandlungsstärke der Abnehmer
- Verhandlungsstärke der Lieferanten
- Bedrohung durch neue Anbieter
- Bedrohung durch Ersatzprodukte (Substitute)
- Rivalität der Wettbewerber untereinander

Diese mehr plakativen Präsentationen der Medienmärkte können vertiefende Analysen freilich nicht ersetzen. Besonders betont wird abschließend der Bezug des Mediensektors zum TIME-Sektor, da die Medien in der digitalen Welt nur noch im Verbund mit diesem gedeutet werden können.

6.1 Übersicht

Betrachtet man den **deutschen Medienmarkt** aus der **wirtschaftlichen Perspektive**, so kann zunächst festgestellt werden, dass er sich in einer Größenordnung von ca. 70 Mrd. Euro bewegt (vgl. Abb. 6-1). 2008 lag dieser Wert bei ca. 66 Mrd. Euro. Teilt man die „Medienwelten" in drei Blöcke ein, nämlich in Print, in die elektronischen Medien und in das Internet, zeigt sich, dass das Umsatzwachstum maßgeblich vom Internet getrieben wird. Print musste Einbußen hinnehmen, aber es kann keine Rede davon sein, dass dieser Bereich „abstürzt". Die elektronischen Medien können einen leichten Zuwachs verzeichnen.

in Mrd. Euro	2008	2012
Printmedien	32,39	30,09
Elektronische Medien (ohne Internet)	21,15	22,70
Internet	12,89	17,60

Freilich muss man sich vergegenwärtigen, dass die Internet-Umsätze maßgeblich von den Zugangskosten (mit 13,93 Mrd. Euro) und der Suchmaschinenwerbung (mit 3,59 Mrd. Euro) geprägt sind. Vor diesem Hintergrund ist der Begriff „Medienmarkt" zu relativieren – geeigneter wäre eigentlich der Begriff „Medien- und Internetmarkt".

(1) Der Medienmarkt in Deutschland ist nach wie vor durch einen starken Teilmarkt der **Printmedien** gekennzeichnet. Klammert man das Internet aus, das einer gesonderten Betrachtung unterzogen werden muss, liegt er mit ca. 30 Mrd. Euro wertmäßig deutlich über dem elektronischen Mediensektor mit knapp 23 Mrd. Euro. Im Hinblick auf die Nutzung herrschen freilich völlig umgekehrte Verhältnisse: Die Nutzung aller Printmedien zusammengenommen macht lediglich 8.8 Prozent der Gesamtnutzungszeit aus, während die elektronischen Medien und das Internet den Löwenanteil der Mediennutzung auf sich vereinigen (vgl. Abb. 6-2).

Der Bereich der **Printmedien** wird von den Basissektoren Zeitungen, Zeitschriften und Buch getragen, die drei Viertel der Print-Umsatzerlöse ausmachen. Reine Werbemedien wie Anzeigenblätter, Außenwerbung, Werbung per Post und Verzeichnis-Medien erzeugen das restliche Viertel des Printmedien-Umsatzes. Diese Medien stehen zwar nicht unmittelbar im Dienst journalistischer Kommunikation, sie dienen aber dennoch der Information von Konsumenten und müssen – schon auch angesichts ihrer großen quantitativen Bedeutung – als mediale Bereiche berücksichtigt werden.

> Ohne die genuinen Werbemedien, also lediglich Zeitungen, Zeitschriften und Buchmarkt zusammengenommen, liegen die Printmedien mit 23,26 Mrd. Euro gegenüber den elektronischen Medien (ohne Internet) mit 22,70 Euro immer noch gleichauf.

Bei den in der Regel wöchentlich erscheinenden **Anzeigenblättern** ist ein gewisser journalistischer Bezug gegeben, da sie neben dem Annoncenteil auch einen redaktionellen Teil mit meist ortsbezogenen Beiträgen aufweisen. Da der Umfang und die Qualität der lokalen und regionalen Berichterstattung zunimmt, nicht zuletzt durch eigene Redaktionen und/oder durch die verstärkte Nutzung der Ressourcen von Zeitungsverlagen, kommt es hier vereinzelt sogar zu einem ernsthaften Konkurrenzverhältnis zur Tageszeitung (vgl. Breyer-Mayländer/Seeger 2004: 27 f.).

Der Medienmarkt 2012 im Überblick – Umsatzerlöse (Mrd. Euro)

Medien-Teilmärkte	Erlöse gesamt	Erlöse Rezipienten	Erlöse Werbung	Erlöse Rundfunkgebühren
Printmedien				
Zeitungen	8,23	4,72	3,51	
Zeitschriften	5,51	3,37	2,14	
Anzeigenblätter	2,00		2,00	
Buch	9,52	9,52		
Außenwerbung	0,87		0,87	
Werbung per Post	2,86		2,86	
Verzeichnis-Medien	1,10		1,10	
Elektronische Medien				
Fernsehen	12,95	4,24	4,05	4,66
Hörfunk	3,51		0,72	2,79
Kino (Filmtheater)	1,12	1,03	0,09	
Home-Entertainment	1,71	1,71		
Musik	1,44	1,44		
Videospiele	1,97	1,97		
Internet				
Internetzugang	12,93	12,93		
Onlinewerbung (1)	1,08		1,08	
Onlinewerbung (2)	3,59		3,59	
Summe Medienmarkt	**70,39**	**40,93**	**22,01**	**7,45**
Printmedien	30,09			
Elektronische Medien	22,70			
Internet	17,60			
Anteile in Prozent:	100	58,2	31,2	10,6

Quellen: Eigene Zusammenstellung nach den folgenden statistischen Unterlagen:

Erlöse von Rezipienten:
  Zeitungen: Zeitungen 2013/14: 60
  Zeitschriften: VDZ, PWC 2013: 134
  Buch: Buch und Buchhandel 2013: 5
  Fernsehen (Erlöse Rezipienten = Abonnementdienste): PWC 2013: 82
  Kino: Filmstatistisches Jahrbuch 2013: 31; PWC 2013: 62
  Home-Entertainment: PWC 2013: 62
  Musik: Bundesverband Musikindustrie; PWC 2013: 107
  Video-/Computerspiele (kein Ausweis von Werbung): PWC 2013: 92
  Internetzugang: PWC 2013: 42
  Onlinewerbung (1) = Online-Angebote: ZAW 2013: 21
  Onlinewerbung (2) = Umsätze aus Suchwort- und Affiliatevermarktung: errechnet aus PWC 2013: 54

Erlöse aus Werbung:
  ZAW (2013): 21; Netto-Werbeeinnahmen erfassbarer Werbeträger in Deutschland und die dort angegebenen Quellen

Erlöse aus Rundfunkgebühren:
  Media Perspektiven Basisdaten 2013: 7

Abb.6-1: Übersicht über den Medienmarkt aus der wirtschaftlichen Perspektive

Der Medienmarkt im Überblick – Mediennutzung (in Min./Tag)

Medium	1980	1990	1995	2000	2005	2010
Printmedien						
Tageszeitung	38	28	30	30	28	23
Zeitschriften	11	11	11	10	12	6
Bücher	22	18	15	18	25	22
Elektronische Medien						
Fernsehen	125	135	158	185	220	220
Hörfunk	135	170	162	206	221	187
Video/DVD	-	4	3	4	5	5
CD/LP/MC/MP3	15	14	14	36	45	35
Internet	-	-	-	13	44	83
Gesamt	346	380	393	502	600	581
Printmedien	71	57	56	58	65	51
Elektronische Medien	275	323	337	431	491	447
Internet	-	-	-	13	44	83
Anteile in Prozent						
Printmedien	20,5	15,0	14,2	11,5	10,8	8,8
Elektronische Medien	79,5	85,0	85,8	85,9	81,8	76,9
Internet	-	-	-	2,6	7,3	14,3

Quelle: ARD/ZDF-Langzeitstudie Massenkommunikation; BRD gesamt (bis 1990 nur alte Bundesländer), Mo - So, 5.00-24.00 Uhr, Pers. ab 14 J. in Min./Tag (brutto).

Anmerkung: Die „ARD/ZDF-Langzeitstudie Massenkommunikation" wurde für 2010 in der 10. Welle durchgeführt, beginnend mit dem Jahr 1964. Keine andere Studie weltweit ermöglicht Abbildungen der Mediennutzung über einen derart langen Zeitraum. Die Studie wird alle fünf Jahre durchgeführt, d. h. die 11. Welle wird 2015 laufen. Aus der ARD/ZDF-Langzeitstudie als der führenden intermedialen Zeitbudgetuntersuchung liegen als keine neueren Daten als 2010 vor.

Nachfolgend sei die neuere Entwicklung für Fernsehen, Hörfunk und Internet daher über andere Studien wie folgt charakterisiert:

Durchschnittliche Nutzungsdauer von Fernsehen, Hörfunk und Internet (in Min./Tag)

	2000	2006	2010	2011	2012	2013
Fernsehen (Mo-So)[1]	203	235	244	229	242	242
Hörfunk (Mo-So)[2]	205	186	187	192	191	191
Internet (Mo-So)[3]	17	48	77	80	83	108

1) AGF/GfK: jeweils 1. Halbjahr
2) MA 2000, ma 2006/II, ma 2010 I, ma 2011/I, ma 2012/Im ma 2013/I
3) ARD-Online-Studie 1997, ARD/ZDF-Online-Studie 2000-2009

Quelle: Media Perspektiven Basisdaten 2013: 369

Abb.6-2: Mediennutzung im Langzeitvergleich

Die Umsätze der **Außenwerbung** („Out-of-Home-Medien") sind in Abb. 6-1 den Printmedien zugerechnet, obgleich auch Außenwerbung in elektronischer Form stattfindet (z. B. in öffentlichen Verkehrsmitteln). Dies ist vertretbar, da sie nur einen geringen Anteil ausmacht. Hauptwerbeträger sind Plakat-Anschlagsflächen (Großflächen), City-Light-Poster (v. a. an Bushaltestellen) und Verkehrsmittelwerbung (Busse, Bahnen, Lkw, Taxen). **Werbung per Post** ist Teil des Direktmarketing und bringt es auf 10 Mrd. Infopost-Sendungen und Postwurfsendungen pro Jahr.

Schließlich spielen im Printbereich auch die **Auskunfts- und Verzeichnismedien** eine beachtliche Rolle. Es handelt sich um Telekommunikations- und Branchenverzeichnisse, Stadtadressbücher und Wirtschaftsnachschlagewerke. Die Angebote von Business-to-Business-Informationen („B-to-B-Bereich") haben sich heute de facto zu Suchmaschinen entwickelt, die in Kombination mit Online-Abfragen dem professionellen Nutzer eine hohe Leistungsqualität bieten. Nicht berücksichtigt sind **Prospekte und Kataloge**, die einen erheblichen Faktor der Wertschöpfung von Agenturen und der Druckindustrie darstellen (Jan. bis Sept. 2012 / 4.140 Mrd. Euro). Dieser Bereich umfasst Kataloge, Plakate, Geschäftsberichte und andere Werbedrucke (vgl. ZAW 2013: 390). Der Bereich der Printmedien wird in seiner wirtschaftlichen Bedeutung mit der genannten Größenordnung von ca. 30 Mrd. Euro also deutlich unterschätzt.

Bei den **elektronischen Medien** springt die hohe Bedeutung des **Fernsehmarktes** mit 12,95 Mrd. Euro ins Auge. Er trägt damit zu 57 Prozent zu den Erlösen des elektronischen Medienmarktes (ohne Internet) bei. Rechnet man die Internetumsätze dazu, sind es immer noch 32 Prozent. Die Umsätze auf dem **Internetmarkt** sind nach wie vor dominiert vom Aufkommen aus dem Internetzugang (12,93 Mrd. Euro) und der Onlinewerbung aus Suchwortvermarktung (3,59 Mrd. Euro). Nennenswerte Erlöse für Inhalte („Paid Content") sind immer noch nicht erreicht worden, und ebenfalls eher enttäuschend zeigt sich das Erlösaufkommen für Onlinewerbung aus Online-Angeboten, das mit 1,08 Mrd. Euro aber endlich und immerhin die Milliardenmarke übersprungen hat. Zu beachten ist die Größenordnung des Marktes für **Video- und Computerspiele**, der wertmäßig längst den **Kinomarkt** überflügelt hat. Als wichtige Märkte mit einer hohen medienwirtschaftlichen Bedeutung sind nach wie vor auch die beiden Märkte für Trägermedien, der **Markt für Heim-Video** und der **Musikmarkt**, „im Rennen".

(2) Die (erste grobe) Beschreibung des Medienmarktes nach den publizistischen Teilmärkten muss ergänzt werden um eine Darstellung nach der **Art der Erlös-Generierung**. Festzustellen ist, dass die Erlöse aus Mitteln, die von den **Rezipienten** (Leser, Zuschauer, Zuhörer, User) direkt aufgebracht werden, klar dominieren. Mit 40,93 Mrd. Euro tragen sie zu ca. 58,2 Prozent zur Finanzierung des Mediensektors bei. Dabei handelt es sich um die direkten Zahlungen der Nutzer an die Anbieter von Medienleistungen. Im Printbereich sind dies Vertriebserlöse, im Fernsehen Pay-TV (Abonnement, Zahlungen für einzelne Sendungen) und Kabelgebühren, im Kino die Erlöse aus Eintrittsgeldern, für Trägermedien v. a. die Erlöse aus Stückverkäufen, beim Internet die Erlöse aus der Zugangsvermittlung.

Der **Werbemarkt** macht mit 22,01 Mrd. Euro ein knappes Umsatzdrittel des Gesamt-Medienmarktes aus. Damit kann der weit verbreiteten These, die Werbung würde „alles dominieren", so nicht gefolgt werden. Die Bedeutung der Werbung ist dennoch enorm, was ein Blick auf die zur Verfügung stehenden Werbeträger plastisch zum Ausdruck bringt (vgl. Abb. 6-3).

Werbeträger in Deutschland

Mediengruppe	Anzahl 2008	Anzahl 2012	Auflage 2005	Auflage 2008	Auflage 2012
Printmedien					
Tageszeitungen	375	364	25,7 Mio.	24,0 Mio.	21,4 Mio.
Wochenzeitungen	27	20	2,3 Mio.	2,1 Mio.	1,9 Mio.
Anzeigenblätter	1.414	1.435	86,4 Mio.	91,9 Mio.	94,0 Mio.
Publikumszeitschriften	894	882	138,0 Mio.	131,4 Mio.	120,8 Mio.
Fachzeitschriften	1.222	1.137	24,4 Mio.	24,2 Mio.	22,2 Mio.
Kundenzeitschriften	87	79	49,6 Mio.	57,9 Mio.	53,7 Mio.
Telekommunikationsverzeichnisse	261	268	36,4 Mio.	40,5 Mio.	39,9 Mio.
Massendrucksachen/Infopost	-	-	10,5 Mrd.	10,7 Mrd.	10,1 Mrd.
Außenwerbung (Plakatanschlag, beleuchtete Vitrinen)	399.411	335.973	-	-	-
Elektronische Medien					
TV-Programme bundesweit, landesweit, regional, lokal	241	280	36,8 Mio.	37,0 Mio.	36,4 Mio.
			…. angemeldete TV-Geräte ……..		
Hörfunkprogramme bundesweit, landesweit, regional, lokal	321	352	42,2 Mio.	43,0 Mio.	42,5 Mio.
			…. angemeldete Hörfunk-Geräte …		
Kino (Leinwände)	4.810	4.617	127,3 Mio.	129,4 Mio.	135,1 Mio.
			………… Kinobesucher …………..		
Online-Angebote (IVW-gemeldet, Jahreswert)	712	1.150	12,4 Mrd.	33,0 Mrd.	62,2 Mrd.
			……………. Visits …………….		

Quelle: ZAW Werbung in Deutschland 2013: 280

Abb.6-3: Werbeträger in Deutschland

Untermauert wird die hohe Bedeutung der Werbung, wenn man zusätzlich zu den hier nur betrachteten Einschaltkosten in die Werbeträger („Netto-Werbeeinnahmen der Medien") noch die Honorare, Gehälter und Produktionskosten für die Werbemittel hinzurechnet. Diese machen noch einmal ca. 10 Mrd. Euro aus, so dass gemäß Zentralverband der deutschen Werbewirtschaft (ZAW) für 2012 die gesamten „Investitionen" in die Werbung nicht nur 22,01 Mrd. Euro (ohne Suchwortvermarktung: 18,42 Mrd. Euro) umfassen, sondern von 29,74 Mrd. Euro auszugehen ist (vgl. ZAW 2013: 11). Dies bedeutet, dass die Mittel aus Werbung eher zu gering geschätzt sind.

Die Werbewirtschaft steht vor erheblichen strukturellen Problemen. Diese resultieren daraus, dass sich die Rolle der Medien als Werbeträger in einem nachhaltigen Veränderungsprozess befindet. Herkömmliche „harte Werbung" als Fernsehspots und Anzeigen weichen zunehmend Werbeformen, die sich dem Konsumenten auf eher verdeckten und indirekten Wegen nähert. Dadurch wird Werbung in den klassischen Medien ergänzt und ersetzt durch neue Formen, die in der digitalen Welt z. B. die individuelle Ansprache ermöglichen und die den vernetzten Kommunikationsverbund von TV, Internet und Telefonie gezielt ausnutzen.

Die Übersichten machen deutlich, dass die Erlöse aus Rezipientenzahlungen und die Werbeerlöse die Finanzierung des Medienmarktes klar dominieren. Die dritte Quelle für Umsatzerlöse auf dem Medienmarkt, die **Erlöse aus Rundfunkgebühren** (heute: Rundfunkbeitrag) ist zwar wirtschaftlich ebenfalls hoch beachtlich, sie beschränkt sich aber mit 7,45 Mrd. Euro auf einen Anteil von 10,6 Prozent. In diesem Zusammenhang ist zu beachten (freilich mit der richtigen Einordnung), dass die Erlöse, die dem Mediensektor von staatlicher Seite bzw. als Beitrag der Öffentlichkeit zufließen, höher als die genannte Zahl sind. So sind die Steuererleichterungen und Subventionen, die z. B. beim deutschen Kinofilm als Filmförderung zu Buche schlagen, nicht berücksichtigt. 2012 betrug das Volumen der Filmförderung durch Bund und Länder immerhin ca. 350 Mio. Euro, ergänzt um Filmförderungen im TV-Bereich.

Neben den drei Finanzierungssäulen des Medienmarkts – den Rezipientenerlösen, Werbeerlösen und Rundfunkgebühren – spielen **weitere Erlöse** eine gewisse Rolle, die hier nicht mit einbezogen sind. Unberücksichtigt bleiben z. B. die Erlöse aus der Rechteverwertung von TV-Unternehmen, also aus Licensing und Merchandising. Dadurch sind die Erlöse, die der elektronische Medienmarkt (im engeren Sinne) generiert, mit der genannten Größenordnung von 22,70 Mrd. Euro eher unterschätzt.

(3) Im Hinblick auf das Marktgeschehen können die Medienmärkte zum einen in die **Beschaffungsseite** (Lieferanten), zum anderen in die **Absatzseite** (Kunden) differenziert werden (vgl. Abb. 6-4):

- Absatzmärkte: Prinzipiell sind vier Teilmärkte zu unterscheiden, wobei Rezipienten- bzw. Inhaltemarkt und Werbemarkt als Kernmärkte zu gelten haben. Ergänzt werden sie durch den Rechte- und Lizenzenmarkt sowie den Markt für Zusatzangebote und Mehrwertdienste. Letztere beinhalten alle Formen von „Add Ons", die mit dem Kernprodukt in Verbindung stehend entwickelt werden.
- Beschaffungsmärkte: Hier sind verschiedene Teilmärkte für die unterschiedlichen Ressourcen zu unterscheiden (Personal, Finanzmittel, Betriebsmittel, Rechte, Material, Fremdleistungen). Eine besondere Rolle spielen die Beschaffungsmärkte, die im unmittelbaren Zusammenhang mit der Generierung von Content stehen, also der Programmmarkt und der Arbeitsmarkt.

Das Geschehen innerhalb der Medienunternehmen kann als „interner Markt" aufgefasst werden, der sich entlang der Content-Wertschöpfungskette von der Idee und Initiierung bis zur Distribution und Nutzung erstreckt und die Transformationsprozesse von den Einsatzgütern in die Medienprodukte abbildet.

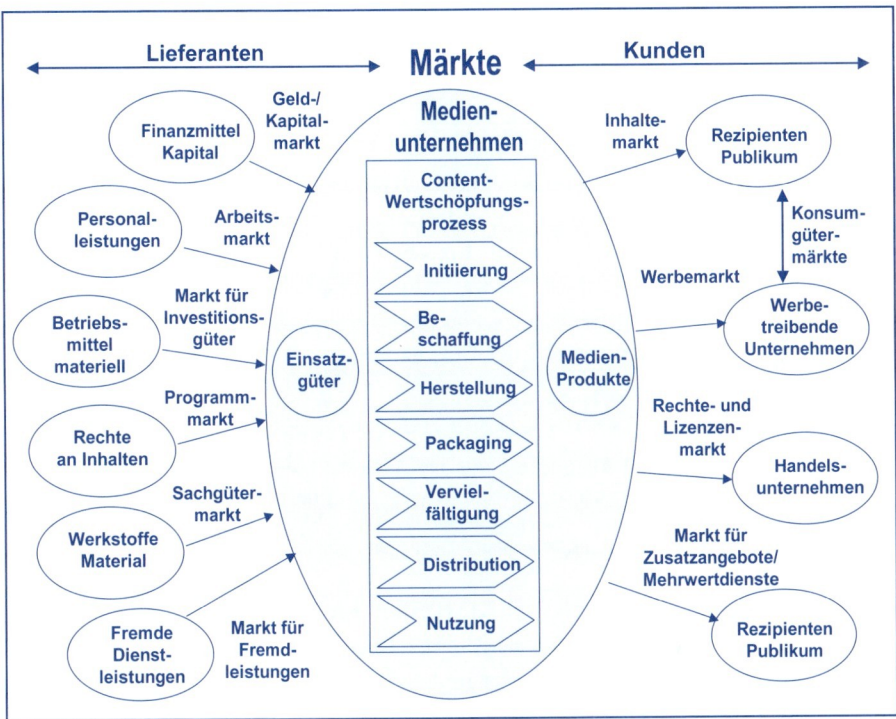

Abb. 6-4: Übersicht über die Medienmärkte

(4) Generell wirft der Blick auf einen Markt stets die zentrale Frage auf, welches **Rentabilitätspotenzial** bei einem Engagement in dem betreffenden Markt zu erwarten ist. Dies gilt auch für die Medienmärkte, die hier zu beschreiben und zu analysieren sind. Relevante Fragen sind: Ist es aus Sicht eines Investors vorteilhaft, sich in einem speziellen Medien-Teilmarkt oder gar breit in mehreren Medienmärkten zu engagieren? Welche kritischen Eigenschaften weist der Medienmarkt mit seinen Teilmärkten auf? Wie attraktiv ist ein bestimmter Medien-Teilmarkt?

Die Kenntnis der **Attraktivität des Marktes**, in dem sich ein Medienunternehmen engagiert, ist für das Medienmanagement insofern von fundamentaler Bedeutung, als es darum geht, strategische Potenziale zu ermitteln, die für die Entwicklung und Ausgestaltung von Geschäftsmodellen maßgebend sein sollen (vgl. hierzu Kapitel 28). Als Methodik zur Analyse und Beschreibung der Markt-Attraktivität liegt ein breites Instrumentarium vor. Gefolgt werden soll einem Konzept, das zwei zentrale Kriterien in den Mittelpunkt rückt (vgl. Bea/Haas 2013: 102 ff.):

- Marktpotenzial;
- Marktstruktur.

Neben diesen beiden Faktoren wird noch die Beschaffenheit der Produkte, also die Frage, ob es sich jeweils um homogene oder um heterogene Produkte handelt, als Kriterium genannt (vgl. ebd. 104 f.).

(5) Im Hinblick auf das **Marktpotenzial** interessieren insbesondere die beiden Faktoren der Marktgröße und des Marktwachstums. Die **Marktgröße** liefert Anhaltspunkte dahingehend, wie groß das gegenwärtige Umsatzpotenzial einzuschätzen ist: je größer das aktuelle und potentielle Umsatzvolumen, als desto attraktiver wird man den Markt bezeichnen. Das **Marktwachstum** liefert Informationen darüber, wie dynamisch sich der Markt vermutlich entwickeln wird. Entscheidend ist die Feststellung, in welcher Phase sich der Markt bzw. die Produkte in diesem Markt befinden. Die typischen Phasen des Produkt- bzw. Branchen-Lebenszyklus sind die Phasen der Entstehung, des Wachstums, der Stagnation und der Degeneration.

> Zur Marktgröße: „So ist bspw. in Deutschland, Österreich und der Schweiz der Markt für betriebswirtschaftliche Lehrbücher groß, jener für sinologische Lehrbücher dagegen klein" (Bea/Haas 2013: 103).

> Zum Marktwachstum: In der Phase der Entstehung befindet sich der Hörbuchmarkt oder der Markt für IPTV. Als Wachstumsmärkte können digitales Fernsehen, Mobilfunk und der Spielemarkt gelten. In der Stagnationsphase befindet sich der Hörfunk und klassisches Fernsehen. In der Phase der Degeneration befindet sich die herkömmliche Briefpost.

(6) Neben dem Marktpotenzial hat die **Marktstruktur** nachhaltige Auswirkungen auf die Attraktivität eines Marktes. Sie wird in der Regel mit den drei Strukturelementen Abnehmer, Lieferanten und Wettbewerber beschrieben. Nach der Branchenstrukturanalyse von Porter sind zu diesen drei Faktoren noch die Faktoren neue Anbieter und Substitutionsprodukte hinzuzurechnen. Dieses 5-Bausteine-Modell ist als **Konzept der Five Forces nach Porter** bekannt geworden (vgl. z. B. Bea/Haas 2013: 105 ff.). Demnach sind es fünf Marktkräfte, die den Branchenwettbewerb bestimmen und für dessen Attraktivität verantwortlich sind:

- Verhandlungsstärke der Abnehmer;
- Verhandlungsstärke der Lieferanten;
- Bedrohung durch neue Anbieter;
- Bedrohung durch Ersatzprodukte (Substitute);
- Rivalität der Wettbewerber untereinander.

Mit zunehmendem Stellenwert jedes einzelnen Faktors steigt der Wettbewerbsgrad im Markt an, wobei der Zusammenhang gilt: Je höher der Wettbewerb, desto weniger attraktiv ist der Markt für die Konkurrenten innerhalb des Marktes und für interessierte Newcomer von außen.

(a) Die **Verhandlungsstärke der Abnehmer** ist im Konzept der Five Forces eine Wettbewerbskraft, die die Rentabilität der Branche besonders heftig beeinträchtigen kann, wenn die Abnehmer z. B. die Macht haben, niedrigere Preise, höhere Qualität und einen besseren Service zu verlangen und gegenüber den Medienunternehmen auch durchzusetzen. Die Verhandlungsstärke wird umso höher sein, je mehr Vermachtung auf der Abnehmerseite vorherrscht, je höher und bedeutsamer der Wert der Produkte ist, je wählerischer und preissensibler die Abnehmer reagieren, je höher die Markttransparenz ist und je höher der Standardisierungsgrad der Produkte ist, welcher es dem Nutzer ermöglicht, leicht von einem Produkt auf das andere zu wechseln.

> Beispiel: Die Verhandlungsstärke des Fernsehzuschauers aus Sicht von RTL ist hoch. Er hat subjektiv das Gefühl, mit dem Fernsehen ein wertvolles, wichtiges Produkt zu konsumieren, er verhält sich bei der Auswahl seines Programms äußerst wählerisch und zappt ein Programm, das ihm nicht zusagt, „gnadenlos" weg. Der absolute Preis spielt keine Rolle, da im Free-TV die Produkte verschenkt werden und die Finanzierung über den Umweg der Werbung erfolgt.

(b) Die Wettbewerbskraft **Verhandlungsstärke der Lieferanten** ist umso größer, je höher sich die Konzentration im Beschaffungsbereich darstellt und je weniger auf Ersatzprodukte als Ressourcen-Inputs ausgewichen werden kann.

> Beispiel: Der Fernsehsender RTL besitzt die Übertragungsrechte für den deutschsprachigen Raum, ein Gegenstand, der äußerst gefragt ist. Die Machtposition der Rechtelieferanten, ist hoch. Ähnlich verhält es sich mit der Vergabe der Rechte für die Fernseh-Übertragungen der Fußball-Bundesliga.

(c) Eine **Bedrohung durch neue Anbieter** findet statt, wenn diese als relevante neue Akteure in Erscheinung treten. Dann werden am Markt Preissenkungen ausgelöst und eine Reduktion der Rentabilität der Branche eingeleitet. Neue Anbieter werden umso eher in den Markt eintreten, je weniger die Reaktionen der etablierten Wettbewerber als gefährlich eingestuft werden und je höher sich die Markteintrittsbarrieren darstellen. Eintrittsbarrieren können verschiedene Ursachen haben: Economies of Scale (große etablierte Unternehmen haben Kostenvorteile), Produktdifferenzierung (Markenprodukte z. B. können nicht so leicht verdrängt werden), Kapitalbedarf (gilt besonders bei kapitalintensiven Wertschöpfungsprozessen), Umstellungskosten (je höher die sog. Switching Costs, desto höher der Schutz vor neuen Anbietern), Vertriebskanäle (sofern sie vom Newcomer erst noch aufgebaut werden müssen), staatliche Politik (z. B. Subventionen für die etablierten Marktteilnehmer) sowie Kostenvorteile (z. B. Know-how-Vorsprung bei den etablierten Unternehmen).

(d) Die **Bedrohung durch Ersatzprodukte** ist umso größer, je mehr Produkte es in der Wahrnehmung der Konsumenten gibt, die die gleiche Funktion wie das originäre Produkt erfüllen, je größer die Neigung zum Produktwechsel ist und je stärker sich für den Konsumenten bei einem Wechsel das subjektive Preis-Leistungs-Verhältnis verbessert.

(e) Die Wettbewerbskraft der **Rivalität der Wettbewerber** untereinander lässt sich im Medienbereich auf unterschiedliche Kontexte beziehen (vgl. Abb. 6-5). Herrscht Konkurrenz zu anderen Anbietern innerhalb desselben Marktes, spricht man von **intramedialer Konkurrenz**.

> Beispiel: Der Fernsehsender RTL befindet auf dem Fernsehmarkt in Konkurrenz um die Aufmerksamkeit der Zuschauer mit den Angeboten der anderen deutschen Privatsender, mit den Angeboten von ARD und ZDF sowie mit ausländischen Sendern.

Ein Medienunternehmen steht zusätzlich in Konkurrenz zu den Angeboten anderer Medienmärkte, ein Phänomen, das als **intermediale Konkurrenz** bezeichnet wird.

> Beispiel: Zuschauer sehen gelegentlich deswegen kein RTL, weil sie sich zu einem bestimmten Zeitpunkt generell vom Fernsehprogramm abwenden und lieber ein Buch lesen oder Radio hören. Die Konkurrenzverhältnisse verkomplizieren sich, wenn ein Medienunternehmen auf mehreren Medienmärkten unterschiedlichen Typs tätig ist, wodurch es zu crossmedialen Aktivitäten kommt.

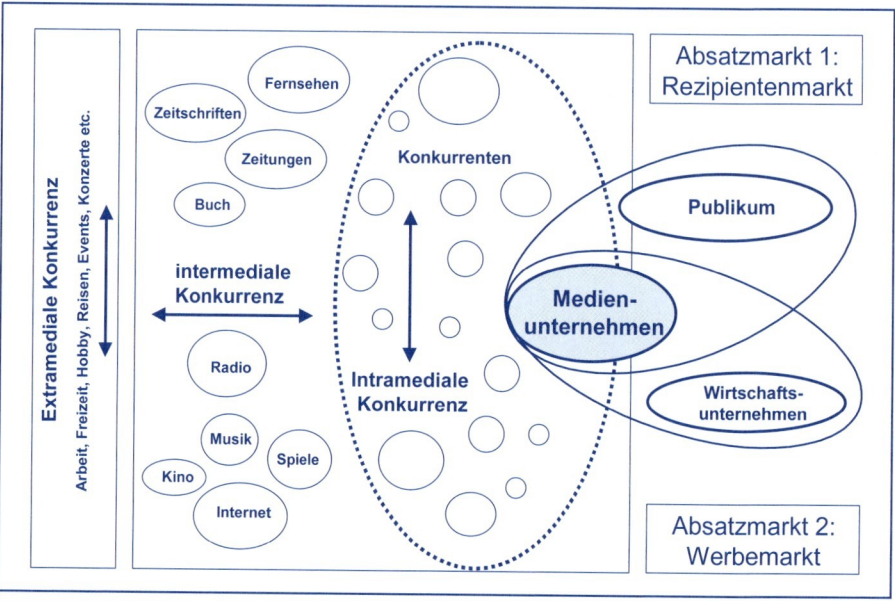

Abb. 6-5: Ebenen der Konkurrenz im Medienbereich

Schließlich steht das Medienunternehmen in Konkurrenz zu Märkten, die nicht unmittelbar mit den Medien zu tun haben, sehr wohl aber den Charakter von mediennahen Dienstleistungen oder Produkten aufweisen. Hier konkurriert das Angebot des gesamten Mediensektors mit anderen Gestaltungsmöglichkeiten, weshalb man von **extramedialer Konkurrenz** spricht.

> Beispiel: Zuschauer sehen deswegen kein RTL, weil sie zu einem bestimmten Zeitpunkt z. B. ein Open-Air-Konzert der Rolling Stones besuchen.

Die Rivalität der Wettbewerber ist umso größer, je höher die Zahl der beteiligten Wettbewerber, je geringer das Wachstum der Branche, je mehr Überschusskapazitäten vorhanden sind, je mehr sich die Produkte in der Wahrnehmung des Konsumenten ähneln, je höher die Barrieren sind, die bei einem Austritt aus dem Markt zu überwinden sind, und je ausgeprägter eine wettbewerbsorientierte Branchenkultur vorherrscht.

Generell kann festgestellt werden, dass alle Formen von Wettbewerbsverhältnissen auf den Medienmärkten eine große Rolle spielen. Allerdings sind die Verhältnisse stark unterschiedlich. Vergleicht man z. B. den Markt der regionalen Tageszeitungen mit dem Fernsehmarkt für regionale Programme, so erscheint die Offenheit für neue Anbieter im TV-Sektor deutlich höher zu sein als im Zeitungsmarkt.

6.2 Zeitungsmarkt

Die ökonomische Bedeutung des Zeitungsmarktes ist mit einem **Marktvolumen** von mehr als acht Mrd. Euro nach wie vor hoch. Auch wenn er in der mittelfristigen Vergangenheit vom Fernsehen mit heute ca. 13 Mrd. Euro von seinem langjährig angestammten Spitzenplatz verdrängt wurde, auch wenn der Buchmarkt sogar noch etwas größer ist, gehört der Zeitungsmarkt immer noch zum Kernbereich des Mediensektors. Die Krisensignale sind jedoch unübersehbar: Seit Jahren hat das Traditionsmedium Tageszeitung mit Auflagen- und Anzeigenrückgängen zu kämpfen. Seit 2000 büßte der Zeitungsmarkt in absoluten Zahlen ca. ein Viertel seines Gesamtumsatzes ein, wobei festzustellen ist, dass der Umsatzverlust ausschließlich durch Einbrüche in den Werbeerlösen verursacht ist, die Vertriebserlöse also trotz Auflageneinbrüchen durch Preiserhöhungen gehalten werden konnten.

> Die langfristige Übersicht über die Tagespresse (Tages-, Sonntags- und Wochenzeitungen) zeigt das folgende Bild: 1980 verzeichnete die Branche eine verkaufte Auflage von 25,9 Mio. Exemplaren, im Jahr 2000 waren es sogar 30,3 Mio. Exemplare – 2013 waren es noch 22,1 Mio. Exemplare. Bemerkenswert ist die langfristige Absatzstabilität des Segments der Wochenzeitungen.

> Auf dem deutschen Zeitungsmarkt gab es in jüngster Zeit einige spektakuläre Erschütterungen: So stellte im Jahr 2012 die Financial Times Deutschland ihr Erscheinen ein, nachdem sie seit Gründung im Jahr 2000 nie die Gewinnzone erreichen konnte. Im gleichen Jahr stellte die (überregionale) Frankfurter Rundschau Insolvenzantrag und wird seitdem von einer Verlagsgruppe (unter Beteiligung der FAZ) als regionales Blatt fortgeführt. Der Axel Springer Verlag ist 2014 dabei, seine Regionalzeitungen (u. a. Berliner Morgenpost, Hamburger Abendblatt) sowie Programm- und Frauenzeitschriften an die Funke Mediengruppe zu verkaufen. Ende 2013 erregte der Auftritt der Huffington Post im deutschen Markt großes Aufsehen, da hier ein völlig neues Geschäftsmodell erprobt wird: Die „HuffPo" versteht sich als ein General-Interest-Nachrichtenportal bzw. als „Engagement Platform" und wird allein durch Werbung finanziert. „Die Besonderheit der Huffington Post liegt in dem Versuch, die klassische One-to-Many-Kommunikation, wie wir sie im Fernsehen oder bei Tageszeitungen vorfinden, zu durchbrechen. Dafür wird die Erstellung der Inhalte auf drei Gruppen aufgeteilt. Ein Drittel der Inhalte sollen unsere zunächst 15 fest angestellten Redakteure im Münchner Newsroom beisteuern, ein Drittel stammt von autorisierten Bloggern und ein Drittel liefern die Leser in Form von Kommentaren" (Interview mit Christoph Schuh, Vorstand Tomorrow Focus, in: MedienWirtschaft, 10. Jg., H. 4/2013, S. 9). Besonders dramatisch ist die Entwicklung in den USA, wo ein Niedergang amerikanischer Tageszeitungen auf breiter Front stattfindet. Nur noch sieben der 100 meistverkauften Tageszeitungen der Welt erscheinen in den USA (vgl. Weichert/Kramp/Jacobs 2009: 8).

Hauptursache dieser Phänomene ist die Digitalisierung. Sie stellt die Verlage auf allen Stufen der Wertschöpfungskette vor bislang nicht gekannte, existentielle und historisch einmalige Herausforderungen. Fieberhaft wird nach Konzepten gesucht, wie man auch künftig professionellen Journalismus finanzieren kann. Dabei gehen die meisten Verlage nicht passiv-reaktiv vor und sehen sich als Akteure in „Rettungsaktionen", sondern sehen auch die Chancen, die sich in der neuen Medienwelt eröffnen.

> „Wie nun im Internet ordentlicher Journalismus finanziert werden kann, lässt sich nicht so ohne Weiteres sagen. Neue Werbeformen und Reichweitenmessungen, bessere Linkstrukturen, um besser gefunden zu werden, aber auch Möglichkeiten der Quersubventionierung, bezahlte (und nicht bezahlte) Inhalte gehören sicherlich genau so dazu, wie die Bereitschaft der jetzigen und kommenden Journalistengeneration, sich auf die – für viele Medienschaffende nach wie vor ungewohnte – Internet-Umgebung und ihre neuen Protagonisten vorbehaltlos einzulassen. Das Internet ist nicht einfach ein höher entwickeltes Medium; vielmehr saugt es bestehende Massenmedien in sich auf, deutet sie um und definiert deren publizistische Ausdrucksformen und Wirkungen neu" (Weichert/Kramp/Jacobs 2009: 13).

Der Zeitungsmarkt in publizistischer Hinsicht

Kommunikatoren, Anbieter

- Haupt-Kommunikatoren / Die zehn größten Verlagsgruppen der Tagespresse: 1. Axel Springer-Verlag, 2. Verlagsgruppe Stuttgarter Zeitung/Die Rheinpfalz/Südwestpresse, 3. Verlagsgruppe WAZ (heute: Funke Mediengruppe), 4. Verlagsgruppe M. DuMont Schauberg, 5. Verlagsgruppe Madsack, 6. Verlagsgruppe Münchener Zeitungsverlag/Zeitungsverlag tz/Westfälischer Anzeiger/ Ippen, 7. Deutsche Druck- und Verlagsgesellschaft, 8. Verlagsgruppe Augsburger Allgemeine, 9. Verlagsgruppe Frankfurter Allgemeine Zeitung, 10. Rheinische Post Verlagsgesellschaft.
- Regionale und lokale Zeitungsmärkte: Breites Engagement von Großverlagen (z. B. Verlagsgruppe Stuttgarter Zeitung), daneben Struktur eigenständiger mittlerer und kleiner Verleger.

Produkte, Inhalte

- Typen: Tageszeitungen („Tagespresse"), Wochenzeitungen, Sonntagszeitungen, Sonderformen, Anzeigenblätter, Online-Zeitungen.
- Gesamte Zeitungsauflage: 23,2 Mio. Stück.
- Tageszeitungen: 329 IVW-Titel; 130 Publizistische Einheiten (Trend: seit Jahren sinkend, 1954 ... 225; 1989 ... 156 publizistische Einheiten), 18,4 Mio. verkaufte Auflage. Inhaltliche Struktur: Umfassender Inhalt („Vollprogramm"), Schwerpunkt aktuelle Informationen aus allen Bereichen. Zeitungsformate: Rheinisches Format 365 x 510 mm, Halbes Rheinisches Format 255 x 365, Berliner Format 315 x 470, Nordisches Format 400 x 570. Kompaktformat („Tabloid").
- Tageszeitungen Teilsegment überregionale Tageszeitungen: Anzahl: 8 Titel (Beispiele: FAZ, Die Welt, Handelsblatt), 1,2 Mio. verkaufte Auflage.
- Tageszeitungen Teilsegment Lokale und regionale Abonnementzeitungen: Anzahl 313 Titel (z. B. WAZ, Münchner Merkur), 12,9 Mio. verkaufte Auflage, Detailinformationen aus der Region und der lokalen Welt.
- Tageszeitungen Teilsegment Straßenverkaufszeitungen: 8 Titel (überregional v. a. Bild, lokal-regional z. B. Hamburger Morgenpost), 3,3 Mio. verkaufte Auflage.
- Wochenzeitungen: 20 Titel (z. B. Die Zeit), 1,7 Mio. verkaufte Auflage.
- Sonntagszeitungen: 6 Titel (überregional z. B. FAS, Welt am Sonntag, regional z. B. Sonntag Aktuell), 2,9 Mio. verkaufte Auflage.
- Sonderformen: Konfessionelle Zeitungen, Heimatzeitungen, Kommunale Wochenzeitungen.
- Anzeigenblätter: 1.411 Titel, 92,9 Mio. verbreitete Auflage (Trend: leicht zunehmend).
- Online-Angebote: 661 bei 414 URLs. Erweiterung oder Ergänzung der gedruckten Ausgabe; E-Paper-Auflage 398.763 (II/2013); noch sehr geringe digitale Umsätze.
- Elektronische Zeitungen (E-Paper) mit zwei Ausprägungen: (1) Internet-Angebot als Ergänzung zum Printprodukt, (2) eigens aufbereitete Inhalte.
- Zeitungen als Werbeträger: Anteil am Gesamtinhalt ca. 20 %, Beitrag zur Finanzierung mehr als 40 %. Abnehmender Anteil an Werbung.

Transportwege

- Straßenverkauf: Kiosk, Supermärkte, Bäckereien.
- Abonnement: Träger, Post.
- Gelegenheitsangebote in z. B. Hotels, Arztpraxen, Bordexemplare.
- Vertriebskanal Online nimmt an Bedeutung zu. PwC-Prognose: Versiebenfachung bis 2017.
- Sonderform: Videotext (Teletext) als textbasiertes Medium im Fernsehen.

Rezipienten

- Reichweite Tageszeitungen gesamt: 66,6 % der Erwachsenen insgesamt (Gesamtbevölkerung ab 14 Jahren). D. h.: durchschnittlich nehmen 46,8 Mio. Leser über 14 Jahren pro Tag eine Zeitung in die Hand. Reichweite ist gesunken (1999 zum Vergleich: 78,3 %). Männer 68 %, Frauen 64 %.
- Nutzer-Schwerpunkt von Tageszeitungen: (1) nach Altersgruppen: 50 Jahre und älter; 14-29 Jahre unterdurchschnittliche, 30-49 durchschnittliche Reichweite; (2) gemäß Sinus-Milieus: Konservativ-Etablierte, Traditionelles Milieu, Bürgerliche Mitte, Liberal-intellektuelles Milieu.
- Zeitbudget Tageszeitung (2010): Mediennutzungsdauer 23 Min./Tag (ARD/ZDF Langzeitstudie)

Der Zeitungsmarkt in ökonomischer Hinsicht

Marktvolumen
- Gesamtes Umsatzvolumen: 8,230 Mrd. Euro.
- Verteilung: Tageszeitungen 7,7 Mrd. Euro (davon: Vertriebsumsätze 4,5 Mrd. Euro, Zeitungsanzeigen und Beilagen 3,2 Mrd. Euro.); Wochen- und Sonntagszeitungen 0,4 Mrd. Euro (davon: Vertrieb 0,2 Mrd. Euro, Zeitungsanzeigen und Beilagen 0,2 Mrd. Euro); Supplements 0,1 Mrd. Euro.
- Verteilung nach Erlösherkunft: Werbung (Zeitungsanzeigen und Beilagen): 3,4 Mrd. Euro, Vertrieb 4,7 Mrd. Euro., Supplements/Beilagen 0,1 Mrd. Euro. Trend: Verschiebung von Werbeerlösen zu Vertriebserlösen.

Angebotsseite
- Definition: „Als Tageszeitungen werden alle Periodika bezeichnet, die mindestens zweimal wöchentlich erscheinen und einen aktuellen politischen Teil mit inhaltlich unbegrenzter (universeller) Nachrichtenvermittlung enthalten. Kleinste pressestatistische Einheit der so definierten Tageszeitung ist die „Ausgabe" (Schütz 2012: 570).
- Konzentrationsgrad des Tageszeitungsmarktes: 1. (Marktführer) Axel Springer mit Marktanteil von 18,8 %; 2. Verlagsgruppe Stuttgarter Zeitung/Die Rheinpfalz/Südwest Presse 9,2 %; 3. Verlagsgruppe WAZ 5,7 %; 4. Verlagsgruppe DuMont Schauberg 5,5 %; 5. Madsack 5,2 %. Marktanteil der fünf größten Verlagsgruppen: 44,4 % (Tendenz steigend); Marktanteil der zehn größten Verlagsgruppen: 59,1 % (Tendenz steigend). Röper: „Konzentration erreicht Höchstwert".
- Ein-Zeitungs-Kreise (2008): 57,9 % aller Kreise bzw. Kreisfreien Städte (Zeitungsdichte von 1). 42,4 % der Bevölkerung in Deutschland lebt in Ein-Zeitungs-Kreisen.
- Überregionale Tageszeitungen: Angebotsoligopol.
- Regionale und lokale Tageszeitungen: oft Angebotsmonopole, wenn gleichzeitig Beherrschung des Lokalradios: Phänomen Doppelmonopol.
- Seit Jahrzehnten bestehen kaum noch Markteintrittschancen für neue Akteure.
- Beschäftigte: Redakteure 13.516, Volontäre 1.192. Tendenz leicht sinkend.
- Kostenstruktur Abonnementzeitungen (2012 Westdeutschland) – Aufteilung der Gesamtkosten (100 %) nach Anteilen: Technische Herstellung 19,3 %, Papier 6,6 %, Redaktion 23,6 %, Anzeigen 15,1 %, Vertrieb 25,7 %, Verwaltung 9,9 %.

Nachfrageseite
- Rezipientenmarkt: Positives Image, Tageszeitung gilt als sachlich, kritisch und glaubwürdig; Preis-Elastizität der Nachfrage: relativ gering; Reaktanz gegenüber Werbung: relativ gering.
- Werbemarkt Zeitungen gesamt: Die zwanzig werbestärksten Branchen: 1. Eigenwerbung der Zeitungen, 2. Handelsorganisationen, 3. Pkw, 4. Möbel und Einrichtung, 5. Sonstige Medien/Verlage, 6. Publikumszeitschriften Eigenwerbung, 7. Online-Dienstleistungen, 8. Schiffslinien und -touristik, 9. Bekleidung, 10. Karitative Organisationen, 11. Finanzen, Firmen-/Imagewerbung, 12. Körperschaften, 13. Messen, Ausstellungen, Seminare, 14. Finanzdienstleistungen Privatkunden, 15. Fluglinien und -touristik, 16. TV-Werbung, 17. Finanzanlagen, 18. Reisegesellschaften, 19. Baustoffe und -zubehör, 20. Radio-Werbung. Fazit: sehr hoher Anteil an Medien-Eigenwerbung.

Koordination von Angebot und Nachfrage
- Erlösmodelle Rezipientenmarkt: (1) gratis: Gratis-Zeitungen, Anzeigenblätter, (2) Verkauf Einzel-Copy, (3) Abonnement, Bezugspreise per Träger pro Monat: überregionale Tageszeitung – Beispiel FAZ 46,90 Euro (incl. Sonntagszeitung FAS 56,90 Euro); Regionalzeitung bei Lieferung durch Zusteller in der Region – Beispiel Reutlinger Generalanzeiger 30,40 Euro (4) Lesezirkel, (5) Internet-Angebote.
- E-Paper-Bezugspreise: Beispiel FAZ/FAS: 39,90 Euro; Beispiel Reutlinger Generalanzeiger: 4,90 Euro für GEA-Abonnenten, 21,90 Euro für Nichtbezieher.
- Tageszeitungen: Verteilung der verkauften Auflage auf Abonnement und Einzelverkauf ca. zwei Drittel zu einem Drittel.
- Erlösmodelle Werbemarkt: Tausend-Kontakt-Preis breite Streuung, ca. 20 bis 60 Euro (z. B. 2010: Die Zeit 23 Euro, Süddeutsche Zeitung 41 Euro, FAZ 52 Euro).

Der Zeitungsmarkt in strategischer Hinsicht

Marktstruktur: Marktkräfte nach Porter („Five Forces")

Marktkraft 1 (1): Verhandlungsmacht der Abnehmer auf dem Rezipientenmarkt
- Festzustellen ist eine deutliche Verschlechterung der Position der Zeitungsverlage.
- Alle klassisch-herkömmlichen Zeitungsmärkte sind gesättigt.
- Es findet eine Stagnation bzw. ein Rückgang von Auflagenhöhe und Reichweiten statt. Steigerungen des Gesamtumsatzes sind nur via Preiserhöhungen, durch Verknüpfung mit Zusatzleistungen („Bundling") oder durch Ausdehnung der Marktgebiete vorzugsweise im Ausland durchsetzbar.
- Die Kundenbindung (Leser-Blatt-Bindung) nimmt ab, insbesondere wegen einer weiter zunehmenden Individualisierung und wachsender Mobilität.
- Besonders starke Einbrüche der Nutzung von Zeitungen sind in der Altersgruppe der 14-25-Jährigen zu beklagen.
- Die Nutzungshäufigkeit der Online-Medien steigt, während die der Printmedien sinkt.
- Besonders bei jungen Zielgruppen ist eine hohe Affinität für die Nutzung nicht nur eines, sondern ganz verschiedener Informationskanäle festzustellen.
- Die Tageszeitung verliert als Integrationsmedium an Bedeutung.

Marktkraft 1 (2): Verhandlungsmacht der Abnehmer auf dem Werbemarkt
- Die Verhandlungsmacht nimmt tendenziell zu, obgleich die Tageszeitung von der Werbewirtschaft auch weiterhin als unverzichtbares Basiswerbemedium anerkannt ist.
- Abnehmende Werbeeinnahmen: Seit Jahren schrumpfen die Werbeerlöse im Printbereich dramatisch (2000: ca. 7 Mrd., 2012: ca. 3,4 Mrd. Euro), die auch nicht annähernd von digitalen Erlösen wettgemacht werden. Hauptgrund ist der für viele Verlage schmerzliche Verlust der Rubrikenmärkte (Stellen-, Kfz-, Immobilienanzeigen). Allerdings haben es manche Verlage (v. a. Axel Springer Verlag) bestens verstanden, zu relevanten Playern im E-Commerce zu werden (Springer hat z. B. ein Portfolio führender Online-Rubrikenportale mit den Schwerpunkten Immobilien und Stellenanzeigen aufgebaut).
- Der Trend zu Prospekt- und Direktwerbung nimmt eher zu, so dass Zeitungen verstärkt als „Werbebriefumschlag" (Breyer-Mayländer/Seeger 2004: 23) verwendet werden und dem eigentlichen Anzeigengeschäft auch von dieser Seite her das Wasser abgraben.
- Die Restriktionen für die Werbung werden verschärft, v. a. im Hinblick auf die Tabakwerbung. Gleichzeitig waren auf EU-Ebene Bestrebungen von Erfolg gekrönt, die Werbung via Product Placement in Fernsehsendungen zu lockern, was den Zeitungen zusätzlich schaden kann.

Marktkraft 2: Verhandlungsmacht der Lieferanten
- Abgesehen von Lieferanten von Premium-Inhalten verschlechtert sich die Position der Inhalte-Lieferanten eher. Auch das Phänomen der Disintermediation weist in die gleiche Richtung, da in der digitalen Welt ein mögliches Überspringen von Stufen der Wertschöpfungskette den Handel unmittelbar bedroht.
- Im logistischen Bereich entlang der Wertschöpfungskette ist allerdings eine eher zunehmende Machtposition von Lieferanten festzustellen, getrieben von den folgenden Entwicklungen:
- Hohe Kosten für Druck und Distribution (Vertrieb)
- Abhängigkeit der Zeitungsbranche von der Druckindustrie und der Zustell-Logistik

Marktkraft 3: Bedrohung durch neue Anbieter
- Der überregionale und regionale Zeitungsmarkt weist einen hohen Konzentrationsgrad auf, so dass ein Eindringen neuer Anbieter in den Print-Zeitungsmarkt schwierig ist.
- Erklärtes Ziel der Bemühungen von Medienpolitik und Medienrecht ist allerdings die weitere Deregulierung und damit der Abbau von Markteintrittsbarrieren für neue Anbieter. Die Entwicklung wird maßgeblich von der EU-Kommission vorangetrieben.
- Gegenläufig sind Bestrebungen, die Pressefusionskontrolle aufzuweichen und die Übernahme von Kleinverlagen und Fusionen auf dem Pressemarkt zu erleichtern.
- Die fünf deutschen Großverlage (Springer, G+J, Burda, Bauer, Holtzbrinck) sind am besten vertikal integriert und lassen für neue Anbieter nur noch Nischenmärkte (lokal, fachspezifisch) offen.

Marktkraft 4: Bedrohung durch Ersatzprodukte
- Im Brennpunkt steht das Internet als Substitutionsmöglichkeit für die Informationsbereitstellung. Am Beispiel der Huffington Post zeigt sich das Gefährdungspotenzial durch netzbasierte Gratisangebote. Der Trend, dass mit der Nutzung von Onlineangeboten eine Substitution der Printmedien erfolgt, erscheint unumkehrbar.
- Die intermediale Konkurrenz mit anderen Medien wie TV und Internet wird immer härter.

Marktkraft 5: Rivalität der Wettbewerber untereinander
- Eine Intensivierung des Wettbewerbs findet weniger im Rezipienten- als im Anzeigenmarkt statt.

Geschäftsmodelle
- Leitlinie: Angestrebt werden neue, tragfähige Geschäftsmodelle, die der Leitlinie „Vom Zeitungsverlag zum Medienhaus" folgen. Hintergrund ist die Erkenntnis, dass die Zeitungsverlage ihren Kunden dahin folgen müssen, wohin diese sich bewegen. Die Menschen erwarten Informationen und Service auf allen relevanten Kommunikationskanälen – Zeitungen, Radio, Internet und TV.
- Crossmedialität: Für die Zukunft des Mediums Zeitung ist es entscheidend, inwieweit es den Verlagen gelingt, crossmediale elektronische Verbreitungswege für ihre Contents zu nutzen.
- Gratisangebote: Werbefinanzierte Gratiszeitungen, sowohl auf Printbasis als auch in elektronischer Form, verkörpern ein Geschäftsmodell, das nach wie vor Potenziale aufweist.
- Nebengeschäfte: Eine Reihe von Zeitungen erzielen große Erfolge mit Nebengeschäften, denen neben beträchtlichen Umsatzerlösen auch Auflagenrekorde der Zeitungen gelingen (v. a. Süddeutsche Zeitung, Die Zeit). Vom Geschäft mit Nebenprodukten profitieren v. a. überregionale Zeitungstitel, während für regionale Verlage mit einem eng begrenzten Verbreitungsgebiet und kleiner Käuferschaft die Erfolgsaussichten als eher gering einzuschätzen sind.
- Postdienste: Die Postzustellung als neue Dienstleistung ist nach dem Fall des Postmonopols in Deutschland auch für Zeitungsverlage interessant. Bereits jetzt erwerben zahlreiche Verlage Lizenzen für das Postgeschäft. Regionalzeitungen arbeiten daran, leistungsfähige Kooperationen zu bilden, um damit auch größere Gebiete mit privater Briefzustellung versorgen zu können.
- Online-Aktivitäten: Verlage prüfen alle Formen von Internet-Aktivitäten.

Strategische Ansatzpunkte
- Konzentration: Sowohl die horizontale als auch die vertikale Integration bleibt attraktiv. Verlag, Redaktion, Vertrieb und Druck rücken eng zusammen.
- Diversifikation: Interessant sind intermediäre, intramediäre und konvergenzinduzierte Diversifikationskonzepte. Bemerkenswert sind Engagements in Richtung von Bewegtbild-Konzepten.
- Internationalisierung: Umsatzzuwächse lassen sich vor allem durch eine Marktausdehnung in das Ausland realisieren, wobei multinationale – also auf das einzelne Land zugeschnittene – Konzepte dominieren (z. B. Springer in Polen).
- Entwicklung neuer Produkte: Aufgrund geringer Druck- und Distributionskosten ist das E-Paper von der Produktionsseite her gesehen hoch attraktiv. Gratiszeitungen können dazu dienen, bislang schlecht erreichte Marktsegmente abzudecken (z. B. Schüler), was nicht zur „Selbstkannibalisierung" des Kernprodukts führen muss.
- Veränderung bestehender Produkte: Zeitungsneugründungen im handlichen Tabloid-Format (Kompaktzeitungen) als Antwort auf Mobilität und Bedarf an Bequemlichkeit. Mittelfristig kann die Erscheinungshäufigkeit des Printprodukts zur Debatte stehen: Zeitung als Wochenendprodukt.
- Supplements: als Instrument der Leserbindung und Gewinnung neuer Käuferschichten.
- Vernetzung der Medien durch Crossmedia: Die Schaffung von medienübergreifenden Marken (Print, Internet, TV, Hörfunk) und Eröffnung neuer Werbemöglichkeiten.
- Kostensenkungspolitik: Outsourcing von Teilen der Content-Generierung, News-Konzepte (verlagsintern, verlagsübergreifend), konzernübergreifende Konzepte (z. B. Axel Springer & N24).
- Verstärkte Einflussnahme auf die Politik, verbesserter Lobbyismus, Verdeutlichung der kulturellen und politischen Bedeutung der Presse.
- Brancheninterne Kooperationen und Koordination: Gemeinsames Vorgehen im Hinblick auf Paid-Content-Modelle im Internet.

Die schwierige Lage des Zeitungsmarktes zwingt die Verlage, neue Wege zu beschreiten. Die möglichen Ansatzpunkte sind vielschichtig und betreffen alle Aktionsparameter der Verlage. Alles dreht sich dabei um das Thema der **Crossmedialität**. Verlage sind intensiv bemüht, die crossmediale Nutzung ihrer Verlagsprodukte konsequent zu ermöglichen.

> Nachfolgende, auch heute noch aktuelle Äußerung eines Bertelsmann-Vertreters macht drei „Key Trends" aus, wie mögliche Aktionsparameter eingesetzt werden können (vgl. Bahlmann 2002, 18 ff.): Key Trend 1: Kombination von Online- und Offline-Inhalten zur Erschließung von neuen Umsatzpotenzialen und verstärkter Kundenbindung. Key Trend 2: Zunehmende Fragmentierung (a) des Konsums mit Special-Interest-Angeboten mit kleineren Auflagen, Reichweiten und Märkten, (b) der Prozesse, d. h. einem Aufbrechen der Wertschöpfungskette. Key Trend 3: Entwicklung von potenzialreichen Marken zu medienübergreifenden Brands (Marken als Qualitätsversprechen).

Ein „Knackpunkt" für die Entwicklung des Zeitungsmarktes ist in der Fähigkeit der Verlage zu sehen, wegbrechende Erlöse aus dem Kernmarkt (durch Leser- und Anzeigenschwund) durch neue internetbasierte Erlösquellen zu ersetzen. In den Fokus ist dabei auch die Drittvermarktung der Inhalte durch Suchmaschinenbetreiber gerückt und hier insbesondere die Marktmacht von Google. Die Forderung der Verlage ist verständlich, an den Erlösen angemessen beteiligt zu werden, die Google aus der Vermarktung von Verlagsinhalten erzielt. Das „Hamburger Manifest" hat jedenfalls seine Wirkung nicht verfehlt: 2013 wurde den Verlagen das lange Jahre geforderte Leistungsschutzrecht zugestanden.

> **Hamburger Erklärung zum Schutz geistigen Eigentums**
>
> „Das Internet ist für den Journalismus eine große Chance. Aber nur, wenn die wirtschaftliche Basis auch in den digitalen Vertriebskanälen gesichert bleibt. Das ist derzeit nicht der Fall. Zahlreiche Anbieter verwenden die Arbeit von Autoren, Verlagen und Sendern, ohne dafür zu bezahlen. Das bedroht auf die Dauer die Erstellung von Qualitäts-Inhalten und von unabhängigem Journalismus. Wir treten deswegen entschieden dafür ein, den Schutz geistigen Eigentums im Internet weiter zu verbessern. Freier Zugang zu Webseiten bedeutet nicht zwingend kostenlosen Zugang. Wir widersprechen all jenen, die behaupten, dass Informationsfreiheit erst hergestellt sei, wenn alles kostenlos zu haben ist. Der freie Zugang zu unseren Angeboten soll erhalten bleiben, zum Verschenken unseres Eigentums ohne vorherige Zustimmung möchten wir jedoch nicht gezwungen werden. Wir begrüßen deshalb die wachsende Entschlossenheit von Bundesregierung, Landesregierungen und den im Bundestag vertretenen Parteien, die Rechte von Urhebern und Werkmittlern weiter an die Bedingungen des Internets anzupassen. Im Internet darf es keine rechtsfreien Zonen geben. Gesetzgeber und Regierung auf nationaler wie internationaler Ebene sollten die geistige Wertschöpfung von Urhebern und Werkmittlern besser schützen. Ungenehmigte Nutzung fremden geistigen Eigentums muss verboten bleiben. Am Ende muss auch im World Wide Web gelten: Keine Demokratie gedeiht ohne unabhängigen Journalismus." Berlin, 26. Juni 2009
>
> Unterzeichner: Axel Springer AG, Bauer Media Group, Ganske Verlagsgruppen GmbH, Gruner + Jahr AG & Co KG, Spiegel Verlag Rudolf Augstein GmbH & Co KG, Zeitverlag Gerd Bucerius GmbH & Co. KG. Dieser Erklärung haben sich 148 deutsche und 18 weitere europäische Verlage im Sommer 2009 angeschlossen.

In der Umsetzung des Leistungsschutzrechts finden freilich heftige Machtspiele statt. So versammeln sich die Presseverlage (darunter Springer, Burda, Funke und Madsack) in der Verwertungsgesellschaft „VG Media" und stellen sich den Newsaggregatoren wie Google mit einer gestiegenen Anbietermacht entgegen. Google wiederum erklärt unumwunden, für „Snippets" keinesfalls bezahlen zu wollen und verdeutlicht seine Rolle als Traffic-Generator auf die Verlags-Websites.

6.3 Zeitschriftenmarkt

Der Zeitschriftenmarkt Deutschland ist einer der höchst entwickelten der Welt. Sein Volumen beträgt 5,5 Mrd. Euro und verteilt sich zu ca. 70 Prozent auf Publikumszeitschriften und 30 Prozent auf Fachzeitschriften. Nicht in dieser Zahl erfasst sind Verbands- und Vereinszeitschriften, Kunden- und Firmenzeitschriften sowie konfessionelle Zeitschriften. Von 2000 bis 2004 büßte der Zeitschriftenmarkt ca. 15 Prozent seines Gesamtumsatzes ein, im Zeitraum 2004 bis 2008 konnte er das Ergebnis in etwa halten, und seit 2008 verlor er noch einmal zehn Prozent. Gemessen am Indikator Marktwachstum befindet sich der Zeitschriftenmarkt – ähnlich wie der Zeitungsmarkt – schroff gesagt in der zweiten Hälfte des Branchen-Lebenszyklus. Innovative Strategien werden daher von den Verlagen nachhaltig gesucht und verfolgt, wobei auch hier die Antworten auf die Digitalisierung im Vordergrund stehen.

Bei den **Publikumszeitschriften** ist die Zahl der Titel in den letzten 25 Jahren stark angestiegen. Sie hat sich von 1980 mit 271 Titeln zum Jahr 2012 mit 1.451 IVW-geprüften Titeln verfünffacht, seit 1990 mit 781 Titeln bis 2012 verdoppelt. Trotz dieser Diversifikation der Titellandschaft ist die Umsatzentwicklung rückläufig, was auf einen hochgradig gesättigten Publikumsmarkt mit heftigem Verdrängungswettbewerb schließen lässt. In dieser Lage versuchen die Verlage die Konkurrenz mit immer mehr Nischen- und Special-Interest-Angeboten zu verdrängen. Hinzu kommt, dass aufgrund des demografischen Wandels die Hauptzielgruppe permanent abnimmt. Jüngere Zielgruppen zeigen ein massives Abwanderungsverhalten zu den digitalen Medien, insbesondere in Zeitschriftensegmenten, die Medienthemen bearbeiten (Computer, Videospiele, Audio/Video/Foto). Beherrscht wird der Markt für Publikumszeitschriften von vier großen Verlagshäusern: Bauer, Springer, Burda, WAZ (Funke) und Gruner + Jahr. Zwischen diesen gab es in jüngster Zeit kaum Verschiebungen, was sich mit dem geplanten Ausstieg von Springer ändern könnte.

Auch die **Fachzeitschriften** sind mit Umsatzverlusten konfrontiert, allerdings nicht in dem Ausmaß wie bei den Publikumszeitschriften. Grund ist, dass wegen der großen Attraktivität digitaler Fachmedien im beruflichen Kontext die Rückgänge im Printbereich weitgehend kompensiert werden können. An dieser Stelle sei ein Hinweis auf den hohen Stellenwert der Fachmedien innerhalb des Mediensektors gegeben: Fachmedien umfassen neben den Fachzeitschriften auch Fachbücher, Kataloge, Fach-Communities, Portale, Kongresse, Seminare oder Messen. Den Markt für Fachmedien schätzt man auf über drei Mrd. Euro, womit er den Kino- und Musikmarkt zusammengenommen übertrifft. Den Löwenanteil versammeln dabei nach wie vor die Fachzeitschriften. Fachmedien dienen der beruflichen Information, der Fort- und Weiterbildung und als Plattform für die Generierung qualifizierter Geschäftskontakte.

Hohe Zuwachsraten in den letzten 15 Jahren weisen die **Kundenzeitschriften** auf, in jüngster Zeit aber stagnierend. Die nach wie vor hohe Zahl gedruckter Exemplare (2012: 53,7 Mio.) zeigt den Stellenwert im Corporate Publishing der Unternehmen. Freilich zeigen sich auch hier Verschiebungen in Richtung Online. So entfallen bereits 40 Prozent der Corporate-Publishing-Budgets auf die digitalen Medien entfallen.

Der Zeitschriftenmarkt in publizistischer Hinsicht

Kommunikatoren, Anbieter
- Die vier größten Verlage bei den Publikumszeitschriften (Marktanteile gesamt in %): Bauer 18,5; Burda 14,8; Springer 12,7; Bertelsmann/Gruner + Jahr 9,3 %.
- Mehr als 600 Fachverlage. Die 10 größten Fachverlage: 1. Deutscher Fachverlag, 2. Süddeutscher Verlag, 3. Deutscher Ärzteverlag, 4. Weka-Gruppe, 5. Springer Science + Business Media, 6. Vogel Business Media, 7. Konradin Mediengruppe, 8. IDG Communications Media, 9. Deutscher Landwirtschaftsverlag, 10. Landwirtschaftsverlag.

Produkte, Inhalte
- Typen: Publikums-, Fach-, Kunden- und Konfessionelle Zeitschriften.
- Publikumszeitschriften: (1) 882 IVW-geprüfte Titel (insgesamt 1.542 Titel) (in der Langfristperspektive stark steigend, Vervierfachung seit 1975, Verdoppelung seit 1997). (2) Top 10 der reichweitenstärkste Zeitschriften (ma 2014 Pressemedien I): ADAC Motorwelt, rtv, Bild am Sonntag, Stern, tv14, Prisma, Spiegel, TV Movie, TV Spielfilm, Bild der Frau. (3) Top 10 der umsatzstärksten Zeitschriften im Einzelverkauf (2013 lt. DNV): Der Spiegel, TV 14, Freizeit Revue, Bunte, Stern, Neue Post, Auf einen Blick, Bild der Frau, Hörzu, TV Movie. (3) Inhaltliche Struktur: Breite Themenvielfalt sowie spezielle Interessen, Ausrichtung: sowohl auf breites Publikum als auch auf spezielle Interessen. (4) Erscheinungsintervalle: Wochentitel, 14-Tages-Titel, Monatstitel.
- Online: Breites Angebot an digitalen Zeitschriften („E-Zines"), auch als Content-Add-On.
- Fachzeitschriften: 1.137 IVW-geprüfte Titel; insgesamt 3.757 Titel. Druckauflage 23,2 Mio. Stück/vierteljährlich, davon verkauft: 12,2 Mio. = 53 %. Internet: Trend zu Paid Content.
- Kundenzeitschriften: 79 IVW-geprüfte Titel; sehr große Zahl aktiver Titel, hohe Auflage 53,7 Mio. Exemplare; Verteilung: Magazine und Zeitungen 63 %, Rest Broschüren, Geschäftsberichte und Corporate Books. 40 % des Corporate Publishing-Budgets entfallen auf digitale Medien (Social Media, Videos, Mobile Websites, Apps, Audio).
- Konfessionelle Zeitschriften: 56 IVW-geprüfte Titel, insgesamt 1,76 Mio. verkaufte Auflage.
- Werbung Publikumszeitschriften: (1) Heftstruktur: Werbung nimmt typischerweise am Heftumfang einen Anteil von ca. 20 % ein, trägt aber zur Finanzierung überdurchschnittlich bei, 36 % (Erlös aus Werbung 1,42 Mrd. Euro, Gesamterlös Publikumszeitschriften 3,94 Mrd. Euro). (2) Top 10 der werbestärksten Publikumszeitschriften: Der Spiegel, Stern, Bild am Sonntag, rtv West, Focus, Brigitte, ADAC Motorwelt, Die Zeit, freundin, Auto Bild.
- Werbung Fachzeitschriften: (1) Werbeanteil am Heftumfang typischerweise ca. 30 %, aber insgesamt 50 % Erlösanteil (Werbung: 0,9 Mrd. Euro, Gesamterlöse 1,74 Mrd. Euro). (2) Top 4 Segmenten: 1. Industrie (allgemein), 2. Lebensmittelmarkt, 3. Elektronik, 4. Marketing & Werbung. (3) Top 10 werbestärkste Fachzeitschriften (2008): 1. Deutsches Ärzteblatt, 2. Lebensmittel Zeitung, 3. Textilwirtschaft, 4. Werben und Verkaufen, 5. Ärztezeitung, 6. Computerwoche, 7. MM Maschinenmarkt, 8. Horizont, 9. DVZ Deutsche Logistik-Zeitung, 10. Markt und Technik.

Transportwege
- Vertrieb Publikumszeitschriften: Abonnement, Kiosk, zumeist zweistufiger Vertrieb über Pressegrossisten, Lesezirkel, Sonstiger Verkauf Gelegenheitsnutzung in Arztpraxen, Hotels, Gaststätten usw. Trend: Dominanz von Abonnement und Kiosk-Vertrieb (jeweils ca. 40 %), relative Abnahme Abonnement, Zunahme sonstiger Verkauf. Vertrieb Fachzeitschriften: ganz überwiegend Abonnement, Rest Einzelverkauf. Stabiler Trend.
- Online-Vertrieb: zunehmende Bedeutung als Vertriebskanal, insbesondere bei Fachzeitschriften. Technisch vorherrschend internetfähige mobile Endgeräte (Tablet-PC, zunehmend Smartphones).

Rezipienten
- Reichweite Publikumszeitschriften: ca. 65 Mio. Leser (ma 2013 Pressemedien I), 92,2 % der deutschsprachigen Bevölkerung ab 14 Jahren. Online-Angebot: 69 % (AGOF).
- Zeitbudget, Mediennutzung 2010: 6 Min./Tag (ARD/ZDF-Langzeitstudie).
- Nutzer-Schwerpunkt Publikumszeitschriften und Fachzeitschriften: 30 Jahre +. Starke Ausdifferenzierung des Zeitschriftenmarktes, alle Milieus erreicht.

Der Zeitschriftenmarkt in ökonomischer Hinsicht

Marktvolumen
- Gesamt-Volumen Umsatzerlös: 5,69 Mrd. Euro.
- Verteilung des Gesamt-Umsatzerlöses nach Zeitschriftentypen: Publikumszeitschriften 3,95 Mrd. Euro, Fachzeitschriften 1,74 Mrd. Euro.
- Verteilung des Gesamt-Umsatzerlöses nach Vertrieb/Werbung: Erlöse aus Vertrieb: 3,37 Mrd. Euro; Erlöse aus Werbung: 2,32 Mrd. Euro.
- Verteilung auf Erlösherkunft: Verhältnis Vertriebserlöse zu Werbeerlös (1) Zeitschriften insgesamt: 59:51; (2) bei Publikumszeitschriften 64:36; (3) bei Fachzeitschriften 49:51.
- Verkaufte Exemplare: Publikumszeitschriften 108,2 Mio. (tendenziell leichter Rückgang), Fachzeitschriften 12,2 Mio. (hoher Anteil im Abonnement; tendenziell leicht sinkend; verbreitete Auflage 22,2 Mio.).
- Werbeeinnahmen (netto): Publikumszeitschriften 1,42 Mrd. Euro, Fachzeitschriften 0,90 Mrd. Euro. Dies bedeutet einen Marktanteil am Werbemarkt der Printmedien (Summe: 12,48 Mrd. Euro) von zusammen 18,6 %.

Angebotsseite
- Konzentrationsgrad: (1) Markt für Publikumszeitschriften: hoch. Beherrschung des Marktes für Publikumszeitschriften von fünf Konzernen (Bauer, Burda, Springer, Gruner + Jahr, WAZ). Marktanteil dieser fünf Verlage an der verkauften Auflage: 63,6 %, also fast zwei Drittel. WAZ einzig wachsender Großkonzern. (2) Fachzeitschriftenmarkt: mittel bis hoch.
- Wettbewerbsintensität: Der deutsche Zeitschriftenmarkt gilt als hoch kompetitiv. Zunahme der Titelzahl von 1982 bis 2002 bei Publikumszeitschriften von 289 auf 831, bei Fachzeitschriften von 743 auf 1.088. Seit 2004 bei Publikumszeitschriften konstant, bei Fachzeitschriften Zunahme. Durchschnittliche verbreitete Auflage bei Publikumszeitschriften von 1991 bis 2009 auf dem Niveau von ca.130 Mio. Exemplaren. Seit 2010 sinkend bis 2012 auf ca. 120 Mio. Exemplare. Ein Indikator für die Wettbewerbsintensität bei Publikumszeitschriften ist die „Fluktuationsrate": 2012 gab es 479 Neutitel bei 421 Einstellungen. Seit Jahren netto leicht zunehmend.
- Hohe Konzentration auch auf dem Werbemarkt: die vier größten Verlage vereinigen mehr als 50 % des Brutto-Werbeaufkommens auf sich.
- Ein Drittel aller Zeitschriften wird in reinen Zeitschriftenverlagen produziert, zwei Drittel in Verlagen, die auch andere Print-Objekte herstellen (z. B. Zeitungen, Kalender).
- Erwerbstätige: über 100.000 (z. B. Gruner + Jahr Ende 2013: 10.819).
- Kostenstruktur (1) in % des Erlöses je Exemplar (Quelle: Wirtz 2013: 222): First Copy Costs 42 % (davon: Redaktion 20 %; Werbeakquise 12 %; Verwaltung 10 %); Produktions- und Distributionskosten 48 % (davon: Vertrieb 20 %; Druck 28 %). (2) Lt. Heinrich 2001: Fixkosten (Personal, Abschreibung, Mieten, Steuern, freie Mitarbeiter, Pressedienste) ca. 38 %: variable Kosten (Material, Vertrieb, Fremddruck) ca. 46 %; Rest sonstige Kosten.

Nachfrageseite
- Rezipientenmarkt: Mediennutzung 6 Min./Tag. Monatliche Aufwendungen eines 4-Personen-Arbeitnehmerhaushalts mit mittlerem Einkommen für Zeitschriften insgesamt: ca. 10 Euro.
- Werbemarkt: Werbetreibende Wirtschaft kombiniert häufig die Medien TV und Zeitschriften.
- Marktform: Sowohl auf dem Rezipienten- als auch auf dem Werbemarkt Angebotsoligopol vorherrschend.
- Preis-Elastizität der Nachfrage: Publikumszeitschriften mittel bis hoch, Fachzeitschriften gering.

Koordination von Angebot und Nachfrage
- Erlösmodelle Rezipientenmarkt: (1) gratis: Gratis-Zeitschriften, (2) Verkauf Einzel-Copy, (3) Abonnement, (4) Lesezirkel, (5) Online-Angebote.
- Erlösmodelle Werbemarkt: Tausend-Kontakt-Preise bei großen Publikumszeitschriften zwischen 6 und 10 Euro, auf Gesamtheit bezogen. Zeitschriftentitel mit großer Reichweite auch darunter (z. B. Kundenzeitschriften wie Apotheken Umschau mit 3,95 Euro TKP netto). Je spezifischer die Zielgruppe, desto höher ist der Tausend-Kontakt.

Der Zeitschriftenmarkt in strategischer Hinsicht

Marktstruktur: Marktkräfte nach Porter („Five Forces")

Marktkraft 1 (1): Verhandlungsmacht der Abnehmer auf dem Rezipientenmarkt
- Festzustellen ist eine deutliche Verschlechterung der Position der Zeitschriftenverlage, insbesondere bei den Publikumszeitschriften. Der Markt für Publikumszeitschriften ist gesättigt bzw. übersättigt. Es findet ein heftiger Umverteilungs- und Verdrängungswettbewerb statt, da neue Zeitschriften stets zu Lasten von etablierten gehen.
- Die Auflagenzahlen bei Publikumszeitschriften sinken, und zwar sowohl in absoluten Größen als auch im Hinblick auf die durchschnittliche Auflage.
- Zuwächse sind meist nur durch Einführung neuer Titel möglich, nicht durch höhere Auflagen der im Markt befindlichen Titel.
- Der Zeitschriftenmarkt ist durch eine Zunahme der Fragmentierung und Diversifikation gekennzeichnet. Er besetzt immer weitere Nischen und treibt die Spezialisierung nach Zielgruppen voran.
- Massenzeitschriften werden zunehmend von Zielgruppenzeitschriften und Special-Interest-Zeitschriften ergänzt und zum Teil verdrängt.
- Wissenschaftliche Fachinformationen sind stark von den Etats öffentlicher Bibliotheken abhängig, die seit einiger Zeit auch in absoluten Größenordnungen heruntergefahren werden.
- Die demografische Entwicklung, nach der die Hauptzielgruppe der 14-44-Jährigen kontinuierlich abnimmt, arbeitet gegen die Publikumszeitschriften.
- Die Markentreue nimmt generell ab, so dass die Zeitschriften immer öfter und immer schneller einem Relaunch unterzogen werden.

Marktkraft 1 (2): Verhandlungsmacht der Abnehmer auf dem Werbemarkt
- Die Verhandlungsmacht nimmt zu, nicht zuletzt auch Konzentrationsprozesse auf Agenturseite, durch einen zunehmenden Intermedia-Wettbewerb sowie durch die Rationalisierung des Mediabereichs bei den Werbungtreibenden.
- Die führende werbetreibende Branche in den Publikumszeitschriften sind mit großem Abstand die Massenmedien. Deren konjunkturelle und strukturelle Probleme – gelegentlich als „Krise der Medienindustrie" bezeichnet – hinterlässt deutliche Spuren in Form eines Rückgangs der Buchungen.
- Die Werbeerträge sind seit Jahren bei den Publikumszeitschriften kontinuierlich, in manchen Jahren stark schrumpfend. Noch stärker schrumpften sie vor 2010 bei den Fachzeitschriften, neuerdings ist aber eine Stabilisierung festzustellen. Fachzeitschriften reagieren empfindlicher auf wirtschaftliche Einflüsse als Publikumszeitschriften, da die entsprechenden Werbeausgaben eng an die Unternehmensgewinne gekoppelt sind und sich daher zyklisch verhalten.
- Kinderzeitschriften erfreuen sich trotz Konkurrenz durch das Fernsehen und durch Videospiele großer Beliebtheit. Der Zeitschriftenmarkt für Kinder ist stark umkämpft.
- Abnehmende Werbeeinnahmen: Eingetreten ist seit 1999 eine erhebliche Schrumpfung der Werbeeinnahmen (um ca. ein Viertel), die nicht allein als konjunkturelles Phänomen erklärt wird. Der Anteil des Zeitschriftenmarktes am gesamten Werbekuchen Deutschlands ist auf ca. sieben Prozent zurückfallen.
- Prospekt- und Direktwerbung hat nach wie vor eine hohe Bedeutung, mit dem Effekt, dass Zeitungen bevorzugt als „Werbebriefumschlag" (Breyer-Mayländer/Seeger 2004: 23) verwendet werden und dem eigentlichen Anzeigengeschäft – auch im Zeitschriftenbereich – das Wasser abgraben.
- Die Restriktionen für die Werbung werden verschärft, v. a. im Hinblick auf die Tabakwerbung. Gleichzeitig sind auf EU-Ebene Bestrebungen im Gang, die Werbung via Product Placement in Fernsehsendungen zu lockern, was auch den Zeitschriften schaden kann.

Marktkraft 2: Verhandlungsmacht der Lieferanten
- Hier gelten ähnliche Aussagen wie für die Zeitungen: Die Position von Inhalte-Lieferanten verschlechtert sich tendenziell, ausgenommen Lieferanten von Premium-Content. In logistischer Hinsicht ist die Lieferantenmacht hoch, getrieben von den folgenden Entwicklungen:
- Hohe und steigende Kosten für Druck und Distribution (Vertrieb)
- Abhängigkeit von der Druckindustrie und der Zustell-Logistik

Marktkraft 3: Bedrohung durch neue Anbieter
- Die Markteintrittsbarrieren sind differenziert zu betrachten.
- Bei Publikumszeitschriften sind die Hindernisse für neue Anbieter aufgrund hoher Qualitätsansprüche und eines hohen notwendigen Kapitaleinsatzes prinzipiell sehr hoch.
- Bei Fachzeitschriften erscheint ein Eindringen neuer Anbieter vergleichsweise einfach, insbesondere im Hinblick auf reine Online-Ausgaben für ganz spezifische Fachbereiche.

Marktkraft 4: Bedrohung durch Ersatzprodukte
- Im Brennpunkt steht – wie im Bereich der Zeitungen – das Internet als Substitutionsmöglichkeit für die Informationsbereitstellung. Dabei sind die Publikumszeitschriften weniger anfällig als die Fachzeitschriften. Publikumszeitschriften können sogar von der Digitalisierung profitieren, indem die Attraktivität des Produkts gesteigert werden kann, z. B. durch multimediale und interaktive Anwendungen und Adressierung neuer Ausspielwege (E-Mags auf Smartphones oder Tablet-PCs).
- Publikumszeitschriften erleben eine Verschärfung des intermedialen Wettbewerbs, insbesondere gegenüber dem Fernsehen.
- Im Bereich der Werbung dominieren mittlerweile crossmediale Werbekampagnen, bei denen sich Publikumszeitschriften verstärkt gegenüber dem Fernsehen und Internet behaupten müssen. Allerdings ist es nach wie vor so, dass die Werbeeinnahmen der Publikumszeitschriften generell eng mit den Ausgaben für Fernsehwerbung korrelieren, weil die Werbekunden in ihren Kampagnen häufig beide Medien kombiniert nutzen.
- Der Trend zu Online-Medien ist bei Fachinformationen unaufhaltsam und unumkehrbar. Hauptgrund ist, dass diese sich an eng umgrenzte Zielgruppen richten, die von ihrer beruflichen Ausrichtung zumeist eine hohe Affinität zu Online-Medien aufweisen.
- Vereinzelt werden Fachzeitschriften sogar nur noch als Internet-Ausgaben angeboten.
- Bei Fachzeitschriften nimmt überdies die Konkurrenz durch Firmen- und Kundenzeitschriften („Corporate Publishing") stark zu. Im B-to-B-Bereich herrscht im Hinblick auf viele Fachinformationen unverkennbar ein Trend zu kostenlosem Content.

Marktkraft 5: Rivalität der Wettbewerber untereinander
- Trotz hohen Konzentrationsgrades herrscht sehr starker Wettbewerb der Produkte.
- Eine Intensivierung des Wettbewerbs ist auf breiter Ebene auf dem Rezipientenmarkt zu erwarten.
- Auf dem Anzeigenmarkt sind wegen der crossmedialen Verbindungslinien zum Fernsehen die Wettbewerbsverhältnisse stark differenziert zu beurteilen.

Strategische Antworten der Zeitschriftenverlage
- Neue Titel: Verlage sind weiterhin bemüht, durch die ständige Gründung neuer Titel den Erfolg zu sichern. So wurde jede zweite Publikumszeitschrift innerhalb der letzten zehn Jahre gegründet. Als Erfolg versprechend ist dabei insbesondere der Ansatz anzusehen, mit neuen Produkten bislang unbediente Interessensgebiete der Leser zu erschließen. Dadurch wird der Trend zu weiteren Special-Interest-Titeln gefördert. Das Phänomen, dass im Zeitschriftenmarkt die verkaufte Auflage bei wachsender Zahl von Titeln stagniert, wird sich weiter verstärken. Getrieben wird die „Titel-Flut" durch das Interesse der Anzeigenabteilungen, neue Titel buchen zu können, bei denen die Zielgruppen einen überdurchschnittlichen Ertrag für das Anzeigengeschäft abzuwerfen versprechen. Insbesondere von den großen Verlagen sind daher weiterhin Produktoffensiven zu erwarten.
- Online: Die folgenden Ansätze sind zu unterscheiden: (1) Einmal geht es um den Vertrieb der elektronischen Ausgaben der Printtitel, was im Grunde lediglich die Hinzufügung eines neuen Vertriebskanals bedeutet. (2) Ferner können die bestehenden Produkte mit zusätzlichen Funktionen angereichert werden – affin als „Add-On" zum Kernprodukt. (3) Schließlich sind neue, crossmediale Produkte und Dienstleistungen denkbar, die sich in der Ausgestaltung vom Kern der Printprodukte entfernen. Alle Ansätze werden von den Verlagen aktiv betrieben.
- Werbung: Mögliche Ansätze sind v. a. die innovative Vermarktung von Werbeplätzen in eigenen Internetportalen, innovative Preisstrategien (Verstärkung der Preisdifferenzierung und Ausrichtung auf das tatsächliche Nachfrageverhalten), Integration neuer Werbeformen.

In der **Gesamtschau** und in der **Langfristperspektive** zeigt sich der Zeitschriftenmarkt als hochgradig ausdifferenziert. Es ist zu erwarten, dass dieser Prozess weiter fortschreitet und sich das Titelangebot sowohl intramedial im angestammten Printmarkt als auch crossmedial weiter diversifiziert. Dies führt bei den Anbietern zunehmend zur Aufsplitterung des „Erlöskuchens" und die Schwierigkeiten nehmen zu, mit neuen Angeboten beim Konsumenten wahrgenommen zu werden und bei den bestehenden Angeboten die Kundenbindung aufrecht zu erhalten.

Wie im Zeitungsmarkt kreisen auch im Zeitschriftenmarkt die kritischen Fragen um das Thema **Online**. Entscheidend ist zunächst die Frage nach der Kannibalisierung von Print durch das Internet. Angesichts der Vorteile und des Mehrwerts von Internet ist der Druck auf die Printmedien hier besonders groß.

Zwei Aspekte sind es, die trotz wenig optimistischer Perspektiven für die Gattung Zeitschrift zur Gelassenheit mahnen. Erstens verfügen Zeitschriften über Eigenschaften (einzigartig, glaubwürdig, sympathisch, emotionale Bindung), die vom Konsumenten nicht ohne weiteres verworfen werden. „Die Menschen lieben ihre Zeitschriften" (Schilling in Koschnick 2009: 143). Außerdem besitzen die Zeitschriften in vielerlei Hinsicht eine Art „Themenhoheit" und erfüllen eine wichtige Orientierungs- und Ratgeberfunktion für die Konsumenten. Bei den Fachzeitschriften besitzen die Fachverlage ohnehin die Themenhoheit, da dort der wissenschaftliche und berufspraktische Diskurs stattfindet. Zweitens sind die Verlage sehr wohl in der Lage, geeignete strategische Antworten zu finden und ein wirkungsvolles Zusammenspiel von Zeitschrift und Online zu inszenieren.

> „Viele erfolgreiche Publikumszeitschriften erfüllen zudem eine Orientierungs- und Ratgeberfunktion für Konsumenten in einem speziellen Themengebiet, wie zu Beispiel im Bereich Mode oder Sport. Auch im Bereich der Fachzeitschriften haben die Fachverlage traditionell eine Gatekeeper-Funktion. Vor dem Hintergrund eines zunehmenden Wettbewerbs mit Online-Informationsquellen müssen die Zeitschriften diese Funktion verteidigen. Um ihre Themenhoheit auch im digitalen Umfeld zu erhalten, die Nutzer an das eigene Angebot zu binden und den Werbetreibenden ein attraktives Umfeld zu bieten, können die Verlage ihre Inhalte im Internet durch umfassende Dienste wie interaktive Beratung, Anbindung an E-Commerce, Diskussionsforen und andere Social-Media-Funktionen erweitern.
>
> Mittel- bis langfristig wird auf dem gesamten Zeitschriftenmarkt eine deutliche Verlagerung der Investitionen und Produktionskosten in die Onlinemedien stattfinden. Es ist zu erwarten, dass digitale Magazine und Fachzeitschriften sich tendenziell aus der engen Abhängigkeit von den Printausgaben lösen werden, und dass Verlage auch rein digitale Titel auf den Markt bringen werden" (PwC 2013: 133).

Bei diesem Transfer in die digitale Welt spielt die Frage der Monetarisierbarkeit von Inhalten („Paid Content") eine zentrale Rolle. Von überlebenswichtiger Bedeutung für die Verlage ist es, inwieweit es ihnen gelingt, die Zahlungsbereitschaft der Nutzer für digitale Medien zu erhöhen. Dies ist offensichtlich ein mühsames Geschäft, wenn man sieht, dass Verlage kräftige Preisabschläge der digitalen Ausgabe gegenüber der Printversion erleiden, obgleich diese Angebote einen großen Mehrwert aufweisen.

> Die Aussichten erscheinen dennoch positiv: „Die Websites der Zeitschriften erfreuen sich großer Beliebtheit, die immer mehr Verlage nicht durch Werbeerlöse, sondern durch Vertriebserlöse zu monetarisieren versuchen. Paid Content – der kostenpflichtige Zugriff auf einen Teil oder sämtliche Inhalte einer Medienwebsite – hat großes Potenzial, langfristig die Einbußen aus dem Printgeschäft zumindest teilweise zu kompensieren" (ebd.).

6.4 Buchmarkt

Deutschland ist ein Land mit relativ hoher Buchproduktion und liegt mit über 91.000 Buch-Neuerscheinungen im Weltmaßstab im Vorderfeld. Die publizistische Bedeutung des Buches besteht darin, dass es für eine umfassende Vermittlung von Wissen, Bildung, Kultur und Unterhaltung sorgt. Die ökonomische Bedeutung des Buchmarktes drückt sich in einem Marktvolumen von ca. 9,5 Mrd. Euro aus und übertrifft damit den Zeitungsmarkt deutlich.

Festzustellen ist freilich eine seit Jahren anhaltende Umsatzstagnation des deutschen Buchhandels auf Höhe der genannten ca. neun Mrd. Euro (vgl. Heinold/Spiller 2004: 31), ein Phänomen, das sich bis 2012 fortsetzte und das darauf hindeutet, dass sich der Buchhandel, wie auch der Markt der Zeitungen, im Branchenzyklus-Modell in der Phase der Stagnation bzw. „Degeneration" befindet.

Im Hinblick auf Konjunkturschwankungen kommt dem Buchmarkt zugute, dass er sich weitgehend nicht aus Werbung finanziert und daher nicht wie andere Medienmärkte der hoch reagiblen Erlösquelle der Werbung ausgesetzt ist. Die Refinanzierung der Investitionen muss dann freilich über direkte Zahlungen der Nutzer erfolgen, deren Zahlungsbereitschaft damit zu einem entscheidenden Erfolgsfaktor wird.

Wenn vom Begriff „Buchhandel" die Rede ist, sind drei Wertschöpfungsstufen angesprochen, auf die sich die Gesamtmarkt-Entwicklung unterschiedlich niederschlägt (vgl. ebd. 30): Verlage als der sog. „herstellende Buchhandel"; der Zwischen- bzw. Groß-Buchhandel, „Barsortiment und Auslieferungen" genannt, sowie die Buchhandlungen als Buch-Einzelhandel, „Sortiment" genannt.

Verlage wiederum lassen sich in vier Gruppen unterscheiden, die sich von der jeweiligen Aufgabenstellung her stark unterscheiden (vgl. Heinold 1001: 45 ff.; Heinold/Spiller 2004: 32):

- Publikumsverlage, die ein generelles, eher privates Interesse bedienen (General-Interest-Angebote).
- Special-Interest-Verlage: Sie bedienen ein spezielles, eher privates Interesse. Die Leser sind oft leidenschaftliche Informationssammler, die Hobbies wie Segeln, Reiten oder Hundehaltung pflegen und einschlägige Informationen in Buchform suchen.
- Fachverlage, die ein spezielles berufliches Interesse bedienen (Professional-Interest-Angebote).
- Bildungs- bzw. Ausbildungsverlage schließlich bedienen ein generelles berufliches Interesse (Educational-Interest-Angebote).

Vor diesem Hintergrund ist die Lage vor allem bei den Buchhandlungen als besonders angespannt zu bezeichnen, weniger die der Verlage (vgl. ebd.). Hauptgründe sind Verschiebungen der Konsumentenpräferenzen (v. a. „Boulevardisierung", Erlebnisgesellschaft) und sich ausdifferenzierende Distributionswege mit besonders starker Entwicklung des Online-Versandbuchhandels, wobei der Markt vom Großversender Amazon beherrscht wird.

Der Buchmarkt in publizistischer Hinsicht

Kommunikatoren, Anbieter
- Anzahl der „buchhändlerischen Betriebe" (Mitglieder des Börsenvereins 2013): 5.402; davon 1.813 Verlage („Herstellender Buchhandel"), 3.440 Betriebe des „verbreitenden Buchhandels", 68 Betriebe des Zwischenbuchhandels (klassischer Großhandel), 24 Verlagsvertreter.
- Top 10 der Buchverlage (nach Lucius 2014: 62): 1. Springer Science + Business (Wissenschaft/Fachinfo) 476 Mio. Euro Umsatz; 2. Klett-Gruppe (Schule/Fachinformation/Belletristik) 445; 3. Cornelsen (Schule/Fachbuch) 419; 4. Random House (Belletristik/Sachbuch) 344; 5. Westermann (Schule) 266; 6. Wolters Kluwer Deutschland (Fachinformation) 220; 7. Haufe (Fachbuch/Ratgeber) 218; 8. Weka (Fachinformation) 187; 9. C.H. Beck 140; 10. Thieme 136.
- Sehr breites Spektrum mittlerer und kleiner Verlage.

Produkte, Inhalte
- Titelproduktion: 91.100 Neuerscheinungen, davon 79.860 Erst-Auflage und 11.240 Neu-Auflage. Verhältnis Erstauflage zu Neuauflage = 88:12 (bis ca. 2000 jahrelang fast identisch, danach kontinuierliche Verschiebung zugunsten der Erstauflage).
- Titelproduktion (Erstauflagen) nach Sachgruppen: Belletristik 18,6 %, Deutsche Literatur 14,1 %, Kinder- und Jugendliteratur 9,8 %, Recht 4,6 %, Medizin, Gesundheit 4,6 %, Theologie, Christentum 4,1 %, Schulbücher 3,7 %, Erziehung, Schul- und Bildungswesen 3,7 %, Management 3,6 %, Sozialwissenschaften, Soziologie 3,4 %, Wirtschaft 3,2 %, Psychologie 2,6 %, Übrige Sachgebiete 23,9 %.
- Taschenbuchanteil an der Erst-Auflage: 13,8 %. Trend: kontinuierlich zunehmend (2000: 9,7 %).
- Hörbücher (2008): 600 Verlage; 20.000 Titel. 2000 Neuerscheinungen p.a.; 15.000 Titel als Download. Trend: eher stagnierend.
- Inhaltliche Struktur: Alle Themen vertreten. Werbung: spielt keine nennenswerte Rolle.
- E-Book: Anzahl der Titel: 48.953. Dominanz von Belletristik mit großem Abstand (34,8 %). Trend: Digitalisierungsoffensive ist zu erwarten.

Transportwege
- Vertriebswege: Sortimentsbuchhandel (ohne E-Commerce), Sonstige Verkaufsstellen, Warenhäuser, Versandbuchhandel (einschl. Internet), Verlage direkt, Buchgemeinschaften.
- Vertriebsweg Online: „Durch Großversender im Internet (v. a. Amazon) oder im klassischen Kataloggeschäft (Weltbild) ist der Umsatzanteil des Sortiments sinkend, noch stärker sinkt der der kleinen und mittelgroßen selbständigen Sortimenter" (Lucius 2014: 51).
- Sortimentsbuchhandlungen: Anteil am Branchenumsatz 48,3 % (entspricht 4,6 Mrd. Euro). Top 10 der Buchhandelsfilialisten 2011 (Lucius 2014: 51): Thalia, DBH (u. a. Weltbild, Hugendubel), Mayersche Aachen, Osiander, Pustet, Wittwer, Heymann, Rupprecht, Decius, Lehmanns Media.
- Immer noch vergleichsweise große Vertriebsdichte in Deutschland: hohe „Buchhandlungsdichte".

Rezipienten
- Mediennutzung: durchschn. Lesedauer 22 Min./Tag. Bücherkonsumenten verbringen weniger Zeit vor dem Fernsehgerät. Erhebliche Unterschiede nach Alters- u. soziodemograf. Gruppen. Trend zum „Lesezapping": Selektives Lesen, paralleles Lesen mehrere Bücher, Überfliegen von Büchern, vorzeitiger Abbruch des Lesens.
- Tagesreichweite (Personen ab 14 J.): 21 %. Überdurchschnittliche Reichweiten nach Sinus-Milieus: Sozialökologisch 30 %, Konservativ-etabliert 27 %, Liberal-intellektuell 26 %, Expeditiv 25 %, Performer 22 %. Ähnliche Sinus-Verteilung bei der Mediennutzungsdauer.
- Buchkauf: ca. zwei Drittel der Bundesbürger kauft innerhalb eines Jahres Bücher, davon ca. die Hälfte mehr als 5 Bücher. Überdurchschnittlich: Frauen; 20-59 Jahre. Ansteigend mit Einkommen, Schulbildung und Wohnortgröße. Ein Drittel der Bevölkerung liest keine Bücher.
- 14 % des Freizeitbudgets verwenden private Haushalte für Bücher, Zeitungen, Zeitschriften und Ähnliches (Bundeszentrale für politische Bildung).
- Pro-Kopf-Ausgaben für Bücher 2010: 116,98 Euro/Jahr (Statista).
- JIM-Studie 2013: „Handy, Internet und Fernsehen dominieren die Mediennutzung der Jugendlichen – immerhin 40 Prozent der 12- bis 19-Jährigen lesen auch regelmäßig Bücher. Dabei greifen sie vor allem zu gedruckten Büchern."

Der Buchmarkt in ökonomischer Hinsicht

Marktvolumen
- Gesamt-Volumen Umsatzerlöse: 9,52 Mrd. Euro.; davon Belletristik 4,821 Mrd. Euro, Schul- und Lehrbücher 1,92 Mrd. Euro, Sach- und Fachbücher (incl. Reisebücher, Ratgeber) 2,78 Mrd. Euro.
- Gesamt-Buchauflage: fast eine Milliarde Bücher und ähnliche Druckerzeugnisse (Schätzung). Wert für 2008: 963 Mio.
- Deutschland drittgrößter Buchmarkt hinter China und Großbritannien.
- Umsatzanteile der Warengruppen (in %): Belletristik 35,0; Kinder- und Jugendbücher 15,6; Reisen 6,1; Ratgeber 13,8; Geisteswissenschaften, Kunst, Musik 4,4; Naturwissenschaften, Medizin, Informatik, Technik 4,4; Sozialwissenschaften, Recht, Wirtschaft 2,5; Schule und Lernen 8,9; Sachbuch 9,3 %.
- Verteilung Gesamt-Umsatz auf Absatzwege: Sortimentsbuchhandel (ohne E-Commerce) 48,3 % bzw. 4,60 Mrd. Euro; Verlage direkt 19,4 % bzw. 1,85 Mrd. Euro; Versandbuchhandel (ohne Internet) 2,6 % bzw. 0,25 Mrd. Euro; Versandbuchhandel (Internet) 16,5 % bzw. 1,57 Mrd. Euro; Sonstige Verkaufsstellen 9,7 % bzw. 0,93 Mrd. Euro; Warenhäuser 1,7 % bzw. 0,16 Mrd. Euro; Buchgemeinschaften 1,8 % bzw. 0,17 Mrd. Euro.
- Umsatzanteil E-Book: 2,4 %. Trend: Mehr Evolution als Revolution. Aber dynamisches Wachstum (2010 noch 0,5 % Anteil am Gesamtumsatz).
- Verteilung Gesamt-Umsatz auf Editionsformen: Hardcover 71,2 %, Taschenbuch 25,0 %, Hörbuch/Audiobook 3,8 %. Trend: keine Verschiebung in den Strukturen.

Angebotsseite
- Buchbranche stark durch „Kleinteiligkeit" geprägt. Hoher Wettbewerbsgrad, Angebotsoligopol, ergänzt um viele kleine Anbieter.
- Konzentrationsgrad: Anbieterstruktur ist äußerst heterogen. Mittelständische Struktur vorherrschend mit großer Vielfalt. Ökonomische Konzentration hoch und zunehmend: 1.500 Verlag müssen ca. 13 % des Gesamtumsatzes unter sich aufteilen; umsatzstarke Verlage dominieren (Lucius 2014: 60 f.).
- Beschäftigte: 120.218 sozialversicherungspflichtig Beschäftigte in Verlagen (Buch-, Zeitungs-, Zeitschriften- und sonstige Verlage); 31.700 Beschäftigte im Einzelhandel mit Büchern. Trend: Rückgang um ca. zwei bis drei Prozent jährlich.
- Kostenstruktur im General-Interest-Bereich (nach Heinold 2008): Autorenhonorar 10 %; Erlösschmälerung 3 %, Lager und Auslieferung 5 %, Vertreterprovision 3 %, Werbung 4 %, Autor 10 %, Technische Herstellung 16 %, Debitorenrisiko 2 %, Mehrwertsteuer 7 %, Handelsrabatte 50 %.
- Kostenstruktur (nach Wirtz 2013: 280): (1) First Copy Costs 39 % (davon Content-Produktion 17 %, Marketing 12 % , Verwaltung 10 %). (2) Produktions-/Distributionskosten 23 % (davon Vertrieb 5 %, Druck 18 %). (3) Handelsspanne 29 % (davon Marge Einzelhandel 14 %, Marge Großhandel 15 %). (4) Gewinn: 9 %.
- Markteintrittsbarrieren vergleichsweise niedrig.

Nachfrageseite
- Rezipientenmarkt: Image, sachlich, kritisch und glaubwürdig.
- Preis-Elastizität der Nachfrage: relativ gering.
- Werbemarkt: nicht relevant.

Koordination von Angebot und Nachfrage
- Erlösmodelle: Einzelverkauf dominiert. Selten Verkauf von Reihen, Abonnements (allerdings zunehmende Bedeutung von Nebengeschäften von Zeitungsverlagen, z. B. SZ-Bibliothek).
- Preise für Bücher stagnieren bzw. sinken unterproportional zu den allgemeinen Lebenshaltungskosten. Durchschnittspreise: Bücher insgesamt 14,55 Euro. Hörbuchpreis geringer.
- Besonderheit Buchpreisbindung (vgl. Buchpreisbindungsgesetz).
- Besonderheit reduzierter Mehrwertsteuersatz, da Bücher als Kulturgüter aufgefasst werden.
- Online-Einkauf (E-Commerce): Bücher stehen bei der Art der gekauften Produkte an erster Stelle, gefolgt von Kleidung/Schuhen, Elektrogeräten und Unterhaltungselektronik.

Der Buchmarkt in strategischer Hinsicht

Marktstruktur: Marktkräfte nach Porter („Five Forces")

Marktkraft 1: Verhandlungsmacht der Abnehmer auf dem Rezipientenmarkt
- Die Verhandlungsmacht des Buch-Lesers als Abnehmer der Buchprodukte muss als ausgesprochen hoch bezeichnet werden. So stehen ihm z. B. inzwischen Online-Instrumente zur Verfügung, die für ein hohes Maß an Transparenz sorgen, um die verfügbaren Angebote vergleichen zu können, wodurch sich sein Informationsstand erheblich erhöht. Auch die Bereitschaft und die Möglichkeit des Ausweichens auf Ersatzprodukte stärkt die Machtposition der Nachfrageseite. Inwieweit die gesetzlich reglementierte Preisbindung für Bücher diese Machtposition in Grenzen halten kann, ist angesichts von Parallelausgaben von Versandhäusern oder der Aktivitäten von Buchclubs eine offene Frage (vgl. Heinold/Spiller 2004: 32).
- Festzustellen ist zunehmend ein „hybrides" Bestellverhalten der Konsumenten, d. h. die parallele Nutzung verschiedener Bezugswege. Damit ist wird die Position der potenziellen Käufer massiv gestärkt.
- Der Buchleser ist freilich keine homogene Einheit, sondern muss differenziert betrachtet werden. In einer Studie – die auch heute noch Aktualitätswert besitzt – sind die folgenden vier „Lese-Erlebnistypen" (mit jeweiligen Gewichtungen) unterschieden worden (vgl. Dehm et al. 2005: 529 ff.): Typ 1: Die begeisterten Kompensationsleser (16%); Typ 2: Die habituellen Wellnessleser (19%); Typ 3: Die informationssuchenden Selektivleser (22%); Typ 4: Die zurückhaltenden Orientierungsleser (42%). Erkennbar ist, dass mit Typ 4 ein diffuser Lesetyp dominiert, der vergleichsweise wenig liest und keine ausgeprägten Vorlieben für bestimmte Genres hat und auch in seiner Freizeit keine besonderen Aktivitäten bevorzugt (vgl. ebd. 534).
- Im Einzelnen ist für den Buchmarkt eine deutliche Veränderung des Kaufverhaltens festzustellen (vgl. v. a. Heinold/Spiller 2004): Im Publikumsmarkt (general interest) hat eine deutliche Zunahme des Erlebniskaufs, von Boulevardthemen und von Fantasy („Pottermania") stattgefunden. Als Reaktion hierauf gehen Buchhandlungen dazu über, Erlebniswelten zu schaffen und ihr Sortiment gezielt in eine Richtung zu treiben, die als „Triumph des Boulevards" gebrandmarkt wird. Großbuchhandlungen nehmen im stationären Handel eine immer wichtigere Rolle ein, kleine und kleinere Buchhandlungen werden zurückgedrängt.
- Ein fundamentaler Wandel der Interessen ist festzustellen: So geht die Zahl der Vielnutzer von Büchern („Bücherwürmer") und hochkulturell orientierten Lesern („Kulturbeflissenen") klar zurück. Eine starke Veränderung in Richtung Boulevard, leichte Kost, die oft im Rahmen von Fernsehsendungen vermarktet wird, findet statt.
- Neue Formen finden großen Zuspruch bei den Konsumenten: Der neu entstandene Markt für Hörbücher („Audiobooks", „Talking Books") hat inzwischen ein beachtliches Volumen erreicht und wächst permanent weiter.
- Die Zahl der Konsumenten, die das Buch als einen Gebrauchsartikel wie jeden anderen sehen und nicht als ein Kulturgut, nimmt zu. Ein Großteil des Buchumsatzes wird inzwischen über Harry Potter, Promi-Biographien, Sachbücher und Kalender erzielt.
- Im Ausbildungsmarkt leiden Schulbuch- und Wissenschaftsverlage unter der starken Abhängigkeit von der Beschaffungspolitik öffentlicher Einrichtungen wie wissenschaftliche Bibliotheken oder Schulen.

Marktkraft 2: Verhandlungsmacht der Lieferanten
- Im Hinblick auf die Verhandlungsmacht der Lieferanten gelten auch für den Buchmarkt ähnliche Aussagen wie für die Zeitungen: So verschlechtert sich die Position von Inhalte-Lieferanten tendenziell, ausgenommen Lieferanten von Premium-Content. Vor allem Buchautoren, die Boulevard-Bedeutung haben und im Kontext des Fernsehens agieren, „kommen groß heraus" und ziehen überproportional Kaufkraft an sich. Für das Gros der Inhalte-Schaffenden werden die Chancen der Publikation jedoch zunehmend schwieriger.
- In logistischer Hinsicht ist die Lieferantenmacht wie bei Zeitungen und Zeitschriften hoch, da die Druckkosten und die Kosten der Distribution (Vertrieb) beträchtlich ins Gewicht fallen und vom Buchhandel nicht ohne weiteres auf den Käufer abgewälzt werden können.

Marktkraft 3: Bedrohung durch neue Anbieter
- Inwieweit die derzeitigen Akteure im Buchmarkt eine Bedrohung durch neue Anbieter erfahren, ist differenziert zu beurteilen. So sind Buchhandlungen wirtschaftlich stärker gefährdet als Verlage, indem neue Nebenmärkte immer stärker als Buchverkaufsstellen an Bedeutung gewinnen. Zu denken ist an Baumärkte (Ratgeber), Tankstellen (Reiseführer), Haushaltswarengeschäfte (Kochbücher), Drogerien (Gesundheitsliteratur) oder Supermärkte. Manche Verlage (z. B. Langenscheidt) kooperieren sogar direkt mit Billigmärkten (z. B. Lidl). Die Folge ist, dass der Sortimentsbuchhandel inzwischen nur noch etwas mehr als die Hälfte des Gesamtumsatzes auf sich vereinigt (vgl. Heinold/Spiller 2004: 31). Hinzu kommt die Bedrohung durch neu in den Markt eintretende Internet-Versandbuchhändler (neben Amazon), die vergleichsweise niedrige Markteintrittsbarrieren zu überwinden haben. So ist es verständlich, dass der stationäre Handel von einem dramatischen Schwund im Distributionsnetz gekennzeichnet ist und die Zahl der Verkaufsstellen – insbesondere in kleineren Städten – deutlich abnimmt (vgl. ebd. 30).
- Nicht unbeachtlich ist in diesem Zusammenhang der Trend zu Eigenverlagen zu registrieren, der eine Gefahr für die Existenz spezialisierter Verlage darstellen kann. Dies betrifft insbesondere wissenschaftliche Fach-Communities, die sich von den Fachverlagen unabhängig machen und selbst Verlagsfunktionen übernehmen (vgl. Wirtz 2009: 235).

Marktkraft 4: Bedrohung durch Ersatzprodukte
- Eine Bedrohung durch Ersatzprodukte ist auf einem Markt immer dann besonders gegeben, wenn das Preis-Leistungsverhältnis der Ersatzprodukte sich deutlich besser darstellt. Als Ersatzprodukte müssen für den großen Bereich des Publikumsmarktes die elektronischen Medien gelten. Im direkten Vergleich ist festzustellen, dass die Nutzung von Printmedien und speziell des Buches weitgehend konstant geblieben ist, während die Nutzung der elektronischen Medien (Internet, TV, Radio) – ausgehend von einem ohnehin schon sehr hohen Niveau – insgesamt deutlich zugenommen hat. Fernsehen, Kino, Video- und Computerspiele, Chatten und Surfen im Internet oder unterhaltungsorientierte Mobiltelefon-Nutzung sind neue Medienformen, mit denen das Unterhaltungsbuch zunehmend im strengen Wettbewerb steht. Konkurrenz entsteht zusätzlich durch eine teilweise ausufernde Vielfalt an neuen Erlebnismöglichkeiten in den Bereichen Sport, Kultur und Freizeit allgemein. Vor diesem Hintergrund ist am meisten das unterhaltende Buch bedroht, woraus für Publikumsverlage die Konsequenz abzuleiten ist: „Je allgemeiner das Sortiment gehalten ist und je geringer die Zahl der Bestseller ausfällt, desto anfälliger ist der Verlag für wirtschaftliche Krisen" (Heinold/Spiller 2004: 33).
- Weniger anfällig dürfte das Fach- und Schulbuchsegment sein, obgleich auch hier Online-Substitute hoch beachtlich sind. Allerdings ist davon auszugehen, dass z. B. Fachbücher relativ gesehen weniger durch das Internet bedroht sind als Fachzeitschriften.

Marktkraft 5: Rivalität der Wettbewerber untereinander
- Prinzipiell ist auf allen Stufen ein hoher Wettbewerbsgrad festzustellen. Neu ist das Eindringen ausländischer Konkurrenten, die sich bislang damit begnügt hatten, Lizenzen zu erwerben. Sie treten nun verstärkt als eigenständige Marktteilnehmer auf (bei Fachbüchern z. B. Reed-Elsevier oder Wolters Kluwer).

Strategische Konzepte

- Der stationäre Buchhandel reagiert auf das zunehmende Buchgeschäft im Internet durch den Aufbau von eigenen Internet-Shops. Dort kann den Kunden ein Rund-um-die-Uhr-Bestellservice geboten werden, was für große wie auch für kleine Buchhandlungen unabdingbar geworden ist.
- Integrationsstrategie: Die Bildung größerer Unternehmenseinheiten, also Konzentration, ist in schweren Zeiten eines Marktes attraktiv, so auch im Buchmarkt. Zahlreiche Zusammenschlüsse, sowohl in horizontaler, vertikaler als auch lateraler Richtung, zeugen von diesem Strategiekonzept. Bemerkenswert sind Zusammenschlüsse, die speziell aus Online-spezifischen Gründen erfolgen, wie z. B. Thalia Schweiz mit Orell Füssli. Ziel dieses Joint Venture ist die konsequente Ausnutzung von Online-Chancen. Auch die Expansion in ausländische Märkte, verbunden mit der Suche nach geeigneten Partnern vor Ort, wird erfolgreich angewandt.
- Fokussierungsstrategie: Zahlreiche Beispiele zeugen von diesem strategischen Ansatz.

Die Bedeutung des Buches wird abnehmen, und dies nicht nur relativ, sondern auch in absoluten Umsatzzahlen. Die Einbußen dürften jedoch nicht so groß sein, um die „Schreckensvision" vom Verschwinden der Bücher Wirklichkeit werden zu lassen (vgl. Heinold/Spiller 2004: 30). Ein Einbruch des Marktes wird nicht erwartet.

> Dafür spricht, dass dem Bücherlesen ein hoher Stellenwert in der Gesellschaft beigemessen wird. 2004 galt die Feststellung: „In der Rangfolge der beliebtesten Freizeitbeschäftigungen, die in der VA (VerbraucherAnalyse von Bauer Media) jährlich erhoben wird, hat das Bücherlesen auch im Jahr 2004 seinen guten achten Platz verteidigt" (Buch und Buchhandel in Zahlen 2005: 7). Auch 2008 war eine stabile Nutzung angesagt: „Das Fernsehen ist des Deutschen liebstes Hobby: in der Verbraucheranalyse der Bauer Media KG ... rückte der TV-Konsum im Jahr 2008 auf den ersten Platz vor. Der Musikgenuss, lange Spitzenreiter, wurde damit auf Rang zwei verwiesen. ... Die Lektüre der Tageszeitung rutscht auf den vierten Platz ab – die Bundesbürger zogen es 2008 vor, „mit Freunden zusammen zu sein". ... Umso erfreulicher, dass das Buch seinen siebten Platz im Ranking halten konnte. ..." (Buch und Buchhandel in Zahlen 2009: 18). Und für 2012 ist festzustellen: „Das Interesse an Büchern und am Lesen ist ungebrochen groß, und gleichzeitig weitet sich der Markt durch neue technische Entwicklungen aus" (Buch und Buchhandel in Zahlen 2013: 4).

Die Akteure des Buchmarktes sind angesichts der schwierigen Lage aufgerufen, **strategische Antworten** auf die zu verzeichnenden **Trends** zu finden. Festzustellen sind u. a. die folgenden strategischen Ansätze:

- Management: Managergesteuerte Strukturen erfahren ein zunehmendes Gewicht (Abkehr von Inhaberverlegern, Familienunternehmen).
- Technologie: Neue Lösungen sind im Zeichen der Digitalisierung gefragt (Kontext E-Books, CDs, DVDs, crossmediale Produktkonzepte (z. B. Lexika).

> Beispiel Fachinformationen: „Da Fachinformationen auch in Zukunft unverzichtbar sein werden, muss ein Verlag diese auch bedarfsgerecht zur Verfügung stellen. Fachverlage müssen sich in Dienstleister verwandeln, die Informationen zunehmend auch „on demand" – z. B. über die Suche in Datenbanken – liefern oder direkt in das Intranet von Firmen einspeisen. Stichworte sind Paid Content, ePapers und Cross Media; zu nennen ist aber auch das wachsende Angebot an Seminaren sowie Foren und Konferenzen" (Heinold/Spiller 2004: 34).

- Neue Distributionskanäle: aktiver Einstieg in den digitalen Vertrieb.
- Books-on-Demand: Insbesondere im Fachbuchsegment entstehen im Zeichen der Digitalisierung neue Möglichkeiten, auch kleine Auflagen rentabel abzuwickeln.

> „Dabei wird der digital vorhandene Inhalt vom Kunden ausgewählt und individuell zusammengestellt. Die Lieferung erfolgt meist in digitaler Form. Den Verlagen bietet sich damit die Möglichkeit, Titel, die in den regulären Programmen der Verlage nicht mehr nachgedruckt werden können, lieferbar zu halten und so die Backlist zu nutzen" (Wirtz 2013: 272).

- Erlebnishandel: Buchhandlungen gehen dazu über, mit einem erweiterten Sortiment über das Buch hinaus den Kunden zu binden (Direktmarketing, Lieferservice). Dies führt zu einem neuen Aufgabenverständnis eines Buchhändlers.

> Vor Jahren sind „Acht Hypothesen zur Zukunft des Buchhandels" vorgelegt worden, die auch heute noch Aktualität besitzen (vgl. Heinold/Spiller 2005: 38): 1. Es wird auch weiterhin Bücher geben. 2. Kleinere Buchhandlungen sind im Bestand gefährdet, wenn sie sich nicht neu am Markt positionieren. 3. Der Verkauf von Büchern in branchenfremden Verkaufsstellen und via Internet wird zunehmen. 4. Verlage sind umso krisenanfälliger, je allgemeiner ihr Programm ist. 5. Fachverlage werden auch in Zukunft erfolgreich sein, wenn sie moderne Technologie für ihr Angebot nutzen. 6. Informationen werden in Zukunft verstärkt elektronisch angeboten. 7. Die Zahl der Fusionen wird steigen. 8. Gleichzeitig dürfte sich der Trend „weg von den Konzernen" verstärken.

6.5 Markt für Druck und Papier

(1) Das **Marktpotenzial** der Druck- und Papierindustrie ist schwer zu beurteilen, da sehr viele gegensätzliche Einflussfaktoren wirksam sind. Fakt ist, dass seit dem Jahr 2000 die Produktionswerte in der Druckindustrie rückläufig sind bzw. stagnieren. Eine Schlüsselrolle in der Entwicklung spielt der Digitaldruck.

> „Digitaldruck bezeichnet die Herstellung von Printmedien mit variablen, personalisierbaren Inhalten. Die Druckqualität kann an die gewohnten Ergebnisse des klassischen Offsetdrucks heranreichen. Digitaldruckprodukte bringen Zeitvorteile, da sie ohne Zwischenschritte zu erstellen sind. Online-Fertigungsprozesse machen die Publikationen sofort einsetzbar. Printmedien sind dadurch so aktuell und zielgruppengenau wie Datenbankinformationen" (DFF-Whitepaper 2002: 2).

Die Effekte der Digitalisierung werden als so dramatisch angesehen, dass man von einer radikalen Kehrtwende spricht, die sich in der Printbranche vollzogen habe und immer noch vollzieht. Die Kunden übernähmen zunehmend die Regie bei der Printproduktion, so dass die Drucker umdenken müssten und neue Dienstleistungsangebote formulieren, statt wie bisher „nur" Produktionsleistungen zu verkaufen. Die Konsequenz lasse sich in den folgenden Aussagen zusammenfassen:

> „In der Printbranche findet folgerichtig eine Polarisierung statt. Diejenigen Drucker, die klassisch geprägt nur Maschinen- und Produktionskapazität verkaufen, sitzen in der Preisverfallsfalle, weil sie unisono vergleichbare Leistungen ohne Mehrwert anbieten. Sie geraten denjenigen gegenüber ins Hintertreffen, die moderne Produktionstechnologien in der Kombination aus digitalen Workflow- und Printtechnologien nutzen, um die Print-Kommunikation in vernetzte Kommunikationsszenarien einzubinden. Die Konsequenz lautet: es müssen völlig neue Geschäftsmodelle gefunden werden, die dem Ausschöpfen des Innovationspotenzials in der Kommunikation mit Print Rechnung tragen" Andreas Weber, 10. April 2006 http://digitaldruck-forum.org/content/know-how-box/24.html (08.10.2006).

Die folgenden Trendaussagen sind zu sehen (vgl. v. a. Matt 2004: 17 ff.):

- Die Entwicklung auf den Druckmärkten wird stark von der Werbewirtschaft bestimmt. So weisen gedruckte Werbeträger und Werbemittel trotz wachsender Bedeutung der audiovisuellen und elektronischen Medien den weitaus größten Anteil am Werbemarkt auf. Die wertmäßig bedeutsamste Produktgruppe machen Werbedrucke und Kataloge aus. Ein Begleiteffekt der starken Ausrichtung auf die Werbung ist – wie die Werbebranche – eine starke Konjunkturabhängigkeit.
- Unersetzlich wird das Bedrucken von Verpackungen für diejenigen Produkte bleiben, die nicht immaterialisiert werden können.
- Durch die technologischen Entwicklungen kommt es zu grundlegenden Veränderungen der Ausgestaltung der Endprodukte. So steigt die Bedeutung von Farbigkeit, ein Mehr an speziellen Effekten wird möglich, der Aufwand für Verarbeitung und Veredelung steigt, es erfolgt eine zunehmende Personalisierung und Kundengruppen-Orientierung bei den Werbemitteln.
- Künftig werden kleinere Auflagen mit sinkenden Seitenzahlen, aber bei höherer Erscheinungsfrequenz die Regel werden.
- Der Markt für Direct Mails wird bei zunehmender Individualisierung wachsen.
- Die Zahl der Beihefter und Beikleber in Zeitschriften wird zunehmen. Als Folge wird die selektive Bindung künftig eine größere Rolle spielen.

- Was Zeitungen und Zeitschriften anbelangt, ist von einer eher sinkenden Nachfrage nach Druckprodukten auszugehen.
- Im Buchmarkt ist eine sinkende Zahl der Auflagen je Titel zu erwarten, allerdings bei einer steigenden Titel-Anzahl.

Inwieweit die Einflussfaktoren zur Schrumpfung des Marktes beitragen, bewahrende Effekte auslösen oder das Wachstum der Druckbranche antreiben, muss offen bleiben. Festzustehen scheint, dass künftige Marktpotenziale mit einem erhöhten Produktionswert nicht mehr über Masse, sondern nur noch über Qualitätssteigerungen und veränderte Geschäftsmodelle erreichbar sind.

(2) Die Spezifika des Druckmarktes verlangen nach zukunftsweisenden **strategischen Antworten**. Ausgangslage ist, dass sich die Druckindustrie durch eine starke Fragmentierung auszeichnet, nur geringe Differenzierungsmöglichkeiten bei den Produkten möglich sind, eine hohe konjunkturelle Abhängigkeit besteht und zum Betrieb des Unternehmens eine zunehmende Kapitalbindung notwendig ist. Druckunternehmen sind ferner oft durch Überkapazitäten und ein nicht mehr zeitgemäßes Management auf der Anbieterseite gekennzeichnet.

Die Druckbranche steht vor einem ganzen Tableau an Möglichkeiten, wie sie auf die Herausforderungen reagieren kann (vgl. v. a. Matt 2004: 19 ff.):

- Prozessmanagement: Grundsätzlich ist das Denken und Handeln in Prozessen und Systemen zu betonen. Die Arbeitsabläufe sind digital zu verknüpfen, woraus eine Steigerung der Produktivität zu erzielen ist.
- Allerdings reicht Prozessoptimierung alleine nicht aus. Druckereien als Dienstleister müssen sich vernetzen und vernetzt denken lernen.
- Technologie: Anzustreben ist die Bereitstellung optimaler Technologie in Form von Systemlösungen mit hohem Integrationsgrad. Die Betriebsmittel sind in einer offenen Systemarchitektur miteinander zu vernetzen.
- Qualität: Printmedien sollen beste Qualität bieten.
- Rationalisierung: Die Entwicklung der Drucktechnologie befindet sich auf höchstem Niveau und erlaubt Rationalisierungs- und Kosteneinsparungspotenziale in nie gekannter Weise, z. B. durch die Verkürzung der Durchlaufzeiten oder die Verringerung des Materialeinsatzes durch Makulatur-Reduzierung.
- Eine Mehrfachnutzung der Daten und medienübergreifendes Handling müssen verstärkt werden.

„Die Bereitstellung optimaler Technologie reicht für den Erfolg alleine nicht aus. Die Maschinen, Geräte und Anlagen müssen integraler Bestandteil der Prozesse werden. Die ‚vernetzte Druckerei' ist weit mehr als ein Schlagwort. Vernetzt werden nicht nur die technischen Workflows auf der horizontalen Ebene (Vorstufe, Druck, Druckveredelung und Weiterverarbeitung), mit einzubinden ist auch die taktische (Produktionsplanung und Steuerung) sowie die strategische Ebene mit der Geschäftsleitung. Mit CIP 4 (Cooperation für Intgeration of Process in Prepress, Press and Postpress) kann mittelfristig ein wirksames Werkzeug zur Verfügung stehen. Es wird für die Druckindustrie zunehmend wichtig, sich mit den Möglichkeiten des Computer Integrated Manufacturing (CIM) auseinander zu setzen" (Matt 2004: 20).

Die Druckbranche in wirtschaftlicher Hinsicht

Marktvolumen
- Gesamt-Umsatz der deutschen Druckindustrie 2012: 20,5 Mrd. Euro. „Angespannte Lage".
- davon 12,7 Mrd. Euro von Betrieben mit 50 und mehr Beschäftigten (= 62 %); davon Auslandsumsatz: 1,7 Mrd. Euro, d. h. Exportquote: 13,6 %.
- Starke Abhängigkeit der Druckindustrie von der Werbung.
- Verteilung des Umsatzes der Druckindustrie (Betriebe mit 20 und mehr Beschäftigten) auf Druck-Erzeugnisse (in Mrd. Euro): Werbedrucke/ Kataloge: 5,7; Geschäftsdrucksachen: 1,3; Zeitschriften: 1,3; Zeitungen/Anzeigenblätter: 1,4; Bücher/kartografische Erzeugnisse: 1,1; Bedruckte Etiketten: 1,1; Kalender/Karten: 0,1; Sonstige Druck-Erzeugnisse: 1,8.
- Verteilung des Umsatzes der Druckindustrie auf Druck-Erzeugnisse (Anteile in %): Werbedrucke/ Kataloge: 36,2; Geschäftsdrucksachen: 8,1; Zeitschriften: 8,5; Zeitungen/Anzeigenblätter: 8,6; Bücher/kartografische Erzeugnisse: 7,3; Bedruckte Etiketten: 7,3; Kalender/Karten: 0,9; Sonstige Druck-Erzeugnisse: 11,5.
- Umsatz für Druckleistungen (Druck-/Medienvorstufe, Druckweiterverarbeitung): 1,9 Mrd. Euro.

Angebotsseite
- Anzahl der Industrie- und Handwerksbetriebe: ca. 9.400; 83 % aller Betriebe haben weniger als 20 Beschäftigte. Tendenz: Zahl der Betriebe sinkt.
- Die deutsche Druckindustrie ist ein von Klein- und Mittelbetrieben geprägter Industriezweig: Ein Drittel aller Betriebe gehören zum Handwerk.
- Konzentrationsgrad gering, starke Prägung durch kleine und mittlere Unternehmen (KMU). Nur 12 Betriebe mit mehr als 500 Mitarbeitern, nur 274 Betriebe mit 100 - 499 Beschäftigten, alle anderen (also mehr als 9.000) haben weniger als 100 Mitarbeiter.
- Beschäftigte: 151.385 sozialversicherungspflichtig Beschäftigte, davon: 75.784 in Betrieben mit 50 und mehr Beschäftigten. Tendenz: Rückgang.
- Ausbildungsberufe (Lehrlinge): Mediengestaltung (Mediengestalter Digital und Print, Flexograf): 9.270; Drucktechnik (u. a. Drucker, Siebdrucker): 3.106; Druckweiterverarbeitung (u. a. Buchbinder, Verpackungsmittelmechnaniker): 2.346.
- Umsatz je Beschäftigten: 168.190 Euro. Tendenz: merklich steigend.
- Lohn- und Gehaltssumme insgesamt: 2,7 Mrd. Euro; je Beschäftigten: 35.508 Euro.
- Dominanz der auftragsbezogenen Einzelfertigung.
- Produktionsindex: Schere zwischen Druckindustrie und Industrie insgesamt geht auseinander.
- Kostenstruktur (2003): Bruttoproduktionswert = 100 %, davon Einzelkosten 44,1 % (Materialverbrauch: 36,9; Handelsware/Lohnarbeiten: 7,2 %); Personalkosten: 32,3 %; Finanzaufwand (Abschreibungen, Mieten, Pachten, Fremdkapitalzinsen): 10,4 %; Sonstige Betriebskosten: 11,1 %.
- Stark auflagenabhängige Kostendegression: Bei hohen Auflagen werden die Herstellkosten von Printmedien durch den Papierpreis definiert.
- Investitionsvolumen: ca. 0,9 Mrd. Euro; je Beschäftigten 6.659 Euro; Investition/Umsatz 4,3 %.

Nachfrageseite
- Produktion von Druckerzeugnissen wird überwiegend von der Nachfrage inländischer Auftraggeber bestimmt.
- Starke Ausrichtung auf die Werbewirtschaft: ca. zwei Drittel des gesamten Produktionsvolumens wird durch werbeabhängige Erzeugnisse dargestellt.
- Schweiz wichtigster Handelspartner bei Druckerzeugnissen.
- Preis-Elastizität der Nachfrage: hoch. Hohe Nachfragermacht (Nachfragemarkt).

Koordination von Angebot und Nachfrage
- Erzeugerpreise (2005 = 100): Druckereileistungen insgesamt 96,2; Zeitungsdruckpapier 101,8; Druckfarben 110,3; Verarbeitendes Gewerbe gesamt 113,6; Energie, gewerbliche Anlage 138,1.
- Erlösmodelle: (1) Akzidenz: Aufträge, die keine Spezialdruckmaschine (z. B. für Zeitungs- oder Verpackungsdruck erfordern), Abwicklung durch Einzelaufträge, (2) Druck von Periodika: Mittelfristig ausgelegte Vereinbarungen. (3) Hohe Bedeutung von Agenturen.

> **Die Druckbranche in strategischer Hinsicht**
>
> **Marktstruktur: Marktkräfte nach Porter („Five Forces")**
> - Auf der **Nachfrageseite** stehen schnell sich ändernde Anforderungen der Kunden im Mittelpunkt, nach denen zunehmend höchste Qualität zu geringsten Preisen mit kürzesten Lieferzeiten verlangt wird. Aufgrund einer starken, mittelständisch geprägten Fragmentierung der Druckindustrie ist die Machtposition der Kunden als äußerst komfortabel zu bezeichnen und zwingt die Anbieterseite der Druckleistungen permanent zu Zugeständnissen, insbesondere preislicher Natur. Die Nachfrage nach Druckprodukten steht damit v. a. im Zeichen neuer Möglichkeiten zur Personalisierung und zur massenhaften Individualisierung (Mass Customization). Dies bedeutet, dass Printing-on-Demand ein immer wichtigerer Geschäftszweig ist. Innovative Herstellungs- und Vertriebsverfahren halten Einzug, um die zielgruppenspezifische und bedarfsorientierte Produktion von papierbasierten Print-on-Demand-Produkten zu ermöglichen.
> - Bei den **Lieferanten** stellt sich die Frage nach der Technologie der Betriebsmittel, die vorgehalten werden müssen. Dabei ist die Position der Druckindustrie als Nachfrager nach Druckmaschinen als stark zu bezeichnen. Da der Bedarf nach digitalen Drucksystemen zur Herstellung von Kleinstauflagen wächst, ergeben sich Zwänge zur Umrüstung der Drucktechnik. Was die Papier-Lieferanten anbelangt, so ist deren Position als nicht dominant zu bezeichnen.
> - Die **Bedrohung durch neue Anbieter** ist für die Druckindustrie jederzeit groß. Die Markteintrittsbarrieren sind zwar durch einen hohen Investitionsbedarf und hohe Kapitalbindung prinzipiell hoch und eher noch steigend und schützen damit die bestehenden Druckunternehmen, allerdings entsteht im Zuge der Digitalisierung und des elektronischen Datenaustausches ein Trend zur Markterweiterung zu ausländischen Anbietern.
> - Die Frage der **Bedrohung durch Ersatzprodukte** ist durch die starke Fokussierung auf Werbematerialien geprägt. Zu erwarten ist auch weiterhin ein hoher Stellenwert dieses Segmentes, da es nicht substituiert werden kann, z. B. durch elektronische Werbeformen. Vor allem das Ersatzprodukt Fernsehwerbung sieht sich erheblichen Problemen ausgesetzt und wird von den Werbetreibenden im Hinblick auf die Leistungsfähigkeit („Performance") zunehmend kritisch beurteilt. Zum entscheidenden Substitutionsprodukt entwickelt sich damit Online-Werbung, ein Instrument, das jedoch nach wie vor noch weit hinter den Erwartungen zurück bleibt.
> - Auf dem Druckmarkt ist die **Rivalität der Wettbewerber** untereinander als sehr hoch zu bezeichnen, basierend auf den einfachen Ausweichmöglichkeiten der Kunden auf alternative Angebote von Mitbewerbern und durch den niedrigen Konzentrationsgrad in der Branche.

Als **strategische Leitlinie** gilt daher, dass vorrangig höhere Effizienz anzustreben ist („Halb so teuer, doppelt so effizient!"). Betont wird jedoch auch, dass die Druckindustrie dazu übergehen muss, im Kontext von Kunde, grafischem Dienstleister und Kooperationspartnern wirkungsvoll, d. h. interaktiv zu kommunizieren. Im Zusammenspiel von Unternehmen, Kunden, Werbeschaffenden, Medienhäusern und Agenturen bilden sich neue, dialog- und responseorientierte Informationswege heraus.

> „Die Frage, die sich vielen Werbeprofis derzeit stellt, lautet: wie kann man als Agentur die vielfältigen Möglichkeiten des individualisierten Druckens sinnvoll nutzen? Respektive: Welchen Stellenwert nimmt Digitaldruck heute und morgen für die Markenwerbung ein? Derzeit trauen sich nur die wenigsten: Nicht einmal 10 Prozent der auf der GWA Fachtagung Printproduktion im Frühjahr 2006 vertretenen knapp 50 Top-Agenturen setzen laut eigener Auskunft Digitaldruck strategisch wirksam bei Kommunikationskampagnen ein."
>
> http://digitaldruck-forum.org/content/know-how-box/26.html (08.10.2006)

Die Dienstleister aus der Druckindustrie begreifen zunehmend und ändern ihre Einstellung dahingehend, dass ihre Kunden weniger ein „Druckproblem" haben, sondern ein Kommunikationsproblem. Daraus resultiert die Notwendigkeit der Neupositionierung und der Beratungsorientierung ihres Kerngeschäfts.

In enger Verbindung mit der Druckindustrie steht logischerweise die Papierindustrie. Die Weltproduktion an Papier nimmt laufend zu: So lag sie im Jahr 1970 bei ca. 130 Mio. Tonnen, 2006 bei 381 Mio. Tonnen, und 2015 wird ein weiterer Anstieg auf über 440 Mio. Tonnen erwartet. Deutschland ist die Nr. 1 in der Papierproduktion in Europa, im Weltmaßstab die Nr. 4 hinter den China, den USA und Japan. Der Papierverbrauch liegt in Deutschland derzeit bei ca. 250 kg pro Kopf und ist damit (nach WWF) größer als der Papierverbrauch von Afrika und Südamerika zusammen genommen. Etwa 20 % des weltweit eingeschlagenen Holzes werden zu Papier verarbeitet, allerdings v. a. als sog. „Durchforstungsholz", Sturmholz oder Sägerestholz.

Die Papierindustrie mit ihrem Verbrauch an Holz, Wasser und Energie sieht sich scharfen umweltpolitischen Kontroversen ausgesetzt (Stichworte: nachhaltige Forstwirtschaft, Forstzertifizierung, Nutzung von Urwald).

Die Papierindustrie im Überblick

Marktvolumen
- Umsatz der deutschen Zellstoff- und Papierindustrie 2012: 14,7 Mrd. Euro.
- Beitrag zum Bruttoinlandsprodukt: < 1 %.
- Produktion: 22,6 Mio. Tonnen Papier, Karton und Pappe. Gesamtabsatz: 22,5 Mio. Tonnen, davon Inlandsabsatz: 12,2 Mio. Tonnen (= 48,2 %).
- Verteilung der Produktion auf Sorten (Mio. Tonnen): Grafische Papiere: 9,2; Papier, Karton u. Pappe für Verpackungszwecke: 10,5; Hygiene-Papiere: 1,4; Techn./Spezialpapiere: 1,5.
- Herstellung von rund 3.000 verschiedenen Papiersorten
- Import: 18,6 Mio. Tonnen; davon: 10,9 Mio. Tonnen Papier, Karton und Pappe; Zellstoff: 3,6; Altpapier 4,0. Importanteil am Verbrauch: 54 %.
- Export 17,2 Mio. Tonnen; davon: Papier und Pappe: 13,4 Mio. Tonnen (davon entfallen mehr als drei Viertel auf die Staaten der EU 27); Zellstoff 0,6; Altpapier 3,1 Mio. Tonnen. Exportanteil an der Produktion: 59 %.
- Die Papierindustrie in Deutschland ist die Nr. 1 in Europa. Im weltweiten Vergleich lieg sie an vierter Stelle hinter den USA, China und Japan.

Angebotsseite
- Im Verband Deutscher Papierfabriken (VDP) organisierte Betriebe (Produktionsstandorte): 127
- Konzentrationsgrad: Globaler Markt ohne regionale Differenzierung – zahlreiche Marktakteure, d. h. fragmentierter Markt.
- Beschäftigte: 40.400
- Kostenstruktur (1998): Roh- und Halbstoffe 29 %, Sonstige Materialien 16 %, Personal 19 %, Energie 9 %, Sonstige Kosten 18 %, AfA 7 %, Zinsen 2 %.
- Produktionsindex (2010= 100): Produzierendes Gewerbe insgesamt: 106,1; Zellstoff- und Papierindustrie: 96,9.
- Investitionsvolumen: 655 Mio. Euro. Obwohl zunehmend, lag es auch 2012 deutlich unter dem Durchschnitt der letzten 10 Jahre (2004 zum Vergleich: 830 Mio. Euro).

Nachfrageseite
- Papierverbrauch in Deutschland: 20,07 Mio. Tonnen (zum Vergleich: China 100, USA 72 Mio.).
- Nachfrage: Kostenwettbewerb
- Preis-Elastizität der Nachfrage: sehr hoch

Koordination von Angebot und Nachfrage
- Erlösmodelle: Zeitungsmarkt: Jahreskontrakte, Zeitschriften: Halbjahreskontrakte
- Preisindex 99,7 (2007=100)

6.6 Radiomarkt

Die medienökonomische Bedeutung des Radios ist mit seinen dreieinhalb Mrd. Euro gegenüber der Presse und dem Fernsehen als nachrangig zu bezeichnen, Radio ist gleichwohl das am meisten genutzte Medium. Es steht vor großen Veränderungen.

> Die erste Radiosendung in Deutschland wurde am 29. Oktober 1923 aus dem Vox-Haus in Berlin ausgestrahlt. Damit ist der Hörfunk das älteste elektronische Medium. Seine publizistische Bedeutung war sowohl in der Gründerzeit (1923-1933) als auch im Dritten Reich und in den 50er und 60er Jahren enorm. Privatradios wurden in Deutschland ab dem Jahr 1985 zugelassen. Heute ist das Radio eher ein Nebenbei- und Hintergrundmedium. Allerdings verwendet die Bevölkerung etwa gleich viel Zeit für das Radiohören wie für das Fernsehen. Zu beachten ist ferner, dass das Radio bei der aktuellen Information und bei der mobilen Nutzung (vor allem im Auto) eine außergewöhnliche Stellung einnimmt.

Das **Marktpotenzial** des Hörfunks erscheint vor dem Hintergrund der mittelfristigen Vergangenheit als eher bescheiden. So hat sich das Marktvolumen in den letzten Jahren auf gleichem absoluten Niveau gehalten, was nur deshalb möglich gewesen ist, weil die Erlöse aus Rundfunkgebühren einen Rückgang der Werbeerlöse überkompensiert haben. Dies verdeutlicht, dass privates Radio offensichtlich immer schwerer zu finanzieren ist. Verschärfend kommt hinzu, dass die Rolle von Radio als lediglich begleitendes Medium eher noch zunehmen wird.

Der Radiomarkt steht vor signifikanten Veränderungen, nachdem im August 2011 auch für den Hörfunk in Deutschland die Digitalisierung „eingeläutet" wurde und man sich auf den DAB+-Standard geeinigt hatte. DAB (Digital Audio Broadcasting) bietet im Vergleich zum analogen UKW-Radio zahlreiche Vorteile:

- Bessere Signalqualität als bei UKW;
- Geringere benötigte Sendeleistung;
- Erweiterungsmöglichkeiten des Radiosignals um Text-, Bild- und Videodateien;
- Größeres Senderangebot.

Trotz solcher Vorteile vollzieht sich die Etablierung von DAB nur schleppend. Die Attraktivität dürfte steigen, wenn das Ziel einer weitgehend bundesweiten Ausstrahlung erreicht ist. Vorgegangen wird in der Form, dass zunächst vorzugsweise Ballungsgebiete und Gebiete entlang der Autobahnen versorgt werden.

Die entscheidende Hürde bei der Verbreitung von Digitalradio ist die fehlende Bereitschaft der Konsumenten, ihre UKW-Radios durch DAB-fähige Empfänger zu ersetzen. Die Geräteindustrie ist freiwillig und gezwungenermaßen dabei, diese Hürden abzubauen, indem nur noch Simulcast-Geräte auf den Markt kommen (dürfen), die sowohl UKW als auch DAB empfangen können und indem sie mit den Automobilherstellern Digitalradio-Lösungen suchen, die für den Autofahrer attraktiv sind. Der Trend geht hier in Richtung intelligenter Verkehrs-Telematikdienste.

Große Konkurrenz erwächst dem Digitalradio (als ein Rundfunk-Angebot) durch die Webradios (als Telemedien). Diese als Livestreams transportierten Angebote bieten als Add-On die weltweite Nutzung von Radiostationen. Perspektivisch wird die Attraktivität durch die Steigerung der technischen Netzperformance zunehmen.

Der Radiomarkt in publizistischer Hinsicht

Kommunikatoren, Anbieter
- Der Begriff „Radio" wird weit gefasst und im Sinne aller zur Veröffentlichung bestimmten auditiven Angebote verstanden. Differenziert wird in (1) Radio als Rundfunk („Rundfunk-Radio") sowie (2) Radio als Audioangebot im freien Internet („Web-Radio", „Telemedien").

Radio als Rundfunk („Rundfunk-Radio")
- Öffentlich-rechtliche Rundfunkanstalten: gesamt 11. Aufteilung: ARD (9 Landesrundfunkanstalten: davon Mehrländeranstalten MDR, NDR, RBB, SWR; Einländeranstalten BR, HR, RB, SR, WDR. Hinzu kommt die Deutsche Welle als Mitglied der ARD, aber finanziert über Bundesmittel), ARD/ZDF-Einrichtung: Deutschlandradio (3 Programme: Deutschlandfunk, Deutschlandradio Kultur, DRadio Wissen).
- Privat-kommerzielle Veranstalter: Hauptakteure: (1) Medienkonzerne: RTL Group (Bertelsmann), Axel Springer Verlag, Madsack, Burda. (2) Regionale Zeitungshäuser: z. B. Nordwest-Zeitung.
- Private nicht-kommerzielle Anbieter: (1) Bürgerradio: Offene Kanäle. (2) Hochschulen: Campus-Radios, Ausbildungsradios. (3) Nicht-kommerzielle Lokalradio-Betreiber.

Radio als Telemedien („Web-Radio")
- Internet-Auftritte mit Audio als Add-On: praktisch jeder Akteur ist mit einem Internet-Auftritt vertreten, in dem Audio eine Rolle spielt, z. B. Podcasts. Add-Ons auch in Form von Bewegtbild im Netz. Akteure: (1) Medienunternehmen (Verlage; Rundfunkveranstalter); (2) Wirtschaftsunternehmen, Organisationen, Vereine, Verbände („Corporate Publishing"); (3) Privatpersonen („Personal Publishing", „User Generated Content").
- Betreiber von Web-Radio-Kanälen: (1) Klassische Rundfunkveranstalter: Live-Streams der UKW-Radios und Untermarken. (2) Betreiber von genrespezifischen Themenchannels: z. B. FFH digital die 80er, Antenne Bayern Black Beatz.
- Plattformbetreiber im Web-Radio: (1) Aggregatoren (Bündelung von Web-Radio-Angeboten und deren Kategorisierung), z. B. radio.de, Phonostar, Surfmusik. (2) Downloadplattformen (Audio-on-Demand), z. B. iTunes. (3) Personalisierte Musikstreaming-Dienste (werbefinanziert oder gegen Abo-Gebühr), z. B. Spotify, Simfy, Deezer, Rdio. (4) Radio in Social Media: unspezifische Plattformen (Facebook, Twitter), spezielle Applikationen, Hörerbindung. Beispiel Last fm als „Community-Plattform für Musikenthusiasten". Beispiel Tape TV als musikalisch-redaktionelles TV-Vollprogramm, gleichzeitig personalisiertes Musikfernsehen.

Produkte, Inhalte
- Anzahl Rundfunkprogramme: 340.
- Rundfunkprogramme nach Rechtsform: (1) Öffentlich-rechtliche Angebote: 70, davon Landesrundfunkanstalten 67 (51 UKW-Programme, 16 DAB-Angebote), Deutschlandradio 3 (2 UKW [Deutschlandfunk, Deutschlandradio Kultur], DRadio Wissen als originäres DAB-Angebot). Nachrichtlich: Deutsche Welle ist als TV-Sender konzipiert, veranstaltet aber noch Radio in bestimmten Gebieten der Erde (Asien, Afrika). (2) Private Angebote: 270 (davon bundesweit: 18 [Satellit 13; UKW 0; DAB 10], UKW landesweit 54, UKW lokal 174, DAB landesweit 20, DAB lokal 8).
- Rundfunkprogramme nach Zeitvolumen: (1) Zeitliche Vollprogramme vorherrschend. (2) Fensterprogramme bei Lokal- und Regionalradios (Fremdbezug des Mantelprogramms: Syndication).
- Rundfunkprogramme nach Inhalten (Programmformate): (1) Gesamtes Hörfunksystem: alle Formen (Formate). Dominanz von austauschbaren AC-Einheits-Formaten (Adult-Contemporary „Dudelfunk"). (2) Öffentlich-rechtlicher Rundfunk (ARD): (a) Anteile (ohne Werbung): Wort 37,3 %, Musik 62,7 %. (b) Information und Service 29,4 %; Kultur/Bildung 7,3 %; Unterhaltung 6,4 %; Rock-/Popmusik 26,3 %; Unterhaltungsmusik 18,2 %; Klassik 11,5 %; Werbung 0,8 %. (3) Privatradios: Dominanz von Musik: AC-Formate 58,8 %; CHR-Formate 20,1 %; Rock AOR 4,8 %; Oldies/Volksmusik 3,3 %; Middle of the Road MOR 3,0 %; Klassik/Jazz 2,2 %; Sonstige (Religion, fremdsprachig, Kinder) 7,8 %.
- Rundfunkprogramme nach räumlicher Ausdehnung: (1) UKW: Regionales Radio (nach Bundesländern) und Lokalradio vorherrschend. Nationales Angebot nur rudimentär vorhanden (Deutschlandfunk, Klassikradio). (2) DAB: Zahlreiche neue bundesweite Programme sind zu erwarten.

- Web-Radio: (1) Streaming: ARD/ZDF: aus medienrechtlichen Gründen nur programmbegleitende Information. (2) Anzahl Web-Radios (Jahrbuch Landesmedienanstalten 2012/2013: 156): 3.021, davon: Online-Only-Programme 82 %, Simulcastangebote UKW 13 %, Online-Submarke von UKW 5 %, Personalisierte Dienste / User Generated 0,5 %.
- Radio als Werbeträger: (1) Öffentlich-rechtlicher Hörfunk: Anteil Sendezeit 0,8 %, Beitrag zur Finanzierung ca. 5 %. (2) Private: Anteil 5-15 %; Finanzierung: 100 %.

Transportwege
- Transportwege: (1) Terrestrik: (a) analog: UKW; (b) digital DAB (Start: August 2011, Versorgungsgrad 2013: 53 %). (2) Kabel: als DVB-C. (3) Satellit: als DVB-S. (4) Internet.
- Mobile Endgeräte: (1) Tragbare Geräte („Kofferradio"). (2) Autoradio. (3) Smartphone, Tablet PC.
- Radioempfang nach Transportwegen (Personen ab 14 Jahren, die eine oder mehrere Radioempfangsarten zumindest gelegentlich nutzen): (1) UKW / analoges Radio: 94,0 %; (2) Digitalradio: 4,8 %; (3) Radio über Kabel: 13,8 %; (4) Radio über Satellit 14,8 %; (5) Internetradio: 26,5 %.
- Ausstattung Radiogeräte: gesamt 143,44 Mio. (1) analog UKW: (a) in der Wohnung: 102,17 Mio. (b) Autoradios UKW/analog 37,43 Mio. (2) digital DAB: (a) in der Wohnung 2,10 Mio. (b) im Auto 0,6 Mio. (3) IP-Radiogeräte: 1,29 Mio.

Rezipienten
- Nutzung von Radio als Rundfunk: Die nachfolgenden Daten entstammen der „Leitwährung" der „ma 2013 Radio II", die gleichermaßen für den Rezipienten- wie für den Werbemarkt relevant ist. Grundlagen: Mo-So, Deutschland ges., deutschsprachige Bevölkerung ab 10 J. (73,36 Mio. Pers.).
- Weitester Hörerkreis (WHK: Summe aller Personen, die innerhalb der letzten 14 Tage an mindestens einem der 14 Tage Radio gehört haben; 10 Jahre und älter): gesamt 94,0 %.
- Tagesreichweite (Summe aller Personen, die gestern Radio gehört haben): gesamt 77,3 %. (d. h.: insgesamt werden täglich knapp 57 Mio. deutschsprachige Menschen vom Hörfunk erreicht). Differenzierung: (1) Männer und Frauen identisch: 77,3 %. (2) Altersgruppen: 10-19 Jahre: 66,4 % / 20-29: 70,4 % / 30-39: 77,3 % / 40-49: 81,4 % / 50-59: 83,1 % / 60-69: 82,0 % / ab 70 J.: 76,6 %. (3) Bildung: Schüler allgemeinbildende Schulen 66,0 % / Haupt-/Volksschulabschluss o. Lehre 66,6 % / Haupt-/Volksschulabschluss m. Lehre 79,5 % / Weiterführende Schule/Mittlere Reife 81,8 % / Fach-/Hochschulreife o. Studium 75,2 % / Fach-Hochschulreife m. Studium 79,9 %.
- Hördauer (Messgröße, gibt an, wie lange Bundesbürger im Durchschnitt einen Sender hören; Bezug: alle Bundesbürger): gesamt 186 Min. Differenzierung: (1) Männer 193, Frauen 173 Min. (2) Altersgruppen: 10-19 Jahre: 86 / 20-29: 163 / 30-39: 197 / 40-49: 215 / 50-59: 218/ 60-69: 216 / ab 70 J.: 178 Min. (3) Bildung: Schüler allgemeinbildende Schulen 70 / Haupt-/Volks-schulabschluss o. Lehre 171 / Haupt-/Volksschulabschluss m. Lehre 212 / Weiterführende Schule/Mittlere Reife 224 / Fach-/Hochschulreife o. Studium 163 / Fach-Hochschulreife m. Studium 160 Min.
- Verweildauer (Messgröße, die angibt, wie lange ein Hörer im Durchschnitt einen Sender hört; Bezug: Hörer; daher auch als „Hördauer der Hörer" bezeichnet): 241 Min. (d. h.: die Hörer schalten im Wochendurchschnitt täglich vier Stunden ihr Radioprogramm ein).
- Nutzung nach Sinus-Milieus (2010, ARD/ZDF-Langzeitstudie) – Überdurchschnittliche Nutzung nach Tagesreichweite: Konservativ-etabliert, Liberal-intellektuell, Sozialökologisch, Traditionelle, Bürgerliche Mitte, Prekäre, Adaptiv-pragmatische.
- Internet: 54 % der deutschsprachigen Onlinenutzer ab 14 Jahren (2013: 54,2 Mio. Personen) rufen mindestens gelegentlich Audio-Dateien ab (ARD/ZDF-Onlinestudie 2013), davon: Musikdateien: 29 %, Nutzung von Radioprogrammen live im Internet 28 %, Audiodateien von Radiosendungen zeitversetzt 12 %.
- Allgemeine Aussagen: Musik und Nachrichten entscheidende Erfolgsfaktoren im Radio. (1) Radio als Rundfunk: stabile Nutzung, Aufmerksamkeitsgrad: meist wenig intensiv, typisches Begleit-Medium, „Überall-Medium" (im Haus, mobil), Hauptnutzung im Tagesablauf: 6-8 Uhr, Erreichbarkeit (technische Reichweite): 100 %. (2) Web-Radio: Ein wichtiges Thema ist die Integration in das Automobil; Nutzung von Radio über das Internet im Pkw wird wachsen. Online, Mobile und Social Media stärken die Hörerbindung. Nutzung von Web-Radio steigt, aber auch relativ niedrigem Niveau.

Der Radiomarkt in ökonomischer Hinsicht

Marktvolumen
- Gesamt-Volumen Umsatzerlöse: 3,51 Mrd. Euro. Verteilung: (1) Rundfunkgebühren für den öffentlich-rechtlichen Rundfunk (ARD): 2,79 Mrd. Euro; (2) Werbung: 0,72 Mrd. Euro.
- Verteilung der Netto-Werbeumsätze Radio: 0,72 Mrd. Euro: (1) ARD (AS&S) 0,26 Mio. Euro, Privatsender 0,46 Mrd. Euro (davon RMS 0,38 Mrd. Euro).
- Dominanz der öffentlich-rechtlichen Rundfunkanstalten.

Angebotsseite
- Anbieter: (1) Radio als Rundfunk: Duale Anbieterstruktur (öffentlich-rechtlich, privat). Konzentrationsgrad Hörfunk: Lt. Kommission zur Ermittlung der Konzentration im Medienbereich (KEK) weit geringer als im Fernseh- und Zeitschriftenmarkt, allerdings Erwartung der Zunahme. Hohe Zahl der Radioprogramme täuscht über das Maß der Konzentration hinweg. Im Hinblick auf die kommende DAB-Welt ist mit einer deutlichen Zunahme der Sendervielfalt zu rechnen, insbesondere auch im Hinblick auf bundesweite Angebote. (2) Web-Radio: geringe Einstiegshürden, große Vielfalt. Jedoch Schwierigkeiten, Kostendeckung zu erreichen. Daher ist eine Konsolidierung im Anbietermarkt ist zu erwarten. Kaum Kostendeckung im Web-Radio-Segment.
- Beschäftigte (Rundfunk): (1) Hörfunkmarkt gesamt: 30.971. (2) Privater Hörfunk: gesamt 6.623. Davon: Festangestellte Vollzeitbeschäftigte 39,8 %; Teilzeitbeschäftigte 13,9 %; Praktikanten 10,1 %; Feste freie Mitarbeiter 9,8 %; Sonstige freie Mitarbeiter 8,7 %; Auszubildende/Volontäre 7,7 %. (3) Öffentlich-rechtlicher Rundfunk: Eine trennscharfe Aufteilung in Hörfunk und Fernsehen ist nicht möglich. Die Gesamtzahlen für Radio und TV: ARD/ZDF gesamt 36.522 (lt. 19. KEF-Bericht 2014). Schätzung Radio-Mitarbeiter (Fernsehen ein Drittel, Hörfunk zwei Drittel): 24.348. (Hintergrund: (a) Besetzte Stellen: ARD 20.132, ZDF 2.563, Deutschlandradio 690. (b) Freie Mitarbeiter (Mitarbeiterkapazität): ARD 6.507, ZDF 1.121, Deutschlandradio 133. (c) GSEA 2.277. (d) Mitarbeiter in Beteiligungsgesellschaften 5.149).
- Kostenstruktur Radio als Rundfunk (Wirtz 2013: 521): (1) First Copy Costs 84% (Verteilung: Content-Produktion 61 %, Werbeakquisition 12 %, Marketing 7 %, Verwaltung 4 %). (2) Distribution 7 %. (3) Gewinn 9 %.
- Ertrags- und Aufwandsstruktur im privaten Hörfunk: (1) Gesamtertrag 665 Mio. Euro. Verteilung: (a) Regionale Werbespots 43,9 %; (b) Überregionale Werbespots 35,3 %; (c) Sponsoring 6,3 %; (d) Veranstaltungen 2,6 %; (e) Sonstiges (z. B. Fördermaßnahmen, E-Commerce, Rechteverkäufe, Auftragsproduktionen für Dritte, Telefonische Mehrwertdienste) 7,8 %. (2) Gesamtaufwand 577 Mio. Euro. Verteilung: (a) Sachkosten (Kosten der technischen Programmverbreitung, PR und Promotion, Verwertungsgesellschaften) 50,2 %; (b) Personalkosten 31,2 %; (c) Kosten der Programmverbreitung 9,6 %; (d) Vergütungen für freie Mitarbeiter 5,9 %; (e) Abschreibungen/Steuern 1,9 %; (f) Kosten für Programmeinkauf/Syndication 1,2 %.
- Kostendeckungsgrad Privatradios: gesamt 115 % (2002 zum Vergleich: 101 %). Differenzierung: Bundesweiter Hörfunk: 101 %; Landesweiter Hörfunk 121 %; Lokaler Hörfunk 110 %.

Nachfrageseite
- Rezipientenmarkt: Hohe Wertschätzung, Einbindung in die Alltagswirklichkeit, klassisches Radio hat zentrale Bedeutung, Reaktanz gegenüber Werbung relativ gering.
- Werbemarkt: Top 10 der werbestärksten Branchen: Handelsorganisationen, Pkw, Möbel und Einrichtung, Radio-Werbung, Kraftfahrzeugmarkt, Rubrikenwerbung, Hotels und Gastronomie, Baustoffe und -zubehör, Marketing und Werbung, Lotterien/Lotto und Toto.

Koordination von Angebot und Nachfrage
- Erlösmodelle Rezipientenmarkt: (1) Rundfunkbeitrag. Mittel- und langfristige Tendenz: Stagnation. (2) Werbefinanziertes Free-Radio (Rundfunk, Web-Radio). Tendenz Werbeaufkommen: Stagnation. (3) Abonnement-Modelle (im Segment der Web-Radios), relativ positive Perspektiven.
- Erlösmodelle Werbemarkt: (1) Werbespots als wichtigste Erlösquelle. Tausend-Kontakt-Preise ca. 1-4 Euro. (2) Sponsoring, Präsentation von Sendungen, Gewinnspiele. (3) Tendenz: positive Entwicklungsperspektiven, auch langfristig große Beliebtheit des Mediums Radio zu erwarten. Allerdings Diskussionen um Werbeverbote im öffentlich-rechtlichen Rundfunk.

Der Radiomarkt in strategischer Hinsicht

Marktstruktur: Marktkräfte nach Porter („Five Forces")

Marktkraft 1: Verhandlungsmacht der Abnehmer auf dem Rezipientenmarkt
- Die Macht der Nachfrager bzw. Hörer war und ist theoretisch gesehen hoch, wird jedoch durch eine sehr geringe Nachfrageelastizität (hohe Programmtreue, konstante Hörfunknutzung im Zeitablauf) stark relativiert (vgl. Sjurts 1996: 351). Umgekehrtes gilt für den Werbemarkt, in dem traditionell eine äußerst hohe Nachfrageflexibilität festzustellen ist (vgl. ebd.).
- Radio nimmt seit jeher die Rolle eines klassischen Begleit- bzw. Nebenbei-Mediums ein, das tendenziell passiv zur Unterhaltung und Entspannung hauptsächlich durch Musik genutzt wird. Diese Art der Nutzung zeigt sich in allen soziodemografischen Gruppen als sehr stabil, ausgenommen junge Zielgruppen. Hauptnutzungszeit des Radios im Tagesverlauf ist der Morgen.
- Zurückgehende Reichweiten bei jungen Zielgruppen. In der heutigen Medienwelt haben Jugendliche (12-19-Jährige) als Early Adopters und Innovatoren zu gelten, die ihre Nutzungsmuster der rasanten technischen Entwicklung konsequent anpassen (vgl. Klingler 2008).
- Als neue Nutzungsformen verdienen Audio-Produktionen, die von Privatpersonen erzeugt und verbreitet werden („User Generated Content", Podcasting), höchste Aufmerksamkeit (s. u.).
- Die mobile Nutzung wird zunehmend zu einer wichtigen Säule des Konsums von Radioprogrammen und -elementen.
- Eine steigende Bedeutung erfährt die Personalisierung der Radionutzung. Hier erfolgt eine Anpassung des Radioprogramms an persönliche Vorlieben, z. B. durch Auswahl von Lieblingsmusikrichtungen oder Interpreten, die in einer individuellen Playlist über einen personalisierten Radioservice aus einem Tableau unterschiedlicher Stationen zusammengestellt werden.
- Die völlige Abkehr vom Echtzeit-Konsum der Angebote der Broadcast-Dienstleistern schließlich vollzieht „Radio on Demand". Hierbei werden Archive mit hochwertigen Inhalten (O-Töne, Mitschnitt-Dienste oder zu festen Zeitpunkten konservierte Nachrichten) immer wichtiger.

Marktkraft 2: Verhandlungsmacht der Lieferanten
- Auf der Seite der Lieferanten ist festzustellen, dass im Hinblick auf die Inhalte zunehmend die von Privatpersonen erzeugten Inhalte („User Generated Content") eine Rolle spielen.

Marktkraft 3: Bedrohung durch neue Anbieter
- Die bestehende Anbieterstruktur im Radiomarkt Deutschlands ist durch eine starke Fragmentierung gekennzeichnet. Die öffentlich-rechtlichen Rundfunkanstalten bieten Programme auf Länderebene an, private Sender bewegen sich vorrangig im regionalen und lokalen Raum. National ausstrahlende Sender sind die Ausnahme. Die Bedrohung der bestehenden Akteure durch neue Anbieter ist groß, da der Hörfunkmarkt für zahlreiche neue Player aus den unterschiedlichsten Bereichen zunehmend interessant werden dürfte, eine Entwicklung, die mit der Konvergenz von Radio, Fernsehen, Spiele, Telekommunikation, IT und Unterhaltungselektronik einhergeht. Radio ist daher für all diejenigen zunehmend interessant, die über Content verfügen und neue Distributionswege für ihre Produkte suchen. Der Auftritt im Radiomarkt fällt leicht, da die Markteintrittsbarrieren in der digitalen Welt geradezu dramatisch sinken werden. Konnte vor Jahren noch konstatiert werden, die Eintrittsbarrieren seien wegen technischer und institutioneller Hemmnisse „insgesamt hoch" (vgl. Sjurts 1996: 351), so gilt dies heute in dieser Form nicht mehr.
- Als „Player", die ein gesteigertes Interesse am Radio entwickeln, kommen vor allem Mobilfunkanbieter und die Musikindustrie in Frage, die neue leistungsfähige Endgeräte (Musikhandys, MP3-Player) auf den Markt bringen. Ferner sind Internetradios als mögliche Konkurrenz für die bestehenden Akteure zu sehen, obgleich sie derzeit noch keine wesentliche Rolle spielen. Zu unterscheiden sind dabei die sog. „nativen Internetradios" zu sehen, die ausschließlich im Internet senden oder zumindest die Erstverwertung im Internet realisieren und Programmteile später an andere Stationen verkaufen. Demgegenüber dienen „transmediale Internetradios" dazu, für herkömmliche Radiosender das Internet als weiteren Übertragungskanal für die Programmverwertung zu nutzen (vgl. Kaumanns/Siegenheim 2006: 42 f.). Inwieweit Printverlage (z. B. überregionale Tageszeitungen wie die FAZ oder die Neue Züricher Zeitung) mit Business-Radios Fuß fassen, ist offen.

- Als Konkurrenten der bestehenden Anbieter kommen sie ebenso in Frage wie große Industrieunternehmen und Organisationen, die über ausreichende Inhalte verfügen, um damit Programme zu bestreiten und Kommunikation mit Zielgruppen zu betreiben.

Marktkraft 4: Bedrohung durch Ersatzprodukte
- Eine Bedrohung durch Ersatzprodukte kann sowohl intramedial (andere Radioformen) als auch intermedial (konkurrierende Audio-Nutzungen) gegeben sein. Im ersten Falle steht Podcasting im Brennpunkt des Interesses. „Podcasting" bezeichnet das automatisierte Herunterladen von Audio-Dateien aus dem Internet (Wortgebilde aus „iPod" (Audio-Player)/„Broadcast").
- Podcasting sorg t beim Nutzer für Zeitsouveränität und macht es möglich, Radio-, aber auch TV-Sendungen zeitversetzt auf den PC oder auf einen beliebigen Audio-Player (z. B. MP3-Player) aus dem Internet herunter zu laden. Die gewünschten Dateien müssen nicht erst mühevoll einzeln abgerufen werden, sondern werden dem Hörer auf Basis eines selbst zusammengestellten Abonnements (Newsfeed) zugespielt. Bei Einwahl in das Internet erfolgt automatisch die Überspielung der aktuellen Ausgaben der gewünschten Sendungen.
- Sind Anbieter von Podcasts die herkömmlichen Radio-Anbieter, die ihr Programm „nachhörbar" machen wollen, handelt es sich um einen Begleitservice zum bestehenden Programm und damit lediglich um einen erweiterten Vertriebsweg. Treten jedoch neue Angebote auf den Plan, möglicherweise von Anbietern, die bislang nicht im „Radiogeschäft" unterwegs waren, ist eine neue Konkurrenzsituation gegeben. Dieses ist vor allem bei Inhalten der Fall, die von Privatpersonen generiert und ins Netz gestellt werden („User Generated Content").
- Was die intermediale Konkurrenz anbelangt, so ist festzustellen, dass die Radionutzung trotz des weiteren Bedeutungszuwachses von Fernsehen und Internet konstant geblieben ist. Bei jüngeren Nutzergruppen ist jedoch eine nachhaltige Änderung des Nutzungsverhaltens zu erkennen.
- Insbesondere die Online-Nutzung hatte bislang keinen negativen Einfluss auf die Radionutzung, da sie über den Tagesverlauf hinweg nahezu konstant ist (vgl. Kaumanns/Siegenheim 2006: 38).

Marktkraft 5: Rivalität unter den Wettbewerbern
- Die Rivalität unter den Wettbewerbern im Radiomarkt ist als sehr hoch zu bezeichnen. Die etablierten Sender fürchten dabei mit Recht eine noch zunehmende Konkurrenz, die in der digitalen Welt auf sie zukommt. Bereits jetzt ist eine hohe Zahl von Radiosendern mit starker Fragmentierung und hohem Regionalisierungsgrad gegeben und nur die Medienkonzerne Bertelsmann und Axel Springer verfügen über größere Beteiligungen an einzelnen Radiosendern.
- Es ist zu erwarten, dass die Fragmentierung des deutschen Radiomarktes und die Zahl der Sender geradezu dramatisch zunimmt, wenn sich internetbasierte Technologien durchsetzen. Obgleich derzeit noch weit davon entfernt, könnte sich auf Dauer daher immer mehr eine Angleichung z. B. an US-amerikanische Verhältnisse einstellen.

Strategische Konzepte
- Angesichts der aktuellen Veränderungen, die im krassen Gegensatz zur stabilen Entwicklung der letzten 30 Jahre stehen, sind die Anbieter auf dem Radiomarkt gezwungen, zukunftsfähige strategische Konzepte zu entwickeln, mit denen sie bestehen können. Grundsätzlich geht es dabei auch um die Frage, welche Perspektive das Radio im Zeichen von Fernsehen und Internet in Zukunft überhaupt haben kann.
- Für alle Anbieter, so auch für die öffentlich-rechtlichen Rundfunkanstalten, wird es in der digitalen Welt zur Kernaufgabe, perspektivisch neue Geschäftsmodelle zu prüfen und zu entwickeln. Unterschiedliche Ansätze solcher Geschäftsmodelle kann man sich dabei vorstellen (vgl. Kaumanns/Siegenheim 2006: 40 f.):
- Brokerage: Das Modell bringt Anbieter und Nachfrager auf einer Internet-Plattform zusammen und finanziert sich durch Gebühren und Provisionen für Transaktionen. Musterbeispiele sind eBay und Amazon. Für Podcasting verfolgt z. B. odeo.com einen ähnlichen Ansatz, ebenso wie Yahoo! Music für Internetradios.
- Advertising: Hier erfolgt eine Übertragung des herkömmlichen Modells der Umwegfinanzierung über Werbung auf das Internet. Websites wie z. B. radiosites.de besorgen dabei eine Auflistung von Internetradios.

- Direct: In diesem Modell stehen Anbieter und Nachfrager im direkten Kontakt, v.a. kleinere Musiklabels mit interessierten Zielgruppen. Ziel ist es, die Filterfunktion von Intermediären auszuheben und für eine direkte Bekanntmachung bislang unbekannter Künstler zu sorgen. Musterbeispiel ist pulseradio.net.
- Community: Hintergrund dieses Modells ist die Bildung einer Gemeinschaft von Nutzern mit gleichen oder ähnlichen Interessen. Hier können Dienste Informationen zur Musikauswahl liefern und Empfehlungen und Bewertungen zu Künstlern abgeben. Denkbar sind auch E-Commerce-Funktionen oder kostenpflichtige Downloads.
- Subscription: Hierbei handelt es sich um kostenpflichtige Radioprogramme, die im Abonnement bezogen werden. Musterbeispiel des in den USA weit verbreiteten Modells ist AOL Radio@ Network.
- Es bleibt abzuwarten, inwieweit die generell gesehen überaus dominante Position der öffentlich-rechtlichen Rundfunkanstalten im Radiomarkt bestehen bleiben wird. Ihre Hauptaufgabe wird es in strategischer Hinsicht sein, die derzeit gegebene hohe Hörerbindung möglichst zu erhalten und auszubauen, aber auch angesichts von Kostensenkungsmaßnahmen, die ihnen z. B. von der Kommission zur Ermittlung des Finanzbedarfs der Rundfunkanstalten (KEF) auferlegt werden, eine hohe Programmqualität zu realisieren, um die Legitimation in der Gesellschaft nicht zu verlieren.
- Die privatwirtschaftlichen Radiounternehmen stehen vor besonders schwierigen Herausforderungen, die sie evtl. nur durch Bildung starker Senderfamilien bestehen können.
- „Die privatwirtschaftlichen Radiounternehmen tun sich bei der Umstellung auf digitalen Rundfunk deutlich schwerer als der öffentlich-rechtliche Rundfunk. Die wirtschaftlichen Grundlagen für diese Sender sind gefährdet. Die Unternehmen stehen vor einer paradoxen Situation. Einerseits müssen sie höhere Kosten für die technologische Umstellung tragen und andererseits besteht die Gefahr, dass der Hörermarktanteil durch das sich verändernde Mediennutzungsverhalten zurückgehen wird. Ein Ausweg aus diesem Dilemma ist schwierig. Der Kostendruck ist enorm. Es wird unweigerlich zu einer Konsolidierung im privaten Radiomarkt kommen" (Kaumanns/Siegenheim 2006: 42).

Der Radiomarkt zeigt sich in seiner herkömmlichen Erscheinungsform nach wie vor als sehr stabil und an den Nutzungsgewohnheiten der Vergangenheit orientiert. Im Kontext der mittel- und langfristigen Medienentwicklung sind jedoch erhebliche **Veränderungsprozesse** zu erwarten. In der konvergenten und multimedialen Medienwelt, wie sie sich nach und nach entwickelt, wird Radio in neuer Form erscheinen. Zentrales Merkmal von **Radio der Zukunft** ist seine Einbettung in crossmediale Produktwelten, sei es als eingebundenes Add-On zu TV, Internet oder Print, oder sei es als Kernprodukt und Kernmarke, das mit Zusatzangeboten angereichert wird. Letzteres kann als „Radio Plus" bezeichnet werden und vielfältigste Formen annehmen (vgl. Klingler/Kutteroff 2009): (1) On Air: News, Infos, Zusatzinformationen zur Musik, Service (Text, lokalisiert u.a.), Hörerbeteiligung (Voting), personalisierte Musikstreams, On-Demand (Zeitsouveränität, Personalisierung). (2) Off Air: Konzertveranstaltungen, Comedy, Reisen, CD, Bücher, Internet-Community, TV.

> Ein Musterbeispiel ist Last.fm, ein Radio-Konzept von CBS: Last.fm lernt durch das Hörverhalten der Benutzer – über ein „Last.fm-Profil" – und gibt zielpersonengerichtete Empfehlungen für Musik, Videos oder Konzerte. Es bietet die Möglichkeit, personalisiertes Radio zu hören. Neben der Kategorie Musik agiert Last.fm mit den Rubriken Radio, Events, Videos, Charts und Community.

In der digitalen Welt des Radios spielt der Übertragungsstandard eine entscheidende Rolle. Die Einigung auf den DAB-Standard ist erfolgt, aber es ist noch nicht gelungen, diesen in der Bevölkerung breit durchzusetzen. Nicht nur von daher herrscht Ungewissheit, wie sich der Hörfunk der Zukunft als digitales Medium entwickeln wird.

6.7 Fernsehmarkt

Das Fernsehen nimmt in der Medienlandschaft nach wie vor und ungebrochen eine Schlüsselrolle ein: Es ist aus dem Alltag der Menschen nicht wegzudenken, und es ist ihm ein besonderer Stellenwert im Hinblick auf die publizistischen und gesellschaftlichen Wirkungen zuzuschreiben. Kein anderes technisches Gerät (außer vielleicht das Auto) prägt unser Leben so nachhaltig wie „der Fernseher". Fernsehen ist ein Phänomen, das in alle Bereiche der Gesellschaft einwirkt und wird zu Recht als das gesellschaftliche Leitmedium bezeichnet. Auch seine ökonomische Bedeutung im Kontext von Medien- und TIME-Märkten ist mit mehr fast 13 Mrd. Euro hoch. Der deutsche Fernsehmarkt ist zudem der größte TV-Markt in Europa.

Das **Marktpotenzial** des Fernsehens ist – entgegen mancher Unkenrufe („Auslaufmodell Fernsehen!") – auch zukünftig als hoch einzustufen. Freilich stellt sich dabei die Frage, was man künftig unter dem Begriff „Fernsehen" subsumieren möchte. Es erscheint zweckmäßig, über Fernsehen in seiner Rolle als Rundfunk hinausgehend alle massenhaft verbreiteten Bewegtbild-Angebote in die Betrachtung aufzunehmen, da sie erstens von der Sache her „Fernsehen" darstellen und zweitens unmittelbar in Konkurrenz zur Nutzungszeit des herkömmlichen TV-Angebotes stehen. Angesprochen sind Web-TV-Angebote, die als Telemedien von Kommunikatoren jedweder Art im Netz präsentiert werden (neben Verlagen und Sendern, die ihre Kernangebote im Netz ergänzen bzw. erweitern, sind dies Unternehmen und Privatpersonen).

> Als Web-TV (Internet-Fernsehen) werden alle Bewegtbild-Angebote bezeichnet, die im offenen Internet verbreitet werden (vgl. Breunig 2007). Diese Fernseh- und Videoangebote sind für die Nutzung am PC konzipiert, die Angebotslandschaft ist äußerst vielfältig und richtet sich an spezifische Zielgruppen. Wichtige Anbietergruppen sind: Verlage (z.B. Spiegel TV Online, welt.de, Sportbild.tv); Rundfunkunternehmen (besonders interessant für Lokalsender); Politische Institutionen (z. B. Landtags-TV); Kirchen (Kirchenfernsehen); Verbände; Vereine (alle Bundesliga-Clubs), Unternehmen (z. B. alle Automobilunternehmen) etc. Eine besondere Rolle beim Web-TV spielen die Videoportale der großen Fernsehsender (Mediatheken von ARD und ZDF; RTL Now!, Maxdome) und die großen Videoclipportale (z. B. YouTube, MyVideo), an denen zumeist auch Medienunternehmen beteiligt sind.

Geordnet nach der bekannten Lasswell-Formel („Wer sagt was über welchen Kanal zu wem?") lassen sich die folgenden Entwicklungen konstatieren, die allesamt für eine Steigerung des TV-Marktvolumens sprechen:

- Neue Akteure: Der TV-Markt bleibt für die derzeitigen Akteure interessant, indem er eine Fülle neuer Möglichkeiten der Produktgestaltung und Erlösgenerierung bietet. Zunehmend ist er aber auch für Anbieter der TIME-Branche interessant, die bislang über keine fernsehspezifischen Kompetenzen verfügen, also die Kabelnetzbetreiber, Unternehmen der Telekommunikation sowie IT-Unternehmen. Analog zum Radio werden zudem auch im Fernsehen zunehmend die privaten Nutzer selbst zu Inhalte-Generatoren. Insgesamt gesehen erweitert sich die Zahl der Akteure auf dem Fernsehmarkt – verstanden in diesem weiteren Sinne – erheblich. Inwieweit die Contents dann auch kapitalisierbar sind, ist freilich eine andere Frage. Mit der sich ausdifferenzierenden Akteurs- und Produktvielfalt kommt die tragende Säule des privaten TV-Marktes, der Erlös aus harter Werbung, jedenfalls zunehmend unter Druck.

- Neue Inhalte: Im Zuge der Digitalisierung können neue Dienste wie Video-on-Demand, Pay-TV und interaktive Anwendungen realisiert werden. Eine besondere Rolle spielt IPTV, das als internetbasiertes Fernsehrundfunk neue Konvergenzprodukte zu generieren in der Lage ist.

  Im Gegensatz zu Web-TV wird IPTV über geschlossene IP-Netze angeboten und von Netzbetreibern kontrolliert. Man spricht von einem sog. „Walled Garden"-Konzept. „Unter IPTV (Internet Protocol TeleVision) wird die digitale, auf dem Internetprotokoll basierende Übertragung von audiovisuellen Inhalten auf das Fernsehgerät verstanden. Die Übertragung erfolgt über eine Set-Top-Box, die in der Regel an ein DSL-Modem angeschlossen ist. Während beim Kabelrundfunk alle Programme gleichzeitig an der Anschlussdose verfügbar sind, wird bei IPTV nur dasjenige Programm an den Kunden adressiert, das er über einen Rückkanal beim Provider anfordert. … Nach vorherrschender Rechtsauffassung handelt es sich bei IPTV um Rundfunk, da für den Rundfunk laut Rechtsprechung des Bundesverfassungsgerichts nicht der Verbreitungsweg von ausschlaggebender Bedeutung ist, sondern die Bedeutung des Angebots für die öffentliche Meinungsbildung (Aktualität, Breitenwirkung, Suggestivkraft). … Bei IPTV werden die verschiedenen Anwendungen über eine Benutzeroberfläche am Fernsehgerät ausgewählt. Der eigentliche Mehrwert liegt in interaktiven Anwendungen, zeitunabhängiger Nutzung (z. B. Video-on-Demand) und – je nach Anbieter – in der Vielfalt des Programmangebotes. Ein Electronic Program Guide (EPG) stelle Informationen zum Programmangebot über mehrere Tage oder Wochen zur Verfügung" (Breunig 2007: 478).

  Ein IPTV-Beispiel ist das Triple-Play-Angebot der Deutschen Telekom, ein Produkt, das im Oktober 2006 als „T-Home" gelauncht wurde. Es bietet Fernsehen, Telefonieren und Internet-Nutzung über eine einzige Verbindung. Für ca. 90 Euro ist ein Bündelangebot erhältlich, das den folgenden Leistungsumfang aufweist: (a) TV: 100 Programme (60 Free-TV und 40 Pay-TV; im Angebot sind Fußball-Bundesliga, Premiere-Pakete, Fremdsprachenpakete etc.), Video on Demand (gegen gesonderte Zahlung), persönlicher Programmführer (EPG), digitaler Videorekorder, Timeshift-Funktion; (b) High-Speed-Internetverbindung; (c) DSL-Telefonie.

- Neue technische Verbreitungswege für TV-Content: Die herkömmlichen Übertragungstechniken Kabel, Satellit und Terrestrik sind ergänzt um DSL und Internet.
- Veränderte Nutzungsbedingungen bei den Zuschauern: Im Hinblick auf die Endgeräte-Technik findet eine Verzahnung von Fernsehgerät und Computer statt, was TV und Internet zusammenführt. Zwei unterschiedliche Nutzungsbedingungen sind zu unterscheiden: (a) Stationäre Nutzung: Die Entwicklung treibt in Richtung einer „Home Entertainment Platform", die dank vorhandener Schnittstellen in der Lage ist, alle relevanten digitalen Anwendungen abzubilden (vgl. Friedrichsen/Jenzowsky/Dietl/Ratzer 2006: 79). Möglich werden alle möglichen Funktionalitäten und mit der Verbindung zum Internet-Browser ist größere Programmvielfalt möglich, z. B. Download von Filmen, Musik und Spielen, personalisierte exklusive Angebote wie Video-on-Demand und interaktive Lösungen. Als Endgerät zeichnet sich ein multifunktionales „Home Media Center" bzw. eine „Multimedia Home Platform" ab, in dessen Kontext HDTV- „Heimkino" eine prominente Rolle spielen kann. (b) Mobile Nutzung: Fernsehen in mobiler Nutzung kann über Broadcast-Netzwerke realisiert werden (v. a. DVB-T und DVB-H), aber auch über Mobilfunknetzwerke (v. a. UMTS), schließlich über das Internet. Das mobile Endgerät der Zukunft dürfte eine Hybridlösung sein, bei der alle Nutzungswege gangbar sind. Konsumenten nutzen TV dann z. B. je nach Kanal, Ort und Zeit in hybrider Form: einmal auf UMTS, das andere Mal auf DVB-H. Zu erwarten ist ferner, dass Fernsehen auf dem Handy eines Tages kostenfrei angeboten wird.

Der Fernsehmarkt in publizistischer Hinsicht

Kommunikatoren, Anbieter

- Der Begriff „Fernsehen" wird weit gefasst und im Sinne aller Bewegtbild-Angebote verstanden. Differenziert wird in (1) Fernsehen als Rundfunk („Rundfunk-TV") sowie (2) Fernsehen als Bewegtbildangebot im freien Internet („Web-TV", „Telemedien").

Fernsehen als Rundfunk („Rundfunk-TV"):
- Der TV-Kernmarkt in Deutschland wird von drei großen Senderfamilien beherrscht: (1) Öffentlich-rechtliche Rundfunkanstalten (ARD, ZDF). (2) Bertelsmann (RTL Group). (3) ProSiebenSat.1 Media AG. Daneben zahlreiche mittlere und kleine Anbieter sowie ausländische Anbieter (insbesondere SRG/Schweiz, ORF/Österreich sowie US-amerikanische Anbieter).
- Öffentlich-rechtliche Rundfunkanstalten: gesamt 13. Aufteilung: ARD (9 Landesrundfunkanstalten: davon Mehrländeranstalten MDR, NDR, RBB, SWR; Einländeranstalten BR, SR, RB, WDR; plus Deutsche Welle), ZDF, ARD-ZDF-Einrichtungen (DeutschlandRadio, ARTE). Besonderheit: 3Sat als ARD/ZDF/SRG/ORF-Einrichtung.
- Private Veranstalter: (1) Bundesweit empfangbare private Fernsehsender (lt. TV-Senderdatenbank der Medienanstalten 2013): 213. Zahl der Veranstalter ca. 50 (Schätzung). (2) Lokales/regionales Fernsehen: 132. (3) Lokale Spartenanbieter: 37. (4) Lokalsender < 10.000 HH: 63. (5) Lokal-TV im Internet: 12.
- Veranstalter von Landesfenstern: RTL, Sat.1 (gem. § 25 RStV). Besonderheiten: Bayern mit 16 lokalen RTL-Fensterprogrammen, RNF Life mit Programm für drei Bundesländer.
- Private nicht-kommerzielle Anbieter: Spendenfinanzierte Anbieter (z. B. Bibel-TV), Bürgerrundfunk (Offene Kanäle).
- Teleshopping: Vier Sender dominieren den Markt: QVC (mit Abstand größter Anbieter), HSE24, Channel 21, 1-2-3.tv (Auktionssender). Segment Reiseshopping: sonnenklar.TV (Marktführer), Juwelo TV. Ferner Direct-Response-TV-Anbieter (DRTV): MediaSpar TV, Pearl TV.
- Plattformbetreiber im Rundfunk-TV: (1) Sky Deutschland (Pay-TV); (2) Kabel-Plattformen: Unitymedia KabelBW, Kabel Deutschland; (3) Satelliten-Plattform: SES Astra (HD+), Deutsche Telekom (Entertain Sat); (4) DSL / IPTV: Deutsche Telekom (Entertain), Vodafone (Vodafone TV).

Fernsehen als Telemedien („Web-TV"):
- Internet-Auftritte mit Bewegtbild als Add-On: praktisch jeder Akteur ist mit einem Internet-Auftritt vertreten, in dem Bewegtbild eine Rolle spielt. Akteure: (1) Unternehmen der Medien- und TIME-Branche (Verlage, z. B. Spiegel TV; Rundfunkveranstalter); (2) Wirtschaftsunternehmen, Organisationen, Vereine, Verbände („Corporate Publishing", z. B. VfB Stuttgart TV); (3) Privatpersonen („Personal Publishing", „User Generated Content").
- Betreiber von Web-TV-Kanälen: z. B. Google (YouTube), Musik (z. B. Tape TV als musikalisch-redaktionelles Vollprogramm, gleichzeitig personalisiertes Musikfernsehen), Spiele (z. B. Giga).
- Plattformbetreiber im Web-TV: (1) Video-on-Demand-Plattformen: Klassische private und öffentlich-rechtliche TV-Anbieter (Mediatheken); Kabelgesellschaften (Horizon TV von Unitymedia KabelBW; (2) Aggregatoren von TV-Programmen („P2P-TV-Plattformen"): z. B. Zattoo, Wilmaa, Magine; (3) Aggregatoren von Themen (z. B. für Gesundheit, Pflege), Wirtschaft (z. B. „mittelstand. DIE MACHER") etc. (4) Social-TV-Plattformen: unspezifische Plattformen (Facebook, Twitter), spezielle Social-TV-Applikationen (OTT-Services [Over the Top]); Social Media-Präsenz ist attraktiv für Kommunikatoren wegen Interaktivität, Personalisierung – Second Screen.

Produkte, Inhalte
- Programme nach der Rechtsform: (1) Öffentlich-rechtliche TV-Angebote: 23, davon Vollprogramme 12, digitale und Spartenprogramme 10, Auslandsprogramm 1 (DW-TV). (2) Private Fernsehprogramme gesamt: 424. Verteilung: (a) Bundesweite Programme: Vollprogramme 20; Spartenprogramme (Free-TV) 43; Fernsehfenster 3; Spartenprogramme (Pay-TV) 77; Telemedien 25; deutschsprachige Programme mit Auslandslizenz 14. (b) Regionale und lokale Programme: regionale TV-Sender 62, regionale TV-Fenster 35, Sub-Lokal-TV 145.
- Privatprogramme nach der Art der Finanzierung: (1) Free-TV: 347. (2) Pay-TV: 77.

- Lineares Fernsehen: (1) Zeitliche Vollprogramme, (2) Fensterprogramme. 24-Stunden-Programme vorherrschend, teilweise Kanal-Sharing im Kabel.
- Video on Demand (vgl. Martens/Herfert 2013: 102): (1) Free VoD; (2) Elektronischer Erwerb eines Films (Electronic Sell Through – EST); (3) Ad-supported VoD: werbefinanziertes VoD; (4) Subscription VoD: im Abonnement; (5) Transactional VoD: Filmausleihe per VoD.
- Inhaltliche Reichweite: (1) Inhaltliche Vollprogramme: Gesamtangebot der öffentlich-rechtlichen Rundfunkanstalten, umfassende Abdeckung aller Themen und Genres, (2) Spartenprogramme: vorherrschend bei Privatanbietern, entweder direkt als Spartenprogramme konzipiert (z. B. Nachrichtenkanal) oder Betonung von Unterhaltung (v. a. Spielfilm, Serien, Shows). (3) Videotext: Angebot von allen Veranstaltern.
- TV als Werbeträger: (1) im öffentlich-rechtlichen Fernsehen: Anteil an der Sendezeit ca. 1,5 % (Begrenzung auf das Vorabendprogramm werktäglich), Beitrag zur Finanzierung ca. 5 %, (2) im privaten Fernsehen: Anteil ca. 15 % am Gesamtinhalt, Finanzierung: 100 %, Ausnahme Pay-TV. (2) Weitere Ausdifferenzierung von Sonderwerbeformen (Programmsponsoring, Split Screen etc.). Hohes Interesse an der gezielten Vermischung von Werbung und Programm („Programming"). Trend zu „Content Marketing", „Branded Entertainment" etc.
- TV als Verkaufsinstrument (Teleshopping): Anzahl Teleshoppingprogramme: ca. 20.
- Internet-Angebote: (1) bei ARD/ZDF als programmbegleitende Information, (2) bei privaten Veranstaltern auch eigenständige Produktwelten. Vgl. Ausführungen bei Kommunikatoren (s. o.).

Transportwege
- 38,08 Mio. Fernsehhaushalte (KEK 2013): davon (1) Satellitenhaushalte (DVB-S): 18,07 Mio. / 47,0 %; (2) Kabelhaushalte (DVB-C): 16,70 Mio. / 44 %. (3) Terrestrik-Haushalte (DVB-T): 2,05 Mio. / 5 %; (4) IPTV: 1,26 Mio. / 3 %.
- Digitalisierungsgrad gesamt: 80,7 %. Digitalisierungsgrad nach Verbreitungswegen: (1) Kabel: 44,1 % analog; 55,9 % digital. (2) Satellit: 100 % digital. (3) Terrestrik: 100 % digital.
- Mobile Nutzung: (1) Smartphone, (2) Tablet, (3) Laptop.
- Erreichbarkeit (technische Reichweite): 100 %.

Rezipienten
- 38,08 Mio. Fernsehhaushalte (KEK 2013)
- Anzahl empfangbarer TV-Programme im Haushalt (2014): (1) Gesamtdurchschnitt: 78; (2) Terrestrische Haushalte: 29; (3) Kabelhaushalte analog: 35; (4) Kabelhaushalte digital: 70; (5) Satellitenhaushalte: 109; (6) IPTV-Haushalte: 71.
- Geräteausstattung: 36,28 Mio. angemeldete Geräte (davon gebührenpflichtig 32,61; gebührenbefreit 3,67. Geräte je Tausend Einwohner: 450). Anteil der Haushalte mit zwei und mehr TV-Geräten (2013): 42,8 %. Fernsehgeräte mit integriertem HD-Tuner sind Standard. Fortschreitende Marktpenetration mit internetfähigen Fernsehgeräten („Smart-TV", „Hybrid-TV"), dadurch Zugriff auf audiovisuelle Inhalte im Internet und Nutzung von Apps.
- Reichweite: 86 % der Bevölkerung ab 14 Jahren (2010, ARD/ZDF Langzeitstudie).
- Zeitbudget (Die Medienanstalten): Durchschnittliche tägliche Sehdauer (Mo-So) (1) Zuschauer ab 3 Jahre: 222 Min.; (2) Erwachsene ab 14 Jahre: 236 Min.; (3) Kinder 3-13 Jahre: 90 Min. Trend allgemein: deutliche Zunahme 1985-2000, seitdem Konstanz. Zunahme des Fernsehkonsums mit zunehmendem Lebensalter.
- Nutzung: intensiv, aber mit Neigungen zum Begleit-Medium (vor allem tagsüber).
- Pay-TV-/IPTV-Abonnenten: Sky 3,36 Mio., Kabel Deutschland: 1,27 Mio., Unitymedia KabelBW 2,20 Mio., HD+ 0,95 Mio., Telekom Entertain 1,97 Mio., Vodafone IPTV 0,20 Mio.
- Nutzungsmotivation Personen ab 14 Jahre (2010, ARD/ZDF-Langzeitstudie) – Ranking: 1. Entspannung, 2. Ablenkung, 3. Nicht allein fühlen, 4. Spaß, 5. Gewohnheit, 6. Mitreden können, 7. Denkanstöße, 8. Erfahren von nützlichen Dingen für den Alltag, 9. Information.
- Nutzung im Tagesablauf: Hauptnutzung 20:00 bis 22:00 Uhr (Primetime).
- Nutzung nach Zeitbudget (2013, Media-Analyse): (1) bis 49 Jahre unterdurchschnittlich, ab 50 Jahre überdurchschnittlich; (2) gemäß Sinus-Milieus (2010, ARD/ZDF-Langzeitstudie) – Überdurchschnittliche Nutzung nach Tagesreichweite: Traditionelle, Bürgerliche Mitte, Prekäre, Liberal-intellektuell, Adaptiv-pragmatisch, Prekär.

Der Fernsehmarkt in ökonomischer Hinsicht

Marktvolumen
- Gesamt-Volumen Umsatzerlöse: 12,95 Mrd. Euro.
- Verteilung Umsatzerlöse: (1) Rundfunkgebühren (heute: „Rundfunkbeitrag") ARD/ZDF: 4,66 Mrd. Euro. (2) Werbung 4,05 Mrd. Euro (davon Private: 3,76; ARD: 0,15; ZDF: 0,13 Mrd. Euro). (3) Abonnementdienste (Basisdienste, Abonnement/Pay-TV, Pay Per View) 4,24 Mrd. Euro.
- Marktanteile Rezipientenmarkt gesamt: Top 10 (in % Zuschauer gesamt; für 2013): ARD Dritte 13,0; ZDF 12,8; ARD 12,1; RTL 11,3; Sat.1 8,2; ProSieben 5,7; Vox 5,6; RTL II 4,2; kabel eins 4,0; Super RTL 1,9 %. Marktanteile Rezipientenmarkt Erwachsene 14 bis 49 Jahre: Top 10 (in % Zuschauer gesamt 2012): RTL 15,9 %; ProSieben 11,3 %; Sat.1 9,9 %; Vox 7,7 %; ARD 7,0 %, ZDF 6,8 %; RTL II 6,4 %; kabel eins 5,5 %; ARD III 5,3 %; Super RTL 2,2 %.
- Marktanteile Werbemarkt: (1) Marktanteile nach Brutto-Werbeumsätzen: ProSiebenSat.1-Gruppe (SevenOneMedia) 42,8 %; RTL Group (IP Deutschland) 34,7 %; ARD 2,3 %; ZDF 2,2 %; Sonstige (Sport1, Tele5, VIVA, DMAX, Comedy Central etc.) 18,1 %. (2) Marktanteile nach Netto-Werbeumsätzen: RTL Group 44,4 %; ProSiebenSat.1-Gruppe (SevenOneMedia) 40,8 %; Sonstige 14,8 %. (3) Die Netto-Werbeumsatze erreichten 36 % der Brutto-Werbeumsätze.
- Teleshopping: Umsatz von ca. 1,5 Mrd. Euro.

Angebotsseite
- Konzentrationsgrad Fernsehen gesamt: sehr hoch. Erhebliche Markteintrittsbarrieren.
- Beschäftigte: (1) Fernsehmarkt gesamt (Schätzwert): 30.415. (2) Privatfernsehen: gesamt 18.241, davon: 14.980 Festangestellte (82 %). 49,7 % Vollzeitbeschäftigte (davon weit überwiegend bei bundesweiten Programmen; Rest bei landesweiten, ballungsraumbezogenen, lokalen und Fensterprogrammen); 10,4 % Feste freie Mitarbeiter; 4,7 % Praktikanten; 28,2 % Teilzeitbeschäftigte; 4,2 % Auszubildende; 2,8 % Sonstige Mitarbeiter. (3) Öffentlich-rechtlicher Rundfunk: Eine trennscharfe Aufteilung in Hörfunk und Fernsehen ist nicht möglich. Die Gesamtzahlen für Radio und TV: ARD/ZDF gesamt 36.522 (lt. 19. KEF-Bericht 2014). Schätzung TV-Mitarbeiter (Fernsehen ein Drittel, Hörfunk zwei Drittel): 12.174. (Hintergrund: (a) Besetzte Stellen: ARD 20.132, ZDF 2.563, Deutschlandradio 690. (b) Freie Mitarbeiter (Mitarbeiterkapazität): ARD 6.507, ZDF 1.121, Deutschlandradio 133. (c) GSEA 2.277. (d) Mitarbeiter in Beteiligungsgesellschaften 5.149).
- Kostenstruktur von TV-Unternehmen (Wirtz 2013: 440): (1) First Copy Costs 78 % (davon Content-Produktion 61 %; Marketing, Vertrieb 8 %; Verwaltung 9 %). (2) Distributionskosten 12 %. (3) Gewinn 10 %.
- Kostendeckungsgrad Privatfernsehen (2002): gesamt 88 %. Differenzierung: Free TV Vollprogramme: 99 %; Free TV Spartenprogramme 80 %; Pay-TV 61 %.

Nachfrageseite
- Rezipientenmarkt: (1) Zahlungsbereitschaft verhalten. Aber Pay-TV macht Fortschritte. (2) Neue Verhaltensmuster: Interaktivität, Personalisierung, mobiler Empfang (Tablet-PC, Smartphone, Laptop. (3) Reaktanz gegenüber TV-Werbung: differenziert nach Gruppen; abnehmend.
- Werbemarkt: (1) Anzahl der TV-Werbespots gesamt: 3.511.387. Durchschnittliche Spotlänge: 28 Sekunden. Starke Erhöhung der Spotanzahl in den letzten 15 Jahren, seit 2008 leicht abnehmend. Top 10 der Produktgruppen: Pkw, Süßwaren, Online-Dienstleistungen, E-Commerce, Mobilnetz, Arzneimittel, Haarpflege, Handelsorganisationen, Sonstige Medien/Verlage, TV-Werbung.

Koordination von Angebot und Nachfrage
- Erlösmodelle Rezipientenmarkt: (1) Gratis-Angebote für den Rezipienten: Free-TV (Werbefinanzierung oder Spenden); (2) Rundfunkbeitrag (seit 1.1.2013): 17,98 Euro pro Wohnung pro Monat; für Betriebsstätten je nach Betriebsgröße gestaffelt; (3) Kabelgebühr; (4) Abonnement: Pay-TV als Abo-Kanal bzw. Paket, Angebote von Kabelnetzbetreibern; (5) Verkauf Einzelsendung: Pay-TV als Pay Per View; (6) Angebote von Plattformbetreibern (TV, Internet, Telefon).
- Erlösmodelle Werbemarkt: Tausend-Kontakt-Preis Durchschnitt (ZAW) 24,91 Euro (30 Sek., Erwachsene ab 14-49 Jahre). Weite Spanne nach oben und unten: 20 bis 30 Euro (z. B. ZDF , RTL ntv), hohe Bedeutung von Sponsoring und Product Placement.

Der Fernsehmarkt in strategischer Hinsicht

Marktstruktur: Marktkräfte nach Porter („Five Forces")

Marktkraft 1 (1): Verhandlungsmacht der Abnehmer auf dem Rezipientenmarkt

- Die Macht der Zuschauer ist dank der einfachen Umstiegsmöglichkeit auf ein anderes TV-Programm sehr hoch. Anders als im Hörfunk ist daher die Elastizität der Nachfrager im Hinblick auf alternative Programmangebote hoch: Die Zuschauer weisen eine deutlich geringere Sender- und Programmbindung auf und sind anders als bei Zeitungen, Zeitschriften und im Radio eher zum Programmwechsel bereit. Fernsehzuschauer suchen also vergleichsweise mehr nach Abwechslung, eine Verhaltensweise, die als „Variety Seeking" bezeichnet wird.
- „Variety Seeking" ist das Streben eines Individuums nach Abwechslung, ohne dass ein spezifischer Grund vorliegen muss. Zur Abmilderung dieses für die Anbieter schädlichen Wechselstrebens versuchen die Fernsehsender mit dem gezielten Einsatz von Marketinginstrumenten, die Zuschauerbindung zu erhöhen. Ansatzpunkt sind die Einflussfaktoren, die für eine gewohnheitsmäßige Nutzung von Programmen verantwortlich sind wie journalistische Glaubwürdigkeit, Einsatz von Anchor-Men, Programmplanungstechniken, die das Umschalten verhindern sollen (sog. Audience-Flow-Techniken, vgl. Kapitel 34) sowie die Bildung von Sendungsmarken. Dies gelingt den TV-Sendern jedoch nicht in gleicher Weise wie den Print-Verlagen, die im Vergleich zur Zuschauerbindung von einer höheren Leser-Blatt-Bindung ausgehen können. Ökonomisch gesprochen kann man sagen, dass die Wechselkosten bei TV-Produkten also relativ höher sind und der Zuschauer nicht wie z. B. beim Abonnement einer regionalen Tageszeitung dem „Lock-in-Effekt" unterliegt.
- Das Zuschauerverhalten für das Fernsehen zu kalkulieren und zu prognostizieren, erweist sich als eine besonders schwierige Aufgabe, da große Unsicherheiten bezüglich der Änderungen der Erwartungen und Präferenzen bestehen. So sind die Schwierigkeiten für Medienanbieter, Investitionen in Technologie und Inhalte zielgerichtet und nachhaltig vorzunehmen, für den TV-Markt relativ groß. Als Determinanten der Abnehmerstärke und Wettbewerbskraft der Zuschauer sind u. a. zu nennen:
- Fernsehen ist ein „multifunktionales Allroundmedium" (Ridder/Engel 2005: 431) und dient der Informationsversorgung, macht Spaß und sorgt für Entspannung, ebenso wie es Denkanstöße gibt und eine Gewohnheit darstellt (vgl. ebd. 426).
- Die Bedeutung von Entertainment nimmt weiter zu und bleibt hoch attraktiver Medieninhalt. Zu erwarten ist daher eher noch eine Zunahme von Serien, Telenovelas oder Quiz-Shows, da sie günstig zu produzieren sind und Zuspruch seitens der Rezipienten erfahren.
- Im Zuge der Digitalisierung findet eine nachhaltige Flexibilisierung des TV-Konsums statt, sowohl in räumlicher Hinsicht („Überall-Fernsehen") als auch in zeitlicher Hinsicht („Video on Demand"). Der Fernsehnutzer wird zu einer Art „Channel-Portfoliomanager", der viel stärker aktiv in das Medienangebot und die Mediennutzung eingreift.
- Das Fernsehen in seiner bisherigen Form könnte seine Rolle als Primärmedium der Mediennutzung einbüßen, die „Führungsrolle" an das Internet abgeben und sich zu einem Nebenmedium entwickeln. Schon heute ist TV in jüngeren Zielgruppen nicht mehr das unumstrittene Leitmedium, sondern wird vom Internet als Meinungsmacher abgelöst. Inwieweit diese Entwicklung Platz greift, hängt davon ab, ob das „passive Nutzungsparadigma des traditionellen Fernsehens" weiterhin Gültigkeit haben wird oder ob sich das Nutzungsverhalten in eine aktive Suchhaltung wandelt.
- Die Fernsehzuschauer stehen – unabhängig davon, ob sie ein aktives oder passives Nutzungsverhalten an den Tag legen – bei einer zunehmenden Programmvielfalt (TV-intramedial und extramedial im Hinblick auf WebTV) vor einem Informationsproblem und bewerten wirksame Navigationshilfen (EPG, Programmzeitschriften) grundsätzlich als positiv.
- Die Zahlungsbereitschaft für hilfreiche TV-Angebote könnte vor dem Hintergrund der steigenden Bedeutung von Interaktion merklich zunehmen. Wenn Interaktion von den Konsumenten als Instrument zur selektiven Steuerung der Fernsehinhalte aktiv gewünscht wird, sind sie eher bereit, kostenpflichtige TV-Dienste als Preis für mehr Freiheit und Selbstbestimmung über den TV-Konsum zu akzeptieren. Dieses zunehmende Bewusstsein der Werthaltigkeit von Information kann durch die Verknüpfung mit Onlineangeboten zu besseren Chancen für Paid Content führen.

Marktkraft 1 (2): Verhandlungsmacht der Abnehmer auf dem Werbemarkt
- Nach mehr als einer Dekade konstanten Wachstums ist seit dem Jahr 2000 ein deutlicher Rückgang im Netto-TV-Werbemarkt zu verzeichnen. Inzwischen sind die Erlöse aus den Einnahmequellen Werbung, Pay-TV und Rundfunkgebühren in etwa gleichauf.
- Die Nachfrage nach Werbezeiten weist eine äußerst hohe Nachfrageflexibilität auf.
- Die Bedeutung der Spotwerbung im Fernsehen („harte Werbung") nimmt kontinuierlich ab. Gleichzeitig werden Sonderwerbeformen, vor allem diejenigen, die vom Konsumenten besser akzeptiert werden, immer wichtiger. Dies führt zu einem Drang, das Trennungsgebot von Werbung und Programm aufzuweichen und Mischformen zu praktizieren, was mit dem Begriff „Programming" bezeichnet wird.

Marktkraft 2: Verhandlungsmacht der Lieferanten
- Die Bedeutung der Lieferanten im Fernsehmarkt hat in der Vergangenheit stetig zugenommen, was z. B. an den geradezu „abartigen" Steigerungsraten für Sportrechte in den letzten dreißig Jahren abzulesen ist. Da der „Hunger" nach Inhalten zunimmt, wird die Macht der Lieferanten, insbesondere von erfolgreich vermarktbarem Premium-Content, zunehmen. Wie schon für den Hörfunk festgestellt, werden die von Privatpersonen erzeugten Inhalte („User Generated Content") immer wichtiger.

Marktkraft 3: Bedrohung durch neue Anbieter
- Die Bedrohung der bestehenden Akteure im Fernsehmarkt durch neue Anbieter ist groß, da sich zahlreiche neue Akteure im Fernsehmarkt engagieren:
- Als neue Wettbewerbsteilnehmer treten im Fernsehmarkt vor allem die Kabelnetzbetreiber und die Telekommunikationsunternehmen auf, die zunehmend Programme und Fernsehkanäle anbieten. Sie sind finanzstark und haben die Macht, eigene Programmpakete sowohl im Free-TV als auch im Pay-TV professionell auf den Markt zu bringen. Kabelnetzbetreiber und Telefonkonzerne integrieren dabei das Medium Fernsehen im Zuge von vertikalen Geschäftsstrategien in ihre eigenen Angebote. Musterbeispiel ist „Triple Play".
- Zwischen den Kabelnetzbetreibern und den Telekommunikationsunternehmen herrscht ihrerseits Konkurrenz, da die Kabelbetreiber versuchen, ihre Kabelnetze zu hoch leistungsfähigen Multimedianetzen auszubauen, während Telekommunikationsanbieter ihre Telefonnetze aufrüsten und TV-tauglich zu machen versuchen. Welche Verbreitungswege sich durchsetzen, ist eine offene Frage.
- Angesichts der neuen (preiswerten) Möglichkeiten von Web-TV gehen inzwischen auch Wirtschaftsunternehmen dazu über, mit eigenen TV-Angeboten ihre Kommunikation „aufzurüsten".
- Schließlich sind Privatpersonen als „TV-Sender" von zunehmender Relevanz. So präsentieren – insbesondere jüngere – Mediennutzer auf Internet-Plattformen (z. B. YouTube oder myspace.com) selbst gedrehte Filmausschnitte, die z. T. eine extrem hohe Zugriffszahl erreichen. Privatpersonen als neue TV-Anbieter können jedenfalls nicht mehr ignoriert werden.

Marktkraft 4: Bedrohung durch Ersatzprodukte
- Entscheidenden Einfluss auf den Erfolg oder Misserfolg neuer Medienangebote im Fernsehen haben die „Early Adopters", also vor allem junge Mediennutzer, die als Trendsetter gelten können. Es ist erkennbar, dass besonders in dieser Gruppe bereits ein deutlicher Substitutionseffekt zulasten des Fernsehens und damit ein tiefgreifender Wandel in der Mediennutzung eingesetzt hat.
- Eine Studie schon des Jahres 2005 stellte für Medienkonsumenten im Alter von 14 bis 39 Jahren u. a. die folgenden Entwicklungen fest (vgl. IBM 2004): (a) Das Internet substituiert schon heute den TV-Konsum in einem marktrelevanten Ausmaß; (b) Das Internet hat das Fernsehen als Meinungsmacher abgelöst; (c) Das Fernsehen ist bei den 14-19-Jährigen als Primärmedium abgelöst; (d) Für die Mehrheit der 14- bis 19-Jährigen ist das Internet heute selbstverständlicher Bezugskanal für digitale Produkte (z.B. Download von Software, Audiomaterial, Bildern). Diese Nutzung ist bei der jüngsten betrachteten Zielgruppe um ca. 50 % stärker ausgeprägt als bei der ältesten.

Marktkraft 5: Rivalität der Wettbewerber untereinander
- Die Rivalität unter den Wettbewerbern im Fernsehmarkt hat mit Einführung des Privatfernsehens seit 1984 permanent zugenommen und erfährt durch die Digitalisierung einen zusätzlichen enormen Schub. Vor diesem Hintergrund ist festzustellen:

- Die Fragmentierung des TV-Marktes hat einen hohen Grad erreicht. Die Bedeutung von Zielgruppen-Fernsehen ist hoch und nimmt weiter zu. Gleichzeitig wird es schwieriger, für die einzelnen Angebote eine wirtschaftlich tragfähige Basis sicher zu stellen.
- Die Intensität des Wettbewerbs auf dem Fernsehmarkt steigt weiter.
- Verschärfend kommt hinzu, dass die Zahl der Fernsehhaushalte abnimmt, sich der „Kuchen" auf immer weniger Nachfrager verteilt.

Einige strategische Antworten der TV-Sender
- Die Anbieter auf dem Fernsehmarkt stehen angesichts dieser Befunde vor größten Herausforderungen. Auf welche strategischen Konzepte die etablierten Fernsehsender setzen sollten, mit denen sie die Zukunft bestehen können, ist eine schwierige Frage. Einige Ansätze könnten sein:
- Neue Erlöspotenziale: „Ein weiterer Trend in der Fernsehbranche ist die wachsende Marktpenetration mit internetfähigen Fernsehgeräten, auch als Smart- oder Hybrid-TV bezeichnet. Diese ermöglichen, mit dem heimischen Internetanschluss verbunden, einen Zugriff auf audiovisuelle Inhalte im Internet, die Nutzung von Apps und zunehmend auch den direkten und freien Internetzugang. ... Um den sich verändernden Zuschauergewohnheiten gerecht zu werden und diese für ihr eigenes Geschäft zu nutzen, müssen die TV-Sender ihr Angebot auch online in ansprechender Form und passenden Formaten bereitstellen. Die zunehmende Nutzung von Mediatheken und Catch-Up-TV, bei dem die Sender bestimmte Angebote, etwa Serien, einige Tage nach der Ausstrahlung im Internet zur Verfügung stellen, bindet die Zuschauer längerfristig und intensiver an die Sender. Zudem werden neue Werbeplätze geschaffen und mittelfristig zusätzliche Erlösquellen erschlossen" (PwC 2013: 78 f.).
- Organisatorische Herausforderungen: Mit der Konvergenz der Medien bei gleichzeitiger Divergenz der Zielgruppen erhöht sich die organisatorische Komplexität und erfordert neue Fähigkeiten des Managements, die Wertschöpfungsprozesse zu beherrschen und zu steuern. Der Ausbau der Informationssysteme wird zum Erfolgsfaktor.
- Investitionspolitik: Es besteht die Aufgabe, Investitionen gezielt in diejenigen Fähigkeiten und Ressourcen zu lenken, die als wertschöpfend anzusehen sind und einen entscheidenden Beitrag zur Wettbewerbsdifferenzierung leisten.
- Neue crossmediale Produktkonzepte, die auf Mehrwert und Weiterverwertung setzen.
- Pay-TV-Konzepte: Wenn sich privates Fernsehen immer mehr als Pay-TV etablieren sollte, werden die TV-Anbieter neue Produktpakete schnüren und mit neuen flexiblen Preismodellen versuchen, die traditionellen, relativ starren Tarifstrukturen abzulösen. Dies stellt allerdings hohe Anforderungen an die Abrechnungssysteme.
- Kooperation und Integration: Da neue Player in den Markt eindringen, können Kooperationskonzepte und der Versuch zu vertikaler Integration geeignete strategische Konzepte sein.

Im Zuge der Digitalisierung wird das Fernsehen über kurz oder lang Nutzungsbedingungen schaffen, die der Internetnutzung vergleichbar sind. Das heißt, Fernsehen wird sich durch Delinearisierung, Individualisierung und Mobilisierung auszeichnen. Wie im Netz ermöglicht Fernsehen die zeitlich und örtlich unabhängige Nutzung audiovisueller Inhalten. Fernsehkonsum ist überall möglich, jederzeit und auf den situativen persönlichen Bedarf zugeschnitten.

Vor welch tiefgreifendem Wandel damit auch die (digitale) Gesellschaft steht, ist mit den folgenden Begriffen markiert worden (vgl. Schneider 2008: 21 ff.): (1) Beschleunigung aller gesellschaftlicher, sozialer, ökonomischer und kultureller Prozesse. (2) Komplexität, die vor allem als Last für die Nutzer empfunden wird. (3) Individualisierung als Möglichkeit zur Adressierung spezieller Publika, gleichzeitig aber auch der Verlust von Privatheit. (4) Globalisierung, die für Medien-, insbesondere TV-Produkte völlig neue Märkte schafft. (5) Digitalisierung als kongeniale Technologie, die alle Bereiche antreibt.

6.8 Film- und Kinomarkt

Das **Marktpotenzial** des deutschen Film- und Kinomarktes kann aufgrund seiner Heterogenität nur differenziert beurteilt werden. Gemäß der Film-Wertschöpfungskette sind auf vier Stufen die folgenden Akteure zu unterscheiden:

- Vorbereitung: Drehbuch-Autoren;
- Herstellung: (a) Kinofilm-Produzenten, (b) TV-Produzenten, (c) Videofilm-Produzenten, (d) Industriefilm-Produzenten, (e) Werbefilm-Produzenten;
- Handel: Rechtehändler (nur Rechte);
- Distribution: (a) Distributionskanal Filmtheater (Kino): Filmverleih (Inland), Filmtheater (Kinos), (b) Distributionskanal Kauf und Verleih: Videoprogramm-Anbieter, Videotheken, (c) Distributionskanal Fernsehen: TV-Sender (Pay-TV, Free-TV), (d) Distributionskanal Ausland: Filmvertrieb.

Der Film- und Kinomarkt lässt sich unterschiedlich abgrenzen, zum einen in einem umfassenden Sinne als die Summe der Wertschöpfungen aller vier Stufen mit einem deutlich zweistelligen Umsatzvolumen, zum anderen im engeren Sinne als die Erlöse aus der Kino-, Video- und DVD-Verwertung (Punkte (a) und (b) der Stufe der Distribution) mit einem Umsatzvolumen von 2,83 Mrd. Euro im Jahr 2012.

Auf der Stufe der Herstellung dominieren bei der Kinofilm-Produktion die US-amerikanischen Produzenten, die untrennbar mit dem Namen Hollywood verbunden sind. Bis heute beherrschen die US-Filmfirmen den Kinomarkt sowohl auf der Produktions- als auch auf der Vermarktungsseite. Im Zentrum stehen die „Majors", das sind die großen „Spieler" (Big Players) am Filmmarkt wie Time Warner oder Disney. Daneben gibt es kleinere Firmen, die „Independents", die sich ganz vorrangig im Low-Budget-Bereich bewegen. Die Majors dominieren sowohl Produktion als auch Vertrieb und sind zumeist auch an den Kinoketten beteiligt. Vor diesem Hintergrund spielt die deutsche Kinofilmproduktion nur eine eher nachgeordnete Rolle. Dies drückt sich u. a. dadurch aus, dass an den deutschen Kinokassen die großen Kinoerfolge aus den USA („Blockbuster") mit einem Besuchermarktanteil von drei Vierteln klar dominieren. Deutsche Produktionen können demgegenüber nur ca. ein Viertel Marktanteil auf sich ziehen, allerdings mit steigender Tendenz. Angesichts dieses Befundes ist es verständlich, dass die deutsche Filmproduktion weniger auf das Kino als vielmehr auf das Fernsehen ausgerichtet ist. Nur ganz wenige deutsche Produktionsfirmen drehen kontinuierlich Kinofilme.

Die Entwicklung des Film- und Kinomarktes (im engeren Sinn) ist durch Stagnation gekennzeichnet, zum einen durch einen weiterhin rückläufigen Kinobesuch, zum anderen durch stagnierende Verkaufszahlen bei den Bildträgern. Das Marktpotenzial ist daher – aktuell, aber auch in mittelfristiger Hinsicht – als eher schwach zu beurteilen. Der Markt weist einen hohen Sättigungsgrad auf und kann nur durch neue Produkte in Bewegung gebracht werden. Als besonders kritisch ist die zunehmende Filmpiraterie zu bewerten, die möglicherweise analog zu den Problemen des Musikmarktes sogar zu einer nachhaltigen und dauerhaften Schrumpfung des Marktes führen könnte.

Der Film- und Kinomarkt in publizistischer Hinsicht

Kommunikatoren, Anbieter
- Filmunternehmen: (1) Unternehmen, die auf die Abdeckung der gesamten Wertschöpfungskette ausgerichtet sind: insbesondere große US-amerikanische Medien-„Imperien" (Majors); (2) Spezialisierte Nischenanbieter, weniger große Firmen (Independents).
- Wichtige US-Major Studios: Buena Vista, Warner Bros., Universal, Sony Columbia, Twentieth Century Fox, Paramount, Lionsgate, Open Road Film, Weinstein.
- Unternehmen der Filmwirtschaft (2011): 7.626 (Firmen mit mehr als 17.500 Euro steuerpflichtigem Jahresumsatz). Davon: Herstellung von Filmen, Video- Fernsehfilme 5.118; Nachbearbeitung und sonstige Filmtechnik 851; Filmverleih/-vertrieb (ohne Videotheken) 792; Kinos 865. Hoher Fragmentierungsgrad. Große deutsche Filmproduktionsunternehmen: Bavaria, Constantin, Odeon, Senator, Tele München, UFA Film & TV Produktion, Unitel.
- Spezifika deutscher Produktionen: Fernsehsender als Auftraggeber
- Filmverleihfirmen: Warner Bros., Universal Pictures, Walt Disney Studios, Twentieth Century Fox, Sony Pictures, Constantin Film Verleih, Senator Film Verleih, Tobis Film.

Produkte, Inhalte
- International: EU-Produktion Spielfilme/Dokumentarfilme: 1.299.
- Deutschland: Anzahl erstaufgeführter deutscher Filmproduktionen: Langfilme gesamt: 241; davon Spielfilme: 154 (davon deutsche Eigenproduktionen: 86, Koproduktionen: 68), Dokumentarfilme: 87. Tendenz: vor 2008 steigend; davor lange Jahre Stagnation; zum Vergleich 2003 107 Filme.
- DVD-Kaufmarkt Top 7: Ziemlich beste Freunde, Colombiana, Cowboys & Aliens, Hangover 2, The Tribute von Panem, Mission Impossible, Killer Elite.
- Werbung: FSK-geprüfte deutsche Werbefilme: 492.

Transportwege
- Kino: (1) Anzahl gesamt: 1.652; Kinostandorte 909. Leinwände: 4.617 mit 787 Tsd. Sitzplätzen; digitale Leinwände 3.134; 3D-Leinwände 1.668. (2) Kino-Typen: Standard-Kino, Multiplexe, Imax-Theater, Programmkino. (3) Spezielle Abspielorte: Open-Air-Kino, Cityplexe. (4) Spartenkinos: Filmkunstkino, Studiotheater, Action-Kino, Familienkino. (5) Multiplexe haben Anteil von 28 % aller Leinwände. Einrichtung von Multiplex-Kinocentern auch in Mittelstädten. Anteil der Besucher in Multiplexen 48 %. (6) Digitalisierung: Umstieg auf digitale Signale (transportiert über Satellit und Breitbandkabel): seit 2010 rasant (u. a. wegen staatlichen Förderhilfen). Digitalisierungsgrad 2012: 68 %. (7) Zunehmende Konkurrenz: Qualitäts-„Heimkino" (DVD, Blu-ray, HDTV, Ultra-HD).
- Video on Demand (VoD) physisch: (1) Verkauf (Points of Sale): Media Markt etc., Online-Handel, Buchhandlungen. (2) Verleih: Anzahl der Videotheken: 2.208 (seit Jahren kontinuierlich rückläufig, zum Vergleich 2002: 4.488).
- Video on Demand (VoD) digital: (1) Free VoD (frei abrufbare Inhalte): vorrangig Kundenbindung); (2) Elektronischer Erwerb eines Films (EST – Electronic Sell Through, als Download to Burn oder Download to Own): Einmalzahlung pro Film; (3) Ad-supported VoD (A-VoD): werbefinanziertes VoD; (4) Subscription VoD (S-VoD): im Abonnement; (5) Transactional VoD (T-VoD): Filmausleihe per VoD, zeitlich begrenztes Nutzungsrecht, i. d. R. 24 oder 48 Stunden.

Rezipienten
- Kino: (1) Reichweite: 44 % der Bevölkerung ab 10 Jahren hat 2012 mindestens einen Film im Kino gesehen. (2) Besuchsintensität: (1) Durchschnitt 4,4; (2) 1 Kinobesuch/Jahr: 41 %; (3) 2-3: 34 %; (4) 4-6: 15 %. (3) Kinobesuche: 135,1 Mio.; Kinobesuche pro Einwohner und Jahr: 1,7 (zum Vergleich: USA/Kanada ca. 5). Kinobesucherzahlen seit 2005 relativ konstant. Anteil Filmbesuch deutscher Filme: 24,0 Mio. Besucher / 18,1 %. (4) Kino-Nutzung: Hauptnutzung in der Bevölkerung nach Alter: 10 bis 29 Jahre (Tendenz abnehmend). Zunahme bei 40-49 Jahren.
- Video: (1) Video-Nutzung: überdurchschnittlich nach Sinus: Adaptiv-pragmatisch, Expeditiv, Hedonisten. (2) Ausstattungsgrad (2013): DVD-Recorder/DVD-Player: 81,4 % aller privaten deutschen Haushalte; Videorecorder 45,5 %; Festplattenrecorder 13,5 %.

Der Film- und Kinomarkt in ökonomischer Hinsicht

Marktvolumen
- Gesamt-Volumen Umsatzerlös Filmverwertung (Filmtheater plus Heim-Video): 2,83 Mrd. Euro. Weltweiter Kino-Umsatz 34,7 Mrd. US-$.
- Verteilung: (1) Kino: 1,12 Mrd. Euro (davon Erlöse aus Kino-Eintritten (Boxoffice) 1,03 Mrd. Euro, Erlöse aus Kinowerbung 0,09 Mrd. Euro). (2) Erlöse aus dem Home Entertainment-Bereich (Home Video) 1,71 Mrd. Euro.
- Verteilung Home Entertainment-Bereich: (1) Umsätze physischer Verleih und Verkauf 1,59 Mrd. Euro; (2) Umsätze digitaler Verleih und Verkauf 0,12 Mrd. Euro.
- Anzahl der verkauften Bildtonträger: 112,5 Mio., davon: Standard Definition 89,4 Mio.; High-Definition 23,1 Mio.
- Netto-Werbeeinnahmen Filmtheater: 0,09 Mrd. Euro.
- Filmförderung durch Bund und Länder: ca. 350 Mio. Euro.
- Umsatzstärkste deutsche Filme (in Deutschland, in Mio. Zuschauern): Türkisch für Anfänger 2,4; Cloud Atlas 1,1; Fünf Freunde 1,0; Rubbeldikatz 1,0; Hanni & Nanni 2: 0,9.
- Umsatzstärkste internationale Filme (in Deutschland; in Mio. Zuschauern): Ziemlich beste Freunde 8,9; Skyfall 7,4; Ica Age 4 – Voll verschoben 6,7; Der Hobbit: Eine unerwartete Reise 4,4; Madagascar 3: Flucht durch Europa 3,9.
- Erfolgreichste Filme (weltweite Einspielergebnisse): Avatar 2,8 Mrd. $; Titanic 2,2 Mrd. Dollar; Avengers 1,5 Mrd. $; Harry Potter und die Heiligtümer des Todes Teil 2: 1,3 Mrd. $; Iron Man 3 1,2 Mrd. $. ... Krieg der Sterne 0,8 Mrd. $.

Angebotsseite
- Konzentrationsgrad: (1) Deutsche Filmproduktion hoher Fragmentierungsgrad: 80 % aller Filmproduktionsunternehmen produzieren max. einen Film pro Jahr. Daher eher polypolistische Struktur. (2) USA: oligopolistische Marktstruktur.
- Beschäftigte: 38.212 (sozialversicherungspflichtig Beschäftigte in der Filmwirtschaft). Davon Film-, Videofilm-, TV-Programm-Herstellung: 23.272; Nachbearbeitung und sonstige Filmtechnik 4.560; Filmverleih/-vertrieb (ohne Videotheken 2.234; Kinos: 8.146.
- Beschäftigte nach Bundesländern: Baden-Württemberg 2.080; Bayern 8.438; Berlin 5.402, Brandenburg 2.251; Bremen 207; Hamburg 3.350; Hessen 1.806; Mecklenburg-Vorpommern 179; Niedersachsen 1.256; Nordrhein-Westfalen 9.451; Rheinland-Pfalz 789; Saarland 148; Sachsen 1.349; Sachsen-Anhalt 481; Schleswig-Holstein 612; Thüringen 413. Summe: 38.212.
- Durchschnittliche Produktionskosten erstaufgeführter deutscher Spielfilme: 3,4 Mio. Euro. (ausschließlich deutsche Produktionen 2,3 Mio. Euro; deutsch-ausländische Koproduktionen 8,0 Mio. Euro). Zum Vergleich: USA ein Vielfaches, Frankreich deutlich höher.
- Durchschnittliches Werbebudget bei Hollywood-Filmen 1950 ca. 5-7 %, heute bei 50 % der Negativ-Kosten und höher.
- Hohe Markteintrittsbarrieren. Gründe: (1) Kostenintensität der Filmproduktion, bes. Blockbuster, (2) Track-Record (Referenzliste erfolgreicher Produktionen) wirkt als strategische Markteintrittsbarriere. (3) Schwieriger Zugang zu erfolgreichen Ressourcen (Schauspieler, Finanzen). (4) Stark ausgeprägte vertikal integrierte Strukturen der großen internationalen Marktteilnehmer.

Nachfrageseite
- Besucherzahl Kinos: 135,1 Mio.; Kinobesuche pro Einwohner: 1,65 (Tendenz: konstant).
- Rezipientenmarkt: Preis-Elastizität der Nachfrage: mittel bis hoch; Reaktanz gegenüber Werbung: sehr gering.
- Werbemarkt: Werbestärkste Branchen: typischerweise Zigaretten, Bier, Medien, Auto, Alkohol.

Koordination von Angebot und Nachfrage
- Erlösmodell Kinomarkt: Durchschnittlicher Eintrittspreis 7,65 Euro (zum Vergleich 2004: 5,70 Euro). Durchschnittlicher Video-Kaufpreis (physischer Verkauf, Standard Definition): 11,43 Euro.
- Erlösmodelle Werbemarkt Kino: preiswert, geringe Streuverluste, durchschnittlicher Tausendkontaktpreis ca. 6 Euro.

Der Film- und Kinomarkt in strategischer Hinsicht

Marktstruktur: Marktkräfte nach Porter („Five Forces")

Marktkraft 1: Verhandlungsmacht der Abnehmer auf dem Rezipientenmarkt

- Bei der deutschen Filmproduktion ist die Anbieterseite durch eine starke Zersplitterung in viele kleine und mittelständische Filmproduktionsunternehmen gekennzeichnet. Aktiv sind mehr als 5.000 Unternehmen, die zum weitaus größten Teil nur Umsätze von weniger als fünf Mio. Euro erzielen. Damit dominieren in der Branche die Kleinstunternehmen (vgl. Weber/Rager 2006: 130 f. – ein Befund, der auch heute noch gilt). Da der Anteil des Kinofilms gering ist, befindet sich die Branche in starker Abhängigkeit von der Fernsehproduktion. Angesichts der sehr ausdifferenzierten Anbieterstruktur verfügen die Fernsehsender über eine geballte Nachfragemacht, die noch dadurch verstärkt wird, dass im deutschen Fernsehen lediglich drei große Sendergruppen bzw. -familien den Markt dominieren – die öffentlich-rechtlichen Rundfunkanstalten, die RTL Group und die ProSiebenSat.1-Gruppe. Die Macht der TV-Sender ist so groß, dass sie zumeist in der Lage sind, die Preise für die Fernsehproduktionen einseitig zu diktieren und sich bei den Rechten zur weiteren Verwertung Vorteile verschaffen können. Die Position der Anbieter ist daher gegenüber den Fernsehsendern als ausgesprochen schwach zu bezeichnen. Wenn die Fernsehsender z. B. Kosteneinsparungen vornehmen oder Konjunktureinbrüche auftreten, die zur Kürzung vor allem der Werbeetats führen, wirkt sich dies unmittelbar auf die Auftragslage der Filmproduzenten aus (vgl. Ernst & Young 2005: 97).
- Entlang der Kino-Wertschöpfungskette ist festzustellen, dass der Verleih eine sehr starke Position gegenüber den Produzenten und Kinobetreibern hat. Filmverleiher übernehmen die Kosten für die Filmrechte, für Kopien, Synchronisation und Marketing, so dass sie sehr genau prüfen, für welche Kinofilme sie sich engagieren und in ihr Programmaufnehmen. Unterschiedlichste Finanzierungsmodelle spielen dabei eine Rolle (vgl. Ernst & Young 2005: 100). Da die US Majors die von ihnen produzierten Filme in Eigenregie verwerten, d. h. über deutsche Verleih-Tochtergesellschaften, besitzen die deutschen Verleiher nur eine ergänzende Marktposition.
- Im Hinblick auf die End-Konsumenten ist seit Jahren festzustellen, dass sich in der für den Film- und Kinomarkt besonders wichtigen Gruppe der unter 40-Jährigen ein deutlicher Trend zur Reduktion des Kinobesuchs und eine gewisse Erlahmung der Kaufbereitschaft von Video-Produktionen abzeichnet (vgl. PwC 2006: 17). In jüngster Zeit gab es Zeichen der Stabilisierung.
- Die Kinos haben daher zunehmend das Problem einer zu geringen Auslastung ihrer Filmtheater („Over-Screening"), die sie seit 1990 in Richtung von Großkinos mit Erlebnischarakter („Multiplexe") ausgebaut hatten (vgl. Ernst & Young 2005: 102 f.). Verschärft wird diese Entwicklung durch die rückläufige Bevölkerungsentwicklung.

Marktkraft 2: Verhandlungsmacht der Lieferanten

- Im Hinblick auf die Zulieferung von Leistungen zeichnet sich die Filmproduktion dadurch aus, dass vielfältige externe Dienstleistungen in Anspruch genommen werden. Dies betrifft zum einen die Mitarbeiter, die ganz überwiegend als freie Mitarbeiter projektbezogen beschäftigt werden, zum anderen alle Sachleistungen, die ebenfalls vorrangig vom freien Markt bezogen werden. Die meisten Filmproduzenten agieren also mit sehr knapp bemessenem fest angestelltem Personal und setzen überwiegend auf den Zukauf der erforderlichen Leistungen. Damit verschaffen sie sich Flexibilität und Unabhängigkeit.
- Nur wenige große Filmproduzenten vereinen alle Aktivitäten von der Kino-, TV- und Industriefilm-Produktion über den Verleih bis hin zur Rechte-Verwertung unter einem Dach (vgl. Ernst & Young 2005: 97).

Marktkraft 3: Bedrohung durch neue Anbieter

- Die Bedrohung der bestehenden Akteure durch neue Anbieter ist für den Film- und Kinomarkt als vergleichsweise gering zu bezeichnen, da eine starke Vermachtung der Positionen vorliegt. Hinzu kommt die Problematik sehr hoher Risiken der Filmproduktion, die auf neue Anbieter prinzipiell eher abschreckend wirkt. Ein Beleg ist die Filmförderung in Deutschland, mit der Länder und Bund versuchen, in einem stark international geprägten Umfeld den deutschen Film als Kultur- und Wirtschaftsgut zu erhalten.

Marktkraft 4: Bedrohung durch Ersatzprodukte
- Im Brennpunkt steht das Problem der Urheberrechtsverletzungen bzw. „Piraterie". Zu erwarten ist, dass sich mit weiter fortschreitender Digitaltechnik und technischer Aufrüstung des Internet das Bedrohungsszenario für die Filmindustrie verschärft. Wie im Musikmarkt stellen sich der illegale Konsum und die illegale Vervielfältigung als bedrohliches Massenphänomen dar. „Gleichzeitig birgt das Internet die Gefahr erheblicher Umsatzeinbußen für die Filmwirtschaft, die weiterhin stark unter den Folgen von Urheberrechtsverletzungen leidet. Mehr als die Hälfte aller Kinofilme war im Jahr 2008 illegal im Internet verfügbar und die Zahl illegaler Downloads nimmt weiterhin zu. Diese Entwicklung wird der Filmwirtschaft nachhaltig erheblichen Schaden zufügen. Die Umsatzausfälle werden auf mehrere 100 Millionen Euro pro Jahr beziffert" (PwC 2009: 30), ein Befund, der heute mehr denn je seine Berechtigung hat.
- Zunehmende Konkurrenz entsteht durch die technische Weiterentwicklung des Home-Entertainment (Blu-ray, HDTV) mit kinoähnlichen Erlebnismöglichkeiten.

Marktkraft 5: Rivalität unter den Wettbewerbern
- Die Rivalität unter den Wettbewerbern ist auf dem Film- und Kinomarkt als differenziert zu betrachten. Bei der Kinofilm-Produktion findet der Wettbewerb im internationalen Kontext statt, wobei die US-amerikanischen Akteure klar dominieren. Deutsche Akteure sind nicht in der Lage, entscheidende Impulse zu mehr Wettbewerb zu setzen. Was die TV-Filmproduktion anbelangt, herrscht demgegenüber ein sehr starker Wettbewerb unter den Produzenten. Dieser wird dadurch abgeschwächt, da sich die TV-Sender stabiler Partnerschaften vor allem im Produktionsdreieck München, Hamburg und Köln bedienen. Auf der Stufe der Distribution herrscht ein hohes Maß an Rivalität zwischen allen beteiligten Akteuren in den Bereichen Kino, Verleih und Videokauf.

Strategische Konzepte
- Die deutschen Kinofilm-Produzenten müssen versuchen, mit ihren Produktionen der ausländischen Konkurrenz standzuhalten. Erste klare Erfolge sind diesbezüglich zu verzeichnen.
- Die TV-Produzenten müssen versuchen, mit schlagkräftigen Wirtschaftsunternehmen dem hohen Grad der Zersplitterung zu begegnen.
- Für die Rechtehändler kann mit der Digitalisierung das traditionelle Geschäftsmodell in Frage gestellt werden, indem sie ihre Rolle als intermediäre Instanzen zugunsten einer Direktverbindung zwischen den großen Studios und den Nutzern einbüßen.
- Die Filmtheater-Betreiber führen die digitale Kino-Präsentation über Play-Out-Service-Center ein. Hierbei erhalten sie die Filme nicht mehr als Zelluloid-Kopie, sondern in digitaler Form auf einem Datenträger, per Satellit oder über Breitbandkabel. Die Umstellung der Wertschöpfungskette auf die digitale Plattform führt zu erheblichen Zusatzkosten. Zusätzlich stehen die Kinos vor dem Problem, dass in Zukunft möglicherweise Filme bereits zum Kinostart auf DVD veröffentlicht werden, womit sich die klassische Verwertungskette drastisch ändern würde. Erste Versuche in dieser Richtung werden bereits unternommen. Kinobetreiber sind daher dazu verurteilt, neue Formen der Kinonutzung zu entwickeln, um der Abwanderung von Zuschauern entgegen zu wirken.

Nachfolgend sei eine Wortmeldung von Hennig-Thurau zu den Herausforderungen für die deutsche Filmindustrie in komprimierter Form nach Themen abgebildet (vgl. Hennig-Thurau 2009: 12 ff.):
- Übergreifende Herausforderungen: (1) Digitalisierung: Frage der Kostentragung für den anstehenden Umrüstungsprozess im Kino. (2) Auswertungsfenster: Notwendigkeit, sich auf Seiten der Kinobetreiber für neue Modelle offen zu zeigen. (3) Piraterie: Entwicklung von Aussagen über die Effektivität von Anti-Piraterie-Strategien.
- Herausforderungen für Produzenten und Verleiher: (1) Zentrales Problem: hohes Maß an Atomisierung; Schaffung größerer Organisationseinheiten ist erstrebenswert. (2) Bessere Erfolgsprognosen, weg vom „Bauchgefühl" und von „heuristischen Prozeduren" im Management.
- Herausforderungen für Kinobetreiber (ebd. 19 f.): (1) „Das Kino sollte verlorene Filmkompetenz zurückgewinnen und Multi-Channel-Anbieter werden". (2) „Das Kino sollte Ertragspotenziale durch intelligente Preispolitik realisieren". (3) „Das Kino sollte Betriebstypendifferenzierung betreiben". (4) „Die Kinos sollten Dienstleistungsqualität konsequent managen".
- Herausforderungen für Förderer: (1) Mehr Forschung und analytische Kompetenz. (2) Professionalisierung der Entscheidungsstrukturen und -prozesse in den Gremien.

6.9 Musikmarkt

Die Wertschöpfungskette des Musikmarktes verläuft in drei Stufen und umfasst die folgenden Akteure, wobei das Marktgeschehen auf allen Stufen von großen „Global Playern" beherrscht wird, den sog. „Majors" bzw. "Major Labels": Universal Music Group, Sony Music Entertainment, Warner Music Group und EMI Music:

- Stufe 1: Entwicklung. Künstlerische Akteure: Autoren (Komponisten, Textdichter), Interpreten; Musikverlage („Verleger", „music publisher": Verwalter und Vermarkter der Urheberrechte von Komponisten und Musikern).
- Stufe 2: Produktion. Akteure: Musikproduzenten (klassische „Plattenproduzenten"), Ton- und Videostudios, Tonträger- und Video-Hersteller.
- Stufe 3: Verwertung. Akteure: (a) Verkauf von Ton- und Bildträgern: Musikdistribution/-handel (Unterstützung durch Musikproduzenten); (b) Sendung, Kino-Vorführung: Radio-/Fernseh-/Filmindustrie; (c) Aufführung: Konzertveranstalter; (d) Werbung: Musikalische Untermalung von Werbespots; (e) Akteure der Randnutzung (Merchandising, Licensing).

Der Musikmarkt weist ein Marktvolumen von 1,44 Mrd. Euro auf. Darin spiegeln sich die Konsumentenausgaben für Alben, Singles und Musikvideos sowie für digitale und mobile Musik wider. Sein **Marktpotenzial** für die Zukunft abzuschätzen, erscheint schwierig. Für eine positive Entwicklung des Musikmarktes spricht die Tatsache, dass Musik in Deutschland stets als ein wichtiges Kulturgut sowohl der Hochkultur als auch der Alltagskultur verstanden wurde und auf eine lange Geschichte zurück blicken kann. Diese Rolle dürfte sie prinzipiell beibehalten.

> Ein geschichtlicher Einblick: Im Jahr 1887 erfolgte die Erfindung des Grammophons. Dies war der Beginn der Vervielfältigung von Tonträgern und der Beginn des Massenkonsums von Musik.

Eher düstere Aussichten ergeben sich beim Blick auf die technologischen Veränderungen. Im Zeitalter der analogen Technik war der Musikmarkt stabil, was sich ab 2000 im Zuge der Digitalisierung der Wertschöpfungskette völlig umkehrte. So ist seitdem ein stetiger Umsatzrückgang festzustellen, der den traditionellen Tonträgermarkt geradezu einbrechen ließ. Zahlreiche Insolvenzen, defizitäre Jahresabschlüsse, Verkäufe ganzer Unternehmen und Fusionen prägten das Bild. Musik erscheint insofern eher als ein Verlustgeschäft. Als Hauptgrund für die wenig erfreuliche Entwicklung wird von den Verantwortlichen im Musik-Business das weitverbreitete illegale Raubkopierverhalten herausgestellt. Allerdings erwartet man gegenläufige Entwicklungen, die legale Downloads und Musikstreaming zur Normalität werden lassen und dazu beitragen könnten, dass der Musikmarkt mittelfristig wieder wächst.

> „In Deutschland gibt es inzwischen ein sehr breites legales Angebot von digitaler Musik auf rund 70 Plattformen im Internet. Es reicht von Downloadplattformen über Abo-Angebote bis hin zu werbefinanzierten Services. Musiktitel zum Download werden dabei außer den bekannten großen Anbietern wie iTunes und Amazon auch von kleineren Genre-Spezialisten angeboten, wie beispielsweise Beatport, djshop oder ClassicsOnline. Einige Downloadplattformen bieten neben dem Einzelverkauf auch Abonnements an. Online-Anbieter haben in die Attraktivität und Nutzerfreundlichkeit der legalen Plattformen investiert. ... Diese Entwicklung kann dazu beitragen, die illegale Musiknutzung weiter einzuschränken" (PwC 2013: 104 f.).

Der Musikmarkt in publizistischer Hinsicht

Kommunikatoren, Anbieter
- Hauptakteure: Große Musikunternehmen („Majors", „Major Labels"), die als integrierte Anbieter die gesamte Wertschöpfungskette von der Akquisition von Künstlern bis zur Auslieferung an den Handel abdecken. Die „Big Four": Universal Music Group, Sony Music Entertainment, Warner Music Group, EMI Music. Daneben agieren zahlreiche kleinere Unternehmen ("Independants").
- Musikverlage („Publisher"): Alle Major Labels unterhalten auch eigene Musikverlage (Universal Music Publishing, EMI Music Publishing, Sony/ATV Music Publishing, Warner/Chapel Music).
- Anteile am deutschen Musikmarkt für Tonträger 2010 (Wirtz 2013: 563): (1) Universal Music 28 %; Sony BMG (Tochter von Sony Music Entertainment) 22 %, Warner Music 10 %, EMI 8 %. (2) Unabhängige „Independents" bzw. „Independent Labels": zusammen 32 % des Umsatzes.
- Wichtige Kommunikatoren sind die Verwender von Musik: Radio-, TV-Unternehmen (in ihren Programmen), die Filmindustrie (Musik als Bestandteil von Filmen, Musikfilme), auch Privatpersonen (private Mitschnitte, eigene Musikaufnahmen, Verwendung im privaten Bereich).

Produkte, Inhalte
- Weltweit erhältliche Download-Titel: 30 Mio. (2003: 1 Mio.).
- Traditionelle Klassifikation von Musik: (1) Unterhaltungsmusik (U-Musik), (2) Klassik (Ernste Musik, E-Musik), (3) Funktionale Musik (F-Musik, z. B. Filmmusik, Kirchenmusik, Militärmusik).
- Musik für mobile und stationäre Endgeräte: Klingeltöne, Freizeichentöne (Ringback Tunes, bei denen der Anrufer anstelle eines Freizeichens Musik hört).
- Musik als User Generated Content (z. B. auf Video-Plattformen z. B. You Tube, myspace.com).
- Neue Geschäftsfelder für Musikunternehmen: Musikveranstaltungen, Ticketing, Merchandising.

Transportwege
- Physische Musikdistribution: (1) Einzelhandel: Verkaufsläden, Supermärkte; (2) Versandhandel, Online-gestützter Versand (z. B. Amazon); (3) Direktversand vom Hersteller; (4) Buch-Clubs.
- Digitale Musikdistribution: (1) Legale Downloads: Singles, Alben; (2) Musikstreaming; (3) Klingeltöne, Sonstiges; (4) Illegale Downloads (Tauschbörsen, Peer-to-Peer – „P2P").
- Top 5 Musikhändler (physisch/Downloads): Amazon, Media Markt, Saturn, iTunes, Müller.
- Top 5 Downloadshops: iTunes, Amazon, Musicload, Media Markt, Saturn.

Rezipienten
- Reichweite Tonträger (CD/LP/MC/MP3)(Mo-So 5:00-24:00 Uhr, Bevölkerung ab 14 J. / 2010): gesamt 25 %, d. h. jeder vierte Bundesbürger nutzte 2010 auditive Speichermedien (ARD/ZDF-Langzeit-studie Massenkommunikation).
- Reichweite bei 14-29-Jährigen 2010: 53 % (ARD/ZDF-Langzeitstudie).
- Zeitbudget Tonträgernutzung 2010: 35 Min./Tag (ARD/ZDF-Langzeitstudie).
- Hörgewohnheiten in Deutschland: Mediennutzung der letzten 7 Tage, proz. Anteile an der Gesamtzeit des Musikhörens (IFPI 2013): (1) Radio (terrestr.) 34 %; (2) Digitale Dateien (Computer-Festplatte oder anderer Speichermedien) 24 %; (3) Physische Tonträger 21 %; (4) Video-Streaming 6 %; (5) Abo-Services (z. B. Napster, Juke, simfy Premium); (6) Werbefinanzierte Streaming-Services (z. B. Spotify Free); (7) Sonst. Audio-Streaming (z. B. Webradios, Last fm) 8 %.
- Nutzer-Schwerpunkt nach Sinus-Milieus (Tages-Reichweite Personen ab 14 Jahren): Durchschnitt 25 %. Ranking: 1. Expeditiv 43 %; 2. Performer 33 %; 3. Hedonistisch 36 %; 4. Sozialökologisch 27 %; 5. Liberal-intellektuell 26 %; 6. Konservativ-kultiviert 25 %; 7. Adaptiv-pragmatisch 24 %; 8. Bürgerliche Mitte 19 %; 9. Prekär 18 %; 10. Traditionell 12 %.
- Nutzung von Audioquellen: (1) Radio nach wie vor bevorzugte Quelle für Musik. (2) Starke Altersabhängigkeit der Nutzung neuer digitaler Musikangebote. 14-29-Jährige: Radio nicht mehr uneingeschränkt bevorzugte Quelle; mindestens wöchentlicher Gebrauch kostenloser Videostreaming-Portale (YouTube, Vimeo, Dailymotion etc.) feststellbar (vgl. Lepa et al. 2013: 547).
- Große Vielfalt an Endgeräten, die Fähigkeit zum Musiktransport besitzen: Plattenspieler, Tape-Deck, CD-/DVD-Blu-ray-Player, PC, Tablet-PC, Laptop, Spielekonsole, Radio-Tuner, MP3-Player, TV, Smart-TV, Mobiltelefon/Smartphone.

Der Musikmarkt in ökonomischer Hinsicht

Marktvolumen
- Gesamt-Umsatz-volumen Deutschland 1,44 Mrd. Euro.
- Verteilung nach Vertriebswegen: (1) Physischer Musikvertrieb 1,14 Mrd. Euro (davon Alben 1,04 Mrd. Euro; Singles 0,01 Mrd. Euro, Musikvideos 0,09 Mrd. Euro). (2) Digitaler Musikvertrieb 0,30 Mrd. Euro (davon lizenzierte Downloads 0,25 Mrd. Euro; Musikstreaming 0,04 Mrd. Euro).
- Legale Musik-Download-Umsätze damit 253 Mio. Euro (zum Vergleich 2004: 9 Mio. Euro).
- Absatz in Stück: (1) Physische Träger: gesamt: 103,7, davon: Alben 94,6 Mio.; Singles 2,5 Mio.; Musikvideos: 6,6 Mio. (2) Lizenzierte Downloads 114,6 Mio. (zum Vergleich 2004: 7,9 Mio.), davon: Singles 97,1 Mio., Alben 17,5 Mio.; desweiteren Musikstreaming, Klingeltöne.
- Umsätze in den Teilmärkten: (1) Pop National: 486 Mio. Euro, Download-Anteil 17 %; (2) Pop International: 506 Mio. Euro, Download-Anteil 29 %; (3) Klassik: 85 Mio. Euro, Download-Anteil 5 %; (4) TV-Compilations: 136 Mio. Euro, Download-Anteil 12 %; (5) Kinderprodukte: 102 Mio. Euro, Download-Anteil 6 %; (6) Hörbücher: 81 Mio. Euro; Download-Anteil 2 %.
- Umsatzanteile der Teilmärkte am Gesamtumsatz: Pop National 34,8 %; Pop International 36,2 %; Klassik 6,1 %; TV-Compilations 9,7 %; Kinderprodukte 7,3 %; Hörbücher 5,8 %.
- Weltmarkt für Musikprodukte (2010 / Wirtz 2013: 561): 24,3 Mrd. US-$ (rückläufig). Umsatzanteile der fünf wichtigsten Tonträgermärkte am Weltmarkt: USA 30,2 %; Japan 22,0 %; Deutschland 8,3 %; Großbritannien 8,2 %; Frankreich je 5,3 %.
- Verkaufte Musikprodukte weltweit (2007): 2,95 Milliarden (leichte Zunahme). Anteile: USA 541,7 Mio., Japan 215,1 Mio., Großbritannien 148,5 Mio., Deutschland 130,6 Mio., Frankreich 70,4 Mio.

Angebotsseite
- Markt ist global organisiert und oligopolistisch geprägt. Konzentrationsgrad: Die Majors beherrschen mit ihren Labels über 80 % des weltweiten Musikmarktes. Daneben Vielzahl Independants.
- Beschäftigte in der Musikwirtschaft Deutschland (2010): 42.084, davon (1) Komponisten, Musikbearbeiter 2.818; (2) Musik-/Tanzensembles 2.182; (3) Tonstudios 1.408; (4) Tonträgerverlage 2.543; (5) Musikverlage 3.202; (6) Theater-/Konzertveranstalter 6.392; (7) Private Musical-/Theaterhäuser/Konzerthallen 3.546; (8) Dienstleistungen darstellende Kunst 5.824; (9) Einzelhandel Musikinstrumente/Musikalien 6.168; (10) Einzelhandel Tonträger 1.678; (11) Herstellung von Musikinstrumenten 6.323. / Beschäftigte / Einzelbeispiel: Spotify ca. 1.000 Mitarbeiter.
- Kostenstruktur Musikproduktion (Wirtz 2013: 586): (1) First Copy Costs 35 % (Musikproduktion/ Masteraufnahme 18 %; Marketing 10 %; Verwaltung 7 %). (2) Produktions- und Distributionskosten 39 % (Distribution 15 %; GEMA 6 %; Lizenzgebühren für Produzent, Künstler 10 %; Tonträgerproduktion 8 %). (3) Handelsspanne 20 %. (4) Gewinn 6 %.

Nachfrageseite
- Rezipientenmarkt: Preis-Elastizität der Nachfrage: hoch.
- 37 % der Gesamtbevölkerung kaufen mindestens ein Mal pro Jahr Musik. Größte Gruppe: (1) Gelegenheitskäufer: 26 % kaufen 1 bis 3 Musikprodukte im Jahr; (2) 8 % sind Durchschnittskäufer (4 bis 9 Produkte pro Jahr); (3) 3 % der Gesamtbevölkerung sind Intensivkäufer mit mehr als 9 Produktkäufen pro Jahr. Diese sorgen aber für den größten Teil der Umsätze: 43 %.
- Verteilung der Tonträgerkäufe nach Altersstruktur: (1) Umsatzstärkste Gruppe: 40-49 Jahre; gefolgt von 50-59 Jahre. (2) Ehemals stärkste Gruppen (30-39 J. / 20-29 J.) sind zurückgefallen.
- Werbemarkt: Musik-Tonträger zunehmend als Werbemittel eingesetzt.
- Internet-Käufe („E-Commerce") überholen Elektrofachgeschäft: 28,2 % der Musikmarktumsätze.

Koordination von Angebot und Nachfrage
- Erlösmodelle Rezipientenmarkt: (1) Markt für traditionelle Träger: Neue Preismodelle mit niedrigen Durchschnittspreisen als Antwort auf Tauschbörsen. (2) Legale Downloads über Streaming-Technologien bewirken, dass Musiker in Zukunft nicht mehr nur danach bezahlt werden, wie oft ihre Musik verkauft wird, sondern wie oft sie tatsächlich angehört wird.
- Erlösgenerierung: (1) Verwertungsgesellschaften (v. a. GEMA, GVL) als kommissarische kollektive Inkasso-Organisationen für die Rechte von Autoren (Komponisten) und Musikverlagen. (2) Individuelle Wahrnehmung von Aufführungsrechten (z. B. Opern, Musicals).

Der Musikmarkt in strategischer Hinsicht

Marktstruktur: Marktkräfte nach Porter („Five Forces")

Marktkraft 1: Verhandlungsmacht der Abnehmer auf dem Rezipientenmarkt
- Es ist zu erwarten, dass der digitale Vertrieb den Verkauf physischer Tonträger mittel- und langfristig sukzessiv ersetzen wird. Online- und Mobilmusik werden zusammen schon in absehbarer Zeit fast die Hälfte der Ausgaben auf dem Musikmarkt auf sich vereinen.
- Die Macht der Nachfrager ist als ausgesprochen hoch einzuschätzen, zum einen als Folge der Möglichkeiten zur illegalen Beschaffung von Musik, zum anderen vor allem durch die hohe Nachfragelastizität junger Zielgruppen auf Preisänderungen.
- Der Musikmarkt ist stark von jugendlichen Zielgruppen abhängig. Eine klare Verknüpfung mit soziodemografischen Kriterien und Musikgenres kann dabei nicht vorgenommen werden.
- Musik ist ein klassisches hedonisches Produkt, das typischerweise experimenteller Natur ist und Spaß und Vergnügen erzeugt (vgl. Clement/Albers 2005: 47). Zentrale Motivation des Musikkonsums ist die emotionale Komponente und steht damit in einer Reihe mit dem Konsum von Filmen, Konzerten oder Musicals. Musik spielt bei jüngeren Konsumenten als Instrument der sozialen Positionierung eine große Rolle (vgl. ebd.).
- Musik ist starken Modeströmungen unterworfen, woraus sich dynamische Prozesse entwickeln können, die das Konsumentenverhalten stark beeinflussen (vgl. ebd.). Die hohe Schwankungsbreite (man könnte von „Volatilität" sprechen) im Hinblick auf das Konsumverhalten machen Voraussagen und Konzept-Entwicklungen schwierig.
- Musik-Downloads sind in der jungen Generation („Download-Generation") selbstverständliche Formen der Musikbeschaffung.
- Mit diesen wenigen Charakteristika wird deutlich, dass es für die Anbieter von Musikprodukten schwierig ist, in stabiler und vorhersagbarer Form die Präferenzen der Konsumenten zu treffen.

Marktkraft 2: Verhandlungsmacht der Lieferanten
- Auf der Seite der Lieferanten ist seit alters her eine relativ schlechte Verhandlungsposition der Künstler gegenüber den Musikunternehmen vorherrschend gewesen. Die Frage stellt sich, inwieweit die dominierende Stellung der Musikunternehmen im Zuge der Digitalisierung möglicherweise aufgebrochen wird, indem die Komponisten und Interpreten nun selbst als Verleger und Produzenten ihrer Werke aktiv werden. Grundsätzlich besteht jedenfalls die Möglichkeit zur sog. „Disintermediation", d. h. der Ausschaltung von Zwischengliedern der Wertschöpfungskette, hier der Verlage und des Handels. So könnte es zu einem nennenswerten Trend werden, dass die Erstveröffentlichung und Distribution von Titeln künftig über das Internet erfolgt. Diese Vertriebsform dürfte sich freilich nur für Superstars eignen, die zum Aufbau ihrer „Marke" nicht mehr einen Riesenaufwand an Marketing benötigen, den zu leisten nur die Verlage in der Lage sind.
- „Einige große Stars wie beispielsweise Prince oder Pearl Jam beginnen zu entdecken, dass sie die großen Majors eigentlich nicht brauchen. Im Selbstverlag können sie nicht nur höhere Gewinne erzielen, sondern auch mehr Eigenständigkeit und Flexibilität entfalten. So erhält die traditionelle Wertschöpfungs- und Verwertungskette im Musikbusiness durch die Digitalisierung eine völlig andere Note" (Ernst & Young 2005: 171).
- Die zunehmende Macht der Künstler drückt sich auch in deren selbstbewusstem Eingreifen in die Erlösvorgänge im Internet aus.

Marktkraft 3: Bedrohung durch neue Anbieter
- Die Bedrohung der bestehenden Akteure durch neue Anbieter ist groß. Zum einen sind die Markteintrittsbarrieren in den Musikmarkt vor dem Hintergrund der Digitalisierung deutlich niedriger geworden, wobei insbesondere der niedrigere Kapitalbedarf von netzbasierten Geschäftsmodellen ausschlaggebend ist.
- Zum anderen ist das spezifische Know-how einschlägiger Unternehmen der IT- und Telekommunikationsbranche sehr „verführerisch", sich in dem an sich fremden Terrain der Musikbranche mit neuen Geschäftsmodellen zu versuchen. Bestes Beispiel ist Apple mit ihrem Erfolgsmodell legaler Musik-Downloads.

- Mit Apple brach ein branchenfremder Akteur in den Markt ein und hatte in kürzester Zeit große Erträge erzielt. Dies zeigt, dass in der digitalen Welt große Möglichkeiten für Unternehmen der Telekommunikation, IT und Unterhaltungselektronik bestehen, mit neuen Konzepten und neuen Produkten erfolgreich im Musikmarkt aufzutreten.
- Angesichts dieser Entwicklung versuchen die großen Musikkonzerne wie Universal Music oder Sony, durch Kooperationsmodelle auf den Zug aufzuspringen und ihre Stärken auszuspielen, indem sie z. B. die Schätze aus ihren Programmarchiven heben und ins Netz bringen.

Marktkraft 4: Bedrohung durch Ersatzprodukte
- Im Brennpunkt der Frage der Bedrohung durch Ersatzprodukte stehen die Möglichkeiten, die sich aus der Digitalisierung von Musik ergeben. Ein Hauptthema ist die Piraterie, die für die Musikindustrie weiterhin eine substanzielle Bedrohung darstellt und die zunehmend auch andere Mediengattungen betrifft (Film, Video, Bücher). Zwei Formen der Piraterie sind zu unterscheiden (vgl. Ernst & Young 2005: 168 ff.):
- Tonträger-Piraterie: Illegales Kopieren oder Aufzeichnen, Vervielfältigen und Weiterverkaufen von physischen Tonträgern in Form von Raubpressungen („Schwarzpressungen"), Identfälschungen oder sog. Bootlegs (nicht autorisierte Tonaufzeichnungen, meist von Live-Konzerten). Als „Schulhofpiraterie" wird der Tausch von gebrannten CDs mit illegaler Musik verstanden, der wertmäßig beträchtlich ist.
- Internet-Piraterie: Unautorisierte Verbreitung digitaler Musikdateien – anonym über zentral oder dezentral organisierte Tauschnetze – im Internet. Der Empfänger kann die Datei bequem auf den heimischen Computer laden, sie abspielen und eine CD brennen.
- Eine Bedrohungskulisse ergibt sich auch für den Handel, dessen Rolle als intermediärer Vermittler in der digitalen Welt eine starke Beeinträchtigung erfahren könnte.
- Mit der Digitalisierung können sich freilich auch stabilisierende Effekte ergeben. So gibt es in den Märkten, die in allen Stufen von der Erstellung über die Produktion bis zum Vertrieb und der Vermarktung vollständig digitalisiert sind, keine Sekundärmärkte im Sinne von Gebrauchtmärkten, auf dem die Konsumenten ihre erworbenen (körperlichen) Medienexemplare (z. B. DVD-Tonträger) an andere Konsumenten weiterveräußern können. Es existiert nur ein Primärmarkt, den Anbieter wie iTunes oder Musicload exklusiv bedienen, ohne die Konkurrenz von Verkaufsangeboten privater Konsumenten fürchten zu müssen (vgl. PwC 2006: 55).
- Generell ist – wie für alle anderen Medien auch – festzustellen, dass die klassischen Medien zunehmend der Konkurrenz anderer und neuer Entertainment-Angebote (z. B. PC-/Videospiele, Events, Konzerte) ausgesetzt sind, die als Ersatzprodukte zum Musikkonsum fungieren können.

Marktkraft 5: Rivalität der Wettbewerber untereinander
- Die Rivalität unter den Wettbewerbern im Musikmarkt ist differenziert zu beurteilen. Da auf die lediglich fünf Majors 80 bis 90 Prozent der Marktanteile entfallen, kann von einer oligopolistischen Struktur gesprochen werden, die für eine nachhaltige Einschränkung des Wettbewerbs sorgen. Untereinander herrscht freilich heftiger Wettbewerb. Zu erwarten ist, dass sich der Trend zu weiterer Konzentration fortsetzt.

Strategische Konzepte
- Angesichts der Veränderungen auf dem Musikmarkt sind die Anbieter in besonderer Weise gezwungen, zukunftsfähige strategische Konzepte zu entwickeln, mit denen sie am Markt bestehen können. Dabei dürften die herkömmlich erfolgreichen Ansätze nicht ausreichen, vielmehr müssen neue Wege beschritten werden. Im Einzelnen sind die folgenden Aspekte relevant:
- Umsätze aus dem Verkauf von Alben: Die Branche versucht weiterhin über Preisanhebungen den Rückgang der Verkaufszahlen bei den physischen Tonträgern überzukompensieren. Dies kann gelingen, ist allerdings insofern eine riskante Strategie, als sie die Wechselbereitschaft der Konsumenten zur digitalen Alternative beschleunigen könnte. Umgekehrt wäre ein Preiskampf für die Anbieter möglicherweise ruinös. Entscheidende Erkenntnis dürfte aber sein, dass die CD den Höhepunkt ihres Produktlebenszyklus überschritten hat zu einer überholten Technologie wird. Entscheidend sind künftig Dienste, die den orts- und zeitunabhängigen Konsum ermöglichen. Musikbibliotheken im Netz (als Clouddienste) und der mobile Zugang dazu sind Konzepte der Zukunft. Ein großes Wachstumspotenzial haben ebenso die Musikstreaming-Dienste.

- Bekämpfung der illegalen Musik-Downloads: Seitens der Politik wird die Verschärfung des Urheberrechts verfolgt. In diesem Kontext sind auch die Forderungen der Musikindustrie zu sehen, ihnen einen Auskunftsanspruchs über persönliche Daten von Nutzern von P2P-Filesharing-Netzen einzuräumen, die von den Internet-Service-Providern ohne Gerichtsbeschluss herauszugeben wären, ein Ansinnen, dem vor allem aus Datenschutzgründen wenig Chancen eingeräumt werden (vgl. PwC 2006: 46, 54 f.).
- Für die traditionellen Anbieter auf dem Musikmarkt stellt sich die Frage, inwieweit sie in das Geschäft mit legalen Download-Angeboten einsteigen. Dieser Weg wird bislang eher zaghaft beschritten.
- Zu denken ist an neue Geschäftsmodelle wie z. B. Musik-Abonnements, die analog zu Pay-TV die Buchung eines ganzen Programmpakets ermöglichen. Die wäre eine Erweiterung des iTunes-Modells, das lediglich ein einfaches Pay-per-Song-Modell darstellt (vgl. Steinkrauß 2005: 37).
- Ein beträchtliches Marktpotenzial könnte sich ergeben, wenn Musiktonträger zunehmend als Werbemittel eingesetzt werden. So ist erkennbar, dass Werbung in der herkömmlichen Form (Spotwerbung, „harte Werbung") vor immer größeren Schwierigkeiten stehen wird und neue Formen Einzug halten werden. Musik im Dienste der Werbung könnte verstärkt dazu führen, dass Werbung aktiv vom Konsumenten gesucht und nachgefragt wird – eine Vision, die nicht von der Hand zu weisen ist.
- Eine Erfolg versprechende Strategie zur Begegnung der Herausforderungen kann in der gezielten Verfolgung von Konzepten der Mehrfachverwertung bestehen, bei der alle Möglichkeiten der Synergien ausgeschöpft werden.

Der Musikmarkt ist aufgerufen und arbeitet daran, adäquate strategische Antworten auf die schwierige strategische Ausgangslage zu finden. Zahlreiche Perspektiven sind vorstellbar, insbesondere im Hinblick auf Mobilmusik und Diversifikationskonzepte im Sine der Bearbeitung neuer Geschäftsfelder (Musikveranstaltungen, Ticketing, Merchandising). Im Hinblick auf Wertschöpfungskette und Wertschöpfungssystem ergeben sich vielfältige Konsequenzen, hauptsächlich dahingehend, dass die Player im Musikmarkt über die Musik-Wertschöpfungsperspektive hinausgehend in neuen Wertschöpfungsnetzwerken agieren (vgl. Frahm 2007: 107 f.).

Die entstehenden Wertschöpfungspotenziale können z. B. wie folgt systematisiert werden (vgl. Reinke 2009: 26 ff.):

- Prozessöffnung und Kooperationen: Kernanliegen ist die konsequente und unvoreingenommene Öffnung für Kooperationen in der TIME-Branche und die Ausnutzung von Konvergenzpotenzialen. Systematisch betriebenes Konvergenzmanagement ist ein Schlüssel zum Erfolg.
- Nutzung von globalen Ressourcen: Im Zeichen des Internet verändert sich die Komplexität des Musikmarktes fundamental. Relevantes Know-how ist immer weniger räumlich und institutionell konzentriert, sondern breit gestreut. Ziel muss es sein, die „globale Konnektivität" des relevanten Know-how systematisch zu erkennen und zu erschließen.

Ein Musterbeispiel ist Apple, ein Unternehmen, das vorführt, wie man durch systematische Nutzung globaler Ressourcen und die weltweite Zusammenarbeit mit spezialisierten Unternehmen und Kooperationspartnern Erfolg generieren kann. Apple kontrolliert inzwischen 80 Prozent des weltweiten digitalen Musikmarktes. „Der musikalische Inhalt für den iTunes Store kommt dabei sowohl von großen Majorlabels als auch von kleinen Independent-Labels und einzelnen Künstlern aus der ganzen Welt. Die Podcast-Inhalte stammen von professionellen klassischen Medien (TV, Print, Radio) aber auch von Einzelpersonen oder Unternehmen aus gänzlich anderen Branchen – auch weltweit" (ebd. 39).

- Implementierung von Technologie- und Nutzeninnovationen: Handlungsleitend soll die „Blue Ocean Strategy" sein, die darauf abzielt, neue Nachfrage zu generieren und nicht um vorhandene Nachfragepotenziale zu wetteifern. Die Botschaft ist, dass Unternehmen völlig neue Branchen schaffen können und damit den noch nicht entdeckten „Blauen Ozean" erschließen können.
- Kundenzentrierung und Co-Kreation: Konsumenten stehen nicht mehr am Ende einer linear ablaufenden vertikalen Wertschöpfungskette, sondern stehen im Zentrum eines ganzen Wertschöpfungsnetzwerkes. Konsumenten werden in ihrer Eigenschaft als User im Internet als hoch kompetente Partner im Wertschöpfungsgeschehen verstanden, insbesondere im Hinblick auf die Kommunikation in Blogs, Foren und Social Communities. Diese Kompetenz des Konsumenten gilt es konsequent zu erkennen, sich nutzbar zu machen und zu integrieren.

  „Denn Konsumenten geben nun den Ton an und können bspw. durch Blogeinträge die Intentionen oder die Reputation eines Unternehmens gefährden ... Positiv betrachtet kann die Einbeziehung des Konsumenten aber auch förderlich sein. Vielmehr entsteht durch die Berücksichtigung ohnehin vorhandener Kommunikations- und Kreationsaktivitäten ein enormes Potenzial, das Musikunternehmen zu ihrem Vorteil nutzen können" (ebd. 47 f.).

- Nischenversorgung: Ziel ist die Erschließung von Erlöspotenzialen im Wege des Eintritts in Nischenmärkte, die bislang nicht oder nur sporadisch bearbeitet wurden. Es gilt, die Märkte der individuellen Nischenkultur zu erschließen und auszuschöpfen.

  Hintergrund dieses strategischen Ansatzes ist das „Long-Tail-Phänomen" (zuerst vorgetragen von Anderson 2007), nach der die althergebrachte Regel ihre Gültigkeit verliert, dass wenige Produkte stets den größten Umsatzanteil generieren und der „Long Tail" der vielen kleinen Produkte wirtschaftlich uninteressant ist. In der digitalen Welt kehrt sich das Konzept vielmehr ins Gegenteil um und Nischen sind wirtschaftlich nicht nur interessant, sondern relevant. Auf das Musik-Business bezogen, ergibt sich als wichtige Folge, dass zukünftig nicht mehr „der große Hit" im Mittelpunkt stehen wird, sondern das Besetzen von Nischen erst die Wirtschaftlichkeit generiert. „Die Betrachtung des Long Tail stellt daher eine Art Paradigmenwechsel für das Verständnis von Wirtschaftlichkeit auf Seiten der Musikindustrie dar. In der digitalisierten Welt steht also nicht mehr die Suche nach dem Hit, der die goldene Schallplatte bringt, im Mittelpunkt, sondern das Besetzen von Nischen, welches den Long-Tail-Effekt zur Folge haben wird" (ebd. 56).

- Plattenfirmen als Full-Service-Institutionen: Plattenfirmen sollen sich im Sinne eines „360-Grad-Modells" zu zentralen Akteuren im Kontext von Musik, Medien, Event und Konsumenten entwickeln. Dies bedeutet den Abschied vom althergebrachten Selbstverständnis, bei dem der Tonträger im Zentrum des Wertschöpfungsprozesses stand und geradezu als „Sinnbild der Musikindustrie" (ebd. 63) fungierte.

  Beispiel Universal Music (www.getmusic.com.au): „Die Implementierung von sog. One-Stop-Shops wie bspw. Get Music von Universal für den australischen Markt stellt einen Schritt in Richtung 360°-Versorgung für den Konsumenten dar. Hier können die Fans nicht nur Musik downloaden, sondern auch Merchandising und Tickets kaufen. Universal Music tritt somit nach außen als Rundumversorger für den Konsumenten auf. Die Plattenfirma wird im 360°-Modell zu einer Full Service-Institution – sowohl für den Künstler als auch für den Konsumenten. Für Plattenfirmen entsteht aus der antizipierten Notwendigkeit der Rundumversorgung die Herausforderung, die damit verbundenen Aufgaben in ihre Geschäftsabläufe zu integrieren. Dies kann entweder durch Kooperationen mit anderen Unternehmen oder durch den internen Aufbau von geforderten Kompetenzen geschehen" (ebd. 65).

6.10 Spielemarkt

Der Markt für Videospiele ist seit dem Ende der 90er Jahre zu einem zunehmend bedeutenden Wirtschaftszweig geworden und bewegt sich derzeit in der Größenordnung von knapp zwei Mrd. Euro. Elektronische Spiele haben sich zu einer weit verbreiteten und gängigen Unterhaltungsform entwickelt. In den USA übertraf schon 2001 der Umsatz der Video- und Computerspiele-Industrie mit seinerzeit 9,4 Mrd. US-Dollar den Umsatz der US-Filmindustrie mit 8,1 Mrd. US-Dollar. Diese Situation trat in Deutschland im Jahr 2005 ein. Die Video- und Computerspiele-Industrie ist inzwischen ein relevanter Teil der Medienindustrie.

Bei der Video- und Computerspiele-Branche handelt es sich um eine „Systembranche" (vgl. Wirtz 2013: 618 f.): Der Spieler kann die Inhalte nur nutzen, wenn er sich in einen Systemverbund aus Spiele-Hardware und Spiele-Software begibt. Spiele sind typische Systemprodukte.

> Spiele sind also analog z. B. zu Musikprodukten zu sehen, wie das Beispiel des Musikangebots von Apple zeigt: Dieses besteht aus den folgenden Systemelementen: (a) Abspielgerät für digitale Musikstücke (iPod), (b) Online-Portal mit entsprechender Software zum Download der Musikstücke (iTunes) (vgl. Wirtz 2013: 702).

Der Markt für Video- und Computerspiele ist ein Teilmarkt des gesamten Spielemarktes und versammelt alle Produkte, die in digitaler Form vorliegen. Der so definierte Spielemarkt lässt sich wie folgt differenzieren (vgl. PwC 2013: 88 ff.):

- Konsolenspiele: Spiele, die auf eigens dafür geschaffenen Geräten in Verbindung mit einem Fernsehgerät gespielt werden. Zu differenzieren sind Spiele für stationäre Konsolen sowie für tragbare Konsolen (Handheldkonsolenspiele).
- PC-Spiele, die auf dem Computer gespielt werden.
- Onlinespiele: Spiele, bei denen Konsolen- oder PC-Spiele online genutzt werden.
- Handyspiele: Spiele, die auf Mobiltelefonen oder anderen Mobilgeräten gespielt werden.

Der Markt für Video- und Computerspiele weltweit und in Deutschland kann prinzipiell als ein Wachstumsmarkt bezeichnet werden, obgleich in Deutschland seit 2008 eine Stagnation eingetreten ist, Der Umsatz 2012 ist praktisch auf demselben Niveau wie noch im Jahr 2008. Perspektivisch wird jedoch von einem Wachstum in moderaten Stufen ausgegangen (vgl. PwC 2013: 92). Der Videospielmarkt setzt das Eineinhalbfache des heutigen Musikmarktvolumens um.

Ein besonders starkes Wachstum zeigten in der Vergangenheit die Spiele für mobile Endgeräte, die freilich zusammen genommen heute und auch in Zukunft immer noch keine 20 Prozent des Gesamtmarktes erreichen. Der Kernmarkt und das Branchenwachstum wird nach wie vor von den Konsolenspielen getragen, während der Umsatz aus PC-Spielen langfristig auf dem Niveau von 2004 verharrt und in Zukunft schrumpfen wird. Sättigungsgrenzen des Videospielemarktes sind erkennbar. Vor diesem Hintergrund ist das **Marktpotenzial** des Gesamtmarktes als überschaubar zu bezeichnen. Mittelfristig ist eine Wachstumsrate von unter fünf Prozent jährlich zu erwarten (vgl. PwC 2013: 92).

Der Markt für Videospiele in publizistischer Hinsicht

Kommunikatoren, Anbieter
- Entwicklung und Produktion im Weltmaßstab: Dominanz USA und Asien.
- Kommunikatoren USA (Anbieter von Spielesoftware): Electronic Arts (Marktführer). Konkurrenz durch Spieleplattform Zynga auf Facebook.
- Haupt-Kommunikatoren Deutschland, Top 6 mit Marktanteilen (2010): Electronic Arts 30 %; Koch Media 11 %, Ubisoft 8 %, Take2interactive 6 %, Activision 6 %, Vivendi Games 5 %.
- Nur sehr wenige deutsche Entwickler und Produzenten spielen eine Rolle. Im Gegensatz zu Frankreich (z. B. Atari) und Großbritannien (z. B. Eidos).

Produkte, Inhalte
- Hohe Zahl an Neuerscheinungen und lieferbaren Titeln.
- Spiele nach Genres: (1) Arcade (actionreiche Geschicklichkeitsspiele, Tanzspiele, Party-Games, Rennspiele mit Phantasiefahrzeugen). (2) Familienunterhaltung (Gesellschaftsspiele, Knobel-, Denk- und Geschicklichkeitsspiele, Kinder-Kreativ-Programme, Edutainmentsoftware. (3) Strategiespiele („Aufbau"-Spiele, z. B. Besiedlung eines Landes im Mittelalter, militärische Strategiespiele, Management-Spiele. (4) Rollenspiele (insbesondere Online). (5) Sportspiele (actionreiche Mannschaftssportarten wie Fußball und Eishockey, Auto-Rennspiele, kontemplativ-sportliche Betätigungen wie Angeln oder Golf. (6) Shooter (einfache „Ballerspiele", raffinierte Team-Taktik-Spiele). (7) Simulation (Flugsimulatoren, virtuellen Eisenbahnen, virtuelles Lebens-Spiel).
- Spiele verwenden häufig bekannte, populäre Contents und reale Charaktere aus der Film- und Sportindustrie (z. B. Star Wars, FIFA Fußball) (vgl. Wirtz 2013: 637).

Transportwege
- Konsole / TV-Gerät: (1) Stationäre Konsolenspiele (Heimkonsole), Hardware-Plattformen: seit 2007 in der 7. Generation (Wirtz 2013: 625): Nintendo Wii, Microsoft Xbox 360, Sony PlayStation 3. (2) tragbare Konsolen (Handheldkonsole). Hardware Nintendo DS, Sony PSP. (3) Computerspiele. (4) Internet: Online-Spiele. (5) Mobil („Mobile Gaming"): Spiele auf Mobiltelefonen.
- Spielzeug-Verkauf traditionell: (1) Fachhandel 38 % (2) Warenhäuser 10 % (3) Verbrauchermärkte 14 % (4) Internet 27 % (5) Lebensmittel-Discounter 4 % (6) Sonstige (Buchladen, Kaffeeröster, Möbelhäuser, Bekleidungsgeschäfte, Baumärkte, Cash & Carry) 7 %.

Rezipienten
- Reichweite: (1) Knapp 30 % der Männer, knapp 20 % der Frauen nutzen Spiele. (2) Verteilung nach Altersgruppen: 14-17 J. 73,6 %, 18-29 J. 53,9 %, 30-49 J. 26,9 %, 50-64 J. 15,6 %; ab 65 J. 9,2 %. (3) Videospiele spielen im Alltag von Kindern und Jugendlichen (v. a. männlich) eine bedeutsame Rolle. 80 % der Jugendlichen (12-19 J.) besitzen einen Computer/Laptop, TV-Spielkonsole, 49 % haben eine tragbare Spielkonsole. 70 % der Jungen und rund 20 % der Mädchen spielen mehrmals pro Woche Videospiele (JIM-Studie).
- Zeitbudget: (1) Kinder 6-13 Jahre (KIM-Studie 2012): 22 % spielen täglich, 66 % mindestens einmal pro Woche; Spieldauer: 19 % bis 30 Min., 46 % 30-60 Min., 30 % > 60 Min. (2) Jugendliche 12-19 Jahre (JIM-Studie): 30 % der Mädchen, 4 % der Jungen spielt nie. Durchschnittliche Nutzungsdauer für Konsolen- bzw. Computerspiele (Eigen-Schätzung der Jugendlichen): Werktag (Mo-Fr) 76 Min., Wochenende (Sa-So) 101 Minuten. Jungen spielen im Schnitt fast dreimal so lange wie Mädchen.
- Nutzungsformen: (1) Einzelpersonen („Single Player") vs. Gruppen („Multi Player"). (2) Mobil vs. Stationär. (3) Offline vs. Online. (4) Online Special: MMOG (Massive Multiplayer Online Games), z. B. World of Warcraft 7,6 Mio. Abonnenten (rückläufig).
- Nutzung nach Genres (BITKOM): (1) Strategiespiele 48 % (2) Casual Games 45 % (3) Actionspiele 36 % (4) Social Games 32 % (5) Jump'n'Runs 26 % (6) Renn- und Sportspiele 25 %.
- „Spiele sind mittlerweile längst ein Teil unserer Alltagskultur geworden: So ist der eSport („Electronic Sport") ein Phänomen, das aus der Freizeitkultur nicht mehr wegzudenken ist. Das wettbewerbsmäßige Spielen von Computer- oder Videospielen im Einzel- oder Mehrspielermodus wird in Deutschland bereits von 1,5 Mio. Spielern, die in zirka 40.000 so genannten Clans (eSport-Teams) organisiert sind, regelmäßig als Freizeitbeschäftigung betrieben" (BIU 2010).

Der Markt für Videospiele in ökonomischer Hinsicht

Marktvolumen
- Umsatzvolumen Spielwarenmarkt Deutschland: 4,08 Mrd. Euro.; davon: (1) Traditionelle Spielwaren 2,11 Mrd. Euro. (2) Videospiele 1,97 Mrd. Euro.
- Umsatz Videospiele gesamt (ohne Ausgaben für Hardware und Zubehör): 1,97 Mrd. Euro. Verteilung: (1) Konsolenspiele: 1,00 Mrd. Euro. (2) PC-Spiele: 0,46 Mrd. Euro. (3) Online-Spiele: 0,34 Mrd. Euro. (4) Spiele für mobile Endgeräte: 0,05 Mrd. Euro. Bei Konsolen- und PC-Spielen: Ausgaben für den Kauf des Spiels; bei Online- und Mobilspielen: Kosten des Abonnements von Diensten, die das Spiel auf der Plattform möglich machen.
- Mit Computer- und Videospielen wird weltweit mehr Umsatz erzielt als mit Kinofilmen.
- Absatz (verkaufte Spiele in Mio.): 73,7, davon: (1) Konsole: 23,1; (2) PC: 24,7; (3) Mobile: 26.
- Deutschland zweitstärkster Markt für Unterhaltungssoftware in Europa nach Großbritannien.
- Beispiel für frühen Erfolg: Spiel „Myth" (1993) verkaufte Auflage: 3 Mio., Einnahmen: 125 Mio. US-$. Damit Größenordnung erfolgreicher Hollywood-Filmproduktionen.

Angebotsseite
- Spiele-Hardware: Markt für Spielekonsolen: Sony, Nintendo, Microsoft, Sonstige. Konzentrationsgrad hoch: Weltmarkt wird von drei Herstellern beherrscht. Oligopolistische Struktur. Hauptursache: Proprietäre Konsolentechnologie. Hohe strukturelle, strategische Markteintrittsbarrieren.
- Spiele-Software: Die größten und wichtigsten Entwickler und Publisher kommen aus den USA, Japan und Frankreich. Enge weltweite Zusammenarbeit von Entwicklerstudios. Leistungsfähiges internationales Vertriebsnetz. Marktführer Electronic Arts. Konzentrationsgrad nicht so hoch wie im Spielekonsolenmarkt. Markteintrittsbarrieren relativ gering, allerdings aufgrund hoher Kosten und vertikaler und horizontaler Integration erschwerte Situation für kleine, unabhängige Entwicklungsstudios und Verlagshäuser.
- Beschäftigung in der deutschen Games-Branche (BIU): 10.500 Personen, hauptsächlich in Ballungsgebieten wie München, Berlin, Hamburg und dem Rhein-Main-Gebiet konzentriert. Unternehmen: 160 Entwickler, 80 Entwickler und Publisher, 60 Publisher.
- Typische Kostenstruktur Computerspiel (Wirtz 2013: 659): (1) First Copy Costs 44 %, davon: Spieleentwicklung 21 %, Lizenzgebühren 4 %, Marketing 12 %, Verwaltung 7 %. (2) Produktions- und Distributionskosten 13 %, davon: Spielekopien-Produktion 6 %, Distribution 7 %. (3) Handelsspanne 27 %. (4) Gewinn 16 %. Teuerstes Videospiel aller Zeiten: Grand Theft Auto V (2013) mit geschätzten Entwicklungs- und Marketingkosten von 265 Mio. US-$.
- Entwicklungskosten (Wirtz 2013: 637): Durchschnittliche Entwicklungskosten eines Spiels für die Playstation 3: ca. 15 Mio. US-$; Xbox 360: z. B. Halo 3 ca. 30 Mio. US-$. Hohe Kosten, steigend.

Nachfrageseite
- Nutzung (1) Konsolenspiele: Anzahl Spieler: 10,0 Mio.; Ausgaben/Spieler/Jahr: 99,50 Euro. (2) PC-Spiele: Anzahl Spieler: 13,1 Mio.; Ausgaben/Spieler/Jahr: 35,54 Euro. (3) Online-Spiele: Anzahl zahlende Spieler: 5,0 Mio.; Umsatz pro zahlendem Spieler p. a.: 63,08 Euro. (4) Mobile Endgeräte: Anzahl zahlende Spieler: 7,8 Mio.; Umsatz pro zahlendem Spieler p. a.: 6,08 Euro.
- Rezipientenmarkt: Preis-Elastizität der Nachfrage: relativ gering; Reaktanz gegenüber Werbung: relativ gering. Werbemarkt: „In-Game-Advertising", etabliert sich als Kommunikationskanal.

Koordination von Angebot und Nachfrage
- Erlösmodelle Rezipientenmarkt: (1) Haupterlösquelle transaktionsabhängige Nutzerentgelte im Offline-Bereich. (2) Online: vielfältige Erlösmodelle: Zahlung pro Spiel, pro Download- oder Nutzungszeiteinheit oder pro übertragener Datenmenge.
- Durchschnittlicher Verkaufspreise: gesamt: 17,31 Euro; (1) Konsolen- und Handheldkonsolenspiele: 30,60 Euro; (2) PC-Spiele: 16,94 Euro; (3) Mobile Endgeräte: 7,84 Euro. (4) Onlinespiele: durchschnittliche monatliche Abonnementgebühr: 8,00 Euro; viele Kostenlos-Angebote.
- Erlösmodelle Werbung: „In-Game-Advertising" derzeit geringe Erlöse, gilt aber als sehr zukunftsträchtig. Hauptgrund: in der technischen Welt der Zukunft völlig neue gestalterische, technische und inhaltliche Möglichkeiten. Hohes Involvement der Spieler und Akzeptanz von Werbung.

Der Markt für Videospiele in strategischer Hinsicht

Marktstruktur: Marktkräfte nach Porter („Five Forces")

Marktkraft 1: Verhandlungsmacht der Abnehmer auf dem Rezipienten- und Werbemarkt
- Die Ansicht, der Markt für Video- und Computerspiele sei ein nicht massentauglicher Nischenmarkt, ausgerichtet auf die Zielgruppen Kinder, Jugendliche und „Freaks", gehört der Vergangenheit an. Das Alterssegment der Generation über 40 Jahren interessiert sich zunehmend für Spiele.
- Immer mehr Haushalte verfügen über Breitband-Internetanschlüsse. Dies facht die Nachfrage nach Onlinespielen an.
- Eine zunehmende Popularität erfahren „Massive Multiplayer Online Games" (MMOG), bei denen Tausende von Spielern weltweit gleichzeitig via Internet dasselbe Spiel spielen.
- Die Nachfrage nach mobilen Nutzungen nimmt zu, die mit besserer Gerätetechnik beantwortet wird. Hierdurch erfahren Mobilspiele eine größere Bedeutung.
- Mit ihrer zunehmenden Verbreitung sind elektronische Spiele zunehmend für die Werbewirtschaft interessant. Zu denken ist an Werbeunterbrechungen des Spielflusses und an die Einbindung von Marken in das Spielgeschehen. In-Game-Advertising ist damit analog zum Product Placement bei Spielfilmen in das Spiel eingebettet, so dass der Spieler automatisch mit der Werbung in Berührung kommt. Die Möglichkeit der Anpassung der Werbebotschaft an die Spielsituation und ein hoher Grad an Aufmerksamkeit sind für die Werbewirtschaft attraktiv.

Marktkraft 2: Verhandlungsmacht der Lieferanten
- Auf der Seite der Lieferanten ist festzustellen, dass es in Relation zur beachtlichen Größe des deutschen Unterhaltungsmarktes vergleichsweise wenige einheimische Spieleentwickler gibt.
- Im internationalen Vergleich kommt nur geringer Prozentsatz der Spieleentwickler aus Deutschland. Der Großteil stammt aus den USA und Japan.
- Dabei sind zwei Gruppen von Spieleentwicklern zu unterscheiden, zum einen unabhängige Entwickler, die das Spieleprodukt selbständig oder im Auftrag von Publishern herstellen, zum anderen Entwickler, die ihre Arbeitskraft vollständig einem Publisher zur Verfügung gestellt haben und exklusiv für diesen tätig sind.

Marktkraft 3: Bedrohung durch neue Anbieter
- Inwieweit der Spielemarkt für neue Anbieter attraktiv ist, muss nach den jeweiligen Akteuren differenziert beurteilt werden. Die folgenden Akteursgruppen sind zu unterscheiden (vgl. Wirtz 2013: 620): (1) Content-Lieferanten, Lizenzgeber (z.B. FIFA, New Line Cinema für Herr der Ringe). (2) Software-Entwicklung und -Produktion: (a) Spieleentwickler, (b) Publisher; (3) Hardware: Plattform Provider. (4) Distributoren, Handel, Zubehör.
- Abschreckend für neue Anbieter wirken die prinzipiell hohen First Copy Costs von Spielesoftware, die eine strukturelle Markteintrittsbarriere darstellen. Unterscheidet man in A-, B- und C-Titel, so ist festzustellen, dass die beiden letzteren kurze Entwicklungszeiten (C-Titel: ca. 1 Monat; B-Titel: ca. 6 Monate) und niedrige Budgets (C: 10.000 Euro, B: 50.000 Euro) verzeichnen, bei den A-Titeln demgegenüber hohe bis sehr hohe Entwicklungs- und Produktionskosten anfallen, bedingt durch Entwicklungszeiten von 12 bis 24 Monaten; Kosten von 10 Mio. US-Dollar sind daher normal (vgl. Ernst & Young 2005: 265). Sie können ohne weiteres aber auch bis zu 25 Mio. US-Dollar reichen (vgl. Müller-Lietzkow/Bouncken 2006: 13). Diese hohen Kosten können so gravierend sein, dass sich Publisher auf internationaler Ebene zusammenschließen, um das Produkt erstellen zu können. Die genannten Zahlen gelten der Größenordnung auch heute noch.
- „Kostet die Entwicklung für ein Konsolenspiel der aktuellen Generation noch zwischen fünf und zehn Millionen US-Dollar, erwarten die Hersteller für die Spiele der nächsten Generation Entwicklungskosten bis zu 20 Millionen US-Dollar. Um diesem Kostendruck Stand zu halten, haben sich unter anderem die japanischen Anbieter Sega und Sammy zusammengeschlossen. Auch Electronic Arts hat im Sommer 2006 das Entwicklungsstudio Mythic Entertainment übernommen" (PwC 2006: 116 f.).
- Hardware: Sehr hohe Markteintrittsbarrieren bei Konsolen aufgrund des Systemgutcharakters. Beispiel: Microsoft-Markteintritt mit der Xbox soll 500 Mio. US-Dollar gekostet haben (vgl. Wirtz 2013: 632).

Marktkraft 4: Bedrohung durch Ersatzprodukte
- Eine Bedrohung durch Ersatzprodukte ist vor allem bei Computerspielen festzustellen, wo der legale Verkauf durch Produktpiraterie nachhaltig beeinträchtigt wird. Schätzungen besagen, dass sich mehr als 50 Mio. Raubkopien im Umlauf befinden, die dieses Segment des Spielemarkts beträchtlich schädigen (vgl. PwC 2006: 119).

Marktkraft 5: Rivalität der Wettbewerber untereinander
- Im Hinblick auf die Rivalität unter den Wettbewerbern ist im Video- und Computerspielemarkt eine starke Vermachtung und Dominanz internationaler Akteure festzustellen. Zwischen diesen besteht ein erheblicher Wettbewerb, der auch über die unterschiedlichen technischen Plattformen ausgetragen wird.
- Fallbeispiel Absatzpolitik von Microsoft im Konsolenbereich aus der Vergangenheit: „Um die Verbreitung der Formate voranzutreiben, offerierte Microsoft beispielsweise während einer Messe für Videospiele in den USA Inhalte für die Xbox 360 kostenlos. Knapp 1,5 Millionen Nutzer nahmen dieses Angebot an und luden im Schnitt etwa 20 Angebote auf die eigene Festplatte" (PwC 2006: 118).

Strategische Konzepte

- Der Video- und Computerspielemarkt gewinnt weiter an Bedeutung. Sein Produktionswert wird weiter kontinuierlich und nachhaltig wachsen.
- Video- und Computerspiele sind im Kontext der crossmedialen Verwertung von Medieninhalten ein zunehmend wichtiger Baustein. Dabei verschmelzen einst getrennte Bereiche der Musik-, Spiele- und Filmindustrie zu einer neuen Unterhaltungsbranche, die völlig neue, innovative Produkte erzeugen kann. Wichtig wird auch die vertikale Erweiterung der Wertschöpfungskette vom Spiel z. B. zum Film, Beispiel Lara Croft (vgl. Müller-Lietzkow/Bouncken 2006).
- Die Weiterentwicklung der technischen Voraussetzungen schreitet massiv voran. Dadurch wird auch die Entwicklung von Video- und Computerspielen technisch immer anspruchsvoller und aufwändiger.
- Treibende Kraft technologischer Innovationen ist vor allem eine verbesserte Netzfähigkeit. So findet zunehmend eine Anbindung der Geräte an das Internet statt. Aber auch neue Speicherformate, also HD-DVD und Blu-ray Discs, sind relevant. Wichtiger wird die Verbindung mit Online-Portalen, z. B. für Serviceangebote.
- Eine starke Veränderung der Marktstrukturen ist zu erwarten, v. .a. zugunsten mobiler Nutzungen.
- Spiele mit dem Zweck des Wissenserwerbs (z. B. Rollenspiele) gewinnen an Bedeutung.
- Den Akteuren steht in strategischer Hinsicht offen, ob sie eine Fokussierungs-, Integrations- oder Netzwerkstrategie verfolgen wollen (vgl. Wirtz 2013: 670 ff.): Im Bereich der Software-Herstellung sprechen die hohe technische Komplexität und hohe Entwicklungskosten eher für Fokussierungsstrategien, während sich die Integrationsstrategie (vertikal, horizontal und lateral) unter dem Gesichtspunkt der Marktmacht, der Reputation und des Finanzpotenzials als eher vorteilhaft erweist. Netzwerkstrategien: erweitern die Handlungsmöglichkeiten, ohne die Kontrolle über das Geschehen zu verlieren. Die Kooperation im strategischen Netzwerk ist Ausdruck dafür, dass es sich bei Video- und Computerspielen in besonders ausgeprägter Weise um Systemprodukte handelt, bei denen Informationstechnik eine große Rolle spielt.
- Die Bedeutung von Spiele-Communities nimmt immer mehr zu. Spielen im Multiplayer-Modus, z. B. World of Warcraft mit 12 Mio. Abonnenten weltweit, in Deutschland davon 600.000 Personen (obgleich „WoW" im Abnehmen begriffen ist).
- Onlinespiele: Hier stellt sich vor allem die Frage, ob durch Onlinespiele Kannibalisierungseffekte für die Spiele-Industrie entstehen können – in Analoge zum Musik- und Filmmarkt. „Findet durch Onlinespiele eine Kannibalisierung der Industrie statt, da Spieler in einer Spielewelt versinken und viel weniger Spiele benötigen?" (Müller-Lietzkow et al. 2007: 36).
- „Aufgrund der großen Fortschritte bei den neuen Geräten in Bezug auf Vernetzung und Mobilität reicht es für die Spielehersteller nicht mehr aus, sich nur auf ein Gerät zu konzentrieren. Immer mehr Spiele werden plattformübergreifend ausgerichtet, damit der Spieler immer, überall und vorzugsweise bei gleichbleibender Qualität des Spielerlebnisses auf sein Lieblingsspiel zugreifen kann" (PwC 2013: 90).

6.11 Internetmarkt

Die Bedeutung des Internet kann mit dem „Gutenbergschen Quantensprung" verglichen werden. Es führte in der Vergangenheit und führt auch weiterhin zu grundlegenden Umwälzungen und Strukturbrüchen, die eine radikale Veränderung von Wirtschaft und Gesellschaft bedeuten. Das Internet – interpretiert als Medium – ist etabliert. Seine ökonomische Bedeutung ist hoch, sein **Marktpotenzial** lässt mittel- und langfristig weiterhin hohe Zuwachsraten erwarten.

> „Das Internet ist ein globales dezentrales Netzwerk von einzelnen Rechnern bzw. von lokalen, nationalen oder internationalen Netzwerken. ... Durch eine einheitliche Adressierungssystematik der angeschlossenen Rechner sowie ein gemeinsames Datenübertragungsprotokoll ermöglicht das Internet den Austausch digitaler Informationen zwischen den Nutzern" (Ernst & Young 2005: 243).

Der Siegeszug des Internet ist in erster Linie Folge der hohen Funktionalität des World Wide Web, dessen Spektrum der Möglichkeiten immens ist. Das „WWW" bietet die folgenden Möglichkeiten (vgl. z. B. Bruhn 2006: 1117 ff.):

- Interaktivität, bidirektionale Kommunikation, Rückkanalfähigkeit;
- Konnektivität, Vernetzung, Vernetztheit („connectivity");
- Zeitliche Unmittelbarkeit („immediacy"), Aktualität;
- Multimedialität („media richness");
- Ubiquität, grenzenlose räumliche Verfügbarkeit („pervasiveness");
- Vollumfängliche zeitliche Verfügbarkeit;
- Informationsvielfalt („information richness");
- Einfache Handhabung („easy-of-use");
- Individualisierung („customization").

Vor diesem Hintergrund nimmt es nicht wunder, dass sich das Internet sowohl im geschäftlichen Bereich („Business-to-Business") als auch im Konsumbereich („Business-to-Consumer", „Consumer-to-Consumer") voll durchgesetzt hat. Es ist ein technisches Hochleistungsnetzwerk, das ein breites Spektrum von Diensten von der Individualkommunikation (E-Mail, Telefonie) bis zur Massenkommunikation (Online-Publikation) ermöglicht. Es schafft beste Voraussetzungen, Menschen kommunikativ zusammenzubringen, z. B. in Social Communities.

Hinzu kommt, dass sich das Internet zum multimedialen Medium entwickelt, das sämtliche Medienformate wie Texte, Bilder, Fotos, Audio, Musik oder Filme abbilden kann. Engpass bzw. Flaschenhals („Bottleneck") ist lediglich noch die flächendeckende Versorgung mit Hochleistungsinfrastruktur sowie die Geräteausstattung beim Endkonsumenten.

Um den Internetmarkt in seiner Bedeutung abschätzen zu können, ist es zweckmäßig, ihn nach unterschiedlichen Kriterien zu differenzieren. Zunächst sind im Hinblick auf das Kriterium der **Akteure**, denen das Internet als Übermittler von Inhalten an eine mehr oder weniger breite Öffentlichkeit dient – also Akteure, die also eine Publikation vornehmen und somit als „Publisher" bezeichnet werden können, die folgenden Gruppen zu unterscheiden:

- Medienunternehmen: (a) Klassische Medienunternehmen (Verlage, Sender): Das Internet wird als zusätzlicher Vertriebsweg, als neue Verwertungsstufe oder als Marketinginstrument für Produkte, die bereits außerhalb des Internet bestanden, eingesetzt. Beispiele: Artikel aus Zeitungen und Zeitschriften werden im Netz in Volltextversion oder als Auszüge verfügbar gemacht, Radioprogramme werden zeitgleich online gesendet oder als Podcasts bereitgestellt. Genauso kann mit Büchern, Texten, TV-Sendungen, Filmen oder Musikdateien verfahren werden. Möglich sind auch Live-Übertragungen von Events z. B. aus dem Sportbereich. (b) Medienunternehmen, die mit ihren Produkten am klassischen Markt auftreten könnten, deren Aktivitäten aber auf das Internet zentriert sind: Internet-Radios, spezielle Zeitung für das Netz, Online-Journale, Fachzeitschriften, die exklusiv im Internet publiziert werden. (c) Medienunternehmen mit reinen Internet-Geschäftsmodellen: Suchmaschinen (Context-Provider), Portal-Betreiber (horizontale Portale: Klassifizierung und Systematisierung des Themenangebots; vertikale Portale: Beschränkung auf ein Themengebiet, z. B. Sport, Wirtschaft), Betreiber von Chats, Foren oder Plattformen.
- Wirtschaftsunternehmen: (a) Klassische Wirtschaftsunternehmen: Das Internet wird als Instrument für das Corporate Publishing eingesetzt und unterstützt damit die Marktkommunikation (PR, Werbung, Verkaufsförderung). Es kann auch dazu dienen, den gesamten Transaktionsprozess von der Anbahnung über die Vereinbarung bis zur Auftragsabwicklung elektronisch zu unterstützen, womit das Internet dann die Funktion eines Transaktionsmediums erfüllt, bei dem die Vermittlung von Geschäftstransaktionen und der Verkauf von Produkten im Zentrum steht („E-Commerce"). Wichtige Funktionen sind auch das Recruiting von Personal oder das Direktmarketing. (b) Wirtschaftsunternehmen, die ausschließlich im Internet agieren (spezifische Internet-Unternehmen im Bereich E-Commerce): Verkaufsplattformen, Elektronische Marktplätze, Betreiber von Malls (z. B. yahoo.com), Internet-Auktionen (z. B. ebay.com), Nachfrage-Aggregatoren, Intermediäre zur Preisauskunft oder Zahlungsabwicklung (vgl. Wirtz 2013: 730).
- Staatliche Akteure: Die Aktivitäten von Bund, Ländern und Gemeinden im Netz werden als „E-Government" bezeichnet.
- Privatpersonen: Einzelpersonen oder Gruppen veröffentlichen mediale Inhalte in Eigenregie (man könnte von „Personal Publishing" sprechen). Adressaten sind vorrangig andere Privatpersonen. Der Content ist vom Nutzer selbst erzeugt („User Generated Content") und soll die kommunikative Verbindung zu anderen herstellen. Beispiele sind Kommunikationsplattformen im Zeichen des „Web 2.0".

Die Internetangebote lassen sich des Weiteren nach **Typen von Inhalten** differenzieren (vgl. Wirtz 2013: 696, 725 ff.):

- Information, Kommunikation („E-Information");
- Unterhaltung („E-Entertainment");
- Bildung und Kultur („E-Education");
- Mischformen, v. a. „E-Infotainment".

Schließlich ist im Hinblick auf die **Finanzierung** der angebotenen Leistungen wie folgt zu unterscheiden (zu alternativen Erlösmodellen vgl. Wirtz 2013: 720 ff.):

- Direkte Erlösgenerierung durch Zahlungen des Nutzers: (a) Gebühren, die Internetnutzer den Internet Service Providern (ISP) für den Internetzugang bezahlen. Zwei Formen sind zu unterscheiden: nutzungsabhängiges Entgelt oder nutzungsunabhängiges Entgelt („Flat Rate"). Mehr als zwei Drittel der Internet-Nutzer wählen den Weg über große Online-Dienste (v.a. T-Online). Verbindung des Rechners über unterschiedlich leistungsfähige Anschlüsse: ISDN, DSL, VDSL, Kabel, Satellit. (b) Bezahlung für kostenpflichtige Inhalte („Paid Content").
- Indirekte Erlösgenerierung: (a) Erlöse aus Werbung (Bannerwerbung, Sonderwerbeformen, Suchwortvermarktung in Suchmaschinen); (b) Weitere Erlösformen: Provisionen, Data-Mining-Erlöse, Content Syndication.
- Quersubventionierung: Die Kosten des Internet-Auftritts werden durch andere Geschäftseinheiten des Unternehmens mitgetragen und damit quersubventioniert. Beispiele sind zahlreiche Auftritte von Zeitungs- und Zeitschriftenverlagen und von TV- und Radiosendern.

Der Großteil der Content-Leistungen, die im Internet der breiten Masse angeboten werden, wird ohne Entgelt transferiert oder über den Umweg Werbung oder Quersubventionierung finanziert, was deutlich macht, dass „Paid Content" schwierig zu generieren ist. Es herrscht weitgehend eine „Kostenlos-Kultur" im Internet, und die entscheidende Währung ist daher die Aufmerksamkeit der Nutzerschaft.

Vor diesem sehr heterogenen Hintergrund ist es schwierig, das Internet als einen eigenständigen Markt abzugrenzen. Im Gegensatz zu den klassischen Medien ist es auch nicht ohne weiteres möglich, typische Wertschöpfungsprozesse zu beschreiben, da das Geschehen zu vielschichtig ist. So ist es nicht möglich, einen abgeschlossenen, gut abgrenzbaren Internet-Markt mit typischen Akteuren und festen Produkten zu definieren (vgl. Ernst & Young 2005: 244).

> In einer Art Minimaldefinition kann der Internetmarkt als Summe der Zahlungen der Nutzer für den Internetzugang (12,93 Mrd. Euro) und der Erlöse aus der Onlinewerbung (4,67 Mrd. Euro) verstanden werden, wissend, dass die ökonomische Bedeutung weit über den so ermittelbaren Wert von 17,60 Mrd. Euro für 2012 (vgl. PwC 2013: 31) hinausreicht. Dabei sind die Erlöse aus Onlinewerbung (ohne die Suchmaschinen- und Affiliate-Werbung) mit ihren 1,08 Mrd. Euro – was weniger als vier Prozent der Gesamterlöse aus Werbung entspricht – immer noch als eine eher bescheidene Größenordnung anzusehen, die auch in der weiteren Zukunft nicht explosionsartig wachsen wird. Allerdings: Der Wert für die Onlinewerbung umfasst nur die klassische Displaywerbung mit ihren Nettoerlösen. Das Segment der Werbung in Suchmaschinen macht noch einmal 3,59 Mrd. Euro aus.

Entscheidend für das Marktpotenzial ist die Frage, inwieweit sich der Absatz digitaler Medieninhalte über das Internet gegen Nutzerentgelte entwickeln wird. Ausgeprägte Wachstumsimpulse für Innovationen und Veränderungen dürften vor allem von der Unterhaltungsbranche ausgehen. Die eher zurückhaltende Perspektive für den Internetmarkt im Sinne wirtschaftlicher Erlösmöglichkeiten steht im Gegensatz zur Entwicklung der Zahl der Haushalte mit Internetanschluss. Ende 2012 verfügten 28,0 Millionen Haushalte, das sind bereits mehr als drei Viertel der deutschen Haushalte, über einen breitbandigen Internetzugang (vgl. PwC 2013: 43).

Der Internetmarkt in publizistischer Hinsicht

Kommunikatoren, Anbieter

Differenzierung der Spezialanbieter nach dem 4C-Konzept von Geschäftsmodellen (vgl. Wirtz 2013: 720 ff.). Daneben Komplettanbieter und Plattformanbieter (nach RStV).

- Content (Kompilierung, Darstellung, Bereitstellung digitaler Inhalte über das Internet): (1) Spezielle Inhalteanbieter („Content Provider"): Medien- und Informationsunternehmen, Wirtschaftsunternehmen, Organisationen, Privatpersonen. (2) Informationshändler („Broker").
- Context (Angebote zur Klassifikation und Systematisierung von Informationen): (1) Suchmaschinen: Google, Yahoo! (2) Web-Verzeichnisse.
- Connection (Herstellung der Möglichkeit von Informationsaustausch in Netzwerken): (1) Zugangsanbieter zu physischen Netzwerken, v. a. Internet Service Provider (= Inter-Connection): (a) Provider von Fix Connection: T-Online, United Internet (1&1), Arcor, Telefonica Germany. (b) Systeme für Mobile Connection (M-Connection): T-Mobile, Vodafone, Simyo, Medionmobile. (2) Anbieter von kommunikativen Dienstleistungen (= Intra-Connection): (a) Community: Customer Networks (z. B. MySpace.de, Xing.de. Facebook.com; Customer Messages (z. B. Skype.de, Twitter.com); Customer Exchanges (z. B. Flickr.com, monster.com, Rapidshare.de); Customer Opinion Portal (z. B. dooyoo.de; ciao.com). (2) Mailing Services, z. B. gmx.de, eeb.de, ecards.com.
- Commerce (Anbahnung, Aushandlung und/oder Abwicklung von Transaktionen im Internet): (1) Wirtschaftsunternehmen: praktisch alle kommerziell agierenden Unternehmen sind mit eigenen Internetauftritten im Netz. (2) Marktplätze (Betreiber von Plattformen): (a) B-to-C: z. B. Shopping-Mall-Anbieter (z. B. Amazon), Auktionsplattformen (eBay), Einkaufsplattformen (mercateo), Flohmarktplattformen (z. B. Dawanda), Jobbörsenanbieter (z. B. Jobpilot). (b) B-to-B: Marktplätze für Unternehmen (z. B. Covisint).
- Komplettanbieter aller 4C-Komponenten (integriertes Geschäftsmodell): z. B. Deutsche Telekom, Yahoo! / Tendenz zu Branchenkonvergenz und Integration.
- Plattformanbieter (nach § 2 Abs. 2 Nr. 13 RStV): „Anbieter einer Plattform, wer auf digitalen Übertragungskapazitäten oder digitalen Datenströmen Rundfunk und vergleichbare Telemedien (Telemedien, die an die Allgemeinheit gerichtet sind) auch von Dritten mit dem Ziel zusammenfasst, diese Angebote als Gesamtangebot zugänglich zu machen oder wer über die Auswahl für die Zusammenfassung entscheidet; Plattformanbieter ist nicht, wer Rundfunk oder vergleichbare Telemedien ausschließlich vermarktet."

Werbung im Internet

- Werbeträger: Top 10-Ranking (AGOF 2014-01, Mio. Unique User für einen durchschnittlichen Monat / Januar 2014, Internetnutzer ab 10 Jahre): T-Online 26,94; eBay.de 25,83; gutefrage.net 18,87; BILD.de 16,17; CHIP Online 14,96; WEB.DE 14,75; computerbild.de 14,37; GMX 12,28; FOCUS Online 11,98; CHEFKOCH.de 11,50.
- Vermarkter: Top 10-Ranking Netto-Reichweite (AGOF 2014-01, Mio. Unique User in einer durchschnittlichen Woche November 2013 bis Januar 2014, Internetnutzer ab 10 Jahre): Interactive Media CCSP 20,79; Axel Springer Media Impact 17,81; United Internet Media 16,82; eBay Advertising Group Deutschland 14,81; Ströer Digital 14,26; SevenOne Media 13,62; Tomorrow Focus Media 13,33; IP Deutschland 12,60; OMS 11,88; G+J Electronic Media Sales 10,05.

Produkte, Inhalte

Differenzierung nach dem 4C-Konzept von Geschäftsmodellen (vgl. Wirtz 2013: 720 ff.).

- Content-Angebote: (1) Entertainment: v. a. E-Prints, E-Movies, E-Games, E-Music; (2) Information: v. a. E-Politics (z. B. spiegel.de, focus.de), E-Economics, E-Society; (3) E-Education: Virtual University, Public Education; (4) E-Infotainment (z. B. Vox.de; Kicker.de).
- Context-Angebote: (1) Suchmaschinen: (a) General Search: Google, Yahoo!; (b) Special Search; (c) Metasuchmaschinen: Apollo7.de, metacrawler.de; (d) Desktop Search. (2) Web-Kataloge: Allesklar.de, Gelbe-seiten.de, Web.de. (3) Bookmarking: Social Tagging (z. B. Dmoz.org).
- Connection: (1) Inter-Connection: z. B. T-Online. (2) Intra-Connection: z. B. Facebook, Twitter.

- Commerce: (1) E-Attraction: Banner-Schaltung, Mall-Betreiber. (2) E-Bargaining/E-Negotiation: Auction (z. B. eBay), Price Seeking (z. B. guenstiger.de). (3) E-Transaction: Payment (z. B. paypal.com), Delivery (dhl.de, ups.com). (4) E-Tailing (z. B. Tchibo.de, Amazon.de).

Differenzierung nach Akteuren
- Online Publishing von Medienunternehmen: programmbegleitende und ergänzende Text- und Bildinformationen, Internet Radio, Web-TV, Videoportale, Datenbestände (Download-Angebote), Informationsprodukte, Unterhaltungsprodukte (Musik, Filme), Software.
- E-Commerce und E-Business: Werbung und Public Relations von Wirtschaftsunternehmen und Organisationen, Geschäftsabwicklung über das Netz, Online-Shopping.
- Unternehmensinterne Netzwerke auf der Grundlage des Internet: Intranet, Extranet.
- Private Inhalte: Private Websites, E-Mail-Verkehr, private Informationsbörsen, Gesprächsforen, Chats, Newsgroups, Communities, Internet-Telefonie (Voice over IP), Homebanking, Computerspiele, Weblogs, zielloses Surfen.

Transportwege
- Internetanschluss nach Zugangsart: (1) Breitband (DSL, VDSL) 23,3 Mio. (2) Kabel-TV-Netzbetreiber 4,4 Mio., (3) andere (Satellit, Glasfaser [FTTB, FTTH], Powerline): noch sehr gering, obwohl ca. 1,3 Mio. z. B. über Glasfaser anschließbar.
- Internetanschlüsse (PwC, Bundesnetzagentur): (1) Breitbandhaushalte: 28,0 Mio. bzw. ca. 70 % der Gesamthaushalte. (2) Nutzer mobiles Internet: 34,7 Mio. bzw. 43,3 % Anteil an der Gesamtbevölkerung. (3) 58 Prozent der Haushalte können schnell surfen mit einer Übertragungsrate von 50 Megabit pro Sekunde (Mbit/s) und mehr, weil entsprechende Anschlüsse zur Verfügung stehen. Die tatsächliche Nutzung liegt allerdings deutlich darunter. Nur 14 Prozent der Kunden haben einen Vertrag mit einer Bandbreite von 30 Mbit/s und mehr.

Rezipienten
- Weltweite Facts (Wirtz 2013: 696 ff.): 2,1 Milliarden Internet-User im März 2011 (Steigerung von 480 % im Vergleich zum Jahr 2000); Anzahl Internet-Hosts (Domain-Name mit IP-Adresse): 818,37 Mio. Internet-Hosts Anfang 2011. Internet-Hosts pro 100 Einwohner: Deutschland 32 (zum Vergleich: USA 179; Großbritannien 12).

ARD/ZDF-Onlinestudie 2013
- Internetnutzer letzte vier Wochen: Summe der deutschsprachigen Personen ab 10 Jahren, die innerhalb der letzten vier Wochen Online genutzt haben: 52,2 Mio. bzw. 74,7 %.
- Internetnutzer gelegentlich (Weitester Nutzerkreis): (1) gesamt: 53,4 Mio. Personen (Deutschsprachige Bevölkerung ab 14 Jahren), mindestens gelegentliche Onlinenutzung. In Prozent: 75,9 % (zum Vergleich 2000: 28,6 %). (2) nach Geschlecht: (a) Männer 28,1 Mio. / 81,5 %; (b) Frauen 25,5 Mio. / 71,1 %. D. h. Männer nutzen das Internet überdurchschnittlich, Frauen unterdurchschnittlich. (3) nach Altersgruppen: (a) 14-19 Jahre: 100 %; (b) 20-29 J.: 97,5 %; (c) 30-39 J. 95,5 %; (d) 40-49 J.: 88,9 %; (e) 50-59 J.: 82,7 %; (f) > 60 J.: 42,9 %.
- Internet-Nutzungsdauer (ARD/ZDF-Langzeitstudie Massenkommunikation 2010): (1) gesamt: 83 Min. pro Tag (Zeitbudget der gesamten Bevölkerung für Internet, Onliner und Offliner zusammen). Zum Vergleich TV 220 Min.; Hörfunk 187 Min.
- Verweildauer (deutschsprachige Onlinenutzer ab 14 Jahren): (1) gesamt: 169 Min.; (2) nach Geschlecht: Männer 174 Min., Frauen 163 Min; (3) nach Altersgruppen: 14-29 Jahre 237 Min., 30-49 Jahre Min. 168 Min., ab 50 Jahre 116 Min.; (4) nach Wochentagen: Mo-So (Durchschnitt) 169; Mo-Fr (Durchschnitt) 185; Sa 132; So 127.
- Nutzung von Web-2.0-Anwendungen (deutschsprachige Onlinenutzer ab 14 Jahren, zumindest gelegentlich): Wikipedia 74 %; Videoportale (z. B. YouTube) 60 %; Private Netzwerke und Communitys 46 %; Weblogs 16 %; Twitter 7 %.
- Aufgerufene Inhalte Top 6: 1. Aktuelle Nachrichten (Geschehen Deutschland, Ausland) 55 %; 2. Aktuelle Serviceinformationen (Wetter, Verkehr) 55 %; 3. Aktuelle Nachrichten (Geschehen im Bundesland) 48 %; 4. Aktuelle Regionalnachrichten/-informationen 48 %; 5. Informationen aus Wissenschaft, Forschung, Bildung 44 %; 6. Informationen für Beruf und Ausbildung 43 %.

Der Internetmarkt in ökonomischer Hinsicht

Marktvolumen
- Umsatzerlöse Internetmarkt Deutschland: 17,60 Mrd. Euro., davon (1) Erlöse aus Internetzugang 12,93 Mrd. Euro, (2) Erlöse aus Onlinewerbung 4,67 Mrd. Euro, davon: (a) Werbung für Online-Angebote 1,08 Mrd. Euro, (b) Umsätze aus Suchwort- und Affiliatevermarktung 3,59 Mrd. Euro.
- Erlöse aus Internetzugang: 12,93 Mrd. Euro. (73,5 % der Internet-Gesamtumsätze). Davon: Stationäres Breitbandinternet 7,48 Mrd. Euro; Mobiles Internet 5,45 Mrd. Euro.
- Umsatzerlöse Onlinewerbung: 4,67 Mrd. Euro, davon: (1) stationäre Onlinewerbung 4,54 Mrd. Euro, (2) mobile Onlinewerbung 0,13 Mrd. Euro.
- Onlinewerbung für Online-Angebote (klassische Display-Werbung) mit 1,08 Mrd. Euro hat die Hörfunk-Werbung wertmäßig übertroffen.
- Umsatzvolumen E-Commerce Deutschland: (1) Statistisches Bundesamt: 29,5 Mrd. Euro (2013: 33,1 Mrd. Euro, Perspektive: stark wachsend). (2) eco/Arthur D. Little: 19,67 Mrd. Euro.

Angebotsseite
- Konzentrationsgrad Content-Bereich, General-Interest-Inhalte (vgl. Wirtz 2013: 700 f.): Hohe aktuelle Konzentration (T-Online mit 388 Mio. Visits das mit Abstand meistgenutzte deutsche Angebot). Tendenziell Zunahme der Konzentration, Indikator u. a. Zunahme von Fusionen.
- Konzentrationsgrad Context-Bereich sehr hoch, gemessen an den weltweiten Marktanteilen der Suchmaschinen-Betreiber: Google ca. zwei Drittel der Umsätze, weit vor Yahoo! und MSN.
- Beschäftigte in der Internetwirtschaft (eco/Arthur D. Little): 220.000. Trend: steigend.
- Kosten- und Erlösstruktur von Content-Unternehmen (Durchschnittswerte; Wirtz 2013: 724): (1) Erlöse: (a) Werbeerlöse 82 %; (b) Vertrieb 18 %. (2) Kostenstruktur: (a) First Copy Costs 75 % (davon Content-Produktion 42 %, Marketing/Vertrieb 26 %, Verwaltungskosten 7 %), (c) Gewinn 25 %.

Nachfrageseite
- Rezipientenmarkt: Nachfragemarkt, Reaktanz gegenüber Werbung: relativ gering.
- Online-Nutzung nach Seiteninhalten (in Mrd. Visits) – Top 10 (Wirtz 2013: 700): T-Online-Contentangebot 388; eBay 348; Bild.de 191; Yahoo 185; Spiegel Online 156; Windows Live 154; MSN 148; ProSieben Online 107; VZ Netzwerke 77; Wer-kennt-wen.de 75.
- Werbemarkt: Top 10 Online werbende Unternehmen: 1. Metro (16,9 Mio. Euro); 2. Telefonica O2 (16,9); 3. BMW (15,6); 4. Deutsche Telekom (15,6); 5. eBay (14,3); 6. T-Mobile (12,6); 7. Microsoft (12,5); 8. Volkswagen (11,6); 9. 1&1 (10,8); 10. Ergo (10,4 Mio. Euro).
- Kaufverhalten im Internet (BITKOM): Neun von zehn Internetnutzern kaufen im Internet ein.
- Kaufverhalten nach Personen: Anteil der Online-Shopper, die sich selbst als „rationale Online-Shopper" bezeichnen: 22 % der Bevölkerung. Anteil der Internetnutzer, die auch im Internet einkaufen: ca. 90 % (in den vergangenen zwölf Monaten Einkauf von Waren im Internet).
- Kaufverhalten (AGOF 2014-01): (1) nach Produktgruppen Top 10 Ranking: 1. Bücher; 2. Eintrittskarten für Kino, Theater etc.; 3. Schuhe; 4. Damenbekleidung; 5. Hotels für Urlaubs-, Geschäftsreisen; 6. Urlaubsreisen, Last-Minute-Reisen; 7. Herrenbekleidung; 8. Musik-CDs; 9. Flugtickets; 10. Spielwaren. (2) nach dem tatsächlichen Kauf (gemäß Conversion-Rates, d. h. dem Verhältnis von Online-Informationsuchenden zu Online-Käufern): Top 10: 1. Bücher; 2. Damenbekleidung; 3. Spielwaren; 4. Eintrittskarten für Kino, Theater etc.; 5. Herrenbekleidung; 6. Kostenpflichtige Musik, Filme, Serien aus dem Internet; 7. Schuhe; 8. Musik-CDs; 9. Gewinnspiele; 10. Haustierbedarf.

Koordination von Angebot und Nachfrage
- Erlösmodelle Rezipientenmarkt: (1) Gratis-Angebote für Zugang: unüblich. (2) Abonnement c/o Flat Rate. Durchschnittliche monatliche Gebühr für Breitbandanschlüsse („ARPU" = Average Revenue per User): 22,54 Euro pro Monat (Tendenz: permanent sinkend; 2004 zum Vergleich: 33,40 Euro). ARPU für mobiles Internet: 14,40 Euro pro Monat. Tendenz: leicht fallend. (3) Zeitabhängige Nutzungsentgelte. Trend: sinkende Telefonpreise.
- Erlösmodelle Werbemarkt: Tausend-Kontakt-Preise äußerst heterogen, z. B. 20 Euro auf einer Community-Website. Je nach Anwendung sehr hohe TKPs möglich, z. B. 200 Euro.

Der Internetmarkt in strategischer Hinsicht

Marktstruktur: Marktkräfte nach Porter („Five Forces")

Marktkraft 1 (1): Verhandlungsmacht der Abnehmer auf dem Rezipientenmarkt
- Im Hinblick auf die Nachfrageseite lässt sich das Mediennutzungsverhalten der Internetnutzer wie folgt skizzieren:
- Das Internet ist inzwischen erfolgreich in allen Bevölkerungsschichten etabliert.
- Die Nutzung des Internet erfolgt gleichermaßen als Informations-, Unterhaltungs- und Kommunikationsmedium.
- Das Internet ist zum normalen Medium geworden. Die Strukturen der Internet-Nutzerschaft gleichen sich immer mehr denen der Gesamtbevölkerung an. Gleichermaßen selbstverständlich ist die heimische wie die berufliche Online-Nutzung am Arbeits- und Ausbildungsplatz.
- Im Einkaufsverhalten spielt das Internet eine zunehmend wichtige Rolle. Fast alle Internetnutzer haben sich schon einmal über Produkte im Internet informiert. Ein große Mehrheit der Nutzer hat im Internet eingekauft.
- Das Internet hat sich als wichtiges Informationsmedium für tagesaktuelle Informationen etabliert. Dabei werden vor allem die Online-Auftritte der etablierten Informationsmedien genutzt.
- Mit der zunehmenden Online-Präsenz der deutschen Bevölkerung wird es für die Werbewirtschaft immer wichtiger, im Internet aktiv zu sein, um eine nachhaltige Zielgruppenabdeckung zu gewährleisten.
- Nicht von der Hand zu weisen sind gewisse Sättigungserscheinungen bei den Konsumenten (vgl. den frühen Hinweis bei Bruhn 2005: 1120). Dies führt zur Informationsüberlastung und zu einer oberflächlichen und eher selektiven Informationsaufnahme und -verarbeitung.
- Internet-Nutzer weisen eine aktive Suchhaltung auf.
- Die Macht der Nachfrager ist durch das Internet generell extrem stark angestiegen, bedingt durch die steigende Angebotsvielfalt mit einer Fülle neuer Wahlmöglichkeiten und durch die Möglichkeiten der besseren Informationsbeschaffung, die zu einer erheblich verbesserten Transparenz führen. Die Nutzer sind damit prinzipiell eher in der Lage, ihre Interessen gegenüber den Anbietern von Leistungen durchzusetzen.

Marktkraft 1 (2): Verhandlungsmacht der Abnehmer auf dem Werbemarkt
- Hohe Verhandlungsmacht. Hauptgrund: Permanente Zunahme des verfügbaren Werberaumes, laufend sich weiter ausdifferenzierende Angebotspalette an Online-Werbung sowohl nach Anbietern als auch nach Werbeformen. Sinkende Auslastung der Werberäume.

Marktkraft 2: Verhandlungsmacht der Lieferanten
- Auf der Seite der Lieferanten von Content ist festzustellen, dass im Hinblick auf die Inhalte zunehmend die von Privatpersonen erzeugten Inhalte („User Generated Content") eine Rolle spielen. Mit dieser Entwicklung des „Web 2.0" ist es zu einem neuen Netzverständnis gekommen, indem die von den Erfindern des Internet immer schon „angedachte Form der interaktiven, kollektiven Bereitstellung und Nutzung von Information zunehmend Wirklichkeit wird" (PwC 2006: 76).

Marktkraft 3: Bedrohung durch neue Anbieter
- Die Position der bestehenden Akteure im Internet ist durch neue Anbieter ständig bedroht. Der Grad der Bedrohung kann prinzipiell als jederzeit hoch bezeichnet werden, wobei allerdings unterschiedliche Anbieter unterschiedlich betroffen sind. Zu unterscheiden sind:
- General-Interest-Anbieter: z. B. T-Online, MSN, bild.de, RTL.de, Spiegel Online; aber auch User-Generated-Content-Angebote (z. B. YouTube). Special-Interest-Anbieter, die ein auf bestimmte Nischengruppen ausgerichtetes Angebot unterbreiten.
- Die Markteintrittsbarrieren sind für diese beiden Anbietergruppen unterschiedlich zu beurteilen:
- Was die General-Interest-Anbieter im Medienbereich anbelangt, sind die Markteintrittsbarrieren hoch zu veranschlagen. So besitzen die angebotenen Internet-Produkte der Medien-Generalisten die Eigenschaft, dass sie auf große Nutzergruppen ausgerichtet sind und daher von der Wirksamkeit des Netzwerkeffekts leben, den am ehesten die bereits etablierten großen Medienunternehmen wie Spiegel, RTL oder Service Provider erzeugen können.

- Der Netzwerkeffekt beschreibt den positiven Zusammenhang zwischen dem Produktnutzen und der Anzahl der Nutzer. Mit steigender Nutzerzahl und dem Überschreiten einer kritischen Masse wächst der Nutzen für den Konsumenten und favorisiert diejenigen im Internet agierenden Unternehmen, die fähig sind, einen großen Stamm von Nutzern aufzubauen (vgl. Wirtz 2013: 701 f.).
- Die Netzwerkeffekte und im Verbund damit hohe First Copy Costs für die angebotenen Internet-Produkte sind Ausdruck für strukturelle Markteintrittsbarrieren, da sie in der Eigenschaft der Produkte begründet liegen. Daneben spielen strategische Markteintrittsbarrieren eine Rolle, die vor allem durch die Existenz von fest etablierten Marken entstehen und sich im Internet ebenfalls vorteilhaft für die bereits im Markt agierenden Unternehmen auswirken (vgl. Wirtz 2013: 702). Solche Marken sind – neben dem Transfer bestehender Marken der klassischen Medienbereiche in das Internet – oft durch Schnelligkeit entstanden, die manche „schnellen Akteure" wie z. B. Yahoo, ebay oder Amazon erzeugen konnten („First Mover Advantages").
- Freilich gibt es auch gegenläufige Effekte und es findet eine Absenkung der Markteintrittsbarrieren statt, wenn z. B. wie im Online-Buchhandel interessierte neue Akteure genauso wie die etablierten Akteure auf die vorhandene Datenbank des Buch-Großhandels zugreifen können. Für diesen Fall wird es umso wichtiger, sich als etablierter Online-Buchhandel durch Markenbildung, eingängige Domain-Namen und Marketing klar abzuheben.
- Anders zu beurteilen ist die Situation der Special-Interest-Anbieter. Hier dürften die strukturellen und strategischen Barrieren in vielen Fällen so niedrig sein, so dass potenzielle Interessenten den Markteintritt wagen.
- „Die kostengünstigere Verbreitung von Inhalten im Internet erlaubt es, auch kleinere Zielgruppen anzusprechen, die von den Massenmedien Rundfunk und Print bislang aus Kostengründen außer Acht gelassen werden mussten. Dadurch könnten die Online-Angebote und Special-Interest-Programme sowie das Angebot an Regional- und Lokalinformationen stark ansteigen." (Ernst & Young 2005: 262).
- Besonders ausgeprägt dürften sich die Effekte der Absenkung der Markteintrittsbarrieren im Bereich von Electronic Business einstellen, also im Bereich der Nutzung des Internet für das Management aller funktionalen Bereiche von Wirtschaftsunternehmen.
- „Im Electronic Business sinken vor allem die strukturellen Markteintrittsbarrieren. Hierfür lassen sich u. a. zwei Gründe erkennen. Zum einen sind immer mehr Anbieter mit ähnlichen und damit gegenseitig austauschbaren Produkten, die auf einer einheitlichen Technologie basieren, vertreten. Technologien sind somit nicht länger ein Wettbewerbsvorteil, sondern werden zunehmend zum Bestandteil des allgemeinen Marktwissens. Zum anderen stellt das Internet eine allgemein zugängliche Kommunikations- und Vertriebsinfrastruktur zur Verfügung. Der Aufbau aufwändiger Vertriebs- und Filialnetze, die mit hohen Kosten verbunden sind (strukturelle Barriere), ist somit nicht mehr erforderlich. Angebote lassen sich global offerieren. Aus der Sicht kleiner und mittelständischer Unternehmen hat dies zwar den Vorteil, dass eine Ausweitung der Kunden- und Zielgruppe vergleichsweise einfacher gelingen kann. Allerdings steigt die Konkurrenz mit internationalen Großunternehmen und Konzernen. Zudem erhöht sich durch die gesunkenen Markteintrittsbarrieren auch die Zahl der Markteintritte. Die hieraus resultierende höhere Zahl an Akteuren hat zur Folge, dass der Wettbewerbsdruck innerhalb des Marktes steigt."
http://www.teialehrbuch.de/ EBEU/12181-Absinken-von-Markteintrittsbarrieren.html (11.11.2006)

Marktkraft 4: Bedrohung durch Ersatzprodukte
- Was eine mögliche Bedrohung durch Ersatzprodukte anbelangt, so ist das Internet weniger das gefährdete Medium als dass es durch seine Existenz die anderen Medien bedroht – es ist weniger „Opfer" als „Täter". Immer wieder wird zwar postuliert, es sei dauerhaft eher von einer Komplementaritätsbeziehung zwischen Internet und klassischen Medien auszugehen als dass es zu nachhaltigen Konkurrenzsituationen komme. Substitutionseffekte sind freilich klar erkennbar.
- Die Frage der Sustituierung von Medien durch das Internet wirft ein Licht auf die Rolle des Internet im Medienensemble, die man eher als die eines „Hybridmediums" ansehen sollte: „Dem Internet kommt als Hybridmedium eine Sonderrolle im Medienensemble zu: Es integriert individuelle bzw. interpersonale Kommunikation einerseits und Massenkommunikation andererseits" (Breunig/Hofsümmer/Schröter 2014: 142).

- Das Internet wird sich zu einem „Hypernet" entwickeln, das ein immer und überall verfügbares Netz darstellt, das alle erdenklichen Inhalte zugänglich macht und über hochqualitative Endgeräte voll mobil sein wird (vgl. Ernst & Young 2005: 263). Diese Vorausschau von vor zehn Jahren ist inzwischen Realität: Das Internet ist Hybridmedium: „Das Massenmedium Internet ist sowohl eigenständiges Contentmedium als auch Transportplattform für Hörfunk, Fernsehen und Printmedien. Das Internet bietet Funktionen wie Information, Kommunikation, Interaktion, Unterhaltung und Transaktion. Deshalb wird es zunehmend schwieriger, die Funktionen des Internets mit denen der anderen (tagesaktuellen) Medien im Rahmen einer einheitlichen Operationalisierung zu vergleichen. Denn offensichtlich reicht die Funktionalität des Internets in Bereiche hinein, die nicht von den anderen Massenmedien abgedeckt werden und auch nichts mit Massenkommunikation zu tun haben. Nur so ist zu erklären, dass Fernsehen und Radio nach wie vor eine wichtige Rolle im Medienalltag der Gesamtbevölkerung spielen, ohne vom Internet verdrängt zu werden. Das Internet trägt zu einer Funktionsänderung bei, ersetzt aber in erster Linie Funktionen, die früher im Rahmen anderer Freizeittätigkeiten (z. B. telefonieren, Gespräche führen, sich mit Freunden treffen) ausgeführt wurden. Das Internet zieht deshalb vornehmlich Zeitkontingente aus dem allgemeinen Freizeitbereich ab und weniger von den klassischen, elektronischen Massenmedien" (Breunig/Hofsümmer/Schröter 2014: 142 f.).

Marktkraft 5: Rivalität der Wettbewerber untereinander
- Vor dem Hintergrund der gemachten Aussagen ist festzustellen, dass die Rivalität unter den Wettbewerbern im Internetmarkt insgesamt als äußerst hoch zu bezeichnen ist. Hauptgründe sind, dass im Medium Internet trotz extremer Marktfragmentierung prinzipiell die Markttransparenz hoch ist und allen Akteuren die Möglichkeit zur schnellen Information offen steht. Dadurch kommen vor allem die Kunden in eine komfortable Ausgangsposition, auf der Anbieterseite steigt der Wettbewerb.

Strategische Antworten

Generelle Perspektiven:
Vor diesem Hintergrund werden sich für den Internet- und Multimediabereich die folgenden mittel- und langfristigen Entwicklungstendenzen einstellen (vgl. Wirtz 2013: 748):
- Wettbewerbsintensivierung durch zunehmende Markttransparenz, sinkende Eintritts- und Wechselbarrieren, Disintermediation.
- Verändertes Kundenverhalten durch höheren Informationsstand und steigende Nachfragermacht, abnehmende Kundenloyalität und Probleme bei der Kundenbindung.
- Zunahme der Komplexität durch zunehmende Innovationsgeschwindigkeit und Marktfragmentierung.
- Virtualisierung von Produkten, Organisationen und die Bildung von Allianzen und Netzwerken.

Als strategische Antworten stehen den Unternehmen, die im Internet agieren, grundsätzlich die folgenden Alternativen offen (vgl. Wirtz 2013: 748 ff.):
- Fokussierungsstrategie („Pure Player"): Hier erfolgt die Konzentration auf ein ganz bestimmtes Internet-Geschäftsmodell, z. B. bei der Deutschen Telekom mit T-Online, die in der Anfangsphase als reiner Connection-Anbieter auftrat, oder Yahoo! als ursprünglich reiner Context-Anbieter. Die Fokussierungsstrategie empfiehlt sich vorrangig in der Phase des Markteintritts.
- Integrationsstrategie: Bei dieser Strategie strebt ein Internetmedienunternehmen die horizontale oder vertikale Integration durch Kooperation oder Fusion an. Ziel ist typischerweise die Erweiterung des Leistungsspektrums. Exemplarisch hierfür kann die Übernahme des Internet-Video-Portals YouTube durch Google stehen. Möglich ist auch die laterale Integration, bei der das Eindringen in branchenfremde Bereich erfolgt (z. B. Dt. Telekom im IPTV-Bereich). Denkbar sind auch Konzepte der Vorwärts- und Rückwärtsintegration in der Medien-Wertschöpfungskette.
- Netzwerkstrategie: Hierbei verfolgt das Medienunternehmen im Internet das Ziel, durch Kooperation Geschäftsfelder zu erschließen, die es mit dem eigenen Leistungsspektrum nicht abdecken kann. Ein Beispiel für solche Content-Kooperationen ist die Partnerschaft von AOL.com mit den Unternehmen Cartoon Network, Warner Music, Universal Pictures, Electronic Arts, Sony BMG, ABC News und MTV.

6.12 TIME-Branche

(1) Typisches Kennzeichen der Medienentwicklung in der digitalen Welt ist das Zusammenwachsen – die „**Konvergenz**" – des Mediensektors mit denjenigen Industrien, die im Hinblick auf die Erzeugung von Medienprodukten in einem logischen Wertschöpfungsverbund stehen. Diese Industrien werden unter dem Dachbegriff **TIME-Branche** zusammengefasst. Abb. 6-6 gibt einen Überblick über die strukturellen und quantitativen Dimensionen der TIME-Branche.

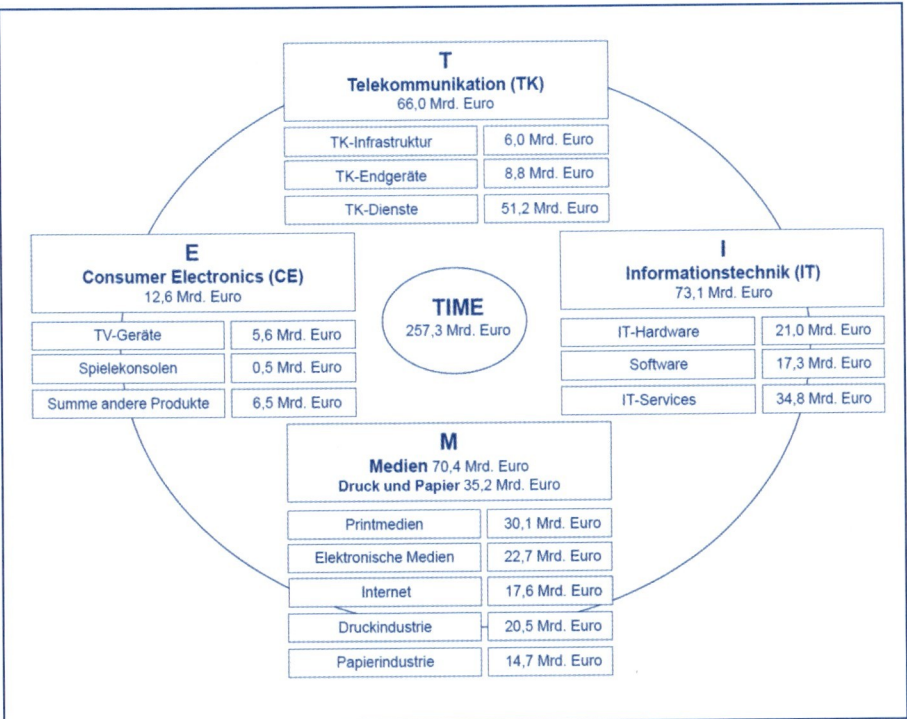

Abb. 6-6: Übersicht über die TIME-Branche

Die Teilbranchen können wie folgt – grob – charakterisiert werden:

- T ... Telekommunikation (TK): (1) TK-Infrastruktur / Bereitstellung der Netzinfrastruktur: Telefon, Kabel, Satellit, Terrestrik. (2) TK-Endgeräte / Hersteller von nachrichtentechnischen Geräten. (3) TK-Dienste / Fernmelde- und Telekommunikationsdienste: Netzbetreiber (Festnetz und Mobilnetz), Anbieter von Dienstleistungen im Telekommunikationsbereich. Internet-, Online- und Datendienste.
- I ... Informationstechnik (IT): (1) IT-Hardware: Computertechnik, PC, Workstations, Notebooks, Büromaschinen, Datenverarbeitungsgeräte. (2) Software: Hersteller z. B. Microsoft, SAP, Oracle. (3) IT-Services. Dienstleister z. B. Accenture, T-Systems.
- M ... Medien: (1) Printmedien: Zeitung, Zeitschriften, Buch, Anzeigen-/Offertenblätter, Werbung per Post, Verzeichnismedien. (2) Elektronische Medien: Hörfunk, Fernsehen, Film und Kino, Heim-Video, Musik, Video- und Computerspiele, Internet. (3) Da ein Medienbezug gegeben ist, werden die Druck- und Papierindustrie hier zu den Medien hinzugefügt (im nachrichtlichen Sinne).
- E ... Consumer Electronics (CE): Elektronische Geräte für die Konsumenten: TV- und Radiogeräte, Set-Top-Boxen, MP3-Geräte, Video-Player und -Recorder, Spielekonsolen, Auto-Navigationsgeräte, digitale Fotoapparate u.a.m.

Telekommunikation (TK) und Informationstechnik (IT) werden auch zum „ITK-Markt" (auch „IKT") zusammengefasst, wobei es allerdings keine allgemein gültige Abgrenzung dieses Sektors gibt. Gelegentlich wird dem ITK-Sektor auch der Sektor der Consumer Electronics hinzugerechnet.

Entscheidendes Merkmal der TIME-Branche ist „das auf dem universalen Netzwerkprotokoll TCP/IP basierende *Internet*, das erstmals die Möglichkeit der digitalen Übertragung von Informationen zwischen dem Telekommunikations-, Informationstechnologie- und Mediensektor eröffnet" (Keuper/Hans 2003: 42). Damit sind vernetzte Wege vorhanden bzw. im Entstehen, über die rechnergestützt Informationen sowohl im Hinblick auf die Anwendungen als auch auf den Ort flexibel und vor allem multimedial übertragen werden können (vgl. ebd.). Erforderlich sind allerdings Endgeräte, die die Fähigkeit besitzen, die technologische Integration aller Medienquellen sicher zu stellen.

Der Konvergenzprozess führt zu einer starken Annäherung und wechselseitigen Durchdringung des Medienmarktes mit den Märkten der Telekommunikation, Informationstechnologie und Consumer Electronics, woraus ein neuer Verbund und aus wirtschaftlicher Sicht auch eine neuer gemeinsamer Markt entsteht, dessen Eigenschaften und Prozesse und deren Dynamik nur noch im Verbund beurteilt werden können. Die Grenzen zwischen den ehemals getrennt agierenden Sektoren sind zunehmend im Begriff sich aufzulösen.

> Konvergenz ist dadurch gekennzeichnet, dass es zu einer strukturellen Verbindung bislang getrennter Märkte kommt, was zu neuen Leistungs-Portfolien und der Entwicklung systemischer Lösungen führt (vgl. Keuper/Hans 2003: 36).

Hauptmerkmal der Konvergenz ist das Entstehen neuer innovativer Produkte, die ohne Medienbruch gehandhabt werden können, wie z. B. Video on Demand oder Triple Play (IPTV). Ein solchermaßen zusammenwachsender TIME-Markt erbringt alle Informations-, Kommunikations- und Unterhaltungsleistungen in integrierter Form und macht Multimedia möglich. Es entsteht ein neuer „Multimedia-Markt" (Keuper/Hans 2003: 57), der die bisherige mediale Produktlandschaft restrukturiert.

> „Die Wertschöpfung des Multimedia-Marktes zeichnet sich dadurch aus, dass klassische Beschränkungen, wie sie bei früheren Wertschöpfungsprozessen bestanden, wegfallen. Das führt einerseits zu einer größeren Leistungsvielfalt, andererseits auch zu einem angereicherten Angebot der verknüpften Leistungen („Media Richness"). Die hohe Attraktivität dieses Multimedia-Marktes liegt sowohl für Anbieter als auch für Nachfrager in der enormen Flexibilität bei der Erstellung und Nutzung von Informations-, Unterhaltungs- und Kommunikationsleistungen" (Zerdick et al. 1999: 175).

Diese Entwicklung schafft den Nährboden zur Herausbildung neuer **Wertschöpfungsstrukturen** und **Geschäftsmodelle**, deren wichtigstes Merkmal die Integration und die Multimedialität ist (vgl. Wirtz 2013: 852). Die Integration drückt sich darin aus, dass Medienunternehmen bestrebt sind, sich auf allen Stufen der (multi-)medialen Wertschöpfungskette zu bewegen, sei es als große „integrierte Medien- und Verbundunternehmen", sei es in Form von Netzwerken und Kooperationen. Ziel ist es in jedem Falle, durch alle Arten von Integration (vertikal, horizontal, lateral) auf allen Stufen der Wertschöpfungskette mitzuwirken bzw. diese zu besetzen (vgl. ebd. 861 ff.).

Der Markt für Telekommunikation (TK)

Marktvolumen
- Gesamtumsatz (BITKOM): 66,0 Mrd. Euro. Tendenz: konstant.
- Verteilung nach Segmenten: (1) TK-Infrastruktur 6,0 Mrd. Euro. (2) TK-Endgeräte 8,8 Mrd. Euro. (3) TK-Dienste 51,2 Mrd. Euro.
- Verteilung nach Unternehmen: (1) Deutsche Telekom AG 22,7 Mrd. Euro; (2) Wettbewerber 43,3 Mrd. Euro.

Angebotsseite
- Anbieter: (1) Deutsche Telekom AG; (2) Wettbewerber: Vodafone, Telefonica Deutschland (u. a. mit der Marke O2), E-Plus.
- Konzernumsatz der Deutschen Telekom AG 58,2 Mrd. Euro; davon: (1) Deutschland 22,7 Mrd. Euro; (2) USA 15,4 Mrd. Euro; (3) Europa 14,4 Mrd. Euro; (4) Systemgeschäft 10,0 Mrd. Euro; (5) Konzernzentrale & Shared Services 3,0 Mrd. Euro.
- Regionale Verteilung der Umsatzerlöse der Deutschen Telekom: (1) Inlandsanteil 44,3 %; (2) Auslandsanteil 55,7 %. Tendenz: permanent steigender Auslandsanteil.
- Bereitstellung der Netzinfrastruktur: Telefonanschlüsse/-zugänge gesamt 37,5 Mio. (davon 15,1 Mio. Wettbewerber der Deutschen Telekom). Verteilung: (1) Analog/ISDN 26,4 Mio.; davon Wettbewerber 4,9 Mio.; (2) VoIP über entbündelte DSL-Anschlüsse 6,6 Mio., davon Wettbewerber 5,7 Mio.; (3) Sprachzugänge über HFC-Netze 4,3 Mio.; davon Wettbewerber 4,3 Mio.; (4) Sprachzugänge FTTB/FTTH-Ntze 0,2 Mio.
- Festnetz-Breitbandanschlüsse: 28,0 Mio., davon: (1) DSL 23,3 Mio. (davon Deutsche Telekom 12,4 Mio.); (2) Wettbewerber 10,9 Mio.
- Handybesitzer (2013): 63 Mio. 90,4 %, davon 14-29 Jahre 97,5 %; 30-49 Jahre 96,7 %; 50-64 Jahre 96,5 %; 65 Jahre und älter 68,0 %.
- Beschäftigte auf dem Telekommunikationsdienstemarkt (lt. Bundesnetzagentur): 173.000 (zum Vergleich 2002: 231.500), davon (1) Deutsche Telekom AG 118.800 (zum Vergleich 2002: 177.800); (2) Wettbewerber 54.200 (zum Vergleich 2002: 53.700).

Nachfrageseite
- Festnetz (Transport über klassische Telefon-, Kabel- und IP-basierte Netze): Abgehende Gesprächsminuten: ca. 174 Mrd. Minuten, davon (1) Deutsche Telekom ca. 84 Mrd. Minuten, (2) Wettbewerber 83 Mrd. Minuten. Tendenz: kontinuierlich fallend.
- Mobilfunk: Teilnehmer in deutschen Mobilfunknetzen 113,2 Mio. Vertragsverhältnisse; Penetration 140,5 % (d. h. auf jeden Einwohner entfallen etwa 1,4 SIM-Karten). Übertragenes Datenvolumen: 155,64 Mio. GB (Perspektive 2013: > 200 GB). Sprachverkehrsvolumen (aus Mobilfunknetzen abgehender Verkehr) 108,61 Mrd. Minuten. Tendenz: Stagnation, Sättigungsgrenze erreicht.

Koordination von Angebot und Nachfrage
- Sehr differenzierte Preis- und Erlösmodelle.
- Hohe Konkurrenz sorgt für geringe Preismargen.

Strategische Perspektiven
- Thema Breitbandausbau: Der zentrale treibende Faktor für alle Teilbereiche ist der weitere Ausbau der Netze zu einem hoch leistungsfähigen Breitbandnetz. Im Mittelpunkt steht der Ausbau der Zugangsnetze, über die Endkunden mit breitbandigen und zunehmend Glasfaser-basierten Internetanschlüssen versorgt werden (sog. Next Generation Access Networks, NGA). Strittig ist die Frage, über welche Finanzierungswege die moderne TK-Infrastruktur aus- und aufgebaut werden soll. Wegen der hohen Bedeutung der Telekommunikation im volkswirtschaftlichen Kontext ist zu erwarten, dass TK-Investitionen wirtschaftliches Wachstum nachhaltig sichern helfen. Wichtig ist eine verlässliche, wettbewerbsorientierte Ordnungspolitik.
- Streitpunkt Netzneutralität: Es geht um die Frage der neutralen Übermittlung von Daten im Internet, was impliziert, dass alle Datenpakete gleichberechtigt übertragen werden, unabhängig von Volumen, Inhalt oder Anwendung (Verbot von Preis- und Qualitätsdifferenzierung).
- „Großes Thema" Sicherheit.

Der Markt für Informationstechnik (IT)

Marktvolumen
- Gesamtumsatz (BITKOM): 73,1 Mrd. Euro. Tendenz: steigend.
- Umsatzverteilung: (1) IT-Hardware 21,0 Mrd. Euro. (2) Software 17,3 Mrd. Euro. (3) IT-Services 34,8 Mrd. Euro.

Angebotsseite
- Anzahl der Unternehmen: (1) IT-Hardware: 1.955; (2) IT-Software: 80.490. Die Branche ist von einer sehr kleinteiligen Unternehmensstruktur geprägt: nur 1 % der Software-Unternehmen haben über 100 Mitarbeiter.
- IT-Hardware (PCs, Server, Storage und Druckersysteme etc.): Große Hardware-Produzenten: Fujitsu, Hewlett-Packard, Lenovo.
- Software: Standard-Software-Unternehmen Deutschland Top 5 (2011): 1. Microsoft Deutschland (Umsatz 2,80 Mrd. Euro / 2.700 Mitarbeiter; Weltumsatz von Microsoft 2008: 61,9 Mrd. US-$); 2. SAP (Umsatz 2,34 Mrd. Euro / 16.172 Mitarbeiter); 3. Oracle Deutschland (Umsatz 1,06 Mrd. Euro / 2.500 Mitarbeiter); 4. Datev (Umsatz 0,73 Mrd. / 5.378 Mitarbeiter); 5. CompuGroup Medical (Umsatz 0,20 Mrd. Euro / 1.576 Mitarbeiter).
- IT-Services: Wichtige IT-Service-Unternehmen: T-Systems, IBM Deutschland, Siemens Business Services, Accenture.
- Zu T-Systems: Deutsche Telekom AG Gesamtumsatz 58,2 Mrd. Euro; davon: Systemgeschäft (T-Systems), Angebot individueller ICT-Lösungen (Informations- und Kommunikationstechnologie) für Großkunden 10,0 Mrd. Euro. Anzahl der betreuten Server: 57.121 Stück; Anzahl der betreuten Arbeitsplatzsysteme 1,93 Mio. Stück; fakturierte Stunden: 6,3 Mio.
- Beschäftigung: 679.000, davon (1) IT-Hardware 24.800; (2) Software und IT-Services 654.100 Beschäftigte.

Nachfrageseite
- IT-Services: Nachfrage nach IT rund um Konsolidierung und Standardisierung ungebrochen hoch.

Koordination von Angebot und Nachfrage
- Sehr differenzierte Preis- und Erlösmodelle.
- Starke Ausrichtung auf Projekte, dadurch hohe Nachfrage nach IT-Projektmanager.
- Starker Wettbewerb sorgt für geringe Preismargen.

Strategische Perspektiven
- Im IT-Hardware-Bereich sind starke Schrumpfungstendenzen in der Vergangenheit zu verzeichnen, was sich in einem drastischen Abbau der Beschäftigung ausdrückt (seit 1995 Halbierung der Beschäftigung), während der Markt für Software ein nachhaltiges Wachstum zeigt. Markttreiber sind dort Outsourcing, Consulting und System-Integration.
- Durch klassisches IT-Outsourcing werden nach wie vor signifikante Kosteneinsparungen realisiert, weshalb der Trend in dieser Richtung ungebrochen ist.
- Die Branche beklagt Fachkräftemangel an IT-Fachkräften, v. a. mittelständische IT-Unternehmen.
- Agenda zur IT-Strategie für Deutschland nach BITKOM 2014: Drei zentrale Handlungsfelder: (1) Wirtschaftswachstum: „Für die künftige Wettbewerbsfähigkeit ist eine neue Wirtschafts- und Innovationspolitik entscheidend, die einen deutlichen Fokus auf die ITK-Branche und digitale Märkte legt." (2) Digitale Infrastrukturen: „Ein zügiger Ausbau der Breitbandnetze ist die zwingende Grundlage aller digitalen Infrastrukturen. Der stark wachsende Internetverkehr, neue Applikationen, die hohe Übertragungsstandards erfordern, sowie die zunehmende Bedeutung intelligenter Netze stellen hohe Ansprüche an die Breitbandinfrastruktur. Darum ist es erforderlich, dass Investitionen in moderne Breitbandnetze dort aktiv unterstützt werden, wo auf absehbare Zeit kein marktgetriebender Breitbandausbau zu erwarten ist, soweit bestehende Investitionen nicht entwertet werden. Zudem müssen unnötige finanzielle und regulatorische Belastungen für investierende Netzbetreiber vermieden werden." (3) Sicherheit und Vertrauen: „Die Verletzlichkeit unserer IT-Systeme, -Produkte und -Netze stellt ein Risiko für unseren Wohlstand und die Sicherheit unseres Landes dar und verdient deshalb höchste Priorität bei der Politik und der Wirtschaft."

Der Markt für Consumer Electronics (CE)

Marktvolumen
- Gesamtumsatz für digitale CE (BITKOM): 12,6 Mrd. Euro. Tendenz: leicht abnehmend. Anmerkung: In einer weiten Definition der CE werden zusammengefasst (vgl. gfu-Definition, s. u.): Unterhaltungselektronik, Telekommunikation und IT – Gesamtausgaben 28,8 Mrd. Euro.
- Verteilung Absatz und Umsatz ausgewählter CE-Bereiche (Media Perspektiven 2/2013: 126): (1) LCD-TV-Geräte 9,0 Mio. Stück / 5,6 Mrd. Euro; (2) DVD Player und Recorder 3,0 Mio. Stück / 0,4 Mrd. Euro; (3) Set-Top-Boxen 7,3 Mio. Stück / 0,7 Mrd. Euro; (4) MP3 Player incl. portable Videoplayer 3,8 Mio. Stück / 0,3 Mrd. Euro; (5) Spielekonsolen 2,6 Mio. Stück / 0,5 Mrd. Euro (6) Smartphones 18,4 Mio. Stück / 6,8 Mrd. Euro; (7) Notebooks 5,7 Mio. Stück / 3,4 Mrd. Euro; (8) Tablet PCs 3,3 Mio. Stück / 1,4 Mrd. Euro.
- Produktsegmente mit deutlich-positiver Umsatzentwicklung seit 2010: TV-Geräte, Smartphones.
- Produktsegmente mit deutlich-negativer Umsatzentwicklung seit 2010: DVD Player/-Recorder, MP3 Player, Notebooks, Desktop PCs.

Angebotsseite
- Produktsegmente (gfu-Definition): (1) Unterhaltungselektronik: Audio/Video-Geräte/Digital Still Cameras; Set-Top-Boxen, Sat-Antennen; Car Audio-/Navigations-Geräte; unbespielte Audio-/Video-Speichermedien; Videospiele (Konsolen und Software); Zubehör (Kopfhörer, Docking Speaker, Multifunktionsfernbedienung). (2) Telekommunikation: Telefone, Mobil-Telefone, Telefax-Geräte, Smartphones. (3) Informationselektronik: PC (Desktops, Notebooks, Tablets), Peripherie-Geräte (PC-Monitore, Drucker, Multifunktionsgeräte, Scanner, PC-TV-Karten).
- Unternehmen: (1) Hersteller von Unterhaltungselektronik: Sony, Samsung, Panasonic, Apple. (2) Einzelhandels-Unternehmen (2010): (1) Geräte für Informations- und Kommunikationstechnik: 21.895; (2) Versand- und Internet-Einzelhandel: 6.449.
- Konzentrationsgrad: (1) Herstellung: Oligopol-Strukturen. (2) Größenstruktur des Handels zahlenmäßig durch kleine und mittlere Unternehmen geprägt.

Nachfrageseite
- Unterhaltungselektronik: Ausstattungsgrad der privaten Haushalte mit Geräten der Unterhaltungselektronik (Media Perspektiven Basisdaten, Zahlen für 2013): Fernsehgerät 97,2 % (ein Gerät 54,4 %; zwei Geräte 42,8 %); Fernsehen mit Flachbildschirm 77,2 %; Radiogerät 92,2 %, Autoradio 85,5; Videorecorder 45,5 %; DVD-Player (nur Abspielgerät) 57,4; DVD-Recorder (Aufnahme und Wiedergabe) 24,0; Festplattenrecorder 13,5 %; Mobiltelefon/Handy 93,5 %; Modem/ISDN-Anschluss 82,3 %.

Koordination von Angebot und Nachfrage
- Sehr differenzierte Preis- und Erlösmodelle.
- Hohe Konkurrenz sorgt für geringe Preismargen.

Strategische Perspektiven
- „Consumer Electronics steht vor einem Paradigmenwechsel. Die Digitalisierung der Produktwelten ist abgeschlossen. Der bestimmende Trend für die kommenden Jahre heißt „Vernetzbarkeit". Nicht nur PC, Laptop, Tablet Computer und Smartphone lassen sich online nutzen, auch klassische Geräte der Unterhaltungselektronik wie Fernseher und Musikanlagen werden direkt mit dem Internet verbunden. Mit der Vernetzbarkeit ändert sich nicht nur der Gerätepark des Kunden; es wächst damit auch der Einfluss von internetbasierten, interaktiven und individuell abgestimmten Inhalten" (BITKOM 2013: 6).
- Vernetzung: „Connection". Zukünftige Welten (BITKOM 2013: 7 ff.): (1) Connected Screens (neue Bildschirme, Fernsehen 2.0). (2) Connected Audio (Musik aus dem Netz, Audio 2.0). (3) Vernetzte Fotowelt (Smartphone als Fotoapparat, Kameras mit Online-Funktionalität). (4) Neue revolutionäre CE-Welten: Smartwatches, Smart Glasses, Riesentablet Computer.
- Megatrend Ultra-HD (BITKOM 2013: 25 ff.): Mittelfristig ist ein Aufrüsten in allen Bereichen des „TV-Ökosystems" zu erwarten: Aufnahmen, Postproduktion, Storage, Übertragungswege, neue Fernsehgeräte. Deutlich höhere Anforderungen an Technik und Infrastrukturen.

Das **Marktpotenzial** der TIME-Branche ist – in der Gesamtsicht – grundsätzlich als hoch einzuschätzen. Bereits heute kann dessen Volumen dem für Deutschland besonders wichtigen Industriezweig der Automobilbranche durchaus das Wasser reichen. Sie hat die Sektoren Maschinen- und Anlagenbau, Elektrotechnik und Elektronik oder den Chemiesektor bereits überflügelt. Beim Blick in die Zukunft darf freilich nicht verkannt werden, dass in einzelnen Segmenten stark schwankende Nachfragezyklen, „Hypes" und das Aufkommen innovativer Produkte und Konzepte stattfinden, die eine Voraussage schwierig machen.

Die Entwicklung des Marktpotenzials der TIME-Branche ist davon abhängig, inwieweit es ihr gelingt, **Konvergenzpotenziale** auszuschöpfen. Ein Beispiel solcher Konvergenzpotenziale bietet der CE-Markt, wo die bisher getrennten Einzelgeräte aus IT, Telekommunikation und Unterhaltungselektronik immer stärker untereinander vernetzt werden können, sowohl per Kabel, insbesondere aber auch drahtlos. Der Leitbegriff dieser Entwicklungen heißt „Connection". Das technische Zusammenwachsen geschieht bei den Screens („Connected Screens"), im Audio-Bereich („Connected Audio"), in der Foto-Bereich (Vernetzte Fotowelt) und in Form ganz neuer Geräte wie Smartwatches und Smart Glasses (vgl. BITKOM 2013).

> Am Beispiel Fernsehen lässt sich ausmalen, was noch alles kommen könnte. Eine Einschätzung des BITKOM-Arbeitskreises IPTV & WebTV, sieht zum „Fernsehen 2.0" die folgenden Entwicklungslinien (vgl. ebd.: 13 f.):
>
> - Online-Angebote aus cloudbasierten Diensten werden in den nächsten Jahren mit zunehmender Geschwindigkeit an Bedeutung gewinnen.
> - Fernsehgeräte und Set-Top-Boxen gleichen sich an die gewohnten Bedienkonzepte von Tablets und Smartphones an.
> - Moderne TV-Geräte und Set-Top-Boxen zeigen zukünftig beim Start nicht mehr zwingend das aktuelle Live-Programm an, sondern Online-Angebote – sei es im offenen Internet oder auf bestimmten „Landing Pages" der Plattformbetreiber (Red-Button-Funktion).
> - Tablet PC, Smartphone und TV werden miteinander verknüpft sein (Second Screen), mit einer Vielzahl von Möglichkeiten: Steuerung des TV-Geräts, Vermittlung persönlicher oder privater Zusatzinformationen und zusätzlicher Bildinhalte, Interaktion. Das TV-Gerät wird reduziert auf die „Lean-Back-Funktion" bzw. sehr einfache und reduzierte Interaktionen. Zu erwarten ist auch die Gesten- und Sprachsteuerung.
> - Der Online-Trend wird sich beschleunigen, als Folge neuer preiswerter Geräteklassen (HDMI-Streaming-Clients). Immer mehr wird auch Content aus dem Netz gezogen über Tablet PCs und Smartphones. Der herkömmliche Fernsehbildschirm wird zum vergrößerten Tablet- und Smartphone-Bildschirm.
> - TV-Geräte und Set-Top-Boxen sind fähig, über cloudbasierte Hintergrunddienste die Vorlieben der Zuschauer zu speichern und liefern entsprechende Empfehlungen.
> - Mittel- bis langfristig könnte sich neben den klassischen Programminhalten eine Art „Playlisten-TV" durchsetzen, ähnlich den Streaming-Angeboten und Musikplattformen.
> - Die Zusammenstellung von Playlisten ist über die gezielte Vorauswahl von zu Hause oder von unterwegs über mobile Endgeräte denkbar, aber auch auf sozialen Netzwerken.

Die Konvergenz der medialen Produktwelten führt zu nachhaltigen Verschiebungen in vielerlei Hinsicht, so z. B. der Kaufinteressen oder der Werbeerlöse, die auf neue Wege und zielgerichtete Werbeformen ausweichen muss.

Kernaussagen

- Der Medienmarkt in Deutschland lässt sich mit einer Größenordnung von ca. 70 Mrd. Euro quantifizieren. Er steht im Kontext der TIME-Branche mit knapp 260 Mrd. Euro.
- Im Hinblick auf die Nutzung liegen die elektronischen Medien (einschließlich Internet) klar vor den Printmedien, die jedoch immer noch hohe Umsatzerlöse verzeichnen.
- Die Werbung erzielt ein Aufkommen, das fast ein Drittel der Gesamterlöse ausmacht.
- Innerhalb und zwischen den einzelnen Medien-Teilmärkten finden erhebliche Veränderungsprozesse statt – maßgeblich getrieben durch die Digitalisierung.
- Die Branche steht vor größten Herausforderungen, die nur durch zukunftsweisende strategische Konzepte bewältigt werden können.

Literatur

Statistische Quellen

Alle Zahlenangaben verstehen sich für 2012 und für Deutschland, sofern nichts anderes vermerkt. Bei allen Zahlenangaben wurden grundsätzlich die offiziellen Werte der zentralen Branchenverbände verwendet. Bei der Interpretation der Zahlenangaben ist zu beachten, dass nicht selten national vereinheitlichte Definitionen fehlen, so dass in verschiedensten Veröffentlichungen und wissenschaftlichen Studien unterschiedliche Abgrenzungen zu finden sind. Hier wird der Versuch unternommen, eine Übersicht über die Größenordnungen herzustellen, die ein hohes Maß an Plausibilität aufweist. Eine besondere Rolle wird den folgenden Publikationen bzw. Institutionen beigemessen, da sie umfassende Übersichten mit Bezug auf die verfügbaren offiziellen Statistiken darstellen:

Media Perspektiven Basisdaten, Daten zur Mediensituation in Deutschland 2013, hrsg. im Auftrag der Arbeitsgemeinschaft der ARD-Werbegesellschaften, Frankfurt am Main (und alle vorherigen Jahrgänge).

PwC – PriceWaterhouseCoopers (2013): German Entertainment and Media Outlook: 2013-2017. Die Entwicklung des deutschen Unterhaltungs- und Medienmarktes (und alle jährlichen Vorläufer-Studien).

Statistisches Bundesamt – www.destatis.de

Weitere umfassende Übersichten:

Engel, B./Mai, L. (2010): Mediennutzung und Lebenswelten 2010. Ergebnisse der 10. Welle der ARD/ZDF-Langzeitstudie Massenkommunikation, in: Media Perspektiven, o. Jg., H. 12/2010, S. 558-571.

Ernst & Young AG (2005): Gute Unterhaltung! Die Medienbranche in Deutschland im Überblick, München.

Institut für Medien- und Kommunikationspolitik (IfM): Mediendatenbank (www.mediadb.eu).

Media Perspektiven Heft 1/2011: Berichte über die „ARD/ZDF-Langzeitstudie Massenkommunikation" – Ergebnisse der 10. Welle für das Jahr 2010.

Mediendaten Südwest: Basisdaten Medien Baden-Württemberg – www.mediendaten.de

Medienpädagogischer Forschungsverbund Südwest (2013): KIM 2012 Kinder + Medien, Computer + Internet, Stuttgart.

Medienpädagogischer Forschungsverbund Südwest (2014): JIM 2013 Jugend, Information, (Multi-)Media, Stuttgart.

Media Perspektiven Heft 7-8/2013: Bericht über die „ARD/ZDF-Onlinestudie 2013".

Seufert, W. (2013): Die deutsche Medienwirtschaft: Wachstums- oder Krisenbranche? Produktion und Nachfrage nach Medienprodukten seit 1991, in: MedienWirtschaft, 10. Jg., H. 4/2013, S. 20-36.

Wirtz, B. W. (2013): Medien- und Internetmanagement, 8., akt. u. überarb. Aufl., Wiesbaden.

Zeitungen, Zeitschriften, Buch, Papier, Druck:

BDZV – Bundesverband Deutscher Zeitungsverleger e.V. (Hrsg.)(2013): Zeitungen 2013/14, Berlin.

Börsenverein des Deutschen Buchhandels – www.boersenverein.de

Buch und Buchhandel in Zahlen (2013), hrsg. vom Börsenverein des Deutschen Buchhandels e.V., Frankfurt am Main.

Bundesministerium für Wirtschaft und Technologie / Branchenfokus Papier- und Druckindustrie (BMWi) – www.bmwi.de
BVDM – Bundesverband Druck und Medien e.V.: Die deutsche Druckindustrie in Zahlen. Ausgabe 2012.
Deutsche Fachpresse: Fachpresse-Statistik 2013.
Dispan, J. (2013): Papierindustrie in Deutschland, Stuttgart.
Lucius, W. D. von (2014): Verlagswirtschaft, 3., neu bearb. Aufl., Konstanz, München.
Röper, H. (2012): Zeitungsmarkt 2012: Konzentration erreicht Höchstwert, in: Media Perspektiven, o. Jg., H. 5/2012, S. 268-285.
Schütz, W. J. (2012): Deutsche Tagespresse 2012, in: Media Perspektiven, o. Jg., H. 11/2012, S. 570-593.
Struktur und publizistische Qualität im lokalen Medienmarkt NRW, Bericht der LfM zur Medienkonzentration 2012, Düsseldorf 2013.
Verband der Deutschen Papierfabriken e.V. – www.vdp-online.de.de
Verband Deutscher Zeitschriftenverleger – www.vdz.de
Vogel, A. (2012): Publikumszeitschriften 2012: Kaum Anteilsverschiebungen im rückläufigen Markt, in: Media Perspektiven, o. Jg., H. 2/2012, S. 317-338.

Film, Kino, Radio, Fernsehen, Video:
Die Medienanstalten: Jahrbuch 2012/2013 – Landesmedienanstalten und privater Rundfunk in Deutschland, hrsg. von die medienanstalten – ALM GbR, Berlin 2013 (und frühere Jahrbücher).
Die Medienanstalten: Digitalsierungsbericht 2013 – Landesmedienanstalten und privater Rundfunk in Deutschland, hrsg. hrsg. von die medienanstalten – ALM GbR, Berlin 2013 (und frühere Berichte).
Die Medienanstalten – www.die-medienanstalten.de
Arbeitsgemeinschaft privater Rundfunk (APR) – www.privatfunk.de
ARD-Jahrbuch – aktuelle und alle früheren Ausgaben.
Bundesverband audiovisueller Medien e.V.: BVV Businessreport 2013 (und Businessreports der früheren Jahre) – www.bvv-medien.de
Deutsche TV-Plattform – www.tv-plattform.de
Gattringer, K./Klingler, W. (2013): Radionutzung auf konstant hohem Niveau. Ergebnisse, Trends und Methodik der ma 2013. In: Media Perspektiven, o. Jg., H. 9/2013, S. 441-453.
IVD – Interessenverband des Video- und Medienfachhandels in Deutschland e.V. – www-ivd-online.de.
Jahrbuch Fernsehen 2013, hrsg. v. Adolf-Grimme-Institut et al., Marl 2013.
Kommission zur Ermittlung der Finanzbedarfs der Rundfunkanstalten (KEF): 19. KEF-Bericht, Mainz, Dezember 2014 und Vorgängerberichte – www.kef-online.de
Kommission zur Ermittlung der Konzentration im Medienbereich (KEK): Sechszehnter Jahresbericht. Berichtszeitraum 1. Juli 2012 bis 30. Juni 2013. Potsdam 2013 – www.kek-online.de
Martens, D./Herfert, J. (2013): Der Markt für Video-on-Demand in Deutschland, in: Media Perspektiven, o. Jg., H. 2/2013, S. 101-114.
Spitzenorganisation der Filmwirtschaft (SPIO) – www.spio.de
Spitzenorganisation der Filmwirtschaft (SPIO)(2013): Filmstatistisches Jahrbuch 2013, Baden-Baden.
Turecek, O./Roters, G. (2013): Home-Entertainment-Branche wächst. Videomarkt und Videonutzung 2012. In: Media Perspektiven, o. Jg., H. 5/2013, S. 273-280.
Verband Privater Rundfunk und Telekommunikation e.V. (VPRT) – www.vprt.de
Wirtschaftliche Lage des Rundfunks in Deutschland 2012/2013. Studie im Auftrag der Landesmedienanstalten.
ZDF-Jahrbuch – aktuelle sowie alle früheren Ausgaben.

Musik:
Bundesverband Musikindustrie (2013): Musikindustrie in Zahlen 2012 – www.musikindustrie.de
Deutsches Musikinformationszentrum – www.miz.org
Lepa, S./Hoklas, A.-K./Guljamow, M./Weinzierl, S. (2013): Wie hören die Deutschen heute Musik? In: Media Perspektiven, o. Jg., H. 11/2013, S. 545-553.

Spiele:
Bundesverband der Computerspielindustrie e. V. (G.A.M.E.) – www.game-bundesverband.de
Bundesverband des Spielwaren-Einzelhandels e. V. (BVS): Marktdaten – www.-bvt-ev.de/spielwaren
Bundesverband Interaktive Unterhaltungssoftware e.V. (BIU) – www.biu-online.de
Deloitte (2009): Spielend unterhalten – Wachstumsmarkt Electronic Games – Perspektive Deutschland.

Quandt, T./Breuer, J./Festl, R./Scharkow, M. (2013): Digitale Spiele: Stabile Nutzung in einem dynamischen Markt, in: Media Perspektiven, o. Jg., H. 10/2013, S. 483-492.

Internet:
Arbeitsgemeinschaft Online Forschung e.V. (AGOF)(2014): Internet Facts 2014-01/ Vierteljährliche Berichtsbände – www.agof.de
ARD/ZDF: ARD/ZDF-Onlinestudie 2013 (und frühere Studien).
BITKOM (2013): Trends im E-Commerce, Berlin.
Bundesnetzagentur: Jahresbericht 2012 (und frühere Berichte) – www.bundesnetzagentur.de
BVDW – Bundesverband Digitale Wirtschaft – www.bvdw.de
BVMM – Bundesverband Medien und Marketing – www.bvmm.org
Eco – Verband der deutschen Internetwirtschaft e. V. – www.eco.de
eco/Arthur D. Little (2013): Die deutsche Internetwirtschaft 2012 – 2016, Köln, Frankfurt am Main.
Eimeren, B. van/Frees, B. (2013): Rasanter Anstieg des Internetkonsums – Online fast drei Stunden täglich im Netz. Ergebnisse der ARD/ZDF-Onlinestudie 2013, in: Media Perspektiven, o. Jg., H. 7-8/2013, S. 358-372.
OVK Online-Vermarkterkreis im BVDW: Online-Report 2014/01 (und frühere Studien).

TIME-Branche: Telekommunikation, Informationstechnik, Consumer Electronics:
BITKOM, Bundesverband Informationswirtschaft, Telekommunikation und neue Medien e.V. – Geschäftsberichte, Publikationen, Stellungnahmen – www.bitkom.org
BITKOM (2009). Aktuelle Entwicklungen im TV-Markt – Auswirkungen auf Plattformbetreiber und CE-Industrie, Berlin.
BITKOM (2012): Die Zukunft der Consumer Electronics – 2012, Berlin.
BITKOM (2013): Die Zukunft der Consumer Electronics – 2013, Berlin.
BITKOM (2014): IT-Strategie – Digitale Agenda für Deutschland, Berlin.
Bundesministerium für Wirtschaft und Technologie: Branchenfokus – www.bmwi.de
Bundesnetzagentur: Jahresbericht 2012 (und frühere Berichte) – www.bundesnetzagentur.de
Bundesverband IT-Mittelstand e. V. (BITMi) – www.bitmi.de
DIW ECON (2013): Wachstumsfaktor Telekommunikation. Studie für den VATM, Berlin.
European Information Technology Observatory (EITO) – www.eito.com
Gesellschaft für Unterhaltungs- und Kommunikationselektronik (gfu) – www.gef.de
Statistisches Bundesamt (2009): Informationsgesellschaft in Deutschland, Wiesbaden.
Verband der Anbieter von Telekommunikations- und Mehrwertdiensten e.V. (VATM) – www.vatm.de
Zentralverband Elektrotechnik und Elektronikindustrie e. V. (ZVEI) – www.zvei.org

Werbung und Marktkommunikation:
ZAW-Jahrbuch Werbung in Deutschland 2013 (und alle früheren Jahrgangsbände).
Koschnick, W. J. (Hrsg.)(2005): Focus-Jahrbuch 2005. Beiträge zu Werbe- und Mediaplanung, Markt-, Kommunikations- und Medienforschung, München.
Koschnick, W. J. (Hrsg.)(2006): Focus-Jahrbuch 2006. Schwerpunkt: Lifestyle-Forschung, München.
Möbus, P./Heffler, M. (2013): Werbeeinnahmen: Printmedien in der Krise. Der Werbemarkt 2012. In: Media Perspektiven, o. Jg., H. 6/2013, S. 310-321.
Etat-Kalkulator, hrsg. von creativ collection Verlag GmbH Freiburg im Breisgau (zwei Mal jährlich).

Weiterführende Literatur: Grundlagen

Anderson, C. (2007): The Long Tail – Der Lange Schwanz. Nischenprodukte statt Massenmarkt – Das Geschäft der Zukunft, München.
Bea, F. X./Haas, J. (2013): Strategisches Management, 6., vollst. überarb. Aufl., Stuttgart.
Schneider, N. (2008): Faktoren des Wandels. Massen- und Individualmedien auf dem Weg in einer digitale Gesellschaft. In: Kaumanns, R./Siegenheim, V./Sjurts, I. (Hrsg.)(2008): Auslaufmodell Fernsehen? Wiesbaden, S. 21-33.

Weiterführende Literatur zu den Medienmärkten (Struktur, Entwicklung, Strategien)

Umfassende Übersichten:
Breyer-Mayländer, T./Seeger, C. (2006): Medienmarketing, München.

Clasen, N. (2013): Der digitale Tsunami, o. O.
Gläser, M. (1990): Zum Wandel des Medienmarktes in Baden-Württemberg, in: Massenmedien in Baden-Württemberg, hrsg. v. H.-P. Biege, Stuttgart, Berlin, Köln, Mainz, S. 234-317.
Heinrich, J. (2001): Medienökonomie, Band 1: Mediensystem, Zeitung, Zeitschrift, Anzeigenblatt. 2., überarb. u. akt. Aufl., Wiesbaden. Medienökonomie, Band 2: Hörfunk und Fernsehen, Wiesbaden.
Lang, G. (2006): Grundzüge der Medienökonomie, in: WISU – Das Wirtschaftsstudium, 35. Jg., H. 4, S. 553-560.
Roos, A. (2010): Zukunft der Medien – Medien der Zukunft, in: Khare, A./Mack, O./Mildenberger, U. (Hrsg.)(2010): World 3.0 – Wandel durch Innovation in Informations- und Medientechnologien, Berlin, S. 103-126.
Schneider, M. (Hrsg.)(2013): Management von Medienunternehmen, Wiesbaden.
Schwarzer, B./Spitzer, S. (Hrsg.)(2013): Zeitungsverlage im digitalen Wandel, Baden-Baden.
Sjurts, I. (2006): Gabler Kompakt-Lexikon Medien A-Z, Wiesbaden.
Sjurts, I. (Hrsg.)(2011): Gabler Lexikon Medienwirtschaft, 2., akt. u. erw. Aufl., Wiesbaden.
Weber, B./Rager, G. (2006): Medienunternehmen – Die Player auf den Medienmärkten, in: Scholz, C. (Hrsg.): Handbuch Medienmanagement, Berlin, Heidelberg, New York, S. 117-143.
Wirtz, B. W. (2013): Medien- und Internetmanagement, 8., akt, u. überarb. Aufl., Wiesbaden.

Zeitungen, Zeitschriften, Buch, Papier, Druck:
Armbruster, S./Nohr, H. (2010): Verlage im digitalen Zeitalter, in: Khare, A./Mack, O./Mildenberger, U. (Hrsg.)(2010): World 3.0 – Wandel durch Innovation in Informations- und Medientechnologien, Berlin, S. 145-162.
Breyer-Mayländer, T. (2004): Post von der Zeitung – Ein Geschäftsfeld expandiert, in: Bundesverband Deutscher Zeitungsverleger e.V. (Hrsg.)(2004): Zeitungen 2004, Berlin, S. 254-259.
Breyer-Mayländer, T./Seeger, C. (2004): Verlage vor neuen Herausforderungen, Berlin.
Bremenfeld, E./Kapalla, R./Knapp, H./Tohermes, K./Veeh, W. (1998): Fachwissen Zeitungs- und Zeitschriftenverlag, 2. Aufl., Düsseldorf.
Clement, M./Blömeke, E./Sambeth, F. (Hrsg.)(2009): Ökonomie der Buchindustrie, Wiesbaden.
Dehm, U./Kochhan, C./Beeske, S./Storll, D. (2005): Bücher – „Medienklassiker" mit hoher Erlebnisqualität, in: Media Perspektiven, o. Jg., 10/2005, S. 521-534.
Dierks, S. (2008): Das Internet und die Kannibalisierung von Print, in: Koschnick, W. J. (Hrsg.)(2008): Focus-Jahrbuch 2008, München, S. 287-300.
Dierks, S. (Hrsg.)(2009): Quo vadis Zeitschriften? Wiesbaden.
Friedrichsen, M. (2004): Printmanagement, Baden-Baden.
Fritz, A./Grüblbauer, J./Förster, K. (2008): Marktmodell für Zeitungsverlage, München.
Haslam, A: (2007): Handbuch des Buches, München.
Heinold. W. E. (2001): Bücher und Buchhändler, 4., völlig neu bearb. Aufl., Heidelberg.
Heinold, W. E. (2008): Bücher und Büchermacher, 6., vollst. neu bearb. Aufl., Frankfurt am Main.
Heinold, W. E./Spiller, U. (2004): Der Buchhandel in der Informationsgesellschaft, in: Aus Politik und Zeitgeschichte, 15. März 2004, B 12/13, S. 30-38.
Huemer. K. (2010): Die Zukunft des Buchmarktes, Boizenburg.
Janello, C. (2010): Wertschöpfung im digitalisierten Buchmarkt, Wiesbaden.
Keuper, F./Hans, R. (2003): Multimedia-Management, Wiesbaden.
Koschnick, W. J. (Hrsg.)(2009): Focus-Jahrbuch 2009 (mit Schwerpunkt: Die Zukunft der Printmedien), München.
Matt, B. J. (2004): Printtechniken im Wandel, in: Friedrichsen, M. (2004): Printmanagement, Baden-Baden, S. 17-26.
Menhard, E./Treede, T. (2004): Die Zeitschrift, Konstanz.
Möhring, W./Schneider, B. (Hrsg.)(2006): Praxis des Zeitungsmanagements, München.
Röper, H. (2004): Zeitungsmarkt in der Krise – ein Fall für die Medienregulierung, in: Aus Politik und Zeitgeschichte, B 12 – 13/2004, 15. März 2004, S. 7-13.
Ruß-Mohl, S. (2009): Kreative Zerstörung. Niedergang und Neuerfindung des Zeitungsjournalismus in den USA, Konstanz.
Schnell, M. (2008): Innovationen im deutschen Tageszeitungsmarkt, Berlin.
Schröder, M./Schwanebeck, A. (Hrsg.)(2005): Zeitungszukunft, Zukunftszeitung, 2. Aufl., München.

Film, Kino, Radio, Fernsehen, Video:
Breunig, C. (2007): IPTV und Web-TV im digitalen Fernsehmarkt, in: Media Perspektiven, o. Jg., H. 10/2007, S. 478-491
Clement, M. (2004): Fernsehen im Zeitalter von Networked Personal Video Recordern, in: Zeitschrift für betriebswirtschaftliche Forschung, 56. Jg., S. 760-779.
Dufft, N./Bohn, P. (2005): Podcasting – Private Plauderei oder Potenzial für Profite? In: MedienWirtschaft, 2. Jg. , H. 3, S. 116-119.
Friedrichsen, M./Jenzowsky, S./Dietl, A./Ratzer, J. (2006): Die Zukunft des Fernsehens: Telekommunikation als Massenmedium, München.
Groebel, J. (2014): Das neue Fernsehen, Wiesbaden.
Hennig-Thurau, T./Henning, V. (Hrsg.)(2009): Guru Talk – Die deutsche Filmindustrie im 21. Jahrhundert, Marburg.
Hochhaus, M. (2009): Das europäische Studiosystem, Konstanz.
Hörfunk-Jahrbuch 2009: Special Digitalradio, hrsg. v. Ory, S./Bauer, H. G., Berlin.
Jockenhövel, J./Reber, U./Wegener, C. (2009): Digitaler Roll-Out: Kinobranche im Umbruch, in: Media Perspektiven, o. Jg., H. 9/2009; S. 494-511.
Kaumanns, R./Siegenheim, V. A. (2006): Die Zukunft des Radios, in: MedienWirtschaft, 3. Jg., H. 2, S. 32-45.
Kaumanns, R./Siegenheim, V./Sjurts, I. (Hrsg.)(2008): Auslaufmodell Fernsehen? Wiesbaden.
Kauschke, A./Klugius, U. (2000): Zwischen Meterware und Maßarbeit. Markt- und Betriebsstrukturen der TV-Produktion in Deutschland, Gerlingen.
Kiefer, M.-L. (2004): Der Fernsehmarkt in Deutschland – Turbulenzen und Umbrüche, in: Aus Politik und Zeitgeschichte, B 12 – 13/2004, 15. März 2004, S. 14-21.
Klingler, W. (2008): Jugendliche und ihre Mediennutzung 1998 bis 2008, in: Media Perspektiven, o. Jg., H. 12/2008, S. 625-634.
Krone, J. (Hrsg.)(2009): Fernsehen im Wandel, Baden-Baden.
Krug, H.-J. (2010): Radio, Konstanz.
Krup, M./Hauschildt, C./Wiese, K. (2002): Musikfernsehen in Deutschland, Wiesbaden.
Pätzold, U./Röper, H. (2008): Fernsehproduktionsmarkt Deutschland 2005 und 2006, in: Media Perspektiven, o. Jg., H. 3/2008, S. 125-137.
Renner, K. N. (2012): Fernsehen, Konstanz.
Scholz, C./Eisenbeis, U. (2007): Der TV-Kabelmarkt in Deutschland, München und Mering.
Sjurts, I. (1996): Differenzierung durch Standardisierung. Unternehmensstrategie im Hörfunkmarkt, in: Zeitschrift für Organisation, 65. Jg., H. 6, S. 350-355.
Zabel, C. (2009): Wettbewerb im deutschen TV-Produktionssektor, Wiesbaden.

Musik:
Clement, M./Schusser, O. (Hrsg.)(2005): Ökonomie der Musikindustrie, Wiesbaden.
Dietl, H./Franck, E./Opitz. C. (2005): Piraterie auf dem Tonträgermarkt und die Evolution von neuen Geschäftsmodellen in der Musikproduktion, in: MedienWirtschaft, 2. Jg., H. 1, S. 53-62.
Frahm, C. (2007): Die Zukunft der Tonträgerindustrie, Boizenburg.
Friedrichsen, M./Gerloff, D./Grusche, T./Damm, T. von (2004): Die Zukunft der Musikindustrie, München.
Friedrichsen, M./Heinrich, G./Meyer, H./Schmid, A./Steimer, T./Weimar, A. (2010): Mobile Music – Herausforderungen und Strategien im mobilen Musikmarkt, Baden-Baden.
Kaiser, S./Ringlstetter, M. (2008): Die Krise der Musikindustrie, in: Weinacht, S./Scherer, H. (Hrsg.) (2008): Wissenschaftliche Perspektiven auf Musik und Medien, Wiesbaden, S. 39-55.
Kromer, E. (2008): Wertschöpfung in der Musikindustrie, München.
Kulle, J. (1998): Ökonomie der Musikindustrie, Frankfurt am Main.
Reinke, D. (2009): Neue Wertschöpfungsmöglichkeiten der Musikindustrie, Baden-Baden.

Spiele:
Klimmt, C./Steinhof, C./Daschmann, G. (2008): Werbung in Computerspielen: Die Bedeutung von Interaktivität für die kognitive Werbewirkung, in: MedienWirtschaft, 5. Jg., H. 1/2008, S. 6-16.
Müller-Lietzkow, J./Bouncken, R. B. (2006): Vertikale Erweiterung der Wertschöpfungskette: Das zweischneidige Schwert der Zusammenarbeit der Filmwirtschaft mit der Computer- und Videospielindustrie, in: MedienWirtschaft, 3. Jg., H. 2, S. 6-19.

Müller-Lietzkow, J./Bouncken, R. B./Seufert, W. (2006): Gegenwart und Zukunft der Computer- und Videospielindustrie in Deutschland, Dornach bei München.

Müller-Lietzkow, J./Nguyen-Khac, T./Brasch, T./Jöckel, S./Sliwka, F. (2006): Online-Gaming als Zukunft der Digitalen Spiele? In. MedienWirtschaft, 4. Jg., H. 4/2007, S. 36-46.

Internet:

Breunig, C./Hofsümmer, K.-H./Schröter, C. (2014): Funktionen und Stellenwert der Medien – das Internet im Kontext von TV, Radio und Zeitung, in: Media Perspektiven, o. Jg., H. 3/2014, S. 122-144.

Clement, R./Schreiber, D. (2013): Internetökonomie, 2. Aufl., Wiesbaden.

Grob, H. L./Brocke, J. van (Hrsg.)(2006): Internetökonomie, München.

Hermanns, A./Sauter, M. (Hrsg.)(2001): Management-Handbuch Electronic Commerce, 2., völlig überarb. u. erw. Aufl., München.

Holtrop, T./Döpfner, M./Wirtz, B. W. (2004): Deutschland Online, 2., überarb. Aufl., Wiesbaden.

Knieps, G. (2007): Netzökonomie, Wiesbaden.

Mögerle, U. (2009): Substitution oder Komplementarität? Konstanz.

Scheer, A.-W./Erbach, F./Schneider, K. (2002): Elektronische Marktplätze in Deutschland: Status Quo und Perspektiven, in: WISU, 31. Jg., S. 946-950.

Seufert, W./Wilhelm, C. (2013): Wie stark verdrängen oder ergänzen sich (neue und alte) Medien? In: Medien & Kommunikationswissenschaft, 61., Jg., H. 4, S. 568-593.

Wirtz, B. W./Piehler, R./Mory, L. (2012): Web 2.0 und digitale Geschäftsmodelle, in: Lembke, G./Soyez, N. (Hrsg.)(2012): Digitale Medien in Unternehmen, Berlin, Heidelberg, S. 67-82.

Zarnekow, R./Wulf, J./Bornstaedt, F. v. (2013): Internetwirtschaft, Wiesbaden.

Zerdick, A./Picot, A./Schrape, K./Artopé, A./Goldhammer, K./Lange, U.T./Vierkant, E./López-Escobar, E./Silverstone, R. (2001): Die Internet-Ökonomie. Strategien für die digitale Wirtschaft. European Communication Council Report. 3. Aufl., Berlin, Heidelberg.

TIME-Branche: Telekommunikation, Informationstechnik, Unterhaltungselektronik:

Eichsteller, H. (2008): Der konvergente Medien- und Telekommunikationsmarkt. Standortbestimmung der Akteure in den TIME-Märkten. In: Kaumanns, R./Siegenheim, V./Sjurts, I. (Hrsg.)(2008): Auslaufmodell Fernsehen? Wiesbaden, S. 55-66.

Keuper, F./Hans, R. (2003): Multimedia-Management, Wiesbaden.

Scholz, C./Stein, V./Eisenbeis, U. (2001): Die TIME-Branche, München, Mering.

Siegert, G. (2006): Absatzmanagement – Preis-, Produkt- und Programmpolitik, in: Scholz, C. (Hrsg.) (2006): Handbuch Medienmanagement, Berlin, Heidelberg, New York, S. 693-713.

Werbung und Marktkommunikation:

Bruhn, M. (2005): Unternehmens- und Marketingkommunikation, München.

Martinek, M. (2008): Mediaagenturen und Medienrabatte, München.

Studien, Berichte, Gutachten

Bundesministerium für Wirtschaft und Technologie (2009): Gesamtwirtschaftliche Perspektiven der Kultur- und Kreativwirtschaft in Deutschland, Forschungsbericht Nr. 577; Endbericht; Branchenhearings.

Ernst & Young (2005): Gute Unterhaltung! Die Medienbranche in Deutschland im Überblick. München.

Ernst & Young/BITKOM (2009): Der Online-Faktor: Von der Integration zur Transformation. Studie zum M&A-Markt der europäischen Medien- und Unterhaltungsbranche.

Klingler, W./Kutteroff, A. (2010): Studie Radio Plus, LFK Baden-Württemberg.

PwC – PriceWaterhouseCoopers (2013): German Entertainment and Media Outlook: 2013-2017. Die Entwicklung des deutschen Unterhaltungs- und Medienmarktes (und alle jährlichen Vorläufer-Studien).

Medien- und Kommunikationsbericht der Bundesregierung 2008. Herausgeber: Der Beauftragte der Bundesregierung für Kultur und Medien, Berlin, 17. Dezember 2008.

Kapitel 7
Wirtschaftliche Rahmenbedingungen

7.1 Volkswirtschaftliche Bedeutung der Medien 251
7.2 Medienrelevante wirtschaftliche Mega-Trends 263
7.3 Ökonomisierung und Kommerzialisierung der Medien 266

Leitfragen

- Welchen Stellenwert hat der Mediensektor in der Volkswirtschaft?
- Wie sehen die wirtschaftlichen Relationen innerhalb des TIME-Sektors aus (T…Telekommunikation, I…IT-Branche, M…Medien, E…Unterhaltungselektronik/Consumer Electronics/CE)?
- Wie sehen die quantitativen Relationen im Hinblick auf die Umsatzerlöse aus?
- Wie stellen sich die Beschäftigungsstrukturen in der TIME-Branche dar?
- Kann dem Medien- und TIME-Sektor eine Schlüsselrolle als „Wachstumsmotor" der Volkswirtschaft zuerkannt werden?
- Wie kann der Westdeutsche Rundfunk als Wirtschaftsfaktor beschrieben werden?
- Was versteht man unter dem sektoralen Strukturwandel?
- Welche Bedeutung haben die Medien im Hinblick auf die räumliche Wirtschaftsstruktur?
- Welche Rolle spielen Medienstandorte für die wirtschaftliche Entwicklung?
- Was versteht man unter den „Kondratieff-Zyklen"?
- Was versteht man unter „Tertiarisierung"?
- Wodurch zeichnen sich die Adoptionsprozesse neuer Medientechnologien (Radio, TV, Kabelfernsehen, Internet) aus?
- Welche Zusammenhänge bestehen zwischen Konjunktur und Medienwirtschaft?
- Wie sehen die quantitativen Relationen der Beschäftigung in den einzelnen Medien-Teilmärkten aus?
- Welche Teilbranche hat den größten Anteil an der Beschäftigung?
- Wie sind die Beschäftigungseffekte des Internet einzuschätzen?
- Welche Zusammenhänge gibt es zwischen der allgemeinen Preisentwicklung und dem volkswirtschaftlichen Sektor der Medienwirtschaft?
- Welche negativen und welche positiven Konsequenzen sind mit der Globalisierung für den Mediensektor verbunden?
- Welche unterschiedlichen Globalisierungsgrade weisen die Medien-Teilmärkte auf?
- Wodurch wird die Globalisierung im Medienbereich angetrieben?
- Was versteht man unter dem Begriff „Wissenskluft" und inwiefern steht er im Zusammenhang mit der Frage der gerechten Verteilung von Einkommen und Vermögen in der Volkswirtschaft?
- Welches sind wichtige medienrelevante wirtschaftliche Mega-Trends?
- In welchem Zusammenhang stehen die demografische und die Medienentwicklung?
- Welche Rolle spielt die Internationalisierung für die Medienentwicklung?
- Welche Bedeutung haben Konzentrationsprozesse auf der Anbieterseite?
- Was versteht man unter „Virtualisierung"?
- Wie kann man die Arbeitswelt von morgen in Kurzform charakterisieren?
- Was versteht man unter der „Ökonomisierung" bzw. „Kommerzialisierung der Medien"?
- Welche Probleme sind mit der Ökonomisierung der Medien verbunden?

Gegenstand

Das vorliegende Kapitel – und die nachfolgenden – beleuchten die Rahmenbedingungen und Trends, denen die Medienunternehmen in ihrer Unternehmenspolitik Rechnung tragen müssen. Neben dem im vorliegenden Kapitel 7 behandelten wirtschaftlichen Umfeld besteht das „globale Umfeld" ferner aus den technologischen, gesellschaftlich-kulturellen und politisch-rechtlichen Rahmenbedingungen. Das globale Umfeld (Rahmenbedingungen, Trends) stellt sich im Überblick daher wie folgt dar:

- Wirtschaftliche Rahmenbedingungen (Kapitel 7)
- Technologische Rahmenbedingungen (Kapitel 8)
- Gesellschaftlich-kulturelle Rahmenbedingungen (Kapitel 9)
- Politische Rahmenbedingungen (Kapitel 10)
- Rechtliche Rahmenbedingungen (Kapitel 11)

Die hier genannten Kapitel sind als eine in sich geschlossene Gesamtheit zu sehen.

Nicht selten wird der technologische Megatrend der Digitalisierung zum angeblich alles entscheidenden Einflussfaktor erhoben, nicht berücksichtigend, dass auch die anderen Faktoren, im vorliegenden Zusammenhang also die wirtschaftlichen Trends, von teilweise herausragender Bedeutung für die Erklärung der Medienentwicklung sind.

Medien und Wirtschaft stehen in einem engen Wechselverhältnis. So sind die Medien- und IT-Märkte – bzw. die TIME-Branchen in ihrer Gesamtheit – ein zunehmend wichtiger Teil der Volkswirtschaft. In Baden-Württemberg z. B. sind 35.000 Unternehmen und Selbstständige in der Medienwirtschaft tätig, die zehn Prozent des Bruttosozialprodukts erwirtschaften und damit mehr als der traditionell dort sehr starke Fahrzeug- und Maschinenbau (vgl. Zerfaß 2005: 101 f.). Die Medien sind daher als ein bedeutender Wirtschaftsfaktor anzusehen und haben an der gesamtwirtschaftlichen Wertschöpfung und deren Verteilung einen gewichtigen Anteil. Freilich darf ihre wirtschaftliche Bedeutung auf der anderen Seite auch nicht überschätzt werden. Fakt ist, dass die volkswirtschaftliche Relevanz in keinster Weise mit der gesellschaftlichen, politischen und kulturellen Relevanz Schritt halten kann. Man kann es auf eine kurze Formel bringen: Medien sind wirtschaftlich zwar wichtig, gleichwohl zeigt sich ihre wahre Bedeutsamkeit erst im gesellschaftlich-politischen Kontext.

Umgekehrt werden die Medien von den ökonomischen und sozio-ökonomischen Strukturen und Entwicklungen nachhaltig beeinflusst. Musterbeispiele sind die Bereitschaft der Mediennutzer, im Zuge der fortschreitenden Wohlstandsentwicklung ihre private Medien-„Infrastruktur" zu modernisieren und auszubauen (Anschaffung neuer TV-Geräte, Geräte der Mobilkommunikation, Spielekonsolen, Computerausrüstung etc.) oder die Probleme, die mit einer stark schrumpfenden Bevölkerungsentwicklung oder einer zunehmend mobilen Gesellschaft einher gehen.

Die Thematik des Zusammenhangs von Wirtschaft und Medien wird in diesem Kapitel nach drei Teilbereichen unterschieden. Zum einen werden die Fragen in der gesamtwirtschaftlichen Perspektive beleuchtet, bei der Themen wie Wohlstand und Wachstum, Beschäftigung, Einkommens- und Vermögensverteilung, regionaler und sektoraler Strukturwandel oder die außenwirtschaftliche Perspektive mit Globalisierung und Internationalisierung angesprochen sind. In diesem Sinne folgt die Darstellung den drei großen volkswirtschaftlichen Zielbereichen (1) der bestmöglichen Allokation (Effizienz) der volkswirtschaftlichen Produktionsfaktoren, (2) der gerechten Verteilung der erwirtschafteten Leistung (Distribution) sowie (3) der Stabilisierung der kurz-, mittel- und langfristigen Wirtschaftsentwicklung (Konjunktur und Wachstum).

Sodann werden einige zentrale medienrelevante wirtschaftliche Mega-Trends angerissen, die mit Stichworten demografischer Wandel, gesättigte Märkte, weiter fortschreitende Konzentration von Marktmacht, Virtualisierung, Bildung von Netzwerkunternehmen und nachhaltig sich verändernde Arbeitsbedingungen umschrieben werden können. Schließlich ist zu fragen, inwieweit die Gefahr besteht, dass die wirtschaftlichen Triebkräfte das Mediensystem in eine unerwünschte Situation der Ökonomisierung und Kommerzialisierung treiben.

7.1 Volkswirtschaftliche Bedeutung der Medien

Medien sind haben eine große wirtschaftliche Bedeutung. Der Medien- und TIME-Sektor ist ein wichtiger Zweig der Volkswirtschaft, er beeinflusst diese direkt und indirekt. Umgekehrt hängt der Mediensektor von den volkswirtschaftlichen Gegebenheiten und Entwicklungen ab.

Um die relevanten gesamtwirtschaftlichen Zusammenhänge der Medienbranche zu skizzieren, ist es zweckmäßig, den Zielkatalog des sog. „magischen Vierecks" aufzurufen, wie er im Stabilitäts- und Wachstumsgesetz von 1967 gesetzlich fixiert ist und der die folgenden volkswirtschaftlichen Einzelziele umfasst:

- Stetiges und angemessenes Wirtschaftswachstum;
- Hoher Beschäftigungsstand;
- Stabiles Preisniveau;
- Außenwirtschaftliches Gleichgewicht.

Darüber hinaus ist das Ziel einer gerechten Einkommens- und Vermögensverteilung (Distributionsziel) relevant.

(1) Das Ziel eines **stetigen und angemessenen Wirtschaftswachstums** steht stellvertretend für das Ziel, den **Wohlstand** der Bevölkerung eines Landes zu erhöhen (ungeachtet der Diskussion um besser geeignete Wohlstandsindikatoren). Der Wohlstand ist danach umso höher, so eine zentrale These, je mehr eine effiziente Allokation der volkswirtschaftlichen Ressourcen sichergestellt ist, je mehr Arbeitsteilung herrscht und je weniger der Strukturwandel innerhalb der Volkswirtschaft behindert wird.

Der Beitrag des Medien- und TIME-Sektors zur volkswirtschaftlichen Gesamtleistung ist beachtlich. Er kann gemessen werden in Form des realen Bruttoinlandsprodukts der Bereiche Medienwirtschaft, Druck/Vervielfältigung, IT-Wirtschaft und Hersteller von IT-Technik. 2011 hat dieses Konglomerat einen Beitrag in Höhe von 142,6 Mrd. Euro zum realen BIP Deutschlands mit seinen 2.454,8 Mrd. Euro geleistet (vgl. Abb. 7-1; Quelle: Seufert 2013: 22 f.). Dies entspricht einem Beitrag in Höhe von 6,1 Prozent. Damit übertrifft er z. B. das Baugewerbe mit seinem Anteil am BIP von 4,7 Prozent oder den gesamten Finanz- und Versicherungssektor mit 4,0 Prozent; im Vergleich zum gesamten produzierenden Gewerbe (also u. a. Automobil- und Maschinenbau) mit seinen 25,5 Prozent ist der Anteil immer noch hoch beachtlich (zu den Zahlen vgl. Statistisches Bundesamt/de.statista.com).

Trotz dieser beeindruckenden Größenordnungen darf die relative Bedeutung der Medien- und TIME-Branche nicht überschätzt werden. Speziell die Betrachtung des Mediensektors im engeren Sinne rückt Vorstellungen ins rechte Licht, nach man es hier mit dem „großen Heilsbringer" der Volkswirtschaft zu tun hätte. Selbst wenn man zu Recht feststellt, dass Medien und IT insgesamt gesehen recht dynamische und innovative Wirtschaftssektoren sind, stellen sie keinen vorrangigen volkswirtschaftlichen „Turbolader" dar. Prognosen und Befunde, die speziell dem Mediensektor eine Art herausragende Rolle als Wachstumsmotor beimessen, sind mit Vorsicht zu genießen. Eine realistische Sicht auf die Größenordnungen ist angebracht.

Abb. 7-1: Gesamtwirtschaftliche Bedeutung der Medienwirtschaft

So ist – weit zurückblickend – z. B. für den Zeitraum von 1980 bis 1996 ein eindeutig positiver Wachstumstrend nicht erkennbar gewesen (vgl. Seufert 1999: 113). Dies ist insofern ernüchternd, als dieser Zeitraum die erste Phase der Digitalisierung darstellt und mächtige Hypes verursacht hatte und große Hoffnungsszenarien mit sich brachte. Ein besonders interessanter Befund der Langzeitstudien ist die Erkenntnis, dass seinerzeit weniger die technologische Seite das Tempo des Strukturwandels angetrieben hat, sondern dass die Nachfrageseite und hier insbesondere die Bereitschaft der Konsumenten, ihr Mediennutzungs- und Kommunikationsverhalten nachhaltig zu verändern, die wichtigste Rolle beim (wie gesagt nicht überaus „berauschenden") Wachstum der Branche spielte (vgl. ebd.: 111).

> „Allerdings werden selbst in diesem Fall die Medien kaum die Rolle des wichtigen Wachstumsmotors der Gesamtwirtschaft spielen können, die ihnen zur Zeit von vielen Standortpolitikern zugedacht wird. Zum einen ist der Anteil des Mediensektors an der Gesamtwirtschaft (einschließlich Kommunikationstechnik, Telekommunikations- und DV-Dienstleistungen) mit rund 5 % so gering, dass selbst ein großer Wachstumsschub nur in geringem Maß auf die gesamtwirtschaftliche Wachstumsrate durchschlagen kann, zum anderen werden die Substitutionsprozesse zwischen den neuen elektronischen Medienprodukten und den traditionellen Medienprodukten meist unterschätzt" (Seufert 1999: 122).

Eine neuere, groß angelegte Untersuchung für den Zeitraum von 1991 bis 2011 zeigt ebenfalls eine eher eingetrübtes Bild, weniger für den IT-Bereich als für die Medienwirtschaft (vgl. Seufert 2013). Die Medienwirtschaft ist eben nicht der ganz große Impulsgeber für das Wachstum und die Beschäftigung in der Volkswirtschaft und weist nicht die überdurchschnittlichen Wachstumsraten auf, die immer wieder – unbesehen der Tatsachen – von der jeweiligen interessierten Seite von Politik, Verbänden und Organisationen und in der jeweils passenden Situation unterstellt werden.

„Insgesamt ergibt sich damit folgendes Bild: Anders als in den 1990er Jahren erwartet, hat die Medienwirtschaft in den letzten beiden Jahrzehnten nicht zu den Sektoren der Volkswirtschaft mit überdurchschnittlichen Wachstumsraten gehört. Bis 2001 haben sich die Lohn- und Gewinneinkommen, die bei der Produktion von Medien-Content entstehen, noch parallel zur Gesamtwirtschaft entwickelt, wobei es gleichzeitig zu einer Verschiebung vom „Verlagswesen" zur Branche „AV-Medien/Rundfunk" gekommen ist. Nach 2001 war das Wachstum dann aber deutlich geringer als in der Gesamtwirtschaft. Seit 2006 ist die Gesamtzahl der Erwerbstätigen in der Medienwirtschaft sogar rückläufig, während sie in der gleichen Zeit in der gesamten Wirtschaft deutlich zugenommen hat. Deutlich positiver als die Medienwirtschaft hat sich in Deutschland die IT-Wirtschaft entwickelt, wobei dies für die Branche „Telekommunikation" ebenfalls nur bis 2001 zutrifft. Dagegen gehört die Branche der „IT- und Informationsdienstleister" seit 1991 durchgängig zu den am stärksten wachsenden Wirtschaftszweigen in Deutschland" (Seufert 2013: 34).

Umgekehrt sollte man freilich die wirtschaftliche Bedeutung des Medien- und TIME-Sektors nicht künstlich „kleinreden". Sehr wohl sind die Beiträge zur volkswirtschaftlichen Wertschöpfung beachtlich. Da die Entwicklung der einzelnen Teilbranchen unterschiedlich verläuft, muss jedoch eine differenzierte Betrachtung erfolgen. Während Print eher stagniert, kann als wichtigster Impulsgeber und Wachstumstreiber die ITK-Wirtschaft und dort insbesondere die Software-Industrie und die IT-Dienstleister angesehen werden. Eine überdurchschnittliche Entwicklung verzeichnen auch weiterhin Internet, Fernsehen (v. a. als Web-TV) und Spiele (Gaming). Letztere haben ein überdurchschnittliches Wachstum gegenüber der gesamtwirtschaftlichen Entwicklung.

Oft wird verkannt, welche Wirtschaftskraft den öffentlich-rechtlichen Rundfunkanstalten zukommt. Als Beispiel sei eine Info des WDR – der größten ARD-Anstalt – aus dem Jahr 2006 zitiert:

„Warum ist der WDR ein Wirtschaftsfaktor?

Für rund 99 Mio. € hat der WDR im letzten Jahr Fernseh-Produktionsaufträge erteilt. Daran hatten allein die nordrhein-westfälischen Produzenten einen Anteil von fast 54 Mio. €. Weitere 13,7 Mio. € flossen in die Filmstiftung NRW. Mit diesen Geldern wurden Aufträge an 232 kleine und große TV-Produktionsfirmen vergeben. Das Engagement des WDR sowohl bei der Produktion von Fernsehspielen als auch bei der Filmförderung als Gesellschafter der NRW-Filmstiftung hat somit dafür gesorgt, dass die Produzentenlandschaft den Medienstandort NRW deutlich und dauerhaft gestärkt hat. Nicht nur Produktionsfirmen, sondern auch rund 20.000 freie Mitarbeiter – Autoren, Regisseure, Kamerateams usw. – werden Jahr für Jahr beschäftigt. Allein die Ausgaben für Fernseh-Honorare machten 2003 mehr als 55 Mio. € aus. Damit sind unverzichtbare positive Wirkungen auf den Arbeitsmarkt verbunden. Der WDR sichert damit, und zwar auch bei Dritten, Arbeitsplätze. Auch die Ansiedlung neuer Ausbildungsgänge, Medienschulen und -hochschulen fördert der WDR aktiv. Mit rund 1.200 Ausbildungsverhältnissen, Praktikumsplätzen und Hospitanzen pro Jahr ist der WDR einer der größten Ausbilder in der ARD. Nach dem Berufsbildungsgesetz bietet er Ausbildungsplätze in 14 Berufen an. Jedes Jahr nehmen 10 Studienabgänger ein journalistisches Volontariat auf, außerdem gibt es Volontariate und Trainee-Programme in Produktion, Technik und Verwaltung. Sowohl für den Hörfunk als auch für das Fernsehen investiert der WDR in die neueste Verbreitungstechnik, in modernste Produktionstechnik, sei es in Studios oder Ü-Wagen, damit die Hörer und Zuschauer ihre Sendungen in bester Qualität empfangen können. Auch damit ist der WDR ein nicht unbedeutender Wirtschafsfaktor. Dies gilt nicht nur für Köln, sondern auch für die Regionen mit ihren acht übrigen leistungsfähigen WDR-Studios und fünf Regionalbüros. Mit seinen vier Klangkörpern und deren Engagement im Kulturleben des Landes ist der WDR auch ein bedeutender Wirtschaftsfaktor. Allein im Rahmen des letztjährigen Westfälischen Musikfestes fanden in Ostwestfalen-Lippe mehr als 100 Konzerte in über 20 Städten statt. Dadurch bekommen die Kommunen erhebliche Einnahmen. Regionale Kulturförderung ist damit auch Wirtschaftsförderung."

Quelle: http://www.djv.de/fileadmin/djv_Dokumente/schwerpunkte/Rundfunk/Medienpolitik/dr_papier_rundfunkgebuehren.pdf – 09.12.2006)

Die Wohlstandsentwicklung wird nachhaltig vom **Strukturwandel** innerhalb der Volkswirtschaft bestimmt. Zu unterscheiden sind dabei zwei Ausprägungen:

- Strukturwandel in sektoraler Hinsicht;
- Strukturwandel in räumlicher bzw. regionaler Hinsicht.

Verfolgt man den **sektoralen Strukturwandel** hoch entwickelter Volkswirtschaften und Gesellschaften in einer sehr langfristigen, hochaggregierten Perspektive, so kann ein wellenförmiger Verlauf festgestellt werden, der unter dem Begriff der „Kondratieff-Zyklen" bekannt geworden ist (vgl. Nefiodow 2000). Den Medien und insbesondere der Informationstechnik wird in diesem Kontext ein äußerst prominenter Rang eingeräumt. Für die Zeit ab 1990 – ab dem „5. Kondratieff" – fungiert der Begriff „Infomation" sogar als Namensgeber einer ganz neuen Epoche (vgl. Abb. 7-2; Quelle: Nefiodow 2000: 13). Damit soll der Übergang von der Industriegesellschaft zur Informationsgesellschaft markiert werden.

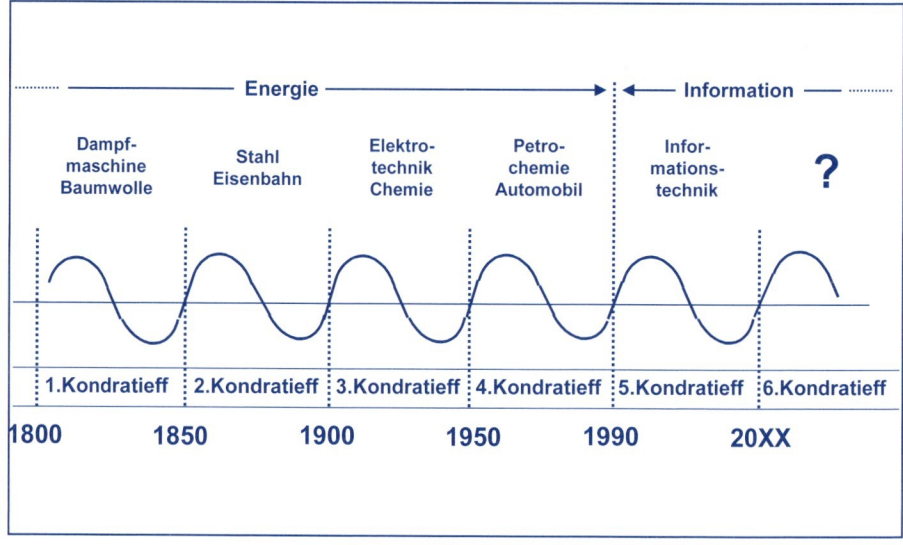

Abb. 7-2: Kondratieff-Zyklen: Entwicklung von der Industrie- zur Informationswirtschaft und -gesellschaft

Hervorgehoben wird dabei, dass mit dem Übergang von der Industriewirtschaft und -gesellschaft in die Informationswirtschaft und -gesellschaft ein gravierender Umschlagspunkt erreicht sei, der als epochale Trendumkehr gedeutet werden könne. Vollzogen werde eine völlige Reorganisation von Wirtschaft und Gesellschaft, die als Übergang von der materiellen Orientierung in eine geistig-psychische Orientierung gedeutet werden könne (vgl. Abb. 7-3; Quelle: Nefiodow 2000: 21).

Mit dieser Entwicklung ist ein steigendes Wohlstandsniveau verbunden, was zu einem Bedeutungsverlust der Güter des Grundbedarfs zugunsten höherwertiger Angebote aus den Bereichen Freizeit, Unterhaltung und Kultur führt.

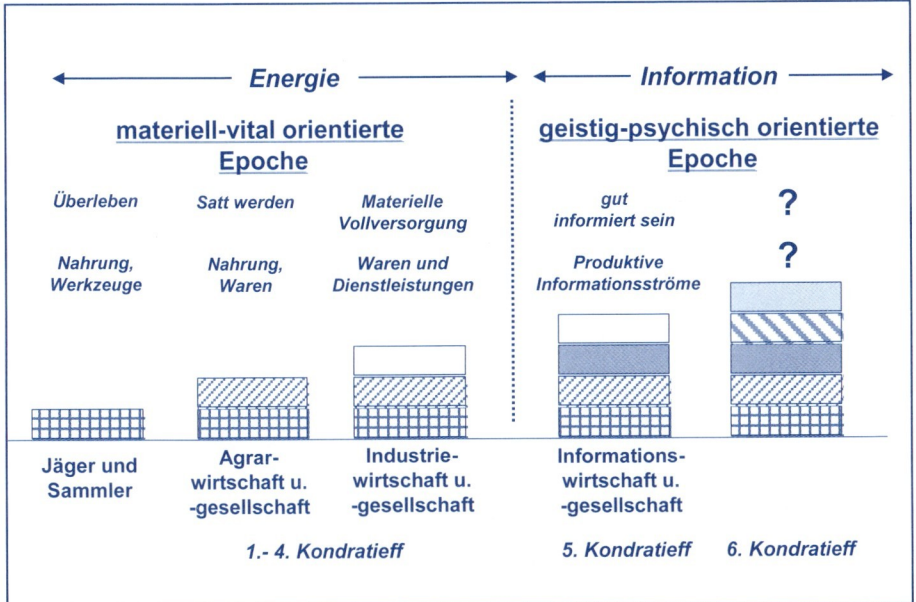

Abb. 7-3: *Entwicklungsstufen der gesellschaftlichen Evolution*

Der sektorale Strukturwandel innerhalb der Volkswirtschaft lässt sich auch als Entwicklung vom primären über den sekundären zum tertiären Sektor beschreiben, wobei entsprechend der Entstehungsrechnung des volkswirtschaftlichen Leistung von folgender Aufteilung der Bruttowertschöpfung auszugehen ist (Quelle: Statistisches Bundesamt 2014; Zahlen für 2013):

- Primärer Sektor: Landwirtschaft und Forstwirtschaft, Fischerei: 0,8 %.
- Sekundärer Sektor: (a) Produzierendes Gewerbe ohne Baugewerbe: 25,5 %; (b) Baugewerbe: 4,7 %; zusammen: 30,2 %.
- Tertiärer Sektor: Dienstleistungen: (a) Öffentliche Dienstleister, Erziehung, Gesundheit: 18,4 %; (b) Handel, Verkehr, Gastgewerbe: 14,5 %; (c) Grundstücks- und Wohnungswesen: 12,2 %; (d) Unternehmens- und sonstige Dienstleister, Finanz-, Versicherungsdienstleister: 20,0 %; (e) Information und Kommunikation: 3,9 %; zusammen: 69,0 %.

Der tertiäre Sektor trägt also mit fast 70 % zum volkswirtschaftlichen Wertschöpfung bei, während der – in früheren Zeiten klar dominierende – sekundäre Sektor, also der der sog. „Industriesektor", auf 30 % geschrumpft ist. Festzustellen ist, dass entwickelte Volkswirtschaften wie Deutschland einem nachhaltigen und lang andauernden Prozess der De-Industrialisierung bzw. „Tertiarisierung" unterworfen sind. Gemeint ist, dass sich die relativen Gewichte der Sektoren nachhaltig in Richtung des tertiären Sektors verschoben haben und weiter verschieben und die Wirtschaft entsprechend dem heute quantitativ dominierenden Sektor zunehmend als Dienstleistungs- und Informationswirtschaft charakterisiert werden kann. In diesem Zusammenhang wird auch von der „Drei-Sektoren-These" gesprochen.

256 Teil B - II. Medienunternehmen und ihr Umfeld

Allerdings ist in diesem Zusammenhang darauf hinzuweisen, dass die Abgrenzung zwischen den Sektoren nicht trennscharf vorgenommen werden kann. So findet auf der einen Seite innerhalb des Industriesektors selbst eine sog. interne Tertiarisierung statt, da dort ein erheblicher Teil der Beschäftigten mit Dienstleistungsaktivitäten befasst ist, auf der anderen Seite entsteht ein beträchtlicher Teil der Wertschöpfung im tertiären Sektor als Service für den Industriesektor, ein Phänomen, das als „industrienahe Dienstleistungen" bezeichnet wird (vgl. IG Metall 2000).

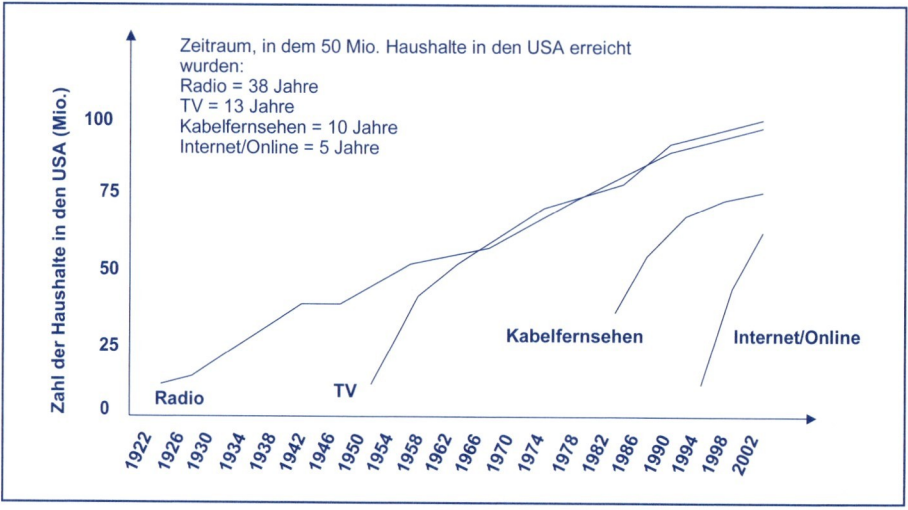

Abb. 7-4: Adoptionsprozesse neuer Medientechnologien

Den Medien und der ITK-Branche (Information und Telekommunikation) fällt in diesem Prozess des sektoralen Strukturwandels eine wichtige Rolle zu. In der Langfristbetrachtung ist festzustellen, dass sich die Verbreitung neuer Medien- und Computertechnologien beschleunigt hat, was in der Verkürzung der Adoptionsprozesse zum Ausdruck kommt (vgl. Abb. 7-4; Quelle: Bertelmann Multimedia). Brauchte das Radio noch 38 Jahre, um sich von seiner Erfindung zum einem Massenmedium zu entwickeln, waren es beim Internet gerade mal noch fünf Jahre.

Neben dem sektoralen Strukturwandel ist der **räumliche Strukturwandel** innerhalb der Volkswirtschaft von hoher Relevanz für Wachstum und Wohlstand. Ausgangspunkt ist die Erkenntnis, dass mit der im 19. Jahrhundert beginnenden Industrialisierung ein Prozess der Herausbildung räumlicher Disparitäten eingeleitet wurde, der auf der einen Seite zum Entstehen urbaner Ballungsräume mit einer Konzentration auf Produktions- und Konsumstandorte geführt hat, auf der anderen Seite zu benachteiligten „Entleerungsgebieten" vor allem im ländlichen Raum. Der Hauptgrund für diese Entwicklung ist die Möglichkeit und das Bestreben von Unternehmen und Privatpersonen, sog. „Agglomerationsvorteile" zu realisieren.

Vor diesem Hintergrund stellt sich die Frage, inwieweit der Medien- und TIME-Sektor den Prozess der räumlichen Differenzierung eher beschleunigt und vertieft oder ob er eher zu einer Einebnung der Disparitäten beiträgt.

Blickt man in die Produktionsstrukturen, stellt man jedenfalls eher eine Konzentration der Akteure und Aktivitäten auf wenige Standorte fest als dass von einer weiträumigen Verteilung ausgegangen werden kann. Die Informations- und Kommunikationswirtschaft muss – insgesamt betrachtet – als räumlich stark konzentriert gelten, so dass die bereits etablierten Zentren die größten Wachstumschancen besitzen und auch neue Branchen wie die Multimedia-Produktion die regionale Konzentration eher verstärken als abschwächen (vgl. Seufert 2000).

> Ein (nach wie vor relevantes) Beispiel für eine starke räumliche Konzentration der Medienproduktion stellt die Filmbranche dar: „Mehr als die Hälfte der bundesweit in der Filmwirtschaft Beschäftigten arbeiten an einem der vier Medienstandorte Berlin, Hamburg, Köln oder München. Rund 75 Prozent des Umsatzes der deutschen Filmwirtschaft wird an diesen Standorten erzielt. Die Filmbranche in Deutschland besteht größtenteils aus sehr jungen Unternehmen: 70 Prozent der befragten Unternehmen sind 1990 oder später gegründet worden" (vgl. Ernst & Young 2003: 12).

Allseits Einigkeit herrscht dahingehend, dass Medien und Kommunikation für die Wirtschaftssubjekte eine bedeutende Rolle als Standortfaktor spielen, weshalb es nicht Wunder nimmt, dass die Politik in den Medien ein geeignetes Gestaltungsinstrument sieht. Beleg sind die unermüdlichen Bemühungen von Ländern und Kommunen, sich als attraktive Medien- und IT-Standorte zu präsentieren. In zahlreichen Studien zeigte sich, dass sich Wirtschaftsunternehmen bei ihren Standortentscheidungen von den folgenden Standortfaktoren leiten lassen (vgl. Michel 2002):

- Arbeitsmarkt für qualifizierte Arbeitskräfte;
- Kommunikations- und Verkehrsinfrastrukturen;
- Image der Region;
- Agglomerations- und Wettbewerbsvorteile.

Ein weiterer Aspekt des Zusammenhangs von Medien und Wohlstand betrifft die **Stetigkeit des Wirtschaftswachstums**. Angesprochen ist das Problem konjunktureller Schwankungen. Die Interdependenzen sind hoch, da der Mediensektor eine vergleichsweise hohe **Konjunkturabhängigkeit** aufweist. Dies hat insbesondere der Werbemarkt seit der Jahrtausendwende nachhaltig zu spüren bekommen. Für den Werbemarkt in Deutschland ist sogar gezeigt worden, dass der mit dem Jahr 2001 einsetzende Einbruch der Werbeerlöse in zweistellig prozentualer Größenordnung weitgehend mit dem historischen Zyklusmuster des Werbeaufkommens übereinstimmt, es sich also nicht um einen „Strukturbruch" handelt, sondern um ein Durchschreiten eines Tiefpunktes und damit sozusagen um eine „normale" Konjunkturkrise (vgl. die Analyse von Lang 2004: 60).

> Interessant ist in diesem Zusammenhang, dass die Endverbraucherausgaben für Zeitungen und Zeitschriften nur leicht zurückgingen und die Zahlungen für Abonnement-Fernsehen sogar gestiegen sind. Dies legt den Schluss nahe, dass das ökonomische Medienverhalten der Konsumenten weniger konjunkturabhängig ist als das der Wirtschaft (vgl. ebd. 53).

Der Werbemarkt darf jedenfalls angesichts seiner überproportionalen Reaktion auf Konjunkturschwankungen als hoch „volatil" gelten.

Auch alle anderen Medienbereiche stehen in Abhängigkeit konjunktureller Einflüsse, die vor allem die Finanzierung der Medien elementar betreffen.

(2) Die Frage des Zusammenhangs von **Beschäftigung** und Medien wird vorrangig im Hinblick auf die Arbeitsmarkt-Effekte insbesondere neuer Medien diskutiert (vgl. z. B. Altmeppen 1999; Michel/Goertz 2000). Dabei wird der Medien- und TIME-Sektor gerne als volkswirtschaftliche „Job-Maschine" pointiert, wobei man freilich die Relationen nicht aus den Augen verlieren darf und zu Bescheidenheit aufrufen sollte. Angesichts der Personalintensität, die mit der Erstellung von Medien- und Informationsprodukten einhergeht, steht freilich die außergewöhnlich hohe Bedeutung des Medien- und TIME-Sektors für die Beschäftigungsentwicklung einer hoch modernen Volkswirtschaft wie Deutschland außer Zweifel.

> Was unter „Beschäftigung" zu verstehen ist, ist gerade im Medienbereich eine schwierige Frage: „Verschiedene Erscheinungsformen ‚atypischer' Beschäftigung (freie Mitarbeit, Projektarbeit, [Schein] Selbständigkeit) sind für die Medienbranche – im Vergleich zu anderen Branchen (z. B. dem produzierenden Gewerbe) – schon seit längerem geradezu konstitutiv. Bereits für das Jahr 1998 kommt z. B. eine repräsentative Befragung in Nordrhein-Westfalen zu dem Ergebnis, dass zwei Drittel der Positionen in den audiovisuellen Medien ‚unständig' sind (vgl. Michel 1998: 32, 43). Den vorliegenden, aktuellen Befunden nach dürfte sich dieser Anteil mittlerweile weiter erhöht haben" (Laufer/Marquardsen 2006: 295).

Eine besondere Beachtung verdienen die Beschäftigungseffekte, die vom Internet ausgehen. Diesbezügliche Aussagen sind uneinheitlich, da sowohl von positiven als auch von negativen Wirkungen auszugehen ist, die das Internet ausübt. Unter dem Strich muss es eine offene Frage bleiben, wie der Beschäftigungseffekt in der Summe aussieht (vgl. Laufer/Marquardsen 2006: 268 f.):

- Positive Beschäftigungswirkungen werden dadurch ausgelöst, dass mit dem Internet ein zusätzlicher Vertriebskanal zur Verfügung steht, der neue Möglichkeiten zur Produktentwicklung und von Betätigungsfeldern eröffnet. Beispiele sind Zusatzangebote im Zeitungsbereich (E-Paper), der kostenpflichtige Zugang zu Archiven oder neue Werbeformen im Netz.
- Negative Beschäftigungswirkungen können durch die Rationalisierungseffekte und den Wegfall von Zwischenhandelsstufen entstehen (Disintermediation), wenn das Internet die herkömmlichen Distributionswege ersetzt. Dieser Gefahr sieht sich insbesondere die Printbranche ausgesetzt.

> Die folgenden Teil-Befunde lassen sich feststellen: „Die Medienteilsektoren des engen Branchenbegriffs verzeichnen zum Teil erhebliche Effekte in der Beschäftigungsentwicklung. Insbesondere der Bereich der Printmedien weist vergleichsweise starke negative Beschäftigungseffekte auf. In anderen Bereichen ist die Beschäftigungsdynamik weniger stark ausgeprägt: Beim Film und im Rundfunk-Bereich stellten wir insgesamt betrachtet positive Entwicklungen bzw. geringe Entwicklungsdynamiken fest. Zur Werbung fällt die Gesamtbilanz der Beschäftigtenentwicklung über den Betrachtungszeitraum hinweg deutlich positiv aus, auch wenn seit 2001 Rückgänge zu verzeichnen sind. Der Bereich der Musik verzeichnet eine negative Entwicklung" (Laufer/Marquardsen 2006: 292).

Ein wichtiger Aspekt möglicher Beschäftigungseffekte der Medien- und IT-Entwicklung ist das Entstehen neuer Berufs- und Arbeitsfelder (vgl. z. B. Michel 2000; Neubert/Scherer 2004). Zu nennen sind z. B. Online-Journalisten, Content-Broker, Multi media-Programmierer, Entwickler von Online-, Video- und Computerspielen, Projektmanager in virtuellen Arbeitswelten oder Didaktik-Experten für E-Learning.

(3) Die volkswirtschaftliche Zielgröße eines **stabilen Preisniveaus** ist insofern relevant, als der Medien- und TIME-Sektor mit seiner langfristig steigenden volkswirtschaftlichen Bedeutung durchaus nennenswerte diesbezügliche Impulse auslösen kann. Prinzipiell kann es sowohl zu inflationssteigernden als auch zu deflationären Effekten kommen:

- Medien als Inflationstreiber: Im Vergleich zur allgemeinen Preisentwicklung ist in zahlreichen Medienbereichen eine überdurchschnittliche Preisentwicklung festzustellen. Allfälliges Beispiel sind die Preise für den Zugang zu „Premium-Content" im Fernsehen für Sportrechte und Spielfilme, die in den letzten 20 Jahren geradezu explodiert sind. Gründe sind v. a. der Nachfrageanstieg durch das Hinzutreten neuer Nachfrager und eine zunehmende Zahlungsbereitschaft und -fähigkeit der privaten Konsumenten (vgl. Kruse 2005: 10).
- Medien als Preisstabilisatoren: Umgekehrt können Medien einen dämpfenden Einfluss auf die Preisentwicklung ausüben. Dies geschieht z. B. dann, wenn über die Technologie der Digitalisierung erhebliche Preissenkungen und Leistungssteigerungen möglich werden, wie sie in der Unterhaltungselektronik an der Tagesordnung sind. Festzustellen ist z. B. auch, dass die Rundfunkgebühr der öffentlich-rechtlichen Rundfunkanstalten in der Vergangenheit im Vergleich zur Inflationsrate eine unterdurchschnittliche Preisentwicklung zeigt.

In den ersten zehn Jahren des 21. Jahrhunderts sind die Preise für Medienprodukte prozentual deutlich stärker gestiegen als die Rundfunkgebühr. Vor allem Kino-Eintrittspreise und Preise für Zeitungen und Zeitschriften sind zu nennen. Während zwischen 1992 und 2002 die Rundfunkgebühr um 32,7 Prozent stieg, verteuerte sich eine Kinokarte im Schnitt um 36 Prozent, Zeitungen und Zeitschriften um 41,9 Prozent. Beim Blick auf die vergangenen 30 Jahre zeigt sich, dass die Rundfunkgebühr deutlich langsamer gestiegen ist als die Durchschnittseinkommen der Arbeitnehmer oder das Bruttoinlandsprodukt.

(4) Mit dem Blick auf das Ziel des **außenwirtschaftlichen Gleichgewichts** ist festzustellen, dass der Medien- und TIME-Sektor einen sehr hohen internationalen Bezug aufweist. Zu denken ist im Medienbereich an die Filmwirtschaft (Hollywood, französischer und italienischer Film), an die Fernsehindustrie (z. B. amerikanische Serien) oder an die Spiele-Industrie (Dominanz asiatischer und US-amerikanischer Entwickler), in der übrigen TIME-Branche an Unternehmen wie Microsoft, Sony oder die Deutsche Telekom.

Die Verflechtungen mit dem Ausland nehmen zudem permanent weiter zu. Die Medienökonomie kann man insofern nur noch vor dem Hintergrund der globalen Dynamik beschreiben und verstehen (vgl. Lang/Winter 2005:117).

„Die Bertelsmann-Gruppe, keine Ausnahme unter den internationalen Medienunternehmen der Jetztzeit, macht in etwa jeweils 30 % ihres Umsatzes in Deutschland, Europa und den USA sowie ca. 10 % in übrigen Ländern, und seit mehreren Jahren schon beschäftigt sie mehr Mitarbeiter im Ausland als im Inland (Bertelsmann Geschäftsbericht 1998/1999). Unternehmen wie Bertelsmann, aber auch Konzerne wie AOL-Time-Warner, Disney, Viacom oder die News Corporation haben die Medienlandschaft zu einem kaum noch durchschaubaren Resultat internationaler und intermediärer Verflechtungen gemacht (Sjurts 1998, 1996). ... Nur durch eindeutige komparative Vorteile können Medienunternehmen in so einer Umwelt wettbewerbsfähig bleiben" (Apfelthaler 2002: 197).

Die Thematik der außenwirtschaftlichen Verflechtung der Medien ist eng mit dem Begriff der **Globalisierung** verbunden. Darunter versteht man in der Kommunikationswissenschaft die „Zunahme weltweiter kommunikativer Konnektivitäten" (Hepp/Krotz/Winter 2005: 7), in politischer Hinsicht „die Prozesse, in deren Folge die Nationalstaaten und ihre Souveränität durch transnationale Akteure, ihre Machtchancen, Orientierungen, Identitäten und Netzwerke unterlaufen und querverbunden werden" (Beck 1997, zit. nach Heise 2005: 311). In der ökonomischen Perspektive ist Globalisierung „die räumliche Ausweitung von Märkten, die Ersetzung kleiner – lokaler, regionaler und nationaler – Märkte durch übernationale, möglichst weltweite Märkte" (Kops 2006: 5). Der Prozess der Globalisierung hat sowohl positive als auch negative Konsequenzen für die Medien:

- Positive Konsequenzen: Durch die Ausdehnung der Absatzgebiete in den internationalen Kontext lassen sich Economies of Scale erzielen, wodurch sich z. B. die Finanzierungsmöglichkeiten für diejenigen Medienprodukte erweitern, die durch besonders hohe First Copy Costs gekennzeichnet sind. Dies betrifft vor allem Spielfilme mit hohem Budget und attraktive Sport-Großereignisse (Fußball-WM, Olympische Spiele), aber auch Zeitschriftentitel oder Video- und Computerspiele.
- Negative Konsequenzen: Die Ausweitung der Märkte bringt für die einzelnen Medienunternehmen höhere Risiken mit sich. In volkswirtschaftlicher Hinsicht unterstützt und beschleunigt die weltweite Vermarktung den – ohnehin schon bedenklichen – Prozess der Konzentration in der Medienindustrie. Dabei kommt es zu einer abnehmenden Bedeutung der nationalen Bezüge der Medien und zum Phänomen, dass die Medieninhalte aus immer weniger unabhängigen Quellen stammen.

„Die Globalisierung erhöht die Effizienz der Produktion von Medien. Davon profitieren die Medienunternehmen, die Medienkonsumenten (Zuschauer, Zuhörer, Leser) und die Staaten, in denen die Medienunternehmen angesiedelt sind. Andererseits verstärkt die Globalisierung den ökonomischen Druck, für große Publika zu produzieren (sog. „Mainstream Programmierung"), was die Vielfalt der Medieninhalte reduziert und damit auch die Chancen von Minderheiten, sich an der öffentlichen Kommunikation zu beteiligen" (Kops 2006: 4).

Jedenfalls ist es nicht angebracht, Globalisierung grundsätzlich als eine Gefahr zu brandmarken oder zu „dämonisieren". Unter wirtschaftlichen Gesichtspunkten ist sie eher als Chance zu sehen. Wirtschaftliche Entwicklung und Wohlstand florieren nicht im Protektionismus, sondern unter den Bedingungen des Freihandels und der internationalen Arbeitsteilung (vgl. auch Lang/Winter 2005: 126; besonders: Apolte 2006).

Von der Globalisierung sind die Medien-Teilbranchen unterschiedlich stark betroffen. So zeigt es sich, dass Zeitungen und der Rundfunk nach wie vor eher auf den nationalen Rezipientenmarkt ausgerichtet sind (vgl. Abb. 7-5; Quelle: Lang/Winter 2005: 121). Der Prozess der Digitalisierung und die Liberalisierung von Märkten wirkt sich daher nicht linear auf die Globalisierung aus, sondern ist stark von medienspezifischen Besonderheiten geprägt (vgl. ebd. 122).

Die ökonomischen Globalisierungs- und Internationalisierungsprozesse im Medienbereich lassen sich auf vier treibende Kräfte zurückführen (Lang/Winter 2005: 122 ff.):

- Globalisierung der Medienunternehmung: Maßgebliche Triebfedern für das Entstehen und die Ausdehnung multinationaler Unternehmen sind (1) die Grenzen des Wachstums auf heimischen Märkten, (2) die Verpflichtung zur Steigerung des Shareholder Value und (3) hohe First Copy Costs bei der Herstellung von Medien-Content. Diese Entwicklung wird seitens der Technologiekonvergenz noch „angeheizt", weil moderne Kommunikationstechnologien es immer häufiger erlauben, Medieninhalte zeit- und ortsunabhängig zu handhaben.
- Globalisierung der Medienproduktion: Ansatzpunkte der Internationalisierung können exzellente Inhalte sein (z. B. bei Zeitschriften) oder Möglichkeiten, aufwendig produzierte Werbung in einem größeren Raum zu vermarkten. Hinzu kommen Vorteile, die sich bei der Konzentration der Produktion an bestimmte Orte oder Regionen (z. B. im Filmbereich: Hollywood) realisieren lassen.
- Ökonomische Vorteile aus dem Handel: Die Möglichkeit, aus dem Handel mit Medienprodukten Vorteile zu erzielen, steigen generell mit der zunehmenden Verflechtung der Weltregionen.
- Neuausrichtung der Medienpolitik: Schließlich sind die weltweit verfolgten Konzepte der Privatisierung und Deregulierung wesentliche Triebfedern des Globalisierungsprozesses und ein Nährboden für die Kommerzialisierung im großräumigen Zusammenhang.

Abb. 7-5: Globalisierungsgrad der Medien-Teilbranchen

In einer anderen Analyse werden als Triebkräfte des Internationalisierungsprozesses die folgenden Faktoren herausgestellt (vgl. Jarren/Meier 1999: 244 ff.):

- Markt: Grenzüberschreitende Strategien werden umso eher verfolgt, je mehr man in möglichst großen grenzüberschreitenden und einheitlichen Kultur- und Sprachräumen agieren kann. Für diesen Fall sind starke Kostendegressionen realisierbar. Umgekehrt bilden nationale bzw. sprachregionale Grenzen eine hohe Barriere.
- Unternehmen: Von hoher Bedeutung ist das Entscheidungsverhalten der Unternehmen im Hinblick auf ausländische Direktinvestitionen.

- Produkte: Je kommerzieller ein Unternehmen seine publizistischen Produkte betrachtet, desto stärker wird die Internationalisierung angetrieben.
- Rezeption: Die Internationalisierung ist umso größer, je einfacher die publizistischen Produkte vom Rezipienten zu verstehen sind, d. h. je weniger kognitive Leistungen beim Rezipienten erforderlich sind.

Der Zusammenhang zwischen Medien und der Globalisierung wird also stark von den multinationalen Medien- und TIME-Unternehmen geprägt.

> „Globale Medienkonglomerate sind nicht nur indirekte und passive, sondern vielmehr direkte und aktive Mitgestalter der Globalisierung. In dieser dualen Rolle – einerseits als weltumspannender, konkrete Medieninhalte beförderender Transmissionsriemen, andererseits als originärer Generator von Inhalten – gestalten sie den vielschichtigen und mehrdimensionalen Prozess der Globalisierung" (Neuner/Sandhu 2005: 211).

(5) Im Hinblick auf das Ziel der **gerechten Einkommens- und Vermögensverteilung** ist die Frage zu stellen, inwieweit Medien zum Abbau von Disparitäten bei Einkommen, Vermögen und Wohlstand beitragen. Dies ist relevant, weil die Verteilung von Einkommen und Vermögen große Unterschiede aufweist, geradezu von einer „Polarisierung" gesprochen werden kann (vgl. Liebmann/Zentes 2001: 124).

> Der Begriff „Verteilungsgerechtigkeit" lässt sich grundsätzlich nach drei unterschiedlichen Normen interpretieren (vgl. Hardes/Krol/Rahmeyer/Schmid 1995: 408 ff.): (a) Leistungsprinzip: Es gilt der Grundsatz: „Gleiche Einkommen für gleiche Leistungen! Wer mehr leistet, soll auch ein höheres Einkommen erhalten!" (b) Bedarfsprinzip: Die Einkommens-verteilung wird dann als gerecht angesehen, wenn die Versorgung der Menschen im Hinblick auf ihre (legitimen) Bedürfnisse angemessen Rechnung getragen ist. (c) Egalitätsprinzip: Gefordert wird eine absolute Gleichheit bzw. zumindest eine größere Gleichmäßigkeit der Einkommen. Interpretiert wird dieses Postulat auch als „Chancengleichheit", der Norm folgend: Jeder soll gleiche Chancen auf soziale Aufstiegsmöglichkeiten haben.

Medien stehen mit der Verteilungsfrage insofern in Beziehung, also man annehmen sollte, dass Medien und Wohlstandsverteilung positiv korrelieren. Dies wäre so zu begründen, dass Massenmedien einen preiswerten, oft sogar unentgeltlichen Zugang zu Wissen, Know-how, Bildungs- und Kulturangeboten bieten und daher die ärmeren Bevölkerungsschichten überproportional profitieren. Medien würden insofern Nivellierungseffekte zwischen reicheren bzw. gebildeten und ärmeren bzw. weniger gebildeten Bevölkerungskreisen erzeugen. Geradezu automatisch würde es zu einem regressiven Effekt kommen: Je mehr Medienangebote entstehen, desto mehr können benachteiligte Bevölkerungsschichten aufholen. Dieser Annahme steht diametral die **These von der wachsenden Wissenskluft** entgegen. Sie besagt, dass die Medien, insbesondere die Massenmedien, eher in Richtung einer Vertiefung der Gegensätze wirken. Begründung: Mit zunehmendem Informationszufluss tendieren Bevölkerungssegmente mit höherem sozioökonomischen Status zu einer rascheren Aneignung dieser Informationen als die statusniedrigeren Segmente, mit der Folge, dass die Wissenskluft zwischen diesen Segmenten tendenziell eher zu- anstatt abnimmt (vgl. Burkart 2002: 257). Die These gilt als gesellschaftspolitisch brisant, „rüttelt sie doch am Selbstverständnis moderner Massendemokratien: Wenn sie zutrifft, dann verkommen die für demokratisch organisierte Gesellschaften als zentral erachteten politischen Funktionen der Massenmedien ... zum Zerrbild idealistischer Fiktion" (ebd. 258).

7.2 Medienrelevante wirtschaftliche Mega-Trends

Als wirtschaftliche Mega-Trends, die für die strategischen und operativen Entscheidungen von Medienunternehmen von Bedeutung sind, sind vorrangig zu nennen:

- Steigender Wohlstand der Bevölkerung bei gleichzeitiger Polarisierung der Einkommens- und Vermögensverhältnisse;
- Internationalisierung, Globalisierung, Regionalisierung;
- Volkswirtschaftlicher Strukturwandel, Tertiarisierung;
- Sättigungserscheinungen auf allen Märkten;
- Fortschreitende Konzentration der angebotsseitigen Marktmacht;
- Virtualisierung, Vernetzung von Unternehmen, Entstehen von Netzwerkunternehmen;
- Veränderung der Arbeitsbedingungen.

Von besonderer Relevanz ist die **demografische Entwicklung**, von der dramatische Auswirkungen zu erwarten sind. Sie wird in Kapitel 9 als gesellschaftliches Phänomen näher beleuchtet.

(1) Steigender **Wohlstand** der Bevölkerung ist verknüpft mit optimaler nationaler und internationaler Allokation der Ressourcen, aber auch mit der gerechten Verteilung der Wertschöpfung und steigendem **verfügbaren Einkommen** der Privaten. Deren **Zahlungsbereitschaft** entscheidet im Verbund mit Möglichkeiten der indirekten bzw. Umwegfinanzierung nachhaltig über die Entwicklung von Medienangeboten. Die Frage ist, ob die begrenzten privaten Haushaltsbudgets im Vergleich zum Bruttoinlandsprodukt überproportional wachsen und dadurch die Chance für ein nachhaltiges Wachstum von Medien- und Kommunikationsbudgets gegeben ist oder nicht.

Es ist bekannt, dass die Zahlungsbereitschaft für digitale Güter wegen des öffentlichen Gut-Charakters und der leichten Reproduzierbarkeit von elektronischen Contents ein eher schwieriges Unterfangen darstellt. Hinzu kommt, dass mit der Erhöhung des Digitalisierungsaufwandes eine eher geringere Wertschätzung digitaler Produkte einhergeht. Andererseits erhöht sich die Zahlungsbereitschaft durch Aktualität und Personalisierung der Produkte.

(2) Die Thematik der **Internationalisierung** und **Globalisierung** als wirtschaftlicher Einflussfaktor wurde bereits unter 7.1 angesprochen. Die weltweite Vernetzung der Märkte, die internationale Verflechtung der Wertschöpfungsprozesse und die globale Aufstellung vieler Unternehmen führen dazu dass nationale Kategorien allein nicht mehr greifen. Insbesondere nationale Medienunternehmen und Konzerne erfahren einen Bedeutungsverlust und müssen sich bemühen, durch Internationalisierung mit der Konkurrenz Schritt zu halten. Allerdings geschieht dies durch i. d. R. durch eine Mischstrategie, die einen „Brückenschlag zwischen so viel Globalisierung wie möglich und so viel Lokalisierung wie möglich" (Apfelthaler 2002: 208) anstrebt. Für dieses Phänomen der globalen Ausweitung bei lokaler Anpassung ist der Begriff „Glokalisierung" geprägt worden (vgl. Donges/Jarren/Schatz 1999: 232).

(3) Ebenfalls unter 7.1 angesprochen wurde bereits der **volkswirtschaftliche Strukturwandel**, der als Trend zur **Tertiarisierung** markiert werden kann. Zwei Aspekte sind dabei zu differenzieren: (a) der Übergang von der Produktions- zur Wissensgesellschaft, (b) der Übergang von der Industrie- zur Dienstleistungsgesellschaft. Damit findet die volkswirtschaftliche Wertschöpfung verstärkt im Dienstleistungs- und Informationssektor statt und nicht mehr vorrangig im produzierenden Gewerbe. Diese Veränderung bringt eine stärkere Kundenorientierung, die Notwendigkeit der Präsenz vor Ort und höhere Mobilitätsanforderungen mit sich. Ein großer Teil der Erwerbstätigen ist heute direkt und indirekt als Service-Erbringer tätig, insbesondere, wenn man die industrienahen Dienstleistungen mit in Betracht zieht.

(4) Ein bedeutendes volkswirtschaftliches Phänomen sind **gesättigte Märkte**, die dazu führen, dass sich Anbietermärkte, in denen die Marktmacht auf Seiten der Unternehmen liegt, in Nachfragemärkte verwandeln und den Kunden in das Zentrum des Marktgeschehens rücken. In der Folge werden Konzepte Erfolg versprechend, die auf die individuellen Wünsche der Konsumenten differenziert eingehen können. Ein starker Druck entsteht, die Güter- und Dienstleistungsnachfrage immer mehr zu individualisieren, im Extrem mit personalisierten Angeboten. Die klassischen deutschen Medienmärkte können als extrem gesättigt bezeichnet werden.

> „Die über Jahrzehnte hinweg erfolgreiche Strategie, die bestehenden Leser bzw. Werbekunden mit immer neuen Titeln bzw. Anzeigenflächen auf der Basis vorhandener Inhalte zu bedienen, ist an ihr natürliches Ende gestoßen. Eine verwirrende Titelvielfalt und oftmals wirkungslos „verhallende" Werbebotschaften sind die Konsequenz dieser beispiellosen Informationsflut. Eng verbunden mit diesem Phänomen ist die Tatsache, dass de facto sämtliche Informationsmärkte mit einer unübersehbaren Anzahl an Buch- und Zeitschriftentiteln sowie entsprechender Internet-Pendants nahezu komplett gesättigt sind. So existiert kaum ein Thema im b2c- bzw. b2b-Umfeld, das nicht im Zentrum einer Vielzahl unterschiedlichster Print- und Online-Publikationen steht. Noch nie in der Menschheitsgeschichte war der Zugang zu einer unendlichen Fülle an Informationen bzw. Medien so schnell, so einfach und so günstig wie heute" (Quelle: http://www.detecon.com/load.php?url= L2lZGhL3BkZi9NYW5hZ2VtZW50 U3VtbWFFye V9CcmVubnB1bmt0VmVybGFnZTIucGRm – 30.12.2006).

(5) Zu nennen ist ferner die **fortschreitende Konzentration von Marktmacht** auf der Angebotsseite. Die Konzentrationsprozesse schreiten weltweit ungebrochen voran und es findet eine Vermachtung der Märkte sowohl im nationalen als auch internationalen Kontext statt. Die Ursachen sind vielfältiger Natur:

- Streben nach Wachstum, Wirtschaftlichkeit, Risikominimierung;
- Erhebliche Verschärfung der Wettbewerbsintensität;
- Deregulierung und Rückzug des Staates;
- Öffnung bislang nationaler Märkte für international tätige Unternehmen, z. B. innerhalb der EU und im Weltmaßstab;
- Im Medienbereich: Economies of Scale (Fixkosten-Degression), Economies of Scope (Verbundvorteile), Anzeigen-Auflagen-Spirale, Transaktionskostenvorteile.

Für die Medienwirtschaft sind die Folgen insofern dramatisch, als gleichzeitig mit der ökonomischen Konzentration die Frage der publizistischen Wirkungen einhergeht. Als Ausgangsvermutung wird dabei unterstellt, dass die ökonomische Medienkonzentration eine latente oder offene Gefahr für die Informations- und Meinungsvielfalt darstellt. Die Zahl der Anbieter von Inhalten wird beschränkt, der Marktzutritt neuer Anbieter und Angebote wird erschwert oder verhindert. Gesellschaftliche und medienpolitische Bewältigungsstrategien müssen entworfen werden (vgl. Kapitel 10).

(6) Besondere Beachtung verdienen der Trend zur **Virtualisierung** von Wertschöpfungsprozessen und die Bildung von **Netzwerkunternehmen**. Die verstärkte Zusammenarbeit in multimedialen Netzwerken eröffnet Kreativitätspotenziale und sorgt für neue Lösungswege. Mit Hilfe moderner Kommunikations- und Informationsmedien gelingt es den Unternehmen, sich in global vernetzten Welten zu bewegen und sich von Bindungen an feste Standorte und feste Mitarbeiter freizumachen. Unternehmen können ihre angestammten Grenzen sprengen, sie „entgrenzen" sich. Als dominante Unternehmensform tritt das Netz von Unternehmen bzw. das Unternehmensnetzwerk in den Vordergrund. Seine Kernkompetenz ist die Fähigkeit, sich permanent zu verändern und Projekte in Kooperation mit anderen Unternehmen abzuwickeln.

> „Die Unternehmen der Zukunft werden immer wieder neue Produktionsverbünde auf Zeit schließen, die eine hohe Reaktionsschnelligkeit besitzen. Mit spontanen Netzwerkbildungen versuchen sie flexibel auf die Bedürfnisse des Marktes zu reagieren. Sie werden sich zunehmend auf Kundengruppen und nicht mehr auf fertige Produkte spezialisieren. Die Wünsche der Kunden stehen dabei im Vordergrund" (Bay. Staatsministerium 2002: 36).

(7) Als wichtiger Trend sind schließlich die sich abzeichnenden **Veränderungen der Arbeitsbedingungen** von hoher Relevanz. In der Gesamtschau können diese Veränderungen als zunehmende Entkoppelung von Arbeitsleistung, Arbeitsplatz, Unternehmensstandort und Unternehmen charakterisiert werden.

Die Fähigkeit, Informationen elektronisch zu verarbeiten, wird zur Basiskompetenz von Arbeitnehmern, wozu eine Qualifizierung notwendig ist. Gleichzeitig steigen die Anforderungen an die Kommunikationsfähigkeit von Mitarbeitern zur Lösung komplexer Koordinationsaufgaben. Markenzeichen der neuen Arbeitswelt sind daher höhere Qualifikation, breit gefächertes Tätigkeitsprofil und eine steigende Akademisierung. Erforderlich ist ein hohes Maß an individueller Flexibilität. Damit geht eine permanente Veränderung von Berufsbildern einher.

Für das Management wird organisationales Lernen und Wissensmanagement zu zentralen Aufgaben. Durch den Strukturwandel von der Industrie- zur Dienstleistungs- und Informationswirtschaft wird Arbeit neu organisiert. Arbeit wechselt immer mehr in den Wissenssektor, die Bedeutung geistiger, kreativer Arbeit nimmt zu. Teamwork, Projektarbeit und die temporäre Organisation der Arbeitswelt werden zur Regel.

Die Arbeitswelt von morgen ist u. a. mit den folgenden Schlagworten beschrieben und ausführlich diskutiert worden (vgl. Opaschowski 2004: 61 ff.): Das Industriezeitalter ist tot; Produktion und Dienstleistung wachsen immer mehr zusammen; der Berufswechsel wird zur Regel; das Normalarbeitsverhältnis stirbt; die Rund-um-die-Uhr-Beschäftigung wird zur neuen Norm; erweitertes Anforderungsprofil und Renaissance der Persönlichkeit; flexible Arbeitszeitstandards setzen sich durch; Feminisierung der Arbeitswelt; mehr Inspiratoren als Macher.

7.3 Ökonomisierung und Kommerzialisierung der Medien

(1) Bei der Beschreibung des Zusammenhangs zwischen den Medien und ihren wirtschaftlichen Rahmenbedingungen wird seit langem das Problem der Ökonomisierung bzw. Kommerzialisierung der Medien diskutiert. Darunter versteht man die **Verstärkung der ökonomischen Einflüsse** auf die Entscheidungsträger in den Medienunternehmen und damit einhergehend die **Subordination publizistischer Zielsetzungen unter ökonomische Kriterien**. Medien-Ökonomisierung wird interpretiert als

- „Entmeritorisierung" der Medienprodukte, bei der soziale Erwünschtheit durch Verkäuflichkeit und Rentabilität ersetzt wird (vgl. Kiefer/Steininger 2014: 25);
- „Zunahme monetärer und egoistischer Elemente in der Nutzenfunktion der Wirtschaftssubjekte und eine zunehmend striktere Anwendung des Nutzenmaximierungspotentials" (Heinrich 2001: 159);
- „zunehmenden Einfluss von marktorientiertem Denken und Handeln in vormals nicht über den Markt organisierten Bereichen" (Siegert 2004: 21).

Im Zentrum der Ökonomisierungsthese steht die Vermutung, die Orientierungsfunktion der Medien werde immer stärker ausschließlich den Regeln des Marktes unterworfen. Die publizistische Leistungserwartung an die Medien werde immer mehr von der ökonomischen Gewinnerwartung der Medien an die Wand gespielt.

> „Es gibt kaum mehr eine materiale Basis für die Konstitution von Öffentlichkeit, die meist medial konstituierte Öffentlichkeit ist, die nicht zumindest auch über Werbung finanziert wäre" (Winter 2001: 41).

(2) Um das Phänomen der Kommerzialisierung bzw. Ökonomisierung der Medien zu beschreiben, können verschiedene **Merkmale** herangezogen werden, die als Messkriterien für die Kommerzialisierung dienen (nachfolgend Heinrich 2001b: 160):

- „Ein Ersatz der publizistischen Ziele von Aufklärung, Kritik und Kontrolle durch marktorientierte Ziele;
- eine zunehmende Berücksichtigung von Rezipientenpräferenzen („Umdefinition des Bürgers zum Konsumenten", Hoffmann-Riem, 1988, S. 59);
- ein Abbau von Quersubventionierung reichweitenstarker Medienangebote;
- eine Annäherung an Kostenpreise (insbesondere durch Pay-Rundfunk);
- eine Annäherung an Gewinnmaßstäbe und ein Ersatz der nichtgewinnorientierten Erfolgsmaßstäbe durch den Shareholder-Value und
- eine Annäherung an die Zurechnung von Handlungsfolgen vor allem durch die Privatisierung öffentlicher Institutionen und durch zunehmend exakter werdende Reichweitenmessungen."

Ökonomisierung sollte des weiteren – so Heinrich (2001b) – nach vier Ebenen differenziert werden, zum einen nach der Ebene des Individuums, wo sich Ökonomisierung in einem zunehmenden Stellenwert des Unterhaltungs- und Gebrauchswertjournalismus ausdrücke, zweitens nach der Ebene der Unternehmung, wo Strategien zur Steigerung der Effizienz eine ständig höhere Bedeutung erlangten, drittens nach der Ebene des Marktes, wo sich Ökonomisierung augenfällig am Phänomen der zunehmenden Konzentration ablesen lasse, und schließlich nach der Ebene der Politik, wo man sich mit Konzepten der Deregulierung und Privatisierung und der Veränderung des Medienrechts ständig mehr in Richtung von Ökonomisierungsprozessen bewege (vgl. auch Kiefer/Steininger 2014: 25).

(3) Bei der Frage der **Beurteilung** des Phänomens der Ökonomisierung scheiden sich die Geister. Die Kritiker beklagen, dass das Sachziel von Medien, nämlich deren Funktionen für die Gesellschaft, dem Formalziel der Gewinnerwirtschaftung unterworfen werde (vgl. Kiefer/Steininger 2014: 22 f.). Die Problemliste ist lang (Altmeppen/Karmasin 2003: 21 f.); hervorzuheben sei insbesondere

- „die manchmal offene, meist verdeckte Steuerung der Politik und der Medien durch Wirtschaftsinteressen, was leider allzu oft die Verwechslung von Wirtschaftsinteressen mit Unternehmer- und Unternehmensinteressen bedeutet,
- der Raubbau an Ressourcen, deren Vernichtung den nachfolgenden Generationen hohe Bürden auflädt,
- die globale Armut und Ausbeutung, die auch durch digitale Kommunikation nicht beseitigt wird,
- die ungleiche Verteilung von Lebens- und Überlebenschancen,
- der für Kulturen manifeste Verlust der Orientierung,
- die kollektive Legitimation dieses Vorgehens, mit der die wenigen kritischen Stimmen unterdrückt werden und einhergehend damit
- ein rapider Verlust von Ethos und Verantwortung, während gleichzeitig die zunehmende, demokratisch nicht legitimierte Machtkonzentration auf internationalen Märkten steigt."

Beklagt wird vor allem, die Medienangebote seien zunehmend „Waren, deren gewinnorientierter Absatz über die Marktfähigkeit entscheidet" (Altmeppen 1996: 257). Das sei bedenklich, „weil damit die Entscheidungen darüber, was Medien veröffentlichen und welche Wirkungen zu konstatieren sind, mehr und mehr auf ökonomische Reize kapitalistischer Gesellschaften zurückzuführen sind" (Altmeppen/Karmasin 2003: 22 f.).

Im Gegensatz zu dieser Position stehen Aussagen, die eine Verteufelung der wirtschaftlichen Seite der Medien und deren „Eingebettetsein" in den mikro- und makroökonomischen Kontext als zu einseitig, als unzulässig und als ideologisch motiviert ablehnen. Eine solche Haltung zeuge von einem tiefen Misstrauen in die Funktionsfähigkeit und den Steuerungsmechanismus von Märkten. Nicht nur kommerzielle Risiken seien zu beachten, sondern auch kommerzielle Chancen und Potenziale. Insbesondere müsse der Ansatz der Meritorisierung einer scharfen Analyse unterzogen werden, inwieweit er überhaupt haltbar sei.

Kernaussagen

- Die volkswirtschaftliche Bedeutung des Medien- und TIME-Sektors ist hoch, sie darf aber nicht überschätzt werden.
- Das Management von Medienunternehmen ist wirkmächtigen wirtschaftlichen Rahmenbedingungen und Trends unterworfen, die von der Globalisierung bis zur Veränderung der Arbeitswelt reichen.
- Das Phänomen der Ökonomisierung und Kommerzialisierung von Medien ist differenziert zu beurteilen.

Literatur

Weiterführende Literatur: Grundlagen

Apolte, T. (2006): Wohlstand durch Globalisierung, München.
Baßeler, U./Heinrich, J./Utecht, B. (2002): Grundlagen und Probleme der Volkswirtschaft, 17., überarb. Aufl., Stuttgart.
Bofinger, P. (2011): Grundzüge der Volkswirtschaftslehre, 3., akt. Aufl., München.
Hardes, H.-D./Krol, G.-J./Rahmeyer, F./Schmid, A. (1995): Volkswirtschaftslehre – problemorientiert, 19., völlig neu bearb. Aufl., Tübingen.
Heise, A. (2005): Einführung in die Wirtschaftspolitik, München.
Kneschaurek, F. (1994): Unternehmung und Volkswirtschaft, 3., vollst. überarb. u. erw. Aufl., Stuttgart.
Liebmann, H.-P./Zentes, J./Swoboda, B. (2008): Handelsmanagement, 2., neu bearb. Aufl., München.
Mankiw, N. G. (2012): Grundzüge der Volkswirtschaftslehre, 5., überarb. u. erw.Aufl., Stuttgart.
Nefiodow, L. A. (2000): Der sechste Kondratieff, 4., überarb. Aufl., St. Augustin.
Opaschowski, H. W. (2004): Deutschland 2020, Wiesbaden.
Weizsäcker, C. C. von (1999): Logik der Globalisierung, Göttingen.

Weiterführende Literatur: Medien

Altmeppen, K.-D. (1999): Arbeitsmarktentwicklung in Kommunikationsberufen, in: Knoche, M./Siegert, G. (Hrsg.)(1999): Strukturwandel der Medienwirtschaft im Zeitalter digitaler Kommunikation, München, S. 69-87.
Altmeppen, K.-D. (Hrsg.)(1996): Ökonomie der Medien und des Mediensystems, Opladen.
Altmeppen, K.-D. (2006): Journalismus und Medien als Organisationen, Wiesbaden.
Altmeppen, K.-D./Karmasin, M. (Hrsg.)(2003): Medien und Ökonomie, Band 1/1: Grundlagen der Medienökonomie: Kommunikations- und Medienwissenschaft, Wirtschaftswissenschaft. Wiesbaden.
Apfelthaler, G. (2002): Medienmanagement als internationales Management, in: Karmasin, M./Winter, C. (Hrsg.)(2002): Grundlagen des Medienmanagements, 2. korr. u. erw. Aufl., München, S. 197-218.
Beck, K. (2012): Das Mediensystem Deutschlands: Strukturen, Märkte, Regulierung, Wiesbaden.
Burkart, R. (2002): Kommunikationswissenschaft, 4., überarb. u. akt. Aufl., Wien, Köln, Weimar.
Burmeister, K./Daheim, C. (2004): Demographische Entwicklung – Konsequenzen für Medien und Werbung. Der Wandel von Werten und Lebenswelten durch die Bevölkerungsentwicklung. In: Media Perspektiven, o.Jg., H. 4, S. 176-183.
Donges, P./Jarren, O./Schatz, H. (Hrsg.)(1999): Globalisierung der Medien? Opladen/ Wiesbaden.
Friedrichsen, M./Schenk, M. (Hrsg.)(2004): Globale Krise der Medienwirtschaft? Baden-Baden.
Heinrich, J. (2001a): Medienökonomie, Band 1: Mediensystem, Zeitung, Zeitschrift, Anzeigenblatt. 2., überarb. u. akt. Aufl., Wiesbaden.
Heinrich, J. (1999): Medienökonomie, Band 2: Hörfunk und Fernsehen, Wiesbaden.
Heinrich, J. (2001b): Ökonomisierung aus wirtschaftswissenschaftlicher Perspektive, in: Medien & Kommunikationswissenschaft, 49. Jg., H. 2, S. 159-166.
Hepp, A./Krotz, F./Winter, C. (Hrsg.)(2005): Globalisierung der Medienkommunikation, Wiesbaden.
Hofer, M./Siegert, G./Renger, R. (2001): Ökonomisierung der österreichischen Medienlandschaft, in: Neissl, J./Siegert, G./Renger, R. (Hrsg.)(2001): Cash und Content, München, S. 13-70.
Hosp, G. (2005): Medienökonomik, Konstanz.

Jarren, O./Meier, W. A. (Hrsg.)(2001): Ökonomisierung der Medienindustrie: Ursachen, Formen und Folgen. Themenheft Medien & Kommunikationswissenschaften, Baden-Baden.
Jarren, O./Künzler, M./Puppis, M. (Hrsg.)(2012): Medienwandel oder Medienkrise? Baden-Baden.
Keil, K./Milke, F. (2007): Demografie und Filmwirtschaft, Berlin.
Kiefer, M. L./Steininger, C. (2014): Medienökonomik, 3. Aufl., München.
Knoche, M./Siegert, G. (Hrsg.)(1999): Strukturwandel der Medienwirtschaft im Zeitalter digitaler Kommunikation, München.
Kops, M. (2006): Globalisierung der Medienwirtschaft. Nutzen und Kosten, Gewinner und Verlierer. Köln.
Lang, G. (2004): Der deutsche Werbemarkt: Konjunkturkrise oder Strukturbruch? In: MedienWirtschaft, 1. Jg., S. 53-73.
Lang, G./Winter, C. (2005): Medienökonomie, in: Hepp, A./Krotz, F./Winter, C. (Hrsg.)(2005): Globalisierung der Medienkommunikation, Wiesbaden, S. 116-136.
Lange, E./Stülb, H.-G. (Hrsg.)(2004): Informationsprodukte auf dem Prüfstand, Münster.
Laufer, C./Marquardsen, K. (2006): Internet und Beschäftigung: Quantitative Effekte in der Medienbranche. In: Hagenhoff, S. (Hrsg.)(2006): Internetökonomie der Medienbranche, Göttingen, S. 267-300.
Michel, L. (2002): Arbeitsmarkt für „flexible Spezialisten", in: Medien & Kommunikationswissenschaft, 50. Jg., H. 1, S. 26-44.
Michel, L./Goertz, L. (2000): Arbeitsmarkt Multimedia: Trends und Chancen, Berlin.
Neubert, K./Scherer, H. (Hrsg.)(2004): Die Zukunft der Kommunikationsberufe, Konstanz.
Rau, H. (2007): Qualität in einer Ökonomie der Publizistik, Wiesbaden.
Roters, G./Klingler, W./Gerhards, M. (Hrsg.)(2004): Medienzukunft – Zukunft der Medien, Baden-Baden.
Schönert, M./Willms, W. (2000): Medienwirtschaft in deutschen Großstädten, Entwicklungstendenzen und Beschäftigungspotenziale, http://www.baw.uni-bremen.de/public/mb/2000 %2005%20Medien/Medien wirtschaft.pdf (05.08.2006).
Seufert, W. (1999): Auswirkungen der Digitalisierung auf die Entwicklung der Medienmärkte, in: Schumann, M./Hess. T. (Hrsg.)(1999): Medienunternehmen im digitalen Zeitalter, Wiesbaden, S. 109-122.
Seufert, W. (2000): Informations- und Kommunikationswirtschaft räumlich stark konzentriert, DIW-Wochenbericht 32/00.
Seufert, W. (2008): Wirtschaftliche Lage des Rundfunks in Deutschland 2006/2007, Berlin. Der Folgeband 2008/2009 ist im Erscheinen.
Seufert, W. (2012): Auswirkungen des Medienwandels auf die Struktur des marktfinanzierten Medienangebotes, in: Jarren, O./Künzler, M./Puppis, M. (Hrsg.)(2012): Medienwandel oder Medienkrise? Baden-Baden, S. 145-164.
Seufert, W. (2013): Die deutsche Medienwirtschaft: Wachstums- oder Krisenbranche? Produktion und Nachfrage nach Medienprodukten seit 1991. In: MedienWirtschaft, 10. Jg., H. 4, S. 20-36.
Seufert, W./Sattelberger, F. (Hrsg.)(2013): Langfristiger Wandel von Medienstrukturen, Baden-Baden.
Siegert, G. (2001): Ökonomisierung der Medien aus systemtheoretischer Perspektive, in: Medien & Kommunikationswissenschaft, 49. Jg., S. 167-176.
Siegert, G. (2004): Die Ökonomisierung als treibende Kraft des medialen Wandels? In: Fachjournalist, 4. Jg., H. 15, S. 21-24.
Trappel, J. (2001): Ökonomisierung aus Sicht der Online-Medien, in: Medien & Kommunikationswissenschaft, 49. Jg., S. 227-236.
Winter, C. (2001): Globale Kommerzialisierung von Öffentlichkeit? In: Karmasin, M./Knoche, M./Winter, C. (Hrsg.)(2001): Medienwirtschaft und Gesellschaft I. Medienunternehmen und die Kommerzialisierung von Öffentlichkeit, Münster, S. 41-68.
Winter, C./Karmasin, M. (2001): Ökonomisierung aus unternehmensstrategischer Perspektive, in: Medien und Kommunikationswissenschaft, 49. Jg., H. 2, S. 206-217.
Wirtz, B. W. (2013): Medien- und Internetmanagement, 8., akt. u. überarb. Aufl., Wiesbaden.
Zerdick, A./Picot, A./Schrape, K./Artopé, A./Goldhammer, K./Lange, U.T./Vierkant, E./López-Escobar, E./Silverstone, R. (1999): European Communication Council Report: Die Internet-Ökonomie. Strategien für die digitale Wirtschaft. Berlin, Heidelberg, New York.
Zerfaß, A. (2005): Vom Profil zu Handlungsprogrammen: Der Leitbildprozess für die Informationsgesellschaft in Baden-Württemberg, in: Gapski, H. (Hrsg.)(2005): Leitbilder für die Wissensgesellschaft, Marl, S. 99-124.

Statistik, Studien, Gutachten, Fallbeispiele

Bayerisches Staatsministerium für Wirtschaft, Verkehr und Technologie (2002): Bayern 2020 – Megatrends und Chancen, München.

Ernst & Young (2003): Film- und Fernsehbranche: Standorte mit Zukunft? München.

Deutscher Kulturrat/Schulz, G./Ernst, S./Zimmermann, O. (Hrsg.)(2009): Der WDR als Kulturakteur, Berlin.

Deutsches Institut für Wirtschaftsforschung (DIW)(1999): Perspektiven der Medienwirtschaft in Niedersachsen, Berlin.

Fohrbeck, K./Wiesand, A. J. (1989): Der WDR als Kultur- und Wirtschaftsfaktor, Köln.

Industriegewerkschaft Metall, Wirtschaft – Technologie – Umwelt (Hrsg.)(2000): Tertiarisierung. Ende der Industriegesellschaft? Frankfurt am Main (kurz: IG Metall 2000).

Lang, G./Winter, C. (2005): Medienökonomie, in: Hepp, A./Krotz, F./Winter, C. (Hrsg.)(2005): Globalisierung der Medienkommunikation, Wiesbaden, S. 116-136.

Medien- und Kommunikationsbericht der Bundesregierung 2008. Herausgeber: Der Beauftragte der Bundesregierung für Kultur und Medien, Berlin, 17. Dezember 2008.

Neuner, M./Sandhu, S. (2005): „Harry Potter" – Strategien globaler Medienunternehmen, in: Hepp, A./Krotz, F./Winter, C. (Hrsg.)(2005): Globalisierung der Medienkommunikation, Wiesbaden, S. 209-228.

Sachverständigenrat zur Begutachtung der gesamtwirtschaftlichen Entwicklung: Jahresgutachten 2013/14 und die früheren Gutachten.

Statistisches Bundesamt (2014): Bruttoinlandsprodukt 2013 für Deutschland (www.destatis.de).

Kapitel 8
Technologische Rahmenbedingungen

8.1   Technologische Megatrends 273
8.2   Technologien im Kontext der Herstellung von Medien 275
8.3   Technologien im Kontext der Distribution von Medien 279
8.4   Technologien im Kontext der Nutzung von Medien 282

Leitfragen

- Welche großen Entwicklungslinien („Megatrends") lassen sich in technologischer Hinsicht beim Blick auf die Medienlandschaft ausmachen?
- Worin zeigen sich die Wirkungen der Digitalisierung im Medienbereich?
- Inwiefern kommt es zu einer Vernetzung der technischen Systeme?
- Wie ist die These der Konvergenz der Medien- und TIME-Branche einzuschätzen?
- Welche Arten von Konvergenz lassen sich unterscheiden?
- Was ist mit der Aussage gemeint, die Wertschöpfungsketten entwickelten sich vom „Single-purpose Production Flow" zu einem „Multi-purpose Production Flow"?
- Welche medialen Grundbedürfnisse können im Zuge der Digitalisierung beim Konsumenten besser befriedigt werden?
- Was versteht man unter einem „Redaktionssystem"?
- Was versteht man unter einem „Content Management System"?
- Welche Veränderungen in der Redaktionsarbeit sind zu erwarten?
- Welche Veränderungen ergeben sich spezifisch für das Fernsehen?
- Wodurch ist das externe und interne Newsgathering in technologischer Hinsicht gekennzeichnet?
- Was versteht man unter einem „Newsroom-Konzept"?
- Welche technologischen Veränderungen ergeben sich in der Nachbearbeitung bei der aktuellen TV-Berichterstattung?
- Welche Medienkompetenzen werden vom Journalisten in Zukunft erwartet?
- Was versteht man unter „Cross Media Publishing"?
- Welche Veränderungen bewirkt die Digitalisierung im Print-Workflow?
- Welche Veränderungen bewirkt die Digitalisierung im Workflow elektronischer Medien?
- Welche Ausspielwege sind beim elektronischen Transport von Inhalten zu unterscheiden?
- Wie verändern sich die Distributionstechnologien aufgrund der neueren technischen Entwicklung?
- Welche DVB-Anwendungsbereiche sind zu unterscheiden?
- Wie kann man sich die medientechnische Ausstattung der Zukunft beim Konsumenten vorstellen?
- Wie sieht die stationäre Medienwelt aktuell und in Zukunft aus?
- Wie sieht die mobile Medienwelt aktuell und in Zukunft aus?
- Wie kann man sich die Grundlinien einer „Home Entertainment Platform" vorstellen?
- Welche Rolle spielt das Internet im Kontext von Home Entertainment?
- Welche unterschiedlichen Typen von Interaktivität sind zu unterscheiden?
- Was versteht man unter „Lean-Back" und „Lean-Forward" im Kontext der Mediennutzung?
- Durch welche Konzepte lässt sich im Medienbereich Personalisierung erreichen?
- Was versteht man unter der „Personalisierungspyramide nach Noam"?

Gegenstand

Die technologische Entwicklung ist einer der Haupttreiber der Medienentwicklung. Als entscheidende Kraft hat sich die Digitalisierung erwiesen, die in allen Bereichen der Medien Einzug gehalten hat und in der Medienproduktwelt praktisch abgeschlossen ist. Insofern ist inzwischen die Digitalisierung zum festen Bestandteil des Privatlebens der Menschen geworden, die von der Individualkommunikation in Form der Telefonie über Navigationssysteme im Kfz bis zum digitalen „Home Entertainment Center" reicht. Erkennbar sind insbesondere die großen Umwälzungen im Bereich des Endkonsums – eine Entwicklung, die eng mit Begriffen wie „Second Screen", „Smart TV" oder „Home Entertainment Plattform" einhergeht. Generell geht es v. a. um die computerbasierte Organisation der Medieninhalte am Ort des unterhaltungsorientierten Medienkonsums, d. h. stationär inhouse sowie im Kontext mobiler Nutzung.

Mit der technischen „Aufrüstung" der Medien im Zeichen der Digitalisierung ist eine geradezu dramatische Vervielfachung und Ausdifferenzierung der Inhalte einhergegangen (vgl. Seufert 2012: 145 ff.). Diese in der analogen Welt unvorstellbare vielfältige Angebotsstruktur hat vor allem die Konsequenz, dass für den Mediennutzer die Frage der Orientierung und Navigation immer bedeutsamer wird. Angebote, die dem Konsumenten die Navigation im „Mediendschungel" garantieren, steigen in ihrem Stellenwert, so etwa ein sog. „Electronic Program Guide" (EPG): „Das dargebotene Programm subjektiv verbessern, indem eine Navigationshilfe zum Auffinden des individuell besten Inhalts bereitgestellt wird, ist naheliegend. Bei aktuell mehr als 200 Programmen im Fall eines digitalen Satellitenempfangs ist eine gedruckte Programmzeitschrift elektronischen Programmführern unterlegen. Viele Anbieter sind in diesem Bereich schon mehr oder weniger intensiv aktiv" (BITKOM 2009: 15).

Die analoge Ausstrahlung von Fernseh- und Radioprogrammen ist Technik von gestern. Bis zum Beginn der 1980er Jahre gab es in Deutschland nur drei TV-Programme zu empfangen, analog und terrestrisch, und lediglich die Programme der öffentlich-rechtlichen Sender von ARD und ZDF. Dazu kamen im Hörfunk üblicherweise drei Radioprogramme der jeweiligen regionalen ARD-Landesrundfunkanstalt, auf UKW, teilweise auch über Mittel- und Langwelle, ergänzt um den national ausstrahlenden Deutschlandfunk. Mit der Zulassung von privatem Rundfunk 1984 in Deutschland erhöhte die ARD ihr Radioangebot auf heute vier bis sechs analoge Kanäle. Private TV-Sender wurden möglich durch die Einführung des Kabelfernsehens einerseits, dessen Ausbau das Bundespostministerium massiv gefördert hatte, sowie durch Satellitentransport andererseits. Auf diese Weise stieg die Zahl der empfangbaren analogen TV-Programme rasant an, ohne freilich überwältigende Dimensionen zu erreichen.

Bund und Länder legten 2000 mit der „Initiative Digitaler Rundfunk" (IDR) ein Konzept vor, wonach das analoge Fernsehen bis 2010 und das analoge Radio zwischen 2010 und 2015 durch digitales Radio ersetzt werden sollten. Dieser Umstellungsprozess ist im TV-Bereich abgeschlossen, während sich die Digitalisierung des Radio noch dahinschleppt, wo man sich allerdings mit DAB inzwischen immerhin auf ein Übertragungsformat einigen konnte (DAB-Start: August 2012).

Entscheidende Triebfeder der weiteren Entwicklung ist das Internet, mit der eine neue Ära der Mediengeschichte eingeläutet ist. Internetbasierte Technologien schaffen die Voraussetzungen für neue innovative Anwendungsformen wie Interaktion, Personalisierung, Mobilkommunikation. Der technische Fortschritt via Internet und Digitalisierung revolutioniert das klassische Medienmodell, bei dem Informationen unidirektional von einer Redaktion hin zum (als passiv interpretierten) Medienkonsument geflossen sind. Zunehmend dürfte sich der Konsument bzw. ein immer größerer Teil der Bevölkerung als ein aktiver, intelligent mit Medien umgehender Akteur definieren, der Medien zeitunabhängig, ortsunabhängig, crossmedial, multimedial – mit einem Wort: flexibel – zur Befriedigung seiner Kommunikationsbedürfnisse einsetzt.

Das Vordringen des Computers ist allgegenwärtig. Mit dem Begriff „Pervasive Computing" ist diese alles durchdringende und allgegenwärtige Informationsverarbeitung gut charakterisiert.

Im vorliegenden Kapitel wird versucht, in starker Reduktion der vielfältigen technologischen Aspekte einige wichtige und entscheidende Linien der technologischen Entwicklung aufzuzeigen. Dabei soll eine starke Fokussierung auf die elektronischen Medien und hier speziell auf das Fernsehen erfolgen.

8.1 Technologische Megatrends

Die technologische Entwicklung der Medien geht eng mit den Begriffen Digitalisierung, Vernetzung, Mobilität und Konvergenz einher.

Mit der **Digitalisierung** hat sich die Zahl neuer Medienprodukte und Anwendungen um ein Vielfaches erhöht. Die Medienlandschaft ist nachhaltigen Veränderungen unterworfen worden, die man mit Fug und Recht als „revolutionär" bezeichnen kann. Diese leistungstreibende Dynamik der Digitalisierung entsteht aus deren Fähigkeit, sehr große Mengen an Daten, Informationen und Wissensbeständen verschiedenster Art in komprimierter Form zu speichern, über Netzwerke zu transportieren, beliebig oft – und ohne Qualitätsverlust – wieder zu verwenden und neu zu konfigurieren.

> Unter Digitalisierung wird die Umwandlung von Informationen in digitale Einheiten, sog. Bits, die durch 0 und 1 ausgedrückt werden, verstanden. Im Gegensatz dazu werden beim analogen Verfahren die zu übertragenden Informationen in Form von Schwingungen dargestellt. So entsteht ein Datenstrom, der die unterschiedlichsten Informationen beinhalten kann: Töne, Texte, Bilder, Daten. So kann sich z. B. traditionelles Radio technisch gesehen problemlos zu einem „Multimedia-Radio" erweitern.

Die Digitalisierung bedeutet im Vergleich zu den herkömmlichen analogen Technologien einen massiven Innovationsschub – einen „Quantensprung" – und hat mittlerweile auf allen Stufen des medialen Wertschöpfungsprozesses (Content-Entwicklung, Produktion, Distribution, Nutzung) und bei allen Medien Einzug gehalten.

Als zweiter wichtiger technologischer Megatrend ist die **Vernetzung** der Medienangebote zu nennen. In der digitalen Welt ist es dank der einheitlich codierten Inhalte für alle Akteure attraktiv, über leistungsfähige Netze miteinander zu kommunizieren und auf einfache Weise schnell und preiswert Informationen auszutauschen. Als integrative Netz-Plattform, auf der sich über kurz oder lang flächendeckend alle medialen Akteure mit ihren Anwendungen und Angeboten einfinden – incl. TV, Radio, Telefon – fungiert das Internet. Zentrale technologische Fragestellungen sind in diesem Zusammenhang, wie die Leistungsfähigkeit der Netze gesteigert werden kann (Frage der Breitbandigkeit) und wie es gelingt, einen barrierefreien Zugang für alle Anwender sicherzustellen (Frage der Netzneutralität und der ortunabhängigen Zugangsmöglichkeit). Beide Aspekte sind auch von hoher medienpolitischer Bedeutung.

Ein nächster zentraler technologischer Megatrend – eng mit gesellschaftlichen Veränderungen einhergehend – ist **Mobilität**. Die technologische Entwicklung auf diesem Gebiet ist als dramatisch zu bezeichnen und hat technisch hochleistungsfähige mobile Endgeräte hervorgebracht. Mit der Möglichkeit, Multimedialität in den mobilen Bereich zu transferieren, kam es in der Folge zu einer geradezu umwälzenden Veränderung des Mediennutzungsverhaltens breiter Kreise der Bevölkerung.

Festzustellen ist schließlich die technologische, inhaltliche und wirtschaftliche Zusammenführung unterschiedlicher Medien- und TIME-Welten, die mit dem Terminus **Konvergenz** markiert wird. Der Konvergenzprozess ist technischer gesehen als zweistufiges Geschehen interpretiert worden (vgl. Zerdick et al. 1999: 132 ff.): Auf der ersten Stufe vollzieht sich die Fusion der Wertschöpfung zwischen Telekommunikations- und IT-Sektor, auf der zweiten Stufe erfolgt der Einbezug des Mediensektors.

Konvergenz ist aus technologischer Sicht in Konvergenz durch technologische Substitution und Konvergenz durch technologische Integration zu unterscheiden:

„Bei der *Konvergenz durch technologische Substitution* ersetzt eine generische Technologie unterschiedliche ältere Technologien in ihren Anwendungsmärkten. Diese verfügen aufgrund der technologischen Konvergenz über eine gemeinsame technologische Basis. ... Medienprodukte, beispielsweise eine Zeitung, können in gleicher oder ähnlicher Form auch im Internet verwertet werden, während digitale Musikdateien sowohl über Radio, Internet und CD vertrieben werden können. ...

Bei der *Konvergenz durch technologische Integration* werden Technologien aus unterschiedlichen Märkten in einem neuen Produkt integriert, um einen neuen Produktmarkt zu kreieren. Im Unterschied zur technologischen Substitution sind die Technologien, die die Konvergenz auslösen, komplementär und ergänzen sich. ... Ein Beispiel für die Konvergenz durch technologische Integration ist die Entwicklung des elektronischen Organiser bzw. Personal Digital Assistant (PDA), der durch Kombination von Technologien aus der Computer-, der Telekommunikations- und der Unterhaltungselektronik entstand" (Sjurts 2011: 335).

Die Digitalisierung wirkt wie ein Motor, der Kooperationen, strategische Allianzen und Verbundaktivitäten der Medienunternehmen mit Akteuren innerhalb der TIME-Branche antreibt. Alle Bereiche sind betroffen, seien es Inhalteanbieter, die Computerindustrie, Endgerätehersteller und Telekommunikationsunternehmen. Eine unübersehbare Folge der Konvergenz sind Konzentrationsprozesse und strategische Allianzen in horizontaler, vertikaler und diagonaler Hinsicht („cross-ownership").

Eine grobe Übersicht über Strukturen und Prozesse der technischen Konvergenz vermittelt Abb. 8-1 (Quelle: nach Knoche 1999: 268).

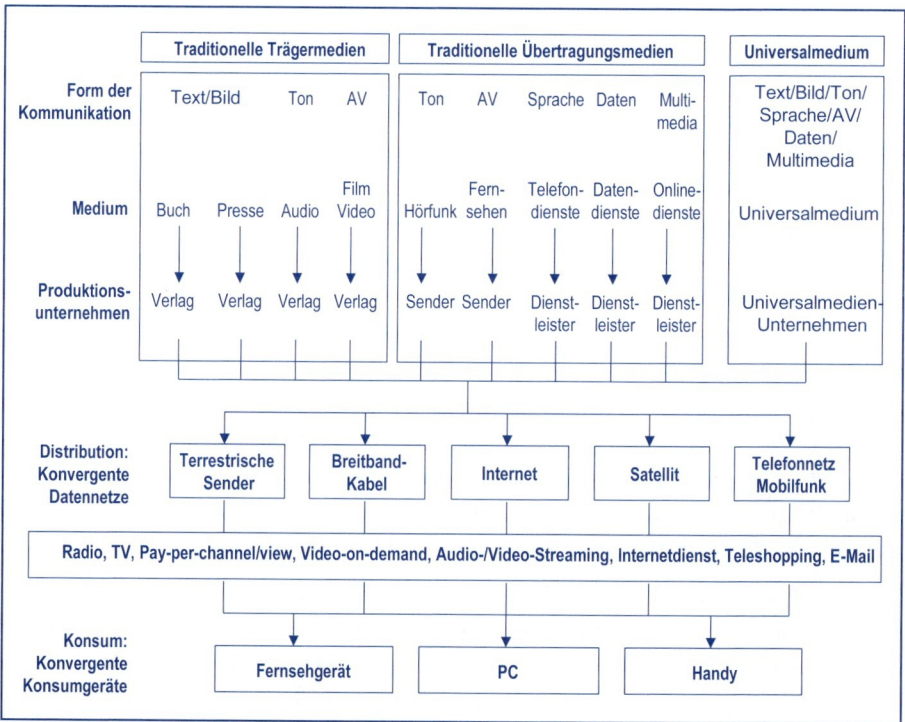

Abb. 8-1: Konvergenz des Mediensystems

8.2 Technologien im Kontext der Herstellung von Medien

Der Herstellungsvorgang der Medien umfasst die beiden Stufen der Inhalte-Entwicklung (Konzeption) und der Inhalte-Produktion. Die genannten Megatrends führen im Kontext der innerbetrieblichen medialen Wertschöpfungsprozesse zu einer zunehmenden Vernetzung aller Workflows sowie zu einem Wandel von monomedial zu crossmedial geprägter Prozesslogik.

(1) Auf der **Wertschöpfungsstufe der Inhalte-Entwicklung** ermöglicht die Digitalisierung die Integration und Vernetzung der bislang isoliert ablaufenden konzeptionellen Prozesse. So wird am Beispiel des digitalen Fernsehens deutlich, dass die frühere analoge Arbeitsform des „Single-purpose Production Flow" praktisch durchgängig über alle Medien von einem „Multi-purpose Production Flow" abgelöst wurde. Das Ziel, knappe Ressourcen – wie journalistische Arbeitskraft oder Bildmaterial – mehrfach zu verwenden, ist Realität geworden.

Unmittelbar betroffen sind insbesondere die Prozesse im aktuellen Bereich. Hier erfolgt die Prozessintegration immer umfassender sowohl intramedial als auch crossmedial, z. B. bei der Herstellung von Nachrichtensendungen für unterschiedliche digitale Ausgabemedien (vgl. Pagel 2003: 131).

> „Die Planungsredaktion war neben der ‚Brücke', wo der CvD die journalistische Verantwortung trägt, auch bisher der Dreh- und Angelpunkt der Nachrichtenredaktion, an dem beispielsweise der Kontakt zu den Produktionsleitern und der Disposition telefonisch oder durch Zuruf aufrecht erhalten wurde. Die Digitalisierung bietet an dieser Stelle die Möglichkeit einer weitreichenden Integration der Geschäftsabläufe zwischen einzelnen beteiligten Organisationseinheiten eines Fernsehunternehmens" (ebd. 134).

Um Konzepte der digitalen Mehrfachverwertung und des integrierten Content Managements umsetzen zu können, kommen technisch gestützte **Redaktionssysteme** bzw. **Content Management Systeme (CMS)** zum Einsatz. Dabei werden alle notwendigen Informationen über den gesamten Wertschöpfungsprozess hinweg allen Beteiligten zugänglich gemacht, was bewirkt, dass Transaktionskosten reduziert werden können (z. B. Ersatz von Telefonaten durch systemgestützte allgemein zugängliche Informationen) und Informationsasymmetrien abgebaut werden (z. B. zwischen den beteiligten Redaktionen, der Studiotechnik und der Disposition).

> Unter einem Content-Management-System versteht man ein technisch gestütztes System zur Verwaltung von Inhalten im Hinblick insbesondere auf den Wertschöpfungsprozess von Web-Contents. Dabei gilt das Grundprinzip der Trennung von Form (Design) und Inhalt. Ein Redaktionssystem ist eine Ausprägung eines CMS. Es sorgt für die medienneutrale und redundanzfreie Sicherung von Publikationsinhalten (Texte, Bilder, multimediale Inhalte), die in Datenbanken gespeichert sind. Einsatz finden Redaktionssysteme insbesondere bei der Erstellung von Printmedien (Zeitungen, Zeitschriften), Katalogen und technischer Dokumentation in der Industrie.

Im Bereich der aktuellen Nachrichtenproduktion sind mit Blick auf die Technologie vor allem das Newsgathering sowie Newsroom-Konzepte relevant.

> Unter Newsgathering wird die Erstellung von Nachrichtenbeiträgen verstanden, die standardisiert in der Zentrale (internes Newsgathering) oder als dezentrale Berichterstattung vor Ort (externes Newsgathering) erfolgen kann.

Beim **externen Newsgathering** erfolgt die Generierung von Nachrichten (Originalaufnahmen, Interviews etc.) durch den Einsatz mobiler Teams vor Ort unter der Leitung von Korrespondenten und Reportern. Die Digitalisierung bewirkt eine deutliche Verschlankung des Equipments und eine massive Beschleunigung der Prozesse.

> Beispiel Bildproduktion: Das technische Instrumentarium besteht in mobilen Produktionssystemen, die ein geringes Gewicht, handliche Größe und einfache Bedienung aufweisen. Bestandteile sind eine tragbare digitale Kamera, ein Notebook mit Cutter-Software und Sendevorrichtungen. Digitalisierung bedeutet in diesem Segment den Umstieg von der elektronischen zur digitalen Berichterstattung (von EB zu DB) und führt zu einer nachhaltigen Beschleunigung der Prozesse, resultierend aus dem Einsatz von Disc-Kameras, die das Material sofort auf Festplatte speichern, sowie durch neue Möglichkeiten der Vorselektion und Markierung des gedrehten Sendematerials, was den Schnitt vereinfacht. Über SNG (Satellite News Gathering) erweitert sich zudem der Aktionsradius der Korrespondenten vor Ort. Über Internet und drahtloses Telefon wird zudem der mobile Zugriff auf die Redaktionssysteme der Zentrale möglich, wodurch bei der Recherche vor Ort das Archiv des TV-Senders und die Sendeablaufplanung zur Verfügung steht. Es ist offenkundig, dass durch die hier beschriebene technische Entwicklung neue Möglichkeiten entstehen, mit verkleinerten Teams – im Extrem mit einem Ein-Mann-Team – vergleichbare journalistische Resultate zu erzielen.

Das **interne Newsgathering** bezeichnet die auf Koordination und Selektion aller verfügbaren Quellen beruhende Nachrichtenproduktion in der Zentrale bzw. an einem zentralen Ort. Das „Finish" der aktuellen Inhalte erfolgt inzwischen sowohl bei Verlagen als auch bei Rundfunksendern über digitale **Newsroom-Systeme**. Diese Systeme, die eng mit einer optimierten Organisation von Redaktionsstrukturen in Verbindung stehen, sind typischerweise bimedial ausgelegt und erstellen den Content sowohl für den angestammten Bereich (Print, TV, Radio) als auch für den Ausspielweg Internet. Auch trimediale Konzepte sind im Einsatz, z. B. bei öffentlich-rechtlichen Rundfunkanstalten, die im Newsroom „uno actu" TV-, Internet- und Radio-Content generieren. Es ist anzumerken, dass auch außerhalb des Nachrichtenbereichs ähnliche Konzepte realisiert werden (vgl. z. B. für das ZDF Prywer/Köhler 2013).

Die Konsequenz aller dieser Entwicklungen ist die (segensreiche) Beseitigung von Medienbrüchen und Schnittstellen, die Schaffung von Netzwerken, die eine journalistische Verbundarbeit an verteilten Standorten (z. B. Außenstudios) zulassen oder der Einsatz von nativen, vom Format unabhängigem File-Transfer, bei der die Überspielung von Material von einem auf ein anderes Format entfällt.

Leitbild aller dieser Entwicklungen ist die Transformation altertümlicher, schwerfälliger Abläufe in vollständig digitalisierte Redaktions- und Produktionsprozesse.

> „Sehen wir uns zunächst einmal die klassische Redaktionsorganisation in Mitteleuropa an. Typisch ist hier sowohl in den großen Print-, als auch den großen Rundfunkhäusern die Ressortierung, also die Einteilung der Welt in feste Sektionen, die „Departementalisierungen der Realität", wie es der Schweizer Forscher Ulrich Saxer genannt hat. Jedes Ressort ist für sich selbst verantwortlich; Koordination findet allenfalls in einer kurzen allgemeinen Redaktionskonferenz statt. Die Redakteure arbeiten nur für ihre Sparte oder ihre Sendung, die anderen Sparten und Sendungen interessieren praktisch nicht. Der Nachteil dieser Redaktionsstrukturen ist, dass das Bewusstsein für die Zeitung oder das Programm als Ganzes abhanden kommt und die Redaktion nur Themen wahrnimmt, die ins Raster der Ressorts oder der Abteilungen passen. Themen, die nicht zweifelsfrei zum Beispiel der Politik, der Wirtschaft oder der Kultur zugeordnet werden können, werden nicht wahrgenommen oder nur monoperspektivisch, also einseitig behandelt. Mal fühlen sich mehrere Ressorts zuständig, mal keines so richtig" (Meier 2002: 2).

Es ist zu erwarten, dass die **Medienkompetenz der Journalisten** durch die technische Unterstützung bzw. durch das „Computer Assisted Reporting" (Pagel 2003: 142) laufend zunimmt. Auf der ökonomischen Seite sind zudem beträchtliche Einsparungswirkungen zu verzeichnen, die freie Kapazitäten für andere Verwendungszwecke ermöglichen. Insgesamt gesehen erfährt die redaktionelle Arbeit durch die Digitalisierung tendenziell eine erhebliche Professionalisierung:

- Recherche: In der Recherchearbeit erweitert sich der „Wahrnehmungsraum" für die Journalisten, indem sie schneller und umfassender Zugang zu den relevanten Quellen bekommen.
- Professionalisierung: Die journalistischen Arbeitsabläufe vereinfachen sich. Allerdings gibt es veränderte Abläufe und damit Anforderungen an den Redakteur.
- Cooperative Working: Gruppenbasiertes und technisch unterstütztes Arbeiten, auch an verteilten Standorten, wird möglich.
- Archive: Sowohl internes als auch externes Archivmaterial kann besser erschlossen werden.
- Information: Große Datenmengen sind verfügbar und leichter zu handhaben.
- Kommunikation: Bessere, schnellere, mobilere Verständigung ist möglich.

Crossmedial-professionelle Produktion für zwei oder mehrere Kanäle wird daher zur Standardanforderung an einen Journalisten.

(2) Auf der **Stufe der Produktion** hat die technologische Entwicklung ebenfalls massive Veränderungen der Arbeitsprozesse herbeigeführt.

Im **Printbereich** sind besonders die folgenden Entwicklungen hervorzuheben:

- Cross Media Publishing: Der digitale Workflow ermöglicht die Ausgabe von Informationen sowohl auf Print als auch auf elektronischen Medien.
- Digitaldruck: Möglich wird personalisierter und individualisierter Digitaldruck.
- Prozessoptimierung des Druckworkflows: Moderne Technik schafft Möglichkeiten der Optimierung der Arbeitsprozesse durch konsequente Digitalisierung und Automatisierung der Prozesse und Vernetzung der einzelnen Produktionsmittel.

Einen guten Einblick in die Veränderungen, denen der Druckbereich unterworfen ist, vermittelt das nachfolgende Zitat aus einer Studie für die Druckindustrie: „Verändert hat sich nach Ansicht der Unternehmer auch das Aufgabenfeld der Fachkräfte im Druck und in der Weiterverarbeitung. Die Arbeitsabläufe sind heute nicht mehr von ständigen Handgriffen geprägt, die zu erledigen sind, sondern vom computerunterstützen Beobachten der Maschinen und einem schnellen flexiblen Reagieren bei Abweichungen vom vorgesehenen Ablauf. Die Erweiterung der Aufgabenfelder wird auch an den wachsenden Anforderungen in den Bereichen Instandhaltung und Wartung deutlich. Einige Arbeitgeber sprechen auch andere Veränderungen in der täglichen Arbeit an. Ein solches Thema ist der *Kontakt zum Kunden*. Erfolgte früher der Kontakt im Allgemeinen „Face-to-Face" in der eigenen Druckerei, so kommuniziert man jetzt überwiegend per Mail und per Telefon. Druckdaten werden direkt digital per Internet übermittelt. Für andere Unternehmen hat sich durch die Digitalisierung die Kette der Aufgaben verlängert. Nach Abschluss des eigentlichen Druckauftrags übernehmen sie jetzt auch die *Datenweiterverwertung*, also die Archivierung, Rubrizierung sowie andere Verwertungsmöglichkeiten. Einige Befragte erwähnen auch die Unterstützung durch *prozessoptimierte IT-Systeme* (SAP), die als Verwaltungs- und Steuerungstool des Unternehmens dienen oder beim Kunden zur Datenverwaltung genutzt werden" (WiDi-Studie 2013: 15).

Ähnliche Entwicklungen sind im **elektronischen Bereich** festzustellen. Auch dort ermöglicht die Digitalisierung mit der Einführung neuer technischer Geräte das crossmediale Publizieren, sie eröffnet Chancen für personalisierte Angebote und schafft viele Möglichkeiten der Workflow-Optimierung.

Bei Live-Produktionen – etwa in der TV-Nachrichtenproduktion – sorgt die Digitalisierung für ganz neue Gestaltungsmöglichkeiten, z. B. der Virtualisierung, die über das herkömmliche Bluescreen-Verfahren (Verzahnung bzw. Verschachtelung von Bildereignissen, z. B. Moderator und Hintergrundbild) weit hinaus reicht. Denkbar sind neue Formen dreidimensionaler Präsentation, sogar virtuelle Moderatoren oder der vollständige Umbau des Studios in einen Blueroom. Weitgehend vollzogen ist die Digitalisierung der Regie und der Sendeabwicklung (digitale Server, digitale Playout-Center). Live ausgestrahlte Außenübertragungen von Großereignissen (z. B. Fußballspiele) erfordern den Einsatz umfangreicher mobiler Technik. Die Digitalisierung sorgt in diesem sehr aufwendigen Segment für Vereinfachung und Flexibilität.

Im Rahmen von Vorproduktionen sind Studioproduktionen und Außenproduktionen zu unterscheiden. TV-Studioproduktionen haben den Vorteil, dass in der Aufnahmephase die gesamte Technik (Kamera, Ton, Beleuchtung) einschließlich der Bild-, Ton- und Senderegie stationär installiert ist, was einen starken Anreiz auslöst, mit jeweils neuester Technik zu arbeiten. Die wesentliche Innovation in der Nachbearbeitungsphase ist die technische Migration in Richtung des digitalen nonlinearen Editing. Nonlineare Schnittplätze ermöglichen die nicht chronologische Bearbeitung des Materials und den wahlfreien Zugriff auf beliebige Stellen des Ursprungsmaterials. Konsequenz dieser veränderten Nachbearbeitungstechniken ist eine Verlagerung von Cutter-Funktionen auf die Redakteure, eine Beschleunigung der zeitaufwendigen Schnittvorgänge, eine geringere Inanspruchnahme von Bearbeitungskapazitäten und eine höhere technische Qualität. Möglich werden überdies neue Formen der grafischen Nachbearbeitung und der Manipulation der Inhalte durch den Einsatz von hochleistungsfähigen Grafikcomputern (Videoeffekt-Geräte, Paintboxen).

Die Frage der Archivierung steht im engen Kontext mit der Recherche, Konzeptentwicklung und Redaktion der Sendungen in der Pre-Production-Phase. Als Ort der „Endlagerung" dient es zur Dokumentation und zum Aufbau von Programmvermögen, sofern die Wiederholbarkeit relevant ist. Eine zunehmende Bedeutung kommt der Weiter- bzw. Mehrfachverwertungsmöglichkeit von Sendungen zu, sei es im eigenen Hause oder auf den Programmmärkten. Im Zuge der Digitalisierung lässt sich die technische Speicherung, die Erfassung und die Schlagwort-Katalogisierung der Sendung erheblich verbessern, indem ein höheres Maß an Differenzierung der archivierten Inhalte und ein besserer Zugriff erreicht werden kann.

Eine besondere Herausforderung für TV-Unternehmen stellte die Umstellung auf den HD-Sendebetrieb dar, der bei den großen TV-Sendern inzwischen als Regelbetrieb gefahren wird. Dieses Beispiel wirft ein Licht auf die teilweise erheblichen Friktionen, die bei der Umrüstung technische Systeme geschehen können, wenn z. B. die Umstellung des gesamten Workflows auf HD mit dem Zwang zum Simulcast-Betrieb auch der alten Technik einher geht.

8.3 Technologien im Kontext der Distribution von Medien

Mit der Distribution der Medien sind die „Ausspielwege" der Medienprodukte angesprochen. Zu unterscheiden sind der physische und der elektronische Transportweg.

(1) Der **physische Transport** ist bei Printprodukten (Zeitungen, Zeitschriften, Bücher) und materiellen audiovisuellen Trägermedien (CD, DVD, Bluray) erforderlich. Ein direkter Vertrieb findet in Form der Zustellung über Zusteller oder den Postweg statt. Indirekt ist der Vertrieb, wenn er über den Handel (Pressegrosso, Buchhandlungen, Kioske, Verkaufsstellen wie Tankstellen oder Bäckereien usw.) erfolgt. Eine Besonderheit sind die Lesezirkel, bei der Presseprodukte als Lesemappen vermietet werden. Die Digitalisierung verschafft auch diesem Mediensegment zahlreiche Innovationsimpulse. So ist das Internet als Informationsmedium auf allen Transaktionsstufen von höchster Relevanz (z. B. Preisvergleiche, Produktinformationen).

(2) Der **elektronische Transport** von Inhalten erfolgt über die elektronische Netzinfrastruktur mit sechs Plattformen (vgl. u. a. Holznagel/Dürr/Hildebrand 2008):

- Terrestrik: Die Botschaften werden über erdgebundene technische Systeme verbreitet. Der Rezipient empfängt die Signale über eine Antenne (stationär als Haus- oder Zimmerantenne oder portabel und mobil).
- Kabel: Die Signale werden über ein Breitbandkabel zum Endnutzer transportiert. Man unterscheidet fünf Netzebenen: (1) Netzebene 1: Überregionaler Signaltransport vom Rundfunkstudio zum zentralen Play-Out-Center des Kabelnetzbetreibers; (2) Netzebene 2: Bündelung der Signale und Transport an regionale „Headends"; (3) Signaltransport über Koaxial- oder Glasfasernetze in den Ortsbereichen bis zu den Grundstücksgrenzen bzw. Hausübergabepunkten; (4) Netzebene 4: Signaltransport innerhalb der Grundstücke und Häuser bis zu Kabelsteckdose innerhalb der Wohnung (Hausverteilung); (5) Netzebene 5: Endgerätebereich.
- Satellit: Ein Satellitensystem (z. B. Astra) bietet ein umfassendes Portfolio von Broadcast- und Breitband-Lösungen. Neben dem Kabel ist der Satellit Hauptverbreitungsweg für das Fernsehen. Sein Vorteil ist, dass keine laufenden Kosten für den Systemzugang anfallen, sondern lediglich für die Start-Investition.
- DSL (Digital Subscriber Line): „Nutzung der Telefonleitung für die Übertragung hoher Bitraten; ADSL (Asymmetrical Digital Subscriber Line) Asymmetrische digitale Teilnehmer-Anschlussleitung; Datenrate im downlink: bis 6 Mbit/s; ADSL2+ bis 20 Mbit/s. VDSL (Very high bitrate Digital Subscriber Line) bis 50 Mbit/s im downlink" (Digitalisierungsbericht 2011: 70).
- Mobil: Die Botschaften werden mobil auf Endgeräten empfangen, v. a. auf Mobiltelefonen, Handhelds oder mobilen Videoplayern. Neuer leistungsstarker Mobilfunkstandard und UMTS ablösend ist LTE (Long-Term-Evolution).
- Offenes Internet: Das frei zugängliche Internet als technische Plattform ist ein Transportweg für jede Art von Medientypus, seien es Texte, Bilder, Videos, Audioströme oder multimediale Produkte. „Das Internet ist eine genau so grundlegende Infrastruktur wie die Versorgung mit Strom und Verkehrswegen. Es ermög-

licht gegenüber den herkömmlichen Kommunikationswegen eine Öffnung, wie das Automobil gegenüber der Eisenbahn" (Digitalisierungsbericht 2011: 21).

Bei den nicht-aktuellen Trägermedien wird der Vertrieb der **nicht-körperlichen Version** immer wichtiger. Das (offene) Internet ist eine E-Commerce-Plattform, über die die gesamte Transaktion von der ersten Anbahnung des Geschäfts bis zur Auslieferung abgewickelt wird. Es fungiert also nicht mehr nur als Einrichtung, die den Verkaufsprozess unterstützt und körperlichen Versand des Produkts nur vorbereitet, sondern auch als Lieferant des fertigen Endprodukts – das „Fulfilment" der Transaktion erfolgt nicht-physisch digital. Im Einzelnen kann festgestellt werden:

- Bücher: Angeboten werden Downloads von elektronischen Büchern („E-Books") oder die Herstellung von digitalen Büchern auf Nachfrage („Books-on-Demand"), u. U. nur in der Auflage von einem einzigen Exemplar. Für Verlage eröffnen sich hier neue Möglichkeiten, ihre Produkte direkt über das Internet zu vertreiben und den Handel zu umgehen. Die Antwort des Online-Buchhandels ist freilich schon erfolgt, indem er besondere Lesegeräten auf den Markt gebracht hat, um sich unersetzbar zu machen (z. B. Lesegerät „Kindle" von Amazon).
- Musik: Trotz der nach wie vor hohen Zahl illegaler Downloads nimmt der Online-Vertrieb von Musikstücken zu. Es dominiert dabei der indirekte Vertrieb: Haupt-Anbieter sind Musik-Download-Plattformen (z. B. iTunes Music Store von Apple oder Musicload). Ein neues Kaufverhalten entsteht, da nicht mehr ganze CD-Alben gekauft werden müssen, sondern der einzelne Titel erworben werden kann.
- Filme: Analog zum Musikbereich nimmt die Zahl legal erworbener Downloads von Filmen zu. Daneben besteht die Möglichkeit zum Verleih von Filmen über Video-on-Demand bzw. Pay-per-View-Angebote.
- Spiele: Als Distributionsmodelle sind die kabelgebundene, stationäre Distribution und die kabellose, mobile Distribution zu unterscheiden (vgl. Wirtz 2013: 668 f.). Die Übertragung eines Spieletitels auf ein mobiles Endgerät (z. B. Handy, Tablet-PC) findet über das Mobilfunknetz statt. Im Gegensatz dazu sind Spiele zu sehen, die bereits beim Kauf eines Handy auf diesem vorinstalliert sind.

Im Kontext **Fernsehen** macht es die Digitalisierung möglich, die zur Verfügung stehenden (knappen) Kanäle viel effizienter zu nutzen als bei analoger Übertragung. Durch Datenreduktion und -kompression entstehen deutlich höhere Transportkapazitäten. Als Übertragungsstandard im digitalen Fernsehen fungiert DVB (Digital Video Broadcasting), das in die folgenden Arten differenziert werden kann (vgl. Holznagel/Dörr/Hildebrand 2008: 93): (a) DVB-T: Digitales Fernsehen via Antenne/Terrestrik; (b) DVB-C: Digitales Fernsehen via Kabel; (c) DVB-S: Digitales Fernsehen via Satellit; (d) DVB-H: Digitales Fernsehen via Antenne mit mobilen Empfangsgeräten (Das „H" steht für „Handhelds"; der Standard ist eine Weiterentwicklung von DVB-T); (e) DMB (Digital Multimedia Broadcast): interaktive multimediale Dienste für Mobilgeräte wie Digital-Rundfunk, digitalem Fernsehen und Websites.

Die technische Entwicklung des Fernsehens wird maßgeblich durch das **Zusammenwachsen** („Konvergenz") von **TV und Internet** angetrieben, ein Phänomen, das auch als „Connected TV" bezeichnet wird. Beredten Ausdruck findet diese Entwicklung im 2010 eingeführten Standard HbbTV, der dafür sorgt, dass der klassische Fernsehbildschirm zu einem „Smart-TV-Gerät" wird, das Fernsehen und Internet auf dem großen Bildschirm im Wohnzimmer in HD-Qualität vereint.

> Connected TV: Damit wird die Verbindung von linearem Fernsehen, interaktiven programmbegleitenden Zusatzangeboten (über den sog. „Red Button") und der Onlinewelt gekennzeichnet. Neben dem hochleistungsfähigen stationären TV-Gerät im Wohnzimmer hat der Endkonsument die Möglichkeit, Fernsehen in höchster Qualität über den PC, das Notebook oder das Handy zu empfangen.

> HbbTV (Hybrid broadcast broadband TV): „Von dem Europäischen Institut für Telekommunikationsnormen (ETSI) publizierter Standard zur gleichzeitigen Darstellung von Fernseh- und Internetangeboten auf Fernsehbildschirmen. HbbTV wurde von einem Industriekonsortium und dem Institut für Rundfunktechnik entwickelt und basiert auf einer für die Unterhaltungselektronik entwickelten Variante der Programmiersprache" (Digitalisierungsbericht 2011: 71).

Telefongesellschaften bieten an, Fernsehen über das Telefonkabel als **DSL-TV** zu empfangen. Die Nutzung dieses Transportwegs wird als **IPTV** bezeichnet. IPTV Rundfunk und von **Web-TV** zu unterscheiden. Letzteres ist „Internetfernsehen" über das offene Internet.

> „Im Unterschied zu DSL-TV handelt es sich nicht um ein an einen bestimmten (Internet-)Provider gebundenes begrenztes Programmangebot, dessen Inhalte vom Infrastrukturanbieter zusammen gestellt werden. Web-TV kann im gesamten *world wide web* empfangen werden, wenn die Bandbreite eine ausreichende Übertragungskapazität zulässt. Unabhängig von der unbeschränkten Verbreitung über das *www* kann das Angebot verschlüsselt sein und eine Registrierung bzw. Freischaltung erforderlich sein" (Digitalisierungsbericht 2011: 72).

Ein wichtiges Ziel der Medienpolitik ist die flächendeckende Versorgung der Bevölkerung mit breitbandigem Internet.

Immer wichtiger wird **Mobile TV**, also die „Übertragung von Bewegtbildinhalten auf mobile Endgeräte und Handys. Die Übertragung kann auf verschiedenen Wegen erfolgen, bspw. über mobiles Internet oder über Rundfunkinfrastrukturen mit Standards wie DMB (Digital Multimedia Broadcasting) oder DVB-H (Digital Video Broadcasting for Handhelds)" (Digitalisierungsbericht 2011: 72).

Das **Radio** ist derjenige Bereich, der sich mit dem UKW-Standard am längsten als analoges Medium gehalten hat. Erst 2011 hat eine Einigung auf den Standard DAB+ stattgefunden. Es handelt sich um eine Verbreitungstechnik, für die ein eigenes terrestrisches digitales Broadcastnetz aufgebaut wird. Daneben ist Radio in allen technischen Welten präsent: „Radio kommt via Internetstreaming und mobiler Apps auf webfähige PCs und Handys. Und kaum ein modernes Unterhaltungsgerät von TV bis zum Hifi-Verstärker, das nicht am Netz hängt und somit via Web auch die Radionutzung ermöglicht" (Digitalisierungsbericht 2011: 25).

Ein besonderes Augenmerk verdienen die **Web-Radios**. Ihre Zahl beläuft sich in Deutschland bereits auf ca. 3.100 Sender (BLM/Goldmedia: Webradiomonitor 2011). Davon sind rund 80 Prozent reine Webcasts, also Sender mit Programmen, die ausschließlich über das Web verbreitet werden. Hinzu kommen die sog. „Simulcast"-Radios, die 1:1 die Programme von UKW-Sendern übertragen (vgl. Digitalisierungsbericht 2011: 26 f.).

8.4 Technologien im Kontext der Nutzung von Medien

Die technische „Infrastruktur" beim Endkonsumenten hat sich mit der Digitalisierung stark ausdifferenziert. Die nachfolgende Abb. 8-2 gibt eine grobe Übersicht über die „Consumer Electronic" in den Privathaushalten:

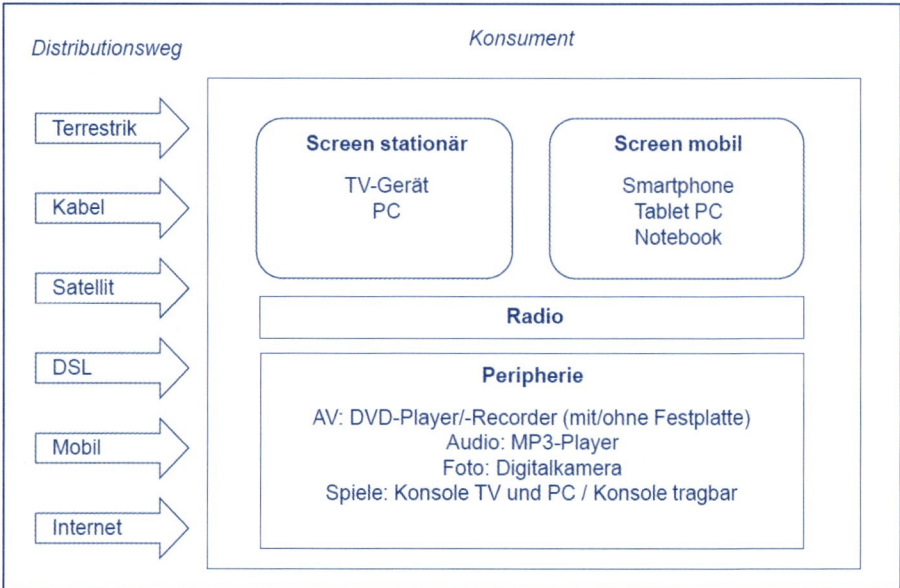

Abb. 8-2: Übersicht über technische Geräte der Mediennutzung beim Konsumenten

Technik hat eine dienende Funktion. Sie soll dem Menschen Vorteile in der Gestaltung seiner persönlichen Lebenswelt bringen und Nutzen stiften. Technischer Fortschritt kann sich nur durchsetzen, wenn er in diesem Sinne einen Beitrag zur Lösung von Problemlagen bei den Nutzern leistet.

Ist dem Konsumenten nicht klar – oder klar zu machen –, dass ihm eine neue Technik Vorteile bringt, wird er sie nicht einsetzen und nachfragen. Medientechnische Verbesserungen müssen also mit seinen Nutzen-Vorstellungen im Einklang stehen – kompatibel sein – und zur Lösung seiner Probleme einen konkreten Beitrag leisten. Im Hinblick auf die Problemlösungspotenziale von Medientechnik sind beim **privaten Konsumenten** die folgenden **Grundbedürfnisse** relevant:

- Kostensenkung: Der Konsument ist daran interessiert, die Effizienz seiner privaten Wertschöpfungsprozesse durch niedrigere Kosten zu verbessern. Dies erreicht er, wenn er durch Medieneinsatz Zeit spart, seine Transaktionskosten senkt oder seine Tagesabläufe besser organisiert.
- Entspannung, Unterhaltung: Medien stiften Nutzen für Entertainment, Zerstreuung, Zeitvertreib, Amüsement, Flucht aus dem Alltag („Eskapismus").

- Soziale Interaktion: Medien leisten einen Beitrag zur besseren Verständigung und Kommunikation. Interaktivität ist ein wichtiges Attribut von Medienangeboten.
- Persönliche Ansprache: Der Nutzer ist daran interessiert, persönlich angesprochen zu werden und dadurch „Ich-Bedürfnisse" zu befriedigen. Personalisierung wird als wertvoll und wichtig empfunden.
- Mobilität: Den eigenen Aktionsradius räumlich, inhaltlich und zeitlich zu erweitern, ist attraktiv, sowohl im Hinblick auf die Rezeption von Medien als auch auf die mediale Verbreitung persönlicher Botschaften.
- Information: Medien informieren über aktuelle Ereignisse und sorgen für Hintergrundinformation. Sie haben eine wichtige Funktion im Kontext von Lernen, Wissen, Bildung und Kultur.
- Orientierung, Sozialisation: Private Konsumenten suchen Sinn, brauchen Vorbilder, Lebenshilfe, Anleitung, Führung. Sie suchen Glück und Erfüllung. Medien leisten hierzu einen Beitrag.

(1) Auslöser für **Kostensenkungen** sind niedrigere Güterbeschaffungspreise, ein verringerter Zeitaufwand für Suche, Beschaffung und Lieferung von Produkten oder die Vermeidung bzw. Reduktion von physischem Transport. Von geradezu revolutionärer Bedeutung ist in diesem Zusammenhang das **Internet**, das sowohl bei der Herstellung als auch bei der Transaktion von Produktion kostensenkende Effekte auslöst. Insbesondere die Senkung der Transaktionskosten steht im Mittelpunkt des Interesses. Zu denken ist zum einen an die Phase der Geschäftsanbahnung, wo problemlos durchführbare Preisvergleiche, Produktrecherchen, Fahrplanauskünfte etc. eine große Hilfe darstellen. Zum anderen bieten sich in der Phase der konkreten Transaktion neue Möglichkeiten, etwa durch das Auftreten neuer Intermediärer wie Versteigerungsportale (z. B. eBay), Handelsplattformen, durch Online-Banking oder die Möglichkeit der virtuellen Abwicklung von Behördengängen (E-Government). Praktisch kein Bereich der privaten Transaktionen ist von der Unterstützung durch Internet-Anwendungen ausgeschlossen.

> Beispiel Telefonie: Als besonders wirkungsvolles Instrument zur Kostensenkung zeigt sich Internet-Telefonie in Form von Voice over IP (VoIP). Hier wird Sprache über das Internet-Protokoll in Echtzeit übertragen, bei einer Qualität, die an die Sprachtelefondienstleistungen im traditionellen leitungsvermittelten Telefonnetz (PSTN = Public Switched Telephone Network) heranreicht.

(2) Neue Medientechnologien führen des Weiteren zu einer starken Veränderung der Welt der **Unterhaltung**. Aufgrund der zunehmenden Speicher- und Transportkapazitäten hat sich für den Konsumenten eine geradezu als drastisch zu bezeichnende **Vervielfachung** diesbezüglicher Medienangebote und Auswahlmöglichkeiten eingestellt.

Die Kehrseite der Multiplikation der Wahlmöglichkeiten ist ein – volkswirtschaftlich gesehen – im Vergleich zu früher viel höherer Finanzierungsbedarf für die Summe aller Medienangebote. Realisierbar wurde diese neue vielfältige Medienwelt zum einen durch eine signifikant erhöhte Zahlungsbereitschaft des Konsumenten für spezifische Angebote im Pay-TV-Bereich oder für Spielesoftware. Zum anderen scheint die Fähigkeit des Mediensystems zur Umwegfinanzierung über Werbung und werbeähnliche Erlöskonzepte ungebrochen, auch wenn sich „harte Werbung", etwa durch TV-Werbespots, bei den Werbetreibenden zunehmend schwer tut, als Kommunikationsweg akzeptiert zu werden. Daher ist es nicht überraschend, dass sich Werbeformen „below the line" (wie Sponsoring, Product Placement, „In-Game-Advertising, Real Time Advertising) zunehmend an Boden gewinnen.

In der medialen Unterhaltungswelt wurden neue Angebote marktreif, die eine ungleich höhere **Qualität** als die Vorgänger-Technologien aufweisen. Zu denken ist im Fernsehen an HDTV, mit dessen zunehmender Verbreitung „Home Entertainment" auf höchstem Niveau und „Kino-Feeling" im Wohnzimmer Einzug hält, ebenso an das 16:9-Format, das sich durchgesetzt hat, an den Flachbildschirm im Großformat oder an Filme im Blu-ray-Format. Im Hinblick auf den stationären Konsum im Wohnzimmer entwickelt sich die Unterhaltungselektronik technisch gesehen zu einem **vernetzten High-End-System** mit hoch qualitativen Endgeräten, wobei der entscheidende Treiber der Entwicklung die Integration der Consumer-Electronic-Welt mit dem Internet ist. Allerdings ist eine Konvergenz in Richtung eines einzigen, multifunktionalen Gerätes nicht zu erwarten. Es erscheint dennoch zweckmäßig, die neuen technischen Konfigurationen beim Endkonsumenten als Gesamtheit zu sehen und dabei von einer „Home Entertainment Plattform" (HEP) zu sprechen (vgl. Friedrichsen/Jenzowski/Dietl/Ratzer 2006:79 ff.).

Eine wichtige Rolle spielt das Bedürfnis nach Zeitsouveränität: Der private Nutzer will der Souverän des eigenen Zeitbudgets sein und findet daher Angebote attraktiv, die ihm einfach, übersichtlich und in hoher Qualität diese Souveränität ermöglichen.. Geräte, die diesbezüglich als Problemlöser wirken, dürften in der künftigen Medienkonsum-Landschaft einen hohen Stellenwert erhalten, da die zeitliche und inhaltliche Flexibilisierung des TV-Konsums gesteigert wird.

Für die Unterhaltung kommt dem **Spielesektor** eine zunehmende Bedeutung zu. Aus technischer Sicht gibt es zweie Wege, zum einen den der Konsolen in Verbindung mit dem Fernsehgerät, zum anderen leistungsfähige PCs und Notebooks („Power-PCs für Gamer"), die auch über das Netz verbunden werden können.

(3) Ein weiteres hervorstechendes Merkmal der medientechnologischen Entwicklung ist die Schaffung von Voraussetzungen für eine verbesserte **soziale Interaktion** und erhöhte **Interaktivität** im Bereich der Massenkommunikation. Um von Interaktion sprechen zu können, müssen die folgenden Kriterien gegeben sein, d. h. Kriterien, die im Kontext der Individualkommunikation wie im persönlichen Gespräch, beim Telefon oder bei der Videokonferenz automatisch gegeben sind (vgl. Woldt 2004: 301 f.):

- Zweiseitigkeit bzw. Multilateralität;
- Synchronizität, d.h. keine größere Zeitverzögerung;
- Kontrolle und durch den Empfänger und Reaktion auf das Angebot;
- Verständigung über Sinn und Hintergrund.

Interaktivität kann als Möglichkeit der individuellen Einflussnahme auf den Kommunikationsvorgang verstanden werden. Umstritten ist, ob bereits Auswahlvorgänge, sprich: die Selektion aus vorgefertigten Inhalten, als Interaktion aufgefasst werden können oder ob echte Interaktion erst mit der Zuweisung von Sinnhaftigkeit und kognitivem Bezug in der interpersonalen Face-to-Face-Kommunikation entsteht. Insofern gibt es ein breites Spektrum an Definitionen, das in einem weiten Sinne von der Benutzerführung durch ein Programm bis zur inter-personalen Kommunikation reicht.

Nach dem Grad der Rückkoppelungsmöglichkeiten geordnet ist die folgende Unterscheidung in fünf Interaktivitäts-Levels – bezogen auf das Fernsehen – bekannt geworden (in Anlehnung an Dahm/Rössler/Schenk 1998: 22 f. und Ruhrmann/Nieland 1997: 87 ff.):

> Level 0: Diese unterste Stufe beinhaltet das pure An- und Ausschalten des Gerätes sowie den Programmwechsel (Zapping).
> Level 1: Hierbei handelt es sich um zeitversetzt ausgestrahlte Kanäle (paralleles TV), also sog. Near Video-On-Demand-Angebote (NVOD) oder Multi-Kanal- bzw. Multi-Perspektiv-Programme, die für die Nutzer eine selektive Auswahl vorgegebener Möglichkeiten erlauben.
> Level 2: Wahlweise können Zusatzinformationen mit und ohne Programmbezug genutzt werden, z. B. in Form des Elektronischen Programmführers (EPG) oder via Videotext (additives TV).
> Level 3: Subsumiert ist jede Form des individuellen Abrufs gespeicherter Inhalte zu jeder gewünschten Zeit (passive Benutzerorientierung) (Media on Demand).
> Level 4: Diese Stufe beinhaltet bzw. ermöglicht echte Interaktion durch einen direkten Rückkanal; neben Bildtelefon ist hier auch an Abstimmungen via Fernbedienung oder an die Möglichkeit über schriftliche Textbeiträge (Mails) Einfluss auf den Inhalt der Sendung zu nehmen.

Im Kontext der **Internet-Nutzung** steht Interaktivität – in welcher Ausprägung auch immer – naturgemäß im Vordergrund, sei es bei der interpersonalen Kommunikation über E-Mail, Chats, Foren, Webcams oder Telefonie, sei es mit Blick auf den selektiven Abruf von Inhalten. Zu beachten sind neue, attraktive Formen der Interaktion wie Weblogs oder Podcasts. Inwiefern der Konsument Interaktivität als relevante Kategorie des Fernsehkonsums bewertet, ist eine offene Frage. Entscheidend ist sein Selbstverständnis, ob er sich eher als passiver **„Lean-Back"**-Konsument definiert oder zu einer auf Interaktivität setzenden **„Lean-Forward"**-Haltung durchringt.

> In einer BITKOM-Studie werden die Perspektiven für Lean Forward im TV eher skeptisch eingestuft: „Interaktive Formate (Kamerasteuerung, Story-Beeinflussung etc.), sowie Interaktionsformen wie Chatting und Messaging werden sich nach Auffassung der Befragten in den nächsten Jahren nicht durchsetzen. Begründet wird dies durch mangelnde Vereinbarkeit der Interaktivität mit der lean-back-Affinität des Mediums Fernsehen und der üblichen Nutzungssituation (Entspannung). … Zudem wird davon ausgegangen, dass sowohl Notebook-PC als auch Mobiltelefon in Reichweite liegen und der Zuschauer für Interaktion eher in die Parallel-Nutzung geht, als auf dem TV-Gerät zu chatten, zu shoppen oder ähnliches. Darüberhinaus gibt es angesichts der zahlreichen Entgeltmodelle bei Premium-Calls und -SMS und der großen Verbreitung von Mobiltelefonen keinen TV-gestützten Business-Case, der für eine Interaktion (z. B. Voting) auf dem TV-Gerät spricht" (BITKOM 2009: 11).

Zentrale Voraussetzung für Interaktivität ist die systematische **Vernetzung** der gesamten Consumer Electronic beim Nutzer, was als zentraler Trend gesehen wird.

> „Consumer Electronic steht vor einem Paradigmenwechsel. Die Digitalisierung der Produktwelten ist abgeschlossen. Der bestimmende Trend für die kommenden Jahre heißt „Vernetzbarkeit". Nicht nur PC, Laptop, Tablet Computer und Smartphone lassen sich online nutzen, auch klassische Geräte der Unterhaltungselektronik wie Fernseher und Musikanlagen werden direkt mit dem Internet verbunden. Mit der Vernetzbarkeit ändert sich nicht nur der Gerätepark des Kunden; es wächst damit auch der Einfluss von internetbasierten, interaktiven und individuell abgestimmten Inhalten" (BITKOM 2013: 6).

(4) Die medientechnologische Entwicklung ist weiterhin nachhaltig durch völlig neue Möglichkeiten der **Personalisierung** von Inhalten gekennzeichnet. Personalisierte Kommunikation ist sowohl für den Nutzer interessant, der dadurch seinen Medienkonsum nach individuellen Wünschen steuern kann, als auch für Anbieter (Sender, Werbewirtschaft), die eine effizientere Zielgruppenansprache und Kundenbindung erreichen. Auch im Bereich der materiellen Massenproduktion wurde der Wert der Personalisierung längst erkannt und hat als „Mass Customization" in die Marketingkonzepte Einzug gehalten.

> Mass Customization ist eine hybride Wettbewerbsstrategie, die man mit „massenhafter Individualisierung" übersetzen kann. Ein Beispiel bietet das Konzept einer „individualisierten, gedruckten Zeitung". Hier wird „die Zeitung auf die persönlichen Interessen und Vorlieben eines jeden Einzelnen zugeschnitten. Dabei kann der Kunde sogar das Verhältnis von Information zu kundenspezifischer Werbung festlegen. Durch diese wesentlich zielgerichtetere Kundenansprache wird die Effektivität der Werbung erhöht und Streuverluste vermieden, auch die Kontaktqualität steigt" (vgl. Schoder 2009: 7).

Entscheidender Ansatzpunkt der Personalisierung von Medienprodukten ist der intelligente Einsatz des **Internet**, weshalb Personalisierungskonzepte in der Regel auf Online-Angebote, zunehmend auch auf mobile Content-Dienste, bezogen werden. Bei der Personalisierung sind zwei Formen zu unterscheiden: Personalisierung als Zusatzdienst (Add On); Personalisierung als Stand-Alone-Angebot.

Die Personalisierung erfolgt als **Zusatzdienst** (Add On) zum bestehenden Medienprodukt (z. B. Zeitschrift, TV-Sendung), wenn dieses weiterhin nach herkömmlichen Methoden vermarktet wird. Dieses Vorgehenskonzept empfiehlt sich insbesondere bei Printmedien, bei denen eine personalisierte Printversion extrem hohe Anforderungen an Logistik und Kosten stellen würde, da jedes Exemplar an eine bestimmte physikalische Adresse geliefert werden müsste. Ferner sind alle Formen von begleitenden Angeboten zu nennen, z. B. Sendemanuskripte in Radio und TV.

Die Personalisierung ist ein **Stand-Alone-Angebot**, wenn es spezifisch für einen ganz bestimmten Nutzer geschaffen wird. Dies geschieht z. B. bei Abfragen von Fahrplanauskünften der Deutschen Bahn, von Straßen-Routenplanern oder von Informationen von Suchmaschinen. Bei publizistischen Produkten kann mit dem Internet z. B. ein Zeitungs- oder auch Zeitschriftprodukt zu einem individualisierten Produkt, dem „E-Paper", umfunktioniert werden. Aus dem breiten, undifferenziert gestreuten Newspaper wird ein personalisierter „Newsfilter" (Bartussek 2001) journalistischer Angebote, der sich präzise auf die persönlichen Interessen abstimmen lässt.

> Beispiel Zeitschrift als E-Paper: „Die neue E-Paper-Ausgabe der „Tierwelt" bildet den Inhalt der Zeitschrift im Originallayout im Internet ab. Abonnenten benötigen somit lediglich einen Internetzugang, um in der Zeitschrift zu „blättern", suchen und einzelne Ausschnitte zu vergrössern. Wer lieber auf Papier liest, aber die gedruckte Ausgabe nicht zur Hand hat, kann sich die Einzelseiten auch als PDF-Dokument runterladen und ausdrucken. Abgesehen von der standort- und zeitunabhängigen Verfügbarkeit, dient die neue Lösung auch als Archiv für alle Abonnenten. Im Speziellen profitieren Auslandabonnenten dank dieser Lösung von einer schnellen Zugriffsmöglichkeit, die verzögerte Zustellung der Papierausgabe ins Ausland entfällt" (www.tierwelt.ch / 04.04.2010).

Technisch verlangt die Personalisierung den Einsatz wirkungsvoller Methoden der Benutzererkennung. Bei der Personalisierung von **TV-Angeboten** ist der Zuschauer nicht mehr an ein festes Fernsehprogrammschema gebunden, sondern entscheidet selbst, zu welchem Zeitpunkt er eine Sendung sehen möchte. Die technische Realisierung ist dabei eng an den Einsatz digitaler Videorekorder verbunden. Dadurch gelingt es, sich vom General-Interest-Broadcasting zum „Me Channel" bzw. „My Channel" zu bewegen (vgl. Abb. 8-3, nach Hess/Picot/Schmid 2005: 20).

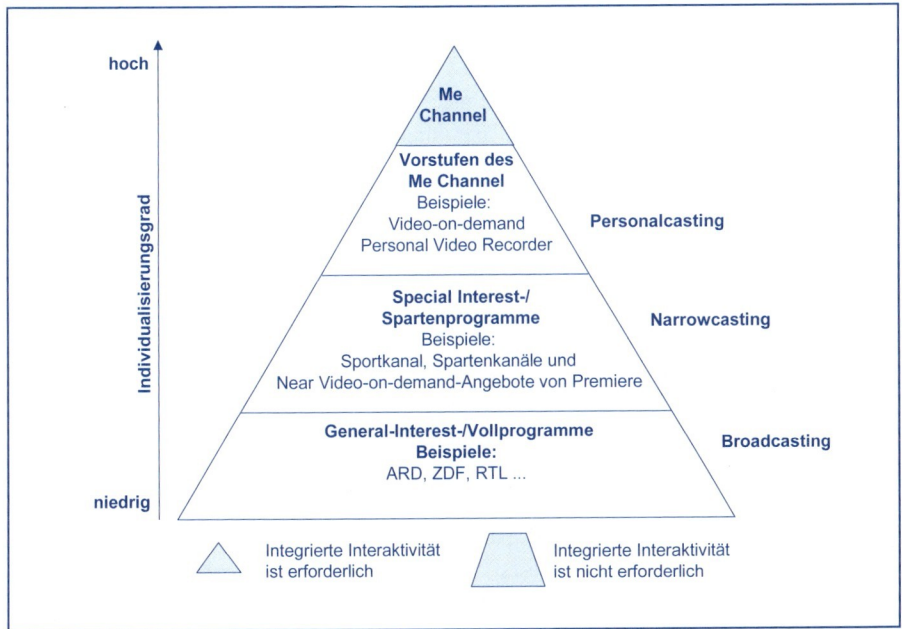

Abb. 8-3: *Die Personalisierungspyramide von Noam*

(5) Ein wichtiges Moment der medientechnologischen Entwicklung ist die Steigerung der **Mobilität** der Mediennutzung. Für den Einzelnen ist es hoch attraktiv, Medien an jedem Ort und zu jeder Zeit nutzen zu können. Diese räumliche „Entgrenzung" des individuellen Lebensvollzugs steht in enger Verbindung mit dem gesellschaftlichen Trend zunehmender räumlicher und inhaltlicher Beweglichkeit und Aktionsvielfalt.

> Ein hohes Maß an Mobilität weist seit jeher der Konsum von Musik auf. Die Digitalisierung hat für mobile Endgeräte gesorgt, die hohe Kapazitäten bei hoher Qualität mit sich bringen. Mit tragbaren MP-3-Playern lässt sich Musik aus dem Internet nutzen, die gespeichert oder für den CD- bzw. DVD-Betrieb umgewandelt werden kann.

Für das **Fernsehen** ist zu konstatieren, dass es im Prinzip genau den Wegen folgt, die das Radio mit seiner Entwicklung zum „Überall-Medium" längst gegangen ist. Insofern ist die mobile TV-Nutzung an jedem Ort zu jeder Zeit in beliebiger Vielfalt die Perspektive der Fernsehzukunft. Im Brennpunkt steht die Frage, wie man digitalen Empfang sowohl technisch als auch wirtschaftlich effizient realisieren kann.

> Beim Blick in die Historie der technischen Entwicklung des Hör- und Fernsehrundfunks zeigen sich verschlungene Wege: „Das Zeitalter der rein digitalen Rundfunkübertragung begann Ende der 1880er Jahre mit der von Deutschland getriebenen Entwicklung des mobiltauglichen digitalen Hörrundfunksystems DAB (Digital Audio Broadcasting). Die Projektpartner von EUREKA-147, die den neuen

europäischen DAB-Standard entwickelten, leisteten hier wahre Pionierarbeit. Besonders ist die Entwicklung des Mehrträger-Übertragungsverfahrens OFDM hervorzuheben, das weitere Systementwicklungen wie DVB-T und DRM (Digital Radio Mondiale) beeinflusste. Wirtschaftlich war DAB bisher leider nur in England ein Erfolg. Die Gründe, dass DAB gerade im Land seiner Väter bisher nicht erfolgreich war, sind vielschichtig und wohl auch nicht eindeutig beschreibbar. Eine gewisse Chance könnte sich für DAB durch die Mobil-TV-Variante DMB ergeben. Wie jedoch schließlich der Wettbewerb der Technologien ausgeht bleibt abzuwarten" (Kühn 2008: VI).

In der digitalen Medienwelt entwickelt sich das **Mobiltelefon** zum Multifunktionsgerät und interaktiven Tool. Im Zuge der weiteren Miniaturisierung der Bauteile wird das „Handy" (dann so nicht mehr bezeichnet) mehr und mehr zum multimedialen Allround-Gerät, zum „Smartphone", das per eingebauter Elemente oder Zubehör eine Multimedia-Station ist. Seine Funktionen können – perspektivisch – sein: (a) Kommunikationsinstrument (Messaging): Telefon, Videokonferenz, E-Mail (b) Mobiles Internet, (c) Portables, interaktives TV-Gerät, (d) Digitale Kamera (Standbild, Bewegtbild), (e) Videorecorder, (f) Sound-Anlage, MP3-Player, (g) Kreditkarte, (h) Spielekonsole, (i) Computer, Organizer, mobiles Büro, (j) Beamer.

(6) Eine wichtige Ausprägung der medientechnologischen Entwicklung ist ferner die Schaffung der Voraussetzungen zu verbesserter **Information** und für professionelles **Lernen** und **Wissenserwerb**. In diesem Kontext kommt der **crossmedialen Verzahnung** von Print-, TV- und Radioangeboten mit dem Internet eine herausragende Bedeutung zu. Zu denken ist z. B. an Online gestellte, das TV- und Radioprogramm und die Zeitungs- und Zeitschriftenausgaben begleitende Informationen, an originäre Internet-Publikationen oder an News-Portale im Internet. Spezifische IT-gestützte Lernkonzepte („E-Learning") ermöglichen Lernen per CD/DVD (CBT, „Computer Bases Training"), per interaktiver Web-Seite (WBT, „Web Bases Training"). Eine wichtige Rolle spielen dabei Intranet-basierte Konzepte im Business-Einsatz.

(7) Neue Medientechnologien schaffen die Voraussetzungen, dem Konsumenten zu einem Mehr an **Orientierung** und zur Herstellung neuer sinnstiftender Zusammenhänge zu verhelfen. So entwickelt sich in der digitalen TV-Welt mit der Vervielfachung der Kanäle tendenziell eine vielfältigere Medienlandschaft und vermutlich nicht nur eine „Vervielfachung des immer Gleichen". Zu denken ist an hoch spezielle Spartenkanäle (Special-Interest-Angebote), die bislang aufgrund einer zu kleinen Gruppengröße nicht wirtschaftlich betrieben werden konnten, nun aber eher die Chance haben, wirtschaftlich tragfähig zu operieren.

Für den Zuschauer wird in diesem Zusammenhang die Frage der systematischen Erschließung der Angebotsvielfalt und der professionellen **Navigation** durch den „Mediendschungel" immer wichtiger. Mit technischer Unterstützung – allerdings nur, wenn eine entsprechende Medienkompetenz beim Einzelnen gegeben ist – gelingt es, diese Navigationsfunktion darzustellen.

Eine Schlüsselbedeutung kommt in der neuen Fernsehwelt dem Elektronischen Programmführer bzw. Electronic Program Guide (EPG) zu. Der EPG ist eine Hilfe zur Mediennavigation und Personalisierung.

Ein EPG ist eine Elektronische Programmzeitschrift („Electronic Programme Guide/EPG"), die den Nutzern des digitalen Fernsehens einen umfassenden Überblick über die vielfältigen Programmangebote eines oder mehrerer Bouquets (Programm-Familien) verschafft. Grundsätzlich ist zwischen dem EPG eines Decoders und dem EPG eines Programmbouquets wie ARD Digital zu unterscheiden. Während der EPG des Decoders Basisinformationen, so genannte SI-Daten, zum TV-Programm zur Verfügung stellt, hat sich z.B. die Elektronische Programmzeitschrift von ARD Digital zu einem interaktiven TV-Portal entwickelt. Dieses beinhaltet neben Programmvorschauen, Programminformationen und der „Jetzt"-Anzeige für Fernsehen und Hörfunk auch Tipps und Hilfen für das Zusammenstellen eines maßgeschneiderten persönlichen Wunschprogramms.

Kernaussagen

- Die medientechnische Entwicklung ist maßgeblich durch den „Mega-Trend" der Digitalisierung gekennzeichnet. Damit einhergehend findet eine Entwicklung zur Vernetzung und technischen Konvergenz der Medien statt.
- Die technologische Entwicklung hat Einfluss auf alle Stufen der Wertschöpfungsprozesse der Medien, mithin der Stufe der Kreation und Redaktion der Inhalte, der Produktion und der Distribution.
- Neue Medientechnologien besitzen große Potenziale der Nutzenstiftung für den Konsumenten, angefangen mit kostensenkenden Effekten der Transaktionen über Unterhaltungs-, Interaktions- und Mobilitätsbedürfnissen bis hin zur Information und Orientierung.

Literatur

Weiterführende Literatur: Grundlagen

Burkart, R. (2002): Kommunikationswissenschaft, 4., überarb. u. erw. Aufl, Wien, Köln, Weimar.
Gerpott, T. J. (2005): Strategisches Technologie- und Innovationsmanagement, 2., überarb. u. erw. Aufl., Stuttgart.
Maletzke, G. (1998): Kommunikationswissenschaft im Überblick, Opladen, Wiesbaden.
Zeitschrift Technikgeschichte, edition sigma, Berlin.
Zeitschrift Broadcast & Mobile, New Business Verlag, Hamburg.

Weiterführende Literatur: Medien

Bartussek, J. (2001). Vom Newspaper zum Newsfilter, in: Vizjak, A./Ringlstetter, M. (Hrsg.)(2001): Medienmanagement: Content gewinnbringend nutzen, Wiesbaden, S. 63-73.
Bruck, P. A./Buchholz, A./Karssen, Z./Zerfaß, A. (Ed.)(2005): E-Content. Technologies and Perspectives for the European Market, Berlin, Heidelberg, New York.
Friedrichsen, M./Jenzowski, S./Dietl, A./Ratzer, J. (2005): Die Zukunft des Fernsehens: Telekommunikation als Massenmedium, München.
Karstens, E./Schütte, J. (2013): Praxishandbuch Fernsehen, 3., akt. Aufl., Wiesbaden.
Krömker, H./Klimsa, P. (Hrsg.)(2005): Handbuch Medienproduktion, Wiesbaden.
Krone, J. (Hrsg.)(2009): Fernsehen im Wandel, Baden-Baden.
Kühn, M. (Hrsg.)(2008): Der digitale terrestrische Rundfunk, Heidelberg, München, Landsberg, Berlin.
Meier, K. (2002): Die Neuerfindung der Redaktion. Wie Teams traditionelle Grenzen sprengen, Kuratorium für Journalistenausbildung, Salzburg, 21. Juni 2002, http://www.kfj.at/pdf/neueredaktionen.pdf (09.08.2005)
Pagel, S. (2003): Integriertes Content Management in Fernsehunternehmen, Wiesbaden.
Ruhrmann, G./Nieland, J.-U. (1997): Interaktives Fernsehen: Entwicklung, Dimensionen, Fragen, Thesen. Opladen, Wiesbaden.
Sandig, K. (2005): Fernsehtechnik Gestern und Heute, in: Krömker, H./Klimsa, P. (Hrsg.)(2005): Handbuch Medienproduktion, Wiesbaden, S. 109-126.

Schäfer, R. (2005): Zukunftsperspektiven in der Fernsehtechnik, in: Krömker, H./Klimsa, P. (Hrsg.)(2005): Handbuch Medienproduktion, Wiesbaden, S. 127-137.

Schoder, D. (2009): Die Individualisierung der Medien als betriebswirtschaftliche Aufgaben, Köln.

Schoder, D. (2011): Fernsehmärkte im Umbruch – 4 Thesen, in: MedienWirtschaft, 8. Jg., H. 4/2011, S. 39-41.

Schössler, J. (2001): Die Digitalisierung von Fernsehprogrammen, Wiesbaden.

Seufert, W. (2012): Auswirkungen des Medienwandels auf die Struktur des marktfinanzierten Medienangebotes, in: Jarren, O./Künzler, M./Puppis, M. (Hrsg.)(2012): Medienwandel oder Medienkrise? Baden-Baden, S. 145-164.

Wirtz, B. W. (2013): Medien- und Internetmanagement, 8., akt. u. überarb. Aufl., Wiesbaden.

Woldt, R. (2004): Interaktives Fernsehen – großes Potenzial, unklare Perspektiven. In: Media Perspektiven, o. Jg., S. 301-309.

Zerdick, A./Picot, A./Schrape, K./Artopé, A./Goldhammer, K./Lange, U.T./Vierkant, E./López-Escobar, E./Silverstone, R. (1999): Die Internet-Ökonomie. Strategien für die digitale Wirtschaft. European Communication Council Report. Berlin, Heidelberg.

Zerdick, A./Picot, A./Schrape, K./Burgelman, J.-C./Silverstone, R. (2004): E-Merging Media. European Communication Council Report. Berlin, Heidelberg, New York.

Zimmermann, S. (2005): Prozessinnovation im öffentlich-rechtlichen Rundfunk, Berlin.

Studien, Fallbeispiele, Lexika

BITKOM (2008): Studienreihe zur Heimvernetzung, Berlin.

BITKOM (2009): Aktuelle Entwicklungen im TV-Markt, Berlin.

BITKOM (2013): Die Zukunft der Consumer Electronics – 2013, Berlin.

Cuhls, K./Kimpeler, S. (2008): Delphi-Report: Zukünftige Informations- und Kommunikationstechniken, Stuttgart.

Dieter, S./Schrameyer, D. (2008): IPTV – Über Internet anders fernsehen? Landesanstalt für Medien Nordrhein-Westfalen (LfM), Düsseldorf.

Digitalisierungsbericht 2013, Berlin (und frühere Ausgaben). Jährliche Erscheinungsweise. Herausgeber: Die Medienanstalten.

MMB-Institut für Medien- und Kompetenzforschung (2013): Bericht zu den Ergebnissen der Kompetenzbedarfserhebung im Projekt WiDi (Weiterbildungsinitiative Druckindustrie).

Prywer, F./Köhler, L. (2013): Reorganisation von Redaktionsstrukturen: Erfahrungen des ZDF bei der Einführung der Plattformredaktion „Kultur Berlin", in: MedienWirtschaft, 10. Jg., H. 4/2013, S.58-64.

Sjurts, I. (Hrsg.)(2011): Gabler Lexikon Medienwirtschaft, 2., akt. u. erw. Aufl., Wiesbaden.

Kapitel 9
Gesellschaftlich-kulturelle Rahmenbedingungen

9.1 Charakteristika entwickelter Gesellschaften 293
9.2 Medien und Gesellschaft 301

Leitfragen

- Was heißt „Tertiarisierung"?
- Mit welchen Attributen lässt sich eine Gesellschaft als Ganzes charakterisieren bzw. typisieren?
- Was versteht man unter der „Postmoderne"?
- Was heißt postmoderne Beliebigkeit?
- Was versteht man unter „Multioptionalität"?
- Welche Attribute kennzeichnen postmoderne Gesellschaften?
- Welche Rolle spielt die Mobilität der Individuen und der Gesellschaft für das Medienmanagement?
- Was besagt die These von McLuhan?
- Was versteht man unter dem Begriff „Medienontologie"?
- Inwiefern lassen sich moderne Gesellschaften westlicher Prägung – in Abgrenzung zu früheren Markierungen – als „Mediengesellschaften" beschreiben?
- Was sind wesentliche Aussagen des Konzepts der Erlebnisgesellschaft nach Gerhard Schulze?
- Was versteht man im Konzept von Schulze zur Erlebnisgesellschaft unter den „alltagsästhetischen Schemata"?
- Was versteht man unter einem „sozialen Milieu"?
- Welche drei Kriterienbereiche sind zu unterscheiden, wenn man unter Marketing-Gesichtspunkten nach Zielgruppen segmentiert?
- Wie ist der demografische Wandel in Deutschland auf lange Sicht zu beschreiben?
- Welche Konsequenzen ergeben sich aus dem demografischen Wandel für das Management eines werbefinanzierten TV-Anbieters?
- Was versteht man unter „Multikulturalisierung"?
- Was versteht man unter „Individualisierung"?
- Was versteht man unter „Personalisierung"?
- Wodurch zeichnet sich der Wertewandel in hoch entwickelten Gesellschaften wie Deutschland aus?
- Ist es so, dass man von einem Werteverfall in der Gesellschaft sprechen kann?
- Wie drückt sich die Pluralisierung der Lebensstile aus?
- Welches sind die beiden Dimensionen des Konzepts der Sinus-Milieus?
- In welche Milieus differenziert der Sinus-Ansatz?
- Was versteht man im Sinus-Ansatz unter „Patchworking"?
- Welche vier Funktionen übt das Mediensystem im Hinblick auf die Gesellschaft aus?
- Was versteht man im Kontext der Medien unter der „Sozialisationsfunktion"?
- Was versteht man unter der „Rekreationsfunktion" der Medien?
- Was versteht man unter der „Integrationsfunktion" der Medien?
- Welche Rolle spielt der öffentlich-rechtliche Rundfunk im Hinblick auf die Funktionen der Massenmedien für die Gesellschaft?
- Wie ist der „Funktionsauftrag" des ZDF definiert?
- Was versteht man unter dem „Programmauftrag" öffentlich-rechtlicher Rundfunkanstalten?

Gegenstand

Das Management von Medienunternehmen muss in hohem Maße die gesellschaftlichen und kulturellen Rahmenbedingungen, in denen sich seine Arbeit vollzieht, ins Kalkül ziehen. Ein Musterbeispiel ist der gesellschaftliche Mega-Trend der fortschreitenden Ausdifferenzierung bzw. Fragmentierung der Gesellschaft in Gruppen und „Grüppchen", die im Extrem zur Vereinzelung und Abschottung von Gliedern der Gesellschaft („Cocooning") führen kann.

Triebfeder dieser Entwicklung ist die Individualisierung, die u. a. als eine Begleiterscheinung des steigenden Wohlstandsniveaus gedeutet werden kann. Dieses Phänomen zwingt die Anbieterseite der Medien dazu, sich zunehmend über die Personalisierung ihrer Medienprodukte Gedanken zu machen und Konzepte zu entwickeln, wie man den Bestrebungen der Medienkonsumenten nach individuellen Bedürfnislösungen begegnen kann. Im Zeichen des Internet eröffnen sich hier ungeahnte Möglichkeiten und große Chancen, neue Produktwelten zu generieren.

Die gesellschaftliche Relevanz der Medien kann nicht hoch genug eingeschätzt werden. Die Entscheidungsträger der Medienbranche sind daher gut beraten, diesen Kontext stets klar vor Augen zu haben, um am Markt bestehen zu können. Umgekehrt wird die Gesellschaft nachhaltig von den Medien beeinflusst. Medienmacher tragen eine hohe Verantwortung und müssen sich bei ihren Entscheidungen neben ihrer ökonomischen Verantwortung stets auch ihrer publizistischen Verantwortung bewusst sein.

Es gibt unzählige Versuche, Gesellschaften zu typisieren. Ein großes Spektrum breitet sich aus: Informationsgesellschaft, Mediengesellschaft, Freizeitgesellschaft, Industriegesellschaft, spätkapitalistische Gesellschaft, multikulturelle Gesellschaft, Bildungsgesellschaft, postmoderne Gesellschaft, flexible Gesellschaft, Bürgergesellschaft, Multioptionsgesellschaft, Erlebnisgesellschaft. Kübler nennt als „aktuelle, signifikante Paradigmen des gesellschaftlichen Wandels" die folgenden fünf Kernpunkte (vgl. Kübler 2005: Kap. 3):

- Dienstleistungsgesellschaft,
- Nachindustrielle Gesellschaft,
- Medien und/oder Kommunikationsgesellschaft,
- Risikogesellschaft,
- Erlebnisgesellschaft.

Peter Glotz spricht von der „beschleunigten Gesellschaft" und führt aus: „Die wichtigste Grundtendenz der digitalen Gesellschaft ist ohne Zweifel die Beschleunigung, am eindrucksvollsten symbolisiert im 24-Stunden-Geldmarkt. Die Zeitorganisation einer Gesellschaft ist eines ihrer wichtigsten Charakteristika; deshalb ist übrigens „Zeit" das mit Abstand am häufigsten gebrauchte Substantiv der deutschen Sprache. Diese Zeitorganisation aber ändert sich unter dem Einfluss der derzeitigen Medienwende: Ein ungeheurer Geschwindigkeitsimpuls geht durch die Informationswirtschaft" (Glotz 1999: 93).

Im Brennpunkt einer ersten Beschreibung von gesellschaftlichen Zusammenhängen und deren Interdependenzen mit dem Mediensystem muss der Begriff der postmodernen Gesellschaft stehen. Die Charakteristika moderner, westlich geprägter Gesellschaften mit all ihren Facetten und der „Zeitgeist" können in einer ersten Annäherung am treffendsten mit diesem Begriff der Postmoderne sichtbar gemacht werden. Zum Vergleich (vgl. Kubsch 2007: 36):

- Moderne: Fortschrittsgläubigkeit, Strukturen und Regeln, Unterscheidung von Kunst und Kitsch, Verbesserung der Welt
- Postmoderne: Verlust des Fortschrittsglaubens, Verstoß gegen Regeln und Konventionen, Kunst und Kitsch sind gleichwertig, „nimmt die Welt so, wie sie ist".

Die für die Medien besonders wichtigen Prozesse des gesellschaftlichen Strukturwandels stehen im Zusammenhang mit dem demografischen Wandel, dem Wertewandel der Gesellschaft und dem Mega-Trend der Individualisierung. Diese Faktoren gilt es besonders im Auge zu behalten.

9.1 Charakteristika entwickelter Gesellschaften

(1) Auf die Frage, in welcher Gesellschaft wir leben und wie man diese Gesellschaft mit einem Schlagwort charakterisieren kann, wird eine Fülle von Antworten angeboten. Besonders diskussionswürdig erscheinen die folgenden Ansätze für die **Typisierung von Gesellschaftskonzepten**:

- Typisierung nach dem Kriterium der Tertiarisierung: Informationsgesellschaft, Wissensgesellschaft, Dienstleistungsgesellschaft;
- Typisierung nach dem Kriterium Wertebezug: Postmoderne Gesellschaft, spätmoderne Gesellschaft, postindustrielle Gesellschaft;
- Typisierung nach dem Kriterium der Kommunikation: Mediengesellschaft, Kommunikationsgesellschaft;
- Typisierung nach dem Kriterium Lebensstil: Erlebnisgesellschaft, Single-Gesellschaft;
- Typisierung nach dem Kriterium Kultur: Multikulturelle Gesellschaft.

Besonders treffend und geeignet erscheint die Typisierung westlich geprägter, hoch entwickelter Gesellschaften als **postmoderne Gesellschaften**. Der von Inglehart (1997) geprägte Begriff der „Postmoderne" kann gewissermaßen als „Generalformel für die Besonderheiten der Gegenwartsgesellschaften und ihrer Kultur" (Dörner 2000: 92) dienen, mit dem ein ganzes Bündel von Eigenschaften angesprochen ist.

Die wichtigsten Schlüssel-Eigenschaften postmoderner Gesellschaften sind:

- Relativierung aller traditioneller Normen und Werte nach dem Motto: „Alles ist möglich" bzw. „Anything Goes". Auf Grund dieser gleichrangigen – „gleichgültigen" – Vielfalt des Wertebezugs wird auch von der „postmodernen Beliebigkeitsgesellschaft" gesprochen. Die postmoderne Gesellschaft ist eine „Gesellschaft ohne Zentrum und ohne Spitze" (Vesting 2001: 297), es ist eine „Rund-um-die-Uhr-und-alles-ist-möglich-Gesellschaft" (Opaschowski 2004: 362). Das zentrale Kennzeichen ist Multioptionalität. Eine Reihe von Gefahren stellt sich ein: Minderheiten und Subkulturen stellen Wertmaßstäbe und traditionelle Konzepte in Frage. Wegen der Unklarheit über die Gültigkeit von Normen entsteht das Problem der Orientierungslosigkeit bzw. Desorientierung. Die traditionellen Präferenzordnungen verlieren an Klarheit und Kraft. Das Individuum kann immer weniger beurteilen, was gültig, richtig und gesellschaftlich akzeptiert ist. Die Folge können Unsicherheit und Angst sein.
- Bruch mit dem elitären Kunstverständnis und Wissensbegriff der Moderne, Ablösung durch das Bild eines Ineinandergreifens von Hochkultur und Populärkultur. Dadurch findet eine deutliche Aufwertung der populären Medienkultur und die zunehmende Auflösung der Grenzen zur „seriösen", hohen Kultur statt.
- Bedeutungszuwachs der Konsumsphäre als identitäts- und sinnstiftender Praxisbereich. In den Vordergrund tritt Genussmentalität, Vergnügungs- und Konsumlust, Hedonismus, Erlebnisgesellschaft.

- Vielfalt und Heterogenität als Normalität: Die heterogene Vielfalt von Stimmen, Ansprüchen und Praktiken führt zu Unübersichtlichkeit und Komplexität.
- Koexistenz verschiedener Lebensentwürfe und Weltanschauungen: Beendet ist die Ära der sinnstiftenden „großen Erzählungen" (J. F. Lyotard) von Religion und Wissenschaft, begonnen hat das Zeitalter fragmentarischer und vorläufiger Wissensmodelle. Damit geht ein Autoritätsverfall der traditionellen, sinnstiftenden gesellschaftlichen Institutionen wie Familie, Kirche oder politischer Parteien einher.

Im engen Verbund mit diesen Merkmalen postmoderner Gesellschaften steht das Phänomen Mobilität. Die Zunahme der **Mobilität** der Bevölkerung kennzeichnet ein wesentliches Grundbedürfnis des Menschen. Sie hält ihn räumlich, geistig und sozial in Bewegung und erweist sich als eine Antriebskraft für die individuelle Er„fahr"ung und als Motor für den gesellschaftlichen „Fort-Schritt" (vgl. Opaschowski 2004: 54). Das sich steigernde Mobilitätsverhalten hat für die Medien zur Konsequenz, dass diejenigen technischen Lösungen besonders interessant werden, die es dem Konsumenten ermöglichen, zu jeder Zeit und an jedem Ort den jeweils gewünschten Content abzurufen. Das Mobilitätsbedürfnis favorisiert nachhaltig den weiteren Aufbau multimedialer Konzepte der Mobilkommunikation.

In der postmodernen Gesellschaft wird den **Medien** eine prominente Rolle zugewiesen. Weit entfernt, als eine reine Übermittlungsinstanz, sozusagen als ein „neutraler Kanal" zu dienen, der lediglich Transportleistungen für die Kommunikation erbringt, besitzen Medien vielmehr einen „Eigensinn" (vgl. Leschke 2003: 237). Diesen zu verdeutlichen, ist Aufgabe theoretischer Modelle bzw. von „Medienontologien", die in großer Zahl vorliegen.

Bekannt geworden ist z. B. die These von McLuhan, wonach die Medien selbst die Botschaft bilden, womit gemeint ist, dass das Wesen der Medien darin liegt, die Ausweitung unserer eigenen Person zu bewirken (vgl. ebd. 246). Medien verändern unsere Umwelt, unsere Kultur und uns selbst. Durch die weltweite „elektrische Verschmelzung" wird die Welt zu einem Dorf (vgl. Burkart 2002: 318). Weitere Theoriekonzepte sind z. B. mit den Namen Neil Postman oder Joshua Meyrowitz verbunden (vgl. ebd. 319 ff.).

Die Charakterisierung der Gesellschaft als **Informations-, Wissens-, Medien- oder Kommunikationsgesellschaft** geht davon aus, dass als vorherrschendes Schlüsselmerkmal heutiger entwickelter Gesellschaften der informations- und medientechnische Fortschritt und die mediale Durchdringung aller Lebensbereiche gelten kann. Es steht außer Frage, dass das Kommunikations- und Mediensystem inzwischen ein führendes gesellschaftliches Teilsystem darstellt (vgl. Kübler 2005: 33).

> „Informationsgesellschaft: Begriff, mit dem versucht wird, der Tatsache Rechnung zu tragen, dass unsere gegenwärtige Gesellschaft sich von der funktional differenzierten Industriegesellschaft zu einem neuen Gesellschaftstyp entwickelt hat, in dem Kommunikation, Medien und Informationstechnik das Leben in allen Gesellschaftsbereichen maßgeblich prägen. Theorien der I. liegen Annahmen sozialer Evolution zugrunde: Die Gesellschaft habe sich von der segmentär und stratifikatorisch differenzierten Agrar- über die funktional differenzierte Industrie- zur Informations-, Medien-, Kommunikations- oder Wissensgesellschaft entwickelt" (Bentele/Brosius/Jarren 2006: 98 f.; Stichwort: Informationsgesellschaft).

Die offensichtliche Grundannahme für die Verwendung des Etiketts „Mediengesellschaft" (o. ä.) ist die Vorstellung, die Medien hätten im historischen Prozess derart an Bedeutung zugenommen, dass mit der Erklärung des Mediensystems gleichzeitig auch das entscheidende Erklärungsmuster für das Gesellschaftssystem gefunden sei (vgl. Leschke 2003: 237).

Die real vorfindbaren entwickelten Gesellschaften sind auch als **Erlebnisgesellschaft** charakterisiert worden (vgl. Schulze 1992). Dabei wird postuliert, dass als zentrales und die Gesellschaft konstituierendes Moment die Erlebnisorientierung der Individuen gelten kann.

> „Durch die Anhebung des Lebensstandards stehen nicht mehr Fragen der materiellen Lebensbewältigung im Vordergrund, sondern vielmehr Fragen einer auch ästhetisch befriedigenden Lebensführung. Es geht nicht mehr ums Überleben, sondern ums Erleben" (Bentele/Brosius/Jarren 2006: 56; Stichwort Erlebnisgesellschaft).

Nach dem Konzept von Schulze lassen sich gesellschaftliche Gruppen nach ihren Lebensstilen bzw. „alltagsästhetischen Schemata" voneinander abgrenzen, wobei die folgenden Unterscheidungen getroffen werden:

- Schemata: Hochkultur-, Trivial- und Spannungsschema.
- Soziale Milieus: Niveaumilieu (Streben nach Rang), Integrationsmilieu (Streben nach Konformität), Harmoniemilieu (Streben nach Geborgenheit), Selbstverwirklichungsmilieu (Streben nach Selbstverwirklichung) und Unterhaltungsmilieu (Streben nach Stimulation).

(2) Zur Systematisierung dessen, was den **Strukturwandel in der Gesellschaft** ausmacht, kann auf die Segmentierungsansätze im Bereich der Marketing-Strategien Bezug genommen werden (vgl. Becker 2013: 251):

- Demografische Kriterien: (a) Soziale Schicht: Einkommen, Schulbildung, Berufstätigkeit; (b) Familienlebenszyklus: Geschlecht, Alter, Familienstand, Zahl und Alter der Kinder (Haushaltsgröße); (c) Geografische Kriterien: Wohnortgröße, Region, Stadt/Land, Stadtteile.
- Psychografische Kriterien: (a) Allgemeine Persönlichkeitsmerkmale: Lebensstil („Life-Style"), d. h. Werte, Aktivitäten, Interessen, Meinungen, Persönlichkeitsinventare, d. h. Temperamentszüge, soziale Orientierung, Wagnisfreudigkeit; (b) Produktspezifische Kriterien: Wahrnehmungen, Motive, Einstellungen, Präferenzen, Intentionen.
- Kaufverhaltensbezogene Kriterien: (a) Preisverhalten: z. B. Preisklassen, Reaktionen auf Preisänderungen; (b) Mediennutzung: Informationssuchverhalten, Art und Zahl der Medien, Nutzungsintensität; (c) Einkaufsstättenwahl, z. B. Geschäftstreue; (d) Produktwahl, z. B. Markentreue, Kaufvolumen.

Herausragende Themen sind der demografische Wandel im Hinblick auf die Altersstruktur der Bevölkerung, den Wertewandel und die zunehmende Individualisierung. Diese Aspekte sollen nachfolgend herausgegriffen werden.

(3) Der **demografische Wandel** beeinflusst die Medien in elementarer Weise. Relevante Aspekte sind die soziale Schichtung, Wanderungen und v. a. die Altersstruktur. Bei letzterem sind zwei Trends relevant, die ineinander greifen: Zum einen kommt es zu einer Schrumpfung der Bevölkerung insgesamt, zum anderen findet eine Alterung der Bevölkerung statt. Was die Schrumpfung anbelangt, so wird davon ausgegangen, dass die Bevölkerung in Deutschland langfristig von ca. 82 Mio. auf ca. 69 Mio. Menschen im Jahr 2050 abnimmt. Diese Entwicklung geht mit einer fundamentalen Verschiebung der Altersstruktur zugunsten älterer Bevölkerungssegmente einher (vgl. Abb. 9-1). So steigt der Anteil der Senioren (ab 65 Jahre) von 15 % im Jahr 1990 auf 33 % im Jahr 2050, der Anteil der Kinder unter 15 Jahren sinkt auf 11 Prozent. Die Etablierten im mittleren Alter rutschen auf einen Anteil von 22 Prozent ab.

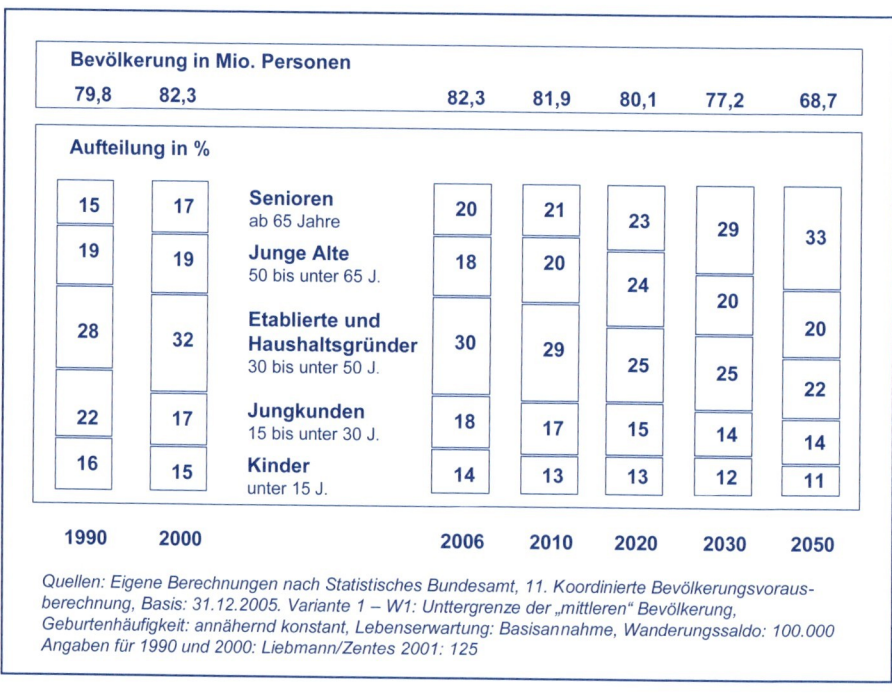

Abb. 9-1: Modellrechnung zur Bevölkerungsentwicklung in Deutschland

Welche konkreten Konsequenzen der demografische Wandel auf die Medienentwicklung ausübt, kann nicht vorhergesagt werden. Zu vermuten sind jedoch einige der folgenden – medienwirtschaftlich relevanten – Veränderungen:

- Wirtschaftswachstum: Mit der Schrumpfung der Bevölkerung kommt es ceteris paribus zu dämpfenden Effekten auf das Wachstum der Medien- und TIME-Branche.
- Innovation: Für die Medien- und Kommunikationsbranche stehen weniger innovationsfreudige junge Menschen zur Verfügung als noch in den 90er Jahren (vgl. Trappel 2004: 64).

- Werbung und Marketing: Ältere Gruppen der Bevölkerung werden für Werbung und Marketing zunehmend relevant. Es findet eine Neuorientierung von Wirtschaft und Marketing auf die Zielgruppe der „neuen Älteren" statt; die Gruppe der Jüngeren verliert, die Gruppe der Älteren gewinnt an Relevanz (vgl. Burmeister/ Daheim 2004: 180 f.).
- Mediennutzung: Die Mediennutzungsformen in zeitlicher und thematischer Hinsicht werden sich grundlegend verändern.
- Programmgestaltung: Für die Programmausrichtung, insbesondere für werbefinanzierte Sender, ergeben sich erhebliche Anpassungsnotwendigkeiten, da die herkömmlichen Sendestrukturen, die Programmschemata, Themen und Formen der Ansprache nicht mehr ohne weiteres akzeptiert werden (vgl. ebd. 181).

„Es steht also eine Restrukturierung der Programme und Medien im Hinblick auf die sich grundlegend wandelnde Bevölkerungsstruktur bevor. Thematisch kann dies zum Beispiel bedeuten: Die Orientierung an der Jugendkultur tritt in den Hintergrund, und die Themen verschieben sich von der Club- zur Couch-Kultur. Wellness, Anti-Aging, Gesundheitsthemen werden wichtiger, allgemein tritt der Serviceanteil in den Vordergrund, die Work-, Freizeit- und Familiy-Life-Themen gewinnen, denn der gereifte Konsument ist anspruchsvoll und möchte bei seinen aktuellen Bedürfnissen abgeholt werden" (ebd. 181 f.).

Im Kontext der Demografie sind auch geografische Kriterien zu beachten, bei denen z. B. **Wanderungsbewegungen** zu einer „Multikulturalisierung" der westlichen Gesellschaften führen. Nach dem demografischen Kriterium der Haushaltsgröße steht man vor dem Phänomen eines zunehmenden Anteils an Ein-Personen-Haushalten in nie da gewesenem Ausmaß, das als „Singleisierung" bezeichnet werden kann (vgl. Liebmann/Zentes 2001: 123) bzw. als Trend zur Vereinzelung und zum Single-Dasein. Hintergrund dieser Entwicklung ist der zentrale gesellschaftliche Mega-Trend der **Individualisierung**. Als Hauptursachen für den Anstieg Alleinlebender gelten u. a. die soziale Aufwertung des Alleinlebens, der Aufschub der Familiengründung, Veränderungen in der Paarbildung, gestiegene Mobilitätsanforderungen und verlängerte Ausbildungszeiten (vgl. Opaschowski 2004: 53).

„In der modernen Gesellschaft finden demnach fortschreitende Enttraditionalisierung und Rationalisierung statt, die zur Folge haben, dass die Menschen in überwiegend formalen Beziehungen zueinander stehen. Anstelle von Gemeinschaft, die das Zusammenleben der Menschen in der Zeit vor der Industrialisierung im 19. Jahrhundert charakterisiert, erleben Individuen in der modernen Gesellschaft die Abschwächung von familiären, gruppenspezifischen und wirtschaftlichen Rollenmustern und den drohenden Verlust sozialer Bindungen. Die größeren persönlichen Entfaltungsmöglichkeiten gehen einher mit der Zunahme von Entscheidungszwängen und individuell zu tragenden Risiken" (Bentele/Brosius/ Jarren 2006: 96; Stichwort Individualisierung).

Als Folge der Individualisierung werden die Massenmedien einer radikalen Veränderung unterworfen, die mit Begriffen wie Pluralisierung, Spezialisierung, Fragmentierung oder Personalisierung einhergehen. Im Kontext des Massenmediums Fernsehen zeigt sich die Individualisierung z. B. in dem sich immer weiter ausdifferenzierenden Tableau an speziellen Spartenprogrammen, was zu einer Aufspaltung bzw. „Fragmentierung" des Publikums nach unterschiedlichen Milieus führt. Pay TV (als Pay per View oder Pay per Channel) verstärkt diesen Effekt noch. Vor diesem Hintergrund werden Geschäftsmodelle favorisiert, bei denen die Medienprodukte nicht an ein anonymes Publikum, sondern an klar begrenzte Zielgruppen oder sogar an den einzelnen Nutzer adressiert werden. Letzteres wird mit dem Begriff **Personalisierung** der Medienangebote gekennzeichnet. Das sich an anonyme und disperse Massenpublika wendende „Broadcasting" verliert, das „Narrowcasting" für spezielle Zielgruppen und schließlich die Individualisierung und Personalisierung der Kommunikation gewinnt an Bedeutung.

> Leitmotto der Medientage München 2006: „Medien auf Abruf – Folgen der Individualisierung für die Kommunikationsgesellschaft. Im Zuge des technologischen Wandels schreitet die Individualisierung der Distribution und Produktion von Inhalten voran. Unabhängig von Zeit und Ort können die Zuschauer, Leser und Hörer über eine Vielzahl von Kanälen eine große Vielfalt an Medienangeboten abrufen. Zudem werden die Nutzer selbst zu Akteuren im Informationsmarkt (Stichworte: Blogs, Podcasts, Citizen Media). Rund ein Jahrzehnt nach dem Beginn des Onlinezeitalters sind die Individualmedien auf dem Vormarsch mit erheblichen Auswirkungen auf Kommunikationsverhalten der Nutzer, Journalismus und Medienmarkt."

(4) Betrachtet man den gesellschaftlichen Strukturwandel vor dem Hintergrund **psychografischer Kriterien**, stehen die Begriffe Werte und Lebensstil im Fokus.

Der **Wertewandel** in der Gesellschaft ist vielfach beschrieben und bewertet worden (vgl. z. B. Hepp 1994). Dabei wird auf die Notwendigkeit hingewiesen, die Auswirkungen des Wertewandels differenziert zu sehen und kulturkritische Verkürzungen zu vermeiden (vgl. ebd. 106 ff.). Besonders bekannt geworden ist das Schema nach Klages (vgl. Klages 1984: 18), der von einer eher skeptisch zu beurteilenden Verschiebung von Pflicht- und Akzeptanzwerten mit Bezug auf die Gesellschaft hin zum Individualismus mit dem Bezug auf das individuelle Selbst ausgeht (vgl. Abb. 9-2). Die Rede ist dabei von „Werteverfall". Dem steht eine mehr registrierende Sichtweise von Inglehart gegenüber.

> „Ein hohes Ausmaß an (ökonomischer und physischer) Sicherheit führt zu einer intergenerationalen Verlagerung von höchsten Prioritäten in Sicherheitswerten zu höchsten Prioritäten in Selbstverwirklichungswerten" (Inglehart 1997: 132 f.).

Im Gegensatz zur unterstellten These eines „Werte-Wandels" ist darauf hingewiesen worden, dass vor dem Hintergrund der demografischen Entwicklung eher von einer „Wert-Synthese" ausgegangen werden kann (vgl. Burmeister/Daheim 2004: 179 f.). So zeichnet sich bei den Älteren ein dramatischer Wandel der Einstellungen hin zu Konsum, Freizeit und Ruhestand ab, so dass das gängige Bild von den Lebenswelten von Rentnern und Senioren längst nicht mehr stimmt. Für die Zukunft ist zu erwarten, dass sich die Wertevorstellungen über die Generationen hinweg annähern, wobei Werte, die auf Selbstverwirklichung, Individualismus und Hedonismus bezogen sind, mit den eher leistungs- und pflichtorientierten Werten in einen Verbund treten.

> „Inzwischen zeichnet sich jedoch eine Trendwende ab. ... Als Hinweis auf eine Trendwende ist vor allem zu betrachten, dass die Differenz in den Werten zwischen jüngerer und älterer Generation als immer geringer eingeschätzt wird. Heute äußern weniger als 15 Prozent der unter 30-Jährigen, dass sie in grundsätzlichen Wertebereichen (Moralbereichen, Einstellungen zu anderen Menschen, zu Religion, Sexualität, Politik) ganz andere Einstellungen als ihre Eltern vertreten. In den Jahrzehnten zuvor zeigte sich hier eine starke Generationskluft" (Burmeister/Daheim 2004: 180).

	Selbstzwang und -kontrolle (Pflicht und Akzeptanz)	Selbstentfaltung
Bezug auf die Gesellschaft	Disziplin Gehorsam Pflichterfüllung Treue Unterordnung Fleiß Bescheidenheit	*Gesellschaftsbezogener Idealismus*: Emanzipation (von Autoritäten) Gleichbehandlung Gleichheit Demokratie Partizipation Autonomie (des Einzelnen)
Bezug auf das Individuelle Selbst	Selbstbeherrschung Selbstlosigkeit Hinnahmebereitschaft Fügsamkeit Enthaltsamkeit	*Hedonismus:* Genuss Abenteuer Spannung Abwechslung Ausleben emotionaler Bedürfnisse *Individualismus:* Kreativität Spontaneität Selbstverwirklichung Ungebundenheit Eigenständigkeit

Abb. 9-2 Wertewandel in der Gesellschaft nach dem Raster von Klages

Im Hinblick auf das Kriterium der **Lebensstile** ist als gesellschaftlicher Mega-Trend eine weitere **Pluralisierung** festzustellen. Sie ist Ausdruck für die gesellschaftliche Ausdifferenzierung, bei der sich traditionelle Werte-, Deutungs- und Handlungsmuster verschieben und nach und nach durch neue ersetzt oder mindestens ergänzt werden. Der Lebensstil ist die Summe jener Einstellungs- und Verhaltensmuster und der Lebensgewohnheiten, die das Individuum bei der Auswahl aus einer Vielzahl von Möglichkeiten und Handlungsalternativen an den Tag legt. Die Zusammenfassung von Gruppen mit identischem oder ähnlichem Lebensstil nennt man soziale Milieus.

> „Einen umfassenden, ganz spezifischen Ansatz stellt das **sog. Milieu-Konzept** dar. Es ist der Versuch, die verschiedenen in der BRD manifestierten Lebenswelten zu identifizieren (ohne dass diese Lebenswelten exakt abgrenzbar sind bzw. fließende Grenzverläufe hingenommen werden müssen). Soziale Milieus fassen Menschen zusammen, die sich in ihrer Lebensauffassung (Werteorientierungen) und Lebensweise (Alltagshandeln) ähneln" (Becker 2013: 263).

Ein Beispiel für ein solches Milieu-Konzept ist das oben angesprochene Konzept von Schulze zur Erlebnisgesellschaft. Sehr bekannt und im Marketing ein wichtiges Instrument sind die sog. **Sinus-Milieus** (vgl. Becker 2013: 263 f.). Das Konzept stellt sich wie folgt dar:

- Die Definition der Sinus-Milieus knüpft an die Lebenswelt und den Lebensstil der Menschen an und geht nicht von formalen demografischen Kriterien wie Schulbildung, Beruf oder Einkommen aus.

- In die Analyse gehen grundlegende Wertorientierungen sowie Alltagseinstellungen (zur Arbeit, zur Familie, zum Konsum) ein.
- Die Sinus-Milieus fassen Menschen zusammen („Gruppen Gleichgesinnter"), die sich in Lebensauffassung und Lebensweise ähneln.

Die Milieus werden aus einer Kombination der beiden Kriterien soziale Lage (Ober-, Mittel, Unterschicht) und Wertorientierung (Tradition, Modernisierung / Individualisierung, Neuorientierung) gebildet (vgl. Abb. 9-3; zum Grundkonzept mit Erläuterungen und Quelle: www.sinus-institut.de).

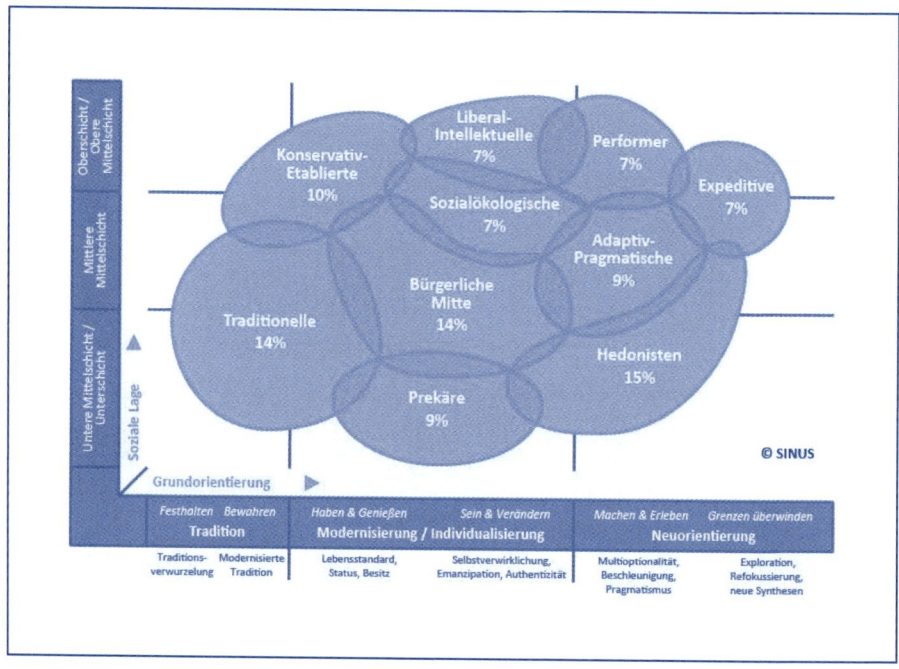

Abb. 9-3: Sinus-Milieus® in der aktuellen Modellversion von 2010

Das Konzept geht von einem aktuellen gesellschaftlichen Wandel aus, der gekennzeichnet ist durch strukturelle Veränderungen (u. a. Demografie, Sozialstruktur, Arbeitswelt, Wissensgesellschaft, Multimedia-Revolution), durch Wertekonvergenzen und -divergenzen (z. B. einerseits Leistung und Effizienz, andererseits Entschleunigung) sowie durch soziale und kulturelle Folgen (z. B. Entsolidarisierung, Erosion der gesellschaftlichen Mitte, Network Society).

Ferner unterstellt es langfristige Veränderungstendenzen, die beschrieben werden mit den Begriffen Modernisierung und Individualisierung (z. B. Öffnung des sozialen Raums, erweiterte Entfaltungsmöglichkeiten), Überforderung und Regression (z. B. Verunsicherung, „Multioptionsparalyse", Entstandardisierung, Sinnverlust) sowie Entgrenzung und Segregation (Auseinanderdriften der Lebens- und Wertewelten, soziale Deklassierungsprozesse, Entstehen einer kosmopolitischen Elite).

9.2 Medien und Gesellschaft

Die Leistungen der (Massen-)Medien für die Gesellschaft – d. h. ihre **Funktionen** – lassen sich nach **vier Kategorien** systematisieren (vgl. hier und im Folgenden Burkart 2002: 378 ff.):

- Zentrale und übergreifende Funktion: Informationsfunktion;
- Soziale Funktionen: Sozialisationsfunktion, soziale Orientierungsfunktion, Rekreationsfunktion (Unterhaltung, Eskapismus), Integrationsfunktion;
- Politische Funktionen: Herstellen von Öffentlichkeit, Artikulationsfunktion politischer Interessen, politische Sozialisations- bzw. Bildungsfunktion, Kritik- und Kontrollfunktion;
- Ökonomische Funktionen: Zirkulationsfunktion, regenerative und herrschaftliche Funktion.

Im vorliegenden Kontext der gesellschaftlichen Rahmenbedingungen stehen die sozialen Funktionen im Mittelpunkt des Interesses.

Die **Sozialisationsfunktion** der Medien bezieht sich auf die Entwicklung und Stärkung des Normenbewusstseins.

> Unter Sozialisation (nach Ronneberger) wird verstanden: 1. Vermittlung von Leitbildern, Werten und Normen des Denkens und Handelns; 2. Vermittlung von Denkformen und Handlungsweisen, die das Leben in komplex organisierten Gesellschaftssystemen erst ermöglichen und die zugleich auch der Erhaltung und Weiterentwicklung der Gesellschaft dienen (vgl. Burkart 2002: 385).

In komplex organisierten Gesellschaften ist es dem Kind nicht mehr – wie in der traditionellen Gesellschaft – möglich, alle von ihm erwarteten Rollen in den Primärgruppen, d. h. in der Familie und im Verwandtschaftsverbund – zu erlernen. Da die Massenmedien zur alltäglichen Selbstverständlichkeit geworden sind, sind sie für jedermann präsent und erzeugen kulturelle Transmissionsleistungen, erziehen zur Kultur, prägen Leitbilder und beeinflussen damit den sozialen Wandel.

Als typische mediale „Sozialisatoren", die als positive oder negative Leitbilder fungieren, können dabei gelten:

- Redaktionen: Deren sozialisierende Kraft liegt in der Gleichmäßigkeit, Regelmäßigkeit und Kontinuität der Produktion von Inhalten;
- Natürliche Personen: Sprecher, Moderatoren, Quiz- und Showmaster, Kommentatoren, Kolumnisten usw.;
- Literarische Symbolfiguren;
- „Helden":künstlich geschaffene und auf hohe Identifikation abzielende Figuren.

Im Hinblick auf die soziale Orientierungsfunktion üben Medien die Rolle als Problemlöser und Informationsversorger aus und generieren und inszenieren unterschiedliche „Sinnwelten".

Die **Rekreationsfunktion** der Medien erfüllt das Bedürfnis nach Zerstreuung und Ablenkung, Unterhaltung, Entspannung und Erholung. Es besteht die Gefahr der Übersteigerung, was mit dem Begriff „Eskapismus" belegt wird.

Mit der **Integrationsfunktion** der Medien wird deren Beitrag zum Zusammenhalt einer immer differenzierteren und komplexeren Gesellschaft mit allen ihren Desintegrationserscheinungen (Fragmentierung, Segmentierung) markiert. Es geht also um die Frage, welchen Beitrag die Medien in modernen Gesellschaften leisten, dass trotz deren weitgehender Ausdifferenzierung nach Funktionssystemen (aufgrund von Arbeitsteilung und Spezialisierung), nach Individuen und Gruppen (z. B. entsprechend der Lebensstile) ein kohärentes Sozialgebilde Bestand hat und dass soziale Ordnung erhalten oder hergestellt werden kann (vgl. Bentele/Brosius/Jarren 2006: 103; Stichwort: Integrationsfunktion).

Ein Beispiel für Desintegration wird mit dem Begriff „Digital Divide" diskutiert und beruht auf der These der zunehmenden Wissenskluft. Manches spricht dafür, dass Kriterien wie der Bildungsstand, das Bildungsniveau der Herkunftsfamilie oder regionale Aspekte einen gravierenden Einfluss auf die Entwicklung von Nutzungskompetenzen haben (vgl. ARD-Forschungsdienst 2004: 233).

> „Soziale Gruppen, die wirtschaftlich besser gestellt sind und/oder über einen höheren Bildungsabschluss verfügen, nehmen den wachsenden Informationsfluss durch die Massenmedien schneller auf als Bevölkerungsteile, die wirtschaftlich schlechter gestellt sind und/oder über einen niedrigeren Bildungsabschluss verfügen. Diese Wissenskluft – so die These – verstärkt sich durch die zunehmende Verbreitung der neuen Medien, insbesondere des Internets" (ebd.).

Den Medien und der Kommunikation wird eine Schlüsselrolle für die Integration der Gesellschaft zugeschrieben. Besonders zu beachten ist dabei die **Integrationsfunktion**, die dem **öffentlich-rechtlichen Rundfunk** als Zielgröße vorgegeben ist.

> So lautet der „Funktionsauftrag" des ZDF (www.zdf.de / Abruf: 03.01.2007): „Der Funktionsauftrag. Öffentlich-rechtlicher Rundfunk: Für unser Gemeinwohl. Fernsehen hat Breitenwirkung. Das verpflichtet. Öffentlich-rechtlicher Rundfunk dient dem Gemeinwohl. Das ist der Auftrag des ZDF. Im täglichen Programm, aber auch über den Bildschirm hinaus. Das ZDF hat mehr als jeder andere Sender auf seine Fahnen geschrieben, den Zusammenhalt zu fördern und dort zu helfen, wo Menschen unverschuldet in Not geraten sind.
>
> - Informationsauftrag: Das ZDF hat die Aufgabe, objektive Informationen zu vermitteln.
> - Orientierungsfunktion: Als Quelle unabhängiger Informationen gibt das ZDF Orientierung zu freier Meinungsbildung.
> - Forumsfunktion: Das ZDF hat dafür zu sorgen, dass alle relevanten Auffassungen zu einem Thema zu Wort kommen.
> - Integrationsfunktion: Das ZDF soll für gegenseitiges Verständnis eintreten und gesellschaftlichen Zusammenhalt fördern.
> - Leitbildfunktion: Das ZDF hat die Verpflichtung zu einer wegweisenden, qualitativ hochwertigen und auch innovativen Programmgestaltung.
> - Kulturauftrag: In den Programmen des ZDF soll sich die kulturelle Vielfalt Deutschlands und das Geschehen in den einzelnen Ländern widerspiegeln.
> - Produktionsauftrag: Das ZDF hat den Auftrag zum selbstständigen Kulturschaffen. Die Anstalt kann mit Dritten zusammenarbeiten. Die Produktion ist angemessen auf Produktionsstandorte in den Ländern zu verteilen.
> - Innovationsfunktion: Die Entwicklungsgarantie gewährt dem ZDF eine Teilhabe an neuen Techniken und Diensten im Rundfunksektor."

Im Kontext des öffentlich-rechtlichen Rundfunks bedeutet Integration, dass das Programmangebot für die Gesellschaft eine Plattform der Information und Kommunikation erzeugen soll, auf der alle gesellschaftlich relevanten Kräfte zu Wort kommen.

Kernziele sind der Beitrag zur politischen Willensbildung und die Förderung des gesellschaftlichen Zusammenhalts. Daneben ist der öffentlich-rechtliche Rundfunk verpflichtet, gemeinsame kulturelle Inhalte zu vermitteln, um auch von dort her die Integration der Gesellschaft zu fördern. Die Integrationsfunktion von ARD und ZDF ist durch das Bundesverfassungsgericht als Faktor von entscheidender Bedeutung für das Staatsganze gekennzeichnet worden.

Kernaussagen

- Die gesellschaftlich-kulturellen Rahmenbedingungen sind von höchster Bedeutung für das Management-Verständnis der Medien.
- Entwickelte Gesellschaften westlicher Prägung lassen sich als postmoderne Gesellschaften charakterisieren. Hauptmerkmale sind Werterelativismus, Multioptionalität, „Anything goes".
- Die Prozesse des sozialen Wandels bestimmen das Handeln der Akteure im Medienbereich sowohl auf Anbieter- als auch auf Nachfrageseite in maßgeblicher Weise.
- Dem Mediensystem kommt als gesellschaftliches Teilsystem eine prominente Rolle zu.

Literatur

Weiterführende Literatur: Grundlagen

Becker, J. (2013): Marketing-Konzeption, 10., überarb. u. erw. Aufl., München.
Burkart, R. (2002): Kommunikationswissenschaft, 4., überarb. u. erw. Aufl., Wien, Köln, Weimar.
Hepp, G. (1994): Wertewandel, München, Wien.
Glotz, P. (1999): Die beschleunigte Gesellschaft, München.
Inglehart, R. F. (1997): Modernization and Postmodernization, Princeton.
Joas, H. (Hrsg.)(2001): Lehrbuch der Soziologie, Frankfurt/Main, New York.
Klages, H. (1984): Wertorientierungen im Wandel, Frankfurt, New York.
Kunczik, M./Zipfel, A. (2001): Publizistik, Köln, Weimar, Wien.
Opaschowski, H. W. (2004): Deutschland 2020. Wie wir morgen leben – Prognosen der Wissenschaft, Wiesbaden
Rühli, E./Krulis-Randa, J. S. (1990): Gesellschaftsbewusste Unternehmenspolitik – „Societal Strategy", Bern, Stuttgart.
Kubsch, R. (2007): Die Postmoderne: Abschied von der Eindeutigkeit, Holzgerlingen.
Schulze, G. (1992): Die Erlebnisgesellschaft, Frankfurt/Main, New York. Zahlreiche Neuauflagen.
Schulze, G. (2003): Die beste aller Welten. Wohin bewegt sich die Gesellschaft im 21. Jahrhundert? München, Wien.

Weiterführende Literatur: Medien

Behmer, M./Krotz, F./Stöber, R./Winter, C. (Hrsg.)(2003): Medienentwicklung und gesellschaftlicher Wandel, Wiesbaden.
Dörner, A. (2000): Politische Kultur und Medienunterhaltung, Konstanz.
Groebel, J. (2014): Das neue Fernsehen, Wiesbaden.
Hartung, A./Schorb, B./Küllertz, D./Reißmann, D. (2009): Alter(n) und Medien, Berlin.
Jäckel, M./Haase, F. (Hrsg.)(2005): In medias res: Herausforderung Informationsgesellschaft, München.
Kiefer, M. L./Steininger, C. (2014): Medienökonomik, 3. Aufl., München.
Krotz, F. (2007): Mediatisierung: Fallstudien zum Wandel von Kommunikation, Wiesbaden.
Kübler, H.-D. (2005): Mythos Wissensgesellschaft, Wiesbaden.
Leschke, R. (2003): Einführung in die Medientheorie, München.
Saxer, U. (2012): Mediengesellschaft, Wiesbaden.

Süss, D. (2004): Mediensozialisation von Heranwachsenden, Wiesbaden.
Vesting, T. (2001): Das Rundfunkrecht vor den Herausforderungen der Logik der Vernetzung, in: Medien & Kommunikationswissenschaft, 49. Jg., H. 3, S. 287-305.
Vlasic, A. (2004): Die Integrationsfunktion der Massenmedien, Wiesbaden.
Weischenberg, S. (2001): Das Ende einer Ära? Aktuelle Beobachtungen zum Studium des künftigen Journalismus. In: Kleinsteuber, H. J. (Hrsg.)(2001): Aktuelle Medientrends in den USA, Wiesbaden, S. 61-82.
Zydorek, C. (2009): Postmediale Wirklichkeiten und Medienmanagement, in: Selke, S./Dittler, U. (Hrsg.) (2009): Postmediale Wirklichkeiten – Wie Zukunftsmedien die Gesellschaft verändern, Hannover, S. 67-92.

Studien, Gutachten, Lexika

ARD-Forschungsdienst (2004): Digital Divide: Führen Internet und Digitales Fernsehen zu einer neuen Wissenskluft? In: Media Perspektiven, o. J., H. 5, S. 233 f.
Bentele, G./Brosius, H.-B./Jarren, O. (Hrsg.)(2006): Lexikon Kommunikations- und Medienwissenschaft, Wiesbaden.
Enquete-Kommission „Kultur in Deutschland" (2007): Schlussbericht, Deutscher Bundestag, 16. Wahlperiode, Drucksache 16/7000.
Münchner Kreis (2013): Innovationsfelder der digitalen Welt. Bedürfnisse von übermorgen. München.
Shell Deutschland Holding (Hrsg.): Jugendstudie, Frankfurt am Main (jährlich).
Themenheft „Soziale Milieus", Aus Politik und Zeitgeschichte, 44-45/2006, 30. Oktober 2006.
Zukunftskommission (1999): Solidarität und Selbstverantwortung. Von der Risikogesellschaft zur Chancengesellschaft. Bericht und Empfehlungen der Zukunftskommission Gesellschaft 2000 der Landesregierung Baden-Württemberg, Dezember 1999.

Kapitel 10
Politische Rahmenbedingungen

10.1	Theorie der Medienpolitik	307
10.2	Träger und Akteure	309
10.3	Leitbilder und Ziele	311
10.4	Instrumente	314
10.5	Integrierte Medien- und Kommunikationspolitik	324

Leitfragen

- Was versteht man unter „Medienpolitik"?
- Welche Anforderungen sind an ein medienpolitisches Konzept zu stellen?
- Was versteht man unter der „Theorie der Medienpolitik"?
- Warum bedarf es einer rationalen, durchdachten „medienpolitischen Interventionslehre"?
- Welche Rolle spielen Werturteile bei der Definition von Medienpolitik?
- Was versteht man unter „Kommunikationspolitik"?
- Wie ist Medienpolitik von Kommunikationspolitik abzugrenzen?
- Was versteht man unter „Regulierung"?
- Wie ist Regulierung im medienspezifischen Kontext zu interpretieren?
- Welche Ansätze der Regulierung kann man unterscheiden?
- Was versteht man unter „Deregulierung"?
- Welches sind die wichtigsten Träger und Akteure der Medienpolitik sowie der Kommunikationspolitik in Deutschland?
- Welche Rolle nehmen dabei die staatlichen Instanzen ein?
- Auf welche Leitbilder und Ziele ist die Medien- und Kommunikationspolitik ausgerichtet bzw. sollte oder könnte sie ausgerichtet sein?
- Was besagt die UNESCO-Mediendeklaration?
- Was versteht man unter dem „Funktionsauftrag" im öffentlich-rechtlichen Rundfunk?
- Wie ist die Instrumentalisierung der Medienpolitik für die Wirtschaftspolitik zu beurteilen?
- Wie ist eine solche Instrumentalisierung der Medienpolitik – v. a. im Hinblick auf die Medienstandortpolitik – zu beurteilen?
- Welche Instrumente der Medienpolitik sind zu unterscheiden?
- Was versteht man unter „Selbstregulierung" und welchen Stellenwert hat sie?
- Aus welchen Gründen kommt der Selbstregulierung eine prominente Rolle zu?
- Was versteht man unter „Media Governance"?
- Welche Ansätze stehen der Medien-Ordnungspolitik zur Verfügung?
- Welche Typen von wirtschaftlicher Konzentration sind auf dem Medienmarkt zu unterscheiden?
- Wie misst man ökonomische Konzentration auf den Medienmärkten?
- Was versteht man unter „Prozesspolitik"?
- Was versteht man unter „Strukturpolitik"?
- Wie ist die Filmförderung in Deutschland zu beurteilen?
- Was spricht für die Einführung einer Deutschquote in den Musikprogrammen deutscher Radiosender?
- Welches sind die Konturen einer integrierten Medien- und Kommunikationspolitik?

Gegenstand

Die politischen Rahmenbedingungen der Medienunternehmen sollen – vereinfachend – unter die Überschrift „Medienpolitik" gestellt werden. Der Begriff Medienpolitik kann unterschiedlich definiert werden. Zweckmäßig erscheint es, die folgenden Definitionen zugrunde zu legen:

- Medienpolitik ist „die Menge aller Maßnahmen zur Gestaltung gesellschaftlicher Kommunikationsvorgänge" (Mai 2005: 8).
- Medienpolitik wird verstanden als „die Gesamtheit der Maßnahmen des politisch-administrativen Systems (...), die direkt oder indirekt auf die Produktion, Distribution und den Konsum (Rezeption) massenmedial verbreiteter Inhalte einwirken" (Schatz/Habig/Immer 1990: 332).
- „Medienpolitik befasst sich mit der Ausgestaltung einer der Gesellschaft angemessenen Kommunikationsordnung. An diesem Prozess sind Akteure unterschiedlicher Legitimation und Interessen beteiligt. Sie versuchen mittels ihrer eigenen Strategien, erfolgreich Einfluss auf die Normen und Regeln dieser Ordnung zu nehmen" (Scholten-Reichlin/Jarren 2001: 233).

Eine so verstandene Medienpolitik ist die Sammelbezeichnung für eine Vielzahl von Aktivitäten und Eingriffen, die das Geschehen im Medienbereich in eine bestimmte, positive Richtung beeinflussen sollen. Die Medienpolitik steht insofern in einem engen Zusammenhang mit der Kommunikationspolitik, ist mit dieser aber nicht identisch, sondern muss von dieser abgegrenzt werden.

Unter Kommunikationspolitik versteht man (ebenfalls mit der Möglichkeit unterschiedlicher definitorischer Herangehensweisen):

- „Die Reichweite des Konzepts Kommunikationspolitik reicht also über die Massenmedien und der für sie gültigen ordnungspolitischen Voraussetzungen hinaus. Kommunikationspolitik ist demnach ein weiter gefasster Begriff, der neben der öffentlichen medialen Kommunikation auch die Individualkommunikation einschließt" (Scholten-Reichlin/Jarren 2001: 235).
- Die Kommunikationspolitik umfasst „die Gesamtheit von Maßnahmen aus dem politisch-administrativen System (paS) sowie ökonomischen, politischen und gesellschaftlichen Gruppierungen zur Ausgestaltung und Beeinflussung der gesellschaftlichen Kommunikation (Strukturen und Prozesse); sie umfasst damit auch den nicht-medialen Bereich (z. B. unvermittelte Kommunikation)" (Jarren 1994: 135).
- Kommunikationspolitik zielt „sowohl auf die Individualkommunikation als auch auf massenkommunikative Vorgänge" ab (Wiek 1995: 76).
- „..... stellt „Medienpolitik [...] eine untergeordnete Kategorie der Kommunikationspolitik dar, indem sie den interessengeleiteten und normativen Zusammenhang jener Teile der Kommunikationspolitik umfaßt, die sich durch Massenmedien realisieren lassen" (Kopper 1992: 50). Rundfunkpolitik gilt wiederum als Teilbereich der Medienpolitik.
- „Kommunikationspolitik ist geplantes und zielorientiertes Handeln zur Schaffung, Durchsetzung oder Erhaltung von Normen im Bereich der Information und Kommunikation im öffentlichen oder im eigenen Interesse" (Tonnemacher 2003: 21).

Der rechtliche Rahmen – wie er im nachfolgenden Kapitel 11 skizziert wird – kann als Resultat der Medien- und Kommunikationspolitik aufgefasst werden, wie er sich aus dem komplizierten Zusammenwirken und Aushandeln der unterschiedlichen Interessenpositionen ergibt.

Inhaltlich lässt sich feststellen, dass der politisch-rechtliche Rahmen für die Medienunternehmen im Wesentlichen durch die fortschreitende Liberalisierung und Deregulierung geprägt ist. Dieser Mega-Trend durchzieht alle Bereiche der Volkswirtschaft und damit auch der Medienwirtschaft.

Bedarf nach einer vertieften Befassung mit der Thematik der politischen Rahmenbedingungen ergibt sich aus der Erkenntnis, dass die Medien- und Kommunikationspolitik mit schwierigsten Bedingungen zu kämpfen hat, verursacht durch eine hohe Komplexität in allen Bereichen der Ziele, Leitbilder, Strategien, Träger und im instrumentalen Bereich.

10.1 Theorie der Medienpolitik

Medienpolitik ist die Menge aller Maßnahmen zur Gestaltung der gesellschaftlichen Kommunikationsvorgänge. Sie wird in einem dynamischen Prozess definiert, in dem die Gesellschaft „ihre" Medien und die in ihnen stattfindende öffentliche Kommunikation gestaltet. Festgelegt wird, welche Akteure – staatliche, politische, gesellschaftliche – an diesem Prozess beteiligt sind, welche Ziele und Interessen der Akteure zum Zuge kommen und welche Strukturen auf Basis dieser Prozesse entstehen. Notwendig ist dabei ein integratives, ganzheitliches Vorgehen vor dem Hintergrund der Betrachtung des ganzen Systems. Insbesondere kommt es auch darauf an, „dass die beteiligten Disziplinen der Kommunikationswissenschaft, der Politikwissenschaft, der Wirtschafts- und Sozialwissenschaften sowie der Rechtswissenschaft und anderer Fachgebiete ... ihre interdisziplinäre Zusammenarbeit bei der Beschreibung und Erklärung von Ursachen und Prozessen der Kommunikationspolitik verstärken" (vgl. Tonnemacher 2003: 55).

Medienpolitik muss auf ein durchdachtes **theoretisches Fundament** gestellt werden. Ohne ein solches Fundament ist sie eine reine Kunstlehre, deren Qualität nicht nachvollziehbar ist. Will Medienpolitik den Titel **rational** für sich beanspruchen, muss sie den Anforderungen genügen, die an ein schlüssiges Gesamtkonzept zu stellen sind.

> Im übertragenen Sinn gilt: „Eine rationale Wirtschaftspolitik muss ihre Grundsätze und Ziele eindeutig und widerspruchsfrei im Rahmen der wirtschaftspolitischen Gesamtkonzeption bestimmen und jene Mittel in Orientierung an dem aufgestellten Leitbild anwenden, die bei gegebener Lage eine optimale Zielverwirklichung unter Berücksichtigung von Neben- und Fernwirkungen gewährleisten. In der Regel lässt sich eine solche rationale Wirtschaftspolitik nur mit Hilfe der Wissenschaft erreichen und auf die Dauer durchhalten" (Peters 2000: 6; i. Orig. teilw. hervorgehoben).

Notwendig ist die wissenschaftstheoretische Fundierung von Medienpolitik, deren Ergebnis eine **Theorie der Medienpolitik** sein muss, auf deren Grundlage eine methodisch nachvollziehbare Handlungskonzeption entwickelt werden kann.

> Analog gilt: „Eine positive Theorie der Wirtschaftspolitik hat die Beschreibung und Erklärung der praktischen Wirtschaftspolitik sowie der Prognose des Verhaltens von Trägern der Wirtschaftspolitik zum Gegenstand" (Streit 2005: 217).

Die Theorie der Medienpolitik hat die Aufgabe, eine **medienpolitische Interventionslehre** zu konstituieren, die sich mit medienpolitischen Leitbildern beschäftigt, mit den Merkmalen von Mediensystemen, mit den Zielen, Instrumenten und Trägern der Medienpolitik, mit der Ziel-Mittel-Optimierung, mit Kriterien zur Beurteilung der Effizienz medienpolitischer Maßnahmen und mit den Prozessen der medienpolitischen Willensbildung. Eine „rationale" medienpolitische Konzeption wertfrei zu formulieren, ist nicht möglich, da stets subjektive Werturteile gefällt werden müssen. Allerdings erhebt eine positive Theorie sehr wohl den Anspruch, dass die gemachten Aussagen intersubjektiv auf ihre Gültigkeit hin überprüfbar sind (vgl. Streit 2005: 224). Voraussetzung ist wissenschaftliches Vorgehen. Vor diesem Hintergrund ergeben sich fünf logisch ineinander verzahnte Elemente des medienpolitischen Handelns:

- Träger, Akteure und Instanzen der Medienpolitik;
- Leitbilder für die Medienpolitik;

- Ziele der Medienpolitik und für die Medienpolitik;
- Medienpolitische Strategien;
- Instrumente, Mittel, Alternativen, Handlungsoptionen.

Alle Teilelemente müssen zu einer integrierten Medienpolitik verzahnt werden, damit man von einer **Konzeption** sprechen kann und nicht nur von einer stückwerkartigen Ansammlung von Einzelaspekten. Ihren Ausdruck findet die medienpolitische Intervention in der **Regulierung**. Allgemein wird von Regulierung dann gesprochen, „wenn die Tätigkeit in einem Wirtschaftsbereich abweichend von der allgemeingültigen Norm (z. B. von der allgemeinen Wettbewerbsordnung) speziell geregelt wird, indem der Ausnahmebereich z. B. eine wettbewerbsmindernde Sonderordnung erhält" (Peters 2000: 186). Es geht also um die von der allgemeingültigen Politik abweichenden Regeln und Normen für bestimmte Ausnahmebereiche.

Grundsätzlich sind **drei Formen von Regulierung** zu unterscheiden (vgl. Vowe 2003: 99 f.; Heinrich 1999: 83 ff.):

- Regulierung der Teilnahme: Entschieden wird über die Frage, wer und in welchen Rollen an der öffentlichen Kommunikation teilnehmen darf oder nicht bzw. wer Zutritt zu den Märkten erhalten soll.
- Regulierung der Inhalte: Es geht um die Frage, was öffentlich kommuniziert werden soll und was nicht.
- Regulierung der Prozeduren: Hierbei ist zu entscheiden, wie öffentlich kommuniziert werden soll und wie nicht.

Im Kontext von Medien kann Regulierung „als medienspezifische Festlegung von Bedingungen, unter denen öffentlich kommuniziert wird", definiert werden kann (Vowe 2003: 97).

Eine ausführliche Diskussion des Regulierungsbegriffes findet sich bei Seufert/Gundlach 2012: 32 ff.). Dort wird folgende Definition vorgeschlagen (S. 34): „Unter Regulierung werden alle Maßnahmen des Staates zur gezielten Beeinflussung von Produzenten und Konsumenten verstanden, einschließlich aller Aktionsprogramme und finanziellen Anreizsysteme. Außer rein hoheitlichen Regulierungsinstitutionen werden auch institutionelle Arrangements der Ko-Regulierung einbezogen, in denen Institutionen der Selbstregulierung auf gesetzlicher Grundlage tätig werden."

Umgekehrt versteht man unter **Deregulierung** den „Abbau staatlicher Regulierungen, die bestimmte Wirtschaftsbereiche der marktwirtschaftlichen Steuerung mehr oder weniger entzogen haben" (ebd. 198).

„Den substanziellen Kern von Medienpolitik bilden Regulierungen – verbindliche Entscheidungen über die Rahmenbedingungen, unter denen öffentlich kommuniziert wird, ob es zum Beispiel Fernsehdirektübertragungen aus Gerichtssälen geben darf oder nicht. Sie bilden eine spezifische Ergänzung der Regelungen, die für alle Wirtschaftsprozesse gelten, wie das Verbot unlauteren Wettbewerbs oder die Vorschriften für Unternehmensbilanzen" (Vowe 2003: 99).

Ein gutes Beispiel aus dem Jahr 2006 ist das Bemühen der Deutschen Telekom, unterstützt von der Bundesregierung, beim Aufbau des schnellen Breitbandnetzes (VDSL-Technologie) die Zugangsregulierung für eine bestimmte Zeitspanne auszusetzen (sog. „Regulierungsferien"). Ziel dieses Ansinnens war es, Dritte von der Nutzung der hoch attraktiven neuen Netze – zumindest für eine bestimmte Zeit – auszuschließen, damit sich die Investitionen auch außerhalb der Ballungsgebiete wirtschaftlich lohnen und die Telekom als „Pionierunternehmen" die Gewinne abschöpfen konnte (vgl. die umfassende Behandlung des Themas in Heft 4/2006 der Zeitschrift MedienWirtschaft).

10.2 Träger und Akteure

Ausgangspunkt einer medienpolitischen Konzeption ist die Bestimmung der **Träger** der Medienpolitik. Hierbei stellt sich die Frage, wer zu den Trägern gerechnet werden soll. Sind dies alle Subjekte, die medienpolitische Aktivitäten auslösen, entfalten oder beeinflussen, oder sind dies nur diejenigen Subjekte, die medienpolitische Entscheidungen treffen und aufgrund hoheitlicher Macht auch durchsetzen können? Im letzten Fall wären Träger der Medienpolitik nur staatliche medienpolitische Instanzen, während im ersteren Fall alle Kräfte mit medienpolitischem Einfluss die Rolle der Trägerschaft zugestanden würde.

Es erscheint zweckmäßig, als Träger der Medienpolitik – in einem engen Sinne – nur diejenigen Institutionen zu erfassen, die eine formale Entscheidungsbefugnis, eine faktische Entscheidungsgewalt und Durchsetzungsmacht und eine dauernde Einwirkungsmöglichkeit besitzen (vgl. Peters 2000: 60). Begrifflich davon abzugrenzen sind dann die **Akteure** der Medienpolitik, mithin alle Subjekte, die in irgendeiner Form Einfluss auf medienpolitische Entscheidungen haben.

> Gelegentlich werden als „Akteure" alle medienpolitisch relevanten Subjekte verstanden: „Gemeinsam ist allen Akteuren des Mediensystems, dass sie entweder an der Produktion, an der Verarbeitung, der Verbreitung oder an der Kontrolle von Medieninhalten beteiligt sind" (Mai 2005: 32).

Als Träger der Medienpolitik sind die folgenden **staatlichen Instanzen** zu nennen, die als Institutionen den Zweck verfolgen, medienpolitische Ziele zu formulieren, rechtliche Vorschriften zu erlassen und diese durchzusetzen:

- Nationale Ebene: Länder, Bund, Kommunen. Angesichts ihrer Kulturhoheit dürfen die Bundesländer den primären Gestaltungsanspruch für sich verbuchen. In verschiedenen Bereichen (z. B. Telekommunikation, Filmförderung) besitzt aber auch der Bund gewisse Kompetenzen. Das medienpolitische Interesse der Kommunen ist stark von der kommunalen Wirtschaftsförderung geprägt.
- Supranationale Ebene: Die EU als supranationaler Träger versucht in der Medienpolitik eine unübersehbar starke Rolle zu spielen.
- Organe der Medienaufsicht: Landesmedienanstalten.
- Fach-Kommissionen (von den Ländern eingesetzt; besonders im Bereich der audiovisuellen Medien): Kommission für Zulassung und Aufsicht (ZAK), Gremienvorsitzendenkonferenz (GVK), Kommission zur Ermittlung der Konzentration im Medienbereich (KEK), Kommission für Jugendmedienschutz (KJM), Kommission zur Ermittlung des Finanzbedarfs der Rundfunkanstalten (KEF), Konferenz der Direktoren der Landesmedienanstalten (DLM).

Als **medienpolitische Akteure** sind alle Personen, Gruppen oder Organisationen angesprochen, die sich am medienpolitischen Diskurs beteiligen und versuchen, auf die medienpolitischen Entscheidungen der Träger Einfluss zu nehmen. Akteure können auch als **Interessengruppen** bezeichnet werden. Der Kreis der Beteiligten ist dabei weit gezogen. Prinzipiell lassen sich drei Gruppen von Akteuren unterscheiden (vgl. u. a. Jarren/ Donges 2005: 93):

- Akteure des politisch-administrativen Systems: Regierungen, Parteien, Aufsichtsinstanzen als Organe der Exekutive. Sie prägen den medienpolitischen Diskurs maßgeblich und versuchen, im politischen Entscheidungsprozess ihre Zielvorstellungen zu verwirklichen.
- Akteure des ökonomischen Systems: (1) Medienunternehmen i. e. S.: öffentlich-rechtliche und private Rundfunkveranstalter, Verlage, Inhalte-Produzenten; ITK-Unternehmen (Technikproduzenten, Kabelnetz- und Satellitenbetreiber, Internetprovider). (2) Dienstleister: Produktionsstudios, Casting-Agenturen, Webdesigner, Filmversicherer (3) Werbetreibende Wirtschaft. (4) Verbraucherorganisationen. (4) Selbstkontrolleinrichtungen: z. B. Freiwillige Selbstkontrolle Film (FSK), Deutscher Presserat.
- Akteure des intermediären Systems: (1) Verbände: z. B. Verband Privater Rundfunk und Telemedien e. V. (VPRT), Bundesverband Druck und Medien (BVDM), Branchen- und Berufsverbände. (2) Kirchen. (3) Gewerkschaften.

„Die Digitalisierung erweitert das Spektrum der beteiligten Akteure beträchtlich: Satelliten- und Netzbetreiber werden ebenso zu bestimmenden Größen der Medienpolitik, wie Software- und Computerhersteller, Produzenten von Endgeräten, die Spiele-Industrie, Unterhaltungskonzerne und Kaufhausketten. Vielen Akteuren geht es darum, die Möglichkeiten der Digitaltechnik für ihre ureigenen Interessen und traditionellen Geschäftsfelder auszuprobieren" (Mai 2005: 65).

Aus der Übersicht wird deutlich, dass die Medienpolitik hochgradig von einem **Pluralismus** aus Trägern und Akteuren bestimmt wird.

„Medienpolitik ist ein nur schwach institutionalisiertes und stark fragmentiertes policy-Netzwerk, zum einen aufgrund unterschiedlicher Kompetenzzuweisungen zwischen Bund und Ländern, zum anderen durch die Fragmentierung von Entscheidungsinstanzen innerhalb des politisch-administrativen Systems" (Jarren/Donges 2005: 93).

Die Folge ist, dass der Prozess der Zielfindung, Abstimmung und Formulierung von medienpolitischen Konzeptionen ungewöhnlich schwierig ist. Auch angesichts der Relevanz – und nicht selten Brisanz – der Medien für Demokratie, Gesellschaft und Wirtschaft ist daher das Feld der Medienpolitik durch eine hoch konfliktäre Ausgangsposition der handelnden Träger und Akteure gekennzeichnet. Die unterschiedlichen Ziele und Interessen zu einem politischen Konsens zu führen, fällt daher besonders schwer bzw. erweist sich nicht selten sogar als unmöglich. Welche Ziele sich dabei durchsetzen, ist daher stark vom jeweiligen politischen Kräftespiel abhängig.

Das sehr bunte Bild der Kompetenzverteilung ruft immer wieder Stimmen auf den Plan, eine Art „Flurbereinigung" im Bereich der Träger der Medienpolitik herbeizuführen – ein Thema, das im Zusammenhang mit dem Entwurf einer ganzheitlichen, integrierten medienpolitischen Konzeption aufzugreifen ist.

„Für die Medienpolitik stellt sich angesichts der neuen Medienrealitäten die Frage nach der Restrukturierung ihrer Kontrollregime. Die Zergliederung und Isolierung der Regulierungsmaterien in verschiedenen Arenen – Rundfunkregulierung, Telekommunikationsregulierung, regionale und nationale Filmförderung, Jugendmedienschutz etc. – sowie die Zerstreuung der Kompetenzen auf die unterschiedlichsten Träger – öffentlich-rechtliche Anstalten, Landesmedienanstalten, Filmförderungsanstalt, Bundekartellamt etc. – kann schwerlich als effiziente Lösung bezeichnet werden. Hier ist bereits häufiger über eine konzentrierte Agenturlösung nach britischem Vorbild nachgedacht worden, auf die es auch hinauslaufen wird" (Hachmeister/Vesting 2013: 29 f.).

10.3 Leitbilder und Ziele

Bezugspunkte für das medienpolitische Handeln sind Leitbilder und Ziele, die von den Trägern und Akteuren verfolgt werden bzw. als vorgegeben betrachtet werden können. Im Gegensatz dazu sind Strategien zu sehen. Diese haben die Funktion, die Leitbilder und Ziele in Vorgehenskonzepte zu übersetzen und dem Einsatz der medienpolitischen Instrumente als Richtschnur zu dienen.

Als Leitbild können alle grundlegenden Vorstellungen und Konzepte bezeichnet werden, die den Anspruch eines konstitutiven Charakters haben und als Grundlage für die Zielformulierung dienen.

Welche Leitbilder und Ziele der Medienpolitik zugrunde gelegt werden sollen, ist vom **medienpolitischen Zielhorizont** abhängig, der unterschiedlich weit gespannt sein kann (vgl. Saxer 2005: 78 f.):

- Eine Medienpolitik im engen Sinn verfolgt – lediglich – den Zweck, bestimmte Zustände des Mediensystems zu garantieren und vermeidet möglichst eine Instrumentalisierung für andere Zwecke. Stichworte sind: Sicherung von Freiheitlichkeit, Vielfalt, Publizität.
- Eine Erweiterung der Medienpolitik ist gegeben, wenn sie bestimmte Zustände der Bevölkerung sichern will. Stichworte: Unerlässlichkeit der Medienpädagogik, Jugendschutz, Programmauflagen, Information, Kultur, Unterhaltung.
- Die weiteste Definition schließlich ist gegeben, wenn mit der Medienpolitik bestimmte Zustände der Gesellschaft angestrebt werden sollen. Stichworte: Demokratisierung, Gesellschaftsverbesserung.

(1) Als Leitbilder und Ziele der Medienpolitik, die sich unmittelbar auf die **Zustände des Mediensystems** beziehen (o. g. Variante 1), können verschiedene Kataloge herangezogen werden. So ist der folgende 5-Punkte-Katalog für kommunikationspolitische Ziele vorgeschlagen worden, die es aufrechtzuerhalten oder zu erreichen gilt (Tonnemacher 2003: 49):

- Informations- und Meinungsfreiheit,
- Freiheit und Unabhängigkeit von Presse, Rundfunk, Film und Neuen Medien,
- Vielfalt im Informations- und Kommunikationsangebot,
- Qualität der journalistischen Produkte,
- Ausgewogenheit im Informations- und Kommunikationsangebot.

Beispiele sind: UNESCO-Mediendeklaration (vgl. www.unesco.org) und die EU-Grundrechtscharta.

(2) Eine Medienpolitik, die als Leitbilder und Ziele die **Zustände der Bevölkerung** in den Blick nimmt, verlässt den engeren Blickwinkel des Mediensystems als solches und erweitert den Bezugsrahmen, indem sie die Wirkungen der Medien auf den Menschen und die Publikumsansprüche einbezieht. Im Brennpunkt stehen nun z. B. die schädlichen Einflüsse der Medien auf Kinder, Jugendliche und Erwachsene, die es zu verhindern oder zu kompensieren gilt: „Optimale Publikumszustände wollen z. B. Forderungen nach Familien- und Jugendschutz vor Medienunrat ebenso wie solche nach Programmauflagen und -koordination, um den zu wenig interessierten Bürger

zum Konsum politischer Sendungen zu veranlassen" (Saxer 2005: 78). Zu garantieren sind insofern vor allem „die Publikumszustände der Informiertheit, Kultiviertheit und Amüsiertheit" (ebd.).

> Ein Beispiel für diesen Zielansatz bietet der Schlussbericht der Enquête-Kommission „Zukunft der Medien" von 1998, in dem es heißt: „Im Bereich der Medienpädagogik hält die Enquete-Kommission folgende Maßnahmen für erforderlich: Die Familie hat nach wie vor den größten Einfluss auf den Medienkonsum von Kindern und Jugendlichen. Zugleich sind die Eltern im Umgang mit den neuen Medien häufig überfordert. Sie bedürfen daher der Unterstützung. [...] Der Umgang von Kindern und Jugendlichen mit Medien wird auch außerhalb der Familie geprägt. Dementsprechend bedarf es einer verstärkten medienpädagogischen Qualifizierung der Erziehungs- und Lehrkräfte in Kindergärten und Schulen und der in der Jugendarbeit tätigen Personen. Erforderlich sind die verbindliche Aufnahme von Medienpädagogik in die Ausbildung von Lehrkräften, Erzieherinnen und Erziehern und Sozialpädagoginnen und Sozialpädagogen sowie eine an der Medienentwicklung orientierte stetige Weiterbildung. Neben der Vermittlung von wissenschaftlichen Erkenntnissen sollte in der Aus- und Weiterbildung die modellhafte Durchführung praktischer medienpädagogischer Maßnahmen stehen. Altersspezifische medienpädagogische Modelle und Materialien sind zu entwickeln. Kindergärten und Schulen sind mit der erforderlichen Medientechnik auszustatten."

(3) Schließlich können die Leitbilder und Ziele der Medienpolitik – in einer weitestmöglichen Auslegung – auf die Veränderung von **Zuständen der Gesellschaft** ausgerichtet sein. In diesem Fall stehen die Erwartungen, die an das gesamte Medien- und Kommunikationssystem zu richten sind, bzw. ihre **Funktionen**, die sie für Gesellschaft, Politik und Wirtschaft erfüllen, im Blickpunkt des Interesses. Als politische Funktionen der Massenmedien sind zu nennen (vgl. z. B. Burkert 2002: 390 f.):

- Herstellen von Öffentlichkeit: Die Medien bieten einen Raum, im dem Öffentlichkeit erzeugt wird. Die politischen Entscheidungsträger machen über Medien ihre Absichten, Ziele und Forderungen bekannt. Alle, die am politischen Prozess beteiligt sind, treten über Medien mit- und untereinander in Kommunikation.
- Artikulationsfunktion: Die Medien verhelfen der Vielfalt der vorhandenen Interessen und Meinungen zur Artikulation. Sie sind Sprachrohr und stellen relevante Themen für den öffentlichen Diskurs bereit (Agenda-Setting-Funktion) und strukturieren diese.
- Politische Sozialisations- bzw. Bildungsfunktion: Das politische System ist unübersichtlich geworden. Die Medien machen die politischen Rollen (Wähler, Parteimitglieder, Opponenten, Demonstranten usw.) transparent. Medien erbringen entscheidende politische Sozialisationsleistungen. Medien bilden auch die Bürger zu politisch denkenden und handelnden Staatsbürgern heran.
- Kritik- und Kontrollfunktion: Es geht um die Fähigkeit und Möglichkeit von Mitgliedern der Gesellschaft, über die Medien Kritik an den politischen Machtträgern zu üben – ein zentrales Kennzeichen der Demokratie.

Diesem Katalog sind Funktionen wie eine allgemeine Informationsfunktion (Nachrichtenvermittlung), die Integrationsfunktion (Suchen nach gemeinsamen Zielen) und die Korrelationsfunktion (Meinungsbildung) hinzuzufügen. Vor diesem Hintergrund betrachtet soll die Medienpolitik dazu beitragen, dass die Medien eine wesentliche, die Demokratie sichernde und das politisch-administrative System stabilisierende Rolle ausüben. Man kann dabei von der These ausgehen, dass sie diese Rolle umso besser erfüllen, je weniger sie sich als ein Instrument in der Hand der Politik verstehen, d. h. je mehr sie sich als möglichst neutrale Vermittler öffentlicher Kommunikation und Forum für die Meinungsbildung verstehen. Je mehr die Medien zur „Inszenierung" eigener und fremder Interessen neigen, desto weniger können sie den Funktionsansprüchen gerecht werden und desto mehr werden sie instrumentalisiert.

> Die Ausrichtung der Medienpolitik auf Funktionen kommt z. B. im „Funktionsauftrag" des ZDF zum Ausdruck, der mit den folgenden Begriffen umschrieben wird (vgl. www.zdf.de): Informationsauftrag, Orientierungsfunktion, Forumsfunktion, Integrationsfunktion, Leitbildfunktion, Kulturauftrag, Produktionsauftrag, Innovationsfunktion

Im vorliegenden Kontext ist es eine wichtige Frage, ob und inwieweit die Medienpolitik – weit über die „originären" kommunikationspolitischen Intentionen hinaus – in den Dienst anderer Politikbereiche gestellt werden soll. Insbesondere ist zu fragen, ob Medienpolitik als ein **Instrument der Wirtschaftspolitik** genutzt werden sollte. Eine solche Indienststellung der Medien für fremde Zwecke ist nicht selbstverständlich und könnte man als „Überfremdung" bzw. als „überfremdete Medienpolitik" bezeichnen (vgl. Saxer 2005: 78). Setzt man sich über solche Bedenken hinweg und berücksichtigt fremde Ziele – z. B. wirtschaftspolitische – im Leitbildkatalog der Medienpolitik, so sollte freilich Einigkeit darüber bestehen, dass solche fremden Ziele eine „dienende" Funktion ausüben sollten, dienend in dem Sinne, dass sie lediglich dazu da sind, die Kernziele der Medienpolitik, und das sind eben Kommunikationsziele wie Informationsfreiheit und Meinungsvielfalt, zu unterstützen. Diese Einigkeit scheint freilich nicht immer vorhanden zu sein: So wird häufig beklagt, die Medienpolitik sei zu einer reinen Wirtschaftsstandortpolitik „verkommen".

> „Spätestens durch die Konkurrenz der vier Medienstandorte in Deutschland ist Medienpolitik zunehmend eine Frage der Wirtschafts-, Innovations- und Strukturpolitik. Aus dieser Sicht ist es völlig müßig danach zu fragen, ob ein Fernsehfilm gut oder schlecht ist. Entscheidend ist, wo er produziert wird" (Mai 2005: 61).

Für eine Berücksichtigung wirtschaftspolitischer Ziele spricht, dass zwischen den Zieldimensionen der Medien-/Kommunikations- und Wirtschaftspolitik Verbindungslinien bestehen, so etwa zwischen dem ökonomischen Ziel der Verteilungsgerechtigkeit und dem medienpolitischen Ziel des Abbaus der Wissenskluft und des Stadt-Land-Gefälles, oder z. B. zwischen dem Wachstums- und Wohlstandsziel und dem Ziel des inter- und intramedialen publizistischen Wettbewerbs.

> Das Zielsystem der Wirtschaftspolitik wird mit den folgenden Begriffen umschrieben: Vollbeschäftigung, Preis- und Geldwertstabilität, außenwirtschaftliches Gleichgewicht, angemessenes und stetiges Wirtschaftswachstum und gerechte Einkommens- und Vermögensverteilung.

Medienpolitik in ihrer Ausprägung als Wirtschaftspolitik wird besonders das Ziel des Wirtschaftswachstums in den Mittelpunkt rücken und damit die **Allokationspolitik**, zu interpretieren als eine Politik der optimalen Verwendung volkswirtschaftlicher Ressourcen. Eine besondere Rolle spielt dabei die sektorale und räumliche Strukturpolitik. Diesem prozesspolitischen Ansatz vorgelagert ist die Ordnungspolitik, die von den folgenden Zielen ausgeht: Bekämpfung von Monopolisierung und monopolistischem Machtmissbrauch, Bekämpfung von ruinösem Wettbewerb, Verhinderung von Marktversagen privater Unternehmen.

10.4 Instrumente

Bei der Frage, welche Instrumente eingesetzt werden können, um die Ziele und Leitbilder anzusteuern, steht ein breites Spektrum an Optionen zur Verfügung.

Das medien- und kommunikationspolitische Instrumentarium kann dabei nach dem Grad des staatlichen Eingriffs in die **vier Politikfelder** Selbstregulierung, Rahmensetzung durch Ordnungspolitik, Prozess- und Strukturpolitik und Ersatz der marktmäßigen Eigenleistung durch ein staatliches bzw. öffentliches Güterangebot unterschieden werden (vgl. Abb. 10-1).

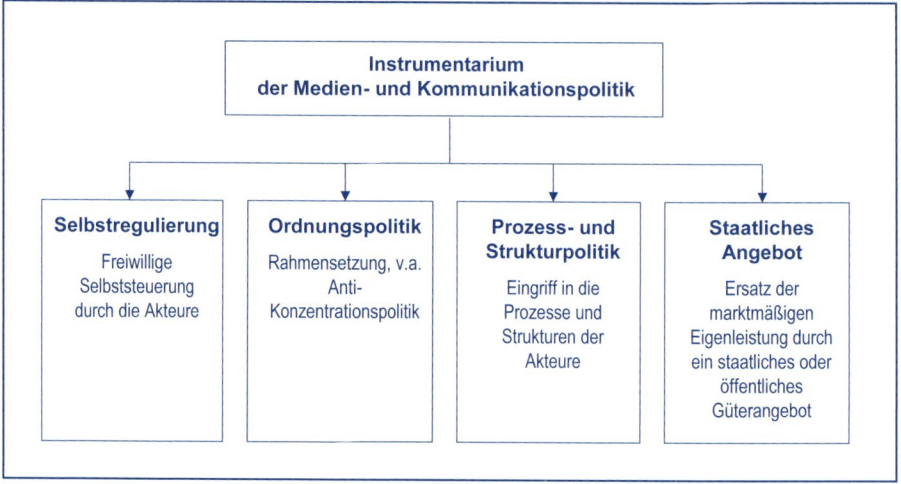

Abb. 10-1: *Medien- und kommunikationspolitisches Instrumentarium*

(1) Der **Selbststeuerung** bzw. **Selbstregulierung** durch die medienpolitisch relevanten Akteure kommt höchste Bedeutung zu. Hauptgrund ist ein tiefer Zweifel an der Steuerungsfähigkeit des medienpolitischen Systems bzw. von Systemen überhaupt, wie er von der Systemtheorie postuliert wird. In der Extremposition wird die Steuerungsfähigkeit von selbstreferentiellen Systemen sogar gänzlich negiert.

> „Das Mediensystem durch die Politik oder durch ein anderes Teilsystem zu steuern, wäre demnach ausgeschlossen, weil Systeme sich nur selbst steuern, aber nicht gezielt von außen beeinflusst, sondern allenfalls „irritiert" werden können" (Sarcinelli 2006: 209).

Weniger radikale Vorstellungen hegen zwar ebenfalls Zweifel an der Steuerungsfähigkeit, schließen aber die Beeinflussungsmöglichkeit nicht grundsätzlich aus.

> „Weniger rigorosen Vertretern der Systemtheorie erscheint Selbststeuerung eines komplexen Systems und Kontextsteuerung im Falle externer Einflussnahme, die als wechselseitige Abstimmung in Form eines Dialogs über die Verträglichkeit von Optionen angelegt sein muss, angemessener und produktiver" (ebd.).

Fakt ist, dass die Vorstellung, das Instrumentarium der Medienpolitik bestehe aus einem Bündel von Maßnahmen der *hierarchischen* Einflussnahme, eine reichlich naive Fehleinschätzung wäre. Richtig ist vielmehr, dass die „regulierte Selbststeuerung" geradezu als „Prototyp der Medienregulierung" gelten kann, der Tatsache folgend, dass im Bereich der Medien- und Kommunikationsordnung eine besondere Sensibilität gegenüber staatlichen Eingriffen angebracht ist (vgl. Hoffmann-Riem 2002: 186).

„Für den Medienbereich ist vielmehr seit langem ein vorrangiges Vertrauen auf Selbstregulierung prägend, das allerdings durch eine regulative Umhegung dieser Selbstregulierung ergänzt wird" (ebd.).

So kommt in der Medienpolitik denn auch dem Prinzip der Staatsfreiheit bzw. dem Neutralitätsgebot eine prominente Bedeutung zu, nach der sich der Staat gegenüber den medialen Inhalten streng neutral zu verhalten hat (vgl. ebd. 180). Eingriffe des Staates, die gegen die Interessen der Betroffenen gerichtet sind, würden vor diesem Hintergrund auch schnell zu Ausweichreaktionen und Widerstand führen.

„Es ist daher kein Zufall, dass die zur Implementation des Medienrechts im privatwirtschaftlichen Sektor eingesetzten Aufsichtsinstanzen – beim privaten Rundfunk etwa die Landesmedienanstalten – sehr zurückhaltend mit repressiven Sanktionen sind. Stattdessen sind sie um Kooperation bemüht, vertrauen auf informelle Problemlösungen und nutzen möglichst weitgehend „weiche" Steuerungsinstrumente wie Beratung, Hinweise, gegebenenfalls Inaussichtstellung sanktionierender Maßnahmen" (Hoffmann-Riem 2002: 188 f.).

Diese Zurückhaltung des Staates hat dazu geführt, dass medienpolitische Entscheidungen immer weniger in den Staatsapparaten („Governments") fallen, sondern in Form der Selbstregulierung entweder am Markt oder in Schlichtungs- und Aushandlungsverfahren durch Koalitionen ganz unterschiedlicher Akteure. Die Konsequenz ist eine steigende Verantwortung, der alle Beteiligten, insbesondere die Medienunternehmen, bei ihrem publizistischen Handeln gerecht werden müssen. Abzuverlangen ist insbesondere auch eine *öffentliche* Verantwortung ihres Handelns, eine Forderung, die als **Media Governance** bezeichnet wird.

„Mit Media Governance sollten Unternehmen die Verpflichtung eingehen, regelmäßig das gesellschaftlich-publizistische Risikopotential zu erfassen, zu evaluieren und gleichzeitig über die von Medienunternehmen ergriffenen Maßnahmen zur Verringerung des Risikopotentials zu informieren" (Sarcinelli 2006: 213).

In der praktischen Medienpolitik stehen die folgenden **Phänomene der Selbstregulierung** im Mittelpunkt, die sich nach dem abnehmenden staatlichen Einfluss in die folgenden Gruppen gliedern lassen:

- Die staatlichen Akteure versuchen durch moralische Appelle („moral suasion") oder offene oder versteckte Drohungen die Beteiligten zu zielkonformem Handeln zu bewegen. Sie können auch durch beratende Unterstützung Einfluss nehmen.
- Der Staat unterstützt Einrichtungen, die den Medienkonsumenten in dessen Marktmacht stärken. So wird immer wieder eine „Stiftung Medienqualität" ins Gespräch gebracht, die – im Sinne der Theorie der Institutionenökonomik – dem Zuschauer, Leser und Hörer bessere Instrumente des „Screening" an die Hand gibt, die seinen Informationsnachteil gegenüber den Medienanbietern ausgleichen (vgl. z. B. Elitz 2010).
- Die verschiedenen Medienbranchen haben – unabhängig vom Staat – zahlreiche Einrichtungen der freiwilligen Selbstkontrolle geschaffen, die über die „Sauberkeit" der Medieninhalte wachen sollen – freilich erst als nachträgliche Kontrolle und nur mit empfehlendem Charakter. Träger dieser Einrichtungen sind gemein-

nützige Vereine aus Medienanbietern oder Verbände. Die Mitglieder verpflichten sich zur Einhaltung ethischer Grundsätze, bei Beschwerden kann es zu öffentlichen Rügen kommen.

> In Deutschland existieren v. a. die folgenden Einrichtungen: (1) Zeitungen und Zeitschriften: Deutscher Presserat, (2) Werbewirtschaft: Deutscher Werberat, (3) Filmwirtschaft: Freiwillige Selbstkontrolle der Filmindustrie (FSK), (4) Privatfernsehen: Freiwillige Selbstkontrolle Fernsehen (FSF), (5) Multimedia-Dienste: Freiwillige Selbstkontrolle Multimedia-Diensteanbieter (FSM), (6) Telefonmehrwertdienste: Freiwillige Selbstkontrolle Telefonmehrwertdienste e.V. (FST), (7) Unterhaltungssoftware: Unterhaltungssoftware Selbstkontrolle (USK).

- Die Konsumenten werden selbst aktiv und schaffen etwa über Leserbriefe, v. a. aber über Internet-Plattformen ein Forum, über das eine soziale Sanktionierung gemeinwohlschädigenden Verhaltens erfolgt, z. B. durch Ächtung von Anbietern, die eine unlautere Berichterstattung betreiben oder fehlerhafte Darstellungen publizieren. Die Selbstregulierung über einen solchen „User Generated Content" ist in seiner Wirkung hoch beachtlich.

Allen Ansätzen der Selbstregulierung ist gemein, dass der Staat nur als Moderator und Koordinator fungiert und sich auf eine Initiativ-, Moderations-, Kontroll- und Entscheidungsfunktion beschränkt. Das Leitmotto ist, Medienregulierung durch die Gesellschaft anstatt Medienregulierung durch den Staat zu praktizieren.

(2) Ist Medienpolitik auf die rechtliche Rahmensetzung ausgerichtet, versteht sie sich als **Ordnungspolitik** („Medien-Ordnungspolitik").

> „Die Ordnungspolitik befaßt sich mit der Frage, wie die institutionellen Rahmenbedingungen eines bestimmten Aktivitätsbereiches beschaffen sein sollen, damit das individuelle Handeln der Beteiligten zu insgesamt guten Ergebnissen führt" (Kruse 1989: 78). M. a. W. und bezogen auf die Wirtschaftspolitik: „Gegenstand der Ordnungspolitik ist die Gestaltung der morphologischen, rechtlichen und institutionellen Rahmenbedingungen, unter denen die Wirtschaftssubjekte agieren und ihre ökonomischen Handlungen aufeinander abstimmen" (Peters 2000: 102).

Der klassische ordnungspolitische Ansatz ist wirtschaftlich ausgerichtet und hat drei Kernaufgaben zu erfüllen (vgl. Peters 2000: 102):

- Eigentums- und Verfügungsrechtspolitik: Ziel ist es, die Autonomie der Wirtschaftssubjekte durch eine private Eigentumsordnung zu gewährleisten und die Verfügungsrechte („property rights") zu sichern.
- Marktfunktionspolitik: Ordnungspolitik sichert die Funktionsfähigkeit der Marktwirtschaft und ermöglicht ein dezentrales Planungs- und Koordinierungssystem.
- Wettbewerbspolitik: Schließlich geht es darum, eine Wettbewerbsordnung zu schaffen, die den Wettbewerb schützt und Wettbewerbsbeschränkungen (bzw. Konzentration) unterbindet.

(a) Der Aspekt der **Eigentums- und Verfügungsrechtspolitik** ist für den Medienbereich von höchster Brisanz, wie der Blick auf die gravierenden Verletzungen des Urheberrechts in zahlreichen Medienmärkten, v. a. im Musik- und Filmmarkt, zeigt.

(b) Die Sicherung der Funktionsfähigkeit des Marktmechanismus – mithin die **Marktfunktionspolitik** – ist angesichts der besonderen Eigenschaften von Medienprodukten (vgl. Kapitel 5) ein wichtiges Thema. Die Problemfaktoren lassen sich anhand der Begriffe öffentliche Güter (Nicht-Ausschließbarkeit von zahlungsunwilligen Nutzern, Nicht-Rivalität im Konsum), meritorische Güter, externe Effekte und Informationsmängel dingfest machen. Die Konsequenzen sind vollständiges oder partielles Marktversagen sowie unbefriedigende Marktergebnisse.

(c) Was die **Wettbewerbspolitik** anbelangt, so geht es um möglichst freie und uneingeschränkte Wettbewerbsverhältnisse zwischen den Marktakteuren und damit v. a. um die Bekämpfung von Konzentration und Monopolisierung. Hintergrund ist die Vermutung, dass Einschränkungen des Wettbewerbs zwischen den Medienanbietern nicht nur wirtschaftlich, sondern auch in publizistischer Hinsicht bedenklich sind. Im Allgemeinen wird angenommen, dass eine Einschränkung des wirtschaftlichen Wettbewerbs eine ebensolche Einschränkung des publizistischen Wettbewerbs und damit der Meinungsvielfalt mit sich bringt. Dieser intuitiv als logisch anzunehmende komplementäre Zusammenhang zwischen ökonomischer und publizistischer Konkurrenz ist freilich nicht unbedingt als stringent anzusehen. Systematisch gesehen können sich dabei drei unterschiedliche Typen von Zusammenhängen ergeben:

- Komplementarität: Ein Mehr an ökonomischem Wettbewerb sichert mehr publizistische Vielfalt. Umgekehrt gilt: Bei Einschränkung des ökonomischen Wettbewerbs zwischen den Medienunternehmen kommt es gleichzeitig auch zu einer Einschränkung des publizistischen Wettbewerbs und damit zu einer Einschränkung der Vielfalt.
- Konflikt: Ein Mehr an wirtschaftlichem Wettbewerb führt zu einer Einschränkung des publizistischen Wettbewerbs. Hier gilt umgekehrt: Wirtschaftliche Konzentration kann sogar den publizistischen Wettbewerb stärken. Ein möglicher Grund kann sein, dass Monopol- bzw. Oligopol-Unternehmen wirtschaftlich leistungsstärker sind und Vielfalt besser abbilden können.
- Neutralität: Wirtschaftlicher und publizistischer Wettbewerb stehen in keiner systematischen Beziehung zueinander.

Zur These der Komplementarität: Bei der ökonomischen Konzentration ist die Verfügungsmacht über Finanzmittel und Ressourcen auf eine verkleinerte Zahl von Medienunternehmen konzentriert und der Leistungswettbewerb ist eingeschränkt. Publizistische Konzentration bedeutet, dass die Macht über die Themen und die Inhalte (Contents) auf eine verringerte Zahl von Medienunternehmen und Anbietern konzentriert ist. Dadurch ist der Wettbewerb im Meinungs- und Themenmarkt eingeschränkt, was die „zentrale Norm des Systems Publizistik", nämlich die Vielfalt als zentralen verfassungsrechtlichen Zielwert, gefährdet (vgl. Heinrich 2001: 124).

Zur Konflikt-These: „Während in den Anfängen der Diskussion um die Pressekonzentration vom einfachen Kausalmodell „eine Vielzahl unabhängiger publizistischer Medienanbieter garantiert auch publizistische Vielfalt" ausgegangen wurde, zeigt sich im Lauf der Forschungsbemühungen, dass dieser Zusammenhang sich nicht so einfach manifestierte ... Vielmehr kann sich Medienkonzentration „nicht entweder systematisch negativ (vielfaltsbeschränkend) oder systematisch positiv (vielfaltsfördernd) auswirken, sondern einmal positiv und ein andermal negativ" (Knoche 1999: 135). So besteht beispielsweise „die Möglichkeit einer inneren Vielfalt innerhalb der Monopol- oder Oligopolunternehmen" (Knoche 1999: 136), d. h. die gesteigerte Ertragskraft ermöglicht theoretisch den Ausbau der publizistischen Leistung (vgl. Meier/Trappel 2001: 181). Umgekehrt kann auch eine Vielzahl, in Wettbewerb stehender, unabhängiger Anbieter ähnliche Produkte hervorbringen (vgl. Knoche 1999: 136). Insgesamt besteht ein komplexer Zusammenhang zwischen Medienkonzentration und publizistischer Leistung und Vielfalt. Meier/Trappel (2001: 169) gehen in Anlehnung an McQuail (1992) von einem Zusammenspiel von Marktstruktur, Marktverhalten und Marktergebnis aus: Die Qualität von Medienprodukten ist gemäß diesem Modell nicht nur von Marktstrukturen abhängig, sondern ebenso vom jeweiligen unternehmerischen Verhalten" (Schwerb 2007: 223).

Konzentration kann grundsätzlich durch interne Unternehmenskonzentration (überproportionales Wachstum großer Unternehmen), durch Marktaustritte von Unternehmen oder durch externe Unternehmenskonzentration bzw. Zusammenschlüsse erfolgen. Den bei weitem stärksten Einfluss auf die Anbieterstruktur übt dabei die zuletzt genannte Ursache aus (vgl. Monopolkommission, 1982: 202). Ein Unternehmenszusammenschluss kann durch eine Fusion mit Aufgabe der rechtlichen Selbständigkeit eines Unternehmens oder durch Kooperationen unabhängiger Unternehmen erfolgen. Die Fusion kann als Konzentration mit „hoher Bindungsintensität" im Vergleich zur Kooperation mit „niedriger Bindungsintensität" gekennzeichnet werden.

Im Hinblick auf die Ausrichtung der Konzentration bzw. „Verflechtungen" können vier Typen unterschieden werden (vgl. z. B. Beyer/Carl 2013: 122 ff.), wobei für die Einordnung eines Vorgangs als Konzentration das Vorliegen einer Verbindung von sog. „relevanten Märkten" maßgeblich ist:

- Horizontale Konzentration liegt vor, wenn der Zusammenschluss auf der gleichen Wertschöpfungsstufe eines Wirtschaftszweiges erfolgt, z. B. wenn sich zwei oder mehrere TV-Sender zu einer Senderfamilie zusammenschließen oder Zeitungsverlage miteinander kooperieren.

    Historische Beispiele: Bertelsmann/RTL kauft n-tv; Holtzbrinck kauft die Berliner Verlag GmbH; versuchte Übernahme von Kabel Baden-Württemberg durch Kabel Deutschland.

- Vertikale Konzentration entsteht durch Zusammenschluss oder Zusammenarbeit auf vor- oder nachgelagerten Stufen der Wertschöpfungskette, z. B. wenn sich Verlage an Nachrichtenagenturen beteiligen oder eine eigene Druckerei betreiben oder wenn sich TV-Veranstalter im Vertriebsbereich an Kabelnetzbetreibern beteiligen. Die Beteiligung an Unternehmen, die in der Wertschöpfungskette vorgelagert sind, nennt man „Rückwärtsintegration", die Beteiligung an nachgelagerten Unternehmen „Vorwärtsintegration".

    Beispiele: Der TV-Sender Viva Media AG übernimmt das Produktionsunternehmen Brainpool (Rückwärtsintegration). Die Kabelgesellschaft Kabel Deutschland GmbH (KDG) bietet über digitale Pay-TV-Plattformen fremdsprachige Programmpakete an (Rückwärtsintegration).

    Das Hollywood-Studio MGM gründet den MGM Channel (Vorwärtsintegration). Die Spiegel TV GmbH betreibt gemeinsam mit DCTP den Sender XXP (Vorwärtsintegration). Ein Versandhaus beteiligt sich an einem Teleshopping-Sender (Vorwärtsintegration).

- Diagonale Konzentration – auch „Diversifikation" bzw. „laterale Konzentration" genannt – entsteht, wenn der Zusammenschluss oder die Zusammenarbeit in Bereichen erfolgt, die keinen direkten sachlichen Bezug aufweisen. Im Medienbereich erweisen sich die meisten auf den ersten Blick diagonalen Verflechtungen von Verlagen und TV-Sendern als horizontale oder vertikale. Diese können als „unechte diagonale Konzentration" bezeichnet werden. Im Gegensatz dazu stehen echte diagonale Konzentrationsformen.

Beispiele für unechte diagonale Konzentrationen: Beteiligung von Presseunternehmen an TV-Sendern, z. B. Beteiligung des Springer-Verlags an den Sendern der ProSiebenSat1 Media AG; Beteiligung der WAZ-Gruppe, des Burda- und des Bauer-Verlags an RTL II; „Bild-T-Online" als Joint Venture des Springer Verlags und von T-Online; Portalpartnerschaft von T-Online mit ZDF, Motorpresse Stuttgart und Burda Verlag. Beispiele für echte diagonale Konzentrationen: Rewe beteiligte sich an Sat1; Bauunternehmung Fininvest (Berlusconi) beteiligt sich an privatem TV-Sender.

- Netzwerk-Unternehmen (verwandte Begriffe: Unternehmensnetzwerk, globales Netzwerk, Business-Webs, virtuelle Unternehmen) schließlich sind Folge der Zusammenarbeit von Unternehmen der Internetökonomie, deren Kernkompetenzen sich innerhalb der Wertschöpfungskette ergänzen (Zerdick et al. 2001: 180 f.). Prominentes Merkmal eines Netzwerk-Unternehmens ist es, dass der Kunde konsequent in das Zentrum der Wertschöpfung gerückt wird und alle am Wertschöpfungsprozess beteiligten Unternehmen in der Weise zusammen arbeiten, dass sie ihm eine ganzheitliche Problemlösung zur Verfügung stellen können. Hinter dem Angebot steht keine reale Organisationsstruktur, sondern eine temporäre, formlose Kooperation zwischen rechtlich unabhängigen Unternehmen, deren Zusammenhalt durch wirtschaftliche Anreize ausgelöst wird.

Beispiele: Modell der Agenturen (Werbeagenturen, Multimedia-Agenturen; Technology Webs, z. B. das „Wintel-Gespann" als Kooperation von Windows und Intel; Customer Webs, z. B. „Sportsline USA" von CBS. Das Angebot reicht von aktuellen Meldungen über Datenbanken, Spielberichte, Adressenverzeichnisse, Videosequenzen, Interviews, Ratgeber, Chat-Räume, Kartenverkauf, Verlosung von Reisen zu Sportveranstaltungen bis hin zum Verkauf von Fanartikeln.

Vor diesem Hintergrund sind als ordnungspolitische Instrumente vorrangig die Gestaltung des Urheberrechts und die Zusammenschlusskontrolle zu nennen.

Nach dem Gesetz gegen Wettbewerbsbeschränkungen (GWB) kann die Kartellbehörde (Bundeskartellamt) ein Verbot von Zusammenschlüssen verhängen, wenn das Entstehen oder die Verstärkung einer marktbeherrschenden Position zu entstehen droht. Dabei müssen gewisse Voraussetzungen vorliegen. Der Zusammenschluss wird untersagt, wenn zu erwarten ist, dass eine marktbeherrschende Stellung entsteht oder verstärkt wird und die beteiligten Unternehmen den Nachweis nicht antreten können, dass Verbesserungen der Wettbewerbsbedingungen eintreten, die die Nachteile der Marktbeherrschung überwiegen. Der Bundeswirtschaftsminister kann bei „überragendem Interesse der Allgemeinheit" das Votum des Bundeskartellamtes überstimmen und den Zusammenschluss dennoch genehmigen. Bei Zusammenschlüssen von EU-weiter Bedeutung kommt ergänzend die Zusammenschlusskontrolle auf EU-Ebene in der Zuständigkeit der Europäischen Kommission zum Zuge.

Als zentraler Maßstab für die Messung ökonomischer Konzentration ist der Marktanteil anerkannt. Er dient im Medienbereich auch als wichtiger Indikator zur Messung der publizistischen Konkurrenz, wird zumeist aber noch durch weitere Maßstäbe ergänzt. Im Einzelnen stellt sich die Frage der Konzentrationsmessung in den Medienteilmärkten unterschiedlich.

Messung der Konzentration bei Tageszeitungen: Maßstab für die ökonomische Konzentration sowohl auf dem Leser- als auch auf dem Werbemarkt sind die Marktanteile. Je nach Teilmarkt wechselt die Bezugsgröße. Als Messkriterien für die publizistische Konkurrenz gelten die Zahl der Zeitungsausgaben (dabei zählen zwei Zeitungen mit einheitlichem Mantel, aber unterschiedlichem Regionalteil als zwei Ausgaben), die publizistischen Einheiten bzw. Vollredaktionen (Anzahl der unabhängig voneinander arbeitenden Redaktionen aus) und die Zeitungsdichte bzw. Ein- und Mehr-Zeitungskreise (ein Ein-Zeitungskreis ist eine Region, bei der die regionale/lokale Berichterstattung nur von einer Zeitung abgedeckt ist).

Messung der Konzentration im Rundfunk (v. a. Fernsehen): Maßstab für die ökonomische Konkurrenz im Fernsehen sind die Zuschauer-Marktanteile. Zusätzlich gelten die Vorschriften zur Vermeidung publizistischer Konzentration und zur Sicherung der Meinungsvielfalt nach dem Rundfunkstaatsvertrag (RStV). Danach ist einem Unternehmen die unbegrenzte Zahl von bundesweiten TV-Programmen erlaubt, es sei denn, es erlangt dadurch vorherrschende Meinungsmacht nach Maßgabe der nachfolgenden Bestimmungen: § 26 Abs. 1: Unternehmen können eine unbegrenzte Anzahl von Programmen veranstalten, solange sie keine Meinungsmacht erlangen. § 26 Abs. 2: Vorherrschende Meinungsmacht wird angenommen, wenn der Zuschauermarktanteil bei 30 Prozent liegt. Ist das Unternehmen auf medienrelevanten verwandten Märkten marktbeherrschend, reduziert sich diese Grenze auf 25 Prozent. Welche Programme zuzurechnen sind, bestimmt § 28 RStV. § 26 Abs. 5: Liegt der Zuschauermarktanteil eines Vollprogramms oder eines Spartenprogramms mit Schwerpunkt Information bei 10 Prozent oder mehr, dann hat dieser Veranstalter Sendezeit für unabhängige Dritte bereitzustellen. Das Gleiche gilt für die zurechenbaren Programme eines Veranstalters, wenn der Zuschauermarktanteil bei 20 Prozent liegt. Die Einzelheiten dieser Regelungen sind im § 31 geregelt. Abs. 25 Abs. 4: Bundesweite Vollprogramme, die terrestrisch verbreitet werden, müssen Fensterprogramme aufnehmen. § 32: Anstelle von Entflechtungen bei Vorliegen von Meinungsmacht (§ 26 Abs. 4) kann der Veranstalter auch verpflichtet werden, einen Programmbeirat zur Sicherung der Meinungsvielfalt einzurichten. Die Überwachung dieser Vorschriften übernehmen die Landesmedienanstalten in Zusammenarbeit mit der Kommission zur Ermittlung der Konzentration im Medienbereich (KEK) und deren Analysen.

(3) Deutlich von der Ordnungspolitik abzugrenzen sind diejenigen medienpolitischen Ansätze, die in die Abläufe und Strukturen der Medienerstellung eingreifen. Solche Interventionen bedeuten einen Eingriff in die Entscheidungshoheit der Akteure und markieren die Medienpolitik als **Prozess- und Strukturpolitik**.

Unter Prozesspolitik versteht man alle Maßnahmen zur Beeinflussung des Wirtschaftsprozesses, d. h. des wirtschaftlichen Geschehens im Bereich der Erzeugung und des Tausches von Gütern und Leistungen. Damit handelt es sich um einen Eingriff in das Marktgeschehen und im Gegensatz zur Ordnungspolitik nicht nur um die Setzung von Rahmenbedingungen.

Die Strukturpolitik ist der Oberbegriff für die wirtschaftspolitischen Maßnahmen, die das Ziel verfolgen, die vorhandene Wirtschaftsstruktur so zu beeinflussen, dass sie im Wettbewerb standhalten können. Sie tritt zum einen in Form der regionalen Strukturpolitik auf, bei der bestimmte Regionen oder Standorte gefördert werden sollen, zum anderen in Form der sektoralen Strukturpolitik, wo es um die Steigerung der Anpassungsfähigkeit von Branchen oder Industrien geht. Strukturpolitik kann auf die Verbesserung der Infrastruktur (Verkehr, Telekommunikation) abzielen oder zukunftsorientiert auf eine Verbesserung der Bildung, der Aus- und Weiterbildung angelegt sein. Wichtige Instrumente der Strukturpolitik sind Steuererleichterungen und Subventionen, Ge- und Verbote sowie die finanzielle Förderung von Forschung, Bildung und Ausbildung. Gelegentlich wird Strukturpolitik als Teilgebiet und nicht als ergänzendes Gebiet der Prozesspolitik verstanden.

Die Prozess- und Strukturpolitik, wie sie im Medienbereich praktiziert wird, geschieht im Wesentlichen über zwei Wege:

- Verbote und Gebote;
- Subventionen und Steuern.

Vorgaben für die Akteure in Form von **Verboten und Geboten** können alle Stufen des medialen Wertschöpfungsprozesses betreffen:

- Zutrittsbeschränkungen zu einzelnen Märkten. Beispiele: Zulassung von privatem Rundfunk durch ein Lizenzierungsverfahren der Landesmedienanstalten; Gewährung einer Bestands- und Entwicklungsgarantie für die öffentlich-rechtlichen Rundfunkanstalten.

- Vorgaben für die Produktion. Beispiele: Beschränkung der Werbung für Rundfunkanbieter (privat und öffentlich-rechtlich); Grundversorgung, Programmauftrag und Beschränkung der erwerbswirtschaftlichen Betätigung für die öffentlich-rechtlichen Rundfunkanstalten; bei privaten TV-Sendern Verpflichtung, Sendezeit an unabhängige Dritte einzuräumen („Drittsendelizenz"), Verpflichtung, Raum für religiöse Sendungen zu schaffen.

    Eine Drittsendelizenz soll senderunabhängigen Rundfunkveranstaltern Sendeplätze in Fernsehkanälen sichern und dadurch im Sinne des „binnenpluralistisches Modells" das Ziel der Meinungsvielfalt unterstützen. Nach RStV muss ab einem durchschnittlichen Zuschaueranteil von 10 % eine wöchentliche Sendezeit von mindestens 260 Minuten unabhängigen Dritten zur Verfügung gestellt werden.

- Vorgaben für die Preis- und Tarifgestaltung der Akteure. Beispiele: Buchpreisbindung, Erhebung von Rundfunkbeiträgen.
- Vorgaben für den Absatz. Beispiele sind Vorgaben für die Werbung, sog. „Schutzlisten" oder die Quotierung von Programminhalten.

    Das Beispiel TV-Werbung: (a) Verboten ist lt. RStV Werbung für Tabakprodukte, für verschreibungspflichtige Arzneimittel und Unterbrecherwerbung in Nachrichten (Sendungen bis 30 Minuten), Kinderprogrammen und religiösen Sendungen. (b) Der Werbezeit-Anteil an der täglichen TV-Sendezeit darf insgesamt max. 20 Prozent betragen, Spotwerbung max. 15 Prozent. Innerhalb von 60 Minuten darf die Spotwerbung einen Anteil von 20 Prozent, d. h. 12 Minuten pro Stunde, nicht überschreiten. Für Sonderwerbeformen dürfen 5 Prozent der Werbezeit verwendet werden. Teleshopping ist auf 60 Minuten pro Tag beschränkt, Sponsoring ist erlaubt. (c) Zeitstruktur der Werbung: Werbung darf nur zwischen einzelnen Sendungen ausgestrahlt werden, d.h. Unterbrecherwerbung ist nur mit Einschränkungen erlaubt. Der Abstand zwischen zwei Unterbrecher-Werbeblöcken muss mindestens 20 Minuten betragen, Ausnahme Sportsendungen: Blöcke zwischen den eigenständigen Teilen und in Pausen sind erlaubt. Spielfilme mit einer Länge von 45 Minuten dürfen einmal unterbrochen werden, ab 90 Minuten zweimal, ab 110 Minuten dreimal.

    Das Beispiel Schutzliste: Nach §4 RStV dürfen bestimmte Großereignisse „von erheblicher gesellschaftlicher Bedeutung" nicht exklusiv im Pay-TV ausgestrahlt werden: „(2) Großereignisse im Sinne dieser Bestimmung sind: 1. Olympische Sommer- und Winterspiele, 2. bei Fußball-Europa- und Weltmeisterschaften alle Spiele mit deutscher Beteiligung sowie unabhängig von einer deutschen Beteiligung, 3. das Eröffnungsspiel, die Halbfinalspiele und das Endspiel, 4. die Halbfinalspiele und das Endspiel um den Vereinspokal des Deutschen Fußball-Bundes, 5. Heim- und Auswärtsspiele der deutschen Fußballnationalmannschaft, 6. Endspiele der europäischen Vereinsmeisterschaften im Fußball (Champions League, UEFA-Cup) bei deutscher Beteiligung. Bei Großereignissen, die aus mehreren Einzelereignissen bestehen, gilt jedes Einzelereignis als Großereignis. Die Aufnahme oder Herausnahme von Ereignissen in diese Bestimmung ist nur durch Staatsvertrag aller Länder zulässig."

    Das Beispiel Quotierung von Programminhalten: Unter dem Schlagwort „Deutschquote" (auch „Radioquote" oder „Musikquote") wird schon seit langem eine Diskussion darüber geführt, ob in den deutschen Radiosendern zu wenig deutschproduzierte und deutschsprachige Musik gespielt wird und ob es angebracht ist – z. B. dem französischen Vorbild folgend – eine Mindestquote deutscher Musik vorzuschreiben. In Frankreich gilt seit 1994 die Vorschrift, dass zur Wahrung der kulturellen Identität in Radiosendern eine sog. „Radioquote" eingehalten werden muss. Danach sind Radiostationen verpflichtet, mindestens 60 % der Sendezeit mit Produktionen europäischer Künstler auszufüllen sowie 40 % mit den Produktionen französischer Interpreten. Von diesen 40 % muss wiederum die Hälfte aus Neuheiten bestehen, die vom Gesetzgeber definiert werden als Musiker, die noch nicht zweimal je 100.000 CDs verkauft haben. Eine Ausnahme dieser Regelung bildet der Zeitraum zwischen 22:30 Uhr und 6:30 Uhr: hier sind die Sender in ihrer musikalischen Programmgestaltung frei. Angesichts der starken Dominanz englischsprachiger Titel in deutschen Hörfunkprogrammen wird die Forderung nach der Deutschquote verständlicherweise vor allem von deutscher Produzentenseite erhoben. Zu diesem Thema vgl. Friedrichsen 2005; Goldhammer et al. 2005; Decker 2006.

Weniger direkt als Verbote und Gebote greifen **Subventionen und Steuern** in die Entscheidungshoheit der Akteure ein, sind aber gleichwohl als prozess- und strukturpolitische Interventionen zu sehen, die in diesem Fall aber über den fiskalischen Mechanismus ablaufen. Im Vordergrund der Maßnahmen stehen Ziele der regionalen und sektoralen Strukturpolitik.

- Bei der regionalen Strukturpolitik geht es um die Beeinflussung der Medienentwicklung unter räumlichen Gesichtspunkten, wie sie v. a. als Medienstandortpolitik insbesondere von Ländern und Kommunen, im EU-Kontext aber auch durch den Bund betrieben werden.

  Besonders beeindruckend ist dabei das Instrumentarium, das die Bundesländer zur Stärkung ihrer Medienstandorte einsetzen. So betreibt z. B. Baden-Württemberg (wie andere Bundesländer auch, vor allem Nordrhein-Westfalen) ein umfangreiches Programm der länderspezifischen Filmförderung mit den Bestandteilen (1) Stärkung des Filmstandorts Baden-Württemberg; (2) künstlerische Filme, Wirtschafts- und Dokumentarfilme, Kino- und Fernsehproduktion; (3) Verbesserung der Situation der privaten Filmwirtschaft; (4) Ausbildungsförderung im Filmbereich; (5) Beratung, Förderung, Finanzierungsmodelle; (6) Kinos, Festivals und Preise; (7) Dokumentation, Archivierung und Filmsammlung; (8) Kooperation, Vernetzung von Einrichtungen; (9) Öffentlichkeitsarbeit, überregionale Präsenz. Wie zu erkennen ist, vermischt sich in diesem Beispiel regionale und sektorale Strukturpolitik der Medien.

- Mit sektoraler Strukturpolitik betreiben die staatlichen Akteure die Förderung der Medienbranche insgesamt oder bestimmter Teilbranchen. Musterbeispiele sind die bis vor einiger Zeit steuerlich begünstigten Medienfonds und die Förderung der deutschen Filmwirtschaft durch die Subventionierung im Wege der Filmförderung (vgl. z. B. Castendyk 2008, Duvvuri 2007, Kumb 2014).

  Vor dem Hintergrund wirtschaftlicher und gesellschaftlich-kultureller Ziele unternehmen sämtliche Bundesländer sowie der Bund erhebliche Anstrengungen, die deutsche Filmwirtschaft zu fördern; ebenso gibt es beachtliche europäische Filmfördermaßnahmen.

  Beispiel Filmförderung Hamburg Schleswig-Holstein: Richtlinien für Filmförderung, Stand: 13. Juli 2010:

  „1.1 Förderungsziele: Ziel der Förderung ist die Entwicklung, Pflege und Stärkung der Filmkultur und Filmwirtschaft in Hamburg und Schleswig-Holstein. Insbesondere sollen gefördert werden:
  - wirtschaftlich erfolgversprechende Filmproduktionen,
  - Filme verschiedener Genres, die einen wichtigen Beitrag zur Filmkultur leisten,
  - Fernsehspiele und Serien von hohem Qualitätsstandard, die nach Inhalt, Form und Besetzung auf eine internationale Auswertung ausgerichtet sind,
  - kulturell bedeutende Fernseh- und Videoproduktionen

  Dazu gehören auch Maßnahmen im Vorfeld der Produktion und Maßnahmen zur Stärkung des Verleih-, Vertriebs- und Abspielbereichs.

  Zur Stärkung der audiovisuellen Medien in Hamburg und Schleswig-Holstein ist anzustreben, dass das 1,5-fache der Gesamtfördersumme des laufenden Jahres in Hamburg und Schleswig-Holstein ausgegeben wird. Unbeschadet der Regelung des vorangegangenen Satzes können Förderungsempfänger mindestens 20% der Gesamtherstellungskosten in einem anderen Staat des Europäischen Wirtschaftsraums ausgeben. Ziel der Förderung ist es auch, Beschäftigung in Hamburg und Schleswig-Holstein zu sichern und zu schaffen."

  Als heikler Punkt der Filmförderung gilt die Frage des geeigneten Effektivitätsnachweises. Hier ist mit Recht festgestellt worden, „dass die Ziele der öffentlichen Filmförderung in Deutschland weitgehend allgemein, z. T. konträr und nicht operational formuliert sind, weshalb die Ergebnisse einen breiten Interpretationsspielraum zulassen" (Duvvuri 2007: 296).

(4) Der „gröbste" medienpolitische Eingriff schließlich ist gegeben, wenn ein **staatliches bzw. öffentliches Güterangebot** das privatwirtschaftliche Angebot ergänzt oder dieses gar substituiert. Musterbeispiel ist die Installation eines öffentlich-rechtlichen Rundfunksystems, das ursprünglich ausschließlich als Monopol betrieben wurde, ab 1984 im sog. „dualen System" in Konkurrenz zur Privatwirtschaft. Begründet wird dieses – auch ökonomisch mächtige – System mit zwei Argumenten:

- Begründung über öffentliche Güter: Ein rein privates Rundfunksystem würde – wenn man es sich selbst überlassen würde – erhebliche Erscheinungen des Marktversagens aufweisen: Der Preismechanismus versagt, falsche Signale werden ausgesendet, es findet Überproduktion von Rundfunkgütern bei gleichzeitiger Unterproduktion anderer Rundfunkgüter statt, die allokative Effizienz ist beeinträchtigt. Nicht zu erwarten ist, dass die Selbstregulierungskräfte ausreichen, diese Defekte zu beseitigen. Der öffentlich-rechtliche Rundfunk ist als Regulativ notwendig, um den Markt funktionsfähig zu machen.
- Begründung über meritorische Güter: Über diese Argumentationskette ist zu postulieren, dass das Marktergebnis, das der private Rundfunksektor erbringt, in seiner Gesamtschau nicht voll befriedigt und insofern korrigiert werden muss. Ein Eingriff in die Konsumentenpräferenzen wird als notwendig angesehen, die Vorstellung vom „mündigen Zuschauer", der in voller Souveränität sein eigener Programmdirektor ist, wird verworfen. Da die notwendigen Korrekturen als so umfangreich angesehen werden, ist es am einfachsten, ein großes öffentlich-rechtliches Rundfunksystem als Korrektiv dem privaten System an die Seite zu stellen.

„Auch das duale System lässt sich als Maßnahme zur Sicherung der Meinungsvielfalt verstehen. Solange es einen öffentlich-rechtlichen Rundfunk (ARD, ZDF, Deutschlandfunk) gibt, so lange ist es vertretbar, dass private Sender ihr Programm nur nach ökonomischen Kriterien und zielgruppenoptimiert gestalten („formatieren")" (Mai 2005: 33).

Kernpunkt des öffentlich-rechtlichen Rundfunksystems ist die verfassungsmäßige Verankerung eines Grundversorgungsauftrages (vgl. Kapitel 11 und 23).

In neuerer Zeit wird die Legitimation des öffentlich-rechtlichen Rundfunks gelegentlich in Zweifel gezogen. Extreme Forderungen verlangen sogar seine Abschaffung. Analoge Entwicklungen gibt es in Großbritannien feststellen, wo die BBC schon lange einen sehr schweren Stand in der politischen Arena hat. Eine wichtige Frage ist, inwieweit die ökonomischen Ansätze zur Begründung und Ausgestaltung des öffentlich-rechtlichen Rundfunks tragfähig sind. Unterschiedliche Positionen und Perspektiven prallen an dieser Stelle heftig aufeinander.

Hier eine sehr rigorose ordnungspolitische Anti-Position: „So lässt sich z. B. im Rundfunk, aber auch in vielen anderen Märkten eine deutlich stärkere Wettbewerbsintensität auf Basis der einzelnen von den Sendern angebotenen Produkte feststellen. Der Verbraucher hat somit viel mehr die Möglichkeit, sich ein für ihn adäquates Angebot zusammenzustellen. Zur gleichen Zeit lassen sich, wenn überhaupt, nur noch wenige Gründe anführen, die auf ein Marktversagen in Rundfunkmärkten schließen lassen. Die oftmals vertretene Meinung, Rundfunkgüter seien öffentliche Güter, wird auch durch stetige Wiederholung nicht wahr. Auch die Existenz von externen Effekten im Rundfunksektor ist zumindest fraglich. Lediglich die Gefahr von Verzerrungen in der Berichterstattung der Medien kann nicht von der Hand gewiesen werden, was allerdings als Existenzberechtigung für den öffentlich-rechtlichen Rundfunk kaum ausreichend sein kann" (Dewenter/Heimeshoff 2013: 257).

10.5 Integrierte Medien- und Kommunikationspolitik

(1) Versucht man, die Medien- und Kommunikationspolitik in Deutschland in einer **Gesamtschau** zu charakterisieren, so kann Folgendes festgehalten werden:

- Auffällig sind starke Unterschiede der regulativen Herangehensweisen (vgl. Vowe 2003: 100 ff.): Im Bereich der Presse sind die regulativen Grenzen weit gesteckt und man setzt ganz vorrangig auf Selbstregulierung. Demgegenüber erfolgt im Bereich des Rundfunks eine scharfe Regulierung und markiert dieses als das Feld, das regulatorisch am tiefsten bearbeitet ist. Für den Onlinebereich findet eine eigenständige Regulierung statt, die von der Rundfunkregulierung abgekoppelt ist.
- Verlust an Steuerungsfähigkeit: Insbesondere prozesspolitischen Interventionen (z. B. inhaltliche Programmauflagen, Werbebeschränkungen) werden zunehmend ausgehöhlt und unterlaufen. Das Zentrum der Medienpolitik wird von der kartellrechtlichen Missbrauchs- und Fusionskontrolle beherrscht. Der medienspezifischen publizistischen Machtbegrenzung wird wenig Effektivität bescheinigt.
- Verwischung der Marktgrenzen: Mit der Internettechnologie sind viele neue Informationsdienste entstanden und die bisherigen separaten Netze für Telekommunikation/Internet, Fernsehen und Funkübertragung wachsen zusammen: Triple Play wird z. B. möglich. Dadurch ergeben sich neue Marktgrenzen und Wettbewerbskonstellationen, auf die die herkömmliche Medien- und Kommunikationspolitik noch nicht ausgelegt ist. Das Nebeneinander von Presse, Fernsehen und Hörfunk und die klare Abgrenzung von Massen- und Individualkommunikation verschwimmen immer mehr.
- Zunehmende Ausrichtung an ökonomischen Interessen: Mit der Ablösung des öffentlich-rechtlichen Rundfunkmonopols und der Einführung des dualen Systems (u. a.) sind die wirtschaftlichen Interessen zum bestimmenden Faktor der Medienentwicklung geworden („Kommerzialisierung"). Das Schwergewicht verlagert sich zunehmend von der nationalen auf die internationale Ebene, der Ordnungsrahmen für kommerzielles Fernsehen wird zunehmend von Brüssel bestimmt, abgeleitet aus den wirtschaftsrechtlichen Normen des EG-Vertrags.
- Zersplitterte Zuständigkeiten: Rundfunk wird der Kulturhoheit der Länder zugerechnet, woraus eine Vielzahl unterschiedlicher Regulierungsbehörden und Gesetze mit schwierigen Abstimmungsprozessen und undurchsichtigen Entscheidungswegen resultiert. In der Telekommunikationspolitik ist der Bund der maßgebliche medienpolitische Akteur. Entscheidungsprozesse zeigen einen hohen Grad an Komplexität. Die Abstimmung zwischen Bund und Ländern erfolgt im Bereich des Multimediarechtsrahmens.
- Reaktiv-kasuistisches Konzept: Die Art, wie Medien- und Kommunikationspolitik betrieben wird, ist als fallweises, auf den Einzelfall reagierendes Konzept zu markieren. Vom Prädikat einer systematischen Medienpolitik ist man weit entfernt. Festzustellen ist ein „Auseinanderdriften von definitorischem Anspruch und realer Leistung von Medienpolitik" (Saxer 2005: 74).
- Die Medienpolitik ist in besonderer Weise von den großen Interessendivergenzen zwischen allen Beteiligten geprägt.

„Die Unterschiedlichkeit der politischen Ausgangssituation und die Vielfältigkeit der Ziele der potenziellen Akteure auf Seiten der Anbieter und politischen Gestalter (Politiker, Lobbyisten, Gutachter, Richter et al.) sowie die schwankenden Konjunkturen politischer Mehrheitsverhältnisse machen marktliche Regulierung, die auf ökonomischen und gleichermaßen publizistischen Wettbewerb hinauslaufen soll, hier besonders schwierig, weil hier so gut wie alles strittig ist: Ziele und Instrumente" (Ludwig in: Friedrichsen/Seufert 2004: 25).

(2) Insgesamt gesehen ist man von einer in sich schlüssigen, in seinen Bausteinen aufeinander abgestimmten Medien- und Kommunikationspolitik recht weit entfernt. So ist es nicht verwunderlich, dass die Stimmen, die ein **ganzheitliches Konzept** bzw. eine integrierte Medien- und Kommunikationspolitik einfordern, unüberhörbar sind. Die folgenden Leitlinien hierfür könnten hilfreich sein:

- Die Medienpolitik sollte auf die neuen technologischen Entwicklungen abgestimmt sein. Sie sollte alle Medienbereiche und den TIME-Kontext übergreifend und gesamthaft in den Blick nehmen.
- Die bisherigen Regelungsinstrumentarien sollten in Frage gestellt und neue, auch unkonventionelle Ansätze auf ihre Steuerungstauglichkeit überprüft werden. Das Spektrum reicht von der Abschaffung oder Zusammenlegung aller Landesmedienanstalten zugunsten einer gemeinsamen Bund-Länder-Instanz bis zu föderalen Kompetenzverlagerungen (z. B. von den Ländern auf den Bund). Ziel sollte die Durchforstung des „Kompetenzgestrüpps" und der Regulierungsdichte sein.

„Wegen der Verflechtung mehrerer Politikebenen von den Kommunen bis zur Europäischen Kommission ... und der Einbindung bisher medienferner Politikbereiche und Akteure, wird Medienpolitik immer mehr zu einer bereichsübergreifenden Koordinationsaufgabe mit hohem Abstimmungs- und Konsensbedarf. Diese sind umso größer, je zahlreicher die betroffenen Bereiche und je unterschiedlicher die Interessen der jeweiligen Akteure sind" (Mai 2005: 67).

- Es gilt, schlanke und funktionsgerechte Verfahrensweisen und Aufsichtsstrukturen – v. a. auf Länderebene – sicher zu stellen. Ein wichtiges Anliegen sollte dabei auch die Überwindung dysfunktionaler Ressortegoismen sein.

„Eine erfolgreiche politische Gestaltung der Medien muss zumindest die sektorale Aufteilung der Medienpolitik und die damit verbundenen Ressortegoismen überwinden. Eine sektoral strukturierte Medienpolitik, die zudem durch die unterschiedlichen Regulierungsebenen („Politikverflechtung") in Bund, Ländern und bei der Europäischen Union gehandicapt ist, erleichtert es den Akteuren der Medienwirtschaft, ihre ausschließlich an ökonomischen Verwertungsinteressen orientierten Ziele der Medienpolitik durchzusetzen ... Von einer solchen Integration ist die Medienpolitik noch weit entfernt: Noch immer gilt die institutionalisierte Trennung („Zuständigkeit") für die unterschiedlichen Aspekte der Medien: Um die Medienerziehung und kulturelle Filmförderung kümmern sich die Kulturressorts, um den Datenschutz die Innenminister, um die Ansiedlung und Förderung von Medienunternehmen die Wirtschaftsminister und die Rundfunkpolitik ist bei den Ministerpräsidenten angesiedelt" (Mai 2005: 55).

- Stärker zu betonen ist Selbststeuerung und Media Governance. Nur so scheint die politische Steuerungsfähigkeit absicherbar, was bedeutet, mehr Medienregulierung durch die Gesellschaft anstatt durch den Staat zuzulassen.
- Eine besondere Herausforderung ist die Klärung der Ziel-Mittel-Relationen der Medienpolitik. Leitlinie sollte sein, Kernziele und Nebenziele zu trennen und die „Instrumentalisierung der Medien für andere Zwecke" zu vermeiden (Saxer 2005: 73). Das sollte das Interesse aller politischen Akteure sein.

Kernaussagen

- Die Medienunternehmen unterliegen in erheblichem Ausmaß den Entscheidungen der Medien- und Kommunikationspolitik, sie sind aber selbst auch Akteure in diesem Entscheidungsprozess.
- Eine rationale Medien- und Kommunikationspolitik muss auf einer auf einer durchdachten theoretischen Grundlage basieren, bei der Leitbilder, Ziele und Instrumente klar benannt sind.
- Die Medien- und Kommunikationspolitik in Deutschland leidet insbesondere unter dem Fehlen eines integrierten Gesamtkonzepts. Dies ist nicht verwunderlich, hat man es in diesem Feld mit einer besonders intensiven Auseinandersetzung von Interessen und Macht zu tun, die vor dem Hintergrund der mutmaßlichen Bedeutung der Medien für die Politik an Brisanz nur noch zunimmt.

Literatur

Weiterführende Literatur: Grundlagen

Donges, J. B./Freytag, A. (2001) : Allgemeine Wirtschaftspolitik, Stuttgart.
Ermisch, G./Hieronymus, H. E./Knopp, W./Stölzl, C. (1993): Wanderungen durch die Kulturpolitik, Berlin.
Gäfgen, G. (1969): Allgemeine Wirtschaftspolitik, in: Kompendium der Volkswirtschaftslehre, Bd. 2, 2., durchges. Aufl.., Göttingen, S. 117-204.
Hamker, J. (1998): Pathologie der Marktprozesse, Lohmar, Köln.
Heise, A. (2005): Einführung in die Wirtschaftspolitik, Paderborn.
Koch, W. A. S./Czogalla, C. (1999): Grundlagen und Probleme der Wirtschaftspolitik, Köln.
Peters, H.-R. (2000): Wirtschaftspolitik, 3., vollst. überarb. u. erw. Aufl., München, Wien.
Streit, M. E. (2005): Theorie der Wirtschaftspolitik, 6., durchges. u. erg. Aufl., Stuttgart.

Weiterführende Literatur: Medien

Beck, H./Beyer, A. (2009): Brauchen wir eine öffentlich-rechtliche Zeitung? In: Wentzel, D. (Hrsg.)(2009): Medienökonomik – Theoretische Grundlagen und ordnungspolitische Alternativen, Stuttgart, S. 75-99.
Beyer, A./Carl, P. (2012): Einführung in die Medienökonomie, 3., überarb. Aufl., Konstanz.
Bloch, A. (2013): Meinungsvielfalt contra Medienmacht, Berlin.
Bonmünter, U./Scheller, P. (2009): Filmfinanzierung, Baden-Baden.
Burkart, R. (2002): Kommunikationswissenschaft, 4., überarb. u. akt. Aufl., Wien, Köln, Weimar.
Castendyk, O. (2008): Die deutsche Filmförderung, Konstanz.
Decker, P. (2006): Programmquoten für Musik im Hörfunk, Berlin.
Dewenter, R./Heimeshoff, U. (2013): Neustrukturierung der öffentlich-rechtlichen Fernsehlandschaft: Theoretische Hintergründe und Reformoptionen, in: Dewenter, R./Haucap, J./Kehder, C. (Hrsg.)(2013): Wettbewerb und Regulierung in Medien, Politik und Märkten, Baden-Baden, S. 225-260.
Dewenter, R./Haucap, J./Kehder, C. (Hrsg.)(2013): Wettbewerb und Regulierung in Medien, Politik und Märkten, Baden-Baden.
Donges, P. (2002): Rundfunkpolitik zwischen Sollen, Können und Wollen, Wiesbaden.
Duvvuri, S. (2007): Öffentlich Filmförderung in Deutschland, München.
Elitz, E. (2010): Stiftung Medienqualität: Der Vergleich ist die Mutter der Bewertung, in: ITM (Hrsg.) (2010): Vom Bau des digitalen Hauses, Berlin, S. 51-57.
Fleck, F. H. (1983): Klassische, magische Vielecke in Wirtschaftspolitik – und in Medienpolitik? In: Rühl, M./Stuiber, H.-W. (Hrsg.)(1983): Kommunikationspolitik in Forschung und Anwendung, Düsseldorf, S.77-86.
Friedrichsen, M. (Hrsg.)(2005): Deutschquote im Radio, München.
Friedrichsen, M./Seufert, W. (Hrsg.)(2004): Effiziente Medienregulierung. Marktdefizite oder Regulierungsdefizite? Baden-Baden.
Goldhammer, K./Wiegand, A./Krüger, E./Haertle, J. (2005): Musikquoten im europäischen Radiomarkt, München.
Gottzmann, N. (2005): Möglichkeiten und Grenzen der freiwilligen Selbstkontrolle in der Presse und der Werbung, München.

Haas, H./Langenbucher, W. R. (Hrsg.)(2005): Medien- und Kommunikationspolitik, 2., überarb. Aufl., Wien.
Hachmeister, L./Anschlag, D. (Hrsg.)(2013): Rundfunkpolitik und Netzpolitik, Köln.
Hachmeister, L./Vesting, T. (2013): Rundfunkpolitik und Netzpolitik. Strukturwandel der Medienpolitik in Deutschland, in: Hachmeister, L./Anschlag, D. (Hrsg.)(2013): Rundfunkpolitik und Netzpolitik, Köln, S. 15-32.
Haucap, J./Kehder, C. (2013): Suchmaschinen zwischen Wettbewerb und Monopol: Der Fall Google, in: Dewenter, R./Haucap, J. (Hrsg.)(2013): Wettbewerb und Regulierung in Medien, Politik und Märkten, Baden-Baden, S. 115-154.
Heinrich, J. (1999): Medienökonomie, Band 2: Hörfunk und Fernsehen, Opladen, Wiesbaden.
Hoffmann-Riem, W. (2002): Medienregulierung als objektiv-rechtlicher Grundrechtsauftrag, in: Medien & Kommunikation, 50. Jg., H. 2, S. 175-194.
Holtz-Bacha, C. (2006): Medienpolitik für Europa, Wiesbaden.
Holznagel, B./Dörr, D./Hildebrand, D./unter Mitarbeit von C. Nolden/T. Ricke/S. Schiedermair/O. Toman/ A. Weitzel (2008): Elektronische Medien. Entwicklung und Regulierungsbedarf, München.
Immenga, U./Schwintowski, H.-P./Wissmann, M. (Hrsg.)(2005): Medienvielfalt durch Wettbewerb? Medienregulierung und Medienmärkte im Wandel. Baden-Baden.
Institut für Informations-, Telekommunikations- und Medienrecht (ITM)/Hrsg.): Vom Bau des digitalen Hauses, Berlin.
Jarren, O. (1994): Medien- und Kommunikationspolitik in Deutschland, in: Jarren, O. (Hrsg.)(1994): Medien und Journalismus 1, Opladen, S. 107-143.
Jarren, O. (1994): Politische Kommunikation in Hörfunk und Fernsehen, Opladen.
Jarren, O./Donges P. (2000): Medienregulierung durch die Gesellschaft? Eine steuerungstheoretische und komparative Studie mit Schwerpunkt Schweiz. Wiesbaden.
Jarren, O./Donges P. (2005): Ende der Massenkommunikation – Ende der Medienpolitik? In: Haas, H./ Langenbucher, W. R. (Hrsg.)(2005): Medien- und Kommunikationspolitik, 2., überarb. Aufl., Wien, S. 87-105.
Jarren, O./Künzler, M./Puppis, M. (Hrsg.)(2012): Medienwandel oder Medienkrise? Baden-Baden.
Kleinsteuber, H. J. (1996): Kommunikationspolitik: Herangehensweisen und Theorien, in: Wittkämper, G. W./Kohl, A. (Hrsg.)(1996): Kommunikationspolitik, Darmstadt, S. 17-37.
Kleinsteuber, H. J./Thomaß, B. (2004): Kommunikationspolitik international – ein Vergleich nationaler Entwicklungen. In: Hans-Bredow-Institut (Hrsg.)(2004): Internationales Handbuch Medien 2004/2005. Baden-Baden, S. 78-99.
Kleinsteuber, H. J./Thomaß, B. (2009): Kommunikationspolitik international – ein Vergleich nationaler Entwicklungen. In: Hans-Bredow-Institut (Hrsg.)(2009): Internationales Handbuch Medien, 28. Aufl., Baden-Baden, S. 64-88.
Klumpp, D./Kubicek, H./Rossnagel, A./Schulz, W. (Hrsg.)(2006): Medien, Ordnung und Innovation, Berlin, Heidelberg, New York.
Knoche, M. (1999): Medienkonzentration und publizistische Vielfalt, in: Renger, R./Siegert, G. (Hrsg.) (1999): Kommunikationswelten, 2., überarb. Aufl., Innsbruck, Wien, S. 123-158.
Kops, M. (2004): Regulierung, in: Sjurts, I. (Hrsg.)(2011): Gabler Lexikon Medienwirtschaft, 2., akt. u. erw. Aufl., Wiesbaden.
Kruse, J. (1989): Ordnungspolitik im Rundfunk, in: Schenk, M./Donnerstag, J. (Hrsg.)(1989): Medienökonomie, München, S. 77-111.
Kruse, J./Dewenter, R. (Hrsg.)(2009): Wettbewerbsprobleme im Internet, München.
Kumb, F. (2014): Filmförderung und Subventionskontrolle in Deutschland, Wiesbaden.
Kutsch, A./Ravenstein, M. (1996): Kommunikationspolitik: Die Akteure, in: Wittkämper, G. W./Kohl, A. (Hrsg.)(1996): Kommunikationspolitik, Darmstadt, 64-89.
Mai, M. (1999): Zum Verhältnis von Fremd- und Selbstregulierung in der Medienpolitik, in: Imhof, K./Jarren, O./Blum, R. (Hrsg.)(1999): Steuerungs- und Regelungsprobleme in der Informationsgesellschaft, Opladen, S. 331-341.
Mai, M. (2000): Medienpolitik, in: Held, B./Ruß-Mohl, S. (Hrsg.)(2000): Qualität durch Kommunikation sichern. Vom Qualitätsmanagement zur Qualitätskultur. Frankfurt/Main, S. 346-360.
Mai, M. (2001): Filmpolitik zwischen kulturellem Anspruch und wirtschaftlichen Erwartungen, in: Abromeit, H./Nieland, J. U./Schierl, T. (Hrsg.)(2001): Politik, Medien, Technik, Opladen, S. 301-320.

Mai, M. (2003): Medienpolitik – Genese und Ausdifferenzierung eines Politikfeldes, in: Holzinger, K./Knill, C./Lehmkuhl, D. (Hrsg.)(2003): Politische Steuerung im Wandel: Der Einfluss von Ideen und Problemstrukturen. Opladen, S. 219-239.
Mai, M. (2005): Medienpolitik in der Informationsgesellschaft, Wiesbaden.
Marti, A. B. C. (2004): Die audiovisuelle Politik der EU, Baden-Baden.
Puppis, M./Künzler, M./Schade, E./Donges, P./Dörr, B./Ledergerber, A./Vogel, M. (2004): Selbstregulierung und Selbstorganisation, unveröffentlichter Schlussbericht, Zürich, März 2004.
Puppis, M. (2007): Einführung in die Medienpolitik, Konstanz.
Puppis, M. (2009): Organisationen der Medienselbstregulierung, Köln.
Ring, W.-D. (1997): Ausgewählte Rechtsfragen der aktuellen Rundfunkpolitik, in: Fünfgeld, H./Mast, C. (Hrsg.)(1997): Massenkommunikation, Opladen, 253-267.
Ronneberger, F. (1978): Kommunikationspolitik. Teil I. Institutionen, Prozesse, Ziele, Mainz.
Ronneberger, F. (1980): Kommunikationspolitik. Teil II. Kommunikationspolitik als Gesellschaftspolitik, Mainz.
Sarcinelli, U. (1992): Massenmedien und Politikvermittlung. Eine Problem- und Forschungsskizze, in: Wittkämper, G. W. (Hrsg.)(1992): Medien und Politik, Darmstadt, 37-62.
Sarcinelli, U. (2006): Medienpolitik – Meinungsvielfalt, Demokratie und Markt, in: Scholz, C. (Hrsg.) (2006): Handbuch Medienmanagement, Berlin, Heidelberg, New York, S. 195-219.
Saxer, U. (2005): Medienpolitik zwischen Selbständigkeit und Überfremdung, in: Haas, H./Langenbucher, W. R. (Hrsg.)(2005): Medien- und Kommunikationspolitik, 2., überarb. Aufl., Wien, S. 72-86.
Saxer, U. (2012): Mediengesellschaft, Wiesbaden.
Schatz, H./Habig, C./Immer, N. (1990): Medienpolitik, in: Beyme, K. von/Schmidt, M. G. (Hrsg.)(1990): Politik in der Bundesrepublik Deutschland, Opladen, S. 331-359.
Scholten-Reichlin, H./Jarren, O. (2001): Medienpolitik und Medienethik. In: Jarren, O./Bonfadelli, H. (Hrsg.)(2001): Einführung in die Publizistikwissenschaft. Bern, Stuttgart, Wien, S. 231-255.
Schwerb, U. (2007): Medienvielfalt und publizistische Leistung, Konstanz.
Seufert, W./Gundlach, H. (2012): Medienregulierung in Deutschland, Baden-Baden.
Seufert, W. (2013): Crossmediale Konzentration und crossmediale Meinungsmacht, in: Dewenter, R./Haucap, J./Kehder, C. (Hrsg.)(2013): Wettbewerb und Regulierung in Medien, Politik und Märkten, Baden-Baden, S. 193-223.
Tietje, C. (2009): Grundzüge und rechtliche Probleme einer internationalen Informationsordnung, in: Hans-Bredow-Institut (Hrsg.)(2009): Internationales Handbuch Medien, 28. Aufl., Baden-Baden, S. 15-40.
Tonnemacher, J. (2003): Kommunikationspolitik in Deutschland, 2., überarb. Aufl., Konstanz.
Vowe, G. (2003): Medienpolitik – Regulierung der öffentlichen Kommunikation, in: Altmeppen, K.-D./Karmasin, M. (Hrsg.)(2003): Medien und Ökonomie, Band 1/2: Grundlagen der Medienökonomie: Soziologie, Kultur, Politik, Philosophie, International, Geschichte, Technik, Journalistik, Wiesbaden, S. 97-123.
Wentzel, D. (Hrsg.)(2009): Medienökonomik – Theoretische Grundlagen und ordnungspolitische Alternativen, Stuttgart.

Studien, Dokumentationen, Lexika

Jarren, O./Weber, R. H./Donges, P./Dörr, B./Künzler, M./Puppis, M. (2002): Rundfunkregulierung – Leitbilder, Modelle und Erfahrungen im internationalen Vergleich, Zürich.
Die Medienanstalten (2013): Europäische Medienpolitik, Berlin.
Medien- und Kommunikationsbericht der Bundesregierung 2008, Berlin, 17. Dezember 2008.
Monopolkommission (1982): Hauptgutachten IV: Fortschritte bei der Konzentrationserfassung, Baden-Baden.
Weischenberg, S./Kleinsteuber, H. J./Pörksen, B. (Hrsg.)(2005): Handbuch Medien und Journalismus, Konstanz.
Zuschaueranteile als Maßstab vorherrschender Meinungsmacht: Die Ermittlung der Zuschaueranteile durch die KEK nach § 27 des Rundfunkstaatsvertrages. Dokumentation des Symposiums der Kommission zur Ermittlung der Konzentration im Medienbereich (KEK) im November 1998 in Potsdam, Berlin 1999.

Kapitel 11
Rechtliche Rahmenbedingungen

11.1 Medienrecht im Überblick 331
11.2 Medienrelevantes Grundlagenrecht 333
11.3 Spezielles Medienrecht 338

Leitfragen

- In welche Rechtsgebiete gliedert sich das Medienrecht?
- Was versteht man unter dem Begriff „Presse"?
- Was versteht man unter dem Begriff „Rundfunk"?
- Was versteht man unter dem Begriff „Telemedien"?
- Was versteht man unter dem Begriff „Telekommunikation"?
- Welche Relevanz hat das Grundgesetz für das Medienrecht?
- Welche Relevanz hat das Persönlichkeitsrecht für das Medienrecht?
- Wie sieht die Kompetenzverteilung zwischen Bund und Ländern im Hinblick auf das Medienrecht aus?
- Welche Rolle spielt das Urheberrecht für das Medienrecht?
- Wie sehen die Grundlinien des Urheberrechts aus?
- Was ist ein „Werk"?
- Was ist ein „Urheber"?
- Was unterscheidet die GEMA von der GVL?
- Welche Funktion hat die VG Wort?
- Welche Rolle spielt der Jugendschutz für das Medienrecht?
- Welche Rolle spielt der Datenschutz für das Medienrecht?
- Welche Rolle spielt Wettbewerbsrecht für das Medienrecht?
- Inwiefern leitet sich der Trennungsgrundsatz von Programm und Werbung aus dem Gesetz gegen unlauteren Wettbewerb (UWG) ab?
- Welche Rolle spielt europäisches Recht für das deutsche Medienrecht?
- Von welchen Voraussetzungen geht die EU-Fernsehrichtlinie im Hinblick auf das Verständnis von Rundfunk aus?
- Was besagt das Protokoll der Amsterdamer Regierungskonferenz im Hinblick auf den öffentlich-rechtlichen Rundfunk?
- Welche Rechte und Pflichten haben Journalisten im Rahmen des Presserechts?
- Was versteht man unter Pressefreiheit?
- Was versteht man unter Tendenzschutz?
- Wie ist das Zensurverbot nach Art. 5 Abs. 1 Satz 3 GG zu interpretieren?
- Welche Probleme stellen sich bei der Pressefusionskontrolle?
- An welchen Leitlinien orientieren sich die Urteile des Bundesverfassungsgerichts zum Rundfunk?
- Was bedeutet „Grundversorgung"?
- Welche Regelungen enthält der Rundfunkstaatsvertrag (RStV)?
- Welchen Zweck verfolgt das Telemediengesetz (TMG)?
- Warum ist in seit 2009 die Regelung von Telemedien in den RStV übernommen worden?
- Welchen Zweck verfolgt das Telekommunikationsgesetz (TKG)?

Gegenstand

Die Aktivitäten der Akteure im Medienbereich werden maßgeblich von den geltenden rechtlichen Rahmenbedingungen bestimmt. So sind im Bereich der Erstellung von Medienprojekten beispielsweise die Beteiligten an einer Filmproduktion mit einer Vielzahl unterschiedlichster Normen und Gesetzen konfrontiert – wie dem Urheberrecht, dem Bürgerlichen Gesetzbuch, dem individuellen und kollektiven Arbeitsrecht, dem allgemeinen Persönlichkeitsrecht, dem Bildnisschutz, dem Kennzeichen- und Namensrecht, dem Wettbewerbsrecht, dem Rundfunk- und Medienrecht sowie den verfassungsrechtlichen Garantien der Meinungs- und Kunstfreiheit (vgl. Homann 2001: 1).

Im vorliegenden Kapitel sollen in einer Makro-Perspektive die Grundzüge des für die Medien insgesamt relevanten Grundlagen- und Spezialrechts dargelegt werden. Zusammengenommen bilden diese Rechtsgebiete die Medienordnung, wobei ersichtlich ist, dass es sich um ein kompliziertes Geflecht unterschiedlichster Regelwerke handelt, die vom Grundgesetz über die Rechtsprechung des Bundesverfassungsgerichts, von Staatsverträgen der Länder bis zu Landesgesetzen reichen. Will man sich einen Überblick verschaffen, ist es zweckmäßig, die Materie neben dem Grundlagenrecht und den internationalen Bezügen in die vier Bereiche Presse, Rundfunk, Telemedien und Telekommunikation zu unterteilen.

Dabei muss man sich jedoch stets vor Augen halten, dass das Medienrecht als ein relativ schwieriges Rechtsgebiet anzusehen ist: „Umfang und Inhalt des Medienrechts können nicht mit Eindeutigkeit juristisch umschrieben werden. Tatsächlich ist das „Medienrecht" kein einheitliches Rechtsgebiet. Es hat sich in den letzten Jahren aus unterschiedlichen Rechtsgebieten heraus entwickelt und eine gewissen Eigenständigkeit gewonnen. Unter dem Begriff „Medienrecht" lassen sich diejenigen Rechtssätze zusammenfassen, die für die Medien relevant sind. Sie ergeben sich aus einer Vielzahl unterschiedlicher Gesetze. Einschlägig sind u. a. das Grundgesetz, die Presse- und Rundfunkgesetze, das Bürgerliche Gesetzbuch, das Strafgesetzbuch, das Urheberrechtsgesetz und das Telemediengesetz" (Fechner 2008: 3).

Der rechtliche Rahmen für die Medien ist Resultat der Medien- und Kommunikationspolitik, wie in Kapitel 10 dargestellt. Für ein föderatives Staatsgebilde und vor dem Hintergrund sich widerstreitender Interessen kann es nicht verwundern, dass auch die Rechtsordnung ein kompliziertes Gebilde darstellt, das erst auf den zweiten Blick erschlossen werden kann. Hieraus jedoch Defizite abzuleiten und nach einer „Flurbereinigung" zu rufen, wäre kontraproduktiv, kann dem föderativen System doch hohe „Intelligenz" bescheinigt werden: „Sollte der Fall eintreten, dass das Gebot der Staatsfreiheit des Rundfunks nicht hinreichend beachtet wird, so bleiben die Folgen des Verstoßes auf das Gebiet des betroffenen Landes beschränkt. Auch können sich die Einflüsse in verschiedenen Ländern bis zu einem gewissen Grade gegenseitig kompensieren und so zu einer Balance beitragen. [...] Kann eine Regelung nur ländereinheitlich getroffen werden, erfolgt eine Einigung zwischen den Ländern auf der Basis des kleinsten gemeinsamen Nenners. Dies bewahrt den Rundfunk in seiner Gesamtheit vor abrupten Kursänderungen der Medienpolitik, wie sie im Gefolge eines Regierungswechsels auf Bundesebene eintreten könnten" (Hesse 2003: 47).

Zentrales Ziel des Medienrechts ist die Sicherung der Medien- und Meinungsfreiheit. Die Erwartungen an Presse, Rundfunk und Multimedia sind insofern hoch – sie haben einen wichtigen Beitrag für Gesellschaft, Kultur, Politik und Wirtschaft zu leisten. Wichtig ist dabei die Verpflichtung aller Beteiligten auf überzeugende Grundsätze.

Die Regulierungsdichte im Rundfunk ist deutlich größer als die der Printmedien, wo man keine Finanzierungsgarantie durch Gebühren oder Rundfunkräte kennt: „Die von der Politik und dem Recht definierten Erwartungen an die Medien betreffen in erster Linie den Rundfunk. Aber auch an den Film, sofern er öffentlich gefördert wird, werden definierte Erwartungen gestellt. Er sollte zumindest professionell gemacht, kulturell wertvoll und exportfähig sein. Bei der Werbung und beim Internet gibt es vonseiten des Rechts eher Negativkataloge, was diese Medien nicht dürfen, als Erwartungen, was diese Medien sollten" (Mai 2005: 30).

Von zunehmender Relevanz sind die internationalen Rechtsfragen: „Heute demonstriert das Internet, dass die Versuche seiner Regulierung an den Grenzen des nationalen Rechts enden" (Mai 2005: 36).

11.1 Medienrecht im Überblick

Das Medienrecht beruht auf nationalen und internationalen Rechtsquellen. Nachfolgende Abb. 11-1 gibt eine Übersicht über die medienrelevanten Rechtsbereiche.

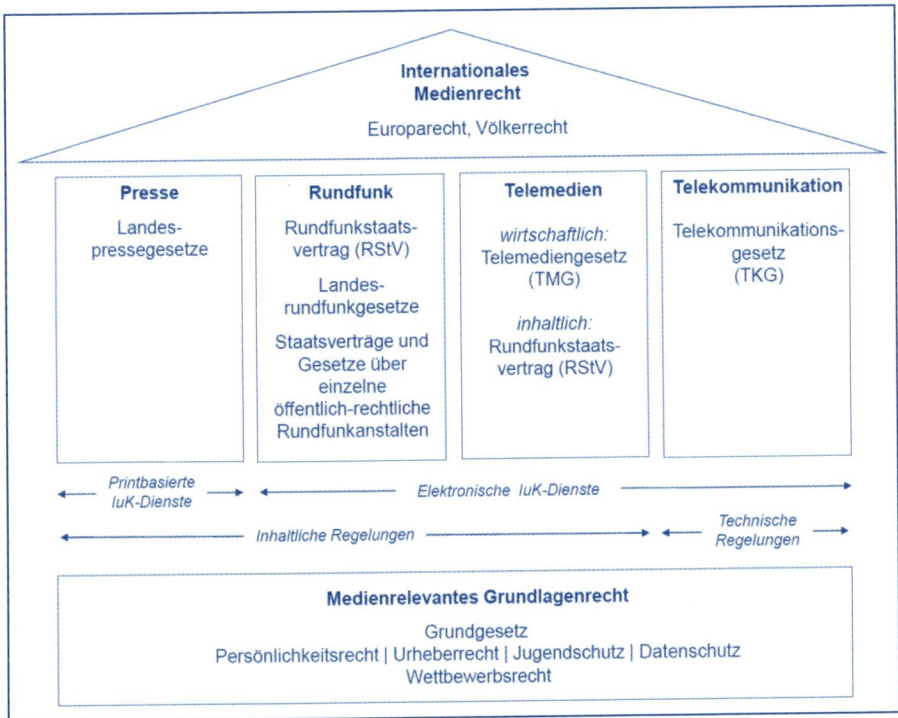

Abb. 11-1: *Medienrelevante Rechtsgebiete*

Für das „medienrechtliche Haus" bildet das nationale und internationale **Grundlagenrecht** sozusagen das Fundament und das Dach. Dort sind die Verfassung, die Rechtsgebiete des Urheber- und Persönlichkeitsrechts, des Jugendschutzes, Datenschutzes und des Wettbewerbsrechts sowie das Europarecht von zentraler Bedeutung.

Das **spezielle Medienrecht** lässt sich differenzieren in die vier Säulen der Presse, des Rundfunks, der Telemedien und der Telekommunikation. Die rechtlichen Grundlagen jeder dieser Säulen sind durch Spezialgesetze geregelt. Wendet man für die Leistungen der einzelnen Medienbereiche den Begriff der „Informations- und Kommunikationsdienste" bzw. „IuK-Dienste" an, so ist die Presse auf printbasierte IuK-Dienste ausgerichtet, die Bereiche Rundfunk, Telemedien und Telekommunikation zusammengenommen auf elektronischen IuK-Dienste. Aus einer anderen Perspektive regeln die Bereiche Presse, Rundfunk und Telemedien die inhaltliche Seite der Medien, die Telekommunikation bezieht sich auf technische Regelungsaspekte. Die Regelungen zur Presse, zum Rundfunk und zur inhaltlichen Seite der Telemedien sind Ländersache, die Regelungen zur Telekommunikation und zur wirtschaftlichen Seite der Telemedien sind Bundesangelegenheit.

Die Abgrenzung zwischen den einzelnen Medienbereichen fällt nicht immer leicht, v. a. gibt es im Zeichen der Konvergenz und Digitalisierung zunehmend Überschneidungen und Verwischungen, so dass die rechtliche Definition der Begriffe wichtig ist.

Begriff **Presse**: „Der sog. Formale und vorwiegend in den Landespressegesetzen verankerte Pressebegriff geht von der Herstellung, Vervielfältigung und Verbreitung bestimmter Erzeugnisse an die Allgemeinheit aus. Geschützt ist die Verwirklichung der Meinungsfreiheit durch Vervielfältigung und Verbreitung von Gedanken mittels des „gedruckten Wortes". Der Begriff der Presse ist weit und entwicklungsoffen und umfasst etwa Zeitungen, Zeitschriften, Bücher, Flug- und Handzettel, Plakate und auch audiovisuelle Speichermedien wie Video- und Tonbänder, etc." (Dörr/Schwartmann 2012: 45 f.; im Original teilweise hervorgehoben).

Begriff **Rundfunk**: „Rundfunk ist ein linearer Informations- und Kommunikationsdienst; er ist die für die Allgemeinheit und zum zeitgleichen Empfang bestimmte Veranstaltung und Verbreitung von Angeboten in Bewegtbild oder Ton entlang eines Sendeplans unter Benutzung elektromagnetischer Schwingungen. Der Begriff schließt Angebote ein, die verschlüsselt verbreitet werden oder gegen besonderes Entgelt empfangbar sind" (§ 2 Abs. 1 RStV). „Kein Rundfunk sind Angebote, die
1. jedenfalls weniger als 500 potenziellen Nutzern zum zeitgleichen Empfang angeboten werden,
2. zur unmittelbaren Wiedergabe aus Speichern von Empfangsgeräten bestimmt sind,
3. ausschließlich persönlichen oder familiären Zwecken dienen,
4. nicht journalistisch-redaktionell gestaltet sind oder
5. aus Sendungen bestehen, die jeweils gegen Einzelentgelt freigeschaltet werden" (§ 2 Abs. 3 RStV).

Begriff **Telemedien**: „Telemedien sind alle elektronischen Informations- und Kommunikationsdienste, soweit sie nicht Telekommunikationsdienste nach § 3 Nr. 24 des Telekommunikationsgesetzes sind, die ganz in der Übertragung von Signalen über Telekommunikationsnetze bestehen oder telekommunikationsgestützte Dienste nach § 3 Nr. 25 des Telekommunikationsgesetzes oder Rundfunk nach Satz 1 und 2 sind" (§ 2 Abs. 1 RStV). Die Definition der Telemedien wird mit dieser Formulierung in Form einer sog. „Negativabgrenzung" vorgenommen: alle Informations- und Kommunikationsdienste, die nicht Rundfunk oder Telekommunikation sind, fallen unter die Telemedien (vgl. Dörr/Schwartmann 2012: 58). Zwei Typen von Telemedien sind zu unterscheiden: (a) „Telemedien mit journalistisch-redaktionell gestalteten Angeboten, in denen insbesondere vollständig oder teilweise Inhalte periodischer Druckerzeugnisse in Text oder Bild wiedergegeben werden, habe den anerkannten journalistischen Grundsätzen zu entsprechen" (§ 54 RStV). Telemedien dieses Typs (sog. „elektronische Presse") werden dem Rundfunkregime unterworfen. (b) Telemedien, die nicht dem Rundfunk untergeordnet werden, also insofern eine geringere Relevanz für die öffentliche Meinungsbildung haben. Angesprochen sind die sog. „nicht-linearen audiovisuellen Mediendienste auf Abruf". Diese verstehen sich im Sinne der „EU-Richtlinie über audiovisuelle Mediendienste" als audiovisuelle Mediendienste, die „von einem Mediendiensteanbieter für den Empfang zu dem vom Nutzer gewählten Zeitpunkt und auf dessen individuellen Abruf hin aus einem vom Mediendiensteanbieter festgelegten Programmkatalog bereitgestellt wird." Zu den Telemedien vom Typ (b) gehören nahezu alle Angebote im Internet, beispielsweise Webshops wie Amazon.de, Online-Auktionshäuser wie eBay, Suchmaschinen wie Lycos, Webmail-Dienste, Informationsdiensten (z. B. zu Wetter, Verkehrshinweisen), Podcasts, Chatrooms, Dating-Communities und Webportale wie Yahoo!. Auch private Websites und Blogs gelten als diesbezügliche Telemedien.

Begriff **Telekommunikation**: Telekommunikation wird definiert als der „technische Vorgang des Aussendens, Übermittelns und Empfangens von Signalen mittels Telekommunikationsanlagen" (§ 3 Nr. 22 TKG). Das Recht der Telekommunikation wird nicht immer dem Medienrecht als Teilgebiet unterstellt, sondern als außerhalb liegendes Regelwerk: „Das Verhältnis des Telekommunikationsrechts zum Medienrecht lässt sich faustregelartig wie folgt beschreiben: Telekommunikationsrecht regelt die technischen Belange, während das Medienrecht im Übrigen inhaltliche Fragen betrifft. Da aber auch die Regulierung der technischen Aspekte zu einem mittelbaren Eingriff in die Medienfreiheit führen kann und der Staat auf diesem Wege erhebliche Einflussmöglichkeiten besitzt, muss das Telekommunikationsrecht immer auch in Einheit mit dem Medienrecht gesehen werden" (Dörr/Schwartmann 2012: 125).

11.2 Medienrelevantes Grundlagenrecht

(1) Eine zentrale Rolle spielt beim Grundlagenrecht das **Grundgesetz** und dessen Auslegung durch das Bundesverfassungsgericht (BVerfG). Es setzt die entscheidenden Normen für die Gestaltung des Rahmens, in dem Medien stattfinden, und bindet alle staatliche Gewalt einschließlich des Gesetzgebers. Im Vordergrund steht Art. 5 Abs. 1 GG als die zentrale Regelung, nach die freie individuelle und öffentliche Meinungsbildung umfassend gewährleistet ist.

> Artikel 5 GG: (1) Jeder hat das Recht, seine Meinung in Wort, Schrift und Bild frei zu äußern und zu verbreiten und sich aus allgemein zugänglichen Quellen ungehindert zu unterrichten. Die Pressefreiheit und die Freiheit der Berichterstattung durch Rundfunk und Film werden gewährleistet. Eine Zensur findet nicht statt.
> (2) Diese Rechte finden ihre Schranken in den Vorschriften der allgemeinen Gesetze, den gesetzlichen Bestimmungen zum Schutze der Jugend und in dem Recht der persönlichen Ehre.
> (3) Kunst und Wissenschaft, Forschung und Lehre sind frei. Die Freiheit der Lehre entbindet nicht von der Treue zur Verfassung.

Man spricht in diesem Zusammenhang auch von den unveräußerlichen „Kommunikationsgrundrechten", die verfassungsmäßig verankert sind und wie folgt interpretiert werden (vgl. Fechner 2008: 19 ff.):

- **Meinungsfreiheit** bedeutet das Recht, seine Meinung frei zu äußern und zu verbreiten. Dieses Recht steht jedermann zu.
- **Informationsfreiheit** bedeutet das Recht, sich aus allgemein zugänglichen Quellen zu unterrichten. Allgemein zugänglich sind alle Quellen, aus denen individuell ein bestimmbarer Personenkreis Informationen schöpfen kann, in erster Linie die Massenkommunikationsmittel. Dieses Recht steht jedermann zu.
- **Medienfreiheit** adressiert die Freiheit der Massenmedien, d. h. im Einzelnen die Presse-, Rundfunk- und Filmfreiheit. Durch diese Grundrechte wird sichergestellt, dass die Massenmedien ihre Rolle als Verbreitungsmedium im Prozess der öffentlichen Meinungs- und Willensbildung ungehindert wahrnehmen können. Dieses Grundrecht steht nur den Medienunternehmen zu.

Das Grundgesetz schützt im Übrigen auch die interessengeleiteten kommunikativen Inhalte wie Werbung und Public Relations (PR), d. h. Meinungsfreiheit umfasst auch die Freiheit zur massenkommunikativen Vermittlung von Werbebotschaften. Werbung in den Medien jedweder Art ist damit direkt vom Grundgesetz geschützt.

Art. 30 GG besagt, dass die Ausübung staatlicher Befugnis und die Erfüllung der staatlichen Aufgaben Sache der Länder ist. Dem Bund steht die Aufgabenerfüllung nur dann zu, wenn sich dem GG eine entsprechende Kompetenz entnehmen lässt (Subsidiaritätsprinzip). Vor diesem Hintergrund ist die rechtliche Regelung von Presse und Rundfunk eine Angelegenheit der Länder und besitzen die ausschließliche Gesetzgebungskompetenz in diesen Gebieten. Eine Zwitterstellung nehmen die Telemedien ein: Die Regelung der wirtschaftlichen Seite ist Bundesangelegenheit, bei journalistischer Relevanz über den RStV Ländersache. Der Bund besitzt die Zuständigkeit zur Regulierung der Telekommunikation, also der technischen Rahmenbedingungen für die Verbreitung von Rundfunk und Telemedien.

(2) Eine wichtige Rolle im Kontext des Grundgesetzes spielt ferner das allgemeine **Persönlichkeitsrecht** nach Art. 2 Abs. 1 in Verbindung mit Art. 1 Abs. 1 GG (vgl. Fechner 2006: 256). Danach haben die Medien in ihren Veröffentlichungen die Persönlichkeitsrechte derjenigen zu wahren, über die sie berichten. Das Eindringen in die Privatsphäre stellt eine Rechtsverletzung dar und zieht zivilrechtliche Gegenansprüche in Form von Gegendarstellung, Unterlassungsanspruch, Berichtigungsanspruch, Widerruf, Ergänzung und/oder Schadenersatz und Schmerzensgeld nach sich.

> Artikel 2 GG:
> (1) Jeder hat das Recht auf die freie Entfaltung seiner Persönlichkeit, soweit er nicht die Rechte anderer verletzt und nicht gegen die verfassungsmäßige Ordnung oder das Sittengesetz verstößt.

(3) Eine zentrale Rolle im Kontext der Medien spielt das **Urheberrecht**. Es verfolgt zwei Ziele: zum einen soll es den Urheber gegen eine nicht zulässige Verwertung seines Werkes in den Medien schützen, zum anderen bietet es Schutz des in den Medien veröffentlichten Werkes gegen die unzulässige Verwertung durch Dritte (vgl. Fechner 2006: 257). Für das Urheberrecht sind die folgenden Aspekte relevant (vgl. auch Schellmann/Baumann/Gläser/Kegel 2013: Kap. 17):

- Werk: Schutzgegenstand ist eine individuelle schöpferische Leistung („Werk"). Keinen urheberrechtlichen Schutz genießt ein sog. „Allerweltserzeugnis". Zu differenzieren sind Sprachwerke, Musikwerke, Werke der darstellenden, bildenden und angewandten Kunst, Fotografien, Filme, Darstellungen wissenschaftlicher oder technischer Art, Computerprogramme, Sammelwerke, Datenbanken jeglicher Art. Als Sonderformen von Werken und als eigenständige Werke mit Urheberrechtsschutz sind Bearbeitungen, Umgestaltungen oder Übersetzungen anerkannt.
- Urheber: Er ist Schöpfer des Werkes und stets ein konkreter Mensch bzw. natürliche Person. Je nach Werk spricht man von Autor, Schriftsteller, Verfasser, Komponist, Werbefilmer, Fotograf, Regisseur, Kameramann, Software-Entwickler etc.
- Urheberpersönlichkeitsrecht: Rechtlicher Ausgangspunkt ist das Urheberpersönlichkeitsrecht, das dem Urheber als Werkschöpfer zufällt. Es ist unveräußerlich und umfasst das Veröffentlichungsrecht, das Recht auf Namensnennung und das Recht auf Verhinderung der Entstellung des Werkes.
- Verwertungsrechte: Der Urheber hat das alleinige Recht, über die Verwertung seines Werkes zu verfügen. Die wichtigsten Verwertungsrechte sind: Vervielfältigungsrecht, Verbreitungsrecht, Ausstellungsrecht, Vortrags-, Aufführungs- und Vorführungsrecht, Senderecht, Recht auf Wiedergabe durch Bild- und Tonträger.
- Leistungsschutzrechte: Diejenigen Personen, die ein Werk darstellen, vorführen, zur Aufführung bringen oder künstlerisch mitwirken, z. B. als Schauspieler, Sänger oder Musiker, sind sog. „ausübende Künstler", die keine Urheber im eigentlichen Sinne sind, aber als „Inhaber verwandter Schutzrechte" dennoch einen Schutz – allerdings eingeschränkt – genießen.
- Verwertungspraxis: Im Bereich von Texten, Bildern und Musik stehen die Autoren i. d. R. bei Verlagen unter Vertrag, die auch die entsprechenden Rechte besitzen. Bei bildenden Künstlern, Malern und Bildhauern liegen sie bei den Urhebern selbst. Für Komponisten kleinerer Werke (insbes. Unterhaltungsmusik, sog.

„Kleines Recht") steht die GEMA zur Verfügung, für Inhaber von Leistungsschutzrechten die GVL, für den Bereich Literatur und Wissenschaft die VG Wort.

> GEMA: „Gesellschaft für musikalische Aufführungsrechte und mechanische Vervielfältigungsrechte"; GVL: „Gesellschaft zur Verwertung von Leistungsschutzrechten"; VG Wort: „Verwertungsgesellschaft Wort".

Alle Rechte (außer das Urheberpersönlichkeitsrecht) sind eingeschränkt: Die Werke der Urheber genießen eine Schutzfrist von 70 Jahren, gerechnet ab dem Tod des Urhebers, bei Leistungsschutzrechten sind es (grundsätzlich) 50 Jahre nach der Veröffentlichung des Werkes (z. B. Aufführung).

Mediengüter lassen sich bei Vorliegen in digitaler Form leicht reproduzieren: Die Grenzkosten gehen gegen Null, der Konsum rivalisiert nicht. In dieser Lage fällt es schwer, einen wirksamen Schutz der Rechte der Urheber sicher zu stellen. In Frage kommt ein scharfes sanktionsbewehrtes Urheberrecht mit der Androhung hoher Strafen und der Einsatz technologischer Mittel zur Durchsetzung der Verfügungsrechte. Letzteres steht mit der Thematik des Digital Rights Management in Verbindung.

> Digital Rights Management (DRM) ist der „Oberbegriff für alle technischen Maßnahmen zur digitalen Kontrolle von Urheber- und Verwertungsrechten an Content aller Art. Der Schutz vorhandener Contents vor unerlaubter Nutzung erfolgt dabei durch Verschlüsselung" (Sjurts 2006: 44).

(4) Ein weiterer Bereich von grundsätzlichem Charakter stellen die Vorschriften für den **Jugendschutz** dar. Zwei Säulen tragen das Jugendschutzrecht, zum einen das vom Bund erlassene Jugendschutzgesetz (JuSchG), das die Regelungen für die Trägermedien (Kino, Video, DVD, Computerspiele) enthält, zum anderen der von den Bundesländern geschlossene Jugendmedienschutz-Staatsvertrag (JMStV), der die Regelungen für die Tele- bzw. Onlinemedien umfasst.

> Zentrale Aspekte des Jugendschutzrechts in Kurzform (im Einzelnen vgl. Fechner 2008: 150 ff.): (1) Der Jugendschutz ist in der Verfassung verankert: ein Jugendlicher hat das Recht auf ungestörte Persönlichkeitsentwicklung. (2) Ziel des Jugendschutzes: Abwehr von Gefahren, die speziell der Jugend drohen, nicht zuletzt von Seiten der Medien. (3) Der Staat hat eine Schutzpflicht und muss einen effektiven Jugendschutz garantieren. (4) Instrumente: (a) Alterskennzeichnung (für Filme und Spiele); Modell der „regulierten Selbstkontrolle" (Durchführung durch Organisationen der freiwilligen Selbstkontrolle). (b) Indizierung, zuständig: Bundesprüfstelle für jugendgefährdende Medien. (c) Unzulässige Angebote (absolutes Verbreitungsverbot) im Rundfunk und in den Telemedien (gem. JMStV): volksverhetzende, menschenwürdeverachtende, kriegsverherrlichende oder pornografische Darstellungen; ferner alle Angebote, die offensichtlich geeignet sind, die Entwicklung von Kindern und Jugendlichen schwer zu gefährden. Zuständig für die Einhaltung der Jugendschutzbestimmungen: Landesmedienanstalten; eingerichtet ist eine „Kommission für Jugendmedienschutz (KJM)".

(5) Die **Datenschutzgesetze** sollen die Persönlichkeit des einzelnen vor Zugriffen des Staates sowie Dritter im Zusammenhang mit der Datenverarbeitung schützen.

> Zentrale Aspekte des Datenschutzes in Kurzform (im Einzelnen vgl. Fechner 2008: 160 f.): (1) Die Datenschutzgesetze sollen die Persönlichkeit des einzelnen vor Zugriffen des Staates sowie Dritter im Zusammenhang mit der Datenverarbeitung schützen. (2) Rechtliche Grundlage: Bundesdatenschutzgesetz (BDSG), Datenschutzgesetze der Länder. (3) Es handelt sich um eine Konkretisierung des allgemeinen Persönlichkeitsrechts. (4) Normiert werden die Voraussetzungen zulässiger Datenerhebung und Datenspeicherung sowie Löschungspflichten. (5) Medienprivileg: Freiheit des Pressesektors vor externer Datenschutzkontrolle. (6) Relevanz des Datenschutzes bei den „Neuen Medien": Gefahr, „aufgrund von

sog. Datenspuren Nutzungsprofile zu erstellen, die es ermöglichen, die Vorlieben des einzelnen Nutzers für bestimmte Angebote zu erkennen. Nutzerprofile können nicht nur aus Neugier von Interesse sein, sondern haben auch wirtschaftliche Bedeutung, soweit es um den gezielten Einsatz zielgruppenspezifischer Werbung geht" (S. 161).

(6) Als medienrelevantes Grundlagenrecht ist schließlich das **Wettbewerbsrecht** aufzurufen und hier insbesondere das Gesetz gegen den unlauteren Wettbewerb (UWG). Nach § 3 UWG sind alle unlauteren Wettbewerbshandlungen verboten.

> Das UWG nennt als Beispiele unlauteren Wettbewerbs insbes. die Vornahme von Wettbewerbshandlungen, die geeignet sind, (1) die Entscheidungsfreiheit der Verbraucher oder sonstiger Marktteilnehmer durch Ausübung von Druck, in menschenverachtender Weise oder durch sonstigen unangemessenen unsachlichen Einfluss zu beeinträchtigen; (2) die geschäftliche Unerfahrenheit insbes. von Kindern oder Jugendlichen, die Leichtgläubigkeit, die Angst oder die Zwangslage von Verbrauchern auszunutzen. (3) Unlauter ist es auch, den Werbecharakter von Wettbewerbshandlungen zu verschleiern.

Wichtiger Grundsatz ist der Wahrheitsgrundsatz. So muss z. B. ein Werbetreibender klar und verständlich kommunizieren, er darf nicht irreführen, er darf keine sog. „Mondpreise" setzen, „Lockvogelangebote" müssen mindestens zwei Tage lang vorrätig sein, E-Mail-Werbung ist ohne Einwilligung des Adressaten verboten u. v. m. Es gilt das Irreführungsverbot, das von den Medien Objektivität und Neutralität einfordert. Durch das UWG wird die Grundlage für den zentralen Grundsatz der Trennung von Werbebotschaften und redaktionell-programmlichen Inhalten geschaffen.

(7) Als wichtige **internationale Rechtsquellen** für die Medien sind die folgenden **Basis-Dokumente** zu nennen (vgl. Noelle-Neumann/Schulz/Wilke 2002: 242):

- Europäische Menschenrechtskonvention (MRK): Art. 10: Meinungs- und Informationsfreiheit ohne Rücksicht auf Grenzen; Art. 25: Jeder Bürger der Bundesrepublik hat das Recht, bei Verletzung von Art. 10 den Europäischen Gerichtshof anzurufen.
- Allgemeine Erklärung der Menschenrechte der Vereinten Nationen: Art. 19: Jedermann stehen allgemeine Menschenrechte zu, v. a. auch Meinungsfreiheit.
- KSZE-Schlussakte von Helsinki 1975: Verpflichtung aller Teilnehmer, die Menschenrechte lt. Charta und Allgemeiner Erklärung der Menschenrechte zu achten und zu respektieren.
- Grundrechtscharta der Europäischen Union vom 07.12.2000: Nach Art. 11 Abs. 2 Achtung der Freiheit der Medien und ihrer Pluralität. Keine allgemeine Rechtsverbindlichkeit, jedoch erfolgt Bindung der EU-Institutionen an die Charta.

Die Entwicklung des Völkerrechts steht erst am Anfang, obgleich es schon zahlreiche Konventionen, z. B. im Hinblick auf das Urheberrecht, gibt; gleichzeitig ist Nachholbedarf im Hinblick auf neue Medien festzustellen (vgl. Fechner 2006: 259).

Der **europäische Kontext** der Medienregelungen gewinnt im Zeichen von grenzüberschreitenden Medienangeboten („Spillover-Effekte") und der Digitalisierung, bei der die Grenzverläufe zwischen den Nationen und zwischen den Welten des Rundfunks und der Telekommunikation verschwimmen, erheblich an Bedeutung. Rechtliche Entscheidungen können daher nicht mehr von einem Land isoliert gefällt werden, sondern bedürfen vereinheitlichender Regelungen aller EU-Mitgliedsstaaten. Zu denken ist z. B. an den Jugendschutz oder an Fragen der Besteuerung des Internethandels.

Der Blick auf Europa und die notwendige Harmonisierung der Regelungen wirft die Frage nach den Kompetenzen zwischen den Ebenen der Länder, des Bundes und der EU auf. Auszugehen ist von einem erheblichen Spannungsfeld, das insbesondere für Deutschland durch dessen föderale Struktur mit der Regelungshoheit durch die Bundesländer hoch brisant ist. Die Kollision besteht darin, dass die Regelungsbefugnis der EU sich grundsätzlich nach Regelungszielen richtet (v. a. Errichtung eines gemeinsamen Marktes), die deutsche Regelungsbefugnis aber nach Sachgegenständen (z. B. dem Rundfunk) ausgelegt ist (vgl. Hesse 2003: 323).

Dadurch besteht ein Dilemma, dass über das Gemeinschaftsrecht bindende Regelungen getroffen werden, die z. B. die Rundfunkhoheit der deutschen Bundesländer beeinträchtigt. Dadurch wird die materielle Rundfunkordnung in Deutschland tangiert.

Die nachfolgenden EU-Rechtsgrundlagen (Primärrecht, Sekundärrecht, Rechtsprechung) sind zentral:

- EG-Vertrag (EGV) Art. 49 und Auslegung durch den Europäischen Gerichtshof (EurGH): Garantie der Dienstleistungsfreiheit und Subsumierung von Fernsehen.
- Grünbuch „Fernsehen ohne Grenzen" 1984: Wichtiges Dokument der EU mit dem Ziel, die Anstrengungen zu einem gemeinsamen Binnenmarkt für Dienstleistungen zu forcieren. Die Ansicht von Fernsehen als Dienstleistung wird bestätigt.
- 1988 Grundsatz-Urteil des EuGH: Rundfunk wird als wirtschaftliche Dienstleistung eingestuft, bei der es ökonomische Leistung und Gegenleistung gibt. Wirtschaftlicher Wettbewerb wird als Strukturprinzip und Steuerungsinstrument postuliert.
- EU-Fernsehrichtlinie von 1989: Die jeweilige staatliche Rundfunkordnung muss den Anforderungen der Richtlinie entsprechen. Grenzüberschreitende Fernsehsendungen müssen richtlinienkonform sein, d. h. freier Empfang muss gewährleistet sein, Behinderungen bei der Einspeisung in die Kanäle dürfen nicht stattfinden. Weitere Richtlinien betreffend Förderung der europäischen Programmproduktion, Werbung und Sponsoring, Jugendschutz und Gegendarstellungsrecht. Revision der EU-Fernsehrichtlinie 1994 mit diversen Klarstellungen und Weiterentwicklungen.
- 9. Rundfunkurteil des BVerfG 1995: Das Bundesverfassungsgericht stellt fest, dass die Zustimmung der Bundesregierung zur EG-Fernsehrichtlinie im Jahr 1989 als Stellvertreter der Länder in einigen Punkten die Rechte der Länder verletzt hat, da diese nicht mit einbezogen worden waren (zwischenzeitlich Neufassung Art. 23 GG).
- Protokoll der Amsterdamer Regierungskonferenz über den öffentlich-rechtlichen Rundfunk (1997): Erstmals wird die Rolle des öffentlich-rechtlichen Rundfunks für Demokratie, Gesellschaft, Kultur und Vielfalt in einem Vertrag ausdrücklich anerkannt. Im Einzelnen gilt: (1) Anerkannt wird die Kompetenz der Mitgliedstaaten, ein öffentlich-rechtliches Rundfunksystem einzurichten. (2) Die Mitgliedstaaten sind berechtigt, den Aufgabenkreis festzulegen, auch durch die Verfassung. (3) Die Mitgliedstaaten sind berechtigt, für eine aufgabenkonforme Finanzierung zu sorgen. Die Gebührenfinanzierung wird als zulässiges Finanzierungsmittel festgestellt. Dies bedeutet eine Abwendung von der bisherigen Ansicht, Rundfunkgebühren seien unzulässige staatliche Beihilfen, die den Wettbewerb verfälschten. (4) Vorbehalten bleibt, dass die Wettbewerbsbedingungen der Gemeinschaft nicht beeinträchtigt werden dürfen.

Im Überblick ist festzustellen, dass das Integrationsrecht der EU einen starken Impuls setzt, der vielfach unterschätzt wird: „Das Europarecht hat dabei Vorrang vor dem nationalen Recht, was hinsichtlich seiner Konsequenzen vielen Medienschaffenden nicht bewusst ist" (Fechner 2006: 259).

11.3 Spezielles Medienrecht

(1) Das **Presserecht** ist als Instrument zur Sicherung von Macht im Obrigkeitsstaat und zur Kontrolle der massenhaften Verbreitung von Gedankengut entstanden. Heute hat es eine doppelte Funktion, zum einen den besonderen Schutz der redaktionellen Arbeit der Journalisten sicher zu stellen, zum anderen die Pflichten zu definieren, denen eben diese Journalisten unterworfen sind.

Aufgrund der Gesetzgebungsbefugnis der Bundesländer (Art. 75 Abs. 1 Ziff. 2 GG i. V. m. Art. 72 GG) wird das Presserecht in Deutschland durch die Landespressegesetze bestimmt. Der Bund hat aber die Befugnis, ein Presserechtsrahmengesetz zu erlassen – wovon er bislang jedoch keinen Gebrauch gemacht hat, da die Landespressegesetze inhaltlich weitgehend übereinstimmen. Im Einzelnen sind die folgenden Regelungen zu den **Rechten und Pflichten** der Journalisten bedeutsam (vgl. Fechner 2006: 247 ff.; Tonnemacher 2003: 59 ff.):

- Rechte: Die Presseangehörigen haben einen umfassenden Anspruch gegenüber den Behörden auf Auskunft, allerdings nicht, wenn die Behörden zur Geheimhaltung verpflichtet sind. Ein Auskunftsanspruch gegenüber privaten Unternehmen und Organisationen besteht nicht. Vor Gericht haben Journalisten ein Zeugnisverweigerungsrecht und besondere Rechte bei der Durchsuchung von Presseräumen und der Beschlagnahme von Materialien. Pressevertreter müssen Zugang zu allen öffentlichen staatlichen Veranstaltungen haben, ebenso zu Pressekonferenzen.
- Pflichten: Die Presseangehörigen haben eine besondere journalistische Sorgfaltspflicht bei der Recherche und Verbreitung von Nachrichten an den Tag zu legen. Das Presseorgan ist von strafbaren Inhalten frei zu halten. Bei Zweifeln am Wahrheitsgehalt einer Meldung muss auf die Veröffentlichung verzichtet werden. Unter bestimmten Umständen besteht für den verantwortlichen Redakteur und für den Verleger die Verpflichtung zur Gegendarstellung, die an eine bestimmte Form gebunden ist. Ferner besteht eine Impressumpflicht, die dazu dient, die Verantwortung für die Inhalte klar zu fixieren. Verantwortliche Redakteure müssen ihren ständigen Aufenthalt innerhalb Deutschlands haben, die bürgerlichen Ehrenrechte besitzen und unbeschränkt geschäftsfähig sein. Zu nennen sind auch die Verantwortlichkeiten für den Anzeigenteil. Der redaktionelle Teil und die Werbung müssen klar voneinander getrennt werden (Trennungsgebot).

Grundpfeiler aller Regelungen des Presserechts ist die **Pressefreiheit**, die über das Grundgesetz hinaus in allen Landespressegesetzen verankert ist. Hieraus ergeben sich die folgenden unmittelbaren Konsequenzen:

- Recht auf Gründung: Ein Presseunternehmen kann jederzeit frei und ohne staatliche Zulassung gegründet werden.
- Redaktionsgeheimnis: Die Redaktionsarbeit von Presseunternehmen ist in ihrer Vertraulichkeit geschützt. Die Presse darf daher ungehindert von staatlicher Einflussnahme Informationen sammeln und unterliegt nicht der Pflicht, Quellen offen zu legen. Allerdings dürfen keine Straftaten oder unzulässige Handlungen gerechtfertigt werden.

- Tendenzschutz: Wie jedermann, so steht auch einem Zeitungsverleger das Grundrecht der Pressefreiheit zu. Infolgedessen hat ein Verleger gemäß § 118 Betriebsverfassungsgesetz (BetrVG) das Recht, seinem Presseorgan eine bestimmte inhaltliche – auch politische – Meinung vorzuschreiben, womit die Mitwirkungsrechte des Betriebsrats zu Gunsten der publizistischen Unabhängigkeit beschnitten bzw. eingeschränkt werden. Dem steht diametral die Forderung (vor allem der Journalistenverbände und Gewerkschaften) entgegen, der Inhalt einer Zeitung müsse ganz und gar der Redaktion überlassen bleiben, eine Forderung, die als „innere Pressefreiheit" bezeichnet wird. In einer Entscheidung hat das Bundesverfassungsgericht festgelegt, dass es der öffentliche Auftrag der Presse erforderlich macht, die Grundsatzkompetenz dem Verleger zu überlassen.

Einschränkungen der Pressefreiheit dürfen nur erfolgen, wenn sie vom Grundgesetz oder dem Landespressegesetz ausdrücklich zugelassen sind. Es herrscht ein **Zensurverbot** nach Art. 5 Abs. 1 Satz 3 GG.

> „Das Zensurverbot bezieht sich allerdings nur auf die Vorzensur, das heißt, es darf nicht verlangt werden, dass ein Beitrag vor der Veröffentlichung einer staatlichen Stelle zur vorherigen Genehmigung vorgelegt wird, da hierdurch das Geistesleben beeinträchtigt werden könnte. Zulässig sind hingegen nachträgliche Eingriffe des Staates bei der Verbreitung bereits veröffentlichter Medien unter Beachtung bestimmter Voraussetzungen, insbesondere des Verhältnismäßigkeitsprinzips" (Fechner 2006: 249).

Ein wichtiger Punkt des Presserechts im weitesten Sinne betrifft die **Pressefusionskontrolle**. Nach einer besonderen Vorschrift im Gesetz gegen Wettbewerbsbeschränkungen (GWB) werden die Hürden für Fusionen im Pressebereich hoch gehalten, um der Konzentration vorzubeugen und die publizistische Vielfalt zu sichern. Große Verlage fordern immer wieder die Lockerung dieser rigiden Vorschriften, um kleinere Verlage leichter übernehmen zu können (vgl. Heinrich 2004: 83 ff.).

(2) Das deutsche **Rundfunkrecht** ist maßgeblich von der Vorstellung geprägt, Rundfunk sei als Kulturgut zu verstehen, weshalb er unter die Kulturhoheit der Länder und deren Regelungskompetenz gestellt ist. Folgende rechtliche Grundlagen sind aus nationaler Sicht für den Rundfunk relevant:

- Rechtsprechung des Bundesverfassungsgerichts (BVerfG);
- Staatsvertrag für Rundfunk und Telemedien (Rundfunkstaatsvertrag – RStV);
- Landesrundfunkgesetze;
- Staatsverträge über ARD, ZDF und Deutschlandradio;
- Gesetze bzw. Staatsverträge für die einzelnen Landesrundfunkanstalten der ARD (z. B. WDR-Gesetz, Staatsvertrag über den SWR).

Der rechtliche Rahmen für den Rundfunk in Deutschland ist maßgeblich von der **Rechtsprechung des Bundesverfassungsgerichts** geprägt. In bisher 14 Urteilen (seit 1961, zuletzt 2014 Urteil zur Staatsferne des ZDF) sind die entscheidenden Vorgaben herausgearbeitet worden. In seiner Rechtsprechung hat das BVerfG insbesondere die folgenden Punkte hervorgehoben, basierend auf die in Art. 5 GG verbriefte Presse-

und Rundfunkfreiheit, die als schlechthin konstituierend für die freiheitlich-demokratische Grundordnung anzusehen ist (vgl. Hesse 2003: 60 ff.):

- Der Rundfunk übt eine essenzielle Funktion für die demokratische Ordnung aus. Angesichts der Fülle von Informationen ist der Einzelne zu seiner Meinungsbildung auf die Medien angewiesen (Rundfunk als „Medium" der öffentlichen Meinungsbildung). Zugleich sind die Medien bzw. ist der Rundfunk aber auch ein „eminenter Faktor", indem von ihnen die öffentliche Meinung beeinflusst wird.
- Eine besondere Bedeutung kommt dem Fernsehen zu, da es das einzige Medium ist, das zeitgleich in Bild und Ton zu berichten vermag und dadurch den Anschein der Authentizität erweckt, das Miterleben fördert und bequem verfügbar ist.
- Der Rundfunk besitzt eine Verantwortung für das kulturelle Leben.
- Rundfunkfreiheit heißt Freiheit von staatlicher Beeinflussung. Medien üben eine öffentliche Kontroll- und Kritikfunktion gegenüber der Staatsgewalt aus, die nicht beeinträchtigt werden darf.
- Damit der Rundfunk seine Aufgabe als Medium und Faktor der öffentlichen Meinungsbildung ausüben kann, bedarf es einer Ordnung, die sicherstellt, dass ein hohes Maß an Vielfalt der vorhandenen Meinungen im Rundfunk in möglichster Breite und Vollständigkeit Ausdruck findet. Rundfunkfreiheit hat damit eine dienende Funktion (dienende Freiheit).

Das Bundesverfassungsgericht hat insbesondere den Begriff der **Grundversorgung** als zentrales Kriterium für den Rundfunk herausgestellt.

„Der Begriff der Grundversorgung ist der Schlüssel für das Verständnis des geltenden Rundfunkrechts. Grundversorgung bedeutet, dass im Prinzip Sorge getragen sein muss, dass für die Gesamtheit der Bevölkerung Programme angeboten werden, die umfassend und in der vollen Breite des klassischen Rundfunkauftrags informieren und dass Meinungsvielfalt in der verfassungsrechtlich gebotenen Weise gesichert ist" (Fechner 2006: 250). Mit Grundversorgung wird damit auch der zentrale Funktionsbereich bzw. die Hauptaufgabe des öffentlich-rechtlichen Rundfunks beschrieben und festgeschrieben. Sie soll gewährleisten, dass der Rundfunk seine klassischen Aufgaben (d. h. Faktor und Forum der Meinungs- und politischen Willensbildung; Unterhaltungsanbieter; eine Einrichtung, die über die laufende Berichterstattung hinaus Informationsfunktionen erfüllt; Kulturinstitution) erfüllen kann. Die Notwendigkeit des Grundversorgungsauftrags ergibt sich gemäß der Rechtsprechung des Bundesverfassungsgerichts unmittelbar aus Art. 5 Abs. 1 GG und steht nicht zur Disposition des Gesetzgebers.

Dem Grundversorgungsauftrag nachgelagert ist der Programmauftrag der öffentlich-rechtlichen Rundfunkanstalten, der in den Rundfunkgesetzen und Staatsverträgen niedergelegt ist. Das Gegenstück zur öffentlich-rechtlichen Grundversorgung ist die „Zusatzversorgung" der privat-kommerziellen Sender, die lediglich eine abgeleitete Aufgabe besitzen und ihre Existenzberechtigung aus der Erfüllung der Grundversorgung durch die öffentlich-rechtlichen Rundfunkanstalten ziehen.

Die Grundversorgung drückt sich auf drei Ebenen aus; (1) auf der Ebene der Übertragungstechnik, auf der der Empfang der öffentlich-rechtlichen Programme für die gesamte Bevölkerung sichergestellt sein muss; (2) auf der Programmebene, auf der ein hoher inhaltlicher Standard der Programme gewährleistet sein muss; und (3) auf der Wirkungsebene, auf der die wirksame Sicherung gleichgewichtiger Vielfalt in der Darstellung der bestehenden Meinungsrichtungen zu garantieren ist. Aus diesen Kriterien ergeben sich für die öffentlich-rechtlichen Rundfunkanstalten nicht nur Rechte, sondern auch eine Reihe von Verhaltenspflichten, wonach sie einen genügend hohen Anteil an Eigenproduktionen einhalten müssen, um dem Kulturauftrag gerecht zu werden, und alle Sendungen ausstrahlen müssen, die wesentlich für die Grundversorgung sind, und zwar zu Tageszeiten, zu denen sie auch tatsächlich von der gesamten Bevölkerung genutzt werden können.

Der Grundversorgungsauftrag versteht sich nicht als Mindestversorgung, sondern als ein inhaltlich umfassendes Programmangebot für die gesamte Bevölkerung. Die öffentlich-rechtlichen Rundfunkanstalten müssen Sendungen für Minderheiten ebenso anbieten wie massenattraktive Programmbestandteile, z. B. Unterhaltungssendungen. Eine Aufgabenteilung zwischen öffentlich-rechtlichen und privaten Veranstaltern in dem Sinne, dass Erstere für den informierenden und bildenden, Letztere für den unterhaltenden Teil des Programmangebots zuständig wären, ist verfassungswidrig. Der öffentlich-rechtliche Rundfunk hat vielmehr für die gesamte Bevölkerung ein Programmangebot zu machen, das die ganze Breite des Rundfunkauftrages von Information, Bildung und Unterhaltung umfasst („Vollprogramm").

Die öffentlich-rechtlichen Rundfunkanstalten sind in der Art und Weise der Funktionserfüllung der Grundversorgung grundsätzlich frei (Programmautonomie). Das Bundesverfassungsgericht geht dabei davon aus, dass die Grundversorgung nicht durch ein einziges Programm gewährleistet werden kann, sondern eine Mehrzahl von Programmen erfordert. Dies gilt insbesondere in einer Rundfunklandschaft mit einer Vielzahl von Spartenprogrammen. Auch die öffentlich-rechtlichen Spezialangebote sind grundsätzlich dem Bereich der Grundversorgung zuzuordnen.

Der Grundversorgung wird eine so hohe Bedeutung für die Sicherung der Meinungsvielfalt zugeschrieben, dass diese Aufgabe auch unter sich ändernden Umständen erhalten bleiben muss. Das Bundesverfassungsgericht hat ausdrücklich festgelegt, dass die Grundversorgung dynamisch zu verstehen ist und die öffentlich-rechtlichen Rundfunkanstalten zur Wahrnehmung der Grundversorgungsaufgabe eine Bestands- und Entwicklungsgarantie erhalten müssen, die sich sowohl auf die technische Entwicklung als auch auf das Programmangebot bezieht. ARD und ZDF müssen insofern an neuen technischen Übertragungsformen wie auch an neuen Programmformen und Inhalten partizipieren.

Die folgenden Regelungen des **Rundfunkstaatsvertrags** sind besonders bedeutsam (vgl. Fechner 2006: 251 f.):

- Lizenzierungspflicht von Rundfunksendern: Jeder private Rundfunksender braucht eine Zulassung, die von der zuständigen Landesmedienanstalt erteilt wird und an

bestimmte Voraussetzungen geknüpft ist wie z. B. Finanzkraft, Verpflichtung auf Programmgrundsätze wie Achtung vor der Menschenwürde, vor dem Leben, vor der Freiheit und dem Glauben und der Meinung anderer.
- Spezielle Regelungen für die Werbung im Rundfunk: Auf der Grundlage des Trennungsgrundsatzes von Werbung und Programm enthält der RStV zahlreiche spezielle Regelungen, z. B. zum Sponsoring, Split-Screen-Werbung, Product Placement oder virtuelle Werbung.
- Einschränkung von Exklusivrechten: Zur Sicherung der Meinungs- und Informationsvielfalt besteht ein Recht zur Kurzberichterstattung über Großveranstaltungen auch für diejenigen Sender, die nicht im Besitz von Übertragungsrechten sind.

Als weitere Regelwerke für den Rundfunk sind die **Landesrundfunkgesetze** bzw. **Landesmediengesetze** relevant, die insbesondere spezielle Regelungen für die Zulassung von Veranstaltern, die Sicherung der Meinungsvielfalt, für Programmgrundsätze und für die Organisation der Aufsicht durch eigens von den Ländern eingerichtete Landesanstalten enthalten. Schließlich sind die **Staatsverträge** für **ARD, ZDF und Deutschlandradio** zu nennen sowie die **Gesetze bzw. Staatsverträge** für die einzelnen Landesrundfunkanstalten der ARD. Ein Staatsvertrag ist immer dann erforderlich, wenn – wie beim Südwestrundfunk, beim Norddeutschen Rundfunk oder beim Mitteldeutschen Rundfunk – eine Zuständigkeit über zwei oder mehrere Bundesländer gegeben ist.

(3) Das **Telemedienrecht** ist durch eine Ansammlung heterogener Rechtsvorschriften geprägt, deren Hauptursache die Kompetenzverteilung zwischen Bund und Ländern ist. Die Länder vertreten dabei die inhaltliche Seite und haben konsequenterweise die entsprechenden Regelungen im Rundfunkstaatsvertrag verankert. Ziel ist es, alle Angebote, die maßgebliche Wirkungen auf die öffentliche Meinungsbildung ausüben und für die Meinungsvielfalt relevant sind, einer besonderen rechtlichen Regelung zu unterwerfen. Entscheidend ist die Abgrenzung zwischen Rundfunk und Telemedien, wie sie in Abschnitt 11.1 (s. o.) dargelegt wurde. Telemedien mit journalistischer Relevanz für die Meinungsbildung werden dem Regelungsregime des Rundfunks unterworfen. Dabei wird jedoch nicht die rechtliche Regelung außer Kraft gesetzt, nach der nur Rundfunkangebote zulassungspflichtig sind und Telemedien nicht.

Die wichtige (neue) Leitvorstellung ist dabei, dass für die Abgrenzung zwischen Rundfunk und Telemedien die Art der Übertragungstechnik nicht Leitmaßstab sein soll. Maßgeblich ist nun vielmehr die Rezipientenreichweite und die Art und Intensität des vermittelten Öffentlichkeitsbezugs. Der Rechtsbegriff der „redaktionellen Verantwortung" nimmt (in der relevanten EU-Richtlinie über audiovisuelle Mediendienste) eine zentrale Stellung ein.

Telemedien ohne journalistisch-redaktionellen Hintergrund werden im Telemediengesetz geregelt, das umgangssprachlich auch als „Internetgesetz" bezeichnet wird. In diesem Verständnis sind Telemedien alle Angebote im Internet, die keine Rundfunkangebote und keine Telekommunikationsleistungen (z. B. Internet-Telefonie, Voice over IP, Skype) sind.

Vor diesem Hintergrund schärft sich auch noch einmal die Definition für Rundfunk, der nach heutigem Verständnis drei Ausprägungen hat: 1. der herkömmliche Rundfunk, 2. Live Streaming, d. h. die zusätzliche parallele/zeitgleiche Übertragung herkömmlicher Rundfunkprogramme über das Internet, 3. Webcasting, d. h. die ausschließliche Übertragung herkömmlicher Rundfunkprogramme über das Internet.

Eine wesentliche Folge der Abgrenzung von Telemedien und Rundfunk ist die Tatsache, dass Rundfunk anmelde- und zulassungspflichtig ist, was bei Telemedien nicht der Fall ist. Der Bund ist zuständig für die Telekommunikation und die wirtschaftliche Seite der Telemedien.

(4) Das **Telekommunikationsrecht** regelt die technischen Vorgänge der Telekommunikation.

> § 1 TKG: „Zweck dieses Gesetzes ist es, durch technologieneutrale Regulierung den Wettbewerb im Bereich der Telekommunikation und leistungsfähige Telekommunikationsinfrastrukturen zu fördern und flächendeckend angemessene und ausreichende Dienstleistungen zu gewährleisten."

Um diese Ziele zu erreichen, ist ein detailliertes und kompliziertes Regulierungsverfahren installiert worden, das v. a. die folgenden Maßnahmenbereiche umfasst:

- Regulierung des Zugangs;

> § 19 Abs. 1 TKG lautet: „Die Bundesnetzagentur kann einen Betreiber eines öffentlichen Telekommunikationsnetzes mit beträchtlicher Marktmacht dazu verpflichten, dass Vereinbarungen über Zugänge auf objektiven Maßstäben beruhen, nachvollziehbar sein, einen gleichwertigen Zugang gewähren und den Geboten der Chancengleichheit und Billigkeit genügen müssen." Im Kern geht es darum, die Monopolmacht der Deutschen Telekom zu regulieren und auch anderen Anbietern faire Bedingungen sicherzustellen. Als Aufsichtsbehörde ist die Bundesnetzagentur zuständig.

- Regulierung des Entgelts;
- Missbrauchsaufsicht;
- Festlegung der Frequenzordnung.

Kernaussagen

- Zentrale Leitlinie des Medienrechts ist die Sicherung von Meinungsvielfalt und Meinungsfreiheit, wie sie in Art. 5 Grundgesetz dokumentiert ist.
- Das Presserecht ist der Grundpfeiler für die Definition der Rechte und Pflichten von Journalisten.
- Im Rundfunkstaatsvertrag sind alle wesentlichen Basis-Regelungen für den öffentlich-rechtlichen und für den privaten Rundfunk enthalten. Er enthält auch die Regelung derjenigen Telemedienangebote, die journalistisch-redaktionell gestaltet sind. Die Regelungskompetenz besitzen die Länder.
- Das Telemediengesetz sorgt für die Regelung derjenigen Telemedien, die diesen journalistisch-redaktionellen Background nicht haben. Die Regelungskompetenz liegt beim Bund.
- Das Telekommunikationsgesetz regelt die technischen Vorgänge der Telekommunikation. Die Regelungskompetenz liegt beim Bund.
- Große Beachtung verdient das Europarecht, das im Hinblick auf die rechtliche Gestaltung des Mediensektors eine lange Tradition aufweist.

Literatur

Weiterführende Literatur: Grundlagen

Zippelius, R. (2011): Einführung in das Recht, 6., überarb. Aufl., Stuttgart.
Horn, N. (2011): Einführung in die Rechtswissenschaft und Rechtsphilosophie, 5., neu bearb. Aufl., Heidelberg.

Weiterführende Literatur: Medien

Baake, P./Wey, C. (2006): Die Regulierung neuer Telekommunikationsmärkte, in: MedienWirtschaft, 3. Jg., H. 4, S. 7-14.
Beck, K. (2012): Das Mediensystem Deutschlands, Wiesbaden.
Branahl, U. (2013): Medienrecht, 7., überarb. u. akt. Aufl., Wiesbaden.
Dörr, D. (2005): Öffentlich-rechtlicher Rundfunk und die Vorgaben des Europarechts, in: Media Perspektiven, o. Jg., 7/2005, S. 333-342.
Dörr, D. (2009): Die europäische Medienordnung, in: Hans-Bredow-Institut (Hrsg.)(2009): Internationales Handbuch Medien, 28. Aufl., Baden-Baden, S. 41-63.
Dörr, D./Schwartmann, R. (2012): Medienrecht, 4., neu bearb. Aufl., Heidelberg.
Fechner, F. (2006): Medienrecht – Rechtsgrundlagen für Medienmanager, in: Scholz, C. (Hrsg.)(2006): Handbuch Medienmanagement, Berlin, Heidelberg, New York, S. 239-260.
Fechner, F. (2008): Medienrecht, 9., überarb. u. erg. Aufl., Tübingen. Neue Auflage 2013.
Hartlieb, H. v./Schwarz, M. (2011): Handbuch des Film-, Fernseh- und Videorechts, 5., neubearb. u. erw. Aufl., München.
Heinrich, J. (2004): Pressefusionskontrolle, in: MedienWirtschaft, 1. Jg., H. 2/2004, S. 83-85.
Hesse, A. (2003): Rundfunkrecht, 3., neubearb. Aufl., München.
Hieronymi, R. (2010): Aufsichtsgegenstand: Der Rundfunkbegriff in der aktuellen Debatte, in: Institut für Informations-, Telekommunikatios- und Medienrecht (Hrsg.)(2010): Vom Bau des digitalen Hauses, Berlin, S. 157-167.
Homann, H.-J. (2007): Praxishandbuch Musikrecht, 4., neu bearb. Aufl., Berlin, Heidelberg, New York.
Homann, H.-J. (2009): Praxishandbuch Filmrecht, 3., akt. Aufl., Berlin, Heidelberg, New York.
Huber, H. (2011): Filmrecht für Dokumentarfilm, Doku-Drama, Reportage und andere Non-Fiction-Formate, Konstanz.
Jacobshagen, P. (2011): Filmrecht im Kino- und TV-Geschäft, 4. Aufl., Bergkirchen.
Kübler, F. (2000) Die Konzentration im Medienbereich und ihre Kontrolle, in: Institut für Rundfunkrecht an der Universität zu Köln (Hrsg.)(2000): Marktmacht und Konzentrationskontrolle auf dem Fernsehmarkt, München, S. 7-22.
Loock, A. (2005): Das allgemeine Persönlichkeitsrecht der öffentlichen Person in den Medien, Frankfurt am Main.
Merx, O./Tandler, E./Hahn, H. (2002): Multimedia-Recht für die Praxis, Berlin, Heidelberg, New York.
Puppis, M. (2007): Einführung in die Medienpolitik, Konstanz.
Reisewitz, P. (Hrsg.)(2008): Pressefreiheit unter Druck, Wiesbaden.
Schellmann, B./Baumann, A./Gläser, M./Kegel, T. (2013): Handbuch Medien. Medien verstehen, gestalten, produzieren. 6., erw. u. verb. Aufl., Haan-Gruiten, Kapitel 17.
Tietje, C. (2004): Grundzüge und rechtliche Probleme der internationalen Informationsordnung, in: Hans-Bredow-Institut (Hrsg.)(2004): Internationales Handbuch Medien 2004/2005, Baden-Baden, S. 15-39.
Vogelsang, I. (2006): Die regulatorische Behandlung neuer Telekommunikationsmärkte, in: MedienWirtschaft, 3. Jg., H. 4/2006, S. 16-29.

Studien, Lexika, Specials

Sjurts, I. (Hrsg.)(2011): Gabler Lexikon Medienwirtschaft, 2., akt. u. erw. Aufl., Wiesbaden.
TV-Diskurs (2005): Themenheft „Zwei Jahre neues Jugendschutzrecht", 9. Jg., H. 3.

III.
Leistungs- und Finanzprozesse

Kapitel 12
Wertschöpfungsprozesse im Überblick

12.1	Begriff Wertschöpfung	347
12.2	Stufenmodell des medialen Wertschöpfungsprozesses	349
12.3	Überbetrieblicher Wertschöpfungsprozess	352
12.4	Unternehmensinterner Wertschöpfungsprozess	354
12.5	Folgen der Digitalisierung der Wertschöpfungsketten	359

Leitfragen

- Inwiefern kann die Wertschöpfung als eine ökonomisch und strategisch bedeutsame Kenngröße der Unternehmensentwicklung und Performance angesehen werden?
- Wie versteht man unter dem Begriff „Wertschöpfung"?
- Warum ist die Wertschöpfung für das Management ein Schlüsselbegriff?
- Nach welcher allgemeinen Logik verlaufen die Wertschöpfungsprozesse bei der Erstellung von Medienprodukten?
- Wie unterscheiden sich die Wertschöpfungsprozesse in den Medienbereichen?
- Was versteht man unter einem „Wertschöpfungssystem"?
- Welche Bedeutung hat das Versioning von Medienprodukten im Zusammenhang mit der Frage der Produktionsbreite?
- Welche strategischen Antworten stehen den Medienunternehmen im Hinblick auf die Gestaltung der Wertschöpfungsketten zur Verfügung?
- Welche Konsequenzen ergeben sich aus der Digitalisierung für das operative Management der medialen Wertschöpfungskette?
- Welche Erfolgspotenziale lassen sich durch ein gezieltes Prozessmanagement generieren, z. B. durch die gezielte Re-Organisation der Wertschöpfungskette?
- Welche Effekte ergeben sich im Hinblick auf die vertikale Wertschöpfungsstruktur und die Leistungstiefe der Medienproduktion?
- Wie verändern sich die Wertschöpfungsstrukturen durch die verstärkte Einbindung der Nutzer in den medialen Wertschöpfungsprozess?

Gegenstand

Die Erstellung von Medienprodukten geschieht in einer Abfolge von Wertschöpfungsprozessen. Unter dem Wertschöpfungsprozess wird der Vorgang der Transformation von Input (Vorleistungen) in Output (Gesamtleistung) verstanden.

Dabei sind zwei unterschiedliche Kontexte zu unterscheiden, in denen die Generierung medialer Wertschöpfung eine Rolle spielt:

- Innerbetrieblicher Wertschöpfungsprozess (intraorganisationale Perspektive): Hier wird das Geschehen im Leistungs- und Managementsystem in den Fokus gerückt.
- Überbetrieblicher Wertschöpfungsprozess (interorganisationale Perspektive): Betrachtet wird hier der Prozess der Produkterstellung von der „Ur-Produktion" von Content bis zur Nutzung durch die Rezipienten. Dieser Themenkreis wird auch als Wertschöpfungssystem bezeichnet.

Beim Blick nach innen sind Medienunternehmen wie jedes andere Unternehmen gezwungen, ihre Unternehmensstrukturen und Prozessabläufe effizient zu gestalten. Eine besondere Bedeutung kommt dabei der permanenten Um- und Neugestaltung des Wertschöpfungsprozesses im Zuge der Unternehmensentwicklung zu. Es geht darum, die zeitliche und sachlogische Abfolge der Funktionen, die zur Erstellung der jeweiligen Medienprodukte notwendig sind, nach wirtschaftlichen (und gegebenenfalls auch nicht-ökonomischen) Kriterien erfolgreich zu steuern. Diese Fragestellung ist eng mit den Begriffen „Business Process Management", „Business Process Reengineering" und „Supply Chain Management" verknüpft. Den internen Wertschöpfungsprozess eines Medienunternehmens zu beschreiben und ihn damit dem Management zugänglich zu machen, erfordert die Zerlegung in einzelne Teilmodule bzw. Teilprozesse, die üblicherweise als „Geschäftsprozesse" bezeichnet werden.

Unter einem Geschäftsprozess bzw. „Business Process" versteht man „eine abgegrenzte, meist arbeitsteilige Folge logisch verbundener Funktionen mit einem definierten Beginn und einem definierten Ende, dessen Ziel die Erstellung oder Verwertung von betrieblichen Leistungen ist und der innerhalb vorgegebener Rahmenbedingungen – z. B. Zeitspanne, Ressourcen, Regeln – durchgeführt wird" (Hohmann 1999: 141).

Aufgabe des Managements ist es, die interne Wertschöpfungskette im Hinblick auf die Teilprozesse sichtbar zu machen und diejenigen Teilprozesse zu identifizieren, die als kritisch zu bezeichnen sind, weil sie z. B. keinen ausreichenden Beitrag zur gesamten Wertschöpfung leisten, weil sie einen Engpassfaktor darstellen und damit die optimale Durchlaufzeit beeinträchtigen oder weil sie falsch konfiguriert sind. Diese Fragestellung spielt insbesondere im Rahmen der Organisationsgestaltung eine große Rolle.

Beim Blick über den Tellerrand des einzelnen Medienunternehmens hinaus spricht man von der „medialen Wertschöpfungskette" oder dem „Wertkettensystem", bei dem alle Marktpartner (Zulieferer, Kooperationspartner, Abnehmer) in die Betrachtung der Wertschöpfungskette eingebunden sind.

Das einzelne Medienunternehmen wird – aus einer statischen Perspektive – darauf drängen, im intraorganisationalen Kontext sämtliche wertvernichtenden Teilprozesse aufzuspüren und konsequent auszusondern, umgekehrt aber auch „Value Drivers" zu identifizieren und neue und kostengünstigere Produktionsformen einzuführen (z. B. Geschäftsprozessoptimierung durch Industrialisierung).

In dynamischer Perspektive wird das Unternehmen nach neuen Potenzialen Ausschau halten und z. B. die bislang angebotenen Produktwelten durch Versionenbildung, durch Cross-Media-Konzepte (z. B. durch den Einsatz von Zusatzangeboten im Internet) oder durch Bearbeitung völlig anderer Geschäftsfelder neu konfigurieren.

Im interorganisationalen Kontext werden Prozessoptimierungen über die gesamte Wertschöpfungskette hinweg zur Debatte stehen. Zu denken ist an eine verstärkte Zusammenarbeit oder Fusion mit Partnerunternehmen entlang der vertikalen Prozessabläufe und damit an die vertikale Integration oder Desintegration, zu denken ist ferner an die gezielte Verlängerung der Wertschöpfungskette oder an die Bildung von Wertschöpfungsnetzwerken.

12.1 Begriff Wertschöpfung

Der Begriff der Wertschöpfung ist unter den beiden Aspekten der Entstehung und der Verteilung zu definieren (vgl. Abb. 12-1):

(1) Mit Blick auf ihre **Entstehung** bezeichnet die Wertschöpfung die von einer Wirtschaftseinheit geschaffenen Werte abzüglich der von ihr verzehrten Werte. Die geschaffenen Werte drücken sich in der erstellten und an andere Wirtschaftseinheiten abgegebenen Leistung aus, die verzehrten Werte in den von anderen Wirtschaftseinheiten übernommenen Leistungen (Vorleistungen). Die Wertschöpfung repräsentiert damit die Eigenleistung einer Wirtschaftseinheit. Bezogen auf ein Medien-Unternehmen (z. B. ein Fernsehunternehmen) geht es um die Differenz zwischen dem erzielten Umsatz (z. B. aus Pay-TV, Werbeerlösen, Rechteverwertung oder Merchandising) und den Vorleistungen (Aufwendungen bzw. Kosten für Rechteerwerb, Fremdleistungen, Materialeinkauf).

Die Wertschöpfung entsteht im **Wertschöpfungsprozess**, der als ein gestuftes Geschehen der Transformation von Input- in Output-Größen beschrieben werden kann. Der Wertschöpfungsprozess eines TV-Anbieters besteht in der Abfolge der Erzeugung, Bündelung und Distribution von Bewegtbildinhalten. Gemäß der Wertkette nach Porter (s. u.) kann er in einen Kernprozess (mit den Stufen Eingangslogistik, Operationen, Marketing und Vertrieb, Ausgangslogistik, Kundendienst) und in unterstützende Prozesse (Infrastruktur, Personalwirtschaft, Technologie, Beschaffung) unterschieden werden.

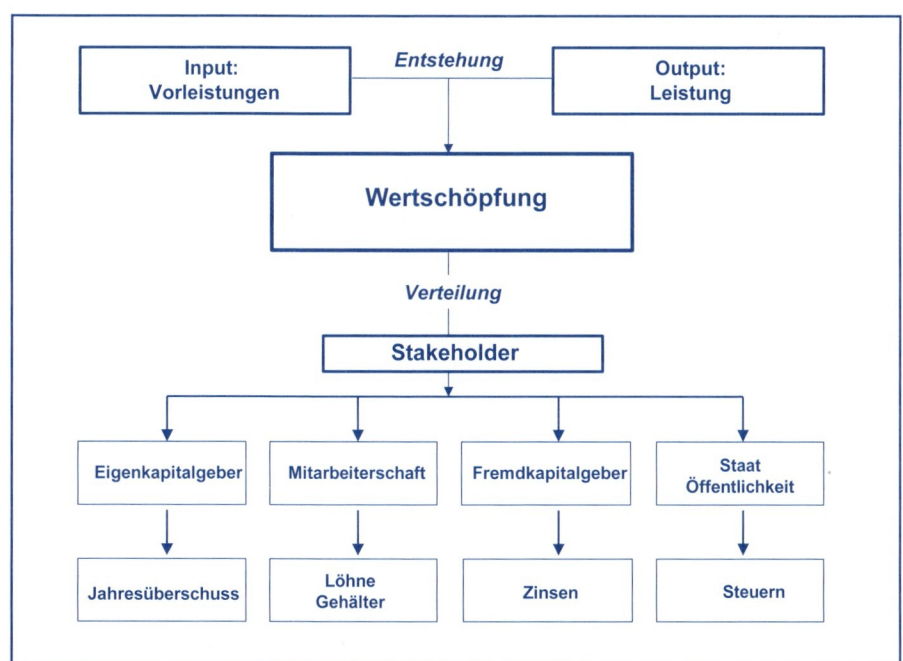

Abb. 12-1: Entstehung und Verteilung der Wertschöpfung

(2) Im Hinblick auf ihre **Verteilung** bezeichnet die Wertschöpfung die Summe der Einkommen der wichtigsten **Anspruchsgruppen** („Stakeholder") eines Unternehmens, als da sind: Eigentümer bzw. Eigenkapitalgeber („Shareholders"), die den Jahresüberschuss erhalten; Fremdkapitalgeber (Zinszahlungen), das eigene Personal (Löhne und Gehälter); die öffentliche Hand (Steuern). Unter **volkswirtschaftlichen** Gesichtspunkten bedeutet die Wertschöpfung die Summe aller Bruttowertschöpfungen, die von den einzelnen Wirtschaftssektoren zusammengenommen erbracht werden und in der volkswirtschaftlichen Gesamtrechnung als Bruttoinlandsprodukt erfasst werden. Die Bruttowertschöpfung eines Sektors ist die Differenz aus dem erzeugten Produktionswert und den von anderen Sektoren bezogenen Vorleistungen.

> Am Beispiel des Bertelsmann-Konzerns für 2008 zeigt sich für die Wertschöpfung z. B. das folgende Bild (alle Angaben in Mio. Euro):
>
> Wertschöpfung nach der Verteilungsrechnung: Gesamte Wertschöpfung: 5.252; davon (a) Jahresüberschuss (Konzerngewinn): 270; (b) Personalaufwand: 4.462; (c) Zinsaufwand: 325; (d) Steuern 195.
>
> Output (Leistung): Summe 16.903; davon Umsatzerlöse 16.118; Sonstige betriebliche Erträge 606; Bestandsveränderungen -75; Andere aktivierte Eigenleistungen 254.
>
> Gemessen an der Gesamtleistung beläuft sich die Wertschöpfung also auf 31,07 %. Das heißt, dass sich die Gesamtleistung zu ca. zwei Drittel auf Vorleistungen und zu ca. einem Drittel auf die Wertschöpfung aufteilt.

Wertschöpfung kann **statisch** oder **dynamisch** interpretiert werden (vgl. Schusser 1999: 9). Im statischen Sinn ist Wertschöpfung der Wert, der in einer Produktionsstufe durch den Einsatz von Produktionsfaktoren einem bisher entstandenen Wert hinzugefügt wird. Der dynamische Wertschöpfungsbegriff interpretiert Wertschöpfung als den Prozess der Wertentstehung.

Im Hinblick auf den **Betrachtungsgegenstand** sind drei unterschiedliche **Perspektiven** zu unterscheiden (vgl. Hofer 2000: 133 f.):

- Perspektive des einzelnen Unternehmens (mikroökonomische Perspektive): Hier handelt es ich um den **innerbetrieblichen produktiven Erfolg** eines Unternehmens, so wie er auf Grund des Kombinationsprozesses der Produktionsfaktoren entsteht.
- Perspektive des Verbundes mehrerer Unternehmen als Kettenglieder (zwischenbetriebliche Wertschöpfung): Mehrere Unternehmen arbeiten zusammen, um ein Produkt bzw. eine Dienstleistung zu erstellen und zu vertreiben. Im Extremfall werden sämtliche Unternehmen betrachtet, die entlang der ganzen Wertschöpfungskette an der Erstellung des Endprodukts beteiligt sind. In dieser Perspektive spricht man auch von einem sog. **Wertkettensystem**. Es bezeichnet die Gesamtheit aller Wertketten der beteiligten Unternehmen, vom Beginn der Wertschöpfung bis zum Konsum durch den Endverbraucher (vgl. Hutzschenreuter/Espel/Schneemann 2004: 17). Der Prozess der Wertschöpfung über die beteiligten Unternehmen hinweg wird auch als **vertikaler Wertschöpfungsprozess** bezeichnet.
- Perspektive der Volkswirtschaft (makroökonomische Perspektive): In dieser Sichtweise wird der Wert erfasst, der durch die Addition sämtlicher Bruttowertschöpfungen der einzelnen Sektoren innerhalb der Volkswirtschaft entsteht.

12.2 Stufenmodell des medialen Wertschöpfungsprozesses

Die Wertschöpfungsprozesse der einzelnen Medien-Teilmärkte sind vielfach beschrieben worden (vgl. insbesondere die jeweiligen Darstellungen für alle relevanten Medienteilmärkte bei Wirtz 2013). Im Vordergrund steht dabei in der Regel die funktionale Sichtweise, die von der institutionellen Sichtweise zu unterscheiden ist (vgl. hierzu Kapitel 4).

Nachfolgend wird ein allgemein gültiges („generisches") Stufenmodell für den medialen Wertschöpfungsprozess vorgeschlagen, das den Prozess der Entstehung, Herstellung und Vermarktung von Medienprodukten nach **sieben Stufen** unterscheidet (vgl. Abb. 12-2).

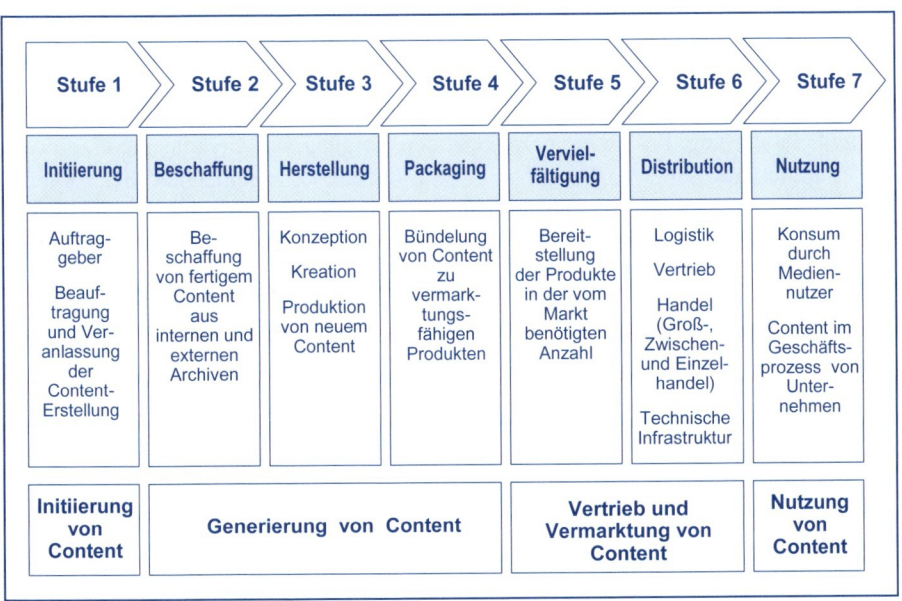

Abb. 12-2: Stufen des medialen Wertschöpfungsprozesses

Stufe 1: Initiierung. Diese Stufe kennzeichnet die Auslösung des Wertschöpfungsprozesses durch einen Auftraggeber. Dies sind in erster Linie Zeitungs-, Zeitschriften-, Buch- und Musikverlage sowie private und öffentlich-rechtliche Rundfunkunternehmen für Hörfunk und Fernsehen. Infrage kommen auch gewerbsmäßig agierende Initiatoren, die den genannten Institutionen in Eigeninitiative Content anbieten. Mit Blick auf das Internet kann festgestellt werden, dass als Auslöser von Wertschöpfungsvorgängen zunehmend auch Einzelpersonen eine Rolle spielen, wenn sie z. B. über Weblogs, private Websites oder in Videoportalen persönliche Wort- oder Bildbeiträge publizieren („User Generated Content").

Stufen 2, 3 und 4 sind diejenigen Wertschöpfungsstufen, auf denen die **Generierung von Content** stattfindet. Dies kann entweder durch Eigenproduktion oder durch Fremdbezug („Make or Buy-Entscheidung") erfolgen.

Stufe 2: Beschaffung. Diese Stufe kennzeichnet die Beschaffung von fertigem Content, wie er in fremden oder eigenen Archiven angeboten wird. Es handelt sich um den Kauf von Rechten (z. B. Ausstrahlungsrechte für Spielfilme, Übertragungsrechte), um den (Real-)Tausch von Programmmaterial („Bartering" als Tausch von Programm gegen Programm) oder um die Akquisition von Werbung. Die Beschaffung von eigenem Archivmaterial (Einsatz des sog. „Programmvermögens"), z. B. zum Zwecke der Wiederholung, ist gleichfalls hier anzuführen.

Stufe 3: Herstellung. Eingeschlossen sind alle Aktivitäten, die mit der Neu-Produktion von Inhalten verbunden sind. Zu differenzieren ist nach Konzeption, Kreation und Produktion, letzteres unterschieden nach Pre Production, Production und Post Production. Es geht also um alle Fragen der künstlerischen, technischen und organisatorischen Abwicklung von Eigenproduktionen. Die Beauftragung von externen Produzenten und Dienstleistern ist auf dieser Stufe ebenfalls zu erfassen (Auftragsproduktion, Co-Eigenproduktion).

Stufe 4: Packaging. Packaging bezeichnet den Vorgang, der die konkrete Gestaltung der Endprodukte zum Gegenstand hat. Es geht um den „Zusammenbau" der vorgefertigten Bestandteile zu vermarktungsfähigen Produkten. Die folgenden Produktwelten sind dabei grundsätzlich zu unterscheiden:

- Produktwelt journalistisches Programm. Die Programmplanung sorgt für den redaktionellen „Packaging"-Vorgang.
- Produktwelt Werbung. Die Platzierung von Werbung muss in das redaktionelle Umfeld optimal, d. h. mit möglichst hohem Effekt für den Deckungsbeitrag eingefügt werden.
- Produktwelt Programmverwertung (Lizenzierung/„Licensing", Rechteverwertung). Dabei geht es um den Verkauf von Programm an andere Interessenten sowohl im nationalen als auch internationalen Handel.
- Produktwelt Sonstige Produkte. Zu denken ist an den Verkauf von Dienstleistungen (Vermietung von Produktionskapazitäten, Zulieferungen zum Programm) oder an Merchandising.

Stufe 5: Vervielfältigung. Mediale Produkte – insbesondere der Massenproduktion – bedürfen der Vervielfältigung. Wird der Content auf materiellen Trägern transportiert (z. B. Zeitungen, Zeitschriften, Anzeigenblätter, Buch, CD, DVD), sind u. U. technikintensive und teure Vervielfältigungsprozesse in Gang zu setzen, im Gegensatz zu nicht materiellem Content. Hier stehen den hohen First Copy Costs der Stufen 2 bis 4 vergleichsweise geringe Vervielfältigungskosten gegenüber. Die Grenzkosten können sogar gegen Null gehen, wie das Beispiel des Peer-to-Peer-Phänomens beim Download von Musik-Software zeigt. Die Frage der Vervielfältigung ist daher differenziert zu betrachten.

Stufe 6: Distribution. Hierbei sind zwei Bereiche zu unterscheiden:

- Technische Distribution: Um Content zu verbreiten und die technische Erreichbarkeit von Zielgruppen sicherzustellen, ist bei elektronischen Medienprodukten die Bereitstellung von Technik mit hoher Leistungskraft erforderlich (z. B. Satelliten, Kabelnetze, Terrestrik, Internet). Wird einem Veranstalter wie dem öffentlich-rechtlichen Rundfunk eine sog. (technische) „Vollversorgung" der Bevölkerung auferlegt, kommt es zu zusätzlichen Anforderungen an die technische Infrastruktur. Die technischen Anforderungen bei der Distribution von Printprodukten unterscheiden sich grundlegend.

- Ökonomische Distribution: Unter wirtschaftlichen Gesichtspunkten sind die terrestrischen, Kabel- und Satellitenkanäle sowie das Internet die Absatz- und Vertriebskanäle, über die der Content vom Anbieter zum Konsumenten transportiert wird. Bei Medienprodukten auf materiellen Trägern ist eine aufwändige Logistik erforderlich, um die Distributionsaufgabe zu erfüllen. Dort kommt der Einschaltung von Handelsinstitutionen (Groß-, Zwischen- und Einzelhandel) eine bedeutsame Funktion zu.

Im Kontext der ökonomischen Distribution spielt die Frage der Kommunikation zwischen Anbietern und Nachfragern eine große Rolle. So muss ein Medienunternehmen permanent Aktivitäten entfalten, um mit den Zielgruppen im Kontakt zu sein. Es muss die klassischen drei kommunikationspolitischen Basis-Instrumente des Marketing einsetzen:

- Werbung: Zu denken ist an die Form und das Ausmaß der Eigenwerbung (Trailer), aber auch an Media-Werbung (z. B. Anzeigen in Programmzeitschriften oder Plakatierungsaktionen).
- Verkaufsförderung (Promotion): Weit verbreitet sind öffentliche Veranstaltungen (eigen initiierte Events oder Beteiligung an Fremdveranstaltungen, d. h. Präsentationen). Der Sender „pusht" sein Programm zum Rezipienten hin.
- Public Relations: Elementar ist die Sicherung von Vertrauen in der Öffentlichkeit. Zu unterscheiden sind ferner diejenigen Marketingaktivitäten, die für das Programm selbst erfolgen (z. B. Reichweitenziele, Akzeptanz beim Publikum, Bekanntheitsgrad), Maßnahmen zur Sicherung der Haupteinnahmequellen (Rundfunkbeitrag, Werbeerträge, Sponsoring) sowie Aktivitäten mit Blick auf den Lizenzvertrieb.

Stufe 7: Nutzung. Diese Stufe kennzeichnet die konkrete Nutzung des Contents durch den Endkonsumenten bzw. eine Organisation. Zu unterscheiden ist hierbei insbesondere der Aspekt der Zeitsouveränität, d. h. die Frage, inwieweit die Nutzung zeitgleich mit dem Angebot (z. B. Ausstrahlung) erfolgt oder ob eine zeitversetzte Nutzung stattfinden soll oder muss (z. B. Videorecorder, Video-on-Demand, Pay-Per-View, Videoportale im Internet).

Ein Medienunternehmen wird auf dieser Stufe die entscheidenden Weichenstellungen vornehmen, um beim Kunden mit seinen Produkten erfolgreich zu sein. Maßstab ist die Kundenorientierung.

Ein neues Phänomen ist zunehmende Integration des Kunden in den Wertschöpfungsprozess.

12.3 Überbetrieblicher Wertschöpfungsprozess

Medienunternehmen stehen vor der Entscheidung, in welcher Form sie sich innerhalb des für sie relevanten Wertkettensystems positionieren wollen. Wesentliche Kriterien für diese Entscheidung sind die Produktionsbreite und die Produktionstiefe (vgl. Eisenführ 2000: 264 f.; Schierenbeck/Wöhle 2012: 47 ff.).

(1) Das Kriterium der **Produktionsbreite** betrifft die vom Medienunternehmen angebotene Anzahl unterschiedlicher Produkte sowie den Grad ihrer Unterschiedlichkeit. Die Extreme bilden auf der einen Seite der Einproduktbetrieb, der nur eine einzige Leistung erzeugt, der also das denkbar kleinste „Repertoire" besitzt, auf der anderen Seite der Mehrproduktbetrieb mit zahlreichen unterschiedlichen Produkten. Entscheidet sich ein Medienunternehmen für die Mehrproduktfertigung, muss es darüber befinden, ob das Produktprogramm in einem Sortimentsverbund eng miteinander verzahnt werden soll oder als diversifiziertes Produktprogramm jeweils eigenständig herzustellen ist. Für den Sortimentsverbund sprechen Kostengesichtspunkte und die Erzielung komplementärer Ertragseffekte, für ein diversifiziertes Produktprogramm demgegenüber die Chance, die Gewinnentwicklung von Konjunkturschwankungen abzukoppeln und zu verstetigen sowie eine effiziente Risikostreuung sicher zu stellen.

Im Zuge der Digitalisierung werden Medienunternehmen zunehmend in die Lage versetzt, kostengünstig die Produktion zu verbreitern und Produktvarianten zu generieren bis hin zu personalisierten Angeboten. Diese Entwicklung wird für das Fernsehen als Entwicklung vom Broadcasting über das Narrowcasting zum Personalcasting und „MeChannel" beschrieben (vgl. die „Noam-Pyramide" der Abb. 8-2 in Kapitel 8). Die Begriffe Produktdifferenzierung und Versioning kennzeichnen ebenfalls den Trend zur Vergrößerung der Produktionsbreite (vgl. hierzu auch Kapitel 17).

(2) Wird mit der Produktionsbreite die horizontale Entscheidung angesprochen, an wie vielen artverwandten oder unterschiedlichen crossmedialen Wertschöpfungsketten ein Medienunternehmen vertreten sein will, bezeichnet demgegenüber die **Produktionstiefe** die Entscheidung darüber, auf wie vielen Stufen in vertikaler Hinsicht das Unternehmen beteiligt sein will.

> „Die Produktionstiefe bzw. der vertikale Integrationsgrad einer Industrieunternehmung drückt ihren relativen Anteil am wirtschaftlichen Gesamtprozess der Überführung natürlicher Existenzgrundlagen in konsumreife Produkte aus. Anders ausgedrückt zeigt sich die Produktionstiefe einer Unternehmung an der Anzahl der von ihr übernommenen Produktionsstufen, und eine Zunahme der vertikalen Integration erfolgt entsprechend durch Angliederung produktionstechnischer Vor- und Nachstufen" (Schierenbeck/Wöhle 2012: 50).

Eine hohe Produktionstiefe liegt vor, wenn ein einzelnes Medienunternehmen viele oder alle Stufen des vertikalen Wertschöpfungsprozesses intern abdeckt. Im Gegensatz dazu ist die Produktionstiefe gering, wenn es nur auf einer oder wenigen Stufen vertreten ist, mehrere Unternehmen also in einem vertikalen Produktionsverbund zusammenwirken müssen, um das Medienprodukt zu erstellen. Die geringste Produktionstiefe liegt vor, wenn lediglich die Endmontage im eigenen Betrieb stattfindet, alle Vorleistungen von anderen Unternehmen bezogen werden. Aus Sicht des einzelnen

Unternehmens ist damit die Frage des **Outsourcing** angesprochen, nach der die starke Betonung von Outsourcing zu einer geringeren Produktionstiefe führt.

> Die Bertelsmann AG verfügt als Medienkonzern über verschiedene als separate Unternehmen organisierte Geschäftsbereiche, mit denen fast alle Stufen der Wertschöpfung abgedeckt werden. So erbringt die Arvato AG „kundenorientierte und ganzheitliche Dienstleistungslösungen" vom Druck über CRM bis zum E-Commerce, über diverse Tochterunternehmen ist die RTL Group sowohl in der Erstellung von Sendeformaten und -inhalten tätig als auch in der Produktion zahlreicher Sendungen. Die Zeitschriftenverlage werden unter dem Dach der Gruner + Jahr AG gebündelt, das Buchgeschäft betreibt Random House, Inc. Der Vertrieb von Massenmedien findet sowohl in den einzelnen Geschäftsbereichen, als auch über die Bertelsmann Direct Group mit ihren Buchclubs und Online-Aktivitäten statt.

Bei der **Rückwärtsintegration** erhöht das Unternehmen die Produktionstiefe in Richtung der Bezugsquellen und sorgt für eine bessere Kontrolle über Einkaufspreise und Qualitäten und stellt die Versorgung auch in Krisenzeiten sicher, bei der **Vorwärtsintegration** hingegen werden dem Unternehmen Weiterverarbeitungs- und Handelsstufen angegliedert, eine Methode, um insbesondere die Differenzierung der Produkte und der Fertigungsverfahren zu ermöglichen (vgl. Schierenbeck/Wöhle 2012: 50).

Die Produktionstiefe gestaltet sich bei den Medienunternehmen höchst unterschiedlich. Alle Formen sind denkbar, was sich am Beispiel der Wertschöpfungskette des Fernsehen zeigen lässt (vgl. Abb. 12-3 in Anlehnung an Hess/Picot/Schmid 2004: 23). Danach integrieren Fernsehsender wie das ZDF oder die RTL Group weite Teile der Wertschöpfungskette von der Initiierung und Beschaffung bis zum Packaging. Daneben sind spezialisierte Medienunternehmen wie dpa, UFA Grundy oder die Bavaria am Werk, um Aufgaben der Produktion und des Programmhandels zu übernehmen. Ebenfalls erfolgt die Distribution der Programme durch Spezialisten wie Kabel Deutschland oder Astra, genauso wie die Versorgung der Konsumenten mit Geräten der Unterhaltungselektronik-Industrie.

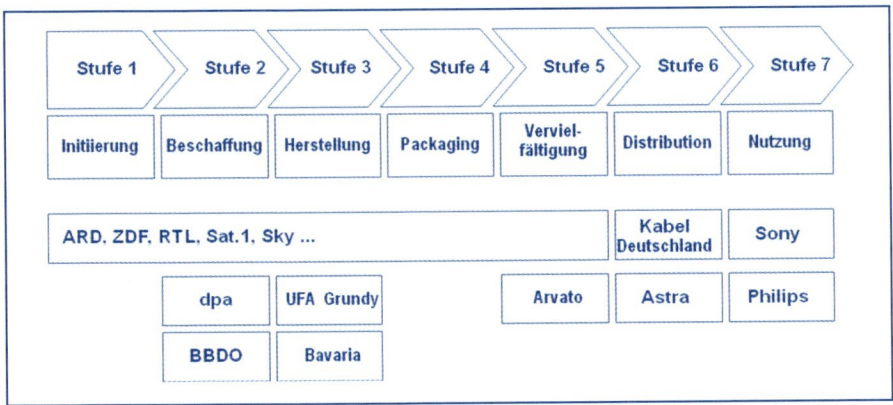

Abb. 12-3: Wertschöpfungskette des Fernsehens und Produktionstiefe

Die überbetriebliche (vertikale) Wertschöpfungskette wandelt sich zunehmend von einem linear abbildbaren Prozess zu einem mehr oder weniger komplexen Netzwerk sich ergänzender Wertschöpfungsprozesse und wird daher auch als **Wertschöpfungssystem** bezeichnet (Porter 2000; Picot/Schmid/Kempf 2007: 215).

12.4 Unternehmensinterner Wertschöpfungsprozess

(1) Der Wertschöpfungsprozess, wie er sich intern im Medienunternehmen abspielt, lässt sich in unterschiedlicher Weise beschreiben, z. B. die **Wertschöpfungsprozesse im Fernsehunternehmen** wie folgt (vgl. Pagel 2003: Kapitel 3):

- Journalistische Wertschöpfungskette: Redaktionsprozess, Content Production nach den Teilphasen Pre Production, Production, Post Production.
- Technologische Wertschöpfungskette: Zulieferungstechnik, Studio-/Produktionstechnik, Sende- und Übertragungstechnik, Empfangs- und Nutzungstechnik, Aufnahme-, Speicher- und Wiedergabetechnik.
- Ökonomische Wertschöpfungskette: Finanzierungsquellen, Planung, Produktionsabwicklung, Kontrolle, Programmverwertung.

Zu Recht wird darauf hingewiesen, dass es sich bei dieser Trennung lediglich um eine gedankliche Differenzierung handelt, da in der Realität die Prozesse eng verzahnt ablaufen und daher nur eine integrierte Sichtweise ein adäquates Bild der Realität vermitteln kann.

(2) Gemäß dem bekannten **Wertkettenmodell nach Porter** lässt sich der interne Wertschöpfungsprozess eines Medienunternehmens grundsätzlich nach primären und unterstützenden Aktivitäten unterscheiden (vgl. Porter 2000). **Primäre Aktivitäten** lassen sich dabei in die folgenden fünf Teilprozesse unterscheiden:

- Aktivitäten der Eingangslogistik;
- Konkrete Operationen;
- Marketing- und Vertriebsaktivitäten;
- Ausgangslogistik;
- Kundendienst, Service.

Auf das Beispiel des Rundfunks übertragen kann die Wertkette nach Porter wie in Abb. 12-4 dargestellt werden.

> Auf der 1. Stufe der Eingangslogistik geht es um die Planung und Entstehung der Programme (einschließlich Werbung), wodurch die Allokation der verfügbaren Ressourcen auf Zielgruppen und Programme erfolgt.
>
> Die 2. Stufe der Operationen stellt die Programmrealisation dar und determiniert die „Make-or-buy-Frage", d. h. die Aufteilung in Eigen- und Kaufproduktionen, und damit auch die Auslastung der eigenen Produktionskapazitäten. Realisatoren der Operationen sind die Redaktionen.
>
> In der 3. Stufe (Marketing und Vertrieb) werden die Aktivitäten vereint, die die Verbreitung der Programme fördern sollen. Zu unterscheiden sind die Marketingaktivitäten für das Programm selbst (z. B. Reichweitenziele, Akzeptanz beim Publikum, Bekanntheitsgrad), Maßnahmen zu Sicherung der Haupteinnahmequellen (Rundfunkgebühr, Werbeerträge, Sponsoring) sowie Aktivitäten des Lizenzvertriebs.
>
> Die Ausgangslogistik (4. Stufe) umfasst die „Lagerung" von Programmen und Rechten (Programmvermögen), die Sendeabwicklung sowie die (technische) Übermittlung von Programmen. Bedeutsam sind auf dieser Stufe die Ton- und Filmarchive, die internen und externen Leitungs- und Verteilnetze (Terrestrik, Kabel, Satellit, Online).

Auf der 5. Stufe schließlich sind die Serviceleistungen für die Rezipienten und die Werbewirtschaft zu beachten (z. B. programmbegleitende Informationen, Hotlines, Supplement-Angebote, produktbezogene „Add-On-Leistungen" über das Internet, Hilfestellungen für Werbekunden im Hinblick auf Produktion und Media-Planung).

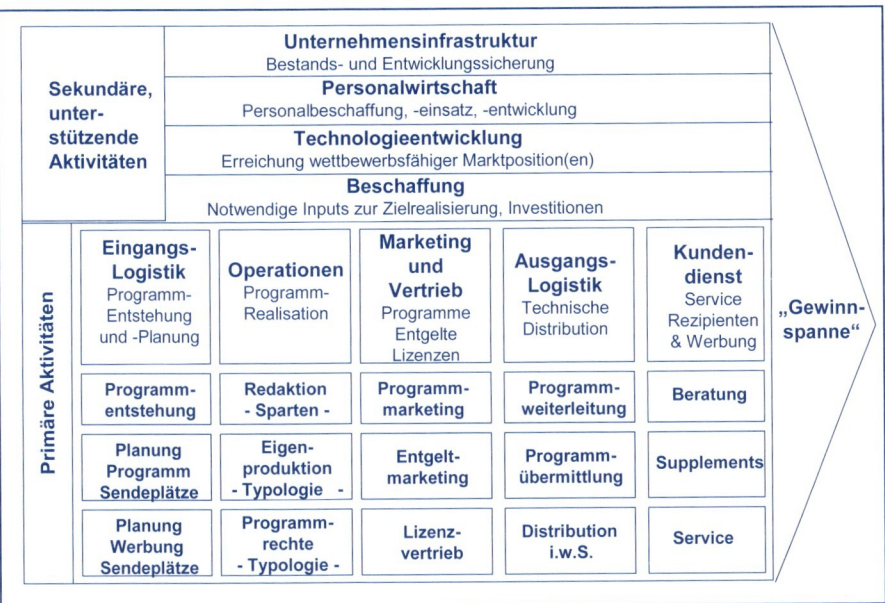

Abb. 12-4: Wertkette nach Porter am Beispiel Rundfunk

Die **sekundären** bzw. **unterstützenden Aktivitäten** lassen sich nach Porter in vier Kategorien einteilen:

- Aktivitäten zur Sicherung der Unternehmensinfrastruktur;
- Aktivitäten der Personalwirtschaft;
- Aktivitäten der Technologieentwicklung;
- Aktivitäten der Beschaffung.

Diese „Infrastrukturaktivitäten" umfassen solche Tätigkeiten, die die Betriebsbereitschaft der Rundfunkanstalt erhalten und ihr die Möglichkeit geben, wettbewerbsfähig zu bleiben. Beispiele sind die Unternehmensplanung, Führungsorgane, das Justitiariat, die Revision oder EDV und Rechnungswesen. Die Personalwirtschaft umfasst sämtliche Tätigkeiten, die sich mit der Rekrutierung, Einstellung, Aus- und Fortbildung fester und freier Mitarbeiter befassen. Aktivitäten der Technologieentwicklung wie die Verfahrens-, Übermittlungs- und Informationstechnologien spielen in allen Feldern der Rundfunkanstalt eine Rolle. Beschaffungsaktivitäten schließlich umfassen den Einkauf jeder Art von Inputs, also Produktionsfaktoren und Vorprodukte wie Rechte, Programmteile und fertige Sendungen, Betriebsmittel wie Studios und Geräte sowie Werkstoffe wie Material oder Requisiten.

Als **Gewinnspanne** sind im privaten Rundfunk die üblichen Erfolgsgrößen angesprochen. Bei den gemeinnützigen öffentlich-rechtlichen Rundfunkanstalten geht es demgegenüber um den „gesellschaftlichen Gewinn", den sie funktional erbringen, insbesondere also um die Integrationsfunktion, die Sozialisationsfunktion, die Funktion, für eine soziale Orientierung zu sorgen, um politische Funktionen wir die Herstellung von Öffentlichkeit, um die Artikulationsfunktion, die politische Sozialisations- und Bildungsfunktion sowie um die Kritik- und Kontrollfunktion. Öffentlich-rechtliche Rundfunkanstalten müssen sich insofern an anderen Kriterien messen lassen als private Veranstalter.

(3) Als weiterer möglicher Ansatz zur Beschreibung der internen Wertschöpfungsvorgänge bietet sich das analytische Instrumentarium des **Business Process Management** und dabei insbesondere des **Business Process Reengineering** (BPR) an. Das Konzept orientiert sich an den folgenden Prinzipien:

- Bei der Organisationsgestaltung werden konsequent die Prozesse als relevante Kriterien in den Mittelpunkt gerückt.
- Es geht um die Neugestaltung der Geschäftsprozesse, wobei die Kernprozesse des Unternehmens als entscheidende Ansatzpunkte gesehen werden. Alle nicht primären Abläufe werden als nachrangig gesehen.
- Die gesamte Aufbau- und Ablauforganisation wird einer umfassenden Prozessanalyse unterworfen.
- Ziel ist eine radikale Neustrukturierung und ein Re-Design aller Prozessabläufe, d.h. nicht nur graduelle, sondern dramatische Verbesserungen werden angestrebt.
- Insbesondere geht es um eine drastische Reduzierung der internen Schnittstellen.
- Unter die besondere Beobachtung werden die Leistungsmaßstäbe Kosten, Qualität, Service und Schnelligkeit gestellt.

Business Process Reengineering versteht sich als eine Reaktion auf die teils dramatischen Änderungen im Unternehmensumfeld, die zu charakterisieren ist mit Begriffen wie Deregulierung und Betonung des Verursacherprinzips, Globalisierung, Wettbewerbsverschärfung, Zunahme der Komplexität der Marktbedingungen, Differenzierung der Kundengruppen, veränderliche Kundenpräferenzen oder Verkürzung der Produktlebenszyklen. Unflexible Unternehmen haben es daher schwer zu überleben. Innovationsfähigkeit rückt in der Wertigkeit ganz nach oben.

Es ist zweckmäßig, den folgenden **vier Ansätzen** zu folgen, nach denen sich Business Process Reengineering in die Praxis umsetzen lässt:

- Prozesse als Gliederungskriterien: Ziel ist die Abkehr von vertikal-hierarchischen Strukturprinzipien und Hinwendung zu horizontalen Prozessen; zu differenzieren sind Kernprozesse und Supportprozesse. Während eine funktionale Organisation eine vertikale Sichtweise fördert (abteilungsintern), verlaufen die Prozesse über Abteilungsgrenzen hinweg (horizontal). Aus Sicht des BPR ist die strikte Arbeitsteilung eine der Hauptursachen für schlechte Ergebnisse im Hinblick auf Qualität, Zeit, Kosten und Service. Nachhaltige Verbesserungen können deshalb nur dann zustande kommen, wenn man die strenge Arbeitsteilung auflöst, die funktionalen Strukturen durchbricht und die Geschäftsprozesse kundenorientiert und ganzheitlich betrachtet.

- Kongruenz von Aufgabe, Verantwortung und Kompetenz: Nach diesem Prinzip sind „Process Owner" festzulegen, die ad personam den Prozess zur Zufriedenheit der Kunden und im Sinne des Unternehmens effizient erreichen sollen. Denkbar ist auch die Installation von „Process Teams".
- Horizontale Arbeitsteilung: Gemäß dem „Prinzip der kundenorientierten Rundumbearbeitung" sind vor allem die Kernprozesse so zu gestalten, dass der Kundenwunsch jederzeit und möglichst ohne Schnittstellen erfüllt werden kann. Gegenüber dem Kunden fungiert der Process Owner als die prozessverantwortliche Person. Denkbar sind alle Lösungen, die aus dem Produkt- bzw. Key-Account-Management bekannt sind.
- IT-Unterstützung: Wichtig ist eine wirkungsvolle Informationsversorgung aller am Prozess Beteiligten, damit ein gleicher Informations- und Wissensstand über den aktuellen Prozessfortschritt gegeben ist. Informations- und Kommunikationstechniken werden auch kundenorientiert eingesetzt.

Ausgehend von diesen Basis-Prinzipien können die folgenden **Leitlinien** für die Geschäftsprozess-Optimierung formuliert werden:

- Die Prozesse werden in ihrer Gesamtheit betrachtet, die einzelnen Funktionen treten in den Hintergrund. Anders als bei einer einfachen Reorganisation bessert das BPR nicht nur Schwachstellen in einzelnen Abteilungen oder Bereichen aus, sondern betrachtet komplett das ganze Unternehmen.
- Zu unterscheiden sind wertschöpfende und wertsichernde Prozesse.
- Ziel ist die Kostensenkung bei gleichzeitiger Steigerung der Qualität.
- Jeder Prozess hat einen Prozess Owner.
- Jeder Prozess beginnt und endet beim Kunden. Der Kunde steht damit stets im Mittelpunkt der Aktivitäten.
- Prozesse sind hierarchisch z. B. nach Geschäftsprozess, Hauptprozess, Teilprozess und Sub-Prozess zu ordnen.
- In jedem Prozess wird ein Objekt komplett bearbeitet.
- Für jeden Prozess ist eine zeit- und ressourcengünstige Ablaufstruktur festzulegen.
- Mit den Lieferanten der Prozesse werden Leistungsvereinbarungen getroffen.
- Jeder Prozess hat Ziel- und Messgrößen, über die laufend die Prozessleistung gemessen wird.
- Jeder Prozess wird laufend verbessert und gegebenenfalls erneuert.
- Jeder Prozess ist ausreichend dokumentiert.

Eine besondere Rolle im Business Process Reengineering spielt ferner die Optimierung der Business-Prozesse durch den **Einsatz von Informationstechnik**. Hier ist die Herausforderung oft groß, wie sich am Beispiel der Wertschöpfungsprozesse im Hörfunk zeigen lässt.

Abb. 12-5 stellt eine allgemein gültige, generische „Prozesslandkarte" für das Radio dar, aus der ersichtlich ist, dass es sich um einen sehr komplexen Vorgang handelt, der nur durch den intelligenten Einsatz von Informationstechnik besser beherrschbar wird (Quelle: Roos et al. 2005: 132).

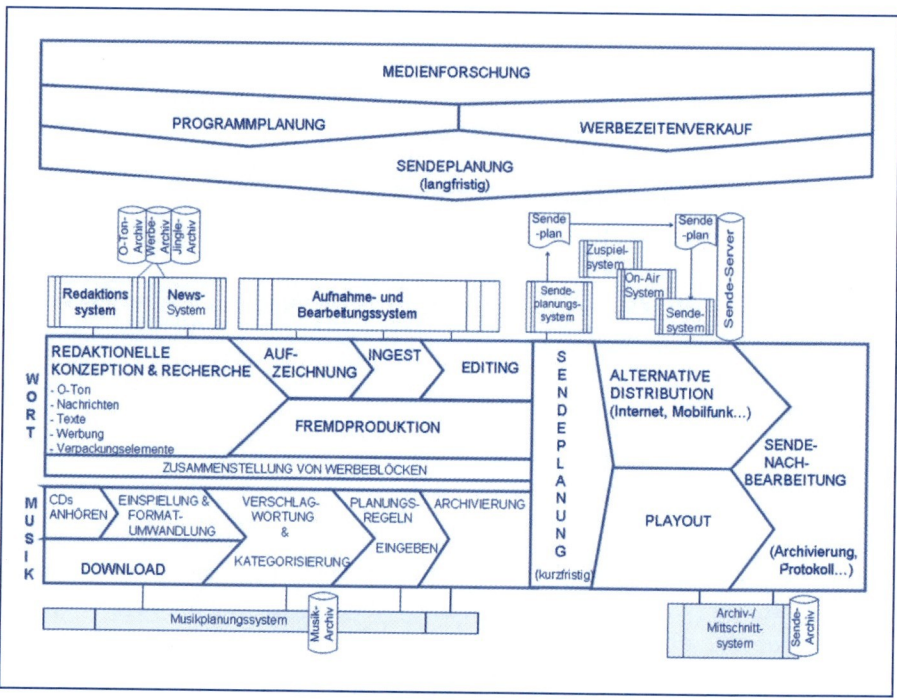

Abb. 12-5: Prozesslandkarte Radio

Notwendig ist die flexible, kostengünstige IT-Unterstützung unter Berücksichtigung der bestehenden heterogenen Systemlandschaft (vgl. Roos et al. 2005: 132 f.). Besonders gefordert ist die konsequente Ausrichtung auf die Prozessabläufe und nicht auf die althergebrachten Organisationsstrukturen. Ebenfalls notwendig sind überzeugende Integrationskonzepte, die flexibel genug sind, um jederzeit veränderte Geschäftsmodelle zu ermöglichen.

„Die skizzierten Herausforderungen verlangen von den Broadcastern eine Orientierung auf Prozesse und den durchgängigen Einsatz von Informationstechnik zu ihrer Unterstützung. Prozess- und IT-Management haben vor allem für kostengünstige Abläufe und eine hohe Reaktionsfähigkeit zu sorgen. Diese Anforderungen sind nur durch weit reichende, an den Prozessen orientierte informationstechnische Integrationskonzepte umsetzbar. Integrationskonzepte müssen neue Geschäfts- und Erlösmodelle ermöglichen und bestehende optimieren, die Anforderungen an ein Rechtemanagement umsetzen, die Information von Entscheidungsträgern (Management-Cockpit) ermöglichen, Kern- und Unterstützungsprozesse integrieren sowie gewachsene branchentypische Systemlandschaften in den Sendern einbinden. Die Wiederverwendung von Content, zunehmender Handel mit Rechten und crossmediale Verwertung von Content sowie veränderte gesetzliche Regelungen stellen erhebliche Anforderungen an ein integriertes Rechtemanagement dar" (Roos et al. 2005: 136).

12.5 Folgen der Digitalisierung der Wertschöpfungsketten

Im Zuge der Digitalisierung sehen sich die Medienunternehmen veranlasst, die traditionelle Gestaltung ihrer Wertschöpfungsketten zu überdenken. Die Hauptfolge der Digitalisierung liegt in der **Dematerialisierung** des Kernprodukts Content und damit in der Unabhängigkeit der Inhalte von herkömmlichen materiellen Trägermedien wie Papier oder CD, ein Phänomen, das auch als **Desintegration** bezeichnet wird (vgl. Hass 2002: 83 ff.; Hass 2004: 34 ff.).

Hierdurch lassen sich für die gegebenen Wertschöpfungsstrukturen enorme interne Effizienzgewinne in Form von Kostensenkungspotenzialen und Wertsteigerungen realisieren, wie Abb. 12-6 verdeutlicht.

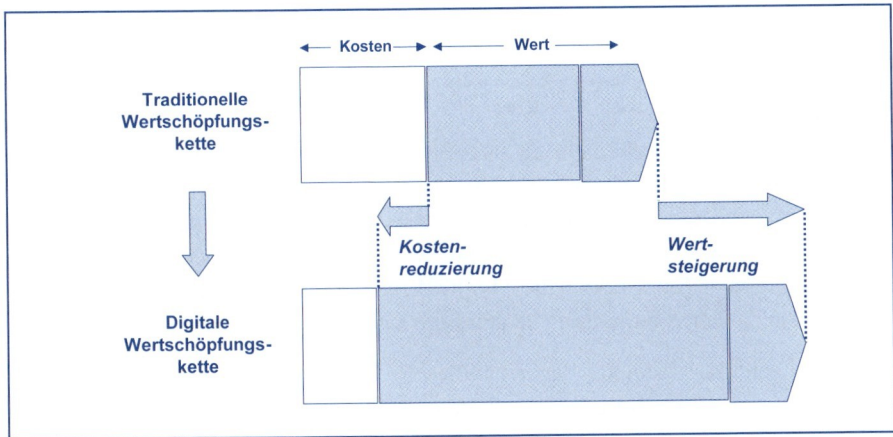

Abb. 12-6: Interne Effekte im digitalen Medien-Wertschöpfungsprozess

Des Weiteren besteht aber auch die Möglichkeit und die Notwendigkeit, innovative Geschäftsmodelle zu entwickeln, die sich vom bisherigen Modellkonzept unterscheiden. Letzteres war dadurch gekennzeichnet, dass es die Wertschöpfungsprozesse stets in bevorzugter Weise auf die Kontrolle von isoliert definierten Distributionskanälen ausgerichtet hatte (vgl. Killius/Mueller-Oerlinghausen 1999: 141).

Im Zeichen der Digitalisierung steht damit die „Logik" der medialen Wertschöpfung zur Debatte, was zu völlig neuen Abläufen und Strukturen führen kann, auf die sich die Medienunternehmen einstellen und umstellen müssen. Man bezeichnet diese Anpassung als **Rekonfiguration** der Wertschöpfungssysteme und Wertschöpfungsstrukturen (vgl. Picot/Schmid/Kempf 2007).

Prinzipiell kann die Rekonfiguration der medialen Wertschöpfungsketten und Wertschöpfungssysteme auf den folgenden Wegen erfolgen:

- Verlängerung der Wertschöpfungskette (Intermediation);
- Verkürzung der Wertschöpfungskette (Dis-Intermediation);
- Bildung von Wertschöpfungsnetzwerken;
- Virtualisierung.

(1) Die **Verlängerung der Wertschöpfungskette** durch Zwischenschaltung neuer Stufen wird als **Intermediation** bezeichnet. Dieser Effekt kommt immer dann zum Tragen, wenn unabhängig handelnde Agenten („Intermediäre") die Gelegenheit erhalten, sich in die bestehenden Wertschöpfungsprozesse und -strukturen nutzbringend einzuschalten. Dies ist insbesondere im Bereich der Vermarktung und Verwertung von Medienleistungen festzustellen, wenn z. B. attraktive Spielfilme nicht nur über die herkömmlichen Verwertungsstufen vermarktet werden, sondern neue Betätigungsfelder der Vermarktung wie z. B. Merchandising interessant werden.

> Mit Intermediation wird der Sachverhalt bezeichnet, „dass sich zwischen dem Hersteller und dem Konsumenten eines Produktes ein Unternehmen platziert, das Vermittlungsaufgaben übernimmt" (Stichwort Intermediation, in: Sjurts 2011: 287 f.). Ziel und Ansatzpunkt der Intermediation ist es insbesondere, die Transaktionskosten für die Marktpartner zu senken. „Intermediäre" werden als unabhängige, ökonomisch handelnde Agenten verstanden, welche die Funktion haben, die Transaktionen zwischen den Wirtschaftssubjekten möglichst zweckmäßig zu gestalten. Ihre Relevanz hängt maßgeblich von den informations- und kommunikationstechnischen Infrastrukturen ab und davon, inwieweit der Austausch von Leistungen zwischen Anbietern und Nachfragern in elektronischer Form erfolgen kann.

Mit Blick auf die Medienbranche ist die Frage der Intermediation nicht neu. So können alle Unternehmen der o. g. Zwischenstufen 2 bis 6 (Beschaffung, Herstellung, Packaging, Vervielfältigung, Distribution von Content) als traditionelle Intermediäre aufgefasst werden. Neue Intermediäre sind erst dann relevant, wenn sich durch die Schaffung digitaler Netzwerke neue Möglichkeiten der Vermarktung eröffnen. Intermediäre können daher in traditionelle und neue Intermediäre differenziert werden:

- Traditionelle Intermediäre: Rechtehändler, Print-Verlage, Fachhändler für Bücher, Computer oder CDs, Kabelgesellschaften.
- Neue Intermediäre (vgl. auch Gläser 2002): Marktbetreiber (z. B. Online-Dienste, Service Provider, Call-by-Call-Anbieter), Inhaltepaketierer (z. B. virtuelle Marktplätze, Makler, Broker, Auktionen, Einkaufsgemeinschaften, Kontext-Provider, Suchmaschinen, Portale, Auskunftsportale, Software-Agenten, Preisvergleichsagenturen).

Die Hauptfunktion neuer Intermediärer liegt in der Aggregation von Informationen (vgl. Zerdick et al. 2001: 151). Damit ist die Fähigkeit dieser neuen Akteure angesprochen, eine zunächst unüberschaubare Vielzahl von Teilleistungen für den Konsumenten zu einer sinnvollen Gesamtleistung zusammen zu fügen, was angesichts des „Information Overload" im Zeichen der sich ausdifferenzierenden Medienlandschaft ein bedeutsamer Vorteil ist. Kernkompetenz des Aggregators ist eine fundierte Marktkenntnis, das Fachwissen über Produkte und über die Präferenzen der Kunden.

In der digitalen Welt ist zu erwarten, dass die Rolle der Intermediäre eher gestärkt als geschwächt wird. Man kann sozusagen von einer „These des zunehmenden Bedarfs nach Intermediation" ausgehen. Die ökonomischen Folgen des Auftretens von neuen Intermediären sind weitreichend, da sie dafür sorgen, dass der Informationsvorsprung der Angebotsseite abgebaut wird und eine Schwerpunktverlagerung zugunsten der Nachfrageseite erfolgt. Resultat ist ein verschärfter Wettbewerb und eine deutlich wachsende Markttransparenz.

Beim Blick auf den Intermediationseffekt der medialen Wertschöpfungskette wird deutlich, dass die Akteure v. a. auf der Stufe der Verwertung und Vermarktung ansetzen und die Potenziale des Marktes durch Differenzierung und Verlängerung der Wertschöpfungskette auszuschöpfen versuchen, ein Ansatz, der mit dem Begriff **Windowing** gekennzeichnet wird.

> Der Sachverhalt sei am Beispiel der Spielfilm-Vermarktung verdeutlicht. Windowing bei Spielfilmen bedeutet, einen Film durch verschiedene Distributionskanäle (Windows) zeitlich versetzt zu veröffentlichen. Da Medienprodukte häufig durch hohe Kosten für das Erstellen der First Copy und durch geringe Kosten für die Distribution des Produktes zum Kunden gekennzeichnet sind, bietet sich die Mehrfachverwertung einmal erstellter Inhalte an, um weitere Erlöse zu erzielen. Die Kernidee des Windowing ist es, ein komplettes Produkt (z. B. einen fertigen Film) über unterschiedliche Vertriebswege zu unterschiedlichen Zeitpunkten zu distribuieren.
>
> Beispielsweise wird ein Spielfilm einmal produziert und dann nacheinander im Kino, über Pay-per-View, Video, Pay-TV und im Free-TV ausgestrahlt. Letztendlich wird der Film auf diese Weise einmal produziert, aber mindestens fünfmal verkauft. Die mehrfache Verwertung und Erlöserzielung über unterschiedliche Distributionswege – „Profit Windows" – wird durch die Nicht-Rivalität im Konsum von Inhalten und Unterhaltung und die geringen Grenzkosten (variablen Kosten) in der Medienproduktion ermöglicht. Dabei wird auf den einzelnen Verwertungsstufen von einer unterschiedlichen Zahlungsbereitschaft der Rezipienten ausgegangen, die von der Aktualität des Medienproduktes abhängig ist. Die Reihenfolge der Verwertungsstufen innerhalb der Verwertungskette richtet sich prinzipiell nach dem Erlöspotenzial. Grundsätzlich gilt: Je bekannter und erfolgreicher ein Kinofilm gewesen ist, desto leichter ist dessen Vermarktung in den folgenden Profit Windows und desto höher der Umsatz.
>
> Beim Windowing nutzt der Verkäufer von Spielfilmrechten die hohe anfängliche Zahlungsbereitschaft besonders interessierter Publikumskreise aus. Die nachfolgenden Windows werden zu niedrigeren Preisen geöffnet und nun auch Nachfragegruppen befriedigt, die aufgrund der zuvor geringeren Zahlungsbereitschaft ausgeschlossen waren. Windowing ist insofern ein Spezialfall der Preisdiskriminierung und Preisdifferenzierung. Ziel von Windowing-Strategien ist die Gestaltung einer optimalen Abfolge der einzelnen Verwertungsstufen. Auf jeder Stufe sollen möglichst hohe Gewinne abgeschöpft werden, ohne dabei die Erlösmöglichkeiten auf den nachfolgenden Stufen einzuschränken.

Um eine „Kannibalisierung" der einzelnen Verwertungsstufen zu verhindern, wird darauf geachtet, dass die Verwertung auf einer nächsten Stufe erst dann erfolgt, wenn die vorherige Stufe erfolgreich „ausgebeutet" wurde. Daher darf der Film als DVD erst dann erscheinen, wenn der Film definitiv nicht mehr im Kino läuft. Die Intermediation zeigt sich dadurch, dass neue Verwertungsformen praktiziert werden, wie z. B. ein differenziertes DVD-Angebot oder Pay Per View (vgl. Abb. 12-7).

> Wichtig ist die Frage, auf welchen Stufen wie viel Erlös erzielt wird. Hier ist festzustellen, dass immer weniger Umsatzerlös auf der Stufe der Kinoverwertung erzielbar ist und damit die Logik des klassischen Windowing-Vertriebsmodells verstärkt auf den Prüfstand gestellt wird. So brach Hollywood-Regisseur Steven Soderberg im Jahr 2006 ein Tabu, indem sein Streifen „Bubble" zeitgleich in Kinos und im Pay-TV, nur vier Tage später auf DVD gestartet wurde. Dieses und andere Beispiele können als Indiz angesehen werden, dass die klassische Verwertungsreihenfolge – vom Kino über die DVD-Schiene zum Fernsehen – nicht mehr als „ehernes Grundgesetz" angesehen wird.
>
> Wie sich in der Vergangenheit die Erlösbeiträge der unterschiedlichen Stufen verschoben haben, zeigen die nachfolgenden Zahlen für die Umsatzverteilung von Produktionen in der Filmindustrie (Wirtz 2013: 326):
>
> | | | |
> |---|---|---|
> | Umsätze Kino | 1980: 4,9 Mrd. US-Dollar | 2007: 8,8 Mrd. US-Dollar |
> | Umsätze Home Entertainment | 1980: 2,2 Mrd. US-Dollar | 2007: 17,9 Mrd. US-Dollar |
> | Umsätze Pay TV und Free TV | 1980: 4,1 Mrd. US-Dollar | 2007: 16,2 Mrd. US-Dollar |

In Deutschland ist Windowing maßgeblich durch die Filmförderung prädestiniert: „Während die großen US-Studios mit der effektiven Verkürzung der Kino-Verwertungsfenster in den USA bereits Fakten geschaffen haben und die Verkürzung auch im deutschen Markt durchsetzen wollen, ist für die deutschen Filmproduzenten die Flexibilität im Hinblick auf die Verkürzung des Verwertungsfensters im deutschen Markt eingeschränkt, sobald Mittel der Filmförderung in Anspruch genommen werden" (Popp/Parke/Kaumanns 2008: 460). Nach dem Filmförderungsgesetz vom 22.12.2008 sind die Sperrfristen zwar reduziert worden, sie werden aber von den Produzenten und von den Rundfunkanstalten als nicht ausreichend bzw. nicht ausreichend flexibel handhabbar gehalten.

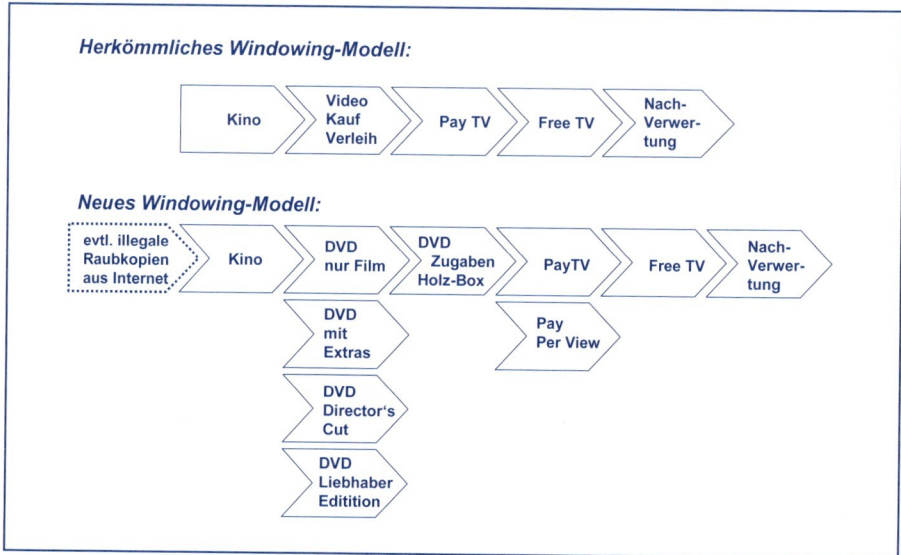

Abb. 12-7: Veränderung des Windowing-Modells durch Digitalisierung

Intermediation im Windowing-Modell wird v. a. auch auf der letzten Stufe der Wertschöpfungskette versucht, indem die Nachverwertung als neues Geschäftsfeld erschlossen wird (vgl. das Beispiel der Musikindustrie bei Briegmann/Jakob 2005).

Musikunternehmen stehen seit jeher vor der Problematik, dass sie hohe Summen in die Entwicklung und Etablierung eines Künstlers investieren, ohne aber besonders nachhaltig an den erwirtschafteten Erlösen zu partizipieren (vgl. Briegmann/Jakob 2005: 92). So fließen die Verwertungserlöse aus Ticketverkäufen bei Touren und aus Merchandising im wesentlichen an den Musikunternehmen vorbei, die jedoch doppelt so hoch sein können wie die Label-Umsätze aus CD-Verkäufen und der Rechteverwertung (Royalties). Ziel der Musikunternehmen muss es daher sein, die Wertschöpfungskette über die traditionellen Felder der Musikvermarktung hinaus auszudehnen und das Künstler- und Tour-Management und das Merchandising als neue Geschäftsfelder zu erschließen. So werden sich die Majors „zu offenen Multiprodukt- und Multikanalunternehmen weiterentwickeln, um an allen Elementen der Wertschöpfungskette zu partizipieren" (ebd. 94). Die Musikindustrie wird von der bisherigen stark strukturkonservativen Strategie Abschied nehmen müssen.

Die Möglichkeit zur Intermediation steht im engen Zusammenhang mit der Möglichkeit der **Mehrfachverwertung von Inhalten** (vgl. Hass 2004: 43). Werden diese auf einer medienneutralen digitalen Plattform vorgehalten, werden crossmediale Produktentwicklungen und neue ökonomische Auswertungspotenziale möglich. So kann eine Nachricht, die für einen Zeitungsartikel aufbereitet wird, auch zur Nutzung im Mobiltelefon erschlossen werden und neue Erlöspotenziale eröffnen sich.

Intermediation liegt auch vor, wenn sich zwischen die Inhalte-Hersteller und die Verwertungsorganisationen eine neue vermittelnde Instanz schiebt, die sich auf die Mehrfachverwertung von Inhalten spezialisiert hat. Angesprochen ist das sog. **Content Syndication**, mit der ein Medienunternehmen u. U. zu erheblicher Marktmacht gelangen kann und die Rolle eines „Gatekeepers" ausüben kann.

> „Content Syndication als Mehrfachverwertung (Syndication) von Medieninhalten (Content) bezeichnet im Besonderen den Handel mit Inhalten durch den vertraglich vereinbarten Austausch von Verfügungsrechten (Property Rights), durch die der erworbene Inhalt in vereinbarter Form verwertet werden darf" (Anding/Steichler/Hess 2004: 188).

(2) Im Gegensatz zur Verlängerung der Wertschöpfungskette kann umgekehrt auch deren **Verkürzung** als Reaktion auf die geänderten Rahmenbedingungen in Frage kommen. Dieses Phänomen wird als **Dis-Intermediation** bezeichnet.

> Unter Dis-Intermediation versteht man die Streichung bzw. Umgehung einzelner Stufen der Wertschöpfungskette in einem Markt. Verdrängt bzw. überflüssig werden einzelne oder mehrere bisher innerhalb der Wertschöpfungskette tätige Vermittlungsinstanzen, die als „Intermediäre" bezeichnet werden. Intermediäre können prinzipiell auf jeder Stufe einer Markttransaktion relevant sein. Der Bedarf nach den klassischen Intermediären besteht nicht mehr, wenn deren Funktion der Vermittlung besser, schneller und preisgünstiger durch elektronische Informations- und Kommunikationssysteme abgewickelt werden können.

Dis-Intermediation wird als Option immer dann interessant, wenn es für bestimmte Akteure ökonomisch sinnvoll ist, eine Stufe der Wertschöpfungskette auszusparen. Ökonomisch sinnvoll heißt vor allem, wenn es möglich ist, sog. Transaktionskosten zu vermeiden, also Kosten, die bei der Veräußerung des Produkts entstehen (Transportkosten, Informationskosten, Verhandlungskosten), und/oder Zusatznutzen für den Konsumenten zu schaffen. Im Medienbereich finden sich viele Beispiele für die Dis-Intermediation. Musterbeispiel ist der Buchvertrieb, bei dem Internetanbieter mit großem Erfolg versuchen, in die klassische Abfolge Verlag – Großhandel – Einzelhandel einzugreifen und als neuer Intermediär die direkte Verbindung zwischen Verlagen und Konsumenten herzustellen. Nachfolgendes Beispiel zeigt den Effekt der Dis-Intermediation im Buch-Bereich an Hand der Rolle von Amazon (vgl. Abb. 12-8).

Inwieweit diese sog. „Bedrohungsthese" bzw. „Disintermediationshypothese" tatsächlich greift und Intermediäre aus dem Markt gedrängt werden, ist branchenspezifisch unterschiedlich zu beurteilen. Fakt ist, dass auf elektronischen Märkten und immer dann, wenn die Produkte Informationsgüter sind, ein merklicher Bedeutungsverlust der Intermediäre erfolgt. Für diese Fälle ist anzunehmen, dass der Trend zum „elektronischen Business-to-Consumer-Markt" stark ist (vgl. Brandtweiner 2000: 17).

> „Sobald alle Mitglieder der Wertkette gleiche Benutzungsrechte haben und es keine gruppenspezifische Kauf- bzw. Verkaufsverbote mehr gibt, ist ein elektronischer Markt entstanden. Konsumenten könnten ein Buch direkt beim Autor bestellen und dieser könnte es dem Kunden sofort, eventuell über das Internet als digitales Informationsgut, zukommen lassen" (Brandtweiner 2000: 17).

Denkbar ist sogar die völlige Ausschaltung sämtlicher Zwischenstufen von der materiellen Herstellung über den Groß- bis zum Einzelhandel. In diesem Fall findet ein unmittelbares Zusammenspiel zwischen dem Content-Erzeuger und dem Endkonsumenten statt.

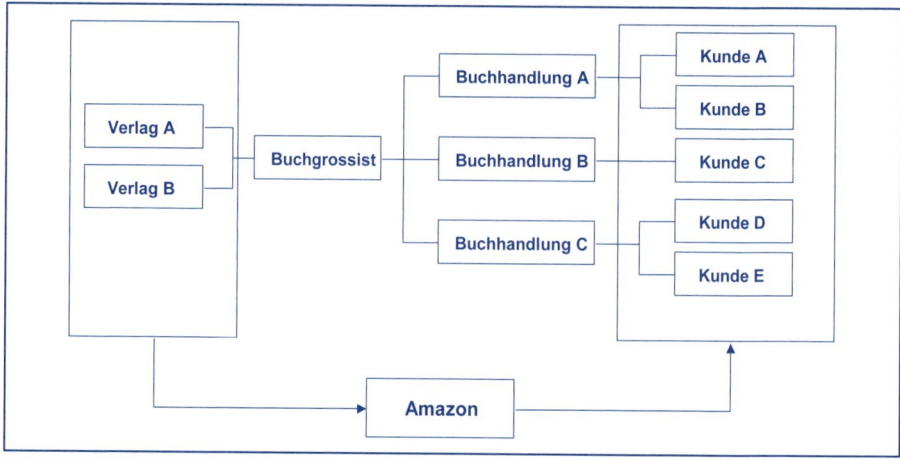

Abb. 12-8: Dis-Intermediation am Beispiel des Buchmarktes

Für den Buchmarkt geht es also um Preissenkungsspielräume, die sich zwischen dem Autor und dem Buch-Käufer eröffnen (vgl. Abb. 12-9; Quelle: in Anlehnung an Brandtweiner 2000: 18). Danach sind die theoretisch möglichen Potenziale zur Preissenkung bzw. zum Preisverfall als enorm zu bezeichnen: Zur Debatte stehen 90 Prozent des Produktwertes in der traditionellen Wertkette.

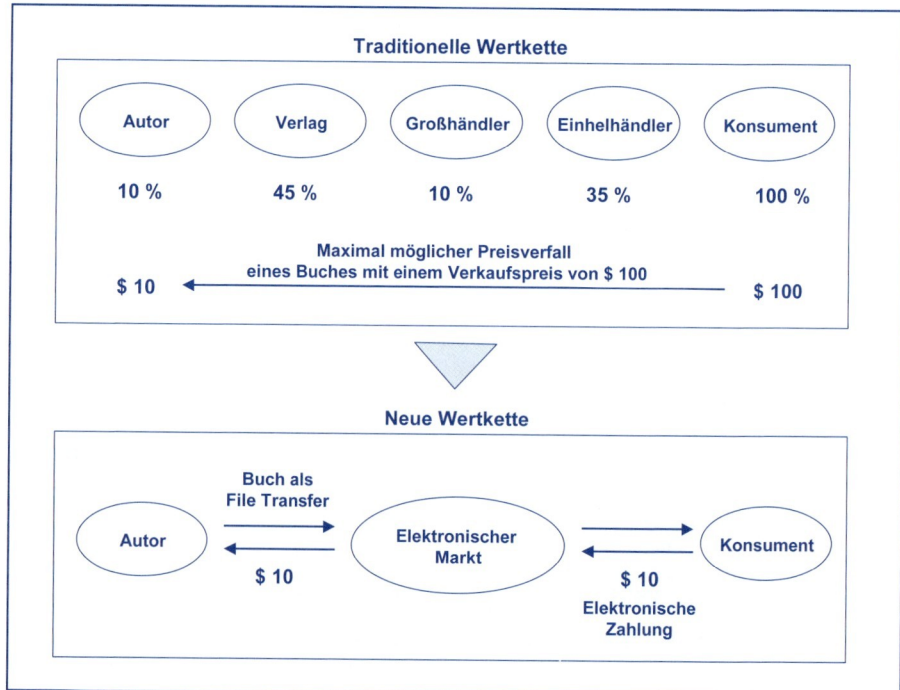

Abb. 12-9: Möglicher Preisverfall durch Auflösung traditioneller Wertketten

Hieraus allerdings eine allgemeine „Preiserosionshypothese" ableiten zu wollen, wäre überzogen, da die Preissetzung stets von einem ganzen Bündel unterschiedlichster Einflussfaktoren abhängt, der elektronische Markt sogar Preiserhöhungspotenziale eröffnen kann (vgl. Brandtweiner 2000: 22 ff.; Hofer 2000: 158 f.).

Daher erscheint es ratsam, den Effekt der Dis-Intermediation nicht zu dramatisieren. In vielen Fällen wird es um die Ergänzung herkömmlicher Distributionskanäle gehen und das Internet als neuer Vertriebsweg zusätzlich zum herkömmlichen Handel eingesetzt werden, ohne diesen völlig auszuschalten. Bremsende Faktoren für die Auslieferung von Informationsprodukten über den Vertriebsweg Internet sind die mangelhafte Leistungsfähigkeit von Netzen und die Gewohnheiten der Konsumenten. So dürfte die Vorstellung der jederzeit möglichen „vollständigen Mediatisierung von Transaktionen" ein Trugbild sein (vgl. Zerdick et al. 1999: 148). Allerdings zeigt das Beispiel des Musikmarktes, dass wenn das Produkt vollständig in digitaler Form darstellbar ist und die zu transportierenden Datenmengen klein genug für die digitale Übertragung sind, ein starker Trend zur Senkung von Produktions-, Vertriebs- und Transaktionskosten entsteht. Wer diese Kostensenkungspotenziale zu realisieren in der Lage ist, ist freilich noch eine offene Frage.

> „Musikproduzenten, insbesondere den Schallplattenfirmen, eröffnet sich durch die zunehmende Verbreitung des Internet und durch immer leistungsfähigere Datenkompressionsverfahren und – übertragungsformen, wie z. B. MPEG, ein enormes Marktpotential. Digitale Produkte lassen sich direkt über den Vertriebsweg Internet ausliefern und ermöglichen es so, dass im Vergleich zu herkömmlichen Distributionskanälen ein erheblicher Teil der Logistik- und Transaktionskosten eingespart werden kann. Zudem fallen bei der Herstellung fast keine variablen Kosten an. Steigende Absatzzahlen bedeuten demzufolge – zumindest theoretisch – hohe Gewinnmöglichkeiten.
>
> Tatsächlich werden mit dem Vertrieb von Musik über das Internet bislang jedoch keine Gewinne erzielt. Dies liegt zum einen daran, dass es den traditionellen Unternehmen der Musikindustrie, d. h. den Tonträgerunternehmen, bisher nicht gelungen ist, ein aus Kundensicht attraktives Online-Musikangebot zu gestalten. Zum anderen stellen zahlreiche illegale Musiktauschbörsen den Kunden ein breites Musiktitelangebot zum kostenlosen Musikdownload zur Verfügung; Raubkopien aus dem Internet bieten eine einfache und kostengünstige Alternative zu umständlichen, unvollständigen und teuren legalen Online-Musikdiensten" (Emes 2004: 1 f.).

Bei der Thematik der Dis-Intermediation stellt sich schließlich auch die Frage nach der relativen Verhandlungsmacht der Akteure, die eng mit den rechtlichen und wirtschaftlichen Rahmenbedingungen in Verbindung steht (Urheberrecht, Markteintrittsbarrieren). Hiervon hängt es ab, ob es den Verlagen und dem Handel gelingt, über die bekannten Marketinginstrumente der Produktdifferenzierung (Markenpolitik, Versionisierung) und Preisdifferenzierung weiterhin attraktive Angebote zu konzipieren, die am Markt bestehen können.

(3) Die bisher genannten Effekte der Re- und Dis-Intermediation stellen vertikale Reorganisationen der externen und internen Wertkette dar. Neben dieser Entwicklungsrichtung gewinnen **strategische Netzwerke** zunehmend an Bedeutung. Diese sorgen im Wege der crossmedialen Verschränkung von Wertschöpfungsstufen für eine grundsätzlich neue Konfiguration der Abläufe.

Eine weitere Antwort auf die Digitalisierung ist damit die **Bildung von Wertschöpfungsnetzwerken** (zur Vorteilhaftigkeit von strategischen Allianzen vgl. besonders Ringlstetter/Kaiser/Brack 2003).

Dass Unternehmen in Netzwerken agieren, ist ein schon lange bekanntes Phänomen, es ist allgegenwärtig und daher prinzipiell nicht neu. Sie treten in Gestalt von Joint Ventures, Wertschöpfungspartnerschaften, strategischen Allianzen und anderen Formen unternehmensübergreifender Kooperation auf.

> „Netzwerke sind ein ubiquitäres Phänomen der wirtschaftlichen Realität. Unternehmen sind eingebettet in ein mehr oder weniger dichtes Netzwerk von Beziehungen mit Kunden, Lieferanten, Komplementoren, Konkurrenten und anderen Institutionen. Sie selbst lassen sich ebenfalls als Netzwerke von Beziehungen zwischen Geschäftseinheiten, Abteilungen, formellen und informellen Gruppen sowie Individuen interpretieren. Unternehmenshandeln impliziert mithin Aktionen in internen und externen Netzwerken" (Zahn/Foschiani 2002: 266).

> „Unter einem strategischen Netzwerk wird eine Kooperationsform verstanden, die auf die Realisierung von Wettbewerbsvorteilen zielt, zwei oder mehr Unternehmen einschließt, von einem oder mehreren fokalen Unternehmen strategisch geführt wird, wechselseitige Abhängigkeiten in kooperativen teils aber auch wettbewerblichen Beziehungen beinhaltet und rechtlich eher selbständige, wirtschaftlich jedoch abhängige Unternehmen umfasst" (Sydow, zit. nach Hacker 1999: 160 f.).

Neu im Kontext von Unternehmensnetzwerken ist das vermehrte Auftreten dieser Kooperationsform. So ist für die Medienbranche festzustellen, dass sich die bislang isolierten und trennscharf voneinander aufgeteilten Wertschöpfungsstufen zunehmend vermischen und dass Unternehmensnetzwerke als adäquate Kooperationsform weit verbreitet sind. Diese Aussage gilt für Gruppen von Unternehmen, aber auch für ganze mediale Teilbranchen. **Drei Vernetzungsrichtungen** sind prinzipiell zu unterscheiden (vgl. Hacker 1999: 163 f.):

- Vertikale Vernetzung: Bildung von intramediären Mediennetzwerken
- Horizontale Vernetzung: Bildung von intermediären Netzwerken
- Diagonale Vernetzung: Bildung von konvergenten Netzwerken

Die **vertikale Vernetzung** steht im engen Zusammenhang mit der Frage der Dis-/Intermediation. Medienunternehmen verfolgen die Strategie eines Rückzugs auf ihre Kernkompetenzen und betreiben die gezielte Auslagerung von Wertschöpfungsaktivitäten an vor- und nachgelagerte Wertschöpfungspartner (Outsourcing). Dadurch streben sie nach einer Optimierung der Leistungstiefe, vorrangig durch deren Reduzierung. Damit diese Strategie wirken kann, sind verstärkt intramediäre Mediennetzwerke notwendig, um die gewünschte Prozesslogik zu erhalten.

> Beispiele für intramediäre Mediennetzwerke (vgl. Hacker 1999: 165 f.): Öffentlich-rechtliche und private Hörfunk- und Fernsehveranstalter stehen seit jeher im engen Verbund mit zahlreichen zuliefernden Unternehmen (v. a. Produktionsfirmen, große Majors, Rechtehändler, Nachrichten- und Bildagenturen).
>
> Zu nennen sind ebenfalls eine Vielzahl kleinerer Dienstleistungsunternehmen in der Produktion (Postproduction, Ausstattung, Film- und Videotechnik, Studio- und Lichttechnik, Tontechnik, Filmmusik, Casting, Computergrafik und Computeranimation), die Zulieferfunktionen erfüllen. Die Organisation in Netzwerken ist hier also schon seit langem Realität.

Zeitungs- und Zeitschriftenverlage arbeiten ebenfalls in erheblichem Ausmaß in vertikalen Unternehmensnetzwerken. Auf der Beschaffungsseite findet eine Zusammenarbeit mit Nachrichten- und Fotoagenturen statt. Es existiert ein enges Netz von freien und festen freien Journalisten, Redaktionsgemeinschaften zur Erstellung gemeinsam genutzter Mantelteile werden gebildet, bei Zeitschriften wird der Fremdbezug redaktioneller Inhalte stark betont.

In der Multimedia-Branche wird in einem besonders dichten Netz von Zulieferern operiert mit sehr starker Betonung von Outsourcing. Insbesondere bei der Content Creation ist ein sehr hoher Anteil fremd bezogener Leistungen festzustellen. Damit kommt in dieser Branche auf besondere Weise der Effekt zum Tragen, dass spezialisierte Dritte häufig kostengünstiger und besser produzieren können.

Im Wege von **horizontalen Vernetzungen** entstehen intermediäre Mediennetzwerke immer dann, wenn zwischen den Unternehmen unterschiedlicher Medienteilbereiche eine zunehmende Kooperation stattfindet. Attraktiv ist dabei der Rückzug auf die eigenen Kernkompetenzen und die dadurch ermöglichte Freisetzung von Potenzialen.

Ziele sind die Realisierung von Skalenerträgen, die Errichtung von Markteintrittsbarrieren und die Verbesserung der eigenen Marktposition gegenüber Wettbewerbern.

Beispiele für intermediäre Mediennetzwerke (vgl. Hacker 1999: 166 f.): Zu nennen sind insbesondere die Internet-Aktivitäten der Verlage und Rundfunkveranstalter. So werden beispielsweise Hörfunkinhalte und TV-Sendungen ins Netz gestellt, um das Kernprodukt aufzuwerten. Daneben sorgen die Akteure auf den Print- und Rundfunkmärkten für die Entwicklung neuer Formate speziell für das Internet. Damit ist ein gewisses netzwerkartiges Zusammenwachsen von Rundfunk- und Online-Diensten gegeben.

In der Multimedia-Branche findet eine Vernetzung mit Rundfunk- und Print-Unternehmen hauptsächlich unter Werbegesichtspunkten statt. So wird von den Beteiligten das Bartering angestrebt, also der Tausch von Werbeflächen und Werbezeiten in Print und Rundfunk gegen Werbemöglichkeiten im Internet (z. B. Werbebanner).

Diagonale Vernetzungen schließlich führen zu konvergenten Mediennetzwerken, bei denen Medienunternehmen mit jedweden Unternehmen – vornehmlich der TIME-Branche – in Kooperation treten. Die Konvergenz eröffnet besondere Chancen, im Kontext einer eng verwobenen Branchenstruktur neue Produkte zu generieren und neue Märkte zu erschließen und sich der Konkurrenz gemeinschaftlich zu stellen.

Das entstehende Wertschöpfungsnetzwerk kann dabei eine vergleichsweise komplexe Struktur aufweisen, indem die drei Welten der Content Creation, des Content Packaging und der Content Distribution eng aufeinander abgestimmt sind (vgl. Abb. 12-10, übernommen von Hacker 1999: 164). Die Darstellung soll zum Ausdruck bringen, dass die Wertschöpfungsstufen, die Branchengrenzen und die Unternehmensgrenzen zunehmend durchlässiger werden und teilweise sogar verschwimmen.

Unternehmen schließen sich nur dann zu komplexen und damit schwer zu koordinierenden Wertschöpfungsnetzwerken zusammen, wenn die Strategie der Spezialisierung auf bestimmte Fertigkeiten und der Konzentration auf Kernkompetenzen deutliche Erfolgsaussichten aufweist.

Beispiele für diagonale Mediennetzwerke (vgl. Hacker 1999: 167): Konvergente Netzwerke finden sich insbesondere zwischen der Medienbranche einerseits und Computerherstellern, Softwareunternehmen, Systemintegratoren, Telekommunikationsanbieter und der Unterhaltungselektronik andererseits. Wichtigster Grund für diese Vernetzungen ist, den Zugang zu den Rezipienten sicherzustellen.

Die Dynamik der konvergenten Netzwerke kann als relativ hoch bezeichnet werden. Will ein Verlag oder ein Sender nicht Gefahr laufen, aus den technischen Systemen, Infrastrukturen, Plattformen oder Geschäftsmodellen ausgeschlossen zu werden, muss er sich mit potenten strategischen Partnern verbünden, um die jederzeitige technische Präsenz sicher zu stellen.

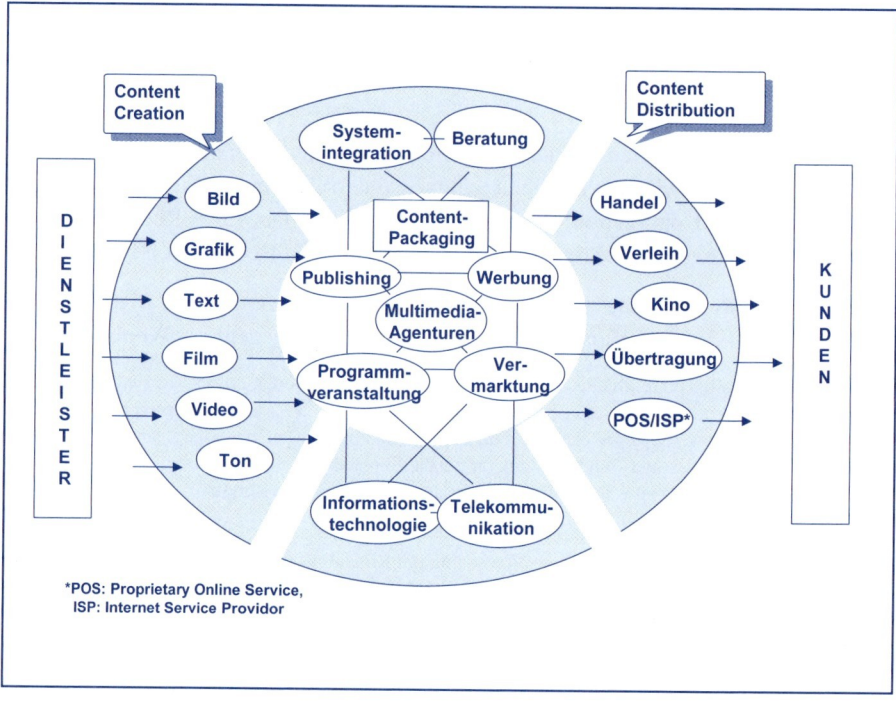

Abb. 12-10: Wertschöpfungsnetzwerk der Medienbranche

(4) Im Zuge der Digitalisierung der medialen Wertschöpfungsketten ist schließlich der Effekt der **Virtualisierung** von besonderer Relevanz. Triebfeder ist der eingangs genannte Desintegrationseffekt, also die Loslösung der Inhalte von ihrem Trägermedium, der zu einer teilweisen oder vollständigen Transformation der herkömmlichen, physischen Wertketten in nicht physische Wertketten führt. Bei der Virtualisierung findet also die teilweise oder vollständige Entmaterialisierung der Wertschöpfung statt, wodurch neue Arbeits- und Organisationsformen entstehen, bei denen räumliche, zeitliche und organisatorische Barrieren überwunden sind.

„Typisches Kennzeichen virtueller Unternehmen ist die kunden- bzw. aufgabenbezogene Konfiguration mehrerer Unternehmen, die langfristig ausgerichtet sein kann (zum Beispiel mehrere Unternehmen, die gemeinsam ein Zulieferprodukt für die Automobilindustrie entwickeln und produzieren) oder sich nach Durchführung des Auftrags wieder auflöst" (Picot/Neuburger 2006: 137).

Virtuelle Unternehmen werden durch die Vernetzung verteilter und relativ autonomer Organisationseinheiten gebildet und sind an einem koordinierten Wertschöpfungsprozess beteiligt. Sie lassen sich damit als Gegenpol zu den Unternehmensformen mit eigentumsmäßig und vertragsmäßig klar definierten Grenzen, einer stabilen Standortbildung und geregelten Ablaufstrukturen definieren.

Hauptziel ist es, durch die Virtualisierung der Strukturen und Abläufe eine höhere Flexibilität innerhalb des Unternehmens und Unternehmensverbundes zu erzeugen.

Medienprodukte sind in besonderem Maße durch Komplexität und oft schwierige Herstellungsprozesse gekennzeichnet, insbesondere ausgelöst durch die gezielte Mehrfachverwertung von Inhalten (vgl. Hess 2004), so dass die Virtualisierung als angemessene Management-Antwort verstanden werden kann. Da die Aufgabenbewältigung nicht mehr in statischen, vordefinierten Strukturen stattfindet, sondern auf das jeweilige Problem bezogen ist unter dynamischer Verknüpfung realer Ressourcen, ist hochgradige Flexibilität gefordert. Ebenso gefordert ist Koordinationsfähigkeit, eine angepasste Unternehmenskultur und die Fähigkeit zur Dezentralisierung. Im virtuell vernetzten Unternehmen verschwimmen die Grenzen nach innen und außen, und die Hauptaufgabe besteht darin, die Prozesse im Hinblick auf die Geschäftsidee und den Existenzgrund des Unternehmens zu koordinieren und die Beteiligten zusammen zu halten. Die Virtualisierung von Organisationen als Strategie der dynamischen Vernetzung modularer Organisationseinheiten ist v. a. auf extreme Organisationsanforderungen und hohe Produktkomplexität ausgerichtet.

Abschließend ist festzustellen, dass im Zeichen der Digitalisierung die bislang klar strukturierten Wertschöpfungsketten der analogen Welt aufbrechen, modifiziert werden und neue, zum Teil komplizierte Wertschöpfungssysteme bilden. Die Wertschöpfungssysteme der Vergangenheit erfahren gravierende Veränderungen und unterliegen dem Diktat umfassender Rekonfigurationen.

Es sei angemerkt, dass neben der Digitalisierung – verstanden als technologische Entwicklung – als wesentliche Triebkräfte („Treiber") der Veränderung der Wertschöpfungsketten auch die Veränderungen des Nutzerverhaltens und regulatorische Veränderungen am Werk sind (vgl. Picot/Schmid/Kempf 2007231 f.).

Kernaussagen

- Unter dem Wertschöpfungsprozess wird der Vorgang der Erzeugung von Wertschöpfung verstanden, wie er als Transformationsprozess von Input- in Output abläuft. Dabei ist der interne Wertschöpfungsprozess (intraorganisationale Perspektive) vom überbetrieblichen Wertschöpfungsprozess (interorganisationale Perspektive) zu unterscheiden.
- Der überbetriebliche Wertschöpfungsprozess kann auch als Wertschöpfungssystem bezeichnet werden, das sich in einem fundamentalen Wandlungsprozess befindet.
- Im Medienbereich ist ein hohes Maß an Arbeitsteilung und damit Ausdifferenzierung der vertikalen Wertschöpfungskette typisch. Vor diesem Hintergrund erscheint es für ein (größeres) Medienunternehmen attraktiv, alle Anstrengungen zu unternehmen, um möglichst viele Produktionsstufen unter einem Dach zu vereinen und dadurch die eigene Unabhängigkeit zu stärken.
- Dem steht die Beobachtung gegenüber, dass Medienunternehmen verstärkt in Netzwerken agieren. Dies bedeutet eine Abkehr von der bisherigen verengten Ausrichtung auf die vertikale Prozessstruktur.
- Im Zuge der Digitalisierung besteht ein verstärkter Druck in Richtung der Dis-Intermediation, insbesondere bei Trägermedien.
- Demgegenüber findet Intermediation, also die Verlängerung der Wertschöpfungskette, ebenfalls statt.

Literatur

Weiterführende Literatur: Grundlagen

Bogaschewsky, R./Rollberg, R. (1998): Prozeßorientiertes Management, Berlin, Heidelberg, New York.
Eisenführ, F. (2000): Einführung in die Betriebswirtschaftslehre, 3. Aufl., Stuttgart.
Fleisch, E. (2001): Das Netzwerkunternehmen, Berlin, Heidelberg, New York.
Füermann, T./Dammasch, C. (2002): Prozessmanagement, 2., vollst. überarb. Aufl., München.
Hässig, K. (2000): Prozessmanagement, Zürich.
Haller, A. (1997): Wertschöpfungsrechnung, Stuttgart.
Hammer, M./Champy, J. (2003): Business Reengineering: Die Radikalkur für das Unternehmen, 7. Aufl., Frankfurt a. M., New York.
Hohmann, P. (1999): Geschäftsprozesse und integrierte Anwendungssysteme, Köln.
Kortes-Schultes, D. (1998): Wertschöpfungsorientiertes Marketing, Köln.
Lombriser, R./Abplanalp, P. A. (2004): Strategisches Management, 3., vollst. überarb. u. erw. Aufl., Zürich.
Meier, A./Stormer, S. (2005): eBusiness & eCommerce. Management der digitalen Wertschöpfungskette. Berlin, Heidelberg, New York.
Müller-Lietzkow, J. (2003): Virtualisierungsstrategien in klassischen Industrien, Hamburg.
Picot, A./Reichwald, R./Wigand, R. (2003): Die grenzenlose Unternehmung, 5., akt. u. verb. Aufl., Wiesbaden.
Picot, A./Dietl, H./Franck, E. (2008): Organisation. Eine ökonomische Perspektive. 5., akt. u. überarb. Aufl., Stuttgart.
Porter, M. E. (2000): Wettbewerbsvorteile, 6. Aufl., Frankfurt/Main.
Reichwald, R./Piller, F. (2006): Interaktive Wertschöpfung, Wiesbaden.
Schierenbeck, H./Wöhle, C. B. (2012): Grundzüge der Betriebswirtschaftslehre, 18., überarb. Aufl., München.
Schusser, O. (1999): Die Wertschöpfungskette als strategisches Planungsinstrument, in: Der Betriebswirt, 40. Jg., H. 2, S. 9-16.
Thaler, K. (2003): Supply Chain Management, 4., akt. u. erw. Aufl., Köln.
Töpfer, A. (2005): Betriebswirtschaftslehre. Anwendungs- und prozessorientierte Grundlagen, Berlin, Heidelberg, New York.
Welge, M. K./Al-Laham, A. (2012): Strategisches Management, 6., akt. Aufl., Wiesbaden.
Zahn, E./Foschiani (2002): Wertgenerierung in Netzwerken, in: Albach, H./Kaluza, B./Kersten, W. (Hrsg.) (2002): Wertschöpfungsmanagement als Kernkompetenz, Wiesbaden, S. 266-275.

Weiterführende Literatur: Medien

Anding, M./Steichler, P. L./Hess, T. (2004): Substitution von Intermediären im Syndikationsprozess durch Peer-to-Peer-Systeme, in: Sydow, J./Windeler, A. (Hrsg.)(2004): Organisation der Content-Produktion, Wiesbaden, S. 187-208.
Brack, A. (2003): Das strategische Management von Medieninhalten, Wiesbaden.
Brandtweiner, R. (2000): Differenzierung und elektronischer Vertrieb digitaler Informationsgüter, Düsseldorf.
Briegmann, F./Jakob, H. (2005): Management der Wertschöpfungskette, in: Clement, M./Schusser, O. (Hrsg.)(2005): Ökonomie der Musikindustrie, Wiesbaden, S. 83-94.
Brummund, P. (2009): Die Entwicklung des Funktionsrabatts im Presse-Grosso, Baden-Baden.
Dreier, H. (2004): Multimedial und multidimensional – Auswertungskonzepte im „digitalen Zeitalter". In: Zerdick, A./Picot, A./Schrape, K./Burgelman, J.-C./Silverstone, R. (Hrsg.)(2004): E-Merging Media. Kommunikation und Medienwirtschaft der Zukunft. European Communication Council Report. Berlin, Heidelberg, New York, S. 79-102.
Emes, J. (2004): Unternehmensgewinn in der Musikindustrie. Wertschöpfungspotentiale und Veränderungen der Branchenstruktur durch die Digitalisierung. Wiesbaden.

Gläser, M. (2002): Online-Dienste: Ökonomie, in: Medienwissenschaft. Ein Handbuch zur Entwicklung der Medien und Kommunikationsformen. Hrsg. v. Joachim-Felix Leonhard, Hans-Werner Ludwig, Dietrich Schwarze, Erich Straßner, 3. Teilband, Berlin, New York, S. 2580-2596.

Hacker, T. (1999): Vernetzung und Modularisierung – (Re-)Organisation von Medienunternehmen, in: Schumann, M./Hess, T. (Hrsg.)(1999): Medienunternehmen im digitalen Zeitalter, Wiesbaden, S. 155-175.

Hass, B. H. (2002): Geschäftsmodelle von Medienunternehmen, Wiesbaden.

Hass, B. (2004): Desintegration und Reintegration im Mediensektor: Wie sich Geschäftsmodelle durch Digitalisierung verändern. In: Zerdick, A./Picot, A./Schrape, K./Burgelman, J.-C./Silverstone, R. (Hrsg.) (2004): E-Merging Media. Kommunikation und Medienwirtschaft der Zukunft. European Communication Council Report. Berlin, Heidelberg, New York, S. 33-57.

Hess, T. (2002): Implikationen des Internet für die Medienbranche – eine strukturelle Analyse, in: Keuper, F. (Hrsg.)(2002): Electronic Business und Mobile Business, Wiesbaden, S. 569-602.

Hess, T. (2004): Medienunternehmen im Spannungsfeld von Mehrfachverwertung und Individualisierung – eine Analyse für statische Inhalte. In: Zerdick, A./Picot, A./Schrape, K./Burgelman, J.-C./Silverstone, R. (Hrsg.)(2004): E-Merging Media. Kommunikation und Medienwirtschaft der Zukunft. European Communication Council Report. Berlin, Heidelberg, New York, S. 59-78.

Hess, T. (Hrsg.)(2007): Ubiquität, Interaktivität, Konvergenz und die Medienbranche. Ergebnisse eines interdisziplinären Forschungsprojekts. Göttingen.

Hess, T./Picot, A./Schmid, M. S. (2004): Intermediation durch interaktives Fernsehen aus ökonomischer Sicht: eine Zwischenbilanz, in: Salm, C. zu (Hrsg.)(2004): Zaubermaschine interaktives Fernsehen? Wiesbaden, S. 17-51.

Hofer, M. (2000): Medienökonomie des Internet, Münster, Hamburg, London.

Hutzschenreuter, T./Espel, P./Schneemann, A. (2004): Industrieentwicklung und Marketing-Mixe. Erfassung und empirische Untersuchung für die Musik- und Filmindustrie, Wiesbaden.

Hutzschenreuter, T./Günther, F. (2006): Aufbauorganisation und Wertschöpfungsstruktur von Online-Tageszeitungen, in: MedienWirtschaft, 3. Jg., H. 1/2006, S. 16-32.

Janello, C. (2010): Wertschöpfung im digitalisierten Buchmarkt, Wiesbaden.

Killius, N./Mueller-Oerlinghausen, J. (1999): Innovative Geschäftsmodelle in digitalen Medien, in: Schumann, M./Hess, T. (Hrsg.)(1999): Medienunternehmen im digitalen Zeitalter, Wiesbaden, S. 139-153.

Kolo, C./Döbler, T./Rademacher, L. (Hrsg.)(2012): Wertschöpfung durch Medien im Wandel, Baden-Baden.

Kronz, S. (2004): Content Management, Köln.

Lehmann, P./Nohr, H./Roos, A. W. (2005): Informationstechnische Integration in der Broadcast-Industrie, Stuttgart.

Mildner, G. (2004): Deconstructing Television? T-Commerce und dekonstruierte Wertschöpfungsketten, in: Friedrichsen, M. (Hrsg.)(2004): Kommerz – Kommunikation – Konsum. Zur Zukunft des Fernsehens. Baden-Baden, S. 189-224.

Müller-Lietzkow, J. (2012): Ökonomie, Qualität und Management von Unterhaltungsmedien, Baden-Baden.

Nohr, H./Stillhammer, J./Vöhringer, A. (Hrsg.)(2009): Kundenorientierung in der Broadcast-Industrie, Berlin.

Pagel, S. (2003): Integriertes Content Management in Fernsehunternehmen, Wiesbaden.

Pagel, S. (2004): Digitale Wertschöpfungsprozesse in Medienunternehmen – Kostenmanagement und Multi-Channeling, in: Friedrichsen, M./Schenk, M. (Hrsg.)(2004): Globale Krise der Medienwirtschaft? Baden-Baden, S. 287-303.

Picot, A./Schmid, M. S./Kempf, M. (2007): Die Rekonfiguration der Wertschöpfungssysteme im Medienbereich, in: Hess, T. (Hrsg.)(2007): Ubiquität, Interaktivität, Konvergenz und die Medienbranche. Ergebnisse eines interdisziplinären Forschungsprojekts. Göttingen, S. 205-257.

Picot, A./Neuberger, R. (2006): Internet-Ökonomie, in: Altmeppen, K.-D./Karmasin, M. (Hrsg.)(2006): Medien und Ökonomie, Band 3: Anwendungsfelder der Medienökonomie, Wiesbaden, S. 121-143.

Popp, W./Parke, L./Kaumanns, R. (2008): Rechtemanagement in der digitalen Medienwelt, in: Media Perspektiven, o. Jg., H. 9/2008, S. 453-466.

Ringlstetter, M./Kaiser, S./Brack, A. (2003): Strategische Allianzen in der Medienbranche, in: Wirtz, B. W. (Hrsg.)(2003): Handbuch Medien- und Multimediamanagement, Wiesbaden, S. 724-748.

Roos, A./Nohr, H./Ade, M./Lehmann, P. (2005): Informationstechnische Integration als Management-Herausforderung für die Broadcast-Branche, in: MedienWirtschaft, 2. Jg., H. 3, S. 129-137

Schumann, M./Tzouvaras, A. (2003): Referenzmodelle für den unternehmensübergreifenden Leistungsprozess von Buchverlagen, in: Wirtz, B. W. (Hrsg.)(2003): Handbuch Medien- und Multimediamanagement, Wiesbaden, S. 223-247.

Sjurts, I. (2005): Strategien in der Medienbranche, 3., überarb. u. erw. Aufl., Wiesbaden.

Sjurts, I. (Hrsg.)(2011): Gabler Lexikon Medienwirtschaft, 2., akt. u. erw. Aufl., Wiesbaden, Stichwort „Wertschöpfungskette".

Staudt, E./Kriegesmann, B./Thielemann, F./Schaffner, M. (1997): Neuformierung von Wertschöpfungsketten. Das Beispiel Druckindustrie. In: zfo Zeitschrift Führung und Organisation, 66. Jg., S. 75-81.

Swoboda, B./Schwarz, S. (2003): Distribution und Logistik von integrierten Medienunternehmen, in: Wirtz, B. W. (Hrsg.) (2003): Handbuch Medien- und Multimediamanagement, Wiesbaden, S. 761-792.

Sydow, J./Windeler, A. (Hrsg.)(2004): Organisation der Content-Produktion, Wiesbaden.

Wirtz, B. W. (2003): Value Chain Strategies and Media Convergence, in: Wirtz, B. W. (Hrsg.) (2003): Handbuch Medien- und Multimediamanagement, Wiesbaden, S. 703-704.

Wirtz, B. W. (2013): Medien- und Internetmanagement, 8., akt. u. überarb. Aufl., Wiesbaden.

Wirtz, B. W./Pelz, R. (2006): Medienwirtschaft – Zielsysteme, Wertschöpfungsketten und -strukturen, in: Scholz, C. (Hrsg.)(2006): Handbuch Medienmanagement, Berlin, Heidelberg, New York, S. 261-278.

Zerdick, A./Picot, A./Schrape, K./Artopé, A./Goldhammer, K./Lange, U.T./Vierkant, E./López-Escobar, E./Silverstone, R. (2001): Die Internet-Ökonomie. Strategien für die digitale Wirtschaft. European Communication Council Report. 3. Aufl., Berlin, Heidelberg.

Zimmermann, S. (2005): Prozessinnovation im öffentlich-rechtlichen Rundfunk, Berlin.

Fallbeispiel

Linde, F. (2012): Strategische Positionierung auf Informations- und Medienmärkten, in: Lembke, G./Soyez, N. (Hrsg.)(2012): Digitale Medien im Unternehmen, Berlin, Heidelberg, S. 45-65.

Kapitel 13
Forschung und Entwicklung

13.1	Stellenwert von F&E für Medienunternehmen	375
13.2	Arten von Innovationen	377
13.3	Wege zur Produktinnovation	380
13.4	Systematisches Innovationsmanagement	383

Leitfragen

- Was versteht man unter „Forschung und Entwicklung" – F&E (engl.: „Research and Development" – R&D)?
- Aus welchen Gründen kommt der Fähigkeit eines Unternehmens zur Innovation eine prominente Bedeutung zu?
- Welche Arten von Innovation unterscheidet man in der Marketing-Perspektive?
- Wie lässt sich die „Innovationsperformance" der Medienbranche beschreiben?
- Wodurch lässt sich der Innovationserfolg von Medienunternehmen steigern?
- Welches sind die Kennzeichen von originären Innovationen (echten Innovationen, Erstinnovationen)?
- Wodurch zeichnen sich „abgeleitete Innovationen" (unechte Innovationen, Produktmodifikationen, abgewandelte Produkte) aus?
- Welche Merkmale kennzeichnen Imitationen (Me-Too-Innovationen)?
- Aus welchen Gründen bevorzugen Fernsehsender die Imitation von TV-Formaten und üben Zurückhaltung bei der Entwicklung neuer Formate?
- Wo zeigt sich besonders dringender Innovationsbedarf im Medienbereich?
- Wie ist die Schutzfähigkeit von TV-Formaten zu beurteilen?
- Weshalb ist die Strategie des „Fast Second Mover" bzw. des „innovativen Nachfolgers" für Medienunternehmen attraktiv?
- Über welche besonderen Potenziale verfügt ein „Pionier" bzw. ein „Innovationsführer"?
- Welche Potenziale besitzt ein „Innovationsfolger"?
- Welche grundsätzlichen Wege kann ein Medienunternehmen beschreiten, um Innovation und Ideenproduktion zu generieren?
- Mit welchen Konzepten kann die Partizipation von Kunden und eigenen Mitarbeitern bei der Generierung von Innovationen erreicht werden?
- Welche organisatorischen F&E-Maßnahmen können Verlage und Sender in die Wege leiten?
- Welche Vorteile hat der Ankauf von Formaten für TV-Sender?
- Wie ist die Effizienz der Eigengenerierung von Innovation im Vergleich zur Fremdbeschaffung von Innovation (z. B. durch Auftragsvergabe an selbstständige Produktentwickler oder durch Ankauf von Formaten) zu beurteilen?
- Welche Attribute gehören zu einem systematischen Innovationsmanagement?
- Welche Quellen stehen zur Verfügung, um Ideen zu generieren?
- Was versteht man unter „Customer Knowledge Management"?
- Was versteht man unter „Prototyping"?
- Wie können Sender und Verlage empirisch relevante Daten zur Innovation generieren?
- Welche Testmethoden stehen zur Verfügung?

Gegenstand

Am Beginn jedes Leistungsprozesses steht Forschung und Entwicklung („F&E"). Dies ist derjenige Bereich einer Unternehmung, in dem Erfindungen (Inventionen) entstehen und Neuerungen (Innovationen) initiiert und auf den Weg gebracht werden. „Obwohl sich im Sprachgebrauch Forschung und Entwicklung als ein einheitlicher Begriff darstellen, umfassen sie verschiedene Aufgabenbereiche. Wie die Forschung primär auf die Generierung neuen technologischen Wissens gerichtet ist, so zielt die Entwicklung vornehmlich auf die Umsetzung der naturwissenschaftlich-technischen Erkenntnisse in marktfähige Produkte und Verfahren" (Horsch 2003: 8).

Der Begriff „Innovation" wurde erstmalig von Schumpeter in der ersten Hälfte des 20. Jahrhunderts verwendet. Nach Schumpeter kann sich das Phänomen der Innovation auf fünf Bereiche erstrecken, die der Unternehmer verfolgen kann (vgl. Tidelski 2002: 659): (a) Herstellung eines neuen oder qualitativ besseren Produkts, (b) Einführung eines neuen Herstellungsverfahrens, (c) Erschließung eines neuen Absatzkanals, (d) Freilegung neuer Bezugsquellen von Rohstoffen oder Vorleistungen, (e) Durchführung einer organisatorischen Neuheit.

Im vorliegenden Kapitel stehen die Produktinnovationen – und weniger die Prozessinnovationen – im Mittelpunkt: „Unter einer Innovation wird eine fortschrittliche Problemlösung durch ein neues Produkt, das auch eine Dienstleistung sein kann, verstanden. Produktinnovationen beinhalten eine verbesserte oder sogar völlig neue Problemlösung und haben unter diesem Gesichtspunkt keine vergleichbaren oder identischen Vorgänger" (Witt 1996: 4).

Drei Typen von Innovation sind zu unterscheiden (vgl. Becker 2013: 157):

- Originäre Innovation (echte Innovation, Erstinnovation)
- Abgeleitete Innovation (unechte Innovation, Produktmodifikation, abgewandelte Produkte)
- Imitation (Me-Too-Innovation)

Ziel von Innovationen ist es, einen differenzierungswirksamen Wettbewerbsvorteil gegenüber Konkurrenten zu erreichen, neue Märkte zu erschließen und den Unternehmenswert zu steigern. Mit der Innovation ist eine neuartige, wertsteigernde Kombination der Produktionsfaktoren verbunden, die nicht „vom Himmel fällt", sondern eines gezielten Managements bedarf: Innovationsmanagement ist die „Planung, Organisation, Führung und Kontrolle derjenigen arbeitsteilig bewältigten Aktivitäten in Unternehmen, mit denen man die Bereitstellung von Technologie- und Sozialinnovationen sowie deren Einsatz in Produkten / Prozessen des Unternehmens vorantreiben will" (Gerpott 2001: 241).

Auch für Medienunternehmen ist Forschung und Entwicklung und die Thematik der Produktinnovationen hochgradig bedeutsam und stellt einen wichtigen strategischen Erfolgsfaktor dar. „Die Bedeutung der Produktinnovation in der Medienbranche spiegelt sich wider in den vielen jährlichen Neuerscheinungen im Buch- oder Zeitschriftenmarkt, den zahlreichen neuen Musiktiteln der verschiedenen Musikstudios, den stetig neuen Programmen der Fernsehsender und den vielen verschiedenen neuen Informationsportalen im Internet" (Hess/Köhler 2003: 39).

Dabei darf nicht verkannt werden, dass die Realisierung von Innovationsstrategien im Medienbereich vergleichsweise brisant ist. Gründe sind die bekannten Spezifika von Medienprodukten wie hohe First-Copy-Costs, ihr Charakter als Erfahrungs- und Vertrauensgüter oder öffentliche Gutseigenschaften (vgl. Kapitel 5). Die Gefahr von Fehlschlägen und Misserfolgen ist daher hoch, es handelt sich regelmäßig um riskante Vorhaben, die nicht selten den wirtschaftlichen Erfolg vermissen lassen. Musterbeispiel sind „geflopte" Kinofilme, bei denen große Summen unwiederbringlich verloren sind. Das Risiko, dass Forschungs- und Entwicklungsaufwendungen in den Sand gesetzt werden, sozusagen „versinken", ist groß. Man spricht daher von „Sunk Costs", eine Gefahr, die jederzeit präsent ist.

Vor diesem Hintergrund wird deutlich, dass innerhalb des Leistungssystems eines Medienunternehmens der Bereich F&E eine prominente Rolle einnehmen muss.

13.1 Stellenwert von F&E für Medienunternehmen

Die Innovationsfähigkeit eines Unternehmens beeinflusst maßgeblich den Geschäftserfolg und ist Werttreiber in allen Industrien (vgl. Mueller-Oerlinghausen/Sauder 2003: 17 f.). Produktinnovationen sind unverzichtbar für die Sicherung der Zukunft eines Unternehmens und ein entscheidender – geradezu existenzieller – strategischer Erfolgsfaktor. So ist es nicht überraschend, dass sich für das Gros der Unternehmen nachweisen lässt, dass ein erheblicher Prozentsatz ihres Umsatzes und Gewinns von Produkten generiert wird, die neu bzw. noch sehr jung sind.

> „Auf den heutigen Absatzmärkten, gekennzeichnet durch anspruchsvolle Kunden, sich häufig verändernde Kundenwünsche sowie intensiven Wettbewerb, hängen Existenz und Erfolg eines Unternehmens entscheidend von der professionellen Entwicklung und Vermarktung neuer Produkte – Waren oder Dienstleistungen – ab" (Witt 1996: 1).

Die **Bedeutung von Innovationen** kann also kaum überschätzt werden. Als **Gründe** hierfür sind zu nennen (Witt 1996: 1 f.):

- „Innovationen ersetzen veraltete Produkte. Der Lebenszyklus des Verkaufsprogramms wird dadurch verlängert.
- Innovationen schaffen zusätzliche Nachfrage. Sie führen zu Mehrumsätzen, die stabiler sind als beim Wegnahmewettbewerb, der häufig nur kurzfristige Erfolge bringt. ‚Nachfrageproduktion statt Nachfrageverlagerung' ist besonders auf stagnierenden Märkten wichtig.
- Innovationen verschaffen eine (temporäre) Alleinstellung auf dem Markt. In der Folge lassen sich höhere Preise leichter durchsetzen als bei Produkten, die unter Wettbewerbsdruck stehen.
- Innovationen verbessern das Image des Herstellers bei Handel und Verbraucher (‚fortschrittliches Unternehmen').
- Innovationen können die Speerspitze beim Aufbau und Ausbau eines Verkaufsprogramms sein. Mit ihnen lassen sich am ehesten Marktnischen erschließen und Marktanteile aufbauen.
- Innovationen fördern die Dynamik des Betriebsgeschehens. Innovative Prozesse beleben die Arbeitsmotivation der beteiligten Mitarbeiter mit Ausstrahlung auf das gesamte Unternehmen."

Diese Aussagen gelten auch für Medienunternehmen. Umso alarmierender sind Befunde, die für die Medienindustrie ein eher negatives Bild zeichnen und eine bedrohlich **abnehmende „Innovationsperformance"** konstatieren (vgl. Mueller-Oerlinghausen/Sauder 2003: 19 f.). Festzustellen sei (ebd. 20):

- „Die nahezu ungebremste Titelinflation in Bereichen wie Buch, Musik, aber auch Zeitschriften hält weiter an. Dieses Wachstum speist sich jedoch nicht aus Innovationen, sondern meist aus Replikation: Fehlender Patentschutz und kurze Entwicklungszeiten erlauben das schnelle und geradezu hemmungslose Kopieren neuer erfolgreicher Formate.
- Während man in der Zeitschriften- und Fernsehbranche vergeblich nach neuen Blockbustern und Flaggschiffen sucht – es sind die alten Aushängeschilder, im

Schnitt sechs Mal älter als die Durchschnittsprodukte, die nach wie vor ins Rennen geschickt werden – werden die Lebenszyklen im Buch- und Musikbereich immer kürzer.
- Und schließlich geht – damit zusammenhängend – der Markterfolg von Neuerscheinungen quer durch alle Branchen zurück, und zwar um bis zu 75% in den letzten Jahren."

Vor diesem Hintergrund wird ein **Konzept** mit fünf Ansatzpunkten vorgeschlagen, um den Innovationserfolg in Medienunternehmen zu steigern (vgl. ebd. 21 ff.):
- Konsequente und stetige Produktverbesserung und erfolgreiche Relaunches;
- Systematische Generierung einer größeren Zahl innovativer Ideen;
- Fokussierung auf die wirklich besten Ideen;
- Konsequentes Design-to-Cost neuer Ideen;
- Etablierung eines gelebten Innovationsprozesses.

Dabei sei festzustellen, dass sich die Medienbranche insbesondere im zuerst genannten Feld bewege, hier allerdings durchaus erfolgreich. Die anderen Felder würden jedoch eher vernachlässigt.

Diese Sichtweise wird nicht von allen Experten geteilt. Aber selbst wenn Einigkeit bestünde, ist der Kontext der marktlichen Gegebenheiten zu sehen, in dem sich die Medienbranche bewegt: Angesichts der bekannten Guteigenschaften bei Medienprodukten (v. a. First Copy Costs, öffentliche Güter) steht der Innovationsprozess zwangsläufig in einem besonders schwierigen Zusammenhang, was sich am Musikmarkt ablesen lässt, oder auch an gescheiterten Projekten wie die Financial Times Deutschland.

„Die möglichen Folgen aus dieser Entwicklung für die Plattenindustrie liegen auf der Hand. Piraterie auf dem Tonträgermarkt kann zu einer Kannibalisierung der Einnahmen aus diesem Segment führen. Dies ist ein ernstzunehmendes Problem, da die Innovationsbereitschaft der Branche tangiert ist. Neue Titel und neue Talente werden nur dann gefördert, wenn sich die erforderlichen Investitionen durch nachfolgende Einnahmen wieder gewinnen lassen. Ohne eine wirksame Kontrolle der Eigentumsrechte an Tonträgern wird eine solche Refinanzierung fraglos erschwert." (Dietl/Opitz/Franck 2005, 54).

Die Financial Times Deutschland (FTD) gab es von 21.02.2000 bis zum 07.12.2012. „Äußerlich unterschied sich die FTD von anderen deutschen Blättern, da sie auf lachsfarbenem Papier gedruckt wurde, dessen Farbton einen Hauch dunkler ausfiel als die ebenfalls lachsfarbene britische *Financial Times*. Die ungewöhnliche Papierfarbe hatte deren Verleger im Jahr 1893 eingeführt, um die Zeitung von konkurrierenden Blättern abzuheben. Seit Anfang 2001 war die FTD überregionales Pflichtblatt der acht deutschen Wertpapierbörsen und ein anerkanntes Veröffentlichungsorgan für die gesetzlich vorgeschriebenen Pflichtmitteilungen börsennotierter Unternehmen" (Wikipedia). Das Projekt konnte insofern als eine echte Innovation verstanden werden, als es die einzige Zeitungsneugründung in den letzten Jahrzehnten war. Der Anspruch war, ein integrierter Wirtschaftsdienst zu sein, der als erster unter dem Motto „One Brand – All Media" alle Inhalte systematisch auf alle relevanten Informationskanälen zu den Nutzern transportiert. „Die Gründungsväter waren die britische Financial Times Gruppe und das Verlagshaus Gruner + Jahr AG & Co. aus Hamburg. Für beide Partner bedeutete die Konzeption und Verwirklichung von FTD eine grundlegende Erweiterung der Unternehmensstrategie. Für die Financial Times aus London sollte es das erste Mal sein, dass die berühmte und weltweit anerkannte lachsrosa Zeitung in einer anderen Sprache veröffentlicht werden würde. Gruner + Jahr, traditionell eher ein Zeitschriftenhaus, betrat mit der FTD ebenfalls Neuland: sie wurde die erste überregionale Zeitung des Unternehmens" (Rzesnitzek 2003: 231).

13.2 Arten von Innovationen

Aus Marketingsicht ist die Thematik der Innovation dem Bereich der Produktentwicklungsstrategie zuzuordnen (vgl. Kapitel 17). Im Hinblick auf das Kriterium der Stärke der Innovation können dabei die folgenden drei Arten von Innovationen unterschieden werden (vgl. Witt 1996: 4; Becker 2013: 156 f.; Koch-Gompert 2005: 408 ff.):

- Originäre Innovation (echte Innovation, Erstinnovation);
- Abgeleitete Innovation (unechte Innovation, Produktmodifikation, abgewandelte Produkte);
- Imitation (Me-Too-Innovation).

(1) Mit der **originären** bzw. **echten Innovation** sind in der Regel hohe Kosten verbunden, verursacht durch einen zumeist sehr hohen kreativen Aufwand und die Notwendigkeit, teure Grundlagenforschung zu betreiben. Da es keinen vergleichbaren Produktvorgänger gibt, muss der Markt für das neue Produkt erst aufgebaut werden. Das Risiko des Scheiterns ist hoch. Echte Innovationen sind generell – und speziell auch im Medienbereich – daher verständlicherweise kein alltägliches Phänomen. Als Beispiele für originäre Innovationen können Erfindungen wie Telefon, PC, Handy oder das Konzept des Fitness-Studios genannt werden. Bei echten Innovationen steht man vor der Schwierigkeit, dass die Wünsche der Nutzer schwer einzuschätzen sind, da völliges Neuland betreten wird.

Innovationen im Medienbereich sind eng mit der **Digitalisierung** der Medienprodukte und Wertschöpfungsprozesse verbunden. Die Digitalisierung ist ein Haupttreiber von Innovation insbesondere im technischen und Distributionsbereich. Beispiele sind Mobile-TV, E-Books oder E-Papers. Die Digitalisierung macht völlig neue Produkte möglich, z. B. durch interaktive Nutzungsformen, neue Darstellungstechniken von Informationen oder den Zugang zu Archivfunktionen bei einer Zeitung. Eine Schlüsselrolle kommt dem Internet, das sich Schritt für Schritt zum Multimedia- und Überall-Medium entwickelt, also auch hier zu.

> Beispiel Netzeitung (2009 eingestellt): Das Grundkonzept dieses als werbefinanzierte Qualitätszeitung im Internet konzipierten Medienprodukts konnte bei ihrer Gründung als echte Innovation gelten: „Die Netzeitung (www.netzeitung.de) ist Deutschlands erste überregionale Tageszeitung, die ausschließlich im Internet publiziert wird" (vgl. Maier 2003: 193).

> Einen Eindruck von der Innovationsdynamik im Zeichen der Digitalisierung erhält man, wenn man sich bewusst macht, auf welchen Ausspielwegen ein Buchverlag heute im Vergleich zu gestern präsent sein muss, will er nicht „abgehängt" werden. So muss er nach wie vor den klassischen Handelsweg mit dem Printproduktbedienen, daneben aber in diversen Onlinewelten mit der E-Book-Version auftreten (vgl. Funk/Pagel 2012: 232 f.). Zu bedienen sind (neben Amazon) allgemeine Online-Buchhändler, spezialisierte E-Book-Händler, die Apple-Welt und zunehmend auch Cloud-Angebote. Eine besondere Schwierigkeit ist hierbei durch die verschiedenen Typen mobiler Lesegeräte gegeben.

Es ist davon auszugehen, dass sich Beispiele für echte Innovationen vorzugsweise in denjenigen Medienmärkten finden lassen, die angesichts genereller Schrumpfungstendenzen vor existenzbedrohenden Herausforderungen stehen wie z. B. der Musik-, Zeitschriften- und Zeitungsmarkt.

(2) Angesichts der hohen Hürden, die sich den echten Innovationen entgegenstellen, nimmt es nicht wunder, dass in der Praxis die **abgeleiteten** bzw. **unechten Innovation** vorherrschen. Ziel ist es dabei zum einen, mit der Weiterentwicklung und Perfektionierung bislang erfolgreicher Produkte den Lebenszyklus von Produkten bzw. einer Produktpalette zu verlängern, zum anderen funktionale Erweiterungen und Neuerungen zu kreieren, die das bestehende Produkt ergänzen sollen.

Als Beispiele für unechte Innovationen können gelten: Walkman, Faxgerät, Schnell-Gastronomie. Im Vergleich zur echten Innovation kann bei der abgeleiteten Innovation das Nutzerverhalten besser eingeschätzt werden, allerdings sind nicht selten wesentlich andere Leistungsmerkmale als beim Vorgänger gegeben.

Auch im Medienbereich beherrschen eher die unechten Innovationen das Bild, hauptsächlich getrieben von hohen First Copy Costs und der Unsicherheit, ob die Nutzer von Medienprodukten Qualität und echte Innovation nachfragen und zu honorieren bereit sind.

> Als Beispiele für unechte Innovationen können Konzepte der Produktdifferenzierung z. B. im Zeitschriftenbereich angeführt werden. So kann eine bereits eingeführte Zeitschrift durch die Einführung von Varianten ergänzt werden (z. B. Sonderhefte) oder im Wege einer „Line Extension" durch neue Produkte unter demselben Markennamen zu einer Markenfamilie erweitert werden. Gute Beispiele hierfür sind die Markenfamilien um die Zeitschrift GEO, Auto, Motor und Sport oder um die Bild-Zeitung.

> Ein Verlag kann noch weiter gehen und ein Produkt bzw. eine Produktlinie um solche Produkte anreichern, die außerhalb des angestammten Bereiches liegen. Zu denken ist an die Nebengeschäfte zum Beispiel der Süddeutschen Zeitung (SZ Cinemathek, SZ Bibliothek), der Zeit (Zeit Lexikon) oder von Fit for Fun: „Neben der Zeitschrift und einer Bücherreihe finden sich mittlerweile beim Lebensmittelhändler allerlei verzehrbare Markenableger wie Vollkornbrote, Müslidrinks, Salate oder Brotaufstriche. Außerdem hat die Verlagsgruppe Milchstraße Lizenzen für ein „Fit for Fun"-Restaurant und ein Spa (Wellness-Zentrum) vergeben; inzwischen gibt es auch „Fit for Fun"-Single-Reisen" (Menhard/Treede 2004: 232).

Als besonders relevantes Thema ist in diesem Zusammenhang das Management inhaltlicher Innovationen, speziell das Management von **TV-Formaten** zu nennen. Von entscheidender Bedeutung ist die Tatsache, dass Medienprodukte urheberrechtlich nur unzureichend gegen Imitation geschützt werden können. So ist in einer Entscheidung des Bundesgerichtshofs von 2003 festgestellt worden, dass das Format für eine Fernsehshowreihe im Allgemeinen nicht urheberrechtlich schutzfähig ist.

> „Rechte lassen sich in der Regel nur einfordern, wenn das neue Format identisch mit dem Ursprünglichen ist ... Allerdings reichen bereits kleine Veränderungen aus, um den Formatschutz effektiv auszuhebeln" (Zabel 2004: 422).

Als Folge dieses Tatbestands tritt der unangenehme Effekt ein, dass alle Inputfaktoren, die mit der inhaltlichen Innovation einhergehen, grundsätzlich immer auch für die Konkurrenz zur Verfügung stehen. Der einzige (minimale) Patentschutz besteht darin, dass Nachzügler immer auch einen gewissen Zeitbedarf haben, um die Innovation zu imitieren, bedingt durch die Inflexibilität des Programmschemas oder die Produktion neuer Sendungen (vgl. Zabel 2004: 422 f.).

In einem solchermaßen gegebenen Kontext kommt der Strategie der „innovativen Nachfolge" (vgl. Witt 1996: 5) eine Sonderrolle zu. Bei dieser Strategie, die auch als „Fast Second Mover" oder als Follower bezeichnet wird, versuchen Unternehmen möglichst schnell *nach* dem Innovator mit ähnlichen Produkten, Dienstleistungen oder Technologien auf den Markt zu kommen und dem Innovator dadurch Konkurrenz zu bieten. Ziel des Fast Second Movers ist es also nicht, mit neuen Produkten als erster auf dem Markt zu sein, sondern mit mindestens gleich guten ähnlichen Produkten dem First Mover schnell nachzufolgen.

Angesichts hoher Produktrisiken und eines schwer prognostizierbaren Nachfrageverhaltens verhält sich ein TV-Anbieter rational, wenn er sich auf eine solche „Fast-Second"-Strategie verlegt (vgl. Zabel 2004: 429). Ein Pionierformat zu kopieren und zu verbessern ist allemal erfolgversprechender als die permanente Neuentwicklung. Dieses Verhalten widerspricht der ursprünglichen Basisannahme, dass originär neue Angebote stets eine größere Erfolgsquote besitzen als Nachahmerprodukte. Fernsehsender bewegen sich bei ihrer Inhaltekreation jedenfalls eher im Bereich der Bewahrung und der Imitation als dass sie Veränderung und Innovation anstreben.

(3) Eine **Imitation** bzw. **Me-Too-Innovation** liegt vor, wenn ein Konkurrenzprodukt übernommen wird, wobei es zum einen entweder völlig identisch („sklavische Nachahmung") ist oder – zum anderen – mit mehr oder weniger geringfügigen Änderungen übernommen wird. Ziel der Imitationsstrategie ist es, eigene Schwächen und Nachteile auszugleichen.

> „Imitationen werden in solchen Fällen bevorzugt, in denen ein Unternehmen Gefahr läuft, durch die Produktinnovation eines Konkurrenten verdrängt zu werden, ohne selbst die Kreativität und Kraft für eine eigenständige Neuproduktentwicklung zu haben" (Witt 1996: 4 f.).

Ob dem Imitator dies gelingt, hängt davon ab, ob er den Marktvorsprung des Innovators im Hinblick auf Image, Kundenbindung oder Marketing-Know-how aufholen kann. Als wichtiges Instrument steht ihm dabei die Preisunterbietung zur Verfügung, das zu benutzen er allerdings sofort mit einem Druck auf die Gewinnspanne bezahlt.

> Imitation kann durchaus als kreativer Vorgang verstanden werden: „Die schöpferische Leistung des kreativen Imitators beruht auf seiner Fähigkeit, aus einer vorhandenen technischen Idee einen Markterfolg zu machen" (Witt 1996: 5).

Im Medienbereich gehen Imitationen mit den Stichworten „Formatklau" oder „billige Plagiate" einher, was – wie gezeigt – unter ökonomischen und strategischen Gesichtspunkten nicht unbedingt als verwerflich gebrandmarkt werden muss.

> „Deutsche Verlage galten lange als mäßig innovativ. Diese Meinung ist scheinbar überholt. Kaum ein Haus, das sich nicht erfolgreich mit neuen Geschäften profiliert. Und Gruner + Jahr will 2005 sogar fünf neue Titel starten. Klingt nach einer echt innovationsstarken Branche. Die Realität sieht etwas anders aus. Hat ein Verlag mal ein gutes neues Produkt, wird sofort kopiert, was das Zeug hält. Das Ergebnis ist täglich am Kiosk zu betrachten: Blätter, die sich zum Verwechseln ähnlich sehen. ... Zugegeben: Echte Innovationen sind am vollen Kiosk ein schwieriges Geschäft. Hinzu kommen ein unsicheres Umfeld, hohe Anlaufinvestitionen und die Skepsis der Werbewirtschaft. Alle diese Argumente haben ihre Berechtigung. Eines aber stimmt auch: Verlage sind meist kein gutes Labor für Kreativität. Viele interessante Ideen kommen so erst gar nicht in die Entwicklung" (S. Schlote in: werben & verkaufen, Nr. 20/2005, Editorial).

13.3 Wege zur Produktinnovation

Um Produktinnovation zu realisieren, stehen dem Unternehmen unterschiedliche Wege zur Verfügung (vgl. Witt 1996: 2):

- Neuproduktentwicklung im eigenen Haus;
- Auftrag an selbständige Produktentwickler (Person oder Dienstleistungsunternehmen);
- Kauf von Patenten und Lizenzen;
- Aufkauf eines anderen Unternehmens.

(1) Entscheidet man sich dazu, die **Neuproduktentwicklung im eigenen Haus** zu favorisieren, ist es notwendig, eine entsprechende F&E-Einheit zu gründen und diese in die organisatorische Struktur einzubinden. Eine eigenständige Struktur empfiehlt sich nicht zuletzt auch deshalb, um der Thematik der Innovation in der Unternehmenshierarchie einen angemessenen Rang zu verschaffen.

Medienunternehmen scheinen sich im Hinblick auf die Gründung eigener F&E-Abteilungen eher in Zurückhaltung zu üben. So ist es wohl althergebrachter Brauch, die Generierung von Innovationen im Content-Bereich den Redaktionen zu überlassen, die diese Aufgabe quasi nebenbei – freilich mit Unterstützung durch sachaffine Abteilungen wie etwa die Medienforschung – mit erledigen. Beklagt wird nicht selten die Abneigung von Redaktionen, wissenschaftliche Erkenntnisse über die Marktgegebenheiten systematisch in ihrer Programmarbeit zu berücksichtigen.

> So ist eine diesbezügliche Äußerung früheren eines Redaktionsleiters der Süddeutschen Zeitung höchst aufschlussreich: „Während allerdings die Autofirma eine große Abteilung für die Verbesserung der Fahrzeuge und die Entwicklung neuer Modelle hat, sucht man beim Zeitungsverlag vergeblich danach. Das wichtige Aufgabenfeld des Qualitätsmanagements und der Produktverbesserung wird mehr oder weniger nebenbei von der Redaktion erledigt, neue Produktelemente wie Service-Seiten und Beilagen werden eher gar nicht entwickelt oder aber von kleinen Teams, die diese Aufgabe zum ersten Mal wahrnehmen" (Blum 2002: 8).

> Beispiel „ZDF quantum": quantum – das ist das Laboratorium für Formatentwicklung der Redaktion „Das kleine Fernsehspiel". Gemeinsam mit jungen Talenten und außergewöhnlichen Autoren entwickeln wir hier Ideen für das Fernsehen von morgen. quantum – bietet eine Plattform zur Erprobung innovativer Fernsehformate. Unsere Aufgabe ist es, die Möglichkeiten inhaltlicher, formaler und technologischer Neuerungen auszuloten – quer durch verschiedene Genres, in allen Längen und Formen. quantum – gibt es seit 1989. Wir haben Magazinsendungen wie „Nova" und „Lost in Music" entwickelt, mit „Fantastic Voyages" dem künstlerisch avancierten Musikclip ein Forum gegeben, den ersten deutschen Spielfilm in HDTV-Norm realisiert und mit „webcamnights.tv" ein neues multimediales ZDF-Nachtprogramm erfunden. Auch die arte-Themenabende fanden ihren Ursprung bei quantum – unsere Formatideen sind immer für eine Überraschung gut und sorgen für Aufsehen, Nominierungen und Preise" (Quelle: http://www.zdf.de/ZDFde/inhalt/0/0,1872, 2000640,00. html/14.02.2007).

> Beispiel UFA Film & TV Produktion: „Ein wichtiges Instrument ist das intranetbasierte Vorschlagswesen *Ideen@UFA*, das – neben dem klassischen innerbetrieblichen Vorschlagswesen, welches in fast allen Bertelsmann-Unternehmen verankert ist – auch um die Möglichkeit erweitert wurde, kreative Formatvorschläge zu machen. Die Mitarbeiter haben diese Möglichkeit relativ intensiv genutzt. Auch wenn die Qualität der hier eingereichten Vorschläge stark schwankt, zeigt die Zahl der Eingänge, dass die Mitarbeiter der UFA sich mit dem Kerngeschäft ihres Unternehmens identifizieren und aktiv an der Weiterentwicklung beteiligt sein möchten" (Bauer/Stürmer 2008: 215).

(2) Wird Produktinnovation dadurch realisiert, dass ein **Auftrag an selbständige Produktentwickler** erfolgt, liegt Outsourcing vor. Der Einsatz dieses Instruments bedeutet für das Medienunternehmen eine Reduktion der Fertigungstiefe bzw. die vertikale Desintegration des Wertschöpfungsprozesses. Vorteile von Outsourcing sind Kostenersparnisse, Flexibilität, Risikoabbau und schlanke Strukturen.

> Beispiel Famous Media, Agentur für die Entwicklung von Zeitschriften, mit S. Gröner als Gründer: „Gröner und Team wollen nun Heftideen entwickeln, diese an Verlage verkaufen ... Das Dienstleistungsangebot reicht dabei von der redaktionellen Idee über die fertige Heftkonzeption hin zur Marktreife und der Einführung im Lesermarkt. Wenn gewünscht, kann auch der nationale Anzeigenverkauf übernommen werden. Werden alle Schritte durchdekliniert, sei ein Markterfolg kalkulierbar. Gröner: Wir entlasten Verlage in hohem Maß von dem Risiko, das mit jeder Zeitschriften-Neugründung verbunden ist" (werben & verkaufen Nr. 17/2006, S. 62).

Allerdings stellt sich die Frage, ob Outsourcing im Kreativbereich die richtige Strategie für ein Medienunternehmen ist. Entgegen steht das Argument der Abhängigkeit und das ungeschriebene Gesetz, dass nur diejenigen Unternehmensprozesse ausgelagert werden sollten, die nicht zu den Kernprozessen bzw. zur Kernkompetenz zählen. Vor allem stellt sich auch die Frage nach den Kompetenzen des Dienstleisters, die im Sinne der Principal-Agent-Theorie nicht immer abschätzbar ist bzw. Probleme der Abstimmung und des Vertrauens mit sich bringen kann. In der Regel wird es zweckmäßig sein, Aufträge an externe Produktentwickler nur punktuell und fallweise zu erteilen, auch um das eigene Profil zu erhalten. Besonders erstrebenswert erscheint auch die Schaffung einer innovationsfördernden Unternehmenskultur, bei der Innovation nicht als Störfaktor, sondern als Chance begriffen wird (vgl. Horsch 2003: 115).

> Beispiel Zweites Deutsches Fernsehen: Die fiktionale Koproduktion arbeitet eng mit dem Kölner Büro für Programmentwicklung und der Produktionsgesellschaft Network Movie zusammen. Sie bildet die Programmentwicklungsstruktur für internationale Projekte, bündelt in ständiger Kommunikation mit beiden Gesellschaften und dem ZDF Kompetenzen und koordiniert Anforderungen und Strategien, um von dieser Plattform aus gezielt Stoff- und Programmentwicklung zu betreiben.

> Beispiel Monheimer Institut: Das MI versteht sich als „ein Marken- und Medienforschungsinstitut, das seit 1984 für nationale und internationale Markenartikelanbieter, führende Radio- und Fernsehsender und namhafte Dienstleistungsunternehmen qualitative und quantitative Forschungsmethoden einsetzt. Die angebotenen Forschungsbereiche umfassen u. a.: Benefits- & Barriers-Analysen, Business to Business-Tracking-studien, Celebrity-Analysen Consumer Insights-/Grundlagen-Analysen, Markenkern-/Image-Analysen, Medienresonanzanalysen, Musik-Analysen, Point of Sale-Tests, Produkt-/Werbemittel-Konzepttests, Trend-/Lifestyle-/Werte-Analysen, Storyboard-Tests, Testimonial-/Casting-Analysen, TV-/Radio-Sendungstests, Typologiestudien, Verpackungs-/Produkt-Tests, Werbemittel-Pre-/Posttests, Werbetrackingstudien" (Quelle: http://www.monheimerinstitut.de /14.02.2007).

(3) Eine weitere Möglichkeit der Realisation von Innovation ist der **Kauf von Patenten und Lizenzen**. So gibt es zahlreiche Spezialisten, die Programmkonzepte entwickeln und diese gewinnbringend auf dem nationalen und insbesondere auch internationalen Programmmarkt vertreiben.

> Beispiel Endemol: Das von Jon de Mol geleitete Unternehmen ist die erfolgreichste Schmiede für neue Fernsehformate im europäischen Raum. Zu den von Endemol konzipierten und/oder produzierten Sendungen gehören unter Anderem „Wer wird Millionär", „Big Brother", „Domino Day", „Notruf", „Nur die Liebe zählt", und viele mehr. Mit rund 250 festangestellten Mitarbeitern werden über 600 Programmstunden pro Jahr von Endemol allein auf den deutschen Markt gebracht. Zu den Kunden von

Endemol gehören fast alle TV-Sender Deutschlands, die Liste reicht vom MDR über das ZDF und ProSieben, Sat.1, RTL bis hin zu DSF und MTV. Neben der Lizenzierung von fremdentwickelten Formaten und deren Adaption an den deutschen Markt („Wer wird Millionär") werden auch eigene Ideen konzipiert und umgesetzt. Ein großer Vorteil von Endemol ist die internationale Tätigkeit, die es erlaubt, erfolgreiche Sendungen in verschiedenen Ländern zu platzieren („Big Brother"). Mit internationalen Beteiligungen, Übernahmen und Kooperationen ist es dem Unternehmen möglich, Sendungen in verschiedenen Ländern vor Ort zu produzieren und so die unterschiedlichen kulturellen Besonderheiten zu berücksichtigen. Die internationale Expansion führt inzwischen über den europäischen Kontinent hinaus, insbesondere mit „Big Brother" wurde Endemol auch in den USA, Mexiko und Brasilien bekannt. Es folgten weitere Beteiligungen im US-Markt.

Für das Fernsehen geht es im vorliegenden Fall um den Programmeinkauf bzw. den Erwerb von Rechten an fertigen Produktionen. Im Brennpunkt des Erwerbs innovativer Produkte steht dabei der Formathandel (vgl. Koch-Gompert 2005: 415 ff.). Ziel ist die Übernahme eines anderswo erfolgreich gelaufenen Formats und dessen Umsetzung auf den eigenen Kontext. Der Formathandel ist v. a. im Bereich der massenattraktiven, seriellen Non-Fiction-Formate (Game- und Quiz-Shows, Real Life Soap Operas, Talkshows) und im Fiction-Bereich bei Daily Soaps und Telenovelas von höchster Bedeutung.

(4) Eine letzte Möglichkeit schließlich, Innovation zu realisieren, ist mit dem **Aufkauf eines anderen Unternehmens** gegeben. Hierdurch erfolgt nicht nur der Erwerb eines ökonomischen Potenzials, sondern auch der Erwerb von Know-how und Innovationskraft. Beispiele für diese Art des Innovationsaufbaus finden sich insbesondere bei Zeitungs- und Zeitschriftenverlagen und bei Internet-Unternehmen (z. B. Kauf von YouTube durch Google).

Beispiel Axel Springer SE: Der Springer-Konzern bietet ein gutes Beispiel für die nachhaltige Bemühungen, einen Turnaround vom bislang printzentrierten Verlagsgeschäft in die digitale Onlinewelt zu vollziehen. Um dies zu ermöglichen und entsprechendes Know-how aufzubauen, sind gezielte Akquisitionen vorgenommen worden. So ist ein Wachstumskurs im Online-Rubrikenbereich gefahren worden, man hat sich z. B. am Neuwagenportal autohaus24.de beteiligt (50 % über AS Auto Verlag), man hat das führende Regionalportal meinestadt.de, das umfassende Informationen zu mehr als 11.000 deutschen Städten und Gemeinden bietet, zu 100 % übernommen, man besitzt oder ist beteiligt an Immonet, Zanox.de, Idealo und kaufda. Entscheidendes Ziel aller dieser Aktivitäten ist die systematische Diversifikation durch den Erwerb von Bezahlangeboten im Internet.

In der Bilanzpressekonferenz zum Geschäftsjahr 2013 wurde unter dem Titel „Erfolgreiche Weichenstellung durch beschleunigte Digitalisierung" ausgeführt (ein gutes Beispiel für die Thematik des Aufkaufs von anderen Unternehmen zum Know-how-Aufbau): „Axel Springer hat den Umbau zum führenden digitalen Verlag im Geschäftsjahr 2013 mit Nachdruck vorangetrieben. Der Konzern investierte in erheblichem Umfang in den Ausbau von Bezahlangeboten im Internet und erweiterte sein Portfolio von Online-Angeboten durch ergänzende Akquisitionen. Mitte Dezember 2013 hat Axel Springer den Erwerb des Nachrichtensenders N24 angekündigt. Im Februar 2014 wurde der Kauf abgeschlossen. DIE WELT und N24 sollen eng miteinander verzahnt und als führendes Nachrichtenunternehmen für Qualitätsjournalismus im deutschsprachigen Raum etabliert werden. Darüber hinaus soll N24 als zentraler Bewegtbildlieferant für alle Marken des Konzerns etabliert werden. Bei den inländischen Bezahlangeboten richtete sich das Unternehmen konsequent auf die multimedialen Kernmarken BILD und DIE WELT aus. Im letzten Jahr hat Axel Springer den Verkauf der inländischen Regionalzeitungen sowie der Programm- und Frauenzeitschriften an die FUNKE MEDIENGRUPPE bekannt gegeben. Außerdem wurde vereinbart, Gemeinschaftsunternehmen für Vermarktung und Vertrieb von gedruckten und digitalen Medienangeboten zu gründen" (http://www.axelspringer.de / 19.04.2014).

13.4 Systematisches Innovationsmanagement

Die Entwicklung und Vermarktung neuer Produkte ist keine Angelegenheit, die in einem Unternehmen quasi nebenbei ablaufen kann. Erforderlich ist vielmehr ein systematisches Innovationsmanagement, das fünf Phasen durchlaufen sollte (vgl. z. B. Koch-Gompert 2005: 420 ff.).

- Ideen-Generierung;
- Selektion;
- Realisierung;
- Test;
- Markteintritt.

(1) Bei der **Ideen-Generierung** ist von Anbeginn an eine konsequente Marktorientierung notwendig, ein Postulat, das nicht immer befolgt wird – mit der Konsequenz, dass im Innovationsprozess Misserfolg fast vorprogrammiert ist (Witt 1996: 7):

- „Die F&E-Abteilung oder das Technische Labor ist auf eine interessante neue Produktidee gestoßen und erarbeitet ein erstes Produktkonzept.
- Die Konstruktionsabteilung erstellt nach dieser Unterlage einen Entwurf.
- Nach dem Entwurf produziert die Fertigung das Produkt.
- Der Vertrieb erhält die Aufgabe, das neue Produkt zu vermarkten."

Auf diese Weise werden neue Produkte u. U. mit viel zu hohem Aufwand entwickelt, und sie lassen sich womöglich am Markt nicht angemessen verkaufen. Notwendig ist eine marketingorientierte Produktentwicklung, an deren Beginn die Generierung von Ideen steht. Als Quellen für Neuproduktideen stehen zur Verfügung (vgl. Homburg/Krohmer 2006: 572):

- Unternehmensinterne Quellen: Vorschlagswesen, Mitarbeiter des F&E-Bereichs, Mitarbeiter des Außendienstes, Mitarbeiter des Kundendienstes bzw. der Service-Hotline, Beschwerdeinformationen.
- Unternehmensexterne Quellen: Kunden (direkte Befragung, Fokusgruppen, Beobachtungen, Kundenanregungen), Wettbewerber (z. B. Analyse von Messeauftritten), Marktneuheiten auf anderen Märkten, technologische Entwicklungen, Experten (z. B. Befragungen von Absatzmittlern oder Branchenexperten), Trend- und Marktforschungsinstitute, Unternehmensberatungen, Werbeagenturen.

Von besonderer Relevanz für den Innovationsvorgang – gerade auch für Medienunternehmen – ist die konsequente Erschließung des Kundenwissens, ein Ansatz, der als „Customer Knowledge Management" (CKM) bezeichnet wird.

> Ein interessantes Beispiel aus der Automobilindustrie ist das von BMW 2003 gestartete Projekt „Customer Innovation Lab", bei dem sich Kunden an der Entwicklung neuer Telematik- und Online-Dienste sowie von Fahrerassistenz-Systemen beteiligen konnten. Das Lab-Konzept ziele auf „die Erschließung der Öffentlichkeit als einer bisher kaum genutzte Innovationsquelle" (werben & verkaufen, Nr. 23/2004, S. 33).
>
> „Den Kunden zum Co-Innovator zu machen, – diese Strategie gewinnt zunehmend Anhänger. Immer mehr Firmen verlassen sich bei der Suche nach Neuerungen nicht auf die eigenen F&E-Abteilungen,

sondern zapfen zugleich die Schöpfungskraft der Kundschaft an. Die Idee ist nicht neu, aber erst die globale Vernetzung macht die Umsetzung möglich" (Financial Times Deutschland, 23.06.2006, S. 34).

„Unter der Webadresse www.innoventive.com stellen Konzerne wie Boeing, Procter & Gamble oder Henkel Fragen und Themen ihrer Forschungsabteilungen zur Diskussion. Wer eine Lösung liefert, erhält eine Belohnung bis zu 100.000 $. Es sind bereits 90.000 Profi- und Amateurtüftler aus 175 Ländern auf der Seite registriert" (Financial Times Deutschland, 23.06.2006, S. 34).

Im Zeichen des Internet stehen heute damit neue Möglichkeiten zur Verfügung, um die Interessen und Vorlieben aktueller und potenzieller Kunden in Erfahrung zu bringen. Zu denken ist neben den „guten alten" – auch weiterhin nicht zu verachtenden – Leserzuschriften und Höreranrufen v. a. an Web-Blogs, Newsgroups, generell an alle Formen von „User Generated Content". Damit tritt man in eine neue Form von Medienresonanzanalytik ein, die auch die Medienforschung vor neue Herausforderungen stellt. Der Konsument wird vor diesem Hintergrund immer mehr zum „Prosumenten". Ziel muss es sein, die maximale Anzahl brauchbarer Ideen zu generieren, um der Tatsache standzuhalten, dass eine große Zahl neuer Produktideen erforderlich ist, um ein einziges erfolgreiches Produkt auf den Markt zu bringen (vgl. Witt 1996: 9).

Die natürlichen Träger der Ideen-Generierung sind bei Medienunternehmen freilich nach wie vor die Redaktionen, die den Prozess der Ideen-Generierung professionell moderieren sollten.

(2) Die gewonnenen Ideen müssen auf ihre Umsetzbarkeit überprüft werden. Es muss eine **Selektion** stattfinden. Entscheidungsmaßstäbe sind technische Machbarkeit, Wirtschaftlichkeit oder Verfügbarkeit von Ressourcen, v. a. aber absatzpolitische Kriterien, nach denen sich die kaufentscheidenden Produkteigenschaften herausarbeiten lassen (z. B. Preis bzw. Kosten, Qualität, Lieferservice oder Flexibilität im Hinblick auf Kundenwünsche).

Manche Produktideen müssen ausscheiden, weil z. B. das erforderliche Marktvolumen nicht erreicht wird, die Konkurrenz zu stark ist oder geeignete Vertriebskanäle fehlen. Um herauszufinden, welche Produktideen zur Realisierung ausgewählt werden sollen, empfiehlt sich der Einsatz von Bewertungstechniken, z. B. die Entscheidungsbaumanalyse oder die Nutzwertanalyse (vgl. z. B. Günther/Tempelmeier 2005: 53 ff.).

Für die Medienbranche wird konstatiert, sie sei durch eine fragmentierte Ideengenerierung in den einzelnen Labels, durch zahlreiche erfolglose Projekte und durch fehlende Transparenz des ökonomischen Erfolgs gekennzeichnet, die es besonders zweckmäßig erscheinen lasse, sich rigoros auf die besten Ideen zu fokussieren (vgl. Mueller-Oerlinghausen/Sauder 2003: 28 f.).

„Diese Fokussierung gelingt der Medienindustrie offensichtlich mehr schlecht als recht, wenn man die Branchen Musik, Buch, Zeitschriften und Fernsehen betrachtet ... Einerseits ist eine bemerkenswerte Titelinflation zu verzeichnen – hier gemessen am Wachstum der Neuerscheinungen. Andererseits sinkt die Erfolgsquote der Neuerscheinungen (gemessen an ihrem Anteil an den Top-Produkten). Insgesamt ist das ein Indikator für zwei Problembereiche: erstens die ungenügende Definition eines Zielportfolios neuer Produkte, zweitens die ungenügende Priorisierung neuer Projekte, die dazu führt, dass erfolgversprechende und weniger erfolgversprechende Projekte schlimmstenfalls beide mit unterkritischer Ressourcenausstattung entwickelt werden" (Mueller-Oerlinghausen/Sauder 2003: 27 f.).

(3) In der Phase der **Realisierung** gilt es, die Idee in ein Produktkonzept umzusetzen, d. h. ein grobes Produktdesign zu entwickeln. Auf dieser Grundlage wird eine detaillierte Maßnahmenplanung für die Umsetzung erarbeitet. Diesem Prozess kann ein Prototyp bzw. ein Modell zugrunde liegen, das als Vorlage zur weiteren Bearbeitung dient. Dieses im Projektmanagement als „Prototyping" bezeichnete Vorgehensmodell ist im Innovationsmanagement von Medien als sehr zweckmäßig anzusehen, da es zur Anschaulichkeit des vorgesehenen Projekts nachhaltig beiträgt. Im Film wird ein solcher Prototyp als „Pilot" bezeichnet.

> Unter einem „Piloten" bzw. „Pilotfilm" versteht man „eine verfilmte Episode, die als Prototyp für die geplante Serie gilt, also die Umsetzung eines Konzepts in ein Drehbuch" (Stipp, zit. nach Koch-Gompert 2005: 427 f.).

Im Printbereich (Zeitschrift, Zeitung) wird der Prototyp „Dummy" genannt. Darunter versteht man ein Produktmuster, in dem es i. d. R. keine echten Beiträge gibt, sondern nur Blindtext (vgl. Menhard/Treede 2004: 337). Allerdings zeigt er bereits das Format (Magazinformat, Zeitungsformat, Bindung), die Papierqualität, die Druckqualität (Hochglanz oder matt), Satzspiegel und die geplante Relation von redaktionellem Inhalt und Anzeigen. Dieser Dummy ist von der Nullnummer zu unterscheiden, die eine voll marktfähige erste Ausgabe darstellt.

Das Ergebnis des Produktentwicklungsprozesses ist die Konzeption eines marktfähigen Produkts, mit dem sich das Medienunternehmen profilieren und gegenüber den Mitbewerbern behaupten kann.

(4) Nach der Entwicklung des Produkts müssen die Konzepte oder Piloten einem **Test** unterworfen werden. Tests dienen als „Generalprobe", um das endgültige Produktdesign herauszufinden. Sie müssen nach einer klaren Methodik vorgenommen werden, wie sie die Marktforschung mit der primären und sekundären Marktforschung anbietet (vgl. Witt 1996: 55 ff.). Gegenstand des „Testing" können Konzeptionstests, Produkttests oder Packungs- und Namenstests sein, alles Vorgänge, die u. U. erhebliche Kosten verursachen können.

Die Medienbranche hat den Vorzug, dass ihre Produkte – qua definitionem – dazu da sind, in der Öffentlichkeit publiziert zu werden und man sie deshalb häufig zu niedrigen Kosten im realen Markt testen kann (vgl. Mueller-Oerlinghausen/Sauder 2003: 32). So ist es z. B. im Fernsehen leicht, eine Probesendung für eine neue Sendeform auszustrahlen und Erkenntnisse über das Zuschauerverhalten zu gewinnen. Die folgenden Tests und Fragestellungen können z. B. eine Rolle spielen:

- Format-Pretest: Erzielt das Format in der Pilotqualität ausreichend Akzeptanz? Zeigen sich Modifikationsnotwendigkeiten?
- Moderatoren-Pretest: Wie werden zwei Pilotsendungen mit unterschiedlichen Moderatoren erlebt?
- Titeltest: Welche Titelalternative vermag die Formatinhalte am besten zu transportieren und am stärksten Formatinteresse auszulösen?
- Real-Time-Response-Test: Wie wird der Sendungsverlauf einer Magazinsendung in „Echtzeit" beurteilt und emotional erlebt?

- On-Air-Test: Wie wird eine Sendung direkt (day after) nach der Ausstrahlung bewertet?

Eine zunehmend wichtigere Rolle spielen Online-Abstimmungen und Kundenbewertungen, die vom Gros der Online-User inzwischen als Standard angesehen werden. Die Akzeptanz beim Nutzer bringt es mit sich, dass Online-Kommunikation als Instrument des Innovationsmanagements in Betracht gezogen werden kann.

(5) Wenn sich das neue Produkt im Test erfolgreich bewährt hat, kann der **Markteintritt** erfolgen. Dabei sind die folgenden Schwierigkeiten und Herausforderungen zu meistern (vgl. Witt 1996: 91):

- Hoher Finanzbedarf: Dies ist besonders virulent, wenn das Produkt auf breiter Linie eingeführt werden soll und wenn es sich um ein mittelständisches Unternehmen mit geringer Kapitalkraft handelt.
- Bekanntmachung: Zu informieren ist über Einsatzmöglichkeiten, Vorteile und Stärken des Produkts, Handhabung, Einkaufsquellen.
- Veränderungen der Kauf- und Verwendungsgewohnheiten beim Nutzer: Möglich sind nicht erwünschte Haltungen (Widerstand).
- Widerstand beim Handel: Wenn dieser von der Absatzfähigkeit des Produkts nicht überzeugt ist, kommt es zu einer Abwartungshaltung bei der Listung und nur halbherzig betriebenem Wiederverkauf.
- Reaktionen von Konkurrenten: Es ist zu erwarten, dass sie den Markteintritt des neuen Konkurrenten verhindern wollen.
- Störungen durch betriebliche Ursachen: Möglich sind unzureichende Produktionskapazitäten, nicht funktionierende Logistik, Engpässe bei der Beschaffung oder mangelhafte Verfügbarkeit des Produkts in der Einführungsphase.

Auch wenn diese Aussagen auf Industrieprodukte gemünzt sind, gelten sie im übertragenen Sinn auch für Medienprodukte.

Kernaussagen

- Forschung und Entwicklung kommt im medialen Wertschöpfungsprozess eine wichtige Rolle zu, die vielfach unterschätzt wird.
- Die Erscheinungsformen von Innovationen sind im Medienbereich vielfältig. Die Szenerie wird nicht unbedingt von den echten Innovationen beherrscht, vielmehr kommt der Imitation („Me-Too-Innovation") im Bereich der Medien eine hohe Bedeutung zu.
- Jedes Medienunternehmen braucht ein systematisches Innovationsmanagement.

Literatur

Weiterführende Literatur: Grundlagen

Aderhold, J./John, R. (Hrsg.)(2005): Innovation, Konstanz.
Albers, S./Gassmann, O. (Hrsg.)(2005): Handbuch Technologie- und Innvoationsmanagement, Wiesbaden.
Becker, J. (2013): Marketing-Konzeption, 10., überarb. u. erw. Aufl., München.
Brockhoff, K. (1999): Forschung und Entwicklung, 5. Aufl., München, Wien.
Burr, W. (2004): Innovationen in Organisationen, Stuttgart.
Disselkamp, M. (2005): Innovationsmanagement, Wiesbaden.
Gerpott, T. J. (1999): Strategisches Technologie- und Innovationsmanagement, Stuttgart.
Gerpott, T. J. (2001): Innovationsmanagement, in: Die Betriebswirtschaft (DBW) 61. Jg., H. 2, S. 240-255.
Günther, H.-O./ Tempelmeier, H. (2005): Produktion und Logistik, 6., verb. Aufl., Berlin, Heidelberg, New York.
Hauschildt, J. (2004): Innovationsmanagement, 3. Aufl., München.
Herstatt, C./Verworn, B. (Hrsg.)(2003): Management der frühen Innovationsphasen, Wiesbaden.
Homburg, C. (2012): Marketingmanagement, 4., überarb. u. erw. Aufl., Wiesbaden.
Horsch, J. (2003): Innovations- und Projektmanagement, Wiesbaden.
Johne, A. (2002): Organisation der Produktinnovation, in: Albers, S./Herrmann, A. (Hrsg.)(2002): Handbuch Produktmanagement, Wiesbaden, S. 701-722.
Kesting, P. (2003): Schumpeters Theorie der Innovation und der wirtschaftlichen Entwicklung, in: Das Wirtschaftsstudium, 32. Jg., H. 1, S. 34-38.
Läge, K. (2003): Ideenmanagement, Wiesbaden.
Mast, C./Zerfaß, A. (Hrsg.)(2005): Neue Ideen erfolgreich durchsetzen, Frankfurt am Main.
Neckel, H. (2004): Modelle des Ideenmanagements, Stuttgart.
Tidelski, O. (2002): Ökonomische Theorien der Innovation, in: Das Wirtschaftsstudium, 31. Jg., H. 11, S. 659-663.
Vahs, D./Buhrmester, R. (2002): Innovationsmanagement, Stuttgart.
Welsch, J. (2005): Innovationspolitik, Wiesbaden.
Witt, J. (Hrsg.)(1996): Produktinnovation, München.

Weiterführende Literatur: Medien

Auer, M. (2000): Top oder Flop? Marketing für Film und Fernsehen, Gerlingen.
Clement, M. (2000): Interaktives Fernsehen: Analyse und Prognose seiner Nutzung, Wiesbaden.
Foag, M. (2010): „More of the same" – Die Kopiermentalität in deutschen Fernsehen, in: Lantzsch, K./Altmeppen, K.-D./Will, A. (Hrsg.)(2010): Handbuch Unterhaltungsproduktion, Wiesbaden, S. 135-151.
Fröhlich, K. (2007): Koordination und Innovation in der TV-Input-Produktion, in: MedienWirtschaft, 4. Jg., H. 4/2007, S. 38-47.
Fröhlich, K. (2010): Innovationssysteme der TV-Unterhaltungsproduktion, Wiesbaden.
Fröhlich, K. (2010): Die Innovationslogik der deutschen TV-Unterhaltungsproduktion, in: Lantzsch, K./Altmeppen, K.-D./Will, A. (Hrsg.)(2010): Handbuch Unterhaltungsproduktion, Wiesbaden, S. 117-134.
Geiger, M. (2002): Internetstrategien für Printmedienunternehmen, Lohmar, Köln.
Göttlich, U./Nieland, J.-U. (2001): Know-how-Transfer und vernetzte Content-Produktion. Veränderungen der Fernsehunterhaltungsproduktion auf dem europäischen Fernsehmarkt. In: Karmasin, M./Knoche, M./Winter, C. (Hrsg.)(2001): Medienwirtschaft und Gesellschaft I: Medienunternehmen und die Kommerzialisierung von Öffentlichkeit, Münster, S. 159-181.
Habann, F. (2010): Erfolgsfaktoren von Medieninnovationen, Baden-Baden.
Habann, F. (Hrsg.)(2003): Innovationsmanagement in Medienunternehmen, Wiesbaden.
Hass, B. H. (2002): Geschäftsmodelle von Medienunternehmen, Wiesbaden.
Hess, T./Köhler, L. (2003): Organisation der Produktinnovation in Medienunternehmen – eine Analyse aufbauorganisatorischer Varianten, in: Habann, F. (Hrsg.)(2003): Innovationsmanagement in Medienunternehmen, Wiesbaden, S: 37-57.
Jacob, W. (1988): Neuentwicklung von Zeitschriften, 2. Aufl., München.
Karstens, E./Schütte, J. (2005): Praxishandbuch Fernsehen, Wiesbaden.

Koch-Gombert, D. (2005): Fernsehformate und Formatfernsehen, München.
Köhler, L. (2005): Produktinnovation in der Medienindustrie, Wiesbaden.
Menhard, E./Treede, T. (2004): Die Zeitschrift. Von der Idee bis zur Vermarktung, Konstanz.
Mueller-Oerlinghausen, J./Sauder, A. (2003): Kreativität: Alles oder nichts? Erfolgsfaktoren innovativer Produktentwicklung, in: Habann, F. (Hrsg.)(2003): Innovationsmanagement in Medienunternehmen, Wiesbaden, S. 15-36.
Nausner, P. (2002): Medienmanagement als Innovations- und Entwicklungsmanagement, in: Karmasin, M./ Winter, C. (2002): Grundlagen des Medienmanagements, 2., korr. u. erw. Aufl., München, S: 115-147.
Pethig, R./Blind, S. (1995): Programmformatentwicklung im Wettbewerbsprozess: Innovations- und Imitationszyklen, in: Hallenberger, G. (Hrsg.)(1995): Neue Sendungsformen im Fernsehen, Siegen, S. 57-77.
Siegert, G./Weber, R. H./Lobigs, F./Spacek, D. (2006): Der Schutz innovativer publizistischer Konzepte im Medienwettbewerb, Baden-Baden.
Sjurts, I. (2005): Strategien in der Medienbranche, 3., überarb. u. erw. Aufl., Wiesbaden.
Thielmann, B. (2000): Strategisches Innovationsmanagement in konvergierenden Märkten. Medien- und Telekommunikationsunternehmen in Online-Diensten und im digitalen Fernsehen. Wiesbaden.
Zabel, C. (2004): Risikomanagement bei der Markteinführung neuer TV-Formate, in: MedienWirtschaft, 1. Jg., H. 3/2004, S. 134-142.
Zabel, C. (2004): Zeitwettbewerb deutscher Free-TV-Anbieter, in: Medien & Kommunikationswissenschaft, 52. Jg., H. 3, S: 412-431.

Fallbeispiele, Arbeitsberichte, Studien

Bauer, W./Stürmer, S. (2008): Mit Innovationen die Chancen der digitalen Medienwelt nutzen. Erfahrungen und praktische Umsetzung am Beispiel der UFA, in: Kaumann, R./Siegenheim, V./Sjurts, I. (Hrsg.)(2008): Auslaufmodell Fernsehen? Wiesbaden, S. 209-217.
Blum, J. (2002): Therapeutische Funktion. Wissenschaft kann Entwicklungsabteilungen nicht ersetzen. In: aviso, Nr. 30, S.8 f.
Gesellschaft für sozialwissenschaftliche Begleitforschung (GESO)(2006): Innovationen im deutschen Zeitungsmarkt, Bodenheim.
Hagenhoff, S. (2003): Innovationsmanagement im TIME-Bereich: Forschungsbegründung und State of the Art in der Literatur. Göttingen.
Hofbauer, G. (2004): Erfolgsfaktoren bei der Einführung von Innovationen, Ingolstadt.
Köhler, L./Hess, T. (Hrsg.)(2003): Produktinnovation in Medienunternehmen – Eine Fallstudie zur Organisation der Produktinnovation in Medienunternehmen verschiedener Sektoren, München.
Maier, M. (2003): Netzeitung: Entwicklung und Markteinführung einer Tageszeitung im Internet, in: Habann, F. (Hrsg.)(2003): Innovationsmanagement in Medienunternehmen, Wiesbaden, S. 191-209.
Rammer, C./Schmidt, T. (2003): Innovationsverhalten der Unternehmen in Deutschland, Mannheim, http://www.bmbf.de/pub/sdi_15_04_innovationen.pdf (13.02.2007).
Riefler, K. (2006): Innovation! Beispiele aus aller Welt. In: Bundesverband Deutscher Zeitungsverleger e.V. (Hrsg.)(2006): Zeitungen 2006, Berlin, S. 154-165.
Rzesnitzek, M. (2003): Das medienübergreifende Produktkonzept der Financial Times Deutschland, in: Habann, F. (Hrsg.)(2003): Innovationsmanagement in Medienunternehmen, Wiesbaden, S. 229-246.

Kapitel 14
Redaktions- und Content-Management

14.1 Begriffe 391
14.2 Content-Wertschöpfungsprozess 398
14.3 Integriertes Content-Management 405

Leitfragen

- Was versteht man unter „Content"?
- Wie kann der „Content Life Cycle" charakterisiert werden?
- Was versteht man unter „Metadaten"?
- Was versteht man unter „Essence"?
- Wodurch unterscheiden sich „Content Management" und „Asset Management"?
- Welche durch Technik unterstützte Systeme der Organisation von Inhalten lassen sich beim Content Management unterscheiden?
- Was versteht man unter einem „Content-Management-System"?
- Was versteht man unter einem „Media-Asset-Management-System"?
- Was versteht man unter einem „Redaktionssystem"?
- Was versteht man unter dem „Media Publishing Environment"?
- Wie lässt sich der Content-Wertschöpfungsprozess in allgemeiner Form beschreiben?
- Welche Stufen unterscheidet man bei Content-Wertschöpfungsprozess?
- Welche Anforderungen sind an die Gestaltung von Content zu stellen, um ihn für die Rezipienten bestmöglich nutzbar zu machen?
- Welche Optionen stehen im Hinblick auf die Distributionskanäle zur Verfügung?
- Wodurch unterscheidet sich die multimediale Distribution von der crossmedialen?
- Aus welchen Gründen ist es für Medienunternehmen attraktiv, crossmediale Konzepte zu verfolgen?
- Was versteht man unter „Cross-Media-Publishing"?
- Welchen Anforderungen muss ein effektives Redaktionsmanagement genügen?
- Welche Rolle spielt das Management der Qualität in der Redaktionsarbeit?
- Wie lässt sich Qualität definieren?
- Was ist mit der Entgrenzungsthese im Journalismus gemeint?
- Wie kann Content entstehen?
- Welche Rolle spielt Content Syndication in der „neuen Welt" der digitalen Wertschöpfung?
- Was besagt das Konzept der Modularisierung bei der Aufbereitung von Content?
- Welche Konzepte der Mehrfachverwendung von Content unterscheidet man?
- Aus welchen Gründen spielt die Mehrfachverwertung von Content für die Wirtschaftlichkeit von Medienunternehmen eine prominente Rolle?
- Welches sind die Gründe, warum sich bestimmte Inhalte besser zur Mehrfachverwertung eignen als andere?
- Welche Ansatzpunkte der Mehrfachverwertung stehen zur Verfügung?
- Wodurch unterscheidet sich die „kombinierende" von der „versionierenden Mehrfachverwendung"?
- Wie sieht die Logik des „Content Life Cycle" aus?
- Inwiefern ist integriertes Content Management unverzichtbar?

Gegenstand

Im Wertschöpfungs- und Leistungsprozess von Medienunternehmen kommt den Inhalten bzw. dem Content eine Schlüsselrolle zu: „Content ist für Medienunternehmen von zentraler unternehmensstrategischer Bedeutung. Information und Unterhaltung sind der elementare Rohstoff, aus dem die Medienunternehmen – gegebenenfalls in Verbindung mit Werbung – Zeitungen, Zeitschriften, Hörfunk, Fernsehen und entsprechende Internetangebote kombinieren" (Sjurts 2004: 18).

In diesem Kapitel wird der Content-Wertschöpfungsprozess von Medienunternehmen näher beleuchtet. Es geht um die folgenden Fragen im Zusammenhang von Content bzw. Medieninhalten:

- Beschaffung
- Erzeugung
- Aufbereitung
- Verarbeitung
- Verwaltung
- Präsentation
- Publikation
- Weiterverwertung

Wie mit Inhalten umgegangen wird, wie sie erzeugt und verteilt werden sollen, kann in allgemeiner Form mit dem Begriff „Content Management" beschrieben werden. Eng damit verbunden sind die journalistischen Abläufe und das Redaktionsmanagement. Die Ausführungen dieses Kapitels stehen in engem Zusammenhang mit Kapitel 5, wo die Medienprodukte als ökonomische Kategorie dargestellt sind.

Dass sich in der Medienbranche im Zuge der Digitalisierung ein elementarer Umbruchprozess abgespielt hat und noch abspielt, ist offenkundig. Sich im Medienmarkt zu behaupten, wird durch die Vielzahl der Anbieter und angesichts der Informationsflut immer schwieriger. Deshalb wird es für die Medienunternehmen immer bedeutender, alle Möglichkeiten, die sich auf dem Markt durch die Digitalisierung der Inhalte bieten, effizient und organisiert zu nutzen. Die Zeiten, in denen die Medien auf einen Vertriebsweg fixiert waren, sind vorbei, vor allem da sich eine große Anzahl neuer Distributionswege erschließen lassen. Die zentrale Herausforderung liegt darin, Inhalte schnell und ökonomisch effizient für die neuen Vertriebswege aufzubereiten. Durch Content Management werden die Organisation, die Vernetzung und die Distribution der Inhalte einfacher, übersichtlicher und strukturierter.

Bei der Diskussion von Content Management wird vielfach die technische Funktionalität in den Vordergrund gestellt. Für diesen Fall dreht sich die Diskussion um den bestmöglichen Software-Einsatz und die Kreation geeigneter „Content Management Systeme". Eine solche reine Technik-Perspektive greift jedoch zu kurz. Entscheidend sind die Möglichkeiten, die sich im Hinblick auf den Kundennutzen, auf neue Dienstleistungen und Produkte ergeben.

Unmittelbares Ziel des Content-Prozesses und des Content-Managements ist es, Erfolg am Rezipienten- und Werbemarkt zu haben, der sich als zunehmend (kosten-)intensiver Wettbewerb um die Aufmerksamkeit von Rezipienten darstellt. Attraktive Inhalte, interessanter Content erfährt in diesem Kontext eine erfolgskritische Bedeutung für die Wettbewerbsfähigkeit von Medienunternehmen. Drängender denn je stellt sich daher die Frage, wie Inhalte effizient entwickelt, genutzt und verwertet werden können. Dabei ist der besonders zu beachtende Lösungsansatz mit hoher Erfolgswahrscheinlichkeit die Mehrfachnutzung von Inhalten. Eine solche Mehrfachnutzung kann bereits auf der Stufe der Aufbereitung von Content geschehen, wo man von „Mehrfachverwendung" spricht, oder aber auf der Stufe der Verwertung von Content, was mit „Mehrfachverwertung" bezeichnet wird.

Der Begriff „Content Management" bezeichnet ganz generell die Handhabung von Inhalten, unabhängig davon, welche Stufe des Wertschöpfungsprozesses berührt ist. Insofern geht es um das Management von Inhalten jedweder Form. Herausragendes Merkmal in der digitalen Welt ist die medienneutrale Aufbereitung von Content und die dessen crossmedialer Publikation.

14.1 Begriffe

Kernaufgabe und Kernkompetenz von Medienunternehmen ist es, mit Inhalten – mit „Content" – professionell umzugehen. Sie sind fähig, über den gesamten „Content Life Cycle" hinweg journalistisch und ökonomisch effektive Lösungen zu generieren. Sie sind diejenigen Institutionen, die für die professionelle Publikation von Inhalten zuständig sind. Sie sind „Publisher", ihr Geschäft ist das „Publishing". Sie haben die Funktion, Öffentlichkeiten herzustellen.

> „Mit dem Entstehen der **Massenmedien** veränderten sich alle Öffentlichkeitsformen entscheidend, denn zu den realen Räumen der Öffentlichkeit (Forum, Agora, Marktplatz, Salon, Kaffeehaus, Straße) traten die Medien hinzu und bildeten zunächst eigene Veranstaltungsöffentlichkeiten (Theater, Zirkus, Varieté, Kino), in denen der konkrete Raum häufig mit Medienangeboten strukturiert wurde. In einem weiteren Schritt lösten sich die Medien von diesen Veranstaltungsräumen und schufen durch die Ausstrahlung von Programmen eigene „virtuelle" Orte des Austausches, die potenziell von allen Mediennutzern gleichzeitig wahrgenommen werden konnten. Daraus ist ein komplexer Zusammenhang medialer Öffentlichkeiten geworden, der differenzierten Bedingungen unterliegt und eigene Regeln entwickelt hat. ... Medien, so kann man zugespitzt sagen, dienen in der intersubjektiven Kommunikation primär der Herstellung von Öffentlichkeit" (Hickethier 2010: 205).

(1) Nach einer gebräuchlichen Sprachregelung versteht man unter **Content** die um **Metadaten** ergänzte **Essence** (vgl. Pagel 2003: 18): Die Essence beschreibt das im kreativen Prozess entstehende Medienmaterial (Bild, Ton, Bewegtbild, Text etc.), während die Metadaten die beschreibenden Informationen liefern (z. B. Titel, Dauer, Mitwirkende). Aus einem Content wird ein **Asset**, wenn damit ein Recht zur Nutzung und Verwertung verbunden ist, weshalb der Begriff Asset im engen Zusammenhang mit dem Begriff „Programmvermögen" steht. Abb. 14-1 verdeutlicht die Zusammenhänge.

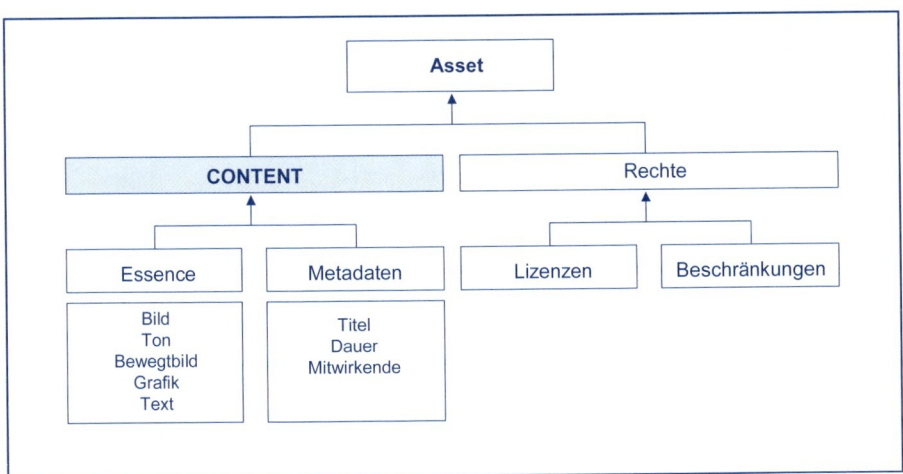

Abb. 14-1: Unterscheidung der Begriffe Content und Asset

Vor diesem begrifflichen Hintergrund kann unter **Content Management** ganz generell die Handhabung von Inhalten zum Zwecke der Publikation verstanden werden. Demgegenüber kennzeichnet das **Asset Management** die Verwaltung von rechtlich relevantem Content. In der digitalen Welt ist es möglich und im Hinblick auf die Verwertungschancen höchst wünschenswert, die Assets medienneutral vorzuhalten, um sie dann ohne Medienbrüche zu erleiden medienspezifisch kombinieren zu können. Das professionelle Management von Contents und Assets verlangt den Einsatz technischer Systeme der Inhalte-Organisation.

> „Content-Management heißt wörtlich übersetzt ‚Inhalt handhaben' oder auch ‚Inhalt bewerkstelligen, organisieren'" (vgl. Dreyer 2001; Vizjak/Ringlstetter 2003; Emrich 2004). Inhalt, und das ist jede Form der elektronischen Information, wird medienneutral zur Verfügung gestellt und kann über verschiedene Ausgabemedien (Print- und Non-Print) publiziert werden" (Friedrichsen 2006: 644). „Zentrale Komponente jedes Web-Content-Management-Systems ist das Asset-Management, welches für die Verwaltung aller digitalen Assets verantwortlich ist. Getrennt von der letztendlichen Darstellung auf der Website werden zum Beispiel Texte, Bilder, Sounds oder Videos idealerweise medienneutral erfasst und gespeichert" (Friedrichsen 2006: 647).

> Bemerkenswert erscheint an dieser Stelle der Hinweis, dass beim Content Management sehr wohl der organisatorische Aspekt im Vordergrund steht, dass es bei der Beurteilung von Erfolg jedoch immer auch das Thema der Kreativität eine Rolle spielt. Man befindet sich im Bereich von „Management kreativitätsintensiver Prozesse", so ein Buchtitel (vgl. Becker/Schwaderlapp/Seidel 2012).

Die folgenden **Systeme der Organisation von Inhalten** können zur Anwendung kommen (vgl. Friedrichsen 2006: 646 ff.):

- Content-Management-System (CMS): Ein CMS bezeichnet den systematischen, strukturierten und interpretierten Umgang mit der Erzeugung, Pflege und Verwaltung sowie Bereitstellung von Inhalten.

  > Grundgedanke eines jeden CMS ist die strikte Trennung von Darstellung und Information. Hierbei wird vom Dezentralisierungsgedanken gesprochen, weil Content-Lieferanten für den Inhalt zuständig sind und Administratoren für die Wartung und Pflege des Systems. Content-Management-Systeme ermöglichen grundsätzlich die Ausgabe auf verschiedenen Medien (Cross Media Publishing), so dass die Ausgabe nicht nur auf ein Medium wie beispielsweise das Internet beschränkt ist. CMS bestehen in der Anwendung aus Komponenten zur Eingabe, Verwaltung und Ausgabe. Typische Eingabeanwendungen sind Redaktions-, Textverarbeitungs- und Bildbearbeitungssysteme. Die Verwaltung erfolgt durch Ablage in Datenbanken oder Dateisystemen. Die Ausgabesysteme sind von den jeweiligen Publikationsformen abhängig. Ein CMS ist die Basis für „Single Source – Multiple Media Publishing" (vgl. Bullinger 2000: 8).

- Web-Content-Management-System (WCMS): Hierbei handelt es sich um ein CMS, das jedoch speziell für die Pflege sehr komplexer Websites konzipiert ist.

  > Sie dienen als Integrationsplattform der unternehmensweiten und unternehmensübergreifenden Systemlandschaft. Liegen Texte, Bilder und andere Bestandteile einer Website in einer Datenbank, können sie anschließend mehrfach verwendet und in verschiedenen Versionen gespeichert werden. So lassen sich Inhalte von ihrer Erstellung bis zu ihrer Freigabe nicht nur verwalten, sondern ausgabespezifisch weiterentwickeln, aktualisieren und auf verschiedenen Plattformen verwerten. Der typische Unterschied zwischen CMS und WCMS ist: Bei CMS werden Webseiten zwar erstellt, jedoch erfolgt keine Interaktion mit Inhalten von bereits vorhandenen Webseiten. Da im Zusammenhang mit Content-Management die Bedeutung des Web-Publishing zunimmt, verschmelzen die Mechanismen von CMS und WCMS immer mehr (vgl. Hergenröder 2000: 16).

- Media-Asset-Management-System (MAMS): Dies bezeichnet ein System zur Verwaltung von wertvollen Datenbeständen („fertige", also freigegebene Publikationen).

Wenn medienneutrale Datenbanken aufgebaut und systematisch gepflegt werden, entsteht im Laufe der Zeit ein wertvolles Archiv multimedialer Informationen. Diese finden in vielfältigen Publikationsmöglichkeiten Anwendung. Ausgereifte und sorgfältig gepflegte CMS sind einem MAMS gleichzusetzen.

- Redaktionssysteme: Diese haben ihren Ursprung in Zeitungsverlagen, wo sie zusammen mit Anzeigensystemen für die Redaktion, Planung und Produktion von Zeitungen verwendet werden.

  Der aktuelle Trend bei Redaktionssystemen ist geprägt durch die Entwicklung der Internet-Technologie. An solche Systeme werden die Erwartungen gerichtet, eine Integration zwischen Print, Online und Archiv zu erzielen. Bereits heute ist es schwierig, Redaktionssysteme und Content-Management-Systeme voneinander abzugrenzen, da beide dasselbe Ziel des „Single Source – Multiple Media" verfolgen bzw. dies die Anforderungen der Kunden sind. Des Weiteren werden die gängigen Redaktionssysteme bereits als Content-Management-Systeme bzw. Cross-Media-Publishing-Systeme von den Herstellern vertrieben (vgl. Binding 1999: 158 f.).

- Media Publishing Environment (MPE): Dies ist die Bezeichnung für ein Gesamtsystem zur Erzeugung, Organisation, Aufbereitung und Bereitstellung von elektronischen Publikationen.

  Ein Media Publishing Environment (MPE) ist kein fertiges Standardprodukt, sondern setzt sich aus mehreren Programmen zusammen (vgl. Dreyer/Kretzschmar 2004).

- Enterprise-Business-Application (EBA): Eine Enterprise-Business-Application (EBA) ist ein unternehmensweites Softwaresystem, das die meisten bzw. alle Anforderungen eines Unternehmens abdeckt (vgl. Vetter 2004).

(2) Systematisches Content-Management erfolgt entlang des **Content-Wertschöpfungsprozesses**, der mit den vier Stufen der Entstehung, Aufbereitung, Verwertung und Nutzung von Medieninhalten beschrieben werden kann.

Entscheidender Anknüpfungspunkt ist dabei die finale Stufe der Nutzung von Content, aus der sich die folgenden allgemeingültige Anforderungen an dessen Gestaltung ableiten lassen (vgl. Friedrichsen 2006: 644 f.):

- Content muss inhaltlich der Zielgruppe entsprechen.
- Content muss so präsentiert werden, dass er von der Zielgruppe einfach und problemlos wahrgenommen werden kann ohne zu langweilen oder zu überfordern.
- Content muss so organisiert sein, dass ein einfacher Zugriff möglich ist.
- Content muss aktuell sein.
- Content muss so organisiert sein, dass eine unterschiedliche Verwendung und Gestaltung möglich ist.

In der digitalen Konvergenzwelt bieten sich völlig neue Möglichkeiten, diesen Anforderungen besser als in der Vergangenheit gerecht zu werden und den Wünschen der Leser, Zuschauer, Zuhörer oder User entgegenzukommen und interessante Medienprodukte zu kreieren und diese erfolgreich zu vermarkten. Medienunternehmen haben heute zunehmend große Chancen, nicht nur spezifisch in einzelnen Medienmärkten zu agieren, sondern mit vernetzten Konzepten auf mehreren Medienteilmärkten gleichzeitig und erfolgreich präsent zu sein. Der Handlungsspielraum hat sich für die Medienunternehmen deutlich erweitert.

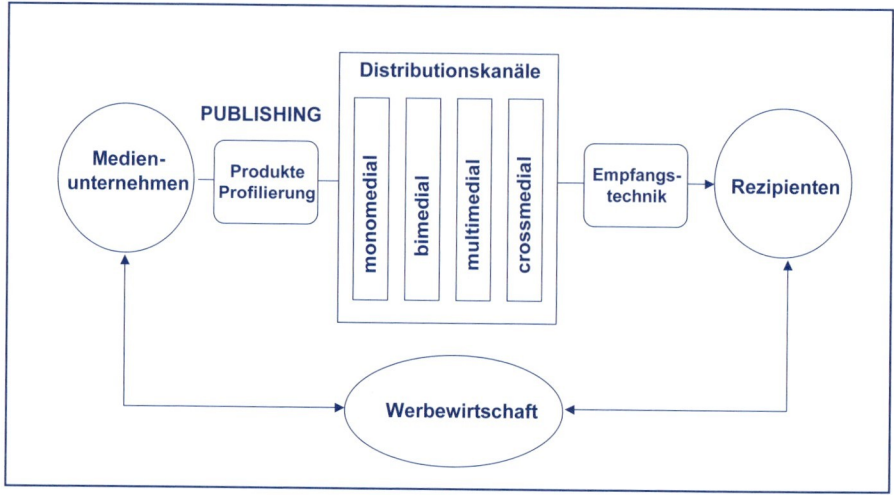

Abb. 14-2: *Publishing auf unterschiedlichen Distributionskanälen*

Von entscheidender Bedeutung ist dabei die Möglichkeit, mit den Zielgruppen über mehrere **Distributionskanäle** in Verbindung zu treten. Grundsätzlich stehen einem Medienunternehmen dabei die folgenden **Optionen** offen (vgl. Abb. 14-2):

- Monomediale Distribution: Der Content wird für ein einziges Medium produziert und über dieses – ausschließlich – publiziert.
- Bimediale Distribution: Zwei Medien sind beteiligt, z. B. Print und Internet oder Radio und TV.
- Multimediale Distribution: Die Publikationsaktivitäten erfolgen über mehrere Medien, jedoch unverbunden und jeweils spezifisch.
- Crossmediale Distribution: Wie bei der multimedialen Distribution sind mehrere Medien betroffen, nun allerdings erfolgt die Publikation in einem aufeinander abgestimmten, integrierten Konzept.

Crossmediale Konzepte anzubieten ist für Medienunternehmen deswegen besonders interessant, weil sie bestens geeignet sind, den Bedürfnissen der Nachfrageseite (Rezipienten, Werbewirtschaft) zu begegnen:

- Rezipienten verlangen zunehmend nach Medienangeboten, die flexibel nutzbar sind und sie von Raum und Zeit unabhängig machen. In jeder Situation soll der Zugang zu den gewünschten Medien gewährleistet sein. Daher kommt der mobilen Nutzung insbesondere von TV, Internet und Radio eine hohe Bedeutung zu. Diesem Anspruch der Nutzerseite nach flexiblen und mobilen Medien kann die Anbieterseite nur mit Konzepten von Cross-Media-Publishing begegnen.

Unter Cross-Media-Publishing versteht man die „Distribution von Content über unterschiedliche Kanäle mit integrierten Technologien und Prozessen gemäß der Philosophie „single source – multi channel". Die Herausforderung besteht dabei in der technologischen und prozessbezogenen Integration von medienneutraler Content-Produktion einerseits und medienspezifischer Distribution andererseits" (Sjurts 2006: 39).

Betreibt ein Medienunternehmen Cross-Media-Publishing in systematischer Weise und konzeptionell, verfolgt es eine Cross-Media-Strategie. Das ist die „Gesamtheit der Diversifikationsentscheidungen von Medienunternehmen mit dem Ziel, vorhandene Marken und Inhalte integriert über verschiedene Distributionskanäle zu vermarkten. Ziele der Cross-Media-Strategie sind die Realisation von Synergien, die Reduktion von Innovationsrisiken, die Schaffung und Steigerung qualifizierter Reichweite sowie die Wertsteigerung des Unternehmens" (Sjurts 2006: 39).

- Ebenso verlangt die Wirtschaftswelt flexible Angebote. Längst schon hat sie erkannt, dass in der Regel höhere Kommunikationserfolge erzielt werden können, wenn Mix-Kampagnen unter Beteiligung mehrerer Medien gefahren werden. Besonders herausfordernd ist dabei die Sicherstellung einer integrierten Kommunikation nach außen und innen (vgl. z. B. Bruhn 2009). Gefordert sind also Konzepte, die das Cross-Media-Marketing der Wirtschaftsunternehmen unterstützen.

Cross-Media-Marketing ist der „Oberbegriff für alle Werbe- und Kommunikationskonzepte, die mindestens zwei Distributionskanäle kombinieren. Cross-Media-Marketing macht eine Überarbeitung traditioneller Marketing-Konzepte notwendig, da sich mit der zunehmenden Breite und Varianz von Endgeräten (z. B. Personalcomputer, Mobiltelefon oder Personal Digital Assistent) die Mediennutzung der Zielgruppen kontinuierlich ändert. Für Medienunternehmen ergibt sich daraus die Chance, mit innovativen Cross-Media-Produkten Wettbewerbsvorteile zu erzielen und dem Preisdruck in der Werbewirtschaft zu entgehen" (Sjurts 2006: 38).

(3) Aus institutioneller Sicht stehen beim Content Management von Medienunternehmen die **Redaktionen** im Mittelpunkt der Aktivitäten. Dem **Redaktionsmanagement** und den journalistischen Prozessen fällt daher die Schlüsselrolle im Content Management zu, wobei insbesondere die folgenden fünf Kategorien relevant sind (vgl. Weichler 2003: 37; ähnlich Meckel 1999, die noch das Organisationsmanagement hinzufügt):

- Qualitätsmanagement;
- Redaktionsmarketing;
- Personalmanagement;
- Kostenmanagement;
- Technikmanagement.

Das **Management der Qualität** stellt für die Redaktionsarbeit eine besondere Herausforderung dar, geht es doch darum, einen Maßnahmenkatalog zur Qualitätssicherung zu erarbeiten, redaktionelle Qualitätsstandards zu definieren und eine ständige Kontrolle dieser Standards sicher zu stellen. Dabei muss davon ausgegangen werden, dass sich journalistische Qualität nicht eindeutig definieren lässt und einem ständigen Wandel unterworfen ist. Immerhin besteht ein gewisser Konsens, dass zur Beurteilung von Qualität im Journalismus die folgenden Kriterien zugrunde gelegt werden sollten (vgl. Weichler 2003: 42): Richtigkeit, Relevanz, Transparenz, Ausgewogenheit, Vielfalt, Aktualität, Verständlichkeit, Rechtmäßigkeit. Ohne die großen Interpretationsspielräume zu verkennen, können diese Kriterien eine gewisse Leitfunktion ausüben.

„Qualität wird in der wissenschaftlichen Diskussion in der Regel als Norm begriffen, als Aufgabe, die man den Medien zuweist, die wenig konkret fassbar und in ihrer Erfüllung oder Einlösung auch schwer messbar ist" (Meckel 1999: 35).

Ein umstrittenes Thema ist die Frage, inwieweit journalistische Qualität und ökonomische Effizienz in einem polaren und unvereinbaren Verhältnis zueinander stehen. Angesichts des hohen Wettbewerbsgrades, den alle Medienteilmärkte aufweisen, erlangt jedenfalls der wirtschaftliche Hintergrund und hier insbesondere das Marketing generell und speziell das **Redaktionsmarketing** eine herausragende Stellung im Management.

> „Redaktionelles Marketing umfasst alle redaktionellen Vorgänge, die darauf zielen, mit dem publizistischen Angebot die Bedürfnisse und Wünsche der Zielgruppen zu befriedigen" (Wyss 2002: 168).

Nur über die kontinuierliche Abstimmung von publizistischem Produkt und dem Publikumsinteresse kann der Erfolg gesichert werden. Ziel ist es also, so kundenfreundlich wie möglich zu sein, um einen möglichst hohen ökonomischen Erfolg (Absatz, Gewinn, Deckungsbeitrag) und dabei gleichzeitig das journalistische Konzept zu wahren. Eine zentrale Rolle nimmt die systematische Markt-, Medien- und Publikumsforschung ein, die durch Primär- und Sekundärforschung das Nutzungsverhalten der Rezipienten eruiert, deren Wünsche und Interessen bewertet und Vorschläge zur optimierenden inhaltlichen Gestaltung unterbreitet. Anhand dieser Erkenntnisse kann die Redaktion intensiver auf den Rezipienten eingehen, das Medienerzeugnis wird für den Nutzer attraktiver und lässt sich besser verkaufen. Redaktionelles Marketing kann damit insbesondere als ein Instrument der Verkaufsförderung verstanden werden.

> „Redaktionelles Marketing ist ein Beitrag im Ensemble aller Anstrengungen des Verlags, mit der Zeitung die Leserschaft besser zu bedienen, sie konsequent an Bedürfnissen, Interessen und Erwartungen der Leserinnen und Leser auszurichten. Die Anstrengungen der Redaktion müssen integriert sein in das gesamte Marketingkonzept des Verlags" (Rager/Schaefer-Dieterle/Weber 1994: 138).

Redaktionsmanagement beinhaltet des Weiteren das **Personalmanagement**, mithin die Führung, Koordination und Integration der Mitarbeiter und deren Tätigkeiten, eine Aufgabe, die v. a. im Hinblick auf den Berufs- und Menschentypus des Journalisten nicht selten als schwierig beschrieben wird. Daher spricht man gerne von „Personality-Management".

> „Viele Journalisten verstehen ihre Arbeit noch heute als schöpferische Einzelleistung, sie sehen ihre Umwelt aus der Distanz des professionellen Betrachters und betrachten sich darüber hinaus gerne als Berufsgruppe mit Privilegien. ... Journalisten achten deshalb besonders darauf, daß sie ihre beruflichen Freiräume, ihre Eigenverantwortlichkeit und ihre individuelle Kreativität wahren" (Meckel 1999: 93).

Das **Kostenmanagement** befasst sich mit der Entwicklung, Einhaltung und Überprüfung der finanziellen Rahmenbedingungen und des Redaktionsetats. Inzwischen ist es unstrittig, dass Kostenmanagement zum Grundbestand von professionellem Redaktionsmanagement gehört.

> „Noch Mitte der achtziger Jahre konstatierte Denis McQuail eine ‚Spannung, die zwischen ‚Commercialism' und ‚Professionalität' des Kommunikators häufig besteht' ... Heute gehört die Auflösung eben dieser Spannung zum Kernbereich journalistischer Professionalität. Die Erkenntnis, daß Kosten sich zu einem Qualitäts- und Wettbewerbsfaktor im Mediengeschäft entwickelt haben, macht es auch im redaktionellen Alltag notwendig, sie in der journalistischen Arbeit zumindest mitzudenken" (Meckel 1999: 133).

Zunehmend zu beachten ist schließlich das **Technikmanagement**, da der Redaktionsalltag mittlerweile wesentlich vom Einsatz von Redaktionstechnik bestimmt wird.

So ist es permanent erforderlich, neue Techniken in vorhandene Strukturen zu implementieren und bestehende Arbeitsabläufe zu reorganisieren.

> „Ein veraltetes Redaktionssystem, kombiniert mit komplizierten Redaktionsabläufen, kann die Qualität und die Kosten der redaktionellen Produktion negativ beeinflussen" (Weichler 2003: 38).

Für das professionelle Content Management sind – in der Gesamtschau – die **Wandlungsprozesse im Journalismus** zu beachten. Als Mega-Trend ist dabei eine Entwicklung relevant, die mit dem Begriff der **Entgrenzung** umschrieben wird, wonach sich bislang geltende Grenzen des Journalismus zusehends auflösen. Die „Entgrenzungsthese" beruht auf den folgenden Beobachtungen (vgl. Neuberger 2004: 96 ff.):

- Verlust an journalistischer Autonomie: Es findet zunehmend die Vermischung von redaktionellem Teil und Werbung statt (Stichwort: „Programming"). Mit der Kommerzialisierung wächst offensichtlich die Neigung, gegen die Trennungsnorm von Werbung und Programm zu verstoßen.
- „Infotainisierung" und Mischformate: Zunehmend findet eine Vermischung von Information und Unterhaltung statt.
- Distanzverlust: Medien neigen dazu, die Distanz zum Beobachtungs- und Berichterstattungsobjekt abzubauen und betonen statt neutraler Beobachtung zunehmend mediale Inszenierungskonzepte.
- Fiktionen statt Fakten: Unverkennbar ist die Reduktion des Realitätsbezugs von Medienangeboten durch den verstärkten Einsatz fiktionaler Programmelemente (Stichworte: Reality-TV, inszenierte Realität).
- Verändertes Rollenverständnis: Journalisten schlüpfen aus der Mediator-Rolle in die Rolle eines Nur-Kommunikators. Dadurch wird die klassische Gatekeeper-Rolle untergraben bzw. sie löst sich – wie im Internet – völlig auf und das Publikum ergreift zunehmend das Wort in der massenmedialen Öffentlichkeit (Stichwort: User Generated Content).
- Entwicklung von der Massen- zur Individualkommunikation.
- Zunehmende Bedeutung von Archiven.
- Auflösung der Bindung journalistischer Aktivitäten an Einzelmedien und Hinwendung zu Konvergenz, Kooperation und Crossmedialität.
- Entgrenzung nationaler Journalismen hin zur Globalisierung.
- Von der Spezialisierung zu ressortübergreifenden Modellen.

Dem konservativen Verständnis von Journalismus, nach dem Aufklärung, Objektivität und Betonung von Information entscheidende journalistische Grundlagen sind, steht die Entgrenzungsthese schroff entgegen.

> „Journalismus verliert als fest umrissener, identifizierbarer Sinn- und Handlungszusammenhang deutlich an Konturen; er ist deshalb als Einheit kaum noch beschreib- und beobachtbar" (Weischenberg 2001: 77). „Nicht nur der Wissenschaft entgleitet der Journalismus. Auch in der Medienpraxis lassen sich Indizien für einen Identitätsverlust des Journalismus finden. Ein augenfälliges Beispiel dafür ist die Karriere des Wortes ‚Content', das in Berufsbezeichnungen wie ‚Content Manager' und ‚Content Producer' auftaucht. Das Wort ‚Content' erweckt den Eindruck, als ob es auf genauere Unterscheidungen im Internet nicht mehr ankäme, also ob wir es mit einer unterschiedslosen Masse von Inhalten zu tun hätten" (Neuberger 2004: 96).

14.2 Content-Wertschöpfungsprozess

Content entsteht in einem Wertschöpfungsprozess, an dessen Ende in der Regel ein vermarktungsfähiges Medienprodukt steht. Die effektive Gestaltung dieses Content-Wertschöpfungsprozesses ist für jedes Medienunternehmen der „Creative Industries" ein wichtiger Erfolgsfaktor: „Kreativität managen, ohne dieses zu opfern – mit dieser Herausforderung sehen sich Unternehmen der verschiedensten Domänen konfrontiert" (Becker/Schwaderlapp/Seidel 2012: 3). Drei Stufen lassen sich unterscheiden:

- Entstehung von Content
- Aufbereitung von Content
- Verwertung von Content

(1) Entsprechend der Grundfrage des „Make-or-Buy" kann die **Entstehung von Content** eines Medienunternehmens auf zwei Arten erfolgen:

- Selbsterstellung von Content („Make");
- Beschaffung von fertigem Content („Buy").

Die **Neuerstellung von eigenem Content** geschieht entweder durch Eigenproduktion mit eigenen Ressourcen (echte Eigenproduktion) oder durch Co-Eigenproduktion, Co-Produktion und Auftragsproduktion, bei der das Medienunternehmen die Entstehung der Inhalte überwacht und steuert (unechte Eigenproduktion). Inwieweit Eigenproduktion stattfindet, ist abhängig von der gewollten Sender-Profilierung (Authentizität, Unverwechselbarkeit, Programmqualität) und den konkreten redaktionellen und Marketing-Entscheidungen im operativen Bereich (Programmschemaplanung, Programmleistungsplanung). Grundsätzlich kann von folgender Regel ausgegangen werden: Je höher die Eigenproduktionsquote, desto profilierter ist das Programm.

Bei der **Beschaffung von fertigem Content** ist zwischen internem und externem Content zu unterscheiden.

Interner Content in fertiger Form steht in eigenen Unternehmensarchiven zur Verfügung, die umso besser nutzbar sind, je leistungsfähiger die Informationssysteme zur Archivierung und Erschließung der Bestände sind. Bei Medienunternehmen geht es in diesem Zusammenhang um das Content Management des eigenen Programmvermögens, mithin um die sog. „Programmbestandsverwaltung", ein Bereich, der z. B. im Fernsehen für den gezielten Einsatz von Wiederholungen wichtig ist – angesichts der zunehmenden Zahl von TV-Kanälen und des daraus folgenden „Programmhungers" eine Programmentstehungsform mit deutlich erhöhtem Gewicht als früher.

> Beispiel Verlagsgruppe Milchstraße: „Wir betreiben außerdem eine große Bild- und Produktionsdatenbank. ‚TV-Spielfilm' wird bei uns komplett über eine digitale Datenbank produziert, die die Inhalte, die immer wiederkehren, in der Programmdarstellung bereit hält und optimiert, für die Redaktionen offeriert" (Berens 2004: 162).

Beim **externen Content** werden Inhalte auf den Programmmärkten eingekauft. Das Medienunternehmen bedient sich des Programmhandels und erwirbt die Nutzungsrechte an fertigem Content, im Fernsehen z. B. von Spielfilmen, Dokumentation, Doku-Soaps oder Serien. Im Hörfunk geht es v. a. um die Beschaffung von Musik.

Fremde Inhalte zu erwerben und als eigenen Content zu vertreiben, ist grundsätzlich eine Form von Content Management, die bei Zeitungen, im Fernsehen und im Radio immer schon gang und gäbe war und insofern keine Neuerung darstellt. Eine besondere Beachtung verdient in diesem Zusammenhang aber der Begriff der **Content Syndication**, der die Mehrfachverwertung individualisierter Inhalte bezeichnet (vgl. Emrich 2004: 161).

> Unter Content Syndication versteht man die „Zweitverwertung bzw. Mehrfachverwertung von Inhalten. Über einen Lizenzvertrag erwirbt der Nutzer (Content-Subscriber) die Nutzungsrechte an definierten Inhalten für einen festgelegten Inhalt und in einem vorgegebenen Umfang vom Inhalte-Eigentümer (Content-Provider)" (Sjurts 2006: 36).

Der Begriff Content Syndication wird häufig – in einer verengten Sicht – auf die Mehrfachverwendung individualisierter digitaler Inhalte im Internet bezogen, er kann aber auf jede Form medialer Verwertung angewandt werden.

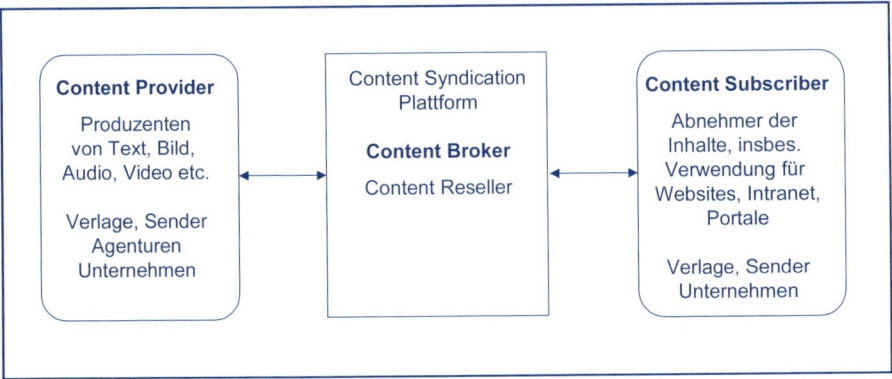

Abb. 14-3: Akteursstruktur der Content Syndication

Bei Content Syndication sind die folgenden drei Gruppen von Akteuren zu unterscheiden (vgl. Abb. 14-3):

- Content Provider: Hierunter fallen Produzenten und Händler von Content, die im Besitz der Rechte sind, also Verlage, Internetfirmen, freie Journalisten, Fernsehsender, Dienste (z. B. Deutscher Wetterdienst), Nachrichtenagenturen (dpa), Bildagenturen etc.
- Content Broker (auch: Content Reseller) sind intermediär agierende Unternehmen, die Content ausschließlich zum Zweck des Weiterverkaufs von einem oder mehreren Content Provider beziehen. Sie bieten für die Content Provider und Content Subscriber die geeignete Plattform zum Verkauf und Ankauf von individuell nutzbarem Content. Auf der Content-Plattform können die Provider mehreren Abnehmern Inhalte verkaufen, ohne individuelle Vertragsverhandlungen führen und Schnittstellenfragen lösen zu müssen. Die Abnehmer wiederum können aus einem breiten Spektrum von Inhalten wählen, ohne sich an einen Produzenten binden oder Redaktionen aufbauen zu müssen.

- Content Subscriber: Dies sind die Abnehmer und Nutzer der Inhalte. Infrage kommen – neben Medienunternehmen als Aufkäufer von Content – alle Unternehmen, die keine eigenen Inhalte produzieren oder vorhalten, diese aber in ihrer Unternehmenskommunikation verwenden wollen. Zu denken ist insbesondere an Content auf Websites im Kontext von E-Commerce- und Image-Anwendungen.

Medienunternehmen betätigen sich in allen Feldern der Content Syndication. In der Rolle als Content Provider stellen sie selbst erstellten oder packetierten Inhalt an andere Verwerter zur Verfügung.

> Ein wichtiges Betätigungsfeld ist z. B. die Bereitstellung von „Syndication-Programmen" für lokale und regionale Radio- und TV-Sender, die von darauf spezialisierten Medienunternehmen (z. B. RTL Radio) angeboten werden. Bei den angebotenen Syndication-Programmformaten speziell für die Regional- und Lokal-TV-Sender handelt es sich insbesondere um wöchentliche Special-Interest-Magazine aus den Bereichen Unterhaltung (z. B. Musik, Kino), Sport (z. B. Motorsport) und Information (z. B. Gesundheit) sowie Haus und Garten mit ca. 30 Minuten Laufzeit. Die regionalen und lokalen Sender als Content Subscriber strahlen diese Special-Interest-Formate zur Hauptsendezeit im Programmumfeld der regionalen und lokalen Nachrichtensendungen aus und werden als Eigenprogramm präsentiert, da sie die Voraussetzung erfüllen, sich nahtlos in das Erscheinungsbild und den Programmfluss des Regional- oder Lokal-TV-Senders einzupassen. Die Identität des Senders bleibt bei der Überleitung vom Eigenprogramm zum Fremdprogramm erhalten.

Medienunternehmen können sich ferner als Content Broker betätigen.

> Ein Beispiel ist das digitale Pressearchiv von Gruner + Jahr: „Die PresseDatenBank ist das professionelle Tool für zielgerichtete Recherchen – gute Recherchen sind das Fundament für aktuellen Qualitätsjournalismus. Die PresseDatenBank bietet Ihnen: benutzerfreundliche Suchmasken für unterschiedliche Ansprüche und Suchstrategien; einen mehrmals täglich aktualisierten Bestand; beste Treffer durch professionelle Suchwerkzeuge und intelligente Verschlagwortung; Abonnements auf die laufende Berichterstattung zu Ihren Themen; Anzeige, Ausdruck, Fax- und Mail-Versand der gesuchten Artikel – einzeln oder als Dossier" (http://www.pressedatenbank.guj.de; 25.09.2006).

In der Rolle als Content Subscriber schließlich beziehen Medienunternehmen selbst fremden Content von Content Providern, um ihn als Eigenprogramm zu vermarkten.

> Beispiele finden sich in allen Massenmedien, z. B. Beschaffung von Fotos, Storys, Filme über Stars und Lifestyle bei Fernsehsendern; Abonnement von Nachrichtenagenturen, Materialien von Agenturen für Tondokumente bei Radiosendern; Beschaffung von Fotos, Texten bei Buchverlagen; Beschaffung umfassender Materialien für die Internetauftritte von Medienunternehmen.

(2) Die zentrale Herausforderung bei der **Aufbereitung von Content** ist die Organisation von Crossmedialität. Ziel muss es sein, die Strukturen und Prozesse für die Mehrfachverwertung der Inhalte fit zu machen. In der nunmehr zu betrachtenden Phase der Aufbereitung und Bündelung von Content ist es erforderlich, die Inhalte so „aufzustellen" bzw. zu fragmentieren, dass sie flexibel in den unterschiedlichsten Anwendungen eingesetzt werden können. Dieser Anforderung entspricht am ehesten das Konzept der **Modularisierung**: Wird der Content in Modulen packetiert, besteht die maximale Chance, ihn flexibel einer mehrfachen Verwendung in unterschiedlichen Kontexten zuführen und vielfältige Produktkonfiguration realisieren zu können. Dabei können drei Formen einer „Bündelungslogik" unterschieden werden (vgl. Schulze 2005: 65 ff.):

- Kombinierende Mehrfachverwendung;
- Versionierende Mehrfachverwendung;
- Individualisierende Mehrfachverwendung.

Bei der **kombinierenden Mehrfachverwendung** fließt ein Modul in zwei oder mehrere Bündel ein, die sich grundsätzlich voneinander unterscheiden. Die daraus hervorgehenden Medienprodukte können zeitversetzt in unterschiedlichen Verwertungsfenstern vermarktet werden („Windowing"). Zu unterscheiden sind die folgenden Varianten (vgl. ebd. 68 ff.):

- Intramediale Kombinierung: Der Kombinationsvorgang aus Modulen, Bündeln und Distributionskanälen bewegt sich innerhalb eines abgrenzbaren Medienbereichs. Das entstehende Produktangebot beschränkt sich auf einen spezifischen Medienteilmarkt.

    „Ein Beispiel für intramediale Kombinierung stellt das Zusammenstellen von Zeitungsartikeln zu verschiedenen Bündeln dar, aus denen Zeitungs- und Archiv-Angebote mit unterschiedlichen Schwerpunktsetzungen abgeleitet werden. In diesem Fall fließt beispielsweise ein Zeitungsartikel über die Steuerpolitik in Deutschland sowohl in eine Ausgabe der Tageszeitung als auch in ein Sonderheft zur Steuerpolitik der Bundesregierung ein" (Schulze 2005: 69).

- Intermediale Kombinierung: Hier bezieht sich die Kombination der Module auf mehrere Medien.

    Ein Beispiel sind Nachrichtenangebote für unterschiedliche mediale Endprodukte (vgl. Schulze 2005: 69 f.): (a) Endprodukte sind Internet, PDA- und WAP-Angebote; (b) Als Nachrichtenmodule stehen zur Verfügung: Dachzeile, Überschrift, Teaser, Abstract, Vorspann, Haupttext. (c) Für unterschiedliche Endprodukte werden nun unterschiedliche Nachrichten-Bündel zusammengestellt: für das Internet sind alle Module verfügbar, für das PDA-Angebot nur ausgewählte.

Hauptmerkmal der **versionierenden Mehrfachverwendung** ist es, geeignete Voraussetzungen dafür zu schaffen, den Nachfragern differenzierte Produktangebote und Produktvarianten unterbreiten zu können und dadurch mehr Bedürfnisbefriedigung zu erreichen. Prinzipiell handelt es sich um vergleichbare, aber alternative Produktangebote, die über denselben Medienkanal und simultan innerhalb desselben Verwertungsfensters vertrieben werden (vgl. ebd. 70 ff.). Typischerweise geht mit der Produktdifferenzierung auch eine Politik der Preisdifferenzierung einher, mit dem Ziel, die Marktpotenziale maximal ausschöpfen zu können. Zu unterscheiden sind dabei die quantitative und die qualitative versionierende Mehrfachverwertung.

Beim „Versioning" in Form der quantitativen Versionenbildung setzen sich die Bündel aus denselben Modulen zusammen: „Quantitative Versionierung erlaubt beispielsweise im Hinblick auf die Spielfilmproduktion, aus vorliegendem Filmmaterial prinzipiell alternativ Video-DVD-Angebote hervorzubringen. Diese Video-DVD-Angebote können sich in einem Standard- und in einem mit Bonusmaterial wie dem ‚Making Of' angereicherten Premium-Angebot konkretisieren, letzteres erlaubt einen höheren Endkunden- und Absatzpreis zu erheben" (Schulze 2005: 72).

Bei der qualitativen Versionenbildung sind die Produktangebote inhaltlich völlig identisch und setzen sich auch aus denselben Modulen zusammen. Der Unterschied besteht lediglich in unterschiedlichen Produktqualitäten: „Qualitative Versionierung findet beispielsweise in der Buchproduktion statt, wenn infolge einer Modifikation des Layouts eine Standard- sowie eine höherwertige Liebhaberausgabe bereitgestellt und beide zeitgleich innerhalb desselben Verwertungsfensters ausgewertet werden" (ebd. 72 f.).

Die Kernidee der **individualisierenden Mehrfachverwendung** ist, „ein auf die Konsumpräferenzen eines bestimmten Zielkunden bzw. einer bestimmten Zielkundengruppe hin maßgeschneidertes Produktangebot möglichst kostengünstig bereitzustellen" (Schulze 2005: 73).

> Diese Idee findet sich im Konzept der kundenindividuellen Massenproduktion („Mass Customization") wieder. Ziel ist es, „unterschiedlichen Kundenbedürfnissen eines Massenpublikums zur Produktionskosten gerecht zu werden, die denen eines Standardprodukts entsprechen" (ebd.).

Dabei spielen zwei Formen eine Rolle, zum einen die gruppenspezifische, zum anderen die personenspezifische Individualisierung.

> Thema gruppenspezifische Individualisierung: „Insbesondere Zeitungsverlage machen sich die Kernidee gruppenspezifischer Mehrfachverwertung zunutze, indem sie einen einheitlichen Mantelteil als Produktkern definieren und diesen um ortsabhängige Beilagen zu Themen wie dem Lokalsport einzelfallabhängig ergänzen, um so maßgeschneiderte Regionalausgaben zu vergleichsweise geringen Produktionskosten bereitstellen zu können" (Schulze 2005: 76).

> Das Musterbeispiel für die personenspezifische Individualisierung ist das E-Paper, das via Internet exakt auf die individuellen Interessen des einzelnen Kunden zugeschnitten werden kann: „In diesem Zusammenhang erweist sich das Internet als besonders geeignete Medienplattform, da es erstens detaillierte Zielkundeninformationen äußerst kostengünstig zu erfassen und zweitens entsprechende Produktangebote nahezu kostenlos zu verteilen erlaubt" (Schulze 2005: 76).

(3) Auf der Stufe der **Verwertung von Content** steht man vor der Frage, den Content nur einmalig verwerten zu wollen bzw. zu können oder ihn für die mehrfache, insbesondere crossmediale Verwertung vorzusehen.

Die **Mehrfachverwertung von Content** ist für Medienunternehmen inzwischen unverzichtbar geworden und hat oft geradezu eine Schlüsselbedeutung für die Wirtschaftlichkeit von Medienunternehmen erlangt. Sie ist ein attraktives Konzept, um die Produktionskosten bestehender Inhalte in angemessener Zeit amortisieren zu können. Das Prinzip der Mehrfachverwertung ist in Abb. 14-4 dargestellt, wobei insbesondere die Sicht eines Druck- und Medienunternehmens unterstellt ist.

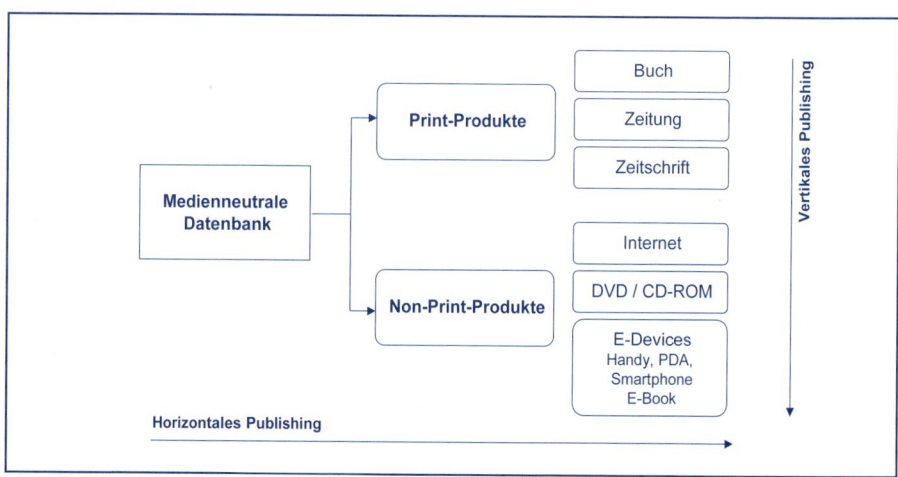

Abb. 14-4: Mehrfachwertung von Content

Inhalte sind unterschiedlich gut für die Mehrfachverwertung geeignet. Das generelle Erfolgskriterium ist ihre Fähigkeit, bei den Nutzern einen erkennbaren Mehrwert zu schaffen.

Um diesen Mehrwert zu leisten, sind die folgenden Kriterien mit den folgenden Thesen relevant (vgl. Brack 2003: 174 f.):

- Einzigartigkeit des Stoffes: Je exklusiver ein Inhalt ist, desto höher sind seine Erfolgsaussichten. Beispiel: Exklusivrechte an Sport- und Medienereignissen haben die Fähigkeit, große Publika an sich zu ziehen.
- Ungebundenheit an ein Format: Je weniger die Inhalte an ein bestimmtes Format gebunden sind, desto leichter fällt ihre Mehrfachverwertung. Beispiel: Aus einem Buch-Bestseller einen Kinofilm zu machen, erfordert erheblichen Aufwand. Umgekehrt: Ein von vornherein multimedial entwickelter Inhalt kann problemlos mehrfach verwertet werden.
- Nicht-Bezogenheit auf einen speziellen Kontext: Je weniger die Inhalte auf einen bestimmten Kontext – z. B. auf einen Kultur- und Sprachraum – zugeschnitten sind, desto eher ist er mehrfach verwertbar. Die besten Beispiele sind Popmusik, Hollywoodfilme oder literarische Bestseller, die nicht eng kulturell gebunden sind, sondern im Weltmaßstab vermarktet werden können.
- Markenstärke: Je bekannter eine Medienmarke und je größer damit die Reputation des Medienproduktes ist, desto eher eignet sich der Content zur Mehrfachverwertung. Marken dienen dem Nutzer als Orientierungshilfe und sind quasi ein „Gütesiegel", eine Unterstützung, die er angesichts der Eigenschaften von Medienprodukten (v. a. ihr Charakter als Erfahrungs- und Vertrauensgüter, Unsicherheit der Konsumenten über die Produktqualität, Informationsasymmetrien zwischen Anbietern und Nachfragern) dringend benötigt.
- Aktualisierungsbedarf: Informationszentrierte Inhalte haben die Eigenschaft, dass sie ständig aktualisiert werden müssen, um ihren Nutzwert zu erhalten (z. B. Nachrichtensendungen, Hintergrundinformationen oder Börsenkurse). Je stärker bei den Zielgruppen der Bedarf nach Aktualisierung artikuliert wird, desto günstiger sind die Bedingungen der Mehrfachverwertung, z. B. auf unterschiedlichen technischen Verteilwegen (TV, Internet, Mobile, Abrufmöglichkeiten über Podcasts, Datenbanken).

Die folgenden Dimensionen der Mehrfachverwertung können unterschieden werden (vgl. Brack 2003: 175 ff.):

- Stufe 1: Rein technische Transformation identischer Inhalte. Beispiele: Buch/E-Book, Zeitung als Print- und identische Online-Version.
- Stufe 2: zusätzlich: Veränderung des Wahrnehmungsformats: Vom Buch zum Hörbuch.
- Stufe 3: zusätzlich: Änderung des Inhalts: Vom Buch zum Film.
- Stufe 4: zusätzlich: Schaffung neuer Inhalte und neuer Kontexte. Merchandising, Licensing, also die Erzeugung neuer Produkte neben dem eigentlichen Medienprodukt, z. B. Plastikfiguren, T-Shirts, Tassen oder Modelle.

Es ist offensichtlich, dass die größten Synergieeffekte auf Stufe 1 erreichbar sind, da hier die geringsten Transformationskosten anfallen. Alle anderen Stufen bringen einen z. T. erheblichen Aufwand an Konzeption, Produktion und Packaging mit sich.

> „Zusammenfassend lässt sich feststellen, dass im Gegensatz zur meist kapitalintensiven Generierung von Inhalten die Mehrfachverwertung mit geringen Kosten verbunden ist. Dies gilt in hohem Maße für Mehrfachverwertungen, bei denen der abstrakte Inhalt nicht verändert wird bzw. er keiner Anpassung für andere Formate bedarf" (Brack 2003: 177 f.).

Unter theoretischen Gesichtspunkten sind bei der Mehrfachverwertung (begrifflich im Gegensatz zur o. g. Mehrfach*verwendung* stehend) die folgenden **Ansatzpunkte** zu unterscheiden (vgl. Schulze 2005: 77 ff.):

- Mehrkanalbasierte Mehrfachverwertung;
- Zeitbasierte Mehrfachverwertung;
- Syndikationsbasierte Mehrfachverwertung.

Bei der **mehrkanalbasierten Mehrfachverwertung** wird der gebündelte Content in unterschiedlichen Medienkanälen vermarktet, wobei die beiden Varianten des Windowing und des Multi Channel Publishing zu unterscheiden sind.

> „Windowing bezeichnet eine sequentielle Auswertung von aus demselben Bündel abgeleiteten Produktangeboten in verschiedenen Verwertungsfenstern" (ebd. 79). Bestes Beispiel ist die sequentielle Auswertung von Spielfilmen in den Verwertungsfenstern Kino, Video und Fernsehen. Multi Channel Publishing als Konzept ist besonders dann interessant, wenn eine hohe Entwertungsgeschwindigkeit des Content gegeben ist und beschreibt „eine simultane Auswertung der aus einem Bündel abgeleiteten Produktangebote in verschiedenen Verwertungsfenstern, denen unterschiedliche (Medien-)Kanäle und insofern auch nicht-identische Rahmenbedingungen zugrunde liegen" (ebd. 79 f.). Ein Beispiel ist die simultane Ausstrahlung eines Radioprogramms über die herkömmlichen Distributionskanäle (Kabel, Satellit, Terrestrik) und zusätzlich über das Internet.

Die **zeitbasierte Mehrfachverwertung von Content** zielt auf eine Mehrfachverwertung innerhalb desselben Verwertungsfensters ab. Vorrangiger Aktionsparameter ist die zeitliche Staffelung des Angebots.

> Dieses als „Timing" bezeichnete Verwertungskonzept kann zum einen die Ausprägung als sequentielles Timing annehmen (z. B. TV-Wiederholungen im Fernsehen für dieselbe Zielgruppe). Zum anderen kann Timing simultan erfolgen, indem für denselben Content unterschiedliche Zugriffsvarianten für unterschiedliche Zielgruppen festgelegt werden, etwa indem Fachinformationen wie Markt- oder Unternehmensanalysen für Schlüsselkunden leichter zugänglich gemacht werden als für eine breite Fachöffentlichkeit.

Die **syndikationsbasierte Mehrfachverwertung von Content** kann offline und online erfolgen. Ansatzpunkt für dieses Verwertungskonzept ist der Aufbau von Geschäftsbeziehungen zu geeigneten Akteuren, die das Potenzial haben, den Content gewinnbringend zu vermarkten. Damit von einer syndikationsbasierten Verwertung überhaupt gesprochen werden kann, muss die Verwertung in systematischer Weise betrieben werden und muss mindestens auf zwei Verwerter ausgerichtet sein.

> Zur Offline-Content Syndication: „Es ist noch heute zu beobachten, dass Nachrichtenagenturen ein identisches Bündel an Artikeln gegenüber mehreren Zeitungsverlagen verteilen, die hieraus sowie mit eigen erzeugten Medieninhalten verschiedene Produktangebote ableiten. Im Gegensatz zu Verwertern in der Zeitungs- erbringen Verwerter in der Filmbranche normalerweise keine redaktionelle Leistung" (Schulze 2005: 85 f.).

14.3 Integriertes Content Management

Das Content Management erfährt seine maximale Wirkung, wenn es die ganzheitliche, integrierte Steuerung des **Content-Lebenszyklus** anstrebt. Beispiel: Der Content Life Cycle lässt sich in seiner konventionellen Form gemäß Abb. 14-1 beschreiben (vgl. Kronz 2004: 16).

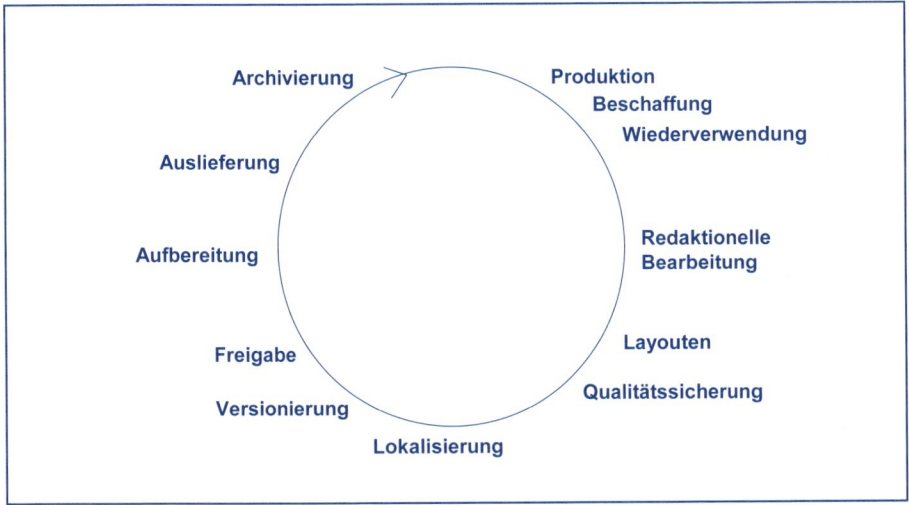

Abb. 14-5: Logik des Content Life Cycle

Am Beispiel einer werblichen Aussage über ein Produkt stellt sich dieser Prozess als ein komplexes Zusammenwirken unterschiedlicher Abteilungen dar (vgl. Kronz 2004: 16 ff.):

- Ausgangspunkt ist die Entwicklung der werblichen Aussage in Printform durch die Fachabteilung Entwicklung, bei der die unternehmensinterne Produktion mit der Beschaffung von externem Content und Wiederverwendung vorhandenen Contents stattfindet.
- Die redaktionelle Bearbeitung wird gemäß der Marketingstrategie und werblichen Vorgaben von der Marketingabteilung durchgeführt.
- Beim Layout werden Texte und Bilder zusammengeführt, mit Grafiken ergänzt und entsprechend dem CI zum Gesamtergebnis zugeführt. Häufig ist hier eine externe Agentur eingeschaltet.
- Die anschließende Qualitätssicherung unter Federführung der Marketingabteilung nimmt die Prüfung auf formale Fehler vor, die Fachabteilung auf inhaltliche Fehler.
- Zur Publikation muss die Lokalisierung, d. h. Übersetzung und Anpassung an kulturelle Eigenheiten der Zielmärkte erfolgen, durchgeführt z. B. von Übersetzungsagenturen.

- Danach erfolgt die Versionierung als Printmedien, Internet-Version, elektronische Träger usw., und zwar in medienabhängiger Form. Die Publikation im Internet wird von einer speziellen Web-Agentur vorgenommen, u. U. unter Verwendung von zusätzlichem Content.
- Die Auslieferung der Produkte geschieht durch Spezialanbieter, beim Webauftritt insbesondere durch die EDV-Abteilung und den Internet-Provider.
- Die letzte Phase des Content-Lebenszyklus ist die Archivierung der fertigen und ausgelieferten Inhalte, aber auch der verschiedenen Zwischenstufen in den jeweiligen, sich voneinander unterscheidenden Dateiformaten.

Im dem so beschriebenen konventionellen Content Management haben die Beteiligten typischerweise mit erheblichen Problemen zu kämpfen, hervorgerufen v. a. durch die funktionsorientierte und nicht prozessorientierte Organisation, durch das Fehlen einer durchgängigen informationstechnischen Unterstützung und durch Medienbrüche. Die Dokumentation über alle Produktionsstufen hinweg fällt schwer, eine Wiederverwendung von Content ist nur mit erheblichem Zusatzaufwand möglich.

Das vorliegende Beispiel macht deutlich, dass ein **ganzheitliches Content Management** erforderlich ist, bei dem die Gestaltung aller Abläufe integriert erfolgt. Verlaufen im Medienunternehmen die Prozesse von Redaktion und Produktion getrennt, sind immer negative journalistische und ökonomische Konsequenzen zu befürchten (vgl. Pagel 2003: 225).

> Ein Positiv-Beispiel liefert der WDR mit der schon frühen Einführung eines Content Management Systems, das man als eine „vernetzte Produktions- und Speicherumgebung" verstanden hatte (vgl. Gomolka 2005: 6 ff.). Als Ziel des CMS wurden Zeitersparnis, Qualitätsverbesserung, Beseitigung redundanter Tätigkeiten und höhere Integrität der Informationsbestände hervorgehoben. Als Strategien der Realisierung werden zugrunde gelegt: (a) Prozess- bzw. Workflow-Orientierung: Durchgängige Einbindung aller am jeweiligen Geschäftsprozess (Workflow) beteiligten Arbeitsschritte in das Content Management. (b) Omnipräsenz von Content-Informationen: Volle Verfügbarkeit aller Informationen, jederzeitiger Zugriff, Eingabe der Informationen an der Quelle.

Kernaussagen

- Das Management von Content muss in Form eines ganzheitlichen, integrierten Konzepts erfolgen. Isolierte Vorgehenskonzepte führen zu suboptimalen Ergebnissen.
- Zentrale Herausforderung ist die crossmediale Mehrfachverwertung von Content, auf die sich alle Medienunternehmen einstellen müssen.
- Content Management ist unmittelbar mit dem Redaktionsmanagement verbunden.

Literatur

Weiterführende Literatur: Grundlagen

Bonfadelli, H. (2002): Medieninhaltsforschung, Konstanz.
Bruhn, M. (2009): Integrierte Unternehmens- und Markenkommunikation, 5., überarb. u. akt. Aufl., Stuttgart.
Bullinger, H. J. (2000): CMS, Fraunhofer IAO, Stuttgart.
Dippold, R./Meier, A./Ringgenberg, A./Schnider, W./Schwinn, K. (2001): Unternehmensweites Datenmanagement, Braunschweig, Wiesbaden.
Hickethier, K. (2010): Einführung in die Medienwissenschaft, 2., akt. u. überarb. Aufl., Stuttgart, Weimar.

Weiterführende Literatur: Medien

Altmeppen, K.-D. (2003): Medienmanagement als Redaktions- und Produktionsmanagement, in: Karmasin, M./Winter, C. (Hrsg.)(2002): Grundlagen des Medienmanagements, 2., korr. u. erw. Aufl., München, S 41-58.
Becker, J./Schwaderlapp, W./Seidel, S. (2012): Management kreativitätsintensiver Prozesse, Berlin, Heidelberg.
Binding, A. (1999): Eines für alle. Auf der Suche nach dem universellen Redaktionssystem für Verlage. In: Möhr, W./Schmidt, I. (Hrsg.)(1999): SGML und XML – Anwendungen und Perspektiven, Berlin, Heidelberg, New York, S. 157-172.
Bouncken, R. B./Köhn, A./Lotter, L. (2007): Organisation und Leadership bei kreativer Arbeit, in: MedienWirtschaft, 4. Jg., H. 1/2007, S. 6-17.
Brack, A. (2003): Das strategische Management von Medieninhalten, Wiesbaden.
Bruck, P. A./Buchholz, A./Karssen, Z./Zerfass, A. (Ed.)(2005): E-Content, Berlin, Heidelberg, New York.
Dreyer, R. (2001): Vom Content- zum Asset-Management, in: Deutscher Drucker Nr. 36, S. 26-30.
Dreyer, R./Kretzschmar, O. (2004): Medien-Datenbank- und Medien-Logistik-Systeme, München.
Eberspächer J. (Hrsg.)(2002): Die Zukunft der Printmedien, Berlin, Heidelberg, New York.
Emrich, T. (2004): Content Syndication, in: Friedrichsen, M. (Hrsg.)(2004): Printmanagement, Baden-Baden, S. 161-171.
Friedrichsen, M. (Hrsg.)(2004): Printmanagement, Baden-Baden.
Friedrichsen, M. (2006): Koordination – Digitaler Workflow in Print-Unternehmen, in: Scholz, C. (Hrsg.) (2006): Handbuch Medienmanagement, Berlin, Heidelberg, New York, S. 639-662.
Fritsche, H. P. (2001): Cross Media Publishing, Bonn.
Hass, B. H. (2006): Content Management – Inhalte für Neue Medien strategisch nutzen, in: Scholz, C. (Hrsg.)(2003): Handbuch Medienmanagement, Berlin, Heidelberg, New York, S. 375-391.
Hergenröder, G. (2000): Konzeption und Realisierung eines WCMS, in: Mitteilungsblatt des regionalen Rechenzentrums, Erlangen.
Hess, T./Schulze, B. (2003): Die Mehrfachnutzung von Inhalten in der Medienindustrie, in: Das Wirtschaftsstudium, 32. Jg., Nr. 11, S. 1377-1382.
Hess, T./Schulze, B. (2004): Mehrfachnutzung von Inhalten in der Medienindustrie, in: Altmeppen, K.-D./Karmasin, M. (Hrsg.)(2004): Medien und Ökonomie, Band 2: Problemfelder der Medienökonomie, Wiesbaden, S. 41-62.
Hess, T./Anding, M./Benlian, A. (2006): Medientechnologien – Digitale Konzepte und ihre integrierte Nutzung, in: Scholz, C. (Hrsg.)(2006): Handbuch Medienmanagement, Berlin, Heidelberg, New York, S. 97-115.
Holzporz, M. (2006): Die Steuerung von Redaktionen in öffentlich-rechtlichen Fernsehunternehmen, Hamburg.
Kracke, B. (Hrsg.)(2001): Crossmedia-Strategien, Wiesbaden.
Kronz, S. (2004): Content Management, Lohmar, Köln.
Lantzsch, K./Altmeppen, K.-D./Will, A. (Hrsg.)(2010): Handbuch Unterhaltungsproduktion, Wiesbaden.
Maurer, M./Reinemann, C. (2006): Medieninhalte. Eine Einführung. Wiesbaden.
Meckel, M. (1999): Redaktionsmanagement, Opladen, Wiesbaden.

Müller-Kalthoff, B. (Hrsg.)(2002): Cross-Media-Management – Content-Strategien erfolgreich umsetzen, Berlin, New York, Heidelberg.

Neuberger, C. (2004): Lösen sich die Grenzen des Journalismus auf? Dimensionen und Defizite der Entgrenzungsthese. In: Roters, G./Klingler, W./Gerhards, M. (Hrsg.)(2004): Medienzukunft – Zukunft der Medien, Baden-Baden, S. 95-112.

Pagel, S. (2003): Integriertes Content Management in Fernsehunternehmen, Wiesbaden.

Rager, G./Schaefer-Dieterle, S./Weber, B. (1994): Redaktionelles Marketing, Bonn.

Rau, H. (2000): Redaktionsmarketing, Wiesbaden.

Rau, H. (2007): Qualität in einer Ökonomie der Publizistik, Wiesbaden.

Rawolle, J. (2002): Content Management integrierter Medienprodukte, Wiesbaden.

Rott, A./Schmitt, S. (2001): Wirkungen von Programmereignissen auf die Zuschauernachfrage, in: Media Perspektiven, H. 5, S. 258-263.

Schatz, H./Schulz, W. (1992): Qualität von Fernsehprogrammen, in: Media Perspektiven, o.Jg., H. 11, S. 690-712.

Schirmer, N. (2013): Personalmanagement für Kreativschaffende, Wiesbaden.

Schulze, B. (2005): Mehrfachnutzung von Medieninhalten, Lohmar, Köln.

Seebeck, C. (2003): Nicht Content ist King, der Kunde ist König! Medienunternehmen in der Rolle des Erfüllungsgehilfen für Telcos, Hard- und Software-Giganten. In: Kruse, J. (Hrsg.)(2003): MultiMedia Mobil, München, S. 39-53.

Sjurts, I. (2004): Organisation der Contentproduktion: Strategische Alternativen aus ökonomischer Sicht, in: Sydow, J./Windeler, A. (Hrsg.)(2004): Organisation der Content-Produktion, Wiesbaden, S. 18-36.

Sydow, J./Windeler, A. (Hrsg.)(2004): Organisation der Content-Produktion, Wiesbaden.

Vetter, J. G. (2004): Content-Management in der Druckindustrie, in: Friedrichsen, M. (Hrsg.)(2004): Printmanagement, Baden-Baden, S. 221-238.

Weichler, K. (2003): Redaktionsmanagement, Konstanz.

Wyss, V. (2002): Redaktionelles Qualitätsmanagement, Konstanz.

Fallbeispiele, Studien, Handbücher, Lexika

Berens, P. (2004): Recycelte Kreativität – Zweitverwertung von Inhalten aus Life-Style-Magazinen am Beispiel der Verlagsgruppe Milchstraße, in: Lange, E./Stülb, H.-G. (Hrsg.)(2004): Informationsprodukte auf dem Prüfstand, Münster, S. 161-171.

Borek, M. (2004): Der Wert von Informationen. Die G + J Dokumentation als Anbieter digitaler Archivdienstleistungen, in: Lange, E./Stülb, H.-G. (Hrsg.)(2004): Informationsprodukte auf dem Prüfstand, Münster, S. 192-195.

Gomolka, M. (2005): Content Management im öffentlich-rechtlichen Rundfunk – Grundlagen, rundfunkökonomische Einordnung und Fallbeispiel, Köln.

Mast, C. (Hrsg.)(2012): ABC des Journalismus, 12., völlig überarb. Aufl., Konstanz, München.

Neumann, S. (1997): Redaktionsmanagement in den USA – Fallbeispiel „Seattle Times", München.

PwC – PriceWaterhouseCoopers (2001): Content Syndication. Wie das Internet die Wertschöpfung der Medien verändert. 28 Hypothesen, Frankfurt am Main.

Sjurts, I. (2006): Gabler Kompakt-Lexikon Medien A-Z, Wiesbaden.

Kapitel 15
Beschaffung

15.1	Beschaffungsgegenstände	411
15.2	Beschaffungsziele	414
15.3	Beschaffungsstrategien	416
15.4	Operative Beschaffungspolitik	418
15.5	Ganzheitliches Supply Chain Management	422

Leitfragen

- Nach welchen Kategorien lassen sich die zu beschaffenden Ressourcen bzw. Beschaffungsgegenstände eines Medienunternehmens differenzieren?
- Welche Arten von Produktionsfaktoren lassen sich unterscheiden?
- Inwiefern wird die Beschaffung von Ressourcen von der Planung des Programms und der Produktion beeinflusst?
- Inwiefern entscheidet das Produktionskonzept über die zu beschaffenden Ressourcen?
- Welche Folgen ergeben sich aus der Neuproduktion für die Beschaffung von Ressourcen?
- Welche Fragestellungen ergeben sich beim Erwerb von fertigen Inhalten?
- Wie sehen die typischen Vertragsbeziehungen im Lizenzgeschäft aus?
- Aus welchen Gründen ist im Filmrechtehandel eine starke Differenzierung festzustellen?
- In welchem Zusammenhang mit der Beschaffungspolitik stehen hochgradig werthaltige Archive, über die öffentlich-rechtliche Rundfunkanstalten verfügen?
- Welche Rolle spielt der Programmbedarf für die Beschaffung von Programm?
- Welche Marktziele der Beschaffung kann man unterscheiden?
- Welches sind die internen Ziele, auf die die Beschaffung ausgerichtet werden sollte?
- Was versteht man unter „lokalem Sourcing"?
- Was versteht man unter „internationalem Sourcing"?
- Was versteht man unter „globalem Sourcing"?
- Was unterscheidet „Single Sourcing" und „Dual Sourcing"?
- Was versteht man unter „Multiple Sourcing"?
- Wodurch unterscheiden sich „Unit Sourcing" und „Modular Sourcing"?
- Welche Gründe sprechen für eine Vereinheitlichungsstrategie im Beschaffungsbereich, welche für eine Differenzierungsstrategie?
- Wodurch unterscheiden sich Alone Sourcing und die Beschaffungskooperation?
- Wie sieht der „Instrumentenkasten" der Beschaffungsprogrammpolitik aus?
- Welche Ansätze der Beschaffungskonditionenpolitik kann man unterscheiden?
- Inwiefern kommt der Politik der Preisdifferenzierung im Rahmen der Beschaffungskonditionenpolitik eine besondere Rolle zu?
- Welche Wege der Beschaffung von vorgefertigtem, fremdem Content kann man unterscheiden?
- Welche Ansätze der Kommunikationspolitik im Kontext der Beschaffung kann man unterscheiden?
- Was versteht man unter „Marktplatzkommunikation"?
- Was versteht man unter „Supply Chain Management"?
- Welche Rolle kann ganzheitliches Supply Chain Management im Medienbereich spielen?

Gegenstand

Die Funktion der Beschaffung ist darauf ausgerichtet, die zur Herstellung der Produkte notwendigen Ressourcen bzw. Produktionsfaktoren auf den jeweiligen Märkten aufzuspüren, zu erwerben und bereit zu stellen. „Die Aufgabe der Beschaffung besteht darin, die Verfügungsgewalt über die Güter zu erlangen, die in den Produktionsprozess eingehen sollen" (Bea/Dichtl/Schweitzer 2002: 78, im Orig. teilw. hervorgehoben). Als Beschaffung bezeichnet man daher alle Tätigkeiten eines Unternehmens, die auf die Gewinnung von Verfügungsgewalt über die für den Produktionsprozess notwendigen und nicht von ihm selbst hergestellten Ressourcen ausgerichtet sind. Setzt man in der Beschaffung elektronische Medien ein, spricht man von „E-Procurement". Es ist derjenige Teil von E-Business, der sich mit dem Input der Ressourcen befasst.

Bei der Betrachtung des Managements der ganzen Lieferantenkette im Kontext des Wertschöpfungsprozesses und -systems und den sich hier stellenden Herausforderungen hat sich der Begriff „Supply Chain Management" eingebürgert. „Der Wandel des wirtschaftlichen Umfelds der vergangenen Jahre hat zu einer Fragmentierung des Wertschöpfungsprozesses und zu einer Auflösung der traditionellen Unternehmensgrenzen geführt, so dass heute der Wettbewerb zwischen Wertschöpfungsketten denjenigen zwischen Einzelunternehmen überlagert. Aufgrund der hohen Intransparenz und Komplexität dieser Wertschöpfungsnetzwerke sowie zahlreicher Medienbrüche ist die Schnittstellenproblematik und die effiziente Steuerung aller für die Auftragsabwicklung notwendigen Informations- und Materialflüsse zu einer zentralen Herausforderung für die Unternehmensführung geworden. Ein Konzept, das sich explizit mit dieser Problematik auseinandersetzt, ist das Supply Chain Management" (Wecker/Wirtz 2007: 912).

Das Management der Beschaffungsvorgänge ist bei Medienunternehmen differenziert zu betrachten. Im Printbereich bei Zeitungen, Zeitschriften und Büchern ist die Beschaffungsfunktion neben dem Erwerb inhaltlicher Ressourcen stark vom Transport großer Mengen von Papiermaterial geprägt. Große Teile des Wertschöpfungsprozesses ähneln daher dem industriellen Produktionsprozess. Im elektronischen Bereich hingegen steht die Beschaffung von immateriellen Ressourcen wie Rechte und Lizenzen sowie Dienstleistungen im Vordergrund.

Medienunternehmen agieren in einem komplexen Wettbewerbsmarkt, bei dem sich die Beschaffung von Ressourcen immer wieder als ein zentraler Wettbewerbsfaktor erweist. Grund ist die Tatsache, dass einige Ressourcen ein hohes Maß an Knappheit aufweisen und die entsprechenden Märkte daher eher als Verkäufermärkte einzustufen sind. Diese zeichnen sich dadurch aus, dass hier der Verkäufer eine relativ starke Machtposition besitzt und Vorteile in den Tauschvorgängen für sich generieren kann. Gute Beispiele sind Übertragungsrechte an attraktiven Sportereignissen wie den Olympischen Spielen, an der Fußball-WM oder an Formel-1-Übertragungen. Hier haben die Rechteinhaber gegenüber den Fernsehsendern eine so starke Position, dass sie in den vergangenen Jahrzehnten geradezu astronomische Preissteigerungen für die Übertragungsrechte durchsetzen konnten.

Hinzu kommt die Erkenntnis, dass der wirtschaftliche Erfolg von Medienunternehmen in hohem Maße von der Attraktivität der angebotenen Inhalte abhängt. Prominente Beispiele sind private unterhaltungsorientierte TV-Sender, die darauf aus sein müssen, sich auf heftig umworbenen Programmmärkten als Käufer durchzusetzen.

Systematisches Beschaffungsmanagement muss sich – in dieser Abfolge – an Beschaffungszielen, Beschaffungsstrategien und operativen Beschaffungsinstrumenten orientieren. Es mündet in einem ganzheitlichen Supply Chain Management. Herausragende Beschaffungsziele sind Versorgungssicherheit und Wettbewerbsfähigkeit, die allen Beschaffungsaktivitäten als wichtige Anhaltspunkte dienen sollen. Beschaffungsstrategien haben eine Kanalisierungsfunktion für die Instrumente der Beschaffungspolitik und sollen den Weg weisen. Es geht darum, nach welcher Grundausrichtung die Lieferquellen genutzt werden sollen. Man spricht von „Sourcing". Das beschaffungspolitische Instrumentarium ist das Gegenstück zum absatzpolitischen Instrumentarium und ist nach Produkt (Programm), Konditionen, Beschaffungswege und Kommunikationspolitik zu unterscheiden.

15.1 Beschaffungsgegenstände

(1) Gegenstände bzw. Objekte der Beschaffung sind die **Ressourcen**, in der ökonomischen Terminologie auch **Produktionsfaktoren** genannt. Die folgenden Typen von Ressourcen als Objekte der Beschaffung sind zu unterscheiden (siehe auch Kapitel 6, Abb. 6-4):

- Finanzmittel: Diese Ressource deckt den Bedarf des Unternehmens an Eigen- und Fremdkapital. Sie ist typischerweise von besonderer Brisanz, handelt es sich bei Medienproduktionen nicht selten um finanziell hoch riskante Vorhaben (z. B. teure Filmprojekte, hoher Kapitaleinsatz im Fernsehen). Welche Finanzstruktur im jeweiligen Fall als optimal anzusehen ist, bedarf der gesonderten Klärung im Rahmen der Thematik der Finanzierung (vgl. Kapitel 18).
- Arbeitskräfte: Da Medienunternehmen Content produzierende Einrichtungen sind, kommt den menschlichen Arbeitsleistungen eine überragende Bedeutung zu. Zu unterscheiden sind die Leistungen für Redaktion, künstlerische Darstellung, Produktion und Verwaltung. Die Aufgabe der Beschaffung von Personalressourcen wird wegen der hohen Relevanz für das ganze Medienunternehmen eigens gegründeten Personalabteilungen übertragen.
- Betriebsmittel: Hierbei handelt es sich um die Leistungen der Potenzialgüter wie Maschinen (z. B. Druckmaschinen, Kameraausrüstung, Studioeinrichtungen, Effektgeräte), Grundstücken, Gebäuden oder der Betriebs- und Geschäftsausstattung (z. B. Computer).
- Rechte: Nutzungsrechte sind für Medienunternehmen eine Schlüssel-Ressource. Beispiele sind Filmrechte, Rechte zur Übertragung von Sportereignissen, Urheberrechte von Autoren, Moderatoren oder Stars. Sie zu erwerben ist überlebensnotwendig, da selbst erstellte Contents immer nur einen mehr oder weniger kleinen Teil des Programmbedarfs abdecken können. Rechte sind für Medienunternehmen daher ein Aktivposten, der strategische Relevanz besitzt.
- Materielle Güter: Zu unterscheiden sind Werkstoffe (Rohstoffe, Halb- und Fertigfabrikate, Hilfsstoffe), Betriebsstoffe, Handelswaren. Je nach dem Grad der Immaterialität des Endprodukts spielt der Materialeinsatz eine mehr oder weniger große Rolle. Der Printbereich unterscheidet sich vom elektronischen Medienbereich dabei erheblich.
- Fremdleistungen: Hierbei handelt es sich um jede Form des dienstleistenden Ressourceneinsatzes Dritter (z. B. Mieten, Reinigungsdienste, Fortbildung, Consulting, Informations- und Kommunikationsleistungen).

(2) Welche Ressourcen in welcher Menge und zu welchem Zeitpunkt beschafft werden müssen, hängt vom **Produktionskonzept** eines Medienunternehmens ab (vgl. Kapitel 16), das darüber entscheidet, wie die Inhalte entstehen sollen. Grundsätzlich stehen zwei Wege zur Verfügung:

- Neuproduktion;
- Beschaffung fertiger Inhalte.

Im ersten Fall – der **Neuproduktion** – wird ein realer Produktionsvorgang in Gang gesetzt, bei dem das ganze Spektrum an Ressourcen zum Einsatz kommt. Umfangreiche Beschaffungsvorgänge werden ausgelöst.

> So sind z. B. bei der Herstellung eines TV- oder Kinospielfilms Studiokapazitäten bereit zu stellen, am Drehort müssen Um- und Aufbauten stattfinden, das Darsteller- und Produktionsteam muss transportiert und verpflegt werden, Locations sind anzumieten, Komparsen müssen verpflichtet werden usw. Hoher Ressourcenbedarf ist auch bei Übertragungen von Sport- und Kultur-Events gegeben. So fallen neben den oft hohen Kosten für die Übertragungsrechte noch beachtliche Kosten für deren mediale Erschließung an. Im Fernsehen findet Eigenproduktion vorzugsweise im Bereich der Informationsprogramme (Nachrichtensendungen, Hintergrundberichte etc.) und der Kultursendungen (v. a. bei öffentlich-rechtlichen Rundfunkanstalten) statt.

Im zweiten Fall stehen **Inhalte in fertiger Form** zur Verfügung und können direkt oder nach ihrer Bearbeitung verwendet werden. Diese Inhalte sind ohne die Kontrolle des Medienunternehmens entstanden. Die Ressourcenbeschaffung beschränkt sich im Wesentlichen auf den Erwerb der Nutzungsrechte. In diesem Zusammenhang ist die Beschaffung fertiger Inhalte aus externen Quellen und die Beschaffung aus internen Quellen zu unterscheiden.

Externe Quellen werden über Märkte erschlossen, auf denen der Einkauf von Rechten an fertigem Programm-Input erfolgt. Der Einkauf geschieht entweder direkt bei den Herstellern oder bei Zwischenhändlern (vgl. Abb. 15-1).

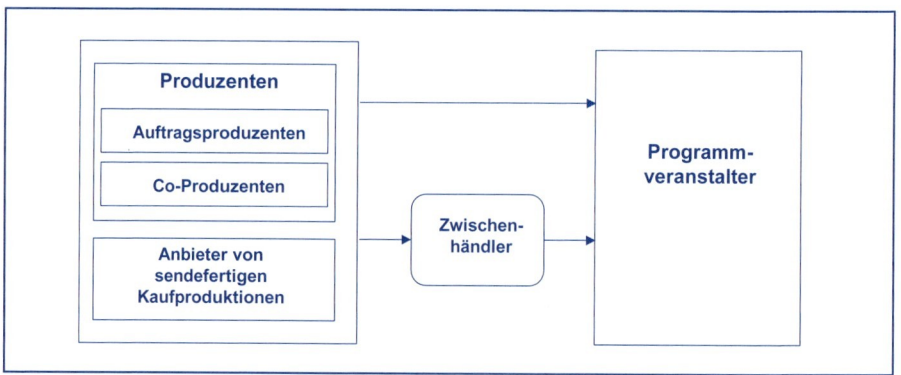

Abb. 15-1: Akteursstruktur im Filmrechtehandel

Die Beschaffung von externem Content stellt einen Vorgang der sog. Lizenzierung dar, bei der die Art der Nutzungsrechte auf vertraglicher Grundlage genau bestimmt wird.

> „Ein Lizenzvertrag (*License Agreement*) hat zwei wesentliche Aspekte. Auf der einen Seite enthält er Vereinbarungen darüber, wie das Werk im Programm verwertet werden kann, also elementare redaktionelle Angaben über den Lizenzgegenstand, den Beginn und das Ende der Lizenzzeit (*License Period*) und die Anzahl der erlaubten Ausstrahlungen (*Plays, Runs, Exhibitions*). Auf der anderen Seite sind in ihm die wirtschaftlichen Belange geregelt, nämlich vor allem der Lizenzpreis (*License Fee*) und die Zahlungsbedingungen (*Payment Terms*). Darüber hinaus enthält der Lizenzvertrag eine Vielzahl von weiteren Bestimmungen, in denen die Details der Vereinbarung geregelt werden. Der Sender ist Lizenznehmer (*Licensee*) des Rechteinhabers oder Lizenzgebers (*Licensor*)" (Karstens/Schütte 2013: 199).

Neben externen Quellen besteht die Möglichkeit, fertigen Programm-Input aus internen Quellen zu nutzen. Dieser Weg ist umso erfolgversprechender, je mehr das Medienunternehmen in der Vergangenheit via Eigenproduktionen den Aufbau von Programmvermögen betrieben hat. Neben der quantitativen Dimension stellt sich dabei auch die Frage nach der Qualität der Archive (z. B. Qualität der Dokumentation, Erschließbarkeit von Themen). Eine besondere Rolle spielen Wiederholungen von eigenem Programmvermögen, die zur Kostenreduktion beitragen können.

> Im Fernsehen und Hörfunk haben die öffentlich-rechtlichen Rundfunkanstalten aus historischen Gründen und wegen des Auftrags zur ausgewogenen Grundversorgung deutliche Vorteile gegenüber den Privaten. Ihre Archive sind „prall gefüllt", die Informationssysteme zur Erschließung der Bestände hervorragend und wegweisend.

Zwischen der reinen Neuproduktion und dem Einsatz von fertigem Programm-Input sind verschiedene **Mischformen** mit drei Grundkategorien zu differenzieren:

- Hoher Anteil an Neuproduktion bei geringem Anteil an vorproduziertem Input.

    > Dieser Fall liegt vor, wenn z. B. in Filmproduktionen diverses Archivmaterial professioneller Anbieter Eingang findet, etwa aus Sound-, Foto- und Bewegtbild-Archiven. Im Bereich des Werbefilms ist diese Kombination aus Neu- und Vorproduktion besonders gebräuchlich. Kommerzielle Archive spielen neben dem elektronischen Bereich auch im Printbereich eine große Rolle. Neben kommerziellen Archiven sind auch gemeinnützige Einrichtungen mit ihren Content-Beständen wichtige Lieferanten von Programm-Input.

- Hoher Anteil an Neuproduktion bei geringem Anteil an vorproduziertem Programm-Input.

    > In zahlreichen Filmproduktionen wird dokumentarisches Material in fiktionale Genres bzw. Spielfilme eingebunden. Grund ist die aus Sicht des Zuschauers erhöhte Authentizität von Reality-Formaten. Die Integration von Spielhandlung und dokumentarischen Szenen führt zwar zu einer Verwischung von Fiktion und Dokumentation, verspricht aber einen höheren Aufmerksamkeitswert.

    > „Nimmt man nun die spezifischen Prozesse des ‚Scripting', ‚Staging' und ‚Casting' näher unter die Lupe, erkennt man, dass die Grenzen von explizit als ‚Fiction' bezeichneten Unterhaltungssendungen gegenüber explizit als ‚Reality' bezeichneten Unterhaltungsformaten relativ fließend sind: Fiktionale und Reality-Formate sind nämlich beide auf vorherbestimmte, häufig auch auf extra erstellte Lokalitäten wie Studiosets angewiesen. Beide Sendeformate entstehen erst auf der Basis langwieriger Casting-Prozesse, wobei die Personen der ‚Reality'-Formate erheblich weniger kosten, hinsichtlich ihres Verhaltens am Set aber auch erheblich schwieriger zu ‚kontrollieren' sind. Allein das ‚Scripting' erfolgt in deutlich unterschiedlichen Bahnen: Während für fiktionale Genres wochen- und monatelang vorgeschrieben wird, was nachher als Spielhandlung auf der Leinwand oder auf dem Bildschirm erscheinen soll, werden bei Reality-Formaten lediglich Spielregeln ausgehandelt, die den Spielablauf mit allen dramaturgischen Höhepunkten (vor allem der Wettbewerbssituation und Ausscheidungsverfahren) festlegen. Deshalb wird Reality-TV im angelsächsischen Sprachraum nur noch selten so bezeichnet, sondern zutreffender als ‚nonscripted program' – also ‚Programm ohne Drehbuch' – genannt" (Ganz-Blättler 2005).

- Hoher Anteil an vorgefertigten Programm-Inputs bei niedrigem Anteil an Neuproduktion.

    > Beispiele sind internationale Kino-Spielfilme, die im deutschen Fernsehen gezeigt werden. Regelmäßig fällt hier Bearbeitungsaufwand für Synchronisation an. Oft ist auch Nachbearbeitung (z. B. Entfernung von Szenen) erforderlich, um den rechtlichen Anforderungen zu genügen. Insofern können also – u. U. wirtschaftlich sehr gravierende – ergänzende Produktionsaktivitäten zur Herstellung der Sendefähigkeit (z. B. Synchronisation, Kürzungen) erforderlich werden.

15.2 Beschaffungsziele

Die Ziele für den Beschaffungsbereich eines Unternehmens leiten sich aus dessen **Oberzielen** ab und hier insbesondere aus den Zielgrößen, die sich auf das Leistungsprogramm bzw. das Sachziel beziehen. Bei Medienunternehmen steht die Beschaffungsfunktion insofern in enger Verbindung mit der Planung und Steuerung von Content, und es besteht ein enger Zusammenhang zwischen Programmplanung, Programmbedarf und Programmbeschaffung. Die nachfolgende Abb.. 15-2 verdeutlicht diesen für das gesamte Beschaffungswesen wichtigen Zusammenhang.

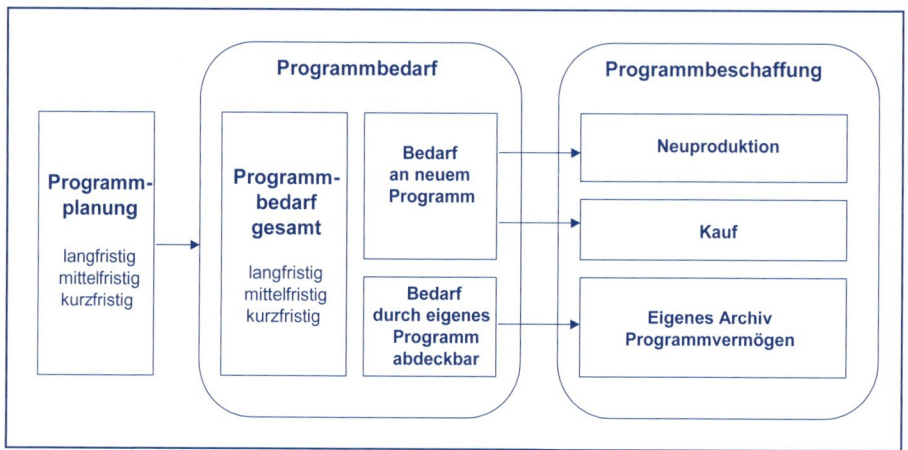

Abb. 15-2: *Zusammenhang Programmplanung, -bedarf und -beschaffung*

Zentrale „Drehscheibe" ist der **Programmbedarf**, der auf der einen Seite direkt von der Programmplanung abhängt, andererseits die Beschaffungsaktivitäten auslöst. Der Programmplanung kommt also die Rolle des Prozess-Initiators zu, weshalb man vom „Primat der Programmplanung" sprechen kann (vgl. Gläser 1986: 284).

Als Determinanten des Programmbedarfs eines Medienunternehmens sind zu nennen (dargestellt am Beispiel Fernsehen):

- Anzahl der Programme im Fernsehmarkt: Je mehr Programme im Markt sind, desto höher der Programmbedarf insgesamt und desto höher ist der Wettbewerbsgrad.
- Umfang der täglichen Sendezeit: Hierdurch wird das Gesamtvolumen der erforderlichen Programme determiniert.
- Struktur der Programme: Sie entscheidet u. a. über die Frage, in welchem Umfang Programmelemente neu produziert werden müssen oder auf Archivmaterial zurückgegriffen werden kann.
- Anzahl der Stufen der Verwertungskette: Hier wird z. B. entschieden, wann Lizenzen für die Ausstrahlung im Free-TV verfügbar sind.
- Allgemeine Programm-Trends: Diese können es erforderlich machen, in ein bestimmtes Genre zu investieren.

Beschaffungsziele können zum einen nach Marktzielen, zum anderen nach internen Zielen unterschieden werden:

- Bei den **Marktzielen** geht es um Zielgrößen wie die Fähigkeit zur Marktbedienung, Wettbewerbsfähigkeit, Flexibilität im Hinblick auf die Befriedigung von Kundenwünschen oder die Qualität der Absatzprodukte.
- Als **interne Ziele** sind die Sicherung der Versorgung, die Vermeidung von Produktionsengpässen oder eine bessere Kapazitätsauslastung zu nennen, ferner ein geringerer administrativer Aufwand, niedrige Lagerhaltung, kurze Wiederbeschaffungszeiten und Möglichkeiten der Kostensenkung.

Für Medienunternehmen haben die Ziele der **Wettbewerbsfähigkeit** (Marktziel) und der **langfristigen Versorgungssicherheit** (internes Ziel) einen besonderen Stellenwert. So ist zu vermuten, dass die Wettbewerbsfähigkeit eines TV-Senders beim Auftreten ernster Beschaffungsschwierigkeiten von Programminhalten rasant abnimmt, da der Bedarf nach neuen Inhalten, mit denen man sich von der Konkurrenz abheben kann, hoch ist. Dies gilt insbesondere für das Segment von hochattraktivem, exklusivem Content. Die langfristige Versorgungssicherheit muss vor allem auch deshalb gewahrt bleiben, um die Fähigkeit zur Markenbildung und -führung nicht zu gefährden. Diese kann als zentraler strategischer Erfolgsfaktor gelten.

> Im Strategiemanagement hat das Konzept der Kernressourcen und Kernkompetenzen, wie es „Resource Based View" zum Ausdruck kommt, zur Sicherung der Wettbewerbsfähigkeit eine hohe Beachtung gefunden (vgl. hierzu Kapitel 29).

Das Beschaffungsziel der Sicherstellung der Programmversorgung kann in die folgenden Unterziele unterschieden werden (vgl. Friedrich 1997: 43):

- Wahrung der Flexibilität;
- Wahrung der Unabhängigkeit;
- Risikostreuung sowie
- beschaffungsseitige Diversifikation.

Das Ziel, durch effektives Beschaffungsmanagement eine nachhaltige Kostensenkung anzustreben, steht im elektronischen Medienbereich nicht an vorderster Stelle, ist freilich gleichwohl hoch relevant.

> Durch den Unikat-Charakter und die Immaterialität der Produkte sind die Möglichkeiten zur Erzielung von Rationalisierungspotenzialen mittels industrieähnlicher Prozesse begrenzt, völlig anders als im Printbereich, wo durch die Massenverarbeitung von Papier die Rationalisierung der Produktion, Materialkostenreduktion und Senkung der Lagerhaltungskosten zentrale Themen sind. Im elektronischen Bereich führt diese Tatsache zu verstärkten Anreizen zum Outsourcing und zur Spezialisierung:
>
> „Viele Auftragsproduzenten haben sich auf die Produktion einer bestimmten Sendungsform spezialisiert und erzielen Kostendegressionseffekte durch die Standardisierung von Sendungselementen, den Aufbau größerer Produktionseinheiten und durch feststehende Drehabläufe (Kameraführung, Lichteinstellung etc.). Diese Einsparungen können sie an ihre Auftraggeber weitergeben. In diesem Zusammenhang findet häufig der Begriff ‚Industrialisierung' von TV-Produktionen Verwendung" (Winter 1999:150).

15.3 Beschaffungsstrategien

Beschaffungsstrategien legen in grober Form das beschaffungspolitische Vorgehen fest. Sie dienen als Leitmaßstab für das konkrete operative Handeln und haben insofern die Funktion, die Beschaffungsmaßnahmen zu bündeln und auf die Beschaffungsziele auszurichten.

Von konstitutiver Bedeutung ist in diesem Kontext die Frage, wie Medienunternehmen im Hinblick auf die Art der vorherrschend beschafften Güter typisiert werden können. Danach sind zu unterscheiden:

- Medienunternehmen mit hoher Neuproduktion: Kennzeichen ist eine hoch komplexe Ressourcenstruktur. Eigene Leistungen im Informations-, Unterhaltungs- und Bildungsbereich werden erstellt, die das Management eines ganzen Ressourcenspektrums erfordern.

- Medienunternehmen mit geringer Neuproduktion: Die Ressourcenstruktur ist weniger komplex. Medienunternehmen dieses Typs können als „projektives Handelsunternehmen" bezeichnet werden (Becker/Geisler 1998: 15).

    Beispiel ist ein privater TV-Sender, der vorrangig auf den Einsatz vorgefertigter Inhalte setzt (Spielfilme, Serien, Kaufproduktionen). Bei einem solchen Unternehmen stellen das Vorratsmanagement der Filmressourcen und die redaktionelle Leistung die Hauptaktivitäten dar.

Es gibt zahlreiche Ansätze, die möglichen Beschaffungsstrategien zu beschreiben und zu systematisieren (vgl. z. B. Koppelmann 2000: 124 ff.). Aus der Vielzahl der Ansätze („Sourcing-Strategien") sind im Hinblick auf Medienunternehmen die folgenden **strategischen Beschaffungsoptionen** besonders hervorzuheben:

- Lokales, internationales oder globales Sourcing: Hier stellt sich die Frage, ob sich das Unternehmen bei seinen Beschaffungsaktivitäten im lokalen Bereich bewegt oder sich in den globalen Raum begeben soll. Local Sourcing ist also der bewusste Bezug bei Beschaffungsquellen, die in der geografischen Nähe des Unternehmens liegen. Ein Argument für die lokale und regionale Beschaffung sind Vertrauen und kurze Wege, für großräumige Beschaffung Kostensenkung.

    Im Medienbereich finden sich alle Formen, tendenziell sind Medienunternehmen jedoch darauf angewiesen, eher großräumige Beschaffungsaktivitäten zu entfalten. Dies ist besonders augenfällig bei zahlreichen Formen von zu beschaffendem Content (z. B. Nachrichteninformationen, Kino-Spielfilme, Dokumentationen, Unterhaltungsmusik), wo man gezwungen ist, im Weltmaßstab zu agieren. Auch die Beschaffung kreativer menschlicher Arbeitsleistungen erfolgt oft im globalen Kontext; zu denken ist etwa an die Werbebranche, die zur Herstellung von Fernsehwerbespots inzwischen die besten Regisseure der Welt heranzieht. Die Liste der Beispiele ließe sich beliebig fortsetzen.

- Single, Dual oder Multiple Sourcing. Ein Unternehmen muss sich entscheiden, ob es die zu beschaffenden Güter von einem, von zweien oder von mehreren Abnehmern beziehen will. Single Sourcing kommt v. a. bei Gütern mit hoher Spezifität in Frage, die einen „Maßanzug" erfordern, sowie bei hoher Komplexität der Aufgabenstellung, während Multiple Sourcing eher bei Standardprodukten angezeigt ist. Mit zunehmender Zahl an Lieferanten steigen der Grad der Unabhängigkeit und die Möglichkeit der aktiven Preisgestaltung.

Der Weg des kostenmäßig attraktiven Multiple Sourcing ist z. B. im Mediensegment von Premium-Filmen nicht gangbar, da es sich beim internationalen Spielfilm um eine sehr knappe Programmressource handelt, die von wenigen oder gar nur von einem Lieferanten angeboten wird. Single oder Dual Sourcing ist dann notgedrungen das Mittel der Wahl. Ähnliches gilt für den Erwerb von Sportrechten. Ebenso wenig kann Multiple Sourcing z. B. im Bereich der Medientechnik (Druckmaschinen, Studio- und Aufnahmetechnik etc.) beschritten werden, wo es ebenfalls keine ausreichend große Zahl von Lieferanten gibt und die Aufgabenstellung jeweils sehr komplex ist. Eine wichtige Folge von Single Sourcing ist ein Abhängigkeitsverhältnis, das zu „Lock-In-Effekten" führen kann.

- **Unit Sourcing oder Modular (bzw. System) Sourcing.** Hierbei handelt es sich um den Gegensatz zwischen Einzelteilbeschaffung und Beschaffung ganzer Systeme. Generell steht heute das Modular Sourcing im Vordergrund: Anstatt viele Teile von vielen Lieferanten zu beschaffen, versucht man mit wenigen Lieferanten auszukommen, die dafür aber ganze Systeme (Module, Komponenten) liefern können. Dies vermeidet Informations- und Steuerungsaufwand.

   Ein gutes Beispiel für die Strategie des Modular Sourcing ist die Beauftragung von Werbe- oder PR-Agenturen zur Produktion von Werbekonzepten. Statt mit einer Vielzahl von Akteuren umzugehen, hat es der Auftraggeber mit einer einzigen Stelle zu tun, die das gesamte Projekt koordinierend abwickelt.

- **Differenzierungs- oder Vereinheitlichungsstrategie.** Auf allen Märkten ruft der Kunde nach Angeboten, die auf den persönlichen Geschmack abgestellt sind. Die Fähigkeit, eine hohe Produkt- und Sortimentsvielfalt darstellen zu können, ist zu einem wichtigen Wettbewerbsfaktor geworden. Allerdings sind die Konsequenzen auf der Ressourcen- und Kostenseite höchst unangenehm, so dass Konzepte zur Senkung der Beschaffungskosten gefragt sind. Zu denken ist an den Einsatz des Baukastenprinzips oder an Plattformstrategien, wie sie im Automobilsektor praktiziert werden. Nach dem „Prinzip Kern und Hülle" werden wesentliche Kernelemente konstant gehalten, während die Hülle für die Differenzierung der Produkte sorgt. So basieren nicht selten unterschiedliche Automobiltypen (z. B. bei VW: Golf, New Beetle, Audi A3, Seat Cordoba etc.) auf einer gleichbleibenden Baugruppe bzw. auf derselben Plattform.

   Für die Vereinheitlichungsstrategie finden sich im Medienbereich zahlreiche Beispiele. So ist es bei zahlreichen regionalen Tageszeitungen schon seit langem Usus, dass sie den Mantelteil von außen beziehen, der gleichzeitig auch an andere Tageszeitungen geliefert wird. Diese Form von „Syndication" ist auch im Bereich von Lokal- und Regionalradios gebräuchlich, wo in reichweitenschwachen Zeiten fremdes Programm (v. a. als Musikmantel) importiert und als Eigenprogramm verkauft wird.

- **Alone Sourcing oder Beschaffungskooperation.** Die Versorgung mit Ressourcen im Alleingang vorzunehmen (Alone Sourcing), gilt als Normalfall. Beschaffungskooperationen werden v. a. im Handel (z. B. als Einkaufsgemeinschaften), weniger in der Industrie, praktiziert.

   Ein prominentes Beispiel für eine Beschaffungskooperation ist die „Degeto", die gemeinsame Filmeinkaufsorganisation der ARD. Die Degeto ist eine Einrichtung, die für ihre Gesellschafter Lizenzen an Fernsehsendungen aller Art, insbesondere an Spielfilmen und Serien, erwirbt. Sie wird auch dazu eingesetzt, Kofinanzierungen von TV-Sendungen abzuwickeln, Produktionsbeteiligungen zu leisten, Eigenproduktionen herzustellen und Synchronisation ausländischer Produktionen in Auftrag zu geben. Das Budget der Degeto umfasst ca. 400 Mio. Euro jährlich.

15.4 Operative Beschaffungspolitik

Auf der Basis von Beschaffungsstrategien kann das konkrete operative Vorgehen definiert werden. Dies geschieht über den sog. beschaffungspolitischen Instrumenten-Mix („Beschaffungsmix"), ein Konzept, das dem Marketing auf der Absatzseite entspricht (vgl. Kapitel 17).

Der Beschaffungsmix setzt sich aus den folgenden Bereichen zusammen (vgl. z. B. Bea/Dichtl/Schweitzer 2002: 96 ff.):

- Beschaffungsprogrammpolitik;
- Beschaffungskonditionenpolitik;
- Beschaffungswege und Beschaffungslogistik;
- Kommunikationspolitik im Beschaffungsbereich.

(1) Mit der **Beschaffungsprogrammpolitik** legt das Medienunternehmen fest, welche Ressourcen (Art, Sortiment) in welcher Form (Menge, Qualität) und in welchem zeitlichen Ablauf konkret beschafft werden sollen. Ziel ist die Bestimmung des „optimalen Beschaffungsprogramms".

Die Bestimmung des **Sortiments an Ressourcen** hängt maßgeblich von der Entscheidung zwischen Kauf oder Neuproduktion ab. Nach inhaltlichen Kriterien (z. B. Vielfalt der Themen, innovative Programme, aufmerksamkeitsstarke Angebote) wird man häufig die Neuproduktion favorisieren, während ökonomische Kriterien (v. a. Kostengesichtspunkte) eher für den Ankauf von Programmen sprechen.

Welche **Liefermenge** in welcher **Qualität** realisiert werden soll, ist stark von den strategischen Programmentscheidungen abhängig. Wird eine Politik der Flexibilität und der Verfügbarkeit von Programmvermögen verfolgt, sind höhere Liefermengen erforderlich als bei einer Politik der Vermarktung aktueller Contents.

> So ist es beispielsweise für Rundfunkunternehmen eine wichtige Frage, ob sie die Nutzungsrechte an eigenen und fremden Produktionen unbegrenzt oder nur zeitlich und räumlich limitiert erwerbe. Die Regel ist die eingeschränkte Beschaffung der Rechte, obwohl die „größere Menge", also die unbeschränkte Nutzungsmöglichkeit, hoch attraktiv wäre, aber oft nicht bezahlbar ist.
>
> Bei Werbefilmproduktionen spielt diese Frage eine große Rolle im Hinblick auf die Exklusivität von Darstellern. Diese lassen sich ihren exklusiven Einsatz für ein Produkt und die Verpflichtung, nicht gleichzeitig bei der Konkurrenz zu werben oder für Produkte, die das angestrebte Image beschädigen könnten, teuer bezahlen. Der umfängliche Ankauf von Urheber- oder Leistungsverwertungsrechten, differenziert nach Einsatzgebieten bzw. Laufzeit des Films bis hin zum exklusiven Nutzungsrecht, nennt man „Buy Out" – wenn alle Rechte erworben werden sollen, „Total Buy Out".

Bei der Beschaffungsprogrammpolitik im Hinblick auf die Zeit, d. h. die **zeitliche Nachfrageverteilung** geht es um die Frage, zu welchem Zeitpunkt die Ressourcen benötigt werden und wie ihre Beschaffung zeitlich verteilt werden soll. Zu unterscheiden sind die drei Formen der zeitlichen Nachfrageverteilung: Einzelbeschaffung im Bedarfsfall, Vorratshaltung und einsatzsynchrone Anlieferung der Ressourcen.

Die **Einzelfallbeschaffung** von Ressourcen ist im Bereich der Neuproduktion von Filmen und auch im Fernsehen weit verbreitet. Es ist geradezu ein Charakteristikum der Filmproduktion, dass die Ressourcen Arbeit und Kapital jeweils projektspezifisch „angeheuert" werden. Der Grund für dieses Beschaffungsverhalten der Produzenten liegt in der geringen Spezifität der Produktionsfaktoren (vgl. Heinrich 1999: 160). Gemeint ist, dass die Produktionsfaktoren wegen ihrer hohen Mobilität und Kompetenz breit einsetzbar sind und nicht an eine spezifische Produktion gebunden sind.

> „Kameras und Studios sind nicht speziell auf die Produktion bestimmter Inputs zugeschnitten, es entstehen keine besonderen Umstellungskosten, wenn sie kurzfristig gemietet werden. ... Das Humankapital ist industriespezifisch, aber wenig betriebsspezifisch. Das heißt z. B., daß die in der Filmbranche Beschäftigten besondere Fähigkeiten für die Filmproduktion an sich (entwickelt) haben, aber nicht spezielle Fähigkeiten für einen bestimmten Film: „Ein guter Schauspieler kann in jedem Stück spielen." Diese geringe Betriebsspezifität erlaubt die jeweils nur kurzfristige Bindung des Produktionsfaktors Arbeit an die Erstellung von Filmen" (Heinrich 1999: 160).

Im Bereich der Beschaffung von fertigem Programm-Input kollidiert die Einzelfall-Beschaffung jedoch häufig mit dem beschaffungspolitischen Basisziel der Versorgungssicherheit, so dass die verantwortlichen Manager eher eine Politik der **Vorratshaltung** verfolgen. Zu denken ist insbesondere an Filmproduktionen, die meist gar nicht anders als in gebündelter Form erworben werden können, sei es als Verpflichtung zur Abnahme sämtlicher Produktionen eines Herstellers (Output Deal) oder zur Abnahme von Spielfilm-Paketen.

> „Die Einzelakquisition von Programmbeiträgen bildet in der Praxis eher die Ausnahme. Zumeist werden Produktionen in größeren Bündeln zum Kauf angeboten. Beim so genannten Output Deal verpflichtet sich der Lizenznehmer, innerhalb einer bestimmten Laufzeit alle von einem Produzenten hergestellten und angebotenen Programme zu vorher festgelegten Preisen abzunehmen" (Wilke/Schilling 2000: 96).

> Schon früh hat z. B. die ARD eine nachhaltige Programmvorratshaltung betrieben. So hat sie im Jahr 1986 den sog. Degeto-Filmstock erworben, der ihr auf 15 Jahre einen großen Bestand an hoch attraktiven Filmen verschaffte, darunter alle James-Bond-Filme. Dafür wurde sie seinerzeit von Seiten der Politik scharf kritisiert. Aus heutiger Sicht war diese Art der Lagerhaltung und Bevorratung klug und wegweisend.

Nachteilig beim TV-Paketkauf ist die im Vergleich zum Einzelankauf relativ hohe Mittelbindung und die Verpflichtung zum Ankauf von schlechtem oder überhaupt nicht sendefähigem Programmmaterial.

Die **einsatzsynchrone Anlieferung der Ressourcen** ist besonders im Printbereich relevant, wenn es um die Verarbeitung großer Mengen an Materialressourcen geht.

> Das Prinzip der fertigungssynchronen Beschaffung wird auch „Just-in-time-Beschaffung" genannt und ist v. a. aus der Automobilproduktion wohlbekannt. Die Vorteile des Konzepts liegen insbesondere im Kostenbereich, es stellt aber hohe Anforderungen an die Durchführbarkeit: „Die zeitliche und mengenmäßige Anpassung der Beschaffung an den Bedarf kann dabei so präzise vorgenommen werden, dass Eingangslager überflüssig werden. Dieses Beschaffungsprinzip erfordert ... eine außerordentliche Planungsgenauigkeit" (Thommen/Achleitner 2012: 316).

> Ein gutes Anwendungsbeispiel ist das Papiermanagement („Paper Management") im Druckbereich. Dort wird ein integriertes Management der Produktionsprozesse angestrebt mit dem Ziel der Abschaffung bzw. Verschlankung des Papierlagers. Just-in-time-Konzepte können dazu beitragen, den Aufwand für Transporte, Einlagerung, Auslagerung, Lagerfläche und Kapitalbindung mit den damit zusammenhängenden Verwaltungsprozessen stark zu reduzieren. Dazu muss das Papiermanagement eng mit den Prozessen von Druckerei und Papierlieferanten verzahnt werden, was bis zur Bereitstellung der exakten Bogenzahl bzw. Gutschrift zurückgegebener Mengen reicht.

(2) Die **Beschaffungskonditionenpolitik** umfasst alle Komponenten, die das Entgelt der beschafften Ressourcen bestimmen. Dies sind die unmittelbaren Geldleistungen (Kaufpreis, Anzahlung bei Leasinggeschäften, Pacht, Miete), aber auch Rabatte, Kreditgewährung (Vorauszahlungen, Stundungen, Ratenzahlung etc.) und die Lieferungs- und Zahlungsbedingungen (Skonto, Zahlungsziel, Gerichtsort, Lieferservice etc.). Daneben können nicht-monetäre Abgeltungen von Leistungen eine Rolle spielen, wie sie im Bereich von Co-Produktionen gang und gäbe sind. Auch zusätzliche Einmalzahlungen sind denkbar, wie sie im Handel bekannt sind (z. B. Regalmiete). Im Blickpunkt der Betrachtung steht gemeinhin die unmittelbare Geldleistung, was allerdings häufig zu irrigen Vorstellungen führt. Im Bereich der Fernsehwerbung sind z. B. die gewährten Rabatte auf die in den Preislisten ausgewiesenen Einschaltpreise derart hoch, dass sie stark an Aussagekraft verlieren, ein Phänomen, das in der Werbewirtschaft als Verlust der Planungssicherheit beklagt wird.

Der Medienbereich und hier insbesondere der Film- und TV-Bereich ist in der Vergangenheit durch drastische Preisexplosionen für die Programm-Inputs gekennzeichnet, was als natürliche Folge der zunehmenden Anbieterzahl und des Wettbewerbs um knappe Contents angesehen werden kann. Vor diesem Hintergrund ist es nicht verwunderlich, dass „kreative Preismodelle" in den Geschäftsbeziehungen der Beteiligten eine große Rolle spielen. Basis aller dieser Modelle ist die **Preisdifferenzierung**, mit deren Hilfe eine Optimierung der Transaktionen angestrebt wird.

> Im Filmhandel findet sich eine breite Palette unterschiedlichster Preis-Leistungsmodelle bzw. Formen des Programmeinkaufs (vgl. z. B. Holtmann 1998: 11 ff.): Output Deal, Spielfilmpaket, Bartering, Lifetime Deal oder Prebuys. Bartering ist dabei das reale Tauschgeschäft der Überlassung von Sendelizenzen gegen „Bezahlung" mit kostenloser Werbezeit. Beim Lifetime Deal wird das Exklusivrecht auf Ausstrahlung aller künftigen Folgen von Fernsehserien erworben. Ein Prebuy ist der Rechteerwerb an einer Produktion, die sich noch im Produktionsstadium befindet.

(3) Die Frage der Beschaffungswege und der Beschaffungslogistik wird auch unter dem Begriff der **Bezugspolitik** zusammengefasst. Bei den **Beschaffungswegen** geht es darum, welche Beschaffungsorgane bzw. Lieferanten in den Beschaffungsvorgang eingeschaltet werden sollen. Grundsätzlich sind in diesem Kontext die folgenden Bezugsquellen zu unterscheiden:

- Direkte Beschaffung unmittelbar beim Hersteller;
- Indirekte Beschaffung durch Einkauf beim Handel.

Mit der direkten Beschaffung beim Hersteller verschafft sich das Medienunternehmen Vorteile der Unabhängigkeit und Flexibilität, muss sich jedoch mit der Lieferantenauswahl nach Art, Zahl, Ort und deren Lieferbereitschaft selbst auseinandersetzen. Wegen struktureller Gegebenheiten kann es sein, dass die direkte Beschaffung der einzig gangbare Weg ist – man denke z. B. an die Beschaffung von Übertragungsrechten beim Veranstalter.

Die indirekte Beschaffung findet typischerweise dann statt, wenn es sich um Standardvorgänge der Beschaffung handelt (z. B. Musik-Content), oder um den Bezug größerer Content-Bestände (z. B. Spielfilmpakete). Voraussetzung ist die Existenz leistungsfähiger Beschaffungsorgane (Filmhändler als Beschaffungsmittler, Banken als Beschaffungshelfer).

Bei der **Beschaffungslogistik** geht es um den physischen Transport der Einsatzgüter und deren Lagerung. Logistik spielt naturgemäß im Printbereich eine zentrale Rolle, wenn z. B. Millionen Tonnen Papier beschafft und aufwändig transportiert werden müssen, damit sie zu Zeitungen, Zeitschriften und Büchern verarbeitet werden können. Demgegenüber ist bei elektronischen Medienprodukten die Logistik im Sinne körperlichen Transports nur bei Trägermedien (z. B. CDs oder DVDs) relevant, und das auch nur eingeschränkt. Bei Informationsprodukten, z. B. bei Kreativleistungen, kann sogar die nicht-körperliche Beschaffung und Distribution online erfolgen.

(4) Das Beschaffungsmanagement von Medienunternehmen umfasst schließlich die **Kommunikationspolitik**, die besondere in Engpass-Situationen und für den Aufbau langfristiger Lieferbeziehungen relevant ist. Ziel ist Schaffung von Vertrauen zu aktuellen und potenziellen Lieferanten. Vier Bereiche sind zu unterscheiden (vgl. Bea/Dichtl/Schweitzer 2002: 103 ff.): Direktkommunikation; Verkaufsförderung (Marktplatzkommunikation); Mediawerbung und Öffentlichkeitsarbeit.

Vorherrschendes Instrument im Beschaffungsbereich – generell und auch im Medienbereich – ist die Direktkommunikation. Direkt angesprochen werden einzelne namentlich schon bekannte potenzielle Anbieter. Nicht bekannte Anbieter werden aus Adressbeständen oder über Informationsbroker erschlossen.

Bei der Marktplatzkommunikation tritt man an einen anonymen Markt heran mit dem Ziel einer individualisierten Kontaktaufnahme. Zu denken ist hier an Messen, Ausstellungen, Börsen, Kongresse oder Verbandstagungen. Gute Möglichkeiten bei der Suche nach geeigneten Anbietern eröffnen sich über elektronische Business-to-Business-Marktplätze (Internet-Börsen, Auktionen, Ausschreibungen).

> Im Fernsehen spielen die Programm-Messen eine wichtige Rolle: „Die Serie der Programm-Messen beginnt im Januar mit der amerikanischen NATPE (steht für National Association of Television Program Executives). Im Februar folgen der Programm-Markt in Monte Carlo, sowie der American Film Market (AFM) in Los Angeles. Von herausragender Bedeutung sind zwei Programm-Messen in Cannes, die MIP (Marché International des Programmes) im April und die MIPCOM im Oktober. Auf der L. A. Screenings im Mai oder Juni in Los Angeles stellen die US-Studios die Pilotfilme zu ihren neuen Serien vor. Lizenzrechte unabhängiger Produzenten werden vor allem auf der MIFED jedes Jahr im Oktober oder November in Mailand gehandelt" (Wilke/Schilling 2000: 102; vgl. auch die Übersicht bei Karstens/Schütte 2013: 205).

Mediawerbung (Anzeigen, Plakate, Werbespots, Internetwerbung) richtet sich an einen anonymen Markt. Im Bereich der Beschaffung kommt sie im Grunde nur bei der Suche nach Arbeitskräften in Frage.

Öffentlichkeitsarbeit bzw. Public Relations (kurz: PR) verfolgt das Ziel, Vertrauen in der Bevölkerung aufzubauen. Im Beschaffungsbereich kann das insofern relevant sein, wenn es um brisante Produkte geht wie z. B. um Computer und Videospiele mit fragwürdigem Inhalt (z. B. Killerspiele). Die betreffenden Medienunternehmen haben hier einen erhöhten Erklärungs- und Überzeugungsbedarf.

15.5 Ganzheitliches Supply Chain Management

Zur Optimierung der Beschaffungsvorgänge ist es erstrebenswert, die gesamte Wertschöpfungskette von der Beschaffung bis zur Verwertung ganzheitlich in den Blick zu nehmen. Das entsprechende Managementkonzept bezeichnet man als „Supply Chain Management" – kurz SCM. SCM ist das integrierte und zielorientierte Management der gesamten Versorgungskette vom Einkauf der eigenen Rohstoffe über die Weiterveredelung bis zur Entsorgung bzw. zum Recycling einschließlich der Gestaltung der Beziehungen zwischen den Akteuren auf der Lieferkette.

> Die Betrachtung der Thematik reicht also über den engeren Rahmen der unmittelbaren Beschaffungsvorgänge weit hinaus: „Supply Chain Management ist die zielorientierte Gestaltung der Lieferungs-Empfangs-Beziehungen zwischen den Betrieben einer Lieferkette (eines Beschaffungsweges)" (Bea/Dichtl/Schweitzer 2002: 86).

Ziel von Supply Chain Management ist es, eine betriebsübergreifende Optimierung der Wertschöpfungskette der Beschaffung („Supply Chain") zu erreichen. Das bedeutet, dass zum einen eine prozessorientierte Sicht im Vordergrund steht, zum anderen der Blick sowohl auf die internen als auch auf die externen Lieferbeziehungen gerichtet wird (vgl. die Übersicht über den Beschaffungsablauf in ganzheitlicher Sicht bei Thommen/Achleitner 2012: 337).

> „Um die Beschaffungsfunktion zielentsprechend zu erfüllen, kann es zweckmäßig sein, nicht nur die Beziehungen zu den unmittelbaren Marktpartnern, den Lieferanten, zu gestalten, sondern die Überlegungen auf die Zulieferer der Lieferanten und gegebenenfalls weiterer Betriebe früherer Stufen auszudehnen" (Bea/Dichtl/Schweitzer 2002: 86).

> „Supply Chain Management (SCM) führt über die Schlüsselprozesse zu einer übergreifenden Prozessverbesserung, da Kunden, Lieferanten und weitere Dienstleister in der logistischen Kette einbezogen werden. Es wird vom eigenen Unternehmen ausgehend versucht, durchgängige, übergreifende Prozesse zu realisieren" (Thaler 2003: 18).

Als Ansatzpunkt von Supply Chain Management wird z. B. das sog. „Simultaneous Engineering" genannt (vgl. Bea/Dichtl/Schweitzer 2002: 88). Beim Simultaneous Engineering werden Teams aus Fachkräften des Lieferanten und des abnehmenden Betriebs gebildet, die simultan in einem Prozessvorgang sowohl das Produkt als auch die dazu erforderlichen Ressourcen entwickeln. Ziel ist unter anderem die Abkürzung von Entwicklungszeiten.

Im Medienbereich wird der Gedanke von Supply Chain Management bei der Herstellung und Verwertung von Content häufig implizit bereits umgesetzt, wenn z. B. große Konzerne wie Time Warner oder Bertelsmann die Wertschöpfungsprozesse der Geschäftsfelder integrativ und ganzheitlich beurteilen und aufeinander abstimmen.

Kernaussagen

- Herausragender Beschaffungsgegenstand von Medienunternehmen sind die Nutzungsrechte an Content, der selbst erstellt oder angekauft werden kann.
- Die Beschaffung von Ressourcen sollte nach einem integrierten Konzept erfolgen, das aus Beschaffungszielen, Beschaffungsstrategien und operativen Beschaffungsinstrumenten besteht.
- Die Beschaffungspolitik sollte in ein ganzheitliches Supply Chain Management eingebunden sein.

Literatur

Weiterführende Literatur: Grundlagen

Bea, F. X./Dichtl, E./Schweitzer, M. (2002): Allgemeine Betriebswirtschaftslehre, Bd. 3: Leistungsprozess, 8., neu bearb. u. erw. Aufl., Stuttgart.
Harting, D. (1989): Lieferanten-Wertanalyse, Stuttgart.
Koppelmann, U. (2003): Beschaffungsmarketing, 4., neubearb. Aufl., Berlin, Heidelberg, New York.
Kuhn, A./Hellingrath, B. (2002): Supply Chain Management, Berlin, Heidelberg, New York.
Large, R. (2006): Strategisches Beschaffungsmanagement, Wiesbaden.
Melzer-Riedinger, R. (2004): Materialwirtschaft und Einkauf, Band 1: Beschaffung und Supply Chain Management, 4., vollst. überarb. u. erw. Aufl., München, Wien.
Palupski, R. (2002): Management von Beschaffung, Produktion und Absatz, 2., ergänzte u. durchges. Aufl., Wiesbaden.
Piontek, J. (2004): Beschaffungscontrolling, 3., überarb. u. erw. Aufl., München, Wien.
Thaler, K. (2003): Supply Chain Management, 4., akt. u. erw. Aufl., Troisdorf.
Thommen, J.-P./Achleitner, A.-K. (2012): Allgemeine Betriebswirtschaftslehre, 7., vollst. überarb. Aufl., Wiesbaden.

Weiterführende Literatur: Medien

Althans, J. (2005): Management im Zeitschriftenverlag – Zentrale Entscheidungstatbestände, in: Medien-Wirtschaft, 2. Jg., H. 2, S. 74-86.
Becker, W./Geisler, R. (1998): Medienökonomische Grundlagen der Fernsehwirtschaft, Bamberger Betriebswirtschaftliche Beiträge, Nr. 119, Bamberg.
Burk, V. (2003): Sport im Fernsehen, Darmstadt.
Friedrich, M. (1997): Planung der Programmbeschaffung in öffentlich-rechtlichen Fernsehanstalten, Köln.
Ganz-Blättler, U. (2005): Genres zwischen Fiktion und Dokumentation, http://www.medienheft.ch/dossier/bibliothek/d23_Ganz-BlaettlerUrsula.html (3.3.2007)
Gläser, M. (1986): Mehrjährige Planung bei öffentlich-rechtlichen Rundfunkanstalten, in: Wille, E. (Hrsg.) (1986): Informations- und Planungsprobleme in öffentlichen Aufgabenbereichen, Frankfurt am Main, S. 269-305.
Gläser, M. (1987): Nachfrageorientierte Programmressourcen-Steuerung bei Rundfunk-Unternehmen, in: Fleck, F. H. (Hrsg.)(1987): Planung, Aufsicht und Kontrolle von Rundfunk-Unternehmen, Stuttgart, Mainz, Köln, Berlin, S. 121-146.
Habann, F. (1999): Kernressourcenmanagement in Medienunternehmen, Lohmar, Köln.
Heinrich, J. (1999): Medienökonomie, Band 2: Hörfunk und Fernsehen, Opladen, Wiesbaden.
Holtmann, K. (1998): Programmbeschaffung und -entwicklung werbefinanzierter TV-Programmanbieter aus der Perspektive der Programmplanung, Köln.
Holtmann, K. (1999): Programmbeschaffung im werbefinanzierten Fernsehen, Lohmar, Köln.
Karstens, E./Schütte, J. (2013): Praxishandbuch Fernsehen, 3., akt. Aufl., Wiesbaden.
Kruse, J. (1989): Märkte für Fernsehrechte, in: Schenk, M./Donnerstag, J. (Hrsg.)(1989): Medienökonomie, München, S. 255-263.
Kurse, J. (2005): Zugang zu Premium Content, Diskussionspapier Nr. 44, Helmut-Schmidt-Universität, Hamburg.
Röscheisen, T. (1997): Film- und Fernsehproduktionen für internationale Märkte, München.

Scherer, J. (1988): Programmbeschaffung und -produktion im dualen Rundfunksystem, in: Hoffmann-Riem, W. (Hrsg.)(1988): Rundfunk im Wettbewerbsrecht, Baden-Baden, S. 123-131.

Sieveking, N. (1994): Programmbedarf und Programmversorgung, in: Wachs, F.-C. (Hrsg.)(1994): Elektronische Medien, Baden-Baden, S. 215-233.

Von Schorlemer, A. (1993): Strukturen und Tendenzen im Lizenzgeschäft, in: Media Perspektiven, o. Jg., H. 11-12, S. 537-548.

Wecker, R./Wirtz, B. W. (2007): Erfolgswirkungen des internetbasierten Supply Chain Managements, in: Zeitschrift für Betriebswirtschaft, 77. Jg., H. 9, S. 911-954.

Wilke, J./Schilling, S. (2000): Fernsehprogrammhandel – Grundlagen, Organisation, Akteure, Volumen, in: Brosius, H.-B. (Hrsg.)(2000): Kommunikation über Grenzen und Kulturen, Konstanz, S. 93-108.

Winter, M. (1999): Programmbeschaffungsmarketing privater Fernsehveranstalter, Marburg.

Wirtz, B. W. (2013): Medien- und Internetmanagement, 8., akt. u. überarb. Aufl., Wiesbaden.

Fallbeispiele, Lexika

Frühschütz, J. (2000): Lexikon der Medienökonomie. Beschaffung, Produktion, Absatz, Frankfurt am Main.

Leidig, G. (Gesamtredaktion)(1995): Beschaffungsmarketing in der Druckindustrie, Bundesverband Druck e. V., Wiesbaden.

Kapitel 16
Produktion

16.1 Produktionsprozesse 427
16.2 Produktionsmanagement 441

Leitfragen

- Was versteht man unter einem „Produktionsprogramm"?
- In welcher Beziehung stehen Absatzprogramm und Produktionsprogramm zueinander?
- Welche allgemeinen Charakteristika verbinden alle medialen Produktionsprozesse?
- Was versteht man unter der „Make-or-Buy-Entscheidung"?
- Nach welchen Kriterien wird eine Make-or-Buy-Entscheidung getroffen?
- Wie ist es zu beurteilen, wenn ein regionaler Zeitungsverlag im Rahmen eines Outsourcing-Projekts seine Sportredaktion auslagert?
- Welche allgemeine Struktur weisen alle Produktionsprozesse im Medienbereich auf?
- Wie kann man sich den Produktionsprozess bei der Drucksachenerzeugung vorstellen?
- Was versteht man unter einem „Newsroom"?
- In welchen Stufen vollzieht sich der Zeitungsdruck?
- Wie läuft der Produktionsprozess für ein Buch ab?
- Wie kann man den Produktionsprozess im Radio zum einen im Hinblick auf den Content-Prozess, zum anderen im Hinblick auf den produktionstechnischen Prozess beschreiben?
- Was versteht man unter dem „Sendeabwicklungssystem"?
- In welchen Phasen läuft üblicherweise ein großes Kino-Filmprojekt ab?
- Wie lässt sich der Produktionsprozess im Fernsehen für die aktuelle Berichterstattung beschreiben?
- Was versteht man unter einem „Selbstfahrerstudio"?
- Wie läuft üblicherweise der Produktionsprozess für einen TV-Film ab?
- Welche Aufgaben stellen sich beim Film in der Angebotsphase?
- Welche Aufgaben stellen sich in der Vorbereitungs- und Organisationsphase?
- Welche einzelnen Schritte durchläuft beim Film der „Dreh"?
- Welche Funktion hat die Phase der Endfertigung?
- Welche Arbeiten fallen in der Abwicklungsphase des Films an?
- Was versteht man unter einem „Playout Center"?
- Wie arbeitet die Zentrale Sendeabwicklung der ARD für deren Gemeinschaftsprogramm?
- Wie stellt sich der Produktionsprozess bei einer Multimedia-Produktion dar?
- Wie sieht der Produktionsprozess bei einem Internet-Auftritt in systematischer Hinsicht aus?
- Welche Produktionsziele lassen sich grundsätzlich unterscheiden?
- Was versteht man unter dem Begriff „Produktivität"?
- Was versteht man unter „Wirtschaftlichkeit"?
- Welche Produktionsstrategien kann man unterscheiden?
- Wie lassen sich Produktionsprozesse typisieren?
- Was versteht man unter einem „Produktionsplanungs- und -steuerungssystem"?
- Was versteht man unter „Modularisierung"?
- Was ist ein „PPS-System"?

Gegenstand

Medienunternehmen stehen vor der Herausforderung, ihr Produktionsmanagement auf einer möglichst effizienten Grundlage durchzuführen. Methodisch gesehen geht es um die Gestaltung des Transformationsprozesses, der durch die Umwandlung von einzusetzenden Sachgütern und Dienstleistungen als Produktionsfaktoren in vermarktungsfähige Absatzprodukte gekennzeichnet ist.

Unter Produktion wird der zielgerichtete Einsatz von Sachgütern und Dienstleistungen und deren Transformation in andere Sachgüter und Dienstleistungen verstanden. Andere gebräuchliche Begriffe sind: Erzeugung, Fertigung, Herstellung, Leistungserstellung. Beim Einsatz digitaler elektronischer Medien spricht man von „Digital Production" bzw. Digitalproduktion. Allerdings ist zu beachten, dass der Begriff „Produktion" interpretationsbedürftig ist: „In der einschlägigen Literatur gibt es Meinungsunterschiede zur Begriffsbildung der Produktion. In der weitesten Fassung versteht man unter Produktion jede Kombination von Produktionsfaktoren. Danach umfasst die Produktion den gesamten betrieblichen Leistungsprozess. Wer dieser Definition folgt, muss alles, was in einem Unternehmen geschieht, als Produktion bezeichnen. Auch der Absatz, die Investition, die Finanzierung, die Unternehmensführung (Planung, Organisation und Kontrolle) würden dazugehören. Angesichts spezifischer Probleme in den genannten Unternehmensbereichen erscheint es zweckmäßig, den Produktionsbegriff enger zu fassen und ihn auf die betriebliche Leistungserstellung zu begrenzen" (Wöhe/Döring 2013: 273; im Orig. teilw. hervorgehoben). Im vorliegenden Kontext wird dieser engen Definition gefolgt.

Produktionswirtschaft steht vor drei prinzipiellen Aufgaben (vgl. z. B. Eisenführ 2000: 263):

- Planung und Implementation des Produktionssystems,
- Planung des Produktionsprogramms in enger Abstimmung mit dem Absatzprogramm,
- Planung und Kontrolle des Produktionsvollzugs.

Im Rahmen des Produktionskonzepts ist festzulegen, welche Inhalte selbst produziert werden sollen, welche Inhalte von Dritten eingekauft werden müssen, welche Formen der Mehrfachverwertung angewandt werden können und welche technologischen Bedingungen in der Produktion herrschen sollen. Die Produktion stellt eine bedeutende Stufe des Wertschöpfungsprozesses eines Unternehmens dar. Alle relevanten Elemente des Produktionsprozesses zusammengenommen stellen das sog. Produktionssystem dar.

In diesem Kapitel werden zentrale Grundfragen der Produktion aufgegriffen und auf die Medien übertragen. Beschrieben wird für einige wenige ausgewählte Bereiche, welche Spezifika in den medialen Produktionsabläufen jeweils zu erwarten sind.

Dabei ist erkennbar, dass sich der Print- und der elektronische Medienbereich immer noch relativ weit auseinander bewegen. Allerdings finden Konvergenzen der medialen Produktionsprozesse statt, die vor dem Hintergrund des Konzepts der medienunabhängigen Content-Produktion ablaufen. Die Hindernisse sind freilich unübersehbar: „Dazu ein Beispiel: Eine Content-Redaktion – in einigen Rundfunk-Sendeanstalten existieren sie bereits – hat die Aufgabe, sowohl für Fernsehen, für Radio als auch für das Internet-Portal die Inhalte vorzubereiten. Die medienspezifische Umsetzung obliegt dann den jeweiligen Redaktionen, die organisatorisch und räumlich im Produktionsprozess integriert sind. Die bisherigen Probleme resultieren unter anderem daraus, wenn sich Journalisten, die in den neuen Prozessen kooperieren müssen, aufgrund ihrer Ausbildung und ihrer bisherigen Laufbahn als ‚Einzelkämpfer' begreifen" (Klimsa 2006: 615).

Nicht angesprochen wird die Thematik der nutzergenerierten Medienproduktion (User Generated Content, User Driven Content), wonach alle oder einzelne Inhaltemodule eines Medienprodukts durch die Konsumenten selbst (einzeln oder als Gruppe) produziert werden – ohne erwerbsmäßige Absicht und einer unbestimmten Zahl von Nutzern zur Verfügung stehend. Dadurch findet eine Aufhebung der strikten Trennung von Produzent und Konsument statt. Produkte und Dienstleistungen werden vom Kunden mitgestaltet oder teilweise sogar die Entwicklung und die Herstellung vom Kunden vorgenommen.

Das Thema der Produktion im Medienunternehmen ist eng mit Fragen der Beschaffung (Kapitel 6) und des Absatzes (Kapitel 8) verknüpft.

16.1 Produktionsprozesse

(1) Ausgangspunkt des innerbetrieblichen Produktionsprozesses ist die Entscheidung darüber, inwiefern die abzusetzenden Produkte – d. h. das **Absatzprogramm** – selbst hergestellt oder von außen angekauft werden sollen. Diejenigen Produkte, die selbst hergestellt werden sollen, bilden das **Produktionsprogramm**. Absatzprogramm und Produktionsprogramm stehen dabei in einem unmittelbaren Kausalzusammenhang, der von der Make-or-buy-Entscheidung bestimmt ist: Das Absatzprogramm determiniert das Produktionsprogramm, indem es den Umfang und die Struktur der Eigenproduktion vorgibt.

> „Unter dem Produktionsprogramm versteht man die Gesamtheit aller von einem Unternehmen zu erstellenden Leistungen. Die Festlegung des Produktionsprogramms umfasst somit die Entscheidung über die herzustellenden Produkte. Demgegenüber steht das Absatzprogramm, das die Gesamtheit aller von einem Unternehmen angebotenen Leistungen umfasst" (Thommen/Achleitner 2012: 350).

Prinzipiell ist denkbar, dass das Produktionsprogramm größer, kleiner oder gleich groß wie das Absatzprogramm ist. Als Normalfall ist freilich anzunehmen, dass das Produktionsprogramm kleiner als das Absatzprogramm ist. Dies ist immer dann der Fall, wenn das Unternehmen einen Teil seines Absatzprogramms nicht selbst herstellt, sondern an Dritte in Auftrag gibt oder als Handelsware einkauft.

Für die **Make-or-buy-Entscheidung** können unterschiedliche **Kriterien** herangezogen werden (vgl. Thommen/Achleitner 2012: 352 f.). Besonders wichtige sind: Kostenvergleich zwischen Eigen- und Fremdproduktion, Verfügbarkeit von fremd produzierten Produkten, freie eigene Produktionskapazitäten, notwendige finanzielle Mittel, Qualität der Lieferanten, Relevanz der eigenen Unabhängigkeit, Erhalt von Arbeitsplätzen, Marktentwicklung, Bewahrung von Know-how.

Die Auslagerung von Unternehmensfunktionen an externe Spezialisten bezeichnet man als **Outsourcing**.

> Zum Outsourcing bei Verlagen vgl. die kontroverse Diskussion in der Zeitschrift MedienWirtschaft, 2. Jg., 3/2005, S. 138-143. Dort ist im Vorspann zu lesen: „Auch weniger aufgeschlossene Verlage wagen erste Schritte in Richtung Outsourcing und kooperieren mit anderen Zeitungen, um saisonale Schwankungen auszugleichen und hohe Personalkosten einzusparen. Produktionsschritte auszulagern, ist ein Schritt, den ein Verleger aus betriebswirtschaftlichen Gründen niemals ausschließen kann. Problematisch wird es dann, wenn Kernkompetenzen berührt werden. Kaum ein Verlag wird sich mit seinen wertvollen Ressourcen, die den Kern der Markenqualität ausmachen, freiwillig auf externe Dienstleister verlassen wollen". In der Diskussion kommt zum Ausdruck, dass aus Verlagssicht durchaus eine gewisse Aufgeschlossenheit herrscht, neue Wege zu gehen. Ein kritische Stimme erhebt dagegen der Deutsche Journalisten-Verband (DJV): „Ein neuer Fall, den wir mit Sorge beobachten, ist der schleswig-holsteinische Zeitungsverlag sh:z. Dort wurde die komplette Sportredaktion ausgelagert – nur um die Mitarbeiter anschließend zu deutlich schlechteren Bedingungen in der Sport- und Event GmbH zu beschäftigen. Diese liefert dem sh:z künftig die Sportberichte, ist aber nicht Mitglied im Bundesverband Deutscher Zeitungsverleger und damit nicht an die Tarifverträge für Redakteurinnen und Redakteure an Tageszeitungen gebunden."

(2) Die Produktionen im Medienbereich zeichnen sich durch höchst unterschiedliche **mediale Produktionsprozesse** aus, folgen jedoch alle einem gemeinsamen Grundmuster, das sich wie folgt darstellt (vgl. Krömker/Klimsa 2005: 19):

- Pre Production: Recherchieren, Planen und Erzeugen von Content;
- Production: Anpassung von Content an das technische Vermittlungssystem;
- Post Production: Verfeinern, Bearbeiten und Testen von Content;
- Distribution: Transfer von Content an die Zielgruppen.

Nachfolgende Übersichten stellen die Produktionsprozesse der einzelnen Medienformen in Kurzform dar. Es sind dies die Produktionsprozesse für Zeitung, Buch, Radio, Kinofilm, TV-Nachrichten, TV-Dokumentation, TV-Film, TV-Playout, Multimedia, Internet-Auftritt bzw. Website-Erstellung.

Die Produktionsbedingungen dieser Bereiche unterscheiden sich in mehrfacher Hinsicht. Ein wesentliches Merkmal ist, dass sie typischerweise im unterschiedlichen Umfang intern bzw. extern produziert werden (vgl. Heinrich 2000: 92). So wird z. B. fiktionale Unterhaltung im Fernsehen (Spielfilme, Serien, Reihen) extern von unabhängigen Produzenten erstellt, während Informationssendungen (Nachrichten, Magazine, Reportagen, Dokumentationen) i. d. R. intern produziert werden. Dabei finden oft Zulieferungen von Nachrichtenagenturen, freien Mitarbeitern und thematisch spezialisierte Anbieter (z. B. Reporter von Katastrophen oder High Society) statt. Nichtfiktionale TV-Unterhaltung (Spielsendungen, Shows, Musik-, Sportübertragungen) wird sowohl intern als auch extern produziert, allerdings mit einem Trend zu verstärktem Outsourcing.

Produktionsprozess Zeitung

Drucksachenerzeugung im Überblick

Die Erzeugung von Druckprodukten erfolgt in den drei Produktionsstufen (1) Druckvorstufe (Prepress), (2) dem eigentlichen Druckprozess (Press) und (3) der Druckweiterverarbeitung (Postpress, Finishing). Eine Übersicht über den hierbei entstehenden Material- und Datenfluss gibt nachfolgende Abbildung (Quelle: Kipphan 2000: 14).

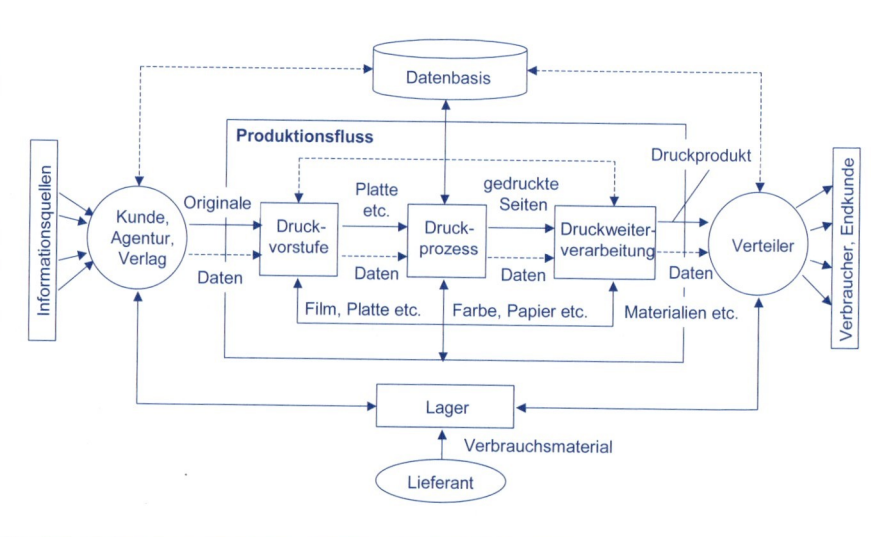

Beispiel 1: Konzeptionsphase: Newsroom der „Welt am Sonntag"

Nachfolgender Auszug stammt aus dem Beitrag „Zeitung, Internet, Fernsehen: Wie Deutschlands modernster Nachrichtenraum funktioniert" in der „Welt am Sonntag" vom 19.11.2006, S. 78-79:

„Was zunächst wie ein normales Großraumbüro aussieht, symbolisiert auf über 400 Quadratmetern Fläche zwei wichtige Innovationen auf einmal. Die erste Neuerung hat etwas mit dem Internet zu tun: Erstmals in der Geschichte der „Welt am Sonntag" arbeiten hier Zeitungsjournalisten Schulter an Schulter mit den Online-Kollegen. Die alten Grenzen zwischen Zeitung und Internet verschwimmen, ein neues Bewusstsein entsteht. Früher gab es Experten für das Zeitungsmachen und Experten für das Internet. Und diese Journalisten hatten wenig miteinander zu tun.

Aus Sicht der Profis war das damals eine sinnvolle Arbeitsteilung, aber die Ansprüche der Leser haben sich geändert. Sie wechseln zwischen den Zeitungen und Internet mühelos hin und her. Was sie in der Woche als Nachricht im Internet bei Welt.de finden, wollen sie am Sonntag vertieft in der Zeitung lesen. Umgekehrt möchten sie Themen, die sie in der Zeitung interessierten, online mit Hintergründen, Videos, Bildergalerien und Diskussionsforen vertiefen. Wenn Leser zwischen den Medien wechseln, können Journalisten nicht bei ihrem angestammten Berufsbild bleiben.

Viele Menschen verbringen heute mehr Zeit im Netz als mit der Zeitung. Das bedroht Zeitungen nicht in ihrer Existenz; sie besitzen viele einzigartige Stärken, die ihnen eine erfolgreiche Zukunft sichern. Aber Zeitungen müssen besser als bisher mit dem Internet verzahnt werden.

Genau das ermöglicht der neue Newsroom: Wirtschaftsredakteure, Sportreporter oder Parlamentskorrespondenten schreiben sowohl für die Zeitung als auch für Online. Ganz gleich, wer eine interessante Geschichte zu erzählen hat, kommt in die Nachrichtenzentrale und schildert sie Kollegen. Dort sitzen Chefredakteur, Ressortleiter, Fotoredakteure, Layouter, Infografiker – sie beraten gemeinsam, ob die Geschichte eher für die Zeitung oder für Online taugt, ob sie in beiden Medien erscheinen soll und wie sie dort jeweils aufbereitet wird.

... Die zweite wichtige Neuerung, für die der Newsroom steht, hat mit den Schwesterzeitungen der „Welt am Sonntag" zu tun: „Die Welt", „Berliner Morgenpost" und „Welt Kompakt". Über Jahrzehnte arbeitete die „Welt am Sonntag" völlig getrennt von ihren Schwestern. Die Redaktionen standen im Wettbewerb untereinander. Obwohl man eine gemeinsame Kantine besuchte und sich im Aufzug traf, wurden Informationen eifersüchtig gehütet. ... Wie sieht die Arbeit in der Zentrale aus? Sie beginnt morgens um 6 Uhr mit der ersten Schicht für das Webangebot Welt.de. Korrespondentenberichte von anderen Kontinenten laufen ein, Aufträge werden verteilt, Beiträge geschrieben, Videos produziert. Früh am Morgen werden die Seiten auf den neuesten Stand gebracht. Wenn die Redakteure von „Welt" und „Morgenpost" zur Arbeit kommen, sind die Geschehnisse bereits ein erstes Mal bewertet und aufbereitet worden.

Gegen halb zehn treffen sich die Ressorts, um 10 Uhr tagt die „Welt", um 11 Uhr die „Welt am Sonntag" um 12 Uhr die „Morgenpost". Im Laufe des Tages gibt es Sonderkonferenzen zur Gestaltung und zu den Kommentaren. Am Abend schließen die Tageszeitungen ihre Seiten ab. Parallel arbeitet die „Welt am Sonntag" an der Aufbereitung von Themen ... Gegen 20 Uhr beginnt dann die heiße Phase von „Welt Kompakt". Mit dem Redaktionsschluss um 0.30 Uhr ist dies Deutschlands aktuellste überregionale Zeitung. ..."

Beispiel 2: Zeitungsdruck

Druck- und Verlagshaus Frankfurt am Main GmbH. In einer Präsentation wird gezeigt, wie eine Zeitung hergestellt wird (Stand 2003) (Quelle: http://www.fr-online.de/_img/_cnt/ _online/fr_druck.pdf - 06.03.2007):

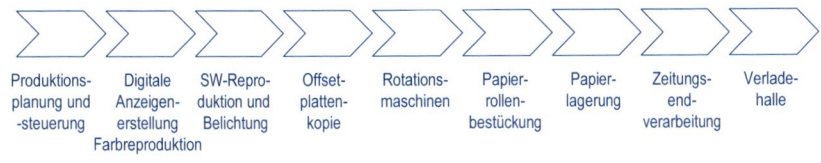

Produktionsplanung und -steuerung | Digitale Anzeigenerstellung Farbreproduktion | SW-Reproduktion und Belichtung | Offsetplattenkopie | Rotationsmaschinen | Papierrollenbestückung | Papierlagerung | Zeitungsendverarbeitung | Verladehalle

„Wir sind eine der modernsten Zeitungsdruckereien in Europa. Rund um die Uhr an sieben Tagen in der Woche arbeiten etwa 700 Mitarbeiter auf unserem Betriebsgelände von 65.000 Quadratmetern. Insgesamt drucken wir ca. 11 Millionen Zeitungen pro Woche, das sind rund 570 Mio. Zeitungen im Jahr, dafür verarbeiten wir ca. 65.000 Tonnen Papier.

Produktionsplanung und -steuerung: Alle eingehenden technischen Informationen zur Zeitungsherstellung werden in dieser Abteilung für den hausinternen Gebrauch gesammelt, bewertet und als Vorgaben an die zuständigen Bereiche geleitet. Ein weiterer Schwerpunkt besteht in der Produktionsüberwachung und Dokumentation.

Digitale Anzeigenherstellung und Farbreproduktion: In diesen Abteilungen werden Anzeigen der verschiedenen Kunden digital und analog verarbeitet, qualitativ nach Profilvorgaben bewertet und nach dem Zeitungsstandard aufbereitet. Die Daten der Redaktionen und der Anzeigenabteilungen werden zu einer ganzen Zeitungsseite zusammengeführt.

SW-Reproduktion und Belichtung: Hier empfangen wir die zu druckenden Seiten aus den Verlagshäusern. Die Seiten werden als Negativfilme ausgegeben. Dazu stehen insgesamt 11 Belichter zur Verfügung. Eine Farbseite besteht aus vier übereinander gedruckten Farben. Da jede Druckfarbe einen separaten Film benötigt, empfangen wir bis zu vier Filme pro zu druckender Zeitungsseite.

Offsetplattenkopie: In der Offsetplattenkopie werden nun die Negativfilme auf die Druckplatten belichtet. Dies geschieht mittels UV-Licht auf eine polymerbeschichtete Aluminiumplatte. Im Anschluss wird die Druckplatte von einer Förderanlage an die Rotationsmaschine transportiert. Pro Tag verbrauchen wir bis zu 2.800 recyclebare Druckplatten.

Rotationsmaschinen: Wir verfügen zur Zeit über insgesamt 10 Rotationsmaschinen der Firma KBA. Dies sind 2 Maschinen Typ ALFRA CX und 8 Maschinen vom neuen Typ Commander. Eine Maschine ist ca. 15 m hoch und 13 m lang. Die Maschinen des Typs ALFRA CX und Commander werden von Leitständen aus bedient. Typ Commander-Maschinen: In unserer neuen 85 m langen Rotationshalle stehen 6 Rotationsmaschinen des Typs Commander, in einer kleineren Halle sind weitere 2 Rotationsmaschinen desselben Typs. Diese Commander-Maschinen werden mittels Einzelmotoren angetrieben. Um die Motoren elektronisch zu synchronisieren, sind sie mit Glasfaserkabel verbunden. Die maximale Maschinengeschwindigkeit beträgt 40.000 Umdrehungen, dies entspricht etwa 12,6 m/Sek. Papierförderung in der Maschine.

Papierrollenbestückung: In der Rollenträgerebene werden die großen Papierrollen ausgepackt, mit einem speziellen Klebestreifen versehen und anschließend in die Rotationsmaschine eingehängt. Ein Papierrollenwechsel erfolgt bei voller Geschwindigkeit der Rotationsmaschine. Die Papierbahn der neuen Rolle wird an die ablaufende alte Rolle angeklebt und die alte Papierbahn einfach abgeschnitten. Ein kleiner Rest Papier verbleibt auf der alten Rolle und wird zum Recycling abgeholt.

Papierlagerung: Insgesamt haben wir ca. 1.600 Tonnen Papier vorrätig. Das entspricht dem Papierverbrauch von circa einer Woche. Die Rollen sind 80, 120 oder 160 cm breit und wiegen bis zu 1.300 kg. Abgewickelt wäre die Papierbahn etwa 20 km lang. Eine Papierrolle ist nach rund 27 Minuten verdruckt. Wir verwenden in erster Linie Recyclingpapier mit einem Anteil von durchschnittlich 70% Altpapier.

Zeitungsendverarbeitung: Wir verfügen über 6 Großversandanlagen auf einer Fläche von über 10.000 Quadratmetern. Das entspricht einem Raumbedarf von etwa 1½ Fußballfeldern. Die tagsüber gedruckten Vorprodukte werden mit dem am Abend aktuell hergestellten Hauptprodukt komplettiert. Zusätzlich können noch kommerzielle Prospekte zugeführt werden, so dass eine Zeitung aus insgesamt 7 Teilen bestehen kann. Dann werden die Zeitungen – online per InkJet-Technik beschriftet, – zu Paketen gestapelt, – mit einem Tourenzettel (live gedruckt) versehen – in Folie verpackt und ... Verladehalle: ... mittels Endlos-Transportbändern zum Verladen zu den bereitstehenden Kleintransportern und Lastwagen befördert. Pro Nacht werden dazu rund 300 Fahrzeuge benötigt. Nacht für Nacht werden per Luftfracht rund 15 Tonnen Tageszeitungen geflogen. Bei Unfällen, Staus oder unsicheren Wetterlagen müssen die Fahrtrouten kurzfristig umdisponiert und weitere Fahrzeuge gechartert werden."

Produktionsprozess Buch

Der Wertschöpfungsprozess beim Buch verläuft in zwei Phasen:

(1) Phase der Herstellung des Produkts, die vom sog. „Herstellenden Buchhandel" – das sind die Verlage – vollzogen wird

(2) Phase der Distribution, die der „Verbreitende Buchhandel" abwickelt.

Nachfolgende Darstellung vermittelt ein Bild über die ablaufenden Teilprozesse bzw. die Kette zwischen Autor und Leser (vgl. Kerlen 2003: 22).

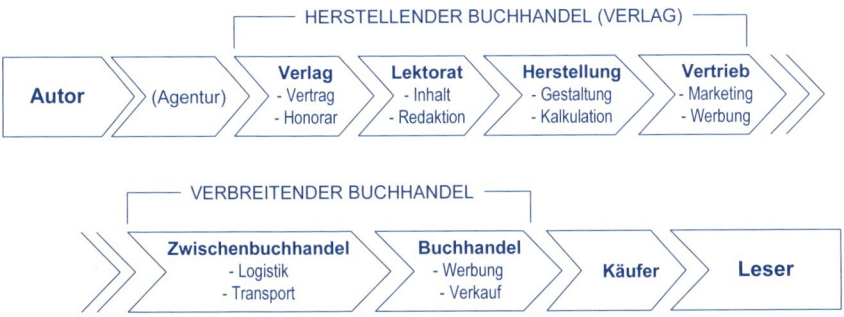

Der Ablauf des Managementprozesses im Buchbereich kann wie folgt dargestellt werden (vgl. ebd. 75):

A. Auftragsbeurteilung

1. Externe Informations-Beschaffung (Situations-Analyse, Konkurrenz-Analyse, Ressourcen-Analyse)
2. Idee / Konzept mit Alternativen / Akquisition von Vor-Verantwortung (Herausgeber)
3. Vor-Kalkulation: Kosten / zu erwartende Erlöse
4. Interne Ressourcen-Analyse: Manpower, Finanzen, Zeit

B. Beschluss über Durchführung (ja/nein)

mit schriftlicher Begründung

C. Auftragseröffnung

1. Vertragswerk
2. Akquisition der Haupt-Verantwortung (Autoren)
3. Kostengerüst
4. Zeitgerüst
5. Vorschüsse auf Absatz- und Pauschalhonorare

D. Auftragsdurchführung (Wer? Was? Wie? Wann? Wozu? Wie teuer?)

1. Manuskriptphase: Herausgeber / Autoren-Konferenzen, sowie ständige Lektorats-Kommunikation mit Autoren und Herausgebern
2. Redaktionsphase im Lektorat (oder Außendienstmitarbeiter)
3. Satzvorbereitungsphase (im Hause)
4. Herstellungsphase (außer Hause)
5. Vertriebsphase / Marketing

E. Auftragserfüllung

Erlös, Controlling, Nachkalkulation, Soll-/Ist-Vergleich, Ergebnis

Produktionsprozess Radio

Der Wertschöpfungsprozess im Hörfunk kann zum einen in die vier Teilprozesse der Preproduktion, Produktion, Postproduktion und Distribution differenziert werden, zum anderen in die Aspekte des Content-Prozesses, des produktionstechnischen Prozesses und in die Organisation in Funktionsbereiche (vgl. Krömker/Klimsa 2005: 235 ff.). Nachfolgende Abbildung fasst alle Aspekte zusammen:

	Pre-Produktion	Produktion	Post-Produktion	Distribution
Content Kreativer Prozess	Themen-Recherche Redaktion	Material-Recherche Material-erstellung	Material-bearbeitung	Ausstrahlung
Technik Produktionstechnischer Prozess	Redaktions-system	Browsingsystem Aufzeichnungs-Wiedergabe-system	Postproduktions-system	Sendeabwicklungs-system
Organisation Funktionsbereiche, Komplexe	Wortredaktion Nachrichten-redaktion Musikredaktion	Produktionsregie Sprecherraum Zentraler Geräteraum		Hauptsendestudio Sendeersatzstudio Nachrichtenstudio

Die Gesamtheit des kreativen Prozesses kann man als „Content-System" bezeichnen, die Gesamtheit des produktionstechnischen Prozesses als „Technisches System".

Mit der Digitalisierung haben sich die Prozesse im Hörfunk stark gewandelt.

Ein Beispiel: „Bereits nach einer kurzen Einweisung konnten Redakteure ihre Beiträge am Computer selbst schneiden und den Beitrag direkt in der Softwareapplikation, an den dafür vorgesehenen Platz im Sendeplan einfügen; ein vollkommen neuer Arbeitsablauf in der Hörfunkproduktion, der sich schnell in den Redaktionen durchsetzte und den klassischen Tontechniker überflüssig machte. Die Moderatoren im Sendestudio brauchen beispielsweise ihren Sendeablaufplan nicht mehr vor der Sendung auf Papier. Auch das Zusammenrechnen der Zeiten oder das Zusammenstellen der einzelnen Tonträger ist nicht mehr nötig. Der in der Musikredaktion erstellte Sendeablaufplan wird im Studio auf dem Bildschirm angezeigt und von der Sendeabwicklung ausgespielt. Für die ‚Radiomacher' bedeutet die Arbeit mit digitalen Systemen mehr Zeit um kreativ zu sein und ihre Ideen dann einfach und schnell umsetzen zu können. Tontechniker hingegen werden mehr und mehr zu Systemadministratoren und übernehmen hochwertige Produktionen von Content-Elementen" (Blohmer/Erdmann 2005: 249).

Als Vision stellt man sich einen durchgängigen elektronischen Workflow ohne Medienbruch vor, der von der Idee des Redakteurs über seine Recherchen zum Thema, die Suche und das Anhören von Archivmaterial über die Sendeplanung und Produktion bis hin zur Sendung, zur anschließenden Archivierung, Abrechnung und Sendeminutenstatistik sowie GEMA/GVL-Meldung reicht.

Produktionsprozess Kinofilm

Den Produktionsprozess beim Kinofilm hat in sehr anschaulicher Weise Klaus Keil dargestellt und visualisiert (vgl. Iljine/Keil 1997: 208 f.):

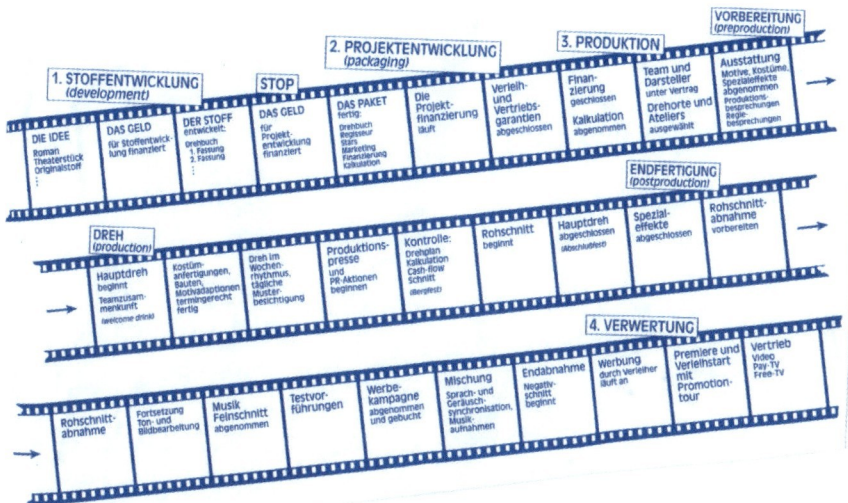

Danach wird der Produktionsprozess beim Film in die folgenden 4 Phasen eingeteilt:

- Phase 1: Stoffentwicklung: Die Idee (Roman, Theaterstück, Originalstoff, ...) / Das Geld (für Stoffentwicklung finanziert) / Der Stoff entwickelt (Drehbuch, 1. Fassung, 2. Fassung etc.).

- Phase 2: Projektentwicklung (Packaging): Das Geld für Projektentwicklung finanziert / Das Paket fertig (Drehbuch, Regisseur, Stars, Marketing, Finanzierung, Kalkulation) / Die Projektfinanzierung läuft / Verleih- und Vertriebsgarantien abgeschlossen.

- Phase 3: Produktion. Finanzierung geschlossen, Kalkulation abgenommen. Team und Darsteller unter Vertrag, Drehorte und Ateliers ausgewählt.

    Phase 3-a: Vorbereitung (preproduction): Ausstattung Motive, Kostüme, Spezialeffekte sind abgenommen, Produktionsbesprechungen, Regiebesprechungen.

    Phase 3-b: Dreh (production): Hauptdreh beginnt, Teamzusammenkunft (welcome drink). Kostümanfertigungen, Bauten, Motivadaptionen termingerecht fertig. Dreh im Wochenrhythmus, Musterbesichtigung. Produktionspresse und PR-Aktionen beginnen. Kontrolle Drehplan, Kalkulation, Cash Flow, Schnitt (Bergfest) / Rohschnitt beginnt / Hauptdreh abgeschlossen (Abschlussfest)

    Phase 3-c: Endfertigung (postproduction) Spezialeffekte abgeschlossen / Rohschnittabnahme vorbereiten / Rohschnittabnahme / Fortsetzung Ton- und Bild- Bearbeitung / Musik-Feinschnitt abgenommen / Testvorführungen / Werbekampagne abgenommen und gebucht; Mischung Sprach- und Geräuschsynchronisation, Musikaufnahmen / Endabnahme (Negativschnitt beginnt).

- Phase 4: Verwertung: Werbung durch Verleiher läuft an / Premiere des Films und Verleihstart mit Promotion-Tour / Vertrieb (Video, Pay-TV, Free-TV).

Produktionsprozess TV-Nachrichten

Der Produktionsprozess für die aktuelle Berichterstattung im Fernsehen lässt sich wie folgt visualisieren (vgl. Sandig in Krömker/Klimsa 2005: 110):

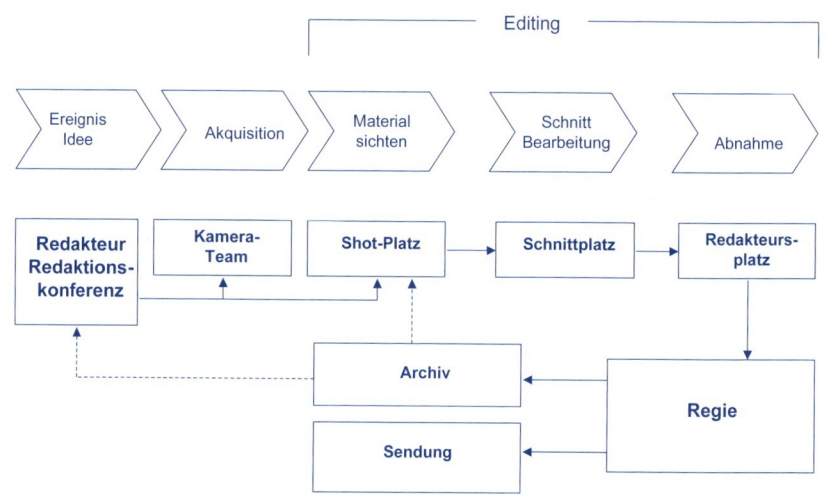

Redaktion

Meckel 2001: 129 f.: „Vom Journalismus zum *Digital Data Processing*: Produktionstechniken

Bevor eine Fernsehnachrichtensendung als Gesamtprodukt ausgestrahlt werden kann, müssen unzählige Vorbereitungs- und Produktionsschritte absolviert werden, die inzwischen ebenfalls weitreichend durch Digitalisierung und Virtualisierung geprägt werden. Die traditionelle journalistische Informationsbe- und -verarbeitung in der Fernsehnachrichtenredaktion entwickelt sich zum *Digital Data Processing*. Schon seit einigen Jahren werden in Sendeanstalten zunehmend digitale Kameras und Schnittplätze (z. B. von FAST und AVID) angeschafft, die wiederum den Produktionsprozess beschleunigen, Materialverbrauch und -verschleiß mindern und somit Kosten reduzieren sollen. Mit der Umstellung einzelner Postproduktionsschritte auf digitale Basis ist aber nur ein Teil des gesamten Fernsehnachrichtenproduktionsprozesses computertechnisch erschlossen worden. Darüber hinaus gehören bereits seit Jahren Nachrichtenverwaltungssysteme zum Redaktionsalltag, über die Agenturzulieferungen, Sendepläne, Textverarbeitung und weitere verwaltungstechnische Prozesse rationalisiert und zentralisiert wurden. In den meisten Sendeanstalten steht inzwischen allerdings der Schritt zur totalen und systemintegrativen Digitalisierung an, der tatsächlich einen qualitativen Unterschied zu bisherigen Entwicklungsschritten der Computerisierung darstellt.

Neue digitale Fernsehnachrichtenredaktions- und -produktionssysteme wie iNews (www.avstarnews.com), ENPS (*Electronic News Production System* von Associated Press, www.enps.com) und IT4TV (www.it4tv.com) bieten ein neu strukturiertes und integriertes Ablaufmanagement bislang getrennter Arbeitsbereiche und -schritte im Fernsehnachrichtensektor (*workflow management*). Die Vorteile der Systeme neuer Generation liegen darin, dass sie

- den Anwendern in Redaktion, Technik, Ablaufmanagement und Produktion über eine integrierte Benutzeroberfläche am eigenen PC Zugang zu Informationspools und – je nach Anwenderstatus – Eingriff in einzelne Bearbeitungsschritte und -prozesse ermöglichen;
- die reine Textverwaltung (Agentur- und Nachrichtentexte) durch multimediale Komponenten (Videodaten, Audiodaten, Grafiken, Inserts, Filmtexte etc.) ergänzen und alle Bestandteile in den Redaktionsund Produktionsprozess zentral integrieren;
- eine flexible Planung und Direktsteuerung (*On Air*) des Sendeverlaufs ermöglichen;
- eine Integration von Newsmanagement-Systemen und dem Internet vollziehen."

Digital Newsroom

Ordolff 2005: 209 f.: „Digital Newsroom": „Der Digital Newsroom beruht auf der vollständigen Vernetzung der Technik, die zur Produktion einer Nachrichtensendung notwendig ist. Die Digitalisierung aller Abläufe brachte für die Redakteure und die Moderatoren einige Veränderungen mit sich. Im Digital Newsroom kann sehr schnell und flexibel auf aktuelle Entwicklungen oder unvorhersehbare Ereignisse reagiert werden. Auch während der laufenden Sendung ist es noch jederzeit möglich, den Ablauf zu ergänzen oder zu korrigieren.

Die Vorteile des Digital Newsrooms: ... Die Redakteure können an ihren Computern im Redaktionsraum zeitgleich auf das mehrmals am Tag überspielte Material aus den unterschiedlichen Quellen (Zulieferungen aus den Studios, Euro-Material usw.) zurückgreifen, weil es zentral gespeichert wird. Auch der Zugriff auf bereits gesendete Beiträge ist jederzeit möglich. Die Redakteure sind somit in der Lage, umfassend zu sichten, Bilder auszuwählen und den roten Faden zu entwickeln, ohne dass sie dafür Kassetten brauchen. Sie können auf diese Weise viel Zeit sparen, was gerade im Hinblick auf die aktuelle Berichterstattung von großer Bedeutung ist.

Zudem kommt es häufig vor, dass ein Thema sich durch den ganzen Tag zieht und so immer wieder in leicht veränderter Form in den verschiedenen Nachrichtensendungen als Bericht gesendet werden soll. Da das Material bereits in den Hauptspeicher eingeladen wurde, sind diese Änderungen, Umstellungen oder Ergänzungen schnell und problemlos möglich. Die großen Sender planen, auch den Bestand ihrer Archive zu digitalisieren. Dann können die Cutter im Schneideraum des Digital Newsrooms auf dieses Material mit nur wenigen Mausklicks zurückgreifen. Auch das bedeutet einen enormen Zeitvorteil. Als Nachteil hat sich bislang die Vertonung der Beiträge erwiesen. Es ist möglich, die Sprachaufnahmen durch die Cutter am Schneidetisch durchführen zu lassen. Der Redakteur liest seinen Text dann in einer kleinen Sprecherkabine, die mit dem Schneideraum technisch verbunden ist. Die Qualität dieser Sprachaufnahmen ist allerdings häufig schlechter als die, die von einem Tontechniker in einem Synchronstudio produziert werden."

Beispiel ProSiebenSat.1

Im Jahr 2009 realisierte „P7S1" ein modernes Newsroom-Konzept. Nachfolgend ein Auszug aus einem Projektbericht: „**Die Herausforderung:** Mit dem Umzug der N24-Redaktion an den Berliner Potsdamer Platz sollte ein Newsroom entstehen, in dem die Redakteure neben dem eigenen 24-Stunden-TV-Programm und den Webnachrichten parallel auch die Nachrichtensendungen von ProSieben, Sat.1 und kabel eins produzieren können. Dafür wurde ein komplett neues, leistungsstarkes Redaktionssystem benötigt, das umfangreiche Recherche-, Produktions- und Planungsmöglichkeiten sowie einen hohen Automationsgrad bietet. **Die Lösung:** Das Redaktionssystem NCPower Pro von NorCom bildet – mit dem integrierten Videoproduktionssystem Sonaps von Sony sowie der Grafiklösung von Vizrt – die ideale Basis für einen komplett digitalen Workflow der Redakteure. Das System wurde an das bestehende Archiv der ProSiebenSat.1-Gruppe angeschlossen, um eine einfache Recherche, Sendeplanung und einen einfachen Datentransfer zu ermöglichen. Die computerunterstützte Senderegie läuft über die Newscast Automation von Mosart. **Eine Nachrichtenredaktion für vier Sender:** Im Herbst 2008 zog die N24-Nachrichtenredaktion vom Berliner Gendarmenmarkt in die neuen Räumlichkeiten am Potsdamer Platz. Mit dem Umzug sollte ein Newsroom entstehen, in dem auf Grundlage der modernsten Redaktions- und Produktionstechnik das N24-Programm und die übrigen Nachrichtensendungen der ProSiebenSat.1-Gruppe produziert werden können. Das IT-Beratungsunternehmen IBM Global Business Services zeichnete als Generalunternehmer verantwortlich. Knapp ein Jahr dauerte die technische Planung und Umsetzung des Newsrooms für die mehr als 200 Mitarbeiter aus Redaktion, Technik und Administration. Die Effizienz- und Qualitätssteigerung der Produktion hatte man sich ebenso zum Ziel gesetzt wie die unkomplizierte Mehrfachverwertung von Beiträgen. Dies wurde vor allem durch die enge Verzahnung der Fernseh- und Multimedia-Redaktionen erreicht. Beide Redaktionen greifen nun auf den gleichen, umfangreichen Datenpool zu. N24 hat den technischen Relaunch außerdem dazu genutzt, das Programm als erster deutscher Nachrichtensender komplett auf das Bildformat 16:9 umzustellen und die Infrastruktur für HD-Produktion vorzubereiten"
(http://www.norcom.de/sites/default/files/success_n24_d_090423.pdf)

Produktionsprozess TV-Dokumentation

Dokumentarisches Arbeiten

Dokumentarisches Arbeiten bringt spezifische Produktionsabläufe mit sich, die sich von anderen Formen unterscheiden.

„Mit Reportage, Doku-Drama, Feature und Dokumentation sind die wichtigsten methodischen Pole für die Arbeit eines Dokumentaristen angesprochen: Er kann authentisch arbeiten (Reportage), er kann inszenieren (Doku-Drama), er kann mischen (Dokumentation, Feature)" (Ordolff 2005: 263).

Die Herstellung des Programms erfolgt in systematischen Schritten von der ersten Idee bis zur fertigen Sendung, Bei der Produktion einer TV-Dokumentation, eines Feature, einer aktuellen Reportage, eines journalistischen Films können die folgenden Herstellungsschritte unterschieden werden:

- Idee: Jeder filmische Beitrag beginnt mit einer Idee, die es zu einer konkreten Ausformung zu entwickeln gilt. Die Idee kann aus Redaktionskreisen stammen, aber auch von außenstehenden Autoren.
- Themenvorschlag und Exposé: Der Themenvorschlag soll die Redaktion davon überzeugen, dass sich das Thema für eine Präsentation im Programm lohnen würde. Das Exposé überführt den Vorschlag in eine konkrete nachvollziehbare Form.
- Recherche: Zur journalistischen und dokumentarischen Qualität gehört regelmäßig intensive Recherchearbeit. Diese kann sich als sehr aufwendig erweisen.
- Treatment: Es handelt sich um die schriftliche Beschreibung des Films in der Reihenfolge der Szenen, getrennt nach Bild und Textinhalt. Dargestellt wird die vorläufige Struktur des Films in der Form, wie sie der Autor im frühen Entwicklungsstadium vor Augen hat. Bei komplizierteren Aufgabenstellungen wird von Autoren und Redakteuren ein (dramatisches) Drehbuch geschrieben.
- Produktionsauftrag: Auf dieser Stufe wird der eigentliche Produktionsprozess konkret ausgelöst. Ziel ist es, dem Projekt die personellen, sachlichen und finanziellen Ressourcen zuzurechnen, wie sie von der Produktionsleitung zu verantworten sind. Die Redaktion als Inhaltsgarant ist Antragsteller.
- Dreh: An den vorgesehenen Drehorten (Studio, Locations) erfolgt die Bild- und Tonaufnahme, sei es mit oder ohne Darsteller (cast) und mit dem Aufnahmestab (staff), der sich in den inhaltlich-kreativen Teil (Autor, Kamera, Regie) und den technisch-organisatorischen Teil gliedert.
- Inszenierung: Sie gibt einer Idee die konkrete Gestalt von Bild, Geräusch, Musik, O-Ton und Text.
- Schnitt: Im Schnitt und in der Montage der Szenen, Bilder und Geräusche erhält der Film sein Gesicht, seinen Rhythmus und seinen Stil. Basis der Arbeit im Cut ist das Vorliegen einer Shotlist, nach der das Drehmaterial übersichtlich bearbeitet werden kann.
- Texten: Texte stellen neben dem Bild, den Geräuschen und der Musik ein wichtiges Element dar. Entscheidend ist deren wirkungsvolles Zusammenspiel. Erforderlich ist ein gutes Textmanuskript.
- Abnahme: Sie erfolgt durch die Redaktion und kann bei komplizierter Aufgabenstellung ein längerer Prozess sein.
- Sprachaufnahme und Tonmischung: Die Summe von Text, Geräuschen und Musik wird zu einem dramaturgisch überzeugenden Gesamtereignis gestaltet.

AG DOK

Dokumentarfilmer haben sich in Deutschland zu einer „Arbeitsgemeinschaft Dokumentarfilm e.V. – AG DOK" zusammengeschlossen. Die Arbeitsgemeinschaft Dokumentarfilm ist mit rund 850 Mitgliedern der größte Berufsverband fernsehunabhängiger Autoren, Regisseure und Produzenten sowie Filmschaffenden aus den Bereichen Kamera, Ton und Schnitt in Deutschland. Sie steht Vertretern aller Filmgenres offen und versteht sich in erster Linie als film- und medienpolitische Lobby des Dokumentarfilms. Ziel der AG DOK ist neben der Interessenvertretung im politischen Raum, der Unterstützung der Mitglieder und dem Erfahrungsaustausch insbesondere auch darum bemüht, „die inhaltliche Diskussion über das Dokumentarfilm-Genre weiterzuführen."

Produktionsprozess TV-Film

Die Herstellung eines Fernsehfilms geschieht typischerweise in **vier Phasen** (vgl. Thul, in Clevé 1998: 69f.):

Phase 1: Angebotsphase: Von der Idee bis zur Finanzierung. Stoff-Ankauf (Option, Rechte)

- Rohdrehbuch
- Rohkalkulation
- Besetzungsgespräche und Optionierung
- Ausstattungsbesprechung und Motivsuche
- Letzte Drehbuchfassung (Regiefassung)
- Drehplan und Kalkulation auf Basis der letzten Drehbuchfassung
- Vertragsabschluss mit Auftraggeber bzw. Sicherstellung der Finanzierung
- Die Bucherstellung für einen Fernsehfilm dauert ungefähr 6 – 8 Wochen. Die Arbeiten bis zur endgültigen Projektreife können unterschiedlich lang sein.

Phase 2: Vorbereitungs-/Organisationsphase: ab gesicherter Finanzierung bis 1. Drehtag

- Verpflichtung der Mitwirkenden und des Produktionsstabes (Verträge)
- Produktionsmittel-Anmietung inkl. Kopierwerk (Verträge)
- Atelier- und Motivanmietung (Verträge)
- Versicherungsabschlüsse (Verträge)
- Kamera- und Geräteproben (Tests)
- Deko-Vorbau
- Einrichtung der Motive
- Für die projektorientierte Vorbereitung sind mindestens 5 bis 6 Wochen zu kalkulieren.

Phase 3: Drehphase: Vom ersten bis zum letzten Drehtag.

- Dreharbeiten
- Kopierwerksarbeiten (Entwickeln, Lichtbestimmung, Arbeitskopie)
- Schnitt (Rohschnitt)
- Rohschnittabnahme
- Die Drehphase richtet sich nach den Erfordernissen des Stoffs. Der Durchschnitt liegt bei ca. fünf Drehwochen. Der Rohschnitt kann bereits eine Woche nach Drehende vorführfähig sein.

Phase 4: Endfertigungs- und Abwicklungsphase: Fertigstellung der gesamten Produktion

- Schnitt (Feinschnitt)
- Feinschnittabnahme
- Musik (Komposition und Produktion)
- Mischung im Tonstudio/Erstellung der Sendefassung (Ton)
- Negativschnitt (abziehen) im Kopierwerk nach Arbeitskopie
- Blenden, Tricks (elektronisch)
- Farbkorrektur (elektronisch)
- Titel (elektronisch)
- Master und Dup erstellen und technische Abnahme
- Konfektionieren und Archivieren der Produktion
- Der Zeitraum für die Produktionsabwicklung (Abrechnung, Rückbau, Abgabe von Leihmaterial etc.) kann bis zu drei Wochen dauern. Die Erstellung des kompletten Sendebandes benötigt schließlich bis zu drei Monaten. Danach braucht der TV-Sender mindestens noch sechs Wochen für den Pressevorlauf.

Produktionsprozess TV-Playout

Playout Center

Bei einem Playout Center handelt es sich um diejenige Art der Sendeabwicklung, bei der die Programme nicht wie in der herkömmlichen Form von MAZ-Maschinen oder Kassettenautomaten, sondern von den Festplatten eines Servers abgespielt werden. Eine MAZ-Maschine ist die Abkürzung für eine Magnetaufzeichnungsmaschine, ein Gerät zur Aufzeichnung und/oder Wiedergabe von analogen oder digitalen Audio- und Videosignalen. Es gibt unterschiedliche MAZ-Formate.

Die Zentrale Sendeabwicklung beim ARD-Sternpunkt in Frankfurt am Main

Auszug aus Wicke (2005):

„Die Abspielung und Ausstrahlung des ARD-Gemeinschaftsprogramms Das Erste war und ist eine technisch hochkomplizierte Aufgabe. Gemeinschaftsprogramm heißt nämlich: in bunter Reihenfolge Beiträge aller neun beteiligten Landesrundfunkanstalten, dazu Gemeinschaftssendungen wie die „Tagesschau", in Kooperation mit dem ZDF erstellte Strecken wie das „Mittagsmagazin" und regional differenzierte Elemente wie die Werbung im Vorabendprogramm – teils vorproduziert, teils live aufgenommen und ausgestrahlt. Um diese Aufgabe zu bewältigen, verfügt die ARD seit Februar 2005 über ein modernes Sendezentrum beim HR in Frankfurt am Main. ...

Für seinen Betrieb braucht das Sendezentrum neben technischen Einrichtungen wie Serversystemen und Systemen zur automatischen Sendeabwicklung und Kommunikation auch eine genaue Beschreibung, in welcher zeitlichen Reihenfolge die einzelnen Programmbeiträge, also die aufgezeichneten oder live auszustrahlenden Sendungen, ausgespielt werden sollen. Diesen Programmablauf legt die ARD-Programmplanung fest, die weiterhin bei der Programmdirektion Erstes Deutsches Fernsehen in München angesiedelt ist. Dort wird der Programmablauf mittels eines Programmplanungssystems erstellt und dann in digitaler Form über das ARD-Intranet zum ARD-Sendezentrum nach Frankfurt übertragen. Das Gemeinschaftsprogramm Das Erste besteht aus Live-Anteilen, etwa dem „Morgenmagazin" oder der „Tagesschau", und vorproduzierten Sendungen, beispielsweise „Tatort"- oder „Lindenstraße"-Folgen. Die vorproduzierten Teile sind dem Sendezentrum rechtzeitig vor Ausstrahlung als Magnetaufzeichnung (MAZ-Bänder) zuzuliefern. Für die Programmstrecken „Morgenmagazin" und „Mittagsmagazin", die abwechselnd von ARD und ZDF produziert werden, besteht eine Vereinbarung zwischen den Partnern, wonach im wöchentlichen Wechsel gegenseitige Programmübernahmen erfolgen. ....

Das ARD-Sendezentrum ist für einen vollständig bandlosen Serverbetrieb konzipiert. Das bedeutet: Das komplett auf MAZ-Kassetten vorliegende Material wird an so genannten Ingest-Arbeitsplätzen in ein Serversystem eingespielt und steht damit im wahlfreien Zugriff zur Ausspielung bereit. Das bringt insbesondere für kurzfristige Verschiebungen oder Änderungen beim Einsatz von Programm-Trailern enorme Vorteile. Nicht zuletzt für die Werbung ist ein sicheres und flexibles System notwendig, mit dem auch zukünftige Aufgaben erledigt werden können. Das entsprechende Automationssystem macht die einzelnen Werbeinseln im Vorabendprogramm möglichst flexibel einsetzbar. Die Software ist hier so aufgebaut, dass von der sequenziellen Abarbeitung der einzelnen Programmelemente auf eine Multikanalabarbeitung, die während der regionalen Ausstrahlung notwendig ist, umgeschaltet werden kann. Dazu werden neun Playlisten erstellt, die unabhängig voneinander ausgeführt werden können. ...

Da die Rundfunkanstalten ein sendefertiges Signal erwarten, sind sämtliche Zusatzdaten wie VPS (Video Programm System) und Videotext in das Signal einzusetzen. Um auch in Krisensituationen angemessen informieren zu können, müssen Texteinblendungen in das laufende Programm möglich sein. Dazu gibt es eine webbasierte Verbindung über das ARD-Intranet zur Redaktion ARD-aktuell in Hamburg. Nach Übermittlung der Texte erfolgt die redaktionelle Freigabe durch einen Anruf im ARD-Sendezentrum, und der Text wird umgehend in das laufende Programm eingeblendet."

Produktionsprozess Multimedia

Multimedia ist die Kombination mehrerer Informationstypen (Text, Bild, Grafik, Animation, Video- und Audiosequenzen) und gemeinsame Verwendung in einer Publikation.

Die nachfolgende Darstellung zeigt die Multimedia-Produktion in allgemeiner Form als Kombination von elektronischen Medien und Printmedien (vgl. Kipphan 2000: 8):

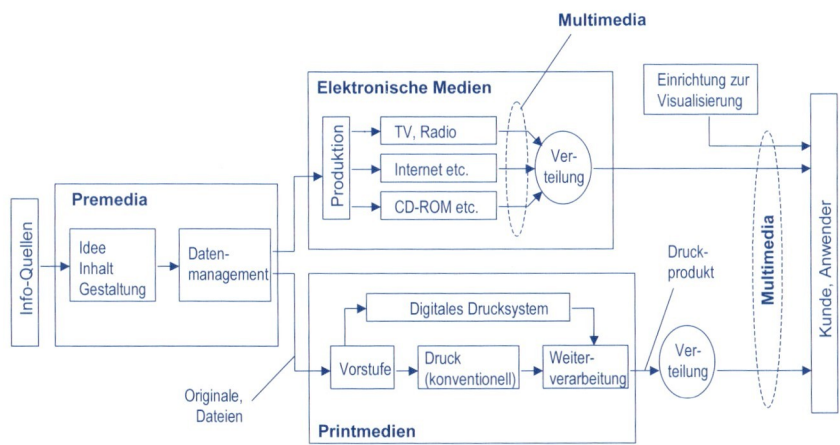

Eine umfassende Darstellung der Multimedia-Produktion am Beispiel interaktiver Lernprogramme findet sich bei Riser/Keuneke/Hoffmann/Freibichler/Macromedia 2002. Der Ablauf des multimedialen Produktionsprozesses wird dort wie folgt systematisiert (S. 98 ff.):

Projektinitialisierung:

- Exposé/Projektbeschreibung
- Projektrahmen, Projektbedingungen, Ziele, Ideen, Lösungsansätze

Abwicklungsphasen des Projekts:

- Phase 1: Konzeption
  Grobkonzept, Grundkonzept: Entscheidungsgrundlage für Weiterentwicklung
  Feinkonzept, Treatment, Detailkonzept: aufbauend auf Grobkonzept
  Drehbuch, Storyboard: Vorlage für die Programmrealisierung, Abnahme durch den Auftraggeber, Beschreibung des gesamten Programmablaufs auf „Papierformat"
- Phase 2: Realisierung
  Medienentwicklung und Medienproduktion: Grafikproduktion, Tonaufnahme, Animationen, Videoproduktion, Fotoaufnahmen
  Programmerstellung: Systemtechnische Realisierung, Aufgabenabläufe erstellen, Tests, Anlegen von Menüstrukturen, Funktionstests
  Fertigstellung: Integration der Programmbausteine, Produktion Beta-Version, Durchführung Anwendertest, Herstellung der Freigabe-Version

Projektabschluss:

- Analyse Projektergebnis, Projektablauf
- Erfahrungssicherung der Projektdaten für Folgeprojekte
- Abschluss Projektdokumentation

Produktionsprozess Internet-Auftritt / Website

Ein Internet-Auftritt bzw. eine Website durchläuft im Laufe ihrer Entwicklung einen Entstehungs- und Veränderungsprozess, der sich mit den fünf idealtypischen Phasen (1) Webstrategie, (2) Webkonzept, (3) Webdesign, (4) Implementierung und (5) Betrieb beschreiben lässt (vgl. Riemer/Müller-Lankenau/Klein 20056: 255 ff.).

Die nachfolgende Darstellung beschreibt die einzelnen Phasen und die dabei entstehenden Herausforderungen der Qualitätssicherung (Quelle: ebd. 256):

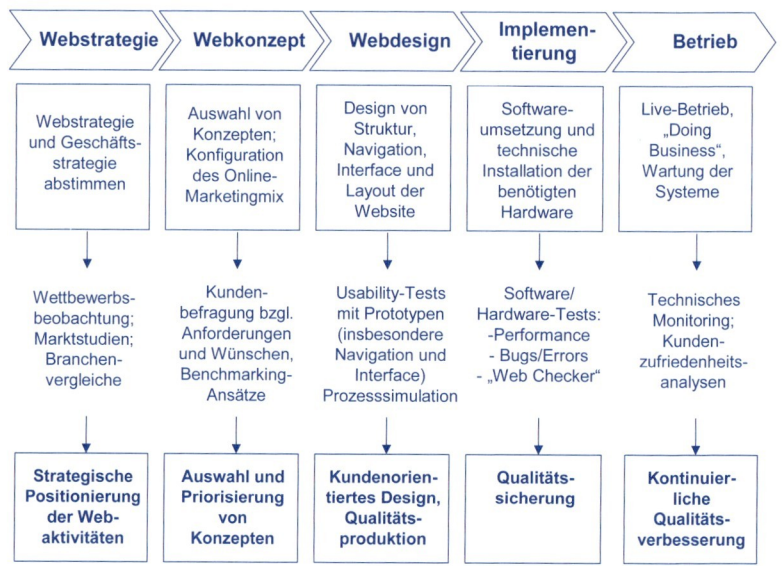

In einer etwas anderen Darstellung kann die Publikation einer Website („Webpublishing") wie folgt dargestellt werden (Quelle: in Anlehnung an Langkau 2000: 35):

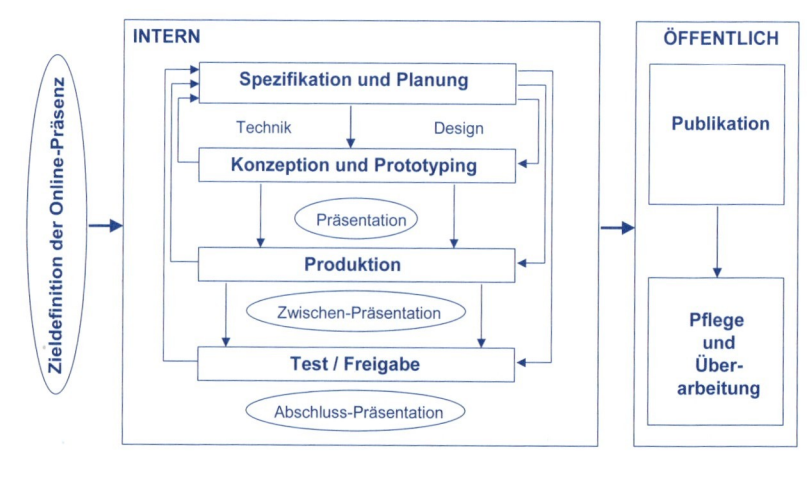

16.2 Produktionsmanagement

Effektives Produktionsmanagement bezieht sich auf drei Aspekte:

- Produktionsziele
- Produktionsstrategien
- Produktionsoperationen

(1) Die Gestaltung der Produktionsprozesse muss zielorientiert erfolgen. Bezugsrahmen sind die Oberziele des Unternehmens (z. B. bestmögliche Contents, Steigerung Unternehmenswert). Die **Produktionsziele** lassen sich wie folgt unterscheiden:

- Produktorientierte Produktionsziele: Hierbei geht es um die richtigen Güterarten (etwa um ökologische Verträglichkeit), die richtige Produktionsmenge in der richtigen Produktqualität oder um den Zeitpunkt, zu dem die fertig gestellten Produkte zur Verfügung stehen müssen.
- Prozessorientierte Produktionsziele: Im Fokus stehen die Ziele Produktivität und Wirtschaftlichkeit, die z. B. entscheidend vom Umfang und von der Auslastung der Produktionskapazitäten beeinflusst werden. Daneben spielen weitere Ziele eine Rolle wie z. B. Flexibilität bei Fertigungsunterbrechungen oder Beschaffungsengpässen oder die Sicherheit und Minimierung von Belastungen am Arbeitsplatz (Human- und Sozialziele).
- Absatzorientierte Produktionsziele bzw. Marktziele: Besonders relevant sind: Fähigkeit zur Marktbedienung, Sicherung der Anpassungsfähigkeit der Produktion an die Nachfrage, Wettbewerbsfähigkeit.

Aus wirtschaftlicher Sicht sind die Produktionsziele vorrangig auf die Ziele der Produktivität und Wirtschaftlichkeit ausgerichtet. Unter **Produktivität** versteht man die Gegenüberstellung von Output zum eingesetzten Input in realen Größen, während **Wirtschaftlichkeit** diese Relation in wertmäßigen Größen zum Ausdruck bringt.

> Nach dem Wirtschaftlichkeitsprinzip ist ein maximal bewerteter Output bei gegebenem bewertetem Input oder ein bestimmter bewerteter Output bei minimal bewertetem Input anzustreben. Wirtschaftlichkeit markiert den Erlös der Periode in Relation zu den Kosten.

(2) Die **Produktionsstrategien** des Unternehmens sind in einen engen Zusammenhang mit den auf den Absatzmärkten verfolgten Produktstrategien zu stellen (vgl. Günther/Tempelmeier 2005: 44 ff.). Nur ein integriertes Konzept von Produktion und Absatz kann erfolgreich sein, bei dem das auf lange Sicht zu realisierende Produktprogramm von der Produktionsseite her in geeigneter Weise „unterfüttert" wird. Vor diesem Hintergrund sind die folgenden **Teilstrategien** festzulegen:

- Strategie für die Produktstruktur: Zu bestimmen ist die künftig zu realisierende Produktstruktur und die Art und Menge der in künftigen Perioden selbst zu produzierende Endprodukte.
- Strategie für die Produktionsfaktoren: Festzulegen ist eine Strategie der gezielten Generierung von Potenzialen im Hinblick auf die notwendigen Arbeitskräfte, Betriebsmittel und Werkstoffe.

- Strategie für die Struktur des Produktionsprozesses: Es geht um den Zusammenhang zwischen der künftigen Gestaltung des Produktionsprogramms und des Betriebsmittel- und Personaleinsatzes im Hinblick auf die systematische Ausschöpfung von Potenzialen.

Wird akzeptiert, dass die Marktstrategien maßgeblich die Produktionsstrategien bestimmen, ergeben sich erhebliche Konsequenzen für die Wahl der Produktionsprozesse und die Gestaltung des infrastrukturellen Produktionssystems. Abb. 16-1 macht die Zusammenhänge deutlich (Quelle: Günther/Tempelmeier 2005: 46).

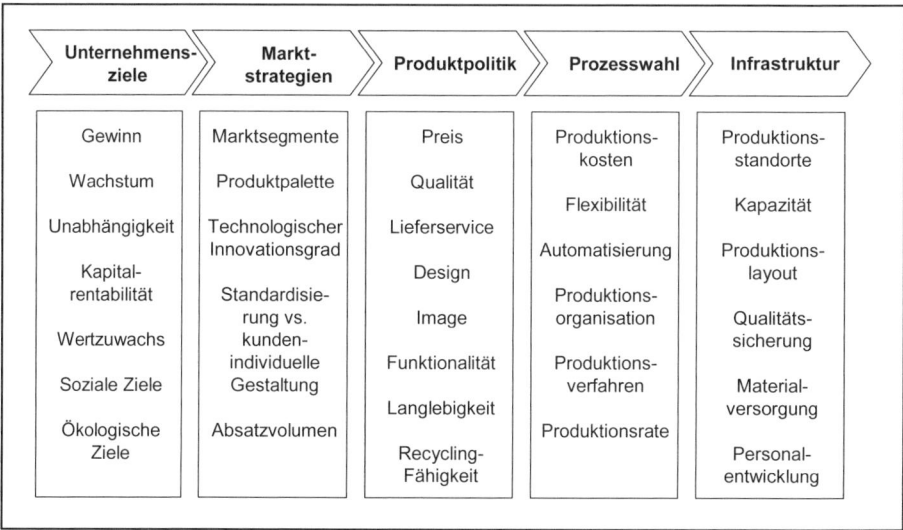

Abb. 16-1: Integration von Produktions- und Marktstrategien

(3) In **operativer Hinsicht** ist festzustellen, dass Produktionsprozesse höchst unterschiedlich ablaufen können, was erhebliche Konsequenzen für das Management mit sich bringt. Die **Typisierung von Produktionsprozessen** kann nach den folgenden Kriterien erfolgen (vgl. Adam 1998: 8 ff.):

- Anzahl der produzierten Produktarten: Zu unterscheiden ist die Einprodukt- von der Mehrproduktfertigung.

    Wenn die Mehrproduktfertigung technisch zwangsläufig ist, spricht man von „Kuppelproduktion" bzw. von „Verbundproduktion". Hierbei entstehen im Fertigungsprozess zwei oder mehrere Produktarten gleichzeitig. Ein gutes Beispiel aus dem Medienbereich ist die Verbundproduktion von Produkten für den Rezipienten- und den Werbemarkt.

- Auslöser der Produktion: Zu unterscheiden ist Produktion auf Bestellung (Kunden-, Auftragsproduktion) und Marktproduktion (synonym: Vorratsproduktion, Lagerproduktion, anonyme Produktion).

    Die Produktion von Massenmedien (Zeitungen, Zeitschriften, Radio, Fernsehen) ist stets Marktproduktion, während im Filmbusiness die Produktion auf Bestellung vorherrscht.

- Grad der Entlastung des Menschen durch Maschinen: Das Spektrum reicht von reiner manueller, handwerklicher Fertigung bis zur vollautomatischen Produktion.

  Auch in der elektronischen Medienproduktion – im Printbereich ohnehin – nimmt der Automatisierungsgrad zu. Ein Beispiel ist das Selbstfahrerstudio im Radio: Der Moderator ist gleichzeitig der Techniker, der alle wichtigen Geräte vom Moderationsplatz aus bedient. Dadurch wird der technische Sendeablauf nachhaltig automatisiert. Voraussetzung ist die inzwischen allerorts „gefahrene" volldigitale Produktion.

- Anzahl der Fertigungsstufen: Nach den notwendigen Produktionsstufen wird zwischen einstufiger und mehrstufiger Produktion unterschieden. Mit zunehmender Mechanisierung nehmen in der Regel die Zahl der Produktionsstufen und der Koordinierungsbedarf zu.
- Organisation der Produktion: Unterschieden wird zwischen der Gruppenfertigung, der Werkstattfertigung und der Fließfertigung.
- Relative Ausbringungsmenge: Zu differenzieren sind Massenfertigung, Serien- bzw. Sortenfertigung sowie Einzel- bzw. Variantenfertigung.
- Intensität des Einsatzes der Produktionsfaktoren: Im Hinblick auf die Frage, welcher Typ an Produktionsfaktoren die relativ höchste Bedeutung im Produktionsprozess hat, ist zu unterscheiden in arbeitsintensive, betriebsmittelintensive, werkstoffintensive und energieintensive Produktion.

  Content schaffende und bündelnde Medienunternehmen zeichnen sich durch einen sehr hohen Anteil an Personaleinsatz aus, der in der Regel deutlich über 50 Prozent liegt, sich zum Teil sogar bei über drei Viertel der Gesamtkosten bewegt.

- Flexibilität des Einsatzes der Produktionsfaktoren: Zu unterscheiden ist Spezialproduktion vs. Universalproduktion.
- Wiederholbarkeit der Werkstoffbeschaffung: (a) Wiederholbare Produktion: Die eingesetzten Werkstoffe können entweder in gleicher Qualität wiederbeschafft werden (z. B. Textilindustrie). (b) Nicht wiederholbare Produktion: Die eingesetzten Werkstoffe stammen aus ein und derselben Partie (z. B. Ernte) und mit einer anderen Partie ändert sich die Endproduktqualität.
- Anzahl der Vorprodukte im Endprodukt: Unterschieden wird zwischen einteiliger vs. mehrteiliger Produktion: Das Endprodukt setzt sich entweder aus einem einzigen Teil zusammen (z. B. Schraube aus Metall) oder aus mehreren Vorprodukten.

Die Produktionsprozesse von Medienunternehmen sind generell von der Einzelanfertigung („Maßanfertigung") geprägt. Es handelt sich – trotz der neueren Konzepte der „Industrialisierung" der Produktion in manchen Bereichen (z. B. TV-Nachrichten, Serien) – um Unikate. Dies hat vor allem zur Folge, dass es bei der Verfolgung des Wirtschaftlichkeits- und Produktivitätsziels in der Phase der Produktion regelmäßig zu ganz erheblichen Zielkonflikten mit den Verantwortlichen der inhaltichen Seite kommt, also zwischen den Vertretern der Produktion (Produzent, Produktionsleitung usw.) und den Content Schaffenden (Regie, Kamera, Ton usw.). Um diese Effekte abzumildern, erlangt typischerweise das an anderer Stelle beschriebene Modulkonzept eine Schlüsselbedeutung (vgl. Abb. 16-2).

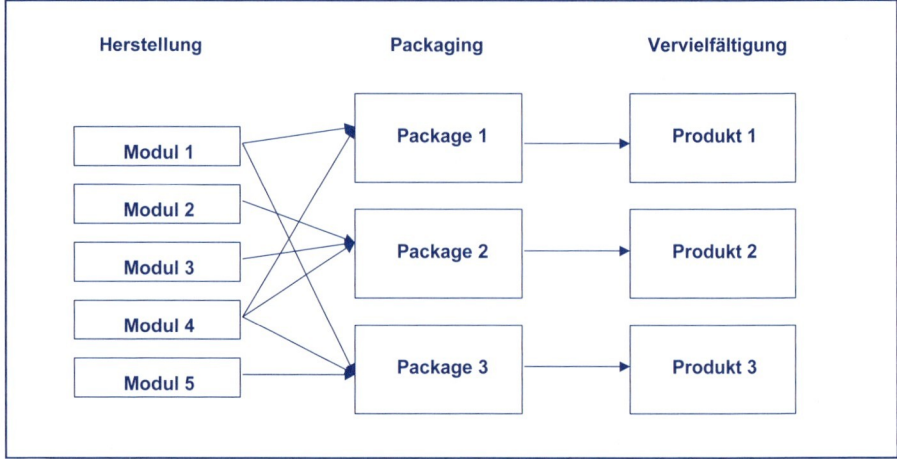

Abb. 16-2: Modulkonzept im Medienbereich

Es ist notwendig, die Funktion der Produktion nicht als einen isolierten Wertschöpfungsprozess anzusehen, sondern als Teil-System, das im Kontext des gesamten Unternehmens steht. Analog dem Industriebereich sind auch im Medienbereich ganzheitlich konzipierte Produktionsplanungs- und -steuerungssysteme (sog. „PPS-Systeme") erstrebenswert (vgl. Günther/Tempelmeier 2005: 5).

Kernaussagen

- Die medialen Produktionsprozesse unterscheiden sich, haben aber alle eine gemeinsame Logik.
- Generell kann zwischen Pre Production, Production und PostProduction unterschieden werden.
- Mit der Digitalisierung haben sich die Produktionsprozesse auch in den jeweiligen Medienbereichen stark gewandelt.
- Aus Managementsicht ist es notwendig, Produktionsprozesse ganzheitlich im Sinne von Produktionsplanungs- und -steuerungssystemen zu handhaben.

Literatur

Weiterführende Literatur: Grundlagen

Adam., D. (1998): Produktions-Management, 9., überarb. Aufl., Wiesbaden.
Bea, F. X./Dichtl, E./Schweitzer, M. (2002): Allgemeine Betriebswirtschaftslehre, Bd. 3: Leistungsprozess, 8., neu bearb. u. erw. Aufl., Stuttgart.
Eisenführ, F. (2000): Einführung in die Betriebswirtschaftslehre, 3. Aufl., Stuttgart.
Günther, H.-O./Tempelmeier, H. (2005): Produktion und Logistik, 6., verb. Aufl., Berlin, Heidelberg, New York.
Thommen, J.-P./Achleitner, A.-K. (2012): Allgemeine Betriebswirtschaftslehre, 7., vollst. überarb. Aufl., Wiesbaden.
Wöhe, G./Döring, U. (2013): Einführung in die Allgemeine Betriebswirtschaftslehre, 25., überarb. u. akt. Aufl., München.

Weiterführende Literatur: Medien

Medienproduktion allgemein und im Überblick:
Böhringer, J./Bühler, P./Schlaich, P. (2011): Kompendium der Mediengestaltung, 5., überarb. Aufl., Heidelberg.
Hermanni, A.-J. (2006): Medienmanagement, München.
Klimsa, P. (2006): Produktionssteuerung – Grundlagen der Medienproduktion, in: Scholz, C. (Hrsg.) (2006): Handbuch Medienmanagement, Berlin, Heidelberg, New York, S. 601-617.
Koschmieder, A. (2011): Stoffentwicklung in der Medienbranche, Berlin.
Krömker, H./Klimsa, P. (Hrsg.)(2005): Handbuch Medienproduktion, Wiesbaden.
Reichwald, R./Piller, F. (2006): Interaktive Wertschöpfung, Wiesbaden.
Schellmann, B./Baumann, A./Gläser, M./Kegel, T. (2013): Handbuch Medien. Medien verstehen, gestalten, produzieren. 6., erw. u. verb. Aufl., Haan-Gruiten.
Wirtz, B. W. (2013): Medien- und Internetmanagement, 8., akt. u. überarb. Aufl., Wiesbaden.

Produktionsprozesse Print:
Kerlen, D. (2003): Lehrbuch der Buchverlagswirtschaft, Stuttgart.
Keuper, F. (2001): Multimedia Supply Chain Management am Beispiel von Zeitungs- und Publikumszeitschriftenverlagen, in: Betriebswirtschaftliche Forschung und Praxis (BFuP), Sonderheft 4/2001, S. 392-410.
Kipphan, H. (Hrsg.)(2000): Handbuch der Printmedien, Berlin, Heidelberg, New York.

Produktionsprozesse Radio:
Blohmer, H./Erdmann, M. (2005): Hörfunktechnik – Die digitale Radioproduktion, in: Krömker, H./Klimsa, P. (Hrsg.)(2005): Handbuch Medienproduktion, Wiesbaden, S. 243-262.
Heinrich, J. (1999): Medienökonomie, Band 2: Hörfunk und Fernsehen, Opladen, Wiesbaden.
Nohr, H. (2010): Zum Stand des Prozessmanagements bei kleineren privaten Radio- und Fernsehsendern, in: Khare, A./Mack, O./Mildenberger, U. (Hrsg.)(2010): World 3.0 – Wandel durch Innovation in Informations- und Medientechnologien, Berlin, S. 103-126.
Röhring, H.-H. (2011) Wie ein Buch entsteht, 9., akt. Aufl., Darmstadt.

Produktionsprozesse Film (Kino, TV, Spielfilm):
Bonhoeffer, G. (2010): Produktionsleitung für Film und Fernsehen, 2. Aufl., Köln.
Clevé, B. (Hrsg.)(2009): Von der Idee zum Film: Produktionsmanagement für Film und Fernsehen, 5., überarb. Aufl., Konstanz.
Dress, P. (2002): Vor Drehbeginn. Effektive Planung von Film- und Fernsehproduktionen, Bergisch Gladbach.
Iljine, D./Keil, K. (1997): Der Produzent, München.
Frank, B. (1993): Zur Ökonomie der Filmindustrie, Hamburg.
Grapp, J. (2009): Kompetenzorientierte Erweiterungspotenziale für das Filmproduktionslogistik-Management, Wiesbaden.
Hülsmann, M./Grapp, J. (Hrsg.)(2009): Strategisches Management für Film- und Fernsehproduktionen, München.
Kandorfer, P. (2003): Lehrbuch der Filmgestaltung, 6., überarb. Aufl., Gau-Heppenheim.
Lanzenberger, W./Müller, M. (2010): Unternehmensfilme drehen, Konstanz.
Möller, A. (2013): Die Postproduktion eines Fernsehfilms, Konstanzm München.
Lindenmuth, K. J. (2011): Dokumentarfilmproduktion, Berlin.
Moos, L. (Hrsg.)(1996): Making of ... Wie ein Film entsteht, 2 Bände, Hamburg.
Schmidt-Matthiesen, C./Clevé, B. (2010): Produktionsmanagement für Film und Fernsehen, Konstanz.
Webers, J. (2002): Handbuch der Film- und Videotechnik, 7. Aufl., Poing.
Wendling, E. (2008): Filmproduktion, Konstanz.

Produktionsprozesse Fernsehen::
Benedict, B. (2008): Industrialisierung der Fernsehproduktion in Deutschland, in: MedienWirtschaft, 5. Jg., H. 1/2008, S. 18-30.
BFuP-Sonderheft (2001): Produktionssteuerung in öffentlich-rechtlichen Rundfunkanstalten, Sonderheft Betriebswirtschaftliche Forschung und Praxis (BFuP), 4/2001.
Blohmer, H. (2005): Fernsehen im Selbstfahrerbetrieb? In: FKT, 8-9/2005, S. 457-462.

Clevé, B. (Hrsg.)(2009): Von der Idee zum Film: Produktionsmanagement für Film und Fernsehen, 5., überarb. Aufl., Konstanz.

Frese, E. (2003): Die Leistungsfähigkeit marktorientierter Produktionssteuerungskonzepte in öffentlich-rechtlichen Rundfunkanstalten, Köln.

Geißendörfer, H./Leschinsky, A. (Hrsg.)(2002): Handbuch Fernsehproduktion, Neuwied, Kriftel.

Heinrich, J. (1999): Medienökonomie, Band 2: Hörfunk und Fernsehen, Opladen, Wiesbaden.

Heinrich, J. (2000): Marktstruktur und Marktentwicklung im Sektor der TV-Input-Produktion, in: Kruse, J. (Hrsg.)(2000): Ökonomische Perspektiven des Fernsehens in Deutschland, München, S. 89-105.

Hülsmann, M./Grapp, J. (Hrsg.)(2009): Strategisches Management für Film- und Fernsehproduktionen, München.

Karstens, E./Schütte, J. (2013): Praxishandbuch Fernsehen, Wiesbaden.

Kauschke, A./Klugius, U. (2000): Zwischen Meterware und Maßarbeit. Markt- und Betriebsstrukturen der TV-Produktion in Deutschland, Gerlingen, Kap. 9.

Kops, M. (Hrsg.)(2001): Produktionssteuerung im öffentlich-rechtlichen Rundfunk, Köln.

Lampe, J./Mewes, P. (1998) : Produktionssteuerung im öffentlich-rechtlichen Rundfunk, in: Media Perspektiven, o. Jg., H. 5, S. 214-221.

Lantzsch, K./Altmeppen, K.-D./Will, A. (Hrsg.)(2010): Handbuch Unterhaltungsproduktion, Wiesbaden.

Meckel, M. (2001): Die Produktion von Wirklichkeit, in: montage/av, 10/1/2001, S. 125-139.

Nohr, H. (2010): Zum Stand des Prozessmanagements bei kleineren privaten Radio- und Fernsehsendern, in: Khare, A./Mack, O./Mildenberger, U. (Hrsg.)(2010): World 3.0 – Wandel durch Innovation in Informations- und Medientechnologien, Berlin, S. 103-126.

Ordolff, M. (2005): Fernsehjournalismus, Konstanz.

Pagel, S. (2003): Integriertes Content Management in Fernsehunternehmen, Wiesbaden.

Schmidt-Matthiesen, C./Clevé, B. (2010): Produktionsmanagement für Film und Fernsehen, Konstanz.

Schomers, M. (2012): Der kurze TV-Beitrag, Konstanz.

Stader, J. (1994): Fernsehen: Von der Idee bis zur Sendung, Frankfurt am Main.

Zimmermann, S. (2005): Prozessinnovation im öffentlich-rechtlichen Rundfunk, Berlin.

Produktionsprozesse Multimedia, Internet, Spiele etc.:

Grotenhoff, M./Stylianakis, A. (2002): Website-Konzeption, Bonn.

Kipphan, H. (Hrsg.)(2000): Handbuch der Printmedien, Berlin, Heidelberg, New York.

Langkau, R. (2000): Webdesign und -publishing. Projektmanagement für Websites, München, Wien.

Riser, U./Keuneke, J./Hoffmann, B./Freibichler/Macromedia München (2002): Konzeption und Entwicklung interaktiver Lernprogramme, Berlin, Heidelberg, New York.

Riemer, K./Müller-Lankenau, C./Klein, S. (2006): Internet-Qualitätsmanagement – Klassifikationen und Anwendung von Methoden der Web-Evaluation, in: Grob, H.-L./vom Brocke, J. (2006): Internetökonomie, München, S. 249-277.

Fallbeispiele

Hülsmann, M./Grapp, J. (Hrsg.)(2009): Strategisches Management für Film- und Fernsehproduktionen, München.

Krömker, H./Klimsa, P. (Hrsg.)(2005): Handbuch Medienproduktion, Wiesbaden.

Lantzsch, K./Altmeppen, K.-D./Will, A. (Hrsg.)(2010): Handbuch Unterhaltungsproduktion, Wiesbaden.

Reichwald, R./Piller, F. (2006): Interaktive Wertschöpfung, Wiesbaden.

Rinsdorf, L./Rager, G. (2010): Auswirkungen der Reorganisation der WAZ-Mantelredaktion auf Produktqualität und Markenprofile, in: MedienWirtschaft, 7. Jg., H. 4/2010, S. 24-31.

Sieben, G./Sieben, C./Holland, L. (1999): Analyse des NDR-Steuerungsmodells für Fernsehproduktionen, Köln.

Wicke, W. (2005): Das Sendezentrum für Das Erste, in: ARD-Jahrbuch 05, 37. Jg., Hamburg, S. 100-103.

Zimmermann, S. (2005): Prozessinnovation im öffentlich-rechtlichen Rundfunk, Berlin.

Kapitel 17
Absatz und Marketing

17.1	Design einer Marketing-Konzeption	449
17.2	Produktpolitik	451
17.3	Preispolitik	466
17.4	Kommunikationspolitik	475
17.5	Vertriebspolitik	482

Leitfragen

- Aus welchen unterschiedlichen Perspektiven kann man Marketing betrachten?
- Was heißt „strategisches Marketing"?
- Welche Struktur sollte das Design einer Marketing-Konzeption aufweisen?
- Welche sieben Module einer Marketing-Konzeption können unterschieden werden?
- In welche Bereiche differenziert man den Marketing-Mix?
- Was ist ein „Produkt" aus marketingtheoretischer Sicht?
- Welche produktpolitischen Möglichkeiten stehen grundsätzlich zur Verfügung?
- Wie ist die Produktleistung eines Medienunternehmens zu definieren?
- Wodurch unterscheiden sich Programmbreite und Programmtiefe?
- Wie lassen sich Produktveränderung und Produktdifferenzierung abgrenzen?
- Wie ist methodisch die Produktinnovation zuzuordnen?
- Welche grundsätzlichen markenstrategischen Optionen stehen zur Verfügung?
- Was unterscheidet die Dachmarkenstrategie von der Familienmarkenstrategie?
- Welche Absatzmärkte sind bei Medienunternehmen grundsätzlich zu unterscheiden?
- Wie unterscheidet sich die Produktpolitik in den einzelnen Medienteilmärkten?
- Wie sehen die Grundzüge der Mediaplanung aus?
- Welche Ansätze der Preisbestimmung unterscheidet man?
- Was versteht man unter „Preisbündelung" bzw. „Bundling"?
- Wie sind Preiskriege im Zeitschriftenmarkt zu erklären?
- Welche Formen der Rabattierung sind zu unterscheiden?
- Welche Relevanz haben Rabatte im Medienbereich?
- Wodurch unterscheiden sich Penetrations- und Abschöpfungsstrategie?
- Was versteht man unter dem „Follow-the-Free"-Pricing?
- Was versteht man unter „Yield Management"?
- Welche Möglichkeiten der Preisdifferenzierung nach Kundengruppen sind gegeben?
- Welche Ansätze der Kommunikationspolitik stehen Medienunternehmen offen?
- Welche Kategorien von Programm-Trailern werden im Fernsehen praktiziert?
- Welche Möglichkeiten der Off-Air-Promotion sind gegeben?
- Wodurch unterscheiden sich „Merchandising" und „Licensing"?
- Wie lassen sich Events als Marketinginstrument einsetzen?
- Welche Systeme der Absatzwegegestaltung unterscheidet man?
- Was versteht man unter dem „Barsortiment"?
- Was versteht man unter „Multi-Channel-Marketing"?

Gegenstand

Marketing bildet in der Logik des Leistungs- und Wertschöpfungsprozesses den Endpunkt und hat die Aufgabe, die Beziehung zu den Kunden zu optimieren. Die in der Fachliteratur vorliegenden Definitionen von Marketing sind äußerst heterogen, so dass eine Sprachregelung notwendig ist. Zweckmäßig erscheint es, die unterschiedlichen Perspektiven, aus denen man Marketing betrachten kann, aufzurufen und etwa nach der aktivitätsorientierten, der beziehungsorientierten und der führungsorientierten Perspektive zu unterscheiden (vgl. Homburg 2012: 8 f.). Diese drei Perspektiven integrierend wird von folgender Marketing-Definition ausgegangen (ebd. 10):

„Marketing hat eine unternehmensexterne und eine unternehmensinterne Facette:

a) In unternehmensexterner Hinsicht umfasst Marketing die Konzeption und Durchführung marktbezogener Aktivitäten eines Anbieters gegenüber Nachfragern oder potentiellen Nachfragern seiner Produkte (physische Produkte und/oder Dienstleistungen). Diese marktbezogenen Aktivitäten beinhalten die systematische Informationsgewinnung über Marktgegebenheiten sowie die Gestaltung des Produktangebots, die Preissetzung, die Kommunikation und den Vertrieb.

b) Marketing bedeutet in unternehmensinterner Hinsicht die Schaffung der Voraussetzungen im Unternehmen für die effektive und effiziente Durchführung dieser marktbezogenen Aktivitäten. Dies schließt insbesondere die Führung des gesamten Unternehmens nach der Leitidee der Marktorientierung ein.

c) Sowohl die externen als auch die internen Ansatzpunkte des Marketing zielen auf eine im Sinne der Unternehmensziele optimale Gestaltung von Kundenbeziehungen ab.

Hervorzuheben ist, dass diese Definition sowohl die externen (marktgerichteten) Aktivitäten eines Anbieters als auch die Schaffung interner Voraussetzungen für den Markterfolg umfasst. ... Unsere Definition verdeutlicht auch, dass unser Begriffsverständnis sich auf den Absatzmarkt eines Anbieters konzentriert. Marketing bedeutet also für uns im Kern Absatzmarketing."

In diesem Kapitel wird – in den Grundzügen und verschiedene Beispiele gebend – das Spektrum der grundlegenden Marketingansätze von Medienunternehmen dargestellt. Im o. g. Sinne erfolgt dabei eine Eingrenzung auf die relevanten Absatzmärkte, die mit dem Rezipientenmarkt, dem Werbemarkt und dem Markt für Rechte und Lizenzen gegeben sind.

Marketing lässt sich in konzeptioneller Hinsicht in drei Ebenen differenzieren, die als Bestandteile einer vollständigen, ganzheitlichen Marketing-Konzeption in systematischer Weise aufscheinen müssen (vgl. Becker 2013):

- Marketingziele,
- Marketingstrategien,
- Marketinginstrumente.

Diese systematische Handlungsgrundlage „hat für die Akteure im Marketing eine Art Fahrplan-Funktion, das heißt, sie legt die „Wunschorte" (= Marketingziele), die „Route" (= Marketingstrategien) und die „Beförderungsmittel" (= Marketinginstrumente bzw. Marketingmix) fest" (ebd. 903).

Im vorliegenden Kapitel soll der instrumentale Aspekt betont werden. Differenziert wird daher in die Bereiche Produktpolitik, Preispolitik, Kommunikationspolitik und Vertriebspolitik.

Alle diese Bereiche sind von höchster Bedeutung für das Management von Medienunternehmen. Besondere Herausforderungen stellen sich angesichts der Digitalisierung der Wertschöpfungsprozesse, indem neue Vertriebsstrukturen, neue Preismodelle und eine veränderte Kommunikationspolitik mit den Stakeholdern und den Zielgruppen in Betracht gezogen werden müssen.

Nicht aufgegriffen werden in diesem Kapitel Fragen des strategischen Marketing, da sie an anderer Stelle behandelt werden. Auch das Thema Marktforschung bleibt hier ausgeklammert.

17.1 Design einer Marketing-Konzeption

Marketing aus einer ganzheitlichen Sicht bedarf einer konzeptionellen Grundlage. Prototypisch kann die Struktur einer vollständigen, detaillierten Marketing-Konzeption modular aufgebaut sein und die folgenden **sieben Module** umfassen (vgl. Becker 2013: 910 ff.):

- Modul I: Struktur und Entwicklung des Marktes;
- Modul II: Bedingungen und Perspektiven wichtiger Umfeldbereiche;
- Modul III: Positionen, Potenziale und Ressourcen des Unternehmens;
- Modul IV: Marketing- und Unternehmensziele (= Zielprogramm);
- Modul V: Marketing-strategisches Konzept (= Strategieprofil);
- Modul VI: Einsatz der marketing-operativen Instrumente (= Marketing-Mix);
- Modul VII: Planungsrechnungen.

> Konzeptionelles Marketing hat für die Akteure eine Art „Fahrplanfunktion", über die die „Wunschorte" (= Marketingziele), die „Route" (= Marketingstrategien) und die Beförderungsmittel (= Marketinginstrumente bzw. Marketingmix) festgelegt werden (Becker 2013: 903). „Eine Marketing-Konzeption als grundlegender Leitplan des gesamten Unternehmens hat eine wichtige koordinierende Funktion in Bezug auf alle markt- und kundenrelevanten Maßnahmen des gesamten Unternehmens. Diese grundlegende Funktion kann eine Konzeption nur dann erfüllen, wenn sie schriftlich als ein komplettes, schlüssiges Bündel von Handlungsanweisungen niedergelegt ist, von der Unternehmensleitung als verbindlich erklärt und den Mitarbeitern erläutert sowie in geeigneter Form zugänglich gemacht worden ist" (ebd. 904).

In einer anderen Sichtweise wird empfohlen, Marketing aus den folgenden **sieben Perspektiven** zu betrachten (vgl. Homburg 2012: 11 f.):

- Theoretische Perspektive;
- Informationsbezogene Perspektive;
- Strategische Perspektive;
- Instrumentelle Perspektive;
- Institutionelle Perspektive;
- Implementationsbezogene Perspektive;
- Führungsbezogene Perspektive.

Als entscheidende Eckpunkte jeder Marketingkonzeption können Situationsanalyse, Marktforschung, Zieldefinition, Strategieentwicklung und Auswahl der Instrumente gelten.

Angesichts der zentralen Bedeutung von Marketing für das Management generell werden Marketingfragen an anderen Stellen aufgegriffen. Besonders die strategische Perspektive des Marketing wird in Abschnitt VII. (Kapitel 28 bis 31) vertieft aufgegriffen. Die Zielperspektive wird in Abschnitt V. thematisiert.

In diesem Kapitel soll daher der instrumentale Aspekt von Marketing im Vordergrund stehen und aufgezeigt werden, welche Besonderheiten beim operativen Marketing von Medienprodukten in unterschiedlichen Kontexten auftreten. Als Bezugsrahmen dient eine Übersicht, bei der die einzelnen Bereiche marketingpolitischen Handelns kategorisiert sind (vgl. Abb. 17-1).

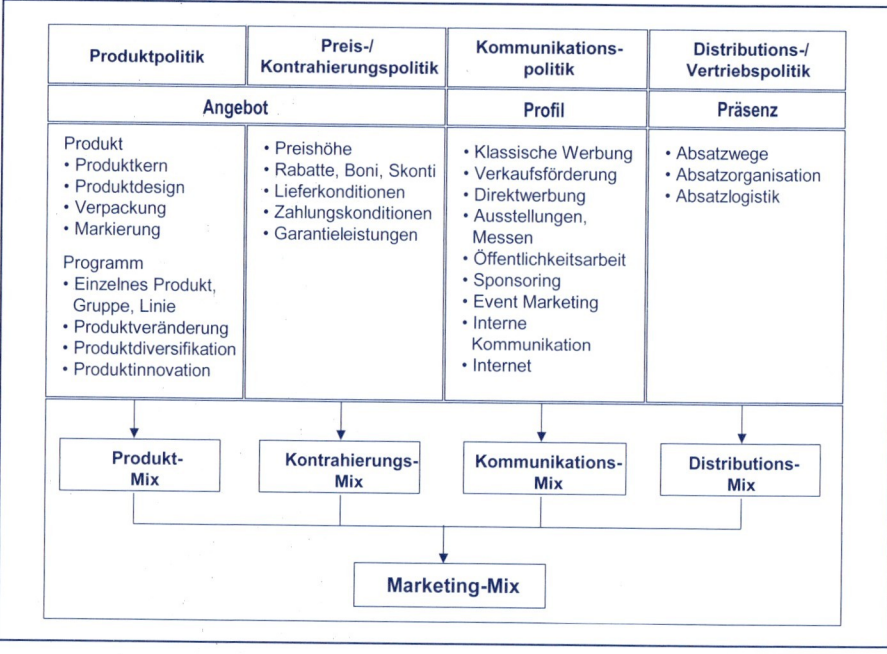

Abb. 17-1: *Bereiche des marketingpolitischen Handelns*

Marketing wird in der instrumentellen Perspektive üblicherweise in die vier Bereiche der Produktpolitik, Preis- bzw. Kontrahierungspolitik, Kommunikationspolitik sowie Vertriebs- bzw. Distributionspolitik unterteilt (vgl. z. B. Homburg 2012: Teil IV):

- Unter Produktpolitik wird die Summe aller Entscheidungen verstanden, die sich auf die Gestaltung der bestehenden und der zukünftigen Produkte eines Unternehmens beziehen.
- Die Preispolitik umfasst alle Entscheidungen im Hinblick auf das von den Nachfragern für ein Produkt zu entrichtende Entgelt.
- Kommunikationspolitik sind alle Entscheidungen, die der Information der Marktpartner über die Produkte und das Unternehmen dienen.
- Unter Vertriebspolitik werden alle marktgerichteten akquisitorischen Aktivitäten zusammengefasst.

In einem etwas anderen Ansatz werden Produktpolitik und Preispolitik zur Angebotspolitik zusammengefasst (vgl. Becker 2013: 490 ff.). Dies geschieht aufgrund der Überlegung, dass bei den Kaufentscheidungen die Nachfrager nicht ein Produkt isoliert betrachten, sondern stets das Preis-Leistungsverhältnis zugrunde legen. Kommunikationspolitik dient der Profilierung des Produkts, die Distributionspolitik sorgt für die Präsenz am Ort des Verkaufs („Point of Sale").

Alle Instrumente zusammen genommen bedürfen der Koordination, die als instrumentaler „Marketing-Mix" bezeichnet wird.

17.2 Produktpolitik

(1) Die **Produktleistung**, die ein Unternehmen erbringt, kann als das „Herz" des Marketing aufgefasst werden (vgl. Becker 2013: 490). Ohne diese Basisleistung können alle anderen Marketingaktivitäten nicht wirksam werden. Sie steht am Beginn jeglicher marktmäßiger Betätigung eines Unternehmens. Produktpolitik in diesem Sinne ist dabei nach den beiden Dimensionen des einzelnen Produkts und des Absatzprogramms zu differenzieren (vgl. ebd. 490 ff.; Thommen/Achleitner 2012: 175 ff.):

Dimension Produkt: Aufgabe ist es hierbei, jedes einzelne Produkt professionell zu gestalten, was zum einen das „Produktinnere" – die technisch-funktionale Leistung – betrifft, zum anderen das „Produktäußere" – die formal-ästhetische Leistung bzw. das Design (Produktpolitik im engeren Sinne). Daneben spielt zusätzlich die Verpackung und die Markierung bzw. Markenbildung eine wichtige Rolle (Produktpolitik im weiteren Sinne).

> Produktinneres: Es wird durch den Produktkern verkörpert, der für die eigentliche problemlösende Funktionsleistung verantwortlich ist. Angesichts verschärften Wettbewerbs wird es immer wichtiger, den Kunden neben dem Grundnutzen auch Zusatzleistungen bzw. Zusatznutzen zu bieten. Beispiel TV-Nachrichten: Der Grundnutzen wird durch die vermittelte Information gestiftet, Zusatznutzen durch die Abrufmöglichkeit von passgenauen Hintergrundinformationen im Internet. Beispiel: Publikumszeitschrift (z. B. Stern): Grundnutzen über die angebotenen Contents (Text-Bild-Verhältnis), Zusatznutzen z. B. durch die Beigabe einer DVD. Oft sorgt erst der Zusatznutzen für merkliche Absatzsteigerungen.

> Produktäußeres: Bestandteil des Produkts ist auch seine formal-ästhetische Beschaffenheit, d. h. das Produktdesign. Es wird immer wichtiger für den Fall, dass sich die Produkte in ihrem Produktinneren nur wenig unterscheiden. Beispiele für Produktdesign im Fernsehen: Farbgestaltung, Hintergrund, Aufteilung des Fernsehbilds, Typen von Moderatoren, Kleidung, „Look and Feel", Stil, Anmutung, Senderlogo.

> Verpackung: Sie sorgt für die geeignete Umhüllung des Packgutes. Packgut und Verpackung bilden zusammen genommen die Packung. Beispiel Fernsehen: Im übertragenden Sinne können Trailer, Ansagen, Programmhinweise, Erkennungssignets oder Jingles als Verpackung verstanden werden (z. B. die Tagesschau-Fanfare).

> Markierung: Aus einem Produkt eine Marke zu generieren, kann im Zeichen scharfen Wettbewerbs als Schlüsselinstrument und wesentliches Produktgestaltungsmittel gelten. Beispiel Fernsehen: Arte als Premium-Marke; Sat.1 als Konsum-Marke. Als besonders starke Marke im Medienbereich gilt die Zeitschrift „GEO" (vgl. Althans/Brüne 2004).

Dimension Absatzprogramm: Neben der Produktgestaltung ist das Absatzprogramm – der Produktmix – festzulegen. In struktureller Hinsicht ist darüber zu entscheiden, ob lediglich ein einziges Produkt angeboten werden soll (Ein-Produkt-Unternehmen) oder ob man mit einer ganzen Produktpalette (Produkt-Programm, Sortiment) in den Markt gehen möchte (Mehr-Produkt-Unternehmen). Bei letzterem ist nach Produkttyp, Produktart, Produktgruppe und Produktbereich zu unterscheiden (vgl. Becker 2013: 508 f.).

> Produkttyp (synonym: Produktvariante): Zusammenfassung von gleichen Produkten. Beispiel Fernsehen: Typisierung von TV-Sendungen nach Sendeformen (Genres, Formate).

> Produktart: Zusammenfassung mehrerer Produkttypen, die dieselben Grundfunktionen erfüllen, aber im Hinblick auf einzelne Eigenschaften unterschiedliche (Kann- bzw. Wahl-)Funktionen erfüllen. Beispiel Fernsehen: Informations-, Unterhaltungs- oder Bildungssendungen.

Produktgruppe (synonym: Produktfamilie): Zusammenfassung von Produkten, die zu verschiedenen Produktarten gehören. Beispiel Fernsehen: ganzer TV-Kanal, z. B. Sat.1, Das Erste, RTL II.

Produktbereich (synonym: Produktlinie): Zusammenfassung mehrerer Produktgruppen innerhalb eines Unternehmens. Beispiel Fernsehen: alle Produkte von ProSiebenSat.1 oder der RTL Group.

Die Absatzprogramm-Entscheidung kann in diesem Zusammenhang zum einen in Richtung einer Universalisten-Strategie getroffen werden, bei der eine große **Programmbreite** zum Tragen kommt, d. h. das Programm breit und flach gehalten wird, zum anderen in Richtung einer Spezialisten-Strategie mit schmalem und tiefem Programm, d. h. einer großen **Programmtiefe**.

> Im Handel wird das Absatzprogramm als „Sortiment" bezeichnet. Die Frage nach der Sortimentsbreite bzw. Sortimentstiefe spielt beim Betrieb einer Buchhandlung eine zentrale Rolle, wo es gilt, mit der „Sortimentserrichtung" ein kundenadäquates Angebot zu gestalten: „Unter ‚Sortimentsbreite' ist die Zahl der geführten Warengruppen bzw. Literaturgebiete zu verstehen, während ‚Sortimentstiefe' die Zahl der Autoren, Titel und Angaben innerhalb einer Gruppe auszeichnet" (Hinze 2001: 133).

In prozessualer Hinsicht ist darüber zu entscheiden, ob das Absatzprogramm ausgeweitet werden soll (Expansion), verkleinert (Kontraktion) oder umstrukturiert (Konsolidierung). Im Einzelnen stehen die folgenden produktpolitischen Möglichkeiten zur Verfügung: Beibehaltung des bestehenden Produktprogramms, Produktveränderung (Produktvariation und -differenzierung), Produktdiversifikation, Produktinnovation und Eliminierung von Produkten (vgl. Thommen/Achleitner 2012: 180 ff.). Abb. 17-2 verdeutlicht das Spektrum der Optionen.

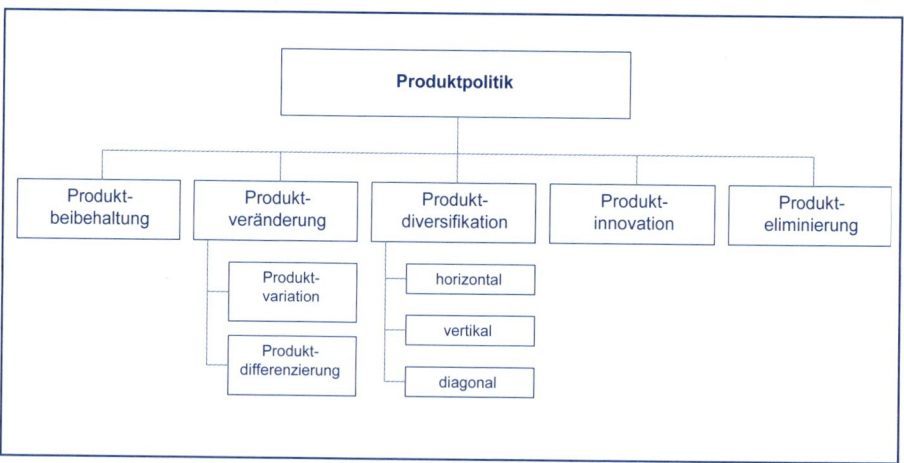

Abb. 17-2: Produktpolitische Optionen

Produktbeibehaltung: Das bestehende Absatzprogramm wird beibehalten, sei es aus Unkenntnis (beispielsweise Nicht-Erkennung von Marktchancen oder -risiken), sei es aus Überzeugung.

Beispiel Fernsehen: Ein Instrument von vergleichsweise hoher Stabilität im Zeitablauf ist die Programmstruktur eines TV-Senders, die nur in mittelfristiger Sicht verändert wird. So gilt z. B. der Sendebeginn der Prime Time im deutschen Fernsehen um 20:15 Uhr als unumstößlich. Eine große Rolle im Hinblick auf die Beibehaltung von Elementen des Absatzprogramms spielen Wiederholungen. Sie können als Instrument zur Beibehaltung bewährter Programmteile gewertet werden.

Produktveränderung (Produktmodifikation): Die ursprüngliche Produktkonzeption bleibt gleich, verändert werden die Produkte. In Frage kommen zwei Ausprägungen:

(a) Produktvariation: Das bisherige Produkt wird durch eine neue Ausführung ersetzt und damit verbessert, ohne das Produkt im Kern zu verändern. Musterbeispiel ist die Neuauflage eines Buchwerkes in überarbeiteter Fassung. Ein weiteres Beispiel aus der gängigen Praxis im Medienbereich ist der Relaunch von Medienprodukten, wie sie in Form eines neuen Layouts, längerer oder kürzerer Sendeformate oder neuen Inhalten in Printmedien, im Rundfunk und in Internetmedien permanent praktiziert werden.

(b) Produktdifferenzierung: Im bestehenden Absatzprogramm wird ein Produkt oder eine Produktart durch zusätzliche Ausführungen (Versionen) ergänzt, wodurch das Absatzprogramm insgesamt eine Vertiefung erfährt. Beispiele: Der TV-Kanal RTL erweitert die Programmsparte Sport (bislang Formel 1 und Skispringen) durch Tennis; ein Buchverlag verbreitet sein Wissenschaftsprogramm. Der Produktdifferenzierung bzw. dem „Versioning" wird v. a. im Hinblick auf die Personalisierung von Angeboten und die Möglichkeiten zur gewinnbringenden Mehrfachverwertung von Content große Beachtung geschenkt.

Produktdiversifikation: Hier geht es um die Aufnahme neuer Produkte in das Absatzprogramm, die auf neuen Märkten angeboten werden. Ziel ist zumeist eine Risikostreuung, um mögliche Gewinneinbrüche in einem Geschäftszweig wettmachen zu können und nicht einseitig abhängig zu sein. Zu unterscheiden sind:

(a) Horizontale Produktdiversifikation: Das Absatzprogramm wird um Produkte erweitert, die in einem engen sachlichen Zusammenhang mit den bisherigen Produkten stehen. Beispiele: Die RTL Group übernimmt n-tv und erweitert dadurch ihr Portfolio der TV-Sender; Gruner + Jahr bringt mit „Park Avenue" eine neue Zeitschrift auf den Markt, die neben dem „Stern" steht („Park Avenue wurde inzwischen wieder eingestellt); ProSiebenSat.1 bringt „Maxdome", ein Video-on-Demand-Portal im Internet, an den Start.

(b) Vertikale Produktdiversifikation: In das Absatzprogramm werden Produkte aufgenommen, die bisher von einem Lieferanten bezogen wurden (vorgelagerte vertikale Produktdiversifikation) oder die von bisherigen Kunden hergestellt wurden (nachgelagerte vertikale Produktdiversifikation). Beispiel: Ein Zeitungsverlag gründet eine Postvertriebsgesellschaft mit dem Ziel, nach Abschaffung des Postmonopols mit der Briefzustellung ein neues Geschäftsfeld zu eröffnen.

(c) Laterale Produktdiversifikation: Neu in das Absatzprogramm werden Produkte aufgenommen, die keine unmittelbare Verwandtschaft zu den bisherigen Produkten aufweisen. Beispiel: Angenommen, das ZDF würde einen Themenpark gründen.

Produktinnovation: Ein neues Produkt ersetzt innerhalb des Absatzprogramms ein altes Produkt unter Beibehaltung des gleichen Grundbedürfnisses. Beispiel: Ein Fernsehsender führt ein völlig neues Fernsehformat ein, etwa eine Telenovela, die bislang noch nicht im Programm vertreten war, wofür ein anderes Unterhaltungsprogramm geopfert wird. Ein anderes Beispiel ist die Einführung HDTV-Sendungen im 16:9-Format.

Produkteliminierung: Eliminiert wird ein Produkt, eine Produktgruppe oder eine ganze Produktlinie. Beispiele: Im Fernsehmarkt ist es gang und gäbe, dass einzelne Formate nach kurzer Zeit wieder verschwinden, wenn sie „geflopt" sind, d. h. einen weit unterdurchschnittlichen Marktanteil erzielt haben (z. B. bei RTL „Der Boss"). Ein besonders reger Wechsel ist auch im weiten Feld der Publikumszeitschriften festzustellen.

(2) Eine besondere Rolle spielt die Markierung von Produkten oder Absatzprogrammen. Eine **Marke** ist die „Summe der Eigenschaften (Name, Design, Image, Produktqualität etc.) eines Unternehmens bzw. eines Produktes, im weiten Sinn Synonym von Reputation" (Sjurts 2011: 361). Marken sind umso prägnanter, je schlüssiger sie ihre Botschaft transportieren. Je schärfer der Wettbewerb im Markt, je größer die Vielfalt der gehandelten Produkte und je größer die Informationsflut, desto wichtiger wird es, seinen Produkten eine klare, jederzeit erkennbare Markierung zu verschaffen.

Die Bildung von Marken kann nach unterschiedlichsten Kriterien erfolgen (vgl. Homburg 2012: 613 ff.), von denen einige wenige, besonders wichtige herausgegriffen seien. Nach der geografischen Reichweite können Marken in regionale, nationale, internationale und globale Marken unterschieden werden.

> Die Frage ist, ob sich der Markenaufbau lediglich auf ein bestimmtes Gebiet innerhalb eines Landes bezieht (z. B. Süddeutschland) oder im anderen Extrem auf die gesamte Welt. Regionale Marken sind im Medienbereich breit vertreten, da die Absatzgebiete oft stark eingeschränkt sind. Zu denken ist an die Sender der öffentlich-rechtlichen Rundfunkanstalten (z. B. SWR, NDR), an regionale Tageszeitungen oder an Lokal- und Regionalradios. Beispiele für nationale Marken sind Deutschlandradio, Klassikradio, ZDF, die meisten Zeitschriften (Spiegel, Stern, Glamour), überregionale Zeitungen (FAZ, Süddeutsche, Die Welt, Die Zeit). Marken mit internationalem Anspruch zielen auf mindestens zwei Ländermärkte ab. Beispiele sind RTL, Financial Times oder GEO. Globale Marken im Medien- und TIME-Bereich sind z. B.: CNN, BBC World, EMI, Microsoft, Apple, Sony.

Im Hinblick auf die vertikale Reichweite der Marke innerhalb des Wertschöpfungsprozesses unterscheidet man (a) Marken, die im Vorproduktionsprozess eingesetzt werden, dann aber verschwinden („verschwindende Vorproduktmarke"), (b) sog. „begleitende Vorproduktmarken" („Ingredient Brands"), (c) Fertigproduktmarken.

> Bei einer verschwindenden Vorproduktmarke – auch Verarbeitungsmarke genannt – endet die Markenwahrnehmung früher oder später im Wertschöpfungsprozess. Im Endprodukt sind sie nicht mehr erkennbar. Beispiele aus dem Medienbereich sind Syndication-Inhalte, wenn etwa ein Lokalradio den RTL-Musikmantel einkauft und als eigenes Programm vermarktet, oder Filme von Star-Regisseuren wie Scorsese, die Marken darstellen, vom Publikum aber nicht nach dem Regisseur wahrgenommen werden, sondern nach den Hauptdarstellern.
>
> Ingredient Brand ist ein Bestandteil eines Produkts, der neben der Markierung des Produkts weiterhin als eigenständige Marke aufscheint. Musterbeispiel ist „Intel inside" bei Computerprodukten. Es ist festzustellen, dass Ingredient Branding besonders im Fernsehen eine sehr große Rolle spielt. Sieht man einzelne Sendungen oder Sendestrecken als eigenständige Marken an (z. B. Tagesschau, Kulturspiegel, James-Bond-Filme oder Sendungen, die mit einem Moderatorennamen markiert werden), kann man diese als Ingredient Brands in den jeweiligen TV-Programmen ansehen, z. B. Wetten dass ...? im Rahmen der Marke ZDF als Fernsehkanal. Ähnlich verhält es sich mit dpa-Meldungen, wenn sie unverändert in Zeitungen abgedruckt werden: auch hier findet Ingredient Branding statt, da die Marke dpa im Endprodukt der Tageszeitung weiterhin als eine eigenständige Marke identifizierbar ist. Stark verbreitet ist Ingredient Branding auch im Internet, z. B. wenn auf einer Website fremde Contents eines Kooperationspartners erscheinen (z. B. Bild bei T-Online). Als Ingredient Branding kann auch der Einsatz von Stars in Kinospielfilmen angesehen werden, die oft für die Stärke der eigentlichen Filmmarke ausschlaggebend sind. Grund ist, dass der Kinobesucher bei seiner Entscheidung, den Film zu sehen oder nicht, höchst unsicher ist und daher zur Reduktion dieser Unsicherheit über die Filmqualität die Hauptdarsteller als Hilfskriterien heranzieht: „Der Einsatz von bekannten Stars wie *Tom Cruise* oder *Julia Roberts* als Ingredient Brands kann in diesem Zusammenhang als ein solches Hilfskriterium zu einer Markierungsfunktion bzw. zum Aufbau der Marke des Spielfilms und somit zu einer Reduzierung von konsumentenseitiger Unsicherheit beitragen" (Hennig-Thurau/Heitjans 2004: 73).
>
> Bei Fertigproduktmarken findet die Markenbildung ausschließlich am Endprodukt statt, ohne dass Verbindungslinien zu anderen Marken bestehen. Ein Beispiel ist eine Musik-CD, die ausschließlich Titel einer bestimmten Gruppe vereinigt und in dieser Form dann markiert wird. Weitere Beispiele sind Buchtitel, Video- und Computerspiele oder Spielfilme, die im Kino vorgeführt werden.

Im Hinblick auf die Anzahl der markierten Güter sind Einzelmarken, Mehrmarken, Familienmarken und Dachmarken zu unterscheiden (vgl. hierzu auch Meffert 2002; Becker 2013: 195 ff.). Abb. 17-3 verdeutlicht die Konzepte (Quelle: in Anlehnung an Homburg 2012: 619).

Kapitel 17: Absatz und Marketing 455

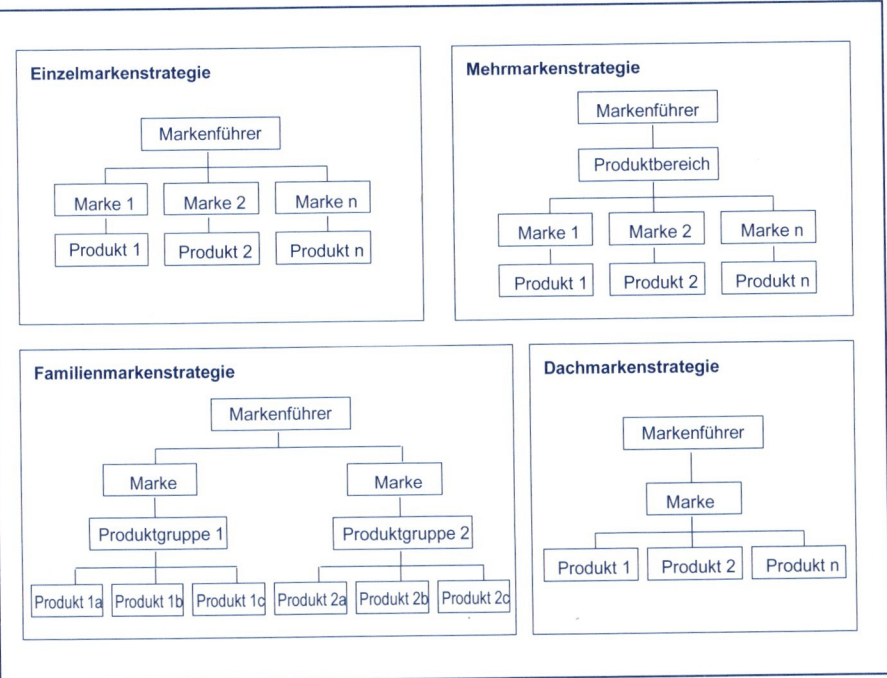

Abb. 17-3: *Grundsätzliche markenstrategische Optionen*

Bei der Einzelmarke wird jede einzelne Leistung des Unternehmens unter einer eigenen Marke angeboten, während bei der Mehrmarkenstrategie von einem Unternehmen mindestens zwei Marken parallel in demselben Produktbereich geführt werden. Bei der Markenfamilie wird für eine abgegrenzte Produktgruppe eine einheitliche Marke gewählt. Die Dachmarkenstrategie schließlich fasst alle Produkte eines Unternehmens unter einer Marke zusammen, wobei meist der Firmenname als Dach dient („Umbrella Branding"), manchmal auch ein anderes Kriterium wie z. B. der Name des Firmeninhabers (z. B. Rosenthal oder Bertelsmann).

> Der grundlegende Vorteil der Einzelmarkenstrategie ist die Möglichkeit der Schaffung einer klaren, unverwechselbaren Markenpersönlichkeit. Nachteilig ist v. a. der hohe Marketingaufwand, der betrieben werden muss. Anwendung findet die Einzelmarkenstrategie v. a. dann, wenn das Unternehmen heterogene Produkte anbietet, die unterschiedlich positioniert werden sollen mit dem Ziel, verschiedene Kundengruppen anzusprechen. Gute Beispiele sind die Markierungen einzelner Radioprogramme – auch der öffentlich-rechtlichen Sender – mit Titeln wie „Eins Live", „Radio Fritz" oder „BigFM". Dabei wird bewusst der Bezug zu der dahinter stehenden Organisation verwischt und die Eigenständigkeit des Produkts betont.
>
> Bei der Mehrmarkenstrategie schickt das Unternehmen im gleichen Marktsegment unterschiedliche Marken „ins Rennen". Die einzelnen Marken zielen auf dieselbe Zielgruppe ab, unterscheiden sich aber in den Produkteigenschaften, im Preis oder im kommunikativen Auftritt. Bekannte Beispiele finden sich im Reisemarkt, wo z. B. TUI zusätzlich mit den Marken 1,2 Fly, Airtours, Dr. Tigges etc. antritt. Merkmal dieses Konzepts ist also die „Konkurrenz im eigenen Haus", die besonders in Märkten mit niedriger Markentreue angebracht ist (vgl. Meffert 2002: 140). Da die Kunden ohnehin wechseln, sollen sie wenigstens im eigenen Sortiment wechseln und nicht zur Konkurrenz abwandern. Eine hohe

Wechselbereitschaft ist v. a. bei TV-Programmen gegeben, weshalb hier die Mehrmarkenstrategie verbreitet ist. So betreibt z. B. ProSiebenSat.1 die TV-Kanäle ProSieben, Sat.1, N24, Kabel 1 und Sixx.

Eine Familienmarke (bzw. Markenfamilie, synonym: Produktgruppenmarke, Range-Marke, Product Line Name) bewegt sich zwischen Einzel- und Dachmarke. Grundprinzip ist die Schaffung einer einheitlichen Marke für eine Produktgruppe bzw. „Produktlinie". Die Familienmarkenstrategie bietet die Möglichkeit, „sowohl grundlegende Vorteile der Einzelmarke (Profilierungsvorteil: produktspezifische Auslobung) als auch solche der Dachmarke (Ökonomievorteil: mehrere Produkte finanzieren das Markenbudget) zu nutzen, ohne jeweils deren gravierende Nachteile ... voll in Kauf nehmen zu müssen" (Becker 2013: 199). Angesichts dieser Vorteile ist es nicht überraschend, dass die Strategie der Familienmarke auch im Medienbereich weite Verbreitung gefunden hat. Beispiele für „große" Markenfamilien im Medienbereich sind GEO und Bild.

Eine Dachmarke (synonym: Unternehmensmarke, Company-Marke, Corporate Brand Name) hat den Vorteil, dass die Marketingaufwendungen gesenkt werden können, neue Produkte leichter eingeführt werden können und der Goodwill der vorhandenen Dachmarke auf neue Produkte übertragen werden kann. Allerdings können die Marken nicht mehr so klar positioniert und geführt werden wie bei Einzelmarken. Eine präzise Ausrichtung auf bestimmte Zielgruppen ist nicht mehr möglich. Als Beispiele für Dachmarkenstrategien im Medienbereich seien genannt: Süddeutsche Zeitung (SZ), Reader's Digest, ZDF, Deutsche Telekom, Microsoft, IBM, Apple, Google.

(3) Medienunternehmen sind auf unterschiedlichen Märkten aktiv. Ihre **Produktwelten** lassen sich prinzipiell in **vier marktmäßige Richtungen** differenzieren, und zwar in Richtung der Rezipienten, in Richtung der Wirtschaftsunternehmen, in Richtung von Rechteverwertern und mit Blick auf die TIME-Branche (vgl. Abb. 17-4).

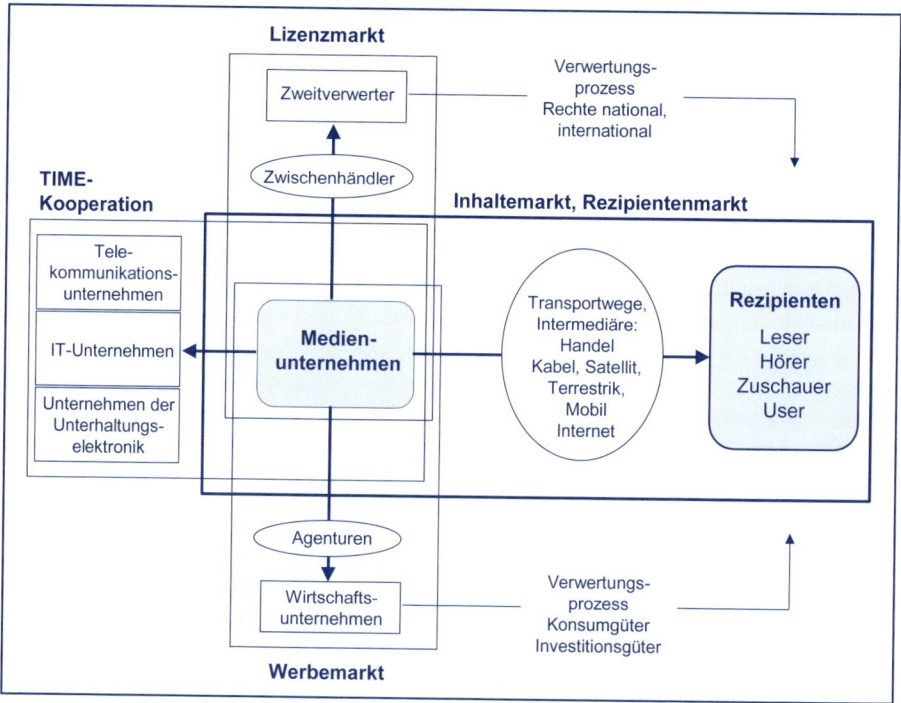

Abb. 17-4: Absatzmärkte von Medienunternehmen

Da das Sachziel von Medienunternehmen die Schaffung und Verbreitung von Content ist, beginnt jede Produktpolitik auf dem Rezipientenmarkt (Leser-, Hörer-, Zuschauer- und User-Markt). Ihm kommt die Leitfunktion zu, der Werbemarkt und der Markt für Lizenzen stellen lediglich abgeleitete (derivative) Märkte dar, die sich in den Rezipientenmarkt als Kernmarkt sozusagen „einklinken". Man kann vom „Primat des Rezipientenmarktes" sprechen. Freilich bleibt davon unberührt, dass der finanzielle Rückfluss bei privaten Medienunternehmen oft primär gerade von dort erfolgt.

Von zunehmender Bedeutung für die Produktpolitik sind Kooperationen mit den Telekommunikations-, IT- und Unternehmen der Unterhaltungselektronik. Immer öfter sind Medienunternehmen daran beteiligt, ihren Content den anderen „Playern" innerhalb der TIME-Branche zuzuliefern bzw. in Kombination mit deren Angeboten zu bringen.

> Beispiele sind Angebote, die den engeren Mediensektor überschreiten, wie etwa Fernsehen als IPTV, wo eine Kooperation zwischen TV und der Telekom stattfindet.

(4) Medienunternehmen richten ihre **Produktpolitik auf dem Rezipientenmarkt** darauf aus, attraktive Produkte anzubieten, mit denen sie sich im Wettbewerb behaupten können. Große Medienunternehmen zielen darauf ab, eine möglichst breit angelegte Produktpalette anzubieten, um in möglichst vielen Bereichen vertreten zu sein. Dadurch verspricht man sich Krisenfestigkeit und Flexibilität.

> So war es z. B. die Politik des Kirch-Konzerns, auf allen Stufen der Wertschöpfungskette – Medienproduktion, Medienredaktion, Ausstrahlung, Verwertung – möglichst prominent vertreten zu sein. Wichtiges Ziel war es, in keine Engpass-Situationen hinein zu geraten und von anderen Lieferanten abhängig zu werden.

Aus dem gleichen Grund versuchen die großen Medienunternehmen, über den engeren Bereich der Medien hinaus Allianzen mit starken Partnern einzugehen. Das wird befördert durch das Zusammenwachsen aller Bereiche der TIME-Branche („Konvergenz"). Kleine Medienunternehmen ziehen sich demgegenüber eher in eine Nische zurück und spezialisieren sich auf ein Absatzprogramm, das ihrer ganz speziellen Kompetenz entspricht und das sie umzusetzen in der Lage sind.

Betrachtet man die Produktpolitik der Unternehmen in den einzelnen Medienmärkten, so sind Unterschiede feststellbar. Im Bereich der **Zeitungen** generell und insbesondere bei den **regionalen Tageszeitungen** kommt es zu Absatzverlusten und zur Erosion der Kundenbasis, die nicht mehr durch ständige Einsparungen, Kostensenkungen und Rationalisierungsmaßnahmen aufgefangen werden können. Finanzielles Hauptproblem sind die rückläufigen Anzeigenerlöse. Vor diesem Hintergrund gewinnt die Produktpolitik als Aktionsparameter an Bedeutung.

Auf der Produkt- bzw. Titelebene – also der **Ebene der Produktgestaltung** – sind die folgenden Trends und Entwicklungen festzustellen:

- Veränderungen der inhaltlichen Konzeption: Hier scheint eine eher verhaltene Veränderungsbereitschaft vorzuherrschen.

So schreibt der Chefredakteur der Passauer Neuen Presse: „Ich bin kein großer Fan von Jugend-, Frauen- oder Uni-Seiten. Die Tageszeitung muss für jede dieser Gruppen etwas bieten, und zwar täglich. Wenn man davon ausgeht, dass der Sportteil und der Politikteil – letzterer sicherlich nur eingeschränkt – aus „Männerseiten" besteht und wenn man davon ausgehen kann, dass der Lokalsport und die Lokalpolitik auch eher auf Männer zielen, dann hat die Zeitung generell ein Defizit bei Frauen- und Jugend-Themen" (Backhaus, in Schröder/Schwanebeck 2005: 117).

Eine andere Stimme führt aus: „Redaktionen und Verlage haben bis heute nicht die Zielgruppe der Ausländer für sich entdeckt und es entsprechend nicht verstanden, sie an die Zeitungen heranzuführen. Spiegelbildlich zur Gesamtgesellschaft integrieren Zeitungen ausländische Bürger nur sehr wenig oder gar nicht in ihre Berichterstattung" (Jeuther, in: Möhring/Schneider 2006: 34).

- Layout: Auffällig ist der Trend zur Präsentation von Farbfotos in Tageszeitungen. Ferner arbeiten zahlreiche Zeitungen, insbesondere Wochenzeitungen (Die Zeit, Rheinischer Merkur, FAZ) zunehmend mit einer größeren „Luftigkeit" und versuchen die Inhalte übersichtlicher, „duftiger" darzustellen. Auffällig ist auch die gelegentliche integrierte Aufbereitung eines Themas auf einer Doppelseite.
- Werberaum: Neue Werbeformen werden möglich. Oft wird eine bisher praktizierte Zurückhaltung aufgegeben.

    Zu denken ist z. B. an die Dritte Seite – früher ein „Heiligtum" im redaktionellen Konzept. Sie kann heute ohne weiteres auch als ganzseitige Werbeanzeige erscheinen.

- Beilagen (Supplements): Vom Leser werden Beilagen als Zusatznutzen empfunden. Dementsprechend werden sie als interessantes produktpolitisches Instrument angesehen. Zu differenzieren ist zwischen Eigen-/Verleger- und Fremdbeilagen.

    Beispiele sind gedruckte Magazin-Beilagen (Zeit-Magazin, SZ-Magazin, Spiegel Kultur) oder thematische Sonderbeilagen (z. B. Reise, Literatur). Um die Sonderleistung zu betonen, erscheinen sie oft in einem vom Basisprodukt abgesetzten Layout und Format.

- Tabloid: Hierbei handelt es sich um ein handliches Zeitungsformat, z. B. ein halbes „Berliner Format" (Satzspiegel 315 mm breit x 470 mm hoch). Die Umstellung von großformatigen Zeitungen auf Tabloids ist permanent in der Diskussion und wird von den Zeitungsverlagen in Erwägung gezogen. Eine Reihe von Angeboten existiert bereits. Ansatzpunkt der Angebote ist ein niedriger Preis und der Vertrieb in Ballungsgebieten mit dem Ziel der Ansprache jüngerer Zielgruppen.

    Die Entwicklung wurde 2003 mit „The Independent" und der Londoner „Times" eingeläutet, die zunächst parallel, dann ausschließlich auf Tabloid umgestellt haben. Ein gutes Beispiel für ein Tabloid ist „Welt Kompakt", ein Produkt, das die Tageszeitung „Die Welt" in Kurzform abbildet.

- Internet: Zeitungen sind informationszentrierte Medienprodukte, weshalb es nahe liegt, das Internet als ergänzendes Medium systematisch für die Produktpolitik einzusetzen. Dies kann dadurch geschehen, dass man gezielte Hintergrundinformationen zu den einzelnen Zeitungsbeiträge im Netz hinterlegt, auf die jeweils am Ende des Beitrags hingewiesen wird, oder indem man den Internetauftritt generell als Ergänzung zur Printversion konzipiert.

    Die Integration des Internet bringt freilich das höchst unerwünschte Risiko der Abwanderung von Nutzern der Printausgabe mit sich – ein Grund, warum in der Praxis eher eine gewisse Zurückhaltung in der „offenen" Verzahnung der redaktionellen Teile der Printausgabe mit den Onlineinformationen feststellbar ist.

Auf der **Ebene des Absatzprogramms** sind im Zeitungssegment die folgenden Entwicklungen besonders bemerkenswert:

- Produktveränderung: Tendenziell dominiert eine Politik der Bewahrung bzw. eher zögerlichen Veränderung. (a) Als Produktvariationen werden Relaunches praktiziert, jedoch nur in größeren Abständen. (b) Produktdifferenzierungen finden zum einen im Hinblick auf die Print-Ausgabe statt, zum anderen im Hinblick auf den Einsatz des Internet als Instrument zur Versionenbildung des Printprodukts.

    Von einem interessanten Versioning-Ansatz wird aus Hannover berichtet, bei dem anstelle der bisherigen Landkreisbeilagen eigenständige Tabloid-Zeitungsprodukte – als sog. „Heimatzeitung" – angeboten werden: „Beides ist zu haben: Großstadtzeitung und ein eigenes Lokalblatt, als Zeitung in der Zeitung. Das ist eine längst fällige Hinwendung an Städte wie Garbsen oder Langenhagen usw. mit ihren zigtausenden Einwohnern. Jede dieser Städte hatte früher eine eigene Zeitung, die leider, zumeist aus wirtschaftlichen Gründen, der Pressekonzentration während der 60er Jahre zum Opfer gefallen ist. Heute sind Verlage wie Madsack auf dem Weg zurück und wollen dieses verloren gegangene Terrain wieder für sich erobern" (Jeuther 2006: 52).

    Eine maximale Möglichkeit zur Produktdifferenzierung bietet die elektronischen Zeitung bzw. das E-Paper, das die Generierung einer vollständig personalisierten elektronischen Version erlaubt.

- Produktdiversifikation: (a) Horizontale Diversifikation: Sie wird zunehmend als probates Mittel zur Absatzsteigerung angesehen. Ein gutes Beispiel sind die Line Extensions im Kontext der Bild-Markenfamilie vom Basis-Zeitungsprodukt in Richtung von Zeitschriftenangeboten. (b) Vertikale Diversifikation: Diese findet z. B. beim geplanten Einstieg von Zeitungsverlagen in das Geschäft der Briefzustelldienste statt (vertikale Vorwärtsintegration). (c) Laterale Diversifikation: Stark zu beachten sind in diesem Kontext die Nebengeschäfte mit „zeitungsaffinen Zusatzprodukten", wie sie z. B. die Süddeutsche Zeitung und „Die Zeit" betreiben. Hauptziel ist es, mit neuen Produkten auf neuen Märkten die rückläufigen Anzeigenerlöse teilweise oder ganz zu kompensieren.

Die **Produktpolitik bei Zeitschriften** ähnelt in vielerlei Hinsicht den produktpolitischen Ansätzen bei Zeitungen, unterscheidet sich jedoch durch eine höhere Veränderungsdynamik in der Produktgestaltung und der Vielfalt der praktizierten Ansätze. Auf der Produktebene spielen im Bereich der Publikumszeitschriften Layout-Fragen, Supplements (v. a. Printbeilagen und DVDs) oder Kompakt-Formate ebenfalls eine wichtige Rolle, im Bereich der Fachzeitschriften hat das Internet als Produktausprägung höchste Relevanz. So werden zahlreiche neue Fachzeitschriften nur noch als elektronische Ausgabe auf den Markt gebracht.

Im Hinblick auf die Ebene des Absatzprogramms werden bei Zeitschriften alle produktpolitischen Instrumente wie Produktveränderungen (Produktvariation und Produktdifferenzierung) und Produktdiversifikation nachhaltig eingesetzt. Auffällig ist dabei die große Zahl von Neugründungen bei den Publikumszeitschriften, denen eine ebenso große Zahl von Produkteliminationen gegenübersteht. Von besonderer Bedeutung ist der Ausbau der Produktpalette durch Line Extensions, da bei Zeitschriften eine engere Verbindung zur Zielgruppe gegeben ist.

Beispiele für Produktdifferenzierungen (Line Extensions) sind Auto, Motor und Sport (ams) und CHIP (vgl. Menhard/Treede 2004: 229 ff.). Ebenso ist die GEO-Produktfamilie zu nennen, die freilich weit über den Zeitschriftenbereich hinausreicht und damit zusätzlich Produktdiversifikation darstellt. So bietet der „GEO-Shop" Kalender, Bildbände, Experimentierkästen für Kinder oder Lexika, ferner die TV-Sendung „360 Grad". Damit ist ein wichtiges Beispiel für die Produktdiversifikation von Zeitschriften angesprochen. Mit den TV-Ablegern platzieren alle wichtigen Zeitschriften ihr Produkt im Medium Fernsehen und versuchen dadurch ihr Positiv-Image zu untermauern. Beispiele sind Spiegel-TV, Focus-TV, Stern-TV, aber auch Fit-for-Fun-TV und Maxim-TV (vgl. auch Breyer-Mayländer/ Seeger 2006: 183).

Dass die Produktdiversifikation weit über den medialen Bereich hinausgehen kann, zeigt das Beispiel der Lifestyle-Zeitschrift „Fit for Fun". In medialer Hinsicht erfolgt eine Diversifikation in Richtung Bücher, TV und Online, nichtmedial werden Food, Restaurants, Catering und Seminare unter der Marke Fit for Fun angeboten (vgl. Kilian/Eckert 2007: 119). Damit verfolgt man die Diversifikation auf allen Ebenen: intramedial in der gleichen Medienkategorie (Line Extensions), crossmedial in andere Medienkategorien (Bücher, TV) sowie medienfremd mit der Erschließung nichtmedialer Produktkategorien (vgl. ebd. 120).

Die **Produktpolitik im Buchmarkt** ist auf der Titel- bzw. Produktebene dadurch gekennzeichnet, dass mit der Ausstattung des Buches (Papier, Schrift, Einbandart) gleichzeitig über die Positionierung im Markt – z. B. Hardcover, Paperback oder Luxusausgabe – entschieden wird (vgl. Breyer-Mayländer/Seeger 2006: 168). Formalen Kriterien kommt insofern beim Buch ein besonders hoher Stellenwert zu.

Als Kriterien sind zu nennen (vgl. Schönstedt 1999: 213 ff.): Produktkern, d. h. die stoffliche Substanz; Produktform bzw. Design; Produktfarbe; Markenname; Verpackung, d. h. die äußere Umhüllung. Bei letzterem sind z. B. relevant: Buchdeckel, Schutzumschlag, Schuber oder Kassetten.

Was den Aspekt des Absatzprogramms anbelangt, so war mit der Bildung von Reihen und deren gestalterischen Markierung immer schon das Instrument der (horizontalen) Produktdiversifikation präsent. Festzustellen ist dabei eine zunehmende Bereitschaft zur Variation der äußeren Gestaltung. Die Produktform des Hörbuches kann als laterale Produktdiversifikation interpretiert werden.

Auch im Buchbereich hat das Ingredient Branding eine hohe Relevanz: „In vielen Buchverlagen findet keine Markenpolitik statt, weil nicht der Verlag, sondern der Autor im Bewusstsein der Kunden verankert und damit kaufentscheidend ist – dies gilt vor allem für belletristische Bücher. Da die Bindung der Autoren an ihre jeweiligen Verlage aber in der Regel nicht mehr sehr eng ist, scheuen sich die Verlage meist, Autoren zu Marken aufzubauen" (Polthier/Wolters 2004: 48).

Auf der Produktebene stellt sich die **Produktpolitik im Radio** als ausgefeilter Kombinationsprozess der Elemente Musik und Wort dar. Dabei spielen Kriterien wie die Wahl der Musikrichtung, der Moderation, des Wort-Musik-Anteils oder der Art der Ansprache der Hörer für die Formatierung des Programms eine große Rolle. Generell ist für das Formatradio eine Entwicklung festzustellen in Richtung der Ausdünnung der Wortbeiträge und damit der stärkeren Musikbetonung festzustellen, getragen von dem allgemeinen Ziel einer hohen „Durchhörbarkeit".

Das Absatzprogramm von Radiosendern wird vom angebotenen Portfolio der Kanäle repräsentiert. Bei den öffentlich-rechtlichen Rundfunkanstalten verfolgt man – dem Grundversorgungsauftrag entsprechend – eine Politik der horizontalen Diversifikation nach Zielgruppenmerkmalen mit dem Ziel der umfassenden Abdeckung und Erreichbarkeit der Gesamtbevölkerung. Produktveränderungen, etwa durch einen Relaunch, finden vergleichsweise selten statt, d. h. das jeweils in Kraft gesetzte Programmschema gilt für lange Zeit und hat damit den Charakter eines mittelfristig stabilen Planungsinstruments. Als Produktdifferenzierung bzw. Versioning des Basisprodukts kann die Abrufmöglichkeit von Sendungen als Podcasts aus dem Internet interpretiert werden, eine Errungenschaft für den Hörer, die zu einer beachtlichen Veränderung des Nutzungsverhaltens – v. a. im Informationsbereich – beitragen kann.

> Eine interessante Möglichkeit der Produktvariation im Hörfunk sind Sonderprogramme. Hierbei wird für einen bestimmten Zeitraum, z. B. für eine Woche, das reguläre Programm außer Kraft gesetzt und z. B. eine „Mega-Hit-Parade" abgewickelt. Geradezu legendär ist im Südwesten Deutschlands die Ende der 80er Jahre durchgeführte „Top 1000 X" Hitparade, bei der das Publikum eintausend Titel auswählte, die von hinten nach vorne über eine Woche abgespielt wurden. Das Finale fand im Rahmen einer großen Open-Air-Veranstaltung im Hochsommer statt.

Die Bildung von Hörfunk-Marken ist aufgrund des Charakters des Radios als ein Nebenbei- bzw. Begleitmedium eine besondere Herausforderung. Außerdem kann die Wiedererkennbarkeit eines Kanals nur über akustische Mittel sichergestellt werden. Daher müssen kommunikationspolitischen Instrumente „on air" (Jingles, Erkennungssignets, akustische Signale) in großer Zahl eingesetzt werden, eng verbunden mit der Programmprofilierung durch eine klar erkennbare Musikfarbe sowie durch Moderatoren, die als Ingredient Brands den jeweiligen Kanal für den Hörer jederzeit eindeutig identifizierbar machen.

Die **Produktpolitik im Bereich Fernsehen** ist auf Produktebene analog zum Hörfunk durch einen hochgradig komplexen Kombinationsprozess unterschiedlichster Gestaltungskriterien gekennzeichnet. Interpretiert man als Produkt den einzelnen TV-Kanal, so steht im Fernsehen als Marketingziel die Zuschauerbindung und Aufrechterhaltung des sog. „Audience Flows" im Vordergrund. Dieses Ziel ist angesichts der für den Zuschauer extrem geringen Wechselbarrieren von einem Programm zum anderen (Zapping) nur mit größter Anstrengung zu erreichen.

> Unter dem Audience Flow wird die „Zuschauerbewegung von einer Fernsehsendung zur darauffolgenden Fernsehsendung desselben Kanals" verstanden (Sjurts 2011: 36). Die Festlegung erfolgt im Zusammenhang mit der Programmplanung und mit dem Ziel, das Umschalten der Rezipienten zu anderen Sendern zu verhindern.

Ein charakteristisches Merkmal der Fernsehprodukte in den Vollprogrammen ist die zunehmende Vermischung bislang getrennt eingesetzter Präsentationsformen, eine Entwicklung, die in Begriffen wie Infotainment, Doku-Soap, Reality-TV zum Ausdruck kommt.

Im Hinblick auf das Absatzprogramm von Fernsehveranstaltern ist festzustellen, dass Produktveränderungen – analog zum Hörfunk – nur vergleichsweise sparsam vorgenommen werden, da offensichtlich das Risiko einer möglichen Verunsicherung der Zuschauer bei strukturellen Programmänderungen als zu groß eingeschätzt wird – bzw. umgekehrt: dass dem Gewöhnungseffekt ein hoher Einfluss im Zuschauerverhalten beigemessen wird. So ist davon auszugehen, dass die Einführung eines neuen Formates stets ein besonderes Risiko darstellt, das die TV-Sender genau abwägen und im Zweifel eher auf Bewährtes und Erprobtes setzen (vgl. auch die Ausführungen zur Frage der Innovation in der Medienbranche in Kapitel 13).

Im Zuge der Digitalisierung spielen spezielle digitale TV-Angebote, die über Kabel, Satellit, terrestrisch sowie mobil verbreitet werden, eine zunehmend wichtige Rolle. Aus produktpolitischer Sicht eröffnen sich hier hervorragende Möglichkeiten der Versionenbildung und Diversifikation.

> Die ARD z. B. verfolgt unter der Leitidee „Vernetzen statt versparten" das Ziel, aus den laufenden Programmangeboten geeignete Sendungen auszuwählen, thematisch zu strukturieren und in Form eines neuen digitalen Angebots zu wiederholen. Dadurch entsteht zusätzlich zu den Basisprogrammen ein neues digitales „Bouquet". Eine ähnliche Politik der Diversifikation verfolgt das ZDF.
>
> Die Privaten gehen umgekehrt vor, indem sie eigenständige digitale Vollprogramme betreiben und daraus bestimmte Programmstrecken in ihre Leitprogramme einspielen (z. B. RTL vor einigen Jahren mit dem Dating-Kanal „Traumpartner TV"; ähnlich bei Teleshopping-Kanälen).
>
> Hochgradig interessant sind Archivfunktionen, die über das Internet eingesetzt werden können. So entstanden Video-on-Demand-Portale im Internet wie z. B. die Mediatheken „Maxdome" von ProSieben-Sat.1 oder des öffentlich-rechtlichen Rundfunks, über die es möglich ist, Programmelemente – ergänzend oder begleitend zu den Free-TV-Angeboten – zur nichtlinearen Nutzung anzubieten.
>
> Als horizontale Diversifikation kann auch die Summe der Dritten Fernsehprogramme der ARD angesehen werden, die – heftig beklagt von der Konkurrenz – deutschlandweit zur Ausstrahlung kommen bzw. zugänglich sind.

Der Fernsehmarkt kann als ein Segment angesehen werden, in dem große Konkurrenz um die Gunst – d. h. um die Aufmerksamkeit – der Zuschauer herrscht. Angesichts des Vertrauensgut-Charakters der Fernsehangebote und des einfachen Wechsels zur Konkurrenz hat gerade auch im Fernsehen die Markenbildung hohe Bedeutung. Will man im Markt überleben, ist es notwendig, sich von den konkurrierenden Sendern zu differenzieren und bei den Zuschauern eine bevorzugte Position aufzubauen. Wie nirgendwo sonst kann im Fernsehen eine komplexe und in sich verschachtelte Markenarchitektur realisiert werden, die eine hohe Flexibilität ermöglicht. Als Beispiel dient die Markenarchitektur von „Das Erste" in Abb. 17-5 (vgl. Wolff 2006: 46).

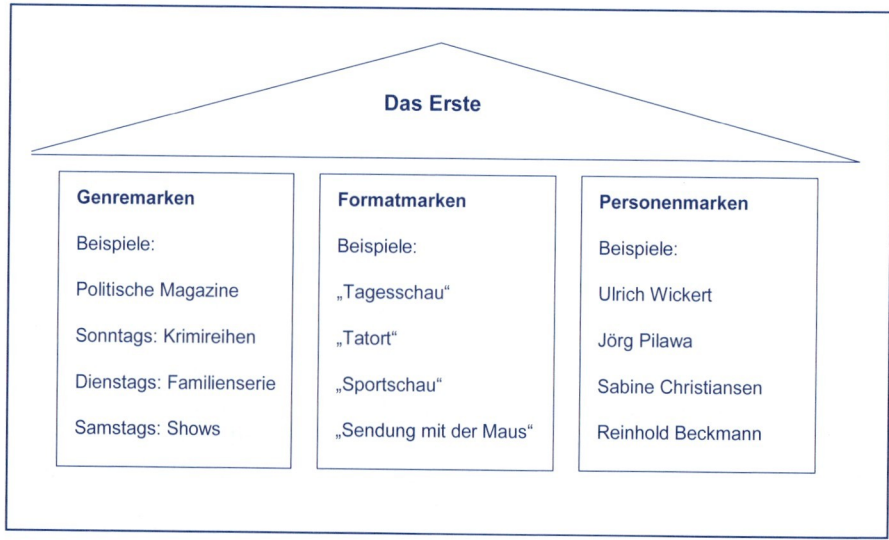

Abb. 17-5: Markenarchitektur Das Erste

Neben den hier aufgezeigten Medienbereichen sind noch der Kinofilm, Musikprodukte, Video- und Computerspiele-Produkte sowie das Internet relevant. Auf der Produktebene wird man auch hier danach fragen, welche kritischen Erfolgsfaktoren für den späteren Erfolg des Produkts im Markt angenommen werden können. So ist z. B. in der Filmbranche bekannt, dass eine Starbesetzung fast ein Garant für den Markterfolg darstellt, während im Musikbereich der Inhalt (Interpreten, Auswahl von Musikstil) im Vordergrund steht. Im Online-Bereich ist es die große Herausforderung, ein unverwechselbares Produkt zu kreieren, das eine ausreichende Nachfrage zu generieren in der Lage ist. Eine große Rolle spielen dabei die interaktiven Elemente.

(5) Die **Produktpolitik auf dem Werbemarkt** ist bei kommerziellen Medienunternehmen eng mit dem Rezipientenmarkt verzahnt. Erfolge auf dem Rezipientenmarkt sind die unabdingbare Voraussetzung für Erfolge auf dem Werbemarkt. Auf dem Werbemarkt stehen die Medienunternehmen – nunmehr als Werbeträger – vor der Aufgabe, solche Leistungsbündel zu schnüren und anzubieten, die von der werbetreibenden Wirtschaft und die sie vertretenden Agenturen akzeptiert und nachgefragt werden. Entscheidendes Kriterium ist, wie die „Performance" der Medienunternehmen im Hinblick auf die **Mediaplanung** aussieht, d. h. ob die angebotenen Buchungsmöglichkeiten als attraktiv gelten.

> Mediaplanung bezeichnet die Auswahl der Werbeträger. Sie wird auch als Streuplanung, Werbestreuplanung oder Medienselektion bezeichnet. Aus Sicht des werbetreibenden Unternehmens geht es um die Auswahl der Werbeträgergattungen (z. B. Zeitungen, Zeitschriften, Radio, Fernsehen, Internet) und innerhalb der Werbeträgergattungen um die Auswahl der einzelnen Werbeträger (z. B. bei Zeitschriften HörZu, bei TV-Sendern das ZDF) (vgl. Unger 2006: 737). Im Rahmen der Mediaplanung wird entschieden, welche Medien ein Werbungtreibender wann, in welcher Art und wie oft buchen soll.

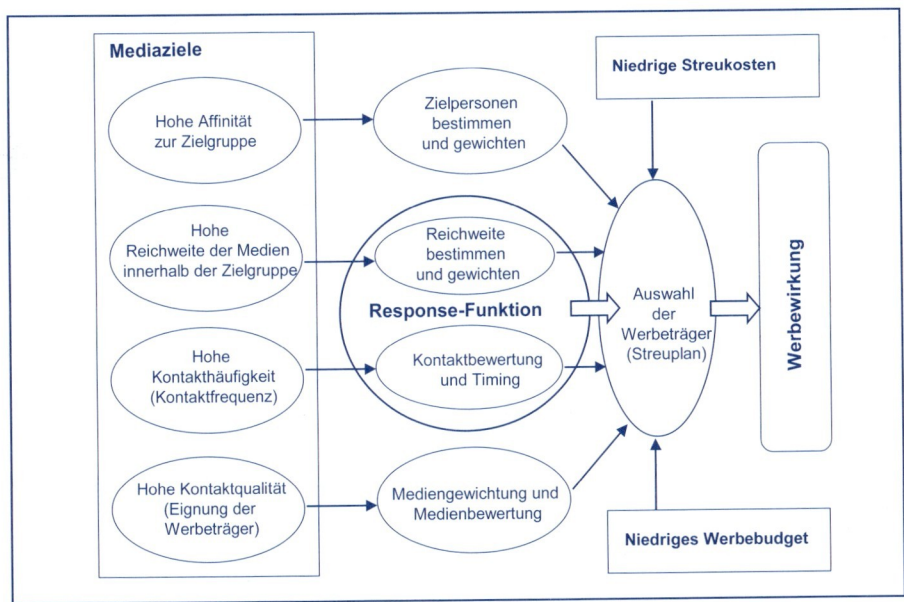

Abb. 17-6: Entscheidungskriterien der Mediaplanung

Bei der Mediaplanung stehen sechs Ziele im Fokus, die zu koordinieren sind (vgl. Abb. 17-6). Dies sind: hohe Reichweite, hohe Kontakthäufigkeit, hohe Affinität, hohe Kontaktqualität, niedrige Streukosten sowie ein niedriges Werbebudget. Ergebnis der Mediaplanung ist ein konkret umsetzbarer Plan für die Auswahl der Werbeträger („Streuplan"), der diese sechs zentralen Ziele gleichzeitig möglichst gut erreicht.

Zum Mediaziel **Reichweite**: (a) Nettoreichweite: Die ist die Anzahl der Personen, die im Ausweisungszeitraum mindestens einen Kontakt mit dem Werbeträger hatten. Werden vom gleichen Werbeträger oder durch mehrere Werbeträger Personen mehrfach erreicht (interne und externe Überschneidungen), so wird die Person dennoch nur einmal gezählt. Bei mehreren Schaltungen entsteht der Effekt des Reichweitenaufbaus in der Zielgruppe, den man als Kumulation bezeichnet. (b) Bruttoreichweite (Bruttokontakte, Kontaktsumme, Kontaktmenge): Gezählt werden nicht die Personen, sondern die hergestellten Kontakte. Alle Überschneidungen werden erfasst, im Gegensatz zur Netto-Reichweite, wo diese eliminiert werden. (c) Reichweitenaufbau (Kumulation): Damit ist die Zunahme der Nettoreichweite durch die wiederholte Belegung desselben Mediums bezeichnet. Die Leistungsfähigkeit („Performance") von Medien als Werbeträger wird u. a. nach Schnelligkeit und Umfang des durch sie zu erzielenden Reichweitenaufbaus beurteilt. TV ist ein Medium, das zum einen schnell Reichweite aufbauen kann, weil sehr viele Personen innerhalb kurzer Zeit zu erreichen sind, zum anderen weil selbst im gleichen Sender über den Tag hinweg immer wieder andere Personen erreicht werden können. Publikumszeitschriften dagegen bauen ihre Reichweite zumeist deutlich langsamer auf, da es selbst bei aktuellen Illustrierten acht Wochen dauert, bis fast alle Leser einer Ausgabe diese Ausgabe auch tatsächlich in der Hand halten. Manche Titel, wie die klassischen Programmzeitschriften, haben zudem fast keinen Wechsel in der Leserschaft unterschiedlicher Ausgaben.

Zum Mediaziel **Kontakthäufigkeit**: (a) OTC-Wert: Abkürzung für „Opportunity to contact" (im Fernsehen OTS, opportunity to see, im Hörfunk OTH, opportunity to hear). Er errechnet sich als Quotient aus Brutto- und Netto-Reichweite und gibt an, wie viele Kontakte mit einer Werbebotschaft durchschnittlich pro Person erzeugt werden. (b) GRP (Gross Rating Points): Bei den GRPs handelt es sich um die addierte Zahl aller mit den Schaltungen eines Mediaplans erreichten Kontakte unter Berücksichtigung von Mehrfachkontakten, d. h. es wird auch bei mehreren Kontakten mit einer Person jeder Kontakt zu den GRPs gezählt.

Zum Mediaziel **Affinität**: Die Affinität drückt die Nähe eines Mediums zur Zielgruppe aus. Wird z. B. eine Fernsehsendung von einer bestimmten Zielgruppe stärker genutzt als sie von der Zahl aller Zuschauer genutzt wird, so hat diese Sendung eine überdurchschnittliche Affinität im Hinblick auf die Zielgruppe. Die Affinität wird als Index ausgedrückt und anhand der Reichweite in der Zielgruppe und der Reichweite bei den Gesamtnutzern errechnet. Ein Affinitätsindex von 100 bedeutet, dass die Reichweite in der Zielgruppe genauso groß ist wie die Reichweite bei den Gesamtnutzern. Ein Affinitätsindex von größer/kleiner 100 bedeutet, dass die Zielgruppe das Medienangebot intensiver/weniger intensiv nutzt als die Gesamtnutzerschaft.

Zum Medienziel **Kontaktqualität**: Maßstab ist die Eignung eines Werbeträgers oder einer Werbeträgergruppe für die Präsentation der in einer Werbekampagne verwendeten Werbebotschaft. Entscheidend ist dabei die Frage, wie die Werbemittel innerhalb des Mediums genutzt werden. Je mehr relativ gesehen die Werbung genutzt wird (und nicht überblättert oder weggezappt wird), desto höher ist die Kontaktqualität. Kenngrößen zur Ermittlung der Kontaktqualität sind u. a. die Nähe zum Medium und die Leser-Blatt-Bindung.

Zum Ziel niedrige **Streukosten**: Maßstab ist der sog. Tausenderpreis, ein Maß zur Beurteilung des Preis-Leistungsverhältnisses, v. a. im intermedialen Vergleich. Er wird in zwei Formen gemessen: (a) Tausend-Nutzer-Preis (TNP): Er besagt, was es kostet, 1.000 Personen der Zielgruppe zu erreichen. Der TNP ist der Quotient aus dem Einschaltpreis (in Euro) und der Nettoreichweite (gemessen in 1.000 Personen). Da die Nettoreichweite zugrunde liegt, misst der TNP die relativen Einschaltkosten unabhängig davon, wie oft die Personen einen Kontakt mit dem Werbeträger hatten. (b) Tausend-Kontakt-Preis (TKP): Er gibt an, zu welchem Preis 1.000 Kontakte mit einem Werbeträger in der Zielgruppe erreicht werden können. Er errechnet sich als Quotient aus Einschaltpreis und Bruttoreichweite.

Zum Ziel niedriges **Budget**: Das Werbebudget ist der Etat, der zur Finanzierung der Werbung in einer Periode zur Verfügung steht. Ziel ist die Minimierung des Etats im Hinblick auf vorgegebene Media- bzw. Werbeziele.

Ziel der Verlage und Rundfunksender ist es, der Werbewirtschaft leistungsstarke und effektive Einschaltmöglichkeiten an die Hand zu geben, die sie in die Lage versetzen, ihre Kommunikationsziele bestmöglich zu erreichen. Ein wichtiges Thema ist in diesem Zusammenhang die Schaffung eines für die Werbewirtschaft gefälligen redaktionellen Umfeldes, ein Anspruch, bei dem die Medienunternehmen immer wieder in Konflikt mit ihren publizistischen Zielen geraten können.

Die Produktangebote der Medienunternehmen in ihrer Rolle als Werbeträger auf dem Werbemarkte können in drei Gruppen eingeteilt werden:

- Angebote, die sich – isoliert – auf ein einzelnes Medium beziehen, z. B. ein Anzeigenangebot für eine Fachzeitschrift.
- Kombinationsangebote („Kombis"), die mehrere eigene und evtl. auch fremde Angebote zu einem neuen Angebot bündeln. Diese Angebote kommen der Werbewirtschaft in einer sich immer weiter ausdifferenzierenden Anbieter-Landschaft entgegen und sorgen für eine bessere Übersichtlichkeit und erleichtern die Mediaplanungsaufgabe. Es ist nicht ausgeschlossen, wie z. B. in Hörfunk und Fernsehen, dass Kombis sogar Angebote von unmittelbaren Konkurrenten bündeln.
- Crossmediale Angebote. Zahlreiche Medienunternehmen sind crossmedial „aufgestellt", so dass es sich für sie anbietet, der Werbewirtschaft ganze Pakete anzubieten, mit denen sie gleichzeitig z. B. Zeitschriftentitel, eigene Online-Angebote und TV-Sendungen belegen können. Um dies zu leisten, ist ein überzeugender Beratungsservice der Verlage und Sender wichtig.

17.3 Preispolitik

(1) **Preisentscheidungen** sind brisante Entscheidungen, die mit sehr nachhaltigen Auswirkungen verbunden sind. Hauptgründe sind, dass über Preisvariationen ungleich größere Gewinnwirkungen herbeigeführt werden können als über Absatzsteigerungen oder Werbemaßnahmen, dass sie schwer revidierbar sind und sehr schnell wirken (vgl. Homburg 2012: 652). Preispolitik ist also ein zentraler Hebel für das Management eines Unternehmens. Unter Preispolitik werden alle absatzpolitischen Maßnahmen zur Bestimmung der Entgelte bzw. Gegenleistungen der Käufer für die Leistungsangebote eines Unternehmens zusammengefasst. Ziel der Preispolitik ist es, den Aktionsparameter Preis bestmöglich im Sinne eines maximalen Erfolgsbeitrages (z. B. Gewinnmaximierung) einzusetzen.

> Als Preis kann also der Tauschwert angesehen werden. Preise haben viele Erscheinungsformen und Namen (vgl. Kotler et al. 2007: 16 f.): Kaufpreis, Zins, Miete, Pacht, Eintritt, Maut, Fahrpreis, Honorar, Tantiemen, Lizenzgebühr, Beitrag, Umlage, Leasingrate, Gebühr.

Die Preispolitik wird üblicherweise in die folgenden drei – praxisorientieren – **Ansätze der Preisbestimmung** eingeteilt (vgl. z. B. Becker 2013: 516; Homburg 2012: 702 ff.; Kotler et al. 2007: 785 ff.):

- Kostenorientierte Preispolitik: Hierbei richtet sich die Preissetzung nach der Kostenrechnung. Der Preis wird aus der Kalkulation abgeleitet, sei es wie in der Vollkostenrechnung im Weg eines Gewinnzuschlags zu den Kosten (Zuschlagskalkulation, Mark Up Pricing), sei es über die Teilkostenrechnung (v. a. Deckungsbeitragsrechnung).
- Wettbewerbsorientierte Preispolitik: Hier orientiert sich das Unternehmen an den Preisen der Konkurrenz und versucht diese zu unterbieten. Leitpreis kann auch der in der Branche übliche Preis sein.
- Nachfrageorientierte Preispolitik: Grundlage der Preisbildung ist der von der Zielgruppe akzeptierte Preis, die Zahlungsbereitschaft bzw. das subjektiv empfundene Preis-Leistungsverhältnis beim Käufer.

Gelegentlich wird diesen grundlegenden Ansätzen der Preisbestimmung noch die Dimension der gewinnorientierten Preisbestimmung hinzugefügt (vgl. z. B. Thommen/ Achleitner 2012: 241 ff.). Dabei richtet das Unternehmen seine Preispolitik danach aus, ein vorgegebenes Gewinnziel zu erreichen.

Abb. 17-7 gibt einen Überblick über die drei genannten Ansätze und ordnet diesen die besonders wichtigen Preisstrategien zu (Quelle: in Anlehnung an Weber/Florissen 2005: 24).

(2) Die **kostenorientierte Preisermittlung** richtet den Blick auf das eigene Unternehmen mit dem Ziel, die verursachten Kosten über den Markt wieder zu erlösen. Die entscheidende Frage für den Manager ist: „Wie komme ich auf meine Kosten?" Wie die Antwort auf diese Frage ausfällt, hängt maßgeblich von dem zugrunde gelegten Kostenrechnungssystem ab (vgl. hierzu auch Kapitel 20):

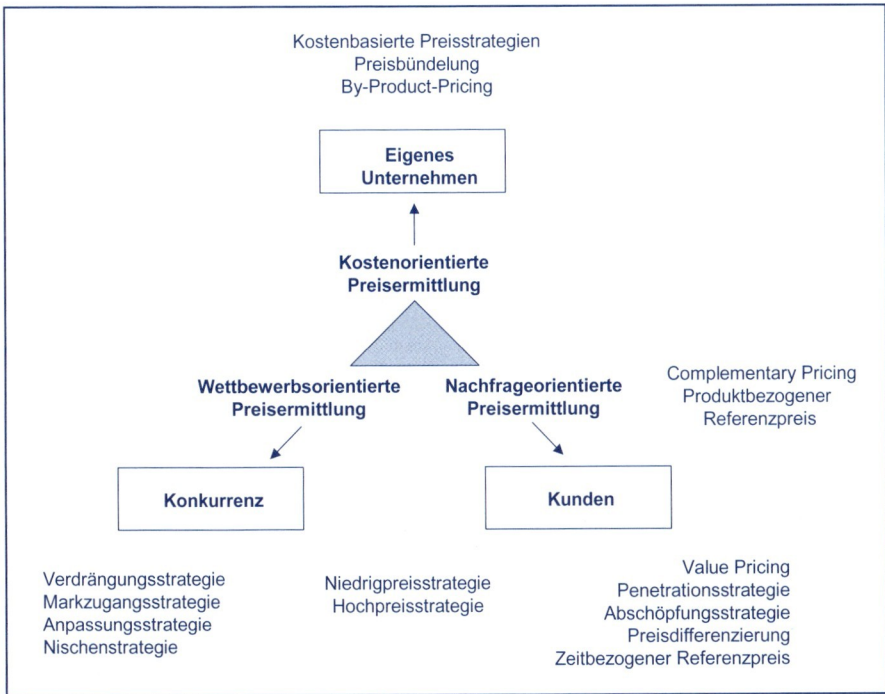

Abb. 17-7: *Alternative Preisstrategien*

- Bei der Vollkostenrechnung ergibt sich der Preis aus einem Gewinnzuschlag auf die totalen Stückkosten. Man spricht auch von der Kosten-Plus-Preisbestimmung (cost plus pricing). Beim Absatz über den Handel wird der Preis als Summe aus Einstandspreis (Einkaufspreis der Waren) und Handelsspanne (Abdeckung der Handlungskosten und Gewinnzuschlag) ermittelt.
- Im Gegensatz dazu werden bei der Teilkostenrechnung nicht die totalen Kosten, sondern lediglich die variablen Stückkosten als Ausgangspunkt gewählt. Entscheidende Orientierungsgröße ist der Deckungsbeitrag als Differenz zwischen Umsatzerlös und variablen Kosten. Ist der erwartete Deckungsbeitrag positiv, erwirtschaftet das Produkt einen Beitrag zur Abdeckung der gesamten Fixkosten („Fixkostenblock") und – wenn diese gedeckt sind – zur Gewinnerzielung. Die Logik dieses Ansatzes beruht auf dem Gedanken, dass die Fixkosten kurzfristig nicht beeinflussbar und damit nicht entscheidungsrelevant sind.

Im Zentrum der kostenorientierten Preispolitik steht die Ermittlung der sog. „Preisuntergrenze", d. h. derjenigen Situation, ab der das Unternehmen bei weiterer Preissenkung Verluste hinnehmen muss. Die langfristige Preisuntergrenze ist dort gegeben, wo der Preis eines Produkts sämtliche Kosten deckt, für die kurzfristige Preisuntergrenze ist demgegenüber lediglich gefordert, dass die variablen Stückkosten gedeckt sein müssen.

Die kostenbasierte Preisstrategie ist in der Unternehmenspraxis weit verbreitet, so auch im Medienbereich. Sie gehört zum Standardrepertoire der Marketing-Konzeption eines jeden Verlages, Rundfunksenders oder Filmproduktionshauses.

> So findet z. B. bei Buchprojekten eine differenzierte Kalkulation „nach allen Regeln der Kunst" statt, was bedeutet, dass sowohl Vollkosten- als auch Teilkostenanalysen stattfinden. Im Privatfernsehen wird jede einzelne Sendung, Sendereihe bzw. jeder Sendeplatz genauestens nach seiner Leistungsfähigkeit überwacht, d. h. darauf hin, welche Deckungsbeiträge (Differenz aus Werbe-, Call-In- und sonstigen Erlösen und den variablen bzw. Einzelkosten) jeweils generiert werden. Ein besonders gutes Beispiel für die kostenbasierte Preisstrategie bietet die inländische Kino- und TV-Filmproduktion. Durch den hohen Stellenwert der Filmförderung von Bund und Ländern hat sich als Kalkulationsstandard das FFA-Kalkulationsformular eingebürgert, das im Sinne der klassischen Zuschlagskalkulation in über 300 Positionen eine genaue Auflistung aller Kostenarten verlangt. Ähnlich geht man in der Werbefilmproduktion vor, wo ebenfalls das Mark-Up-Pricing als State of the Art gilt.

Im Medienbereich findet die kostenorientierte Preisermittlung im Übrigen auch Eingang in verschiedene Ansätze staatlich regulierter Preissetzung (sog. „administrierte Preise"). Beispiele sind der Rundfunkbeitrag (bis einschließlich 2012 als „Rundfunkgebühr" bezeichnet) und die Buchpreisbindung.

> Die Festlegung des Rundfunkbeitrags erfolgt in einem komplizierten politischen Verfahren, bei dem die Begutachtung der Kostensituation der öffentlich-rechtlichen Rundfunkanstalten durch die „Kommission zur Ermittlung des Finanzbedarfs der Rundfunkanstalten" (KEF) am Anfang steht. Die KEF berichtet an die Ministerpräsidenten. In den bislang 15 Gutachten hat sie vorrangig kostenorientiert und Einsparmöglichkeiten eruierend argumentiert und weniger entlang des Rundfunkauftrages.

> Hintergrund der Buchpreisbindung sind kulturpolitische Erwägungen, ein flächendeckendes Angebot zu einem festen Preis zu sicherzustellen. Geschützt werden kleine Buchhandlungen, die bei freier Preissetzung gegen große Buchhändler kaum überlebensfähig wären. Der administrierte Buchpreis wirkt unmittelbar auf die Finanzsituation des Buchhandels ein und trägt tendenziell zur Kostendeckung bei, auch bei denjenigen Produkten, die sich nicht in großen Stückzahlen verkaufen lassen.

Die kostenorientierte Preispolitik ist nicht nur im Zusammenhang mit einzelnen Medienprojekten von Bedeutung, sondern auch im größeren Kontext des gesamten Absatzprogramms. Ansätze sind die preisliche Bündelung von Produkten sowie eine Preispolitik, die auch Nebengeschäfte in Betracht zieht (By-Product-Pricing).

Preisbündelung – auch „Bundling" genannt – stellt eine produktübergreifende Preispolitik dar und zielt auf Verbundeffekte ab (vgl. Homburg 2012: 713 ff.). Bei der Preisbündelung wird ein einheitlicher Preis für ein ganzes Produktbündel gesetzt und das Ziel verfolgt, die unterschiedliche Preisbereitschaft der Kunden besser auszunutzen als dies auf der Basis der Preissetzung für einzelne Produkte möglich wäre. Das übliche Verfahren ist die Bildung unterschiedlicher Pakete, die verschiedenen Zielgruppen jeweils abgestimmt auf die unterschiedlichen Bedürfnisse angeboten werden. Die Produktbündel können parallel zu den Einzelleistungen angeboten werden.

> Ein gutes Beispiel für Bundling stellen die unterschiedlichen Pay-TV-Angebote, die der Sender „Premiere" (heute „Sky") angeboten hatte. Fünf Pakete wurden seinerzeit „gebündelt":
>
> - Premiere Blockbuster: „Das Paket für Filmfans! Sehen Sie rund 300 TV-Premieren im Jahr ohne störende Werbeunterbrechungen."
> - Premiere Entertainment: „Top-Serien und Spielfilme für jeden Geschmack! Erleben Sie die neuesten amerikanischen Top-Serien als deutsche TV-Premieren. Dazu spannende Krimis, Kinoklassiker und vieles mehr."

- Premiere Thema: „Alles, was Sie interessiert - jederzeit! Die besten 15 Themenkanäle: Exklusive Dokumentationen & Reportagen, SciFi, Action, Kinderprogramme, Musik oder Erotik."
- Premiere Sport: „Ihr Lieblingssport hautnah! Basketball aus der BBL und NBA, Tennis, Leichtathletik und Motorsport mit dem GP2, dem A1 Grand Prix, den NASCAR Rennserien und der Indy Racing League."
- Premiere Fußball: „Das Paket für alle Fans des internationalen Fußballs! Erleben Sie die besten Mannschaften live. Einzeln und in der Konferenzschaltung."

Jedes Paket wurde für 9,99 Euro angeboten, alle Pakete („5-er Kombi") zusammen 34,99 Euro. Darüber hinaus gab es eine „7er-Kombi" mit zusätzlichen High-Definition-Angeboten für 44,99 Euro.

Im Kontext der Preispolitik, die über das einzelne Produkt hinausreicht, spielt die Möglichkeit zur Quersubventionierung eine große Rolle. „Von Quersubventionierung wird dann gesprochen, wenn unzureichende Gewinne oder gar Verluste bei einem Produkt bewusst in Kauf genommen werden, um den Absatz und die Gewinnerzielung bei anderen Produkten zu forcieren" (Homburg 2012: 655). Im Medienbereich findet sich Quersubventionierung insbesondere in zweierlei Hinsicht:

- Quersubventionierung innerhalb des Produktportfolios eines Geschäftsfeldes. Zu denken ist an den Buchmarkt, wo Projekte mit negativem Deckungsbeitrag von hoch erfolgreichen Projekten mitgetragen werden. Dadurch wird die Vielfalt des Verlagsprogramms erhalten.
- Quersubventionierung über Geschäftsfelder hinweg. Dies spielt eine wichtige Rolle bei Produkten, die sich sowohl aus Rezipientenerlösen als auch aus Werbung finanzieren, z. B. bei einer Publikumszeitschrift. Dort ist es in der Regel so, dass das betreffende Produkt einen negativen Deckungsbeitrag aufweist, wenn man die Erlöse aus der Werbung außer Betracht lässt. Erst die Werbung führt also zu einem positiven Deckungsbeitrag, so dass von einer Querfinanzierung des Produkts durch Werbung gesprochen werden kann.

Diese Thematik ist ausführlich von Ludwig beleuchtet worden. Er zeigt die unterschiedlichen Querfinanzierungstechniken für verschiedene Bereiche und Produkte auf (Spiegel, Die Zeit, Buchmarkt) und verdeutlicht, dass es vielschichtige „Verlustausgleichsmechanismen" gibt, so zwischen Werbung und Vertrieb innerhalb der eigenen Angebotspalette, zwischen Produkten, die sich auf unterschiedlichen Märkten bewegen, oder im Rahmen der Mehrfachverwertung von Verbundprodukten (vgl. Ludwig 1998: Kapitel 6).

Im engen Zusammenhang damit steht die By-Product-Pricing-Strategie, bei der die Preisbestimmung eines Produkts oder Produktprogramms unter Berücksichtigung von Nebenprodukten erfolgt. Musterbeispiel ist die Verbundproduktion eines Filmes und die gleichzeitige Herstellung von Merchandising- und Licensing-Artikeln.

(3) Bei der **wettbewerbsorientierten Preisermittlung** orientiert sich das Unternehmen an den Preisen, die von der Konkurrenz gesetzt werden bzw. wie sie in der Branche üblich sind. Die Preise der Wettbewerber dienen als Leitmaßstab für die eigenen Preisentscheidungen, sie sind „Leitpreise". Oft gesteht man einem bestimmten Unternehmen dabei aktuell oder dauerhaft die Rolle der Preisführerschaft zu. Die wettbewerbsorientierte Preisbestimmung tritt immer dann in den Vordergrund, wenn die Märkte durch einen hohen Wettbewerbsgrad gekennzeichnet sind und die gehandelten Produkte einen hohen Homogenitätsgrad aufweisen.

Im Hinblick auf die Marktformen steht das Oligopol im Zentrum der Betrachtungen, da dort typischerweise der Wettbewerb intensiv über den Preis geführt wird.

Die folgenden Preisstrategien sind zu unterscheiden: Verdrängungsstrategie (synonym: predatory pricing); Marktzugangsstrategie (synonym: entry deterrence); Anpassungsstrategie; Nischenstrategie.

Bei der Verdrängungsstrategie versucht man die Preise so weit zu senken, dass der Konkurrent seine variablen Kosten nicht mehr decken kann und gezwungen ist, den Markt zu verlassen. Diese Strategie kann zu großen Konflikten führen und im Hinblick auf den Preis zu einem „Preiskrieg" führen. Preiskriege sind dadurch gekennzeichnet, dass die Wettbewerber in schneller Folge die Preise unterbieten und auf ein verlustbringendes Niveau absinken lassen. Gründe für Preiskriege sind insbesondere eine überzogene Fokussierung auf den Marktanteil, das Vorhandensein dauerhafter Überkapazitäten, fehlende Produktdifferenzierungsmöglichkeiten und preisbezogene Fehleinschätzungen (vgl. Homburg 2012: 730 f.).

> Beispiele für Preiskriege finden sich z. B. immer wieder im Zeitschriftenmarkt. So ist zu beobachten, dass bei der Einführung einer neuen Zeitschrift manchmal Kampfpreise angesetzt werden, die die Konkurrenz zu einer Preiskorrektur zwingen können. Besonders virulent ist die Erscheinung von fast kriegerischen Auseinandersetzungen auch im TV-Werbemarkt, wo mit einer teilweise aggressiven Rabattpolitik die offiziellen Preislisten gelegentlich geradezu zur Makulatur verurteilt werden, ein Phänomen, das in der Werbewirtschaft immer wieder angeprangert wird.

Bei der Anpassungsstrategie folgt ein Unternehmen dem Leitpreis, wie er von den Wettbewerbern vorgeben wird, sei es von einem Unternehmen, das als Preisführer akzeptiert ist, sei es vom geltenden Marktpreis.

> Beispielsweise folgen die Abonnementpreise für regionale Tageszeitungen typischerweise geradezu magisch dem am Markt jeweils geltenden Preisniveau. Kein Verlag wird in seinem Preisverhalten nennenswert davon abweichen.

Bei einer Nischenstrategie versucht sich das Unternehmen mit der Besetzung einer Preisnische bewusst von den Wettbewerbspreisen zu differenzieren. Wichtig für des Erfolg dieser Strategie ist, dass der Käufer das Produkt nicht als Wettbewerbsprodukt, sondern als Nischenprodukt anerkennt.

> Als Beispiel sind Buchprodukte für Liebhaber zu nennen, z. B. ein reichhaltig ausgestatteter, extrem teurer Bildband über Afrika, oder eine Musik-Sonder-Edition.

(4) Die **nachfrageorientierte Preisermittlung** – auch wertorientierte Preispolitik oder „Value Pricing" genannt – stellt das Verhalten der Kunden bzw. Zielgruppen in den Mittelpunkt der Entscheidungen. Ein Produkt ist für einen Käufer nur dann attraktiv, wenn es einen angemessenen Preis hat, wobei weniger der absolute Preis, sondern der relative Preis wichtig ist. Relativ heißt, dass der Produktpreis vom Käufer immer im Verhältnis zum gestifteten Nutzen bewertet wird, d. h. er beurteilt das Produkt darauf hin, ob es ihm einen Leistungsvorteil, einen Preisvorteil oder beides bringt.

Zur Optimierung des Preis-Leistungsverhältnisses beim Käufer erlangen produktrelevante Eigenschaften wie Zusatzleistungen, Servicequalität, Garantieversprechen, Umtausch- und Rückgaberechte oder Transportleistungen eine besondere Bedeutung.

Alle diese Angebote führen beim Konsumenten zu Leistungsvorteilen bzw. Added Value, die das Preis-Leistungsverhältnis verbessern (vgl. Becker 2013: 513 f.). Dieselbe Wirkung wird durch den Einsatz preisvariierender Instrumente wie Rabatte, Skonti, Boni oder Zahlungskonditionen und Kreditmöglichkeiten erzeugt. Dabei fällt der Rabattierung eine besonders wichtige Rolle zu. Zu unterscheiden sind die folgenden Rabattierungsmodelle (vgl. ebd. 524):

- Funktionsrabatte: Der Hersteller des Produkts gewährt dem Handel einen Rabatt für dessen Aufwendungen für Lagerung, Präsentation der Produkte, Beratung von Kaufinteressenten und die Übernahme des Verkaufs- und Preisrisikos.

  Im Buchhandel erreichen die Funktionsrabatte an den Zwischenhandel und Einzelhandel eine enorme Höhe. Ausgangspunkt der Bemessung ist der Endverkaufspreis, dessen Festlegung das Privileg des Verlages darstellt (Preisbindung zweiter Hand). In der Praxis ist ein kompliziertes Rabattierungssystem entstanden (vgl. Schönstedt 1999: 206 ff.). „Verlag, Groß- und Einzelhandel verhalten sich hierbei äußerst empfindlich, da von der Spanne das Betriebsergebnis für alle abhängt. Die Verlage haben deswegen ein flexibles Instrumentarium entwickelt, das die Rabatte nach Arten und Höhe festlegt" (ebd. 206). Üblich ist im Bereich von Taschenbüchern und schöngeistiger Literatur ein Grundrabatt in der Größenordnung von 40 Prozent, bei Schulbuchverlagen von 25-30 Prozent und im Kinderbuchbereich bis zu 65 Prozent (vgl. ebd. 207).

- Mengenrabatte: Preisabschläge dieser Art sollen für den Handel ein Anreiz sein, größere Mengen pro Auftrag bzw. pro Periode zu disponieren. Bei Mengenrabatten steht damit die Verkaufsförderung im Vordergrund.

  Im Buchhandel findet der Mengenrabatt zum einen in Form von Zu- oder Abschlägen auf den Grundrabatt statt (z. B. Grundrabatt 35 Prozent, bei Abnahme von 10 Exemplaren 40 Prozent), zum anderen als sog. Partiebezug (vgl. ebd. 206). Bei letzterem erhält der Händler zusätzlich zu den gekauften Exemplaren Freiexemplare, wobei die klassische Partie 11/10 ist, im Bestsellerbereich 130/100, bei kleinen Mengen 4/3.

- Zeitrabatte: Dies sind Preisnachlässe, die bezogen auf den Bestellzeitpunkt bzw. einen Bestellzeitraum gewährt werden, v. a. als Einführungsrabatte, Saisonrabatte und Aktionsrabatte.

  Zeitrabatte können auch als Auslaufrabatte auftreten, was z. B. bei der „Verramschung" einer Restauflage eines Buches geschieht.

- Treuerabatte: Hierbei soll eine langfristig aufrecht erhaltene Kundenbeziehung honoriert werden, z. B. als Jahres-Rückvergütungen für Stammkunden.

  Beispiel: Eine Publikumszeitschrift gewährt bei einer Anzeigenbuchung im Jahr 2014 für diejenigen Kunden, die schon 2013 gebucht hatten, einen Treuerabatt von 5 %.

Die nachfrageorientierte Preisermittlung ist im engen Kontext des strategischen Marktverhaltens zu sehen, wonach man grundsätzlich drei Ansätze unterscheiden kann (vgl. Thommen/Achleitner 2012: 245 ff.): Prämien- und Promotionspreisstrategie; Penetrations- und Abschöpfungsstrategie; Strategie der Preisdifferenzierung.

Bei der **Prämien- und Promotionspreisstrategie** dient der Preis als Signal für die Produktqualität oder das Unternehmensimage. Prämienpreise sind relativ hohe Preise und sollen Exklusivität vermitteln, während Promotionspreise das Image von Niedrigpreisprodukten schaffen wollen.

Beispiele für Prämienpreise finden sich bei verschiedenen Publikumszeitschriften (z. B. GEO), für Promotionspreise stark verbreitet bei Programmzeitschriften.

Die **Penetrationsstrategie** versucht mit relativ niedrigen Preisen in möglichst kurzer Zeit einen Massenmarkt aufzubauen mit dem Ziel, im späteren „Normalbetrieb" die Preise zu erhöhen. Sie empfiehlt sich, wenn die Zielgruppe sehr preisempfindlich reagiert (hohe Preiselastizität der Nachfrage) und auf der Kostenseite hohe Economies of Scale erzielbar sind. Genau gegensätzlich verfährt die **Abschöpfungsstrategie** (synonym: „Skimming Pricing"), die in der Einführungsphase mit hohen Preisen operiert, um diese dann mit der zunehmenden Erschließung des Marktes sukzessive zu senken. Diese Strategie kann ein Unternehmen verfolgen, wenn die Zahlungsbereitschaft der Konsumenten hoch ist und die Produkte einer schnellen Veralterung unterliegen. Beide Strategieansätze zielen also auf die möglichst effiziente Markteinführung ab, verstanden als die möglichst schnelle Diffusion des Neuprodukts.

Die Penetrationsstrategie verfolgt man z. B. gelegentlich bei Markteinführung neuer Publikumszeitschriften. Abschöpfungsstrategien werden bevorzugt bei hochwertigen Geräten der Unterhaltungselektronik und Computern angewandt.

Eine Extremform der Penetrationsstrategie, die im Medienbereich und hier speziell bei Internet-Produkten eine große Rolle spielt, ist das sog. „Follow the Free"-Pricing (vgl. Zerdick et al. 2001: 190 ff.). Dabei handelt es sich um eine Preisstrategie, bei der die Abgabe von Medienprodukten – insbesondere digitalisierter Medienprodukte – an den Nutzer ohne Entgelt erfolgt. Ziel ist es, in sehr kurzer Zeit ein hohes Maß an Marktdurchdringung – d. h. eine kritische Masse – zu erreichen, einen Netzeffekt zu erzeugen und möglichst schnell kostensenkende Skalen-Effekte zu erzielen. Der wirtschaftliche Hintergrund sind geringe Grenzkosten bei der Erstellung und dem Vertrieb der Produkte, eine Eigenschaft, die Informationsprodukte auszeichnet. Nach erfolgter Penetration wird versucht, die inzwischen erreichte Marktposition durch lukrative Geschäfte mit dem Produkt selbst oder über Umwege auszunutzen und Erlöse zu generieren. Besonders hilfreich ist es, wenn dem Nutzer der Wechsel zu einem Konkurrenzprodukt durch hohe Wechselkosten (monetär und zeitlich) schwer fällt, er sozusagen in das Produkt „eingeschlossen" ist („Lock-In-Effekt").

Ein gutes Beispiel ist die entgeltfreie Abgabe einer Anti-Viren-Software, die auf breite Akzeptanz stößt. Erlöse werden generiert durch neue Produktversionen (Upgrades), durch leistungsfähigere Produktversionen (Premiums) oder durch Komplementärleistungen.

Die „Follow the Free"-Strategie kann insofern zu Problemen führen, als mit dem Verschenken von hochwertigen Produkten eine weitreichende „Kostenlos-Mentalität" unterstützt wird, die in einem Markt wie z. B. dem Internet generell die Refinanzierung von eingesetzten Mitteln erschwert. Die Vorgehensweise „Follow the Free" bedeutet aufgrund des anfänglichen Verzichts auf Umsätze ein Wechsel auf die Zukunft, der nicht immer eingelöst wird und zwangsläufig mit einem hohen unternehmerischen Risiko verbunden ist. Sie ist aber immer dann ein effektiver Preisstrategie-Ansatz, wenn Wettbewerb in starkem Maße über Schnelligkeit geführt wird (Phänomen des „Geschwindigkeitswettbewerbs"). In jedem Falle ist festzustellen, dass mit Follow the Free eine neue Preisstrategie-Option Einzug gehalten hat, die gleichwertig neben der Hochpreis-, Mittelpreis- und Niedrigpreisstrategie steht.

Die **Strategie der Preisdifferenzierung** gilt als besonders effektives Marketinginstrument. Dabei verkauft das Unternehmen das gleiche Produkt an verschiedene Konsumenten zu unterschiedlichen Preisen. Ziel ist die Aufteilung des Zielmarkts in Teilmärkte, diese unterschiedlich zu bearbeiten und insgesamt den Gewinn zu erhöhen. Voraussetzung für das Funktionieren von Preisdifferenzierung ist zum einen die Möglichkeit, die Nachfrager trennscharf in Zielgruppen einzuteilen, ferner das Vorliegen einer Marktsituation, die durch eine gewisse Unvollkommenheit der Informationen gekennzeichnet ist, und schließlich die Bereitschaft der Nachfrager, u. U. einen höheren Preis zu akzeptieren.

Preisdifferenzierung kann nach unterschiedlichen Kriterien erfolgen (vgl. Thommen/Achleitner 2012: 248 f.):

- Räumliche Preisdifferenzierung: Hierbei erfolgt eine Aufteilung des Marktes nach geografischen Kriterien (z. B. nach Inland/Ausland oder Regionen/Städten).

    Ein Beispiel ist die Differenzierung der Kosten für die Ausstrahlungsrechte bei Spielfilmen, die nach Regionen (z. B. Europa, deutschsprachiger Raum, Deutschland) differenziert werden.

- Zeitliche Preisdifferenzierung: Zu verschiedenen Zeitpunkten wird für das gleiche Produkt ein unterschiedlicher Preis verlangt. Hauptziel ist die Verstetigung der schwankenden Auslastung der Produktionskapazitäten im Zeitablauf (Tag/Nacht, saisonal, Wochentage).

    Ein Musterbeispiel in diesem Zusammenhang ist das sog. „Yield Management", bei dem es darum geht, Leerkapazitäten durch eine flexible und differenzierte Preisgestaltung zu vermarkten. Yield Management heißt vereinfacht ausgedrückt: Das richtige Produkt zum richtigen Preis und zur richtigen Zeit am richtigen Ort an den richtigen Kunden zu verkaufen, um den maximalen Ertrag zu erreichen (Yield = Ertrag). Mit Problemen der Vermarktung von Leerkapazitäten sind insbesondere Fluglinien, die Bahn und Hotels konfrontiert, die durch ein z. T. sehr komplexes Tarifsystem (Frühbucher-Rabatt, Last-Minute-Angebote, Sondertarife, Leistungsklassen etc.) die Auslastung zu optimieren versuchen. Dabei kommen geeignete IT-Anwendungssysteme (Reservierungssysteme) zum Einsatz.

    Ein wichtiges Anwendungsfeld von Yield Management im Medienbereich ist die Steuerung von Werbeeinschaltungen im Fernsehen und Radio. So betrachten die deutschen Privatsender ihr Umsatzpotenzial insgesamt gesehen zu mehr als 60 Prozent als nicht ausgeschöpft (vgl. Geisler 2001: 219). Manche Werbeblöcke sind praktisch unverkäuflich, gleichzeitig gibt es zu bestimmten Terminen und Tageszeiten riesigen Nachfrageüberhang. Yield Management kann wie folgt geschehen (ebd. 224):

    - „Einbuchungsflexibilität: Je höher der Preis, desto kurzfristiger kann der Kunde eine garantierte Buchung abgeben.
    - Umbuchungsflexibilität: Je höher der Preis, desto kurzfristiger kann eine Umbuchung erfolgen.
    - Wahl des Umfeldes: Je höher der Preis, desto genauer darf der Kunde den konkreten Platz seines Spots in einer Sendung und die Position im Werbeblock bestimmen. Bei Billigtarifen bestimmt der Sender die Platzierung alleine, wobei jedoch eine bestimmte Zielgruppe geliefert werden muss.
    - TKP-Garantien: Nur in hohen Preisklassen wird die prognostizierte Quote auch garantiert und bei Unterschreitung eventuell durch zusätzliche Sendungen oder Gutschriften ausgeglichen.
    - Mindestbuchungen: Für niedrige Preisklassen könnten Mindestabnahmemengen definiert werden.
    - Flexibilität in der formalen Gestaltung des Spots: In niedrigen Tarifklassen können ausschließlich 30-Sekunden-Standardspots gekauft werden, während in der Premiumklasse überlange Spots und mehrere sehr kurze Spots hintereinander gesendet werden dürfen."

    Ein wichtiges Ziel des TV-Senders ist es in diesem Zusammenhang, die Tausend-Kontakt-Preise (TKPs) in den unterschiedlichen Programmen und zu bestimmten Sendezeiten möglichst zu harmonisieren. Um dieses zu gewährleisten, müssen die Werbezeiten in sehr differenzierten Tarifgruppengefügen angeboten werden. Die Sender fassen in Tarifgruppen solche Werbeblöcke zusammen, die in gleiche oder ähnliche Programmumfelder bzw. Programmgenres eingebettet sind oder die aus anderen Gründen ähnliche Reichweitenniveaus für bestimmte Zielgruppen erwarten lassen. „Unter dem Strich" haben alle Werbeinseln, die einer bestimmten Tarifgruppe zugeordnet sind, den gleichen Einschaltpreis. Die Sender sind also bemüht, die Tarifgruppenzuordnung der Werbeinseln innerhalb bestimmter Ausstrahlungszeiten so zu gestalten, dass der resultierende TKP aller angebotenen Werbeinseln möglichst gleich ist. Dabei können sich im absoluten Preis erhebliche Unterschiede ergeben.

- **Preisdifferenzierung nach der Abnahmemenge bzw. Auftragsgröße:** Sofern eine bestimmte Abnahmemenge oder Höhe des Auftrags übertroffen wird, wird ein gestaffelter Mengenrabatt (Bonus) gewährt.

   Ein Beispiel ist das gegenüber dem Einzelbezug günstigere Abonnement einer Leistung. Abonnements sind im Bereich von Zeitungen und Zeitschriften, im Pay-TV und zunehmend im Internet von großer Bedeutung. Mengenmäßige Preisdifferenzierung dient auch bei den Nebengeschäften der Verlage (Buchreihen, Lexika, Musik-Editionen etc.) als wichtiger Kaufanreiz.

- **Preisdifferenzierung nach Absatzweg und Absatzorgan:** Beim Einsatz unterschiedlicher Absatzkanäle kommt es zumeist automatisch zu unterschiedlichen Preisen. Musterbeispiel ist der preiswertere Bezug „ab Werk" gegenüber dem Bezug über den Einzelhandel.

   Für den Buchhandel ist die Buchpreisbindung ein wirksamer Schutz gegen die Preisdifferenzierung nach Absatzwegen. So könnte ein Verlag bei einer Direktbestellung eines Fachbuches über das Internet dem Endverbraucher einen beachtlichen Rabatt gewähren und wäre immer noch besser gestellt als beim Vertrieb über den Buchhandel, dem er einen z. T. sehr hohen Buchhandelsrabatt (bis 50 % und mehr) einräumen muss.

   Ein Beispiel für Preisdifferenzierung nach Absatzkanälen ist der Vertrieb einer elektronischen Zeitung („E-Paper") zu einem günstigeren Preis als für die Papierausgabe.

- **Preisdifferenzierung nach Kundengruppen:** Hier werden bestimmten Gruppen nach bestimmten Kriterien Preisnachlässe gewährt bzw. höhere Preise verlangt. Typische Beispiele sind niedrigere Stromtarife der Industrie im Vergleich zu privaten Haushalten, Sonderversicherungstarife für Angehörige des öffentlichen Dienstes oder höhere Arzthonorare für Privatpatienten.

   Beispiele im Medienbereich sind Studenten-Abonnements von Tageszeitungen, Fachzeitschriften oder (heute nicht mehr zulässige) Ermäßigungen für Studenten beim Kauf von Fachbüchern (Hörerscheine).

   Die Koppelung des Preises an die Preisvorstellungen der Nachfrager erfolgt am direktesten bei Auktionen (vgl. Homburg 2012: 726). Ihre Bedeutung hat in der jüngsten Vergangenheit stark zugenommen, nicht zuletzt durch die Entwicklung des Internet. Eine Sonderform der Auktion ist das Reverse Pricing, bei dem das herkömmliche Vorgehen, nach dem der Anbieter dem Käufer einen möglichen Preis nennt, umgekehrt ist (vgl. ebd.). Der Käufer nennt also dem Anbieter verbindliche Preise als Gebote, die der Anbieter annehmen kann oder nicht. Im Vergleich zur einheitlichen Preisbildung führt Reverse Pricing meist zu höheren Verkaufserlösen.

   Musterbeispiel für das Konzept des Reverse Pricing ist das Geschäftsmodell der Internet-Versteigerungsplattform von eBay, das einen Bieterwettbewerb für private Gegenstände nach festgelegten Regeln (Auktionsregeln) betreibt.

Es ist logisch, dass für den Fall der Gratisvergabe eines Produktes das Instrument der Preisdifferenzierung nicht einsetzbar ist, wie es im Free-TV oder bei Gratiszeitungen der Fall ist. Hier verlagert sich die Frage der Preissetzung auf die Werbemärkte.

17.4 Kommunikationspolitik

Die Kommunikationspolitik verfolgt das Ziel, den Produkten **Profil** zu verleihen und sie in den Köpfen der Nutzer als wichtige „Produkt-Persönlichkeiten" erscheinen zu lassen. Es geht darum, die Meinungen, Einstellungen, Erwartungen und Verhaltensweisen (v. a. das Kaufverhalten) der Abnehmer positiv zu beeinflussen. Die folgenden **kommunikationspolitischen Aktionsfelder** sind zu unterscheiden (vgl. Bruhn 2012):

- Werbung (Mediawerbung);
- Verkaufsförderung (Promotion);
- Direct Marketing;
- Public Relations;
- Sponsoring;
- Persönliche Kommunikation;
- Messen und Ausstellungen;
- Event-Marketing;
- Multimedia-Kommunikation;
- Mitarbeiterkommunikation (internes Marketing).

Nachfolgend werden einige Instrumente herausgegriffen.

(1) Die **Werbung** wird herkömmlicherweise als das bedeutendste kommunikationspolitische Instrument angesehen. Man versteht darunter die bezahlte Form der unpersönlichen Präsentation von Produkten. Zu unterscheiden sind klassische und alternative Werbeformen:

- Klassische Werbung ist Anzeigenwerbung, Werbung in Radio, TV und Kino oder Plakatwerbung. Online-Werbung kann mittlerweile zur klassischen Werbung gezählt werden.
- Alternative Werbeformen sind Sponsoring oder Product Placement. Unter Sponsoring versteht man die Förderung von Personen oder Organisationen mit dem Ziel, das eigene Unternehmen zu kommunizieren. Im Vordergrund steht das Sponsoring in den Bereichen Sport, Kultur, Soziales und Umwelt. Mit Product Placement wird die Platzierung eines Markenartikels als Requisit in der Handlung eines Spielfilms bezeichnet.

Die Kommunikations- bzw. Profilpolitik spielt für Medienunternehmen eine große Rolle. So liegt der Mediensektor bei den Werbeaufwendungen nach Branchen jedes Jahr auf einem der vorderen Plätze. Besonders die privaten und öffentlich-rechtlichen Rundfunkveranstalter setzen das Instrumentarium der medialen Werbung in großem Umfang ein. Dabei besitzen sie naheliegenderweise den Vorzug, nicht allein auf fremde Medien als Werbeträger angewiesen zu sein, sondern die eigenen Fernseh- und Radioprogramme nutzen zu können. Diese als **Eigenwerbung** bezeichnete Werbeform kann sich innerhalb ein und desselben Kanals abspielen (z. B. Werbung für eine Show im Ersten) oder in anderen eigenen Kanälen (z. B. Werbung für eine Dokumentation von 3Sat im Ersten).

Letzteres wird als **Crossmedia-Werbung** bezeichnet, die auch intermediale Bezüge aufweisen kann, wenn z. B. im Radio für eine Fernsehsendung geworben wird (z. B. Werbung im Radioprogramm SWR 1 für eine Dokumentation im Dritten Fernsehprogramm des SWR). Als wichtigstes Instrument dieser Art von „Selbstthematisierung" haben die **Programm-Trailer** zu gelten. Dies sind „Programmvorschauen, die von Fernsehveranstaltern im eigenen Programm platziert werden, um störende Programmlücken zu füllen, das Image des Senders zu formen und vor allem, um Zuschauer für die beworbene Sendung zu gewinnen" (Olschewski 2000: 1) und betreffen „alle Kategorien von Sendereigenwerbung in Spotform."

> Die folgenden Kategorien von Programm-Trailern werden unterschieden (vgl. Böringer 2005: 85):
> - Programm-Trailer: Beworben wird eine bestimmte Sendung in Form eines eigenen Sendeteils, dem Single-Spot, v. a. mit Filmausschnitten und Hinweisen auf den Ausstrahlungstermin.
> - General-Trailer: Im Unterschied zum Programm-Trailer wird eine Sendereihe, ein Sendeplatz oder eine Serie beworben.
> - Trailer für mehr als eine Sendung: Beim ZDF als Verbund-Trailer, bei RTL als Multiple Spot bezeichnet, wird für mehrere Sendungen desselben Sendeplatzes an mehreren Tagen geworben (Horizontal-Trailer) oder für aufeinander folgende Sendungen am selben Sendetag (Vertikal-Trailer).
> - Abspann-Trailer: Dieser beim ZDF so verwendete Begriff kennzeichnet die Integration des Trailers in den Abspann einer Sendung. Bei RTL wird dabei differenziert in Video-Over (Platzierung von Bildausschnitten der beworbenen Sendung in die Endsequenz eines Programms in Form von Split-Sreen) und in Voice-Over (zusätzlicher mündlicher Hinweis).
> - Teaser: Im Unterschied zu den anderen Formen weist er eine sehr geringe Länge auf und wird unmittelbar vor der beworbenen Sendung positioniert.
> - Genre-Trailer: Ziel ist es, die Kompetenzen des Senders für ein bestimmtes Programmangebot hervorzuheben (z. B. „Wintersport im ZDF").
> - Image-Trailer: Sie dienen der Image-Werbung für eine Fernsehanstalt insgesamt (z. B. ein ZDF-Moderator hält sich die Hand mit Zeige- und Mittelfinger vor das Auge, das die „Zwei" symbolisieren soll).
> - Station IDs: ID bedeutet „Identification" und kennzeichnet Jingles oder kurze Spots, die in der Regel mit einem animierten Logo und einer Melodie auf den jeweiligen Sender verweisen.

Die Bedeutung von Programm-Trailern ist ausgesprochen groß, was sich nicht zuletzt aus dem budgetsparenden Effekt erklären lässt und sich in den Zahlen zeigt: So ist beispielsweise für das Jahr 2002 ermittelt worden, dass Sat.1 als Rekordhalter 72.399 Trailer ausgestrahlt hat, gefolgt von RTL mit 67.323; das ZDF bewegte sich mit 22.316 bei ca. einem Drittel des Levels der genannten Privatsender, die ARD nur bei 13.466 (vgl. Böringer 2005: 85). Umgerechnet auf den Tag sind das bei den Privaten ca. 200 Trailer (d. h. durchschnittlich acht pro Stunde), beim ZDF 61 und bei der ARD ca. 37 Trailer pro Tag im Durchschnitt.

> Als eine Besonderheit beim Instrumentarium der Eigenwerbung sind die Internet-Auftritte der Sender anzusehen. Es ist heute längst eine Selbstverständlichkeit, dass zu jedem TV- und Radiokanal ein begleitender Internet-Auftritt stattfindet und zu zahlreichen Einzelsendungen spezielle und zusätzliche Informationen eingestellt werden. Bei Wortprogrammen im Radio der ARD ist regelmäßig die ganze Sendung als Podcast und das vollständige Manuskript zur Sendung als Download verfügbar. Im Fernsehen stehen die Mediatheken zur Verfügung. Bei den Angeboten der öffentlich-rechtlichen Rundfunkanstalten haben alle Informationen im Netz aus rechtlichen Gründen einen rein sendungsbegleitenden Charakter und stellen daher qua definitionem keine Werbung dar, sondern sind als ein Produktbestandteil zu sehen, den die Zuschauer und Zuhörer heute „mit Fug und Recht" als Zusatzservice ihres Senders erwarten dürfen.

Dennoch ist die Grenzlinie zur Werbung oft schwer zu ziehen, und zwar dann, wenn der Web-Auftritt des Senders mehr als nur eine sozusagen „passive" Begleitung der TV- und Radioprogramme darstellt. Möglich ist auch die Interpretation der Online-Aktivitäten der Sender als Instrumente der Verkaufsförderung (s.u.).

Neben der Eigenwerbung betreiben Medienunternehmen auch **Werbung in fremden Medien**. Die in der Praxis gebräuchliche Formulierung für die Fremdwerbung der TV- und Radiosender lautet „Off-Air-Promotion", in Abgrenzung von der Werbeform der „On-Air-Promotion" im eigenen Medium. Die Verwendung des Begriffes Promotion in diesem Kontext ist unglücklich, da im wissenschaftlichen Fachjargon Promotion als Ausdruck für das Feld der Verkaufsförderung – und eben genau nicht für das werbliche Instrumentarium – verwendet wird. Mehr noch: in der Praxis hat sich der Begriff Promotion als Überbegriff für sämtliche kommunikationspolitischen Instrumente eingebürgert. On-Air-Promotion bezeichnet danach alle kommunikationspolitischen Maßnahmen, bei der die Nutzung des eigenen Mediums als Träger der Botschaften erfolgt, Off-Air-Promotion demgegenüber alle Maßnahmen, die außerhalb des eigenen Mediums ansetzen. Unter dem Begriff „Programm-Promotion" versteht man dann – wiederum in einem sehr weiten Sinne – „alle kommunikationspolitischen Maßnahmen, mit denen ein TV-Sender seine Programme ‚promoten' kann, um die Bekanntheit und das Image des Programms zu erhöhen und zur Nutzung des Programms bei den entsprechenden Zielgruppen beizutragen" (Park 2004: 92). Um die Sprachverwirrung komplett zu machen, wird Programm-Promotion noch in zwei Gruppen eingeteilt, zum einen in „Sales Promotion", mit dem die kommunikationspolitischen Maßnahmen eines Senders auf dem Werbemarkt bezeichnet werden, zum anderen in „Audience Promotion", die alle Maßnahmen für den Zuschauermarkt umfassen. Es ist verständlich, dass eine solche Heterogenität in der Wortwahl einer klaren Analyse entgegensteht.

(2) Mit dem Begriff **Verkaufsförderung (Promotion)** werden gemeinhin alle kommunikativen Maßnahmen bezeichnet, die sich auf die Absatzbemühungen der Verkaufsorgane des Herstellers und/oder des Handels beziehen und diese unterstützen mit dem Ziel, zusätzliche Kaufanreize auszulösen. Die Maßnahmen der Verkaufsförderung sind zeitlich befristet, weshalb ihnen der Charakter von Aktionen zukommt. Ferner sind sie dazu da, die anderen Marketingmaßnahmen zu unterstützen und dadurch den Absatz bei Händlern und Konsumenten zu fördern. Da es die Stoßrichtung ist, das Produkt durch Aktionen und punktuelle Maßnahmen über alle Stufen der Logistikkette zum Endverbraucher hin zu „drücken", spricht man auch von einer „Push-Strategie", die der Verkaufsförderung zugrunde liegt.

Im Hinblick auf die Stufen der Wertschöpfungskette sind die folgenden verkaufsfördernden Aktivitäten zu unterscheiden (vgl. Becker 2013: 587):

- Endkundenbezogene Verkaufsförderung (Consumer Promotion);
- Händler- bzw. verkaufsorganisationsbezogene Verkaufsförderung (Trade Promotions);
- Verkäuferpromotions (Staff Promotions).

Bei der endkundenbezogenen Verkaufsförderung ist des weiteren im Hinblick auf die Zielrichtung zu unterscheiden (vgl. Fuchs/Unger 1999: 144): (a) nach der Informationsfunktion (z. B. Informationsmaterialien, Displays, Handzettel, Prospekte, Verbraucherausstellung, Informationsvorträge, Mitarbeiterschulung, Seminare), (b) nach der Motivationsfunktion (z. B. Gewinnspiele, Muster, Sonderaktionen, Prämiensysteme, Prominentenaktionen wie Autogrammstunden, Dichterlesungen) und (c) nach der Verkaufsfunktion (z. B. Zugaben, Gutscheine, Werbegeschenke, Rückerstattungsangebote, Sonderpreisaktionen, Handbücher, Argumentationshilfen, Testergebnisse). Die ersten beiden Ansätze können tendenziell den imageorientierten Aktionen zugerechnet werden, letzteres den primär akquisitionsorientierten Verkaufsförderungsmaßnahmen.

Vor diesem terminologischen Hintergrund rücken bei Radio und Fernsehen die auf die Endkunden – d. h. die Zuschauer und Zuhörer – bezogenen verkaufsfördernden Maßnahmen in den Mittelpunkt des Interesses, da bei den elektronischen Medien der Zwischenhandel – bis auf Pay-TV-Packages der Kabelgesellschaften – als eigenständige Handelsstufe praktisch entfällt. Und dort wiederum liegt das Schwergewicht auf der Motivationsfunktion und auf der Frage, wie man ein TV- oder Radio-Produkt inszeniert, um die Sehnsucht der Kunden in eine Kauf-, sprich Einschalt-Entscheidung zu lenken. Analog zum Instrumentarium der Werbung lassen sich auch die Maßnahmen der Verkaufsförderung in einen On-Air-Bereich und in einen Off-Air-Bereich unterteilen. Von den öffentlich-rechtlichen Rundfunkanstalten wie auch von den Privaten werden beide Bereiche inzwischen hoch intensiv genutzt.

Im **On-Air-Bereich** der Verkaufsförderung sind Anrufaktionen, Gewinnspiele, Quizsendungen, Mitmach-Angebote oder Voting-Konzepte zu nennen. Alle diese Aktionen führen zur Aktivierung und Motivierung des Publikums und sollen zur Markenbildung und Markenbekanntheit beitragen. Eine wichtige Rolle spielt die Inszenierung von programmbezogenen TV-Events, wobei sich eine breite Themenpalette als Gegenstand anbietet: Zu denken ist an Themen wie die Fußball-WM, ein Gedenkereignis („Mozartjahr"), besonders teure Filmproduktionen (z. B. „Stauffenberg", „Die Sturmflut" oder „Der Tunnel"), besondere Formate (z. B. „Wetten dass ...") oder Programm-Aktionen, bei der über eine längere Zeit das gesamte Standardprogramm außer Kraft gesetzt wird (z. B. Mega-Hitparade von tausend Titeln über eine Woche hinweg, abgeschlossen mit einer öffentlichen Veranstaltung).

> Der verkaufsfördernden Phantasie sind hier keine Grenzen gesetzt, wie nachfolgendes Beispiel zeigt: „Neuartiges TV-Event Global Player, das Medienquiz im ZDF. Zur Fußball-Weltmeisterschaft 2006 sendet das ZDF ein ganz außergewöhnliches Quiz-Event. Zum ersten Mal in der Geschichte des Fernsehens werden Zuschauer weltweit von ihrem jeweiligen Standort aus gegeneinander antreten – per Webcam und Internet. Die Teilnehmer kommen aus allen Ländern der Welt. Sie sollten Spaß am Spielen haben, sich in Fußballfragen auskennen und gut Deutsch sprechen. Alter und Geschlecht sind zweitrangig – was zählt ist das Interesse an diesem innovativen Fernseh-Event! In zwölf Sendungen treten jeweils drei Spieler aus unterschiedlichen Ländern gegeneinander an. In jeder Sendung gewinnt am Ende der beste Global Player. Als Hauptgewinn winkt jeweils eine komplette Brockhaus Enzyklopädie. Auch für die anderen Mitspieler gibt es attraktive Preise – nicht zu vergessen der Sonderpreis, der in jeder Sendung an den besten virtuellen Torschützen geht, sowie die Puzzleball-Kollektion von Ravensburger" (Meldung des ZDF vom 04.05.2006).

Beliebt sind – gerade auch bei ARD und ZDF – Präsentationen eigener und fremder Konzerte und Veranstaltungen innerhalb des Programms. Angesprochen sind damit „Vereinbarungen mit Veranstaltern über den meistens bargeldlosen Austausch von Medialeistungen der Welle gegen Werbe- und Promotionsleistungen der Veranstalter" (Warsitz 2005: 73) mit dem Ziel, den Kanal oder einzelne Programmstrecken – meistens des Hörfunks – bei potenziellen Hörern bekannt zu machen und den Imagetransfer sowie die Markenweltgestaltung zu optimieren.

Im **Off-Air-Bereich** bietet sich ebenfalls eine breite Palette unterschiedlichster Möglichkeiten an. Herausgegriffen sei z. B. die Einrichtung eines Hörer-Clubs, über den die Mitglieder – für einen geringen Mitgliedsbeitrag – Exklusivangebote, Vergünstigungen bei einzelnen Leistungen und exklusive Hintergrund-Informationen erhalten. Vorrangiges Ziel ist dabei die langfristige Hörerbindung.

> Welche interessanten Perspektiven sich auch im Fernsehen auftun, zeigt z. B. der Zuschauerclub „Sat.1 Family & Friends", bei dem die Clubmitglieder über eine Multifunktionskarte Bonuspunkte (Digits) beim Telefonieren, Einkaufen, Automieten oder Reisebuchungen erhalten, die in Prämien eingelöst werden können. Dabei findet eine enge und exklusive Kooperation mit werbetreibenden Unternehmen statt. Erklärtes Ziel ist auch hier Kunden- und Zuschauerbindung, aber auch die Einführung innovativer Vermarktungsmodelle. Durch die direkte Beziehung zu den Clubmitgliedern rückt das Instrument Hörer- und Zuschauer-Clubs in die Nähe von Direktmarketing.

Wichtigstes Instrument der Off-Air-Verkaufsförderung hat ist das **Merchandising**, das im engen Zusammenhang mit dem **Licensing** zu sehen ist. Beide Instrumente gehören zur sog. Randnutzung, bei der Rundfunkproduktionen für nicht-programmliche Zwecke verwertet werden, abseits des Kernziels der Ausstrahlung des Rundfunkprogramms.

Der Deal besteht darin, dass das Rundfunkunternehmen die Nutzungsrechte an einer eigenen Marke, an Charakteren, Events oder Formaten an einen Dritten verkauft – mit dem Ziel, eine vorhandene Popularität zum beidseitigen Nutzen weiterzugeben. Der Rundfunksender stärkt seine Marktposition und erzielt eventuell sogar einige Erlöse (wenn auch zumeist nicht in erheblichem Ausmaß), Industrie und Handel können ihre Produkte mit der Rundfunkmarke schmücken, sie emotional positionieren und dadurch ihren Absatz steigern.

> Merchandising und Licensing unterscheiden sich im Hinblick auf die Gewinnerzielungsabsicht und im Hinblick auf das finanzielle Risiko. So versteht sich Merchandising als „sämtliche Maßnahmen der Absatzförderung, die der Hersteller beim Handel ergreift. Dazu gehören auch sogenannte Werbemittel und Streuartikel (Kugelschreiber, Feuerzeuge, Kalender u.a.m.), die das Markenzeichen des Hauptproduktes tragen und ohne Gewinnerzielung verschenkt bzw. zum Selbstkostenpreis in Umlauf gebracht werden, mit dem Ziel, eine Marke bekannt zu machen" (Böll 1999: 4). Das finanzielle Risiko liegt beim Sender.
>
> Im Gegensatz dazu verfolgt das Licensing konkrete wirtschaftliche Ziele durch den Verkauf von Rechten und gleichzeitig der Ablastung des finanziellen Risikos: „Licensing ist somit die kommerzielle und damit die gewinnorientierte Nutzung einer Popularität auf Basis einer Lizenzvergabe, mit dem Ziel, Produkte, Firmen und/oder Marken emotional zu positionieren und dadurch den Absatz zu erhöhen. Voraussetzung ist immer ein Lizenzvertrag zwischen Lizenzgeber und Lizenznehmer, der festlegt, um welche Rechte es sich handelt und wie die finanziellen Konditionen für die Vertragspartner gestaltet sind" (ebd. 5).

Die möglichen Ansatzpunkte und Gestaltungsoptionen für Merchandising und Licensing sind vielfältig. Zu unterscheiden sind die folgenden Erscheinungsformen des Licensing (analog übertragbar auf Merchandising) (vgl. Böll 1999: 26):

- Formale Grundlage bzw. Licensing-Gegenstand: reale oder fiktive Personen; Namen, Titel, wörtliche Zeichen; Signets, Logos, Etiketten, bildliche Zeichen; Ausstattungselemente, Design, Dekoration; Bilder.
- Inhaltliche Grundlage bzw. Licensing-Form: Personality Licensing (z. B. bekannter Moderator); Character Licensing (fiktive Figur aus einem Zeichentrickfilm, z. B. „Die Maus" oder die „Mainzelmännchen"); Brand Licensing (Marke des Senders oder einer Sendung); Event Licensing (z. B. eigenes Kultur-Festival); Mischformen (TV, Movie, Musik, Sport, Design, Art).
- Mediale Präsenz: TV, Kino, Radio, Print.
- Produktbereiche: Publishing & Stationary (z. B. Begleitbuch zu einer Sendung, Verlage als Lizenznehmer); Toys & Games (z. B. Kinderspielzeug, Computerspiele); Food & Promotion (z. B. Getränke, Zahnpasta); Textiles & Accessoires (z. B. Kleidung, Brillen, Uhren); Home & Living (z. B. Möbel, Porzellan, Bettwäsche); Audio & Video (Audio-CD, DVD).

Im Hinblick auf die Inhalte stehen Character, Brand und Sport im Vordergrund, bei den Produktbereichen dominieren Spiele, Textilien/Accessoires und Publikationen (vgl. ebd. 82).

> Die öffentlich-rechtlichen Rundfunkanstalten sind konsequent dazu übergegangen, das Merchandising und Licensing in systematische Bahnen zu lenken und haben eigene Shops gegründet, die von Tochtergesellschaften als „Betriebe gewerblicher Art" geführt werden. Im „BR-Shop" beispielsweise findet sich eine enorme Fülle an Artikeln „rund um den Bayerischen Rundfunk", gegliedert in die folgenden Kategorien (Beispiel / Jahr 2007):
>
> - Video/DVD: Unterhaltung (v. a. Kultserien, Comedy), Unterwegs in Bayern, Reisen, Natur/Hobby/Freizeit, Kultur/Geschichte/Kirche, Wissen/Fortbildung, Space Night
> - Audio: Bayern 3, Rock/Pop/Liedermacher, Unterhaltungsmusik, Volksmusik, Blasmusik, Klassik, Hörbücher
> - Bücher: Kinder, Unterhaltung/Hobby, Wissen/Fortbildung, Kochen
> - Diverses: BR-Fanartikel, Kinder, Bayern 1
> - In eigener Sache: BR-Mitschnitt-Service TV; BR-Mitschnitt-Service Radio, BR-Ticket-Service
>
> Bayernweit wird das Sortiment nicht nur über den Sender, sondern zusätzlich in einem Netzwerk von ca. 30 Partnern vertrieben. Sämtliche Artikel stehen im Zusammenhang mit der Programmarbeit des Bayerischen Rundfunks und der ARD. Solcherart Kooperationen zwischen öffentlich-rechtlichen Rundfunkanstalten und privaten Akteuren haben immer schon stattgefunden, insbesondere im Publishing-Bereich, wo die natürlichen Partner die Verlage sind. Inzwischen scheinen diese Kooperationen allerdings erheblich an Bedeutung zuzunehmen, vor allem wegen der generell steigenden Bedeutung von Nebengeschäften von Medienunternehmen.
>
> Ein interessantes Beispiel der neueren Vergangenheit ist ferner der „Schulterschluss" zwischen WDR und der WAZ-Mediengruppe (heute Funke-Gruppe), die gemeinsam zum 60-jährigen Jubiläum der Gründung von Nordrhein-Westfalen im Jahr 2006 eine umfassende „Medienbibliothek" mit Büchern, DVDs und CDs herausgegeben hatten. Die Reihe, die unter dem thematischen Dach „Wir in Nordrhein-Westfalen – unsere gesammelten Werke" steht, wird in ca. 70 Leserläden und Geschäftsstellen der WAZ sowie im Buchhandel verkauft und über WDR Online vermarktet, begleitend in den Zeitungen der WAZ-Gruppe und im WDR-Programm besprochen und angeboten.

(3) Ein immer wichtiger werdendes Marketinginstrument – auch für die Medienunternehmen – stellen **Events** dar. Ihr Einsatz steht im engen Zusammenhang mit der Öffentlichkeitsarbeit, der Verkaufsförderung (z. B. Unterstützung der redaktionellen Programmarbeit durch Off-Air-Promotion) und dem Direktmarketing.

> Letzteres „umfasst sämtliche Kommunikationsmaßnahmen, die darauf ausgerichtet sind, durch eine gezielte Einzelansprache einen direkten Kontakt zum Adressaten herzustellen und einen unmittelbaren Dialog zu initiieren oder durch eine indirekte Ansprache die Grundlage eines Dialogs in einer zweiten Stufe zu legen, um die Kommunikationsziele des Unternehmens zu erreichen" (Bruhn 2006: 484).

Im Kern sind Events von einer besonderen Qualität und fallen wegen ihrer vielschichtigen Wirkungsmöglichkeiten marketingtechnisch aus dem Rahmen. Nach der offiziellen Definition des Deutschen Kommunikationsverbandes sind Events „inszenierte Ereignisse sowie deren Planung und Organisation im Rahmen der Unternehmenskommunikation ... , die durch Erlebnis orientierte Firmen- oder Produktveranstaltungen emotionale und physische Reize darbieten und einen starken Aktivierungsgrad auslösen" (Herbst 2003: 451). Events werden von ausgewählten Rezipienten vor Ort erlebt und sprechen den Teilnehmer multisensitiv an.

Vorteile von Events sind der direkte Bezug zum Rezipienten (hohe Kontaktintensität, Interaktivität), die typischerweise vielfältigen Möglichkeiten einer programmlichen Verwertung, die Schaffung von „inszenierten Erlebniswelten", mit denen ein hohes Maß an Emotionalisierung, Involvement und Impression erzeugt werden kann. Nachteilig sind hohe Kosten und in der Regel eine geringe direkte Reichweite.

> Events als Kommunikationsplattformen werden z. B. von den öffentlich-rechtlichen Rundfunkanstalten in reichlichem und sehr differenziertem Umfang eingesetzt, sei es als eigen veranstaltete Events, sei es als Präsentation fremder Events oder als Ko-Produktion mit externen Partnern. So erläutert der NDR sein Veranstaltungskonzept u. a. wie folgt: „Flächendeckend in allen vier Staatsvertragsländern dokumentiert der NDR auf etwa 1.500 Veranstaltungen pro Jahr seine Kompetenz für alle Musikfarben, für Unterhaltung und seine regionale Nähe. Die Programme des NDR sind dabei, wenn Menschen im Norden Feste feiern, große Jubiläen wie etwa Städtegeburtstage begehen oder Sportereignisse erleben. Der NDR begleitet und prägt mit Auftritten seiner Programme Ländertage und große Messen, er veranstaltet regelmäßig Radtouren und Wanderungen. Und er öffnet sich selbst einmal im Jahr am Tag der offenen Tür abwechselnd in Hamburg, Kiel, Schwerin und Hannover und zeigt sich so bis zu 250.000 tausend Menschen von seiner besten Seite: Radioprogramme und Fernsehen zum Anfassen" (Web-Information des NDR aus dem Jahr 2007).

> Alle anderen öffentlich-rechtlichen Rundfunkanstalten verfolgen ähnliche Konzepte wie der NDR und bringen sich vor allem als wesentlicher Kulturfaktor der Bundesländer ein. Teilweise veranstalten sie sogar Festivals in Eigenregie, wie z. B. der SWR mit den Schwetzinger Festspielen (vgl. Hasl/Nagler/Gläser 2004). Ein schönes Beispiel ist auch die jährlich vom SWR veranstaltete „Tour de Ländle". In der Ankündigung für 2014 heißt es: „Die Erlebnistour ist ideal für Freizeitradler und Familien mit Kindern. Hier geht es nicht um die sportliche Leistung sondern um den Spaß am Radfahren. Dazu bieten wir Ihnen während der rund 40 Kilometer viele interessante Angebote. Da fahre ich mit. Familien mit Kindern, Freizeitradler, Hobby-, Wochenend-, Schönwetterradler, Radler mit einer durchschnittlichen bis eher schwächeren Kondition und E-Bike-Fahrer – das sind die Radler, die bei der Erlebnistour mitmachen."

Entscheidend für den effektiven Einsatz von Events ist deren Abbildung im Programm. So erklärt z. B. der NDR ausdrücklich, seine Programmaktionen seien ein Baustein im Marketing-Instrumenten-Mix, um Hörer zu binden, neue Hörer zu gewinnen und Imagebildung zu betreiben.

17.5 Vertriebspolitik

Der Vertrieb – auch Präsenz-, Distributions- oder Absatzpolitik genannt – sorgt dafür, dass das Produkt vom produzierenden Unternehmen in die Verfügungsmacht des Verbrauchers bzw. Verwenders übergeht. Ziel ist es, dass das Produkt zur richtigen Zeit im richtigen Zustand und in der erforderlichen Menge am Ort des Verkaufs zur Verfügung steht. Es ist zu betonen, dass es sich bei der Vertriebspolitik primär um eine akquisitorische Funktion handelt und erst nachrangig um eine rein distribuierende, logistische Funktion (vgl. Homburg 2012: 849).

Insofern unterscheidet man auch zum einen in die akquisitorische Distribution als der Gesamtheit aller Maßnahmen im Bereich der Distributionspolitik, die in dem Bestreben um Anbahnung und Festigung von Kontakten zu Abnehmern eingesetzt werden können, zum anderen in die physische Distribution bzw. Logistik, bei dem es um den körperlichen Transfer von Gütern vom Anbieter zum Nachfrager geht.

Bei der Vertriebs- bzw. Distributionspolitik können drei Basisinstrumente unterschieden werden (vgl. Becker 2013: 527 ff.):

- Absatzwege;
- Absatzorganisation;
- Absatzlogistik.

(1) Als **Absatzwege** sind grundsätzlich zwei Formen zu unterscheiden (vgl. Becker 2013: 528; vgl. das Beispiel Buchhandel in Abb. 17-8).

- Direkter Absatzweg („0-Stufenkanal"): Die Produkte werden nicht über unternehmensfremde, rechtlich selbständige Absatzorgane vertrieben, sondern werden über eigene Verkaufsfilialen, über Läden („stores"), über eigenes Vertriebspersonal („Reisende", Handelsvertreter) oder über Franchising direkt an die Zielgruppen herangeführt.

    Beim Franchising verkauft der Händler (Franchise-Nehmer) im Namen des Herstellers (Franchise-Geber) Produkte. Der Händler ist an den Namen, das Warenzeichen und die Ausstattung des Herstellers gebunden.

- Indirekter Absatzweg („1-Stufenkanal", „2-Stufenkanal" etc.): Hierbei sind bei der Distribution der Produkte bewusst unternehmensfremde, rechtlich selbständige Absatzorgane eingeschaltet. Dadurch entsteht ein Absatzkanal, der eine oder mehrere Zwischenstufen – den „Handel" – aufweist.

Beim Buch ist der althergebrachte, traditionelle Absatzkanal der zweistufige Kanal vom Verlag über den Großhandel („Barsortiment") und den Einzelhandel („Sortiment" bzw. „Sortimentsbuchhandel") zum Endkunden, dem Leser (vgl. die vierte Säule in Abb. 17-8). Gemäß dieser Distributionsform, die allgemein als hoch leistungsfähig eingeschätzt wird, wird auch heute noch der Großteil des Buchhandels abgewickelt.

Im Bereich der Zeitungen und Zeitschriften wird der Großhandel „Presse-Grosso" genannt, der Einzelhandel „Presse-Einzelhandel".

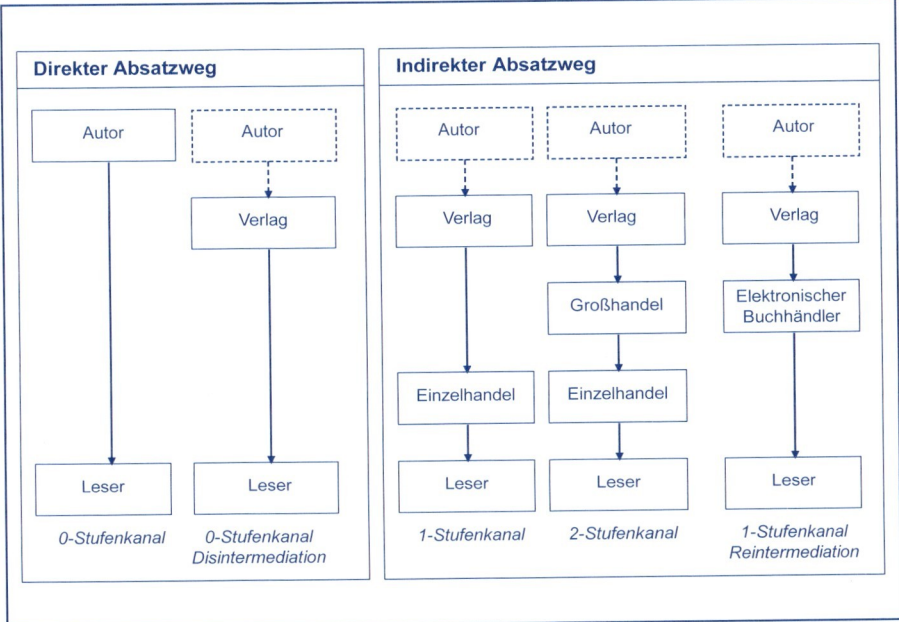

Abb. 17-8: Systeme der Absatzwegegestaltung am Beispiel Buchhandel

Der Direktvertrieb vom Verlag zum Leser (vgl. die zweite Säule) war ebenfalls immer schon von Relevanz, dies allerdings nur in ganz speziellen Bereichen (z. B. im Rechts- und Steuerbereich bei Loseblattwerken). Als Normalform ist der indirekte Vertrieb über den Handel anzusehen. Betreiben Verlage das Direktgeschäft mit den Endkunden, liegt Disintermediation vor, da sie den Handel als intermediäre Einrichtungen aussteuern und umgehen.

> Die Frage des Direktvertriebs ist umstritten und wirft ein Licht auf den Interessengegensatz zwischen Verlag und Einzelhandel: Verlage sind grundsätzlich an einer effektiven Vermarktung ihrer Produkte interessiert, die aber vom Buchhandel nicht automatisch in der gewünschten Form betrieben wird. So schreibt ein Verleger: „Leider sehen sich viele Verlage, die lieber via Sortiment liefern würden, in letzter Zeit aufgrund unzureichender Aktivitäten dieser Seite immer stärker auf eigene Werbeanstrengungen verwiesen. Dass sie diese dann aus der bei der Direktlieferung entfallenden Spanne finanzieren, ist nicht nur verständlich, sondern betriebswirtschaftlich unabdingbar" (Lucius 2005: 169 / erste Auflage von Lucius 2014). Allerdings wird auch festgestellt: „Für die meisten Verlage ist und bleibt der wichtigste Absatzkanal der durch das Sortiment" (ebd. 170 f.).

Mit dem Internet sind freilich gravierende Veränderungen eingetreten. Wichtigstes Phänomen ist die „Reintermediation" durch elektronische Buchhändler wie Amazon, die sowohl den herkömmlichen Groß- als auch den Einzelhandel mit ihren Direktlieferungen umgehen. Faktisch handelt es sich dabei um Versandhandel.

Immer interessanter wird auch die Frage, ob die Autoren in der digitalen Welt einen Bedeutungszuwachs erfahren, da sie prinzipiell die Möglichkeit haben, mit ihrem Content über das Internet in eine direkte Beziehung zum Leser einzutreten (Modell der ersten Säule). Dies ist freilich so lange wenig relevant, so lange der Konsument professionell erzeugte und vermarktete Verlagsprodukte noch wertschätzt.

Im Buchhandel liegt im Übrigen eine Sondersituation vor, da im Gegensatz zur üblichen Gepflogenheit die Preisbildung für die Produkte durch den Verlag diktiert wird, der Buchhandel also keine Möglichkeit zur eigenständigen Preispolitik hat. Grund sind medien- und kommunikationspolitische Erwägungen des Gesetzgebers, der für die möglichst freie und leichte Zugänglichkeit der Medienprodukte Sorge trägt.

> Angenommen wird, dass die Distribution von Presseprodukten und Rundfunkprogrammen eine Schlüsselrolle für die Meinungsvielfalt, für die Informiertheit und damit für die Funktionsfähigkeit der Demokratie einnimmt, weshalb sicher gestellt werden muss, dass die publizierten Medienprodukte dem Publikum auch zugänglich und verfügbar sind: „Erst durch die Vermittlungsleistung der Distribution, über die die produzierte Angebotsvielfalt zu den Konsumenten, den Medienrezipienten, ‚transportiert' wird, ist der freie Zugang der Rezipienten zum System ‚Medien' möglich bzw. kann sich mediale Angebotsvielfalt in demokratische Meinungsvielfalt umsetzen" (Ludwig 2004: 112).

> Aus diesen Gründen trägt der Staat – anders als in Konsumgütermärkten – dafür Sorge, dass Presse und Rundfunk eine breite Verbreitung finden und frei zugänglich sind. Dies geschieht durch das Grundmodell des Distributions- und Remissionsrechts, bei dem eine Art „Must-Carry-Regel" eingebaut ist: „Über das Angebot der letzten Stufe entscheidet nicht der Einzelhändler, sondern der Vielfaltsproduzent. Mit seinem so genannten Dispositionsrecht gegenüber allen nachfolgenden Vertriebs- bzw. Dispositionsstufen kann er letztlich das Angebotssortiment auf der letzten Stufe bestimmen und damit sicher sein, dass die produzierte Angebotsvielfalt zumindest auf der entscheidenden Absatzebene ankommt. Weil damit die Geschäftspolitik des Einzelhändlers (qualitative und quantitative Sortimentsauswahl) eingeschränkt wird, kann dieser im Gegenzug alle unverkaufte Ware remittieren, d. h. an den Hersteller zurückgeben" (ebd. 113).

Die Situation für den Einzelhandel im Printbereich ist auch deswegen schwieriger geworden, weil die Verlage zunehmend dazu übergehen, neue Absatzwege für ihre Produkte zu suchen. So spielen nichtbuchhändlerische Absatzmittler wie Discounter, Apotheken, Gartencenter oder Supermärkte beim Vertrieb von Zeitungen und Büchern eine zunehmend wichtige Rolle.

> „Mit Kamps, Lidl und McDonald's erschließen Bild & Co über 4.000 zusätzliche Verkaufsstellen" (Horizont Nr. 41/2004, S. 1).

Im elektronischen Bereich stellt sich wegen der Immaterialität der Produkte die Frage der Absatzwege in anderer Form. So fungieren im Hörfunk und Fernsehen als Absatzmittler die Kabelgesellschaften und Satellitenbetreiber, beim Spielfilm vermitteln die Filmtheater den Absatz und im Internet können die Provider als intermediäre Einrichtungen angesehen werden. Generell steht also hier der indirekte Vertrieb im Vordergrund.

Medienunternehmen stehen wie jedes Wirtschaftsunternehmen zunehmend vor der Herausforderung, mehrere Distributionskanäle bedienen zu müssen, um ihre Produkte absetzen zu können. Sie müssen **Multi-Channel-Marketing** betreiben. Diese Notwendigkeit ergibt sich aus ihren Anstrengungen zur Produktdifferenzierung, aber auch wegen der Ansprüche, die seitens der Konsumenten an die jederzeitige und allumfassende Verfügbarkeit der Produkte gestellt werden.

> Die elektronischen Massenmedien Radio und Fernsehen z. B. verbreiten ihre Programme bzw. Teile davon auf mehreren Wegen: zum einen terrestrisch über Sendernetze, was vor allem für den mobilen Radioempfang im Auto von großer Bedeutung ist, zum zweiten über Kabelnetze, drittens über Satellit, ferner über das Internet und schließlich über das Handy.

Der körperliche Vertrieb von Zeitungen beruht im wesentlichen auf den Verbreitungswegen Hauszustellung durch Austräger, Einzelverkauf am Point of Sale (Kiosk, Bahnhofsbuchhandlungen etc.) und Postzustellung. Hinzu kommt der digitale Vertrieb von E-Papers.

(2) Bei der **Absatzorganisation** geht es um die akquisitorische Distribution im engeren Sinn, das heißt darum, ein Verkaufsteam zu rekrutieren, das für die Erlangung von Aufträgen zuständig ist. Dabei ist darüber zu entscheiden, ob der Verkauf der Produkte in Eigenregie oder durch externe Dienstleister erfolgen soll (vgl. Becker 2013: 543):

- Als unternehmenseigene Organe kommen infrage: Geschäftsleitung, die Marketing- und Vertriebsleitung und Reisende.
- Unternehmensfremde Organe sind Handelsvertreter, Kommissionäre und Makler.

Der persönliche Kontakt (Face-to-face) zum Kunden hat im Medienbereich eine große Bedeutung und ist immer dann besonders wichtig, wenn die Medienprodukte erklärungsbedürftig sind. So erfolgt z. B. der Verkauf von Werbezeiten im Hörfunk und Fernsehen sowie der Anzeigenverkauf bei Zeitungen und Zeitschriften vorrangig im Wege des persönlichen Verkaufs (personal selling). Dort werden sowohl Reisende (unternehmenseigenes Organ) als auch Handelsvertreter (unternehmensfremdes Organ) eingesetzt.

Eine große Rolle spielt in diesem Zusammenhang die Frage, ob es gelingt, die Motivation der Absatzpersonen auf hohem Niveau zu erhalten. Ein wichtiges Instrument ist Schulung und Training.

Im Hinblick auf die Absatzorganisation im Werbebereich ist festzustellen, dass die TV-Sender besondere Aktivitäten entfalten, um möglichst flexibel mit den Mediaagenturen und der Kundenseite interagieren zu können.

Um dies sicherzustellen, haben die meisten TV-Unternehmen eigene Tochtergesellschaften gegründet, die sich auf den Service für die werbetreibende Wirtschaft spezialisiert haben, so z. B. „IP Deutschland" für RTL, „El Cartel" für RTL II oder „ARD Sales & Services" (AS&S) für die ARD.

(3) Die **Absatzlogistik** schließlich sorgt für die physische Distribution der Produkte. Bei materiellen Medienprodukten wie Büchern, Zeitschriften, Zeitungen oder DVDs stellen sich Fragen der Lagerhaltung (z. B. beim Buch das Lager der Verlagsauslieferung, das Halbfertiglager und das Außenlager) oder der Druckerei.

Bei elektronischen Gütern stellt Logistik im übertragenen Sinne die Auslieferung über Kabel- und Satellitensysteme, durch terrestrische Ausstrahlung, über das Internet und im Wege der Mobilkommunikation dar.

Kernaussagen

- Absatz und Marketing sind zentrale Funktionen im Management von Medienunternehmen und daher in hohem Maße erfolgskritisch.
- Der verfügbare Gestaltungsspielraum in operativer Hinsicht kann als außergewöhnlich groß bezeichnet werden.
- In allen vier Kernbereichen des Marketing sind überzeugende Konzepte zu entwickeln, also in der Produktpolitik, der Preis- und Kontrahierungspolitik, der Kommunikationspolitik und schließlich der Vertriebs- bzw. Distributionspolitik.

Literatur

Weiterführende Literatur: Grundlagen

Becker, J. (2013): Marketing-Konzeption, 10., überarb. u. erw. Aufl., München.
Bruhn, M. (2004): Handbuch Markenführung, 3 Bände, 2., vollst. überarb. u. erw. Aufl., Wiesbaden.
Bruhn, M. (2012): Kommunikationspolitik, 7., überarb. Aufl., München.
Bruhn, M. (2013): Basispaket Marketing, Wiesbaden.
Daudel, S./Vialle, G. (1992): Yield Management, Frankfurt, New York.
Esch, F. R. (Hrsg.)(2001): Moderne Markenführung, 3. Aufl., Wiesbaden.
Fuchs, W./Unger, F. (1999): Verkaufsförderung, Wiesbaden.
Herbst, D. (2003): Praxishandbuch Kommunikationspolitik, Berlin.
Herrmann, A./Seilheimer, C. (2002): Variantenmanagement, in: Albers, S./Herrmann, A. (Hrsg.)(2002): Handbuch Produktmanagement, 2. Aufl., Wiesbaden, S. 647-677.
Homburg, C. (2012): Marketingmanagement, 4., überarb. u. erw. Aufl., Wiesbaden.
Kotler, P./Armstrong, G./Saunders, J./Wong, V. (2007): Grundlagen des Marketing, 4., akt. Aufl., München.
Meffert, H./Burmann, C./Kirchgeorg, M. (2011): Marketing, 11., überarb. u. erw. Aufl., Wiesbaden.
Meffert, H. (2002): Strategische Optionen der Markenführung, in: Meffert, H./Burmann, C./Koers, M. (Hrsg.)(2002): Markenmanagement, Wiesbaden, S. 135-165.
Nagle, T. T./Holden, R. K./ Larsen, G. M. (1998): Pricing, Berlin, Heidelberg.
Thommen, J.-P./Achleitner, A.-K. (2012): Allgemeine Betriebswirtschaftslehre, 7., vollst. überarb. Aufl., Wiesbaden.
Unger, F./Fuchs, W. (2005): Management der Marketing-Kommunikation, Berlin, Heidelberg, New York.
Weber, J./Florissen, A. (2005): Preiscontrolling, Weinheim.

Weiterführende Literatur: Medien

Marketingliteratur, alle Medien betreffend:
Altenburger, O./Hilmer, L. (Hrsg.)(2006): Medienmanagement, Band 3: Medienbetriebswirtschaftslehre – Marketing, Wiesbaden.
Baumgarth, C. (2004a): Markenführung im Mediensektor, in: Bruhn, M. (2004): Handbuch Markenführung, Band 3, 2., vollst. überarb. u. erw. Aufl., Wiesbaden, S. 2251-2272.
Baumgarth, C. (2004b): Besonderheiten der Markenpolitik im Mediensektor, in: Baumgarth, C. (Hrsg.) (2004): Erfolgreiche Führung von Medienmarken, Wiesbaden, S. 3-14.
Baumgarth, C. (2009): Markenorientierung von Medienmarken, in: Gröppel-Klein, A./Germelmann, C. C. (Hrsg.)(2009): Medien im Marketing, Wiesbaden, S. 69-92.
Berkler, S. (2008): Medien als Marken? Konstanz.
Breyer-Mayländer, T./Seeger, C. (2006): Medienmarketing, München.
Büsching, T. (Hrsg.)(2005): Mediengeschäftsmodelle der Zukunft, Baden-Baden.
Busch, M. (2009): Kundschaftsbildung als Resultat ganzheitlicher Markenführung, in: Nohr, H./Stillhammer, J./Vöhringer, A. (Hrsg.)(2009): Kundenorientierung in der Broadcast-Industrie, Berlin, S. 177-192.

Clement, M. (2007): Produktmanagement von Mediengütern, in: Albers, S./Herrmann, A. (Hrsg.)(2007): Handbuch Produktmanagement, 3. Aufl., Wiesbaden, S. 1054-1068.
Daudel, S./Vialle, G. (1992): Yield-Management, Frankfurt/New York.
Eble, M. (2013): Medienmarkten im Social Web, Berlin.
Friedrichsen, M./Schenk, M. (Hrsg.)(2004): Globale Krise der Medienwirtschaft? Baden-Baden.
Gerpott, T. J./Schlegel, M. (2002): Online-Distributionsoptionen für Markenanbieter journalistischer Inhalte, in: Die Betriebswirtschaft, 62. Jg., S. 133-145.
Göttlich, U./Nieland, J.-U. (1998): Daily Soaps als Umfeld von Marken, Moden und Trends: Von Seifenopern zu Lifestyle-Inszenierungen, in: Jäckel, M. (Hrsg.)(1998): Die umworbene Gesellschaft, Opladen, S. 179-208.
Gröppel-Klein, A./Germelmann, C. C. (Hrsg.)(2009): Medien im Marketing, Wiesbaden.
Huber, S. (2002): Medienmarketing, Krems.
Karmasin, M./Winter, C. (Hrsg.)(2002): Mediale Mehrwertdienste und die Zukunft der Kommunikation, Wiesbaden.
Kaspar, C. (2006): Individualisierung und mobile Dienste am Beispiel der Medienbranche: Ansätze zum Schaffen von Kundenmehrwert, Göttingen.
Knobloch, S. (2003): Werbestrategien der deutschen Medien, in: Medien- & Kommunikationswissenschaft, 51. Jg., H. 1, S. 38-54.
Ludwig, J. (1998): Zur Ökonomie der Medien: Zwischen Marktversagen und Querfinanzierung, Opladen, Wiesbaden.
Martinek, M. (2008): Mediaagenturen und Medienrabatte, München.
Müller-Kalthoff, B. (2002): Cross-Media als integrierte Management-Aufgabe, in: Müller-Kalthoff, B. (Hrsg.)(2002): Cross-Media Management, Berlin, Heidelberg, S. 19-40.
Petzold, K./Sattler, B. (2009): Medienmarketing, Stuttgart.
Schoder, D. (2009): Die Individualisierung der Medien als betriebswirtschaftliche Aufgabe, Köln.
Siegert, G. (2002): Medienmanagement als Marketingmanagement, in: Karmasin, M./Winter, C. (2002): Grundlagen des Medienmanagements, 2., korr. u. erw. Aufl., München, S. 173-195.
Siegert, G. (2003): Medienmarken-Management, 2. Aufl., München.
Siegert, G. (2005): Medienmarken als Link zwischen Qualität und Profit, in: Hellmann, K./Pichler, R. (Hrsg.)(2005): Ausweitung der Markenzone, Wiesbaden, S. 81-98.
Siegert, G. (2006): Absatzmanagement – Preis-, Produkt- und Programmpolitik, in: Scholz, C. (Hrsg.) (2006): Handbuch Medienmanagement, Berlin, Heidelberg, New York, S. 693-713.
Sjurts, I. (Hrsg.)(2011): Gabler Lexikon Medienwirtschaft, 2., akt. u. erw. Aufl., Wiesbaden.
Unger, F. (2006): Mediaplanung – Voraussetzungen, Auswahlkriterien und Entscheidungslogik, in: Scholz, C. (Hrsg.)(2006): Handbuch Medienmanagement, Berlin, Heidelberg, New York, S. 735-760.
Unger, F./Durante, N.-V./Gabrys, E./Koch, R./Wailersbacher, R. (2002): Mediaplanung, 4., akt. Aufl., Berlin, Heidelberg, New York.
Unger, F./Fuchs, W./Michel, B. (2013): Mediaplanung, 6., akt. Aufl., Berlin, Heidelberg.
Weinacht, S. (2009): Medienmarketing im Reaktionellen, Baden-Baden.
Wirtz, B. W. (2013): Medien- und Internetmanagement, 8., akt. u. überarb. Aufl., Wiesbaden.
Wirtz, B. W. (Hrsg.)(2003): Handbuch Medien- und Multimedia-Management, Wiesbaden.

Zeitungen, Zeitschriften, Buch:
Althans, J. (1994): Markenpolitik im Verlagsmarkt, in: Bruhn, M. (Hrsg.)(1994): Handbuch Markenartikel, Band 2: Markenerfolg, Markenrecht, Markenumfeld, Stuttgart, S. 1539-1547.
Althans, J. (2005): Management im Zeitschriftenverlag – Zentrale Entscheidungstatbestände, in: Medienwirtschaft, 2. Jg., H. 2/2005, S. 74-86.
Althans, J./Brüne, G. (2004): Markenführung im Zeitschriftenmarkt, in: Bruhn, M. (2004): Handbuch Markenführung, Band 3, 2., vollst. überarb. u. erw. Aufl., Wiesbaden, S. 2057-2080.
Bleis, T. (1996): Erfolgsfaktoren neuer Zeitschriften, München.
Breyer-Mayländer, T./Seeger, C. (2004): Verlage vor neuen Herausforderungen, Berlin.
Brummund, P. (2009): Die Entwicklung des Funktionsrabatts im Presse-Grosso, Baden-Baden.
Büchelhofer, A./Girisch, F./Karmasin, M./Melcher-Smejkal, I. (1993): Kommunikationsstrategien von Tageszeitungsverlagen, in: Brück, P. (Hrsg.)(1993): Print unter Druck – Zeitungsverlage auf Innovationskurs, München, S. 387-506.

Esser, R./Schreier, C. (2005): Die Zeitung als Marke – Diversifikation als lukrative Erlösquelle, in: BDZV (Hrsg.)(2005): Zeitungen 2005, S. 128-133.
Fantapié Altobelli, C. (Hrsg.)(2002): Print contra Online? Verlage im Internetzeitalter, München.
Gentz, J. (2014): Markenführung in Zeitschriftenverlagen, in: Sjurts, I. (Hrsg.)(2014): Zehn Jahre sind ein Jahr, Baden-Baden, S. 191-215.
Heinold, W. E. (2001): Bücher und Buchhändler, 4., völlig neu bearb. Aufl., Heidelberg.
Hillebrecht, S. (2009): Marketing für Presseverlage, 2. Aufl., Münster.
Hinze, F. (2001): Gründung und Führung einer Buchhandlung, Frankfurt am Main.
Huse, U. (2013): Verlagsmarketing, Frankfurt am Main.
Jacob, W. (1988): Neuentwicklung von Zeitschriften, 2. Aufl., München.
Jeuther, V. (2006): Die Zeitung von morgen – Zukunftspotenziale, in: Möhring, W./Schneider, B. (Hrsg.)(2006): Praxis des Zeitungsmanagement, München, S. 33-59.
Karla, J. (2006): Elektronische Zeitung, Lohmar, Köln.
Keuper, F./Hans, R. (2003): Multimedia-Management, Wiesbaden.
Lucius, W. D. v. (2014): Verlagswirtschaft, 3., überarb. Aufl., Stuttgart.
Ludwig, J. (2004): Pressedistribution im internationalen Vergleich, in: Hans-Bredow-Institut (Hrsg.)(2004): Internationales Handbuch Medien, Baden-Baden, S. 112-125.
Möhring, W./Schneider, B. (Hrsg.)(2006): Praxis des Zeitungsmanagement, München.
Möllmann, B. (1998): Redaktionelles Marketing bei Tageszeitungen, München.
Pelzel, R. F. (2006): Vertriebsmanagement – Konzepte für Medienprodukte und die Distributionswege der Medien, in: Scholz, C. (Hrsg.)(2006): Handbuch Medienmanagement, Berlin, Heidelberg, New York, S. 715-734.
Polthier, K./Wolters, D. (2004): Markenpolitik der Buchverlage – Defizite und Lösungsansätze, in: Baumgarth, C. (Hrsg.)(2004): Erfolgreiche Führung von Medienmarken, Wiesbaden, S. 45-62.
Rager, G./Schaefer-Dieterle, S./Weber, B. (1994): Redaktionelles Marketing, Bonn.
Risse, A. (2001): Der Zeitungsvertrieb, Berlin.
Rogall, D. (2000): Kundenbindung als strategisches Ziel des Medienmarketing, Marburg.
Schönstedt, E. (1999): Der Buchverlag, 2., durchges. u. korr. Aufl., Stuttgart, Weimar.
Schröder, M./Schwanebeck, A. (Hrsg.)(2005): Zeitungszukunft, Zukunftszeitung, 2. Aufl., München.
Stockem, A. (1988): Vermarktung von Büchern, Wiesbaden.
Walinski, E. A. (1997): Verlagsmarketing – Eine empirische Untersuchung über die Marketingorientierung von Fachverlagen, in: Kremin-Buch, B./Unger, F./Walz, H. (Hrsg.)(1997): Managementschriften, Band I, Ludwigshafen am Rhein, S. 151-224.

Radio, Musik, Film, Fernsehen:
Auer, M. (2000): Top oder Flop? Marketing für Film- und Fernsehproduktionen, Gerlingen.
Bauer, E. (2001): Die Erforschung der Absatzmärkte von TV-Sendern, in: Tscheulin, D. K./Helmig, B. (Hrsg.)(2001): Branchenspezifisches Marketing. Grundlagen – Besonderheiten – Gemeinsamkeiten. Wiesbaden, S. 751-773.
Blümelhuber, C. (1998): Marketing in der Unterhaltungsindustrie, in: Meyer, A. (Hrsg.)(1998): Handbuch Dienstleistungsmarketing, Stuttgart, S. 1753-1776.
Böll, K. (1999): Merchandising und Licensing, München.
Böringer, C. (2005): Programmwerbung durch Trailer, München.
Brem, C. (2002): Merchandising und Licensing für Rundfunkunternehmen, Köln.
Busch, M. (2007): Der Radiosender als Marke, Hamburg.
Clement, M./Papies, D./Schmidt-Stölting, C. (2009): Filmpreise und Filmerfolg, in: Gröppel-Klein, A./Germelmann, C. C. (Hrsg.)(2009): Medien im Marketing, Wiesbaden, S. 493-510.
Eichhorn, P./Raffée, H. (Hrsg.)(1990): Management und Marketing von Rundfunkanstalten, Baden-Baden.
Engh, M. (2006): Popstars als Marke – Identitätsorientiertes Markenmanagement für die musikindustrielle Künstlerentwicklung und -vermarktung, Wiesbaden.
Geisler, R. (2001): Controlling deutscher TV-Sender, Wiesbaden.
Gläser, M. (2006): Programm-Marketing öffentlich-rechtlicher Rundfunkanstalten, Köln.
Hediger, V./Vonderau, P. (2005): Demnächst in Ihrem Kino. Grundlagen der Filmwerbung und Filmvermarktung, Marburg.
Hennig-Thurau, T./Heitjans, T. (2004): Movie Branding, in: Baumgarth, C. (Hrsg.)(2004): Erfolgreiche Führung von Medienmarken, Wiesbaden, S. 63-86.

Hutzschenreuter, T./Espel, P./Schneemann, A. (2004): Industrieentwicklung und Marketing-Mixe, Wiesbaden.
Karstens, E./Schütte, J. (2013): Praxishandbuch Fernsehen, 3., akt. Aufl., Wiesbaden.
Kauschke, A./Klugius, U. (2000): Zwischen Meterware und Maßarbeit. Markt- und Betriebsstrukturen der TV-Produktion in Deutschland, Gerlingen, Kap. 8.
Köcher, A. (2002): Controlling der werbefinanzierten Medienunternehmung, Lohmar, Köln.
Meckel, M. (1997): Die neue Übersichtlichkeit. Zur Entwicklung des Format-Fernsehens in Deutschland. In: Rundfunk- und Fernsehen, 45. Jg., S. 475-485.
Nieland, J.-U./Göttlich, U. (1998): Daily Soaps als Umfeld von Marken, Moden und Trends: Von Seifenopern und Lifestyle-Inszenierungen, in: Jäckel, M. (Hrsg.)(1998): Die umworbene Gesellschaft, Opladen, S. 179-208.
Nohr, H./Stillhammer, J./Vöhringer, A. (Hrsg.)(2009): Kundenorientierung in der Broadcast-Industrie, Berlin.
Park, J.-Y. (2004): Programm-Promotion im Fernsehen, Konstanz.
Schuster, J. (1995): Rundfunkmarketing, Konstanz.
Schweitzer, D. (1996): Film als Marktleistung, Wiesbaden.
Senger, P. (2004): Distribution elektronischer Medien, in: Hans-Bredow-Institut (Hrsg.) (2004): Internationales Handbuch Medien, Baden-Baden, S. 126-135.
Warsitz, M. (2005): Programmmarketing für den öffentlich-rechtlichen Hörfunk, Baden-Baden.
Wolff, P.-E. (2006): TV Marken-Management, München.
Zubayr, C. (1996): Der treue Zuschauer? Zur Programmbindung im deutschen Fernsehen. München.

Internet, Multimedia, Spiele:
Brandtweiner, R. (2000): Differenzierung und elektronischer Vertrieb digitaler Informationsgüter, Düsseldorf.
Hess, T. (1999): Das Internet als Distributionskanal für die Medienindustrie – Entwicklungstendenzen im deutschen Markt, in: Wirtschaftinformatik, 41. Jg., S. 77-82.
Keuper, F./Hans, R. (2003): Multimedia-Management, Wiesbaden.
Kröger, C. (2002): Strategisches Marketing von Online-Medienprodukten, Wiesbaden.
Schlegel, M. (2002): Marketing-Instrumente für Online-Zeitungen, München.
Schulze, T. (2005): Optimale Nutzungspreise für Online-Zeitungen, Wiesbaden.
Zerdick, A./Picot, A./Schrape, K./Artopé, A./Goldhammer, K./Lange, U. T./Vierkant, E./López-Escobar, E./Silverstone, R. (2001): Die Internet-Ökonomie, 3., erw. u. überarb. Aufl., Berlin, Heidelberg, New York.

Fallbeispiele

Althans, J./Brüne, G. (2002): Markenführung und Markentransfer der Zeitschrift GEO, in: Meffert, M./Burmann, C./Koers, M. (Hrsg.)(2002): Markenmanagement, Wiesbaden, S. 543-565.
Blömer, N. S. (2005): Die Synergie-AG. Das Zusammenspiel von Medienberichterstattung, Marketing und PR am Beispiel DSDS, in: Beuthner, M./Weichert, S. A. (Hrsg.)(2005): Die Selbstbeobachtungsfalle, Wiesbaden, S. 261-276.
Blümelhuber, C. (1998): Marketing in der Unterhaltungsindustrie, in: Meyer, A. (Hrsg.)(1998): Handbuch Dienstleistungsmarketing, Bd. 2, Stuttgart, S. 1753-1776.
Blum, S. (2010): Crossmediale Vermarktung von Medienangeboten. Zur Rolle von Konzernen und Unternehmensnetzwerken bei der Vermarktung der Fernsehserie „Sex and the City", in: Lantzsch, K./Altmeppen, K.-D./Will, A. (Hrsg.)(2010): Handbuch Unterhaltungsproduktion, Wiesbaden, S. 303-315.
Breyer-Mayländer, T. (2009): Herausragend – Sieben Beispiele für erfolgreiches Zeitungsmarketing in Deutschland, in: BDZV (Hrsg.)(2009): Zeitungen 2009, S. 235-243.
Esch, F.-R./Krieger, K. H./Strödter, K. (2009): Marken in Medien und Medien als Marken, in: Gröppel-Klein, A./Germelmann, C. C. (Hrsg.)(2009): Medien im Marketing, Wiesbaden, S. 41-67. Fallbeispiele zu: Bild, ZDF.
Baumgarth, C. (Hrsg.)(2004): Erfolgreiche Führung von Medienmarken, Wiesbaden. Fallbeispiele zu: Bild, Stern, Financial Times Deutschland, StadtRevue Köln Magazin, Reader's Digest, ZDF.
Hauptmeier, H. (1999): Kommunikation im Medien- und Produktionsverbund: Funktionen des Cross-Media-Publishing für das ZDF, in: Krzeminski, M./Zerfaß, A. (Hrsg.)(1999): Interaktive Unternehmenskommunikation, Frankfurt am Main, S. 303-314.

Hasl, L./Nagler, J./Gläser, M. (2004): Marketing von Radio- und TV-Unterhaltung im öffentlich-rechtlichen Rundfunk. Fallbeispiel Event-Marketing beim Landessender Baden-Württemberg des Südwestrundfunks (SWR). In: Friedrichsen, M./Göttlich, U. (Hrsg.)(2004): Diversifikation in der Unterhaltungsproduktion, Köln, S. 243-256.

Kilian, K./Eckert, F. (2007): Nichtmediale Markendiversifikation am Beispiel Fit for Fun, in: Friedrichsen, M./Brunner, M. (Hrsg.)(2007): Perspektiven für die Publikumszeitschrift, Berlin, Heidelberg, New York, S. 115-126.

Lutz, K. J. (2005): Die Zeitung als Marke – Neue Produkte, neue Geschäftsmodelle, in: BDZV (Hrsg.)(2005): Zeitungen 2005, S. 120-125 (Süddeutsche Zeitung).

Markuse, E. (2006): Medienmarketing – Markenbildung am Beispiel des MDR, in: Altenburger, O./Hilmer, L. (Hrsg.)(2006): Medienmanagement, Band 3: Medienbetriebswirtschaftslehre – Marketing, Wiesbaden, S: 341-358.

Mohaupt, M. (1998): Profilierung eines Fernsehsenders als Marke: Das Beispiel ProSieben, in: Meyer, A. (Hrsg.)(1998): Handbuch Dienstleistungs-Marketing, Stuttgart, S. 1777-1787.

Müller, J. (2004): Markenmanagement im Fernsehen. Ein Beispiel aus dem ZDF. In: MedienWirtschaft, 1. Jg., H. 2, S. 86-93.

Naewie, M./Thun, S. (2003): Controllinggestütztes Multikanal-Management am Beispiel Der Club Bertelsmann, in: Ahlert, D./Hesse, J./Jullens, J./Smend, P. (Hrsg.)(2003): Multikanalstrategien, Wiesbaden, S. 155-169.

Schmolz, M. (2000): Interne Kommunikation im Medienunternehmen – Beispiel Spiegel-Gruppe, in: Ruß-Mohl, S./Fengler, S. (Hrsg.)(2000): Medien auf der Bühne der Medien, Berlin, S. 144-150.

Weber, Y. (o. J. / 2008): Markenmanagement im Medienbereich. Am Beispiel der Süddeutschen Zeitung, Saarbrücken.

Wilkinson, E. J. (2009): Einfach perfekt – Sieben Beispiele für professionelles Zeitungsmarketing weltweit, in: BDZV (Hrsg.)(2009): Zeitungen 2009, S. 227-233.

Wolff, P.-E. (2006): TV Marken-Management, München.

Ziegenhagen, S. (2009): Zuschauer-Engagement. Die neue Währung der Fernsehindustrie am Beispiel der Serie „Lost", Konstanz.

Kapitel 18
Finanzierung

18.1 Finanzprozesse und Kapitalbedarf 493
18.2 Innenfinanzierung 496
18.3 Beteiligungsfinanzierung 499
18.4 Kreditfinanzierung 503
18.5 Staatliche Finanzierungshilfen 505
18.6 Sonderfälle der Finanzierung 506

Leitfragen

- Welche typischen Begleiterscheinungen treten bei Medienproduktionen im Hinblick auf die Frage der Finanzierung regelmäßig auf?
- Aus welchen Gründen wird die Finanzierung von Medienunternehmen als besonders herausfordernd angesehen?
- Vor welchen Risiken steht eine Filmproduktion?
- Welche beiden Typen von Finanzierungsprozessen sind zu unterscheiden?
- Wozu dienen Finanzierungen?
- Was versteht man unter „Kapital"?
- Welche Einflussfaktoren sind für den Kapitalbedarf maßgeblich?
- Was versteht man unter „Kapitalbedarf", und welche Möglichkeiten seiner Deckung bieten sich grundsätzlich an?
- Welches sind die Unterscheidungsmerkmale zwischen Eigenkapital und Fremdkapital?
- Welches sind die Unterscheidungsmerkmale zwischen Innen- und Außenfinanzierung?
- Wann befindet sich ein Medienunternehmen im finanzwirtschaftlichen Gleichgewicht?
- Wie ist der „Cash Flow" definiert?
- Welche Arten von Investitionen unterscheidet man?
- Welche Arten von Sachinvestitionen unterscheidet man?
- Welche Basistypen von Erlösmodellen für Medienunternehmen unterscheidet man?
- Wie ist die Rolle der Finanzierung beim Niedergang der New Economy Ausgang des vergangenen Jahrtausends einzuschätzen?
- Wie wird die Höhe des „Rundfunkbeitrags" bestimmt?
- Welche Gründe sprechen für und gegen die Indexierung der Rundfunkgebühr?
- Welche Fragen stellen sich beim Börsengang eines Medienunternehmens?
- Was versteht man unter „vinkulierten Namensaktien"?
- Was versteht man im Filmgeschäft unter „Completion Bond"?
- Was ist eine „Verleihgarantie"?
- Welche Rolle spielen Ko-Produktion und Ko-Finanzierung bei der Filmfinanzierung?
- Was versteht man unter „Mezzanine-Kapital"?
- Durch welche Finanzierungsmodelle kann die Existenzgründung von kleinen und mittleren Medienunternehmen gestützt werden?
- Welche Rolle spielt dabei das Rating?
- Welche Lehren sind aus den teilweise spektakulären Insolvenzen in der Medienwirtschaft zu ziehen?

Gegenstand

Die Medienproduktion ist durch eine Reihe von „ungemütlichen" Begleiterscheinungen gekennzeichnet:

- Die Investitionen sind regelmäßig mit äußerst hohem Risiko behaftet.
- Die Kapitalbindung ist wegen des zeitlichen Auseinanderklaffens der Leistungserstellung und des (in der Höhe dazu noch ungewissen) Mittelrückflusses in der Regel sehr hoch.
- Die Herstellung von Medienprodukten sowohl im Print- als auch im elektronischen Bereich ist ein Prozess, der einen hohen Einsatz an Finanzkapital erfordert (für Personal, Studio, technische Dienstleistungen, Nachbearbeitung etc.).
- Der Ein- und Auszahlungsstrom (Cash Flow) unterliegt in der Regel erheblichen Schwankungen über die Dauer der Medienproduktion hinweg, so dass permanent die Gefahr von Finanzierungsengpässen besteht.
- Medieninhalte in hoher Qualität zu erstellen, ist eine Herausforderung, die laufend einher geht mit dem Risiko der Überschreitung des Zeit- und Kostenbudgets.

Hinzu kommt, dass aufgrund des First-Copy-Cost-Effekts (hohe Kosten der ersten Kopie, sehr geringe Vervielfältigungskosten) vor allem bei elektronischen Medienprodukten (Filmproduktion, TV, multimediale Produktionen) oft die prekäre Situation gegeben ist, die Finanzierungshürde nicht überspringen zu können. Das Risiko des finanziellen Scheiterns ist – teilweise extrem – hoch: „Die Kinofilmproduktion stellt ein Hochrisikogeschäft dar, da das Produkt immer ein Unikat ist" (Bonmüter/Scheller 2009: 13).

Vor diesem Hintergrund kommt der Frage des professionellen Managements der Finanzierung eine hohe Bedeutung zu. Nicht zu Unrecht kann die Managementkompetenz, die finanzierungsrelevanten Besonderheiten im Medienbereich beherrschen zu können, als eine kritische Ressource bezeichnet werden. Dies zeigt sich auch in der Situation der Medienwirtschaft, die seit Jahren als krisenhaft eingestuft werden muss. So verzeichnen Tageszeitungen anhaltende und gravierende Nachfragerückgänge im Lesermarkt, besonders auch im Anzeigenmarkt. Das Fernsehen weist kaum noch Zuwächse im Zeitbudget der Zuschauer aus. Durch die Personalisierungsmöglichkeiten in der digitalen Welt sind auch im TV-Werbemarkt strukturelle Einbrüche festzustellen (zu krisenhaften Erscheinungen in der Medienwirtschaft vgl. z. B. Friedrichsen/Schenk 2004). Das Scheitern der sog. New Economy Ende des abgelaufenen Jahrtausends hat ebenfalls zentrale Problemfelder im Management deutlich werden lassen.

Unter Finanzierung werden alle Maßnahmen verstanden, die der Bereitstellung von Kapital (Geld und geldwerte Güternutzungen) dienen (vgl. Schierenbeck/Wöhle 2012: 378). Ziel ist die Herstellung und Sicherstellung des finanzwirtschaftlichen Gleichgewichts. „Eine Unternehmung befindet sich demnach im finanziellen Gleichgewicht, wenn sowohl die Erfüllung der finanziellen Ansprüche der Unternehmungsträger an die Unternehmung als auch die Existenz der Unternehmung selbst kurz- und längerfristig gesichert erscheinen" (ebd.). Eine große Rolle spielen also die Anspruchsgruppen bzw. Stakeholder der Unternehmung, die zum finanziellen Gleichgewicht nachhaltig beitragen.

Die betrieblichen Finanzströme lassen sich systematisch nach dem Kriterium des Kapitals bestimmen, verstanden als „der wertmäßige Ausdruck für die Gesamtheit der Sach- und Finanzmittel, die der Unternehmung (zu einem bestimmten Zeitpunkt) zur Verfügung stehen" (ebd. 367).

Im Zentrum der Betrachtung steht das Ziel der Liquidität. In kurzfristiger Hinsicht versteht man unter Liquidität die Zahlungsfähigkeit eines Unternehmens, d. h. seine Fähigkeit, fällige Zahlungsverpflichtungen uneingeschränkt erfüllen zu können. Langfristig geht es um die Einhaltung einer als „gesund" empfundenen finanziellen Struktur, gemessen z. B. am Verschuldungsgrad.

Kritisch ist im Kontext der Finanzierung stets die Frage, wie das Spannungsfeld bewertet wird, das auf der einen Seite zwischen den Shareholdern mit ihrem Anspruch auf eine angemessene Gewinnausschüttung besteht und auf der anderen Seite den Notwendigkeiten der Einbehaltung von Gewinnen (Gewinnthesaurierung), um die finanzielle Substanz des Unternehmens zu sichern.

18.1 Finanzprozesse und Kapitalbedarf

Die Finanzprozesse eines Medienunternehmens beziehen sich auf die Größen der Einnahmen/Einzahlungen und Ausgaben/Auszahlungen und sind danach zu unterscheiden, ob sie einen **Reflex auf die güterwirtschaftlichen Vorgänge** darstellen oder davon losgelöst sind (vgl. Schierenbeck/Wöhle 2012: 367).

(1) Finanzprozesse werden vom betrieblichen Leistungsprozess determiniert, wenn sie mit der Beschaffung von Ressourcen, mit der Sphäre der Produktion und mit dem Absatzbereich der Produkte in unmittelbarer Verbindung stehen. Sie bilden insofern gleichsam **spiegelbildlich** die **güterwirtschaftliche Seite** der Herstellung der Medienprodukte (Sachziel des Unternehmens, Wertschöpfungsprozess) ab.

> Beispiele sind Ausgaben zur Bezahlung eingesetzter Leistungsfaktoren wie Redakteure, Studionutzung, Material, Rechte oder fremdbezogene Grafikerleistungen. Diese Ausgaben stehen in unmittelbarem Zusammenhang mit dem betrieblichen Wertschöpfungsprozess (z. B. einer Fernsehproduktion) und führen zur Kapitalbindung. Erfolgt die marktliche Verwertung der entstandenen Leistungen, fließt das so gebundene Kapital in Form sog. kapitalfreisetzender Einnahmen wieder zurück. Werden bei diesem Vorgang über die Kapitalbindung hinaus finanzielle Überschüsse erzielt, erfolgt für das Unternehmen eine Kapitalzuführung (im Falle eines Verlustes dementsprechend ein Kapitalentzug).

(2) Davon zu unterscheiden sind diejenigen Zahlungsströme, denen keine güterwirtschaftlichen Vorgänge (spiegelbildlich) gegenüberstehen, sondern die sozusagen als autonome oder **„reine" Finanzbewegungen** einzustufen sind.

> Unabhängig vom betrieblichen Wertschöpfungsprozess und damit reine Finanzbewegungen sind z. B. Ausgaben, die durch eine Kapitalgewährung an andere Unternehmen entstehen, etwa wenn ein Medienunternehmen (z. B. Gruner + Jahr) eine Beteiligung an einem anderen Medienunternehmen erwirbt (z. B. zu 100 % am Motorpresse Verlagsgruppe Stuttgart). Hierdurch findet eine Kapitalbindung statt, ebenso wenn ein Darlehen an ein anderes Unternehmen gewährt wird (z. B. Springer an Kirch) oder wenn liquide Mittel zweckgebunden werden (Reservierung von Kasse). Auf der anderen Seite kommt es zu kapitalfreisetzenden Einnahmen, wenn Sach- und Finanzvermögen veräußert wird, eine Kapitalrückzahlung erfolgt oder Kassenreserven aufgelöst werden. Werden im Zusammenhang mit diesen Finanzierungsvorgängen finanzielle Überschüsse erzielt (z. B. Veräußerungsgewinn eines Aktienpakets oder Zinseinnahmen aus dem Finanzvermögen), wird Kapital zugeführt. Bei real zu deckenden Verlusten oder bei Zinsausgaben für aufgenommenes Beteiligungskapital erfolgt Kapitalentzug.

Angesichts dieser Zusammenhänge ist es denkbar, dass ein Medienunternehmen in den güterwirtschaftlichen Vorgängen erfolgreich agiert, durch Missmanagement im Bereich der autonomen Finanzprozesse jedoch in finanzielle Schwierigkeiten gerät.

Ein Unternehmen zu gründen, verursacht Kapitalbedarf, es zu führen, verlangt nach Kapitalerhaltung, es möglichst aber zu mehren. Eine Vielzahl sowohl der laufenden als auch der außergewöhnlichen unternehmerischen Operationen kann nur mit neuem Kapital durchgeführt werden, wodurch **Kapitalbedarf** entsteht, den es zu decken gilt. Als Hauptdeterminanten des Kapitalbedarfs gelten die Prozessanordnung, die Prozessgeschwindigkeit, das Beschäftigungsniveau, das Produktionsprogramm, die Betriebsgröße und das Preisniveau (Gutenberg, zit. nach Schierenbeck/Wöhle 2012: 371). Eine besondere Rolle spielt die Prozessgeschwindigkeit, mit der die zeitliche Bindung des eingesetzten Kapitals beschrieben wird (Kapitalbindungsdauer). Angesprochen ist die Zeitspanne, die zwischen dem Beginn der Kapitalbindung und deren Ende, d. h. der Kapitalfreisetzung, liegt (vgl. Abb. 18-1; Quelle: ebd. 374).

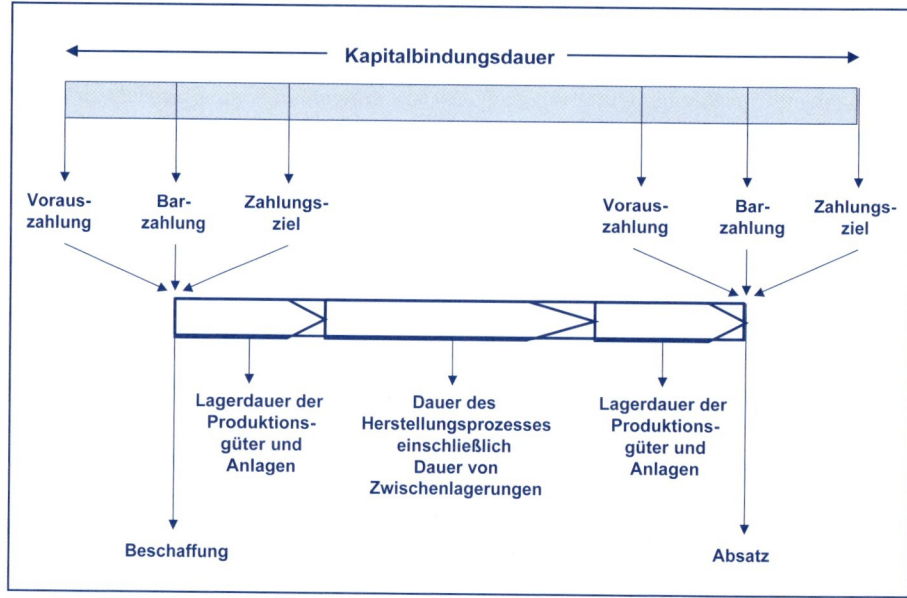

Abb. 18-1: Bestimmungsfaktoren des Kapitalbedarfs

Die Brisanz der angesprochenen Thematik zeigt sich am Beispiel des Kino-Spielfilms: Spielfilme verkörpern Medienprojekte mit einem besonders hohen Zeit- und damit Kapitalbedarf, der sich auf die folgenden vier Etappen erstreckt (vgl. Clevé 2004: Kap. I):

A: Stoffentwicklung
B: Development und Packaging
C: Vorproduktion, Produktion, Postproduction
D: Verwertung.

Es ist nicht ungewöhnlich, dass die Phasen A und B bis zu einem Jahr beanspruchen, Phase C ca. drei Monate. Phase D der Verwertung schließlich kann – trotz einer gewissen Beschleunigung in jüngster Zeit – mehrere Jahre beanspruchen, bis sich die finanziellen Rückläufe einstellen. Die lange Kapitalbindung bei Spielfilmen ist damit – im Verbund mit einem bekannt hohen Risiko des Scheiterns – eine gewaltige Herausforderung für alle Beteiligten, insbesondere im Hinblick auf die Aufbringung des notwendigen Kapitals. So nimmt es nicht wunder, dass sich die Finanzierung eines Kino-Spielfilms regelmäßig als schwierig erweist. Die Antworten auf diese Schwierigkeiten sind u. a. Filmförderung, Vorfinanzierungen durch TV-Sender oder durch Banken (Verleihgarantien, Pre-Sales).

Die Finanzierung des Kapitalbedarfs erfolgt zum einen im Hinblick auf die **Herkunft der Finanzmittel** entweder in Form der Innen- oder in Form der Außenfinanzierung, zum anderen im Hinblick auf die **Rechtsstellung** des Kapitalgebers entweder als Eigenkapital oder als Fremdkapital (vgl. Abb. 18-2).

Eigenkapital steht dem Unternehmen auf unbegrenzte Zeit zur Verfügung. Es wird entweder von außen durch den Eigentümer in Form der Beteiligungsfinanzierung zur Verfügung gestellt (Grundkapital, Kapitalrücklage) oder aber es entsteht durch vom Unternehmen verdiente und einbehaltene Gewinne (einbehaltener Gewinn, Gewinnrücklage). Demgegenüber wird das Fremdkapital von Dritten für eine bestimmte zeitliche Dauer zur Nutzung überlassen (Gläubigerkapital).

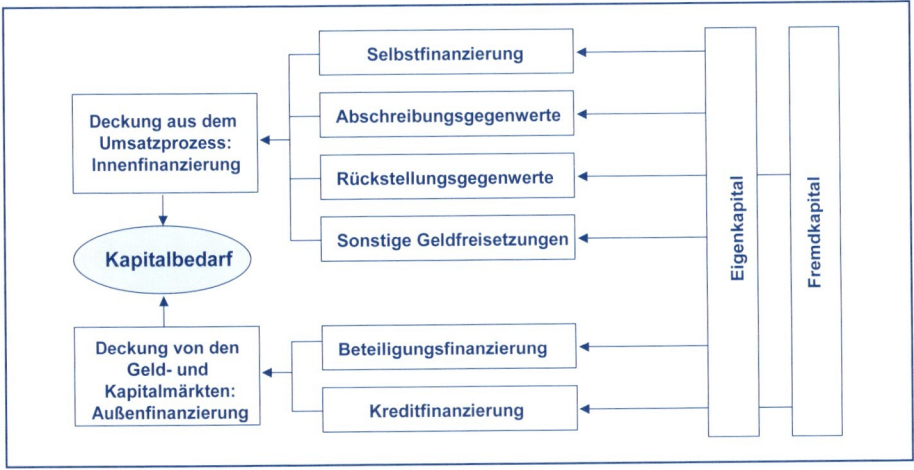

Abb. 18-2: *Finanzierungsarten nach Innen- und Außenfinanzierung*

In der Praxis gibt es Finanzierungsformen, bei denen Eigen- und Fremdkapital vermischt sind, v. a. beim sog. „Mezzanine-Kapital". Das können nicht besicherte Darlehen, stille Beteiligungen oder Wandel- und Optionsanleihen sein, bei denen der Mezzanine-Geber für sein erhöhtes Ausfallrisiko neben der festen Verzinsung häufig am Unternehmenserfolg beteiligt wird (vgl. Thommen/Achleitner 2012: 553).

In der Flow-Betrachtung sind die Finanzierungsvorgänge als **Mittelherkunft** und **Mittelverwendung** zu charakterisieren. Finanzmittel können von innen aus dem Leistungsprozess erzeugt werden (Innenfinanzierung) oder als Zuführung von außen erfolgen (Außenfinanzierung). Die Verwendung der Finanzmittel kann – analog – nach innen erfolgen (Investition) oder nach außen. Abb. 18-3 zeigt den Zusammenhang von Mittelherkunft und Mittelverwendung.

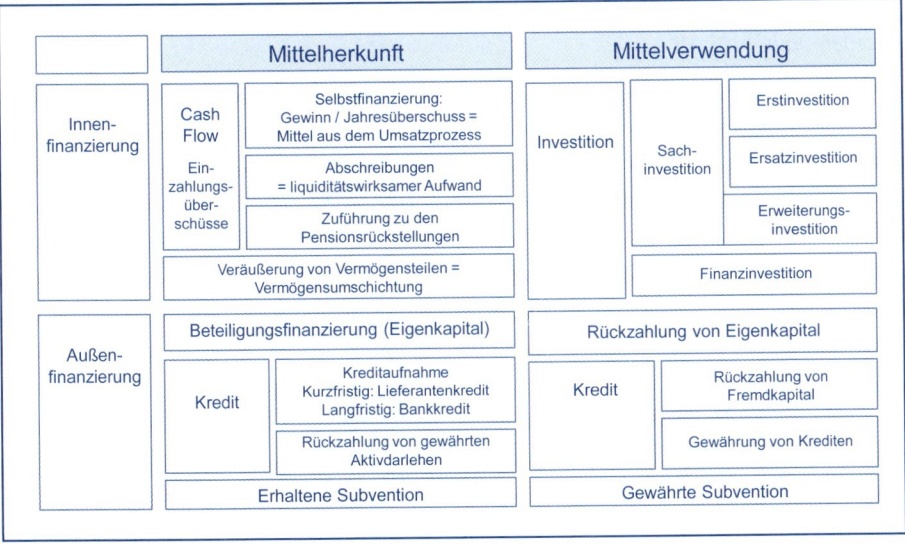

Abb. 18-3: *Mittelherkunft und Mittelverwendung*

18.2 Innenfinanzierung

Im Zentrum der Innenfinanzierung steht die **Selbstfinanzierung**, bei der eine Finanzierung über die Zurückbehaltung von erzielten Gewinnen erfolgt.

Ausgangspunkt des Selbstfinanzierungsvorgangs sind also die Einzahlungen aus dem Absatzprozess und damit aus den Märkten, in denen das Unternehmen tätig ist. Weitere Einzahlungen im Kontext der Innenfinanzierung werden aus den **sonstigen Geldfreisetzungen** generiert, die sich durch Desinvestition (Verkauf nicht mehr benötigter Gegenstände) ergeben.

Den Einzahlungen stehen Auszahlungen für Personal, Material, Zinsen, Steuern etc. gegenüber, nach deren Saldierung der **Cash Flow** verbleibt. Er setzt sich (in einer vereinfachten Rechnung) aus dem Gewinn sowie aus den Gegenwerten für die Abschreibungen und den Zuführungen zu den langfristigen Rückstellungen (insbesondere Pensionsrückstellungen) zusammen. Der Cash Flow ist eine Kennziffer, die die Fähigkeit des Unternehmens darstellt, aus eigener Kraft Liquidität zu schaffen.

> Der Cash Flow ist der disponible Geldbetrag aus der regulären Geschäftstätigkeit, unabhängig davon, ob es sich um Eigen- oder Fremdkapital handelt. Die ProSiebenSat1 Media AG wies für 2002 einen Cash Flow aus laufender Geschäftstätigkeit in Höhe von 1,15 Mrd. Euro aus, das sind 57 Prozent der Gesamtleistung in Höhe von 2,01 Mrd. Euro. Der Cash Flow wird ganz maßgeblich vom Werteverzehr des Programmvermögens bestimmt. Das Ergebnis der gewöhnlichen Geschäftstätigkeit lag im Übrigen bei lediglich 0,06 Mrd. Euro.

(1) **Selbstfinanzierung**: Die Höhe der Einzahlungen eines Medienunternehmens ist abhängig vom gewählten **Erlösmodell**. Die Zahl der Varianten möglicher Erlösmodelle im Medienbereich ist groß. Sie zu unterscheiden, kann nach mehreren Kriterien erfolgen, insbesondere nach dem Kriterium Marktbezug (Profit, Non-Profit) und nach der Geltung des Äquivalenzprinzips (direkt, indirekt).

Systematisch gesehen können **vier Basistypen** von Erlösmodellen unterschieden werden (vgl. Abb. 18-4):

Typ A bezeichnet die Direktfinanzierung der bezogenen Leistung durch den Nutzer, wodurch die Äquivalenz zwischen Leistung des anbietenden Medienunternehmens und der Gegenleistung des Rezipienten realisiert ist. In der Form des Einzelentgelts ist dies z. B. der Kauf einer Zeitungsausgabe am Kiosk, der Kauf eines Buches oder Pay-per-View. In Form des Abonnements sind Zeitungs- oder Zeitschriften-Abonnements (zunehmend auch Buchreihen) oder Pay-TV als Pay-per-Channel angesprochen.

Die Finanzierung durch den Nutzer kann ferner in nutzungsabhängige, einmalige und zeitabhängige Finanzierungsbeiträge unterschieden werden (vgl. Seidel/Schwertzel 2006: 861 f.). Nutzungsabhängige Finanzierung findet bei Einzeltransaktionen statt (z. B. Kauf von Büchern, Zeitschriften oder Paid Content, etwa durch kostenpflichtige Internet-Downloads). Beispiele für einmalige Finanzierungsformen sind Anschlussgebühren an das Kabelnetz oder Flat Rates. Eine zeitabhängige Finanzierung schließlich erfolgt z. B. bei zeitabhängigen Video-on-Demand-Angeboten.

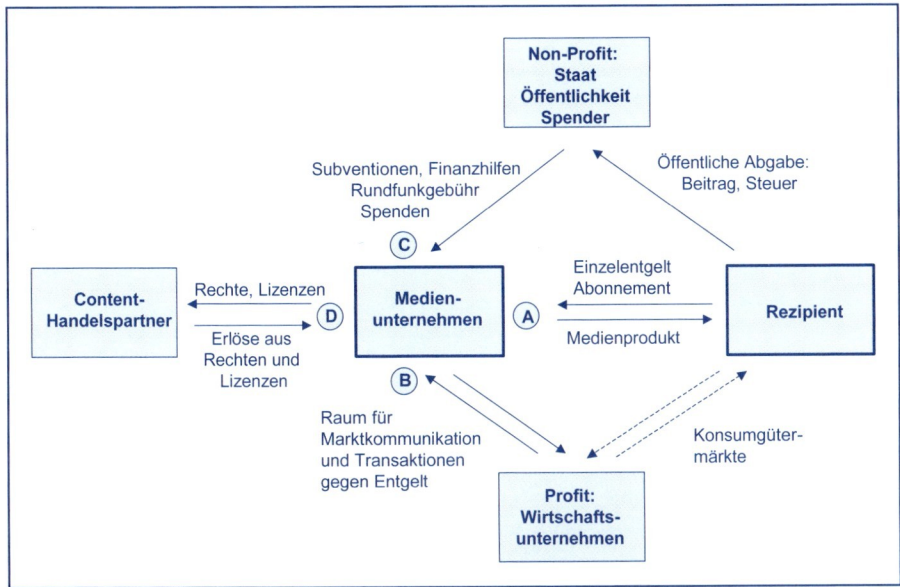

Abb. 18-4: *Spektrum der Erlösmodelle von Medienunternehmen*

Typ B kennzeichnet die Profit-Erlöse aus der Marktkommunikation von Wirtschaftsunternehmen. Dies sind insbesondere Erlöse aus der klassischen Anzeigen- und Spot-Werbung (sog. Werbung „above the line"), aber zunehmend auch Erlöse aus neuen Kommunikationsformen („below the line"). Letztere umfassen Sponsoring, Product Placement, Infomercials, Bartering. Eine zunehmende Bedeutung kommt in diesem Zusammenhang der Fähigkeit von Medien (insbesondere TV und Internet) zu, Transaktionen zu generieren (Transaktionsfernsehen, E-Commerce).

> Für das Privatfernsehen scheinen als Folge der Digitalisierung und den damit einhergehenden Personalisierungsmöglichkeiten die Zeiten des althergebrachten „Mono-Erlösmodells" mit Einnahmen allein vom Werbemarkt vorbei zu sein. Angebrochen ist offensichtlich die Zeit „kreativer multipler Erlösmodelle", bei denen Erlöse sowohl im Rezipienten- als auch im Werbemarkt und darüber hinaus (z. B. im Content-Markt) generiert werden (vgl. Sjurts 2004: 33).

Typ C bezeichnet den Non-Profit-Bereich der Erlösgenerierung. Geordnet nach dem Grad der staatlichen Einflussnahme kommen Subventionen und Finanzhilfen in Frage (direkte staatliche Einflussnahme), öffentliche Finanzierungsweisen wie die Haushaltsabgabe (ehemals Rundfunkgebühr) oder Spenden von Privatpersonen (Mäzenatentum).

> Der Begriff „Haushaltsabgabe" ist gegenüber dem früheren Begriff „Rundfunkgebühr" der korrekte, denn die Zahlung an die öffentlich-rechtlichen Rundfunkanstalten ist ihrem Wesen nach keine Gebühr, da sie nicht hoheitlich für eine erbrachte Verwaltungsleistung erhoben wird. Sie besitzt vielmehr den Charakter eines Beitrages, der von einer Nutzergruppe erhoben wird, um die Finanzierung der Leistung – im Angesicht der Neigung von Nutzern, für die gebotene Leistung nicht zu bezahlen („Schwarzfahrerproblematik") – sicherzustellen. Die Haushaltsabgabe bzw. „Rundfunkgebühr" ist keine staatliche Zwangsabgabe, sondern ein Grundbeitrag zur Finanzierung einer öffentlich-rechtlichen und damit staatsunabhängigen Einrichtung (ARD, ZDF), deren eigentliche Leistung die positiven Funktionen für Demokratie und Gesellschaft ist.

Die Höhe der Haushaltsabgabe wird in einem komplizierten Verfahren festgelegt und im Rundfunkgebührenstaatsvertrag (RGebStV) gesetzlich geregelt. Erhöhungen der Abgabe werden auf der Grundlage von Empfehlungen der Kommission zur Ermittlung des Finanzbedarfs der Rundfunkanstalten (KEF) vorgenommen, wobei die Ministerpräsidenten aller Bundesländer eine entsprechende Novellierung des Staatsvertrages vereinbaren, die von allen 16 Landtagen zu ratifizieren ist.

Die Komplexität des Verfahrens lässt immer wieder Stimmen laut werden, die eine Indexierung der Abgabe vorschlagen (vgl. Kops 1995: 3ff.). Als Hauptvorteile werden dabei genannt: die Objektivierung des Festsetzungsverfahrens, die erhöhte Planungssicherheit für die öffentlich-rechtlichen Rundfunkanstalten, die Vermeidung hoher Transaktionskosten bei der fallweisen (diskretionären) Abgabenfestlegung, die Verhinderung der Fixierung durch einzelne Bundesländer und die verfassungsmäßig garantierte Bestands- und Entwicklungssicherung des öffentlich-rechtlichen Rundfunks. Nachteilig erscheint v. a., dass damit die allokative Lenkungsfunktion des Preises außer Kraft gesetzt wird und dass möglicherweise der Anreiz zu wirtschaftlichem Handeln erlahmen könnte.

Der Spendenfinanzierung von Medienunternehmen kommt inzwischen eine beachtliche Rolle zu. So gibt es mehrere neue TV-Spartenkanäle, die vorrangig über Spenden finanziert werden wie z. B. „Bibel-TV".

Bei **Typ D** erfolgt die Erlösgenerierung aus Verkäufen von Rechten und Lizenzen am Content-Markt. Ist das betrachtete Medienunternehmen ein Verlag oder ein Radio- oder TV-Sender, handelt es sich um die Weiterverwertung von eigenen Rechten an andere Content-Anbieter. Geht es um inhaltliche Zulieferer wie Nachrichtenagenturen oder Filmproduktionsunternehmen, ist deren originäre Marktleistung angesprochen. Ebenfalls diesem Erlösmodell zuzurechnen sind Merchandising und Licensing-Erlöse, bei denen Weiterverwertungen von redaktionellen Inhalten in Form von Konsumartikeln erfolgen.

In der Praxis finden sich in der Regel zahlreiche **Mischformen** aus den genannten Basistypen. Diese können summarisch als **Typ E** bezeichnet werden. Es ist bereits angeklungen, dass sich die Erlösmodelle der Medienunternehmen offensichtlich zunehmend in diese Richtung bewegen (müssen).

Die Erlösmodelle im Netz sind stark vom Phänomen des „Follow the Free" gekennzeichnet. Dabei handelt es sich um eine Preisstrategie, bei der die Abgabe der digitalen Medienprodukte ohne Entgelt seitens der Nutzer erfolgt. Ziel ist es, in kurzer Zeit eine starke Marktposition zu erlangen (hoher Grad an Marktdurchdringung) und im Anschluss daran attraktive Geschäfte zu betreiben. Beispiele sind die entgeltfreie Abgabe von Internet-Explorern (Netscape, Microsoft Explorer), die entgeltfreie Nutzung von Suchmaschinen, der freie Zugang zu Inhalten oder die freie Verfügbarkeit von Anti-Virenprogrammen (AntiVir: im professionellen Bereich kostenpflichtig, für Privatnutzer frei) (vgl. zu dieser Thematik auch Kapitel 17).

(2) Neben der Selbstfinanzierung sind **weitere liquiditätswirksame Vorgänge** im Bereich der Innenfinanzierung relevant. Dies betrifft vor allem die Abschreibungsgegenwerte, die zwar Aufwand darstellen, aber nicht zum Geldabfluss führen. Voraussetzung für diesen Liquiditätseffekt ist freilich, dass die Mittel am Markt verdient wurden. Derselbe Effekt tritt bei Zuführungen zu langfristigen Rückstellungen ein. Auch diese stellen Aufwand in Form der Zuführung zum Fremdkapital dar, sie führen aber nicht zum sofortigen Geldabfluss, bedeuten also aktuelle Liquidität. Zuführungen zu kurzfristigen Rückstellungen weisen keine nachhaltigen Liquiditätswirkungen auf. Durchaus liquiditätsrelevant können im Einzelfall auch Auflösungen von Vermögensgegenständen sein.

18.3 Beteiligungsfinanzierung

Beteiligungsfinanzierung mobilisiert Eigenkapital, mithin Kapital, das dem Unternehmen dauerhaft zur Verfügung stehen soll.

> „Dem Eigenkapital eines Unternehmens kommen folgende Funktionen zu: 1. Die Basis zur Finanzierung des Unternehmens bildet das Eigenkapital. 2. Es trägt die aus der allgemeinen Unternehmenstätigkeit anfallenden Risiken, fängt somit Verluste auf und dient den Gläubigern als Sicherheit. Somit übernimmt es eine Haftungsfunktion. Erleidet das Unternehmen aber hohe Verluste, ist auch das Fremdkapital gefährdet. 3. Wird das Unternehmen in Form einer Gesellschaft geführt, so zeigt das Eigenkapital die Beteiligungs- und Haftungsverhältnisse und bildet damit auch die Grundlage für die Gewinnverteilung. 4. Die Kreditwürdigkeit eines Unternehmens wird maßgeblich von der Höhe des Eigenkapitals bestimmt. 5. Aus Sicht der Kapitalgeber dient das Eigenkapital dazu, ihr Vermögen ertragbringend zu investieren" (Thommen/Achleitner 2012: 580).

Die Außenfinanzierung in Form der Beteiligungsfinanzierung (auch Einlagenfinanzierung genannt) spielt angesichts von Konzentrations- und Internationalisierungsvorgängen eine immer größere Rolle.

Zu unterscheiden sind **zwei Formen** der Beteiligungsfinanzierung, zum einen die Kapitalzuführung im Zuge eines Börsengangs, zum anderen alle anderen Formen, bei denen Kapital ohne den Zugang zur Börse zur Verfügung gestellt wird. Der Börsengang ist vorwiegend großen Medienunternehmen vorbehalten.

(1) Bei der Beteiligungsfinanzierung in Form eines **Börsengangs** werden verbriefte Beteiligungstitel (z. B. Aktien) vergeben, mit denen der Kapitalgeber zum Eigentümer des Unternehmens wird. Zu unterscheiden ist dabei die Finanzierung einer Unternehmensgründung und die Aufstockung des Eigenkapitals eines bestehenden Unternehmens (z. B. durch Ausgabe neuer, sog. junger Aktien). Die Schwierigkeit besteht darin, Käufer für die Beteiligungstitel zu finden und den potenziellen Anleger von Kapital von dem Nutzwert der Anlage zu überzeugen.

> Ein Spezialfall des Börsengangs stellt der „Going Public" dar: „Unter einem **Going Public** bzw. einer Börsenersteinführung, auch unter dem Begriff Initial Public Offering (IPO) bekannt, versteht man die Umwandlung einer privaten Aktiengesellschaft in eine Publikumsgesellschaft" (Thommen/Achleitner 2012: 583).

Inwieweit die Beteiligung zu einer Mitsprache in der Unternehmenspolitik führt, ist eine offene Frage. So kann im Falle der Aktiengesellschaft mit **Vorzugsaktien** und **vinkulierten Namensaktien** gearbeitet werden, um auf der einen Seite die Kapitalbeschaffung zu sichern, auf der anderen Seite dem Kapitalgeber aber ein Mitspracherecht weitgehend vorzuenthalten.

Vorzugsaktien gewähren ihrem Besitzer den Vorzug einer höheren Dividende, verlangen von ihm jedoch im Gegensatz zu den Stammaktien den Verzicht auf das Stimmrecht. Vorzugsaktien sind also Anteilsscheine, für die der Inhaber – im Gegensatz zu Stammaktien – kein Stimmrecht erhält. Im Gegenzug werden zumeist Vorzugsrechte, z. B. bei der Dividendenausschüttung gewährt. Die Anzahl der Vorzugsaktien darf die Anzahl der Stammaktien nicht überschreiten.

Die ProSiebenSat.1 Media AG war bislang nur mit ihren Vorzugsaktien an der Börse notiert. Insgesamt wurden 109.398.600 Vorzugsaktien herausgegeben und ebenso viele Stammaktien. Für das Geschäftsjahr 2004 soll je Vorzugsaktie 0,30 Euro Dividende ausgeschüttet werden, Stammaktionäre erhalten 0,28 Euro je Anteilsschein.

Vinkulierte Namensaktien stellen eine besondere Form von Namensaktien dar, bei denen eine Eigentumsübertragung nur erfolgen darf, wenn die betroffene Aktiengesellschaft satzungsgemäß ihre Zustimmung erteilt. Solche vinkulierten Namensaktien werden häufig zu dem Zweck ausgegeben, um ein Unternehmen vor Überfremdung zu schützen oder die Übernahme durch nicht erwünschte Konkurrenten zu verhindern. Ziel dieses Vetorechts ist es auch, den Verkauf für die Aktieninhaber zu erschweren.

Prominentes Beispiel dieser Konstruktion ist die Axel Springer AG. Hier gab es im Jahr 2002 den interessanten Vorgang, dass die WAZ-Gruppe versuchte, einen Anteil von 40 Prozent am Springer-Konzern zu erwerben. Zum Verkauf standen die Anteile von Leo Kirch, der sich durch den Deal finanziell etwas Luft hätte verschaffen können. Springer konnte dieses Ansinnen u. a. dadurch erfolgreich unterbinden, indem sie von ihrem Mitspracherecht bei der Veräußerung Gebrauch machten. Wer also bei einem Verkauf von Aktien an der Börse bei Springer Anteilseigner wird und wer nicht, unterliegt dem Mitspracherecht des Verlagshauses, vertreten durch Vorstand und Aufsichtsrat.

Ein erfolgreicher Börsengang zeichnet sich dadurch aus, dass ein zufrieden stellendes Mittelaufkommen erzeugt wird, dass sich die Eigenkapitalquote des Unternehmens erhöht und sich seine Liquidität verbessert. Dies zu erreichen gelingt nicht ohne weiteres, insbesondere auch deswegen, weil ein Börsengang stets mit erheblichen finanziellen Aufwendungen verbunden ist. Im Übrigen ist das Vertrauen in Medientitel in der Zeit nach dem Zusammenbruch des Neuen Marktes „angekratzt".

Ein Fallbeispiel für einen gelungenen Börsengang ist Premiere 2005 (heute Sky): Nach der Insolvenz der KirchGruppe wurde die Premiere GmbH & Co. KG im Februar 2003 von der Investorengruppe Permira (65,13 %), drei Banken (insgesamt 23,50 %) und dem Management (11,37 %) übernommen. Im August erhöhte Geschäftsführer Kofler seinen persönlichen Anteil auf 20,46 % durch einen Kauf der Permira-Anteile. Am 09.11.2004 wurde das Unternehmen als Vorbereitung auf den späteren Börsengang in eine Aktiengesellschaft umgewandelt, nachdem 2004 erstmalig ein positives EBITDA von 83 Mio. Euro ausgewiesen werden konnte. Der Börsengang erfolgte am 09.03.2005 zu einem Preis von 28 Euro pro Aktie, wies somit ein Emissionsvolumen von 1.179 Mio. Euro auf. Die Beteiligungsverhältnisse nach dem Börsengang gestalteten sich dann wie folgt: Streubesitz 51,3 %, Permira Fonds 23,6 %, Management 14,9 % und Banken 10,1 %. Durch die Ausgabe neuer Aktien flossen dem Unternehmen 336 Mio. Euro zu, von denen Kosten für den Börsengang in Höhe von 28 Mio. Euro und eine Einmalzahlung an die Deutsche Fußball Liga (DFL) in Höhe von 17,4 Mio. Euro abgezogen werden mussten. Der Großteil des Erlöses aus dem Börsengang wurde zur Verringerung der Verbindlichkeiten von 370 Mio. Euro auf unter 100 Mio. Euro und damit auch zur Erhöhung des Eigenkapitalanteils auf über 50 % eingesetzt. Dadurch konnte das Unternehmen seine Zinsbelastung aus den Verbindlichkeiten deutlich reduzieren.

Vergleichsweise kritisch wurden die Börsengänge der Deutschen Telekom gesehen. Zur Illustration sei die dpa-Meldung vom 23.02.2004: „Telekom-Aktionäre wollen Regress von Land Hessen", von Ulrich Bantle, nachfolgend wiedergegeben:

„Im Auftrag von mehreren hundert Telekom-Kleinaktionären will die Vereinigung geschädigter Kapitalanleger und Kreditnehmer (VKK) die Börsenzulassungsstelle des Landes Hessen auf Schadenersatz verklagen. Die angebliche Falschbewertung des Immobilienvermögens der Deutschen Telekom im Verkaufsprospekt vor dem dritten Börsengang im Jahr 2000 hätte der Zulassungsstelle auffallen müssen, teilte die VKK am Montag in Marburg mit. Das habe ein von der Vereinigung in Auftrag gegebenes Rechtsgutachten ergeben. Bereits im vergangenen Jahr hatten mehrere Tausend Kleinanleger beim Frankfurter Landgericht Klagen gegen die Telekom wegen angeblich falscher Angaben in dem Börsenprospekt eingereicht. Hintergrund ihrer Verärgerung war der massive Kursverfall der zum Preis von 66,50 Euro (für Privatanleger 63,50 Euro) an den Markt gebrachten Telekom-Aktie, die aktuell bei gut 16 Euro steht. Die Kläger hatten dem Unternehmen Fehler im Verkaufsprospekt vorgeworfen, darunter etwa die überhöhte Bewertung des Immobilienvermögens. Telekom und Bund hatten die Vorwürfe stets zurückgewiesen. Der Börsengang hatte damals etwa 15 Milliarden Euro in die Staatskasse gespült. Die aktuelle Klage solle in drei bis vier Wochen beim Landgericht Frankfurt eingereicht werden, kündigte VKK-Vorsitzender Holger Gerwin an. Während die Klagefrist gegen die Deutsche Telekom im vergangenen Mai endete, läuft sie Gerwin zufolge gegen die Börsenzulassungsstelle erst im Januar 2007 ab. Etwa 120 Menschen wollen sich nach Angaben der Vereinigung bisher an der Klage beteiligen; weitere 370 prüften noch, ob ihre Rechtsschutzversicherung die Gerichtskosten übernimmt. Im Schnitt will jeder Kläger laut VKK 3.000 bis 5.000 Euro erstreiten (dpa/uba)".

(2) Die Beteiligungsfinanzierung **ohne Zugang zur Börse** ist dem breiten Segment der kleinen und mittelständischen Medienunternehmen vorbehalten. Die Beteiligung erfolgt dabei über unverbriefte Titel. Im Medienbereich haben sich eine Vielzahl von Formen herausgebildet, wobei zwischen Unternehmensbeteiligungen (z. B. Anteile an einer GmbH oder an einem Medienfonds) und der projektorientierten Beteiligungsfinanzierung (z. B. Co-Produktion bei einem Kinofilm) zu unterscheiden ist.

Als Normalfall bei den **Unternehmensbeteiligungen** ist jede Form einer Beteiligung an einer Kapitalgesellschaft (GmbH), einer Personengesellschaft (z. B. KG, GbR, OHG) oder an Mischformen (GmbH & Co. KG, AG & Co. KG) zu nennen.

In der Medienfinanzierung spielen Medienfonds eine gewisse Rolle, die als Finanzintermediäre und Kapitalsammelstellen fungieren. Entgegen der öffentlichen Wahrnehmung sind sie allerdings nur von einer nachgeordneten Bedeutung.

> Medienfonds sind spezielle Investmentfonds, bei denen das Vermögen zur Finanzierung von Filmproduktionen eingesetzt wird (vgl. Sjurts 2011: 382). Die Beteiligung erfolgt an einem Fondsvermögen, das als GmbH & Co. KG oder als AG & Co. KG organisiert ist; infrage kommt auch eine stille Beteiligung an einer Personengesellschaft. Medienfonds können zum einen als Akquisitionsfonds (Leasingfonds) aufgelegt werden, bei denen lediglich die Verwertungsrechte Gegenstand sind, zum anderen als Produzentenfonds, die in der Regel mehrere Filme mitfinanzieren sollen. Wegen des höheren Risikos wird der Anleger bei Produzentenfonds höher dotiert.

(3) Als eine Alternative zur Unternehmensbeteiligung können **projektorientierte Beteiligungsformen** in Frage kommen. Diese finden vor allem bei der Finanzierung von Filmproduktionen eine große Verbreitung. So wird für große Filmprojekte typischerweise ein eigenes Unternehmen (auf Zeit) gegründet.

> „Bei einem Filmprojekt handelt es sich um ein einzelnes Vorhaben und zunächst nicht um ein Unternehmen. Es wird entweder zum Zwecke der Realisierung des Filmprojekts ein Unternehmen gegründet, dessen Betriebszweck allein die Herstellung dieses einen Films ist. Diese Unternehmen werden häufig nach dem Titel des zu produzierenden Films benannt, zum Beispiel „The Neverending Story GmbH". Oder aber der Hersteller ist ein Filmproduktionsunternehmen, das regelmäßig verschiedene Filme produziert. Aber auch im letzteren Fall wird das ganze Filmprojekt intern und extern als separate Wirtschaftseinheit betrachtet, da sich die genauen Kosten und zukünftigen Erlöse jeweils einem bestimmten Film zurechnen lassen" (Eggers 2001: 37).

Im Rahmen der projektorientierten Beteiligung spielt insbesondere auch die Co-Produktion und die Co-Finanzierung eine wichtige Rolle. Beiden Formen ist gemein, dass die jeweiligen Kooperationspartner den Status von Herstellern im Sinne des Urheberrechts erlangen und damit die wirtschaftliche, künstlerische und organisatorische Verantwortung mit tragen helfen.

> Die Co-Produktion stellt ein Zweckbündnis von zwei oder mehreren Filmproduzenten für den Zeitraum einer Filmproduktion dar. Dies geschieht im Wege eines Unternehmensvertrages, üblicherweise in der Rechtsform einer Gesellschaft des bürgerlichen Rechts (GbR). Über die reine Kapitaleinlage treffen die Beteiligten in der Regel alle Entscheidungen (insbes. Drehbuch, Besetzung, Budget und Kalkulation, Cash-Flow-Plan, Drehplan, Erlösverteilung, Verwertung) gemeinsam (vgl. z. B. Sjurts 2004: 328).

> Eine Co-Finanzierung ist eine finanzielle Beteiligung an einem Filmprojekt, bei der sich der Co-Financier auf eine reine Mitfinanzierung beschränkt und keinen Einfluss auf Produktion, Inhalte und Gestaltung nimmt. Sie ist bei eher kleineren Herstellungsbudgets gebräuchlich.

Die unterschiedlichen Möglichkeiten der Filmfinanzierung zeigt Abb. 18-5.

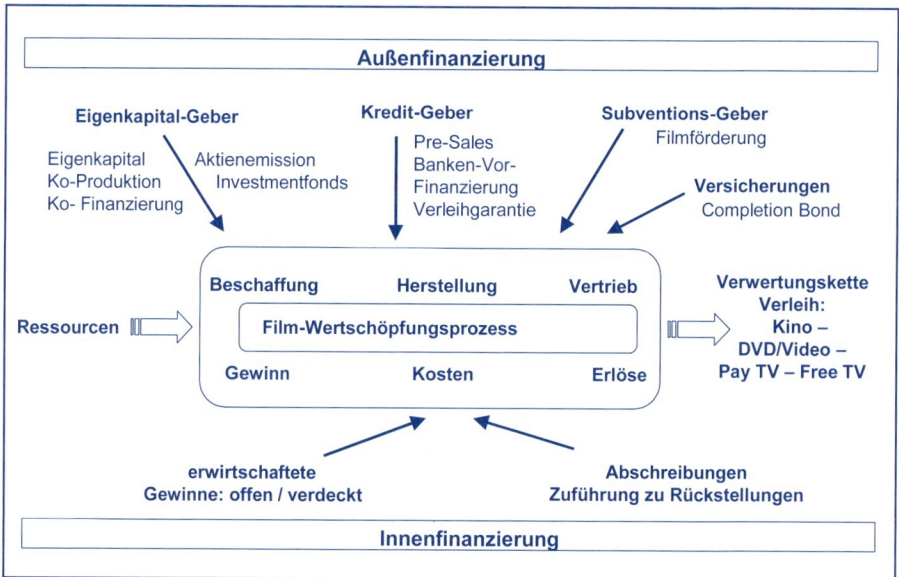

Abb. 18-5: Spektrum der Finanzierung von Spielfilmen

Die Beteiligung muss nicht immer mit einer Übertragung von Geldmitteln verbunden sein. So können auch z. B. eingebrachte Realleistungen (Eigenleistungen) als Eigenkapital gewertet werden.

> „So kann es vorkommen, dass ein Filmproduktionsunternehmen filmtechnische Geräte besitzt. Da innerhalb der Kalkulation beispielsweise für die Benutzung einer Kamera ein bestimmter Betrag vorgesehen ist, kann dieser zum Eigenkapital hinzugerechnet werden, wenn der Filmhersteller seine eigene Kamera in die Produktion einbringt. Ebenso kann die Arbeitsleistung des Produzenten als Eigenkapital angerechnet werden, wenn für diese ein Posten in der Kalkulation vorgesehen ist und der Produzent keine Auszahlung an sich selbst vornimmt" (Eggers 2001: 38).

18.4 Kreditfinanzierung

Bei der Außenfinanzierung in Form der Aufnahme von Kredit ist danach zu unterscheiden, welcher Typ von **Kreditgeber** vorliegt (zur Vielfalt der Kreditfinanzierung vgl. z. B. Perridon/Steiner/Rathgeber 2012). Als Kreditgeber kommen infrage:

- Reine Finanzkreditgeber, insbesondere Banken
- Kunden und Lieferanten

(1) Die Möglichkeiten, **Kredite von Banken** zu erhalten, sind vielschichtig und reichen vom Kontokorrentkredit bis zum langfristigen Darlehen. Für kleine und mittlere Medienunternehmen haben Bankkredite eine hohe Bedeutung. Ihre Erlangung ist abhängig von der Kreditwürdigkeit des Unternehmens und von den gebotenen Sicherheiten. Sicherheiten können unterschieden werden in schuldrechtliche Sicherheiten (v. a. Bürgschaft und Garantie) sowie in sachenrechtliche Sicherheiten (Eigentumsvorbehalt, Sicherungsübereignung, Pfandrechte an beweglichen Gütern und Grundstücken). In der Filmproduktion verlangen Banken als Kreditsicherheiten z. B. das Vorliegen von Pre-Sales-Verträgen (s. u.) oder eines Completion Bond.

> Der Completion Bond ist eine Fertigstellungsgarantie in Form einer Versicherung, die der Filmproduzent mit einer Versicherungsgesellschaft abschließt. Diese garantiert den Kapitalgebern die Fertigstellung des Films innerhalb des geplanten Zeitraums und des Budgets. Der Completion Bond dient insbesondere den Banken zur Absicherung der regelmäßig hohen Risiken einer größeren Filmproduktion.

Nicht selten ergibt sich im Rahmen der Filmfinanzierung die Notwendigkeit, eine letzte Lücke zu schließen, die nach Ausschöpfung aller anderen Finanzierungsalternativen verbleibt, und die als „Gap-Finanzierung" bezeichnet wird (vgl. Hennerkes 2001: 102 f.).

> „Häufig sind die einzelnen Finanzierungsbestandteile, d. h. Investoren, Senderzusagen, Fördergelder oder auch Stars, nur in bestimmten Zeitfenstern für den Produzenten verfügbar. Die Dreharbeiten müssen dann innerhalb des angesetzten Zeitraumes beginnen, und dies selbst dann, wenn die Gesamtfinanzierung noch nicht vollständig geschlossen werden konnte. In einer solchen Situation bedient man sich des sogenannten „Gap Financing", der Überbrückungs- oder Lückenfinanzierung. Hierbei werden, meist gegen die Prognose von noch zu erwartenden „Pre-Sales" oder gegen eine erweiterte Absicherung über eine „Shortfall Guarantee" (eine Mindereinnahmen-Versicherung), die fehlenden Mittel von einer Bank oder einer Versicherung dem Produzenten bereitgestellt. Aufgrund des hohen Risikos werden diese Gap-Mittel privilegiert, d. h. zuerst von den eingehenden Erlösen, z. B. zusätzlichen Pre-Sales, auch wieder ausgelöst. Die Gap-Finanzierung kommt so einer Bürgschaft gleich, die beispielsweise eine Versicherung übernimmt, damit einer Bank die Lücke des Budgets überbrückt. Die Gap-Finanzierung mit einer Shortfall Guarantee ist aufgrund der hohen Kosten eine derjenigen Finanzierungsmöglichkeiten, auf die nur im Zweifelsfall zurückgegriffen wird, wenn andere Quellen aussichtslos sind" (Wendling 2012: 73).

Dieses naturgemäß kritische Finanzierungsfeld wird in den USA ebenfalls von den Banken bearbeitet, die den erforderlichen Kredit gegen die Übertragung noch nicht veräußerter Lizenzrechte am herzustellenden Film (z. B. noch nicht vergebene Rechte bestimmter Territorien) gewähren. In den USA ist es üblich, bei diesem Kreditvorgang erfahrene Sales Agents einzuschalten.

(2) Bei Kunden- und Lieferantenkrediten wird Fremdkapital von Kapitalgebern generiert, mit denen das Medienunternehmen im Leistungsprozess verbunden ist. Prominente Beispiele für den **Kundenkredit** sind Anzahlungen auf das Endprodukt bei Pre-Sales-Verträgen in der Kinofilmproduktion oder Verleihgarantien. Beim Pre-Sale leistet z. B. ein TV-Veranstalter an den Produzenten eine Vorauszahlung und erhält damit besondere Rechte. Verleih- bzw. Vertriebs- oder Minimumgarantien sind eine Beteiligung des Verleihers oder der Vertriebsfirma an den Herstellungskosten eines Films.

> Beim sog. Pre-Sale (Vorverkauf) verkauft ein Filmproduzent (Lizenzgeber) vor der Fertigstellung des eigentlichen Filmprodukts die Verwertungsrechte an einen Lizenznehmer (v. a. Fernsehsender). Im zugrunde liegenden Lizenzvertrag (Pre-Sales-Vertrag) wird der Lizenzpreis festgelegt, der entweder als Finanzierungsanteil in die Herstellung einfließt oder als Sicherheit einer Kreditfinanzierung dient.

> „Normalerweise sind Vorverkäufe möglich über Stars in der Besetzung und/oder in der Regie. Ein Arnold-Schwarzenegger- oder Mel-Gibson-Actionfilm hat sich eine Zeitlang selbstverständlich weitgehend über Vorverkäufe ko-finanzieren können, da Schwarzenegger- oder Gibson-Actionfilme weltweit außerordentlich erfolgreich an der Kinokasse waren. Man hat also nicht wirklich die ‚Katze im Sack' gekauft, sondern wusste vorab ziemlich gut, was für ein Film man bekommen würde. Hier regeln also Angebot und Nachfrage das Geschäft. Ein deutscher Film ist meistens nicht in der Lage, derartige kommerzielle Erfolge aufzuweisen und für die Zukunft wiederholbar zu versprechen. ... Die deutschen Regisseure, die das erwiesenermaßen im Mainstreamkino können, arbeiten in Hollywood: z. B. Roland Emmerich und Wolfgang Petersen. Ebenso gibt es in Deutschland keine Stars, die weltweite Boxoffice-Einnahmen garantieren können" (Clevé 2004b: 124).

> „Eine Kofinanzierung, die auf einem Pre-Sale aufbaut, heißt ‚Pre-Buy Equity' oder ‚International Pre-Buy Equity', wenn ausländische Verleihe beteiligt sind. Der Filmhersteller steht vor der Frage, ob er dem Verleih (oder einem anderen Käufer/buyer) nicht nur einen Lizenzhandel anbietet, sondern eine weitergehende Beteiligung. Als Gegenleistung erhält er zusätzliche Mittel des Verleihs, muss aber dafür auf Teile seines Gewinns verzichten" (Eggers 2001: 70).

Lieferanten spielen bei Medienproduktionen in der Regel eine große Rolle. Zu nennen sind externe Dienstleister bei Einzelproduktionen und Zulieferer von Radio- und TV-Unternehmen und Verlagen. Vor diesem Hintergrund können **Lieferantenkredite** in Form von Kaufpreisstundungen als eine relevante Größe angesehen werden. Angesprochen ist an dieser Stelle auch die Frage der Zahlungsmoral von Unternehmen.

(3) Im Zusammenhang mit der Kreditfinanzierung kommt dem **Rating** eine wichtige Sicherungsrolle zu. Das Rating hat den Zweck, Informationen über die zukünftige Zahlungsfähigkeit des einen Kredit beantragenden Unternehmens zu gewinnen.

> „Unter dem Begriff Rating kann grundsätzlich sowohl der Ratingprozess, also das Verfahren zur Bewertung einer Bonität des Schuldners, als auch das Ergebnis bzw. das Ratingurteil verstanden werden. Das Ratingsymbol in Form von Buchstaben und/oder Zahlen stellt ein Urteil dar, wie hoch die Ausfallwahrscheinlichkeit des Krediτes dieses Unternehmens aufgrund bisher gesammelter Erfahrungen ist" (Schneck/Tritschler 2005: 16).

Es muss als eine besondere Schwierigkeit bezeichnet werden, welche Maßstäbe Banken bei der Kreditvergabe an die Beurteilung der Bonität von Medienunternehmen legen sollen, da hier eine Vielzahl von Sondereinflüssen zu beachten sind und die Verantwortlichen mit einem besonders hohen Erfolgsrisiko konfrontiert sind.

18.5 Staatliche Finanzierungshilfen

Insbesondere im Filmgeschäft spielen staatliche Finanzierungshilfen als Quelle der Finanzierung eine prominente Rolle und haben zur Gründung eigens dafür vorgesehener **Organisationen** auf Länder- und Bundesebene geführt (FFA, Filmförderungsanstalt des Bundes; Filmstiftung Nordrhein-Westfalen, Medien- und Filmgesellschaft Baden-Württemberg, FilmFernsehFonds Bayern, Fördergesellschaften der anderen Länder, der Beauftragte für Kultur und Medien / BKM, Deutscher Filmförderfonds / DFFF).

„Dass ein Kinofilm in Deutschland ohne Beihilfe von Filmförderung entsteht, ist faktisch so gut wie nie der Fall. Zunehmend könnte man dies auch für den anspruchsvollen und somit teureren Fernsehfilm – oder auch das TV-Movie – auch ‚Event' genannt – behaupten" (Clevé 2004b: 105).

Der **Charakter der Finanzierungshilfen** ist im Hinblick auf die Unterscheidung in Beteiligungs- und Kreditfinanzierung nicht immer eindeutig und richtet sich nach der Rückzahlbarkeit. In der Praxis hängt diese davon ab, ob der Film einen Markterfolg aufweist oder nicht. Nicht ungewöhnlich ist die Vereinbarung, dass ein an sich rückzahlbares Darlehen (Kreditfinanzierung) bei Nicht-Erreichen bestimmter Einnahme- und Zuschauerlimits in einen verlorenen Zuschuss umgewandelt wird (Mutation zur Beteiligungsfinanzierung).

Zu unterscheiden ist die Verleihförderung von der Produktionsförderung. (1) Bei der Verleihförderung wird den Filmverleihfirmen eine Förderung gewährt bei einem Eigenanteil von mindestens 50 % der eingesetzten Mittel (Vorkosten bzw. Herausbringungskosten für Werbung, Synchronisation, Kopien). (2) Bei der Produktionsförderung wird der Filmproduzent unterstützt, um die Auswertung in Filmtheatern oder im Fernsehen möglich zu machen. Der geforderte Eigenanteil des Filmhersteller ist hier deutlich geringer (mindestens 15 % bei Bundesmitteln, 5 % bei den Länderförderungen).

Nach der **Herkunft** der öffentlichen Fördermittel ist zwischen der Länder- und der Bundesförderung zu unterscheiden. Die Vergabe erfolgt auf der Grundlage von Gesetzen (Filmförderungsgesetz), Richtlinien (Filmförderrichtlinien) und von Auswahlverfahren (Installation von Vergabegremien oder Filmboards). Das System der Filmförderung in Deutschland ist als äußerst vielschichtig und komplex zu bezeichnen.

Ein wesentlicher Kritikpunkt an der deutschen Filmförderung ist der Umstand, dass wirtschaftliche Kriterien eine eher untergeordnete Rolle bei der Vergabe von Fördermitteln spielen. Ausschlaggebend für eine entsprechende Förderung eines Filmprojektes ist zumeist die Zustimmung eines Fachgremiums bei der jeweiligen Förderinstitution und nicht der zu erwartende Markterfolg eines Films. Zusätzlich sind Produzenten nur bei einem entsprechenden Markterfolg verpflichtet, Fördermitteln zurück zu zahlen. Nach Ansicht der Kritiker werden Filmproduzenten dadurch veranlasst, eher den Wünschen der Gremien Rechnung zu tragen als den Wünschen des Publikums. Hierin könnte auch ein Grund für den vergleichsweise geringen Marktanteil des deutschen Films im Welt-Kinomarkt gesehen werden.

Neben den nationalen Institutionen zur Förderung der Filmfinanzierung gibt es auch Konzepte auf der Ebene der Europäischen Union. Als Hauptförderprogramme gibt es die sog. Eurimage- und MEDIA-Programme, deren Ziel es ist, mit relativ hohem Mitteleinsatz eine eigenständige europäische Filmindustrie zu stärken und Initiativen zu unterstützen, bei denen zwei oder mehrere europäische Partner zusammenarbeiten (vgl. Wendling 2012: 78). Gefördert werden Kino- und TV-Filme sowie technische Innovationen und Aus- und Weiterbildung in der Film- und Medienbranche.

18.6 Sonderfälle der Finanzierung

(1) Ein wichtiger Sonderfall der Finanzierung ist mit der **Gründung** bzw. **Existenzgründung** gegeben. Angesichts der Branchenbesonderheiten (hoher Kapitalbedarf, hohes Risiko, Cash-Flow-Diskontinuitäten) ist die Gründung eines nicht börsennotierten (KMU-)Medienunternehmens („Start Up") eine Herausforderung. Zentral bei der Gründung ist die Frage der Aufbringung ausreichenden Eigenkapitals. Da die Risiken hoch sind, bietet es sich an, die Erlangung von **Venture Capital** anzustreben.

> Venture Capital (Wagniskapital, Risikokapital) ist dazu da, in der besonderen Lebenszyklusphase der Unternehmensgründung risikotragendes Kapital bereitzustellen, verbunden mit unternehmerischer Beratung, Kontrolle und Unterstützung sowie mit einem befristeten Investitionshorizont (vgl. Hennerkes 2002: 76 f.).

Dabei handelt es sich also um Finanzmittel insbesondere für kleine und mittlere Unternehmen, denen der Zugang zur Börse verschlossen ist und die in Ermangelung banküblicher Sicherheiten Probleme bei der Aufnahme von langfristigem Kapital haben. Venture Capital stellt sogenanntes „Smart Money" dar, da die Investoren über die reine Zurverfügungstellung von Kapital das zu gründende Unternehmen beraten und fördern, freilich auch entsprechende Kontroll- und Mitspracherechte genießen.

(2) Ein zweiter wichtiger Sonderfall der Finanzierung betrifft die **Insolvenz** eines Unternehmens. Die Insolvenz ist – gesamtwirtschaftlich gesehen – ein vergleichsweise „normaler" Vorgang und findet im Sinne der Schumpeterschen „schöpferischen Zerstörung" zwangsläufig und permanent statt. Für das individuell betroffene Unternehmen handelt es sich freilich stets um einen schmerzlichen Vorgang, der eine besondere Finanzierungsproblematik auslöst. Drei **Insolvenzgründe** sind zu unterscheiden:

- Zahlungsunfähigkeit bei nicht nur vorübergehender Zahlungsstockung.
- Drohende Zahlungsunfähigkeit: Der Schuldner ist – mit einer subjektiv geschätzten Wahrscheinlichkeit von mehr als 50 % – nicht in der Lage, seinen Zahlungsverpflichtungen fristgerecht nachzukommen.
- Überschuldung: Situation, in der das Vermögen der Gesellschaft nicht mehr die Summe der Verbindlichkeiten des Unternehmens deckt.

Der Schuldner hat einen gewissen Ermessensspielraum, wann und ob er das Insolvenzverfahren auslöst. Mit dessen Eröffnung verliert er das Recht, über die Vermögensmasse zu verfügen; diese geht auf den Insolvenzverwalter über, wenn das gerichtliche Verfahren eröffnet wird. Sofern die Voraussetzungen gegeben sind, ist ein außergerichtliches Verfahren in der Regel attraktiv, da es hohe Gerichtskosten vermeidet und die Zahlungsschwierigkeiten des Unternehmens u. U. „geräuscharm" behebt. Bei der Überschuldung wird die Fortführung des Unternehmens zumeist an einen Erlassvergleich gebunden, bei dem alle Gläubiger einen prozentual gleichen Forderungsverzicht akzeptieren (vgl. Then Berg 2004: 51).

Der wohl spektakulärste Insolvenzfall der neueren deutschen Mediengeschichte war der Zusammenbruch des Kirch-Konzerns im Jahr 2002.

Das Fallbeispiel der Kirch-Insolvenz: Der Filmrechtehändler Leo Kirch hatte über mehrere Jahrzehnte hinweg einen Medienkonzern aufgebaut, in dem mehrere Free- und Pay-TV-Anbieter, Produktionsfirmen und Filmbibliotheken angesiedelt waren. Mit der Zeit kam die KirchGruppe vor allem durch die hohen Belastungen aus dem defizitären Pay-TV-Geschäft (Premiere) unter Druck. Anfang 2002 zeichnete sich ab, dass die Gläubigerbanken nicht zu einer Verlängerung der Kredite bereit waren. So musste auch der geplante Börsengang zunächst verschoben, danach vollständig aufgegeben werden.

In den folgenden Wochen wurde intensiv nach einer Lösung für das Finanzierungsproblem gesucht. Verschiedenste potenzielle Investoren wurden in den Medien genannt, letztendlich blieben die Bemühungen jedoch ohne Erfolg. Im März 2002 erneuerte die Axel Springer AG ihre Forderungen an die KirchGruppe, eine Put-Option auf ihre Anteile am Unternehmen in Höhe von rund 770 Mio. Euro zu erfüllen. Am 08.04.2002 musste KirchMedia, das zentrale Unternehmen der KirchGruppe, den Antrag auf Eröffnung des Insolvenzverfahrens stellen. Im Laufe der nächsten Monate gaben mehrere Unternehmen und Investoren Angebote für eine Übernahme verschiedener Teile der KirchGruppe ab. Im Zentrum standen hier zumeist die ProSiebenSat.1 AG sowie der Filmrechtehandel.

Zu den Interessenten zählten u. a. der Heinrich Bauer Verlag, die WAZ Mediengruppe und der US-Milliardär Haim Saban. Im Juni 2003 scheiterte der Verkauf der ProSiebenSat.1 AG und des Filmrechtehandels der KirchGruppe an das Bieterkonsortium um Saban, das zuvor den Bieterwettbewerb gewonnen hatte, zunächst an vorvertraglich festgelegten Fristen. Im August 2003 kam die Übernahme dann aber doch für einen Preis von ca. 525 Mio. Euro zustande. Die Anteile am Pay-TV-Sender Premiere waren schon im Februar 2003 an die Investmentgruppe Permira, diverse Banken, und das Management verkauft worden.

Kernaussagen

- Angesichts von Risiken, hohem Kapitalbedarf und Diskontinuitäten im Cash-Flow-Anfall ist das Management der Finanzierung bei Medienunternehmen eine besondere Herausforderung.
- Die Finanzierung des Kapitalbedarfs kann in Form von Innen- und Außenfinanzierung erfolgen.
- Bei der Innenfinanzierung kommt der Selbstfinanzierung eine Schlüsselrolle zu. Diese wird bei einem Medienunternehmen maßgeblich vom gewählten Erlösmodell bestimmt.
- Die Außenfinanzierung ist als Beteiligungs- und Kreditfinanzierung möglich. Beteiligungsfinanzierung kommt für größere Medienunternehmen in Frage, während die Kreditfinanzierung, insbesondere über Banken, bei kleineren und mittleren Medienunternehmen dominieren.
- Eine wichtige Rolle spielen im Mediensektor staatliche Finanzierungshilfen.

Literatur

Weiterführende Literatur: Grundlagen

Bickhoff, N. (2002): Beziehungsmanagement bei Startups – Ein Erfahrungsbericht am Beispiel Live2all.com. In: Bieger, T./Bickhoff, N./Caspers, R./Knyphausen-Aufseß, D. zu/Reding, K. (Hrsg.) (2002): Zukünftige Geschäftsmodelle, Berlin, Heidelberg, New York, S. 151-165.
Breuer, R. (Hrsg.)(2001): Handbuch Finanzierung, Wiesbaden.
Perridon, L./Steiner, M./Rathgeber, A. (2012): Finanzwirtschaft der Unternehmung, 16., überarb. u. erw. Aufl., München.
Schierenbeck, H./Wöhle, C. B. (2012): Grundzüge der Betriebswirtschaftslehre, 18., überarb. Aufl., München.
Schmidt, R. H./Terberger, E. (1999): Grundzüge der Investitions- und Finanzierungstheorie, 4. Aufl., Wiesbaden.
Thommen, J.-P./Achleitner, A.-K. (2012): Allgemeine Betriebswirtschaftslehre, 7., vollst. überarb. Aufl., Wiesbaden.
Zantow, R. (2004): Finanzierung, München.

Weiterführende Literatur: Medien

Bea, F. X. (1996): Die Preisbildung bei Rundfunkleistungen, in: Zeitschrift Führung und Organisation, 65. Jg., S. 356-359.

Beck, H./Beyer, A. (2013): Rundfunkgebühr, Haushaltsabgabe oder Rundfunksteuer? Kriterien und Optionen zur Finanzierung des öffentlich-rechtlichen Rundfunks, in: Publizistik, 58. Jg., H. 1, S. 69-91.

Bomnüter, U./Scheller, P. (2009): Filmfinanzierung, Baden-Baden.

Castendyk, O. (2008): Die deutsche Filmförderung, Konstanz.

Clevé, B. (1997): Wege zum Geld: Film-, Fernseh- und Multimediafinanzierungen, 2. Aufl., Gerlingen.

Clevé, B. (2004a): Von der Idee zum Film, 4., völlig überarb. Aufl., Konstanz.

Clevé, B. (2004b): Gib niemals auf. Filmökonomie in der Praxis, Konstanz.

Eggers, D. (2001): Filmfinanzierung, 3., vollst. überarb. u. erw. Aufl., Berlin.

Friedrichsen, M./Schenk, M. (Hrsg.)(2004): Globale Krise der Medienwirtschaft? Baden-Baden.

Fünfgeld, H./Gläser, M. (1984): Anmerkungen zur Finanzierung und zu den Leistungen der öffentlich-rechtlichen Rundfunkanstalten, in: Zeitschrift für öffentliche und gemeinwirtschaftliche Unternehmen, Bd. 7, S. 1-19.

Hallenberger, G. (1998): Auswirkungen unterschiedlicher Finanzierungsformen auf die Programmgestaltung, in: Pethig, R./Blind, S. (Hrsg.)(1998): Fernsehfinanzierung, Opladen, Wiesbaden, S. 74-95.

Hennerkes, C. (2002): Medienfonds als Finanzierungsinstrument für deutsche Kinospielfilmproduktionen, Baden-Baden.

Hennig-Thurau, T. (2004): Spielfilme als Anlageobjekte: Die Höhe des Filmbudgets als Grundlage der Investitionsentscheidung, in: Zeitschrift für betriebswirtschaftliche Forschung, 56. Jg., März, S. 171-188.

Hülsmann, M./Grapp, J. (Hrsg.)(2009): Strategisches Management für Film- und Fernsehproduktionen, München.

Jacobs, O. (2011): Finanzierung von Film- und Fernsehproduktionen, Berlin.

Jacobshagen, P. (2012): Filmbusiness, 2. Aufl., Bergkirchen.

Keil, K./Eder, D. (2010): Finanzierung von Film- und Fernsehwerken, Berlin.

Kiefer, M.-L. (2002): Kirch-Insolvenz: Ende einer ökonomischen Vision? In: Media Perspektiven, o. Jg., S. 491-500.

Kommission zur Ermittlung des Finanzbedarfs der Rundfunkanstalten (KEF): KEF-Berichte, zuletzt: 18. KEF-Bericht, Dezember 2011, Mainz.

Kops, M. (1994): Möglichkeiten und Probleme einer Indexierung der Rundfunkgebühr, Köln.

Kops, M. (1995): Indexierung der Rundfunkgebühr? Berlin.

Kumb, F. (2014): Filmförderung und Subventionskontrolle in Deutschland, Wiesbaden.

Schneck, O. (1990): Eigenkapitalausstattung öffentlich-rechtlicher Rundfunkanstalten, in: Zeitschrift für öffentliche und gemeinwirtschaftliche Unternehmen, Bd. 13, S. 285-303.

Schneck, O. /Tritschler, E. (2005): Grundlagen von Rating und Unternehmensbewertung, in: Zerfaß, A./Gläser, M. (Hrsg.)(2005): Bewertung und Rating von Kommunikationsagenturen, Stuttgart, S. 15-35.

Schumacher, T. (2004): Filmfonds als Instrument der internationalen Filmfinanzierung, Baden-Baden.

Seidel, N./Schwertzel, U. (1998): Finanzierungsmöglichkeiten für Fernsehunternehmen, in: Pethig, R./Blind, S. (Hrsg.)(1998): Fernsehfinanzierung, Opladen, Wiesbaden, S. 13-42.

Seidel, N./Schwertzel, U. (2006): Finanzierung – Formen, Modelle und Perspektiven, in: Scholz, C. (Hrsg.) (2006): Handbuch Medienmanagement, Berlin, Heidelberg, New York, S. 859-877.

Sieben, G./Schwertzel, U. (1996): Finanzierung und Wirtschaftlichkeit lokaler Fernsehveranstalter, Köln.

Sjurts, I. (2004): Vom Mono-Erlösmodell zur multiplen Erlösstruktur: Handlungsoptionen im deutschen Fernsehmarkt 2003. In: Ottler, S./Radke, P. (Hrsg.)(2004): Aktuelle Strategien von Medienunternehmen, München, S. 33-43.

Sjurts, I. (Hrsg.)(2011): Gabler Lexikon Medienwirtschaft, 2., akt. u. erw. Aufl., Wiesbaden.

Then Berg, F. (2004): Fortführung versus Liquidation als strategische Alternativen insolventer Medienunternehmen – eine betriebswirtschaftliche Analyse. In: Ottler, S./Radke, P. (Hrsg.)(2004): Aktuelle Strategien von Medienunternehmen, München, S. 45-52.

Wendling, E. (2012): Recoup! Filmfinanzierung – Filmverwertung, Konstanz.

Wirtz, B. W. (2013): Medien- und Internetmanagement, 8., akt. u. überarb. Aufl., Wiesbaden, insbes. Kapitel 4.

IV. Rechnungswesen

Kapitel 19
Bilanzierung

19.1	Besonderheiten der Bilanzierung im Medienbereich	511
19.2	Methodik der Bilanzierung von Rechten	514
19.3	Bilanzpolitik und Unternehmensbewertung	518

Leitfragen

- In welche Kategorie des Rechnungswesens ist die Bilanzierung einzuordnen?
- Welche branchenspezifischen Besonderheiten sind bei der Bilanzierung der Medienunternehmen zu beachten?
- Was bedeutet es, dass das Bilanzbild z. B. von ProSiebenSat.1 zu mehr als der Hälfte durch das immaterielle Programmvermögen bestimmt wird?
- Welche Schwierigkeiten treten bei der Bewertung und Bilanzierung von Rechten wie z. B. Filmrechte oder Übertragungsrechten von Sportereignissen auf?
- Wie werden Package Deals bilanziell behandelt?
- Welche Grundprinzipien liegen der Rechnungslegung nach IFRS zugrunde?
- Wie wird nach dem deutschen Handelsrecht mit der Bilanzierung von Rechten verfahren?
- Welche Unterschiede ergeben sich im Hinblick auf IFRS?
- Durch welche Faktoren kann ein Werteverzehr von Content eintreten?
- Wann ist eine außerplanmäßige Wertberichtigung bei Filmrechten vorzunehmen?
- Wie ist es zu beurteilen, dass sich im HGB und nach IFRS keine branchenspezifischen Bewertungsregeln finden lassen?
- Welche Rolle spielt die Rechnungslegung nach US-GAAP für Medienunternehmen?
- Was versteht man unter „Bilanzpolitik"?
- Nach welchen Leitlinien kann die Bilanzpolitik erfolgen?
- Nach welchen Perspektiven kann ein ganzes Medienunternehmens bewertet werden?
- Inwiefern kann man sagen, dass die Bewertung von Medienunternehmen nach der Methodik der Investitionsrechnung eher zu einer Unterschätzung des Wertes führt?
- Welche Schwierigkeiten ergeben sich bei der bilanziellen Unternehmensbewertung?

Gegenstand

Das betriebliche Rechnungswesen hat den Zweck, die wirtschaftliche Situation eines Unternehmens zahlenmäßig zu erfassen, aufzubereiten und darzustellen. Dabei sollen die innerbetrieblichen wirtschaftlichen Vorgänge und die wirtschaftlich relevanten Beziehungen des Unternehmens mit seiner Umwelt in einem System abgebildet werden. „Das Rechnungswesen ist ein System, das in zweckdienlicher Form Informationen für Entscheidungsträger liefert" (Bea/Dichtl/Schweitzer 2001: 429). Was unter „zweckdienlich" verstanden werden soll, ist aus den Informationsinteressen der relevanten „Stakeholder" abzuleiten. Die Herausforderung besteht darin, ein Rechnungssystem zu kreieren, das eine auf die Interessenten abgestimmte Abbildung der betrieblichen Wirklichkeit liefert. In diesem Zusammenhang werden Konflikte zwischen den unterschiedlichen Perspektiven nicht zu vermeiden sein, so dass das Rechnungswesen auch die Rolle eines Konfliktregelungsinstruments übernimmt (vgl. König 1983: 4).

„Das betriebliche Rechnungswesen dient der mengen- und wertmäßigen Erfassung, Verarbeitung, Abbildung und Überwachung sämtlicher Zustände und Vorgänge (Geld- und Leistungsströme), die im Zusammenhang mit dem betrieblichen Leistungsprozess auftreten" (Thommen/Achleitner 2012: 419).

Das Rechnungswesen wird üblicherweise in das externe und in das interne Rechnungswesen unterteilt. Die externe Rechnungslegung zielt darauf ab, das Informationsinteresse der unternehmensexternen Adressaten zu befriedigen. Damit alle Adressaten gleiche Informationen erhalten, hat der Gesetzgeber eine Vielzahl von Regelungen erlassen, die den Aufbau und den Inhalt des Rechnungswesens vorschreiben. Es geht darum, einheitliche Abbildungsregeln bzw. Abbildungsnormen festzulegen, da es regelmäßig mehrere Möglichkeiten gibt, einen realen Vorgang der Realität im Rechnungswesen abzubilden. Gemäß Handelsgesetzbuch muss die externe Rechnungslegung die folgenden Elemente umfassen: Buchführung (Finanzbuchführung bzw. Geschäftsbuchführung), Inventar und Jahresabschluss. Der Jahresabschluss besteht aus der Bilanz und der Gewinn- und Verlustrechnung, bei Aktiengesellschaften zusätzlich aus dem Anhang und dem Lagebericht. Unter Managementgesichtspunkten stellt sich die Frage nach der zielführenden Gestaltung des externen Rechnungswesens, ein Thema, das als Bilanzpolitik bezeichnet wird.

Das interne Rechnungswesen hat die Aufgabe, interne Adressaten mit geeigneten Informationen zu versorgen. Dies ist vorrangig die Unternehmensleitung, die bei ihrer Steuerungsaufgabe Informationen benötigt, die sich zum Teil von den Informationen, wie sie die externen Adressaten erhalten und benötigen, um ihre Interessen zu vertreten, unterscheiden. Der Teil des Rechnungswesens, der die internen Informationsbedürfnisse befriedigt, ist die Kosten- und Leistungsrechnung, auch Betriebsbuchführung genannt. Beide Teilsysteme des Rechnungswesens – externes und internes Rechnungswesen – sind eng ineinander verzahnt (vgl. die Übersicht Bea/Dichtl/Schweitzer 2001: 433).

Das Rechnungswesen von Medienunternehmen unterscheidet sich prinzipiell nicht von dem anderer Unternehmenstypen. Es muss die gleichen Funktionen erfüllen, steht vor denselben Fragestellungen und verfolgt dieselben Ziele. So entwickelten bereits die öffentlich-rechtlichen Rundfunkanstalten in den 50er Jahren des letzten Jahrhunderts aufgefeilte Kostenrechnungssysteme, die keinen Vergleich mit Privatunternehmen scheuen mussten.

Unterschiede ergeben sich aus der Immaterialität der Produkte bzw. des Contents, die besondere Bewertungsprobleme aufwerfen. Hinzu kommt deren relativ hohe Bedeutung in der Vermögensstruktur. So macht das Programmvermögen als Teil des Umlaufvermögens einer privaten Rundfunkanstalt wie z. B. ProSiebenSat.1 AG ca. zwei Drittel der Bilanzsumme aus. Das Programmvermögen wird dabei von den Filmrechten dominiert: „Die bilanzielle Behandlung von Filmrechten ist spätestens mit der Insolvenz der Kirch-Gruppe in den Fokus des öffentlichen Interesses gerückt. Dies liegt insbesondere daran, dass Filmrechte einen Großteil des Vermögens eines Fernsehsenders ausmachen" (Mindermann/Brösel/Winkler 2009: 10).

Ferner muss davon ausgegangen werden, dass die Distribution von Content und dessen Planung und Steuerung zentrale Erfolgsfaktoren darstellen, die nur schwer bewertungsmäßig abgebildet werden kann. Vor diesem Hintergrund wird die Bedienung der externen und internen Stakeholder mit geeigneten Informationen zu einer besonderen Herausforderung.

19.1 Besonderheiten der Bilanzierung im Medienbereich

Die externe Rechenschaftslegung von Medienunternehmen unterliegt selbstverständlich den allgemeinen rechtlichen Regeln, wie sie mit dem Handelsgesetzbuch, dem Aktienrecht, den internationalen Rechnungslegungsmethoden usw. vorgegeben sind. Dennoch treten bei der Bilanzierung im Medienbereich gewisse Besonderheiten auf, die sich in der bilanziellen Abbildung niederschlagen können.

Als **branchenspezifische Besonderheiten** sind zu nennen:

- Gegenstand des Geschäfts von Medienunternehmen und damit die entscheidenden Werttreiber bilden die Nutzungsrechte und Lizenzen bzw. die geistigen Eigentumsrechte, die als „Intellectual Property" bezeichnet werden (vgl. Ulrich 2006: 65). Immaterielle Werte wie Wissen, Know-how und Rechte sind die zentrale Quelle der unternehmerischen Wertschöpfung bei Medienunternehmen.

  „Dazu gehören geschützte oder bereits produzierte Konzepte (zum Beispiel Fernsehformate), Inhalte (zum Beispiel produzierte Fernsehshows, Texte oder Musikstücke), Marken (zum Beispiel „Gute Zeiten, schlechte Zeiten") sowie territoriale Verwertungsrechte für Konzepte, Inhalte oder Marken. Unter Nutzungsrechten sind grundsätzlich sowohl die Rechte für Produktion und Vertrieb der originären Konzepte/Inhalte zu verstehen als auch die Weiterverwendung der Konzepte/Inhalte oder Marken über andere Kanäle (zum Beispiel Spiele zu TV-Shows, Internet-Anwendungen, Musik als Klingeltöne für das Handy etc.). Solche Nutzungsrechte umfassen ebenfalls die Vorabrechte an noch nicht erstellten Inhalten/Konzepten wie etwa Produktions- und Vertriebsrechte ab den nächsten drei Werken eines bekannten Künstlers" (Ulrich 2006: 65).

- Als Konsequenz wird das Bilanzbild eines Medienunternehmens maßgeblich von Rechten, Lizenzen und immateriellen Vermögensgegenständen bestimmt. Sie machen einen großen, wenn nicht den Hauptteil der gesamten Vermögensgegenstände eines Medienunternehmens aus.

  Das Beispiel ProSiebenSat.1 AG: Laut Geschäftsbericht für 2005 betrug das Programmvermögen zum 31.12.2005 insgesamt 1,06 Mrd. Euro, was bei einer Gesamtsumme der Aktiva von 2,02 Mrd. Euro einem Anteil von 52,4 Prozent entspricht. Das heißt, mehr als die Hälfte des Vermögens entfällt auf Content-Vermögen. Hinzu kommen immaterielle Vermögenswerte wie Software, gewerbliche Schutzrechte und Firmenwerte von 330 Mio. Euro. Zählt man diese hinzu, so macht das immaterielle Vermögen von ProSiebenSat.1 nahezu 70 Prozent des Gesamtvermögens aus.

- Angesichts der Immaterialität großer Teile des Vermögens wird die sachgerechte bilanzielle Abbildung des Wertschöpfungsprozesses von Medienunternehmen erschwert. Tatsache ist, dass sich immaterielle Gütern wie Filmrechte, Sportübertragungsrechte und Lizenzen – seien sie selbst hergestellt oder eingekauft – im Gegensatz zu Sachwerten weniger leicht rechnungstechnisch abbilden lassen.

- In der Bewertung von medialen Vermögensgegenständen existieren bis dato noch keine allgemeinen Standards zur Messung oder Einschätzung der immateriellen Vermögensgegenstände und Werte.

- Die bilanzielle Zuordnung des Programmvermögens zum Anlage- oder Umlaufvermögen kann nicht immer klar und eindeutig vollzogen werden.

- Die Ermittlung des planmäßigen und außerplanmäßigen Werteverzehrs ist in der Regel schwierig zu ermitteln.

- Filme – als sehr wesentlicher Vermögensgegenstand z. B. bei TV-Unternehmen – werden zumeist in Form von Paketkäufen erworben. Dadurch wird die wertmäßige Zuordnung einzelner Gegenstände erschwert.

   Bei solchen „Package Deals" bündeln Produzenten oder Filmhändler als Intermediäre eine Vielzahl von Lizenzgegenständen zu einem kompletten Rechtepaket, wobei es sich gewöhnlich um eine Mischung aus Spielfilmen, TV-Movies, Serien und Dokumentationen handelt. Der Rechteumfang der einzelnen Titel innerhalb des Programmpakets kann dabei teilweise beträchtlich variieren. Bei Package Deals wird jedoch zumeist auch für eine Mischung aus wirtschaftlich erfolgreichen A-Filmen (erfolgreiche Kinofilme) und den kommerziell weniger erfolgreichen – und evtl. nicht sendefähigen – B- und C-Filmen gesorgt. Wirtschaftlich erfolglose Filme sowie amerikanische TV-Movies, welche sich nicht über den amerikanischen Markt refinanzieren lassen, werden dadurch mit hochattraktiven Filmen in einem Paket vermischt und mit vermarktet.

- Bewertungsrelevant können auch die Rechte zur Distribution sein, wenn eine zeitlich abgestufte Verwertung von Filmware in Form des Windowing erfolgt.

Zusammenfassend kann gesagt werden, dass bei der Bilanzierung von Medienunternehmen eine Reihe von branchenspezifischen Problemfeldern auftreten. Diese lassen sich mit den folgenden **Fragen** umschreiben (Küting/Zwirner 2001: 573):

- „Wie sind Filme und Lizenzrechte in der Bilanz abzubilden?
- Welche Aufwendungen dürfen im Rahmen der Anschaffung und Produktion eines Films aktiviert werden?
- Wie ist das aktivierte Film- und Lizenzvermögen abzuschreiben?
- Wie sollen Filme und Lizenzrechte fair bewertet werden?
- Wann ist der Umsatz als realisiert anzusehen?
- Wie sind Filmfördermittel oder ähnliche Zuwendungen bilanziell abzubilden?
- Wie informativ sind die Geschäftsberichte einzelner Unternehmen der Film- und Medienbranche?
- Welche Konsequenzen ergeben sich für den externen Analysten aus der derzeitigen Situation?"

Nach welchen **Methoden die Rechnungslegung** erfolgen soll, ist heute angesichts der Internationalisierung des unternehmerischen Geschehens nicht mehr eindeutig zu beantworten. Grundsätzlich stehen für die Bilanzierung drei Rechnungslegungssysteme bzw. Normenkreise zur Verfügung (vgl. Ruhnke 2005: 7; Weber/Weißenberger 2006: 20 ff.):

- Deutsches HGB (Handelsgesetzbuch): Nach § 242 ist jeder Kaufmann grundsätzlich zur Erstellung eines handelsrechtlichen Jahresabschlusses verpflichtet, bei dem deutsche Normen angewandt werden.
- IFRS (International Financial Reporting Standards): Bei der Erstellung eines internationalen Jahresabschlusses gelten die internationalen Rechnungslegungsnormen der IFRS. Diese Normen werden vom International Accounting Standard Board (IASB) in London erlassen.
- US-GAAP (General Accepted Accounting Principles): Diese Norm ist anzuwenden bei der Erstellung eines US-amerikanischen Jahresabschlusses. Dabei handelt es sich um nationale (US-amerikanische) Normen und nicht um internationale.

Eine zunehmend wichtige Rolle spielen die IFRS, deren Generalnorm es ist, die wahre und faire Präsentation des Unternehmens nach außen sicher zu stellen. Die Entscheidungen eines außenstehenden Betrachters, insbesondere Investors, sollen dadurch auf eine solide und verlässliche Basis gestellt werden.

Welche Grundprinzipien dem IFRS-Konzept zugrunde liegen, zeigt Abb. 19-1 (Quelle: in Anlehnung an Weber/Weißenberger 2006: 292).

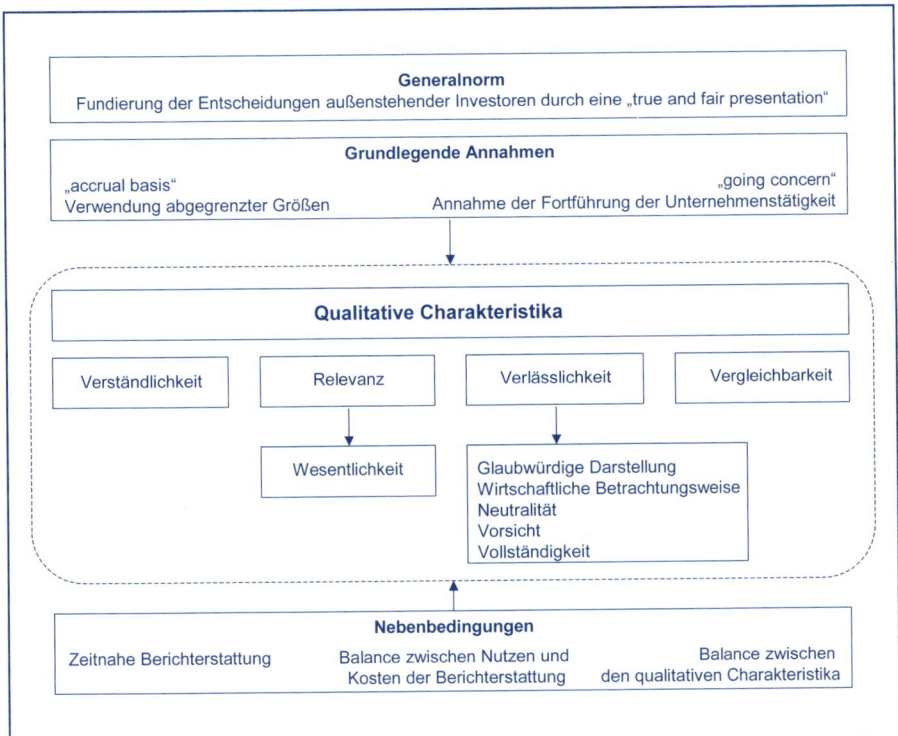

Abb. 19-1: *Grundprinzipien der Rechnungslegung nach IFRS*

Nach EU-Recht besteht für börsennotierte Muttergesellschaften, die dem Recht eines Mitgliedstaates der Europäischen Gemeinschaft unterliegen, ab 2005 grundsätzlich die Pflicht, einen Konzernabschluss nach den Rechnungslegungsvorschriften des IFRS zu erstellen.

> „Hintergrund ist die EU-Verordnung 1606/2002 zur Rechnungslegung nach IAS, die dies für alle europäischen Konzerne, die einen geregelten europäischen Markt zur Aufnahme von Eigen- oder Fremdkapital nutzen, vorschreibt. Lediglich für Konzerne, die an europäischen Börsen nur Fremdkapital aufnehmen – wie z. B. die Robert Bosch GmbH oder auch manche Sparkassen – sowie Konzerne, die bereits in den USA börsennotiert sind oder dort einen vollständigen Abschluss nach US-GAAP aufstellen, wie z. B. die DaimlerChrysler AG, gilt eine Übergangsfrist bis zum Jahr 2007" (ebd. 21).

19.2 Methodik der Bilanzierung von Rechten

Unter Bilanzierung wird der Bilanzansatz und die Bilanzbewertung verstanden. Sie hat den Grundsätzen ordnungsmäßiger Buchführung (GoB) und ordnungsmäßiger Bilanzierung zu entsprechen. Zwei Themenfelder sind zu differenzieren:

- Die „Bilanzierung dem Grunde nach" geht der Frage nach, ob ein Vermögensgegenstand, eine Schuld oder ein Rechnungsabgrenzungsposten grundsätzlich bilanzierungsfähig ist.
- Die „Bilanzierung der Höhe nach" bestimmt den konkreten Wertansatz des Vermögensgegenstands, der Schuld oder des Rechnungsabgrenzungspostens. In diesem Zusammenhang geht es auch um die Entscheidung über die vom Gesetzgeber eingeräumten Wahlrechte und Ermessensspielräume.

(1) Bei der **Bilanzierung dem Grunde nach** sind im Prinzip vier Aspekte zu unterscheiden (vgl. Schierenbeck/Wöhle 2012: 686 ff.):

- Bilanzierungsfähigkeit;
- Bilanzierungsverbot: „Es darf nicht bilanziert werden";
- Bilanzierungspflicht: „Es muss bilanziert werden";
- Bilanzierungswahlrecht: „Es darf bilanziert werden".

Nach dem **nationalen Handelsrecht** (HGB) galten bis 2009 folgende Regelungen:

(a) Bilanzierungsfähig sind Vermögensgegenstände (Sachen oder Rechte), wenn sie selbständig veräußerbar, also verkehrsfähig sind. (b) Ein Bilanzierungsverbot besteht u. a. für immaterielle Vermögensgegenstände des Anlagevermögens, die nicht entgeltlich erworben wurden, also v. a. selbst erstellte immaterielle Vermögenswerte. (c) Bilanzierungspflicht besteht gemäß des sog. Vollständigkeitsgebotes für sämtliche Vermögensgegenstände (ausdrücklich auch für erworbene immaterielle Vermögensgegenstände). Die Bilanzierungspflicht wird nur dann durchbrochen, wenn für einen Vermögensgegenstand ausdrücklich ein Bilanzierungsverbot besteht. Ausnahme: Es existiert (d) ein Bilanzierungswahlrecht. Das Handelsrecht sieht u. a. ein solches Wahlrecht beim erworbenen Geschäfts- und Firmenwert vor.

> Übertragen auf die Bilanzierung des TV-Senders bedeutet dies, dass eigenproduzierter Content nicht bilanziell erfasst werden darf. Damit ergeben sich laut der Bilanzierungsregeln hinsichtlich immaterieller Vermögensgegenständen bei der Bilanzierung von Programmvermögen erhebliche stille Reserven.

Nach **IFRS** stellen Rechte (z. B. Filmrechte) immaterielle Vermögensgegenstände (intangible assets) dar. Zur Bilanzierungsfähigkeit ist es notwendig, dass das Unternehmen die Verfügungsmacht (control) über die Ressource besitzt, dass die Ressource aus einem in der Vergangenheit liegenden Ereignis resultiert und dass das Unternehmen aus der Ressource einen zukünftigen wirtschaftlichen Nutzen erwartet.

Mit dem zum Jahresbeginn 2010 in Kraft getretenen Bilanzrechtsmodernisierungsgesetz (BilMoG) sind die Vorschriften zur Bilanzierungsfähigkeit immaterieller Vermögensgegenstände insofern verändert worden, als nun ein Aktivierungswahlrecht für selbst geschaffene immaterielle Vermögensgegenstände besteht.

„Mit der Einführung eines Aktivierungswahlrechts für selbst geschaffene immaterielle Vermögensgegenstände des Anlagevermögens in § 248 Abs. 2 HGB n. F. dürfen künftig auch Filmrechte, die aus einer Eigen-, Ko- bzw. unechten Auftragsproduktion entstehen und im Senderbesitz verbleiben sollen, in der Bilanz aktiviert werden. Eine Aktivierung ist frühestens nach der Fertigstellung des Drehplans möglich. Im Fall einer Aktivierung sind die Filmrechte im Anlagevermögen auszuweisen und nach § 255 Abs. 2 und Abs. 2a HGB n. F. mit den Herstellungskosten zu bewerten, die seit der Aufstellung des Drehplans bis zum Bilanzstichtag im Rahmen der Produktion angefallen sind. Die Neuregelungen des BilMoG für selbst geschaffene Filmrechte stehen im Einklang mit dem Vorsichts- und Objektivitätsprinzip und führen zu einer sachgerechteren Abbildung der Vermögens-, Finanz- und Ertragslage eines Fernsehsenders, soweit sich dieser für eine Aktivierung entscheidet" (Mindermann/Brösel/Winkler 2009: 14 f.).

(2) Im Hinblick auf die **Bilanzierung der Höhe nach** ist über den anzusetzenden Wert beim Zugang sowie über die Folgebewertung bzw. die Berechnung des Werteverzehrs zu entscheiden.

Dabei kann der Werteverzehr von Content wie in Abb. 19-2 nach planmäßigem und außerplanmäßigem Werteverzehr differenziert werden (Quelle: Köcher 2002: 76).

Von entscheidender Bedeutung ist die Frage des wirtschaftlichen Verzehrs und wie dieser gemessen werden soll. Die Abnutzung kann sowohl zeitbedingt durch Ablauf der Lizenzzeit und durch Aktualitätsverlust erfolgen als auch nutzungsbedingt durch Ausstrahlung. In allen Fällen wird das Kontaktpotenzial des in Frage stehenden Contents abnehmen, der Film oder die Sendung also nach erfolgter Ausstrahlung an Kraft einbüßen, Zuschauerschaften zu aktivieren.

Ein Verzehr an Werten durch technischen Verschleiß ist im Hinblick auf den immateriellen Vermögensgegenstand eines Contents nicht relevant.

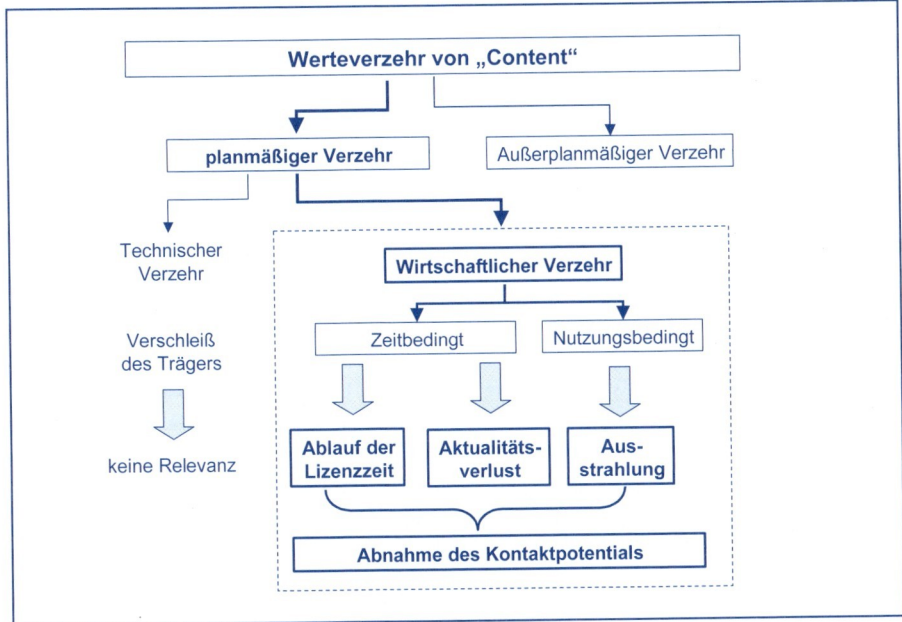

Abb. 19-2: Systematisierung des Werteverzehrs von Content

Laut **Handelsgesetzbuch** (HGB) bilden die Anschaffungs- und Herstellungskosten die Obergrenze für die Wertansätze aller Vermögensgegenstände. Zu den Anschaffungskosten zählen alle einzeln zurechenbaren Kosten, die erforderlich sind, um den Vermögensgegenstand zu erwerben und in einen betriebsbereiten Zustand zu versetzten, gegebenenfalls ergänzt um Nebenkosten. Herstellungskosten sind alle Aufwendungen, die für die Herstellung eines Vermögensgegenstandes entstehen. Bemessungsgrundlage sind die direkten Kosten bzw. Einzelkosten, ergänzt um angemessene Teile der indirekten bzw. Gemeinkosten. Gemäß dem Imparitätsprinzip können Wertkorrekturen nach unten notwendig werden. Im Grundsatz gilt das Prinzip der Einzelwertfeststellung, d. h. die gesonderte Wertfeststellung für jeden einzelnen Vermögensgegenstand.

Die Folgebewertung hat durch planmäßige Abschreibungen zu erfolgen, im Falle einer dauerhaften Wertminderung müssen außerplanmäßige Abschreibungen auf den „niedrigeren beizulegenden Wert" vorgenommen werden.

> Das interne wie externe Rechungswesen eines TV-Senders hat neben den planmäßigen, im Voraus festgelegten Abschreibungen auch einen möglichen außerplanmäßigen Werteverzehr in Form von Abschreibungen zu berücksichtigen. Diese außerplanmäßigen Abschreibungen betreffen denjenigen Content, der durch einen verschärften Wettbewerb oder veränderten Zuschauergeschmack entgegen der eigentlichen Planung auf absehbare Zeit nicht zur Ausstrahlung kommen wird oder einen wirtschaftlich weniger attraktiven Sendeplatz erhält.

> Ebenso ist der außerplanmäßige Werteverzehr in Form von Abschreibungen zu erfassen, wenn eine Sendung aufgrund zu geringer Zuschauerreichweite vorzeitig aus dem Programm genommen wird oder eine in Auftrag gegebene Produktion nicht fortgesetzt wird. Darüber hinaus wird eine Anpassung des tatsächlichen Wertes einer Sendung auch dann erforderlich, wenn die ihr zurechenbaren Werbeerlöse die Beschaffungs- und Distributionskosten nicht zu decken vermögen.

Für die bilanzielle Behandlung von Rechten und Lizenzen sehen die handelsrechtlichen Normen keine konkreten Regelungen vor. Herausgebildet haben sich verschiedene Theorien wie die Verteilung der Abschreibungen nach einem Schlüssel (z. B. Abspielverlauf), an der Anzahl der geplanten Ausstrahlungen oder eine leistungsabhängige Abschreibung (vgl. Küting/Zwirner 2006: 927).

Ebenso wenig wie das HGB liefern die **IFRS** spezielle Vorschriften für Film- und Medienunternehmen. Dies wird durch eine Regelung überbrückt, nach der die Unternehmensleitungen in eigenem Ermessen Bilanzierungs- und Bewertungsmethoden entwickeln dürfen, sofern sie das Hauptziel verfolgen, die Abschlussadressaten adäquat mit den relevanten Informationen zu versorgen (vgl. Küting/Zwirner 2006: 931).

Maßgebend für die Bewertung der Vermögenszugänge sind laut IAS die direkt zurechenbaren Kosten, die aufgewendet werden müssen, um das (Film-)Recht auf seine beabsichtigte Nutzung vorzubereiten, bei Fremdproduktionen also der Kaufpreis. Bei Eigenproduktionen sind die Einzelkosten sowie die Gemeinkosten, die den Filmrechten auf vernünftiger und stetiger Basis zugeordnet werden können, zu aktivieren. Vertriebs- und Verwaltungsgemeinkosten stellen keine aktivierungsfähigen Herstellungskosten dar. Für angefallene Fremdkapitalkosten besteht im Zusammenhang mit der Erstellung eines Filmrechts ein Wahlrecht bezüglich der Kapitalisierung.

Die Folgebewertung hat gemäß IAS grundsätzlich zu den Anschaffungs- und Herstellungskosten abzüglich planmäßiger Abschreibungen zu erfolgen. Das Abschreibungsvolumen der Filmrechte ist dabei planmäßig über seine (bestmöglich geschätzte) Nutzungsdauer zu verteilen. Die verwendete Abschreibungsmethode muss den Verlauf widerspiegeln, in dem der wirtschaftliche Nutzen des Vermögenswerts durch das Unternehmen verbraucht wird. Bei der Schätzung stellt sich die Frage, ob eine lineare Abschreibung nach der Rechtedauer (z. B. 50 Jahre) oder nach der Leistung erfolgen soll. Zu favorisieren ist die leistungsabhängige Abschreibung, die sich am Wertverlust in Abhängigkeit von der Verwertungskette orientiert. Hauptunterschied zum HGB ist die fehlende Unterscheidung von entgeltlich erworbenen und selbst erstellten immateriellen Vermögenswerten.

Die **US-amerikanischen Regelungen** (US-GAAP) stellen im Gegensatz zu den handelsrechtlichen Normen und zu den IFRS sehr wohl branchenspezifische Regelungen für die Medien zur Verfügung. So ist z. B. bei der planmäßigen Abschreibung die umsatzabhängige Abschreibungsmethode („Individual Film Forcast Computation Method") festgelegt, bei der die periodische Abschreibung in Abhängigkeit vom Verhältnis zwischen den periodischen und den insgesamt erwarteten Umsatzerlösen erfolgt (vgl. Küting/Zwirner 2006: 928).

Außerplanmäßige Abschreibungen sind vorzunehmen, wenn Anzeichen für eine Wertminderung bestehen, die durch einen Werthaltigkeitstest nachgewiesen werden müssen (vgl. ebd. 930). Dieser Test wird als „Impairment Test" bezeichnet. Bei immateriellen Vermögensgegenständen, die keiner planmäßigen Wertminderung unterliegen, deren Nutzungsdauer also unbegrenzt ist, muss dieser Test zumindest jährlich vorgenommen werden, bei deutlich erkennbaren Anzeichen auch unterjährig.

(3) Im Hinblick auf Medienunternehmen ist festzustellen, dass weder das deutsche Handelsgesetzbuch noch die Normen der IAS (International Accounting Standards), die im Kontext von IFRS zur Anwendung kommen, branchenspezifische Bilanzierungs- und Bewertungsregeln vorsehen.

Lediglich US-GAAP verfügt über einige solcher Regeln. Dadurch ist der Ermessensspielraum bei IFRS für das bilanzierende Unternehmen im Vergleich zu US-GAAP größer, jedoch kleiner gegenüber dem deutschen Handelsrecht, das die Bildung stiller Reserven begünstigt.

Vor diesem Hintergrund ist es im Hinblick auf die branchenbedingten Besonderheiten bei Medienunternehmen nicht so einfach, die Wertverhältnisse sachgerecht in der Bilanz abzubilden und den „Fair Value" im Sinne der IFRS-Grundprinzipien zu bestimmen. Ein unbeteiligter externer Beobachter steht insofern bei Medienunternehmen vor einer Art Sondersituation, die ihn besonders herausfordert.

> „Die Ausführungen zeigen, dass ein externer Analyst bei der Bewertung von Medienunternehmen angesichts der hohen Bedeutung sowie des Bewertungsproblems des Filmvermögens stärker von den publizierten Unternehmensdaten abhängig ist als in anderen Branchen" (Küting/Zwirner 2004: 252).

19.3 Bilanzpolitik und Unternehmensbewertung

(1) Unter Managementgesichtspunkten stellt sich die Frage der Relevanz der Bilanzierung für die **Steuerung eines Unternehmens**. Wichtigste Erkenntnis ist die Tatsache, dass die Art der Bilanzierung einem beachtlichen Gestaltungsspielraum unterliegt, den es auszufüllen gilt. Dies ist Gegenstand der Bilanzpolitik.

> „Während Bilanzanalyse „erkenntnisorientiert" ist, muss Bilanzpolitik als unmittelbar „gestaltungsorientiert" angesehen werden: Bilanzpolitik (Creative Accounting, Window-Dressing, Earnings Management, Income Smoothing) ist demnach die bewusste (formale und materielle) Gestaltung des Jahresabschlusses mit der Absicht, vorhandene Gestaltungsspielräume im Sinne bestimmter finanzpolitischer oder publizitätspolitischer Zielsetzungen zu nutzen" (Schierenbeck/Wöhle 2012: 752).

Als **Leitlinien** für die Bilanzpolitik können die folgenden Ziele gelten (vgl. Schierenbeck/Wöhle 2012: 754):

- Publizitätspolitische Ziele: Den Außenstehenden soll ein gewünschtes Bild der Vermögens-, Finanz- und Ertragslage des Unternehmens vermittelt werden. Mit der Bilanz soll eine positive Publizität, ein „Werbeeffekt", erzielt werden. Die Entscheidungen der internen und externen Stakeholder sollen positiv beeinflusst werden.
- Finanzpolitische Ziele: Bilanzpolitik soll die Bindung erwirtschafteter Mittel an die Unternehmung sicherstellen (Kapitalerhaltung). Ferner soll eine Verstetigung der Gewinn- und Dividendenentwicklung erfolgen. Schließlich soll die Steuerbelastung so gering wie möglich gehalten werden.

(2) Die Instrumente der Bilanzpolitik werden nach **materieller und formeller Bilanzpolitik** unterschieden (vgl. ebd. 760 ff.). Die materielle Bilanzpolitik umfasst die Ausübung von Bilanzierungs- und Bewertungswahlrechten, die formelle Bilanzpolitik bezieht sich auf die Gestaltung des äußeren Bilanzbilds im Rahmen der Ausweiswahlrechte.

Materielle Bilanzpolitik: Im Brennpunkt des bilanzpolitischen Gestaltungsspielraums generell und so auch von Medienunternehmen steht die Beeinflussung der Bildung und Auflösung stiller Rücklagen. Ansatzpunkt z. B. bei Rundfunkunternehmen ist die Aktivierungs- und Abschreibungspolitik im Bereich von Rechten, insbesondere der Filmrechte. So kommt es bei konservativer Bewertung („vorsichtiger Kaufmann" gemäß HGB; Grundsatz der Vorsicht) zum Aufbau stiller Reserven in den Filmbeständen und kann den Boden für zukünftige Erfolgspotenziale legen. Betont man demgegenüber die möglichst realistische Darstellung, wie sie von den Investoren gefordert wird, kommt es zur Auflösung und Offenlegung von stillen Reserven.

Ansatzpunkte für die materielle Bilanzpolitik bilden Aktivierungs-/Passivierungswahlrechte des HGB. IFRS hingegen sieht eine relativ restriktive Regelung vor. Bei der Bewertung sind in erheblichem Maße subjektive Wertungen möglich bzw. erforderlich, da objektive Maßstäbe zumeist fehlen. So ist wegen des Unikat-Charakters von Medien-, insbesondere von Rundfunkprodukten, die Ermittlung eines Marktpreises oft schwierig. Des Weiteren werden sie nicht selten im Verbund mit anderen

Vermögensgegenständen veräußert (z. B. Film-Stocks) und ihr Wert maßgeblich durch zukünftige, schwer kalkulierbare Nutzen- und Ertragserwartungen bestimmt.

Besondere Gestaltungsspielräume ergeben sich bei der Folgebewertung: Grundsätzlich sind Vermögenswerte zwar über ihre Nutzungsdauer planmäßig abzuschreiben, die stark subjektiv getönte Einschätzung der Werthaltigkeit von immateriellen Vermögenswerten eröffnet jedoch ein breites Feld möglicher Wertansätze. So muss die Bewertung eines jeden einzelnen Films und jeder Lizenz nach individuellen Kriterien erfolgen. Ferner ist es notwendig, die Allokation von Umsatzerlösen anteilig im Hinblick auf die Auswertungsform des Films oder Rechts vorzunehmen. Schließlich spielen unternehmensindividuelle Erfahrungswerte eine große Rolle. In der Praxis sind z. B. höchst unterschiedliche Abschreibungsprozentsätze auf der jeweiligen Verwertungsstufe bei Filmrechten feststellbar (Video: 15 % bis 25 %, TV: 25 % bis 75 %).

Formelle Bilanzpolitik: Medienunternehmen gehen bei der Gestaltung des äußeren Bilanzbildes (Gliederung, Art und Höhe des Ausweises, Erläuterungen der Abschusspositionen, Gestaltung des Anhang- und Lageberichts) oft unterschiedliche Wege, weshalb die Qualität der Berichterstattung sehr unterschiedlich ausfällt. Die Berichterstattung zielt stark auf die periodische Darstellung historischer Daten ab, was die Transparenz beeinträchtigt und zu wenige relevante Informationen für die Investoren und die anderen Stakeholder-Gruppen liefert.

(3) Immer wieder ist es notwendig, ein Unternehmen insgesamt zu bewerten. Der Medien- und TIME-Sektor mit seiner stürmischen Vergangenheit, Gegenwart und Zukunft bietet reichlich Anschauungsmaterial, wie wichtig eine verlässliche Bewertung ganzer Unternehmen sein kann. Als Anlässe für eine **Unternehmensbewertung** kommen vor allem die folgenden Situationen infrage (vgl. Thommen/Achleitner 2012: 692):

- Kauf oder Verkauf des ganzen Unternehmens oder von Unternehmensteilen;
- Fusion, Entflechtung, Umwandlung;
- Aufnahme oder Ausscheiden von Gesellschaftern;
- Börseneinführung des Unternehmens;
- Eingehen von Joint Ventures;
- Analyse des Unternehmens im Hinblick auf Managemententscheidungen (Strukturen und Prozesse);
- Rechtliche Auseinandersetzungen über den Wert des Unternehmens.

Ziel der Unternehmensbewertung ist es, den „richtigen" Unternehmenswert zu ermitteln. Dies ist nicht objektiv möglich, sondern nur auf einer subjektiven Grundlage, weshalb es verständlich ist, dass man sich der Ermittlung des Unternehmenswertes aus unterschiedlichen Perspektiven nähern kann.

In der Praxis herrscht das Konzept der funktionalen Unternehmensbewertung, nach der sich für jeden Bewertungsinteressenten und je nach Aufgabenstellung ein spezifischer Wert ergeben kann: „Die Bewertung erfolgt zweckabhängig; der Unternehmenswert und das Verfahren zu seiner Ermittlung existieren nicht" (Brösel 2002: 56).

Als **zentrale Perspektive** steht die **Investitionstheorie** zur Verfügung (vgl. z. B. Thommen/Achleitner 2012: 653 ff.). Dabei sind drei traditionelle Verfahren zu unterscheiden (vgl. Ulrich 2006: 61 ff.):

- Einkommensbasierte Bewertungsansätze: Ein Unternehmen wird nach der erwarteten Umsatz- und Cashflow-Entwicklung bewertet, die auf den Gegenwartswert abdiskontiert wird.
- Marktbasierte Bewertungsansätze: Der Wert des Unternehmens wird über den direkten Vergleich mit relevanten Wettbewerbern bestimmt.
- Vermögensbasierte Bewertungsansätze: Bewertungsmaßstab ist das Netto-Unternehmensvermögen, das von den in der Bilanz ausgewiesenen Werten ausgeht, diese aber neu bewertet, um den realistischen (Markt-)Wert zugrunde zu legen.

Im Hinblick auf die hier betrachteten Medienunternehmen gibt es ein strukturelles Problem und genügend Hinweise darauf, „dass die traditionellen Bewertungsansätze bei der Bewertung von Medienunternehmen offensichtlich Unzulänglichkeiten aufweisen – bzw. zumindest darauf, dass die immateriellen Vermögensgegenstände aufgrund von Risikoerwägungen sehr vorsichtig bewertet werden" (Ulrich 2006: 64). Damit wird der Wert von Medienunternehmen tendenziell unterschätzt.

> Im Gegensatz dazu kann bei Zeitungsverlagen jedoch davon ausgegangen werden, dass deren Wert ausreichend genau mit den traditionellen Methoden ermittelt werden kann: „Hier ist eine Bestimmung des Unternehmenswertes noch relativ gut möglich: Zeitungsverlage verkaufen täglich ein physisches Produkt, neben dem Einzelverkauf an eine zum Großteil beständige Kundengruppe, die Abonnenten. Aufgrund der bei Regionalzeitungen häufig monopolartigen Stellung in der betreffenden Region und der hohen Bindung der Kunden an das Objekt ist die Fluktuation der Endkunden relativ gering und wird selbst durch mittlere Qualitätsschwankungen des Produkts nur allmählich und mäßig beeinflusst. Sowohl die Verkaufserlöse als auch die Herstellungskosten der Objekte lassen sich auf Basis der bisherigen Performance des Unternehmens relativ genau prognostizieren" (Ulrich 2006: 64).

Was die **Perspektive der Bilanzierung** anbelangt, so muss festgestellt werden, dass sich einer Bewertung – v. a. im internationalen Kontext – erhebliche Barrieren entgegenstellen können. Diese ergeben sich aus den Freiräumen, die von den Unternehmen unterschiedlich genutzt werden.

> „Aufgrund verschiedener, teilweise national variierender Abbildungsvorschriften der externen Rechnungslegung eignen sich bilanzielle Werte oftmals nicht als Grundlage einer weitergehenden Unternehmensbewertung" (Küting/Zwirner 2006: 921). „Erschwert wird eine externe Unternehmensanalyse im Einzelfall dadurch, dass die Unternehmen im Rahmen ihrer Rechnungslegung und Berichterstattung teilweise grundlegend unterschiedliche Wege gehen." (ebd. 933).

Eine offene und transparente Berichterstattung und somit dem Jahresabschluss als zentralem Informationsinstrument kommt daher eine besondere Bedeutung zu. Grundsätzlich ist zumindest zu fordern, dass der Wert der Rechte dem tatsächlichen Marktwert entsprechen sollte.

> „Grundsätzlich sollte hierbei der in der externen Rechnungslegung, konkret in der Bilanz, ausgewiesene (Buch-)Wert der Filmrechte und Lizenzen dem tatsächlichen (Markt-)Wert entsprechen, zumindest diesen nicht übersteigen. Nicht zuletzt die in jedem Normenkreis vorzufindenden Regelungen zur Vornahme außerplanmäßiger Korrekturen sollten zumindest einen Ausweis gewährleisten, der nicht über einem beispielsweise auf Cashflow-Basis ermittelten Marktwert liegt" (ebd.)

Geht man einen Schritt weiter, so ist sogar zu fordern, dass es einem externen Betrachter möglich sein sollte, einen Zusammenhang zwischen der Abbildung des Unternehmens im externen Rechnungswesen und dem zugrunde liegenden Geschäftsmodell und den verfolgten Strategien herzustellen (vgl. ebd. 934).

Kernaussagen

- Die Bilanzierung von Medienunternehmen weist Besonderheiten auf, die maßgeblich davon herrühren, dass die entscheidenden Werttreiber die Nutzungsrechte und Lizenzen darstellen. Diese stellen immaterielle Vermögensgegenstände dar, die schwerer als materielle zu erfassen und zu bewerten sind.
- Von zunehmender Relevanz für die Rechungslegung sind die internationalen Rechnungslegungsstandards und hier speziell die IFRS.
- Die Bewertungsproblematik stellt sich nicht nur bei der Bewertung von Vermögensgegenständen, sondern auch im Hinblick auf die Bewertung ganzer Medienunternehmen.

Literatur

Weiterführende Literatur: Grundlagen

Bea, F. X./Dichtl, E./Schweitzer, M. (Hrsg.)(2001): Allgemeine Betriebswirtschaftslehre, Bd. 2: Führung, 8., neubearb. u. erw. Aufl., Stuttgart.
Coenenberg, A. G. (2001): Jahresabschluss und Jahresabschlussanalyse, 18. Aufl., Landsberg/Lech.
Hering, T. (1999): Finanzwirtschaftliche Unternehmensbewertung, Wiesbaden.
Matschke, M. J./Brösel, G. (2005): Unternehmensbewertung, Wiesbaden.
Ruhnke, K. (2005): Rechnungslegung nach IFRS und HGB, Stuttgart.
Schierenbeck, H./Wöhle, C. B. (2012): Grundzüge der Betriebswirtschaftslehre, 18., überarb. Aufl., München.
Thommen, J.-P./Achleitner, A.-K. (2012): Allgemeine Betriebswirtschaftslehre, 7., vollst. überarb. Aufl., Wiesbaden.
Weber, J./Weißenberger, B. E. (2010): Einführung in das Rechnungswesen, 8., überarb. u. akt. Aufl., Stuttgart.

Weiterführende Literatur: Medien

Brösel, G. (2002): Medienrechtsbewertung, Wiesbaden.
Brösel, G. (2003a): Medienrechtsbewertung, in: Die Betriebswirtschaft, 63. Jg., S. 465-468.
Brösel, G. (2003b): Zur Bewertung von Film- und Übertragungsrechten aus der Sicht öffentlich-rechtlicher Fernsehveranstalter, in: Zeitschrift für öffentliche und gemeinwirtschaftliche Unternehmen, Bd. 26, H. 1, S. 1-18.
Brösel, G. (2003c): Bewertung von Sportübertragungsrechten, in: Brösel, G./Keuper, F. (Hrsg.)(2003): Medienmanagement, München, 237-258.
Brösel, G./Zwirner, C. (2004): Bilanzierung von Sportrechteverträgen nach HGB, IFRS und US-GAAP, in: MedienWirtschaft, 1. Jg., H. 1, S. 21-29.
Ulrich, K. (2006): Bewertung von Medienunternehmen, in: Drukarczyk, J./Ernst, D. (Hrsg.)(2006): Branchenorientierte Unternehmensbewertung, München, S. 56-72.
Forster, K.-H. (1988): Zu Ausweis, Ansatz und Bewertung des Programmvermögens von Rundfunkanstalten, in: Die Wirtschaftsprüfung, 41. Jg., S. 321-328.
Herzig, N. (1998): Bilanzierung von Fernseh- und Sportübertragungsrechten bei werbefinanzierten Privatsendern, in: Matschke, M. J./Schildbach, T. (Hrsg.)(1998): Unternehmensberatung und Wirtschaftsprüfung, Stuttgart, S. 223-241.
Herzig, N./Söffing, A. (1994): Bilanzierung und Abschreibung von Fernsehrechten, Teil I, in: Die Wirtschaftsprüfung, 47. Jg., S. 601-608.

Herzig, N./Söffing, A. (1994): Bilanzierung und Abschreibung von Fernsehrechten, Teil II, in: Die Wirtschaftsprüfung, 47. Jg., S. 656-663.
Köcher, A. (2002): Controlling der werbefinanzierten Medienunternehmung, Lohmar, Köln.
König, E. (1983): Zielorientierte externe Rechnungslegung für die öffentlich-rechtlichen Rundfunkanstalten in der Bundesrepublik Deutschland, München.
Küting, K. (2001): Bilanzierung und Bilanzanalyse am Neuen Markt, Stuttgart.
Küting, K./Zwirner, C. (2004): Die Bewertung von Medienunternehmen, in: Unternehmensbewertung & Management (UM), 7/2004, S. 251-255.
Küting, K./Zwirner, C. (2006): Bewertung – Spezifische Probleme der Werttreiber von Film- und Medienunternehmen, in: Scholz, C. (Hrsg.)(2006): Handbuch Medienmanagement, Berlin, Heidelberg, New York, S. 919-939.
Mindermann, T. (2009): Die bilanzielle Behandlung von Filmrechten, in: Brösel, G./Keuper, F. (Hrsg.) (2009): Controlling und Medien, Berlin, S. 271-284.
Mindermann, T./Brösel, G./Winkler, C. (2009): Auswirkungen des BilMoG auf die Bilanzierung von Filmrechten, in: MedienWirtschaft, 6. Jg., H. 3/2009, S. 10-15.
Möller, K./Piwinger, M./Zerfaß, A. (Hrsg.)(2009): Immaterielle Vermögenswerte, Stuttgart.
Rodewald, J. (1995): Die Bilanzierung von Rechten zur Berichterstattung und Übertragung von Sportereignissen im Fernsehen, in: Betriebsberater, 50. Jg., S. 2103-2108.
Tritschler, E. (2005): Bewertung von Kommunikations-Agenturen, in: Zerfaß, A./Gläser, M. (Hrsg.)(2005): Bewertung und Rating von Kommunikationsagenturen, Stuttgart, S. 47-69.
Ulrich, K. (2006): Bewertung von Medienunternehmen, in: Drukarczyk, J./Ernst, D. (Hrsg.)(2006): Branchenorientierte Unternehmensbewertung, München, S. 56-72.
Wriedt, P./Fischer, M. (1993): Zur Bilanzierung von Filmvermögen, in: Die Betriebswirtschaft, 46. Jg., S. 1683-1687.
Wriedt, P./Witten, V. (1991): Zur bilanziellen Behandlung von Filmrechten, in: Die Betriebswirtschaft, 44. Jg., S. 1292-1295.
Zerfaß, A./Gläser, M. (Hrsg.)(2005): Bewertung und Rating von Kommunikationsagenturen, Stuttgart.
Zwirner, C. (2002): Transparenz des Zelluloids? – Branchenspezifische Ansätze einer rechnungslegungsbasierten Berichterstattung und Unternehmensanalyse bei Film- und Medienunternehmen, in: Kapitalmarktorientierte Rechnungslegung, 2. Jg., S. 245-259.
Zwirner, C. (2003): Die bilanzielle Behandlung von Filmrechten und Lizenzen, in: Brösel, G./Keuper, F. (Hrsg.)(2003): Medienmanagement, München, 259-289.
Zwirner, C. (2008): Die bilanzielle Behandlung von Filmrechten und Lizenzen, in: Zeitschrift für internationale und kapitalmarktorientierte Rechnungslegung, 8. Jg., S. 272-280.

Fallbeispiele, Studien

Brösel, G./Kasperzak, R. (Hrsg.)(2004): Internationale Rechnungslegung, Prüfung und Analyse. Aufgaben und Lösungen, München, Wien.
PwC – PricewaterhouseCoopers (2006): Gemeinsamkeiten und Unterschiede. IFRS, US GAAP und deutsches Recht im Vergleich, 2., überarb. u. erw. Aufl., www.pwc.com/ifrs
Ulrich, K. (2006): Bewertung von Medienunternehmen, in: Drukarczyk, J./Ernst, D. (Hrsg.)(2006): Branchenorientierte Unternehmensbewertung, München, S. 56-72.

Kapitel 20
Kosten- und Leistungsrechnung

20.1 Grundlagen 525
20.2 Kurzfristige Erfolgsrechnung für den Gesamtbetrieb 527
20.3 Kalkulation eines einzelnen Produkts 540

Leitfragen

- Welche Fragen im Hinblick auf die Kosten und die Leistungen von Medienprodukten stehen im Brennpunkt des ökonomischen Interesses?
- Welche beiden Ebenen unterscheidet man in der Kosten- und Leistungsrechnung?
- Was besagt der „Kostenwürfel"?
- Welche beiden Kostenrechnungssysteme unterscheidet man?
- Wodurch unterscheidet sich die Vollkostenrechnung von der Teilkostenrechnung?
- Aus welchen Gründen muss die traditionelle Kosten- und Leistungsrechnung als unzureichend bezeichnet werden?
- In welchem Zusammenhang stehen die Kostenartenrechnung, die Kostenstellenrechnung und die Kostenträgerrechnung?
- Welche Charakteristika weist das Kostenrechnungssystem von ARD und ZDF auf?
- Was versteht man unter einem „Deckungsbeitrag"?
- Welche beiden Formen der Deckungsbeitragsrechnung unterscheidet man?
- Was versteht man unter „Direct Costing"?
- Was versteht man unter der „Fixkostendeckungsrechnung"?
- Wie berechnet man den Break-Even-Punkt bei einem Buch-Projekt?
- Welche Teilaspekte weist die Deckungsbeitragsrechnung für eine TV-Sendung auf?
- Warum nennt man die Kalkulation auch „Kostenträgerstückrechnung"?
- Welche Kalkulationsverfahren eignen sich für welche Fertigungstypen am besten?
- Wie ist die „Divisionskalkulation" definiert?
- Was versteht man unter „Kuppelkalkulation"?
- Nach welcher Methodik arbeitet die „Zuschlagskalkulation"?
- Wie lässt sich die Methodik der „summarischen Zuschlagskalkulation" beschreiben?
- Wodurch zeichnet sich die „differenzierte Zuschlagskalkulation" aus?
- Was ist der Unterschied zwischen „Herstellkosten" und „Herstellungskosten"?
- In welchen Schritten entwickelt man eine Kalkulation im Filmbereich?
- Welcher Systematik folgt die Zuschlagskalkulation bei Spielfilm-Produktionen?
- Wie erfolgt die Zuschlagskalkulation bei Werbefilm-Produktionen?
- Was bedeutet in diesem Zusammenhang das Mark Up von 26,5 %?
- Was sind „Handlungsunkosten"?
- Was ist eine „Überschreitungsreserve"?
- Wie sieht die summarische Zuschlagskalkulation für ein Multimedia-Projekt aus?
- Wie sieht die differenzierte Zuschlagskalkulation für ein Druckprodukt aus?
- Wodurch unterscheidet sich bei einem Buchprojekt die Zuschlagskalkulation nach der progressiven Methode von derjenigen nach der retrograden Methode?

Gegenstand

Die Kosten- und Leistungsrechnung stellt denjenigen Teil des Rechnungswesens dar, der auf die internen Informationsbedürfnisse ausgerichtet ist. Zweck ist es, gesicherte Informationen für die Steuerung und das Management des betrieblichen (bzw. operativen) Bereiches zu generieren, also desjenigen Bereiches der Unternehmung, der unmittelbar auf den Betriebszweck ausgerichtet ist.

Leitziel ist die Sicherstellung der Wirtschaftlichkeit des Wertschöpfungsprozesses. Im Fokus der Betrachtung stehen die Endprodukte, also die zu erbringenden Leistungen, die in der Kosten- und Leistungsrechnung „Kostenträger" genannt werden (z. B. eine Buchauflage, eine Sendestrecke im Radio, eine TV-Sendung, ein Kino-Film oder ein Computerspiel). Die Ermittlung der Kosten der Kostenträger bzw. Leistungen bzw. Produkte nennt man „Kalkulation". Vorrangige Aufgabe der Kosten- und Leistungsrechnung ist damit die Kalkulation der Kosten der zu erstellenden Endprodukte. Die folgenden Zwecke der Kalkulation sind zu unterscheiden:

- Schaffung einer Grundlage für die Abgabe eines Angebots und Ermittlung des Angebotspreises, Findung der Preisuntergrenze, Beherrschung der Kosten,
- Schaffung von Vergleichs- und Kontrollmöglichkeiten für das Kostencontrolling,
- Schaffung einer Grundlage für die Erfolgsermittlung und Erfolgskontrolle,
- Erarbeitung einer Unterlage für zukünftige Kalkulationen gleichartiger oder ähnlicher Leistungen, Aufbau eines Erfahrungsschatzes.

Endpunkt der Kalkulation ist die vollständige und transparente Aufbereitung der anfallenden oder angefallenen Kosten. Der Begriff „Kosten" umfasst drei Merkmale, die immer erfüllt sein müssen, um einen Sachverhalt als Kosten deklarieren zu können: (1) mengenmäßiger Verbrauch („Verzehr") an Gütern bzw. Ressourcen, (2) bewertet, (3) auf eine Leistung bezogen (Produkt, Projekt).

Kosten dürfen nicht mit Begriffen wie Auszahlungen, Ausgaben oder Aufwendungen verwechselt werden. Im Hinblick auf das Ziel der Liquidität (als Strömungsgröße) geht es um Geldflüsse bzw. Zahlungsströme, die in der engsten Definition Auszahlungen und Einzahlungen, in einer weiteren Definition Ausgaben und Einnahmen umfassen. Im Hinblick auf das Rentabilitätsziel geht es um Aufwand und Ertrag, die eine Abnahme oder Zunahme des Eigenkapitals dokumentieren. Im Gegensatz zu den genannten Zielen der Liquidität und Rentabilität sind Kosten und Leistungen auf den betrieblichen Bereich und damit auf das Ziel der Wirtschaftlichkeit ausgerichtet (vgl. dazu auch Kapitel 22).

Kosten verursacht nur derjenige Verbrauch an Ressourcen, der mit der zu erbringenden (Projekt-)Leistung einhergeht. Die Grafikerleistung zur Erstellung des Screen-Designs für die Web-Site ist eindeutig ein Kostenfaktor; der Verlust aus einer Spekulation mit Wertpapieren ist es nicht. Letzterer hat mit dem Betriebszweck nichts zu tun und darf nicht als Kosten eingerechnet werden. Er ist bei der Kostenrechnung zu „neutralisieren". Man spricht von „neutralem Aufwand". Umgekehrt gibt es Güterverbrauch, dem keine Ausgaben bzw. Aufwand gegenüberstehen, die aber als Kosten zu berücksichtigen sind. Musterbeispiele für solche „kalkulatorischen Kosten" sind der kalkulatorische Unternehmerlohn oder die Eigenkapitalzinsen.

Innerhalb der Kosten- und Leistungsrechnung findet die Kalkulation in der Kostenträgerrechnung statt, die zusammen mit der Kostenartenrechnung und der Kostenstellenrechnung die drei zentralen Teilgebiete der Kosten- und Leistungsrechnung darstellt:

- In der Kostenartenrechnung werden alle Kosten, die in einer Abrechnungsperiode angefallen sind, gesammelt und nach Arten gruppiert. Leitfrage: Welche Kosten sind angefallen bzw. werden anfallen?
- In der Kostenstellenrechnung findet eine Verteilung der Kosten auf die verschiedenen Betriebsbereiche (Kostenstellen) statt. Leitfrage: Wo sind die Kosten angefallen?
- Die Leitfrage der Kostenträgerrechnung lautet: Wofür sind die Kosten angefallen?

Neben der traditionellen Kosten- und Leistungsrechnung spielen neuere Instrumente wie die Prozesskostenrechnung oder das Target Costing eine zunehmend wichtige Rolle.

20.1 Grundlagen

(1) Die Kosten- und Leistungsrechnung verkörpert das interne Rechnungswesen und hat die **Erfolgsermittlung** zum Ziel, sei es mit Blick zurück als Abrechnung, sei es mit Blick nach vorn als Planungsrechnung zur Entscheidungsunterstützung. Die Ermittlung des Erfolgs geschieht in zwei Kontexten:

- **Betriebsabrechnung** mit Bezug zum gesamten Betrieb („Makro-Ebene")
- **Kalkulation** mit Bezug auf ein einzelnes Produkt („Mikro-Ebene")

Die Betriebsabrechnung hat zum Ziel, sämtliche Erlöse und Kosten des Betriebes übersichtlich und aussagekräftig einander gegenüberzustellen, um Aussagen über die Wirtschaftlichkeit des betrieblichen Bereichs des Unternehmens, also über die Aktivitäten den Betriebszweck und den Normalbetrieb betreffend, machen zu können. Typischerweise wird dabei die vergangenheitsorientierte Verrechnung von Istkosten betont. Im Gegensatz dazu stehen bei der Kalkulation einzelner Produkte Planwerte im Vordergrund – mit dem Ziel, dem Management Entscheidungshilfen zu geben.

In beiden Kontexten soll die Kosten- und Leistungsrechnung die Voraussetzungen für ein wirksames Kostenmanagement schaffen, bei dem die „Cost Drivers" und die „Value Drivers" des operativen Bereichs erkennbar werden.

(2) Das Phänomen der „Kosten" lässt sich aus unterschiedlichen Perspektiven betrachten. Der sog. **„Kostenwürfel"** zeigt drei zentrale Perspektiven des immer gleichen Grundtatbestandes der Kosten (vgl. Abb. 20-1):

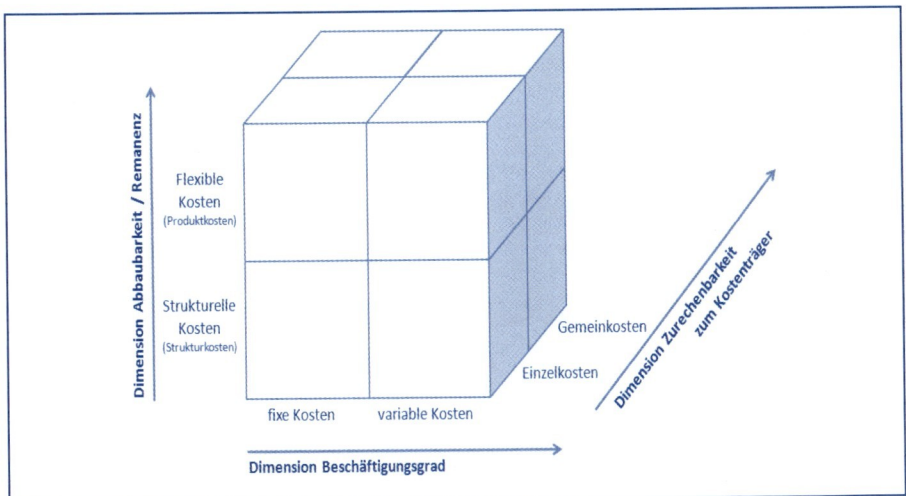

Abb. 20-1: Dimensionen von Kosten im „Kostenwürfel"

- Nach der Zurechenbarkeit zum Kostenträger unterscheidet man **Einzelkosten** und **Gemeinkosten**. Einzelkosten können einem Kostenträger, also dem Endprodukt (z. B. eine Sendung, ein Event, ein Projekt), direkt zugerechnet werden. Bei Gemeinkosten ist dies nicht möglich, da mehrere Kostenträger betroffen sind.

- Im Hinblick auf die Korrelation mit dem Beschäftigungsgrad unterscheidet man fixe und variable Kosten. **Fixe Kosten** entstehen unabhängig von der Ausbringungsmenge (z. B. Kosten für festangestellte Redakteure, Mieten, Versicherungsprämien). **Variable Kosten** reagieren mit der Ausbringungsmenge (z. B. bei Zeitungen Kosten für Papier und Druckfarbe, im Fernsehen z. B. die Honorare für freie Mitarbeiter, die direkt für sendungsbezogene Leistungen bezahlt werden).
- Bei der Dimension Abbaubarkeit bzw. Remanenz wird zwischen strukturellen und flexiblen Kosten unterschieden. **Strukturelle Kosten** (Strukturkosten) sind Kosten, die nicht mit der Fertigung des Produkts zusammenhängen, sondern den organisatorischen und infrastrukturellen Rahmen der Unternehmung betreffen (z. B. Akquisition, Unternehmenskultur, Verwaltung). **Flexible Kosten** (Produktkosten) sind ursächlich erforderlich, um das Produkt entstehen zu lassen.

(3) Von grundlegender Bedeutung ist in der Kosten- und Leistungsrechnung die Frage der **Kostenrechnungssysteme**. Zwei Typen sind zu unterscheiden:

- Vollkostenrechnung
- Teilkostenrechnung

Ziel der **Vollkostenrechnung** ist es, alle Kosten, seien sie direkt oder nur indirekt zurechenbar (Einzelkosten/Gemeinkosten), oder seien sie reagibel mit dem Beschäftigungsgrad oder nicht (variable/fixe Kosten), auf den Kostenträger, sprich: die Leistung, zuzurechnen. Entscheidender Ausgangspunkt ist also die Verrechnung auch derjenigen Kosten, bei der das sog. Kostenverursachungsprinzip versagt. Hierzu arbeitet man mit Leistungsaufschreibungen oder Schlüsseln, um eine möglichst plausible Verrechnung möglich zu machen.

> Es darf nicht beschönigt werden, dass die Vollkostenrechnung gegen das Verursachungsprinzip verstößt, da fixe Kosten oder Gemeinkosten auf die Leistungseinheiten nicht als deren Folge, sondern mit Hilfe von Zuschlagssätzen oder Schlüsseln verteilt werden.

Im Gegensatz zur Vollkostenrechnung werden bei der **Teilkostenrechnung** nur Teile der Kosten dem Kostenträger zugerechnet. Hauptziel ist die Unterstützung in konkreten Entscheidungslagen und dabei die Fokussierung auf die beeinflussbaren Parameter des Managements.

> Die Teilkostenrechnung – so Weber/Weißenberger 2006: 515 – soll „ein Instrument zur Fundierung und Kontrolle unternehmerischer Entscheidungen darstellen, wobei der Entscheidungshorizont – in Abgrenzung zur Investitionsrechnung – kurzfristig ist: Betrachtet werden lediglich Anpassungsentscheidungen im Rahmen der gegebenen Kapazitäten. Typische Fragestellungen, für die man valide Informationen bereitstellen will, sind etwa die folgenden:
>
> - Wie wirken sich Absatzmengenänderungen auf die Höhe des Periodenerfolges aus, wie Änderungen des Produktmixes?
> - Wie weit kann bei Preisverhandlungen auf die Kunden zugegangen werden, ohne dass der Kontrakt in die roten Zahlen gerät (Preisuntergrenze)?
> - Soll ein Instandhaltungsauftrag von der eigenen Werkstatt oder von externen Handwerkern durchgeführt werden (make-or-buy-Problem)?
> - Welches von mehreren möglichen Produktionsverfahren soll zur Bearbeitung eines Kundenauftrags herangezogen werden (Verfahrenswahl)?"

20.2 Kurzfristige Erfolgsrechnung für den Gesamtbetrieb

Im Hinblick auf die Makro-Ebene der Betriebsabrechnung sind zwei unterschiedliche Ansätze zu unterscheiden (vgl. Schierenbeck/Wöhle 2012: 825 ff.):

- Traditionelle Betriebsabrechnung auf Vollkostenbasis
- Moderne Betriebsabrechnung auf Teilkostenbasis

(1) Bei der **traditionellen Betriebsabrechnung auf Vollkostenbasis** erfolgt die Erfassung und Verteilung der Kosten nach dem folgenden Prinzip (vgl. Abb. 20-2):

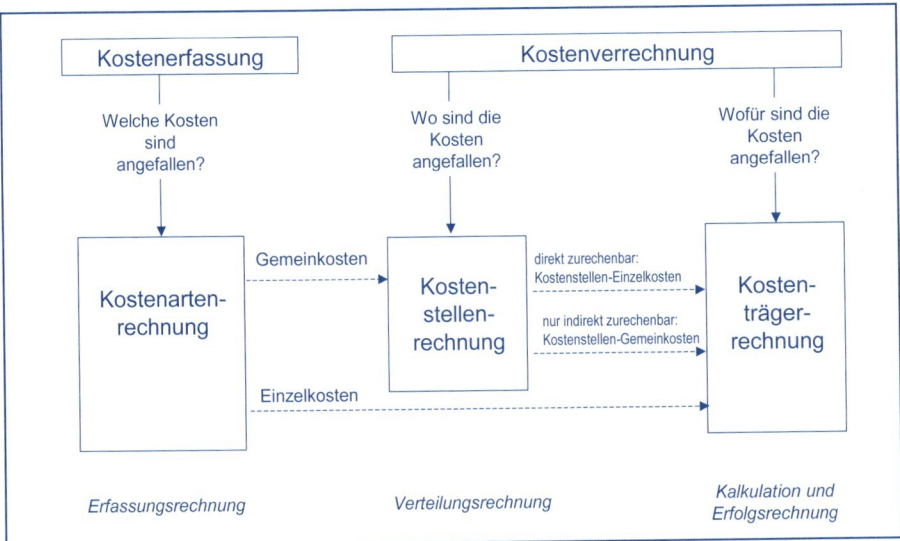

Abb. 20-2: *Verrechnung von Einzel- und Gemeinkosten*

In der **Kostenartenrechnung** werden alle Kosten, die in einer Abrechnungsperiode angefallen sind (bzw. anfallen werden), gesammelt und nach Arten gruppiert. Aufgabe der Kostenartenrechnung ist die vollständige und systematische Erfassung, Bewertung und Klassifikation der entstandenen Kosten.

Die Gliederung der Kosten nach Arten erfolgt v. a. nach der Art der verzehrten Produktionsfaktoren, nach Einzel-/Gemeinkosten sowie nach fixen/variablen Kosten.

> Nach dem Kriterium der Art der verzehrten Produktionsfaktoren lassen sich Kostenarten wie folgt differenzieren:
> - Materialkosten: Rohstoffe, Hilfsstoffe, Betriebsstoffe.
> - Personalkosten: Arbeitsentgelte, Sozialkosten, kalkulatorischer Unternehmerlohn.
> - Fremdleistungskosten: Mieten, Pachten, Leasinggebühren, Reparaturen, Prüfung und Beratung, Provisionen etc.
> - Kosten für Rechte und Lizenzen: Rechte, Lizenzen.
> - Kalkulatorische Abschreibungen: Verursachungsgerechte Erfassung der Werteverzehre mit dem Ziel der Substanzerhaltung.
> - Kapitalkosten: Kalkulatorische Zinsen für Eigenkapital und Fremdkapital.
> - Kalkulatorische Wagniskosten für Einzelwagnisse.

Bei der **Kostenstellenrechnung** findet eine Verteilung der Kosten auf die verschiedenen Betriebsbereiche statt. Kostenstellen sind Orte der Kostenentstehung.

Kostenstellen werden wie folgt unterschieden (Quelle: Schierenbeck/Wöhle 2012: 833):

- Allgemeine Kostenstellen: Sie erbringen Leistungen für sämtliche Teile des Unternehmens
- Fertigungsstellen, die wiederum unterteilt sind in:
  - Hauptkostenstellen: Diese sind unmittelbar in den Prozess eingespannt, der die Herstellung der Hauptprodukte des Unternehmens zum Gegenstand hat.
  - Nebenkostenstellen: Sie bearbeiten dagegen Produkte, die nicht zum eigentlichen Produktionsprogramm gehören.
  - Hilfskostenstellen: Sie dienen nur mittelbar der Herstellung absatzfähiger Endprodukte.
- Materialstellen: Ihnen obliegen sämtliche materialwirtschaftlichen Aufgaben.
- Verwaltungsstellen: Sie umfassen alle Abteilungen mit allgemeinen Verwaltungs-, Service- und Leistungsfunktionen.
- Vertriebsstellen: Ihre Aufgabe ist die marktliche Verwertung der erzeugten Produkte.

Bei der Verrechnung der Kosten nach dem Prinzip der Zurechenbarkeit zum Kostenträger durchlaufen die Einzelkosten die Kostenstellenrechnung nicht, sondern werden unmittelbar in die Kostenträgerrechnung überführt. Die Kostenstellenrechnung ist insofern eine Spezialrechnung zur möglichst sinnvollen – sprich: im Hinblick auf die realen Vorgänge möglichst wenig schädlichen – Verrechnung der Gemeinkosten.

Zentrale Instrumente der Kostenstellenrechnung sind der Kostenstellenplan und der Betriebsabrechnungsbogen (BAB). Der Kostenstellenplan stellt das Gliederungssystem der Kostenstellen dar und soll so gestaltet sein, dass möglichst enge Beziehungen zwischen anfallenden Kosten und den Leistungen der Kostenstellen bestehen. Der BAB sorgt für die Verteilung der Gemeinkosten aus der Kostenartenrechnung auf die Kostenstellen, für die Abrechnung der Kostenstellen untereinander (Kostenstellenumlage) sowie für die Ermittlung von Gemeinkostenzuschlagsätzen als Grundlage der Kostenträgerrechnung.

Bei der **Kostenträgerrechnung** schließlich geht es um das finale Ziel der Kostenrechnung, nämlich die Zurechnung der angefallenen bzw. anfallenden Kosten auf die Endprodukte. Sie zeigt auf, wie sich die – in der Kostenartenrechnung erfassten, teilweise über die Kostenstellenrechnung weiterverrechneten – Kosten in den Kostenträgern bzw. Kostenträgergruppen niederschlagen.

Die Kostenträgerrechnung wird in die Kostenträgerzeitrechnung und die Kostenträgerstückrechnung unterschieden. Die **Kostenträgerzeitrechnung** (auch als kurzfristige Erfolgsrechnung oder Kostenträgerergebnisrechnung bezeichnet) ermittelt die Kosten, die in einer Abrechnungsperiode angefallen sind. Zentrale Aufgaben sind die Ermittlung des Periodenerfolgs, die Analyse der Erfolgsquellen und Kostenstrukturen und die laufende Überwachung der Wirtschaftlichkeit des Unternehmens. Dies bedingt die Wahl kurzer Abrechnungszeiträume (Quartal, Monat, Woche), um schnell auf ungünstige Entwicklungen reagieren zu können – ein Desideratum, das die Finanzbuchhaltung nicht leisten kann. Diese liefert den Jahresabschluss (Bilanz, GuV, Anhang) und ist auf die Identifikation des Unternehmenserfolgs in pauschaler Form und auf einen verhältnismäßig langen Zeitraum (in der Regel ein Jahr) ausgelegt.

Im Gegensatz zur Kostenträgerzeitrechnung zielt die **Kostenträgerstückrechnung** auf die Kosten der produzierten Einheit. Diese auch als Kalkulation bezeichnete Kostenträgerrechnung wird gesondert betrachtet (s. u.).

Traditionelle Kostenrechnung beim öffentlich-rechtlichen Rundfunk

Grundkonzept

Das Kostenrechnungssystem von ARD und ZDF folgt den üblichen Maßstäben einer Kosten- und Leistungsrechnung und beansprucht – methodisch gesehen – keinen Sonderstatus, ist also nicht – wie gelegentlich behauptet – ein Bereich „sui generis", der quasi „eigenen Gesetzen" des internen Rechnungswesens gehorcht. Neben der traditionellen Kostenrechnung im Sinne der Betriebsabrechnung auf Vollkostenbasis verfolgen, prüfen und implementieren die öffentlich-rechtlichen Rundfunkanstalten – selbstverständlich – alle verfügbaren Ansätze des modernen Kostenmanagements.

Die Kostenrechnung der öffentlich-rechtlichen Rundfunkanstalten in Form der traditionellen Betriebsabrechnung auf Vollkostenbasis folgt den üblichen Regeln mit der Erfassung der Istkosten in den drei Grundkategorien der Kostenartenrechnung, Kostenstellenrechnung und Kostenträgerrechnung.

Das Grundprinzip stellt sich wie folgt dar:

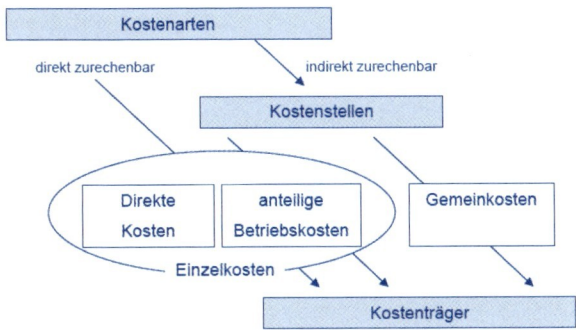

Kostenartenrechnung

Die *Kostenartenrechnung* zeigt alle Kosten an, die bei der Programmerstellung in der Abrechnungsperiode anfallen, gruppiert nach dem Verbrauchscharakter, also nach Personalkosten und Sachkosten. Grundlage der Erfassung und Gliederung ist bei den ARD-Anstalten der auf drei Stellen einheitlich angewandte sog. „Rundfunkkontenrahmen" (RKR). Folgende Kontengruppen sind für die Aufwendungen festgelegt, die im Übrigen auch für die Wirtschaftsplanung verbindlich sind:

Kontengruppe	Gegenstand, v. a.
40	Personalaufwand und soziale Leistungen
41	Soziale Abgaben, Unterstützung, Altersversorgung
42	Urheber-, Leistungs- und Herstellervergütungen
43	Kooperationen in Programm und Produktion
44	Materialeinsatz
45	Technische Leistungen
46-48	Übrige betriebliche Aufwendungen

Zum Zweck der Weiterverrechnung in der Kostenstellenrechnung und der Zurechnung auf die Kostenträger werden die Kostenarten jeweils nach den Kategorien direkte Kosten, anteilige Betriebskosten und Gemeinkosten klassifiziert.

Direkte Kosten sind Kostenträgereinzelkosten, die direkt den einzelnen Produktionen zurechenbar sind bzw. unmittelbar von dort durch Inanspruchnahme von Leistungen externer Dritter verursacht werden wie z. B. die Honorare an freie Mitarbeiter (Urheber-, Leistungs- und Herstellervergütungen) oder Materialaufwendungen.

Die *anteiligen Betriebskosten* und die *Gemeinkosten* sind demgegenüber Kosten für die Inanspruchnahme eigener Leistungen und können im Rahmen der Kostenstellenrechnung nur über Verrechnungsmodi auf die Kostenträger verteilt werden. Dabei gilt:

Fremde Ressourcen	Direkte Kosten
Eigene Ressourcen	Anteilige Betriebskosten und Gemeinkosten

Erfolgt die Verrechnung in Form von Leistungserfassungen bzw. durch sog. „Leistungsaufschreibungen" am Ort der Entstehung (Kostenstellen), behandelt man die Kosten als anteilige Betriebskosten, können aber nur allgemeine Schlüssel zur Weiterverrechnung (zweckmäßigerweise) verwendet werden, liegen Gemeinkosten vor.

Leistungsaufschreibungen werden nicht in Redaktion und Verwaltung, sondern nur in der Produktion praktiziert, dort aber sehr weitgehend, zum einen für die zeitliche Inanspruchnahme des eigenen Produktionspersonals (Kamera, Schnitt, Techniker usw.), zum anderen für die zeitliche Inanspruchnahme der Sachressourcen (Studios und mobile Technik). Anteilige Betriebskosten stehen insofern bei den öffentlich-rechtlichen Rundfunkanstalten als Synonym für die Produktionskosten im engeren Sinne. Die Bewertung der zeitlichen Inanspruchnahme erfolgt bei den anteiligen Betriebskosten über Verrechnungspreise bzw. Stundensätze für Studio- und mobile Produktionsmittel sowie für Produktionspersonal. Die Verrechnungspreise beruhen auf einer angenommenen Normalauslastung der Kapazitäten.

Kostenstellenrechnung

In der *Kostenstellenrechnung* werden die nicht direkt oder über Leistungsaufschreibungen verrechenbaren Kosten zunächst von allgemeinen Hilfskostenstellen (z. B. Personalnebenkosten, Raumkosten, Kosten der Fahrbereitschaft, Gremien, Intendanz, technische Leistungsbereiche, soweit sie nicht zur Produktion zählen) anhand geeigneter Schlüssel (z. B. Quadratmeterzahl für die Raumkosten) auf die Endkostenstellen verteilt. Deren Kosten werden sodann nach der Methodik der Zuschlagsrechnung als Gemeinkosten auf die Kostenträger bzw. Sendungen weiterverrechnet.

Es ergibt sich das nachfolgende Zurechnungsschema:

	Methodik der Zuschlagsrechnung	*Erläuterung/ Beispiele:*	*Zuschlagsbasis*
	Direkte Kosten	siehe Text	
+	Anteilige Betriebskosten	siehe Text	
=	Produktionskosten		
+	Produktionsgemeinkosten	Leitungsstellen	Produktionskosten
+	Programmgemeinkosten	Redaktionen	Produktionskosten
=	Herstellkosten		
+	Beitragseinzugskosten		Herstellkosten
+	Sonstige Gemeinkosten	Verwaltungs-GK	Herstellkosten
=	Selbstkosten		
+	Abspiel- u. Ausstrahlungskosten		Sendezeit
+	Techn. Leistungen der Telekom		Sendezeit
=	Gesamtkosten		

Ein Blick auf empirische Werte zeigt, dass bei den öffentlich-rechtlichen Fernsehanstalten zwar ein relativ hoher Anteil der direkten Kosten zu erkennen ist, den Löwenanteil machen jedoch die Gemeinkosten (einschließlich der Abspiel- und Ausstrahlungskosten) aus.

Dieses Bild entspricht dem allenthalben feststellbaren Langfrist-Trend der Zunahme der Gemeinkosten. Für den ehemaligen Süddeutscher Rundfunk (heute: SWR) zeigten sich für 1994 z. B. die folgenden Gesamtkosten im Fernsehen:

- Direkte Programmkosten: 28,75   Prozent
- Anteilige Betriebskosten: 16,35   Prozent
- Gemeinkosten: 35,50   Prozent
- Abspiel- und Ausstrahlungskosten: 19,40 Prozent

Kostenträgerrechnung

Die Selbstkosten sind der Grundpfeiler der *Kostenträgerstückrechnung*, die das breite Spektrum der einzelnen Fernsehproduktionen kostenmäßig abbildet, wobei die Kostenträger die anfallenden Kosten periodenübergreifend erfassen, also neben den Kosten des laufenden Jahres auch die Kosten der Vorjahre und des nachfolgenden Jahres.

In der *Kostenträgerzeitrechnung* werden die gesamten Gemeinkosten der Abrechnungsperiode auf die in dieser Periode gesendeten Kostenträger verteilt und nach Redaktions- und Programmbereichen aggregiert ausgewiesen.

Kostenträger im öffentlich-rechtlichen Fernsehen zu definieren, kann gewisse Schwierigkeiten bereiten: Zum einen kann man auf die einzelne Produktion abstellen, zum anderen aber auf Sendungen bzw. Sendeplätze. So werden Produktionen mit einer entsprechenden Ausreifungszeit erst später zu Sendungen. Die Fernsehanstalten weisen beide Kostenträgervarianten in der Kostenrechnung nach und verbinden die Rechnungen im Zusammenhang mit dem Nachweis des Fernseh-Programmvermögens. Beide Aspekte in den Blick zu nehmen, ist auch deswegen notwendig, um Produktionen zu erfassen, die gezielt für eine Mehrfachausstrahlung geplant wurden.

Kostenrechnungssystem als Steuerungsinstrument

Die Kostenrechnung hat nicht nur eine *Dokumentationsfunktion* aller Kosten der vergangenen Perioden, sie soll vielmehr auch diejenigen Informationen liefern, die zur *Steuerung und Planung* im Sinne der Sicherung von Wirtschaftlichkeit erforderlich sind. Damit wird die Kosten- und Leistungsrechnung in den Dienst von Controlling gestellt.

Diesbezügliche Informationen betreffen vor allem die folgenden Bereiche:

- Informationen über die Festlegung des Leistungsumfangs im Programm
- Informationen über die Zusammensetzung des Programms
- Informationen zur Ressourcenallokation zwischen Hörfunk und Fernsehen
- Informationen zur Ressourcenallokation zwischen den einzelnen Programmen
- Informationen zur Ressourcenallokation zwischen den einzelnen Programmbereichen
- Informationen über den angemessenen Aufwand pro einzelner Sendung
- Informationen zur Frage der Eigenerstellung oder Fremdbezug von Programmteilen

Schon früh haben die öffentlich-rechtlichen Rundfunkanstalten diesen „Schwenk" in Richtung Steuerung und Controlling vollzogen und dabei insbesondere das Rechnungswesen in den Dienst der Unternehmensführung gestellt, wie nachstehende Äußerung eines früheren WDR-Verwaltungsdirektors zeigt: „Wie auch in erwerbswirtschaftlichen Unternehmen hat sich das Controlling öffentlich-rechtlicher Rundfunkanstalten sukzessive aus der Weiterentwicklung des Rechnungswesen- und Planungsinstrumentariums von eher statischen und vergangenheitsorientierten zu dynamischen und zukunftsorientierten Instrumenten entwickelt" (Seidel 1992: 35).

(2) Die Erfassung und Verteilung der Kosten bei der **modernen Betriebsabrechnung auf Teilkostenbasis** erfolgt völlig anders als bei der traditionellen Betriebsabrechnung auf Vollkostenbasis. Nunmehr verzichtet man auf die – ohnehin stets mit Fehlern behaftete – Zurechnung der nicht unmittelbar auf die Kostenträger bezogenen Kosten und „begnügt" sich mit der Betrachtung von Teilen von Kosten.

Im Fokus steht die **Deckungsbeitragsrechnung**, bei der man die Kosten nicht in der Kategorie Einzel- und Gemeinkosten, d. h. nach ihrer Zurechenbarkeit auf den Kostenträger, sondern in der Kategorie variable Kosten und Fixkosten betrachtet.

Der Deckungsbeitrag (DB) ist definiert als Differenz zwischen dem Umsatzerlös (U) und den variablen Kosten (K_V): $DB = U - K_v$.

Er gibt an, wie viel ein Produkt zur Deckung der Fixkosten des Unternehmens und zum Gewinn im Sinne des Totalerfolgs beiträgt. Ein Produkt wird erstellt, wenn es einen positiven DB abwirft, es wird nicht erstellt, wenn der DB negativ ist.

> Beispiel Deckungsbeitrag einer TV-Sendung: (1) Output: Zu ermitteln ist, was die Sendung an Werbeerlös erbringt – im Vergleich zur Situation, wenn man die Sendung nicht ausstrahlen würde (Umsatzerlös, Grenzumsatz). (2) Input: Zu ermitteln sind die von der Sendung unmittelbar verursachten Kosten (variable Kosten, Grenzkosten). Alle Kosten, die von der Sendung nicht verursacht werden, d. h. die Fixkosten, bleiben außer Betracht.

Die Methodik der Deckungsbeitragsrechnung kann anhand von Abb. 20-3 verdeutlicht werden, wonach die Deckungsbeiträge der einzelnen Produkte des Produktportfolios dazu dienen, zunächst den Fixkostenblock des Unternehmens abzudecken. Ist dies erfolgreich geschehen, führen alle weiteren Deckungsbeiträge zur Herausbildung von Gewinn. Produkte mit einem negativen Deckungsbeitrag tragen nicht nur nicht zur Deckung von Fixkosten bei, sondern machen zusätzlich die Querfinanzierung durch positive Deckungsbeiträge der anderen Produkte erforderlich.

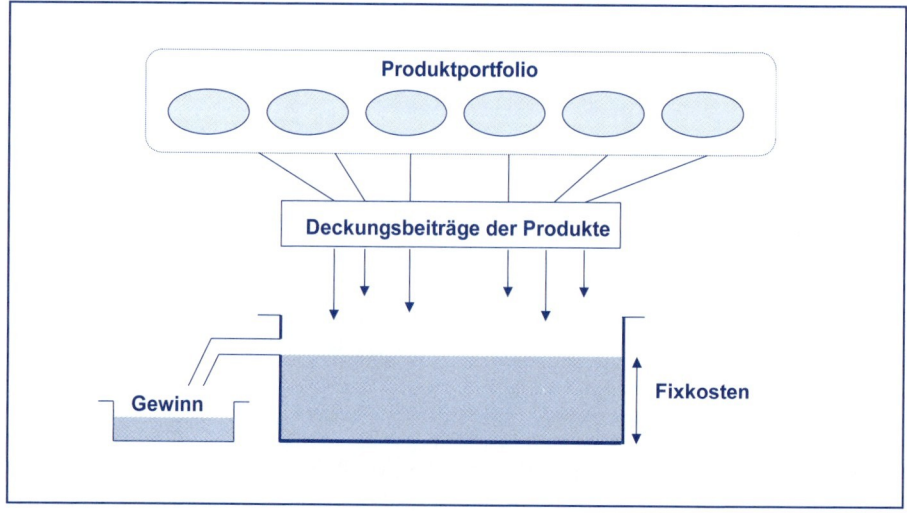

Abb. 20-3: Methodik der Deckungsbeitragsrechnung

Bei der Deckungsbeitragsrechnung sind zwei Formen zu unterscheiden, zum einen die einstufige, zum anderen die mehrstufige Deckungsbeitragsrechnung.

Die **einstufige Deckungsbeitragsrechnung (Direct Costing)** behandelt die Fixkosten als eine feststehende Größe und differenziert sie nicht weiter. Der Grundgedanke ist, dass die Fixkosten kurzfristig nicht beeinflussbar sind und man ihnen daher keine weitere Beachtung schenken muss.

<small>Der Begriff „Direct Costing" bringt diesen Gedanken zum Ausdruck: „Direct" soll besagen, „dass auf die Kostenträger nur solche Kosten weiterverrechnet werden, die direkt mit der Beschäftigung variieren. „Direct Costs" sind also variable Kosten und nicht, wie man irrtümlich meinen könnte, Einzelkosten" (Schierenbeck/Wöhle 2012: 846).</small>

Bei der Ermittlung des Betriebsergebnisses wird dann so vorgegangen, dass die gesamten Fixkosten vom Gesamtdeckungsbeitrag abgezogen werden. Die variablen Kosten einzelner Kostenträger werden von den Umsatzerlösen abgezogen und so die Deckungsbeiträge jedes Kostenträgers ermittelt. Um das Ergebnis für das ganze Produktportfolio des Unternehmens (= Betriebsergebnis) zu erhalten, werden die fixen Kosten vom Gesamt-Deckungsbeitrag (DB) abgezogen. Ist die Summe der Deckungsbeiträge größer als die fixen Kosten, erzielt die Unternehmung einen Gewinn. Abb. 20-4 zeigt das Konzept der einstufigen Deckungsbeitragsrechnung auf der Basis von Stückdeckungsbeiträgen.

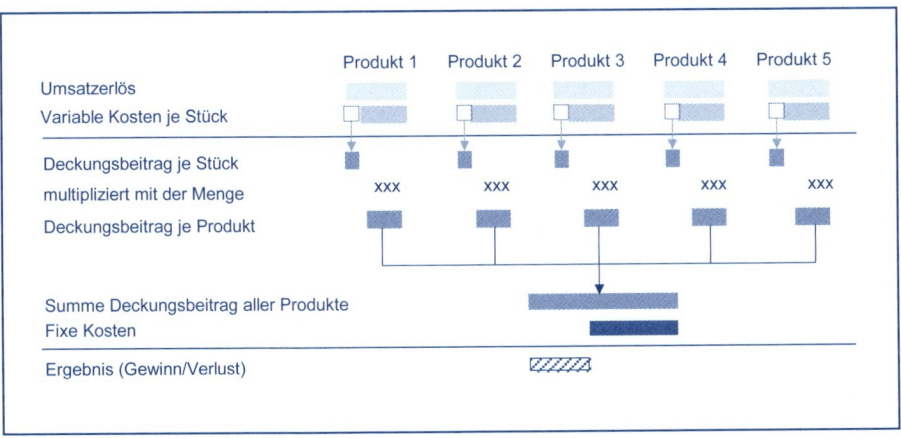

Abb. 20-4: Kalkulation eines Produktportfolios nach der Deckungsbeitragsrechnung

Im engen Zusammenhang mit dem Direct Costing steht die Break-Even-Analyse. Diese sucht diejenige Menge zu ermitteln, ab der mit einem bestimmten Produkt ein Gewinn erzielt wird („Break-Even-Point" bzw. „Gewinnschwelle"). Auch hier werden die Fixkosten als Ganzheit behandelt und nicht näher differenziert sowie auf Planwerte bezogen. Zur Errechnung der Gewinnschwelle arbeitet die Break-Even-Analyse mit einer bekannten Praktiker-Formel, die wie folgt lautet:

Break-Even-Menge = Fixkosten dividiert durch den Stückdeckungsbeitrag

Nachfolgendes Fallbeispiel verdeutlicht die Zusammenhänge.

Fallbeispiel: Break-Even-Analyse für ein Buch-Projekt

Es geht um die Verlegung eines Sachbuchs. Die folgenden Kosten fallen an:

- Auflagenunabhängige Kosten für Lektor, Vermarktung etc. i. H. v. 20.000 Euro
- Auflagenabhängige Kosten für Druck und Honorar des Autors i. H. v. 20 Euro pro Exemplar
- Der Preis des Buchs beträgt 40 Euro pro Exemplar.

Aufgabe

Zu bestimmen ist diejenige Produktmenge, bei der die dem Produkt zurechenbaren Kosten gerade durch die Erlöse gedeckt sind („Break-Even-Punkt" bzw. „Gewinnschwelle").

Lösung
Fixkosten: 20.000 Euro
Stück-Deckungsbeitrag (konstant): DB-Stück = Stück-Erlös ./. variable Kosten pro Stück = 40 ./. 20 = 20 Euro

Gesamt-Deckungsbeitrag (ansteigend): DB = Erlös ./. variable Kosten.

Bei 100 Exemplaren:	DB =	4.000	./.	2.000	= 2.000
Bei 500 Exemplaren:	DB =	20.000	./.	10.000	= 10.000
Bei 1.000 Exemplaren:	DB =	40.000	./.	20.000	= 20.000
Bei 1.500 Exemplaren:	DB =	60.000	./.	30.000	= 30.000

Deckungsbeitragsrechnung:

Kurzfristige Erfolgsrechnung auf Teilkostenbasis
Idee: von den erzielten Erlösen werden zunächst nicht die gesamten Kosten, sondern nur die direkt zurechenbaren Kosten subtrahiert (je nach Betrachtungsgegenstand Einzelkosten oder variable Kosten)
Bei 1.000 Exemplaren ergibt sich ein DB von 20.000 Euro, der gerade ausreicht, um die Fixkosten zu decken: Gewinnschwelle, Break Even Point (BEP)

Formel zur Berechnung:

BEP-Menge = Fixkosten / DB pro Stück = 20.000 / 20 = 1.000

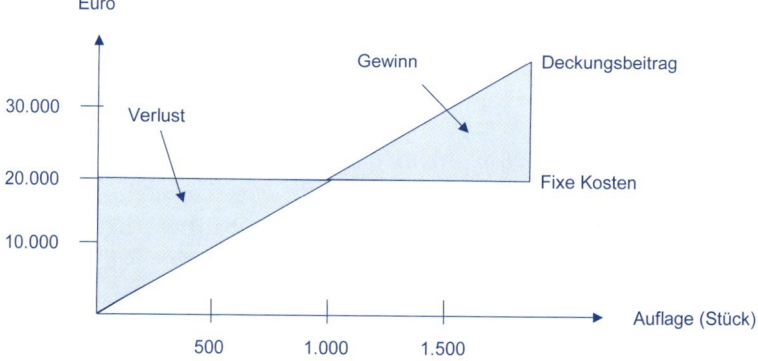

Quelle und Literatur-Hinweis: Schumann, M./Hess. T. (2006), Kapitel 4.1.3. Internes Rechnungswesen.

Ziel der **mehrstufigen Deckungsbeitragsrechnung (Fixkostendeckungsrechnung)** ist es, die Aussagekraft der Deckungsbeitragsrechnung zu erhöhen. Hintergrund sind die hohen fixen Kosten in vielen Unternehmen, insbesondere auch in Medienunternehmen, die nicht selten die variablen Kosten übersteigen. Begnügte man sich mit der einstufigen Deckungsbeitragsrechnung und ihrer Behandlung der Fixkosten als Block, blieben viele managementrelevanten Erkenntnisse unentdeckt. Um die Aussagekraft und Transparenz zu erhöhen, wurde die mehrstufige Deckungsbeitragsrechnung (bzw. stufenweise Fixkostendeckungsrechnung) entwickelt. Vom Grundaufbau her entspricht sie jedoch dem Direct Costing.

> „Insgesamt resultiert aus der Berechnung des Betriebserfolgs nach der Deckungsbeitragsrechnung und der mehrfach gestuften Deckungsbeitragsrechnung derselbe Betriebserfolg, jedoch erhält das Unternehmen nur bei der mehrfach gestuften Deckungsbeitragsrechnung Informationen, wie z. B. verschiedene Fixkostenebenen in zeitlicher Reihenfolge abgebaut werden können bzw. welchen Beitrag ein Produkt zum Gesamterfolg des Unternehmens leistet. Insbesondere bei mehreren Produktionsbereichen mit jeweils verschiedenen Produkten und Produktgruppen ist es nur nach der mehrfach gestuften Deckungsbeitragsrechnung möglich, ertragsschwache Produktbereiche eindeutig zu identifizieren, um geeignete Veränderungen einzuleiten" (Thommen/Achleitner 2012: 540).

Das Konzept sieht vor, die Fixkosten in unterschiedliche Kategorien zu untergliedern und nicht alle „einen Topf zu werfen" (z. B. Abschreibungskosten für Studiogeräte und Gehälter von Verwaltungsmitarbeitern). Ziel ist es, Bezugsgrößen zu definieren, denen sich die Fixkosten direkt zurechnen lassen. Danach werden die Fixkosten z. B. in vier Gruppen unterschieden (vgl. Thommen/Achleitner 2012: 537 f.):

- Produktspezifische Fixkosten: Darunter werden diejenigen Kosten verstanden, die genau einem Produkt zugeordnet werden können (z. B. Miete einer Produktionshalle, in der nur Produkt A gefertigt wird).
- Produktgruppenspezifische Fixkosten: Hierunter fallen fixe Kosten, die zumindest einem Unternehmensbereich, z. B. einer Produktgruppe, zugeordnet werden können (z. B. Gehälter eines Produktgruppenleiters).
- Bereichsspezifische Fixkosten: Darunter werden z. B. die Kapitalkosten des Bereichs oder Gehälter des Bereichsvorstands erfasst.
- Unternehmensfixkosten: Dies sind allgemeine Fixkosten, die weder dem Produkt noch der Produktgruppe eines Bereichs zugeordnet werden können (z. B. Gehälter der Verwaltungsmitarbeiter).

Die nacheinander in Stufen erfolgende Subtraktion dieser Fixkostenarten führt zu einer Abfolge unterschiedlicher Deckungsbeiträge, die in der Regel mit römischen Ziffern versehen werden, bei der Festlegung von drei Fixkosten-Kategorien also zu Deckungsbeitrag I, II, III und IV.

> „Auf Basis dieser Angaben kann das Unternehmen Informationen bezüglich der Produktionsplanung, der Erfolgsrechnung sowie der Absatz- und Investitionspolitik ableiten, die sich beispielsweise auf Anpassungen der Absatzmengen, Veränderungen der Sortimentsstruktur, Wahl zwischen Fremdbezug und Eigenfertigung von Produkten und auf Maßnahmen zur Kosteneinsparung beziehen können. Dies kann gegebenenfalls mit einschließen, dass Produktionsbereiche stillgelegt, restrukturiert oder verkauft werden müssen. Vor allem aber wird deutlich, wie differenziert Fixkosten bei einer Veränderung des Produktionsprogramms abgebaut werden können" (Thommen/Achleitner 2012: 539 f.).

Fallbeispiel: Deckungsbeitragsermittlung einer TV-Sendung

Sendestaffel „Ich bin ein Star, holt mich hier raus" (RTL, 2004/05)

Es sei angemerkt, dass die nachfolgende Themenbearbeitung eine weitgehend hypothetische Plausibilitätsüberlegung darstellt und nicht Bezug auf die konkrete Kosten- und Leistungsrechnung von RTL nimmt. Unbeschadet dessen gibt die Darstellung einen Einblick in die Kalkulationsmethodik der Praxis.

Es geht um den wirtschaftlichen Erfolg einer Fernsehsendung. Ausgewählt wird die TV-Staffel „Ich bin ein Star, holt mich hier raus", die im Jahr 2004/05 von RTL ausgestrahlt wurde. Abzuschätzen ist der finanzielle Erfolg der Sendung. Das Fallbeispiel ist in die folgenden drei Aspekte gegliedert:

- Beschreibung der Sendung
- Relevante Begriffe
- Abschätzung des finanziellen Erfolgs

(1) Zur **Beschreibung der Sendung**: TV-Sendung „Ich bin ein Star, holt mich hier raus" (im Folgenden kurz: „IBESHMHR") vom 28.10.2004, Staffel von 15 Sendungen. Fakten: IBESHMHR ist ein crossmediales Produkt- und Vermarktungskonzept. Die Markenfamilie: TV; Call-Ins; Print: Zeitschriften-Magazin, Buch; Speichermedien: DVD/VHS, Audio-CD; Internet; Computerspiele; Merchandising.

Zum Thema Call-Ins: Allein bei „Ich bin ein Star - Holt mich hier raus!" gingen beim ersten Finale rund 1,3 Mio. Anrufe ein, die dem Sender 0,35 Mio. EUR Gewinn einbrachten. Beim Finale von „Popstars" erhielt Pro7 sogar mehr als 2 Mio. Anrufe und beim Finale von „Deutschland sucht den Superstar" gingen bei RTL etwa 4,5 Mio. Anrufe ein, die Gesangsdarsteller Alexander Klaws zum Sieger kürten und dem Sender als eigentlichem Gewinner der Sendung rund 1,2 Mio. EUR Profit bescherten, rund 1/4 dessen, was der Sender mit klassischer Fernsehwerbung am selben Abend einnahm.

(2) Die folgenden **Begriffe** sind relevant:

- Tausend-Kontakt-Preis TKP: gibt Auskunft über die Kosten pro 1000 Kontakte in der Zielgruppe. Er bezieht sich auf die Brutto-Reichweite (Zahl der Kontakte) und wird folgendermaßen berechnet: (Schaltkosten in € / Kontakte) × 1000 = TKP
- Brutto-Reichweite: = Einschaltquote = Rating-Wert: Anzahl der Kontakte, die durch einen Werbeträger oder eine Kombination erreicht werden unabhängig davon, wie oft eine Zielperson dabei erreicht wurde. Bei der Brutto-Reichweite zählt man die Kontakte, gewichtet auf die durchschnittliche Sehdauer.
- Netto-Reichweite: Anzahl der Zielpersonen, die durch einen Werbeträger oder eine Kombination erreicht werden. Bei der Netto-Reichweite zählt man die Köpfe, unabhängig davon, wie oft ein Kontakt entstanden ist. Doppelzählungen werden hier also ausgeschlossen.
- Einzelkosten: = direkte Kosten = Kostenträgereinzelkosten: Kosten, die direkt auf ein Filmprojekt zurechenbar sind.
- Gemeinkosten: Kosten, die nicht direkt einem einzigen Filmprojekt zugeordnet werden können, sondern mit Hilfe der Kostenstellenrechnung verursachungsgerecht aufgeteilt werden müssen. (Beispiel: Filmstudionutzung für mehrere Filme).
- Deckungsbeitrag: Rechnungsgröße, die durch die Differenz der variablen Kosten von den Erlösen des Gesamtunternehmens von Produktgruppen oder einzelnen Produkten entsteht. Angesiedelt ist die Deckungsbeitragsrechnung in der Kosten- und Leistungsrechnung, also im operativen Bereich eines Unternehmens.
- Liquidität = Nettofinanzumlaufvermögen: stellt die verfügbare Geldmenge eines Unternehmens dar und ist auf das gesamte Unternehmen bezogen.
- Rentabilität: Verhältnis des Gewinns zum Kapital des Unternehmens (Gesamt-Fremd-Eigenkapital) und ist auf das gesamte Unternehmen bezogen.
- Wirtschaftlichkeit: Verhältnis zwischen den günstigen und den tatsächlichen Kosten (Istkosten/Sollkosten) bezieht sich ebenfalls auf das gesamte Unternehmen.
- Yield-Management: (Werbe-) Auslastung steigern z.B. durch Rabatte oder Last-Minute-Angebote.

(3) Zur **Abschätzung des finanziellen Erfolgs**: Die Sendung „Ich bin ein Star, holt mich hier raus" vom 28.10.2004 dauerte insgesamt 120 Minuten. Gerechnet wird in so genannten „Messimpulsen", die eine Periode von je 30 Sekunden haben.

- Insgesamt hatte die Sendung also 240×30 Messimpulse, anhand derer z. B. die Brutto-Reichweite ermittelt wird.
- Bei jedem ausgelösten Messimpuls werden die Kontakte gezählt.
- Nun wurden innerhalb der Sendezeit vier Werbeblöcke zu je 6 Minuten, also insgesamt 48×30 Messimpulse, geschaltet.

Die Sendung setzt sich also aus zwei verschiedenen Bausteinen zusammen:

- Zum einen aus dem redaktionellen Teil zu 192×30 Messimpulsen, der sich wiederum in Bausteine wie Moderation, Starauftritte, Musik, Spiele etc. untergliedern lässt,
- zum anderen aus dem Werbeteil zu 48×30 Messimpulsen, der aus den vier Werbeblöcken besteht.

Die Sendung hatte eine Brutto-Reichweite von 2,91 Mio. Zuschauern. Ziel der Analyse ist nun, den Deckungsbeitrag der Sendung zu ermitteln. Hierzu sollen nun Input und Output näher betrachtet werden.

Schätzung

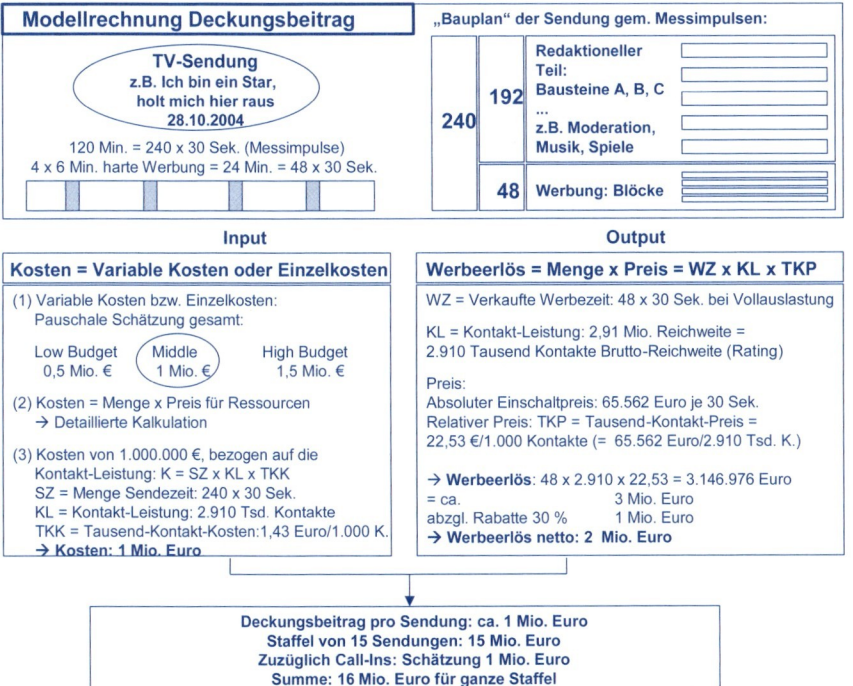

Zunächst zum **Input**: Zuerst werden die variablen Kosten bzw. die Einzelkosten pauschal geschätzt: die Sendung liegt bei **etwa 1 Mio. € variablen Kosten**, wobei es sich um eine Middle-Budget-Produktion handelt. Von einer Low-Budget-Produktion spricht man bei variablen Kosten bis 0,5 Mio. € und von einer High-Budget-Produktion bei variablen Kosten über 1,5 Mio. €.

Bei der Schätzung ist zu bedenken, dass wahrscheinlich die erworbenen Rechte stark ins Gewicht der Kosten fallen. Daraufhin folgt eine detaillierte Kalkulation mit Hilfe der Zuschlagskalkulation. Nun werden die Kosten, bezogen auf die Kontakt-Leistung ermittelt. In diesem Fall fielen Kosten von 1 Mio. € an, die wie folgt ermittelt wurden:

Die Sendezeit (hier: 240×30 Messimpulse) multipliziert mit der Kontakt-Leistung (hier: 2910 Tsd. Kontakte), multipliziert mit den Tausend-Kontakt-Kosten (hier: 1,43 € pro 1000 Kontakte). Die Tausend-Kontakt-Kosten können ermittelt werden, indem die geschätzten Kosten von 1 Mio. € durch das Produkt von Sendezeit und Kontakt-Leistung geteilt werden.

Nun zum **Output:** Hier sind die Werbeerlöse von entscheidender Bedeutung. Sie werden folgendermaßen berechnet: Menge × Preis, also die verkaufte Werbezeit (hier: 48×30 Messimpulse) multipliziert mit der Kontakt-Leistung (hier: 2910 Tsd. Kontakte) multipliziert mit dem Tausend-Kontakt-Preis (hier: 65.562 € / 2910 Tsd. Kontakte = 22,53 € pro 1000 Kontakte). Also ergibt sich ein Werbeerlös von ca. 3 Mio. €. Davon müssen noch etwa 30 % Rabatte abgezogen werden. Am Ende kommt dann ein Netto-Werbeerlös von **2 Mio. €** heraus.

Dies ergibt nun einen Deckungsbeitrag von 2 Mio. € minus 1 Mio. €, also von 1 Mio €. Hochgerechnet auf 15 Staffeln, die die Sendung hatte, brachte das Format 15 Mio. € plus ca. 1 Mio. € durch die Call-Ins der Zuschauer, also eine **Gesamtsumme von 16 Mio. €** ein!

Schlussfolgerungen

Für die Werbetreibenden bleibt festzuhalten: die Netto-Reichweite ist von besonderer Bedeutung, wenn die Bekanntheit gesteigert werden soll. Die Zielgruppe soll möglichst genau und oft erreicht werden. So genannte „Streuverluste" sollen also möglichst minimiert, aber die Ausdehnung der Kernzielgruppe maximiert werden.

Die Brutto-Reichweite hingegen ist interessant für diejenigen, die sich schon am Markt positioniert haben und ihre Beliebtheit aufrechterhalten bzw. steigern wollen. Ziel hierbei ist die Aktivierung der Käufer durch den Werbedruck bzw. die Häufigkeit oder die Frequenz der Kontakte. Der Blick auf die bereits bestehenden Kunden ist hier wichtig.

Da die Werbung bei den Privatsendern immer noch Hauptfinanzierungsquelle ist (die Finanzierung erfolgt zu ca. 90% aus Werbung), wird stets darauf geachtet, dass der redaktionelle Teil der Sendung für die Werbetreibenden gefällig ist. Ob dieser Preis nicht zu hoch ist, und ob dadurch nicht die Vielfalt eingeschränkt wird, bleibt dahingestellt.

Da die Finanzierung aus Werbung jedoch kein langfristiges Finanzierungsmittel ist, da sie z. B. durch Digitalisierung, welche das Ausblenden der Werbung ermöglicht, weniger effektiv wird, wollen die Privatsender in den nächsten 5 Jahren die Finanzierung aus Werbung auf unter 85 % bringen. Andere Finanzierungsquellen könnten sein: Anteile an den Rundfunkgebühren, Pay-TV, neue Vertriebskanäle, neue Geschäftsfelder mit Spezialangeboten z.B. für das Handy, oder Angebote über das Internet.

Nicht zu verachten ist zudem für Werbetreibende und Produzenten, dass solche Formate wie „Ich bin ein Star, holt mich hier raus" **crossmediale Produkt- und Vermarktungskonzepte** darstellen. So wird die Sendung nicht nur im Fernsehen ausgestrahlt, was wie bereits vorgestellt, erhebliche Gewinne einbringt, sondern weitere Einnahmequellen wie Merchandising-Produkte, Computerspiele, Internetangebote, Anrufmöglichkeiten (Call-Ins), Print sowie Speichermedien wie DVD, VHS oder Audio-CDs werden genutzt. Um nur einige Zahlen zu nennen: 23, 2 Mio. Zugriffe (= Page Impressions) gab es während der gesamten Staffel „Ich bin ein Star, holt mich hier raus" auf die zugehörige Internetseite. Dadurch waren noch mehr Werbeeinnahmen möglich. 1,3 Mio. Anrufe gingen während der Staffel ein, die 0,35 Mio. € Gewinn zusätzlich einbrachten.

Für die crossmediale Verwertung müssen immer zwei Ebenen betrachtet werden: der Werbemarkt und der Rezipientenmarkt. Theorien über das Zuschauerverhalten, also Marktforschung und die Mediaplanung der werbetreibenden Unternehmen, sind zu beachten. Beim Input ist die Abstimmung von Programmbeschaffungsplanung und der Werbemittelproduktion bzw. das Übereinkommen mit Agenturen von Bedeutung.

Es lässt sich festhalten, dass solche Formate auf keinen Fall auf die Einnahmen durch die reine TV-Ausstrahlung begrenzt sind, sondern es viele weitere Möglichkeiten gibt, den Gewinn aus den Sendungen durch crossmediale Verwertung zu maximieren und deshalb sowohl für Werbetreibenden als auch für die Produzenten durchaus lohnend sind.

Fallbeispiel: Mehrstufige Deckungsbeitragsrechnung bei ProSieben

Die nachfolgende Darstellung zeigt das Konzept der Fixkostendeckungsrechnung (mehrstufige Deckungsbeitragsrechnung) am Beispiel des privaten TV-Senders ProSieben, wie es von Controlling-Mitarbeitern beschrieben wurde (vgl. Drees/Koppensteiner 1999: 85 ff.).

Ausgangspunkt ist die Definition der für die mehrstufige Deckungsbeitragsrechnung relevanten Kostenarten, die wie folgt beschrieben werden:

- Umsatzerlöse: Diese werden definiert als Nettowerbeerlöse, errechnet als Differenz aus den Bruttowerbeerlösen der Sendungen abzüglich der kalkulatorischen Erlösschmälerungen. Letztere verstehen sich als Ausgleich für Skonti, kundenabhängige Rabattstrukturen, Agenturprovisionen, Nachrabattierungen oder programmabhängige Erlösschmälerungen. Ein besonderes Problem besteht in der Frage der Aufteilung der Werbeerlöse in den zwischen zwei Sendungen angesetzten sog. Scharnier-Werbeblöcke.
- Variable Kosten: Sie verstehen sich als die Einzelkosten einer Sendung im Sinne von Standard- bzw. Normalkosten. Da es sich um eine Planungsrechnung handelt, werden neben den Einzelkosten auch Gemeinkosten angesetzt, wie die Kosten der erstellenden Redaktion. Zweck dieses Vorgehens ist die Vereinfachung der Rechenoperation. Die Standardkosten werden für jedes Format im Voraus festgelegt, ermittelt aus der jährlichen Planung, den unterjährigen Forecasts und rückwirkend am Jahresende für das betrachtete Geschäftsjahr.
- Fixkosten-Typ Bereichskosten: Abgebildet werden die Kosten von Redaktionsbereichen und Programmkategorien, soweit sie Auftragsproduktionen und Fremdprogramme betreffen. Als Bereich ist z. B. die Programmkategorie „Spielfilm" definiert und die namensgleiche Redaktion.
- Fixkosten-Typ Strukturkosten: Diese betreffen größere Funktionsbereiche, im vorliegenden Fall die Strukturkosten des Funktionsbereichs Fernsehen, in Abgrenzung zu anderen Funktionsbereichen wie etwa Online. In den Strukturkosten bilden sich also alle für das Fernsehen unmittelbar erforderlichen Strukturen ab mit deren Gemeinkosten – dies sind v. a. Kosten der Programmdirektion, der Programmplanung, der Marktforschung, der Verbreitungstechnik, des Marketing und der Programm-PR.
- Fixkosten-Typ Overheadkosten Unternehmen: Dies sind alle Kosten, die nicht mehr in einem direkten Zusammenhang mit dem Funktionsbereich Fernsehen stehen, also v. a. Verwaltungskosten wie Hausverwaltung, Personalwesen, Rechnungswesen, aber auch Kosten für Investor Relations.

Auf dieser Grundlage erfolgt die mehrstufige Deckungsbeitragsrechnung nach dem folgenden Schema:

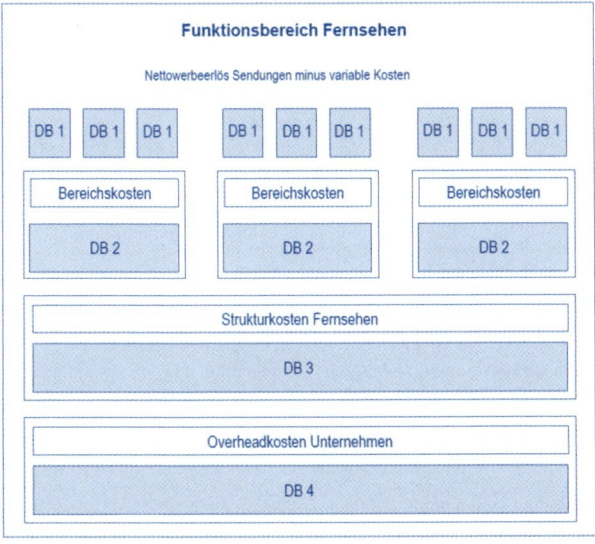

20.3 Kalkulation eines einzelnen Produkts

(1) Die Kalkulation ist gleichzusetzen mit der **Kostenträgerstückrechnung** und hat die **Aufgabe**, relevantes Zahlenmaterial für die Preispolitik des Unternehmens bereitzustellen. Die Entscheidungsträger benötigen Informationen, welchen Preis sie für ein Produkt setzen müssen, um bei der Vermarktung des betreffenden Produktes „auf ihre Kosten zu kommen". Es geht also um die Ermittlung der Preisuntergrenze.

In der Praxis der Kosten- und Leistungsrechnung haben sich eine Reihe unterschiedlicher **Kalkulationsverfahren** herausgebildet, die je nach dem Typus der Fertigung unterschiedlich zum Einsatz kommen. Abb. 20-5 gibt einen Überblick über die wichtigsten Verfahren und deren Bezug zu den Fertigungstypen.

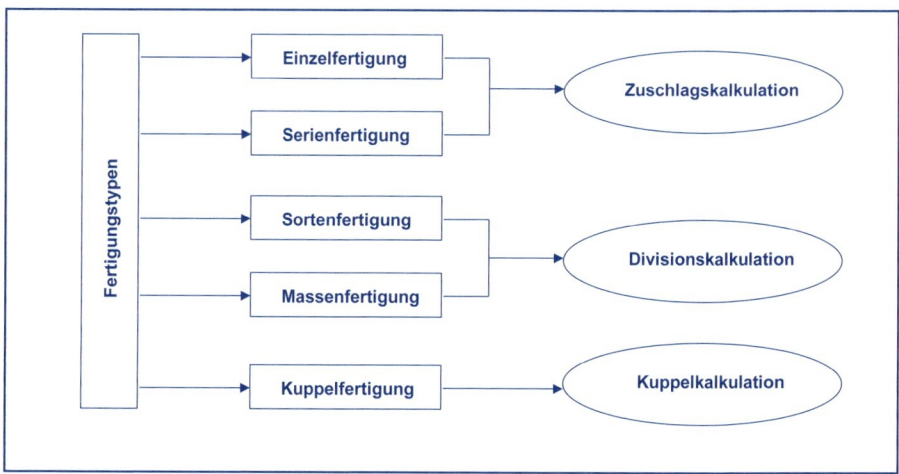

Abb. 20-5: Zusammenhang Fertigungtypen und Kalkulationsmethode

Die Herstellungsvorgänge können grundsätzlich nach Einzel-, Serien-, Sorten-, Massen- und Kuppelfertigung unterschieden werden.

> Bei der Einzelfertigung findet die Herstellung des Endproduktes in mehreren sich voneinander unterscheidenden Arbeitsabläufen statt. Jeder Arbeitsablauf weist eine andere Kostenstruktur auf, so dass sich die Kosten nur differenziert zurechnen lassen.

> Die Serienfertigung zeichnet sich durch die Herstellung einer begrenzten Anzahl einer einheitlichen Produktart aus, die nebeneinander oder hintereinander gefertigt werden (z. B. Automobile). Je nach Auflagenhöhe unterscheidet man Klein- und Großserienfertigung. Die Abgrenzung der Großserienfertigung zur Massenfertigung ist fließend.

> Bei der Sortenfertigung werden verschiedene, aber dennoch ähnliche Produkte gefertigt (z. B. verschiedene Biersorten). Innerhalb der Sorte herrscht Homogenität, die Sorten untereinander unterscheiden sich nur geringfügig hinsichtlich Abmessungen, Format oder Qualität.

> Massenfertigung findet statt, wenn von einem Produkt die Herstellung in großen Mengen erfolgt. Dadurch herrscht eine hohe Produkthomogenität.

> Bei der Kuppelproduktion schließlich entstehen verschiedene Produkte in einem einzigen Produktionsprozess.

Bei der **Divisionskalkulation** wird auf die Verrechnung der Gemeinkosten über die Kostenstellen verzichtet. Dies ist dann vertretbar, wenn – wie es bei der Sorten- und Massenfertigung der Fall ist – homogene Leistungen erzeugt werden. Hier liefert die einfache Division der angefallenen Kosten durch die Stückzahl eine ausreichende Genauigkeit. Die **Kuppelkalkulation** findet bei der verbundenen Produktion Anwendung, wenn also in einem einheitlichen Fertigungsvorgang mehrere Produkte anfallen. Im Medienbereich besitzt diese Form der Kalkulation im Kontext der Mehrfachverwertung von Content eine gewisse Relevanz.

Wie Abb. 20-3 zeigt, eignet sich die Zuschlagskalkulation besonders für die Einzel- und Serienfertigung, die Divisionskalkulation für die Sorten- und Massenfertigung und die Kuppelkalkulation als Sonderfall für die Kuppelproduktion. Vor diesem Hintergrund ist es verständlich, dass im Kontext von Buchprojekten, in der Filmproduktion oder bei Werbekampagnen die Zuschlagskalkulation das gängige Kostenermittlungsverfahren (im Zusammenhang mit der Vollkostenbetrachtung) darstellt. Die Divisionskalkulation ist relevant bei Zeitungen und Zeitschriften sowie in bestimmten Segmenten der Druckkalkulation. Vorherrschend ist aufgrund des Unikatcharakters der Medienprodukte jedoch die Zuschlagskalkulation.

(2) Die **Zuschlagskalkulation** beruht ihrem Wesen nach auf der Trennung der Kosten in Einzelkosten und Gemeinkosten, wonach auf die Einzelkosten die Gemeinkosten zugeschlagen werden und sich als Summe die Selbstkosten ergeben. Auf diese wiederum erfolgt der Gewinnzuschlag plus weitere Zuschläge wie Skonto und Mehrwertsteuer, wonach sich der Angebotspreis errechnet. Je nach der Art und Weise, wie die Gemeinkosten zugeschlagen werden, sind die summarische und die differenzierte Zuschlagskalkulation zu unterscheiden.

Kennzeichen der **summarischen Zuschlagskalkulation** ist, dass die Gemeinkosten als Pauschale auf die Einzelkosten zugeschlagen werden. In den jeweiligen Medienbranchen haben sich dabei typische Zuschlagssätze herausgebildet. So ist im Bereich der Film-Auftragsproduktion ein Gemeinkostenzuschlag – dort „HU" genannt (für den in alten Zeiten verwendeten Begriff „Handlungsunkosten" stehend) – von 7,5 % der sog. Netto-Fertigungskosten gebräuchlich, soweit sie eine Million Euro nicht übersteigen, für Werte darüber werden nur 5 % zugeschlagen. Die Nettofertigungskosten stellen die Summe der Einzelkosten – also der direkten Kosten – dar.

> Bei TV-Beiträgen kommt eine differenziertere Staffelung zur Anwendung: bis 25.000 Euro werden 13,5 % zugeschlagen, bis 50.000 Euro 11 Prozent, bis 150.000 Euro 8,5 % und bei mehr als 150.000 Euro 6 % (vgl. Schomers 2012: 80).

Der zweite wichtige Aufschlag ist der Gewinnzuschlag. Auch hier wird oft pauschaliert, so z. B. in Film- und TV-Branche häufig mit 7,5 %.

> Im Bereich des Werbefilms ist die summarische Zuschlagskalkulation noch stärker ausgeprägt. Dort wird der Gemeinkostenzuschlag zusammen mit dem Gewinnzuschlag als „Mark Up" zugeschlagen, der brancheneinheitlich 26,5 % beträgt. Diese Zahl errechnet sich aus 15 % Gemeinkostenzuschlag auf die Nettofertigungskosten (ergibt = 115 %) plus einen Gewinnzuschlag von 10 % auf diesen neuen Betrag (= 11,5 %). Zusammen errechnen sich damit die genannten 26,5 %.

Im Unterschied zur Methodik der summarischen Zuschlagskalkulation verfolgt die **differenzierte Zuschlagskalkulation** das Ziel einer genaueren und verursachungsgerechteren Zurechnung der Gemeinkosten. Abb. 20-6 zeigt das typische Verfahren.

Fertigungsmaterialeinzelkosten	Material-		
Materialgemeinkosten	kosten		
Fertigungslohneinzelkosten		Herstellkosten	
Fertigungsgemeinkosten	Fertigungs-		Selbstkosten
Sondereinzelkosten der Fertigung	kosten		
Verwaltungsgemeinkosten			
Vertriebsgemeinkosten			
Sondereinzelkosten des Vertriebs			

Abb. 20-6: Methodik der differenzierten Zuschlagskalkulation

Dieses Verfahren ist vorrangig in der Industrie gebräuchlich. Im Medienbereich kommt es v. a. dort zur Anwendung, wo in den Wertschöpfungsprozessen ein hoher Materialeinsatz notwendig ist wie z. B. in der Druckindustrie.

> Die in der differenzierten Zuschlagskalkulation auftretende Größe der „Herstellkosten" darf nicht mit den „Herstellungskosten" verwechselt werden. Letztere stellen die Summe aus den Nettofertigungskosten plus Gemeinkosten- und Gewinnzuschlag dar, während die Herstellkosten eine rechnerische Zwischengröße in der differenzierten Zuschlagskalkulation kennzeichnen.

(3) Die besondere Herausforderung bei der Kalkulation eines Produktes sind nicht die Rechenoperationen, sondern die vorausgehenden Schritte der Abschätzung der Höhe der einzelnen Kostenpositionen. Die **Kalkulationsmethodik** lässt sich mit einem **5-Schritte-Verfahren** verdeutlichen, wie Abb. 20-7 zeigt.

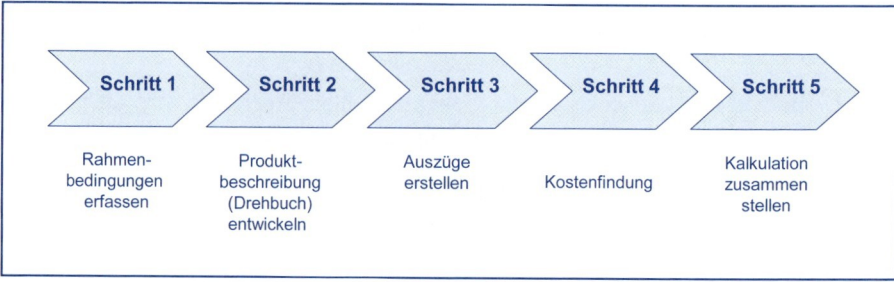

Abb. 20-7: Methodik der differenzierten Zuschlagskalkulation

In der Praxis der Medienproduktion ist die *Vorgehensweise bei der Kalkulation* grundsätzlich immer gleich. Sie lässt sich in die folgenden *fünf Schritte* unterteilen (aufgezeigt am Beispiel einer Filmproduktion):

Schritt 1: Die Rahmenbedingungen erfassen

- Festlegung der Art der Produktion: z. B. Kino-Spielfilm, TV-Spiel, TV-Serie, Daily Soap etc.
- Festlegung des Bildträgerformats: z.B. bei Film 16 mm oder 35 mm. Wichtig ist auch das 70-mm-Format, das u. a. dem IMAX-Kinofilm zugrunde liegt.
- Vorgaben des Auftraggebers: u. a. Termin, spezielle Normen im Hinblick auf Drehtage, Drehverhältnis, Höhe der Gagen, Person des Regisseurs.

Schritt 2: Die Produktbeschreibung – das Drehbuch – entwickeln

- Am Anfang steht die Stoffidee.
- Aus ihr heraus wird das Exposé entwickelt. Statt Exposé wird auch von Basisentwurf gesprochen.
- Es folgt das Treatment, das einen Grobentwurf des Inhalts darstellt.
- Schließlich wird die umsetzungsreife Produktbeschreibung erarbeitet, welche die Grundlage für die Produktion ist. In den elektronischen Medienbereichen wird diese Produktbeschreibung „Drehbuch" genannt (Film, Fernsehen, Multimedia).
- Die Visualisierung des Drehbuchs erfolgt durch das Storyboard.

Wenn man herausfinden will, was ein Medienprodukt kostet, wird man schnell erkennen, dass es vom *Typ* und von der *Beschaffenheit des Produkts* abhängt, wie die Antwort auf diese Frage ausfällt. Was kostet ein Haus? Was kostet ein Auto? Was kostet eine Urlaubsreise? Solche Fragen sind viel zu pauschal und führen zu nichts. Erst der Bauplan des Architekten verrät, was das Haus kosten darf. Nur die Fahrzeugbeschreibung und der Leistungskatalog bringt Licht in das Dunkel, ob das Auto einen fairen Preis hat. Erst wenn man genau weiß, wohin die Reise gehen soll, kann man etwas Vernünftiges zu den Urlaubskosten sagen!

Genau so ist es bei einem Medienprodukt. Man denke z. B. an einen Kinospielfilm: Der Bauplan oder die Leistungsbeschreibung ist dort das sog. *Drehbuch*. Das Drehbuch gibt Auskunft darüber, welche Handlung dem künftigen 90-Minuten-Streifen zugrunde liegt, wie viele Szenen die gesamte Handlung aufweist, wie die Szenen im Einzelnen zu gestalten sind und wie sie dramaturgisch hintereinander ablaufen. Völlig zu Recht bezeichnet man das Drehbuch als die „Bibel" des Filmprojekts. Das Drehbuch liefert also die Informationen, die man haben muss, um überhaupt etwas zur Kostenseite sagen zu können. Je detaillierter das Drehbuch ausgearbeitet ist, um so genauer kann die Schätzung der Kosten ausfallen. Je weniger der Inhalt im Drehbuch festgelegt ist, um so eher muss man sich mit einer groben Kalkulation, eventuell sogar nur mit einer Schätzung „über den Daumen" begnügen.

Die Kalkulation eines Medienprodukts kann also nur vorgenommen werden, wenn man eine klare Vorstellung vom herzustellenden Produkt hat. Es gilt die „eiserne Regel": Ohne Drehbuch keine Kalkulation!

In verschiedenen Medienbereichen ist es üblich, die Szenen des Drehbuchs durch Zeichnungen zu visualisieren, also bildhaft darzustellen. Das entsprechende Dokument heißt beim Spielfilm oder Werbefilm *Storyboard*. Allgemeiner gesagt wird eine Visualisierung auch als *Layout* bezeichnet.

Schritt 3: Die Auszüge erstellen

- Hierunter versteht man die Analyse des Drehbuchs Bild für Bild. Bei einem Spielfilm entstehen leicht mehr als 120 Auszüge.
- Die Analyse erfolgt im Hinblick auf die notwendige Produktionstechnik: z.B. erforderliche Studiotechnik (Kamera, Licht, Aufbauten) oder Spezialausrüstung bei Außenaufnahmen,
- und im Hinblick auf die Faktoren, die für die Kosten verantwortlich sind: z.B. notwendiges Team, Spezialeffekte („SFX"), Musik, besondere Drehbedingungen (Wüste, Urwald).

Schritt 4: Die Kostenfindung

- Für jede Position, die Kosten verursacht, wird eine Schätzung vorgenommen. Hierzu ist viel Erfahrungswissen erforderlich, es müssen Recherchen vorgenommen werden, und Fachgespräche sind zu führen.
- Die Schätzung erfolgt in Form von Berechnungen (z.B. Filmmaterial),
- in Form von Näherungswerten (z.B. Drehort recherchieren),
- auf der Grundlage von Vergleichen, z.B. Drehverhältnis: Das Drehverhältnis gibt das Verhältnis zwischen abgedrehtem Material und dem in der Produktion tatsächlich verwendeten Material an. Ein Verhältnis 1:10 besagt, dass von 10 Metern Filmmaterial ein Meter in das Endprodukt Eingang findet, neun Meter also herausgeschnitten werden.
- oder über Preislisten und Tarifverträge (Tarifverträge werden zwischen Arbeitgebern und Arbeitnehmervertretungen (Gewerkschaften) für die einzelnen Branchen ausgehandelt).

Schritt 5: Die Kalkulation zusammenstellen

- Jede in der Kostenfindung ermittelte Kostenposition wird nach einem sinnvollen Schema zusammengestellt und in eine übersichtliche Form gebracht.
- Dazu bietet sich z. B. für die Filmproduktion ein System von 10 Kostenblöcken an oder für Multimedia-Produktionen ein solches mit sechs.

Die Ausarbeitung des Drehbuchs bis zur Kalkulation (Schritte 3 bis 5) obliegt dem *Produktionsleiter*. Er ist der wirtschaftliche und organisatorische „Kopf" der Produktion. Es ist offenkundig, dass es sich bei der Produktionsleiterfunktion um eine höchst verantwortungsvolle Aufgabe handelt.

Nachfolgend werden für verschiedene Mediensegmente eine Reihe von **Beispielen für Produkt-Kalkulationen** dargestellt. Diese vermitteln einen Einblick in die Vielfalt der Herangehensweisen, die jedoch immer auf derselben methodischen Grundlage der Zuschlagskalkulation beruhen.

Beispiel Film-Kalkulation – Summarische Zuschlagskalkulation

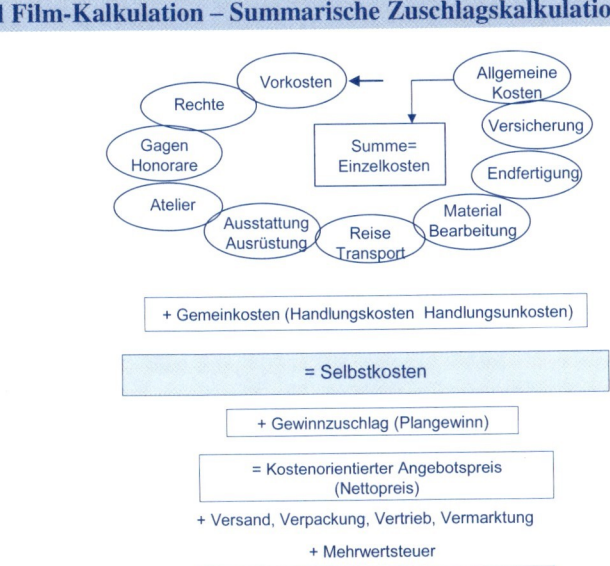

Kostenblock 1: Vorkosten

Zu Beginn eines Filmprojekts fallen aufwändige Vorarbeiten an. Bei einem Dokumentarfilm müssen z. B. Auslandsreisen zur Abklärung von Drehmöglichkeiten unternommen werden, es sind umfangreiche Recherchen notwendig oder es muss der Rat von Experten eingeholt werden. Das alles führt zu Reisekosten, Telefonkosten und Honorarkosten.

Kostenblock 2: Rechte und Manuskript

Vor Beginn der Spielfilmproduktion ist es wichtig, alle notwendigen Rechte lückenlos einzuholen. Keinesfalls darf in irgendeiner Form fremdes geistiges Eigentum verwendet werden, wenn nicht die ausdrückliche Zustimmung des Rechteinhabers vorliegt. Rechte an fremden Werken, deren Nutzung man sich genehmigen lassen muss, können sein: (a) Autorenrechte: z. B. für den Drehbuchautor, der das Original-Drehbuch schreibt, oder für den Komponisten der Filmmusik. (b) Bearbeitungsrechte: z. B. für den Bearbeiter eines bereits vorliegenden Drehbuchs (das ist nicht selten der Regisseur oder ein anderer Autor). Das betrifft z. B. auch Übersetzungen oder das Synchrondrehbuch für Auslandsfassungen des Films. (c) Verlagsrechte: z. B. wenn man eine literarische Vorlage, z. B. den Roman eines Erfolgsautors, verwendet, aber auch bei Verwendung von Musik (Musikverlage). Viele (Wort- und Musik-)Autoren stehen bei Verlagen unter Vertrag, die dann die Verwertungsrechte besitzen. (d) Nutzungsrechte von Film-, Ton-, Bildmaterial aus speziellen Archiven, z. B. bei Verwendung von historischem Material (z. B. Rede von Kennedy „Ich bin ein Berliner" oder Alexanderplatz in Berlin um 1900) oder einzelnen Szenen (z. B. Sonnenuntergang, Flug über den Grand Canyon). (e) Nutzungsrechte von Mitschnitten aus Konzerten, Theater-, Opern- oder Kabarett-Aufführungen.

In den Rechteerwerb müssen häufig Verwertungsgesellschaften eingeschaltet werden, wenn die Rechteinhaber ihre Ansprüche entsprechend übertragen haben. Die bekannteste Verwertungsgesellschaft ist die „GEMA", die die Rechte von Komponisten vertritt. Daneben gibt es zahlreiche weitere Verwertungsgesellschaften, z.B. die „GVL" (für die sog, Mitwirkenden wie Schauspieler oder Sprecher). Die Nutzungsrechte können einen erheblichen Anteil an den Gesamtkosten ausmachen. So können sich die Kosten für ein Original-Drehbuch für einen deutschen Kino-Spielfilm leicht in die Größenordnung von 50.000 Euro bewegen. Dieser Betrag ist nachzuvollziehen muss doch ein Drehbuchautor einige Monate Zeit investieren, um ein gutes Drehbuch auszuarbeiten.

Eine besondere Rolle im Bereich der Rechte spielt das sog. „Buy-Out". Darunter versteht man zusätzliche Zahlungen an Darsteller und Stabmitarbeiter, mit denen später eventuell fällige Wiederholungshonorare und Verkaufserlöse für immer abgegolten werden. Buy-Out-Zahlungen können das Drei- bis Vierfache des Grundhonorars ausmachen. Ein Buy-Out-Beispiel aus der Praxis: Ein ausländisches Model erhält in der TV-Werbung ein Arbeits-Tageshonorar von 4.000 Euro. Bei zwei Tagen Einsatz (Dreh und An- und Abreise) sind das 8.000 Euro. Der Buy-Out-Zuschlag beträgt 400 Prozent, was einem Betrag von 32.000 Euro entspricht. Hinzu kommen noch andere Kosten wie Agenturvergütung und Ausländerlohnsteuer, so dass der Einsatz des Models am Ende mehr als 50.000 Euro kostet.

Kostenblock 3: Gagen und Honorare

Dieser Kostenblock bezieht sich auf den Aufwand aller am Filmprojekt beteiligten Personen sowohl vor als auch hinter der Kamera und des Mikrofons. Das sind zum einen also die Darsteller, zum anderen ist es der Stab: (a) Darsteller (vor Kamera und Mikrofon, auch „Cast" genannt): Hauptdarsteller, Kleine Rollen, Komparsen, Stuntmen, Doubles, Sprecher, Musiker. (b) Stab (hinter Kamera und Mikrofon, auch „Staff" genannt): Produktionsstab (v. a. Produzent, Herstellungsleiter, Produktionsleiter, Aufnahmeleiter), Regiestab (Regisseur, Kameramann, Tonmeister, Cutter), Ausstattungsstab (Architekt, Requisiteur, Kostümbildner, Maskenbildner), Sonstiger Stab (Beleuchter, Bühnenmeister).

Die Gagen und Honorare pro geleistetem Arbeitstag bzw. pro Arbeitswoche richten sich in weiten Teilen nach den Tarifverträgen, die zwischen den Produktionsfirmen und den Gewerkschaften (vor allem IG Medien) abgeschlossen werden. Bei besonders wichtigen Mitwirkenden (Hauptrollen, Regisseur, Chef-Kameramann u. a.) werden jedoch spezielle Vereinbarungen getroffen. Die Höhe der zu kalkulierenden Gagen hängt ferner von der Beschäftigungszeit ab, die sich aus Vorbereitungszeit, Drehzeit, Reise- und Ruhetagen, Urlaubstagen sowie der Zeit für die Endfertigung zusammensetzt.

Der Produzent und sein Produktionsleiter werden danach streben, mit allen beteiligten „Filmschaffenden" so weit wie möglich Pauschalverträge (meist auf Wochenbasis) abzuschließen. Dadurch erreichen sie, dass sämtliche Ansprüche abgegolten sind und später keine Zusatzforderungen erhoben werden. Die Gage für den Regisseur kann sich bei einem größeren Projekt leicht in die Größenordnung von 75.000 Euro bewegen. Dafür ist er freilich acht Monate mehr oder weniger intensiv für dieses Projekt im Einsatz. Bei den Gagen und Honoraren spielen oft Zusatzkosten eine nicht unbeträchtliche Rolle. Zu denken ist z. B. an Überstunden- und Wochenendzuschläge (bis zu 100 Prozent Aufschlag), an Kosten für das Catering sowie an Beiträge zur Sozialversicherung, die vom Produzenten abzuführen sind.

Kostenblock 4: Atelier

Die Kosten für ein Atelier sind Mietkosten und werden üblicherweise in Form einer Pauschale abgegolten. Darin werden die Kosten für Personal, Apparaturen und Fundus verrechnet, aber auch Strom-, Wasser- und Heizungskosten. Bei der Anmietung muss man ausreichend viele Tage für den Auf- und Abbau berücksichtigen. Atelierkosten sind Studiokosten und müssen von den Kosten, die bei Außenaufnahmen anfallen, unterschieden werden. Außenaufnahmen sind alle Aufnahmen, die nicht im Studio bzw. Atelier stattfinden. Man darf sie nicht mit „Aufnahmen im Freien" gleichsetzen. Ein Dreh in einer Bankfiliale in München ist eine Innenaufnahme in einem Gebäude, gilt aber als Außenaufnahme, weil sie nicht in einem eigens dafür geschaffenen Filmstudio durchgeführt wurde.

Kostenblock 5: Ausstattung und Technik

In dieser Rubrik werden alle Kosten für Ausstattung und Technik erfasst, unabhängig davon, ob sie für Studio- oder Außenproduktionen anfallen: (a) Genehmigungen und Mieten: Drehgenehmigungen, Motivnebenkosten (z. B. Absperrungen, Umbauten, Entfernen von Straßenschildern), Polizei- und Feuerwehreinsätze, Mieten; (b) Bau: alle anfallenden Materialkosten, Kosten für Geräte, Maschinen, Transporte, Reinigung, Müllabfuhr; (c) Ausstattung: Requisiten, Kostüme, Fahrzeuge im Bild, Tiere, Pyrotechnik, SFX-Material (SFX = Special Effects); (d) Technische Ausrüstung: Kamera und Zubehör, Tongeräte, Hubschrauber, Beleuchtung, Bewegungsgeräte für die Kamera (Kran, Dolly).

Alle diese Positionen sind unter Umständen äußerst kostenträchtig. Zum Beispiel kann eine Drehgenehmigung manchmal nur zu extrem hohen Kosten beschafft werden und ein großes Loch in das Budget reißen. Das kann sogar dazu führen, dass man aus Kostengründen auf preiswerteres Archivmaterial zurückgreift.

Kostenblock 6: Reise- und Transportkosten

Die Reise- und Transportkosten werden nach Personen- und Sachkosten unterschieden. Bei den Personenkosten sind die Personentransporte zum und am Drehort (unter Umständen Ausland) zu verrechnen, ferner die Tage- und Übernachtungsgelder sowie das Kilometer-Geld. Sachkosten werden auch als „Lasten" bezeichnet und umfassen alle Transporte auf der Straße, der Bahn, zu Wasser und in der Luft. Um Transportkosten zu sparen, kann bei weiter entfernten Drehorten die Anmietung von Equipment angezeigt sein.

Kostenblock 7: Material und Bearbeitung

Welches Filmmaterial verwendet wird, hängt von der Entscheidung des Regisseurs, des Kameramanns und des Produzenten ab. Regisseur und Kameramann entscheiden diese Frage nach gestalterischen Kriterien, während letzterer den Preis im Auge hat. Filmmaterial ist prinzipiell sehr teuer, wobei der Löwenanteil auf die Entwicklungskosten im Kopierwerk entfällt. Bei einem durchschnittlich teuren Kinofilm in der Größenordnung von zwei Millionen Euro Gesamtkosten können die Materialkosten 100 bis 150 Tausend Euro, also schon fast zehn Prozent des ganzen Budgets, ausmachen.

Kostenblock 8: Endfertigung

In der Endfertigung entsteht das „Gesicht" des Films. Es handelt sich um eine Vielzahl unterschiedlicher Arbeitsschritte: Das Filmmaterial wird geschnitten (Rohschnitt und Feinschnitt), die Sprach- Musik- und Geräuschaufnahmen werden gemacht, der Ton wird bearbeitet, und es erfolgt die Synchronisation und Mischung aller Medienelemente. Je nach Drehbuchthema, Material und Finanzmitteln kann dabei ein erheblicher Trickaufwand anfallen. Wie hoch der Aufwand für Titel, Grafik, Auslandsfassungen und Trailer-Herstellung ist, hängt vom späteren Einsatzzweck ab.

Kostenblock 9: Versicherungen

Eine Spielfilmproduktion ist ohne die Abdeckung von Risiken durch geeignete Versicherungen nicht denkbar, zu groß sind die Gefahren, dass unvorhergesehene Schwierigkeiten eintreten. In der Filmbranche gibt es eine Reihe von Spezial-Versicherungen: (a) Ausfallversicherung für Personen: v. a. für Regisseur, Hauptdarsteller, gelegentlich auch für Produzent und Kameramann. (b) Ausfallversicherung Sach: betrifft v. a. Atelierbauten, wertvolle Requisiten, lebende Tiere und teure Spezialgeräte. (c) Negativversicherung: betrifft einen Schaden, den das abgedrehte Rohfilmmaterial erleidet (z. B. beim Transport in das Kopierwerk) und ein Nachdreh erforderlich wird. (d) Produktionshaftpflichtversicherung: Absicherung gegen Schadensersatzansprüche Dritter. (e) Im Brennpunkt der Versicherungskosten, die bis zu drei Prozent der Gesamtkosten ausmachen, stehen üblicherweise die Ausfallversicherungen.

Kostenblock 10: Allgemeine Kosten

In dieser Position finden sich alle Kosten wieder, die vom Produktionsbeginn bis zur Fertigstellung des Films für einen reibungslosen Arbeitsablauf sorgen, so z. B. Kosten für Telefon, Kopien, Bewirtungen, Bürogeräte, für Hilfsmittel wie Landkarten oder Bücher. Ein häufiger Wechsel des Drehortes und Dreharbeiten im Ausland können diese Position empfindlich nach oben schrauben.

Gesamtschau

Alle zehn Kostenblöcke zusammengenommen ergeben die Einzelkosten, die als Grundlage für den summarischen Gemeinkostenzuschlag dienen. Gemeinkosten sind Kosten, die dem herzustellenden Produkt nicht direkt zugerechnet werden können wie z. B. Kosten für Heizung, Strom, Gebäudemiete, allgemeine Versicherungen, Geschäftsfahrzeuge, Gehälter der Geschäftsleitung oder Beiträge zu Fachverbänden. Sie müssen pauschal auf die Summe der Kostenblöcke 1 bis 10 zugerechnet werden. Als Pauschale verwendet man z. B. einen prozentualen Aufschlag, der sich in der Größenordnung von 10 bis 25 Prozent bewegt.

Schließlich ist ein angemessener Gewinnzuschlag erforderlich, damit die herstellende Produktionsfirma ihren Geschäftszweck erreichen kann. Als angemessen wird – je nach Projekt – ein Zuschlag von 7,5 bis 20 Prozent angesehen.

Fallbeispiel: Kalkulation TV-Werbespot

Die Herstellung eines Fernseh-Werbespots folgt den Regeln der Film- und Fernsehproduktion, allerdings ist insofern eine Besonderheit gegeben, dass es sich im Hinblick auf die Länge der Produktion und im Hinblick auf die Wirkungsanforderungen um eine extreme Herausforderung handelt. Daher ist eine separate Behandlung des Themenfeldes gerechtfertigt.

Die Kosten von TV-Werbespots lassen sich in drei Gruppen untergliedern:

- Entwicklungskosten
- Produktionskosten
- Kosten für die Ausstrahlung

Die *Entwicklungskosten* entstehen für das „Development" der Idee, der Konzeption und für die Planung. Maßgebliche Entwicklungsarbeit leistet die Werbeagentur. Ziel ist die Erarbeitung eines kunden- und zielgruppengerechten Kommunikationskonzepts für eine Werbekampagne. Bei großen Markenartiklern ist der Fernsehauftritt meist nur ein Teil einer größeren crossmedialen Kampagne. Die Kalkulation nimmt die Werbeagentur vor.

Die *Produktionskosten* werden vom Produzenten des TV-Werbespots kalkuliert. Sie sind abhängig von den umzusetzenden Inhalten, der Konzeption, dem betriebenen Aufwand, der Länge und der Qualität des Spots. Werbespots mit geringem Aufwand können von kleineren Produktionsunternehmen schon ab 10.000 Euro hergestellt werden. Oft bieten die Sender – speziell im Bereich von Lokal- und Regional-TV – den kleinen und mittelständischen Unternehmen Produktionsmöglichkeiten an, so dass Fernsehwerbung inzwischen nicht mehr nur für die großen Markenartikler relevant ist. Durchschnittlich geht man bei TV-Werbespots, die im nationalen Kontext für große Kampagnen eingesetzt werden, davon aus, dass sich die Produktionskosten in der Größenordnung von 100.000 bis 300.000 Euro bewegen. Freilich sind nach oben keine Grenzen gesetzt. Die Kosten schnellen sofort in die Höhe, wenn der technische Aufwand (u. a. Trick und Effekte) erhöht wird, wenn ferne Drehorte und lange Drehzeiten gewählt werden, wenn eine vielköpfige und hoch professionelle Dreh-Crew am Werk ist, geleitet von einem Top-Regisseur (die Besten der Filmbranche sind sich inzwischen nicht mehr zu schade, Fernsehwerbung zu machen), wenn prominente Darsteller als „Testimonials" eingesetzt werden oder wenn aufwändige Musikproduktion stattfindet bzw. Musikrechte erworben werden müssen. Etats in Millionenhöhe für die Produktion eines Werbefilms sind an der Tagesordnung.

Die *Kosten der Ausstrahlung* – auch Streukosten oder Distributionskosten genannt – fallen für die Buchung von Sendeplätzen in den Programmen der Fernsehsender (als Werbeträger) an. Der Vorgang der Planung – Mediaplanung genannt – folgt der folgenden Ablaufkette:

- Briefing
- Zielgruppendefinition
- Entwicklung der Mediastrategie
- TV-Planungsprozess mit Senderselektion, Grobplanung nach Zeitschienen und Detailplanung mit Programmumfeld
- Einbuchung und Optimierung
- Kampagnenkontrolle.

Die Kosten der Ausstrahlung sind abhängig vom gebuchten TV-Sender, vom programmlichen Kontext, von der Tages-Sendezeit und von der Länge des Spots. Bemessungsgrundlage der Einschaltpreise sind Reichweiten und Einschaltquoten, die in Tausend-Kontakt-Preisen (TKP) ausgedrückt werden. Je mehr Zuschauer den Spot sehen, desto höher der Einschaltpreis. In der Prime Time müssen bei Sendern mit nationalen Vollprogrammen bis zu 60.000 Euro bezahlt werden. Die TKPs bewegen sich dann bei 15 bis 20 Euro pro Tausend Zuschauerkontakten, in weniger gefragten Zeiten können sie stark nach unten gehen, bei TV-Highlights (z. B. Boxkämpfe, Formel 1 oder Spielfilm-Events) stark nach oben abweichen.

Im Vergleich zu den Produktionskosten mit einem Durchschnittswert einer sechsstelligen Größenordnung im unteren Bereich machen die Schaltkosten ein Vielfaches aus.

Ablauf Werbekampagne – Die organisatorische Sicht

Der Ablauf einer Werbekampagne in organisatorischer Hinsicht lässt sich mit der folgenden Darstellung verdeutlichen:

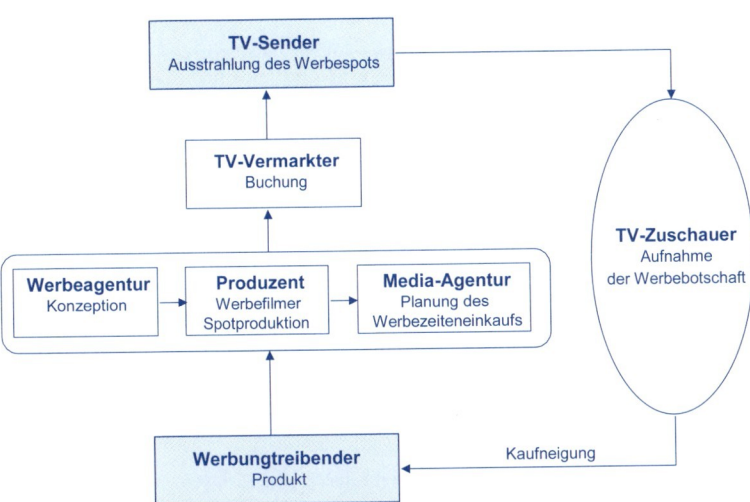

Innerhalb dieses Geschehens spielt die Kalkulation eine unterschiedliche Rolle. Zunächst muss der Werbungtreibende ein Budget zur Verfügung stellen, das zu kalkulieren Aufgabe der ersten Grobkalkulation ist. Der Werbungtreibende selbst legt also die Größenordnung des Werbeetats fest, um dessen Umsetzung sich die Agenturen bewerben können. Oft wird dabei ein Wettbewerb – „Pitch" genannt – durchgeführt.

Die beauftragte Werbeagentur entwickelt auf der Grundlage der Etat-Vorgaben des Werbungtreibenden die Konzeption und sorgt für die erfolgreiche Durchführung aller weiteren Schritte. Zwischen dem Werbungtreibenden als Auftraggeber und der Agentur wird ein Vertrag geschlossen, dessen Bestandteil die Kalkulation des Gesamtauftrages ist. Grundlage ist ein sorgfältiges Briefing. Auf Agenturseite ist für die Kalkulation üblicherweise der sog. Agenturproducer zuständig. Er unterbreitet dem Auftraggeber die Angebotskalkulation für das Gesamtprojekt. Darin enthalten sind die Kosten für die Entwicklung der Inhalte (Konzeption) und die Produktionskosten.

Die Kalkulation der Produktionskosten entsteht auf der Grundlage eines Briefing-Prozesses zwischen Werbeagentur und der Produktionsfirma bzw. dem Produzenten. Das Handling dieser Zusammenarbeit geschieht wiederum über einen Vertrag, der u. a. die Kalkulation der Produktionskosten beinhaltet. Diese ist zwischen Werbeagentur und Produzent sorgfältig zu erstellen, da die Werbeagentur diese dem beauftragenden Werbungtreibenden vorlegen und genehmigen lassen muss.

Zur Unterstützung der Praxis haben die Verbände umfangreiche Regelwerke entwickelt, deren Anwendung sie ihren Mitgliedern empfehlen. Für die TV-Werbung existiert ein umfangreiches Richtlinienwerk, das von den einschlägigen Verbänden herausgegeben wird; dies sind:

- Verband Deutscher Werbefilmproduzenten (VDW)
- Organisation Werbungtreibende im Markenverband (OWM)
- Gesamtverband Werbeagenturen (GWA)

Richtlinienwerk „Werbefilme produzieren"

Das Richtlinienwerk mit dem Titel „Werbefilme produzieren" liefert für die Beteiligten umfangreiches und qualifiziertes Formular-Material und Vertragsmuster, u. a.:

Richtlinien für den Auftraggeber:

- Produktionsplan Fernsehspot: Einfacher Dreh – Aufbau- und Drehzeit 2-3 Tage
- Produktionsplan Fernsehspot: Komplexer Dreh – Aufbau- und Drehzeit 4-5 Tage
- Produktionsplan Fernsehspot: Dreh im Ausland (Übersee)
- Produktionsplan Fernsehspot: Dreh im Ausland
- Produktionsplan Fernsehspot: mit einfacher Zeichentricksequenz 30''
- Produktionsplan Fernsehspot: mit komplexer Zeichentricksequenz 30''
- Produktionsplan Kinospot: Drehlänge 2 Tage
- Produktionsplan Fernseh- und Kinospots

Richtlinien für die Agentur:

- Kostenvoranschlag der Agentur für eine Fernseh-/Kinoproduktion
- Briefing der Produktionsfirma
- Produktions- und Versicherungsspezifikationen
- Checkliste für das Pre-Production-Meeting: PPM-Agenda
- Angebot für eine Trickfilmproduktion
- Zusammenfassung eines Postproduktionsangebots
- Vertrag: Vereinbarung über die Produktion von Fernseh- und Kinowerbefilmen

Richtlinien für Auftraggeber und Agentur:

- Vorläufiger Arbeitsauftrag
- Genehmigung zum Buchen wichtiger Crew-Mitglieder
- Agentur-Abgleichung einer Fernseh- oder Kinoproduktion

Auf der folgenden Seite ist das Deckblatt des Standard-Kalkulationsformulars wiedergegeben, das zwischen Agentur und Produktionsfirma zum Einsatz kommt. Es gliedert sich in 13 Positionen, die als Summe die Einzelkosten darstellen („Zwischensumme", d. h. die Netto-Fertigungskosten). Auf diese Summe wird – wie im Werbefilmbereich üblich – das Mark Up zugeschlagen, also der Gemeinkosten- und Gewinnzuschlag in einer Summe. Brancheneinheitlich beträgt das Mark Up 26,5 %. Als Ergebnis errechnen sich die gesamten Produktionskosten.

Für jede dieser 13 Positionen mit ihren Untergliederungen hat nun die o. g. Gruppe der Verbände ein Kontensystem verabschiedet, das jede einzelne Kostenart präzise identifizierbar macht. Zum Beispiel ist festgelegt:

- 102: Location Scout
- 226: Kleindarsteller Honorar
- 324: Video-Operator
- 429: Nebelmaschine
- 708: Location Bau
- 1001: Versicherung Negativ
- 1301: Reisen Darsteller – Flüge Ausländer

Durch dieses Kontensystem ist die Transparenz und Nachvollziehbar des Kostenanfalls bei einer Werbefilmproduktion in maximaler Weise sichergestellt. Das System ähnelt dem Kontensystem der FFA, ist jedoch ausführlicher.

Kalkulation Produktionskosten: Zusammenfassende Übersicht

Seite   Euro

Seite	Position	Unterposition	Euro
___	01. Vorarbeiten	a) Recherchen	___
___		b) Casting	___
___		c) PPM	___
___		d) Sonstiges	___
___	02. Darsteller	a) Darsteller Honorar	___
___		b) Darsteller Buyout	___
___		c) Sonstige	___
___		d) Sprecher	___
___	03. Stab	a) Regie	___
___		b) Produktionsstab	___
___		c) Regiestab	___
___		d) Kamera Crew	___
___		e) Ton Crew	___
___		f) Beleuchter	___
___		g) Maske Stab	___
___		h) Sonstiger Stab	___
___	04. Technik	a) Kamera	___
___		b) Bühne	___
___		c) Licht	___
___		d) Ton	___
___		e) Sonstiges und Hub.	___
___		f) Transporte	___
___	05. Ausstattung	a) Personal	___
___		b) Material	___
___	06. Studiodreh	a) Personal	___
___		b) Atelier	___
___		c) Material	___
___	07. Location	a) Personal	___
___		b) Location	___
___		c) Material	___
___	08. Filmmaterial		___
___	09. Postproduction	a) Personal	___
___		b) Filmabtastung	___
___		c) Offline Edit	___
___		d) Online Edit	___
___		e) Transfers	___
___		f) Filmendfertigung	___
___		g) Tonbearbeitung	___
___	10. Versicherungen		___
___	11. Verschiedenes		___
___	12. Musik		___
___	13. Reisen	a) Darsteller	___
		b) Stab	___
Zwischensumme			___
Mark Up Summe			___
Produktionskosten exkl. MwSt.			___

Fallbeispiel: Kalkulation Multimedia-Produktion

Eine multimediale Produktion unterscheidet sich von einer monomedialen Produktion, z. B. einer reinen Filmproduktion, durch die grundsätzlich *höhere Komplexität* und vor allem dadurch, dass es sich um eine *interaktive Anwendung* handelt. Die Stufen, die zur Kalkulation führen, sind im Prinzip jedoch die gleichen: Auch hier geht es darum, fünf Stufen zu durchlaufen, bis eine aussagefähige Kalkulation entstehen kann:

- Stufe 1: Rahmenbedingungen
- Stufe 2: Drehbuch
- Stufe 3: Auszüge
- Stufe 4: Kostenfindung
- Stufe 5: Kalkulation

Wie beim Film ist auch bei einer multimedialen Produktion – nach der Festlegung der Rahmenbedingungen in Stufe 1 – das Drehbuch incl. Storyboard das Basis-Dokument (Stufe 2: Drehbuch). Als erstes wird – analog den Auszügen beim Film – aus dem Drehbuch jeder einzelne Baustein, der auf dem Bildschirm (Screen) erscheinen soll, abgeleitet (Stufe 3). Baustein für Baustein werden nun die Inhalte beschrieben, differenziert nach den verschiedenen Medienelementen, den sog. *Assets*, also Text, Bild, Grafik, Videosequenz, Audio oder Animation. Das Dokument, das die Assets auflistet, ist die sog. *Medienliste*. In der Medienliste kommt insbesondere zum Ausdruck, welche Teile der Produktion neu zu produzieren sind und welche Teile bereits als Archivmaterial vorliegen. Auf der Grundlage der Medienliste können nun die Kosten im Einzelnen ermittelt werden (Stufe 4: Kostenfindung). Man schätzt für jeden Screen und dort für jedes Asset, welcher Aufwand erforderlich ist, um das Teil neu zu produzieren oder das vorliegende Archivmaterial zu bearbeiten. Daraus ergeben sich die erforderlichen „Manntage" für die Texterstellung, die Bildproduktion oder die Programmierung. Hinzu kommen die weiteren Kosten wie Urheberrechte, Konzeptionskosten und der Gemeinkostenzuschlag.

Alle Einzelpositionen werden anschließend in eine übersichtliche Form, also in ein Kalkulationsschema, gebracht und ergeben die Kalkulation (Stufe 5).

Bei Multimedia-Produktionen ist es zweckmäßig, mit einem 6-Kostenblöcke-Konzept mit insgesamt 18 Kalkulationspositionen zu arbeiten, das der summarischen Zuschlagskalkulation folgt. Dies hat der Deutsche Multimedia-Verband (dmmv), zwischenzeitlich in Bundesverband Digitale Medien (BVDM), heute in Bundesverband Digitale Wirtschaft (BVDW) umbenannt, in einem 2003/04 erschienenen Leitfaden empfohlen.

Die Grundstruktur dieser „dmmv-Kalkulationssystematik" ist auf der nachfolgenden Seite wiedergegeben.

Leitgedanken sind (vgl. S. 94): „Jedes Projekt verursacht Kosten – und Multimedia-Projekte bilden hier keine Ausnahme. Den größten Teil in Multimedia-Projekten bilden in der Regel die Kosten für die (Projekt-)Mitarbeiter. Hinzu kommen zahlreiche indirekte, dem Projekt nicht direkt zurechenbare Kosten – z. B. Kosten für die technische Ausrüstung oder für Miete und Verwaltung. Einerseits wäre es müßig, an dieser Stelle alle Kostenpositionen aufzulisten, die in einem Unternehmen oder Projekt anfallen können – für diesen Zweck gibt es betriebswirtschaftliche Standardwerke. Andererseits gleicht kein Unternehmen der „Digital Economy" dem anderen: Verkauft das eine Unternehmen z. B. Beratungsleistungen, konzentriert sich das andere auf visuelle Gestaltung und ein weiteres versteht sich als Full-Service-Dienstleister. Wir verfolgen mit der dmmv-Kalkulationssystematik einen pragmatischeren Weg und definieren mit dem Kalkulationsformular lediglich einen Rahmen, dessen Inhalte Sie nach eigenen Bedürfnissen anpassen können."

In der Übersicht stellt sich die Kalkulationsmethodik wie folgt dar:

Kapitel 20: Kosten- und Leistungsrechnung 553

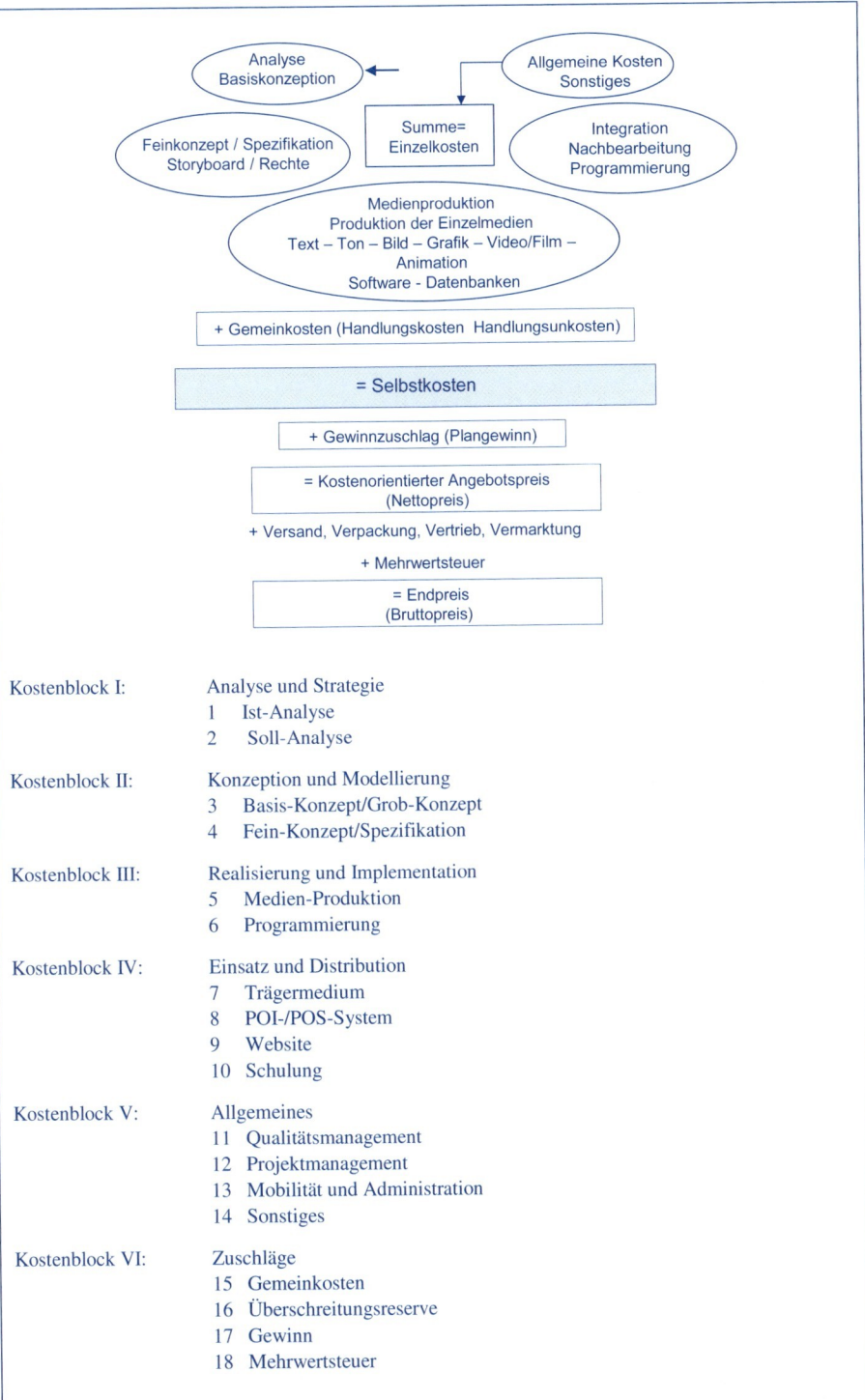

Kostenblock I: Analyse und Strategie
1 Ist-Analyse
2 Soll-Analyse

Kostenblock II: Konzeption und Modellierung
3 Basis-Konzept/Grob-Konzept
4 Fein-Konzept/Spezifikation

Kostenblock III: Realisierung und Implementation
5 Medien-Produktion
6 Programmierung

Kostenblock IV: Einsatz und Distribution
7 Trägermedium
8 POI-/POS-System
9 Website
10 Schulung

Kostenblock V: Allgemeines
11 Qualitätsmanagement
12 Projektmanagement
13 Mobilität und Administration
14 Sonstiges

Kostenblock VI: Zuschläge
15 Gemeinkosten
16 Überschreitungsreserve
17 Gewinn
18 Mehrwertsteuer

Fallbeispiel: Kalkulation Audio-CD / Hörbuch

Nachfolgend wird das Angebot eines Dienstleisters dargestellt. Quelle: ABoD (Audio-Books-on-Demand http://www.abod.de/Pup/Kalkulator.php?PHPSESSID=7f833f7b35d96d969d64cc707efe2b77(31.03.2007)

„Kalkulation: Kristallklare Sache"

Aufnahme:

Ein gut betont gesprochener Text von ca. 30 Buchseiten entspricht ca. 75 Minuten auf dem Hörbuch, was einer Audio-CD entspricht.

Im Studio wird aufgrund von diversen Versprechern oder Neubetonungen sowie Husten, Schlucken, Niesen und anderen Nebengeräuschen sowie Pausen in der Regel das 2,5 bis 3fache an Zeit für die Aufnahme benötigt.

Rechnen Sie daher jede volle Buchseite mit ca. 7 Minuten Aufnahmedauer.

3 Minuten pro Seite lesen	Brutto-Sprechzeit Std.
25 Seiten	3,125 Stunden
50 Seiten	6,25 Stunden
75 Seiten	9,375 Stunden
100 Seiten	12,5 Stunden
150 Seiten	18,75 Stunden
200 Seiten	25 Stunden

Mastering:

Nach der Bruttoaufnahme mit allen Fehlern bedarf es eines makellosen Schnitts und Masterings, um aus der Rohfassung eine absolut professionelle Hörbuchversion zu machen, die auch in Jahren noch verkauft werden kann. Dies dauert ebenfalls 2,5 mal die Zeit der Aufnahme.

Festpreise:

CDs	AboD Listenpreis inkl. MwSt.
1	990,00 Euro
2	1.890,00
3	2.790,00
4	3.590,00

Layout:

Gern erstellen wir mit Ihren Vorgaben und aus Ihren Vorlagen das Layout. Oft entwickeln wir aus einem rechteckigen Buchtitel eine runde CD, ein quadratisches Cover und eine rechteckige Musikcassette.

Folgende Lieferversionen bietet ABOD an:

1. Mail-Version für CD und DVD: Besteht aus einem festen kartonierten Umschlag mit Adressfenster in DIN Lang, in den die vollfarbig bedruckte CD eingesteckt, das Booklet lose beigepackt und portooptimiert versandt wird.

2. BASIC-Version für CD und DVD: Besteht aus einer vollfarbig bedruckten CD mit Booklet aber ohne Inlay in einem SlimTray mit schwarzem Rücken. So ist ein günstigerer Verkaufspreis und eine bessere Marge möglich.

3. STANDARD-Version für CD und DVD: Besteht aus einer vollfarbig bedruckten CD mit 4c Booklet und 4c Inlay in einem transparenten JewelTray, der auch zwei CD´s beinhalten kann.

4. PREMIUM-Version: Besteht aus einer vollfarbig bedruckten CD in einer Videohülle mit einem vollfarbigen Umschlag. Aufgeklappt findet der Kunde links die CD im SlimCase und rechts bis zu 50 Seiten A5 Booklet um z.B. Präsentationen oder Begleittexte zum Hörbuch attraktiv zu verpacken.

5. MC-Version: Besteht aus einer mit bedrucktem Aufkleber beidseitig beklebter MC mit Booklet sowie einer transparenten Box. Besteht eine aus zwei MC´s, dann werden 2 einzelne Boxen und keine Doppelboxen benutzt.

6. DVD-Version: Bei einer DVD kommt der DVD-typische größere Tray zum Einsatz.

Musik und Geräusche:

Auf Anforderung ist von ABOD auch individuelle Musik vom Kapitel-Trenn-Sound bis hin zur Eingangsmusik sowie eine umfangreiche Geräuschkulisse lieferbar.

Produktion:

Für eine Produktion von DVD, CD und MC in professioneller Qualität bedarf es einer Fertigungsstraße aus:

- Brenner für DVD bzw. CD bzw. eines Duplizierers für Musikcassetten
- Farbdrucker für Cover und Inlay bzw. MC Aufkleber und Einleger
- Versiegelungsmaschine
- Hüllen für DVD, CD und MC für 1, 2, 3, 4 bis 6 Tonträger
- Portooptimierte Versandtaschen
- Zusammenstellung und Postaufbringung
- Rechnung und Zahlungsverkehr

Deutsche Bibliothek:

Autoren und Verlage, die eine eigene ISBN nutzen, können ABoD mit dem Versand der gesetzlich vorgeschriebenen Pflichtexemplare für Bibliotheken beauftragen. Für Autoren, die eine ISBN von ABoD beziehen, wird grundsätzlich der Bibliotheksservice durchgeführt und in Rechnung gestellt. Der Paketpreis umfasst die Herstellung der Tonträger, den Versand und die Übermittlung der korrekten bibliographischen Angaben. Bibliotheksservice Hörbuch: € 49,- inkl. MwSt.

Angebotsbeispiel für Pressung:

http://www.soundlabmedia.de/cms/?DVD-CD-Pressung,446,18,DE.html (31.03.2007):

„Ab einer Auflage von 500 Exemplaren können wir für Sie CD´s und DVD´s in den renommiertesten Presswerken Europas mit höchstem Qualitätsniveau pressen lassen.

Preisbeispiel:

500 Audio-CD´s in Standard-Jewelbox mit antrazitfarbenem Tray, 2-farbg. CD-Siebdruck, incl. 4-seitigem Booklet 4/1-farbg. und Inlaycard 4/0-farbg. bei Anlieferung von Master-CD und Filmen f. Drucksachen: EUR 1.090,00 zuzüglich Versandkosten und 19% Mwst. Gema-Gebühren und sonstige Lizenzen sind nicht im Preis enthalten und vom Auftraggeber mit dem Rechteinhaber bzw. der jeweiligen Verwertungsgesellschaft selbst abzuklären."

Fallbeispiel: Kalkulation Druck – Differenzierte Zuschlagskalkulation

Vor dem Hintergrund der Workflows mit ihrem Charakter der industriellen Massenproduktion hat sich in der Druckindustrie ein umfassendes branchenspezifisches Know-how und Verständnis für die Kosten- und Leistungsrechnung herausgebildet. Insbesondere der Bundesverband Druck und Medien (www.bvdm-online.de) sorgt für ein hohes Maß an Standardisierung der Kalkulationsmethodik.

Seit Jahrzehnten existieren umfassende Richtlinienwerke. Herausgegriffen sei z. B. das Grundmuster einer *Angebotskalkulation*:

1	Fertigungskosten Vorstufe
2	Fertigungskosten Druck
3	Fertigungskosten Druckweiterverarbeitung
4	Sondereinzelkosten der Fertigung
5	Summe Fertigungskosten
6	Fremdleistungskosten
8	Summe Fertigungs- und Fremdleistungskosten
9	Gemeinkostenzuschlag Arbeitsvorbereitung
10	Gemeinkostenzuschlag Verwaltung
11	Summe Verwaltungskosten
12	Materialkosten Vorstufe
13	Materialkosten Druck/Verarbeitung
14	Gemeinkostenzuschlag Material
15	Summe Materialkosten
16	Herstellkosten (Zeile 8+11+15)
17	Vertriebseinzelkosten
18	Gemeinkostenzuschlag Vertrieb
19	Versandkosten
20	Summe Vertriebskosten
21	Selbstkosten (Zeile 16+20)
22	Gewinnzuschlag (10,0 % im Hundert)
23	Zwischensumme
24	Erlösschmälerungen (Skonti 2 % im Hundert)
25	Kalkulierte Preisvorgabe
26	Gesamt
27	per 1.000
28	per weitere 1.000

Dieses Standard-Kalkulationsschema für die Kalkulation von Angeboten (im Gegensatz zur Auftragskalkulation, die nach Auftragsvergabe durch den Kunden und vor Fertigungsbeginn erstellt wird) wird nach Vollkosten und nach proportionalen Kosten differenziert sowie jeweils nach fixen und variablen Kosten. Dies schafft die Grundlage für weitere Berechnungen.

Wie ersichtlich handelt es sich um eine differenzierte Zuschlagskalkulation im Sinne der Vollkostenrechnung. Alle genannten Gemeinkostenzuschläge weisen unterschiedliche Sätze auf. Die Gemeinkostenzuschläge könnten z. B. wie folgt aussehen:

- Für die Gemeinkosten der Vorkostenstelle „Arbeitsvorbereitung/Technische Leitung (AV/TL)" wird z. B. ein Zuschlagssatz von 8 % zugrunde gelegt
- Vorkostenstelle Verwaltung z. B. 22 %
- Vorkostenstelle Vertrieb z. B. 18,5 % .

Um die betreffenden Zuschlagssätze verursachungsgerecht tätigen zu können, sind umfangreiche Spezialinformationen erforderlich, die von der Kosten- und Leistungsrechnung der Druckerei zu liefern ist. Im Zentrum steht dabei die Kostenstellenrechnung, die den Ressourcenverbrauch an den einzelnen Kostenstellen detailliert nachweist.

In der Druckindustrie hat sich hierbei ein spezielles Verfahren durchgesetzt, die „Platzkostenrechnung": Danach wird als Kalkulationsbasis nicht eine gesamte Kostenstelle (z. B. die Abteilung Beratung/Konzeption/Design mit 5 Mitarbeitern) betrachtet, sondern eine einzelne eine Leistung erbringende Einheit. Dies ist z. B. eine einzelne Person auf ihrem Arbeitsplatz oder eine Druckmaschine, die von zwei Personen bzw. Arbeitsplätzen bedient wird). Diese Differenzierung der Kostenstellen in Richtung des einzelnen Arbeitsplatzes ist die weitest gehende Gliederung, die in der Kostenstellenrechnung möglich ist. Sie geht weit über die Kostenstellengliederung in Abteilungen oder Bereichen hinaus und verwendet als Kostenstellen einzelne Maschinen, Maschinengruppen oder Arbeitsplätze.

Ziel der Platzkostenrechnung ist die Ermittlung der Kosten für eine Zeiteinheit pro Arbeitsplatz. Meistens werden die Kosten für eine Stunde ermittelt, so dass sich für jeden Arbeitsplatz jeweils ein entsprechender Stundensatz ergibt, z. B. 65 Euro pro Stunde für einen DTP-Arbeitsplatz. Bei der Ermittlung des Stundensatzes sind alle relevanten Kosten einzurechnen, so die kalkulatorischen Abschreibungskosten, die kalkulatorischen Zinsen auf die Kapitalinvestition, der Bruttojahreslohn, anteilige Sachgemeinkosten, anteilige Raummiete etc. Zugrunde zu legen ist sodann die Frage beantwortet: „Wie viele Stunden ist die Maschine mit Personal besetzt?" Es ergeben sich z. B. 218 Tage, multipliziert mit 7,5 Stunden = 1.635 Gesamtarbeitsstunden im Jahr. Diese Zahl kann korrigiert werden, indem man nach der Arbeitsplatzkapazität fragt, mit der die Maschine theoretisch besetzt sein könnte, so dass sich statt eines Ist-Wertes ein Plan-Wert ergibt. Die Kosten des einzelnen Arbeitsplatzes pro Stunde ergeben sich schließlich als Division aus den gesamten Arbeitsplatzkosten pro Jahr und den zugrunde gelegten Fertigungsstunden.

Zur Frage der Kalkulation im Druckbereich vgl. insbesondere die Publikationen des Bundesverbandes Druck und Medien.

Fallbeispiel: Kalkulation Taschenbuch-Projekt

Buchprojekte eines Verlages sind hoch riskante Vorhaben, bei denen sorgfältig geprüft werden muss, ob das Projekt durchgeführt werden soll oder nicht. In wirtschaftlicher Hinsicht bietet die Deckungsbeitragsrechnung einen hilfreichen Ansatz zur Abschätzung der voraussichtlichen Wirtschaftlichkeit des Projekts.

Nachfolgendes Beispiel zeigt die Deckungsbeitragskalkulation eines Taschenbuch-Projekts und stellt diese der Zuschlagskalkulation sowohl in ihrer progressiven als auch retrograden Methodik gegenüber. Nach allen Berechnungen ist das Projekt wirtschaftlich lohnend.

Es geht um das folgende Projekt: Taschenbuch, Auflage 10.000 Stück

Angaben zum Erlös:
- Brutto-Ladenpreis: 10,00 Euro

Angaben zu den Kosten:
- Mehrwertsteuer: 7 % vom Netto-Ladenpreis
- Herstellkosten („Technische Herstellkosten"): 2,00 Euro
- Honorar/Lizenz („Pauschal-Honorar"): 5 % vom Netto-Ladenpreis
- Rabatt an Buchhandel („Durchschnittsrabatt", „Sortimenter-Rabatt"): 45 % vom Netto-Ladenpreis
- Spezielle Angaben für die Vollkostenrechnung: Gemeinkosten: 46 % vom Netto-Preis; Geplanter Gewinn („Plangewinn") 0,31 Euro
- Spezielle Angaben für die Deckungsbeitragsrechnung: Vertreterprovision 8 % vom Netto-Preis; Auslieferung 12 % vom Netto-Preis; Werbung 10 % vom Netto-Preis

Begriffe:
- Brutto-Ladenpreis
- Netto-Ladenpreis („Warenwert") = Brutto-Ladenpreis abzgl. Mehrwertsteuer
- Netto-Preis („Netto-Abgabepreis") = Netto-Ladenpreis abzgl. Rabatt

Aufgabe

Zu erstellen ist die Stück-Kalkulation

(1) nach der Methodik der Zuschlagskalkulation (Vollkostenrechnung)
(2) nach der Methodik der Deckungsbeitragsrechnung (Teilkostenrechnung)

Lösung

Mehrwertsteuer: 7 % im 100
Brutto-Ladenpreis 10 Euro entspricht 107 % = Netto-Ladenpreis 100 % plus Mehrwertsteuer 7 %
= Netto-Ladenpreis: 10/107*100 = 9,35 Euro
Mehrwertsteuer: 7 % von 9,35 Euro = 0,65 Euro

Honorar = 5 % vom Netto-Ladenpreis = 9,35 * 5 % = 0,47 Euro

Rabatt an Buchhandel = 45 % vom Netto-Ladenpreis = 9,35 * 45 % = 4,20 Euro

Netto-Preis: Netto-Ladenpreis abzgl. Durchschnittsrabatt = 9,35 ./. 4,20 = 5,15 Euro

Gemeinkosten: 46 % vom Nettopreis = 5,15 * 46 % = 2,37 Euro

(1) Zuschlagskalkulation (progressive Methode):

1.		Technische Herstellkosten (th)	2,00 Euro	
2.		Pauschalhonorar	0,47 Euro	9,35*5 %
3.	=	Einzelkosten („Einstandskosten")	2,47 Euro	
4.	+	Gemeinkosten	2,37 Euro	
5.	=	Selbstkosten	4,84 Euro	
6.	+	Plangewinn	0,31 Euro	
7.	=	Netto-Preis („Netto-Abgabepreis")	5,15 Euro	
8.	+	Rabatt an Buchhandel („Sortimenter-Rabatt")	4,20 Euro	9,35*45 %
9.	=	Netto-Ladenpreis	9,35 Euro	
10.	+	Mehrwertsteuer	0,65 Euro	
11.	=	Brutto-Ladenpreis (Lp)	**10,00 Euro**	

Zuschlagskalkulation (retrograde Methode)
= Klassische Staffelkalkulation gemäß der „Leipziger Schule":

11.		Brutto-Ladenpreis (Lp)	10,00 Euro	
10.	./.	Mehrwertsteuer	0,65 Euro	
9.	=	Netto-Ladenpreis (Warenwert)	9,35 Euro	
8.	./.	Rabatt an Buchhandel („Sortimenter-Rabatt")	4,20 Euro	9,35 * 45 %
7.	=	Netto-Preis („Netto-Abgabepreis")	5,15 Euro	
2.	./.	Pauschalhonorar	0,47 Euro	9,35 * 5 %
4.	./.	Gemeinkosten	2,37 Euro	5,15 * 46 %
1.	./.	Technische Herstellkosten (th)	2,00 Euro	
6.	=	Gewinn pro Stück („Verlagsanteil")	**0,31 Euro**	

(2) Deckungsbeitragsrechnung

1.		Brutto-Ladenpreis (Lp)	10,00 Euro	
2.	./.	Mehrwertsteuer	0,65 Euro	
3.	=	Netto-Ladenpreis (Warenwert)	9,35 Euro	
4.	./.	Rabatt an Buchhandel („Sortimenter-Rabatt")	4,20 Euro	9,35 * 45 %
5.	=	Netto-Preis („Netto-Abgabepreis")	5,15 Euro	
6.	./.	Vertreterprovision 8 % von 5.	0,41 Euro	
7.	./.	Auslieferung 12 % von 5.	0,62 Euro	
8.		Deckungsbeitrag I	**4,12 Euro**	
9.	./.	Pauschalhonorar 5 % von 3.	0,47 Euro	9,35 * 5 %
10.	./.	Technische Herstellkosten (th)	2,00 Euro	
11.		Deckungsbeitrag II	**1,65 Euro**	
12.	./.	Werbung 10 % von 5.	0,52 Euro	
13.		Deckungsbeitrag III	**1,13 Euro**	
		(= eigentlicher Deckungsbeitrag pro Stück)		

Quelle und Literatur-Hinweis: Schönstedt, E. (1999), Teil D.

Kernaussagen

- Die Kosten- und Leistungsrechnung adressiert zwei Bereiche, zum einen die Betriebsabrechnung („Makro-Ebene"), zum anderen die Kalkulation eines Produkts („Mikro-Ebene").
- Die Betriebsabrechnung erfolgt entweder nach der traditionellen Vollkostenrechnung oder noch der modernen Betriebsabrechnung auf Teilkostenbasis.
- Bei der Kalkulation eines einzelnen Produkts steht im Medienbereich die Zuschlagskalkulation im Vordergrund, typischerweise als summarische Zuschlagskalkulation. Dies ist Folge des Unikat-Charakters medialer Produktionen.
- Deckungsbeitragsrechnungen kommen in allen Bereichen als Entscheidungsinstrument zum Tragen.

Literatur

Weiterführende Literatur: Grundlagen

Backhaus, K./Funke, S. (1997): Fixkostenmanagement, in: Franz, K.-P./Kajüter, P. (Hrsg.)(1997): Kostenmanagement, Stuttgart, S. 29-43.
Coenenberg, A. G./Fischer, T. M./Günther, T. (2009): Kostenrechnung und Kostenanalyse, 7., überarb. Aufl., Stuttgart.
Franz, K.-P./Kajüter, P. (Hrsg.)(1997): Kostenmanagement, Stuttgart.
Horváth, P. (2011): Controlling, 12., vollst. überarb. Aufl., München.
Joos-Sachse, T. (2007): Controlling, Kostenrechnung und Kostenmanagement, 4., überarb. Aufl., Wiesbaden.
Kremin-Buch, B. (2007): Strategisches Kostenmanagement, 4., überarb. Aufl., Wiesbaden.
Schweitzer, M./Küpper, H. U. (2010): Systeme der Kosten- und Erlösrechnung, 10., überarb. u. erw. Aufl., München.
Schierenbeck, H./Wöhle, C. B. (2012): Grundzüge der Betriebswirtschaftslehre, 18., überarb. Aufl., München.
Seidenschwarz, W. (1997): Nie wieder zu teuer, Stuttgart.
Siegwart, H./Bartel, H./Schultheiss, L. (1998): Kalkulation, Köln.
Thommen, J.-P./Achleitner, A.-K. (2012): Allgemeine Betriebswirtschaftslehre, 7., vollst. überarb. Aufl., Wiesbaden.

Weiterführende Literatur: Medien

Medien allgemein:
Beste, J./Hahn, H./Wolf, T. (2006): Rechnungswesen für Medienberufe: Kosten- und Leistungsrechnung/Controlling, Troisdorf.
Schellmann, B./Baumann, A./Gläser, M./Kegel, T. (2013): Handbuch Medien. Medien verstehen, gestalten, produzieren. 6., erw. u. verb. Aufl., Haan-Gruiten.

Druck und Verlag:
Fischer, R. (2004): Wirtschaftlichkeitsberechnungen – Stand und Perspektiven für die Druckindustrie, in: Friedrichsen, M. (Hrsg.)(2004): Printmanagement, Baden-Baden, S. 42-63.
Gairing, G. (2000): Kosten- und Leistungsrechnung in der Druckindustrie, 3 Bde. Itzehoe.
Krapp, S. (2003): Rechnungswesen im Buchhandel, Frankfurt am Main.
Röhring, H.-H. (2011): Wie ein Buch entsteht, 9., akt. Aufl., Darmstadt.
Schönstedt, E. (1999): Der Buchverlag, 2., durchgesehene Aufl., Stuttgart.
Uhlemann, H. (2002): Kalkulationsmethoden im Wandel der Zeit, in: Leidig, G./Mayer, T. (Hrsg.)(2002): Betriebswirtschaft und Mediengesellschaft im Wandel, Wiesbaden, S. 557-603.
Wantzen, S. (2002): Betriebswirtschaft für Verlagspraktiker, Frankfurt am Main.

Film, Kino-Spielfilm:
Dress, P. (2002): Vor Drehbeginn. Planung von Film- und Videoproduktionen, überarb. u. akt. Neuausgabe, Bergisch Gladbach.
Clevé, B. (1997): Wege zum Geld. Film-, Fernseh- und Multimedia-Finanzierungen, 2., aktualisierte Aufl., Gerlingen.
Clevé, B. (1998): Investoren im Visier. Film- und Fernsehproduktionen mit Kapital aus der Privatwirtschaft, Gerlingen.
Eggers, D. (1997): Filmfinanzierung. Grundlagen, Beispiele, 2., akt. Aufl., Hamburg.
Eick, D./Hartung, V. (2009): Was kostet mein Drehbuch? Konstanz.
Iljine, D./Keil, K. (1997): Der Produzent, München.
Jacobs, O. (2011): Finanzierung von Film- und Fernsehproduktionen, Berlin.
Jacobshagen, P. (2012): Filmbusiness, 2. Aufl., Bergkirchen.
Keil, K./Eder, D. (2010): Finanzierung von Film- und Fernsehwerken, Berlin.
Leeb, H. (1998): Kalkulation (II). Vom Drehplan zum Budget, München.
Schmidt-Matthiesen, C. (2009): Erstellung einer Kalkulation, in: Clevé, B. (Hrsg.)(2009): Von der Idee zum Film: Produktionsmanagement für Film und Fernsehen, 5., überarb. Aufl., Konstanz, S. 69-94.
Schmidt-Matthiesen, C./Clevé, B. (2010): Produktionsmanagement für Film und Fernsehen, Konstanz.
Schröder, N. (1995): Special Filmindustrie, Reinbek bei Hamburg.
Sehr, P. (1998): Kalkulation (I). Vom Drehbuch zum Drehplan, München.
Wendling, E. (2008): Filmproduktion, Konstanz.

Fernsehen und Radio:
Bamme, K. (1996): Die Kostenträgerrechnung in öffentlich-rechtlichen Rundfunkanstalten und ihr Ausbau zu einer Erfolgsrechnung, Köln.
Blaes, R./Heussen, G. A. (Hrsg.)(1997): ABC des Fernsehens, Konstanz.
Böning-Spohr, P. (2005): Instrumente für die Quantifizierung von Mehrfachnutzungsstrategien, in: Controlling & Management, 49. Jg., Sonderheft 2/2005: Hess, T. (Hrsg.) (2005): Controlling in TIME-Unternehmen, S. 49-60.
Drees, J./Koppensteiner, R. (1999): Privates Fernsehen, in: Schneider, B./Knobloch, S. (Hrsg.)(1999): Controlling-Praxis in Medien-Unternehmen, Neuwied, Kriftel, S. 70-90.
Geisler, R. M. (2001): Controlling deutscher TV-Sender, Wiesbaden.
Gläser, M. (2003): Controlling im Rundfunk – Ganzheitliche Steuerung privater und öffentlich-rechtlicher Rundfunk-Unternehmen, in: Brösel, G./Keuper, F. (Hrsg.)(2003): Medienmanagement. Aufgaben und Lösungen. München, Wien, S. 147-183.
Haas, M. H./Frigge, U./Zimmer, G. (1991): Radio-Management, München.
Hock, B. (2003): Target Costing in der Fernsehproduktion, in: Controlling & Management, 47. Jg., S. 68-73.
Jacobs, O. (2011): Finanzierung von Film- und Fernsehproduktionen, Berlin.
Kamps, A. (1995): Prozeßkostenrechnung beim WDR – Einsatzmöglichkeiten und Grenzen, dargestellt am Beispiel des Filmarchivs, Köln.
Kastrup, T. (1999): Marktorientiertes Zielkostenmanagement für Rundfunkanstalten, Wiesbaden.
Kayser, H. J. (1993): Controlling für Rundfunkanstalten, Baden-Baden.
Keil, K./Eder, D. (2010): Finanzierung von Film- und Fernsehwerken, Berlin.
Köcher, A. (2002): Controlling der werbefinanzierten Medienunternehmung, Lohmar, Köln.
Lyng, R. (2003): Die Praxis im Musikbusiness, 7. Aufl., o. O.
Schomers, M. (2012): Der kurze TV-Beitrag, Konstanz.
Seidel, N. (1992): Controlling in öffentlich-rechtlichen Rundfunkanstalten, in: Die Wirtschaftsprüfung, Jg. 45, H. 2, S. 33-43.
Stader, J. (1994): Fernsehen: Von der Idee bis zur Sendung, Frankfurt am Main.
Thul, S. (1998): Kalkulation von Fernsehfilmen und anderen TV-Produktionen, in: Clevé, B. (Hrsg.)(1998): Von der Idee zum Film. Produktionsmanagement für Film und Fernsehen, Gerlingen, S. 59-96.
Usadel, J. (2002): Target Costing für TV-Produktionsunternehmen, Köln.

Werbefilm:
Werbefilme produzieren. Richtlinien für die Herstellung von Fernseh- und Kinospots. Vom Auftraggeberbriefing bis zur Ausstrahlung. Hrsg. vom VDW in Abstimmung mit OWM und GWA. Hamburg o. J.

Bruhn, M. (2012): Kommunikationspolitik, 7., überarb. Aufl., München.

Multimedia, Internet, E-Business, E-Commerce:
Bruhn, M. (1997): Multimedia-Kommunikation, München.
Franz, W. A. W./Franz, J. C. (1998): Multimedia-Produktion, München u. a.
Hübner, R./Bressler, F./Rohloff, S. (2000): Was kostet Web-Design? Frankfurt am Main.
Leidig, G./Meyer-Kohlhoff, F./Sommerfeld, R. (1999): Multimedia-Kalkulations-Systematik, 2. Aufl., Wiesbaden.
Lembke, G. (2011): Social Media Marketing, Berlin.
Müller, K. M. (1997): Praktisches Multimedia ABC, Freiburg i. Br.
Pispers, R./Riehl, S. (1997): Digital Marketing, Bonn u. a.
Schifman, R. S./Heinrich, Y./Heinrich, G. (1999): Multimedia-Projektmanagement, Heidelberg.
Schreiber, A. (1998): CBT-Anwendungen professionell entwickeln, Heidelberg.
Siegel, D. (1998): Das Geheimnis erfolgreicher Web Sites, Haar bei München.
Sommerfeld, R. (2002): Kalkulations-Management bei Multimedia-Produkten, in: Leidig, G./Mayer, T. (Hrsg.)(2002): Betriebswirtschaft und Mediengesellschaft im Wandel, Wiesbaden, S. 542-556.

Grafik, Design:
Hackenberg, H. (2002): Kommunikationsdesign. Akquisition und Kalkulation, Mainz.
Linke, M. W. (2012): Design kalkulieren, 2. Aufl., Norderstedt.

Fallbeispiele

Hermanni, A.-J. (2006): Medienmanagement, München.
Kamps, A. (1995): Prozeßkostenrechnung im WDR – Einsatzmöglichkeiten und Grenzen, dargestellt am Beispiel des Filmarchivs, Köln.
Schönstedt, E. (1999): Der Buchverlag, 2., durchgesehene Aufl., Stuttgart.

Materialien

Bundesverband Druck und Medien e. V. (BVDM): Zahlreiche Publikationen zum Thema Kalkulation und Kosten- und Leistungsrechnung in den Bereichen Druck, Medien, Multimedia, Print- und Non-Print.
Bundesverband Digitale Wirtschaft e. V. (BVDW) – www.bvdw.org
dmmv-Kalkulationssystematik. Leitfaden zur Kalkulation von Multimedia-Projekten. Autoren: Dellingshausen, C. v./Gläser, M./Pracht, B./Walter, K./Winkelhage, C., herausgegeben vom dmmv und High Text-Verlag, München 2003.
Etat-Kalkulator, erscheint 2 mal im Jahr, creativ collection Freiburg i.Br.
iBusiness Honorarleitfaden: Honorare und Produktionskosten bei der Entwicklung interaktiver Anwendungen in Deutschland, Österreich und der Schweiz, High Text-Verlag München

Teil C
Unternehmensführung und Steuerung

Medienmanagement

Teil C
Unternehmensführung und Steuerung
Ziele
Normatives – Strategisches – Operatives Management
Ganzheitliche Steuerung

Teil B
Medienunternehmen als Gegenstand
Umfeld
Leistungs- und Finanzprozess
Rechnungswesen

Teil A
Medienmanagement als Disziplin
Methodische Grundlagen: Paradigmen – Modelle – Systeme

V.
Unternehmensziele

Kapitel 21
Ziele als Leitmaßstäbe der Steuerung

21.1 Rolle und Bedeutung von Zielen 567
21.2 Bausteine eines integrierten Zielsystems 569

Leitfragen

- Was versteht man unter einem „Ziel"?
- Welche Funktionen üben Ziele im Management aus?
- Welche Rolle spielen Ziele im „Dreigestirn" Ziele – Strategien – Instrumente?
- Wie lassen sich die Ziele im Sinne einer Zielhierarchie differenzieren?
- Wodurch unterscheiden sich Aktionsfeldziele von Instrumentalzielen?
- Was versteht man unter der Zweck-Mittel-Beziehung?
- Inwiefern spielen Daten und Nebenwirkungen bei der Beurteilung von Ziel-Mittel-Relationen eine wichtige Rolle?
- Welches sind die zentralen Bausteine eines „integrierten Zielsystems"?
- Welche Rolle spielt das Zielsystem im „Dreigestirn" der unternehmensinternen Subsysteme Leistungssystem – Managementsystem – Zielsystem?
- Was versteht man unter „Sachzielen" und „Formalzielen" und in welcher Ausprägung sind sie bei Medienunternehmen zu sehen?
- Wie lautet die „Lasswell-Formel"?
- Inwiefern kann man sagen, dass bei kommerziellen Medienunternehmen die Formalziele die Sachziele dominieren?
- Inwiefern kann man sagen, dass auch nichtkommerzielle Medienunternehmen „Gewinn" – in einer abgewandelten Interpretation – erzielen müssen?
- Welche drei Typen von Zielbeziehungen unterscheidet man?
- In welche sieben Phasen unterscheidet man die Zielbildung?
- Wer hat in einem Unternehmen die Macht, Ziele zu setzen?
- Inwiefern spielen die unterschiedlichen Interessen der Stakeholders bei der Zielfindung und Zieldetermination eine besondere Rolle?

Gegenstand

Teil C dieses Werkes befasst sich mit der Unternehmensführung und Steuerung im engeren Sinne und ist in fünf Abschnitte unterteilt:

- Unternehmensziele
- Normatives Management
- Strategisches Management
- Operatives Management
- Ganzheitliche Steuerung

Zu Beginn jeder Management-Konzeption steht die Aufgabe, diejenigen Ziele zu definieren, die das Unternehmen verfolgen will. Ziele fungieren als Leitmaßstab und Orientierungsgröße, auf das sich das ganze Unternehmensgeschehen ausrichten soll.

Allerdings ist es eine durchaus zu problematisierende Angelegenheit, inwieweit und unter welchen Voraussetzungen Ziele überhaupt als Leitmaßstäbe und Richtgrößen für die Steuerung eines Unternehmens dienen können. Insbesondere die Systemtheorie entlarvt die Vorstellung einer mechanistisch-technokratischen Ziel-Mittel-Konzeption als fragwürdig und lenkt den Blick auf die Frage, wie im Zeichen hoch komplexer externer und interner Zusammenhänge Steuerung möglich ist. Aus systemtheoretischer Sicht ist die Steuerung eines Unternehmens als zielorientiertes Komplexitätsmanagement zu interpretieren, das stark von der jeweiligen Situation abhängig ist.

Komplexität wird damit zum Schlüsselbegriff für das Design von Steuerungskonzepten: „Komplexität als eine Eigenschaft der uns umgebenden Welt zu akzeptieren, bedeutet zugleich, sich darauf einzulassen. Spätestens dann aber wird man bemerken, dass Komplexität nicht eine Eigenschaft, ein Attribut im üblichen Sinne ist, das diese Welt besitzt wie andere Eigenschaften. Komplexität entspricht vielmehr einem Zustand, der sich in ständiger Veränderung auf das Ganze bezieht und es nach eigenen Kriterien prägt. Demzufolge stehen wir als Akteure in dieser Welt der Komplexität nicht als Manager gegenüber, die versuchen, ihre Vorstellungen davon, was sein sollte, von außen steuernd durchzusetzen. Wir befinden uns stattdessen inmitten des Gesamtsystems und sind zugleich ein Teil von ihm. Für das Verständnis der eigenen Rolle bei der Auseinandersetzung mit den Problemen, die zum einen aus unseren Absichten, Zielen und Plänen, zum anderen aus den vorgefundenen Bedingungen resultieren, ergeben sich damit weitreichende Konsequenzen vor allem für die Zukunft" (Reither 1977: 9).

„Der Marktwandel hat zu einer nachhaltig gesteigerten Komplexität in den Unternehmen geführt. Steigende Komplexität aber hat über den anwachsenden Koordinationsbedarf Rückwirkungen auf die Kosten undErlöse und damit auf die Gewinnlage eines Unternehmens. Das Grundproblem einer ertragsorientierten Unternehmenspolitik besteht heute darin, die Komplexität sinnvoll zu reduzieren und die verbleibende Restkomplexität souveräner zu beherrschen. Nur Unternehmen, die das Komplexitätsmanagement beherrschen, sind in der Lage, ihre Erfolgssituation gezielt positiv zu beeinflussen" (Adam 1998: 30).

Das konzeptionelle Vorgehen im Zeichen von Komplexität wird dem aus der Kommunikationstheorie bekannten Phänomen der situativ angemessenen Reaktion auf Komplexität folgen: „Der Bereich effektiver Kommunikation liegt gerade zwischen einer unnötigen Komplizierung (*Overcomplication*) und einer unangemessenen Simplifizierung (*Oversimplification*). Welches Medium „passt", hängt von der Komplexität der Aufgabe ab, die zu erledigen ist" (Picot/Reichwald/Wigand 2003: 112). Eine möglichst klare Zieldefinition trägt dazu bei, diesen Mittelweg zwischen übertriebener Komplizierung und übertriebener Vereinfachung auszutarieren.

Die Frage der „Güte" des Steuerungskonzepts wird heute unter dem Begriff von Governance diskutiert. Governance meint die Art und Weise, den Modus, wie die Steuerung eines komplexen Systems angegangen werden soll. Dabei ist klar, dass eine hierarchische, dem „Machertum" anhängende Steuerung nur eine der Möglichkeiten neben der marktlichen Steuerung und der Steuerung in kooperativ zusammen arbeitenden Netzwerken darstellt.

21.1 Rolle und Bedeutung von Zielen

(1) Die **Definition des Zielbegriffs** wird üblicherweise und zu Recht in den Kontext von Management gestellt. So verstanden stellen sie „zukünftige anzustrebende Zustände" dar, „die die Wahl der Strategie bestimmen und entscheidungs-, handlungs- und verhaltensleitend wirken" (Eisenbeis 2007: 18). Sie sorgen für Orientierung und leiten das unternehmerische Handeln.

> „Unternehmensziele („Wunschorte") stellen ganz allgemein Orientierungs- bzw. Richtgrößen für unternehmerisches Handeln dar („Wo wollen wir hin?"). Sie sind konkrete Aussagen über angestrebte Zustände bzw. Ergebnisse, die aufgrund von unternehmerischen Maßnahmen erreicht werden sollen" (Becker 2013: 14).

(2) Ziele üben eine Reihe wichtiger **Funktionen für das Management** aus (vgl. Bea/Haas 2013: 71 f.):

- Entscheidungsfunktion: Ziele sind entscheidendes Kriterium bei der Bewertung von Alternativen und sorgen für klare Entscheidungen.
- Koordinationsfunktion: Ziele integrieren die Teilaktivitäten im Unternehmen und orientieren sie auf eine Bezugsgröße.
- Motivationsfunktion: Ziele üben eine Anreizfunktion auf die beteiligten Akteure aus und haben insofern Verhaltenswirkungen. Die Motivation steht im engen Zusammenhang mit Fragen der Vision und Unternehmenskultur.
- Informationsfunktion: Ziele liefern den internen und externen Stakeholdern die relevanten Informationen über die zukünftigen Aktivitäten des Unternehmens.
- Kontrollfunktion: Ziele ermöglichen den Soll-Ist-Vergleich und schaffen damit erst die Voraussetzungen für eine wirksame Erfolgskontrolle. Sie sind der Anker für das „Performance Measurement".
- Legitimationsfunktion: Ziele dienen der Rechtfertigung den Anspruchsgruppen gegenüber, insbesondere auch gegenüber Außenstehenden.

(3) Ziele stehen im **Kontext von Strategien und Operationen** und sind – insbesondere angesichts einer komplexen Unternehmensumwelt – ein zentraler Baustein jeder Art von **Konzeption**, z. B. einer Marketing-Konzeption. Sie bilden den konzeptionellen Ausgangspunkt und sind Vorgabe für das strategische und operative Instrumentarium. Ziele sind insofern Leitmaßstäbe der Steuerung, die der Strategiebildung und dem operativen Vorgehen vorgelagert sind.

Ziele bringen vor allem auch die allgemeinen Wertvorstellungen und den Unternehmenszweck zum Ausdruck, von denen die konkreten Unternehmensziele abhängen. Gleichzeitig bestimmen sie über die Wahl der Strategien und der Instrumente (vgl. Abb. 21-1; in Anlehnung an Becker 2013: 4, 28, 85).

> „Vor dem Hintergrund derartiger komplexer Umweltkonstellationen und ihrer hohen Veränderungsdynamik ist einsichtig, dass eine **klare Kursbestimmung** für Unternehmen immer wichtiger wird. Wenn Unternehmen ‚auf rauher See' bestehen bzw. überleben wollen, so müssen sie zunächst wissen, wo sie stehen (was m. a. W. ihre Ausgangsposition ist) und welche ‚Wunschorte' sie erreichen wollen. Erst dann können die optimale „Route" bestimmt und die geeigneten ‚Beförderungsmittel' festgelegt werden" (Becker 2013: 4).

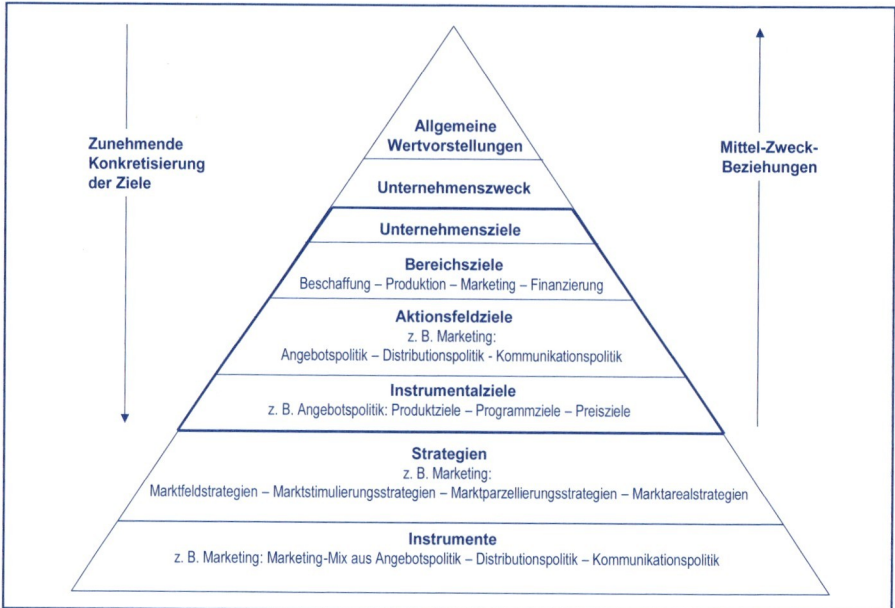

Abb. 21-1: Ziele im Kontext von Strategien und Instrumenten

Alle Zielebenen stehen in einer **Mittel-Zweck-Beziehung** zueinander, was heißen soll, dass das jeweils untergeordnete Ziel gleichzeitig als Mittel zur Verwirklichung des jeweils darüber liegenden Ziels fungiert (vgl. Becker 2013: 28). Des Weiteren wird deutlich, dass die in dieser Form hierarchisch konkretisierten Ziele als Vorgaben für die Strategien und Instrumente dienen. Strategien nehmen dabei eine Vermittlerrolle zwischen Zielen und Instrumenten ein, indem sie den Mix an Instrumenten auf die Ziele hin „kanalisieren" bzw. die „Route" vorgeben (vgl. ebd. 140 ff.).

Wenig beachtet im Kontext von Ziel-Mittel-Betrachtungen ist die Frage von **Nebenwirkungen** und **Daten** als nicht kontrollierbare Gegebenheiten. Wie Abb. 21-2 zeigt, muss bei jedweder Konstruktion eines Ziel-Mittel-Zusammenhangs beachtet werden, dass es jederzeit zu unerwünschten Nebenwirkungen kommen kann und dass sog. Daten eine Rolle spielen, die sich nicht steuern lassen.

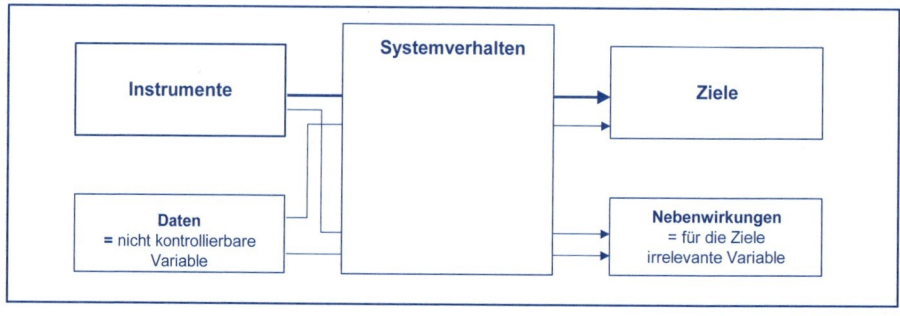

Abb. 21-2: Ziel-Mittel-Relationen

21.2 Bausteine eines integrierten Zielsystems

Versteht man die Zieldimension nicht nur als Ansammlung unverbunden nebeneinander stehender Einzelziele, sondern als ein System, stellt sich die Frage nach einem „integrierten Zielsystem". Dieses ist dann – idealerweise – als ein konsistentes System zu interpretieren, das sich von den Unternehmenszielen ableitet und über Bereichs-, Aktionsfeld- und Instrumentalzielen immer weiter konkretisiert. Die folgenden Bausteine konstituieren ein integriertes Zielsystem:

- Zielsystem als unternehmensinternes Subsystem
- Zielinhalte: Sachziele und Formalziele
- Zielbeziehungen
- Prozess der Zielbildung
- Träger der Zieldefinition

(1) Aus der systemtheoretischen Perspektive kann das Zielsystem als ein **unternehmensinternes Subsystem** neben dem Leistungssystem und dem Managementsystem verstanden werden (vgl. Abb. 21-3).

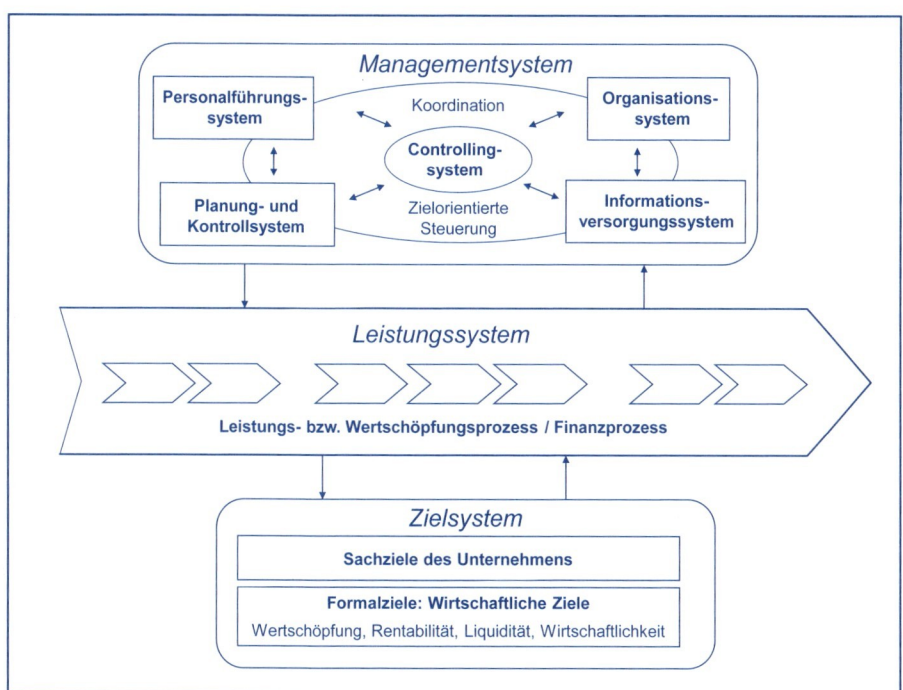

Abb. 21-3: Das Zielsystem als Subsystem im unternehmensinternen Systemkontext

Alle drei Subsysteme des Unternehmens stehen in einem engen Zusammenhang, wobei das Zielsystem die Rolle der Orientierung übernimmt. Es bildet den „Leuchtturm" für die Managementaktivitäten, deren Aufgabe es ist, das Leistungssystem erfolgreich zu steuern.

(2) Im Hinblick auf die **Zielinhalte** eines Medienunternehmens lässt sich das Zielsystem methodisch in die beiden Teilbereiche der Sachziele und der Formalziele unterscheiden (vgl. Abb. 21-4).

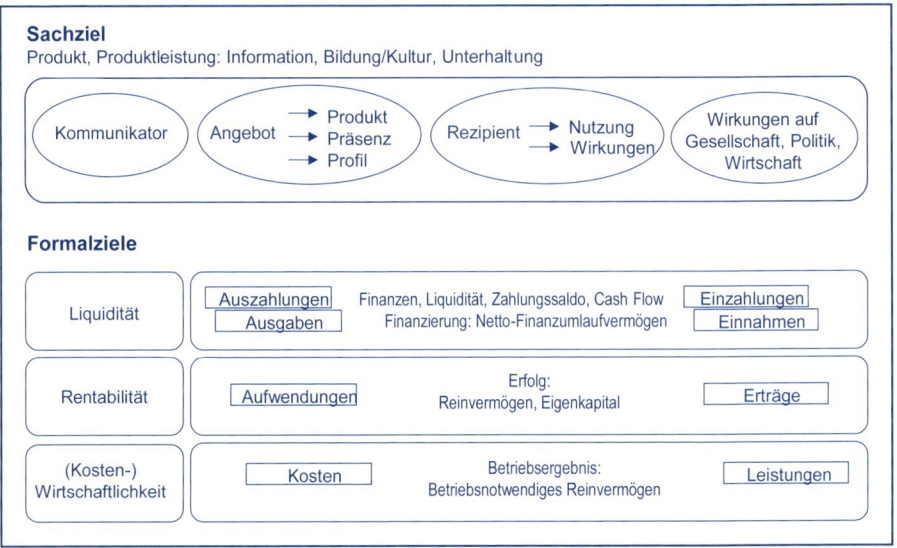

Abb. 21-4: Sachziele und Formalziele von Medienunternehmen

Die **Sachziele** von Medienunternehmen sind die publizistischen Ziele – dies ist die „Sache, um die es geht". Angesprochen ist also der zentrale Zweck des Medienunternehmens, der darin besteht, Publikationen für Zielgruppe zu generieren. Publizistische Ziele beschreiben die Art und Weise, wie diese Zielgruppenansprache geschehen soll.

> Sachziele als die publizistischen Ziele von Medienunternehmen können im Sinne der unmittelbaren Output-Leistung in die Angebotskategorien Information, Unterhaltung und Kultur/Bildung differenziert werden. Blickt man eher auf die Wirkungen, die vom Content-Angebot ausgehen, sind publizistische Ziele z. B. Vermittlung eines realistischen Bildes der Welt, positive Beeinflussung von Demokratisierungsprozessen, Schaffung eines Verständnisses für Kultur, Leistung eines Beitrages zur Völkerverständigung, Vermittlung christlicher Werte, Vermittlung eines postmodernen Verständnisses der Gesellschaft, Beitrag zur Geschlechterfrage (Gender), Beitrag zur Entspannung, Integration.

Sachziele zu beschreiben, kann z. B. auch entlang der bekannten Lasswell-Formel („Wer sagt was über welchen Kanal zu wem mit welcher Wirkung?") erfolgen.

Im Gegensatz zu den Sachzielen beschreiben die **Formalziele** die Dimension der ökonomischen Ziele. Gefragt wird hier, in welcher Form die Sache (das Sachziel) verfolgt wird. Das zentrale und wichtigste Formalziel eines kommerziell agierenden Unternehmens ist die Gewinnmaximierung. In engem Bezug dazu stehen die Formalziele der Liquidität, Rentabilität und Wirtschaftlichkeit.

Bei kommerziell agierenden Medienunternehmen besteht eine Dominanz der Formalziele über die Sachziele. Das Sachziel der publizistischen Leistung (z. B. Unterhaltungsangebote zu unterbreiten) hat eine instrumentale („dienende") Funktion zur Erreichung der Formalziele wie Gewinn, Rentabilität, Cash Flow.

Der Bereich der kommerziell agierenden Medienunternehmen ist keine homogene Einheit, sondern unterscheidet sich – z. B. im Hinblick auf das Erlösmodell: So sind die Formalziele bei entgeltfinanzierten Medien (z. B. Buch, Pay-TV, Spiele, partiell Zeitungen, Zeitschriften) auf die Präferenzen der Käufer bzw. Abonnenten als Schlüsselgrößen ausgerichtet, während sich bei werbefinanzierten Medien (z. B. Free-TV, Radio, werbefinanzierte Printprodukte) die Formalziel-Schlüsselgrößen über die Produktion von Rezipientenkontakten (Einschaltquote, Auflage, Marktanteil) definieren.

Nicht selten wird unterstellt bzw. der Vorwurf erhoben (besonders gegen private TV-Sender), privat-kommerzielle Medienunternehmen verfolgten lediglich wirtschaftliche Ziele und hätten publizistische Ziele nicht im Blick. Wichtig sei ihnen nur die Einschaltquote – Anstrengungen, wertvolle Inhalte zu erstellen und anzubieten, suche man vergeblich. Eine solche Sichtweise muss als abwegig und die Zielbeschreibung als völlig verkürzend bezeichnet werden. Kommerzielle Medienunternehmen verfolgen selbstverständlich Sachziele und stehen vor der Herausforderung, dem Publikum attraktive Angebote zu machen – nicht zuletzt stehen sich auch in gesellschaftlicher Verantwortung und benötigen öffentliches Vertrauen und Legitimation.

> Wie offenkundig die publizistischen Sachziele bei privat-kommerziellen Medienunternehmen zutage treten, kann man leicht bei den Tageszeitungen erkennen: So gibt es politische Sachzieldefinitionen bzw. „Tendenzen" z. B. bei den Tageszeitungen Die Welt, Süddeutsche Zeitung, taz. Eher kulturell definierte Sachziele stellt z. B. die Wochenzeitung Die Zeit in den Vordergrund.

Im Gegensatz zu kommerziellen dominieren bei Non-Profit-Medienunternehmen die Sachziele der Publikation. Den Formalzielen (z. B. Kostendeckung, Wirtschaftlichkeit) kommt bei diesen lediglich die Funktion einer Nebenbedingung zu. Auch hier ist zu betonen, dass die nachrangig positionierte Zieldimension keineswegs „unwichtig" ist. Undifferenzierte und pauschale Vorwürfe an die öffentlich-rechtlichen Rundfunkanstalten zum Beispiel, sie würden ihr „Geld zum Fenster hinaus werfen", sind genauso unqualifiziert wie die Aussage, Privatsender schielten nur nach der Quote.

Aus empirischer Sicht ist bei der Frage nach den Zielinhalten interessant, welche Ziele als unternehmerische Basisziele und welche Ziele nachgelagerte Bedeutung haben, interessant. Als **Basiskategorien von Unternehmenszielen** werden die folgenden Ansatzpunkte hervorgehoben (vgl. Ulrich/Fluri 1995: 97 f.):

- Marktleistungsziele
- Marktstellungsziele
- Rentabilitätsziele
- Finanzwirtschaftliche Ziele
- Macht- und Prestigeziele
- Soziale Ziele in Bezug auf die Mitarbeiter
- Gesellschaftsbezogene Ziele

Das Unternehmen ist im Zeichen dieses Katalogs nun gefordert, eine Prioritätsordnung dieser Ziele zu bestimmen und Anspruchsniveaus zu definieren.

> „Eine Zielkonzeption, die wirklich als unternehmenspolitisches Leitbild dienen kann, erfordert eine klare Stellungnahme zu den Fragen, welches die obersten Ziele der Unternehmung sind, welche weiteren Ziele berücksichtigt werden, wie normalerweise Zielkonflikte zu lösen sind (Prioritätsordnung) und welches die Anspruchsniveaus der Ziele sind. Erst wenn diese Verhältnisse der Ziele untereinander festgelegt sind, kann von einem *Zielsystem* gesprochen werden" (Ulrich/Fluri 1995: 99).

(3) Da für das unternehmerische Handeln das Verfolgen sehr komplexer Zielsetzungen typisch ist, besteht für das Unternehmen die Notwendigkeit, die relative Bedeutung der Ziele festzulegen und eine Rangordnung zwischen den verfolgten Zielen zu bilden. Die folgenden Typen von **Zielbeziehungen** lassen sich unterscheiden (vgl. z. B. Becker 2013: 20):

- Komplementäre Beziehungen: Zielharmonie.
- Konkurrierende Beziehungen: Zielkonflikte.
- Indifferente Beziehungen: Zielneutralität.

Die Frage der Festlegung der Zielordnung wird maßgeblich bestimmt durch die zentrale Bedeutung, die dem Ziel des Gewinnstrebens beizumessen ist. Jedes Unternehmen ist gezwungen, Gewinn zu erzielen, um im Markt bestehen zu können. Im übertragenen Sinn gilt dies auch für gemeinnützige Unternehmen wie dem öffentlich-rechtlichen Rundfunk, der auch einen „Gewinn" erzeugen muss, hier nur nicht mehr in ökonomischen Kategorien auf sich selbst bezogen, sondern als „Public Value" für die Gesellschaft.

> „Das Zielsystem des Unternehmens ist zwar durch ein ganzes Spektrum unterschiedlicher Ziele geprägt, zugleich aber spielt das Gewinnziel darin eine durchaus zentrale Rolle … Die anderen Zielvorstellungen können in dieser Hinsicht z. T. als Einschränkungen („Restrictions") und Begrenzungen („Limitations") eben dieses grundlegenden Gewinnziels aufgefasst werden" (Becker 2013: 20).

Beim Blick auf die Medienunternehmen stehen bei der Frage der Zielbeziehungen immer wieder konfliktäre Zielbeziehungen im Vordergrund, da die Notwendigkeit zur Gewinnerzielung – bei gemeinnützigen Medienunternehmen in abgewandelter Form die Notwendigkeit, Wirtschaftlichkeit sicherzustellen – oft mit den publizistischen (Sach-)Zielen kollidiert.

> So „ist man sich offenbar weitgehend einig, dass zwischen publizistischen und wirtschaftlichen Zielen beziehungsweise zwischen redaktionellen Zielen (ein journalistisch anspruchsvolles Programm zu schaffen) und dem Gewinnziel beziehungsweise der Quotenmaximierung bei Medienunternehmen offenbar ein Spannungsverhältnis besteht, diese Ziele in Konkurrenz zueinander stehen und somit eine Tendenzentscheidung vom Management getroffen werden muss" (Eisenbeis 2007: 97).

(4) Unter **prozessualen Gesichtspunkten** wird die Zielbildung herkömmlicherweise in die folgenden Phasen differenziert (vgl. Wild 1982: 57):

- Zielsuche;
- Operationalisierung der Ziele;
- Zielanalyse und Zielordnung;
- Prüfung auf Realisierbarkeit;
- Zielentscheidung (Selektion);
- Durchsetzung der Ziele;
- Zielüberprüfung und -revision.

Diese als klassisch zu bezeichnende Differenzierung der Prozessstufen der Zielbildung steht in der Tradition der plandeterminierten Steuerung und voluntaristischen Steuerungslogik, sie leistet dennoch einen wichtigen Beitrag zu einer möglichst klaren und detaillierten Zielplanung.

(5) Eine weitere zentrale Frage der Gestaltung eines integrierten Zielsystems betrifft die Frage, wer als **Träger der Zieldefinition** in Frage kommt, d. h. wer die Macht hat, Ziele zu definieren. Unter machtpolitischen Gesichtspunkten ist dies eine wichtige Frage, denn es geht darum, wessen Ziele zu den Zielen des Unternehmens erhoben werden und wessen Ziele nicht. Analytisch wird dieses Thema im Kontext der relativen Macht der einzelnen **Stakeholder** entschieden. Da die Zieldefinition für eine Unternehmung ein zentrales Element der Orientierung und Lenkung darstellen, werden die unterschiedlichen Interessen der Stakeholder gerade an dieser Stelle stets umstritten und umkämpft sein.

Wie die Frage der Zielfestlegung ist eine Angelegenheit politischer Machtauseinandersetzung. In Kapitel 1.7 waren die Machtpositionen der Stakeholder als Grundthema des politiktheoretischen Medienmanagement-Ansatzes diskutiert und die folgenden unterschiedlichen Steuerungskonzepte abgeleitet worden:

- Absatzmarktorientiertes Steuerungskonzept;
- Mitarbeiterorientiertes Steuerungskonzept;
- Anteilseignerorientiertes Steuerungskonzept;
- Gesellschaftlich orientiertes Steuerungskonzept;
- Ganzheitliche Steuerung.

Welches Konzept sich durchsetzt, hängt von der jeweiligen **Machtposition** ab. Im Brennpunkt steht das Spannungsfeld zwischen der Steuerung nach den Shareholder-Interessen auf der einen Seite und der Steuerung nach einem ganzheitlichen Stakeholder-Konzept, das alle Interessen angemessen berücksichtigt, auf der anderen Seite.

Als Folge dieser – zum Teil hoch konfliktären – Interessenpositionen kommt es bei der Formulierung des Zielsystems nicht selten zu dem Phänomen, dass sich die Beteiligten im Abstimmungsprozess eher auf weiche – um nicht zu sagen „wachsweiche" – Zielformulierungen verständigen und dadurch erst einen Konsens zwischen rivalisierenden Gruppen ermöglichen. Wenn Ziele oft vage gehalten werden, findet dies hier seine tiefere Begründung. In macht- und interessenpolitischer Sicht müssen Ziele geradezu vage sein, eine Sichtweise, die freilich im schroffen Widerspruch zu den Anforderungen an eine fundierte Zielformulierung steht.

Kernaussagen

- Ziele stehen im Kontext von Strategien und Operationen und üben wichtige Funktionen im Management eines Medienunternehmens aus.
- Bei der Konstruktion eines überzeugenden „integrierten Zielsystems" sind unterschiedliche Aspekte relevant wie die Schaffung einer konsistenten Zielhierarchie oder die inhaltlich klare Differenzierung nach Sach- und Formalzielen.
- Ziele zu definieren, ist immer auch eine Machtfrage, die zwischen den Stakeholdern geklärt wird.

Literatur

Weiterführende Literatur: Grundlagen

Adam, D. (1998): Produktions-Management, 9., überarb. Aufl., Wiesbaden.
Bea, F. X./Haas, J. (2013): Strategisches Management, 6., vollst. überarb. Aufl,., Konstanz, München.
Becker, J. (2013): Marketing-Konzeption, 10., überarb. u. erw. Aufl., München.
Bruhn, M./Steffenhagen, H. (Hrsg.)(1997): Marktorientierte Unternehmensführung, Wiesbaden.
Freiling, J./Reckenfelderbäumer, M. (2010): Markt und Unternehmung, 3., überarb. u. erw. Aufl., Wiesbaden.
Heinen, E. (1966): Das Zielsystem der Unternehmung, Wiesbaden.
Knoblach, B./Oltmanns, T./Hajnal, I./Fink, D. (Hrsg.)(2012): Macht im Unternehmen, Wiesbaden.
Müller, H.-E. (2013): Unternehmensführung, 2., vollst. überarb. u. erw. Aufl., München.
Müller-Stewens, G./Lechner, C. (2011): Strategisches Management, 4., überarb. Aufl., Stuttgart.
Scholz, C. (2000): Strategische Organisation, Landsberg/Lech.
Schreyögg, G. (2000): Strategisches Management im Lichte der neuen Steuerungstheorie, in: Welge, M. K./Al-Laham, A./Kajüter, P. (Hrsg.)(2000): Praxis des Strategischen Managements, Wiesbaden, S. 389-405.
Staehle, W. H. (1999): Management, 8. Aufl., überarb. v. P. Conrad u. J. Sydow, München.
Steinmann, H./Schreyögg, G./Koch, J. (2013): Management, 7., vollst. überarb. Aufl., Wiesbaden.
Steinle, C. (2005): Ganzheitliches Management, Wiesbaden.
Ulrich, P./Fluri, E. (1995): Management, 7., verb. Aufl., Bern, Stuttgart, Wien.
Werder, A. v. (2008): Führungsorganisation, 2., akt. u. erw. Aufl., Wiesbaden.
Wild, J. (1980): Grundlagen der Unternehmensplanung, 4. Aufl., Opladen.
Wildenmann, B. (2001): Die Faszination des Ziels, Neuwied, Kriftel.
Wolf, J. (2013): Organisation, Management, Unternehmensführung, 5., überarb. u. akt. Aufl., Wiesbaden.

Weiterführende Literatur: Medien

Bea, F. X./Kötzle, A,/Barth, M. (1989): Ansätze für eine zielgerichtete Unternehmensführung in öffentlich-rechtlichen Rundfunkanstalten, in: Schenk, M./Donnerstag, J. (Hrsg.)(1989): Medienökonomie, München, S. 235-253.
Eggers, B. (2006): Integratives Medienmanagement, Wiesbaden.
Eisenbeis, U. (2007): Ziele, Zielsysteme und Zielkonfigurationen von Medienunternehmen, München und Mering.
Greve, M. (2003): Bestimmung von Unternehmenszielen – dargestellt am Beispiel öffentlicher Theater, in: Brösel, G./Keuper, F. (Hrsg.)(2003): Medienmanagement, München, S. 503-511.
Lange, B.-P. (1980): Kommerzielle Ziele und binnenpluralistische Organisation bei Rundfunkveranstaltern, Frankfurt/Main, Berlin.
Windeler, A./Sydow, J. (2004): Vernetzte Content-Produktion, in: Sydow, J./Windeler, A. (Hrsg.)(2004): Organisation der Content-Produktion, Wiesbaden, S. 1-17.

Kapitel 22
Ziele kommerzieller Medienunternehmen

22.1 Erwerbswirtschaftliches Prinzip 577
22.2 Sachziele 579
22.3 Formalziele 583

Leitfragen

- Was besagt das „erwerbswirtschaftliche Prinzip"?
- Wie kann man sich das Zielsystem eines kommerziellen Medienunternehmens überblicksartig im Sinne eines „Cockpit-Modells" vorstellen?
- Inwiefern kann die Steigerung des Unternehmenswertes als strategisches Basisziel für ein kommerzielles Medienunternehmen interpretiert werden?
- Wie lautet die Gewinnmaximierungsregel?
- Wie ist die Gewinnmaximierungsregel zu begründen?
- Welche Ausprägungen kann das Formalziel eines Unternehmens annehmen?
- Inwiefern können die kommerziell agierenden Medienunternehmen als „formalziel-gesteuerte (Profit-) Unternehmen" bezeichnet werden, denen die „sachzielgesteuerten (Nonprofit-)Unternehmen" gegenüber stehen?
- Was zeichnet Medienunternehmen bzw. Geschäftsfelder aus, die eine reine Rezipientenfinanzierung betreiben wie z. B. Buchverlage oder Pay-TV-Sender?
- Wodurch sind Medienunternehmen geprägt, die das Erlösmodell der reinen Werbefinanzierung betreiben wie z. B. der werbefinanzierte Rundfunk?
- Welche besonderen Implikationen im Hinblick auf die Formulierung der Sachziele sind bei Medienunternehmen mit der Mischfinanzierung aus Rezipientenerlösen und Werbeerlösen verbunden?
- Inwiefern kann man sagen, dass die Leistungseigenschaften der Information, Bildung/Kultur sowie Unterhaltung für jede Art von Anbieter als Sachziel relevant sind?
- Nach welcher publizistischen Ausrichtung verfahren die einzelnen Typen der kommerziellen Medienunternehmen?
- Kann man sagen, dass die Position des Rezipienten im Modell der reinen Rezipientenfinanzierung jederzeit stark ist?
- Wie ist die These vom souveränen Konsumenten im Kontext kommerzielle Medienangebote zu beurteilen?
- Welche Konflikte ergeben sich im Mischmodell zwischen den Marktzielen des Rezipienten- und des Werbemarktes?
- Welche Konflikte ergeben sich zwischen Markt- und Redaktionszielen?
- Was versteht man unter „Programming"?
- Wie unterscheiden sich „Rentabilität", „Liquidität" und „Wirtschaftlichkeit"?
- Welche unterschiedlichen Bedingungen für die Kosten- und Erlössituation zeigen sich in theoretischer Hinsicht bei der industriellen Massenproduktion und bei der Produktion von elektronischen Medien?
- Welche unterschiedlichen Gewinnbegriffe lassen sich unterscheiden?
- Was versteht man unter der Kenngröße „EBIT"? Wie ist das „EBITDA" definiert?
- Inwiefern soll das wirtschaftliche und publizistische Zielsystem des Medienunternehmens in ein Konzept der Corporate Social Responsibility eingebunden sein?

Gegenstand

Nach dem erwerbswirtschaftlichen Prinzip ist das oberste Ziel unternehmerischer Tätigkeit die Erwirtschaftung von möglichst großem Gewinn und möglichst großer Rentabilität. Gewinnmaximierung ist als Leitlinie kommerziellen Handelns eine naheliegende Interpretation, was nicht verwechselt werden darf mit schranken- und rücksichtslosem Agieren der Verantwortlichen. Vorgegebene rechtlich-gesetzliche und selbst gesetzte ethisch-moralische Grenzen relativieren das Prinzip der Gewinnmaximierung.

Nicht jedes private Unternehmen ist ein kommerzielles Unternehmen. Fokussiert man diese, sind die privaten Non-Profit-Unternehmen zu trennen. Das Zielsystem der kommerziellen Medienunternehmen zeichnet sich dadurch aus, dass es den Formalzielen vor den Sachzielen den Vorrang gibt. Kommerzielle Medienunternehmen können daher als „formalzielgesteuerte Unternehmen" (Eichhorn) bezeichnet werden.

Das Zielsystem der kommerziellen Verlage, Sender und Anbieter lässt sich nicht pauschal beschreiben, sondern muss differenziert werden. Dies geschieht zweckmäßigerweise nach dem zugrunde liegenden Erlösmodell und führt zu der folgenden Unterscheidung:

- Entgeltfinanzierte Unternehmen (reine Rezipientenfinanzierung);
- Werbefinanzierte Anbieter;
- Mischformen aus beiden.

Mit der Definition und Festlegung des Zielsystems wird die Struktur eines anzustrebenden Zustands (Sach- bzw. Leistungsziel) beschrieben und darüber befunden, in welcher Weise diese Struktur zu erreichen ist (Formalziel). Damit ist ein Zielsystem über zwei große Bereiche zu definieren:

- Sachziele
- Formalziele

Determiniert wird die Ausprägung des Sachziels insbesondere durch die (Selbst-)Finanzierungspotenziale des Medienunternehmens. Allen Formen ist gemeinsam, dass sie dem Formalziel – d. h. der Erwirtschaftung angemessener Gewinne – den Vorrang vor dem Sachziel einräumen.

Speziell für die weit verbreiteten Mischfinanzierungsformen lässt sich feststellen: „Die Besonderheit der Medienunternehmen besteht darin, dass sie mit einem Produkt auf zwei verschiedenen Märkten tätig sein können. Auf dem Rezipientenmarkt werden von den Konsumenten Erlöse für die Mediennutzung erzielt. Auf dem Werbemarkt wird der werbetreibenden Wirtschaft durch das Angebot von Werberaum eine Dienstleistung zur Verfügung gestellt, die im Transport einer Botschaft vom Werbetreibenden zum Rezipienten besteht (vgl. Picard/Brody ...). Grundsätzlich ist davon auszugehen, dass Medienunternehmen auf beiden Märkten identische Ziele haben, das heißt, dass sie sowohl auf dem Werbe- als auch auf dem Rezipientenmarkt strategische und ertragswirtschaftliche Ziele verfolgen" (Wirtz/Pelz 2006: 265).

Es ist ein besonderes Merkmal von kommerziell agierenden Medienunternehmen, und hier insbesondere im Segment der Mischfinanzierer, dass ihr Zielsystem in besonderer Weise geeignet ist, Zielkonflikte heraufzubeschwören. Diese bestehen in den unterschiedlichen Ansprüchen, die der Werbemarkt auf der einen Seite an die Medienunternehmen stellt, und die auf der anderen Seite vom Rezipientenmarkt ausgehen. Der werbetreibenden Wirtschaft und den Rezipienten gleichzeitig gerecht werden zu müssen, sorgt für ein stets virulentes Spannungsfeld.

Des weiteren steht bei kommerziell handelnden Medienunternehmen in besonderer Weise die redaktionelle Freiheit und Unabhängigkeit zur Debatte, da die potenziellen Einflussnahmen von Seiten der Werbung und die Anforderungen der Rentabilität hoch sind. Aus kommunikationspolitischer Sicht wird dabei die Frage relevant, wie die Position des Medienkonsumenten als ökonomischer Akteur zu beurteilen ist. Festzustellen ist in diesem Zusammenhang, dass die Aktions- und Reaktionsmöglichkeiten der Medienrezipienten und ihre Verhandlungsmacht tendenziell eher als eingeschränkt zu bezeichnen sind, ein Tatbestand, der medien- und kommunikationspolitisch bedenklich erscheint (vgl. zu dieser Thematik insbesondere Kiefer/Steininger 2014: 244 ff.).

22.1 Erwerbswirtschaftliches Prinzip

Privatwirtschaftlich verfasste, kommerzielle Unternehmen handeln – im Gegensatz zu gemeinwirtschaftlichen Unternehmen, die nach dem Bedarfsdeckungsprinzip operieren – nach dem erwerbswirtschaftlichen Prinzip und stellen die Gewinnerzielung in den Mittelpunkt ihrer Aktivitäten. Aus rational-ökonomischer Sicht steht das (strategische) Ziel der Gewinnmaximierung im Fokus.

> Das erwerbswirtschaftliche Prinzip besagt: „Oberstes Ziel unternehmerischer Tätigkeit ist die Erwirtschaftung von Überschuss: Die Produktion wird nach Art und Menge so festgelegt, dass entweder ein möglichst großer Gewinn oder eine möglichst große Rentabilität erreicht wird" (Schmalen 2002: 32).

Das Zielsystem eines kommerziell ausgerichteten Medienunternehmens kann man bildhaft in einem „Cockpit-Modell" abbilden, der Vorstellung folgend, dass die Steuerung des Unternehmens die permanente Überwachung der zentralen operativen und strategischen Ziele erfordert, deren Erreichung wie in einem Cockpit auf der Anzeigentafel („Dashboard") erkennbar wird (vgl. Abb. 22-1).

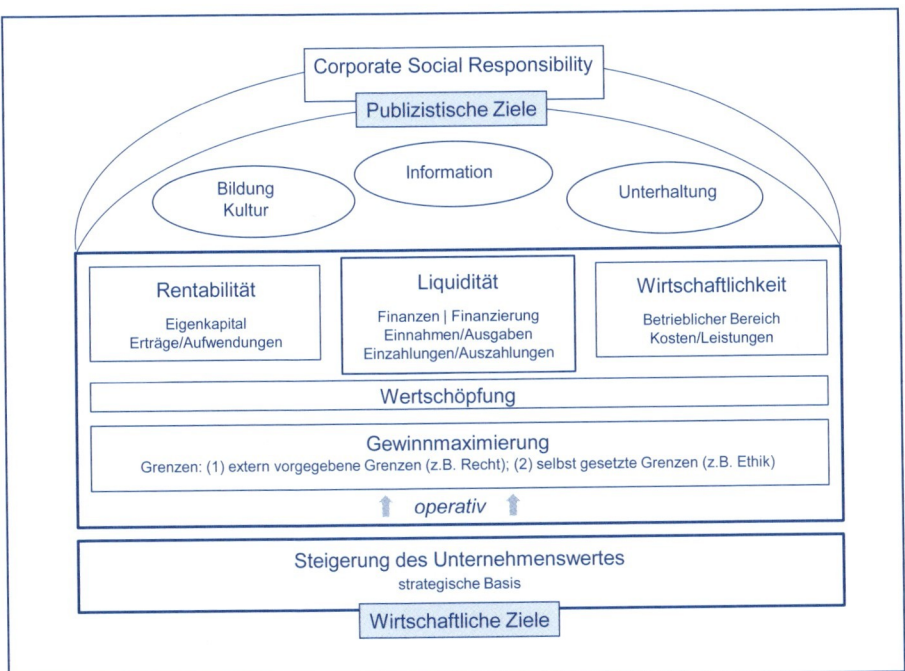

Abb. 22-1: Zielsystem kommerzieller Medienunternehmen als „Cockpit"

Das Zielsystem wird nach diesem Modell in die beiden Bereiche der publizistischen Ziele (= Sachziele) und der wirtschaftlichen Ziele (= Formalziele) differenziert, beide im Kontext von Corporate Social Responsibility zu sehen (vgl. Kap. 40). Grundlage der **wirtschaftlichen Ziele** bildet die strategische Basis, die als Steigerung des Unternehmenswertes interpretiert werden kann. Ziel jedes Managements muss es sein, Unternehmenswert nicht zu vernichten, ihn vielmehr nachhaltig zu erhöhen.

Als methodischer Ansatz für die Messung der Wertsteigerung hat sich das Shareholder-Value-Denken eingebürgert und bildet die Grundlage für die „wertorientierte Unternehmensführung". Nach diesem Konzept steigt der Wert eines Unternehmens nur für den Fall, dass es in der Lage ist, alle Kapitalkosten – also sowohl die Fremdkapitalkosten als auch die Eigenkapitalkosten – zu decken. Diese Interpretation der Wertsteigerung als die Fähigkeit des Unternehmens, Eigenkapitalkosten zu bedienen, darf nicht als ein „Ausbeutungskonzept" missverstanden werden, über das sich die Eigenkapitalgeber (als „Kapitalisten") angeblich bereichern.

> Ein Indikator für Wertsteigerung kann auch die Wertermittlung im Kontext der Unternehmensbewertung sein, wo es um die Ermittlung des Wertes des ganzen Unternehmens geht. Zahlreiche Verfahren sind dabei möglich, z. B. die Summe der diskontierten künftigen Einzahlungen. Bei Aktiengesellschaften findet durch die Börsennotierung quasi täglich ein Unternehmensbewertungsverfahren statt.

Jedes Wirtschaftsunternehmen muss **Gewinn** erzielen, um langfristig überleben zu können. Dabei geht es vernünftig vor, wenn es versucht, den Gewinn zu maximieren. Die Gewinnmaximierungsregel liefert eine zweckmäßige Vorstellung davon, was als operatives Basisziel in einem kommerziell verfassten Unternehmen gelten soll.

> Betrachtet man das Ziel der Gewinnmaximierung in theoretischer Perspektive, so ist vom Gewinn (G) als der Differenz zwischen dem Umsatzerlös (E) und den Kosten (K) auszugehen. Die Gewinnmaximierungsregel lautet: G' = E' – K' = 0 bzw. G (max) → E' = K'.

> Zur Interpretation der Gewinnmaximierungsregel: Die Steigerung des Umsatzerlöses (= Grenzerlös E') ist so lange erwünscht, wie der Zuwachs der Kosten (= Grenzkosten K') hinter der Steigerung des Umsatzes zurückbleibt – dann findet nämlich eine Gewinnsteigerung statt. Sind die Steigerungsraten von E und K genau gleich, würde eine weitere Steigerung des Umsatzes den Gewinn schmälern, was der rational handelnde Unternehmer bzw. Manager unterlassen wird.

Voraussetzung jedes wirtschaftlichen Erfolges eines Unternehmens ist dessen Fähigkeit, Werte zu schaffen, die dazu führen, dass sich das Unternehmen weiterentwickelt und sich am Markt halten kann. Werden Werte vernichtet, führt das zum Ausscheiden des Unternehmens aus dem Markt. Die Fähigkeit zur Schaffung von Werten nennt man **Wertschöpfung**. Sie bildet die Grundlage und Ausgangspunkt für die Definition der wichtigsten wirtschaftlichen Erfolgsgrößen eines Unternehmens.

> Unter Wertschöpfung wird die Differenz zwischen der Gesamtleistung eines Unternehmens und dem Faktoreinsatz (Vorleistungen) verstanden. Die Wertschöpfung ist insofern Ausdruck für die Leistungsfähigkeit eines Unternehmens und die Fähigkeit, Werte zu schaffen (Werte zu „schöpfen").

Das Gewinnziel wird den **Formalzielen** zugerechnet, die als sog. Erfolgsziele ein breites Spektrum an Ausprägungen annehmen können: Gewinnmaximierung, Umsatzmaximierung, Kostendeckung, Verlustminimierung, Rentabilität, Kostenminimierung, Liquidität, Sicherheit, Wachstum, Unabhängigkeit des Unternehmens (vgl. Grochla/Schönbohm 1980: 32; Kemmer 1986: 36).

Bei kommerziellen Unternehmen dominiert das Formalziel der Gewinnerzielung über das Sachziel des Unternehmens, das im Hinblick auf die Leistungsseite die präzisierenden Vorgaben bereitstellt. Unternehmen, die diese Eigenschaft aufweisen, werden auch als „formalzielgesteuerte (Profit-)Unternehmen" bezeichnet, denen die „sachzielgesteuerten (Non-profit-)Wirtschaftssubjekte" gegenüberstehen (vgl. Eichhorn 2001: 123).

22.2 Sachziele

Das Sachziel der kommerziellen Medienunternehmen hat die Aufgabe, Vorgaben zur Präzisierung des Leistungsprogramms zu geben. Es soll v. a. die folgenden Festlegungen prädeterminieren:

- Inhalte (Programm, redaktioneller Teil);
- Qualität (Programmqualität, journalistische Qualität);
- Relative Anteile der Inhalte nach Formen (Programmsparten, Formate, Genres etc.) am gesamten Angebot (Gesamtprogramm);
- Zeitliche Platzierung (bei linearen Medien wie beim Fernsehen).

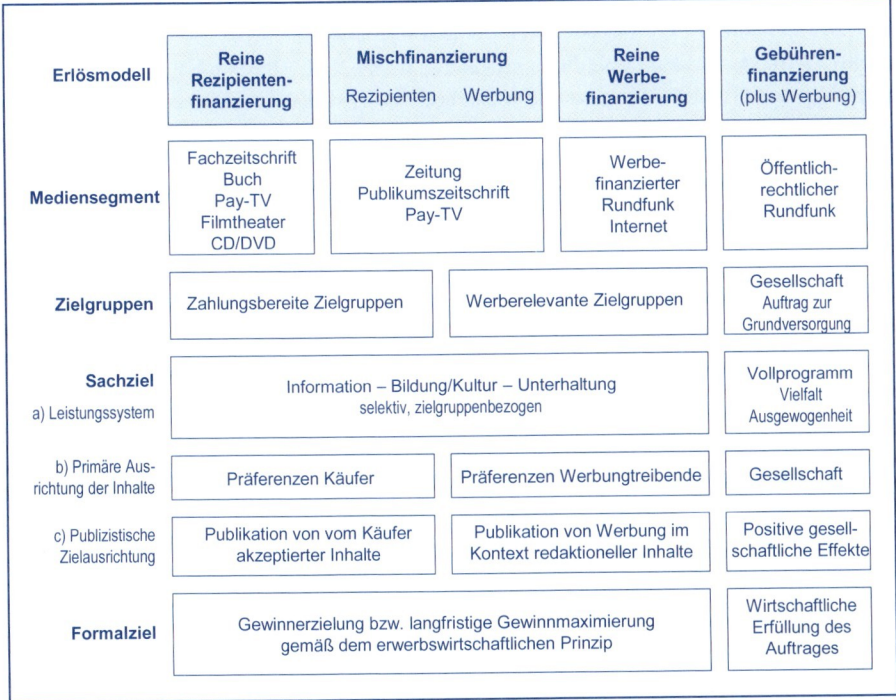

Abb. 22-2: Zielsystem von Medienunternehmen

Im Medienbereich werden die erwerbswirtschaftlich agierenden Unternehmen unter Verwendung des Kriteriums des Erlösmodells zweckmäßigerweise in **drei Gruppen** eingeteilt (vgl. Abb. 22-2):

- Medienunternehmen mit reiner Rezipientenfinanzierung: Dieses Erlösmodell findet bei Fachzeitschriften, im Buchsektor, beim Pay-TV, im Kino und beim Vertrieb von Trägermedien (Audio-CDs, DVDs, Video- und Computerspiele) statt.
- Medienunternehmen mit Mischfinanzierung aus Rezipienten- und Werbeerlösen: Angesprochen sind Zeitungen, Publikumszeitschriften und (in engen Grenzen) auch Pay-TV.

- Medienunternehmen mit reiner Werbefinanzierung: Diese finden sich im privat-kommerziellen Fernsehen und Hörfunk sowie verbreitet bei Internet-Angeboten.

Gemeinsam ist allen drei Gruppen das auf das Leistungssystem bezogene Sachziel, das in der Bereitstellung von Information, Bildung/Kultur und Unterhaltung besteht, dies jedoch selektiv und zielgruppenbezogen. Im Gegensatz dazu ist der öffentlich-rechtliche Rundfunk als Non-Profit-Organisation verpflichtet, ein vielfältiges und ausgewogenes inhaltliches Vollprogramm bereit zu stellen.

Zwischen der Art der Finanzierung, den angesprochenen Zielgruppen und der Umsetzung des Sachziels bestehen Querverbindungen, die sich wie folgt darstellen.

(1) Bei der **reinen Rezipientenfinanzierung** können Medienunternehmen das Sachziel voll auf die Präferenzen der Rezipienten ausrichten. Aus ökonomisch-allokativer Sicht ist dieses Erlösmodell hoch effizient, da es das Äquivalenzprinzip zwischen Leistung und Gegenleistung zum Gegenstand hat. Es bildet also am ehesten die Situation eines funktionierenden Marktes ab, bei dem es zu einem direkten Zusammenspiel von Angebot und Nachfrage kommt: Die Anbieter stellen Produkte zur Verfügung und werden im Falle einer ausreichenden Zahlungsbereitschaft für ihre Mühen entlohnt. Für die Nachfrageseite ist das Modell ebenfalls attraktiv, da der Rezipient – zumindest der Form nach – vollen und direkten Einfluss auf das Marktgeschehen ausübt, indem er Angebot erhält, das seinen Präferenzen entspricht. Der Rezipient hat in diesem Modell eine starke Position – ein aus der klassischen marktwirtschaftlichen Perspektive hoch wünschenswerter Effekt.

Es wird freilich darauf hingewiesen, dass auch in diesem Modell die Position des Rezipienten geschwächt sein kann (vgl. die Diskussion bei Kiefer/Steininger 2014: 256 ff.): Der Grund ist, dass aufgrund der Eigenschaften der Mediengüter es zu Schwierigkeiten der Qualitätsbeurteilung, zu mangelnder Markttransparenz und zur nur schwer möglichen Steuerbarkeit der Zahlungspräferenzen kommen kann.

„Medien sind reine Erfahrungs-, Informationsmedien Vertrauensgüter, beides sind Dienstleistungen. Das hat für die Position des Rezipienten eine Reihe gravierender Konsequenzen. So besteht zwischen Produzent und Konsument immer

1. eine *Informationsasymmetrie* hinsichtlich der Qualität und des Nutzens von Medienangeboten, die für den Medienkonsumenten immer
2. mangelnde Markttransparenz zur Folge hat, was rationales Wahlverhalten Medien gegenüber deutlich erschwert und
3. eine Durchsetzung von Präferenzen durch Dosierung von Zahlungsbereitschaft auf Medienmärkten faktisch unmöglich macht.

Informationsasymmetrie und mangelnde Markttransparenz begünstigen die Neigung der Medienkonsumenten zum Satisficing, also zum sich Zufriedengeben mit zweit- und drittbesten Alternativen. Die ökonomische Theorie geht ... davon aus, dass bei mangelnder Markttransparenz, bei Unsicherheit, wie sie hinsichtlich Qualität von Mediendiensten immer vorliegt, bei hohen Kosten der Informationssuche, Kosten in Geld, aber auch in Form von Zeit, wie sie die vergleichende Lektüre mehrerer Bücher oder Zeitungen erfordert, aber auch bei eingeschränktem Wettbewerb, wie er auf den Medienmärkten häufig gegeben ist, das Wirtschaftssubjekt sein Anspruchsniveau senkt und auch nichtoptimale Lösungen akzeptiert. Es wählt unter den ihm leicht zugänglichen Alternativen eine hinreichend akzeptable" (Kiefer/Steininger 2014: 257).

(2) Anders stellt sich die Sachzielfrage im Falle der **reinen Werbefinanzierung** dar. Hier steht als Sachziel die Erschließung eines hinreichenden Rezipientenvolumens (Zuschauer, Leser, Hörer, User) im Vordergrund, das als Grundlage für den Verkauf von Werbezeiten dient. Es geht darum, für die potentiellen Zielgruppen der werbetreibenden Unternehmen möglichst attraktive Inhalte anzubieten. Entscheidend ist also das Vorhandensein eines zielgruppengerechten Angebots, zu dem der Werbungtreibende Zugang erhält, d. h. es geht um die Schaffung von Kontaktchancen für Werbungtreibende. Bei diesem Modell ist von einer besonders nachhaltigen Dominanz des Formalziels der Gewinnerzielung über das Sachziel auszugehen.

Wenn es je den Mythos vom souveränen Konsumenten gegeben haben sollte, so endet dieser beim voll über Werbung finanzierten Fernsehen. Hier sind die monetären Austauschbeziehungen zwischen Rezipient und anbietendem Medienunternehmen außer Kraft gesetzt. Mit dieser Trennung der Konsumentscheidungen von der Finanzierung spielen Kostenaspekte für den Durchschnittskonsumenten keine Rolle (vgl. Kiefer/Steininger 2014: 262). Mit der Werbefinanzierung wird ein Dreiecksverhältnis geschaffen, im Beispiel des Fernsehen durch den Fernsehanbieter, die Rezipient und der Werbewirtschaft. Jeder der Beteiligten ist gleichzeitig auf zwei Märkten aktiv, der TV-Sender auf dem Rezipienten- und dem Werbemarkt, der Rezipient auf dem Rezipienten- und Konsumgütermarkt (dessen Produkte beworben werden), der Produzent auf dem Werbe- und Konsumgütermarkt.

(3) Im Falle der **Mischfinanzierung**, also der Finanzierung sowohl über Marktpreise als auch über Werbung, kommt es zu einer Art Zweigliedrigkeit des Sachziels. Der Anbieter steht hier auf beiden Absatzmärkten, also sowohl auf dem Rezipienten- als auch auf dem Werbemarkt, in unmittelbarem Bezug zu den jeweiligen Abnehmern. Die bei der reinen Werbefinanzierung stattfindende Umwegfinanzierung und Zentrierung auf die Werbewirtschaft kann im Modell der Mischfinanzierung nicht mehr in diesem Maße stattfinden. Zu erwarten ist, dass die Verantwortlichen in einem weit höheren Maß Sachziel-Konflikten ausgesetzt sind als in den anderen Modellen. Zwei Typen von Konflikten können auftreten:

- Konflikt zwischen Rezipienten- und Werbemarktzielen;
- Konflikt zwischen den Marktzielen und den Redaktionszielen.

Im ersten Fall kommt es zu einer Diskrepanz zwischen den Marktzielen, die das Medienunternehmen im Hinblick auf seine Rezipienten verfolgt und den Marktzielen, die es im Hinblick auf den Werbemarkt verfolgt. Zu denken ist z. B. an die Frage der Werbeunterbrechungen bei Spielfilmen, die zu einer Widerstandshaltung bei den Zuschauern führen können oder wenn die Ziele der Kundenbindung mit den Zielen der Werbewirtschaft kollidieren.

„Innerhalb dieses Zielsystems existieren zahlreiche konfliktäre Zielbeziehungen. So widersprechen sich beispielsweise die Ziele einer hohen Leser-Blatt-Bindung (Lesermarkt) und das Bemühen um hohe Kanalqualität (Werbemarkt) dann, wenn die existierende Leserstruktur nicht den Vorstellungen der Werbekunden entspricht. Von der Verlagsleitung muss dieser Zielkonflikt unter Bezug auf die übergeordneten ertragswirtschaftlichen und strategischen Ziele gelöst werden" (Wirtz/Pelz 2006: 267).

Beim Konflikt zwischen Markt- und Redaktionszielen geht es insbesondere um die Frage der freien Entfaltung der redaktionellen Kreativität.

> „Häufiger sind jedoch Zielkonflikte zwischen Redaktions- und Marktzielen. So existieren in Zeitungsverlagen festgelegte Text-Anzeigen-Verhältnisse, die für eine quantitative Beschränkung des inhaltlichen Angebots sorgen. Unter qualitativen Gesichtspunkten muss zwischen den Erwartungen der Anzeigenkunden und redaktionellen Bedürfnissen abgewogen werden: So binden Beilagen, die ein für Anzeigenkunden besonders interessantes Umfeld schaffen wollen (zum Beispiel Lifestyle-Seiten), redaktionelle Ressourcen und behindern damit die Verfolgung redaktioneller Ziele" (ebd.).

In diesem Zusammenhang ist auch der Versuch der Einflussnahme von Werbekunden auf die redaktionellen Inhalte zu erwähnen. Angesichts des Druckes, dem die Werbungtreibenden im Zeichen der Digitalisierung ausgesetzt sind, gewinnt dieses Thema zunehmend an Bedeutung. So versuchen sie mit ihren Werbebotschaften verstärkt in die Inhalteproduktion einzudringen und weichen dadurch die Grenzen zwischen Programm und Werbung auf. Dieses als **Programming** bezeichnete Phänomen nimmt an Dynamik zu – und es wurde bereits die Frage gestellt, ob die Trennung von Werbung und Programm nicht „Leitbilder von gestern" seien (vgl. Baerns 2004).

> „Von Programming wird dann gesprochen, wenn die Werbewirtschaft konkreten Einfluss auf die Programmgestaltung hat. Deutlicher bezeichnet dies noch der Begriff ‚Advertiser Founded Programming (AFP)'. Interessant dabei ist, dass nicht nur immer mehr Unternehmen an der Stoff- und Drehbuchentwicklung von Formaten, Filmen und Serien beteiligt werden wollen, sondern auch immer mehr Produzenten und Medien sich bereit erklären, Unternehmen dabei zu integrieren" (Siegert/Brecheis 2005: 243).

Jedenfalls liegt generell die Vermutung nahe, dass in Mischfinanzierungsmodellen die folgende Regel greift: Mit zunehmendem Anteil der Werbefinanzierung nimmt die Bedeutung und das Gewicht der ökonomischen Ziele gegenüber den publizistischen Zielen zu. Da zahlreiche Mediensegmente einen sehr hohen Anteil aus der Finanzierung aus Werbung aufweisen, wie z. B. die periodischen Printmedien Tageszeitungen oder Publikumszeitschriften, ist dieses Problem hoch virulent und führt zu der Frage nach der Leistungsfähigkeit des Mediensystems.

> „Grundsätzlich wird die ohnehin schwache Position des Rezipienten als Marktpartner des Medienproduzenten durch eine Teilfinanzierung aus Werbung weiter unterminiert. Die Frage ... ist daher, ob und inwieweit unter diesen Bedingungen die Annahme überhaupt aufrechtzuerhalten ist, dass das Medienangebot den Präferenzen des Medienkonsumenten folgt" (Kiefer/Steininger 2014: 260). „Generell kann für diese zweite Gruppe von Medien festhalten werden, dass – abgesehen von seiner schwachen Marktposition durch die Gutsspezifik von Medien – der Rezipient werbefinanzierter Medien seine Präferenzen nur stark eingeschränkt durchsetzen kann und diese Durchsetzung zudem von seinem sozioökonomischen Status und der damit verbundenen Attraktivität für die Werbewirtschaft abhängig ist. Hoher Status sichert in gewissem Umfang eine Orientierung der Produzentenentscheidungen an den Verbraucherpräferenzen, mittlerer Status sichert im Rahmen des von Produzenten- und Werbewirtschaftsinteressen begrenzten Angebots zumindest akzeptable Alternativen für den Satisficer, niedriger Status ist ein Indikator, dass soziale und hier kommunikative Teilhabeansprüche nicht erfolgreich durchgesetzt werden können" (ebd. 261).

Als **Fazit** ist festzustellen, dass die Ausformulierung der Dimension des Sachziels bei kommerziellen Medienunternehmen unterschiedliche Ausprägungen erfährt, je nachdem, welches Erlösmodell zu Grunde liegt.

22.3 Formalziele

Bei den Formalzielen stehen die Ziele Liquidität, Rentabilität und Wirtschaftlichkeit im Fokus. In der integrativen Sichtweise sind alternative Wertschöpfungs- und Gewinnbegriffe relevant.

(1) Das zentrale operative Ziel aus wirtschaftlicher Sicht ist die Sicherung jederzeit ausreichender Liquidität. Unter **Liquidität** versteht man die Fähigkeit eines Unternehmens, alle notwendigen Zahlungen in der vorgesehenen Frist zu leisten. Die Liquidität ist gewahrt, wenn genügend flüssige Mittel (liquide Mittel) für den laufenden Zahlungsverkehr vorhanden sind und zur Erfüllung zukünftiger Zahlungsverpflichtungen ausreichende, fristgerecht realisierbare Vermögenswerte bereitstehen. Ist ausreichende Liquidität nicht gegeben, bedeutet das Insolvenz.

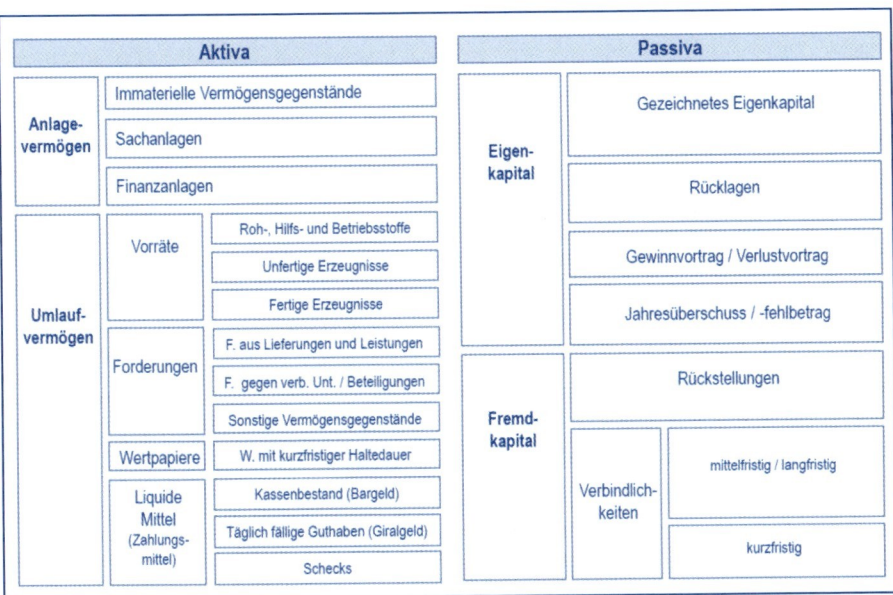

Abb. 22-3: *Liquidität im Kontext der Bilanzstruktur*

Das Liquiditätsziel kann zum einen auf Bestandsgrößen bezogen werden (Liquidität als Geldmenge), zum anderen auf Bewegungsgrößen (Liquidität als Geldfluss). Vor diesem Hintergrund ergeben sich folgende Messgrößen für die Liquidität:

- Bestandsbetrachtung: (a) Liquiditätsstufe 1: Liquide Mittel abzüglich kurzfristiger Verbindlichkeiten. Diese Größe, auch „Bar- bzw. Kassa-Liquidität" genannt, markiert die höchste Form von Liquidität. (b) Liquiditätsstufe 2: Netto-Finanzumlaufvermögen (Differenz zwischen dem finanziellen Teil des Umlaufvermögens und den kurzfristigen Verbindlichkeiten; auch „Geldvermögen" genannt). (c) Liquiditätsstufe 3: Working Capital (Differenz aus dem gesamten Umlaufvermögen und den kurzfristigen Verbindlichkeiten; neben dem finanziellen Teil des Umlaufvermögens wird also auch der reale Teil der Umlaufvermögens einbezogen).

- Betrachtung der Veränderungen: Wie in Kapitel 18 und dort in Abb. 18-3 dargestellt, wird die Liquidität als Mittelzufluss interpretiert, der von innen oder von außen kommen kann. Liquidität von außen kann durch Eigenkapitalzuführung, durch Kredittransaktionen oder durch erhaltene Subventionen zugeführt werden. Liquidität von innen ist das Ergebnis des Leistungsprozesses und markiert die Differenz der Liquiditätszuflüsse (in Form von Erlösen) und der Liquiditätsabflüsse. Entscheidende Kenngröße für die Fähigkeit eines Unternehmens, aus eigener Kraft Liquidität zu schaffen, ist der Cash Flow, der in seiner einfachsten Form als Summe aus Jahresüberschuss, Abschreibungsgegenwerten und den Zuführungen zu den langfristigen Rückstellungen (v. a. Pensionsrückstellungen) definiert ist. Abschreibungen und Langfrist-Rückstellungen stellen zwar Aufwand und Kosten dar, führen aber nicht sofort zu Liquiditätsabfluss, sondern erst in der Zukunft, und sind daher zum Jetztzeitpunkt liquiditätswirksam.

(2) Das Ziel der **Rentabilität** adressiert die Kapitalseite der Bilanz und drückt die Verzinsung des im Unternehmen eingesetzten Eigen- und Fremdkapitals aus. Sie ist eine Kennzahl für den relativen Gewinn des Unternehmens. Die folgenden Rentabilitätskennzahlen sind besonders relevant:

- Kapitalrentabilität: Unter Kapitalrentabilität versteht man die Verzinsung des eingesetzten Kapitals. Durch sie wird ein Unternehmen darüber informiert, ob der Gewinn einer Unternehmung ausreicht, sein eingesetztes Kapital angemessen zu verzinsen oder ob es sinnvoller wäre, sein Geld anderweitig zu investieren. Die betriebswirtschaftliche Praxis unterscheidet zwischen Gesamt- und Eigenkapitalrentabilität: Bei der Gesamtkapitalrentabilität werden Fremdkapitalkosten und Gewinn in Beziehung zum gesamten Kapital gesetzt; bei der Eigenkapitalrentabilität bildet man das Verhältnis von Gewinn zu Eigenmitteln.
- Umsatzrentabilität: Die Umsatzrentabilität misst den Anteil des Gewinns am Umsatzerlös und gibt an, wie viel an jeder umgesetzten Geldeinheit „verdient" wurde. Sie gibt also Antwort auf die Frage, wie viel Prozent des Umsatzes dem Unternehmen als Jahresüberschuss verbleiben. Von „Umsatzrendite" spricht man, wenn man die Umsatzrentabilität im betrieblichen Bereich betrachtet, also die um Sondereinflüsse und nicht betrieblich bedingte Faktoren bereinigte Rentabilität.
- Return on Investment (ROI): Dies ist eine aus der Gesamtkapitalrentabilität abgeleitete Kenngröße, die sich als Produkt aus Umsatzrendite und Kapitalumschlag errechnet. Der Kapitalumschlag ist der Quotient aus Umsatzerlös und Kapitalzahl, gibt also an, wie oft sich das eingesetzte Kapital im Umsatzerlös „umschlägt". Je höher der Kapitalumschlag, desto höher der ROI. Er wirkt wie ein „Turbo", wenn es gelingt, hohe Umsatzerlöse bei verringertem Kapitaleinsatz zu generieren.

Beim Rentabilitätsziel ist ferner der sog. Leverage-Effekt zu beachten („Leverage" = „Hebel"). Es geht es um die Hebelwirkung von eingesetztem Fremdkapital im Hinblick auf die Steigerung der Rentabilität, die es mit sich bringt, dass unter bestimmten Umständen die Rentabilität durch die Erhöhung des Fremdkapitalanteils am Gesamtkapital gesteigert werden kann.

(3) Das Ziel der **Wirtschaftlichkeit** beschreibt in verallgemeinerter Form das bestmögliche Verhältnis zwischen Output und Input. Stellt man Output und Input als reale Größen gegenüber, spricht man von Produktivität. In der Ausprägung als bewertete Größen stellt man den Wert der Leistung den Kosten gegenüber. Der Begriff Wirtschaftlichkeit wird zweckmäßigerweise auf den betrieblichen Bereich bezogen, also auf den Bereich des Unternehmens, der den Normalbetrieb (ohne außerordentliche Vorgänge) und den Betriebszweck (ohne nicht-betriebliche Vorgänge) abbildet. Eine entscheidende Zielgröße für die Steuerung eines Unternehmens nach dem Kriterium der Wirtschaftlichkeit ist der sog. Deckungsbeitrag (zur Frage der Wirtschaftlichkeit im Kontext der Kosten- und Leistungsrechnung vgl. Kapitel 20).

Die Frage der Wirtschaftlichkeit und Gewinnmaximierung im betrieblichen Bereich stellt sich theoretisch gesehen im Medienbereich anders dar als im Bereich der industriellen Massenproduktion. Als typische Eigenschaften von Medienprodukten, insbesondere von elektronischen Medienprodukten, sind in anderem Zusammenhang v. a. die folgenden Besonderheiten herausgestellt worden (vgl. Kapitel 5):

- Medienprodukte als Verbundprodukte im Rezipienten- und Werbemarkt;
- Hohe First-Copy-Costs und starke Kostendegressionen durch Economies of Scale und Economies of Scope;
- Netzwerkeffekte (Economies of Networks) durch zunehmende Nutzerzahl des Netzes;
- Medienprodukte als öffentliche Güter (Nicht-Rivalität im Konsum; Versagen des Ausschlussprinzips);
- Medienprodukte als meritorische Güter;
- Qualität von Medienprodukten nur begrenzt als Steuerungsgröße einsetzbar.

In der Welt der **industriellen Massenproduktion** industriell-materieller Sachgüter mit hoher Konkurrenz wird der Sachverhalt der Wirtschaftlichkeit und Gewinnmaximierung üblicherweise in den folgenden Kategorien beschrieben (vgl. Abb. 22-4):

- Vorhandensein einer linearen Erlösfunktion (Erlös als Gerade aus dem Ursprung);
- Dem Ertragsgesetz folgende Kostenfunktion auf Fixkostenbasis;
- Situation steigender Stückkosten (im relevanten Bereich).

Eine Steigerung der Produktion über die gewinnmaximale Ausbringungsmenge hinaus führt zu einer suboptimalen Situation führen, da der erzielbare Gewinn abnimmt.

Anders zu beurteilen ist die theoretische Ausgangssituation für Kosten, Erlös und Gewinn im (v. a. elektronischen) Medienbereich. Hier zeigt sich eine gegenüber der Industriewelt andere Situation (vgl. Abb. 22-5):

- Hohe First Copy Costs, interpretierbar als Fixkosten;
- Horizontaler Verlauf der Gesamtkosten;
- Sprungfixe Kosten;
- Permanent sinkende Durchschnittskosten;
- Lineare Erlösfunktion (wie Industrie).

586 | Teil C - V. Unternehmensziele

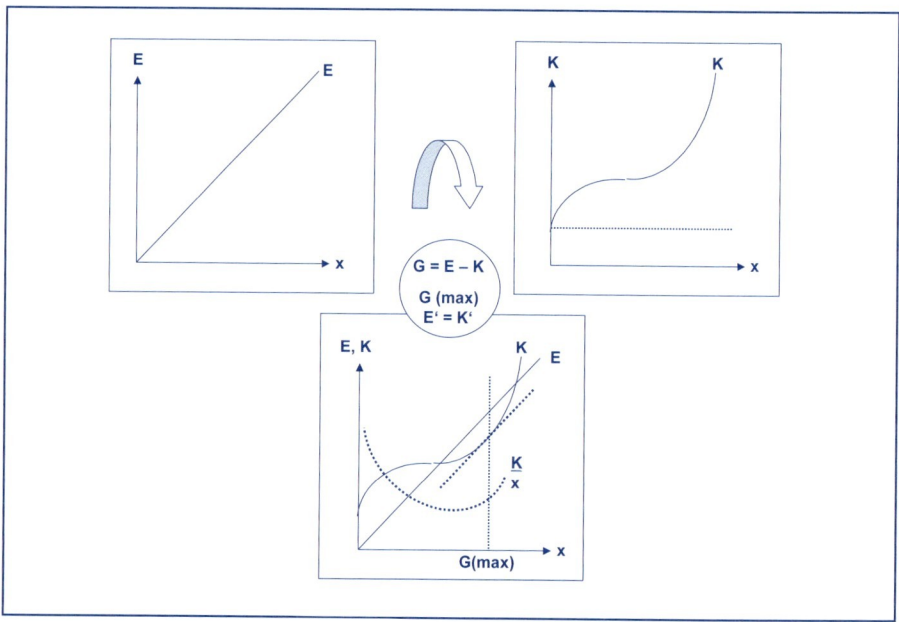

Abb. 22-4: Kosten, Erlös und Gewinn in der Industrie

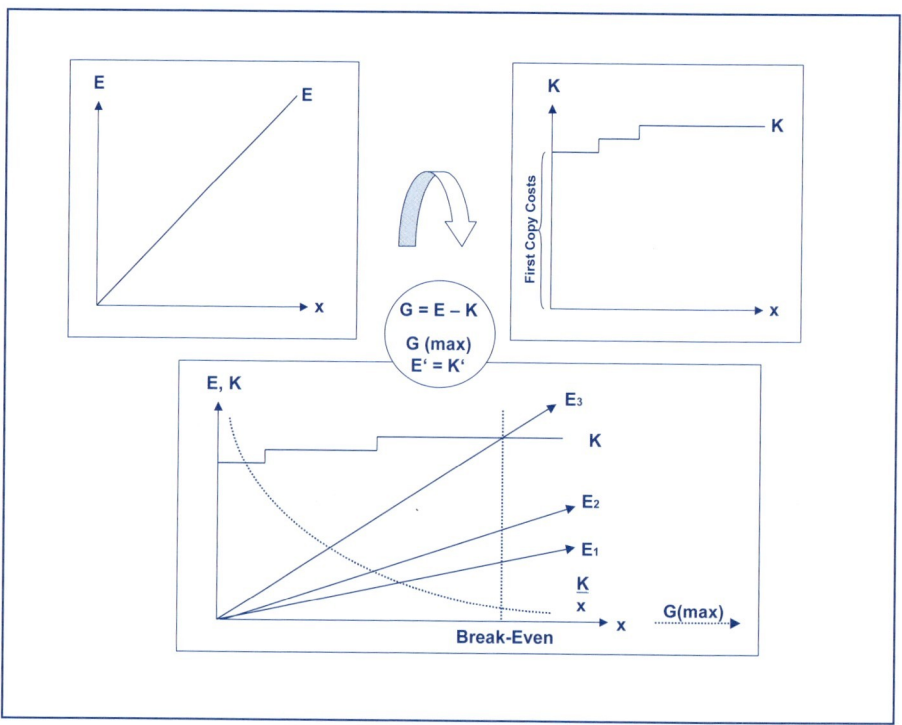

Abb. 22-5: Kosten, Erlös und Gewinn bei Medienunternehmen

Auffällig ist die neue Kostenfunktion mit ihrem hohen Fixkostenanteil und ihrem horizontalen Verlauf. Der hohe Fixkostenanteil erklärt sich aus der Tatsache, dass sich die Kosten von Medienprodukten (insbesondere TV, Radio, Internet) durch hohe First-Copy-Costs und im Vergleich dazu durch geringere Vervielfältigungs- und Verbreitungskosten auszeichnen. Letztere schlagen sich bei den Fixkosten in den Kosten der Vorhaltung der Distributions-Infrastruktur sowie in speziellen Kosten für den Zugang zu den Nutzerschaften nieder. First-Copy-Costs kennzeichnen den Ressourcenverzehr, der bei der Erstellung der kopierfähigen Master-Vorlage bzw. der „Blaupause" entsteht. Sie umfassen die Akquisitions-, Konzeptions- und Herstellungskosten mit dem Fokus auf die Entwicklung (das „Development") und Realisierung der journalistischen oder künstlerischen Inhalte. Diese konkretisieren sich in einem immateriellen Produkt, das sich relativ leicht und ressourcenschonend vielfältigen und verbreiten lässt, anders als bei Massenprodukten im Konsum- und Investitionsgüterbereich. Einschränkend ist anzumerken, dass die Kosten der Distribution im Medienbereich durchaus beachtliche Ausmaße annehmen können. Dies gilt für Print-Produkte und bei elektronischen Medien für Produkte, die einen hohen Marketingaufwand erfordern, z. B. bei international vertriebenen Spielfilmproduktionen.

Der horizontale Verlauf der Kostenfunktion kennzeichnet die Unabhängigkeit der Kosten von der Ausbringungsmenge. Letztere lässt sich für den Medienbereich durch die Anzahl der Produktnutzer beschreiben, also durch die Anzahl der Hörer, Zuschauer, Leser, User bzw. Rezipienten. Auf Erweiterungen der Nutzerschaften verhalten sich die Kosten relativ unelastisch. Zu erwarten sind lediglich einzelne Sprünge, wenn es z. B. darum geht, durch besondere technische und Vermarktungsanstrengungen neue Publika in neuen Ländern zu erschließen. Zu denken ist auch an zusätzliche Rechte- und Lizenzkosten bei der Ausdehnung der Absatzgebiete. Die Charakterisierung der Kosten als intervall- oder sprungfix ist daher zweckmäßig.

Bei einer linearen Erlösfunktion und einer linear-horizontalen Kostenfunktion gibt es keine theoretisch fest zu machende gewinnmaximale Ausbringungsmenge; E' und K' sind horizontale Geraden (K' ist identisch mit der Abszisse). Das Modell sagt aus, dass der Gewinn jederzeit zu steigern ist, wenn die abgesetzte Menge steigt, ohne dass von der Kostenseite her ein eingebauter Bremsmechanismus wirksam würde. Der relevante Indikator sind die permanent und ohne theoretisches Ende sinkenden Stückkosten. Unangenehmer Begleiteffekt dieser Situation ist eine starke Tendenz zur Monopolisierung: Besonders wirtschaftlich arbeitet der Monopolist, während die möglichen Konkurrenten unterlegen sind.

Für die handelnden Akteure reduziert sich die Aufgabenstellung damit auf die entscheidende Frage, wann und in welcher Konstellation der Break-Even erreicht werden kann. Vorrangig sind sie in dieser Situation daran interessiert, die Bedingungen für die Basisfinanzierung der First-Copy-Costs zu schaffen. Dies ist ein riskantes und normalerweise aufwendiges Unterfangen, in dem die Risikoabsicherung über öffentliche und private Kapitalgeber hoch willkommen ist. First-Copy-Costs sind „Sunk Costs", wenn die Aktion misslingt. Ferner sind sie daran interessiert, eine möglichst hohe „Break-Even-Performance" zu generieren (von E1 nach E3), über die sie möglichst früh in die Gewinnzone kommen. Hier spielt die Frage der Verwertungskonzepte eine herausragende Rolle. Stichworte sind Windowing (Verwertungskette bei Spielfilmen: Kino, Video, PayTV, Free TV, Merchandising), Single Source Multi Media, crossmediale Vermarktung und Verwertung oder Versioning.

(4) Aus einer integrierten Betrachtung sind weitere Formalzielgrößen abzuleiten. Auf der Grundlage der Wertschöpfung können alternative **Gewinnbegriffe** abgeleitet werden, wobei die Vieldeutigkeit dieser Größe erkennbar wird. Das Beispiel in Abb. 22-6 macht deutlich, dass Gewinnbegriffe und -ausprägungen je nach dem gewählten Betrachtungswinkel auseinander gehalten werden müssen. Die Zahlen sind hypothetische Werte und beziehen sich nicht auf ein konkretes Unternehmen. Die Größe „Gewinn" ist danach in zwei Kontexten relevant:

- Bezug zum Gesamtunternehmen unter Berücksichtigung sämtlicher Vorgänge;
- Bezug auf den betrieblichen Bereich, also demjenigen Bereich des Unternehmens, der dem Betriebszweck dient und den Normalbetrieb darstellt.

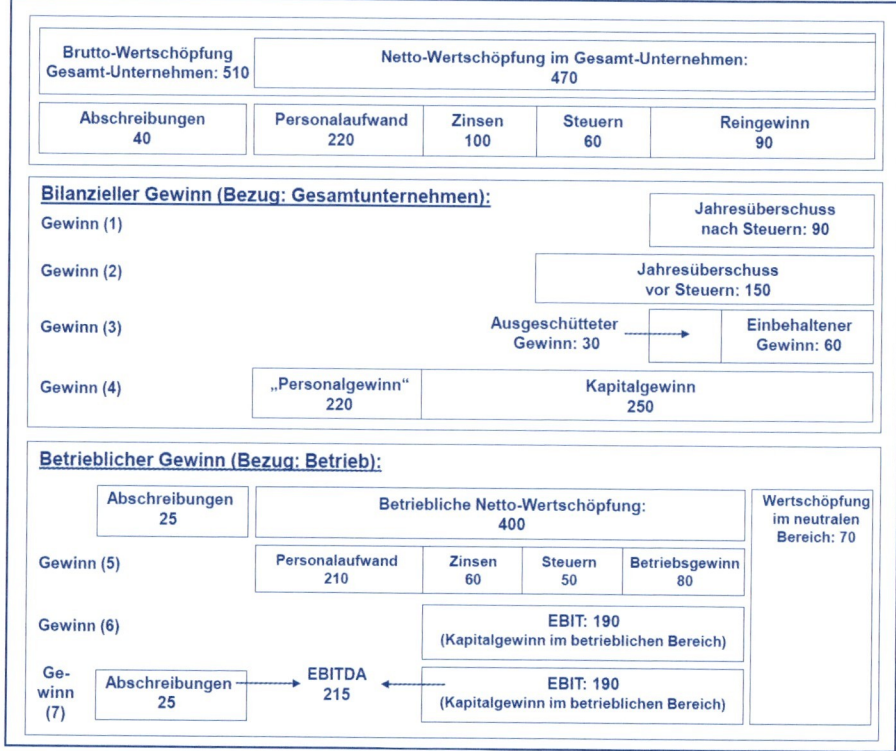

Abb. 22-6: Gewinnbegriffe im Überblick

In den Systemen des Rechnungswesens wird der Gewinn daher auf zweierlei Weise ermittelt, zum einen im externen Rechnungswesen als Unternehmensgewinn durch den Jahresabschluss (Bilanz, Gewinn- und Verlustrechnung), zum anderen im internen Rechnungswesen (Kosten- und Leistungsrechnung) als betrieblicher bzw. operativer Gewinn.

Handelsrechtliche Gewinnermittlung: Da die Gewinnermittlung im externen Rechnungswesen zum Schutz der Gläubiger, zur Information der Anteilseigner, zur Ermittlung eines ausschüttungsfähigen Jahresüberschusses sowie zur Ermittlung steuerlicher Bemessungsgrundlagen nicht in das Belieben der Unternehmen gestellt werden darf, existieren entsprechend detaillierte Ermittlungsvorschriften, die sich im deutschen Recht insbesondere im Handelsgesetzbuch sowie in den Steuergesetzen finden. Die handelsrechtliche Gewinn- und Verlustrechnung ist nach § 242 (2) HGB eine Gegenüberstellung der Aufwendungen und Erträge des Geschäftsjahres. Die Begriffe Aufwand und Ertrag beziehen sich deshalb stets auf den handelsrechtlichen Gewinn bzw. Verlust und sind in der betriebswirtschaftlichen Fachsprache nur so zu benutzen.

Gewinnermittlung aus der Kosten- und Leistungsrechnung (Kalkulatorischer Gewinn des internen Rechnungswesens): Das interne Rechnungswesen dient den internen Steuerungszwecken und kann von den Unternehmen prinzipiell frei ausgestaltet werden, obwohl sich faktisch auch hier gewisse Standards herausgebildet haben. Im internen Rechnungswesen wird zur Vermeidung von Missverständnissen nicht vom Gewinn, sondern vom Betriebsergebnis gesprochen. Das Betriebsergebnis wird als Differenz zwischen Erlösen (bzw. „Leistung") und Kosten ermittelt. Erlöse und Kosten weichen in der Ermittlung und damit möglicherweise auch in der Höhe von den entsprechenden Aufwendungen und Erträgen desselben Betriebes ab. Sofern die Aufwendungen nicht auch Kosten sind, wird von neutralem Aufwand gesprochen. Abweichungen der Kosten von den Aufwendungen werden als kalkulatorische Kosten bezeichnet.

Da die verschiedenen Systeme des Rechnungswesens zu unterschiedlichen Ergebnissen kommen können, ist die Höhe des Gewinns keineswegs eindeutig messbar, sondern es existieren unterschiedliche Gewinnbegriffe, die man auseinander halten muss. Im Einzelnen ist zu differenzieren:

- Gewinn (1): Diese Gewinngröße versteht sich als Gewinn im engeren Sinne („Reingewinn") und ist derjenige Teil der Wertschöpfung, der den Eigentümern (Gesellschaftern, Anteilseignern, Shareholdern) des Unternehmens als Einkommen bzw. Vermögenssteigerung zuwächst.
- Gewinn (2): Den Jahresüberschuss vor Steuern zu betrachten, empfiehlt sich bei international tätigen Unternehmen zur Eliminierung steuerlicher Divergenzen.
- Gewinn (3): Bei Kapitalgesellschaften ist die Frage der Ausschüttung bzw. Einbehaltung von Gewinnen von erheblicher strategischer Bedeutung.
- Gewinn (4): Der Kapitalgewinn kennzeichnet denjenigen Teil der Wertschöpfung, der dem Kapital (Shareholder als Eigenkapitalgeber, Fremdkapitalgeber und Staat als „Sozialkapital"-Geber) zufließt. Er berechnet sich als Differenz von Wertschöpfung und Personalaufwendungen. Die Personalaufwendungen bedeuten denjenigen Teil der Wertschöpfung, der dem Produktionsfaktor Arbeit (Personal, Human Resources) zufließt. Sie könnten daher – in Analogie zum Begriff „Kapitalgewinn" – auch als „Personalgewinn" bezeichnet werden.
- Gewinn (5): Hier ist die Wertschöpfung im betrieblichen Bereich dargestellt.
- Gewinn (6): Der Begriff EBIT steht für „Earnings before Interest and Taxes" und entspricht dem Jahresüberschuss vor Zinsaufwand (Interest) und Steuern (Taxes). Das EBIT repräsentiert den Kapitalgewinn im betrieblichen Bereich. Es handelt sich um das Ergebnis der gewöhnlichen Geschäftstätigkeit (Betriebsergebnis). Ziel dieser Unternehmenskennzahl ist es, einen möglichst objektiven Vergleich der operativen Ertragskraft (Betriebsergebnis) des eigenen Unternehmens mit anderen Unternehmungen zu ermöglichen.
- Gewinn (7): Eine Erweiterung des EBIT stellt das sog. EBITDA dar und ist die Abkürzung für „Earnings Before Interest, Tax, Depreciation and Amortisation", also für das Betriebsergebnis vor Zinsen, Steuern und Abschreibungen. „D" steht für „Depreciation" und markiert die Abschreibung auf materielle Vermögensgegenstände, „A" steht für „Amortization" und kennzeichnet die Abschreibung auf immaterielle Vermögenswerte (insbesondere Goodwill bzw. Geschäfts- und Firmenwert). Das EBITDA ist eine inzwischen weltweit verwendete Spitzenkennzahl der Unternehmensbewertung, die insbesondere in der Jahresabschlussanalyse relevant ist.

Kernaussagen

- Das Zielsystem kommerzieller Medienunternehmen lässt sich mit einem „Cockpit-Modell" beschreiben, das die Sachziele und die Formalziele vor dem Hintergrund strategischer Ausrichtung zeigt.
- Im Fokus des Managements kommerzieller Medienunternehmen steht das erwerbswirtschaftliche Prinzip der Gewinnerzielung.
- Dieses ist nach dem zugrunde liegenden Erlösmodell zu differenzieren. Zu unterscheiden sind Modelle mit reiner Rezipientenorientierung, mit reiner Werbeorientierung und Mischfinanzierungsmodelle.
- Vor diesem Hintergrund sind unterschiedliche Sachziel-Definitionen zu erwarten.
- Die Formalziele folgen den üblichen Kategorien von Gewinn, Liquidität, Wirtschaftlichkeit usw.

Literatur

Weiterführende Literatur: Grundlagen

Eichhorn, P. (2001): Öffentliche Dienstleistungen, Baden-Baden.
Grochla, E./Schönbohm, P. (1980): Beschaffung in der Unternehmung, Stuttgart.
Schierenbeck, H./Wöhle, C. B. (2012): Grundzüge der Betriebswirtschaftslehre, 18., überarb. Aufl., München.
Schmalen, H. (2002): Grundlagen und Probleme der Betriebswirtschaft, 12., überarb. Aufl., Stuttgart.
Thommen, J.-P./Achleitner, A.-K. (2012): Allgemeine Betriebswirtschaftslehre, 7., vollst. überarb. Aufl., Wiesbaden.

Weiterführende Literatur: Medien

Baerns, B. (Hrsg.)(2004): Leitbilder von gestern? Zur Trennung von Werbung und Programm, Wiesbaden.
Drees, J./Koppensteiner, R. (1999): Privates Fernsehen, in: Schneider, B./Knobloch, S. (1999): Controlling-Praxis in Medien-Unternehmen, Neuwied, Kriftel, S. 70-90.
Eisenbeis, U. (2007): Ziele, Zielsysteme und Zielkonfigurationen von Medienunternehmen, München und Mering.
Kemmer, P. (1986): Zielkonzeption und Rechnungssystem von Rundfunkanstalten, Baden-Baden.
Kiefer, M. L./Steininger, C. (2014): Medienökonomik, 3. Aufl., München, Wien.
Groth, R. (1996): Zielsetzungen privater Fernsehanbieter, Köln.
Schumann, M./Hess, T. (2009): Grundfragen der Medienwirtschaft, 4., überarb. Aufl., Berlin, Heidelberg, New York.
Schwertzel, U. (1997): Benchmarking für Rundfunkveranstalter, Berlin.
Siegert, G./Brecheis, D. (2005): Werbung in der Medien- und Informationsgesellschaft, Wiesbaden.
Wachter, A. (2002): Controlling der werbefinanzierten Medienunternehmung, Lohmar, Köln.
Winter, M. (1999): Programmbeschaffungsmarketing privater Fernsehveranstalter, Marburg.
Wirtz, B. W./Pelz, R. (2006): Medienwirtschaft – Zielsysteme, Wertschöpfungsketten und -strukturen, in: Scholz, C. (Hrsg.)(2006): Handbuch Medienmanagement, Berlin, Heidelberg, New York, S. 261-278.

Kapitel 23
Ziele gemeinnütziger Medienunternehmen

23.1 Gemeinwirtschaftliches Prinzip 593
23.2 Sachziele 595
23.3 Formalziele 600

Leitfragen

- Was versteht man unter dem „gemeinwirtschaftlichen Prinzip"?
- Wie ist es gegenüber dem erwerbswirtschaftlichen Prinzip abzugrenzen?
- Was versteht man unter dem „Gemeinwohl"?
- Was versteht man unter dem „öffentlichen Interesse"?
- Inwiefern ist ein öffentlicher Auftrag als ein exogen vorgegebenes Ziel zu verstehen, das als Leitlinie für die endogenen Ziele dient?
- Wie lässt sich das Spannungsverhältnis zwischen Sachzielen und Formalzielen bei gemeinwirtschaftlichen Unternehmen umschreiben?
- Welche Merkmale zeichnet eine sachzieldominierte Unternehmung aus?
- Was bedeutet die Aussage, das Sachziel öffentlich-rechtlicher Rundfunkanstalten sei in hohem Maße interpretationsbedürftig?
- Mit welcher Stufenlogik kann man die Sachziele öffentlich-rechtlicher Rundfunkanstalten zu konkretisieren versuchen?
- Inwiefern unterscheidet man bei der Sachzieldefinition zwischen „Output" und „Outcome"?
- Welche Funktionen im Hinblick auf Gesellschaft, Staat und Wirtschaft soll der öffentlich-rechtliche Rundfunk ausüben?
- Wie ist der „Programmauftrag" öffentlich-rechtlicher Rundfunkanstalten zu interpretieren?
- Was bedeuten die Ziele der Vielfalt der Meinungen und der Integration der Gesellschaft?
- Welche Relevanz hat das rechtliche Konstrukt der Grundversorgung, die der öffentlich-rechtliche Rundfunk sicherstellen soll?
- In welcher Beziehung steht der Grundversorgungsauftrag zum Grundgesetz?
- Welche Relevanz hat der nach Rundfunkstaatsvertrag vorgeschriebene Drei-Stufen-Test?
- Welches sind die drei Stufen des Drei-Stufen-Tests?
- Wie kann man „Public Value" interpretieren?
- Was versteht man unter dem Gebot der Ausgewogenheit?
- Inwiefern ist das öffentlich-rechtliche Programmangebot mehr als eine Mindestversorgung?
- Wie ist die „Programmautonomie" zu interpretieren?
- Was versteht man unter der „Bestands- und Entwicklungsgarantie" der öffentlich-rechtlichen Rundfunkanstalten?
- Wie lässt sich der „Funktionsauftrag" des ZDF beschreiben?
- Wie ist das Prinzip der Wirtschaftlichkeit und Sparsamkeit, dem die öffentlich-rechtlichen Rundfunkanstalten unterworfen sind, zu interpretieren?
- Wie kann man Effizienz beim öffentlich-rechtlichen Rundfunk sicherstellen?
- Welche Rolle spielt die Kommission zur Ermittlung des Finanzbedarfs der Rundfunkanstalten (KEF) in diesem Zusammenhang?
- In welcher Form können die Formalziele der Wirtschaftlichkeit und Sparsamkeit konkretisiert werden?

Gegenstand

Gemeinnützige Medienunternehmen spielen in Deutschland in der Gestalt der öffentlich-rechtlichen Rundfunkanstalten eine prominente Rolle. Das Finanzvolumen dieses Systems beträgt ca. acht Mrd. Euro und übertrifft damit die Summe der Umsätze auf dem Kino-, Musik-, Heimvideo- und Video- und Computerspiele-Markt. Damit nimmt das Mediensystem Deutschlands im Weltmaßstab und innerhalb der EU eine Sonderstellung ein, die bestenfalls noch vom britischen System mit der gemeinnützigen BBC angenähert wird. Generell kann festgestellt werden, dass in Deutschland der Non-Profit-Sektor eine große Rolle spielt.

Vor diesem Hintergrund ist es verständlich, dass in diesem Kapitel der öffentlich-rechtliche Rundfunk in den Vordergrund gerückt werden muss. Diese Fokussierung soll jedoch nicht dazu verleiten, den Bereich von privaten gemeinnützigen Medienunternehmen, wie sie z. B. in Form offener Kanäle existieren, zu ignorieren. Auch Non-Profit-Organisationen wie Sportvereine oder Kirchen agieren nachhaltig medial.

Für die öffentlich-rechtlichen Rundfunkanstalten ist die Ausformulierung eines in sich schlüssigen Zielsystems von elementarer Bedeutung, wird doch die Legitimation des gesamten Systems ständig hinterfragt und in Zweifel gezogen, insbesondere in denjenigen Phasen, wenn über die Anpassung des Rundfunkbeitrags (ehemals „Rundfunkgebühren") zu entscheiden ist, aber auch in ganz grundsätzlicher Weise (vgl. in der wissenschaftlichen Literatur z. B. Never 2002, Brösel 2003, Lucht 2006). Eine in verschiedenen gesellschaftlichen Segmenten nachlassende Akzeptanz der Programmleistungen und eine schroffe wettbewerbspolitische Interpretationen von Seiten der EU – wonach ARD und ZDF als subventionierte Staatsbetriebe zu interpretieren seien, die für eine Verzerrung des Wettbewerbs mit den Privaten sorgten, verbunden mit der These, die Rundfunkgebühr sei eine unerlaubte staatliche Beihilfe – tun ihr übriges.

Die langjährigen Auseinandersetzungen mit der EU sind inzwischen „befriedet" und haben zu einer „Einstellungsentscheidung" des Verfahrens geführt, nachdem sich die Bundesländer verpflichtet hatten, geeignete Regeln zu setzen und förmliche Zusagen diesbezüglich gegeben hatten: „Diese Zusagen sahen vor, dass Deutschland innerhalb von zwei Jahren verschiedene ‚zweckdienliche Maßnahmen' – durch Umsetzung im Rundfunkstaatsvertrag – ergreifen wird, die nach Ansicht der Kommission dazu geeignet waren, die beihilfenrechtlichen Bedenken gegen die bisherige Ausgestaltung der Rundfunkgebühr auszuräumen" (Dörr 2009: 28). Mit dem sog. „Drei-Stufen-Test" ist diese Auflage in konkretes Rundfunkrecht umgesetzt worden. Eine unmittelbare Auswirkung der neuen rechtlichen Lage war die freiwillige massive Reduktion der Online-Angebote von ARD und ZDF.

Das Zielsystem des öffentlich-rechtlichen Rundfunks wird als ein zweigeteiltes System aus Sachzielen und Formalzielen beschrieben. Dabei wird eine Dominanz der Sach- bzw. Leistungsziele gegenüber den Formal- bzw. finanzwirtschaftlichen Zielen unterstellt. Freilich können auch die Sachziele, die auf die Leistungserbringung zentriert sind, nicht der abschließende Zweck sein. Dieser liegt in dem Zweck, „metaökonomische Oberziele" zu erfüllen, wie sie in der Nutzenmaximierung für die Öffentlichkeit gegeben sind (vgl. z. B. König 1983: 25 f.).

„Der Rundfunk ist eine ‚Sache der Allgemeinheit', deren Regelung zumindest in den Grundzügen dem Staat, hier insbesondere den Ländern, zufällt. Der Rundfunk dient im politischen Gesamtsystem der Information und Kommunikation. Das von den Trägern der Rundfunkanstalten verfolgte metaökonomische Oberziel ist zunächst die Schaffung einer unabhängigen Meinungsbildungsinstanz. Die Rundfunkanstalten sollen im Wesentlichen gesellschafts- und kulturpolitischen Zielen dienen: der Bildung, der Information und der Unterhaltung der Rundfunkteilnehmer. Dabei sind diese Ziele, die sich in den Rundfunkgesetzen finden, wieder zerlegbar in einzelne (Unter-)Ziele. ... Ausgehend von diesen globalen metaökonomischen Oberzielen ist ein aus Leistungszielen und finanzwirtschaftlichen Zielen bestehendes Zielsystem der Rundfunkanstalten zu entwickeln" (ebd. 38).

Gemeinnützige Unternehmen werden zunehmend mit dem Begriff „Public Service" belegt (vgl. Hoffmann-Riem 2006). Damit soll der Dienstleistungsgesichtspunkt öffentlicher Leistungserbringung im Bereich der Medien und speziell des Fernsehens und Hörfunks hervorgehoben werden. Insbesondere soll auch ausgedrückt werden, dass Rundfunkfreiheit kein Selbstzweck ist, sondern als dienende Freiheit zu verstehen ist.

23.1 Gemeinwirtschaftliches Prinzip

(1) Dem erwerbswirtschaftlichen Prinzip der Gewinnerzielung steht das gemeinwirtschaftliche Prinzip entgegen. Dieses besagt, dass bei der Realisierung der Aktivitäten eines Unternehmens das **Gemeinwohl** als Maßstab dienen soll. Gemeinwirtschaftliche Unternehmen werden mit der Idee gegründet, besondere Leistungen im Dienste einer Gemeinschaft bzw. für die Allgemeinheit zu erbringen und sind oft dazu bestimmt, Missstände zu beseitigen oder zu verhindern.

Das gemeinwirtschaftliche Prinzip zu definieren, fällt nicht leicht – nachfolgend eine Sammlung von Begriffe, die in diesem Kontext z. B. aufgerufen werden können:

- Gemeinwirtschaft: Sie verkörpert „unmittelbar auf das Wohl einer übergeordneten Gesamtheit (Gemeinwohl) ausgerichtete wirtschaftliche Aktivitäten (Gemeinwirtschaftlichkeit). An die Stelle des der Privatwirtschaft zugrunde liegenden Gewinnziels tritt eine kollektive Nutzenmaximierung (theoretischer, nicht befriedigend gelöster Ansatz)" (Gabler Wirtschaftslexikon).
- Gemeinwohl: Das sog. „bonum commune" spielt im nationalen und im EU-Recht eine wichtige Rolle. So existiert z. B. auf EU-Ebene ein „Grünbuch der Kommission zu Dienstleistungen von Allgemeinem Interesse" vom 21. Mai 2003.
- Gemeinnützigkeit: „Als gemeinnützig wird eine Tätigkeit bezeichnet, die darauf abzielt, das Allgemeinwohl zu fördern. Wenn eine Institution als den Gemeinnützigkeitsstatus zuerkannt bekommen hat, erhält sie eine vollständige oder teilweise Steuerbefreiung. ... Gemeinnützigkeit ist ein rein steuerrechtlicher Tatbestand" (Helmig/Boenigk 2012: 14).
- Öffentliches Interesse: „Es handelt sich um einen vor allem im Verwaltungsrecht und auch im Strafrecht (§§ 153 ff. StPO) gebrauchten Begriff, der die Belange der Allgemeinheit gegenüber Individualinteressen kennzeichnen soll (so z. B. die Anordnung der sofortigen Vollziehung eines Verwaltungsaktes aus Gründen des öffentlichen Interesses nach § 80 II Nr. 4 VwGO). ... Das öffentliche Interesse ist ein unbestimmter Rechtsbegriff, dessen Voraussetzungen im Streitfall gerichtlich überprüft werden können" (Gabler Wirtschaftslexikon).
- Public Value: „Der Begriff „Public Value" wird nach den drei Dimensionen Vielfalt (publizistischer Wertbeitrag), Identität (gesellschaftlicher Wertbeitrag) sowie Wertschöpfung (wirtschaftlicher Wertbeitrag) beschrieben und als Mehrwert gegenüber dem „Private Value" verstanden" (Kühnle/Gläser 2011: 15).

Gemeinwirtschaftliche Unternehmen können sich in privater oder in öffentlicher Trägerschaft befinden. Im letzteren Fall erhalten sie ihre Legitimation durch die Zuweisung eines **öffentlichen Auftrags**, der die Grundzüge ihrer Aktivitäten umreißt und die Trägerschaft verdeutlicht. In diesem Auftrag spiegeln sich die Interessen der Trägerschaft und der diversen relevanten Stakeholder wider. Die Ziele gemeinwirtschaftlich-öffentlicher Unternehmen sind insofern als **exogene Ziele** zu betrachten. Dies ist kein Widerspruch zu der Tatsache, dass sich das Unternehmen auch selbst Ziele und Aufgaben setzen muss. Diese sog. **endogenen Ziele** müssen sich allerdings an den exogenen Zielen ausrichten und von diesen abgeleitet werden.

Die Aufgabenerfüllung gemäß einem öffentlichen Auftrag ist logisch in eine Zweck-Mittel-Hierarchie mit Rückkoppelungsschleifen einzubinden (vgl. Eichhorn 2001: 11 f.). Danach ist Auslöser das öffentliche Interesse, das zu politischen Zielen führt, welche wiederum die öffentlichen Aufgaben bestimmen: „Öffentliche Aufgaben resultieren aus politischen Zielen und diese wiederum leiten sich vom öffentlichen Interesse ab. Ein Beispiel: Zum öffentlichen Interesse bzw. Gemeinwohl trägt sicherlich eine hohe Lebenserwartung der Bevölkerung bei. Folglich gilt es, entsprechende bildungs-, ernährungs-, gesundheits- und sportpolitische Ziele festzulegen und die daraus erwachsenden öffentlichen Aufgaben in den Schulen, Beratungsstellen, Sportzentren, Gesundheitsämtern, Krankenhäusern, Altenheimen mit Aufklärung, Werbung, Vorsorge, Pflege und Rehabilitation zu ergreifen. ... Die Ableitung öffentlicher Aufgaben aus politischen Zielsetzungen geschieht in demokratisch verfassten Staaten über Wahlen, Verhandlungen und Abstimmungen auf der Grundlage eines Vorverständnisses über Situation und Perspektiven. ... Kriterien für das Vorliegen einer öffentlichen Aufgabe sind Bedarf und Bedarfsdeckung" (ebd., im Orig. teilw. hervorgehoben).

(2) Gemeinwirtschaftliche Unternehmen stehen wie die erwerbswirtschaftlichen Unternehmen ebenfalls auch in einem **Spannungsverhältnis zwischen Sachzielen und Formalzielen**. Sie unterscheiden sich v. a. dadurch, wie sie diese Ziele relativ zueinander gewichten. Während bei erwerbswirtschaftlichen Unternehmen das Sachziel überwiegend Mittel zum Zweck der Erreichung von Formalzielen ist, kommt bei gemeinwirtschaftlichen Unternehmen dem Sachziel die Leitfunktion zu. Diese Sachziel-Dominanz kennzeichnet sie als „sachzielgesteuerte Unternehmen" (Eichhorn). In einem marktwirtschaftlichen System werden gemeinwirtschaftliche Unternehmen prinzipiell nur dort aktiv, wo es für erwerbswirtschaftliche Unternehmen nicht oder wenig erfolgversprechend ist, einen gesellschaftlich erwünschten Bedarf zu decken.

Als Sachziel kann also die Deckung gesellschaftlich erwünschter und von der Privatwirtschaft nicht erfolgversprechend zu befriedigender Bedarf festgehalten werden.

Formalziele spielen insofern eine Rolle, als die Erfüllung des Sachziels stets unter Beachtung des Kriteriums der Wirtschaftlichkeit erfolgen muss, das von der Erzielung eines angemessenen Überschusses über Kostendeckung bis zu einer mehr oder weniger verbindlichen und präzisen Begrenzung eines zulässigen Defizits reichen kann.

In sehr pointierter Form hat der frühere Intendant des Deutschlandfunks, Ernst Elitz, die Sachziel-Dominanz bei den öffentlich-rechtlichen Rundfunkanstalten im Vergleich zu den kommerziell agierenden privaten Rundfunkveranstaltern herausgestellt: „Die Rundfunkgebühr von 17,03 Euro pro Monat ist mehr als ein Finanzierungsinstrument. Sie ist eine Qualitätssicherungsgebühr. Angesichts der Debilitätsoffensiven, die das kommerziell betriebene Fernsehen mit ungebremstem Elan betreibt, muss die gesellschaftspolitische Verantwortung – der „public interest", der „public value" – für den öffentlich-rechtlichen Rundfunk Orientierungsmaßstab und Alleinstellungsmerkmal sein. Um es auf den Punkt zu bringen: Die Privaten machen, was ankommt; die Öffentlich-Rechtlichen, worauf es ankommt. So eingängig lässt sich der ordnungspolitische Grenzverlauf im dualen Rundfunksystem beschreiben. Der öffentlich-rechtliche Rundfunk veranstaltet seine Radio- und Fernsehprogramme nicht, um Rendite zu erzielen, sondern um dem Gebührenzahler ein vielfältiges und anspruchsvolles Angebot für Information, Bildung, Kultur und Unterhaltung zu unterbreiten. Eine über einen Vierjahreszeitraum festgelegte Gebühr macht ihn weitgehend konjunkturunabhängig, ermöglicht mittelfristig sicherere Planungszeiträume und versetzt ihn in die Lage, seine programmlichen Ziele kontinuierlich zu verfolgen" (Elitz 2006: 46).

Vor diesem Hintergrund kann festgehalten werden, dass bei Non-Profit-Unternehmen – als sachzieldominierte Organisationen – die Zielstruktur eher eine höhere Komplexität als bei kommerziellen Medienunternehmen aufweist.

23.2 Sachziele

(1) Öffentlich-rechtliche Rundfunkanstalten stehen vor der Problematik, dass ihr Zielsystem in hohem Maße interpretationsbedürftig ist. Darin unterscheiden sie sich von privaten Anbietern, die mit dem Vorherrschen der ökonomischen Kernziele eine mehr oder weniger eindeutige Orientierung besitzen. Den öffentlich-rechtlichen Rundfunkanstalten fehlt gleichsam der leicht identifizierbare „Leuchtturm", der ihnen stets klar den Erfolgsmaßstab vor Augen führt.

Ansatzpunkte zu einer (umfassenden) Zieldefinition für die öffentlich-rechtlichen Rundfunkanstalten kann beispielhaft ein **Vier-Stufen-Konzept** liefern, das sich an die Wertschöpfungs- und Verwertungskette im Rundfunk anlehnt (vgl. Abb. 23-1). Es versteht sich von selbst, dass der Sender auf allen genannten Stufen Festlegungen treffen muss, insofern ein ganzes „Ziele-Set" anvisieren muss.

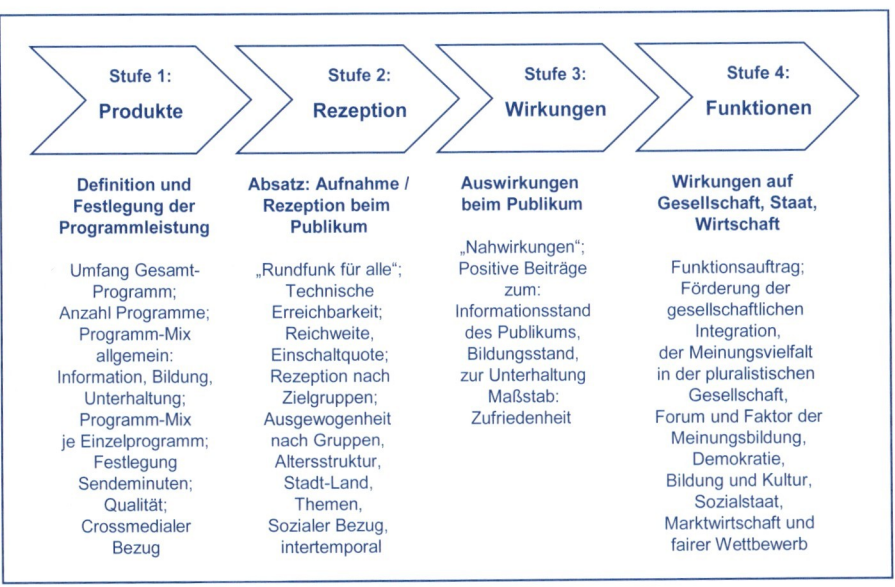

Abb. 23-1: Stufen der Operationalisierung von Rundfunkzielen

Auf **Stufe 1** geht es um die Definition und die Festlegung der Programmleistung. Man bewegt sich auf dieser Stufe auf der Ebene der konkreten Produkte bzw. Produktarchitektur der öffentlich-rechtlichen Rundfunkanstalten. Die Messung der Leistung – das „Performance Measurement" – geschieht mittels der Messung des unmittelbaren Outputs und als Zielkriterien kommen daher infrage: Umfang des Gesamtprogramms (Festlegung des Umfangs der gesamten Sendezeit); Anzahl der angebotenen Programme in Abstimmung mit der Anzahl der verfügbaren Kanäle; Genereller Programm-Mix im Hinblick auf die Kategorien Information, Bildung, Kultur; Unterhaltung; Programm-Mix innerhalb der jeweiligen einzelnen Programmkategorien. Festzulegen sind dabei die Mengen, die Qualitäten sowie mögliche crossmediale Interdependenzen (z. B. TV und Online als synergetische Content-Welten).

Stufe 2 kennzeichnet die Bedingungen der Aufnahme und der Rezeption der Programmleistungen beim Publikum. Die auf dieser Stufe definierten Zielgrößen weisen den Weg in die Richtung, wie der Absatz der Rundfunkprodukte möglichst effizient gesichert werden kann. Hier geht es sozusagen um den Output im Hinblick auf die Nachfrageseite – im Gegensatz zur Output-Perspektive auf Stufe 1, wo lediglich die Angebotsperspektive aufgerufen wurde. Zielkriterien auf Stufe 2 sind z. B. die technische Erreichbarkeit des Publikums („Versorgungsgrad"); die Reichweite (Brutto-Reichweite, Netto-Reichweite), undifferenziert innerhalb der möglichen Gesamtnutzerschaft oder im Hinblick auf Zielpublika; Marktanteil im Hinblick auf die Konkurrenz. Die Zielgrößen der Programmrezeption werden dabei vorrangig quantitativer Natur sein, sollten aber um qualitative Aspekte ergänzt werden (z. B. Qualität des hergestellten Kontakts, Intensität der Nutzung). Immer stärker zu beachten ist auf dieser Stufe die Frage der „Aufmerksamkeitsökonomie".

Zielkriterien auf **Stufe 3** beziehen sich auf die unmittelbaren Auswirkungen beim Publikum und setzen damit an den unmittelbaren und gewollten Effekten der programmlichen Aktivitäten der Rundfunkanstalten an, oft zusammengefasst unter dem „Dreigestirn" Information, Bildung und Unterhaltung. Danach sollen die Radio- und TV-Programme (1) zur Hebung des Informationsstands des Publikums beitragen, sicherzustellen durch aktuelle Berichterstattung und Hintergrund-Information (Dokumentationen, Features), (2) positive Beiträge zum Bildungsstand und zur kulturellen Kompetenz des Publikums liefern sowie (3) positive und qualifizierte Beiträge zur Unterhaltung des Publikums vermitteln. Von den öffentlich-rechtlichen Rundfunkanstalten wird man erwarten und verlangen dürfen, dass sie vor allem auf dieser Ebene – der Ebene der gewollten Hauptwirkung – besonders überzeugende Zielansätze entwickeln. Ein besonderes Augenmerk verdient dabei die Minimierung negativer und unerwünschter Nebenwirkungen sowie die Sicherung einer hohen Programmqualität.

Auf **Stufe 4** schließlich geht es um die mittelbaren Wirkungen der Programmarbeit, zumeist bezeichnet als die „Funktionen" der öffentlich-rechtlichen Rundfunkanstalten, wie sie sich im Hinblick auf Gesellschaft, Demokratie und Wirtschaft darstellen. Zielkriterien auf dieser Stufe sind z. B. gesellschaftliche Integration, Meinungsvielfalt, Vermittlung von Themenvielfalt, Bildung eines Forums der Meinungen und Äußerungen, Faktor der Meinungsbildung, Demokratiesicherung, Förderung von Bildung und Kultur, Förderung des Sozialstaatsgedankens, Sicherung der marktwirtschaftlichen Ordnung und des fairen Wettbewerbs. Die Stufen 3 und 4 markieren die Wirkungsebenen – ein Kontext, den man auch als „Outcome" bezeichnet.

(2) Die öffentlich-rechtlichen Rundfunkanstalten sind stark auf Zielformulierungen der Stufe 3 ausgerichtet. Hauptgrund sind entsprechende Formulierungen in Staatsverträgen und Satzungen, in denen das Konstrukt **Programmauftrag** als ein Instrument zur Sicherung der Grundversorgung der Gesellschaft mit Bildungs-, Informations- und Unterhaltungsangeboten verstanden wird, das im Kontext einer aus Mehr- und Minderheiten zusammengesetzten Allgemeinheit wirksam werden soll. Dabei war es immer schon strittig, wie der vage gehaltene Programmauftrag in konkrete Programmraster zu operationalisieren ist.

Beispiel: Gesetz über den Westdeutschen Rundfunk Köln (WDR-Gesetz) in der Fassung der Bekanntmachung vom 17. April 2003: § 4: Programmauftrag (1) Der WDR veranstaltet und verbreitet Rundfunk als Medium und Faktor des Prozesses freier Meinungsbildung und als Sache der Allgemeinheit. Die im Sendegebiet bedeutsamen politischen, weltanschaulichen und gesellschaftlichen Kräfte und Gruppen gewährleisten die eigenverantwortliche Erfüllung seiner Aufgaben. (2) Der WDR hat in seinen Sendungen einen umfassenden Überblick über das internationale und nationale Geschehen in allen wesentlichen Lebensbereichen zu geben. Sein Programm hat der Information, Bildung und Unterhaltung zu dienen. Er hat Beiträge zur Kultur, Kunst und Beratung anzubieten. (3) Der regionalen Gliederung und der kulturellen Vielfalt des Sendegebiets soll im Programm Rechnung getragen werden. Werbung darf nur in landesweiten Programmen erfolgen.

Neben dieser Konzentration auf Stufe 3 gab es allerdings schon seit jeher auch Vorgaben und Leitlinien zur Verankerung des Zielsystems auf Stufe 4. So hat nach der verfassungsrechtlichen Lesart der öffentlich-rechtliche Rundfunk als eine binnenpluralistisch organisierte, selbstverwaltete Einrichtung die Aufgabe, „Medium und Faktor der öffentlichen Meinungsbildung" zu sein. Ferner soll er ein Programm anbieten, das eine „integrierende Funktion für das Staatsganze" erfüllt. In den Programmgrundsätzen sind überdies Anforderungen der Ausgewogenheit, Sachlichkeit, Objektivität, Unabhängigkeit, Vielfalt und Verantwortung für Demokratie und Menschenwürde festgeschrieben. Der öffentlich-rechtliche Rundfunk in Deutschland wird gemäß Stufe 4 als ein Vehikel verstanden, um wichtige staats- und gesellschaftspolitische Ziele zu erreichen. Im Brennpunkt stehen die Ziele der **Vielfalt** der Meinungen und der **Integration** der Gesellschaft:

- Vielfalt: Er soll Garant für die freie, persönliche und gesellschaftliche Meinungs- und Willensbildung in der pluralistischen Auseinandersetzung sein, er soll als Forum der politischen Willensbildung wirken, soll Orientierungshilfen geben, soll es allen gesellschaftlichen Kräften möglich machen, sich angemessen zu artikulieren. Er soll Kommunikation im Sinne eines offen geführten Dialogs über sämtliche Themen von gesellschaftlicher Relevanz ermöglichen und einen wesentlichen Stabilisierungsbeitrag zur Demokratiesicherung leisten.
- Integration: Der öffentlich-rechtliche Rundfunk soll ferner die in der Gesellschaft häufig auseinander strebenden pluralistischen Meinungen, Werthaltungen und Strömungen zusammenführen und zusammenhalten, er soll den notwendigen Konsens über gesellschaftlich unverzichtbare Grundwerte herstellen und dabei nicht allein die Meinungen und Interessen der Mehrheiten, sondern auch der Minderheiten einer breiten Öffentlichkeit zugänglich machen und zu gesellschaftlicher Wirksamkeit verhelfen.

(3) Um diese Vielfalts- und Integrationsfunktion mit Leben zu erfüllen, ist dem öffentlich-rechtlichen Rundfunk die Rolle als einer von Staat, Politik und Interessensgruppen unabhängigen und gemeinnützigen Institution zugewiesen. Er hat den verfassungsmäßigen Auftrag, eine **Grundversorgung** im Sinne eines umfassenden Programmangebots aus Information, Unterhaltung, Beratung und Kultur sicherzustellen. Um das leisten zu können, besitzt der öffentliche Rundfunk eine Finanzierungs- und Entwicklungsgarantie, bei der die Finanzierung aus einer entsprechend dem Solidarprinzip für alle Nutzer gleichen Rundfunkbeitrag geschieht.

Mit „Grundversorgung" wird der zentrale Funktionsbereich bzw. die Hauptaufgabe des öffentlich-rechtlichen Rundfunks – sozusagen seine „Mission" – beschrieben und festgeschrieben. Sie soll gewährleisten, dass der Rundfunk seine klassischen Aufgaben erfüllen kann, die zu umschreiben sind als Faktor und Forum der Meinungs- und politischen Willensbildung, als Unterhaltungsanbieter, als Einrichtung, die über die laufende Berichterstattung hinaus Informationsfunktionen erfüllt, sowie als Kulturinstitution. Zur rechtlichen Interpretation der Grundversorgung vgl. auch Kapitel 11.

Die Notwendigkeit des Grundversorgungsauftrags ergibt sich gemäß der Rechtsprechung des Bundesverfassungsgerichts unmittelbar aus Art. 5 Abs. 1 GG und steht danach nicht zur Disposition des Gesetzgebers. Dem Grundversorgungsauftrag nachgelagert ist der Programmauftrag, der in den Rundfunkgesetzen und Staatsverträgen der Bundesländer niedergelegt ist. Das Gegenstück zur öffentlich-rechtlichen Grundversorgung ist die „Zusatzversorgung" der privat-kommerziellen Sender, die insofern eine abgeleitete Aufgabe besitzen und ihre Existenzberechtigung aus der Erfüllung der Grundversorgung durch die öffentlich-rechtlichen Rundfunkanstalten beziehen (vgl. Abb. 23-2). Die Grundversorgung drückt sich auf drei Ebenen aus:

- Ebene der Übertragungstechnik: Der Empfang der öffentlich-rechtlichen Programme muss für die gesamte Bevölkerung möglich sein.
- Programmebene: Ein hoher inhaltlicher Standard der angebotenen Programme muss gewährleistet sein.
- Wirkungsebene: Eine gleichgewichtige Vielfalt in der Darstellung der bestehenden Meinungsrichtungen muss garantiert sein.

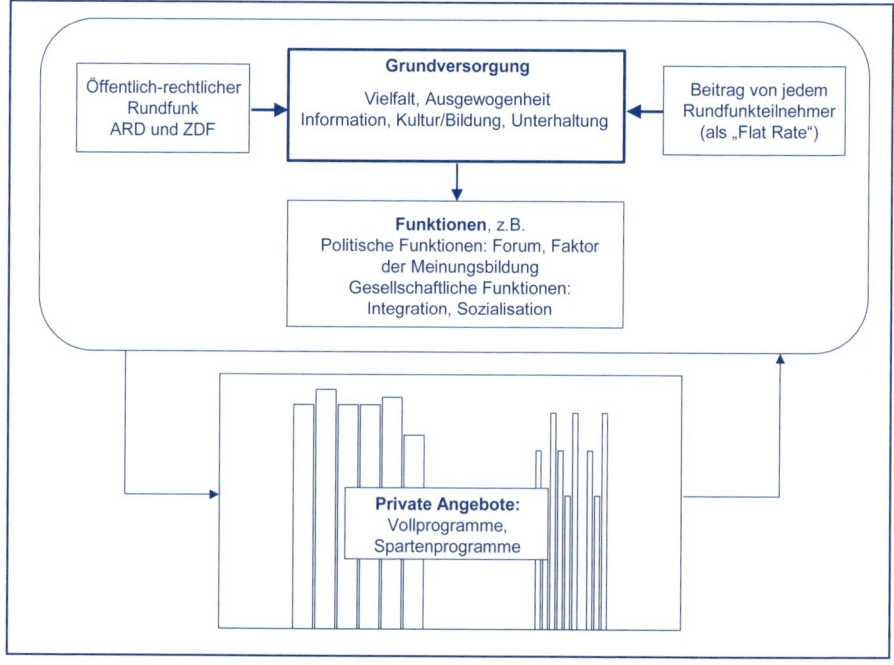

Abb. 23-2: Grundversorgung und Zusatzversorgung im Rundfunk

Aus diesen Kriterien einer effektiven Grundversorgung ergeben sich für die öffentlich-rechtlichen Rundfunkanstalten nicht nur Rechte, sondern auch Pflichten: So haben sie z. B. einen genügend hohen Anteil an Eigenproduktionen einzuhalten, um ihrem Auftrag gerecht zu werden, oder sie müssen alle diejenigen Sendungen ausstrahlen, die wesentlich für die Grundversorgung sind, auch wenn sie wenig attraktiv im Sinne der Quote sind, und zudem noch zu Sendezeiten, zu denen sie auch tatsächlich von der gesamten Bevölkerung genutzt werden können.

(3) Aus Sicht eines geordneten und fairen Wettbewerbs innerhalb des dualen Rundfunksystems zwischen öffentlich-rechtlichen und privaten Rundfunkanbietern ist es eine wichtige Frage, wo der Auftrag zur Grundversorgung endet. Umstritten sind dabei seit längerem die öffentlich-rechtlichen Online-Aktivitäten und deren Beschränkung. Einigkeit wurde insofern erzielt, als die Online-Angebote von ARD und ZDF auf programmbegleitende Inhalte beschränkt werden sollen und nachgewiesen sein muss, dass sie zum **Public Value** beitragen. Dieser gesellschaftliche Wertbeitrag ist gem. Rundfunkstaatsvertrag (§ 11 f) in einem **Drei-StufenTest** nachzuweisen.

> Beim Drei-Stufen-Test geht es darum, bestehende und geplante Telemedien-Angebote der öffentlich-rechtlichen Rundfunkanstalten einer spezifischen Prüfung zu unterziehen. In drei Stufen soll geprüft werden, ob (1) ein öffentlich-rechtliches Online-Angebot den demokratischen, sozialen und kulturellen Bedürfnissen der Gesellschaft entspricht, (2) in welchem Umfang es in qualitativer Hinsicht zum publizistischen Wettbewerb beiträgt und (3) welcher finanzielle Aufwand hierfür erforderlich ist. Gemäß dieser gesetzlichen Grundlage sind seit 2009 bereits zahlreiche Tests durchgeführt worden, die alle auf Veranlassung und zur Entscheidung von den Aufsichtsgremien der öffentlich-rechtlichen Rundfunkanstalten (Rundfunkräte der ARD, Fernsehrat beim ZDF) von beauftragten Gutachtern erstellt wurden.

Die Diskussion um die adäquate Positionierung der Zielansätze für den öffentlich-rechtlichen Rundfunk hat mit den Bestrebungen des ZDF eine gewisse Belebung erfahren, anstatt des herkömmlichen Programmauftrages als Zielverankerung stärker den sog. **Funktionsauftrag** in den Vordergrund zu schieben (vgl. Gounalakis 2000; Holznagel 1999).

> Im Einzelnen wird der Funktionsauftrag durch die folgenden zehn Faktoren im Kontext von fünf Funktionsbereichen beschrieben:
>
> Integrationsauftrag
> - ZDF ist eine Glaubwürdigkeitsinsel in fragmentierten Märkten
> - ZDF gewährleistet die Teilhabe an den Vorteilen der digitalen Revolution für Jedermann
>
> Auftrag zur freien individuellen und öffentlichen Meinungsbildung
> - ZDF als unabhängiger und glaubwürdiger Informationsmakler
> - ZDF sichert eine an nationalen Belangen orientierte Informationsvermittlung
> - ZDF als Stimme Deutschlands in Europa und in der Welt
>
> Leitbildfunktion
> - ZDF sichert Qualitätsstandards
> - ZDF schließt Versorgungslücken des kommerziellen Sektors
>
> Kultur- und Produktionsauftrag
> - ZDF sichert kulturelle Identität
> - ZDF fördert nationale und europäische Produktionen
>
> Innovationsfunktion
> - ZDF als Innovator

23.3 Formalziele

Die Formalziele drücken sich für öffentlich-rechtliche Rundfunkanstalten darin aus, dass sie bei ihrer Aufgabenerfüllung die Prinzipien der **Wirtschaftlichkeit** und **Sparsamkeit** zu beachten haben. Diese beiden Prinzipien sind Ergebnis des Prinzips der Gemeinwirtschaftlichkeit und stehen für **wirtschaftliche Effizienz** (vgl. z. B. Brösel 2003: 118):

- Prinzip der Wirtschaftlichkeit: Diese auch als Rational- oder ökonomisches Prinzip bezeichnete Regel ist auf die ökonomisch vernünftige Steuerung knapper Ressourcen ausgelegt und zielt auf das bestmögliche Verhältnis von Zweckerfolg und Mitteleinsatz ab. Möglich ist die Formulierung sowohl als Minimum- als auch als Maximumprinzip. Bei der Minimumvariante soll ein festgelegtes Ziel mit dem geringst möglichen Faktoreinsatz erreicht werden, bei der Maximumvariante will man mit gegebenem Ressourceneinsatz den höchstmöglichen Erfolg erzielen.
- Prinzip der Sparsamkeit: Hieraus resultiert die Verhaltensregel, dass öffentlich-rechtliche Rundfunkanstalten bei ihrer Aufgabenerfüllung die Pflicht zu einer generellen Zurückhaltung üben müssen und ihre Ausgaben auf ein erforderliches Maß zu beschränken haben.

Beispiel: ZDF-Staatsvertrag § 30 Haushaltswirtschaft
(1) Das ZDF ist in seiner Haushaltswirtschaft selbständig, soweit dieser Staatsvertrag nichts anderes bestimmt oder zulässt.
(2) Die Haushaltswirtschaft richtet sich nach der Finanzordnung, die der Verwaltungsrat erlässt. Der Haushalt ist nach den Grundsätzen der Sparsamkeit und der Wirtschaftlichkeit aufzustellen.
(3) Die Haushalts- und Wirtschaftsführung unterliegt der Prüfung durch den Rechnungshof des Sitzlandes. Er prüft die Wirtschaftsführung bei solchen Unternehmen des privaten Rechts, an denen das ZDF unmittelbar, mittelbar oder zusammen mit anderen Rundfunkanstalten oder -körperschaften des öffentlichen Rechts mit Mehrheit beteiligt ist und deren Gesellschaftsvertrag oder Satzung diese Prüfungen durch den Rechnungshof des Sitzlandes vorsieht. Das ZDF ist verpflichtet, für die Aufnahme der erforderlichen Regelungen in den Gesellschaftsvertrag oder die Satzung der Unternehmen zu sorgen. Die Prüfungsberichte sind dem Intendanten, dem Vorsitzenden des Verwaltungsrates, dem Vorsitzenden des Fernsehrates und den Landesregierungen zuzuleiten. Bei der Unterrichtung über die Ergebnisse von Prüfungen nach Satz 2 achtet der Rechnungshof darauf, dass die Wettbewerbsfähigkeit der geprüften Unternehmen nicht beeinträchtigt wird und insbesondere Betriebs- oder Geschäftsgeheimnisse gewahrt werden.

Die Überprüfung, ob die öffentlich-rechtlichen Rundfunkanstalten den beiden Prinzipien auch tatsächlich gerecht werden, erfolgt durch die interne Kontrolle, wie sie von den Aufsichtsgremien (insbesondere Verwaltungsrat) ausgeübt werden und durch die beiden externen Kontrolleinrichtungen der Kommission zur Ermittlung des Finanzbedarfs der Rundfunkanstalten (KEF) und der Rechnungshöfe.

So beinhaltet jeder KEF-Bericht einen speziellen „Bericht zur Wirtschaftlichkeit und Sparsamkeit". Im 15. KEF-Bericht vom Dezember 2005 heißt es z. B.: „Der Bericht zur Wirtschaftlichkeit und Sparsamkeit ist als zusammengefasste Darstellung der Rationalisierungsbemühungen und Produktivitätssteigerungen der Anstalten unentbehrlicher Bestandteil für die Feststellung des Finanzbedarfs und die Höhe der Rundfunkgebühr. Von den Anstalten wird erwartet, dass sie laufend Anstrengungen zur Verbesserung ihrer Wirtschaftlichkeit unternehmen, die mit Aufwandsminderungen und/oder Produktivitätsfortschritten einhergehen" (Bd. 1: 89; i. Orig. teilweise hervorgehoben).

Kernaussagen

- Gemeinnützige Medienunternehmen – prominentes Beispiel in Deutschland ist der öffentlich-rechtliche Rundfunk aus ARD und ZDF – sind als sachzielorientierte Non-Profit-Unternehmen zu bezeichnen und unterliegen einem öffentlichen Auftrag.
- Die Sachziele sind nur schwer zu konkretisieren und lassen insofern einen großen Entscheidungsspielraum offen.
- Öffentlich-rechtliche Rundfunkanstalten haben einen verfassungsmäßigen Auftrag zur Grundversorgung, aus dem sich der Programmauftrag ableitet.
- Die Formalziele der Wirtschaftlichkeit und Sparsamkeit und deren Interpretation werden stark durch Aktivitäten der Aufsichtsorgane, der KEF und der Rechnungshöfe kontrolliert.

Literatur

Weiterführende Literatur: Grundlagen

Badelt, C. (Hrsg.)(1997): Handbuch der Nonprofit-Organisation, Stuttgart.
Eichhorn, P. (1997): Öffentliche Betriebswirtschaftslehre, Baden-Baden.
Eichhorn, P. (2001): Öffentliche Dienstleistungen, Baden-Baden.
Eichhorn, P. (2001): Öffentliche Betriebswirtschaftslehre als eine Spezielle BWL, in: WiSt - Wirtschaftswissenschaftliches Studium. Jg. 30, S. 409-416.
Helmig, B./Boenigk, S. (2012): Nonprofit Management, München.
Püttner, G. (1985): Die öffentlichen Unternehmen, Stuttgart.
Schmidt, H.-J. (2001): Betriebswirtschaftslehre und Verwaltungsmanagement, 5., neu bearb. u. erw. Aufl., Heidelberg.
Schwarz, P. (1996): Management in Nonprofit-Organisationen, 2. Aufl., Bern, Stuttgart.
Simsa, R./Meyer, M./Badelt, C. (Hrsg.)(2013): Handbuch der Nonprofit-Organisationen, 5., überarb. Aufl., Stuttgart.
Thiemeyer, T. (Hrsg.)(1987): Öffentliche Unternehmen und ökonomische Theorie, Baden-Baden.
Tiebel, C. (2006): Management in Non Profit Organisationen, München.

Weiterführende Literatur: Medien

Abele, H./Fünfgeld, H./Riva, A. (Hrsg.)(2001): Werte und Wert des öffentlich-rechtlichen Rundfunks in der digitalen Zukunft, Potsdam.
Bea, F. X./Kötzle, A./Barth, M. (1989): Ansätze für eine zielgerichtete Unternehmensführung in öffentlich-rechtlichen Rundfunkanstalten, in: Schenk, M./Donnerstag, J. (Hrsg.)(1989): Medienökonomie, München, S. 235-253.
Brösel, G. (2003): Zur Daseinsberechtigung des öffentlich-rechtlichen Rundfunks, in: Zeitschrift für öffentliche und gemeinwirtschaftliche Unternehmen, Bd. 26, H. 2., S. 115-132.
Dewenter, R./Haucap, J. (2009): Ökonomische Auswirkungen von öffentlich-rechtlichen Online-Angeboten. Marktauswirkungen innerhalb von Drei-Stufen-Tests. Baden-Baden.
Dörr, D. (2009): Drei-Stufen-Test, in: MedienWirtschaft, 6. Jg., H. 3/2009, S. 28-32.
Donges, P./Puppis, M. (Hrsg.)(2003): Die Zukunft des öffentlich-rechtlichen Rundfunks, Köln.
Eifert, M. (2002): Konkretisierung des Programmauftrags des öffentlich-rechtlichen Rundfunks, Baden-Baden.
Eisenbeis, U. (2007): Ziele, Zielsysteme und Zielkonfigurationen von Medienunternehmen, München und Mering.
Elitz, E. (2006): Qualitätsmanagement. Unausgeschöpfte ökonomische Potenziale im öffentlich-rechtlichen Rundfunk in Deutschland. In: MedienWirtschaft, 3. Jg., H. 2, S. 46-56.
Fleck, F. H. (Hrsg.)(1987): Planung, Aufsicht und Kontrolle von Rundfunk-Unternehmen, Stuttgart, Berlin, Köln, Mainz.

Gundlach, H. (1998): Die öffentlich-rechtlichen Rundfunkunternehmen zwischen öffentlichem Auftrag und marktwirtschaftlichem Wettbewerb, Berlin.
Heinrich, J. (1999): Medienökonomie, Band 2: Hörfunk und Fernsehen, Opladen/Wiesbaden.
Hesse, A. (2003): Rundfunkrecht, 3., neubearb. Aufl., München.
Hoffmann-Riem, W. (2006): Rundfunk als Public Service, in: Medien & Kommunikationswissenschaft, 54. Jg., H. 1, S. 95-104.
Holznagel, B. (1999): Der spezifische Funktionsauftrag des Zweiten Deutschen Fernsehens (ZDF), Mainz.
Jarren, O./Weber, R./Donges, P./Dörr, B./Künzler, M./Puppis, M. (2001): Rundfunkregulierung, Zürich.
Kayser, H. J. (1993): Controlling für Rundfunkanstalten, Baden-Baden.
Kemmer, P. (1986): Zielkonzeption und Rechnungswesen von Rundfunkanstalten, Baden-Baden.
Kiefer, M.-L./Steininger, C. (2014): Medienökonomik, 3. Aufl., München.
Klaes, R. L. (2005): Informationsauftrag und Programmautonomie des Rundfunks unter den Bedingungen der Digitalisierung und um Zeitalter von „Multimedia", Baden-Baden.
König, E. (1983): Zielorientierte externe Rechnungslegung für die öffentlich-rechtlichen Rundfunkanstalten in der Bundesrepublik Deutschland, München.
Kops, M. (Hrsg.)(2003): Öffentlich-rechtlicher Rundfunk in gesellschaftlicher Verantwortung. Anspruch und Wirklichkeit, Münster, Hamburg, London.
Kops, M. (Hrsg.)(2005): Der Kulturauftrag des öffentlich-rechtlichen Rundfunks, Münster, Hamburg, London.
Kops, M. (Hrsg.)(2009): Der Dreistufentest als Chance für den öffentlich-rechtlichen Rundfunk, Berlin.
Kops, M. (Hrsg.)(2012): Public Value. Was soll der öffentlich-rechtliche Rundfunk für die Gesellschaft leisten? Berlin.
Lucht, J. (2006): Der öffentlich-rechtliche Rundfunk: ein Auslaufmodell? Wiesbaden.
Meier, H. E. (2003): Strategieanpassungsprozesse im öffentlich-rechtlichen Fernsehen, Berlin.
Neun, A. (2002): Öffentlich-rechtlicher Rundfunk: Grenzen des Wachstums, Berlin.
Never, H. (2002): Meinungsfreiheit, Wettbewerb und Marktversagen im Rundfunk, Baden-Baden.
Ridder, C.-M./Langenbucher, W. R./Saxer, U./Steininger, C. (Hrsg.)(2005): Bausteine einer Theorie des öffentlich-rechtlichen Rundfunks, Wiesbaden.
Schwertzel, U. (1997): Benchmarking für Rundfunkveranstalter, Berlin.
Seufert, W. (2006): Programmaufwand, Qualität und Wirtschaftlichkeit öffentlich-rechtlicher Rundfunkangebote, in: Medien & Kommunikationswissenschaft, 54. Jg., H. 3, S. 365-385.

Fallstudien, Gutachten

Buber, R./Meyer, M. (Hrsg.)(1997): Fallstudien zum Nonprofit Management, Stuttgart.
Bullinger, M. (1999): Die Aufgaben des öffentlichen Rundfunks, 2. Aufl., Gütersloh.
Gounalakis, G. (2000): Funktionsauftrag und wirtschaftliche Betätigung des Zweiten Deutschen Fernsehens, ZDF-Schriftenreihe 59, Mainz.
Hamm, I. (Hrsg.)(1998): Die Zukunft des dualen Systems, Gütersloh.
Institut für Rundfunkökonomie: Zahlreiche Studien zum öffentlich-rechtlichen Rundfunk, als Download abrufbar unter http://www.rundfunk-institut.uni-koeln.de/institut.
Kommission zur Ermittlung des Finanzbedarfs der Rundfunkanstalten (KEF): KEF-Berichte, abrufbar unter www.kef-online.de
Kühnle, B./Gläser, M./unter Mitarbeit von Walla, S. (2011): Vielfalt – Identität – Wertschöpfung. Public Value privater regionaler TV-Veranstalter. Studie im Auftrag der Landesanstalt für Kommunikation Baden-Württemberg (LFK), Berlin.

VI.
Normatives Management

Kapitel 24
Normatives Basiskonzept

24.1 Rolle und Bedeutung von normativem Management 605
24.2 Design einer normativen Management-Konzeption 610
24.3 Unternehmensphilosophie 611
24.4 Unternehmensethik 614

Leitfragen

- Was ist der Unterschied zwischen Werten und Normen?
- Was versteht man im St. Galler Management-Modell unter „normativem Management"?
- Welche Grundfragen sind beim normativen Management zu stellen?
- Was unterscheidet normatives Orientierungswissen von instrumentellem Verfügungswissen?
- Welche Rolle spielt das normative Management in Abgrenzung zum operativen und strategischen Management?
- Wie lassen sich die Stakeholder einer Unternehmung differenzieren?
- Was versteht das neue St. Galler Management-Modell unter einer „Arena"?
- Welche unterschiedlichen „Arenen" unterscheidet das neue St. Galler Management-Modell?
- Wie lassen sich externe Stakeholder voneinander abgrenzen?
- Welche internen Stakeholder sind zu unterscheiden?
- Welche Interessen verfolgen die einzelnen Stakeholder-Gruppierungen?
- Welche sind die besonders gravierenden Interessengegensätze zwischen Stakeholdern?
- Welche Bausteine sind notwendig, um eine normative Management-Konzeption zu entwickeln?
- Was versteht man unter „Unternehmensphilosophie"?
- Wie ist eine „opportunistische Unternehmensphilosophie" zu charakterisieren?
- Ist eine Unternehmung eine „Geldmaschine"?
- Welche verschiedenen Merkmale weist im St. Galler Managementmodell eine der Gesellschaft verpflichtete Unternehmensphilosophie auf?
- Welche Ansätze einer unternehmensethischen Konzeption kann man unterscheiden?
- Wie kann ein integratives Ethikprogramm für ein Medienunternehmen aussehen?

Gegenstand

Es ist eines der Hauptcharakteristika, dass im Rahmen des St. Galler Management-Modells das normative Management als ein gleichrangiges und ebenbürtiges Managementfeld neben dem operativen und strategischen Management behandelt wird. Dies zeigt das folgende, auf das normative Management ausgerichtete Zitat: „Zweifellos handelt es sich dabei um ebenso grundlegende wie erstrangige Managementprozesse. Gleichwohl wird dem in der Betriebs- und Managementlehre heute nicht wirklich oder nur teilweise systematisch Rechnung getragen" (Ulrich 2004b: 24). Damit wird zum Ausdruck gebracht, dass das Management eines Unternehmens sich stets drei zentralen Herausforderungen und Aufgabenstellungen stellen muss (vgl. ebd. 25):

- Die Dinge richtig tun: operatives Management
- Die richtigen Dinge tun: strategisches Management
- Die richtigen Dinge ethisch richtig tun: normatives Management

In Kapitel 3 war dieser „Dreiklang" des Managementverständnisses bereits vorgestellt worden. Zur Erinnerung hier noch einmal die grundlegende Übersicht über die drei Management-Ansätze:

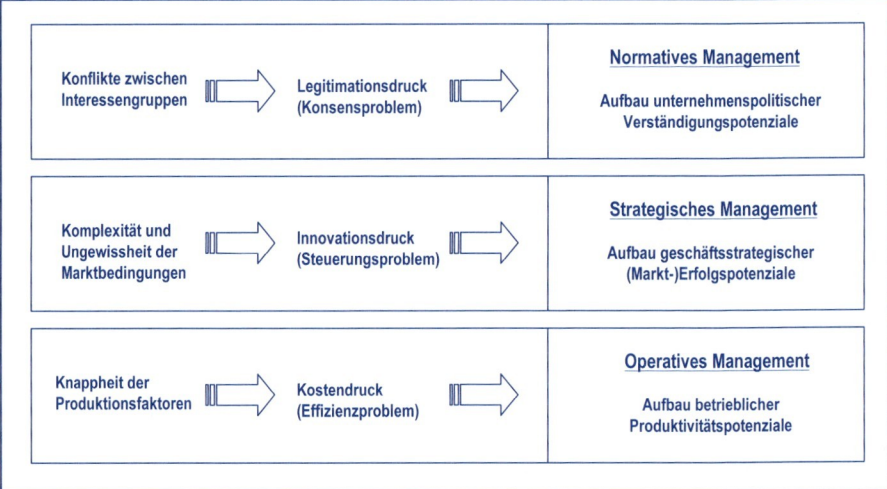

Die erste zentrale Fragestellung von normativem Management ist die Frage nach der zugrunde liegenden Unternehmensphilosophie eines Unternehmens. Diese soll Antworten geben auf den Sinn und Zweck der Unternehmung im Kontext gesellschaftlicher Verantwortung. In der Umsetzung sind sodann Fragen der Unternehmensverfassung, Unternehmenspolitik und Unternehmenskultur konkreten Antworten zuzuführen. Diese drei Aspekte normativen Managements werden wegen ihrer besonderen Bedeutung in den Kapiteln 25 bis 27 einer vertiefenden Betrachtung unterzogen.

Zentraler Ausgangspunkt eines normativen Management-Konzepts ist die Stakeholder-Orientierung, bei der danach gefragt wird, zu wessen Nutzen und auf wessen Kosten eine Unternehmung geführt werden soll.

Endpunkt ist die Einbettung in unternehmensethische Bezüge: „Wird davon ausgegangen, dass die Ethik oder ethische Normen als verpflichtende Kraft Anforderungen an ein sittlich-moralisches Handeln formulieren, dann kann mit „Unternehmensethik" eine Leitlinie für moralisches Wollen und Handeln in und von sozio-technischen Systemen verstanden werden. Insofern ist die Unternehmensethik auch als „Interpretationshilfe" für Situationen zu verstehen, in denen sich die Frage stellt: „Was *sollte* getan werden?" Dabei orientiert sie sich an einer Legitimation unternehmerischen Handelns unter besonderem Augenmerk der Situationen, in denen Moral und Gewinn in einen Widerspruch geraten können" (Steinle 2005: 86 f.).

24.1 Rolle und Bedeutung von normativem Management

(1) Normatives Management hat die Aufgabe, **Orientierung** für das Handeln der am Unternehmen beteiligten Akteure zu schaffen. Dies soll in umfassender Weise geschehen und allen Beteiligten im Unternehmen für das tägliche Handeln als Leitlinie dienen. Grundfragen normativen Managements sind (vgl. Ulrich 2004b: 23):

- Wohin soll das Unternehmen geführt werden?
- Worin sieht das Unternehmen seine sinngebende „Mission", seine Wertschöpfungsaufgabe?
- An welche Grundsätze und Geschäftsprinzipien sollte und will sich das Unternehmen dabei halten?
- Wie soll das Unternehmen Erfolg bringend – in einem weiten Sinn verstanden – geführt werden?

Will das Unternehmen auf diese Fragen überzeugende Antworten finden, muss es unternehmerisches Orientierungswissen generieren und bereit sein, „die Notwendigkeit einer unternehmensethischen Fundierung des gesamten unternehmerischen Rollenverständnisses anzuerkennen, oder anders ausgedrückt: der Unternehmensführung eine ethisch integrierte Erfolgsorientierung zu geben" (Ulrich 2004b: 25). Insofern muss Erfolg viel umfassender verstanden werden als die bloße Realisierung operativer Rationalisierungs- und strategischer Erfolgspotenziale. Normatives Management verlangt, Stellung zur ethischen Fundierung der Unternehmensführung zu beziehen. Die Erarbeitung einer überzeugenden ethischen Position „guter" Unternehmensführung sollte vernunftgeleitet und unvoreingenommen erfolgen.

> „Wir haben nicht die Wahl zwischen ‚ethikfreier' und ethisch orientierter Unternehmensführung, sondern nur die Wahl zwischen einem ideologisch voreingenommenen und einem vernunftgeleiteten, d. h. auf gute Gründe abstellenden Umgang mit den normativen Grundfragen der unternehmerischen Tätigkeit" (Ulrich 2004a: 145).

> Daher ist nicht die Frage, ob eine Unternehmung oder eine Organisation und ihre Mitglieder über Werte und Moral verfügen, die Frage ist allein, über welche sie verfügen. Ziel von normativem Management ist es, die Handlungen der Mitglieder der Organisation über Werte und Normen – das heißt vor allem Einstellungen, Haltungen, Überzeugungen – zu beeinflussen, insbesondere dergestalt, dass die zugrunde liegende Werte- und Normenbasis sichtbar wird und reflektiert werden kann.

> In diesem Zusammenhang stellt sich die Frage nach dem Unterschied zwischen Werten und Normen: Normatives Management ist von „Wertemanagement" zu unterscheiden. Unter dem „Wert" einer Sache, einer Dienstleistung oder einer Information ist die Bedeutung, die Wichtigkeit oder der Nutzen, welcher der Sache, Dienstleistung oder der Information für einen Betrachter oder Besitzer anhaftet, zu verstehen. Als Wert ist also das zu bezeichnen, was für den einzelnen Menschen in den verschiedenen Lebensbereichen bedeutsam und sinnvoll ist. Demgegenüber bezeichnet die Norm (von lat. „norma" Winkelmaß, Richtschnur, Regel) die Regeln einer Gemeinschaft, wie sie als Standard niedergelegt sind. Der Sinn einer Norm besteht darin, als Maßstab für die Vergleichbarkeit zu dienen. Sie soll eine „Normierung" des Verhaltens in einem ganz bestimmten sozialen Kontext herbeiführen.

Grundlage dieser ethischen Grundlagenarbeit ist der Aufbau von umfassendem **Orientierungswissen**. Es stellt die Frage: „Was wollen wir tun?" und identifiziert sinnvolle Zwecke und begründet diese. Orientierungswissen unterscheidet sich prinzipiell vom sog. **Verfügungswissen**, das in der Betriebs- und Managementlehre zumeist im Vordergrund steht und sich in den Konzepten des strategischen und operativen Mana-

Teil C - VI. Normatives Management

gements manifestiert. Dieses fragt danach: „Wie kommen wir dorthin?" und generiert das formale Know-how zur Realisierung vorgegebener Zwecke.

Beide Ansätze, sowohl das Orientierungs- als auch das Verfügungswissen, müssen gleichgewichtig in Betracht gezogen werden, wenn man nach einer vernünftig begründeten Handlungsorientierung sucht.

Eine Priorisierung des Verfügungs- gegenüber dem Orientierungswissen wäre kurzsichtig. Abb. 24-1 macht den Zusammenhang deutlich (Quelle: Ulrich 2004b: 24).

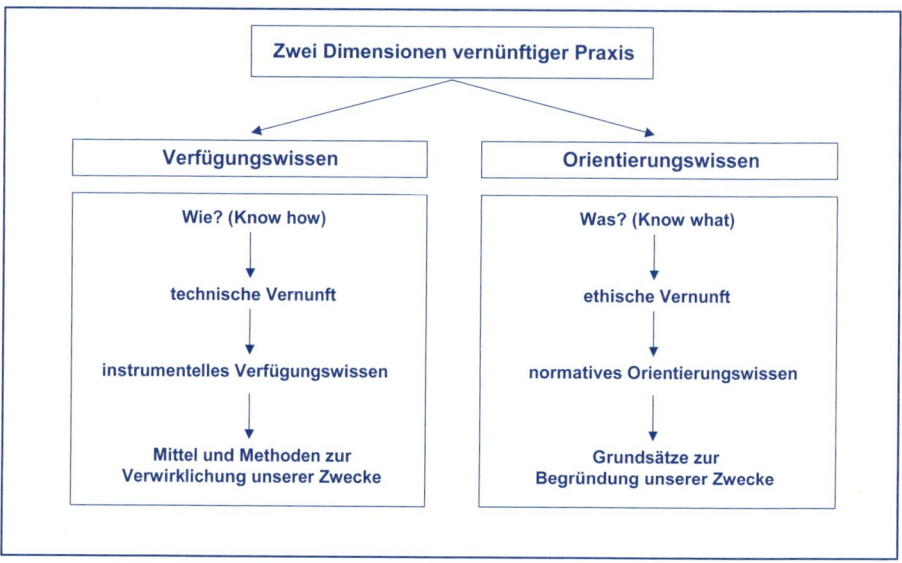

Abb. 24-1: Orientierungs- und Verfügungswissen

(2) Vor dem Hintergrund dieser sinnstiftenden Orientierungsfunktion kommt dem normativen Management insbesondere auch die Aufgabe zu, zwischen den **Stakeholdern** einer Unternehmung **Verständigungspotenziale** aufzubauen (vgl. Ulrich/Fluri 1995: 21 f.). Das ist notwendig, da die verschiedenen Gruppierungen z. T. stark divergierende Interessenpositionen haben, die ohne normatives Management zu erheblichen Konflikten führen können.

> „Mit dem Stakeholder-Ansatz (Freeman 1984) – im deutschsprachigen Raum seit Jahrzehnten als „Anspruchsgruppenkonzept" der Unternehmung bekannt – wird grundsätzlich dem Sachverhalt Rechnung getragen, dass die Unternehmung als gesellschaftliche Institution sozioökonomische Funktionen für eine Vielzahl von Bezugsgruppen erfüllt und daher oft mitten im Brennpunkt gesellschaftlicher Wert- und Interessenkonflikte steht" (Ulrich 2004a: 151).

Ziel muss es sein, die Ansprüche der jeweiligen Stakeholder-Gruppe zu erkennen, anzuerkennen, gegeneinander abzuwägen und zu einem konstruktiven Management von Konflikten beizutragen. Der Stakeholder-Ansatz im normativen Management versteht sich daher als Ausgangspunkt für die **Konfliktregelung** unterschiedlicher Interessenpositionen im Unternehmen.

„Auf dieser Ebene geht es um Wertfragen unternehmerischen Handelns, oder genauer um die angemessene Bewältigung von unternehmenspolitischen *Wert- und Interessenkonflikten*. Nicht strategische Ungewissheit, sondern Uneinigkeit über die normativen Grundsätze und Zwecke der Unternehmung, insbesondere über die Verteilung der (materiellen und immateriellen) Nutzen und Kosten des unternehmerischen Handelns auf die verschiedenen Beteiligten und Betroffenen, ist hier das Grundproblem. Eine friedliche, faire und dauerhafte Beilegung von Konflikten kommt grundsätzlich nicht am Bemühen um einvernehmliche Lösungen auf dem Weg der argumentativen Konsensfindung vorbei. Normatives Management ist somit methodisch als *konsensorientiertes Management* zu konzipieren" (Ulrich/Fluri 1995: 21).

Die **Stakeholder** sind diejenigen Akteure innerhalb und außerhalb des Unternehmens, die in einer besonderen Beziehung („relation") zum Unternehmen stehen.

„Als Stakeholder oder (strategische) Anspruchsgruppe lassen sich alle direkt artikulierten (und organisierten) Interessen bzw. Umwelteinflüsse, die an die Unternehmung herangetragen werden, verstehen und alle jene Interessen bzw. Gruppen, die durch das Handeln der Unternehmung betroffen werden (bzw. betroffen werden könnten)" (Karmasin 2000: 280).

Es erscheint zweckmäßig, die Stakeholder eines Unternehmens nicht pauschal, sondern differenziert zu betrachten und Teile der Stakeholder wegen ihrer besonderen Einbindung in das Unternehmensgeschehen besonders hervorzuheben und ihnen nicht nur das Etikett von **Interessengruppen** zu verleihen, sondern sie als **Anspruchsgruppen** zu bezeichnen. Gemeint sind diejenigen Gruppen, die unmittelbar Anspruch auf die Verteilung der Wertschöpfung des Unternehmens erheben können, als da sind: die Eigenkapitalgeber, die eigenen Mitarbeiter (Top-Management, übrige Mitarbeiter), die Fremdkapitalgeber und der Staat. Bekanntlich setzt sich die Wertschöpfung nach der Verteilungsseite aus dem Jahresüberschuss, den Löhnen und Gehältern, den Zinsen und den Steuern zusammen, also aus den Einkommen der genannten Anspruchsgruppen (vgl. Kapitel 12).

Im **neuen St. Galler Management-Modell** werden die Stakeholder wie folgt unterschieden: Kapitalgeber, Kunden, Mitarbeitende, Öffentlichkeit/NGOs, Staat, Lieferanten und Konkurrenz (vgl. Abb. 24-2; Quelle: Wilbers 2004: 336; mit Bezug auf das Grundmodell, wie es in Kapitel 2 vorgestellt wurde).

Das Modell bündelt die Stakeholders eines Unternehmens nach vier sog. Kommunikationsarenen, auf denen jeweils eine gute Beziehung aufzubauen ist:

- Markt-Arena: Diese umfasst die Beziehungen zu den Kunden (customer relations), zu den Lieferanten (supplier relations) und zur Konkurrenz (competitor relations).
- Interne Arena: Hier geht es um die Mitarbeiterkommunikation und die Beziehungen zu den eigenen Mitarbeitenden (people relations).
- Finanz-Arena: Hier geht es um die Beziehungen zu den Investoren bzw. Kapitalgebern (investor relations).
- Öffentliche Arena: Diese betrifft alle Beziehungen zur Öffentlichkeit (public relations) und zum Staat (political relations).

Als entscheidender theoretischer Hintergrund des Stakeholder-Konzept kann die Koalitionstheorie (nach Cyert und March) gelten, die davon ausgeht, dass im Zentrum aller relevanten Unternehmensaktivitäten die Durchsetzung individueller und gruppenbezogener Ziele steht (vgl. Schewe 2005: 21).

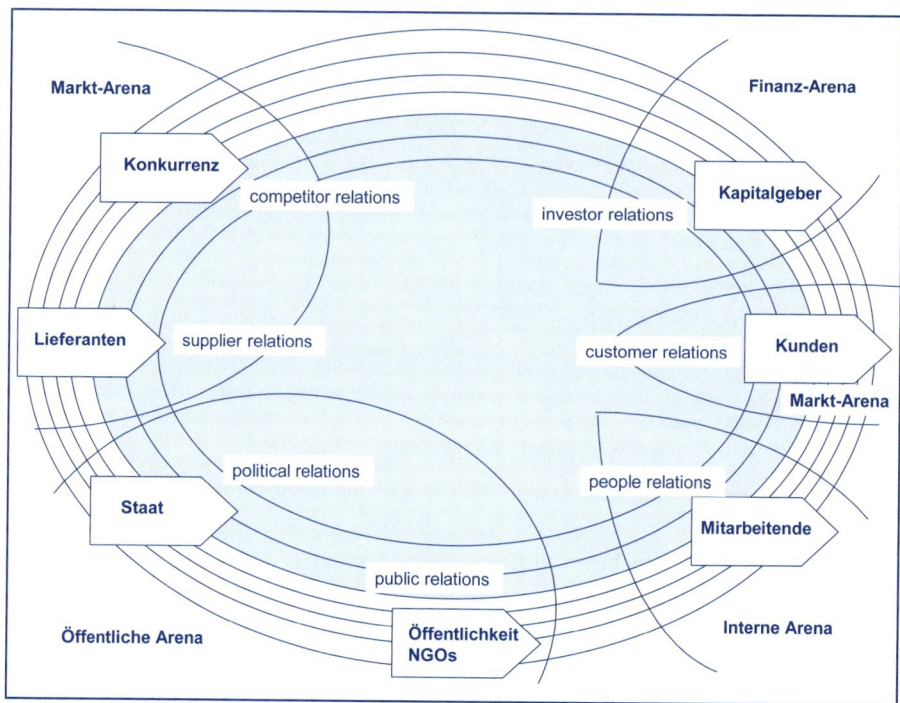

Abb. 24-2: *Anspruchsgruppen, „Relations" und Arenen gemäß dem neuen St. Galler Management-Modell*

In vereinfachter Form können die Stakeholder nach internen und externen Interessengruppen unterschieden werden. Die jeweiligen Interessenpositionen und die entsprechenden Konfliktpotenziale lassen sich wie folgt charakterisieren:

Bei den **internen Interessengruppen** geht es um das Spannungsfeld aus Eigentümern, Top-Management und Mitarbeitern, zwischen denen beachtliche Konfliktlinien verlaufen (vgl. Schewe 2005: 20, in Anlehnung an Macharzina). Die jeweiligen Interessen unterscheiden sich wie folgt:

- Eigentümer: hohe Gewinnausschüttung, Teilnahme an der Wertsteigerung des Unternehmens durch Kursentwicklung, günstige Angebote bei Kapitalerhöhung, Einfluss auf das Top-Management.
- Top-Management: Einfluss auf das Unternehmen, Macht, hohes Einkommen und Verwirklichung schöpferischer Ideen.
- Bereichsleitung, Spezialisten: Einfluss auf eigenen und andere Unternehmensbereiche und auf das Top-Management, Anwendung professioneller Kenntnisse, Prestige, hohes Einkommen.
- Übrige Mitarbeiter: Hohes Einkommen, soziale Sicherheit, Selbstentfaltung am Arbeitsplatz, zufriedenstellende Arbeitsbedingungen, gute zwischenmenschliche Beziehungen.

Im Hinblick auf die **externen Interessengruppen** sind die Fremdkapitalgeber, Lieferanten, Kunden, die Konkurrenz, der Staat und die Gesellschaft angesprochen. Letztere kann wiederum in unterschiedliche gesellschaftlich relevante Gruppen differenziert werden, wobei Gewerkschaften und Arbeitgeberverbände besonders hervorgehoben werden können. Die Interessen der externen Stakeholder können wie folgt beschrieben werden:

- Fremdkapitalgeber (Gläubiger): hohe Verzinsung, pünktliche Rückzahlung des zur Verfügung gestellten Kapitals, Sicherheit.
- Lieferanten: Günstige Lieferkonditionen, Zahlungsfähigkeit, anhaltende Liefermöglichkeiten.
- Kunden: qualitativ hochstehende Leistungen zu günstigen Preisen, Nebenleistungen (z. B. Service, Konsumentenkredite, Ersatzteile, Beratung, gesicherte Versorgung).
- Staat: Einhaltung gesetzlicher Vorschriften, hohes Exportniveau, Steuereinnahmen.
- Kommunen: Schaffung von Arbeitsplätzen, Beiträge zur Infrastruktur und zu Kultur- und Bildungseinrichtungen.
- Gewerkschaften: Anerkennung als Verhandlungspartner, Verhandlungsfairness, Möglichkeit, Gewerkschaftsanliegen im Unternehmen zu artikulieren und Mitglieder zu werben.
- Arbeitgeberverbände: Ausrichtung unternehmerischer Entscheidungen an eigenen Interessen, Beitragszahlung.

Im Hinblick auf Medienunternehmen ist – anders als die vorstehende Unterscheidung in interne und externe Stakeholder – die Differenzierung in **primäre** und **sekundäre Stakeholder** vorgeschlagen worden (vgl. Karmasin 2002: 288 ff.):

- Als primäre Stakeholder werden diejenigen Gruppen verstanden, die durch Marktprozesse mit dem Unternehmen verbunden sind. Es sind dies: Eigenkapitalgeber, Werbewirtschaft, Lieferanten, Publikum, Mitbewerber, Absatzhelfer (Agenturen, Vertrieb) und die eigenen Mitarbeiter.
- Sekundäre Stakeholder sind Gruppen, deren Verbindungen zum Unternehmen nicht durch Marktprozesse determiniert sind. Hierunter fallen: Gemeinden, Länder; Regierung, Behörden, Politik; EU; Wissenschaft; Wirtschaft; Interessengruppen; Gemeinwohl.

In diesem Zusammenhang wird auf den wichtigen Aspekt hingewiesen, dass es so etwas gebe wie eine ethisch begründete Verpflichtung zur Transparenz, die es erfordere, dass Informationen an die Stakeholder gleich verteilt sein müssen, dass die Kriterien der Auswahl der Stakeholder offen gelegt werden müssen und dass die Kriterien für die Abwägung von konfligierenden Stakeholder-Interessen klar sein müssen (vgl. ebd. 296). Ein wesentlicher ergänzender Punkt sei überdies, dass die Verantwortung von mächtigen Stakeholdern größer sei als die von weniger mächtigen. Denn nur mächtige Stakeholder hätten die Alternative, ihre Interessen – selbst wenn sie vernunftmäßig nicht legitimierbar sein sollten – auch durch Zwang durchzusetzen.

24.2 Design einer normativen Management-Konzeption

Normatives Management berührt alle operativen und strategischen Fragestellungen des Unternehmens und ist diesen vorgelagert. Vor diesem Hintergrund ist es besonders wichtig, eine klare normative Gesamtkonzeption zu verfolgen, die den Anspruch erhebt, in sich schlüssig und koordiniert zu sein. Abb. 24-3 gibt eine Skizze eines solchen integrierten Gesamtkonzepts, das sich in drei Ebenen unterteilt, erstens nach der Ebene des normativen Basiskonzepts, zweitens nach der Gestaltungsebene sowie – drittens – nach der Ebene der Kommunikation.

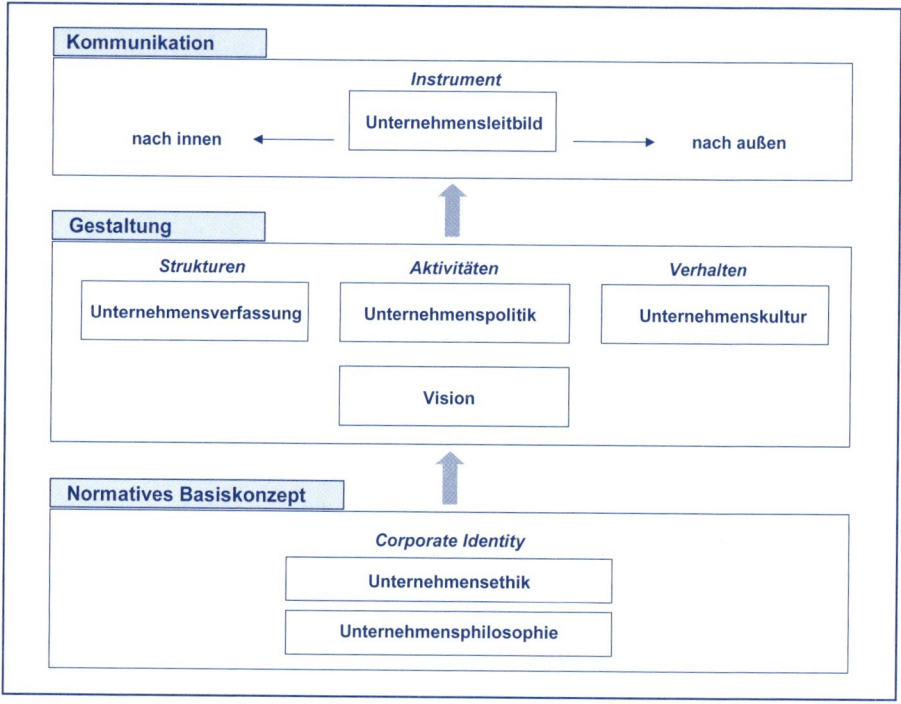

Abb. 24-3: Design einer normativen Management-Konzeption

Das normative Basiskonzept besteht aus der Unternehmensphilosophie und der Unternehmensethik und positioniert das Unternehmen in normativer Hinsicht diesbezüglich „in seinen Grundfesten". Es ist die entscheidende Basis für die Ausprägung der Corporate Identity im Sinne der Schaffung einer eigenständigen Unternehmenspersönlichkeit.

Auf der Gestaltungsebene wird dem herkömmlichen St. Galler Ansatz der Differenzierung in Aktivitäten, Strukturen und Verhalten gefolgt: Die Prozess- bzw. Aktivitätenebene wird durch eine überzeugende Unternehmenspolitik normiert – Vision und Unternehmensleitbild sollen in diesem Kontext behandelt werden. Die Frage der Normierung der Strukturen betrifft die Unternehmensverfassung, während es die Aufgabe der Unternehmenskultur ist, das Verhalten der beteiligten Menschen in Richtung eines konstruktiven Zusammenlebens zu normieren.

24.3 Unternehmensphilosophie

Unternehmensphilosophie lässt sich als **Grundverständnis** über die Rolle der Unternehmung im gesellschaftlichen Umfeld charakterisieren. Es geht um die Frage, wie sich die Unternehmung in grundsätzlicher Weise in ihrem relevanten Umfeld positionieren will und sich dadurch von anderen Unternehmen abhebt, was sie also von anderen unterscheidet.

> „Vor dem Hintergrund der auf Zentrifugalität angelegten menschlichen Verhaltensweisen in Sozialsystemen kommt der Unternehmensphilosophie als Orientierungsmuster für das sozialökonomische Verhalten der Unternehmung die Funktion einer Metaintegration zu. Sie zielt auf ein gemeinsames Grundverständnis über die Rolle der Unternehmung in ihrem gesellschaftlichen Umfeld. In der Unternehmensphilosophie drückt sich letztlich die *gesellschaftliche Verantwortung der Unternehmung* aus, die ihrem Handeln *Legitimität* verleiht" (Bleicher 1994a: 59).

Mit der Unternehmensphilosophie wird die „Weltanschauung" des Unternehmens definiert und ein umfassendes Gesamtbild des Unternehmens formuliert. Sie drückt das Selbstverständnis des Unternehmens aus und interpretiert in ganzheitlicher Form sowohl die wirtschaftliche als auch die gesellschaftliche Funktion des Unternehmens. Für alle am Unternehmen beteiligten Gruppen stiftet die Unternehmensphilosophie **Sinnzusammenhänge** und **Wertbezüge** und stellt das normative Fundament einer durchdachten, klaren und dauerhaft tragfähigen Managementkonzeption dar. Unternehmens- und Managementphilosophie bedingen sich insofern gegenseitig. Als Grundsätze für eine überzeugende Unternehmungs- und Managementphilosophie ist der folgende Katalog vorgeschlagen worden (Bleicher 1994a: 78):

> „Grundsätze einer Unternehmungs- und Managementphilosophie
>
> Unsere Philosophie wird von Grundsätzen getragen, die unser Verhalten in allen Bereichen und Stufen unseres Unternehmungsgefüges prägen:
>
> - Wir streben nach einer Sinnhaftigkeit in allem, was wir erreichen und tun wollen.
> - Sinn erkennen wir in Leistungen, die einen Nutzen für andere außerhalb und innerhalb unserer Unternehmung stiften.
> - Das, was wir erstreben, definieren wir durch eine breite Berücksichtigung unterschiedlicher Interessen.
> - Menschlichkeit im Urteil und Handeln ist für uns ein übergeordnetes Ziel und niemals Mittel zur Erreichung von Zielen.
> - Sie verlangt Hinwendung zum Nächsten; was man selbst nicht erdulden möchte, sollte man auch anderen nicht zufügen.
> - Wir verlassen uns auf die Unabhängigkeit des Urteils auch bei entgegengesetzten Sachzwängen.
> - Unser Handeln wird von einem hohen Verantwortungsbewusstsein gegenüber unserer Umwelt und unseren Mitarbeitern getragen.
> - Wir lassen uns in unserem Verhalten an der Vertretbarkeit unseres Handelns messen."

Abb. 24-4 gibt einen Vorschlag wieder, wie sich ein Unternehmen auf seine unternehmungs- und managementphilosophische Fundierung abprüfen lässt (Quelle: in Anlehnung an Bleicher 1994a: 96). Bewegt sich die Profilierung eher im engeren Bereich, spricht man von einer opportunistischen Unternehmensphilosophie, hat sie einen weiten Horizont und erfüllt die Kriterien des äußeren Randes, kann ihr eine der Gesellschaft verpflichtete Unternehmensphilosophie bescheinigt werden.

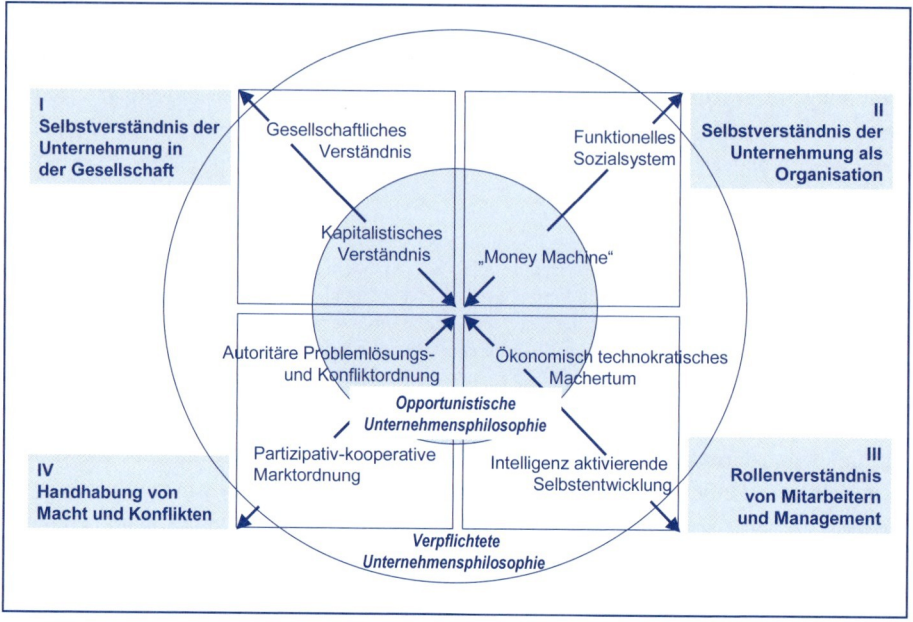

Abb. 24-4: Profil der Unternehmens- und Managementphilosophie

- Opportunistische Unternehmensphilosophie: Kern dieser Ausrichtung ist die Interpretation des Unternehmens als „Geldmaschine".

  „Den Kern der unternehmungsphilosophischen Grundausrichtung bilden die Betonung des Eigentümerinteresses und das sich daraus ableitende monistische Streben nach Gewinn. Ökologische Fragestellungen und weitere gesellschaftliche Ansprüche aus dem Umfeld der Unternehmung werden lediglich im Rahmen der von außen zwingend vorgeschriebenen Regelungen berücksichtigt. Hauptzweck des Managementhandelns ist die Erhaltung der Institution ‚Unternehmung', die es durch rationales Verhalten abzusichern gilt. Ausgehend von einem auf Misstrauen basierenden Menschenbild und einer Philosophie der Machbarkeit, werden daher technokratische Instrumente des Managements mit einer stark betonten Lenkungskomponente als erfolgversprechend betrachtet. Entscheidungszentralismus und der dominante Einsatz von Machtmitteln zur Konflikthandhabung sichern die Zielerreichung" (ebd. 97).

- Gesellschaftlich verpflichtete Unternehmensphilosophie: Im völligen Gegensatz dazu achtet der Ansatz der verpflichteten Grundorientierung in umfassender Weise alle Stakeholder-Ansprüche, insbesondere die Ansprüche der Gesellschaft.

  „Im Gegensatz zur opportunistischen Philosophie betont die verpflichtete Position die Bedeutung der pluralistischen Interessenlagen relevanter Anspruchsgruppen für das Management. Ökologische und anderweitige gesellschaftliche Ansprüche werden explizit akzeptiert. Die Generierung von Nutzen für Anspruchsgruppen wird dabei als zentraler Zweck des Managementhandelns angesehen, dem auch die Existenz der Unternehmung als autonome Einheit untergeordnet ist. Ausgehend von einem auf Vertrauen basierenden Menschenbild, sind Rahmenbedingungen zu formulieren, innerhalb deren die Selbstentwicklungskräfte des Systems wirken können. Subsidiarität der Entscheidungskompetenzen, laterale Kooperation und Konsensorientierung werden unter Anerkenntnis von unterschiedlichen Konflikten als wesentlich erachtet" (ebd. 97 f.).

Medienunternehmen im Kontext dieses Rasters zu beurteilen, ist ein komplexes Unterfangen und fällt deswegen besonders schwer, da qualifizierte Äußerungen aus den Häusern nur spärlich verfügbar sind.

Nachfolgend sollen zwei Beispiele für die Formulierung von unternehmensphilosophischen Konzepten vorgestellt werden.

Beispiel 1: Axel Springer SE (Stand: 11.04.2014)

Seit 1967 besitzt Springer eine Unternehmensverfassung mit fünf „Essentials", die Grundlage für die publizistische Ausrichtung des Unternehmens sind. Dazu gehören das unbedingte Eintreten für den freiheitlichen Rechtsstaat Deutschland, das Herbeiführen einer Aussöhnung zwischen Juden und Deutschen mit der Unterstützung der Lebensrechte des israelischen Volkes, die Unterstützung des transatlantischen Bündnisses und die „Solidarität in der freiheitlichen Wertegemeinschaft mit den Vereinigten Staaten von Amerika", die Ablehnung jeglicher Art von politischem Totalitarismus und die Verteidigung der freien sozialen Marktwirtschaft.

Des Weiteren heißt es: „Unternehmenswerte: Eine einzigartige Unternehmenskultur als Schlüssel für profitables Wachstum. Axel Springer hat neben strategischen Zielen auch Werte definiert, die jeden Mitarbeiter bei seiner Arbeit leiten und die Unternehmenskultur bei Axel Springer ausmachen. Beides bildet den Schlüssel für profitables Wachstum.

Die Unternehmenskultur von Axel Springer beruht auf drei Werten:

- Kreativität als entscheidende Voraussetzung für den journalistischen sowie den geschäftlichen Erfolg;
- Unternehmertum im Sinne des ideenmutigen, eigenverantwortlichen und ergebnisorientierten Handelns der Mitarbeiter und Führungskräfte;
- Integrität gegenüber dem Unternehmen, den Lesern, den Kunden, den Mitarbeitern, den Geschäftspartnern und Aktionären."

Beispiel 2: Verlagsgruppe Georg von Holtzbrinck (Stand: 14.01.2006)

„Qualität, Dezentralität und Individualität sind die wichtigsten Prinzipien unseres unternehmerischen Handelns.

Investitionen in die Qualität unserer Titel und Produkte sowie in das Potenzial unserer Mitarbeiter stehen am Anfang und im Zentrum unseres Handelns. Um die größtmögliche Nähe zu den Autoren, Lesern, Institutionen und Kunden zu erreichen, arbeiten die Unternehmen der Verlagsgruppe nach dem Prinzip der konsequenten Dezentralisierung: Initiative und Verantwortung liegen bei den Einzelunternehmen, die Hierarchien sind flach, die Holdingstrukturen klein. So wird unser weit reichendes Auslandsgeschäft aus den Metropolen New York (Holtzbrinck Publishers) und London (Macmillan) betreut, wie auch von Standorten überall in der Welt – zum Beispiel Oxford, Melbourne, Bangalore, Mexiko City und Johannesburg.

Nur so ist es möglich, in jedem Tochterunternehmen eine individuelle und unterscheidbare Kultur zu entwickeln und zu fördern. Dies ebenso wie die Konzentration auf die jeweiligen besonderen Stärken, welche mitunter auf langen Traditionen beruhen, war, ist und bleibt Kern unserer Unternehmensphilosophie. Hinzu tritt im Zeitalter einer zunehmend globalisierten Medienwelt das Bekenntnis zur dynamischen Nutzung der Chancen des Internets sowie das Eingehen langfristiger, partnerschaftlicher Kooperationen. Zusammen garantieren diese Leitlinien das Wachstum und den Erfolg der Verlagsgruppe und sichern publizistische Leistung auf höchstmöglichem Niveau.

Im Kontext globaler Medienkonzentration ist für uns Größe allein nicht von ausschlaggebender Bedeutung. Unsere Ambition als Mittelstandsunternehmen besteht vielmehr darin, in jeweils genau definierten, zielgruppenspezifischen Marktumfeldern eine der vorderen Positionen zu besetzen, wobei die Expertise und die Leidenschaft unserer Mitarbeiter entscheidend ist für das hierzu erforderliche Qualitäts- und Leistungsniveau."

24.4 Unternehmensethik

Im engen Zusammenhang mit der Unternehmensphilosophie steht die Frage nach der ethischen und moralischen Rechtfertigung unternehmerischen Handelns und nach der gesellschaftlichen Verantwortung des Managements. Den Leitmaßstab liefert die Unternehmensethik, die nach zwei **Grundkategorien der Ethik** wie folgt differenziert werden kann (vgl. Ulrich 2004b: 26 f. sowie Abb. 24-5 in Anlehnung ebd. 26):

- Teleologische Ethik (griech. teloi = Ziele): „Gutes Leben" ist dann gegeben, wenn das Handeln des Einzelnen oder einer Gruppe erstrebenswerte, sinnvolle Ziele verfolgt.
- Deontologische Ethik (griech. deoi = Rechte und Pflichten): Danach liegt „gutes Leben" und ein „gerechtes Zusammenleben" vor, wenn allgemein gültige Normen und Grundsätze Gültigkeit haben und für alle Mitglieder einer freiheitlichen Gemeinschaft die gleichen Grundrechte und Pflichten gewährleisten.

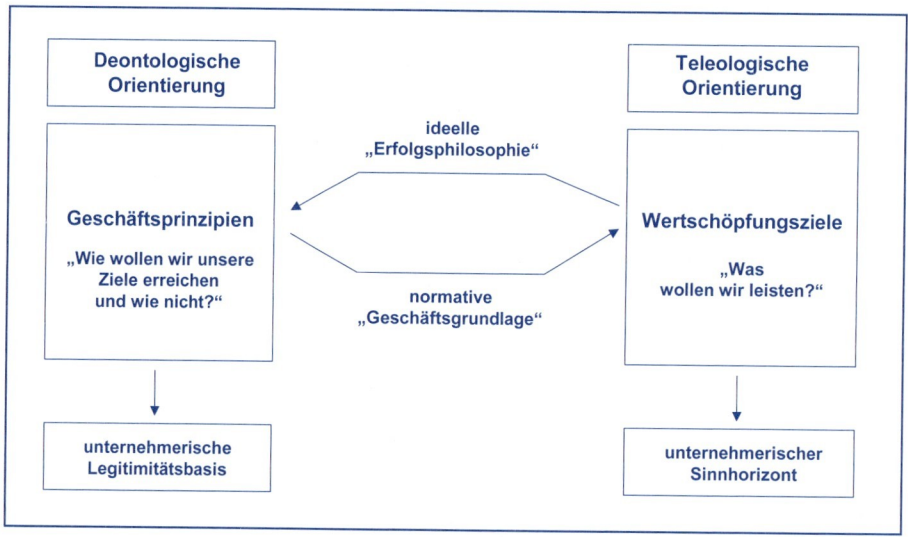

Abb. 24-5: *Dimensionen unternehmensethischer Orientierung*

Übertragen auf die Unternehmensethik geht es beim Aspekt der teleologischen Ethik um die Formulierung von sinnvollen Wertschöpfungszielen, die allen Stakeholdern in ausgewogener, pluralistischer Form Nutzen stiften. Der Sinnhorizont reicht also weit über den reinen Markterfolg hinaus und versteht sich als eine ideelle Erfolgsdefinition. Der Aspekt der deontologische Ethik rückt die Legitimität des unternehmerischen Handelns in den Mittelpunkt, die es mittels Geschäftsprinzipien und normativer Selbstbindung (etwa durch einen „Code of Conduct") zu sichern gilt.

Die entscheidende Herausforderung ist, ob es gelingt und der Wille vorhanden ist, ein fundiertes und umfassendes Rahmenkonzept für ein **integratives Ethikprogramm** zu formulieren und anzuwenden (vgl. Ulrich 2004b: 32).

„Der Weg zu einem solchen umfassenden Konzept des unternehmerischen Integritätsmanagements ist als ein firmenspezifischer, nach Grundsätzen der Organisationsentwicklung zu gestaltender Lernprozess zu verstehen. Lohnt es sich, diesen anspruchsvollen Weg zu gehen? Die Antwort hängt letztlich davon ab, in welcher Art von Unternehmen die Beteiligten tätig sein wollen. Der skizzierte Weg ist der richtige, wenn sich eine Firma konsequent als ein guter *Corporate Citizen* verstehen und profilieren will, das heißt als ‚guter Bürger', der sich durch seine integre und wahrhaft ‚Werte schaffende' Geschäftstätigkeit seinen wirtschaftlichen Erfolg und sein öffentliches Ansehen am Ende *verdient* hat" (Ulrich 2004b: 33).

Gerade im Medienbereich ist davon auszugehen, dass es hochgradig notwendig ist, diesen anspruchsvollen Weg der Definition eines in sich schlüssigen Ethikprogramms zu gehen. Welche Bausteine ein solches Konzept aufweisen sollte, ist in einem eigenen Kapitel dargestellt (Kapitel 40) dargestellt und an den Schluss des vorliegenden Werkes gestellt. Diese dadurch erfolgende Ausgliederung der ethischen Thematik und ihre vertiefte Behandlung in einem eigenen Kapitel soll auf die besondere Bedeutung der gesellschaftlichen Verantwortung hinweisen, die beim Anspruch der ganzheitlichen Steuerung eines Medienunternehmens einzufordern ist. Unternehmensethik ist ein entscheidender zentraler Anker für ein wahrhaft erfolgreiches Management.

Kernaussagen

- Normatives Management generiert Orientierungswissen, das zum instrumentalen Verfügungswissen hinzukommen muss, um eine Unternehmung erfolgreich zu führen.
- Normatives Management baut Verständigungspotenziale zwischen den Stakeholdern und deren konfliktären Interessen auf.
- Eine normative Management-Konzeption enthält ein normatives Basiskonzept mit der Fokussierung auf die Unternehmensphilosophie und Unternehmensethik, erweitert dieses im Hinblick auf die Gestaltung der Strukturen (Unternehmensverfassung), der Prozesse (Unternehmenspolitik) und des Verhaltens der Organisationsmitglieder (Unternehmenskultur). Das Unternehmensleitbild ist dabei ein wichtiges Kommunikationsinstrument.
- Notwendig, gerade für Medienunternehmen, ist ein integriertes Ethikprogramm.

Literatur

Weiterführende Literatur: Grundlagen

Albach, H. (Hrsg.)(2005): Unternehmensethik und Unternehmenspraxis, Special Issue 5/2005, Zeitschrift für Betriebswirtschaft, Wiesbaden.
Bickmann, R. (1999): Chance: Identität, Berlin, Heidelberg, New York.
Bleicher, K. (1994a): Normatives Management, Frankfurt/Main.
Bleicher, K. (1994b): Leitbilder. Orientierungsrahmen für eine integrative Managementphilosophie, 2. Aufl., Stuttgart.
Bleicher, K. (2001): Das Konzept Integriertes Management, Frankfurt/Main.
Gerum, E. (1992): Unternehmensverfassung, in: Frese, E. (Hrsg.)(1992): Handwörterbuch der Organisation, 3. Aufl., Stuttgart, Sp. 2480-2502.
Lombriser, R./Abplanalp, P. A. (2004): Strategisches Management, 3., vollst. überarb. u. erw. Aufl., Zürich, Kapitel 6.
Mast, C. (2012): Unternehmenskommunikation, 5., überarb. Aufl., Stuttgart.
Oechsler, W. A. (1999): Unternehmensethik, in: Kieser, A./Oechsler, W. A. (Hrsg.)(1999): Unternehmungspolitik, Stuttgart, S. 339-348.
Rebstock, W. (1988): Unternehmensethik, Spardorf.

Reinermann, H./Lucke, J. von (2001): Speyerer Definition von Electronic Government, 2., gestraffte Aufl., http://www.foev-speyer.de/ruvii/SP-EGvce.pdf (14.01.2006).
Schewe, G. (2005): Unternehmensverfassung, Berlin, Heidelberg, New York.
Steinle, C. (2005): Ganzheitliches Management, Wiesbaden.
Steinmann, H./Löhr, A. (1994): Grundlagen der Unternehmensethik, 2. Aufl., Stuttgart.
Ulrich, P./Fluri, E. (1995): Management, 7., verb. Aufl., Bern, Stuttgart, Wien.
Ulrich, P. (2004a): Die normativen Grundlagen der unternehmerischen Tätigkeit, in: Dubs, R./Euler, D./ Rüegg-Stürm, J./Wyss, C. E. (Hrsg.)(2004): Einführung in die Managementlehre, Band 1, Bern, Stuttgart, Wien, S. 143-165.
Ulrich, P. (2004b): Normative Orientierungsprozesse, in: Dubs, R./Euler, D./Rüegg-Stürm, J./Wyss, C. E. (Hrsg.)(2004): Einführung in die Managementlehre, Band 2, Bern, Stuttgart, Wien, S. 23-37.
Ulrich, P./Fluri, E. (1995): Management, 7., verb. Aufl., Bern, Stuttgart, Wien.
Wilbers, K. (2004): Anspruchsgruppen und Interaktionsthemen, in: Dubs, R./Euler, D./ Rüegg-Stürm, J./ Wyss, C. E. (Hrsg.)(2004): Einführung in die Managementlehre, Band 1, Bern, Stuttgart, Wien, S. 331-363.

Weiterführende Literatur: Medien

Karmasin, M. (1998): Medienökonomie als Theorie (massen-)medialer Kommunikation. Kommunikationsökonomie und Stakeholder Theorie, Graz, Wien.
Karmasin, M. (1999): Stakeholder-Orientierung als Kontext zur Ethik von Medienunternehmen, in: Funiok, R./Schmälzle, U. F./Werth, C. H. (Hrsg.)(1999): Medienethik – die Frage der Verantwortung, Bonn, S. 183-211.
Karmasin, M. (2000): Medienmanagement als Stakeholder Management, in: Karmasin, M./Winter, C. (Hrsg.)(2002): Grundlagen des Medienmanagements, München, 2., korr. u. erw. Aufl., S. 279-302.
Schicha, C./Brosda, C. (2010): Handbuch Medienethik, Wiesbaden.
Sjurts, I. (Hrsg.)(2011): Gabler Lexikon Medienwirtschaft, 2., akt. u. erw. Aufl., Wiesbaden.
Wunden, W. (Hrsg.)(1989): Medien zwischen Markt und Moral, Stuttgart.
Wunden, W. (Hrsg.)(1996): Wahrheit als Medienqualität, Frankfurt am Main.

Kapitel 25
Unternehmensverfassung

25.1	Rechtlicher Kontext	619
25.2	Organverfassung	621
25.3	Kooperationsverfassung	626
25.4	Corporate Governance	633

Leitfragen

- Was versteht man unter einer „Verfassung"?
- Muss eine Verfassung stets in Schriftform kodifiziert sein?
- Welche Regelungen sind Gegenstand einer Verfassung?
- Was versteht man unter einer „Unternehmensverfassung"?
- Welche Parallelen lassen sich ziehen zwischen der Verfassung eines politischen Gemeinwesens und einer Unternehmensverfassung?
- Welchen Zweck erfüllt eine Unternehmensverfassung?
- Welche Grundtypen lassen bei der Unternehmensverfassung unterscheiden?
- Was versteht man unter der „Organverfassung"?
- Wie ist das „Trennungsmodell" bzw. „dualistische Leitungsmodell" definiert?
- Welche Charakteristika weist das „Vereinigungsmodell" bzw. „monistische Leitungsmodell" auf?
- Welche Unterschiede sind im internationalen Vergleich im Hinblick auf die Anwendung des monistischen bzw. dualistischen Leitungsmodells festzustellen?
- Wie sieht die Intendantenverfassung bei einer öffentlich-rechtlichen Rundfunkanstalt aus?
- Welche Besonderheiten sind zu erkennen?
- Welche Machtposition hat der Fernsehrat beim ZDF?
- Wie ist eine „opportunistische" vs. „verpflichtete Organverfassung" zu beschreiben?
- Was versteht man unter der „Kooperationsverfassung"?
- Welche Charakteristika sind im Hinblick auf die Außenbeziehungen besonders wichtig und wie können sie verfassungsmäßig verankert werden?
- Welche Konsequenzen ergeben sich für die Kooperationsverfassung im Hinblick auf die Innenbeziehungen, wenn sich das Unternehmen von der traditionellen „Palast-Organisation" in Richtung von „Zelt-Organisationen", Allianz-Organisationen oder virtuellen Organisationen bewegt?
- Was versteht man unter „betrieblicher Mitbestimmung"?
- Wodurch unterscheidet sie sich von der Unternehmensmitbestimmung?
- Welche Regeln gelten in Deutschland zur unternehmerischen Mitbestimmung?
- Was versteht man unter dem „Tendenzschutz"?
- Was besagt § 118 Betriebsverfassungsgesetz (BetrVG)?
- Was ist ein „Redaktionsstatut"?
- Wie lässt sich das Redaktionsstatut der „taz" beschreiben?
- Was versteht man unter der „inneren Pressefreiheit"?
- Wie kann man die Frage beurteilen, ob es sich bei einer Unternehmensverfassung eher um eine opportunistische oder eher um eine verpflichtete Kooperationsverfassung handelt?
- Was versteht man unter „Corporate Governance"?

Gegenstand

Eine Verfassung wird verstanden als ein „System von Grundnormen, das die Grundfragen des Bestands (Existenzzweck, Veränderungs- und Auflösungsmodalitäten), der Zugehörigkeit (Mitgliedschaftsbedingungen), der unentziehbaren Grundrechte aller Beteiligten (Freiheits-, Teilnahme-, Sozial- und Klagerechte), der Organisation (Organe und ihre Befugnisse, Wahl- und Kontrollverfahren) und der Verantwortlichkeiten (Haftung) einer Institution regelt" (Ulrich/Fluri 1995: 74). Allgemein gesehen regeln Verfassungen, „wer mit welcher Kompetenz an welchen Entscheidungen teilhaben kann" (Oechsler 1999b: 124).

Im Hinblick auf die Politik ist die staatliche Verfassung angesprochen, in Deutschland also das Grundgesetz (GG). Es ist interessant, dass eine Verfassung nicht immer als schriftliches Dokument vorliegen muss, wie das Beispiel Großbritannien zeigt. Ebenso interessant ist das Ringen um eine EU-Verfassung, wo man – um möglicherweise einen Konsens herbeiführen zu können – recht krampfhaft versucht, den Begriff „Verfassung" zu vermeiden.

Auf Unternehmen bezogen geht es um die Unternehmensverfassung. Hier soll v. a. geregelt werden, in welcher Form die Anteilseigner und die Arbeitnehmer an den unternehmenspolitischen Entscheidungen beteiligt werden. Gegenstand der Unternehmensverfassung ist die Gestaltung einer inneren Ordnung, auf deren Grundlage die Machtverhältnisse der Stakeholder bestimmt werden. Die Unternehmensverfassung legt die Kompetenzen der beteiligten Gruppen bei den zu treffenden unternehmerischen Entscheidungen fest. Von zentraler Bedeutung ist dabei die Frage, wie die Eigentümer an der Leitung und Kontrolle ihres Unternehmens beteiligt werden sollen (vgl. Hungenberg/Wulf 2011: 71). Weitere Definitionen für den Begriff der Unternehmensverfassung lauten z. B.:

- „Unter einer Unternehmensverfassung ist ein demokratisch zustande gekommener Basiskonsens über die institutionelle Ordnung der Unternehmung und die unentziehbaren Persönlichkeits-, Teilnahme- und Oppositionsrechte aller Betroffenen im unternehmungspolitischen Willensbildungsprozess zu verstehen" (Ulrich/Fluri 1995: 74). Es geht damit um die „faire Berücksichtigung der Anliegen aller vom unternehmerischen Handeln Betroffenen" (ebd.).
- „Die Verfassung wird in unserer Rechtsordnung durch Kapitaleigner als Arbeitgeber und Arbeitnehmer als abhängig Beschäftigte konstituiert. Damit bestimmen Verfassungsregelungen den Ort, an dem systematisch Interessenkonflikte zwischen Arbeitgebern und Arbeitnehmern ausgetragen und einem Ausgleich zugeführt werden. Diese Ordnung für den Interessenausgleich ist dabei systematisch und langfristig angelegt" (Gerum 1989, zit. nach Oechsler 1999: 342).

Kernpunkt der Unternehmensverfassung ist die innere Ordnung, nach der sich die Kompetenzen der Interessen- und Anspruchsgruppen bestimmen. Sie hat die Funktion der institutionellen Konfliktregelung. Eine wichtige Rolle im Zusammenhang mit der Unternehmensverfassung spielt die Frage der Aufsicht und Kontrolle der Unternehmensführung. Dabei wird über die zentrale Frage befunden: „Soll die Unternehmensaufsicht führen?" (Malik 2002: 51).

Analog zur politischen Verfassung ist es eine zwar wichtige, jedoch nachrangige Frage, ob eine Verfassung in schriftlicher Form vorliegt. Auch nicht-kodifizierte Regelwerke können Verfassungsrang genießen.

Eng mit der Unternehmensverfassung verbunden, gelegentlich auch mit dieser gleichgesetzt, ist der Begriff „Corporate Governance" zu sehen. Er ist im Kontext der Unternehmensverfassung aufzurufen, da er die Art der Machtverteilung und -strukturen beschreibt und regelt. Allerdings verstehen wir unter Corporate Governance in einem umfassenderen Sinne alle Elemente, welche die „Güte" des Steuerungskonzepts eines Unternehmens determinieren. In Kapitel 38 wird dargelegt, dass Governance die Art und Weise, den Modus meint, wie die Steuerung eines komplexen Systems angegangen werden soll. Dabei war klar geworden, dass eine hierarchische, dem „Machertum" anhängende Steuerung nur eine der Möglichkeiten neben der marktlichen Steuerung und der Steuerung in kooperativ zusammen arbeitenden Netzwerken darstellt. Im vorliegenden Kapitel erfolgt freilich – dem Thema angemessen – eine Verengung der Perspektive auf die eher rechtliche und machtpolitische Perspektive von Corporate Governance.

25.1 Rechtlicher Kontext

Die Unternehmensverfassung normiert die Strukturen des Unternehmens im Hinblick auf die Machtverteilung der Stakeholder. Sie besitzt damit einen primären Regelungscharakter zur Steuerung der Verhaltensweisen der einzelnen Interessengruppen. In einer Makroperspektive geht es darum, das Selbstverständnis des Unternehmens rechtlich abzusichern.

„Allgemein läßt sich die Unternehmungsverfassung als Grundsatzentscheidung über die gestaltete Ordnung der Unternehmung verstehen. Diese quasi als „Grundgesetz" der Unternehmung fungierende Summe von Rechtsnormen definiert mit ihren konstitutiven Rahmenregelungen Gestaltungsräume und -grenzen. Damit wird ein generell zu respektierender Verhaltensrahmen unternehmensintern wie extern festgelegt" (vgl. Bleicher 1991).

„Unter Unternehmensverfassung kann die Gesamtheit der konstitutiven und langfristig angelegten Regelungen für Unternehmen verstanden werden. Der Begriff ist seit Ende der 1960er-Jahre bes. im Zusammenhang mit der Diskussion um die Mitbestimmung und um die Weiterentwicklung des geltenden Gesellschaftsrechts zu einem Unternehmensrecht aktuell geworden. Die Unternehmensverfassung ergibt sich aus *gesetzlichen Regelungen*, bes. dem Wettbewerbs-, Kapitalmarkt-, Verbraucherschutz-, Gesellschafts-, Arbeits- und Mitbestimmungsrecht, aus *kollektivvertraglichen Vereinbarungen* wie Firmentarifverträgen und Betriebsvereinbarungen sowie *privatautonomen Rechtssetzungen* wie dem Gesellschaftsvertrag, der Satzung, den Geschäftsordnungen oder Unternehmensverträgen. Konkretisierend können *höchstrichterliche Entscheidungen* hinzutreten. Unternehmensverfassung umfasst also die *interne* formale Machtverteilung zwischen den involvierten Interessengruppen und die sie ergänzenden *extern* ansetzenden Regelungen zum Schutz von verfassungsrelevanten Interessen. Scharf davon zu trennen ist die *faktische Einflussverteilung* in Unternehmensverfassungen (Modell und Wirklichkeit), wenngleich dieses bes. für die Entwicklung und Reform der Unternehmensverfassung von höchster Bedeutung ist" (Gabler Wirtschaftslexikon).

(1) Die Ausgestaltung der Verfassung eines Unternehmens muss sich innerhalb des relevanten **rechtlichen Rahmens** bewegen. Dieser ergibt sich aus den gesetzlichen Regelungen (v. a. Wettbewerbs-, Kapitalmarkt-, Verbraucherschutz-, Gesellschafts-, Arbeits- und Mitbestimmungsrecht), aus den kollektivvertraglichen Vereinbarungen (Firmentarifverträge, Tarifvereinbarungen), aus privatautonomen Rechtssetzungen (Gesellschaftsvertrag, Satzung, Geschäftsordnungen, Unternehmensverträgen) sowie aus höchstrichterlichen Entscheidungen (vgl. Gerum zu „Corporate Governance" in Sjurts 2011: 86 f.). Hervorzuheben sind die folgenden Aspekte:

- Von konstitutiver Bedeutung ist das **Grundgesetz**, das in Art. 14 das Recht auf Eigentum und die Verfügung darüber garantiert. Den Eigentümern an Produktionsmitteln steht damit die Arbeitgeberfunktion zu. Der Arbeitgeber erhält das Weisungsrecht über Arbeitnehmer und die Verfügungsmacht über Produktionsmittel. Ferner steht dem Arbeitgeber bzw. Eigentümer die unternehmerische Leitentscheidung über das Produkt-Markt-Konzept zu.

  „Im Rahmen der Unternehmensverfassung kann folglich das Leitungsorgan die unternehmerische Leitungsentscheidung, mit welchen Produkten auf welchen Märkten agiert werden soll, mitbestimmungsfrei treffen" (Oechsler 1999b: 125).

- Dieser Verfügungsmacht sind jedoch durch **Arbeitnehmerschutzgesetze** Grenzen gesetzt. Sie betreffen v. a. Gesetze zur sozialen Absicherung (Arbeitszeitgesetz, Entgeltfortzahlung im Krankheitsfall, Mutterschutzgesetz), tarifvertragliche Rege-

lungen (basierend auf der Koalitionsfreiheit) und Regelungen unterhalb der Gesetzesebene (vor allem Entgelt, Arbeitszeit, Urlaub und Sozialleistungen betreffend).
- Von zentraler Bedeutung sind schließlich die gesetzlichen Vorschriften zur Regelung der **Unternehmens- und Betriebsverfassung**, mit denen die Leitungs- und Kontrollkompetenzen der Eigentümer und die Interessenvertretungskompetenzen der Arbeitnehmer geregelt werden. Was die Kompetenzen der Eigentümer betrifft, so stehen die großen Kapitalgesellschaften im Mittelpunkt des Interesses, wo die Rechte von Vorstand, Aufsichtsrat, Hauptversammlung und Belegschaft gegeneinander abzugrenzen sind. Bei den Interessenvertretungskompetenzen geht es darum, den im Unternehmen beschäftigten Mitarbeitern bzw. den Gewerkschaften als deren Vertreter Mitwirkungsrechte einzuräumen. Zwischen Unternehmens- und Betriebsverfassung besteht ein Unterschied: Die Unternehmensverfassung als unternehmerische Mitbestimmung bezieht sich auf das Unternehmen als Ganzes, während die Betriebsverfassung die betriebliche Mitbestimmung auf der Ebene des Betriebes, verstanden als technisch-organisatorische Einheit, zum Gegenstand hat. Die relevanten rechtlichen Grundlagen sind die Rechtsvorschriften für die einzelnen Rechtsformen (z. B. Aktienrecht) sowie das Betriebsverfassungsrecht (Betriebsverfassungsgesetz, Mitbestimmungsgesetz, Sprecherausschussgesetz und Montan-Mitbestimmungsgesetz) (vgl. Schewe 2005).
- Eine besondere Rolle kommt dem Gesetz zur Transparenz und Kontrolle im Unternehmensbereich (KonTraG) zu, das den Aufsichtsräten eine deutlich erhöhte Kapazität zur Verfügung stellt, um ihren Kontrollauftrag erfüllen zu können, ferner für eine erhöhte Klarheit bei der Ausübung der Stimmrechte sorgt sowie eine zu enge Verbindung zwischen Vorstand und Abschlussprüfer verbietet.

Im internationalen Vergleich sind in den gesetzlichen Regelungen für die Unternehmensverfassung große Unterschiede festzustellen. Deutschland gilt als Land, das den Interessen der Arbeitnehmer einen besonders hohen Rang einräumt.

(2) Vor dem Hintergrund der rechtlichen Regelungen und in Würdigung der zu regelnden Interessengegensätze der Stakeholder sind zweckmäßigerweise zwei **Dimensionen** von Unternehmensverfassungen zu unterscheiden (vgl. Bleicher 1994: 295 f.):

- Organverfassung: Diese Dimension der Unternehmensverfassung umfasst die Regelung der Machtverhältnisse, soweit sie sich auf die Spitzenorgane bezieht.
- Kooperationsverfassung: Bei dieser Dimension geht es um die Regelung der Arbeitsbeziehungen zwischen den Organisationseinheiten.

Die Unternehmensverfassungen können sich in der Praxis stark voneinander unterscheiden, je nachdem, welchen Aspekt sie besonders betonen. Im Hinblick auf die spezifische Macht-Balance können idealtypisch die folgenden **Ansätze** differenziert werden, die zu unterschiedlichen Unternehmensverfassungen führen:

- Eigentümergeleitetes Unternehmen;
- Managergeleitetes Unternehmen;
- Arbeitsgeleitetes Unternehmen.

25.2 Organverfassung

(1) Die **Organverfassung** wird auch als **Spitzenverfassung** bezeichnet. Gegenstand der Organverfassung ist die „Ausgestaltung der Spitzenorgane der Unternehmung im Sinne der Regelung von *Verteilungs*beziehungen" (Bleicher 1994: 296).

Dabei gilt es einen Außen- und einen Innenaspekt zu unterscheiden: „Bezüglich der *Außen*beziehungen steht die Berücksichtigung der Interessen von Bezugsgruppen im Mittelpunkt der Ausgestaltung der Spitzenorgane, während bezüglich der *Innen*beziehungen die Anbindung der übrigen – strategisch zu dimensionierenden – Leitungsorgane an die Spitzenorgane zu gestalten ist." (Bleicher 1994: 296).

Im Zentrum der Organverfassung steht also die Frage, wie die **Machtverteilung** der Spitzenorgane eines Unternehmens untereinander aussehen soll. Im Fokus steht die Machtverteilung zwischen dem exekutiven Leitungsorgan (z. B. Vorstand) und dem Aufsichtsorgan (z. B. Aufsichtsrat). Zur Lösung der Machtfrage bieten sich grundsätzlich **zwei Modelle** an, die sich gegenseitig ausschließen (vgl. Abb. 25-1):

- Trennungsmodell („Two-Tier-System", „dualistisches Leitungsmodell"): Hierbei handelt es sich um ein doppelstufiges Vorstands-/Aufsichtsratsmodell, bei dem zwei eigenständige, deutlich gegeneinander abgegrenzte Organe in getrennter Aufgabenwahrnehmung tätig werden. Entsprechend dem Gedanken der Gewaltenteilung ist ein Organ für die Geschäftsführung zuständig, das andere für die Überwachung der Geschäftsführung.
- Vereinigungsmodell („One-Tier-System", „monistisches Leitungsmodell"): Dieses Modell integriert Geschäftsführung und Überwachung in einem einstufigen Board- bzw. Verwaltungsratssystem. Es existiert nur ein einziges Führungsorgan, das alle Führungs- und Überwachungsaufgaben wahrnimmt.

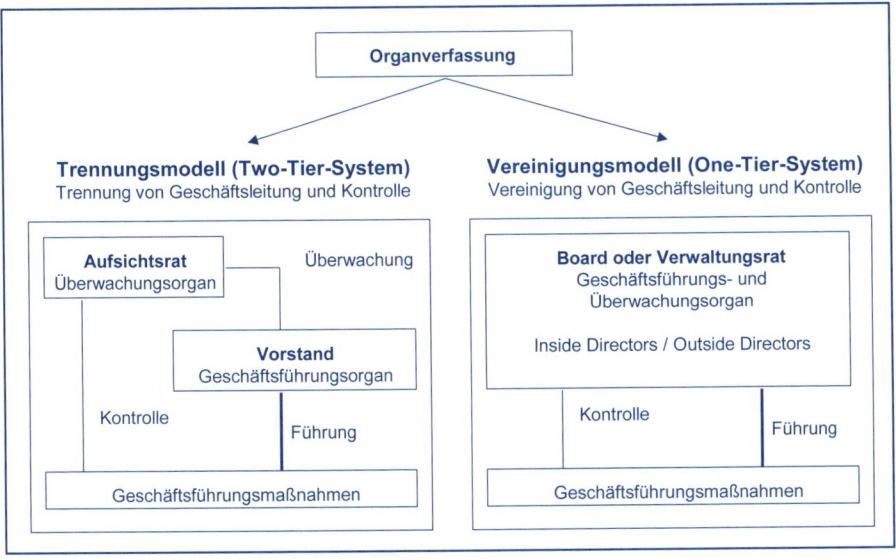

Abb. 25-1: Führung und Überwachung im Trennungsmodell vs. Vereinigungsmodell

Im internationalen Vergleich sind im Hinblick auf Kapitalgesellschaften große Unterschiede in der Anwendung der beiden Modelle festzustellen. Während dem deutschen Aktienrecht das dualistische Modell der Unternehmensführung zugrunde liegt, ist das monistische System im angelsächsischen Wirtschaftsraum Standard. Es zeichnet sich dadurch aus, dass Unternehmensführung und Überwachung durch ein einheitliches Verwaltungsorgan, den „Board of Directors", gesteuert werden. Die Mitglieder des Board befassen sich in regelmäßigen Sitzungen intensiv mit dem Unternehmensgeschehen und tauschen sich über die wesentlichen Vorgänge aus. Im deutschen Wirtschaftsraum findet sich das monistische Modell bei kleinen und mittleren GmbHs, bei denen der Gesellschafterversammlung die Kontrollkompetenz zukommt (vgl. Schewe 2005: 70 f.).

> „Das Board System vereinigt Geschäftsführung und Kontrolle in einem Gremium *(Vereinigungsmodell)*. ... 1. *Rechtlich* vertritt der *Board of Directors* in der US-amerikanischen Corporation (Aktiengesellschaft (AG) das Unternehmen nach außen; ihm obliegt:
> (1) Wahl und Abberufung der Officers (Leitende Angestellte), i. d. R. President, Vice-President, Secretary, Treasurer und Controller;
> (2) Verwaltung des Vermögens der Corporation im Interesse der Aktionäre;
> (3) Formulierung der langfristigen Unternehmenspolitik und Kontrolle der Zielerreichung;
> (4) Entscheidung über die Gewinnverwendung (Ausschüttung, Thesaurierung);
> (5) Berichterstattung an die Aktionäre.
> 2. In der *Praxis* besteht der Board aus Inside-Directors (hauptberufliche Manager) und ehrenamtlichen Outside Directors; Geschäftsführung und Macht obliegen faktisch dem Inside-Director (Managerherrschaft)" (Gabler Wirtschaftslexikon).

Die Unterschiede zwischen dem (angelsächsischen) monistischen und dem (deutschen) dualistischen System dürfen freilich nicht überbewertet werden. So nehmen der Vorstandsvorsitzende einer deutschen Aktiengesellschaft und der CEO eines angelsächsischen Unternehmens in der Praxis durchaus ähnliche Funktionen wahr. Im Board of Directors wird ebenfalls zwischen den geschäftsführenden und den nicht geschäftsführenden Mitgliedern unterschieden. Es scheint sogar die These vertretbar, dass sich in der Praxis die beiden Systeme der Unternehmensführung aufeinander zu bewegen. Diese Beobachtung stützt auch die Erkenntnis, dass sich in der Praxis Führung und Kontrolle nicht voll trennen lassen.

> „Leitung und Überwachung lassen sich nicht strikt trennen; Leitungsorgane nehmen mehr oder weniger Leitungsaufgaben, manchmal sogar Überwachungsaufgaben wahr; Überwachungsorgane üben nicht nur Überwachungsaufgaben aus, sondern wirken auch an der Leitung mit. Von der Vormachtstellung her dominieren in privatrechtlichen Unternehmen die Leitungsorgane, namentlich der Vorstand von Aktiengesellschaften, während in Selbstverwaltungskörperschaften die grundlegenden Entscheidungen im Beschluss- bzw. Hauptorgan getroffen und von der Verwaltungsleitung vorbereitet, umgesetzt und vollzogen werden" (Eichhorn 1990: 13).

Am **Beispiel** der **öffentlich-rechtlichen Rundfunkanstalten** wird die virulente Frage der Austarierung der Macht zwischen Intendant und den Aufsichtsgremien (Rundfunkrat bzw. Fernsehrat und Verwaltungsrat) besonders deutlich. Das nachfolgende Fallbeispiel der Intendantenverfassung des ZDF und zur Rolle des ZDF-Fernsehrats zeigt auf, dass den Überwachungskompetenzen der Gremien gegenüber den Leitungskompetenzen des Intendanten ein sehr hohes Gewicht zukommt.

Fallbeispiel: Intendantenverfassung des ZDF

Auszug aus dem ZDF-Staatsvertrag:

§ 19 Organe

Die Organe des ZDF sind
1. der Fernsehrat,
2. der Verwaltungsrat,
3. der Intendant.

§ 20 Aufgaben des Fernsehrates

(1) Der Fernsehrat hat die Aufgabe, für die Sendungen des ZDF Richtlinien aufzustellen und den Intendanten in Programmfragen zu beraten. Er überwacht die Einhaltung der Richtlinien und der in §§ 5, 6, 8 bis 11 und 15 dieses Staatsvertrages aufgestellten Grundsätze.
(2) Der Fernsehrat beschließt über den vom Verwaltungsrat vorzulegenden Entwurf der Satzung; das Gleiche gilt für Satzungsänderungen. Sofern der Fernsehrat Satzungsänderungen beabsichtigt, ist der Verwaltungsrat vorher zu hören.
(3) Der Fernsehrat genehmigt den Haushaltsplan. Das Gleiche gilt für den Jahresabschluss und die Entlastung des Intendanten auf Vorschlag des Verwaltungsrates. Die Beteiligung an Programmvorhaben nach § 19 Rundfunkstaatsvertrag bedarf der Zustimmung des Fernsehrates.

§ 23 Aufgaben des Verwaltungsrates

(1) Der Verwaltungsrat beschließt über den Dienstvertrag mit dem Intendanten. Der Vorsitzende des Verwaltungsrates vertritt das ZDF beim Abschluss des Dienstvertrages und zum Abschluss sonstiger Rechtsgeschäfte mit dem Intendanten sowie bei Rechtsstreitigkeiten zwischen dem ZDF und dem Intendanten.
(2) Der Verwaltungsrat überwacht die Tätigkeit des Intendanten.
(3) Der Verwaltungsrat legt dem Fernsehrat den Entwurf der Satzung des ZDF vor. Er hat das Recht, Änderungen der Satzung vorzuschlagen.
(4) Der Verwaltungsrat beschließt über den vom Intendanten entworfenen Haushaltsplan, der dem Fernsehrat gemäß § 20 zur Genehmigung zuzuleiten ist. Das Gleiche gilt für den Jahresabschluss.

§ 27 Der Intendant

(1) Der Intendant vertritt das ZDF gerichtlich und außergerichtlich. Er ist für die gesamten Geschäfte des ZDF einschließlich der Gestaltung der Programme verantwortlich.
(2) Der Intendant beruft im Einvernehmen mit dem Verwaltungsrat
a) den Programmdirektor,
b) den Chefredakteur,
c) den Verwaltungsdirektor
und aus deren Mitte einen Vertreter für den Fall seiner Abwesenheit.

§ 28 Zustimmungspflichtige Rechtsgeschäfte des Intendanten

Der Intendant bedarf der Zustimmung des Verwaltungsrates zu folgenden Rechtsgeschäften:
1. Erwerb, Veräußerung und Belastung von Grundstücken,
2. Erwerb und Veräußerung von Unternehmungen und Beteiligungen an ihnen,
3. Aufnahme von Anleihen und Inanspruchnahme von Krediten,
4. Übernahme einer fremden Verbindlichkeit, einer Bürgschaft oder einer Garantie,
5. Abschluss von Tarifverträgen,
6. Abschluss von Anstellungsverträgen mit außertariflichen Angestellten nach näherer Bestimmung der Satzung mit Ausnahme der Bestimmung derjenigen außertariflichen Angestellten, die ausschließlich mit künstlerischen Aufgaben betraut sind,
7. Übernahme einer sonstigen Verpflichtung im Wert von mehr als 250.000 Euro außer bei Verträgen über Herstellung oder Lieferung von Programmteilen.

Fallbeispiel: Rolle und Bedeutung des Fernsehrates beim ZDF

1. Bedeutung:

Der Fernsehrat ist das höchste Kontroll- und Aufsichtsorgan beim Zweiten Deutschen Fernsehen (ZDF). Er ist die Vertretung der Allgemeinheit und entspricht nach seiner Aufgabenstellung dem Organ „Rundfunkrat" bei den ARD-Rundfunkanstalten. Die Ausübung der Kontrollfunktion des Fernsehrates wird durch den Verwaltungsrat ergänzt, der die Geschäftsführung des Intendanten außerhalb der Programmgestaltung überwacht und dessen Tätigkeit sich vorrangig auf wirtschaftliche und technische Fragen beschränkt.

2. Aufgaben:

Der Fernsehrat wacht darüber, dass die Rundfunkanstalt ZDF ihre Aufgaben nach Maßgabe des Rundfunkstaatsvertrages (RStV) und stellt dabei Richtlinien auf. Er berät den Intendanten in Programmfragen und übt damit eine indirekte Programmkontrolle aus. Er überwacht die Einhaltung der von ihm selbst gesetzten Richtlinien und der im Staatsvertrag aufgestellten Grundsätze. Der Fernsehrat genehmigt den Haushalts- bzw. Wirtschaftsplan. Er besitzt ein Beschlussrecht über den vom Verwaltungsrat vorgelegten Entwurf der Satzung des ZDF. Ferner wählt er alle fünf Jahre den Intendanten und bestimmt damit die Leitung der Anstalt (Intendant bzw. Direktorium). Der Fernsehrat ist schließlich und nicht zuletzt Ansprechpartner der Zuschauer für Anregungen und Kritik.

3. Größe und Zusammensetzung:

Der Fernsehrat setzt sich aus 77 Mitgliedern zusammen. Gemäß der Konstruktionslogik des öffentlich-rechtlichen Rundfunks als einer binnenpluralen Einrichtung sind im Fernsehrat des ZDF eine breite Palette sog. „gesellschaftlich relevanter Gruppen" vertreten, über die im ZDF die pluralistische Gesellschaftsordnung Deutschlands repräsentiert werden soll. Dem Fernsehrat gehören an: Je ein Vertreter der 16 Bundesländer, drei Vertreter des Bundes, zwölf Vertreter der Parteien, zwei Vertreter der Evangelischen Kirche in Deutschland, zwei Vertreter der Katholischen Kirche in Deutschland und ein Vertreter des Zentralrats der Juden in Deutschland. Auf Vorschlag der jeweiligen Verbände und Organisationen werden von den Ministerpräsidenten berufen: Je ein Vertreter des Deutschen Gewerkschaftsbundes, der Deutschen Angestellten-Gewerkschaft und des Deutschen Beamtenbundes, zwei Vertreter der Bundesvereinigung Deutscher Arbeitgeberverbände, ein Vertreter des Deutschen Industrie- und Handelstages, ein Vertreter des Zentralausschusses der Deutschen Landwirtschaft, ein Vertreter des Zentralverbandes des Deutschen Handwerks, zwei Vertreter des Bundesverbandes Deutscher Zeitungsverleger, ein Vertreter des Deutschen Journalisten-Verbandes e.V., ein Vertreter der Industriegewerkschaft Medien, vier Vertreter der Freien Wohlfahrtsverbände, je ein Vertreter des Deutschen Städtetages, des Deutschen Städte- und Gemeindebundes und des Deutschen Landkreistages, ein Vertreter des Deutschen Sportbundes, ein Vertreter der Europa-Union Deutschland, je ein Vertreter des Bundes für Umwelt- und Naturschutz Deutschland und des Naturschutzbundes Deutschland, ein Vertreter des Bundes der Vertriebenen und ein Vertreter der Vereinigung der Opfer des Stalinismus. Weitere 16 Mitglieder werden von den Ministerpräsidenten der Länder benannt. Sie vertreten die Bereiche Erziehungs- und Bildungswesen, Wissenschaft, Kunst, Kultur, Filmwirtschaft, Freie Berufe, Familienarbeit, Kinderschutz, Jugendarbeit, Verbraucherschutz, Tierschutz.

4. Amtszeit und Beratungsturnus:

Die Amtszeit der Mitglieder des Fernsehrats beträgt vier Jahre. Nach Ablauf der Amtszeit führt der Fernsehrat die Geschäfte bis zur konstituierenden Sitzung des neuen Fernsehrats weiter. Im Staatsvertrag ist festgelegt, dass der Fernsehrat mindestens alle drei Monate zusammen kommen muss. Zu diesen Sitzungen muss der Intendant rechtzeitig eingeladen werden.

5. Relevanz:

Der Fernsehrat (wie auch der Rundfunkrat bei den ARD-Anstalten) soll dazu beitragen, den Prozess der Meinungsbildung zu sichern. Ein wichtiges Ziel ist es, den staatlichen Einfluss auf den Rundfunk so weit wie möglich auszuschalten (Gebot der Staatsfreiheit) und eine möglichst ausgewogene Zusammensetzung des Gremiums sicherzustellen, die keine Über- oder Unterrepräsentation einzelner Gruppen und damit eine grobe Verzerrung zulässt.

Zur Beurteilung der **Qualität von Organverfassungen** dient das nachfolgende Raster, das Organverfassungen in opportunistische und in (der Gesellschaft) verpflichtete Organverfassungen unterscheidet (vgl. Abb. 25-2 in Anlehnung an Bleicher 1994: 446).

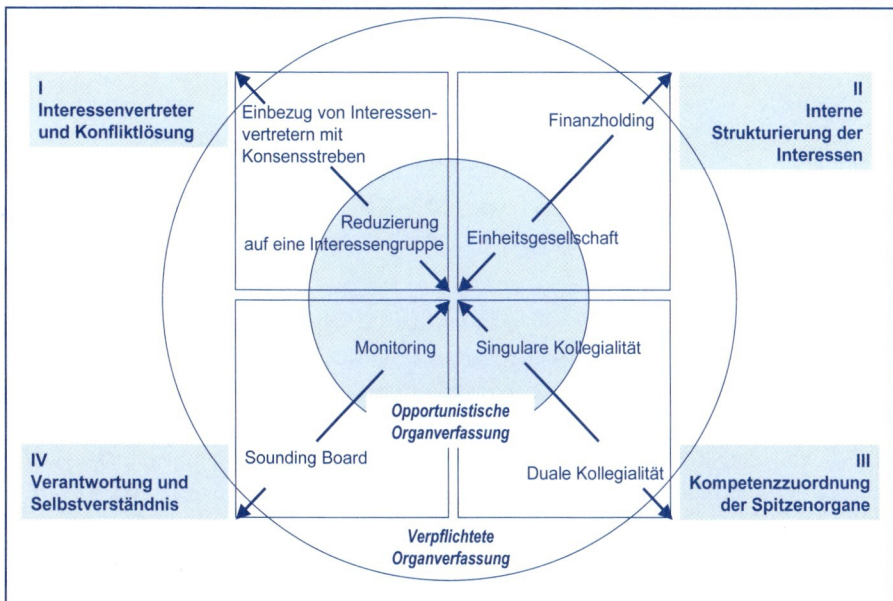

Abb. 25-2: Profil der Organverfassung

- Opportunistische Organverfassung: Hauptmerkmal ist die Reduktion der Ausrichtung auf die Interessenbefriedigung einer speziellen Stakeholder-Gruppe – insbesondere der Shareholder. Leitlinie ist die möglichst undifferenzierte Strukturierung der Unternehmung.

    „Dieser Typ ist gekennzeichnet durch eine einheitliche Leitung nach dem Prinzip der singularen Direktorialität bei offener, opportunistischer Zielausrichtung des Spitzenorgans. Die externen Mitglieder beschränken sich auf eine Monitoring-Funktion" (ebd. 445).

- Verpflichtete Organverfassung: Demgegenüber versucht dieser Ansatz die Abwägung und gleichzeitige Befriedigung aller legitimen Stakeholder-Interessen sicherzustellen.

    „Sie geht von einer Dritten gegenüber verpflichteten Gestaltung der Verfassung unter Berücksichtigung vielfältiger Interessen an der Unternehmung aus. Sie lässt sich kennzeichnen durch die durch Notwendigkeit des Interessenausgleichs bedingte Neigung zur Politisierung sowie durch die Gewährung von Autonomie auch nach innen, die Steuerung über eine Konzernierung durch eine Finanzholding und die duale und kollegiale Ausprägung der Führungsspitze mit einer „sounding board"-Funktion des Spitzenorgans" (ebd. 445).

25.3 Kooperationsverfassung

Neben der Verteilung der Machtbefugnisse zwischen den Spitzenorganen sind auch die **Arbeitsbeziehungen** zwischen den **Organisationseinheiten** verfassungsmäßig zu regeln. Gestaltungsobjekt ist nun – im Gegensatz zur Organverfassung – die Kooperation zwischen den Organisationseinheiten. Dabei ist wiederum in Außen- und Innenbeziehungen zu unterscheiden:

- „Bezüglich der *Außen*beziehungen steht die Zusammenarbeit mit Marktpartnern und Wettbewerbern in Form von Arbeitsgemeinschaften, strategischen Allianzen, Joint-ventures u. a. im Mittelpunkt der Gestaltung, während
- im Hinblick auf die *Innen*beziehungen das Kooperationsverhältnis zwischen den Spitzenorganen und den übrigen Organisationseinheiten zu gestalten ist." (Bleicher 1994: 296).

(1) Bei der verfassungsmäßigen Gestaltung der **Außenbeziehungen** steht die Frage im Raum, wie man partnerschaftliche Kooperation sicherstellt und wie professionelles Management von Kooperationsbeziehungen aussieht (vgl. ebd. 409 ff.). Ziel muss es sein, das Konfliktpotenzial zwischen eigenem Unternehmen und den Partnern zu erkennen und konstruktiv damit umzugehen. Die folgenden Gestaltungshinweise für eine partnerschaftliche Kooperation können herausgestellt werden (vgl. ebd. 414 f.):

- Partizipative und kooperative Gestaltung des Zielsetzungsprozesses;
- Organisatorische Regelung der strategischen Programmierung;
- Budgetierung des Ressourceneinsatzes;
- Laufende Prüfung der Tragfähigkeit von Planungsprämissen;
- Fortschrittskontrolle;
- Rechenschaftspflicht.

Ferner ist bei Kooperation – und dies nicht nur im internationalen Zusammenhang – die Frage der Kulturverträglichkeit brisant, der eine besondere Beachtung geschenkt werden muss (vgl. ebd. 415 ff.). Partnerschaftliche Ventures bedürfen v. a. einer gezielten Personalpolitik, die mit folgenden Fragen beschäftigt: Welche Führungskräfte schickt man in das Venture? Gibt es Transfermöglichkeiten von Führungspersonal zwischen Stamm- und Venture-Firmen? Wie kann man sicherstellen, dass kompetente und unvoreingenommene Personen ans Werk gehen? Wie geht man mit der Loyalitätsfrage – Mutter- oder Venture-orientiert – um? Welches Anreizsystem soll gelten?

(2) Im Hinblick auf die **Innenbeziehungen** verfolgt die Kooperationsverfassung das Ziel, den Kooperationsgedanken auf die innerbetrieblichen Arbeitsbeziehungen zu übertragen. Es geht also darum, wie man möglichst offene, partnerschaftliche Beziehungen zu den eigenen Mitarbeitern gestalten kann.

> „Nicht nur die externe Kooperation mit Partnern zur Entwicklung und Nutzung von Markt- und Technologiepotenzialen ist in der Unternehmensverfassung zu verankern, sondern auch die Kooperation als Grundprinzip der Arbeitsbeziehungen innerhalb der Unternehmung (d. h. zwischen Bereichen, Abteilungen und Individuen). Es spricht vieles dafür, dass die Art der durch die Unternehmensverfassung ermöglichten Kooperation der letztlich entscheidende Erfolgsfaktor einer Unternehmung ist" (Bleicher 1994: 422).

Die Entwicklungsrichtung zeigt hier von einer hierarchisch geführten „Palastorganisation" zur flexiblen „Zelt-Organisation" und in Richtung von Allianzen und virtuellen Organisationsformen (vgl. Abb. 25-3, Quelle: Bleicher 1994: 423). Die Darstellung macht deutlich, dass es einer Managemententscheidung bedarf, welchen Fokus eine Unternehmung im Hinblick auf sein Grundverständnis und seine Unternehmenspolitik setzen möchte. Je nach der Art der Fokussierung ergeben sich unterschiedliche Konsequenzen für die Identität und das funktionale Rollenverständnis. Will man der aufgezeigten Entwicklungsrichtung folgen, stellen sich neue Anforderungen an die Kooperation, die einer Absicherung durch die Verfassung bedürfen.

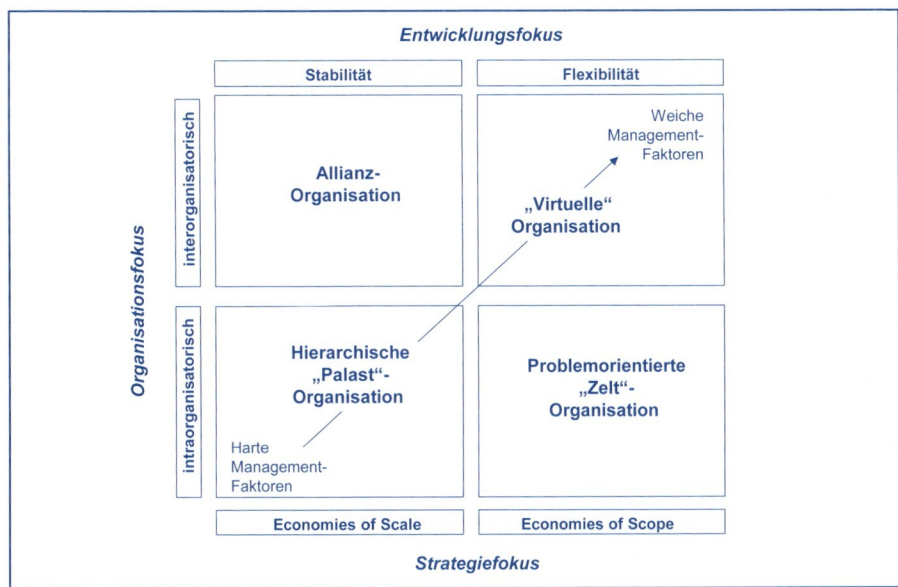

Abb. 25-3: Von der Palast-Organisation zur virtuellen Organisation

Für **Medienunternehmen** als Content schaffende Organisationen ist die Frage der Verfassung der internen Kooperation besonders virulent, da das herzustellende journalistische Endprodukt in sehr vielfältiger Form aufbereitet werden kann. Insbesondere im engeren Informationsbereich kann es je nach der gewählten Perspektive zu völlig unterschiedlichen Einschätzungen kommen – politische Prädispositionen können die Art der inhaltlichen Gestaltung des Endprodukts nachhaltig prägen. Konflikte über die Gestaltung der Inhalte im Kontext von Journalisten, Verlegern, Herausgebern, Chefredakteuren etc. sind damit vorprogrammiert. Die Unternehmensverfassung in seiner Ausprägung als Kooperationsverfassung hat vor diesem Hintergrund die Aufgabe, die Grundlinien der Zusammenarbeit zu definieren und auf lange Sicht den Beteiligten vorzugeben und festzulegen.

Ein grundsätzlicher Interessengegensatz besteht in diesem Zusammenhang z. B. zwischen Verlag und Redaktion, wie er in Abb. 25-4 symbolisiert ist. Danach hat der Verlag – vertreten durch Herausgeber und Chefredakteur – ein nachhaltiges Interesse daran, seine gewählte inhaltliche Tendenz der Redaktion gegenüber durchzusetzen, während die Redaktion ihren eigenen Freiraum – die innere Pressefreiheit – gegenüber dem Verlag bewahren möchte, gerne abgesichert durch ein Redaktionsstatut.

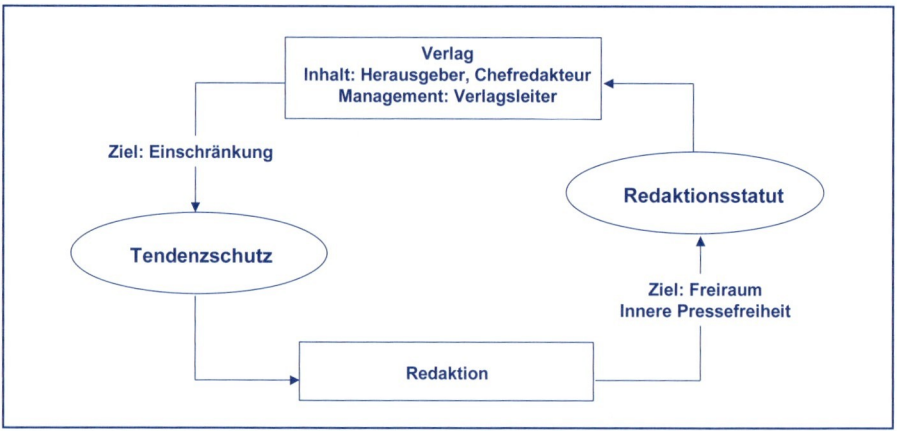

Abb. 25-4: *Spannungsfeld zwischen Verlag und Redaktion*

Unter **Tendenzschutz** wird die betriebsverfassungs- und mitbestimmungsrechtliche Regelung verstanden, in Unternehmen, die den Zweck der Berichterstattung oder Meinungsäußerung dienen (sog. „Tendenzbetriebe"), die Mitspracherechte der Arbeitnehmer in wirtschaftlichen, sozialen und personellen Angelegenheiten einzuschränken. Die rechtliche Regelung zum Tendenzschutz findet sich in § 118 Betriebsverfassungsgesetz (BetrVG).

> Tendenzschutz: „Schutz des Tendenzbetriebs bei der Verwirklichung der geistig-ideellen Unternehmensziele vor Beeinträchtigungen der Entscheidungsfreiheit durch betriebliche Mitbestimmung, geregelt in § 118 Betriebsverfassungsgesetz. Der Tendenzschutz schränkt somit die Beteiligungsrechte des Betriebsverfassungsgesetzes ein, soweit sie der Eigenart des Tendenzbetriebes entgegenstehen" (Sjurts 2004: 580). Der Wortlaut von § 118 Betriebsverfassungsgesetz (BetrVG):
> „§ 118 Tendenzbetriebe und Religionsgemeinschaften Geltung für Tendenzbetriebe und Religionsgemeinschaften
> (1) Auf Unternehmen und Betriebe, die unmittelbar und überwiegend
> 1. politischen, koalitionspolitischen, konfessionellen, karitativen/erzieherischen, wissenschaftlichen oder künstlerischen Bestimmungen oder
> 2. Zwecken der Berichterstattung oder Meinungsäußerung, auf die Artikel 5 Abs. 1 Satz 2 des Grundgesetzes Anwendung findet, dienen, finden die Vorschriften dieses Gesetzes keine Anwendung, soweit die Eigenart des Unternehmens oder des Betriebs dem entgegensteht. Die §§ 106 bis 110 sind nicht, die §§ 111 bis 113 nur insoweit anzuwenden, als sie den Ausgleich oder die Milderung wirtschaftlicher Nachteile für die Arbeitnehmer infolge von Betriebsänderungen regeln.
> (2) Dieses Gesetz findet keine Anwendung auf Religionsgemeinschaften und ihre karitativen und erzieherischen Einrichtungen unbeschadet deren Rechtsform."

In einer grundsätzlichen Gegenposition hierzu stehen die Interessen der Redaktionen, die aus Artikel 5 GG einen Anspruch auf freie Meinungsäußerung ableiten können. Sie beanspruchen die sog. **innere Pressefreiheit**, die ihnen das Recht verbrieft, eigene inhaltliche Positionen frei darzulegen. Ein Instrument zur Sicherung der inneren Pressefreiheit sind sog. **Redaktionsstatute**, die sich in der Praxis jedoch eher selten finden.

Innere Pressefreiheit: Im Allgemeinen gehen Regelungen über die innere Pressefreiheit von folgendem Konzept aus: (a) Der Verleger bestimmt die ideologische Ausrichtung und die Aufmachung des Presseorgans etc. (b) Die einzelnen Redakteure müssen sich an diese Ausrichtung halten. Wenn sie das tun, darf ihnen der Verleger keine Weisungen erteilen. Der Redakteur hat also die Kompetenz des Verfassens, Redigierens und Veröffentlichens, d. h. insoweit tritt das Direktionsrecht des Verlegers zurück. (c) Im Übrigen haben die Redakteure vor wichtigen Entscheidungen des Verlegers ein Mitspracherecht, in weitergehenden Regelungen, die durch ein Redaktionsstatut untermauert sind, sogar ein Mitbestimmungsrecht, z. B. in dem Sinn, dass nicht gegen den Willen der Mehrheit der Redakteure ein Chefredakteur abgesetzt oder ein neuer Chefredakteur angestellt werden darf.

Redaktionsstatut: Gegenstand ist die rechtlich bindende Vereinbarung zwischen Verlag und Redaktion über die Festlegung der Rechte der Journalisten. Insofern ist es ein Instrument der Kompetenzabgrenzung. Es wird gelegentlich bei Presseverlagen praktiziert, spielt aber auch zwischen Intendant (Hierarchie) und (verantwortlicher) Redaktion in den öffentlich-rechtlichen Rundfunkanstalten eine Rolle. Der Inhalt von Redaktionsstatuten umfasst bevorzugt die Einrichtung von sog. Redaktionsvertretungen und von Regelungen zur Beilegung von Streitigkeiten über inhaltliche Fragen sowie Regelungen über Inormations-, Anhörungs- und Mitwirkungsrechte. Redaktionsvertretungen werden auch als „Redakteursvertretung" oder „Redakteursausschuss" bezeichnet.

Fallbeispiel: Redaktionsstatut der Tageszeitung „taz"

Quelle: http://www.taz.de/pt/.etc/nf/ueberuns/statut (15.04.2007)

§ 1: Das Redaktionsstatut der taz, die tageszeitung, regelt die Beziehungen zwischen Redaktion und Chefredaktion einerseits und Chefredaktion und der TAZ Verlags- und Vertriebs GmbH anderseits. Das Statut ist für die Dauer seiner Laufzeit Bestandteil der Arbeitsverträge aller in der taz fest angestellten RedakteurInnen, KorrespondentInnen und AutorInnen (im Folgenden: RedakteurInnen) einschließlich des Chefredakteurs oder der Chefredakteurin - gleichgültig, in welcher Gesellschaft des taz-Konzerns die einzelnen MitarbeiterInnen angestellt sind. Das Statut ist eine Betriebsvereinbarung, deren Inhalt und Geltungsdauer durch Änderungen in den Eigentumsverhältnissen des taz-Verlags nicht berührt werden.

§ 2: Die taz engagiert sich für eine kritische Öffentlichkeit. Sie tritt ein für die Verteidigung und Entwicklung der Menschenrechte und artikuliert insbesondere die Stimmen, die gegenüber den politisch Mächtigen kein Gehör finden. Die taz wendet sich gegen jede Form von Diskriminierung. Für die Redaktion ist Freiheit die Freiheit der Andersdenkenden, entscheidet sich Demokratie an den demokratischen Rechten jedes einzelnen Menschen. Die Zeitung ist der wahrheitsgetreuen Berichterstattung verpflichtet; sie bekennt sich zur Tradition ihrer publizistischen Sprache, sie widersteht dem Druck der Stereotype und des sprachlichen und thematischen Konformismus, sie gibt den Beiträgen ihrer Redakteur Innen, KorrespondentInnen und AutorInnen besonderes Gewicht. Die Redaktion weist jede Einflussnahme, jeden Druck seitens einzelner Personen, politischer Parteien, ökonomisch, religiös oder ideologisch orientierter Gruppen zurück. Die taz ist eine unabhängige überregionale Tageszeitung für Politik und Kultur; Erscheinungsort ist Berlin. Sie versteht sich als Erstzeitung. In der Überzeugung, dass aus deutscher und auch aus europäischer Sicht allein die Welt nicht adäquat beschrieben werden kann, haben Inlands- und Auslandsthemen den gleichen Rang.

§ 3: In diesem Rahmen gestaltet die Redaktion die Zeitung frei und selbstständig. Kein Redakteur und keine Redakteurin dürfen gezwungen werden, gegen die eigene Überzeugung zu schreiben und zu bebildern. Ansichten von Redaktionsmitgliedern, die den in der Redaktion jeweils vorherrschenden Sichtweisen zuwiderlaufen, werden respektiert. Die Themen und Inhalte der Zeitung werden auf der Redaktionskonferenz unter Leitung der Chefredaktion diskutiert und festgelegt. Anzeigen, Meinungsseiten und anzeigenorientierte Beilagen sind als solche deutlich kenntlich zu machen und vom redaktionellen Teil deutlich zu trennen.

§ 4: Der Grundsatz aller redaktionellen Arbeit ist die selbstständige, verantwortliche Tätigkeit der RedakteurInnen und der einzelnen Ressorts in den ihnen übertragenen und im Arbeitsvertrag festgelegten Zuständigkeitsbereichen. Die Chefredaktion entscheidet in Fragen der Blattstruktur und der Redaktionsorganisation vorbehaltlich der in Paragraph 6 und 7 formulierten Bestimmungen und vertritt die redaktionellen Entscheidungen gegenüber dem Verlag. In der täglichen Produktion hat die Chefredaktion das letzte Wort; sie verantwortet den redaktionellen Teil der taz.

§ 5: Für die Beziehungen zwischen Redaktion und Verlag gelten folgende Grundsätze: Der Vorstand bestimmt die Mitglieder der Chefredaktion. Er berät seine Vorschläge vorher vertraulich mit den anderen Mitgliedern der Chefredaktion und dem Redaktionsausschuss. Legt der Redaktionsausschuss gegen einen Vorschlag sein Veto ein, so ist der Vorschlag hinfällig. Bei hausinternen Vorschlägen kann jedes Mitglied der Redaktion den Redaktionsausschuss auffordern, eine außerordentliche Redaktionsversammlung einzuberufen. Auf dieser Versammlung kann jedes Redaktionsmitglied eine geheime Abstimmung über den Personalvorschlag des Vorstandes beantragen. Sollte bei dieser Abstimmung mehr als die Hälfte gegen den/die KandidatIn stimmen, ist der Vorschlag damit hinfällig. Die Entlassung von Mitgliedern der Chefredaktion ist Sache des Vorstandes.

Die Redaktion hat dabei ein Vetorecht: Wenn bei einer Redaktionsversammlung im Rahmen einer geheimen Abstimmung zwei Drittel gegen die Entlassung eines Mitgliedes der Chefredaktion stimmen, ist die Abberufung nicht möglich.

§ 6: In der Besetzung der übrigen redaktionellen Stellen ist die Redaktion frei. Die Geschäftsführung ist verpflichtet, die vorgeschlagenen Personen im Rahmen des vom Verlag be- willigten Stellenplans einzustellen. Über die Auflösung und Neuanschaffung von Ressorts entscheidet die Chefredaktion nach Beratung mit dem Redaktionsausschuss. Der Redaktionsausschuss hat ein Vetorecht. Die Chefredaktion setzt die Redaktionsleiter ein. Die anderen Ressortleiter oder die jeweiligen Redaktionsmitglieder des betroffenen Ressorts haben gegen den Vorschlag der Chefredaktion ein Vetorecht: Wenn mindestens die Hälfte aller bereits amtierenden RessortleiterInnen oder die Hälfte des Ressorts widersprechen, ist der Vorschlag der Chefredaktion hinfällig. Über die Einstellung neuer RedakteurInnen entscheidet die jeweilige RessortleiterIn. Die Chefredaktion hat ein Vetorecht. Wider- sprechen zwei Drittel eines Ressorts der festen Anstellung eines Redakteurs/einer Redakteurin, so kann die Einstellung nicht vorgenommen werden. Es werden so lange bevorzugt RedakteurInnen eingestellt, bis die Hälfte der Mitglieder des jeweiligen Ressorts Frauen sind.

§ 7: Die publizistischen und personellen Interessen der Redaktion nimmt der Redaktionsausschuss wahr. Er besteht aus drei Mitgliedern unterschiedlicher Redaktionen, die die fest angestellten RedakteurInnen in geheimer Wahl für die Dauer eines Jahres bestimmen. Die Mitglieder des Ausschusses genießen besonderen Kündigungsschutz. Sie wählen einen Sprecher oder eine Sprecherin und geben sich eine Geschäftsordnung. Die Beschlussfähigkeit des Redaktionsausschusses setzt die Anwesenheit der Mehrheit seiner Mitglieder voraus. Wenn ein Drittel der Redaktion eine Neuwahl des Redaktionsausschusses beantragt, beruft dieser innerhalb von vier Wochen eine Redaktionsversammlung zwecks Neuwahl des Redaktionsausschusses ein. Tritt ein Mitglied des Redaktionsausschusses zurück, oder fällt für die Tätigkeit in demselben für mehr als drei Monate aus, rückt der/die bei der letzten Wahl des Redaktionsausschusses nicht gewählte Kandidat/in mit den meisten Stimmen nach. Der Redaktionsausschuss kann in allen Konflikten innerhalb der Redaktion angerufen werden. Chefredaktion, Ressortleitung oder andere beteiligte RedakteurInnen sind dann zum Gespräch mit dem Redaktionsausschuss verpflichtet. Der Redaktionsausschuss muss bei Veränderungen der Blattstruktur gehört werden und hat ein Einspruchsrecht. Ein Einspruch muss mindestens eine Woche nach der Anhörung schriftlich begründet vorliegen. In diesem Fall beruft der Redaktionsausschuss eine Redaktionsversammlung ein. Die Chefredaktion ist verpflichtet, auf dieser Versammlung zu erscheinen und die vorgeschlagenen Veränderungen der Blattstruktur zur Diskussion zu stellen, bevor sie dann darüber entscheidet. Der Redaktionsausschuss hat das Recht, jederzeit eine Redaktionsversammlung einzuberufen. Wenigstens einmal im Jahr wird er vom Verlag über die wirtschaftliche Lage des Unternehmens informiert. Stehen größere wirtschaftliche Veränderungen oder Entlassungen an, wird er rechtzeitig vorher darüber informiert und gehört. Soweit nicht anders vereinbart, ist darüber Stillschweigen zu bewahren. Der Redaktionsausschuss wird insbesondere tätig, wenn er Verstöße gegen die in Punkt 2 beschriebene publizistische Grundrichtung der taz sieht. Er hat daraufhin eine Redaktionsversammlung einzuberufen. Stellt die Redaktionsversammlung mit dem Votum von mindestens zwei Drittel aller fest angestellten RedakteurInnen und KorrespondentInnen ebenfalls einen dauerhaften Verstoß gegen die Grundrichtung der taz fest, so muss der Verlag eine neue Chefredaktion bestellen.

§ 8: Das Statut gilt für zwei Jahre. Wird das Statut nicht drei Monate vor Ablauf der Frist gekündigt, so verlängert es sich automatisch um ein weiteres Jahr. Wird das Statut vom Verlag oder vom Redaktionsausschuss gekündigt, so gilt es so lange übergangsweise weiter, bis sich die beiden Verhandlungspartner geeinigt und die Versammlung der Mitarbeitergenossen der neuen Fassung zugestimmt haben.

Kapitel 25: Unternehmensverfassung

Fallbeispiel: Redaktionsstatut Mannheimer Morgen

Bundesarbeitsgericht. Pressemitteilung Nr. 36 vom 20.06.2001: Redaktionsstatut beim "Mannheimer Morgen"

Die Beklagte gibt die Tageszeitung „Mannheimer Morgen" heraus. Es besteht ein Redaktionsstatut, das 1975 von den Redaktionsmitgliedern, den Herausgebern und der Unternehmensleitung beschlossen wurde. Seine Geltung ist in den Anstellungsverträgen der Redakteure vereinbart. Das Redaktionsstatut sieht u. a. einen Redaktionsrat vor, der von den Redakteuren zu wählen ist. Der Redaktionsrat kann aus sachlichem Grund der Berufung oder Entlassung eines Chefredakteurs widersprechen. Daneben bestehen weitere Beteiligungsrechte. Unter dem 4. Januar 1996 teilte die Beklagte allen Redakteuren mit, daß sie das Redaktionsstatut nicht mehr als zeitgemäß betrachte und im übrigen erhebliche Zweifel an seiner rechtlichen Wirksamkeit habe. Vorsorglich kündigte sie das Redaktionsstatut mit sofortiger Wirkung. In der Folge beteiligte sie den Redaktionsrat bei der Berufung von Chefredakteuren nicht mehr. Die Kläger sind Redakteure der Zeitung und Mitglieder des Redaktionsrats. Das Landesarbeitsgericht hat auf ihren Antrag festgestellt, daß das Redaktionsstatut ungekündigt fortbesteht.

Die Revision der Beklagten war weitgehend erfolglos. Der Erste Senat des Bundesarbeitsgerichts hat erkannt, daß das Redaktionsstatut weiterhin gilt. Es verstößt nicht gegen das gesetzliche Vertretungsmonopol des Betriebsrats, denn es enthält Beteiligungsrechte des Redaktionsrats nur, soweit aus Gründen des Tendenzschutzes Mitbestimmungsrechte des Betriebsrats ohnehin ausgeschlossen sind. Das Redaktionsstatut bindet die Beklagte auch nicht in einer mit ihrer Pressefreiheit unvereinbaren Weise. Es ist durch die Kündigung der Beklagten nicht beendet worden. Eine Teilkündigung der arbeitsvertraglichen Vereinbarungen ist unzulässig; eine Änderungskündigung liegt nicht vor.

Entscheidung vom 19.06.2001 – 1 AZR 463/00. Vorgehende Entscheidung: LAG Baden-Württemberg, Urteil vom 5. Mai 2000 - 16 Sa 48/99 –

Peter Eichstädt: Mit Redaktionsstatut innere Pressefreiheit stärken!

Durch die regionale Abgrenzung ihrer Verbreitungsgebiete haben in Schleswig-Holstein vier Zeitungsverlage ein Monopol in ihrem Gebiet; Wettbewerb findet nicht statt. Da deshalb die Pluralität der Presse nicht mehr besteht, muss zumindest die innere Pressefreiheit sichergestellt werden", forderte der medienpolitische Sprecher der SPD-Landtagsfraktion, Peter Eichstädt, am Mittwoch in einer Podiumsdiskussion des Deutschen Journalisten Verbandes im Kieler Landeshaus. Eichstädt schlug vor, die innere Pressefreiheit in den Zeitungsverlagen durch das Landespressegesetz zu stärken. Die SPD-Fraktion werde prüfen, ob Mindestanforderungen an Redaktionsstatute im Gesetz verbindlich festgelegt werden können. In den Verlagen sollten Redaktionsversammlungen und die Wahl eines Redaktionsausschusses institutionalisiert werden. Dieser müsse z. B. der Berufung oder Abberufung des Chefredakteurs/der Chefredakteurin und anderen personellen Veränderungen in der Redaktion zustimmen. „Auf diese Weise könnte die Unabhängigkeit der redaktionellen Arbeit gestärkt werden", so Eichstädt. Pressefreiheit dürfe sich nicht nur auf die Verlage beziehen, sondern müsse auch für die dort arbeitenden Journalisten gelten. „Das Recht der freien Meinungsäußerung im Grundgesetz bezieht sich auch auf das Recht der Bürgerinnen und Bürger auf freie und objektive Information und die Transparenz über das Zustandekommen von Nachrichten", erklärte Eichstädt, „deshalb müssen wir das Thema Pressefreiheit aus Expertenrunden herausholen und uns als Parlament damit beschäftigen. Die anderen Fraktionen sind eingeladen, sich an der Diskussion zu beteiligen."

Quelle: Sozialdemokratischer Informationsbrief, Kiel, 24.11.2005, Nr.: 183/2005

Wie die Mitbestimmung der Journalisten konkret zum Tragen kommt, hängt zudem von der Rechtsform ab.

> „Bei privaten Medienunternehmen finden sich die klassische eigentümerorientierte Verlegerkonstruktion, Genossenschaftsmodelle („die tageszeitung") sowie Varianten der Kapitalbeteiligung von Mitarbeitern (z. B. Der Spiegel, Bertelsmann). ... Zur Sicherung der Meinungsvielfalt wurde für den öffentlich-rechtlichen Rundfunk ein binnenpluralistisches Modell realisiert" (Gerum zum Stichwort „Corporate Governance" in: Sjurts 2011: 87).

Zur Beurteilung der **Qualität von Kooperationsverfassungen** dient auch hier das bekannte Raster, nach dem Kooperationsverfassungen in opportunistische und in (der Gesellschaft) verpflichtete Kooperationsverfassungen unterschieden werden können (vgl. Abb. 25-5, in Anlehnung an Bleicher 1994: 456).

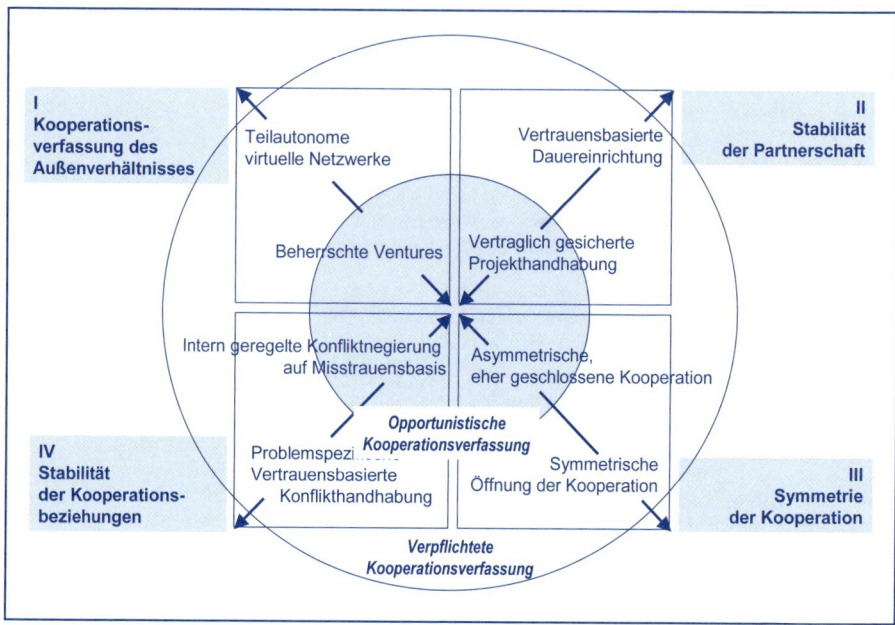

Abb. 25-5: Profil der Kooperationsverfassung

„Opportunistische Kooperationsverfassung: Sie zeichnet sich durch eine eher zurückhaltende Einstellung gegenüber Kooperationen aus, die sowohl im Außen- als auch im Innenverhältnis durch Sicherheitsstreben und Misstrauen geprägt sind, während sich eine verpflichtete Kooperationsverfassung durch eine offene Haltung gegenüber jeglicher Form von Kooperation auszeichnet, die auch längerfristige Bündnisse bei vorhandener Vertrauensbasis möglich macht. Im Innern drückt sich diese Kooperationsbereitschaft durch Dezentralisierungstendenzen und einen partizipativen Führungsstil aus" (ebd. 457).

Beispiel Bertelsmann: Gewinnbeteiligung der Mitarbeiter

Die Beteiligung am Erfolg: Die Bertelsmann AG gehört zu den Pionieren der betrieblichen Gewinnbeteiligung in Deutschland. Bereits 1970 wurde die Bertelsmann-Gewinnbeteiligung eingeführt. Seit nunmehr 35 Jahren sind Mitarbeiter durch die Gewinnbeteiligung am gemeinsam erwirtschafteten Erfolg des Unternehmens beteiligt. Damit findet die Idee, dass Gesellschafter, Unternehmensführung und Mitarbeiter eine Arbeitsgemeinschaft bilden, auch in der Vergütung ihren Ausdruck. Die Ausschüttung erfolgt als Barauszahlung oder Überführung in die Bertelsmann-Pensionskasse. Im Frühjahr 2005 erhielten 15.000 Mitarbeiter der deutschen Bertelsmann-Firmen aus dem Ergebnis des Geschäftsjahres 2004 eine Gewinnbeteiligung von mehr als 7,6 Mio. €. Die RTL Group, Gruner + Jahr und auch zahlreiche Bertelsmann-Firmen außerhalb Deutschlands verfügen über eigene Gewinnbeteiligungsmodelle.

Quelle: Bertelsmann Corporate Responsibility Report 2005, S. 30 f.

25.4 Corporate Governance

(1) Der Begriff Corporate Governance kann zunächst als Oberbegriff für die Art und Weise der Steuerung eines Unternehmens bezeichnet worden. Dieser Ansatz bedarf im Kontext der Unternehmensverfassung einer Präzisierung.

Hierbei soll dem Ansatz gefolgt werden, der die Unternehmensverfassung von Corporate Governance abgrenzt (vgl. Littger 2006: 47 ff.). Der Hauptunterschied besteht darin, dass bei der Unternehmensverfassung vorrangig eine Ausrichtung der Perspektive auf die inhaltlich-materiellen Rechtsregelungen erfolgt und insofern die Fixierung des Ausgleichs der Stakeholder-Interessen über das Rechtssystem im Mittelpunkt steht. Demgegenüber lenkt Corporate Governance den Blick auf die ökonomische Perspektive und rückt als Maßstab für den Erfolg die Effizienzziele in das Zentrum der Betrachtungen.

> „Anders als Corporate Governance entstammt der Begriff Unternehmensverfassung nicht einer ökonomisch, sondern einer rechtswissenschaftlich geprägten Auseinandersetzung. Er findet sich vor allem seit den 50er Jahren als Beschreibung für das rechtliche Organisationsstatut von Unternehmen Verwendung. In diesem Sinne umfasst die Unternehmensverfassung die Summe aller offiziellen, unternehmensrechtlichen Regelungen grundsätzlicher Art, die dem Unternehmen einen fixierten Handlungsrahmen vorgeben. Ganz bewusst wurde mit diesem Begriff auch Bezug genommen auf den rechtsstaatlichen Verfassungsbegriff. Diesem liegt das Verständnis einer „institutionalisierten Schaffung und Beibehaltung einer Grundordnung" zu Grunde, welche „die Gesamtheit aller grundlegenden Regelungen und dauerhaften Regelungen über den (rechtlichen) Aufbau und Ablauf eines organisatorischen Gefüges umfasst." Die Einführung von Unternehmens*verfassungs*regelungen führt damit regelmäßig zu einer – verfassungsmäßigen – Zementierung von Unternehmensstrukturen. Entscheidende Gestaltungsmaxime von Corporate Governance stellt dem gegenüber die Beherrschung und Steuerung eines stetigen Wandels der komplexen ökonomischen Bedingungen dar. Im Gegensatz zur inhaltlichen, verfassungsmäßigen Fixierung von Regelungen im Sinne der Unternehmensverfassung verbindet sich mit Corporate Governance ein hoher Grad an Aufgeschlossenheit hinsichtlich seiner regulatorischen Konzeption und Umsetzungsstrategien" (Littger 2006: 47 f.).

(2) Zu einem gemeinsamen Verständnis von Corporate Governance hat maßgeblich der seit 2000 entwickelte „Deutsche Corporate Governance Kodex" (DCGK) beigetragen. Hauptadressaten der Kodex-Empfehlungen und Anregungen sind die Organe Vorstand und Aufsichtsrat und deren Mitglieder börsennotierter Unternehmen. In der Präambel werden wird verdeutlicht, dass es darum geht, „international und national anerkannte Standards guter und verantwortungsvoller Unternehmensführung" zu kodifizieren (zur detaillierten Darstellung der Entwicklungsgeschichte und der Inhalte des DCGK vgl. Littger 2006). Es ist zu erwarten, dass der DCGK mittelfristig für alle Unternehmen als Leitmaxime dienen wird.

Nachfolgend sie die Präambel des DCGK wiedergegeben, aus der sich der „Geist" dieses Instruments erkennen lässt.

Deutscher Corporate Governance – Kodex | 1. Präambel

Der vorliegende Deutsche Corporate Governance Kodex (der „Kodex") stellt wesentliche gesetzliche Vorschriften zur Leitung und Überwachung deutscher börsennotierter Gesellschaften (Unternehmensführung) dar und enthält international und national anerkannte Standards guter und verantwortungsvoller Unternehmensführung. Der Kodex soll das deutsche Corporate Governance System transparent und nachvollziehbar machen. Er will das Vertrauen der internationalen und nationalen Anleger, der Kunden, der Mitarbeiter und der Öffentlichkeit in die Leitung und Überwachung deutscher börsennotierter Gesellschaften fördern.

Der Kodex verdeutlicht die Verpflichtung von Vorstand und Aufsichtsrat, im Einklang mit den Prinzipien der sozialen Marktwirtschaft für den Bestand des Unternehmens und seine nachhaltige Wertschöpfung zu sorgen (Unternehmensinteresse).

Deutschen Aktiengesellschaften ist ein duales Führungssystem gesetzlich vorgegeben:

- Der Vorstand leitet das Unternehmen in eigener Verantwortung. Die Mitglieder des Vorstands tragen gemeinsam die Verantwortung für die Unternehmensleitung. Der Vorstandsvorsitzende koordiniert die Arbeit der Vorstandsmitglieder.
- Der Aufsichtsrat bestellt, überwacht und berät den Vorstand und ist in Entscheidungen, die von grundlegender Bedeutung für das Unternehmen sind, unmittelbar eingebunden. Der Aufsichtsratsvorsitzende koordiniert die Arbeit im Aufsichtsrat.
- Die Mitglieder des Aufsichtsrats werden von den Aktionären in der Hauptversammlung gewählt. Bei Unternehmen mit mehr als 500 bzw. 2000 Arbeitnehmern im Inland sind auch die Arbeitnehmer im Aufsichtsrat vertreten, der sich dann zu einem Drittel bzw. zur Hälfte aus von den Arbeitnehmern gewählten Vertretern zusammensetzt. Bei Unternehmen mit mehr als 2.000 Arbeitnehmern hat der Aufsichtsratsvorsitzende, der praktisch immer ein Vertreter der Anteilseigner ist, ein die Beschlussfassung entscheidendes Zweitstimmrecht. Die von den Aktionären gewählten Anteilseignervertreter und die Arbeitnehmervertreter sind gleichermaßen dem Unternehmensinteresse verpflichtet.

Alternativ eröffnet die Europäische Gesellschaft (SE) die Möglichkeit, sich auch in Deutschland für das international verbreitete System der Führung durch ein einheitliches Leitungsorgan (Verwaltungsrat) zu entscheiden.

Die Ausgestaltung der unternehmerischen Mitbestimmung in der SE wird grundsätzlich durch eine Vereinbarung zwischen der Unternehmensleitung und der Arbeitnehmerseite festgelegt. Die Arbeitnehmer in den EU-Mitgliedstaaten sind einbezogen.

Das auch in anderen kontinentaleuropäischen Ländern etablierte duale Führungssystem und das monistische Verwaltungsratssystem bewegen sich wegen des intensiven Zusammenwirkens von Vorstand und Aufsichtsrat im dualen Führungssystem in der Praxis aufeinander zu und sind gleichermaßen erfolgreich.

Die Rechnungslegung deutscher Unternehmen ist am True-and-fair-view-Prinzip orientiert und vermittelt ein den tatsächlichen Verhältnissen entsprechendes Bild der Vermögens-, Finanz- und Ertragslage des Unternehmens.

Empfehlungen des Kodex sind im Text durch die Verwendung des Wortes „**soll**" gekennzeichnet. Die Gesellschaften können hiervon abweichen, sind dann aber verpflichtet, dies jährlich offen zu legen. Dies ermöglicht den Gesellschaften die Berücksichtigung branchen- oder unternehmensspezifischer Bedürfnisse. So trägt der Kodex zur Flexibilisierung und Selbstregulierung der deutschen Unternehmensverfassung bei. Ferner enthält der Kodex **Anregungen**, von denen ohne Offenlegung abgewichen werden kann; hierfür verwendet der Kodex Begriffe wie „**sollte**" oder „**kann**". Die übrigen sprachlich nicht so gekennzeichneten Teile des Kodex betreffen Bestimmungen, die als geltendes Gesetzesrecht von den Unternehmen zu beachten sind.

In Regelungen des Kodex, die nicht nur die Gesellschaft selbst, sondern auch ihre Konzernunternehmen betreffen, wird der Begriff „Unternehmen" statt „Gesellschaft" verwendet.

Der Kodex richtet sich in erster Linie an börsennotierte Gesellschaften. Auch nicht börsennotierten Gesellschaften wird die Beachtung des Kodex empfohlen.

Der Kodex wird in der Regel einmal jährlich vor dem Hintergrund nationaler und internationaler Entwicklungen überprüft und bei Bedarf angepasst.

Kernaussagen

- Die Frage der Unternehmensverfassung ist von zentraler Bedeutung für die Normierung der Machtverhältnisse innerhalb eines Unternehmens.
- Zu unterscheiden sind die Organverfassung und die Kooperationsverfassung.
- Bei der Organverfassung steht die Frage eines monistischen vs. dualistischen Systems zur Debatte, bei der Kooperationsverfassung die Frage der Mitbestimmung der Mitarbeiter, wie sie sich bei Medienunternehmen z. B. auch dahingehend stellt, inwieweit im Zeichen von Tendenzbetrieben die innere Pressefreiheit geschützt werden kann.
- Vom Begriff Unternehmensverfassung ist der Begriff Corporate Governance abzugrenzen, welcher stärker ökonomisch ausgelegt ist und eine breiter Sicht nahe legt.

Literatur

Weiterführende Literatur: Grundlagen

Baums, T. (Hrsg.)(2001): Bericht der Regierungskommission Corporate Governance: Unternehmensführung, Unternehmenskontrolle, Modernisierung des Aktienrechts, Köln.
Bleicher, K. (1991): Das Konzept integriertes Management, Frankfurt/Main.
Bleicher, K. (1994): Normatives Management, Frankfurt/Main.
Eichhorn, P. (Hrsg.)(1989): Unternehmensverfassung in der privaten und öffentlichen Wirtschaft, Baden-Baden.
Gerum, E. (1992): Unternehmensverfassung, in: Frese, E. (Hrsg.)(1992): Handwörterbuch der Organisation, 3. Aufl., Stuttgart, Sp. 2480-2502.
Hungenberg, H. (2000): Kooperation und Konflikt aus Sicht der Unternehmensverfassung, in: Hungenberg, H./Schwetzler, B. (2000): Unternehmung, Gesellschaft und Ethik, Wiesbaden 2000, S. 125-141.
Hungenberg, H./Wulf, T. (2011): Grundlagen der Unternehmensführung, 4., akt. u. erw. Aufl., Berlin, Heidelberg, New York.
Littger, M. (2006): Deutscher Corporate Governance Kodex – Funktion und Entwicklungschancen, Baden-Baden.
Malik, F. (2002): Die Neue Corporate Governance. Richtiges Top-Management – Wirksame Unternehmensaufsicht. Frankfurt am Main.
Oechsler, W. A. (1999a): Unternehmensethik, in: Kieser, A./Oechsler, W. A. (Hrsg.)(1999): Unternehmungspolitik, Stuttgart, S. 339-348.
Oechsler, W. A. (1999b): Unternehmensverfassung, in: Kieser, A./Oechsler, W. A. (Hrsg.)(1999): Unternehmungspolitik, Stuttgart, S. 124-149.
Schewe, G. (2005): Unternehmensverfassung. Corporate Governance im Spannungsfeld von Leitung, Kontrolle und Interessenvertretung. Berlin, Heidelberg, New York.
Schwarz, P./Schnurbein, G. von (2005): Gemeinsamkeiten und strukturelle Unterschiede der Corporate und Nonprofit Governance, in: Zeitschrift für öffentliche und gemeinwirtschaftliche Unternehmen, Ba. 28, H. 4, S. 358-375.
Thommen, J.-P. (2003): Glaubwürdigkeit und Corporate Governance, 2., vollst. überarb. Aufl., Zürich.
Ulrich, P./Fluri, E. (1995): Management, 7., verb. Aufl., Bern, Stuttgart, Wien.
Werder, A. v. (2008): Führungsorganisation, 2., akt. u. erw. Aufl., Wiesbaden.

Weiterführende Literatur: Medien

Besselmann, P./Kötzle, A. (2006): Public Corporate Governance im öffentlichen Rundfunk, in: Medien-Wirtschaft, 3. Jg., H. 1, S. 34-50.
Bolsenkötter, H. (1989): Führungsstrukturen öffentlich-rechtlicher Rundfunkanstalten, in: Eichhorn, P. (Hrsg.)(1989): Unternehmensverfassung in der privaten und öffentlichen Wirtschaft, Baden-Baden, S. 278-289.

Bühringer, H. (1987): Aufsicht und Kontrolle bei öffentlich-rechtlichen Rundfunkanstalten, in: Fleck, F. H. (Hrsg.)(1987): Planung, Aufsicht und Kontrolle von Rundfunk-Unternehmen, Stuttgart, Berlin, Köln, Mainz, S. 49-69.

Eichhorn, P. (1990): Vorstandsverfassung für Rundfunkanstalten, in: Eichhorn, P./Raffée, H. (Hrsg.) (1990): Management und Marketing von Rundfunkanstalten, Baden-Baden, S. 11-24.

Fleck, F. H. (1984): Die Rundfunkverfassungen. Eine vergleichende Weltübersicht in medienpolitischer und wirtschaftlicher Hinsicht. In: Stern, K. et al. (Hrsg.)(1984): Programmauftrag und Wirtschaftlichkeit der Rundfunkanstalten, München, S. 53-94.

Fleck, F. H. (Hrsg.)(1987): Planung, Aufsicht und Kontrolle von Rundfunk-Unternehmen, Stuttgart, Berlin, Köln, Mainz.

Grätz, R. (2002): Gremien in öffentlich-rechtlichen Rundfunkanstalten. Entscheidungsträger oder Erfüllungsgehilfen? Köln.

Holznagel, B./Vollmeier, I. (2003): Gemeinsame oder getrennte Aufsicht? Ein Überblick über die verschiedenen Ansätze der Beaufsichtigung von öffentlichem und kommerziellem Rundfunk, in: Donges, P./Puppis, M. (Hrsg.)(2003): Die Zukunft des öffentlich-rechtlichen Rundfunks, Köln, S. 277-291.

Kiefer, H. J. (1987): Die Unternehmensfunktion Aufsicht und Kontrolle für das Medien-Informations-Unternehmen, in: Fleck, F. H. (Hrsg.)(1987): Planung, Aufsicht und Kontrolle von Rundfunk-Unternehmen, Stuttgart, Berlin, Köln, Mainz, S. 23-48.

Kops, M. (1997): Regelungsdichte und Gestaltungsprinzipien von Finanzverfassungen, Köln.

Lilienthal, V. (Hrsg.)(2009): Professionalisierung der Medienaufsicht. Wiesbaden.

Meier, H. E. (2003): Strategieanpassungsprozesse im öffentlich-rechtlichen Fernsehen, Berlin.

Meier, H. E. (2004): Der Einfluss des Fernsehrates auf die Angebotspolitik des ZDF – Ein empirischer Beitrag zur aktuellen Debatte um die Zukunft der Aufsichtsgremien im öffentlich-rechtlichen Rundfunk, in: Zeitschrift für öffentliche und gemeinwirtschaftliche Unternehmen, Bd. 27, H. 2, S. 149-166.

Münch, J.-B. (1987): Die direkte Kontrolle über die öffentlich-rechtliche Rundfunkanstalt, in: Fleck, F. H. (1987): Planung, Aufsicht und Kontrolle von Rundfunk-Unternehmen, Stuttgart, Berlin, Köln, Mainz, S 71-78.

Pantenburg, U. (1996): Die Organisation der Leitungsspitze von Rundfunkanstalten, Baden-Baden.

Studien, Unternehmenspublikationen, Lexika

Berg, H. J. (Hrsg.)(1999): Rundfunk-Gremien in Deutschland, Berlin.

Bertelsmann Corporate Responsibility Report 2005, Gütersloh.

Sjurts, I. (2011): Gabler Lexikon Medienwirtschaft, 2., akt. u. erw. Aufl., Wiesbaden.

Kapitel 26
Unternehmenspolitik

26.1 Bausteine eines unternehmenspolitischen Konzepts 639
26.2 Mission 641
26.3 Vision 642
26.4 Leitbild 644
26.5 Unternehmenspolitisches Programm 647

Leitfragen

- Was versteht man im St. Galler Management-Modell unter dem Begriff „Unternehmenspolitik"?
- Warum sollte man die Aktivitäten und Prozesse in einer Unternehmung „normieren"?
- Was unterscheidet die Unternehmenspolitik als Zielsetzungskonzept von der Unternehmenspolitik als Zielsicherungskonzept?
- Was ist „politisch" an der Unternehmenspolitik?
- Aus welchen Bausteinen besteht ein wirkungsvolles und durchdachtes unternehmenspolitisches Gesamtkonzept?
- Zu welchen Kernaussagen sollte die Formulierung einer Mission Stellung beziehen?
- Was ist die Mission einer öffentlich-rechtlichen Rundfunkanstalt?
- Was versteht man unter einem „Mission Statement"?
- Welche Eigenschaften sollte eine „Vision" aufweisen?
- Welche unterschiedlichen Arten bzw. Typen von Vision unterscheidet man?
- Wodurch unterscheidet sich eine Vision von einer Mission?
- Wann würde man von einem Medienmanager als „visionärer Persönlichkeit" sprechen?
- Welche Beispiele hierfür könnte man nennen?
- Was versteht man unter einem „Unternehmensleitbild"?
- Warum haben viele Unternehmen kein Leitbild?
- Welche Funktionen soll ein Unternehmensleitbild erfüllen?
- Aus welchen Bausteinen soll sich ein Unternehmensleitbild zusammensetzen?
- Warum sind in der Praxis, auch in der Medienpraxis, nicht viele Beispiele für Unternehmensleitbilder zu finden?
- Was versteht man unter einem „unternehmenspolitischen Programm"?
- Was ist ein „leistungswirtschaftliches Konzept"?
- Wie könnte eine wirkungsvolle Personalpolitik aussehen?
- Was sind Grundbausteine einer soliden Finanzpolitik?
- Welche Festlegungen sind dabei zu treffen?
- Was versteht man unter einem „finanzwirtschaftlichen Konzept"?
- Wodurch zeichnet sich ein „soziales Konzept" aus?
- Warum ist eine Unternehmenspolitik nur dann eine Unternehmenspolitik, wenn alle ihre Elemente ausformuliert und „aus einem Guss" sind?
- Was unterscheidet eine „konventionelle Unternehmenspolitik" von einer „avantgardistischen"?
- Was versteht man unter einer „opportunistischen Unternehmenspolitik"?
- Was versteht man unter einer „gesellschaftlich verpflichteten Unternehmenspolitik"?

Gegenstand

Der Begriff „Unternehmenspolitik" wird in der wissenschaftlichen Literatur und in der Praxis äußerst vieldeutig und breit verwendet. Dies ist verständlich, wird doch schon im Sprachgebrauch dem Begriff „Politik" eine höchst unterschiedliche Bedeutung zugemessen.

Grundsätzlich wird betont, dass Politik im Sinne von „politics" und im Sinne von „policy making" bzw. „policy" verstanden werden kann (vgl. Müller-Stewens 2000: 3173): „Politics" kennzeichnet das bewusste Durchsetzen eines bestimmten Willens und ist eng mit dem Begriff der Macht verknüpft, während „policy" das „geschickte Lavieren angesichts der Herausforderungen der Umwelt", also die Einflussnahme auf die konkreten Gegebenheiten des Unternehmens, bezeichnet. Unter inhaltlichen Gesichtspunkten lassen sich drei unterschiedliche Ansatzpunkte unterscheiden (vgl. Steinle 2005: 114 ff.):

- Unternehmenspolitik als Zielsetzungskonzept (nach Ulrich bzw. Ulrich/Fluri): Unternehmenspolitik wird verstanden als „die Gesamtheit der grundlegenden Entscheide, welche das Unternehmensgeschehen in die Zukunft hinein auf längere Frist in den wesentlichen Grundlinien bestimmen sollen" (Ulrich 1990: 11). Unternehmenspolitik ist damit eine entscheidende Grundlage für das Management: „Als politisch soll jede Handlung bezeichnet werden, die die Wertvorstellungen, Bedürfnisse oder Interessen einer größeren Zahl von Dritten und damit die Ordnung des gesellschaftlichen Zusammenlebens der Menschen betrifft" (Ulrich/Fluri 1995: 77). Das Ergebnis des unternehmenspolitischen Konzepts sind Rahmenbedingungen und Richtlinien für das Planungssystem.
- Unternehmenspolitik als Zielsicherungskonzept (nach Dlugos und Dorow): Hier wird Unternehmenspolitik vorrangig als ein Konzept verstanden, das auf Konfliktbewältigung und politisches Handeln ausgerichtet ist. Im Fokus stehen die konträren Interessen der Stakeholder, die Machtstrukturen und die kollidierenden Handlungsspielräume. Diese sollen durch ein allseits überzeugendes Basiskonzept in Balance gebracht werden und auf diese Weise zu einem Abbau der Konfliktpotenziale bzw. einem Aufbau von Verständigungspotenzialen beitragen.
- Unternehmenspolitik als Konzept, das auf Entwicklungen und Prozesse zentriert ist (nach Kirsch): Unternehmenspolitik wird insbesondere als Konzept verstanden, das die Fortschrittsfähigkeit der Unternehmung sicherstellen soll. Im Brennpunkt stehen die Begriffe „geplanter Wandel", „evolutionäres Führungssystem", „Fortschrittsfähigkeit" und „Grundsinn". Die unternehmenspolitische Rahmenplanung ist allen Managementsystemen übergeordnet.

Allen Auslegungen ist gemeinsam, dass Unternehmenspolitik ein Konzept verkörpert, das von grundsätzlicher Bedeutung ist, sozusagen ein „Grundkonzept" bzw. ein „Unternehmungsgrundkonzept" (Steinle 2005: 112, 127). Alle Probleme mit fundamentalem Charakter sind der Unternehmenspolitik zuzurechnen. Unter konflikttheoretischen Gesichtspunkten ist Unternehmenspolitik dazu da, eine Normierung der unterschiedlichen Vorstellungen aller Beteiligten über die grundlegende Entwicklungsrichtung der Unternehmung herbeizuführen.

Nachfolgend soll das St. Galler Management-Konzept zugrunde gelegt werden, das die Thematik der Unternehmenspolitik in den systemtheoretischen Zusammenhang stellt. Unternehmenspolitik ist insofern insbesondere dahingehend zu betrachten, inwieweit sie Beiträge leistet, das Gleichgewicht des Systems Medienunternehmen zu sichern und den „Fit" zwischen wandlungsfähiger Inwelt und dynamischer Umwelt herbeizuführen.

Wie in Kapitel 2 dargelegt, steht Unternehmenspolitik im Kontext des normativen Managements auf derselben Stufe wie Unternehmensverfassung und Unternehmenskultur. Während bei der Gestaltung der Unternehmensverfassung alle Strukturen der Unternehmung Gegenstand der Gestaltung sind und bei der Unternehmenskultur der „menschliche Faktor", zielt die Unternehmenspolitik darauf ab, die Aktivitäten bzw. die Prozesse „auf eine Linie zu bringen", sie auf eine gemeinsame Leitvorstellung auszurichten. Die kann z. B. eine aggressive Wachstumspolitik, eine stabilisierende Konsolidierungspolitik, eine Politik der Sicherung des Status Quo oder eine auf die Internationalisierung ausgerichtete Unternehmenspolitik sein.

26.1 Bausteine eines unternehmenspolitischen Konzepts

(1) Unternehmenspolitik wird als „Gesamtheit der grundlegenden Entscheidungen verstanden, welche das Unternehmensgeschehen auf längere Frist in den wesentlichen Grundlinien bestimmen sollen" (Definition von P. Ulrich, zit. nach Bleicher 1994: 128). Gegenstand der Unternehmenspolitik ist die **Normierung der Entwicklungsrichtung** der Unternehmung, zum einen im Hinblick auf die Perspektiven für die Zukunft (Vision), zum anderen unter Berücksichtigung der Erfahrungen der Vergangenheit und aus dem Selbstverständnis und dem Auftrag (Mission).

Die Formulierung der Unternehmenspolitik geschieht in einem unternehmensinternen politischen Entscheidungsprozess, in dem die unterschiedlichen Interessenspositionen zu einem Ausgleich geführt werden. Dieser als „politics" bezeichneter Ausgleich der Interessen – sowohl der Interessen der Unternehmensumwelt als auch der Interessen der Unternehmens-„Inwelt" – zielt darauf ab, ein einheitlich formuliertes Vorgehenskonzept zu generieren, verstanden als „policy".

> „Die Ergebnisse des politischen Prozesses sind sog. „policies", die das strategische und das operative Verhalten in eine Richtung lenken sollen, welche der erstrebten Unternehmensentwicklung entspricht. Diese stellen in grundsätzlicher und umfassender Form Vorgaben für den Vollzug von Aktivitäten dar" (Bleicher 2001: 159).

Die Unternehmenspolitik gibt also die **Grundorientierung** für die von den Mitgliedern des Unternehmens präferierten Verhaltensweisen vor. Ziel ist die Erschließung von Nutzenpotenzialen, die es in der Umwelt, im Markt oder im Unternehmen selbst zu entdecken oder zu nutzen gilt. Wesentliche Triebfeder in diesem Geschehen ist der Interessensdruck, der vom Umfeld auf das Unternehmen ausgeht.

Abb. 26-1: Bausteine eines unternehmenspolitischen Konzepts

(2) Ein **unternehmenspolitisches Konzept** lässt sich mit den folgenden Bestandteilen charakterisieren (vgl. Abb. 26-1): Mission, Vision, Leitbild und unternehmenspolitisches (Handlungs-)Programm.

Die Mission gibt Antwort auf die Frage, zu welchem Zweck und aus welchen Gründen das Unternehmen im wirtschaftlichen Geschehen präsent ist und auf welchen Märkten und mit welchen Produkten es dort tätig sein will. Die Vision ist ein klares Vorstellungsbild von einem zukünftigen Zustand des Unternehmens, die durch ein in schriftlicher Form verfasstes Leitbild untermalt wird.

Alle Überlegungen münden in einem konkreten unternehmenspolitischen Programm, das als Grundlage für die Zielbestimmung, die Strategien und die instrumentalen Operationen dient. Es stellt ein auf das ganze Unternehmen ausgerichtetes Handlungsprogramm, Aktionsprogramm bzw. Vorgehenskonzept dar.

Gelegentlich wird die Formulierung der Unternehmenspolitik nicht dem normativen Management zugeordnet, sondern als erster Schritt im Prozess des strategischen Managements angesehen bzw. eng mit dem strategischen Kontext verwoben (vgl. Welge/Al-Laham 2012: 191; Müller-Stewens/Lechner 2011: 220 ff.).

> „Vision, Ziele, Mission und Werte sind die zentralen Führungsinstrumente zur Gestaltung der Unternehmenspolitik. Sie sind Teil des normativen Management. Zusammen bilden sie den normativen Rahmen eines Unternehmens, innerhalb dessen sich die Optionen für die Geschäftsstrategien und die Corporate Strategy zu bewegen haben. Der normative Rahmen schränkt einerseits durch seine Kanalisierungsfunktion in Form von Mission und Werten den Raum für die Entwicklung der strategischen Optionen sinnvoll ein; andererseits richtet er durch seine Orientierungsfunktion die Strategie eines Unternehmens langfristig auf die Vision und kurz- und mittelfristig auf die Ziele aus" (Müller-Stewens/Lechner 2011: 221).

Die charakteristischen **Merkmale der Unternehmenspolitik** lassen sich aufgrund des Gesagten wie folgt zusammenfassen (vgl. Bleicher 1994: 128):

- Unternehmenspolitik ist auf die originären Entscheidungen im Unternehmen fokussiert, die nicht aus höherwertigen anderen Entscheidungen ableitbar sind.
- Die unternehmenspolitischen Entscheidungen besitzen einen geringen Konkretisierungsgrad, sind also allgemein gehalten und nicht operational, beziehen sich auf das Unternehmen als Ganzheit und haben den Charakter von Richtlinien oder Rahmenentscheidungen. Die Unternehmenspolitik soll dennoch so aussagekräftig sein, dass sie die Entscheidungsfreiheit der nachgelagerten Stufen beschränkt.
- Ihrer Anlage nach sind unternehmenspolitische Entscheidungen langfristiger Natur. Das zukünftige Unternehmensverhalten soll in seinen Grundlinien langfristig festgelegt werden.
- Die unternehmenspolitischen Entscheidungen sind Grundlage für die zu verfolgenden Ziele, für die einzusetzenden Mittel (Leistungspotenziale) und für die dabei anzuwendenden Verfahren (Strategien).

Um von einer „echten Unternehmenspolitik" sprechen zu können, bedarf es einer eigenständigen, in einem Diskurs entwickelten Festlegung des unternehmenspolitischen Konzepts. Bleicher spricht von „Sinnautonomie" und von „Zeitautonomie", die gegeben sein müssen, um von einer originären, selbstbestimmten Unternehmenspolitik mit eigener Handlungsautonomie sprechen zu können (vgl. Bleicher 1994: 142 ff.).

Eine wichtige Rolle spielt insofern die Art und Weise, wie das Konzept entwickelt wurde, mithin der Prozess seiner Entstehung.

> Am Beispiel der Mission bzw. des Mission Statements (s. u.) wird deutlich, dass nur ein offener Prozess, der alle Beteiligten einbezieht, zu guten Ergebnissen führt: „Es wird ein stufenweises Gegenstromverfahren verwendet, das zwischen top-down und bottom-up-Prozessen solange iterativ hin- und herpendelt, bis eine breite Verankerung und weitgehende Akzeptanz der Mission stattgefunden hat. Die Initiative zu einem Mission Statement sollte formell von der Führungsspitze ausgehen, da sie später auch für die Umsetzung verantwortlich ist" (Müller-Stewens/Lechner 2011: 232).

26.2 Mission

Unter Mission wird in Anlehnung an die wörtliche Bedeutung ein mit einer Entsendung verbundener **Auftrag** verstanden. Im Kontext der Unternehmenspolitik ist die Mission der Auftrag, den das von den Eigentümern „ausgesendete" Unternehmen erfüllen soll. Der Auftrag kann dabei zum einen in freier Entscheidung des Unternehmens formuliert werden, zum anderen von außen vorgegeben werden (z. B. bei den öffentlich-rechtlichen Rundfunkanstalten). Im Fokus steht der Unternehmenszweck, der verfolgt wird, sowie das Nutzenversprechen („Value Proposition") den Anspruchsgruppen bzw. Stakeholder gegenüber.

> „Mit der Mission (Mission Statement, Leitbild, Credo) definiert ein Unternehmen den Zweck seines Tuns, d. h., sie begründet seine Existenz. Sie erklärt, welchen Auftrag das Unternehmen und seine Mitarbeiter verfolgen und was dabei der Beitrag bzw. sein Nutzenversprechen (value proposition) an seine Anspruchsgruppen sein soll.
>
> Ein Unternehmenszweck gibt an, wozu eine unternehmerische Einheit überhaupt existiert. Was will sie tun? Wie legitimiert sie ihr Bestehen? Für wen ist sie da? Eine Antwort auf diese Fragen führt zum innersten Kern unternehmerischen Handels. Sie beschreibt den Nutzen, den sie zu stiften gedenkt" (Müller-Stewens/Lechner 2011: 227 f.).

Wird die Mission in umfassender und schriftlicher Form dokumentiert und aktiv kommuniziert, spricht man vom **Mission Statement**. Medienunternehmen treten vielschichtig in Erscheinung, teils mit einem ausformulierten Mission Statement, teils mit lediglich angedeuteten Formulierungen, die ihre Mission lediglich andeuten.

> Walt Disney formuliert seinen Unternehmenszweck schlicht wie folgt: „To make people happy".
>
> Die BBC spricht von einem „Statement of Aim" und formuliert wie folgt (zit. nach Müller-Stewens 2011: 229): „We aim to be the world's most creative and trusted broadcaster and program maker, seeking to satisfy all our audiences in the UK with services that inform, educate and entertain and that enrich their lives in ways that the market alone will not. We aim to be guided by our public purposes to encourage the UK's most innovative talents to act independently of all interests; to aspire the highest ethical standards, to offer the best value for money, to be accountable to our licence payers, to endeavour to be the world's leading international broadcaster; and to be the best – or learn from the best – in everything we do."
>
> Die Constantin Film AG äußerte sich zu ihrem (auch so benannten) Mission Statemen im Jahr 1999 wie folgt (www.constantinfilm.de/investor/pdf/cfilmg.pdf): „Die Constantin Film AG ist seit über 20 Jahren eine Institution in der deutschen Medienlandschaft. Die erfolgreiche Kombination von nationaler und internationaler Produktion, Verleih und Lizenzhandel ist in Deutschland einmalig. Unsere Stärke ist die Verwertungskette eines Films geschlossen anbieten zu können. Wir entwickeln und produzieren Filme und Fernseh-programme, werten sie als Verleiher im Kino sowie als Lizenzhändler im Fernsehen, Video/DVD und in den neuen Medien aus. Darüber hinaus umfassen unsere Aktivitäten auch interessante angrenzende Geschäftsfelder, wie z. B. Family-Entertainment. Der weltweite Medienmarkt hat eine exzellente Zukunft. An dieser Zukunft werden wir teilhaben. Unsere Vision ist der weitere Ausbau der Constantin Film AG zu einem integrierten Medienkonzern."

Es darf nicht verschwiegen werden, dass in der Praxis die handlungsleitenden Funktionen von Mission Statements (Orientierungs-, Legitimations- und Motivationsfunktion) oft nicht geleistet werden, so dass Anspruch und Wirklichkeit oft weit auseinander klaffen (vgl. Müller-Stewens/Lechner 2011: 231). Hauptgrund dürfte sein, dass wichtige Entscheidungen eher durch die Machtverhältnisse im Unternehmen beeinflusst werden also durch die Vorgaben der Mission.

26.3 Vision

„Eine Vision ist eine realistische, glaubwürdige und attraktive Zukunftslösung für eine Organisation" (Nanus, zit. nach Lombriser/Abplanalp 2004: 224). Man kann sie mit dem Polarstern vergleichen, der stets eine klare Orientierung liefert. Die Vision hat die Fähigkeit, die Energien im Unternehmen in eine ganz bestimmte Richtung zu kanalisieren und ist sozusagen der Leim, der das Unternehmen zusammenhält (vgl. ebd.). Eine Vision verkörpert die „richtungsweisenden Gedanken für die zukünftige Unternehmensentwicklung" einer Unternehmung (ebd.). Visionen mobilisieren die Kräfte des Unternehmens in eine einheitliche Richtung vor dem Hintergrund eines **klaren Zeitbezuges**. Ohne diese Terminierung verharrt man im Wunschdenken und in Träumereien. Visionen müssen also auf einen konkreten längerfristigen Termin fixiert werden und tragen insofern „ihr Verfallsdatum mit sich, Missionen dagegen nicht" (Müller-Stewens/Lechner 2011: 227).

Visionen sollten vier **Eigenschaften** aufweisen, wenn sie relevant sein wollen und nicht bloß als eine „elegant formulierte Leitidee" – aber wirkungslos – in Erscheinung treten sollen (vgl. Müller-Stewens/Lechner 2011: 225):

- Sie müssen für alle Beteiligten sinnstiftend sein und nachhaltig zum Abbau der System-Komplexität beitragen und damit Ordnung und Orientierung schaffen.
- Sie müssen motivierend sein und damit in der Lage sein, Energien zu wecken und die im Unternehmen ablaufenden Aktivitäten zu stimulieren. Dabei ist es notwendig, stets den Blick auf das Machbare zu behalten. Visionen sind also sehr reale Vorstellungsbilder und dürfen nicht mit Utopien verwechselt werden.
- Sie müssen handlungsleitend sein, um das Unternehmen als unternehmerische Einheit zu definieren, das in der Lage ist, sich klar in seiner Umwelt und auch mit Blick nach innen zu positionieren.
- Sie müssen integrierend wirken und helfen, Kräfte zu bündeln und die Ressourcen so einzusetzen, dass die angestrebten Ziele erreicht werden, gleichzeitig dadurch Verbindlichkeit und Verpflichtung auf das Ganze vorzugeben.

Eine besonders hohe Bedeutung wird in der Regel der Motivationswirkung von Visionen beigemessen. Sehr bekannt ist das folgende Bild: „Wenn Du ein Schiff bauen willst, schicke nicht die Leute Holz sammeln, verteile nicht die Arbeit und gib keine Befehle, sondern lehre sie statt dessen die Sehnsucht nach dem weiten und endlosen Meer" (Antoine de Saint-Exupéry). Auf das Management übertragen heißt das, als Quelle für alle Aktionen eine Vision voranzustellen. Manager müssen die Fähigkeit haben, Visionen zu entwickeln und sich von ihnen leiten zu lassen. Gleichzeitig müssen sie fähig sein, diese Visionen im Unternehmen zu kommunizieren und die Mitarbeiterschaft anzustecken.

Als Beispiele für Visionen werden immer wieder genannt: Henry Ford: „Das Auto für Jedermann"; John F. Kennedy: „Die USA bringen den ersten Menschen auf dem Mond"; Martin Luther King: „I have a dream"; Steve Jobs: „Wir machen den PC für Jedermann".

Beim Blick auf die Vielfalt visionärer Ideen, die von Unternehmen entwickelt werden, lassen sich sechs **Typen von Visionen** unterscheiden (vgl. ebd.: 225 ff.):

- Wettbewerbsfokussierte Visionen: Sie markieren die angestrebte Position, die das Unternehmen im Wettbewerb erreichen will.

Als Beispiel für eine wettbewerbsfokussierte Vision lieferte Helmut Thoma beim Aufbau von RTL im Zuge der Einführung des Privatfernsehens in Deutschland in der Zeit um 1984. Die Auftritte von Thoma waren seinerzeit stets mit der Aussage verbunden, RTL werde in einem überschaubaren Zeitraum die Marktführerschaft in Deutschland erringen und zum größten kommerziellen TV-Unternehmen wachsen, eine Aussage, die seinerzeit von vielen belächelt wurde.

- **Feindfokussierte Visionen:** In den Fokus wird die Aussage gestellt, einen Konkurrenten übertreffen zu wollen, z. B. als „David gegen Goliath". Häufig wird dabei eine gewisse martialische Ausrichtung des Vorstellungsbildes gesucht.

    Canon in den 1960er Jahren – kurz und knapp: „Beat IBM!" (vgl. Müller-Stewens/Lechner 2011: 226).

- **Rollenfokussierte Visionen:** Betont wird – z. B. bei kleinen aufstrebenden Unternehmen – der Vorbildcharakter von großen oder von Best-Practice-Unternehmen in der Branche.

    Angeführt werden kann Watkins-Johnson, die 1996 erklärten: „Wir wollen in 20 Jahren so respektiert werden wie es Hewlett-Packard heute wird" (zit. nach Müller-Stewens/Lechner 2011: 226).

- **Wandelfokussierte Visionen:** Herausgestellt wird die Vorstellung von Veränderung und „Spirit of Change".

    Als Beispiel für wandelfokussierte Visionen dürfte sich in besonderem Maße Reinhard Mohn und Bertelsmann eignen. Unabhängig von der Beurteilung der Konzepte des Bertelmann-„Patriarchen", die in der breiteren Öffentlichkeit auch kritisch diskutiert werden und wurden, wird man nicht umhin kommen, den getroffenen Entscheidungen visionären Charakter zuzuschreiben. Dies betrifft die 1971 nach der Übernahme des Amtes als Vorstandsvorsitzender eingeleitete Internationalisierung mit der Vision, zum großen „Player" im Weltmaßstab aufzusteigen, vor allem aber auch den konsequenten Umbau des Unternehmens zu einem Unternehmen mit einer stark partizipativen Unternehmensverfassung (was ihm den Spitznamen „Roter Mohn" eingetragen hatte) und der Gründung der Bertelsmann Stiftung (mit dem Anspruch der „Sinn-Stiftung").

- **Kundenfokussierte Visionen:** In das Zentrum der Aussagen werden hier die Kundenbedürfnisse gerückt, die es bestmöglich zu befriedigen gilt.

    „Eric Schmidt, Executive Chairman von Google, verfolgt die Vision, dass das heutige Mobiltelefon zukünftig die Funktion eines persönlichen Assistenten übernehmen wird" (ebd. 227).

- **Geschäftsmodellfokussierte Visionen:** Vor allem ältere und größere Unternehmen sehen sich immer wieder gezwungen, ihr Geschäftsmodell bzw. den Geschäftszweck neu zu definieren und zu artikulieren.

    Als ein diesbezügliches Beispiel kann die seinerzeitige Vision eines Leo Kirch gelten. Leo Kirch hatte die Leitvorstellung seines Handelns in einem Abschiedsbrief an die Mitarbeiterschaft zum Ausdruck gebracht: „Es ging mir nicht darum, ein mächtiges, sondern – für Auge und Ohr – ein vertikal integriertes Medienunternehmen zu schaffen. Es durfte auch erfolgreich sein. Dabei haben inhaltliche Gesichtspunkte, wie ich sie immer im Blick hatte, die führende Rolle gespielt. Das war meine Vision, die ich mit Ihnen bis heute verwirklichen konnte. Ich hoffe, dass dies auch die Zukunft des Unternehmens bestimmen wird" (Süddeutsche Zeitung 9.4.2002; zit. nach Kiefer 2002: 491).

    Die ProSiebenSat.1 Media AG formuliert ihre Vision wie folgt: „TV ist die Basis für unseren Erfolg. Denn Fernsehen hat mehr als jedes andere Medium die Kraft, Menschen zu bewegen. Das gilt auch in einem globalen, digitalisierten Markt. Wir stoßen konsequent in neue Geschäftsfelder vor und schaffen damit ein starkes Fundament, um kontinuierlich und profitabel zu wachsen: In unserem Kerngeschäft TV, den digitalen Aktivitäten und unserem internationalen Programmproduktions- und Vertriebsnetzwerk. Alle Bereiche greifen ineinander. So verwirklichen wir unsere Vision vom Broadcasting, Digital Entertainment und Commerce Powerhouse" (Webauftritt, Abruf: 15.04.2014).

26.4 Leitbild

(1) Im allgemeinen Verständnis verkörpern Leitbilder normative Vorstellungen über die erstrebenswerte Gestaltung der Gesellschaft oder einzelner Teilbereiche der Gesellschaft (vgl. Wendisch 2004: 49 ff.). Auf das Unternehmen übertragen wird unter dem **Begriff Leitbild** jener Kern des normativen Managements verstanden, der in knapper und thesenhafter Form die zentralen Grundsätze, politischen Leitsätze, Ziele und Strukturprinzipien formuliert und prägnant zum Ausdruck bringt.

Unternehmensleitbilder haben die Funktion, Visionen zu konkretisieren. Sie verstehen sich als Leit-„Bilder". Im Einzelnen kommen ihnen die folgenden **Funktionen** zu (vgl. Bleicher 1994: 504 f.):

- Orientierungs- und Koordinationsfunktion: Ein Leitbild soll das Denken und Handeln der an einem Unternehmen beteiligten Akteure im Hinblick auf die Zielerreichung positiv beeinflussen (Leitbild als „Kompass").
- Integrationsfunktion: Ein Leitbild leistet einen Beitrag zum Ausgleich der unterschiedlichen Interessenlagen und hilft mit, die Identifikation der Mitarbeiter mit dem Unternehmen zu erhöhen.
- Priorisierungsfunktion: Ein Leitbild benennt wichtige Aufgabenfelder und stellt sie in ihrer relativen Bedeutung heraus.
- Imagebildende und wettbewerbspositionierende Funktion: Ein Leitbild besitzt strategische Bedeutung und unterstützt die PR.
- Funktion der Motivierung und Sinngebung für alle beteiligten Gruppen.

Des Weiteren wird die Legitimationsfunktion betont, die Leitbilder im Hinblick auf die wichtigsten Anspruchsgruppen ausüben, indem sie bei diesen für Aufklärung sorgen (vgl. Müller-Stewens/Lechner 2011: 229). Ferner wird hervorgehoben, dass ein Leitbild auch als Instrument der Selbstvergewisserung zu sehen ist, das zur Schärfung des Profils des Unternehmens beiträgt (vgl. Zerfaß 2005: 103).

Aus systemtheoretischer Perspektive betrachtet können Leitbilder dazu beitragen, der mit der Komplexität einhergehenden Gefahr zu begegnen, dass die Beteiligten die Zielorientierung aus den Augen verlieren und so zur Instabilität des Systems beitragen. Unternehmensleitbilder verdeutlichen und fixieren die wesentlichen Ziele, den Grundzweck und die grundlegenden Wertvorstellungen in nachvollziehbarer Form und provozieren damit einen ständigen Rückkoppelungsprozess und Dialog zwischen den Stakeholdern, wodurch ein besserer Ausgleich der Interessen geschehen kann.

(2) Als **Konstruktionsprinzip** für ein Unternehmensleitbild werden die folgenden Elemente vorgeschlagen (vgl. Ulrich/Fluri 1995: 92 ff.; Hopfenbeck 2000: 732 ff.):

- Unternehmensfunktion, wirtschaftlicher Grundzweck: Darzulegen ist die Produkt-Markt-Kombination der Unternehmung mit Angaben über die Art der Güter, deren besonderen Eigenschaften, die bearbeiteten Marktsegmente und die räumliche Abgrenzung der Märkte.
- Oberste Unternehmensziele: Zu verdeutlichen ist das Zielsystem, die Prioritätsordnung und das Anspruchsniveau.

- Verhaltensgrundsätze gegenüber Anspruchsgruppen: Darzustellen sind die obersten Normen, Richtlinien und Grundsätze gegenüber den Mitarbeitern (Führungsstil, Gehaltspolitik, Beförderung etc.), gegenüber Marktpartnern (Qualitätsgrundsätze, Prinzipien des Kundendienstes, Preispolitik etc.), gegenüber Aktionären (Dividendenpolitik, Informationspolitik etc.) sowie gegenüber Staat und Öffentlichkeit (Informationspolitik, Kontaktpflege, Einstellung gegenüber Ökologie, Kultur, technischem Fortschritt, Wandel).
- Leitungskonzept: Zu formulieren sind die methodischen Grundsätze, nach denen die Unternehmung ihre Leitungsfunktion erfüllen will (z. B. Management by Objectives). Entscheidend ist der Anspruch, dass das Unternehmen ein Leitungskonzept definiert und in die Praxis umsetzt, das methodisch fundiert ist, also nicht auf einer Zufallsbasis beruht (Stichwort: Muddling-Through, „Sich-Durchwursteln"). Systematische Leitungskonzepte werden auch als Management-Modell (z. B. St. Galler Managementmodell), Führungsmodell oder Führungskonzept bezeichnet.

Im Kontext von Unternehmenspolitik ist auch besonderes Augenmerk auf die Vermittlung der vom Unternehmen vertretenen Unternehmensethik zu legen. Wichtig ist, dass nicht die Position der Geschäftsleitung – sozusagen eine „Privatmoral" (Ulrich 2004: 27) – kommuniziert wird, sondern die gelebte Position des ganzen Hauses.

> „Deshalb sollte ein ethisch gehaltvolles Unternehmensleitbild stets als verbindliches Ergebnis argumentativer Verständigungsprozesse mit allen Gruppen, die sich daran in ihrem täglichen Handeln orientieren sollen oder davon betroffen sind, zustande kommen. Das setzt – sowohl im Prozess der Entwicklung eines allgemeinen Leitbilds als auch in speziellen, situativen Orientierungsprozessen – zunächst eine (normative) Stakeholder-Analyse voraus, das heißt die Bestimmung der Anspruchsgruppen, gegenüber denen sich die Unternehmung besonders verpflichtet oder verantwortlich fühlt, um dann mit ihnen diskursive Verständigungsprozesse über ihre legitimen Ansprüche zu führen" (Ulrich 2004: 27 f.).

Von zentraler Bedeutung für den Erfolg und die Akzeptanz eines Unternehmensleitbildes ist es, dass alle Beteiligten in den Leitbild-Entstehungsprozess involviert sind, dass „die Betroffenen zu Beteiligten gemacht werden". Als bewährtes Konzept bietet sich die Durchführung von Führungskräfte-Workshops mit externer Moderation an. Nur so gelingt es, ein relevantes Leitbild im Sinne des Gegenstromprinzips (Entwicklung sowohl von oben nach unten als auch von unten nach oben) zu erarbeiten.

> „Schriftlich formulierte Grundsätze der Unternehmenspolitik, sei es in Leitbild- oder in Richtlinienform, stellen selbstverständlich selbst schon ein Ergebnis unternehmenspolitischer Willensbildung dar. Sie sollten deshalb nicht autokratisch vom Topmanagement „erlassen" werden, sondern nach den allgemeinen Grundsätzen erfolgbringender Unternehmenspolitik partizipativ entwickelt werden" (Ulrich/Fluri 1995: 92).

Erfolgt eine solche Berücksichtigung aller innerhalb des Unternehmens relevanten Interessen nicht, besteht die Gefahr, dass Leitbild-Formulierungen nicht „das Papier wert sind, das sie beschriften".

> Eine recht pessimistische diesbezügliche Einschätzung nehmen die Autoren Steinmann et al. vor: „Manche Unternehmen formulieren in einer Managementphilosophie oder einem Leitbild explizit Normen und Standards. Nur selten haben allerdings diese Leitbilder etwas mit der tatsächlichen Unternehmenskultur zu tun; meist sind es mehr Wunschvorstellungen als Beschreibungen der kulturellen Wirklichkeit" (Steinmann/Schreyögg/Koch 2013: 658).

Fallbeispiele zum Unternehmensleitbild

Süddeutscher Verlag

Zum Unternehmensleitbild des Süddeutschen Verlages ist der folgende Text nachzulesen (http://www.sueddeutscher-verlag.de/info/facts/portrait; 15.04.2014):

Süddeutscher Verlag
Der Süddeutsche Verlag ist zugleich ein Münchner Traditionsunternehmen und ein modernes Medienhaus. Hervorgegangen aus dem Verlag der Süddeutschen Zeitung hat sich das Unternehmen seit seiner Gründung in der Nachkriegszeit zu einem der großen deutschen Medienhäuser entwickelt. Neben der Süddeutschen Zeitung gehören noch zahlreiche Unternehmen aus den Bereichen Fachinformationen, Regionalzeitungen, elektronischen Medien, Technik und Dienstleistungen zum Süddeutschen Verlag.

Unternehmensleitbild
- Kapital und Management sind getrennt.
- Der Süddeutsche Verlag versteht sich als parteipolitisch und weltanschaulich ungebunden.
- Er sieht es als seine Aufgabe an, zur Information und freien Meinungsbildung des einzelnen beizutragen und eine liberale und tolerante Grundhaltung zu fördern.
- Ziel des verlegerischen Engagements ist es, einen wesentlichen Beitrag zu leisten für das Leben, das Arbeiten und die Selbstbestimmung des einzelnen in einer sozialverpflichteten, freiheitlich-demokratischen und marktwirtschaftlichen Gesellschaft.
- Dieses Selbstverständnis leitet alle Aktivitäten auf dem Gebiet der Zeitungen und Zeitschriften, des Rundfunks und Fernsehens sowie anderer Dienstleistungen.
- Die Produkte des Süddeutschen Verlages sollen sich durch hervorragende publizistische, gestalterische und technische Qualität und somit überdurchschnittlichen Kundennutzen auszeichnen.

Schweizerische Radio- und Fernsehgesellschaft (SRG)

Als besonderes Positivbeispiel kann das 1987 von der Schweizerischen Radio- und Fernsehgesellschaft (SRG) veröffentlichte Leitbild gelten, das sehr genau nach den vier Elementen aufgebaut war.

Es untergliederte wie folgt:
- Präambel
- Die SRG und ihre Aufgaben
- Die SRG und ihre Ziele
- Die SRG und ihre Umwelt
- Die SRG als Unternehmen
- Die SRG und ihre Mitarbeiter

Als Beispiel sei die Präambel wiedergegeben:

„1. Die SRG muss regelmäßig ihren Zweck, ihre Ziele und Handlungsmaßstäbe auf ihre gesellschaftliche Bedeutung hin überprüfen.
2. Sie setzt sich zur Aufgabe, der Person und der Gesellschaft zu dienen. Um diese Aufgabe erfolgreich bewältigen zu können, muss die SRG ihre Tätigkeit in ein Bezugssystem stellen, das es ihr erlaubt, ihr eigenes Handeln verantwortungsvoll wahrzunehmen und ablässig darauf auszurichten.
3. Sinn und Zweck dieses Leitbildes ist es, der Öffentlichkeit und den Mitarbeitern die Grundsätze bekanntzugeben, an die sich die SRG hält. Sie sollen nach außen den unternehmerischen Willen, nach innen die Zusammenarbeit und die Leistungsfähigkeit der SRG darstellen.
4. Die SRG ist Nutznießerin einer vom Bundesrat erteilten Konzession und stützt sich als Verein auf ihre Statuten. Sie hat die damit verbundenen Verpflichtungen gewissenhaft und aufmerksam wahrzunehmen. Sie ist durch ihre Trägerschaft in der Bevölkerung breit verankert und untersteht demokratischer Kontrolle."
Im Jahr 1995 veränderte die SRG dieses Leitbild, folgt seither aber immer noch – mehr oder weniger – dem bewährten Gliederungskonzept.

26.5 Unternehmenspolitisches Programm

(1) Mission, Vision und Leitbild sind die Eckpunkte des unternehmenspolitischen Konzepts, das nunmehr in ein **konkretes Handlungskonzept** umgesetzt werden muss. Vorgeschlagen wird, ein solches „Unternehmungskonzept" bzw. unternehmenspolitisches Programm nach drei Gesichtspunkten aufzubauen (vgl. Bleicher 1994: 129; vgl. auch Steinle 2005: 139 ff.):

- Leistungswirtschaftliches Konzept: Definiert und festgelegt werden hier die zu erbringenden Leistungen, das hierfür notwendige und einzusetzende materielle Leistungspotenzial sowie die zu verwendenden Verfahren.

    Ziel muss es sein, die gesamte Unternehmung mit allen seinen Teilbereichen auf die Erzeugung von Leistungen auszurichten (zu normieren), die vom Markt nachgefragt werden (Welche Bedürfnisse sollen erfüllt werden? In welchen Märkten und Marktsegmenten will man sich engagieren? Welche Marktposition will man erreichen? Welches Absatz- und Umsatzvolumen will man erreichen?). Mit Blick nach innen geht es darum, das Produktportfolio zu bestimmen, die Qualitäten zu definieren und die Art der Wertschöpfungsprozesse zu charakterisieren. Auszurichten sind ferner die Leistungspotenziale in allen Facetten (personelles, räumliches und technisches Potenzial). Ein gutes Anschauungsbeispiel für ein innovatives leistungswirtschaftliches Konzept mit klarer Konturierung bietet der Einstieg von Apple in den Musikmarkt.

- Finanzwirtschaftliches Konzept: Es erfasst die Unternehmung von der geldwirtschaftlichen Seite. Es bestimmt die anzustrebenden geldmäßigen Ziele und die dafür einzusetzenden Geldmittel.

    Das finanzwirtschaftliche Teilkonzept zielt darauf ab, die unternehmerischen Ziele monetär abzubilden und das finanzwirtschaftliche Gleichgewicht in grundsätzlicher und nachhaltiger Hinsicht sicherzustellen. Zusätzlich geht es darum, die Interessen der Stakeholder auszutarieren.

    Ein finanzwirtschaftliches Konzept kann z. B. als riskantes Wachstumsprogramm angelegt sein (Beispiel Kirch) oder – im Gegensatz dazu – als defensives und eher abwartendes Konzept definiert sein.

- Soziales Konzept: Es erfasst die humane und moralische Seite des Unternehmens. Es trifft insbesondere Festlegungen im Hinblick auf den Umgang mit den Interessen der Mitarbeiter und konkretisiert den Anspruch nach „Humanität".

    Das vorbildlich ausgearbeitete Sozialkonzept von Bertelsmann kann als Beispiel dienen. Ein umfassend dargestelltes soziales Konzept kann auch z. B. bei der ProSiebenSat.1 Media AG besichtigt werden. Dort heißt es:

    „Als transmediales Powerhouse gehen wir auch mit voller Kraft voran, wenn es darum geht, unsere Mitarbeiter in vielen Bereichen zu unterstützen. So erwarten Sie bei ProSiebenSat.1 neben interessanten Aufgaben und leistungsgerechter Vergütung auch zahlreiche Sonderleistungen." Zur Leistungs- und Talentförderung wird ausgeführt: „Wir bieten talentierten Mitarbeitern eine Perspektive. Dazu haben wir unser Talentmanagement-Programm „Performance Development" für Führungskräfte und potenzielle Führungskräfte ins Leben gerufen. Mitarbeitern mit sehr guter Leistung und überdurchschnittlichem Potenzial erstellen wir einen individuellen und langfristig angelegten Entwicklungsplan. Die Teilnehmer erhalten regelmäßig Feedback, dabei spielen Faktoren wie das Verhalten als Führungsperson, als Medienunternehmer und das betriebswirtschaftliche Handeln eine Rolle. ... Zusätzlich ist das „Performance Development" mit einem attraktiven Bonusprogramm verknüpft. Mithilfe des Programms unterstützt ProSiebenSat.1 auch die Nachfolgeplanung im Konzern. Außerdem haben ProSiebenSat.1-Mitarbeiter die Chance, innerhalb unseres Unternehmens neue Wege zu gehen: Wir fördern bereichsübergreifende Karrieren genauso wie den Einstieg bei einem unserer internationalen Tochterunternehmen" (15.04.2014).

Die Beschränkung auf diese drei Dimensionen ist der Formulierung eines unternehmenspolitischen Programms förderlich. Entscheidend ist es, einen ganzheitlichen, integrativen Ansatz zu finden, der zu einer Unternehmenspolitik „aus einem Guss" führt und bei dem die gegenseitige Abstimmung aller Teilbereiche gewährleistet ist.

(2) Unternehmenspolitische Konzepte können in einem Spannungsfeld von vier Kriterien charakterisiert werden, das die Ausrichtung auf Anspruchsgruppen, die Entwicklungsrichtung, die ökonomische sowie die gesellschaftliche Zielausrichtung zum Gegenstand hat (vgl. Abb. 26-2; Quelle: in Anlehnung an Bleicher 2001: 176).

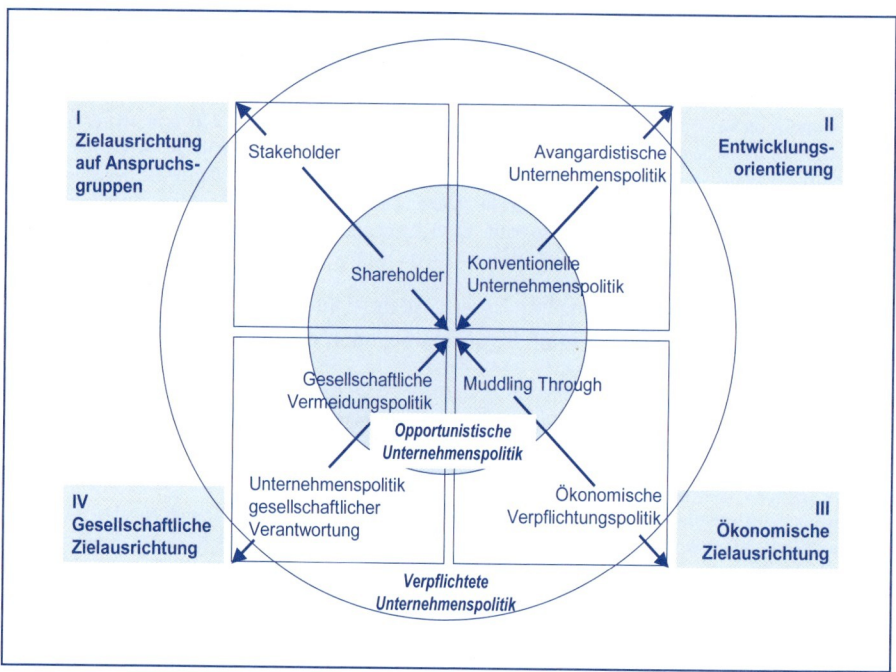

Abb. 26-2: Grundorientierungen der Unternehmenspolitik

Vor diesem Hintergrund lassen sich zwei Ausprägungen bzw. Grundorientierungen der Unternehmenspolitik unterscheiden:

- Opportunistische Unternehmenspolitik: Diese zeichnet sich durch die enge Definition und Konzentrierung auf die Mitte der Matrix aus. Ihre Merkmale sind eine Orientierung auf die Shareholder (I), eine traditionsbestimmte und konventionelle Ausrichtung der Entwicklungspolitik (II), die Betonung fallweiser Politik („Sich durchwursteln", „Muddling Through"; III), kein Einbezug bzw. nur eine wenig ausgeprägte gesellschaftliche Verpflichtung (IV). Im Vordergrund steht der Geist des rational-ökonomistischen Erfolgsinteresses, der sich einseitig an den Investor-Interessen orientiert und der leicht in eine kurzfristige Ausbeutungshaltung abzugleiten droht.

- Gesellschaftlich verpflichtete Unternehmenspolitik: Dieser Typus wird durch den äußeren Kreis repräsentiert und ist geprägt durch eine an den Interessen aller Stakeholder ausgerichteten Politik (I), durch Offenheit für Innovationen und für neue, auch avantgardistische Wege (II), durch eine Politik, die sich der konsequenten Wertschöpfung und Wertschaffung für die Stakeholder verpflichtet fühlt und Verschwendung vermeidet (III) sowie durch eine hohe Sensibilität und Verpflichtung gegenüber ökologischen und sozialen Belangen (IV).

Kernaussagen

- Die Unternehmenspolitik ist ein Management-Instrument, das als basales Grundkonzept für jedes Medienunternehmen unverzichtbar ist.
- Die Formulierung der Unternehmenspolitik verlangt Stellungnahmen zur Mission, zur Vision und zum Leitbild des Unternehmens.
- Je prägnanter, in sich logischer und zeitlich stabiler die Unternehmenspolitik formuliert ist, desto höher ist ihre normierende Kraft im Hinblick auf die Wertschöpfungsprozesse, Strukturen und Verhaltensweisen der Stakeholder.

Literatur

Weiterführende Literatur: Grundlagen

Bartscher, S./Bomke, P. (Hrsg.)(1993): Einführung in die Unternehmenspolitik, Stuttgart.
Bleicher, K. (1994): Normatives Management, Frankfurt/Main.
Bleicher, K. (2001): Das Konzept Integriertes Management, 6. Aufl., Frankfurt/Main, New York.
Gerlach, T. (1992): Vision – mehr als ein Zauberwort, in: ECON Handbuch Corporate Policies, Düsseldorf, Wien, New York, Moskau, S. 257-281.
Hopfenbeck, W. (2000): Allgemeine Betriebswirtschafts- und Managementlehre, 13. Aufl., Landsberg/Lech.
Kieser, A./Oechsler, W. A. (Hrsg.)(1999): Unternehmungspolitik, Stuttgart.
Kirsch, W. (Hrsg.)(1991): Unternehmenspolitik und strategische Unternehmensführung, 2. Aufl., Herrsching.
Lombriser, R./Abplanalp, P. A. (2004): Strategisches Management, 3., vollst. überarb. u. erw. Aufl., Zürich, Kapitel 6.
Matje, A. (1996): Unternehmensleitbilder als Führungsinstrument, Wiesbaden.
Müller-Stewens, G. (2000): Unternehmenspolitik, in: Gabler Wirtschaftslexikon, 15. Aufl., Wiesbaden.
Müller-Stewens, G./Lechner, C. (2011): Strategisches Management, 4., überarb. Aufl., Stuttgart.
Rüegg-Stürm, J. (2005): Das neue St. Galler Management-Modell, 2., durchges. Aufl., Bern, Stuttgart, Wien.
Rühli, E./Krulis-Randa, J. S. (Hrsg.)(1990): Gesellschaftsbewusste Unternehmenspolitik – „Social Strategy", Bern, Stuttgart.
Steinle, C. (2005): Ganzheitliches Management, Wiesbaden, Teil B., Kapitel 3.
Steinmann, H./Schreyögg, G./Koch, J. (2013): Management, 7., vollst. überarb. Aufl., Wiesbaden.
Ulrich, H. (1978): Unternehmenspolitik, Bern, Stuttgart.
Ulrich, P./Flury, E. (1995): Management, 7., verb. Aufl., Bern, Stuttgart, Wien.
Ulrich, P. (2004): Normative Orientierungsprozesse, in: Dubs, R./Euler, D./Rüegg-Stürm, J./Wyss, C. E. (Hrsg.)(2004): Einführung in die Managementlehre, Band 2, Bern, Stuttgart, Wien, S. 23-37.
Welge, M. K./Al-Laham, A. (2012): Strategisches Management, 6., akt. Aufl., Wiesbaden.
Wendisch, N. (2004): Das Leitbild und seine Rolle für das Lernen in Organisationen, 2. Aufl., München.

Zerfaß, A. (2005): Vom Profil zu Handlungsprogrammen: Der Leitbildprozess für die Informationsgesellschaft in Baden-Württemberg, in: Gapski, H. (Hrsg.)(2005): Leitbilder für die Wissensgesellschaft, Marl, S. 99-124.

Weiterführende Literatur: Medien

Kiefer, M.-L. (2002): Kirch-Insolvenz: Ende einer ökonomischen Vision? In: Media Perspektiven, o. Jg., 10/2002, S. 491-500.

Schumann, M./Hess, T. (Hrsg.)(1999): Medienunternehmen im digitalen Zeitalter, Wiesbaden.

Sjurts, I. (2005): Strategien in der Medienbranche, 3., überarb. u. erw. Aufl., Wiesbaden.

Fallbeispiele

Böckelmann, F./Fischler, H. (2004): Bertelsmann. Hinter der Fassade des Medienimperiums. Frankfurt am Main.

Büsching, T. (Hrsg.)(2005): Mediengeschäftsmodelle der Zukunft, Baden-Baden.

Göttert, J.-M. (2001): Die Bertelsmann-Methode, Frankfurt am Main, Wien.

Keuper, F./Hans, R. (2003): Multimedia-Management, Wiesbaden, Kapitel 6.

Kiel, A. (2000): Strategisches Management im Spannungsfeld von Dezentralität und Globalisierung – Praxisportrait Bertelsmann AG, in: Welge, M. K./Al-Laham, A./Kajüter, P. (Hrsg.)(2000): Praxis des Strategischen Managements, Wiesbaden, S. 363-374.

Schreiber, G. A. (1999): New Media im Süddeutschen Verlag, in: Schumann, M./Hess, T. (Hrsg.)(1999): Medienunternehmen im digitalen Zeitalter, Wiesbaden, S. 233-247.

Schweizerische Radio- und Fernsehgesellschaft (SRG)(1987): Sozialbilanz SRG 1987. Die SRG im gesellschaftlichen Umfeld. Bern.

Kapitel 27
Unternehmenskultur

27.1 Beschreibung des Phänomens Unternehmenskultur 653
27.2 Diagnose von Unternehmenskultur 657
27.3 Management von Kulturveränderungen 670

Leitfragen

- Was versteht man unter einer Unternehmens- bzw. Organisationskultur?
- Wie kann man sich eine globale „Weltkultur" mit konsensstiftenden Elementen vorstellen?
- Wie sind die Bemühungen von Hans Küng zu bewerten, ein „Projekt Weltethos" erfolgreich auf den Weg zu bringen?
- Was versteht man im St. Galler Management-Modell unter „Unternehmenskultur"?
- Ist die Annahme gerechtfertigt, dass die Stärke der Unternehmenskultur kausal den Erfolg eines Unternehmens mitbestimmt?
- Kann man Unternehmenskulturen zielgerichtet verändern?
- In welchen unterschiedlichen Kontexten spielt Kultur und Identität eine Rolle?
- Inwiefern kann man sagen, dass die Relativität der Perspektive eine entscheidende Rolle bei der Definition von Kultur bzw. Unternehmenskultur spielt?
- Wodurch unterscheidet sich der ethnologische Ansatz vom kulturanthropologischen Ansatz bei der Definition von Unternehmenskultur?
- Welche Rolle spielen Subkulturen bei der Beschreibung einer Unternehmenskultur?
- Was versteht man unter „Diversity Management"?
- Sind gemischte (diverse) Teams erfolgreicher als „vereinheitlichte" Teams?
- Welche Gründe sprechen dafür, welche Gründe dagegen?
- Welche Ansätze gibt es, ein Programm zur Stärkung der Unternehmenskultur zu implementieren?
- Was versteht man unter dem „Eisberg-Modell nach Schein"?
- In welche drei Bereiche lassen sich die Symbole als verhaltensbestimmende Faktoren unterscheiden?
- Welche unterschiedlichen Symbole kann man sich vorstellen?
- Wie ist die Rolle und Bedeutung von „symbolischem Management" einzuschätzen?
- Was ist der Unterschied zwischen „Normen" und „Werten"?
- Welche Rolle spielen Normen und Werte im Kontext der Unternehmenskultur?
- Welche Bedeutung kommt den Grund- bzw. Basisannahmen im Rahmen der Unternehmenskultur zu?
- Inwiefern spielt das Menschenbild für die Unternehmenskultur eine große Rolle?
- Wie ist das Modell von Deal/Kennedy zu interpretieren?
- Welche Bedeutung haben starke Unternehmenskulturen im Vergleich zu schwachen?
- Welches sind Attribute für eine „pathologische Unternehmenskultur"?
- Welche Arten von pathologischen Unternehmenskulturen kann man unterscheiden?
- Wodurch unterscheidet sich eine „opportunistische" von einer „gesellschaftlich verpflichteten Unternehmenskultur"?
- Wie ist das folgende Zitat von Kurt Bleicher zu beurteilen? „Wir arbeiten in Strukturen von gestern, mit Menschen von heute, an Strategien von morgen – vorwiegend mit Menschen, die in den Kulturen von vorgestern die Strukturen von gestern gebaut haben und das Übermorgen innerhalb des Unternehmens nicht mehr erleben werden."

Gegenstand

Im St. Galler Management-Modell ist mit der Unternehmenskultur die Verhaltensdimension des normativen Managements angesprochen. Diese Thematik steht gleichrangig neben der Unternehmensverfassung als Instrument zur Normierung der (Macht-)Strukturen und neben der Unternehmenspolitik als Instrument zur Normierung der Prozesse. In St. Galler Modellkontext wird die folgende Definition des Begriffs Unternehmenskultur vorgeschlagen: „Unter der Bezeichnung ‚Unternehmenskultur' werden allgemein das *kognitiv* entwickelte Wissen und die Fähigkeiten einer Unternehmung sowie die *affektiv* geprägten Einstellungen ihrer Mitarbeiter zur Aufgabe, zum Produkt, zu den Kollegen, zur Führung und zur Unternehmung in ihrer Formung von *Perzeptionen* (Wahrnehmungen) und *Präferenzen* (Vorlieben) gegenüber Ereignissen und Entwicklungen verstanden" (Bleicher 2001: 228).

Die Diskussion zum Thema der Unternehmenskultur hat eine lange Tradition, die sehr heterogen verlief. So kann es nicht verwundern, dass man in der Literatur eine Fülle unterschiedlicher Definitionen, Ansätze und Auffassungen vorfindet. Unter Unternehmenskultur wird u. a. verstanden (vgl. die Übersicht bei Sackmann 2002: 24):

- eine „Reihe von geteilten Wertvorstellungen" (Peters/Waterman 1982);
- eine „Reihe von geteilten Wertvorstellungen und Erwartungen" (Silverzweig/Allen 1976);
- ein „System von Bedeutungen, die die Vielzahl von Verhaltensweisen und Methoden begleiten, welche als einzigartig betrachtet werden" (Jelinek et al. 1983);
- das „gesamte gewachsene Meinungs-, Norm- und Wertgefüge, welches das Verhalten der Führungskräfte und Mitarbeiter prägt" (Pümpin 1984).

Zweckmäßig erscheint es, den funktionalistischen Ansatz (Unternehmen *haben* Kulturen) und den interpretativen Ansatz (Unternehmen *sind* Kulturen) zu einem „kognitiven Ansatz" zu verbinden und Unternehmenskultur zu definieren als „die von einer Gruppe gemeinsam gehaltenen grundlegenden Überzeugungen, die für die Gruppe insgesamt typisch sind. Sie beeinflussen Wahrnehmung, Denken, Handeln und Fühlen der Gruppenmitglieder und können sich auch in deren Handlungen und Artefakten manifestieren. Die Überzeugungen werden nicht mehr bewusst gehalten, sie sind aus der Erfahrung der Gruppe entstanden und haben sich durch die Erfahrung der Gruppe weiterentwickelt, d. h. sie sind gelernt und werden an neue Gruppenmitglieder weitergegeben" (Sackmann 2002: 25; i. Orig. teilw. kursiv).

Damit wird betont, dass Unternehmenskultur stets ein Gruppen- bzw. kollektives Phänomen ist und der Kern von Unternehmenskultur in den grundlegenden Überzeugungen zu finden ist. Notwendig ist es also, von den äußeren Erscheinungen der Unternehmenskultur ausgehend in die tieferen Sphären der verdeckten und nicht bewussten Erfahrungen, Gewohnheiten und Überzeugungen vorzudringen. Die sichtbaren Manifestationen eines Unternehmens stellen insofern lediglich einen bestimmten Teilaspekt der Unternehmenskultur dar, während die relevanten verhaltensbeeinflussenden Faktoren eher im Verborgenen bleiben. Dadurch wird das Management der Unternehmenskultur zu einer Herausforderung von erheblichem Rang.

Zweck der Gestaltung und Beeinflussung der Unternehmenskultur ist die Normierung des Verhaltens der Organisationsmitglieder in Richtung eines konstruktiven und leistungsgerechten Zusammenwirkens aller Beteiligten. Unternehmenskultur als Normierungskonzept kann mit Hofstede – um den Sachverhalt in aller Klarheit zu beleuchten – daher als „kollektive Programmierung des Verhaltens" bezeichnet werden:

So „wurde ‚Kultur' allgemein definiert als ‚die kollektive Programmierung des Geistes, die die Mitglieder einer Gruppe oder Kategorie von Menschen von einer anderen unterscheidet'. Folglich lässt sich die ‚Organisationskultur' folgendermaßen definieren: *Die kollektive Programmierung des Geistes, die die Mitglieder einer Organisation von einer anderen unterscheidet*" (Hofstede 1997: 249).

Ergebnis dieser „Programmierung" ist ein „Bewusstsein" bei den Beteiligten, die das Verhalten lenken: „Unternehmenskultur (Corporate Culture) ist das implizite Bewusstsein eines Unternehmens, das sich aus dem Verhalten der Vorgesetzten sowie der Mitarbeiter ergibt und das als gemeinsames Denkmuster deren Verhalten steuert" (Scholz 1992: 15).

27.1 Beschreibung des Phänomens Unternehmenskultur

(1) Die Unternehmenskultur ist ein zentraler Einflussfaktor und Indikator für die **Identität** eines Unternehmens, d. h. ihrer Corporate Identity. Mit dem Begriff Identität wird gemeinhin das Unverwechselbare und Einmalige bezeichnet, das auf Dauer angelegt ist, gleichwohl aber nicht ohne Anstrengung zu haben ist, sondern in einem permanenten Prozess immer wieder neu erarbeitet werden muss.

Identitätsfragen spielen in den unterschiedlichsten Kontexten eine Rolle, beginnend bei der Frage des Selbstmanagements über die Teamkultur bis zur Frage der Existenz einer Weltkultur (vgl. Abb. 27-1).

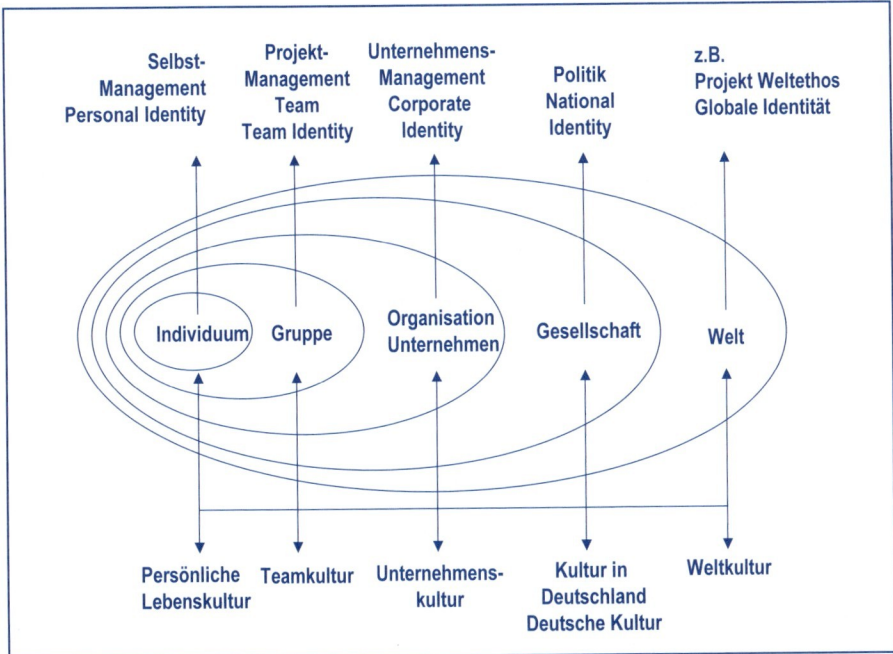

Abb. 27-1: Unternehmenskultur im Kontext von Kulturebenen

Unternehmenskultur kann insofern als ein spezifischer Aspekt auf einem Kontinuum unterschiedlicher Identitäten verstanden werden.

> „Beim ‚Projekt Weltethos' handelt es sich um eine von Hans Küng entwickelte Idee und Initiative. Während seiner Arbeit als katholischer Theologe und Direktor des Instituts für ökumenische Forschung an der Universität Tübingen gelangte er im Laufe der Jahre zu der Erkenntnis, dass die Religionen der Welt bei all ihren verschiedenen Dogmensystemen und Weltbildern in elementaren Fragen des Ethos übereinstimmen, und dass sie, so sie sich dessen bewusst werden, mit diesem Grundkonsens verbindlicher Werte, unverrückbarer Maßstäbe und persönlicher Grundhaltungen – Weltethos genannt – Erhebliches zur Verständigung untereinander und damit zum Frieden in der Welt beitragen können. Ein Weltethos möchte also nichts Neues erfinden, sondern will das, was den Religionen der Welt trotz aller Verschiedenheiten jetzt schon gemeinsam ist, herausarbeiten und bewusst machen" (Gschwentner-Blachnik, I.: Das „Projekt Weltethos", in: Das Projekt Weltethos in der Schule, Tübingen 2002, Seite 1.1).

(2) Das Phänomen der Unternehmenskultur zu erfassen kann nur vor dem Hintergrund der **Relativität der Perspektive** erfolgen. Der jeweilige Betrachtungswinkel spielt eine entscheidende Rolle. Erinnert sei an die Frage der „Bilder der Organisation", wie sie in Kapitel 1 unter dem Stichwort „Management-Paradigmen" behandelt wurden. Mögliche Bezugspunkte lassen sich vom Kulturbegriff herleiten, der in verschiedenen Wissenschaften von zentraler Bedeutung ist (vgl. z. B. Müller/Gelbrich 2004: 16). Relevant sind v. a. die folgenden grundlegenden **Ansätze**:

- Ethnologie („Völkerkunde"): Erforscht werden die verschiedenen Völker (Ethnien) und ihre Kulturen. Als besondere, historisch gewachsene Merkmale von Volksgruppen sind besonders interessant: einheitliche Wert- und Denkmuster, gemeinsame Symbolsysteme, Riten, Sprache, Mythen oder Religionen.

    Unternehmenskultur in dieser Denkrichtung folgt der Vorstellung, dass einzelne Unternehmen – ähnlich wie Volksgruppen – durch besondere Denkmuster, Wertesysteme, Normen und Verhaltensweisen geprägt sind und dass sie eigenständige Kulturgemeinschaften darstellen (vgl. Bleicher 1999: 153).

- Anthropologie („Menschenkunde"): Diese Wissenschaft befasst sich mit den biologischen, genetischen und stammesgeschichtlichen Grundlagen des Menschen und insbesondere mit der Frage, welche Zusammenhänge zwischen der Umwelt, in der die Menschen leben, und ihrem jeweiligen Verhalten bestehen.

    Kultur ist nach diesem Ansatz „ein System von Konzepten, Überzeugungen, Einstellungen, Wertorientierungen, die sowohl im Verhalten und Handeln der Menschen als auch in ihren geistigen und materiellen Produkten sichtbar werden. Ganz vereinfacht kann man sagen: Kultur ist die Art und Weise, wie die Menschen leben und was sie aus sich selbst und ihrer Welt machen" (Maletzke 1996: 16). Auf die Unternehmenskultur übertragen bringt diese Interpretation zum Ausdruck, dass ein Unternehmen eine Kultur *hat*, die man beschreiben kann. Dem steht die (eher aus der Ethnologie abzuleitende) Vorstellung gegenüber, dass das Unternehmen eine Kultur *ist*, wonach eine Kultur als „eine identifizierbare Gruppe mit gemeinsamen Überzeugungen und Erfahrungen, mit Wertgefühlen, die mit diesen Erfahrungen verbunden sind, und mit einem Interesse an einem gemeinsamen historischen Hintergrund" zu verstehen ist (Brislin, zit. nach Maletzke 1996: 16).

- Sozialpsychologie: Sie erforscht Prozesse zwischen gesellschaftlichen Gruppen, innerhalb von sozialen Gruppen sowie Auswirkungen dieser Prozesse auf das Erleben und Verhalten des Individuums. In der Ausprägung als interkulturelle Sozialpsychologie werden kulturvergleichend die Muster der Wahrnehmung, des Denkens, Lernens und Verhaltens untersucht, wie sie z. B. beim Aufeinandertreffen von Angehörigen verschiedener Kulturen relevant sind.

(3) Eine Unternehmenskultur ist mit Blick nach außen in ein räumliches und branchenmäßiges Umfeld eingebettet und soll sich dort als eine in sich schlüssige und stimmige Ganzheit, d. h. als ein kohärentes und integriertes Gebilde, bemerkbar machen. Richtet man den Blick jedoch nach innen, so zeigt sich das Bild eines mehr oder weniger vielfältigen Mehrebenen-Systems an **Subkulturen**, aus denen sich die gesamte Unternehmenskultur zusammensetzt. Vorherrschendes Charakteristikum der Unternehmenskultur ist also kulturelle Vielfalt und die permanente Gefahr von Widersprüchen und Interessengegensätzen zwischen den Subkulturen. „Strickmuster" für die Herausbildung von Subkulturen können sein (vgl. Steinmann/Schreyögg/Koch 2013: 666):

- Hierarchischer Rang: Arbeiterkulturen, Meisterkulturen, leitende Angestellte;
- Profession: Ingenieur-, Kaufleute-, IT-Kulturen, im Medienbereich: Journalisten, Kreative, Künstler, Produktion und Technik, Verwaltung usw.;
- Abteilung: Marketing-, Fertigungs-, Forschungskulturen usw.;
- Geschlecht: Verkäuferinnen/Verkäufer, Krankenschwestern/Krankenpfleger usw.;
- Ferner: Hautfarbe, Alter, Nationalität, Religion usw.

Eine besondere Beachtung ist dem Unterschied zwischen der formellen und informellen Struktur der Subkulturen zu schenken. Informelle Strukturelemente sind häufig deswegen attraktiv, weil sie ihren Mitgliedern ein stärkeres Gefühl an Geborgenheit und Zugehörigkeit vermitteln als die offizielle Unternehmenskultur. Heterogenität bzw. **„Diversität"** ist dabei prinzipiell nicht vorrangig als Negativum zu interpretieren, vielmehr ergeben sich aus der Unterschiedlichkeit der Menschen auch Chancen und interessante Möglichkeiten.

> Unter Diversität versteht man alle Merkmale, die zur Beschreibung von Gemeinsamkeiten und Unterschieden von Menschen innerhalb und außerhalb von Unternehmungen herangezogen werden.
>
> „Einige dieser Gedanken finden sich im Diversity-Management wieder ..., das sich als Teilgebiet des Human Ressource-Management mit der Frage beschäftigt, wie kulturelle Heterogenität innerhalb des Unternehmensverbundes im Sinne der Unternehmensziele genutzt werden kann (bspw. durch interkulturell besetzte Projektgruppen zur Steigerung der Innovationsfähigkeit)" (Müller/Gelbrich 2004: 39; im Original teilweise hervorgehoben).

Die Diversitätsfrage stellt sich im Medienbereich aufgrund des typischerweise stark internationalen Bezugs der Produktions- und Vertriebsmärkte in besonderer Schärfe. Zu denken ist an Filmproduktionen, an international agierende TV-Unternehmen, an die Spieleindustrie oder an die Internetwelt. Es ist offenkundig, dass Diversität in vielerlei Hinsicht hohe Kosten der Handhabung von Komplexität, Vielfalt und Kooperation mit sich bringen kann, umgekehrt dürfen jedoch die positiven Effekte von Diversität nicht unterschätzt werden. So versteht man heute Diversität als eine relevante Ressource, die – klug eingesetzt – Wettbewerbsvorteile schaffen kann. Vor diesem Hintergrund bedeutet „Diversity Managements" die gezielte Wertschätzung und Nutzung der Vielfalt der Mitarbeiter als Baustein für das Strategiemanagement. Die Unternehmenskultur als multikulturelles „Gebilde" nicht nur zu akzeptieren, sondern aktiv zu gestalten, ist vor diesem Hintergrund eine wichtige Managementaufgabe.

> Diversität als Ressource zu interpretieren, bringt Vorteile. Die Effektivitätsvorteile einer vielfältigen Mitarbeiterzusammensetzung und die Reduzierung der negativen Folgen der Vielfalt kann als eine der große Aufgabe des Managements verstanden werden: „Das größte Wissen, die besten Talente, alle Intelligenz und Fähigkeiten bleiben wertlos, wenn sie nicht genutzt werden" (Malik 1999, S. 400).
> „(Wir) zwingen Menschen immer wieder in das Dogma der Gleichmacherei, wodurch ihnen [...] das Einzige, was sie wertvoll macht, geraubt wird, nämlich ihre Individualität, ihre spezifischen Stärken und Fähigkeiten" (ebd.).

Umgekehrt lauern in der kulturellen Vielfalt in Organisationen Risiken, die zur Destabilisierung führen können. Daher ist es für jedes Unternehmen, insbesondere mit heterogenen Subkultur-Strukturen, wichtig, Konzepte für den Umgang mit kultureller Vielfalt zu besitzen. Abb. 27-2 gibt einen Überblick über mögliche diesbezügliche Ansatzpunkte (Quelle: Sackmann/Bissels/Bissels 2002: 53).

> **Ebene Organisation**
> - Entwicklung einer multi-kulturellen Organisation durch Integrations-/Synergieansatz;
> - Integration der Wertigkeit kultureller Vielfalt in Unternehmenspolitik, Leitbild, Strategie, Personalpolitik und Praktiken;
> - Entwicklung einer Unternehmenskultur, die kulturelle Vielfalt als Wert/Priorität integriert hat;
> - Kollektive Führungspraktiken, die den Umgang mit kultureller Vielfalt/Andersartigkeit in positivem Sinne zeigen.
>
> **Ebene Gruppe**
> - Berücksichtigung kultureller Vielfalt bei der Zusammensetzung von Teams/Arbeitsgruppen, Abteilungen;
> - Unterstützung bei der Zusammenarbeit verschiedener Teams, Abteilungen;
> - Entwicklung von Kohäsion und einer gemeinsamen/übergreifenden Identität;
> - Kulturbewusstes Management von Subkulturen;
> - Teamentwicklung zur Wertschätzung der Fremd- und Andersartigkeit.
>
> **Ebene Individuum**
> - Kultursensibles und kulturadäquates Führungsverhalten;
> - Fähigkeiten im Umgang mit kultureller Vielfalt: Ambiguitätstoleranz, kognitive Komplexität;
> - Interkulturelle Kompetenzen: Wissen über Fremdkulturen, Handlungskompetenzen (Training), interkulturelle Kommunikation, Sprachfähigkeiten, Konfliktmanagement, Verhandlungstechniken.

Abb. 27-2: Umgang mit kultureller Vielfalt: Überblick über mögliche Ansatzpunkte

Vor diesem Hintergrund steht man vor einem Dilemma: Nach außen soll die Unternehmenskultur eine homogene Einheit bilden, während sie nach innen von einer mehr oder weniger großen Heterogenität geprägt ist. Dies kann zu erheblichen Abstimmungsproblemen führen.

> „Zwar sollte die Unternehmenskultur ein einheitliches und möglichst konkretes Band für das Zusammengehörigkeitsgefühl und die Identifikation der Mitarbeiter darstellen; dies sollte jedoch nicht zu einer Einebnung der subkulturellen Unterschiede führen. Damit stellt sich die Frage nach dem anzustrebenden Harmonisierungsgrad von gesamthafter Unternehmenskultur und ihren Subkulturen" (Bleicher 2001: 234).

Diese Abstimmungsprobleme sind umso schwerer zu lösen, je divergenter sich die Hauptkultur und die Subkulturen gegenüberstehen. Prinzipiell sind die folgenden Grundtypen von Subkulturen zu unterscheiden (vgl. Steinmann/Schreyögg/Koch 2013: 666 f.):

- Verstärkende Subkulturen: Ein Beispiel sind Vorstandsstäbe, die quasi als „enthusiastische Verstärkungsinseln" fungieren.
- Neutrale Subkulturen: z. B. IT-Abteilungen oder Rechtsabteilungen, die eine eigene Kultur aufweisen, die aber nicht mit der Hauptkultur kollidiert.
- Gegenkulturen: Das Orientierungsmuster ist eigenständig und wendet sich dezidiert gegen die Hauptkultur. Gründe können Enttäuschung oder ein übertriebenes Streben nach Eigenständigkeit sein.

Organisationen mit einer ausgeprägten Vielfalt an Subkulturen und sehr heterogenen Strukturen können logischerweise nur schwache Kulturen sein (vgl. ebd. 667).

27.2 Diagnose von Unternehmenskultur

(1) Will ein Unternehmen den eigenen Standort im Hinblick auf die Unternehmenskultur bestimmen, bedarf es einer theoretisch fundierten Diagnose.

Einen bekannten Ansatz hierzu liefert das **„Eisberg-Modell" nach Schein**, das die folgenden **drei Ebenen** umfasst, auf denen eine systematische Kulturanalyse erfolgen kann (vgl. z. B. Staehle 1999: 498 f.):

- Oberste Ebene: Artefakte, Schöpfungen;
- Mittlere Ebene: Werte;
- Untere Ebene: grundlegende Annahmen.

Entscheidendes Kennzeichen von Unternehmenskultur – deshalb die Metapher „Eisberg" – ist die Vorstellung, dass von der Unternehmenskultur lediglich die oberste Ebene der von Menschenhand geschaffenen Merkmale sichtbar ist, die beiden anderen Ebenen jedoch entweder völlig unbewusst oder nur auf einer „mittleren Stufe des Bewusstseins" ablaufen.

Auf der Grundlage des Modells von Schein ist ein sog. „Schichtenmodell der Unternehmenskultur" vorgestellt worden, das die unterschiedlichen Ebenen präzisiert und die relevanten Zusammenhänge verdeutlicht (vgl. Abb. 27-3, Quelle: in Anlehnung an Steinle 2005: 99).

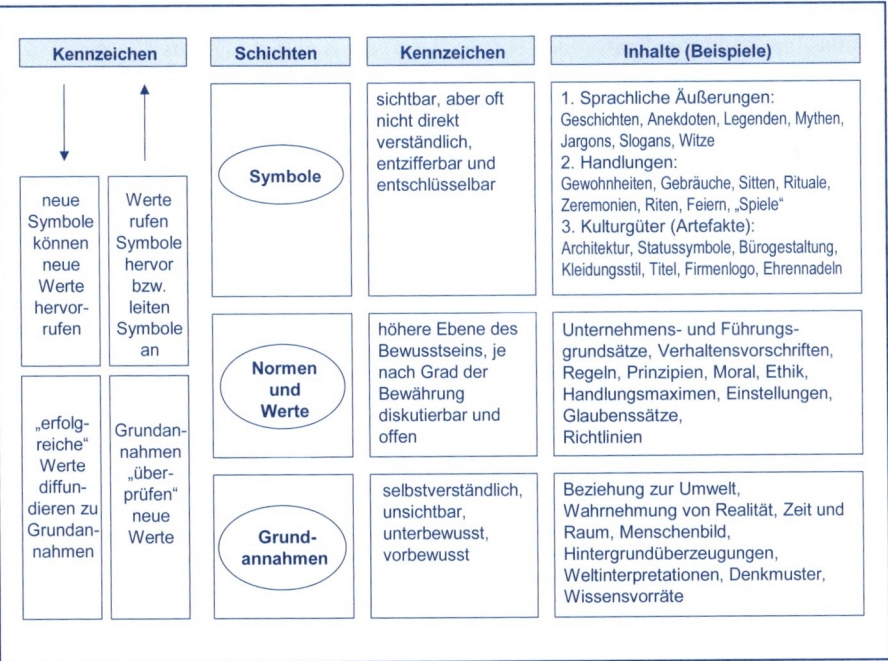

Abb. 27-3: Schichtenmodell der Unternehmenskultur

(a) Die Ebene der **Symbole** – also die „Spitze des Eisbergs" – versteht sich als sichtbare Ausdrucksform der Grundannahmen sowie der Normen und Werte. Symbole stellen die direkt erkennbaren und sichtbaren äußeren Erscheinungsformen einer Unternehmenskultur dar, die jedoch – um ihre Bedeutung verstehen zu können – interpretiert bzw. „decodiert" werden müssen.

Drei Gruppen symbolischer Phänomene können unterschieden werden (vgl. Neuberger/Kompa 1987: 57):

- Sprachliche Erscheinungen (Kommunikation): Geschichten, Mythen, Legenden, Sprüche, Witze, Umgangston;
- Handlungen (prozessspezifische Erscheinungen): z. B. Verhaltensformen, Riten, Gebräuche, Feiern, organisationsspezifische „Spiele";
- Kulturgüter (optische Erscheinungen): z. B. Architektur, Kleidung, Markenzeichen, Corporate Design, Statussymbole.

Alle diese Erscheinungsformen lassen sich detailliert beschreiben und ergeben eine Datensammlung, die einen qualitativen Zugang zur Unternehmenskultur ermöglichen. Es kommen sozusagen „Indizienbeweise" zum Vorschein, die es erlauben, die Kultur eines Unternehmens zu „diagnostizieren" und einem bestimmten Typus zuzuordnen (vgl. ebd.).

Zu ergänzen sind diese drei Phänomene durch die sog. instrumentalen Erscheinungen, die in der **Organisationsstruktur**, den **Managementsystemen** und der **Rollenausübung der Führungskräfte** sichtbar werden (vgl. Bickmann 1999: 73). Bei Managementsystemen sind insbesondere die praktizierten Kontrollsysteme von Bedeutung wie etwa Entlohnungs- bzw. Bonussysteme, individuelle Leistungsprämien, Team-Boni, Ausrichtung von Prämien an Mengen, Qualitätsniveau oder Kundenzufriedenheit. Organisationsstrukturen bilden die tragenden Beziehungen ab, wobei der Grad an Komplexität, Formalität, Hierarchie und Zentralisierung der Unternehmensstrukturen Aufschluss über die Unternehmenskultur geben.

> Stichwort Geschichten: In jedem Unternehmen kursieren Geschichten, die bei passender Gelegenheit wieder erzählt werden, z. B. bei Eintritt eines neuen Mitarbeiters. Solche Geschichten reflektieren die Historie des Unternehmens, wichtige Ereignisse oder besondere Persönlichkeiten: „Bill Hewlett kam an einem Samstag ins Werk und fand zu seinem großen Missfallen das Materiallager verschlossen. Er besorgte sich sofort einen Bolzenschneider und entfernte damit das Vorhängeschloss von der Tür. Er hinterließ einen Zettel, den man am Montagmorgen fand. Auf diesem Zettel stand geschrieben: „Diese Tür bitte nie wieder abschließen. Danke, Bill" (Peters/Waterman, zit. nach Steinmann/Schreyögg/Koch 2013: 655). Durch Geschichten wird vermittelt, was im Unternehmen legitim und wichtig ist. Setzt ein Unternehmen Geschichten bewusst als Instrumente zur Beeinflussung der Unternehmenskultur ein, spricht man von „Story Telling" bzw. „Geschichtenmanagement". Dabei geht es nicht darum, Stories zu erfinden und diese gezielt in die Welt zu setzen, sondern Geschichten, die im Unternehmen kursieren, aufzugreifen und systematisch in positiver Weise zu transportieren. Ziel ist es, wünschenswerte Wertvorstellungen, Regeln und Verhaltensweisen zu stützen.

Die Qualität von Symbolen kann danach differenziert werden, inwieweit sie einen konkreten Bezug aufweisen oder lediglich eine Abstraktion darstellen, die interpretationsbedürftig ist. Abb. 27-4 zeigt ein diesbezügliches Kontinuum von Symbolen (Quelle: Heinen/Fank 1997: 110).

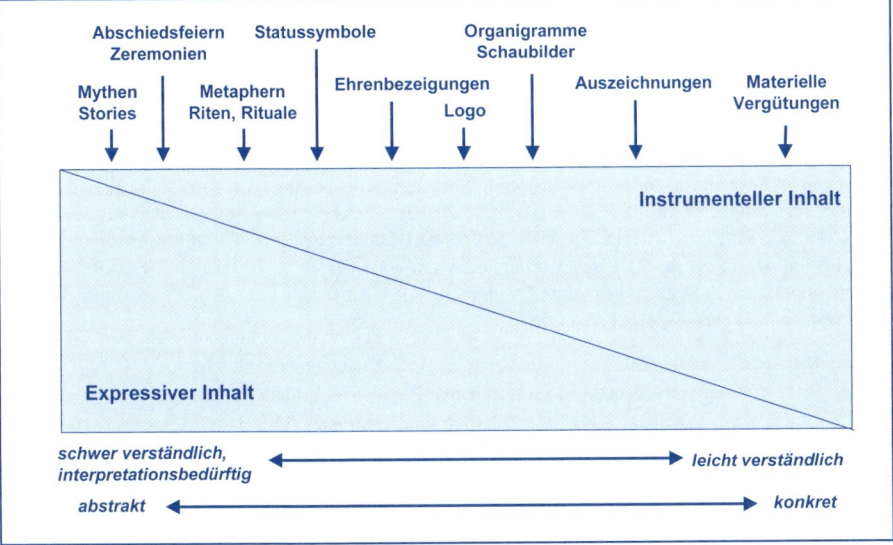

Abb. 27-4: Kontinuum organisationaler Symbole

Stichwort Legenden (1): „Die Geburt der Kultfigur Mickey-Maus wird von zahllosen Legenden umrankt, denn Disney selbst und seine Presseleute und Ghostwriter konnten der Versuchung niemals widerstehen, die schlichten Fakten auszuschmücken. In Wahrheit scheint es etwa so gewesen zu sein: Die Idee, einen Nager als Hauptfigur für eine neue Trickfilmserie zu verwenden, ist Disney offenbar im Zug auf der Rückreise von jener entmutigenden Begegnung mit Mintz in New York gekommen. Die anrührendste Version der Geschichte ist wohl 1934 unter Disneys eigenem Namen in einer englischen Zeitschrift namens *The Windsor Magazine* erschienen (obwohl man bezweifeln darf, dass er für den Textentwurf seiner Presseabteilung mehr als nur einen flüchtigen Blick gehabt hat). Nach dieser Darstellung jedenfalls stieg er in New York ohne neuen Vertrag und mit eher finsteren Zukunftsaussichten in den Zug. „Aber war ich etwa niedergeschlagen?" fragt er. „Nicht ein bisschen! Ich war sogar hochzufrieden. Denn in all dem Ärger und der ganzen Verwirrung tauchte vor meinem inneren Auge eine neckische, fröhliche kleine Gestalt auf. Zunächst noch vage und unbestimmt. Aber dann wurde sie immer größer und deutlicher. Und schließlich hatte ich es – eine Maus. Eine possierliche, drollige kleine Maus. Die Idee ergriff schlagartig Besitz von mir. Die Wagenräder schlugen dazu den Takt. ›Tsch, tsch, Maus, tsch, tsch, Maus‹, schien der Zug zu mir zu sagen. Auch die Pfeife schrillte es immer wieder hervor: ›Eine M-m-m-a-a-u-u-s‹, heulte sie. Als der Zug schließlich durch den Mittleren Westen rollte, hatte ich meiner Traummaus schon rote Samthosen verpasst mitsamt zwei riesigen Perlknöpfen. Auch die erste Episode hatte ich mir schon ausgedacht, und alles stand mir ganz klar vor Augen" (Schickel 1997: 83).

Stichwort Legenden (2): Fallbeispiel Reinhard Mohn, Bertelsmann: „Die Bank sagte Mohn, Bertelsmann habe keinen Kredit mehr. Daraufhin wechselte er zu einer Privatbank ‚und dann ging es wieder weiter'. In einer solchen Notlage führte Mohn ein interessantes Gespräch mit einem jungen Beamten aus dem Bundesfinanzministerium. Er klagte über die hohen Steuern, die Unternehmer wie ihm die Schaffung neuer Arbeitsplätze unmöglich machten. Der junge Beamte gab ihm daraufhin den Tipp, den Mohn sogleich in die Tat umsetzte: Er verschenkte einen Teil seines Unternehmens. In der Praxis sah das so aus, dass er seine 2.600 Mitarbeiter am Unternehmensgewinn beteiligte. Den Gewinn, den er an sie verteilte, musste er nicht versteuern. Allerdings zahlte er den Mitarbeitern den Gewinn nicht sofort aus, sondern verband die Beteiligung mit einer Bedingung: Die Mitarbeiter müssten ihm das Geld bis zu ihrer Pensionierung als Darlehen zu einem günstigen Zinssatz von zwei Prozent ‚leihen'. Im Prinzip schuf Mohn damit seine eigene Bank. In fünf Jahren sparte er so fast zehn Millionen Mark, die er sonst als Steuern hätte zahlen müssen. Dieses Prinzip der Gewinnbeteiligung brachte dem Unternehmer den Namen ‚Roter Mohn' ein" (Schuler 2004: 177 f.).

Stichwort Statussymbole: Bekannt wurde Leo Kirch u. a. auch dadurch, dass er völlig auf Statussymbolik verzichtete: „Das private Domizil des Leo Kirch ist für einen Milliardär besonders ungewöhnlich. Seit Jahren begnügt er sich mit einer Wohnung in einem Apartmenthaus. Ein Mann, der bis zur Insolvenz seines Firmenimperiums im April 2002 im amerikanischen Magazin „Forbes" über Jahre einen Stammplatz in der Liste der fünfzig reichsten Menschen der Welt hatte, teilt sein Haus mit sechs anderen Parteien" (Clark 2002: 130).

Stichwort Logo: Ein gutes Beispiel für den wichtigen Zusammenhang zwischen dem Logo und der Unternehmenskultur ist das ZDF-Logo, das im Laufe der Jahrzehnte mehrmals verändert wurde. Das aktuelle Logo drückt ein ganz spezifisches „Corporate Design" aus, das wie folgt beschrieben wird: „Im nächsten Schritt hat das ZDF sein Corporate Design einer ausführlichen Analyse unterzogen und auf die zukünftigen Anforderungen seiner Positionierung neu entwickelt. Das neue Design wurde unter der Maßgabe folgender Aspekte konzipiert:

- Kennzeichnung des ZDF als traditionsreiches Medienunternehmen mit Vision
- Sicherstellung einer klaren, wiedererkennbaren Position im Umfeld
- Gewährleistung eines crossmedialen, plattformübergreifenden Auftritts

Das neue Signet ... verankert noch einmal nachhaltig den Begriff des „Zweiten" und setzt sich auch durch die Farbgebung Orange markant und profiliert im Markt durch. Untersuchungen nach sechs Monaten haben bereits ergeben, dass das Signet im Vergleich zu den wichtigsten Mitbewerbern ähnlich stark erinnert wird" (Hefter 2004: 262).

(b) Den Symbolen nachgelagert ist die Ebene der **Normen und Standards**, die teils sichtbar, bewusst und nachvollziehbar sind, sich teils aber bereits im unbewussten Bereich bewegen. Dieser Teil der Unternehmenskultur beschreibt die Maximen, „Ideologien", Verhaltensrichtlinien, Gebote und Verbote, die „richtigen" Vorgehensweisen, die innerhalb des Unternehmens Gültigkeit besitzen. Diese gültigen Normen und Standards variieren mit der jeweiligen Kultur, bestimmen maßgeblich die verwendeten Symbole der obersten Ebene und das konkrete Verhalten und sind ihrerseits wiederum abhängig von den zugrunde liegenden Grundannahmen und Wertmotiven.

Werte beschreiben abstrakte Auffassungen über das, was wünschens- oder erstrebenswert ist bzw. nicht ist und dienen dem Menschen als Beurteilungs- und Orientierungsmaßstab. Normen sind demgegenüber Verhaltensmaximen, die als abgestimmte, von außen gesetzte Handlungserwartungen an den Einzelnen herangetragen werden.

Die Ebene der artikulierten Werte und Normen ist nicht sichtbar, also schwer zu beeinflussen. Dies hat zwei Ursachen: Zum einen sind nicht die *verkündeten* Werte, sondern die unsichtbaren *gelebten Werte und Normen* verhaltenssteuernd. Zum anderen sind Werte und Normen nur indirekt über Verhaltensweisen (also Artefakte) sichtbar und somit eine „Black Box", die selbst für sensibilisierte Beobachter nicht eindeutig interpretierbar ist.

Die im Unternehmen gelebten Werte zu erkennen, einzuordnen und zu steuern, ist wichtige Voraussetzung einer sog. „werteorientierten Unternehmensführung". Darunter wird ein Typus von Unternehmensführung verstanden, der dem Managementhandeln einen glaubwürdig vorgelebten Wertekanon zugrunde legt. Längst hat sich die Erkenntnis im Management durchgesetzt, dass die werteorientierte Unternehmensführung hohe Bedeutung hat und immer wichtiger wird: „Werte schaffen Wert", so die Kurzformel. Anerkannt ist, dass Werte-Kodizes und Manifeste als wichtig einzuschätzen sind. Von großer Relevanz für den Unternehmenserfolg ist diesbezüglich auch die gezielte Kommunikation des Wertesystems des Unternehmens nach innen und nach außen.

Freilich ist jedoch auch unverkennbar, dass zwischen der Manifestierung von unternehmensbezogenen Werten und den geschäftlichen Zielvorgaben wie Umsatz und Gewinn oft eine große Kluft besteht.

Fallbeispiel: Kommunikationskultur bei Bertelsmann

Das Konzept des normativen Managements beruht auf dem Grundsatz: „Das oberste Ziel eines Unternehmens ist sein Leistungsbeitrag für die Gesellschaft". Unter diesem Dach unterscheidet man die vier Bereiche Essentials, Führungskultur, Gesprächs- und Mitbestimmungskultur und Beteiligungskultur.

Am Beispiel der „Gesprächs- und Mitbestimmungskultur" kann studiert werden, welche unterschiedlichen Formen des Austausches in einer reifen Unternehmenskultur wie bei Bertelsmann gepflegt werden (vgl. nachfolgende Darstellung).

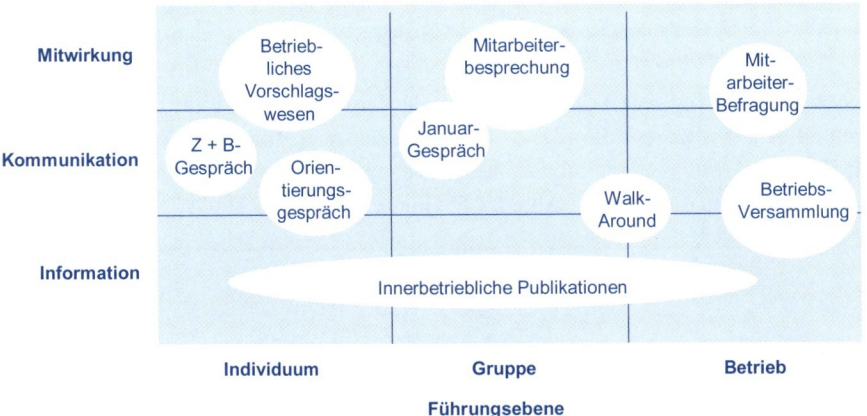

Ziel des Konzepts ist es, kommunikativen Austausch in systematischer Weise auf der Ebene des Individuums, der Gruppe und des ganzen Unternehmen zu pflegen. Dies erfolgt durch verschiedene Gesprächsroutinen, die sowohl Gruppen- als auch Einzelgespräche umfassen und den Prozess der innerbetrieblichen Information und Kommunikation strukturieren. Nachfolgend sollen einige Erläuterungen zu einzelnen Instrumenten gegeben werden:

- Mitarbeiterbefragung: Sie spielt eine wichtige Rolle bei der Realisierung, Überprüfung sowie Weiterentwicklung der Unternehmenskonzeption und dient der Diagnose der allgemeinen Zufriedenheit der Mitarbeiter im Unternehmen. Sie fördert die Mitsprache und die Beteiligung der Mitarbeiter und hilft Schwachstellen aufzudecken. Grundlage ist ein umfassender Fragebogen, der z. B. 1992 insgesamt 12 DIN-A 4-Seiten umfasst hatte (wiedergegeben in Bertelsmann-Stiftung/ Hans-Böckler-Stiftung 1996: 35 ff.).
- Zielsetzungs- und Beratungsgespräch („Z+B-Gespräch"): Dabei handelt es sich um ein Einzelgespräch zwischen Führungskraft und Mitarbeiter, bei dem die Arbeitsschwerpunkte für das Planjahr, die Leistungen des abgelaufenen Jahres und Wege zur besseren Zielerreichung besprochen werden. Im Einzelnen werden Leistung und Verhalten beurteilt sowie Aufgabenveränderung, Weiterbildung, Entwicklungsperspektiven und andere für den Mitarbeiter wichtige Themen besprochen.
- Januargespräch: Bei diesem seit 1975 eingesetzten Instrument erfolgt zu Beginn eines jeden Kalenderjahres ein Gespräch zur Vorgesetztenbeurteilung, bei dem die Gruppe der Mitarbeiter und die Führungskraft das Führungsverhalten, die Arbeitssituation, Aufgabe und Zusammenarbeit in der Gruppe diskutieren und der Führungskraft Feedbacks geben. Es handelt sich also um ein Instrument, das die von oben nach unten erfolgende Mitarbeiterbeurteilung um ein Feedback „von unten nach oben" ergänzt. Ziel ist es, den Partnerschaftsgedanken auch in der Führung zu betonen.

Quelle: Bertelsmann-Stiftung/Hans-Böckler-Stiftung 1996/2001.

(c) Schließlich stellt die Ebene der **Basisannahmen** die unterste und in den Tiefen des Unbewussten verankerte Ebene der Unternehmenskultur dar. Es kann als das „kollektive Unbewusste" der Organisation bezeichnet werden. Gegenstand der Basisannahmen sind das Welt- und Menschenbild, der Umweltbezug des Unternehmens, Begriffe wie Wahrheit, Zeit, Vertrauen oder das Wesen des Menschen und der sozialen Beziehungen. Basisannahmen sind dann relevant, wenn sie ein hohes Potenzial zur Verhaltensbeeinflussung der Organisationsmitglieder besitzen.

> „Es sind dies die selbstverständlichen Orientierungspunkte organisatorischen Handelns, die gewöhnlich ganz automatisch, ohne darüber nachzudenken, ja meist ohne sie benennen zu können, verfolgt werden. Sie haben sich in Organisationen oft über Jahrzehnte hinweg entwickelt und auch bewährt" (Steinmann/Schreyögg/Koch 2013: 658).

Basisannahmen sind damit das Fundament der Unternehmenskultur und stellen einen Großteil des „Eisberges" dar, der im Verborgenen liegt. Ihre Diagnose wird dadurch schwierig und teilweise spekulativ. Als Ansatzpunkt der Beurteilung kann ein Raster mit fünf Kriterien dienen (vgl. Abb. 27-5; Quelle: Bickmann 1999: 78).

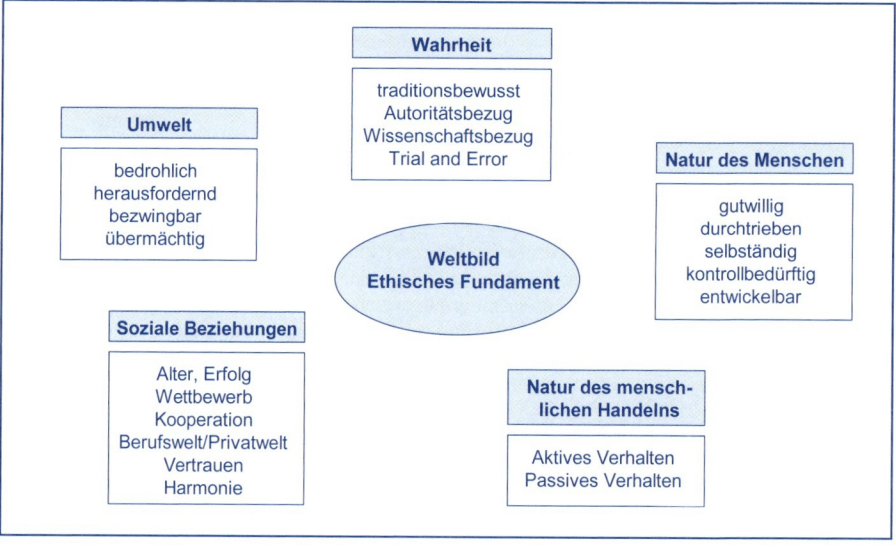

Abb. 27-5: Basisannahmen als Fundament der Unternehmenskultur

> Stichwort Natur des Menschen: „So hat z. B. die Einschätzung des Menschen als von Natur aus passiv, faul und durchtrieben oftmals einen misstrauensbasierten, autoritären Führungsstil sowie eine extrem vorsichtige Informationspolitik nach außen zur Folge. Teamwork wird innerhalb dieses Kulturtyps zum Scheitern verurteilt sein" (Bickmann 1999: 77). Hintergrund dieses Aspekts ist die Frage des Menschenbildes, wobei die Menschen z. B. gemäß der Theorie X und Theorie Y von McGregor in zwei gegensätzliche Typen eingeteilt werden können: Nach Theorie X hat der Mensch eine angeborene Abscheu vor der Arbeit, nach Theorie Y ist Arbeit eine Quelle der Zufriedenheit. Solche dualistischen Modellvorstellungen über die Natur des Menschen sind eine starke Vereinfachung, können gleichwohl als Ausgangspunkt für tiefergehende Analysen dienen.
>
> Zur Frage des Menschenbildes vgl. ausführlich Staehle 1999: 191 ff.

(2) Für die Unternehmenskultur-Diagnostik ist es hilfreich, ganzheitliche **Typologien von Unternehmenskulturen** zu entwickeln, um daraus Erklärungen und Schlussfolgerungen für die Frage der möglichen Beeinflussung von Kulturen ableiten zu können. Hierzu liegen zahlreiche Ansätze vor, von denen einige herausgegriffen werden.

(a) Im weithin bekannten **Modell von Deal/Kennedy** werden vier idealtypische Unternehmenskulturen definiert, die sich aus einem zweidimensionalen Raster mit den Kriterien der Riskantheit der Entscheidungen für das Unternehmen und der Geschwindigkeit des Feedbacks vom Markt ergeben (vgl. Abb. 27-6, Quelle: Staehle 1999: 511; Hungenberg/Wulf 2006: 96).

Abb. 27-6: Kulturtypologie nach Deal/Kennedy

Im Einzelnen weisen die diversen Kulturtypen die folgenden Charakteristika auf (vgl. Steinmann/Schreyögg/Koch 2013: 662 f.; Brösel/Olbrich 2003: 138 f.):

- Risiko-Kultur (auch: Analytische Projekt-Kultur): Hier steht bei den Einzelentscheidungen für das Unternehmen viel auf dem Spiel, aber deren Auswirkungen bekommt es erst mit einer gewissen Zeitverzögerung zu spüren. Dieser Kulturtyp steht im Kontext der Flugzeug- und Automobilherstellung, in Forschung und Entwicklung oder bei Architekten im Vordergrund. Fehlentscheidungen stellen eine große Bedrohung dar und die Umwelt wird vorrangig als Bedrohung erlebt. Bei der Problemlösung vertraut man auf wissenschaftlich-technische Rationalität und versucht, die Dinge durch Analysen und langfristige Vorausschau in den Griff zu bekommen. Wichtigstes Ritual ist die Sitzung, Hektik ist unerwünscht, Blitzkarrieren gibt es nicht, die führende Figur ist die gesetzte, reife Persönlichkeit.
- Macho-Kultur (auch: Kultur der tollen Burschen, Macherkultur, Alles-oder-Nichts-Kultur): Bei diesem Kulturtyp vereint sich ein hohes Entscheidungsrisiko für das Unternehmen und die schnelle „Quittung" vom Markt, wie sie in der Werbe- oder Modebranche gegeben ist, so dass schnelle, aber fundierte Entscheidungen gefragt sind. Prägendes Merkmal ist die Dominanz von hochprofessionellen Individualisten. Gefragt sind Stars mit großen Ideen und der Erfolg steht über allem, wonach sich Ansehen, Macht und Einkommen dann auch bemisst.

- Prozess-Kultur (auch: Verwaltungskultur): Hier ist das Risiko der Entscheidung des Einzelnen für das Unternehmen gering und eine Reaktion vom Markt erfolgt auch nur langsam oder gar nicht. Musterbeispiel sind Behörden oder Buchhaltungen. Typische Werte sind Anpassung, Pflichterfüllung und Kontinuität. Vorherrschende Orientierungsmuster sind Misstrauen und Absicherung. Wichtig ist es, keine Fehler zu machen.
- Kultur der harten Arbeit mit viel Spaß (auch: Leistungskultur, Verkäuferkultur, Brot-und-Spiele-Kultur): Die Mitarbeiter sind relativ geringen Einzelrisiken bei ihren Entscheidungen ausgesetzt, das Feedback vom Markt erfolgt aber „gnadenlos" schnell. Hauptmerkmal ist die Kundenorientierung, der Fokus ist der Umsatz. Typische Werte sind ständige Aktivität, Leistung, Umsatz und Teamgeist.

Alle Kulturtypen können sowohl das ganze Unternehmen betreffen oder aber – und dies ist der wahrscheinlichere Fall – sich lediglich auf Subkulturen beziehen. Dadurch kann Diversität der Subkulturen innerhalb eines einzigen Unternehmens entstehen.

> Medienunternehmen dürften im Hinblick auf die Content-Erstellung (Redaktion, Programmerstellung, Inhaltegestaltung) prinzipiell der Macho-Kultur am nächsten stehen: Die Risiken der getroffenen Entscheidungen sind zumeist hoch, da es beispielsweise bei einem privaten Fernsehsender um hohe Werbesummen geht, die bei einem Misserfolg der Sendung zu Schwierigkeiten mit den Werbekunden führen. Das Feedback vom Markt ist extrem schnell gegeben, da schon am nächsten Tag die Einschaltquoten der Sendungen vorliegen und sofort analysiert werden.

(b) Ein weiterer Ansatz unterscheidet in **starke und schwache Unternehmenskulturen** (vgl. Steinmann/Schreyögg/Koch 2013: 664 ff.):

- Starke Kulturen sind solche, bei denen die Prägnanz der Orientierungsmuster und Werthaltungen hoch ist, die Unternehmenskultur also klar profiliert und erkennbar ist, bei denen ferner ein hoher Verbreitungsgrad vorliegt, d. h. möglichst alle Organisationsmitglieder von der Unternehmenskultur „erfasst" sind, und schließlich bei denen eine nachhaltige Verankerungstiefe vorliegt, was bedeutet, dass die kulturellen Muster von den Mitarbeitern tief internalisiert sind, sozusagen „in Fleisch und Blut" übergegangen sind.
- Schwach ist eine Kultur dann, wenn sie diese Merkmale nicht aufweist. Zugrunde liegt die These, dass starke Kulturen besser fähig sind, im Wettbewerb zu bestehen.

(c) Eine sehr einfache Unterscheidung trennt Unternehmenskulturen in **Misstrauens- vs. Vertrauenskulturen**. Charakteristika einer Misstrauenskultur sind:

- Grundhaltung der Organisationsmitglieder: Misstrauen und damit Miss-Achtung dem anderen gegenüber;
- Mitarbeiter ist „Unter-Gebener";
- Führungskraft als „Vor-Gesetzter";
- Bevorzugte Rollen der Führungskräfte: Antreiber, Befehlsgeber, Kontrolleur, Richter;
- Führung durch Druck, Drohung, Manipulation, Befehl und Überwachung.

Demgegenüber zeichnet sich eine Vertrauenskultur durch folgende Merkmale aus:

- Grundhaltung der Achtung und des Respekts vor der Persönlichkeit des Anderen;
- Mitarbeiter ist Partner;
- Führungskraft als Partner;
- Rollenverständnis der Führungskräfte: Berater, Moderator, Helfer, Förderer;
- Führung über Zielvereinbarungen, Gewährung von Handlungsfreiräumen (Delegation), Konsens.

Die diesbezügliche Positionierung eines Unternehmens hängt maßgeblich von den Vorstellungen über das Wesen der menschlichen Natur ab, die im Eisberg- bzw. Schichtenmodell der Unternehmenskultur als ein wichtiger Aspekt der Basisannahmen vorgestellt wurden.

„Gehen die Mitglieder einer Gesellschaft davon aus, dass der Mensch von Geburt an gut oder böse ist? Ist die ‚Natur' des Menschen veränderlich oder determiniert, d. h. durch sein Erbgut oder seine soziale Lage vorgegeben? Ist der Einzelne davon überzeugt, dass er sein Leben selbst gestalten kann, wie es der amerikanische Mythos (‚Vom Tellerwäscher zum Millionär') besagt, oder hält er sich und sein Leben für vor-bestimmt? Vertrauensgesellschaften beantworten diese Schlüsselfragen grundlegend anders (d. h. optimistischer) als Misstrauensgesellschaften. Davon wiederum hängt ab, welcher Management-Stil vorherrscht. Vertrauen die Vorgesetzten ihren Mitarbeitern, so werden sie Aufgaben häufiger delegieren und seltener kontrollieren, wie diese erfüllt wurden. ... Auch kann man vorhersagen, dass ‚Lebenshilfe-Literatur', d. h. Ratgeber für beruflichen und privaten Erfolg, vorzugsweise in solchen Kulturen Anklang finden, wo man von der Veränderlichkeit der Lebensbedingungen überzeugt ist. Während dort die Personalpolitik von der Idee der Personalentwicklung geprägt ist, steht in Misstrauensgesellschaften, die Veränderungen weder erwarten noch akzeptieren, die Strategie der Personalselektion im Vordergrund" (Müller/Gelbrich 2004: 78 f.).

(d) Unternehmenskulturen werden auch in psychodynamischer Hinsicht analysiert und typologisiert (vgl. z. B. Neuberger/Kompa 1987: 199 ff.; Staute 1997: 108 ff.). Ziel ist v. a. die **Identifikation pathologischer Unternehmenskulturen**. Abb. 27-7 gibt einen Überblick über eine mögliche Klassifikation (Quelle: Staute 1997: 110).

Abb. 27-7: Pathologische Unternehmenskulturen im Überblick

Fallbeispiel: Hewlett-Packard als starke Unternehmenskultur

Die HP Unternehmenskultur geht zurück auf die HP Gründer Bill Hewlett und Dave Packard, zwei an der Stanford Universität ausgebildete Ingenieure. Sie nutzten ihre Erfahrungen aus den Anfängen ihrer Zusammenarbeit in der Garage in Palo Alto und machten Vertrauen, Teamwork und flache Hierarchien zu den Grundlagen ihres Unternehmens.

Der HP Way

Der Erfolg eines Unternehmens ist das Ergebnis gemeinsamer Anstrengungen von Mitarbeitern und Mitarbeiterinnen.

Aufgrund dieser Erkenntnis und der humanistischen Überzeugung der beiden Firmengründer entwickelte sich bereits in den Gründerjahren von Hewlett-Packard eine eigene Unternehmenskultur: der "HP Way".

Gegenseitiges Vertrauen, Offenheit und Ehrlichkeit, Teamarbeit, die Verpflichtung zu Qualität und Innovation und Flexibilität sind feste Bestandteile des HP Way. Diese Werte leisten die Mitarbeiter bei der Umsetzung der Unternehmensziele, die eine grundsätzliche Haltung bezüglich Gewinn, Kunden, Betätigungsgebiet, Wachstum, Mitarbeiter, Führungsstil und gesellschaftlicher Verantwortung beschreiben.

Grundwerte

Einsatz für den Kunden: Bei unserem Handeln und unseren Entscheidungen stehen Kunden immer im Vordergrund. Wir schaffen eine Unternehmenskultur und Managementkultur, die unsere MitarbeiterInnen motiviert und den Kundenanforderungen gerecht wird.

Vertrauen und Respekt: Wir schaffen ein interessantes und inspirierendes Arbeitsumfeld, in dem sich jede(r) von uns einbringen und an seinen/ihren Aufgaben wachsen kann. Wir glauben, dass jede(r) MitarbeiterIn seine/ihre Arbeit optimal erledigen will und diese auch leisten wird, wenn er/sie das optimale Arbeitsumfeld vorfindet. Wir stellen hochbegabte und kreative Menschen verschiedener Herkunft und mit unterschiedlichen Qualifikationen ein, die im Team außergewöhnliche Leistungen vollbringen können.

Ergebnisorientierung: Ergebnisorientierung und persönliche Leistungsbereitschaft bilden die Grundlage von HP. Alle MitarbeiterInnen sind engagiert, um die Erwartungen unserer Kunden zu übertreffen. Wir arbeiten ständig an der Verbesserung unserer Ergebnisse.

Geschwindigkeit + Flexibilität: Kurze Entwicklungszeiten und kurze Vermarktungszeiten, schnell realisierbare Umsätze und Gewinne. Diese Aspekte sind für unseren Erfolg entscheidend. Um schneller zu sein als unsere Mitbewerber, setzen wir die richtige Expertise ein, kennen unsere Entscheidungsprozesse, geben effizienten Lösungen den Vorzug und machen unsere MitarbeiterInnen in ihren Aufgabenbereichen zu Entscheidungsträgern.

Wegweisende Innovationen: Als Technologieunternehmen liefern wir nützliche und innovative Lösungen. Wir haben erkannt, dass wir das Leben unserer Kunden im beruflichen wie im privaten Umfeld nur dann bereichern können, wenn wir uns auf die Lösung ihrer eigentlichen Probleme konzentrieren. Darunter verstehen wir angewandte Entwicklung, die keine Entwicklung zum Selbstzweck ist.

Teamwork: Die effiziente Zusammenarbeit zwischen Teams und Organisationen ist für unseren Erfolg ausschlaggebend. Wir arbeiten als ein Team, um die Erwartungen von Kunden, Aktionären und Geschäftspartnern zu erfüllen. Wir glauben, dass das Können des gesamten Teams - einschließlich unserer Lieferanten und Vertriebspartner - für unseren Erfolg entscheidend sind.

Kompromisslose Integrität: In unseren Geschäftsbeziehungen zeichnen wir uns durch Offenheit und Ehrlichkeit aus. Wir glauben, dass diese Eigenschaften wichtig sind, um das Vertrauen unserer Geschäftspartner zu gewinnen. Es wird erwartet, dass jede(r) MitarbeiterIn den Ansprüchen unserer Unternehmensethik genügt.

http://h40047.www4.hp.com/unternehmen/deutschland/grundwerte.html (22.04.2007)

Im Einzelnen können die folgenden Aspekte ergänzt werden (vgl. Staute 1997):

- Depressive Unternehmenskultur: Eine pessimistische Einstellung kennzeichnet diesen Kulturtyp. Die Vorstellung herrscht bei der Mitarbeiterschaft vor, es nicht schaffen zu können. Bei geringer Eigenmotivation pflegt man stures Festhalten.
- Paranoide Unternehmenskultur: Misstrauen und Angst prägen diesen Kulturtyp. Reaktives statt aktives Verhalten herrscht vor, die Entscheidungsfindung ist langwierig, da alles abgesichert sein muss. Eng verbunden mit Paranoia ist die zwanghafte Unternehmenskultur mit striktem Kontrollwahn.
- Narzisstische Unternehmenskultur: „Die narzisstische Firmenkultur ist die Kultur der großen Unternehmensberatungen und Werbeagenturen. ... Es ist ein Kennzeichen der narzisstischen Firmenkultur, dass sich alle Mitarbeiter alles zutrauen sollen" (ebd. 115).
- Schizoide Unternehmenskultur: „Jedes Unternehmen hat schizoide Züge, wenn es nach außen ein Sein vorgibt, das sich mit dem inneren Zustand der Firma nicht verträgt. Hierzu ein Beispiel: Ein Computerhersteller proklamiert in einem nach außen hin publizierten Leitbild immer wieder die Kundenorientierung. Intern herrscht bei der telefonischen Kundenbetreuung die Devise, dass kein Gespräch länger als drei Minuten dauern darf" (ebd. 118).

Alle hier vorgestellten Ansätze stellen nur sehr grobe Klassifikationen dar, die nicht den Anspruch einer vertieften und empirisch fundierten Konzeption erheben können. Gleichwohl sind sie als eine erste Annäherung im Sinne einer Sortierung von Alltagserfahrungen hilfreich (vgl. Steinmann/Schreyögg/Koch 2013: 664).

(3) Die **Typisierung von Unternehmenskulturen nach Bleicher** ist ein weiterer wichtiger Versuch, das Phänomen Unternehmenskultur einer ganzheitlichen Bewertung zu unterziehen (vgl. Abb. 27-8, in Anlehnung an Bleicher 2001: 250). Nach den Kriterien der Offenheit, Differenziertheit, Führung und Mitarbeiter wird in diesem Modell eine Positionierungsmatrix erstellt, nach der sich eine konkrete Unternehmenskultur in der Praxis beschreiben lässt.

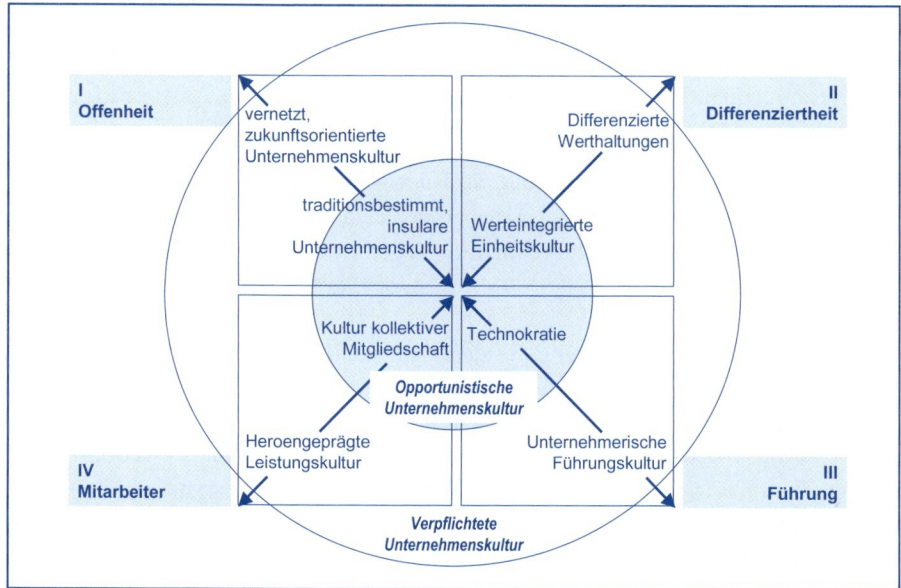

Abb. 27-8: *Grundorientierungen der Unternehmenskultur*

Zwei extreme **Kulturtypen** lassen sich anhand dieser Matrix ausmachen:

- Opportunistische Unternehmenskultur: Dieser Kulturtyp ist gekennzeichnet durch enge Definition und Konzentrierung auf die Mitte der Matrix. Sie zeichnet sich aus durch eine traditionsbestimmte, insulare Unternehmenskultur, durch eine werteintegrierte Einheitskultur, durch technokratische Führungsmethoden und einer Mitarbeiterkultur der kollektiven Mitgliedschaft. Opportunistisch ist diese Unternehmenskultur deshalb, weil hier das rational-ökonomistische Erfolgsinteresse im Vordergrund steht.

- Gesellschaftlich verpflichtete Unternehmenskultur: Dieser Kulturtyp wird durch den äußeren Kreis repräsentiert und wird beschrieben durch eine vernetzte und zukunftsorientierte Kultur, durch die Zulassung differenzierter Werthaltungen, durch eine unternehmerische und verantwortliche Führungskultur sowie durch eine „heroengeprägte Leistungskultur" (der Mitarbeiter als Held). Dieser Typ ist auf die gesellschaftliche Verpflichtung des Unternehmens ausgerichtet und stellt den Gegenpol zur opportunistischen Grundhaltung dar. Verantwortung vor der Gesellschaft und für die Gesellschaft ist hier am stärksten ausgeprägt.

Auch bei diesem Ansatz wird davon ausgegangen, dass eine Beschreibung des Phänomens Unternehmenskultur sowohl auf der Ebene des Gesamtunternehmens als auch auf der Ebene von Subsystemen erfolgen muss.

> „Das Verhältnis von Subkulturen zu der sie umfassenden Unternehmungskultur lässt sich im Spannungsverhältnis von Differenziertheit und Harmonie betrachten. Zwar schafft eine ‚Einheits'-Kultur die Voraussetzung für gute Führbarkeit, da auf explizite Regelungen weitgehend verzichtet werden kann, zumal ein hohes implizites Einverständnis aller Beteiligten in gleichen Kategorien und in gleicher Richtung denken lässt ... , doch sie wird langweilig: Man bewegt sich voll abgestimmt im Gleichschritt, aber es fehlen die spannungsreichen Impulse, die Auslöser für zukunftsweisende Innovationen sein können" (Bleicher 2001: 251; i. Orig. teilw. kursiv).

Im Kontext des St. Galler Management-Modells werden sechs Thesen zur Förderung einer gesamthaften Unternehmenskultur hervorgehoben (Bleicher 2001: 252 f.):

- *„Sinnvermittelnde Maßnahmen*, welche die Mission, die die Unternehmung als Ganzheit in der Gesellschaft erfüllt, für jeden Mitarbeiter begreifbar vermitteln;
- Unterstützende Maßnahmen des Schaffens einer starken und nach außen und innen ausstrahlenden *Corporate Identity*, die über viele Rückkoppelungen mit Externen und Internen die Mitarbeiter mit Stolz erfüllt, gerade in dieser Unternehmung zu arbeiten;
- Eine strukturelle Überlagerung der dauerhaft gebundenen Organisation durch *interdisziplinäre Organisationsformen auf Zeit*, wie projektgebundene Task Forces u. a., die subsystemübergreifende, laterale Beziehungen aufweisen und Verständnis für die Andersartigkeit anderer Subkulturen über Kooperationen vermittelt;
- Eine *Rotation von Subkulturträgern* zwischen differenten Subsystemen, um weitere Verhärtungen an ihren Grenzen zu vermeiden und Kenntnisse über andere soziale Substrukturen möglichst weit in der Organisation zu streuen;
- Maßnahmen der *Personalentwicklung*, die kognitive und affektive Akzente in Richtung auf die gesamthafte Unternehmenskultur setzen und über die interdiszip-

lineare Zusammensetzung von Lerngruppen Hand in Hand mit den übrigen Maßnahmen gehen;
- Die Ausrichtung von *Anreizsystemen* nicht nur auf die Belohnung subsystemisch erfolgreichen Verhaltens, sondern zugleich auf unternehmensgesamthafte Erfolgsgrößen."

(4) Die Qualität und die Relevanz der Diagnose und Typisierung von Unternehmenskulturen hängt maßgeblich davon ab, welche **Diagnose-Instrumente** bzw. **Messtechniken** man verwendet. Ziel ist es, unternehmenskulturelle Einflussfaktoren zu identifizieren, die zur Erhöhung der Leistungsfähigkeit und Wettbewerbsfähigkeit des Unternehmens beitragen. Die Zahl der hierzu vorliegenden Studien scheint nahezu grenzenlos und z. T. widersprüchlich zu sein, wobei jedoch Einigkeit dahingehend besteht, eine positive Relation zwischen Unternehmenskultur und der „Performance" eines Unternehmens anzunehmen.

„Trotz aller untersuchungstechnischen Schwierigkeiten und Unvergleichbarkeiten der Forschungsergebnisse kann aufgrund der derzeit vorhandenen empirischen Studien gesamthaft festgehalten werden, dass wohl direkte, indirekte und wechselseitig sich verstärkende Einflüsse zwischen Unternehmenskultur und Leistungsfaktoren eines Unternehmens bestehen" (Sackmann/Bertelsmann-Stiftung 2006: 6 f.).

Für die Erfassung einer Unternehmenskultur steht eine große Anzahl von Methoden und Darstellungstechniken zur Verfügung (vgl. z. B. die Übersichten bei Müller/Gelbrich 2005: 241 ff.; Bertelsmann-Stiftung 2006). Nachfolgend sollen einige empirisch fundierte Analysekonzepte angesprochen werden (Bezug bei allen: Bertelsmann-Stiftung 2006):

- Repertory-Grid-Technik (Malik Management Zentrum St. Gallen): Basis ist die Psychologie der „persönlichen Konstrukte". Die Technik ermöglicht eine präzise Ermittlung der kulturellen Grundmerkmale des Unternehmens, ihrer Dynamik, der Einstellungen, Motive und Erwartungen der Führungskräfte und Mitarbeiter sowie der möglichen Subkulturen einzelner Abteilungen und Bereiche.
- Organisationskulturmodell nach Denison: Es baut auf vier Einflussfaktoren auf, die den Organisationserfolg bestimmen: (a) Mitwirkung (Übertragung von Verantwortung, Teamorientierung, Kompetenzentwicklung), (b) Kontinuität (Kernwerte, Übereinstimmung, Koordination und Integration), (c) Anpassungsfähigkeit (Wandel schaffen, Kundenorientierung, organisationales Lernen), (d) Mission (Strategische Ausrichtung und Absicht, Ziele und Richtwerte, Vision). Die Dimensionen werden in einem Kreisprofil dargestellt.
- Kulturassessment (Sackmann): 1. Bestimmung der notwendigen Kulturausprägungen (Soll-Kultur); 2. Analyse der bestehenden Kultur (Ist); 3. Assessment: Vergleich Soll-Ist (Stärken, Schwächen); 4. Bestimmung der notwendigen Entwicklung/Veränderung; 5. Risikoanalyse Kulturentwicklung; 6. Design des Entwicklungs-/Veränderungsprozesses (Entwicklungs-/Veränderungsstrategie, Interventionen, Kommunikation); 7. Implementierung der Maßnahmen; 8. Evaluation der Maßnahmen (Prozess und Ergebnis, Anpassung).

27.3 Management von Kulturveränderungen

(1) Die Veränderung einer bestehenden Unternehmenskultur gilt als äußerst schwierig und kann geradezu als eine „Königsdisziplin" des Managements verstanden werden. Hauptgrund ist das hohe **Beharrungsvermögen** und die Traditionsverankerung der Basisannahmen und Wertvorstellungen, die durch kein noch so „ausgebufftes" Kulturmanagement ohne weiteres ausgehebelt werden können.

Die Frage stellt sich, welche Möglichkeiten sich bieten, wenn die gewachsene und die gewollte Unternehmenskultur voneinander abweichen und ein „Turnaround" angestrebt werden soll. Vier prinzipielle **Ansätze der Positionierung** eines Turnaround-Konzepts können unterschieden werden (vgl. Neuberger/Kompa 1987: 254 ff.):

- Macher-Ansatz: Unternehmenskultur wird als gestaltbare Variable verstanden. Das Top-Management ist – quasi in einer „Dompteurpose" – fähig, durch eine rationale Top-Down-Planung und Lenkung die gewollten Veränderungen herbeizuführen. Kulturmanagement ist ein mechanistisch-bürokratischer Prozess, in dem es gilt, die Barrieren zu überwinden und Widerstände zu brechen. Unterstellt wird, dass Mitarbeiter grundsätzlich im Sinne einer Vision gelenkt werden können.
- Gärtner-Ansatz: Die Vorstellung, in die Lebenswelt „Unternehmen" könne und dürfe „managementmäßig" eingegriffen werden, ist nach diesem Ansatz abzulehnen. Das Management befindet sich vielmehr in der Rolle eines Stylisten, der lediglich der Richtung, die bereits in der Kultur angelegt ist, „den letzten Schliff verpasst", oder in der Rolle des Lehrers, der das ohnehin vorhandene Potenzial der Mitarbeiter entfesselt. Die Vorstellung herrscht also vor, dass der kulturelle Kern der Unternehmenspersönlichkeit eine sehr hohe Trägheit besitzt.
- Krisen-Ansatz: Der Ansatz unterstellt eine geringe Lernbereitschaft des Menschen, die ihn veranlasst, mit allen Mitteln an seinen Überzeugungen festzuhalten und sich gegen jede Form von Änderungen zur Wehr zu setzen. Um Änderungen herbeizuführen, muss daher eine Krise – u. U. künstlich erzeugt – passieren, andernfalls geschieht nichts. Der Einsatz einer künstlichen Krise zur Veränderung der Unternehmenskultur wird auch als „Strategie des Bombenwurfs" bezeichnet.
- Autonomie-Ansatz: Ausgegangen wird von einem gewissen Gestaltungsspielraum, über den das Management bei Veränderungsprojekten der Unternehmenskultur verfügt. Die Beeinflussbarkeit der Unternehmenskultur wird also prinzipiell bejaht, allerdings ist ein hohes Maß an Beteiligung der Betroffenen erforderlich. Das Konzept einer einheitlichen und starken Unternehmenskultur wird abgelehnt.

Vor dem Hintergrund systemtheoretischer Erkenntnisse und der Analyse der Einflussfaktoren der Unternehmenskultur ist es offenkundig, dass simplifizierende Vorstellungen eines technokratischen Machertums und der Machbarkeit als Erfolgskonzepte Illusion sind und nicht in Frage kommen.

„Noch ein Schreckensbild für den technokratischen Manager: Er mag die Organisationsstrukturen, Verantwortlichkeiten und Kostenstrukturen ändern, wie er will: Der Wandel in den Köpfen seiner Mitarbeiter, der Wandel der gelebten Unternehmenskultur benötigt viel Zeit, er erfolgt evolutionär. Zwar existieren ‚Beschleuniger', d. h. Management-Werkzeuge wie die sogenannte ‚paradoxe Intervention', die dem Unternehmen einen ‚kulturellen Schock' verabreichen, um dann in die Verwirrung hinein unter großem Risiko etwas neues entstehen zu lassen ... Doch sollte man ihre Wirksamkeit nicht überschätzen" (Bickmann 1999: 77).

„Was bleibt, ist der gesunde Menschenverstand. Und der manifestiert sich im ‚Autonomie-Ansatz', der hier ‚kulturbewusstes Management' genannt werden soll. Dieser Ansatz geht davon aus, dass Unternehmenskulturen einzigartig, spezifisch für ihr Unternehmen sind. ... Von der Illusion, eine kulturelle Transformation beliebig planen zu können, muss Abschied genommen werden, da direkte, sofort wirksame Eingriffsmöglichkeiten in die Basisannahmen und immateriellen Phänomene schlichtweg nicht existieren. Management der Kultur geschieht immer auf indirekte Weise. Kulturrevolutionen sind kaum machbar, Kurskorrekturen sehr wohl" (Bickmann 1999: 82).

(2) Betrachtet man die konkreten operativen Ansätze der Beeinflussung einer Kultur, so ist ein komplexes Bündel an **konkreten Gestaltungsansätzen** denkbar (vgl. Neuberger/Kompa 1987: 236 ff.). Abb. 27-9 gibt einen systematischen Überblick über diese Ansätze (Quelle: in Anlehnung an Türk 1981, zit. nach Neuberger/Kompa 1987: 237).

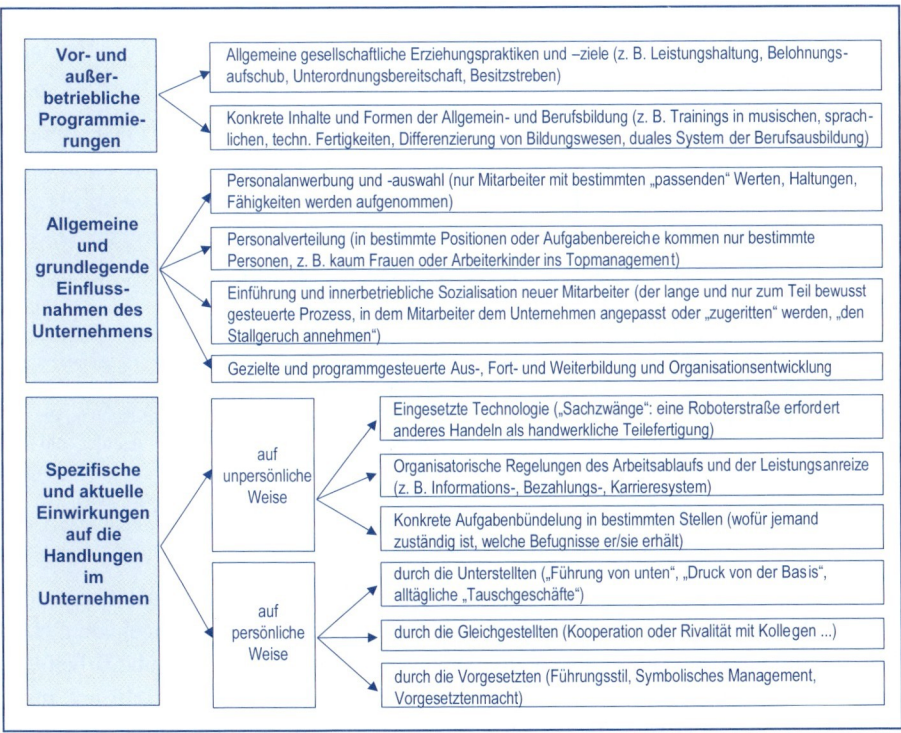

Abb. 27-9: Formen der Einflussnahme in Organisationen

Von besonderer Relevanz sind die beiden folgenden Ansätze:

- Selektion und Deselektion: Die Beeinflussung der Unternehmungskultur geschieht hierbei über die Regulierung der Mitgliedschaft (Selektion: Personalanwerbung und -auswahl; Deselektion: Pensionierungen und Kündigungen). Von hoher kulturprägender Bedeutung ist die Deselektion, da der Status der ausscheidenden Mitarbeiter für die übrigen Mitarbeiter in der Regel eine stärkere Signalwirkung

impliziert im Vergleich zur Signalwirkung neuer Mitarbeiter. Andererseits bieten sich viele Möglichkeiten zur Sozialisation neuer Mitarbeiter, etwa durch Einführungsprogramme oder durch Aus-, Fort- und Weiterbildung (vgl. ebd. 238 ff.).
- Symbolisches Management (vgl. ebd. 248 ff.): Angestrebt wird die Vermittlung von Sinnstiftung, idealerweise die Vermittlung eines in sich schlüssigen Sinngebungssystems. Hauptansatz ist die Führungskraft, wie sie sich in Auftreten, Sprache, Symbolen, Geschichten, Zeremonien, Kommunikationsverhalten etc. präsentiert und das Ziel verfolgt, „Sinn zu produzieren".

Die Frage der Unternehmenskultur ist von besonderer Relevanz – und Brisanz – bei einem **Zusammenschluss von Unternehmen** (Mergers & Acquisitions). Typischerweise kommt es dabei zum „Crash der Kulturen". Von entscheidender Bedeutung ist es, dass die Kulturunterschiede der fusionierenden Unternehmen von der Führung richtig behandelt werden und ein Ausgleich angestrebt wird. In diesem Zusammenhang wurde der Begriff „Post-Merger-Integration" geprägt, der dafür steht, Ansätze zur Vermeidung negativer Folgen von Kulturunterschieden zwischen fusionierenden Unternehmen zu entwickeln.

Das prominenteste Beispiel eines Zusammenschlusses im Medien- und TIME-Bereich ist die Fusion von Time Warner und AOL im Jahr 2000. Diese Fusion (die inzwischen wieder aufgelöst wurde) kann als ein Musterbeispiel gelten, wie schwierig die Zusammenführung von Unternehmen unterschiedlicher kultureller Hintergründe ist.

> „Kulturkampf zwischen den Lagern. Auf der einen Seite stehen die Mitarbeiter der traditionellen Medienwirtschaft in New York, die langsam und gründlich arbeiten. In der Mitte stehen die Filmleute an der Westküste. Auf der anderen Seite stehen die rund 18.000 Angestellten von AOL in Virginia, die an schnelle Deals und lockere Umgangsformen gewöhnt sind. ‚Da immer noch keiner genau versteht, wo es lang geht, ist die Moral gesunken. Insider wissen genau so viel wie Außenstehende.' Der Konzern hat weder ein Hausorgan für alle, noch gibt es eine zentrale Datenbank für alle Kunden, die zur wirklich wirksamen Kreuzvermarktung genutzt werden könnte. So kommt es, dass Anrufer, die sich bei Time Warner Cable über einen Breitband-Anschluss namens Roadrunner informieren wollen, nicht einmal auf ihr bestehendes AOL-Konto angesprochen werden oder Beratung aus einer Hand bekommen. ‚Intern herrscht ein Kulturkampf mit einer Menge Feindseligkeit zwischen beiden Lagern', sagt AOL-Expertin Kara Swisher" (Brand Eins 05/2002: 30).

Eine besondere Beachtung im „Cultural Change Management" verdient auch der **interkulturelle Aspekt**, der bei Internationalisierungskonzepten, zunehmend aber auch im inländischen Managementkontext eine Rolle spielt. Die Zusammenarbeit von Menschen mit unterschiedlichem kulturellem Hintergrund wird daher mehr und mehr zu einem relevanten Erfolgsfaktor. Dies zeigen vertiefende Studien zum interkulturellen Medienmanagement (vgl. die breite thematische Übersicht bei Winter 2002).

> „Kultur wird für Management weiter relevant, weil die notwendig gewordene Zusammenarbeit mit Menschen aus anderen Ländern durch kulturelle Unterschiede zuweilen erschwert wird, weil die Organisationskultur als ein unternehmerischer Erfolgsfaktor erkannt ist, und weil die Option der geostrategischen Differenzierung unter der Bedingung eines globalen inter- und intramedialen Wettbewerbs auch für klein- und mittelständische Medienunternehmen an Bedeutung gewinnt. Um global wettbewerbsfähig zu sein, reichen technische Innovationen, günstige Produktion und hohe Stückzahlen im klassischen Verbund mit Werbung, PR und Marketing sowie interkulturellen Trainingsprogrammen häufig nicht mehr aus. ... Der Erfolg hängt immer mehr von einem Management ab, das am besten als avancierte Kulturtechnik begriffen wird" (Winter 2002: 245 f.).

Das Management von Kulturveränderungen muss vor dem Hintergrund der konkreten Unternehmenspraxis offensichtlich als ein **hochgradig sensibler Bereich** angesehen werden. So erscheinen alle diesbezüglichen Versuche zum Scheitern verurteilt, wenn sie nicht professionell gehandhabt werden.

> Ein positives Fallbeispiel zur organisatorischen Umsetzung der Unternehmenskultur sei abschließend angeführt: „Bertelsmann Stiftung erweitert Geschäftsführung. Martin Spilker übernimmt Ressort ‚Unternehmenskultur'. Martin Spilker, langjähriger persönlicher Referent von Liz Mohn, rückt in die Geschäftsleitung der Gütersloher Bertelsmann Stiftung. Dort wird er künftig das Ressort Unternehmenskultur übernehmen, außerdem die Leitung des neu geschaffenen Kompetenzzentrums „Unternehmenskultur/Führung". Spilker kam 1988 zur Stiftung, zunächst als persönlicher Referent des Geschäftsführers, dann als Leiter des Referats „Unternehmenskultur und Tarifpolitik". 1993 übernahm er das persönliche Referat von Liz Mohn."
> http://www.newmedianrw.de/kurznachrichten/artikel.php?id=2422 (22.04.2007)

Kernaussagen

- Unternehmenskultur ist ein wesentlicher Erfolgsfaktor für das Unternehmensmanagement.
- Die Wirkung der Unternehmenskultur ergibt sich aus dem Zusammenspiel von Symbolen, Normen und Werten sowie von Basisannahmen.
- Lediglich die Symbole in Form von sprachlichen Äußerungen, Handlungen und geschaffenen Kulturgütern bzw. Artefakten des Unternehmens sind unmittelbar der Beobachtung zugänglich.
- Normen und Werte sowie Basisannahmen liegen eher im Verborgenen, entscheiden aber maßgeblich über das Verhalten der Organisationsmitglieder.
- Es sind zahllose Versuche unternommen worden, Unternehmen nach bestimmten Kriterien als Kulturen zu typisieren. Solche Versuche sind hilfreich und sorgen für eine gute Übersicht, allerdings erfordert es der wissenschaftliche Anspruch, die Ansätze auf ihren empirischen Gehalt zu überprüfen.
- Das Management von Kulturveränderungen kann als „Königsdisziplin" angesehen werden, da sie als ausgesprochen herausfordernd anzusehen sind und mit einem hohen Risiko verbunden sind.

Literatur

Weiterführende Literatur: Grundlagen

Apfelthaler, G. (1999): Interkulturelles Management, Wien.
Bea, F. X./Haas, J. (2013): Strategisches Management, 6., vollst. überarb. Aufl., Stuttgart.
Bickmann, R. (1999): Chance: Identität, Berlin, Heidelberg.
Bleicher, K. (1994): Normatives Management, Frankfurt, New York.
Bleicher, K. (2001): Das Konzept Integriertes Management, 6. Aufl., Frankfurt, New York.
Buß, E. (2009): Managementsoziologie, 2., korr. Aufl., München.
Dülfer, E. (Hrsg.)(1991): Organisationskultur, 2. Aufl., Stuttgart.
Grudowski, S. (1998): Informationsmanagement und Unternehmenskultur, 2. Aufl., Stuttgart.
Heinen, E./fortgeführt von Fank, M. (1997): Unternehmenskultur. Perspektiven für Wissenschaft und Praxis. 2., bearb. u. erw. Aufl., München, Wien.
Hofstede, G. (1997): Lokales Denken, globales Handeln, München.
Homburg, C. (2012): Marketingmanagement, 4., überarb. u. erw. Aufl., Wiesbaden, Kapitel 25.
Hungenberg, H./Wulf, T. (2011): Grundlagen der Unternehmensführung, 4., akt. u. erw. Aufl., Berlin, Heidelberg, New York.
Kuhn, T. (2000): Internes Unternehmertum, München.
Malik, F. (1999): Große Aufgaben für das Personalmanagement. In: Das Wirtschaftsstudium, Nr. 4, S. 400-402

Müller, S./Gelbrich, K. (2004): Interkulturelles Marketing, München.
Neuberger, O./Kompa, A. (1987): Wir, die Firma. Der Kult um die Unternehmenskultur, Weinheim.
Sackmann, S. (2002): Unternehmenskultur, Neuwied, Kriftel.
Sackmann, S./Bissels, S./Bissels, T. (2002): Kulturelle Vielfalt in Organisationen, in: Die Betriebswirtschaft, 62. Jg., S. 43 – 58.
Schein, E. H. (1985): Organizational Culture and Leadership, San Francisco.
Scholz, C. (1988): Organisationskultur: Zwischen Schein und Wirklichkeit, in: Zeitschrift für betriebswirtschaftliche Forschung und Praxis, 40. Jg., H. 3, S. 243-272.
Scholz, C. (1992): Die Sehnsucht nach dem Wir: Unternehmenskultur und Unternehmensimage im LAMBDA-Modell, in: ECON Handbuch Corporate Policies, Düsseldorf, Wien, New York, Moskau, S. 14-36.
Staehle, W. H. (1999): Management, 8. Aufl., überarb. v. P. Conrad u. J. Sydow, München.
Staute, J. (1997): Das Ende der Unternehmenskultur, München.
Steinle, C. (2005): Ganzheitliches Management, Wiesbaden.
Steinmann, H./Schreyögg, G./Koch, J. (2013): Management, 7., vollst. überarb. Aufl., Wiesbaden.

Weiterführende Literatur: Medien

Brösel, G./Olbrich, M. (2003): Zur Unternehmenskultur von Rundfunkanbietern, in: Brösel, G./Keuper, F. (Hrsg.)(2003): Medienmanagement. Aufgaben und Lösungen, München, Wien, S. 135-145.
Eggers, B./Schumann, K. (2000): Unternehmenskultur in Start-up-Unternehmen, in: Bertelsmann Briefe 144, Winter 2000/2001, S. 43-46.
Hefter, A. (2004): Branding der Medienmarke ZDF, in: Baumgarth, C. (Hrsg.)(2004): Erfolgreiche Führung von Medienmarken, Wiesbaden, S. 251-264.
Maletzke, G. (1996): Interkulturelle Kommunikation, Opladen.
Saxer, U. (1989): Unternehmenskultur und Marketing von Rundfunk-Unternehmen, Stuttgart, Berlin, Köln.
Schnitzler, C. C. (2004): Unternehmenskultur in Internet-Unternehmen, Köln.
Winter, C. (2002): Medienmanagement als interkulturelles Management, in: Karmasin, M./Winter, C. (Hrsg.)(2002): Grundlagen des Medienmanagement, 2., korr. u. erw. Aufl., München, S. 245-278.

Fallbeispiele

Bertelsmann-Stiftung/Hans-Böckler-Stiftung (Hrsg.)(1996): Vorteil Unternehmenskultur, 6 Hefte, Gütersloh.
Bertelsmann-Stiftung/Hans-Böckler-Stiftung (Hrsg.)(2001): Praxis Unternehmenskultur, 7 Bde., Gütersloh.
Bertelsmann-Stiftung (Hrsg.)(2006): Messen, werten, optimieren. Erfolg durch Unternehmenskultur, Gütersloh.
Capodagali, B./Jackson, L. (1999): Disney – Der Mäusekonzern: Zehn Strategien, wie Ihr Unternehmen zaubern lernt. Freiburg i. Br., Berlin, München.
Clark, T. (2002): Der Filmpate. Der Fall des Leo Kirch, Hamburg.
Crainer, S. (2000): Die Rupert Murdoch Methode: Die 10 Erfolgsgeheimnisse des größten Medienmoguls der Welt, Wien.
Göttert, J.-M. (2001): Die Bertelsmann-Methode: Die 10 Erfolgsgeheimnisse des vielseitigsten Medienunternehmens der Welt, Frankfurt, Wien.
Hewlett-Packard: Die Unternehmenskultur von Hewlett-Packard (Unternehmensbroschüre).
Keller, E. v./Pfändner, G./Wunderle, G. (1994): Erfolgreiche Medienmacher in Europa, Wien. Fallstudie Langenscheidt-Verlag: S. 63-82.
Schickel, R. (1997): Disneys Welt, Berlin.
Schuler, T. (2004): Die Mohns. Vom Provinzbuchhändler zum Weltkonzern: Die Familie hinter Bertelsmann, Frankfurt, New York.
Wasem, M. A. (1999): Die Informatik-AG, in: Thom, N./Wenger, A. P./Zaugg, R. J. (Hrsg.)(1999): Fälle zu Organisation und Personal, 2., durchges. Aufl., Bern, Stuttgart, Wien, S. 35-64.
Pullig, K.-K. (2000): Innovative Unternehmenskulturen. Zwölf Fallstudien zeitgemäßer Sozialordnungen. Leonberg.

VII.
Strategisches Management

Kapitel 28
Strategisches Basiskonzept

28.1	Phasen des strategischen Prozesses	677
28.2	Strategische Ziele	678
28.3	Strategische Analyse	681
28.4	Strategische Optionen	695
28.5	Strategische Wahl, Implementierung, Erfolgskontrolle	696

Leitfragen

- Welche Anforderungen sind an ein strategisches Konzept zu stellen?
- Was versteht man unter einem „strategischen Ziel"?
- In welchem Zusammenhang stehen Erfolgspotenziale und Erfolgsfaktoren?
- Was unterscheidet Erfolgspotenziale und Erfolgsfaktoren?
- Was versteht man unter der „PIMS-Studie"?
- Welche Erfolgsfaktoren stehen bei Spielfilmen typischerweise im Vordergrund?
- Was versteht man unter „Box Office"?
- Was versteht man unter der „SWOT-Analyse"?
- Was versteht man unter dem „Konzept der strategischen Gruppen"?
- Wie sind die Stärken und Schwächen von ARD und ZDF zu beschreiben?
- Vor welchen Chancen und Risiken stehen ARD und ZDF?
- Welche Analyseinstrumente bieten sich bei der Analyse eines Unternehmens an?
- Was besagt der „Resource-Based-View"?
- Was besagt das „Konzept der schwachen Signale"?
- Welche drei Ebenen sind im Hinblick auf die strategischen Optionen gegeben?
- Nach welchen Beurteilungskriterien wird ein strategisches Programm entwickelt?
- Was versteht man unter einer „Deliberate Strategy"?
- Wodurch kann es zu „emergenten Strategien" kommen?
- Welche Aufgaben stellen sich bei der Implementation von Strategien?
- Welche Ansätze sind bei der strategischen Kontrolle zu unterscheiden?

Gegenstand

„Das zentrale Ziel des strategischen Management besteht in der Beantwortung der Frage, warum einige Unternehmungen in einer Branche erfolgreich sind und andere nicht" (Welge/Al-Laham 2012: 5). Dauerhaften Erfolg hat eine Unternehmung, wenn es ihr gelingt, die Überlebensfähigkeit im Markt zu sichern und dabei den Investoren das eingesetzte Kapital angemessen zu vergüten sowie den gesellschaftlichen Erfordernissen gerecht zu werden.

Strategisches Management geht davon aus, dass nicht Faktoren wie z. B. die Unternehmensgröße, das Alter der Unternehmung oder die Qualität der Produkte entscheidende langfristige Erfolgsfaktoren sind, sondern eine ausgefeilte Strategie. Am Beispiel von Microsoft wird deutlich, dass dieses Unternehmen seinen Erfolg eindeutig der Strategie verdankt, einen Marktstandard zu kreieren und diesen erfolgreich umzusetzen (vgl. ebd. 6). Jedes Unternehmen muss sich im Zeichen starken Wettbewerbs diesbezüglich eine Reihe von Fragen stellen und diese überzeugend beantworten (vgl. ebd.):

- Welche langfristigen Ziele sollen verfolgt werden? Soll Marktführerschaft angestrebt werden oder zieht man sich in eine kleine, aber profitable Nische zurück?
- In welchen (strategischen) Geschäftsfeldern will das Unternehmen tätig sein? Sollen lediglich angestammte Geschäftsfelder bestellt werden oder sollen neue Geschäftsfelder hinzugenommen werden?
- Mit welchen langfristigen Maßnahmen will man den Wettbewerb in den jeweiligen Geschäftsfeldern bestreiten?
- Welches sind die Kernkompetenzen, mit denen das Unternehmen im Wettbewerb bestehen will? Will es sich z. B. auf die Entwicklung und Vermarktung innovativer Produkte konzentrieren oder eher die kostengünstige Massenproduktion betreiben?
- Wie sehen die Konzepte aus, mit denen die langfristigen Maßnahmen umgesetzt werden sollen? Soll z. B. ein Kooperationskonzept gefahren werden oder eher ein Alleingang versucht werden?

Bei der Beantwortung dieser Fragen vermittelt die Empirie eine Reihe von Erkenntnissen, die es zu beachten gilt. Die folgenden Grunderkenntnisse sind relevant (vgl. ebd. 7 f.):

- Größe und Marktanteil eines Unternehmens sind kein langfristiger Erfolgsgarant.
- Die Kernfähigkeiten, die ein Unternehmen zu einem bestimmten Zeitpunkt besitzt und den strategischen Erfolg begründen, verlieren im Zeitablauf ihre Relevanz.
- Auf jungen, stark wachsenden Märkten verändern sich die Spielregeln in dynamischen Sprüngen.
- Ein Unternehmen ist in der Zukunft weniger deswegen strategisch erfolgreich, weil es hervorragende gegenwärtige Produkte hat, sondern weil es die Fähigkeit besitzt, die Märkte der Zukunft zu besetzen.

An dieser Stelle ist freilich zu betonen, dass das strategische Management regelmäßig besondere Herausforderungen mit sich bringt: „Die Handhabung strategischer Führungsprobleme wird durch die weitgehende Unprognostizierbarkeit wichtiger Entscheidungsparameter, die unüberschaubare Vielfalt, Mehrdeutigkeit und teilweise Widersprüchlichkeit der Erkenntnisse sowie die mangelnde Zerlegbarkeit des komplexen Phänomens charakterisiert" (Müller-Stewens/Lechner 2011: 21). Dennoch besteht allseits weitgehende Einigkeit über die These, dass ein strategisch geführtes Unternehmen erfolgreicher ist als ein nicht strategisch geführtes Unternehmen. Die breite empirische Strategieforschung kann dies zumindest unterstützend belegen (vgl. die Übersicht bei Welge/Al-Laham 2012).

Aus systemischer Sicht steht Strategiemanagement vor zwei zentralen Themenfeldern bzw. Fragestellungen (vgl. Bea/Haas 2013: 9 f.):

- Außenorientierung: Welche Anforderungen stellen die Beziehungen zur Umwelt an das Unternehmen?
- Binnenorientierung: Welche Anforderungen sind an die Binnenstruktur des Unternehmens zu stellen?

Strategisches Management sorgt für Umweltsensibilität (Blick nach außen) und für Flexibilität, Kreativität und Innovationsfähigkeit (Blick nach innen). Vor diesem Hintergrund kann als Leitgedanke des strategischen Managements der „strategische Fit" gelten, mithin das Zusammenpassen von System und Umwelt (System-Umwelt-Fit) (vgl. ebd. 16).

28.1 Phasen des strategischen Prozesses

Im Folgenden soll – dem weit verbreiteten Vorgehen der Behandlung strategischer Fragestellungen folgend – ein **Prozess-Modell** zugrunde gelegt werden, das im engen Zusammenhang mit der Theorie-Perspektive der Rationalität und Entscheidungsorientierung steht. Danach sollen bei der Entwicklung eines strategischen Konzepts **sechs Prozessphasen** unterschieden werden (vgl. Abb. 28-1):

- Festlegung strategischer Erfolgsgrößen (strategischer Ziele);
- Strategische Analyse der Situation;
- Strategische Optionen;
- Strategische Wahl;
- Implementierung und Umsetzung;
- Strategische Erfolgskontrolle.

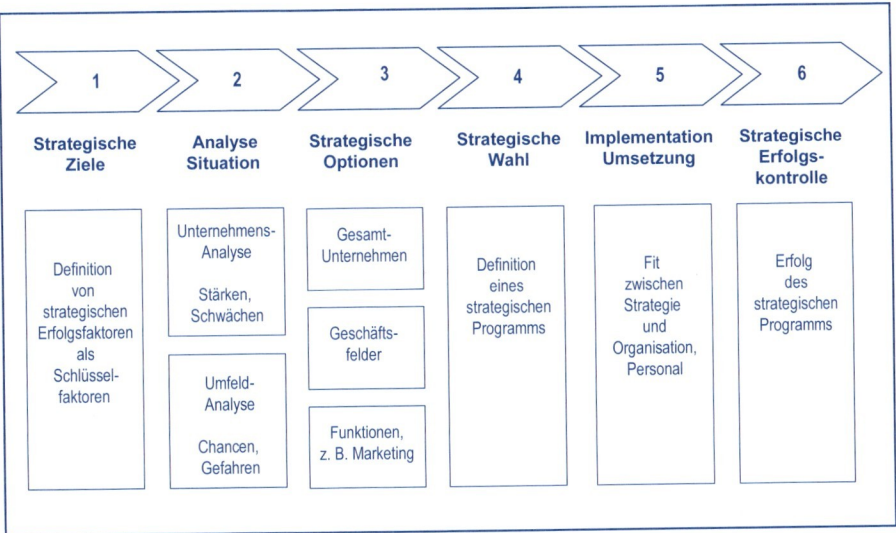

Abb. 28-1: Bausteine eines strategischen Konzepts

Dieses hier zugrunde gelegte Prozess-Modell steht in einem engen Zusammenhang mit der Theorie-Perspektive, die Rationalität und Entscheidungsorientierung in den Vordergrund stellt und dadurch Komplexität zu reduzieren versucht.

> Strategisches Management ist durch eine sehr große Anzahl planungsrelevanter Daten, durch eine mangelnde Durchschaubarkeit der Zusammenhänge und als Folge davon durch eine extrem hohe Komplexität gekennzeichnet. Vor diesem Hintergrund kommt der Frage, wie es gelingen kann, ein „komplexitätsreduzierendes Informationsgerüst" (Böing 2001: 10) zu entwickeln, mit dem ein transparentes und einfaches, aber dennoch theoretisch fundiertes strategisches Planungskonzept realisiert werden kann, eine große Bedeutung zu. Bei der rational-entscheidungsorientierten Perspektive wird strategisches Management als ein rationaler und strukturierbarer Planungsprozess interpretiert, bei dem eine sachlogisch zusammenhängende Kette von Entscheidungen abläuft. Die strategische Steuerung eines Unternehmens wird grundsätzlich im Sinne eines Prozess-Ansatzes als rational beschreibbar und beherrschbar angesehen. Hauptmerkmal des Ansatzes ist die konzeptionelle Trennung in Strategie-Formulierung und Strategie-Implementierung.

28.2 Strategische Ziele

Oberstes Ziel des strategischen Managements ist die **Sicherung der langfristigen Überlebensfähigkeit** der Unternehmung. Dieses Globalziel ist zwar klar und überzeugend, es muss jedoch operationalisiert werden, damit es praxisrelevant werden kann. Hierzu wird eine Abfolge der nachfolgenden drei Kriterien vorgeschlagen (vgl. Abb. 28-2; nach Welge/Al-Laham 2012: 191 ff., 219; ähnlich: Wolf 2006: 106 ff.):

- Strategische Erfolgsziele;
- Erfolgspotenziale;
- Erfolgsfaktoren.

Abb. 28-2: Konzeption der strategischen Zielplanung

(1) Ausgangspunkt ist die Frage, wie der strategische Erfolg einer Unternehmung gemessen werden soll. Als Maßstäbe dienen diejenigen **strategischen Erfolgsziele**, die eine unmittelbare Bedeutung für das Oberziel der Überlebensfähigkeit besitzen, aus ökonomischer Sicht mithin insbesondere das Gewinnziel. Hier ist eine breite Palette von Bezugsgrößen denkbar, sowohl als absolute Größen wie Jahresüberschuss oder Betriebsergebnis als auch als relative Größen wie Umsatzrentabilität, Return on Investment (ROI), Eigenkapitalrentabilität, Cash Flow oder Shareholder Value (vgl. die Diskussion ebd. 128 ff.).

(2) Der nächste Schritt der Konkretisierung betrifft die Bestimmung von **Erfolgspotenzialen**. Ein Unternehmen ist danach in seiner Existenz langfristig gesichert, wenn es fähig ist, strategische Erfolgspotenziale aufzubauen, zu erhalten und zum richtigen Zeitpunkt auszunutzen. Erfolgspotenziale drücken sich in Produkt-Markt-Potenzialen (externe Potenziale) und in Wettbewerbs- bzw. Kosten- und Leistungspotenzialen (interne Erfolgspotenziale) aus. Ein besonderes Kennzeichen von Erfolgspotenzialen ist es, dass ihr Aufbau einen längeren Zeitraum erfordert, der nicht ohne weiteres verkürzt werden kann. Die Rolle von Erfolgspotenzialen ist die einer „Vorsteuerfunktion", nach denen alle weiteren Steuerungsgrößen ausgerichtet werden sollen.

(3) Als solche konkreten strategischen Steuerungsgrößen fungieren schließlich die sog. **Erfolgsfaktoren** (auch als „kritische Erfolgsfaktoren" (KEF) oder „Critical Success Factors" (CSF) bezeichnet). Der Zweck von Erfolgsfaktoren ist es, die zu treffenden strategischen Entscheidungen auf einige wenige Faktoren zu stützen, denen man eine Schlüsselbedeutung für die Generierung von Erfolgspotenzialen (z. B. Wettbewerbsvorteile gegenüber der Konkurrenz) beimisst. Die Analysen der Erfolgsfaktorenforschung erheben den Anspruch, dass Erfolgsfaktoren grundsätzlich für alle Unternehmen ermittelbar sind, also auch für Medienunternehmen.

> „Die zentrale Grundannahme der Erfolgsfaktorenforschung ist, dass trotz Mehrdimensionalität und Multikausalität des Erfolgs einige wenige zentrale Determinanten existieren, die den Erfolg eines Unternehmens bzw. einer strategischen Planungseinheit bestimmen" (Böing 2001: 11 f.).

Strategische Erfolgsfaktoren lassen sich in unternehmensinterne und umweltbezogene Erfolgsfaktoren unterscheiden (vgl. Welge/Al-Laham 2012: 217; Wolf 2006: 105).

Wichtige unternehmensbezogene Erfolgsfaktoren:
- Marktposition: Marktanteil, Image, Produktqualität
- Wertschöpfungsprozess: relative Kostenposition, Erfahrungskurveneffekte, Kostenstruktur
- Personal: Qualifikation, Motivation, Fluktuation
- Infrastruktur: Anlagenkapazität, Anlagenflexibilität, Kapitalintensität
- Technologische Basis: F&E-Intensität, Ressourcen, Patente
- Interne Strukturen: Führungssystem, Organisationsstrukturen
- Konstitutive Faktoren: Standort, Rechtsform
- Kapital- und Finanzströme: Kapitalstruktur, Steuervorteile

Wichtige umweltbezogene Erfolgsfaktoren:
- Wettbewerb: Intensität, Konzentration, Regeln, Mobilitätsbarrieren
- Absatzmärkte: Marktvolumen, Marktwachstum, Produktlebenszyklus, Nachfrageelastizität
- Gesamtwirtschaft und Gesellschaft: Konjunktur, Wachstum, Gesetze, Subventionen, soziodemografische und soziokulturelle Trends
- Arbeitsmarkt: Angebots- und Nachfragestruktur, Arbeitsgesetzgebung
- Technologische Entwicklung: Technologischer Wandel, Komplexität, Transfer
- Beschaffungsmärkte: Lieferantenkonzentration, Substitutionsmöglichkeiten, Gefahr der Vorwärtsintegration
- Gesellschaft: Steuergesetze, Umweltschutzgesetze, Subventionen
- Kapitalmarkt: Zinsniveau, Wechselkurse

Zur Ermittlung strategischer Erfolgsfaktoren, die allgemeine Gültigkeit für sich in Anspruch nehmen können, sind zahlreiche empirische Untersuchungen angestellt worden. Als bekannteste Untersuchung der Erfolgsfaktorenforschung gilt die PIMS-Studie (vgl. z. B. Wolf 2006: 110 ff).

> „PIMS" („Profit Impact of Market Strategies") bezeichnet eine von General Electric Anfang der 60er Jahre entwickelte Datenbank. Ziel war es, jene strategischen Erfolgsfaktoren zu ermitteln, die das unternehmerische Handeln zu nachhaltigem wirtschaftlichen Erfolg führen können und daher als strategische Steuerungsgrößen eingesetzt werden können. Das Ergebnis von PIMS war die Identifikation von 37 als unabhängig klassifizierten Variablen, die den Return on Investment (ROI) zu etwa 80 % erklären. Die folgenden Schlüsselbereiche sind bedeutsam (vgl. Fischer 2000: 79): Marktattraktivität (v. a. Marktwachstum, Exportanteil, Konzentrationsgrad); Stärke der Wettbewerbsposition (v. a. relativer Marktanteil, relative Produktqualität); Entscheidungsabhängige Kosten (v. a. Marketingausgaben, F&E-Kosten, neue Produkte); Effizienz von Investitionen (Investitionsintensität, Wertschöpfung, Umsatz, Kapazität); Allgemeine Unternehmensmerkmale (Unternehmensgröße, Diversifikationsgrad); Veränderung von Schlüsselfaktoren (Marktanteil, vertikale Integration, Preis, Qualität).

Fallbeispiel: Erfolgsfaktoren eines Spielfilms

Die nachfolgende Abbildung zeigt ein Wirkungsmodell, bei dem zwei Typen von Merkmalen unterschieden werden, die den Erfolg von Spielfilmen maßgeblich prägen. Es sind dies zum einen sog. produktinhärente Merkmale, die wiederum unterschieden werden in Merkmale, die vor dem Kinobesuch erfassbar sind und solche, die nicht im Vorfeld des Kinobesuchs erfassbar sind. Die nicht erfassbaren Merkmale werfen ein Licht auf den Vertrauensgutcharakter von Medienprodukten, der es mit sich bringt, dass die Qualität von Medienprodukten im Vorfeld nur schwer oder gar nicht einschätzbar ist (vgl. hierzu Kap. 5). Zum anderen sind sog. produktinduzierte Merkmale wie Werbung oder unternehmensfremde Informationsquellen zu unterscheiden (Quelle: Hennig-Thurau/Wruck 2000: 244):

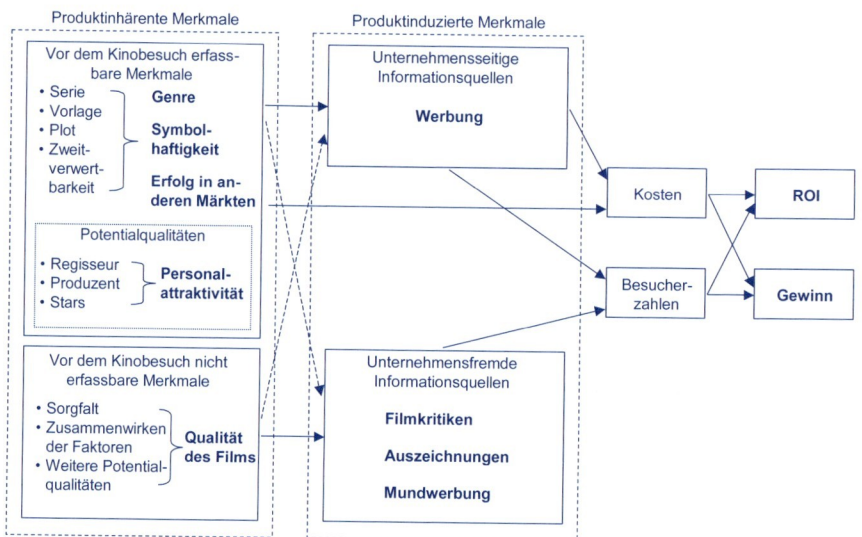

In einer anderen Studie wurde versucht, generalisierbare empirische Erfolgsfaktoren für Spielfilme zu ermitteln, mit folgendem Ergebnis (vgl. Clement 2004: 262):

1. Die Anzahl der Screens determiniert den Box-Office-Erfolg. Screens sind mit Abstand der wichtigste Einfluss auf den Erfolg des Films.
2. Je höher das Produktionsbudget, desto höher der Box-Office-Erfolg, aber meist nicht der Gewinn.
3. Einschränkende Altersbegrenzungen reduzieren den Markt und den Box-Office.
4. Je mächtiger der Distributor (z. B. Major-Distributor), desto bessere Verhandlungsspielräume besitzt er bei der Aufteilung des Umsatzes und erzielt damit einen höheren Gewinn.
5. Filme, die in den Hochsaisonphasen starten, haben trotz des starken Wettbewerbs eine höhere Wahrscheinlichkeit, erfolgreich zu sein. Das Startdatum des Films ist eines der zentralen Marketing-Instrumente des Studios.
6. Je höher das Werbebudget, desto höher der Box-Office, jedoch nicht unbedingt der Gewinn.
7. Kritiker haben in späten Phasen des Lebenszyklus keinen Einfluss auf den Box-Office.
8. Bei einer sequentiellen Verwertung des Films in internationalen Märkten kann der Erfolg des Films in den USA als Prognose für Europa verwendet werden. Ausnahme: ein sehr auf das US-Publikum zugeschnittener Film.

Abschließende Anmerkung des Autors der empirischen Studie: Eine eindeutige Aussage zur Stärke der Effekte ist mit Ausnahme der Anzahl der Screens nicht möglich.

Anmerkung: Unter Box Office versteht man die Summe der Einnahmen, die ein Kinofilm während seiner Spielzeit in den Kinos erwirtschaftet. Als Screen wird die einzelne Kinoleinwand bezeichnet, auf der ein Film gezeigt wird.

28.3 Strategische Analyse

Bei der strategischen Analyse unterscheidet man zweckmäßigerweise drei unterschiedliche Denkebenen (vgl. Welge/Al-Laham 2012: 289 ff.): Analyse der Umwelt, Analyse der Unternehmung sowie Prognose und strategische Frühaufklärung.

Die Analyse der Umwelt fragt nach den Chancen und Risiken, bei der Analyse der Unternehmung nach deren Stärken und Schwächen. Das Analysekonzept, das Stärken und Schwächen („strengths" und „weaknesses") sowie Chancen und Risiken („opportunities" und „threats") in einem integrierten Konzept ganzheitlich zu beurteilen versucht, nennt man **SWOT-Analyse** (vgl. Abb. 28-3).

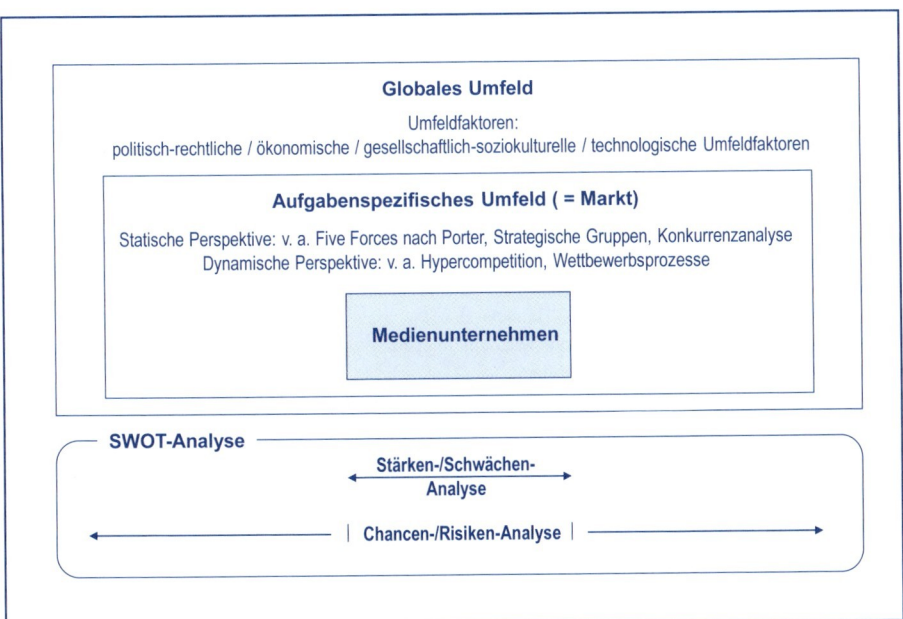

Abb. 28-3: *Ansatzpunkte der strategischen Analyse*

Die SWOT-Analyse versteht sich als ein Instrument der Situationsanalyse und soll eine zusammenfassende Darstellung der wichtigsten strategisch relevanten Faktoren liefern. Sie beleuchtet das Unternehmen aus zwei Perspektiven, zum einen nach innen („SW"), zum anderen nach außen („OT"):

- **Blick nach innen**: Hierbei geht es um die Darstellung und Markierung der Stärken und Schwächen des Unternehmens. „SW" ist der Teil der SWOT-Analyse, der die Analyse der unternehmensinternen Faktoren umfasst. Man spricht auch von der Unternehmensanalyse bzw. der Stärken-Schwächen-Analyse.
- **Blick nach außen**: Dieser Teil der SWOT-Analyse analysiert das Umfeld des Unternehmens, das in das unmittelbare Aufgabenumfeld (Markt) sowie das globale Umfeld unterschieden wird. „OT" ist damit der Teil der SWOT-Analyse, der sich auf die Analyse des Unternehmensumfelds bezieht. Man spricht auch von der Umweltanalyse bzw. Chancen-Risiken-Analyse.

Allgemeines Raster der SWOT-Analyse (Checkliste)

Nachfolgend wird eine Checkliste angeboten, mit der die für die SWOT-Analyse relevanten Kenngrößen abgefragt werden können. Die Liste orientiert sich am Referenzmodell, wie es in Kapitel 3 vorgestellt worden ist (vgl. Abb. 2-5 auf Seite 46). Danach lässt sich das Unternehmen bei einem Blick nach innen in drei Subsysteme unterscheiden:
- Leistungssystem
- Managementsystem
- Zielsystem

Diese drei Subsysteme werden bei der Analyse der Stärken und Schwächen sinnvollerweise aufgerufen. Beim Blick nach außen ist zwischen dem Markt und dem globalen Umfeld unterschieden worden. Diese Differenzierung eignet sich zur Analyse der Chancen und Gefahren.

(A) Analyse der Stärken und Schwächen (SW) – Unternehmensanalyse:

Leistungspotenziale (Potenziale bezogen auf das Leistungssystem):
- Absatz: Zusammensetzung des Produktionsprogramms, Produktqualität, Laufzeit von Schutzrechten, Altersaufbau der Produkte, Qualität des Distributionssystems, Stand der After-sales-services (Betreuung, Schulung), Preisspielraum, Lieferfähigkeit, Marktanteil, Kundentreue
- Beschaffung: Relative Preise der Faktoren, Qualität der Vorprodukte, Abstimmung mit Lieferanten (z. B. Verwirklichung des Just-in-time-Prinzips), Grad der Abhängigkeit von Lieferanten
- Produktion: Kapazität der Fertigungsanlagen, Leistungsstand der Fertigungsanlagen, Flexibilität der Fertigungsanlagen, Fertigungstiefe, Kostenstruktur
- Personal: Qualifikation, Motivation, Alter und Ausbildung, Lernfähigkeit, Identifikation mit dem Unternehmen, Unternehmerisches Handeln
- Kapital: Zugang zum Kapitalmarkt, Verschuldungsgrad, eigene finanzielle Ressourcen, finanzielle Ressourcen verbundener Unternehmen
- Technologie (Forschung und Entwicklung): Forschungs- und Entwicklungsaufwand, Forschungseffizienz, Patente, Lizenzen

Führungspotenziale (Potenziale bezogen auf das Managementsystem):
- Information: Ausbau des Rechnungswesens zur strategisch orientierten Unternehmensrechnung, Existenz von Früherkennungssystemen, Informations- und kommunikationstechnische Unterstützung durch computergestützte Informationssysteme
- Organisation: Zahl der Hierarchieebenen, Grad der Dezentralisation, Flexibilität der Organisation, Lernfähigkeit der Organisation, Kooperationsfähigkeit mit anderen Unternehmen
- Unternehmenskultur: Stärke, Grad der Außenorientierung, Innovationsfähigkeit

Potenziale im Kontext des Zielsystems:
- Vollständigkeit der relevanten Zieldimensionen
- Darlegung der Zielbeziehungen (insbesondere Zielkonflikte)

(B) Analyse der Chancen und Gefahren (OT) – Umfeldanalyse (Markt, globales Umfeld):

Markt- und Branchenanalyse: v. a. gemäß den Five Forces nach Porter. Die Marktkräfte lassen sich nach Porter in fünf Einflussbereiche differenzieren:
- Verschärfte Rivalität zwischen den Marktteilnehmern
- Bedrohung durch neue Anbieter
- Zunehmende Bedeutung von Ersatzprodukten
- Steigende Lieferantenmacht
- Verändertes Rezipientenverhalten

Analyse des globalen Umfelds:
- Politisch-rechtliches Umfeld
- Technologisches Umfeld
- Gesellschaftliches bzw. soziokulturelles Umfeld
- Ökonomisches Umfeld

(1) Die **Umwelt eines Medienunternehmens** lässt sich zum einen in das unmittelbare Aufgabenumfeld – d. h. den Markt und die Branche – unterscheiden, zum anderen in das globale Umfeld (vgl. auch Abschnitt II. dieses Buches. Speziell sei auf Kapitel 7 bis 11 verwiesen, in denen der globale Rahmen für die Medienunternehmen ausführlich dargestellt ist). Was den **Markt** anbelangt, so differenziert man sinnvollerweise zwei Perspektiven, zum einen die statische Perspektive, zum anderen die dynamische Perspektive (vgl. Welge/Al-Laham 2012).

Als Basisinstrument der **statischen Marktanalyse** bieten sich die Konzepte der Five Forces nach Porter, der strategischen Gruppen und der Konkurrenzanalyse an:

- Konzept der fünf Wettbewerbskräfte („Five Forces") nach Porter (vgl. Welge/Al-Laham 2012: 300 ff.): Der Ansatz verfolgt eine Analyse der Branchenstruktur anhand der fünf Wettbewerbskräfte Abnehmer, Lieferanten, Ersatzprodukte, neue Anbieter und Wettbewerber. Ziel ist es, ausgehende von der gegenwärtigen Ausprägung der Branchenstruktur die Stärken und Schwächen eines Unternehmens abzuschätzen und zu überprüfen, ob und wie stark das eigene Unternehmen von den vorherrschenden „Mächten" innerhalb der Branche angreifbar ist. Ziel der Analyse ist es, das Unternehmen so zu positionieren, dass es sich bestmöglich gegen die Wettbewerbskräfte behaupten kann (zum Porter-Konzept vgl. auch das separat dargestellte Fallbeispiel zu ARD/ZDF sowie die Ausführungen in Kapitel 6).
- Konzept der strategischen Gruppen (vgl. Welge/Al-Laham 2012: 344 ff.): Ebenfalls von Porter entwickelt versteht man unter einer strategischen Gruppe eine innerhalb eines Marktes definierbare Gruppe von Unternehmen, die ein homogenes strategisches Verhalten aufweisen. Dieses gleiche oder ähnliche Verhalten kann sich z. B. auf den Grad der Spezialisierung, auf die Wahl der Absatzkanäle, auf den Grad der vertikalen Integration, die Kostenposition, die Produktqualität oder den technologischen Status des Unternehmens beziehen. Abb. 28-4 zeigt beispielhaft die Gruppierung von wichtigen auf dem deutschen Fernsehmarkt vertretenen Akteuren im Hinblick auf die beiden Kriterien der Spezialisierung und von Kosten vs. Qualität.
- Konkurrenzanalyse (vgl. Welge/Al-Laham 2012: 348 ff.): Hierbei werden die relevanten Wettbewerber – sowohl größere als auch kleinere – näher analysiert und deren Stärken und Schwächen im Sinne einer Bestandsaufnahme verdeutlicht. Ziel ist die Erarbeitung eines Reaktionsprofils des Konkurrenten, das darüber Aufschluss gibt, welche offensiven Schritte ein Konkurrent bei eigenen Aktionen einleiten wird und wie dessen Verwundbarkeit einzuschätzen ist.

Das Konzept der strategischen Gruppen erscheint besonders geeignet, zu einer differenzierten Wettbewerbsanalyse vorzudringen. Im Sinne der Bildung strategischer Gruppen ist eine Typisierung der Strategiekonzepte der größten Medienunternehmen der Welt vorgelegt worden (vgl. Abb. 28-5; Quelle: Sjurts 2005: 472).

„Auffällig ist die relative *Uniformität* der Strategiemuster. Bei der Wettbewerbsstrategie dominiert die Kombination aus *Differenzierung, innovativem Verhalten* und *externem Wachstum*. Im Wettbewerb scheint sich hier ein erfolgsversprechendes Strategiekonzept herauskristallisiert zu haben. Nur News Corporation und Disney verfolgen abweichende Konzepte" (Sjurts 2005: 472).

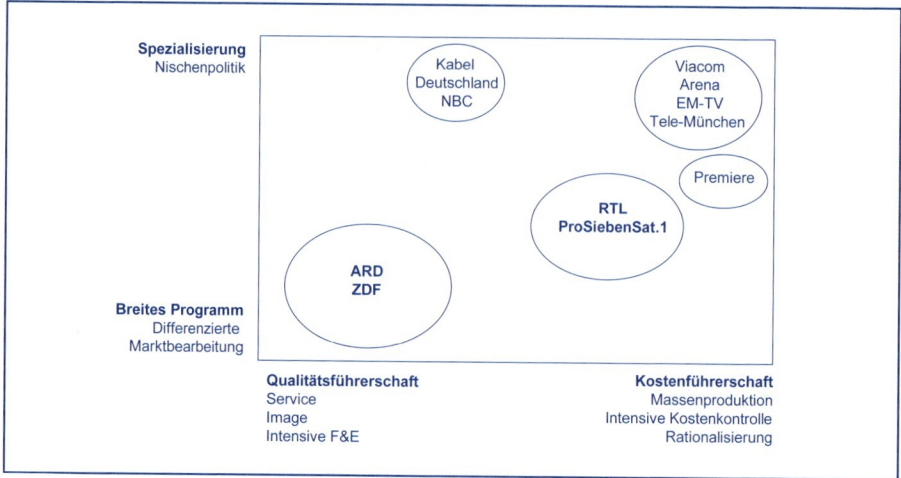

Abb. 28-4: Beispiel strategischer Gruppen im deutschen Fernsehmarkt

Abb. 28-5: Die Strategiekonzepte der größten Medienkonzerne der Welt

Es fällt auf, dass Disney und die News Corp. in gewisser Weise aus dem Rahmen fallen. Zur Erklärung der beiden Strategiekonzeptionen: „Die Präferenz von Disney für unternehmensinternes Wachstum lässt sich ressourcenorientiert erklären und als ökonomisch sinnvoll begründen. Das weltweit einheitliche Erscheinungsbild und Image kann nur durch selbst gegründete Tochterunternehmen sichergestellt und gepflegt werden, die die Marke Disney und die Kultur des Konzerns repräsentieren. Akquirierte Unternehmen müssten immer erst mit großem Zeitaufwand, soweit überhaupt möglich, an die Disney-Kultur angepasst werden. Die Kostenführerschaftsstrategie der News Corporation erklärt sich ressourcentheoretisch durch die Person Rupert Murdoch mit seiner ökonomisch geprägten Einstellung zu Medienunternehmen und Medienprodukten. Inhaltliche Interessen und publizistische Ziele wie Qualität oder Exklusivität, die Grundlage für eine Differenzierungsstrategie sein könnten, treten dahinter zurück." (Sjurts 2005: 472 f.).

„Bei der Internationalisierungsstrategie lassen sich zwei Cluster unterscheiden: Time Warner, Disney und Vivendi Universal mit einer *globalen* Strategie auf ausländischen Märkten und die *multinationale* Strategie von Viacom, Bertelsmann und News Corporation. Folgt man der herrschenden Lehre zur Internationalisierung, müsste eigentlich der Trend zur globalen Strategie gehen und den Unternehmen, die heute schon auf diese Strategie setzen, einen strategischen Vorteil verschaffen" (ebd. 473).

Fallbeispiel: Positionierung von ARD/ZDF im Rundfunkmarkt

Die öffentlich-rechtlichen Rundfunkanstalten ARD und ZDF sehen sich einem zunehmenden Wettbewerbsdruck im aufgabenspezifischen (Markt-)Umfeld ausgesetzt, der nach den fünf Marktkräften nach Porter verdeutlicht werden kann:
- Verschärfte Rivalität zwischen den Marktteilnehmern
- Bedrohung durch neue Anbieter
- Zunehmende Bedeutung von Ersatzprodukten
- Steigende Lieferantenmacht
- Verändertes Rezipientenverhalten

(a) Verschärfte Rivalität auf den Rundfunkmärkten: Die „Schlacht" um die Gunst der Zuschauer und Zuhörer hat *an Intensität deutlich zugenommen.* Der öffentliche Rundfunk kann es sich dabei nicht leisten, eine Rückzugsposition auf einen von außen vorgegebenen Rundfunkauftrag einzunehmen. Um eine ausreichende Akzeptanz der Programme zu sichern und die Legitimation in der Gesellschaft nicht zu verlieren, muss er eine aktive Wettbewerberrolle ausüben. Im Radio- und TV-Markt trifft er auf *Rivalen*, die mit größtem Einsatz und einem erheblichen Durchsetzungswillen den Markt zu beherrschen versuchen. Im Rücken haben sie jeweils eine starke Senderfamilie, einen „Clan", der sie in die Lage versetzt, eine unter Umständen lang anhaltende defizitäre Phase ökonomisch durchzustehen. Den Wettbewerb im Fernsehen führen sie vorrangig auf dem attraktiven Feld der Unterhaltungsprogramme, v. a. im Wege exklusiver Angebote internationaler Spielfilme, Sportübertragungen und Shows. Weniger attraktive Felder wie Information, Kultur oder Bildung werden nicht oder nur minimalistisch „beackert". ARD und ZDF besitzen eine dominante Wettbewerbsposition im Feld der Information sowie in Bildung und Kultur. Dies kann sich mit zunehmenden Spartenangeboten und einer denkbaren Qualitätssteigerung der Privaten ändern und zu einer weiteren Verschärfung des Wettbewerbs führen.

Theoretisch gesehen ist die *Intensität des Konkurrenzkampfes* auf einem Markt unter anderem umso höher (vgl. Notger/Kiesel 1996: 48 f.),
- je größer die Zahl der Konkurrenten und je mehr Produktionskapazität vorhanden ist;
- je gleichartiger die Wettbewerber hinsichtlich ihrer Marktanteile und Fähigkeiten sind;
- je langsamer die Nachfrage nach den angebotenen Produkten wächst;
- je stärker die Konkurrenten die Preise reduzieren, um ihr Absatzvolumen zu steigern;
- je weniger loyal die Kunden gegenüber den Marken sind;
- je höher die Informationstransparenz ist;
- je unzufriedener einzelne Wettbewerber mit ihrer Marktposition sind und infolgedessen Expansionsstrategien fahren;
- je höher die Austrittsbarrieren aus dem Markt sind, z. B. durch hohes Anlagevermögen;
- je mehr Unternehmen außerhalb der Branche dazu neigen, schwache Wettbewerber zu akquirieren und zusätzliche Ressourcen in den Markt hineintragen.

In diesem Licht erweist sich der Rundfunkmarkt als ein Feld hoher Wettbewerbsintensität: Die Zahl der Konkurrenten ist zumindest so hoch, dass ständig innovative Ideen und neue Programmstrategien erscheinen. Die Konkurrenten sind in dem Sinne etwa gleich groß, als sich der öffentliche und der private Marktsektor mehr oder weniger die Waage halten. Die Nachfrage nach Radio- und Fernsehangeboten wächst nicht sehr dynamisch, so dass sich alle Anbieter um dieselben Potenziale streiten. Im Rundfunkmarkt hat man es ferner mit einem atypischen Preisgeschehen zu tun, weil sich der öffentlich-rechtliche Rundfunk vorrangig aus bundesweit gleichen Pro-Kopf-Beiträgen (Rundfunkbeitrag) finanziert, während das Gros der Privatprogramme über Werbung gespeist wird.

Zur Erhöhung der Wettbewerbsintensität trägt bei, dass die Werbefinanzierung nicht ins Bewusstsein der Nutzer dringt, also mehr oder weniger unmerklich erfolgt. In diesem Zusammenhang ist auch der relativ geringe Grad der Kundenloyalität zu sehen.

(b) Bedrohung durch neue Anbieter: Die öffentlich-rechtlichen Rundfunkanstalten sind ständig durch neue Anbieter und deren Angebote bedroht. In einen Markt einzudringen, fällt umso leichter, je niedriger die Eintrittsbarrieren sind und je weniger schroff die Gegenreaktionen der schon im Markt agierenden Anbieter sind. Prinzipiell sind die *Eintrittsbarrieren in den Rundfunkmarkt* relativ hoch:

Der Eindringling in den Markt benötigt ein hohes Maß an speziellem Know-how. Er benötigt ferner erhebliche Ressourcen für die Produktion, Beschaffung und Verbreitung seiner Programme. Relativ hohe Investitionen sind notwendig, um einen Sender zu betreiben. Er steht also vor einem hohen Kapitalbedarf. Zudem sind neue Marktteilnehmer gezwungen, große Anstrengungen zu unternehmen, damit Zuschauer und Zuhörer ihre Programme wahrnehmen und akzeptieren, zum Beispiel in Form von Werbung und Vermarktung.

Dieser „natürliche Schutzschild" für die Wettbewerber im Markt wird in neuerer Zeit jedoch zunehmend porös: Festzustellen ist ein rapider Preisverfall der notwendigen Produktionstechnik sowie der Kosten für die Verbreitung der Programmangebote, verursacht durch die Digitalisierung mit einem Trend zur Vervielfachung der Kanäle. Das Zauberwort der „1.000 Kanäle" weist die Richtung.

Im Zusammenhang mit den – absolut gesehen – zweifellos hohen technischen Eintrittsbarrieren ist freilich die Fähigkeit der Interessenten nicht zu vernachlässigen, diese Marktbarrieren zu überwinden. Diese steigt mit der Ertragskraft, die sie auf den angestammten Feldern erworben haben. Typisch für den deutschen Rundfunkmarkt ist es, dass gerade die international erfolgreich operierenden „Big Players" mit ihrer Kapitalkraft in den Markt drängen sowie Unternehmen aus der Nachbarschaft des Mediensektors, das sind Unternehmen der Telekommunikation, Computerbranche und der Unterhaltungselektronik. Nicht selten geschieht der Einstieg im Zusammenhang mit Strategischen Allianzen.

(c) Zunehmende Bedeutung von Ersatzprodukten: Radio und Fernsehen stehen in Konkurrenz zu anderen Mediennutzungen. Der Zuhörer und Zuschauer vergleicht ständig die verschiedenen Medienprodukte, um sich dann für eine ganz bestimmte Kombination zu entscheiden. Insofern sind Zeitung lesen, Bild- und Tonträgernutzung und das Internet als *Ersatzprodukte* oder *Substitute zu Radio und TV* zu verstehen. Je mehr solche Substitute dem Einzelnen zur Verfügung stehen, umso schärfer stellt sich die Wettbewerbsfrage im Markt. Aus Sicht der öffentlich-rechtlichen Rundfunkanstalten nimmt die Bedeutung der Ersatzprodukte für Radio und Fernsehen zu. Die Möglichkeit, aus einer Palette eng verwandter Medienprodukte auszuwählen, steigt für den Nutzer laufend an. Zu nennen sind z. B.:

- Internet: Informationsvermittlung, Unterhaltung, User Generated Content
- PC: Spiele, Lern-Software, Informationen auf CD-ROM
- Alte und neue Speichermedien: Bücher, DVD, Blu-ray
- Vervielfachung der mediennahen Aktivitäten in der „Erlebnisgesellschaft": Musik- und Unterhaltungsevents, Discos, Reiseaktivitäten.

Als Hauptmotor der Entwicklung zu einer höheren „Substitutivität" des Marktes kann die *Fähigkeit der neuen Medienprodukte zur Interaktivität* gesehen werden. Radio und Fernsehen sind seriell ausgelegte Medienprodukte. Ihre Nutzung führt zu teilweise hohen Zeitverlusten. Die Möglichkeit, auf Abläufe Einfluss zu nehmen, ist eng begrenzt. Der Nutzer ist auf passiven Konsum ausgerichtet. Im Gegensatz hierzu zeichnen sich die neuen Medienprodukte dadurch aus, dass sie auf die Nutzungsbedürfnisse flexibel reagieren und zu aktivem Konsum herausfordern. Hier lassen sich Ähnlichkeiten zur Nutzung von Printprodukten ausmachen, deren Charme gerade darin liegt, dass sie raum- und zeitunabhängig zur Verfügung stehen.

Angesichts dieses Befundes kann es nicht überraschen, dass alle Marktteilnehmer versuchen, sich gegen den Angriff der Substitute auf das Kerngeschäft von Radio und Fernsehen zu wappnen. Alle Beteiligten versuchen, in den genannten Feldern „mitzumischen", sei es durch eigene Angebote (Radio im Netz, Ergänzungen zu TV-Angeboten im Netz), sei es durch Partnerschaften (Das Buch zur Sendung). Die öffentlich-rechtlichen Rundfunkanstalten sind bei dieser Art von Zukunftssicherung im Nachteil, haben sie doch keine „Senderfamilie" im Hintergrund, die auf allen Stufen der medialen Wertschöpfungskette präsent ist, wie zum Beispiel der Bertelsmann-Konzern. Der öffentlich-rechtliche Rundfunk bleibt durch seine Verpflichtung auf Radio und Fernsehen in ein enges Korsett gepresst und kann nur versuchen, im Sinne einer Teilhabe an neuen Entwicklungen „den Zug nicht zu verpassen". Eine aggressive Vorwärtspolitik mit Partnerschaften, Firmenneugründungen, Kooperationen durchzusetzen, verbietet sich weitgehend. Der politische Gegendruck ist hoch.

(d) Steigende Lieferantenmacht: Der hohe Wettbewerbsdruck, dem die öffentlich-rechtlichen Rundfunkanstalten ausgesetzt sind, wird maßgeblich auch von der *Beschaffungsseite* im Markt bestimmt. Die *Macht von Lieferanten* ist umso höher,

- je höher die Bedeutung der zu liefernden Vorprodukte und Teile für die Beschaffer ist;
- je weniger standardisiert die gelieferte Ware oder Dienstleistung ist;
- je mehr der Lieferant fähig ist, den Liefergegenstand preiswerter anzubieten;
- je geringer die Konkurrenz unter den Lieferanten ist.

Im Radio und besonders im Fernsehen haben eine Reihe von Liefergegenständen eine *Schlüsselbedeutung*. Die Lieferanten, die solche Gegenstände beschaffen können, sind für das Rundfunkunternehmen Schlüssellieferanten. Zu nennen sind vor allem:

- Inhalte jedweder Art, Stoffe, „Content" von Autoren, Agenturen, Bild- und Tonjournalisten
- Filmrechte: Spielfilm-Händler, Filmgesellschaften
- Unterhaltungsshows: große Entertainer (Beispiel der Vergangenheit: Gottschalk, Kulenkampff)
- Rechte an attraktiven Events in Sport und Unterhaltung: Veranstalter, Vermarkter (Olympische Spiele, Fußball-WM, Formel 1, Boxen)

Für ARD und ZDF hat sich die in Rede stehende Marktsituation in der neueren Vergangenheit erheblich verschlechtert. Die private Konkurrenz hat es verstanden, sich im Laufe der Zeit durch eine gezielte Einkaufsstrategie und -politik eine starke Position zu verschaffen. In verschiedenen Bereichen bleiben dem öffentlich-rechtlichen Rundfunk nur noch Zweit- und Drittverwertungsrechte, mit allen Konsequenzen einer möglicherweise sinkenden Programmattraktivität. Ein Zeichen für die allgemein gestiegene Marktmacht der Lieferanten im Rundfunkmarkt sind die zum Teil exorbitanten Preissteigerungen für den Rechteerwerb (im Sportbereich mehrere Tausend Prozent innerhalb eines Jahrzehnts).

(e) Verändertes Rezipientenverhalten: Druck erfahren die öffentlich-rechtlichen Rundfunkanstalten schließlich von der Seite der Kunden, also der Zuschauer und Zuhörer. Deren *Loyalität zur „Marke Öffentlich-rechtlicher Rundfunk"* muss als sehr flexibel eingestuft werden. Es gibt keine „Erbhöfe" und keine natürliche Bindung an das öffentlich-rechtliche Grundangebot. Die Rezipienten verhalten sich mehr und mehr ausgesprochen „vagabundierend". Die Markenidentität hat deutlich nachgelassen. Generell hat sich insbesondere der Fernsehmarkt zu einem „Nachfragermarkt" entwickelt. In diesem Lichte besteht für den öffentlich-rechtlichen Rundfunk eine gegenüber früher völlig veränderte Situation auf der Seite der Kunden und Abnehmer der Rundfunkprodukte. Hinzu kommt eine weiter fortschreitende *Fragmentierung des Publikums* in immer kleinere Interessengruppen, die immer schwerer zu erreichen sind. Den Programmauftrag zu erfüllen und gleichzeitig im Markt mit zufrieden stellenden Marktanteilen zu bestehen, wird in diesem Lichte immer schwieriger.

Ergänzend zu den statischen Analyseverfahren ist es notwendig, auch zukünftige Wettbewerbsbedingungen und die Branchendynamik zu beachten. Als Instrument einer solchen **dynamischen Marktanalyse** ist das Konzept der Hypercompetition nach D'Aveni vorgeschlagen worden (vgl. Welge/Al-Laham 2012: 310 ff.). Danach vollzieht sich der Wettbewerb nicht stetig, sondern diskontinuierlich und sprunghaft, bei dem die herausgearbeiteten Wettbewerbsvorteile immer wieder verloren gehen und eine neue Situation entsteht. Das Konzept ist gut geeignet, Wettbewerbsprozesse in hochkompetitiven Medienmärkten wie dem Zeitschriftenmarkt zu erklären.

> „Ausgangspunkt des Konzepts ist die Annahme, dass stabiler, kontinuierlicher Wettbewerb eine Ausnahmeerscheinung darstellt. Für D'Aveni (1995, S. 254 ff.) ist Wettbewerb vielmehr eine Abfolge kontinuierlicher Veränderungen (Diskontinuitäten), die nur selten von Phasen der Stabilität begleitet ist. Wettbewerbsvorteile sind daher nur temporäre Vorteile, die immer schneller von der Konkurrenz aufgebrochen werden. ... Dem Konzept des Hypercompetition liegt demnach die Schumpetersche Idee der permanenten schöpferischen Zerstörung zugrunde ...: Ziel der Strategieformulierung ist es nicht, Wettbewerbsvorteile aufzubauen und zu festigen, sondern Wettbewerbsvorteile schnell auszuschöpfen und sie dann zu zerstören" (Welge/Al-Laham 2012: 310).

Die Zerstörung von Wettbewerbsvorteilen folgt einer Art „Dramaturgie", die als „Eskalationsleiter" mit sieben Eskalationsstufen, die sich auf vier Schauplätzen bzw. „Wettbewerbsarenen" abspielen, beschrieben wird (vgl. Abb. 28-6, Quelle: ebd. 312).

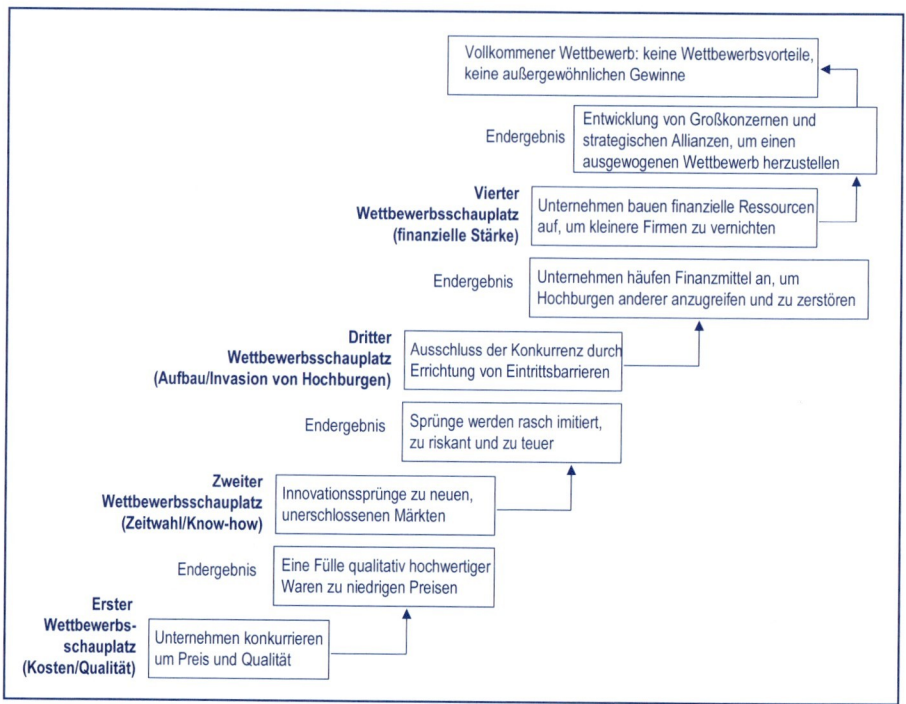

Abb. 28-6: *Konflikt-Eskalation auf Wettbewerbsarenen nach D'Aveni*

(2) Zweck der **Analyse der Unternehmung** ist es, ein möglichst objektives Bild der Stärken und Schwächen des Unternehmens zu zeichnen. Damit richtet sich der Blick von der externen Perspektive, bei der die Eruierung der Chancen und Risiken zur Debatte stand, hin zur internen Perspektive, wo es um die selbst erarbeiteten Stärken und zugelassenen Schwächen – mithin die „hausgemachten" Faktoren – geht. Folgenden Analyseinstrumente bieten sich an (vgl. Welge/Al-Laham 2012: 353 ff.):

- Klassische Ansätze;
- Wertorientierte Ansätze;
- Ressourcen- und kompetenzorientierte Ansätze.

Die **klassischen Ansätze** richten den Blick auf die Funktionsbereiche oder das bestehende Produktprogramm und untersuchen deren Potenziale im Hinblick auf die Stärken und Schwächen der Unternehmung. Der einfachste klassische Ansatz besteht in einem Zeitvergleich mit der Ist-Situation (z. B. Anwachsen der F&E-Abteilung, Ausbau des Außendienstes). Ein zweiter Ansatz sucht die Befähigung des Unternehmens in den Funktionsbereichen sichtbar zu machen (z. B. Ausstattung mit finanziellen, personellen und sachlichen Ressourcen). Hierzu wird ein funktionsbereichsbezogener Kriterienkatalog angewandt, mit dem die Potenziale in den Funktionsbereichen qualitativ und quantitativ ermittelt werden sollen. Ein dritter Ansatz rückt das Produktprogramm des Unternehmens ins Zentrum und untersucht z. B. auf der Grundlage der Produktlebenszyklus-Analyse die zukünftigen Potenziale des Unternehmens.

Bei der Betrachtung der Stärken und Schwächen einer Unternehmung wird bei den **wertorientierten Ansätzen** der Fokus auf die Konfiguration der Wertkette und des Geschäftsmodells gelegt.

> Als Grundlage der Analyse bietet sich das Konzept der Porterschen Wertkette an, das die Quellen von Wettbewerbsvorteilen in Unternehmungen sichtbar machen soll: „Der Begriff des Werts kennzeichnet denjenigen Beitrag, den die Abnehmer für das zur Verfügung gestellte Produkt/Dienstleistung zu zahlen bereit sind (Kundenwert). Die Unternehmung arbeitet dann effizient, wenn ihre Wertschöpfung über den Kosten für die Erstellung des Produkts liegt. Die Wertkette zeigt den Gesamtwert und setzt sich aus den Wertaktivitäten und der Gewinnspanne zusammen ... Wertaktivitäten sind die physisch und technologisch unterscheidbaren Aktivitäten, mit denen die Unternehmung einen Wert für die Abnehmer schafft. Die Gewinnspanne ist die Differenz zwischen dem Gesamtwert (Preis) und der Summe der Kosten, die durch die Ausführung der Wertaktivitäten entstanden sind" (Welge/Al-Laham 2012: 362 f., im Original teilweise hervorgehoben).

Die **ressourcen- und kompetenzorientierten Ansätze** schließlich sollen die Stärken und Schwächen eines Unternehmens anhand von (Schlüssel-)Ressourcen nachweisen, die für die Fähigkeiten oder „Kernkompetenzen" des Unternehmens stehen. Die theoretische Wurzel dieses Ansatzes bildet der sog. „Resource-Based-View", der strategische Vorteile eines Unternehmens auf interne Stärken zurückführt. Der Ansatz wird auch als „strategische Inside-Out-Betrachtung" bezeichnet.

> „Der Terminus ‚Resource-Based-View' fasst sämtliche Strömungen in der Literatur zusammen, die den Wettbewerbserfolg einer Unternehmung auf die Existenz ihrer einzigartigen Ressourcen und Ressourcenkombinationen zurückführen" (Welge/Al-Laham 2012: 377).

Der Ansatz verkörpert den Gegensatz zum Market-Based-View, bei dem die Wettbewerbsvorteile eines Unternehmens aus dessen Position im Markt („outside-in") erklärt werden. Gemäß den ressourcen- und kompetenzorientierten Ansätzen führen Ressourcen dann zu strategischen Wettbewerbsvorteilen, wenn sie nicht ohne weiteres imitierbar sind, wenn sie einen hohen Grad an Unternehmensspezifität aufweisen, wenn sie nicht leicht substituiert werden können und wenn sie die Fähigkeit besitzen, Kundennutzen zu generieren.

> Ein Beispiel für die Stärken-Schwächen-Analyse in der Tradition des klassischen Ansatzes ist für ARD und ZDF nachfolgend separat dargestellt.

(3) Eine wesentliche Ergänzung und Erweiterung der SWOT-Analyse mit ihren Bestandteilen erstens der Analyse der Umwelt und zweitens der Unternehmensanalyse stellt die **Prognose und strategische Frühaufklärung** dar (vgl. Welge/Al-Laham 2012: 414 ff.).

> „Unter einem Frühaufklärungssystem soll an dieser Stelle eine spezielle Art von Informationssystem verstanden werden, das dem Benutzer latente, d. h. bereits vorhandene Informationen über Chancen und Risiken der Umwelt mit einem ausreichenden zeitlichen Vorlauf vor deren Eintreten übermittelt" (Welge/Al-Laham 2012: 432).

Bei der Entwicklung von Frühaufklärungssystemen können drei Ansätze unterschieden werden (vgl. ebd. 433 ff.):

- Orientierung an Kennzahlen;
- Orientierung an Indikatoren;
- Orientierung an schwachen Signalen.

Insbesondere das Konzept der schwachen Signale ist wichtig. Der Ansatz dieses Konzepts liegt in der permanenten ungerichteten und gerichteten Beobachtung der Umwelt ähnlich einem Radar („Environmental Scanning") sowie in der Durchführung einer vertieften Informationssammlung („Environmental Monitoring") und deren Auswertung, wenn Auffälligkeiten erkennbar sind (vgl. Welge/Al-Laham 2012: 437).

Fallbeispiel: Stärken-Schwächen-Analyse für ARD/ZDF

(A) Leistungspotenziale

(a) Absatzleistungen: Produktleistung, Präsenzleistung, Profilleistung

Produktleistung

In einem Grundsatzpapier der Bertelsmann-Stiftung mit dem Titel „Kommunikationsordnung 2000" ist zu lesen: „Die Entscheidung, den öffentlich-rechtlichen Rundfunk auch unter den veränderten Bedingungen beizubehalten, ist kultur- und gesellschaftspolitisch begründet. Der Kern des Auftrags an den öffentlich-rechtlichen Rundfunk, der letztendlich seine öffentliche Finanzierung rechtfertigt, liegt in der ständigen Erneuerung des kulturellen und sozialen Zusammenhalts der Gesellschaft. Er wird durch Programmbeiträge eingelöst, die der Information, Bildung, Beratung und Unterhaltung der Zuschauer dienen." (Kommunikationsordnung 2000, 1997, S. 23). In einer anderen Bertelsmann-Publikation wird herausgestellt, die öffentlich-rechtlichen Rundfunkanstalten sollten Programme bereitstellen, die die folgenden *vier Funktionen* erfüllen (vgl. Hamm 1998: 17):

- Integrationsfunktion: Der öffentliche Rundfunk soll nachhaltige Beiträge zu einem besseren gesellschaftlichen Zusammenhalt liefern.
- Forumsfunktion: Er soll mithelfen, dass alle Stimmen der Gesellschaft zu Wort kommen.
- Komplementärfunktion: Er soll Programme anbieten, an denen ein besonderes gesellschaftliches Interesse besteht und die unter rein wirtschaftlichen Gesichtspunkten nicht produziert würden.
- Vorbildfunktion: Schließlich soll er mit seinen Programmen Qualitätsstandards setzen.

Diese oder eine ähnliche Aufgabendefinition der öffentlich-rechtlichen Programmarbeit kann als eine *Stärke* für den öffentlichen Rundfunk interpretiert werden. Danach ist er darauf angelegt, in allen relevanten Themen der Gesellschaft präsent zu sein, besonders bedeutsame gesellschaftliche Themen vertieft aufzugreifen, positive gesellschaftliche Wirkungen zu erzeugen und eine hohe Qualität zur Bereicherung der Kultur zu sichern. Die Produktpalette des öffentlich-rechtlichen Rundfunks soll sich also deutlich von der privat-kommerziellen Konkurrenz abheben und einen klaren Alleinstellungsanspruch aufweisen. Die öffentlich-rechtlichen Produktleistungen sollen also breit und vielfältig sein, inhaltliche Tiefe aufweisen und ein hohes Anspruchsniveau verwirklichen. Im Besonderen sollen sie positive Wirkungen in Richtung Gesellschaft und Politik erzeugen („Funktionsauftrag"). Strittig ist in diesem Zusammenhang, wie umfassend die Breite des Programmangebotes sein sollte. Nicht selten wird verlangt, den öffentlich-rechtlichen Rundfunk auf einen kulturellen Kernbereich zurückzudrängen, wo er lediglich einen öffentlichen Auftrag im Sinne einer „public service mission" erfüllen soll. So sollte er sich vor allem auf Nachrichten- und Informationssendungen konzentrieren sowie auf Kultur-, Kinder- und Jugendsendungen. Auf teure Sportereignisse und reine Unterhaltung solle er verzichten. Beiläufig wird dieser Ansatz als Hebel für mögliche Kostensenkungen bei ARD und ZDF angepriesen. Nur so sei die Finanzierung aus öffentlichen Mitteln zu rechtfertigen (vgl. Hamm 1998: 20, 34).

Der öffentlich-rechtliche Rundfunk gewinnt an *Stärke*, wenn sich seine Programme klar von den Angeboten der privaten Konkurrenz abheben, wenn sie *unverwechselbar* sind, wenn sie ein eigenständiges Profil aufweisen. Eine Schwäche wäre es demnach, wenn sich erweisen sollte, dass die Konvergenzthese stimmt, wonach sich die Programmangebote von öffentlichen und privaten Anbietern immer mehr aneinander angleichen (vgl. ebd. 223 f.). Die Angebots- bzw. Programmprofile des öffentlichen und des privaten Fernsehangebots in seiner Gesamtheit unterscheiden sich deutlich. Konvergenzen sind auf viel genutzte Sendestrecken und bestimmte Genres begrenzt.

Als eine deutliche Stärke speziell der öffentlich-rechtlichen Rundfunkanstalten in Deutschland ist das Angebot *regionaler Inhalte* zu werten. Die ARD als Verbund der öffentlich-rechtlichen Landesrundfunkanstalten kann seit jeher auf diese Stärke bauen.

So besitzen die (in der Zuschauergunst hoch beachtlichen) Dritten Fernsehprogramme einen hohen regionalen Anteil am Gesamtangebot. Mit mehr als 50 regionalen Hörfunkprogrammen sind sie im Radio als „regionale Content-Provider" noch immer führend. Eine weitere Stärke des öffentlichen Rundfunks dürfte seine hohe Kompetenz bei der Erstellung von *Nachrichten- und Informationsangeboten* sein. Diese Kompetenz schlägt sich auch im Qualitätsurteil der Zuschauer und Zuhörer nieder. Gründe sind u. a. journalistische und redaktionelle Professionalität, ein eigenes weltumspannendes Korrespondentennetz und die Verfügbarkeit umfassender Archive für Dokumentationszwecke.

Als *Schwäche* könnte es den öffentlich-rechtlichen Rundfunkanstalten ausgelegt werden, wenn sie es nicht schafften, ihr Handeln konsequent auf die gemeinwohlorientierte Optimierung der Programmleistungen auszurichten. Der öffentliche Rundfunk muss jederzeit als solcher erkannt und verstanden werden, nicht zuletzt um seine Legitimation zu sichern.

Die Stärke des öffentlichen Rundfunks ist umso ausgeprägter, je mehr die Zuschauer und Zuhörer *Kundentreue* an den Tag legen, je spezifischere *Erwartungen an das Programmangebot* sie stellen und je *verlässlicher* sie diese Erwartungen erfüllt bekommen. Im ARD-Weißbuch 2000 (S. 18) heißt es dazu: „Von ARD und ZDF erwarten sie in erster Linie fundierte Information, Orientierungshilfen, eine kritische Wächterrolle und die Einhaltung besonderer Qualitätsmaßstäbe. Von den Privaten erhoffen sie sich zwar auch Informationen, vor allem aber Entspannung und gute Laune sowie die Möglichkeit, den Alltag zu vergessen." Hierbei darf nicht vergessen werden, dass die relative Stärke eine abhängige Variable des Marktanteils ist. Dieser liegt – auf das Gesamtangebot bezogen – mit fast 50 Prozent im Fernsehen und deutlich mehr als diese Größe im Hörfunk in durchaus beachtlicher Größenordnung.

Als *Schwäche* für die öffentlich-rechtlichen Rundfunkanstalten ist zu werten, dass sich die *Publika in der Nutzung der Angebote stark ausdifferenzieren*. Dies gilt besonders für das Fernsehen. So findet bei knapp zwei Dritteln des Publikums eine deutliche Polarisierung in der Nutzung der Programme statt (vgl. Hamm 1998: 225 f.): Das Fernsehpublikum der Öffentlich-Rechtlichen ist älter, höher gebildet, politisch interessierter und präferiert Nachrichten, Politik/Wirtschaft, Kultur, Verbraucher-, und Regionalsendungen. Das Fernsehpublikum der Privaten ist demgegenüber jünger, politisch desinteressierter, formal weniger gebildet und konsumiert mit Vorliebe Boulevardmagazine, Spielfilme und Fernsehserien. Ob sich der Sachverhalt zu einer „Riesen-Schwäche" für die öffentlich-rechtlichen Rundfunkanstalten auswächst, hängt davon ab, ob sie zukünftig in der Lage sind, junge Hörer und Zuschauer für sich zu gewinnen. Nur so können sie ihrer Integrations- und Forumsfunktion gerecht werden.

Präsenzleistung

Effektive *Distributions- bzw. Absatzwege* zu besitzen, wird für die öffentlich-rechtlichen Rundfunkanstalten mehr und mehr zu einer *zentralen Marketingfrage*. Es genügt nicht, ein exzellentes Produktprogramm anzubieten, es muss auch zum Zuschauer und Zuhörer transportiert werden. Man ist schwach, wenn man bei der dynamischen Entwicklung der Verbreitungstechnik nicht Schritt halten kann. Der öffentlich-rechtliche Rundfunk muss insofern größten Wert darauf legen, auch im digitalen Zeitalter einen breiten und störungsfreien Zugang zu allen „Transportwegen" zu besitzen. So kann es nicht verwundern, dass ARD und ZDF nicht müde werden herauszustellen, die „Teilhabe" an den neuen technischen Entwicklungen – so die offizielle Sprachregelung – sei existenznotwendig.

Profilleistung

Produktprofile sind notwendig, um im Markt bestehen zu können. Man schafft sie durch eine *überzeugende Kommunikationspolitik*, die sich auf die Felder der Public Relations, der Verkaufsförderung und der Werbung bezieht. Wie kann es gelingen, öffentlich-rechtliche Produkte zu Marken zu profilieren, eine öffentlich-rechtliche Markenqualität zu entwickeln und diese über die Zeit zu erhalten? Es ist unverkennbar, dass ARD und ZDF große Anstrengungen in dieser Richtung unternehmen, wie die nachfolgenden Beispiele zeigen: Ständige Modernisierung der Programmpräsentation (z. B. Heute- und Tagesschau-Design), verstärkte Eigenwerbung durch Programmhinweise (einschließlich Querverweise bzw. „Cross-Promotion" zwischen Radio und Fernsehen), Ausbau von Merchandising und programmbegleitender Publikation, Gründung und Ausbau von kundenbindenden Clubs, Forcierung öffentlicher Veranstaltungen (insbesondere Kooperationen im Bereich der Popmusik; im Klassikbereich durch Sinfonieorchester). Wie die Beispiele belegen, darf man die öffentlich-rechtlichen Rundfunkanstalten auf diesem Sektor sicher zu den „Profis" zählen, die es verstehen, „sich in Szene zu setzen".

Gleichwohl ist die Frage zu beachten, wie es gelingt, öffentlich-rechtliche Marken bei Zielgruppen zu positionieren, die vorwiegend auf Privatprogramme orientiert sind.

(b) Leistungsfähigkeit in Beschaffung und Produktion

Beschaffung

Die Frage nach der relativen Stärke der öffentlich-rechtlichen Rundfunkanstalten bedarf auf der Beschaffungsseite einer differenzierten Betrachtung. Eine eher schwache Position besitzen sie beim Erwerb von exklusiven *Kaufprodukten*, im Bereich der Vorprodukte also beim Erwerb von Spielfilmen oder hochkarätigen Sportrechten. Hier funktionieren die wohl organisierten kommerziellen Verwertungsketten tendenziell eher zugunsten multimedial tätiger internationaler Medienkonzerne. Der öffentliche Rundfunk tut sich dagegen schwer.

Was *Vorleistungen* für die eigene Produktion anbelangt, auch unter Einbeziehung des Hörfunks, sieht die Lage anders aus. Hier kann man feststellen, dass der öffentliche Rundfunk ein herausragender Arbeitgeber im Mediensektor ist, der sehr große Ressourcenpotentiale absorbiert. Die Beschäftigung von freien Mitarbeitern wie Autoren, Regisseuren, radaktionellen Kräften, Moderatoren, Aushilfen, Archiv-Experten usw. geht weit über die Zahl der festangestellten Mitarbeiter bei den Rundfunkanstalten hinaus. Insofern haben sie eine Position der Stärke realisiert, aus der heraus sie ihre Programmarbeit aufbauen können.

Produktion

Als eine Stärke der öffentlich-rechtlichen Rundfunkanstalten ist zweifellos deren *Fähigkeit zur Eigenproduktion* jedweder Art zu nennen. Mit ihr sind sie in der Lage, Inhalte selbständig zu erstellen und mit diesem Angebot im Hörfunk- und Fernsehmarkt kräftig „mitzumischen". Sie sind gegen einseitige Abhängigkeiten von privaten Serviceanbietern gewappnet und können damit von konkurrierenden Organisationen nicht so leicht an die Wand gespielt werden. Kein Konkurrent ist in der Lage, um die Öffentlich-rechtlichen herum die Inhalte einseitig zu beherrschen und eine umfassende marktbeherrschende Stellung zu erreichen. Sie sind jederzeit fähig, originale Inhalte selbst zu generieren und autonom zu produzieren.

Freilich darf die *Kehrseite* nicht verschwiegen werden: Die eigenständig geplante und durchgeführte Produktion bindet Ressourcen und bringt hohe Kosten mit sich. Sie kann zu einem Mangel an Flexibilität führen und konfrontiert die Verantwortlichen mit vielen Spezialproblemen wie z. B. mangelnde Auslastung, Koordination von Redaktions- und Produktionsbetrieb oder ein kompliziertes Personalmanagement.

Angesichts dieser Schwächen ist in letzter Zeit bei einer Reihe von Rundfunkanstalten ein Trend zur Auslagerung von Produktionskapazitäten festzustellen (Outsourcing), mit der man sich einen Zugewinn an Flexibilität verspricht, ohne jedoch in die Abhängigkeit privater Anbieter zu geraten. Hier wiederum besteht die Gefahr, dass mit der Auflösung von Produktionseinheiten Kernfähigkeiten unwiederbringlich verloren gehen.

Kosten

Nicht selten wird eine *betriebswirtschaftliche Ineffizienz* der öffentlich-rechtlichen Rundfunkanstalten beklagt. Die Vorwürfe sind Legion, geäußert insbesondere von interessierter Seite in Politik und bei der Medienkonkurrenz. Auch die Kommission zur Ermittlung des Finanzbedarfs der Rundfunkanstalten (KEF) geht zumeist hart ins Gericht und kürzt die Bedarfsanmeldungen der Rundfunkanstalten (vor allem der ARD) drastisch herunter. So wird immer wieder betont, die öffentlichen Veranstalter produzierten in allen Ländern Europas weniger effizient als die privaten Anbieter (vgl. Hamm 1998: 68).

Die öffentlich-rechtlichen Veranstalter in Deutschland hätten dabei die ungünstigste Kostenposition aller Länder. Die Kosten pro Sendeminute im Vergleich z. B. zur BBC in England liege in praktisch allen Sparten höher. Man wird diese Aussagen nicht ohne weiteres übernehmen können, da die methodischen Probleme eines Kostenvergleichs zwischen Rundfunkanbietern, zudem noch international, zu groß sind. Auch sollten die großen Anstrengungen gewürdigt werden, die die Rundfunkanstalten unternehmen, um mehr Effizienz zu erzielen. Dennoch darf festgehalten werden, dass sich der öffentlich-rechtliche Rundfunk schwer tut, mit diesen Vorwürfen umzugehen. Hier zeigt sich ein klares Schwächeprofil, das zumindest in der öffentlichen Wahrnehmung eine schwere Imagebelastung darstellt.

Die Kostensituation wird durch objektive Entwicklungen verschärft, nach der sich *Spielfilme* und *Sportrechte* in der Vergangenheit stark verteuert haben, mit weiter steigender Tendenz. Die Fähigkeit, beim Erwerb von attraktiven Rechten mitzuhalten, dürfte für die öffentlich-rechtlichen Rundfunkanstalten in Zukunft weiter zurückgehen. Hauptgrund ist die Verpflichtung zu einem (inhaltlichen) Vollprogramm, das es verbietet, sich auf allen Gebieten mit hohem finanziellen Druck zu engagieren, vor allem in eine scharfe Konkurrenz um die kommerziell höchstkarätig verwertbaren Rechte zu treten. Ausnahmen bestätigen freilich die Regel (vgl. z. B. den Erwerb von Übertragungsrechten zur Fußball-Champions League durch das ZDF im Jahr 2012).

(c) Leistungskraft der personellen und Kapital-Ressourcen

Das *Personal* ist ein wesentlicher *Speicher der spezifischen Stärken* der öffentlich-rechtlichen Rundfunkanstalten. Ihre Qualifikation, Motivation, das Alter und die Ausbildung, ihre Lernfähigkeit sind ausschlaggebend für das strategische Erfolgspotenzial. Ergänzend sind die Identifikation mit dem Unternehmen und das Verständnis für unternehmerisches Handeln bedeutsam. Öffentlich-rechtliche Rundfunkanstalten besitzen in hohem Maße die Fähigkeit, kreative Talente an sich zu binden. Moderatoren, Schauspieler, Regisseure, ganz allgemein: Personal vor und hinter der Kamera und dem Mikrofon – sie alle werden in großem Umfang benötigt. Inwieweit das engagierte Personal zu einer Stärke wird, hängt entscheidend von der *Einstellung* der betreffenden Mitarbeiter ab. Ein wichtiges Thema dürfte das Spannungsverhältnis zwischen den Charakteristika des öffentlichen Dienstes einerseits und den Anforderungen an eine kontinuierliche kreative und flexible Programmgestaltung andererseits sein (vgl. Kayser 1993: 229). Beamtenähnliche Strukturen werden sich dabei eher kontraproduktiv auf die Stärken der Rundfunkanstalt auswirken. Immer wieder wird die unsichere Finanzierungsbasis der öffentlich-rechtlichen Rundfunkanstalten in Deutschland beklagt. Entgegen solcher interessengeleiteter Äußerungen dürfte die *Höhe und die Struktur der Finanzierung* des öffentlichen Rundfunks eher eine *Stärke* begründen. So macht der internationale Vergleich der Fernsehsysteme deutlich, dass Deutschland mit 40 Prozent den mit Abstand höchsten Anteil an öffentlicher Finanzierung aufweist (vgl. Hamm 1998: 59).

Nimmt man den Hörfunk hinzu, darf von einem hohen Ressourcenbindungsgrad für den öffentlichen Rundfunk ausgegangen werden. Das öffentlich-rechtliche Finanzpotenzial ist absolut und relativ gesehen beachtlich. Weitere Aspekte wie Zahlungsmoral, die Bestands- und Entwicklungsgarantie und die kaum gefährdete Mischfinanzierung aus Gebühren und Werbung weisen in die gleiche Richtung.

(d) Leistungsfähigkeit in Forschung und Entwicklung

Die öffentlich-rechtlichen Rundfunkanstalten haben in der Vergangenheit bewiesen, dass sie eine *hohe Kompetenz in Forschung und Entwicklung* besitzen. Dies gilt für technische und für programmliche Vorhaben gleichermaßen. So betreiben sie seit Jahren aufwendige Institute und Labors für Rundfunktechnik, sie kreieren und erproben neue Sendeformen und Programmkonzeptionen. Ihr Forschungs- und Entwicklungsaufwand ist beachtlich.

(B) Führungspotenziale: Stärken und Schwächen im Management

(a) Information und Kommunikation

Das *Informationssystem* eines Unternehmens hat den Stellenwert eines grundlegenden Führungsinstrumentes. Unter strategischen Gesichtspunkten wird es vor allem darauf ankommen, das Rechnungswesen zu einer strategisch orientierten Unternehmensrechnung auszubauen. Inwieweit dies gelungen ist, zeigt die Existenz sog. Früherkennungssysteme. Ferner wird man die informations- und kommunikationstechnische Unterstützung durch computergestützte Informationssysteme hinterfragen.

Immer wieder wird herausgestellt, dass das Informationssystem der öffentlich-rechtlichen Rundfunkanstalten dringend der Korrektur bedarf. Insofern wird es nicht selten als ein ausgesprochener *Schwachpunkt* angesehen. Was fehle, sei nicht nur eine überzeugende Kosten- und Leistungsrechnung, sondern z. B. auch die Erarbeitung eines Systems von Kennziffern oder ein systematisches Benchmarking. Notwendig sei die Vorgabe *strategischer Ziel- und Steuerungsgrößen*, die sich zur Planung und Kontrolle der dezentralen Einheiten eignen und auch in ein Anreizsystem eingehen sollten. Das bedinge zwangläufig den Aufbau eines effizienten Informationssystems, den Ausbau der qualitativen Marktforschung und leistungsfähiger Kosten- und Leistungsrechnungssysteme. Das Geflecht zwischen dem Programmbetrieb und den Dienstleistern für Produktion und Verwaltung sei nicht transparent.

Da es große Probleme im Hinblick auf Effizienz und Wirtschaftlichkeit gebe, seien überzeugende Informationssysteme und die Verrechnung des Ressourcenverbrauchs zu Marktpreisen notwendig (vgl. Beck in: Abele/Riva 1998: 24).

Besonderes Augenmerk sei auf ein wirkungsvolles Programm-Controlling zu legen. Es fehle ein schlagkräftiges, auf die besonderen Bedingungen des öffentlichen Rundfunks zugeschnittenes Controllingkonzept. Einige Anstalten hätten bereits die ersten Schritte in Richtung einer überzeugenden Leistungs- und Kostenrechnung vollzogen, die eingebunden sei in ein die gesamte Anstalt umfassendes Budgetierungsverfahren, das sich jährlich wiederhole. Aber nach wie vor seien die Steuerungsinstrumente verbesserungsfähig (vgl. Dickmann in: Abele/Riva 1998: 28 ff.).

(b) Organisation

Als mit *großen Schwächen* behaftet wird auch die derzeitige *Organisationsstruktur* von ARD und ZDF dargestellt. Das gilt sowohl für den räumlichen Zuschnitt der (Landes-) Rundfunkanstalten als auch für den Aufbau der einzelnen Organisationen. Kritisiert werden bei der ARD vor allem ihre extrem *dezentrale Führungsorganisation* sowie die komplizierten und *schwerfälligen Abstimmungsprozesse* innerhalb der ARD und mit dem ZDF. Ihre Organisationsstruktur weise ferner *keine klare Rollenverteilung* auf, so dass der öffentliche Rundfunk nicht in der Lage sei, seine Aufgaben gesamthaft zu definieren. Insbesondere in den Produktionsbereichen würden die Aufgaben „atomistisch" beschrieben. Selten gebe es eine Komplettverantwortung für die Realisierung eines gesamten Programms oder eines gesamten Programmprodukts.

Demgegenüber sollten die Erfolge transparent sein, sowohl im Positiven als auch im Negativen. Die Probleme hingen stark von den tradierten Berufsbildern ab (vgl. Beck in: Abele/Riva 1997: 22).

Als *weitere Schwächen* werden genannt: Verwaschene Verantwortungsstruktur, Schwerfälligkeit der Abläufe, große und kompliziert arbeitende Gremien, die zudem nicht gezwungen sind, unternehmerisch zu denken und zu handeln. Verschiedentlich versucht man mit Holding-Konstruktionen zu mehr Flexibilität zu kommen, wie das Beispiel der Schweizerischen Radio- und Fernsehgesellschaft zeigt.

Eine Stärke von hohem Rang für jeden Rundfunkanbieter ist seine Fähigkeit, mit starken Partnern *strategische Allianzen* einzugehen, sowohl national als auch international. Für die öffentlich-rechtlichen Rundfunkanstalten ist die Situation schwierig, besitzen sie doch kein Risikokapital und können Gelder aus dem Rundfunkbeitrag nicht ohne Schwierigkeiten in neue Felder umlenken. Um in neue Geschäftsbereiche hineingehen zu können, benötigten sie eigentlich dringend den Verbund zu attraktiven Partnern, zum Beispiel zu Telekommunikationsunternehmen, zu Computerfirmen oder zur Filmindustrie. Die Möglichkeit, Allianzen zu bilden, wird ihnen jedoch von den Wettbewerbshütern und der Politik entweder verwehrt oder in engen Grenzen gehalten.

Abschließend kann angemerkt werden, dass die öffentlich-rechtlichen Rundfunkanstalten große Anstrengungen unternehmen, um die Effizienz und die Wirtschaftlichkeit durch verbesserte Organisationsstrukturen zu steigern. Man versucht Synergien innerhalb der ARD und zwischen ARD und ZDF zu realisieren, auch durch die Kooperation bei Produktionen sowie in Form gemeinsam genutzter Einrichtungen. Die Verbesserung der Produktionsabläufe wird stark forciert.

(c) Unternehmenskultur

Unternehmenskultur ist die Gesamtheit der Wertvorstellungen, Denkhaltungen (Überzeugungen) und Normen in einem sozialen System. Die Stärke einer Unternehmenskultur zeigt sich zunächst einmal darin, dass die Organisation fähig ist, einen Diskurs über das zugrunde zu legende *Unternehmensleitbild* zu führen. Dieses Leitbild dient dazu, die Corporate Identity in eine nachvollziehbare Ausdrucksform zu bringen und nach außen und innen zu kommunizieren.

Voraussetzung ist eine kritische, aber konstruktiv geführte Debatte über die Unternehmensphilosophie, die ethischen Grundsätze, die Mission des Unternehmens und die Normen und Werte, die das Verhalten der Organisationsmitglieder bestimmen. Im Brennpunkt steht auch die Frage nach dem Grad der Außenorientierung und der Innovationsfähigkeit des Unternehmens. Der öffentlich-rechtliche Rundfunk dürfte in der Frage der bewussten und gezielten Herbeiführung einer positiven Unternehmenskultur einen vergleichsweise hohen Nachholbedarf haben. Sich mit dieser Frage zu befassen, wäre auch schon deshalb lohnend, um Beiträge für ein positiveres Image zu leisten.

28.4 Strategische Optionen

Auf der dritten Stufe der Strategie-Formulierung geht es darum, den Spielraum für die Formulierung von Strategien zu ermitteln, d. h. es ist danach zu fragen, welche strategischen Optionen und Spielräume zur Verfügung stehen. **Drei strategische Aktions- und Handlungsebenen** sind zu unterscheiden (vgl. Bea/Haas 2013: 173; Welge/Al-Laham 2012: 459 ff.):

- Unternehmensstrategie (Corporate Strategy);
- Geschäftsbereichsstrategien (Business Strategies);
- Funktionsbereichsstrategien (Functional Strategies).

Auf jeder Ebene eröffnet sich ein Spektrum grundsätzlicher strategischer Handlungsmöglichkeiten, über die ein Unternehmen jeweils eine Entscheidung herbeiführen muss. Abb. 28-7 kennzeichnet die jeweiligen Optionen auf den einzelnen Handlungsebenen im Überblick.

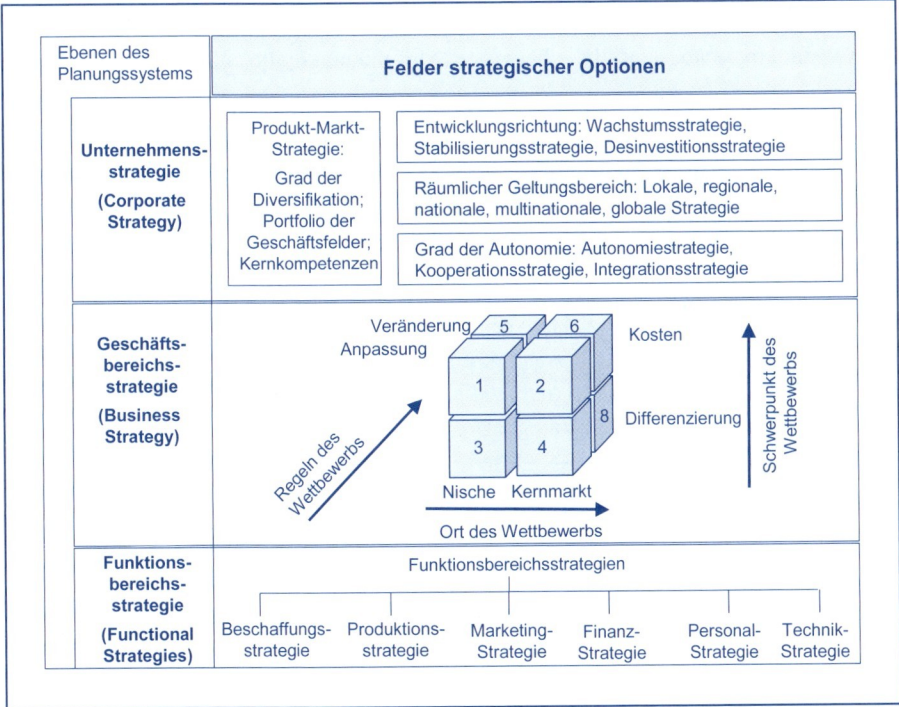

Abb. 28-7: Arten von Strategien nach den Ebenen des Planungssystems

Auf der obersten Ebene geht es um das Portfolio der Geschäftsfelder, die ein Medienunternehmen betreiben möchte, auf der mittleren Ebene muss für jede einzelne strategische Geschäftseinheit des Unternehmens im Sinne des sog. „Strategischen Würfels" (vgl. Steinmann/Schreyögg/Koch 2013: 215) Stellung bezogen werden, schließlich muss für jede einzelne Unternehmensfunktion eine geeignete (Funktionsbereichs-) Strategie entwickelt werden.

28.5 Strategische Wahl, Implementierung, Erfolgskontrolle

(1) Auf der Stufe der **strategischen Wahl** geht es um die Beurteilung der zur Auswahl stehenden strategischen Alternativen und um die Auswahl der geeignetsten Strategie(n). Das Ergebnis des Auswahlvorgangs ist die Definition eines **strategischen Programms** bzw. strategischen Plans.

Die Entscheidung für die Wahl eines strategischen Programms geschieht auf der Grundlage von **Beurteilungskriterien**. Diese lassen sich in vier Gruppen einteilen (vgl. Steinmann/Schreyögg/Koch 2013: 241 f.):

- Ökonomische Zielkriterien;
- Machbarkeit;
- Akzeptanz bei den Interessengruppen;
- Ethische Vertretbarkeit.

Ökonomische Zielkriterien sind mit Begriffen wie Rentabilität, Steigerung des Unternehmenswertes oder Existenzsicherung verbunden. Das Kriterium der Machbarkeit soll verhindern, unüberlegt in die bekannte „Optimismus-Falle" hineinzulaufen.

Im Hinblick auf das Kriterium der Akzeptanz ist zu prüfen, ob die betroffenen Interessengruppen – also die Stakeholders – das strategische Programm akzeptieren werden oder ob die Gefahr einer Ablehnung gegeben ist. Themen wie Macht, Einfluss, Unternehmenskultur spielen hier eine große Rolle.

An dieser Stelle ist die Erkenntnis interessant, dass es angesichts von Interessenkollisionen und komplizierten Diskussionsprozessen zu nicht gewollten Effekten kommen kann: „Zahlreiche empirische Analysen zeigen, dass dieser faktische Prozessablauf den strategischen Prozessablauf so stark überformt, dass am Ende nicht selten Strategien verfolgt werden, die so von niemand angestrebt wurden" (ebd. 243). Solche Strategien werden als „emergente Strategien" bezeichnet.

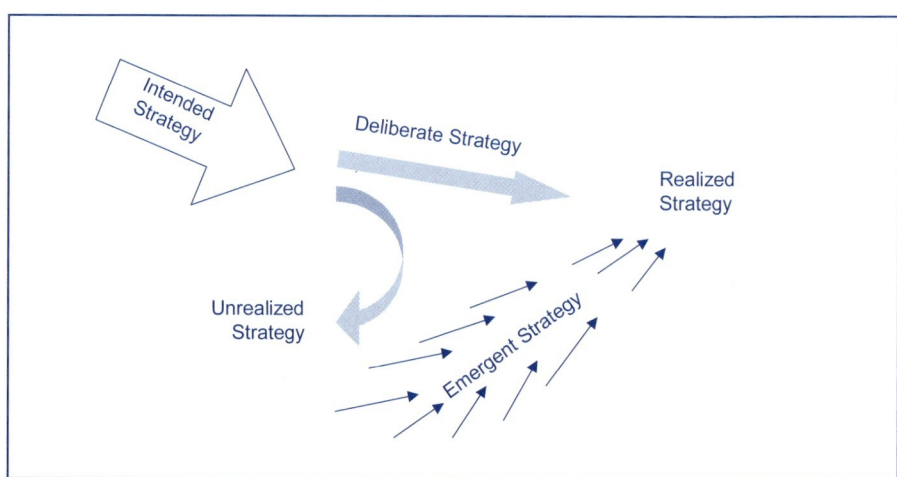

Abb. 28-8: Intendierte und emergente Strategien

Aus grundsätzlicher Sicht sind unter dem Gesichtspunkt der Intention die folgenden Strategietypen zu unterscheiden (Klassifikation nach Mintzberg, vgl. Abb. 28-8; Quelle: ebd. 243):

- Intendierte und realisierte Strategie (Deliberate Strategy);
- Intendierte, aber nicht realisierte Strategie (Unrealized Strategy);
- Realisierte, aber nicht intendierte Strategie (Emergent Strategy);
- Nicht intendierte und nicht realisierte Strategie.

Es wird darauf hingewiesen, dass Strategien im Laufe der Zeit ihre Gestalt wechseln können, v. a. dass intendierte zu emergenten Strategien werden oder emergente nachträglich zu intendierten erklärt werden.

Als letztes Beurteilungskriterium kommt die ethische Vertretbarkeit in Frage. Ethische Erwägungen sprechen dann gegen ein strategisches Handlungsprogramm, wenn das gesellschaftliche und öffentlich relevante Wertesystem oder die in einem Unternehmen geltenden ethischen Regeln dagegen sprechen.

> So kann sich ein Medienunternehmen den Eintritt in ein aussichtsreiches Geschäftsfeld aus ethischer Überzeugung versagen, wenn es z. B. um die Herstellung von extrem gewalthaltigen Computerspielen oder die Ausstrahlung von Werbung an die Zielgruppe von Kindern geht.

Betrachtet man die Thematik der strategischen Wahl unter **entscheidungstheoretischen Gesichtspunkten** (vgl. Bea/Haas 2013: 194 ff.), so ist festzustellen, dass es sich um ein äußerst komplexes Problem handelt, bei dem sich die Bedingungen nur wenig spezifizieren lassen. Dieser Tatbestand liefert eine Begründung für die häufig zu beobachtende Erscheinung, dass „einzelne Unternehmen einen häufigen (i. d. R. jedoch ‚teuren') Strategiewechsel praktizieren" (ebd. 193).

> „Für die strategische Planung ist es geradezu charakteristisch, dass sowohl die Zielsetzung als auch die Entscheidungssituation recht unscharf beschrieben sind. Hinzu kommt, dass sich die Wirkungen und damit der Erfolg einer einzelnen Strategie nur schwer isolieren lassen. Auf diese Umstände müssen die Lösungsverfahren Rücksicht nehmen" (ebd. 193).

Als Lösungsverfahren stehen Normstrategien und Planungsmodelle zur Verfügung. Bei ersteren werden für bestimmte Situationen und Zielkonstellationen spezifische und typische Strategiekonzeptionen empfohlen (vgl. z. B. die Portfolio-Technik; Kapitel 29). Planungsmodelle versuchen im Wege von Rechenverfahren Techniken zur Abbildung des Entscheidungsproblems zu liefern.

(2) Auf der Stufe der **Strategie-Implementierung** geht es um die Aufgabe, das strategische Programm zu konkretisieren und umzusetzen, wobei **drei Aufgaben** zu lösen sind (vgl. Bea/Haas 2013: 207):

- Sachliche Aufgabe: Zerlegung der Strategie(n) in Einzelmaßnahmen;
- Organisatorische Aufgabe: Organisation des Ablaufs;
- Personale Aufgabe: Schaffung der persönlichen Voraussetzungen.

Im Hinblick auf den **sachlichen Aspekt** stellt sich die Frage, welche konkreten Maßnahmen ergriffen werden sollen, um das strategische Programm bzw. den strategischen Plan umzusetzen. Es geht also um die Spezifikation und Konkretisierung des strategischen Planes bzw. Programms.

> Angenommen, die Strategie in einem Geschäftsfeld ist stark in Richtung der Kostenführerstrategie positioniert, so ist bei der Implementierung konkret anzugeben, in welchen Unternehmensbereichen und in welcher Form Kostensenkungspotenziale genutzt werden können.

Aus dieser Leitlinie heraus ist sodann das ganze strategische Aktionsprogramm abzuleiten und auf alle Unternehmensbereiche bzw. das betreffende Geschäftsfeld auszurichten. Das strategische Aktionsprogramm wird in engem Kontext zu stellen sein mit dem Jahresbudget, in dem sich alle strategischen Aktivitäten des Unternehmens konkret in operative Handlungen umsetzen. Insofern spielt die Budgetierung eine zentrale Rolle (vgl. Bea/Haas 2013: 207 f.). Als weiteres besonders geeignetes Instrument kommt die Balanced Scorecard in Betracht (vgl. ebd. 208 ff.).

Beim **organisatorischen Aspekt** der Strategie-Implementierung ist zum einen über die Reihenfolge der Umsetzung zu entscheiden, zum anderen die Frage der Art der Koordination zu klären. Bei der Reihenfolge geht es darum, zwischen der synoptischen oder der inkrementalen Vorgehensweise zu entscheiden. Das Koordinationsproblem stellt sich vor allem dahingehend, ob die Koordination Bottom-up, Top-down oder im Gegenstromverfahren verlaufen soll.

Im Hinblick auf den **personalen Aspekt** ist grundsätzlich davon auszugehen, dass sich bei der Strategie-Implementation Widerstände und Konflikte einstellen. Dieser Aspekt ist eng mit dem Thema der Unternehmenskultur verknüpft. Kulturen, die offen und fortschrittsorientiert sind, tun sich leichter als Kulturen mit einem starken Drang zur Bewahrung und mit hohem Beharrungsvermögen.

(3) Auf der Stufe der **strategischen Erfolgskontrolle** schließlich sollen Abweichungen zwischen Plan- und Vergleichsgrößen ermittelt werden.

> „Strategische Kontrolle ist ein systematischer Prozess, der parallel zur strategischen Planung verläuft und durch Ermittlung von Abweichungen zwischen Plangrößen und Vergleichsgrößen den Vollzug und die Richtigkeit der strategischen Planung überprüft" (Bea/Haas 2013: 241).

Rein vergangenheitsorientierte, rückkoppelnde (Feed-Back-)Kontrollen im Wege von Soll-Ist-Vergleichen sind im strategischen Bereich von geringerem Nutzen, da eventuelle Fehler der Planung nicht mehr rechtzeitig berücksichtigt werden können. Daher sollen vorwiegend zukunftsorientierte, vorkoppelnde (Feed-Forward-)Kontrollen, die parallel zu Planungs- und Realisationsschritten ablaufen, vorgenommen werden. Erst so wird es möglich, potenzielle Faktoren, die die Durchführung der strategischen Pläne beeinflussen können, frühzeitig zu erkennen und entsprechende Gegensteuerungs- bzw. Anpassungsmaßnahmen zu treffen.

Vor diesem Hintergrund sind die folgenden **Bausteine der strategischen Kontrolle** zu unterscheiden (Steinmann/Schreyögg/Koch 2013: 253 ff.; Bea/Haas 2013: 243 ff.):

- Strategische Prämissenkontrolle;
- Strategische Durchführungskontrolle;
- Strategische Überwachung.

Bei der strategischen Prämissenkontrolle werden die gesetzten Prämissen permanent hinterfragt, ob sie noch Gültigkeit haben oder ob von neuen Grundannahmen ausgegangen werden muss.

> „Beispiel: Ein Verlag geht bei der Planung seiner Titel davon aus, dass eine Verschiebung der Lesegewohnheiten von der Belletristik hin zu den Sachbüchern stattfindet. Auf einer Buchmesse lässt sich im Gespräch mit Buchhändlern und potenziellen Lesern eruieren, ob diese Prämisse gültig ist" (Bea/Haas 2013: 244).

Mit der strategischen Durchführungskontrolle (Planfortschrittskontrolle) sollen Störungen bei der Implementierung der Strategie festgestellt werden. Diese können z. B. durch Abweichungen von definierten strategischen Zwischenzielen bzw. Meilensteinen ermittelt werden.

> „Beispiel: Die monatlichen Verkaufszahlen für die einzelnen Buchtitel liefern Hinweise für den Erfolg einer Strategie. Die strategische Durchführungskontrolle kann Signale für eine Verlagerung in der Schwerpunktsetzung des Sortiments liefern und damit Trendänderungen anzeigen" (Bea/Haas 2013: 245).

Die strategische Überwachung versteht sich als eine globale, ungerichtete Kontrolle und fungiert quasi wie ein „strategisches Radar", mit der die Umwelt breit und flächendeckend auf strategiegefährdende Vorgänge hin überwacht wird und entsprechende Informationen liefert.

> „Beispiel: Die Planung des Programms eines Verlages und dessen Überprüfung im Rahmen der Prämissenkontrolle und Planfortschrittskontrolle bergen die Gefahr in sich, dass der Blick zu sehr auf den Plangegenstand, nämlich das Buch gerichtet wird. Die strategische Überwachung hat die Aufgabe zu überprüfen, ob nicht Bücher überhaupt gegenüber computergestützten Methoden der Wissensvermittlung (z. B. CD-ROM, Internet, Hörbuch) an Terrain verlieren bzw. inwieweit auch Chancen daraus für den Verlag entstehen können" (Bea/Haas 2013: 245 f.).

Kernaussagen

- Strategisches Management steht im Zeichen einer höchst komplexen und unübersichtlichen Entscheidungslage vor der Herausforderung eines klaren konzeptionellen Vorgehens.
- Es bietet sich ein 6-Bausteine-Konzept an mit den Schritten (1) Strategische Ziele; (2) Strategische Analyse; (3) Strategische Optionen; (4) Strategische Wahl; (5) Implementation und Umsetzung; (6) Strategische Erfolgskontrolle.

Literatur

Weiterführende Literatur: Grundlagen

Bamberger, I./Wrona, T. (2012): Strategische Unternehmensführung, 2., vollst. überarb. u. erw. Aufl., München.
Bea, F. X./Haas, J. (2013): Strategisches Management, 6., vollst. überarb. Aufl., Stuttgart.
Fischer, T. M. (2000): Erfolgspotentiale und Erfolgsfaktoren im strategischen Management, in: Welge, M. K./Al-Laham, A./Kajüter, P. (Hrsg.)(2000): Praxis des Strategischen Managements, Wiesbaden, S. 71-94.
Hungenberg, H. (2012): Strategisches Management in Unternehmen, 7. Aufl., Wiesbaden.
Müller-Stewens, G./Lechner, C. (2011): Strategisches Management, 4., überarb. Aufl., Stuttgart.

Teil C - VII. Strategisches Management

Notger, C./Kiesel, M. (1996): Unternehmensführung, Landsberg/Lech.
Steinmann, H./Schreyögg, G./Koch, J. (2013): Management, 7., vollst. überarb. Aufl., Wiesbaden.
Welge, M. K./Al-Laham, A./Kajüter, P. (Hrsg.)(2000): Praxis des Strategischen Managements, Wiesbaden.
Welge, M. K./Al-Laham, A. (2012): Strategisches Management, 6., akt. Aufl., Wiesbaden.

Weiterführende Literatur: Medien

Althans, J. (2005): Management im Zeitschriftenverlag – Zentrale Entscheidungstatbestände, in: Medienwirtschaft, 2. Jg., 2/2005, S. 74-86.
Bleis, T. (1996): Erfolgsfaktoren neuer Zeitschriften, München.
Brack, A. (2003): Das strategische Management von Medieninhalten, Wiesbaden.
Büsching, T. (Hrsg.)(2005): Mediengeschäftsmodelle der Zukunft, Baden-Baden.
Clement, M. (2004): Erfolgsfaktoren von Spielfilmen im Kino – Eine Übersicht der empirischen betriebswirtschaftlichen Literatur, in: Medien & Kommunikationswissenschaft, Jg. 52, H. 2, S. 250-271.
Fantapié Altobelli, C. (Hrsg.)(2002): Print contra Online? Verlage im Internetzeitalter, München.
Friedrichsen, M./Schenk, M. (Hrsg.)(2004): Globale Krise der Medienwirtschaft? Baden-Baden.
Friedrichsen M. (2003) Wandel der Geschäftsprozesse: Vom klassischen Druckunternehmen zum modernen Dienstleister. In: Brösel G./Keuper, F. (Hrsg.)(2003): Medienmanagement. Aufgaben und Lösungen. München, Wien, S 383-410.
Gläser, M. (1999): Strategisches Controlling im öffentlich-rechtlichen Fernsehen, in: Ebert, G. (Hrsg.) (1999): Controlling. Managementfunktion und Führungskonzeption, Landsberg/Lech, Loseblatt-Ausgabe, 35. Nachlieferung 9/1999, S. 1-64.
Gläser, M (2004): Öffentlich-rechtlicher Rundfunk im strategischen Wandel, in: Friedrichsen, M./Seufert, W. (Hrsg.)(2004): Effiziente Medienregulierung. Marktdefizite oder Regulierungsdefizite? Baden-Baden, S. 39-52.
Gläser, M. (2005): Zur Notwendigkeit von strategischem Controlling im öffentlich-rechtlichen Rundfunk, in: Ridder, C.-M./Langenbucher, W. R./Saxer, U./Steininger, C. (Hrsg.)(2005): Bausteine einer Theorie des öffentlich-rechtlichen Rundfunks, Wiesbaden, S. 380-396.
Hamm, I. (Hrsg.)(1998): Die Zukunft des dualen Systems, Gütersloh.
Hennig-Thurau, T./Wruck, O. (2000): Warum wir ins Kino gehen: Erfolgsfaktoren von Kinofilmen, in: Marketing ZFP, 22. Jg., H. 3, S. 241-258.
Kayser, H. J. (1993): Controlling für Rundfunkanstalten, Baden-Baden.
Keil, K./Mosig, T. (2010): Die Unberechenbarkeit von Erfolg. Eine Untersuchung zu ausgewählten Verwertungsphänomenen bei Kinofilmen unter besonderer Berücksichtigung ihrer Werthaltigkeit bei langjähriger Auswertung. Berlin.
Sjurts, I. (1997): Strategische Gruppen und Unternehmenserfolg im Zeitschriftenmarkt, in: Wirtschaftswissenschaftliches Studium (WiSt), 26. Jg., H. 5, S. 261-264.
Sjurts, I. (2005): Strategien in der Medienbranche, 3., überarb. u. erw. Aufl., Wiesbaden.
Sjurts, I. (Hrsg.)(2004): Strategische Optionen in der Medienkrise, München.
Wirtz, B. W. (2003): Handbuch Medien- und Multimedia-Management, Wiesbaden.
Wirtz, B. W. (2013): Medien- und Internetmanagement, 8., akt. u. überarb. Aufl., Wiesbaden.
Wolf, M. (2006): Ökonomische Erfolgsfaktoren privater Fernsehveranstalter, München.

Fallbeispiele

Abele, H./Riva, A. (Hrsg.)(1998): Unternehmensstrategien öffentlicher Rundfunkanstalten im künftigen ökonomischen und technischen Umfeld, Wien.
ARD (Hrsg.): ARD-Weißbuch 2000.

Kapitel 29
Unternehmensgesamtstrategie

29.1	Produkt-Markt-Strategie als Basis	703
29.2	Strategien nach der Entwicklungsrichtung	712
29.3	Strategien nach dem räumlichen Bezug	716
29.4	Strategien nach dem Grad der Autonomie	720

Leitfragen

- Was versteht man unter der „Produkt-Markt-Strategie"?
- Inwiefern kann die Produkt-Markt-Strategie als Ausgangspunkt und Basis der Unternehmensgesamtstrategie verstanden werden?
- Inwiefern spielt die Thematik der Diversifikation bei der Frage der Unternehmensgesamtstrategie eine herausragende Rolle?
- Welche Vorteile, welche Nachteile sind mit einer zunehmenden Diversifikation verbunden?
- Unter welchen Bedingungen ist eine Strategie der Konzentration auf das Kerngeschäft angezeigt?
- Was versteht man unter „Portfolio-Management"?
- Wie lässt sich das Konzept der Portfolio-Analyse in ihrer Ausprägung der Vier-Felder-Matrix nach der Boston Consulting Group (BCG) beschreiben?
- In welcher Form können Portfolio-Analyse, Produktlebenszyklus-Analyse und das Modell der Erfahrungskurve in einen gemeinsamen Kontext gebracht werden?
- Was versteht man unter dem „Resource-based View"?
- Was versteht man unter dem „Market-based View"?
- Welche Vorbehalte sind bei der Anwendung der Wachstumsstrategie zu machen?
- Welche Möglichkeiten des Wachstums gibt es?
- Welche Möglichkeiten gibt es, im Wege des Einsatzes von Marketinginstrumenten eine Verteidigungsstrategie zu definieren?
- Was versteht man unter einem „Management Buy-Out (MBO)"?
- Was versteht man unter einem „Spin-Off"?
- Was versteht man unter einem „Sell-Off"?
- Welche Gründe sprechen für eine lokale bzw. regionale Strategie?
- Unter welchen Bedingungen sind nationale Strategien angebracht?
- Welche Grenzen ergeben sich bei der Globalisierungsstrategie?
- Wodurch ist die internationale Strategie gekennzeichnet?
- Aus welchen Gründen ist die multinationale Strategie mit ihrer polyzentrischen Orientierung ein besonders stark angewandtes Strategiekonzept im Printbereich?
- Was versteht man unter der „glocalen Strategie"?
- Aus welchen Gründen findet das transnationale bzw. glocale Strategiekonzept im Bereich des Rundfunks besondere Beachtung?
- Was spricht für eine Autonomiestrategie im Medienbereich?
- Welche Formen der strategischen Allianz sind im Medienbereich vorherrschend?
- Was sind die Merkmale von Joint Ventures im Medienbereich?
- Aus welchen Gründen sind Integrationsstrategien für Medienunternehmen interessant?

Gegenstand

Auf der strategischen Ebene des Gesamtunternehmens dreht sich alles um die Definition und die effektive Ausgestaltung des Portfolios der Geschäftseinheiten. „Die primäre strategische Aufgabe auf der Unternehmungs- gesamtebene besteht darin, eine wertschaffende Strategie für die Gesamtheit der unterschiedlichen Geschäftseinheiten zu erarbeiten, d. h. ein ausbalanciertes Verhältnis zwischen Cash verbrauchenden und Cash erzeugenden Geschäftseinheiten zu finden" (Welge/Al-Laham 2012: 459).

Diese Unternehmensgesamtstrategie soll quasi als Leitlinie und Rahmen für sämtliche strategische Einzelentscheidungen dienen, denen sich das Medienunternehmen gegenüber sieht. Bildhaft lässt sich dieser Leit-Charakter wie folgt darstellen (Quelle: ebd.):

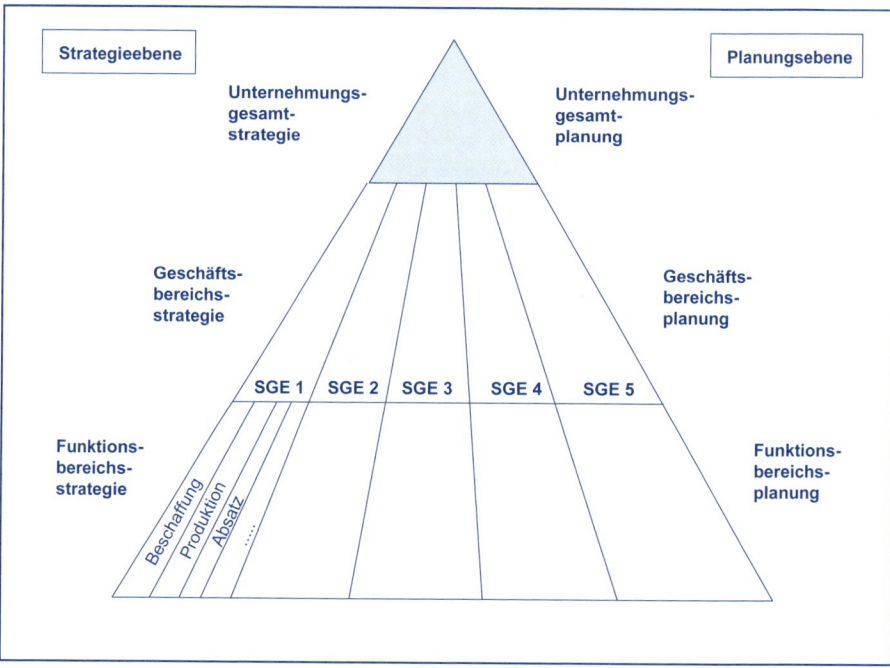

Die Segmentierung der Unternehmensaktivitäten erfolgt in sog. Strategischen Geschäftseinheiten, kurz als SGE bezeichnet. Eine wichtige Frage ist in diesem Zusammenhang, worauf die SGEs des Unternehmens ausgerichtet werden sollen. Als Abgrenzungs- und Ausrichtungskriterien für SGEs wird empfohlen (vgl. ebd. 461 f.), ihnen zum einen eine konkrete Marktaufgabe zuzuweisen (Kriterium des externen Marktes), sie sodann unternehmensintern als eigenständige Einheiten zu konzipieren (Kriterium der Eigenständigkeit) sowie schließlich sicherzustellen, dass sie einen eigenständigen Beitrag zur Steigerung des Erfolgspotenzials leisten (Kriterium des Erfolgspotenzials).

Vom Begriff der Strategischen Geschäftseinheit ist der Begriff des Strategischen Geschäftsfelds, kurz: SGF, zu differenzieren. SGFs richten den Blick nach außen auf die Unternehmensumwelt und können von den nach unternehmensinternen Kriterien gebildeten SGEs abweichen.

Es erweist sich also „zur Vermeidung sprachlicher Missverständnisse als notwendig, zwischen einer Segmentierung der Umwelt (Außensegmentierung) und einer Segmentierung der Unternehmung (Innensegmentierung) zu unterscheiden: der Umweltsegmentierung in Strategische Geschäftsfelder (SGF) stehe eine darauf aufbauende Innensegmentierung der Unternehmung in Strategische Geschäftseinheiten (SGE) gegenüber" (ebd. 463; im Orig. teilweise kursiv).

29.1 Produkt-Markt-Strategie als Basis

In Kapitel 28 war das ganze Spektrum der strategischen Optionen im Überblick dargestellt worden (vgl. Abb. 28-7). Derjenige Strategiebereich, der sich auf das gesamte Unternehmen bezieht (Unternehmensgesamtstrategie), war dabei wie in Abb. 29-1 vorgestellt worden.

Unternehmens-strategie (Corporate Strategy)	Produkt-Markt-Strategie: Grad der Diversifikation; Portfolio der Geschäftsfelder; Kernkompetenzen	Entwicklungsrichtung: Wachstumsstrategie, Stabilisierungsstrategie, Desinvestitionsstrategie
		Räumlicher Geltungsbereich: Lokale, regionale, nationale, multinationale, globale Strategie
		Grad der Autonomie: Autonomiestrategie, Kooperationsstrategie, Integrationsstrategie

Abb. 29-1: Arten von Strategien nach den Ebenen des Planungssystems

Ausgangspunkt und Leitlinie aller strategischen Überlegungen ist demnach die Frage der richtigen Produkt-Markt-Strategie. Sie steht in einem engen Zusammenhang mit drei weiteren strategischen Grundentscheidungen, über die das Unternehmen eine Aussage treffen muss:

- Entwicklungsrichtung: Zu entscheiden ist darüber, ob das Unternehmen entweder eine Wachstumsstrategie, eine Stabilisierungsstrategie oder eine Desinvestitionsstrategie verfolgen soll.
- Räumlicher Geltungsbereich: Zu befinden ist über eine lokale, regionale, nationale, multinationale oder globale Strategie.
- Grad der Autonomie: Schließlich muss darüber befunden werden, ob eine Autonomiestrategie, eine Kooperationsstrategie oder eine Integrationsstrategie verfolgt werden soll.

(1) Bei der **Produkt-Markt-Strategie** geht es um die Frage, auf welchen Märkten welche Produkte vom Unternehmen angeboten werden sollen. Damit einher geht die Frage, in welche Produkt- oder Dienstleistungsbereiche bevorzugt Know-how und Ressourcen investiert werden sollen und welche Produktbereiche man eher restriktiv oder abschöpfend behandeln will.

Die eigenständige Behandlung von Strategie-Optionen auf der Ebene des Gesamtunternehmens ist nur dann relevant, wenn ein Unternehmen nicht nur ein einziges Geschäftsfeld, sondern mehrere Geschäftsfelder bearbeitet und sich deren jeweilige Wettbewerbsstrategien voneinander unterscheiden. In diesem Fall verfolgt das Unternehmen eine Diversifikationsstrategie, bei der es mit mehreren Produkten auf mehreren Märkten tätig ist (vgl. Steinmann/Schreyögg/Koch 2013: 217 ff.).

„Präzisierend wird unter Diversifikation die Betätigung in einem neuen, d. h. von dem betreffenden Unternehmen bislang noch nicht bearbeiteten Geschäftsfeld mit einem für das Unternehmen neuen Produkt verstanden" (ebd. 217).

Die Strategie der Diversifikation eröffnet dem Unternehmen gute Chancen, seine Rentabilität zu steigern und die Wettbewerbsfähigkeit zu erhöhen. Diversifikation weist den Weg in neue Betätigungsfelder, wenn bei den bestehenden strategischen Geschäftseinheiten die Marktsättigung eingetreten ist. Das Unternehmen kann die Risiken auf „breitere Schultern" verteilen. Ökonomische Vorteile durch die gemeinsame Nutzung von Ressourcen (z. B. Forschung und Entwicklung, Verwaltung) sind möglich (vgl. ebd. 218). Vor dem Hintergrund solcher positiven Effekte ist es nicht überraschend, dass das Gros der Unternehmen, besonders die größeren, der Diversifikation ihrer Geschäftsaktivitäten prinzipiell aufgeschlossen gegenüber steht.

> „Unternehmen mit einer Vielzahl von Geschäftsfeldern werden aber ganz gewiss auch zukünftig der dominante Typ bleiben. Die Option der Diversifikation ist und bleibt daher zentraler Bestandteil jedes strategischen Managements" (ebd. 218).

Aus strategischer Sicht sind für das diversifizierende Unternehmen drei Themen von besonderer Relevanz:

- Entscheidung über den Grad der Diversifikation;
- Konkrete Festlegung des Portfolios der zu bearbeitenden Geschäftsfelder;
- Strategie der Kernkompetenzen.

(2) Im Hinblick auf den **Grad der Diversifikation** wird darüber entschieden, ob das Unternehmen tendenziell eher stark – unter Umständen sogar extensiv – diversifizieren will oder ein eher „schlankes" Diversifikationskonzept verfolgt. Letzteres kann mit dem Etikett „Konzentration auf das Kerngeschäft" versehen werden.

Als Haupttriebfeder für eine zunehmende Diversifikation im Medienbereich kann der Trend zur Konvergenz innerhalb der Medien- und innerhalb der TIME-Branche gelten, auf den die Medienunternehmen mit einem wahren „Diversifikationsschub" reagiert haben (vgl. Sjurts 2005: 2).

> „So werden Zeitungsverlage im Rundfunk oder auch im Internet aktiv und Fernsehveranstalter beteiligen sich an Verlagen. Ferner drängen auch Unternehmen aus den Konvergenzbranchen Telekommunikation und Informationstechnologie sukzessive in den Medienmarkt hinein. ... Medienunternehmen sind heute nicht mehr nur in ihren jeweils angestammten Medienteilmärkten wie Zeitungen, Zeitschriften, Hörfunk und Fernsehen aktiv, sondern verfügen durchweg über ein ganzes Portfolio an Geschäftsfeldern sowohl in den klassischen als auch in den neuen Medienteilmärkten Internet und mobile Kommunikation. Dabei richtet sich das Interesse schon lange nicht mehr nur auf die jeweiligen nationalen Märkte. Nahezu alle großen Medienunternehmen sind heute international aktiv" (ebd.).

Allerdings sind vor dem Hintergrund dieses Megatrends unterschiedliche Vorgehenskonzepte und durchaus auch Strategieänderungen im Zeitablauf erkennbar. So haben zahlreiche Medienunternehmen die ursprünglich anvisierten, teilweise sehr weitreichenden Diversifikationskonzepte wieder „einkassiert" und sind auf den Kurs der Konzentration auf das Kerngeschäft eingeschwenkt.

> Ein Beispiel bietet die Stuttgarter Holtzbrinck-Verlagsgruppe, die im Jahr 2002 eine strategische Kehrtwende vollzog: „August 2002: Die Verlagsgruppe Georg von Holtzbrinck entschließt sich zu einem Schritt mit weit reichenden Konsequenzen. Sämtliche Rundfunkbeteiligungen werden verkauft. Die Devise: ‚Konzentration auf das Kerngeschäft'. Und das heißt im Sinne von Holtzbrinck die Fokussierung auf Aktivitäten im Printmarkt und den Abschied aus den elektronischen Medien, aus Hörfunk und Fernsehen" (Rau 2004: 245).

Besonderes Aufsehen erregte in diesem Zusammenhang der Verkauf der n-tv-Anteile an Bertelsmann und der am Widerstand des Bundeskartellamtes gescheiterte Versuch der Übernahme der Berliner Zeitung im Jahr 2004. „Die Kehrtwende bei Holtzbrinck lässt sich auf ganz ähnliche Weise bei zahlreichen anderen Medienunternehmen mit Schwerpunkten im Bereich des Tagespresseverlags dokumentieren. Als Rechtfertigung für Kürzungen bei Online-Diensten (Verlagsgruppe Handelsblatt, Süddeutsche Zeitung, F.A.Z. Electronic Media) oder für die Aufgabe ehrgeiziger Radioprojekte (F.A.Z. Business-Radio) wurde in der jüngsten Vergangenheit immer wieder betont, man wolle sich auf das Kerngeschäft konzentrieren" (ebd. 246).

Die Entscheidung über den Diversifikationsgrad hängt offensichtlich von der jeweils zugrunde liegenden subjektiven Einschätzung ihres Beitrages zur Rentabilität und zu Wachstumschancen ab, weshalb es nicht verwundern kann, dass es zu unterschiedlichen strategischen Vorgehensweisen der Unternehmen und im Zeitablauf kommt.

Als Beispiele für Medienunternehmen mit hohem Diversifikationsgrad und einer nachhaltigen Entschlossenheit zur breiten horizontalen und vertikalen Diversifikation können Time Warner, News Corp. (Murdoch), Google oder Microsoft genannt werden. Beispiele für Medienunternehmen mit niedrigem Diversifikationsgrad sind – qua Auftrag – die öffentlich-rechtlichen Rundfunkanstalten oder Zeitungsverlage, die Nebengeschäfte mit einer hohen Affinität zum Kerngeschäft betreiben (z. B. Die Zeit, Süddeutsche Zeitung).

Ein Beispiel für eine Art „Diversifikationsstrategie des mittleren Weges" stellt Bertelsmann dar: „Bertelsmann gründet sein Handeln nicht auf die primäre Logik eines Finanzinvestors. Auch wenn bei der Beurteilung von Geschäftsfeldern natürlich Dimensionen wie Marktattraktivität und Marktposition eine wesentliche Rolle spielen, ist Bertelsmann kein Konglomerat unzusammenhängender Geschäfte. Der strategische Rahmen ‚Medien- und (Medien-)Servicegeschäfte' ist trotz weitreichender Umschichtungen im Portfolio über die Jahrzehnte stets gleich geblieben. Innerhalb dieses Rahmens wurde allerdings im Portfoliomanagement keine eindimensionale, gleich bleibende Diversifikationslogik verfolgt. So lassen sich Beispiele für vertikale Integration und für synergetische, horizontale Diversifikation oder auch für die Expansion in vollkommen neue, wachstumsintensive (Medien-)Geschäfte finden. Portfoliomanagement bei Bertelsmann ist daher weniger von einer bestimmten konstanten Diversifikationstypologie geprägt, sondern vielmehr von einem Set strategischer Grundsätze" (Luther/Broich 2005: 155).

(3) Bei der Festlegung des **Portfolios der zu bearbeitenden Geschäftsfelder** wird definiert, wie die vorhandenen Ressourcen des Unternehmens auf die verschiedenen strategischen Geschäftseinheiten verteilt werden sollen und wie das Verhältnis der Geschäftseinheiten zueinander aussehen soll. Als Methode, um diese Entscheidung zu fundieren, hat die **Portfolio-Analyse** große Popularität erlangt.

Kernanliegen der Portfolio-Analyse ist es, Entscheidungshilfen für die Frage zu geben, wie die knappen Ressourcen im Hinblick auf die Ertrags- und Risikoaussichten und in Abhängigkeit von der Markt- und Wettbewerbsposition optimal auf die alternativen Geschäftseinheiten zu verteilen sind. Insofern empfiehlt das Portfolio-Konzept für bestimmte Konstellationen die Anwendung spezieller Normstrategien.

Dabei kann deutlich werden, dass bestimmte Produkt-Markt-Kombinationen für sich gesehen zwar Erfolg versprechend sind, aber aus der übergeordneten Perspektive des Gesamtunternehmens als ungünstig bewertet werden müssen.

In ihrer einfachsten Ausprägung arbeitet die Portfolio-Methode mit einer Vier-Felder-Matrix, wie sie von der Boston Consulting Group (BCG) in den 70er Jahren entwickelt wurde. Als Dimensionen dienen die Kriterien Marktwachstum und Relativer Marktanteil (vgl. Abb. 29-2; Quelle: in Anlehnung an Welge/Al-Laham 2012: 477):

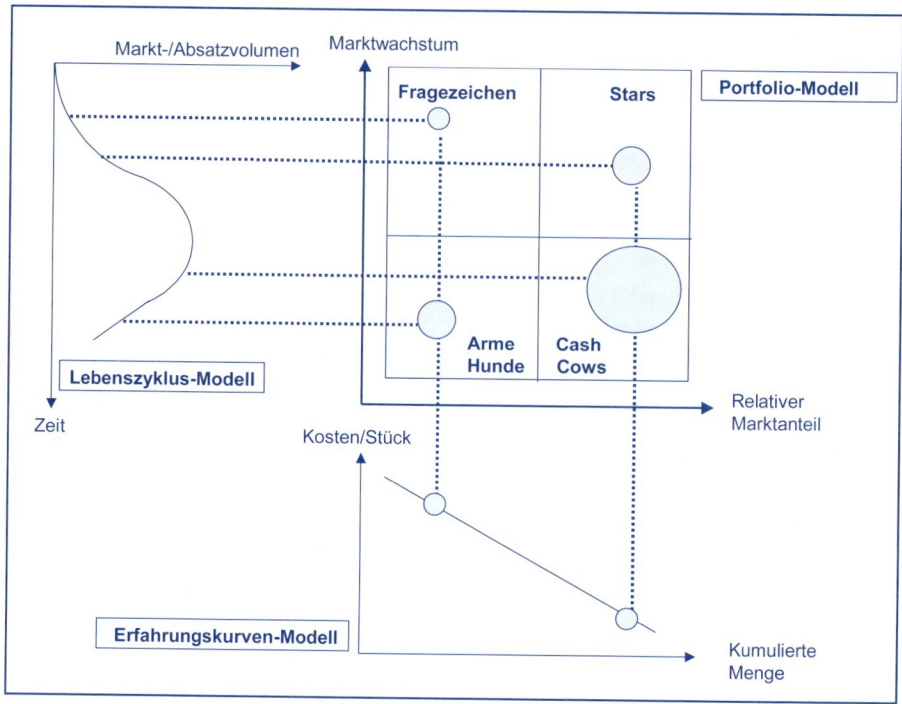

Abb. 29-2: Die BCG-Portfolio-Matrix im Kontext des Lebenszyklus- und Erfahrungskurven-Modells

- Marktwachstum: Dieser Faktor soll – stellvertretend für alle anderen Einflussfaktoren – die Umweltkonstellation einer strategischen Geschäftseinheit repräsentieren und damit alle Faktoren, die vom Unternehmen nicht beeinflusst werden können. Er soll ein Indikator für die Attraktivität eines Marktes sein. Angenommen wird, dass zwischen dem Marktwachstum und den sonstigen externen Einflussfaktoren ein ausreichend stabiler Zusammenhang besteht, der diese Vereinfachung zulässt. Das Marktwachstum fungiert also als gut messbarer Indikator für die Chancen und Risiken eines strategischen Geschäftsfelds. Der Faktor wird auf der Ordinate abgetragen, als Trennlinie fungiert ein Marktwachstum von 10 %, das die Felder mit hohen und niedrigen Wachstumsraten differenziert.
- Relativer Marktanteil: In ähnlicher Weise soll dieser Faktor die Stärken und Schwächen eines Unternehmens repräsentieren. Er steht stellvertretend für alle vom Unternehmen selbst verantworteten und beeinflussbaren Faktoren. Ein hoher Marktanteil wird als Ausweis einer erfolgreichen Unternehmensführung verstanden. Er wird auf der Abszisse abgetragen. Die senkrechte Trennlinie steht für eine Position, bei der das Geschäftsfeld gleich stark wie der schärfste Konkurrent ist und grenzt die Felder mit hohem und niedrigem Marktanteil voneinander ab.

In der BCG-Portfolio-Matrix kann eine strategische Geschäftseinheit (SGE) nun einem der vier folgenden Typen zugeordnet werden:

- Fragezeichen („Question Marks"): SGEs, die diesem Typus zugerechnet werden können, zeichnen sich durch einen relativ niedrigen Marktanteil aus, dieses jedoch in einem Markt, der ein potenziell hohes Marktwachstum verspricht und damit attraktiv ist. Sie stellen ein noch ungenutztes Chancenpotenzial dar, das nur durch erhebliche Investitionen entfaltet werden kann. Ob dieser hohe Investitionsaufwand zu rechtfertigen ist, ist eine offene Frage. Empfehlenswert ist eine Selektionsstrategie, die im Einzelfall und situativ entscheidet.
- Stars: Die betreffende SGE zeichnet sich durch einen hohen Marktanteil, u. U. durch die Marktführerschaft in einem schnell wachsenden Markt aus. Zur Sicherung der Marktstellung ist die Investitionsstrategie als Normstrategie angezeigt.
- Cash-Kühe („Cash Cows"): SGEs, die als „Milchkühe" einzuschätzen sind, besitzen in reifen Märkten (d. h. in Märkten mit unterdurchschnittlichem Wachstum) eine sehr gute Wettbewerbsposition. Sie erwirtschaften hohe Erträge bzw. Cash Flows bei niedrigen Stückkosten. Das Erfolgspotenzial des Marktes ist jedoch ausgeschöpft, so dass die Normstrategie den Stopp von Investitionen empfiehlt. Die erzielten Erträge sollen vielmehr als Kapitalquelle für den Aufbau neuer Geschäftsfelder (Fragezeichen) verwendet werden.
- Arme Hunde („Poor Dogs"): Dies sind SGEs, die einen niedrigen relativen Marktanteil in einem nicht mehr wachsenden bzw. unattraktiven Markt aufweisen. Sie sind am Ende des Produktlebenszyklus angelangt und zeichnen sich durch eine ungünstige Position aus. Maßnahmen zur Positionsverbesserung erscheinen nicht angebracht, so dass als Normstrategie die Streichung dieser SGE bzw. die deutliche Zurücknahme angezeigt ist, mithin eine Desinvestitionsstrategie.

In Abb. 29-2 sind dem Portfolio-Modell mit dem Lebenszyklus-Modell und dem Modell der Erfahrungskurve zwei zentrale theoretische Grundansätze der Betriebswirtschaftslehre hinzugefügt. Der Grundgedanke ist, dass ein Produkt einen typischen Lebenszyklus aufweist, der ausgehend von der Rolle eines Fragezeichens über den Star und die Cash Cow zum Auslaufprodukt führt.

> Produktlebenszyklus-Modell: Produktlebenszyklus ist die Beschreibung des in typische Phasen unterteilten Lebenswegs eines Erzeugnisses mit Hilfe ausgewählter Größen wie Absatzmenge, Umsatz, Gewinn, Deckungsbeitrag. Gelingt die Einführung eines neuen Produkts, so durchläuft es eine Entwicklung, die irgendwann in der Degeneration endet. Der Lebensweg kann im Einzelfall ganz unterschiedlich verlaufen; idealtypisch besteht er aus folgenden Phasen: (a) Einführungsphase: Die Nachfrage ist gering. Die Marketingaufwendungen zur Nachfragestimulierung sind erheblich. Man muss sich mit geringen Stückdeckungsbeiträgen begnügen und eventuell Anfangsverluste hinnehmen. (b) Wachstumsphase: Das Produkt ist bekannt. Die Nachfrage wächst. Umsätze und Deckungsbeiträge steigen. Mitbewerber beginnen, das Produkt nachzuahmen. (c) Reifephase: Das Produkt ist zur Selbstverständlichkeit geworden. Es wird mit Hilfe der Produktgestaltung, der Vertriebs- und Verpackungspolitik so differenziert, dass zusätzliche Marktchancen ausgeschöpft werden. Sättigungsphase: Die meisten Nachfrager besitzen das Produkt. Die Erstnachfrage geht stark zurück. Der Ersatzbedarf ist vergleichsweise gering. (d) Degenerationsphase: Der Absatz sinkt, weil das Angebot der Mitbewerber sowie völlig neue Produkte eine zunehmende Rolle spielen. Das Produkt muss aufgegeben werden.

Im Hinblick auf die Erfahrungskurve sind bei Fragezeichen und Armen Hunden relativ ungünstige Kostenbedingungen mit hohen Stückkosten zu erwarten, während bei einem hohen relativen Marktanteil von Stückkosten in der Nähe des Betriebsoptimums auszugehen ist.

Damit ergibt sich ein schlüssiges Gesamtmodell, das angesichts seiner Einfachheit jedoch nicht überschätzt werden darf (zur Kritik vgl. z. B. Steinmann/Schreyögg/ Koch 2013: 227 f.).

> Das BCG-Portfolio-Konzept hat eine Reihe von Modifikationen erfahren. Die bekannteste ist der Ansatz nach McKinsey, der die Einflussfaktoren Marktattraktivität und Wettbewerbsvorteile um die Wertschöpfung und den Ressourcenverbrauch erweitert und mit einer Neun-Felder-Matrix arbeitet (vgl. Welge/Al-Laham 2012: 481 ff.).

Abb. 29-3 macht den Versuch, beispielhaft einige strategische Geschäftseinheiten des öffentlich-rechtlichen Rundfunks zu positionieren. Bei dieser Darstellung wird schnell offenkundig, dass bei der Anwendung der Portfolio-Analyse erhebliche subjektive Bewertungen eine Rolle spielen.

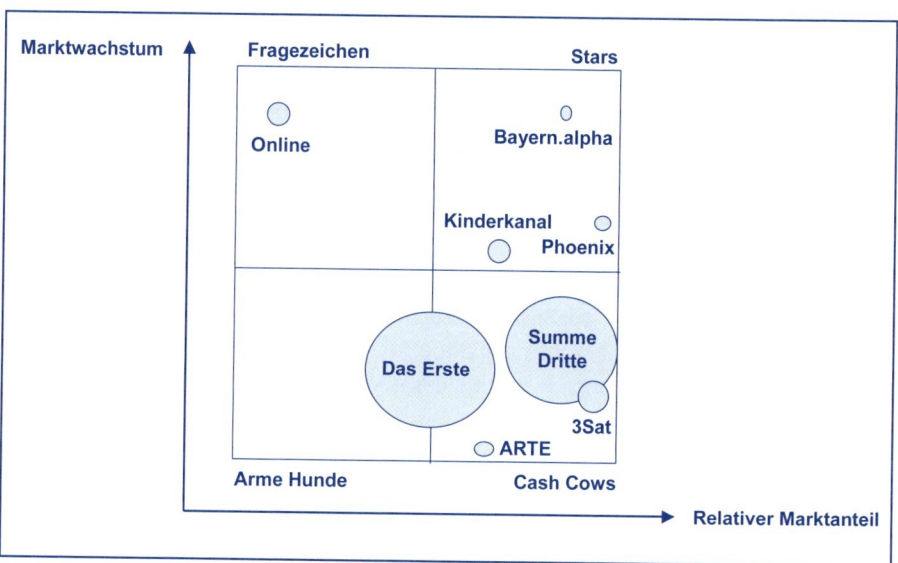

Abb. 29-3: Portfolio-Analyse für den öffentlich-rechtlichen Rundfunk

(4) Ein weiterer zentraler Aspekt bei der Festlegung von Produkt-Markt-Strategien, wie sie im Rahmen der Strategieformulierung auf der Ebene des Gesamtunternehmens zu diskutieren sind, betrifft die Frage, ob eine **Strategie der Kernkompetenzen** zur Anwendung gelangen soll. Nach diesem Strategiekonzept soll das Portfolio der Aktivitäten des Unternehmens auf der Basis von Kernfähigkeiten des Unternehmens definiert werden. Alle Aktivitäten, die das Unternehmen in den verschiedensten Märkten entfaltet, sollen dabei jeweils auf diesen Kernkompetenzen basieren, die von den Konkurrenten nicht imitiert werden können. Kernkompetenzen beziehen sich also nicht nur auf eine einzelne Geschäftseinheit, sondern sind übergreifender Natur und sollen bei allen Geschäftseinheiten des Unternehmens ausgespielt werden.

> „Eine Kernkompetenz ist ein Bündel von Fähigkeiten, welche (zusammen mit anderen Kernkompetenzen) die Grundlage für die Kernprodukte und die darauf aufbauenden Endprodukte eines Unternehmens darstellen und welche sich durch schwierige Erzeugbarkeit, Imitierbarkeit und Substituierbarkeit auszeichnen" (Bea/Haas 2013: 32).

Das Konzept der Kernkompetenzen folgt der Beobachtung, dass nur diejenigen Unternehmen dauerhaft wettbewerbsfähig sind, die über spezielle Grund- und Kernkompetenzen verfügen (vgl. Steinmann/Schreyögg/Koch 2013: 234 ff.).

Als Beispiele für Kernkompetenzen können genannt werden (vgl. Macharzina/Wolf 2012: 272): Sony: Fähigkeit in der schnellen Entwicklung miniaturisierter, innovativer Elektronikprodukte; General Electric: Fähigkeit der strategischen Steuerung und Kontrolle eines diversifizierten Unternehmens; Procter & Gamble: Ausgeprägte Fähigkeiten des Markenmanagements.

Die theoretischen Wurzeln des Strategieansatzes der Kernkompetenzen liegen im sog. **Resource-based View**. Der Resource-based-View „fasst sämtliche Strömungen der Literatur zusammen, die den Wettbewerbserfolg einer Unternehmung auf die Existenz ihrer einzigartigen Ressourcen und Ressourcenkombinationen zurückführen" (Welge/Al-Laham 2012: 377; im Orignal teilweise hervorgehoben). Der Ansatz ist Ausdruck für die „Inside-Out-Perspektive", mit der ein Unternehmen versucht, Erfolgspotenziale zu generieren. Sie steht im Gegensatz zur „Outside-In-Perspektive", die auch als der „Market-based View" bezeichnet wird. Dort werden Erfolgspotenziale in den Chancen des Absatzmarktes gesucht.

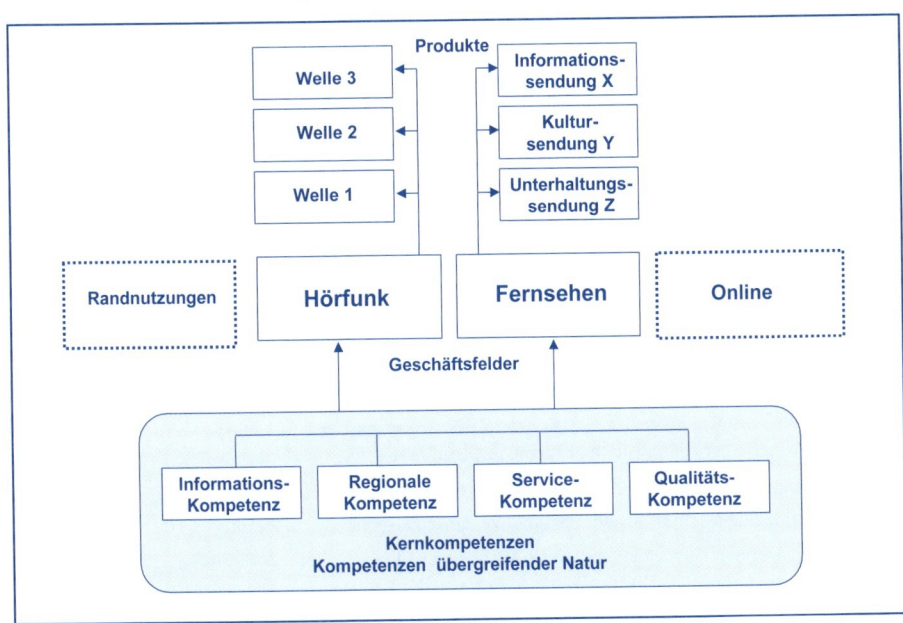

Abb. 29-4: Konzept der Kernkompetenzen in Anwendung auf die ARD

Die Strategie der Kernkompetenzen beeinflusst bei konsequenter Umsetzung in nachhaltiger Weise die vom Unternehmen verfolgte Produkt-Markt-Strategie. Abb. 29-4 zeigt am Beispiel einer öffentlich-rechtlichen Rundfunkanstalt der ARD (mit ihrer Betätigung in den Geschäftsfeldern Fernsehen und Radio, aber auch Online und Randnutzungen), dass das Konzept der Kernkompetenzen verlangt, die Kernkompetenzen genau zu definieren und diese dann konsequent in alle Geschäftseinheiten des Unternehmens einfließen zu lassen.

Fallbeispiel Strategiekonzepte von ARD und ZDF

In der Vergangenheit sind eine *Vielzahl strategischer Empfehlungen für ARD und ZDF* in der Fachöffentlichkeit vorgestellt und diskutiert worden. Schon 1990 hat Klaus *Schrape* vom Prognos Institut Basel auf den *kritischen Punkt* in der Strategiefrage des öffentlichen Rundfunks hingewiesen: „Das Hauptproblem der Strategiebildung in öffentlichen Anstalten besteht meines Erachtens darin, dass zwar die Ebenen der operativen und dispositiven Planung in Teilbereichen recht gut entwickelt sind, eine (integrierende) strategische Planung und ein strategisches Controlling auf der Gesamtebene nahezu vollständig fehlt" (Schrape 1990: 14 ff.).

Diese Einschätzung ist sicher auch heute noch von hoher Aktualität. Schrape empfiehlt den Rundfunkanstalten eine Art „Entrümpelungskur" im Zielbereich, um die Überlastung durch zu viele Ziele und Aufgaben zu beseitigen. Er fordert vor allem die „Konzentration auf wenige Zielprioritäten plus konsequente Hierarchisierung der Zielebenen". Hilfreich sei in diesem Zusammenhang die Entwicklung eines „modernen Unternehmensleitbildes" sowie „die klare und nach innen wie nach außen eindeutig kommunizierbare Definition des USP (unique selling proposition) öffentlich-rechtlicher Anstalten". Weiter heißt es: „Kernbestandteil muss dabei eine präzise und prinzipiell überprüfbare Neudefinition des 'Programmauftrages' sein".

In einer Dissertation zur Strategiefrage öffentlich-rechtlicher Rundfunkanstalten finden sich Ansätze für die Ausformulierung von Strategien. Dabei ist ein *Spektrum möglicher Leitstrategien* vorgestellt worden, das als Maßstab für strategische Konzepte dienen kann (vgl. Brandt 1989: 178-184):

- Strategie des Status Quo: Die Programmstrukturen werden aufrechterhalten und fortgeschrieben; Strategie des passiven Abwartens.
- Strategie der kostenorientierten Programmgestaltung: Die Programmstrukturen werden nach Kostengesichtspunkten neu ausgerichtet; Defensivstrategie, Strategie der Dominanz des Ökonomischen.
- Konkurrenzstrategie mit Blockbildung: Die Rundfunkanstalten werden zu starken Blöcken mit jeweils hohem Grad an programmlicher Autonomie neu gegliedert, z. B. in den Block WDR/HR, den Block SDR/SWF/BR/SR, den Block NDR/RB/SFB und das ZDF; Strategie der Aufbrechung der Makrostruktur.
- Strategie der Fokussierung: Rückzug der Programmleistungen auf „typisch öffentlich-rechtliche Programmgattungen"; Defensivstrategie, Strategie des Rückzugs auf Nischen- und Minderheitenprogramme.
- Turnaround-Strategie: Die Rundfunkanstalten bauen auf allen Ebenen Kooperationen zu externen Partnern auf, eingeschlossen zu privaten Veranstaltern.
- Konzern- und Differenzierungsstrategie: Die ARD-Anstalten und das ZDF verstehen sich nach innen und außen als Bestandteile eines Konzerns und legen ganz bewusst ein Konzernverhalten an den Tag; Strategie der zentralisierten Unternehmensführung.

Inwieweit einzelne Leitstrategien für die öffentlich-rechtlichen Rundfunkanstalten überhaupt in Frage kommen, sei dahingestellt. Einige dieser Ansätze dürften als nicht diskutabel ausscheiden.

In der Vergangenheit hat sich ein damaliges Mitglied der „Kommission zur Ermittlung des Finanzbedarfs der Rundfunkanstalten" (KEF), Franz Xaver *Bea* von der Universität Tübingen, pointiert zur Strategiefrage bei ARD und ZDF geäußert. Unter dem Stichwort „Unternehmenskultur" würdigt er in zusammenfassender Sicht das Führungssystem der öffentlich-rechtlichen Rundfunkanstalten und stellt *drei wesentliche Punkte* heraus (Bea 1996: 357 f.):

- Zu starke Binnenorientierung: „Die Aufmerksamkeit der Mitarbeiter ist auf interne Abstimmungsvorgänge gerichtet. Die Beschäftigung mit Kundenproblemen wird Spezialabteilungen übertragen. Veränderungen im Umfeld werden eher spät erkannt und durchdringen nur mühsam das organisatorische Gefüge."
- Defensive Innovation: „Die Innovationsorientierung ist eher defensiv ausgeprägt". Gleichgewichtsstreben, Risikovermeidung, Orientierung an Formalien und Bewahrungsstreben seien vorherrschend.
- Organisationstyp: Es liege eine „professional bureaucracy" im Sinne von Mintzberg vor, die es mit sich bringe, „dass die sog. strategische Spitze in Form der Führungsorgane keine ausgeprägte Führungskompetenz bei den Entscheidungen über das Leistungsprogramm in Anspruch nimmt."

Bea kommt zu dem Schluss, dass die genannten Faktoren zu einem Verhalten führten, das man als „Immunisierungsstrategie" gegenüber Kritik von außen bezeichnen könne. Unterstützt werde dieses Verhalten besonders durch den Tatbestand, dass die öffentlich-rechtlichen Rundfunkanstalten jederzeit mit dem Argument der Anrufung des Bundesverfassungsgerichts drohen könnten. Gefragt sei jedoch, so sein abschließendes Resumée, die Ökonomie und nicht der „Ersatz der Betriebswirtschaftslehre durch Medienpolitik" (ebd. 359).

Weiterhin sei eine Äußerung von Alfred *Kötzle*, Viadrina-Universität Frankfurt/Oder, referiert. Er empfiehlt dem öffentlich-rechtlichen Rundfunksystem, drei strategische Stoßrichtungen zu verfolgen (vgl. Kötzle in Abele/Riva: 109):
- Zusammenfassung der vielfältigen erwerbswirtschaftlichen Aktivitäten des öffentlichen Rundfunks in einer privatrechtlich organisierten und strategisch zentral gesteuerten Unternehmenseinheit, das heißt in einer strategischen Management-Holding. Ziele: Einnahme einer führenden Position auf dem europäischen Rundfunkmarkt; Entwicklung zu einem attraktiven Partner für strategische Allianzen mit privatwirtschaftlichen Medienunternehmen.
- Bildung eines zentralen strategischen Geschäftsbereiches „Öffentliches Programm" und stärkere Koordination aller diesbezüglichen Aktivitäten. Ziele: Abbau der extrem dezentralen Führungsorganisation; Ausrichtung an einem Unternehmensverbund; stärkere Zentralisierung von Kompetenzen und Aufgaben. Dadurch werden Synergiepotenziale systematisch genutzt. Zu erwarten ist darüber hinaus eine Steigerung der Entscheidungsfähigkeit und Entscheidungsgeschwindigkeit bei der ARD.
- Vorgabe strategischer Ziel- und Steuerungsgrößen, die sich zur Planung und Kontrolle der dezentralen Einheiten eignen und auch in ein Anreizsystem eingehen sollten. Das bedingt den Aufbau eines effizienten Informationssystems, den Ausbau der qualitativen Marktforschung und die Entwicklung leistungsfähiger Kosten- und Leistungsrechnungssysteme.

Unter Marketinggesichtspunkten äußerte sich Hans *Raffée* von der Universität Mannheim. Seine Empfehlung an die öffentlich-rechtlichen Rundfunkanstalten setzt an drei möglichen *strategischen Stoßrichtungen* an (vgl. Raffée 1990):
- Segmentspezifische Qualitätsführerschaft;
- Aktiver Wettbewerb auch in umstrittenen Marktsegmenten;
- Tendenzielles „strukturveränderndes Marketing" anstelle eines nur adaptiven Marketing.

In neuerer Zeit wird viel über die strategische Ausrichtung des öffentlich-rechtlichen Rundfunks gerungen. Einen Höhepunkt der diesbezüglichen Auseinandersetzungen war die Diskussion um Zulässigkeit von Online-Aktivitäten von ARD und ZDF, die mit der Einführung des „Drei-Stufen-Tests" im Jahr 2009 (zur Beschreibung des Verfahrens vgl. z. B. Held 2011) einen gewissen Abschluss fand. Nach diesem Testverfahren sind öffentlich-rechtliche Online-Angebote („Telemedienangebote" nach § 11 f. Abs. 4 RStV) nur dann zulässig, wenn sie die folgenden drei Teststufen erfolgreich durchlaufen haben:
- Stufe 1: Test, inwieweit das geplante Online-Angebot den demokratischen, sozialen und kulturellen Bedürfnissen der Gesellschaft entspricht.
- Stufe 2: Test im Hinblick auf die Frage, welche Auswirkungen das Angebot auf den publizistischen Wettbewerb und das Marktgeschehen hat. Danach sind Aussagen darüber zu treffen, in welchem Umfang das öffentlich-rechtliche Telemedienangebot in qualitativer Hinsicht zum publizistischen Wettbewerb beitragen wird.
- Stufe 3: Darlegung des erforderlichen Finanzierungsaufwands für das neue Telemedienangebot.

Das recht sperrige und für die Beteiligten unbequeme Verfahren – ausgelöst durch die Wettbewerbs- und Beihilfepolitik der Europäischen Union – hat den öffentlich-rechtlichen Rundfunkanstalten aus strategischer Sicht eher Unterstützung geboten, indem der wichtige Begriff des „Public Value" schärfer in den Brennpunkt der Diskussion gerückt ist. Insbesondere mit der ersten Stufe des Drei-Stufen-Tests sind hierdurch wichtige Präzisierungen der Zielsetzungen von ARD und ZDF erfolgt. So schafft der Test mehr Transparenz und stärkt die Selbstregulierung der Rundfunkanstalten.

„Darüber hinaus regt der Test die anstaltsinterne Qualitätsdebatte an. Es wird in zunehmendem Maße der Versuch unternommen, das spezifisch öffentlich-rechtliche Profil, die besondere Produktionslogik genauer zu definieren" (Held 2011: 43).

29.2 Strategien nach der Entwicklungsrichtung

Auf der Ebene des Gesamtunternehmens lassen sich im Hinblick auf die Entwicklungsrichtung drei Ansätze unterscheiden (vgl. Bea/Haas 2013: 173 ff.):

- Wachstumsstrategien;
- Stabilisierungsstrategien;
- Desinvestitionsstrategien.

(1) **Strategien des Wachstums** sind grundsätzlich auf geplante Veränderungen des Unternehmens ausgerichtet. Kernziel ist vorrangig die Zunahme des Gesamtumsatzes und des Marktanteils. Ein in dieser Richtung definiertes Strategiekonzept muss zunächst überraschen und ist erklärungsbedürftig, denn die Wachstumsstrategie als die naheliegende – gewissermaßen „natürliche" – Strategievariante anzusehen, kann sich im Einzelfall als suboptimale, wenn nicht gar als schädliche strategische Konzeption erweisen. So ist mit Recht nachdrücklich darauf hingewiesen worden, dass Wettbewerbsstrategien primär nicht auf den Marktanteil ausgerichtet werden sollten, sondern auf Größen, die den Gewinn als die relevante Leitgröße in den Mittelpunkt stellen (vgl. z. B. Simon/Bilstein/Luby 2006 und Bilstein/Simon 2006).

> „Das primäre Ziel des Unternehmens ist es, Kunden zu begeistern und Ertrag zu erwirtschaften, nicht Wettbewerber zu zerstören. Das ist der Kern des gewinnorientierten Managements. ... Die Logik ist einfach: In Märkten, in denen unser Unternehmen einen bestimmten Marktanteil nicht „verdient", weil unser Produktangebot schlechter ist als das des besten Wettbewerbers, verzichten wir tunlichst auf (Preis-)Aggression. Wo unser Unternehmen den Marktanteil verdient, werden niedrigere Preise nur ganz selektiv zur Verteidigung eingesetzt. Im Notfall machen wir damit dem Wettbewerb klar, dass sich seine Aggression nicht auszahlen wird" (Bilstein/Simon 2006).

Vor diesem Hintergrund ist festzuhalten, dass Stabilisierungs- und Schrumpfungsstrategien keinesfalls als gegenüber der Wachstumsstrategie nachrangige Themen behandelt werden sollten. Umgekehrt darf freilich nicht die außerordentliche Bedeutung von Wachstum als Hebel für die Steigerung des Unternehmenswertes verkannt werden (vgl. z. B. Hutzschenreuter 2001).

Grundsätzlich stehen dem Unternehmen in strategischer Hinsicht zwei Ansätze zur Verfügung, um Wachstum zu generieren (vgl. Bea 1974):

- Internes Wachstum: Ansatzpunkt sind eigene Anstrengungen mit dem Fokus auf die existierenden Produkte und Märkte, um von dort aus eine Weiterentwicklung der Produkt-Markt-Kombination einzuleiten.
- Externes Wachstum: Entwicklung wird über Partnerschaften, Kooperationen oder Ankäufen neuer Geschäftseinheiten gesucht.

Im Hinblick auf das **interne Wachstum** (auch intensives Wachstum bezeichnet) können Unternehmen entlang von zwei Dimensionen wachsen, zum einen über die Entwicklung neuer Produkte (Innovationen), zum anderen alternativ oder ergänzend über die Expansion in neue Märkte. Kombiniert man beide Aspekte, lässt sich eine Matrix-Darstellung entwickeln, die als „Ansoff-Matrix" bekannt geworden ist. Wachstum kann danach grundsätzlich über vier unterschiedliche Strategien realisiert werden (vgl. z. B. Bea/Haas 2013: 174 ff.; Welge/Al-Laham 2012: 590 ff.):

- Strategie der Marktdurchdringung;
- Strategie der Marktentwicklung;
- Strategie der Produktentwicklung;
- Diversifikationsstrategie.

Die vertiefte Diskussion hierzu findet in Kapitel 31 (Kontext der Marketingstrategien) statt. Abb. 31-2 verdeutlicht dort das Konzept der Produkt-Markt-Matrix nach Ansoff.

> Bei Medienunternehmen spielt dabei in gesättigten Märkten (v. a. Zeitungen, Zeitschriften) die Internationalisierungsstrategie (s. u.) eine zunehmend wichtige Rolle. Innovationsstrategien erlangen höchste Bedeutung bei Konvergenzprodukten (z. B. Triple Play im Kontext von IPTV).

Externes Wachstum (auch integratives Wachstum genannt) lässt sich dadurch generieren, dass die eigene Autonomie aufgegeben und Kooperation und Integration mit geeigneten Partnern gesucht wird. Der Fokus liegt auf den bestehenden Geschäftsfeldern und Wertschöpfungsprozessen. Je nachdem, welche Produktionsstufe betroffen ist, können sowohl Rückwärtsintegration (vorgelagerte Produktionsstufe), Vorwärtsintegration (nachgelagerte Produktionsstufe) als auch horizontale Integration (gleiche Produktionsstufe) stattfinden.

Davon zu unterscheiden ist der Ansatz, neue Geschäftsfelder zu erschließen, die in keinem inhaltlichen Zusammenhang mit dem bisherigen Leistungsprogramm des Unternehmens stehen. Ein solches bietet sich an, wenn das Unternehmen außerhalb seiner gegenwärtigen Tätigkeitsfelder auf eine viel versprechende Marktchance stößt.

> Eine Wachstumsstrategie, zumindest eine Stabilisierungsstrategie, kann einer Institution auch von außen auferlegt sein. So genießt der öffentlich-rechtliche Rundfunk eine verfassungsrechtlich abgesicherte „Bestands- und Entwicklungsgarantie", die ihn an allen medialen Entwicklungen teilhaben lässt. Im Umkehrschluss kann man interpretieren, dass ARD und ZDF eine Verpflichtung zur Entwicklung und zur Bestandssicherung haben.

(2) **Strategien der Stabilisierung** sind darauf ausgerichtet, die erreichte Position des Unternehmens zu sichern. Vorherrschend ist eine defensive Grundeinstellung, die als Verteidigungsstrategie (defender strategy) bezeichnet wird. Vorrangiger Ansatz ist es, zwischen den strategischen Geschäftseinheiten einen finanziellen Ausgleich zu schaffen, ohne gezielt Wachstumsimpulse setzen zu wollen. Stabilisierungsstrategien stellen häufig Strategien des Übergangs dar, die anschließend von Wachstumsstrategien abgelöst werden, z. B. wenn ein Unternehmen auf eine Übernahme durch ein großes Unternehmen vorbereitet werden soll (vgl. Bea/Haas 2013: 183).

Abb. 29-5 zeigt eine Übersicht über mögliche Verteidigungsstrategien, die ein Unternehmen ergreifen kann (Quelle: in Anlehnung an Lutz 2005: 47). Die Abbildung gibt eine Übersicht über mögliche Reaktionen beim Markteintritt neuer Wettbewerber oder Produkte. Im Fokus stehen die Marketing-Instrumente der Produkt-, Preis-, Distributions- und Kommunikationspolitik. Erkennbar ist eine große Vielfalt einsetzbarer Instrumente, die von Preiskämpfen mit Preisreduzierungen über Produktdifferenzierungen bis zu Werbemaßnahmen reichen. Neben den hier genannten Instrumenten des Marketing-Mix spielen Fragen der Intensität, des Umfangs, der Geschwindigkeit und der Umfeldbedingungen des Instrumenteneinsatzes eine Rolle (vgl. ebd. 48).

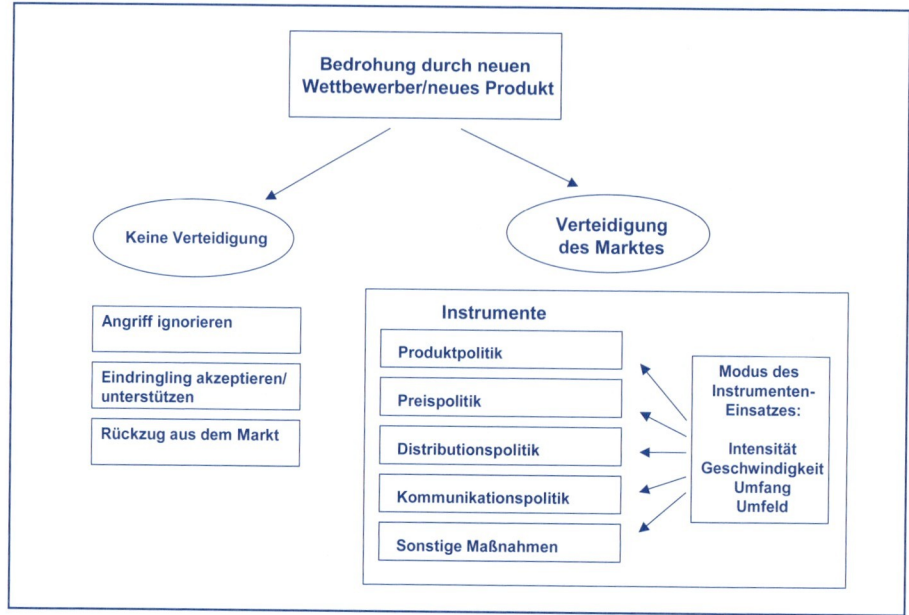

Abb. 29-5: *Alternative Strategien der Verteidigung*

(3) **Desinvestitions- oder Schrumpfungsstrategien** kommt eine zunehmende Bedeutung zu, vor allem vor dem Hintergrund des Shareholder Value-Denkens. Dieses erfordert eine klare Zuordnung der Erfolgsbeiträge auf die Geschäftsfelder. Es ist darauf hingewiesen worden, dass der Vollzug einer Desinvestition, die aus strategischen Gründen erfolgt, nicht als Versagen des Managements gewertet werden darf, da sie die rationale Konsequenz einer strategischen Neubewertung eines Geschäftsbereichs darstellen kann (vgl. Bea/Haas 2013: 184 f.).

> „Der Shareholder Value-Ansatz verlangt eine separate Bewertung Strategischer Geschäftseinheiten und verbietet damit eine Quersubventionierung. Dies bedeutet auch, dass eine optimale Allokation der Unternehmensressourcen für die Desinvestitionsentscheidung dieselben Bewertungs- und Kontrollmechanismen verlangt wie für die Investitionsentscheidung. Desinvestition wird damit nicht als Ausdruck des Versagens gewertet, sondern als Konsequenz einer strategischen Neubewertung eines Geschäftsbereichs" (ebd. 185).

Ursachen dafür, dass ein Unternehmen eine Schrumpfungsstrategie verfolgt, können sein (vgl. Welge/Al-Laham 2012: 620 ff.):

- Marktsättigung;
- Demografische Entwicklung;
- Technologische Entwicklung;
- Wertewandel;
- Änderung staatlicher Rahmenbedingungen.

Als Formen der Desinvestitionsstrategie kommen grundsätzlich in Betracht (vgl. Bea/Haas 2013: 186 f.): Management Buy-Out, Spin-Off, Sell-Off und Liquidation.

Beim **Management Buy-Out** (MBO) übernimmt das bisherige Management eines Unternehmens als neue Eigentümer entweder das gesamte Unternehmen oder bestimmte Teile davon. Wenn die Übernahme durch die eigenen Mitarbeiter geschieht, spricht man von „Employee Buy-out".

> Das Modell bietet sich insbesondere an, wenn familienintern kein aussichtsreicher Nachfolger zur Verfügung steht, gleichzeitig aber in der Unternehmung ein für diesen Schritt fähiges und motiviertes Management-Team verfügbar ist.

Beim **Spin-off** findet eine Herauslösung eines Unternehmensteils aus dem Gesamtverband eines Unternehmens bei dessen rechtlicher Verselbständigung statt. Es führt zu einem neuen Unternehmen, das eine eigene Identität definiert und herausbildet. Die Eigentümer (Aktionäre) sind in der Folge an beiden Gesellschaften beteiligt.

> „Als größtes Spin-off der neueren deutschen Unternehmensgeschichte kann die Verselbstständigung der Telekom aus der Deutschen Post gelten. Hier wurde der Neuanfang als eigenständiges Unternehmen mit einem neuen Fokus durch eine völlig neue, mit dem Design der Deutschen Post bewusst brechende Gestaltung markiert. In kurzer Zeit wurde mit hohem Kommunikationsdruck eine eigene Identität aufgebaut (vgl. Kindervater/Häusler 2000: 411 ff.):
>
> - Wandel von der staatlichen Behörde zu einem wettbewerbsorientierten, weltweit tätigen, börsennotierten Unternehmen. Ausbildung von kunden- und wettbewerbsorientierten Haltungen. Abkehr von Werten wie ‚Stabilität' und ‚Sicherheit'.
> - Der neue Unternehmensname „Deutsche Telekom" und das Unternehmenszeichen ‚T' – kombiniert mit Symbolen für die Informationseinheiten (Digits) – in der neuen, aufmerksamkeitsstarken Unternehmensfarbe Magenta lassen keinen Bezug zur „gelben Post" erkennen. Mit dem Unternehmensnamen „Deutsche Telekom" wird im Anschluss an die weltweit gebräuchliche Branchenbezeichnung „Telecom" der internationale Anspruch deutlich und das Feld in Deutschland besetzt. Das anfänglich noch aufgenommene Posthorn vor dem Unternehmensnamen „Telekom" verschwindet Mitte der 90er-Jahre mit der Privatisierung.
> - Das Wording wird geswitcht zu Begriffen wie ‚Wachstumsstrategie', ‚Internationale Positionierung' und ‚Informationsgesellschaft' (Geschäftsbericht 2000) und ‚Telekommunikation', ‚Kunde', ‚Service' auf der Leistungsebene.
> - Innerhalb weniger Monate nach Start des Unternehmens wird beinahe flächendeckend eine neue Gestaltung in allen Medien und Einrichtungen implementiert. Vom Telefonbuch bis zum Fahrzeug, von der Kleidung bis zu den Gebäuden, von der Telefonzelle bis zur Sendeschüssel: Auf allen Medien erscheinen jetzt das ‚T' und die Digits in den neuen Hausfarben, in allen Medien werden die entsprechenden Schmuckfarben und die neuen Hausschriften umgesetzt, in allen audiovisuellen Medien wird ein neuer Jingle zum akustischen Erkennungszeichen der Marke (Corporate Sound)."
>
> Quelle: http://www.jppr.de/newsletter/corpbrand.pdf (15.08.2006)

Der **Sell-off** bedeutet eine Veräußerung eines Unternehmens an ein anderes Unternehmen. Unternehmensexterne Käufer treten als neue Eigentümer auf.

Die **Liquidation** schließlich bedeutet die Einstellung aller Unternehmenstätigkeiten. Im Kontext der Desinvestitionsstrategie geht es nicht um die Frage, ob die Liquidation als Folge der Zahlungsunfähigkeit oder Überschuldung angezeigt ist, sondern um die freiwillige und aus strategischer Sicht begründete Beendigung einer Unternehmensexistenz. Ein solcher Schritt ist unter investitionstheoretischen Vorteilhaftigkeitskriterien dann angezeigt, wenn der Kapitalwert bei Fortführung des Unternehmens einem Vergleich mit dem Kapitalwert bei Liquidation des Unternehmens nicht standhält (vgl. Then Berg 2004: 51).

29.3 Strategien nach dem räumlichen Bezug

Im Hinblick auf das Kriterium des räumlichen Bezuges können die folgenden idealtypischen **Strategieansätze** unterschieden werden:

- Lokale und regionale Strategien;
- Nationale Strategien;
- Internationalisierungsstrategien.

(1) **Lokale und regionale Strategien** rücken als Zielkategorien die Orte (Städte und Gemeinden) und Regionen in den Mittelpunkt. Ziel ist es, Erfolgspotenziale durch eine kleinräumig differenzierende Strategie auszuschöpfen. Orts- und regionalgebundene Strategien spielen im Medienbereich immer dann eine große Rolle, wenn die Produkte als Hauptmerkmal eine enge regionale und lokale Verbundenheit aufweisen.

> Beispiele sind regionale Tageszeitungen, Lokal- und Regionalradios, regionale TV-Programme und auf den kleinräumigen Bezug ausgerichtete Internetangebote. Die Strategie der Marktausweitung bezieht sich in diesem Kontext z. B. bei Regionalzeitungen auf die Erschließung von neuen Gemeinden: „Für regional verbreitete Zeitungen stellt bereits die Ausweitung der verlegerischen Tätigkeit auf weiter kommunale Gebiete eine Marktausweitung dar. Meist geschieht dies in Kombination mit der Entwicklung neuer Lokalausgaben. Die strategischen Vorteile liegen insbesondere in der Realisierung von Kostendegressionseffekten durch höhere Auflagen und der Deckung von Redaktionsfixkosten durch steigende Einnahmen aus dem Vertriebs- und Anzeigengeschäft in Erwartung eines insgesamt höheren Betriebsergebnisses. In der Regel sind allerdings die anfallenden Markteinführungskosten und die damit verbundenen Anlaufverluste wegen der starken regionalen Verbundenheit der Leserschaft mit eingeführten Wettbewerbstiteln so hoch, dass ein derartiges Engagement nur in seltenen Fällen wirtschaftlich erfolgreich ist" (Kopp 2006: 191 f.).

(2) Bei der **nationalen Strategie** geht es um die Überwindung einer möglicherweise beengenden regionalen und lokalen Verankerung des Unternehmens. Ziel ist die landesweite überregionale Verbreitung der angebotenen Produkte.

> Beispiele sind überregionale Tageszeitungen, die auf der Grundlage des regionalen Bezugs eine nationale Ausbreitung anstreben, z. B. Süddeutsche Zeitung, FAZ, Die Welt. „Notwendigerweise ist damit eine radikale Veränderung des redaktionellen Konzepts und der publizistischen Ausrichtung hin zu einer überregionalen Berichterstattung verbunden, die sowohl eine Neuorganisation der lokalorientierten Redaktionsstruktur als auch den Aufbau eines nationalen und internationalen Korrespondentennetzes erfordert. Hinzukommt die nötige Etablierung eines national operierenden Anzeigenverkaufs und eines flächendeckenden Vertriebs, womit insbesondere in der Anlaufphase ein erheblicher finanzieller Aufwand verbunden ist" (Kopp 2006: 193).

(3) **Internationalisierungsstrategien** verkörpern einen Strategieansatz, der über die nationalen Grenzen hinausreicht. Sie lassen sich wie in Abb. 29-6 in vier Gruppen klassifizieren (vgl. z. B. Welge 2000: 168; Sjurts 2004: 23):

- Internationale Strategie: Ansatzpunkt sind begrenzte Auslandsaktivitäten mit der bevorzugten Geschäftsabwicklung im inländischen Mutterunternehmen. Zur Bestandssicherung des Unternehmens legt man den Schwerpunkt der strategischen Ausrichtung dementsprechend auf den Heimatmarkt. Es erfolgt damit eine ethnozentrische Orientierung. Wichtigster Hebel dieses Strategieansatzes ist der Export.
- Multinationale Strategie: Das Unternehmen ist auf mehreren nationalen Märkten aktiv, wobei die Strategien an die jeweiligen Gastländer angepasst werden. Im

Rahmen dieser polyzentrischen Orientierung gründen die Unternehmen Tochterunternehmen im Ausland oder kooperieren mit dort ansässigen Unternehmen.
- Globale Strategie: Alle in- und ausländischen Aktivitäten werden in ein Gesamtsystem integriert. Die Muttergesellschaft fungiert als zentrale Macht- und Entscheidungsinstanz, die das Ziel verfolgt, das gesamte Unternehmen weltweit effizienter zu machen. Dieser Ansatz verfolgt eine geozentrische Orientierung.
- Transnationale Strategie: Dieser (auch als duale, gemischte oder glocale Strategie bezeichnete) Ansatz ist geprägt von einer flexiblen Anpassung an die Gegebenheiten der jeweiligen Märkte und stellt daher ein stark differenzierendes Konzept dar, das alle Optionen offen lässt. Er verfolgt eine opportunistische Orientierung.

Abb. 29-6: *Strategien der Internationalisierung und Globalisierung*

Eine besondere Beachtung wird im Hinblick auf die erzielbaren ökonomischen Erfolge regelmäßig der **Globalisierungsstrategie** geschenkt. Allerdings ist festzustellen, dass nur in Ausnahmefällen – und zwar bei den „geborenen Globalisierern" – so günstige Voraussetzungen bestehen, dass die Globalisierungsstrategie auch umgesetzt werden kann. Der Regelfall sind durch externe oder interne Faktoren „gehinderte Globalisierer". Grundsätzlich lassen sich die folgenden strategischen Globalisierungsgruppen unterscheiden (vgl. Abb. 29-7; Quelle: Backhaus/Braun/Schneider 2000: 77).

Abb. 29-7: *Strategische Gruppen von Globalisierern*

Bei den durch externe Faktoren an der Globalisierung gehinderten Unternehmen kann entsprechend den auslösenden Einflussfaktoren in kulturell gehinderte und politisch-rechtlich gehinderte Globalisierer unterschieden werden. Zumeist stehen eher die kulturellen Globalisierungshemmnisse im Vordergrund, die sich z. B. in Sprachbarrieren, unterschiedlichen Einstellungen und Präferenzen ausdrücken.

> Zu kulturellen Hemmnissen im Zeitungsgeschäft: „Das aufgezeigte Spannungsfeld zwischen kulturell induzierter Differenzierung und kostengetriebener Standardisierung lässt sich besonders deutlich am Verlagsgeschäft illustrieren. Auf der einen Seite stehen medientypisch stark sinkende Stückkosten bei steigender Auflage, die für eine weitgehende Standardisierung von Format und Inhalt auf möglichst großen Märkten sprechen; auf der anderen Seite verhindern kulturelle Eigenheiten – etwa in den Ländern der Europäischen Union – eine Globalisierungsstrategie, die sich in der bloßen Anpassung an die jeweilige Landessprache erschöpft. Ein möglicher Weg aus diesem Zielkonflikt ist die Einbindung in strategische Allianzen zwischen Verlagshäusern – z. B. die European Dailies Alliance zwischen ‚Die WELT', ‚The Daily Telegraph', ‚ABC' und ‚Le Figaro'. Auf diese Weise können sowohl die kulturellen Besonderheiten der Kunden angemessen berücksichtigt als auch über den Austausch einzelner Beiträge kostensenkende Synergien realisiert werden" (Backhaus/Braun/Schneider 2005: 80).

Für Medienunternehmen eignet sich vorrangig **multinationale Strategien** mit polyzentrischer Orientierung. Hintergrund ist, dass Medienprodukte eine hohe Kulturgebundenheit und Spezifität, d. h. einen starken Bezug zu den länderspezifischen Erlebniswelten, aufweisen. Nur diejenigen Medienunternehmen, die sich diesen länderspezifischen Bedürfnissen anpassen, können erfolgreich sein (vgl. Sjurts 2004: 28 f.).

> „Der Anpassungsbedarf ist umso größer, je stärker ein Medienprodukt aufgrund der Struktur der *redaktionellen Inhalte* im nationalen kulturellen Rahmen verankert ist. Dies ist insbesondere bei textgebundenen, vorwiegend *informativen Medienprodukten* und hier wiederum bei Zeitungen der Fall. Ein ge-ringerer Anpassungsbedarf ergibt sich dagegen bei unterhaltenden Medienprodukten und hier wiederum bei Medienprodukten mit bildlicher Kommunikation. Denn Mediengüter mit Unterhaltungscharakter knüpfen eher an die emotionalen Erlebniswelten der Rezipienten an, die von Land zu Land weniger differenziert sein dürften als die jeweiligen Informationsbedürfnisse" (Sjurts 2004: 29).

Die deutschen Medienunternehmen haben im Vergleich zu anderen Branchen erst relativ spät Internationalisierungsstrategien entwickelt. Heute engagieren sich aber fast alle großen deutschen Medienkonzerne (allen voran Bertelsmann) im europäischen Kontext, z. T. im Weltmaßstab, wobei sich die Internationalisierungsstrategien der Medienkonzerne voneinander unterscheiden (vgl. Abb. 29-8; Quelle: Sjurts 2004: 28).

Die Übersicht macht ein stark selektives Vorgehen der Medienkonzerne im Hinblick auf die Medienteilmärkte deutlich. Übereinstimmung besteht aber in hohem Maß darin, dass die multinationale Strategie-Orientierung dominiert, ein Phänomen, das auch mit der Formel „think global, act local" belegt worden ist (vgl. Sjurts 2004).

> „Die Internationalisierungsstrategien der größten deutschen Medienkonzerne zeigen eine Präferenz für eine lokal abgestimmte Strategie. Die Konzerne agieren nach dem Prinzip ‚think global, act local'. Interpretiert man diese Philosophie als Erfolgsvoraussetzung in ausländischen Märkten, so sind die Barrieren für eine Internationalisierung hoch. Nur Medienunternehmen, die über die finanziellen Mittel für die Gründung einer Tochtergesellschaft im Ausland, für die Akquisition eines lokalen Unternehmens oder zumindest eine Mehrheitsbeteiligung verfügen, haben diese Handlungsoption. Kostengünstige Varianten wie der bloße Export sind ... ökonomisch nicht sinnvoll. Deshalb ist der Internationalisierungsgrad kleiner und mittelständischer Unternehmen gering; bei großen Medienkonzernen ist er dagegen umso höher. In Anbetracht des zunehmenden Verdrängungswettbewerbs im Inland wird er kontinuierlich steigen" (Sjurts 2004: 29).

	Contentmärkte		Content-Packaging-Märkte				
			Print		Rundfunk		
	Buch	Musik	Zeitungen	Zeitschriften	Hörfunk	Fernsehen	
Bertelsmann	Akquisition/ Gründung multinational	Akquisition/ Gründung multinational		Akquisition/ Gründung multinational	Akquisition/ Gründung glocal	Akquisition/ Gründung glocal	
Axel Springer Verlag			Export/ Akquisition international/ multinational	Akquisition/ Gründung multinational			
Holtzbrinck	Akquisition/ Gründung multinational						
WAZ			Akquisition/ Gründung multinational				
ProSiebenSat.1						Export glocal	
Bauer				Akquisition/ Gründung multinational			

Abb. 29-8: Internationalisierungsstrategien deutscher Medienkonzerne

Im Rundfunk findet sich auch das transnationale bzw. glocale Strategiemuster. Dieses hat den Vorzug, dass eine global ausgelegte Dachstrategie mit einer lokal abgestimmten Produktstrategie kombiniert werden kann. Ziel ist es, die Globalisierungsvorteile zu nutzen, gleichzeitig aber auch Vorteile einer Lokalisierung auszuschöpfen (vgl. ebd. 23). Wegen der größeren interkulturellen Verständigungsbasis kann diese Strategie im Rundfunk eher verfolgt werden als im Printsektor.

„Dementsprechend ist die Marktbearbeitung durch eine glocale Strategie für Rundfunkanbieter eher möglich als für Verlage, die textdominierte Produkte anbieten. Nur für Verlage, die Titel mit einem hohen Bildungsanteil produzieren, dürfte nach dieser Logik auch eine glocale Strategie sinnvoll sein. So werden Zeitschriften wie ‚Geo', ‚Vogue', ‚Harper's Bazar' oder ‚Playboy' unter einem weltweit verwendeten Titel mit einheitlichem Konzept, aber in länderspezifischen Ausgaben angeboten" (Sjurts 2004: 29).

Beispiel: Strategie des Axel-Springer-Verlags. Nach eigenen Aussagen verfolgt Springer die folgende Strategie: „Die Strategie des Unternehmens, das sich eine Steigerung des Unternehmenswerts durch profitables Wachstum zum Ziel gesetzt hat, beruht auf drei Säulen: Marktführerschaft im deutschsprachigen Kerngeschäft, Internationalisierung und Digitalisierung. Nach der Formulierung dieser strategischen Leitlinien im Dezember 2001 hat Axel Springer seine Aktivitäten zunächst durch Desinvestitionen und Objekt-Einstellungen auf das Kerngeschäft fokussiert und das Unternehmen durch konsequente Restrukturierung gestärkt. Im abgelaufenen Geschäftsjahr konzentrierte sich Axel Springer besonders auf die Fort- und Umsetzung der Gründungsoffensive. Umsatz- und Gewinnwachstum im Jahr 2004 bestätigen die strategische Ausrichtung. Durch laufende Anpassung an Marktveränderungen, durch Einführung neuer Titel und durch Akquisitionen strebt Axel Springer auch in Zukunft profitables Wachstum im Rahmen seiner strategischen Leitlinien an" (Quelle: http://www.axelspringer.de/ inhalte/pdf/geschber/04/06_strategie_grundsaetze.pdf#search=%22internationalisierung%20medienunternehmen%22 – 30.09.2006).

29.4 Strategien nach dem Grad der Autonomie

In Hinblick auf den Autonomiegrad ist zwischen drei Alternativen zu entscheiden (vgl. Bea/Haas 2013: 180 ff.):

- Autonomiestrategie;
- Kooperationsstrategie;
- Integrationsstrategie.

(1) Eine **Autonomiestrategie** liegt vor, wenn das Unternehmen beabsichtigt, sich aus eigener Kraft am Markt zu behaupten, zu wachsen und die vorhandenen eigenen Potenziale zu aktivieren. Voraussetzung zur Durchführung einer Autonomiestrategie ist das Vorhandensein ausreichender betrieblicher Ressourcen und Kompetenzen. Ein unternehmerischer „Alleingang" ist überdies nur dann sinnvoll, wenn neben der Ressourcenausstattung auch ausreichend Zeit zur Entwicklung der eigenen Potenziale und Umsetzung der Strategie zur Verfügung steht.

Im Hinblick auf Medienunternehmen ist festzustellen, dass die Charakteristika von Medienprodukten (Eigenheiten des medialen Wertschöpfungsprozesses, Trend zur Konvergenz, Öffentlicher Gut-Charakter der Mediengüter, Economies of Scale und Economies of Scope, First-Copy-Cost-Effekt, Grenzkosten von Null, Netzwerkeffekte, verbundene Märkte) stark gegen eine einseitige Autonomiestrategie sprechen.

> Dies wird besonders deutlich, wenn man sich das Wesen strategischer Allianzen (s. u.) im Hinblick auf die eigenen Interessen bewusst macht: „Im Zusammenhang mit der Verfolgung von Eigeninteressen ist besonderes Augenmerk auf die Bedeutung der Medieninhalte als zentrale Ressourcen von Medienunternehmen zu lenken. Hier sehen sich die Allianzpartner der Gefahr gegenüber, dass abstrakte Inhaltsideen aufgrund ihrer leichten Übertragbarkeit vom jeweils anderen Unternehmen eigennützig und ohne Gegenleistung übernommen werden. Wenn aufgrund der Eigenständigkeit der Allianzpartner noch kein ausgeprägtes Vertrauen entstanden ist, lässt sich diese Gefahr des kreativen ‚Diebstahls' nur durch Festlegung von Urheberrechten verhindern. Dadurch wird jedoch umgekehrt nicht nur das kreative Potential von Allianzen gefährdet, sondern es entstehen auch zusätzliche Transaktionskosten" (Ringlstetter/Kaiser/Brack 2003: 745).

(2) Die **Kooperationsstrategie** verfolgt eine Zusammenarbeit mit einem oder mehreren Partnerunternehmen. Ziel ist es, Synergieeffekte zu realisieren, sei es im Beschaffungsbereich (gemeinsamer Einkauf), in der Forschung und Entwicklung (Risikoteilung) oder in Produktion und Absatz (Kostenteilung). Attraktiv sind Kooperationen v. a. deshalb, weil sie für beide Seiten zu einem Kompetenztransfer und zu gegenseitigem Lernen führen.

Zu unterscheiden sind horizontale und vertikale Kooperationen. Als besonders wichtiges Umsetzungsinstrument dient die **strategische Allianz**.

> Strategische Allianzen verstehen sich als „tendenziell langfristige Kooperationen von zwei oder mehr Unternehmen, die mit dem Ziel eingegangen werden, die eigene Wettbewerbsposition zu verbessern oder zu verändern. Mit anderen Worten will man mit dem Eingehen von strategischen Allianzen die Erfolgspotenziale des Unternehmens signifikant beeinflussen" (Ringlstetter/Kaiser/Brack 2003: 728).

In diesem Kontext können fünf generische Optionen strategischer Allianzen im Medienbereich unterschieden werden (vgl. Ringlstetter/Kaiser/Brack 2003: 737 ff.):

- Volumenallianzen: Ziel ist es, Economies of Scale bzw. Fixkostendegressionen zu realisieren. Im Vordergrund stehen Verbindungen von Unternehmen im gleichen Markt und auf der gleichen Verarbeitungsstufe, z. B. um die Mehrfachverwertung von Inhalten zu realisieren.
- Markterschließungs-Allianzen: Ziel ist es, neue Märkte zu erschließen oder den Markteintritt zu beschleunigen. Diese Form wird bevorzugt in vertikaler Richtung angewandt, wenn es z. B. darum geht, neue Absatzwege zu erschließen.
- „Burden-Sharing"-Allianzen: Im Fokus steht die Teilung von Risiken bei der Entwicklung neuer Medieninhalte, z. B. zwischen Buchinhalt (Verlag), Verfilmung für Kino und TV (Produzent) und Umsetzung im Internet (Online-Experten).
- Komplementaritätsallianzen: Ziel ist die gegenseitige Erschließung spezifischer Fähigkeiten, wie sie z. B. bei der Entwicklung digitaler Bildungssoftware erforderlich sind. So kann es z. B. für ein Softwareunternehmen strategisch wichtig sein, sich im Markt für Verlagssoftware zu positionieren, was angesichts von unzulänglichem Know-how und hohem Aufwand, dieses Know-how aufzubauen, sinnvollerweise in einer Allianz mit einem Verlag geschieht.
- Technologie-Allianzen: Im Zuge des Konvergenzprozesses wird es für zahlreiche Medienunternehmen überlebensnotwendig, sich mit Unternehmen der IT-, Telekommunikations- und Unterhaltungselektronik-Branche zu verbünden. Strategische Allianzen sind dabei besonders geeignet, das Know-how zu erwerben, ohne die Eigenständigkeit aufzugeben.

Von Strategischen Allianzen abzugrenzen sind **Joint Ventures** bzw. Gemeinschaftsunternehmen. Diese stellen Kooperationen von Unternehmen dar, bei denen es zur Gründung von neuen, rechtlich selbstständigen Geschäftseinheiten kommt. Die Gründungsgesellschaften bringen dabei jeweils Eigenkapital ein und sind entsprechend beteiligt. Neben dem Kapitaleinsatz liefern die gründenden Gesellschaften zumeist auch noch technologische Ressourcen, Schutzrechte, technisches Wissen, Marketing-Know-how oder Betriebsanlagen.

> Ein Beispiel für ein internationales Joint Venture im Printbereich bietet die inzwischen eingestellte Financial Times Deutschland: „Ein zentraler Erfolgsfaktor eines Joint Ventures ist die Ressourcenkomplementarität der Partnerunternehmen. Dies wird anschaulich von der im Jahre 2000 im Markt eingeführten Financial Times Deutschland (FTD) verdeutlicht, einem Joint Venture der Financial Times Gruppe (Pearson) und Gruner + Jahr (Bertelsmann AG). Die Financial Times Gruppe brachte hier die internationale Marken-reputation der Financial Times in das Unternehmen ein, die weiteren steuerte sie das internationale Netzwerk der Financial Times Gruppe bei, wodurch die FTD von Beginn an den Zugang zu einem der größten Korrespondentennetze weltweit hatte. Der internationale Partner unterstützt also somit die Dezentralisierung und die Qualität des inhaltlichen Produktionsprozesses. Zudem wurde der Chefredakteur von der Financial Times Gruppe gestellt. Gruner + Jahr als zweiter Partner des Joint Ventures sorgte mit seiner Marktkenntnis für eine ausgezeichnete Ausgangsposition der FTD im Anzeigenmarkt durch entsprechende Kontakte zu den größten Anzeigenkunden, was eine bedeutsame Markteintrittsbarriere darstellt, sowie durch intime Kenntnis des Rezipientenmarktes im Segment Wirtschaftsnachrichten" (Habann/Herrmann 2003: 913 f.).

(3) **Integrationsstrategien** verfolgen das Ziel, Wachstum durch Unternehmenszusammenschlüsse herbeizuführen. Insbesondere geht es um die Akquisition eines oder mehrerer anderer Unternehmen (auch als „Mergers and Acquisitions" bezeichnet).

Die Vorteile einer Akquisitionsstrategie bestehen – ähnlich der Kooperationsstrategie – in der Möglichkeit der schnellen Realisierung von Kostendegressionseffekten (Economies of Scale und Economies of Scope). Hauptnachteil der Akquisition ist eine eingeschränkte Flexibilität, da die Revision der einmal getroffenen Entscheidung – auch wegen des hohen Kapitaleinsatzes – nur schwer möglich ist.

Im Medienbereich ist eine nachhaltige Integrationstendenz festzustellen, die sich in der Herausbildung von „integrierten Medienverbundunternehmen" manifestieren (vgl. Wirtz 2013: Kapitel 11). Auslöser ist auch hier die zunehmende Branchenkonvergenz sowie die Veränderung der Wertschöpfungsstrukturen und -prozesse.

> „In diesem Umfeld kommt es zu einer wesentlichen Repositionierung von etablierten Medienunternehmen, die durch eine Veränderung der bisherigen Wertschöpfungsstrukturen und Wettbewerbsstrategien gekennzeichnet ist. Die Repositionierung und die Veränderung der Wertschöpfungsstrukturen lässt integrierte Medien- und Internetverbundunternehmen entstehen. Medienverbundunternehmen stoßen über den Erwerb von Unternehmensbeteiligungen vertikal und lateral in neue (Medien-)Produktangebotsräume vor und führen ökonomische Tätigkeiten auf unterschiedlichen Medienmärkten zusammen" (Wirtz 2013: 835).

Kernaussagen

- Basis der Entscheidung über eine Unternehmensgesamtstrategie betrifft Fragen der Produkt-Markt-Strategie, nach dem (optimalen) Grad der Diversifikation und dem Portfolio der Geschäftsfelder.
- Im Medienbereich ist ein starker Trend in Richtung zunehmender Diversifikation festzustellen, was eine Antwort auf die gravierenden Umwälzungen innerhalb der TIME-Branche zu sehen ist.
- Auch gegenläufige Entwicklungen – die Konzentration auf das Kerngeschäft – sind erkennbar.
- Die Portfolio-Analyse ist ein geeignetes Instrument zur Positionierung der Geschäftseinheiten.
- Die Strategie der Kernkompetenzen gewinnt zunehmend an Bedeutung.
- Wachstumsstrategien müssen differenziert betrachtet werden. Auch Stabilisierungs- und Desinvestitionsstrategien können als Mittel der Wahl in Frage kommen.
- Internationalisierungsstrategien kommt eine wichtige Rolle zu. Allerdings spielen auch kleinräumige Bezüge eine wichtige Rolle. „Think global, act local" ist ein wichtiges Konzept.
- Im Hinblick auf den Grad der Autonomie stehen Kooperationsstrategien im Fokus.

Literatur

Weiterführende Literatur: Grundlagen

Backhaus, K./Braun, C./Schneider, H. (2005): Strategische Globalisierungspfade, in: Hungenberg, H./Meffert, J. (Hrsg.)(2005): Handbuch Strategisches Management, 2., überarb. u. erw. Aufl., Wiesbaden, S: 69-87.

Bea, F. X. (1974): Wachstumsziele und Wachstumsstrategien der Unternehmen, in: Wild, J. (1974): Unternehmensführung, Berlin, S. 443-463.

Bea, F. X./Haas, J. (2013): Strategisches Management, 6., vollst. überarb. Aufl., Stuttgart.

Bilstein, F./Simon, H. (2006): Abschied vom Marktanteilsdenken, in: FAZ, 18.09.2006, Nr. 217, S. 22.

Hungenberg, H. (2012): Strategisches Management in Unternehmen, 7. Aufl., Wiesbaden.

Hungenberg, H./Meffert, J. (Hrsg.)(2005): Handbuch Strategisches Management, 2., überarb. u. erw. Aufl., Wiesbaden.

Hutzschenreuter, T. (2001): Wachstumsstrategien, Wiesbaden.

Macharzina, K./Wolf, J. (2012): Unternehmensführung, 8., vollst. überarb. u. erw. Aufl., Wiesbaden.

Müller-Stewens, G./Lechner, C. (2011): Strategisches Management, 4., überarb. Aufl., Stuttgart.

Perlitz, M. (2000): Internationales Management, 4., bearb. Aufl., Stuttgart.
Porter, M. (1989): Globaler Wettbewerb. Strategien der neuen Internationalisierung. Wiesbaden.
Porter, M. E. (1999): Wettbewerbsstrategie, 10. Aufl., Frankfurt am Main, New York.
Simon, H./Bilstein, F./Luby, F. (2006): Der gewinnorientierte Manager, Frankfurt am Main, New York.
Steinmann, H./Schreyögg, G./Koch, J. (2013): Management, 7., vollst. überarb. Aufl., Wiesbaden.
Welge, M. K./Al-Laham, A. (2012): Strategisches Management, 6. , akt. Aufl., Wiesbaden.
Welge, M. (2000): Transnationale Strategien, in: Welge, M. K./Al-Laham, A./Kajüter, P. (Hrsg.)(2000): Praxis des Strategischen Managements, Wiesbaden, S. 167-189.
Welge, M. K./Al-Laham, A./Kajüter, P. (Hrsg.)(2000): Praxis des Strategischen Managements, Wiesbaden.

Weiterführende Literatur: Medien

Abele, H./Riva, A. (Hrsg.)(1997): Unternehmensstrategien öffentlicher Rundfunkanstalten im künftigen ökonomischen und technischen Umfeld, Stuttgart.
Achtenhagen, L./Picard, R. G. (2005): Der Portfolio-Ansatz in den Medienindustrien – Ein strategisches Werkzeug mit unterschätztem Wert? In: Zeitschrift für Controlling und Management, Sonderheft 2/2005, S. 42-48.
Bea, F. X. (1996): Die Preisbildung bei Rundfunkleistungen, in: Zeitschrift Führung und Organisation, 65. Jg., S. 356-359.
Bouncken, R. (2003): Kooperationsformen von Zeitungs- und Zeitschriftenverlagen, in: Brösel, G./Keuper, F. (Hrsg.)(2003): Medienmanagement, München, Wien, S. 343-364.
Brandt, W. (1989): Strategien für Rundfunkanstalten, Frankfurt am Main.
Dautwiz, J. M. (2006): Medienökonomische Diversifikationsforschung, in: MedienWirtschaft, 3. Jg., H. 3/2006, S. 6-21.
Echter, B./Friedrichsen, M./Pütsch, T. (2005): Internationale Partnerschaften als strategischer Erfolgsfaktor für Medienunternehmen, München.
Frank, B. (1993): Zur Ökonomie der Filmindustrie, Hamburg.
Fünfgeld, H. (1985): Strategische Planung in den öffentlich-rechtlichen Rundfunkanstalten, in: Rundfunk im Umbruch: Stand und Entwicklung der finanziellen und wirtschaftlichen Situation der öffentlich-rechtlichen Rundfunkanstalten, Berlin, S. 77-92.
Geiger, M. (2002): Internetstrategien für Printmedienunternehmen, Lohmar, Köln.
Habann, F. (1999): Kernressourcenmanagement in Medienunternehmen, Lohmar, Köln.
Habann, F./Herrmann, A. (2003): Auswirkungen der Internationalisierung auf die Produktion von Medieninhalten, in: Wirtz, B. W. (Hrsg.)(2003): Handbuch Medien- und Multimediamanagement, Wiesbaden, S. 901-918.
Hackenschuh, K. M./Döbler, T./Schenk, M. (2004): Der Tageszeitungsverlag im digitalen Wettbewerb, Baden.
Halstrup, D. (2002): Kooperationen als Ansatz der strategischen Führung von Verlagsunternehmen im Kontext des Elektronischen Business, Aachen.
Hans, R. (2003): Kooperationsmanagement in Zeitungs- und Publikumszeitschriftenverlagen, in: Brösel, G./Keuper, F. (Hrsg.)(2003): Medienmanagement, München, Wien, S. 365-382.
Heinrich, J. (2000): Marktstruktur und Marktentwicklung im Sektor der TV-Input-Produktion, in: Kruse, J. (Hrsg.)(2000): Ökonomische Perspektiven des Fernsehens in Deutschland, München, S. 89-105.
Held, T. (2011): Nach dem Beihilfkompromiss: Der rechtliche Rahmen für Online-Angebote der öffentlich-rechtlichen Rundfunkanstalten, in: Gundlach, H. (Hrsg.)(2011): Public Value in der Digital- und Internetökonomie, Köln, S. 25-45.
Jacob, W. (1988): Neuentwicklung von Zeitschriften, 2. Aufl., München.
Keuper, F./Hans, R. (2003): Multimedia-Management, Wiesbaden.
Kolo, C. (2013): Implementierung von Wachstumsstrategien in Zeiten des Medienwandels, in: Schneider, M. (Hrsg.)(2013): Management von Medienunternehmen, Wiesbaden, S. 185-224.
Kopp, B. (2006): Strategisches Marketing der Zeitungsverlage in Deutschland, Österreich und der Schweiz, 2., durchges. Aufl., München.
Kopper, G. G. (2004): Internationalisierung der Medienindustrie und Digitalisierung, in: Wirtz, B. W. (Hrsg.)(2004): Handbuch Medien- und Multimediamanagement, Wiesbaden, S. 853-878.
Lutz, M. (2005): Verteidigungsstrategien etablierter Medienunternehmen gegen neue Wettbewerber, Frankfurt am Main.

Maier, M. (2002): Medienmanagement als strategisches Management, in: Karmasin, M./Winter, C. (2002): Grundlagen des Medienmanagement, 2., korr. u. erw. Aufl., München, S. 59-92.
Meier, H. E. (2003): Strategieanpassungsprozesse im öffentlich-rechtlichen Fernsehen, Berlin.
Müller-Thum, R. (2013): M&A in der Medienbranche – Strategische und operative Perspektiven, in: Schneider, M. (Hrsg.)(2013): Management von Medienunternehmen, Wiesbaden, S. 247-275.
Neuner, M./Sandhu, S. (2005): „Harry Potter" – Strategien globaler Medienunternehmen, in: Hepp, A./Krotz, F./Winter, C. (Hrsg.)(2005): Globalisierung der Medienkommunikation, Wiesbaden, S. 209-228.
Ottler, S./Radke, R. (Hrsg.)(2004): Aktuelle Strategien von Medienunternehmen, München.
Picot, A./Scheuble, S. (2000): Hybride Wettbewerbsstrategien in der Informations- und Netzökonomie, in: Welge, M. K./Al-Laham, A./Kajüter, P. (Hrsg.)(2000): Praxis des Strategischen Managements, Wiesbaden, S. 239-257.
Raffée, H. (1990): Marketing als Führungskonzeption für öffentlich-rechtliche Rundfunkanstalten, in: Eichhorn, P./Raffée, H. (Hrsg.)(1990): Management und Marketing von Rundfunkanstalten, Baden-Baden, S. 25-35.
Ramme, G. (2005): Strategien von TV-Unternehmen in konvergierenden Märkten, Baden-Baden.
Ringlstetter, M./Kaiser, S./Brack, A. (2003): Strategische Allianzen in der Medienbranche, in: Wirtz, B. W. (Hrsg.)(2003): Handbuch Medien- und Multimediamanagement, Wiesbaden, S. 725-748.
Schrape, K. (1990): Zur Strategiebildung des öffentlichen Rundfunks, unveröff. Manuskript, Basel, 23. November 1990.
Sjurts, I. (1997): Strategische Gruppen und Unternehmenserfolg im Zeitschriftenmarkt, in: Wirtschaftswissenschaftliches Studium (WiSt), 26. Jg., H. 5, S. 261-264.
Sjurts, I. (2004): Think global, act local – Internationalisierungsstrategien deutscher Medienkonzerne, in: Aus Politik und Zeitgeschichte, 15. März 2004, S. 22-29.
Sjurts, I. (Hrsg.)(2004): Strategische Optionen in der Medienkrise, München.
Sjurts, I. (2005): Strategien in der Medienbranche, 3., überarb. u. erw. Aufl., Wiesbaden.
Sjurts, I./Strube, M. (2014): Internationalisierungsstrategien deutscher Medienkonzerne, in: Sjurts, I. (2014): Zehn Jahre sind ein Jahr, Baden-Baden, S. 149-168.
Wirtz, B. W. (Hrsg.)(2003): Handbuch Medien- und Multimediamanagement, Wiesbaden.
Wirtz, B. W. (2013): Medien- und Internetmanagement, 8., akt. u. überarb. Aufl., Wiesbaden.

Fallbeispiele

Bayer, J. (2006): Verlagsgeschäftsführung – Management einer überregionalen Tageszeitung, in: Möhring, W./Schneider, B. (Hrsg.)(2006): Praxis des Zeitungsmanagements, München, S. 61-79 (Süddeutsche Zeitung).
Berg, H./Rott, A. (2000): Eintritts- und Mobilitätsbarrieren im deutschen Fernsehmarkt: Das Beispiel tm3, in: Hamburger Jahrbuch für Wirtschafts- und Gesellschaftspolitik, 45. Jg., S. 317-334.
Bouncken, R. (2003): Kooperationsformen von Zeitungs- und Zeitschriftenverlagen, in: Brösel, G./Keuper, F. (Hrsg.)(2003): Medienmanagement, München, Wien, S. 343-364.
Döbler, T./Schenk, M./Rittner, S. (2003): Internationalisierung von Medienunternehmen am Beispiel eines großen Zeitschriftenverlags, in: Brösel, G./Keuper, H. (Hrsg.)(2003): Medienmanagement, Aufgaben und Lösungen, München, Wien, S. 293-309 (Gruner + Jahr).
Friedrichsen, M. (2003): Wandel der Geschäftsprozesse: Vom klassischen Druckunternehmen zum modernen Mediendienstleister, in: Brösel, G./Keuper, F. (Hrsg.)(2003): Medienmanagement, München, Wien, S. 383-409.
Kundrun, B./Möllersmann, A. (2003): Internationalisierungstendenzen im Zeitschriftenmarkt am Beispiel des Druck- und Verlagshauses Gruner + Jahr, in: Wirtz, B. W. (Hrsg.)(2003): Handbuch Medien- und Multimediamanagement, Wiesbaden, S. 879-900.
Luther, S./Broich, A. (2005): Diversifikation versus Fokussierung – Strategisches Portfoliomanagement am Beispiel der Bertelsmann AG, in: Hungenberg, H./Meffert, J. (Hrsg.)(2005): Handbuch Strategisches Management, 2., überarb. u. erw. Aufl., Wiesbaden, S. 143-163.
Ramme, G. (2005): Strategien von TV-Unternehmen in konvergierenden Märkten, Baden-Baden.
Rau, H. (2004): Kurzsichtiges Kerngeschäft im Medienmanagement, in: Friedrichsen, M./Schenk, M. (Hrsg.)(2004): Globale Krise der Medienwirtschaft? Baden-Baden, S. 243-257.

Kapitel 30
Geschäftsbereichsstrategien

30.1 Ort des Wettbewerbs 727
30.2 Schwerpunkt des Wettbewerbs 728
30.3 Regeln des Wettbewerbs 732

Leitfragen

- Welche Fragen stehen bei Geschäftsbereichsstrategien bzw. „Business Strategies" im Vordergrund?
- Was versteht man unter dem Begriff der „generischen Wettbewerbsstrategie"?
- Welche Vorteile bietet eine Strategie, die sich auf Schwerpunkte konzentriert?
- Welche Nachteile sind in Kauf zu nehmen?
- Nach welchen verschiedenen Dimensionen lassen sich die Geschäftsbereichsstrategien von Medienunternehmen unterscheiden?
- Was versteht man unter dem „Strategischen Würfel"?
- Welche Konsequenzen ergeben sich für ein Medienunternehmen, wenn es eine Strategie der Kernmarkt-Bearbeitung verfolgt?
- Welche Konsequenzen ergeben sich bei einer Nischenstrategie?
- Welche Beispiele lassen sich für Kernmarkt- und Nischenstrategien im TV-Markt anführen?
- Welche Beispiele gibt es diesbezüglich für den Printmarkt?
- Aus welchen Gründen sind Nischenstrategien „erosionsbedroht"?
- Welche generischen Strategien unterscheidet Porter im Hinblick auf die beiden Dimensionen des strategischen Zielobjekts und des strategischen Vorteils?
- Was kennzeichnet die „Strategie der Kostenführerschaft"?
- Was kennzeichnet die „Strategie der Differenzierung"?
- Wie ist ein TV-Programm (z. B. Vox) im Hinblick auf den Schwerpunkt des Wettbewerbs strategisch zu positionieren?
- Aus welchen Gründen finden sich im Medienbereich vorzugsweise Differenzierungsstrategien?
- Wo sind typische kostenfokussierte Strategien feststellbar?
- Was besagt die „Portersche U-Kurve"?
- Was versteht man unter einer „Hybridstrategie"?
- Welche Typen von Hybridstrategien unterscheidet man und was besagen sie?
- Was versteht man unter „Mass Custumization"?
- Inwiefern kann Mass Customization als eine hybride Varietätsstrategie interpretiert werden?
- In welcher Form äußern sich Wettbewerbsregeln auf den Medienmärkten?
- Was veranlasst ein Medienunternehmen, bei einer strategischen Geschäftseinheit die Rolle eines Anpassers bzw. „Rule Takers" einzunehmen?
- Welche Voraussetzungen müssen gegeben sein, wenn ein bestimmtes Medienunternehmen die Rolle eines „Rule Makers" anstrebt?
- Inwiefern spielen Machtfragen beim „Rule Making" eine Rolle?
- Welche Beispiele für die völlige Veränderung der Marktregeln („Rule Breaking") lassen sich aus der jüngeren Mediengeschichte anführen?
- Welche Strategien verfolgen die öffentlich-rechtlichen Rundfunkanstalten im Hinblick auf ihre Geschäftsbereiche?

Gegenstand

Die Geschäftsbereichsstrategien („Business Strategies") definieren die grundsätzlich anzuwendenden strategischen Verhaltensweisen in den einzelnen Produkt-Markt-Bereichen eines Unternehmens. Ziel ist es, die eigenen Geschäftseinheiten so im Markt zu positionieren, dass das Unternehmen langfristige Erfolgspotenziale besitzt. Im Vordergrund stehen daher Wettbewerbsstrategien.

Als Raster für die Analyse wettbewerbsorientierter Geschäftsbereichsstrategien wird häufig eine Klassifikation von Porter zitiert. Es handelt sich um ein Analysekonzept, das nach dem strategischen Vorteil, der für den Konsumenten entsteht (Schwerpunkt des Wettbewerbs), und nach dem strategischen Zielobjekt (Ort des Wettbewerbs) unterscheidet. Als grundsätzliche strategische Profile – von Porter als „generische Wettbewerbsstrategien" bezeichnet – bilden sich als zentrale Entscheidungskategorien danach die Strategie der Kostenführerschaft und die Differenzierungsstrategie heraus, die sich wie folgt beschreiben lassen:

- Strategie der Kostenführerschaft: Verfolgt wird die Produktion standardisierter Produkte in möglichst großer Menge, mit dem Ziel, die Stückkosten der Wettbewerber zu unterbieten.
- Differenzierungsstrategie: Hier werden differenzierte Produkte hergestellt, mit dem Ziel, beim Kunden die Bereitschaft zu wecken, einen höheren Preis zu bezahlen (eine sog. „Preisprämie" zu akzeptieren).

Die Strategie für das einzelne Geschäftsfeld in dieser Form zu beschreiben, bedeutet eine Abstraktion von Einzelaspekten und zielt auf die Beschreibung allgemeiner Wettbewerbsstrategien, aus denen sich relevante Schlussfolgerungen ableiten lassen. Dieses Vorgehen wird als Entwicklung „generischer" Wettbewerbsstrategien bezeichnet: „Um die enorme Vielfalt der in der Realität möglichen Alternativen zum Aufbau von Wettbewerbsvorteilen besser verstehen zu können, hat man sich angewöhnt, statt der verschiedenen Einzelstrategien so genannte generische Strategietypen zu betrachten. Dies sind isolierte Strategietypen, die nicht alle Einzelaspekte einer real beobachtbaren Strategie erfassen, sondern meist nur auf ein Merkmal von Strategien konzentrieren. Jene Strategien, die sich hinsichtlich des betrachteten Merkmals gleichen, werden dann zu einer generischen Strategiealternative zusammengefasst" (Hungenberg 2012: 199).

In Erweiterung von Porter wird hier einer veränderten Logik gefolgt, die den Porter-Ansatz um den Aspekt der Regeln des Wettbewerbs ergänzt. Danach lassen sich die strategischen Optionen auf der Ebene des einzelnen strategischen Geschäftsfelds nach drei Dimensionen beschreiben, aus denen sich ein „Strategischer Würfel" mit acht Basisoptionen ableiten lässt (nach Steinmann/Schreyögg/Koch 2013: 204 ff.):

- Ort des Wettbewerbs
- Regeln des Wettbewerbs
- Schwerpunkt des Wettbewerbs

Das Konzept des strategischen Würfels war in Kapitel 28 (vgl. Abb. 28-7) als Element eines strategischen Basiskonzepts bereits vorgestellt worden:

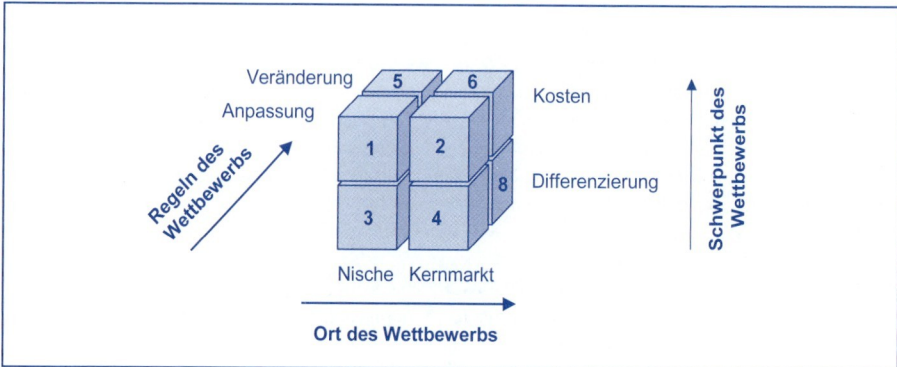

30.1 Ort des Wettbewerbs

Im Hinblick auf den Ort des Wettbewerbs steht das Medienunternehmen vor der strategischen Frage, ob es den gesamten Markt bearbeiten will oder ob es sich lediglich auf ein Segment konzentrieren soll. Es geht bei dieser Frage also um die Breite des Marktauftritts, wobei zwischen zwei Strategieansätzen zu unterscheiden ist (vgl. z. B. Steinmann/Schreyögg/Koch 2013: 204 f.):

- Strategie der Kernmarkt-Bearbeitung;
- Nischenstrategie.

(1) Bei der **Strategie**, die auf den **Kernmarkt** ausgerichtet ist, wird versucht, mit der jeweiligen strategischen Geschäftseinheit die ganze Breite des Marktes abzudecken, in dem man sich befindet. Ziel ist es, branchenweit zu agieren und möglichst hohe Marktanteile und Erträge zu erwirtschaften, die bei einer Begrenzung auf einen Teilmarkt so nicht möglich wären. Voraussetzung für die Kernmarkt-Strategie ist eine breite Ressourcenbasis, die das Unternehmen in die Lage versetzt, ganzheitliche Produktangebote zu entwickeln und zu vermarkten.

> Als Beispiele für Geschäftseinheiten, die auf den Kernmarkt – mithin auf den ganzen jeweiligen Medienmarkt – ausgerichtet sind, können angesehen werden: Fernseh-Vollprogramme (Das Erste, ZDF, RTL Television, Sat.1), überregionale und regionale Tageszeitungen (FAZ, WAZ), Mainstream-Radio (SWR 1, Bayern 1, WDR 2, NDR 2), breit ansetzende Publikumszeitschriften (Stern).

(2) Die Begrenzung auf einen **Nischenmarkt** ist immer dann sinnvoll, wenn das Unternehmen in dem betreffenden Geschäftsfeld besondere Stärken hat und die ökonomischen Ziele (Rendite, Return on Investment) durch einen Verzicht auf Breite des Produktangebots und auf Umsatz besser erreichen kann als bei einer Betätigung auf dem Kernmarkt. Nischenstrategien sind zusätzlich dann besonders erfolgreich, wenn die Anbieter im Kernmarkt bestimmte Nischen nicht ohne weiteres bedienen können, weil sie z. B. die Technologie oder das Marketing-Know-how nicht besitzen. Die Nische kann durch eine Kundengruppe definiert sein, durch eine außergewöhnliche Produktlinie oder durch ein geografisches Segment.

> Beispiel für Nischenstrategien, die auf spezielle Kundengruppen abzielen: (a) Multiplikatoren, Entscheider: Focus, N24, n-tv; (b) Hochkultur-Zielgruppen: Arte, öffentlich-rechtliche Kulturprogramme im Radio; (c) Singles: Traumpartner-TV (digitale strategische Geschäftseinheit der RTL Group); (d) IP-TV-Kanäle für Wirtschaftsfachleute, Ärzte, Pflegepersonal, Eisenbahn-Liebhaber („Bahn-TV") etc.

> Beispiel für Nischenstrategien nach der Produktlinie: Klassik-Radio.

> Beispiele für Nischenstrategien nach geografischer Segmentierung: Lokal- und Regionalradios, regionales Fernsehprogramm mit breiter Themenpalette, Anzeigenblätter.

> Es ist denkbar, dass eine Geschäftseinheit im Hinblick auf ein bestimmtes Kriterium als Nischenprodukt zu sehen ist, im Hinblick auf ein anderes jedoch als Kernmarktprodukt. Ein Beispiel hierfür bieten die Anzeigenblätter: „Die Wahl einer Nischenstrategie schließlich wird durch die spezifischen Produktmerkmale des Anzeigenblatts beschränkt. So ist eine Konzentration auf bestimmte Lesergruppen ausgeschlossen, weil die Titel unbestellt an prinzipiell alle Haushalte des Zielgebiets geliefert werden. Möglich ist allein eine regionale Eingrenzung des Verteilgebiets" (Sjurts/Kanstinger 2003: 331).

Nischenstrategien – auch als „segmentspezifische Strategien" bezeichnet – gelten in besonderer Weise als „erosionsbedroht" (vgl. Steinmann/ Schreyögg/Koch 2013: 205).

30.2 Schwerpunkt des Wettbewerbs

Das Unternehmen muss des Weiteren für jeden Geschäftsbereich darüber entscheiden, auf welchem Weg der Wettbewerb schwerpunktmäßig ausgetragen werden soll. Es geht dabei also um das Thema, wie eine bestimmte strategische Geschäftseinheit sich grundsätzlich dem Wettbewerb mit ihren Konkurrenten stellen will bzw. welche Stoßrichtung im Wettbewerb dominieren soll. Zwei „generische" Optionen der Schwerpunktsetzung bzw. „Fokussierung" stehen zur Verfügung (vgl. z. B. Steinmann/ Schreyögg/Koch 2013: 207 ff.):

- Fokussierung auf die Strategie der Kostenführerschaft;
- Fokussierung auf die Strategie der Differenzierung.

(1) Zielt das Unternehmen auf die **Kosten als strategischem Schwerpunkt** ab, sollen bei ihren strategischen Geschäftseinheiten Wettbewerbsvorteile durch einen relativen Kostenvorsprung erreicht werden. Das Unternehmen möchte mit der betreffenden Geschäftseinheit die günstigste Kostenposition innerhalb der Branche erreichen. Dies lässt sich – wenn die Voraussetzungen gegeben sind – am besten durch eine Strategie der Maximierung des Absatzvolumens realisieren, mit der man im Sinne der Erfahrungskurve eine möglichst günstige Kostensituation (Economies of Scale) herbeiführt. Als Gegenstand der Strategie der Kostenführerschaft eignen sich daher besonders Standardprodukte, die im Wege industrieller Massenproduktion hergestellt werden.

Diese Voraussetzung ist im Medienbereich nur bei Printprodukten sowie bei massenhaft hergestellten Bild- und Tonträgern gegeben. Zu erwarten ist daher, dass bei den elektronischen Medien die Differenzierungsstrategien vorherrschen. Aber selbst im Bereich von Zeitungen, Zeitschriften und im Buchbereich finden sich eher wenige Beispiele für eine Kostenführerschaftsstrategie. Generell dominiert in den Medienmärkten die Differenzierungsstrategie.

> Bild-Zeitung als Beispiel für die Kostenführerschaftsstrategie: „Im Werbemarkt verfolgt der Axel Springer Verlag bei der Bild-Zeitung ebenfalls eine konsequente *Kostenführerschaftsstrategie*. So wurde 2004 bei einigen Regionalausgaben der Preis für die Anzeigenseite um mehr als zwei Drittel gesenkt und an die Stelle des komplizierten Rabatt- und Mengenstaffelsystems ein Festpreis gesetzt. Die Maßnahme war ein großer Erfolg" (Sjurts 2005: 87).

> Beispiel Bauer-Verlag: „Die Bauer Verlagsgruppe setzt seit jeher konsequent auf eine Strategie der Kostenführerschaft. Dabei präferiert das Unternehmen seit längerem den Weg internen Wachstums. ... Um möglichst schnell hohe Auflagenzahlen in den anvisierten Massenmärkten zu erreichen, werden die (reaktiven) Neueinführungen durch intensive Werbemaßnahmen und eine aggressive Preispolitik begleitet. ... Entsprechend ging die Verlagsgruppe, zumindest in der Einführungsphase, bislang regelmäßig mit Copy-Preisen in den Markt, die unter denen der Konkurrenz lagen. So betrug der Einführungspreis für TV-Movie 0,90 DM, während für das Konkurrenzprodukt TV Spielfilm der Verlagsgruppe Milchstraße 2,50 DM zu zahlen waren. ... Auch im Anzeigenmarkt wird die Niedrigpreisstrategie eingesetzt" (Sjurts 2005: 143 f.).

(2) Bei der **Differenzierungsstrategie** versucht das Unternehmen sich durch Besonderheiten – vorwiegend auf der Produkt- und Leistungsseite – von der Konkurrenz abzuheben. Im Mittelpunkt stehen insbesondere Qualitätsstrategien und das Kernprodukt begleitende Service-Angebote. Grundsätzlich können Medienunternehmen bei der Differenzierungsstrategie an den folgenden Schlüsselfaktoren ansetzen:

- Journalistische Kompetenz;
- Design;
- Markenaufbau;
- Image;
- Kundenservice.

Hauptziel der Differenzierungsstrategie ist, durch herausragende Produkteigenschaften bei den Nutzern eine hohe wahrgenommene Produktqualität zu erzeugen, typischerweise sekundiert um Exzellenz im Vertriebs- und Kommunikationsbereich, z. B. durch die exzellente Abwicklung von Kundenaufträgen. Zentrale Voraussetzung, dass die Differenzierungsstrategie greift, ist eine erhöhte Zahlungsbereitschaft der Nutzer bzw. Kunden bzw. eine nennenswerte Elastizität des Nachfrageverhaltens auf die Qualitätsanstrengungen des Anbieters. Unter dem Strich soll mit der Differenzierung erreicht werden, dass mit der im Vergleich zu den Konkurrenten besseren wahrgenommenen Leistung ein höherer Preis durchsetzbar ist.

Betrachtet man die Medienbranche im Überblick, so zeigt sich eine klare Dominanz der Differenzierungsstrategie. Radio- und TV-Anbieter sehen sich angesichts der ökonomischen Produkteigenschaften elektronischer Medienprodukte (v. a. öffentlicher Gut-Charakter, Unikat-Charakter der Produkte mit hohen First-Copy-Costs, Umwegfinanzierung über den Werbemarkt) quasi automatisch gezwungen, sich mit Hilfe von Differenzierungsstrategie gegenüber der Konkurrenz zu profilieren (vgl. die Übersichten bei Sjurts 2005: 281 und 373).

> Dies betrifft im Rundfunk ohnehin den öffentlich-rechtlichen Rundfunk, dem aufgrund seines „Konstruktionsprinzips" im Rezipientenmarkt keine Preisgestaltungsmöglichkeiten zur Verfügung stehen, aber auch die Privatsender. So findet der Konkurrenzkampf klar auf dem Feld der Differenzierung der Produkteigenschaften statt. „Im Mittelpunkt der Differenzierungsstrategie der ARD steht die Positionierung als Qualitätssender mit herausragender Informationskompetenz. Rationalisierungsbemühungen, etwa in Form des schon in den 90er Jahren selbstverordneten Wirtschaftlichkeitsprogramms zur Einsparung von rd. 1,5 Mrd. Euro durch Personalabbau oder die Verbesserung der Betriebsabläufe, dürfen nicht fälschlicherweise als Ausdruck einer Kostenführerschaftsstrategie gedeutet werden. Sie sind vielmehr vor allem durch die Sparempfehlungen der KEF veranlasst" (Sjurts 2005: 320 f.).

> „Die Strategie der Differenzierung hat dabei für das ZDF eine lange Tradition. Als zweiter Anbieter im deutschen Fernsehmarkt war der Sender von Anbeginn an um eine – rundfunkrechtlich natürlich nur begrenzt mögliche – Differenzierung bemüht. Als Leitidee für das Programm wurde das Konzept einer alltagsbezogenen bzw. populären Informationsvermittlung entwickelt" (Sjurts 2005: 335).

Aber auch im Printbereich sind – wie erwähnt – der Kostenführerschaftsstrategie enge Grenzen gezogen, so dass sich auch in diesem Mediensegment häufig eine Fokussierung auf die Strategie der Differenzierung anbietet.

> Ein Beispiel ist der Markt für Anzeigenblätter: „Der generische Strategietyp der *Kostenführerschaft* ist für Anzeigenblätter dagegen nur bedingt vorteilsstiftend. Zwar können die Anbieter gemeinhin mit niedrigeren Millimeter- und Tausenderpreisen aufwarten als Tageszeitungen. Zu berücksichtigen ist jedoch, dass den Werbetreibenden immer auch Streuverluste durch die ausschließlich räumliche Zielgruppensegmentierung von Anzeigenblättern entstehen. Alternative Werbeträger im regionalen und lokalen Raum mit ebenfalls niedrigen Fixkosten, aber einer Möglichkeit der Feinjustierung bei der Zielgruppe, stellen entsprechend eine Bedrohung für Anzeigenblätter dar. Und auch im intramediären Wettbewerb der Anzeigenblätter dürften Kostenvorteile durch Konzentrationsprozesse mittlerweile nivelliert sein" (Sjurts/ Kanstinger 2003: 331).

(3) Die Frage, welcher Schwerpunkt im Wettbewerb gewählt werden soll, ist auch im Zusammenhang mit dem Ort des Wettbewerbs zu sehen. Aus der **Kombination der Kriterien** der Schwerpunktsetzung (Differenzierung vs. Kostenführerschaft) und des Ortes des Wettbewerbs (branchenweite vs. segmentspezifische Ausrichtung) lassen sich – nach Porter – **vier generische Strategietypen** ableiten, wie sie in Abb. 30-1 verdeutlicht werden (vgl. Müller-Stewens/Lechner 2011: 265).

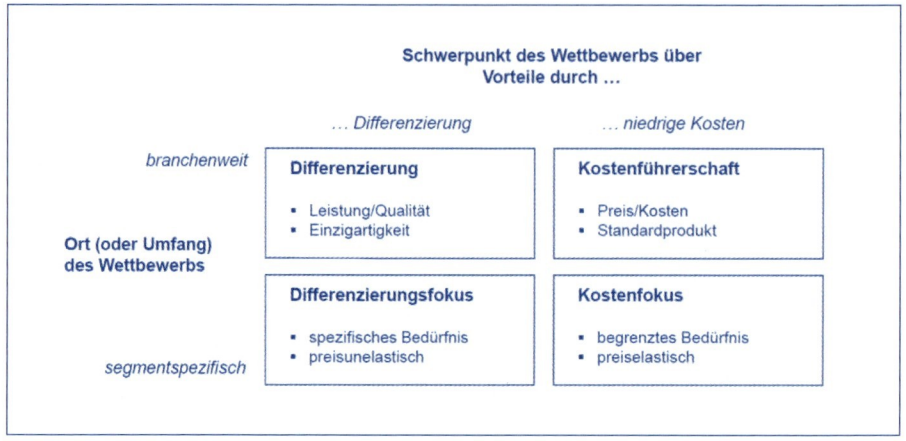

Abb. 30-1: Generische Strategietypen für Geschäftsbereiche (nach Porter)

Wie erkennbar ist, sind die jeweiligen Strategieansätze von ganz spezifischen Bedingungen abhängig, die sich gegenseitig ausschließen.

Porter weist vor diesem Hintergrund darauf hin, dass es notwendig sei, sich klar zwischen Kostenführerschaft und Differenzierung zu entscheiden. Bildhafter Ausdruck dieses Phänomens ist die **Portersche U-Kurve** (vgl. Abb. 30-2; Quelle: in Anlehnung an Welge/Al-Laham 2012: 533), nach der beim Fehlen einer klaren Ausrichtung suboptimale Renditen drohen und das Unternehmen mit dieser Geschäftseinheit in eine unvorteilhafte Mittellage gerät und dort stecken bleibt („stuck in the middle"). In dieser Mittellage sinkt im Vergleich zur einer klar pointierten Strategie (Differenzierung vs. Kosten) die Rentabilität, gemessen am Return on Investment.

Grund für das Phänomen der U-Kurve ist die Tatsache, dass für kleinere, spezialisierte Unternehmen zwar eher niedrigere Branchen-Marktanteile zu verzeichnen sind, diese aber langfristig die Chance auf eine attraktive Rentabilität eröffnen. Unternehmen, die auf Kostenführerschaft setzen, erzeugen demgegenüber ein hohes Volumengeschäft, hohe Branchen-Marktanteile sowie attraktive Rendite-Chancen.

> „Ein Unternehmen, das mehrere unterschiedliche Strategietypen verfolgt, bezeichnet Porter als ‚zwischen den Stühlen' sitzend. Nach dieser Auffassung hat ein zwischen den Stühlen sitzendes Unter-nehmen Wettbewerbsnachteile gegenüber den Kostenführern und den Konkurrenzunternehmen, die Differenzierung oder Konzentration auf Schwerpunkte betreiben. Für die Kostenführerschaft fehlten diesem Unternehmen der Marktanteil und das notwendige Kapital. Um die Notwendigkeit niedriger Kosten zu umgehen, mangele es an der branchenweiten Differenzierung und um einen Kostenvorsprung oder Differenzierung im Hinblick auf ein begrenztes Segment zu schaffen, fehle es an der notwendigen Konzentration" (Picot/Scheuble 2000: 242 f.).

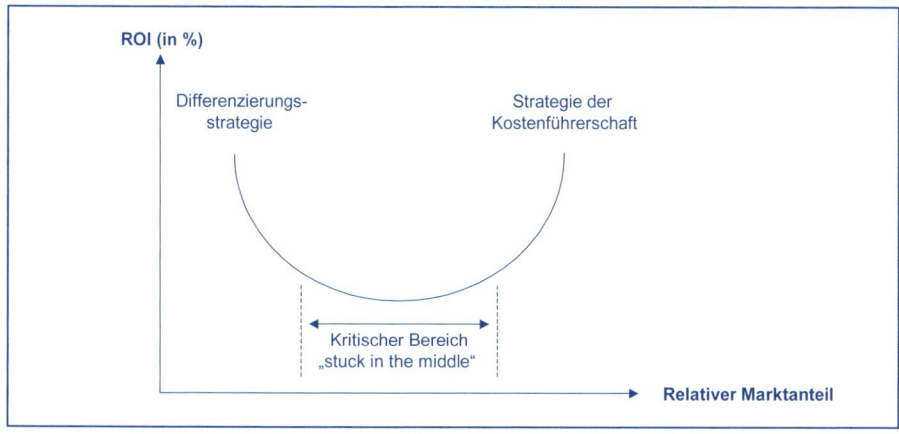

Abb. 30-2: Die Erfolgskurve bei unterschiedlichen Wettbewerbsstrategien

Die These der Porterschen U-Kurve wird – insbesondere für den Kontext der Informations-, Medien- und Netzökonomie – in ihrer Allgemeingültigkeit gelegentlich bestritten und darauf hingewiesen, dass man sich auch einen dritten Weg vorstellen könne, der als **hybride Strategie** bezeichnet wird (vgl. Picot/Scheuble 2000).

„Hybride Wettbewerbsstrategien zielen auf eine Steigerung des (Brutto-)Nutzens (Differenzierung) bei gleichzeitiger Senkung der Selbstkosten" (ebd. 245).

Hybrid-Strategien werden auch als „Sowohl-Als-Auch-Strategien" bezeichnet (vgl. Keuper/Hans 2003: 92 ff.). Drei Formen von Hybridstrategien sind zu unterscheiden (vgl. Picot/Scheuble 2000: 245 ff.):

- Hybride Varietätsstrategien: Ziel ist es hierbei, das Leistungsprogramm des Unternehmens zu verbreitern, dabei zusätzlichen Kundennutzen zu generieren und die Produktionskosten zu senken. Musterbeispiel ist das Konzept der kundenindividuellen Massenproduktion (Mass Customization), das sich im Medienbereich bevorzugt in Plattformstrategien realisieren lässt (vgl. hierzu z. B. Köhler 2005).
- Hybride Qualitätsstrategien: Hintergrund dieser Strategie ist die These, dass Maßnahmen zur Steigerung der Qualität nicht zwingend zu einer Verschlechterung der Kostensituation führen müssen. Empirisch gesichert und unbestritten sei inzwischen die kostengünstige Wirkungskraft von Total Quality Management (TQM).
- Hybride Innovationsstrategien: Von Porter selbst wird anerkannt, dass bei der Einführung innovativer Produkte das Unternehmen die Chance hat, gleichzeitig die Kosten zu senken und die Differenzierung zu steigern. Dieser Wettbewerbsvorteil könne jedoch nur so lange bestehen bleiben, als das betreffende Unternehmen das einzige ist, das über die Innovation verfügt. Wenn die Konkurrenz aufschließt, gelte wieder der allgemeine Zusammenhang der U-Kurve. Hybride Innovationsstrategien kommen also v. a. in der Einführungsphase zum Tragen. Kostensenkungspotenziale eröffnen sich dann, wenn der Zeitraum der Entwicklung und Markteinführung („time to market") verkürzt werden kann, ein Phänomen, das als „Economies of Speed" bezeichnet werden kann.

30.3 Regeln des Wettbewerbs

Schließlich muss das Unternehmen eine Grundsatzentscheidung darüber treffen, nach welchen Regeln der Wettbewerb in den jeweiligen Geschäftseinheiten ablaufen soll. Auch hier stehen zwei Wege offen (vgl. Steinmann/Schreyögg/Koch 2013: 206):

- Anpassungsstrategie;
- Strategie der Veränderung.

(1) Die **Strategie der Anpassung** repräsentiert die konservative Strategie, bei der das Geschäftsfeld des Unternehmens als gegeben angenommen wird und die Regeln, die am betreffenden Markt herrschen und die von anderen vorgegeben sind, akzeptiert werden. Das Unternehmen ordnet sich dem gegebenen Kräftefeld des Wettbewerbs unter und strebt lediglich danach, sich innerhalb der gegebenen Grenzen optimal zu positionieren. Vorherrschender Blickwinkel ist das Ziel, den Markt mit den bestehenden Produkten zu durchdringen. Mit dieser Strategieausrichtung verhält sich das Unternehmen als Anpasser bzw. als sog. „Rule Taker".

> Dem öffentlich-rechtlichen Rundfunk wird im Hinblick auf seine Fernsehprogramme immer wieder vorgehalten, er verhalte sich viel zu sehr als Anpasser an die von den kommerziellen TV-Anbietern vorgeführten, oft nicht nachahmenswerten Programmkonzepten. Konvergenz finde insofern statt, als sich ARD und ZDF an diese Programmkonzepte der Privaten anpassten.
>
> Aus grundsätzlicher Sicht lässt sich das diesbezügliche Strategieverhalten des öffentlich-rechtlichen Rundfunks in drei Grundkategorien einteilen (Meier 1997: 36):
>
> „Die *fundamentalistische,* orthodoxe Strategie besinnt sich auf die Traditionen des öffentlichen Rundfunk und konzentriert sich vor allem auf diejenigen Programme und Genres, die einerseits konstitutiv für den öffentlichen Rundfunk sind und andererseits auf solche, die von den übrigen (kommerziellen) Anbietern eher vernachlässigt werden, wie beispielsweise Minderheiten-, Kultur und Bildungsprogramme. Werbung wird dabei als Finanzierungsmittel aus grundsätzlichen Gründen eher abgelehnt, um den Auftrag nicht zu gefährden.
>
> Bei der *Anpassungsstrategie* stellen sich die öffentlichen Programmveranstalter auf die neue Entwicklung selbstbewusst ein. Das breite Publikum soll mit populären Programmen angesprochen werden. Werbung wird als wichtiges Finanzierungsmittel betrachtet und deren Konsequenzen werden in Kauf genommen. Mit der programmlichen Annäherung an die private Konkurrenz hofft man die wirtschaftliche Basis für das Überleben am Markt gelegt zu haben.
>
> Die *Kompensationsstrategie* versucht, so etwas wie einen marktorientierten *Service public* zu gestalten. Man glaubt, dass die Legitimation des öffentlichen Rundfunks am ehesten bei der Durchsetzung am Markt erbracht werden kann. Dies erfordert eine konsequente und flexible Anpassung an Bedürfnisse und Erwartungen der potentiellen Publika. Gleichzeitig sollen vor allem jene Programmleistungen gepflegt werden, die als Markenzeichen für den öffentlichen Rundfunk gelten: Auf ernsthafte Meinungsbildung ausgerichtete Information, die Vermittlung kultureller und bildender Inhalte sowie Orientierung und Beratung als echte Lebenshilfe."

(2) Bei der **Veränderungsstrategie** versucht das Unternehmen im Gegensatz zur Anpassungsstrategie die herrschenden Regeln des Marktes zu überwinden. Dies gelingt ihm dann am ehesten, wenn es eine so starke Machtposition aufweist, dass es die Konkurrenz zur Verhaltensänderung zwingen kann (z. B. durch die Übernahme von Wettbewerbern). Das Unternehmen verhält sich im Hinblick auf die betreffende Geschäftseinheit in diesem Falle als „Rule Maker".

Die Zeitschrift Focus trat bei seiner Einführung als Konkurrent zum Spiegel mit einer typischen Rule-Maker-Strategie an. Abzielend auf den Kernmarkt der Nachrichtenmagazine wurde ein neues Regelwerk für die Präsentation der Inhalte vorgelegt, das sich als „Häppchen-Format" mit starker Bild-betonung und als Differenzierung in kleinteilige Beiträge mit vielen Info-Grafiken und Abbildungen beschreiben lässt.

Ebenfalls als Rule Maker trat die „taz" auf, die sich im Kernmarkt der überregionalen Tageszeitungen mit neuen Regeln sowohl im redaktionellen Teil (linksalternatives Profil, spezifischer Schreibstil) als auch im Anzeigengeschäft (Staffelung bei Abo-Preisen, Selektion von Werbekunden) präsentierte.

Ein interessantes „Rule-Maker-Beispiel" bot auch der Format-Streit der neuen DVD im Jahre 2007/8: Bei der Weiterentwicklung der DVD standen sich zwei Systeme gegenüber, zum einen die „HD-DVD" (Toshiba), zum anderen die „Blu-ray-Disk" (Sony). Es war eine Machtfrage, welches System sich mittel- und langfristig durchsetzen kann.

Eine Veränderungsstrategie wird gelegentlich in der Weise durchgesetzt, dass es zu einer völligen Neudefinition der Regeln des Marktes kommt. Notwendig ist hierbei insbesondere die Fähigkeit des Regel setzenden Unternehmens zur Innovation. Dieses strategische Verhalten wird als „Rule Breaker" bezeichnet.

Als bestes historisches Beispiel für einen massiv auftretenden Rule Breaker gilt IKEA, das die Regeln des Wettbewerbs bei seiner Gründung völlig neu formulierte und zu einer völligen Veränderung der Nutzungsgewohnheiten im Möbelmarkt geführt hat.

Ein typischer Rule Breaker und damit auch Rule Maker im Medienbereich ist Amazon. Durch ein beim Markteintritt völlig neues Internet-Geschäftsmodell ist der traditionelle Buchhandel darauf hin gründlich „durchgeschüttelt" worden.

Ein weiteres gutes Beispiel für Rule Breaking bietet das Online-Musikangebot von Apple, das über den iPod und die Software iTunes abrufbar ist. Hierbei handelte es sich um ein völlig neues Geschäftsmodell, das die bis dato herrschenden Marktregeln ins Wanken brachte.

Kernaussagen

- Geschäftsbereichsstrategien lassen sich über den sog. „Strategischen Würfel" charakterisieren, der die drei Dimensionen des Ortes des Wettbewerbs, des Schwerpunkts des Wettbewerbs und der Regeln des Wettbewerbs vereinigt.
- Im Hinblick auf das Kriterium des Ortes des Wettbewerbs zeigt sich im Medienbereich ein breites Spektrum an Beispielen. Allgemeiner Trend ist angesichts von Marktsättigungserscheinungen eine stärkere Betonung von Nischenstrategien.
- Im Hinblick auf den Schwerpunkt des Wettbewerbs ist eine breite Betonung von Differenzierungsstrategien in den Medienmärkten festzustellen. Nur wenige Akteure, und hier v. a. im Printbereich, fahren eine Kostenführerschaftsstrategie. Hauptgründe für dieses Phänomen sind die bekannten Eigenschaften der Medienprodukte.
- Neben dem Phänomen der Porterschen U-Kurve sind ergänzend auch Hybridstrategien zu beachten, die gerade in der Medien- und Internetökonomie Bedeutung gewinnen.
- Im Hinblick auf die Regeln des Wettbewerbs ist die Anpassungs- und Veränderungsstrategie zu unterscheiden, die von Medienunternehmen sehr unterschiedlich angewandt werden.

Literatur

Weiterführende Literatur: Grundlagen

Bea, F. X./Haas, J. (2013): Strategisches Management, 6., vollst. überarb. Aufl., Stuttgart.
Hungenberg, H. (2012): Strategisches Management in Unternehmen, 7. Aufl., Wiesbaden.
Hungenberg, H./Meffert, J. (Hrsg.)(2005): Handbuch Strategisches Management, 2., überarb. u. erw. Aufl., Wiesbaden.
Müller-Stewens, G./Lechner, C. (2011): Strategisches Management, 4., überarb. Aufl., Stuttgart.
Porter, M. E. (1999): Wettbewerbsstrategie, 10. Aufl., Frankfurt am Main, New York.
Steinmann, H./Schreyögg, G./Koch, J. (2013): Management, 7., vollst. überarb. Aufl., Wiesbaden.
Welge, M. K./Al-Laham, A. (2012): Strategisches Management, 6., akt. Aufl., Wiesbaden.
Welge, M. K./Al-Laham, A./Kajüter, P. (Hrsg.)(2000): Praxis des Strategischen Managements, Wiesbaden.

Weiterführende Literatur: Medien

Fantapié Altobelli, C. (Hrsg.)(2002): Print contra Online? Verlage im Internetzeitalter, München.
Brandt, W. (1989): Strategien für Rundfunkanstalten, Frankfurt am Main.
Friedrichsen, M. (Hrsg.)(2004): Printmanagement, Baden-Baden.
Geiger, M. (2002): Internetstrategien für Printmedienunternehmen, Lohmar, Köln.
Gerpott, T. (2006): Wettbewerbsstrategien – Überblick, Systematik und Perspektiven, in: Scholz, C. (Hrsg.) (2006): Handbuch Medienmanagement, Berlin, Heidelberg, New York, S. 305-355.
Jacob, W. (1988): Neuentwicklung von Zeitschriften, 2. Aufl., München.
Keuper, F./Hans, R. (2003): Multimedia-Management, Wiesbaden.
Köhler, L. (2005): Produktinnovation in der Medienindustrie, Wiesbaden.
Maier, M. (2002): Medienmanagement als strategisches Management, in: Karmasin, M./Winter, C. (2002): Grundlagen des Medienmanagements, 2., korr. u. erw. Aufl., München, S. 59-92.
Meier, W. A. (1997): Öffentlicher Rundfunk in Europa, in: Zoom, K&M, Nr. 9, Juli 1997, S. 30-44.
Ottler, S./Radke, R. (Hrsg.)(2004): Aktuelle Strategien von Medienunternehmen, München.
Picot, A./Scheuble, S. (2000): Hybride Wettbewerbsstrategien in der Informations- und Netzökonomie, in: Welge, M. K./Al-Laham, A./Kajüter, P. (Hrsg.)(2000): Praxis des Strategischen Managements, Wiesbaden, S. 239-257.
Ramme, G. (2005): Strategien von TV-Unternehmen in konvergierenden Märkten, Baden-Baden.
Schwertzel, U. (1997): Benchmarking für Rundfunkveranstalter, Berlin.
Sjurts, I. (Hrsg.)(2004): Strategische Optionen in der Medienkrise, München.
Sjurts, I. (2005): Strategien in der Medienbranche, 3., überarb. u. erw. Aufl., Wiesbaden.
Sjurts, I./Kanstinger, W. (2003): Strategien im Markt für Anzeigenblätter, in: Brösel, G./Keuper, F. (Hrsg.) (2003): Medienmanagement, München, Wien, S. 327-342.
Wirtz, B. W. (2013): Medien- und Internetmanagement, 8., akt. u. überarb. Aufl., Wiesbaden.
Wirtz, B. W. (2003): Handbuch Medien- und Multimedia-Management, Wiesbaden.

Fallbeispiele

Keuper, F./Hans, R. (2003): Multimedia-Management, Wiesbaden.

Kapitel 31
Funktionale Strategien

31.1 Im Fokus: Marketingstrategien 737
31.2 Marktfeldstrategien 739
31.3 Marktstimulierungsstrategien 751
31.4 Marktparzellierungsstrategien 753
31.5 Marktarealstrategien 755

Leitfragen

- Welche Stoßrichtung zeichnet die „Marktfeldstrategie" aus?
- Welche unterschiedlichen Kategorien der Marktfeldstrategien unterscheidet man?
- Worauf zielen „Marktstimulierungsstrategien" ab?
- Welche strategischen Entscheidungen fallen bei der „Marktparzellierungsstrategie" an?
- Worauf zielen „Marktarealstrategien" ab?
- Welche ganzheitlichen marketingstrategischen Aussagen lassen sich im Hinblick auf das ZDF als TV-Programm (das „Zweite") treffen?
- Was versteht man unter der „Ansoff-Matrix"?
- Was versteht man unter „Market Stretching"?
- Welche Beispiele lassen sich für die Marktdurchdringungsstrategie im Zeitungsmarkt anführen?
- Mit welchen Techniken lässt sich die Marktdurchdringungsstrategie untermauern?
- Welche unterschiedlichen Ansätze stehen zur Verfügung, um auf dem TV-Rezipientenmarkt neue Kunden zu gewinnen?
- Mit welchen Konzepten können Nicht-Leser von Tageszeitungen aktiviert werden?
- Durch welche Attribute unterscheidet sich die Marktdurchdringungsstrategie von der Produktentwicklungsstrategie?
- Welche Fragestellungen werden bei einer „Internationalisierungsstrategie" im Bereich der Tageszeitungen aufgeworfen?
- Wann kann von einer „echten Innovationsstrategie" gesprochen werden?
- Was versteht man unter einer „Me-Too-Strategie"?
- Inwiefern kann man sagen, dass eine „Me-Too-Strategie" als Innovationsstrategie zu werten ist?
- Was versteht man unter der „Diversifikationsstrategie"?
- Welche unterschiedlichen Ansätze für die Diversifikation unterscheidet man?
- Wodurch unterscheidet sich die echte von der unechten lateralen Diversifikation?
- Welche Fragen stellen sich beim Markteintrittsmanagement?
- Wodurch werden Markteintrittsbarrieren aufgebaut?
- Welche Vorteile und welche Nachteile sind mit einer „Pionier-Strategie" verbunden?
- Wodurch unterscheidet sich die „Wasserfall-Strategie" von der „Sprinkler-Strategie"?
- Welche Fragen stellen sich bei der „Marktstimulierungsstrategie"?
- Welche Fragen stellen sich bei der „Marktparzellierungsstrategie"?
- Wodurch unterscheidet sich die „totale" von der „partiellen Massenmarktstrategie"?
- Welche Fragen stellen sich bei der „Marktarealstrategie"?
- Welche Schwierigkeiten stellen sich einer „Globalisierungsstrategie" in den Weg?

Gegenstand

Funktionale Strategien sind notwendig, um die Geschäftsbereichsstrategien, die die allgemeine Richtung festlegen, zu präzisieren und das Strategiemanagement in konkrete Umsetzungskonzepte überführen zu können: „Die Geschäftsbereichsstrategien zeigen die möglichen idealtypischen Ausrichtungen eines Geschäftsbereiches oder einer SGE an, mit denen in einem abgegrenzten Produkt-Markt-Bereich Wettbewerbsvorteile zu erlangen sind. Im Sinne eines konkreten Maßnahmenbündels sind die Geschäftsbereichsstrategien noch zu allgemein. Ausgehend von den Gesamt- und Geschäftsbereichsstrategien müssen im Zuge einer sukzessiven Konkretisierung der strategischen Konsequenzen für die Funktionsbereiche im Rahmen funktionaler Strategien oder Politiken ausgearbeitet werden" (Welge/Al-Laham 2012: 555; im Orig. teilw. hervorgehoben).

Anstatt von „funktionalen Strategien" wird auch von „Funktionsbereichsstrategien" gesprochen (vgl. z. B. Bea/Haas 2013: 192). Orientiert man sich an der klassischen Unterscheidung der Funktionsbereiche im Hinblick auf den Wertschöpfungsprozess, so sind die folgenden funktionalen Strategien für die Entwicklung und Nutzung von Leistungspotenzialen besonders relevant (vgl. ebd. 192 f., 491 ff., 539):

- Beschaffungsstrategien: Diese befassen sich u. a. mit der Lieferantenauswahl und dem Outsourcing. Unterstützung ist zweckmäßig durch Portfoliotechniken (Beschaffungsportfolio).
- Produktionsstrategien: Die Ausrichtung erfolgt u. a. im Hinblick auf die Flexibilisierung der Fertigungsorganisation und auf Lean Production.
- Marketingstrategien: Im Zentrum stehen Produkt- und Sortimentspolitik, Preispolitik, Kommunikationspolitik, Distributionspolitik.
- Finanzierungsstrategien: Gegenstand sind strategisches Portfoliomanagement, Going Public, Investor Relations und Cash Management.
- Personalstrategien: Kern ist die strategische Personalbeschaffung, Personalentwicklung, strategische Anreizsysteme und strategische Personalführung.
- Technologiestrategien: Hier geht es um die Wahl des Technologiefeldes, die Bestimmung des Zeitpunkts für einen Technologie-Strategiewechsels und die Wahl des Grades der Eigenständigkeit bei der Technologieentwicklung.

Sinn und Zweck dieser spezifischen Ansätze ist die Einbindung in die strategische Gesamtaufgabe, die darin besteht, Erfolgspotenziale für das Unternehmen zu generieren. Für den Begriff „Erfolgspotenziale" ist auch der Begriff „Strategische Potenziale" gebräuchlich: „Strategische Potenziale stellen Speicher spezifischer Stärken dar, die es ermöglichen, die Unternehmung in einer veränderlichen Umwelt erfolgreich zu positionieren und somit den langfristigen Unternehmenserfolg zu sichern" (ebd. 495).

Den funktionalen Strategien kommen eine Reihe wichtiger Aufgaben zu, die sie für das Strategiemanagement unersetzlich werden lassen (vgl. Welge/Al-Laham 2012: 556 f.):

- Detaillierungsfunktion: Funktionale Strategien dienen der korrekten Interpretation der Gesamt- und Geschäftsbereichsstrategien und setzen diese in detaillierter Form in die Funktionsbereiche um.
- Koordinationsfunktion: Die funktionalen Strategien sorgen für eine vertikale und horizontale Koordination. Vertikal geht es um die Abstimmung innerhalb der einzelnen Funktionsbereiche, horizontal um die Harmonisierung der Funktionsbereichsstrategien mit den übergeordneten Strategiebereichen.
- Funktion einer Schnittstelle zwischen Strategie und operativer Umsetzung: Die funktionalen Strategien fungieren als globale Richtlinie und Rahmen für die konkreten funktionalen Aktionsprogramme. Sie definieren insofern den operativen Planungsbedarf in den funktionalen Bereichen.

Im vorliegenden Kapitel soll den Marketingstrategien Vorrang eingeräumt werden. Diese „Vorzugsbehandlung" versteht sich als pragmatische Reduktion des Stoffumfangs, aber auch als Ausdruck für die prominente Rolle, die dem Marketing v. a. auch im Medien- und TIME-Bereich zukommt. Marketing ist von den betrieblichen Funktionen von herausragender Bedeutung, insbesondere auch im Hinblick auf die strategische Positionierung von Geschäftsfeldern. Daher soll dieser Bereich besonders hervorgehoben werden.

31.1 Im Fokus: Marketingstrategie

Eine Marketingstrategie ist diejenige Funktionsbereichsstrategie, die das Strategiekonzept für alle relevanten Märkte des Unternehmens definiert (Absatz-, Beschaffungs-, Finanzmärkte).

Die Optionen alternativer Marketingstrategien lassen sich in **vier Strategie-Ebenen** unterscheiden (vgl. hier und passim: Becker 2013: 147 ff.):

- Marktfeldstrategien: Gegenstand ist die Festlegung der Art der alternativen Produkt/Marktkombinationen bzw. Marktfelder vor dem Hintergrund der Dimensionen gegenwärtiger vs. neuer Produkte einerseits und gegenwärtigen vs. neuen Märkten andererseits.
- Marktstimulierungsstrategien: Hier geht es um die Bestimmung der Art der Marktbeeinflussung mit den Basis-Optionen des Qualitätswettbewerbs einerseits und des Preiswettbewerbs andererseits.
- Marktparzellierungsstrategien: Ziel ist die Festlegung von Art und Grad der Differenzierung der Marktbearbeitung. Basis-Optionen sind einerseits die Massenmarktstrategie, andererseits die Segmentierungsstrategie.
- Marktarealstrategien: Gegenstand ist die Bestimmung der Art und der Stufen des Markt- und Absatzraumes. Die Basis-Optionen reichen von lokalen Strategien über nationale und internationale bis hin zu Weltmarktstrategien.

Abb. 31-1 zeigt die möglichen marketingstrategischen Optionen im Überblick (Quelle: Becker 2013: 351 ff.). Das Konzept eignet sich auch gut für die generische Profilierung der Marketingstrategien von Medienunternehmen (vgl. das separat dargestellte Fallbeispiel für das ZDF).

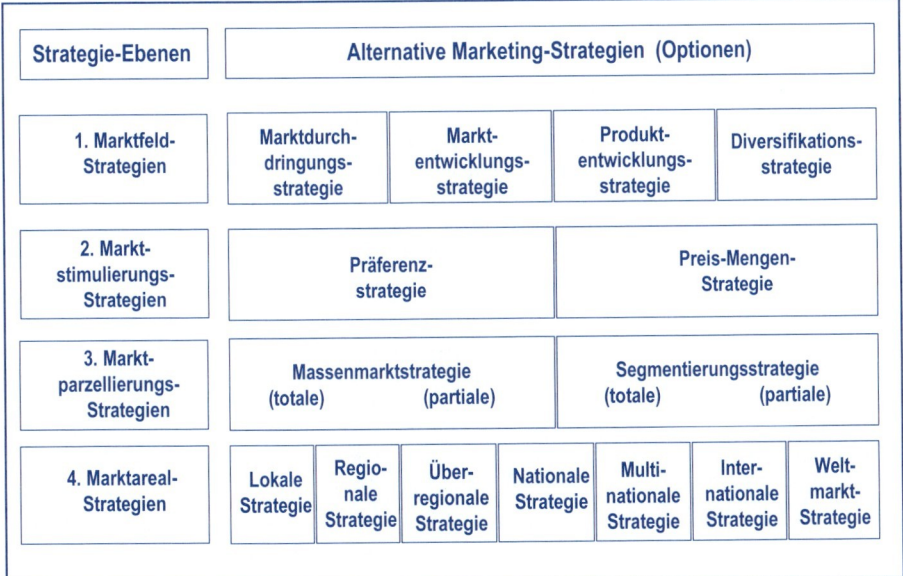

Abb. 31-1: Arten von Strategien nach den Ebenen des Planungssystems

Fallbeispiel Marketingstrategie des ZDF

Das in Abb. 31-1 vorgestellte Raster eignet sich ganz generell zur ganzheitlichen Profilierung von Marketing-Strategiekonzepten (vgl. Becker 2013: 363). Ziel ist es, eine plakative Übersicht über ein marketingstrategisches Vorgehenskonzept zu gewinnen. Das Konzept ist sowohl im Mikrobereich (einzelnes Produkt) als auch im Makrobereich (ganzes Unternehmen) anwendbar.

Nachfolgend soll für das Beispiel des ZDF-Hauptprogramms (also nicht für das ZDF als Unternehmen mit seinem ganzen Produktportfolio) eine grobe strategische Positionierung vorgenommen werden. Zu vermuten ist das folgende Profil:

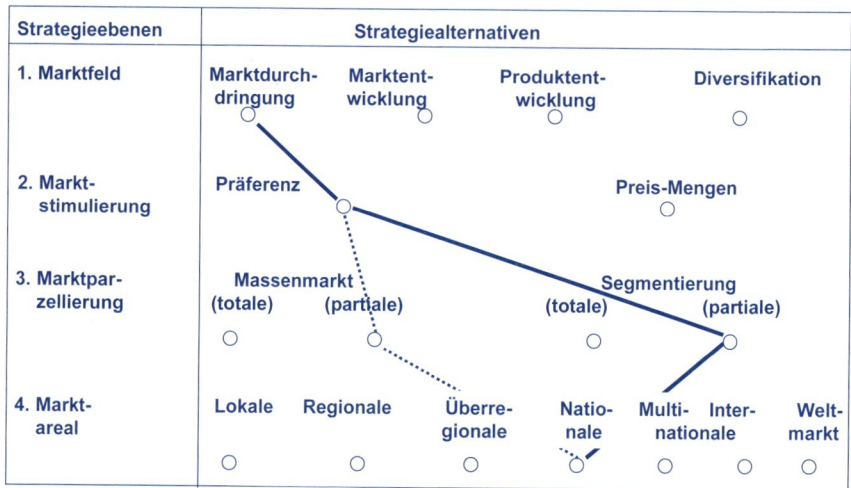

Im Hinblick auf die Frage der marktfeldstrategischen Positionierung des ZDF-Hauptprogramms ist von einer Marktdurchdringungsstrategie auszugehen. Der bewahrende Charakter des Programmangebots und auch dessen kommunikative Positionierung („Mit dem Zweiten sieht man besser!") deutet auf eine stark konkurrenzbetonte Perspektive hin.

Was die Marktstimulierung anbelangt, kann wegen der kollektiven Finanzierung über den Rundfunkbeitrag nicht von einem direkten Konnex zwischen Fernsehnutzung und Finanzierung ausgegangen werden. Eine auf die Rezipienten ausgerichtete Preis-Mengen-Strategie, die auf niedrige Abgabepreise für die angebotenen Produkte setzen würde, wäre sinnlos. Daher ist logischerweise eine Präferenzstrategie anzunehmen, die auf Qualität und hohen Zuspruch in den meinungsbildenden Kreisen der Bevölkerung setzt. Daran anknüpfend fährt das ZDF auf dem Werbemarkt – nicht zuletzt auch wegen der Einschränkung der zulässigen Werbezeiten auf das werktägliche Vorabendprogramm – eine klare Präferenzstrategie und versucht sich hochpreisig den TV-Werbekunden zu präsentieren.

Bei der Marktparzellierung wird die Frage nach der Zielgruppendefinition aufgeworfen. Laut Grundversorgungs-, Programm- und Funktionsauftrag soll das ZDF alle Kreise der Bevölkerung bedienen. Allerdings ist die Forderung – im Gegensatz zur Zeit der Alleinstellung des öffentlich-rechtlichen Rundfunks – nicht mehr auf die einzelnen Programmangebote bezogen (im Sinne der Binnenpluralität), sondern gilt „nur noch" für das öffentlich-rechtliche Gesamtangebot (Prinzip der Außenpluralität). Insofern verfolgt der TV-Kanal ZDF auf weiter Strecke eine partiale Segmentierungsstrategie. Allerdings sind in einer Reihe von Sendungen starke Massenmarktelemente zu erkennen, die undifferenziert auf breite Zuschauergruppen setzen (z. B. Nachrichtensendungen, Wetten dass ...?).

Im Hinblick auf die Marktarealstrategie ist für das ZDF als TV-Programm eine nationale Ausrichtung zu unterstellen. Konkrete Regionalisierungskonzepte finden nur insoweit statt, als innerhalb des Programmangebots Bezüge zur Vor-Ort-Berichterstattung bestehen. Eine übernationale Strategie verbietet sich aus dem nationalen Auftrag des ZDF.

31.2 Marktfeldstrategien

Unter einem Marktfeld ist eine genau definierte Produkt-Markt-Kombination zu verstehen, die vom Unternehmen eine ganz bestimmte strategische Rolle zugewiesen wird. Die Marktfeldstrategie beantwortet die Frage, mit welchen Produkten ein Unternehmen in welchen Märkten („Marktfeldern") auftreten will. Dabei wird ein mittel- bis langfristiger Zeithorizont zugrunde gelegt.

Als **generische Strategieoptionen** lassen sich **vier Ansätze** unterscheiden, die als „Ansoff-Matrix" bekannt geworden sind (vgl. Abb. 31-2; vgl. z. B. Welge/Al-Laham 2012: 590 ff.; Bea/Haas 2013: 174 ff.):

- Marktdurchdringungsstrategie: Hier geht es darum, auf den bestehenden Märkten mit den bisherigen Produkten eine Steigerung des Marktanteils zu erreichen und den Markt konkurrenzbetont zu durchdringen.
- Marktentwicklungsstrategie: Bei diesem Strategieansatz ist es das Ziel des Unternehmens, für seine bestehenden Produkte neue Märkte zu erschließen. Man spricht von Marktdehnung bzw. „Market Stretching".
- Produktentwicklungsstrategie: Orientierungspunkt ist der bestehende Markt, der über neu entwickelte Produkte (Innovationen) bedient werden soll.
- Diversifikationsstrategie: Hier versucht das Unternehmen, mit neuen Produkten in neue Märkte einzudringen.

Abb. 31-2: Ansoff-Matrix der Marktfeldstrategien

Die vier Strategieoptionen der Ansoff-Matrix schließen sich nicht gegenseitig aus. So kann es sein, dass die einzelnen strategischen Geschäftseinheiten eines Unternehmens marketingstrategisch unterschiedlich positioniert werden.

> „Typisch für die Produkt/Markt-Entscheidung ist, dass entweder einzelne oder auch mehrere dieser Strategiefelder besetzt werden können, und zwar sowohl gleichzeitig als auch in einer bestimmten Abfolge. Viele Unternehmen – zumal in wettbewerbsintensiven Märkten – entscheiden sich für *mehrere* der aufgezeigten Produkt/Markt-Kombinationen (Strategiefelder)" (Becker 2013: 148).

Fallbeispiel Marktfeldstrategien von Tageszeitungen im Internet

Nachfolgendes Beispiel zeigt das Spektrum an marktfeldstrategischen Möglichkeiten, die einer Tageszeitung im Hinblick auf den Umgang mit dem Internet zur Verfügung stehen (vgl. Friedrichsen 2007: 142; Neuberger 2003: 163):

	Bestehende Märkte	Neue Märkte
Bestehende Produkte	**Marktdurchdringung** (a) **Probenutzer**: Gewinnen neuer Nutzer in alten Zielgruppen für das Muttermedium, wobei das Internet als Mittel der Kommunikationspolitik eingesetzt wird (Printleseproben) (b) **Doppelnutzer**: Abonnentenservice zur Stärkung der Leser-Blatt-Bindung (c) **Verzicht** auf ein Engagement im Internet und Förderung der gedruckten Zeitung mit anderen Mitteln der Kommunikationspolitik	**Marktentwicklung** (a) Erreichen neuer Zielgruppen im Internet (Alter, räumlich) durch **Mehrfachverwertung** des Printprodukts (b) **Probenutzer**: Gewinnen neuer Zielgruppen für das Muttermedium
Neue Produkte	**Produktentwicklung** Zur Stärkung der Leser-Blatt-Bindung und zum Gewinnen neuer Leser in alten Zielgruppen werden im Internet Produktvarianten angeboten: (a) **Versioning**: medienspezifische Bearbeitung von Printinhalten im Internet oder veränderte Rezeptionsmodalitäten (Individualisierung, Archivierung, permanente Aktualisierung, räumlich flexible Erreichbarkeit durch Mobildienste) (b) **Doppelnutzer**: funktionale Kombination von Printzeitung und Internet in einem crossmedialen Angebotsverbund, zumeist als Markenfamilie (c) **Produktinnovationen** im Internet, die vom Ausgangsprodukt abgelöst sind, aber auf dem gleichen Markt angeboten werden	**Diversifikation** **Produktinnovation** im Internet für einen neuen Markt

Beim Einsatz des Internet zur *Marktdurchdringung* können drei Ansätze unterschieden werden: (a) Probenutzer: Das Internet wird als Mittel der Kommunikationspolitik eingesetzt, um neue Nutzer alter Zielgruppen für das Muttermedium zu gewinnen. Dabei handelt es sich um bisherige Nichtleser oder Leser von Konkurrenzzeitungen. Häufig eingesetzte Mittel sind bei dieser Strategie Printartikel als Leseprobe oder die Bestellmöglichkeiten für ein Abonnement im Online-Angebot. (b) Doppelnutzer: Den Lesern werden im Internet zusätzliche Serviceangebote bereitgestellt, ohne die Potenziale des Internet voll zu nutzen. (c) Völliger Verzicht auf ein Engagement im Internet (eine Variante, der es sicherlich an Realitätsbezug mangelt).

Bei den *Marktentwicklungsstrategien* wird das Internet genutzt, um das vorhandene Printprodukt auf neuen Märkten anzubieten. Die Absicht ist, neue Zielgruppen anzusprechen (insbesondere internetaffine Gruppen wie z. B. Jugendliche), sei es durch eine räumliche Ausdehnung des Verbreitungsgebietes (globale Zugänglichkeit) oder durch die Regionalisierung des Angebots. Das Internet wird zum zweiten technischen Vertriebsweg neben der gedruckten Zeitung, wobei die Inhalte mehrfach verwertet werden, indem sie eins-zu-eins ins Online-Angebot übernommen werden.

Bei der Strategie der *Produktentwicklung* stellt der Verlag im Internet Zusatzangebote zur gedruckten Zeitung zur Verfügung, wobei das Print- und das Online-Angebot crossmedial miteinander verknüpft sind. Printbeiträge können ferner durch Links angereichert werden. Ziele sind die räumlich unabhängige Erreichbarkeit durch Mobildienste und eine permanente Aktualisierung und Verfügbarkeit durch Archivierung sowie Sicherstellung der Individualisierung und Regionalisierung der Angebote.

Bei der *Diversifikationsstrategie* werden völlig neue Produkte für neue Internetmärkte geschaffen. Das neue Angebot ist autonom und vom Muttermedium Tageszeitung eventuell sogar völlig abgelöst.

(1) Bei der **Strategie der Marktdurchdringung** wird ein erhöhter Einsatz der gegenwärtigen Produkte auf den gegenwärtigen Märkten angestrebt, ein Konzept, das als die „natürlichste" Strategierichtung eines Unternehmens gelten kann, aber auch als risikoärmste und tendenziell eher defensiv ausgerichtete Strategie. Die Ausschöpfung des gegenwärtigen Marktes mit den gegenwärtigen Produkten kann auf drei Arten geschehen (vgl. Becker 2013: 150):

- Erhöhung der Verwendungsrate bei den bestehenden Kunden,
- Gewinnung neuer Kunden durch Abwerbung von der Konkurrenz,
- Erschließung von bisherigen Nicht-Verwendern des Produkts.

Der strategische Ansatz der **Erhöhung der Verwendungsrate** ist auf die Erhaltung der Kundenzufriedenheit bei den bestehenden Kunden, v. a. bei den Stammkunden, ausgerichtet und setzt Anreize für eine intensivere Produktnutzung. Als gezielte Methoden kommen infrage:

- Produktbezogene Maßnahmen: Verbesserung der Produktqualität, Beschleunigung des Ersatzbedarfs (z. B. systematische Veralterung des Produkts durch „künstliche Obsoleszenz" und Schaffung von Modetrends), Vergrößerung der Verkaufseinheit („2-Liter-Coca-Cola-Flasche" zur Erhöhung des Haushaltskonsums).

    Ein positiver Zusammenhang zwischen Produktqualität und Konsumsteigerung kann für Medienprodukte nicht unbedingt als zwangsläufig unterstellt werden, da angesichts der Eigenschaft von Medienprodukten als Erfahrungs- und Vertrauensgüter die Qualitätsunkenntnis im Vorfeld der Kaufhandlung groß ist. „Zentrale Folge der Qualitätsunkenntnis und Asymmetrie der Informationsverteilung – der Produzent und Verkäufer kennt die Qualität in aller Regel besser als der Konsument und Käufer – ist die so genannte ‚adverse Auslese' (adverse selection). Wenn Konsumenten die Qualität von Produkten vor dem Kauf und vor dem Konsum nicht beurteilen können, sind sie bei rationalem Verhalten auch nicht bereit, eine bessere und üblicherweise teurere Qualität zu bezahlen, weil immer das Risiko bestehen würde, ein Produkt von minderer Qualität zu erwerben, ohne es zu merken. ... Es bleibt immer ein Anreiz, die notwendige Reichweite so billig wie möglich zu erzielen" (Heinrich 2001: 100 f.).

    Was die Vergrößerung der Verkaufseinheit anbelangt, gibt es bei den Medien gewisse Vergleichbarkeiten: „Erweiterte Filmabonnements bei Pay-TV beruhen auch auf dem Prinzip, durch größeres Bundling eine größere Menge abzusetzen. Gebührenmodelle im Online-Access-Providing oder bei Telefondienstleistern nutzen ebenfalls dieses Prinzip" (Breyer-Mayländer/Seeger 2006: 63).

- Maßnahmen der Distribution: Erhöhung der Distribution, Schließen von Distributionslücken, Erhöhung der Bevorratung beim Handel.

    Beispiele im Medienbereich sind breitere Verteiler im Einzelverkauf von Presseprodukten durch den Zeitungsvertrieb über Discounter oder Bäckereien. Im Fernsehen steht hier die Frage der verbesserten Kanalbelegung in Kabel- und Satellitensystemen im Zentrum.

- Maßnahmen der Kommunikationspolitik: Verstärkung der Werbung (konsumsteigernde Argumentation), Verkaufsförderung (Aktionen, Point-of-Sale-Auftritt).

    Auch für die elektronischen Medien spielen immer noch Printprodukte eine gewisse Rolle: So sind manche Sender immer noch mit eigenen (Kunden-)Zeitschriften vertreten, z. B. Arte.

    Als verkaufsfördernde Aktionen der Kundenbindung und Sicherung der Kundenzufriedenheit werden Events immer wichtiger. Ein Indikator sind u. a. die verstärkten Bemühungen von TV- und Radiosendern, fremd veranstaltete Musik-Events zu präsentieren – allerdings um den Preis hoher Kostenhürden.

Der strategische Ansatz der **Gewinnung neuer Kunden** zielt darauf ab, den Markt für das eigene Produktangebot intensiver auszuschöpfen und damit Kunden von der Konkurrenz abzuwerben. Dieser Ansatz kann als der klassische Weg für eng besetzte Märkte gelten, auf denen starker Verdrängungswettbewerb herrscht. Als Anknüpfungsmöglichkeiten bieten sich an:

- Auf das Produkt bezogene Maßnahmen: Verbesserungen des Produkts durch Angleichung an präferierte Konkurrenzprodukte, Einbau von Zusatznutzen, konkurrenzorientierte Preispolitik.

    In den Rezipientenmärkten sind starke Tendenzen zur Adaption erfolgreicher Konzepte festzustellen, im Fernsehen z. B. von reichweitenstarken und kostengünstigen Formaten. Das Eindringen in die Kundensegmente der Konkurrenz gehört beim Fernsehen, wo Bedingungen wenig treuer Zuschauerschaften herrschen, zum Standardrepertoire jedes TV-Senders. Ein beredtes Beispiel liefert das Arsenal der Programmierungstechniken im Sendebetrieb, wie sie in Kapitel 34 dargestellt sind. Anders sind Produkte mit hoher Kundenbindung zu sehen wie z. B. der Markt für Abo-Zeitschriften. Eine Angleichungsstrategie an das Konkurrenzprodukt kann hier höchst gefährliche Effekte hervorrufen, wenn dadurch der Absatz bei den Stammkunden gefährdet wird.

    „Neue Kunden werden bei allen Presseprodukten (z. B. Aktionen wie Leser-Werben-Leser) stets mit Werbeprämien und Sonderkonditionen angeworben. Letzteres Beispiel zeigt auch schon die Grenze auf, die beim Anwerben neuer Kundenkreise existiert. Gerade die intensive Bevorzugung von Neukunden kann den Bestand an Altkunden gefährden. Im Printgeschäft führte dies seit den neunziger Jahren zu einer Zunahme der Kundenbindungsprogramme" (Breyer-Mayländer/Seeger 2006: 64).

    Konkurrenzorientierte Preispolitik findet sich v. a. in den hart umkämpften Werbemärkten in Print, TV, Radio und Internet mit einer hohen Preiselastizität der Nachfrage nach Werberaum. Alle Akteure sind hier zu flexiblem Preisverhalten verurteilt.

- Distributionspolitische Maßnahmen: Erweiterung der Distribution in konkurrenzspezifische Absatzkanäle.

    Ein Beispiel ist der Versuch eines Medienunternehmens, mit der Qualität eines Internet-Auftritts eines Konkurrenten durch Annäherung an dessen Konzepte gleichzuziehen. Zu denken ist etwa an die Auftritte der TV-Werbevermarkter (AS&S, IP Deutschland, SevenOneMedia, El Cartel), die in heftiger Konkurrenz zueinander stehen.

- Kommunikationspolitik: Modifikation der Produktauslobung durch Kommunikation zusätzlicher Argumente und Informationen.

Die **Erschließung bisheriger Nicht-Verwender** gilt als besondere Herausforderung, da es eine besonders hohe Hürde darstellt, grundlegende Einstellungen bei den Zielpersonen zu verändern. So ist z. B. ein kategorischer Nicht-Nutzer des Internets auch durch noch so intelligente Maßnahmen nicht für dieses Medium zu gewinnen. Als Ansätze der Gewinnung von Nicht-Verwendern kommen infrage:

- Produktpolitische Maßnahmen: Verteilung von Produktproben (Degustationen), Schaffung von Einstiegsprodukten speziell für preissensible Nicht-Verwender.

    Oft sind die Einstiegsschwellen in mediale Produktwelten deswegen hoch, weil zur Nutzung der Produkte technische Systeme notwendig sind, die teuer sind und/oder das Erlernen spezieller Bedientechniken erfordert. Zu denken ist an Abwehrhaltungen gegenüber dem Internet in verschiedenen Segmenten der Bevölkerung oder lange Zeit an teure Einstiegstechniken, ein Faktor, der z. B. die Marktschließung von hochauflösendem Fernsehen erschwert hatte.

Produktproben können bei Zeitungen und Zeitschriften durch Probe-Abonnements vermittelt werden. Allerdings bestehen hohe Hürden, Nicht-Verwender zur Unterschrift unter einen Vertrag zu bewegen. Warenproben können auch durch Hör-, Lese- und Filmproben angedient werden, die Schlüsse auf den Inhalt des Gesamtprodukts zulassen sollen.

- Distributionspolitische Maßnahmen: Aktivierung neuer bzw. bisher vernachlässigter Absatzkanäle, die von Nicht-Verwendern präferiert werden.

    Zu denken ist an die Bemühungen von regionalen Zeitungsverlagen, sich in die von Jugendlichen benutzten Informationskanäle „einzuklinken" und als relevante Informationsanbieter aufzutreten.

Ein Beispiel für eine ausgeprägte Marktdurchdringungsstrategie bieten ARD und ZDF, die kraft Auftrag hierzu nachhaltig gezwungen sind.

> ARD und ZDF verfolgen eine ausgeprägte Strategie der Marktdurchdringung. Dies kommt im hohen Stellenwert von Einschaltquoten und Marktanteilen zum Ausdruck, die – wie bei den Privaten – auch im öffentlich-rechtlichen Rundfunk hoch gehandelt werden. Ob man von einer „Schlacht um Einschaltquoten" sprechen soll, mag dahingestellt bleiben. Jedenfalls wird seitens der Verantwortlichen stets betont, die öffentlich-rechtlichen Rundfunkanstalten bräuchten auch die zahlenmäßig zum Ausdruck kommende Akzeptanz der Zuschauer und Zuhörer, um im dualen Rundfunksystem bestehen zu können (vgl. ARD-Weißbuch 2000: 18). Der öffentlich-rechtliche Rundfunk tritt dem Markt also durchaus mit dem Ziel gegenüber, die *Marktführerschaft* zu erringen, und zwar nicht nur im Informationsbereich, wo er ohnehin dominiert, sondern gemäß seinem Programmauftrag in allen Programmsparten: „Als einem Integrationsauftrag verpflichteter Anbieter muss sie Angebote in allen Programmsparten und für jeden bereitstellen, auch wenn das eine oder andere Angebot von einem Teil der Zuschauer weniger nachgefragt oder erwartet wird. Sie muss gerade auch in massenattraktive Bereich investieren, um im Interesse der gerade auch hier möglichen und wichtigen Integrationsfunktion das Abwandern von Zuschauern zu verhindern und um abgewanderten oder politisch weniger interessierten Zuschauern Brücken zur öffentlich-rechtlichen Angebotsplattform zu bauen" (ARD-Weißbuch 2000: 20 f.).

(2) Die **Marktentwicklungsstrategie** – auch als Strategie der „Marktausweitung" oder als „Market Stretching" bezeichnet – folgt dem Konzept, für bereits existierende Produkte einen neuen Markt (oder mehrere Märkte) zu finden und zu entwickeln. Die Strategie zielt also darauf ab, ein bestehendes Produkt auch in anderen Märkten zu etablieren. Als Hauptstoßrichtungen kommen neue Verwendungszwecke („New Uses") oder neue Verwender („New Users") infrage (vgl. Becker 2013: 154). Im Einzelnen können die folgenden Ansatzpunkte unterschieden werden (vgl. ebd. 153):

- Gewinnung fehlender Absatzräume;
- Erschließung von funktionalen Zusatzmärkten;
- Schaffung völlig neuer Teilmärkte.

Bei der **Gewinnung fehlender Absatzräume** geht es darum, bisher noch nicht unter Kontrolle gebrachte Markt- bzw. Absatzgebiete für die Produkte zu erschließen bzw. zu „arrondieren". Stichworte sind „weiße Kreise", „Löcher" im Absatzgebiet oder „Ausfransungen" des Absatzraumes.

> Beispiele sind Internationalisierungsstrategien für Zeitungen, Zeitschriften, Bücher, TV-Sender, Musikprodukte oder Computerspiele. Um die Maßnahmen diesem Ansatz zuordnen zu können, ist jedoch Voraussetzung, dass es sich unverändert um das bestehende Produkt handelt. So bedeutet die Gründung von „Fakt" als die „Bild-Zeitung" für Polen keine Arrondierung des Absatzraumes für Bild, sondern stellt eine Produktvariation dar, die dem nachfolgenden Aspekt zuzuordnen ist. Sehr wohl ist aber die Erschließung der Urlaubsinsel Mallorca für Bild eine solche Arrondierung, die im Übrigen so erfolgreich war, dass Springer für Bild inzwischen sogar ein Druckzentrum auf Mallorca betreibt.

Im Pressebereich sind des Weiteren Gebietsneuordnungen bei konkurrierenden Verlagen zu nennen (vgl. Breyer-Mayländer/Seeger 2006: 65).

Die **Erschließung von funktionalen Zusatzmärkten** folgt dem Prinzip, die Funktionen, die von den bestehenden Produkten erfüllt werden, gezielt zu erweitern und in marktfähige Aktionen umzusetzen. Als Ansätze dieses New-Uses-Konzepts kommen produktpolitische Maßnahmen wie die Erweiterung der Produkteignung, die Schaffung neuer Anwendungsbereiche und die Gewinnung neuer Einsatzfelder infrage.

> Ein Beispiel sind Internet-Links bei Tageszeitungen und TV-Sendungen zu den einzelnen Beiträgen, über die man sich Hintergrundinformationen beschaffen kann.
>
> Als gezielte Funktionserweiterung kann z. B. das Hörbuch gewertet werden, insbesondere wenn etwa ein Fachbuch gezielt für Manager als Hörbuch aufbereitet wird, damit diese freie Zeiten unterwegs sinnvoll nutzen können.
>
> Ein Beispiel zur Frühphase der Internet-Marktentwicklung: „Eine Website, die nicht nur über den PC navigierbar ist, sondern deren wesentliche Inhalte auch über ‚portable devices' wie Organizer und Palm-Tops ansteuerbar sind, ermöglicht neue Einsatzbereiche, die wiederum eine Marktausdehnung nach sich ziehen" (Breyer-Mayländer/Seeger 2006: 65).

Bei der **Schaffung neuer Teilmärkte** sollen neue Abnehmer (New Users) gefunden werden, die sich von den bisherigen Kunden in bestimmten Merkmalen unterscheiden. Wichtigster Hebel hierfür sind Produktvariationen und eine differenzierte Zielgruppenansprache.

> Ein Musterbeispiel für den Versuch der Schaffung neuer Teilmärkte sind Tabloid-Ausgaben von Tageszeitungen, etwa die im Mai 2007 neu als Tabloid gestartete Marke „Frankfurter Rundschau", die sich damit in eine Reihe mit großen weltweiten Titeln stellte. Ein wichtiges Ziel von Tabloid ist es, mit dem handlichen Kompakt-Format (halbes Nordisches Format) auch Medien-Nutzungsgewohnheiten vor allem jüngerer Zielgruppen anzusprechen und dadurch – neben einer verbesserten Leser-Blatt-Bindung bisheriger Nutzer – auch Nichtleser zur Zeitungslektüre zu gewinnen.
>
> Neue Teilmärkte können auch durch neue Vertriebswege erschlossen werden, wenn etwa Presseprodukte, Bücher, Filme oder DVDs über Discounter vermarktet werden. Auch hier kann das erklärte Ziel im Vordergrund stehen, neue Zielgruppen zu erschließen.

(3) Bei der **Produktentwicklungsstrategie** herrscht die Absicht vor, für bestehende Märkte neue Produkte zu entwickeln. Es geht darum, in systematischer und nachhaltiger Weise Innovationen im Markt zu platzieren und dadurch dauerhaft die Stagnationstendenzen des Marktes zu überwinden. Produktentwicklung bedeutet Innovationspolitik mit dem permanenten Bestreben zur Neuprodukt-Entwicklung. Dass dieser Strategierichtung eine Schlüsselbedeutung zukommt, ist an einer zunehmenden „Neuprodukt-Inflation" und daraus resultierend an der Beschleunigung der Veralterung bestehender Produkte mit der Verkürzung der Produktlebenszyklen abzulesen (vgl. Becker 2013: 156).

> „Diese neuen Wettbewerbsbedingungen erzwingen heute in den meisten Märkten eine systematische Innovationspolitik (im Sinne echter Marktneuheiten bzw. Unternehmensneuheiten). Sie ist geradezu zu einem zentralen Ansatzpunkt der Gewinn- und Existenzsicherung von Unternehmen geworden (so erzielen bereits viele Unternehmen zwischen einem Drittel und der Hälfte ihres Umsatzes mit Produkten, die in den letzten drei bis fünf Jahren entwickelt wurden). Ein solcher Anteil neuer Produkte am Gesamtumsatz ist vor allem in den Märkten (Branchen) notwendig, in denen Produkte relativ schnell veralten bzw. es relativ schnell zu Preis- und Renditeverfall kommt" (Becker 2013: 156; im Orig. teilw. hervorgehoben).

Im Medienbereich weisen zahlreiche Teilmärkte in hohem Maße diese Eigenschaften auf. Zu denken ist an den Buchmarkt, wo die Neuausgaben den treibenden Umsatzfaktor darstellen. Im Zeitschriftenmarkt zeigen die Verlage eine relativ hohe Bereitschaft zu Neugründungen, aber auch zu Eliminierung von Zeitschriftentiteln. Im Fernsehen ist im Hinblick auf die Inhalte die Entwicklung und Präsentation neuer Inhalte geradezu konstitutiv, obgleich Wiederholungen eine bedeutende Rolle bei der Programmgestaltung spielen. Weniger innovationsbereit zeigt man sich jedoch im Hinblick auf neue TV-Formate. Für den Kino-, Musik- und Spielemarkt gelten ähnliche Aussagen wie für den Buchmarkt.

Innovationen spielen im Medienbereich insbesondere bei Systemprodukten eine große Rolle, wenn technische Neuerungen im Spiel sind (z. B. Spielekonsolen, HDTV, iPod, iPad).

Bei der Produktentwicklungsstrategie sind drei Ansatzpunkte zu unterscheiden (vgl. Becker 2013: 156 f.):

- Echte Innovationen;
- Quasi-neue Produkte;
- Me-too-Produkte.

Als **echte Innovationen** sind völlig neue Produkte anzusehen, die es bislang nicht gab. Das Prädikat „echt" können nur solche Produkte für sich beanspruchen, die eine originäre Innovation darstellen ohne vorangegangenes Beispiel. Da bei dieser Strategie stets ein äußerst komplexer, zeit- und kostenintensiver Prozess der Produktentwicklung notwendig ist, ist es verständlich, dass eher die Strategien quasi-neuer und Me-too-Produkte im Vordergrund stehen.

Als prominente Beispiele für echte Innovationen im Medienbereich können genannt werden: Sofortbild-Kamera, iPod, Hörbuch, E-Paper, Smart-Phones, Mediatheken.

Ein Beispiel aus neuerer Zeit ist der Hörfunkkanal „Dasding", mit dem der Südwestrundfunk eine völlig neue Radioform einführte, indem er es als multimediales Konzept konzipierte. In der Pressemappe des SWR war zu lesen: „DASDING ist ein sponsor- und werbefreies, öffentlich-rechtliches Programm für junge Menschen, das täglich von etwa 30 Medienmachern zwischen 16 und Mitte 20 gemacht wird." Gesendet wird terrestrisch auf UKW in Ballungsräumen und über Kabel. Im Internet wird die On-Air-Produktion als Live-Stream vermittelt und ergänzt, kommentiert und erweitert. Ferner existiert ein wöchentlicher Newsletter, ausgewählte Radiobeiträge können als Podcast auf den Computer oder MP3-Player geladen werden. Zusätzlich gibt es eine TV-Sendestrecke im dritten Fernsehprogramm. Insgesamt gesehen ist „Dasding" ein trimediales Format mit hoher Innovationskraft. Andere öffentlich-rechtliche Rundfunkanstalten sind in Anschluss daran mit ähnlichen Konzepten aufgetreten, so z. B. SPUTNIK des Mitteldeutschen Rundfunks.

Bei **quasi-neuen Produkten** handelt es sich um neuartige Produkte, die jedoch an die bestehenden Produkteigenschaften anknüpfen.

Als Beispiele können genannt werden: Umstellung einer Tageszeitung auf das Tabloid-Format, Ausstrahlung von Fernsehsendungen im HDTV-Format, Entwicklung eines neuen Zeitschriftenkonzepts. Bei den öffentlich-rechtlichen Rundfunkanstalten verdienen es die TV-Sender Bayern Alpha, Arte oder Phoenix, in diesem Zusammenhang genannt zu werden. Gerade im Bereich von Fernsehprogrammen ist festzustellen, dass ständig neue Kanäle entwickelt werden (und nicht wenige auch wieder eingestellt werden), denen aber nicht das Prädikat einer echten Innovation verliehen werden kann, die aber gleichwohl mit neuen Konzepten aufwarten.

Me-too-Produkte sind einem Original nachempfundene bzw. nachgeahmte Produkte, die sich vom Original weniger in der Produktsubstanz als vielmehr im Produktäußeren oder im Preis unterscheiden.

Beispiele sind die „x-te Frauenzeitschrift", das Abkupfern eines neuen Radio- oder Fernseh-Programmkonzepts, die Adaption eines Fernsehformats („Wer wird Millionär?" in vielfachen Nachahmungen) oder bestimmter Einzelsendungen oder das Angebot einer neuen, technisch ähnlichen Spielekonsole, die sich als Konkurrenz zu derjenigen, die sich bereits im Markt befindet, versteht.

Jedes Medienunternehmen muss im Rahmen der Produktentwicklungsstrategie eine Entscheidung treffen, welcher Innovationsgrad angestrebt werden soll und nach welchen Ansatzpunkten sich die Produktentwicklung orientieren soll (Preis-Leistungs-verhältnis, Grundnutzen vs. Zusatznutzen, Technologie oder Problemlösungsansatz).

(4) Die **Strategie der Diversifikation** zeichnet sich dadurch aus, dass das Unternehmen mit neuen Produkten in neuen Märkten auftritt, damit aus der traditionellen Branche „ausbricht" und in benachbarte oder sogar abgelegene Aktivitätsfelder eindringt (vgl. Becker 2013: 164). Das klassische Argument für Diversifikation ist Risikostreuung. Ansatzpunkte sind die folgenden Optionen (vgl. ebd.):

- Horizontale Diversifikation;
- Vertikale Diversifikation;
- Laterale Diversifikation.

Bei der **horizontalen Diversifikation** wird das bisherige Produktprogramm um verwandte Produkte für den tendenziell gleichen Kundenkreis erweitert. Strategischer Ansatzpunkt ist diejenige Stufe in der Wertschöpfungskette, auf der man sich mit dem Produkt befindet. Für das Fernsehen – vgl. Abb. 31-3 – ist dies z. B. die Stufe des Packaging, wo ein Sender durch Neugründung oder Ankauf einer Geschäftseinheit sein angebotenes Produktportfolio erweitert. Dadurch verbreitert sich in horizontaler Richtung die Präsenz im Markt. Haupttriebfeder für die horizontale Diversifikation ist die Nutzung von Synergieeffekten.

> Als reales Beispiel für eine horizontale Diversifikation kann die vollständige Übernahme von n-tv durch Bertelsmann bzw. durch die RTL Group angesehen werden. Ein weiteres Beispiel ist der – vom Kartellamt untersagte – versuchte Kauf der Berliner Verlag GmbH (u. a. mit der Berliner Zeitung) durch die Verlagsgruppe Holtzbrinck.
>
> Ein interessantes Beispiel lieferte vor einiger Zeit die Deutsche Presseagentur (dpa), die erwog, kommerzielle Aufträge zur journalistischen Auftragsproduktion anzunehmen (vgl. w&v, Nr. 39/2006: 65). Damit bewegte sich dpa als eine zur Unabhängigkeit verpflichtete Nachrichtenagentur in sehr sensiblen Grenzbereichen der Glaubwürdigkeit. Zum WM-Portal „Land der Ideen" hatte die dpa als ein sog. „Medienpartner" bereits insgesamt 800 Texte geliefert.

Die **vertikale Diversifikation** ist dadurch gekennzeichnet, dass Produkte bzw. Geschäftseinheiten in das Programm aufgenommen werden, die im Hinblick auf die Wertschöpfungskette den bisherigen Produkten vor- oder nachgelagert sind. Eine Diversifikation in Richtung der vorgelagerten Stufen bezeichnet man als Rückwärtsintegration, in Richtung nachgelagerter Stufen als Vorwärtsintegration.

> Beispiele für eine vertikale Diversifikation: Der TV-Sender Viva Media AG übernimmt das Produktionsunternehmen Brainpool (Rückwärtsintegration). Die Kabelgesellschaft Kabel Deutschland GmbH (KDG) bietet über digitale Pay-TV-Plattformen fremdsprachige Programmpakete an (Rückwärtsintegration). Das Hollywood-Studio MGM gründet den MGM Channel (Vorwärtsintegration). Die Spiegel TV GmbH betreibt gemeinsam mit DCTP den Sender XXP (Vorwärtsintegration). Ein Versandhaus beteiligt sich am Teleshopping-Sender „Home Shopping Europe" (Vorwärtsintegration).

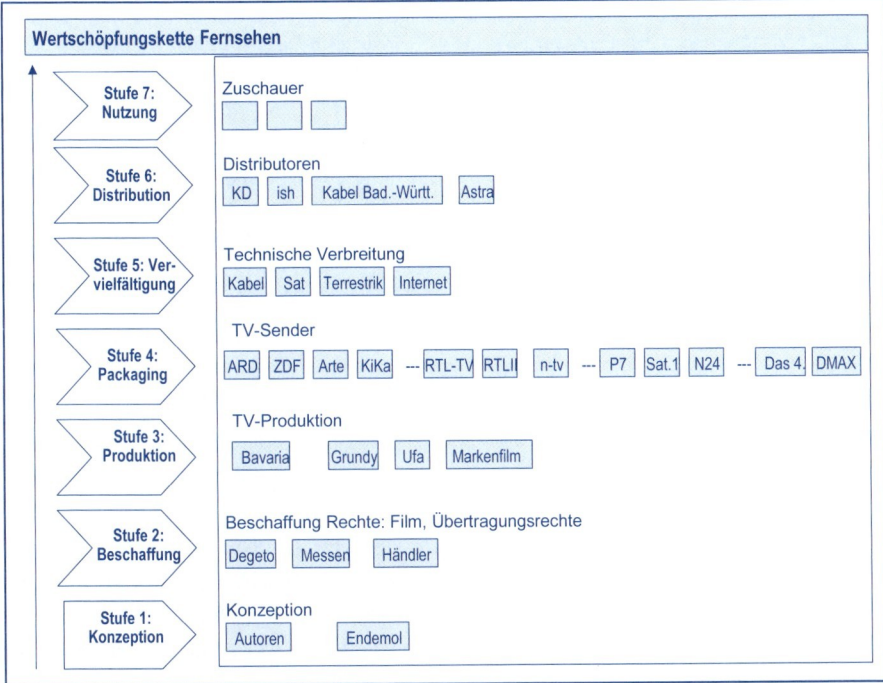

Abb. 31-3: Wertschöpfungskette Fernsehen in vertikaler und horizontaler Sicht

Während bei der horizontalen und vertikalen Diversifikation ein enger Bezug zum Wertschöpfungsprozess des Ausgangsproduktes besteht, erfolgt bei der **lateralen Diversifikation** (auch: „diagonale Diversifikation") ein Vorstoß in völlig neue Produkt- und Marktbereiche. In ihrer reinen Form als „echte laterale Diversifikation" stehen die neuen Produkte in keinerlei sachlichem Zusammenhang mit den bisherigen Produkten. Unecht ist die laterale Diversifikation dann, wenn die Produktbereiche zwar nicht verwandt sind, dennoch in einer logischen Beziehung zueinander stehen, da sie sich z. B. beide innerhalb des Mediengesamtmarktes befinden (z. B. Zeitungsmarkt und Fernsehmarkt). Die Abgrenzung zwischen den Typen der Diversifikation ist jedoch nicht immer eindeutig.

Als Beispiele für unechte diagonale Diversifikation können gelten: Beteiligung von Presseunternehmen an TV-Sendern, z. B. Beteiligung des Springer-Verlags an den Sendern der ProSiebenSat1 Media AG; Beteiligung der WAZ-Gruppe, des Burda- und des Bauer-Verlags an RTL II; „Bild-T-Online" als Joint Venture des Springer Verlags und T-Online; Portalpartnerschaft von T-Online mit ZDF, Motorpresse Stuttgart und Burda Verlag. Beispiele für echte diagonale Diversifikation: Rewe beteiligte sich an Sat 1; Bauunternehmung Fininvest (Berlusconi) beteiligt sich an Privat-TV-Sender; ein Medienunternehmen hält ein Wertpapierpaket an einem branchenfremden Unternehmen.

Anzumerken ist, dass eine Diversifikation, die auf Basis des Konzepts der Kernkompetenzen erfolgt, die Möglichkeit eröffnet, die Gefahren beim Eintritt in einen neuen Markt erheblich zu mindern und dennoch die ursprünglichen Ziele der Diversifikation zu realisieren. Ein interessantes Ziel ist es also, Diversifikationsfelder zu identifizieren, die eine Übertragung der bestehenden Kernkompetenzen ermöglichen.

Die öffentlich-rechtlichen Rundfunkanstalten verfolgen seit längerem eine Diversifikationsstrategie und konzentrieren sich dabei auf eine Strategie der horizontalen Diversifikation: Angestrebt wird Diversifikation im Hinblick auf verwandte Produkte für die gleiche Abnehmerschaft, also nicht in Hinblick auf die vertikale Diversifikation entlang der Wertschöpfungskette. Die laterale, also „echte" Diversifikation in völlig neue Produkt- und Marktbereiche steht als Weg ohnehin nicht offen. Beispielhaft kommt dieser strategische Ansatz im ARD-Konzept „Vernetzen statt versparten" aus früheren Zeiten zum Ausdruck: „Wir müssen in der Flut der Kanäle für jedermann auffindbar bleiben und weiterhin eine tragende Rolle im öffentlichen Diskurs spielen" (ARD-Jahrbuch 96: 15). Das Publikum solle durch eine „intelligente Vernetzung" und eine „individuelle Komposition" der Programmangebote (herkömmliche Fernseh- und Radioprogramme sowie Online-Dienste und Spartenangebote) einen sichtbaren Mehrwert erhalten. Damit werde das „gemeinschaftsstiftende Band" des öffentlich-rechtlichen Rundfunks, also ihre Integrationsfunktion, gestärkt, was in einer immer stärker in Partikularinteressen zerfallenden Gesellschaft ein hohes Gut sei. Die öffentlich-rechtlichen Rundfunkanstalten verfolgen diese Strategie, in allen relevanten Medienformen vertreten zu sein und damit eine Diversifikation ihres Programmangebots zu einer bündigen Gesamtleistung zu vollziehen, mehr denn je: Zu dem herkömmlichen TV-Angebot mit den traditionellen Programmen (Erstes Programm, Zweites Programm, Dritte, Arte, 3Sat) treten strategisch wichtige Spartenprogramme (Kinderkanal, Phoenix, Kultur- und Jugendkanäle) hinzu; zum analogen TV-Angebot tritt ein digitales TV-Bouquet; TV- und Radio-Angebote werden systematisch durch Online-Angebote ergänzt.

(5) Ein besonderes Thema im Zusammenhang der Marktfeldstrategien stellt das sog. **Markteintrittsmanagement** dar. So hängt das Engagement in einem Markt maßgeblich von den Markteintrittsbarrieren ab. Sind diese hoch, ist es für neue Anbieter unmöglich oder sehr aufwändig, sich in dem betreffenden Markt zu etablieren. Niedrige Barrieren begünstigen das Vorhaben des Markteintritts.

Unter Markteintrittsbarrieren werden „solche Faktoren verstanden, die den Markteintritt eines Newcomers erschweren oder ausschließen und damit die Aufrechterhaltung von Ineffizienzen ermöglichen" (Kruse 1988: 132).

Als **Faktoren**, die maßgeblich die Rolle von **Markteintrittsbarrieren** ausüben, sind zu nennen (vgl. Müller-Stewens/Lechner 2011: 175 f.):

- Economies of Scale: Dieser Faktor wirkt immer dann als Barriere, wenn eine Branche durch hohe Fixkosten und mit der Produktionsmenge sinkende Stückkosten gekennzeichnet ist. Dann ist der Neuling im Markt gezwungen, mit hohen Stückzahlen im Markt aufzutreten und hohe Anfangsinvestitionen zu tätigen.
- Ausmaß der Produktdifferenzierung: Je mehr es den bestehenden Marktakteuren gelungen ist, starke Marken zu bilden, d. h. attraktive, einzigartige Produkte mit hoher Kundenbindung, desto eher sind die neuen Anbieter gezwungen, selbst hohe Investitionen in die neue Produkte zu tätigen, um in einen echten Wettbewerb treten zu können.
- Kapitalbedarf: Dieser Faktor stellt umso mehr eine Barriere dar, je ressourcenintensiver die Branche ist.
- Kostennachteile: Ist es den sich im Markt befindlichen Akteuren gelungen, nachhaltig wirkende Standards zu setzen, die vom Konsumenten nicht ohne erhebliche Kosten verlassen werden können, kommt es zu Beharrungseffekten, die für den Neuling nicht leicht zu verändern sind. Eine wichtige Rolle spielen in diesem Zusammenhang Lock-In-Effekte, bei denen das Verlassen des Standards für den Konsumenten mit erheblichen persönlichen Kosten verbunden ist. Umgekehrt ist es so, dass Kostenvorteile die Markteintrittsbarrieren stark absenken können,

wenn z. B. ein neuer Anbieter mit Spezialisierungsvorteilen Kunden weglocken kann, weil die bestehenden Anbieter nicht flexibel genug reagieren können.
- Vertriebskanäle: Die Eintrittsbarrieren sind dann hoch, wenn der Zugriff auf Vertriebskanäle erschwert bzw. behindert ist oder der Aufbau eigener Vertriebskanäle mit besonderen Schwierigkeiten verbunden ist. Für diesen Fall gelingt es dem neuen Anbieter nicht, seine Produkte wie gewünscht an die Kunden zu bringen.
- Staatliche Politik: Schließlich können staatliche Vorgaben den Marktzugang behindern oder ausschließen, sei es durch Gesetze oder z. B. durch das Setzen von Standards (Sicherheit, Umweltschutz).

Die Markteintrittsbarrieren lassen sich in strukturelle, strategische und institutionelle Markteintrittsbarrieren typisieren (vgl. Sjurts 2005: 17).

„Von zentraler Bedeutung im Zeitschriftenmarkt sind **strukturelle** Markteintrittsschranken in Form von Kostenvorteilen für auflagenstarke Anbieter. Im Rezipientenmarkt ist dies der ‚first-copy-cost-effect', d. h. das Sinken der Durchschnittskosten bei steigender Auflage wegen konstanter Kosten der Urkopie, im Anzeigmarkt die ‚Anzeigen-Auflagen-Spirale'. Sie führt bei steigender Auflage zu sinkenden Anzeigenpreisen für die Werbetreibenden und löst damit ein erhöhtes Anzeigenaufkommen mit entsprechend höheren Anzeigenerlösen aus, die idealtypisch dann wieder für eine Verbesserung der redaktionellen Qualität zum Zwecke weiterer Auflagensteigerungen und damit wiederum höherer Anzeigenerlöse genutzt werden können. Den Markteintritt erschweren ferner strategische Zutrittsschranken wie Produktdifferenzierung oder der Imagetransfer von etablierten Blättern auf neue Titel des gleichen Verlages und quasi-institutionelle Eintrittsbarrieren wie die Bedingungen der Aufnahme (z. B. Mindest-Verkaufsauflage) für Werbeträger in den Berichtskreis von Media-Analyse und Allensbacher-Werbeträgeranalyse" (Sjurts 1997: 261).

Um Markteintrittsbarrieren überwinden zu können, sind **konkrete Eintrittsstrategien** (Entry Modes) zu entwickeln. **In räumlicher Hinsicht** kommen unterschiedliche Formen infrage, wie das Beispiel des Eintritts in ausländische Märkte zeigt (vgl. Becker 2013: 324). Es sind dies: Export, Lizenzvergabe, Franchising, Joint Venture, Auslandsniederlassung, Produktionsvertrieb, Tochtergesellschaft.

Dieser Katalog lässt sich auch auf die Frage des Markteintritts im nationalen Kontext übertragen. Entscheidet sich ein Unternehmen z. B. für eine auf einen bestimmten Standort zentrierte Produktion, können die deutschlandweiten Lieferungen als „Export" (in andere Regionen) aufgefasst werden. Dem steht ein Strategie-Konzept gegenüber, das auf ein Netz von Niederlassungen setzt.

In diesem Zusammenhang ist erkennbar, dass zunehmend Kooperationsstrategien an Bedeutung gewinnen. Hauptgrund ist, dass das einzelne Unternehmen durch Zusammenarbeit mit einem oder mehreren anderen die bisherigen Aktivitätsgrenzen aufheben und neue Märkte überhaupt erst betretbar machen kann.

In zeitlicher Hinsicht sind beim Markteintrittsmanagement sog. Timing-Strategien zu entwickeln (vgl. Becker 2013: 378 ff.). Als typische Markteintrittsmuster sind die folgenden Strategieansätze zu nennen:

- First-to-Market-Strategie: Pionier-Strategie;
- Second-to-Market-Strategie: Frühfolger-Strategie;
- Later-to-Market-Strategie: Spätfolger-Strategie.

Der Vorteil der Pionier-Strategie liegt im Vorsprung, der preispolitische Spielräume und die Setzung von Standards ermöglicht, nachteilig sind hohe Markterschließungskosten und Risiken der Marktentwicklung. So überrascht es nicht, dass – gerade auch im Medienbereich – sich oft der frühe Folger erfolgreich im Markt positionieren kann, da er die ersten Markterfahrungen nutzen kann und ein geringeres Markteintrittsrisiko hat als der Pionier. Die Spätfolger-Strategie schließlich zeichnet sich dadurch aus, dass sie über deutlich geringere Erfolgsaussichten verfügt, insbesondere weil sich im Zeitablauf normalerweise hohe Eintrittsbarrieren aufgetürmt haben.

> Das Fallbeispiel des Nachrichtenmagazins „Der Spiegel" zeigt diesen Effekt der Spätfolger-Strategie. Erst im Jahr 1993 gelang es dem Burda-Verlag mit der Markteinführung des „Focus", die jahrzehntelang unangefochtene Quasi-Monopolstellung des „Spiegel" zu brechen. Bis dahin war mehrfach von verschiedenen Verlagen versucht worden, ein Parallelprodukt zum „Spiegel" auf den Markt zu bringen. Damit „Focus" erfolgreich sein konnte, war zudem ein klar kontrastierendes Konzept erforderlich, das z. B. stärker auf Bildkommunikation, den Einsatz von Infografiken und die Reduktion der Textbotschaften auf kompakte Kerninformationen setzte.

Stellt man die Timing-Strategien in den räumlichen Bezug, lassen sich zwei Ansätze unterscheiden (vgl. Becker 2013: 335; Kopp 2006: 197):

- Wasserfall-Strategie;
- Sprinkler-Strategie.

Bei der Wasserfall-Strategie legt das Unternehmen ein eher vorsichtiges, zurückhaltendes und sukzessives Marktdurchdringungsverhalten an den Tag, das sehr langfristig angelegt sein kann (zehn Jahre und mehr). Bestimmte Länder bilden insofern Brückenköpfe oder Sprungbretter für weitere ausländische Markterschließungen.

> Der Wasserfall-Strategie entspricht im internationalen Kontext die „Länderstrategie", wie man am Beispiel von Zeitungs- und Zeitschriftenverlagen sehen kann: „Auf wenigen, ausgewählten Märkten werden möglichst viele Publikationen herausgegeben (z. B. *Gruner+Jahr AG*, die ihre Titel nur in ausgewählten Ländern wie USA, Großbritannien, Frankreich usw. verlegt). Diese Strategie ermöglicht eine jeweils optimale Marktausschöpfung, erfordert aber meist die Gründung von Tochtergesellschaften. Sie gilt deshalb als sehr kostenintensiv und kommt nur im Rahmen einer langfristigen Investitionsentscheidung zum Einsatz" (Kopp 2006: 197).

Im Gegensatz dazu steht die Sprinkler-Strategie. Hier erfolgt die Produktinnovation bzw. der Markteintritt möglichst schnell und in allen relevanten Schlüsselmärkten.

> Die Sprinkler-Strategie muss immer dann angewandt werden, wenn Produkte mit weltweit hohem Technologiepotenzial zu vermarkten sind. Im Medienbereich trifft dies auf zahlreiche Produkte zu, die als hoch technisierte Systemprodukte bezeichnet werden können, wie z. B. Spielekonsolen, iPod, neues Video-Format. Im Beispiel des Zeitungs- und Zeitschriftenmarktes steht der Wasserfall- bzw. Länderstrategie die Titelstrategie als Sprinkler-Strategie gegenüber: „Wenige bzw. nur ein ausgewählte(r) Titel werden (wird) in möglichst vielen Ländern herausgegeben (z. B. der französische Verlag *Hachette*, der die Publikumszeitschrift *Elle* in 16 Ländern vertreibt). Der Vorteil dieser Strategie liegt in den relativ geringeren Investitionskosten, da die Markteinführung meist mit örtlichen Partnern erfolgt, deren Know-how und Infrastruktur (Vertrieb, Anzeigenverkauf usw.) genutzt werden" (ebd.).

In diesem Zusammenhang ist darauf hinzuweisen, dass auch Mischformen möglich sind, indem zunächst die Wasserfall- und in einer sich daran anschließenden Phase die Sprinkler-Strategie zur Anwendung kommt. Ein Beispiel ist die europäische TV-Expansionsstrategie der RTL Group.

31.3 Marktstimulierungsstrategien

Bei den Marktstimulierungsstrategien (auch: Marktbeeinflussungsstrategien) geht es um die Art und Weise, wie auf den Markt im Sinne von definierten Marktzielen Einfluss genommen werden kann. Zwei grundlegende idealtypische Strategiemuster stehen dabei zur Verfügung, die sich aus den Haupt-Dimensionen Qualität und Preis des Produkts ableiten lassen (vgl. Becker 2013: 180):

- Präferenzstrategie: Differenzierung über die Qualität;
- Preis-Mengen-Strategie: Differenzierung über den Preis.

(1) Bei der **Präferenzstrategie** – auch als Hochpreis- bzw. Markenartikelstrategie bezeichnet – werden alle absatzpolitischen Maßnahmen darauf ausgerichtet, für das Produkt ein klares und wirksames Marktimage zu erarbeiten, das ihm eine Vorzugsstellung („Präferenz") auf dem Markt verschafft. Der wichtigster Ansatzpunkt ist dabei typischerweise die Qualität, über die man die Differenzierung von den Konkurrenzprodukten herbeiführen will. Ziel der Präferenzstrategie ist es, Käufer-Segmente zu mobilisieren, die einen höheren Preis zu entrichten bereit und in der Lage sind. Als der entscheidende „präferenzstrategische Schlüsselfaktor" für das Produkt fungiert dessen Eigenschaft als eine klar erkennbare Marke.

> „Den strategischen Ansatzpunkt bildet hierbei die Schichtung von Märkten ... Die marketingpolitische Aufgabenstellung besteht in der richtigen schichten-strategischen Einpassung des Unternehmens im Markt" (Becker 2013: 179).

Abb. 31-4 verdeutlicht (Quelle: Becker 2013: 181), dass die Präferenzstrategie für obere und mittlere Märkte anwendbar ist, wo die sog. Marken-Käufer vorherrschen. Im unteren Markt dominiert demgegenüber der sog. Preis-Käufer, der nur über die Preis-Mengen-Strategie gewonnen werden kann.

> Hochpreis- bzw. Markenstrategien finden sich zahlreich in allen Medienbereichen. Typische Beispiele im Printbereich sind Zeitschriftenprodukte wie „GEO", die „Frankfurter Allgemeine Zeitung" oder „Harvard Business Manager", im elektronischen Bereich der Pay-TV-Kanal „Sky", Spielekonsolen oder kostenpflichtige Premiumangebote im Internet.
>
> Im Bereich des kommerziellen Free-TV ist die Anwendung der Präferenzstrategie insbesondere im Kontext der Aktivitäten auf dem Werbemarkt relevant. Voraussetzung für den Erfolg auf dem Werbemarkt ist dabei die erfolgreiche Markenbildung, die sich bei den Rezipienten in Form von höherer Aufmerksamkeit und positiver Einstellungen ausdrückt. Der Werbemarkt lebt also von der Präferenzbildung auf dem Rezipientenmarkt. Wegen dieser nur indirekten Verbindung zwischen Rezipientenverhalten und der Refinanzierung (d. h. Umwegfinanzierung) über den Werbemarkt verfolgen praktisch alle Fernsehsender eine Präferenzstrategie.

Eine entscheidende Erfolgsvoraussetzung eines jeden Strategiekonzepts ist seine klare Positionierung. Als problematisch müssen undefinierte und undifferenzierte „Grauzonen" gelten, die durch eine klare strategische Ausrichtung zu vermeiden sind. Abb. 31-5 zeigt die sich im Kontext der Dimensionen Qualität und Preis ergebenden unterschiedlichen strategischen Positionen.

Neben der „Raubbau(preis)politik" ist v. a. die Mittellagen-Strategie als problematisch anzusehen, da sie zu einer undefinierbaren Verwischung der Grundansätze führt (vgl. Becker 2013: 182).

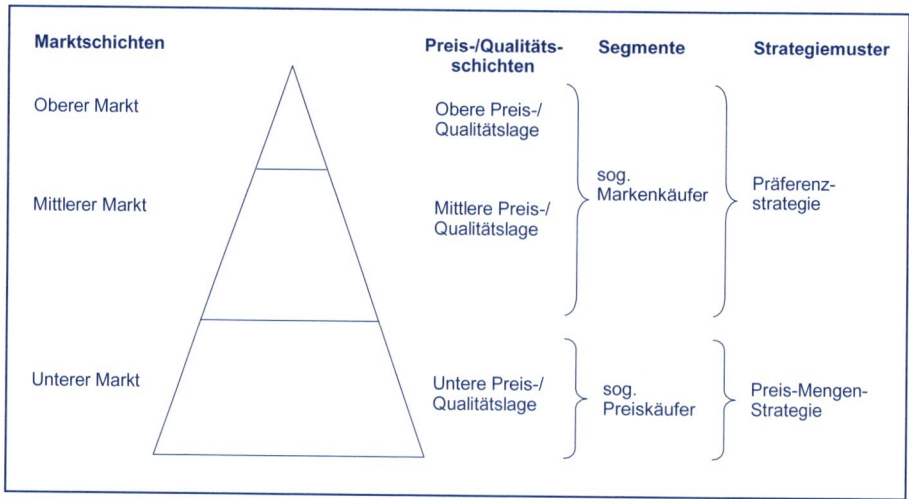

Abb. 31-4: Markt-, Preis- und Abnehmerschichten und Strategiemuster

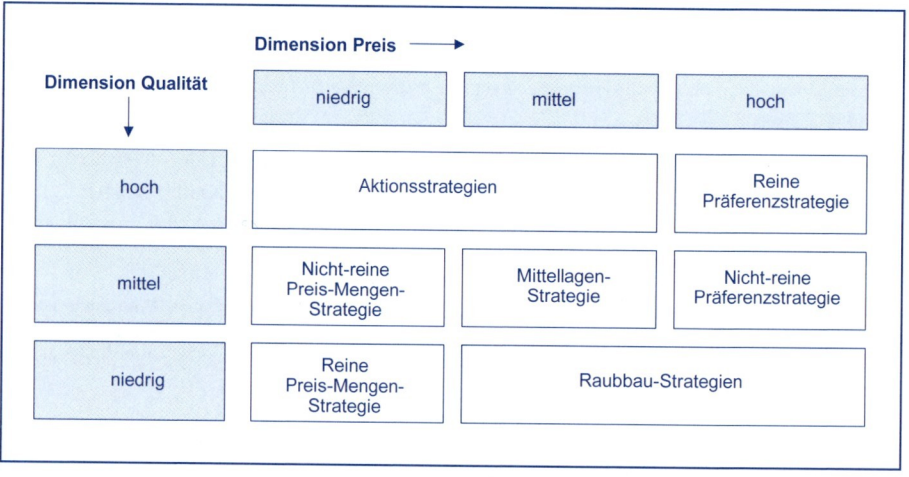

Abb. 31-5: Strategische Positionen im Hinblick auf die Dimensionen Qualität und Preis

(2) Als zweite Möglichkeit steht die **Preis-Mengen-Strategie** – auch als Niedrigpreis- bzw. Discountkonzept bezeichnet – zur Verfügung. Bei diesem Strategiekonzept Hier entscheidet sich das Unternehmen dafür, das Produkt in der Weise zu positionieren, dass es für die Abnehmergruppe der Preis-Käufer attraktiv ist. Ziel ist es, ggf. sogar durch preisaggressives Verhalten, bei den Konsumenten eine Präferenz für das Produkt aufzubauen.

Die Anwendung der Preis-Mengen-Strategie schließt dabei die Markenbildung nicht aus; typisch ist lediglich der primäre Einsatz des Preises als Wettbewerbsmittel (vgl. Becker 2013: 215 f.).

31.4 Marktparzellierungsstrategien

Bei den Marktparzellierungsstrategien geht es um die Art, wie die Differenzierung bzw. Abdeckung des Marktes erfolgen soll, in dem ein Unternehmen tätig sein will. Dabei lassen sich zwei Strategiemuster unterscheiden (vgl. Becker 2013: 238):

- Massenmarktstrategie;
- Marktsegmentierungsstrategie.

(1) Ziel der **Massenmarktstrategie** – auch als „Unifizierungsstrategie" bezeichnet – ist es, in dem zur Debatte stehenden Markt eine möglichst hohe Ausbringungsmenge zu erzielen („Erfolg durch Masse") und dadurch niedrige Preise realisieren zu können. Dabei werden die Unterschiede in der Bedürfnisstruktur der Käufer bewusst nicht berücksichtigt, vielmehr wird der Markt als ein einheitliches Aggregat behandelt. Bei der Gestaltung des Angebots konzentriert man sich also auf diejenigen Produkteigenschaften, die von allen Konsumenten ähnlich wahrgenommen werden und nicht auf die differenzierenden Eigenschaften. Dieser – klassische – Strategieansatz wird auch als „Schrotflinten-Konzept" bezeichnet, in Abgrenzung zum „Scharfschützen-Konzept" der Marktsegmentierung (vgl. ebd. 242, 248).

> Musterbeispiele sind klassische Markenartikel wie Odol (Mundwasser), Nivea (Hautcreme), Persil (Waschmittel), Tempo (Taschentücher), Maggi (Würze, Suppen), Asbach Uralt (Weinbrand) (vgl. ebd. 241).

Nach dem Grad der Abdeckung des Gesamtmarktes unterscheidet man zwischen totaler und partieller Marktabdeckung (vgl. ebd. 241 ff.). Dabei ist die Massenmarktstrategie mit partieller Marktabdeckung grundsätzlich auch massenhaft angelegt, sie konzentriert sich jedoch auf bestimmte Teilabschnitte eines Marktes.

> Im Medienbereich ist die Massenmarktstrategie immer dann ein klassischer Ansatz, wenn über große Ausbringungsmengen beträchtliche Kostendegressionseffekte (Economies of Scale) realisiert werden können und die angebotenen Produkte breite Akzeptanz finden. Dies ist im Zeitungs- und Zeitschriftenmarkt bei großen Print-Marken der Fall (z. B. Bild, Stern, Spiegel) ebenso wie die großen Fernsehvollprogramme (z. B. RTL oder Sat.1).
>
> Die Angebote der öffentlich-rechtlichen Rundfunkanstalten, zumindest der ersten, zweiten und der dritten Programme, sind definitionsgemäß auf Masse angelegt, da sie eine Grundversorgung der gesamten Bevölkerung anbieten sollen. Eine hohe, massenhafte Akzeptanz – und damit eine gewisse Orientierung an hohen bzw. befriedigenden Einschaltquoten – muss ARD und ZDF insofern als legitim zugestanden werden. Öffentlich-rechtliche Rundfunkanstalten sind eben gerade nicht vorrangig dazu beauftragt, Nischenangebote z. B. im Kulturbereich anzubieten und sich ansonsten zurückzuhalten.

(2) Bei der **Marktsegmentierungsstrategie** wird der relevante Markt in Untergruppen (Segmente) eingeteilt, die im Hinblick auf die Marktreaktion untereinander heterogen sind, intern aber als homogene Einheiten erscheinen. Die Segmente sind so zu definieren, dass sie jeweils mit einem speziellen Marketing-Mix bearbeitet werden können. Die Kundensegmente sollen mit unterschiedlichen Preis-Leistungs-Niveaus angesprochen werden.

> „Im marketing-strategischen Sinne kann der Ansatz Marktsegmentierung dahingehend präzisiert werden, dass mit ihm die Aufteilung eines Marktes in homogene Untergruppen von Verbrauchern (Abnehmern) angestrebt wird, und zwar in der Weise, dass jede von ihnen als Zielmarkt ausgewählt werden kann, der mit einem spezifischen Marketing-Mix bearbeitet werden soll" (Becker 2013: 247).

Das Wesen der Marktsegmentierung ist damit die **Zielgruppenbestimmung**. Als Segmentierungskriterien kommen hauptsächlich demografische, psychografische und kaufverhaltensbezogene Kriterien infrage (vgl. Becker 2013: 251). Demografische Kriterien betreffen die soziale Schicht (Einkommen, Schulbildung, Berufstätigkeit), den Familien-Kontext (Geschlecht, Alter, Familienstand, Zahl und Alter der Kinder) oder geografische Kriterien wie Wohnortgröße, Region, Stadt/Land oder Stadtteile.

> Beispiele sind Produktdifferenzierungen im Hörfunk nach Lebensstil und Alter, geografische Untergliederungen der Leserschaft bei Tageszeitungen und Anzeigenblättern oder die Positionierung des Fernsehprogramms Bayern Alpha als Programm für Zuschauer mit höherer Schulbildung.

Psychografische Kriterien sind allgemeine Persönlichkeitsmerkmale (Lebensstil wie Werte, Aktivitäten, Interessen, Meinungen; Persönlichkeitsinventare wie Temperament, soziale Orientierung, Wagnisfreudigkeit) oder produktspezifische Kriterien (Wahrnehmungen, Einstellungen, Motive, Präferenzen, Kaufintentionen).

> Ein Beispiel ist die dezidierte und auch so kommunizierte Konzentration der Zeitschrift „Focus" auf die Zielgruppe der sog. „Info-Elite". Besonders bekannt geworden ist im Zusammenhang der psychografischen Segmentierung das Milieu-Modell von Sinus, nach dem die deutsche Gesellschaft in insgesamt zehn „Sinus-Milieus" eingeteilt wird, die sich nach sozialer Lage und Wertorientierung unterscheiden. Alle großen Medienunternehmen haben genaue Vorstellungen, wie ihre Produkte innerhalb der Sinus-Koordinaten positioniert sind.

Kaufverhaltensbezogene Kriterien beziehen sich auf Preisverhalten, Mediennutzung, Einkaufsstätten- und Produktwahl. Bei der Preiswahl sind relevant: Verhalten im Hinblick auf Preisklassen bzw. -schwellen, Kauf von Markenprodukten, Sonderangebote, Reaktionen auf Preisänderungen. Die Mediennutzung wird durch das Informationssuchverhalten, die Art und Zahl der genutzten Medien und die Nutzungsintensität beschrieben. Bei der Einkaufsstättenwahl interessieren die Präferenzen im Hinblick auf Betriebsformen, Geschäfte, Ortstreue und Wechselbereitschaft. Das Kriterium Produktwahl markiert die Relation von Käufer/Nichtkäufer, das Markenwahlverhalten (Markentreue, Markenwechsel), das ausgelöste Kaufvolumen (Intensiv-, Normal-, Schwachverwender), sowie das Verbundkaufverhalten.

> Für das Fernsehen werden Intensivnutzer als „Vielseher" bezeichnet; dies sind Personen, deren durchschnittlicher täglicher Fernsehkonsum bei ca. acht Stunden liegt.

Vor dem Hintergrund stagnierender und gesättigter Märkte sowie gestiegener Konsumansprüche gewinnt die Marktsegmentierungsstrategie an Bedeutung, nicht zuletzt vor dem Hintergrund, dass sich im Zeichen der Digitalisierung die Möglichkeiten zur zielgruppenspezifischen sowie zur persönlichen Adressierung (Stichwort „Personalisierung") laufend verbessern.

> Ein Beispiel für die erfolgreiche Zielgruppenfokussierung – als Gegensatz zum Konzept der Massenmarktstrategie – liefert das nachfolgende Zitat eines Medienmanagers: „Wie dieses realisiert werden kann, zeigt ein Beispiel der Giesel Medien Gruppe – ein Unternehmen der Klett AG – deren Ziel es ist, die mediale Wertschöpfung so zu organisieren, dass sich Tempo und Dynamik der Unternehmensentwicklung durch innovative Ansätze in der Produktentwicklung und Marktpositionierung kontinuierlich erhöhen. ... Wesentliches Ergebnis der Untersuchung ist die Erkenntnis, dass die Entwicklung von Nischentiteln mit klar definierten, eingegrenzten Zielgruppen (Leser- und Anzeigenkunden) überdurchschnittlich erfolgversprechend ist, um sich auf gesättigten und dynamischen Märkten durchzusetzen" (Biallas 2004: 47).

31.5 Marktarealstrategien

Gegenstand der Marktarealstrategien ist die bewusste räumliche Festlegung und Bearbeitung von Markt- und Absatzräumen eines Unternehmens, wobei sich die folgenden marktareal-strategischen Optionen unterscheiden lassen (vgl. Becker 2013: 301):

- Nationale Strategien (Domestic Marketing) mit lokaler, regionaler, überregionaler oder nationaler Markterschließung;
- Übernationale Strategien (International Marketing) mit multinationaler, internationaler oder Weltmarkterschließung.

In Ergänzung hierzu und sofern eine systematische Absatzgebiet-Politik verfolgt wird, stellt sich die Frage nach der Art des Expansionskonzepts. Hierbei kann die konzentrische, die selektive und die inselförmige Gebietsausdehnung unterschieden werden (vgl. ebd. 304).

(1) Im Kontext von **nationalen Strategien** ist über die inlandsbezogenen Gebietsoptionen zu entscheiden. Diesbezüglich kann die generelle Beobachtung gemacht werden, dass die Absatzgebietepolitik heute sehr stark in die Richtung nationaler Marktabdeckung orientiert ist (vgl. ebd. 310). Als Hauptgründe einer solchen Nationalisierungstendenz können gelten (vgl. ebd.):

- Stagnierende regionale Märkte, dadurch verstärkte Suche nach erschließbaren Marktpotenzialen im überregionalen Bereich;
- Unvermeidbare Werbefehlsteuerungen (Streuverluste), die bei einer starken Regionalisierung von Märkten auftreten;
- Sicherstellung der nationalen „Überall-Erhältlichkeit" (Ubiquität), um Marken aufzubauen und zu führen;
- Konzentration im Handel.

Im Medienbereich zeigt sich die nationale Ausrichtung auf der Produktebene in ausgeprägter Weise im Buch-, Zeitschriften-, Kino-, Fernseh-, Musik- und Spielemarkt.

> Als gutes Beispiel für eine Regionalisierungsstrategie kann das Konzept der „Bild-Zeitung" erwähnt werden: „Bei *Bild* waren Auflagenverluste zu Beginn der 70er Jahre Anlass für erste strategische Umorientierungen. Um Leser- und Anzeigenkunden zurückzugewinnen, wurde eine *regionale Ausdifferenzierung* des Blattes vorgenommen. Mit eigenständigen Bild-Ausgaben für Millionenstädte und Ballungsräume wurde eine aktuelle Vor-Ort-Berichterstattung, die gerade für Boulevard-Zeitungen von zentraler Bedeutung ist, ermöglicht und damit die Leser-Blatt-Bindung intensiviert. ... Mit der Regionalisierung einher ging auch eine Ausdifferenzierung des Anzeigenbelegungssystems von Bild. So konnte Bild durch die regionale Spezialisierung den Anzeigenkunden klarere Zielgruppen bieten. Die Attraktivität für die Werbetreibenden wurde darüber hinaus durch die Flexibilisierung von Belegungseinheiten, Formaten und Dispositionsverfahren gesteigert" (Sjurts 2005: 83).

(2) Bei den **übernationalen Strategien** erfolgt eine grenzüberschreitende Gebietsausdehnung, deren Besonderheit es ist, dass sie eine starke Bindungswirkung erzeugen, die nicht leicht rückgängig gemacht werden kann (vgl. Becker 2013: 313).

Handlungsmuster übernationaler Strategien sind im Kontext der Gesamt-Unternehmensstrategie bereits in Kapitel 29 dargelegt worden. Dort war für den Medienbereich auf breiter Linie eine multinationale Strategie-Grundorientierung festgestellt worden, bei der die polyzentrische Ausrichtung und auf die Belange des Ziel-Landes abgestellte Konzeption vorherrscht. Die ausländischen Märkte werden als den inländischen Märkten gleichwertig angesehen.

Dem Export, der wegen seiner starken Stamm- oder Heimatlandorientierung auf die spezifischen Belange der bearbeiteten Auslandmärkte prinzipiell keine Rücksicht nimmt, kommt im Medienbereich insofern eine eher nachrangige Bedeutung zu.

Für die Medienmärkte ist **zusammenfassend** festzustellen, dass je nach Produktgattung sehr unterschiedliche Strategiekonzepte gefahren werden. Insbesondere ist darauf hinzuweisen, dass alle strategischen Ansätze in der Regel in kombinierter Form auftreten und sich im Hinblick auf die strategischen Geschäftseinheiten in der Regel unterscheiden. Insofern steht jedes Unternehmen vor der Herausforderung, ein in sich schlüssiges Gesamt-Marketingkonzept zu formulieren, das sich als umso schwieriger darstellt, je höher der Diversifikationsgrad des Unternehmens ist.

Kernaussagen

- Marketingstrategische Konzepte weisen die vier Kriterienbereiche der Marktfeld-, Marktstimulierungs-, Marktparzellierungs- und Marktarealstrategien auf, die alle miteinander verflochten sind.
- Für jede Geschäftseinheit bzw. für jeden Produktbereich muss eine möglichst klare und profilierte strategische Positionierung vorgenommen werden.
- Die entscheidende Herausforderung besteht darin, ein in sich schlüssiges, ganzheitliches Marketingkonzept zu formulieren.

Literatur

Weiterführende Literatur: Grundlagen

Bea, F. X./Haas, J. (2013): Strategisches Management, 6., vollst. überarb. Aufl., Stuttgart.
Becker, J. (2013): Marketing-Konzeption, 10., überarb. u. erw. Aufl., München.
Bruhn, M. (2007): Marketing, 8., überarb. Aufl., Wiesbaden.
Esch, F. R. (Hrsg.)(2001): Moderne Markenführung, 3. Aufl., Wiesbaden.
Homburg, C. (2012): Marketingmanagement, 4., überarb. u. erw. Aufl., Wiesbaden.
Hungenberg, H. (2012): Strategisches Management in Unternehmen, 7. Aufl., Wiesbaden.
Meffert, H. (2000): Marketing, 9. Aufl., Wiesbaden.
Meffert, H./Burmann, C./Kirchgeorg, M. (2008): Marketing, 10., vollst. überarb. u. erw. Aufl., Wiesbaden.
Müller-Stewens, G./Lechner, C. (2011): Strategisches Management, 3., überarb. Aufl., Stuttgart.
Porter, M. E. (1999): Wettbewerbsstrategie, 10. Aufl., Frankfurt am Main, New York.
Welge, M. K./Al-Laham, A. (2012): Strategisches Management, 6., akt. Aufl., Wiesbaden.
Welge, M. K./Al-Laham, A./Kajüter, P. (Hrsg.)(2000): Praxis des Strategischen Managements, Wiesbaden.

Weiterführende Literatur: Medien

Marketingstrategien alle Medien und allgemein:
Brack, A. (2003): Das strategische Management von Medieninhalten, Wiesbaden.
Breyer-Mayländer, T./Seeger, C. (2006): Medienmarketing, München.
Büsching, T. (Hrsg.)(2005): Mediengeschäftsmodelle der Zukunft, Baden-Baden.
Burmann, C./Nitschke, A. (2003): Strategisches Marketing bei Medienunternehmen, in: Wirtz, B. W. (2003): Handbuch Medien- und Multimedia-Management, Wiesbaden, S. 65-89.
Friedrichsen, M./Schenk, M. (Hrsg.)(2004): Globale Krise der Medienwirtschaft? Baden-Baden.
Gerpott, T. J. (2006): Wettbewerbsstrategien, in: Scholz, C. (Hrsg.)(2006): Handbuch Medienmanagement, Berlin, Heidelberg, S. 305-355.
Heinrich, J. (2001): Medienökonomie, Band 1: Mediensystem, Zeitung, Zeitschrift, Anzeigenblatt, 2., überarb. u. akt. Aufl., Wiesbaden.
Ottler, S./Radke, R. (Hrsg.)(2004): Aktuelle Strategien von Medienunternehmen, München.
Pezoldt, K./Sattler, B. (2009): Medienmarketing, Stuttgart.
Siegert, G. (2003): Medien Marken Management, 2. Aufl., München.
Sjurts, I. (1997): Strategische Gruppen und Unternehmenserfolg im Zeitschriftenmarkt, in: Wirtschaftswissenschaftliches Studium (WiSt), 26. Jg., H. 5, S. 261-264.
Sjurts, I. (Hrsg.)(2004): Strategische Optionen in der Medienkrise, München.
Sjurts, I. (2005): Strategien in der Medienbranche, 3., überarb. u. erw. Aufl., Wiesbaden.
Wirtz, B. W. (2013): Medien- und Internetmanagement, 8., akt. u. überarb. Aufl., Wiesbaden.
Wirtz, B. W. (2003): Handbuch Medien- und Multimedia-Management, Wiesbaden.

Marketingstrategien Printmedien:
Althans, J. (2005): Management im Zeitschriftenverlag – Zentrale Entscheidungstatbestände, in: Medien-Wirtschaft, 2. Jg., H. 2, S. 74-86.
Bleis, T. (1996): Erfolgsfaktoren neuer Zeitschriften, München.
Fantapié Altobelli, C. (Hrsg.)(2002): Print contra Online? Verlage im Internetzeitalter, München.
Friedrichsen, M. (2007): Strategische Relevanz der Online-Zeitung für Tageszeitungsverlage, in: Friedrichsen, M./Mühl-Benninghaus, W./Schweiger, W. (Hrsg.)(2007): Neue Technik, neue Medien, neue Gesellschaft? München, S. 139-177.
Geiger, M. (2002): Internetstrategien für Printmedienunternehmen, Lohmar, Köln.
Gündling, U. (2007): Die Neuausrichtung des Zeitungsmarketings durch Customer Relationship Management, München.
Hackenschuh, K. M./Döbler, T./Schenk, M. (2004): Der Tageszeitungsverlag im digitalen Wettbewerb, Baden-Baden.
Jacob, W. (1988): Neuentwicklung von Zeitschriften, 2. Aufl., München.
Kopp, B. (2006): Strategisches Marketing der Zeitungsverlage in Deutschland, Österreich und der Schweiz, 2., durchges. Aufl., München.
Neuberger, C. (2003): Zeitung und Internet, in: Neuberger, C./Tonnemacher, J. (Hrsg.)(2003): Online – Die Zukunft der Zeitung? 2., vollst. überarb. u. akt. Aufl., Wiesbaden, S. 16-109.
Schulte-Hillen, G./Ganz, A./Althans, J. (2001): Strategien im internationalen Verlagsmarketing, in: Die Betriebswirtschaft, 61. Jg., H. 4, S. 478-492.

Marketingstrategien elektronische Medien:
Arbeitsgemeinschaft der öffentlich-rechtlichen Rundfunkanstalten Deutschland (ARD)(1998): ARD-Weißbuch 2000, Frankfurt am Main.
Keuper, F./Hans, R. (2003): Multimedia-Management, Wiesbaden.
Kröger, C. (2002): Strategisches Marketing von Online-Medienprodukten, Wiesbaden.
Meier, H. E. (2003): Strategieanpassungsprozesse im öffentlich-rechtlichen Fernsehen, Berlin.
Michaelsen, L. (1996): Marktstrategien für Pay-per-view-Veranstalter, Köln.
Petersen, R. (2004): „Serien-Spin-Off" als Strategie der Programmentwicklung, Köln.
Ramme, G. (2005): Strategien von TV-Unternehmen in konvergierenden Märkten, Baden-Baden.
Sjurts, I. (2004): Vom Mono-Erlösmodell zur multiplen Erlösstruktur: Handlungsoptionen im deutschen Fernsehmarkt 2003, in: Ottler, S./Radke, P. (2004): Aktuelle Strategien von Medienunternehmen, München.

Thema Markteintrittsmanagement:
Oelsnitz, D. von der (Hrsg.)(2000): Markteintritts-Management, Stuttgart.
Jacob, W. (1988): Neuentwicklung von Zeitschriften, 2. Aufl., München.
Kruse, J. (1988): Strategische Markteintrittsbarrieren gegen neue Programmanbieter? In: Hoffmann-Riem, W. (Hrsg.)(1988): Rundfunk im Wettbewerbsrecht, Baden-Baden, S. 132-146.
Neumann, I. (1998): Pay-TV in Deutschland. Markteintritts- und Wettbewerbsbedingungen für neue Anbieter. Wiesbaden.
Ramme, G. (2005): Strategien von TV-Unternehmen in konvergierenden Märkten, Baden-Baden.

Fallbeispiele

Biallas, T. (2004): Die integrierte Mediendienstleistung als Ausweg aus der Medienkrise, in: Sjurts, I. (Hrsg.)(2004): Strategische Optionen in der Medienkrise, München, S. 45-49.
Kiel, A. (2000): Strategisches Management im Spannungsfeld von Dezentralität und Globalisierung – Praxisportrait Bertelsmann AG, in: Welge, M. K./Al-Laham, A./Kajüter, P. (Hrsg.)(2000): Praxis des Strategischen Managements, Wiesbaden, S. 363-374.
Kindervater, J./Häusler, J. (2000): Von der Behörde zum Blue Chip – Das CI-Programm der Deutschen Telekom. In: Birkigt, K./Stadler, M. M./Funck, H. J. (Hrsg.)(2000): Corporate Identity: Grundlagen, Funktionen, Fallbeispiele. Landsberg/Lech, S. 411-428.
Plog, J. (2003): Aufbau und Entwicklung von Senderfamilien im Hörfunk vor dem Hintergrund des öffentlich-rechtlichen Programmauftrages: Das Beispiel NDR, in: Wirtz, B. W. (Hrsg.)(2003): Handbuch Medien- und Multimediamanagement, Wiesbaden, S. 393-410.
Schächter, M. (2003): Der öffentlich-rechtliche Programmauftrag im Internetzeitalter – am Beispiel ZDF, in: Wirtz, B. W. (Hrsg.)(2003): Handbuch Medien- und Multimediamanagement, Wiesbaden, S. 267-280.
Schneiderbanger, E./Börner, M. (2003): Wettbewerbsstrategien regionaler Radiounternehmen: Das Beispiel radio NRW, in: Wirtz, B. W. (Hrsg.)(2003): Handbuch Medien- und Multimediamanagement, Wiesbaden, S. 411-421.
Wirth, S. (2004): Das ZDF im Wettbewerb, in: Ottler, S./Radke, P. (Hrsg.): Aktuelle Strategien von Medienunternehmen, München, S. 67-81.
Zeiler, G. (2003): Strategische Wettbewerbspositionierung im deutschen TV-Markt: Beispiel RTL, in: Wirtz, B. W. (Hrsg.)(2003): Handbuch Medien- und Multimediamanagement, Wiesbaden, S. 281-291.

VIII.
Operatives Management

Kapitel 32
Operatives Basiskonzept

32.1 Ganzheitliche operative Management-Konzepte 761
32.2 Geschäftsmodelle 766

Leitfragen

- Welche Perspektive nimmt das operative Management ein?
- Wodurch unterscheiden sich Effizienz und Effektivität?
- Was heißt „operative Effizienz" und „Exzellenz"?
- Was besagt das „EFQM-Modell"?
- Inwiefern hängt das operative Basiskonzept von den strategischen Entscheidungen ab?
- Was bedeutet „Fitness" für eine Unternehmung?
- Welche Aussagen macht das Konzept des „Lean Management"?
- Wodurch ist das Konzept von „Total Quality Management" gekennzeichnet?
- Was bedeutet „Business Process Reengineering"?
- An welchen Leitgedanken orientiert sich das „Konzept des Kontinuierlichen Verbesserungsprozesses"?
- Wie ist üblicherweise ein „Geschäftsmodell" definiert?
- Welche Elemente bzw. Partialmodelle weist ein Geschäftsmodell auf?
- Welche operativen Festlegungen sind beim Marktmodell zu treffen?
- Wodurch zeichnet sich das Nachfragemodell aus?
- Was versteht man unter einem „Wettbewerbsmodell"?
- Welche Komponenten bilden im Geschäftsmodell den Wertschöpfungsprozess ab?
- Wodurch ist das „Beschaffungsmodell" gekennzeichnet?
- Inwiefern wird das Leistungserstellungsmodell durch die Abbildung der „Werttreiber" und der „Kostentreiber" bestimmt?
- Wie ist das „Leistungsangebotsmodell" bestimmt?
- Was bedeutet das „Distributionsmodell"?
- Was besagt das „Kapitalmodell"?
- Nach welchen Kriterien kann man ein „Erlösmodell" formulieren?

Gegenstand

Operatives Management richtet den Blick auf die konkreten Abläufe, Strukturen und menschlichen Verhaltensweisen „im Tagesgeschäft". In Abgrenzung zu den Handlungsebenen des strategischen und normativen Managements ist der Gegenstand von operativem Management die Sicherstellung von größtmöglicher Effizienz. Im Brennpunkt stehen die optimale Allokation knapper Ressourcen und der Aufbau betrieblicher Produktivitäts- und Rationalisierungspotenziale:

„Es geht hier um die unmittelbare Steuerung des laufenden unternehmerischen Wertschöpfungsprozesses. Ausgangsproblem ist die grundsätzliche *Knappheit* aller betriebswirtschaftlichen Ressourcen oder Produktionsfaktoren (wie Finanzmittel, Anlagen und Maschinen, Rohstoffe, Betriebsstoffe und Energie, Information und Know-how, menschliche Arbeitsleistung) bzw. der durch die marktwirtschaftliche Konkurrenz ausgeübte *„Kostendruck"*. Im Blickpunkt steht deshalb der Aufbau und die Ausschöpfung betrieblicher *Produktivitätspotentiale* durch die kosten- und leistungsoptimale Kombination aller erforderlichen Produktionsfaktoren. Es geht dabei unmittelbar um die unternehmerische Erfolgssicherung im Sinne des *kalkulierbaren* Kosten-/Leistungsrechnungs- oder Bilanzerfolgs" (Ulrich/Fluri 1995: 20).

Zur Sicherstellung operativer Effizienz – um nicht zu sagen: operativer Exzellenz – bedarf es aus konzeptioneller und ganzheitlicher Management-Sicht eines systematischen Ansatzes, der die Rahmenbedingungen des operativen Vorgehens definiert. Wir nennen einen solchen systematischen Ansatz „operatives Basiskonzept". Es konkretisiert die aus dem strategischen Management gewonnenen Grundlinien und gießt es in ein konkretes Vorgehenskonzept um. Das operative Basiskonzept ist sozusagen ein konkretes Umsetzungsprogramm für das strategische Konzept und kann wie folgt charakterisiert werden: „Zunächst sollen mehrere Umsetzungsprogramme beschrieben werden, die vom Streben nach Verbesserung bis zur völligen Restrukturierung von Unternehmen reichen. Erstere werden in der Unternehmenspraxis etwas sportlich auch als Fitness-Programme bezeichnet" (Kohlöffel 2000: 197).

„Fitness heißt Stärkung der Muskeln, der Beweglichkeit, schnelle Reaktionsfähigkeit auf das Umfeld, Abtrainieren des Fettgewebes und optimale Zusammenarbeit der Organe und Zellen. Sie zeigt sich darin, dass man eine gute Kondition erreicht und behält, sich in einer guten Verfassung befindet. Für die Fitness muss man etwas tun, sie kennzeichnet eine Geisteshaltung, sie ist Ausdruck von Dynamik, vitalem Veränderungswillen, Vorstellungskraft und Gefühlsintensität. ,Wer rastet, der rostet', dies ist die Erfahrung fast eines Jeden. Fitness kommt nicht von selbst, sie muss aktiviert, mobilisiert und entwickelt werden. Fitness hilft, die Dynamik des Lebens zu beherrschen, unvorhergesehene Ereignisse, herausfordernde Belastungen oder auch gefährliche Situationen zu bewältigen, vor allem aber im normalen Lebensablauf und sogar bei mancher Widrigkeit die gestellten Aufgaben und Probleme mit Leichtigkeit und Überlegenheit zu meistern. Sie ist mithin Vorsorge für belastende oder schwierige Herausforderungen sowie Aufbau und Erweiterung von Potenzialen körperlicher oder geistiger Art. Fitness bedeutet eine qualitative Verbesserung des Lebens. Auch Unternehmungen und andere Institutionen der Gesellschaft benötigen Fitness. Diese analoge Eigenschaft ist gefordert, weil auch sie vielfältiger Dynamik ausgesetzt sind und dabei ihre Funktionsfähigkeit bewahren möchten" (Withauer 2000: V).

In der Management-Literatur wird ein breites Spektrum operativer Vorgehenskonzepte angeboten, die nachfolgend in Kürze genannt werden sollen. Dabei soll der Begriff des Geschäftsmodells als Grundlage für die Definition eines operativen Basiskonzepts in besonderer Weise gewürdigt werden, nicht zuletzt auch deshalb, weil sich dieser Begriff auch im Medienmanagement großer Beliebtheit erfreut. Dies geschieht zu Recht, da ein Geschäftsmodell den Kern des „Business" beschreibt, indem es die modellartige Abbildung des Leistungssystems eines Unternehmens darstellt und drei zentrale Fragen beantwortet:

- Wie sieht die Gestaltung einer überzeugenden Produktarchitektur für das Unternehmen aus?
- Was ist notwendig, um effiziente Wertschöpfungs- und Geschäftsprozesse sicherzustellen?
- Wie stellt sich das Konzept für ein tragfähiges Erlösmodell dar?

Operative Exzellenz, Fitness, Stärke im Tagesgeschäft sind also die Themen der kommenden Kapitel, alles im Kontext und Verbund mit strategischem und normativem Management.

32.1 Ganzheitliche operative Management-Konzepte

In der neueren Geschichte der Betriebswirtschaftslehre sind eine ganze Reihe operativer Effizienzkonzepte formuliert worden, die teilweise Modecharakter aufwiesen und wieder verschwanden. Als dauerhaft und nach wie vor relevant können die folgenden Konzepte gelten:

- Lean Management;
- Total Quality Management;
- Business Process Reengineering;
- Kontinuierlicher Verbesserungsprozess.

(1) Das Konzept des **Lean Management** stammt aus dem japanischen Industriemanagement und ist am ehesten mit „schlanker Organisation" zu übersetzen. Dabei wird angenommen, dass bei konsequenter Anwendung des Prinzips eine signifikant höhere Produktivität erreicht werden kann. Als Grundprinzipien von Lean Management sind zu nennen (vgl. Eckardstein/Seidl 1999: 436):

- Integrative, ganzheitliche Orientierung an der Wertschöpfung;
- Reduktion von Komplexität;
- Herstellung intensiver Kommunikation bzw. Rückkopplung;
- Prinzip wechselseitiger Verpflichtung.

Die Prinzipien des Lean Management versuchen die Vorteile der Massenproduktion (Kostendegression, Economies of Scale) mit den Vorteilen eines kleinen oder mittelständischen Unternehmens (Flexibilität, Transparenz und Marktnähe) zu verbinden. Ziel ist es, sich auf die Kernaktivitäten des Unternehmens zu konzentrieren und signifikant bessere Qualitäts- und Kostenpositionen zu erreichen. In Verbindung damit soll ein „Abspecken" der Hierarchie die Flexibilität der gesamten Organisation erhöhen.

Vor diesem Hintergrund sind die folgenden Bausteine des Lean Management relevant (vgl. ebd. 437): Kundennähe, Total Quality Management, Outsourcing und Zulieferintegration, Integriertes Informationsmanagement und Kommunikationskultur, Technische Auslegung und Just-in-Time-Prinzip, Simultaneous Engineering, flache Hierarchien und Teamarbeit.

> Entscheidender Ansatz des Lean Management ist die ganzheitliche Sichtweise, nach der die Wertschöpfungsprozesse und -strukturen im Unternehmen stets integrativ zu betrachten sind: „An dieser Stelle sei nochmals die *zentrale Bedeutung des synergetischen, ganzheitlichen Gedankens* dieses Konzepts betont. Wurden vormals einzelne Teile der betrieblichen Organisation und ihre notwendige Neugestaltung in den Mittelpunkt gerückt, so ist es nunmehr das runde Ganze von der Beschaffung bis zum Absatz und Service, das den neuen Kerngedanken bildet" (ebd. 436 f.).

(2) Im engen Zusammenhang mit Lean Management ist das Konzept des **Total Quality Management** (TQM) zu sehen. Gemäß DIN ISO 8402 handelt es sich um „eine Führungsmethode einer Organisation, bei welcher Qualität in den Mittelpunkt gestellt wird, welche auf der Mitwirkung all ihrer Mitglieder beruht und welche auf langfristigen Erfolg durch Zufriedenstellung der Abnehmer und durch Nutzen für die Mitglieder der Organisation und für die Gesellschaft zielt."

TQM ist die „Optimierung der Qualität von Produkten und Dienstleistungen eines Unternehmens in allen Funktionsbereichen und auf allen Ebenen durch Mitwirkung aller Mitarbeiter" (Gabler Wirtschaftlexikon).

Der Begriff „total" drückt aus, dass sich der Qualitätsansatz über alle Unternehmensbereiche erstreckt: Jeder einzelne Mitarbeiter ist einbezogen, im Hinblick auf die Unternehmensumwelt steht eine dialog- und mitwirkungsorientierte Kommunikation im Vordergrund, im Hinblick auf die Kunden sind alle Tätigkeiten darauf ausgerichtet, die Kundenbedürfnisse zu befriedigen. Der Begriff „quality" drückt aus, dass Qualität das zentrale Merkmal innerhalb des TQM-Ansatzes ist: Qualität muss in sämtliche Unternehmensteile hineingetragen werden, Qualitätssicherung ist Aufgabe aller Mitarbeiter. Entscheidend ist Qualität nicht erst am Ende des Produktionsprozesses, sondern der Prozess selbst erzeugt Qualität. Zum Begriff „Management": Gefordert ist ein überzeugendes Vorbild und Vor-Leben des Konzepts, um die Mitarbeiter von den angestrebten Verbesserungen überzeugen zu können. Qualitätspolitik, Team- und Lernfähigkeit sowie Beharrlichkeit sind begleitende Attribute.

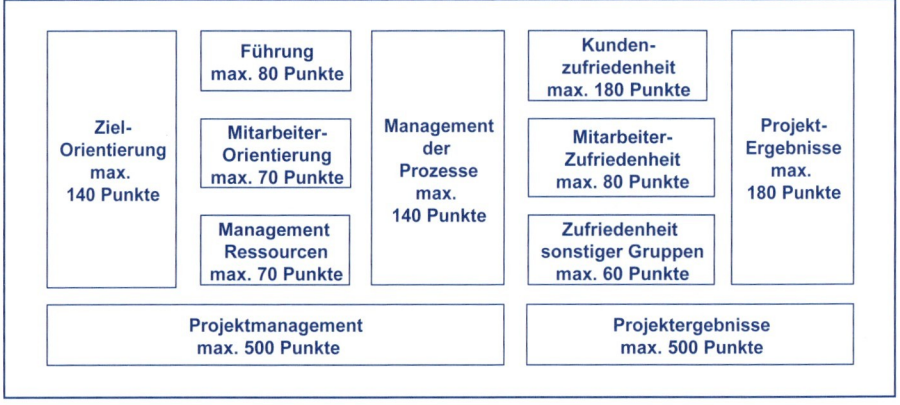

Abb. 32-1: Das EFQM-Modell

Zum besseren Verständnis des Konzepts sei eine Darstellung von „TQM in zehn Lektionen" nachfolgend wiedergegeben (Quelle: Stauss/Friege 1996: 20-27):
1. Die vielfach angemahnte TQM-Verpflichtung der Topmanager reicht weiter, als die meisten Führungskräfte annehmen.
2. Die Kommunikation mit den Mitarbeitern darf sich nicht auf Plakate und Schulungen beschränken.
3. Der Erfolg von TQM zeigt sich auf der Mitarbeiterebene – die Probleme liegen im Management.
4. Primär zielt richtiges TQM nicht auf Methoden zur isolierten Lösung von Problemen, sondern auf Instrumente, die das Denken und Handeln verändern.
5. Kundenzufriedenheit gilt es nicht nur zu postulieren, sie muss als Zielgröße der Unternehmenssteuerung dienen.
6. Die Bedeutung von Qualitätspreisen lässt sich schwerlich überschätzen – sie sind ein wichtiges Führungsinstrument.
7. Jedes Unternehmen sollte seine Form von TQM entwickeln, denn ein allgemeines Rezept gibt es nicht.
8. TQM stellt eine langfristige Investition dar.
9. Die Einführung von TQM erfordert eine von Grund auf gewandelte Unternehmenskultur.
10. Die erfolgreiche Zertifizierung eines Unternehmens nach DIN ISO 9000 ff. ist keineswegs gleichbedeutend mit einem erfolgreichen TQM.

Mit dem TQM-Denken stehen **Modelle der Qualitätssicherung** im Management in engem Zusammenhang. Besonders bekannt ist das Modell der European Foundation for Quality Management (EFQM), das in Abb. 32-1 für das Beispiel des Projektmanagements dargestellt ist. Es vergibt 1.000 Punkte, die je zur Hälfte auf das Projektmanagement und auf die Projektergebnisse aufgeteilt sind.

Beim EFQM-Modell handelt sich um ein Richtlinien-System zur Identifizierung und Behandlung von Fragen der Qualität im Unternehmen. Es ermöglicht eine umfangreiche Analyse und Diagnose der gesamten Unternehmung, einer entsprechenden strategischen Bündelung der Erfolgsfaktoren und deren konsequente Weiterentwicklung. Betrachtet werden die folgenden Kernelemente:

- Zielorientierung und strategische Ausrichtung;
- Führung;
- Mitarbeiterorientierung;
- Ressourcennutzung;
- Organisation und Management der Prozesse.

Diese Kernelemente sind „Befähiger" für folgende „Ergebnis-Faktoren":

- Geschäfts- bzw. Projektergebnisse;
- Kundenzufriedenheit;
- Mitarbeiterzufriedenheit;
- Gesellschaftliche Verantwortung, Image.

Herzstück des gesamten Verfahrens ist ein nach diesen neun zentralen Bewertungsbereichen konzipierter Selbsteinschätzungsprozess, der zur Bestandsaufnahme (Ist-Analyse) dient.

(3) **Business Process Reengineering** (BPR) – auch nur als „Reengineering" oder „Business Reengineering" bezeichnet – bedeutet die radikale Neuorientierung des Unternehmens. Grundlegend für das Konzept ist die These, dass ein Verlust der Wettbewerbsfähigkeit nicht auf einen externen Vorgang (z. B. Rezession) zurückzuführen sei, sondern auf die fehlende Anpassungsfähigkeit des Unternehmens auf veränderte Umweltsituationen. Wolle ein Unternehmen erfolgreich sein, müsse es jederzeit bereit sein, ganz von vorne anzufangen und alle wichtigen Prozesse neu zu gestalten. Reengineering zielt auf die Realisierung eines Idealzustandes und orientiert sich an der folgenden Schlüsselfrage: „Wie würden die Geschäftsprozesse des Unternehmens aussehen, wenn man sie mit dem jetzigen Wissen und dem gegenwärtigen Stand der Technik neu aufbauen würde?" Hauptsächliche Leitlinie sind dabei die Kundenbedürfnisse. Im Einzelnen unterliegt BPR den folgenden Prinzipien:

- Prozesse werden konsequent als Kriterien für die Organisationsgestaltung in den Mittelpunkt gerückt.
- Es geht um die Neugestaltung der Geschäftsprozesse. Dabei sollen die Kernprozesse des Unternehmens isoliert werden und von nicht primären Abläufen entlastet werden.

- Die gesamte Aufbau- und Ablauforganisation wird einer umfassenden Prozessanalyse unterworfen.
- Das Konzept versteht sich als radikaler Ansatz zur Neustrukturierung und zum Re-Design von Prozessen. Es geht nicht nur um einige graduelle, sondern um dramatische Verbesserungen.
- Als Leistungsmaßstäbe werden Kosten, Qualität, Service und Schnelligkeit unter eine besondere Beobachtung gestellt.
- Drastische Reduzierungen der internen Schnittstellen im Geschäftsprozess werden angestrebt.

Business Process Reengineering versteht sich als Reaktion auf die teils dramatischen Änderungen im Unternehmensumfeld (Deregulierung und Betonung des Verursacherprinzips, Globalisierung, Wettbewerbsverschärfung, Zunahme der Komplexität der Marktbedingungen, Differenzierung der Kundengruppen, veränderliche Kundenpräferenzen, Verkürzung der Produktlebenszyklen etc.). Vor diesem Hintergrund haben es unflexible Unternehmen schwer zu überleben, und die Innovationsfähigkeit rückt in der Wertigkeit ganz nach oben.

(4) Das Konzept des **Kontinuierlichen Verbesserungsprozesses** (KVR) kann als Ergänzung zum BPR verstanden werden. Es setzt einen besonderen Akzent auf die Nachhaltigkeit der eingeleiteten Reorganisationsmaßnahmen. KVP „ist das Führungsinstrument, das möglichst alle Mitarbeiter eines Unternehmens dazu bewegen und befähigen soll, in einem ständigen Bemühen und in Teamarbeit Verbesserungen im alltäglichen Arbeitsprozess zu erarbeiten" (Witt/Witt 2001: 13).

Es handelt sich um die westliche Adaption des aus Japan stammenden Management-Konzeptes „Kaizen". Der Grundgedanke besteht darin, dass jedes System bereits mit seiner Installation dem Verfall preisgegeben ist. KVP ist das geeignete Mittel, um dieser Selbstzerfallstendenz konstruktiv entgegen zu wirken und für ständige Erneuerung und Verbesserung zu sorgen. Verschwendung wird systematisch aufgespürt und abgestellt. Wie beim BPR stehen die Prozesse und Abläufe im Brennpunkt, die es zu optimieren gilt. Der Fokus richtet sich – ebenfalls analog zum BPR – auf die Kundenzufriedenheit, wobei die Zufriedenheit sowohl der externen als auch der internen Kunden gleichermaßen zu gewährleisten ist.

Der KVR-Ansatz zeichnet sich im Einzelnen durch die folgenden sieben Leitgedanken aus (vgl. Witt/Witt 2001: 13 ff.):

- KVP will das Wissen der Mitarbeiter für kontinuierliche Verbesserungen systematisch „entfesseln". Dies geschieht durch weitestgehende Partizipation der Mitarbeiter – im Bewusstsein, dass die Mitarbeiter Problemlagen oft besser einschätzen können als die Führung. KVP versteht sich als ein bedeutsamer Baustein von Wissensmanagement.
- Arbeit wird als eine reflexive Tätigkeit verstanden, was heißt, dass die Mitarbeiter gezielt veranlasst werden, sich mit dem Sinn ihrer Arbeit bewusst auseinander zu setzen und Verbesserungsvorschläge zu machen. Hierzu dienen KVR-Gruppensitzungen mit dem Ziel, Arbeitsqualität am Ort der Entstehung zu sichern.

- KVP ist auf alle Mitarbeiter ausgerichtet. Er soll alle Bereiche des Unternehmens durchdringen und Bestandteil einer neuen Unternehmenskultur werden. Entscheidend ist die Verankerung des KVP-Grundgedankens in den Köpfen aller Mitarbeiter und in deren täglichem Verhalten. Sie sollen darauf sensibilisiert werden, den Status Quo niemals als „gut genug" zu akzeptieren und quasi nur mit dem Rückspiegel zu agieren. Zur Sicherung der Wettbewerbsfähigkeit soll jeder Einzelne sein Tun permanent auf Möglichkeiten zur Verbesserung hinterfragen.
- Ausgangspunkt und Schwerpunkt für KVP sind die Mitarbeiter und die Probleme auf der Ausführungsebene. Abzustellen gilt es daher insbesondere die kleinen Behinderungen, Fehler und Mängel in den operativen Tätigkeitsbereichen und an den Schnittstellen, die den Arbeitsfluss behindern.
- KVP versteht sich als Teamarbeit. Verbesserungsvorschläge werden grundsätzlich in Arbeitsgruppen erarbeitet, wobei in der Regel der Kontext der Abteilungen und Bereiche überschritten werden soll, da gerade durch die innerbetrieblichen Interdependenzen Probleme entstehen. Wichtig ist es, ein Wir-Gefühl zu erzeugen und einen Effekt der Kontinuität herbeizuführen. Möglicher zusätzlicher organisatorischer Aufwand wird in Kauf genommen.
- KVP ist als System zu installieren. Dieses Merkmal macht es erforderlich, den KVP zu institutionalisieren und in ein Regelwerk einzubinden. Insbesondere ist es notwendig, Stellen zu definieren, die das Management des KVP-Systems permanent vorantreiben.
- KVP lebt von einer hohen Motivation aller Beteiligten. Die Praxis liefert die Erkenntnis, dass sich Qualität nicht über Zwang befehligen und verordnen lässt, so dass der dauerhafte Erfolg des Konzepts in hohem Maße von der positiven Einstellung der Beteiligten und dem zielführenden Willen aller abhängig ist.

Der KVP stellt die Entwicklung nicht wie das BPR in einem einzigen großen Schritt dar, sondern betont die Weiterentwicklung in vielen kleinen Schritten. Abb. 32-2 zeigt die unterschiedliche Herangehensweise von BPR und KVP.

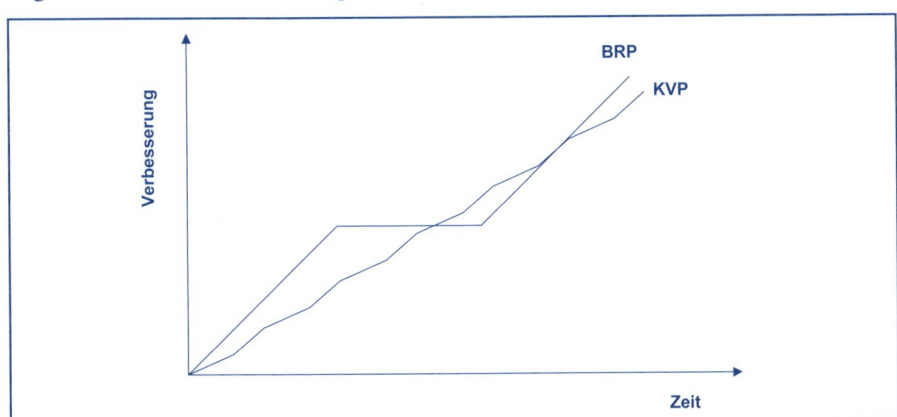

Abb. 32-2: Unterschiedliche Herangehensweise zwischen Business Process Reengineering und Kontinuierlichem Verbesserungsprozess

32.2 Geschäftsmodelle

(1) Im Zentrum des operativen Basiskonzepts steht das vom Unternehmen verfolgte Geschäftsmodell („Business Model"). Es dient in zweierlei Hinsicht als ein verbindendes Element („Scharnier"): zum einen als unmittelbares Scharnier zwischen dem strategischen und dem operativen Bereich, zum anderen als Scharnier zwischen dem Management- und dem Leistungssystem.

Im Hinblick auf die erste Funktion greift es die strategischen Leitlinien auf und beschreibt die für die konkreten Operationen („Geschäften") relevanten übergreifenden Grundlagen, die diese Geschäfte erst ermöglichen (vgl. Keuper/Hans 2003: 123 f.).

> Wesentliches Merkmal eines Geschäftsmodells ist also die Scharnierfunktion zwischen Strategie und operativer Effizienz: „Strategie ist wichtig, der Kunde möchte aber vor allem operative Exzellenz und das Unternehmen Rentabilität. Der entscheidende Erfolgsfaktor für Mediengeschäftsmodelle ... ist die Verknüpfung zwischen Strategie und operativer Effizienz im Tagesgeschäft" (Büsching 2005: 224).

Die zweite Scharnierfunktion betont den Zusammenhang zwischen Management- und Leistungssystem und versteht das Geschäftsmodell als einen **modellartigen Spiegel des Leistungssystems**, mit dem das Geschehen dieses Teilsystems in erklärender Form abgebildet werden soll. Das Geschäftsmodell beschreibt in dieser Perspektive die „Architektur" des Leistungssystems und damit den Transformationsprozess von der Beschaffung über die Produktion zum Absatz sowie die Informations-, Kapital- und Finanzmittelprozesse sowohl zwischen dem Unternehmen und der Umwelt als auch innerhalb des Unternehmens. Zusätzlich definiert es das Modell, wie das Unternehmen dem Markt gegenüber auftreten will („Marktmodell"). Statt „Geschäftsmodell" ist auch der englische Begriff „Business Model" gebräuchlich.

> „Definition Geschäftsmodell: Ein Business Model stellt eine stark vereinfachte und aggregierte Abbildung der relevanten Aktivitäten einer Unternehmung dar. Es erklärt, wie durch die Wertschöpfungskomponente einer Unternehmung vermarktungsfähige Informationen, Produkte und/oder Dienstleistungen entstehen. Neben der Architektur der Wertschöpfung werden die strategische sowie die Kunden- und Marktkomponente berücksichtigt, um das übergeordnete Ziel der Generierung beziehungsweise Sicherung des Wettbewerbsvorteils zu realisieren" (Wirtz 2013: 94).

Der Begriff des Geschäftsmodells wird nicht einheitlich verwendet (vgl. die Übersicht über unterschiedliche Definitionen bei Hass 2002: 91 ff.). Immerhin besteht aber offensichtlich ein breiter Konsens über die grundlegenden Charakteristika. Grundsätzlich leistet ein Geschäftsmodell die Präzisierung von drei zentralen Bereichen:

- Gestaltung einer überzeugenden Produktarchitektur;
- Sicherung effizienter Wertschöpfungs- und Geschäftsprozesse;
- Formulierung eines tragfähigen Erlösmodells.

> Als konstitutive Kriterien eines Geschäftsmodells werden also die Produktsicht (value proposition), die Wertschöpfungssicht und die Erlössicht aufgerufen. „Die Wahl eines *Geschäftsmodells* beinhaltet grundsätzliche Entscheidungen über Produktarchitektur, Wertschöpfungsstruktur und Erlösmodell einer Ware oder Dienstleistung" (Hass 2002: 89).

Abb. 32-3 gibt einen Überblick über die Scharnierfunktion des Geschäftsmodells im Kontext des Management- und des Leistungssystems.

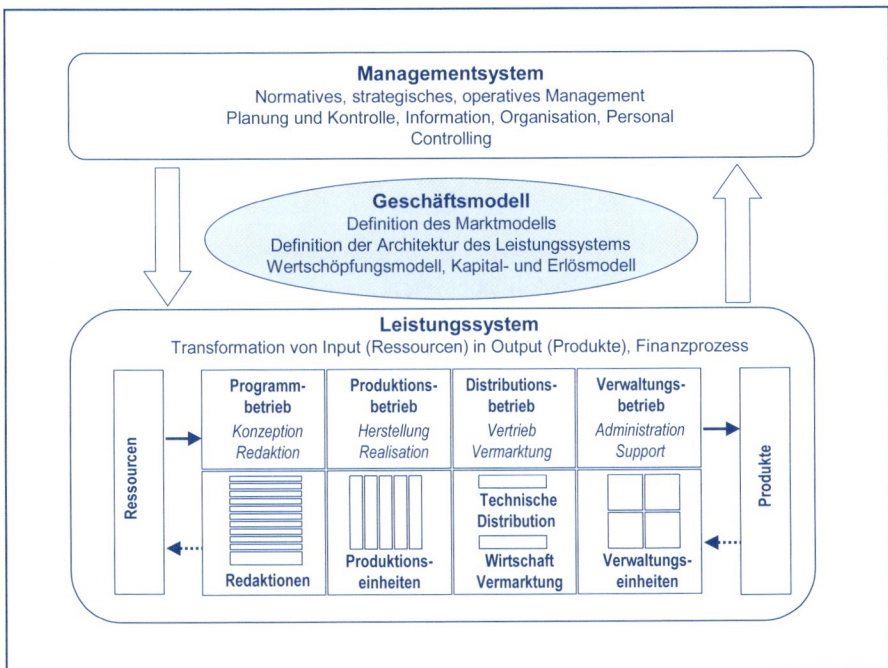

Abb. 32-3: Scharnierfunktion des Geschäftsmodells

Geschäftsmodelle werden zweckmäßigerweise in Teilsysteme bzw. „Partialmodelle" zerlegt, was es möglich macht, die konstitutiven Elemente zu erfassen und zu beschreiben. Als solche Partialmodelle eines integrierten Geschäftsmodells sind anzusehen (vgl. hier und nachfolgend Wirtz 2013: 94 ff.):

- Marktmodell;
- Beschaffungsmodell;
- Leistungserstellungsmodell;
- Leistungsangebotsmodell;
- Distributionsmodell;
- Kapitalmodell.

(2) Im Rahmen des **Marktmodells** geht es darum, den relevanten Markt, dessen Struktur und die marktseitigen Akteure zu bestimmen. Zu unterscheiden sind dabei das Nachfrage- und das Wettbewerbsmodell.

Beim **Nachfragemodell** werden die Kundenbedürfnisse und deren Preisbereitschaften identifiziert, verbunden mit einer Segmentierung der Kunden in profitable in und weniger profitable Zielgruppen. Dabei geht es um die Beschreibung der „value proposition", d. h. des Nutzens, den die Kunden und die externen Partner aus einer Zusammenarbeit mit dem Unternehmen ziehen können. Der rein kundenbezogene Nutzen wird auch mit dem Begriff „unique selling proposition" bzw. kurz: „USP" belegt.

Dieser beschreibt, welche Aspekte den Kunden bewegen sollen, bei einem bestimmten Anbieter einen Kauf zu tätigen.

Das **Wettbewerbsmodell** charakterisiert das Wettbewerbsumfeld des Unternehmens und damit die Marktstruktur und das Marktverhalten der Akteure. Es erfolgt eine Fokussierung auf die Analyse der strategischen Geschäftseinheiten und damit auf den Market-Based-View (vgl. Keuper/Hans 2003: 124).

(3) Das Beschaffungs-, Leistungserstellungs- und Leistungsangebotsmodell beschreiben den unternehmerischen Transformationsprozess und stehen daher in einem engen Verbund zueinander. Gemeinsam stellen sie den betrieblichen **Wertschöpfungsprozess** dar. Das Geschäftsmodell beschreibt die Architektur der Wertschöpfung, die wichtigsten internen und externen Schnittstellen, die generelle Anordnung der Wertschöpfungsstufen, welche Stufen dabei intern, welche extern erbracht werden, die Kommunikations- und Koordinationsmechanismen mit den Kunden sowie das Spektrum der aktiven und passiven Wertschöpfungspartner.

Beim **Beschaffungsmodell** ist der Blick auf die Beschaffung der erforderlichen Ressourcen gerichtet. Festzulegen ist, welche Inputfaktoren von externen Lieferanten und Kooperationspartnern beschafft und welche intern selbst erzeugt werden sollen (Make-or-Buy-Entscheidung). Diesbezüglicher Ausgangspunkt ist die Produktprogramm-Entscheidung, wie sie im Leistungsangebotsmodell gefällt wird.

Das **Leistungserstellungsmodell** zielt auf die Abbildung des innerbetrieblichen Produktionsvorgangs und damit auf die Kombination von Gütern und Dienstleistungen und deren Transformation in Angebotsleistungen ab. Zu definieren sind – im Sinne der Porterschen Wertkette – auf der einen Seite die Kernprozesse, also diejenigen Prozesse, die einen unmittelbaren Mehrwert für die Kunden schaffen, auf der anderen Seite die unterstützenden Prozesse. Zu identifizieren sind dabei die Werte schaffenden Faktoren („Werttreiber"). Eng damit verbunden muss die Definition der Kostenrelationen erfolgen. Vor dem Hintergrund einer aussagefähigen Prozesskostenrechnung und Prozesskostenanalyse sind dabei die kostentreibenden Faktoren („Kostentreiber") sichtbar zu machen, so dass im Vergleich von Leistungserstellungsmodellen die Wettbewerbsvorteile des Unternehmens sichtbar werden (vgl. Wirtz 2013: 101 f.).

Das **Leistungsangebotsmodell** definiert das vom Unternehmen gewählte und am Markt angebotene Produktprogramm und damit dessen „Produktarchitektur" (Hass 2002: 95 ff.). Es determiniert, welche Leistungen den im Kontext des Nachfragemodells segmentierten Zielgruppen angeboten werden sollen.

(4) Das **Distributionsmodell** stellt die Grundlagen für die zu wählenden Absatzkanäle für die Produktpalette des Unternehmens dar und beschreibt die Art und Weise, wie die hergestellten Produkte zu den Konsumenten, im Medienbereich also zu den Rezipienten, übertragen werden. Insbesondere ist dabei zu definieren, ob Absatzmittler einzuschalten sind und wie die physische Distribution erfolgen soll.

> „Die Ausgestaltung des Distributionsmodells ist besonders dann von Bedeutung, wenn das Medium an ein physisches Trägermedium gebunden ist und zur Distribution die Einschaltung von Absatzmittlern oder -helfern erforderlich ist" (Wirtz 2013: 97).

„Im analysierten Multimedia-Bereich, wo es insbesondere um die Distribution von immateriellen, informationsbasierten Produkten geht, steht dabei die Frage im Vordergrund, in welcher Erlebniswelt, möglicherweise konkretisiert um ein spezifisches Endgerät, das Produkt angeboten werden soll" (Keuper/Hans 2003: 125).

(5) Das **Kapitalmodell** zeigt auf, welche finanziellen Ressourcen dem Unternehmen zur Verfügung stehen sollen und wie diese refinanziert werden. Angesprochen ist das **Finanzierungsmodell**.

Von besonderer Bedeutung ist das **Erlösmodell**, das die Art und Weise bestimmt, wie das Unternehmen Erlöse erzielen will. Grundsätzlich ist eine Differenzierung von Erlösmodellen nach den folgenden Kriterien möglich (vgl. auch die Einteilung bei Wirtz 2013: 98):

- Äquivalenz von Leistung und Gegenleistung: (a) Direkte Erlösmodelle: Erlösgenerierung über direkte Zahlungen der Rezipienten (Pay-per-Content); (b) Indirekte Erlösmodelle: Umweg-Finanzierung, v. a. über Werbeerlöse oder Subventionen.
- Transaktion: (a) Transaktionsabhängige Erlösmodelle: Zahlung für die Nutzung nach der Leistungsmenge (z. B. Preis pro Zeitungs-Copy), oder nach der Leistungsdauer (z. B. Minutenpreis bei Onlinenutzung); (b) Transaktionsunabhängige Erlösmodelle: Regelmäßige Entrichtung von Entgelten (z. B. Erlöse aus Abonnements), Flat Rate.
- Art der Kunden: (a) für Leistungen von Medienunternehmen an Konsumenten bzw. Rezipienten (Business to Consumer, „B2C"); (b) an Unternehmen (Business to Business, „B2B"); (c) von Konsumenten zu Konsumenten (Consumer to Consumer, „C2C", „User Generated Content"); (d) von Medienunternehmen zu öffentlichen Einrichtungen (Business to Government, „B2G").

Kernaussagen

- Für das wirkungsvolle operative Management bedarf es einer zielführenden Grundkonzeption, die hier als „operatives Basiskonzept" bezeichnet werden soll.
- Hierfür stehen Analysekonzepte zur Verfügung, von denen hier nur einige wenige skizzenhaft angerissen werden können. Es sind dies insbesondere die Konzepte des Lean Management, Total Quality Management, Business Process Reengineering und des Kontinuierlichen Verbesserungsprozesses.
- Eine besondere Aufmerksamkeit hat in diesem Zusammenhang der Begriff des „Geschäftsmodells" erfahren. Ein Geschäftsmodell soll eine Scharnierfunktion zwischen dem strategischen und dem operativen Bereich herstellen und insbesondere die Struktur des Leistungssystems – in Abgrenzung zum Managementsystem – definieren.

Literatur

Weiterführende Literatur: Grundlagen

Bieger, T./Bickhoff, N./Caspers, R./Knyphausen-Aufseß, D. zu (Hrsg.)(2002): Zukünftige Geschäftsmodelle, Berlin, Heidelberg, New York.
Hässig, K. (2000): Prozessmanagement, Zürich.
Hammer, M./Champy, J. (2003): Business Reengineering: Die Radikalkur für das Unternehmen, 7. Aufl., Frankfurt a. M., New York.

Kohlöffel, K. M. (2000): Strategisches Management, München, Kapitel 11.
Müller-Stewens, G./Lechner, C. (2011): Strategisches Management, 4.überarb. Aufl., Stuttgart, Kapitel 4.
Stauss, B./Friege, C. (1996): Zehn Lektionen in TQM, in: Harvard Business Manager, 18. Jg. (2), S. 20-32.
Withauer, K. F. (2000): Fitness der Unternehmung, Wiesbaden.
Witt, J./Witt, T. (2001): Der Kontinuierliche Verbesserungsprozess (KVP), Heidelberg.

Weiterführende Literatur: Medien

Althans, J. (2005): Management im Zeitschriftenverlag – Zentrale Entscheidungstatbestände, in: Medienwirtschaft, 2. Jg., 2/2005, S. 74-86.
Böning-Spohr, P./Hess, T. (2000): Geschäftsmodelle inhalteorientierter Online-Anbieter, Arbeitsberichte der Abt. Wirtschaftsinformatik II, Universität Göttingen, Nr. 1, Göttingen.
Breunig, C. (2005): Paid Content im Internet – ein erfolgreiches Geschäftsmodell? In: Media Perspektiven, o. Jg., H. 8, S. 407-418.
Büsching, T. (2004): Strategische Erfolgsfaktoren für Mediengeschäftsmodelle der Zukunft, in: Büsching, T. (Hrsg.)(2005): Mediengeschäftsmodelle der Zukunft, Baden-Baden, S: 224-246.
Eggers, T. (2005): Evaluierung beispielhafter Geschäftsmodelle für das mobile Internet, Frankfurt am Main.
Friedrichsen, M. (2005): Grundlagen für Geschäftsmodelle im digitalen TV-Markt, in: Büsching, T. (Hrsg.)(2005): Mediengeschäftsmodelle der Zukunft, Baden-Baden, S. 71-90.
Geiger, M. (2002): Internetstrategien für Printmedienunternehmen, Lohmar, Köln.
Goldhammer, K./Schmid, M./Martick, A. (2008): Geschäftsmodelle für den Hörfunk im digitalen Zeitalter, München.
Hammer, C./Wieder, G. (2003): Internet-Geschäftsmodelle mit Rendite, Bonn.
Hass, B. (2002): Geschäftsmodelle von Medienunternehmen, Wiesbaden.
Hass, B. (2004): Desintegration und Reintegration im Mediensektor: Wie sich Geschäftsmodelle durch Digitalisierung verändern. In: Zerdick, A./Picot, A./Schrape, K./Burgelmann, J.-C./Silverstone, R. (2004): E-Merging Media. Kommunikation und Medienwirtschaft der Zukunft. Berlin, Heidelberg, New York, S. 33-57.
Huber, S. (2007): Neue Erlösmodelle für Zeitungsverlage, Boizenburg.
Keuper, F./Hans, R. (2003): Multimedia-Management, Wiesbaden.
Keuper, F./Hans, R. (2006): Geschäftsmodelle – Erlösformen für die Medienbranche, in: Scholz, C. (Hrsg.)(2006): Handbuch Medienmanagement, Berlin, Heidelberg, New York, S. 375-415.
Killius, N./Mueller-Oerlinghausen, J. (1999): Innovative Geschäftsmodelle in digitalen Medien, in: Schumann, M./Hess, T. (Hrsg.)(1999): Medienunternehmen im digitalen Zeitalter, Wiesbaden, S. 139-153.
Ludwig, J. (2007): Ökonomische Vielfalt – Geschäftsmodelle von Zeitschriften, in: Friedrichsen, M./ Brunner, K. (Hrsg.)(2007): Perspektiven für die Publikumszeitschrift, Berlin, Heidelberg, S. 129-149.
Reding, K. (Hrsg.)(2002): Zukünftige Geschäftsmodelle – Konzept und Anwendung in der Netzökonomie, Berlin, Heidelberg, New York.
Stähler, P. (2001): Geschäftsmodelle in der digitalen Ökonomie, Lohmar, Köln.
Wiegand, A./Goldhammer, K./Zerdick, A. (2004): Optimierung der Wirtschaftlichkeit regionaler und lokaler Fernsehsender, Baden-Baden.
Wirtz, B. W. (2003): Handbuch Medien- und Multimedia-Management, Wiesbaden.
Wirtz, B. W. (2013): Medien- und Internetmanagement, 8., akt, u. überarb. Aufl., Wiesbaden.

Fallbeispiele

Büsching, T. (Hrsg.)(2005): Mediengeschäftsmodelle der Zukunft, Baden-Baden.
Werner, C./Schikora, C. (Hrsg.)(2007): Handbuch Medienmanagement: Geschäftsmodelle im TV, Hörfunk, Print und Internet, München.

Kapitel 33
Informationsmanagement

33.1 Prozessmodell des Informationsmanagements 773
33.2 Typen von Informationssystemen 779
33.3 Business Intelligence 782

Leitfragen

- Welche Herausforderungen stellen sich bei der Gestaltung eines Informationsversorgungssystems innerhalb eines Medienunternehmens?
- Inwiefern sind Medienunternehmen im Hinblick auf das Informationsmanagement als Sonderfall zu betrachten?
- Welche spezifischen Informationsbedarfe sind bei Medienunternehmen gegeben?
- Welche Rolle kommt beim Informationsmanagement der technischen Unterstützung zu?
- Wodurch unterscheiden sich Daten, Informationen und Wissen voneinander?
- Was versteht man unter einem „Informationssystem"?
- Inwiefern ist der Begriff „Management-Informationssystem" interpretationsbedürftig?
- Welche sechs unterschiedlichen Komponenten chrakterisieren das Prozessmodell eines „Informationsmanagementsystems"?
- Welcher Zusammenhang besteht zwischen der Informationsnachfrage, dem Informationsangebot und dem Informationsbedarf?
- Welches sind die maßgeblichen Bestimmungsfaktoren des Informationsbedarfs?
- Wie kann in systematischer Weise internes Wissen aufgebaut werden?
- Welche Quellen können erschlossen werden, wenn man externes Wissen, das auf den Wissensmärkten angeboten wird, nutzbar machen möchte?
- Welche Rolle spielen externe Archive für Medienunternehmen?
- Wie kann die kollektive und individuelle Wissensentwicklung gefördert werden?
- Welche Bedeutung für die Wissensentwicklung hat es, dass Medienunternehmen in starkem Maße projektorientierte Unternehmen sind?
- Welche Fragen stellen sich bei der Verteilung von Wissen im Unternehmen?
- Wie lässt sich Nutzerfreundlichkeit von Information sicherstellen?
- Nach welchen Selektionskriterien sollte Wissen und Information gespeichert werden?
- Was sind „operative Informationssysteme"?
- Wodurch unterscheiden sich ganzheitliche und partielle Management-Informationssysteme?
- Was versteht man unter einem „Executive Information System"?
- Wodurch zeichnet sich ein „Data Warehouse" aus?
- Was versteht man unter einem „Expertensystem"?
- Was versteht man unter einem „Decision Support System"?
- Wodurch unterscheidet sich explizites vom impliziten Wissen?
- Welche besondere Rolle spielt das implizite Wissen im Medienmanagement?
- Was heißt „Business Intelligence"?
- Welche Leitlinien sollten für die Gestaltung eines leistungsfähigen und transparenten Informationsversorgungssystems gelten?

Gegenstand

Informationen haben grundlegende Bedeutung für die Unternehmensführung. Sie sind der entscheidende „Rohstoff", aus dem heraus alle Managemententscheidungen getroffen werden. Jede Entscheidung ist nur so gut wie die Informationen, auf deren Basis sie getroffen wird. Der Informationsversorgung innerhalb des Unternehmens kommt insofern eine erfolgskritische Bedeutung zu.

Unter Information wird eine „entscheidungsrelevante Nachricht" verstanden (vgl. Bea/Haas 2013: 270). Bezogen etwa auf das strategische Management bedeutet dies, dass aus der unendlichen Menge interner und externer Daten nur ein bestimmter Ausschnitt von Interesse ist: „Diesen Ausschnitt, der durch die Relevanz für die Unternehmensführung ... gekennzeichnet ist, wollen wir als Information bezeichnen. Wir können also auch definieren: Information ist der Zuwachs an führungsrelevanten Daten" (ebd. 270 f.). Informationsversorgung wird zunehmend wichtiger, aus folgenden Gründen (vgl. ebd. 271 f.): Die Relevanz der Umwelt erhöht sich (Stichworte: Internet, Globalisierung, Heterogenität der Teilmärkte), die Dynamik der Umwelt wächst (Stichworte: Beschleunigung der Veränderungsprozesse, Verkürzung der Informationslebenszyklen), an das Kompetenzprofil der Unternehmung werden ständig höhere Anforderungen gestellt (Stichworte sind: Zunahme an relevanten Erfolgsfaktoren, zunehmende Bedeutung von „soft facts").

Bezogen auf das Medienmanagement ist Information also derjenige Ausschnitt aus der schier unendlich großen Menge interner und externer Daten, die für das Management von Medienunternehmen und -projekten von Relevanz sind. M. a. W. lässt sich Information definieren als „die Teilmenge von Wissen, die von einer bestimmten Person oder Gruppe in einer konkreten Situation zur Lösung von Problemen benötigt wird" (Kuhlen 1989). Von Informationen zu unterscheiden sind die Begriffe „Daten" und „Wissen":

- Daten sind durch Syntaxregeln verbundene Zeichen (Code). Sie sind unstrukturiert, einfach auf Maschinen abzubilden, quantifiziert und ohne Schwierigkeiten übertragbar.
- Wissen sind vom menschlichen Gehirn verarbeitete Informationen. Wissen beinhaltet Reflexion, Synthese und die Herstellung eines Kontexts. Wissen ist nur schwer strukturierbar und nur schwer auf Maschinen abbildbar, d. h. als sog. „explizites Wissen" darstellbar. Wissen tritt daher hauptsächlich als sog. „implizites Wissen" in Erscheinung: Es ist hochgradig personengebunden und beruht stark auf persönlichen Erfahrungen.

Damit lassen sich Informationen als Daten verstehen, die mit Relevanz und Absicht durch Individuen aufgewertet sind. Sie besitzen Bedeutung und üben einen Zweck aus.

Vor diesem Hintergrund versteht sich der Begriff Informationsmanagement als die zielgerichtete Beschaffung, Verarbeitung, Speicherung und Weitergabe von Informationen mit der Aufgabe, eine adressatengerechte Information sicher zu stellen.

Die Summe aller Elemente, die für das Informationsmanagement innerhalb eines bestimmten Kontextes erforderlich sind, wird als „Informationssystem" bezeichnet. In der Regel wird sich ein Informationssystem aus Menschen und technischen Strukturelementen zusammensetzen, typischerweise also ein „Mensch-Maschine-System" darstellen. Denkbar sind auch reine Mensch-Mensch-Informationssysteme, die ohne jede technische Unterstützung auskommen, z. B. wenn sich Führungskräfte zu einer jährlichen Strategie-Tagung an einen ruhigen Ort außerhalb des Unternehmens zurückziehen (vgl. Dillerup/Stoi 2013: 756). „Informationssysteme bestehen aus Menschen und Maschinen, die Informationen erzeugen, nutzen und über Kommunikationsbeziehungen untereinander austauschen" (ebd.).

Die Summe aller im Unternehmen aktiven Informationssysteme bildet das Gesamt-Informationssystem des Unternehmens. Das so verstandene Informationssystem ist Bestandteil des Managementsystems und steht gleichrangig neben dem Planungs- und Kontrollsystem, dem Organisationssystem und dem Personalführungssystem sowie dem Controllingsystem als koordinierendes Teilsystem. Es erscheint zweckmäßig, den vielschichtig und völlig heterogen verwendeten Begriff des „Management-Informationssystems" als Oberbegriff für das Informationssystem als Teil des Managementsystems zu verwenden. Insofern wird ein „MIS" ganz allgemein als das Informationsversorgungssystem für das Management verstanden.

33.1 Prozessmodell des Informationsmanagements

Gliedert man die Fragestellungen von Informations- und Wissensmanagement, wie sie innerhalb eines Unternehmens gegeben sind, nach prozessorientierten Kriterien, so lässt sich ein Prozessmodell mit sechs Teilaspekten definieren (vgl. Probst/Raub/Romhardt 1999: 47 ff.):

- Wissen identifizieren;
- Wissen erwerben;
- Wissen entwickeln;
- Wissen (ver)teilen;
- Wissen nutzen;
- Wissen bewahren.

Der Begriff „Wissen" steht stellvertretend für jede Form der Handhabung gehaltvoller Daten. Die sechs Teilaspekte können auch als Kernprozesse des Informations- und Wissensmanagements aufgefasst werden.

(1) Beim Teilprozess **Identifikation** von Wissen geht es darum, den Bedarf an Information und Wissen zu ermitteln. Der Informationsbedarf eines Unternehmens ergibt sich aus den Geschäfts- und Aufgabenfeldern, die es bearbeitet, aus seiner Marktstrategie und aus den Gegebenheiten des globalen Umfelds. Im Vordergrund stehen dabei üblicherweise Wirtschaftsinformationen (vgl. Michelson 2001: 21 f.).

> Medienunternehmen sind insofern ein Sonderfall, als der Geschäftszweck und die Art der Produkte Information und Wissen zum Gegenstand haben. Legt man den Blick auf das Management bzw. die Unternehmensführung, ist – im Vergleich zu anderen Industrie- und Dienstleistungsunternehmen – in der Regel eine breiterer Informationshintergrund zur Steuerung des Unternehmens erforderlich. Zu denken ist an hohe Relevanz der Medienprodukte im Hinblick auf Demokratie, Politik, Gesellschaft und das Individuum. So ist es verständlich, dass Spitzenpositionen von Medienunternehmen sehr häufig mit Journalisten besetzt werden. Bei öffentlich-rechtlichen Rundfunkanstalten gelangt in die Position des Intendanten nur ausnahmsweise ein gelernter Verwaltungs- und Management-Experte.

Der **Informationsbedarf** des Unternehmens muss im Rahmen von Informationsangebot und -nachfrage bestimmt werden und sollte mit diesen deckungsgleich sein (vgl. Abb. 33-1; Quelle: ebd. 23):

- Der Informationsbedarf bezeichnet die Art, Menge und Qualität der Informationen, die in einem bestimmten Kontext für die optimale Aufgabenerfüllung objektiv benötigt wird.
- Die Informationsnachfrage kennzeichnet die von einem Akteur (Stelleninhaber) subjektiv gewünschten oder verlangten Informationen.
- Das Informationsangebot ist die Menge der tatsächlich verfügbaren bzw. bereitgestellten Informationen.

In der Praxis ist in der Regel ein Auseinanderklaffen zwischen Informationsbedarf, -nachfrage und -angebot festzustellen. Zentrale Aufgabe des Informationsmanagements und Messlatte für dessen Qualität ist es daher, die Harmonisierung dieser drei Aspekte herbeizuführen.

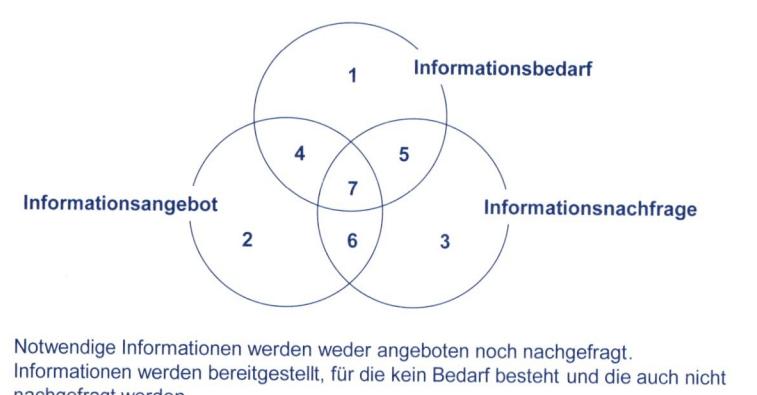

1 Notwendige Informationen werden weder angeboten noch nachgefragt.
2 Informationen werden bereitgestellt, für die kein Bedarf besteht und die auch nicht nachgefragt werden.
3 Es werden Informationen nachgefragt, die weder angeboten werden noch notwendig sind.
4 Angebotene und notwendige Informationen werden nicht nachgefragt.
5 Notwendige Informationen werden nachgefragt, aber nicht angeboten.
6 Informationen werden angeboten und nachgefragt, sind aber objektiv nicht notwendig.
7 Notwendige, vorhandene und nachgefragte Informationen decken sich.

Abb. 33-1: Zusammenhang zwischen Informationsbedarf, -nachfrage und -angebot

Maßgebliche **Bestimmungsfaktoren des Informationsbedarfs** sind die verfolgten Wissensziele und die Art der zu lösenden Aufgabenstellung:

- Wissensziele können z. B. in einem „Wissensleitbild" dargestellt sein und ausdrücken, welche Art von Wissen ein Unternehmen aufbauen möchte (vgl. Probst/ Raub/Romhardt 1999: 73 ff.).
- Die Art einer Aufgabenstellung lässt sich in ein Kontinuum einordnen, das durch die beiden Extremen wohl strukturierter und schlecht strukturierter Aufgabenstellungen bestimmt wird (vgl. Dillerup/Stoi 2013: 726 f.). Für schlecht strukturierte Aufgaben kann der Informationsbedarf oft nicht klar ermittelt werden.

  Als Beispiele für gut strukturierte Aufgaben im Medienbereich können genannt werden: Sendeablaufplanung im Fernsehen und Hörfunk, Honorarverwaltung und -abrechnung, Papiereinkauf bei Zeitungen und Zeitschriften, Steuerung von Druckprozessen.

  Beispiele für schlecht strukturierte Aufgaben sind: Marketingkonzeption, Mediaplanung, Definition der Erfolgsfaktoren von TV-Serien, mittelfristige Wirtschafts-, Finanz- und Programmplanung, strategische Planung.

Die Informationsbedarfsanalyse liefert Antworten auf folgende Fragen:

- Welche Informationen werden benötigt? – z. B. Umsatz, Trends;
- Worüber wird berichtet? – z. B. Berichtsgebiet, Kostenstelle;
- Wofür werden Informationen gebraucht? – z. B. Entscheidungen;
- Wer benötigt die Informationen? – z. B. Top Management;
- In welcher Form wird Information benötigt? – z. B. Ist-, Soll-Werte;
- Wie soll Information aufbereitet sein? – Darstellungsart;
- Wann muss die Information vorliegen? – Aktualität, Periodizität.

(2) Die **Beschaffung von Informationen und Wissen** kann grundsätzlich über zwei Wege erfolgen:

- Nutzung interner Informationsquellen;
- Nutzung externer Informationsquellen.

Bei der Nutzung der im Unternehmen vorhandenen Wissensbasis geht es um die Summe der mit technischen Hilfsmitteln gespeicherten Daten- und Informationsbestände, aber auch um die individuellen und kollektiven Bestände des Erfahrungswissens der Mitarbeiterschaft.

> Die Potenziale, die an dieser Stelle infrage stehen, werden regelmäßig unterschätzt. Ein Praxishandbuch zum Wissensmanagement formuliert treffend: „Wenn Ihr Unternehmen wüsste, was es alles weiß ..." (Davenport/Prusak 1998).

Üblicherweise ist das Unternehmen nicht fähig, das für den Erfolg notwendige Wissen aus eigenen Quellen zu beziehen, sondern muss Wissen von außen beziehen. Faktisch geht man auf „Wissensmärkte", um externes Wissen einzukaufen. Grundsätzlich kann es auf vier Wegen erworben werden (Probst/Raub/Romhardt 1999: 148):

- Erwerb von Wissen externer Wissensträger: Hierbei handelt es sich um den Einkauf von externem Expertenwissen, von Fachberatern, Management-Beratern, Consulting-Unternehmen.
- Erwerb von Wissen anderer Unternehmen: Dieses wird generiert durch Kooperation (fallweise Kooperation, strategisches Netzwerk, Beteiligung, Kauf, Fusion). Bei sog. „Knowlegde Links" ist das gegenseitige Lernen und der Wissenserwerb das erklärte Ziel der Kooperation.
- Erwerb von Stakeholder-Wissen: Angesprochen ist v. a. das Auftraggeber-Wissen. Kundenideen gelten als eine der größten Innovationsquellen für ein Unternehmen – ein Hauptgrund, systematische Kundenintegration zu betreiben.
- Erwerb von Wissensprodukten: Durch sog. „Wissenskonserven" wie Software, Patente, Lizenzen oder Franchiseverträge.

> Für Medienunternehmen als Content erzeugende Einrichtungen, die in hohem Maße wissensintensive Produkte erstellen und die durch journalistisches Know-how und redaktionelle Leistungen und Originalität in den Inhalten gekennzeichnet sind, spielen die professionell am Markt agierenden Informations- und Wissensanbieter eine besonders große Rolle. Zu denken ist an Nachrichtenagenturen, Informationshändler (Informationsbroker), Syndication-Anbieter, freie Reporter, Experten, Datenbank-Anbieter (z. B. Wirtschaftsdatenbank GENIOS), Rechtehändler von Filmen.

> Im Hinblick auf „Konserven" ist auf die Rolle von Archiven hinzuweisen, insbesondere auf Foto- und Tonarchive, aber auch auf Bewegtbild-Archive. Diese spielen bei der Medienproduktion eine vielfältige Rolle, z. B. im Werbefilmbereich und bei TV-Dokumentationen. Besonders ist auch auf die Archive der öffentlich-rechtlichen Rundfunkanstalten hinzuweisen.

Im Kontext der Informationsbeschaffung steht man in der Regel vor einem Wirtschaftlichkeitsproblem, da sie mit hohen Kosten verbunden sein kann. Generell gilt, dass die Beschaffungskosten umso höher sind, je exklusiver, genauer und aktueller die Informationen sein sollen. Zu ermitteln ist daher der jeweils spezifische Wert der Information, der den Kosten gegenübergestellt werden muss (vgl. Dillerup/Stoi 2013: 728).

(3) Im Prozessschritt **Entwicklung und Aufbereitung von Informationen und Wissen** geht es um den gezielten und bewussten Aufbau von erfolgskritischem neuem Wissen. Zu unterscheiden sind:

- Kollektive Wissensentwicklung;
- Individuelle Wissensentwicklung.

Zur kollektiven Entwicklung organisationalen Wissens sind zum einen die für Forschung und Entwicklung zuständigen Unternehmensbereiche direkt gefragt, deren Zweck es ist, systematisch Innovation zu erzeugen, zum anderen ist aber auch jeder andere Bereich, in dem kritisches Unternehmenswissen erstellt wird, gefordert.

> Um Wissen systematisch zu generieren, können dabei spezielle Instrumente angewandt werden wie Think Tanks, Lern-Arenen, Erfahrungssicherung (z. B. im Projektmanagement), Beispielsammlungen von Best Practice-Lösungen, Produktkliniken, Szenarien oder Lessons Learned (zu den Instrumenten im Einzelnen vgl. z. B. Probst/Raub/Romhardt 1999: 202 ff.).

Bei der individuellen Wissensentwicklung verdienen Innovationsbarrieren, die das Entstehen neuen Wissens behindern können, eine besondere Aufmerksamkeit. Hauptfaktor sind die Einstellungen der Mitarbeiter, wenn sie dem Neuen gegenüber die nötige Offenheit vermissen lassen, aber auch Abteilungsegoismen und Machtpositionen, die durch Veränderungsprozesse in Gefahr geraten könnten. Schlüsselbereiche sowohl für die kollektive als auch für die individuelle Wissensentwicklung sind Kommunikation, Transparenz und Integration.

> Medienunternehmen sind in starkem Maße als „projektorientierte Unternehmen" zu charakterisieren. Zu denken ist z. B. an Internet- und Multimedia-Produzenten, TV-Unternehmen, Agenturen, Verlage, Event-Veranstalter oder Spielehersteller. Dies führt in gewisser Weise automatisch zu einem hohen Maß an gegenseitigem Austausch der Mitarbeiter im betrieblichen Wertschöpfungsprozess, was als eine Art „Turbo-Effekt" für den Aufbau unternehmenseigenen Wissens gelten kann.

(4) Der Prozess der **Verteilung von Information und Wissen** ist zwingende Voraussetzung, um das auf breiter Basis isoliert vorhandene Wissen der gesamten Unternehmung zur Verfügung zu stellen. Ziel ist es, das selbst generierte oder von außen beschaffte Wissen in der richtigen Menge, zum richtigen Zeitpunkt an den richtigen Ort zu bringen. Fatal ist es, wenn Wissen zwar aufgebaut wurde, es aber keine professionelle „Dissemination", also Verbreitung, erfährt.

> „Wissen auf die richtigen Mitarbeiter zu verteilen, beziehungsweise organisationales Wissen an die Stelle zu bringen, wo es gerade dringend gebraucht wird, ist eine der schwierigsten und am meisten unterschätzten Hindernisse für ein erfolgreiches Wissensmanagement. Jüngste Umfragen haben ergeben, dass in vielen Unternehmen mehr als die Hälfte des verfügbaren intellektuellen Kapitals nicht genutzt wird" (Probst/Raub/Romhardt 1999: 222).

Als grundsätzliche Methoden der Teilung und Verteilung von Informationen und Wissen können der zentralistische und der dezentrale Ansatz unterschieden werden. Im ersten Fall verfolgt die Organisation das Ziel, durch den Aufbau zentraler Informationseinrichtungen die Wissensmultiplikation zu forcieren, im zweiten Fall wird eine unternehmensweite Informationsinfrastruktur angestrebt, die stark auf Konzepte der Selbstregulierung setzt.

„Die Kombination von Mensch und Technik in Form ‚hybrider Systeme' erscheint nach bisherigen Erfahrungen in der Praxis als eine vielversprechende Lösung" (Probst/Raub/Romhardt 1999: 260).

Barrieren, die einer Wissensteilung und -verteilung entgegenstehen können, sind insbesondere Macht-, Kultur- und Vertrauensfragen. Dies wirft ein Licht auf die Tatsache, dass eine Organisation oft weniger durch technische Lösungen dem Ziel der breiten Verteilung von Wissen näher kommt als durch Einwirkung auf die Einstellungen der Mitarbeiter. Diese neigen dazu, meist aus Gründen der Machterhaltung, Informationen und Wissen eher als persönliche „Schatztruhe" zu betrachten, die man nicht jedem und jederzeit öffnet.

> „Teile und herrsche. Eine solche Politisierung von Wissen ist gefährlich, denn nur wenn Informationen oder Erfahrungen in den relevanten Entscheidungsgremien verfügbar sind, können sie für die gesamte Organisation nutzbar gemacht werden. Wird häufig Wissen geheimgehalten, weil damit Macht und Ansehen verbunden ist?" (Probst/Raub/Romhardt 1999: 219).

Dieser Tendenz entgegenwirkend haben sich im Zeichen der Digitalisierung neue leistungsfähige Tools zur Kommunikation und Zusammenarbeit etabliert. Dies beginnt mit dem Intranet, das als eine leistungsfähige Plattform für die Kommunikation der Unternehmensleitung mit der Mitarbeiterschaft und der Weitergabe von Wissen fungieren kann, und endet bei Groupware-Lösungen, Konferenzsystemen und Portalen, die das kooperative Wissensmanagement und die elektronische Abwicklung von Workflows nachhaltig verbessern. Alle diese Entwicklungen können – richtig eingesetzt – für einen massiven Innovationsschub im Unternehmen führen, ein Phänomen, das man gerne als „Enterprise 2.0" bezeichnet.

> Ein Intranet kann zu einer wirkungsvollen Verteilung von Informationen und Wissen führen. Mit klugem „Intranet Content Management" steht ein effektives Instrument der internen Unternehmenskommunikation in Unternehmen generell und daher auch im Medienunternehmen zur Verfügung: „Mittlerweile ist das Intranet nicht nur zum dominanten Kommunikationsmedium geworden, sondern zugleich zu einem erstrangigen Mittel zur Steigerung der Unternehmens-Produktivität. Es nutzt die kreativen Potenziale der Bottom-up-Kommunikation (wie man sie aus dem Internet kennt), ohne sich aus der Notwendigkeit einer verbindlichen Top-down-Kommunikation in Unternehmen lösen zu können. Die Kunst des Intranet-Managements besteht darin, diese konfliktträchtige Grundkonstellation in ein wertschöpfendes Zusammenspiel zu bringen" (Mickeleit 2007: 499).

> Bei Medienunternehmen ist die erfolgreiche Wissensverteilung angesichts der hohen Bedeutung des Wettbewerbsfaktors Zeit als kritischer Erfolgsfaktor anzusehen. So spielen im aktuellen Nachrichtenbereich technisch gestützte Nachrichtenverteilsysteme (Content Distribution Systems) eine wichtige Rolle. In einer Pressemitteilung heißt es: „NorCom erhält Auftrag von Deutschlandradio (DLR) – München, 12. Juni 2006 – NCPower senkt Kosten und schafft Investitionssicherheit – vollständig Web-basiertes Nachrichtenverteilsystem auf Basis NCPower ermöglicht den weltweiten Zugriff auf unterschiedlichste Inhalte. Deutschlandradio (DLR) hat sich für den Einsatz des Nachrichtenverteilsystemsystems NCPower von NorCom entschieden. Mit dem Web-basierten Nachrichtenverteilsystem auf der Basis von NCPower stellt NorCom Deutschlandradio eine kosteneffiziente Lösung bereit, die den Kunden ein großes Einsparpotential im Bereich Remote-Zugriff der externen Korrespondenten bringen wird. Der NCPower WebClient von NorCom bietet aufgrund seines flexiblen XML-Bus an jedem Ort der Welt und zu jeder Zeit Remote-Zugriff auf unterschiedlichste Inhalte und eignet sich daher besonders für die dezentrale Nutzung durch Korrespondenten und Inhouse Redakteure, egal ob sie vom Hotelzimmer, vom Home Office oder aus dem Internet Cafe arbeiten. Der Zugriff erfolgt browser-basierend und benötigt somit keine Softwareinstallation im Anwenderrechner. Dies vereinfacht die Administration und spart wiederum laufende Kosten".
> (Quelle: http://www.boersenwelt.de/xist4c/web/DGAP-News (16.06.2007)

(5) In der Prozessphase der **Nutzung von Information und Wissen** geht es darum, die Bedingungen sicherzustellen, die den Mitarbeiter befähigen, die Informationen zum Vorteil des Unternehmens produktiv anzuwenden. Die Nutzungsbereitschaft kann dabei wesentlich gesteigert werden, wenn die Wissensbasis und Wissensinfrastruktur des Unternehmens nutzerfreundlich gestaltet wird.

> „Dokumente, Memos und interne Publikationen gehören immer noch zu den Medien über welche ein großer Teil der betrieblichen Kommunikation abgewickelt wird. Viele dieser Wissensdokumente orientieren sich allerdings nicht an den Verarbeitungsmechanismen des menschlichen Gehirns. Sie sind nutzungsfeindlich beziehungsweise nicht hirngerecht. Durch Visualisierung, Kurzzusammenfassungen und ähnliche Bearbeitungsschritte kann der Nutzwert von Dokumenten deutlich gesteigert werden" (Probst/Raub/Romhardt 1999: 275).

Vor diesem Hintergrund wird deutlich, dass die Schaffung einer verbesserten Informations- und Wissensinfrastruktur noch nicht ausreicht, um den Prozess des Informationsmanagements positiv zu gestalten, sondern nur „Knowledge in Action" führt zu konstruktiven Resultaten.

(6) Der Teilprozess der **Speicherung von Information und Wissen** schließlich tangiert die folgenden Themen:

- Selektion des Bewahrungswürdigen: Zu entscheiden ist über die Selektionsregeln zwischen wertvollen und wertlosen Informationen.
- Aufbereitung von Dokumenten und Dokumentationen: Die Speicherung von Wissen als „elektronisches Gedächtnis des Unternehmens" erzeugt nur dann volle Wirkung, wenn die Strukturierung der Dokumente die „Erinnerungsfähigkeit" ermöglicht. Eine besondere Problematik ist die Bewahrung von Know-how und Erfahrung von altgedienten Mitarbeitern, Wissensträgern, Experten und Schlüsselmitarbeitern – mithin also auch Wissenselemente, die nicht oder nicht ohne weiteres in Dokumenten explizierbar sind. Das „Gedächtnis der Organisation" ist insofern mehr als eine nach formalen Kriterien strukturierte Datenbank.
- Aktualisierung: Festzulegen sind Aktualisierungsmechanismen, ohne die Wissenssysteme über kurz oder lang absterben. Man spricht hier von „organisationalem Vergessen", „Verlernen" bzw. „Entlernen".

> „Viele Autoren vertreten die Meinung, dass das Wissen einer Organisation (ähnlich wie beim menschlichen Gedächtnis) hierarchisch geordnet ist. Dies ist ein gewisser Widerspruch, denn aus systemtheoretischer Sicht kann das Wissen einer Organisation nicht an einem bestimmten „Ort" lokalisiert werden. Das Gedächtnis und das Wissen sind praktisch überall verteilt" (Lehner 2009: 96).

Eine besondere Rolle spielt der Wissensverlust bei der Abwanderung von Mitarbeitern, sei es durch Kündigung, altersbedingtem oder aus anderen Gründen bedingtem Ausscheiden. Ein solcher Verlust-Effekt kann schon beim Projektmanagement beobachtet werden, wo es beim Ausscheiden eines Teammitglieds zu empfindlichen Know-how-Verlusten kommen kann. Nur wenn entsprechende organisatorische Vorkehrungen getroffen werden, kann Schaden abgewendet werden. So lehrt uns das Projektmanagement, dass bei der Beendigung eines Projekts die sog. „Erfahrungssicherung" („„Best Pracitces", „Lessons Learned") eine wichtige und notwendige Schlussaktivität von (vielleicht unschätzbarem) Wert darstellt.

33.2 Typen von Informationssystemen

Aus ganzheitlicher Sicht besteht das Informationsversorgungssystem des Unternehmens aus zwei großen Bereichen (vgl. Abb. 33-2):

- Operative Informationssysteme (OIS);
- Management-Informationssystem (MIS).

Operative Informationssysteme sind auf die unmittelbare dispositive Steuerung ausgerichtet, während Management-Informationssysteme die Unterstützung der Managemententscheidungen – auf allen Führungsebenen – zum Gegenstand haben. Wegen der hohen Bedeutung der technischen Unterstützung der Informationsversorgung spricht man auch von „Informations- und Kommunikationssystemen" (IuK-Systeme).

(1) Die **operativen Informationssysteme** können als transaktionsorientierte Informationssysteme charakterisiert werden, die sich auf das „Tagesgeschäft" beziehen und die administrative und dispositive Massendatenverarbeitung unterstützen. Vorherrschend ist die Perspektive der Datenorientierung.

Beispiele für operative Informationssysteme sind Buchhaltung, Lohn- und Gehaltsabrechnungssysteme oder EDI. Letzteres bezeichnet das „Electronic Data Interchange", ein System, mit dem im Business-to-Business-Bereich die vollautomatische Rechnungsabwicklung zwischen Geschäftspartnern abgewickelt wird. Zu nennen sind ferner alle Systeme, die unter dem Begriff OAS (Office Automation System) zusammengefasst werden. Gemeint sind alle Formen von Bürokommunikations- und Büroautomationssystemen.

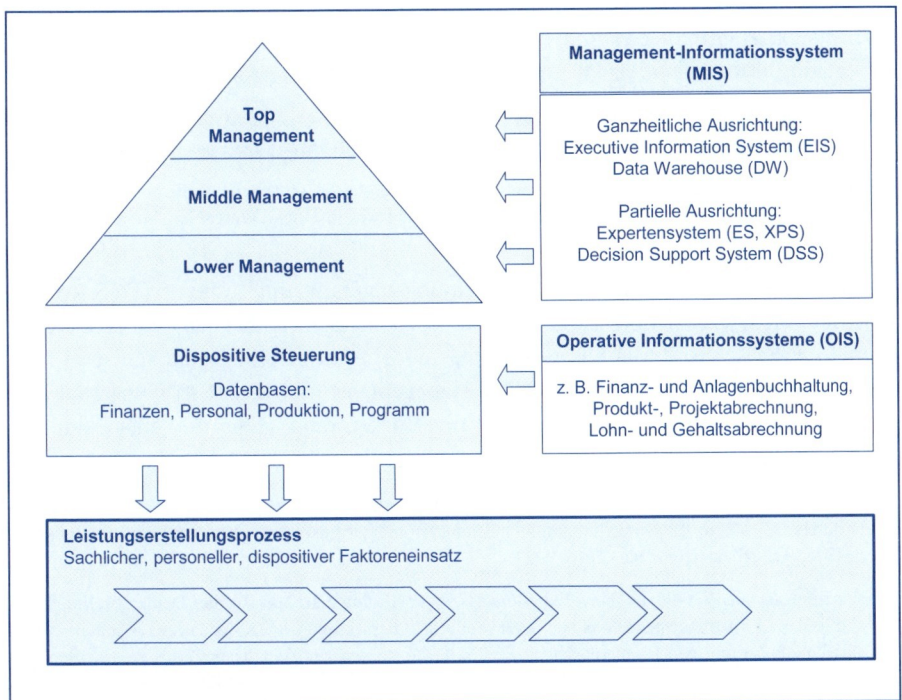

Abb. 33-2: Klassifikationen von Informationssystemen

(2) Der Begriff **Management-Informationssystem** (MIS) wird im vorliegenden Zusammenhang als ein Überbegriff über sämtliche Typen und Aspekte von Informationssystemen verwendet, die auf die Unterstützung von Managemententscheidungen ausgerichtet sind und die das gesamte Unternehmen umfassen (unternehmensweites MIS). Dabei gibt es sowohl Systeme, die speziell auf das Top-Management zugeschnitten sind, bei denen die unternehmenspolitische Sicht dominiert, als auch Informationssysteme, die das mittlere und untere Management unterstützen.

> Diese Interpretation steht im Gegensatz zu Definitionen, die ein MIS auf untere und mittlere Managementaufgaben beschränken wollen: „Management Informationssysteme bauen auf den operativen Informationssystemen auf. Sie stellen regelmäßig oder fallweise Planungs-, Koordinations- oder Kontrollinformationen für das untere und mittlere Management für gut strukturierte Aufgaben bereit" (Susallek 2000: 193).
>
> Abzugrenzen ist das hier verwendete MIS-Verständnis auch gegenüber der althergebrachten Idee eines Art technischen Totalsystems, das den Menschen in der Entscheidungsfindung ersetzen möchte: „Ein Management-Informationssystem ist ein die gesamte Unternehmung umfassendes (unternehmensweites) und auf vollständige Abdeckung der Managementaufgaben ausgerichtetes computergestütztes Informationssystem. Dem Management sollte der schnelle Zugriff auf Daten aller Bereiche und Hierarchiestufen ermöglicht werden. Als hochintegriertes Totalsystem sollte es sämtliche Informationen in aggregierter Form und real time – per Knopfdruck – bereitstellen und zumindest partiell den Menschen bei der Führung ersetzen. Zentrale technische Komponente eines MIS war die Datenbasis. In Datenbanken gespeicherte Daten bildeten den Kern des Informationssystems. Modell- und Methodenbanken als weitere Teilmodule beschränkten sich weitgehend auf quantitativ-definitorische Zusammenhänge. Heute wird die „MIS-Idee" als gescheitert angesehen" (Bea/Haas 2013: 352; im Orig. teilw. kursiv).

Zu unterscheiden sind ganzheitliche Systeme von solchen, die partiell ausgerichtet sind. Als **ganzheitliche Systeme** sind Führungsinformationssysteme (EIS – Executive Information System) und das Konzept Data Warehouse von prominenter Bedeutung.

> EIS: „Ein Executive Information System ist ein interaktives, IT-basiertes Informationssystem zur integrativen informationellen Unterstützung von Managementaufgaben" (Bea/Haas 2013: 354).
>
> Data Warehouse: „Ein Data Warehouse ist ein Bestand von Daten, aus dem sich die einzelnen Informationssysteme und auch Mitarbeiter eines Unternehmens wie in einem Warenhaus bedienen können" (Bea/Haas 2013: 357).

Als **partielle Systeme** sind v. a. Entscheidungsunterstützungssysteme (DSS – Decision Support System) und Expertensysteme zu nennen. Dabei handelt es sich um interaktive Systeme, die auf Entscheidungsmodelle ausgerichtet sind mit dem Ziel, Aufgabenträger (v. a. Top- und Middle Management) in schlecht strukturierten Entscheidungssituationen zu unterstützen. Im Vordergrund steht die entscheidungsorientierte Sicht.

> DSS: „Ein Decision Support System (Entscheidungsunterstützungssystem) ist ein interaktives, IT-basiertes Instrument zur Unterstützung von Managern bei der Lösung wohlstrukturierter und teilstrukturierter Aufgaben" (Bea/Haas 2013: 353).
>
> Expertensysteme: Sie dienen dazu, Expertenwissen zur Lösung ganz spezifischer Problemstellungen zu aktivieren. „Expertensysteme repräsentieren Teile des Wissens von Spezialisten und gestatten, dieses Wissen zur Lösung von Problemen heranzuziehen. Sie werden zur Zeit für eng eingegrenzte Bereiche eingesetzt. Haupteinsatzgebiete sind heute Konfigurations-, Beratungs- und Diagnosesysteme" (Brenner 1994: 54). „Expertensysteme entwickeln sich zukünftig zu komfortablen „intelligenten Entwurfs-Assistenten" (ebd. 62).

Fallbeispiele für Expertensysteme im Medienbereich

Expertensysteme fanden und finden auch im Medienbereich Anwendung. Nachfolgende Beispiele geben einen Einblick:

Computer Aided Advertising System (CAAS): Beispiel für ein Expertensystem zur Beurteilung von Mediaplänen, das in den 1990er Jahren an der Universität Saarbrücken von Kroeber-Riel entwickelt wurde: „Computer Aided Advertising Systems (CAAS), computerunterstützte Systeme zur Beurteilung von Werbeentwürfen und Anzeigen sowie zur Entwicklung von Vorschlägen zur Optimierung eines Werbemittels. Etwa mit dem Anfang der 90er-Jahre wurde am Institut für Konsum- und Verhaltensforschung der Universität des Saarlandes damit begonnen, im Rahmen des CAAS-Forschungsprojektes eine Reihe von Expertensystemen (XPS) zu entwickeln. Zunächst handelte es sich dabei um CAAS-Diagnosesysteme zur Beurteilung von Zeitschriften-, Radio- sowie Zeitungs- und Beilagenwerbung. Zusätzlich beschäftigte sich ein Forschungsteam mit der Erarbeitung eines Systems, das kreative Wege für die Suche nach neuen Ideen zeigt. Dies geschieht über die Erhebung und Speicherung von Primärassoziationen, die vom Kreativen jederzeit abgerufen werden können. Das System dient also zur Anregung der Kreativität und liefert keine fertigen Lösungen. Das CAAS-Diagnosesystem dient sowohl zur Beurteilung von Werbeentwürfen und fertigen Anzeigen als auch zur Entwicklung weiterer Vorschläge zur Optimierung des Werbemittels. Es berücksichtigt Positionierung durch Aktualität, erlebnisbetonte, sachorientierte und gemischte, d. h. emotionale und informative Positionierung als strategische Kommunikationsziele und bezieht das Involvement der Konsumenten als Rahmenbedingung ein" (http://www.finanzxl.de/lexikon/Computer_Aided_Advertising_Systems_(CAAS).html 25.09.2006).

Zeitungs Informations System (ZIS) – 2010 in der Version 2.0. Nachfolgend ein Auszug aus der Beschreibung des Expertensystems: „Mit ZIS lassen sich ausgefeilte Titellisten, z. B. über individuelle Gebietsdefinitionen und Verbreitungsanalysen erstellen und exakte, tagesaktuelle Kostenberechnungen für alle Anzeigenformate und Prospekte vornehmen. Zuschläge, Mindestgrößen, Rabatte, abweichende Formatanteile und andere „Stolpersteine" hat das Planungstool dabei automatisch im Blick. Ein Streuplan-Modul und ein Excel-Buchungsplan helfen beim Buchungsprozess. Das Hauptaugenmerk liegt bei ZIS seit jeher auf der cent-genauen Kostenkalkulation, die weiter optimiert und an neue Entwicklungen der Zeitungslandschaft angepasst wurde. *Neue Features in ZIS:* Die vorliegende Version enthält viele kleine, aber feine Änderungen. Maßgebliche Erweiterungen sind: Print/Online-Rubriken, Festformate, Resthaushaltsabdeckung. Nahezu alle Zeitungen bieten im Bereich der Rubriken Print/Online-Kombinationen an, um die klassischen Stellen-, Immobilien- oder Kfz-Anzeigen auch auf ihren Internetangeboten abzubilden. Das neue ZIS kalkuliert nun präzise Print/Online-Rubriken inklusive aller Internetzuschläge und anderer Spezifikationen. Ein weiterer Trend sind Festformate, die oft zu rabattierten Festpreisen angeboten werden. Das neue ZIS wurde dahingehend erweitert, dass es für jedes formatanteilige Wunschformat (1/2-Seite, 1/3-Seite Eckfeld etc.) zuerst prüft, ob hierfür ein Festpreis vorliegt, der dann vorrangig kalkuliert wird. Weitere Spezifikationen, wie z. B. bestimmte Platzierungen („1000er-Format auf Seite 3"), verschiedene Zeitungsteile, unterschiedliche Anschnitte oder der Bunddurchdruck können jetzt ebenfalls in die Preisberechnung einbezogen werden. Ebenfalls neu ist die an die Kalkulation von Prospektbeilagen angelehnte Berechnungsmöglichkeit für Resthaushaltsabdeckung und Direktverteilung" (http://www.zeitungen-online.de/zis/doku/handbuch.html 30.03.2014).

Radio Xpert: Hierbei handelt es sich um eine Software, mit der Mediaagenturen die Mediaplanung im Hörfunk nachhaltig unterstützen können. Steckbrief (vgl. w&v 18/2007 vom 4. Mai 2007, S. 36):
- Radio Xpert ist das einzig relevante Radioplanungsprogramm.
- USP: Radio Xpert ermöglicht eine detaillierte anwenderfreundliche Planung aller werbungführenden Sender.
- Programminhalte: Planung aller Radioprogramme in Deutschland, volle Kostenkontrolle, Landkarten und Grafiken, komfortable Tabellierung und präsentationsfähiger Output.
- Methodik: Die Software Radio Xpert wurde im Auftrag der Vermarkter ARD-Werbung Sales & Services und Radio Marketing Service in enger Zusammenarbeit mit Radioplanern aus Mediaagenturen von DAP Systems entwickelt.
- Einsatzmöglichkeiten: Umfassendes Tool zur Planung lokaler, regionaler und nationaler Radiokampagnen.

33.3 Business Intelligence

Für die bestmögliche Informationsversorgung im Unternehmen hat sich der Begriff „Business Intelligence" eingebürgert. Diese Nomenklatur weist auf die Frage hin, wie es einem Unternehmen bestmöglich gelingen kann, seine „Intelligenz-Potenziale" zu entfesseln und dadurch Rationalisierungseffekte, Wettbewerbsvorteile und strategische Erfolgspositionen aufzubauen.

> „Business Intelligence kann als ein analytischer Entdeckungsprozess verstanden werden, der unterstützt durch den Einsatz moderner Informationstechnologie und analytischer Konzepte aus einer großen Anzahl strukturierter und unstrukturierter Unternehmens-, Markt- und Wettbewerbsdaten entscheidungsgerichtete, strategisch bedeutende Informationen identifiziert und den menschlichen Entscheidern zur Generierung von Wissen über das eigene Unternehmen und dessen Umwelt zeitnah zur Verfügung stellt" (Tennert 2003: 11).

Business Intelligence ist damit als systematische Weiterentwicklung des konventionellen Verständnisses von Informationsmanagement in Richtung eines **umfassenden Wissensmanagement-Konzeptes** zu verstehen.

> „Wissen im Zeitungs- und Zeitschriftenverlag setzt sich aus der Vernetzung von Erfahrungen und Kompetenzen der Mitarbeiter mit verfügbaren Informationen über Kunden (Abonnenten, Werbetreibende, Werbemittler, Grossisten, Vertriebspartner, Verkaufsstellen), Wettbewerber, Marktpartner sowie Marktentwicklungen zusammen. Es steckt in der Organisation der Unternehmensprozesse, in Technologien und in den Produkten (z. B. Copyrights). Dieses Wissen ist an die im Verlag handelnden Personen gebunden und kann nicht ohne diese reproduziert werden, denn Wissen entsteht aus der Verarbeitung von Informationen im Bewusstsein" (Tennert 2003: 12).

Neue Konzepte der Business Intelligence gehen davon aus, dass man beim Thema Wissensmanagement künftig verstärkt zwischen **explizitem Wissen** und **implizitem Wissen** unterscheiden muss. Implizites Wissen kennzeichnet diejenigen Wissensschätze, die an die Erfahrungen der Menschen gebunden sind und insofern „Erfahrungswissen" darstellen. Zu denken ist an Hintergrundwissen, das Schlüsselpersonen, Mitarbeiter, Vorgesetzte oder Kunden besitzen, das aber nirgendwo kodifiziert bzw. „expliziert" ist.

Implizites Wissen manifestiert sich in Regeln und Selbstverständnissen (Kultur, Werte, Normen, Visionen, Ziele), es ist geprägt von subjektiven Einsichten, Ahnungen und Intuition und ist zudem tief in der Tätigkeit und den Erfahrungen des Einzelnen verankert. Oft ist es kaum verbalisierbar. Daher lässt es sich nur schwer mitteilen und ist nicht auf herkömmlichen Datenträgern speicherbar.

Im Gegensatz dazu ist explizites Wissen Faktenwissen, z. B. über Arbeits- und Verfahrensabläufe, als Kennzahlen oder Organigramme. Erfolgreiches Management hat verstanden, dass beiden Wissensquellen, dem expliziten wie dem impliziten Wissen, gleichermaßen Beachtung geschenkt werden muss.

Allgemeine Leitlinien für das Informationsversorgungssystem

Vor diesem Hintergrund erscheinen einige **Leitlinien** hilfreich, die für die Gestaltung eines Informationsversorgungssystems gelten sollten. Zu denken ist dabei z. B. auch an Projektmanagement.

- Informationen müssen immer aktuell sein!
- Informationsflut muss vermieden werden!
- Es gilt die Leitlinie: „So wenig Informationen wie möglich, jedoch so viel wie nötig"!
- Arbeiten mit Zusammenfassungen und Auszügen!
- Beschränkungen auf den Sonderfall: Management by Exception!
- Berichte sind auf den aktuellen Zeitbereich zu beschränken!
- Informationen stufenweise verdichten, je nach Empfänger!
- Informationen entscheidungsorientiert aufbereiten!
- Erhöhung der Aussagekraft durch Visualisierung der Informationen!
- Wichtige (Schlüssel-)Informationen herausstellen!
- Darstellung der Informationen kurz, knapp und übersichtlich!
- Beachtung und Nutzung vorgegebener Berichtsarten (Formulare)!
- Informationen und Berichte sind sowohl Bringschuld als auch Holschuld!

Kernaussagen

- Information ist der Zuwachs an zweckorientierten Daten.
- Das Informationssystem des Unternehmens als Teilsystem des Managementsystems ist dasjenige Subsystem, das zu jeder Zeit, an jedem Ort und für jeden Mitarbeiter eine optimale Informationsversorgung sicherstellen soll.
- Die Fokussierung auf Information greift zu kurz. Notwendig ist die Gestaltung des Wissensprozesses in ganzheitlicher Sicht.
- Informationssysteme auf ihre technische Komponente zu reduzieren und einer Technologiegläubigkeit das Wort zu reden, greift viel zu kurz. Gefragt ist die Entwicklung einer umfassenden Intelligenz des Unternehmens, der sog. „Business Intelligence".

Literatur

Weiterführende Literatur: Grundlagen

Bea, F. X./Haas, J. (2013): Strategisches Management, 6., vollst. überarb. Aufl., Stuttgart.
Bartram, S. M. (1999): Operatives Informationssystem-Controlling, Aachen.
Brenner, W. (1994): Grundzüge des Informationsmanagements, Berlin, Heidelberg, New York, Tokyo.
Davenport, T. H./Prusak, L: (1998): Wenn Ihr Unternehmen wüsste, was es alles weiß. Das Praxishandbuch zum Wissensmanagement, Landsberg/Lech.
Deking, I. (2003): Management des Intellectual Capital – Bildung einer strategiefokussierten Wissensorganisation, Wiesbaden.
Dillerup, R./Stoi, R. (2013): Unternehmensführung, 4., komplett überarb. u. erw. Aufl., München.
Heinrich, L. J./Lehner, F. (2005): Informationsmanagement, 8., vollst. überarb. u. erg. Aufl., München, Wien.
Hichert, R./Moritz, M. (Hrsg.)(1995): Management-Informationssysteme, Berlin, Heidelberg.
Holten, R. (1999): Entwicklung von Führungsinformationssystemen, Wiesbaden.
Krcmar, H. (2010): Informationsmanagement, 5., vollst. überarb. u. erw. Aufl., Berlin.
Lehner, F. (2009): Wissensmanagement, 3., akt. u. erw. Aufl., München, Wien.
Michelson, M. (2001): Betriebliche Informationswirtschaft, in: Riekert, W.-F./Michelson, M. (Hrsg.) (2001): Informationswirtschaft, Wiesbaden, S. 19-38.

Mickeleit, T. (2007): Das Intranet der dritten Generation, in: Piwinger, M./Zerfaß, A. (Hrsg.)(2007): Handbuch Unternehmenskommunikation, Wiesbaden, S. 499-510.
North, K. (1998): Wissensorientierte Unternehmensführung, Wiesbaden.
Pfläging, N. (2003): Beyond Budgeting, Better Budgeting. Ohne feste Budgets zielorientiert führen und erfolgreich steuern. Freiburg, Berlin, München, Zürich.
Picot, A./Reichwald, R./Wigand, R. T. (2003): Die grenzenlose Unternehmung, 3., akt. Aufl., Wiesbaden.
Probst, G./Raup, S./Romhardt, K. (1999): Wissen managen: Wie Unternehmen ihre wertvollste Ressource optimal nutzen, 3. Aufl., Wiesbaden.
Ricken, K. (2000): Risikomanagement für Fernsehunternehmen. Mögliche Strategien für Vollprogrammanbieter, Köln.
Riekert, W.-F./Michelson, M. (Hrsg.)(2001): Informationswirtschaft, Wiesbaden.
Schierenbeck, H./Wöhle, C. B. (2012): Grundzüge der Betriebswirtschaftslehre, 18., überarb. Aufl., München. Viertes Kapitel.
Schindler, M. 2002): Wissensmanagement in der Projektabwicklung, 3., durchges. Aufl., Köln, Lohmar.
Schwaninger, M. (1994): Managementsysteme, Frankfurt/Main, New York.
Struckmeier, H. (1997): Gestaltung von Führungsinformationssystemen, Wiesbaden.
Weggemann, M. (1999): Wissensmanagement, Bonn.
Weißenberger-Eibl, M. (2000): Wissensmanagement als Instrument der strategischen Unternehmensführung in Unternehmensnetzwerken, München.
Willke, H. (1998): Systemisches Wissensmanagement, 2. Aufl., Stuttgart.

Weiterführende Literatur: Medien

Laabs, A. (2004): Frühaufklärungssysteme für Zeitschriftenverlage, in: Sjurts, I. (Hrsg.)(2004): Strategische Optionen in der Medienkrise: Print, Fernsehen, neue Medien. München, S. 15-28.
Mast, C. (Hrsg.)(2004): ABC des Journalismus, 10., völlig neue Aufl., Konstanz.
Meckel, M. (1999): Redaktionsmanagement, Opladen, Wiesbaden.
Nohr, H./Stillhammer, J./Vöhringer, A. (Hrsg.)(2009): Kundenorientierung in der Broadcast-Industrie, Berlin.
Reichwald, R./Deking, I. (2003): Strategisches Wissensmanagement in der Medien- und Multimediabranche, in: Wirtz, B. W. (Hrsg.)(2003): Handbuch Medien- und Multimedia-Management, Wiesbaden, S. 677-699.
Roos, A./Nohr, H./Ade, M./Lehmann, P. (2005): Informationstechnische Integration als Management-Herausforderung für die Broadcast-Branche, in: MedienWirtschaft, 2. Jg., H. 3, S. 129-137
Spree, U. (2006): Mediendokumentation – Strategische Herausforderung für Medienunternehmen, in: Scholz, C. (Hrsg.)(2006): Handbuch Medienmanagement, Berlin, Heidelberg, New York, S. 445-483.
Susallek, W. (1998): Management Informationssysteme in der ARD als Instrumente rationaler Willensbildung, Köln.
Susallek, W. (2000): Führungsinformationssysteme für öffentlich-rechtliche Rundfunkanstalten, Lohmar, Köln.
Tennert, A. (2003). Business Intelligence für Zeitungs- und Zeitschriftenverlage, Frankfurt am Main, London.

Fallbeispiele

Lehmann, P./Nohr, H./Roos, A. W. (2005): Informationstechnische Integration in der Broadcast-Industrie, Stuttgart.
Reising, W. (2005): Programmcontrolling als Bestandteil eines integrativen Management-Informations-Systems öffentlich-rechtlicher Rundfunkanstalten – dargestellt am Fallbeispiel der (Hörfunk) Marke „MDR Info", in: Krömker, H./Klimsa, P. (2005): Handbuch Medienproduktion, Wiesbaden, S. 303-317.
Reising, W. (2009): Performance Measurement als Erfolgsfaktor im Hörfunk-Programmcontrolling – das Beispiel Mitteldeutscher Rundfunk, in: MedienWirtschaft, 6. Jg., H. 1, S. 28-40.
Schek, M. (2005): Automatische Klassifizierung und Visualisierung im Archiv der Süddeutschen Zeitung, in: MedienWirtschaft, 2. Jg., H. 1, S. 20-24.

Kapitel 34
Planung und Kontrolle

34.1 Bausteine eines Planungs- und Kontrollsystems 787
34.2 Planung der Produkte und Leistungen 791
34.3 Teilplanungen 799
34.4 Planungsintegration 801
34.5 Kontrolle 805

Leitfragen

- Inwiefern stehen Planung und Komplexität in einem direkten Zusammenhang?
- Wodurch unterscheidet sich Planung im Kontext der plandeterminierten Steuerung von einem systemtheoretisch interpretierten Planungsmodell?
- Aus welchen Bausteinen setzt sich ein Planungs- und Kontrollsystem zusammen?
- In welche Phasen lässt sich ein Planungsprozess unterscheiden?
- Welches sind die wesentlichen Gestaltungskriterien für einen Plan?
- Nach welchen Kriterien sollte man den Detaillierungsgrad von Planungen festlegen?
- Was ist ein „Integriertes Planungs-, Steuerungs- und Kontrollsystem"?
- Welche Gründe sprechen für eine Top-Down-Planungsmethodik?
- Wo liegen die Vorteile von Bottom-Up-Planung?
- Was versteht man unter dem „Gegenstromprinzip"?
- Welche Rolle kommt der strategischen Rahmen- bzw. Langfristplanung zu?
- Nach welchen Kriterien sollte man eine unterjährige Plankonzeption gestalten?
- Wie ist die TV-Programmplanung in zeitlicher Hinsicht zu differenzieren?
- Wie lässt sich die TV-Programmplanung in inhaltlicher Hinsicht differenzieren?
- Wie lässt sich die TV-Programmplanung in taktischer Hinsicht differenzieren?
- Wie kann man sich die Programmwahl in einem theoretischen Modell vorstellen?
- Welche Bedeutung kommt dem Programmschema eines Rundfunksenders zu?
- Was heißt „Sendeplatzbeschreibung", „Leistungsplan" und „Langablauf-Planung"?
- Wie ist die Sendeablaufplanung zu beschreiben?
- Welche Rolle kommt der Sendeleitung im Rahmen der Sendeabwicklung zu?
- Wodurch unterscheiden sich „strukturelle Taktiken" von „Audience-Flow-Taktiken"?
- Mit welchen Risiken muss die „Counterprogrammierung" rechnen?
- Welche Funktion übt die Planung des Bedarfs an Produktionskapazitäten aus?
- Was geschieht bei der Planung der Auslastung der Produktionskapazitäten?
- Warum sind Produktionsplanung und Personalplanung aus dem Programm abgeleitet?
- Welche Formen der Programmentstehung unterscheidet man?
- Wodurch unterscheiden sich Personalbedarfsplan und Personaleinsatzplan?
- Wie sind Jahres-Wirtschaftsplan und Mittelfristige Finanzvorschau aufgebaut?
- Was ist der Gegenstand der langfristigen Strategie- und Entwicklungsplanung?
- Welches sind die wesentlichen Funktionen von Kontrolle?
- Wodurch unterscheiden sich Feed-back-Kontrollen und Feed-forward-Kontrollen?
- Welchen externen Kontrollmechanismen unterliegt der öffentlich-rechtliche Rundfunk?

Gegenstand

Will ein Medienunternehmen sich in der komplexen Umwelt erfolgreich behaupten, benötigt es eine klare Orientierung. Diese fällt nicht vom Himmel, sondern muss hart erarbeitet werden. Die entscheidende Technik, um diese Orientierung zu erzeugen, ist die Planung. Mit ihr wird versucht, die Probleme der Zukunft zu antizipieren und ein Handlungskonzept zu entwickeln, mit dem man den zu erwartenden „Stürmen" standhalten kann. Notwendig ist es dabei, gemachte eigene Erfahrungen auszuwerten, die unmittelbare Aufgabenumwelt sorgfältig zu beobachten und zukunftsorientierte Daten zu generieren.

Angesichts der Bedeutung der Planung ist es verständlich, dass ihre Rolle für das Unternehmen als ausgesprochen vielschichtig beschrieben wird (Quelle: Ehrmann 2002: 20):

- Beitrag zum Erkennen und Strukturieren von Problemen des gesamten Unternehmens
- Zwang zu wirtschaftlichem Denken und sachlichem Vorgehen
- Bildung, Artikulation und permanente Überprüfung von Erwartungen
- Vermittlung der Kernbotschaft an die Mitarbeiterschaft, das Unternehmen als Ganzes zu verstehen, nicht als Summe seiner einzelnen Teilbereiche.
- Identifikation mit dem Unternehmen und den Aktionen
- Veranlassung zum Denken in Zeitabschnitten, zu längerfristigem Denken, zum Denken in Horizonten und Erkennen von Zukunftsperspektiven
- Entfesselung von Kreativität und Phantasie
- Förderung problemorientierter und problemlösungsorientierter Vorgehensweisen
- Entwicklung von Zielen und deren Variation, Motivation zur Zielerreichung
- Vorbereitung wichtiger Entscheidungen incl. unternehmerische Existenz betreffend
- Förderung von Kommunikation
- Koordination von Zielen und Maßnahmen der einzelnen Bereiche
- Zwang zum Überdenken von Ad-Hoc-Entscheidungen
- Schaffung der notwendigen Voraussetzungen für Soll-Ist-Vergleiche und damit der Erfolgskontrolle
- Zwang zum schnellen Reagieren auf neue Situationen (Alarmfunktion)

Den Planungskonzepten in Literatur und Praxis liegt zumeist das Modell der „plandeterminierten Unternehmensführung" zugrunde (vgl. Steinmann/Schreyögg/Koch 2013: 129 ff.). Es besagt, dass Managementerfolg sich dann einstelle, wenn man einen logischen Handlungszyklus aus Planung, Durchführung und Kontrolle beachtet und der Planung dabei die Schlüsselbedeutung zuweist („Primat der Planung"). Dabei wird von der Annahme ausgegangen, dass Planung das künftige Management-Handlungsfeld vollständig geistig durchdringen kann und so den Entwurf einer Ordnung herbeiführt, nach der sich das betriebliche Geschehen in der Zukunft vollziehen soll (Gutenberg). Logischer Ausgangspunkt der Planung ist die Setzung klarer Ziele und die Betonung des „Axioms der Rationalität", nach dem rationales Handeln Willensbildung und Willensumsetzung bedeutet.

Das Gegenmodell zur plandeterminierten Steuerung liefert die systemtheoretische Perspektive (vgl. ebd. S. 133 ff.). Planung wird in diesem Kontext als eine Methode verstanden, um eine angemessene Selektion von Handlungsprogrammen zu ermöglichen, die angesichts des komplexen Geschehens, der Risiken und der begrenzten Voraussehbarkeit aber lediglich als „zweifelhafte Vorsteuerung" gedacht werden kann und daher jederzeit revidierbar sein muss.

„Im Unterschied zur plandeterminierten Steuerungsmodell, das bei gegebenen Zielen seinen Fixpunkt findet, studiert die systemtheoretische Perspektive die Systemsteuerung unter dem Thema der Erfolgssicherung bei komplexer, und wechselhafter, nur teilweise kontrollierter Umwelt. Die Erfolgssicherung wird sehr abstrakt als Aufrechterhaltung einer vom System selbst bestimmbaren und variierbaren (Komplexitäts-)Differenz von System und Umwelt thematisiert und kann dann in spezifischen Zielen weiterbearbeitet werden. Die System- und Subsystembildung ist dementsprechend als kollektive Selektionsleistung zu verstehen, die es erlaubt, trotz der überschaubaren Komplexität erfolgreich zu handeln" (ebd. 142 f.).

34.1 Bausteine eines Planungs- und Kontrollsystems

Das Planungssystem eines Unternehmens umfasst die Gesamtheit aller Teilplanungen sowie deren Ordnung, Strukturierung und Integration. Die **Elemente eines Planungssystems** können nach **drei Teilgruppen** differenziert werden (vgl. Abb. 34-1):

- Grundentscheidungen betreffend Planungssubjekt und -objekt;
- Gestaltung des Planungsprozesses;
- Erarbeitung von Plänen als Ergebnis der Planung.

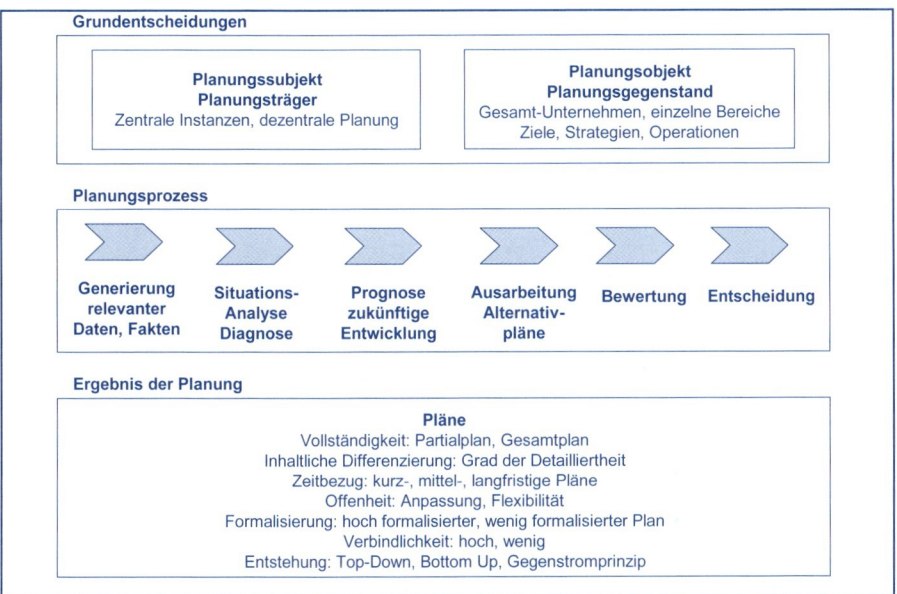

Abb. 34-1: Elemente eines Planungssystems

(1) Im Rahmen der **Grundentscheidungen** ist darüber zu entscheiden, wer als Träger der Planung in Aktion treten soll. Mit den **Planungssubjekten** bzw. **Planungsträgern** sind alle aktiv am Planungsprozess Mitwirkenden angesprochen, unabhängig davon, wie stark sich ihre Beteiligung tatsächlich gestaltet. Sie kann von der bloßen Informationsbereitstellung bis zur aktiven Setzung der Ziele und Planungsinhalte reichen. Da unter institutionellen Gesichtspunkten Planung eng mit der Organisation verknüpft ist, stellt sich hier auch die Frage nach der Zentralisierung vs. Dezentralisierung der Entscheidungen. Planungssubjekte in einer Top-Down-Sicht sind die Unternehmensleitung, Bottom up das Linienmanagement, Controller oder Planungsausschüsse. Auch externe Organe können mit Planungsaufgaben betraut sein.

> Eine stark zentralistische Planung durch die Unternehmensleitung oder durch eine Führungsgruppe erscheint prinzipiell nur bei Pionierunternehmen zweckmäßig, aber auch bei „Wendeunternehmen", die einen Turnaround planen (müssen). Bei der Wachstums- und Reifeunternehmung hingegen ist eine Rückverlagerung der Planung in die Linie, unterstützt durch Planungsspezialisten, eher angezeigt (vgl. Schwaninger 1994: 86).

Im Hinblick auf den Gegenstand der Planung bzw. das **Planungsobjekt** ist der sachliche Geltungsbereich der Planung angesprochen. Als Konzepte kommen in Betracht:

- Maximal-Konzept: Angestrebt wird die totale Planung aller relevanten Bereiche des Unternehmens vom einzelnen Projekt bis zur integrierten Gesamtplanung.
- Misch-Konzept: Der Planung werden nur die wichtigsten Bereiche unterworfen, ohne eine flächendeckende Planung anzustreben.
- Minimal-Konzept: Man beschränkt sich auf die finanziellen Teil-Planungen.

Von grundlegender Bedeutung ist die Erkenntnis, dass eine isolierte Planung der einzelnen Planbestandteile nicht möglich ist. In methodischer Hinsicht ist die Reichweite der Planung nach Zielen, Strategien und Operationen zu unterscheiden (Zielplanung, strategische Planung, Ressourcenplanungen, Instrumentalplanungen).

(2) Mit dem **Planungsprozess** ist der ablauforganisatorische Aspekt der Planung markiert. Zweckmäßig ist eine Differenzierung in die sechs Stufen der Daten-Generierung, Situationsanalyse, Prognose, Alternativen-Entwicklung, Bewertung und Entscheidung. Von besonderer Relevanz sind dabei die möglichen Methoden der Komplexitätsreduktion.

> Dietrich Dörner, dass Planung als ein „Absuchen des Realitätsbereiches" verstanden werden kann, bei dem ein heuristisches Vorgehen erforderlich ist. Er unterscheidet drei strategische Vorgehensweisen: (a) Einengung des Suchraumes durch Vorwärts- und Rückwärtsplanung, durch „Hill-Climbing" (nur diejenigen Aktionen werden beachtet, die einen Fortschritt in Richtung auf das Ziel versprechen), durch „Effizienz-Divergenz" (Konzept der Orientierung an Zwischenzielen), durch „Frequency-Gambling" (Orientierung an dem, was in der Vergangenheit Erfolg hatte). (b) Erweiterung des Suchraumes durch Versuch und Irrtum, durch Ausfällen von Gemeinsamkeiten oder durch Analogieschlüsse. (c) Verzicht auf Planung und Akzeptanz der These, die Situation sei so vielfältig und interdependent, dass Details der Situation nicht antizipierbar sind (vgl. Dörner 1996: Kap. 7: Planung).

Wichtig ist ferner die Definition von Planungsverfahren, die sich in Planungsrichtlinien niederschlagen können, in Planungsformularen oder in einem Planungshandbuch („Planning Guide"). Auch ein Planungskalender, der die Abfolge der Planungsstufen der Planung festlegt, ist notwendig („Time Table").

(3) Das Ergebnis der Planung drückt sich in Planwerken bzw. **Plänen** aus. Wesentliche Gestaltungskriterien sind (vgl. z. B. Hopfenbeck 1998: 340 ff.):

- Vollständigkeit: Zu unterscheiden ist der Gesamtplan von Partialplänen, die nur einzelne Bereiche abdecken.
- Inhaltliche Differenzierung: Gemäß dem Grad der Detailliertheit können stark differenzierte von wenig differenzierten Planwerken unterschieden werden (Globalpläne vs. Detailpläne, Grobpläne vs. Feinpläne). Wichtig ist die inhaltliche Abstimmung durch eine systematische Koordination in horizontaler und vertikaler Hinsicht, mit dem Ziel, ein „Integriertes Planungs-, Steuerungs- und Kontrollsystem" (IPKS) zu installieren.
- Zeitbezug: Nach der zeitlichen Differenzierung (Fristigkeit) sind kurz-, mittel- und langfristige Pläne zu unterscheiden. Die Koordination kann durch eine anschließende Planung (Reihung), durch überlappende Planung (rollende Planung) oder durch integrierte Planung (Schachtelung) erfolgen. Bei unterschiedlicher Fristigkeit wird man z. B. die längerfristige Grobplanung (Rahmenplanung) den detaillierteren Mittelfrist- und Kurzfristplanungen gegenüberstellen.

- Offenheit: Im Hinblick auf die Anpassungsfähigkeit an alternative Situationen sind starre und flexible Planwerke zu unterscheiden.
- Formalisierung: Pläne können hoch oder weniger formalisiert sein. Unabdingbar ist die Vereinheitlichung bzw. Standardisierung der jeweiligen Planungsgrößen.
- Verbindlichkeit: Pläne können eine hohe oder weniger hohe Vollzugsverbindlichkeit aufweisen.
- Entstehung: Planwerke können aus unterschiedlichen Richtungen abgeleitet und entwickelt werden. Zu unterscheiden sind Top-Down-Planungen (retrograde Methode) und Bottom-Up-Planungen (progressive Methode) sowie die Kombination beider Ableitungsrichtungen („Gegenstromprinzip").

Gemessen an diesem Kriterienkatalog werden aus der Planungspraxis der Unternehmen eine Vielzahl von Schwachstellen berichtet (vgl. Wild 1982: 21 ff.): So werde bspw. die langfristig-strategische Planung zugunsten der operativen Planung vernachlässigt, es mangele zumeist an einer konkreten Maßnahmenplanung, ein umfassendes, formalisiertes Planungssystem sei nicht überall gewährleistet, die Plankontrolle (Soll-Ist-Vergleiche) finde nur unzulänglich statt, die Informationsbasis für die Planungen sei zu schmal, was bedeute, dass statt systematisch gewonnener und abgesicherter Prognosen oft nur subjektive Schätzungen (Erwartungen) Anwendung fänden, oder es fehle an der Integration der Planungen in das jeweilige Führungssystem.

(4) Planungs- und Kontrollsysteme lassen sich in der **Gesamtschau** dahingehend charakterisieren, inwieweit sie einer mechanistischen Auffassung des Unternehmensgeschehens folgen oder einer systemisch-evolutionären (vgl. Schwaninger 1994: 68). Legt man diese Unterscheidung zugrunde, ergeben sich für das Planungs- und Kontrollsystem die beiden Idealtypen „Verwaltung" und „Gestaltung und Entwicklung".

Charakteristische Merkmale des Typs „Verwaltung" sind (ebd. 69):
- „Dominanz des in administrativer Hinsicht integrativen Ziels der Planung,
- Dominanz von eindeutig fassbaren, ‚harten' Zielen und Beurteilungsmaßen gegenüber ‚weichen', unscharfen Faktoren,
- Vernachlässigung sozialer und politischer Faktoren,
- Überbetonung zeitlich naher, Vernachlässigung zeitlich entfernter Aspekte,
- zentralistische Planung, Überbetonung der Top-down-Planung gegenüber Bottom-up-Planung,
- Starrheit des Planungs- und Kontrollprozesses,
- rigide Orientierung der Umsetzung und der Kontrolle an Vorhaben, geringe Freiräume für Subsysteme,
- Einheitlichkeit des Führungssystems in allen Unternehmungseinheiten."

Im Gegensatz hierzu ist der System-Typ „Gestaltung und Entwicklung" durch die folgenden Merkmale gekennzeichnet (ebd. 70):
- „Betonung der adaptiven und innovativen Ziele der Planung,
- adäquate Berücksichtigung ‚weicher' Ziele und Faktoren,
- Ausgewogenheit langfristiger und kurzfristiger Orientierung,
- Planung nach dem Gegenstromprinzip bei einem hohen Maß an Dezentralisation,
- breite Beteiligung von Führungs- und Fachkräften im Zielfindungs-, Planungs- und Kontrollprozess,
- Zielfindung, Planung und Kontrolle als kontinuierlicher Prozess; laufende Überprüfung von Zielen, Strategien und kritischen Prämissen,

- Zielfindung, Planung und Kontrolle als Lernprozess,
- große Freiräume für Subsysteme,
- flexible Ausgestaltung der Planungs- und Kontrollsysteme in den verschiedenen Unternehmungseinheiten."

In Abb. 34-2 sind die **Bausteine eines Planungs- und Kontrollsystems** in inhaltlicher und zeitlicher Hinsicht überblicksartig verdeutlicht. Zu unterscheiden sind neben den Horizonten der Planung die relevanten Teilplanungen und die Integration aller Planungen im Wirtschaftsplan. Von besonderer Bedeutung ist dabei die Absatzplanung, da sie Ausgangspunkt und Basis für alle anderen Teilplanungen ist. Mit der Festlegung der am Markt abzusetzenden Produkte und Leistungen sind die grundlegenden Parameter angesprochen.

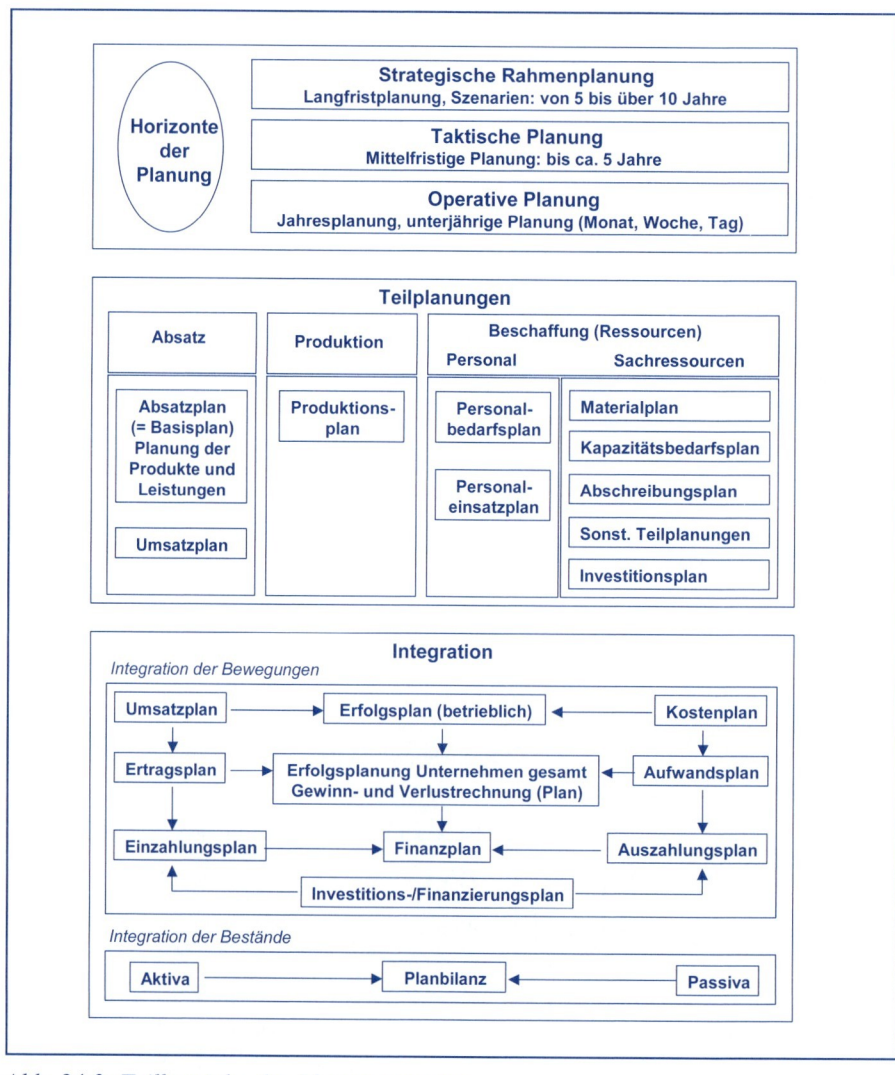

Abb. 34-2: Teilbereiche des Planungssystems

34.2 Planung der Produkte und Leistungen

Die Produkte und Leistungen sind zentrale Erfolgsfaktoren und bedürfen der möglichst präzisen Planung. Als **Ansatzpunkte der Produkt- und Leistungsplanung** kommen unterschiedliche Perspektiven in Betracht. So zeigt Abb. 34-3 für das Beispiel des Fernsehens, dass die Gestaltungsparameter der TV-Programmplanung nach zeitlichen, inhaltlichen und taktischen Kriterien unterschieden werden können.

Abb. 34-3: *Übersicht über die Handlungsebenen der Programmplanung am Beispiel des Fernsehens*

Diese Differenzierung nach Zeit, Inhalt und Taktik kann prinzipiell auf jedes Medium angewendet werden, wobei allerdings **unterschiedliche Begriffe** gebräuchlich sind. Zu unterscheiden ist ferner danach, ob es sich um die Planung eines einzelnen Produkts (z. B. Sendung, Titel) oder eines ganzen Leistungs- bzw. Produktbündels (z. B. eines Tagesprogramms) handelt.

Die nachfolgende Auflistung gibt eine Übersicht:

- Zeitschrift: (a) Verlagsebene: Titel-Portfolio, (b) Einzelner Titel: Heftaufbau, Heftdramaturgie, Heftstruktur, Seitenplan, Text-Bild-Relation, Rubriken, Leitsysteme.
- Zeitung: (a) Formale Struktur: Bücher (z. B. 1. Buch: Überregionales, 2. Buch: Service, 3. Buch: Lokales, 4. Buch: Sport); (b) Inhaltliche Struktur, z. B. nach Zeitungsmantel, Lokalteil, Anzeigenteil.
- Buch: (a) Verlag: Sortiment, Programm, (b) Einzelner Titel: Kapitel.

- Radio, Fernsehen: (a) Senderebene: Portfolio der Kanäle; (b) Einzelner Kanal: Sendungsstruktur, Programmstruktur, Programmschema; (c) Einzelne Sendung: „Bauplan" der Sendung, Sendungsstruktur, Formatierung, Sendungsdramaturgie, „Programm-Uhr" (Sendeuhr, „Hotclocks"), Anordnung der Programmelemente, Wort-Musik-Relation, Show-Konzept usw.; (d) Programm-Projekte.
- Spielfilm: Sequenzen, Einstellungen, Szenen.
- Internet: Funktionsumfang, Site-Struktur (inhaltliche Struktur, Rubriken), Informationsträger (Dokumente, Grafiken), Navigation.
- Multimedia-CD: Kombination aus Bild-, Text-, Audio- und Video-Elementen („Assets").
- Computerspiel: Levels, Sektionen (z. B. Beginner Section, Advanced Section).

(1) In **zeitlicher Hinsicht** erweist sich die TV-Programmplanung als ein mehrstufiger Prozess, der von der langfristig-strategischen Rahmenplanung über die mittelfristige und Jahresplanung bis zum Wochenprogramm, der Sendablaufplanung und zur Sendeabwicklung reicht.

> Unter Programmplanung wird die „Bestimmung der inhaltlichen und zeitlichen Konzeption einer für die Rezipienten bestimmten Kombination einzelner Rundfunksendungen und Programmbestandteile verstanden" (Brösel 2006: 624; vgl. Sieben/Schwertzel 1997: 5 f.). Programmplanung wird häufig auch als „Programming" bezeichnet, um den dynamischen, integrativen Prozess der Zusammensetzung einzelner Elemente zu einem Programm zu beschreiben.

Die **strategische Rahmenplanung** des Programms umfasst einen Zeitraum von fünf bis über zehn Jahren. Sie ist auf das Gesamtunternehmen bezogen, besitzt einen hohen Abstraktionsgrad, einen geringen Planungsumfang und Detaillierungsgrad und ist stark qualitativ ausgerichtet. Zielgrößen sind die Erfolgspotenziale der Zukunft gemäß der Produkt-Markt-Strategien und die Definition der strategischen Geschäftsfelder. Die strategische Programmplanung hat die Aufgabe, Programmphilosophien festzulegen und damit einen Programmrahmen in quantitativer und qualitativer Hinsicht vorzustrukturieren.

Grundlage und Ausgangspunkt strategischer Planungsüberlegungen bilden theoretische Vorstellungen von den Motiven der Mediennutzung und des Medienangebots. So kann z. B. ein integriertes **Modell der Programmwahl**, wie es in Abb. 34-4 dargestellt ist (Quelle: Geisler 2001: 143), wichtige Aufschlüsse über grundlegende Zusammenhänge geben, die für die strategische Planung der Medieninhalte relevant sind. Auf dieser Grundlage können z. B. alternative Szenarien durchgespielt werden.

> Die Darstellung zeigt den Quotenproduktionsprozess als einen Zusammenhang von Nachfrage- und Angebotsfaktoren. „Dabei werden vier Klassen von Erklärungsansätzen untersucht und kombiniert:
> - Inhaltsorientiert: Zuschauer konsumieren bestimmte Sendungen/Programmtypen wegen deren Inhalt.
> - Instrumentell/habituell: Zuschauer sehen fern, um unterschiedliche Bedürfnisse zu befriedigen oder aus Gewohnheit.
> - Strukturell: Quoten erklären sich am besten durch Jahres- und Uhrzeit sowie die Programmstruktur.
> - Handlungsorientiert: Die Wahl der Zuschauer erklärt sich aus ihrem Wissen um das Programmangebot und aus ihrem Umschaltverhalten" (Geisler 2001: 136).

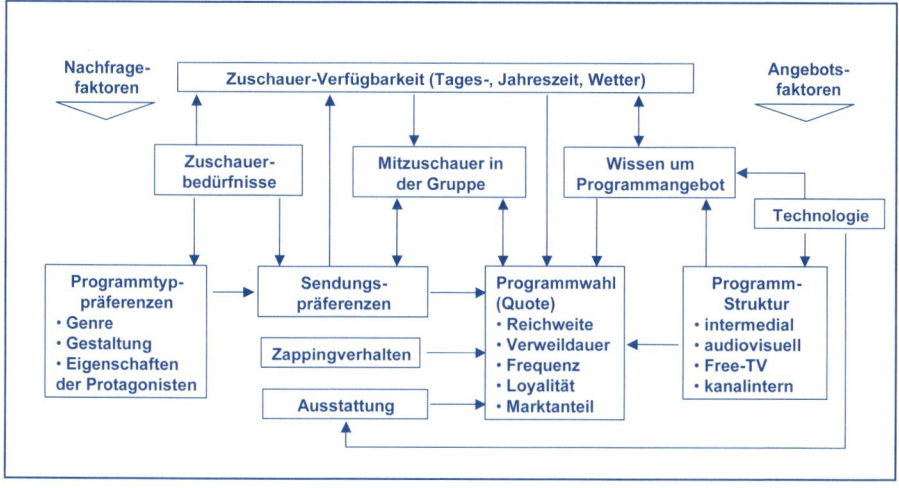

Abb. 34-4: *Modell der Programmwahl*

Bei der **mittelfristigen Programmplanung** wird typischerweise ein Zeitraum von drei bis ca. fünf Jahren zugrunde gelegt. In diesem Zeitkontext erfolgt die inhaltliche Konkretisierung der strategischen Planungsvorgaben, wobei quantitative Zielgrößen und mehrperiodige Erfolgsziele anvisiert werden. Der mittelfristige Mehrjahres-Programmplan ist dasjenige Planwerk, in dem sich das sog. **Programmschema** manifestiert. Dabei handelt es sich um ein programmliches Grobschema, das eine Scharnierfunktion zwischen strategischer und operativer Programmplanung ausübt und maßgeblich zum **Programmprofil** beiträgt. Es stellt die offizielle Festlegung der Programmstruktur dar und bildet die Grundlage für alle konkreten Festlegungen der Platzierung von Inhalten in zeitlicher, genrespezifischer und thematischer Hinsicht.

> Mit dem **Programmschema** wird die Programmstruktur zum Ausdruck gebracht. Dabei werden alle Sendungen in einer tabellarischen Übersicht (Spalten: Tage; Stunden: Zeilen) dargestellt. Mit dem Programmschema werden insbesondere die folgenden Ziele angestrebt: (1) Bindung der Zuschauer an den Sender, (2) Vermittlung von Orientierung durch Programmierung der Sendungen zu festgelegten Sendezeiten, (3) Sicherstellung der Wiedererkennbarkeit des Programms und des Senderimages.
>
> „Vom Programmschema hängt es ab, was das Publikum von dem jeweiligen Kanal zu erwarten lernt, ob und wie viele Zuschauer für mehrere Sendungen nacheinander an dem Programm Interesse finden, ob zur richtigen Zeit Angebote an die richtigen Leute gemacht werden, und wie sich das Publikum generell in dem dargebotenen Programmumfeld orientieren kann. Allein durch eine geschickte Programmierung kann ein Sender bei gleich bleibenden Programminhalten einen spürbar höheren Gesamtmarktanteil erzielen" (Karstens/Schütte 2013: 129).
>
> Im TV-Programmschema wird der Tag üblicherweise in fünf Zeitabschnitte („Dayparts") eingeteilt (vgl. ebd. 132 f.): (1) Tagesprogramm („Daytime"): 6:00 – 17:00 oder 18:00 Uhr; (2) Vorabend („Access Primetime", „Early Fringe"): 17:00 – 20:00 Uhr; (3) Primetime: 20:00 – 23:00 Uhr; (4) Late Night (oder Late Fringe): 23:00 – ca. 1:00 Uhr; (5) Overnight: 1:00 – 6:00 Uhr.

Im engen Zusammenhang mit der Festlegung des Programmschemas steht die sog. **Sendeplatzbeschreibung**. Hierbei werden für jeden Sendeplatz die geplanten Inhalte und die jeweils verfolgten Programmziele skizzenartig dargelegt. Man kann sie als eine Art „Pflichtenheft" für eine Sendung ansehen.

Die Sendeplatzbeschreibung kann z. B. neben den Stammdaten wie Sendeplatz-Titel (eigener Titel bzw. Titel der Sendereihe), Senderhythmus (Wochentag, Häufigkeit), Entstehungsart (Eigen-, Kauf-, Auftragsproduktion, Wiederholung) und Uhrzeit die folgenden Informationen enthalten: Inhalt und Funktion der Sendung, Zielgruppenbeschreibung, Gestaltungsform, geplante Reichweite in Mio. und %, geplanter Marktanteil, geplante Tausend-Kontakt-Kosten, geplanter Deckungsbeitrag.

In der zeitlichen Abfolge der Programmplanungen folgt auf der nächsten Stufe der **Programm-Jahresplan**, der im Zusammenhang mit dem jährlichen Wirtschaftsplan steht. In diesem Kontext wird der konkret für ein Jahr zu deckende Sendebedarf festgelegt und beschrieben. Als zentrales Programmplanungsinstrument fungiert hierbei der sog. **Sendeleistungsplan** bzw. kurz der **Leistungsplan**, bei dem es sich also um ein einjähriges Planwerk zur konkreten Festlegung der Programmplanung handelt und der als Bestandteil in den Wirtschafts- bzw. Haushaltsplan eingeht. Im Leistungsplan manifestieren sich alle unmittelbar operativ relevanten Programm-Festlegungen:

- Die gesamte Sendezeit wird minutengenau präzisiert (Festlegung der Quantitäten, pro Tag 1.440 Min., p. a. 525.600 Min.).
- Die Struktur des Sendevolumens (der „Programm-Mix") wird nach inhaltlichen Kriterien wie Programmtyp und Genre minutengenau festgelegt.
- Für jede Sendestrecke bzw. Einzelsendung wird die verantwortliche Redaktion (bzw. Kostenstelle) benannt.
- Der Plan weist die Programmentstehung nach Eigen-, Co- oder Fremdproduktion sowie Wiederholungen aus.

Aus dem Programmbedarf, wie ihn der Sendeleistungsplan darlegt, leitet sich der Bedarf an Produktionsmitteln sowie an Finanzmitteln ab. Erst mit dem Sendeleistungsplan kann also der Jahresplan in mengen- und wertmäßiger Form entwickelt werden, so dass er als das grundlegende operative Planwerk gelten kann. Er ist quantitativer Eckpunkt und rechentechnischer Ausgangspunkt für alle weiteren operativen Planungen, seien es die Produktions-, die Ressourcen- oder die Kostenplanungen. Bedeutsam ist auch die Notwendigkeit, im Rahmen des Leistungsplanes saisonale Gesichtspunkte zum Ausdruck zu bringen.

Im unterjährigen Bereich spielt der auf die einzelne Woche ausgerichtete Programmplan („Wochenprogramm") eine wichtige Rolle. Er entsteht im Kontext der **Langablauf-Planung** (vgl. Karstens/Schütte 2013: 312 ff.).

> „Der Langablauf ist letztendlich das Produkt der Programmplanung, das als erstes an einen größeren Kreis von Mitarbeitern innerhalb des Senders weitergegeben und schließlich an die Programmzeitschriften verbreitet wird" (ebd. 312).

Mit dem Langablauf wird der Planungszeitraum von sechs bis zehn Wochen vor der Ausstrahlung erfasst. Dabei wird nun – im Gegensatz zum Sendeleistungsplan, der lediglich auf das Jahr aggregierte Daten ausweist – die tagesgenaue Programmierung vorgenommen. Dies geschieht auf der Basis von Sendeplätzen („Slots"), die nunmehr im Hinblick auf Umfang und Struktur sekundengenau definiert werden müssen. Die Bruttolänge eines Slots setzt sich aus den folgenden Strukturelementen zusammen (vgl. ebd. 313 mit einem Beispiel für eine prototypische Programmstunde im Privatfernsehen):

- Nettolänge des Programms: 42 Min.;
- Werbung: 12 Min. (maximal zulässige Dauer);
- On-Air-Promotion („Promos"), z. B. 5 Min.;
- Jingles, Trenner, z. B. 1 Min.

Zur Vereinfachung der Langablauf-Planung wird angestrebt, möglichst viele Sendebeiträge in standardisierter Form angeliefert zu bekommen, was z. B. bei Eigen- und Auftragsproduktionen im Wege der vorherigen Definition von Standardlängen sichergestellt wird, von der nur nach ausdrücklicher Absprache abgewichen werden darf. Ein besonderer Aufwand entsteht in der Regel bei Spielfilmen, da diese in den Längen extrem voneinander abweichen und weil spezifische Werberichtlinien im Hinblick auf die Unterbrecherwerbung zu beachten sind.

Im Langablauf müssen die Verantwortlichen akribisch darauf achten, dass sie allfällige Restriktionen einhalten – wie z. B. Jugendschutz-Bestimmungen, Werberichtlinien oder Schnittauflagen der Organe der freiwilligen Selbstkontrolle (FSK, FSF), aber auch die festen Anfangszeiten, die unbedingt eingehalten werden müssen (sog. „Nullzeiten").

Bei Privatsendern gestaltet sich die Planung der Werbung als besonders schwierig, da man wegen der immer auch kurzfristigen Buchungsmöglichkeit in der Regel nur mit einer Prognose der Werbeauslastung und nicht mit abschließenden Werten arbeiten kann. Der Langablauf muss insofern sukzessive eine an den tatsächlichen Programmablauf angepasste Werbeplanung sicherstellen. Eine wichtige Rolle spielen dabei die im Einzelnen verfolgten Programmtaktiken (s. u.).

Steht das Wochenprogramm fest, rückt mit der **Programmbereitstellung** die konkrete logistische Vorbereitung des Sendebetriebs in den Mittelpunkt des Interesses (vgl. Karstens/Schütte 2013: 316 ff.). Hier geht es um die Beschaffung des Ausgangsmaterials und um die Konfektionierung des Sendematerials. Die Beschaffungsaktivitäten werden bei externem Material durch den Lizenzvertrag ausgelöst, der genau festlegt, wie die Lieferung, technische Abnahme und Zahlung zu erfolgen hat. Internes Material wird von den Archiven bereitgestellt. Regelmäßig ist es notwendig, das Sendematerial einer technisch-korrigierenden Überarbeitung zu unterziehen (z. B. Farben, Helligkeitswerte, Ton), was zu hohem Aufwand führen kann.

Der Prozess der Programmbereitstellung endet mit der Herstellung des sendefertigen Materials entsprechend der Anforderungen der Langablauf- sowie der **Sendeablaufplanung**. Letztere bündelt sämtliche Planungsergebnisse der Vorstufen und führt die Einzelelemente zu einem in sich geschlossenen, lückenlosen Sendetag zusammen (vgl. ebd. 322 f.). Zu unterscheiden ist zwischen festen Größen des Sendeablaufs, die nicht verändert werden dürfen (z. B. 20:00-Uhr-Beginn der Tagesschau oder 22:15-Uhr-Termin), bedingt veränderlichen Größen (z. B. Sendungen in der Late-Night-Phase) und flexibel einsetzbaren Elementen (z. B. Programmhinweise, Scharnier-Werbeinseln). Die Sendeablaufplanung wird von der Ablaufredaktion vorgenommen. Endergebnis aller Planungsarbeiten auf dieser Stufe ist der Sendeablaufplan (bzw. kurz: der Sendeablauf, „transmission log", „continuity").

Auf dieser Basis erfolgt das unmittelbare Management des Sendebetriebs, die sog. **Sendeabwicklung**, verantwortlich gesteuert durch die **Sendeleitung** (vgl. ebd. 328). Hier wird das vollständige Vorliegen der Sendebänder überwacht, kurzfristig fertig gestellte Sendebänder werden in Empfang genommen, eventuell erfolgt eine Korrektur des Sendeablaufplans. Da der Sendebetrieb immer wieder mit nicht planbaren Ereignissen konfrontiert ist (z. B. große Ereignisse, Naturkatastrophen, technische Pannen), kann es zu Programmänderungen bis hin zur Abwicklung eines Notprogramms kommen. Besonders kritisch ist es bei Privatsendern, für diese Fälle die gebuchte Werbung trotz der Widrigkeiten zur Ausstrahlung zu bringen.

(2) Neben der hier ausführlich dargestellten Programmplanung in zeitlicher Hinsicht spielen Fragen der Programmplanung in inhaltlicher und in taktischer Hinsicht eine wichtige Rolle. Die **Programmplanung in inhaltlicher Hinsicht** soll hier nicht vertieft werden, da in Kapitel 5 bereits eine ausführliche Beschreibung der Welt der Medienprodukte erfolgte. Daher soll an dieser Stelle lediglich eine Vertiefung der Fragen der Programmplanung in taktischer Hinsicht erfolgen.

(3) Bei der **Programmplanung in taktischer Hinsicht** soll die bestmögliche Programmierung des Sendeschemas im Hinblick auf die Akzeptanz bei den Rezipienten erfolgen. Zu unterscheiden sind strukturelle Taktiken, Audience-Flow-Taktiken, Wettbewerbs- und transitorische Taktiken (vgl. Geisler 2001: 160).

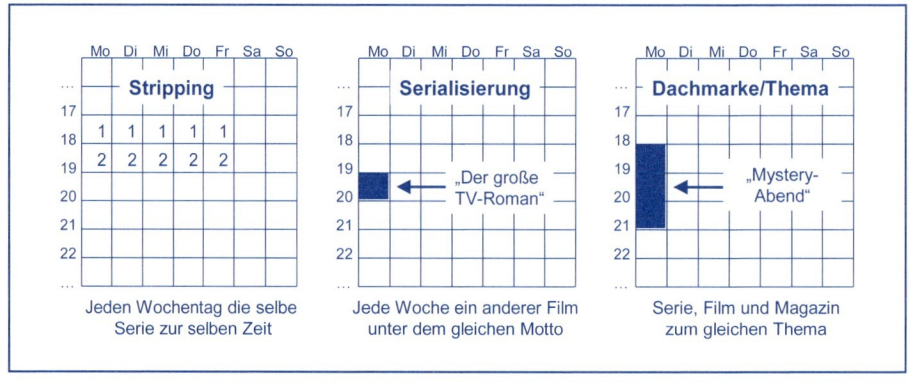

Abb. 34-5: Strukturelle Taktiken der TV-Sendeschema-Programmierung

Bei den **strukturellen Taktiken** wird angestrebt, durch eine pointierte und wiedererkennbare Gestaltung des Programmschemas beim Zuschauer Gewöhnungs- und Lerneffekte und damit Senderbindung zu erzielen. Die Taktik des Stripping versucht dies durch die Fixierung auf eine bestimmte wiederkehrende Tageszeit sicherzustellen. Bei der Taktik der Serialisierung erfolgt die Terminierung auf einen ganz bestimmten Wochentag. Die Dachmarken-Taktik nimmt eine Subordination bzw. Zuordnung verschiedartiger Sendungen unter ein Leitthema bzw. ein Dach vor und schafft dadurch eine übergeordnete Kategorie (vgl. Abb. 34-5; Quelle: Geisler 2001: 160). Strukturelle Taktiken werden auch als Habitualisierungsstrategien mit einer horizontalen Planungsrichtung bezeichnet.

Bei den **Audience-Flow-Taktiken** steht die vertikale Planungsrichtung im Tagesablauf im Vordergrund. Ziel ist eine Programmierung, die den gewonnenen Zuschauer vom Zapping abzuhalten in der Lage ist. Dabei versucht die Lead-In-Taktik, mit einer starken Sendung die Zuschauer in die nachfolgenden Sendungen mit hineinzuziehen, Hammocking setzt auf die Technik, eine neue Sendung zwischen zwei etablierte Sendungen zu positionieren, beim Tent-Poling (auch „Sandwiching" genannt) soll eine einzige starke Sendung durch ihre Attraktivität die umliegenden Sendungen „mitziehen", während beim Blocking schließlich zwei (oder mehrere) ähnliche Sendungen hintereinander programmiert werden, um den Zuschauer an den einmal gewählten Programmtyp zu fesseln (vgl. Abb. 34-6; Quelle: Geisler 2001: 160). Diese Techniken der Gestaltung des Zuschauerflusses sind unterschiedlich geeignet, die Präferenzen der Zuschauer und deren Programm-Wahlhandlungen zu beeinflussen.

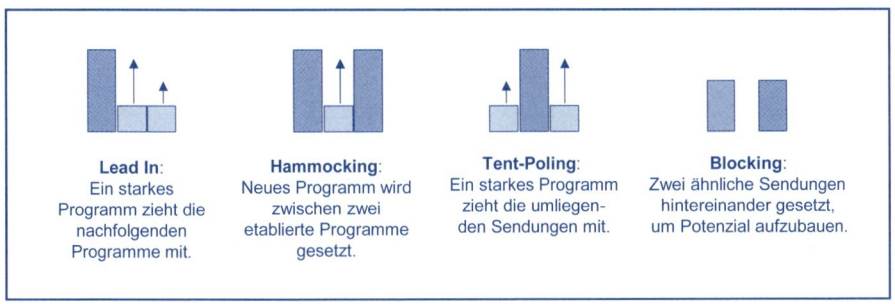

Abb. 34-6: *Flow-Taktiken der TV-Sendeschema-Programmierung*

Bei den **Wettbewerbstaktiken** ist es vorrangiges Ziel, durch kluge Programmierung der Konkurrenz standzuhalten. Nach dem Kriterium Inhalt ist darüber hinaus zu fragen, ob es Erfolg versprechend ist, sich zu differenzieren oder eher eine Imitationstaktik („Me too") zu verfolgen; nach dem Kriterium der Stärke der Sendung ist die Frage, sich zurückzuziehen (Avoidance) oder aktiv in den Kampf einzutreten (Head-On); nach dem Kriterium des Sendebeginns schließlich ist zu fragen, ob eine bewusste Zeitversetzung (Bridging) Vorteile bringt (vgl. Abb. 34-7; Quelle Geisler 2001: 160).

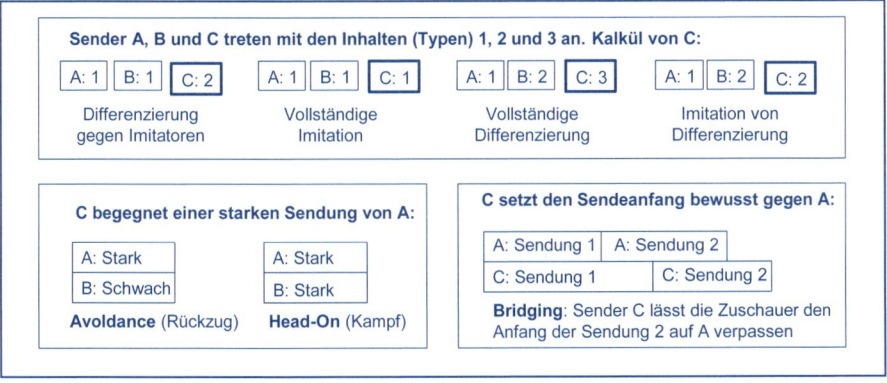

Abb. 34-7: *Wettbewerbstaktiken der TV-Sendeschema-Programmierung*

Teil C - VIII. Operatives Management

Die Wettbewerbstaktik des Rückzuges (Avoidance) wird auch als „Counterprogramming" beschrieben (vgl. Holtmann 1999: 135 ff.), eine Taktik, die von den folgenden Annahmen ausgeht (vgl. ebd. 136):

- Jeder einzelne Zuschauer weist ganz bestimmte Präferenzen für ganz bestimmte Programminhalte auf.
- Die Programmpräferenzen der Individuen sind vielfältig und unterscheiden sich voneinander.
- Das auf den anderen Kanälen gleichzeitig ausgestrahlte Programmangebot beeinflusst den Erfolg einer Sendung.

Die **transitorischen Taktiken** zeichnen sich dadurch aus, dass sie versuchen, mit dem Instrument der gezielten Gestaltung der Übergänge von einer Sendung zur anderen die Bindung der Zuschauer an den Sender zu erhalten (vgl. Abb. 34-8; Quelle: Geisler 2001: 160).

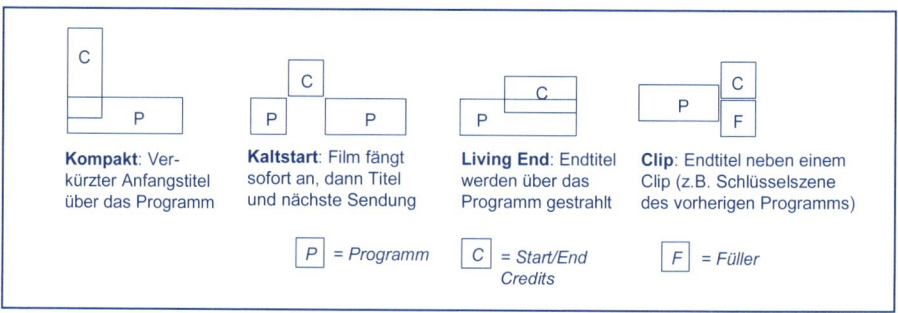

Abb. 34-8: Transitorische Taktiken der Programmierung des TV-Sendeschemas

Die hier vorgestellten Taktiken – auch „Basis-Strategien" genannt (Holtmann 1999: 75) – sind Konzepte, die in hohem Maße Unschärfen und Unsicherheiten aufweisen und daher als **Heuristiken** zu bezeichnen sind. Die branchenüblichen Strategien zum Sendeschemaaufbau sind daher regelmäßig sehr unpräzise (vgl. Holtmann 1999: 77). Eine Optimierung des Programmschemas ist insofern keine leicht zu lösende Aufgabe. Zu Recht ist daher darauf hingewiesen worden, dass das Management von Rundfunkunternehmen vor erheblichen Problemen steht, will es die rationale Allokation der Ressourcen sicherstellen (vgl. Brösel 2006: 627 ff.). Für diese Dilemma-Situation wird die Anwendung von heuristischen Verfahren, z. B. das Verfahren der „approximativen Dekomposition" vorgeschlagen, mit dem es gelingen kann, ein prinzipiell schlecht strukturiertes, zunächst nicht lösbares Ausgangsproblem Schritt für Schritt in wohlstrukturierte und lösbare Unterprobleme zu transformieren (vgl. ebd. 627 f.).

Grundsätzlich bedarf es vertiefter Erkenntnisse über diejenigen Parameter, die den Erfolg einer Sendung bestimmen. Nur so können klare Leitlinien für die Programmplanung entwickelt werden. Die angesprochenen Taktiken der Programmierung geben Hinweise darauf, wie stark der quantitative Erfolg von der Programmumgebung beeinflusst wird, sei es intraprogrammlich im eigenen Kanal, sei es interprogrammlich im Hinblick auf die Konkurrenzangebote (vgl. Holtmann 1999: 75 f.).

34.3 Teilplanungen

Die Planung der Leistungsseite ist Ausgangspunkt und Basis für alle weiteren Planwerke (s. o. Abb. 34-2), so dass man von einem „Primat der Programmplanung" (Gläser 1987: 284) sprechen kann. Unmittelbar an die Leistungsplanung muss sich die **Umsatzplanung** anschließen. Bei privat-kommerziellen Medienunternehmen ist dabei die Frage angesprochen, welche Erlöse die einzelnen Programm-Elemente abwerfen. Relevant sind vor allem Erlöse aus der Werbung, aber auch aus Pay-TV, Rechteverwertung und Randnutzung. Der Umsatzplan muss aufzeigen, aus welchen dieser Quellen sich welche Erlöse rekrutieren. Ferner weist er die intertemporale Verteilung der Umsatzerlöse nach (Halbjahr, Quartal, Monat, Wochen, Tage). Der Umsatzplan steht in der betrieblichen Erfolgsrechnung im engen Zusammenhang mit dem **Kostenplan**, dessen Hintergrund die Planung der eingesetzten Ressourcen bzw. Produktionsfaktoren darstellt.

Auf der Ressourcenseite spielt die **Produktionsplanung** mit der Planungen des Kapazitätsbedarfs und der Kapazitätsauslastung eine zentrale Rolle. Die **Planung des Kapazitätsbedarfs**, kurz **Kapazitätsplanung**, hat die Dimensionierung der Produktionskapazitäten zum Gegenstand und ist durch dessen unmittelbare Verbindung zum Investitionsbereich zwangsläufig eine Planung mit mittel- und langfristigem Planungshorizont. Aufgabe der Kapazitätsplanung ist es, die Produktionsbetriebe so auszulegen, dass sie die geplanten Programmprojekte realisieren können. Zu differenzieren ist dabei in aktuelle, nur kurzfristig planbare Produktionen und in Produktionen, die z. B. wegen ihres szenischen Charakters einen mehr oder weniger ausgeprägten Vorlauf benötigen (Vorproduktionen). Diese aus der Programmaufgabe zu treffenden Grundentscheidungen wirken sich auf den Bedarf an Produktionsmitteln unmittelbar aus. In welchem Umfang man eigene Produktionsmittel vorhalten will oder inwieweit man sich externer Ressourcen bedient (Outsourcing), hängt von der Produktionspolitik des jeweiligen Medienunternehmens ab.

Die Produktionsplanung als **Planung der Kapazitätsauslastung** bezieht sich auf die bestmögliche Bewirtschaftung und Auslastung der bestehenden Produktionskapazitäten. Hier stehen die kurzfristigen Steuerungsziele des Produktionsapparates im Vordergrund. Entscheidender Ausgangspunkt ist die Frage, in welcher Form das geplante Programmvolumen entstehen soll, also die Frage, welcher Teil des Programms neu und mit eigenen Ressourcen hergestellt werden soll und welcher Teil eingekauft werden soll („Make-or-Buy-Entscheidung"). Grundsätzlich bieten sich die folgenden Optionen an: Eigenproduktion; Co-Produktion; Auftragsproduktion; Kauf; Wiederholung; Übernahme von anderen Rundfunkanstalten.

Aufgabe des **Produktionsplanes** ist es, für jede Sendung zum Ausdruck zu bringen, welche der genannten Optionen zum Zuge kommen soll. Damit determiniert er den Umfang an Eigenproduktionen, er strukturiert den Produktionsprozess und sorgt dafür, dass die Produktionskapazitäten, wie sie vom Sendeleistungsplan abgefordert werden, zur richtigen Zeit bereit stehen. Ferner teilt er die knappen Produktionszeiten auf die zu produzierenden Sendungen und die verantwortlichen Redaktionen auf.

Die Produktionsplanung hat die Aufgabe, den Einsatz von Produktions- und technischem Personal und die Auslastung der Kapazitäten entsprechend den kurz- und mittelfristigen Programmvorgaben sowie nach rationellen und wirtschaftlichen Gesichtspunkten zu steuern. Sie löst durch die Zuteilung freier Produktionskapazität alle Bedarfskonflikte auf, wie sie auf Grund der konkurrierenden Programmanforderungen entstehen. Bei den öffentlich-rechtlichen Rundfunkanstalten findet eine enge Koordination der Kapazitätsauslastung in Fernsehen und Radio statt, wobei durch eine zentrale Dispositionsstelle ein Spitzenausgleich der Produktionskapazitäten für ganz Deutschland stattfindet. Insbesondere bei Außenübertragungen, z. B. die Übertragung von Großereignissen, gewähren sich die Rundfunkanstalten gegenseitig sog. „Produktionshilfen".

Analog der Produktionsplanung sind auch bei der **Personalplanung** zwei unterschiedliche Planungsaspekte zu unterscheiden, zum einen die Planung des Personalbedarfs, zum anderen die Planung des Personaleinsatzes.

Der **Personalbedarfsplan** stellt eine mittel- und langfristige Planung dar und bezieht sich zum einen auf die Planung des Umfangs der Belegschaft, zum anderen auf die Planung der Struktur des eingesetzten Personals. Analog der Produktionsplanung ist auch die Personalplanung eine vom Programm abgeleitete Planung sowie ein Ausfluss der Personalpolitik des Medienunternehmens. Letztere entscheidet über das „Make-or-Buy", also darüber, wie groß der Stamm der festangestellten Mitarbeiter sein soll und wie groß der Einsatz freier Mitarbeiter. Diese Thematik gleicht dem Bild der „kommunizierenden Röhren", da beide Beschäftigungsformen in einem engen Verbund zueinander stehen. So werden in vielen Bereichen, insbesondere im redaktionellen Umfeld, Funktionen sowohl von festangestellten als auch von freien Mitarbeitern ausgeführt (z. B. Kamera, Sprecher, Techniker).

Die Anreize für die Beschäftigung freier Mitarbeiter sind allerdings zumeist eng gezogen, da sich Medienunternehmen vor Festanstellungsklagen auf der Grundlage des Tarifvertragsgesetzes schützen wollen. Das Spektrum der freien Beschäftigung reicht von sog. „Festen freien Mitarbeitern", die einen Quasi-Festanstellungsstatus genießen mit gesetzlich garantierten Sonderrechten, bis hin zu lediglich gelegentlicher Mitarbeit (z. B. Gelegenheitsautor).

Die **Personaleinsatzplanung** stellt die kurzfristige, operative Seite der Personalplanung dar. Zentrales Planungsinstrument ist der jährliche **Stellenplan**, der das Mengengerüst des einzusetzenden festangestellten Personals beschreibt. Der Stellenplan ist nach der spezifischen Organisationsstruktur des Medienunternehmens und nach den Vergütungsgruppen des Tarifvertrages gegliedert und dokumentiert das für das Planjahr vorgesehene Planstellen-Soll. Seine Erstellung erfolgt zentral und ist integrativer Bestandteil des Haushalts- bzw. Wirtschaftsplanes. Mit seinen realen Planwerten ist er Grundlage für die monetäre Planung der Personalkosten, die im Rahmen der Wirtschaftsplanung erfolgt.

Die Produktionsplanung und die Personalplanung sind die Kernbereiche der Ressourcenplanung. Daneben sind vom Controlling noch eine **Vielzahl weiterer Teilplanungen** zu koordinieren: Beschaffungsplanung, Lager- und Transportplanung, Technische Versorgungsplanungen, Planung der Einnahmenseite, der Verwertungserlöse und der Erlöse aus Beteiligungen. Diese Teilplanungen sind mehr oder weniger formalisiert und ausgebaut.

34.4 Planungsintegration

Jedes Unternehmen, so auch ein Medienunternehmen, steht vor der Herausforderung, nicht nur einzelne Aktivitätsbereiche zu planen und zu kontrollieren, sondern ein alles umfassendes Planungs- und Kontrollsystem zu installieren, das sämtliche Teilbereiche zusammenführt und in einen logischen Gesamtkontext bringt. Tut man dies nicht, arbeitet man lediglich mit einer Art „eklektizistischem Planungstorso" und steuert das Unternehmen suboptimal. Notwendig ist das bereits angesprochene „IPKS", also ein **integriertes Planungs- und Kontrollsystem**, das die einzelnen Planungsbausteine und deren Interdependenzen abbildet.

Im Hinblick auf den zeitlichen Aspekt und bezogen auf die Planung der wirtschaftlichen Seite des Unternehmens sind die folgenden Planungskontexte zu unterscheiden:

- Jahresplanung mit den Bestandteilen Wirtschaftsplan, Finanzplan, Stellenplan
- Mittelfristige Finanzplanung
- Langfristige Strategie- und Entwicklungsplanung

> Diese drei Planungselemente können als Grundbausteine einer ordnungsmäßigen Unternehmensplanung aus der wirtschaftlichen Perspektive bezeichnet werden. Sie zu erstellen ist erforderlich, um z. B. den „Grundsätzen ordnungsgemäßer Planung" (GoP) gerecht werden zu können, wie sie vom Bundesverband Deutscher Unternehmensberater (BDU) 2007 vorgestellt wurden. Der Verband hat einen Leitfaden erstellt, der definiert, wie die essentiellen Anforderungen an Unternehmensplanungen aussehen sollen. Der Leitfaden enthält u. a. weitreichende Informationen zu den relevanten gesetzlichen Grundlagen, zu Analyse, Ziel- und Strategiedefinition, zur strategischen und operativen Planung sowie zur Frage geeigneter Vergleiche für Steuerungs- und Überwachungszwecke.

(1) Integration findet insbesondere im Wege derjenigen Planwerke statt, die jedes Unternehmen standardmäßig vorlegen muss, will es als ein ordnungsgemäß geführtes Unternehmen gelten. Das zentrale Planwerk und damit wichtigster „Integrator" für sämtliche Teilplanungen des Unternehmens ist daher der **jährliche Wirtschaftsplan**. Er ist das „Gefäß", in dem sämtliche operativen Zusammenhänge zusammenlaufen. Gegenstand ist die planungstechnische Abbildung der Basis-Ziele Rentabilität, Liquidität und Wirtschaftlichkeit.

Er ist das zentrale Steuerungsinstrument für den Leistungserstellungsprozess und für die Sicherstellung des finanziellen Gleichgewichts. Kernbausteine sind zum einen die Plan-Gewinn- und Verlustrechnung (Ertrags- und Aufwandsplan, Betriebshaushaltsplan) zum Zweck der Planung der Reinvermögens-entwicklung (Jahresüberschuss, Rentabilität), zum anderen der Finanzplan (Einzahlungs-Auszahlungs-Plan, Finanzhaushaltsplan, incl. Investitionsplan) zur Dokumentation der geplanten Liquidität. Daneben werden in den Wirtschaftsplan üblicherweise diejenigen Teilplanungen aufgenommen, die zur Darstellung von Hintergründen wichtig sind (z. B. Stellenplan).

> Bei den öffentlich-rechtlichen Rundfunkanstalten wird der Jahres-Wirtschaftsplan als „Haushaltsplan" bezeichnet, was auf den Bezug zum öffentlichen Bereich hindeutet. Gleichwohl folgen die Haushaltspläne nicht dem herkömmlichen kameralistischen Haushaltsrecht, bei dem lediglich die kassenwirksamen Finanzströme erfasst und veranschlagt werden. Vielmehr werden sie nach betriebswirtschaftlichen Kriterien erstellt, nach denen eine verursachungs- und leistungsgerechte Periodisierung des monetären Ressourcenflusses erfolgt, indem neben den kassenwirksamen Vorgängen der Periode auch die dem Planungszeitraum zuzurechnenden Aufwendungen und Erträge erfasst werden, die außerhalb der Planungsperiode kassen- bzw. finanzwirksam werden oder wurden.

In dieselbe Richtung bewegt sich übrigens auch das moderne Verwaltungsmanagement im staatlichen und kommunalen Bereich. Auch dort fanden und finden – unter dem Stichwort „Neue Steuerung" – Anstrengungen statt, die Planung und Steuerung der Ressourcen auf eine betriebswirtschaftlich valide Grundlage zu stellen. Im Übrigen finden die Vorschriften und Grundsätze der Planaufstellung des öffentlichen Haushaltsrechts weitgehend bei den öffentlich-rechtlichen Rundfunkanstalten Anwendung.

Der **Planung der Erträge und Aufwendungen** kommt im Wirtschaftsplan die zentrale Aufgabe zu, die in der Planperiode anfallenden Aufwendungen aufzuzeigen und die zur Verfügung stehenden Erträge darzustellen, zum einen in ihrer Gesamtheit, zum anderen im Hinblick auf die Aufteilung nach Arten. Ferner zeigt sie auf, welche Ergebnisse aus der gewöhnlichen Geschäftstätigkeit und welche aus außerordentlichen Vorgängen erzielt werden sollen. Jede einzelne Position muss aus einer sorgfältigen Teilplanung generiert werden und hat zentral für das ganze Unternehmen zu erfolgen. Die Gliederung der einzelnen Positionen erfolgt in Titeln (vgl. Abb. 34-9).

Erträge	Aufwendungen
Titel 30: Erträge aus Rundfunkgebühren	Titel 40/41: Personalaufwendungen, Soziale Abgaben, Altersversorgung
Titel 31: Bestandsveränderungen	
Titel 32-35: Sonstige betriebliche Erträge	Titel 42: Urheber-, Leistungs- und Herstellervergütungen
Titel 37: Erträge aus Gewinnabführungsverträgen und Beteiligungen	Titel 43: Gemeinschaftssendungen, Koproduktionen, produktionsbezogene Fremdleistungen
Titel 38: Außerordentliche Erträge	
	Titel 44: Bild-, Ton- und sonstiges Verbrauchsmaterial
	Titel 45: Technische Leistungen, Abschreibungen, Aufwendungen für den Gebühreneinzug
	Titel 46: Gemeinschaftseinrichtungen, verschiedene Fremdleistungen
	Titel 47: Reisekosten, Mieten, Betriebsunterhalt, übrige Aufwendungen
	Titel 48: Versicherungen, andere Aufwendungen
	Titel 49: Zuwendungen an andere Rundfunkanstalten, Zinsen, Steuern

Abb. 34-9: Gliederung des Ertrags- und Aufwendungsplans am Beispiel des Haushaltsplans des Südwestrundfunks (SWR)

Notwendig ist es, sich auf ein sinnvolles Gliederungsprinzip festzulegen, das z. B. aus den Erfordernissen einer aussagekräftigen Kostenrechnung abgeleitet werden kann. Als Veranschlagungsmethode für die Aufwendungen kommt die kostenartenorientierte oder die kostenstellenorientierte Veranschlagungsmethode infrage.

> Die ARD wendet ein Gliederungsprinzip an, das auf einem einheitlichen „Rundfunkkontenrahmen" (RKR) basiert, der die Konten in Untergruppen auf in der Regel drei Stellen verbindlich vorschreibt. So bezeichnet die Kontenuntergruppe 420 die „Urhebervergütungen (verlagsgebunden)", Gruppe 440 das „Bild- und Tonmaterial" oder Gruppe 480 die „Versicherungen". Die Veranschlagungsmethoden weichen demgegenüber voneinander ab. So wendet der Südwestrundfunk (SWR) z. B. die kostenartenorientierte Veranschlagungsmethode an, das ZDF hingegen die kostenstellenorientierte Methode.

Ergänzend zum Ertrags- und Aufwandsplan ist im Kontext der Jahresplanung ein sog. **Finanzplan** zu erstellen. Dieser setzt sich aus den Positionen der Mittelaufbringung (Einnahmen aus Abschreibungen, aus Zuführungen zu langfristigen Rückstellungen und aus sonstigen Quellen wie z. B. Darlehensaufnahme oder erhaltene Subventionen) und der Mittelverwendung (Ausgaben für Sach- und Finanz-Investitionen, für die Auflösung langfristiger Rückstellungen und für Sonstiges wie z. B. Darlehensgewährung) zusammen. Der Finanzplan ist das zentrale Planungsinstrument zur Steuerung des finanziellen Gleichgewichts des Unternehmens und dient zur Ermittlung des Finanzbedarfs (vgl. Abb. 34-10).

Mittelaufbringung (Einnahmen)	Mittelverwendung (Ausgaben)
Übernahme Überschuss aus dem Ertrags- und Aufwandsplan	Übernahme Fehlbetrag aus dem Ertrags- und Aufwandsplan
Mittel aus Abschreibungen	Investitionen
Mittel aus Rückstellungen für Alters- und Hinterbliebenenversorgung (Zuführung)	Erhöhung Sondervermögen Altersversorgung
Mittel aus Sonstigem	Mittel aus Rückstellungen für Alters- und Hinterbliebenenversorgung (Auflösung)
	Sonstiges

Abb. 34-10: Gliederung des Finanzplans am Beispiel des Haushaltsplans des Südwestrundfunks (SWR)

Das finanzwirtschaftliche Ergebnis gibt an, um welchen Betrag sich (im Fall eines Überschusses) die Eigenkapitalbasis voraussichtlich erhöhen bzw. (im Falle eines Fehlbetrages) voraussichtlich vermindern wird. Um das finanzwirtschaftliche Planergebnis richtig zu ermitteln, werden im Finanzplan diejenigen Faktoren erfasst, die sich auf die Liquidität auswirken und z. B. den Cash Flow als Maßgröße für selbst geschaffene Liquidität erzeugen. Der Finanzplan ist das zentrale Planwerk für das Finanzmanagement im Jahreszeitraum und ist wichtiger Baustein der Jahreswirtschaftsplanung. Die konkrete operative Steuerung der Liquidität findet freilich über die laufende unterjährige Steuerung der Finanzmittel statt (vgl. hierzu auch Kap. 18).

> Bei den öffentlich-rechtlichen Rundfunkanstalten stellt sich die Frage, nach welchen Kriterien die Höhe ihrer Erträge aus dem Rundfunkbeitrag bemessen werden sollen. Zur Festlegung des Finanzbedarfs von ARD und ZDF haben die Bundesländer als die zuständigen Gebietskörperschaften für den Rundfunk die „Kommission zur Ermittlung des Finanzbedarfs der Rundfunkanstalten" (KEF) installiert, ein Gremium von Fachleuten, das in regelmäßigen Abständen ihre Berichte zur Finanzierungsfrage des öffentlich-rechtlichen Rundfunks vorlegt (vgl. www.kef-online.de). Im vorliegenden Zusammenhang ist festzuhalten, dass die Finanzplanungen der Rundfunkanstalten eine wichtige Planungs- und Beurteilungsgrundlage für die Bemessung des Rundfunkbeitrags sind. Der hypothetische (aggregierte) Finanzplan von ARD und ZDF in Form seiner mittelfristigen Fortschreibung hilft mit, den Finanzbedarf vor dem Hintergrund einer liquiditätsorientierten Bemessungsmethode darzustellen. Über die für die Bemessung des Finanzbedarfs anzuwendende Methodik herrscht nicht immer Einigkeit.

Weitere Bestandteile des Wirtschaftsplans sind besonders wichtige Teilplanungen, wie z. B. der **Stellenplan** und die **Programm-Leistungspläne**. Bei den Leistungsplänen werden für jede definierte Kostenstelle bzw. für jeden Programmbereich neben der quantitativen Minutenleistung auch die zugeordneten Budgetansätze ausgewiesen.

(2) Ein hohes Integrationspotential besitzt neben der Jahresplanung die **Mittelfristige Finanzplanung** (kurz als „MifriFi" bezeichnet). Ihre Aufgabe ist die Sicherung der in der Jahresplanung zum Ausdruck kommenden Ziele in einer mittelfristigen, überjährigen Perspektive. Im Gegensatz zum Jahreswirtschaftsplan verfügt die Mittelfristige Finanzplanung über keine unmittelbaren Bindungswirkungen im Hinblick auf die Bewirtschaftung der Mittel und ist demnach nicht Gegenstand der Budgetierung (vgl. hierzu das Kapitel zum Controlling, Kap. 39).

> Die öffentlich-rechtlichen Rundfunkanstalten sind gemäß § 53 Haushaltsgrundsätzegesetz (HGrG) zur Erstellung einer Mittelfristigen Finanzplanung verpflichtet, die als „Mittelfristige Finanzvorschau" bezeichnet wird. Sie ist analog den Gliederungsprinzipien des Wirtschafts- bzw. Haushaltsplans aufgebaut, teilt sich also in den Ertrags- und Aufwandsplan und in den Finanzplan.

Die Werte der Mittelfristigen Finanzplanung werden aus Prognosen, Projektionen und Fortschreibungen für die einzelnen Positionen entwickelt. Der Planungshorizont umfasst üblicherweise einen Zeitraum von fünf Jahren, wobei das laufende Wirtschaftsjahr das erste Planjahr ist. Das zweite Planjahr enthält die Wirtschaftsplanzahlen des folgenden Planjahres, die letzten drei Jahre umfassen die fortgeschriebenen Planungsdaten. Der Planungshorizont der Mittelfristigen Finanzplanung übersteigt also den Planungshorizont des jährlichen Wirtschaftsplans lediglich um drei Jahre.

Die gemäß den Prognosen und Projektionen fortgeschriebenen Daten dieser letzten drei Planjahre sind in ihrer Gesamtheit Ausdruck für den unternehmenspolitischen Willen des Medienunternehmens, sie lassen aber einen vergleichsweise großen Spielraum zu notwendigen Korrekturen und Plan-Änderungen offen. Aufgrund einer Vielzahl von Planungsrisiken (vgl. Fünfgeld/Diemel/Gläser 1981) findet in zeitlicher Hinsicht ein ständiger Konkretisierungsprozess im Sinne der rollenden Planung statt. So erfolgt im Wege einer sukzessiven und iterativen Annäherung die schrittweise Konkretisierung der Planwerte.

(3) Wünschenswert ist über die mittelfristige Perspektive – mit ihrem faktisch nur dreijährigen Planungshorizont – hinausgehend die zeitliche Integration aller Planwerke in einer **langfristigen Strategie- und Entwicklungsplanung**. In einer größeren zeitlichen Perspektive, in der Regel einen Zeitraum von fünf bis zehn Jahren betreffend, sollen dabei Grundlagen für die wirtschaftlichen Planungen deutlich werden. Diese muss die perspektivischen Vorstellungen über die Unternehmensziele, die Strategien und das Design der Konzepte verifizieren und in einem handhabbaren Planwerk zum Ausdruck bringen. Die Langfristplanung ist eine Planung, die aus strategischer Sicht die langfristigen Erfolgspotenziale verdeutlichen soll. Sie ist logischerweise eher als eine Grob- und Umrissplanung konzipiert, die im Vergleich zur Jahreswirtschaftsplanung einen geringen Detaillierungsgrad aufweist und weniger „zahlengetrieben" ist.

> Ein Beispiel aus dem öffentlich-rechtlichen Rundfunkbereich ist der periodisch erstellte Entwicklungsplan des Norddeutschen Rundfunks (NDR). Im „NDR-Entwicklungsplan 2000" ist z. B. zu lesen: „Der Entwicklungsplan stellt die unternehmenspolitischen Zielsetzungen des NDR dar. ... Auf dieser Basis beschreibt der Entwicklungsplan die perspektivischen Vorstellungen des NDR auch über den Zeitraum der Mittelfristigen Finanzplanung hinaus. Dies gilt für das Programm ebenso wie für Produktion, Technik, Verwaltung und Personalplanung."

34.5 Kontrolle

Planung ohne Kontrolle ist sinnlos, und Kontrolle ohne Planung ist unmöglich. Dieser viel zitierte Satz beleuchtet die Zwillingsfunktion von Planung und Kontrolle. Die Planung ist die gedankliche Vorwegnahme zukünftiger Ereignisse und muss daher zwangsläufig – soll sie nicht ein rein vollzugsverbindliches Steuerungsinstrument planwirtschaftlicher Vorgaben sein – von den realen Abläufen abweichen. Planung ist insofern der Ausgangspunkt für sich notwendigerweise einstellende **Abweichungen** von diesem Plan. Die Kontrolle hat die Funktion, Auslöser für Analysen und für Ursachenforschung der Zielabweichungen zu sein sowie Anstöße zum Weiterdenken und zur Optimierung der Vorgehenskonzepte zu liefern.

> „Ein wesentliches Ziel der Kontrolle ist Erkenntnisgewinnung (*Lernen*). Sie kann sich sowohl auf das Ist als auch auf das Soll richten. Im ersten Fall dient die Kontrolle primär der Sicherstellung der Plan- bzw. Normerreichung (z. B. Anstoß von Handlungen zur Erreichung der gesetzten Ziele), im zweiten Fall der Anpassung oder Neuformulierung des Sollwerts (z. B. Korrektur unrealistischer Leistungsnormen). Im ersteren Fall spricht man in der Literatur von *Feed-back*-Kontrollen, im zweiten Fall von *Feed-forward*-Kontrollen.
>
> Das zweite zentrale Ziel von Kontrolle besteht in der expliziten *Beeinflussung des Verhaltens* von Entscheidungsträgern. Wird geplant, ohne die Erreichung der Planwerte konsequent nachzuhalten, ist es wahrscheinlich, dass die Führungskräfte (deutlich) weniger Commitment für die gesetzten Ziele aufbringen als dann, wenn der Zielerreichungsgrad (fallweise oder ständig) gemessen wird. Wenngleich die Kontrolle vom Ermittlungsgang rückwärts gerichtet ist, zielt sie also (explizit oder implizit) stets auf die Beeinflussung zukünftigen Verhaltens und/oder zukünftiger Ereignisse ab – zumindest ist sie nur dann ökonomisch sinnvoll" (Weber 2004: 314).

Die Möglichkeiten zur Ausgestaltung eines Kontrollkonzepts sind vielfältig. Prinzipiell lassen sich die folgenden **Formen der Kontrolle** unterscheiden (vgl. Küpper/Friedl/Hofmann/Hofmann/Pedell 2013: 257 ff.):

- Ergebniskontrolle: Geprüft wird die Zielerreichung.
- Verfahrenskontrolle: Erfasst wird der Prozess der Realisation der Zielsetzungen.
- Verhaltenskontrollen: Der Fokus liegt auf den Menschen, welche die Prozesse gesteuert und durchgeführt haben.

Im Hinblick auf den Ablauf des Planungsprozesses unterscheidet man die folgenden Formen der Kontrolle:

- Realisationskontrolle: Sie bezieht sich auf die Überprüfung von Endergebnissen.
- Planfortschrittskontrolle: Überprüft wird die Umsetzung einzelner Planbestandteile gemäß einer Einteilung der Realisation in Abschnitte.
- Prämissenkontrolle: Überprüft werden die zugrunde liegenden Prämissen.

Nach Informationsarten werden Kontrollhandlungen wie folgt differenziert:

- Ist-Ist-Vergleich: Gegenüberstellung von realisierten Größen (Zeitvergleich und Betriebsvergleiche).
- Soll-Soll-Vergleich: Gegenüberstellung von Zielgrößen.
- Soll-Ist-Vergleich: Gegenüberstellung einer zu prüfenden realisierten Größe mit der gewünschten Zielausprägung.

- Soll-Wird-Vergleich: Gegenüberstellung der angestrebten Ausprägung einer Zielgröße mit dem für sie prognostizierten Wert.
- Wird-Ist-Vergleich: Gegenüberstellung einer zu prüfenden realisierten Größe mit einem Prognosewert.
- Wird-Wird-Vergleich: Gegenüberstellung zweier Prognosewerte.

Die in Medienunternehmen durchgeführten Kontrollen durch externe Kontrollorgane stehen im engen Zusammenhang mit der Frage der rechtlichen Grundlagen und der Praxis von Aufsicht und Kontrolle (vgl. Kapitel 25 – Unternehmensverfassung). So sind bei den öffentlich-rechtlichen Rundfunkanstalten eine Vielzahl unterschiedlichster Kontrollaktivitäten relevant, die von der Rechenschaftslegung des Wirtschaftsplans gegenüber Rundfunk-, Fernseh- und Verwaltungsrat über Stellungnahmen gegenüber der KEF bis zur Überprüfung strategischer Konzepte reichen.

> Die Kontrollmechanismen durch externe Akteure wird gelegentlich als überzogen beklagt. So hat sich der Intendant von Deutschlandradio zum Thema Kontrollen wie folgt geäußert: „Der öffentlich-rechtliche Rundfunk unterliegt mit zunehmender Dichte einer Parallelkontrolle durch unterschiedliche Kontrollinstanzen: staatlicherseits durch Rechnungshöfe, KEF und Landtage sowie nach dem in der freien Wirtschaft üblichen Verfahren durch Wirtschaftsprüfungsgesellschaften. Er ist durch diese Doppelkontrolle (Rechnungshöfe und Wirtschaftsprüfer) und seine Rechenschaftspflichten gegenüber KEF, Landtagen und EU die am intensivsten geprüfte Organisation der Republik. Die Vielfach- und Parallelprüfungen binden bei gleichzeitigem Personalabbau (beim Deutschlandradio von 1994 bis 2005 um mehr als ein Viertel) zunehmend Personal, das für die innere Organisation und den eigenlichten Unternehmenszweck – die Produktion von Rundfunksendungen – nicht mehr zur Verfügung steht" (Elitz 2006: 48).

Im Fokus interner Kontrollen steht die Kontrolle der auf das Kalenderjahr bezogenen Aktivitäten sowie im unterjährigen Bereich die monatliche Überwachung der Budgets leistender Stellen (Redaktionen, Produktionseinrichtungen, Service Center, Profit Center), ferner Soll-Ist-Vergleiche von Wirtschaftsplan-Daten mit Ist-Zahlen. Kernaufgaben der Kontrollaktivitäten sind die Feststellung von Abweichungen und Aufdeckung von Kontrollproblemen, die Interpretation dieser Abweichungen und die Entwicklung von Änderungskonzepten (Maßnahmen zur Gegensteuerung oder Vornahme von Planänderungen).

Kernaussagen

- Ein effektives Planungs- und Kontrollsystem muss als ein „Integriertes Planungs-, Steuerungs- und Kontrollsystem" (IPKS) konzipiert sein.
- Dieses System besteht in zeitlicher Hinsicht aus der strategischen Rahmenplanung, aus den mittelfristigen taktischen Planungen und aus der operativen Planung.
- Im Fokus der Integration aller Planwerke steht die jährliche Wirtschaftsplanung mit den zentralen Bausteinen des Ertrags- und Aufwandsplans und des Finanzplans.
- Basis und Ausgangspunkt aller Planungen ist die Planung des Programms, das in zeitlicher, inhaltlicher und taktischer Hinsicht präzise dargestellt werden muss.
- Erforderlich ist es, alle Bereiche des Unternehmens – entlang des internen Wertschöpfungsprozesses – durch Teilplanungen abzudecken. Dabei stehen die Produktionsplanung und die Personalplanung im Zentrum des Interesses.
- Die Planung muss durch eine wirkungsvolle Kontrolle ergänzt werden.

Literatur

Weiterführende Literatur: Grundlagen

Adam, D. (1996): Planung und Entscheidung, 4. Aufl., Wiesbaden.
Dörner, D. (1996): Die Logik des Misslingens, Reinbek bei Hamburg.
Ehrmann, H. (2002): Unternehmensplanung, 4. überarb. Aufl., Ludwigshafen (Rhein).
Goeldel, H. (1997): Gestaltung der Planung, Wiesbaden.
Hopfenbeck, W. (1998): Allgemeine Betriebswirtschafts- und Managementlehre, 12., durchges. Aufl., Landsberg/Lech, Vierter Teil.
Horváth, P. (2011): Controlling, 12., vollst. überarb. Aufl., München.
Küpper, H.-U./Friedl, G./Hofmann, C./Hofmann, Y./Pedell, B. (2013): Controlling, 6., überarb. Aufl., Stuttgart.
Link, J. (2004): Führungssysteme, 2., überarb. u. erw. Aufl., München.
Pfläging, N. (2003): Beyond Budgeting, Better Budgeting, Freiburg, Berlin, München, Zürich.
Rollberg, R. (2001): Integrierte Unternehmensplanung, Wiesbaden.
Schierenbeck, H./Wöhle, C. B. (2012): Grundzüge der Betriebswirtschaftslehre, 18., überarb. Aufl., München, Viertes Kapitel.
Schwaninger, M. (1994): Managementsysteme, Frankfurt/Main, New York.
Schreyögg, G. (1994): Zum Verhältnis von Planung und Kontrolle, in: WiSt – Wirtschaftswissenschaftliches Studium, 23. Jg., S. 345-351.
Schweitzer, M. (2001): Planung und Steuerung, in: Bea, F. X./Dichtl, E./Schweitzer, M. (Hrsg.)(2001): Allgemeine Betriebswirtschaftslehre, Band 2: Führung, 1. Kapitel.
Steinmann, H./Schreyögg, G./Koch, J. (2013): Management, 7., vollst. überarb. Aufl., Wiesbaden.
Weber, J./Schäffer, U. (2011): Einführung in das Controlling, 13., überarb. u. akt. Aufl., Stuttgart.
Wild, J. (1980): Grundlagen der Unternehmensplanung, 4. Aufl., Opladen.

Weiterführende Literatur: Medien

Barth-Renz, M. (1992): Planungs- und Kontrollsysteme öffentlich-rechtlicher Rundfunkanstalten, Frankfurt am Main.
Becker, W./Geisler, R. (1998): Medienökonomische Grundlagen der Fernsehwirtschaft, Bamberg.
Brösel, G. (2001): Die Programmplanung öffentlich-rechtlicher Fernsehanbieter, in: Betriebswirtschaftliche Forschung und Praxis, 53. Jg., S. 375-391.
Brösel, G. (2006): Programmplanung – Steuerung und Gestaltung des Programms von Fernsehanbietern, in: Scholz, C. (Hrsg.)(2006): Handbuch Medienmanagement, Berlin, Heidelberg, New York, S. 619-638.
Drees, J./Koppensteiner, R. (1999): Privates Fernsehen, in: Schneider, B./Knobloch, S. (1999): Controlling-Praxis in Medien-Unternehmen, Neuwied, Kriftel, S. 70-90.
Elitz, E. (2006): Qualitätsmanagement. Unausgeschöpfte ökonomische Potenziale im öffentlich-rechtlichen Rundfunk in Deutschland, in: MedienWirtschaft, 3. Jg., H. 2, S. 46-56.
Fahle, R. (1994): Die Ausrichtung der Programmgestaltung öffentlich-rechtlicher und privater TV-Anbieter auf die Vermarktung von Werbezeiten, Köln.
Fleck, F. H. (Hrsg.)(1987): Planung, Aufsicht und Kontrolle von Rundfunk-Unternehmen, Stuttgart, Berlin, Köln, Mainz.
Friedrich, M. (1997): Planung der Programmbeschaffung in öffentlich-rechtlichen Fernsehanstalten, Köln.
Fünfgeld, H./Diemel, E./Gläser, M. (1981): Finanzplanung im Rundfunk – Geplante Defizite?, Stuttgart.
Fünfgeld, H./Gläser, M. (1984): Anmerkungen zur Finanzierung und zu den Leistungen der öffentlich-rechtlichen Rundfunkanstalten, in: Zeitschrift für öffentliche und gemeinwirtschaftliche Unternehmen, Bd. 7, S. 1-19.
Geisler, R. M. (2001): Controlling deutscher TV-Sender, Wiesbaden.
Gläser, M. (1986): Mehrjährige Planung bei öffentlich-rechtlichen Rundfunkanstalten, in: Wille, E. (Hrsg.)(1986): Informations- und Planungsprobleme in öffentlichen Aufgabenbereichen, Frankfurt am Main, Bern, New York 1986, S. 269-305.
Haas, M. H./Frigge, U./Zimmer, G. (1991): Radio-Management, Konstanz.

Heinrich, J. (1999): Medienökonomie, Band 2: Hörfunk und Fernsehen, Opladen/Wiesbaden.
Hickethier, K. (1999): Formatierung der Programme. Trends der Programmentwicklung im öffentlichen und privaten Fernsehen. In: Schröder, H.-D. (Hrsg.)(1999): Entwicklung und Perspektiven der Programmindustrie, Baden-Baden, S. 89-113.
Holtmann, K. (1998): Programmbeschaffung und -entwicklung werbefinanzierter TV-Programmanbieter aus der Perspektive der Programmplanung, Köln.
Holtmann, K. (1999): Programmplanung im werbefinanzierten Fernsehen, Köln.
Kastrup, T. (1999): Marktorientiertes Zielkostenmanagement für Rundfunkanstalten, Wiesbaden.
Karstens, E./Schütte, J. (2013): Praxishandbuch Fernsehen, 3., akt. Aufl., Wiesbaden.
Kayser, H. J. (1993): Controlling für Rundfunkanstalten, Baden-Baden.
Keith, M. C. (1987): Radio Programming. Consultancy and Formatics, Boston, London.
Koch-Gombert, D. (2005): Fernsehformate und Formatfernsehen, München.
Köcher, A. (2002): Controlling der werbefinanzierten Medienunternehmung, Lohmar, Köln.
Krömker, H./Klimsa, P. (Hrsg.)(2004): Handbuch Medienproduktion, Wiesbaden.
Lüder, K. (1984): Rundfunk im Umbruch: Stand und Entwicklung der finanziellen und wirtschaftlichen Situation der öffentlich-rechtlichen Rundfunkanstalten, Berlin.
Maier, O. (1987): Planungsverfahren von heute für eine öffentlich-rechtliche Rundfunkanstalt – Ausblick auf Planungskriterien von morgen, in: Fleck, F. H. (1987): Planung, Aufsicht und Kontrolle von Rundfunk-Unternehmen, Stuttgart, Berlin, Köln, Mainz, S. 79-92.
Menhard, E./Treede, T. (2004): Die Zeitschrift, Konstanz.
Olschewski, L. (2000): Planung des wirtschaftlichen Einsatzes von Programm-Trailern im Programm von Fernsehveranstaltern, Köln.
Paukens, H./Schümchen, A. (Hrsg.)(1999): Programmplanung – Konzepte und Strategien der Programmierung im deutschen Fernsehen, München.
Petersen, R. (2004): „Serien-Spin-Off" als Strategie der Programmentwicklung, Köln.
Rott, A. (2003): Werbefinanzierung und Wettbewerb auf dem deutschen Fernsehmarkt, Berlin.
Schümchen, A. (2002): Grundlagen der Programmplanung, in: Geißendörfer, H. W./Leschinsky, A. (Hrsg.) (2002): Handbuch Fernsehproduktion. Vom Skript über die Produktion bis zur Vermarktung. Neuwied, Kriftel, S. 72-79.
Schwertzel, U. (1997): Benchmarking für Rundfunkveranstalter, Berlin.
Seidel, N./Libertus, M. (1993): Rundfunkökonomie, Wiesbaden.
Sieben, G. (1983): Planung und Kontrolle – Grundlagen der Wirtschaftlichkeit von Rundfunkanstalten, in: Stern, K. et al. (1983): Programmauftrag und Wirtschaftlichkeit von öffentlich-rechtlichen Rundfunkanstalten, München, S. 37-51.
Sieben, G./Schwertzel, U. (1997): Materialien zur Rundfunkökonomie II: Management von Rundfunkunternehmen – Teil 1, 2. Aufl., Köln.
Sieben, G./Wachter, A. (1983): Planung und Kontrolle als Managementinstrumente in öffentlich-rechtlichen Rundfunkanstalten, in: Media Perspektiven, o. Jg., H. 11, S. 783-788.
Sieben, G./Ossadnik, W./Wachter, A. (1988): Planung für öffentlich-rechtliche Rundfunkanstalten, Baden-Baden.
Wirtz, B. W. (2013): Medien- und Internetmanagement, 8., akt. u. überarb. Aufl., Wiesbaden.

Fallbeispiele

Barth-Renz, M. (1992): Planungs- und Kontrollsysteme öffentlich-rechtlicher Rundfunkanstalten, Frankfurt am Main.
Hadamer, U. (1996): Planungs- und Rechnungslegungsinstrumente im Rahmen des WDR-Finanzcontrolling – Stand und mögliche Weiterentwicklung, Köln.
Meier, H. E. (2002): Von der „Sendeplatzverwaltung" zum kompetitiven „programming". Veränderungen in der Programmplanung des ZDF, Köln.
Schwertzel, U. (1997): Benchmarking für Rundfunkveranstalter, Berlin.

Kapitel 35
Organisation

35.1 Gestaltungsparameter der Organisation 811
35.2 Klassische Organisationsmodelle 817
35.3 Neuere Organisationsmodelle 828
35.4 Zur Theorie optimaler Organisationsgestaltung 839

Leitfragen

- Welche Aufgaben soll das Organisationsmanagement lösen?
- Welche zentralen Gestaltungsparameter unterscheidet man im Organisationsmanagement?
- Wodurch unterscheiden sich Aufbau- und Ablauforganisation?
- Nach welchen Kriterien kann eine Spezialisierung erfolgen?
- Welche Arten der Koordination sind möglich?
- Welche Bedeutung hat die „Selbstabstimmung"?
- Inwiefern übt die Unternehmenskultur Koordinationswirkungen aus?
- Welche Rolle spielt die Professionalisierung bei der Koordinationsaufgabe?
- Was besagt das „Mehrlinien-Leitungssystem", dargestellt am Beispiel einer öffentlich-rechtlichen Rundfunkanstalt?
- Was versteht man unter der „Leitungsspanne"?
- In welcher Form sollte Delegation vollzogen werden?
- Was unterscheidet die „formale" von der „informalen Organisation"?
- Wodurch unterscheidet sich die „funktionale" von der „divisionalen Organisation"?
- Welche unterschiedlichen Center-Konzepte unterscheidet man?
- Was besagt die „Process-Output-Matrix"?
- Welche Vor- und Nachteile hat die funktionale Organisation?
- Wodurch zeichnet sich das Organisationsmodell der Matrixorganisation aus?
- Welche Vor- und Nachteile hat die Matrixorganisation?
- Was ist mit „Sekundärorganisation" gemeint?
- Welche Grundbausteine gibt es im „Konfigurationsmodell nach Mintzberg"?
- Was unterscheidet die „Expertokratie" von der „Adhocratie" im Mintzberg-Modell?
- Wie lässt sich im Modell von Mintzberg eine öffentlich-rechtliche Rundfunkanstalt charakterisieren?
- Welche Leitbilder der Organisationsgestaltung haben große Bedeutung?
- Was versteht man unter der „Prozessorganisation"?
- Was versteht man unter der „modularen Organisation"?
- Welche Attribute zeichnen die „Teamorganisation" aus?
- Nach welchen unterschiedlichen Ansätzen lässt sich Projektmanagement in der Organisationsstruktur eines Unternehmens verankern?
- Was bedeutet „Selbstorganisation"?
- Was versteht man unter einem „Unternehmensnetzwerk"?
- Was versteht man unter einem „virtuellen Unternehmen"?
- Was ist ein „Projektnetzwerk"?
- Nach welchen Kriterien entscheidet man über die Effektivität von Organisationen?

Gegenstand

Das Phänomen Organisation entsteht aus der Notwendigkeit arbeitsteiliger Prozesse und Strukturen. Das Organisationssystem als Teil des Managementsystems sorgt dafür, dass trotz dieser Arbeitsteilungen die Koordination innerhalb des Unternehmens möglich wird. Traditionellerweise werden die organisatorischen Gestaltungsaufgaben in Aufbau- und Ablauforganisation unterschieden und der Aufbauorganisation eine prominente Leitfunktion zuerkannt. Die modernen Entwicklungen reklamieren demgegenüber eine zunehmend wichtiger werdende Rolle der Ablauf- bzw. Prozessorganisation.

Organisation lässt sich vereinfachend als die Gesamtheit der Regelungen, die in einem System gelten, definieren. Die vertiefende Sicht macht jedoch schnell deutlich, dass es sich beim Thema Organisation um eine vielschichtige und komplizierte Frage handelt (Bea/Göbel 2010: 2): „Die Frage ‚Was ist Organisation' lässt sich aber weder einfach noch erschöpfend beantworten. Organisation wird in jedem Fall mit der Zunahme von Ordnung in Verbindung gebracht. Ordnung reduziert Komplexität, schränkt also Möglichkeiten ein und erleichtert damit Orientierung. Wenn Ordnung herrscht, wissen wir bspw. auf Anhieb, wo etwas zu finden ist, wir können bestimmte Entwicklungsmuster vorhersehen und uns allgemein auf die Stabilität der Verhältnisse verlassen. Auf soziale Interaktion bezogen meint ‚Ordnung' speziell, dass man richtige oder doch wahrscheinlich richtige Erwartungen bezüglich der Handlungen von anderen Personen ausbilden kann. Sie verhalten sich innerhalb einer gewissen Schwankungsbreite regelmäßig genug, dass eine Koordination von Handlungen möglich ist und Pläne wirksam verfolgt werden können."

Als konstituierendes Merkmal von Organisationsmanagement kann damit die Reduktion von Komplexität gelten: „Systemtheoretisch sind organisatorische Strukturen in den Prozess einzuordnen, die Umweltkomplexität auf ein bearbeitbares Maß zu reduzieren" (Schreyögg 1996: 105). Hinzu kommen die Kriterien Koordination und Herbeiführung von Orientierung.

Der Begriff „Organisation" kann sowohl institutionell als auch instrumentell definiert werden:

- In der institutionellen Sichtweise versteht sich die Organisation als ein soziales System („Das Unternehmen ist eine Organisation") und lässt sich aus unterschiedlichsten Perspektiven beschreiben (vgl. hierzu Kapitel 2). Organisationen sind aus diesem Blickwinkel als soziale Gebilde zu verstehen, die auf Dauer ein Zielsystem verfolgen und die sowohl eine formale als auch eine informale Struktur aufweisen, mit deren Hilfe die Aktivitäten der Mitglieder der Organisation auf das verfolgte Zielsystem ausgerichtet werden sollen.
- In der instrumentellen Sichtweise wird die Organisation als ein Mittel zur Aufgabenerfüllung und Problemlösung angesehen (Organisation als „Organisieren"). Dabei werden zwei Bereiche unterschieden, zum einen die Aufbauorganisation und zum anderen die Ablauforganisation (auch als Prozessorganisation bezeichnet). Entsprechend dieser Differenzierung befasst sich die Aufbauorganisation mit den Teilaufgaben der Aufgabenträger und den zwischen diesen bestehenden Beziehungen. Bei der Ablauforganisation stehen die zwischen den Aufgabenträgern und bei den Aufgabenträgern ablaufenden Vorgänge im Mittelpunkt des Interesses.

Beide Aspekte integrierend kann daher definiert werden: „Organisation ist ein von der Unternehmung geschaffenes System von Regeln, um gemeinsame Ziele zu verfolgen, in welcher Ordnung aber auch von selbst entstehen kann" (Bea/Göbel 2010: 7).

Für Medienunternehmen stellt sich die Frage der „optimalen" Organisation mit besonderer Brisanz, geht es doch immer auch um gesellschaftliche und politische Funktionen, die das Mediensystem ausübt. So ist z. B. die Frage, wie journalistische Arbeit effizient organisiert werden kann, etwa durch die Einrichtung von Newsroom-Konzepten bei Zeitungen und Fernsehsendern, nicht allein aus der unternehmensinternen Effizienzsicht interessant, sondern kann auch als generelles Phänomen Beachtung beanspruchen.

Neben dieser intraorganisationalen Betrachtungsebene spielt die interorganisationale Perspektive eine zunehmend wichtige Rolle, bei der es z. B. um kooperative Organisationsformen (etwa durch Netzwerkunternehmen) zur Steigerung der Effizienz geht.

35.1 Gestaltungsparameter der Organisation

Als zentrale Parameter der Organisationsgestaltung gelten folgende fünf Kriterien (vgl. Schierenbeck/Wöhle 2012: 133; nach Kieser/Walgenbach 2010):

- Spezialisierung (Arbeitsteilung);
- Koordination;
- Leitungssystem (Konfiguration);
- Entscheidungsdelegation (Kompetenzverteilung);
- Formalisierung.

Diese fünf Gestaltungsparameter haben für jedes Organisationsmodell Gültigkeit und müssen vom Management ganz generell ausgeformt werden. Je nachdem, wie diese Parameter interpretiert und gewichtet werden, empfehlen sich bestimmte Konfigurationen und Organisationsmodelle – und andere nicht. Die Kunst besteht darin, die „richtige" Kombination zu finden, die für das Unternehmen „passt", wofür der Begriff „Fit-Ansatz" geprägt wurde (vgl. Bea/Haas 2013: 374). Die Organisationstheorie geht in diesem Zusammenhang seit langem davon aus, dass der situative Ansatz am Erfolg versprechenden ist. Ergänzend zu diesen grundlegenden Parametern sind zwei unterschiedliche Denk- und Handlungsebenen der Organisation zu unterscheiden. Es sind dies zum einen die interorganisationale Dimension, zum anderen die intraorganisationale Dimension.

(1) Unter **Spezialisierung** wird die Zerlegung einer Aufgabe in voneinander abgegrenzte Teilaufgaben verstanden. Das Ergebnis dieses Zerlegungsvorgangs kann als „Zuständigkeitssystem" bezeichnet werden (Holzporz 2006: 82). Die unternehmensweite Spezialisierung ist notwendig, weil der anfallende „Aufgabenberg" in effizienter Weise nur im Wege der Arbeitsteilung bewältigt werden kann, wobei über zwei Aspekte eine Entscheidung gefällt werden muss:

- Bestimmung des Grades (Umfangs, Ausmaßes) der Spezialisierung;
- Festlegung der Art der Spezialisierung.

Beim **Grad der Spezialisierung** ist zu fragen, wie hoch die Anzahl der in einer Unternehmung existierenden spezialisierten organisatorischen Einheiten sein soll. Als kleinste organisatorische Einheit gilt üblicherweise der Arbeitsplatz bzw. die Stelle, z. B. die Redakteursstelle oder die Stelle eines Produktionsleiters.

> In neueren Organisationsmodellen (s. u.) kann sie aber auch ein Team (vgl. hierzu das Modell der Teamorganisation) oder ein „Modul" sein (vgl. das Modell der Prozessorganisation).

Das Spektrum der Spezialisierung reicht von der gering spezialisierten bis zur hochgradig spezialisierten Organisation. Vorteile hoher Spezialisierung sind Lerneffekte, die Möglichkeit, Mitarbeiter nach ihrer Befähigung zu beschäftigen sowie Kostendegressionseffekte zu erzielen. Auf die Spitze getrieben – wie beim tayloristischen Mangementsystem – zeigen sich jedoch schnell ihre Nachteile, wie etwa die Verengung des Blickfelds der Mitarbeiter, Motivationsprobleme durch Entfremdung von der Arbeit und fehlende Humanität der Arbeitsbedingungen – dort werden eher Vielfalt und Abwechslung verlangt.

Bei der **Art der Spezialisierung** geht es um die inhaltliche Ausrichtung der Stellen, die auch als „Stellenbeschreibung" bezeichnet wird. Drei idealtypische Möglichkeiten gibt es (vgl. Bea/Göbel 2010: 291):

- Spezialisierung nach Verrichtungen (Tätigkeitsarten, Funktionen): in der Regel: (1) Beschaffung; (2) Produktion; (3) Absatz.

    Einzelne Funktionen sind dann z. B. Kamera bedienen, Filmbudget erstellen, Mediaplan entwickeln, programmieren, Jahreswirtschaftsplan erarbeiten.

- Spezialisierung nach Objekten. Als Objekte kommen die folgenden Ansatzpunkte infrage: (1) Produkte: z. B. TV-Produkte, Radio, Musik-DVD, Internet; (2) Märkte (geografisch): Inland, europäisches Ausland, USA, Asien; (3) Kunden: z. B. eines Verlages: Grossisten, Buchhandel, Einzelkunden; (4) Projekte: z. B. Projekt A, Projekt B, Projekt C.

    „Der Stelleninhaber wird zum Spezialisten für ein Produkt (z. B. Produktmanager), einen Kunden (z. B. Kundenbetreuer), eine Region (z. B. Gebietsleiter)" (ebd. 291).

- Spezialisierung nach dem Rang (bzw. nach den Entscheidungsbefugnissen): Dies führt zur Unterscheidung in (1) Leitungsaufgaben mit der Befugnis zur Entscheidung, Anordnung und Kontrolle sowie in (2) Durchführungs- bzw. Ausführungsaufgaben. Die Spezialisierung begründet die Rangordnung und die Hierarchie im Unternehmen.

Durch die Spezialisierung – im Sinne einer langfristig gültigen Kompetenzregelung – ergibt sich im Unternehmen zwangsläufig das Problem, dass die Entscheidungen voneinander abhängig sind und dass die Potenziale des Unternehmens aufgespalten sind (vgl. Holzporz 2006: 83).

„So hängt die von einem Mitarbeiter in einer Produktionsabteilung zu treffende Entscheidung, beispielsweise der Schnitt eines Beitrags durch den Cutter, davon ab, für welches Sendekonzept sich ein Mitarbeiter einer Redaktion entschieden hat. ... Die Zergliederung einer Aufgabe in Teilaufgaben bewirkt immer eine Aufspaltung von Potenzialen. Beispielsweise werden Ressourcenpotenziale zwischen zwei Redaktionen aufgespalten, wenn den Redaktionen Zugriffsrechte zur Nutzung jeweils eigener Übertragungswagen eingeräumt werden. Durch eine Zusammenfassung der Übertragungswagen oder durch die Regelung der wechselseitigen Nutzung könnten die Übertragungswagen besser ausgenutzt werden" Holzporz 2006: 83).

(2) Die Frage der **Koordination** ist die logische Konsequenz der Spezialisierung: Betreibt man auf der einen Seite die organisatorische Differenzierung, muss man auf der anderen Seite für die organisatorische Integration Sorge tragen.

Den unauflöslichen Zusammenhang zwischen der organisatorischen Differenzierung und Integration bezeichnet man als das „Dualproblem der organisatorischen Gestaltung" (vgl. Schreyögg 1996: 108).

Über die Koordination erfolgt die zielorientierte Zusammenführung der Teileinheiten der Organisation, wie sie auf der Stufe der Arbeitsteilung bzw. Spezialisierung gebildet werden. Idealtypisch sind zwei grundsätzliche Möglichkeiten der Koordination zu unterscheiden (vgl. Abb. 35-1; in Anlehnung an Bea/Göbel 2010: 297 ff.):

- Fremdkoordination;
- Selbstkoordination.

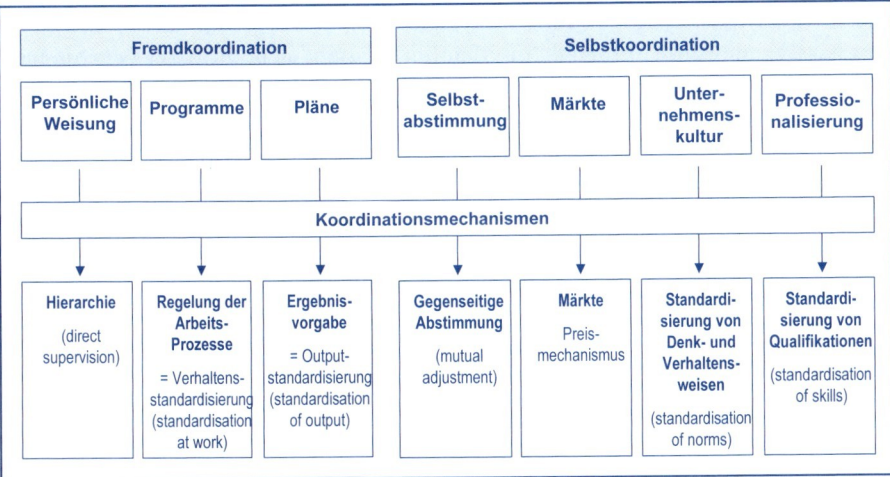

Abb. 35-1: *Instrumente der Fremd- und Selbstkoordination*

Mit der Koordination soll die Abstimmung aller Einzelaktivitäten zu einer gemeinsamen Aufgabenerfüllung erreicht werden. Die Instrumente der **Fremdkoordination** bauen darauf, die Abstimmung über die Hierarchie zu bewerkstelligen, die – geordnet nach abnehmender Eingriffsintensität – in persönlicher Weisung, in Programmen und in Plänen bestehen kann. Demgegenüber baut das Konzept der **Selbstkoordination** darauf, den betroffenen Organisationseinheiten ohne die Vorgabe von Planungsgrößen die Abstimmung selbst zu überlassen (Selbstabstimmung). Oft zu wenig beachtet und in ihrer Effektivität unterschätzt – dies wird von Bea/Göbel mit Nachdruck betont – werden in diesem Zusammenhang die Marktkoordination, die Koordination durch eine starke Unternehmenskultur sowie die Koordination durch Professionalisierung.

(3) Das **Leitungssystem** als dritte Dimension der Organisationsgestaltung steht im engen Zusammenhang mit der Frage der Spezialisierung. Es entscheidet über die Hierarchie, die im Unternehmen herrschen soll.

> „Als Hierarchie bezeichnet man das Rollengefüge von übergeordneten Führungsstellen und untergeordneten Ausführungsstellen, welches den Vorgesetzten das Recht gibt, Weisungen zu erteilen und die Untergebenen zum Gehorsam verpflichtet" (Bea/Göbel 2010: 292).

Im Leitungssystem wird also über die Entscheidungsbefugnisse, Weisungskompetenzen, Aufsichtspflichten und Kontrollrechte der Stellen und Instanzen entschieden und bedarf der Stellungnahme zu drei grundlegenden Aspekten (vgl. Schierenbeck/Wöhle 2012: 138):

- Struktur der Weisungsbefugnisse;
- Gliederungstiefe des Stellengefüges;
- Gliederungsbreite der organisatorischen Ebenen (Leitungsspanne).

Im Hinblick auf die **Struktur der Weisungsbefugnisse** ist zwischen dem Einlinien- und dem Mehrliniensystem zu unterscheiden. Das Einliniensystem (auch erweiterbar zum Stabliniensystem) beruht auf dem Prinzip der Einheit der Auftragserteilung, nach dem jeder Stelleninhaber nur einem Vorgesetzten verpflichtet ist. Diese klare Zuordnung von Verantwortlichkeiten ist im Mehrliniensystem nicht mehr gegeben, da hier das Prinzip der Mehrfachunterstellung greift. In der Praxis finden gelegentlich Kombinationen in der Form statt, dass die fachliche und die disziplinarische Unterstellung getrennt werden. Ein Beispiel liefert Abb. 35-2, bei dem für ein Regionalstudio einer öffentlich-rechtlichen Rundfunkanstalt die doppelte Unterstellung verdeutlicht wird.

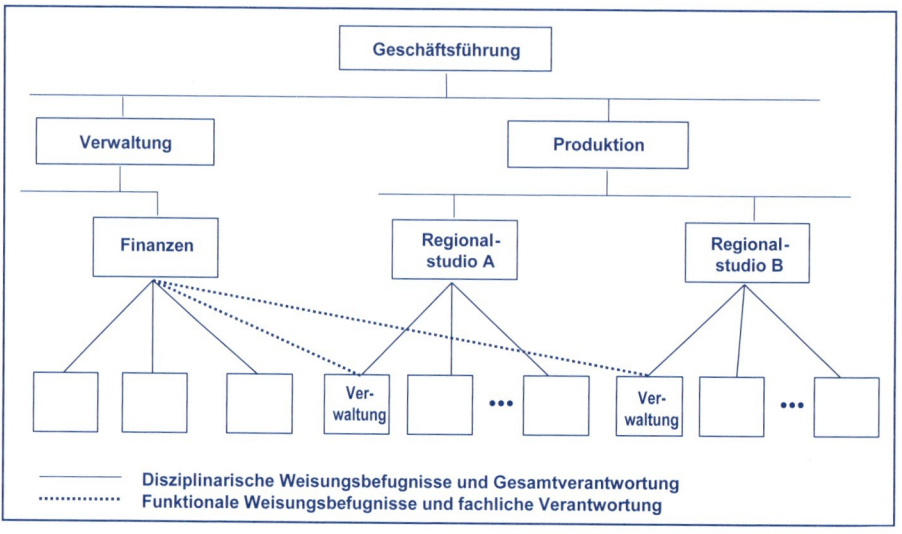

Abb. 35-2: Mehrlinien-Leitungssystem eines Regionalstudios

Mit der **Gliederungstiefe** wird die Anzahl der Hierarchieebenen bestimmt. Je tiefer die Gliederung innerhalb des Leitungssystems, desto steiler ist das pyramidenförmige Stellengefüge und umgekehrt. Wichtige Vorteile einer flachen Organisationspyramide mit wenigen Hierarchieebenen sind die Verkürzung des vertikalen Kommunikationsflusses und der Abbau von Bürokratie.

Allerdings ist der gegenläufige Effekt im Hinblick auf die **Gliederungsbreite** zu beachten: Je flacher die Hierarchie, desto größer muss die Leitungsspanne sein.

> Unter Leitungsspanne wird die Anzahl der einer Instanz direkt zugeordneten und untergeordneten Stellen bezeichnet.

Ein Nachteil von (zu) großen Leitungsspannen ist, dass die Instanzen beim Management einer größeren Anzahl von Stellen schnell überfordert sein können und dass sie ihre Leitungsfunktion nur unvollkommen auszuüben in der Lage sind.

> Die Festlegung der Gliederungsbreite und Gliederungstiefe hängt unmittelbar mit dem „Design" der organisatorischen Einheiten und mit dem Spezialisierungsgrad zusammen. Eine tiefe Organisationspyramide führt zu eher kleineren Einheiten, während flache Pyramiden eher größere Einheiten mit sich bringen. Eine in der Praxis immer wieder relevante Frage in diesem Zusammenhang ist z. B. die Größe von Zeitungsredaktionen.
>
> So hat der Springer-Verlag 2007 sein Zeitungsgeschäft gravierend umgebaut und die Strukturen der Redaktionen nachhaltig dahingehend verändert, größere Einheiten zu schaffen. Zusammengelegt wur-

den zentrale Ressorts bei den Zeitungen „Welt", „Welt am Sonntag" und „Berliner Morgenpost". Betroffen waren die Redaktionen für Politik und Wirtschaft, bei denen es für alle drei Zeitungen nur noch jeweils eine Ressortleitung gibt. Als Ziel der Maßnahme wurde mehr Qualität und Effizienz angegeben. Hintergrund war die schon lange vorher intensiv geführte Branchendiskussion über das Thema: „Verlage brauchen innovationsfördernde Organisationsstrukturen". In einem Bericht heißt es: „Bei der Suche nach neuen Geschäftsmodellen, die die sinkenden Erlöse aus dem Stammgeschäft Print kompensieren könnten, mangelt es den Zeitungs- und Zeitschriftenverlagen nicht an guten Ideen – sondern eher an innovationsfördernden Strukturen im eigenen Haus. Aus dieser Selbsterkenntnis erklären die Verlage ihre Aufbau- und Ablauforganisation sowie mögliche Kooperationen mit Wettbewerbern zum entscheidenden Erfolgsfaktor der Zukunft" (Horizont 15/2006 vom 13.03.2006, S. 42).

Bereits im Vorfeld waren von Springer die Nachrichtenredaktionen aller drei Blätter zusammengefasst worden, um das Online-Engagement noch weiter auszubauen: „Die blaue Gruppe der Axel Springer AG (Welt, Welt kompakt, Welt am Sonntag und Berliner Morgenpost) startet eine Online-Offensive. Das Ziel: Welt online soll wieder eine der führenden Websites im Bereich Nachrichten und Serviceorientierung werden. ... Das erste Projekt der neuen Redaktionsleitung ist ein gemeinsamer Newsroom, in dem die Macher aller Mediengattungen zusammenarbeiten sollen. Künftig schreiben alle 400 Redakteure für Print, Online oder SMS-Services" (w&v vom 27.04.2006).

(4) Mit der **Entscheidungsdelegation** ist Frage des inhaltlichen Ausmaßes der Entscheidungsbefugnisse der Organisationseinheiten und damit die Frage der Zentralisation oder Dezentralisation der Entscheidungen angesprochen.

Unter Delegation versteht man die Übertragung von Aufgaben, Kompetenzen und Verantwortung auf andere, gesamthaft betrachtet die Verteilung der Entscheidungsbefugnisse innerhalb einer Hierarchie.

Welches Ausmaß an Delegation im Unternehmen realisiert werden soll (Frage nach dem „optimalen Delegationsgrad"), sollte sich nach den folgenden zentralen Grundprinzipien richten (vgl. Bea/Göbel 2010: 295 ff.):

- Kongruenzprinzip: Definiert man Delegation mit den drei Kriterien Aufgabe, Kompetenz und Verantwortung, so sollten diese deckungsgleich sein. Echte Delegation liegt also nur dann vor, wenn einem Stelleninhaber die Aufgabe übertragen wird, dieser auch die Kompetenz erhält, die Aufgabe durchzuführen und dieser schließlich die Verantwortung für die Aufgabenerfüllung erhält.

    In der Praxis findet sich nicht selten der sog. „Delegationsknochen", nach dem zwar Aufgabe und Verantwortung voll delegiert werden, aber bei der dazwischen liegenden Kompetenz Beschneidungen des Entscheidungsspielraums stattfinden.

- Subsidiaritätsprinzip: Aufgaben und Kompetenzen sollen immer und konsequent der jeweils niedrigst möglichen Hierarchieebene zugewiesen werden.
- Relevanzprinzip: Die Verteilung der Aufgaben und Kompetenzen sollte zu Aufgabenkomplexen führen, die insgesamt betrachtet relevant und bedeutsam sind.

(5) Bei der **Formalisierung** geht es um die Festlegung des Ausmaßes, in dem die Organisation formal und offiziell reguliert werden soll.

Jedes Unternehmen benötigt eine nachvollziehbare **formale Organisation**. Sie wird repräsentiert durch die Gesamtheit der schriftlich fixierten organisatorischen Regeln. Ein hoher Formalisierungsgrad folgt der Vorstellung, dass bestimmte Personen – die „Organisatoren" – autorisiert sind, bewusst und zielorientiert die Regeln für die Organisation festzulegen, an die sich alle zu halten haben.

Organisation heißt dann die dauerhafte Vorregelung und fallweise verbindliche Regelsetzung für alle Beteiligten. Die Organisationsmitglieder übernehmen diese Vorgaben richtig und vollständig und „lassen sich organisieren" (vgl. Bea/Göbel 2010: 3).

Dieser Vorstellung einer planvoll-bewussten und rational hergestellten Ordnung auf dem Nährboden von Befehl und Gehorsam, die als „Konzept der rationalen Fremdorganisation" bezeichnet werden kann (ebd.) steht die Erkenntnis gegenüber, dass quasi als „Schatten" der formalen Organisation stets auch eine **informale Organisation** am Werk ist. Diese informale Organisation kann im Gegensatz zur rationalen Fremdorganisation als „autonome Selbstorganisation" bezeichnet werden (ebd.), bei der die Organisationsmitglieder die von den Organisatoren entworfene und vorgegebene „Blaupause" nur bestenfalls voll akzeptieren, häufig aber eigene und selbstbestimmte Regeln zur Geltung bringen.

Die Erkenntnis ist wichtig, dass diese autonome Regelsetzung nicht zu verhindern ist – und weil das so ist, sollte man klugerweise versuchen, die informale Organisation als aktives Gestaltungsinstrument der Organisation zu nutzen.

Die Frage der Formalisierung weist **drei zentrale Teildimensionen** auf (vgl. Schierenbeck/Wöhle 2012: 144 ff.):

- Formalisierung der Struktur;
- Formalisierung des Informationsflusses;
- Leistungsdokumentation.

Die Formalisierung der Struktur definiert das Ausmaß, in dem die organisatorischen Regeln schriftlich fixiert sind. Wichtige Instrumente sind Organigramme, Stellenbeschreibungen und Richtlinien.

Die Formalisierung des Informationsflusses definiert das Ausmaß, in dem die Informationsprozesse schriftlich zu erfolgen haben und aktenkundig zu machen sind.

Der Aspekt der Leistungsdokumentation bezieht sich schließlich auf die schriftliche Leistungserfassung und Leistungsbeurteilung der Mitarbeiter. Ziel ist es dabei, in diesem zwischenmenschlich sehr empfindlichen Bereich der Personalpolitik ein Maximum an Versachlichung sicherzustellen. Einsetzen kann man z. B. Arbeitszeitkarten, Fragebögen oder Auswertungsschemata.

> Es ist zu erwarten, dass in den Kreativabteilungen und Redaktionen der Medienunternehmen die Möglichkeiten zur formalen Steuerung der Prozesse und Strukturen relativ beschränkt sind und daher eher die informalen Aspekte der Organisation dominieren. Hauptgründe sind Kreativität, schlecht definierte Aufgaben im Redaktionsbereich, Komplexität und hoher inhaltlicher Abstimmungsbedarf.

Formalisierung ist immer dann besonders geeignet, wenn der Prozess der Produkterstellung bekannt ist und das entstehende Produkt, um das es sich handelt, einen hohen Wertgegenstand darstellt.

> Diese Bedingungen sind bei Medienunternehmen am ehesten im Bereich der Produktion gegeben. So ist z. B. bei einer Filmproduktion in hohem Maße Werthaltigkeit gegeben bei gleichzeitig sehr hohen Risiken des Scheiterns; der Herstellungsprozess ist allen Beteiligten bekannt. Daher ist es verständlich, dass die Abwicklung einer Filmproduktion einen relativ hohen Formalisierungsgrad aufweist.

35.2 Klassische Organisationsmodelle

Die Grundaufgabe von Organisationsmanagement ist es, aus dem Feld der Optionen, das durch die fünf Gestaltungsparameter aufgespannt wird, ein konkret auf die Situation des Unternehmens anwendbares Organisationsmodell zu entwickeln. Ein solches Organisationsmodell wird gemeinhin auch als **Konfiguration** bezeichnet (vgl. Bea/ Göbel 2010: 311).

> "Als Konfiguration bezeichnen wir bestimmte Kombinationen von Organisationsmerkmalen, wie sie sich in Theorie und Praxis herausgebildet haben" (ebd.).

Es erscheint zweckmäßig, zwischen klassischen und neueren Konfigurationen zu unterscheiden, wobei zu den klassischen Konfigurationen auch der weithin beachtete Ansatz von Mintzberg gezählt werden soll. Die folgenden klassischen Modelle sind zu unterscheiden (vgl. Bea/Göbel 2010: 311 ff.; 359 ff.):

- Funktionale Organisation;
- Divisionale Organisation;
- Matrixorganisation;
- Sekundärorganisation;
- Konfiguration nach Mintzberg.

(1) Dominantes Aufbauprinzip der **funktionalen Organisation** ist die Spezialisierung nach den Verrichtungen („Funktionen"). Klassischerweise werden die Funktionen entlang des Leistungsprozesses definiert, also nach den Wertschöpfungsstufen Beschaffung, Produktion, Absatz, Forschung und Entwicklung, Finanzierung sowie die Funktion Personal.

> Bei einem Radiosender könnten die Funktionen z. B. lauten: Medienforschung, Redaktion, Produktion, Verkauf (von Werbezeiten), Programm-Marketing, Verwaltung.

Abb. 35-3 stellt eine funktionale Organisation dar, angewendet auf den Kontext von Medienunternehmen. Dort kann man prinzipiell von vier funktionalen Teileinheiten ausgehen, die hier als „Betriebe" bezeichnet werden:

- Programmbetrieb: Im Zentrum der Organisationseinheit Programm steht zum einen die Beschaffung immaterieller Programmressourcen bzw. von Inhalten („Content"), die aus internen oder aus externen Quellen gewonnen werden (eigene Archive, Einkauf von fertigen Programmelementen wie Spielfilmen oder Serien), zum anderen die Konzipierung bzw. Redaktion der Programmangebote, die durch die Transformationsaktivitäten der Redaktionen entstehen.
- Produktionsbetrieb: Hier findet die produktionstechnische Realisation der zur Eigenproduktion vorgesehen Programmelemente statt. Dabei sind vorzuproduzierende Eigenproduktionen (z. B. Filme, Dokumentationen, Soaps) und aktuelle Eigenproduktionen, die live ausgestrahlt werden (z. B. Nachrichtensendungen), zu unterscheiden.
- Distributionsbetrieb: Dieser Bereich sorgt für die Verbreitung der Programme und für den Transport zu den Rezipienten. Als technische Transportwege kommen in den elektronischen Medien infrage: terrestrische Ausstrahlung, Kabel, Satellit,

Telefonleitung, Internet. Print-Unternehmen stehen im Gegensatz zu den elektronischen Medien vor der Notwendigkeit, ihre Produkte in einem relativ kostspieligen Verfahren körperlich verteilen zu müssen. Neben der rein technischen Distribution ist die wirtschaftliche Distribution, also die Vermarktung, relevant.
- Verwaltungsbetrieb: In diesem organisatorischen Teilbereich werden sämtliche administrativen Vorgänge abgewickelt (Finanzen, Logistik, Recht).

In den einzelnen Bereichen finden hochgradig arbeitsteilige Prozesse statt, die in der funktionalen Organisation zu einer starken Ausdifferenzierung von Verantwortungsbereichen führen.

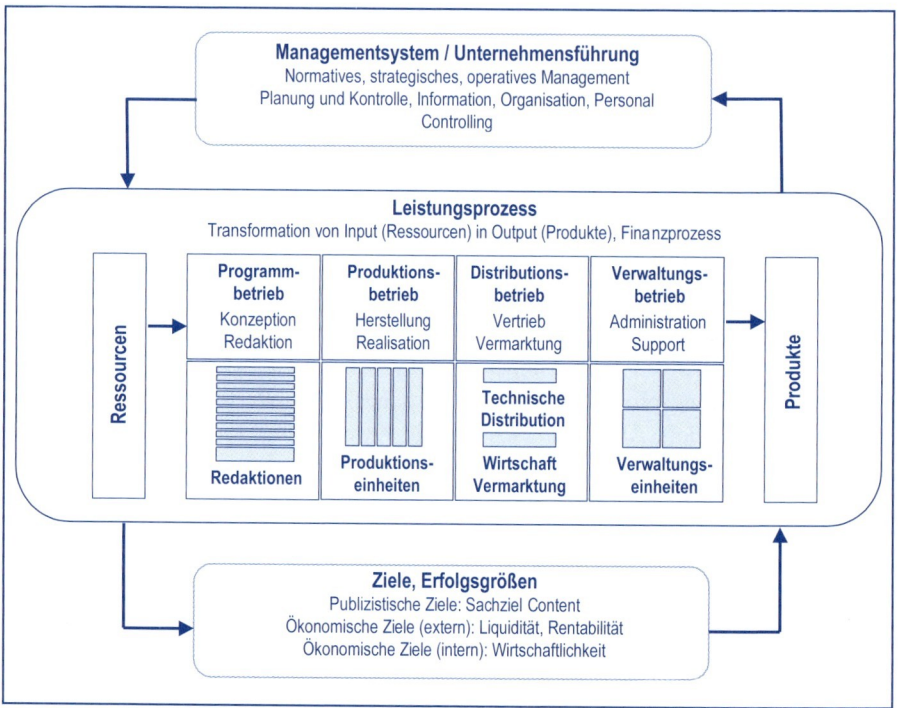

Abb. 35-3: Grundmodell der inneren Struktur eines Medienunternehmens

Typisches Grundmuster funktionaler Organisationen in der Praxis ist es, dass zwar auf den oberen Gliederungsebenen das funktionale Prinzip zur Geltung gebracht wird, auf nachgelagerten Gliederungsebenen jedoch andere Kriterien angelegt werden. So kann z. B. die Organisation eines TV-Unternehmens nach Programm, Produktion und Marketing funktional strukturiert sein, innerhalb der Programmebene aber objektorientiert nach den einzelnen Programmen (TV-Kanälen).

Vorteile funktionaler Organisationen sind: Spezialisierung und Aufbau funktionsspezifischer Fähigkeiten, Lern- und Erfahrungskurveneffekte, klare Verantwortlichkeiten.

Nachteile sind: Hoher Koordinationsaufwand zwischen Bereichen und Funktionen, Rivalitäten zwischen den Funktionsbereichen, Bereichsegoismen, fehlende Ergebnisverantwortung (vgl. Dillerup/Stoi 2013: 453).

Fallbeispiel Öffentlich-rechtliche Rundfunkanstalten

Das nachfolgende Beispiel zeigt modellartig die Aufbauorganisation einer öffentlich-rechtlichen Rundfunkanstalt in Form eines Organigramms und mit der Betonung auf das Fernsehen. Zugrunde gelegt ist die Konfiguration einer funktionalen Organisation:

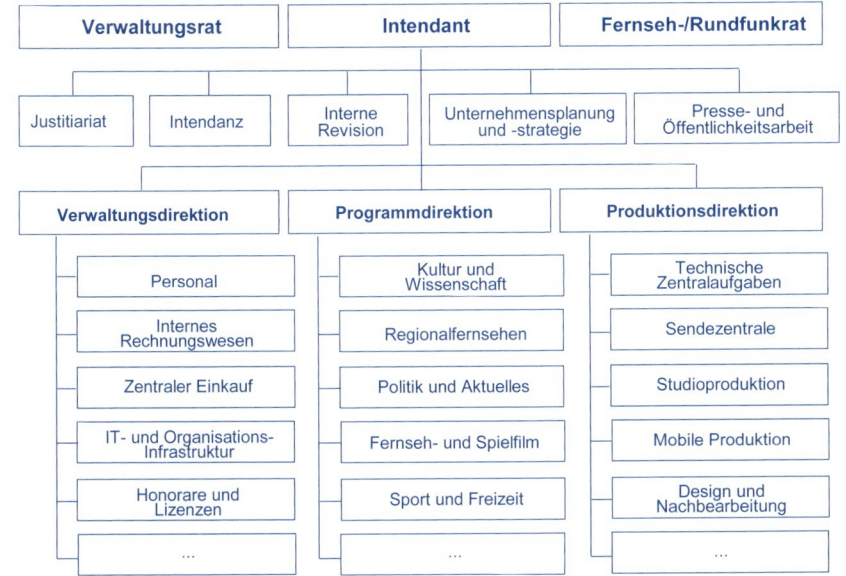

Der *Redaktionsbetrieb* wird in diesem organisatorischen Grundkonzept von dem Direktionsbereich „Programmdirektion" abgedeckt, der von alters her, vor allem im Hörfunk, immer schon stark partikularistisch nach objektorientierten Gesichtspunkten (Typ des Endprodukts) gegliedert war, z. B. nach den Ressorts Politik, Kultur, Wirtschaft, Sport, Regionales. Nicht selten fand innerhalb der Programmdirektion eine Unterteilung in den Informations-, Kultur- und Unterhaltungsbereich statt. Ersterer wird dann der Chefredaktion unterstellt, die anderen direkt der Programmdirektion.

Der *Produktionsbetrieb und der (technische) Distributionsbetrieb* sind dienstleistende interne Funktionseinheiten, die sich im Direktionsbereich „Produktionsdirektion" wiederfinden. Gliederungsprinzip ist hier oft die Art der Produktion, z. B. aktuelle elektronische Produktion, Filmproduktion, Studio- und Außenproduktion, aber auch verrichtungsorientierte Prinzipien finden sich, z. B. Produktion, Betriebstechnik, Sendertechnik.

Der *Verwaltungsbetrieb* ist organisatorisch zumeist in einem Bereich „Verwaltungsdirektion" konzentriert, allerdings erweitert um diverse Stellen und Abteilungen, die den beiden anderen Bereichen angegliedert sind. Zu denken ist an Planungsabteilungen im Programm und in der Produktion oder um Controllingstellen der Programm- und Produktionswirtschaft.

Dieses hier gezeichnete, eher konservative Bild der Organisation einer öffentlich-rechtlichen Rundfunkanstalt wird zunehmend von neuen Organisationsmodellen abgelöst, sei es durch Anreicherung der funktionalen Organisation mit prozessorientierten Elementen, sei es durch Einführung von Matrixkonzepten.

So hat es sich z. B. im Hörfunk eingebürgert, neben die Redaktionsstruktur, die für die fachlichen Inhalte die Verantwortung trägt, sog. „Wellenchefs" zu setzen, die für die durchgängige und fachübergreifende Gestaltung des Programmprozesses in den einzelnen Programmen (Kanälen) sorgen. Manche Modelle verfolgen sogar eine ausschließliche Wellenorientierung und drängen die Fachverantwortung zugunsten der Kanalverantwortung konsequent zurück.

(2) Die **divisionale Organisation** – auch Spartenorganisation, Geschäftsbereichsorganisation oder Objektorganisation genannt – ist durch eine Spezialisierung nach Objekten (Produkte, Märkte, Kunden, Projekte) gekennzeichnet.

> Eine Spezialisierung nach Produkten findet statt, wenn z. B. bei einer öffentlich-rechtlichen Rundfunkanstalt innerhalb der Hörfunkdirektion nach den ausgestrahlten Programmen strukturiert wird. Der Bayerische Rundfunk gliederte 2007 z. b. wie folgt:
>
> Hörfunkdirektion mit den Stabstellen Zentrale Aufgaben, Symphonieorchester, Rundfunkorchester, Chor und musica viva
>
> - Bayern 1 (Bayern)
> - Bayern 2 Radio (Kultur und Gesellschaft)
> - Bayern 3 (Jugend und Multimedia)
> - Bayern 4 (Klassik, Musik)
> - B5 aktuell (Politik und Wirtschaft)
> - Produktion und Sendung
> - Studio Franken (Hörfunk)
>
> Mit der Bildung von Hauptabteilungen für die fünf Radioprogramme betont der Bayerische Rundfunk deutlich den divisionalen Aspekt. Die Leitung des jeweiligen Bereichs sind „Wellenchefs" (obgleich nicht so bezeichnet) und damit faktisch „Spartenleiter". Allerdings wird das Prinzip nicht in reiner Form durchgehalten, da den Wellen eine Hauptabteilung „Produktion und Sendung" (mit den Abteilungen Betrieb, Produktion, Anlagentechnik, Produktion Studio Franken, Programmredaktion, Präsentation, Programmservice und Hörfunkarchive) daneben gestellt wird. Dies ist ein Strukturelement, das funktionalen Kriterien folgt und damit das divisionale Prinzip ergänzt bzw. überlagert. Überdies wird mit dem regionalen Studio Franken noch eine weitere Hauptabteilung „beigemixt", die einem weiteren Strukturierungsprinzip, und zwar dem geografischen, folgt.
>
> Eine solche Mischung aus unterschiedlichen Prinzipien (allerdings mit klarer Betonung eines bestimmten Prinzips) ist in der Praxis durchaus nicht ungewöhnlich und zeigt die Schwierigkeiten der konkreten organisatorischen Ausgestaltung. Hinzu kommt, dass im vorliegenden Beispiel die Hörfunkdirektion als eine unter fünf Direktionsbereichen (Hörfunk-, Fernseh-, Verwaltungs-, Juristische und Technische Direktion) fungiert und in den anderen Bereichen wieder andere Prinzipien zur Anwendung kommen können.

Mit der Bildung von organisatorischen Einheiten nach dem Objektprinzip wird die Voraussetzung zur Verwirklichung sog. „Center"-Konzepte geschaffen. Ein „Center" ist eine Subeinheit innerhalb des Unternehmens, das als eigenständiger Rechnungskreis geführt wird und nach dem internen Kunden-Lieferanten-Prinzip arbeitet. Die folgenden **Center-Konzepte** sind zu unterscheiden (vgl. Bea/Göbel 2010: 367 ff.):

- Profit Center: Dieses liegt vor, wenn für einen abgegrenzten Objektbereich (z. B. eine Produktgruppe) eine Erfolgszurechnung (Betriebsergebnis, Return on Investment, Verlust) vorgenommen wird. Voraussetzung zur Bildung eines Profit Centers ist, dass die Entscheidungskompetenz für die Beschaffungs-, Produktions- und Absatzvorgänge im Objektbereich voll übertragen wird.
- Investment Center: Hier besitzt der Spartenleiter zusätzlich zu den Profit-Center-Kompetenzen die Kompetenz zur Gewinnverwendung.
- Cost Center: Dieses Konzept sieht vor, dass die organisatorische Einheit über die Kosten gesteuert wird, entweder durch die Einhaltung eines vorgegebenen Kostenbudgets oder durch die Verpflichtung zur Minimierung der Kosten bei gegebenem Leistungsvolumen.

- Revenue Center bzw. Leistungscenter: Bei dieser organisatorischen Einheit wird der Umsatzerlös verantwortet. Voraussetzung ist, dass das Leistungsprogramm nach Art, Quantität und Qualität bestimmbar und messbar ist.

Die Anwendung von Profit- und Investment-Center-Konzepten eignet sich immer dann, wenn für den Erfolg eines Bereiches ausreichend präzise Messgrößen vorliegen oder definiert werden können. Demgegenüber bietet sich die Installation eines Cost Centers für diejenigen Bereiche an, bei denen der Beitrag zum Gesamterfolg nur schwer oder nicht messbar ist. Eine Leitlinie zur Unterscheidung der verschiedenen „Welten" bietet die Prozess-Output-Matrix in Abb. 35-4 (Quelle: Horváth 2011: 214; nach Camillus 1984).

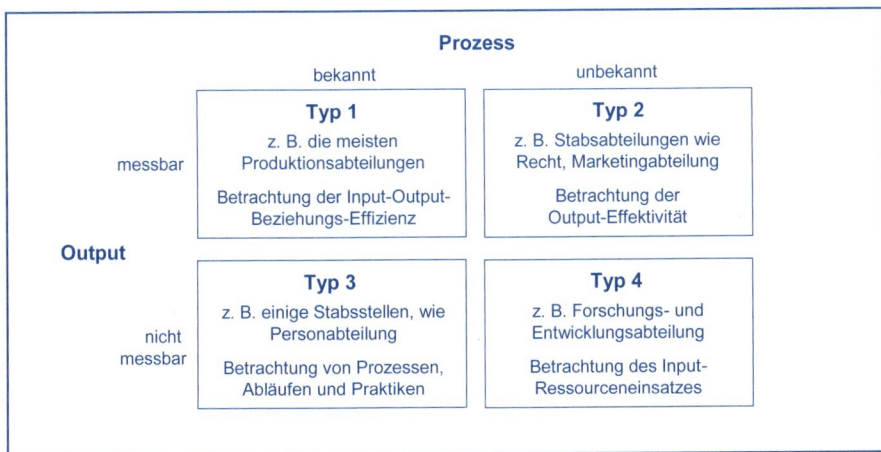

Abb. 35-4: Prozess-Output-Matrix

Elemente einer divisionalen Organisation waren im öffentlich-rechtlichen Hörfunk im Bereich der Redaktion immer schon relevant. Die letztlich konsequente Ausrichtung auf die Endprodukte – die „Wellen" – ist jedoch eher neueren Datums. Inzwischen sind aber alle Rundfunkanstalten zum „Wellenredaktionsprinzip" übergegangen. Dieses hat das althergebrachte „Fachressortprinzip" abgelöst. „Ausgehend von den frühen Kästchenprogrammen, die bis in die 70er Jahre dominierten, war zunächst das Fach-ressortprinzip die übliche Organisationsform. Über die Politik-, Zeitfunk-, Kultur-, Unterhaltungs-, Musik-, Reise-, Verkehrs-, Kirchen-, Sport- und Nachrichtenredaktion etc. stand die Chefredaktion. Den einzelnen Ressorts standen Ressortchefs vor. ... Dabei galt, dass die einzelnen Redaktionen verschiedene Programme der gleichen Anstalt mit Beiträgen belieferten. ... Das Radio entwickelte sich vom Einschaltmedium immer mehr zum Nebenbeimedium. Die klassischen Popwellen, die diese veränderten Hörgewohnheiten zuerst aufgriffen, entstanden. ... Das Fachressortprinzip wurde Stück für Stück abgelöst vom Wellenredaktionsprinzip, zumindest in diesen populären Massenprogrammen" (Kneib 2005: 290 f.).

(3) Bei der **Matrixorganisation** finden bei der Bildung der Organisationseinheiten des Unternehmens zwei Gliederungsprinzipien und Weisungssysteme gleichzeitig Anwendung. Alle Stellen, die sich im Schnittpunkt der Matrix-Linien befinden, sind zwangsläufig zwei Vorgesetzten unterstellt und in der Hierarchie damit – anders als beim Einliniensystem – nicht mehr ausschließlich einem einzigen Bereich zugeordnet. Das Matrixsystem kann insofern als eine Spezialausprägung des Mehrliniensystems interpretiert werden.

Weit verbreitet und geradezu als klassisch zu bezeichnen ist die „Verrichtungs-Objekt-Matrix", bei der zum einen die Strukturierung nach Verrichtungen (funktionale Organisation mit Beschaffung, Produktion, Absatz sowie Forschung und Entwicklung), zum anderen die Strukturierung nach Objekten, insbesondere nach Produkten (divisionale Organisation mit den Objektbereichen A, B, C etc.) erfolgt.

Daneben ist die „Verrichtungsmatrix in sich" relevant, bei der zwei funktionale Elemente die Matrixstruktur bilden, sowie die Tensor-Organisation, die mit drei Dimensionen arbeitet (vgl. hierzu Abb. 35-5 mit Bezug auf Bea/Göbel 2010: 378 f.).

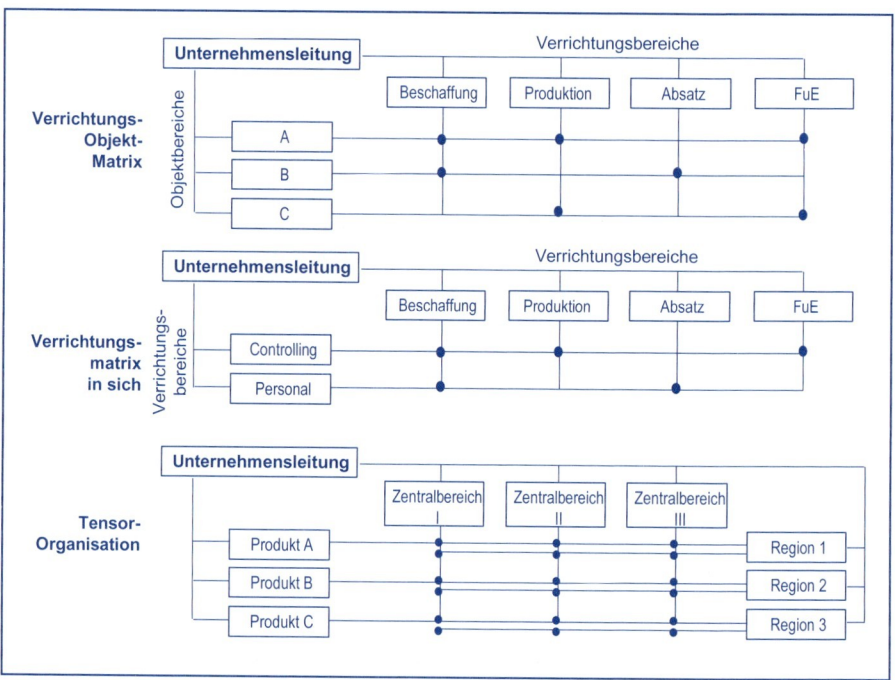

Abb. 35-5: Modelle der Matrixorganisation

Eine echte Matrixorganisation zu realisieren, stellt hohe Anforderungen an die Beteiligten, da das systemimmanente Prinzip des eingebauten Konflikts an den Nahtstellen für ständige Unruhe sorgt. So wird in der Praxis zumeist einer der beiden Dimensionen ein Kompetenzübergewicht eingeräumt.

> Ein herausragender **Vorteil** der Matrixorganisation ist die Tatsache, dass in dieser Organisationsform wie nirgends sonst – quasi automatisch – mehrdimensional „ausgeleuchtet" Entscheidungen gefunden werden, also unterschiedliche Sichtweisen integrativ zusammengeführt werden. Dies sorgt für die gegenseitige Kontrolle („checks and balances"), unterstützt die innerbetriebliche Kooperation, baut Konsenspotenziale auf und leistet einen wichtigen Beitrag zur Bewältigung komplexer Aufgabenstellungen. **Nachteile** der Matrixorganisation sind ein hohes Konfliktpotenzial; die Gefahr, dass unterschiedliche Interessen aufeinander prallen mit Nachtkämpfen; die Verlangsamung von Entscheidungsprozessen; die Gefahr wenig sachgerechter Kompromisslösungen; die Förderung der Binnenorientierung; die Gefahr der Überlastung der Unternehmensführung sowie eine große Leitungsspanne mit einem hohen Koordinationsaufwand (vgl. Dillerup/Stoi 2013: 459).

Fallbeispiel Organisationsreform Hessischer Rundfunk 1996

Bei der öffentlich-rechtlichen Rundfunkanstalt Hessischer Rundfunk (HR) wurde im Jahr 1996 im Hörfunk eine seinerzeit in der Branche vielbeachtete Reform der Organisationsstruktur vollzogen, bei der die Matrixorganisation als Konstruktionsprinzip Pate stand.

Gleichrangig nebeneinander gestellt wurden damals zum einen das Fachressortprinzip (Programmbereiche Politik, Kultur etc.), zum anderen das Wellenredaktionsprinzip (Wellenchef Programm 1, 2 etc.).

Das Resultat war das folgende Strukturprinzip:

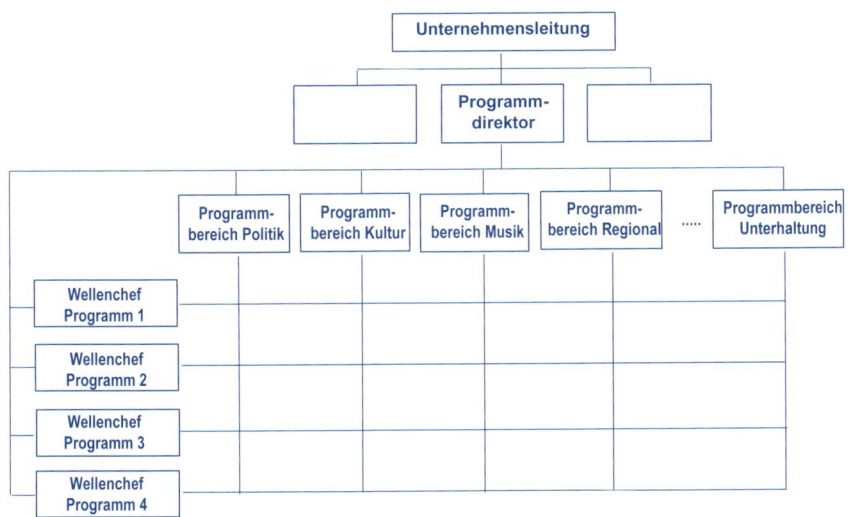

Der Kern des Konzept wurde von Seiten des HR wie folgt beschrieben: „Die bisherige kleinteilige Struktur der Hörfunkprogrammdirektion mit relativ steiler Hierarchie, die aus den schon angeführten fünf fachorientierten Hauptabteilungen mit 21 zum Teil sehr kleinen Abteilungen und Redaktionen (ohne Außenstudios und Zentralbereiche gerechnet) bestand (...), wurde abgelöst durch eine Aufbauor-ganisation, die von mittelgroßen organisatorischen Einheiten gekennzeichnet ist. Unterhalb der Leitungsebene (Programmdirektor) wurden sechs Programmbereiche sowie – gleichrangig – vier Wellenbereiche vorgesehen (...). Nur zwei der Programmbereiche erhalten wegen ihrer Größe eine weitere Untergliederung in Programmgruppen. Die sechs Programmbereiche (Politik, Hessen, Kultur und Wissenschaft, Gesellschaft/Freizeit/Bildung, Spiel und Unterhaltung, Musik) haben die Aufgabe, die Sendungen und Produktionen ihrer jeweiligen Fachgebiete verantwortlich zu gestalten und den Wellen zuzuliefern. Die vier Wellenleiter bzw. die ihnen zugeordneten Wellenredaktionen sind zuständig für Wellenformat und Wellenkonzept (Programmschema) sowie die Koordination aller wellenbezogenen Aktivitäten (einschließlich Marketing).

Kern der neuen Abläufe innerhalb der Hörfunkprogrammdirektion ist der Prozess der Vereinbarungen über Programmzulieferungen zwischen Wellenleitern und Programmbereichsleitern. Auf der Basis der gemeinsam entwickelten Programmschemata und Formate führen die Wellenleiter mit den Programmbereichsleitern einmal jährlich Verhandlungen über Zulieferungen von Beiträgen, Einzelsendungen und Sendungen auf regelmäßigen Sendeplätzen in der jeweiligen Welle. Nach einer Einigung darüber und Zustimmung des Direktors und des Intendanten wird den Programmbereichen entsprechend der geschlossenen Vereinbarungen vom Programmdirektor ein Etatansatz zugewiesen. Im Rahmen dieses Etatansatzes und der schriftlich festgehaltenen Vereinbarung, die unter anderem Angaben zur inhaltlichen und formalen Gestaltung, zur Produktionsweise, zur Moderation und Musikfarbe sowie dem verantwortlichen Sendungsredakteur enthält, verantwortet der Programmbereich selbständig die betreffenden Sendungen bzw. Beiträge" (Ehlers 1996: 82-84).

(4) Mit der **Sekundärorganisation** wird das Phänomen angesprochen, dass in jedem größeren Unternehmen fallweise, außerhalb der Welt der Routineaufgaben und über die von der Standard- oder „Primärorganisation" geschaffenen Schnittstellen hinweg Probleme gelöst werden müssen. So ist es v. a. bei einer funktionalen Organisation notwendig, funktionsübergreifend das Management des Produkterstellungs- und Produktvermarktungsprozesses im Auge zu behalten, um den Organisationserfolg nicht zu gefährden. Diejenigen organisatorischen Kräfte im Unternehmen, die speziell die Primärorganisation ergänzen, werden als Sekundärorganisation bezeichnet.

> „Die Primärorganisation ist auf die Lösung von Daueraufgaben ausgerichtet, die Sekundärorganisation (Parallelorganisation) dient der Lösung von Spezialaufgaben" (Bea/Göbel 2010: 311).

Als Formen der Sekundärorganisation sind für ein Unternehmen besonders relevant (vgl. Bea/Göbel 2010: 384):

- Produktmanagement;
- Key Account Management;
- Projektmanagement;

Anders als bei der Matrixorganisation ist beim **Produktmanagement** im Rahmen der Sekundärorganisation die funktionsbereichsübergreifende Koordination lediglich eine ergänzende Funktion und besitzt nicht den Rang einer vollwertigen Organisationsebene. Häufig erfolgt die Koordination daher auch im Rahmen von (beratenden und koordinierenden) Stabsfunktionen. Je stärker die Kompetenzen des Produktmanagers ausgeprägt sind, desto mehr nähert sich das Konzept dem der Matrixorganisation an.

Beim **Key-Account-Management** erfolgt eine direkt auf den Kunden bezogene Koordination. Ziel ist es, speziellen Kunden – den „Schlüsselkunden" (Key Accounts) – eine besonders intensive Betreuung angedeihen zu lassen.

> Diese Form der Koordination ist im Bereich der Vermarktung von Werbezeiten bei Radio- und TV-Sendern weit verbreitet.

Projektmanagement findet beim Organisationsthema seit jeher eine besondere Beachtung, ist es doch das geeignete Instrument, um komplexe Sonderaufgaben lösen zu können. Eine wichtige Frage ist, in welcher Form Projektmanagement in die Aufbauorganisation eines Unternehmens eingegliedert wird. Grundsätzlich bestehen die folgenden Möglichkeiten (vgl. Dillerup/Stoi 2013: 525 ff.; vgl. auch die Ausführungen zu den neueren Organisationsmodellen in Kapitel 35-3, s.u.):

- Fachabteilungs-Projektorganisation: Hierbei übernimmt eine Fachabteilung zusätzlich zu den bestehenden Linienaufgaben noch die Leitung für ein Projekt.
- Stabs-Projektorganisation (Einfluss-Projektmanagement): Für die Projektleitung wird eine eigenständige Stabsstelle eingerichtet.
- Matrix-Projektorganisation: Für die anstehenden Projekte werden eigene Linieneinheiten als Ergänzung zur bestehenden Organisation. Ergebnis ist eine Zwei-Linien-Organisation.
- Reine Projektorganisation: Projektleiter und Projektmitarbeiter werden für die Projektdauer zu einer eigenständigen Organisationseinheit zusammengefasst.

(5) Die **Konfiguration nach Mintzberg** steht im engen Zusammenhang mit den klassischen Modellen, bricht aber in der Terminologie radikal mit ihnen. Nach Mintzberg besteht eine Organisation stets aus fünf voneinander abgrenzbaren **Grundbausteinen**, „sog. basic parts, die in ihrer Bedeutung und ihrem Zusammenwirken den Konfigurationstyp ausmachen" (vgl. hier und im folgenden Bea/Göbel 2010: 312 ff.):

- Strategische Spitze (Strategic Apex): Sie beschreibt die oberste Führungsebene des Unternehmens, bestehend entweder aus einer Einzelperson oder aus Vorstand und Aufsichtsrat (bei Aktiengesellschaften) oder der Intendanz (bei öffentlich-rechtlichen Rundfunkanstalten).
- Operativer Kern (Operative Core): Hier vollzieht sich die eigentliche Leistungserstellung von der Redaktion über die Beschaffung, die Produktion bis hin zu Absatz und Vertrieb. Zusammengefasst sind alle Stellen und Bereiche, die im konkreten Erstellungsprozess der Produkte beteiligt sind.
- Mittlere Linie (Middle Line): Dieser Baustein markiert das Bindeglied zwischen strategischem und operativem Management. Hauptaufgabe ist die Übersetzung der Strategie in das operative Geschäft, wie es von Hauptabteilungs-, Sparten- oder Werksleitern (z. B. Leiter eines Regionalstudios) vollzogen wird. Diese Organisationseinheit ist erst ab einer bestimmten Unternehmensgröße relevant.
- Technostruktur (Technostructure): Kernaufgabe ist die Standardisierung von Aktivitäten im Unternehmen. Hier sind all diejenigen Spezialisten versammelt, die sich um Rationalisierung und Produktivitätssteigerung bemühen.
- Hilfsstäbe (Support Staff): Alle Bereiche, die Dienstleistungsaufgaben für die übrigen Bausteine der Konfiguration erfüllen, wie Forschung und Entwicklung, Rechts- und Steuerabteilung, PR-Abteilung oder die Kantine, bilden zusammengenommen den Baustein der Hilfsstäbe.

Der Mintzberg-Ansatz hebt stark auf die Aufbauorganisation ab, berücksichtigt aber mit dem operativen Kern auch den Prozess der Leistungserstellung. Abb. 35-6 zeigt den Ansatz im Überblick.

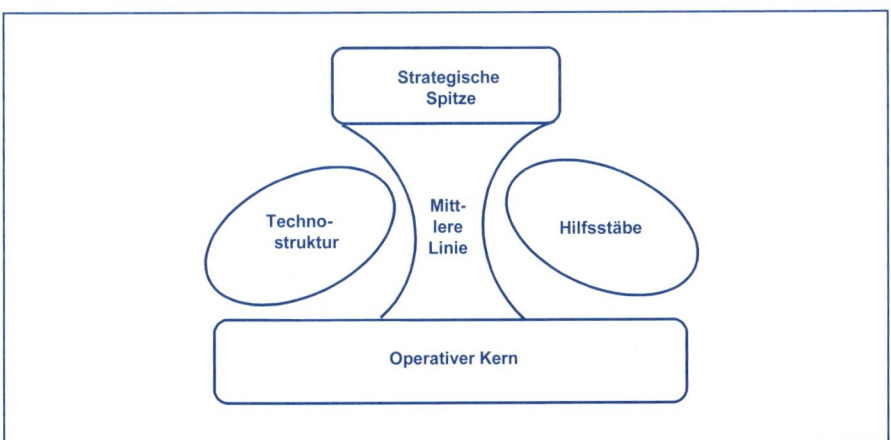

Abb. 35-6: Konfiguration nach Mintzberg

Die Kernaussage des Konzepts lautet: Jede in der Praxis vorfindbare Organisationsform ist das Abbild situativer Gegebenheiten, in der es darauf ankommt, welcher der genannten Grundbausteine die dominierende Rolle spielt.

Prinzipiell kann jeder Baustein diese Dominanz erlangen und der Organisation „den Stempel aufdrücken", selbst die Hilfsstäbe und der operative Kern. Es ist also keinesfalls so, wie es in einfachen Hierarchiemodellen angenommen wird, dass die Spitze des Unternehmens jederzeit vollständig dominiert, sondern in der Praxis sind auch völlig andere Konfigurationen denkbar.

Mintzberg nennt fünf grundlegende **Strukturtypen** für die Aufbauorganisation einer Unternehmung:

- Einfache Struktur („Simple Structure");
- Industrielle Bürokratie („Machine Bureaucracy");
- Expertokratie („Professional Bureaucracy");
- Divisionalisierung („Divisionalized Form");
- Adhokratie („Adhocracy").

Bei der **Einfachen Struktur** ist der dominierende Baustein die Strategische Spitze, bei der alle Fäden zusammenlaufen und bei der die Entscheidungen zentral getroffen werden. Diese Struktur ist typisch für Klein- und Kleinstunternehmen wie Handwerksbetriebe oder Dienstleister mit einem oder wenigen Mitarbeitern. Im Medienbereich ist an kleine Start-Up-Unternehmen zu denken.

Der Strukturtyp **Industrielle Bürokratie** zeichnet sich durch die Dominanz der Technostruktur aus, eine Konstellation, die typisch für Großbetriebe mit industrieller oder industrieähnlicher Massenproduktion ist (z. B. Automobilsektor, Behörden, Fast-Food-Ketten). Dort sind „Technokraten" besonders gefragt, da sie den Schlüssel für die Rationalisierung als den wichtigsten Werttreiber in der Hand halten.

Dominiert der operative Kern, spricht man von **Expertokratie**. Entscheidende Triebfeder für die unternehmerische Wertschöpfung ist der Experte (der „Professional") im operativen Prozess. Musterbeispiele für den Typus der Expertokratie sind Universitäten, Krankenhäuser oder Consulting-Unternehmen. Praktisch kann der gesamte kreativ tätige Medien-bereich hierzu gerechnet werden. Dabei spielen zumeist zusätzlich die Hilfsstäbe eine wichtige Rolle.

Bei der **Divisionalisierung** ist die mittlere Linie der dominierende Baustein, eine Konfiguration, die bei großen und alten Unternehmen mit einer Spartenorganisation vorherrschend ist. Dort kommt z. B. dem Top-Management eines Auslandmarktes oder eines Produktbereiches eine enorme Bedeutung zu.

Dominieren Hilfsstäbe und der operative Kern gemeinschaftlich, spricht man von **Adhokratie**. Diese Organisationsform ist immer dann besonders relevant, wenn Innovation, Improvisation und Flexibilität in besonderem Maße gefordert sind, wie es für viele Segmente des Medienbereichs (z. B. Filmgesellschaften, Internetdienstleister) oder für junge High-Tech-Unternehmen typisch ist.

Öffentlich-rechtliche Rundfunkanstalten im Mintzberg-Modell

Betrachtet man die Organisation des öffentlich-rechtlichen Rundfunks im Hinblick auf die Konfigurationstypen nach Mintzberg, so lassen sich die folgenden Feststellungen treffen (vgl. Fix 1988; Bea/Fix/Kötzle 1989):

- Eine öffentlich-rechtliche Rundfunkanstalt weist typische Merkmale sowohl der Professional Bureaucracy (Dominanz des operativen Kerns) als auch der Adhocracy (Dominanz von Hilfsstäben und operativem Kern gleichermaßen) auf.
- Der Programmbetrieb zeigt nahezu alle Merkmale der Professional Bureaucracy.
- Im Gegensatz zum Programmbetrieb ist für den Produktionsbetrieb eher der Konfigurationstyp Adhocracy charakteristisch. Dieser weist ein hohes Maß an verrichtungsorientierter Mitarbeiter-Poolung auf, höhere Leitungsspannen und pflegt als Koordinationsmechanismus insbesondere die gegenseitige Abstimmung (Selbstkoordination).

Versucht man gemäß der Kategorien von Mintzberg eine öffentlich-rechtliche Rundfunkanstalt zu visualisieren, ergibt sich das folgende Bild (in Anlehnung an Fix 1988: 106; nicht dargestellt sind die Aufsichtsorgane sowie ARD-Einrichtungen wie die GEZ, die als „Kranz" um die Organisation zum Ausdruck kommen würden):

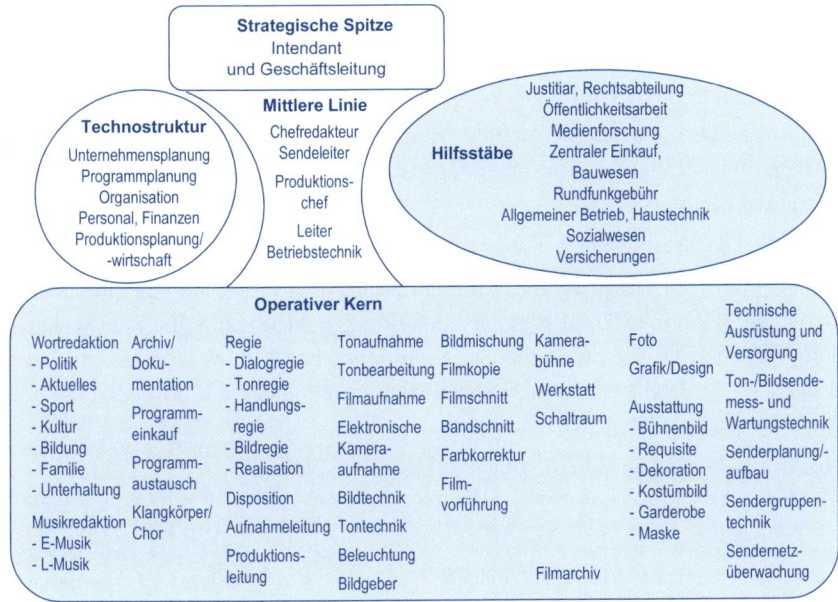

Ins Auge springt die starke Betonung des operativen Kerns und der Hilfsstäbe. Die anderen Strukturtypen sind wie folgt – in Kurzform – zu charakterisieren:

- Strategische Spitze: in der Intendantenverfassung bestehend aus dem/der Intendant/in sowie den Direktor/innen, gemeinschaftlich die Geschäftsleitung bildend.
- Mittlere Linie: relativ schwach ausgeprägt, da Rundfunkanstalten aufgrund der vorherrschenden Projektarbeit eher flach als steil organisiert sind.
- Technostruktur: auch relativ schwach ausgeprägt. Grund ist, dass wegen der hohen Komplexität des Rundfunk-Transformationsprozesses die Arbeitsinhalte nur schwer standardisierbar sind, die Ergebnisse nicht oder nur schwer messbar sind und damit eine leistungsbezogene Ergebnissteuerung stark behindert ist.

35.3 Neuere Organisationsmodelle

Immer mehr stoßen die über lange Jahrzehnte bewährten, viel Tradition darstellenden klassischen Organisationsmodelle an ihre Grenzen und machen neue Konzepte erforderlich. Hintergrund sind die grundlegend veränderten Umweltbedingungen für die Unternehmen, die sich mit den Stichworten zunehmende Marktunsicherheit, weiter steigende Produktkomplexität, Tendenz zum Käufermarkt, Trend zur kundenorientierten und individuellen Fertigung (Personalisierung, Mass Customization) oder mit dem Stichwort verschärfter Wettbewerb kennzeichnen lassen.

> Gerade der Medienbereich ist ein Paradebeispiel für diese Trends, wo insbesondere crossmediale Produktwelten und das Internet als Publikations- und Vertriebsweg eine zunehmend wichtige Rolle spielen, die allesamt eine maximale Kunden-, d. h. Rezipientenorientierung, zum Gegenstand haben. Von prominenter Bedeutung sind Personalisierungskonzepte.

Vor diesem Hintergrund ist es verständlich, dass zunehmend **neue Leitbilder der Organisationsgestaltung** Einzug halten, die im Hinblick auf die fünf Gestaltungsparameter wie folgt skizziert werden können:

- Spezialisierung: Ausrichtung auf strategische Konzepte, Prozessmanagement, Teamstrukturen;
- Koordination: Selbstkoordination, Schaffung interner Märkte;
- Leitungssystem: flache Hierarchien, Matrix-Organisation, Projekt-Organisation;
- Delegation: dezentrale Entscheidungsstrukturen, steigende Verantwortung von Ort, Profit Centers;
- Formalisierung: Minimierung.

Grundlegend mögliche Entwicklungslinien für die Neuausrichtung von Organisationsmodellen zeigt Abb. 35-7 auf (Quelle: Picot/Reichwald/Wigand 2003: 273). Die dort hervorgehobenen Modelle der modularen, virtuellen und Netzwerkorganisation finden sich auch in der nachfolgenden Systematisierung der neueren „Modell-Landschaft" wieder und werden dort näher beleuchtet.

> Die **modulare Organisation** verzichtet weitgehend auf hierarchische Strukturen und setzt verstärkt auf Flexibilität. Zu diesem Zweck wird das Unternehmen in relativ kleine Einheiten gegliedert, die über weitreichende Entscheidungskompetenzen sowie Ergebnisverantwortung verfügen. Diese Systeme sind stark prozessorientiert und gewährleisten eine hohe Anpassungsfähigkeit. Bei der **virtuellen Organisation** schließen sich aus einem Pool rechtlich unabhängiger Betriebe und/oder Einzelpersonen geeignete Unternehmen für einen gewissen Zeitraum zusammen, um gemeinschaftlich ein Produkt zu erstellen. Die virtuelle Organisation tritt gegenüber Dritten als ein einheitliches Unternehmen auf.

Im Überblick können die folgenden **neueren Organisationsmodelle** unterschieden werden, zwischen denen es zahlreiche Verbindungslinien und Überlappungen gibt (vgl. Bea/Göbel 2010: 406 ff.):

- Prozessorganisation;
- Teamorganisation;
- Selbstorganisation;
- Lernende Organisation;
- Kooperationsmodelle.

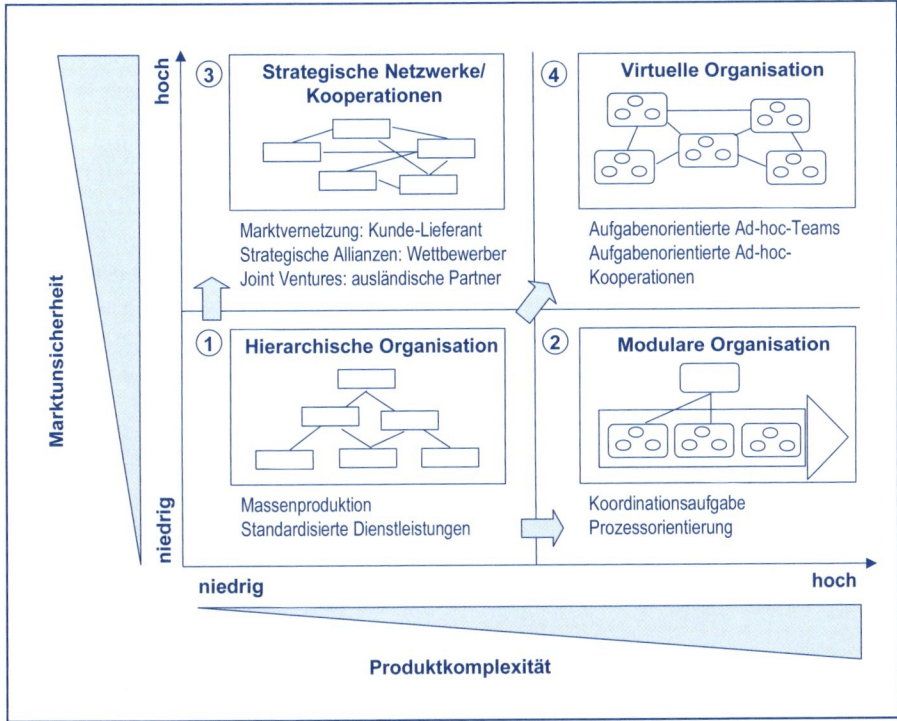

Abb. 35-7: Entwicklungsrichtungen von Organisationsmodellen

(1) Die Grundidee der **Prozessorganisation** besteht darin, anstatt z. B. funktionaler oder divisionaler Kriterien kundenorientierte Prozesse zum Gegenstand der Strukturierung zu machen. Die organisatorischen Einheiten, die bei dieser Art der Strukturierung entstehen, erhalten Verantwortung über Teile des Gesamtprozesses und bestehen in der Regel aus Teams mit jeweils einem Prozessverantwortlichen an der Spitze.

Die einzelne organisatorische Einheit im Kontext der Prozessorganisation wird auch als **Modul** bezeichnet, der Typus der kundenorientierten Prozessorganisation daher auch als **modulare Organisation**.

Was die Orientierung an Prozessen konkret bedeutet, ist treffend mit den „10 Prinzipien des Prozessmanagements" beschrieben worden (vgl. Gomez/Zimmermann 1993, zit. nach Hopfenbeck 1998: 556):

1. Organisation um einen Prozess und nicht um eine Aufgabe herum;
2. flache Hierarchien durch ein minimales Aufbrechen der Arbeitsflüsse und der nicht wertschöpfenden Aktivitäten;
3. Zuordnung von Verantwortung für Prozesse und deren Erfolg;
4. Anbindung des Prozesserfolgs an die Kundenzufriedenheit;
5. Festlegung von Teamverantwortlichkeit – und nicht individueller Verantwortlichkeit;
6. laufende Kombination von Führungs- und Stabsaktivitäten;
7. Zuordnung von Mehrfachkompetenzen als Regel, nicht als Ausnahme;
8. Information und Schulung der Mitarbeiter in Richtung erfolgsnotwendigen Wissens statt einer stellenbezogenen Wissensakkumulation;
9. Maximierung der Kunden- und Lieferanten-Kontakte;
10. Belohnung von Teamarbeit und Entwicklung der Mitarbeiterfähigkeiten.

Da das Ausmaß der Spezialisierung bei der Prozessorganisation gegenüber klassischen Organisationsmodellen deutlich zurückgefahren ist, werden an das Verständnis der Beteiligten über die Abläufe und Strukturen erhöhte Anforderungen gestellt. Insbesondere vom **Prozessverantwortlichen** („Process Owner") wird erwartet, dass er in besonderem Maße ganzheitliches Denken und Handeln realisiert und die Aktivitäten seines Teams in den Gesamtzusammenhang der kundenorientierten Leistungserbringung stellen kann.

Prozessorientierung bedeutet die Abwendung von vertikal-funktionalen Strukturen und richtet den Blick auf die horizontale Perspektive und hier auf die Geschäftstätigkeit und insbesondere auf die zu erfüllenden Kundenwünsche. Dies bedeutet – wie in Abb. 35-8 gezeigt – ein „Kippen" der Organisationsstruktur um 90 Grad (sog. „90-Grad-Shift"; vgl. Gaitanides 2007: 51).

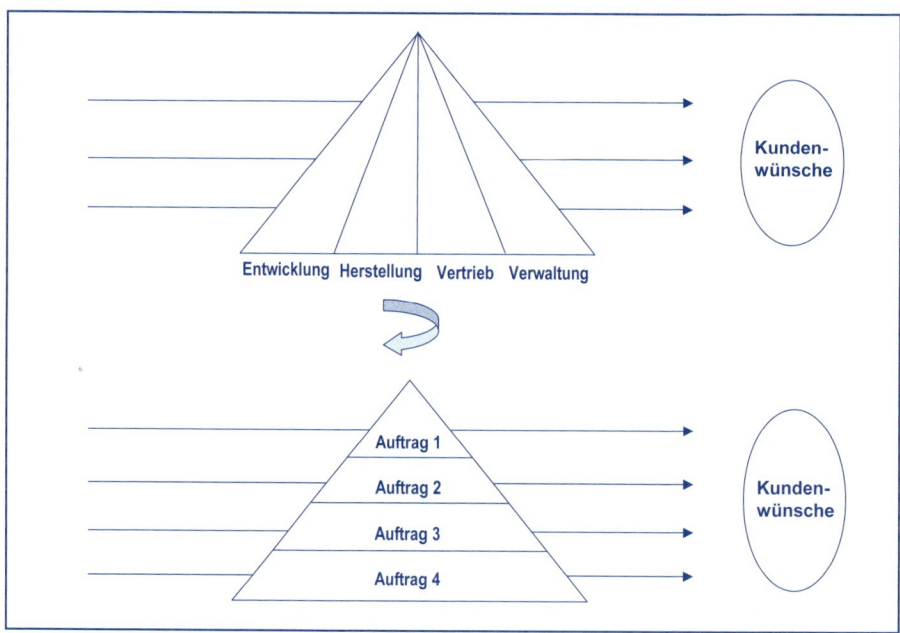

Abb. 35-8: *90-Grad-Shift von der funktionsorientierten zur prozessorientierten Organisationsstruktur*

Ziel ist es, alle Aufgaben, die zur abschließenden Bearbeitung eines Kundenwunschs im Rahmen eines Prozesses notwendig sind, zu einer organisatorischen Einheit zusammenzufassen. Dadurch ergibt sich ein Typus von Geschäftsprozess, der vom Beschaffungsmarkt bis zum Absatzmarkt ohne Schnittstellen abläuft, der über eindeutig definierte Inputs und Outputs verfügt und bei dem alle notwendigen funktions- und objektübergreifenden Aktivitäten gebündelt und strukturiert werden.

Zweckmäßigerweise wird man dabei die Geschäftsprozesse – wie in der Porterschen Wertkette – in Kernprozesse und Supportprozesse differenzieren.

Prozessorientierte Organisation

Eine der Hauptstoßrichtungen der Modularisierung ist das Bemühen, die Organisation eng an die Wertschöpfungs- und Leistungsprozesse anzulehnen. Besonders weit fortgeschritten ist dies z. B. in jungen Organisationen im Bereich von Multimedia-Agenturen, wo es üblich ist, die Organisation an Prozessen, zusätzlich implizit an weiteren Dimensionen wie Key Accounts, Produkten, Kernkompetenzen und Regionen, auszurichten.

Ein gutes (historisches) Beispiel liefert die Organisation von Kabel New Media zum Ende der 90er Jahre (vgl. Hacker 1999: 171):

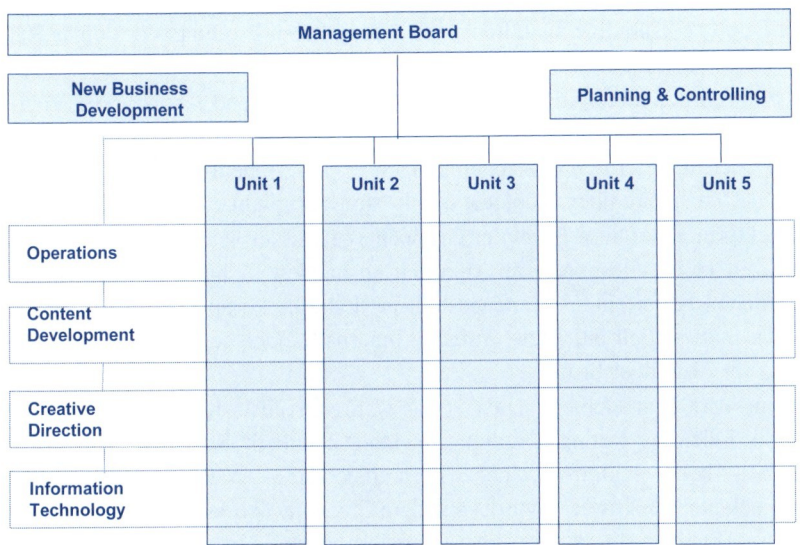

„Die Units entsprechen Modulen, die unterschiedliche Schwerpunkte haben können. Die Module können:

- ausschließlich für einen Großkunden, für eine Branche oder auch branchenübergreifend tätig sein (Key Accounts),
- schwerpunktmäßig an der kreativen Inhaltserstellung (Idee, Konzept) und Implementierung (Screen-Design), an der technischen Implementierung (Programmierung, Systemintegration), an Beratungs-, Vermarktungs- und Serviceaufgaben oder prozessorientiert an allen Aufgaben beteiligt sein (Funktionen und Prozesse),
- Internet-Auftritte, Electronic-Commerce-Lösungen, Kiosksysteme, CD-ROM, Datenbankanwendungen erstellen (Produkte),
- alleine oder mit Partnern spezifische Märkte betreuen (Regionen) sowie
- Kreativität, Markenführungskompetenz etc. weiterentwickeln (Kernkompetenzen).

Die Kombination und Ausrichtung der Aufgaben innerhalb der einzelnen Module ergibt sich sehr flexibel. Man kann von einer Adhocratie (fallweisen Organisation) in Modulen sprechen, die sich im permanenten Wandel befindet. Diese Organisationsform erscheint gerade in jungen und dynamischen Märkten der elektronischen Medien adäquat" (ebd. 172).

Insgesamt gesehen ist davon auszugehen, dass bei Medienunternehmen die Modularisierung noch nicht sehr weit fortgeschritten ist. Nach wie vor dominieren die Spartenorganisation und die Organisation nach Funktionen mit relativ großen und wenig flexiblen Einheiten (vgl. ebd.).

(2) Von **Teamorganisation** wird dann gesprochen, wenn – im Gegensatz zur Strukturierung in Stellen und Arbeitsplätze, die mit Einzelpersonen besetzt werden – die Aufgaben, Kompetenzen und Verantwortung auf Gruppen übertragen werden.

Gruppen können als organisatorische Einheiten in den folgenden **Formen** auftreten (vgl. Bea/Göbel 2010: 410 ff.):

- Teilautonome Arbeitsgruppen: Hierbei handelt es sich – bevorzugt im Bereich der industriellen Produktion eingesetzt (z. B. Automobilindustrie, Maschinenbau) – um kleine funktionale Einheiten (6 bis 20 Personen), denen die eigenverantwortliche und selbständige Erstellung eines kompletten Produkts oder einer Kernaufgabe übertragen ist.
- Qualitätszirkel: Ebenfalls eine kleine Gruppe darstellend (6 bis 9 Personen), treffen sich bei einem Qualitätszirkel Mitarbeiter eines bestimmten Arbeitsbereiches quer über die Hierarchie in regelmäßigen (z. B. wöchentlichen) Sitzungen, um in freier Atmosphäre über Probleme und Lösungsmöglichkeiten zu diskutieren.
- Projektgruppen: Diese Form der Gruppenarbeit ist am längsten etabliert, wobei es sich um kleine Gruppen von Mitarbeitern handelt (3 bis 9 Personen), die nach fachlichen Kriterien zusammengestellt ist und eine komplexe, neuartige, umfangreiche und zeitlich befristete Aufgabe innerhalb einer bestimmten Zeit bearbeitet und zum Abschluss bringt.
- Team-Work-Management: Dies ist das weitreichendste Konzept der Teamorganisation, indem es Teamarbeit zum „flächendeckenden" Strukturprinzip erhebt. Jeder Mitarbeiter – gleich welcher Hierarchieebene – ist Teil einer Arbeitsgruppe. Das bekannteste Modell wurde mit dem „System überlappender Gruppen" nach Likert vorgelegt, das dadurch charakterisiert ist, dass einzelne Mitarbeiter Teil von zwei oder mehreren Arbeitsgruppen sind und es dadurch zu einer Überlappung und organisatorischen Verzahnung der Arbeitsgruppen kommt.

Auf welch unterschiedliche Weise die organisatorische Verankerung von Gruppen und Teams im Unternehmen vorgenommen werden kann, macht Abb. 35-9 deutlich, wo dies am Beispiel von **Projektmanagement** dargestellt ist. Es zeigt sich, dass die Spannbreite von der einfachen Projektorganisation, die in die Linie integriert ist, bis zur „Reinen Projektorganisation", bei der eine für das betreffende Projekt eigenständige, von der „Standard-Organisation" völlig losgelöste Organisationseinheit geschaffen wird, reicht (vgl. z. B. Frese 2005: 516 ff.).

Bei zahlreichen Medienunternehmen geht die Projektorientierung so weit, dass sie als „projektorientierte Unternehmen" bezeichnet werden können. Dies ist z. B. bei Filmproduktionsunternehmen, Werbeagenturen oder Multimedia-Dienstleister der Fall, wo die Wertschöpfungsprozesse praktisch ausschließlich in Form von Projekten abgewickelt werden.

> Das Organisationskonzept des „projektorientierten Unternehmens" dürfte an Bedeutung zunehmen: „Wir gehen davon aus, dass mit zunehmender Umwelt- und Unternehmensdynamik das Projektmanagement als Instrument der Unternehmensführung immer stärker an Bedeutung gewinnt. Aus unserer Sicht können durch eine systematische Einbettung des Projektmanagements in Führungsfunktionen besonders **nachhaltige Wettbewerbsvorteile** erzielt werden (Bea/Scheurer/Hesselmann 2011: 716).

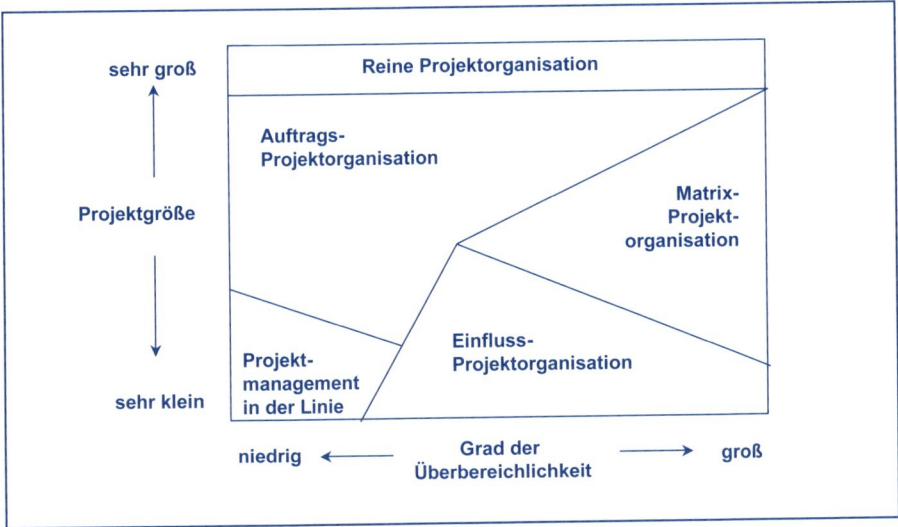

Abb. 35-9: Formen der Projektorganisation im Unternehmen

Die Rolle von Teamarbeit spielt insbesondere auch im Kontext der **Redaktionsarbeit** eine große Rolle. Dort wird zunehmend versucht, die Teamorganisation als eine innovative Redaktionsstruktur durchzusetzen und auf diese Weise die alten Denk- und Arbeitsmuster des ressortegoistischen Arbeitens zu überwinden. Herkömmliche, auf Autonomie ausgelegte Ressortstrukturen sollen aufgebrochen werden und in interdisziplinär agierende Redaktionseinheiten zusammengefasst werden.

Ressortübergreifende Teamarbeit steht im Fokus neuer Organisationskonzepte im Redaktionsmanagement – mit dem Ziel, konsequentes ressortübergreifendes Arbeiten, Denken und Handeln herbeizuführen, aber auch um Kosten zu sparen. Insbesondere stellt sich die Frage, wie die „Performance" crossmedial und multimedial arbeitender Organisationseinheiten einzuschätzen ist. Diese Frage wird kontrovers diskutiert.

> Die skeptische Einschätzung: „Wie lassen sich mit einer Redaktion mehrere Medien, mehrere Ausspielkanäle bedienen? – Der Traum so mancher Verleger vom Journalisten als eierlegende Wollmilchsau, der gleichzeitig die Zeitung, das Web und einen Radio- oder Fernsehsender in kürzester Zeit beliefern kann, ist meines Erachtens utopisch und wird nur in den seltensten Fällen funktionieren. Bei der US-amerikanischen Zeitung *Tampa Tribune* in Florida hat man neben der Zeitung und dem Web-Angebot auch einen lokalen Fernsehsender aufgebaut und viel Erfahrung mit Medienkonvergenz im Newsroom gesammelt. Gil Thelen, geschäftsführender Redakteur, bringt die Erfahrung auf den Punkt: Es sei abwegig, dass „von jedem, der bei einer Fernsehstation durch die Tür marschiert, verlangt wird, dass er eine Story für das Fernsehen, das Web und die Zeitung schreibt, während er noch dazu auf einem Einrad sitzt und mit Orangen jongliert" …" (Meier 2002c: 5).

> Eine eher positive Einschätzung ist in einer Analyse der Auswirkungen der Reorganisation der WAZ-Mantelredaktion auf Produktqualität und Markenprofile gezogen worden – allerdings mit Einschränkungen: „In einer vergleichenden Inhaltsanalyse der Mantelberichterstattung von WAZ, NRZ und WR vor und nach der Einführung eines gemeinsamen Newsdesk im Frühjahr 2009 wurde untersucht, wie sich die neue Redaktionsorganisation auf die Produktqualität der drei Titel auswirkt: Während die journalistische Qualität der Berichterstattung der einzelnen Titel von der neuen Organisation profitiert, leidet die publizistische Vielfalt darunter. Die unterschiedliche strategische Positionierung der Titel bleibt jedoch trotz der gemeinsamen Mantelredaktion erkennbar" (Rinsdorf/Rager 2010: 24).

Teamorientierte Formen der Redaktionsorganisation

Grundsätzlich lassen sich drei Formen redaktioneller Teamarbeit unterscheiden (vgl. Meier 2002c):
- Ressortübergreifende Teams;
- Multimediale Teams;
- Virtuelle Teams.

Diese drei Formen werden nachfolgend für die Zeitungsredaktion näher charakterisiert. Unübersehbar sind dabei die zahlreichen Widerstände, die es bei der Durchsetzung solcher neuen Organisationsformen zu überwinden gilt.

„Im Kontext von Zeitungen werden drei neue Formen der Teamarbeit in Redaktionen diskutiert: ressortübergreifende Teams sowie multimedial und virtuell arbeitende Teams.

1. Ressortübergreifende Teams:

Neue Formen der Teamarbeit sollen die Grenzen der Ressorts sprengen. ... Vertikale Kommunikationswege werden durch horizontale ergänzt:

- Die erwähnten Teams über Ressortgrenzen hinweg recherchieren Themen, die bewusst als Schwerpunkte gesetzt werden.
- Ein oder mehrere Redaktionsmanager koordinieren das gesamte Material in den Mantelressorts, achten auf ressortübergreifende Themenplanung, regen Teams an, stellen diese mitunter auch zusammen. Sie ergänzen auf Chefredaktionsebene die Ressortleiter und ersetzen auch so manche traditionelle Ressortleiterfunktion.
- Die Koordination von Themen und die Informationen über Themenplanungen laufen nicht alleine über die traditionellen Redaktionskonferenzen ab, in die meist nur die Ressortleiter integriert sind, sondern über vielfältige Kommunikationswege auf Redakteursebene, wobei neue Redaktionssysteme eine wachsende Rolle spielen. Allmählich wird entdeckt, dass Redaktionssysteme auch Kommunikations- und Koordinationssysteme sein können.
- Redakteure sind nicht mehr einzig einem Ressort zugeteilt, sondern schreiben auch für andere Ressorts. Dies öffnet neue Perspektiven, kann die Ressorts aber nur entlasten, wenn die Zulieferungen nicht als Einbahnstraßen angelegt sind. Kein Ressort darf ausbluten, jedes muss frisches Blut empfangen können.

2. Multimediale Teams:

Die einzige Möglichkeit, eine Redaktion für mehrere Medien zu organisieren, sehe ich in der multimedialen Teamarbeit: Es gibt nach wie vor die Spezialisten für Print, für online, für Radio und für Fernsehen, welche die Eigenheiten, die Vor- und Nachteile des jeweiligen Mediums kennen und das Storytelling dafür beherrschen. Aber diese Spezialisten sitzen themenbezogen nebeneinander, besprechen Themen, tauschen Tipps und Informationen aus und vor allem: Sie nutzen gemeinsam Ressourcen. Recherchen und Interviews müssen nicht doppelt geführt, wichtige Dokumente nicht zwei oder dreimal pro Sender oder Zeitung besorgt werden.

3. Virtuelle Teams:

Die dritte Möglichkeit, wie Teams traditionelle Grenzen sprengen können, ist dieses Mal fast wörtlich gemeint: Es geht um räumliche Grenzen, die mit virtuellen Teams aufgehoben werden. Im traditionellen Journalismus recherchieren seit mehr als 400 Jahren freie Mitarbeiter, Korrespondenten und Reporter vor Ort Rohmaterial, das in der Redaktion verarbeitet wird. Größtenteils fahren die Reporter zum Schreiben oder Schneiden in die Redaktion – oder sie liefern ihr Manuskript zur Weiterverarbeitung in der Redaktion ab. Das Endprodukt entstand schon immer an einem festen Ort. Im virtuellen Journalismus des 21. Jahrhunderts haben Korrespondenten und Reporter über ihrem Laptop direkten Zugriff auf das Redaktionssystem. Sie können vor Ort ihr Endprodukt fertigstellen: schreiben, layouten oder schneiden – und sogar selbst publizieren (im Internet). Erstmals in der Geschichte des Journalismus ist die Redaktion als zentraler Raum nicht mehr nötig. Ein Webmagazin kann von der ganzen Welt aus redaktionell betreut und bearbeitet werden. Mit dem Internet verlieren Raum (Redaktionsgebäude) und Zeit (Redaktionsschluss) als organisatorische Kategorien der Redaktion ihre zentrale Bedeutung" (Quelle: Meier 2002c).

(3) Modelle der **Selbstorganisation** betonen die Übertragung von Kompetenzen auf Mitarbeiter mit dem Ziel, die positiven Effekte der Selbstverantwortung zu nutzen. Hintergrund ist das Bestreben, den Mitarbeitern mehr Kompetenzen, Befugnisse, Wissen und Macht zu übertragen mit dem Ziel, die Verantwortung und das Vertrauen zu stärken. Dieser Ansatz wird als „Empowerment" bezeichnet.

> Empowerment als Handlungsempfehlung steht – ebenso wie die Teamorientierung – in der Tradition der Human-Relations-Bewegung und Sozialtechnik, nach der die Leistung und die Motivation von Mitarbeitern steigt, wenn sie einen höheren Grad an Autonomie und größeren Spielraum zur eigenständigen Entscheidung bekommen (vgl. Bea/Göbel 2010: 398 f.).

Zwei Formen der Selbstorganisation können unterschieden werden (vgl. Bea/Göbel 2010: 415 ff.):

- Autonome Selbstorganisation;
- Autogene Selbstorganisation.

Bei der **autonomen Selbstorganisation** wird davon ausgegangen, dass mit der Übertragung von Kompetenzen auf die Mitarbeiter positive Effekte der Selbstverantwortung erzielt werden können. Ein Beispiel ist das Modell der „fraktalen Fabrik", das empfiehlt, ein Unternehmen in viele Kleinunternehmen („Fraktale") zu zerlegen, die möglichst eigenständig agieren sollen. Mit der Übertragung von Verantwortung – so die These – empfinden sich die Mitarbeiter als „Unternehmen im Unternehmen" (vgl. Kuhn 2000).

Während die autonome Selbstorganisation auf einem bewussten Akt der Kompetenzzuweisung beruht, werden unter der **autogenen Selbstorganisation** alle Prozesse verstanden, die quasi „von selbst" zu solchen Regeln und Verhaltensmustern führen und die Ordnung schaffen. Die Aufmerksamkeit liegt also bei dieser Form der Selbstorganisation auf „heimlichen Spielregeln".

> „Solche Spielregeln können sich als fatal erweisen, weil sie die notwendige Kooperation mit anderen Bereichen erschweren und zu einer sehr kurzfristigen Unternehmenspolitik führen. In vielen Unternehmen sind folgende Spielregeln zu finden: Sich nur auf jene Aktivitäten konzentrieren, die zu Prämien führen; vorrangig quantitativ messbare Ergebnisse liefern; wichtige Informationen für sich behalten; viel Zeit für die Beziehungspflege investieren; keine Fehler zugeben; keine Risiken eingehen" (Bea/Göbel 2010: 418).

Im Sinne bewusster organisatorischer Gestaltung geht es bei diesem Modell darum, solche Strukturen zu schaffen, die Anreize für positive autogene Selbstorganisationsprozesse setzen. Freilich kann eine reine organisatorische Strukturänderung allein keine Aussicht auf Erfolg haben, wenn nicht auch die herrschende Unternehmenskultur hinterfragt wird.

(4) In Theorie und Praxis wird herausgestellt, dass als Quelle der Wertschöpfung eines Unternehmens in zunehmendem Maße überbetriebliche Arbeitsteilungen und Kooperationen verantwortlich sind, Wertschöpfungsprozesse heute also zunehmend unternehmensübergreifend organisiert werden müssen. Dies lenkt den Blick auf die zwischenbetriebliche Perspektive des Organisationsmanagements. Grundsätzlich unterscheidet man die folgenden **Varianten zwischenbetrieblicher Organisationssysteme** (vgl. Schumann/Hess 2009: 231):

- Kooperationen: Strategische Allianzen, Joint Ventures, Unternehmensnetzwerke;
- Konzentrationen: Konzerne, Fusionen;
- Kartelle.

Was die **Kooperationsmodelle** anbelangt, sind an dieser Stelle die **Unternehmensnetzwerke** von besonderem Interesse. Dabei handelt es sich um eine Organisationsform, bei der sich zwei oder mehrere Unternehmen zu einer stabilen und engen Zusammenarbeit unter Wahrung der rechtlichen Selbständigkeit zusammenfinden.

„Allgemein definiert stellt eine Unternehmensnetzwerk eine auf die Realisierung von Wettbewerbsvorteilen zielende, eher polyzentrische, aber oft durch eine oder mehrere fokale Unternehmungen strategisch geführte Organisationsform ökonomischer Aktivitäten dar, die sich durch komplex-reziproke, eher kooperative denn kompetitive und relativ stabile Beziehungen zwischen rechtlich selbständigen, wirtschaftlich jedoch zumeist abhängigen Unternehmungen auszeichnet" (Sydow/Möllering 2004: 209).

„Unternehmensnetzwerke sind gekennzeichnet durch die Abstimmung der betrieblichen Funktionen, eine größere Anzahl an Partnern (zehn oder mehr) sowie eine zeitlich unbefristete, projektbezogene Zusammenarbeit. Explizit beschränken die Unternehmen ihre Kooperation in einem Netzwerk nicht auf ein einzelnes Vorhaben, sondern schaffen vielmehr durch gemeinsame Investitionen (z. B. in sich ergänzende Ressourcen, in ein spezielles Managementsystem oder ein spezifisches Anwendungssystem) die Basis für eine auftragsbezogene Zusammenarbeit" (Schumann/Hess 2006: 214).

In engem Zusammenhang mit dem Phänomen des Unternehmensnetzwerks steht das Thema der Virtualisierung. Ein **virtuelles Unternehmen** ist „ein zeitlich begrenzt kooperierendes Netzwerk aus selbständigen Unternehmen (und Freiberuflern), die über spezifische Kompetenzen verfügen und gemeinsam ein Projekt abwickeln" (Bea/Göbel 2010: 435). Die Koordination zwischen den beteiligten Unternehmen findet dabei nicht hierarchisch statt, sondern typischerweise über einen „Broker", eine sog. „hub firm" (hub = Mittelpunkt) (vgl. ebd.).

Hintergrund der virtuellen Organisation ist ein Megatrend, der als „Entgrenzung" bezeichnet wird und der ausdrücken soll, dass die Grenzen von Unternehmen immer mehr aufgeweicht werden.

„Entgrenzung bedeutet, dass die Grenzen der Unternehmung zunehmend undeutlicher werden. Mitglieder sind von Nichtmitgliedern immer schwerer zu unterscheiden" (Bea/Göbel 2006: 421). Als Standardorganisation der Zukunft gilt vor diesem Hintergrund immer mehr die „grenzenlose Unternehmung" (Picot/Reichwald/Wigand 2003). Das Wesen der grenzenlosen Unternehmung besteht in der Auflösung der rechtlichen, fachlichen und ressourcenbedingten Grenzen, womit eine sinkende Bedeutung von physischen Standorten einhergeht. Hauptziel ist die Orientierung an zugrunde liegenden Ressourcen und Kernkompetenzen statt der Ausrichtung an vorhandenen Kapazitäten.

Ebenfalls relevant und breit diskutiert werden **Projektnetzwerke**, die als besondere Variante von Unternehmensnetzwerken anzusehen sind (vgl. mehrere Beiträge in Sydow/Windeler 2004).

„Projektnetzwerke als eine Variante von Unternehmensnetzwerken charakterisieren sich meist durch die dominante Stellung eines einzelnen Partnerunternehmens. Ferner werden Projektnetzwerke meist für jeden Auftrag neu gebildet und sind damit relativ unstabil. Dennoch werden zwischen den Partnern von Projektnetzwerken mitunter Vereinbarungen über die grundlegende Zusammenarbeit getroffen. Damit können in Projektnetzwerken auch Erfahrungen aus Projektkooperationen in der Vergangenheit genutzt werden, um projektübergreifend Aktivitäten und Beziehungen im Netzwerk zu steuern" (Schumann/Hess 2009: 232).

Fallbeispiel Organisation der TV-Produktion in Projektnetzwerken

Innerhalb der Medienbranche finden Kooperationsnetzwerke bzw. Projektnetzwerke vor allem in der nationalen und internationalen Film- und Fernsehproduktion Anwendung. Hauptgrund für das Arbeiten in Netzwerken sind die hohen Erfolgsrisiken (nur die wenigsten Produktionen werden ein Quotenerfolg) und die ungewöhnlich hohen finanziellen Aufwendungen: „Denn die Produktion und Verwertung dieser besonderen Dienstleistungen ist ausgesprochen unsicher und risikoreich, müssen in ihr doch widersprüchliche Anforderungen, wie die einer gleichzeitigen Individualisierung und Standardisierung der Produkte, und komplexe Formen der Kundenintegration unter der Bedingung schlecht prognostizierbarer Resultate realisiert werden" (Windeler in: Sydow/Windeler 2004: 55).

Im Netzwerk finden sich als Akteure der Auftraggeber (Sender), die Produktionsfirmen, zahlreiche Dienstleister und eventuell staatliche Fördereinrichtungen zusammen. Das folgende Bild zeigt die typische Akteursstruktur eines Projektnetzwerkes (vgl. ebd. 66):

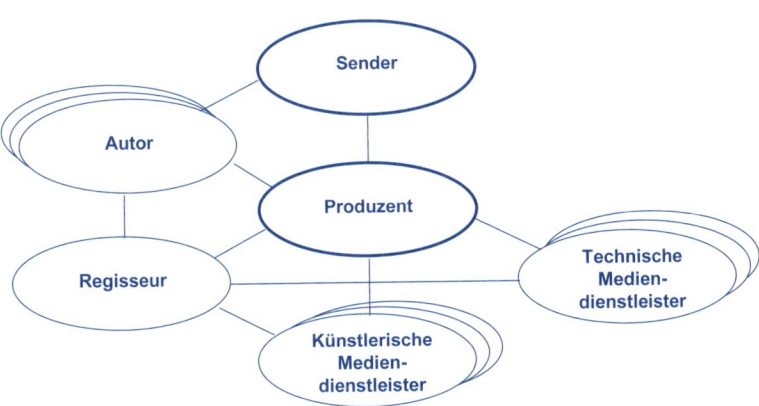

Auch TV-Produktionen üben einen starken Sog aus, in Netzwerken hergestellt zu werden: „Hinzu kommen weitere mit TV-Produktionen verbundene Unsicherheitsbelastungen, die zu zeitlich befristeten und produktorientierten Netzwerken motivieren. Diese resultieren u. a. aus der Anforderung, ein Produkt zu erzeugen, das sowohl vom bisher Dagewesenen bzw. Gesehenen abweicht und gleichzeitig den Geschmack eines möglichst großen Publikums trifft.

Fernsehen beispielsweise ist auf dauernde Programmvariation angewiesen, um Zuschauer an den Sender zu binden. Netzwerke bieten dabei wichtige organisatorische Voraussetzungen für die Entfaltung von Innovativität und Flexibilität, indem sie in Vergleich zu stärker hierarchisch reglementierten Arbeitskontexten den Beteiligten größere Freiräume und erweiterte Verhandlungs- und Abstimmungsräume bieten.

Hinzu kommen Möglichkeiten, neue Akteure in das Netzwerk zu integrieren. So können einzelne Aufgabenbereiche (Kameraleute, Drehbuchschreiber, Schauspieler, Autoren) von alternativen Anbietern übernommen werden, um neue Quellen kreativen Handelns zu erschließen. Netzwerke gelten deshalb immer auch als Chance der Nutzung neuen Wissens und des Lernens, nicht nur weil sie Beteiligte mit unterschiedlichen Kompetenzen und Wissensbeständen zusammenbringen, sondern auch ein relativ hohes Maß an Fluktuation ermöglichen. ... Der Regelfall scheint zu sein, dass einzelne Sender oder Produktionsfirmen das Netzwerkgeschehen weitgehend kontrollieren. Solche Re-Hierarchisierungen eines Netzwerkes kommen häufig dadurch zustande, dass eines oder mehrere Unternehmen einem großen Medienkonzern angehören, der um Einflussnahme auf die Zusammensetzung eines Netzwerks und an der Gestaltung der Zusammenarbeit interessiert ist. ... Wirth und Sydow sprechen hier von einer „hierarchischen Heterarchie" ..." (Hasse/Wehner 2005: 6 f.).

Im Medienbereich sind alle genannten Formen und Spielarten von Unternehmensnetzwerken weit verbreitet. Einige wenige **Beispiele** mögen die Relevanz von Unternehmensnetzwerken schlaglichtartig beleuchten:

- Beispiel Fernsehproduktion: Im Bereich der TV-Vorproduktion findet die Produktion in großem Stil in Projektform statt. Hierbei werden regelmäßig zahlreiche freie Akteure (Regisseur, Kameramann, Schauspieler etc.) einbezogen.
- Beispiel Multimedia: Typisch sind interorganisationale Netzwerke, bei denen sich hauptsächlich kleine und mittlere Unternehmen zusammenfinden, die jeweils auf wenige Produktionsschritte spezialisiert sind und nur durch Kooperation in der Lage sind, ein Endprodukt für den Konsumenten herzustellen.
- Beispiel Werbung: Die Realisierung von Werbekampagnen – insbesondere diejenigen mit einem nennenswerten Budget – findet im Prinzip stets im Netzwerk ab. Ein Indiz ist, dass sich der englische Begriff für Netzwerk – „Network" – für die großen Akteure in Bereich der Unternehmenskommunikation eingebürgert hat.

    Beispiel Omnicom: Dieses Network zählt zu den global führenden Unternehmen für Unternehmenskommunikation, Public Relations, Werbung und Marketing. 2013 kündigte das Unternehmen an, mit dem französischen Unternehmen Publicis zu fusionieren, wodurch das weltweit führende Werbe-, PR- und Marketing-Network als integrierter Konzern entsteht.

- Beispiel Amazon: Faktisch ist Amazon ein Händler-Netzwerk bzw. eine Online-Plattform, das ausgehend von Büchern produktmäßig ständig erweitert wird. Umfassende Kooperationsbeziehungen sind dabei von zentraler Bedeutung, z. B. die Kooperation mit ToysRUS im Spielzeugbereich oder die zShops, über die es jedem (Dritt-)Händler möglich ist, den Amazon-Marktplatz für eigene Zwecke zu nutzen.

Das prägende Kennzeichen aller Formen der Netzwerkorganisation ist die hohe Bedeutung, die dem Faktor **Vertrauen** beizumessen ist. Der Aufbau von Vertrauensbeziehungen ist ein wichtiges Element, um die Komplexität und die Unsicherheit zu bewältigen, die ein Agieren im Netzwerk mit sich bringt. Effektiv wird die Netzwerkorganisation also nur dann, wenn die Wertschöpfungsprozesse mit einem hohen Maß an gegenseitigem Vertrauen ablaufen und die persönlichen Beziehungen zwischen den Beteiligten „stimmen".

Die Fähigkeit zum Aufbau von Vertrauen kann als kritischer Erfolgsfaktor für das effektive Management von Netzwerken angesehen werden. Vertrauen bezieht sich dabei sowohl auf das Vertrauen zwischen Personen (interpersonelles Vertrauen) als auch auf das Vertrauen zwischen den einzelnen Unternehmen (interorganisationales Vertrauen) erstrecken. Alle Netzwerkbeteiligten befinden sich in einem permanenten Spannungsverhältnis von Kontrolle und Vertrauen. Dieses ist nicht zu vermeiden, da einerseits formale Kontrollinstrumente für eine sinnvolle Evaluation und Regulation der Netzwerkaktivitäten unabdingbar sind, andererseits eine Überbetonung von Kontrolle sich negativ auf das Vertrauen untereinander auswirkt. Die Bewältigung dieses Spannungsverhältnisses zwischen Vertrauen und Kontrolle kann geradezu als die zentrale Herausforderung für das Netzwerkmanagement gelten. Unmittelbar angesprochen sind in diesem Kontext auch Fragen des Führungsstils oder die Frage nach der Bedeutung von informeller Führung. Die Wahl des geeigneten Managementstils wird dabei von verschiedenen Faktoren beeinflusst: Neben der Art des Netzwerkes spielt sein Alter und seine Reife eine wesentliche Rolle. So wird üblicherweise in frühen Phasen des Netzwerkes zu einem eher formellen Management geraten, da Verhaltensmuster noch unbekannt sind und das Vertrauen zwischen den einzelnen Partnern noch nicht aufgebaut werden konnte. Mit zunehmender Reife des Netzwerks erhöhen sich die Chancen für ein eher informelles, vertrauensbasiertes Management.

35.4 Zur Theorie optimaler Organisationsgestaltung

Wie dargestellt ist die Spannbreite möglicher Optionen, denen sich das Organisationsmanagement bedienen kann, recht beachtlich. So kann es nicht verwundern, dass in der Praxis sämtliche Typen von Organisationsmodellen präsent sind und erheblich voneinander abweichen. Eine einheitliche Linie ist nicht erkennbar. Erkennbar ist, dass insbesondere die jeweilige **Situation**, in der sich das Unternehmen befindet, eine herausragende Determinante für die Organisationsgestaltung darstellt.

> Der situative Ansatz der Organisationstheorie wird auch als „Kontingenzansatz" bezeichnet (vgl. hierzu auch die Ausführungen zur Systemtheorie in Kapitel 1) und lässt sich wie folgt beschreiben: „Der situative Ansatz zielt darauf ab, durch empirische Forschung Unterschiede zwischen den Organisationsstrukturen verschiedener Unternehmen durch Unterschiede in deren Kontext (Situation) zu erklären. Es interessiert also, ob bestimmte Situationsmerkmale und bestimmte Strukturmerkmale ‚kontingent' sind, d. h. regelmäßig zusammen auftreten" (Bea/Göbel 2010: 97).

Als Leitkriterien, mit denen man vor dem Hintergrund der Kontingenz den **Eignungsgrad von Organisationsmodellen** beurteilen kann, sind für Medienunternehmen die folgenden Selektionskriterien vorrangig:

- Journalistische Kriterien;
- Ökonomische Kriterien.

(1) Aus **journalistischer Perspektive** stellt sich die Frage, welche Typen von Organisationen, insbesondere im Bereich der Redaktionsorganisation, die bestmöglichen journalistischen Resultate sicherstellen. Um dies beurteilen zu können, müssen zunächst die Ziele der und die Ziele für die Redaktion benannt werden (Quote, Akzeptanz, Kosten, Qualität etc.). Darauf aufbauend können Kriterien zur Beurteilung der Leistungsfähigkeit einer Redaktion gesucht werden. Es ist verständlich, dass es in höchstem Maße herausfordernd ist, den Zielerfüllungsbeitrag organisatorischer Einflussfaktoren zu identifizieren.

Es kann davon ausgegangen werden, dass die Leistungsfähigkeit einer Redaktion von einigen Schlüsselfaktoren besonders beeinflusst wird. Beispielhaft seien Faktoren genannt, die für Fernsehsendungen als besonders kritisch einzustufen sind (vgl. Holzporz 2006: 65 ff.):

- Grad der Dynamik: Mit zunehmender Dynamik der Problemstellung – d. h. der häufigen Veränderung der Variablen – erhöhen sich die Anforderungen an die Informationsverarbeitung. Der zeitliche Handlungsspielraum verkürzt sich und die Notwendigkeit, Ad-hoc-Entscheidungen treffen zu müssen, erhöht sich. In dieser Situation dynamischer Bedingungen ist es erforderlich, den Redaktionen weitgehende Entscheidungsspielräume einzuräumen.
- Grad der Komplexität: Je komplexer sich die Leistungserstellungsprozesse darstellen, desto eher muss eine Zerlegung in Teilentscheidungen vorgenommen werden, die von unterschiedlichen Entscheidungsträgern bewältigt werden. Hieraus entsteht erhöhter Koordinationsbedarf (vgl. ebd. 68 f.).
- Plastizität: Dieser Faktor beschreibt die Ausprägung von Unsicherheit und mithin das Ausmaß des Fehlens von Problemlösungsmethoden.

"Plastizität ist ein Merkmal, das viele Entscheidungssituationen in Fernsehunternehmen beschreibt. So können etwa bei der Konzeption eines Films oder bei der Übertragung einer Sportveranstaltung hinsichtlich der Zahl einzusetzender Kameras unterschiedliche Auffassungen vertreten werden, die sich insbesondere in Zielkonflikten zwischen Qualitäts- und Kostenzielen äußern" (ebd. 69).

Solche widersprüchlichen Zielvorstellungen sind für den TV-Redaktionsprozess geradezu konstitutiv – auch für viele andere Medienbereiche – und verlangen nach einer hohen Bereitschaft zu kooperativem Verhalten. Organisationsmodelle, die diese Bereitschaft stützen und befördern, sind daher besonders wertvoll.

- Neuartigkeit bzw. fehlende Ähnlichkeit mit bereits stattgefundenen Produktionen: Hier ist davon auszugehen, „dass bezogen auf das gesamte Fernsehprogramm die Ähnlichkeit mit Sendeprojekten als gering einzuschätzen ist, weil aufgrund der ausgeprägten Sortimentsbreite eine Vielzahl unterschiedlicher Herstellungsverfahren zum Einsatz kommt" (ebd. 70 mit Bezug auf Heinrich 1999: 332 f.). Aus organisatorischer Sicht bedeutet dies, dass die Redaktionsarbeit nicht durch Routineaufgaben charakterisiert ist, und den Redaktionsmitarbeitern daher ein hohes Maß an Entscheidungsautonomie eingeräumt werden muss.

Vor diesem Hintergrund soll eine Äußerung aus dem Jahr 2003 zum Redaktionsmanagement und den Organisationsformen im Zeitungs- und Zeitschriftenbereich kontrastierend zitiert werden:

„Die deutschsprachigen Redaktionen sind mehrheitlich nach einem Einlinien-System aufgebaut. Danach steht an der Spitze einer Redaktion die Chefredaktion. Unter ihr befinden sich auf gleicher Ebene verschiedene Ressorts, jeweils mit einem Leiter und mehreren Redakteuren. Dieser Aufbau hat den Vorteil, dass Entscheidungen von oben nach unten einfach und schnell zu kommunizieren und in Handeln umzusetzen sind. Der Chefredakteur gibt seinen Ressortleitern eine Anweisung. Diese geben sie direkt an ihre Redakteure weiter. Das geht schnell und ohne komplexe und zeitraubende Abstimmungsverfahren. Die Verantwortlichkeiten liegen klar auf der Hand. Der Nachteil liegt in der fehlenden Verbindung und Abstimmung zwischen den verschiedenen Ressorts. Das sorgt entweder dafür, dass thematische Dubletten passieren ... Das größere Risiko ist aber der umgekehrte Fall. Ein Thema wird überhaupt nicht behandelt, weil es durch die Wahrnehmungsraster sämtlicher Ressorts fällt" (Weichler 2003: 131).

(2) Aus **ökonomischer Perspektive** stehen Aussagen zur optimalen Organisation im Zusammenhang mit Fragen nach der Kosten- und Ergebniswirksamkeit alternativer Organisationsformen. Hier wird man den Erfolg organisatorischer Regelungen im Zusammenhang mit dem Regelungsgrad beurteilen und versuchen, den Bereich von Unter- und Überorganisation abzuschätzen.

Die ökonomische Perspektive der Organisation wird intensiv im Kontext von neoinstitutionalistischen Ansätzen diskutiert und hier vor allem im Zusammenhang mit der Transaktionskostentheorie (vgl. Picot/Dietl/Franck 2005). In diesem Theorieansatz gelten Organisationsmodelle dann als effizient, wenn sie die Transaktionskosten zwischen den Beteiligten, mithin die Kosten der vielfältigen Austauschbeziehungen, zu minimieren in der Lage sind. Hier steht man freilich vor einem Konflikt, denn Arbeitsteilung und Spezialisierung ermöglichen die Ausschöpfung von Produktivitätspotenzialen, gleichzeitig wird aber Abstimmung und Tausch notwendig, für deren Abwicklung wieder Ressourcen verbraucht und Produktionspotenziale eingeschränkt werden (vgl. ebd. 77).

In einem praktischen Erklärungskonzept wird im vorliegenden Zusammenhang gerne die These vertreten, in statischer Umwelt eigneten sich am ehesten mechanistische Organisationsstrukturen, während bei dynamischer Umwelt organische Strukturen erforderlich seien. Abb. 35-10 kennzeichnet diese beiden Strukturtypen (Quelle: Macharzina/Wolf 2012: 537).

Merkmale	Mechanistische Struktur	Organische Struktur
Zahl der Hierarchieebenen	viele (steile Hierarchie)	wenige (flache Hierarchie)
Spezialisierungsgrad	hoch	gering
Standardisierungsgrad	hoch	gering
Formalisierungsgrad	hoch	gering
Zentralisierungsgrad	hoch	gering
Linienautorität	klar / vertikal	unklar / lateral
Koordination	durch Hierarchiespitze	durch alle Arbeitnehmer
Interaktion zw. Abteilungen	selten	häufig
Informelle Beziehungen	geringe Bedeutung	hohe Bedeutung
Führungsstil	tendenziell autokratisch	tendenziell demokratisch
Motivationsinstrumente	primär extrinsisch	primär intrinsisch
Wissen	an der Hierarchiespitze	auf allen Ebenen
Erfolgsindikatoren	quantitativ	qualitativ
Kommunikation	streng vertikal	netzwerkartig

Abb. 35-10: Typen von Organisationsstrukturen

Der empirische Nachweis dieser These fällt jedoch schwer, auch wenn ein hohes Maß an Plausibilität unterstellt werden darf.

> Empirische Befunde nach Burns und Stalker untermauern die These: „Die Organisationsformen erfolgreicher Unternehmen der Stichprobe, die in dynamischen Umwelten agierten, unterscheiden sich deutlich von denjenigen erfolgreicher Unternehmen, die in stabilen, statischen Umwelten agierten" (ebd.). Kritisch wird angemerkt, dass die Aussagen auf einer zu schmalen empirischen Basis getroffen wurden. Weitere Studien (v. a. Lawrence und Lorsch) kommen zu folgenden Aussagen (ebd. 525): „Je stärker sich die Bereichswelten voneinander unterscheiden, desto differenzierter (unterschiedlicher) sind die Bereiche erfolgreicher Unternehmen strukturiert. Diese Aussage bildet den Kern der so genannten Differenzierungsthese (Spiegelbildthese). ... Je unterschiedlicher die Bereiche eines Unternehmens organisiert sind, desto schwieriger und aufwändiger wird deren ‚Integration' (Koordination) zur Erreichung gemeinsamer Ziele."

Kernaussagen

- Die Beurteilung von Organisationskonzepten muss anhand klar nachvollziehbarer Kriterien erfolgen. Diese sind Spezialisierung, Koordination, Leitungssystem, Delegation und Formalisierung.
- Im Kontext dieser Kriterien entsteht ein breites Spektrum alternativer Organisationsmodelle, das nach traditionellen und neueren Modellen unterschieden werden kann.
- Die in der Realität vorfindbaren Organisationsmodelle im Medienbereich sind äußerst vielschichtig und unterschiedlich.
- Die Beurteilung der Effektivität der Modelle muss nach situativen Aspekten erfolgen (Stichwort: Kontingenz), es kann also kein allgemein gültiges „optimales" Organisationskonzept geben.

Literatur

Weiterführende Literatur: Grundlagen

Bea, F. X./Göbel, E. (2010): Organisation, 4., neu bearb. U. erw. Aufl., Stuttgart.
Bea, F. X./Haas, J. (2013): Strategisches Management, 6., vollst. überarb. Aufl., Konstanz.
Dillerup, R./Stoi, R. (2013): Unternehmensführung, 4., komplett überarb. u. erw. Aufl., München.
Frese, E. (2005): Grundlagen der Organisation, 9., vollst. überarb. Aufl., Wiesbaden.
Gaitanides, M. (2007): Prozessorganisation, 2., vollst. überarb. Aufl., München.
Hinterhuber, H. H./Friedrich, S. A./Matzler, K./Pechlaner, H. (Hrsg.)(2000): Die Zukunft der diversifizierten Unternehmung, München.
Hopfenbeck, W. (1998): Allgemeine Betriebswirtschafts- und Managementlehre, 12., durchges. Aufl., Landsberg/Lech.
Horváth, P. (2011): Controlling, 12., vollst. überarb. Aufl., München.
Kieser, A./Walgenbach, P. (2010): Organisation, 6., überarb. Aufl., Stuttgart.
Kreikebaum, H./Gilbert, D. U./Reinhardt, G. O. (2002): Organisationsmanagement internationaler Unternehmen, 2., vollst. überarb. u. erw. Aufl., Wiesbaden.
Kremin-Buch, B./Unger, F./Walz, H. (Hrsg.)(2007): Lernende Organisation, 3., überarb. u. erw. Aufl., Sternenfels.
Kuhn, T. (2000): Internes Unternehmertum, München.
Macharzina, K./Wolf, J. (2012): Unternehmensführung, 8., vollst. überarb. u. erw. Aufl., Wiesbaden.
Müller, U. R. (1995): Schlanke Führungsorganisation, Planegg.
Neubauer, W./Rosemann, B. (2006): Führung, Macht und Vertrauen in Organisationen, Stuttgart.
Picot, A./Dietl, H./Franck, E. (2005): Organisation. Eine ökonomische Perspektive, 4., akt. u. erw. Aufl., Stuttgart.
Picot, A./Reichwald, R./Wigand, R. T. (2003): Die grenzenlose Unternehmung. Information, Organisation und Management. 5., akt. Aufl., Wiesbaden.
Schierenbeck, H./Wöhle, C. B. (2012): Grundzüge der Betriebswirtschaftslehre, 18., überarb. Aufl., München.
Schreyögg, G. (1996): Organisation, Wiesbaden.
Schwaninger, M. (1994): Managementsysteme, Frankfurt/Main, New York.

Weiterführende Literatur: Medien

Altmeppen, K.-D. (2006a): Journalismus und Medien als Organisationen, Wiesbaden.
Altmeppen, K.-D. (2006b): Ablauforganisation – Formen der journalistischen Aussagenproduktion, in: Scholz, C. (Hrsg.)(2006): Handbuch Medienmanagement, Berlin, Heidelberg, New York, S. 553-578.
Bea, F. X./Fix, O./Kötzle, A. (1989): Organisation des Rundfunks, in: Die Betriebswirtschaft, 49. Jg., H. 5, S. 563-576. Der Beitrag löste seinerzeit einen „DBW-Dialog", bei dem sich zu Wort meldeten: Sieben, G., Wachter, A., Fünfgeld, H., Fleck, F. H., Eichhorn, P., wiedergegeben in: Die Betriebswirtschaft, 50. Jg., H. 1, S. 135-146.

Blum, J. (2002): Reinventing the newsroom. Wie sich die Redaktion der „Neuen Westfälischen" verändert hat. In: Hohlfeld, R./Meier, K./Neuberger, C. (Hrsg.)(2002): Innovationen im Journalismus, Münster, S. 117-127.

Bouncken, R. B. (2003): Kooperationsformen von Zeitungs- und Zeitschriftenverlagen. Empirie und Implikationen. In: Brösel, G./Keuper, F. (Hrsg.)(2003): Medienmanagement, München, S. 343-364.

Bundrock, R. (2005): Neue Wege der Organisation in der öffentlich-rechtlichen Medienlandschaft, in: Krömker, H./Klimsa, P. (Hrsg.)(2005): Handbuch Medienproduktion, Wiesbaden, S. 155-164.

Deters, J. (2002): Medienmanagement als Personal- und Organisationsmanagement, in: Karmasin, M./Winter, C. (Hrsg.)(2002): Grundlagen des Medienmanagements, 2., korr. u. erw. Aufl., München, S. 93-113.

Dietl, H./Franck, E. (2000): Free-TV, Abo-TV, Pay per View-TV – Organisationsformen zur Vermarktung von Unterhaltung, in: Zeitschrift für betriebswirtschaftliche Forschung, 52. Jg., S. 592-603.

Dietl, H./Royer, S. (2003): Indirekte Netzeffekte und Wertschöpfungsorganisation. Eine Untersuchung der transaktionskostentheoretischen Effizienz und strategischer Wettbewerbsvorteile am Beispiel der Videospielbranche. In: Zeitschrift für Betriebswirtschaft, 73. Jg., S. 407-429.

Dygutsch-Lorenz, I. (1971): Die Rundfunkanstalt als Organisationsproblem, Düsseldorf.

Eigler, J. (2006): Aufbauorganisation – Modelle für Medienunternehmen, in: Scholz, C. (Hrsg.)(2006): Handbuch Medienmanagement, Berlin, Heidelberg, New York, S. 521-538.

Fix, O. (1988): Organisation des Rundfunks, Wiesbaden.

Fleck, F. H. (1980): Veränderungen von Organisations- und Führungsstrukturen in Tageszeitungsunternehmen, in: Publizistik, 25. Jg., H. 2/3, S. 282-289.

Friedrichsen M./Gläser, M. (2004): Verlage im Wandel – Management von notwendigen Veränderungsprozessen, in: Friedrichsen, M. (Hrsg.)(2004): Printmanagement, Baden-Baden, S 135-147.

Hacker, T. (1999): Vernetzung und Modularisierung – (Re-)Organisation von Medienunternehmen, in: Schumann, M./Hess, T. (Hrsg.)(1999): Medienunternehmen im digitalen Zeitalter, Wiesbaden, S. 155-175.

Hasse, R./Wehner, J. (2005): Innovation und Wettbewerb im Mediensystem – Eine netzwerkorientierte Perspektive, http://www.unilu.ch/files/innovation_und_wettbewerb_im mediensystem_mit_j._wehner. pdf (18.07.2007)

Heinrich, J. (1999): Medienökonomie, Band 2: Hörfunk und Fernsehen, Opladen/Wiesbaden.

Hess, T./Köhler, L. (2003): Organisation der Produktinnovation in Medienunternehmen – eine Analyse ablauforganisatorischer Varianten, in: Habann, F. (Hrsg.)(2003): Innovationsmanagement in Medienunternehmen, Wiesbaden, S. 37-57.

Holzporz, M. (2006): Die Steuerung von Redaktionen in öffentlich-rechtlichen Fernsehunternehmungen, Hamburg.

Jarren, O. (2001): Medien als Organisationen – Medien als soziale Systeme, in: Bonfadelli, H./Jarren, O. (Hrsg.)(2001): Einführung in die Publizistikwissenschaft, Bern, Stuttgart, Wien, S. 139-158.

Kastrup, T. (1999): Marktorientiertes Zielkostenmanagement für Rundfunkanstalten, Wiesbaden.

Kneib, F.-G. (2005): Organisation von Hörfunk, in: Krömker, H./Klimsa, P. (Hrsg.)(2005): Handbuch Medienproduktion, Wiesbaden, S. 289-302.

Köhler, L. (2005): Produktinnovation in der Medienindustrie, Wiesbaden.

Mayer, M./Mersmann, J. (2004): Auf dem Weg zur lernenden Organisation – Zwischen Wandel und Stabilität. In: Friedrichsen, M. (Hrsg.)(2004): Printmanagement, Baden-Baden, S. 149-160.

Meckel, M. (1999): Redaktionsmanagement, Wiesbaden.

Meier, K. (2002a): Ressort, Sparte, Team. Wahrnehmungsstrukturen und Redaktionsorganisation im Zeitungsjournalismus, Konstanz.

Meier, K. (2002b): Wenn Teams das Niemandsland bevölkern. Eine Analyse innovativer Redaktionsstrukturen. In: Hohlfeld, R./Meier, K./Neuberger, C. (Hrsg.)(2002): Innovationen im Journalismus, Münster, S. 91-111.

Meier, K. (2002c): Die Neuerfindung der Redaktion. Wie Teams traditionelle Grenzen sprengen, Kuratorium für Journalistenausbildung, Salzburg, 21. Juni 2002, http://www.kfj.at/pdf/neueredaktionen.pdf (19.02.2006).

Moss, C. (1998): Die Organisation der Zeitungsredaktion: Wie sich journalistische Arbeit effizient organisieren lässt. Opladen, Wiesbaden.

Rühl, M. (1979): Die Zeitungsredaktion als organisiertes soziales System, 2. Aufl., Freiburg/Schweiz.

Rühl, M. (1989): Organisatorischer Journalismus, in: Kaase, M./Schulz, W. (Hrsg.)(1989): Massenkommunikation. Theorien, Methoden, Befunde. Opladen, S. 253-269.

Schumann, M./Hess, T. (2009): Grundfragen der Medienwirtschaft, 4., überarb. Aufl., Berlin, Heidelberg, New York.

Sieben, G./Schulze, V./Wachter, A. (1992): Medienbetriebe, Organisation der, in: Handwörterbuch der Organisation, hrsg. v. E. Frese, 3. Aufl., Stuttgart, S. 1315-1326.

Sieben, G./Schwertzel, U. (1997): Materialien zur Vorlesung Rundfunkökonomie II: Management für Rundfunkunternehmen – Teil I, 2. Aufl., Köln.

Sölch, R. (1983): Management und Organisation in Rundfunkanstalten, in: Zeitschrift für öffentliche und gemeinnützige Unternehmen, Beiheft 5: Rundfunkökonomie, Baden-Baden, S. 92-104.

Sydow, J./Möllering, G. (2004): Produktion in Netzwerken, München.

Sydow, J./Windeler, A. (Hrsg.)(2004): Organisation der Content-Produktion, Wiesbaden.

Vizjak, A./Spiegel, A. (2001): Organisation für globale Player der Medienindustrie, in: Vizjak, A./ Ringlstetter, M. (Hrsg.)(2001): Medienmanagement: Content gewinnbringend nutzen, Wiesbaden, S. 122-130.

Weichler, K. (2003): Redaktionsmanagement, Konstanz.

Windeler, A. (2001): Unternehmensnetzwerke, Wiesbaden.

Windeler, A. (2004): Organisation der TV-Produktion in Projektnetzwerken: Zur Bedeutung von Produkt- und Industriespezifika, in: Sydow, J./Windeler, A. (Hrsg.): Organisation der Content-Produktion, Wiesbaden, S. 55-76.

Windeler, A./Lutz, A./Wirth, C. (2004): Netzwerksteuerung durch Selektion – Die Produktion von Fernsehserien in Projektnetzwerken. In: Sydow, J./Windeler, A. (Hrsg.): Organisation der Content-Produktion, Wiesbaden, S. 77-102.

Studien, Fallbeispiele

Ehlers, R. (1996): Öffentlich-rechtlicher Rundfunk unter Wettbewerbs- und Rationalisierungsdruck. Organisatorische Konsequenzen am Beispiel des Hessischen Rundfunks. In: Media Perspektiven, o. Jg., 2/1996, S. 80-86.

Ehlers, R. (1997): Organisationsprobleme in Rundfunkanstalten, in: Fünfgeld, H./Mast, C. (Hrsg.)(1997): Massenkommunikation, Opladen, S. 281-294.

Ehlers, R. (2000): Öffentlich-rechtlicher Rundfunk und Multimedia. Strategie und Organisation am Beispiel des Hessischen Rundfunks. In: Media Perspektiven, o. Jg., 8/2000, S. 369-373.

Meier, K. (2002a): Ressort, Sparte, Team. Wahrnehmungsstrukturen und Redaktionsorganisation im Zeitungsjournalismus, Konstanz.

Picot, A./Reichwald, R./Wigand, R. T. (2003): Die grenzenlose Unternehmung. Information, Organisation und Management. 5., akt. Aufl., Wiesbaden.

Rinsdorf, L./Rager, G. (2010): Auswirkungen der Reorganisation der WAZ-Mantelredaktionen auf Produktqualität und Markenprofile, in: MedienWirtschaft, 4/2010, S. 24-31.

Kapitel 36
Personalmanagement

36.1 Personal im Medienbereich – Ein Überblick 847
36.2 Management des Personaleinsatzes 851
36.3 Personalführung 867

Leitfragen

- Welche Besonderheiten weist das Management der „Humanressourcen" bei Medienunternehmen auf?
- Welches Trends bestimmen die Entwicklung neuer Berufsbilder in der Medienbranche?
- Welche neuen Berufsbilder sind im Bereich der „Content Creation" in den letzten Jahren entstanden?
- Wie wirkt sich die Digitalisierung auf den Bereich der „Content Transformation" aus?
- Inwiefern kann von einem „Trend zur Entspezialisierung" der journalistischen Tätigkeiten sprechen?
- Vor welchen besonderen Aufgaben und Anforderungen stehen Journalisten?
- In welche Teilbereiche unterteilt man die Aufgabe des Personaleinsatzmanagements?
- Welche Hindernisse stellen sich dem Ansatz entgegen, den Personalbedarf aus der zu erbringenden Leistung (Output) abzuleiten?
- Was versteht man unter einem „Stellenplan"?
- Welche Typen von freien Mitarbeitern unterscheidet man?
- Welche Relevanz hat § 12a Tarifvertragsgesetz für das Personalmanagement von Medienunternehmen?
- Was versteht man im Kontext der Beschäftigung freier Mitarbeiter unter „Prognose"?
- Welche Quellen können bei der Personalbeschaffung genutzt werden?
- Inwiefern bereitet die Beschaffung kreativer Ressourcen besondere Schwierigkeiten?
- Welche Formen der Personalfreisetzung sind zu unterscheiden?
- Durch welche Faktoren ist die Personaleinsatzplanung bei einer Filmproduktion gekennzeichnet?
- Welche arbeitsrechtlichen Rahmenbedingungen sind für Medienunternehmen besonders relevant?
- Welche Bedeutung haben Manteltarifverträge für Medienunternehmen?
- Wie ist „Scheinselbständigkeit" definiert?
- Welche Bestandteile sollte ein Arbeitsvertrag aufweisen?
- Aus welchen Gründen sollte eine sog. „Potenzialbeurteilung" die Leistungsbeurteilung eines Mitarbeiters ergänzen?
- Was ist ein „Honorarrahmen"?
- Welche Ansätze der Personalentwicklung unterscheidet man?
- Aus welchen Komponenten besteht das „handlungstheoretische Führungsmodell von Neuberger"?
- Welche fünf zentralen Führungstheorien unterscheidet man?
- Welche Relevanz hat „Charisma" in der Personalführung?
- Welche verhaltenstheoretischen Ansätze kann man unterscheiden?
- Was versteht man unter „Attributionstheorien"?
- Welche Aussagen treffen die „Interaktionstheorien"?
- Was besagen die „situationstheoretischen Ansätze"?
- Was unterscheidet im Kontext der Motivationstheorie die „Inhaltstheorien" von den „Formal- oder Prozesstheorien"?
- Welche Anforderungen sind an ein ganzheitliches Personalmanagement-Konzept zu stellen?

Gegenstand

In den Aufwandsstrukturen von Medienunternehmen nehmen die Personalaufwendungen eine prominente Rolle ein. Bei öffentlich-rechtlichen Rundfunkanstalten mit einer hohen Eigenproduktionsquote und einem sehr differenzierten Leistungsprogramm in Fernsehen und Hörfunk beträgt der Personalaufwand für festangestellte Mitarbeiter (Personalaufwand i. e. S.) und für freie Mitarbeiter (Urheber-, Leistungs- und Herstellervergütungen, kurz als „Honorare" bezeichnet) zusammengenommen in der Regel mehr als 50 Prozent. Private Fernsehsender liegen wegen ihres kommerziell getriebenen schmaleren Programm-„Korridors" und des relativ höheren Anteils an gekaufter Programmware logischerweise deutlich darunter. ProSiebenSat.1 wies 2012 ca. 2.900 feste Stellen aus mit einem Personalaufwand von 267 Mio. Euro, was gemessen am Umsatzerlös von 2.356 Mio. Euro ca. 11 Prozent ausmacht; die Investitionen in den Kauf vorgefertigter Programme („Erwerb von Programmrechten") nehmen dort mit 843,3 Mio. Euro die zentrale Position ein.

Unabhängig davon, welchen Betrachtungswinkel man anlegt und welches Mediensegment man anschaut, steht fest, dass die Nutzung des menschlichen Faktors für Medienunternehmen von zentraler Relevanz ist. Das Personal ist ein entscheidender und damit zugleich kritischer Erfolgsfaktor des Managements eines Medienunternehmens. Vor allem ist es die zentrale Schlüsselressource. Der Hauptgrund hierfür ist, dass Medienprodukte in entscheidender Weise vom Content geprägt werden, wie er in den Köpfen von Menschen erzeugt und von Menschen umgesetzt wird. Kreativität, Engagement und Begeisterung der Mitarbeiter von Medienunternehmen sind die entscheidenden Erfolgsfaktoren. Dem Management der Ressource Personal muss also besondere Beachtung geschenkt werden.

„Die Personalfunktion der Unternehmensführung umfasst alle mitarbeiterbezogenen Planungs-, Steuerungs- und Kontrollaufgaben (Personalmanagement) sowie die Beeinflussung des Mitarbeiterverhaltens im Hinblick auf die Erreichung der Unternehmensziele (Personalführung). …. Das Personalmanagement umfasst alle im Zusammenhang mit den Mitarbeitern eines Unternehmens anfallenden Planungs-, Steuerungs- und Kontrollaufgaben" (Dillerup/Stoi 2013: 586).

Eine besondere Rolle spielt in diesem Zusammenhang die Personalführung (oft verkürzt als „Führung" bezeichnet), worunter die zielorientierte Beeinflussung der Einstellungen und des Verhaltens von Einzelpersonen – v. a. von Mitarbeitern durch Vorgesetzte – zu verstehen ist, aber auch die Beeinflussung der Interaktion in und zwischen Gruppen. Zweck der Personalführung ist es, die Leistungspotenziale der Mitarbeiter auszuschöpfen – unter Berücksichtigung ihres Wohls und ihrer Gesundheit sowie ein gedeihliches Zusammenarbeiten im Kontext des Unternehmens sicherzustellen. Ziel ist es, eine „gesunde" Führungsbeziehung zwischen Mitarbeitern und Vorgesetzten zu erzeugen, die auf gemeinsamen Werten beruht und möglichst keinen Belastungen ausgesetzt ist.

Dass dies keine leichte Managementaufgabe ist, zeigen die Klagen aus der Praxis, wo Motivationsdefizite, innere Kündigung, fehlende Teamfähigkeit, mangelnder Gemeinsinn, ungelöste Konflikte oder unzulängliche Kommunikation immer wieder als Probleme genannt werden. Diese Klagen gelten auch für Medienunternehmen, was eine Äußerung für den Redaktionsbereich illustrieren mag: „Als zentrale Schwierigkeiten redaktioneller Führung scheinen Motivationsdefizite, fehlende Teamfähigkeit (auch des Chefs oder der Chefin) und eine mangelhafte Informations- und Kommunikationspolitik in der Redaktion im Vordergrund zu stehen" (Meckel 1999: 94).

Für das Personalmanagement von Medienunternehmen ergibt sich die schwierige Frage, inwiefern die Erkenntnisse der Personalführung generell auf Medienunternehmen und speziell auf die Content schaffenden Bereiche wie die Redaktionen übertragbar sind.

Kompliziert ist insbesondere auch die arbeitsrechtliche Seite. Nachfolgendes Zitat beleuchtet dies treffend: „Unter welchen rechtlichen Konditionen wird heute Information und Wissen gesellschaftlich produziert und verarbeitet? Neben der Technik, der Ökonomie ist das Arbeits- und Tarifrecht gefordert. Die komplexen Fragen der Nutzung, des Eigentums, der Verwertung von Information sind Teil einer höchst kontroversen Geschichte" (Olenhusen 2008: 28).

36.1 Personal im Medienbereich – Ein Überblick

In Kapitel 7 ist dargelegt, dass der Mediensektor als **hochgradig personalintensiv** zu bezeichnen ist. Noch deutlicher gilt diese Aussage für den TIME-Sektor insgesamt, in dem ca. 1,5 Mio. Beschäftige tätig sind.

(1) Betrachtet man die Betätigungsfelder in der Medienbranche näher, so zeigt sich eine große **Vielfalt möglicher Funktionen** bzw. **Berufsbilder**, die sich anhand der medialen Wertschöpfungskette zuordnen lassen (vgl. Abb. 36-1). Dabei lassen sich für die Stufen 1 bis 4 verstärkt redaktionelle, also inhaltlich-gestalterische Funktionen ausmachen, während Produktion und Technik insbesondere den Stufen 3 und 5 zuzuordnen sind. Beginnend mit Stufe 4 treten Marketingfunktionen in den Vordergrund, während die Administration durchgängig eine Rolle spielt.

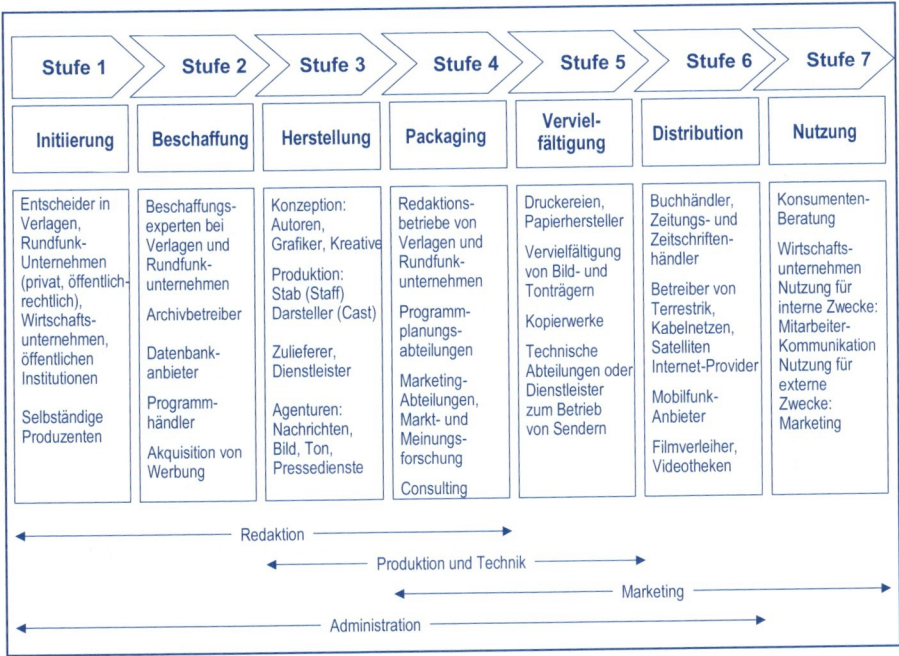

Abb. 36-1: Personal-Clusters im Medienbereich

Mit einem etwas anderen Akzent lassen sich die Humanressourcen von Medienunternehmen anhand der „Nähe zum kreativen Kern" anordnen, woraus sich ein Kontinuum zwischen „Content Creators" und „Content Transformers" ableiten lässt (vgl. Schirmer 2013: 20):

- Content Creators sind alle Mitarbeiter, die an der Erstellung des kreativen Medienprodukts beteiligt sind (z. B. Journalisten, Verleger, Produzenten, Lektoren).
- Content Transformers sind alle diejenigen, die für die Verwertung und die wirtschaftlichen Prozesse zuständig sind (z. B. Marketing- und Salesmanager, Personalverantwortliche, Controller.

(2) In neuerer Zeit haben sich im Bereich der **Content Creation** einschneidende Veränderungen vollzogen. Haupttrends sind (vgl. Mast 2012: 484 ff.):

- Zunahme der Medienkonkurrenz: Die Vervielfältigung und Ausdifferenzierung der Angebote hat ständig zugenommen, während das Zeit- und Finanzbudget der Rezipienten bestenfalls nur ein schwaches Wachstum verzeichnet. Die Journalisten stehen in der Folge unter erheblichem Druck, da sie mehr denn je marktorientiert arbeiten müssen. Sie sind gezwungen, sich als Dienstleister des Publikums zu definieren und ihr Tun konsequent auf Markt- und Zielgruppenorientierung auszurichten. Marketing wird zu einer Kernkompetenz von Journalisten.
- Digitalisierung und Vernetzung der Technik: Moderne Technologien haben die Arbeits- und Organisationsabläufe in den Redaktionen dramatisch verändert. Wichtigster Trend ist die Verlagerung von Tätigkeiten aus dem Produktionsprozess an den Arbeitsplatz des Redakteurs.

„Er kann die Zeitungsseiten fertigstellen und druckfertig gestalten. Als Hörfunkredakteur bearbeitet er seinen Beitrag am digitalen Schnittplatz, die Arbeit des Cutters entfällt. Gleiches gilt für den Setzer, den die Einführung der Computer in den Zeitungen überflüssig machte. Alte Berufe wurden beseitigt und neue sind entstanden (z. B. Info-Grafiker). Technische Aufgaben wie der digitale Schnitt im Hörfunk gehören für Journalisten heutzutage längst zur täglichen Arbeit. Die Redaktions- und Ressortorganisation muss sich diesen veränderten Anforderungen anpassen, z. B. indem Abstimmungsprozesse neu definiert und zentrale Steuerungseinheiten wie Newsdesks etabliert werden" (ebd. 485).

- Unternehmenspolitische Entscheidungen in den Medien: Verlage und Sender unternehmen große Anstrengungen, kluge strategische und operative Antworten auf die Digitalisierung zu geben. So betonen sie die Crossmedialität und lassen die Redaktionen Inhalte für mehrere Verbreitungskanäle (z. B. gedruckte Zeitung, Internet, mobile Dienste) produzieren. In diesem Zusammenhang legen sie Redaktionen zusammen und verändern die internen Redaktionsstrukturen – insbesondere dahingehend, dass die bisherigen starren Ressortgrenzen aufgebrochen werden und ressortübergreifende Arbeitsmodelle Einzug halten (z. B. Zusammenführung der Mantelressorts mehrerer Zeitungen in einem gemeinsamen Content Desk).

„So haben seit 2009 die drei großen Ruhrgebietszeitungen „Westdeutsche Allgemeine Zeitung" (WAZ), „Neue Rhein-/Neue Ruhrzeitung" (NRZ) und „Westfälische Rundschau" (WR) einen gemeinsamen Content Desk und werden damit von einer einzigen Mantelredaktion produziert. Anstelle der klassischen Ressorts arbeiten also thematisch eingeteilte Newsdesks ... Ähnlich verhält es sich bei den vier Wirtschaftstiteln von Gruner + Jahr „Financial Times Deutschland" (FTD), „Capital", „Impulse" und „Börse Online", die ebenfalls im Jahr 2009 redaktionell zusammengefasst wurden. Und auch der Springer-Verlag zieht mit seiner WELT-Gruppe bei der Entwicklung mit. Einen Schritt weiter ging die DuMont-Verlagsgruppe mit der Gründung einer DuMont-Redaktionsgemeinschaft GmbH. Seit 2010 verfasst das 25-köpfige externe Journalistenteam die vier Titel „Berliner Zeitung", „Frankfurter Rundschau", „Kölner Stadt-Anzeiger" und „Mitteldeutsche Zeitung" mit Artikeln für die Ressorts Politik, Wirtschaft und Gesellschaft" (ebd. 487).

Alle diese Trends sorgen dafür, dass sich die Anforderungen an die Journalisten massiv verändert haben. Man setzt nun voraus, „dass die Journalisten über Qualifikationen verfügen, die mit dem traditionellen Berufsbild nicht mehr allzu viel gemein haben: Managementqualitäten, Teamfähigkeit, vernetztes Denken. Der klassische Einzelkämpfer verliert im Journalismus an Bedeutung" (ebd. 487).

Die Veränderung der Berufsbilder im Bereich der Content Creation kann – gesamthaft betrachtet – als Trend zur Generalisierung bezeichnet werden, der das traditionelle Konzept der Spezialisierung zunehmend aufweicht und ergänzt. Spiegelbildlich kann man auch von einem **„Trend zur Entspezialisierung"** sprechen (vgl. Mast 2012: 288). Es ist bemerkenswert, dass dieser Trend vor allem bei den klassischen Universalmedien der Zeitungen, im Hörfunk und im Fernsehen zu verzeichnen ist, nicht jedoch im gleichen Umfang bei Online-Medien. Dort „arbeiten Online-Journalisten (derzeit noch) mit einer stärkeren thematischen Spezialisierung als Journalisten in den traditionellen Medien" (Mast 2012: 488).

> „Der seit langer Zeit zu beobachtende Trend zur inhaltlichen Spezialisierung im Journalismus wird bei Universalmedien durch eine weitere Funktion ergänzt: Journalisten müssen ihr Spezialwissen in das Gesamtprodukt einbringen, indem sie es auch für andere Sparten fruchtbar machen. Auch in Zukunft wird – vor allem im sogenannten Qualitätsjournalismus – ein hohes Maß an Fachkompetenz unabdingbar sein. Der Feuilleton-Redakteur, der nur Ballettkritiken schreibt, ist für die meisten Medien untragbar geworden. Sie wollen den Allround-Journalisten mit Fachwissen, der weiß, wie er seine Zielgruppe ansprechen kann. Es wird also immer mehr darauf ankommen, auch einem Publikum außerhalb des eigenen Fachressorts Detailwissen und Fachkenntnisse nahe zu bringen. Vermittlungskompetenz und die exakte Kenntnis von Zielgruppen werden dementsprechend wichtiger" (ebd.).

(3) Gravierende und nachhaltige Veränderungen der Arbeitsabläufe vollziehen sich im Kontext der Digitalisierung auch im Bereich der **Content Transformation**. So ist z. B. der Entspezialisierungstrend nicht nur im Kreativbereich zu beobachten, sondern wird auch im Produktionsbereich zu einem konstituierenden Prinzip, wie das Beispiel des sog. „Online Content Managers" zeigt.

> Der Content Manager ist für die inhaltliche Konzeption, Weiterentwicklung und die Produktion redaktioneller Beiträge für Online-Dienstleistungen verantwortlich. Er koordiniert die Redaktionsteams und sorgt für die Abstimmung der Bereiche Screen-Design, Marketing, PR, Vertrieb und Programmierung. In seinen Verantwortungsbereich fällt auch die Akquisition redaktioneller Kooperationspartner. Der Content Manager verantwortet alle Projekte und Termine, sorgt für die Qualitätssicherung, beobachtet den Markt und spürt neue Trends auf.

Alle Bereiche der Umsetzung eines kreativen Konzepts sind betroffen und verlangen von den Beteiligten ein neues Rollenverständnis und neue Fähigkeiten. Auch entstehen völlig neue Berufsbilder, die die traditionellen ergänzen oder sogar ablösen. Die Digitalisierung eröffnet Professionalisierungspotenziale auf allen Ebenen.

> Die veränderte personale Kompetenz im technisch-produktionellen Bereich und damit die Herausbildung neuer Berufsbilder sei an einigen Beispielen aus der Filmbranche illustriert: „Die Einführung und Nutzung neuer Technologien erfordert Zusatzqualifikationen bei den beteiligten Berufsgruppen. So nimmt z. B. der *Post Production Supervisor* (PPS) verstärkt eine zentrale Position ein. Er wird bei größeren, internationalen Produktionen besetzt und ist das Bindeglied zwischen Produktion und Postproduktionsdienstleister. Seine Aufgabe besteht darin, technische Workflows zu planen und zu überwachen sowie alle visuellen Effekte mit Regie, VFX, Kamera und Produktion abzustimmen. In der Postproduktionsphase wird er somit aufgrund seines spezifischen Fachwissens den klassischen Produktionsleiter zusehends ablösen.
>
> Ein *Digital Image Technician* (DIT) ist spezialisiert auf Kenntnisse über Postproduction-Tools, über Kameraeinstellungen und deren Auswirkungen auf die Ausbelichtung sowie auf elektrotechnisches Fachwissen. Dies muss er anwenden können, wenn er Look, Kosten, Abläufe und Equipment für einen Film mit dem Kameramann, Post Production Supervisor, Montage und Regie abstimmt" (Keil/Milke 2009: 459).

Der Journalist: Aufgaben und Anforderungen

Journalisten haben eine „Schlüsselfunktion im Netzwerk der gesellschaftlichen Kommunikation" (Mast 2012: 478). Im Sinne der Theorie des Agenda Setting entscheiden sie, darüber, welche Themen auf die „Tagesordnung" der öffentlichen Aufmerksamkeit gesetzt werden. Aus einer unübersehbaren Flut von Informationen aus unzähligen Quellen erstellen sie Informationen und mediale Produkte in gefilterter, konzentrierter und geprüfter Form und sorgen für Orientierung. Ihre Arbeit in den Medien und für die Medien (Zeitungen, Zeitschriften, Hörfunk, Fernsehen, Internet) ist von höchster gesellschaftlicher und politischer Bedeutung. Journalisten im Dienste interessengeleiteter Publikation von Unternehmen betreiben Public Relations und haben aber auch hier einem hohen Anspruch gerecht zu werden. Wird die journalistische Rolle fehlinterpretiert, sind Schäden unvermeidbar.

Die folgenden journalistischen Berufsfelder lassen sich unterscheiden (vgl. Mast 2012: 474):
- Medien: z. B. Zeitungs-, Zeitschriften-, Hörfunk- Fernseh- und Online-Journalismus
- Funktionen: z. B. Informations-, Unterhaltungs-, Ratgeberjournalismus, Datenjournalismus
- Arbeitsposition: z. B. Volontär, Redakteur, Ressortleiter, Chef vom Dienst, Editor, Abteilungsleiter
- Berufsaufgabe: z. B. Reporter, Berichterstatter, Umbruchredakteur, Community Manager, Redaktionsleiter, Nachrichten-, Bildjournalist, Moderator.

Im Hinblick auf die Art der Tätigkeiten können die folgenden Segmente unterschieden werden, wobei sowohl Spezialisten als auch Generalisten am Werk sind (vgl. ebd. 473 ff.):
- Recherchieren, Dokumentieren: Journalisten erschließen Material aus Archiven, Datenbanken, aus dem Internet, in persönlichen Gesprächen. Ihre Veröffentlichungen werden wiederauffindbar dokumentiert und archiviert.
- Auswählen, Redigieren: Sie haben ferner die (Routine-)Aufgabe der Selektion relevanter Nachrichten und der Bearbeitung fremder Beiträge oder Zulieferungen.
- Formulieren: Journalisten konzipieren, schreiben und verfassen eigene Beiträge und benötigen daher die Fähigkeit, mediengerecht zu formulieren.
- Kommentieren, Bewerten: Bei allem Bemühen um Objektivität ist klar, dass jedes journalistische Handeln subjektiv geprägt ist. Die deutlichste Form der Subjektivität zeigt sich in Kommentaren, Leitartikeln, Glossen oder Kritiken. PR-Experten können ebenfalls als subjektiv agierende Journalisten bezeichnet werden.
- Moderieren: Journalisten nehmen – seitdem sich die Kommentarfunktion bei Online-Ausgaben und Blogs durchgesetzt hat – zunehmend auch eine Moderatoren-Rolle ein. Die Spannbreite reicht von reinen Moderationsjournalisten (ausschließlich Pflege von Kommentaren und Blogs) bis hin zu Journalisten, die das Feedback zu ihrem eigenen Artikel bearbeiten. „Auch hier geht die Entwicklung in Richtung Outsourcing. So haben einige Publikationen bereits ihre Kommentare eingestellt bzw. auf externe Plattformen (z. B. Facebook) ausgelagert. Der Koordinations- und Moderationsaufwand sei sonst nicht mehr tragbar gewesen" (ebd. 475).
- Bearbeiten, Präsentieren: Journalisten müssen fähig sein, die von ihnen generierten Inhalte in gestalterischer und dramaturgischer Hinsicht zielgruppengerecht aufzubereiten und zu präsentieren.
- Planen und Organisieren: Hier geht es um die Erarbeitung von marktgerechten Redaktionskonzepten, um die Themenplanung und die Planung der Programm- und Sendestrecken. Ziel ist die Abgrenzung von der Konkurrenz.
- Management: Gefordert ist vom Journalisten zunehmend Verständnis und Verantwortung für die Arbeitsteilung und Zusammenarbeit in den Redaktionen, für Mitarbeiterführung einschließlich des Aufbau und der Betreuung eines Stammes von freien Mitarbeitern.

Entscheidend für die Arbeit von Journalisten ist ihre Professionalität: „Sie brauchen gute Kenntnisse über Möglichkeiten und Grenzen der journalistischen Bearbeitung, und sie arbeiten in Medienunternehmen, die um ihre Zukunft auf den Märkten kämpfen und Ziel und Vorgaben für die redaktionelle Arbeit aufstellen. Daher sind intensive Kenntnisse über die speziellen Möglichkeiten der Zeitungen, Zeitschriften, des Hörfunks und Fernsehens sowie der Online-Medien gefordert, um die Stärken des jeweiligen Mediums richtig einzuschätzen und bewusst zu gestalten" (ebd. 476).

36.2 Management des Personaleinsatzes

Beim Personalmanagement unterscheidet man zweckmäßigerweise die konkreten operativen Arbeitsfelder und Fragen der Personalführung. Als operative Arbeitsfelder sind die folgenden Themen relevant (in Anlehnung an Dillerup/Stoi 2013: 597 ff.):

- Personalbedarfsbestimmung;
- Personalbeschaffung;
- Personalfreisetzung;
- Personaleinsatzplanung;
- Personalbeurteilung;
- Personalentlohnung;
- Personalentwicklung;
- Unterstützungsfunktionen: Personalcontrolling, Personalverwaltung.

(1) Am Beginn des Personalmanagementprozesses steht die Bestimmung des **Personalbedarfs** (vgl. z. B. Scholz 2000: 251; Jung 2011: 113 ff.). Dieser manifestiert sich örtlich (nach Einsatzorten), zeitlich (notwendige Dauer des Personaleinsatzes), qualitativ (benötigte Fähigkeiten und Kenntnisse der Mitarbeiter) und quantitativ (Anzahl der benötigten Mitarbeiter). Mit dem Personalbedarf wird die Kapazität definiert, die für das Leistungsprogramm des Medienunternehmens zur Verfügung stehen muss, um die erforderliche Arbeit bewältigen zu können.

Ziel muss es sein, für die Bemessung des Personalbedarfs objektivierbare Messgrößen zu finden, die allseits anerkannt sind. Einflussfaktoren des Personalbedarfs sind:

- Output-Faktoren: Höhe, Struktur und Entwicklung des Leistungsprogramms;
- Prozess-Faktoren: v. a. technische Ausstattung, Arbeitszeitregelungen;
- Input-Faktoren: z. B. Fluktuation.

Es ist wünschenswert, den Personalbedarf möglichst exakt zu ermitteln. Hierzu bieten sich zahlreiche Ansätze an (vgl. Dillerup/Stoi 2013: 698 ff.). Bei Medienunternehmen ist dies allerdings grundsätzlich deutlich schwieriger als etwa im Kontext von Industrieprozessen, wo sich die für das Leistungsprogramm erforderliche Arbeitszeit aus der Multiplikation der Anzahl der Arbeitsvorgänge mit den erforderlichen Bearbeitungszeiten pro Arbeitsvorgang mit hoher mathematischer Genauigkeit errechnen lässt. Bei den Medien kann eine logisch aus dem Leistungsprogramm abgeleitete Kapazitätsrechnung am ehesten noch für den Druckbereich entwickelt werden.

> Ein illustratives Beispiel bietet der Arbeitsvorgang der Bogenmontage: „Der Arbeitsvorgang der Bogenmontage gliedert sich in die Arbeitsschritte Rüsten und Ausführen. Das Rüsten beinhaltet das Öffnen der Dateien und das Aufrufen des Ausschießschemas. Das Ausschießschema ist die Vorlage, nach der die Bogen montiert werden. Die Rüstzeit fällt bei jedem Auftrag einmal an. Die Ausführung wird weitgehend von den Rechenvorgängen des Rechners bzw. des Netzwerks bestimmt und läuft weitgehend automatisiert ab. Wie bereits ... erläutert, wird hier die Zeitwert- oder Verrechnungssatzkalkulation angewandt. Hierbei wird die benötigte Arbeitsdauer mit dem in der Platzkostenrechnung ermittelten Verrechnungssatz (Minutensatz) multipliziert. Rüsten: 7 Minuten. Ausführen: Die Ausführungszeit für die Bogenmontage ist abhängig von den später herzustellenden Druckplattenformaten" (Beste/Hahn/Wolf 2006: 88; Literaturnachweis in Kapitel 20).

Im Bereich Rundfunk, bei Agenturen oder im Kreativbereich von Verlagen stellt sich die Frage der Bedarfsermittlung deutlich schwieriger dar, da der Bedarf nicht mehr logisch und direkt aus Output- bzw. Leistungsmerkmalen ableitbar ist. Für diesen Fall eignen sich weder Kapazitätsrechnungen noch statistische oder Schätzverfahren, geeignet sind vielmehr organisatorische Verfahren der Bedarfsermittlung. Hierbei erfolgt die Bedarfsermittlung auf der Grundlage der im Organisationsschema festgelegten Personalstruktur, wie sie sich im **Stellenplan** ausdrückt. Als Personalbedarf gelten die unbesetzten Stellen im Stellenplan, weshalb diese Methode auch als Stellenplan- bzw. Arbeitsplatzmethode bezeichnet wird, die im Rahmen der organisatorischen Verfahren Anwendung findet (vgl. Dillerup/Stoi 2013: 599).

„Die Bedarfsermittlung erfolgt nicht aufgrund leistungsbezogener Merkmale, sondern auf Basis organisatorischer Gesichtspunkte wie z. B. gesetzlicher Bestimmungen oder der Organisationsstruktur. Die Methoden werden vor allem dann eingesetzt, wenn die zu besetzenden Stellen weitgehend unabhängig von der quantitativen Arbeitsleistung sind. ... Bei der weit verbreiteten **Stellenplanmethode/Arbeitsplatzmethode** erfolgt die Bedarfsermittlung aufgrund des Stellenplans. Dort sind alle Stellen ausgewiesen, unabhängig davon, ob sie besetzt sind oder nicht" (ebd.). Bei den öffentlich-rechtlichen Rundfunkanstalten ist der jährliche Stellenplan Bestandteil der Jahreswirtschaftsplanung und im Wirtschafts- bzw. Haushaltsplan explizit ausgewiesen. Er gliedert sich entsprechend der spezifischen Organisationsstruktur und nach den Vergütungsgruppen des Tarifvertrages. Dokumentiert ist das für das Planjahr vorgesehene Planstellen-Soll (vgl. Abb. 36-2: Beispiel Stellenplan des Südwestrundfunks für das Haushaltsjahr 2006).

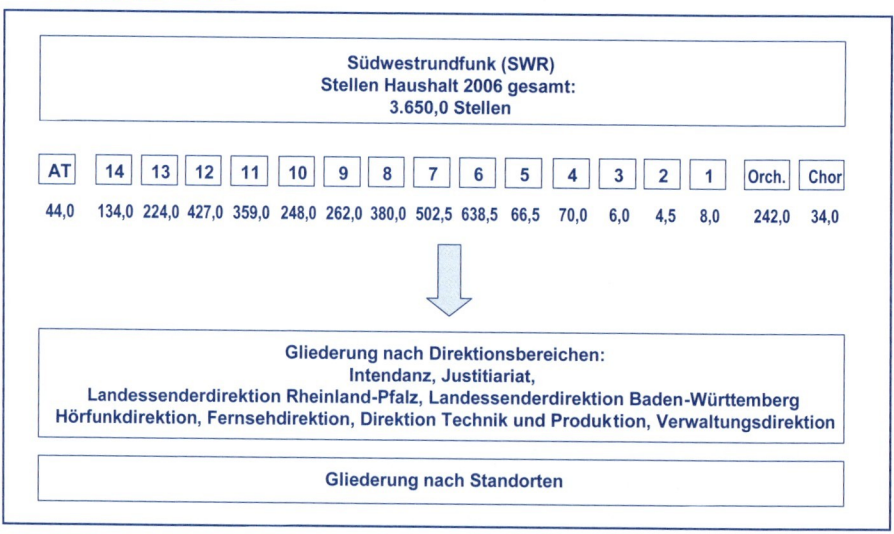

Abb. 36-2: Stellenplan des Südwestrundfunks (2006)

Bei der Ermittlung des Personalbedarfs spielt für die Medienunternehmen die Frage eine wichtige Rolle, ob die Mitarbeiter als **Festangestellte** oder in **freier Mitarbeit** beschäftigt werden sollen (vgl. zu diesem Thema insbesondere Olenhusen 2008). Freie Mitarbeit bedeutet faktisch ein Outsourcing von Personalressourcen und die nur fallweise bzw. projektorientierte Beschäftigung. Für die freie Mitarbeit sprechen viele gute Gründe – so etwa bei Rundfunkanstalten, dass viele verschiedene Formate zu bedienen sind, dass praktisch das gesamte Leistungsprogramm in Form von Projekten erstellt wird, dass der Bedarf an auftragsbezogener Mitarbeit besonders hoch ist oder dass wegen des Wochenend- und Nachtbetriebs der Bedarf an Springerfunktionen im Redaktionsalltag besonders hoch ist. Daher ist es verständlich, dass alle Medienunternehmen sorgfältig prüfen, inwieweit es notwendig ist, Stellen in Festanstellung auszuweisen oder ob nicht vielmehr die freie Mitarbeit zu bevorzugen ist.

Vor diesem Hintergrund ist es typisch, dass die Medienunternehmen ein zweigleisiges Personalkonzept in der folgenden Weise verfolgen:

- Alle dauerhaft anfallenden Aufgaben werden prinzipiell von einem Kern von Festangestellten in unbefristeter Beschäftigung erledigt, wobei es selbst dort nicht unüblich ist, für Teile des Kreises der Festangestellten eine zeitliche Befristung der Arbeitsverträge vorzusehen, etwa beim Berufseinstieg.
- Für die Gestaltung einzelner Programmbeiträge oder für projektbezogene Aufgaben werden freie Mitarbeiter herangezogen.

Bei **freien Mitarbeitern** sind drei Typen zu unterscheiden, wobei sich insbesondere Rundfunk- und Filmunternehmen in sehr ausgedehntem Maße auf freie Mitarbeit stützen. Der gesamte Bereich der Filmproduktion wird praktisch vollständig mit eigens für das jeweilige Filmprojekt engagierten Personen bestritten. Freie Mitarbeit gilt als eine sog. „atypische Beschäftigung" (vgl. hierzu z. B. Schirmer 2013: 42 ff.).

Die **drei Typen** sind:

- „Normale" freie Mitarbeiter: Dies sind Einzelpersonen, die ihre Arbeitsleistung gegen ein im Voraus abgesprochenes Honorar zur Verfügung stellen. Möglich – aber nicht sehr häufig – ist auch eine Zusammenarbeit mit einem Sender oder Verlag in Form einer GbR, Partnerschaft oder GmbH.

    Die Regel ist die freie Mitarbeit als Einzelperson, da nur dann die Tarifverträge greifen, über die ein freier Mitarbeiter tarifvertragliche Ansprüche besitzt wie z. B. die Zahlung der Künstlersozialabgabe durch den Auftraggeber an die Künstlersozialkasse (KSK). Hintergrund ist die Künstlersozialversicherung, nach der selbständige Künstler und Publizisten in der gesetzlichen Renten-, Kranken- und Pflegeversicherung pflichtversichert sind und Beiträge zu zahlen haben. Zu diesen Beiträgen leistet die Künstlersozialkasse einen Zuschuss von 50 %, der wiederum zu 40 % vom Staat und zu 60 % durch die Unternehmen und Einrichtungen finanziert wird, welche die künstlerische oder publizistische Leistung verwerten.

- Feste freie Mitarbeiter („arbeitnehmerähnliche Freie", „Feste Freie"): Hierbei handelt es sich um Mitarbeiter, die einen Sonderstatus nach § 12a Tarifvertragsgesetz genießen und als besonders schutzbedürftig gelten, weil sie von einem einzigen Arbeitgeber wirtschaftlich abhängig sind. Kriterium ist, dass mindestens ein Drittel ihres Einkommens aus der Geschäftsverbindung des freien Mitarbeiters mit dem Medienunternehmen stammt. Für diesen Personenkreis werden eigene Tarifverträge abgeschlossen.

    Das Tarifvertragsgesetz (TVG) regelt die Rechte und Pflichten der Tarifvertragsparteien – Arbeitgeber und Gewerkschaften – und enthält Rechtsnormen, die den Inhalt, den Abschluss und die Beendigung von Arbeitsverhältnissen sowie betriebliche und betriebsverfassungsrechtliche Fragen betreffen. § 12a TVG Personen definiert „arbeitnehmerähnliche Personen" als solche, die „wirtschaftlich abhängig und vergleichbar einem Arbeitnehmer sozial schutzbedürftig sind".

Freie Mitarbeit im Rundfunk – ein brisantes Thema

„Freie Mitarbeit in Medienunternehmen beschreibt eine zeit-, projekt- und/oder eine produktbezogene Tätigkeit, bei der sowohl die zu erbringende Aufgabe als auch die Vergütung, der Zeitraum und Umfang vorab vertraglich fixiert werden. ... Somit gehören freie Mitarbeiter nicht zum festen Mitarbeiterstamm des Unternehmens, keinesfalls ist damit aber eine hinreichende Bedingung für das Vorliegen einer selbständigen Tätigkeit gegeben. ... Ein freier Mitarbeiter kann demnach sowohl als Selbständiger als auch als abhängig Beschäftigter im Unternehmen tätig werden" (Schirmer 2013: 42).

Um die Brisanz der Thematik der freien Mitarbeit zu illustrieren, insbesondere den Interessengegensatz zwischen einem Rundfunksender und dem freiem Mitarbeiter, sei (als ein historisches Beispiel) in Auszügen ein Statement der norddeutschen Landesverbände des Deutschen Journalistenverbandes (DJV) wiedergegeben, in der die Praxis des Norddeutschen Rundfunks – zu betonen: aus Sicht der freien Mitarbeiter! – gebrandmarkt wird (Quelle: DJV-Nordspitze, 01/2007, Seite 8 f.):

„Die Freiheit, frei für den NDR zu arbeiten, endet nach 15 Jahren. Maximal. Dann beginnt die Freiheit, sich wieder auf dem freien Arbeitsmarkt zu tummeln, auf der Suche nach einem anderen (medialen) Arbeitgeber. Und warum ist das so? Weil der NDR die Freiheit haben will – und laut Intendant haben muss – Journalistinnen und Journalisten ohne Festanstellungsrisiko für kurze oder längere Vertragszeiten zu beschäftigen. Oder eben wieder in die Freiheit des Marktes zu entlassen. Seit Monaten brodelt es in nahezu allen Programmen und Redaktionen. In den nächsten drei bis fünf Jahren enden für an die 100 Kolleginnen und Kollegen die schönen Jahre beim Norddeutschen Rundfunk. Nicht, weil sie ihre Leistungen nicht mehr erbringen, nicht, weil sie schlechter, langweiliger, unseriöser oder unmotivierter arbeiten als bisher. Sondern weil ihre Zeit abläuft. 15, 12, 10 Jahre als Freie im Rahmenvertrag gearbeitet – und tschüß.

Begründung: Das Festanstellungsrisiko. Mehr als 800 Rahmenverträglerinnen und Rahmenverträger beschäftigt der Sender in den vier norddeutschen Bundesländern, für Hörfunk, Fernsehen und Internet. Programmgestaltend, on und off air, vor und hinter der Kamera. Viele prominente Namen und Gesichter gehören dazu. Solange sie für den NDR tätig sind, dürfen sie unlimitiert arbeiten, dabei dürfen sie, ja sie sollen sogar laut Tarifvereinbarung auch außerhalb des Senders weitere Auftraggeber haben. Genau hier allerdings beißt sich die Katze in den Schwanz: Egal wie offensiv die Leitung des Hauses darauf dringt, dass sich die Freien nicht abhängig vom NDR machen, gibt es in vielen Bereichen von den Abteilungsleitern doch eine ganz andere Botschaft: Entweder Du bist ständig für die Redaktion verfügbar – oder Du bist draußen. Wer zu häufig Aufträge wegen anderer Verpflichtungen ablehnt, wird nicht mehr gefragt, so einfach ist das. Wo und wie also soll sich ein Freier/eine Freie mehrere Standbeine schaffen? Es stimmt, die Freien im NDR (im öffentlich-rechtlichen Rundfunk insgesamt) leben auf einer Insel der Seligen: Die Verdienstmöglichkeiten sind gut, teils hervorragend, die sozialen Leistungen des Arbeitgebers lobenswert, der Arbeitsdruck hoch, zugleich aber der Kreativität wenig Grenzen gesetzt. Wer als Zeitungs-Freie/r arbeitet, kann von all dem nur träumen. Doch die Befristung dämpft bei den NDR-Freien die Begeisterung. Zum Beispiel, wenn publik wird, dass ein 57-jähriger Kollege, zwölf Jahre im Rahmenvertrag, die letzten drei Jahre bis zur maximalen Frist von 15 Jahren nicht mehr zugesagt bekommt. Oder wenn Zahlen durch die Redaktion schwirren, wonach im nächsten Jahr an die 80 Kolleginnen und Kollegen gehen müssen. Dazu gehören dann zum Beispiel der Fernsehmoderator eines Landesprogramms, oder die Kollegin aus der Radio-Morningshow, der bekannte Veranstaltungstipps-Macher, der kreativste Kopf der Kulturredaktion, die hervorragende Nachrichtenfrau ... und so weiter.

,Wir wollen uns doch gar nicht einklagen', betonen die Freien, die sich mittlerweile mit Aktionen und Info-Veranstaltungen gemeinsam für ihre Zukunft einsetzen. Oder: ,Ich würde sogar einen Vertrag unterschreiben, dass ich mich nie, niemals einklage.' Nützt alles nix. Der NDR bleibt da hart. Und hält sich damit, jedenfalls nach Ansicht der DJV-Landesverbände aus Hamburg, Mecklenburg-Vorpommern, Niedersachsen und Schleswig-Holstein, nicht an den Tarifvertrag über befristete Programm-Mitarbeit. Da steht nämlich nirgendwo, dass jemand maximal 15 Jahre beschäftigt werden darf. Diese nur in einer Dienstanweisung festgeschriebene Frist ist nach Ansicht der Gewerkschaft willkürlich gesetzt. Es gibt, so heißt es in einer Resolution des DJV-Verbandstages, ,weder redaktionelle noch arbeitsrechtliche Gründe, die Beschäftigung freier Mitarbeiterinnen und Mitarbeiter zeitlich zu beschränken.'"

Ein „fester Freier" genießt tarifvertragliche Ansprüche wie bezahlten Urlaub, Urlaubs- und Weihnachtsgeld, Versorgungszusagen, Kündigungsschutz oder Lohnfortzahlung im Krankheitsfall.

> Insbesondere für die öffentlich-rechtlichen Rundfunkanstalten mit ihrem sehr hohen Anteil an freien Mitarbeitern, aber auch für jedes andere Medienunternehmen, stellt das Management der freien Mitarbeit eine Herausforderung dar. Bei Vorliegen bestimmter Voraussetzungen kann der freie Mitarbeiter versuchen, sich vor dem Arbeitsgericht auf Festanstellung einzuklagen, ein Tatbestand, der die Sender zu äußerster Wachsamkeit veranlasst. So haben sie ein ausgeklügeltes sog. „Prognose"-System entwickelt, das dafür sorgt, dass der freie Mitarbeiter nur innerhalb eines bestimmten Umfangs beschäftigt wird, um die Festanstellungsklage von vornherein aussichtslos zu machen. Wer bei einer Rundfunkanstalt als freier Mitarbeiter arbeitet, darf danach in der Regel nur an einer im Voraus festgelegten („prognostizierten") Höchstzahl von Arbeitstagen im Monat tätig sein, häufig zwischen sechs und acht Tagen. Dieses Limit wird im Sender-Jargon als „Prognose" bezeichnet. Die Prognose beugt in wirksamer Form möglichen Festanstellungsklagen vor: wer lediglich z. B. acht Tage pro Monat Einsatzzeit hat, kann sich vor dem Arbeitsgericht keine Vollzeitstelle, sondern eine Festanstellung in Höhe von maximal acht Tagen (bei einem Gehalt von 8/22 des Tarifgehalts) erstreiten, eine Perspektive, die für die meisten Freien unbefriedigend und unattraktiv ist.
>
> Einige „feste Freie" arbeiten dennoch nachhaltig über der in der Prognose festgelegten Grenze. Diese Verträge werden als „aufgeschlossen" bezeichnet. Der Grund ist einfach: diese Personen sind zumeist in sehr exponierter Funktion tätig, z. B. als bekannter Moderator, und die Einkünfte, die als freier Mitarbeiter erzielt werden, u. U. auch angereichert durch diverse Nebenaktivitäten (z. B. bei Events oder für Wirtschaftsunternehmen), sind so hoch, dass eine Festanstellungsklage von den Sendern nicht ernsthaft befürchtet werden muss.

- **Fremdkräfte:** Dies sind Personen, die über Zeitarbeitsunternehmen beschäftigt werden oder die über Werk- und Dienstverträge spezielle Aufgaben erledigen. Deren Verträge unterliegen einer zeitlichen Befristung.

(2) Bei der **Personalbeschaffung** geht es darum, für die definierten Stellen geeignete Mitarbeiter zu finden. Hierbei können zwei Quellen genutzt werden (vgl. Dillerup/Stoi 2013: 607 ff.):

- Interne Personalbeschaffung;
- Personalbeschaffung über externe Quellen.

Bei der **internen Personalbeschaffung** geht es um die Neustrukturierung und Umverteilung des bestehenden Personals. Zum einen gibt es Möglichkeiten, den Personalbedarf zu decken, ohne Personalbewegungen vornehmen zu müssen. Zu denken ist an Mehrarbeit/Überstunden, Arbeitszeitverlängerung, Urlaubsverschiebung. Zum anderen können Methoden der internen Personalbeschaffung gewählt werden, bei denen Personalbewegungen erfolgen. Diese betreffen die Versetzung, innerbetriebliche Stellenausschreibung, Umschulung, Umwandlung von Teilzeit- in Vollzeitarbeitsverträge, Übernahme von Auszubildenden nach Abschluss der Ausbildung. Die interne Stellenbesetzung ist ein wichtiges Instrument der Personalentwicklung, mit dem Aufstiegschancen und Motivationsquellen für einzelne Mitarbeiter aufgezeigt werden können.

Die **externe Personalbeschaffung** kann viele unterschiedliche Wege nutzen. Zur Verfügung stehen die folgenden Beschaffungskonzepte: Arbeitsvermittlung, Stellenanzeigen, College-Recruiting, Anwerbung durch eigene Mitarbeiter, Initiativbewerbungen, Bewerberkartei, Auswertung von Stellengesuchen, Personalleasing, Fremdarbeitnehmer (vgl. ebd. 608 f.). Als besonders kritischer Punkt der Personalbeschaffung gilt die Methodik der Personalrekrutierung.

> In der Praxis wird darüber geklagt, dass bei der Personalrekrutierung nicht selten zu ungenau gearbeitet würde. So dürfe es nicht sein: „Es ist immer wieder festzustellen, das bei technischen Investitionen eine Vielzahl sorgfältiger Prüfungen und Beratungen stattfindet, während bei einer Personaleinstellung – eine Investition, die oftmals künftige Personalausgaben in Millionenhöhe verursacht – oft nur sehr oberflächliche und fragwürdige Bewertungen vorgenommen werden" (Odenthal in Diekmann/Ottinger/ Teichert 1997: 121).

Die folgenden Instrumente der Personalauswahl stehen zur Verfügung:

- Analyse der Bewerbungsunterlagen;
- Personalfragebogen;
- Persönliches Vorstellungs- und Auswahlgespräch;
- Tests;
- Arbeitsproben und Übungen;
- Assessment-Center.

> „Ein Vorstellungsgespräch kann deshalb durchaus 60 Minuten und länger dauern, sollte in offener, aber ungestörter Atmosphäre geführt und auf seiten der Führungskraft anhand eines Frageleitfadens grob vorstrukturiert werden. Dass selbst diese geringfügigen Vorgaben oft immer noch ignoriert werden, rächt sich später. Wer gleich zu Beginn die Chance auf intensive und facettenreiche Begutachtung eines möglichen neuen Mitarbeiters vertut, der muss später womöglich sogar langfristig mit Menschen zusammenarbeiten, die vom Qualifikations- oder Persönlichkeitsprofil nicht zum Leistungsprogramm und zu sozialen Konstellation in der Redaktion passen. Im schlimmsten Falle muss sich das redaktionelle Management dann mit Leistungsdefiziten der Mitarbeiter, sozialen Spannungen in der Redaktion oder sogar mit arbeitsgerichtlichen Auseinandersetzungen herumschlagen" (Meckel 1999: 102).

Die Medien- und TIME-Branche steht bei der Beschaffung geeigneter Personalressourcen in vielfacher Weise vor besonderen Problemen. Ein Musterbeispiel sind die Schwierigkeiten, vor denen die TV-Sender und Filmemacher stehen, wenn sie bei ihren Programmkonzepten stark auf Kreativität und Innovation setzen wollen.

> Ein Statement hierzu des bekannten Filmemachers Dieter Wedel: „Zunehmend mehr Menschen haben doch die Nase voll, und zwar gestrichen voll, von den Game Shows, der verordneten Fröhlichkeit, dem verlogenen Serienschrott, dem sinnentleerten Zeittotschlagen und verlangen nach einem anderen Angebot, nach mehr Glaubwürdigkeit, nach Geschichten, die mit ihnen und ihrer Wirklichkeit zu tun haben. Das Problem ist, ... dass diese Geschichten eben nicht fließbandmäßig herzustellen sind wie die anderen. Man muss sich damit abfinden, dass die Kreativitätsressourcen ebenso begrenzt sind wie die Erdölvorkommen. Mehr gibt es halt nicht. Und ganz sicher hat die Vermehrung von Programmen nicht automatisch eine Vermehrung von Kreativität bewirkt" (Wedel 1999: 125 f.).

> Dass die Knappheit kreativer Ressourcen zu einem echten Engpassfaktor werden kann, belegt eine qualifizierte und ahnungsvolle Äußerung eines hochrangigen ARD-Vertreters in der Anfangszeit des privaten Rundfunks in Deutschland: „Menschlichen Leistungen im kreativen, journalistischen, wissenschaftlichen und künstlerischen Bereich sind bestimmte Spezifika eigen und unterscheiden sie damit von kontinuierlichen und weitgehend gleichbleibenden Tätigkeiten im handwerklichen, technischen und bürokratischen Fertigungsbereich. Für die zur Erstellung von Rundfunkleistungen erforderlichen Dienstleistungen ist es unter anderem charakteristisch, dass sie nicht beliebig verfügbar und reproduzierbar sind und damit für die Rundfunkanstalten im ökonomischen Sinn zu echten Engpassfaktoren werden. So sind qualifizierte Ideenangebote von Autoren, Komponisten, Regisseuren oder künst-

lerisch-darstellenden Leistungen durchaus als knappe Ressource anzusehen, die weder örtlich noch zeitlich beliebig vermehrt werden können. Eine Konsequenz daraus ist unter anderem, dass solchen Engpassfaktoren im ökonomischen Sinn auch entsprechende ‚Knappheitsrenten' gewährt werden müssen. Welche Bedeutung dem Tatbestand knapper menschlicher Arbeitsleistungen, vor allem im kreativen und darstellerisch-künstlerischen Bereich zukommt, ist bereits heute erkennbar und wird sich auf die künftige Konkurrenz zwischen öffentlich-rechtlichen und privaten Programmträgern auswirken: Bei veränderten Wettbewerbsverhältnissen im Medienbereich wird ein Wettlauf um begrenzte Personalressourcen im Non-Print-Bereich einsetzen. Das gelegentlich und meist ohne Detailkenntnis hochgespielte Phänomen der ‚Stargage' im Rundfunk wird sich in Zukunft in einer neuen Form zeigen" (Fünfgeld 1983: 64).

(3) Die **Personalfreisetzung** bedeutet den Abbau von Personalressourcen. Ziel ist der Abbau von Personalüberdeckung, deren Ursachen sein können:

- Konjunkturelle und saisonale Schwankungen;
- Strukturelle Veränderungen: Bedarfsverschiebungen, technologischer Wandel;
- Betriebliche Gründe: Betriebsstilllegung, Standortverlagerung, Reorganisation, Rationalisierung.

Die Maßnahmen der Personalfreisetzung können in die folgenden Formen unterschieden werden (vgl. Dillerup/Stoi 2013: 615):

- **Interne Freisetzung**: Hierbei erfolgt kein direkter Personalabbau, sondern lediglich eine Neustrukturierung des eingesetzten Personals. Möglich ist zum einen die zeitliche Freisetzung von Personal durch eine allgemeine Arbeitszeitverkürzung, durch Kurzarbeit, durch Arbeitszeitflexibilisierung, durch Überstundenabbau oder Urlaubsplanung. Des Weiteren kann durch Versetzung eine örtliche Personalfreisetzung erfolgen. Schließlich ist es möglich, durch Personalentwicklung die Mitarbeiterqualifikation zu ändern (Fortbildung, Umschulung) und dadurch den Mitarbeiter in eine andere Stelle zu versetzen.
- **Externe Freisetzung**: (a) ohne Kündigung („weicher Personalabbau"): Möglich ist der Einstellungsstopp bzw. Einstellungsbeschränkungen, die Nichtverlängerung befristeter Arbeitsverträge, der Einsatz von Aufhebungsverträgen oder Altersteilzeit und Frühpensionierung; (b) mit Kündigung („harter Personalabbau"): Bei der ordentlichen Kündigung erfolgt die Entlassung unter Beachtung der gesetzlichen, tarifvertraglichen und betrieblichen Kündigungsfristen. Als Kündigungsgründe kommen infrage: mangelnde Leistungsfähigkeit, Pflichtverletzungen, Störungen des Betriebsablaufs sowie die betriebsbedingte Kündigung (Änderung des Personalbedarfs). Bei der außerordentlichen Kündigung muss ein schwerwiegender Grund vorliegen. Die Entlassung erfolgt fristlos oder mit einer Auslauffrist.

Im Zeichen von Krisen verfolgen personalintensive Unternehmen wie die Medienunternehmen Konzepte, ihren festangestellten Personalstamm nachhaltig abzubauen und verstärkt auf Outsourcing zu setzen. Den öffentlich-rechtlichen Rundfunkanstalten wird diese Strategie von außen (u. a. durch die KEF) aufgezwungen. Ein solches Vorgehen ist nahe liegend und verständlich, kann aber zu unerwünschten Konsequenzen führen, wenn das betreffende Medienunternehmen (Verlag, Rundfunkunternehmen) dadurch auf lange Sicht Kernkompetenzen verlieren sollte.

(4) Die **Personaleinsatzplanung** sorgt für die anforderungs- und eignungsgerechte Zuordnung der Mitarbeiter auf die definierten Stellen mit dem Ziel der Sicherstellung der Betriebsbereitschaft. Das Personaleinsatz-Management muss die folgenden Aspekte einer Regelung und Steuerung zuführen (vgl. Dillerup/Stoi 2013: 616 ff.):

- Arbeitsaufnahme: Hier geht es um die Einführung und Einarbeitung neuer Mitarbeiter. Möglich sind zwei Herangehensweisen: (a) Anwendung eines systematischen Einarbeitungsprogramms; (b) schrittweises Einlernen während der Tätigkeit („on the job").
- Arbeitsinhalt: Zu entscheiden ist über den Umfang und den Inhalt an Arbeit, wie er einer Stelle zugewiesen werden soll. Zwei polare Möglichkeiten sind gegeben: (a) knapp gehaltener Inhalt; (b) weit gefasster Inhalt. Ziel ist die Herstellung der Vereinbarkeit der Arbeitserfordernisse und der geforderten Qualifikationen mit den physischen und psychischen Bedürfnissen des Mitarbeiters.
- Arbeitsort: Entschieden werden muss der Ort, an dem die Mitarbeiter die Arbeit verrichten. Möglich ist der Arbeitsort (a) innerhalb des Unternehmens; (b) außerhalb des Unternehmens. Ein bedeutendes Thema ist die menschengerechte Gestaltung der Arbeitsplätze.
- Arbeitszeit: Dabei geht es um den Zeitraum, in dem ein Arbeitnehmer seine Arbeitskraft dem Unternehmen zur Verfügung stellt. Als Konzepte zur Gestaltung der Arbeitszeit kommen infrage: (a) Traditionelle Formen: Mehrarbeit, Kurzarbeit, Schichtarbeit; (b) Flexible Formen: Teilzeitarbeit, Gleitende Arbeitszeit, Jahresarbeitszeit, kapazitätsorientierte variable Arbeitszeit.

Im Medienbereich – insbesondere bei Film und Fernsehen – steht die **projekt- und teamorientierte Leistungserstellung** im Fokus und sorgt für besondere Verhältnisse. Dabei sind zwei Formen der Zusammenarbeit zu unterscheiden, z. B. bei einer Filmproduktion (vgl. Oelsnitz/Busch 2009: 487 f.):

- Team mit variabler Beziehungsstruktur: Das variable Filmteam dominiert in der Production-Phase, wo für jede einzelne Filmproduktion ein eigenes Team aus Stab und Darstellern (Cast) zusammengestellt wird, das sich in dieser Form kein zweites Mal wiederfindet. Auch die Einsatzzeiten variieren von Projekt zu Projekt, obgleich von gewissen typischen Relationen ausgegangen werden kann.
- Team mit fester Beziehungsstruktur: In der Pre- und Post-Production-Phase ist typischerweise ein „stabiler Gürtel" am Werk, der für Planung, Aufbereitung und Vermarktung des Films zuständig ist. Hier dominieren oft dauerhafte persönliche Bindungen.

Mit welchen Schwierigkeiten sich die Filmemacher „herumschlagen" müssen, beleuchtet das nachfolgende Statement von Dieter Wedel: „Die Schauspieler, deren Gagen angesichts des explosionsartig vergrößerten Produktionsvolumens gewaltig gestiegen sind, hetzen von Drehtag zu Drehtag, häufig ohne ausreichende Vorbereitung. Den Text haben sie nur angelernt. Manchmal lohnt es auch gar nicht, ihn auswendig zu lernen. Manchmal ist er so miserabel, dass kostbare Produktionszeit am Drehort vergeudet wird, um ihn sprechbar zu machen. In der Regel erzählen sie den Text vage nach. Sie merken gar nicht, dass es diesmal gelohnt hätte, ihn zu studieren. Denn um wirklich eine Szene richtig zu spielen, muss ein Schauspieler den Text nicht auswendig kennen. Er muss ihn inwendig kennen" (Wedel 1999: 125 f.).

Personaleinsatz in der Filmproduktion

„Film ist Teamarbeit, und zur Produktion von Spiel- oder Fernsehfilmprojekten ist Teamarbeit wird eine Vielzahl von Mitarbeitern benötigt. Sie arbeiten in unterschiedlichen Departments und innerhalb verschiedener Phasen der Filmproduktion. Die Beschäftigungszeiträume aller Mitarbeiter, mit Ausnahme der Festangestellten der Produktionsfirma, sind beschränkt und die entsprechenden Fachkräfte müssen rechtzeitig für den entsprechenden Zeitraum engagiert werden. Sobald Produktionsbeginn und Drehzeit feststehen, beginnt die Zusammenstellung des Stabes und, sofern noch nicht geschehen, der Besetzung" (Dress 2001: 272).

Die nachfolgende Übersicht zeigt Anzahl des benötigten Personals und dessen zeitliche Disposition, wobei die Phasen des Filmprojekts in die Vorproduktion, die Dreharbeiten und in die Nachbearbeitung (Schnitt) unterschieden werden (vgl. Dress 1991: 179 f.).

	Personal / Stab	Vorproduktion	Dreharbeiten	Nachbearbeitung
Regiestab	Regisseur		------ pauschal ------	
	Regie-Assistent	4	7	
	Kameramann		------ pauschal ------	
	Kamera-Assistent	0,5	7	
	Material-Assistent	0,5	7	
	2. Kamera		0,5	
	2. Kamera-Assistent		0,5	
	Ton	0,5	7	0,5
	Cutter		3	10
	Cutter-Assistent		4	10
	Cutter-Assistent		7	10
	Standfotograf		------ pauschal ------	
	Script		7	
	Trick		1	1
Ausstattungsstab	Architekt		------ pauschal ------	
	Ausstatter		3	
	Kunstmaler	1		
	Requisiteur Inland	2	4	
	Requisiteur Inland	1	4	
	Requisiteur Ausland	2	3	
	Requisitenhilfe		3	
	Kostümbildner	1,5	7	
	Kostümbildner Assistent	1,5	3	
	Garderobier		7	
	Maske	1	7	
	Maske Assistent			
Sonstiger Stab	Oberbeleuchter	1	7	1
	Beleuchter		7	
	Beleuchter		7	
	Drehbühne Inland	1	4	
	Drehbühne Ausland	1	4	
	Baubühne	3	7	
	Baubühnenhilfe	2	7	
	Fahrer	3	7	1
	Geräuschemacher			1
	Geräuschemacher Assistent			1
	Pyrotechniker		1	
	Hilfskräfte	2	7	1
Produktionsstab	Produktionsleiter	6	7	1
	Produktionsleiter-Assistent	6	7	0,5
	Aufnahmeleiter Inland	4	4	
	Aufnahmeleiter Ausland	3	3	
	Aufnahmeleiter Ausland	1	3	
	Produktionssekretariat	6	7	2
	Filmgeschäftsführung		------ pauschal ------	

Für Medienunternehmen, z. B. in der Filmproduktion, muss bei der Planung des Personaleinsatzes besonders auf die **arbeitsrechtlichen Regelungen** geachtet werden. Deren Einhaltung ist sowohl für Arbeitgeber als auch Arbeitnehmer verpflichtend. Eine Übersicht über besonders relevante Regelungen vermittelt Abb. 36-3.

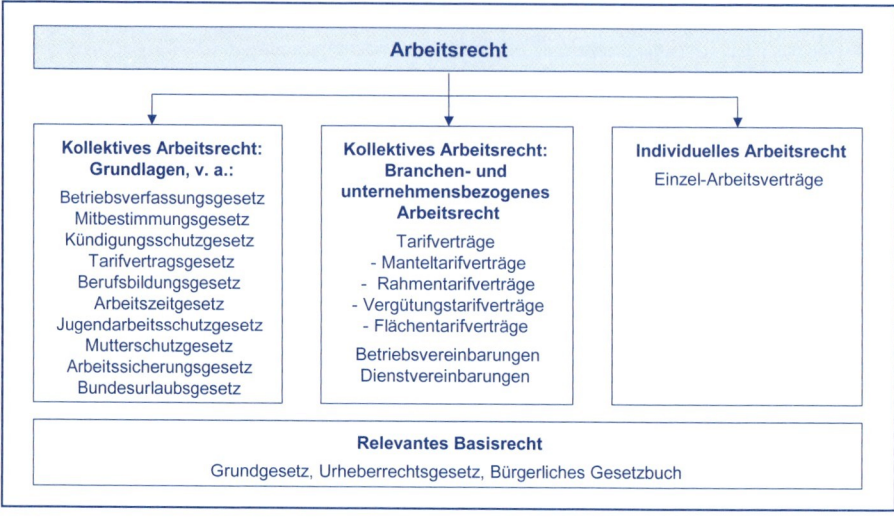

36-3: Arbeitsrechtliche Rahmenbedingungen für Medienunternehmen

Arbeitsrechtliche Regelungen sind immer dann relevant, wenn Arbeitsverhältnisse begründet werden. Sie dienen v. a. dem Schutz der Arbeitnehmer und lenken die Rechtsbeziehungen zwischen Arbeitnehmern und Arbeitgebern in geordnete Bahnen. Das Arbeitsrecht greift also nur für Arbeitnehmer, so dass der Feststellung der sog. **Arbeitnehmereigenschaft** eine konstituierende Bedeutung zukommt.

> „Das Arbeitsrecht ist ein Sonderrecht für Arbeitnehmer. Dies sind Personen, die fremdbestimmte, weisungsgebundene und unselbständige Arbeit leisten. Die Schutzvorschriften des Arbeitsrechts finden teilweise ebenfalls Anwendung auf arbeitnehmerähnliche Personen und die sogenannten ‚Scheinselbständigen'. Keine Anwendung findet das Arbeitsrecht auf ‚echte' Selbständige, hier ist auf das normale Werk- oder Dienstvertragsrecht des BGB zurückzugreifen" (Homann 2001: 213).

Maßgeblich für das Vorliegen der Arbeitnehmereigenschaft sind die folgenden vier Kriterien, von denen mindestens zwei vorliegen müssen (vgl. Jacobshagen 2002: 213 f.). Nach diesen Kriterien liegt ein Arbeitnehmerverhältnis dann vor,

- wenn im wesentlichen nur für einen Auftraggeber gearbeitet wird,
- wenn nicht unternehmerisch am Markt aufgetreten wird,
- wenn keine eigenen Angestellten beschäftigt werden,
- wenn typische Arbeitnehmerleistungen erbracht werden.

Konsequenz der Arbeitnehmereigenschaft ist auf der einen Seite das Greifen sämtlicher Schutzbestimmungen von Arbeitnehmern, andererseits die den Arbeitnehmern auferlegten Pflichten, insbesondere die Sozialversicherungspflicht.

„Arbeitnehmerähnliche Personen" sind nach dem Tarifvertragsgesetz (TVG) solche Mitarbeiter, die zwar persönlich wie Selbständige auftreten, die aber dennoch wirtschaftlich vom Arbeitgeber abhängig sind. „Dies trifft z. B. auf bestimmte Künstler zu, die zwar nur gelegentlich Aufträge annehmen (etwa auf Abruf bereit stehen), aber im Ergebnis doch von der regelmäßigen Auftragsvergabe wirtschaftlich abhängig sind" (Homann 2001: 214).

Eine kritische Frage ist betrifft die sog. „Scheinselbständigkeit" im Kontext von freien Mitarbeitern und Subunternehmen. Bei Scheinselbständigkeit wird eine Geschäftsbeziehung begründet, bei dem eine erwerbstätige Person als selbstständiger Unternehmer auftritt, obwohl faktisch ein Arbeitsverhältnis besteht (Arbeitgeber und Arbeitnehmer). Die Verschleierung des – bewusst nicht so deklarierten – Arbeitsverhältnisses hat zum Ziel, Abgaben, Einschränkungen und Formalia zu vermeiden, die den Beteiligten vom Arbeitsrecht, Sozialversicherungsrecht und vom Steuerrecht auferlegt werden. Sie stellt Schwarzarbeit dar.

> Scheinselbständigkeit liegt vor, wenn die folgenden Kriterien zutreffen (ebd.): „(a) Der Mitwirkende beschäftigt mit Ausnahme von Familienangehörigen keine Arbeitnehmer; (b) er arbeitet nur für einen Auftraggeber; (c) er ist weisungsgebunden und in die Arbeitsorganisation des Auftraggebers eingebunden; (d) er tritt nicht unternehmerisch am Markt auf."

Das **kollektive Arbeitsrecht** wird zweckmäßigerweise in das kollektive Grundlagenrecht und in das branchen- und unternehmensbezogene Arbeitsrecht differenziert. Das **Grundlagenrecht** umfasst alle Gesetze, die – wiederum auf der Grundlage von Grundgesetz, Urheberrecht und BGB – die Rechte (und auch Pflichten) der Arbeitnehmer kodifizieren. Eine besondere Rolle spielen dabei die Mitbestimmungsgesetze sowie Schutzgesetze im Hinblick auf Arbeitszeit, Jugendarbeit und Mutterschaft.

Von besonderer Bedeutung sind **Tarifverträge**. Hierbei handelt es sich um Verträge in Schriftform, der zwischen den sog. Tarifvertragsparteien abgeschlossen werden. Die „Normalform" eines Tarifvertrages ist die Regelung der Arbeitsbedingungen innerhalb einer ganzen Branche, z. B. der Druckindustrie. Für diesen Fall gilt der Tarifvertrag für alle Arbeitnehmer und Arbeitgeber der entsprechenden Branche (beim Flächentarifvertrag auf ein regional begrenztes Gebiet bezogen). Einzelvertragliche Abweichungen dürfen nur vorgenommen werden, wenn diese den Arbeitnehmer besser stellen (sog. Günstigkeitsprinzip). Bezieht sich der Tarifvertrag auf ein Unternehmen, liegt ein Firmentarifvertrag vor (z. B. für VW).

> Als Tarifvertragsparteien stehen sich Verbände gegenüber, für die Arbeitgeber der betreffende Arbeitgeberverband, für die Arbeitnehmer die entsprechende Gewerkschaft. Der Tarifvertrag ist nur dann auf ein Arbeitsverhältnis anwendbar, wenn der Betrieb in den Bereich des Tarifvertrags fällt (sog. Tarifbindung).

Das **individuelle Arbeitsrecht** hat den einzelnen Arbeitsvertrag zum Gegenstand. Dabei handelt es sich um einen privatrechtlichen Vertrag, durch den sich der Arbeitnehmer zu Leistung von Arbeit nach den Weisungen des Arbeitgebers verpflichtet. Im Gegenzug verpflichtet sich der Arbeitgeber zur Zahlung der vereinbarten Vergütung.

> Ein Arbeitsvertrag sollte klar und unmissverständlich abgefasst sein und grundsätzlich die folgenden Vertragsbedingungen enthalten: Vertragspartner, Tätigkeitsbezeichnung und vereinbarte Tätigkeit, Vertragsdauer, Probezeit, Dienstort, Arbeitszeit, Vergütung, betriebliche Sozialleistungen, Urlaub, Ausübung einer Nebentätigkeit, allgemeine Bestimmungen, Beendigung des Arbeitsverhältnisses, Abschlussfristen, Gerichtsstand, Geltung von Gesetzen und Tarifverträgen.

Beispiel: Arbeitsrecht in der Filmproduktion

In der Situation, wenn der Produzent die inhaltlich-gestalterischen Mitarbeiter (Regisseur, Darsteller, Kamerateam etc.) und die produktionstechnisch-administrativen Mitarbeiter (Produktionsstab, Requisiteure, Fahrer etc.) konkret vertraglich verpflichten will, ist die genaue Kenntnis des einschlägigen Arbeitsrechts geboten.

Einige Aspekte seien nachfolgend herausgegriffen und erläutert:

Arbeitnehmereigenschaft: Hier ist es für Außenstehende überraschend, dass nahezu alle Mitarbeiter an einem Film als Angestellte gelten, unabhängig davon, wie sie selbst ihre Titulierung vornehmen (z. B. als „freier Mitarbeiter", „selbständig Verpflichteter"). Der Grund hierfür ist, dass in der Regel die genannten Maßgeblichkeitskriterien erfüllt sind. Als Folge fallen alle Regisseure, Schauspieler, Kameraleute, Tonmeister, Beleuchter, Maskenbildner, Produktionsleiter etc. unter den Schutz der Arbeitsgesetze, müssen aber auch Sozialabgaben bezahlen und eine Lohnsteuerkarte vorlegen (vgl. Jacobshagen 2002: 213). Abhängig Beschäftigte in der Filmwirtschaft werden als „Filmschaffende" bezeichnet. „Maßgebliches Kriterium der Arbeitnehmereigenschaft ist der „Grad der persönlichen Abhängigkeit", in der sich der zur Dienstleistung Verpflichtete befindet ... Daraus ergibt sich, dass die Arbeitnehmereigenschaft insbesondere dann zu bejahen ist, wenn eine zeitliche, örtliche Weisungsgebundenheit des zur Dienstleistung Verpflichteten gegeben ist ... Die persönliche Abhängigkeit ist dadurch gekennzeichnet, dass dem Filmschaffenden im Detail vorgeschrieben wird, wann und wo er seine Arbeit erledigen muss" (Kitzberger 2009: 182). Weitere Kriterien sind (vgl. ebd.): Eingliederung in die Betriebsorganisation (wenn gegeben: Arbeitnehmer), Beschreibung des Vertragsgegenstands (wenn detailliert: Freie Mitarbeit), unternehmerisches Risiko (wenn eigenes Kapital eingesetzt: Freie Mitarbeit).

Manteltarifvertrag (MTV): Für die Filmproduktion existiert der „Manteltarifvertrag für Film- und Fernsehschaffende in der Bundesrepublik Deutschland (MTV FF)". Abrufbar ist dieser Tarifvertrag sowie alle weiteren Tarifverträge für die Bereiche „Rundfunk, Film, AV-Produktion und Neue Medien" auf der Website der Gewerkschaft ver.di unter: http://www.connexx-av.de/tarifvertraege.php3. Vertragschließende Parteien sind (1) auf Seiten der Arbeitgeber der Bundesverband Deutscher Fernsehproduzenten e. V., die Arbeitsgemeinschaft Neuer Deutscher Spielfilmproduzenten e. V. und der Verband Deutscher Spielfilmproduzenten e. V., (2) auf Seiten der Arbeitnehmer ver.di Vereinigte Dienstleistungsgewerkschaft, Bundesvorstand – Fachbereich Medien, Kunst und Industrie. Geltungsbereich ist in räumlicher Hinsicht das Gebiet der Bundesrepublik Deutschland, in sachlicher Hinsicht die nicht öffentlich-rechtlich organisierten Betriebe zur Herstellung von Filmen, in persönlicher Hinsicht alle Film- und Fernsehschaffenden (Angestellte und gewerbliche Arbeitnehmer). Wichtiger Bestandteil des MTV ist die Gagentabelle für die im Einzelnen präzise benannten Film- und Fernsehschaffenden. Dort wird die Mindestgage für eine Woche festgeschrieben, z. B. (ab 01.01.2008) für Regie-Assistenz 1.130 Euro, für Kameramann/-frau 2.440 Euro oder für die Szenenbild-Assistenz 940 Euro.

Verträge mit Filmschaffenden: Im Hinblick auf das individuelle Arbeitsrecht ist eine Vielzahl von Einzelverträgen abzuschließen (vgl. z. B. Dress 2002, Homann 2001: 213 ff.). Dabei müssen die gegenseitigen Rechte und Pflichten bis in die letzten Details geregelt werden, um möglichst Streitigkeiten aus dem Weg zu gehen. Wichtige Vertragswerke sind (vgl. im Einzelnen auch die Beschreibungen bei Jacobshagen 2002: 213 ff.):

- Drehbuchentwicklungsvertrag (vgl. ein Muster bei Dress 2001: 22 ff.)
- Anstellungsvertrag für Filmschaffende (vgl. Muster ebd. 277 ff.)
- Regievertrag (vgl. Muster ebd. 286 ff.)
- Drehbuchentwicklungsvertrag (vgl. ein Muster bei Dress 2001: 22 ff.)

Festzustellen ist, dass die vertragliche Gestaltung als äußerst diffizil, herausfordernd und problembeladen zu bezeichnen ist, geht es doch um einzelfallbezogene Aufgabenstellungen, die sich nicht vollständig standardisieren lassen. Ein abschließendes Beispiel für die urheberrechtliche Problematik mag diesen Sachverhalt beleuchten: „Der Vertrag mit dem Regisseur weist einige Probleme auf, die selbst in der Praxis ignoriert werden. Auch wenn der Cutter und der Kameramann Miturheber des Films sind, begreifen sie sich mehr als handwerklich orientierte Berufe, während die Regisseure sich ihrer Stellung als Künstler bewusst sind. Die Vertragsverhandlungen spiegeln diesen Umstand wider. Kaum ein Kameramann fragt nach größerer künstlerischer Freiheit" (Jacobshagen 2002: 224).

(5) Bei der **Personalbeurteilung** gilt es, die Leistung und das Potenzial eines Mitarbeiters richtig einzuschätzen, um ihn bestmöglich einsetzen zu können, ihn leistungs- und verhaltensgerecht zu entlohnen und ihn gezielt weiterzuentwickeln. In einer ersten Annäherung an die Thematik können die beiden Bereiche der Leistungs- und Potenzialbeurteilung unterschieden werden (vgl. Dillerup/Stoi 2013: 622).

Bei der **Leistungsbeurteilung** wird die „Performance" des Mitarbeiters vergangenheitsorientiert bzw. im Rückblick erfasst und bewertet. Grundlage der Beurteilung ist dabei zum einen (aus der Prozessperspektive) das Leistungsverhalten des Mitarbeiters, zum anderen (aus der Outputperspektive) das Leistungsergebnis im Hinblick auf dessen Beitrag zur Zielerreichung. Ein rationales Verfahren der Leistungsbeurteilung muss die folgenden Aspekte berücksichtigen: Festlegung aussagekräftiger Beurteilungskriterien (quantitativ, qualitativ), Einzel- vs. Teambeurteilung, Häufigkeit der Beurteilung, Kompetenz zur Durchführung der Beurteilung (Vorgesetzter, Kollegen, Untergebene, Selbstbeurteilung). Bei der **Potenzialbeurteilung** geht es um die Einschätzung der zukünftigen Performance des Mitarbeiters, wobei insbesondere geprüft wird, inwieweit er sich zur Erfüllung höherwertiger Aufgaben eignet. Die Potenzialbeurteilung ist Grundlage für die Personalentwicklung und für Auswahlentscheidungen (z. B. Beförderung, Versetzung oder Entlassung).

Es ist darauf hinzuweisen, dass es sich bei der Personalbeurteilung um einen sehr sensiblen Bereich handelt, bei dem es leicht zu Fehlern kommen kann. Die Gefahr einer fehlerhaften Beurteilung ist gegeben, wenn z. B. die Beurteilungskriterien nicht zwingend mit der Beurteilungsqualität zusammenhängen oder Beurteilungsfehler durch mangelnde Kenntnis bei den Beurteilenden passieren (vgl. Scholz 2011: 310 f.).

Im Hinblick auf die Stellung im Arbeitsprozess sind drei Ansätze der Beurteilung zu unterscheiden (vgl. Steinmann/Schreyögg/Koch 2013: 751 ff.):

- Eigenschaftsorientierter Ansatz: Im Mittelpunkt steht die Persönlichkeit des Mitarbeiters. Geprüft wird, ob die für die Stellenanforderung als relevant erachteten Eigenschaften wie Kreativität, Loyalität, Intelligenz vorhanden sind.
- Tätigkeitsorientierter Ansatz: Hierbei wird die Art und Weise des Vollzugs der Tätigkeit durch den Mitarbeiter beurteilt. Im Fokus steht das konkret beobachtbare Arbeits- und Sozialverhalten.
- Ergebnisorientierter Ansatz: Die Beurteilung des Mitarbeiters erfolgt danach, wie er tatsächlich und konkret die vorab festgelegten Ziele (z. B. im Kontext von Management by Objectives bzw. des Konzepts der Zielvereinbarung) erreicht hat.

Der eigenschaftsorientierte Ansatz hat den Nachteil, subjektiver Einschätzung Tür und Tor zu öffnen, so dass die beiden anderen Ansätze zu bevorzugen sind.

> Verwiesen sei in diesem Zusammenhang auf die Kommunikationskultur bei Bertelsmann, die ein gutes Fallbeispiel für ein umfassendes Konzept der Leistungsbeurteilung darstellt (vgl. Kapitel 27 – Unternehmenskultur). Wichtig ist dort die Möglichkeit für jeden einzelnen Mitarbeiter, sich in den unterschiedlichen Gesprächen direkt einzubringen. Dabei wird versucht, im Sinne einer „360-Grad-Beurteilung" das Verhalten des „Humankapitals" von allen Seiten zu beleuchten. Es ist verständlich, dass manche eine solche ganzheitliche und umfassende Konzeption auch kritisch im Sinne von „engmaschiger Überwachung" bewerten.

(6) Die **Personalentlohnung** stellt die Gegenleistung für die Arbeitsleistung des Mitarbeiters dar und kann in materieller oder in immaterieller Form erfolgen. Die Entlohnung ist der zentrale Anreiz für den Mitarbeiter, seine Leistung zu erbringen und diese dem Unternehmen zur Verfügung zu stellen.

> Theoretischer Hintergrund dieser Sichtweise ist die Anreiz-Beitrags-Theorie, die Organisationen als extrem offene Systeme betrachtet, in die neue Teilnehmer jederzeit eintreten und alte Teilnehmer jederzeit austreten können (vgl. Staehle 1999: 431).

Im Hinblick auf die **materiellen Anreize** lassen sich die folgenden Formen unterscheiden (vgl. Dillerup/Stoi 2013: 628 ff.):

- Arbeitsentgelt;
- Betriebliche Sozialleistungen;
- Zuwendungen;
- Mitarbeiterbeteiligung.

Was das **Arbeitsentgelt** betrifft, so steht das Personalmanagement vor der Aufgabe, eine über alle Mitarbeiter hinweg gesehen gerechtes Entlohnungssystem zu schaffen. Ziel ist es, entsprechend der Schwierigkeit der Arbeit anforderungsgerecht zu entlohnen, Leistungsgerechtigkeit entsprechend dem Arbeitsergebnis des Mitarbeiters walten zu lassen, Aspekte der sozialen Gerechtigkeit einfließen zu lassen, den Qualifikationen des Mitarbeiters angemessen Rechnung zu tragen sowie das Verhalten des Mitarbeiters zu würdigen. Es ist offenkundig, dass es sich hierbei um eine äußerst schwierige Aufgabe handelt, die sofort zu Auseinandersetzungen und Motivationsproblemen führt, wenn keine klare und überzeugende Konzeption vorliegt.

Was die Entgeltformen anbelangt, so sind der Zeitlohn, der Akkordlohn und der Prämienlohn zu unterscheiden. Beim Zeitlohn erfolgt die Entlohnung nach dem Umfang der Arbeitszeit, unabhängig von der erbrachten Leistung. Beim Akkordlohn ist die Entlohnung eng an die erbrachte Leistung gekoppelt. Beim Prämienlohn erfolgt die Entlohnung in Form eines leistungsunabhängigen Grundlohns sowie einer leistungsabhängigen Prämie. Wegen der direkten Beziehung zwischen Entlohnung und der erbrachten Leistung werden Akkord- und Prämienlohn auch unter dem Begriff Leistungslohn zusammengefasst.

> Da bei Medienunternehmen in weiten Teilen die Leistung nicht unmittelbar bzw. nur schwer quantifizierbar ist und nicht in einen unmittelbaren Bezug zur erbrachten Arbeitsleistung gestellt werden kann, bietet sich der Zeitlohn als standardmäßige Entlohnungsform an. Bei festangestellten Mitarbeitern ist dies die monatliche Gehaltszahlung, die oft auch bei freien Mitarbeitern vorherrscht. Auch im Bereich projektorientierter Leistungserstellung wie im Filmgeschäft dominiert der Zeitlohn.
>
> Bei den öffentlich-rechtlichen Rundfunkanstalten findet die Entlohnung der freien Mitarbeiter über den sog. Honorarrahmen statt, der als Tarifvertrag zwischen den Sendern und den Gewerkschaften ver.di und dem Deutschen Journalistenverband vorliegt. Der Honorarrahmen ist ein Tarifvertrag über Mindestvergütungen und legt fest, welche von freien Mitarbeitern erbrachten Leistungen in welcher Höhe mindestens vergütet werden sollen. Zumeist werden diese Mindestvergütungen als Regelvergütungen gehandhabt.
>
> Um die Methodik eines Honorarrahmens zu verdeutlichen, seien einige Honorarsätze aus dem Honorarrahmen für das WDR-Fernsehen-Redaktion gezeigt (Stand: 01.07.2013; Quelle: http://verdi-wdr.de; vgl. auch www.freienseiten.de):

Honorar	Mindestvergütung
Sendefertiges Manuskript bis 60 Minuten	6.339,42 Euro
Bearbeitung von Filmberichten bis 60 Minuten	300,66 Euro
Filmregie bis 60 Minuten	8.723,94 Euro
Redaktionelle Mitarbeit pro Tag	187,23 Euro
Moderation Sendedauer über 30 Minuten	692,79 Euro
Magazinbeiträge über 4 Min., hoher Schwierigkeitsgrad	1.787,48 Euro

Im Kontext der Honorierung freier Mitarbeiter spielt in der Praxis die Frage von Ausfallhonoraren eine nicht unwichtige Rolle.

> Einen Einblick in die Problematik von Ausfallhonoraren bietet nachfolgender Text (Quelle: Schauen 2012: WDR-Dschungelbuch, Kapitel Rechte und Pflichten): „**Wenn der Sender es verantwortet:** Wenn die Moderatorin am Moderieren, die Reporterin am Berichten oder die Kamerafrau am Drehen gehindert ist und die Ursache irgendwo in der Verantwortungssphäre des WDR liegt, dann muss die Vergütung trotzdem bezahlt werden, und zwar in voller Höhe, allerdings abzüglich dessen, was die Betroffene innerhalb der Vertragszeit mit anderen Beschäftigungen verdient. … **Wenn Dritte die Verantwortung haben:** Wenn die Freie selbst ohne jedes eigene Zutun verhindert ist, hat sie weiter Anspruch auf Bezahlung, wenn auch nicht für die ganze Zeit. Sollte der Vertrag für sie bis zu einer Woche laufen, bekommt die Betroffene zwei Tage lang die vereinbarte Vergütung, bei längeren Verträgen fünf Tage lang. Der WDR kann in Fällen von Verhinderung der Freien verlangen, dass die Tätigkeit später nachgeholt wird – gegen Bezahlung natürlich. **Bezahlung, obwohl das Werk nicht fertig wird (Ausfallhonorar):** Manchmal wird das Werk einer Freien nicht fertig, oder der WDR will es nicht nutzen, weil es ihm nicht vertragsgemäß erscheint. In zwei Fällen hat die Freie Mitarbeiterin dabei dennoch Anspruch auf Bezahlung: Die Freie Mitarbeiterin kann einen Bericht nicht fertigstellen aus Gründen, die sie nicht zu vertreten hat. (Beispiel: Der Protagonist für ein Radioporträt stirbt, bevor das wichtigste Interview mit ihm stattfinden konnte.) Der WDR nimmt das Werk nicht ab, und die Freie lehnt Änderungen daran ab. Die Mitarbeiterin ist dann aber verpflichtet, bisherige Fassungen dem Sender zu übergeben, damit die WDR-Leute daraus eine ihnen genehme Fassung herstellen können. In diesen beiden Fällen hat die Freie Anspruch auf eine „angemessene" Vergütung."

Die Schwächen des Zeitlohns liegen in der Abkoppelung von der zu erbringenden Leistung. Die Folgen sind: unzureichende Motivations- und Anreizmechanismen, fehlende Entwicklungschancen in einem anreizarmen Umfeld, Leistung und Leistungsbereitschaft werden zu wenig systematisch geplant, gefördert, beurteilt und honoriert. Um diese Schwächen abzumildern, wird er oft um eine Leistungszulage ergänzt.

> So ist der Befund eines Consulters für den öffentlich-rechtlichen Rundfunk nicht überraschend: „Betrachtet man die Vergütungsstrukturen der Anstalten, so zeigt sich, dass diese insgesamt starr angelegt sind. Die Festlegung von Vergütungen erfolgt häufig nach Kriterien wie Betriebszugehörigkeit und Lebensalter, Hierarchiestufe oder Titel – allesamt Kriterien, die kaum einen direkten Bezug zum Leistungsverhalten und zum Leistungsergebnis des Mitarbeiters aufweisen. Im Ergebnis führt dies zu einer undifferenzierten Gehaltspolitik. Unter dem Strich lässt sich, auch unabhängig von der Anzahl der Planstellen und der absoluten Höhe des Personalkostenbudgets, damit eine ineffiziente Verteilung des Personalkostenbudgets konstatieren. Die gehaltlichen Entwicklungschancen sind vom einzelnen Mitarbeiter nur bedingt durch seine Leistung beeinflussbar und insgesamt stark begrenzt, da es zumeist keinen leistungs- und erfolgsabhängigen variablen Vergütungsanteil gibt" (Stöpfgeshoff 1998: 5).

Eine große Rolle als Anreizinstrument spielen auch **betriebliche Sozialleistungen**. Sie ergänzen die gesetzlichen und tariflichen Sozialleistungen auf freiwilliger Basis und können als Betriebsrente, Bildungsangebote, Sonderzahlungen für Arbeitskleidung oder als Essensgeld auftreten. **Sonderzuwendungen** sind ein weiteres Instrument. Die **Mitarbeiterbeteiligung** kann als Erfolgs- oder Kapitalbeteiligung umgesetzt werden, eine Methode, die Bertelsmann mit Erfolg betreibt.

(7) Mit dem Begriff **Personalentwicklung** werden alle Maßnahmen zusammengefasst, die der Aus-, Fort- und Weiterbildung der Mitarbeiter dienen mit dem Ziel der individuellen beruflichen Entwicklung und Förderung (vgl. Dillerup/Stoi 2013: 601 mit weiteren Nachweisen). Ausbildung ist die berufsvorbereitende, Fortbildung die berufsbegleitende, Weiterbildung die berufsverändernde Personalentwicklung. Insbesondere bei der Personalentwicklung durch die berufliche Weiterqualifizierung der Mitarbeiter wird im Medienbereich angesichts fundamentaler Änderungen der Arbeitsbedingungen und des Umfelds ein hoher Bedarf konstatiert. Aus Sicht des Unternehmens ist es das vorrangige Ziel, einen qualifizierten Mitarbeiterstamm zu sichern und befriedigende Arbeitsbedingungen mit hoher Zufriedenheit zu erzeugen.

Sechs typische **Ansätze** der Personalentwicklung können unterschieden werden, wobei jeder Ansatz eine Fülle von Umsetzungsmöglichkeiten bietet (vgl. Dillerup/Stoi 2013: 604 ff.; Klimecki/Gmür 1998: 212):

- Personalentwicklung „into the job": Hier geht es um die Vorbereitung auf künftige berufliche Aufgaben. Methoden: Berufsausbildung, Traineeausbildung/-programme, Anlernausbildung, Assistentenprogramme, Journalistenschulen, Volontariat, Praktika.
- Personalentwicklung „on the job": Praktische Kenntnisse und Erfahrungen am Arbeitsplatz stehen im Vordergrund. Methoden: Systematische Unterweisung bzw. Einarbeitung am Arbeitsplatz, Lernpartnerschaft (Coaching, Beratung), Qualifikationsförderung durch Job Enlargement (Arbeitserweiterung), Job Enrichment (Arbeitsbereicherung), Job Rotation (Arbeitsplatzwechsel), gelenkte Erfahrungsvermittlung.
- Personalentwicklung „near the job": Dies sind alle Maßnahmen, die im engen räumlichen, zeitlichen und inhaltlichen Zusammenhang mit dem Arbeitsplatz stehen. Maßnahmen: Stellvertretung, Assistenz, Projektarbeit, Quality Circle, Lernstatt, E-Learning.
- Personalentwicklung „off the job": Unter diesem Punkt werden alle Maßnahmen zusammengefasst, die nicht am Arbeitsplatz durchgeführt werden wie Konferenzen (auch Redaktionskonferenzen), Workshops, Arbeitstreffen, Fachseminare, Planspiele, Karriereplanung, Erfahrungsaustauschgruppen, Studium an Hochschulen.
- Personalentwicklung „out of the job": Angesprochen sind alle Maßnahmen zur Vorbereitung des Austritts von Mitarbeitern (Ruhestandsvorbereitung, Outplacement (Unterstützung gekündigter Mitarbeiter bei der Suche nach einem neuen Arbeitsplatz).
- Personalentwicklung „along the job": Gemeint ist die Gestaltung der zukünftigen beruflichen Laufbahn des Mitarbeiters durch Beratungs- und Fördergespräche, Mentoring, Karriere- und Nachfolgeplanung.

Als eine entscheidende kritische Frage stellt sich im Kontext der Personalentwicklung die Möglichkeit der Messung der Arbeitsleistung. Hier objektivierbare Anhaltspunkte zu definieren, ist eine Herausforderung – man denke nur an die Frage, wie z. B. eine „kreative Arbeitsleistung" messbar gemacht werden könnte.

36.3 Personalführung

(1) Fragen der Personalführung sind nicht selten von **ideologischen Begründungen** geprägt (vgl. Neuberger 2002: Kap. 2). Hierunter fallen Auflistungen von Manager-Typen, Menschenbilder, „Führungsmythen" („Der Beste setzt sich durch"; „Wir sitzen alle in einem Boot"), Archetypen (Der Führer als (Gott-)Vater, Held oder Geist/Begeisterter – Visionär, Magier, Erleuchteter) oder Metaphern („Führung ist Krieg", „Tierisch führen"). Will man sich bei der Personalführung von einem theoretischen Hintergrund leiten lassen, benötigt man Vorstellungen über Wirkungszusammenhänge und Modellvorstellungen. Als wissenschaftlich-theoretischer Ausgangspunkt bietet sich das nachfolgend in Abb. 36-4 dargestellte „handlungstheoretische Modell" an (vgl. Neuberger 2002: 46).

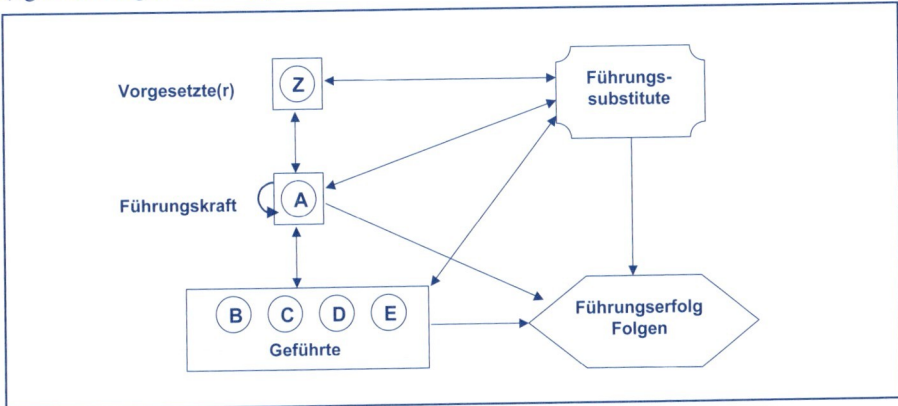

Abb. 36-4: Komponenten eines handlungstheoretischen Führungsverständnisses nach Neuberger

Nach dieser Modellvorstellung besteht Führung stets aus mehreren **Komponenten**, die in einem engen Zusammenhang stehen und zwangsläufig zu einer multiperspektivischen Konzeption von Führung raten. Die Komponenten lassen sich im Einzelnen wie folgt beschreiben (vgl. Neuberger 2002: 34 ff.):

- Akteur A: Die Führungsperson kann zum einen rein als Person gesehen werden (dafür steht das umkreiste „A"), zum anderen in ihrer Rolle als Führungskraft (symbolisiert mit dem Quadrat). Es ist unmittelbar einleuchtend, dass eine Reduktion der Führungsfrage auf die Führungsperson einen viel zu engen Blick bedeutet.

„Definitionen, die sich mit Aussagen über Führungs*eigenschaften* zufrieden geben, und im Extremfall eine mystische Verklärung der Führenden betreiben, beschränken sich ausschließlich auf diese eine Komponente. Die exklusive Fokussierung auf die (Eigenschaften der) Führungsperson bezahlt den Preis der völligen Ausklammerung von Geführten, Situation und /oder Führungshandeln. ... Wenn A für eine Person A ‚als solche, rein für sich' steht, wird abstrahiert von allem Wissen über organisationale Stellung, Vorgeschichte, Statussymbole usw. Erst dieses Absehen von allen anderen Bedingungen gibt die Möglichkeit, Führungs*eigenschaften* zu identifizieren. Unterstellt wird dabei, dass diese Eigenschaften als unverlierbare und unverlernbare Persönlichkeitsausstattung vor der Zuweisung oder Übernahme von Führungsaufgaben oder -positionen existieren, ja der Grund dafür waren. Nur wenn man diese Unabhängigkeitsannahme macht, kann man den Aufwand zur Identifikation von Führungspotential (z. B. in Assessment Centers) rechtfertigen" (ebd. 35).

„Zwischen Kreis und Quadrat, zwischen Person und Rolle, kann es erhebliche Spannungen geben, weil das Selbstbild einer Person (die Erwartungen, die sie an sich und das Wissen, das sie von sich hat) und die Forderungen, die von anderen an sie gerichtet werden, keineswegs nahtlos übereinstimmen müssen" (ebd. 36).

- **Dyade A-B:** Führung kann nur im Kontext von zwischenmenschlichen Beziehungen definiert werden. Es ist also stets zumindest eine zweite Person im Spiel.

Die Beziehung zwischen den Personen geschieht nicht „von Person zu Person", sondern von „Rolle zu Rolle" im Kontext der organisational definierten Führungsbeziehung. Humanistische Ansätze der Führungsforschung stehen hier vor einem Dilemma, da sie die andere Person nicht von der Rolle her definieren, sondern als (Mit-)Mensch behandelt sehen wollen (vgl. ebd. 37).

- **Von der Dyade zur Gruppe:** In der Regel hat die Führungskraft mehrere direkte Unterstellte, sieht sich einer Gruppe gegenüber oder ist in sie integriert, was zu unterschiedlichen Beziehungsformen („Konstellationen") führt:

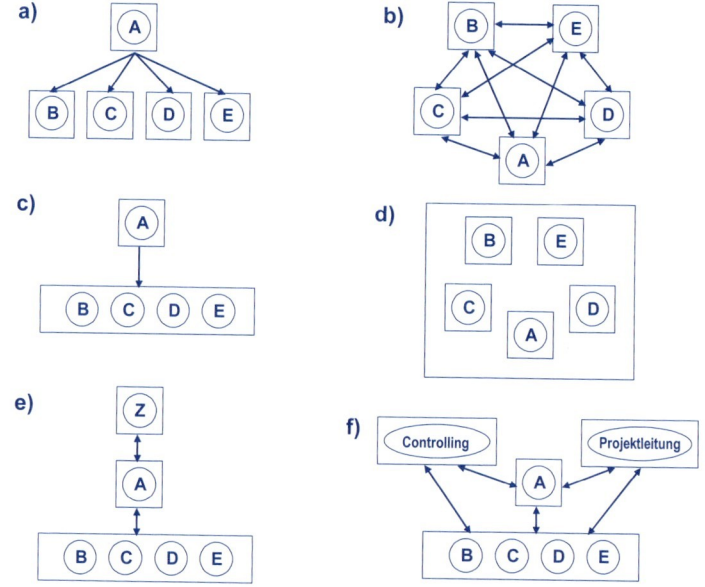

Konstellation a): Die Führungskraft pflegt dyadische Beziehungen („von A zu B", „von A zu C" usw.) als hierarchisch Höhergestellter.
Konstellation b): Die Führungskraft ist in die Gruppe ohne eine hierarchische Höherstellung integriert.
Konstellation c): Die Führungskraft steht der „Gruppe als Ganzer" gegenüber.
Konstellation d): Die Gruppe handelt als Ganzheit. Hintergrund dieser Vorstellung sind „holistische Begriffe wie Teamgeist, Gruppendynamik, Kohäsion, Klima, Regel- oder Normensystem, Kultur etc." (ebd. 38). Dieser Sachverhalt wird durch den Rahmen symbolisiert.
Konstellation e) und f): Hierbei ist gekennzeichnet, dass die Führungskraft innerhalb der Organisation in ein Gefüge eingebunden ist und selbst einen Vorgesetzten hat. Die einfache Zwei-Ebenen-Relation wird durch die Berücksichtigung weiterer Führungsebenen und/oder weiterer Akteure oder Instanzen um zusätzliche Ebenen erweitert. Dies kann ein Vorgesetzter sein (Z) oder z. B. im Projektmanagement das externe Controlling, die Projektleitung oder ein Koordinationsgremium.

- Die apersonale Perspektive: Der Kontext wird noch einmal wesentlich erweitert, wenn man zusätzlich apersonale Aspekte berücksichtigt (vgl. ebd. 39 ff.). Mit diesen apersonalen Aspekten sind die Beteiligten sozusagen in einen Rahmen eingeschlossen, wie er nachfolgend visualisiert wird:

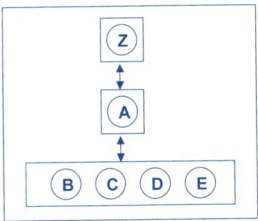

„Weil gleichzeitig an verschiedenen Orten an verschiedenen Projekten oder Aufgaben gearbeitet wird, muss für eine apersonale Koordination gesorgt sein, die geregeltes (!) Handeln erlaubt und dabei nicht voraussetzt, dass man sich bei jeder Entscheidung der Zustimmung oder Gehorsamkeit der Beteiligten versichert. Die Funktion von Befehl, Diskussion, Verhandlung, Konsens wird übernommen durch Regeln, Normen, Verfahren, Systeme usw., die nicht zur Disposition stehen und gerade deshalb das individuelle Disponieren erst erlaubt" (ebd. 39 f.).

- Führungsaktivitäten: Die bislang dargestellten Konstellationen beziehen sich sämtlich auf eine strukturalistische Perspektive in der Art von Organigrammen. Die Führungsaktivitäten – symbolisiert durch Pfeile – blieben ausgeklammert. Diese sind jedoch von zentraler Bedeutung, da sie die Essenz der Personalführung, nämlich das konkrete „Führen", beschreiben.

Nicht jedes Handeln ist Führungshandeln. Menschen motivieren, manipulieren, orientieren, beeinflussen, lenken usw. geschieht auch unter gleichgestellten Personen. Führungshandeln entsteht erst, wenn eine Person legitimerweise (durch Wahl, Ernennung oder informell) das Recht und die Pflicht hat, von anderen Gehorsam zu verlangen (vgl. ebd. 41 f.).

- Führungserfolg: Von Führungskräften wird verlangt, dass sie die von ihnen Geführten zum erfolgreichen Handeln veranlassen. Hierzu erhalten sie einen Führungsanspruch, dem sie gerecht werden müssen.

„Führung ist die Einwirkung auf Geführte, damit diese etwas tun: eine Aufgabe ausführen, ein Produkt erstellen, ein Ziel erreichen" (ebd. 43). Regelmäßig als schwierig erweist es sich, den Anteil der Führung am Erfolg zu bestimmen: „Gerade weil es so schwer ist, den Verursachungsanteil von Führung herauszurechnen, geben sich manche Definitionen mit übereinstimmender Attribution zufrieden: Ohne manifeste Veränderungen abzuwarten und zu messen, wird jemandem das Attribut ‚FührerIn' verliehen, wenn er/sie die *Reputation* von Großartigkeit, Charisma, Durchsetzungsstärke etc. hat" (ebd. 44).

- Führungssubstitute: Diese sind zu beachten, da Führung als Systemfunktion auch ohne die persönliche Einflussnahme durch die Führungskraft geschieht. Führung wird dann quasi durch andere Steuerungsmechanismen ersetzt („substituiert").

„Es wäre für ein soziales System außerordentlich riskant, sich auf *eine* Steuerungsgröße, und noch dazu eine personale, zu verlassen; man machte sich abhängig von deren Verfügbarkeit, Launen, Leistungsschwankungen, subjektiven Eigenheiten usw. Wichtige Systemfunktionen sind deshalb immer mehrfach abgesichert, sodass z. B. personale bzw. interaktionale Führung gesichert, ergänzt, kompensiert oder in Schach gehalten wird durch strukturelle Steuerung (z. B. über Verfahren, Regeln, Institutionen, Werte, materielle Umweltgestaltung usw.). Es gibt also in jedem Fall eine Fülle von Führungs*substituten*" (ebd. 327 ff.).

(2) Vor dem konzeptionellen Hintergrund des Neuberger-Modells ist es möglich, die verschiedenen Führungstheorien einzuordnen. Üblicherweise werden fünf **Führungstheorien** unterschieden (zu den Theorieansätzen vgl. Dillerup/Stoi 2013: 644 f.):

- Eigenschaftstheorien: Führungserfolg hängt von persönlichen Eigenschaften der Führungskraft ab, z. B. dessen Charisma. Blickwinkel im Neuberger-Modell: A.
- Verhaltenstheorien: These: Das Verhalten von Führungskräften ist Ursache für Führungserfolg. Blickwinkel: A in Richtung B, C, D, E
- Attributionstheorien: Wichtigster Einflussfaktor ist die Wahrnehmung der Führungsleistung durch die Geführten. Blickwinkel: B, C, D, E.
- Interaktionstheorien: Der Führungserfolg hängt von der Interaktion (wechselseitigen Beeinflussung) zwischen Vorgesetztem und Geführten ab. Blickwinkel: A in Verbindung mit B, C, D, E.
- Situationstheorien: Führungserfolg hängt ab von der Gesamtsituation. Alles ist relevant – wie Aufgabenstellung, Fähigkeiten und Erwartungen der Mitarbeiter oder externe Einflüsse. Blickwinkel: Gesamtsystem.

(3) Bei **Eigenschaftstheorien** werden der persönliche Karriere- und der organisationale Leistungserfolg auf die Eigenschaften der Führungsperson(en) zurückgeführt.

„Der eigenschaftstheoretische Ansatz konzentriert sich *allein* auf Persönlichkeitsdispositionen der Führungskräfte und berücksichtigt weder situative Bedingungen noch die Aktualisierung der Eigenschaften im Verhalten (Führungsstil). Die Kausalrichtung ist einseitig und unvermittelt: Wer bestimmte Eigenschaften hat, wird erfolgreich sein" (Neuberger 2002: 51).

Ausfluss der Theorie sind Kataloge von Eigenschaften einer gute Führungskraft, z. B. Stogdill's Handbook (vgl. Abb. 36-5; Quelle: Neuberger 2002: 233).

Persönlichkeitsmerkmale, die Führer/Führerinnen kennzeichnen sollen

1. Alter
2. Körpergröße und -gewicht
3. Gesundheitszustand, Fitness, Energie, Vitalität, Stehvermögen, Stressresistenz
4. Aussehen, physische Attraktivität, ästhetisches Erscheinungsbild (incl. Gestaltung von Kleidung: Geschmack, Stilsicherheit)
5. Redegewandtheit, Ausdrucksfähigkeit, angenehme Stimme, Redehäufigkeit
6. Intelligenz
7. Bildungsniveau; Schulleistungen, Noten
8. Fachkenntnisse, technische und administrative Fähigkeiten, Wissen
9. Urteilskraft, Entscheidungsfreude, Wachheit
10. Gespür, Intuition, Einsicht, Sensibilität
11. Originalität, Kreativität, Unabhängigkeit
12. Anpassungsfähigkeit, Konformität
13. Introversion/Extraversion
14. Dominanz, Aufstiegsstreben
15. Initiative, Ehrgeiz, Fleiß, Hartnäckigkeit
16. Verantwortungsbereitschaft
17. ‚Persönlichkeit': Charakterstärke, Integrität, Moral, Festhalten an Überzeugungen
18. Selbstvertrauen, Selbstsicherheit; Aggressivität, Eingebildetheit, Unbescheidenheit
19. (keine) Launenhaftigkeit, Optimismus, Humor
20. Emotionale Stabilität, Reizbarkeit, Neurotizismus
21. Sozioökonomischer Status (Lebensstandard und Bildung im Elternhaus)
22. Kontakthäufigkeit (vs. Einzelgängertum), Mobilität
23. Aktivität, Umtriebigkeit, Abenteuerlust, Wagemut
24. Sozialkompetenz, Freundlichkeit, Diplomatie
25. Beliebtheit, Ansehen, Prestige
26. Kooperationsfähigkeit, Teamfähigkeit, Begeisterungsfähigkeit

Abb. 36-5: Stogdill's Handbook der Persönlichkeitsmerkmale

Die Führungskraft im Redaktionsmanagement: Eigenschaftstheorie

Vor dem Hintergrund der *Eigenschaftstheorien* fragt man im Redaktionsmanagement nach den Eigenschaften, die ein Journalist mitbringen muss: „Zunächst, vor aller Begabung: Es gibt ein paar Grundeigenschaften, die einer mitbringen sollte, der Journalist werden will – vor allem gute Nerven, Arbeitsdisziplin und ein Quantum Selbstvertrauen. Der *Zeitdruck* ist groß und allgegenwärtig, selbst in Monatszeitschriften, wenn der Redaktionsschluss naht; und in der Tageszeitung sind die letzten Minuten vor dem Abschluss oft die reine Nervenmühle. ... Die Langsamen, die Mimosen und die Schüchternen also sollten den Beruf wohl nicht ergreifen" (Schneider/Raue 1998: 17). In der Leitungsfunktion eines Chefredakteurs sei gefordert, „Psychologe zu sein, Dompteur zu sein, Engelsgeduld zu haben, jemand mit Glasfiber-Nerven zu sein, jemand zu sein, der wenig Schlaf braucht, Fußballtrainer zu sein, Dirigent zu sein, Mittelstürmer zu sein, wenn's sein muss, Tormann zu sein laut Frau Noelle-Neumann, Klaviervirtuose zu sein" (Sperl in: Maseberg/Reiter/Teichert 1996: 43 f.).

Beklagt wird in diesem Zusammenhang gelegentlich die Diskrepanz zwischen journalistischer Fähigkeit und Führungserfahrung: „In der Regel qualifizieren sich leitende Redakteure, Ressortleiter und Chefredakteure nämlich durch fachliche Kompetenz, also durch ihre journalistischen Fähigkeiten, für eine Führungsposition in der Redaktion. In dieser Position müssen sie dann auf einem ganz anderen Feld Kompetenz beweisen – dem der Mitarbeiterführung" (Meckel 1999: 93).

Zur Rolle der Eigenschaftstheorien im Kontext von Journalismus ist ferner zu lesen: „Die Interpretation von Personalführung hat eine variantenreiche Entwicklung hinter sich, die zum Teil interessante Parallelen zwischen Management und Journalismus aufzeigt. So gingen die frühen, auf Sozial-Darwinismus und individualistische Persönlichkeitstheorien gestützten Ansätze der Personalführung von der Eigenschaftstheorie aus. ... Führungskompetenz leitete sich danach vor allem aus bestimmten Eigenschaften ab, die ein Manager hatte (oder nicht hatte) und die ihn sozusagen a priori zur Führungskraft qualifizierten. Im Journalismus finden wir ähnliche Entwicklungen. Auch dort war lange Zeit von der individuellen Befähigung die Rede („Begabungsthese"), die den Beruf des Journalisten im Grunde als nicht erlernbar qualifizierte ... Dies hat sich – im Management wie im Journalismus – durch vornehmlich in den USA angeregte Professionalisierungsdebatten geändert" (ebd. 103).

Ein interessantes Beispiel findet sich in einem Internet-Karriere-Portal, wo als berufsspezifische Eigenschaften eines Journalisten die folgenden Merkmale herausgestellt werden:
- Sprachlicher Ausdruck in Wort und Schrift,
- analytisches Denken,
- Neugier,
- Fähigkeit, Informationen in die richtigen Worte zu fassen,
- Fachwissen (Wirtschafts- und Sozialwissenschaften, Kommunikations- und Medienwissenschaften),
- Fremdsprachen,
- Führungseigenschaften
- Selbstbewusstsein,
- Belastbarkeit,
- Einsatzfreude,
- Menschenkenntnis,
- Organisationsgabe,
- Dispositionsvermögen,
- kaufmännische Fähigkeiten

Ein weiterer kleiner Einblick in eigenschaftstheoretisch begründete Anforderungen bietet eine Aussage zum Berufs- und Selbstverständnis von Journalisten: „Wichtige Berufsverständnisse sind: Objektiver Berichterstatter Kritiker und Kontrolleur, Anwalt der Schwachen, investigativer Journalist, Ratgeber und Berater, Unterhalter und Entertainer oder Erzieher und Pädagoge sowie neuerdings Community Manager" (Mast 2012: 495). Und zu den Aussichten: „Der Zukunftsjournalist wird zudem ein Allrounder, der parallel für Print, Web und Mobile arbeitet. Er wird zum digitalen Player, ist in sozialen Netzwerken aktiv … und er bloggt beruflich und privat" (ebd. 510).

(4) Im Kontext der **Verhaltenstheorien** wird als der wichtigste Einflussfaktor der Führungsstil, der von der Führungskraft gepflegt wird, angesehen. Ursache für den Führungserfolg ist bei diesem Theorieansatz also das von der Führungskraft konkret den Geführten gegenüber an den Tag gelegte Verhalten. Große Bekanntheit hat in diesem Zusammenhang das „Führungsstil-Kontinuum" von Tannenbaum/Schmidt (1958) erlangt (vgl. Abb. 36-6; Quelle: Staehle 1999: 337).

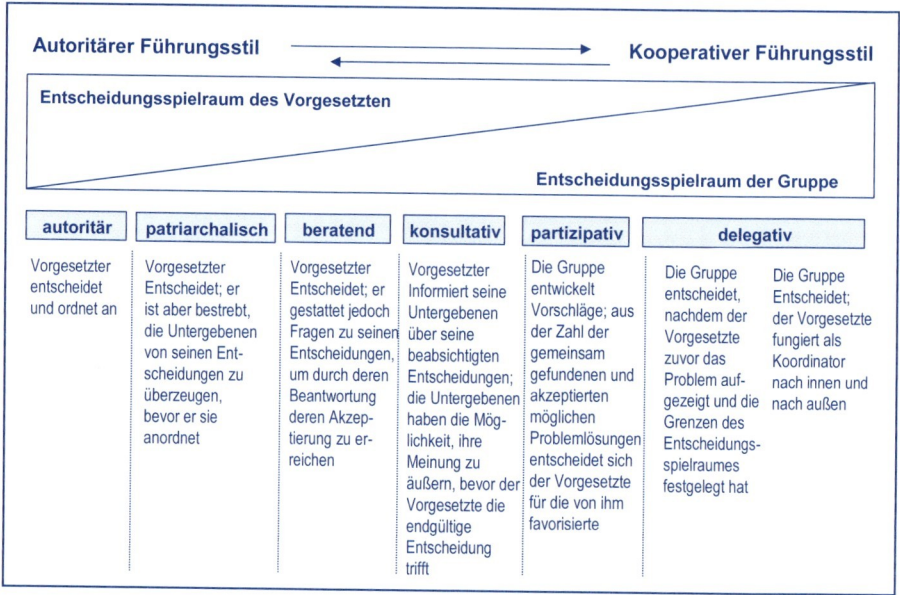

Abb. 36-6: Tannenbaum-Schmidt-Modell: Führungsstilkontinuum

Tannenbaum/Schmidt selbst relativieren den Erklärungsgehalt ihres Konzepts und weisen darauf hin, dass kein Führungsstil per se zu bevorzugen ist, sondern dass die Auswahl des richtigen Führungsstils situationsabhängig beurteilt werden muss.

Bei Medienunternehmen dürfte in vielen Organisationsbereichen ein kooperativer Führungsstil vorherrschen. Autoritäre oder patriarchalische Führung, eine Personalführung „von oben nach unten" dürfte insbesondere bei kreativ arbeitenden Menschen als völlig unangemessen gebrandmarkt werden.

> „Wenn das Redaktionsziel ist, die populärste Talkshow am Nachmittag im Fernsehen zu machen, dann hat der Redaktionsleiter die Aufgabe, seine Mitarbeiter so zu motivieren und sie so zu organisieren, dass genau dies als Ergebnis dabei herauskommt.
>
> Die vielleicht wichtigste Grundvoraussetzung zum Führen ist, dass derjenige, der führen soll, auch führen will. Führung erfordert immer den Willen, etwas bewegen zu wollen. Wer Streitigkeiten und anderen unangenehmen Situationen grundsätzlich gerne aus dem Weg geht oder nicht damit leben kann, dass auch mal jemand auf ihn sauer ist, der wird sich schwer tun, auf dem Weg nach oben und wahrscheinlich scheitern. Es jedem Recht machen zu wollen, ist ein anerkennenswertes Ziel, aber in der Praxis in vielen Fällen nicht zu erreichen. Genauso ungeeignet ist der Vorgesetztentypus, der den absoluten Herrscher der Redaktion spielt und die ihm anvertrauten Redakteure autoritär und rücksichtslos zur Arbeit treibt" (Weichler 2003: 119 f.).

Ein weiteres sehr bekanntes, verhaltenstheoretisch fundiertes Konzept liegt mit dem Verhaltensgitters nach Blake/Mouton vor. In diesem sog. „Managerial-Grid-Konzept" wird das Verhalten der Führungskraft anhand der Kategorien Mitarbeiterorientierung („concern for people") und Aufgabenorientierung („concern for production") beschrieben (vgl. Abb. 36-7; Quelle: in Anlehnung an Staehle 1999: 840).

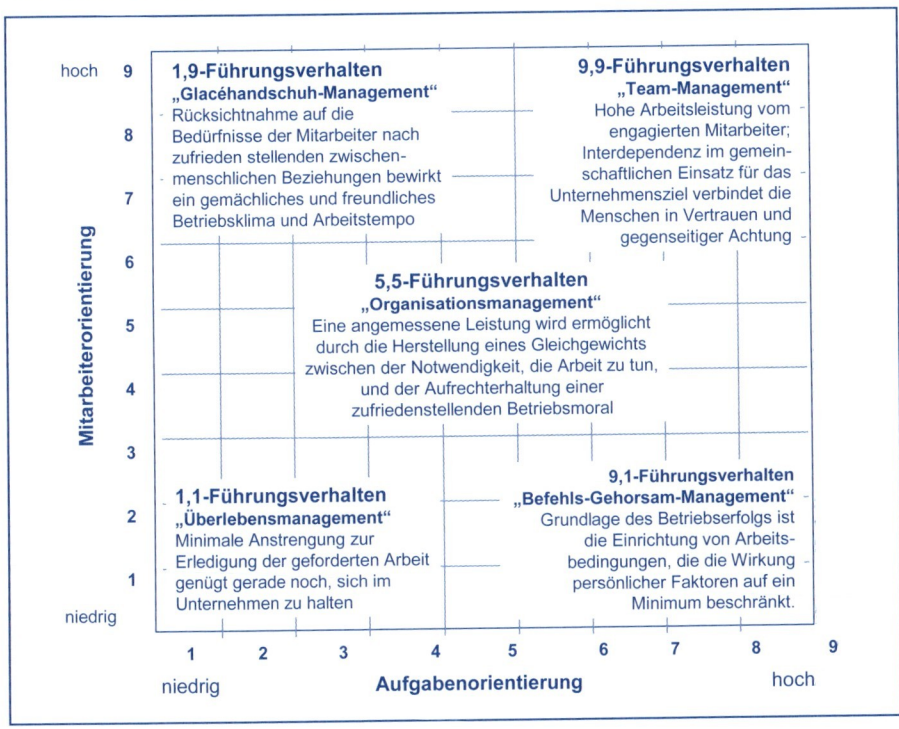

Abb. 36-7: Blake-Mouton-Modell: Führungsstile im Verhaltensgitter

Mit dem Verhaltensgitter wird ein breites Spektrum möglicher Ausprägungen des Führungsverhaltens abgebildet. Kritisch zu diesem Konzept wird angemerkt, dass es völlig die situative Orientierung ausgeblendet und insofern einer Art „theorieloser Beliebigkeit" unterliegt. Hinzu kommt, dass als anzustrebendes Optimum stets der 9,9-Führungsstil vorgestellt werde.

> „Das Grid-Modell ist ein eingängig gestyltes Designer-Modell, das insbesondere im Trainingsbereich große Resonanz gefunden hat. Es ist eine extrem offene Konzeption, die für diejenigen, die sich darauf festgelegt haben, eine gemeinsame Sprache bietet, mit der eine Verständigung über die betriebliche Wirklichkeit ermöglicht wird und eine konsensuelle Weltsicht geschaffen wird. Der Ansatz ist so offen und unbestimmt, dass er nicht widerlegt, aber jederzeit durch Variationen und Erweiterungen scheinbar aktualisiert werden kann, sodass der Eindruck ständiger erfahrungsgestützter Verbesserung entsteht. ... Der Grid-Ansatz ist ideologisch auf den Idealstil 9,9 festgelegt und bietet im umfangreichen Grid-Organisationsentwicklungs-Programm zahlreiche Module, die dazu eingesetzt werden können, die defizitären anderen Ausprägungen in Richtung auf 9,9 zu überwinden. ... Das Modell ist von einer jener unverbindlichen Gefälligkeit, die auf einem Massenmarkt offenbar gut ankommt. Jede Führungskraft kann sich und die anderen im Unternehmen leicht im Schema positionieren, und weiß, wohin die Entwicklung ‚eigentlich' gehen sollte" (Neuberger 2002: 513 ff.).

(5) Bei den **Attributionstheorien** wird unterstellt, dass die Wahrnehmung der Führungshandlung durch die Geführten von besonderer Bedeutung ist. Haupteinflussfaktor für den Führungserfolg sei in den Erwartungen der Geführten, die der Führungsperson gegenüber gehegt werden, zu suchen.

> Die große Bedeutung, die in diesem Theoriekonzept den Erwartungen beigemessen wird, zeigt nachfolgender Textauszug: „Erhält beispielsweise eine Abteilung einen neuen Vorgesetzten, dann beobachten die Mitarbeiter dessen Verhalten. Diese Beobachtungen werden mit den eigenen Erwartungen verglichen, wobei auch die Meinung Dritter berücksichtigt wird. Auf dieser Basis beurteilen die Mitarbeiter die Führungsqualitäten des Vorgesetzten. Dies führt zur Akzeptanz oder zur Ablehnung der neuen Führungskraft, die durch die Mitarbeiter verdeckt oder offen zum Ausdruck gebracht wird" (Dillerup/Stoi 2013: 644).

Die Attributionstheorie gilt als eines der meist beachteten Gebiete der Sozialpsychologie und hat in den letzten Jahren zahlreiche Modelle und Theorieansätze hervorgebracht (zur Übersicht vgl. Neuberger 2002: 545 ff.).

> „Die Attributionstheorie konzentriert sich auf die Wirklichkeits-*(Re-)Konstruktion* der Beteiligten; Führung gilt nicht als objektiver Sachverhalt, sondern als phänomenales Konstrukt, das geeignet ist, eine komplexe und instabile Realität zu ordnen. Insofern machen diese Ansätze wahr mit der These, dass wirklich ist, was als wirklich erkannt und gedeutet wird. FührerIn und Geführte wirken nicht wie unabhängige Massen aufeinander ein und stoßen sich gegenseitig mechanisch zu einem gemeinsamen Ziel hin; es interessierten vielmehr die Besonderheiten der *Zuschreibung* von Kausalität bei der Verursachung von Verhaltensweisen und Ergebnissen" (Neuberger 2002: 565).

Nachfolgend seien einige diesbezügliche Äußerungen aus der journalistischen Praxis wiedergegeben (freilich mit einer teilweise feuilletonistischen Anmutung):

> „Es ist einfacher, einen Sack Flöhe zu hüten, als einen Haufen kreativer Einzelkämpfer in einer Redaktion zusammenzubringen und zu gemeinsamer Höchstleistung zu führen – so oder ähnlich plakativ lässt sich das Problem beschreiben, das Personalführung in Medienbetrieben, vor allem auf der journalistischen Seite, noch heute überaus schwierig macht" (Meckel 1999: 93).

> „Zudem sind Journalisten gewohnt, eigenverantwortlich zu arbeiten. Viele empfinden sich als angestellte „Freiberufler", deren spezielle Fähigkeit darin besteht, sensibel mit einer Vielzahl von Themen umgehen zu können. Häufig wird die Einbindung in eine Redaktion und Organisation als lästiges „Muss" erlebt. So ist der Weg vom „Freiberufler" mit hoher Eigenverantwortlichkeit hin zum Individualisten nicht weit. Auch die beruflich erforderliche Eigenschaft, skeptisch zu sein, fördert nicht unbedingt den Teamgeist. Kurz: Sensibilität, Skepsis, Individualismus und der ständige Druck, schnell zu reagieren, machen die Mitarbeiterführung zu einer besonderen Aufgabe" (Klepsch in: Diekmann/Ottinger/Eichert 1997: 73).

> „So haben wir es in allen Redaktionen bekanntlich mit Journalisten zu tun. Und schon damit fangen die Schwierigkeiten an:
>
> - Gute Journalisten sind sensibel. Also reagieren sie empfindlich und oft überempfindlich auf alles, was ihr Chef tut oder nicht tut.
> - Journalisten sind extrovertiert und gesprächig. Also kann in aller Regel nichts vertraulich bleiben.
> - Journalisten sind neugierig. Also durchschauen sie im Nu alles, was ihre Chefs vorhaben.
> - Journalisten sind skeptisch. Also machen ihre Chefs per definitionem so ziemlich alles falsch.
> - Journalisten misstrauen den Autoritäten aller Art, also erst recht den Autoritäten im eigenen Hause.
> - Journalisten sind Individualisten. Also ist es mit dem Teamgeist nicht immer zum besten bestellt.
>
> Natürlich ist das eine Aufzählung von Klischeebildern. Doch ein Stück weit erkennen sich wohl alle Journalisten in diesen Bildern. In einer Redaktion haben Chefs wahrlich keine leichte Aufgabe" (Weck in Maseberg/Reiter/Teichert 1996: 15).

(6) Bei den **Interaktionstheorien** wird angenommen, dass der Führungserfolg als das unmittelbare Resultat der wechselseitigen Beeinflussung zwischen Vorgesetzten und Geführten entsteht. Führung wird als ein interaktiver Prozess verstanden, der durch das Zusammenwirken der folgenden Faktoren bestimmt ist:

- Persönlichkeitsmerkmale der Beteiligten;
- Objektiven Bedingungen der Situation;
- Subjektive Wahrnehmung durch die Beteiligten.

Führung als ein Wechselwirkungsprozess zwischen Vorgesetzten und Mitarbeitern kann es mit sich bringen, dass Führung sogar „von unten" erfolgen kann.

„Durch rationale Argumente, freundlichen bzw. aggressives Verhalten oder durch Einschalten übergeordneter Instanzen kann sogar „Führung von unten" oder „Führung durch Gleichgestellte" erfolgen" (Dillerup/Stoi 2013: 645).

Als der entscheidende Ansatzpunkt der Führung wird damit die Kommunikation angenommen. Diese kann in unterschiedlichen Formen ablaufen: Für Medienunternehmen mit hohem Kommunikationsbedarf in den Workflows z. B. spielt die „Netzstruktur" der Kommunikation und weniger die „Sternstruktur" eine herausragende Rolle. Abb. 36-8 zeigt das Beispiel von Kommunikationsstrukturen in der Redaktion; Quelle: Meckel 1999: 119).

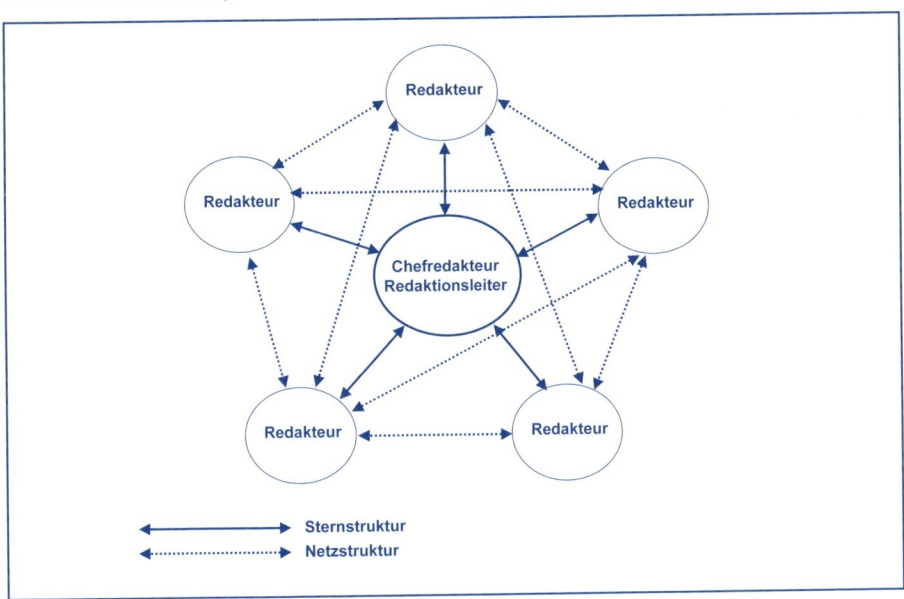

Abb. 36-8: Kommunikation in der Redaktion

„Generell sollte die redaktionelle Kommunikation also auf einer variierend zu aktivierenden Netzstruktur und nicht auf einer Sternstruktur beruhen. Ist die Kommunikation sternförmig organisiert, spricht jeder einzelne mit dem Chef, aber zwischen den Mitarbeitern findet nur wenig Informationsaustausch statt, ebenso wenig wie in der gesamten Gruppe Probleme gemeinsam besprochen werden. Diese Kommunikationsstruktur ist ein Indikator für eine eher dirigistische und autoritäre Führungskonzeption" (Meckel 1999: 120).

Die Führungskraft im Redaktionsmanagement: Interaktionstheorie

Führung in der Redaktion vor dem Hintergrund der Interaktionstheorie wird sich stark auf das konzentrieren, was als „kommunikative Führung" bezeichnet wird. Eine gelingende, effektive und konstruktiv im zwischenmenschlichen Kontext wirkende Kommunikation wird bei der Interaktionstheorie (logischerweise) als der zentrale Dreh- und Angelpunkt aller Führungshandlungen zu gelten haben.

„Unter welcher Flagge sie auch immer segeln mag, die zentrale Aussage heißt: Mitarbeiterführung erfolgt im wesentlichen über Kommunikation. Für Medienunternehmen gilt dies sogar in besonderem Maße, weil Informations- und Wissenstransparenz Grundbedingungen für Informations- und Wissensverarbeitung sind. ... Wenn das Kommunikationsklima einer Redaktion nicht stimmt, können auch die ausgereiftesten Managementkonzepte nicht greifen, denn sie müssen in ihren Inhalten und in ihrer Umsetzung den Mitarbeitern zunächst einmal kommunikativ vermittelt werden" (Meckel 1999: 114).

„Die zweite Führungsvoraussetzung ist der Wille zur Kommunikation. Zahlreiche Probleme in Redaktionen fußen auf einer unzureichenden Informations- und Kommunikationspolitik. Dabei es so simpel: Menschen, die schlecht informiert sind, vor allem, wenn es noch um Angelegenheiten geht, die sie umsetzen müssen, ärgern sich und neigen zu Fehleinschätzungen. Mitunter liegt die Ursache für den mangelhaften Informationsfluss nicht einmal am höchsten Vorgesetzten, dem Chefredakteur, sondern an seinen Abteilungschefs, den Ressortleitern. Diese werden von ihrem Chef dezidiert in anstehende Aufgaben mit einbezogen, geben aber dieses Detailwissen oft nur ungern an ihre Ressort-Mitarbeiter weiter" (Weichler 2003: 119 f.).

Erhellend ist in diesem Zusammenhang auch die Beschreibung der Funktion eines Chefredakteurs (Blickwinkel im Neuberger-Modell: A zwischen Z und Geführten B bis E), die sich durch die „Sandwich-Position" zwischen Vorgesetzten und Geführten auszeichnet.

Diese Sandwich-Rolle von A wird sehr plastisch am Beispiel der „Achsenfunktion" eines Chefredakteurs beschrieben (Kiessler in: Maseberg/Reiter/Teichert 1996: 58 f.):

„Lassen Sie mich meine Gedanken über die Achsenfunktion der Chefredaktion so zusammenfassen:

- Die Chefredaktion sollte sich niemals als Speerspitze des Verlages gegenüber der Redaktion begreifen. Sie hat in ihrer Leitungsfunktion zwar die Verantwortung zu tragen – nicht zuletzt für den wirtschaftlichen Erfolg des Produktes Zeitung. Aber nur, wenn sie sich als Vermittler zwischen Verlag und Redaktion versteht, schafft sie die notwendige Vertrauensbasis, die für das redaktionelle Klima unerlässlich ist.
- Der Chefredakteur ist für die Zeitung verantwortlich. Der Herausgeber oder Verleger sollte nicht in die Redaktion hineinregieren, schon gar nicht am Chefredakteur vorbei. Sonst hat die Redaktion zwei Chefredakteure.
- Der Chefredakteur zeichnet für die Linie der Zeitung verantwortlich. Diese Linie sollte eine gewisse Bandbreite auch kontroverser Meinungen in der Redaktion zu berücksichtigen suchen. Ein offener Diskurs ist wünschenswert und unerlässlich.
- Lob als Steuerungs- und Motivationsinstrument ist in der täglichen Redaktionsarbeit allemal erfolgversprechender als das Anbrüllen und Niedermachen von Mitarbeitern. Nicht das knochenhart Autoritäre, das sozial verträgliche Durchsetzungsvermögen ist relevant und beflügelt die innere Motivation.
- Der Chefredakteur muss jederzeit ansprechbar sein. Mögliche Konflikte sind im Vorfeld leichter zu entschärfen als nach Tagen oder gar Wochen aufgestauten Ärgers.
- Der Chefredakteur sollte soviel delegieren wie möglich und den einzelnen Ressorts in ihrer Ergebnis-Verantwortlichkeit Raum für freie Gestaltung lassen. Aber es muss auch ein System der Kontrolle und Rückmeldung geben. Die Achse geht auch quer durch die Redaktion.
- Der Chefredakteur soll die Team-Entscheidung suchen (quality management). Am Ende der Diskussion muss er jedoch sagen, was gemacht wird. Über Widerstand aus der Redaktion sollte sich der Chefredakteur nicht ärgern. Den Stein der Weisen muss auch er nicht gefunden haben. Zumindest nicht in jedem Fall oder jeden Tag. Denn die Chefredaktion sitzt mitten in der Redaktion und nicht auf einer Wolke."

(7) Die **situative Führungstheorie**, kurz: **Situationstheorie** – auch **Kontingenztheorie** genannt – geht davon aus, dass der anzuwendende Führungsstil je nach Art der Situation – z. B. Aufgabenstellung, Fähigkeiten und Erwartungen der Mitarbeiter, unternehmensbezogene Faktoren (Krisensituation, Fusion, Expansion etc.) – variiert werden muss. Es wird also kein bestimmter Führungsstil quasi automatisch als der richtige angenommen, um Führungserfolg zu erzielen.

Abb. 36-9 visualisiert diesen Ansatz (Quelle: Neuberger 2002: 52).

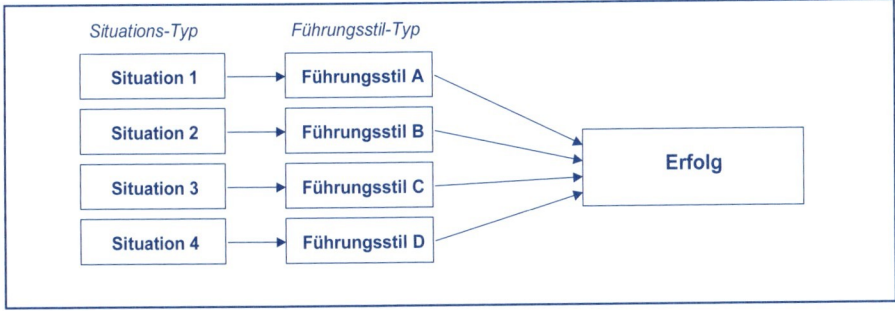

Abb. 36-9: Situative Führungstheorie

Als entscheidend für richtiges Führungsverhalten wird also die jeweilige Situation hervorgehoben, die es ganzheitlich zu würdigen gilt. In den Modellen werden zumeist als Dimensionen der Aufgabenorientierung und der Mitarbeiterorientierung zugrunde gelegt. Besonders bekannt sind in diesem Kontext die folgenden **drei Modelle** geworden (vgl. Dillerup/Stoi 2013: 648 ff.):

- Situative Reifegrad-Theorie von Hersey/Blanchard
- 3-D-Theorie von Reddin
- Kontingenzmodell von Fiedler

Das Grundmodell der **situativen Führungstheorie von Hersey/Blanchard** geht davon aus, dass je nach dem Reifegrad der Mitarbeiter ein unterschiedlicher Führungsstil angewandt werden muss. Wie Abb. 36-10 zeigt, gilt die Regel: Je geringer die Reife des Mitarbeiters, desto direktiver bzw. aufgabenbezogener muss die Führung sein. Erhöht sich die Reife, kann stärker auf die soziale, beziehungsorientierte Führung umgeschwenkt werden. Erst bei sehr hoher Reife kann ein delegativer Führungsstil erfolgreich angewandt werden.

Die **3-D-Theorie von Reddin** versteht sich als ein dreidimensionales Modell, das zusätzlich den Faktor der Führungseffektivität berücksichtigt. Als Führungsstile stehen der Verfahrens-, Beziehungs-, Aufgaben- und Integrationsstil zur Verfügung, die situationsabhängig gewählt werden.

Beim **Kontingenzmodell von Fiedler** wird davon ausgegangen, dass der Einfluss des Führers auf die Leistung der Gruppe einerseits von dessen Verhalten, andererseits von der jeweiligen Situation abhängt. Das Modell ist vielbeachtet, gilt jedoch als wissenschaftlich kaum haltbar.

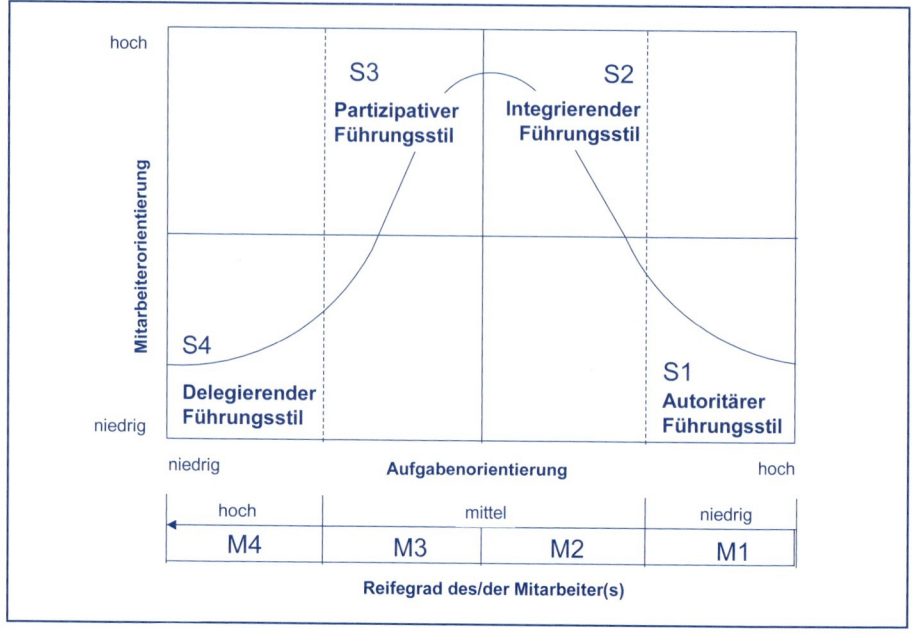

Abb. 36-10: *Hersey-Blanchard-Modell: Abhängigkeit des Führungsstils vom Reifegrad des Mitarbeiters*

Die Differenzierung der Führungsstile nach der Situation bzw. der Konstellation ist geeignet vermag auch für Medienunternehmen plausible Anhaltspunkte zur Personalführung zu vermitteln.

> „Ist ein Redakteur z. B. Spezialist für Recherche und erbringt in diesem Bereich jeweils Höchstleistungen, so bedarf es bei ihm in diesem Zusammenhang höchstens eines beziehungsorientierten Führungs*angebotes*, nicht aber einer direktiven, also aufgabenbezogenen Führung. Derselbe Mitarbeiter kann aber Schwächen in anderen Bereichen aufweisen, wie z. B. dem Schreiben und Texten. Hier gilt es dann, klare (aufgabenorientierte) Vorgaben zu machen und ihre Umsetzung zu kontrollieren" (Meckel 1999: 106).

Es ist zu bemerken, dass autoritäre Führung in einer bestimmten Situation durchaus angebracht sein kann. Typischerweise ist in Krisensituationen die Effektivität autoritärer Steuerung der Beteiligten eher erfolgreich als partizipativer Führungsstil. Bei Verlagen oder Sendern ist z. B. auch an die „Sandwich-Funktion" eines Redaktionsleiters zu denken, die in vielen Situationen zu einer klaren Positionierung zwingt.

> „Autoritäres Führungsverhalten kann durchaus situationsgerecht sein. Der Wunsch, geliebt und anerkannt zu werden, kann für den Redaktionsleiter zur Falle werden, wenn die persönliche Akzeptanz und damit auch die Möglichkeit des Dialogs vom Mitarbeiter ausgeschlossen werden. ... Wer hat noch nicht erlebt, dass Urlaubsregelungen, Dienstpläne, Aufgabenverteilungen, Investitionsentscheidungen, Umstrukturierungen usw. nicht auch im Einzelfall persönlich übelgenommen wurden und anschließende Diskussionen wenig fruchtbringend waren? Wer strategische Ziele seines Senders oder Verlages umsetzen muss, wird auf Dauer von solchen Situationen nicht verschont bleiben. Transparentmanagement, also die Aussage ‚Die da oben wollen, dass Du da unten etwas tust; ich halte ja auch nichts davon, aber mach mal!' ist perspektivisch sicher keine Dauerlösung. Führungskräfte sollten sowohl ihre Persönlichkeitsmacht als auch ihre Positionsmacht nach unten, vor allem aber auch nach oben im hierarchischen Sinn, einsetzen" (Faltermaier in Diekmann/Ottinger/Teichert 1997: 85 f.).

(8) Vor dem Hintergrund der aufgezeigten Basistheorien lassen sich nunmehr zahlreiche, zumeist als zentral herausgestellte Ansätze der Personalführung zuordnen. Eine wichtige Rolle spielen dabei die **Motivationstheorien**. Sie werden zumeist in den Vordergrund gestellt, der Vorstellung von Führung als verhaltenslenkendes Konzept folgend. Üblicherweise werden dann gängige Motivationstheorien vorgestellt, ausgewählt etwa aus einer ganzen Liste verschiedener Theorie-Ansätze (vgl. z. B. Eisenführ 2000: 47 ff., Schmalen 2002: 270 ff.):

- Maslow'sche Bedürfnispyramide;
- Zweifaktorentheorie nach Herzberg;
- McGregors Theorie X und Theorie Y;
- Alderfers ERG-Theorie;
- Drei-Bedürfnisse-Theorie nach McClelland;
- Zielsetzungstheorie nach Locke;
- Theorie des sozialen Vergleichs nach Adams;
- Erwartungs-Valenz-Theorie;
- Anreiz-Beitrags-Theorie von Simon;
- Instrumentalitätstheorie von Vroom und Porter/Lawler.

Nicht selten erfolgt eine Reduzierung auf die ersten drei der genannten Ansätze (Maslow, Herzberg, McGregor).

Allen Ansätzen ist gemeinsam, dass sie versuchen, allgemein akzeptierte Theorien vor allem aus dem Bereich der Psychologie und Soziologie auf den konkreten Sonderfall der Führung zu beziehen (vgl. Neuberger 2002: 533).

> Den psychologischen Hintergrund macht die folgende Definition deutlich: „Mit ‚Motivation' ist die Gesamtheit der intrapsychischen Beweggründe gemeint, die Qualität, Richtung, Intensität und Dauer von Handlungen bestimmen. Es geht also immer um eine Entscheidung (Wahl, Selektion): das Individuum kann nicht nicht handeln, aber es kann sich für oder gegen bestimmte Handlungsmöglichkeiten entscheiden und seine Wahl dann mit mehr oder weniger hoher Intensität, Konsequenz, Unbeirrbarkeit etc. realisieren" (ebd.).

Zur Erklärung der Motivation können unterschiedliche theoretische Ansätze herangezogen werden (vgl. ebd. 533 ff.):

- Inhaltstheorien;
- Formal- oder Prozesstheorien.

Bei den Inhaltstheorien wird das Phänomen der Motivation als Reflex auf inhaltlich bestimmte Bedürfnisse, Triebe und Motive erklärt, die meist in Form von Katalogen dargestellt werden und deren Nichtbefriedigung einen Mangelzustand hervorrufen wie Hunger, Schlaf, Durst, Sexualität oder Sicherheit. Direkt ausgelöst wird hieraus ein Suchverhalten, das dann beendet ist, wenn das Bedürfnis befriedigt ist.

> „Als populärste Inhaltstheorie kann die *Maslow*sche Bedürfnishierarchie angesehen werden, die fünf aufeinander aufbauende Bedürfnisklassen unterscheidet: Existenz/Überleben, Sicherheit, Zugehörigkeit/Kontakt, Ich-Motive (wie Anerkennung, Geltung, Statusstreben) und Selbstverwirklichung. Zentrale These ist, dass die nächsthöhere Bedürfnisklasse erst aktiviert wird, wenn alle darunterliegenden befriedigt sind" (ebd. 534).

Im Gegensatz zu den Inhaltstheorien legen sich die Formal- oder Prozesstheorien nicht auf Inhalte im Sinne von Trieben, Motiven oder Bedürfnissen fest, sondern beschreiben in formaler Weise den Prozess der Auswahl zwischen alternativen Möglichkeiten des Handelns. Als prominenter Ansatz dieser Theoriegruppe gilt die VIE-Theorie, die „Valenz-Instrumentalitäts-Erwartungs-Theorie", bzw. kurz auch Erwartungs-Valenz-Theorie oder EV-Theorie genannt. Abb. 36-11 zeigt das VIE-Modell in seiner Grundstruktur (Quelle: Neuberger 2002: 535).

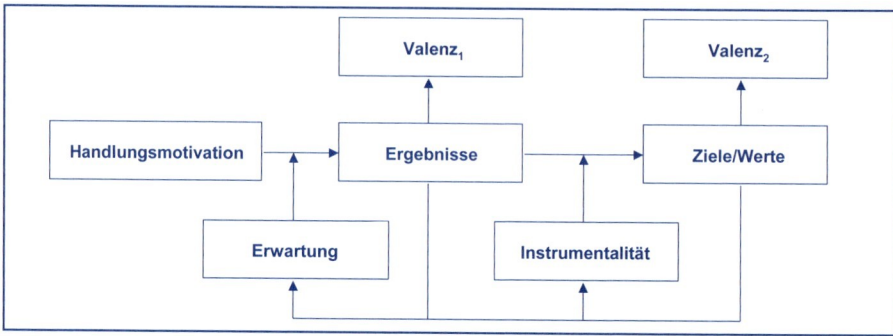

Abb. 36-11: Grundstruktur von VIE-Theorien

Zur Erläuterung des VIE-Modells: „Jede Handlung aus einem Set der ins Auge gefassten Möglichkeiten wird (siehe Schema) mit bestimmten Ergebnissen in Verbindung gebracht, normalerweise einem Satz von konkreten Leistungszielen, die für die betreffende Position vorgegeben und/oder von der Person explizit artikuliert wurden (z. B. fehlerfreie Aufgabenerledigung, positiver Eindruck bei dem Vorgesetzten ...). Um die Beliebigkeit uferloser ‚Ergebnis'-Auflistungen einzudämmen, wird die Person dazu angehalten, die für sie oder für ihre Person wichtigsten/verbindlichen ‚Handlungsergebnisse' anzugeben. Gemäß der Logik des Modells muss für jede wählbare Handlungsalternative bestimmt werden, mit welcher Wahrscheinlichkeit (= *Erwartung*) sie geeignet ist, die angestrebten oder vorgegebenen ‚Ergebnisse' zu realisieren. ... Wirklich wichtig ist aber nicht, ob bestimmte ‚Ergebnisse' erreicht werden, sondern was diese Ergebnisse *wert* sind (ihre *Valenz*, ihr Nutzen). Die Valenz jedes Ergebnisses wird durch das Produkt aus ‚Instrumentalität' und ‚Valenz der Ziele' ausgedrückt. ... Aus der Abbildung geht hervor, dass die Valenz der Ergebnisse durch die ‚(Letzt)Ziele' bestimmt ist. ... Für die Führungstheorie liegt die Pointe darin, dass die skizzierten Überlegungen nicht auf die Führungskraft selbst angewandt werden, sondern dass diese sich in die Entscheidungsrechnung ihrer Unterstellten einfühlen oder hineindenken soll" (Neuberger 2002: 535 ff.).

Kernaussagen

- Das Personalmanagement von Medienunternehmen unterscheidet sich methodisch nicht von demjenigen anderer Unternehmen. Alle Konzepte sind prinzipiell gleichermaßen anwendbar.
- Die Arbeitsabläufe von Medienunternehmen sind in besonderer Weise häufig durch Aktualität, Zeitdruck, Projektcharakter der Aufgabenerfüllung und eine besondere Kultur geprägt.
- In allen Bereichen des Personalmanagements von Medienunternehmen zeigen sich zahlreiche spezielle Herausforderungen, z. B. freie Mitarbeiter bei der Personaleinsatzplanung oder arbeitsrechtliche Regelungen aufgrund von projektorientierter Arbeit.
- Die Personalführung lässt sich – will man methodisch höheren Ansprüchen standhalten – nur vor einem vertieften theoretischen Hintergrund konzipieren.

Literatur

Weiterführende Literatur: Grundlagen

Bunz, A. (2005): Das Führungsverständnis der deutschen Spitzenmanager, Frankfurt a. M.
Dillerup, R./Stoi, R. (2013): Unternehmensführung, 4., komplett überarb. u. erw. Aufl., München.
Domsch, M. E./Regnet, E./Rosenstiel, L. von (Hrsg.)(2001): Führung von Mitarbeitern, 2., überarb. u. erw. Aufl., Stuttgart.
Eisenführ, F. (2000): Einführung in die Betriebswirtschaftslehre, 3. Aufl., Stuttgart.
Hentze, J./Kammel, A. (2001): Personalwirtschaftslehre 1, 7., überarb. Aufl., Bern, Stuttgart, Wien.
Hentze, J./Graf, A. (2005): Personalwirtschaftslehre 2, 7., überarb. Aufl., Bern, Stuttgart, Wien.
Holtbrügge, D. (2005): Personalmanagement, 2., akt. Aufl., Berlin, Heidelberg, New York.
Hopfenbeck. W. (2002): Allgemeine Betriebswirtschafts- und Managementlehre, 14. Aufl., Landsberg/Lech.
Hopp, H. (2006): Personalführung und Personalmanagement, in: Altendorfer, O./Hilmer, L. (Hrsg.)(2006): Medienmanagement, Band 3: Medienbetriebswirtschaftslehre – Marketing, Wiesbaden, S. 165-198.
Jung, H. (2011): Personalwirtschaft, 9., akt. u. verb. Aufl., München.
Klimecki, R./Gmür, M. (1998): Personalmanagement, 3., erw. Aufl., Stuttgart.
Neuberger, O. (2002): Führen und führen lassen, 6., völlig neu bearb. u. erw. Aufl., Stuttgart.
Rosenstiel, L. von/Regnet, E./Domsch, M. (Hrsg.)(2003): Führung von Mitarbeitern, 5., überarb. Aufl., Stuttgart.
Schneck, M. H. (2000): Strategische Personalführung, Berlin.
Scholz, C. (2000): Personalmanagement, 5. , neu bearb. u. erw. Aufl., München.
Scholz, C. (2011): Grundzüge des Personalmanagements, München.
Schwaninger, M. (1994): Managementsysteme, Frankfurt/Main, New York.
Staehle, W. H. (1999): Management, 8. Aufl., überarb. v. P. Conrad und J. Sydow, München.
Steiger, T./Lippmann, E. (Hrsg.)(2002): Handbuch Angewandte Psychologie für Führungskräfte, 2 Bände, 2. Aufl., Berlin, Heidelberg, New York.
Steinmann, H./Schreyögg, G./Koch, J. (2013): Management, 7., vollst. überarb. Aufl., Wiesbaden.

Weiterführende Literatur: Medien

Böhme-Dürr, K./Keuneke, S. (Hrsg.)(2003): Kommunikation in der Praxis. Gegenwart und Zukunft von Medienberufen, Berlin.
Dal Zotto, C. (2006): Personalmanagement – Besonderheiten und Aufgaben in Medienunternehmen, in: Scholz, C. (Hrsg.)(2006): Handbuch Medienmanagement, Berlin, Heidelberg, New York, S. 491-517.
Deters, J. (2002): Medienmanagement als Personal- und Organisationsmanagement, in: Karmasin, M./Winter, C. (Hrsg.)(2002): Grundlagen des Medienmanagements, München, 2., korr. u. erw. Aufl., S. 93-113.
Deters, J./Winter, C. (1997): Karriere in der Medienbranche, Frankfurt am Main.
Diekmann, T./Ottinger, L./Teichert, W. (Hrsg.)(1997): Führungsaufgaben in Redaktionen II: Materialien zum Redaktionsmanagement in Hörfunk und Fernsehen, Gütersloh, insbes. Kapitel 2.
Dress, P. (2002): Vor Drehbeginn. Effektive Planung von Film- und Fernsehproduktionen, Bergisch Gladbach (überarb. Neuauflage des gleichnamigen Werks aus dem Jahr 1991).
Eicher, H. (2004): Die Rechtssituation freier Mitarbeiter in den Medien, Baden-Baden.
Flasdick, J./Goertz, L./Krämer, H./Michel, L. P. (2009): Strukturwandel in Medienberufen: Neue Profile in der Content-Produktion, Bonn.
Fünfgeld, H. (1983): Zur Personalwirtschaft von öffentlich-rechtlichen Rundfunkanstalten, in: Zeitschrift für öffentliche und gemeinwirtschaftliche Unternehmen, Beiheft 5, S. 62-79.
Hohmann, H.-J. (2001): Praxishandbuch Filmrecht, Berlin, Heidelberg, New York.
Iljine, D. (2009): Film- und Fernsehproduzent als Berufsbild? In: Hülsmann, M./Grapp, J. (Hrsg.)(2009): Strategisches Management für Film- und Fernsehproduktionen, München, S. 465-483.
Jacobshagen, P. (2002): Filmrecht im Kino- und TV-Geschäft, Bergkirchen.
Jacobshagen, P. (2012): Filmbusiness, 2. Aufl., Bergkirchen.
Kayser, H. J. (1993): Controlling für Rundfunkanstalten, Baden-Baden.
Keil, S. (1996): Frauen in Führungspositionen im öffentlich-rechtlichen Rundfunk, in: Mast, C. (Hrsg.) (1996): Markt – Macht – Medien, Konstanz.

Keil, K./Milke, F. (2009): Professionalisierungspotenziale in der Filmproduktion, in: Hülsmann, M./Grapp, J. (Hrsg.)(2009): Strategisches Management für Film- und Fernsehproduktionen, München, S. 447-463.

Kitzberger, R. (2004): Arbeitsrecht in der Filmproduktion, in: Clevé, B. (Hrsg.)(2004): Von der Idee zum Film, 4., völlig überarb. Aufl., Konstanz, S. 177-196.

Kolo, C. (2004): Personalgewinnung im Wandel – Die zukünftige Rolle der Zeitungen im Markt für Stellenanzeigen, in: Glotz, P./Meyer-Lucht, R. (Hrsg.)(2004): Online gegen Print, Konstanz, S. 46-74.

Kitzberger, R. (2009): Arbeitsrecht in der Filmproduktion, in: Clevé, B. (Hrsg.)(2009): Von der Idee zum Film, 5., überarb. Aufl., Konstanz, S. 177-193.

Kritzenberger, H. (2006): Medienberufe, Berlin, Heidelberg, New York.

Maseberg, E./Reiter, S./Teichert, W. (Hrsg.)(1996): Führungsaufgaben in Redaktionen, Band 1: Materialien zum Redaktionsmanagement in Zeitungs- und Zeitschriftenverlagen, Gütersloh, insbes. Kapitel 2.

Mast, C. (Hrsg.)(2012): ABC des Journalismus, 12., völlig überarb. Aufl., Konstanz, München.

Meckel, M. (1999): Redaktionsmanagement, Opladen, Wiesbaden.

Michel, L./Goertz, L. (2002): Arbeitsmarkt Multimedia, Berlin.

Oelsnitz, D. von der/Busch, M. W. (2009): Teamformung und Teameffizienz in der Filmproduktion, in: Hülsmann, M./Grapp, J. (Hrsg.)(2009): Strategisches Management für Film- und Fernsehproduktionen, München, S. 485-501.

Olenhusen, A. G. von (2001): Film und Fernsehen. Arbeitsrecht, Tarifrecht, Vertragsrecht – Deutschland, Österreich, Schweiz, Baden-Baden.

Olenhusen, A. G. von (2002): Freie Mitarbeit in den Medien. Arbeits-, Tarif-, Vertragsrecht. Honorare, Urheberrecht, Leistungsschutz, Baden-Baden.

Olenhusen, A. G. von (2004): Medienarbeitsrecht für Hörfunk und Fernsehen, Konstanz.

Olenhusen, A. G. von (2008): Der Journalist im Arbeits- und Medienrecht: Ein Leitfaden, München.

Riehm, P. (2013): Personal, in: Schneider, M. (Hrsg.)(2013): Management von Medienunternehmen, Wiesbaden, S. 419-442.

Schirmer, N. (2013): Personalmanagement für Kreativschaffende, Wiesbaden.

Schneider, S./Schössler, J. (1999): Neuere Anforderungen an die Personalarbeit privater Fernsehveranstalter, Köln.

Schneider, W./Raue, P.-J. (1996): Handbuch des Journalismus, Reinbek bei Hamburg.

Schumann, M./Hess, T. (2009): Grundfragen der Medienwirtschaft, 4., überarb. Aufl., Berlin, Heidelberg, New York.

Seidel, N./Libertus, M. (1993): Rundfunkökonomie, Wiesbaden.

Stein, F. A. (2000): Bewertung der Management-Leistung von Rundfunkanstalten, in: Matiaske, W./Mellewigt, T./Stein, F. A. (Hrsg.)(2000): Empirische Organisations- und Entscheidungsforschung, Heidelberg, S. 136-160.

Stein, F. A. (2006): Führungsmanagement – Aufgaben von Führungskräften in Medienunternehmen, in: Scholz, C. (Hrsg.)(2006): Handbuch Medienmanagement, Berlin, Heidelberg, New York, S. 539-552.

Stöpfgeshoff, S. (1998): Mögliche Veränderungen der Führungsstrukturen im öffentlich-rechtlichen Rundfunk, Köln.

Wedel, D. (1999): Entwicklung der Arbeitsbedingungen in der Fernsehproduktion, in: Schröder, H.-D. (Hrsg.)(1999): Entwicklung und Perspektiven der Programmindustrie, Baden-Baden, Hamburg, S. 124-128.

Weichler, K. (2003): Handbuch für freie Journalisten, Wiesbaden.

Studien, Fallbeispiele

Dal Zotto, C. (2006): Personalmanagement – Besonderheiten und Aufgaben in Medienunternehmen, in: Scholz, C. (Hrsg.)(2006): Handbuch Medienmanagement, Berlin, Heidelberg, New York, S. 491-517.

Eggers, B./Ahlers, F./Lippold, A. (2003): Kulturspezifische Personalführung in internationalen Medienunternehmungen: Fallbeispiel Bertelsmann China, in: Brösel, G./Keuper, F. (Hrsg.)(2003): Medienmanagement, München, S. 95-118.

Schauen, U. (2012): Das WDR-Dschungelbuch, 2., völlig neu bearb. Aufl., Köln.

Sjurts, I. (2014): Frauenkarrieren in der Medienbranche, Berlin, Heidelberg.

Kapitel 37
Projektmanagement

37.1	Besonderheiten von Medienprojekten	885
37.2	Project Governance	887
37.3	Phasenmodell des Projektmanagements	891
37.4	Rolle und Bedeutung der Projektleitung	908

Leitfragen

- Was unterscheidet ein Projekt von einer Routineaufgabe?
- Was versteht man unter der „Virtualisierung" von Projektarbeit?
- Welche Besonderheiten weisen Medienprojekte auf?
- Wo spielen im Medienbereich Projektaufgaben eine besondere Rolle?
- Inwiefern kann der Spielfilm „Titanic" als großes Medienprojekt bezeichnet werden?
- Was versteht man unter „Project Governance"?
- Welche Vorgehensmodelle unterscheidet man?
- Welche sechs Phasen kennzeichnet das Management eines Projekts?
- Unter welchen Bedingungen kann das „Wasserfall-Modell" nicht angewandt werden?
- Auf welche Art und Weise können Projekte zustande kommen?
- Was ist mit dem Begriff der „Problemanalyse" gemeint?
- Wodurch unterscheiden sich Sach- und Formalziele?
- Wie lassen sich Ziele operationalisieren?
- Wie kann man die Wirtschaftlichkeit eines Projekts definieren?
- Welche Prüfungen sind bei der Evaluierung einer Projekt-Idee durchzuführen?
- Welche Aspekte sind bei der Festlegung des Projekt-Rahmens zu beachten?
- Welche kritischen Erfolgsfaktoren sind beim Projekt-Start zu beachten?
- Wie lässt sich die Struktur der Projekt-Beteiligten darstellen?
- Welche Probleme stellen sich bei der Vertragsgestaltung zwischen Auftraggeber und Auftragnehmer?
- Welche Bausteine sollte ein effektives Briefing aufweisen?
- Was ist ein „Letter of Intent"?
- Welche Regeln sollten für eine gedeihliche Teamzusammenarbeit beachtet werden?
- Was ist der „Basisplan" des Projekts?
- Was ist ein „Projektstrukturplan"?
- Was versteht man unter den Begriffen „Balken-, bzw. „Gantt-Diagramm" und „Netzplan"?
- Was ist der „Kritische Pfad"?
- Was versteht man unter einem „Pflichtenheft"?
- Welche Rolle spielt das Projekt-Controlling?
- Wie sollte ein Projekt abgeschlossen werden?
- Wie ist der Begriff „Rolle" definiert?
- Was versteht man unter dem „Rollen-Set" eines Projektleiters?
- Was versteht man unter dem „Status" eines Projektleiters?
- Welches Kompetenzprofil sollte ein Projektleiter mitbringen?
- Wie lassen sich die Spezifika das Projektmanagement eines Filmprojekts beschreiben, insbesondere im Hinblick auf den künstlerischen und organisatorischen Bereich?

Gegenstand

Ein *Projekt* ist „ein Vorhaben, das im Wesentlichen durch Einmaligkeit der Bedingungen in ihrer Gesamtheit gekennzeichnet ist, wie z. B. Zielvorgabe, zeitliche, finanzielle, personelle oder andere Begrenzungen, Abgrenzung gegenüber anderen Vorhaben, projektspezifische Organisation" (Definition nach DIN 69901 „Projektmanagement, Begriffe" in der Version vom August 1987).

Das Kriterium der „Einmaligkeit der Bedingungen" weist darauf hin, dass ein Projekt sorgfältig von einer Routineaufgabe zu unterscheiden ist, jedes Projekt mithin einen klar definierten Beginn und ein ebenso klar definiertes Ende haben muss. Es gibt kein „Dauerprojekt". Um ein Projekt zu starten, muss ein formeller, schriftlich formulierter Projektauftrag bzw. Vertrag vorliegen, der von einem Auftraggeber und von einem Auftragnehmer akzeptiert ist. Beide, der Auftraggeber und der Auftragnehmer, sollen nicht nur institutionell, sondern stets auch als Personen in Erscheinung treten. Da es sich bei einem Projekt um eine nicht alltägliche Aufgabenstellung handelt, ist es überdies notwendig, eine eigens auf die Projektaufgabe zugeschnittene Organisation zu schaffen. Grundlage aller Projektaktivitäten sind operativ formulierte Ziele, anhand derer nach Projekt-Ende der Erfolg beurteilt werden kann.

Anhand des Beispiels der „Titanic", eines großen US-Kino-Spielfilms aus dem Jahr 1997, seien diese Kriterien näher beleuchtet:

- Das Kriterium der Einmaligkeit ist in augenfälliger Weise gegeben, unmittelbar einsichtig im Vergleich zu Spielfilmen mit anderem Stoffhintergrund, aber auch im Hinblick auf die zahlreichen anderen Titanic-Verfilmungen, von denen jede einzelne den Stoff völlig unterschiedlich aufbereitet hatte. Insofern ist der Film eine Einzelfertigung bzw. ein Unikat, und dies auch innerhalb desselben Genres.
- Auftraggeber waren Twentieth Century Fox und Paramount Pictures, Auftragnehmer die Lightstorm Entertainment Production mit James Cameron und Jon Landau. Drehbuch und Regie bestritt ebenfalls James Cameron.
- Das Sachziel der „Titanic" war von Anfang an die Schaffung eines Film-Dramas im Weltformat („Blockbuster") mit hohem finanziellen Rückfluss („Pay Back"). Das Einspielergebnis liegt inzwischen bei mehr als einer Milliarde Dollar. Vorgegeben waren als Formalziele ein Gesamtbudget von mehr als 200 Mio. Dollar, ein klares Zeitlimit mit einem genauen Timing der Kino-Einführungskampagne sowie ein hohes Qualitätslevel („großer hochqualitativer Kino-Spielfilm im Weltformat" – der Film errang 11 Oscars).
- Schließlich hatte das Projekt eine eigene Organisation mit einem großen projektbezogenen Team für Konzeption, Strategie, Produktion und Vermarktung, das sich je nach Projektphase unterschiedlich zusammensetzte.

Unter *Projektmanagement* wird nach der o. g. Norm die „Gesamtheit von Führungsaufgaben, -organisation, -techniken und -mittel für die Abwicklung eines Projekts" verstanden. Es ist ein Gesamtkonzept und ein Instrumentarium, mit dem es gelingt, außergewöhnliche und komplexe Vorhaben in den Griff zu bekommen und professionell zum Erfolg zu führen. Als wichtigste Einzelaufgaben, die es zu erarbeiten gilt, sind zu unterscheiden:

- Mitwirkung bei der Zieldefinition;
- Konzeptentwicklung: Idee, Exposé, Treatment, Pflichtenheft, Spezifikationen, Feinkonzept;
- Planung: Terminplanung, Kostenplanung, Qualitätsplanung, Risikoplanung;
- Controlling: ganzheitliche Projekt-Koordination, Überwachung (Monitoring) von Terminen, Kosten und Qualität, Maßnahmen zur Gegensteuerung, Änderungsmanagement, Risikomanagement;
- Laufende Abstimmung mit dem Auftraggeber und externen Dienstleistern;
- Abnahme von Meilensteinergebnissen.

Neuere Ansätze verstehen das Projektmanagement als eine Führungskonzeption, die im Sinne des Gedankens des „Strategischen Fit" (vgl. Kap. 28) unmittelbar mit der strategischen Entwicklung des Unternehmens verknüpft werden muss (vgl. Bea/Scheurer/Hesselmann 2011: 5).

37.1 Besonderheiten von Medienprojekten

(1) Medienprojekte weisen gegenüber Projekten aus anderen Branchen, z. B. der Industrie, eine Reihe von Besonderheiten auf, die spezielle Herausforderungen für das Projektmanagement mit sich bringen. Innerhalb des Mediensektors gibt es wiederum große Unterschiede, denkt man an Print-, TV-, Internet-Projekte oder Events.

> Druckprojekte sind stark von materiell-logistischen Prozessen geprägt, die bei den elektronischen Medien – als immaterielle Produkte – völlig in den Hintergrund treten. Diese zeigen die medienökonomisch bekannten Erscheinungen wie den Öffentlichen-Gut-Charakter (Nicht-Rivalität im Konsum, Versagen des Ausschlussprinzips), hohe First Copy Costs, sinkende Grenzkosten gegen Null gehend.

Hauptmerkmal von Medienprojekten – zu denken ist etwa an Film- und Multimedia-Produktionen – ist die **kreative Entwicklung von Content**. Dies stellt insofern eine Herausforderung dar, als solche Projekte nur durch ein beträchtliches Maß an Freiraum für die Beteiligten „gestemmt" werden können. Hinzu kommt ein hoher Grad an Interdisziplinarität und insbesondere auch eine (teilweise extrem) hohe Komplexität in der Aufgabenstellung.

Letzteres erfordert professionelles **Komplexitätsmanagement**, das sich am „Grundsatz der erforderlichen Vielfalt" nach Ashby (vgl. Beck 1996: 151 f.) orientieren muss: Je komplexer die Projektaufgabe ist, desto komplexer muss auch die erforderliche Organisationsstruktur für dieses Projekt sein. Grund ist, dass vielfältige Einflüsse nur dann verarbeitet werden können, wenn entsprechend vielfältige Handlungsmuster zur Verfügung stehen. Das heißt: Vielfalt kann einzig durch Vielfalt bewältigt werden. Die Konsequenz dieses Grundsatzes lautet: Je komplexer eine Projektaufgabe ist, desto heterogener muss die Projektgruppe sein und desto mehr muss sie ein verkleinertes Abbild der Projektaufgabe sein.

> Vor diesem Hintergrund kann es nicht verwundern, dass z. B. die Herstellung eines Spielfilms oder die Fernsehsendung „Wetten dass …?" nur von einer sehr komplizierten Team-Konfiguration bewältigt werden kann. Und es kann nicht verwundern, dass im Fernsehen (insbesondere bei den privaten Anbietern) alle Potenziale genutzt werden, um geeignete Sendeformen wie z. B. TV-Serien oder Doku-Soaps in Form von industrialisierten Produktionsprozessen fließbandähnlich herzustellen.

(2) Bei Medienprojekten steht man nicht selten vor der Situation, dass sich die Konzeptions- und Produktionsbedingungen als wenig stabil und nur schwer planbar erweisen und oft ein hohes Maß an **Improvisation** erforderlich ist. Man denke etwa an die Unwägbarkeiten in der Produktionsphase eines Filmprojekts, wie sie beim Dreh im Außenbereich gegeben sind, oder an die Schwierigkeiten bei der Entwicklung einer Spielesoftware. Der Bedarf an flexibler Planung, Steuerung und Controlling ist daher bei Medienprojekten tendenziell besonders hoch.

> Eindrucksvoll ist in diesem Zusammenhang z. B. das Versicherungswesen, das sich bei Filmproduktionen herausgebildet hat: „Viele Versicherungsunternehmen bieten sogenannte „gebündelte Film-Versicherungen" an. Das bedeutet, dass man für alle Eventualitäten eine einzige Versicherung abschließt. Die gebündelte Film-Versicherung deckt die speziellen Risiken einer Filmproduktion … und umfasst in der Regel: 1. Personenausfall, 2. Ausfall nach Sachschäden (Sachausfall), 3. Schäden an Bild-, Ton- oder Datenträger (Negativ- oder Filmmaterialversicherung), 4. Requisiten- und Ausstattungsschäden, 5. Geräteversicherung (Filmapparateversicherung), 6. Kassenversicherung, 7. Produktionshaftpflicht" (Schmidt-Matthiesen/Clevé 2010: 259).

(3) Hinzu kommt ein tendenziell hohes Maß an **Virtualisierung** der Projektarbeit. Ein virtuelles Team ist gegeben, wenn die Teammitglieder permanent oder phasenweise nicht an einem, sondern an verteilten Standorten arbeiten und zusammenwirken, ein Tatbestand, der bei Medienprojekten häufig gegeben ist, z. B. im Agenturbereich, beim Film, in Radio und TV, insbesondere aber bei Multimedia-Projekten. Gerade hier ist es häufig so, dass externe Dienstleister (z. B. Grafiker, Designer), die nicht am gleichen Ort agieren, die Projektarbeit maßgeblich mitbestimmen. Vor diesem Hintergrund stellen sich die folgenden Fragen:

- Wie kann man die kommunikative Verbindung und den Transfer von explizitem, aber auch von implizitem Wissen zwischen den Teammitgliedern erhalten?
- Wie lässt sich maximale Effizienz und Kooperation sicherstellen?
- Was muss man tun, um die virtuelle Gruppe zu einem tatsächlichen Team „zusammenzuschweißen"?
- Wie kann man die Teamkultur positiv beeinflussen?

(4) Über die genannten Aspekte hinaus ist festzustellen, dass Medienprojekte grundsätzlich ein **besonders hohes Erfolgsrisiko** in sich tragen. Der Hauptgrund liegt in der Schwierigkeit der Definition von Erfolgsgrößen und deren Messbarkeit. Welche Antworten z. B. auf die folgenden Fragen gegeben werden, ist in aller Regel eine große theoretische und empirische Herausforderung:

- Nach welchen Kriterien will man den Erfolg einer Werbekampagne für den neuen „VW Tuareg" messen?
- Ist „Monitor" eine erfolgreiche Sendung für die ARD?
- Wie erfolgreich ist der sonntägliche „Tatort"?
- War der PR-Film anlässlich des Jubiläums von Siemens erfolgreich?
- Wie lässt sich ausdrücken, ob der Erfolg der Einführung eines Intranets bei einem großen Dienstleistungsunternehmen erfolgreich war?
- War das letztjährige „New Pop Festival" von SWR 3 erfolgreich?

(5) Zu ergänzen ist die Erkenntnis der Medienökonomie, dass **Qualität** nicht immer ein verlässlicher Garant für den Markterfolg ist, dass **Erfolgsfaktoren** überhaupt nur schwer dingfest gemacht werden können.

> Als Erfolgsfaktoren können bei einem Kino-Spielfilm die Verpflichtung von Stars oder die Location gelten. Vieles bleibt jedoch ungewiss und der Effekt ist schwer kalkulierbar. Als Folge ist – verallgemeinernd – festzustellen, dass bei Medienprojekten das Risiko des Scheiterns relativ hoch ist, und es kann nicht verwundern, dass z. B. die Sicherung der Finanzierung eines Kinofilms stets eine extreme Herausforderung darstellt, die oft nur über massive Subventionierungen oder sonstige Sicherungsnetze gelingt.

(6) Vor dem Hintergrund solcher Besonderheiten von Medienprojekten stellt sich die Frage nach der geeigneten Steuerungsmethode. Es ist zu erwarten, dass Vorgehenskonzepte, die z. B. im Industriebereich oder in Dienstleistungsbranchen erfolgreich angewandt werden können, sich nicht automatisch auch für Medienprojekte eignen. Die Frage nach dem geeigneten **Vorgehensmodell** steht im Kontext der sog. „Project Governance", die wegen ihrer Schlüsselbedeutung vertieft betrachtet werden soll.

37.2 Project Governance

(1) Der Begriff **Governance** meint die Art und Weise, wie ein System gesteuert wird (abgeleitet von „to govern": regieren, lenken). Ein System kann sein: der Staat (Governance als „Gesellschaftssteuerung"), eine Organisation („Corporate Governance"), ein Projekt („Project Governance") oder die eigene Lebensführung („Personal Governance"). Governance adressiert also die Mechanismen der Steuerung, Lenkung und Koordination. Es geht um den Modus, wie in einem bestimmten Kontext die Handlungen von Akteuren („Stakeholder") integrativ zusammengeführt werden sollen (zum Begriff vgl. die Einführung in Benz/Lütz/Schimank/Simonis 2007).

Im Kontext von Projektmanagement bezieht sich **Project Governance** auf das Zusammenspiel von Auftraggeber und Auftragnehmer als die entscheidenden Stakeholder. Es wird von der These ausgegangen, dass das Steuerungskonzept, also die Art und Weise, wie das Projekt geführt wird, ein besonders wichtiger kritischer Erfolgsfaktor („critical success factor") ist.

Abb. 37-1 wirft ein Licht auf das Spannungsfeld, in dem sich Auftraggeber und Auftragnehmer während des Projektgeschehens bewegen: Im Briefing erfolgt die Präzisierung der Projektgrundlagen und der Zielvorstellungen. Auf der Grundlage des Zielsystems setzt der Auftragnehmer den Projektleistungsprozess in Gang („Leistungssystem"), den er durch Führungskonzepte wirkungsvoll steuern muss („Managementsystem"). Die Performance des Projekts steht und fällt mit der Performance des Auftragnehmers als Realisator der Projektleistung bzw. des Projektprodukts.

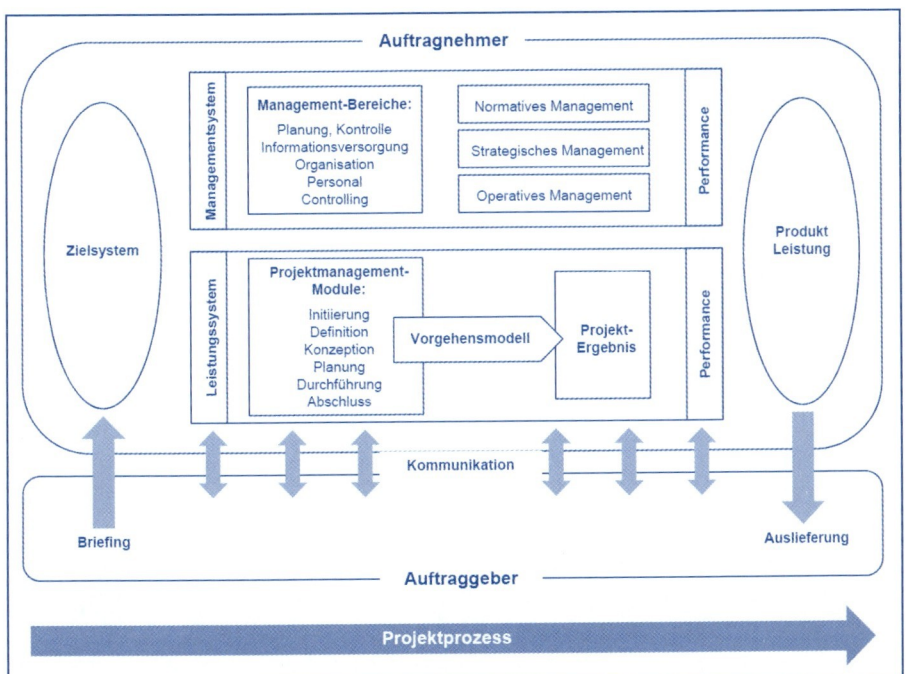

Abb. 37-1: Projektmanagement-Referenzmodell

(2) Kern des Projekt-Leistungssystems ist das **Vorgehensmodell**. Die Frage nach dem Typus des Vorgehensmodells ist für die Beurteilung der Project Governance als besonders kritisch zu bezeichnen. Grundsätzlich können die folgenden Vorgehensmodelle unterschieden werden (vgl. Bunse/Knethen 2008: 3 ff.):

- Sequenzielles Vorgehensmodell
- Prototypisches Vorgehensmodell
- Wiederholendes Vorgehensmodell
- Wiederverwendungsorientiertes Vorgehensmodell

Bei den **sequenziellen Modellen** (auch als „Phasenmodell", „Wasserfallmodell", „Life Cycle-Modell" bezeichnet), wird angenommen, dass die Arbeitsschritte in einer linearen Abfolge erfolgen. Rücksprünge oder Iterationen von einer Phase in frühere Phasen sind ausgeschlossen. Nachfolgende Abb. 37-2 zeigt das Konzept.

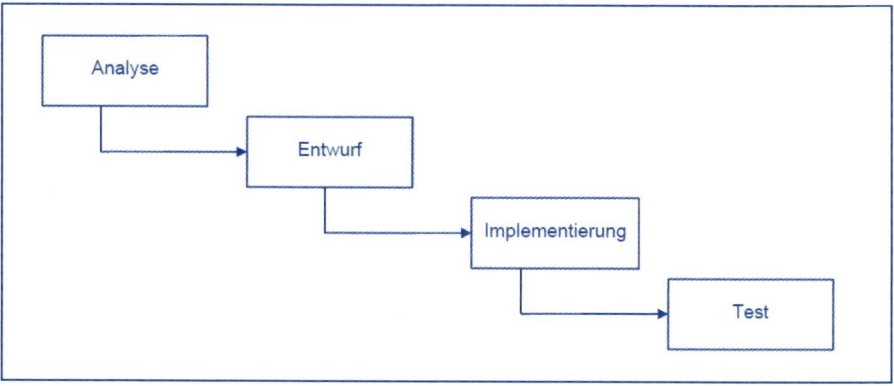

Abb. 37-2: Sequenzielles Vorgehensmodell

Nahe an der Denkfigur sequenzieller Modelle bewegen sich die **prototypischen Vorgehensmodelle** (auch „Schleifenmodelle" genannt). Hierbei werden zwar immer noch die Phasen in linearer Abfolge geplant, zu bestimmten Zeitpunkten der Entwicklung eines Systems werden jedoch kontrollierte Rückschritte und die Wiederholung vorangegangener Phasen vorgesehen. Abb. 37-3 verdeutlicht das Konzept (Quelle: Bunse/Knethen 2008: 8 ff.).

Der zu einem bestimmten Zeitpunkt gefertigte Prototyp dient als vereinfachtes Modell oder Version und hat den Vorteil, dass schon frühzeitig ein lauffähiges – freilich noch nicht einsatzfähiges – System vorliegt, anhand dessen man Erfahrungen sammeln und Schlüsse für den weiteren Entwicklungsprozess ziehen kann. Dies erhöht die Mitarbeitermotivation, erleichtert die Abstimmung mit dem Auftraggeber hilft, latentes Misstrauen des Managements gegenüber dem Projekt abzubauen. Sinnvoll sind prototypische Vorgehensmodelle immer dann, wenn die Anforderungen des Auftraggebers unklar sind oder funktionale Zusammenhänge des Produktes nicht ex ante geklärt werden können. Als Sonderfall ist das Vorgehensmodell des „Rapid Prototyping" zu sehen, bei dem ein Wegwerf-Prototyp zum Einsatz kommt, der nur zur Abstimmung mit dem Kunden verwendet wird.

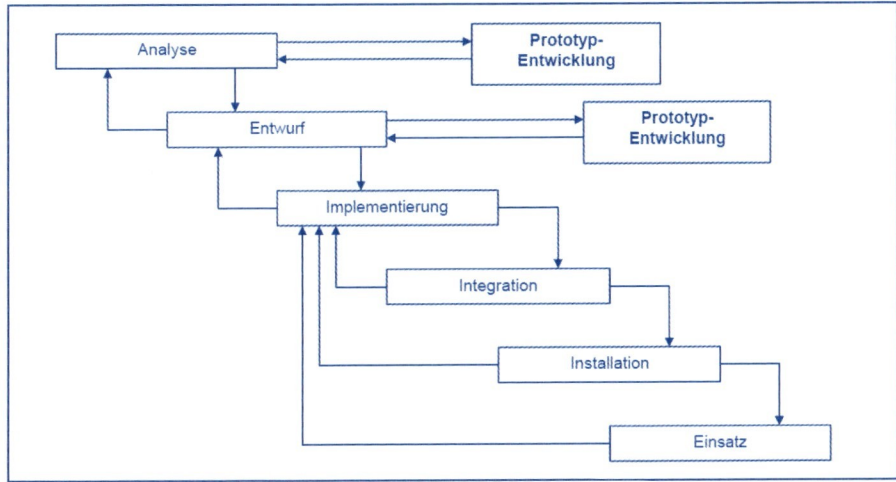

Abb. 37-3: Prototypisches Vorgehensmodell

Der Typus der **wiederholenden Vorgehensmodelle** (auch inkrementelle, evolutionäre, rekursive, iterative Vorgehensmodelle) sieht vor, dass einzelne Phasen wiederholt durchlaufen werden. Besonders bekannt geworden ist in diesem Zusammenhang das evolutionäre „Spiralmodell" von Boehm (vgl. Abb. 37-4, Quelle: Bunse/Knethen 2008: 13).

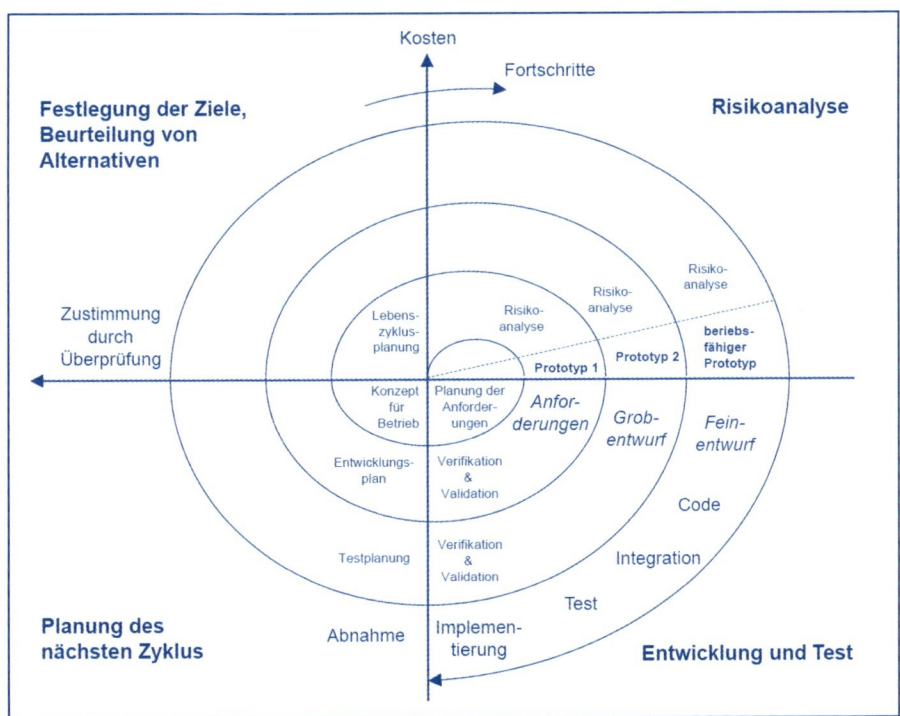

Abb. 37-4: Spiralmodell nach Boehm

Bei **wiederverwendungsorientierte Vorgehensmodellen** werden gezielt die Erfahrungen und Ergebnisse vorangegangener Entwicklungen und Projekte genutzt. Bereits erarbeitete Module und Muster werden in einer „Bibliothek" vorgehalten und projektgerecht zum erneuten Einsatz gebracht. Wiederverwendungsorientierte Vorgehensmodelle lassen sich wie folgt visualisieren (vgl. Abb. 37-5; Quelle: Bunse/Knethen 2008: 16):

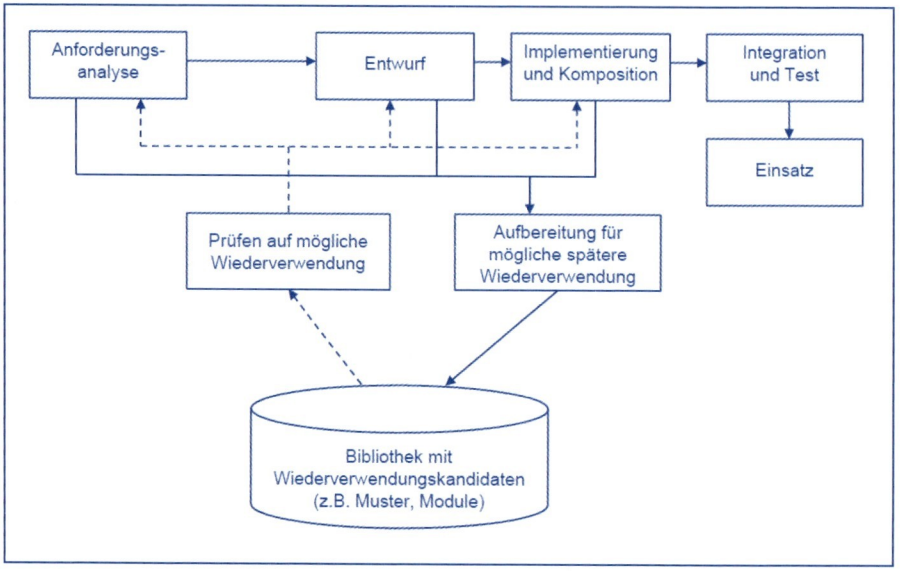

Abb. 37-5: Wiederverwendungsorientiertes Vorgehensmodell

Die wiederholenden und wiederverwendungsorientierten Vorgehensmodelle werden auch mit dem Begriff „**Agiles Projektmanagement**" in Verbindung gebracht. Besonders im IT-Bereich findet dieser Konzept Anwendung – man spricht auch von „Agiler Softwareentwicklung".

Agilität meint den gewollten Einsatz von Flinkheit und Beweglichkeit, um den Entwicklungsprozess flexibler und schlanker zu machen. Vor allem wird die reine Entwurfsphase so kurz wie möglich gehalten. Anders als bei den klassischen Vorgehensmodellen rückt man konsequent die zu erreichenden Ziele, die technischen Probleme, aber auch den sozialen Kontext (teaminterne Kooperation, Kundenwünsche, Kundenzufriedenheit usw.) in den Fokus. Agiles Projektmanagement versteht sich als konträres Konzept zu den traditionellen Prozessmodellen, die oft als zu schwerfällig und bürokratisch wahrgenommen werden.

Im Kontext des weiten Feldes der Medienprojekte ist zu kritisieren, dass die Frage nach dem Vorgehensmodell häufig nicht aufgeworfen wird, da den Beteiligten im Grunde nur das – dem menschlichen Denken offensichtlich nächstliegende – „Wasserfallmodell" in den Sinn kommt, die einfachste Form eines sequenziellen Vorgehensmodells. Dass auch andere Konzepte dem Projekt zugrunde gelegt werden könnten, bleibt oft unreflektiert.

37.3 Phasenmodell des Projektmanagements

Einen Film, eine CD-ROM, einen Web-Auftritt oder ein anderes Medienprodukt herzustellen, ist also eine komplexe Angelegenheit und es ist nicht einfach, den Überblick zu behalten. Um auf Erfolgskurs zu bleiben, muss man den Ablauf straff organisieren, die richtigen Leute in einem Team vereinigen, den Kosten- und Zeitrahmen einhalten und ständig auf Qualität achten. Das Rezept, um den Herausforderungen gerecht zu werden, heißt „Projektmanagement". Darunter wird ein Instrumentarium verstanden, mit dem es gelingt, außergewöhnliche und komplexe Vorhaben in den Griff zu bekommen.

Gutes Projektmanagement beginnt damit, dass man den Ablauf des Projekts übersichtlich strukturiert. Nachfolgend soll der Übersicht halber ein Phasenmodell zugrunde gelegt werden – wissend, dass auch andere Vorgehensmodelle zur Strukturierung des Projektablaufs denkbar wären. Vor dem Hintergrund eines solchen „Wasserfallmodells" können **sechs typische Phasen** unterschieden werden (vgl. Abb. 37-6).

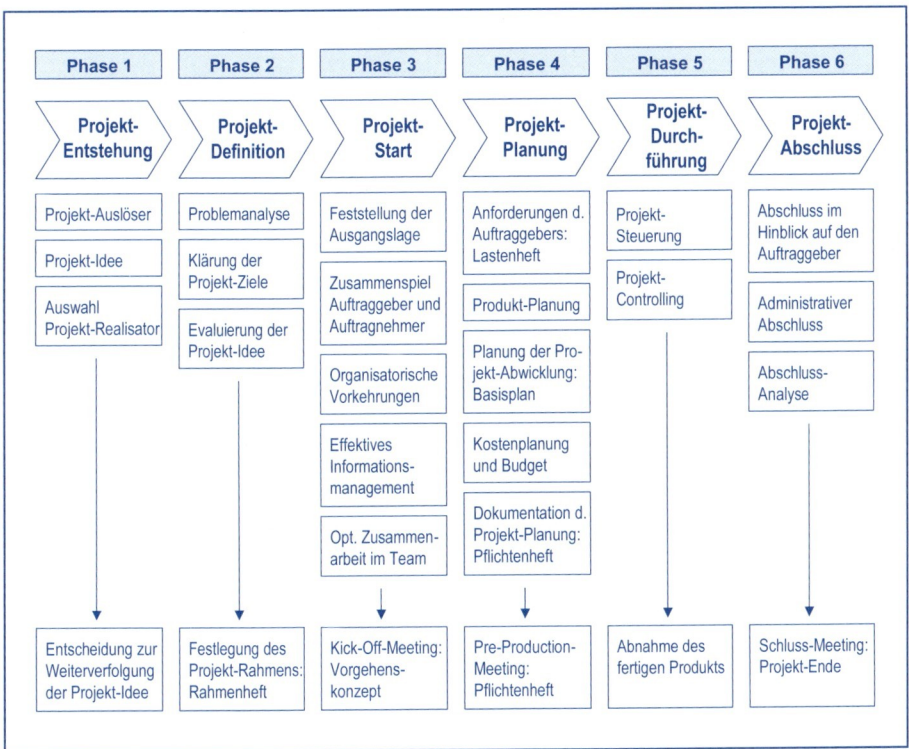

Abb. 37-6: Phasenmodell des Projektmanagements

Diese Darstellung folgt der Denkfigur des sog. „Wasserfall-Modells", nach dem ein Projekt in klar voneinander unterscheidbare Phasen aufgeteilt werden kann. Eine solche Denkfigur ist hilfreich, stößt aber nicht selten an Grenzen. So ist z. B. bei Multimedia-, IT- und Software-Projekten das Arbeiten in Phasen die Ausnahme. Dort wird vielmehr eher prototyporientiert vorgegangen, indem ein erster Produkt-Entwurf erzeugt wird, der weiterentwickelt wird.

(1) Die **Projekt-Entstehung** startet stets mit einem Auslöser. Dies kann sowohl ein externer als auch ein interner Auftraggeber sein. Abb. 37-7 zeigt die beiden voneinander zu unterscheidenden Projekttypen. Auslöser für ein **externes Projekt** kann sein, dass ein Auftraggeber von außen an das Unternehmen herantritt und einen Auftrag erteilt. Das ist z. B. der Fall, wenn das betrachtete Medienunternehmen eine Filmproduktionsgesellschaft ist (z. B. Bavaria oder Studio Hamburg) und das ZDF oder RTL einen Auftrag zu einem Fernsehfilm vergibt.

> Beispiele: Das Radioprogramm SWR 3 veranstaltet ein „New Pop Festival" und sucht nach einer Event-Agentur, die das Projektmanagement von A bis Z übernimmt. RTL beabsichtigt unter Einsatz eines sehr großen Budgets die Sturmflut-Katastrophe in Hamburg im Jahr 1962 zu verfilmen und als großes TV-Event im Fernsehen zu zeigen; hierzu sucht RTL eine geeignete Produktionsfirma, die dieses Großprojekt stemmen kann.

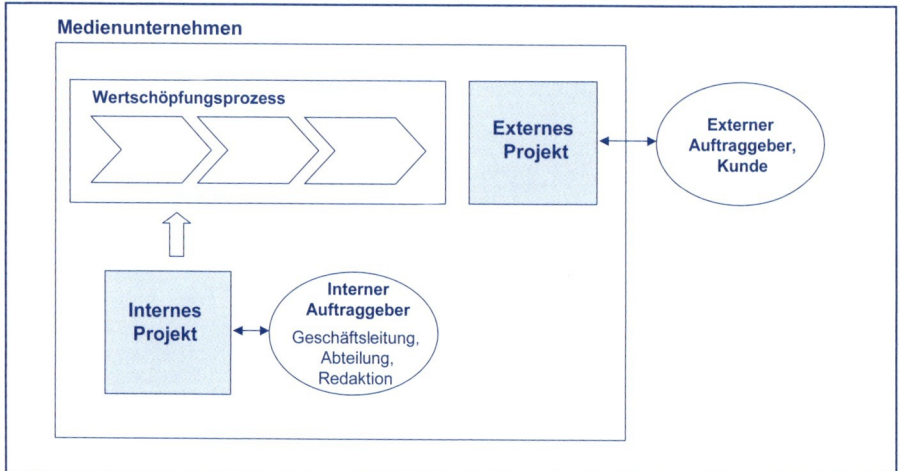

Abb. 37-7: Auslöser bei externen und internen Medienprojekten

Weit verbreitet ist auch, dass ein Auftraggeber einen Projektauftrag über eine Ausschreibung vergibt. In diesem Fall muss ein Angebot vorgelegt werden, über das der Auftraggeber befindet und es entweder ablehnt oder annimmt. Diese Art der Auftragsvergabe ist typisch für den Bereich von Werbe- und Kommunikationsmaßnahmen. Bei großen Werbekampagnen findet sogar ein sog. „Pitch" statt, bei dem Agenturen um die Gunst eines zumeist großen Auftraggebers (z. B. BMW, Telekom oder Unilever) werben.

> Mit dem Begriff „Pitch" wird die Wettbewerbspräsentation einer (Werbe-)Agentur im Kampf um einen Auftrag („Etat") bezeichnet.

Bei **internen Projekten** kommt der Auslöser für ein Projekt aus den eigenen Reihen. Dabei wird das Projekt – analog zu externen Projekten – entweder durch die Vergabe eines Auftrages an einen Projektleiter bzw. eine Projektgruppe ausgelöst oder eine Einzelperson oder eine Abteilung bemüht sich um den Auftrag, ein Projekt durchführen zu dürfen. Auftraggeber sind häufig die Geschäftsführung oder entscheidungsbefugte nachgeordnete Bereiche des Unternehmens.

Ein Beispiel für ein internes Projekt ist ein sog. „TV-Event", bei dem ein großer eigener Film (z. B. bei ARD und ZDF: „Napoleon", „Die Vertreibung" oder „Stauffenberg") thematisch in Form eines „Großen Abends" mit Dokumentationen, Interviews und Talk Shows aufbereitet wird. Solche großen TV-Events werden veranstaltet, um sich in der großen Vielfalt der TV-Programme hervorzuheben und der Konkurrenz Zuschauer abzujagen, oft aber auch deshalb, um sein Image als „wichtiger Sender" aufzupolieren. Zu denken ist auch an große Sport-Ereignisse wie die Übertragung von Olympischen Spielen oder einer Fußball-Weltmeisterschaft.

Zentraler Ausgangspunkt eines Projekts ist die **Idee**, die mit diesem Projekt verfolgt werden soll. Jedes Projekt lebt von der Projekt-Idee, die eine Antwort auf die Frage gibt, welches Problem damit gelöst werden kann oder welchen Vorteil das Unternehmen damit für sich erzeugen kann. Manchmal ist es die mehr zufällige Anregung eines Einzelnen, die den Vorgang ins Rollen bringt, oft entsteht die Projekt-Idee als Folge eines systematischen Innovationsprozesses (z. B. in der Abteilung „Forschung und Entwicklung").

Die Entscheidung, wer das Projekt durchführen soll, also die Entscheidung über den **Projekt-Realisator**, ist oft bereits in der Entstehungsphase des Projekts ein Thema. So stellt sich bei einem komplizierten, innovativen Filmprojekt beispielsweise die Frage, welcher Produzent überhaupt fähig ist, das Projekt umzusetzen, eine Frage, die insbesondere bei Projekten mit hohem technischen Einsatz in der Produktion und in der Nachbearbeitung (Special Effects) bedeutsam ist. Bei vielen solchen Projekten spielen bewährte und erfolgreiche Geschäftsbeziehungen der Vergangenheit bei der Auswahl des Projekt-Realisators eine große Rolle.

(2) In der zweiten Phase geht es um die **Projekt-Definition**. Hierbei soll das **Problem**, das sich bei einem Auftraggeber stellt, präzise benannt werden. Als „Problem" wird alles das bezeichnet, was eine negative Abweichung zwischen einem gewünschten Soll-Zustand und einem Ist-Zustand darstellt. Dieses Problem gilt es zu erkennen, zu erfassen und zu bewerten. Damit wird klar, was das Ergebnis des Projekts sein soll.

Beispiele: (a) Eine regionale Tageszeitung erkennt, dass die Bindung seiner Leser an das Blatt zu bröckeln beginnt. Zur Verbesserung der Leser-Blatt-Bindung beschließt der Verlag, ein großes Event zu veranstalten. (b) Ein regionaler Fernsehsender (z. B. Rhein-Neckar-Fernsehen RNF) fragt sich, ob er zum Hochhalten der Einschaltquote und des Marktanteils eine große Sonderaktion mit der Veranstaltung und Übertragung eines Live-Konzerts starten sollte. (c) Ein mittelständischer Handwerksbetrieb erkennt, dass die potenzielle Kundschaft zunehmend die Produkt- und Unternehmensinformationen im Internet sucht, wo er selbst nicht optimal vertreten ist. Um Einbrüche in der Auftragsgewinnung zu vermeiden, wird immer klarer, dass man einen völlig neuen, auf jüngere Zielgruppen mit urbanem Lebensstil zugeschnittenen Internet-Auftritt benötigt.

Die Grundlage für alle Arbeiten im Projekt bilden die **Projektziele**. Sie können als das Herzstück des Projektmanagements gelten. Ziele unterscheidet man nach dem Sachziel und den Formalzielen (vgl. Abb. 37-8).

Beim **Sachziel** geht es darum, den eigentlichen Projektzweck zu definieren. Es geht z. B. um die folgenden Fragen: Was soll mit dem Internet-Auftritt, dem Spielfilm, dem TV-Werbespot, dem Fachbuchprojekt oder mit dem Computerspiel erreicht werden? Das Ziel ist immer, bei einer Gruppe von Menschen eine gewollte Wirkung herbeizuführen.

Unter Sachziel ist also das Ergebnis zu verstehen, das der Auftraggeber des Projekts bei seiner Zielgruppe erreichen will. Beispiele sind: Verbesserung des angeschlagenen Images des eigenen Unternehmens in der Öffentlichkeit, Bekanntmachung eines bestimmten Produkts bei bisherigen Nichtkäufern oder hoher Lernerfolg bei den Mitarbeitern einer Abteilung, die eine neue Software einsetzt.

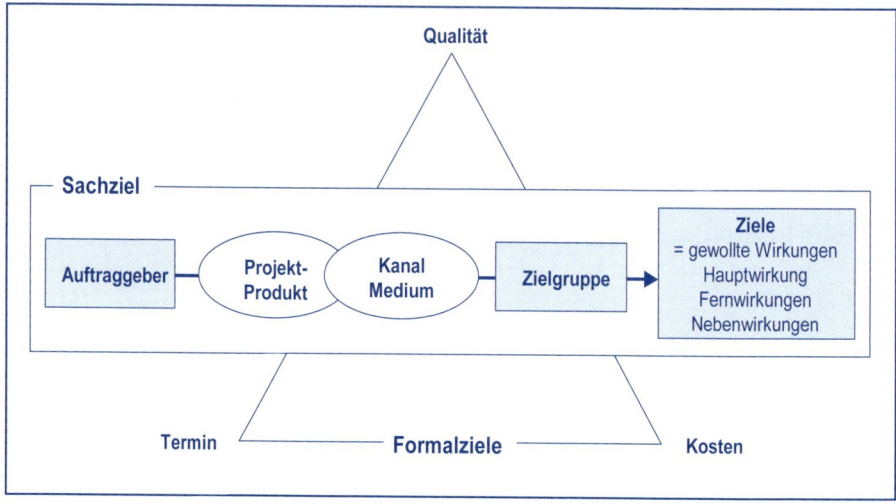

Abb. 37-8: Sachziel und Formalziele im Projekt

Formalziele definieren die Form, in der das Sachziel erreicht werden soll: Das Projekt soll zu einem bestimmten Termin abgeschlossen sein, es soll einen vorgegebenen Kostenrahmen nicht überschreiten und einem definierten Qualitätsanspruch genügen. Da zwischen diesen drei Teilzielen ein Konflikt besteht, spricht man in diesem Zusammenhang vom „Magischen Dreieck des Projektmanagements".

> Konflikte zwischen den Formalzielen sind vielfältiger Natur, was am Beispiel eines Hausbaus erkennbar wird: Will man z. B. ein Haus schon zwei Monate früher fertig stellen, fallen normalerweise Überstunden und Wochenendarbeit an, was zu höheren Kosten führt. Soll eine sehr hohe Qualität angestrebt werden (Kupferdachrinnen, offener Kamin, Verwendung edler Hölzer), kommt es zu höheren Kosten. Schließlich kann das Ziel, den Bau des Hauses stark zu beschleunigen, zu unpräzisem Arbeiten, zu Schlamperei und zu Nachlässigkeit, also zu Qualitätsverlusten führen.

Ziele müssen konkret definiert bzw. **operationalisiert** werden. Nur dann erfüllen sie die Funktion einer „Messlatte" für den Erfolg.

> Hierzu gibt es verschiedene „Formeln", z. B. die „DARMAZ-Regel. Sie besagt: Ziele müssen deutlich, anspruchsvoll, realistisch, messbar, akzeptiert und zeitbezogen sein. Ähnlich die „IAT-Formel": Inhalt: Was soll genau erreicht werden? Ausmaß: Wie genau und mit wie viel Kraft soll das Ziel erreicht werden? Termin: Bis wann muss das Ziel erreicht werden?

> Ein Beispiel für eine falsche Zieldefinition: „Die Anwender sind mit dem neuen Programm zufrieden." Richtig muss es heißen: „Die Anwendergruppe hat in einer Zufriedenheitsumfrage das Programm mit mindestens der Note „gut" bewertet."

Je komplexer ein Projekt ist, desto wichtiger wird es, eine **Evaluierung der Projekt-Idee** vorzunehmen und bereits im Vorfeld zum einen zu überprüfen, ob das Projekt überhaupt durchführbar bzw. machbar ist, zum anderen, ob es wirtschaftlich vernünftig ist, das Projekt zu starten.

Fallbeispiel Sachziel eines Werbekampagne-Projekts

Mit der Formulierung von Werbezielen wird das Sachziel eines Werbeprojektes dargestellt. Werbeziele sind dazu da, die Wirkungen zu verdeutlichen, die man mit der Werbekampagne erreichen will. Da es sich bei Werbung um eine kommunikationspolitische Maßnahme handelt, ist die Hauptwirkung stets ein kommunikatives Ziel. Als Neben- oder Fernwirkungen werden ökonomische Ziele wie Absatzerhöhung oder Markterschließung verfolgt.

Werbeziele dienen also in erster Linie der Behebung kommunikativer Werbedefizite. Taugliche Werbeziele abzuleiten, kann sich prinzipiell an den folgenden drei Kategorien orientieren (vgl. Steffenhagen, zit. nach Bruhn 2005: 343):

- Entstehung von Werbekontakten bzw. Kontaktchancen zwischen Adressaten der Mediawerbung und eingesetztem Werbemittel bzw. -träger.
- Entstehung von Werbewirkungen bei den erreichten Zielpersonen als ursächliche Reaktion auf die gesetzten werblichen Reize.
- Beitrag zu übergeordneten Konsequenzen, wie z. B. die Erreichung absatzpolitischer Zielsetzungen in Form von monetären Erfolgsgrößen.

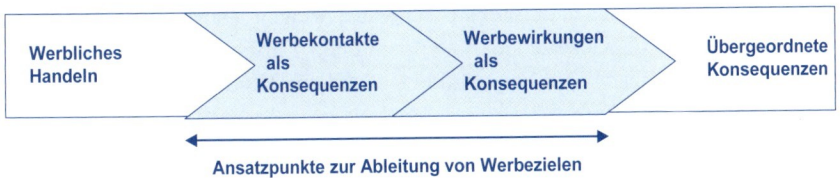

Was die Werbekontakte anbelangt, so liefert die Media-Praxis zahlreiche Ansatzpunkte zur Messung: Gross Rating Points, OTS-Werte, Nettoreichweiten, Bruttoreichweiten, Durchschnittskontakte u. a. m. (vgl. Bruhn 2005: 343).

Bei den Werbewirkungen spielen drei psychologische Zielkategorien eine tragende Rolle, deren Erreichung den Einsatz jeweils unterschiedlicher Instrumente verlangt (vgl. ebd. 344 ff.):

- Kognitiv-orientierte Ziele: Aufmerksamkeit, Wahrnehmung (Awareness); Kenntnis von Marken etc. (Bekanntheit); Verbesserung des Informationsstands (Wissen); Erinnerung an Markennamen, Slogans etc.; Kenntnis von Vorteilen, Einkaufsstätten etc.
- Affektiv-orientierte Ziele: Interesse an Produkten; Einstellung zu Marken etc.; Image; Positionierung; emotionales Erleben; Glaubwürdigkeit; Vertrauensbildung etc.
- Konativ-orientierte Ziele: Aktives Informationsverhalten der Konsumenten; Kaufabsichten; Probierkäufe; Kundenbindung; Weiterempfehlung; Wiederverkaufsförderung.

Werbeziele müssen konkreten Anforderungen standhalten, insbesondere müssen sie vollständig und präzise formuliert sein. Ein diesbezügliches Beispiel für die Formulierung solcher konkreter Anforderungen stellt sich z. B. wie folgt dar (vgl. Steffenhagen, zit. nach Bruhn 2005: 342):

- Angabe der Zielart bzw. Zielvariable: Was ist zu erreichen? Beispiel: Steigerung des aktiven Bekanntheitsgrades ...
- Angabe des angestrebten Ausmaßes einer Zielart bzw. Zielvariable: Wie viel ist bei der Zielart bzw. -variable zu erreichen? Beispiel: ... um 20 Prozent ...
- Angabe des Zeitbezugs der angestrebten Zielerreichung: Wann ist das Ziel zu erreichen? Beispiel: ... innerhalb der nächsten sechs Monate ...
- Angabe des Objektbezugs der angestrebten Zielerreichung: Bei welcher Marke, Produktart, Einkaufsstätte o. ä. ist das Ziel zu erreichen? Beispiel: ... bei der Marke XY ...
- Angabe der Zielgruppe: Bei wem ist das Ziel zu erreichen? Beispiel: ... bei Personen mit einem Jahreseinkommen von über 50.000 Euro.

Bei der **Prüfung der Machbarkeit** spielen drei Aspekte eine besondere Rolle:

- Technische Machbarkeit: So kann es z. B. sein, dass ein innovatives Filmprojekt so hohe Anforderungen an die Technik und die Gestaltung stellt, dass es (noch) nicht realisierbar ist. Zu denken ist auch an die Entwicklung neuer IT-Anwendungen, wo man zur Prüfung der technischen Umsetzbarkeit oft mit Prototypen arbeitet, um die Funktionalität eines Systems und die realisierbaren technischen Lösungen auszuloten.

- Wirtschaftliche Machbarkeit: Kern der Prüfung ist die Frage, ob das vom Auftraggeber ins Auge gefasste Budget ausreicht oder ob die Gefahr besteht, dass der Kostenrahmen völlig „aus dem Ruder läuft".

    Bei Kino-Spielfilmen ist die Prüfung der Wirtschaftlichkeit wichtig. Grund ist das sehr hohe Risiko eines Scheiterns am Markt. Beim deutschen Film kommt hinzu, dass man sich üblicherweise um Filmfördermittel bemüht, die eine äußerst penible Durchleuchtung der Kalkulation notwendig macht.

- Rechtliche Machbarkeit: Einem Projekt können sich hohe rechtliche Hürden entgegenstellen und dieses dadurch zum Scheitern bringen. Daher ist besonders sorgfältig zu prüfen, ob Gesetze oder zivilrechtliche Einschränkungen eine Gefährdung darstellen oder ob das Projekt durch rechtliche Hindernisse eventuell unverhältnismäßig teuer würde.

    Insbesondere bei Events spielt der rechtliche Aspekt eine große Rolle. Zu denken ist auch an Drehgenehmigungen, die man in manchen Staaten manchmal nur schwer oder nur bei Überwindung hoher bürokratischer Hürden erlangen kann. Eine Impression: „Für Dreharbeiten auf öffentlichen Straßen muss in Berlin eine Allgemeine Dreherlaubnis eingeholt werden, wenn bei den Aufnahmen mehrere Darsteller mitwirken, Gegenstände auf öffentlichem Straßenland aufgestellt werden bzw. Verkehrszeichen oder -einrichtungen erforderlich werden."

- Eng mit der Frage der Machbarkeit ist die **Prüfung der Wirtschaftlichkeit** verbunden. Es geht darum, die vom Projekt erwarteten Nutzen den erwarteten Kosten gegenüberstellen und vergleichend zu bewerten. Dabei kann es vorkommen, dass ein Projekt aus wirtschaftlichen Gründen verändert oder gestrichen wird, obwohl die Machbarkeit prinzipiell gegeben ist.

Nach der Evaluierung von Projekt-Ideen kann der **Rahmen** festgelegt werden, innerhalb dessen sich das Projekt abspielen soll. Der Rahmen beschreibt in groben Zügen die folgenden Bereiche:

- Inhalt;
- Gestaltung;
- Didaktisches Konzept;
- Produktion;
- Technik;
- Wirtschaft.

Es ist zweckmäßig, diesen Rahmen schriftlich zu fixieren, da er für alle weiteren Präzisierungen der Projektbedingungen maßgeblich ist.

> Bei großen Projekten bezeichnet man das Dokument, das den Projektrahmen festschreibt, auch als „Rahmenheft".

Alle genannten Vorarbeiten sind dazu da, zu überprüfen, ob ein Projektantrag „das Zeug dazu hat", tatsächlich in ein Projekt überführt zu werden. Verläuft die Prüfung zur Zufriedenheit, sind die Voraussetzungen dafür geschaffen, zur Start-Freigabe zu schreiten. Sichtbarer Ausdruck des Starts ist die Erteilung eines Auftrages, der die offizielle Freigabe des Projekts darstellt. Dieser Projektauftrag ist die Legitimationsbasis für die weiteren Entwicklungs- und Umsetzungsarbeiten im Projekt.

(3) Zum Zeitpunkt des **Projekt-Starts** ist es zunächst wichtig, sich die Voraussetzungen und die **Ausgangposition** bewusst zu machen, in der man sich befindet. Betroffen sind drei Fragestellungen:

- Welche Personen sind die „Hauptdarsteller" des Projekts, mithin also die wichtigsten Akteure?
- Welche Personen sind darüber hinaus relevant für das Gelingen des Projekts als besonders wichtig anzusehen? Dies ist die Frage nach den Projekt-Stakeholder und dem Stakeholder-Management.
- Welche Faktoren spielen für das Gelingen des Projekts eine besondere Rolle? Was sind die kritischen Erfolgsfaktoren?

Abb. 37-9 gibt einen Überblick über typische Projekt-Akteure, die nach den Sphären des Auftraggebers und Auftragnehmers differenziert werden sollten.

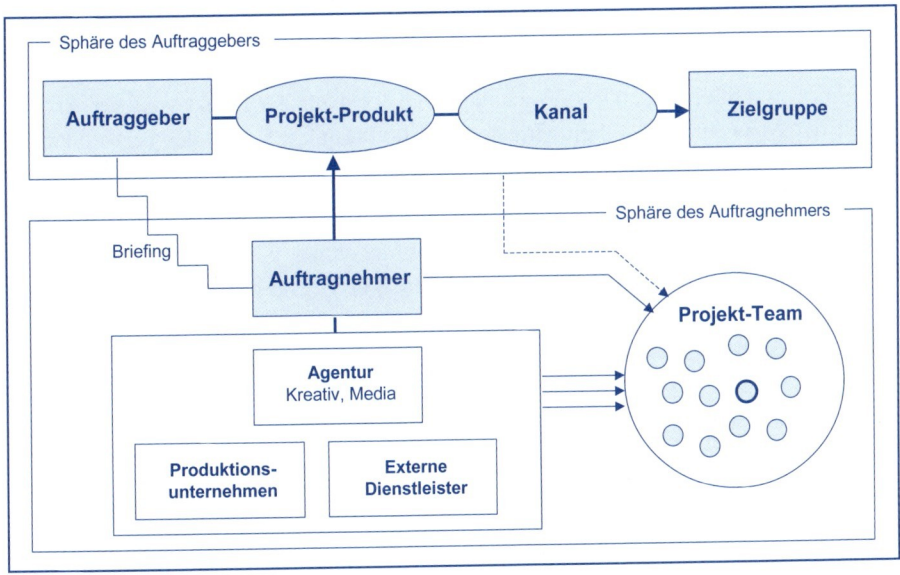

Abb. 37-9: Übersicht über die Beteiligten am Projekt

Wenn das Projekt konkret gestartet wird, ist es zweckmäßig, sich schon im Vorfeld mit besonders **kritischen Einfluss- und Erfolgsfaktoren** vertraut zu machen. Dies sind zumeist eher „Misserfolgsfaktoren", die es zu vermeiden gilt. Solche „Fallstricke" können den Beteiligten im weiteren Projektablauf schwer zu schaffen machen.

Dabei ist festzustellen, dass in Projekten immer wieder die gleichen typischen Erfolgs- und Misserfolgsfaktoren eine Rolle spielen. Welche Faktoren besonders zum Erfolg eines Projektes beitragen, ist in zahlreichen Studien untersucht und verdeutlicht worden, wobei sich die folgende „Hitliste" zur Sichterstellung des Projekterfolgs herauskristallisiert hat (vgl. Schelle/Ottmann/Pfeiffer 2005: 93):

1. Zieldefinition
2. Kommunikation
3. Planung
4. Topmanagement
5. Controlling
6. Projektleiterbefugnisse
7. Know-how Projektteam
8. Motivation Projektteam
9. Know-how Projektleiter
10. Planungs- und Steuerungsinstrumente
11. Partizipation

Das **Zusammenspiel aller Akteure** muss im Projektmanagement reibungslos funktionieren. Dabei kommt dem **Auftraggeber** – aus Sicht z. B. einer Agentur ist das der Kunde – eine Schlüsselrolle zu. Dieser vergibt den Auftrag, verfolgt damit ein Ziel und hat mehr oder weniger klare Vorstellungen davon, in welchem Rahmen das Projekt ablaufen soll. Damit der Auftraggeber seine Ziele erreichen kann, steht ihm die Agentur als Helfer und Realisator des Projekts zur Seite. Sie arbeitet eine Konzeption aus, gibt Empfehlungen, macht Vorschläge und sorgt für die Effektivität der Aktion. Neben der Auswahl der Medien wird sie auch die Produktion z. B. des Films oder des Online-Lernprogramms veranlassen und überwachen.

Es ist von größter Wichtigkeit für die erfolgreiche Projektabwicklung, dass das Zusammenspiel zwischen Auftraggeber und Auftragnehmer gut funktioniert. Eine besondere Rolle spielen dabei das **Briefing** und die **Vertragsgestaltung**.

> Ein Briefing beinhaltet Informationen über alle erforderlichen Sachverhalte, die ein Kreativer benötigt, um ein Auftrag ausführen zu können. Es beschreibt die Aufgabenstellung und enthält Informationen über Ziele, Vorstellungen, Zielgruppen, Konkurrenz und Besonderheiten.
>
> Eine umfassende und pragmatische Definition für das Briefing lautet (vgl. Back/Beuttler 2003: S. 10): „Im Briefing beschreibt der Auftraggeber eine kommunikative Aufgabe, die der Dienstleister im Rahmen eines festgelegten kreativen Spielraums bis zu einem gesetzten Termin lösen soll. Um ihm dies zu ermöglichen, formuliert das Briefing so präzise wie möglich die Ziele, die erreicht werden sollen, definiert den kreativen Spielraum und liefert in hoch verdichteter, gut strukturierter Form alle zum Verständnis der Aufgabe nötigen Informationen über Produkt, Markt, übergeordnete wirtschaftliche und kommunikative Strategien und Ziele sowie über das Unternehmen. Soweit noch nicht im Vorfeld erfolgt, muss das Briefing Rollen, Kompetenzen und Befugnisse klären. Es sollte deshalb auch die Erwartungen und das Selbstverständnis des Auftraggebers enthalten. Das Briefing als Startpunkt einer Kooperation darf sich dabei nicht auf eine Einwegkommunikation beschränken, sondern muss kooperative Formen und Feedbackstrukturen umfassen."

Abb. 37-10 gibt einen Überblick in Form einer Checkliste bzw. eines „Denkzettels", welche Faktoren bei der Gestaltung eines effektiven Briefings bei Medienprojekten zu beachten sind.

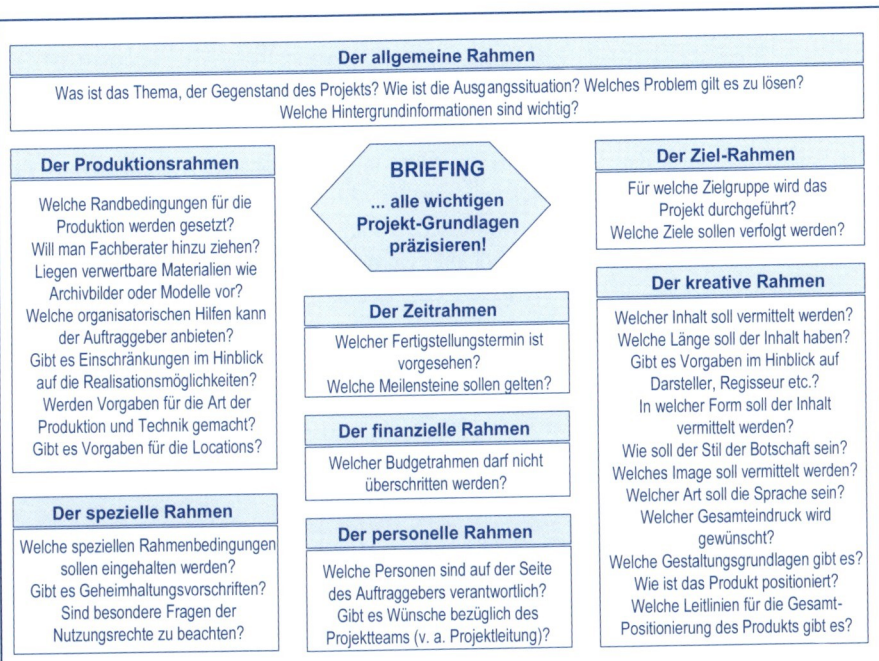

Abb. 37-10: *Bausteine eines effektiven Briefings*

Die gute Zusammenarbeit zwischen Auftraggeber und Auftragnehmer hängt neben dem Briefing auch von klaren **Verträgen** ab. Analog zum Briefing kann man auch die Vertragsgestaltung als einen Prozess auffassen, weil sich die Entwicklung der Vertragswerke üblicherweise über einen längeren Zeitraum hinzieht.

> Denkt man z. B. an ein großes Kinospielfilm-Projekt, wird schnell klar, dass hier unter Umständen viel juristische Kleinarbeit notwendig ist, damit alle Beteiligten zu ihrem Recht kommen und Zweifelsfragen geklärt werden können. Das beginnt mit der Frage, welchen gesellschaftsrechtlichen Rahmen der Filmproduzent wählt, in dem die Produktion verwirklicht wird. Bevorzugt wird hier zumeist die GmbH oder die GmbH & Co. KG, um die Haftung auf das eingesetzte Kapital zu beschränken. Sodann ist ein umfangreicher „Vertragssatz" notwendig, um die Kinofilmproduktion rechtlich abzusichern (vgl. Clevé 2004, S. 159 ff.):

Zur besseren Verständigung zwischen Auftraggeber und Auftragnehmer ist ein **vierstufiger Prozess der Vertragsgestaltung** empfehlenswert (vgl. Abb. 37-11). Ein großes Problem bei der Vertragsgestaltung ist, dass man zwischen Auftraggeber und Auftragnehmer schon in der frühen Entstehungsphase des Projekts eine Vereinbarung benötigt, damit auf keiner Seite die Bereitschaft erlahmt, weitere Zeit und Ressourcen in das Projekt zu investieren. Allerdings hat man zu diesem Zeitpunkt noch keine genauen Vorstellungen, was alles gemacht werden soll und welche Konsequenzen im Hinblick auf Kosten und Zeit auf einen zukommen. Um dieses Problem zu lösen, empfiehlt es sich, schon ganz früh in der Projekt-Entstehung einen sog. „Letter of Intent" abzuschließen. Ein solcher Letter of Intent hat rechtswirksamen Charakter und übt daher auf beide Seiten eine Bindungswirkung aus.

Ein „Letter of Intent" ist eine rechtlich relevante Absichtserklärung, dass die Beteiligten weiter zusammenarbeiten wollen. Sollte die Zusammenarbeit dennoch vorzeitig enden, verpflichtet sich der Auftraggeber, die entstandenen Kosten in angemessener Weise abzugelten.

Der ausgearbeitete Vertrag kann nach Vorliegen einer vorgeschalteten Absichtserklärung sodann „in aller Ruhe" erarbeitet werden und wird spätestens in der Phase der konkreten Projekt-Planung – am besten unter Einschluss des sog. Pflichtenhefts – von den Vertragsparteien unterzeichnet. Bei Bedarf kann zusätzlich auch noch ein Rahmen- bzw. Vorvertrag dazwischen geschaltet werden.

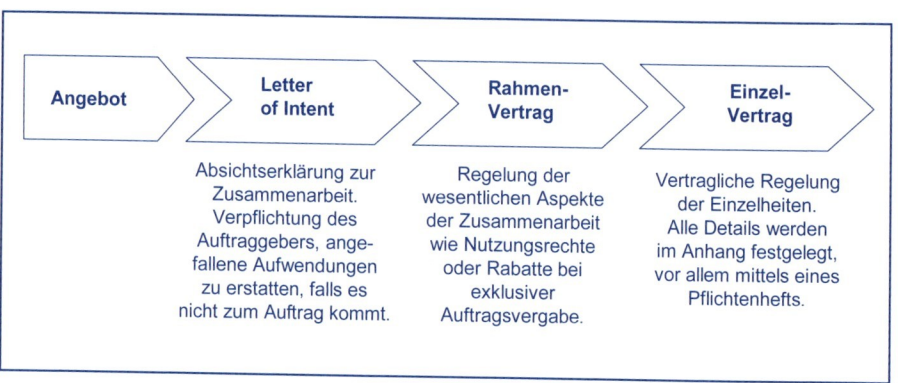

Abb. 37-11: *Vierstufiger Prozess der Vertragsgestaltung*

Ist der Auftrag erteilt, sind **organisatorische Vorkehrungen** zu treffen. So ist v. a. vom Produzenten ein Team zusammenzustellen, das die professionelle Umsetzung der Aufgabe garantiert. Von besonderem Interesse sind dabei die folgenden Aspekte: Zusammensetzung des Teams, Größe des Teams und Aufgabenverteilung innerhalb des Teams. Wie das Team zusammengesetzt werden soll, ist eine schwierige Frage. Die Regel lautet: Es ist sicherzustellen, dass alle notwendigen Fachkompetenzen im Team vertreten sind.

Häufig ist es so, dass die eine oder andere Kompetenz, die man für die Durchführung des Projekts benötigt, nur von außen erschlossen werden kann, indem man externe Experten engagiert. Für Filmprojekte ist es sogar typisch, dass praktisch das gesamte Produktionsteam sowie alle Darsteller auf dem freien Markt rekrutiert werden. Wichtig ist es, eine klare und übersichtliche Struktur zu schaffen, aus der klar hervorgeht, wer zum Team gehört und wer nicht.

Bei Bedarf kann man zusätzlich in ein Kern- und ein Gesamt-Team unterscheiden (vgl. Abb. 37-12). Denkbar ist auch, für bestimmte Teilaufgaben spezielle Teams zu gründen, die dem Projekt fallweise („ad hoc") zuarbeiten („Ad-Hoc-Teams"). Alles in allem kann sich eine recht vielfältige und differenzierte Projektorganisation ergeben, was bei sehr großen Projekten ohnehin der Fall ist.

Der Rolle des Projektleiters kommt eine herausragende Bedeutung für den Erfolg des Projekts zu. Daher werden spezielle Aspekte der Projektleitung im nächsten Abschnitt gesondert dargestellt.

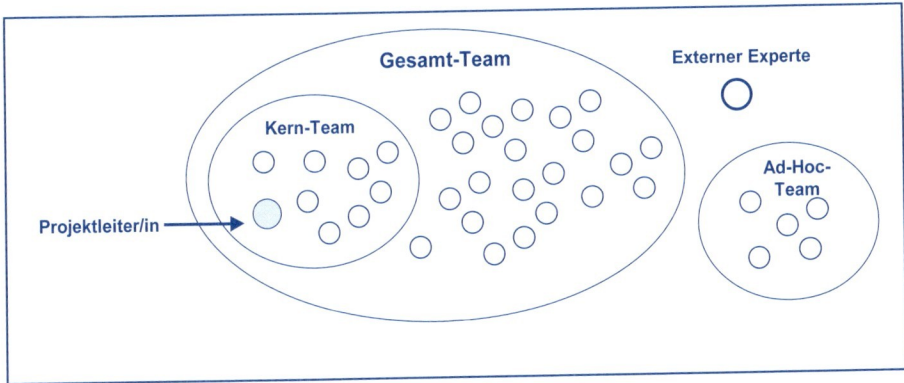

Abb. 37-12: Rolle der Projektleitung in der Projektmanagement-Organisation

Eng mit der guten Organisation ist die Frage der **Informationsversorgung** der Mitglieder des Projekt-Teams verbunden. In jedem Projekt fallen eine Unmenge an Informationen mit Daten, Plänen, Listen, Grafiken, Schriftverkehr usw. an, die leicht zu einer unübersichtlichen Informationslage führen können. Damit die Beteiligten des Projekts noch den Überblick behalten, ist es erforderlich, ein wirkungsvolles Informations- und Kommunikationssystem zu installieren. Dieses sollte den folgenden Anforderungen genügen:

- Informationen müssen immer aktuell sein.
- Informationsflut muss vermieden werden. Als Leitlinie gilt: „So wenig Informationen wie möglich, so viel wie nötig".
- Man arbeitet mit Zusammenfassungen und Auszügen.
- Das Informationsmanagement beschränkt sich auf den Sonderfall im Sinne von „Management by Exception".
- Berichte sind auf den aktuellen Zeitbereich zu beschränken.
- Informationen sind je nach Empfänger stufenweise zu verdichten.
- Informationen sind entscheidungsorientiert aufzubereiten.
- Die Aussagekraft der Informationen soll durch Visualisierung (z. B. durch Info-Grafiken) erhöht werden.
- Wichtige (Schlüssel-)Informationen sind herauszustellen.
- Die Darstellung der Informationen erfolgt knapp, komprimiert und übersichtlich.
- In sinnvoller Weise werden Formulare eingesetzt.

Eine wichtiges Thema ist die Frage nach den Pflichten der Informationsbereitstellung und Informationsweiterleitung. Effektiv dürfte es sein, Informationen und Berichte sowohl als „Bringschuld" der Projektleitung als auch als „Holschuld" der Teammitglieder zu definieren.

Weiterhin ist die **Zusammenarbeit im Team** von besonderer Relevanz für das Gelingen des Projekts. Die anstehende Projektaufgabe kann nur gelöst werden, wenn die Beteiligten zielorientiert und konstruktiv zusammen arbeiten.

Ein Team ist eine Gruppe von Personen, die gemeinsam eine Aufgabe bewältigt. Die Betonung liegt auf „gemeinsam", da nur bei koordiniertem und auf ein Ziel ausgerichtetem Handeln der notwendige „Teamgeist" entstehen kann, der Projekterfolg garantiert. Bei unterschiedlichen Vorstellungen über Ziele, Wege und Methoden, kann die Gruppe nicht zu einem Team zusammen wachsen.

Teamarbeit erfolgreich zu machen, fällt den beteiligten Personen nicht in den Schoß. Im Gegenteil: Nur wenn sie sich dafür einsetzen, stellt sich der Erfolg ein. Die Frage ist, wie man das am besten macht und wo man am zweckmäßigsten ansetzt. Eine Liste solcher Erfolgsfaktoren könnte z. B. wie folgt aussehen (vgl. Winkelhofer 1997, S. 433 f.):

- Bekenntnis zum Team: Die Team-Mitglieder verstehen sich nicht als Individuen, die unabhängig voneinander arbeiten, sondern als eine Einheit. Die persönlichen Ziele werden zugunsten der Team- bzw. Projektziele zurückgestellt.
- Vertrauen: Die Teammitglieder vertrauen einander. Jedes Mitglied vertraut darauf, dass die anderen ihre Verpflichtungen erfüllen, Freundschaften nicht missbrauchen, ihre Hilfe anbieten und akzeptieren sowie sich allgemein berechenbar und angemessen verhalten.
- Zielbewusstsein: Die Teammitglieder arbeiten zielgerichtet. Dem Team ist bekannt, wie es in die Gesamtstruktur des Unternehmens hineinpasst. Die Teammitglieder fühlen sich als Eigentümer ihrer Arbeiten und erfassen den Beitrag, den sie zum Projekt- und Unternehmenserfolg leisten.
- Wirkungsvolle Kommunikation: Die Teammitglieder kommunizieren durch Sprechen und Handeln wirkungsvoll. Die Kommunikation ist durch die Qualität und Menge der Interaktionen, die von den Teammitgliedern sowohl untereinander als auch mit Außenstehenden gepflegt werden, bestimmt. Die Interaktion kann auf der Gesprächsebene und auf der Handlungsebene stattfinden und umfasst im weiteren Sinn auch den Umgang mit Konflikten.
- Kooperationsverhalten: Die Teammitglieder entscheiden gemeinsam. Jeder im Team erfüllt seine Rolle. Es wird trotz aller Verschiedenheit partnerschaftlich miteinander umgegangen. Ebenso wird jeder Beitrag respektiert und im Team besprochen. Das Team entscheidet im Konsens.
- Leistungsorientierte Methodik: Die Teammitglieder verfolgen ihre Planung, Entscheidungsfindung und Qualitätsbewusstsein in systematischer Weise. Zur Methodik, die notwendig ist, um zu einem Zielbewusstsein zu gelangen, zählen Instrumente der Problemlösung, Planungsverfahren sowie die regelmäßigen Besprechungen mit Tagesordnung und schriftlicher Zusammenfassung.

Zum Ende der Phase des Projekt-Starts sind die entscheidenden Vorarbeiten geleistet, um die Projektaufgabe mit hoher Professionalität anzugehen. Das Projekt kann nun konkret gestartet werden, was durch das **Kick-Off-Meeting**, das erste offizielle Zusammentreffen des Projektteams – evtl. ergänzt um Externe (z. B. eine Vertretung des Auftraggebers) – geschieht. Dieses Kick-Off-Meeting sollte sehr sorgfältig vorbereitet werden, gehen von ihm doch eine Reihe fundamentaler Signale aus, die den weiteren Prozessablauf maßgeblich bestimmen.

(4) In der Phase der **Projekt-Planung** geht es um die konkrete operative Planung der Projektrealisation. Dazu gilt es, ausgehend von den Anforderungen des Auftraggebers die Planung des Produkts, der Abwicklung des Projekts und der Kosten vorzunehmen. Alle diesbezüglichen Arbeiten münden in eine umfassende Planungsdokumentation, für die sich in vielen Bereichen der Begriff des „Pflichtenhefts" eingebürgert hat.

Ausgangspunkt sind die Anforderungen des Auftraggebers, die im **Lastenheft** dokumentiert werden. Dieses Dokument wird vom Auftraggeber erstellt und umfasst die Zielsetzung, Aufgabenstellung und alle Eckdaten des Projekts. Es beschreibt den Ist-Zustand und erläutert den Soll-Zustand, wie er aus Sicht des Auftraggebers erreicht werden soll. Im Lastenheft sollen die Ziele klar definiert werden, es soll vollständig sein und als gute Grundlage für den Auftragnehmer und das Projekt-Team dienen, nach der alle konkreten weiteren Vorgehensschritte auszuarbeitet werden.

Kernziel von Medienprojekten ist es, ein **Produkt** zu erstellen, das eine Lösung für eine Kommunikationsaufgabe darstellt. Besonders deutlich wird dies am Beispiel einer Werbekampagne, bei einem Imagefilm oder einem Medien-Event, aber etwa auch bei Kinofilmproduktionen, mit denen Investoren eine Kapitalisierung am Markt erzielen wollen. Der strategische Ausgangspunkt des Planungsprozesses ist daher die genaue Planung und Beschreibung des im Projekt herzustellenden Produkts. Dieses Produkt muss genau beschrieben und charakterisiert werden, um einen „Bauplan" bzw. eine „Konstruktionszeichnung" erstellen zu können, nach der die Realisierung des Projekts ablaufen kann.

> Generell wird dieser Bauplan als „Produktbeschreibung" bzw. „Leistungsbeschreibung" bezeichnet. Auch andere Begriffe sind gebräuchlich, so in der Filmproduktion der Begriff der „Stoffentwicklung".

Am Beginn der konkreten Planung der Projekt-Abwicklung – der Entwicklung des „Basisplans" – steht der **Projektstrukturplan**, abgekürzt „PSP". Er ist das zentrale Planwerk, auf dem alle weiteren Einzelplanungen basieren, weshalb er auch als „Plan der Pläne" bezeichnet wird. Kern ist die Zerlegung der Gesamtaufgabe des Projekts in überschaubare Einzelaufgaben, die „Arbeitspakete" genannt werden. Sie sind die kleinsten Einheiten im Projekt und entstehen auf der untersten Stufe des PSP. Auf der Grundlage der Arbeitspakete entwickelt man die Zeit- und Ressourcenplanung. Aufgrund der Komplexität der Zusammenhänge ist es notwendig, dass das gesamte Projekt-Team in die Projektstrukturplanung eingebunden wird und einen übersichtlichen Projektstrukturplan erarbeitet. Abb. 37-13 zeigt beispielhaft das Konzept eines PSP für eine audiovisuelle Produktion.

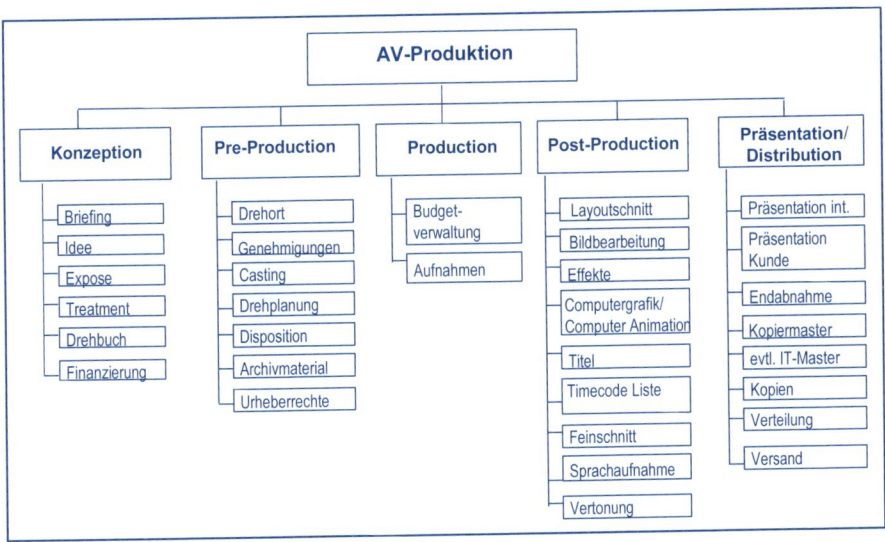

Abb. 37-13: Beispiel eines Projektstrukturplans für eine AV-Produktion

Sind die Arbeitspakete mit ihrer Zeitdauer festgelegt, werden sie in eine zeitliche Reihenfolge gebracht. Die Gliederung der Arbeitspakete nach ihrer zeitlichen Abfolge nennt man auch **Projektablaufplan**.

Bei der Gliederung des Projektablaufs überlegt man sich zu Beginn, welche Arbeitspakete fertig sein müssen, bevor das nächste Arbeitspaket beginnen kann – oder umgekehrt, welche Arbeitspakete gestartet werden können, wenn ein bestimmtes Arbeitspaket erledigt ist. Dabei wird man feststellen, dass manche Arbeitspakete parallel nebeneinander abgearbeitet werden können, während es bei anderen zwingend erforderlich ist, dass ein vorhergehendes Arbeitspaket („Vorgänger") abgeschlossen ist. Bei der parallelen Bearbeitung von Arbeitspaketen entstehen sog. **Pufferzeiten**. Pufferzeiten können neben diesem quasi automatischen Effekt auch bewusst eingeplant werden, indem man den Zeitbedarf von Arbeitspaketen großzügiger als eigentlich erforderlich plant. Die Darstellung der Arbeitspakete in übersichtlichen Darstellungen führt zum Balkendiagramm und zum Netzplan.

Das **Balkendiagramm** – auch Gantt-Diagramm – ist ein wirkungsvolles Instrument, um den zeitlichen Umfang der Arbeitspakete und deren logische Verknüpfung bildhaft und übersichtlich darzustellen. Das Balkendiagramm ist aus den verschiedensten Arbeitsgebieten bekannt, z. B. zur Darstellung von Dienstplänen, Einsatzplänen von Außendienstmitarbeitern oder Urlaubsplänen. Es folgt immer demselben Muster, nach dem die Arbeitspakete untereinander aufgelistet und deren zeitliche Länge horizontal als Balken sichtbar gemacht werden.

In jedem Projektablauf gibt es den sog. **kritischen Pfad**, der deshalb als „kritisch" bezeichnet wird, weil er all diejenigen Arbeitspakete markiert, die zeitlich gesehen als kritisch einzustufen sind. Eine Verzögerung bei diesen Arbeitspaketen führt unweigerlich zu einem Zeitverzug des ganzen Projekts. Ein solcher Zeitverzug ist in der Regel nicht hinnehmbar, steht doch bei einem Medienprojekt z. B. ein Messetermin oder der Start einer Werbekampagne zur Realisierung an.

Ein weiteres zentrales Hilfsmittel für die wirkungsvolle Projektplanung ist der sog. **Netzplan**. Er ist die visuelle „Kehrseite" der Balkendiagramm-Darstellung, bei dem die Arbeitspakete nicht als (liegende) Balken, sondern als Rechtecke dargestellt sind.

> Der Begriff „Netzplan" leitet sich daraus ab, dass die Arbeitspakete durch Pfeile miteinander verknüpft („vernetzt") werden und damit eine anschauliche Übersicht über den gesamten Projektablauf entsteht.

Im nächsten Schritt der Planungen überprüft man jedes einzelne Arbeitspaket daraufhin, welche **Ressourcen** notwendig sind, um es termingerecht fertig zu stellen. Es gibt zwei Typen von Ressourcen:

- Personalressourcen, z. B. die geleisteten Arbeitsstunden des Programmierers oder des Projektleiters;
- Sachressourcen, z. B. Materialverbrauch, Nutzungszeit eines Videostudios.

> Jedes Arbeitspaket wird im Hinblick auf den notwendigen Ressourceneinsatz hinterfragt. Das Arbeitspaket „Prototyp erstellen" erfordert z. B. den Einsatz von vier Personen, die drei Tage tätig sind und entsprechende Computereinrichtungen nutzen.

> Arbeitspakete spielen auch für die Kostenplanung eine wichtige Rolle. Wenn man den Bedarf an Ressourcen für das einzelne Arbeitspaket kennt, kann man diese mit Preisen versehen und den Ressourcenverbrauch bewerten. Man erhält dann die Kosten der Arbeitspakete („Arbeitspaketkosten") – eine wichtige Information für die Ermittlung der Gesamtkosten des Projekts.

Die Ergebnisse der Planungsphase werden in einem Dokument festgehalten, das als **Pflichtenheft** bezeichnet wird. Ein Pflichtenheft ist ein Dokument, in dem projektrelevante Aspekte festgehalten werden. Es kann als „Gebetsbuch" für das Projekt bezeichnet werden. Damit Auftraggeber und Auftragnehmer genau wissen, was bei dem ins Auge gefassten Projekt auf sie zukommt, „schreiben sie ihre Pflichten in ein Heft" und haben so eine klare Vorstellung über die Aufgaben, die zu erledigen sind. Das Pflichtenheft ist der sichtbare Ausdruck für die Basiskonzeption des Projekts. Es ist ein absolutes Schlüsseldokument und sollte bei keinem Medienprojekt fehlen. Es verankert alle wichtigen Grund-Entscheidungen und ist der „Grundriss" für das Projekt.

Ein Pflichtenheft sollte die folgenden Bestandteile haben:

- Ziele: Die Sach- und Formalziele sind sorgfältig auszuweisen.
- Inhalte: Festzulegen ist der Umfang der Anwendung (z. B. Länge des Films, Größe des Lernprogramms), die Struktur der Inhalte (Welche Medienelemente – Text, Audio, Video, Animation, Grafik, Bild – sollen eingesetzt werden?), die Herkunft der Inhalte (Neuproduktion oder Archive), die Interaktionsstrukturen, die Interaktionselemente, und die Navigation (z. B. beim Film die Dramaturgie, bei Multimedia-Produktionen z. B. Schaltflächen, Platzierung auf dem Screen).
- Gestaltung: Festzulegen sind die Grundanforderungen an das Design, festgehalten im „Style Guide", der das „Look and Feel" – d. h. die gestalterischen Grundlinie der Anwendung – zum Ausdruck bringt.
- Produktion: Zu dokumentieren ist das anzuwendende Produktionsverfahren, das wiederum von den einzusetzenden Medien abhängig ist. Bei multimedialen Produktionen ist die Wahl der Programmiertools von besonderer Wichtigkeit.
- Technik: Festzulegen ist die technische Plattform, was v. a. die Nutzung betrifft (z. B. Frage der PC-Ausstattung, bei Film Kinoproduktion oder nur Fernsehen).
- Ökonomie: Aufzuführen ist das Budget und seine grobe Aufteilung auf die einzelnen Zwecke (z. B. beim Film die Budgets – also die für einen bestimmten Zweck bereit gestellten Mittel – für die Rechte, für Hauptdarsteller oder Effekte).
- Management: Zu zeigen ist eine grobe Vorstellung über den Projektverlauf (Entwurf Zeitplan, Meilensteine, wichtige Ecktermine).

Ein Pflichtenheft muss nicht in jedem Fall bis in alle Details ausgearbeitet sein. Bei kleineren Projekten bietet sich eine einfache („schlanke") Form des Pflichtenhefts an. Für sehr große Projekte wie z. B. die Entwicklung einer Software für den betrieblichen Einsatz benötigt man jedoch eine detailliert ausgearbeitete Pflichtenheft-Grundlage.

Mit dem **Endpunkt der Planungsphase** ist ein wichtiger Meilenstein erreicht, da das Team nun die Vorbereitungs- und Planungsarbeiten so weit vorangetrieben hat, dass man in die Phase der Realisation und Umsetzung eintreten kann. Zu diesem Zeitpunkt wird das Team sinnvollerweise noch einmal „in sich gehen" und sämtliche Aspekte des Projekts noch einmal „durchchecken" und auf ihre Plausibilität hinterfragen. Um diesen Meilenstein auch äußerlich zur Geltung zu bringen, empfiehlt es sich, ein spezielles Meeting anzuberaumen, bei dem die Produktionsreife in aller Form von allen Beteiligten festgestellt wird. Dieses Meeting kann – einen Begriff aus der Filmproduktion adaptierend – als **Pre Production Meeting** bezeichnet werden.

(5) Die Phase der **Projekt-Durchführung** gelingt umso besser, je besser die planerischen Vorarbeiten waren: Ein Pflichtenheft ist vorhanden, es liegt eine ausgearbeitete inhaltliche Konzeption vor (vor allem das Drehbuch), die vorbereitenden Planwerke sind erarbeitet (vor allem der Zeitplan). In der Durchführungsphase des Projekts wird man besonders darauf achten, dass möglichst alles „nach Plan läuft", dass also größere Abweichungen vom Plan vermieden werden. Plantreue ist zu gewährleisten. Um diese Plantreue sicher zu stellen, wird man in Phasen oder Etappen vorgehen, um den ganzen Projektprozess möglichst übersichtlich zu halten. Am Ende jeder Etappe ist ein sog. **Meilenstein** erreicht.

Dieses plandeterminierte Vorgehen ist freilich nicht in jedem Falle gleichermaßen anwendbar, da die Zweckmäßigkeit des Vorgehens von der Art des Projekts mitbestimmt wird. So zeigt Abb. 37-14 exemplarisch, dass sich die Projektmerkmale stark unterscheiden können und unterschiedliche Herangehensweisen erforderlich machen können.

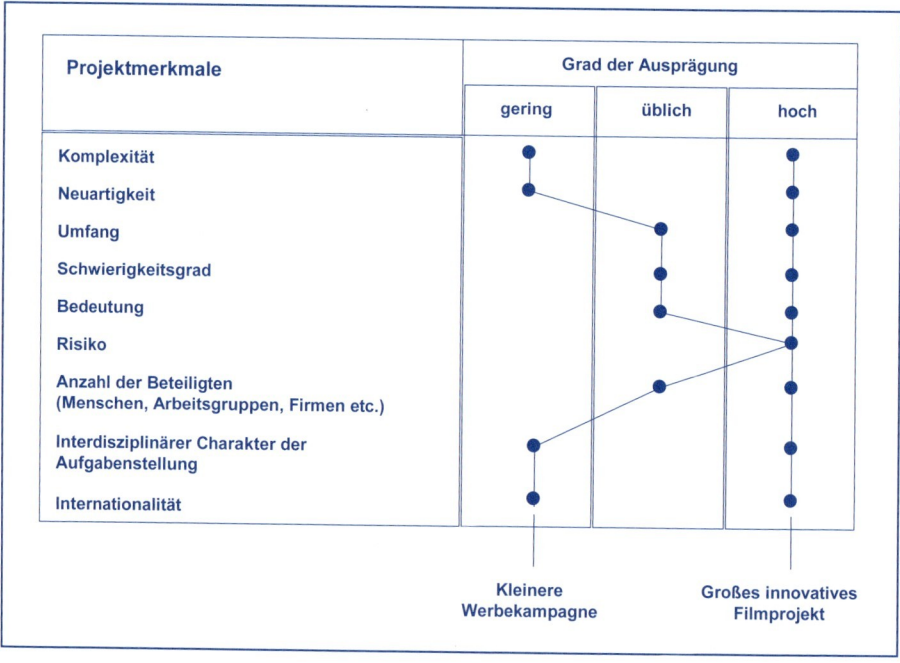

Abb. 37-14: *Ausprägungsgrade von Projektmerkmalen*

Eine bedeutende Rolle in der Realisationsphase spielt das **Projekt-Controlling**, worunter man die Koordination des gesamten Führungssystems eines Projekts unter dem Blickwinkel einer zielgerichteten Lenkung und Steuerung versteht.

> Projekt-Controlling sorgt dafür, dass die Steuerung des Projekts „aus einem Guss" erfolgt, also durchdacht ist, aufeinander abgestimmt erfolgt und die richtige Dimensionierung aufweist. Im Fokus steht die Frage, wie man damit umgeht, wenn beim Soll-Ist-Vergleich Abweichungen der Ist-Werte von den Plan-Werten festzustellen sind. Haupt-Betätigungsfeld von Projekt-Controlling ist das Änderungsmanagement.

(6) Der **Abschluss eines Projekts** ist entgegen der landläufigen Meinung kein einfacher Schlusspunkt, sondern ein vergleichsweise komplizierter Prozess. Bei professioneller Vorgehensweise muss das Projekt in mehreren Einzelschritten systematisch „heruntergefahren" werden, um sämtliche offenen administrativen und rechtlichen Punkte abzuarbeiten. Dabei ist zum einen der Abschluss gegenüber dem Auftraggeber (externer Abschluss), zum anderen der interne Abschluss zu vollziehen. Beim Abschluss **gegenüber dem Auftraggeber** bietet sich ein 10-Stufen-Konzept an:

- Stufe 1: Vor-Abnahme des fertigen Produkts durch den Auftraggeber;
- Stufe 2: Nachbesserungen, Überarbeitungen;
- Stufe 3: Lieferung aller fehlenden Unterlagen an den Auftraggeber;
- Stufe 4: Abschluss-Präsentation mit Abnahme des Produkts;
- Stufe 5: Abnahme des überarbeiteten Produkts;
- Stufe 6: Schriftliche Dokumentation von Abnahme und Übergabe;
- Stufe 7: Rückgabe aller relevanten Unterlagen (Datenträger etc.);
- Stufe 8: Übergabe der Projekt-Dokumentation (falls beauftragt);
- Stufe 9: Abschließendes Anschreiben;
- Stufe 10: Übermittlung der Schlussrechnung.

Der **interne Abschluss** ist ebenso sorgfältig zu vollziehen, um eventuellen Nachprüfungen und Nachfragen standhalten zu können. Gefordert ist eine saubere Archivierung aller projektrelevanten Unterlagen. Zu unterscheiden sind zwei Phasen, zum einen die Phase der Sichtung der kompletten Unterlagen, zum anderen die Phase der finalen Ablage (vgl. Klose 1999: 168).

> Phase 1: Sichtung der kompletten Unterlagen (erfolgt sofort nach der Präsentation): Abschlussrechnung, Information an Rechnungsabteilung; Schließen des Projektkontos; Abschlussmeldung; Rückgabe von ausgeliehenen Unterlagen an den Auftraggeber und an Dritte (z. B. Verbände, Institute); Entsorgung nicht mehr benötigter Unterlagen (z. B. Zweitfassungen, Korrekturexemplaren); Vernichtung vertraulicher Unterlagen; Zentrale Archivierung von Arbeitsunterlagen (z. B. Berichte, Software); Aufräumen (z. B. Löschen, Umkopieren, Zusammenfassen) von Dateien auf Projektspeicherplätzen; Erarbeiten einer Projektdokumentation; Personalrückführungsplan.
>
> Phase 2: Abschließende Ablage (3 bis 6 Monate nach offiziellem Projektende): Kontrolle, inwieweit Phase 1 komplett durchgeführt wurde; Aussortieren von Unterlagen, die nicht mehr benötigt werden.

Eine besondere Beachtung in der Finalphase des Projekts verdient die **Erfahrungssicherung**, die wegen der Aufwändigkeit und Zeitknappheit in der Regel sträflich vernachlässigt wird, sowie die Durchführung eines **Schluss-Meetings**, das genauso wie das Kick-Off-Meeting für den Projekt-Erfolg Relevanz besitzt. Festzustellen ist dabei auch die Entlastung der Projektleitung und des ganzen Projekt-Teams.

> Nicht zu unterschätzen ist sind emotionale Faktoren (Bea/Scheurer/Hesselmann 2011: 311):
>
> „Es ist eine **systematische Vorgehensweise** notwendig, die
> - eine Analyse des gesamten Projektablaufes beinhaltet, um Erkenntnisse für zukünftige Projekte dieser Art zu gewinnen (…),
> - den Beteiligten sowohl einen inhaltlichen als auch einen emotionalen Abschluss des Projekts ermöglicht,
> - den Mitarbeitern Wertschätzung für ihre Arbeit und ihre Erfahrungen vermittelt und somit positiv auf deren Motivation für die Arbeit in zukünftigen Projekten wirkt (…)."

37.4 Rolle und Bedeutung der Projektleitung

(1) Im Projektmanagement, gerade auch bei Medienprojekten, kommt der **professionellen Projektleitung** eine zentrale Rolle zu. In einer ungewöhnlich vielseitigen und komplexen Projektlandschaft, wie sie bei Medienprojekten regelmäßig anzutreffen ist, kann nur eine durchdachte Organisation und v. a. die sozial kompetente Handhabung des „menschlichen Faktors" den Erfolg sichern.

Die **Aufgabe der Projektleitung** besteht in der Planung, Steuerung und Integration aller zur Erreichung der Projektziele notwendigen Arbeiten. Sie ist für die Erfüllung des Projektauftrags und die Erreichung des Projektziels innerhalb des Teams und im Hinblick auf den Auftraggeber verantwortlich. Sie ist die Stelle, die mit den externen Stakeholdern, insbesondere dem Auftraggeber, Kontakt hält, das Projekt nach außen vertritt und für die Projektresultate gerade steht. Intern stellt die Projektleitung sicher, dass sich die Team-Performance auf hohem Niveau bewegt.

Die Managementaufgaben verteilen sich in der Regel ungleich über die einzelnen Projektphasen (Vorbereitung, Initialisierung, Durchführung, Abschluss). In der Vorbereitungsphase stehen insbesondere die Aktivitäten der Zieldefinition und die inhaltlichen Abgrenzungen des Projekts im Vordergrund, in der Realisationsphase die Controllingaufgaben. Unter organisatorischen Gesichtspunkten ist die Frage zu beantworten, welche Position die Projektleitung einnehmen soll. Klar dürfte sein, dass es in jedem denkbaren Projekt sinnvoll ist, eine eindeutige **Stelle** oder eine Stellenstruktur zu schaffen, die für die Projektleitung verantwortlich sein soll.

> Eine Stelle ist das Ergebnis der horizontalen und vertikalen Differenzierung innerhalb einer Organisation und wird unabhängig vom (potenziellen) Stelleninhaber definiert.

(2) Die Performance eines Projektteams lebt davon, dass die Projektleitung die ihr zugedachte **spezifische Führungsrolle** ausübt. Ein Projektleiter hat insofern unabhängig von seinen persönlichen Präferenzen innerhalb eines Projekts eine bestimmte **Rolle** zu spielen. Eine Rolle ist ein Instrument, mit dem das Verhalten eines Positionsinhabers konkret vorgeschrieben und standardisiert wird. In der Regel wird dabei nicht nur eine einzelne Rollendefinition zur Debatte stehen, sondern ein ganzes „Rollen-Set" („Rollensatz") als Zusammenfassung aller Positionen, die der Projektleiter hat.

> Unter einer „Rolle" wird ein Bündel von Erwartungen an das Verhalten einer Person verstanden. Daraus folgt die Interpretation von deren Aufgaben, Rechten und Pflichten sowie der Spielräume und Begrenzungen des Handelns. Bezogen auf das Projektmanagement stellen Rollen die Summe der Verhaltenserwartungen dar, die vom Team oder von den externen Stakeholdern auf den Inhaber einer bestimmten Projekt-Position projiziert werden.

Es ist notwendig, dass sich der Projektleiter mit „seiner Rolle" identifiziert. Rollen werden definiert zum einen vom Management (z. B. mit dem Instrument Stellenbeschreibung), über die Erwartungen von Vorgesetzten, Kollegen oder Untergebenen sowie von der Wahrnehmung dieser Erwartungen durch den Positionsinhaber selbst, die ihrerseits wieder von dessen Bedürfnissen, Werten und Einstellungen abhängt. Abb. 37-15 zeigt das Spektrum eines Rollen-Sets für einen Projektleiter (Quelle: Keßler/Winkelhofer 2004: 134).

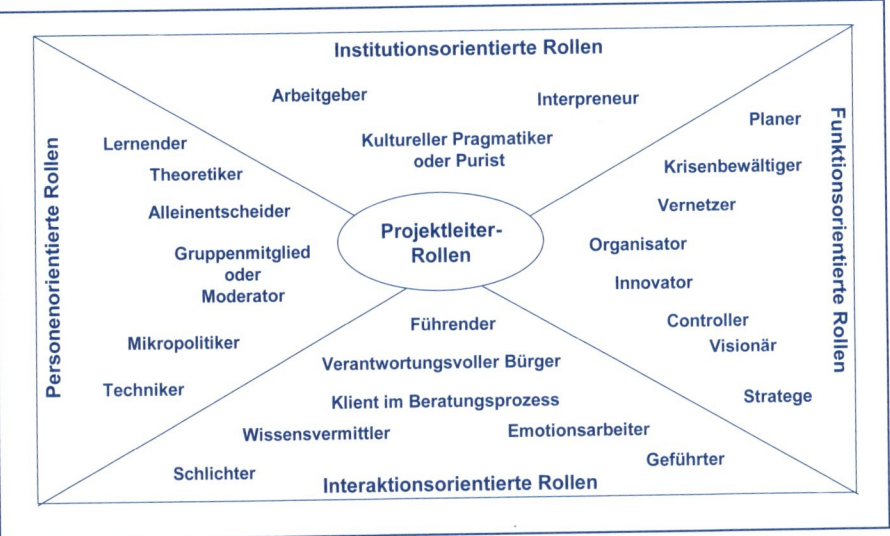

Abb. 37-15: *Spektrum des Projektleiter-Rollen-Sets*

Das formale Rollen-Set eines Projektleiters bezieht sich auf die Sach- und Beziehungsebene und kann wie folgt beschrieben werden:

- Erstellung Projektplanung, Überwachung der Realisation;
- Aufbau eines leistungsfähigen Teams;
- Personalführung (Motivation, Rollendefinition der Teammitglieder, Zielsetzung, Kommunikation, Lernprozesse generieren);
- Sicherstellung der Informationsflüsse und Dokumentation;
- Koordination aller Teamaktivitäten;
- Projekt-Vertretung nach innen und gegenüber den Stakeholdern.

Neben formalen sind auch informelle Rollen wie der Fachpromotor (er treibt die inhaltlichen Ergebnisse des Projekts voran), der Machtpromotor/Sponsor (er sorgt dafür, dass das Projekt im Unternehmen Unterstützung und Ressourcen erhält) und der Prozesspromotor (er ist Bindeglied zwischen Fach- und Machtpromotor) zu beachten (vgl. Seibert 1998: 285).

(3) Der Projektleiter muss – attributionstheoretisch argumentierend (vgl. Kap. 36) – über ausgeprägte **Kompetenzen** in sachlich-fachlicher Hinsicht verfügen, aber auch hinsichtlich der Menschenführung, um die Teammitglieder zu leistungsorientiertem und kooperativen Verhalten zu bewegen und auch zum Teil schwierigen zwischenmenschlichen Spannungen gewachsen zu sein. Alle Attribute zusammengenommen stellen seine sog. „Handlungskompetenz" dar, die sich in die folgenden vier Teilbereiche subsumieren lässt:

- Fachkompetenz: Angesprochen sind Sach- und Fachwissen sowie Fertigkeiten, um konkrete Aufgaben zu bewältigen.

- Individualkompetenz: Sie umfasst die Fähigkeit zur Selbstmotivation (intrinsische Motivation), Verantwortungsbereitschaft, Initiative, Belastbarkeit, Denkvermögen, unternehmerischer Antrieb, Loyalität.
- Methodenkompetenz: Gefragt ist die Fähigkeit, bei Problemstellungen adäquate Lösungsmethoden und -techniken zur Verfügung zu haben oder generieren zu können.
- Soziale Kompetenz: Hier geht es um die Fähigkeit, mit anderen Menschen kooperativ und kommunikativ zusammenzuarbeiten, seien es Kollegen, Vorgesetzte, Partner, Kunden. Es geht besonders auch um die Teamfähigkeit.

Vor diesem begrifflichen Hintergrund kann das **Kompetenzprofil** eines Projektleiters im Medienbereich wie folgt definiert werden:

- Fachliches Know-how: Technisches Fachwissen, kaufmännische Kenntnisse, Organisationswissen, Projektmanagement-Erfahrung, Wirtschaftlichkeitsdenken, Organisationstalent, Verhandlungsgeschick.
- Persönliche Eigenschaften: Fähigkeit zur Menschenführung, Eigeninitiative, Entscheidungsfreudigkeit, Motivationsfähigkeit, Kooperationsbereitschaft, Durchsetzungskraft, Delegationsbereitschaft, Einfühlungsvermögen, Konsequenz, Kommunikationsfähigkeit, Verhandlungsgeschick, Fähigkeit zu ergebnisorientiertem Arbeiten und Handeln, Offenheit, Kreativität und Phantasie.

Gefragt ist also eine Führungspersönlichkeit mit Background – Eigenschaften, die in der Regel eher ein generalistisch ausgelegter Systematiker, Praktiker, Vermittler und Organisator mitbringt als ein spezialisierter Fachvertreter. Besonders hervorzuheben ist auch die Bereitschaft zur Kooperation mit allen Projektbeteiligten. Dies wird z. B. beim Zusammenspiel mit dem Bereich des Controlling sichtbar, bei dem es zweckmäßig ist, nach dem Vier-Augen-Prinzip zu verfahren. Der Projektleiter braucht – je komplizierter das Projektgeschehen ist, umso mehr – den positiv-kritischen Partner und Ideengeber an seiner Seite.

(4) Medienprojekte leben von Kreativaufgaben und zeichnen sich durch die Ansammlung von (zumeist ausgesprochen selbstbewussten) Fachexperten aus. Die Handlungsfähigkeit des Projektleiters hängt in dieser Konstellation nicht nur von seiner Rolle und von seiner Führungsleistung ab, sondern auch von seinem **Status**. Der Status entscheidet über die hierarchische Positionierung des Projektleiters im Team. Unter „Status" wird verstanden, wie weit ein Mitglied von den Erwartungen der Gruppe abweichen kann, ohne Sanktionen von der Gruppe befürchten zu müssen. Dieses als **„Idiosynkrasiekredit"** bezeichnete Phänomen ist ein Indikator für das Ausmaß des Zusammenhalts in der Gruppe (Gruppen-kohäsion). Je mehr Kredit der Projektleiter hat, desto höher ist sein Status. Allerdings wird mit zunehmendem Status die Zusammenarbeit im Team schwieriger. Bei kleineren Projekten ist es hilfreich, wenn die Teammitglieder gleichrangig sind und der Projektleiter die Rolle des Koordinators ausübt.

Der Status gibt an, welche Wertschätzung die Mitglieder eines sozialen Systems einer bestehenden Position zuweisen (vgl. Staehle 1999: 271).

Bei Medienprojekten müssen sich die Mitglieder und der Projektleiter in der Regel vorrangig durch ihr Expertentum und weniger durch eine starke Positionierung innerhalb der Unternehmenshierarchie ausweisen. Sie verlaufen – mit Mintzberg gesprochen – im Konfigurationskontext der „Adhocracy", bei dem die Experten des operativen Kerns und der Hilfsstäbe eine dominierende Rolle spielen (vgl. Bea/Göbel 2006: 327 f. sowie Kap. 35). Statusdifferenzierungen, z. B. durch Betonung von Statussymbolen, besitzen unter Umständen eine „identifikations- und solidaritätshemmende Wirkung" (Staehle 1999: 272) und sollten im Vergleich zum Industriesektor daher nur behutsam eingesetzt werden.

So überrascht es nicht, wenn die Empfehlung gegeben wird, dass sich der Projektleiter eines Medienprojekts in seinem Team am ehesten als „primus inter pares" definieren sollte und Führung durch Befehl und Weisung eher nicht praktiziert. Führung im Team versteht er daher eher als eine Dienstleistungsfunktion zur Erstellung der Leistung, zur Problembewältigung und zum Teamerhalt. Führung ist für ihn ein Vorgang in und mit dem Team, das jederzeit partizipativ beteiligt ist. Wann immer möglich, wird sich das Team in Teilbereichen sogar selbst führen, der Projektleiter also nur noch eine koordinierende Rolle ausüben.

Inwieweit – diesen Gedanken fortführend – ein Wechsel in der Projektführung stattfinden sollte (z. B. reihum im Sinne eines „rollierenden Führungssystems") und dadurch die Führung vom ganzen Team wahrgenommen wird, ist eine Frage des Reifegrades des Teams.

(5) Eine erweiterte Sicht der Dinge ergibt sich, wenn man den **situativen Managementansatz** in Betracht zieht. Nach diesem „Kontingenzansatz" (vgl. Kap. 2) hängt die Frage der Projektleitung entscheidend von der Situation bzw. vom Kontext ab, in dem sich das Projekt bewegt. Befindet sich das Projekt beispielsweise in „ruhigem Fahrwasser", sprich in einer vergleichsweise statischen Umwelt, können durchaus auch bürokratische Lösungen zum Erfolg führen, während in einer dynamischen Umwelt, im Extrem in einer Krisensituation, typischerweise unbürokratische Konzepte erforderlich sind.

> Der situative Managementansatz auf das Projektmanagement übertragen bringt es mit sich, dass sich die Rolle des Projektleiters nicht mehr eindeutig definieren lässt. Analog gilt die folgende Aussage aus der Organisationslehre: „Es ist bspw. zu erwarten, dass in dynamischen Umwelten (**Situation**) unbürokratische Strukturen mit geringer Spezialisierung, flacher Hierarchie, starker Entscheidungsdelegation und viel Selbstbestimmung (**Struktur**) erforderlich sind, um die in dynamischen Umwelten erforderliche Flexibilität und Innovationsfähigkeit der Organisationsmitglieder (**Verhalten**) zu stärken (vgl. Kieser/Walgenbach [Organisation] 406 ff.). Dennoch sollten eigentlich Unternehmen, die in dynamischen Umwelten unbürokratisch strukturiert sind, regelmäßig erfolgreicher sein (**Effizienz**) als Unternehmen, die in vergleichbarer Situation eine mechanische Struktur gewählt haben. Die organische Struktur „passt" zur dynamischen Umwelt besser; man spricht vom „**Fit**"." (Bea/Göbel 2010: 112).

Die Organisation von Projektmanagement und hier speziell die Positionierung und Definition der Projektleitung kann also nicht losgelöst von der Situation und allgemeinverbindlich festgelegt werden. Allgemeine „Checklisten", Handlungsanleitungen und „todsichere" Konzepte sind mit Vorsicht zu genießen.

Projektleitung in der Fernsehproduktion

Phasen der Filmherstellung

Zur Illustration der Frage, wie die Projektleitung in komplexen Medienprojekten gehandhabt wird, soll exemplarisch die Herstellung eines Auftragsspielfilms (Kinofilm, TV-Film) im Hinblick auf die Projektmanagement-Implikationen und die Rolle der Projektleitung gezeigt werden. Ausgangspunkt ist die Logik des Wertschöpfungsprozesses als „universelles Raster", das in die Phasen Stoffentwicklung, Projektentwicklung, Produktion und Verwertung unterschieden wird (vgl. Iljine/Keil 1997: 185 ff.). Vgl. hierzu auch Kapitel 12 und 16 des vorliegenden Handbuchs.

Schlüsselrolle Produzent

Die Schlüsselrolle im Management von Filmproduktionen hat der Produzent, wobei unter diesem Begriff eine Reihe unterschiedlicher Tätigkeiten verstanden wird (vgl. ebd. 118). Prinzipiell zu unterscheiden ist nach Fernseh- und Filmproduktionen:

- Bei Fernseh-Auftragsproduktionen erfolgt eine maximale Fremdbestimmung durch den Sender, der sich bis in die Details das Gestaltungsrecht vorbehält und Einfluss auf das Projekt nimmt.
- Bei Kinofilmproduktionen dominiert hingegen die unabhängige, freie Produktion mit anschließender Eigenbestimmung des Produzenten. Deutschland unterscheidet sich dabei von der US-amerikanischen Filmwelt durch eine stark mittelständische, fragmentierte Film- und Fernsehlandschaft, in der sich Produzenten als unabhängige Akteure verstehen und nicht in dem Maße wie in den USA in das Korsett der Majors eingeschnürt sind.

Auftragsproduktionen, seien es TV- oder Kinoproduktionen, die bei großen Produktionsunternehmen realisiert werden, erfordern grundsätzlich eine unternehmensinterne Lösung der Projektleitungsfrage. So hatte z. B. die Bavaria Film GmbH im Jahr 2007 die Produzenten Stephan Bechtle, Michael Hild, Ronald Müllfellner, Uschi Reich, Bea Schmidt, Oliver Schündler, Veith von Fürstenberg und Michael von Mossner unter Vertrag. Im Internet wurden sie wie folgt vorgestellt: „Die Gesamtverantwortung für jede Produktion liegt beim Produzenten. Die folgenden Seiten geben Aufschluss darüber, bei wem die Fäden für Serien, Filme und Mehrteiler der Bavaria Film zusammenlaufen und über welche beruflichen Wege die Produzenten zur Bavaria Film gelangten."

Der Produzent ist der Projektverantwortliche und trägt bei einem Auftrag, z. B. von TV-Sendern vergeben, die Gesamtverantwortung für die Realisierung: „Die Gesamtverantwortung umfasst die künstlerische Gestaltung, die organisatorische Steuerung, die finanzielle Abwicklung und die umfassende Projektvermarktung der Film- und Fernsehproduktionen. Die Gesamtverantwortung wird projektbezogen von der Geschäftsführung an den Produzenten übertragen" (Bavaria, zit. nach Iljine/Keil 1997: 127). Ein Produzent in diesem Sinne wird auch „Producer" oder „Auftragsproduzent" genannt. Er besitzt eine weitestgehende Handlungsvollmacht und ist mit umfassender Führungskompetenz ausgestattet. Der Produzent als zentrale Figur wird logischerweise im Projektverlauf vor ein ganzes Bündel vielschichtiger Verhaltens- und Rollenerwartungen gestellt sein, die vom Moderator, Experten, Psychologen, Konfliktlöser, Vermittler, Antreiber, Koordinator, Berater bis hin zum „Blitzableiter" und „Sündenbock" reicht. Sein Status ist kraft Positionierung unbestritten stark.

Der Producer-Begriff ist in ähnlicher Weise auch bei Rundfunksendern gebräuchlich, wenn Redakteuren neben ihrer unmittelbaren Programmverantwortung zusätzlich auch Produktionsverantwortung übertragen wird. Dadurch entsteht eine Verbindung von Teilaufgaben der Produktion und der Redaktion, indem Redaktionen gleichzeitig die Verantwortung für Inhalt, Produktion sowie Etat und Kosten tragen. Ziel der engeren Verzahnung von Produktion und Redaktion ist der Abbau von Reibungen sowie Kostensenkungen (vgl. Blaes/Heussen 1997: 346 f.). Producer können aus eigener Entscheidung z. B. teure Programmideen, die ihr Budget stark belasten, durch billiger zu produzierende ausgleichen.

Neben den Auftragsproduzenten spielen in der deutschen Praxis freie Produzenten eine große Rolle. Deren Einsatz variiert je nach Genre und Verwertungsbereich, z. B. Kinofilm, Low-Budget-Produktion, Koproduktion, Dokumentarfilm, TV-Produktion, Werbefilm, Wirtschaftsfilm, Multimedia oder Animationen (vgl. Iljine/Keil 1997: 129 ff.). Tendenziell werden freie Produzenten weniger im Fernsehen und Werbefilm eingesetzt, während Auftragsproduzenten im Kinofilm eher nachrangig sind.

Die Brisanz der Arbeit des Produzenten liegt im Austarieren des Spannungsfelds zwischen künstlerischen und ökonomischen Ansprüchen. So muss er im kreativen Prozess der Stoffentwicklung die Spürnase für geeignete Stoffe haben, ebenso für Talente vor und hinter der Kamera. Auf der ökonomischen Seite benötigt er fundierte Kenntnisse der Produktionsprozesse, der Kosten- und Finanzierungsfragen, der rechtlichen Seite bis hin zur Filmförderung.

Zu den Akteuren im Filmprojekt vgl. die nachfolgende Übersicht:

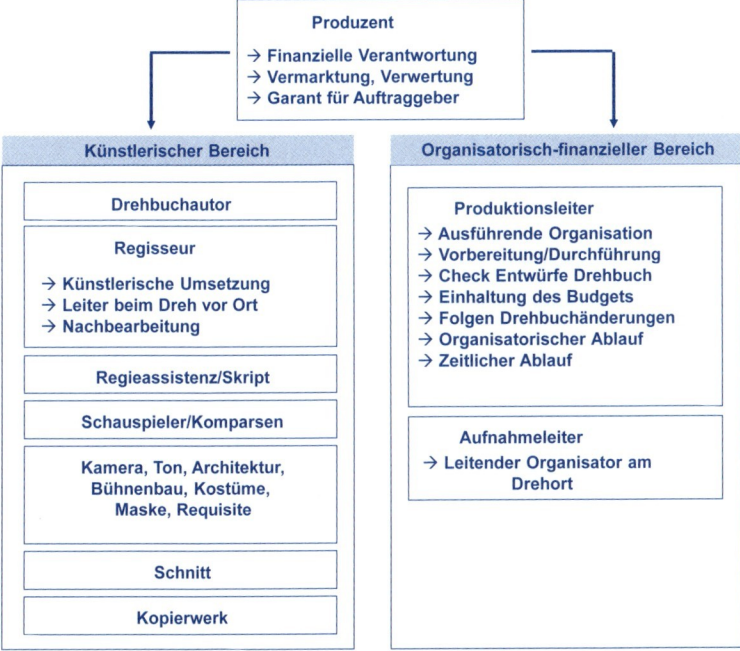

Regie

Der Regisseur (engl. „Director") ist das kreative Zentrum des Filmprojekts. Er wird vom Produzenten engagiert. Der Bundesverband Regie definiert wie folgt (vgl. www.regieverband.de): „Regisseur oder Regisseurin sind bei der Entstehung eines Films von der Vorbereitung bis zum fertigen Werk die entscheidende künstlerisch-gestaltende Kraft. Sie sind nicht nachschaffende Interpreten eines vorbestehenden Werkes, sondern Gestalter einer originalen Schöpfung. Sie haben schon vor Beginn der Dreharbeiten eine konkrete Vorstellung vom fertigen Film und den verschiedenen Elementen, aus denen er sich zusammensetzt. Das gilt für alle Arten der Filmregie, gleichgültig in welchem Bereich (z. B. Kino, Fernsehen, Video), welcher Gattung (z. B. Film mit Spielhandlung, Dokumentation, Musikfilm, Videoclip, Trickfilm, Werbefilm) und welcher Länge."

Im Hinblick auf die einzelnen Projektphasen hat der Regisseur unterschiedliche Aufgaben zu erfüllen:

- In der Definitionsphase wirkt er an der Verständigung mit dem Produzenten über die beabsichtigte Wirkung des Films und über die erforderlichen Produktionsmittel mit.
- Bei der Stoffentwicklung nimmt er, evtl. in Kooperation mit dem Autor, die dramaturgische Bearbeitung der stofflichen Vorlage oder die Bearbeitung eines Originalstoffes vor. Er sorgt für die Einrichtung des Drehbuchs im Hinblick auf die ökonomischen Notwendigkeiten.
- Projektentwicklung: Er wählt die Darsteller und den künstlerisch-technischen Stab (insbesondere Kamera, Szenenbild, Musik, Kostüm, Schnitt, Ton, Regieassistenz, Continuity) aus und wirkt an der Auswahl des technischen und organisatorischen Stabes mit. Ferner führt er die Gespräche zur Rollenkonzeption der Hauptdarsteller.

- Produktion: Er wirkt an der Festlegung des Drehplans mit, führt die Dreharbeiten durch (Proben, Dreh am Set) und entscheidet über die Bildkomposition im Verbund mit dem Kameramann. In Kooperation mit dem Cutter verantwortet er den Schnitt.

Die Mitspracherechte und Einflussmöglichkeiten des Regisseurs sind also äußerst nachhaltig und seine Rolle im Kräftespiel der Beteiligten ist stark. Dies gibt immer wieder Anlass zu Auseinandersetzungen, wenn der Regisseur Kompetenzdefizite erkennen lassen sollte, insbesondere im sozialen Kontext. Dabei sind neben der Fachkompetenz besonders wichtig: im Spannungsfeld zum Produzenten Kooperationsbereitschaft, Flexibilität und Partnerschaft, im Spannungsverhältnis zu den Darstellern und zum Produktionsteam, Unaufgeregtheit, Gelassenheit auch in Stresssituationen, Umgänglichkeit, freundliche Bestimmtheit. Insofern dürfte Eitelkeit auch bei Regisseuren nicht unbedingt als Erfolgsfaktor gelten.

Produktionsleitung

In der Projektleitungsrolle wird der Produzent durch die Herstellungsleitung bzw. die Produktionsleitung unterstützt. Von Herstellungsleitung spricht man im Kontext großer Studios, wenn ein hierfür fest Angestellter das Controlling aller Film- und Fernsehprojekte sowie der produktionsübergreifende Belange verantwortet („Supervisor" über mehrere Produktionen gleichzeitig). Der Produktionsleiter ist der operative Leiter einer Film- oder TV-Produktion und besitzt Handlungsvollmacht.

Die Arbeit des Produktionsleiters beginnt mit der Vorausschätzung der Kosten eines Exposés oder Treatments und endet mit der Endabnahme des fertigen Produkts durch den Auftraggeber. Er ist somit der Cheforganisator, der die Produktion unter Einhaltung der Drehzeit und des Budgets in bestmöglicher Qualität abzuliefern hat. Er engagiert das gesamte Team, bereitet sämtliche Verträge vor und hat die Oberaufsicht über die Dreh- und Arbeitsabläufe. Er ist für das gesamte Team auch juristisch verantwortlich. In der Produktionsphase bringt er alle organisatorischen und finanziellen Belange der Dreharbeiten zum Abschluss. Inhaltlich hat die Produktionsleitung nur geringe Mitspracherechte. Dem Produktionsleiter unmittelbar beigestellt ist der Aufnahmeleiter, der jeden Drehtag nach Maßgabe des Drehplans organisiert (Disposition) und am Set die operative Projektsteuerung betreibt.

Es ist offenkundig, dass sich der Produktionsleiter in einer u. U. ungemütlichen „Sandwich-Rolle" befindet, ist er einerseits ja der verlängerte Arm des Produzenten, auf der anderen Seite aber der Partner des künstlerisch-technischen Produktionsteams. Seine herausragende Kompetenz sollte daher Kooperationsbereitschaft und die Fähigkeit sein, sich in die Vorstellungswelt der künstlerischen Seite mit all ihren Zwängen und Chancen einzufühlen und deren Freiraum zu akzeptieren.

Gerade die Fähigkeit zur Empathie in die Situation der „Gegenseite" macht den professionellen Produktionsleiter aus, eben nicht allein die fachliche Fähigkeit zur maximal-effizienten Steuerung der knappen Finanz- und Sachressourcen.

Kernaussagen

- Das Management von Medienprojekten erweist sich wegen der bekannten Besonderheiten (Content-Produktion, Komplexität, Risiko) als herausfordernd.
- Projektmanagement ist das Mittel der Wahl, um dieser Herausforderung standzuhalten.
- Ein Medienprojekt nach den Regeln von Projektmanagement zu realisieren, erfolgt üblicherweise in Form eines Phasenmodells, das die Phasen Entstehung, Definition, Start, Planung, Durchführung und Abschluss des Projekts umfasst.
- Der Funktion des Projektleiters sollte besondere Aufmerksamkeit geschenkt werden, da diese für den Erfolg des Projekts von kritischer Bedeutung ist.

Literatur

Weiterführende Literatur: Grundlagen

Zentrale Grundlagenwerke:
GPM Deutsche Gesellschaft für Projektmanagement / Gessler, M. (Hrsg.)(2009): Kompetenzbasiertes Projektmanagement (PM3). Handbuch für die Projektarbeit, Qualifizierung und Zertifizierung auf Basis der IPMA Competence Baseline Version 3.0 / unter Mitwirkung der spm swiss project management association, Band 1 bis 4, 2. Aufl., Nürnberg.
Project Management Institute (Hrsg.)(2004): A Guide to the Project Management Body of Knowledge, Dritte Ausgabe, Newtown Square, Pennsylvania, USA (auf deutsch).
Schelle, H. (2014): Projekte zum Erfolg führen, 7., überarb. Aufl., München.

Weitere Grundlagenwerke:
Back, L./Beuttler, S. (2003): Handbuch Briefing, Stuttgart.
Bea, F. X./Göbel, E. (2010): Organisation, 4., neu bearb. u. erw. Aufl., Stuttgart.
Bea, F. X./Scheurer, S./Hesselmann, S. (2011): Projektmanagement, 2., überarb. u. erw. Aufl., Stuttgart.
Beck, T. (1996): Die Projektorganisation und ihre Gestaltung, Berlin.
Bruhn, M. (2005): Unternehmens- und Marketingkommunikation, München.
Burghardt, M. (2013): Einführung in das Projektmanagement, 6., überarb. u. erw. Aufl., Erlangen.
Fiedler, R. (2001): Controlling von Projekten, Braunschweig, Wiesbaden.
Francis, D./Young, D. (1996): Mehr Erfolg im Team, 5. Aufl., Hamburg.
Gilsa, M. von/Huber, R./Ruß, T. (2004): Virtuelle Projektarbeit, Berlin.
Kellner, H. (2000): Ganz nach oben durch Projektmanagement, München.
Keßler, H./Winkelhofer, G. A. (2004): Projektmanagement, Berlin, Heidelberg, New York.
Klose, B. (1999): Projektabwicklung, 3. , akt. u. erw. Aufl., Wien, Frankfurt.
Krüger, A./Schmolke, G./Vaupel, R. (1999): Projektmanagement als kundenorientierte Führungskonzeption, Stuttgart.
Litke, H.-D. (Hrsg.)(2005): Projektmanagement, München, Wien.
Möller, T./Dörrenberg, F. (2003): Projektmanagement, München, Wien.
Nausner, P. (2006): Projektmanagement, Wien.
Pfetzing, K./Rohde, A. (2001): Ganzheitliches Projektmanagement, Zürich.
Schelle, H./Ottmann, R./Pfeiffer, A. (2005): ProjektManager, 2. Aufl., Nürnberg. Nachdruck 2007. Mit-Herausgeber: GPM Deutsche Gesellschaft für Projektmanagement e.V.
Schulz-Wimmer, H. (2002): Projekte managen, Freiburg im Breisgau.
Seibert, S. (1998): Technisches Management, Stuttgart, Leipzig.
Staehle, W. H. (1999): Management, 8. Aufl., überarb. v. P. Conrad, München.
Steinle, C./Bruch, H./Lawa, D. (Hrsg.)(1998): Projektmanagement, 2. Aufl., Frankfurt am Main.
Steinmann, H./Schreyögg, G./Koch, J. (2013): Management, 7., vollst. überarb. Aufl., Wiesbaden.
Tillmanns, U./Jeschke, K. (2000): Erfolgsfaktor Client Loyality. Kunden-Agentur-Beziehungen erfolgreich gestalten, Frankfurt am Main.
Winkelhofer, G. A. (1997): Methoden für Management und Projekte, Berlin, Heidelberg, New York.
Wischnewski, E. (2001): Modernes Projektmanagement, 7., vollst. überarb. Aufl., Braunschweig, Wiesbaden.
Wuttke, T./Gartner, P./Triest, S. (2005): Das PMP-Examen, 2. Aufl., Bonn.

Weiterführende Literatur: Medien

Medien allgemein:
Becker, J./Schwaderlapp, W./Seidel, S. (Hrsg.)(2012): Management kreativitätsintensiver Prozesse, Berlin, Heidelberg.
Gläser, M. (2006): Projektleitung – Leitung und Koordination von Medienprojekten, in: Scholz, C. (Hrsg.)(2006): Handbuch Medienmanagement, Berlin, Heidelberg, New York, S. 579-599.

Gläser, M. (2012): Project Governance – oder: Anmerkungen über die Art und Weise, Medienprojekte zum Erfolg zu führen, in: Lembke, G./Soyez, N. (2012): Digitale Medien im Unternehmen, Berlin, Heidelberg, S. 85-101.
Köhler, L. (2005): Produktinnovation in der Medienindustrie, Wiesbaden.
Koschmieder, A. (2011): Stoffentwicklung in der Medienbranche, Berlin.
Schellmann, B./Baumann, A./Gläser, M./Kegel, T. (2013): Handbuch Medien. Medien verstehen, gestalten, produzieren. 6., erw. u. verb. Aufl., Haan-Gruiten.

Film, Fernsehen, Radio:
Bergener, K./Voigt, M. (2012): Managementpraktiken für erfolgreiches Projektmanagement in kreativen Industrien – entwickelt am Beispiel der deutschen TV-Industrie, in: Becker, J./Schwaderlapp, W./Seidel, S. (Hrsg.)(2012): Management kreativitätsintensiver Prozesse, Berlin, Heidelberg, S.161-183.
Blaes, R./Heussen, G. A. (Hrsg.)(1997): ABC des Fernsehens, Konstanz.
Clevé, B. (Hrsg.)(1998): Von der Idee zum Film. Produktionsmanagement für Film und Fernsehen. Gerlingen.
Clevé, B. (2004): Gib niemals auf. Filmökonomie in der Praxis, Konstanz.
Dress, P. (2002): Vor Drehbeginn. Effektive Planung von Film- und Fernsehproduktionen, Bergisch Gladbach.
Geißendörfer, H. W./Leschinsky, A. (2002): Handbuch Fernsehproduktion: Vom Skript über die Produktion bis zur Vermarktung, Neuwied, Kriftel.
Gumprecht, H.-P. (1999): Ruhe Bitte! Aufnahmeleitung bei Film und Fernsehen. Konstanz.
Iljine, D./Keil, K. (1997): Der Produzent, München.
Jacobshagen, P. (2012): Filmbusiness, 2. Aufl., Bergkirchen.
Keil, K./Milke, F. (2009): Professionalisierungspotenziale in der Filmproduktion, in: Hülsmann, M./Grapp, J. (Hrsg.)(2009): Strategisches Management für Film- und Fernsehproduktionen, München, S. 447-463.
Oelsnitz, D. von/Busch, M. W. (2009): Teamformung und Teameffizienz in der Filmproduktion, in: Hülsmann, M./Grapp, J. (Hrsg.)(2009): Strategisches Management für Film- und Fernsehproduktionen, München, S. 485-501.
Rowlands, A. (o. J.): Regieassistenz und Aufnahmeleitung, Wesseling.
Schmidt-Matthiesen, C./Clevé, B. (2010): Produktionsmanagement für Film und Fernsehen, Konstanz.
Wendling, E. (2008): Filmproduktion, Konstanz.
Yagapen, M. (2001): Filmgeschäftsführung, Gerlingen.

Web-Projekte, Multimedia:
Friedlein, A. (2002): Web-Projektmanagement, Heidelberg.
Greunke, U. (2000): Erfolgreiches Projektmanagement für Neue Medien, Frankfurt am Main.
Lettau, C. (2000): Das Web-Pflichtenheft, Bonn.
Stoyan, Robert (Hrsg.)(2007): Management von Webprojekten, 2. Aufl., Berlin, Heidelberg, New York.

Software:
Grupp, B. (1999): Das DV-Pflichtenheft zur optimalen Softwarebeschaffung, Bonn.
Grupp, B. (2001): Der professionelle IT-Projektleiter, Bonn.
Hindel, B./Hörmann, K./Müller, M./Schmied, J. (2004): Basiswissen Software-Projektmanagement, Heidelberg.
Kitz, A. (2004): IT-Projektmanagement, Bonn.
Ricketts, I. A. (1998): Software-Projektmanagement, Berlin, Heidelberg.
Thaller, G. E. (2003): Software-Projektmanagement, Frankfurt.

Fallbeispiele

Keuper, F./Hans, R. (2003): Multimedia-Management, Wiesbaden.
Lehner, J. M. (Hrsg.)(2001): Praxisorientiertes Projektmanagement, Wiesbaden.
Steinle, C./Bruch, H./Lawa, D. (Hrsg.)(1998): Projektmanagement, 2. Aufl., Frankfurt am Main.

IX.
Ganzheitliche Steuerung

Kapitel 38
Integrierte Unternehmensführung

38.1 Leitbilder 919
38.2 Spezifische Integrationskonzepte 924
38.3 Ganzheitliche Integrationskonzepte 934

Leitfragen

- Auf welche Leitbilder kann sich ein Konzept integrierter Unternehmensführung ausrichten?
- Was versteht man unter „Governance"?
- Welche „Governance-Strukturmuster" unterscheidet man?
- Was versteht man unter einer „Institution"?
- Wie lässt sich „Komplexität" beschreiben?
- Was versteht man im Management unter „Fitness"?
- Aus welchen Bausteinen besteht das „7-S-Modell nach McKinsey"?
- Was versteht man unter „Resilienz"?
- Was versteht man unter „Agilität"?
- Welcher Grundgedanke liegt der „Wertorientierten Unternehmensführung" zugrunde?
- Wie ist der „Economic Value Added" definiert?
- Welcher Grundgedanke liegt der „Marktorientierten Unternehmensführung" zugrunde?
- Was versteht man unter dem „Kundenwert"?
- Welcher Grundgedanke liegt der „Ressourcenorientierten Unternehmensführung" zugrunde?
- Welche modernen Kostenmanagement-Konzepte unterscheidet man?
- Welcher Grundgedanke liegt der „Politikorientierten Unternehmensführung" zugrunde?
- Wie ist „Macht" definiert?
- Welcher Grundgedanke liegt der „Gesellschaftsorientierten Unternehmensführung" zugrunde?
- Was versteht man unter „Public Value"?
- Was versteht man unter „Ganzheitlichkeit" und „Holismus"?
- Welches sind die Attribute einer ganzheitlichen Unternehmensführung im St. Galler Management-Modell?

Gegenstand

Unternehmen stehen von der Herausforderung, nicht nur in den jeweiligen partialen Gestaltungskontexten überzeugende Lösungen zu finden, sondern die Unternehmensführung in ein integriertes Gesamtkonzept einzubetten. Ausgangspunkt dieser übergreifenden Managementfrage ist die Formulierung und Festlegung geeigneter Leitbilder. Infrage kommen diesbezüglich Ansätze, die sich auf eine „Good Governance" beziehen, Ansätze mit Blick auf die Handhabung von Komplexität oder auf die langfristige Überlebensfähigkeit. Gerne werden in diesem Zusammenhang Parallelen zum menschlichen Verhalten gezogen, so dass es nicht verwundert, dass Begriffe wie „Fitness" und neuerdings auch „Resilienz" eine große Rolle spielen.

„Fitness heißt Stärkung der Muskeln, der Beweglichkeit, schnelle Reaktionsfähigkeit auf das Umfeld, Abtrainieren des Fettgewebes und optimale Zusammenarbeit der Organe und Zellen. Sie zeigt sich darin, dass man eine gute Kondition erreicht und behält, sich in einer guten Verfassung befindet. Für die Fitness muss man etwas tun, sie kennzeichnet eine Geisteshaltung, sie ist Ausdruck von Dynamik, vitalem Veränderungswillen, Vorstellungskraft und Gefühlsintensität. ‚Wer rastet, der rostet', dies ist die Erfahrung fast eines Jeden. Fitness kommt nicht von selbst, sie muss aktiviert, mobilisiert und entwickelt werden. Fitness hilft, die Dynamik des Lebens zu beherrschen, unvorhergesehene Ereignisse, herausfordernde Belastungen oder auch gefährliche Situationen zu bewältigen, vor allem aber im normalen Lebensablauf und sogar bei mancher Widrigkeit die gestellten Aufgaben und Probleme mit Leichtigkeit und Überlegenheit zu meistern. Sie ist mithin Vorsorge für belastende oder schwierige Herausforderungen sowie Aufbau und Erweiterung von Potenzialen körperlicher oder geistiger Art. Fitness bedeutet eine qualitative Verbesserung des Lebens. Auch Unternehmungen und andere Institutionen der Gesellschaft benötigen Fitness. Diese analoge Eigenschaft ist gefordert, weil auch sie vielfältiger Dynamik ausgesetzt sind und dabei ihre Funktionsfähigkeit bewahren möchten" (Withauer 2000: V).

„Resilienz ist die Fähigkeit eines Menschen, mit widrigen Umständen und Situationen umzugehen. Dabei sind es verschiedene Faktoren wie Optimismus, tragfähige Beziehungen oder auch Lösungsorientierung, die es dem Menschen ermöglichen, Krisen zu überwinden und gegebenenfalls sogar daran zu wachsen. … Optimismus, Akzeptanz, Lösungsorientierung, Zukunft gestalten, Beziehungen gestalten, Verantwortung übernehmen und Selbstregulation sind die sieben Grundhaltungen, auf denen das Konzept der individuellen Resilienz basiert" (Borgert 2013: 9, 21 f.). Der individualpsychologisch geprägte Resilienz-Begriff hält inzwischen Einzug in das Management ganzer Unternehmen, von Bereichen oder im Projektmanagement.

Dem Anspruch, ein Unternehmen ganzheitlich zu steuern, stellen sich in der Praxis zahlreiche Hindernisse entgegen. Das Problemfeld des Komplexitätsmanagements erscheint dabei als besonders herausfordernd: Das Management hat mit Komplexität zu kämpfen, wobei zum einen die Komplexität der Umwelt, zum anderen die Eigenkomplexität des Unternehmens Herausforderungen darstellen. Dies führt zur Problematik mangelhaft aufeinander abgestimmter Handlungen und zu hohem Koordinationsbedarf. Horváth (2011: 3) stellt heraus: „Die Führung einer Unternehmung hat sich mit zwei interdependenten Problembereichen auseinanderzusetzen, deren Komplexität in den letzten Jahrzehnten ständig und drastisch zugenommen hat." Dies seien zum einen die Dynamik und Komplexität der Unternehmensumwelt: „ Die Umweltdynamik ist charakterisiert durch die Häufigkeit und Geschwindigkeit von Veränderungen einzelner Unternehmenssegmente, durch die Stärke dieser Veränderungen und durch die Regelmäßigkeit und Vorhersehbarkeit der Veränderungen". Zum anderen gehe es um die Differenziertheit von Unternehmen: „Diese Differenziertheit als Antwort auf die Umweltdynamik und -komplexität manifestiert sich in der überstark arbeitsteiligen Organisationsstruktur und in deren Umweltbezügen, in dem diffusen Zielsystem der Unternehmung, aber auch in den Machtstrukturen, die das Unternehmungsgeschehen bestimmen."

Die „Performance" des Managements hängt entscheidend davon ab, wie es ihm gelingt, mit diesen Herausforderungen fertig zu werden. Völlig chancenlos wäre man, wenn man nicht verstehen würde, dass nur integrative, ganzheitliche Lösungsansätze die Unternehmensführung zum Erfolg zu führen in der Lage sind.

38.1 Leitbilder

Medienmanagement im Sinne einer ganzheitlichen Steuerung erfordert die Ausrichtung auf geeignete Leitbilder, die dem Unternehmen als grundlegende Orientierungspunkte dienen können. Die folgenden Leitbild-Ansätze erscheinen zweckmäßig:

- Überzeugende Corporate Governance
- Zielorientiertes Komplexitätsmanagement
- Langfristige Überlebensfähigkeit

(1) Das Management komplexer Systeme wird – ausgehend von der Soziologie und der Politikwissenschaft und angesichts einer zunehmenden Komplexität der zu lösenden Probleme und der verstärkten Interdependenz zwischen den Akteuren und Sektoren – zunehmend unter dem Thema von **Governance** thematisiert und analysiert. Governance meint die Art (den Modus) der Steuerung, Beherrschung und Überwachung von Systemen, also etwa die Frage, ob ein System „hart" durch Anordnungen und Vorgaben oder eher „weich" durch Überzeugung, Anreizsysteme oder Marktkoordination geführt werden soll, oder ob die Steuerung eines Systems vorrangig durch zentrale Kontrolle oder eher durch ein dezentrales Netzwerk aus verschiedenen Akteuren und Institutionen, die sich gegenseitig abstimmen, geschehen soll.

> Eine wörtliche deutsche Übersetzung von „governance" ist schwierig, da der Begriff eine ganze Reihe von Tatbeständen umschreibt. Es sind dies: „Herrschaft", „Gewalt" (governance of), „Kontrolle", „Regierungsgewalt", „Regierungsform", „verantwortungsvolle Regierungsführung". Nach der „Speyerer Definition" sollte Governance allerdings nicht auf Herrschaft im Sinne von Befehls- oder Staatsgewalt verengt werden, sondern als allgemeines Grundmuster für die Gestaltung von Lebensbereichen: „Governance will Lebensbereiche auf Werte und Ziele ausrichten und die mit ihnen befassten Personen und Gemeinschaften untereinander abstimmen. Governance ist somit ein eigenständiges typisches Handlungsfeld, gleichsam ein Meta-Lebensbereich" (Reinermann/Lucke 2001: 2).
>
> Zu den theoretischen Grundlagen, der Herkunft und dem breiten empirischen Anwendungsfeld des Governance-Konzepts vgl. z. B. Benz/Lütz/Schimank/Simonis 2007).

Grundsätzlich stehen zur Steuerung und Koordination von Systemen – idealtypisch – drei Steuerungsmodi („Governance-Strukturmuster") zur Verfügung (vgl. z. B. Windeler/Sydow 2004: 10):

- **Steuerungsmodus Markt**: Der Markt als klassischer Koordinationsmechanismus kommt vorwiegend in den externen Beziehungen zum Einsatz, immer wieder aber auch bei der internen Ressourcenallokation von Wirtschaftsunternehmen.
- **Steuerungsmodus Hierarchie**: Bei der hierarchischen Koordination handelt es sich um den klassischen unternehmensinternen Mechanismus der Steuerung der Leistungserstellung.
- **Steuerungsmodus Netzwerk**: Hier erfolgt die Systemsteuerung durch Selbstkoordination und Kooperation zwischen den betroffenen Akteuren (Organisationen, Verbände, Non-Profit-Organisationen, Clans oder Individuen).

Abb. 38-1 verdeutlicht anhand unterschiedlicher Kriterien die spezifischen Eigenheiten der einzelnen Ansätze (Quelle: Powell 1996: 221). Mit der Zeile „Mischformen" ist angedeutet, dass die reine Form nicht immer greift, sondern Querverbindungen zum Tragen kommen können.

	Markt	Hierarchie	Netzwerk
Normative Basis	Vertrag Eigentumsrechte	Arbeitsverhältnis	komplementäre Stärken
Kommunikationswege	Preise	Routine	Beziehungen
Methoden der Konfliktbewältigung	Feilschen Gerichtsverfahren	administrativer Befehl und Kontrolle	Norm der Gegenseitigkeit, Fragen der Reputation
Flexibilitätsgrad	hoch	niedrig	mittel
Stärke der Verpflichtung zwischen den Parteien	niedrig	mittel bis hoch	mittel bis hoch
Atmosphäre oder Klima	Genauigkeit und/oder Misstrauen	formal, bürokratisch	‚open-ended' gegenseitige Vorteile
Akteurpräferenzen oder Entscheidungen	unabhängig	abhängig	interdependent
Mischformen	wiederholte Transaktionen; Verträge als hierarchische Dokumente	informelle Organisationen; marktähnliche Eigenschaften wie Verrechnungspreise	Statushierarchien; vielfältige Partner; formale Regeln

Abb. 38-1: Grundlegende Governance-Strukturmuster

Zentrales Forschungsgebiet hinter der Governance-Thematik ist aus ökonomischer Sicht insbesondere die moderne „Neue Institutionenökonomik" und hier speziell die Transaktionskostentheorie (vgl. z. B. Richter/Furubotn 2003).

> Unter „Institutionen" werden dabei alle geschriebenen und ungeschriebenen Regeln bzw. Regelwerke zur Ordnung und Koordination von Interaktionen zwischen Individuen verstanden.

Bezieht man Governance auf Unternehmen, so hat sich der Begriff **Corporate Governance** eingebürgert. Er kann als Oberbegriff für die Art der Steuerung eines Unternehmens dienen. Im Fokus stehen dabei die Regelungen (Institutionen), mit denen die Art der Führung und Überwachung festgelegt werden. Vorrangiges Ziel ist es, Missmanagement zu verhindern und das Vertrauen in die Führung des Unternehmens zu erhalten. Als konkrete Instrumente von Corporate Governance können z. B. Beurteilungskataloge für „gute Unternehmensführung" dienen, die auf der Grundlage von zentralen Werten wie Klarheit, Offenheit und Transparenz aufgebaut sind.

> Corporate Governance wird in einem engeren Sinne mit dem Begriff „Unternehmensverfassung" gleichgesetzt: „*Corporate Governance* bezeichnet in einer Kurzformel den rechtlichen und faktischen Ordnungsrahmen für die Leitung und Überwachung eines Unternehmens. Regelungen zur Corporate Governance konstituieren damit zugleich auch die zentralen Rahmenbedingungen der Führungsorganisation. Dabei lässt sich der Gegenstand der *Führungsorganisation* nach dem hier zugrunde gelegten Verständnis in einer ersten Annäherung als Organisation des Topmanagements und seiner Beziehungen zu den anderen Unternehmensorganen einerseits (Spitzenorganisation) sowie zu den nachgelagerten Hierarchieebenen andererseits (Leitungsorganisation) umreißen" (Werder 2008: 1).

Dieser sehr auf die verfassungsrechtliche und -politische Perspektive verengten Begriffsdefinition soll nicht gefolgt werden. Corporate Governance im weiteren Sinne greift weit über den Verfassungskontext hinaus. Übereinstimmungen bestehen jedoch insofern, als die Unternehmensverfassung als ein interner Governance-Mechanismus verstanden werden kann, der die Machtverteilung zwischen den Unternehmensorganen bzw. Stakeholdern regelt. Ein wichtiges Ziel von Corporate Governance ist die Sicherstellung einer „guten" Unternehmensverfassung. Daneben sind andere interne Governance-Mechanismen am Werk wie z. B. interne Märkte sowie die externen Governance-Mechanismen Markt und gesetzlich-regulative Faktoren. Zur Unternehmensverfassung im Einzelnen vgl. Kapitel 25.

(2) Aus systemtheoretischer Sicht erscheint das Leitbild des **zielorientierten Komplexitätsmanagements** besonders geeignet, da es den Blick auf einen der wesentlichsten Schlüsselfaktoren für den Unternehmenserfolg lenkt. Komplexität – verstanden als die „Gesamtheit aller Merkmale eines Zustands oder Objekts im Sinne von Vielschichtigkeit" (Adam 1998: 30) – ist eine zwangsläufige Folge moderner Wirtschaftsprozesse und -strukturen und stellt das Management bei ihrer Steuerungsaufgabe vor große Herausforderungen.

Komplexität zielorientiert zu managen, wird insbesondere die sog. „Komplexitätstreiber" in den Fokus rücken und davon ausgehen, dass sowohl exogene als auch endogene Treiber relevant sind. So wird mit Blick auf exogene Faktoren der Komplexitätsgrad eines Unternehmens umso höher sein, je komplexer sich der Markt und die relevante Unternehmensumwelt darstellen. Treibende Faktoren sind v. a. die Komplexität der Nachfrage, die Komplexität des Wettbewerbs und die Komplexität der technischen Voraussetzungen. Sie alle haben zur Folge, dass das Unternehmen mit zunehmender Kundenstruktur-, Programm- und Produktkomplexität zu kämpfen hat.

> Nachfragekomplexität entsteht durch Individualisierung, Fragmentierung der Märkte und dynamische Bedürfnisverschiebungen – Phänomene, die für viele Mediensegmente typisch sind. So suchen viele Medienunternehmen im Zeichen der Digitalisierung ihr Heil in einer verstärkten Diversifikation ihrer Produktportfolios und begeben sich in neue Geschäftsfelder, z. B. das TV-Unternehmen ProSieben-Sat.1 in den Videospiele-Bereich oder der Axel Springer-Verlag in den Bereich von E-Commerce.

> Eine zunehmende Wettbewerbsintensität und -dynamik ist mit der Verbreitung des Internet für den Medienbereich geradezu konstitutiv. Dabei steigt nicht nur der intramediale Wettbewerbsgrad (z. B. im TV-Markt), sondern durch den Einstieg branchenfremder Akteure (z. B. Telekom, Kabelgesellschaften, Google) auch der intermediale oder gar extramediale Wettbewerb.

> Die technische Komplexität der Medien wird durch neue Technologien, verkürzte Produktlebenszyklen, besonders aber durch das Zusammenwachsen bisher getrennter Technologien getrieben. So stehen crossmedial agierende Medienunternehmen in der digitalen Welt z. B. vor der Notwendigkeit, ihre Produkte auf unterschiedlichsten Ausspielwegen mit jeweils anderem technischen Kontext transportieren zu müssen (z. B. TV über Satellit, Kabel, terrestrisch, mobile und Internet). Die Folge sind nicht nur rein technische, sondern auch inhaltliche Konsequenzen, die ein hochdiversifiziertes Produktprogramm mit vielen Varianten zur Regel machen. Die technische Medienentwicklung führt ferner immer mehr zur Herausbildung von Systemprodukten, crossmedialen Produktwelten oder „Ökosystemen".

Zahlreiche Komplexitätstreiber dürften oft freilich auch „hausgemacht" sein, etwa wenn die Organisationskomplexität zu hoch ist, hervorgerufen durch eine starke Fragmentierung der Prozessabläufe, Entscheidungskompetenzen, Gesamtverantwortung und Schnittstellendichte. Zu denken ist ferner an Komplexitätsprobleme im Produktionsbereich (z. B. Eigenproduktionsstrukturen, Wertschöpfungsprozesse, IT-Unterstützung) oder im Bereich der angestrebten Ziele (Zielkomplexität).

(3) Als Leitbild für die ganzheitliche Steuerung eines Unternehmens kann auch die Sicherung der **langfristigen Überlebensfähigkeit** dienen. In diesem Kontext können Begriffe wie Fitness, Flexibilität, Agilität und Resilienz als wichtige Erfolgsgaranten hervorgehoben werden.

Der Fit-Gedanke spielt im strategischen Management eine wichtige Rolle. Anders als im herkömmlichen Sprachgebrauch wird **Fitness** dort als Anpassungsfähigkeit an die Anforderungen, die eine dynamische Umwelt an das Unternehmen stellt, definiert. Zum einen geht es um den „System-Umwelt-Fit" als Abstimmung zwischen Unternehmung und Umwelt, zum anderen als „Intra-System-Fit" mit der Abstimmung aller internen Systemelemente des Unternehmens. Der Gedanke des Intra-System-Fit fand in dem viel zitierten 7-S-Modell von McKinsey seinen praxisorientierten Ausdruck (vgl. Abb. 38-2):

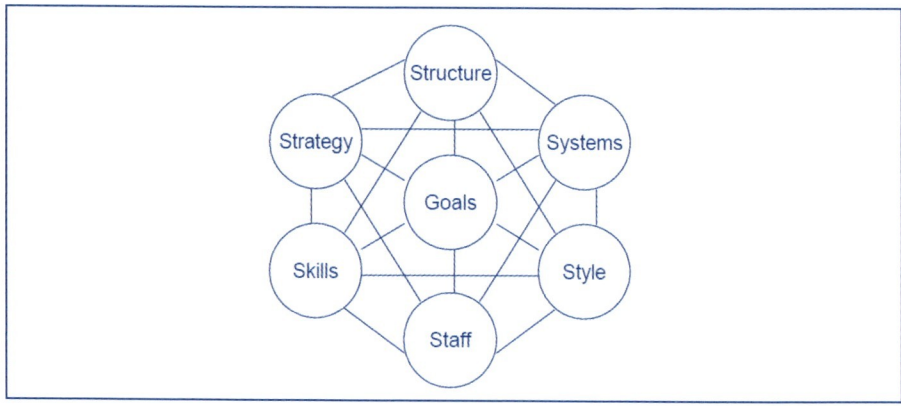

Abb. 38-2: 7-S-Modell nach McKinsey

Das 7-S-Modell stellt sieben Faktoren heraus mit dem Anspruch, dass diese den Managementkontext in realistischer Form abbilden. Zwei Typen von Faktoren werden dabei unterschieden, zum einen die „harten Faktoren" der Strategie, Struktur und der Systeme, die als entscheidende Erfolgsfaktoren gelten, das Unternehmen gegenüber anderen zu differenzieren. Sie dienen intern als Leitlinie für alle Entscheidungen. Zum anderen werden – ergänzend – mit Stil, Fertigkeiten, Mitarbeiterschaft und geteilten Werten vier „weiche Faktoren" als relevant aufgerufen, die das interne Führungskonzept verkörpern und die harten Faktoren unterstützen sollen.

Fitness im Sinne von Anpassungsfähigkeit steht im engen Zusammenhang mit dem Desideratum der **Flexibilität**. Dieses verlangt den konsequenten, strategisch fundierten „Blick nach vorne" und die Bereitschaft, die Vorgehensweisen, Zielsetzungen und Planungskonzepte jederzeit auf den Prüfstand zu stellen. Ein Bezug ergibt sich auch zum Begriff **Agilität**. Agil ist ein Unternehmen dann, wenn es die Fähigkeit besitzt, auf wechselnde Anforderungen schnell zu reagieren. Der Begriff hat sich im Projektmanagement als Oberbegriff für spezifische Vorgehensmodelle bei der Software-Entwicklung (z. B. Scrum) durchgesetzt, steht aber auch für eine neue Denkweise, die im Gegensatz zum traditionellen, planungsorientierten Projektmanagement steht.

Flexibilität der Strukturen und Prozesse zu garantieren, dürfte eine besondere Herausforderung für jeden Unternehmen darstellen. Ein Beispiel für ein wenig bekanntes Flexibilisierungsinstrument der Organisationsstruktur ist das Konzept des „Organisational Slack". Darunter wird der Umgang mit ökonomische Ineffizienzen verstanden, die jedoch nicht per se als negativ eingestuft werden, sondern die dazu beitragen können, dass ein System überhaupt erst steuerungsfähig wird. „Stehen einer Organisation in einer Planperiode mehr Ressourcen zur Verfügung als zur Zielerreichung erforderlich sind, spricht man von Organisational Slack (überschüssige Ressourcen), z. B. zu hohe Liquidität, zu hohe Läger, zu viele Mitarbeiter ... Slack muss jedoch unter Effizienzgesichtspunkten keineswegs negativ sein, sondern kann – ebenso wie Redundanzen und lose Koppelungen – eine wichtige Schutz- bzw. Pufferfunktion für die Organisation übernehmen" (Staehle 1999: 446).

Die Fähigkeit eines Unternehmens, in Sturmphasen ihrer Existenz langfristig zu überleben, hängt maßgeblich von ihrer grundlegenden Widerstandskraft ab und davon, Krisen unbeschadet zu überstehen. Diese Eigenschaft kann man auch mit dem Begriff **Resilienz** belegen, ein Begriff, der aus der Individualpsychologie stammt, aber zunehmend auf Organisationen angewandt wird.

Im Kontext der Psychologie wird Resilienz als die Fähigkeit verstanden, mit belastenden Lebenssituationen erfolgreich umzugehen, sich auch bei schweren Schicksalsschlägen „nicht unterkriegen zu lassen" und nicht daran zu zerbrechen. Resilienz bezeichnet die psychische Widerstandsfähigkeit, besonders von Kindern und Jugendlichen gegenüber biologischen, psychologischen und psychosozialen Entwicklungsrisiken. Verwandte Begriffe sind Stressresistenz und psychische Robustheit. Allgemein gesprochen beschreibt Resilienz „die Leistungsfähigkeit eines Systems, Störungen zu verarbeiten und sich in Phasen der Veränderung neu zu organisieren. Dabei bleiben die wesentlichen Strukturen und Funktionen erhalten" (Borgert 2013: 5). Unternehmens-Resilienz ist „die Fähigkeit von Unternehmen, auf externe Risiken und widrige strukturelle Unternehmensbedingungen mithilfe von Managementstrategien und Governanceprozeduren erfolgreich zu reagieren" (Bürkner 2010: 21).

Die Resilienz eines Unternehmens lässt sich vorrangig anhand der folgenden Faktoren beschreiben (vgl. Bürkner 2012: 21):

- Kenntnis der Situation: Dieser Faktor beschreibt die Art und Weise, wie sie sich selbst und ihre Umgebung wahrnimmt. Stichworte: Fähigkeit zur Vorausschau; Antizipation, Identifikation und Folgeabschätzung von Krisen; Verständnis für deren auslösende Faktoren; Bewusstsein für die zur Verfügung stehenden internen und externen Ressourcen, Verständnis für die Erwartungen der Stakeholder.
- Management der grundlegenden Vulnerabilitäten: Hier geht es um das Erkennen von Risiken, die in einer Krisensituation einen stark negativen Impact haben können. Stichworte: Identifikation von Risikoträgern; kritische Ressourcen; Schlüsselpersonen; Beziehungen zu Schlüsselkunden; eigene Reputation.
- Adaptionsfähigkeit: Diese erlaubt es dem Unternehmen, sowohl im täglichen Geschäft als auch in Krisensituationen schnelle und adäquate Entscheidungen zu treffen. Stichworte: Führungs- und Entscheidungsstrukturen; Umgang mit Information und Wissen; Ausmaß an gelebter Flexibilität und Kreativität.

Ein resilientes Unternehmen hat im Gegensatz zu einem nicht resilienten Unternehmen insofern drei wesentliche Vorteile: 1. Es hat ein besseres Bewusstsein von sich selbst, von den wichtigsten Stakeholdern und von der sie umgebenden Realität. 2. Es hat eine erhöhte Wahrnehmung der eigenen Hauptvulnerabilitäten. 3. Es besitzt die Fähigkeit, sich verändernden Situationen anzupassen, mit unvorhersehbaren Ereignissen konstruktiv umzugehen und innovative Problemlösungen zu entwickeln.

38.2 Spezifische Integrationskonzepte

Eine ganzheitliche integrierte Unternehmensführung gelingt nur, wenn dem Gesamtkonzept eine Reihe **spezifischer Integrationsansätze** unterstützend und flankierend zur Seite stehen. Als diesbezügliche Ansätze kommen v. a. infrage (vgl. Abb. 38-3):

- Wertorientierte Unternehmensführung
- Marktorientierte Unternehmensführung
- Ressourcenorientierte Unternehmensführung
- Politikorientierte Unternehmensführung
- Gesellschaftsorientierte Unternehmensführung

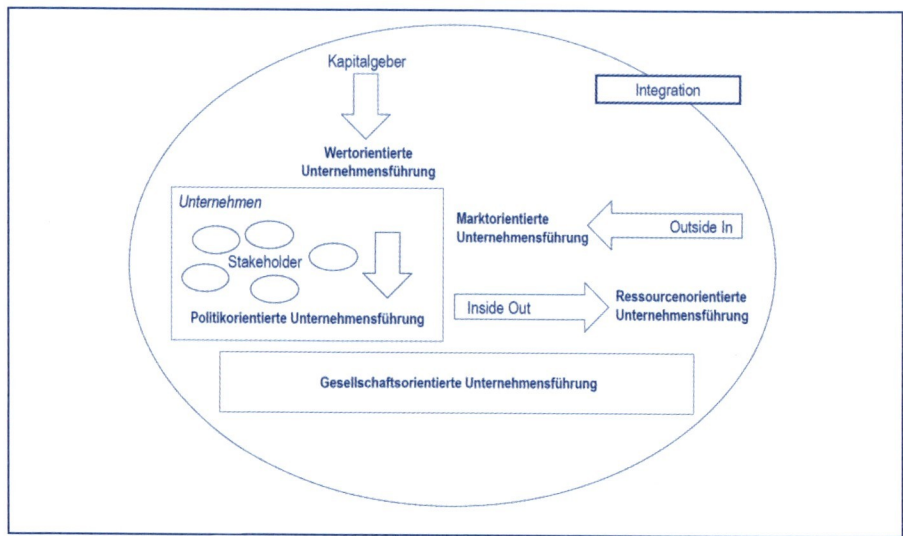

Abb. 38-3: Ansatzpunkte für die spezifische Integration

(1) Hintergrund der **wertorientierten Unternehmensführung** („Value Based Management") ist die Vorstellung, dass sich das Management bei der Steuerung des Unternehmens auf die Interessen der Anteilseigner ausrichten soll. Man spricht daher auch von der „anteilseignerorientierten Unternehmensführung" bzw. vom „Shareholder-Value-Konzept". Für das Verständnis dieses Ansatzes ist es wichtig, den Begriff „Wert" zum einen nach der *Schaffung* von Wert, zum anderen nach der *Verteilung* von Wert zu differenzieren.

Die wertorientierte Unternehmensführung zielt primär auf die Schaffung von Wert ab und nicht auf den Verteilungsaspekt. Sie versteht sich als ein Konzept, mit dem die volle Entfaltung der Potenziale des Unternehmens angeregt werden soll, ausgehend von der Annahme, dass die Ausrichtung der Aktivitäten auf die Shareholder dieses Ziel am besten erreichen kann. Die Verteilungsfrage ist dabei implizit durchaus auch angesprochen, und zwar in dem Sinne, dass die Optimierung von geschaffenem Wert gleichzeitig auch den Möglichkeitsraum zur wertmäßigen Bedienung der anderen Stakeholder erweitert.

Wertschaffung und Wertverteilung dürften also nicht gleichgesetzt werden: „Eine solche Gleichsetzung käme dem berühmten Diktum von Karl Marx über den Mehrwert gleich: ‚Von dem Augenblick an, wo er (d.h. der Arbeiter) in die Werkstätte des Kapitalisten tritt, gehörte der Gebrauchswert seiner Arbeit, also ihr Mehrwert, dem Kapitalisten'. Nach marxistischer Überzeugung fällt der in einem Unternehmen geschaffene Mehrwert *zwanghaft und in vollem Umfang* dem Kapitalgeber des Unternehmens zu, also dem Kapitalisten. Mithin haben Arbeitnehmer keinerlei Nutzen von Versuchen, zusätzlichen Unternehmenswert zu schaffen. Mehr noch, solche Versuche laufen – offen oder verdeckt – den Interessen der Arbeitnehmer entgegen, wenn Wertsteigerung nur Synonym ist für Senkung des Beschäftigungsstands oder Steigerung der Arbeitsintensität. ... Bei nüchterner Betrachtung dient Wertorientierung – als Leitziel unternehmerischer Tätigkeit – also den Interessen *aller* Beteiligten. Sie ist, wie Heinrich von Pierer formulierte, „der Maßstab, an dem Unternehmenserfolg zuallererst bemessen wird." ... Im Prinzip besteht heute Einigkeit, dass über die Wahrnehmung berechtigter Aktionärsinteressen hinaus eine dauerhafte Wertsteigerung von Unternehmen zum Nutzen *aller Beteiligten* – Kapitalgeber, Beschäftigte, Staat und Gesellschaft – anzustreben ist" (Coenenberg/Salfeld 2003: 4 f.).

Ausgangspunkt der wertorientierten Unternehmensführung ist die konsequente Orientierung am Wertbeitrag nach Berücksichtigung der **Kapitalkosten**. Echter Wertzuwachs entsteht insofern erst dann, wenn sämtliche Kosten des eingesetzten Kapitals im Unternehmen – also sowohl die Fremdkapital- als auch die Eigenkapitalkosten – gedeckt sind. In Abweichung zur üblichen Gewinn- und Verlustrechnung wird Wertsteigerung nicht schon reklamiert, wenn ein bilanzmäßiger Jahresüberschuss („Gewinn") ausgewiesen wird, sondern erst nach Abdeckung sämtlicher Kapitalkosten. Abb. 38-4 verdeutlicht den Zusammenhang.

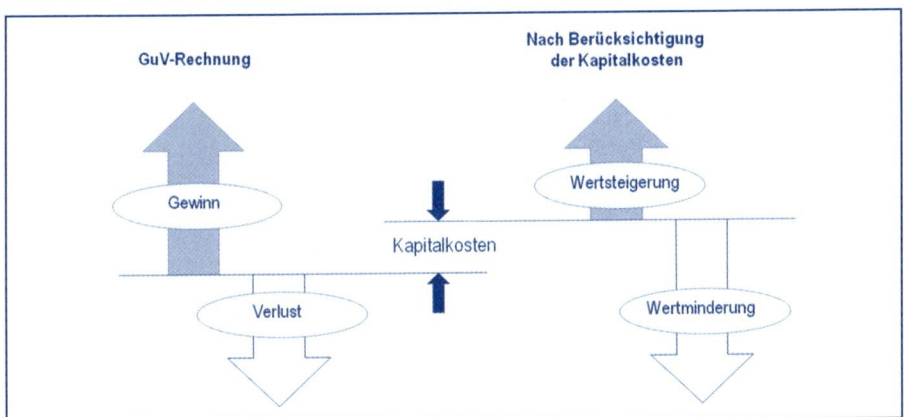

Abb. 38-4: Konzept der Messung von Wertsteigerung

Zur Messung der Wertsteigerung sind verschiedene Verfahren gebräuchlich. Besonders bekannt sind die Konzepte des Economic Value Added und des Discounted Cash Flow. Der **Economic Value Added** (EVA, eine eingetragene Marke) stellt eine Kennzahl dar, die über die Veränderung des angelegten Kapitals Auskunft gibt. Der EVA bezeichnet die Differenz des Betriebsergebnisses nach Steuern vor Zinsen (NOPAT – „Net Operating Profit after Taxes") und der Kosten für das zur Gewinnerzielung eingesetzten Kapitals, verstanden als das investierte Kapital multipliziert mit dem „gewogene Durchschnitt der Kapitalkosten" (WACC – „Weighted Average Cost of Capital"). Der EVA ist also derjenige Teil des Gewinns, der nach Abzug der Kapitalkosten des eingesetzten Kapitals verbleibt.

Fallbeispiel

Sachverhalt: Ein Medienunternehmen („Print+Publishing AG", kurz: PP) befindet sich in schwierigem Marktumfeld. Es weist nach einschneidenden Kostensenkungsmaßnahmen am Ende des Geschäftsjahres ein operatives Ergebnis von 220 Mio. Euro aus. Weitere Daten: Anlagevermögen 736 Mio. Euro, Umlaufvermögen 650 Mio. Euro. Verbindlichkeiten aus Lieferungen und Leistungen 160 Mio. Euro, Steuerverbindlichkeiten und Steuerrückstellungen 225 Mio. Euro, Erhaltene Anzahlungen 1 Mio. Euro.

Die operativen Zielsetzungen für das Geschäftsjahr waren: (1) Steigerung der Markenwerte durch Werbekampagnen mit einem Budget von 25 Mio. Euro. (2) Erhöhung der Investitionen zur Entwicklung innovativer Druckverfahren um 5 % gegenüber dem Vorjahr. (3) Investitionen zur Optimierung der Redaktionssysteme in Höhe von 1 Mio. Euro. (4) Investition in Höhe von 1 Mio. Euro zur Erforschung und Entwicklung eines elektronischen Papiers. Im laufenden Geschäftsjahr wurden alle Titel einer Markenbewertung unterzogen: Summe aller Markenwerte 2 Mrd. Euro. Abschreibungen auf die Markenwerte 20 Mio. Euro. Das Budget für die Redaktionssysteme von 1 Mio. Euro wurde bis zum Ende des Geschäftsjahres nicht abgerufen. Das Projekt zur Erforschung und Entwicklung eines elektronischen Papiers befindet sich noch in der Forschungsphase. ... Der für Steuerungszwecke definierte gewichtete Kapitalkostensatz, der Weighted Average Cost of Capital (WACC) – abgeleitet aus den Verzinsungsansprüchen aller Kapitalgeber – beträgt 15,62 %. Bilanzierung nach IAS.

Lösung: Der Vorstand der Print + Publishing AG hat zwar im angelaufenen Geschäftsjahr ein positives operatives Ergebnis von 225 Mio. Euro erwirtschaftet. Die Nettokapitalrendite in Höhe von 7,5 % liegt jedoch deutlich unter dem gewichteten Kapitalkostensatz in Höhe von 15,62 %, so dass der EVA im Ergebnis negativ ist. Der Wert der Kapitalanlage der Eigentümer ist im abgelaufenen Geschäftsjahr um 244 Mio. Euro gesunken.

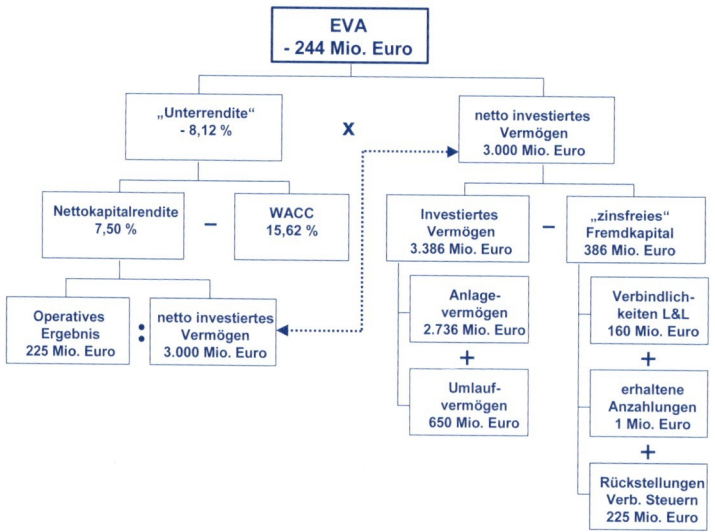

Hintergrund: Das Betriebsergebnis wird um jene Komponenten bereinigt, die unter ökonomischen Gesichtspunkten als wertschaffende Investitionen zu betrachten sind. Der Marketing-Aufwand in Höhe von 25 Mio. Euro für die Werbekampagne zur Erhöhung der Markenwerte wird dem Betriebsergebnis deshalb wieder hinzuaddiert. Die Abschreibungen auf die aktivierten Markenwerte (20 Mio. Euro) werden vom operativen Ergebnis abgezogen. Per Saldo hat sich das so modifizierte Betriebsergebnis um 5 Mio. Euro erhöht. Das durch diese Modifikationen ermittelte operative Ergebnis wird anschließend mit jenem Betrag verglichen, der sich aus der geforderten Verzinsung des eingesetzten Kapitals zu Beginn der Periode ergibt.

Das vorliegende Fallbeispiel ist eine gekürzte Wiedergabe von Schichold 2003. Der Autor ist Berater bei PriceWaterhouseCoopers.

(2) Die **(absatz-)marktorientierte Unternehmensführung** geht davon aus, dass der Schlüssel für die Überlebensfähigkeit eines Unternehmens in der konsequenten Orientierung an den Bedürfnissen der Kunden liegt. Ziel muss es danach sein, den Zielgruppen attraktive Produkte anzubieten, sie zum Kauf derselben zu veranlassen und sich damit im Wettbewerb durch „komparative Konkurrenzvorteile" (Wagner 1998: 90) abzuheben. Alle Unternehmensaktivitäten und -funktionen müssen konsequent auf den Absatzmarkt ausgerichtet werden. Die Unternehmensführung steht unter dem Primat des Marketing – der „Market Based View" dominiert.

> „Damit reicht das Marketing in seinem Anspruch und seinem Aufgabeninhalt weit über das Spektrum hinaus, das der Absatzfunktion in einer klassischen Funktionalorganisation zugeordnet wird. Marketing wird als ‚marktorientiertes Führungskonzept' verstanden, das als ‚Leitkonzept des Management im Sinne eines gelebten Unternehmenswertes' fungiert" (Wagner 1998: 90).

Als entscheidende Erfolgsfaktoren nennt das Konzept den Markenwert und den Kundenwert, die es in einem jeweils spezifischen Wertschöpfungsprozess konsequent anzusteuern gilt (vgl. Abb. 38-5).

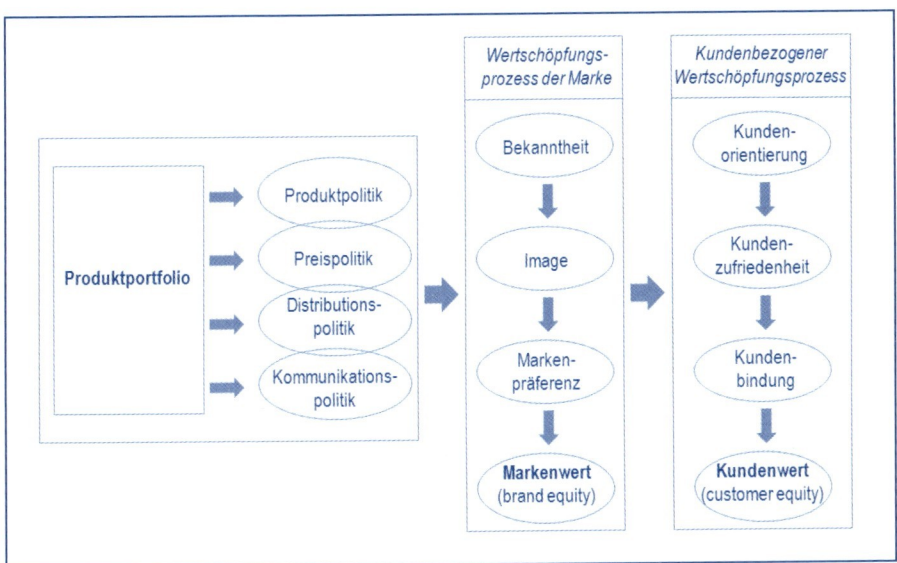

Abb. 38-5: Markenwert und Kundenwert

> „Um die Effektivität der Markenstrategie und die Effizienz des Markenmanagements beurteilen zu können (Markencontrolling), bietet sich der *Markenwert als Erfolgsmaß* an. Das *strategische Markencontrolling benötigt einen Wert in ökonomischen Kategorien,* letztlich am besten einen Gegenwartsgeldwert der Marke. Das *operative Markencontrolling* braucht einen Wert in Kategorien, die den Erfolg und Misserfolg ursächlich ausdrücken, ihn erklären, und das muss nicht unbedingt in Geldeinheiten ausgedrückt sein. Da der Geldwert einer Marke noch von diversen anderen Einflüssen abhängt (Konjunktur, Konkurrenz, Umfeld usw.), ist es für das Markencontrolling viel sinnvoller, auf die managementabhängigen Determinanten des Markenwerts abzustellen, also ihn in nichtmonetären Erfolgsmaßen auszudrücken, die auf andere Weise vergleichbar sind als in Geldwerten. Dafür kommen vor allem jene Einflussgrößen in Betracht, die das Kundenverhalten gegenüber der Marke beschreiben, insbesondere die Einstellungen, das Image, die Kenntnisse über und die Gefühle gegenüber der Marke aus Zielkundensicht" (Trommsdorf 2005: 1855 f.).

Fallbeispiel Pay-TV-Sender

Das nachfolgende (historische) Fallbeispiel für den Pay-TV-Sender „Premiere" (heute: Sky) illustriert die hohe Bedeutung des Kundenwertes in diesem medialen Kontext. Die Darstellung gibt einige Aspekte der größeren Fallstudie von Decker/Eichsteller 2008 wieder.

Die bei Premiere angewandte Messgröße für den Kundenwert (CLTV / Customer Lifetime Value) basierte auf zwei Rechenkreisen, zum einen auf dem Deckungsbeitrag I, zum anderen auf der durchschnittlichen Vertragslaufzeit.

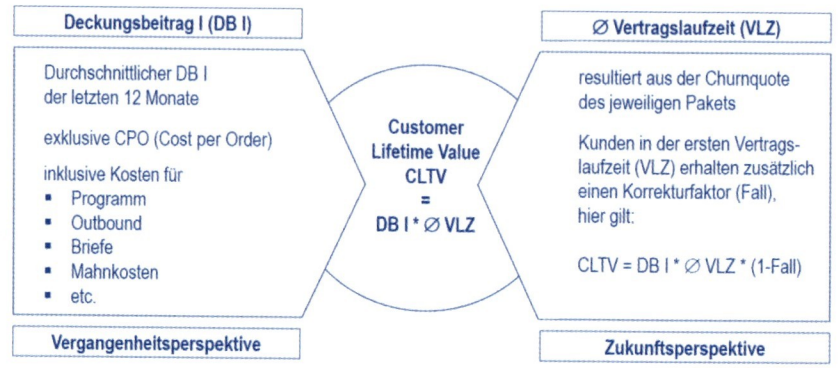

Vergangenheitsperspektive:

Der Deckungsbeitrag I versteht sich als Gegenüberstellung der kundenindividuellen Umsätze mit den variablen Kosten aus der Vergangenheitsperspektive. Als Betrachtungszeitraum wurden die letzten 12 Monate zugrunde gelegt. Die kundenindividuellen Umsätze ergeben sich aus den Programmpaketen, aus Pay-per-View, aus dem Vertrieb der Programmzeitschrift TV Digital sowie aus Receivermieten. Als Kosten gelten die Lizenzkosten für die Programmpakete, Kosten für aktives Marketing (Outbound), für Mahnungen etc. Nicht einbezogen werden die CPO (Cost per Order), also die in der Vergangenheit angefallenen Kosten für die Akquisition von Kunden, die als Fixkosten betrachtet werden.

Zukunftsperspektive:

Zur Errechnung des Kundenwertes wird der Deckungsbeitrag I mit der durchschnittlichen Vertragslaufzeit multipliziert, bei der es sich um die Berücksichtigung der Zukunftsperspektive handelt. Diese (statistisch ermittelte) Größe resultiert aus der Churnquote des jeweiligen Paketes unter Berücksichtigung des jeweiligen Zugangsmonats. Unter der „Churnquote" versteht man die Abwanderungsquote, die eine gute Messgröße für die Kundenzufriedenheit darstellt. Im Kundenwert-Messkonzept von Premiere wurde die durchschnittliche Vertragslaufzeit vor dem Hintergrund einer Vielzahl statistischer Analysen sämtlicher historischer Kundendaten abgeschätzt. So konnte man feststellen, dass sich auf Basis des Pakets und des Zugangsmonats bestimmte wiederkehrende Muster identifizieren lassen, die eine Prognose über die noch zu erwartende Vertragsdauer erlaubten. Lediglich bei Kunden in der ersten Vertragslaufzeit (VLZ) war ein zusätzlicher Korrekturfaktor zu berücksichtigen, da diese Kunden eine etwas höhere Abwanderungswahrscheinlichkeit aufwiesen.

Die Gesamtheit der aufsummierten Kundenwerte ergibt schließlich den sog. Customer Equity. Tiefergehende Einblicke sind bei der Differenzierung nach Neukunden und Bestandskunden möglich. So interessieren bei den Bestandskunden insbesondere die Struktur der Abonnenten, der ARPU (Average Revenue per User), Migrationsbewegungen, die Churnrate, die Zufriedenheit und der Kundenservice. Bei den Neukunden sind ebenfalls die Struktur und der ARPU von besonderem Interesse, ebenso die Zugangswege zum Abonnement, die Gewinnungskosten und die Zahl der Widerrufe.

(3) Der Ansatz der **ressourcenorientierten Unternehmensführung** lenkt den Blick auf die „Inside-Out-Perspektive" bzw. den „Resource Based View". „Ressourcen bzw. Potenziale stellen Speicher spezifischer Stärken dar, die es ermöglichen, die Unternehmung in einer veränderlichen Umwelt erfolgreich zu positionieren und somit den langfristigen Unternehmenserfolg zu sichern" (Bea/Haas 2013: 30).

Trotz dieser allseits anerkannten Bedeutung von Ressourcen und Fähigkeiten eines Unternehmens ist festzustellen, dass ihre Rolle als Leitgröße der Integration typischerweise unterschätzt wird.

> „Die Rolle des *Marketing als Leitkonzept* wurde ganz erheblich dadurch geprägt, daß in der Phase, in der die Notwendigkeit zu einer strategischen Orientierung der Unternehmensführung besonders intensiv diskutiert wurde, entscheidende Beiträge gerade aus der Marketingdisziplin kamen. ... Die übrigen Märkte, mit denen die Unternehmung in direkten Austauschbeziehungen steht, also die Beschaffungsmärkte sowie der Kapital- und Arbeitsmarkt, werden bei der Entwicklung von Unternehmensstrategien unter dem Primat des Marketing häufig erst *nach* der Fixierung der Absatzmarkt- bzw. Wettbewerbsstrategien berücksichtigt. Dies führt u. U. dazu, daß Ressourcenstrategien viel zu spät oder nur dann entwickelt werden, wenn in diesen Bereichen Engpässe sichtbar werden. Die Vernachlässigung proaktiver Strategien für Ressourcen und – damit verbunden – die oftmals fehlende Einbeziehung der Ressourcenlieferanten als Anspruchsgruppen gegenüber der Unternehmensführung stellte bisher eine offene Flanke des marktorientierten Führungskonzepts dar" (Wagner 1998: 90).

Von besonderem Interesse im Hinblick auf eine ressourcenorientierte Unternehmensführung sind das Personal- und das Kostenmanagement.

Es ist offenkundig, gerade auch für Medienunternehmen, dass dem „menschlichen Faktor" die Bedeutung einer Schlüsselressource zukommt. Betont man in der integrierten Unternehmensführung diesen Aspekt, gelangt man zur **mitarbeiterorientierten Unternehmensführung**. Die „Human Relations" in den Vordergrund stellen, lässt sich damit begründen, dass Arbeitszufriedenheit, Motivation, Gruppenkohäsion und positive Beziehungen die Performance des Unternehmens einen nachhaltigen positiven Impact auslösen. In der praktischen Umsetzung dieses Ansatzes geht es um die Definition von Führungskonzepten, die möglichst ganzheitlich ausgelegt sein sollten und auf einer überzeugenden theoretischen Grundlage basieren müssen.

> „Ein Führungskonzept stellt ein (normatives) System von Handlungsempfehlungen für den Manager mit Personalverantwortung dar und zwar bezüglich seiner Personalführungsaufgaben" (Staehle 1999: 839).

Diesbezüglich haben die sog. Management-by-Konzepte besondere Beachtung gefunden. Die bekanntesten derartigen Modelle sind: Management by Objectives; Management by Delegation; Management by Exception.

> Das Konzept Management by Objectives (MbO) – auch Führung durch Zielvereinbarung genannt – ist eine Führungsform, die der individuellen Gestaltung und Verantwortung maximalen Spielraum gewährt. Wesentliche Merkmale von MbO sind Führung durch Zielvereinbarung, regelmäßige Überprüfung der Ziele und Zielanpassung, Beteiligung (Partizipation) der Mitarbeiter bei der Zielfindung und -festlegung, Leistungskontrolle und -beurteilung anhand von Soll-Ist-Vergleichen. Als einziges der Management-by-Konzepte hat sich Management by Objectives auf breiter Linie durchgesetzt.

> Zur Anwendung von Management by Objectives im Redaktionsmanagement vgl. Klepsch in Diekmann/Ottinger/Teichert 1997: 73 ff.

Beim Konzept Management by Delegation erfolgt Führung im Wege der Betonung der Aufgabenübertragung, d. h. der möglichst weitgehenden Delegation von Aufgaben, Kompetenzen und Verantwortung. Der Vorgesetzte greift nur ein, wenn Probleme auftreten, die vom Mitarbeiter nicht zu lösen sind. Der Mitarbeiter übernimmt die Handlungsverantwortung, während die Führungsverantwortung beim Vorgesetzten verbleibt.

Beim Management by Exception liegt der Schwerpunkt auf Kontrollaktivitäten. Die Führungstechnik geht davon aus, dass eine ganze Reihe von Vorgängen nicht als Führungsaufgaben zu interpretieren ist und daher an den Mitarbeiter zur selbständigen Erledigung delegiert werden können. Die Führungskraft wird nur im Ausnahmefall hinzugezogen und um Entscheidung gebeten. Wann ein solcher Ausnahmefall vorliegt, entscheidet der Mitarbeiter in Eigenverantwortung.

Bei allen Management-by-Konzepten handelt es sich lediglich um allgemeine Führungsprinzipien, die einer weiteren ganzheitlichen, theoretisch fundierten Vertiefung bedürfen. Solche ganzheitlichen Konzepte finden sich kaum. In früheren Zeiten konnte das Harzburger Modell als ein solches Modell gelten, das allerdings stark formalistisch und auf den Kontext von Industrieunternehmen zugeschnitten war (vgl. die ausführliche Würdigung bei Hentze/Graf 2005: 292 ff.).

Ein zweiter hochwirksamer Ansatz für die ressourcenorientierte Unternehmensführung ist integrativ gehandhabtes **Kostenmanagement**. Problematisch ist dabei, dass viele Unternehmen die Kosten- und Leistungsrechnung eher als ein passives, vergangenheitsorientiertes Dokumentationsinstrument verstehen und die Chancen außer Acht lassen, die ein aktives, strategisch ausgelegtes Kostenmanagement für die Unternehmenssteuerung eröffnet. Für ein Kostenmanagement in diesem eher strategischen Sinne bieten sich die verschiedene Ansätze an (vgl. Kremin-Buch 2004: 16 ff.):

- Fixkostenmanagement: Angesichts des typischerweise hohen Anteils der Fixkosten soll deren Transparenz erhöht werden. Ziel ist eine elastischere Gestaltung des Fixkostenblocks.
- Prozesskostenrechnung: Ziel ist es, die Wertschöpfungsprozesse als Betrachtungsebenen in den Mittelpunkt zu rücken. Entscheidender Ansatzpunkt ist die Identifikation prozessbezogener Kostentreiber („Cost Drivers") im Rahmen der Kostenstellenrechnung. Dort werden die Teilprozesse analysiert, in welchem Zusammenhang sie zur erbrachten Leistung stehen, wobei leistungsmengeninduzierte und leistungsmengenneutrale Prozesse unterschieden werden. Für jeden Prozess, der durch die Leistungsmenge induziert ist, werden die Kostentreiber als Maßstab für die Kostenverursachung und Kostenkontrolle aufgerufen. Die Kostentreiber sind Grundlage für die Zurechnung auf die Kostenträger.

In einer Studie zur Prozesskostenrechnung beim WDR ist zu lesen: „In der vorliegenden Arbeit konnte gezeigt werden, dass die von der implementierten Kostenrechnung des WDR bereitgestellten Kosteninformationen aufgrund der Teilkostenkonzeption keine adäquate Grundlage für strategische Entscheidungsprobleme bieten. Die Kostenrechnung ist deshalb so zu ergänzen, dass auch für strategische Entscheidungen die erforderlichen Kostendaten bereitstehen. Diese Aufgabe kann die traditionelle Vollkostenrechnung aufgrund der pauschalen Zuschlagsverrechnung jedoch nicht erfüllen. Die Prozesskostenrechnung hat sich der Problematik, die Gemeinkosten verursachungsgerecht mit in die Kostenstellen miteinzubeziehen, als erstes Kostenrechnungssystem gestellt und hat bei aller berechtigten Kritik die Kosten der Gemeinkostenbereiche in den Mittelpunkt der kostenrechnerischen Diskussion gelenkt" (Kamps 1995: 80).

- Target Costing: Dieses auch als „Market Driven Costing" bezeichnete Konzept folgt der Frage: „Was darf ein Produkt kosten?" und steht im Gegensatz zum herkömmlichen „Technology Driven Costing", das danach fragt, was ein Produkt kosten wird. Target Costing vergleicht die Zielkosten (als die vom Markt „erlaubten" Kosten) mit den sog. Drifting Costs (vgl. Kremin-Buch 2004: 106). Letztere stellen die Produktionsstandardkosten dar und sind diejenigen „Kosten, die das neue Produkt unter Beibehaltung bestehender Technologien und Prozesse (z. B. Konstruktions-, Entwicklungs- und Fertigungsverfahren) voraussichtlich verursachen wird" (ebd. 108).

    In einer Studie zu TV-Produktionsunternehmen „konnte gezeigt werden, dass bezüglich der grundsätzlichen Konstruktion und der zugrunde liegenden Zielphilosophie des Target Costing prinzipiell keine wesentlichen Hindernisse zu erkennen sind, welche der Anwendbarkeit des Target Costing bei TV-Produktionsunternehmen entgegenstünden. Vielmehr erscheint eine Reihe von typischen Merkmalen der TV-Produktion, wie z. B. ein kurzer Produktlebenszyklus oder eine ausgeprägte Konkurrenzsituation, als sehr geeignete Voraussetzung für eine Implementierung des Target Costing Ansatzes" (Usadel 2002: 55).

- Product Lifecycle Costing: Das Konzept beruht auf der Erkenntnis, dass ein Produkt über seinen Produktlebenszyklus hinweg einen Strom von Kosten und Erlösen erzeugt, der gewissen Gesetzmäßigkeiten folgt. So fällt im Stadium der Entwicklung und Konstruktion in der Regel nur ein vergleichsweise geringer Teil der Gesamtkosten an (z. B. 6 %), in dieser Phase wird aber der größte Teil der Kosten „festgeklopft" (z. B. zu 70 %).

    „Das Product Lifecycle Costing führt zu einer periodenübergreifenden und damit wirklichkeitsnahen Abbildung der Ein- und Auszahlungen bzw. der Erlöse und Kosten. Damit werden Ergebnisverfälschungen vermieden, wie sie in der traditionellen Kostenrechnung durch folgendes Vorgehen entstehen: Verrechnung der Vor- und Nachleistungskosten zu Lasten der Perioden, in denen sie anfallen. Diese Verrechnungsmodalität hat zur Folge, dass die Vor- und Nachleistungskosten als Gemeinkostenbestandteile die Produkte belasten, die diese Kosten gar nicht ausgelöst haben" (Kremin-Buch 2004: 165).

- Cost Benchmarking: Hierbei handelt es sich um einen Ableger des allgemeinen Konzepts des Benchmarking. Eine vergleichende Kostenanalyse herbeizuführen und sich mit den „Besten der Besten" zu vergleichen, stößt oft auf erhebliche praktische Probleme. Insbesondere wird sich die Informationsbeschaffung als schwierig erweisen. Der beste Benchmarking-Partner ist oft nicht verfügbar, insbesondere dann, wenn es sich um eine wettbewerbsintensive Branche handelt.

(4) Das Konzept der **politikorientierten Unternehmensführung** legt das Augenmerk auf die Kategorie von Macht und Interessen der am Unternehmen beteiligten Stakeholder. Integrationserfolge sollen über den Ausgleich von konfliktären Positionen und den Aufbau von Verständigungspotenzialen herbeigeführt werden. Es darf festgestellt werden, dass die Politik-Dimension („polity") in der theoretischen Bearbeitung der Thematik der Unternehmensführung eher ein Schattendasein fristet.

„Machttheoretische Betrachtungen haben in der betriebswirtschaftlichen Organisations-, Management- und Unternehmensführungslehre immer ein gewisses Schattendasein geführt. Dies ist insofern äußerst verwunder- und bedauerlich, als das Phänomen „Macht" im Kontext von Unternehmen allgegenwärtig ist, Zu erklären ist die zurückhaltende Zuwendung der Betriebswirtschaftslehre wohl auch damit, dass diese Disziplin lange Zeit von der Idee der Entwicklung werturteilsfreier Aussagensysteme beherrscht war, in denen es darum gehen sollte, sämtliche Gestaltungsfragen unter dem Aspekt vorgegebener Ziele einer rationalistischen Analyse zu unterziehen. Obwohl diese Erklärungsform ein hohes Maß an Relevanz haben dürfte, darf sie natürlich keineswegs als Rechtfertigung einer Ausblendung von Machtaspekten bei der Betrachtung von Organisations-, Management- und Unternehmensführungsphänomenen verstanden werden. Ganz im Gegenteil: Die in diese Teilbereiche der Betriebswirtschaftslehre fallenden Entscheidungen sind noch viel stärker als zahlreiche der in anderen Teilbereichen angesiedelten durch Machtphänomene geprägt" (Wolf 2013: 265).

Das Phänomen Macht und deren Integrationspotenziale lässt sich mit den folgenden Aspekten beschreiben (vgl. Wolf 2013: 269 ff.; teilw. wörtliche Übernahmen):

- Macht ist im Zusammenleben von Menschen allgegenwärtig. Und dies umso mehr, je mehr Entscheidungs- und Verhaltensspielräume gegeben sind. Macht existiert auch dann, wenn sie nicht bemerkt wird.
- Macht hat viel mit der Person des Machtausübenden zu tun (personenzentrierte Sichtweise). „Macht" bzw. „Mächtigkeit" gehört zu einer Person wie ihr Alter oder ihre Körpergröße. Macht ist die Potenz, etwas in Bewegung zu setzen.
- Das Machtphänomen trägt einen relationalen Aspekt in sich. Danach ist Macht nicht nur eine Eigenschaft einer bestimmten Person, sondern mehr der Inhalt bzw. das Ergebnis einer Beziehung zwischen mindestens zwei Personen. Macht ist daher immer in Relation zu einer anderen Person zu definieren.
- Struktureller Aspekt der Macht. Macht ist immer abhängig vom strukturellen Umfeld, in dem die Interaktionspartner agieren. Macht ist also nicht nur eine Beziehung zwischen Personen, sondern auch ein Produkt des im sozialen Kontext bestehenden institutionellen Rahmens.
- Macht ist in sozialen Kontexten relativ stabil. Daraus resultiert eine gewisse Trägheit von Machtverschiebungen. Im Zeitablauf neigen Machtverhältnisse dazu, sich zu bestätigen als sich aufzulösen.
- Der Mächtige profitiert vom Machtphänomen mehr als der Machtabhängige. Mitglieder mächtiger Gruppen sind meist zufrieden. Allerdings gibt es Ausnahmen: Macht kann auch als Last und Bürde empfunden werden.
- Macht ist nichts Negatives bzw. Amoralisches. Eine gesunde Machtausübung erscheint für das Funktionieren von Unternehmen unabdingbar.

Klammert man rein physische Gewalt aus, sind vor diesem Hintergrund fünf sog. **„Machtbasen"** zu unterscheiden (vgl. Wolf 2013: 276 ff.):

- Belohnungs- und Bestrafungsmöglichkeiten. Stichworte: Ressourcen, Geld, Beförderung, Statussymbole, Privilegien.
- Macht durch Legitimation. Stichworte: Vereinbarungen, Dienstordnung, Unternehmensgrundsätze, Gesetze, verinnerlichte Wertvorstellungen.
- Macht durch Attraktivität, Identifikation. Stichworte: Vorbild, Modell, Identifikationsfigur.
- Macht durch Sachkenntnis. Stichworte: Wissensvorsprung, Expertenmacht.
- Macht durch Information. Stichworte: wichtige Informationen, situative Informationsvorteile.

(5) Die Leitbegriffe des Konzepts einer **gesellschaftsorientierten Unternehmensführung** sind gesellschaftliche Verantwortung und „Public Value", die viel mit „Corporate Identity" zu tun haben. Als zentrale Merkmale gesellschaftsorientierter Unternehmensführung werden genannt: die Akzeptanz der Gültigkeit eines breiten Spektrums von Interessengruppen, die Wahrnehmung von nachhaltiger gesellschaftlicher und sozialer Verantwortung, eine langfristig verpflichtete Entwicklungshaltung und die Orientierung an Verletzbarkeitsrisiken (vgl. Bleicher 2001: 175).

- Public Value: Ein Unternehmen ist Teil eines umfassenden, politischen, ökonomischen, sozialen und kulturellen Systems und kann es sich daher nicht erlauben, mit einem verengten Blickwinkel nur auf die Pflichten gegenüber den Marktpartnern (Kunden, Lieferanten), die eigenen Mitarbeiter und die Shareholder zu blicken. Es muss auch seine Pflichten gegenüber der Gesellschaft erkennen. Es hat die moralische Pflicht, vor der Gesellschaft Rechenschaft abzulegen. Noch weitergehend kann man fordern, dass jedes Unternehmen neben dem wohlverstandenen Eigeninteresse und Erfolg auch einen Wert für die Gesellschaft erzeugen muss, einen sog. Public Value.
- Corporate Social Responsiveness: Jedes Management befindet sich in moralischen Schranken und muss die Belange der Gesellschaft berücksichtigen. Ein Steuerungskonzept ist nur dann wirklich überzeugend und ganzheitlich, wenn es auch diesen Aspekt berücksichtigt. Nur wenn sich das Management vor der Gesellschaft verantwortet und verantwortbar ist, handelt es sich um eine „gute" Steuerung. Zu einem Konzept der ganzheitlichen Steuerung gehört also auch die Beachtung des Aspektes der gesellschaftlichen Verantwortung, wie es z. B. im St. Galler Management-Konzept festgeschrieben ist. Schrankenloses Handeln ist ethisch verwerflich. Gefordert ist der Blick auf die sog. Corporate Social Responsiveness, das heißt die Fähigkeit eines Unternehmens, die Ansprüche derjenigen Personenkreise zu akzeptieren, die vom Handeln des Unternehmens mittelbar oder unmittelbar betroffen sind. Verantwortliches Handeln in diesem Sinne ist ethisches Handeln.
- Corporate Identity: Das zentrale Fundament für alle Aktivitäten einer gesellschaftlich orientierten Unternehmensführung ist ein daraus abgeleitetes Selbstverständnis, das sich im Unternehmen in einer überzeugenden und gelebten Corporate Identity manifestieren muss.

„Corporate Identity hat die Gesamtfunktion, die Repräsentanz der Tatbestände, Zustände und Eigenschaften des betreffenden Unternehmens im Bewusstsein, sowohl intern als auch extern zu verstärken oder zu verändern" (Birkigt/Stadler/Funk 1998: 78).

„Corporate Identity ist [...] die Summe aller Aktivitäten, mit denen sich das Unternehmen/die Organisation vor Mitarbeitern, den Zielgruppen und der Öffentlichkeit präsentiert [und damit eine] strategische und konzeptionelle Verbindung aller Aktivitäten nach innen und außen" (Regenthal 2009: 77).

„Corporate Identity ist Ausdruck der Unternehmenspersönlichkeit. In ihr spiegelt sich das Selbstverständnis des Unternehmenswider. Zentrale Elemente der Corporate Identity sind Verhalten, Design, Kommunikation und Leistung. Um ein einheitliches Bild der Unternehmenspersönlichkeit zu erhalten, müssen alle [relevanten] Handlungsfelder aufeinander abgestimmt werden. Nach innen und außen, formal und inhaltlich" (Heller 1998: 18).

38.3 Ganzheitliche Integrationskonzepte

(1) Ein umfassendes, ganzheitlich integrierendes Steuerungssystem stellt zweifellos die „hohe Schule" des Managements dar. Die **Ganzheitlichkeit** als Leitidee aufzurufen, folgt dabei dem Gedanken des **Holismus** und steht in diametralem Gegensatz zu reduktionistischen Ansätzen.

> Steinle 2005: 20: „Der Begriff „Ganzheitlichkeit" kann mit Bezugnahme auf den Denkansatz und die Vorgehensweise des „Holismus" einer Erläuterung und Abgrenzung zugeführt werden ... Holismus bezeichnet eine „figurzentrierte" Wahrnehmung und Analyse von Ganzheiten unter Akzentuierung ihrer (äußeren und inneren) Gestalt. Der Holismus – als ganzheitliche Betrachtungsweise ... – ist als Antipode des Elementarismus bzw. Reduktionismus mit seiner streng analytisch-zergliedernden Vorgehensweise anzusehen. Die folgenden Leitideen können dem Holismus zugeschrieben werden:
> - Das Ganze ist mehr als die Summe seiner Teile
> - Das Ganze geht chronologisch aus dessen Teilen hervor
> - Das Ganze wirkt auf dessen Teile zurück
> - Ganzheiten können analytisch nicht (vollständig) erklärt werden."

(2) Als Integrationskonzepte, die den Namen „ganzheitlich" verdienen, waren in Kapitel 1 bereits zwei Grundkonzepte vorgestellt worden: zum einen die sog. „Klassische Schule des Managements", zum anderen systemtheoretisch geprägte Konzeptionen wie das St. Galler Management-Modell.

Im Kontext der **klassischen Schule des Managements** mit den Hauptvertretern Taylor (Scientific Management), Max Weber (Bürokratiemodell) und Fayol (Administrationstheorie) wird Management funktional interpretiert und als Handlungskonzept verstanden, das der Steuerung und Sicherstellung des organisatorischen Leistungsprozesses dient. Bei der Identifikation der Managementfunktionen hat der „klassische Fünferkanon" nach Koontz/O'Donnell (1955) große Akzeptanz erfahren:

- Planung (planning)
- Organisation (organizing)
- Personaleinsatz (staffing)
- Führung (directing)
- Kontrolle (controlling)

Eine ähnliche Differenzierung hatte schon Gulick im Jahre 1937 auf der Grundlage des administrativen Managementansatzes vorgenommen und als Funktionskatalog den sog. „POSDCORB" zur Diskussion gestellt. Dessen Bausteine sind: Planning, Organizing, Staffing, Directing, Coordination, Reporting und Budgeting (vgl. Staehle 1999: 27).

Für gewöhnlich werden die einzelnen Managementfunktionen nicht als einfache Auflistung verschiedener Einzelaufgaben begriffen, sondern vielmehr im Sinne einer logischen Abfolge zueinander in Beziehung gesetzt. Damit folgt man der Vorstellung, der Managementprozess sei ein linear und sukzessiv ablaufender Vorgang von der Planung über die Durchführung zur Kontrolle. Die nachfolgende Abbildung verdeutlicht diese Vorstellung (vgl. Abb. 38-6, Quelle: www.daswirtschaftslexikon.de, in Anlehnung an Mackenzie 1969).

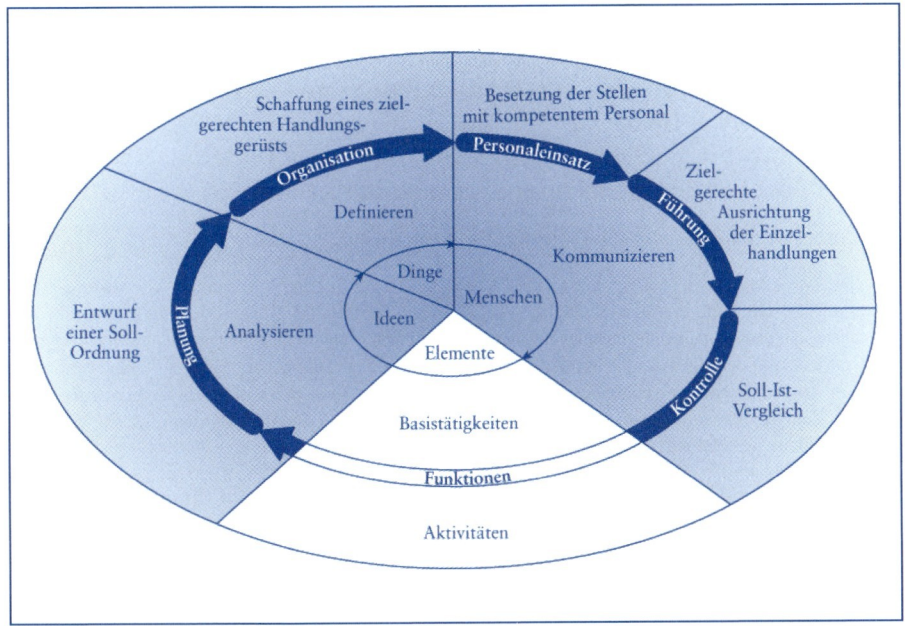

Abb. 38-6: Managementfunktionen im klassischen Modell

Die zentrale Rolle im klassischen Managementmodell fällt der **Planung** zu. Sie besitzt das Primat unter allen Funktionen („primacy of planning") und ist die entscheidende Plattform für die Integration. Alle anderen Managementfunktionen haben einen nachgeordneten Charakter und erfahren ihre Ausrichtung und Legitimation unmittelbar aus der Planung. Management ist im Verständnis der klassischen Schule daher ein plandeterminierter und prozessual interpretierter Vorgang.

(3) Als Beispiel für eine systemtheoretisch geprägte Konzeption war in Kapitel 2 das **St. Galler Management-Modell** vorgestellt und eingeführt worden. Es versteht sich als ein Konzept, das den Aspekt der Ganzheitlichkeit maximal nach vorne schiebt. In einer vielbeachteten Grundsatzstudie hat der Gründer der St. Galler Schule, Hans Ulrich, eine „Anleitung zum ganzheitlichen Denken und Handeln" vorgelegt (gemeinsam mit Gilbert J. B. Probst).

Ausgangspunkt sind sieben Bausteine, mit denen ein Unternehmen aus systemtheoretischer Sicht beschrieben wird (vgl. Ulrich/Probst 1995: 25 ff.):

- Baustein 1: Das Ganze und seine Teile;
- Baustein 2: Vernetztheit;
- Baustein 3: Das System und seine Welt;
- Baustein 4: Komplexität;
- Baustein 5: Ordnung;
- Baustein 6: Lenkung;
- Baustein 7: Entwicklung.

Die systemtheoretische Perspektive zeichnet das Bild von Unternehmen als hochkomplexe, dynamische Systeme, die in eine Umwelt mit denselben Eigenschaften eingegliedert sind und zudem ein Eigenverhalten aufweisen. Die Frage, wie Unternehmen vor diesem Hintergrund überhaupt erfolgreich geführt werden können, beantworten Ulrich und Probst, indem sie eine Reihe wesentlicher Aspekte für eine **ganzheitliche Unternehmensführung** hervorheben (vgl. ebd.: 265 ff.):

- Unternehmensführung als Komplexitätsbewältigung

  „Die Beeinflussung eines dynamischen Systems durch Lenkungseingriffe kann entweder komplexitätserhöhend oder komplexitätsreduzierend wirken. Im ersten Fall wird die Zahl und Vielfalt der Verhaltensmöglichkeiten vergrößert, im zweiten Fall vermindert. ... In einem gegebenen Zeitpunkt können je nach Zustand der eigenen Unternehmung und Entwicklungen in ihrer Umwelt komplexitätserhöhende oder -vermindernde Maßnahmen notwendig sein. Allgemein kann gesagt werden, dass der zunehmenden Komplexität und Dynamik der Umwelt nicht mit einer Reduktion der unternehmungseigenen Komplexität entsprochen werden kann" (ebd.: 265, 270).

- Unternehmensführung als Gestalten, Lenken und Entwickeln eines sozialen Systems

  „Gestalten, Lenken und Entwickeln sind Funktionen, die in der Unternehmung erfüllt werden müssen, wenn diese als zweckgerichtete Institution einer dynamischen Umwelt lebensfähig sein soll. Da Unternehmungen nicht evolutionär entstandene Ökosysteme sind, sondern menschlichen Absichten und Zielen dienen sollen, müssen diese Funktionen auch bewusst von Menschen konzipiert und wahrgenommen werden. Es sind also Funktionen der Unternehmensführung, auf deren Erfüllung die Tätigkeiten der Führungskräfte ausgerichtet sein müssen" (ebd.: 274 f.).

- Unternehmensführung auf operativer, strategischer und normativer Ebene

  „Die zum Treffen von Entscheidungen auf operativer Ebene notwendigen Entscheidungskriterien ergeben sich weitgehend – wenn auch nicht vollständig – aus den zuvor getroffenen, übergeordneten strategischen Entscheidungen. Es stellt sich jedoch die Frage, nach welchen Kriterien eigentlich strategische Entscheide getroffen werden sollen. ... Auf der normativen Führungsebene geht es also um die Bestimmung übergeordneter Werte, zu deren Verwirklichung die Unternehmung mit ihren eigenen Zielsetzungen und Aktivitäten beitragen soll. Man kann auch sagen, dass auf dieser Ebene die „Unternehmungsmoral" festgelegt wird, die für ihr Verhalten wegleitend sein soll. Solche normativen Entscheidungen sind darauf gerichtet, das Unternehmungsverhalten zu begründen und zu legitimieren, aber natürlich in erster Linie, das tatsächliche Entscheiden und Handeln der Unternehmungsangehörigen auf die die festgelegten Normen auszurichten" (ebd.: 279).

- Unternehmensführung als Management der Umweltbeziehungen

  „In unserer Gesellschaft haben sich drei grundlegende Lenkungssysteme entwickelt, die aber miteinander verknüpft sind. Die auf die Lenkung des Verhaltens aller Gesellschaftsmitglieder gerichteten Systeme können wir als das Moralsystem, Wirtschaftssystem und Politiksystem bezeichnen. ... In diesem gesellschaftlichen Zusammenhang betrachtet wird die Unternehmung nicht nur durch das eigene, gewissermaßen interne Lenkungssystem, sondern auch durch diese übergeordneten gesellschaftlichen Lenkungssysteme gelenkt. Man kann auch sagen, dass die Freiheit der Selbstlenkung der Unternehmung durch das Bestehen übergeordneter gesellschaftlicher Lenkungssysteme eingeschränkt wird, was in bezug auf alle drei erwähnten gesellschaftlichen Systeme gilt. ... Diese Überlegungen führen zur Konsequenz, dass die Unternehmensführung auf allen drei gesellschaftlichen Lenkungsebenen eine aktive Außenpolitik betreiben muss. Die Unternehmungen sind von Wirtschaftssubjekten zu gesellschaftlichen Institutionen von öffentlichem Interesse geworden, deren Verhalten in zunehmendem Maße aus der Sicht nicht nur des wirtschaftlichen, sondern auch des politischen und moralischen Systems der Gesellschaft beurteilt wird" (ebd.: 284 ff.).

- Unternehmensführung als System von Problemlösungsprozessen

   „Die einzelnen Vorgänge und Prozesse müssen also gedanklich zu einem ganzheitlichen, dynamischen Führungssystem integriert werden. Diese Integration ist in drei Dimensionen notwendig: einer hierarchischen, einer sachbezogenen und einer zeitlichen Dimension. Mit hierarchischer Integration bezeichnen wir die Verknüpfung von Führungsprozessen verschiedener hierarchischer Ordnung miteinander. … Diese sachliche Integration verbindet und koordiniert Problemlösungsprozesse in verschiedenen, größeren oder kleineren Sachbereichen der Unternehmung, wobei wichtig ist, dass dies prospektiv erfolgt und nicht durch nachträgliche Korrekturmaßnahmen. … Auf die Notwendigkeit einer zeitlichen Integration haben wir ebenfalls schon des öfteren hingewiesen. Die einzelnen Problemlösungsprozesse müssen als Abläufe in der Zeit gesehen und gestaltet werden" (ebd.: 293 f.).

Abschließend sei – der überragenden Bedeutung wegen – noch einmal betont, dass ein Konzept der integrierten Unternehmensführung im Kern stets mit der zentralen Frage konfrontiert ist, wie mit Komplexität umgegangen werden kann. Integrierte Unternehmensführung kann daher – aus der Meta-Sicht – als Methode der Komplexitätsbewältigung verstanden werden, aus der sich alle Managementaktivitäten ableiten.

Kernaussagen

- Die integrierte Unternehmensführung benötigt Leitbilder. Infrage kommen überzeugende Corporate Governance, zielorientiertes Komplexitätsmanagement und langfristige Überlebensfähigkeit.
- Spezifische Integrationskonzepte können auf unterschiedliche Spezialaspekte fokussieren, z. B. auf die Wertsteigerung des Unternehmens (wertorientierte Unternehmensführung) oder auf die Marktbearbeitung (marktorientierte Unternehmensführung). Zahlreiche Ansätze sind denkbar.
- Ganzheitliche Integrationskonzepte lassen sich zum einen nach den klassischen, reduktionistischen Konzepten unterscheiden (Klassische Schule des Managements), zum anderen nach systemtheoretisch geprägten, ganzheitlichen Konzepten (z. B. St. Galler Management-Modell).

Literatur

Weiterführende Literatur: Grundlagen

Adam, D. (2008): Produktions-Management, 9., überarb. Aufl., Wiesbaden.
Bea, F. X./Haas, J. (2013): Strategisches Management, 6., vollst. überarb. Aufl., Stuttgart.
Benz, A./Lütz, S./Schimank, U./Simonis, G. (Hrsg.)(2007): Handbuch Governance, Wiesbaden.
Bieger, T. (2013): Das Marketingkonzept im St. Galler Management-Modell, Bern.
Birkigt, K./Stadler, M. M./Funck, H. J. (1998): Corporate Identity, 11., akt. u. überarb. Aufl., Landsberg/Lech.
Bleicher, K. (2001): Das Konzept Integriertes Management, 6. Aufl., Frankfurt/Main, New York.
Bruhn, M./Steffenhagen, H. (Hrsg.)(1998): Marktorientierte Unternehmensführung, 2., akt. Aufl., Wiesbaden.
Buchholz, U./Knorre, S. (2012): Interne Unternehmenskommunikation in resilienten Unternehmen, Berlin, Heidelberg.
Bürkner, H.-J. (2010): Vulnerabilität und Resilienz, Erkner.
Coenenberg, A. G./Salfeld, R. (2003): Wertorientierte Unternehmensführung, Stuttgart.
Freiling, J./Reckenfelderbäumer, M. (2010): Markt und Unternehmung, 3., überarb. u. erw. Aufl., Wiesbaden.
Heller, S. (1998): Unternehmenskommunikation, München.
Hentze, J./Graf, A. (2005): Personalwirtschaftslehre 2, 7., überarb. Aufl., Bern, Stuttgart, Wien.
Knoblach, B./Oltmanns, T./Hajnal, I./Fink, D. (Hrsg.)(2012): Macht in Unternehmen – Der vergessene Faktor, Wiesbaden.

Kremin-Buch, B. (2007): Strategisches Kostenmanagement, 4., überarb. Aufl., Wiesbaden.
Moritz, S. (2012): Resilienz – Erfolgsfaktor der Zukunft? Saarbrücken.
Picot, A./Reichwald, R./Wigand, R. T. (2003): Die grenzenlose Unternehmung, 5., akt. Aufl., Wiesbaden.
Powell, W. (1996): Weder Markt noch Hierarchie: Netzwerkartige Organisationsformen, in: Kenis, P./ Schneider, V. (Hrsg.)(1996): Organisation und Netzwerk, Frankfurt, New York, S. 213-272.
Regenthal, G. (2009): Ganzheitliche Corporate Identity, 2., überarb. u. erw. Aufl., Wiesbaden.
Reinermann, H./Lucke, J. von (2001): Speyerer Definition von Electronic Government, 2., gestraffte Aufl., http://www.foev-speyer.de/ruvii/SP-EGvce.pdf (14.01.2006).
Reither, F. (1997): Komplexitätsmanagement, München.
Richter, R./Furubotn, E, G. (2003): Neue Institutionenökonomik, 3. Aufl., Tübingen.
Schewe, G. (2005): Unternehmensverfassung. Corporate Governance im Spannungsfeld von Leitung, Kontrolle und Interessenvertretung. Berlin, Heidelberg, New York.
Staehle, W. H. (1999): Management, 8. Aufl., überarb. v. P. Conrad u. J. Sydow, München.
Steinle, C. (2005): Ganzheitliches Management, Wiesbaden.
Thommen, J.-P./Achleitner, A.-K. (2012): Allgemeine Betriebswirtschaftslehre, 7., vollst. überarb. Aufl., Wiesbaden. Teil 11, Kapitel 5.
Trommsdorf, V. (2005): Verfahren der Markenbewertung, in: Bruhn, M. (Hrsg.)(2005): Handbuch Markenführung, 3. Aufl., Wiesbaden, S. 1853-1875.
Ulrich, H. (1970): Die Unternehmung als produktives soziales System, 2., überarb. Aufl., Bern, Stuttgart.
Ulrich, H./Probst, G. J. B. (1995): Anleitung zum ganzheitlichen Denken und Handeln, 4. Aufl., Bern, Stuttgart, Wien.
Ulrich, P./Fluri, E. (1995): Management, 7., verb. Aufl., Bern, Stuttgart, Wien.
Wagner, H. (1998): Marktorientierte Unternehmensführung versus Orientierung an Mitarbeiterinteressen, Shareholder-Value und Gemeinwohlverpflichtung, in: Bruhn, M./Steffenhagen, H. (Hrsg.)(1998): Marktorientierte Unternehmensführung, 2., akt. Aufl., Wiesbaden, S. 87-102.
Werder, A. v. (2008): Führungsorganisation, 2., akt. u. erw. Aufl., Wiesbaden.
Withauer, K. F. (2000): Fitness der Unternehmung, Wiesbaden.
Wolf, J. (2013): Organisation, Management, Unternehmensführung, 5., überarb. u. akt.. Aufl., Wiesbaden.

Weiterführende Literatur: Medien

Decker, A./Eichsteller, H. (2009): Aufbau eines kundenbezogenen Kennzahlensystems bei Premiere, in: Nohr, H./Stillhammer, J./Vöhringer, A. (Hrsg.)(2009): Kundenorientierung in der Broadcast-Industrie, Berlin, S. 209-230.
Diekmann, T./Ottinger, L./Teichert, W. (Hrsg.)(1997): Führungsaufgaben in Redaktionen II: Materialien zum Redaktionsmanagement in Hörfunk und Fernsehen, Gütersloh, insbes. Kapitel 2.
Eggers, B. (2006): Integratives Medienmanagement, Wiesbaden.
Herbert, E.-M. (2008): Zwischen Macht, Freiheit und Moral. Massenmedien im Zeitalter der Globalisierung, Marburg.
Kamps, A. (1995): Prozeßkostenrechnung beim WDR – Einsatzmöglichkeiten und Grenzen, dargestellt am Beispiel des Filmarchivs, Köln.
Karmasin, M./Winter, C. (2000): Kontexte und Aufgabenfelder von Medienmanagement, in: Karmasin, M./Winter, C. (Hrsg.)(2000): Grundlagen des Medienmanagements, München, S. 15-39.
Usadel, J. (2002): Target Costing für TV-Produktionsunternehmen, Köln.
Windeler, A./Sydow, J. (2004): Vernetzte Content-Produktion, in: Sydow, J./Windeler, A. (Hrsg.)(2004): Organisation der Content-Produktion, Wiesbaden, S. 1-17.

Studien, Fallbeispiele

Kühnle, B./Gläser, M. (2011): Vielfalt – Identität – Wertschöpfung: Public Value privater regionaler TV-Veranstalter, Stuttgart.
Schichold, Bernd (2003): Wertorientierte Unternehmensführung in Verlagen, in: Brösel, G./Keuper, F. (2003): Medienmanagement. Aufgaben und Lösungen, München, Wien, S. 311-326. Der Autor ist Berater bei PriceWaterhouseCoopers.

Kapitel 39
Controlling

39.1	Controlling als Instrument ganzheitlicher Steuerung	941
39.2	Controlling-Instrumente im Überblick	946
39.3	Budgetierung	954
39.4	Kennzahlen- und Zielsysteme	958
39.5	Verrechnungs- und Lenkungspreissysteme	963
39.6	Design eines wirkungsvollen Controlling-Systems	966

Leitfragen

- Was versteht man unter „Controlling"?
- Welche unterschiedlichen Vorstellungen lassen sich mit dem Begriff Controlling verbinden?
- Vor welchen Problemen steht typischerweise das Management, bei denen Controlling eine wirkungsvolle Hilfe sein kann?
- Welche Funktionen übt Controlling im Managementsystem aus?
- Inwiefern steht die Koordinationsfunktion von Controlling im Fokus?
- Was versteht man unter der „systembildenden Funktion" von Controlling?
- Was versteht man unter der „systemkoppelnden Funktion" von Controlling?
- Was bedeutet Input-, Output- und Output-Input-Controlling?
- Was versteht man unter „Outcome"?
- Was besagt das „IGC-Controller-Leitbild"?
- Nach welchen Kriterien lassen sich Controlling-Instrumente unterscheiden?
- Welche isolierten Koordinationsinstrumente unterscheidet man?
- Welche vier übergreifenden Koordinationsinstrumente unterscheidet man?
- Inwiefern lassen sich aus dem Planungssystem Controlling-Instrumente ableiten?
- Wie ist Controlling im Hinblick auf das Kontrollsystem positioniert?
- Inwiefern lassen sich aus dem Informationsversorgungssystem Controlling-Instrumente ableiten?
- Inwiefern lassen sich aus dem Organisationssystem Controlling-Instrumente ableiten?
- Inwiefern lassen sich aus dem Personalführungssystem Controlling-Instrumente ableiten?
- Welche Beziehungen bestehen zwischen dem Informationssystem und dem Controlling?
- Wodurch unterscheiden sich operatives und strategisches Controlling?
- Wie sieht das Leistungs-Controlling einer öffentlich-rechtlichen Rundfunkanstalt aus?
- Durch welche Merkmale ist das Controlling-Instrument Budgetierung gekennzeichnet?
- Was versteht man unter dem Begriff „Better Budgeting"?
- Was versteht man unter dem Begriff „Beyond Budgeting"?
- Welche Rolle spielt „Budgetary Slack" für die Effektivität eines Controllingsystems?
- Welche Attribute zeichnet ein Kennzahlen- und Zielsystem aus?
- Was versteht man unter „Benchmarking"?
- Was versteht man unter der „Balanced Scorecard"?
- Welcher Systematik folgt das Programm-Controlling privater TV-Sender?
- Welches sind die Attribute von Verrechnungs- und Lenkungspreissystemen?
- Wie sieht ein Konzept des „Lean Controlling" aus?

Gegenstand

Wie gezeigt ist Management nur so gut, wie es fähig ist, das komplexe System Unternehmung in der komplexen Umwelt zielorientiert zum Erfolg zu führen. Notwendig ist die ganzheitliche Steuerung, die sich von kasuistischer, partialer Steuerung unterscheidet. Controlling kann in diesem Kontext wertvolle Dienste leisten und die ganzheitliche Steuerung nachhaltig unterstützen. In Wissenschaft und Praxis gibt es gewisse Diskrepanzen im Controlling-Verständnis (vgl. hierzu Küpper et al. 2013: 8 ff.), gleichwohl besteht weitgehend Konsens über dessen zentraler Rolle: Controlling soll die Koordination des gesamten Führungssystems eines Unternehmens im Hinblick auf die zielgerichtete Lenkung und Steuerung des Unternehmens sicherstellen. Insbesondere soll Controlling die Koordination von Planung, Kontrolle und Informationsversorgung unterstützen. Controlling soll dafür sorgen, dass die Unternehmensführung „aus einem Guss" erfolgt, dass sie durchdacht, aufeinander abgestimmt und in der richtigen Dimensionierung erfolgt. Controlling ist ein wesentlicher Beitrag zu mehr Transparenz im Unternehmen.

„Unsere „induktive" Analyse anhand von Praxis und Literatur lässt die Controllingaufgaben als eine Funktion erkennen, die durch die Koordination von Planung, Kontrolle sowie Informationsversorgung die Führungsfähigkeit von Organisationen zu verbessern hilft. ... Im Mittelpunkt der Controllingaktivitäten steht die Wirtschaftlichkeit und die Ergebniszielorientierung" (Horváth 2011: 67).

Operatives Controlling ist auf die eher kurzfristige, unmittelbare Steuerung und Koordination der Prozesse ausgerichtet, bei der die Optik primär auf die unternehmensinterne Perspektive gelegt ist. Strategisches Controlling hingegen ist diejenige Kraft im Management, die dafür sorgen soll, dass die Koordination der Führungsteilsysteme mit dem Fokus auf die langfristigen Erfolgs- und Entwicklungspotenziale im Kontext von Markt und globalem Umfeld erfolgt.

Welche Rolle Controlling in der Unternehmensführung spielt, hängt davon ab, welche Positionierung dem Controlling innerhalb des Managementsystems zugewiesen wird. Hierbei gibt es eine große Variationsbreite: Controlling kann – so das eine Extrem – ganz eng definiert werden, zum anderen – so das andere Extrem – maximal extensiv definiert werden. Eine Controlling-Konzeption kann in diesem Lichte nach ihrer relativen Bedeutung in einer Skala angeordnet werden. Sie beginnt in Stufe 1 mit einem engen, retrospektiven Verständnis und endet in Stufe 7 mit einem breiten Ansatz. Die einzelnen Stufen schließen sich nicht gegenseitig aus, sondern bauen aufeinander auf:

- Stufe 1: Controlling ist Registrator der internen und externen Strukturen und Entwicklungen.
- Stufe 2: Controlling versteht sich als eine interne Servicefunktion.
- Stufe 3: Controlling ist Navigator („Lotse").
- Stufe 4: Controlling definiert sich als interne Unternehmensberatung („Consulting").
- Stufe 5: Controlling ist Innovator.
- Stufe 6: Controlling ist ein Instrument der internen Koordination von Management-Teilsystemen.
- Stufe 7: Controlling ist ein umfassendes Konzept zur zielorientierten Steuerung.

Gut geführte Unternehmen vertreten ein progressives Controlling-Verständnis und versuchen Controlling auf der Skala dieser „Intelligenz-Levels" möglichst hoch zu positionieren. In diesem Sinne trägt ein gut gemachtes Controlling dazu bei, den steigenden Beratungsbedarf des Managements durch ein hochqualitatives Informationssystem zu decken. Es fungiert als ein interner Service, der eine bessere „Navigation" sicherstellt und die Beratung des Managements aktiv forciert. Es ist ferner ein „Unruheherd", der ständig Innovation einklagt und durch entsprechende Strukturen, Arbeitskreise, Foren, Informationsströme die Voraussetzungen für eine innovative Atmosphäre schafft.

Progressiv ist das Controlling aber erst dann, wenn es das Verständnis für die Notwendigkeit einer umfassenden zielorientierten Steuerung vermittelt und abfordert. Um dorthin zu gelangen, ist es notwendig, dass (a) die Führung eine überzeugende, also progressive Controlling-Konzeption formuliert, und (b) dass alle Beteiligten, insbesondere die unmittelbar aktiven Controlling-Verantwortlichen innerhalb der „Controlling-Infrastruktur" des Unternehmens, ein derartiges progressives Controlling-Verständnis verinnerlichen. So ist es z. B. nicht ausreichend, sich lediglich auf das operative Finanzcontrolling „einzuigeln".

39.1 Controlling als Instrument ganzheitlicher Steuerung

Dem Anspruch, ein Unternehmen ganzheitlich zu steuern, stellen sich in der Praxis eine Reihe von Hindernissen entgegen. Controlling wird damit begründet, dass es einen Beitrag leisten kann, mit diesen Hindernissen besser fertig zu werden. Insbesondere sind **vier Problemfelder** zu nennen, denen das Management typischerweise ausgesetzt ist und die einen Bedarf an Controlling begründen:

- Hohe Komplexität: Das Management hat mit Komplexität zu kämpfen, wobei zum einen die Komplexität der Umwelt, zum anderen die Eigenkomplexität des Unternehmens Herausforderungen darstellen. Dies führt zur Problematik mangelhaft aufeinander abgestimmter Handlungen und zu hohem Koordinationsbedarf.

    Horváth (2011: 3) stellt heraus: „Die Führung einer Unternehmung hat sich mit zwei interdependenten Problembereichen auseinanderzusetzen, deren Komplexität in den letzten Jahrzehnten ständig und drastisch zugenommen hat." Dies seien die „Dynamik und Komplexität der Unternehmensumwelt" sowie die „Differenziertheit von Unternehmen". „Diese Differenziertheit als Antwort auf die Umweltdynamik und -komplexität manifestiert sich in der überstark arbeitsteiligen Organisationsstruktur und in deren Umweltbezügen, in dem diffusen Zielsystem der Unternehmung, aber auch in den Machtstrukturen, die das Unternehmungsgeschehen bestimmen."

- Fähigkeit zur Reflexion: Die Reflexion des Managements über Anpassungsnotwendigkeiten und Innovationsmöglichkeiten ist oft eingeschränkt. Es steht vor der Versuchung des Denkens in althergebrachten Schablonen, des fehlenden Querdenkens und des Agierens in starren Strukturen.

    Reflexion ist „distanzierend-kritische Gedankenarbeit" (Küpper et al. 2013: 28). Sie ist „di grundlegende Voraussetzung für Flexibilität und Lernen sowie für die Sicherung der Anpassungsfähigkeit von Unternehmen und somit von zentraler Bedeutung für den Erfolg von Unternehmensführung" (Pietsch/Scherm 2004: 536, zit. nach Küpper et al. 2013: 28).

- Dominanz von Partialzielen: Das Management leidet häufig darunter, dass die Akteure im Unternehmen zu stark auf ihre eigenen Partialziele ausgerichtet sind und nicht bereit sind, von sich aus ihre Aktivitäten ganzheitlich auf die Unternehmensziele zu beziehen.

    „Die Notwendigkeit des Controlling wird damit begründet, dass die Entscheidungsträger und die Unternehmensbereiche vielfach individuelle und bereichsbezogene Ziele verfolgen. Dann werde es notwendig, durch spezielle Maßnahmen die Beachtung des Gesamterfolgs der Unternehmung als oberstes Ziel zu gewährleisten" (Küpper et al. 2013: 19).

- Beschränkte Rationalität: Die Rationalität des Führungshandelns ist eingeschränkt. Das Management ist ohne Unterstützung nicht fähig, alle relevanten Vorgänge in ihren Auswirkungen zu überblicken.

    „Damit wird deutlich, dass die spezifische Kombination aus Entlastungs-, Ergänzungs- und Begrenzungsaufgaben Controller zu einem wichtigen Träger der Rationaliätssicherung im Unternehmen machen. Dies zeigt sich auch daran, dass sich viele der Controllern in der Praxis zugewiesenen plakativen Bilder mit Rationalitätssicherung beschäftigen …: Neben dem wohl bekanntesten Bild des „Erbsenzählers" und „Zahlenknechts" finden sich für Controller die Bezeichnungen „Bremser", „Spürhund" und – freundlicher formuliert – „ökonomisches Gewissen". Manager und Controller sind sich offensichtlich der Tatsache bewusst, dass Controller in besonders hohem Maße zur Sicherstellung einer rationalen Unternehmensführung beitragen" (Weber/Schäffer 2014: 46).

Controlling wird als eine passende Antwort auf alle diese Problemlagen verstanden. Es wird verstanden als ein in das Managementsystem integrierte Teilsystem, das die Spezialaufgabe erfüllen soll, die Leistungsfähigkeit („Performance") des Managements nachhaltig zu verbessern.

Controlling übt **vier zentrale Funktionen** aus (vgl. Küpper et al. 2013: 33 ff.):

- Koordinationsfunktion (als Kernfunktion);
- Anpassungs- und Innovationsfunktion;
- Zielausrichtungsfunktion;
- Servicefunktion.

(1) Die **Koordinationsfunktion** von Controlling kann in einem sehr umfassenden Sinne als die Koordination des gesamten Managementsystems „in allen Facetten" interpretiert werden. Es koordiniert dann das „Führungsgesamtsystem". Gegenstand der Koordinationsbemühungen sind dann sämtliche Teilsysteme des Managementsystems, also das Planungs- und Kontrollsystem, das Informationsversorgungssystem, das Organisationssystem und das Personalmanagementsystem.

> Beim Verständnis von Controlling als einer umfassenden koordinationsorientierten Konzeption besteht die Controlling-Funktion „im Kern in der Koordination des Führungsgesamtsystems zur Sicherstellung einer zielgerichteten Lenkung" (Küpper et al. 2013: 32).

Im Gegensatz zu diesem umfassenden, ganzheitlichen Koordinationsansatz wird in einem fokussierten Blickwinkel primär auf die Koordination des Planungs- und Kontrollsystems mit dem Informationsversorgungssystem abgestellt (vgl. z. B. Horváth 2011: 127 f.). Eine solche Fokussierung wird mit der prominenten Rolle gerechtfertigt, die diesen beiden Teilsystemen zukommt.

> „Controlling ist – funktional gesehen – dasjenige Subsystem der Führung, das Planung und Kontrolle sowie Informationsversorgung systembildend und systemkoppelnd ergebniszielorientiert koordiniert und so die Adaption und Koordination des Gesamtsystems unterstützt. Controlling stellt damit eine Unterstützung der Führung dar: es ermöglicht ihr, das Gesamtsystem ergebniszielorientiert an Umweltänderungen anzupassen und die Koordinationsaufgaben hinsichtlich des operativen Systems wahrzunehmen. Die wesentlichen Probleme der Controllingarbeit liegen an den Systemschnittstellen (Horváth 2011: 129).

Abb. 39-1 zeigt die Rolle von Controlling mit dem Blick auf die umfassende Koordination aller Teilsysteme.

Die zentrale Aufgabe von Controlling, innerhalb des Managementsystems für Koordination und ein aufeinander abgestimmtes Handeln zu sorgen, stellt sich in zweierlei Richtung (vgl. Horváth 2011: 107):

- Systembildende Koordination: Controlling sorgt für die Herausbildung möglichst effektiver Führungsteilsysteme. Es stellt sich z. B. die Frage, wie ein überzeugendes Planungs- und Kontrollsystem aussehen muss, welche Systemstruktur es aufweisen muss und welche konstituierenden Bestandteile es erfordert.
- Systemkoppelnde Koordination: Controlling sorgt für die Koordination der Teilsysteme untereinander vor dem Hintergrund der gegebenen Systemstruktur.

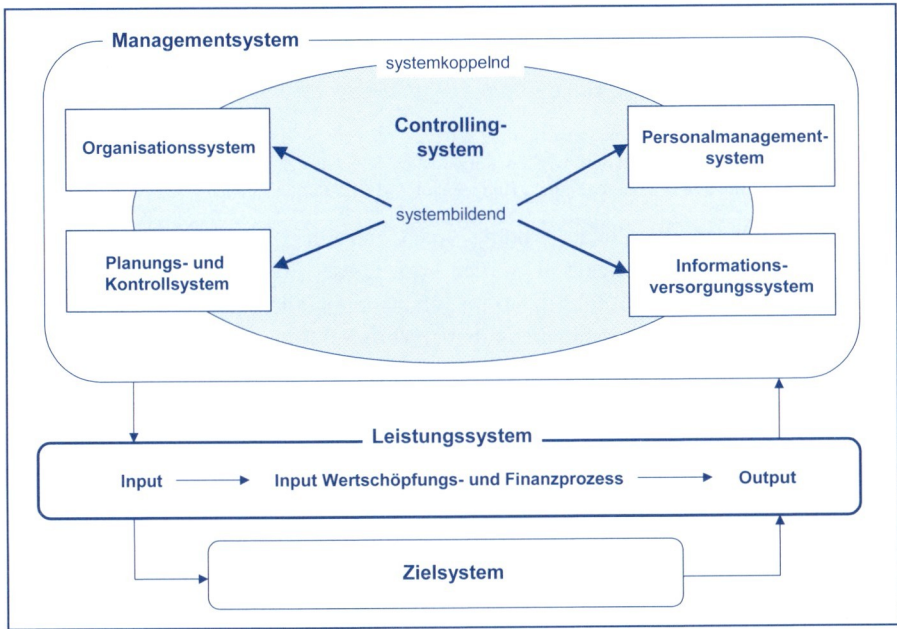

Abb. 39-1: *Koordinationsfunktion des Controllingsystems*

(2) Die **Anpassungs- und Innovationsfunktion** von Controlling drückt sich darin aus, dass es Instrumente bereitstellt, die für die bestmögliche Koordination der Unternehmensführung im Hinblick auf externe und interne Herausforderungen sorgt. Die Rolle von Controlling ist nun die Unterstützung des Managements in dessen ständigem Ringen um die besten strategischen Vorgehenskonzepte. Vor diesem Hintergrund soll Controlling mithelfen, die mittel- und langfristige Übereinstimmung des unternehmerischen Handelns mit der Umweltdynamik zu erreichen.

> Dieser Ansatz wird als „Fit-Ansatz" des strategischen Managements bezeichnet: „Die strategische Planung verdankt ihre Existenz der Erkenntnis, dass das Kompetenzprofil einer Unternehmung konsequent auf die Anforderungen aus der Unternehmensumwelt auszurichten ist. Als Erster hat *Ansoff* (1918-2002) in seinem Buch ‚Corporate Strategy' im Jahre 1965 auf diesen Sachverhalt hingewiesen. Damit war das ‚concept fit' i. S. des **System-Umwelt-Fit** geboren" (Bea/Haas 2013: 16).

Diese Controlling-Funktion dürfte für Medienunternehmen, die sich ja im Zeichen der Digitalisierung und des Internet einer ausgesprochen rasanten Umweltentwicklung gegenübersehen und die ihre angestammten Geschäftsmodelle in Frage stellen müssen, von besonderem Wert sein.

> Als Beispiel für ein Controlling-Instrument, das die Anpassungs- und Innovationsfunktion betont, können Frühwarnsysteme genannt werden. Dies sind spezielle Informationssysteme, die mit möglichst großem zeitlichen Vorlauf auf Veränderungen der Umwelt, des Marktes und des Wettbewerbs aufmerksam machen sollen. Ziel ist es, alle Veränderungen zu registrieren, die einen nachhaltigen Einfluss auf die Entwicklung des Unternehmens nehmen können.

> Die Anpassungs- und Innovationsfunktion von Controlling „bezieht sich auf die Gestaltung von Systemen insbesondere der Informationsbereitstellung (z. B. Früherkennungssysteme)" (Küpper et al. 2013: 39.

(3) Die **Zielausrichtungsfunktion** bringt zum Ausdruck, dass Controlling als eine Methode zu sehen ist, mit der die ziel- und ergebnisorientierte Steuerung des Unternehmens verbessert werden kann.

> „Die Koordination der Unternehmensführung soll dazu dienen, die Unternehmensziele besser zu erreichen, als dies ohne Koordination möglich wäre. Daher liefert das Zielsystem die Kriterien, an denen sich die Koordination orientieren muss" (Küpper et al. 2013: 39).

Grundsätzlich kann die Zielausrichtung von Controlling im Kontext einer **Input-Output-Betrachtung** festgemacht werden (vgl. Gläser 2003: 147 ff.). Unter Input-Controlling kann ein Controlling-Konzept verstanden werden, das an den Einsatz von Produktionsfaktoren im Kombinations- bzw. Wertschöpfungsprozess von Sendungen und Programmen ansetzt. Als Zielgröße stehen die Kosten (absolut oder relativ z. B. als Sendeminutenkosten) im Mittelpunkt. Output-Controlling knüpft an die realen und bewerteten Leistungsgrößen wie Reichweite, Marktanteil, Kontakt-Leistung oder Umsatzerlös an. Die zielorientierte Koordination von Controlling im Sinne einer ganzheitlichen Steuerung wird die Optimierung von Output-Input-Relationen bzw. Erfolgsgrößen in den Blick nehmen. Wirtschaftliche Kenngrößen sind z. B.:

- Betrieblicher Erfolg: Kennziffern für die Wirtschaftlichkeit, Produktivität; EBIT, EBITDA, Deckungsbeitrag etc.;
- Unternehmensgesamterfolg: Eigenkapital-, Gesamtkapital-, Umsatz-Rentabilität, Return on Investment, Economic Value Added etc.;
- Finanzwirtschaftlicher Erfolg: Liquidität, Investitionen, Free Cash Flow, Working Capital etc.

Über die engere Output-Input-Betrachtung hinausgehend verlangt ein ganzheitliches Steuerungskonzept, diejenigen Wirkungen der Unternehmenstätigkeit in Betracht zu ziehen, die das Unternehmen „über den Tellerrand hinaus" ausübt. Gerade Medienunternehmen mit ihrer gesellschaftlichen und politischen Bedeutung sind gefordert, auch den größeren Zielzusammenhang ihres Tuns abzubilden. Dieser größere Zusammenhang kann mit dem Begriff „Outcome" bezeichnet werden. Unter **Outcome** sollen alle Wirkungen verstanden werden, die vom Unternehmen als dem „Mikro-Kontext" auf den „Makro-Kontext" ausgehen. Die sind Wirkungen auf das Individuum (z. B. Suchtgefahren von Computerspielen, Erweiterung von Wissen), Wirkungen auf die Gesellschaft (z. B. Integration, Sozialisation) und Wirkungen auf den politischen Kontext (z. B. Demokratiesicherung, Kritik und Kontrolle, Forum und Faktor der Meinungsbildung).

> Die Unterscheidung in die Kategorien Input, Output und Outcome ist für den Kontext des Kommunikations-Controlling von der Deutschen Public Relations Gesellschaft angeregt worden, wobei zusätzlich noch der Begriff „Outflow" eingeführt wurde (vgl. DPRG 2011: 13 ff.). Bezogen auf ein Kommunikationskonzept stellt Input die Aufwendungen dar, die den kommunikationsbezogenen Leistungen zugrunde liegen. Output markiert zum einen die Effizienz der Produktion kommunikativer Angebote und deren Qualität (interner Output), zum anderen die Reichweite und Verfügbarkeit der Kommunikationsangebote für die relevanten Stakeholder (externer Output). Unter Outcome wird die Wirkung auf die Bezugsgruppen (Stakeholder) verstanden, etwa die Wahrnehmung (Awareness) von Kommunikationsangeboten, die Nutzung oder Einstellungs- und Emotionseffekte. Als Outflow versteht das DPRG-Konzept die betriebswirtschaftliche Wirkung der Unternehmenskommunikation und damit den Beitrag der Kommunikation zur Erreichung finanzieller und strategischer Unternehmensziele.

(4) Schließlich ist Controlling v. a. durch seine **Servicefunktion** geprägt. Danach soll Controlling das Management bei der Entscheidungsfindung unterstützen, ohne selbst die Entscheidungsverantwortung zu haben. Der Controller trägt die Transparenzverantwortung, während dem Manager die Ergebnisverantwortung zukommt (vgl. Abb. 39-2; Quelle: Horváth 2011: 17). Hintergrund des Verständnisses von Controlling als Servicefunktion ist Annahme, dass das Management einer besonderen Unterstützung bedürfe, um ein ausreichendes Maß an Rationalität zu sichern (zur ausführlichen Auseinandersetzung mit diesem Aspekt vgl. Weber/Schäffer 2014: 37 ff.).

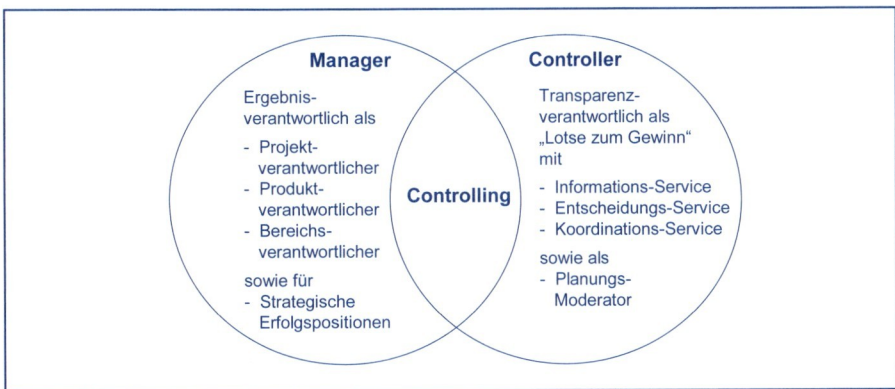

Abb. 39-2: Controlling als Schnittmenge von Manager und Controller

(5) In umfassender Hinsicht wird die Rolle von Controlling im **Controllerleitbild der IGC** (International Group of Controlling) verdeutlicht (vgl. Abb. 39-3; Quelle: Horváth 2011: 130).

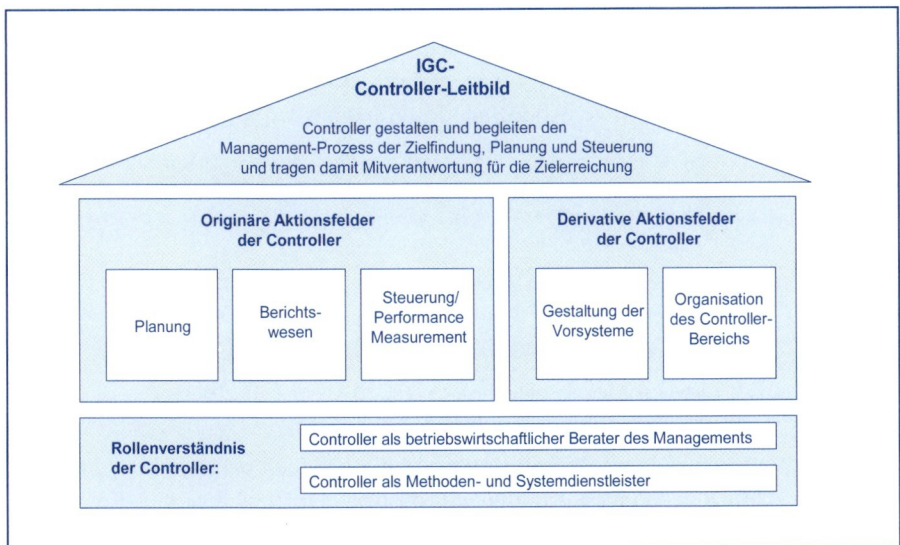

Abb. 39-3: Controller-Leitbild der International Group of Controlling

39.2 Controlling-Instrumente im Überblick

Vor dem Hintergrund der Funktionen, die das Controlling auszuüben in der Lage ist, stellt sich die Frage nach den instrumentalen Ansätzen. Controlling-Instrumente können – wie in Abb. 39-4 dargestellt – nach einer Reihe unterschiedlicher Kriterien differenziert werden.

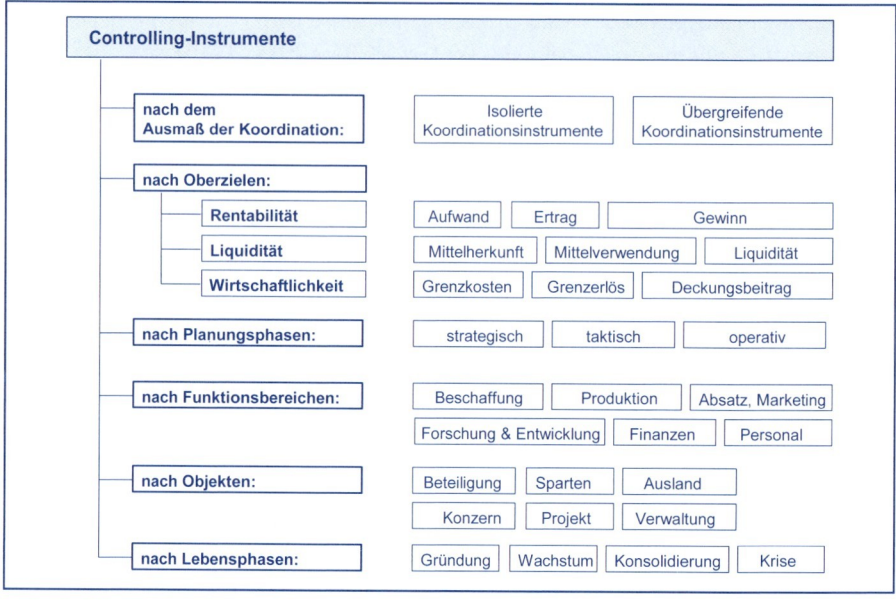

Abb. 39-4: Überblick über Controlling-Instrumente

(1) Im Hinblick auf das Ausmaß der Koordination sind **isolierte und übergreifende Koordinationsinstrumente** zu unterscheiden. Entscheidendes Kriterium dafür, ob ein Instrument als Controlling-Instrument gewertet werden kann, ist dessen Fähigkeit, systembildende und/oder systemkoppelnde Koordinationswirkungen herbeizuführen.

> Es ist wichtig, zu erkennen, dass nicht jedes Managementinstrument per se als Controlling-Instrument klassifiziert werden darf. Erst wenn ein Instrument eine ausgeprägte Fähigkeit besitzt, Koordination herzustellen („Koordinations-Power") und Steuerungswirkungen zu erzeugen, ist es zweckmäßig, dieses in den „Instrumentenkasten" von Controlling aufzunehmen.
>
> Diese Präzisierung wendet sich dezidiert gegen gelegentlich vorzufindende Darstellungen von Controlling, die jedes nur denkbare Instrument (z. B. die SWOT-Analyse, die Portfolio-Analyse, das Konzept des Produktlebenszyklus oder die Investitionsplanung) quasi automatisch in den Rang eines Controlling-Instrumentes heben. So ist z. B. die Deckungsbeitragsrechnung per se noch kein Controlling-Instrument. Erst wenn es sich um ein umfassendes, vergleichendes und zur Zielorientierung der Aktivitäten beitragendes allgemeines Steuerungsinstrument handelt, gewinnt sie an Controlling-Relevanz.

Zu unterscheiden sind Controlling-Instrumente, die lediglich partielle Koordinationsleistungen erbringen (isolierte Koordinationsinstrumente) und Instrumente, die auf eine übergreifende Koordination abstellen (übergreifende Koordinationsinstrumente). Abb. 39-5 gibt einen Überblick über diese Kategorie der instrumentalen Ansätze (vgl. Küpper et al. 2013: 47).

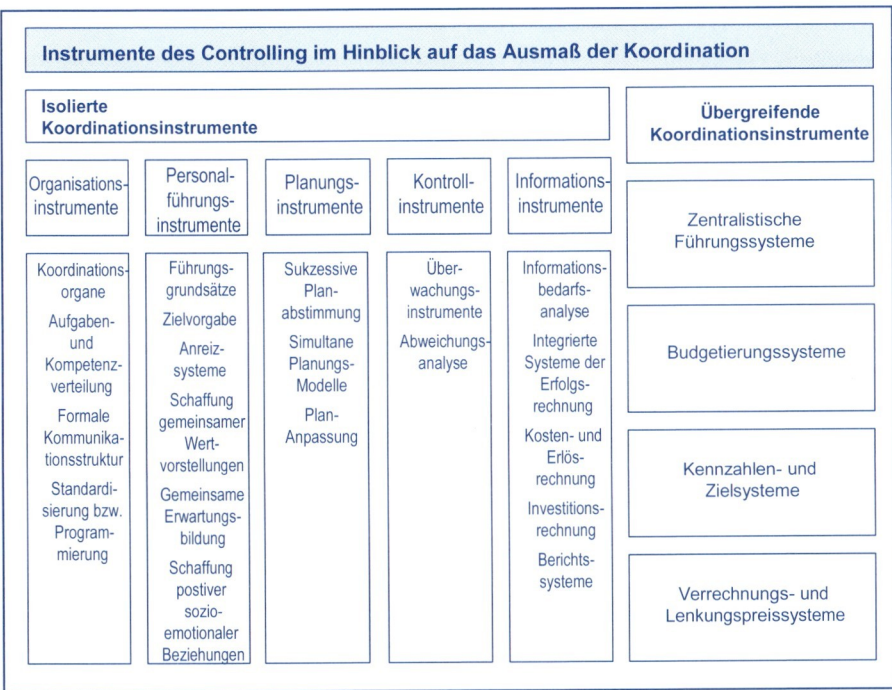

Abb. 39-5: Koordinationsinstrumente im Controlling

Die **isoliert eingesetzten Controlling-Instrumente** beziehen sich jeweils auf ein einzelnes Führungsteilsystem (Systembildung) oder auf Verbindungen zwischen den Führungsteilsystemen (Systemkoppelung). Insofern sind zu unterscheiden:

- Systembildendes Controlling: Instrumente zur Koordination der jeweiligen Führungsteilsysteme „in sich", also des Organisations-, Personalführungs-, Planungs-, Kontroll- und Informationsversorgungssystems;
- Systemkoppelndes Controlling: Instrumente zur Koordination der Führungsteilsysteme untereinander, wobei insbesondere die Koordination zwischen Planung, Kontrolle und Informationssystem sowie zwischen dem Organisationssystem und allen anderen Systemen von besonderer Relevanz ist.

Betrachtet man die **Koordination innerhalb der einzelnen Teilsysteme** der Führung, so ist festzustellen, dass nicht jedes Teilsystem gleichermaßen koordinierungsbedürftig ist. Ein besonders hoher Koordinationsbedarf wird v. a. dem Planungs- und Kontrollsystem sowie dem Informationsversorgungssystem beigemessen, während das Organisationssystem ohnehin auf die Koordinationsfunktion ausgerichtet ist.

„Die Koordination innerhalb einzelner Führungsteilsysteme wird erst dann zu einer eigenständigen Problemstellung, wenn sich in ihnen verschiedene Bereiche oder Instrumente nebeneinander entwickelt haben, zwischen denen enge Beziehungen bestehen. Dies setzt einen schon weit fortgeschrittenen Entwicklungsstand voraus. ... Deshalb betrifft dieser Aspekt nicht alle Führungsteilsysteme in gleichem Maße, auch wenn die Abstimmungsnotwendigkeit grundsätzlich für jedes Teilsystem vorliegt" (Küpper et al. 2013: 43).

Aus dem Tableau der **organisatorischen Instrumente** sind für das Controlling insbesondere die Aufgaben- und Kompetenzverteilung (Aufbauorganisation) und die Standardisierung bzw. Programmierung (Ablauforganisation) relevant. So gibt es bei der Festlegung der Aufgabenverteilung einen direkten Bezug zum Controlling: Je differenzierter und inhomogener die Aufgabenverteilung, desto höher ist der Koordinationsbedarf und umgekehrt. Ferner kann bei der Ablauforganisation versucht werden, durch eine Art Vor-Programmierung der Abläufe in Form von Richtlinien oder Verfahrensregeln einen hohen Koordinationseffekt erzeugen.

Was die **Personalführungsinstrumente** anbelangt, sind die sog. „weichen Faktoren", wie sie sich in der Unternehmenskultur niederschlagen (gemeinsame Wertvorstellungen, positive sozioemotionale Beziehungen), in ihrer Koordinationswirkung grundsätzlich hoch einzuschätzen. Insofern lassen sich gewisse Elemente und Effekte der Unternehmenskultur durchaus als Controlling-Instrumente interpretieren. Besondere Relevanz besitzen freilich die Führungsgrundsätze, Zielvorgaben und Anreizsysteme, die das Unternehmen praktiziert – vorausgesetzt, sie sind einer klaren Kodifizierung unterworfen. In diesem Lichte sind auch Führungsinstrumente wie Management by Objectives wegen ihrer koordinierenden Wirkung für das Controlling interessant.

> Die Koordinationswirkung von Management by Objectives (MbO) entfaltet sich aber nur dann, wenn das Unternehmen das MbO-Konzept systematisch zum Einsatz bringt, wie es z. B. bei Bertelsmann in Form der sog. „Zielsetzungs- und Beratungsgespräche" seit langem der Fall ist. Die „Z+B-Gespräche" gehören dort zu einer Gesprächsroutine in Form von Einzel- und Gruppengesprächen und stehen im größeren Zusammenhang eines umfassenden Konzepts der wirkungsvollen Gestaltung der Führungskultur.

> Schon vor einiger Zeit ist darauf hingewiesen worden, dass MbO zunehmend auch im Redaktionsmanagement Einzug hält: „Diese Führungstechnik kommt auch in Redaktionen inzwischen expliziter zum Tragen. So praktiziert die Hamburger Wochenzeitung DIE ZEIT sog. Jahresgespräche. Einmal im Jahr müssen Chefredakteur und Ressortleiter Rechenschaft über die eigene Arbeit ablegen und das Erreichte an den aktuellen Situationserfordernissen überprüfen. Darüber hinaus werden Ziele für das folgende Jahr vereinbart. ... Solche Zielvereinbarungen für journalistische Tätigkeiten beziehen sich heute in der Regel nicht mehr „nur" auf die publizistische Performanz der jeweiligen Redaktion, sondern schließen inzwischen immer stärker auch ökonomische Ziele mit ein – Auflagenhöhe, Verkaufszahlen oder Einschaltquoten. Arbeitet eine Redaktion nach modernen Managementkonzepten, ohne die publizistische Priorität aus den Augen zu verlieren, muss dies auch nicht gleich als Indikator für den Verlust der Unabhängigkeit oder eine schleichende Kommerzialisierung interpretiert werden" (Meckel 1999: 108).

Im Hinblick auf die **Planungsinstrumente** ist festzustellen, dass hier die Möglichkeiten zur koordinierenden Einwirkung besonders hoch sind, gleichzeitig aber auch ein besonders hoher Koordinationsbedarf innerhalb des Planungssystems vorliegt. Gründe für diesen Tatbestand sind:

- Um ein wirkungsvolles Gesamtplanungssystem generieren zu können, ist eine Vielzahl von Teilplanungen erforderlich. Diese Teilplanungen sind in sachlicher Hinsicht stark partikularisiert.
- Zwischen den Teilplanungen bestehen in hohem Maße Interdependenzen.
- Alle Bereiche des Unternehmens sind von Planung betroffen und an ihr beteiligt.
- Es kommen unterschiedliche Planungsmethoden zur Anwendung.
- Operative, taktische und strategische Planung müssen abgestimmt werden.

Planungsfokussiertes Controlling versucht die komplexe Planungsaufgabe unterstützend „in den Griff zu bekommen". Zentrale Herausforderung ist die Abstimmung aller Teilpläne sowie sicherzustellen, dass alle relevanten Planungen im Unternehmen auch tatsächlich vorgenommen werden. Der Zusammenhang zwischen Planung und Controlling zeigt sich in den folgenden Aspekten:

- Durchführung des Planungsprozesses: Permanente zeitliche und sachliche Koordination aller Planungsaktivitäten, Festlegung der terminlichen Abfolge der einzelnen Planungsstufen, Erarbeitung eines „Planungskalenders"; Motivation aller Unternehmensbereiche zur Planung; Beratung der planenden Verantwortungsbereiche (Kostenstellen); Evaluation und Konsolidierung aller Planungsaktivitäten;
- Entwicklung von Planungsverfahren: Festlegung der Planungsbereiche und der Planungsinhalte, Erstellung von Planungsrichtlinien; Empfehlung von Planungshilfen (Formularen); Entwicklung der grundsätzlichen Methodik der Planung, Erarbeitung eines Planungs-Handbuchs („Planning Guide").

Hauptaufgabe des **Kontrollsystems** ist es, Vergleiche zwischen einem vorgegebenen Soll und dem eingetretenen Ist herzustellen. Bei Abweichungen müssen deren Ursachen in Form von **Abweichungsanalysen** ermittelt werden. Direkt Controlling-relevant sind die Konsequenzen, die aus diesen Abweichungsanalysen gezogen werden, wie sie in Form des Änderungsmanagements in Erscheinung treten. Zwei prinzipielle Möglichkeiten bestehen, um auf Abweichungen zu reagieren:

- Änderung der Sollgröße (Planänderung);
- Einleitung von gegensteuernden Maßnahmen.

Nachfolgende Abb. 39-6 zeigt die Methodik von kontrollorientiertem Controlling auf.

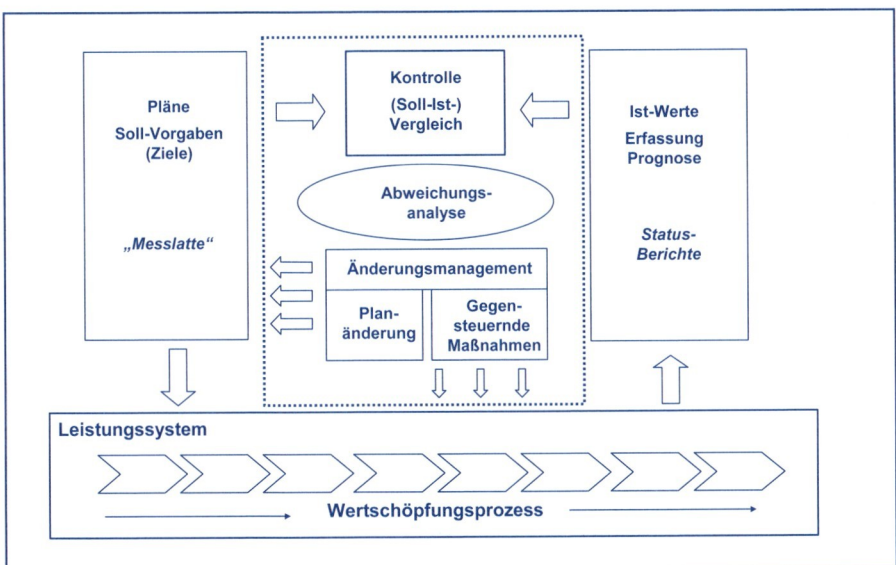

Abb. 39-6: Kontrollorientiertes Controlling-Konzept

Im Hinblick auf das **Informationsversorgungssystem** kommt der Kosten- und Erlösrechnung und den Systemen der Erfolgsrechnung eine herausragende Rolle als Controlling-Instrument zu. Allerdings ist auch hier zu betonen, dass die „Produkte" des Informationsversorgungssystems erst dann Controlling-Relevanz erlangen, wenn sie gezielt zur Koordination des Managementhandelns eingesetzt werden.

> „Die zentrale Aufgabe des Controlling in Bezug auf dieses Rechnungssystem liegt in seiner Ausrichtung auf die anderen Führungsteilsysteme. Deshalb stellt die Kosten- und Erlösrechnung kein unmittelbares Koordinationsinstrument dar. Vielmehr können ihre Verfahren und Informationen für Koordinationsinstrumente genutzt werden, und ihre Struktur ist so zu gestalten, dass eine möglichst gute Koordination der Führung erreichbar wird. Sie hat daher den Charakter eines unterstützenden (Hilfs-) Instruments für das Controlling. In entsprechender Weise können die anderen Systeme der Unternehmensrechnung wie insbesondere die Investition-, Finanz- und die Bilanzrechnung bzw. einzelne ihrer Verfahren zur Koordination von Führungsaufgaben herangezogen werden" (Küpper et al. 2013: 50).

Aus der Controlling-Perspektive bedeutet dies, dass an das erzeugte Informationsangebot gewisse Anforderungen gestellt werden müssen, damit sie für die koordinierende Funktion des Controlling geeignet sind: Die Informationen müssen entscheidungsorientiert aufbereitet werden, die Rechenwerke müssen integrierbar sein (etwa zur Verknüpfung von Erfolgs-, Finanz-, Investitions- und Kostenrechnung), die Informationen müssen geeignet sein, Übersicht herzustellen (z. B. in Form von Kennzahlen- oder Berichts- bzw. Reportingsystemen).

Die „Hohe Schule" des Controlling zeigt sich in den Koordinationskonzepten, die auf die ganzheitliche, übergreifende Koordination des Managementsystems abzielen. Zu unterscheiden sind **vier übergreifende Koordinationsinstrumente** (vgl. Küpper et al. 2013: 50 ff.): Zentralistische Führungssysteme; Budgetierungssysteme; Kennzahlen- und Zielsysteme; Verrechnungs- und Lenkungspreissysteme. Diese Instrumente werden unter 39.3 ff. gesondert beleuchtet.

(2) Die Unterscheidung der **Controlling-Instrumente nach Zielen** rückt die Sach- und Formalziele des Unternehmens in den Mittelpunkt. Controlling ist dann – in der Perspektive der Formalziele – dazu da, den Unternehmens-, Betriebs- und finanziellen Erfolg im Wege der Koordination zu steuern und abzusichern zu helfen. Wie bei der Erläuterung der Zielausrichtungsfunktion von Controlling erwähnt, können die Controlling-Instrumente auf Inputgrößen, Outputgrößen und/oder Output-/Input-Relationen ausgerichtet werden.

(3) Eine weitere Unterscheidung der Controlling-Instrumente bezieht sich auf die **Planungsphasen** bzw. die Reichweite des Steuerungskonzept. Zu unterscheiden ist hierbei das **operative vom strategischen Controlling**. Abb. 39-7 demonstriert die zeitliche Reichweite der beiden Controlling-Ansätze (in Anlehnung an Ebert/Koinecke/Peemöller 1995: 23): Im Sinne der Koordinations- und Servicefunktion von Controlling kommt dem **operativen Controlling** die Aufgabe zu, die kurzfristige, unmittelbare Steuerung der Prozesse mit Informationen, Analysen, Kennzahlen etc. zu unterstützen und für eine Abstimmung aller eingesetzten Management-Instrumente zu sorgen.

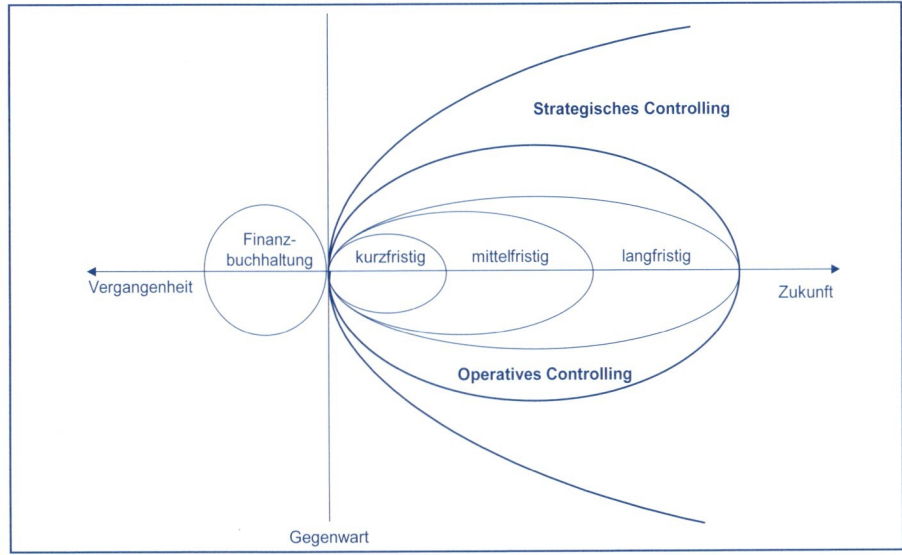

Abb. 39-7: *Operatives und strategisches Controlling im Kontext*

Operatives Controlling liefert also Hinweise, wann und in welcher Form ein steuernder Eingriff in den Betriebsablauf notwendig ist, bei einem privaten Wirtschaftsunternehmen also v. a. dann, wenn die Erreichung des Gewinnziels – als Vorsteuergröße für die Substanz- und Kapitalerhaltung – gefährdet erscheint. Hauptinstrument des operativen Controlling ist die Durchführung von Soll-Ist-Vergleichen und die Entwicklung von Vorschlägen zur Erreichung der kurz- und mittelfristigen Ziele.

Der Aufgabenkatalog des operativen Controlling stellt sich wie folgt dar (vgl. Ebert/Koinecke/Peemöller 1995: 20):

- „Service im Sinne der aktuellen Information der Führungsverantwortlichen sowie Planungs- und Entscheidungshilfe.
- Organisierte, rationalisierte und entlastende Informationsbeschaffung auf der Basis eines praxisgerechten, d. h. richtig dosierten Systems der Unternehmensplanung (Gesamt-Unternehmen und betriebliche Teilbereiche).
- Mitwirkung bei den Planungen, insbesondere den Abteilungen/Begründungen von Gesamt- und operativen Teilzielen.
- Dabei Zurverfügungstellung von in- und externen Daten sowie Aufzeigen von Auswirkungen zwischen den einzelnen Unternehmensbereichen.
- Rechnerische Prognosen und Simulationen zwecks Überprüfung von Zielen und Maßnahmen in Kenntnis rechnerisch abgesicherter Alternativen.
- Kontinuierliche Soll-/Ist-Vergleiche, vorrangig im quantitativen Bereich.
- Monatliche Ergebnisdarstellung („Action report") für das Gesamt-Unternehmen sowie die betrieblichen Teilbereiche im Sinne
  (a) der Soll-Ist-Darstellung vorrangig auf Basis von Kennzahlen und ihrer Kommentierung;
  (b) der Abweichungs-Begründungen;
  (c) der Präsentation von Maßnahme- bzw. ggf. auch von Ziel-Revisions-Vorschlägen;
  (d) unter Einschluss der Wechselwirkungen zwischen den einzelnen Unternehmens-Bereichen (Kosten, Erlöse, Kapazitätsauslastungen, Personaleinsatz).
- Durchführung von Sonderprojekten zwecks Kostensenkungen, Erlösverbesserungen, Effizienzsteigerungen, Investitionen."

Strategisches Controlling ist diejenige „Kraft" im Managementsystem, die dafür sorgen soll, dass eine wirkungsvolle Koordination der Führungsteilsysteme mit dem Fokus auf die langfristigen Erfolgs- und Entwicklungspotenziale erfolgt. Der Fokus liegt auf der Herstellung von Rahmenbedingungen für den innovationsbezogenen Informationsaustausch und auf der Rolle eines Koordinationspromotors im Hinblick auf die Existenzsicherung des Unternehmens (vgl. Sjurts 1995: 354 f.).

(4) Bei der Differenzierung der **Controlling-Instrumente nach Funktionsbereichen** entstehen Controlling-Felder, die sich zum einen nach dem betrieblichen Leistungs- bzw. Wertschöpfungsprozess, d. h. nach dem betrieblichen Kernprozess, zum anderen nach den Service- bzw. Unterstützungsfunktionen unterscheiden. Controlling im Kernprozess bedeutet:

- Beschaffungs-, Produktions-, Absatz-Controlling, Finanz-Controlling, Prozess-Controlling (Horváth 2011);
- Input-Controlling, Output-Controlling, Controlling der Input-Output-Relation (Köcher 2002, Gläser 2003);
- Controlling der Ressourcen, Prozesse, Leistungen (Geisler 2001).

Controlling-Funktionen, die stärker in den Serviceprozessen anzusiedeln sind, können unter anderem die folgenden Bereiche sein:

- F&E-Controlling;
- Personal-Controlling;
- Investitionscontrolling, Anlagen-Controlling;
- Projekt-Controlling;
- Qualitätscontrolling;
- Risiko-Controlling.

(5) Im Hinblick auf die **Controlling-Instrumente nach Objekten** sind die Aktivitäten auf Sparten oder Projekte ausgerichtet, ein Ansatz, der insbesondere im Konzern und bei Unternehmen, die in ausgeprägter Form Center-Konzepte betreiben, von hoher Relevanz ist. Controlling wird dabei umso bedeutsamer, je dezentraler die Unternehmens- und Organisationsstrukturen angelegt sind.

> Dezentralisierung wirft die Frage auf, wie das Controlling innerhalb der Struktur positioniert werden soll. So kann Controlling dominierend von der Zentrale betrieben werden oder stark auf dezentrale Geschäfte und Prozesse ausgerichtet sein (vgl. Picot/Böhme 1999). Koordinierungsaktivitäten der Zentrale sind z. B. Konzernstandards, strategische Steuerung oder Coaching (vgl. ebd. 47). Das dezentrale Controlling stellt demgegenüber besondere zusätzliche Anforderungen wie die Bereitstellung strategischer Daten auf der Ebene dezentraler Geschäfte oder das „Drill-down" des wertorientierten Rechnungswesens (vgl. ebd. 75).

(6) Weniger beachtet sind bislang die **Controlling-Instrumente nach Lebensphasen**, da sie vorrangig auf Sondersituationen ausgerichtet sind. Zu unterscheiden sind hier das Controlling im Kontext des Gründungsprozesses, Controlling von Wachstumsstrategien, Konsolidierungscontrolling sowie Krisen-Controlling.

Fallbeispiel Leistungs-Controlling: WDR-Programm-Controlling

Private werbefinanzierte Fernsehunternehmen steuern den Programmbetrieb vorrangig nach wirtschaftlichen Gesichtspunkten und verfolgen ein Steuerungsmodell, das sich an Deckungsbeiträgen von Sendungen orientiert (vgl. Geisler 2001, Köcher 2002, Becker/Geisler 2006). Das Controlling der Leistungen ist daher eng mit den Formalzielen verzahnt. Im Gegensatz dazu hat eine öffentlich-rechtliche Rundfunkanstalt einen Programmauftrag zu erfüllen und sollte ihr Controlling stärker auf die zu erbringenden Leistungen und speziell auf eine hohe Programmqualität ausrichten.

Ein Beispiel eines solchen Konzepts bietet das Programm-Controlling des WDR, wie es schon vor längerer Zeit eingeführt wurde (vgl. hierzu und im folgenden Tebert 2000):

„Im Programmcontrolling WDR Fernsehen wird die Qualität des Programms seit drei Jahren systematisch untersucht. Der Quote kommt im Controlling eine wichtige, aber keine vorrangige Bedeutung zu. Denn der Erfolg eines öffentlich-rechtlichen Fernsehprogramms kann – schon allein aufgrund des Programmauftrags – nicht nur über einen hohen Marktanteil oder eine hohe Reichweite bestimmt werden" (S. 85). „Das Programmcontrolling versteht sich in diesem Prozess der Optimierung nicht als Kontrolle, sondern als Dienstleistung für Redaktionen, Programmbereichsleiter sowie für die Programmplanung und -strategie. Es dient der Objektivierung und Transparenz von Diskussionen und Entscheidungen" (ebd.). Inzwischen wird das Programmcontrolling „als Dienstleistung geschätzt und genutzt. Anfängliche Widerstände und Skepsis gegenüber dem Verfahren konnten weitgehend abgebaut werden" (S. 93).

„Das Programmcontrolling basiert auf einem 3-Säulen-Modell aus Akzeptanz, Kosten und Qualität. Akzeptanz und Kosten sind relativ leicht bestimmbare quantitative Faktoren, Qualität ist deutlich schwerer zu bestimmen" (S. 85).

(1) Akzeptanz: „Akzeptanz misst den quantitativen Zuschauererfolg als Marktanteil und Reichweite in Nordrhein-Westfalen und bundesweit bei Zuschauern insgesamt (ab 3 Jahre) sowie bei Zielgruppen. Die Daten werden von der GfK Fernsehforschung ermittelt und von der WDR-Medienforschung aufbereitet" (ebd.).

(2) Kosten: „Unter dem Kostenaspekt werden im Programmcontrolling WDR Fernsehen die Gesamtkosten pro Jahr und die Kosten je Sendeminute (im Jahresdurchschnitt) erfasst. Derzeit können nur die direkten Kosten je Sendeminute berücksichtigt werden, nicht die indirekten Kosten, das heißt die Kosten, die durch die Inanspruchnahme von Leistungen innerhalb des WDR entstehen. Nach Einführung der innerbetrieblichen Leistungsverrechnung können innerbetriebliche Leistungen über marktorientierte Budgetpreise abgerechnet und zusammen mit den direkten Kosten den einzelnen Sendungen zugerechnet werden" (S. 86).

(3) Qualität: „Im WDR-Modell bestimmt sich Programmqualität über eine Vielzahl von Einzelkriterien, die von Genre zu Genre, aber auch von Sendung zu Sendung unterschiedlich sein können, nicht nur in ihrer Formulierung, sondern auch in Anzahl und Gewichtung. Es wird kein Standardkatalog verwendet, der für alle Sendungen gilt" (S. 86). Als übergeordnete Qualitätskriterien werden angesehen (vgl. S. 87): Verständlichkeit, Informationswert, Unterhaltungswert, Glaubwürdigkeit, Servicewert (Nutzwert), Vielfalt, Relevanz, Rechtmäßigkeit, Dramaturgie, Besonderheit/Uniqueness, Professionalität im Sinne von handwerklich-ästhetischer Umsetzung (Qualität von Kameraführung, Bildschnitt, Ton, Regie), Erfüllung des Programmauftrags, Beitrag zum Profil des Programms (z. B. WDR als Landessender für NRW), Resonanz (Preise, Auszeichnungen, Pressankündigungen und -kritiken), Repertoirefähigkeit (Wiederholbarkeit).

Über die Ergebnisse (Monitoring) der Sendungen findet ein intensiver Dialog mit den Redaktion statt mit dem Ziel der kontinuierlichen Selbstoptimierung: „Ist das Monitoring abgeschlossen, erhalten die Redaktionen einen Bericht zu ihrem Sendeplatz, in dem festgehalten wird, ob und inwieweit die Ziele aus dem Zielvereinbarungskatalog erfüllt sind. Es geht dabei nicht nur um die Qualitätsziele, sondern auch um Akzeptanz- und Kostenziele. Außerdem werden sie zu einem Gespräch eingeladen, das wieder in der Konstellation des Zielvereinbarungsgesprächs stattfindet. In diesem Gespräch werden die Ergebnisse des Programmcontrollings diskutiert. Sind Ziele nicht erreicht, werden mögliche Ursachen und Konsequenzen diskutiert. (S. 88).

39.3 Budgetierung

In der Praxis des Controlling nimmt die Budgetierung einen zentralen Platz ein. Der Grund ist, dass Budgetierungssysteme als besonders geeignet angesehen werden, um eine umfassende Koordination und Steuerung der Unternehmung zu unterstützen. Die Budgetierung gilt insofern ein herausragendes Controlling-Instrument im Sinne der übergreifenden Koordination. Tragender Grundsatz der Budgetierung ist das **Verursachungsprinzip**, nach dem die Verantwortung über Budgets, also über die Finanzmittel zur Abdeckung von Kosten, denjenigen organisatorischen Einheiten zugewiesen wird, die als Kostenverursacher zu gelten haben. Nachfolgend werden die Begriffe Budget, Budgetierung und Budgetierungssystem beschrieben.

(1) Der Begriff **Budget** sollte nicht – wie es oft geschieht – mit dem Begriff „Plan" bzw. „Wirtschaftsplan" gleichgesetzt werden. Nur bei Vorliegen bestimmter Attribute – v. a. dem Attribut der Zuweisung von Verfügungsgewalt über Finanzmittel an Entscheidungsträger – wird aus einem Plan ein Budget. Ein Budget kann insofern definiert werden als „formalzielorientierter, in wertmäßigen Größen formulierter Plan, der einer Entscheidungseinheit für eine bestimmte Zeitperiode mit einem bestimmten Verbindlichkeitsgrad vorgegeben wird" (Horváth 2011: 202).

Ein Budget kann je nach dem gewählten Unterscheidungsmerkmal höchst unterschiedlich definiert sein, wobei es nicht unbedingt – wohl wird dies aber die Regel sein – eine Wertdimension aufweisen muss.

Die folgenden **Formen von Budgets** können unterschieden werden (vgl. Abb. 39-8; Quelle: in Anlehnung an Horváth 2011: 204).

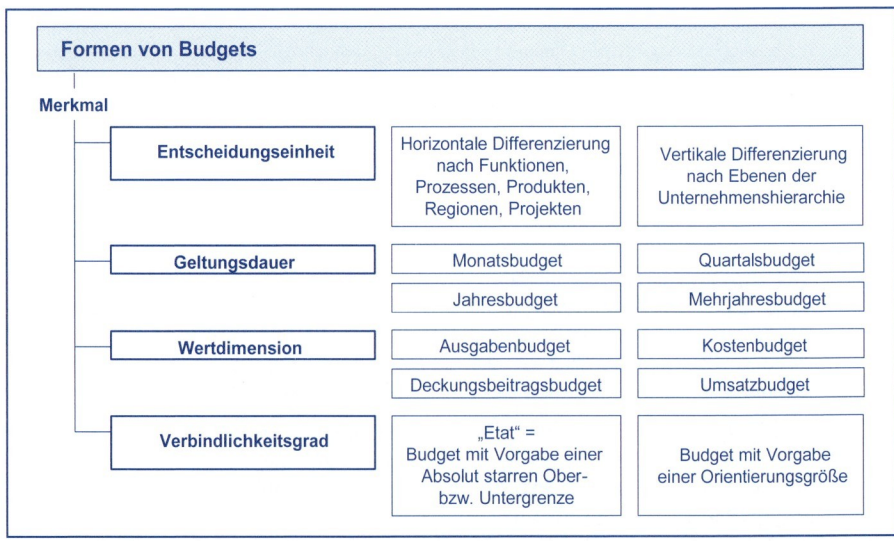

Abb. 39-8: Formen von Budgets nach unterschiedlichen Merkmalen

(2) Der Begriff der **Budgetierung** kennzeichnet das Arbeiten mit Budgets, wobei die ganze Variationsbreite für die Bestimmung eines Budgets ausgeschöpft werden kann, die weit über das „Standardbudget", den jährlichen Wirtschaftsplan, hinausreicht.

> „In der Praxis werden unter Budgets manchmal ausschließlich die eher kurzfristig und mit einem starken Verbindlichkeitsgrad ausgestatteten formalzielorientierten Pläne verstanden (,Jahresbudget'). Wir wollen diese Einschränkung nicht mitvollziehen ..." (Horváth 2011: 204).

Das entscheidende Kriterium der Budgetierung ist die **Delegation von Verfügungsgewalt über Ressourcen** an nachgelagerte Organisationseinheiten (z. B. Redaktionen, Produktionsabteilungen). Budgets definieren insofern den Handlungsrahmen, den die jeweilige Einheit in einem genau abgegrenzten Zeitraum besitzt und innerhalb dessen sich die Entscheidungen und Handlungen bewegen müssen. In der Regel bezieht sich die Budgetierung auf Finanzressourcen und auf einen kurzfristigen Planungszeitraum.

Budgetierung kann ferner als der Prozess verstanden werden, der von der Erstellung des Budgets, der Bewirtschaftung der Mittel bis zu Abweichungsanalysen reicht.

> „Unter Budgetierung wollen wir den gesamten Budgetierungsprozess verstehen, d. h. insbesondere Aufstellung, Verabschiedung, Kontrolle sowie Abweichungsanalyse" (Camillus 1984, zit. nach Horváth 2011: 205).

Die Steuerungsfunktion der Budgetierung ist umso effektiver, je mehr die im Budget definierten Größen von den Handlungen des betreffenden Bereichs abhängen (Beeinflussbarkeit), je höher ihr Zielbeitrag ist (Zielausmaß) und je weniger externe Bedingungen zur flexiblen Handhabung des Budgets zwingen (Flexibilität). Die Budgetierung wird vorrangig als Instrument operativer Wirtschaftlichkeitssteuerung eingesetzt.

(3) Unter einem **Budgetierungssystem** versteht man ein übergreifendes und ganzheitliches Konzept, das die organisatorischen Handlungseinheiten eines Unternehmens zu einem koordinierten, gesamtzielorientierten Handeln veranlassen soll.

> „Das Budgetierungssystem ist jenes Subsystem des Planungs- und Kontrollsystems, dem die formalzielorientierte Planung und Kontrolle zugeordnet werden kann" (Horváth 2011: 205 f.). Hinsichtlich der Subsysteme des Budgetierungssystems sei zu differenzieren in die
>
> - funktionale Sicht: Budgets (Budgetsystem), Budgetierungsaktivitäten;
> - institutionelle Sicht: Budgetierungsorgane, Budgetierungsprozess;
> - instrumentale Sicht: „ideelle" und „reale" Budgetierungsinstrumente.

Damit ein Budgetierungssystem seine volle Steuerungswirkung erreichen kann, müssen einige **Gestaltungsempfehlungen** befolgt werden, die auf das **Verhalten** der Beteiligten abzielen (vgl. Horváth 2011: 215 ff.):

- Budgets müssen sich auf klare Verantwortlichkeiten beziehen.
- Budgetvorgaben müssen messbar sein.
- Budgetvorgaben müssen seitens der Budgetverantwortlichen beeinflussbar sein.
- Budgetvorgaben müssen herausfordernd, aber erreichbar sein.
- Budgetvorgaben müssen einen Handlungsspielraum („budgetary slack") enthalten.
- Budgetverantwortliche sind am Budgetierungsprozess zu beteiligen.

> Zum Thema Budgetary Slack oder „Budget-Schlacken": „In diesen Zusammenhang gehört das Phänomen des „Organizational Slack" oder „Budgetary Slack" ... Es bezeichnet den Tatbestand, dass Vorgaben unter dem vom Aufgabenträger selbst für realisierbar gehaltenen und ggf. akzeptierbaren Wert liegen. Dies bedeutet vielfach, dass ihm mehr Ressourcen zur Verfügung stehen, als zur Durchführung seiner Aufgaben notwendig wären. Slacks lassen sich durch eine überhöhte Schätzung des Ressourcenbedarfs oder einer Unterschätzung realisierbarer Leistungen erzielen und insbesondere bei guter wirtschaftlicher Lage durchsetzen. ... Derartige „Reserven" führen zu verminderter Wirtschaftlichkeit und schleichender Ineffizienz. Andererseits können sie auch positive Verhaltenswirkungen auslösen, indem sie stabilisierend wirken, weil man beispielsweise auf Störungen rasch reagieren kann. Ferner ermöglichen sie die Erfüllung von Individualzielen, die durch formale Anreize zu wenig befriedigt werden, und beeinflussen die Motivation damit positiv. Zusätzlich kann der mit ihnen geschaffene Spielraum innovatives Handeln fördern" (Küpper et al. 2013: 348).

(4) Das Instrument der Budgetierung ist allseits sehr verbreitet, gleichzeitig aber nicht ohne **Kritik** geblieben. Die folgenden **Vorwürfe** werden der Budgetierung gegenüber erhoben (vgl. Weber/Schäffer 2014: 298): Die Budgetierung sei zu zeitaufwändig, zu inflexibel, zu wenig mit den strategischen Zielen verknüpft, zu stark auf rein finanzielle Steuerungsgrößen fokussiert, zu wenig an den Erfordernissen eines dynamischen Marktes orientiert und oft der Auslöser völlig unergiebiger „Budget-Spiele". Diese Vorwürfe sind nicht von der Hand zu weisen und haben zu Vorschlägen geführt, die von der Reform des klassischen Budgetierungssystems – **„Better Budgeting"** – bis zur völligen Abkehr von Budgets und von der Budgetierung – **„Beyond Budgeting"** – reichen.

> Nach Horváth (2011: 219 f.) will Better Budgeting „das bestehende Budgetierungssystem durch die Fokussierung der Planungsinhalte (funktionaler Aspekt) und durch die Verkürzung des Budgetierungsprozesses (institutioneller Aspekt) optimieren. Der funktionale Aspekt umschließt insbesondere:
> - Konzentration auf erfolgskritische Prozesse und damit Reduzierung der erforderlichen Budgets und finanziellen Vorgabegrößen,
> - Vereinfachung des Budgetsystems durch weitgehenden Verzicht auf die taktische Planungsstufe,
> - marktorientierte Ziele und Vorgaben anstelle von Budgetierung auf Basis der Fortschreibung,
> - schnelle Vorschauinformationen anstatt detaillierter budgetbasierter Prognoserechnungen,
> - Verlassen des Kalenderjahres und z. B. Übergang zur Meilensteinbudgetierung,
> - Reduzierung von Frequenz und Anzahl der Budgetkontrollen und damit Fokussierung des Reporting.
>
> Hinsichtlich der organisatorischen Gestaltung soll der Budgetierungsprozess flexibilisiert und verkürzt werden, indem:
> - die Top-down-Komponente der Aufbauorganisation gestärkt wird, um den Arbeits- und Zeitaufwand zu reduzieren,
> - der Budgetvereinbarungs- und -verabschiedungsprozess vereinfacht wird,
> - die operative Planung dezentralisiert wird."
>
> „Der Beyond Budgeting Ansatz verzichtet vollkommen auf Budgets. Traditionell von der Budgetierung übernommene Funktionen müssen daher durch andere Instrumente realisiert werden. Die Anwendung moderner Instrumente des Empowerment und des strategischen Managements, wie die Balanced Scorecard, vermeidet die Nachteile der Budgetierung und verwirklicht gleichzeitig einen effektiveren und effizienteren Steuerungsansatz. Dieser neue Steuerungsansatz unterstützt die Verknüpfung der operativen Planung mit der Unternehmensstrategie und fördert kontinuierliche Prozesse der Strategieentwicklung" (ebd. 220).

Mögliche Entwicklungen in diese Richtung stehen freilich erst am Anfang und dürften nur situationsabhängig als Leitlinie geeignet sein.

Budgetierung im öffentlich-rechtlichen Rundfunk

Alle öffentlich-rechtlichen Rundfunkanstalten wenden Budgetierungssysteme an, wobei deren Ausgestaltung im Einzelnen zum Teil erheblich differiert.

Die Frage der Budgetierung wird umso brisanter, je mehr Kapazitäten zur Eigenproduktion ein Rundfunk-Unternehmen vorhält, wie dies insbesondere bei den öffentlich-rechtlichen Rundfunkanstalten der ARD der Fall ist – im Gegensatz zu den privaten Veranstaltern, die das Outsourcing-Konzept nachhaltig betonen.

Im öffentlich-rechtlichen Rundfunk erfolgte die Budgetierung zunächst in relativ „zahmer" Weise, indem im Rahmen des Haushalts- bzw. Jahreswirtschaftsplanes nur die folgenden Aufwendungen den Redaktionen zur eigenverantwortlichen Bewirtschaftung übertragen worden waren: Honoraraufwendungen (d. h. Zahlungen an freie Mitarbeiter), Reisekosten und technischen Distributionskosten (Leitungskosten). Damit war ein vergleichsweise bescheidener Anteil von deutlich weniger als 30 Prozent der Gesamtaufwendungen der Budgetierung im Sinne der dezentralen Mittelbewirtschaftung unterworfen. Alle anderen Aufwendungen unterlagen der zentralen Bewirtschaftung.

Ab 1998 waren bei ARD und ZDF im Zeichen der sog. „Neuen Steuerung" intensive Bemühungen im Gang, die Budgetierung nachhaltig zu intensivieren. Ziel der Bemühungen war es, die zentrale Kostenartenverantwortung zu reduzieren und damit die dezentrale Kostenstellenverantwortung zu stärken. Der Anteil dezentral bewirtschafteter Budgets sollte stark erweitert werden mit dem Ziel, das Kostenbewusstsein zu erhöhen, die Aufgabenverantwortung besser mit der Mittelverantwortung in Einklang zu bringen und den Budgetverantwortlichen wirkungsvolle Planungs-, Steuerungs- und (Selbst-)Kontrollinstrumente zur Verfügung zu stellen. Gleichzeitig sollte das Konzept der Zielvereinbarungen als Führungsinstrument und die Einhaltung von Budgets als Maßstab für bedarfsgerechten Ressourceneinsatz eingeführt werden. Ferner sollten die internen Leistungsbeziehungen verstärkt auf der Basis von Marktpreisen verrechnet werden.

Inzwischen haben die Rundfunkanstalten zahlreiche Reformen vollzogen. Bildhafter Ausdruck für die Dezentralisierung der (Kosten-)Verantwortung ist die Tatsache, dass eine Kostenstelle inzwischen als Cost-, Service- oder Profit-Center verstanden wird, wobei die entscheidende Rolle die redaktionellen Einheiten (als Cost-Center) spielen. Sämtliche internen Beziehungen werden als Auftragnehmer-Auftraggeber-Beziehung interpretiert, deren Transaktionen im Sinne marktwirtschaftlicher Professionalität abgewickelt werden. Service-Denken steht im Vordergrund.

Aus inhaltlicher Sicht sind in die Budgetierung insbesondere die Anteiligen Betriebskosten sowie diverse andere Sachkosten einbezogen worden. Die „Anteiligen Betriebskosten" sind die durch Leistungsaufschreibung der Kostenstellen ermittelten Kosten, die zusammen mit den unmittelbaren Direktkosten die Einzelkosten ergeben. Gemäß der Zuschlagskalkulation werden auf die Einzelkosten durch Umlage die sog. Produktions- und Programmgemeinkosten addiert mit dem Ergebnis der Herstellkosten. Auf diese wiederum erfolgt durch Umlage der Zuschlag der Verwaltungsgemeinkosten mit dem Resultat der Selbstkosten. Die Gesamtkosten errechnen sich schließlich durch die Addition der Ausstrahlungs- und Abspielkosten, die als Umlage nach Sendeminuten bemessen werden.

Resultat der Budgetreformen ist eine Erweiterung der Reaktionsmöglichkeiten der Kostenstellen in ihrer Budgetsteuerung. So steigt durch die verstärkte dezentrale Budgetverantwortung die Zahl der gegenseitig deckungsfähigen Budgetpositionen an, woraus für die Bereichsverantwortlichen eine größere Flexibilität in der Ressourcensteuerung möglich wird.

Aus Controlling-Sicht ist die Service-Funktion der Abteilungen „Programmwirtschaft" in Fernsehen und Hörfunk besonders beachtenswert. Diese Organisationseinheit sorgt dafür, dass den Kostenstellenverantwortlichen laufende Informationen über ihr Ausgaben- und Obligo-Verhalten zugespielt werden. Diese Einrichtung ist überdies direkter Ansprechpartner im Budgeterstellungsprozess und Clearing-Stelle der Ressourcen-Anforderungen.

39.4 Kennzahlen- und Zielsysteme

Während das Controlling-Instrument der Budgetierung eine hohe Affinität zum Planungs- und Kontrollsystem aufweist, setzen **Kennzahlen- und Zielsysteme** vorrangig am Informationsversorgungssystem an.

> „Kennzahlen sind quantitative Daten, die als bewusste Verdichtung der komplexen Realität über zahlenmäßig erfassbare betriebswirtschaftliche Sachverhalte informieren sollen. ... Kennzahlen dienen mit anderen Worten dazu, schnell und prägnant über ein ökonomisches Aufgabenfeld zu berichten, für das prinzipiell eine Vielzahl relevanter Einzelinformationen vorliegt, deren Auswertung jedoch für bestimmte Informationsbedarfe zu zeitintensiv und aufwändig ist" (Weber/Schäffer 2014: 173).

Im Fokus des Managements privatwirtschaftlich organisierter Unternehmungen stehen üblicherweise die ökonomische Kennzahlen (vgl. Weber/Schäffer 2014: 174 ff.):

- Unternehmenserfolg: Umsatz-, Eigen-, Gesamtkapitalrentabilität, Return on Capital Employed (ROCE), Return on Investment (ROI);
- Betrieblicher Erfolg: EBIT, EBITA, EBITDA;
- Finanzieller Erfolg: Cash Flow;
- Wertorientierte Kennzahlen: Economic Value Added (EVA), Cash Flow Return on Investment (CFROI), Cash Value Added (CVA).

(1) Die selektive Verwendung **einzelner Kennzahlen** hat erhebliche Schwächen, da ihnen nur eine begrenzte Aussagekraft zukommt. Erst eine sinnvolle Kombination aus einem Tableau von Kennzahlen schafft relevante Aussagen. Entscheidend für das Controlling ist daher die Verwendung von Kennzahlen innerhalb eines **Kennzahlensystems**, um nicht der Gefahr eines „Kennzahlen-Friedhofs" zu erliegen. Ein wichtiges Kriterium für die Gestaltung von Kennzahlensystemen ist die Ausgewogenheit und Repräsentativität der Kennzahlen (vgl. Weber/Schäffer 2014: 193).

> „Kennzahlen werden häufig als Instrument des Controlling empfohlen und eingesetzt. Dabei besteht die Gefahr, eine solche Fülle von Kennzahlen zu ermitteln, dass ihre Vielfalt eine klare Analyse und/oder Steuerung eher verhindert. Dieses Problem verstärkt sich bei einer Verwendung als Indikatoren, wenn man keine genauen Vorstellungen über die Einflussgrößen und Zusammenhänge besitzt. Im Zweifel ermittelt man eher mehr Kennzahlen, um auf jeden Fall die relevanten einzubeziehen. Deren Herausfinden und Einschätzung bleibt dem Anwender überlassen. Dann kann es dazu kommen, dass jeder die Kennzahlen und die Interpretationen wählt, die seinen individuellen Zielen und Anschauungen am besten entsprechen" (Küpper et al. 2013: 480).

Weiterhin ist der Zusammenhang zu beachten, in dem die Kennzahlen zueinander stehen. Die folgenden Möglichkeiten bieten sich an (vgl. Weber/Schäffer 2014: 193):

- Mathematische Verknüpfung („Rechensystem"): Ein Musterbeispiel ist das Du-Pont System of Financial Control, das als „Stammvater" aller Kennzahlensysteme gilt (vgl. Weber/Schäffer 2014: 194 sowie Abb. 39-9);
- Sachlogische Verknüpfung („Ordnungssystem") als Ursache-Wirkungs-Zusammenhang. Musterbeispiel: Balanced Scorecard als komprimiertes strategisches Kennzahlensystem (vgl. ebd. 197 ff.);
- Reine Klassifizierung: Musterbeispiel ist das im Rahmen des Qualitätsmanagements entstandene EFQM-System (vgl. ebd. 202 ff.).

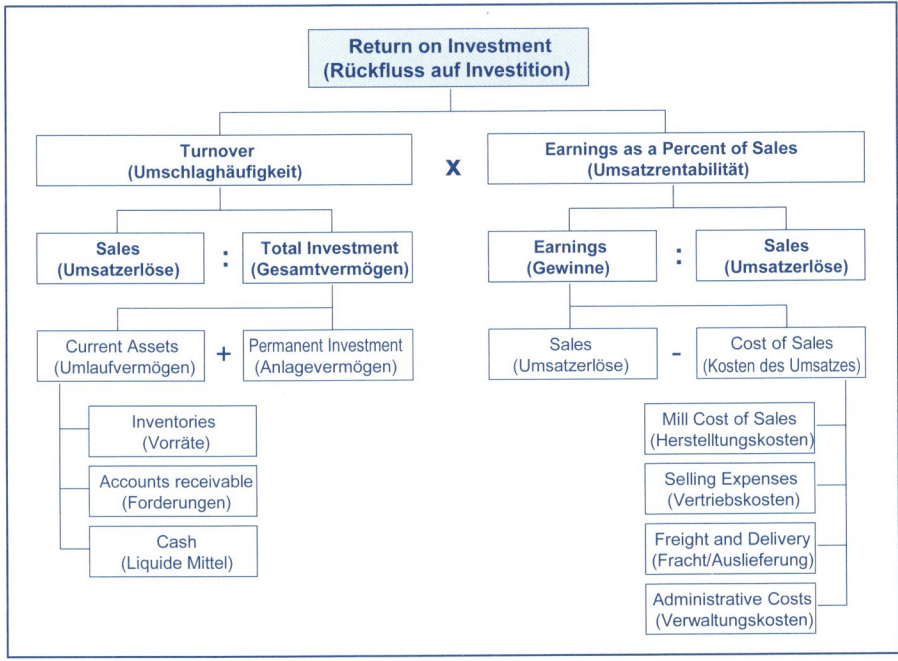

Abb. 39-9: *DuPont System of Financial Control*

(2) Die besondere Eigenschaft eines **Systems** an Kennzahlen besteht darin, dass eine Verkürzung der Information, eine Reduktion auf Zahlen und eine Verengung der relevanten Realität stattfindet und hingenommen werden muss, dass dafür aber eine Fokussierung auf Wesentliches möglich wird. Dies führt sofort zur Frage, in welche Richtung die Aufmerksamkeit des Nutzers eines Kennzahlen-Systems gelenkt werden soll. Gerade bei Medienunternehmen ist es wichtig, nicht nur auf ökonomische Tatbestände zu fokussieren, sondern breiter, im Sinne ihrer gesellschaftlichen und politischen Bedeutung, anzusetzen. Ein umfassendes Bild der wesentlichen Bereiche zu zeichnen und nicht nur partiell und lückenhaft spezielle Teilaspekte abzubilden, erscheint als eine echte Herausforderung. Ein besonderer Vorteil von Kennzahlensystemen liegt des Weiteren in der Möglichkeit, sie für Betriebsvergleiche („Benchmarking") zu verwenden (vgl. Schwertzel 1997).

Das Instrument des Benchmarking lässt sich wie folgt differenzieren (vgl. Ossadnik 2009: 321 ff.):

- Internes Benchmarking: Hier werden Vergleichsprozesse innerhalb des Unternehmens angestellt. Ziel ist es, innerbetriebliche „best practices" zu identifizieren und auf andere Unternehmensbereiche zu übertragen.
- Wettbewerbsorientiertes Benchmarking: Angestrebt wird, eigene Leistungslücken und Leistungsdefizite zu erkennen, wie sie im Vergleich zum schärfsten Wettbewerber bestehen.
- Funktionales Benchmarking: Im Fokus steht der branchenübergreifende Vergleich relevanter Unternehmensfunktionen.

Voraussetzung für alle Benchmarking-Konzepte ist die grundlegende Vergleichbarkeit der zu untersuchenden Tatbestände.

Kennzahlensystem im öffentlich-rechtlichen Rundfunk

Kennzahlensysteme für den öffentlich-rechtlichen Rundfunk folgen demselben Prinzip der Input-Output-Betrachtung. Allerdings gestaltet sich die Verifizierung der Output- bzw. Leistungsseite wegen des nur vage definierten Programm- und Funktionsauftrages schwierig. Zu unterscheiden sind:

- Kennzahlen der Input-Seite
- Kennzahlen der Output-Seite
- Output-Input-Relationen

Kennzahlen der Input-Seite: Das Input-Controlling der öffentlich-rechtlichen Rundfunkanstalten unterscheidet sich methodisch gesehen nicht von dem der privaten Veranstalter. Gleichermaßen ist insbesondere die Kennzahl der Kosten, hier v. a. in Form von *Minutenkosten* bzw. *Sendeminutenkosten*, interessant. Die relevanten Informationen ergeben sich aus dem standardmäßigen Rechnungswesen mit seinen Elementen (1) Bilanzrechnung, (2) Kosten- und Leistungsrechnung, (3) Statistiken und (4) Finanzrechnung. Für das Input-Controlling ist die Kosten- und Leistungsrechnung relevant.

Kennzahlen der Output-Seite: Die Leistung öffentlich-rechtlicher Rundfunkanstalten ist interpretationsbedürftig und im Hinblick auf den Programmauftrag nur schwer zu operationalisieren. Vier Stufen sind zu differenzieren:

(a) Basis aller Bemühungen bildet die Planung und Erfassung der quantitativen Programmleistung im Rahmen des sog. Leistungsplanes bzw. der Leistungserfassung. Im Zentrum steht eine detaillierte Sendezeitenplanung und -statistik, die den Programm-Output minutengenau nach den unterschiedlichsten Kriterien (Sendetypen, Eigen-, Co-, Kauf-, Auftragsproduktionen, Wiederholungen, interner Leistungsaustausch) abbildet. Die Rundfunkanstalten arbeiten laufend an Verbesserungen der Leistungsrechnung, u. a. im Hinblick auf Informationen zur Ausschöpfung von Zielgruppenpotenzialen oder den Grad der Zufriedenheit beim Publikum.

(b) Relevante Controlling-Informationen betreffen desweiteren die Rezeption durch das Publikum und decken sich, soweit der reale mengenmäßige Output angesprochen ist, mit dem Output-Controlling privater Rundfunkveranstalter. Hier finden die beiden Kenngrößen der Reichweite und des Marktanteils als Erfolgsgrößen für die Kontaktleistung Verwendung, einschließlich ihrer Differenzierung nach Zielgruppen, Sendungen etc. Auf Grund der Gebührenfinanzierung ist es allerdings nicht zweckmäßig, die Output-Seite monetär zu bewerten und etwa den Erlös von Sendungen ermitteln zu wollen. Der Anspruch der Ganzheitlichkeit der Finanzierung verbietet es, das Gebührenaufkommen auf einzelne Sendungen oder Sendestrecken herunter zu brechen. Selbst die Aufteilung auf Hörfunk und Fernsehen bereitet bei der ARD Zuordnungsschwierigkeiten.

(c) Das Output-Controlling der öffentlich-rechtlichen Rundfunkanstalten muss nun noch in einen erweiterten Bezugsrahmen gestellt werden: Danach ist es auf Grund des Programm- und Funktionsauftrages notwendig, die Output-Seite in erheblich umfassenderer Weise zu berücksichtigen und die Wirkungen der Programmarbeit sowohl auf der Personenebene als auch auf der gesellschaftlichen und politischen Ebene zu berücksichtigen, wodurch sich völlig neue Kenn- und Steuerungsgrößen ergeben. Zu fragen ist dabei, wie sich z. B. die positiven Beiträge zur Hebung des Informations- und Bildungsstands des Publikums oder die Funktion der gesellschaftlichen Integration oder der Demokratiesicherung in überzeugender Weise über Indikatoren ausdrücken lassen. Hier wird seit Bestehen des öffentlich-rechtlichen Rundfunks eine nicht enden wollende, kontroverse Diskussion geführt. Zunehmend wird dabei auch die Qualitätsfrage aufgerufen.

Output-Input-Relation: Angesichts der Schwierigkeiten, die Outputseite einfach und klar auszudrücken, kann es nicht verwundern, dass es für das Input-Output-Controlling keine in sich schlüssige Gesamtkonzeption gibt. Sehr wohl spielen auch die bei den privaten Rundfunkveranstaltern gebräuchlichen Kenngrößen wie z. B. das *Kosten-Kontakt-Verhältnis* eine Rolle. Aber wie gezeigt ist es schon nicht mehr zweckmäßig oder möglich, eine an Deckungsbeiträgen orientierte Erfolgsmessung zu praktizieren. Die Rundfunkanstalten haben sich daher in der Vergangenheit bemüht, eigenständige, aussagefähige Indikatorensysteme zu entwickeln, die auf die Belange des öffentlich-rechtlichen Rundfunks zugeschnitten sind.

Kennzahlen im Programm-Controlling privater TV-Sender

Werbefinanzierte private TV-Veranstalter sind darauf angewiesen, Controlling-Instrumente zum Einsatz zu bringen, die ihnen die konsequente Verfolgung ihrer kommerziellen Ziele ermöglichen. Anknüpfungspunkt hierfür können unterschiedliche Perspektiven sein: (a) Input, (b) Output, (c) Output-Input-Relation. Hieraus ergeben sich die folgenden Kenngrößen:

Als entscheidende Kennzahl („Spitzenkennzahl") gilt der Deckungsbeitrag, der sich als Differenz zwischen Umsatzerlös (aus Werbeaktivitäten) und variablen Programm-Kosten (ersatzweise Einzelkosten) errechnet. Die Kennzahl des Deckungsbeitrags lässt sich herunterbrechen und in ein Kennzahlensystem transformieren, das die Kosten- und Werttreiber des betrieblichen Erfolgs sichtbar macht (vgl. nachfolgende Abbildung; Quelle: Köcher 2002: 214):

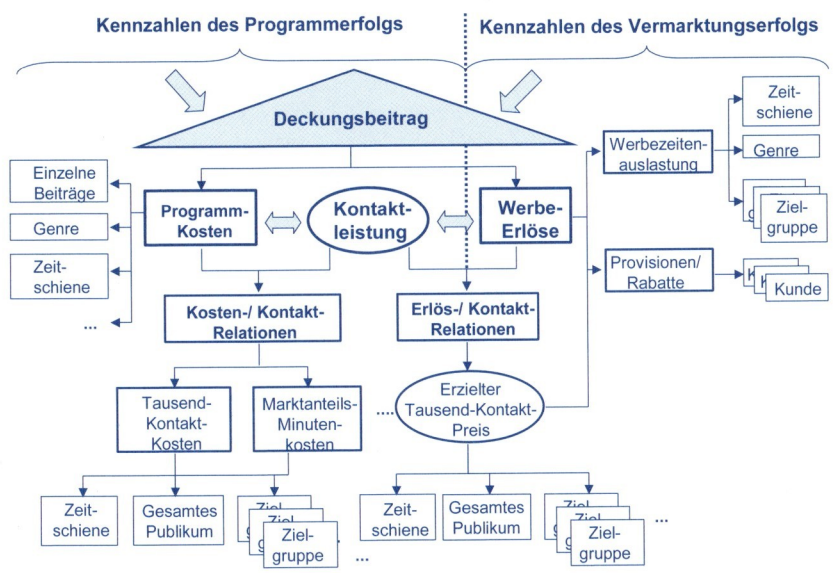

Hier wird sichtbar, dass sowohl auf der Kosten- als auch auf der Erlösseite zahlreiche solcher „Treiber" relevant sind. Entscheidende Bedeutung erlangen Kennzahlen, welche die Kosten und die Erlöse mit den hergestellten Kontakten (Brutto-Reichweite) in Beziehung setzen – zum einen sind dies die Tausend-Kontakt-Kosten, zum anderen die Tausend-Kontakt-Preise. Dies bedeutet gleichzeitig, dass der Output-Größe „Kontakt-Leistung" – als Menge der vom Sender hergestellten Kontakte – eine zentrale Rolle zukommt (entsprechend visualisiert). Bedeutende Vertiefungen dieses Kennzahlensystems liefert die Differenzierung der Betrachtung z. B. nach Zielgruppen.

Die relevanten Kennzahlen zerfallen also in die beiden Gruppen der Input- bzw. Kosten-Kennzahlen und der Kennzahlen auf der Output- bzw. Leistungs-Seite, dort insbesondere in die Kontakt-Kennzahlen.

Bei den *Kosten-Kennzahlen* sind zwei Fragenkreise zu beachten: (a) Frage der Bezugsgröße: (b) Frage der Ermittlung der Kosten.

Zu (a): Als Bezugsgrößen für die Ermittlung der Kosten bieten sich an:
- Einzelne Beiträge: Anknüpfungspunkt ist die formale Programmstruktur (Programmschema), woraus sich die einzelnen Sendungen und deren gegenseitige Abgrenzung definieren.
- Genre: Anknüpfungspunkt ist der Inhalt, nach dem sich Sendungen in unterschiedliche Typen unterscheiden lassen, z. B. Information, Bildung, TV-Spielfilm, Reportage etc.
- Zeitschiene: Als kleinste Zeiteinheit bietet sich die gesendete Minute an, die in der Praxis als „Währungseinheit" allseits hoch geschätzt wird. Denkbar sind aber auch andere Standard-Bezugsgrößen wie Stunde, Tag, Woche, Monat oder Jahr.

Zu (b): Zu unterscheiden ist zwischen einmaliger und mehrmaliger Ausstrahlung der Sendungen. Bei einmaliger Ausstrahlung werden die Programmkosten durch die Anschaffungs- und Herstellungskosten repräsentiert, während im Falle von Wiederholungen zusätzlich noch ein Abschreibungsfaktor zur leistungsbezogenen Verteilung der Kosten des Sendematerials zu berücksichtigen ist. Neben dieser Unterscheidung wird auch die Aufteilung nach fixen und variablen Kosten auf ein besonderes Interesse stoßen, um Aussagen über die Steuerbarkeit, Beeinflussbarkeit und die verursachungsgerechte Zuordnung von Kosten zu gewinnen.

Leistungs-Kennzahlen setzen am Resultat des Wertschöpfungsprozesses an, d. h. am Vorgang der Erzeugung der Fernsehprodukte. Unter Leistung ist die Herstellung von Kontakten (bzw. genauer von Kontakt-Chancen) für die werbetreibende Wirtschaft als Zugangsmöglichkeit zu verstehen. Man spricht auch von „Kontakt-Leistung", „Kontaktmenge" oder „Kontaktleistungsmenge". Über die durch den Sender hergestellten Kontakte besitzt die Werbewirtschaft einen kommunikativen Zugang zu den ins Auge gefassten Zielgruppen und erhöht ihre Chancen zur Absatzsteigerung ihrer Produkte. Der Fernsehsender muss dabei die angebotene Kontaktleistung innerhalb einer Kontakt-Erfolgsrechnung – möglichst weit gehend ausdifferenziert nach Zielpublika – erfassen, nachweisen und erläutern können.

Nachfolgend sei die Methodik der Integration von Input- und Outputbetrachtung noch einmal anhand einer Grafik verdeutlicht (Quelle: Köcher 2002: 162).

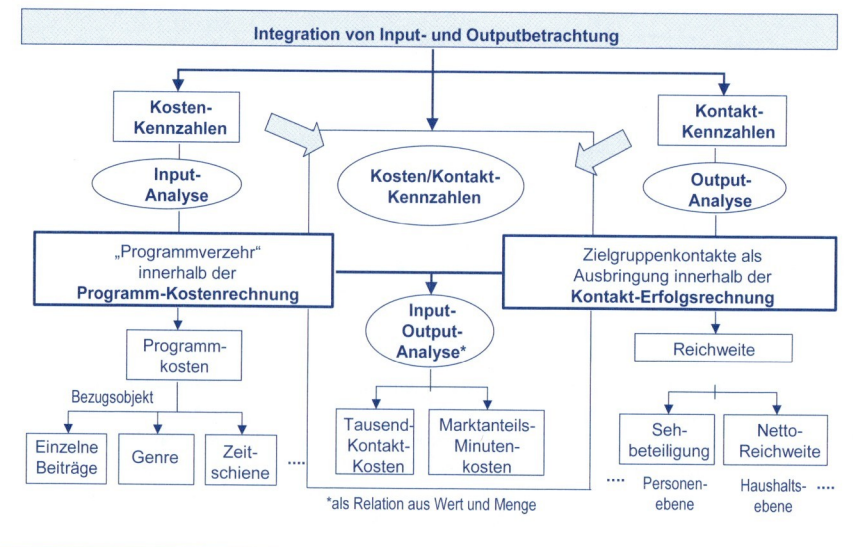

39.5 Verrechnungs- und Lenkungspreissysteme

Der letzte Controlling-Ansatz im Sinne eines übergreifenden Koordinationsinstruments orientiert sich an der innerbetrieblichen Lieferungs- und Leistungsverflechtung. Voraussetzung dieses Ansatzes ist, dass das Unternehmen ausreichend groß ist, um funktional oder divisional in Bereiche mit eigener Entscheidungskompetenz gegliedert werden zu können. Er folgt dem Grundgedanken, den Wert auch der internen Transaktionen im Denken und Handeln aller Beteiligten bewusst zu machen und dadurch zu einer besseren Ressourcensteuerung zu kommen. Dadurch, so die Annahme, setzt man Impulse, dass die Entscheidungen – quasi automatisch wie in einem freien Markt – aufeinander abgestimmt und auf das Gesamtziel des Unternehmens ausgerichtet werden. Die Bereiche sollen ihre Entscheidungen wie selbständige Unternehmen treffen und sich ausschließlich an ihren Bereichserfolgen orientieren (vgl. Küpper et al. 2013: 515). Zur entscheidenden Steuerungsgröße werden damit die **Verrechnungspreise**, die als **Lenkungspreise** fungieren.

> „Der Bereichserfolg dezentraler Einheiten hängt maßgeblich von den Preisen ihrer Einsatz- und Ausbringungsgüter ab. Soweit sie diese von anderen Bereichen derselben Unternehmung beziehen bzw. an sie liefern, bieten deren Verrechnungspreise einen weiteren Ansatz zur Koordination. Bei derartigen *Verrechnungspreisen* handelt es sich um in der Unternehmung selbst festgelegte Werte für eingesetzte bzw. abgesetzte materielle und immaterielle Güter" (Küpper et al. 2013: 515).

Die besondere Leistung dieses Ansatzes liegt darin, dass die Bereichsleiter zwar ihre jeweils eigenen Bereichsziele verfolgen und definieren, dadurch aber gleichzeitig – quasi automatisch – das Unternehmensziel erfüllen.

> Der Ansatz erinnert an die Metapher der „unsichtbaren Hand", wie sie Adam Smith für den Marktmechanismus 1776 in seinem grundlegenden Werk „Wealth of Nations" formulierte.

Aus methodischer Sicht stellt sich bei Verrechnungspreissystemen die Frage, welchen Bewertungsmaßstäben die Verrechnungspreise folgen sollen, damit sie eine maximale Koordinationswirkung entfalten können. Als Alternativen kommen Marktpreise oder Kosten infrage (vgl. ebd. 519 ff.):

- Für die marktorientierte Preisbestimmung spricht, dass sie kaum manipulierbar ist und insofern die Erfolgsermittlung unverfälscht sichtbar macht. Voraussetzung ist dabei freilich, dass die Herleitung der Marktpreise einer klaren Logik folgt.
- Kostenorientierte Verrechnungspreise können von Ist-, Normal- oder Plankosten ausgehen und Voll-, Grenz- oder Opportunitätskosten repräsentieren. Im Hinblick auf zukunftsgerichtete Entscheidungen ist der auf Plankosten und Vollkosten fokussierten Verrechnung der Vorzug zu geben.

Die Bedeutung der Verrechnungspreise als Controlling-Instrument ist umso größer, je umfangreicher die innerbetriebliche Leistungsverflechtung ist.

> Das Controlling-Instrument der Verrechnungspreise lässt sich wie folgt nach unterschiedlichen Arten differenzieren (vgl. Ossadnik 2009: 247 ff.):
> - Marktorientierte Verrechnungspreise;
> - Verhandlungsorientierte Verrechnungspreise;
> - Kostenorientierte Verrechnungspreise: (a) vollkostenorientiert. (b) grenz- bzw. opportunitätskostenorientiert.

Verrechnungspreise in der Fernsehproduktion von ARD/ZDF

Die Möglichkeit, über Verrechnungspreise die Koordination dezentraler Einheiten vorzunehmen, ist auch bei den öffentlich-rechtlichen Rundfunkanstalten längst erkannt. Seit Jahren findet eine intensive Diskussion und auch kontroverse Auseinandersetzung über geeignete Konzepte statt. Einigkeit herrscht dahingehend, dass allseits die hohe koordinative Leistungsfähigkeit von Verrechnungspreisen erkannt und anerkannt akzeptiert wird und alle Anstalten sich bemühen, tragfähige Konzepte zu entwickeln.

Festzustellen ist, dass bei den öffentlich-rechtlichen Rundfunkanstalten im Produktionsbereich unterschiedliche Steuerungskonzepte Anwendung finden, jedoch stets getragen von dem Ziel, einer effizienten Ressourcensteuerung möglichst nahe zu kommen. Die Anstalten haben sich in der neueren Vergangenheit intensiv und wissenschaftlich gestützt mit der Thematik befasst (vgl. v. a. Kops 2001, Sieben/Kops 2001, Frese 2003).

Kernpunkt ist die Auseinandersetzung um zwei mögliche Steuerungsmodelle, die hinsichtlich ihrer Wirksamkeit kontrovers diskutiert werden (vgl. Susallek in Sieben/ Kops 2001: 355 ff.):

- Mengenorientierte Steuerung
- Wertorientierte Steuerung

„Die *mengenorientierte Steuerung* folgt dem Grundgedanken, dem Zielkonflikt zwischen Sach- und Formalziel insofern zu begegnen, als getrennte Verantwortungsbereiche gebildet werden, die aufgrund ihrer Nutzenpräferenzen zwischen dem inhaltlichen (Programm) und wirtschaftlichen Aspekten (Produktion) der Programmrealisation durch einen Konsens (Vier-Augen-Prinzip) entscheiden. Die Präferenzen der Programmseite beziehen sich in erster Linie auf Inhalt und Form des zu produzierenden Programms, während die Produktionsseite schwerpunktmäßig die finanzielle, organisatorische und produktionstechnische, d. h. wirtschaftliche Abwicklung der Programmrealisation im Auge hat. Die laufende Koordination von Programm und Produktion bezieht sich im wesentlichen auf Programminhalte, Kosten sowie Kapazitätsverbrauch und Auslastung. Hauptindikator der Zielerreichung ist der Auslastungsgrad der Eigenkapazitäten und der Soll-/Ist-Vergleich zwischen geplanter und tatsächlicher Kapazitätsnutzung (Mengensteuerung) sowie die Einhaltung der Budgets (direkte Kosten) und Überwachung der anteiligen Betriebskosten" (S. 356).

„Als Wirkungsmechanismus der *wertorientierten Steuerung* dienen marktinduzierte Größen nach der These, dass Steuerungskräfte des Marktes zu einer optimalen Ressourcenallokation führen, da Marktteilnehmer bestrebt sind, ihren Nutzen zu maximieren. Hierbei wird das Ziel verfolgt, interne und externe Produktionsressourcen gleichwertig über Verrechnungspreise (Wertsteuerung) zu steuern, um auf Gesamtkostenbasis die Effizienz interner Produktionsprozesse und Organisationseinheiten aus denen externer Anbieter am Markt ableiten zu können. Organisatorische Voraussetzung dieses Modells ist eine sogenannte Centerorganisation, bei der Programmbereiche (Auftraggeber) Aufträge an Produktions- und Verwaltungsbereiche (Auftragnehmer), die als Service- oder Cost-Center organisiert sind, oder an externe Anbieter vergeben und diese aus ihrem Budget, bewertet zu Marktpreisen, bezahlen.

Hierzu werden Budgets auf Gesamtkostenbasis geplant, aus denen sämtliche interne Ressourcen und externe Leistungen bezahlt werden müssen, d. h. die Bewirtschaftung der Kosten erfolgt aus einem Budget (Ein-Budget-Modell). Programmplanungsentscheidungen werden durch das Programm gefällt, wobei die Produktionsbereiche als Beratungsorgane fungieren. Die operativen Mengenkapazitäten werden in den Service-Centern der Produktion geplant. Hauptindikator der Zielerreichung ist zum einen die Ergebnisrechnung der Service-Center, für die der spezifische Erfolgsbeitrag aufgrund der erwirtschafteten Erlöse und zugerechneten Kosten ermittelt wird, woraus langfristig eine Aussage über die Wirtschaftlichkeit dieser Produktionsbetriebe im Marktvergleich getroffen werden kann. Zum anderen ist die Einhaltung der Budgets auf Gesamtkostenbasis auf der Programmseite wesentlich. Die Marktorientierung dieses Steuerungsmodells erfordert die Institutionalisierung eines umfassenden Controllingsystems, da einerseits kontinuierlich verbindliche Marktpreise sowie die notwendige Kostenzuordnung im Rahmen einer innerbetrieblichen Kosten- und Leistungsrechnung ermittelt, andererseits alle Beteiligten mit den notwendigen Informationen versorgt werden müssen" (S. 356 f.).

Fallbeispiel Producer Choice bei der BBC

Die BBC Großbritanniens gilt als die älteste und weltweit angesehenste öffentlich-rechtliche Rundfunkeinrichtung. Dennoch steht sie seit jeher unter einem besonderen Druck, ihre Existenzberechtigung nachweisen zu müssen. Anschauliche Beispiele liefern die jeweiligen – mehrjährigen – Diskussionen beim Ablauf der jeweils zehnjährigen Laufzeit der Royal Charter, der rechtlichen Basis der Existenz der BBC (aktuell 2007 bis 2017). In diesem Kontext agierte die BBC insbesondere mit dem Zugeständnis von Versprechungen („Promises"), mit denen sie in der Öffentlichkeit punkten wollte. Vier Varianten der Promises artikulierte sie 1996 (vgl. Woldt 2002: 204 f.) (1) „Core Promises": BBC schafft „value for money", sie sichert einen hohen Programmstandard, sie arbeitet effizient, alle Angebote stehen universell zur Verfügung, sie sichert Accountability. (2) „Continuing Commitments": Hier werden konkrete Mindeststandards als dauerhafte Verpflichtungen definiert (z.B. 80 % der Programmstunden werden in Großbritannien produziert. (3) „Objectives": Beschreibung konkreter Ziele. (4) Konkrete „Promises" (z.B. Angebot von Lernmaterialien für Schulen auf BBC Online.

Vor diesem Hintergrund hat die BBC nach heftig geführten Diskussionen im Vorfeld der Royal Charter im Jahre 1996 das Modell des sog. „Producer Choice" für die Steuerung der Produktionskapazitäten eingeführt. Dabei handelt es sich um ein Modell der wertorientierten Steuerung von Ressourcen.

Producer Choice wird von Seiten der BBC wie folgt beschrieben (Carter 1999: 130): „Um eine effizientere Nutzung interner Ressourcen zu erzielen und sichtbar zu machen, wurde das Instrument des internen Marktes gewählt. Nach einem vorgegebenen Schlüssel werden Gelder den Programmbeauftragten direkt zugewiesen. Die Beauftragten weisen die Gelder auf der Basis spezieller Verträge wiederum interner und externer Programmherstellung zu. Die Producer können nun auf der Grundlage üblicher Entscheidungskriterien wie Qualität, Vertrautheit und Leistung frei zwischen internen und externen Ressourcen wählen. Die BBC wurde faktisch in zwei Gruppen geteilt – in „Käufer", bestehend aus den Abteilungen für die Programmproduktion, und in „Verkäufer", bestehend aus den Ressourcen- und Dienstleistungseinheiten. Von beiden Parteien forderte man Kostendeckung, und man ging davon aus, dass Ressourcen, die ihre Kosten über einen längeren Zeitraum hinweg nicht decken können, wegfallen werden. Kurzfristig konnten nicht genutzte Kapazitäten auch extern vermarktet werden."

Die Ziele bei der Einführung von Producer Choice waren hochgesteckt (vgl. ebd.): Freisetzung von Mitteln für die Programmherstellung, mehr originelle Programme, reichhaltigere Mischung des Programmangebots mit mehr Fernsehspiel, Wissenschaft und anderen teuren Genres. „Einen weiteren positiven Effekt erwartete man dadurch, dass den Producern der BBC der Zugang zum externen Ressourcenmarkt eröffnet wurde. Dieser Markt existierte bereits und bediente kommerzielle Produzenten und die Werbeindustrie. Man erwartete, dass dieses erweiterte Angebot die Qualität erhöhen würde und/oder die Kosten für die Ressourcen, die für die Herstellung von BBC-Programmen verwendet werden, reduzieren würde." Laut Einschätzung der Verantwortlichen ist Producer Choice ein Erfolgsmodell (vgl. S. 135).

Bezogen auf die Diskussion bei den öffentlich-rechtlichen Rundfunkanstalten Deutschlands verkörpert das Modell des Producer Choice das oben skizzierte Ein-Budget-Modell, dem z. B. das ZDF, der SWR oder der MDR explizit oder tendenziell folgen. Demgegenüber folgen z. B. der WDR und der NDR weiterhin der „guten alten" mengenorientierten Steuerung, das mit den Etiketten „Vier-Augen-Prinzip" (NDR) oder „Zwei-Budget-Prinzip" (WDR) versehen ist (vgl. die Beiträge in Sieben/Kops 2001). Bei der Diskussion um das richtige Konzept tut sich auch die Wissenschaft schwer, so dass nicht automatisch von der Vorteilhaftigkeit der wertorientierten Steuerung ausgegangen werden darf.

Angesprochen ist die Grundsatzfrage der Art der Steuerung eines Unternehmens, das sich zwischen Plan-, Markt- und Selbststeuerung bewegt. Jeder Ansatz hat seine eigenen Stärken und Schwächen, so dass ein situativer Ansatz geboten erscheint. Wichtig ist jedenfalls die folgende Erkenntnis: „Die Entwicklung und Implementierung von Organisations- und Steuerungssystemen gehört zu den Kernaufgaben jeder Leitung. Das gilt für die Leitung einer öffentlich-rechtlichen Rundfunkanstalt genauso wie für das Top-Management einer Industrieunternehmung. Die Entscheidung, ob, Selbststeuerung, Plansteuerung oder Marktsteuerung die Leitlinien der Organisationsgestaltung bilden sollen, hat führungspolitischen Rang" (Frese in Sieben/Kops 2001: 309).

39.6 Design eines wirkungsvollen Controlling-Systems

Angesichts der äußerst vielschichtigen Thematik ist abschließend die Frage zu stellen, wie Controlling wirkungsvoll zu betreiben ist. Es besteht immerhin die Gefahr, dass zwar viele Controlling-Instrumente zum Einsatz kommen, dass sich aber wegen des unsystematischen Charakters des Mitteleinsatzes die Wirkungen konterkarieren und ins Gegenteil umschlagen. Notwendig ist also ein Controlling-System, das diesen Namen verdient.

Als Anstöße hierzu sollten die folgenden Gestaltungskriterien beachtet werden:

- Einfachheit: „Schlankes Controlling";
- Wirksamkeit: „Behavioral Controlling";
- Organisiertheit: Klare Controlling-Organisation;
- Technikunterstützung: Geeignetes technisches „Controlling-System";
- Ganzheitlichkeit: Abkehr vom Einzelfall-Controlling und Hinwendung zur ganzheitlichen Steuerung.

(1) Das Kriterium der **Einfachheit** des Controlling-Systems verlangt den Verzicht auf Unwesentliches und das Herausstellen der essentiellen Informationen. Tendenziell wird man „schlankes" Controlling („Lean Controlling") konzeptionell betonen. Vereinfachung ist nur zu erreichen, wenn die Bereitschaft besteht, Verzicht zu leisten und nicht alles zu machen, was möglich ist, was „nice to have" ist.

> Ein Umdenken der Controller in diese Richtung wird nachhaltig von Weber gefordert (2004: 45 f.):
> - „Verständnisprobleme wie Know-how-Probleme des Managers werden beseitigt oder verringert, indem die Zahl der Instrumente reduziert wird und Controller mehr Wert auf die Vermittlung des in den Instrumenten steckenden betriebswirtschaftlichen Know-hows legen. Das beseitigt zugleich instrumentenbezogene Kommunikationsprobleme zwischen Managern und ihren Mitarbeitern.
> - Steuerungsprobleme, die auf gestiegene Komplexität und Dynamik zurückzuführen sind, werden durch Vereinfachung der Prozesse, stärkere Dezentralisierung, eine Trennung zwischen Routine- und Projektsteuerung und ein striktes Abstellen der Berichts- und Steuerungssysteme auf die Kompetenz und Verantwortung der Manager berücksichtigt bzw. gelöst.
> - Selbst geschaffene Gestaltungsprobleme der Berichts- und Steuerungssysteme, die sich in mangelnder Überschaubarkeit und Veränderungsresistenz zeigen, werden durch eine strikte Vereinfachung ebenso behoben, wie dadurch das Allokationsproblem der Controller gelöst wird: Sie haben dann wieder mehr Zeit für die wirklich wichtigen Probleme."

(2) Das Kriterium der **Wirksamkeit** von Controlling führt zu der Frage, wie die Controlling-Konzepte in die Unternehmenspraxis konkret umgesetzt werden können. Eine kritische Rolle spielt dabei das Verhalten der Beteiligten, das eng mit psychosozialen Aspekten wie Verständnis, Einstellung, Motivation und Anreizen verbunden ist. Der hier angesprochene Aspekt der Verhaltenswirkungen bzw. psychosozialen Aspekte weist auf das noch junge Feld des „Verhaltensorientierten Controlling" hin (vgl. Weber/Hirsch/Linder/Zayer 2003).

> Hauptkritikpunkt an vielen herkömmlichen Modellen ist die Unterstellung, beim Management und Controlling seien stets rational handelnde Manager am Werk, die sämtliche psychologischen Bezüge ausblendeten:

„Zum einen müssen sich Praktiker und Wissenschaftler verstärkt kritisch fragen, ob die Hauptaufgabe des Controlling weiterhin nur als Bereitstellung entscheidungsrelevanter Informationen für rational handelnde Manager gesehen werden kann. Unserer Meinung nach wird es in Zukunft wesentlich darum gehen herauszufinden, welche Wirkungen von Informationen auf das Handeln von Menschen ausgehen und inwiefern die menschlichen Eigenschaften Entscheidungen und Handlungen beeinflussen können. Die menschliche Komplexität hat jetzt auch die Welt der Zahlen eingeholt" (ebd. 50).

Hoch geeignet zur Erklärung zahlreicher Problemfelder von Controlling (z. B. Ressortegoismus, Manipulation von Informationen, kurz- statt langfristiger Orientierung) sind auch die theoretischen Ansätze der Neuen Institutionenökonomik und hier insbesondere des Principal-Agent-Ansatzes, nach dem der Manager als Principal und der Controller als Agent interpretiert werden können (vgl. Küpper et al. 2013: 95 ff.).

„Die Principal-Agent-Theorie ist darauf gerichtet, grundlegende Erkenntnisse über die Steuerung von Beauftragten herzuleiten. Sie werden i. d. R. nicht einfach als ausführende Untergebene, sondern als Entscheidungsträger mit einem eigenen Kompetenzbereich verstanden. Ferner spielen die Informationsverteilung und die Informationen über die Aktivitäten des Agent, die Ergebnisse seiner Entscheidungen sowie die Gestaltung von Anreiz- und Kontrollsystemen eine zentrale Rolle. Hiermit sind Komponenten der Planung und Kontrolle sowie des Informationssystems angesprochen. Principal-Agent-Modelle ermöglichen daher eine umfassende Analyse von Führungsproblemen und liefern Gesichtspunkte für die Gestaltung von Führungsinstrumenten. Da hierbei Verhaltenseigenschaften als grundlegende Prämissen sowie das Handeln von Principal und Agent im Zentrum stehen, sind sie auf die Erfassung von Verhaltensbeziehungen gerichtet. Diese werden primär unter dem Aspekt der Beeinflussbarkeit oder Steuerung des Agent durch den Principal analysiert" (ebd. 112).

(3) Nach dem Kriterium der **Organisiertheit** ist die Frage zu stellen, welche Controlling-Organisation bestmöglich für die Erfüllung dieser Funktion geeignet ist. Entsprechend der fünf Grundfragen des Organisationsmanagements (vgl. Kap. 35) ist über die nachfolgenden Aspekte zu befinden:

- Aufgabenteilung: Es ist eine offene Frage, ob die Controlling-Aufgabe besser in stark spezialisierter bzw. partikularisierter oder in kompakter Form durchgeführt wird. Schaut man in die Praxis von Medienunternehmen, zeigen sich alle Formen. Bei öffentlich-rechtlichen Rundfunkanstalten dürfte am ehesten von einer „Controlling-Infrastruktur" auszugehen sein (vgl. Gläser 1990: 338). Wichtig erscheint, die Funktion von Controlling klar von Managementfunktionen zu trennen.
- Koordination: Wirkungsvolles Controlling bei Medienunternehmen wird stark auf Selbstabstimmung setzen und nicht den zentralen externen „Kontroll-Controller" favorisieren. Inwieweit eine Programmierung von Controlling-Routinen möglich ist, ist im Einzelfall zu prüfen.
- Leitungssystem: Bei der aufbauorganisatorischen Positionierung der Controlling-Funktion innerhalb der Unternehmenshierarchie steht man vor der Frage, ob eine hierarchische Steuerung der Controlling-Funktion (z. B. in einer Abteilung „Unternehmensplanung und Zentralcontrolling") oder eine dezentrale Controlling-Struktur institutionalisiert werden soll (vgl. z. B. Sieben/Schwerzel 1997: 24).

„In der TV-Branche kann der Institutionalisierungsgrad des Controlling als überdurchschnittlich hoch im Vergleich zu anderen Branchen bezeichnet werden. Auffällig ist, dass selbst sehr kleine Sender ausdrücklich die Stelle eines Controllers ausgewiesen hatten – wenn auch beispielsweise in Personalunion mit dem Finanzchef" (Geisler 2001: 199 f.).

- Delegation: Empfehlenswert dürfte die Betonung des Delegationsprinzips sein mit der Zuweisung von Aufgaben an nachgelagerte Stellen.
- Formalismus: Im Hinblick auf das moderne Verständnis von Controlling sollte bürokratischer Formalismus vermieden werden.

(4) Ein modernes Controlling-System wird mit **Technikunterstützung** arbeiten. Allerdings ist darauf hinzuweisen, dass der Begriff Controlling-„System" nicht in verkürzender Weise als technisches „CS" interpretiert und missverstanden werden darf. Gleichwohl sollten – umgekehrt – alle Möglichkeiten des technischen Supports ausgenutzt werden.

> Die Architektur eines technischen Controlling-Systems ist als eine Spezialaufgabe im Kontext von Informationsversorgungssystemen anzusehen. Wichtige Aspekte sind z. B. die Frage der Datenintegration (Vermeidung von Doppelbeschaffung und Doppelerfassung von Informationen, Harmonisierung von Controlling- und Basis-Daten) und die Installation von operativen anwenderorientierten Systemen (z. B. Groupware).

(5) Controlling als punktuelles Konzept zu betreiben, ist nicht ausreichend. Nachhaltiger Erfolg wird sich nur einstellen, wenn das Management mit einem **ganzheitlichen, holistischen Steuerungskonzept** arbeitet. Sind die Controlling-Instrumente nur auf die Koordination einzelner Controlling-Felder (z. B. Planung oder Information) ausgerichtet, arbeiten sie mit einem eingeschränkten Blickwinkel. Nach diesem Anspruch können Controlling-Ansätze in drei Typen differenziert werden:

- Historisch-buchhalterische Controlling: Die Informationen haben dokumentarischen Charakter, sind vergangenheitsbezogen. Kriterien der Ordnungsmäßigkeit und quantitativen Genauigkeit sind vorherrschend. Das Controlling wird von den Mitarbeitern nicht als Service, sondern als Kontrolle wahrgenommen.
- Aktionsorientiertes Controlling mit Zukunftsbezug: Die Informationen haben den Charakter echter Entscheidungsunterstützung und sind zukunftsbezogen. Schnelligkeit geht vor Genauigkeit. Controlling wird als „Spürhund" wahrgenommen, der auch Anlass für Sanktionen bietet.
- Systemorientiertes Controlling: Die Informationen sind zukunfts- und prozessorientiert und eingebettet in einen systematischen Zusammenhang. Ein systemorientierter, funktionsübergreifender Ansatz ist Kernpunkt des Selbstverständnisses des Controlling. Es besitzt einen stark unterstützenden Servicecharakter. Hilfestellung und Ideengenerierung anstelle von Kontrolle, Kritik und Sanktionen haben Vorfahrt.

Das Controlling-Konzept eines Unternehmens muss insofern stets darauf hin überprüft werden, ob es diesem Anspruch an ein umfassende, ganzheitliche und systematische „Modellierung" genügt.

Kernaussagen

- Das Controlling-System nimmt eine Schlüsselrolle bei der Steuerung eines Medienunternehmens ein.
- Controlling wird koordinationsorientiert verstanden und definiert als „Koordination des gesamten Führungssystems eines Unternehmens zur zielgerichteten Steuerung und Lenkung".
- Controlling sorgt für Transparenz, das Management trägt die Entscheidungsverantwortung.
- Controlling-Instrumente lassen sich nach partiell ansetzenden und nach übergreifenden Instrumenten unterscheiden.
- Von besonderem Rang sind die übergreifenden Instrumente der Budgetierung, der Kennzahlensysteme und der Verrechnungspreissysteme.
- Ein Controlling-System kann nur ganzheitlich und systemorientiert wirkungsvoll gestaltet werden.

Literatur

Weiterführende Literatur: Grundlagen

Bea, F. X./Haas, J. (2013): Strategisches Management, 6., vollst. überarb. Aufl., Stuttgart.
Ebert, G./Koinecke, J./Peemöller, V. (1995): Controlling, 5. Aufl., Landsberg/Lech.
Franke, R./Kötzle, A. (Hrsg.)(1995): Controlling der Unternehmensbereiche, Frankfurt am Main.
Hopfenbeck, W. (1998): Allgemeine Betriebswirtschafts- und Managementlehre, 12., durchges. Aufl., Landsberg/Lech.
Horváth, P. (2011): Controlling, 12., vollst. überarb. Aufl., München.
Küpper, H.-U./Friedl, G./Hofmann, C./Hofmann, Y./Pedell, B. (2013): Controlling, 6., überarb. Aufl., Stuttgart.
Ossadnik, W. (2009): Controlling, 4., vollst. überarb. u. erw. Aufl., München.
Picot, A./Böhme, M. (1999): Controlling in dezentralen Unternehmensstrukturen, München.
Pfläging, N. (2003): Beyond Budgeting, Better Budgeting, Planegg/München.
Schierenbeck, H./Wöhle, C. B. (2012): Grundzüge der Betriebswirtschaftslehre, 18., überarb. Aufl., München.
Schwarz, R. (2002): Controlling-Systeme, Wiesbaden.
Sjurts, I. (1995): Kontrolle, Controlling und Unternehmensführung, Wiesbaden.
Weber, J./Schäffer, U. (2014): Einführung in das Controlling, 14. Aufl., Stuttgart.
Weber, J. (2004): Controlling einfach gestalten, Vallendar.
Weber, J./Hirsch, B./Linder, S./Zayer, E. (2003): Verhaltensorientiertes Controlling – Der Mensch im Mittelpunkt, Vallendar.

Weiterführende Literatur: Medien

Althans, J. (2005): Management im Zeitschriftenverlag – zentrale Entscheidungstatbestände, in: MedienWirtschaft, 2. Jg., H. 2, S. 74-86.
Bea, F. X./Kötzle, A./Barth, M. (1989): Ansätze für eine zielorientierte Unternehmensführung in öffentlich-rechtlichen Rundfunkanstalten, in: Zeitschrift für öffentliche und gemeinnützige Unternehmen, Bd. 8, H. 2, S. 137-153, wiederabgedruckt in: Schenk, M./Donnerstag, J. (Hrsg.) (1989): Medienökonomie, München, S. 235-253.
Becker, W./Frey, B./Geisler, R. (2001): Controlling deutscher TV-Sender – Aufgaben, Instrumente und Probleme in der Praxis, in: Zeitschrift für betriebswirtschaftliche Forschung, 53. Jg., H. 8, S. 531-550.
Becker, W./Geisler, R. (1998): Medienökonomische Grundlagen der Fernsehwirtschaft, Bamberg.
Becker, W./Geisler, R. (1999): Von der Medienökonomie zur Betriebswirtschaftslehre von Medienunternehmen, in: Die Betriebswirtschaft, 59. Jg., H. 6, S. 828-831.
Becker, W./Geisler, R./Winschuh, C. (1998): Deckungsbeitragsrechnungen für das Controlling privater Fernsehsender, in: Kostenrechnungspraxis, 42. Jg., H. 6, S. 357-362.

Becker, W./Geisler, R. (2006): Controlling – Funktionen, Besonderheiten und Entwicklungen in Medienunternehmen, in: Scholz, C. (Hrsg.)(2006): Handbuch Medienmanagement, Berlin, Heidelberg, New York, S. 899-918.
Binder, B. (2004): Prozessorientiertes Performance Measurement in der Telekommunikationsbranche, in: Controlling, 16. Jg., H. 6, S. 333-340.
Böning-Spohr, P. (2003): Controlling für Medienunternehmen im Online-Markt, Göttingen.
Börnicke, M. (1997): Controlling bei einem privaten Fernsehsender, in: Controller Magazin 3/97, S. 147-149.
Brösel, G./Keuper, F. (2004a): Überlegungen zu einem integrierten Kennzahlensystem für öffentlich-rechtliche Rundfunkunternehmen, in: Betriebswirtschaftliche Forschung und Praxis, 56. Jg. H. 4, S. 369-384.
Brösel, G./Keuper, F. (2004b): Einsatz der Balanced Scorecard im öffentlich-rechtlichen Rundfunk, in: Zeitschrift für Controlling & Management, 48. Jg., H. 5, S. 326-334.
Brösel, G./Keuper, F. (Hrsg.)(2009): Controlling und Medien, Berlin.
Dintner R. (2003): Controlling im werbefinanzierten Medienunternehmen, in: Brösel, G./Keuper, F. (Hrsg.)(2003): Medienmanagement. Aufgaben und Lösungen. München, Wien, S. 171-183.
Dintner, R./Brösel, G./Köcher, A. (2004): Operative Controllingkennzahlen privater Fernsehsender, in: MedienWirtschaft, 1. Jg., H. 2, S. 115-124.
Drees, J. (1996): Controlling für werbefinanzierte Musikfernsehveranstalter, Köln.
Ehlers, A./Rau, H. (2012): Wertorientierung der Unternehmenskommunikation, in: Kolo, C./Döbler, T./Rademacher, L. (Hrsg.)(2012): Wertschöpfung durch Medien im Wandel, Baden-Baden, S. 263-282.
Eichsteller, H./Schmutz, H.-U. (1990): Controlling-Konzeption im Fernsehen der deutschen und der rätoromanischen Schweiz, in: Mayer, E./Weber, J. (Hrsg.)(1990): Handbuch Controlling, Stuttgart, S. 891-908.
Eichsteller, H. (1991): Rundfunk-Controlling – Kommt die strategische Seite zu kurz? In: Weber, J./Tylkowski, O. (Hrsg.)(1991): Perspektiven der Controlling-Entwicklung in öffentlichen Institutionen, Stuttgart, S. 249-258.
Fuchs, C. (1996): Projektcontrolling bei TV-Spielfilmen, Köln.
Geisler, R. M. (2001): Controlling deutscher TV-Sender, Wiesbaden.
Gentner, A./Andersen, N. (2009): Voll im Bild? Steuerung von Medienunternehmen im digitalen Zeitalter, in: Controlling, 21. Jg., H. 12, S. 677-683.
Gläser, M. (1990): Controlling im öffentlich-rechtlichen Rundfunk – Ein Wolf im Schafspelz? In: Weber, J./Tylkowski, O. (Hrsg.)(1990): Konzepte und Instrumente von Controlling-Systemen in öffentlichen Institutionen, Stuttgart, S. 317-342.
Gläser, M. (1996): Operatives Controlling im öffentlich-rechtlichen Fernsehen, in: Ebert, G. (Hrsg.): Controlling. Managementfunktion und Führungskonzeption, Landsberg/Lech 1990, Loseblatt-Ausgabe, 21. Nachlieferung 3/1996, S. 1-56.
Gläser, M. (1999a): Strategisches Controlling im öffentlich-rechtlichen Fernsehen, in: Ebert, G. (Hrsg.): Controlling. Managementfunktion und Führungskonzeption, Landsberg/Lech 1990, Loseblatt-Ausgabe, 35. Nachlieferung 9/1999, S. 1-64.
Gläser, M. (1999b): Schlüsselfaktoren für das erfolgreiche Controlling im Rundfunk, in: Kostenrechnungspraxis, 43. Jg. (1999), S. 301-309.
Gläser, M. (2003): Controlling im Rundfunk – Ganzheitliche Steuerung privater und öffentlich-rechtlicher Rundfunk-Unternehmen, in: Brösel, G./Keuper, F. (Hrsg.)(2003): Medienmanagement. Aufgaben und Lösungen. München, Wien, S.147-170.
Gläser, M. (2005): Zur Notwendigkeit von strategischem Controlling im öffentlich-rechtlichen Rundfunk, in: Ridder, C.-M./Langenbucher, W. R./Saxer, U./Steininger, C. (Hrsg.)(2005): Bausteine einer Theorie des öffentlich-rechtlichen Rundfunks, Wiesbaden, S. 380-396.
Hess, T. (Hrsg.)(2005): Controlling in TIME-Unternehmen, Zeitschrift für Controlling & Management, 49. Jg., Sonderheft 2/2005.
Heuft, O. (1985): Kostenkontrolle in den öffentlich-rechtlichen Rundfunkanstalten, in: Lüder, K. (Hrsg.)(1985): Rundfunk im Umbruch, Berlin, S. 123-132.
Höft, J. (2003): Entwicklung eines Kosten- und Erlösinformationssystems für die Produktion und Auslieferung variantenreicher Zeitungen, Aachen.
Holtmann, K. (1999): Programmplanung im werbefinanzierten Fernsehen, Köln.

Holzporz, M. (2006): Die Steuerung von Redaktionen in öffentlich-rechtlichen Fernsehunternehmungen, Hamburg.
Kastrup, T. (1999): Marktorientiertes Zielkostenmanagement für Rundfunkanstalten, Wiesbaden.
Kayser, H. J. (1993): Controlling für Rundfunkanstalten, Baden-Baden.
Kemmer, P. (1986): Zielkonzeption und Rechnungssystem von Rundfunkanstalten, Baden-Baden.
Keuper, F./Brösel, G. (2005): Zum Effektivitäts-Effizienz-Dilemma des öffentlich-rechtlichen Rundfunks, in: Zeitschrift für öffentliche und gemeinwirtschaftliche Unternehmen, Bd. 28., S. 1-18.
Keuper, F./Hans, R. (2003): Multimedia-Management, Wiesbaden.
Köcher, A. (2000): Medienmanagement als Kostenmanagement und Controlling, in: Karmasin, M./Winter, C. (Hrsg.)(2000): Grundlagen des Medienmanagements, 2. Aufl., München, S. 219-243.
Köcher, A. (2002): Controlling der werbefinanzierten Medienunternehmung, Köln.
König, E. (1983): Zielorientierte externe Rechnungslegung für die öffentlich-rechtlichen Rundfunkanstalten in der Bundesrepublik Deutschland, München.
Kops, M. (Hrsg.): Produktionssteuerung im öffentlich-rechtlichen Rundfunk, Köln.
Müller-Wiegand, M. (1992): Grundkonzeption eines rundfunkspezifischen Controlling in öffentlich-rechtlichen Rundfunkunternehmen, in: Zeitschrift für öffentliche und gemeinwirtschaftliche Unternehmen, Bd. 15, S. 17-29.
Ortelbach, B. (2007): Controlling in wissenschaftlichen Verlagen, Göttingen.
Pagenstedt, G./Schwertzel, U. (1994): Controlling für öffentlich-rechtliche und private Fernsehanbieter, Köln.
Reising, W. (2006): Programmcontrolling als Teil eines integrativen Management-Informations-Systems einer öffentlich-rechtlichen Rundfunkanstalt, in: Controlling, 18. Jg., H. 1, S. 31-38.
Reising, W. (2006): Balanced Scorecard im öffentlich-rechtlichen Rundfunk, in: Controlling, 18. Jg., H. 6, S. 299-309.
Schmutz, H. U./Eichsteller, H. (1989): Überlegungen zu einer Controlling-Konzeption im Fernsehen der deutschen und rätoromanischen Schweiz (DRS), in: Weber, J./Tylkowski, O. (Hrsg.)(1989): Controlling in öffentlichen Institutionen, Stuttgart, S. 185-201.
Schneider, B./Knobloch, S. (Hrsg.)(1999): Controlling-Praxis in Medienunternehmen, Neuwied, Kriftel.
Schneider, M./Foit, K. (2013): Controlling von Medienunternehmen, in: Schneider, M. (Hrsg.)(2013): Management von Medienunternehmen, Wiesbaden, S. 277-299.
Schweizer, G. (1990): Einflussgrößen auf den Verlagserfolg, in: Kästing, F./Klock, F. (Hrsg.)(1990): Beiträge zur Ökonomie des Verlagsbuchhandels, Baden-Baden, S. 71-82.
Schwertzel, U. (1997): Benchmarking für Rundfunkveranstalter, Berlin.
Seeliger, R. (2001): Prozessorientiertes Controlling in Medienunternehmen, Aachen.
Seidel, N. (1992): Controlling in öffentlich-rechtlichen Rundfunkanstalten, in: Die Wirtschaftsprüfung, Jg. 45, Nr. 2, S. 33-43.
Seidel, N./Libertus, M. (1993): Rundfunkökonomie, Wiesbaden.
Seufert, W. (2006): Programmaufwand, Qualität und Wirtschaftlichkeit öffentlich-rechtlicher Rundfunkangebote, in: Medien & Kommunikationswissenschaft, 54. Jg., H. 3, S. 365-385.
Sieben, G./Schneider, W. (1982): Überlegungen zu einem Controlling-Konzept für Rundfunkanstalten, in: Betriebswirtschaftliche Forschung und Praxis, 34. Jg., H. 3, S. 236-251.
Sieben, G./Schwertzel, U. (1997): Controlling für Rundfunkanbieter, Köln.
Weinstock, A. (1990): Effizienzorientierte Unternehmensführung öffentlich-rechtlicher Rundfunkanstalten, Diss. Köln.
Zimmermann, S. (2005): Prozessinnovation im öffentlich-rechtlichen Rundfunk, Berlin.

Studien, Fallbeispiele

Blumers, M./Klingler, W. (2005): Fernsehprogramme und ihre Bewertung – Das Programmbewertungsverfahren im SWR, in: Media Perspektiven, o. Jg., H. 4, S. 178-183.
Carter, P. (1999): Producer Choice: Ein Überblick nach zwei Jahren, in: Schröder, H.-D. (Hrsg.)(1999): Entwicklung und Perspektiven der Programmindustrie, Baden-Baden/Hamburg, S. 128-136.
Dannwolf, S./Gläser, M./Rismondo, K./Ritter, S./Troester, N. (2003): Controlling im Rundfunk. Steuerungskonzepte für die SWR-Beteiligungen. Stuttgarter Beiträge zur Medienwirtschaft Nr. 7, Stuttgart.

Decker, A./Eichsteller, H. (2009): Aufbau eines kundenbezogenen Kennzahlensystems bei Premiere, in: Nohr, H./Stillhammer, J./Vöhringer, A. (Hrsg.)(2009): Kundenorientierung in der Broadcast-Industrie, Berlin, S. 209-230.
Deloitte (2008): Voll im Bild? Steuerung von Medienunternehmen im digitalen Zeitalter, Düsseldorf.
Deloitte (2009): Finanziellen Spielraum aktiv nutzen: Zeitungs- und Zeitschriftenverlage in konvergierenden Medienmärkten, Düsseldorf.
DPRG (2011): Positionspapier Kommunikations-Controlling, Berlin. Herausgeber: Deutsche Public Relations Gesellschaft e.V.
Frese, E. (2003): Die Leistungsfähigkeit marktorientierter Produktionssteuerungskonzepte in öffentlich-rechtlichen Rundfunkanstalten, Köln.
Gläser, M./Rombach, M./Schüler, M./Tritschler, E. H. (2006): Controlling-Konzepte im öffentlich-rechtlichen Rundfunk, Stuttgarter Beiträge zur Medienwirtschaft Nr. 17, Stuttgart.
Hess, T. (Hrsg.)(2005): Controlling in TIME-Unternehmen, Zeitschrift für Controlling & Management, 49. Jg., Sonderheft 2/2005.
Horstmann, M. (1997): Programmcontrolling bei öffentlich-rechtlichen und privatrechtlichen Fernsehveranstaltern – dargestellt am Beispiel von RTL plus und WDR, Köln.
Institut für Rundfunkökonomie an der Universität zu Köln (Hrsg.)(1993): Controlling für öffentlich-rechtliche Fernsehunternehmen, Köln.
Institut für Rundfunkökonomie an der Universität zu Köln (Hrsg.)(1996): Möglichkeiten und Grenzen von Kennziffern zur Beurteilung der Wirtschaftlichkeit öffentlich-rechtlicher Rundfunkanstalten, Köln.
Kops, M. (Hrsg.)(2001): Produktionssteuerung im öffentlich-rechtlichen Rundfunk, Köln.
Kühnle, B. A./Gläser, M. (2011): Vielfalt – Identität – Wertschöpfung. Public Value privater regionaler TV-Veranstalter. Berlin.
Ortelbach, B. (2007): Controlling in wissenschaftlichen Verlagen, Göttingen.
Reising, W. (2009): Performance Measurement als Erfolgsfaktor im Hörfunk-Programmcontrolling – das Beispiel Mitteldeutscher Rundfunk, in: MedienWirtschaft, 6. Jg., H. 1/2009, S. 28-40.
Sieben, G./Kops, M. (Hrsg.)(2001): Produktionssteuerung in öffentlich-rechtlichen Rundfunkanstalten, Themenheft Betriebswirtschaftliche Forschung und Praxis, 4/2001.
Sieben, G./Sieben, C./Holland, L. (1999): Analyse des NDR-Steuerungsmodells für Fernsehproduktionen, Köln.
Schichold, B. (2003): Wertorientierte Unternehmensführung in Verlagen, in: Brösel, G./Keuper, F. (Hrsg.)(2003): Medienmanagement, Stuttgart, S. 311-326.
Schneider, B./Knobloch, S. (Hrsg.)(1999): Controlling-Praxis in Medien-Unternehmen, Neuwied, Kriftel.
Tebert, M. (2000): Erfolg durch Qualität – Programmcontrolling beim WDR Fernsehen, in: Media Perspektiven, o. Jg., H. 2, S. 85.93.
Tebert, M. (2010): Profil durch Qualitätsmanagement – Zehn Jahre Programmcontrolling im WDR, in: Media Perspektiven, o. Jg., H. 2/2010, S. 78-89.
Wiesand, A. J. (1989): Wie gewinnt man Maßstäbe für einen „produktiven" Rundfunk? Zur Studie „Der WDR als Kultur- und Wirtschaftsfaktor". In: Media Perspektiven, o. Jg., 2/89, S. 62-73.
Woldt, R. (2002): Selbstverpflichtungen bei der BBC, in: Media Perspektiven, o. Jg., H. 5/2002, S. 202-209.

Kapitel 40
Medienmanagement
in gesellschaftlicher Verantwortung

40.1	Bausteine eines Konzepts gesellschaftlicher Verantwortung	975
40.2	Medienethik auf der Mikro-Ebene	980
40.3	Medienethik auf der Meso-Ebene	985
40.4	Medienethik auf der Makro-Ebene	989

Leitfragen

- Wie lässt sich das, was mit „gesellschaftlicher Verantwortung" bezeichnet wird, konkretisieren?
- Was versteht man unter „Corporate Social Responsibility"?
- Welche vier Bausteine umfasst das "Four-Part-Model" der Corporate Social Responsibility?
- Inwiefern handelt ein Unternehmen gesellschaftlich verantwortlich, wenn es das Ziel der Erwirtschaftung von Gewinn verfolgt?
- Welche Elemente sollte ein unternehmensethisches Konzept umfassen?
- Inwiefern lässt sich begründen, dass Glaubwürdigkeit der zentrale Ansatzpunkt für ein unternehmensethisches Gesamtkonzept ist?
- Welche ethisch problematischen Beispiele lassen sich für das Fernsehen anführen?
- Warum stehen Medienunternehmen vor einer besonderen Herausforderung im Hinblick darauf, ihr Handeln vor der Gesellschaft verantworten zu müssen?
- Wodurch unterscheiden sich deskriptive Ethik und normative Ethik?
- Was heißt Verantwortung bzw. verantwortliches Handeln?
- Wie sieht das Spektrum der ethischen Grundsätze aus, nach denen man konkretes und praxisgeleitetes Handeln ausrichten kann?
- Was versteht man unter der „Goldenen Regel"?
- Was besagt das utilitaristische Prinzip?
- Welche Relevanz kommt der Folgenabschätzung für die ethische Beurteilung des Managementhandelns in Medienunternehmen zu?
- Was versteht man unter „Individualethik"?
- Was versteht man unter „journalistischer Ethik"?
- Gibt es einen originären Erkenntnisauftrag für Journalisten?
- Welche Beispiele kann man für die „Verrohung der journalistischen Sitten" geben?
- Welche Rolle kommt der journalistischen Selbstverpflichtung zu?
- Was versteht man unter der „Ethik der Manager"?
- Wie lässt sich Konsumenten-Ethik bzw. Ethik des Rezipienten beschreiben?
- Ist ein Medienunternehmen moralisch verpflichtet, beim Aufbau von Medienkompetenz beim Zuschauer, Zuhörer, Leser oder User aktiv mitzuhelfen?
- Welche Bedeutung hat die Medienpädagogik für die Medienethik?
- Wie setzt die Bertelsmann SE & Co. KGaA Corporate Social Responsibility um?
- Warum ist es für ein international agierendes Medienunternehmen wichtig, einen „Global Code of Business Conduct" zu erstellen?

Gegenstand

Ein Unternehmen ist Teil eines umfassenden, politischen, ökonomischen, sozialen und kulturellen Systems und kann es sich daher nicht erlauben, mit einem verengten Blickwinkel nur auf die Pflichten gegenüber den Marktpartnern (Kunden, Lieferanten), die eigenen Mitarbeiter und die Shareholder zu blicken. Es muss auch seine Pflichten gegenüber der Gesellschaft erkennen. Es hat die moralische Pflicht, vor der Gesellschaft Rechenschaft abzulegen.

Jedes Management befindet sich insofern in den Schranken der Verantwortung den Belangen der Gesellschaft gegenüber. Ein Steuerungskonzept ist insofern nur dann als wirklich überzeugend und ganzheitlich zu bezeichnen, wenn es auch diesen Aspekt berücksichtigt. Schrankenloses Handeln ist verwerflich. Nur wenn Medienmanagement vor der Gesellschaft verantwortet und verantwortbar ist, handelt es sich um eine „gute" Steuerung. Ein Positivbeispiel ist auch hier das St. Galler Management-Konzept, das gesellschaftliche Verantwortung als zwingende Voraussetzung für ganzheitliche Steuerung festschreibt.

Gefordert ist der Blick auf die „Corporate Social Responsiveness" bzw. „Corporate Social Responsibility". Dies bedeutet die Fähigkeit eines Unternehmens, die Ansprüche derjenigen Personenkreise zu akzeptieren, die vom Handeln des Unternehmens im Sinne externer Effekte mittelbar oder unmittelbar betroffen sind.

Gesellschaftliche Verantwortung zu leben, verlangt vom Unternehmen die Ausarbeitung und laufende konkrete Umsetzung eines überzeugenden Konzepts. Ein solches Konzept gesellschaftlicher Verantwortung muss neben der konsequenten Einhaltung aller Regelwerke (Compliance) insbesondere auch ethisches Handeln verdeutlichen. Ethik war bereits in Kapitel 24 als Teilbereich der Unternehmensphilosophie eingeführt worden. In diesem Kapitel wird sie noch einmal vertiefend hervorgehoben, um die Relevanz moralischen Handelns zu betonen. Dabei ist davon auszugehen, dass von den Medien und den handelnden Akteuren im Mediensystem eine besondere Verantwortung eingefordert werden darf. Medienunternehmen sind Content schaffende Einrichtungen und qua Definition daher öffentliche Organisationen. Sie befinden sich dadurch in einer exponierten Position. Die Verpflichtung zur sozialen Verantwortung und öffentlichen Rechenschaftslegung in einem weiten Sinne ist ihnen quasi „auf den Leib geschrieben".

Vor diesem Hintergrund wiegt es besonders schwer, wenn Medienunternehmen – insbesondere einigen privaten Fernsehveranstaltern – vorgeworfen wird, die handelten verantwortungslos und damit unmoralisch und unethisch. Auslöser sind moralisch provokative TV-Sendungen wie z. B. Big Brother oder Dschungel-Shows, Sendungen, die den gezielten Tabu-Bruch suchen, Gewaltdarstellungen im Fernsehen, verrohende und gewaltverherrlichende Computerspiele oder dubiose Websites im Internet. Ein Handbuch für Medienethik nennt als „Beispiele medienethischer Grenzbereiche" die folgenden Themenfelder: Tod und Sterben, Zensur und Nicht-Öffentlichkeit, Mediale Gewaltdarstellungen, Horrorfilm, Real Life Formate, Kriegsberichterstattung, Sportjournalismus (vgl. Schicha/Brosda 2009: Kapitel V.).

Auslöser sind aber auch „Foulspiele", wie sie immer vorkommen. Zu denken ist an den Product-Placement-Skandal bei ARD und ZDF. Es ist davon auszugehen, dass die Gesellschaft grundsätzlich von allen Aktivitäten der Medien in mehr oder weniger starkem Maße betroffen ist und daher – zumindest in weiten Teilen – ein gesteigertes Interesse an deren Rechtfertigungsbemühungen hat, vor allem daran interessiert ist, mögliche nachteilige oder schädliche Auswirkungen kennen zu lernen.

Ethik ist die Frage nach dem gerechtem Handeln und nach vernünftigen Entscheidungen. Sie kann nach deskriptiver und normativer Ethik unterschieden werden. Deskriptive Ethik beschreibt das Verhalten von Menschen und Organisationen im Hinblick auf Normen und moralische Grundsätze. Ihr geht es darum, die in der Realität erkennbaren Vorgehensweisen und Konzepte zu beschreiben. Demgegenüber ist normative Ethik als Moral zu verstehen, nach denen sich Menschen in einem bestimmten Kontext verhalten sollen.

Im vorliegenden Kapitel werden die Konsequenzen aufgezeigt, denen ein Medienunternehmen gerecht werden muss, das den Anspruch erhebt, ethisch fundiertes unternehmerisches Handeln realisieren zu wollen. Dabei geht es um die Architektur, um den „Bauplan" ethischer Konzeptionen im Sinne normativer Ethik, mit dem es gelingt, ein überzeugendes und klares Konzept zu entwickeln.

40.1 Bausteine eines Konzepts gesellschaftlicher Verantwortung

Verlage, Radio- und TV-Sender, Produktionshäuser, Agenturen etc. sind keine X-beliebigen Organisationen der Konsumgüterherstellung, sondern sie sind „öffentlich exponierte Medienunternehmen" (Funiok 2006: 191), von denen – neben der Nutzenstiftung – auch erhebliche Gefahren für die Gesellschaft ausgehen können. Hinzu kommt, dass es sehr viele Menschen sind, die von ihrem wirtschaftlichen Handeln mittelbar und unmittelbar betroffen sind. Medienunternehmen stehen damit in der Pflicht, ihr Handeln – auch über die rein gesetzlichen Normen hinausgehend – vor der Gesellschaft zu **verantworten**. Die Gesellschaft hat insofern einen legitimen Anspruch, Medienunternehmen in besonderer Weise daraufhin zu beurteilen, inwieweit sie sich dieser Verantwortung stellen und sie diesbezüglich zur Rechenschaft zu ziehen. Es geht um die Frage der **Corporate Social Responsibility** (CSR).

> „Gesellschaftsbezogene Ziele beruhen auf der Erkenntnis, dass Unternehmen als Teil der Gesellschaft einen Beitrag zur Lösung gesellschaftlicher Probleme zu leisten haben. Die Berücksichtigung gesellschaftlicher Belange durch Unternehmen bezeichnet man auch als Corporate Social Responsibility (CSR). Darunter werden solche Maßnahmen verstanden, die Unternehmen freiwillig zum Wohl der Gesellschaft durchführen und die nicht unmittelbar dem Unternehmen bei der Erfüllung von Formalzielen dienen (Thommen/Achleitner 2012: 113).

Corporate Social Responsibility bedarf eines durchdachten, in sich schlüssigen Konzepts. Solch ein „Konzept gesellschaftlicher Verantwortung" kann man in einem Pyramidenmodell darstellen, das vier Ebenen umfasst (vgl. Abb. 40-1, in Anlehnung an Caroll/Buchholtz 2003, zit. nach Trommershausen 2011: 127).

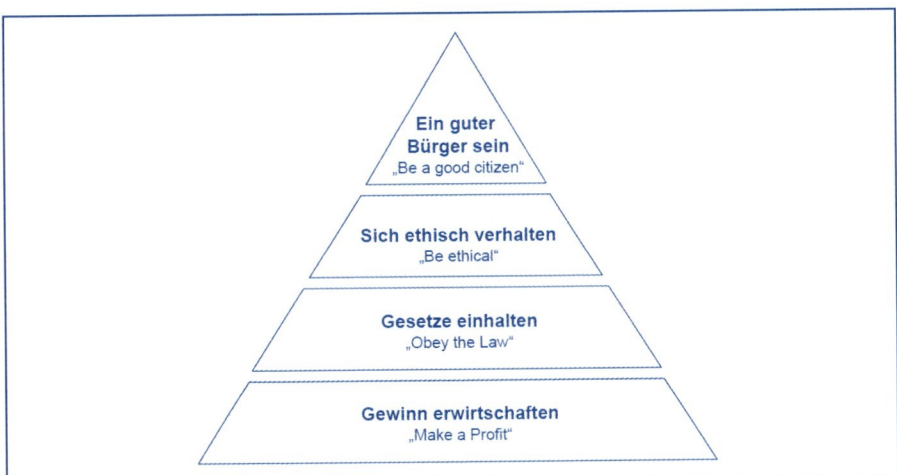

Abb. 40-1: Vier-Bausteine-Konzept der Corporate Social Responsibility

Dieses „Four-Part-Model" ist stark vom amerikanischen Denken geprägt, nach dem es bereits zur gesellschaftlichen Verantwortung gehört, Gewinn („Profit") zu machen und sich gesetzeskonform zu verhalten. Erst darauf aufbauend – sozusagen nachgelagert – wird ethisches Verhalten eingefordert sowie philanthropisches Engagement im Sinne eines „Good Corporate Citizenship" (vgl. ebd).

(1) Dass dem Baustein **„Gewinn erwirtschaften"** im Kontext des Verantwortungskonzepts Relevanz zukommt, lässt sich aus der marktwirtschaftlichen Logik ableiten. Danach befindet sich jedes Unternehmen im Überlebenskampf, den es nur bestehen kann, wenn es mit Gewinn arbeitet. Nachhaltig verlustreiche Unternehmen haben keine Daseinsberechtigung. Unternehmen haben eine Verantwortung, für die optimale Allokation ihrer Ressourcen zu sorgen, den Präferenzen der Nachfrager zu gehorchen und für ihre Stakeholder (Eigentümer, Mitarbeiter, Fremdkapitalgeber, Staat) eine **Wertschöpfung** zu erzeugen und diese angemessen zu dotieren – in Form von Jahresüberschuss, Entlohnung, Zinsen und Steuern. Unternehmen, die keine Werte schaffen, sondern Werte vernichten, sind nicht „verantwortbar".

Diese Sicht der Dinge, die – wie erwähnt – eine stark US-amerikanische Perspektive wiedergibt, verlangt also von einem Unternehmen nicht, dass es sich für sein Gewinnstreben rechtfertigen muss, sondern geht umgekehrt von der Verpflichtung zur Gewinnerzielung aus, über die das Unternehmen erst den Nachweis für verantwortliches Handeln antreten kann.

(2) Der zweite Baustein des CSR-Modells heißt **„Gesetze einhalten"**, ein Postulat, das auch mit dem Begriff **Compliance** umschrieben wird. Mit Compliance „soll die Regelkonformität zur Einhaltung von Gesetzen und Richtlinien, aber auch von freiwilligen Kodizes und der Unternehmenswerte gewährleistet werden. Die Compliance ist Teil einer ordnungsgemäßen Unternehmensführung" (Dillerup/Stoi 2013: 76). Um verantwortliches Handeln im Sinne von Compliance nachvollziehbar zu machen, bedarf es eines konkreten Systems, das im Sinne eines Regelwerkes die Einhaltung und Durchsetzung der Unternehmenswerte erzwingt.

> Ein Beispiel eines solchen Regelwerkes ist der in der ProSiebenSat.1 Group zur Anwendung gebrachte 19-seitige „Verhaltenskodex" bzw. „Code of Compliance". Dort heißt es in der Einleitung: „Die unbedingte Beachtung aller für unseren Geschäftsbereich relevanten gesetzlichen Bestimmungen und Vorschriften sowie unserer Unternehmensethik, die Einhaltung hoher journalistischer Standards und gesamtgesellschaftliches Engagement sind für die Stärkung und den Ausbau unserer Marktposition von entscheidender Bedeutung. Der Verhaltenskodex von ProSiebenSat.1 (im Folgenden bezeichnet als ‚der Kodex') hilft jedem Einzelnen von uns in diesem Bestreben, indem er die fundamentalen Prinzipien und die wichtigsten Richtlinien und Handlungsweisen für das Verhalten im Geschäftsleben festlegt. Der Kodex definiert unsere allgemeinen Maßstäbe für das Verhalten in geschäftlichen, rechtlichen und ethischen Angelegenheiten; er ist für den Umgang mit Kunden, Lieferanten, anderen Dritten und Mitarbeitern maßgeblich. Dieser Kodex dient allen Mitgliedern des Vorstands und der Geschäftsleitung sowie den Mitarbeitern von ProSiebenSat.1 als verbindliche Richtschnur".
>
> Der Abschnitt „Rechtskonformes Handeln" präzisiert detailliert die Compliance-Regelungen zum Medienrecht, zum Kartell- und Wettbewerbsrecht, zur Bekämpfung von Korruption und Bestechung, zur Bekämpfung von Geldwäsche, zum Insiderhandel, zum Datenschutz, zum Umgang mit geistigem Eigentum sowie zur journalistischen Unabhängigkeit und den Verhaltensgrundsätzen. Im Abschnitt „Arbeitsumfeld" wird beschrieben, wie ein gesundes und sicheres Arbeitsumfeld realisiert werden soll – Aussagen finden sich zu den Themen Drogen und Alkohol, Diskriminierung und Belästigung, Internet, Intranet und E-Mail, Betriebsmittel, IT-Sicherheit und Regeln für den Umgang mit vertraulichen Informationen. Weitere Abschnitte betreffen Interessenkonflikte, Öffentlichkeitsarbeit und Außenkommunikation, Sicherung der Integrität und Verantwortlichkeit in Bezug auf Finanzen sowie Hinweise zur Implementierung und Durchsetzung des Compliance-Kodex.

(3) Für Medienunternehmen als Organisationen, deren Produkte unmittelbar öffentlichkeitswirksam sind, ist es geradezu überlebensnotwendig, den dritten Baustein **„sich ethisch zu verhalten"** in besonderer Weise im Auge zu behalten. Haben sie kein überzeugendes ethisches Konzept, laufen sie Gefahr, von der Gesellschaft die Legitimation und das Vertrauen entzogen zu bekommen. Als konstitutive Elemente eines ethischen Konzepts sind **drei Bausteine** hervorzuheben:

- Fixierung von ethischen Grundsätzen;
- Lokalisierung von Verantwortung;
- Theoretische Fundierung.

Bei der **Fixierung von ethischen Grundsätzen** geht es um die Frage, wie verantwortliches Handeln auf geeignete Bezugspunkte ausgerichtet werden kann. Welche **ethischen Grundsätze** sollen für das betreffende Medienunternehmen gelten? Kann man sich überhaupt auf einen Kanon von Grundsätzen verständigen? Welches sollen die ethischen Leitlinien sein, die für die Akteure eines Medienunternehmens als Orientierungshilfe dienen? Es geht um die Frage des richtigen Handelns im Sinne normativer Ethik. Die Moralphilosophie bietet dabei ein breites Spektrum grundlegender Bezugssysteme an.

> Ethische Grundsätze (wörtlich zitiert nach Thommen/Achleitner 2012: 1048):
> - Goldene Regel: Handle in der Weise, in der du erwartest, dass andere dir gegenüber handeln.
> - Utilitaristisches Prinzip: Handle in der Weise, dass der größte Nutzen für die größte Anzahl der Menschen entsteht.
> - Kategorischer Imperativ nach Kant: Handle in der Weise, dass deine Handlung in einer spezifischen Situation ein allgemeines Verhaltensgesetz sein könnte.
> - Experten-Ethik: Unternimm nur Handlungen, welche von einem nicht von diesen Handlungen betroffenen Experten-Team als korrekt bezeichnet würden.
> - TV-Test: Ein Manager sollte sich immer die Frage stellen, ob er sich wohl fühlen würde, wenn er seine Entscheidungen und Handlungen am Abend im Fernsehen vor einem breiten Publikum begründen müsste.

Für ein Unternehmen ist es angesichts der divergierenden Interessen der Stakeholder schwierig, eine konsensfähige moralische Leitlinie zu formulieren, die sich in der konkreten Situation anwenden lässt, zu vielfältig sind die Möglichkeiten der „richtigen" Interpretation eines solchen ethischen Regelwerks. Für dieselbe allgemeine Norm, auf die man sich verständigt hat, können sich unter Umständen widersprechende Unternormen ergeben (vgl. Thommen/Achleitner 2012: 1048 f.).

So erscheint es für ein Unternehmen nicht unbedingt zweckmäßig, auf einer vergleichsweise hohen Abstraktionsebene das ethische Konzept fassen zu wollen. Besser geeignet erscheint der Bezug auf das jeweilige **konkrete ethische Handeln des Unternehmens**, wie es sich in der konkreten Situation manifestiert (vgl. ebd. 1049). Ergänzend dürfte die Frage eine große Rolle spielen, in welcher Form ein Medienunternehmen den Diskurs über den „ethischen Leitstern" führt – und ob es ihn überhaupt führt. Ziel muss es sein, in vernünftiger Form ein sinnstiftendes Wertesystem zu definieren und damit einer wertepluralen, postmodern geprägten Beliebigkeit ein überzeugendes ethisches Konzept entgegen zu setzen.

In einem Medienunternehmen treten ethische Probleme und Fragestellungen in den unterschiedlichsten Kontexten auf, so dass es notwendig ist, die **Lokalisierung von Verantwortung** zu fixieren. Fragen wie diese sind schwer zu beantworten: Wer ist wann für welche Handlungen verantwortlich? Wer ist bei moralischem Fehlverhalten „dingfest" zu machen? Wo und von wem soll die Normenbegründung geleistet werden? Es erscheint zweckmäßig, diese Fragen auf der Grundlage von **drei Kontext-Ebenen** zu behandeln (vgl. Thommen/Achleitner 2012: 1047) und Medienethik jeweils danach zu differenzieren:

- Mikro-Ebene: Auf dieser Ebene ist das moralische Denken und Handeln von Einzelpersonen angesprochen, z. B. im Redaktions-, Produktions-, Marketingbereich oder von Top-Managern. Medienethik versteht sich als Individualethik, z. B. als Ethik der Journalisten.
- Meso-Ebene: Hier steht das moralische Verhalten eines Unternehmens in seiner Gesamtheit zur Diskussion. Analog dem rechtlichen Konstrukt der „juristischen Person" wird postuliert, ein Unternehmen stelle eine „moralische Person" dar, die einer kollektiven Verpflichtung unterliegt. Medienethik versteht sich auf dieser Ebene als Unternehmensethik.
- Makro-Ebene: Zur Debatte steht schließlich das Mediensystem in seiner Gesamtheit, geleitet von der Frage, wie „gerecht" oder wie „gut" dieses System ist. Angesprochen ist die kollektive Verantwortung für das Gemeinwesen und die moralische Verantwortung der Öffentlichkeit für die Medienerzeugung und Mediennutzung, mithin die Frage, inwiefern das deutsche Mediensystem ethischen Grundsätzen genügt.

Verantwortungsvolles Handeln im Medienbereich heißt auch, sich eingehend mit den Folgen des eigenen Tuns zu befassen, d. h. eine systematische **Folgenabschätzung** zu betreiben, eine Anforderung, die man als **theoretische Fundierung** bezeichnen kann. Um diese in systematischer Weise betreiben zu können, ist der professionelle Umgang mit allen relevanten Informationen erforderlich. Insbesondere muss es darum gehen, nicht nur Informationen fallweise zu sammeln, sondern ein professionelles Informationssystem zu installieren, das nicht nur standardmäßige ökonomische Fakten erhebt, sondern auch die außerökonomischen Wirkungen des eigenen Medienschaffens beleuchtet. Fakten, auch unliebsame, gilt es zu respektieren, warnenden und kritischen Stimmen gegenüber muss das Unternehmen offen gegenüber stehen. Unprofessionell und unmoralisch ist es, Zynismus an den Tag zu legen und einschlägige Forschungsresultate z. B. als „Geschwätz" weltfremder Wissenschaftler abzutun.

Fakten zur Medienwirkung liegen genügend auf dem Tisch (vgl. z. B. für das Fernsehen Winterhoff-Spurk 2000, 2005). Wissenschaftliche Befunde müssen zur Kenntnis genommen werden und müssen eine aktive Rolle bei der Generierung von Content spielen. Ein Medienunternehmen hat die Pflicht, gesellschaftlich relevante Erkenntnisse aus Forschung und Wissenschaft zu berücksichtigen.

> So dürfte es moralisch problematisch sein, wenn sich z. B. ein TV-Unternehmen – möglicherweise unter Berufung auf eine zum Teil unübersichtliche Lage der wissenschaftlichen Erkenntnis und Beurteilung – Sendungen anbietet, deren Wirkungen von anerkannten Fachkreisen als bedenklich eingestuft

Kapitel 40: Medienmanagement in gesellschaftlicher Verantwortung

werden. Ein Negativ-Beispiel bietet die im Jahr 2013 eingestellte, zuvor aber lange Jahre laufende RTL-Reality-Serie „Die Super Nanny", bei der Methoden des Umgangs mit verhaltensauffälligen Kindern vorgestellt wurden. In einer Stellungnahme des Deutschen Kinderschutzbundes von 2004 heißt es zur Serie (Quelle: http://www.kinderschutzbund-nrw.de/StellungnahmeSuperNanny.htm): „Die gesamte Ausstrahlung lässt jeglichen Respekt vor dem Kind und seiner Familie vermissen! Sowohl das Kind als auch die Familie wird würdelos dargestellt und im weiteren Verlauf immer weiter entwürdigt. Dies steht im krassen Widerspruch zum § 1631 Abs. 2 BGB. Als Deutscher Kinderschutzbund fordern wir, dass die bundesdeutschen Medien ihren Beitrag dazu leisten, die Kinderrechte zu achten, einzuhalten und für ihre Bekanntmachung und Umsetzung einzutreten!" Von einem verantwortlich handelnden Medienunternehmen wird man in Zweifelsfällen Behutsamkeit und programmliche Zurückhaltung erwarten dürfen und nicht eine geradezu ostentative Verfolgung kommerzieller Interessen.

Zusammenfassend: Theoretische Fundierung im Hinblick auf Ethik heißt, das „Prinzip Folgentransparenz" (Pöttker in Wunden 1996) aktiv zu verfolgen. Es gilt, Ignoranz und Opportunismus den Kampf anzusagen. Große Vorsicht, viel Behutsamkeit, verantwortliche Selbstbeschränkung ist angezeigt. Fragen wie diese z. B. muss man konstruktiv beantworten: „Muss das Fernsehen alles zeigen?" Es darf freilich nicht verschwiegen werden, dass dies auch Offenheit der Gesellschaft nach allen Seiten verlangt. Wenig hilfreich sind allemal solche öffentlichen Diskussionen über Medienwirkungen, die „häufig zu kulturpessimistischen, gelegentlich sogar apokalyptischen Sichtweisen" verkommen (vgl. Winterhoff-Spurk 2001: 14 f.).

(4) Als vierter Baustein eines unternehmerischen Verantwortungskonzepts ist schließlich das Postulat **„ein guter Bürger sein"** von Belang. Es wird auch als **„Corporate Citizenship"** bezeichnet und verpflichtet das Unternehmen, sich für das Gemeinwohl zu engagieren – ganz im Sinne des grundgesetzlichen Anspruchs „Eigentum verpflichtet". Das Unternehmen wird insofern wie ein „Bürger" interpretiert, der eine Verpflichtung für das Gemeinwohl hat und Mitverantwortung für das Ganze trägt. Beispiele für gesellschaftliche Engagements sind Spendenaktionen, soziale Unterstützungsmaßnahmen vor Ort oder Förderung von Kunst, Kultur und Sport.

> Einen Eindruck über diesbezügliche Möglichkeiten bietet die ProSiebenSat.1 AG. Dort ist im Geschäftsbericht für 2012 z. B. zu lesen: „Medienunternehmen mit hoher gesellschaftlicher Verantwortung. Die ProSiebenSat.1 Group erreicht mit ihren Medienangeboten tagtäglich viele Millionen Menschen und die verbreiteten Inhalte wirken sich unmittelbar auf die Meinungsbildung der Zuschauer und Nutzer aus. Die Verantwortung, die damit einhergeht, nimmt das Unternehmen in der Berichterstattung sowie in seinem gesellschaftlichen Engagement wahr.
>
> Die ProSiebenSat.1 Group versteht die hohe Reichweite und Popularität ihrer Medien als Chance, gerade junge Menschen für wichtige Themen wie Toleranz oder Umweltschutz zu begeistern und Werte zu vermitteln. Mit zahlreichen Initiativen leistet das Unternehmen seit vielen Jahren einen wichtigen gesellschaftlichen Beitrag und berichtet in seinen Programmen regelmäßig über ökologische, gesellschaftliche und politische Themen. In den vergangenen Jahren hat das gesellschaftliche Engagement für die ProSiebenSat.1 Group kontinuierlich an Relevanz gewonnen. Der Konzern rief verschiedene Projekte ins Leben, 2001 beispielsweise die Initiative „startsocial — Hilfe für Helfer", 2003 folgte die Spendenaktion „RED NOSE DAY". Da sich nachhaltiges Handeln und gesellschaftliches Engagement für die ProSiebenSat.1 Group immer stärker auch auf den Unternehmenserfolg auswirken, hat der Konzern seine Corporate-Social-Responsibility-Aktivitäten 2011 in einen größeren gesellschaftlichen Kontext eingebettet und einen Beirat gegründet. Unter dem Vorsitz von Dr. Edmund Stoiber berät ein interdisziplinär besetztes Gremium die ProSiebenSat.1 Group in gesellschafts- und medienpolitischen sowie ethischen Fragen. Der Beirat liefert zudem Reflexionen und Anregungen zu den Medienangeboten des Konzerns" (Geschäftsbericht ProSiebenSat.1 AG 2012: 112).

40.2 Medienethik auf der Mikro-Ebene

Verantwortliches Medienmanagement hängt entscheidend davon ab, dass jeder einzelne Akteur, der am Wertschöpfungsprozess der Medien beteiligt ist, moralisches Verhalten an den Tag legt und dieses in der konkreten Entscheidungssituation zur Geltung bringt. Gefragt ist also eine Medienethik sozusagen auf der Mikro-Ebene, die für die persönlichen Handlungen jedes einzelnen Individuums Orientierung liefert. Medienethik in diesem Sinne ist **Individualethik**. Ein Konzept der Individualethik wird von jedem einzelnen Akteur im Kontext von Medien-Angebot und -Nachfrage verlangen, sein ökonomisches und kommunikatives Handeln unter ethischen Gesichtspunkten zu reflektieren und sich aktiv für „das Gute" in den gegebenen Handlungsspielräumen einzusetzen.

(1) Die Pflichten der in den Medienunternehmen tätigen Akteure sind unterschiedlicher Natur. Von zentraler Bedeutung sind zunächst die im Kernprozess der Content-Erstellung agierenden Personengruppen, also Journalisten, Redakteure oder Präsentatoren. Im „ethischen Fokus" eines Medienunternehmens wird man also die **Ethik des Journalisten** bzw. die **journalistische Ethik** vermuten. Wie es um diese bestellt ist und wie sie positiv beeinflusst werden kann, darüber gibt es unterschiedliche Auffassungen. Vorzuherrschen scheint ein gewisser Skeptizismus.

> „Die Diskussion über journalistische Ethik, d. h. – im Sinne einer Kurzdefinition – über die Selbstverpflichtung zur Aufrechterhaltung gewisser sittlich-moralischer Berufsstandards in den publizistischen Medien, folgen sich zwar zyklisch, bleiben aber weitgehend resultatlos, unter anderem, weil von Seiten der Medienschaffenden verbindliche ethische Selbstverpflichtung gar nicht gewünscht wird. Die Auseinandersetzungen um das Postulat journalistischer Objektivität vermitteln zum Beispiel diesbezüglich vielseitigen Anschauungsunterricht. Für die Medien erfüllen diese Diskussionen stärker die Funktion eines *öffentlichen Rituals*, mittels dessen externe Forderungen auf Steigerung der journalistischen Berufskultur bzw. Medienleistungen abgewehrt werden können" (Saxer 1985: 43).

Insbesondere steht die These im Raum, mit dem Anwachsen der medialen Konkurrenz in einem kommerziellen Mediensystem steige der Aktualitäts- und Sensationsdruck und es sei eine zunehmende **Verrohung journalistischer Sitten** zu beobachten (vgl. Wiegerling 1998: 155). Dabei seien wesentliche und stark in den Fokus zu rückende ethische Konfliktfelder im Journalismus zu beklagen (vgl. ebd. 158 ff.):

- Korrumpierbarkeit;
- Sensationshascherei;
- Verletzung von Privatheit;
- Aktualitätszwang;
- Journalistische Omnipotenz;
- Ökonomisierung.

Vor diesem Hintergrund sei jede journalistische Tätigkeit auf die gesamtgesellschaftliche Funktion zu verpflichten, nach der dem Journalisten – analog dem Wissenschaftler – ein besonderer **Erkenntnisauftrag** auferlegt sei. Die primäre Aufgabe des Journalisten sei die Bereitstellung von Information, im Zweifel auch von Gegeninformation.

„Sicher lässt sich darüber streiten, ob dem Beruf des Journalisten eine ‚besondere' moralische Dignität zukommt, dennoch gibt es in seinem Tätigkeitsfeld ‚besondere' Anwendungskriterien moralischer Gebote, dem nicht zuletzt auch im immer wieder überarbeiteten Pressekodex des Deutschen Presserats Rechnung getragen werden soll ... Schon der journalistische Erkenntnisauftrag ist, wie der des Wissenschaftlers auch, alles andere als eine ethisch neutrale Angelegenheit. Dass aus dem Erkenntnisauftrag nicht nur eine besondere Verantwortung resultiert, sondern dass er selbst bereits in einer moralischen Haltung gründet, wurde nicht zuletzt in wissenschaftsethischen Zusammenhängen immer wieder formuliert" (Wiegerling 1998: 163).

Die Frage stellt sich, ob es gelingen kann, sich auf eine Art **journalistischer Tugendlehre** zu verständigen, die der geforderten publizistischen Verantwortung der Medienschaffenden gerecht werden kann. Eine solche Tugendlehre könnte die folgenden Kern-Komponenten umfassen (vgl. ebd. 162 ff.):

- Tugend der Unterlassung;
- Tugend der Verzögerung;
- Tugend der Einlassung;
- Tugend der Berichtigung.

Bei allen Ansätzen der Entwicklung einer ethischen Konzeption wird der **ethischen Selbstverpflichtung** eine prominente Rolle zugewiesen (ebd. 167). Dies steht im Geist der journalistischen Selbstkontrollmechanismen, wie sie sich z. B. in den publizistischen Grundsätzen des Deutschen Presserates, dem sog. „Pressekodex", manifestieren. Der Pressekodex kann geradezu als das „journalistische Grundgesetz" bezeichnet werden, dem es nicht zuletzt auch obliegt, grundlegende Qualitätskriterien im Journalismus durchzusetzen, wie sie permanent und breit diskutiert werden. Diesbezügliche Qualitätskriterien sind z. B. Aktualität, Vielfalt, Relevanz, Glaubwürdigkeit, Unabhängigkeit oder Recherche (vgl. z. B. Arnold 2009: 162 ff.).

(2) Vor dem Hintergrund der (wichtigen) Dauerdebatte um die journalistische Ethik wird wenig beachtet, dass auch den in den Herstellungsvorgängen Tätigen, stellvertretend verkörpert durch den Produzenten und den Regisseur, eine erhebliche ethische Verantwortung zukommt (vgl. Rosenthal 1989). So sind Kameraleute, Regisseure, Fotografen, Produktionsleiter maßgeblich für die Umsetzung von Inhalten und Stoffen verantwortlich und haben große Gestaltungsspielräume.

Das bedeutet, dass man nicht nur im inhaltlichen Bereich und in den eigentlichen Informationsmedien mit ethischen Grundfragen konfrontiert ist, sondern auch im Kontext der medientechnischen Umsetzung der Inhalte. Zu postulieren ist daher eine **Ethik der Medienproduktion**, die das ganze Medienproduktionsteam und nicht nur die unmittelbar für den Content Verantwortlichen in die Pflicht zu nehmen geeignet ist. Dabei muss es um die umfassende Verantwortung für die Herstellung des Endprodukts gehen, die sich z. B. auch in Fragen der ästhetischen Glaubwürdigkeit oder der wahrheitsgetreuen Umsetzung des künstlerischen Werkes artikulieren kann.

Ethik ist insofern eng mit der Frage nach der **Qualität** eines Medienproduktes verbunden, als es bei der Umsetzung immer auch um den „Ausgleich zwischen ethischer und ökonomischer Rationalität" geht (vgl. Funiok 2006: 190).

Darüber hinaus steht aber am Beginn der Wertschöpfungskette der Medienproduzent in einer basalen Verantwortung. Er hat zu entscheiden, ob ein Auftrag auch tatsächlich ausgeführt werden soll. Der Medienproduzent muss sich Fragen stellen wie dieser: Darf ich Gewaltvideos herstellen? Ist es mir gleichgültig, was mit „meiner" Produktion geschieht? Ist mir die Wirkung und die Botschaft, die mit meiner Medienproduktion vermittelt wird, gleichgültig? Die folgende recht unliebsame Erkenntnis bleibt niemandem, auch nicht dem Produzenten, erspart: Verantwortung für schädliche Auswirkungen ist nicht „wegdelegierbar"!

(3) Die zentralen Akteure bei der Steuerung des Medien-Wertschöpfungsprozesses sind die Manager, die auf allen Führungsebenen eines Unternehmens am Werk sind. Daher stelle sich auch für diese Mitarbeitergruppe die Frage nach der Ethik, nun also nach der **Ethik der Manager**. Wie es um die ethischen Verhaltensweisen von Managern mutmaßlich bestellt ist, beleuchtet eine Studie, die zwei Gruppen von Manager-Typen unterscheidet (vgl. Thommen/Achleitner 2012: 1045 f.):

- Systemorientierte Manager: Das sind „Ökonomisten" und „Reformer". Bei diesen herrscht das Bewusstsein vor, dass das wirtschaftliche Geschehen von überpersönlichen, anonymen Strukturen („Sachzwängen") geprägt sei.
- Kulturorientierte Manager: Diese können als „Konventionalisten" und „Idealisten" bezeichnet werden. Ihre Grundhaltung ist, dass die Wirtschaft ein Lebensbereich wie jeder andere sei.

Die Studie kommt zu dem Schluss, dass 75 % der befragten Führungskräfte als unterschwellige, aber ausdrücklich strikte Ökonomisten einzustufen sind, bei denen ethisch-sinnvolles Wirtschaften nicht oder noch nicht das Bewusstsein bestimmt. Folgt man diesem Befund, so stellt sich die drängende, hier nicht weiter erläuterte Frage: „Werden Medienunternehmen ihr Management z. B. auf selbst erstellte Essentials verpflichten, wie es bei Bertelsmann schon länger der Fall ist?" (Karmasin/Winter 2000: 21).

(4) Abschließend stellt sich im Kontext der medienethischen Mikro-Ebene die wichtige Frage, ob Medienethik und Medienmoral nur als ein Problem der „Macher" anzusehen ist oder ob nicht auch der Konsument, d. h. der schlussendliche Nutzer der Medienprodukte, in die ethische Pflicht zu nehmen ist. Wenn man dies bejaht, gelangt man zu einem ethischen Konstrukt, das man als **Konsumenten-Ethik** oder **Ethik des Rezipienten** bezeichnen kann. Ein solches Verständnis von Ethik würde nun auch vom Rezipienten ethische Qualifikation abverlangen, ein Thema, das die Frage des **Aufbaus von Medienkompetenz** anspricht – und hier v. a. von moralischer Medienkompetenz. Den Schlüssel zum Aufbau einer solchen moralischen Medienkompetenz kann die Medienpädagogik vermitteln (vgl. z. B. Wunden/Uhlig 1987).

> Beim Aufbau von Medienkompetenz sollten die Konsumenten sogar aktive Unterstützung von den Medienunternehmen selbst erhalten, z. B. indem diese geeignete Technik zur Verfügung stellen: „Medienunternehmen können unternehmensethische Verantwortung zeigen, indem sie einen Beitrag zur *Förderung der Eigenverantwortung der Mediennutzer und Kunden* leisten" (Zerfaß 1999: 176).

Publizistische Grundsätze (Pressekodex): Das „journalistische Grundgesetz"

Vom Deutschen Presserat in Zusammenarbeit mit den Presseverbänden beschlossen und Bundespräsident Gustav W. Heinemann am 12. Dezember 1973 in Bonn überreicht.

In der Fassung vom 13. März 2013.

Präambel

Die im Grundgesetz der Bundesrepublik verbürgte Pressefreiheit schließt die Unabhängigkeit und Freiheit der Information, der Meinungsäußerung und der Kritik ein. Verleger, Herausgeber und Journalisten müssen sich bei ihrer Arbeit der Verantwortung gegenüber der Öffentlichkeit und ihrer Verpflichtung für das Ansehen der Presse bewusst sein. Sie nehmen ihre publizistische Aufgabe fair, nach bestem Wissen und Gewissen, unbeeinflusst von persönlichen Interessen und sachfremden Beweggründen wahr.

Die publizistischen Grundsätze konkretisieren die Berufsethik der Presse. Sie umfasst die Pflicht, im Rahmen der Verfassung und der verfassungskonformen Gesetze das Ansehen der Presse zu wahren und für die Freiheit der Presse einzustehen.

Die Regelungen zum Redaktionsdatenschutz gelten für die Presse, soweit sie personenbezogene Daten zu journalistisch-redaktionellen Zwecken erhebt, verarbeitet oder nutzt. Von der Recherche über Redaktion, Veröffentlichung, Dokumentation bis hin zur Archivierung dieser Daten achtet die Presse das Privatleben, die Intimsphäre und das Recht auf informationelle Selbstbestimmung des Menschen.

Die Berufsethik räumt jedem das Recht ein, sich über die Presse zu beschweren. Beschwerden sind begründet, wenn die Berufsethik verletzt wird.

Diese Präambel ist Bestandteil der ethischen Normen.

Ziffer 1 – Wahrhaftigkeit und Achtung der Menschenwürde

Die Achtung vor der Wahrheit, die Wahrung der Menschenwürde und die wahrhaftige Unterrichtung der Öffentlichkeit sind oberste Gebote der Presse. Jede in der Presse tätige Person wahrt auf dieser Grundlage das Ansehen und die Glaubwürdigkeit der Medien.

Ziffer 2 – Sorgfalt

Recherche ist unverzichtbares Instrument journalistischer Sorgfalt. Zur Veröffentlichung bestimmte Informationen in Wort, Bild und Grafik sind mit der nach den Umständen gebotenen Sorgfalt auf ihren Wahrheitsgehalt zu prüfen und wahrheitsgetreu wiederzugeben. Ihr Sinn darf durch Bearbeitung, Überschrift oder Bildbeschriftung weder entstellt noch verfälscht werden. Unbestätigte Meldungen, Gerüchte und Vermutungen sind als solche erkennbar zu machen.

Symbolfotos müssen als solche kenntlich sein oder erkennbar gemacht werden.

Ziffer 3 – Richtigstellung

Veröffentlichte Nachrichten oder Behauptungen, insbesondere personenbezogener Art, die sich nachträglich als falsch erweisen, hat das Publikationsorgan, das sie gebracht hat, unverzüglich von sich aus in angemessener Weise richtig zu stellen.

Ziffer 4 – Grenzen der Recherche

Bei der Beschaffung von personenbezogenen Daten, Nachrichten, Informationsmaterial und Bildern dürfen keine unlauteren Methoden angewandt werden.

Ziffer 5 – Berufsgeheimnis

Die Presse wahrt das Berufsgeheimnis, macht vom Zeugnisverweigerungsrecht Gebrauch und gibt Informanten ohne deren ausdrückliche Zustimmung nicht preis.

Die vereinbarte Vertraulichkeit ist grundsätzlich zu wahren.

Ziffer 6 – Trennung von Tätigkeiten

Journalisten und Verleger üben keine Tätigkeiten aus, die die Glaubwürdigkeit der Presse in Frage stellen könnten.

Ziffer 7 – Trennung von Werbung und Redaktion

Die Verantwortung der Presse gegenüber der Öffentlichkeit gebietet, dass redaktionelle Veröffentlichungen nicht durch private oder geschäftliche Interessen Dritter oder durch persönliche wirtschaftliche Interessen der Journalistinnen und Journalisten beeinflusst werden. Verleger und Redakteure wehren derartige Versuche ab und achten auf eine klare Trennung zwischen redaktionellem Text und Veröffentlichungen zu werblichen Zwecken. Bei Veröffentlichungen, die ein Eigeninteresse des Verlages betreffen, muss dieses erkennbar sein.

Ziffer 8 – Schutz der Persönlichkeit

Die Presse achtet das Privatleben des Menschen und seine informationelle Selbstbestimmung. Ist aber sein Verhalten von öffentlichem Interesse, so kann es in der Presse erörtert werden. Bei einer identifizierenden Berichterstattung muss das Informationsinteresse der Öffentlichkeit die schutzwürdigen Interessen von Betroffenen überwiegen; bloße Sensationsinteressen rechtfertigen keine identifizierende Berichterstattung. Soweit eine Anonymisierung geboten ist, muss sie wirksam sein.

Die Presse gewährleistet den redaktionellen Datenschutz.

Ziffer 9 – Schutz der Ehre

Es widerspricht journalistischer Ethik, mit unangemessenen Darstellungen in Wort und Bild Menschen in ihrer Ehre zu verletzen.

Ziffer 10 – Religion, Weltanschauung, Sitte

Die Presse verzichtet darauf, religiöse, weltanschauliche oder sittliche Überzeugungen zu schmähen.

Ziffer 11 – Sensationsberichterstattung, Jugendschutz

Die Presse verzichtet auf eine unangemessen sensationelle Darstellung von Gewalt, Brutalität und Leid. Die Presse beachtet den Jugendschutz.

Ziffer 12 – Diskriminierungen

Niemand darf wegen seines Geschlechts, einer Behinderung oder seiner Zugehörigkeit zu einer ethnischen, religiösen, sozialen oder nationalen Gruppe diskriminiert werden.

Ziffer 13 – Unschuldsvermutung

Die Berichterstattung über Ermittlungsverfahren, Strafverfahren und sonstige förmliche Verfahren muss frei von Vorurteilen erfolgen. Der Grundsatz der Unschuldsvermutung gilt auch für die Presse.

Ziffer 14 – Medizin-Berichterstattung

Bei Berichten über medizinische Themen ist eine unangemessen sensationelle Darstellung zu vermeiden, die unbegründete Befürchtungen oder Hoffnungen beim Leser erwecken könnte. Forschungsergebnisse, die sich in einem frühen Stadium befinden, sollten nicht als abgeschlossen oder nahezu abgeschlossen dargestellt werden.

Ziffer 15 – Vergünstigungen

Die Annahme von Vorteilen jeder Art, die geeignet sein könnten, die Entscheidungsfreiheit von Verlag und Redaktion zu beeinträchtigen, ist mit dem Ansehen, der Unabhängigkeit und der Aufgabe der Presse unvereinbar. Wer sich für die Verbreitung oder Unterdrückung von Nachrichten bestechen lässt, handelt unehrenhaft und berufswidrig.

Ziffer 16 – Rügenveröffentlichung

Es entspricht fairer Berichterstattung, vom Deutschen Presserat öffentlich ausgesprochene Rügen zu veröffentlichen, insbesondere in den betroffenen Publikationsorganen bzw. Telemedien.

Jede dieser 16 Ziffern wird durch zahlreiche Richtlinien konkretisiert, so z. B. zu Ziffer 8 Schutz der Persönlichkeit: „Richtlinie 8.3 – Kinder und Jugendliche: Insbesondere in der Berichterstattung über Straftaten und Unglücksfälle dürfen Kinder und Jugendliche bis zur Vollendung des 18. Lebensjahres in der Regel nicht identifizierbar sein."

Bestandteil des Pressekodex ist ferner die „Beschwerdeordnung des Deutschen Presserates" (beschlossen am 15. Dezember 2006, in der Fassung vom 14. Dezember 2012)

40.3 Medienethik auf der Meso-Ebene

Neben der Inpflichtnahme jeder einzelnen handelnden Person erfordert ein verantwortungsvolles Medienmanagement die ethische Verpflichtung des ganzen Unternehmens. Diese als Medienethik auf der Meso-Ebene aufscheinende Ethik-Dimension versteht sich als ganzheitliche Ethik und wird als **Unternehmensethik** bezeichnet. Oberstes Ziel von Unternehmensethik ist es, zwischen der ethischen und der ökonomischen Rationalität einen Ausgleich herbeizuführen (vgl. Funiok 2006: 190).

Die Sichtweise der Unternehmensethik als Ethik des Unternehmens als Entität unterstellt, dass gesellschaftliche Institutionen als moralisch handelnde Subjekte angesehen werden können und nicht nur als die bloße Summe der moralischen Handlungsweisen der individueller Entscheidungsträger. Die Wertvorstellungen und ethischen Probleme auf der Meso-Ebene des Unternehmens zu diskutieren, zu begründen und dort zu verankern, ist unter diesem Blickwinkel also zweckmäßig und legitim.

> Es ist freilich offenkundig, dass die Verortung des Begriffs „Unternehmensethik" erhebliche Probleme bereitet (vgl. hierzu z. B. die Einordnung von Unternehmensethik als Teilbereich der Ethik bei Küpper 2006: 23 ff.). „An diesen Definitionen von Unternehmensethik wird der enge Zusammenhang zwischen der jeweiligen Vorstellung von Wissenschaft, also dem *Wissenschaftsprogramm*, der *ethischen Konzeption* und der *Abgrenzung von Unternehmensethik* sichtbar" (ebd. 28). Gemeint ist damit z. B. die schwierige Frage, ob eine Definition wie „Unternehmensethik thematisiert das Verhältnis von Moral und Gewinn in der Unternehmensführung" tragfähig ist, wenn man auch nichterwerbswirtschaftliche Unternehmen mit die Betrachtung einbezieht.

(1) Unter formalen Gesichtspunkten sollte ein **unternehmensethisches Handlungsprogramm** den folgenden drei Anforderungen standhalten (vgl. Zerfaß 1999: 167):

- Konsequente Anwendung der bestehenden Gesetze nach Geist und Buchstabe. Bei Unklarheiten sollen die Vorschriften großzügig im Sinne des vom Recht eingeforderten Verhaltens ausgelegt werden.
- Eigenständige Ergänzung des Rechts durch freiwillige Selbstverpflichtungen. Dadurch wird das Recht auch dort zur Geltung gebracht, wo keine bzw. noch keine Gesetze zur Regelung von Konflikten vorliegen. Eine solche Leitlinie wird besonders auch im Zeichen von Globalisierung wichtig, wenn die Wirkmächtigkeit des nationalen Rechts zurückgeht. Es geht um die situationsgerechte Anwendung legitimer Rechtsregeln und um die Ausschöpfung von Ermessensspielräumen und Interpretationen im Geiste der Gesetze.
- Aktive Teilhabe und kritisch-loyale Anstrengungen bei der Weiterentwicklung des Rechts und der Rahmenordnung.

> „Hier schließt sich unsere ... These an: Unternehmensethische Bemühungen müssen in dem Maße an Bedeutung gewinnen, wie die Globalisierung der (Medien-)Wirtschaft fortschreitet und der Einsatz von grenzüberschreitenden digitalen Medien auch in klassischen Branchen immer mehr zunimmt. Mit diesen für die Informationsgesellschaft konstitutiven Entwicklungen entstehen nämlich immer mehr soziale Beziehungen über staatliche, kulturelle und ökonomische Grenzen hinweg bis hin zu virtuellen Gemeinschaften und internationalen Marktplätzen im schrankenlosen Raum des Internets. Zwangsläufig steigt mit diesen neuen Beziehungsstrukturen und Handlungsfeldern auch die Konfliktträchtigkeit des Wirtschaftsprozesses und damit der Bedarf an normativ gerechtfertigten Lösungsansätzen. Gleichzeitig geht die Wirkungsmächtigkeit des nationalen Rechts zurück ..." (ebd. 167 f.).

(2) Mit Blick auf inhaltliche Kriterien wird als unternehmensethisches Handlungsprogramm ein **Glaubwürdigkeitskonzept** bzw. eine **Glaubwürdigkeitsstrategie** empfohlen (vgl. Thommen/Achleitner 2012: 1049 f.; Thommen 2003). Glaubwürdigkeit wird zum zentralen Leitmotiv, weil die Gesellschaft und die verschiedenen Anspruchsgruppen nur dann bereit sind, dem Unternehmen Vertrauen zu schenken, wenn dieses ein offenes und ehrliches Verhalten an den Tag legt und die Interessen der Stakeholders ernst nimmt. Auf dieses **Vertrauen** ist aber ein Unternehmen – ganz besonders ein Medienunternehmen – dringend angewiesen. Umgekehrt liegt ein klarer Anspruch der Gesellschaft vor, diese Glaubwürdigkeit auch vorzuweisen. Zu begründen ist dies zum einen durch das hohe Maß an Betroffenheit, insbesondere durch negative externe Effekte (Schäden, negative Auswirkungen), die das Tun eines Unternehmens regelmäßig begleitet, zum anderen durch die Nutzung von kollektiven Gütern, die eine Gesellschaft dem Unternehmen unentgeltlich für dessen Produktionsprozesse zur Verfügung stellt (vgl. Thommen 2003: 44 f.).

Analog dem Kriterium der Kreditwürdigkeit im privaten Kapitalverkehr muss sich ein Unternehmen darum bemühen, sich der von der Gesellschaft überlassenen Produktionsfaktoren jederzeit würdig zu erweisen. Glaubwürdigkeit wird damit zum Ergebnis und Kriterium für das konsequente ethische Handeln des Unternehmens.

Eine bewusste **Glaubwürdigkeitsstrategie** setzt sich aus drei **Handlungskomponenten** zusammen (vgl. Thommen/Achleitner 2012: 1050 ff.):

- Verantwortliches Handeln: Es ist die Pflicht eines Aufgabenträgers, umfassende Rechenschaft für die ihm innerhalb der Gesellschaft zukommende Rolle abzulegen (Rollenverantwortung). Dabei ist vor allem für jene Probleme die Verantwortung zu übernehmen, die es selbst (mit-)verursacht hat (kausale Verantwortung). Schließlich ist es immer auch verantwortlich für diejenigen Situationen, zu denen es eine Problemlösung bieten kann (Fähigkeitsverantwortung).
- Kommunikatives Handeln: Pflicht eines Unternehmens ist es, die Anspruchsgruppen als echte Kommunikationspartner anzuerkennen und für eine konstruktive wechselseitige Kommunikationsbeziehung zu sorgen. Im Vordergrund steht dann eine Öffentlichkeitsarbeit, die nicht als billige Alibi-Funktion dient, sondern eine echte Kommunikation mit ernst genommenen Stakeholdern als Partnern pflegt.
- Innovatives Handeln: Ferner ist es Pflicht, für neuartige Probleme gute Lösungen zu finden, die von den Anspruchsgruppen akzeptiert werden. Innovatives und kreatives Denken werden als eine Voraussetzung für ethisches Handeln verstanden.

(3) Um eine solche Glaubwürdigkeitsstrategie umzusetzen, müssen geeignete Instrumente zum Einsatz kommen. Mögliche **unternehmensethische Instrumente** sind z. B. die Verabschiedung eines Ethik- und Verhaltenskodex, in dem die moralischen Grundsätze des Unternehmens beschrieben sind. Als wegweisende unternehmensethische Konzeptionen im Medien- und TIME-Sektor können die Konzeptionen von Bertelsmann, Springer oder Hewlett-Packard gelten. Nachfolgend seien beispielhaft Auszüge aus dem Bertelsmann-Konzept der Corporate Responsibility und die Bertelsmann Essentials wiedergegeben (Fassung vom Juni 2006).

Fallbeispiel: Bertelsmann Corporate Social Responsibility

Die Bertelsmann SE & Co. KGaA verfolgt ein anerkannt überzeugendes Gesamtkonzept der Corporate Social Responsibility. Dieses basiert auf einem Fundament von Grundwerten mit drei Dokumenten (1) Bertelsmann Essentials („Leitbild"), (2) Bertelsmann Code of Conduct, (3) Corporate Responsibility. Nachfolgend werden diese von Bertelsmann veröffentlichten Dokumente wiedergegeben.

Bertelsmann Essentials

Die Bertelsmann Essentials enthalten die Ziele und Grundwerte für alle Mitarbeiter, Führungskräfte und Gesellschafter des Unternehmens und bauen auf der Unternehmensverfassung auf. Unsere Führungskräfte sind verpflichtet, diese Werte zu verkörpern und durch ihr Vorbild weiterzutragen. Die Bertelsmann Essentials geben das geltende gemeinsame Verständnis unserer Unternehmenskultur wieder und unterliegen einem ständigen Prozess der kritischen Überprüfung, Überarbeitung und Verbesserung.

Unser Auftrag

Bertelsmann ist ein internationales Medienunternehmen. Wir vermitteln Informationen, Unterhaltung und Mediendienstleistungen und wollen damit Menschen inspirieren. Es ist unser Ziel, einen Leistungsbeitrag für die Gesellschaft zu erbringen. Wir wollen Spitzenpositionen in unseren Märkten einnehmen und streben eine das Wachstum und die Kontinuität des Unternehmens sichernde Verzinsung des eingesetzten Kapitals an. Kreative Inhaltearbeit und konsequente Kundenorientierung stehen im Mittelpunkt unseres gemeinsamen Handelns. Wir wollen eine gerechte und motivierende Arbeitswelt schaffen. Wir verpflichten uns, die Kontinuität und die ständige Weiterentwicklung unseres Unternehmens zu sichern.

Unsere Grundwerte

Partnerschaft: Partnerschaft zum Nutzen der Mitarbeiter und des Unternehmens ist die Grundlage unserer Unternehmenskultur. Motivierte Mitarbeiter, die sich mit dem Unternehmen und seinen Grundwerten identifizieren, sind die treibende Kraft für Qualität, Effizienz, Innovationsfähigkeit und Wachstum des Unternehmens. Die Basis unseres partnerschaftlichen Führungsverständnisses bilden gegenseitiges Vertrauen, Respekt vor dem Einzelnen sowie das Prinzip der Delegation von Verantwortung. Unsere Mitarbeiter haben größtmöglichen Freiraum, sie sind umfassend informiert und nehmen sowohl an Entscheidungsprozessen als auch am wirtschaftlichen Erfolg des Unternehmens teil. Für ihre Weiterentwicklung und die Sicherung ihrer Arbeitsplätze setzen wir uns ein.

Unternehmergeist: Das Prinzip der Dezentralisation ist ein Schlüssel zu unserem Erfolg; es ermöglicht Flexibilität, Verantwortung, Effizienz und unternehmerisches Handeln unserer Mitarbeiter. Unsere Firmen werden von Geschäftsführern geleitet, die als Unternehmer handeln: Sie genießen weitreichende Unabhängigkeit und tragen umfassende Verantwortung für die Leistung ihrer Firmen. Unsere Führungskräfte handeln nicht nur im Interesse der Einzelfirma, sondern sind auch dem Interesse des Gesamtunternehmens verpflichtet.

Kreativität: Unser Ziel ist es, Heimat für Künstler, Autoren und kreative Talente in all unseren Geschäftsfeldern zu sein. Wir fördern ihre kreative Entwicklung und ihren geschäftlichen Erfolg. Wir setzen uns weltweit für den Schutz geistigen Eigentums ein. Wir fördern die künstlerische und geistige Freiheit, den Schutz von Demokratie und Menschenrechten, den Respekt vor Traditionen und kulturellen Werten; deshalb spiegeln unsere Inhalte eine Vielfalt von Einstellungen und Meinungen wider. Die von den Bedürfnissen unserer Kunden geleitete kontinuierliche Optimierung und fortwährende Innovation sind die Eckpfeiler unseres Erfolges.

Gesellschaftliche Verantwortung: Unabhängigkeit und Kontinuität unseres Unternehmens werden dadurch gesichert, dass die Mehrheit der Aktienstimmrechte bei der Bertelsmann Verwaltungsgesellschaft liegt. Unsere Gesellschafter verstehen Eigentum als Verpflichtung gegenüber der Gesellschaft. Sie sehen das Unternehmen in der Marktwirtschaft dadurch legitimiert, dass es einen Leistungsbeitrag für die Gesellschaft erbringt. Diesem Selbstverständnis entspricht auch die Arbeit der Bertelsmann Stiftung, in die die Mehrheit der Bertelsmann Aktien eingebracht wurde. Unsere Firmen achten Recht und Gesetz und lassen sich von ethischen Grundsätzen leiten. Sie verhalten sich gegenüber der Gesellschaft und der Umwelt stets verantwortungsbewusst.

Unsere Verpflichtung: Wir erwarten von allen im Unternehmen Bertelsmann, dass sie nach diesen Zielen und Grundwerten handeln.

Der Bertelsmann Code of Conduct

Bertelsmann veröffentlichte erstmals im Jahr 2008 den Bertelsmann Code of Conduct als weltweit und für jeden Mitarbeiter verbindliche Leitlinie für gesetzeskonformes und verantwortungsvolles Handeln im Unternehmen. 2013 erfuhr dieser Verhaltenskodex eine Neuauflage. Diese neue Version, so Vorstandsvorsitzender Thomas Rabe, bekräftigt dabei noch einmal das „klare Bekenntnis zur Einhaltung von Recht und Gesetz" und unterstreicht den Bertelsmann Standard „für ein verantwortungsvolles Verhalten gegenüber Geschäftspartnern und Öffentlichkeit, aber auch im Umgang miteinander innerhalb des Unternehmens".

Unsere Verhaltensgrundsätze

Der Bertelsmann Code of Conduct folgt internationalen Standards. Er leitet sich aus ethischen Anforderungen, geltenden Gesetzen und den Bertelsmann-internen Regeln ab. Gleichzeitig basiert der Verhaltenskodex auf den Bertelsmann Essentials, deren Ziele und Grundwerte unser Handeln bestimmen. Neben 20 Prinzipien zu verantwortlichem Verhalten stellt der Code of Conduct auch einen Leitfaden zur angemessenen Entscheidungsfindung zur Verfügung und informiert über die Ansprechpartner, an die sich Mitarbeiter oder Dritte mit Fragen zum Code of Conduct wenden können.

Ansprechpartner zum Code of Conduct

Bei Bertelsmann finden Mitarbeiter, Geschäftspartner sowie Dritte immer eine offene Tür, um Rat zu suchen, vertraulich und sicher Bedenken bezüglich eines möglichen Fehlverhaltens zu äußern oder um Vorschläge zur Verbesserung von Compliance-Prozessen zu machen. Zu den Anlaufstellen zählen insbesondere die „Ethics & Compliance"-Abteilung von Bertelsmann, das internetbasierte System www.hinweisgeben.de sowie externe, von Bertelsmann berufene Ombudspersonen.

Schulungen

Um unsere Mitarbeiter weltweit eingehend mit dem Verhaltenskodex vertraut zu machen, hat die Abteilung Ethics & Compliance ein interaktives Schulungsprogramm in zwölf Sprachversionen entwickelt, das seit Juni 2009 im Einsatz ist. Im Rahmen dieser Schulung werden die Prinzipien des Verhaltenskodex dargestellt, und es wird erklärt, wie Mitarbeiter auf mögliche beobachtete Verstöße gegen den Kodex sicher und wirksam aufmerksam machen können bzw. wo sie Rat und Hilfe bei Fragen finden. In regelmäßigen Abständen werden Auffrischungsschulungen für alle Mitarbeiter durchgeführt. Schulungsmaßnahmen werden webbasiert oder als Präsenzschulung angeboten.

Corporate Responsibility

Verantwortung aus Tradition: Unternehmerische Verantwortung zu übernehmen hat bei Bertelsmann Tradition und ist untrennbar mit der Geschichte des Unternehmens verbunden. Interpretierte Firmengründer Carl Bertelsmann Verantwortung noch weitgehend im religiösen Sinne, so machte Reinhard Mohn mit dem Neuanfang nach 1945 die Verantwortung des Unternehmens an den Interessen und Bedürfnissen des Menschen fest: an den Mitarbeitern, an den Kunden, aber auch an der jeweiligen Gesellschaft, in der wir als Unternehmen agieren. Unser heutiges Verständnis von Corporate Responsibility hat seine Wurzeln somit zwar im 19. Jahrhundert, aber wir stellen uns mit der Erfahrung von knapp 180 Jahren bewusst den aktuellen Herausforderungen und Megatrends des 21. Jahrhunderts: von der Digitalisierung über den demografischen Wandel bis zur Globalisierung. Insbesondere die Vielfalt der Märkte, in denen wir international tätig sind, fordert uns heraus, unsere Tradition mit den Ansprüchen und Themen der Gegenwart abzugleichen. Dies wird in den zentralen Handlungsfeldern unserer Corporate Responsibility deutlich. Wir stellen uns der Verantwortung für unsere Mitarbeiter, für unsere Angebote und für die Auswirkungen unserer Geschäftstätigkeit auf Gesellschaft und Umwelt.

Feste Grundwerte und flexible Strukturen: Unser Engagement ist nicht beliebig. Entsprechend der Vielfalt unserer Geschäfte können wir in der Ausgestaltung unserer unternehmerischen Verantwortung flexibel agieren, weil wir feste Grundüberzeugungen teilen, die unser Handeln leiten. Die Organisation von Bertelsmann trägt dieser Bereitschaft, Verantwortung zu übernehmen, Rechnung, denn Corporate Responsibility ist für uns kein abstrakter Begriff. Vielmehr ist sie in transparente Verfahren und konkrete Regeln übersetzt und wird regelmäßig und nachvollziehbar in Zahlen und Fakten dokumentiert. Unsere partnerschaftliche Führungskultur nimmt jeden im Unternehmen in die Pflicht, seinen Beitrag zu leisten. Aber sie gibt jedem zugleich auch die Freiheit, Verantwortung im Rahmen der eigenen Möglichkeiten zu übernehmen. Wir setzen darauf, dass hieraus ein nachhaltiges Ergebnis entsteht, das mehr ist als nur die Summe seiner Einzelteile.

40.4 Medienethik auf der Makro-Ebene

Medienethik auf der Makro-Ebene ist mit dem Begriff **Systemethik** zu markieren. Angesprochen ist in diesem Kontext die kollektive Verantwortung bzw. Verantwortung des gesamten Gemeinwesens als „eine umfassende moralische Pflicht der Öffentlichkeit, soziale Prozesse wie die gesellschaftliche Kommunikation zu überwachen" (Christians 1989: 258). Insofern ist oben angesprochene Frage: „Gibt es eine Verantwortung des Publikums?" (Christians 1989) bei Bejahung einer Art Systemethik eindeutig mit „Ja" zu beantworten.

So wird man beispielsweise einem Gesellschaftssystem, das die journalistische Ehrlichkeit und Offenheit eher belohnt als bestraft, eine höhere ethische Effektivität zutrauen als einem System, in dem das Hochhalten und das aktive Vertreten ethischer Grundsätze eher weniger Beifall der Gesellschaft erntet.

(1) In der Makro-Sicht kommt der **Verantwortung des Publikums** für den ethischen Kontext eine Schlüsselbedeutung zu. Sie kann als „Rezeptionsethik" bezeichnet werden.

> „Rezeptionsethik ist eine Reflexion auf das Handeln des Menschen unter besonderer Berücksichtigung der Handlungssegmente, in denen Medien (-inhalte bzw. -programme, die technische Apparatur) und ihre Wirkungsweisen beteiligt sind als Teil der Selbsterhellung des Menschen in seinem In-der-Welt-Sein; sie dient der Sinngebung menschlicher Freiheit im Kontext der Medien" (Wunden 1989: 273).

Ein weiterer treffender Begriff in diesem Zusammenhang lautet „kollektive Verantwortung" – ein Begriff, der sich schroff die Auffassung stellt, eine Gesellschaft sei nur in individualistischen Kategorien zu interpretieren.

> „Unter ‚kollektiver Verantwortung' oder ‚Verantwortung des Gemeinwesens' (communal responsibility) verstehe ich eine umfassende moralische Pflicht der Öffentlichkeit, soziale Prozesse wie die gesellschaftliche Kommunikation zu überwachen. ... Als kulturell Handelnde tragen wir per Definition, unabhängig von institutionellen Zuordnungen oder von speziellem Sachverstand, die gemeinsame Verantwortung für die Lebensfähigkeit unserer Kultur" (Christians 1989: 258).

> Es ist natürlich nicht einfach, zu zeigen, „dass eine Ethik der kollektiven Verantwortung vorstellbar ist. Baier unterscheidet vier Bedeutungen von ‚verantwortlich für etwas': vernünftig (accountable), rechenschaftspflichtig (answerable), schuldig (culpable) und haftbar (liable). Der Begriff ‚kollektive Verantwortung' deckt sich zwar nicht genau mit einer der vier Bedeutungen, entspricht aber am ehesten Baiers erstem Begriff ‚accountable'. Um einen Strafrechtsbestand handelt es sich hier nicht, Zwang ist in diesem Bereich inakzeptabel, aber als verantwortungsbewusste Akteure im öffentlichen Raum können wir legitimerweise zur Rechenschaft gezogen werden in dem Maß, wie wir über die Macht verfügen, einen Wandel herbeizuführen. Bei solchen Anlässen mit dem Finger auf andere – beispielsweise auf Medienleute oder Regierungsvertreter – zu zeigen, gehört sich nicht" (Christians 1989: 264).

(2) Nochmals zur **Verantwortung der Journalisten**: Selbstverständlich kommt ihnen auch in der Makro-Perspektive der Medienethik eine prominente Rolle zu. Verfehlungen müssen gebrandmarkt werden.

> Das Votum des ehemaligen Intendanten des Südwestrundfunks bringt diese Feststellung auf den Punkt: „Leider ist nicht zu leugnen, dass konkrete Selbstkritik im Journalismus so wenig zu den systemgerechten Tugenden zu zählen scheint wie in der Politik, wo sie auch nur dann demonstrativ geübt wird, wenn man sich damit wiederum „gut verkauft". Wir haben aber auch keinen Anlass, diesen Ansatz preiszugeben und zuzusehen, wie die Dämme brechen" (Voß 1998: 21).

Zur Debatte stehen dabei immer auch Fragen der Pressefreiheit. So kann es in einem stark „durchkommerzialisierten" System passieren, dass sich die Pressefreiheit plötzlich gegen den Menschen zu richten beginnt (Voß 1998: 21). Vor diesem Hintergrund ist es wichtig, dass sich das moralisch begründete Engagement des einzelnen Akteurs, z. B. des Journalisten, und das moralisch begründete Engagement des ganzen Medienunternehmens, in einen größeren Zusammenhang fügt.

(3) Medienethik auf der Makro-Ebene verlangt also, zusammenfassend, **Verantwortung von allen Beteiligten einzufordern**, von jedem einzelnen Staatsbürger, vom Konsumenten, vom Rezipienten, vom Journalisten bis hin zum politisch Verantwortlichen. Ein auf der Mikro-Ebene positionierter personalisierter und situationsbezogener Ansatz z. B., mit dem man den einzelnen Journalisten für alles und jedes verantwortlich macht, kann nicht genügen und nicht überzeugen. Ebenso kann es nicht genügen, das Medienunternehmen als Organisation allein zur ethischen Rechenschaft ziehen zu wollen und – sich zurücklehnend – auf die Rolle der Unternehmensethik zu verweisen. Erforderlich ist es – darum kommt man nicht herum –, das ganze System mit allen an der „Veranstaltung Medien" Beteiligten auf seine ethische „Qualifikation" zu hinterfragen.

Kernaussagen

- Medienmanagement muss sich vor der Gesellschaft verantworten. Dies ist insbesondere aus ihrem Charakter als öffentlich exponierte Organisationen geboten.
- Ein Medienunternehmen benötigt ein klares und überzeugendes Verantwortungskonzept, in diesem Zusammenhang insbesondere ein ethisches Konzept. Es hat existentielle Bedeutung.
- Ein solches Konzept muss auf dem Fundament von Glaubwürdigkeit und Vertrauen aufbauen.
- Das ethische Gesamtkonzept eines Medienunternehmens muss überzeugende Antworten auf der Mikro-Ebene, der Meso-Ebene und der Makro-Ebene anbieten.

Literatur

Weiterführende Literatur: Grundlagen

Albach, H. (Hrsg.)(2005): Unternehmensethik und Unternehmenspraxis, Zeitschrift für Betriebswirtschaft (ZfB), Special Issue 5, Wiesbaden.
Beschorner, T./Schmidt, M. (Hrsg.)(2006): Unternehmerische Verantwortung in Zeiten kulturellen Wandels, München und Mering.
Küpper, H.-U. (2006): Unternehmensethik, Stuttgart.
Langmann, H.-J. (1995): Gesellschaftliche Verantwortung der Unternehmensführung, in: Corsten, H./Reiß, M. (Hrsg.)(1995): Handbuch Unternehmensführung. Konzepte – Instrumente – Schnittstellen. Wiesbaden, S. 79-89.
Macharzina, K./Wolf, J. (2012): Unternehmensführung, 8., vollst. überarb. u. erw. Aufl., Wiesbaden.
Spoun, S./Meynhardt, T. (Hrsg.)(2010): Management – eine gesellschaftliche Aufgabe, Baden-Baden.
Steinmann, H./Löhr, A. (Hrsg.)(1991): Unternehmensethik, 2., überarb. u. erw. Aufl., Stuttgart.
Steinmann, H./Löhr, A. (1995): Unternehmensethik, in: Corsten, H./Reiß, M. (Hrsg.) (1995): Handbuch Unternehmensführung, Wiesbaden, S. 91-99.
Thommen, J.-P. (2003): Glaubwürdigkeit und Corporate Governance, 2., vollst. überarb. Aufl., Zürich.
Thommen, J.-P./Achleitner, A.-K. (2012): Allgemeine Betriebswirtschaftslehre, 7., vollst. überarb. Aufl., Wiesbaden. Teil 11, Kapitel 5.

Weiterführende Literatur: Medien

Arnold, K. (2009): Qualitätsjournalismus, Konstanz.
Beck, K./Voigt, S./Wünsch, J. (2006): Medienethische Qualitätskriterien für den Rundfunk, Berlin.
Christians, C. G. (1989): Gibt es eine Verantwortung des Publikums? In: Wunden, W. (Hrsg.)(1989): Medien zwischen Markt und Moral, Stuttgart, S. 255-266.
Friedrichsen, M. (Hrsg.)(2005): Medienunternehmen im Zwiespalt ökonomischer und publizistischer Werte, Flensburger Beiträge zum Medienmanagement, Nr. 21, Flensburg.
Funiok, R. (2006): Ethische Analyse im Qualitätsmanagement. Plädoyer für die Verschränkung zweier Handlungsorientierungen. In: Weischenberg, S./Loosen, W./Beuthner, M. (Hrsg.)(2006): Medien-Qualitäten, Konstanz, S. 185-199.
Funiok, R./Schmälzle, U./Werth, C. H. (Hrsg.)(1999): Medienethik – die Frage der Verantwortung, Bundeszentrale für politische Bildung, Bonn.
Gonser, N. (Hrsg.)(2013): Die multimediale Zukunft des Journalismus, Wiesbaden.
Gundlach, H. (Hrsg.)(2011): Public Value in der Digital- und Internetökonomie, Köln.
Herbert, E.-M. (2008): Zwischen Macht, Freiheit und Moral. Massenmedien im Zeitalter der Globalisierung, Marburg.
Karmasin, M. (1993): Das Oligopol der Wahrheit. Medienunternehmen zwischen Ökonomie und Ethik. Wien.
Karmasin, M. (2006): Medienethik, in: Scholz, C. (Hrsg.)(2006): Handbuch Medienmanagement, Berlin, Heidelberg, New York, S. 279-297.
Karmasin, M./Litschka, M. (2008): Wirtschaftsethik – Theorien, Strategien, Trends, Köln.
Karmasin, M./Rath, M./Thomaß, B. (Hrsg.)(2013): Normativität in der Kommunikationswissenschaft, Wiesbaden.
Karmasin, M./Winter, C. (2000): Kontexte und Aufgabenfelder von Medienmanagement, in: Karmasin, M./Winter, C. (Hrsg.)(2000): Grundlagen des Medienmanagements, München, S. 15-39.
Karmasin, M./Strahlendorf, P./Nehm, F. (2008): Corporate Social Responsibility und Medienunternehmen, in: MedienWirtschaft, 5. Jg., H. 2, S. 35-41.
Leschke, R. (2001): Einführung in die Medienethik, München.
Litschka, M. (2013): Medienethik als Wirtschaftsethik medialer Kommunikation, München.
Maier, H. (Hrsg.)(1985): Ethik der Kommunikation, Freiburg/Schweiz.
Maletzke, G. (1988): Kulturverfall durch Fernsehen? Berlin.
Maletzke, G. (1998): Kommunikationswissenschaft im Überblick, Opladen, Wiesbaden.
Mohn, R. (2003): Die gesellschaftliche Verantwortung des Unternehmers, München.
Rosenthal, G. (1989): Zur Ethik der Medienproduktion, in: Wunden, W. (Hrsg.)(1989): Medien zwischen Markt und Moral, Stuttgart, S. 139-155.

Saxer, U. (1984): Journalismus und Medienethik, in: Media Perspektiven, o. Jg., S. 21-24.
Saxer, U. (1985): Journalistische Ethik – eine Chimäre? In: Maier, H. (Hrsg.)(1985): Ethik der Kommunikation, Freiburg/Schweiz, S. 43-52.
Saxer, U. (2012): Mediengesellschaft, Wiesbaden.
Schicha, C./Brosda, C. (2010): Handbuch Medienethik, Wiesbaden.
Stolte, D. (2004): Wie das Fernsehen das Menschenbild verändert, München.
Trommershausen, A. (2011): Corporate Responsibility in Medienunternehmen, Köln.
Voß, P. (1998): Mündigkeit im Mediensystem. Hat Medienethik eine Chance? Baden-Baden.
Wiegerling, K. (1998): Medienethik, Stuttgart, Weimar.
Weder, F./Krainer, L. (2011): Public Value und die Verantwortung von Medienunternehmen, in: Gundlach, H. (Hrsg.)(2011): Public Value in der Digital- und Internetökonomie, Köln, S. 355-377.
Winter, C./Trommershausen, A. (2011): Potenziale und Probleme der Corporate Social Responsibility (CSR) von TIME-Unternehmen unter den Bedingungen der Medienkonvergenz, in: Gundlach, H. (Hrsg.)(2011): Public Value in der Digital- und Internetökonomie, Köln, S. 335-354.
Winterhoff-Spurk, P. (2001): Fernsehen. Fakten zur Medienwirkung. 2., völlig überarb. u. erg. Aufl., Bern, Göttingen, Toronto, Seattle.
Winterhoff-Spurk, P. (2005): Kalte Herzen. Wie das Fernsehen unseren Charakter formt. Stuttgart.
Wollermann, R. (2014): Corporate Social Responsibility in und von Medienunternehmen – eine Literaturschau, in: Sjurts, I. (Hrsg.)(2014): Zehn Jahre sind ein Jahr, Baden-Baden, S. 169-179
Wunden, W. (Hrsg.)(1989): Medien zwischen Markt und Moral, Stuttgart.
Wunden, W. (Hrsg.)(1994): Öffentlichkeit und Kommunikationskultur, Hamburg, Stuttgart.
Wunden, W. (Hrsg.)(1996): Wahrheit als Medienqualität, Frankfurt am Main.
Wunden, W. (Hrsg.)(1998): Freiheit und Medien, Frankfurt am Main.
Wunden, W./Uhlig, P. (Red.)(1987): Medienpädagogik im Umbruch, Stuttgart.
Zerfaß, A. (1999): Soziale Verantwortung in der Mediengesellschaft, in: Funiok, R./Schmälzle, U./Werth, C. H. (Hrsg.)(1999): Medienethik – die Frage der Verantwortung, Bundeszentrale für politische Bildung, Bonn, S. 163-182.

Studien, Fallbeispiele

Bertelsmann-Essentials: www.bertelsmann.de
Institut zur Förderung des publizistischen Nachwuchses/Deutscher Presserat (Hrsg.)(2005): Ethik im Redaktionsalltag, Konstanz.
Kühnle, B./Gläser, M. (2011): Vielfalt – Identität – Wertschöpfung: Public Value privater regionaler TV-Veranstalter, Stuttgart.
Mikos, L./Feise, P./Herzog, K./Prommer, E./Veihl, V. (2000): Im Auge der Kamera. Das Fernsehereignis Big Brother, Berlin.
ProSiebenSat.1 Media AG: Geschäftsbericht 2012.
ProSiebenSat.1 Media AG: Verhaltenskodex, Stand: 22. März 2010,
   http://www.prosiebensat1.com/media/20279/code_of_compliance_de_2010.pdf (07.04.2014).
Wunden, W. (2013): Loslassen mit Blick nach vorne, in: Laubach, T. (Hrsg.)(2013): Kann man Gott beleidigen? Zur aktuellen Blasphemie-Debatte, Freiburg im Breisgau, S. 143-157.

Lehrbücher, Lexika, Fachzeitschriften, Hintergrundinformationen

zum Thema Medienmanagement und Medienökonomie

Deutschsprachige Lehrbücher, Handbücher, Übungsbücher, Sammelwerke

Altendorfer, O./Hilmer, L. (Hrsg.)(2006/2007/2010): Medienmanagement, 4 Bände, Wiesbaden.
Altmeppen, K.-D./Karmasin, M. (Hrsg.)(2003/2004/2006): Medien und Ökonomie, Bände: 1/1, 1/2, 2, 3, Wiesbaden.
Beck, H. (2005): Medienökonomie, 2., überarb. u. erw. Aufl., Berlin, Heidelberg, New York.
Beyer, A./Carl, P. (2008): Einführung in die Medienökonomie, 2., überarb. u. erw. Aufl., Konstanz.
Breyer-Mayländer, T./Werner, A. (2003): Handbuch der Medienbetriebslehre, München, Wien.
Breyer-Mayländer, T. (2004): Einführung in das Medienmanagement, München, Wien.
Brösel, G./Keuper, F. (Hrsg.)(2003): Medienmanagement. Aufgaben und Lösungen. München, Wien.
Dreiskämper, T. (2013): Medienökonomie I, Berlin.
Dreiskämper, T./Hoffjann, O./Schicha, C. (Hrsg.)(2009): Handbuch Medienmanagement, Berlin.
Garth, A. J. (2009): Medienmanagement, Berlin.
Heinrich, J. (2001): Medienökonomie, Band 1: Mediensystem, Zeitung, Zeitschrift, Anzeigenblatt. 2., überarb. u. akt. Aufl., Wiesbaden.
Heinrich, J. (1999): Medienökonomie, Band 2: Hörfunk und Fernsehen, Wiesbaden.
Hermanni, A.-J. (2007): Medienmanagement, München.
Hutter, M. (2006): Neue Medienökonomik, München.
Internationales Handbuch Medien, 28. Aufl. 2010, hrsg. V. Hans-Bredow-Institut für Medienforschung an der Universität Hamburg, Baden-Baden.
Karmasin, M./Winter, C. (Hrsg.)(2002): Grundlagen des Medienmanagements, 2., korr. u. erw. Aufl., München.
Keuper, F./Hans, R. (2003): Multimedia-Management, Wiesbaden.
Kiefer, M. L./Steininger, C. (2014): Medienökonomik, 3. Aufl., München.
Schellmann, B./Baumann, A./Gläser, M./Kegel, T. (2013): Handbuch Medien. Medien verstehen, gestalten, produzieren. 6., erw. u. verb. Aufl., Haan-Gruiten.
Schneider, M. (Hrsg.)(2013): Management von Medienunternehmen, Wiesbaden.
Scholz, C. (Hrsg.)(2006): Handbuch Medienmanagement, Berlin, Heidelberg, New York.
Schumann, M./Hess, T. (2006): Grundfragen der Medienwirtschaft, 4., überarb. Aufl., Berlin, Heidelberg.
Sigler, C. (2010): Online-Medienmanagement, Wiesbaden.
Werner, C./Schikora, C. (Hrsg.)(2007): Handbuch Medienmanagement: Geschäftsmodelle im TV, Hörfunk, Print und Internet, München.
Wirtz, B. W. (2003): Handbuch Medien- und Multimedia-Management, Wiesbaden.
Wirtz, B. W. (2013): Medien- und Internetmanagement, 8., akt. u. überarb. Aufl., Wiesbaden.
Wirtz, B. W. (2013): Übungsbuch Medien- und Internetmanagement, Fallstudien – Aufgaben – Lösungen, Wiesbaden.
Zerdick, A./Picot, A./Schrape, K./Artopé, A./Goldhammer, K./Lange, U.T./Vierkant, E./López-Escobar, E./Silverstone, R. (2001): Die Internet-Ökonomie. Strategien für die digitale Wirtschaft. European Communication Council Report. 3. Aufl., Berlin, Heidelberg.
Zerdick, A./Picot, A./Schrape, K./Burgelmann, J.-C./Silverstone, R. (2004): E-Merging Media. Kommunikation und Medienwirtschaft der Zukunft. Berlin, Heidelberg, New York.
Zydorek, C. (2013): Einführung in die Medienwirtschaftslehre, Wiesbaden.

Englischsprachige Lehrbücher

Albarran, A. B. (2002): Media Economics, Second Ed., Ames, Iowa (Iowa State Press).
Albarran, A. B.. (2010): Management of Electronic Media, Fourth Ed., Boston, MA (Wadsworth/Cengage Learning).
Albarran, A. B. (2010): The Media Economy, New York.
Albarran, A. B./Chan-Olmsted, S. M./Wirth, M. O. (Ed.)(2006): Handbook of Media Management and Economics, Mahwah, N. J. (Lawrence Erlbaum Associates).
Alexander, A./Owers, J./Carveth, R. A./Hollifield, C. A./Greco, A. N. (Eds.)(2003): Media Economics: Theory and Practice, Mahwah, N. J. (Lawrence Erlbaum Associates).
Block, P./Houseley, W./Nicholls, T. (2001): Managing the Media, Oxford (Butterworth-Heinemann).
Briggs, A./Cobley, P. (Eds.)(2002): The Media: An Introduction, Second Ed., New York (Addison Wesley Longman).
Brown, J. A./Quaal, W. L. (1998): Radio-Television-Cable Management, Third Edition, Boston et al. (McGraw Hill).
Crisell, A. (2006): A Study of Modern Television, London (Palgrave).
DaSilva, R. 1992): Making Money in Film and Video, Second Edition, Boston, London (Focal Press).
Dimmick, J. W. (2003): Media Competition and Coexistence – The Theory of the Niche. Mahwah, N. J. (Lawrence Erlbaum Associates).
Doyle, G. (2002): Understanding Media Economics, Thousand Oaks (Sage).
Greco, A. N. (Ed.)(2000): The Media and Entertainment Industries, Boston et al. (Allyn and Bacon).
Hoskins, C./McFayden, S./Finn, A. (2004): Media Economics – Applying Economics to New and Traditional Media. Thousand Oaks (Sage).
Lacy, S./Sohn, A. B./Wicks, J. L. (1993): Media Management, Hillsdale, NJ.
Napoli, P. M. (2003): Audience Economics: Media Institutions and the Audience Market-place. New York (Columbia University Press).
Owen, B./Wildman, S. (1992): Video Economics, Cambridge Mass. (Harvard Press).
Picard, R. G. (1989): Media Economics: Concepts and Issues. Newbury Park, London, New Delhi (Sage).
Picard, R. G. (2002): The Economics and Financing of Media Companies, New York (Fordham University Press).
Pringle, P. K./Starr, M. F./McCavitt, W. E. (2006): Electronic Media Management, Fifth Edition, Boston et al. (Focal Press).
Straubhaar, J./LaRose, R./Davenport, L. (2009): Media Now. Understanding Media, Culture and Technology, Sixth Edition, Belmont CA (Wadsworth/Cengage Learning).
Sylvie, G./LeBlanc Wicks, J./Hollifield, C. A./Lacy, S./Sohn, A. B. (2007): Media Management: A Casebook Approach, Fourth Ed., Mahwah, N. J. (Lawrence Erlbaum Associates).
Vogel, H. L. (2007): Entertainment Industry Economics. A Guide for Financial Analysis, Seventh Edition, Cambridge (Cambridge University Press).

Lexika

Lyng, R./Rothkirch, M. von/Klein, S. (Hrsg.)(2004): Lexikon der Entertainment-Industrie, Bergkrichen.
Sjurts, I. (Hrsg.)(2011): Gabler Lexikon Medienwirtschaft, 2., akt. u. erw. Aufl., Wiesbaden.
Sjurts, I. (2006): Gabler Kompakt-Lexikon Medien A-Z, Wiesbaden.

Fachzeitschriften

MedienWirtschaft, Zeitschrift für Medienmanagement und Kommunikationsökonomie, 2014, 11. Jahrgang.
JMM – The International Journal on Media Management, 2014 im 16. Jahrgang.
Journal of Broadcasting & Electronic Media, 2014 im 58. Jahrgang.
Journal of Media Business Studies, 2014 im 11. Jahrgang.
Journal of Media Economics, 2014 im 27. Jahrgang.
M & K, Medien und Kommunikationswissenschaft, 2014 im 62. Jahrgang.
Media Perspektiven, monatlich, ohne Jahrgang-Kennzeichnung.
Publizistik, 2014 im 59. Jahrgang.
Zeitschrift für Urheber- und Medienrecht, 2014 im 58. Jahrgang.

Fachinformationen, Informationsdienste, Fundgruben

Institut für Rundfunkökonomie an der Universität zu Köln. Frei zugängliches Online-Archiv mit fast 300 Arbeitspapieren (2014) – www.rundfunk-institut.uni-koeln.de
Media Perspektiven (monatlich). Alle Ausgaben ab dem Jahr 1997 online frei verfügbar: www.media-perspektiven.de
Horizont, erscheint wöchentlich
Werben & Verkaufen (w&v), erscheint wöchentlich.

Kress: Der Mediendienst – www.kress.de
Meedia: Deutschlands großes Medienportal – www.meedia.de

Die Medienanstalten – www.die-medienanstalten.de
BITKOM – der Hightech-Verband – www.bitkom.org
Kommission zur Ermittlung des Finanzbedarfs der Rundfunkanstalten (KEF) – www.kef-online.de
Kommission zur Ermittlung der Konzentration im Medienbereich (KEK) – www.kek-online.de

Zentrale Lehrbücher
zum Thema Management und Unternehmensführung (allgemein)

Bleicher, K. (2001): Das Konzept Integriertes Management, 6. Aufl., Frankfurt/Main, New York.
Dillerup, R./Stoi, R. (2013): Unternehmensführung, 4., komplett überarb. u. erw. Aufl., München.
Dubs, R./Euler, D./Rüegg-Stürm, J./Wyss, C. E. (Hrsg.)(2004): Einführung in die Managementlehre, 5 Bände, Bern, Stuttgart, Wien.
Hub, H. (1988): Unternehmensführung, 2., überarb. Aufl., Wiesbaden.
Hungenberg, H./Wulf, T. (2011): Grundlagen der Unternehmensführung, 4., akt. u. erw. Aufl., Heidelberg, Dordrecht, London, New York.
Macharzina, K./Wolf, J. (2012): Unternehmensführung, 8., vollst. überarb. u. erw. Aufl., Wiesbaden.
Notger, C./Kiesel, M. (1996): Unternehmensführung, Landsberg/Lech.
Schreyögg, G./Koch, J. (2010): Grundlagen des Managements, 3., überarb. u. erw. Aufl., Wiesbaden.
Staehle, W. H. (1999): Management, 8. Aufl., überarb. v. P. Conrad u. J. Sydow, München.
Steinmann, H./Schreyögg, G./Koch, J. (2013): Management, 7., vollst. überarb. Aufl., Wiesbaden.
Steinle, C. (2005): Ganzheitliches Management, Wiesbaden.
Ulrich, P./Fluri, E. (1995): Management, 7., verb. Aufl., Bern, Stuttgart, Wien.
Ulrich, H./Probst, G. J. B. (1995): Anleitung zum ganzheitlichen Denken und Handeln, 4. Aufl., Bern, Stuttgart, Wien.
Wolf, J. (2013): Organisation, Management, Unternehmensführung, 5., überarb. u. akt.. Aufl., Wiesbaden.

Stichwortverzeichnis

A

Absatz s. Marketing
Absatz, Absatzwege 482 ff.
Absatzprogramm 451, 459
Abschöpfungsstrategie 472
Abschreibungen 502, 515 ff.
Administrationstheorie nach Fayol 18 f., 934
Affinität 464
Agenda-Setting-Funktion 312
Agenturen 75, 78 f.
Agenturkostentheorie s. Principal-Agent-Theorie
Allokation der Ressourcen 251 ff., 313
Amazon 235, 483
Anreize, Anreizsystem 864 f.
Ansoff-Matrix 739 f.
Anspruchsgruppen s. Stakeholder
Anzeigen-Auflagen-Spirale 150, 749
Anzeigenblätter 163 f., 729
AOL s. Time Warner
Apple 219 f., 221, 223, 454, 456, 733
Äquivalenzprinzip 104
Arbeitnehmereigenschaft 860
Arbeitsrecht 861 ff.
ARD 75, 78, 80, 82, 144, 146, 339 f., 462, 476, 480, 485, 497, 529 ff., 598 f., 685 ff., 690 ff., 708 ff., 727, 729, 743, 753, 803, 960, 964 f.
Arena, im Wettbewerb 607 f., 687 f.
Artikulationsfunktion 312
Assets 102 f., 391 f., 462, 792
Attributionstheorien 870, 874
Audience Flow 461, 797
Aufgabenteilung 967
Aufmerksamkeitsökonomie 149
Aussage 14
Ausschlussprinzip 142 f.
Axel-Springer-Verlag 87, 500 f., 507, 613, 719, 747, 814 f.

B

Balanced Scorecard 698, 958
Bartering 115, 420
Batman 155, 157
Bauer-Verlag 719, 728, 747
Bayerischer Rundfunk, BR 480, 727, 820
BBC 454, 641, 965
Begleitmedium s. Nebenbeimedium
Bekanntheit 927
Benchmarking 959
Bertelsmann 75, 80, 86 f., 95, 259, 318, 631 f., 643, 659, 673, 684, 705, 718 f., 746, 987 ff.
Berufsbilder 847 ff.
Beschaffung 409 ff.
Beschäftigung 252 f., 258 ff.
Bestands- und Entwicklungsgarantie 341, 713
Betriebsverfassungsgesetz 628
Better Budgeting 956
Betriebsabrechnung 525
Beyond Budgeting 956
Bilanzierung 509 ff.
Bilanzpolitik 518 ff.
Bild, Bild-T-Online 454, 728, 747, 753, 756
Bilder der Organisation 17
Blake-Mouton-Modell 873
Board-System 622
Börsengang 499 f.
Book-on-Demand 190
Box Office 680
Brand Equity s. Markenwert
Break-Even-Analyse 533 f., 587
Briefing 898 f.
Buch, Buchproduktion, Buchmarkt 75, 78, 109 ff., 185 ff., 363 ff., 402 f., 431, 460, 468 f., 470 f., 483, 554 ff., 699, 791
Buchpreisbindung 468, 474
Budget, Budgetierung 947, 954 ff.
Bundling s. Produktbündelung
Burda 80, 86, 92, 747
Bürokratiemodell nach Max Weber 18, 934
Business Intelligence 782 f.
Business Process Management, Reengineering 356 ff., 763 ff.
Business Strategy s. Geschäftsbereichsstrategie
Business Web 93

C

Call-In-Erlöse 751
Cash Flow 496, 520
Cash Value Added 958
Center-Konzepte 820 f.
Code of Compliance 976
Code of Conduct 614, 988
Communities 127, 132
Completion Bond 503
Compliance 976
Computerspiele s. Videospiele
Connection s. Vernetzung
Constantin Film 641
Consumer Electronics 71, 237, 241
Content 69, 72, 92, 123 f., 349 ff., 389 ff., 498
– Bilanzierung 514 ff.
– Content Leveraging 76
– Content Life Cycle 405 f.
– Content Management 391 f., 405 f., 777
– Content Management System 275, 391 f.
– Content Production 154

– Content Syndication 363, 398 ff., 404, 417
– Generierung 349
– Mehrfachverwendung 400 ff.
– Mehrfachverwertung 76, 153 f., 362, 398, 402 ff.
– User Generated Content 124 f.
– Web Content Management System 392
Controller-Leitbild 945
Controlling, Controllingsystem 54, 56 f., 63, 939 ff.
Controlling
– Funktionen 942 ff.
– Kommunikations-Controlling 944
– Lean Controlling 966
– operatives Controlling 950 f.
– Programm-Controlling 953, 961 f.
– strategisches Controlling 952
Co-Produktion 502
Corporate Citizenship 979
Corporate Governance 631, 633 f., 920
Corporate Identity 61, 653, 933
Corporate Social Responsibility / Responsiveness 632, 933, 976, 987 f.
Corporate Strategy s. Unternehmensgesamtstrategie
Corporate TV s. Fernsehen
Cost Benchmarking 931
Cost Center s. Center-Konzepte
Cross Media Marketing s. Crossmedia
Cross Ownership 96
Crossmedia, crossmediale Produktkonzepte, -welten, Crossmedialität 95, 102, 155 ff., 178, 288, 394 f., 465, 476
Cross Media Publishing 277
Customer Equity s. Kundenwert
Customer Lifetime Value 928
Customer Relationship Management 24

D

DAB-Standard 196, 202
Dachmarke 455 f.
Data Warehouse 780
Datenschutz 335 f.
Deckungsbeitrag 467 f., 469, 532 f., 536 ff., 928, 961
Deckungsbeitragsrechnung
– Einstufige Deckungsbeitragsrechnung 533
– Mehrstufige Deckungsbeitragsrechnung 535
Decoder 144
Degeto 417
Delegation 815, 955
Demografie 263, 296 ff.
Deregulierung s. Regulierung
Determinismus 18
Deutsche Presseagentur 746

Deutsche Telekom 80, 239 f., 456, 715
Deutscher Corporate Governance Kodex, DCKG 633
Deutschland sucht den Superstar 155 f.
Deutschlandradio 454, 777
Deutschquote 147, 321
Die Zeit 948
Dienstleistungscharakter 138 f.
Digitales Ökosystem s. Ökosystem
Digitalisierung 273 ff., 359 ff., 377 ff.
Direct Costing 533 f.
Direktvertrieb 483
Dis-Intermediation 360 f., 363 ff.
Distributionspolitik 450, 482
Diversifikation 453, 459 f., 462, 704 f., 746 f.
Diversity Management 655
Doppelte Marktverbundenheit 148
3-D-Theorie von Reddin 877
Drei-Stufen-Test 592, 599
Drifting Costs 931
Druck 78, 191 ff., 277, 419, 428, 556 f., 851
Duales System 88, 323
DuPont System of Financial Control 959

E

eBay 126, 283
EBIT 588 f., 944, 958
EBITDA 588 f., 944, 958
E-Book 190, 280
E-Business 232, 235
E-Commerce 126 f.
Economic Value Added 925 f., 958
Economies of Scale 76, 136, 264, 720, 748, 753, 761
Economies of Scope 137, 264, 720
Ecosystem s. Ökosystem
EFQM-Modell 762, 958
Eigenschaftstheorien 870 f.
Einfachheit 966
Einzelmarke 455
Eisberg-Modell nach Schein 657 ff.
Eklektizismus 30
E-Learning 132
Electronic Program Guide, EPG 288 f.
Empowerment 835
Endemol 382
Entgrenzung 397
Entlohnung 864 ff.
Entscheidungstheorie 23
Entscheidungsunterstützungssystem 780
Entwicklungsplanung 804
E-Paper 286, 474, 485
Erfahrungsgut 139
Erfahrungssicherung 907
Erfolgsfaktoren 679 ff.

Erfolgspotenziale 40 f., 678 ff.
Erfolgsrechnung 527
Erlebnisgesellschaft 295
Erlösmodell 49, 496 ff.
Erwerbswirtschaftliches Prinzip 577 ff.
Essence 391
Ethik 7, 614, 975 ff.
Europäische Aktiengesellschaft 87
EU-Medienrecht 337
Event 412, 481, 505
Evolutionstheorie 29
Executive Information System, EIS 780
Existenzgründung 506
Expertensystem 779 f.
Externe Effekte 141, 145 f.

F

Fachressortprinzip 821
Fair Value 514
Familienmarke 456
Feldschema nach Maletzke 14
Fernsehen, Fernsehproduktion, Fernsehmarkt
  75, 113 ff., 203 ff., 275 ff., 382, 411 ff., 415
  f., 421, 434 ff., 451 f., 461 f., 484 f., 497, 503
  f., 511 f., 516 f., 536 ff., 685 ff., 727, 732,
  742 f., 747, 792, 837, 893, 912 ff., 978 f.
Fernsehen
– Corporate TV 130
– Format-Tests 385
– HDTV 204, 284, 380, 742
– interaktives 125
– IPTV 170, 204, 238 ff., 457, 727
– Mobile TV 281
– Produktion 79
– Transportwege 279
– Web-TV 203 f., 281
– TV-Format 378, 382
– Wertschöpfungskette 747
Fernsehrat 624
Fernsehsender 74
Festangestellte Mitarbeiter 852
Feste freie Mitarbeiter 852 ff.
Film, Filmproduktion, Filmprojekte, Filmmarkt
  75, 78, 111 f., 122, 211 ff., 257, 278, 413 f.,
  416, 419, 420, 433, 454, 494, 501 ff., 512,
  519, 542 ff., 641, 680, 741, 792, 816, 856,
  858 f., 862, 899
Filmförderung 147, 322, 502, 505
Filmkalkulation 542 ff.
Filmrechtehandel 412, 420
Financial Times Deutschland 173, 376, 454,
  721
Finanzierung 491 ff.
– Beteiligungsfinanzierung 499 ff.
– Co-Finanzierung 502, 503

– Finanzierungshilfen 504 f.
– Gap-Finanzierung 503
– Innenfinanzierung 496 ff.
– Kreditfinanzierung 503 ff.
– Mischfinanzierung 581
– Rezipientenfinanzierung 580
– Selbstfinanzierung 496 ff.
– Werbefinanzierung 581
Finanzplan 803
Finanzprozesse 493 ff.
First Copy Costs 104, 133 ff., 226, 235, 350,
  585 ff., 720, 749
First Module Copy 154
First Product Copy 154
Five Forces nach Porter 47, 170 ff.
Fixkostendeckungsrechnung 535
Fixkostenmanagement 930
Focus 733
Folgenabschätzung 978 f.
Follow the Free 472 f., 498
Formalziele 570, 578, 583 ff., 600
Formate 115 f., 119, 378 f., 382, 403 f., 413,
  511
Formathandel 382
Formatradio 119
Forschung und Entwicklung 373 ff.
Fragmentierung 146
Franchising 482, 749
Frankfurter Allgemeine Zeitung, F.A.Z. 454,
  458, 705, 751
Free-TV 88, 90, 414, 751
Freie Mitarbeiter 77, 853 ff.
Frühaufklärung 689 f.
Führungsinformationssystem 780
Führung s. Management
Führungssystem s. Managementsystem
Führungstheorien 870 ff.
Funke Mediengruppe s. WAZ
Funktionsauftrag 599
Funktionsbereichsstrategien 695, 735 ff.
Fusion 76, 94 f., 672 f.

G

Games s. Videospiele
Ganzheitlichkeit 37, 45, 325, 406, 422, 968
Gemeinnützigkeit 90, 146, 591 ff.
Gemeinwirtschaftsprinzip 5, 593 f.
Gemeinwohl 593
Generalisierung, Grad an 73
GEO 155, 378, 451, 454 f., 460, 472, 751
Geschäftsbereichsstrategie 695, 725 ff.
Geschäftsmodell 48 f., 123, 177, 219, 231, 238,
  496 ff., 766 ff.
Gesellschaft 291 ff.
Gewinn, Gewinnmaximierung 578, 587 ff.

Gewinnprinzip 5
Gewinnschwelle s. Break-Even
Gewinnspanne 355
Glaubwürdigkeitskonzept 986 f.
Globales Umfeld 46
Globalisierung 260 ff., 717 ff.
Google 127, 705
Governance 919 ff.
Grundversorgung 90, 146, 323, 340 ff., 413, 597 f.
Gruner + Jahr 400, 750

H

Handy s. Mobil
Harry Potter 155
Haushaltsgrundsätzegesetz 804
Haushaltsplan s. Wirtschaftsplanung
HDTV s. Fernsehen
Hedonisches Gut 140
Herrschaft 18
Hersey-Blanchard-Modell 877 f.
Hessischer Rundfunk, HR 823
Hewlett-Packard, HP 658, 666
HGB 512 ff., 516
High-End-System 284
Holismus 934, 968
Holtzbrinck 80, 85, 613, 704 f., 719
Hörfunk s. Radio
HR-System s. Personalführungssystem
Human-Relations-Bewegung 22
Hybridmedium 235 f.
Hypercompetition 687

I

IAS 514
IGC-Controller-Leitbild 945
Idionsynkrasiekredit 910
IFRS 512 ff.
Image 927
Imitation 379
Immaterialität 138, 415, 511
Individualisierung 297
Industrialisierung 443
Inflation 259
Informationsasymmetrie 139 f., 580
Informationsgesellschaft 294
Informationsparadoxon 139
Informationssystem, Informationsversorgungssystem 54, 569, 771 ff., 950
Informationstechnik 71, 237, 240
Informationsversorgung 959
Ingredient Brand 454, 460 f.
Inhalte s. Content
Inhalte-Paketierer 74
Inhaltstheorie 22

Innere Pressefreiheit 628
Innovation 375 ff., 745, 943
Inside-Out-Perspektive 929
Insolvenz 506 f.
Integration 353, 596 f.
– Rückwärtsintegration 353, 746
– vertikale 353
– Vorwärtsintegration 353, 746
Integrationsfunktion 302
Intendantenverfassung 623
Interaktionstheorien 870, 875 f.
Interaktivität 284 f.
Interdisziplinarität 5
Interessengruppen s. Stakeholder
Intermediäre, Intermediation 74, 360, 363 ff.
Internationalisierung 82 f., 263 f., 716 ff., 756
Internet, Internetproduktion, Internetmarkt 75, 122 ff., 132, 166, 228 ff., 238, 273 ff., 440, 458, 744
Investitionstheorie 520
IPKS 788
IPTV s. Fernsehen

J

Jahres-Wirtschaftsplan 801 ff.
Joint Ventures 721, 749
Journalismus 397, 839 f., 849 f., 980 ff.
Jugendschutz 147, 335 f.
Just-in-time 419, 761

K

Kabelnetzbetreiber, Kabelgesellschaften 74, 684, 747
Kalkulation 523 ff.
– Audio-CD, Hörbuch 554 f.
– Buch, Taschenbuch 558 f.
– Differenzierte Zuschlagskalkulation 542, 556 f.
– Divisionskalkulation 540 f.
– Druckprodukt 556 f.
– Filmkalkulation 542 ff.
– Kuppelkalkulation 540 f.
– Methodik 542
– Multimedia-Produktion 552 f.
– Summarische Zuschlagskalkulation 541, 545 ff.
– TV-Sendung 536 ff.
– TV-Werbespot 538 f.
– Zuschlagskalkulation 540 ff.
Kapazitätsplanung 799
Kapitalbedarf 493 f.
Kapitalgewinn 588 f.
Kapitalkosten 925
Kartell 91 f.
KEF 498, 600, 806

Kennzahlen, Kennzahlensysteme 947, 958 ff.
Kernkompetenzen 92, 695, 708 f.
Kernmarkt 727
Key Account Management 824, 831
Kick-Off-Meeting 902
Kino s. Film
Kiosk-Terminal 132
Kirch, Kirch-Konzern 86, 457, 500 f., 506 f., 643, 660
Klassik Radio 85, 727
Klett AG 154, 754
KMU s. Unternehmen
Koalitionstheorie 23
Kollektivgut 142 f.
Kombi 465
Kommerzialisierung 89, 266 f., 324
Kommunikation 12 ff.
Kommunikationsagenturen 78 f.
Kommunikationsmodell 14
Kommunikationspolitik 421, 450, 475
Kommunikationswissenschaft 8 ff.
Kommunikator 14
Komplexität 27 ff., 38, 839, 885, 936, 941
Komplexitätskosten 76
Komplexitätsmanagement 885, 921 ff.
Komplexitätstreiber 921
Kondratieff-Zyklen 254 f.
Konflikte, Konfliktmanagement, Konflikt-Eskalation 606 ff., 688
Konjunktur 257
Konsortium 91
Konstruktivismus 13 f.
Konsumelektronik s. Consumer Electronics
Kontakthäufigkeit 464
Kontaktleistung 961
Kontaktpotenzial 516
Kontaktqualität 465
Kontingenz 29, 839
Kontingenzmodell von Fiedler 877
Kontinuierlicher Verbesserungsprozess 764 f.
Kontrolle 805 f.
Konvergenz 238, 242, 273, 280 f., 720
Konzentration 91 ff., 264 f., 317 ff.
Kooperation 91
Kooperationsverfassung 626 ff.
Koordination 62 f., 812 f., 942, 946 ff.
Koordinationsinstrumente 950 f.
– isolierte Koordinationsinstrumente 946
– übergreifende Koordinationsinstrumente 946
Ko-Produktion s. Co-Produktion
Korruption 976, 980
Kosten
– Einzelkosten 525
– Fixe Kosten, Fixkosten 526
– Flexible Kosten 526, 535
– Gemeinkosten 525

– Grenzkosten 963
– Moderne Betriebsabrechnung 527, 532
– Produktkosten 526
– Strukturelle Kosten, Strukturkosten 526
– Traditionelle Betriebsabrechnung 527
– Variable Kosten 526
– Vollkosten 963
Kostenartenrechnung 527, 529
Kostenmanagement 930 f.
Kostenplan 790
Kostenstellenrechnung 527, 530
Kostenträgerrechnung 528, 531
Kostenträgerstückrechnung 528
Kostenträgerzeitrechnung 528
Kostenwürfel 525
Kosten- und Leistungsrechnung
– Teilkostenrechnung 526, 532 ff.
– Vollkostenrechnung 526
Kritik- und Kontrollfunktion 312
Kritische Erfolgsfaktoren s. Erfolgsfaktoren
Kundenorientierung 927
Kundenwert 927 f.
Kundenzufriedenheit 927
Künstlersozialkasse 853

L

Langablauf-Planung 794 f.
Lara Croft 155, 157
Lasswell-Formel 14
Lastenheft 902
Lebensstil 299
Lean Management 761
Leistungsplan s. Sendeleistungsplan
Leistungssystem 46, 48, 54, 569, 766 f., 818
Leitbild s. Unternehmensleitbild
Leitungsspanne 814
Leitungssystem 813 f.
Lenkungspreise s. Verrechnungspreise
Licensing 88, 115, 391, 403, 412, 479 f.
Liquidation 715
Liquidität 570, 583 f., 946
Lizenzen, Lizenzierung s. Licensing
Lock-In-Effekt 151, 417, 472
Logistik 485

M

Machbarkeit 896
Machbarkeitsideologie 17
Macht, Machttheorie 24 f., 573, 621, 931 f.
Majors 78, 211, 362
Make-or-Buy-Entscheidung 398, 427, 768, 799
Management
– Denkfehler 43 ff.
– klassische Schule 17 ff., 934 f.
– normatives 40, 60, 603 ff.

– operatives 40, 60, 759 ff.
– strategisches 40, 60, 675 ff.
Management Buy-Out, MBO 715
Management by Objectives 645, 929
Management-by-Konzepte 929 f.
Management-Informationssystem, MIS 779
Management-Konzeption St. Gallen 6, 30, 38 ff., 59 ff., 603 ff., 607 ff., 668 f., 935 ff.
Management-Modell 36 f.
Management-Perspektiven 15 ff.
Managementprozess 934 f.
Managementsystem 37, 46, 51 ff., 569, 767, 818
Marke, Markenstrategie 403, 453 ff.
Markencontrolling 927
Markenwert 927
Market Based View s. Strategie
Marketing 447 ff.
– Konzeption 449 f.
– Marketing-Mix 450, 481
– Marketingstrategie 737 f.
– Problemlösungsansatz 101
Markt 46 f., 169 ff.
Markteintrittsbarrieren 748 f.
Mass Customization 131, 286, 402
Media Governace 315, 325, 919
Mediaplanung 463 ff.
Mediawerbung s. Werbung
Medien
– Begriff 11
– Funktionen 11
Medienfonds 501
Mediengüter, Eigenschaften 133 ff.
Medienkompetenz 277
Medienkonzerne 80 f.
Medienmanagement
– Grundverständnis 5 ff.
– politiktheoretische Perspektive 24 ff.
– Referenzmodell 46
– systemtheoretische Perspektive 27 ff.
– theoretische Fundierung 36 f.
– verhaltenstheoretische Perspektive 22 f.
– wirtschaftstheoretische Perspektive 17 ff.
Medienmanagement-System 51 ff.
Medienmärkte 58, 75, 161 ff., 456 ff.
Medienmultis 76
Mediennutzung 165
Medienökonomie 8
Medienpolitik 307 f., 324 f.
Medienprodukte 69, 99 ff.
Medienprojekte 58
Medienrecht s. Recht
Mediensystem 309 ff.
Medienunternehmen 46 f., 58, 67 ff., 577 ff., 817 f.

Medium 14
Mehrfachverwendung s. Content
Mehrfachverwertung s. Content
Mehrkanal s. Multichannel
Mehrmarkenstrategie 455 f.
Meilenstein 906
Meinungsvielfalt 91, 317, 484, 597
Menschenbild 18, 662, 665
Merchandising 88, 115, 403, 479
Mergers & Acquisitions s. Fusion
Meritorische Güter 145 ff., 323
Metapher 12 f., 15
Methodologischer Individualismus 9
Me-Too-Innovation s. Imitation
Mezzanine-Kapital 495
Microsoft 454, 456, 705
Minimumgarantie 503
Mintzberg-Modell 817, 825 ff.
Mischsystem 88
Mission 639, 641
Mission Statement 641
Misstrauenskultur 664 f.
Mitteldeutscher Rundfunk 965
Mittelfristige Finanzplanung 804
Mittel-Zweck-Beziehung 568
Mobile 457
Mobilität 273, 287 f., 294
Modell 36 f.
Modell von Deal/Kennedy 663 f.
Module, Modularisierung 154, 400, 444
Motivation, Motivationstheorie 22, 879 f.
MTV 83
Multichannel, Multi-Channel-Marketing 404, 484
Multimedia-Produktion, Multimedia-Markt 238, 256 f., 367, 439, 552 f., 792
Musik, Musikmarkt 75, 78, 121 f., 143 f., 216 ff.,, 365, 454, 554 f., 733
Musikformate 119 f.
Musikquote s. Deutschquote
Must-Carry-Regel 484

N

Nachrichtenagenturen 74
Navigation 288 f.
Nebenbei-Medium 105
Nebengeschäfte 378
Nebenwirkungen 568
Neoklassisches Modell 9 f.
Netz-Externalitäten 151
Netzplan 904
Netzwerke 93, 365 ff., 836, 919
Netzwerkeffekte 150, 151, 234 f., 720
Netzwerkunternehmen 92 f., 265, 319
Neuberger-Modell der Personalführung 867 ff.

Neue Institutionenökonomik 10, 17, 19 f., 967
News Corporation 684
Newsgathering 276
Newsroom 429 f., 435
Nicht-Rivalität im Konsum 142 ff.
Nischenmarkt 727
Nischenstrategie s. Strategie
Non-Profit-Unternehmen 89, 571, 580, 591 ff.
Norddeutscher Rundfunk, NDR 454, 481, 727, 804, 854, 965
Normen s. Werte
Nutzwertanalyse 384

O

Ökosystem 74
Off-Air-Promotion 477 ff.
Offener Kanal 89
Öffentliche Güter 142 f., 263, 323, 585, 720
Öffentlichkeitsarbeit s. Public Relations
Öffentlich-rechtlicher Rundfunk, öffentlich-rechtliche Rundfunkanstalten 87, 89 f., 144, 146, 302, 350, 413, 480, 529 ff., 594 ff., 622, 732, 748, 801 ff., 819, 827, 864 f., 957
On-Air-Promotion 477, 795
One-Tier-System 621 f.
Operatives Informationssystem, OIS 779 f.
Opportunitätskosten 963
Optionsnutzen 146
Ordnungspolitik 316 ff.
Organisation, Organisationssystem 15 f., 54 f., 809 ff.
Organisation
– divisionale 817, 820 f.
– formale 815
– funktionale 817
– informale 816
– Matrixorganisation 817, 821 f.
– modulare 829
– Prozessorganisation 828 ff.
– Sekundärorganisation 817, 824
– Selbstorganisation 835
– Teamorganisation 828, 832 ff.
Organizational Slack 923
Organverfassung 621 ff.
Orientierung 283 ff., 605 f.
Outcome 944
Outsourcing 381, 427, 761, 799

P

Package Deal 512
Packaging 72, 349, 444
Paid Content 184, 230, 496
Paradigma 30 f.
Pay-per-Channel 88, 496
Pay-per-View 88, 496

Pay-TV 88, 104, 142, 144, 153, 166, 204, 210, 496, 741, 746
Peer-to-Peer 144
Penetrationsstrategie 472
Personal, Personalführungssystem, Personalmanagement 54, 56, 396, 569, 845 ff., 948
Personalabbau, Personalfreisetzung 857
Personaleinsatz 443
Personalentwicklung 866
Personalführung 867 ff., 948
Personalisierung 283, 286 f., 297 f., 352, 401 f.
Personalisierungspyramide von Noam 286
Personalplanung 800 f.
Pflichtenheft 905
Phasenmodell 891
PIMS 679
Pitch 892
Plan, Planung , Planungsprozess 38, 787 ff.
– Primat der Planung 38, 935
– Planung, strategische 946
Planungs- und Kontrollsystem, Planungssystem 54 f., 785 ff., 948 f.
Playout Center 438
Point of Sale 450
Portale 462
Portersche Marktkräfte s. Five Forces nach Porter
Portersche U-Kurve 730 f.
Portersche Wertkette s. Wertkettenmodell nach Porter
Portfolio, Portfolio-Analyse, Portfolio der Geschäftsfelder 695, 705 ff., 946
POSDCORB 934
Postmoderne Gesellschaft 293
Präferenzen 145
Preis, Preispolitik, Preisstrategien 450, 466 ff.
Preisdifferenzierung 401, 420, 473 f.
Premiere 500, 751
Pre-Sales-Verträge 503
Presse, Begriff 332
Pressegrosso 74, 482
Presse-Kodex 7, 981 ff.
Pressefreiheit 338, 990
Presserecht 338 f.
Principal-Agent-Theorie 10, 20 f., 967
Print s. Druck
Privater Rundfunk 88 f.
Process Owner 830
Producer Choice 965
Product Life Cycle Costing 931
Product Placement 89, 115
Produkt, Produktpolitik 450 ff.
– Produktarchitektur 49
– Produktdifferenzierung 453, 459
– Produktdiversifikation 453, 459
– Produkteliminierung 453

- Produktinnovation 453
- Produktportfolio 927
- Produktvariation 453
Produktbündelung 152 ff., 468
Produktdifferenzierung 76, 152, 378, 748
Produktionsleitung 444
Produktionsplanung 799 f.
Produktivität 441
Produktlebenszyklus 706 f., 946
Produkt-Markt-Strategie 695, 703 f.
Produktion 78, 425 ff., 817
- Produktionsbreite 352, 452
- Produktionsfaktoren 411
- Produktionskonzept 411 f.
- Produktionsprogramm 427
- Produktionsprozesse 427 ff., 442
- Produktionsstrategien 441 f.
- Produktionstiefe 352 f.
- Produktionsplanung und -steuerung 444
- Produktionsstufen 443
- Produktionsziele 441
Produktplattform 102
Produktpolitik 451 ff.
Profit Center s. Center-Konzepte
Prognose-System 855
Programm 414 f., 580 f.
- Programmbedarf 414 f.
- Programmbeschaffung 414
- Programmeinkauf 420
- Programmplanung 414
- Programmvorratshaltung 419
Programmauftrag 596 f.
Programmbreite 452
Programmtiefe 452
Programm-Controlling s. Controlling
Programmformate s. Formate
Programming 582
Programm-Jahresplan 794
Programmplanung 791 ff.
Programmschema 793
Programmtaktiken 796 ff.
Programmvermögen 511 f.
Project Governance 887 ff.
Projekt Weltethos 653
Projekt-Controlling 906
Projektleitung 901, 908 ff.
Projektmanagement 58 f., 824, 832, 883 ff.
- Agiles Projektmanagement 890
Projektnetzwerke 836 f.
Projektstrukturplan 903
Promotion 477 ff.
Property-Rights-Theorie 10, 20
ProSiebenSat.1 86, 94, 452, 496, 500, 511, 539, 684, 719
Prosument 384

Prozesskostenrechnung 930
Prozessorganisation s. Organisation
Prozess-Output-Matrix 821
Prozesspolitik 320 ff.
Public Relations, PR 351, 421
Public Service 146, 592
Public Value 572, 599, 933
Public-Choice-Theorie 21
Publikumszeitschrift s. Zeitschrift
Publizistische Einheiten 91, 173 ff.

Q

Qualität 145, 273, 284, 395 f., 418, 580, 585, 741, 761 ff., 886
Quersubventionierung 104, 469

R

Radio, Radioproduktion, Radiomarkt 75, 117 ff., 196 ff., 273 ff., 358, 413, 432, 443, 454, 460 f., 476, 484, 685 ff., 727, 792, 817, 819 f., 821
Radio
- Web-Radio 281
Radioquote s. Deutschquote
Radiosender 72
Rahmenbedingungen 46, 61
- gesellschaftliche 46, 291 ff.
- ökologische 46
- ökonomische 46, 249 ff.
- politisch-rechtliche 46, 619 f.
- technologische 46, 271 ff.
Rating 504
Rationalismus 17
Reader's Digest 456
Reality TV 397
Rechte, Rechtehandel, Rechtemanagement 329 ff., 391, 403, 411 ff., 498, 511, 514
Rechtsform 84 ff.
Redaktion, Redaktionsmanagement, Redaktionsmarketing 395 ff., 434 f., 816, 833 f., 839 f., 871
Redaktionsmarketing 396
Redaktionsstatut 628 ff.
Redaktionssystem 275, 393
Reduktionismus 17
Regulierung 307 f.
Reichweite 454, 464, 536 f., 595, 961
Re-Intermediation 483
Reiz-Reaktions-Schema 13
Rekreationsfunktion 301
Rentabilität 570, 584, 946
Resilienz 923
Resource Based View s. Strategie
Response-Funktion 463
Rezeptionsethik 989

Rezipienten, Rezipientenmarkt 14, 147 f.
Rich Media 126
Risiko 886
ROCE 958
ROI 958
Rolle 908 f.
RTL 82, 95, 147, 156, 171 f., 214, 231, 234, 353, 400, 452 f., 454, 462, 476, 485, 536 ff., 643, 727, 746 f., 979
Rundfunk, Begriff 332
Rundfunkbeitrag 144, 168, 259, 497 f.
Rundfunkgebühr s. Rundfunkbeitrag
Rundfunkrecht 339 ff.
Rundfunkstaatsvertrag 341 f.
Rundfunksystem 88 ff., 144
Rundfunkveranstalter, Rundfunkunternehmen 366, 418

S

Sachziele 570, 579 ff., 595 ff.
Scheinselbständigkeit 861
Scheinwerfer-Modell 15
Schlüsselressource 96
Schutzliste 321
Schweizerische Radio- und Fernsehgesellschaft, SRG 646
Scientific Management nach Taylor 18, 934
Screening 139 f.
Selbständigkeit 8610
Selbstfahrerstudio 435, 443
Selbstkontrolle 147
Selbstregulierung 315 f.
Selbstverpflichtung 7, 981
Sell Off 715
Sendeablaufplanung 795
Sendeabwicklung 796
Sendeleistungsplan 794, 803
Sendeleitung 796
Sendeplatzbeschreibung 793
Senderfamilien 95
Shareholder Value 714, 924
Sieben-S-Modell nach McKinsey 922
Signaling 140
Sinus-Milieus 299 f.
Situationstheorie, situative Führung 29, 877
Skimming 472
Sky Deutschland 86
Sony, Sony Entertainment, SonyBMG 81, 709, 751
Sortiment 451 f., 480, 482 f.
Sourcing s. Strategie
Sozialisation, Sozialisationsfunktion 301, 312
Sparsamkeit 600
Special Interest 109, 234 f.
Spezialisierung 811 f.

Spezialisten 73 f.
Spiegel, Spiegel TV, Spiegel Online 85, 231, 233 f., 631, 746, 750, 753
Spiele s. Videospiele
Spielfilm s. Film
Spin Off 715
Spiralmodell nach Böhm 889
St. Galler Managementmodell s. Management-Konzeption St. Gallen
Staatsrundfunk 90
Stakeholder 7, 24 ff., 347 f., 573, 606 ff., 645, 944, 976
Standort 82 f.
Standortfaktoren 83
Start-Up s. Existenzgründung
Status 910 f.
Stellenplan 803, 852
Stern 155, 753
Steuerung 19, 38, 324 f., 966 ff.
– plandeterminierte Steuerung 38, 935
– voluntaristische Steuerungslogik 38
Stiftungen 85
Stimulus-Response-Ansatz 13
Strategien 177, 183, 190, 194, 200, 210, 214 f., 219 ff., 226 f., 234 f., 239 ff., 567 ff.
   s. a. Management, strategisches
– Anpassungsstrategie 732
– Autonomiestrategie 91, 695, 720
– Deliberate Strategy 696 f.
– Desinvestitionsstrategie 714 f.
– Differenzierung 728 ff.
– Diversifikationsstrategie 737, 739 f., 746 f.
– Fast Second Mover 379
– Frühfolgerstrategie 749
– Globale Strategie 717 ff.
– hybride Strategie 731
– Integrationsstrategie 695, 721 f.
– Internationalisierungsstrategie 716 ff., 756
– Kernmarktstrategie 727
– Kooperationsstrategie 91 f., 695, 720 f.
– Kostenführerschaft 728 ff.
– lokale, regionale, nationale Strategien 716 ff., 755 f.
– Market Based View 768
– Marketingstrategie 737 ff.
– Marktdurchdringungsstrategie 737, 739 ff.
– Marktentwicklungsstrategie 737, 739 f., 743 f.
– Marktarealstrategien 737, 755 f.
– Marktfeldstrategien 737, 739 ff.
– Marktparzellierungsstrategien 737, 753 ff.
– Marktsegmentierungsstrategie 737, 753 ff.
– Marktstimulierungsstrategien 737, 751 f.
– Massenmarktstrategie 737
– Multinationale Strategie 716 ff.
– Nischenstrategie 727

- Pionierstrategie 749 f.
- Präferenzstrategie 737, 751 f.
- Preis-Mengen-Strategie 737, 752
- Produktentwicklungsstrategie 737, 739 f., 744 f.
- Resource Based View 415, 689, 709, 929
- Schrumpfungsstrategie 714 f.
- Schwerpunkte 728 ff.
- Sourcing-Strategie 416 f.
- Spätfolgerstrategie 749
- Sprinklerstrategie 750
- Stabilisierungsstrategie 713
- Transnationale Strategie 717
- Unrealized Strategy 696 f.
- Veränderungsstrategie 732 f.
- Verteidigungsstrategie 713
- Wachstumsstrategie 712 ff.
- Wasserfallstrategie 750

Strategische Allianz 92, 720 f.
Strategischer Würfel 695
Streukosten 465
Streuplanung s. Mediaplanung
Strukturpolitik 320 ff.
Strukturwandel 254 ff., 263, 295
Subkulturen 654 ff., 667
Suchmaschinen 127
Süddeutsche Zeitung 155, 378, 380, 456, 458, 705
Süddeutscher Rundfunk s. Südwestrundfunk
Süddeutscher Verlag 646
Südwestrundfunk, SWR 73, 89, 454, 460, 481, 727, 741, 802 ff., 852, 892, 965, 989 f.
Supply Chain Management 422
SWOT-Analyse 681 ff., 689 ff., 946
Symbole 657 ff.
Syndication s. Content
System, Systemtheorie 16, 27 ff., 936
Systemethik 989
System-Umwelt-Fit 943

T

Tabloid-Format 107, 458, 744
Tageszeitungen s. Zeitungsmarkt
Tannenbaum-Schmidt-Modell 872
Target Costing 931
Tarifverträge 861
Tarifvertragsgesetz 77
Tausenderpreis, Tausend-Kontakt-Preis, TKP 465, 474, 536 ff., 961
Tausend-Kontakt-Kosten 961 f.
taz 86, 629 f., 631, 733
Team 900 ff.
Teamorganisation s. Organisation
Teilkostenrechnung 526, 532 ff.
Telekom s. Deutsche Telekom

Telekommunikation 71, 237 ff., 332
Telekommunikationsgesetz 331, 343
Telemedien, Begriff 332
Telemediengesetz 331, 342
Teleshopping 746
Tendenzschutz 628
Tertiarisierung 255 f., 264
Test, Testing 385
Theorie der zweiseitigen Märkte 150
Time Warner 73, 76, 81, 211, 672, 684, 705
TIME-Branche 71, 103, 130, 237 ff., 251 ff., 456, 672, 704
Timing, Timing-Strategie 404, 750
Tomb Raider 155, 157
Tonstudio 74
Tonträger 121
Total Quality Management 761 ff.
Trägermedien 104
Trailer 476
Transaktionsfernsehen 89
Transaktionskosten 363 ff., 720
Transaktionskostentheorie 10, 20 f., 840
Transdisziplinarität 10
Trennungsmodell 621 f.
TV s. Fernsehen
Two-Tier-System 621 f.

U

Überlebensfähigkeit, langfristige 678, 922 f.
Umbrella Branding 455
Umsatzplan 799
Unikate 133, 416
Unsichtbare Hand 963
Unternehmen
- Kleine und mittlere (KMU) 76 ff., 501

Unternehmensbewertung 518 ff.
Unternehmensethik 7, 61, 610, 614 f., 973 ff., 976 ff., 985 ff.
Unternehmensführung
- (absatz-)marktorientierte 24 f., 924 ff.
- anteilseignerorientierte 25, 924 ff.
- ganzheitliche 26, 934 ff.
- gesellschaftlich orientierte 26, 933
- integrierte 62, 917 ff.
- mitarbeiterorientierte 25, 929 f.
- politikorientierte 931 f.
- ressourcenorientierte 929 ff.
- werteorientierte 660
- wertorientierte 924 ff.

Unternehmensgesamtstrategie 695, 701 ff.
Unternehmenskultur 61, 610, 651 ff.
Unternehmensleitbild 61, 610, 639, 644 ff.
Unternehmensphilosophie 61, 610 ff.
Unternehmenspolitik 61, 610, 637 ff.

Unternehmensnetzwerk s. Netzwerkunternehmen
Unternehmensverbund 94 f.
Unternehmensverfassung 61, 610, 617 ff.
Urheberrecht 144, 334 f.
User Generated Content s. Content
US-GAAP 512 ff.

V

Venture Capital 506
Verantwortung, Journalisten 989 f.
Verantwortung, gesellschaftliche 6, 973 ff.
Verbundkonsum 149
Verbundprodukte, Verbundproduktion, verbundene Märkte 147 ff., 585, 720
Verbundvorteile s. Economies of Scale
Vereinigungsmodell 621 f.
Verfassungsökonomik s. Public-Choice-Theorie
Verfügungsrechte, Theorie der, s. Property-Rights-Theorie
Verhaltenstheorie 22 f.
Verhaltenstheorien 870, 872 f.
Verkaufsförderung 351, 421, 471, 477 f.
Verlage 72, 367, 379, 504
Verlag C. H. Beck 86
Verlagsgruppe Milchstraße 398
Vernetzung 242, 273, 285, 365 f.
Verrechnungspreise 947, 963 ff.
Verschlüsselung s. Decoder
Versioning 76, 153, 401, 453
Versorgungssicherheit 415
Verständigungspotenziale 606
Verteilungsgerechtigkeit 262
Vertragsgestaltung 898 ff.
Vertrauen, Vertrauensgut 139, 145, 838, 986
Vertrauenskultur 664 f.
Vertrieb s. Distribution
Verursacherprinzip 141
Verwertung, Verwertungskette 414, 502
Viacom 684
Videospiele 75, 128 f., 157, 223 ff., 284, 421, 745, 792
Video-on-Demand 203 ff., 453
Vinkulierte Namensaktien 500
Virtualisierung, virtuelle Organisation 265, 368 f., 627, 836, 885 f.
Vision 610, 639, 642 f.
Viva 83, 746
Vivendi 684
Vogel Verlag 92
Vollkostenrechnung 526
Voluntarismus 29, 38
Vorgehensmodell 886, 888 ff.
Vorzugsaktien 500
Vulnerablilitäten 923

W

Walled Garden 204
Walt Disney 259, 641, 659, 684
WAZ, WAZ-Gruppe 500, 719, 747
Web s. Internet
Web-Radio s. Radio
Web-TV s. Fernsehen
Wellenredaktionsprinzip 821
Werbefilm, Werbespot 74, 418, 548 ff.
Werbekampagne, Ablauf 549 f., 895
Werbemarkt 88, 144, 148, 164, 167 f., 321, 463
Werbeträger 167
Werbung 132, 472 ff.
– Außenwerbung 164, 166
– Beschränkungen 321
– Fernsehwerbung 114, 420
– Finanzierung 104 f.
– Online-Werbung 125, 132
– Radiowerbung 117 f.
– Werbung per Post 164, 166
– Zeitung als Werbeträger 107
Werte, Wertewandel 298 f., 611, 657 ff.
Werteverzehr s. Abschreibungen
Wertkette s. Wertschöpfungskette
Wertkettenmodell nach Porter, Portersche Wertkette 354 ff.
Wertschöpfung, Begriff 238, 347 f., 588 f., 976
Wertschöpfungskette 69, 72 ff., 359 ff., 747
Wertschöpfungsnetzwerke 92 f., 365 ff.
Wertschöpfungsprozess 72 ff., 129, 238, 345 ff., 349 ff., 368 f., 393 f., 569, 720, 768, 976
– Re-Konfiguration 359
– überbetrieblicher 352 ff.
– unternehmensinterner 354 ff.
Wertschöpfungsstruktur 49, 238
Wertschöpfungssystem 74
Westdeutscher Rundfunk, WDR 406, 481, 597, 727, 865, 953, 965
Wettbewerbsfähigkeit 415
Wettbewerbsmodell 768
Wettbewerbspolitik 317 ff.
Wettbewerbsvorteile 76, 675 ff.
Windowing 153 f., 361 f., 404
Wirksamkeit 966
Wirtschaftlichkeit 441, 570, 585, 600, 896, 946
Wirtschaftsplanung 801 ff.
Wirtschaftspolitik 313
Wirtschaftswachstum 257
Wissen, Wissensmanagement 773 ff.
Wissenschaft, Methodik 35 ff.
Wissensgesellschaft 294
Wissenskluft-These 262

Y

Yahoo 127, 231
Yield Management 473
YouTube 232, 382

Z

Zahlungsbereitschaft 263
ZDF 80, 82, 144, 146, 313, 339, 381, 438, 453 f., 462, 476 ff., 497, 529 ff., 599 f., 622 ff., 684 ff., 690 ff., 710 f., 713, 727, 729, 738, 743, 747, 753, 964 f.
Zensurverbot 336
Zeitschriften, Zeitschriftenmarkt 75, 108 f., 130, 179 ff., 366, 377 f., 402, 453, 459 f., 470, 472, 474, 496, 727, 750, 753, 791
Zeitungen, Zeitungsmarkt 75, 89, 91, 105 ff., 173 ff., 367, 377, 380, 402, 403, 417, 427 ff., 453, 457 ff., 470, 474, 496, 520, 704, 717 f., 727, 740, 741, 743 ff., 750, 791
Ziele, Zielsystem, Zielorientierung 48, 54, 88 ff., 414 f., 441 f., 457, 565 ff., 575 ff., 591 ff., 893 ff., 944
Ziele
– Cockpit-Modell 577
– Formalziele 570, 578, 583 ff., 600
– Sachziele 570, 579 ff., 595 ff.
Zielbeziehungen 572
Zielgruppen 755 f.
Zielhierarchie 568
Zuschlagskalkulation s. Kalkulation